DIETER NOHLEN (Hrsg.)

WÖRTERBUCH STAAT UND POLITIK

Serie Piper
Band 2070

Zu diesem Buch

Dieses Wörterbuch wurde von dem Heidelberger Politikwissenschaftler Dieter Nohlen – er ist ausgewiesen durch eine Reihe erfolgreicher Nachschlagewerke – als kompaktes Nachschlagewerk für einen breiten Benutzerkreis in Politik, Verwaltung, Forschung und Lehre, in den Medien und in der Politischen Bildung konzipiert.
In 219 Beiträgen informiert der Band über politische Theorien und Ideologien, über zentrale politische Begriffe, über politische Institutionen und Prozesse sowie sehr umfassend über die Politikfelder in der Innen- und Internationalen Politik.
141 renommierte Wissenschaftler aus verschiedenen Disziplinen (Politikwissenschaftler, Staatsrechtler, Historiker u.a.) stehen für die hohe Sachkompetenz in Information und Analyse. In den Stichwörtern zur Staatstätigkeit (z.B. Agrarpolitik, Arbeitsmarktpolitik, Familienpolitik u.a.) verbindet sich der jeweils aktuelle Stand der Forschung mit historisch und international vergleichenden Perspektiven.
Für die 3. Auflage wurde das Wörterbuch gründlich überarbeitet, aktualisiert und um einige Artikel erweitert.

Dieter Nohlen, geboren 1939 in Oberhausen, Studium der Politikwissenschaft, Geschichte und Romanistik, Promotion 1967, Habilitation 1973, ist seit 1974 Professor für Politikwissenschaft an der Universität Heidelberg. 1991 wurde er mit dem Max-Planck-Forschungspreis ausgezeichnet. Zahlreiche Veröffentlichungen, u.a. zu Wahlrecht und Parteiensystem. Herausgeber u.a. des siebenbändigen »Lexikons der Politik« sowie Mitherausgeber des achtbändigen »Handbuchs der Dritten Welt«.

DIETER NOHLEN (Hrsg.)

WÖRTERBUCH STAAT UND POLITIK

Piper
München Zürich

Von Dieter Nohlen (Hrsg.) liegt in der Serie Piper außerdem vor:
Pipers Wörterbuch zur Politik:
Politikwissenschaft (mit Rainer-Olaf Schultze) (1150/1151)

ISBN 3-492-12070-0
Originalausgabe
Mai 1991
3., überarbeitete Auflage, 17.–20. Tausend April 1995

Umschlag: Federico Luci
Gesamtherstellung: Clausen & Bosse, Leck
Printed in Germany

INHALTSVERZEICHNIS

VORWORT

Nachschlagewerke zur Politik haben in der Bundesrepublik einen festen Platz in der Vermittlung politischer Bildung. Sie bewähren sich zunehmend auch in der Zusammenführung von Forschern und Forschungsansätzen der Politikwissenschaft und der Nachbardisziplinen, die sich mit dem Politischen beschäftigen, und üben dabei angesichts der Theorien- und Methodenvielfalt speziell der Politikwissenschaft eine integrierende, wesentliche wissenschaftliche Zusammenhänge zu erkennen gebende Funktion aus. Sie vermögen, den Stand der Wissenschaften von der Politik sichtbar zu machen. Diese Leistungsfähigkeit resultiert u.a. aus der großen Anzahl von Fachgelehrten, die an einem systematisch angelegten Nachschlagewerk mitwirken und die neben ihrer Forschungsnähe zu den alphabetisch präsentierten, miteinander vernetzten Einzelgegenständen der Politik auch die Vielfalt normativer und empirischer Betrachtungsweisen einbringen, welche die dem Wandel unterworfene allgemeine Forschungssituation kennzeichnen.

Das WÖRTERBUCH STAAT UND POLITIK wurde in diesem Sinne als Darstellung der Wissenschaften von der Politik anhand ihrer Sachgegenstände und vor allem der dazu vorliegenden Forschungsergebnisse konzipiert. Zwar wird auch über die interne Ausdifferenzierung der Politologie (Politische Ideengeschichte, Internationale Beziehungen, Vergleichende Regierungslehre usw.) und die zentralen Forschungsansätze (Empirische Sozialforschung, Politische Ökonomie u.a.) berichtet. Im Mittelpunkt stehen jedoch Kernbegriffe und Sachbereiche der Politik, sei es in der theoretisch-ideengeschichtlichen, der politisch-institutionellen oder der Politikfeld-Dimension. Entsprechend der Entwicklung der Politikwissenschaft seit den 80er Jahren nimmt die Politikfeldanalyse (Agrarpolitik, Arbeitsmarktpolitik etc.) einen breiten Raum ein. Doch es hieße, die wissenschaftlichen Ergebnisse dieser empirischen Forschungsrichtung nicht ernst zu nehmen, würden die normativen und institutionellen Politikansätze nicht angemessen berücksichtigt. So ist die Auswahl der Stichwörter zu einem guten Teil durch die jüngere Entwicklung der Wissenschaften von der Politik bestimmt, sowohl in der Gewichtung der Forschungsrichtungen, für die sich die Unterteilung nach der formalen (*polity*), der inhaltlichen (*policy*) und der prozessualen (*politics*) Dimension eingebürgert hat, als auch in der entweder überwiegend normativen oder primär historischen oder mehr international vergleichenden Orientierung der einzelnen Beiträge. Nicht immer läßt der Forschungsstand die erstrebte (etwa vergleichende) Behandlung des Gegenstandes zu. Nicht alle ausgewiesenen Fachgelehrten sind für Wörterbuchbeiträge zu gewinnen, die abzufassen hohe Anforderungen stellt angesichts komplexer Materien, eng begrenztem Raum, hohem Erklärungsbedarf und heterogener Informationserwartung.

Das WÖRTERBUCH STAAT UND POLITIK wendet sich an einen breiten Benutzerkreis in Politik, Verwaltung, Medien, Forschung, Lehre an Hochschulen und Gymnasien sowie im Bereich politischer Bildung. Es fußt auf dem bewährten sechsbändigen *Pipers Wörterbuch zur Politik*, das in den 80er Jahren erschienen ist. Es konnte auch auf Beiträge aus dessen siebenbändigem Nachfolgewerk, das im Entstehen begriffene *Lexikon der Politik*, zurückgegriffen werden, das seit 1992 im C.H.Beck-Verlag erscheint. Die Bände 3: »Die westlichen Länder«, 6: »Internationale Beziehungen« und 2: »Politikwissenschaftliche Methoden« liegen bereits vor. Dafür danke ich meinen Herausgeberkolleginnen und -kollegen *Andreas Boeckh, Beate Kohler-Koch, Jürgen Kriz, Manfred G. Schmidt, Rainer-Olaf Schultze, Suzanne S. Schüttemeyer, Peter Waldmann, Wichard Woyke* und *Klaus Ziemer*. Die aus diesen mehrbändigen Werken ausgewählten Beiträge wurden um eine Vielzahl neuer Stichwörter zu einem Ensemble ergänzt, welches das vorliegende Werk über den Status einer kleinen Ausgabe der beiden mehrbändigen Lexika hinaushebt.

Für diese dritte Auflage wurde das Wörterbuch gründlich überarbeitet und auf den neuesten Stand gebracht. Das Gros der Autorinnen und Autoren hat wieder mitgemacht, einige neue sind hinzugestoßen, u.a. weil die Zahl der Stichwörter ausgedehnt wurde.

Wertvolle Hinweise zur Konzeption des Wörterbuchs habe ich dankenswerterweise wieder von *Rüdiger Thomas* und von verschiedenen Beiträgern zum Wörterbuch erhalten. Insgesamt haben 141 Autorinnen und Autoren an dem Werk mitgeschrieben. Ihnen gilt mein besonderer Dank – für die gelungene Kooperation und vor allem für die kompositorische Freiheit, die mir eingeräumt wurde, um aus den vielen Einzelbeiträgen eine lexikalische Einheit aus insgesamt 219 Stichwörtern zu gestalten. Bei der Organisation dieser Zusammenarbeit ist mir *Katja Dienemann* behilflich gewesen. *Bernhard Thibaut* hat redaktionell und bei der Erstellung des Sachregisters mit Hand angelegt. Ihnen danke ich sehr herzlich.

Heidelberg, im Dezember 1994 — Dieter Nohlen

STICHWÖRTER UND AUTOREN

VERZEICHNIS HÄUFIG VERWENDETER ABKÜRZUNGEN

Abs.	Absatz
AdG	Archiv der Gegenwart
AfS	Archiv für Sozialgeschichte
AJPS	American Journal of Political Science
AJS	American Journal of Sociology
AöR	Archiv des öffentlichen Rechts
APSR	American Political Science Review
APuZ	Aus Politik und Zeitgeschichte. Beilage zur Wochenzeitung Das Parlament
Art.	Artikel
ASR	American Sociological Review
Bd./Bde.	Band/Bände
bes.	besonders
BIP	Bruttoinlandsprodukt
BJPol.S	British Journal of Political Science
Blätter	Blätter für deutsche und internationale Politik
BSP	Bruttosozialprodukt
CP	Comparative Politics
CPS	Comparative Political Studies
CSt.	Comparative Studies
ders./dies.	derselbe/dieselbe
dgl.	dergleichen
DÖV	Die öffentliche Verwaltung
dt.	deutsch
EA	Europa Archiv
ebd.	ebenda
ECU	European Currency Unit
EG/EU	Europäische Gemeinschaft/Europäische Union
EJPR	European Journal of Political Research
engl.	englisch
ESt.	Electoral Studies
EU	Europäische Union
For.Aff.	Foreign Affairs
franz.	französisch
GG.	Grundgesetz
ggf.	gegebenenfalls
GUS	Gemeinschaft unabhängiger Staaten
GW	Gesammelte Werke

HdSW	Handwörterbuch der Sozialwissenschaften, hrsg. von E. von Beckerath u. a., Stuttgart usw., Bd. 1 ff., 1956 ff.
HdWW	Handwörterbuch der Wirtschaftswissenschaft, hrsg. von W. Albers u. a., Stuttgart usw., Bd. 1 ff., 1977.
hekt. Ms	hektographisches Manuskript
Hrsg./hrsg.	Herausgeber/herausgegeben von
HZ	Historische Zeitschrift
i. d. R.	in der Regel
IESS	International Encyclopedia of the Social Sciences, hrsg. von D. L. Sills, o. O. (New York), Macmillan & Free Press, Bd. 1 ff., 1968
IIVG	Internationales Institut für Vergleichende Gesellschaftsforschung des Wissenschaftszentrums Berlin
incl.	einschließlich
insbes.	insbesondere
IPG	Internationale Politik und Gesellschaft
i. S.	im Sinne
JCR	Journal of Conflict Resolution
Jh.	Jahrhundert
JoP	The Journal of Politics
JöR	Jahrbuch des öffentlichen Rechts
Kap.	Kapitel
KSZE	Konferenz für Sicherheit und Zusammenarbeit in Europa
KZfSS	Kölner Zeitschrift für Soziologie und Sozialpsychologie
lat.	lateinisch
Lit.	Literatur
LW	Lenin-Werke, hrsg. vom Institut für Marxismus-Leninismus beim ZK der SED, Berlin (Ost), Bd. 1 ff., 1956 ff.
MEW	Marx-Engels-Werke, hrsg. vom Institut für Marxismus-Leninismus beim ZK der SED, Berlin (Ost), 42 Bde. und gänzungs bände, 1957 ff.
Mio.	Millionen
NATO	North Atlantic Treaty Organization
N. F.	Neue Folge
NLR	New Left Review
NPL	Neue Politische Literatur
OECD	Organisation for Economic Cooperation and Developement
ÖJP	Österreichisches Jahrbuch für Politik
ÖZP	Österreichische Zeitschrift für Politikwissenschaft
PAR	Public Administration Review
Parl.Aff.	Parliamentary Affairs
Pol.Dok.	Politische Dokumentation
PROKLA	Probleme des Klassenkampfes
PSQ	Political Science Quarterly
PSt.	Political Studies
PVS	Politische Vierteljahresschrift
RFSP	Revue Française de Science Politique
ROP	Review of Politics

SDG	Sowjetsystem und demokratische Gesellschaft. Eine vergleichende Enzyklopädie. Hrsg. von C. D. Kernig, Freiburg usw., 6 Bde., 1966–72
SJP	Sozialwissenschaftliches Jahrbuch für Politik
sog.	sogenannte(r)
SOWI	Sozialwissenschaftliche Information
Soz.W	Soziale Welt
SPS	Scandinavian Political Studies
StGB	Strafgesetzbuch
SuR	Staat und Recht
SW	Stalin-Werke, hrsg. vom Marx-Engels-Lenin-Institut beim Parteivorstand der SED, Berlin (Ost), Bd. 1 ff., 1950 ff.
Tsd.	Tausend
UNO	United Nations Organization
u. U.	unter Umständen
v. a.	vor allem
vgl.	vergleiche
Vjb	Vierteljahresberichte der Friedrich-Ebert-Stiftung
VjhZ	Vierteljahreshefte für Zeitgeschichte
VN	Vereinte Nationen
VRÜ	Verfassung und Recht in Übersee
West. Pol. Quart.	Western Political Quarterly
Wiss./wiss.	Wissenschaft(en) / wissenschaftlich (auch in Wortzusammensetzungen)
WP	World Politics
ZaöRV	Zeitschrift für ausländisches öffentliches Recht und Völkerrecht
ZfP	Zeitschrift für Politik
ZfS	Zeitschrift für Soziologie
ZfU	Zeitschrift für Umweltpolitik
ZfW	Zeitschrift für Wirtschaftspolitik
ZgStw	Zeitschrift für die gesamte Staatswissenschaft
zit.	zitiert
ZParl	Zeitschrift für Parlamentsfragen

Abrüstung

I. Im internationalen Sprachgebrauch bedeutet Abrüstung (A.) die völlige oder teilweise Abschaffung (Begrenzung) von Waffen und militärischem Personal mit dem Ziel, die zwischenstaatliche Gewaltanwendung einzudämmen bzw. im Idealfall ganz auszuschließen. A. ist somit kein Selbstzweck, sondern dient der Durchsetzung des in Art. 2 (4) der Charta der Vereinten Nationen (ChVN) niedergelegten, aber auch im Völkergewohnheitsrecht verankerten Gewaltverbots. Das Gewaltverbot beinhaltet jedoch keine Pflicht zu völliger A., da es im gegenwärtigen internationalen System (↗ Internationale Beziehungen) noch immer an einer zentralen Ordnungsgewalt fehlt, so daß den Staaten das Recht auf Selbstverteidigung verbleibt (Art. 51 ChVN) und damit auch das Recht auf Besitz von Waffen und militärischem Personal.

II. Begrifflich wird A. – obwohl theoretisch letztlich nicht überzeugend – vor allem in der Praxis von Rüstungskontrolle *(arms control)* abgegrenzt. Rüstungskontrolle, verstanden als Rüstungsbeherrschung, zielt vorrangig auf die Erhaltung des militärischen und politischen Gleichgewichts zur Vermeidung des Ausbruchs gewaltsamer Konflikte, u. a. auch solcher, die sich aus der Eigendynamik der modernen Rüstungstechnologie ergeben können (↗ Krieg aus Zufall oder Mißverständnis), sowie auf die politische Rüstungssteuerung. Bei A. geht es dagegen um die qualitative und quantitative Verringerung der Waffenarsenale und des militärischen Personals. Im engeren Sinne wird unter A. die Bemühung um eine allgemeine und vollständige A. verstanden, während eine teilweise A. als Rüstungsbeschränkung bezeichnet wird.

In der Praxis der ↗ Vereinten Nationen (VN) hat sich die Verwendung des Doppelbegriffs »Abrüstung und Rüstungsbeschränkung« *(disarmament and arms limitation)* bzw. »Abrüstung und Rüstungskontrolle« (*disarmament and arms control*) durchgesetzt. Mittel und Strategien, A. bzw. Rüstungsbeschränkungen / Rüstungskontrolle herbeizuführen, sind der zwei- oder mehrseitige völkerrechtliche Vertrag und einseitige Verpflichtungen zu A. oder Rüstungsbeschränkungen (Unilateralismus), wobei die jeweiligen Ziele auch schrittweise angegangen werden können (Gradualismus).

III. Ein zentrales Problem der Einigung über A. stellt u. a. die Erhaltung der Stabilität des militärischen Machtgleichgewichts (↗ Macht) im Prozeß der A. dar, deren Gewährleistung auch die Verifikation dient, die auf die Verhinderung die Stabilität gefährdender einseitiger Verletzungen der Pflichten der A. zielt. Wirksame Verifikation ist zugleich ein unerläßliches Element einer übergreifenden, für eine erfolgreiche Politik der A. wichtigen Vertrauensbildung zwischen den Staaten.

Mittel der Verifikation sind internationale und gegenseitig vereinbarte nationale Vor-Ort-Inspektionen, Informationsaustausch sowie der Einsatz von instrumentellen Überwachungseinrichtungen (z. B. *black boxes*, Fernerkundungssatelliten). Im Zuge der nach dem Ende des Ost-West-Konflikts und dem Zusammenbruch der Sowjetunion ermöglichten teilweisen A. von Massenvernichtungswaffen sind schon zuvor latent vorhandene Probleme in den Vordergrund getreten: die Kontrolle der Zerstörung und umweltgerechten Entsorgung der Massenvernichtungswaffen sowie die Verhinderung der Vermarktung solcher Waffen (Proliferation) durch private oder heimliche Transaktionen staatlicher Stellen.

IV. Nach ersten, gescheiterten Abrüstungsversuchen im 19. Jh. und im Rahmen der Haager Friedenskonferenzen von 1899 und 1907 nahm sich nach dem I. Weltkrieg der Völkerbund satzungsgemäß des Problems einer umfassenden A. an. Die Abrüstungskonferenz von 1932/33 scheiterte, brachte jedoch wertvolle Erkenntnisse über Grundbedingungen und technische Erfordernisse erfolgreicher Abrüstung. Nach dem Ende des II. Weltkriegs erhielten auch die VN den Satzungsauftrag (Art. 11 Abs. 1 und 26 ChVN), sich mit einer umfassenden A. zu befassen. Seit 1946 wird A. in verschiedenen Gremien innerhalb (Generalversammlung, Abrüstungskommission) und außerhalb (Genfer Abrüstungsausschuß) der UN behandelt. Die 1978 von der Generalversammlung auf ihrer 10. Sondersitzung verabschiedete Deklaration zur A. (*Final Document* – UN-Doc.: S-10/2 v. 30.6.1978) gab einen umfassenden Überblick über die politischen, militärischen und ökonomischen Aspekte von A. Das Projekt eines Vertrages über allgemeine und vollständige A. unter strikter internationaler Kontrolle (1963/64) scheiterte trotz einer erheblichen Annäherung der Standpunkte von Ost und West. Erfolgreicher verliefen die Verhandlungen über Teilschritte auf dem Gebiet der Rüstungsbeschränkung. Dem erfolgreichen Abschluß des Vertrages über das Teilverbot von Kernwaffenversuchen zu Lande, im Wasser und in der Luft (1963) folgten die Verträge über die Entmilitarisierung des Weltraums (1967), über die Nichtverbreitung von Kernwaffen (1968), über die Entmilitarisierung des Meeresbodens (1970), über das Verbot biologischer Waffen (1974) und nach langen und zähen Verhandlungen der Vertrag über das Verbot der Entwicklung, Produktion, Lagerung und Anwendung chemischer Waffen (1993).

Im Rahmen der allgemeinen Bemühungen um eine Rüstungsbeschränkung sind ferner eine Reihe von bilateralen Abkommen zwischen den USA und der UdSSR über eine Begrenzung der Zahl von Raketenabwehrsystemen (ABM-Vertrag 1972), über die Begrenzung strategischer Waffen (SALT I) und der nicht in Kraft getretene, jedoch *de facto* erfolgte SALT II-Vertrag, der Vertrag über die Beseitigung der Mittelstreckenraketen (INF-Vertrag 1987), der Vertrag über die Begrenzung unterirdischer Kernwaffenversuche (Vertrag von 1974 nebst Verifikationsprotokoll von 1990), der Vertrag über unterirdische nukleare Sprengungen für friedliche Zwecke (Vertrag von 1976 nebst Ergänzungsprotokoll von 1990) sowie der Vertrag über die Reduzierung und Begrenzung der strategischen Angriffswaffen (START-Vertrag 1991) anzuführen. Hervorzuheben sind die »*Communications to IAEA Received from Certain Member States Regarding Guidelines for the Export of Nuclear Material, Equipment and Technology*« (1992), die dem Problem einer wirksameren Verhinderung der Proliferation von nuklearen Waffen dienen sollen. Auf regionaler Ebene stellt der Vertrag über die Beschränkung der konventionellen Streitkräfte in Europa (1990) einen bedeutsamen Fortschritt der internationalen Bemühungen um A. dar. Grundlage der in den letzten Jahren erzielten Rüstungsbeschränkungsverträge ist die Beendigung der Ost-West-Konfrontation, die vor allem in der strittigsten Frage – der Verifikation – Übereinstimmungen zwischen den USA und der UdSSR ermöglichte.

Gegenwärtig ist das zentrale Anliegen in der Abrüstungsdebatte die Einbindung der Nachfolgestaaten der UdSSR in das bestehende Vertragsgeflecht, insbesondere die Denuklearisierung von Belarus, Kasachstan und der Ukraine. Mit dem Protokoll zum START-Vertrag von 1992 wird nur Rußland als künftiger Kernwaffenstaat anerkannt, alle vier Staaten binden sich an den START-Vertrag, und Belarus, Kasachstan sowie die Ukraine treten dem Nichtverbreitungsvertrag bei.

V. Ein wichtiges Problem im Zusammenhang mit A. sind deren ökonomische Folgen. Einerseits wird durch A. eine »Abrüstungsdividende« aufgrund eingesparter Rüstungsausgaben erwartet, die den dringend benötigten Entwicklungshilfemitteln zugeführt werden könnte. Auch die die Entwicklungsländer belastenden Rüstungskäufe könnten durch eine Einschränkung des Waffenhandels durch A. begrenzt werden. Andererseits wirft nachhaltige A. für Staaten mit intensiver Rüstungsindustrie schwerwiegende Umstellungsprobleme (Konversionsproblematik) auf, die jedoch überwiegend als lösbar angesehen werden.

Jost Delbrück

Lit.: *Barton, J.H./Weiler, L.D.* (Hrsg.) 1976: International Arms Control, Issues and Agreements, Stanford. *Barton, J.H./Imai, R.* 1981: Arms Control II. A New Approach to International Security, Cambridge, Mass. *Bechoefer, B. G.* 1961: Post War Negotiations for Arms Control, Washington, D.C. *Bothe, M.* 1979: Zur Dogmatik eines völkerrechtlichen Kriegsverhütungsrechts – Verfahren und Inhalt des Rechts der Rüstungskontrolle und Abrüstung, dargestellt am Beispiel des Verbots der Massenvernichtungsmittel, in: *Delbrück, J.* (Hrsg.): Völkerrecht und Kriegsverhütung. Zur Entwicklung des Völkerrechts als Recht friedenssichernden Wandels, Berlin, 213ff. *Bothe, M./Graf Vitzthum, W.* 1990: Rechtsfragen der Rüstungskontrolle im Völkerrecht der Gegenwart, Heidelberg. *Brennan, D.* (Hrsg.) 1961: Arms Control, Disarmament and National Security, New York. *Broszka, M./Ohlson, T.* (Hrsg.) 1986: Arms Production in the Third World, London u.a. *Broszka, M./Ohlson, T.* (Hrsg.) 1987: Arms Transfer to the Third World, London, u.a. *Bull, H.* ²1965: The Control of the Arms Race, London. *Burns, R.D.* 1977: Arms Control and Disarmament – A Bibliography, St. Barbara/Oxford. *Delbrück, J.* (Hrsg.) 1983: Abrüstung, Kriegsverhütung, Rüstungskontrolle. Dokumente aus fünf Jahrhunderten, Kehl/Straßburg. *Delbrück, J.* 1990: Rüstungskontrolle, in: *Wolfrum, R.* (Hrsg.) 1990: Handbuch der Vereinten Nationen, München. *Hanrieder, W.F.* (Hrsg.) 1979: Arms Control and Security. Current Issues, Boulder. *Kluss, H.* 1993: Erste Erfahrungen bei der Abrüstung konventioneller Streitkräfte und ihrer Kontrolle, in: Europaarchiv 48 (6), 167–178. *Niemeyer, Th.* 1928: Handbuch des Abrüstungsproblems, 3 Bde., Berlin. *Rittberger, V.* (Hrsg.) 1981: Neue Wege der Abrüstungsplanung. Organisationsprobleme und Reformoptionen im internationalen Vergleich, Baden-Baden. *Roeser, T.* 1988: Völkerrechtliche Aspekte des internationalen Handels mit konventionellen Waffen, Berlin. *Rühl, L.* 1993: Der START II-Vertrag und seine Folgeprobleme, in: Europaarchiv, 499ff. *Schütz, H.-J.* 1984: Militärische vertrauensbildende Maßnahmen aus völkerrechtlicher Sicht, Berlin. *Stockholm International Peace Research Institute:* World Armaments and Disarmament, SIPRI Yearbook Bd. 1 (1968ff.). *Institut für Internationales Recht,* Kiel 1977: Abschreckung und Entspannung, Fünfundzwanzig Jahre Sicherheitspolitik zwischen bipolarer Konfrontation und begrenzter Kooperation, Berlin. *Simpson, T.* 1994: Nuclear Forces: Nuclear Non Proliferation in the Post-Cold War Era, in: International Affairs 70, 17–40.

Agrarpolitik

I. Obwohl die westlichen Industrieländer sich grundsätzlich zu den Prinzipien der ↗ Marktwirtschaft und des Freihandels bekennen, genießen die nationalen Landwirtschaften besondere staatliche Förderung, und Agrarprodukte werden gegen ausländische Konkurrenz ganz oder teilweise geschützt (Agrarprotektionismus). Die Regeln des GATT (↗ Internationale Organisationen) werden im Bereich der Landwirtschaft bisher weitgehend umgangen; allerdings wird es zu einer schrittweisen Liberalisierung des Agrarhandels kommen, wenn die Ergebnisse der 8. Welthandelsrunde (sog. Uruguay-Runde 1986–1993) ratifiziert werden. Alle Industrieländer übertragen ihrer Landwirtschaft besondere Aufgaben und übernehmen umgekehrt besondere Verpflichtungen gegenüber dem bäuerlichen Berufsstand. Begründet wird die Sonderstellung außerdem mit Faktoren, die die Landwirtschaft von allen anderen Wirtschaftsbereichen unterscheiden (naturbedingte Ertragsschwankungen), so daß Märkte und Preise ohne Interventionen instabil seien.

Die der Landwirtschaft in allen Ländern zuerkannte Bedeutung steht in enger Wechselbeziehung zu dem Einfluß, den die Landwirte auf die ihren Bereich betreffenden Entscheidungen haben. Besondere Landwirtschaftsministerien, die in manchen Ländern traditionell, in anderen häufig Landwirten anvertraut werden, eine straffe, landwirtschaftsinterne Gegensätze niederhaltende Verbandsorganisation sowie eine verbandsnahe Ministerialbürokratie gewährleisten wirksame Einflußkanäle, die sich anderen Gruppeninteressen (z. B. Verbraucher, Umweltschutz) gegenüber oft als überlegen erweisen (*Groeben* 1982; *Hadwiger/Browne* 1978).

Nach dem II. Weltkrieg ist in allen OECD-Staaten der Beitrag der Landwirtschaft zum BIP (↗ Sozialprodukt) zurückgegangen. Zwischen 1961 und 1990 sank er in den USA von 4,5% auf 1,8%, in Japan von über 13% auf 1,9%, in Frankreich von über 9% auf 2,8%, in Deutschland von 5,6% auf 1,1% und in Italien von 16,2% auf 3%. Bei einem OECD-Durchschnitt von 2% weichen Irland (7%), Griechenland (11,6%) und die Türkei (über 15%) am stärksten ab (*OECD* 1975: Anhang; *OECD* 1993: 36, 351). Die Zahl der landwirtschaftlichen Arbeitskräfte sank zwischen 1960 und 1989 in den USA von 8,5% auf 2,9% und in den europäischen Staaten von 25,7% auf 11,3% (*OECD* 1991: 40). Die EG-Staaten bewegen sich 1990 zwischen 2,1% (Großbritannien) und 24,5% (Griechenland) (*OECD* 1993: 352). Im gleichen Zeitraum stiegen Produktion und Produktivität absolut. Diese Entwicklung war Teil eines tiefgreifenden Strukturwandels, dessen Hauptauslöser das jahrzehntelange Wachstum in anderen Wirtschaftsbereichen war. Externe und interne Kräfte haben die Modernisierung (Technisierung und Chemisierung) und Rationalisierung der Landwirtschaft vorangetrieben. Die Attraktivität und Aufnahmefähigkeit anderer Wirtschaftsbereiche begünstigte die Abwanderung und erleichterte die Freisetzung von Arbeitskräften. Es charakterisiert die zurückgebliebensten ländlichen Regionen, daß in ihnen solche Wechselbeziehungen nicht stattfanden. Nicht nur die Betriebsgrößen verbesserten sich in diesem Umstrukturierungsprozeß, sondern es wuchs auch die Verflechtung der Landwirtschaft mit der allgemeinen Wirtschaft (Vorleistungen, Verarbeitungsindustrie, Außenhandel).

Trotz dieser gemeinsamen Entwicklungsmerkmale gibt es jedoch beträchtliche Unterschiede zwischen den nationalen Landwirtschaften, die sich aus den natürlichen Bedingungen (Bodenqualität, landwirtschaftlich nutzbare Flächen, Klima) und der strukturellen Ausgangslage ergeben. Trotz Strukturpolitik ist die Agrarstruktur der europäischen Landwirtschaften auch heute noch unbefriedigend. In der EG gibt es zu viele Kleinbetriebe, und die größeren Betriebe verteilen sich sehr ungleichmäßig auf die einzelnen Mitgliedsländer. Fast 80% der Betriebe in der EG bewirtschaften bis 20 ha, nur 6,8% verfügen über eine Fläche von mindestens 50 ha und befinden sich überproportional in Großbritannien und Frankreich (*EG-Kommission* 1982; *EG-Kommission* 1992: 122–125). Die durchschnittliche Betriebsgröße in den USA liegt demgegenüber bei 160 ha.

II. Die Agrarpolitik (A.) der westlichen Länder ist geprägt von schwer oder nicht vereinbaren Zielen. Alle Länder halten am Ideal eines möglichst hohen Selbstversorgungsgrades fest und versuchen, diesen mit unterschiedlichen Maßnahmen zu fördern, andererseits suchen sie einen möglichst offenen Markt für die Agrarprodukte, die auf dem Binnenmarkt nicht absetzbar sind. Diese Haltung nehmen auch Länder ein, die als genuine Agrarexporteure (USA, Kanada, Australien und Neuseeland) eigentlich an einem liberalen Welthandel interessiert sind. Diese Widersprüche lassen sich nicht nur aus dem Ziel der Versorgungssicherung erklären, sondern hier spielt neben weiteren Überlegungen (Preis- und Marktstabilität) vor allem die Einkommenssicherung für die Landwirte eine hervorragende Rolle.

Allerdings gibt es Unterschiede in den bevorzugten Instrumenten und im Umfang der Agrarsubventionen zwischen Importländern mit möglichst hohem Selbstversorgungsgrad und Agrarexportländern. Länder ohne genuine Exportinteressen schirmen vor allem ihre einheimische Landwirtschaft durch Einfuhrzölle auf Agrarerzeugnisse oder andere Maßnahmen des Außenschutzes (Importverbote oder -kontingente) gegen billigere Importe ab. Den wohl umfassendsten Außenschutz unter den großen Agrarproduzenten genießt die Landwirtschaft der EG durch die Gemeinsame Agrarpolitik (GAP). Durch gleitende Einfuhrzölle (Abschöpfungen) werden Agrarimporte über das EG-Preisniveau hinaus angehoben, um die Gemeinschaftspräferenz zur Wirkung kommen zu lassen. Die EG, die sich mit nationalen Märkten gleichsetzt, hat traditionell Einkommenssicherung für die Landwirte durch Hochpreispolitik (steigende Preise mit fast unbegrenzter Abnahmegarantie) betrieben. Erst als über Jahre in der Gemeinschaft kontinuierlich Überschüsse produziert wurden, sind aus Kostengründen und um entstandene Außenhandelskonflikte wieder abzubauen, Maßnahmen der Produktionsregulierung ergänzend neben die Preispolitik getreten: Quotierungen für Milch (1984), Garantieschwellen bzw. Erzeugermitverantwortungsabgaben bei Getreide (1988) und Flächenstillegungs- und Frühverrentungsprogramme (1988). Intern besteht ein Interessengegensatz, da einige Mitgliedsländer der EG sich als Agrarexporteure verstehen (z. B. Frankreich bei Getreide), die seit der völligen Ausschöpfung der Gemeinschaftspräferenz auf die Märkte außerhalb der EG drängen. Da das EG-interne Preisniveau Konkurrenzfähigkeit ausschließt, bedarf es zusätzlicher Exportsubventionen (sog. Exporterstattungen). Mit der Reform der GAP im Jahre 1992 wurden die direkten Einkommensbeihilfen ausgedehnt, die Preise sollen künftig stärker zurückgenommen werden (Annäherung an das Preisniveau außerhalb der EG). An den Abschöpfungen und Exporterstattungen wird grundsätzlich festgehalten (*Weidenfeld/Wessels* 1993: 99–101; *OECD* 1993: 18–20).

Exportländer sind dagegen bei ihren Exporterzeugnissen an einer günstigen Marktpreisbildung und stabilen Weltmarktpreisen interessiert. Die A. in den USA, dem größten Agrarexporteur unter den OECD-Staaten, war traditionell eine Politik der Bewältigung oder Vermeidung von Überschüssen und Preisverfall. Sie hat sich daher früher auf Maßnahmen gegen den Verfall der Marktpreise durch Mengensteuerung (Produktionssteuerung, z. B. durch Flächenstillegungen; Angebotssteuerung, z. B. durch Lagerhaltung) beschränkt. In den letzten Jahrzehnten sind die USA indessen ergänzend zu direkten Einkommensbeihilfen übergegangen. Diese gelten als weitgehend marktpreisneutral; dagegen wird ihre Produktionsneutralität zunehmend in Frage gestellt. Ganz allgemein läßt sich feststellen, daß das Hauptziel der Subventionspolitik inzwischen in allen Industrieländern die Einkommenssicherung der Landwirte ist.

Die USA haben für ein Agrarexportland ein hohes Subventionsniveau, das allerdings überwiegend vom Steuerzahler finanziert wird, so daß das Agrarpreisniveau niedriger liegt, während in der EG die Hauptlast die Verbraucher tragen. Nur die Agrarexportländer Australien und Neuseeland verzichten heute fast ganz auf Subventionen. Bei Produkten, bei denen die USA kein Exportinteresse haben, unterscheiden sich die von ihnen bevorzugten Instrumente teilweise gar nicht von den in der EG praktizierten. Dies gilt uneingeschränkt für die Milchwirtschaft. Im übrigen konnten die USA 1955 eine Generalklausel zu ihren Gunsten im GATT durchsetzen, die ihnen Importrestriktionen praktisch für alle Produkte gestattet, die auch im Lande in ausreichender Menge produziert werden (*Schmidt* 1982). Davon sind nicht nur die anderen Industrienationen mit Einfuhrkontingenten oder Sperren bei Rindfleisch, Milchprodukten und Zucker betroffen, sondern vor allem die konkurrierenden Erzeugnisse der Entwicklungsländer (u.a. Baumwolle, Erdnüsse, Zucker und Tabak).

Durch die Praxis der EG hat das Instrument der Exportsubvention in den 80er Jahren auch in anderen Ländern (besonders USA) an Bedeutung und Umfang gewonnen. Gleichzeitig illustriert gerade dieses Instrument die Fehlentwicklung der A. in den Industrieländern.

Ziele wie Natur- und Umweltschutz oder Landschaftspflege werden in vielen OECD-Staaten zwar von den Landwirtschaftsministerien reklamiert, finden in diesem Umfeld jedoch erst neuerdings als Begründungen für Einkommensbeihilfen wachsende Beachtung, ohne daß die Landwirtschaft ihren eigenen Anteil an der Umweltzerstörung als Herausforderung akzeptiert.

III. Die Ergebnisse dieser A. sind sehr zwiespältig. Das Einkommensgefälle in der Landwirtschaft hat überall zugenommen. Der sichtbarste Erfolg der A. ist die Versorgungssicherheit der Industrieländer. Es wird aber zu Recht bestritten, daß es dazu so umfangreicher Stützungsmaßnahmen bedarf. Inzwischen sind die Menge und der Absatz sehr teuer produzierter Überschüsse das viel größere Problem. Vor allem die GAP hat durch Exportsubventionen in den 80er Jahren die Instabilität und Preisschwankungen auf dem Weltagrarmarkt verstärkt und die Kosten für Agrarsubventionen auch in anderen Ländern, besonders in den USA, in die Höhe getrieben.

Als Mitte der 80er Jahre die Kosten für die A. explosionsartig anstiegen, wurde ein Reformbedarf allgemein anerkannt. Die Reformen der GAP 1988 und 1992 sind hierfür ein Beispiel; sie sollen vor allem die Kosten für die Agrarpolitik senken. GATT (1986) und OECD (1987) stellten bei ihren Initiativen dagegen die Liberalisierung des Weltagrarhandels in den Vordergrund. In der Uruguay-Runde (1986–1993) wurde die Landwirtschaft erstmals zu einem wichtigen Verhandlungsgegenstand des GATT (WTO). Der nach langwierigen Verhandlungen gefundene Agrarkompromiß zwischen der EU und den USA enthält drei wichtige Elemente, die weit über die Reform der GAP von 1992 hinausgehen: Kürzung subventionierter Agrarexporte, Senkung der Ausfuhrerstattungen und Verminderung der Außenzölle. Diese Maßnahmen sollen schrittweise über einen längeren Zeitraum umgesetzt werden.

Obwohl zu den Befürwortern der Verhandlungsposition der USA auch Entwicklungsländer mit Agrarexportinteressen gehörten, standen in der Uruguay-Runde die Agrarinteressen der Industrieländer im Zentrum. Es bleibt abzuwarten, ob die Verhandlungsergebnisse endgültig akzeptiert und dann auch umgesetzt werden und wie sich die veränderten Rahmenbedingungen auf die Handelsbeziehungen der Entwicklungsländer auswirken werden. Schon sind Befürchtungen zu hören, daß die Forderung nach Umweltschutzmaßnahmen und Sozialstandards als neue, nichttarifäre Handelshemmnisse eingesetzt werden könnten.

Helga Michalsky

Lit.: *Cochrane, W. W./Ryan, M. E.* 1976: American Farm Policy, 1943–1973, Minnesota. *Groeben, H. v.d.* 1982: Aufbaujahre der Europäischen Gemeinschaft. Das Ringen um den Gemeinsamen Markt und die Politische Union (1958–1966), Baden-Baden. *Hadwiger, D. F./Browne, W. P.* (Hrsg.) 1978: The New Politics of Food, Lexington, Mass./Toronto. *Kommission der Europäischen Gemeinschaften* 1982: Die Lage der Landwirtschaft in der Gemeinschaft. Bericht 1981, Brüssel/Luxemburg. *Kommission der Europäischen Gemeinschaften* 1992: Die Lage der Landwirtschaft in der Gemeinschaft. Bericht 1991, Brüssel/Luxemburg. *OECD* 1975: Agrarpolitik. Gesamtüberblick über die Agrarpolitiken der OECD-Mitgliedsstaaten, Paris. *OECD* 1991: Economic Outlook – Historical Statistics, Paris. *OECD* 1993: Agricultural Policies, Markets and Trade: Monitoring and Outlook 1992,

Paris (auch für 1988ff.). *Schmidt, E.* 1982: Konsequenzen einer aktiven Agraraußenhandelspolitik der EG für die Weltagrarmärkte, in: Agrarwirtschaft 31, 299–309. *Schmitt, Th.* 1988: Nationale Agrarpolitik und transnationale Agrarkonflikte: Landwirtschaftspolitik in der EG und den USA und ihre Rückwirkungen auf bilateraler Ebene, Diss. Universität Köln. *Urff, W. von* 1993: Der Agrarhandel in der Uruguay-Runde des GATT – Irritationen zwischen der EG und den USA, in: Integration 16 Jg., 80–94. *Weidenfeld, W./Wessels, W.* (Hrsg.) 1990: Jahrbuch der Europäischen Integration 1989/90, Bonn (seit 1980; wird fortgesetzt).

Anarchismus

I. Der Begriff Anarchismus (A.) ist wie die Begriffe ↗ Sozialismus und ↗ Kommunismus zu einem Schlagwort geworden, scheint aber noch inhaltsleerer und schwammiger als diese zu sein: Zu deren Bestimmung konnten wenigstens aus diesen Bewegungen hervorgegangene Theoretiker und in der Geschichte konkret gewordene Organisationen herangezogen werden – beides fehlt im A. Jeder Versuch einer begrifflichen Bestimmung und historisch-sozialwiss. Analyse des A. wird außerdem dadurch erschwert, daß das Schlagwort vom A. gesellschaftlich verankerte Ängste und Ressentiments auszulösen vermag und von den Gegnern des A. in diskriminierender Absicht entsprechend mißbraucht worden ist.

Anhand von vier immanenten Kriterien kann der A. beschrieben und von anderen sozialen und politischen Bewegungen unterschieden werden:

1. Anarchisten lehnen jede Form menschlicher Organisation ab, mit deren Hilfe ideologischer, politischer, ökonomischer oder gesellschaftlicher Zwang ausgeübt wird, sie streben vielmehr die freiwillige Assoziation der mündigen, emanzipierten Menschen an. Der A. ist konsequent antiinstitutionell, insoweit Institutionen Instrumente der Herrschaftsausübung sind, d.h. er ist antistaatlich, antibürokratisch, antiparlamentarisch, antiparteilich, antiverbandlich, antikirchlich. Anarchisten wenden den Antiinstitutionalismus prinzipiell auch auf ihre eigene Bewegung an; sie lehnen festgefügte Organisationen, in denen sich die Gefahr der Hierarchisierung realisieren könnte, ab. Dieses zuweilen zum antiorganisatorischen Affekt ausgedehnte Mißtrauen ist eine der Ursachen für das Scheitern anarchistischer Bewegungen gewesen.

2. Ideologien sind im anarchistischen Verständnis Ausdruck bestehender und in Institutionen geronnener Herrschaftsverhältnisse (↗ Herrschaft), sie dienen zu deren Stabilisierung. Ähnlich wie im ↗ Marxismus und bei anderen Positionen der *Hegelschen* Linken beginnt im A. die Kritik der Gegenwart mit der Ideologiekritik, diese beginnt mit der Religionskritik. A. ist so atheistisch, areligiös; er ist nicht nur international, sondern anational. Anarchisten lehnen jede Systematisierung ihrer Gesellschaftskritik ab: Theorielosigkeit wird deswegen von ihnen zum Prinzip erhoben, weil eine Theorie zur Autorität gerinnen und die ↗ Freiheit des einzelnen und damit auch der Gesellschaft einschränken könnte (↗ Emanzipation).

3. Das Ziel des A. ist die herrschaftsfreie Gesellschaft, eben die Anarchie, in der an die Stelle der Herrschaft von Menschen über Menschen die Verwaltung von Sachen tritt. Diese künftige Gesellschaft ist nicht »chaotisch«, sondern nach dem Prinzip des ↗ Föderalismus organisiert. Das menschliche Zusammenleben soll durch freiwillige Verabredung der Individuen untereinander, durch die freie, funktionsgerech-

te, räumlich überschaubare, zeitlich begrenzte oder doch wenigstens auflösbare autonome Assoziation von unten nach oben strukturiert und so Individualismus und Kollektivismus vermittelt werden. Die Kommune ist die kleinste Einheit des Wohnens, das Syndikat die Basis der Produktion, Distribution und Dienstleistung. In ihnen sollen, soweit es möglich ist, alle Entscheidungen getroffen und vollzogen und nur soweit funktional notwendig auf den verschiedenen Stufen der Föderation koordiniert werden. Als Organisationsmodell stellt A. also eine Föderation von Föderationen weitgehend autonomer Basiseinheiten dar.

4. Schließlich ist der A. durch einen Revolutionsbegriff charakterisiert, der ungebrochen aus der frühsozialistischen Tradition fließt und an die geheimbündlerische Praxis des Vormärz anschließt. Im Unterschied zu anderen – etwa marxistischen – ↗ Revolutionstheorien ist der anarchistische Revolutionsbegriff dadurch bestimmt, daß es keiner Stufe zwischen dem heutigen *Status quo* und der Anarchie bedarf, daß das ↗ Bürgertum nicht erst politisch und ökonomisch voll emanzipiert sein muß, bevor die allgemeine menschliche Befreiung verwirklicht werden kann. Die Antizipation der Anarchie ist in der Gegenwart möglich, Revolution und konstruktive Neuordnung werden identisch. Dies ist ein voluntaristischer Revolutionsbegriff, der mit einem unerschütterlichen Glauben an die sofortige Wirkung von Aufklärung verbunden ist, sei es im *Godwinschen* Sinn von Überzeugen *(persuasion)* oder auch von »Propaganda der Tat«, sei es durch Terror (↗ Terrorismus), sei es durch beispielhaftes Vorleben in der anarchistischen Kommune. Ein derartiger Revolutionsbegriff unterschätzt die restriktiven Bedingungen zur Gesellschaftsveränderung, liegt gleichsam außerhalb von Geschichte und Gesellschaft.

II. Die Ursprünge und Vorläufer des A. sind ebenso vielfältig wie die sozialen, politischen und geistesgeschichtlichen Bedingungen, unter denen A. entstanden ist.

1. Geistesgeschichtlich wird A. aus zwei Quellen gespeist, die selbst miteinander verbunden sind. Zunächst ist er ein Produkt der ↗ Aufklärung: Unter Anlehnung an naturrechtliche Vorstellungen ermöglicht der Rationalismus überhaupt erst ein Gesellschaftskonzept, das die in der Gegenwart vorhandene menschliche Entfremdung für real aufhebbar hält. In der Abkehr vom Reich Gottes und vom Eingebundensein des einzelnen in feudale Strukturen wird das Individuum entdeckt. ↗ Liberalismus und A. erwachsen an dieser Stelle der gleichen Wurzel; der A. treibt den Individualismus bis zu seiner letzten Konsequenz. Die zweite geistesgeschichtliche Quelle des A. ist – ähnlich dem Marxismus in seinen Ursprüngen – in der *Hegel*-Kritik zu sehen.

2. Zu den politischen Bedingungen des A. gehört die tendenzielle Trennung von Staat und Gesellschaft (↗ Staatstheorie), durch die der Staat überhaupt erst zum Ziel anarchistischen Handelns und Verhaltens werden konnte. Das antiinstitutionelle Element im A. und die Betonung von Dezentralisation und Föderalismus ergaben sich direkt aus den politischen Verhältnissen je konkreter Staaten; sie waren häufig Reaktion auf die Allgegenwart von ↗ Bürokratie, Polizei und Militär im täglichen Leben, waren Antwort auf Regierungssysteme, in denen die Teilnahme des einzelnen Bürgers an politischen Entscheidungen äußerst erschwert war.

3. Zu den sozialgeschichtlichen Bedingungen des A. scheint zu gehören, daß er in jenen Gesellschaften entstanden ist, in denen die politische Emanzipation des Bürgertums verspätet erfolgte und in denen feudale Strukturen bis weit in das 19. und 20. Jh. als absolutistische Relikte im ↗ Politischen System fortwirkten oder in denen der Erfolg der bürgerlichen Revolution vorübergehend verschüttet worden ist.

Typologisierend können verschiedene Formen des A. unterschieden werden. So können Agrar- und Handwerkeranarchismus als zwei Arten des »klassischen« oder »älteren« A. begriffen werden, nämlich als soziale Protestbewegungen an der Schwelle vom Feudalismus zum ↗ Kapitalismus. Hauptursache jenes sich im A. artikulierenden ↗ Konfliktes war das Nebeneinander und Überschneiden feudaler und kapitalistischer Strukturen. Zum Agraranarchismus können u.a. gezählt werden der spanische A., der stark genossenschaftlich geprägt aus dem Pueblo hervorgegangen ist, und die Machno-Bewegung in der Ukraine. Deutlicher Ausdruck des Handwerkeranarchismus ist der der Juraföderation in der Westschweiz, ein A. von Uhrenhandwerkern. Von diesen älteren Formen des A. ist der moderne, städtisch-proletarisch-industrielle zu unterscheiden, der seinen deutlichsten Ausdruck im Syndikalismus gefunden hat.

III. 1. Der Zusammenhang zwischen A. und Frühsozialismus ist in der sozialwiss. und historischen Literatur bisher nur unzulänglich untersucht worden. Offenkundig ist jedoch, daß eine Strömung im A., der sog. kollektivistische A. (der vom individualistischen A. unterschieden wird, zu dem Autoren wie *William Godwin, Max Stirner, John H. MacKay* und *Benjamin Tucker* gezählt werden), direkt aus der frühsozialistischen Tradition gespeist wird.

Wird unter »Frühsozialismus« jene bunte, in ihren gesellschaftskritischen und politischen Ansichten äußerst heterogene, ja widersprüchliche Reihe der Vorläufer von *Marx* und *Engels* zusammengefaßt, so gehört zu ihnen zweifellos *Pierre-Joseph Proudhon*. Dieser gilt als Anarchist. Zugleich hat er Sozialisten aller Richtungen, darunter deutsche Frühsozialisten wie *Moses Heß* und *Wilhelm Weitling*, beeinflußt. Parallelen in den Schriften von Anarchisten und Frühsozialisten fallen auf, die Rückschlüsse auf die sozialen und politischen Konstitutionsbedingungen beider nahelegen. So berühren sich anarchistischer und frühsozialistischer Revolutionsbegriff, beide sind voluntaristisch: Revolution wird zur jederzeit abrufbaren und machbaren Möglichkeit, ohne Rücksicht auf konkrete gesellschaftliche und historische Restriktionen. Im Unterschied zu Anarchisten haben Frühsozialisten sich jedoch bewußt bemüht, ihre Überlegungen und Gedanken zu einer Theorie zu verdichten. Doch stehen am Beginn des Frühsozialismus ähnlich wie beim Agrar- und Handwerkeranarchismus vergleichbare Konstitutionsbedingungen: Beide entstehen in der Periode des Übergangs von feudalen zu kapitalistischen Rechts- und Produktionsverhältnissen; beide reagieren auf autoritäre politische Strukturen und offene politische Repression – Geheimbündelei gehört zu den Elementen des A. und Frühsozialismus (Bund der Gerechten, Bund der Geächteten, Junges Deutschland). A. und Frühsozialismus überschneiden sich teilweise.

2. Die organisierte und sich als marxistisch begreifende ↗ Arbeiterbewegung hat seit ihren ersten Anfängen mit den Anarchisten im Streit gelegen und sah in diesen zeitweise ihre schärfsten Konkurrenten. *Marx* hat seine eigene Position gerade in der Auseinandersetzung mit Anarchisten – mit *Stirner, Proudhon* und *Bakunin* – gefunden und formuliert. Die organisierte sozialistische wie kommunistische Arbeiterbewegung gelangte – z.B. in Deutschland und Rußland, später in der Sowjetunion – in der Abgrenzung von den Anarchisten zu organisatorischer Stabilität und zu ihrem Selbstverständnis.

In den Auseinandersetzungen der I. Internationale zeigten sich die prinzipiellen Unterschiede in politisch-strategischen Fragen zwischen Marxisten und Anarchisten: 1) Welche Funktion hat die Internationale: Politische Partei des europäischen Proletariats und relativ zentralistisch organisiert, um die Diktatur des Proletariats ausüben zu können (Marxisten), oder lockere Föderation autonomer Regionalverbände und lokaler Gruppen (Anarchisten)? 2) Verstaatlichung der Produktionsmittel in der Phase der Diktatur des Proletariats (Marxisten) oder deren genossenschaftliche Verwaltung als Gemeineigentum (Anarchisten)? 3) Ist die Mitarbeit in den Institutionen der kapitalistischen Gesellschaft zur Durchsetzung begrenzter Reformen und mit Unterstützung von Gewerkschaften sinnvoll (Marxisten) oder nicht (Anarchisten)? Der Konflikt zwischen Marxisten und Anarchisten entzündete sich nicht sosehr an theoretischen Fragen als vielmehr an der Organisationsfrage. Der zentrale Vorwurf, schon von *Marx* in der »Deutschen Ideologie« an *Stirner* geübt, ist der, daß A. Ausdruck des Kleinbürgertums sei. Da von den marxistischen Klassikern gleichsam als Axiom vorgegeben, wagen orthodox-marxistische Autoren die These vom A. als kleinbürgerlicher Erscheinung bis heute nicht in Frage zu stellen. Ihren Tiefpunkt erreichte eine sich als marxistisch (miß)verstehende Anarchismuskritik mit *Stalin,* der 1906 aus aktuellem Anlaß georgische Anarchisten kritisierte. Diese Kritik ist dann später in der Sowjetunion zur allgemeingültigen theoretischen Auslassung »des« Marxismus über den A. stilisiert worden. In der marxistisch-leninistischen Interpretation der DDR wurde der A. begriffen als »utopisch-kleinbürgerliche, pseudo-revolutionäre Ideologie und Bewegung, die... jede politische Organisation, Disziplin und Autorität ablehnt und die Realisierung der ›absoluten Freiheit‹... von der Abschaffung aller staatlichen Zwangsorgane und Machttitel erwartet« *(Klaus/ Buhr* 1972: 68).

3. Aufgrund der politischen Konstitutionsbedingungen sind anarchistische und Rätebewegungen vergleichbar: Beide entstanden dort, wo das politische System – und u.U. auch die etablierten traditionellen Arbeiterorganisationen – über ein geringes Integrationspotential gegenüber unterprivilegierten Gesellschaftsgruppen, vor allem der Arbeiterschaft, verfügten.

Rätetheorie und anarchistische Gesellschaftskritik überschneiden sich zudem an mehreren Punkten. Gemeinsam sind ihnen: 1) die Forderung nach direkter Demokratie auf der Basis (proletarischer) Selbstorganisation; 2) der Antietatismus, der sich in der Kritik am parlamentarischen Regierungssystem und seinen Parteien sowie an jeder Form der Bürokratisierung (auch und gerade in stalinistischen Systemen und marxistisch-leninistischen Parteien) konkretisiert. Wesentliche Unterschiede zwischen Rätetheorie und anarchistischen Gedankengängen liegen jedoch im Revolutionsbegriff. In Rätetheorien wird zumeist von *Marx* ausgegangen (wenn auch je verschieden interpretiert) und versucht, den jeweiligen Entwicklungsstand kapitalistischer (oder auch bürokratisch-stalinistischer) Gesellschaften zu analysieren und auf dieser Grundlage eine Strategie zu formulieren, in der auch einzelne taktische Schritte sowie Zwischenschritte mittlerer Reichweite angegeben werden. Einer dieser Zwischenschritte, der von einigen Rätetheoretikern genannt wird und der sie von anarchistischen Autoren prinzipiell unterscheidet, ist eine Phase der Diktatur des Proletariats, die durch die Räte als Repräsentanten der Mehrheit der Bevölkerung ausgeübt wird und in der der bürgerliche Staat in seiner Qualität als Herrschaftsinstrument einer Minderheit über die Mehrheit aufgehoben werden soll.

4. Unter dem Eindruck der Studentenbewegung der 60er Jahre hat der A. eine teilweise Renaissance erlebt: Anarchistische Autoren wurden neu entdeckt, da sie die Möglichkeit zu gesellschaftsalternativem Denken und sozialer Phantasie boten. Föderalismus, Dezentralisation und Selbstorganisation wurden als Chancen zur menschlichen Emanzipation und Demokratisierung betont.

Beispielhaft hierfür sind die pragmatischen Anarchisten in Großbritannien, die sich um die Zeitschrift *Anarchy* gruppierten: Sie beschäftigen sich mit der Wohnungsfrage, Stadtplanung, Bürgerinitiativen, Umweltschutz, Schul- und Erziehungsproblemen, Fragen der Betriebsorganisation und wirtschaftlicher Mitbestimmung. Das alte anarchistische Schlagwort von der Propaganda der Tat wird bei den pragmatischen Anarchisten aus seinem terroristischen Kontext gelöst und erhält einen neuen Sinn, wird zur Propaganda durch die Tat: Dazu gehören sowohl alle Formen des zivilen Ungehorsams als auch das beispielhafte kommunitäre Vorleben. Wissenschaftstheoretisch können die pragmatischen Anarchisten als kritische Rationalisten (↗ Kritischer Rationalismus) bestimmt werden. Von *Karl Popper* haben sie die Begriffe des *piecemeal social engineering* sowie des *trial and error* übernommen. Sie betonen die graduelle Veränderung von Politik, Gesellschaft und Individuum, leugnen den Gegensatz von Evolution und Revolution, sind gleichsam zu Reformisten geworden.

Peter Lösche

↗ Gewaltenteilung; Macht; Räte.

Lit.: *Bartsch,* G. 1972/73: Anarchismus in Deutschland, 2 Bde., Hannover. *Carter, A.* 1988: Die politische Theorie des Anarchismus, Berlin. *Guérin, D.* 1983: Anarchismus. Begriff und Praxis, Frankfurt/M. *Heintz, P.* 1951: Anarchismus und Gegenwart. Versuch einer anarchistischen Deutung der modernen Welt, Zürich. *Joll, J.* 1971: The Anarchists, New York. *Klaus, G./Buhr, M.* 1972: Philosophisches Wörterbuch, Berlin (Ost). *Lösche, P.* 1986: Anarchismus, in: Pipers Handbuch der politischen Ideen 4, 415–447. *Lösche, P.* ²1987: Anarchismus, Darmstadt. *Marshall, P.* 1992: Demanding the Impossible – a History of Anarchism, London. *Nursey-Bray, P.* (Hrsg.) 1992: Anarchist Thinkers and Thought – an Annotated Bibliography, New York. *Oberländer, E.* (Hrsg.) 1972: Der Anarchismus, Freiburg. *Weber, P.* 1989: Sozialismus als Kulturbewegung: Frühsozialistische Arbeiterbewegung und das Entstehen zweier feindlicher Brüder Marxismus und Anarchismus, Düsseldorf. *Woodcock, G.* 1962: Anarchism. A History of Libertarian Ideas and Movements, Cleveland/New York.

Arbeiterbewegung

I. Zwei Begriffe von Arbeiterbewegung (A.) können unterschieden werden: 1) Unter A. im weiteren Sinn kann jene soziale Massenbewegung in der historischen Periode von ↗ Kapitalismus und Industrialisierung verstanden werden, die – von Lohnabhängigen und ihren Familien getragen – die politische und soziale ↗ Emanzipation der Arbeiterschaft anstrebt. 2) A. im engeren Sinn bezeichnet die Gesamtheit »der auf dem Prinzip des kollektiven Zusammenschlusses beruhenden Bemühungen der handarbeitenden Schichten, ihre soziale Lage zu verbessern und sich politische Rechte zu erkämpfen« (*Mommsen* 1966: 273).

Dieser Begriff von A. ist der in Umgangssprache und historischer wie sozialwiss. Literatur gebräuchliche: Im Unterschied zur allgemeinen Begrifflichkeit setzt er Momente der Organisationsförmigkeit, ein Mindestmaß an Institutionalisierung voraus.

A. kann in vier verschiedenen Organisationsformen auftreten: 1) ↗ Gewerkschaften als Interessenvertretung der Beschäftigten in Werkstatt, Fabrik und Büro; 2) ↗ Partei als politische Organisation; 3) ↗ Genossenschaften und wirtschaftliche Unternehmungen; 4) Freizeit- und Bildungsvereinigungen (wie Arbeiterbildungsvereine, Arbeitersportbewegung). Entsprechend wird von den »vier Säulen« der A. gesprochen, die sich lokal, sektoral, national und international formieren können.

Der Begriff A. impliziert die Existenz von Arbeitern, Arbeiterschichten oder einer Arbeiterklasse. Im Unterschied z. B. zu den Gesellenverbindungen des ausgehenden Mittelalters kommt der A. ein eigenes Selbstverständnis und Solidaritätsbewußtsein zu, das mehr oder minder ausgeprägt aufgrund vergleichbarer wirtschaftlicher und sozialer Situation diejenigen in der Frühphase der A. verbunden hat, die durch abhängige und unselbständige Handarbeit ihren Lebensunterhalt verdienten. Dieses richtete sich zunehmend auf die Beseitigung sozialer Mißstände und führte zu entsprechenden kollektiven Zusammenschlüssen.

II. Entstehungsbedingungen. Die Sammlung jener sozialen Gruppen, die im 19. Jh. in Europa die Arbeiterschaft und A. ausmachten, setzte bereits vor Beginn der Industrialisierung ein. Zu den

Gründen, die zum Entstehen der Arbeiterschaft führten, gehörten: 1. Armut auf dem Lande, Abwanderung von Arbeitskräften vom Land in die Stadt; 2. Krise des Zunfthandwerks, die nicht zuletzt durch die Ausbreitung des Verlags- und Manufaktursystems bedingt war; 3. Absinken selbständiger Handwerker zu Lohnarbeitern; 4. allgemeine Bevölkerungszunahme im Europa des 18. Jh.s; 5. einsetzende Industrialisierung. Im Vergleich zur vorkapitalistischen und vorindustriellen Gesellschaft war entscheidend, daß im bürgerlichen Recht die Beziehungen zwischen Unternehmer und Arbeiter auf das Lohnarbeitsverhältnis reduziert wurden, der Arbeiter seine Arbeitskraft gegen Lohn dem Unternehmer zur Verfügung stellte.

Proletarische Solidarität und Arbeiterorganisationen entstanden aufgrund den Arbeitern gemeinsamen sozialen, wirtschaftlichen und politischen Erfahrungen: 1. Ablösung aus einem in der Rückschau relativ stabil erscheinenden (oft agrarischen) Lebenszusammenhang; 2. der (Industrie-)Betrieb rückt in den Lebensmittelpunkt und wird zur Existenzbasis; 3. Arbeitsteilung im (Industrie-)Betrieb und Teilung zwischen Arbeit und (oft äußerst knapp bemessener) Freizeit, was *Marx* unter dem Begriff der Entfremdung zu erfassen versuchte; 4. Arbeiter leben in proletarischen Wohnquartieren zusammen, auch räumlich findet die gesellschaftliche »Ghettoisierung« ihren Niederschlag.

Die ersten Träger der A. waren jedoch nicht Fabrikarbeiter, sondern die von der Proletarisierung bedrohten Handwerkergesellen. Hier lebten z. T. zünftlerische Traditionen fort, die im Klassenbewußtsein und in den Arbeiterorganisationen aufbewahrt wurden. Die ersten Gewerkschaften wurden von den Handwerkerfacharbeitern gegründet, die von der Industriellen Revolution vergleichsweise wenig betroffen, wohl aber bedroht waren und Spitzenlöhne verdienten: nämlich von Buchdruckern, Schriftsetzern, Zigarrenmachern. »Die Arbeiterbewegung ist aus der Arbeiteraristokratie hervorgegangen; diese hat auf lange Zeit hinaus eine führende Rolle gespielt und stellt den entscheidenden ideologischen Vermittler zwischen den bürgerlichen Theoretikern und den arbeitenden Massen dar« (*Mommsen* 1966: 276).

III. Politiktheoretische Verortung. Die A. wird je nach politischem Standpunkt und wissenschaftstheoretischem Zugang unterschiedlich interpretiert. Um die historische und soziale Vielfalt von A. nach verschiedenen zeitlichen Epochen, Richtungen, Strömungen, Lagern usw. unterscheiden und systematisieren zu können, wird in der sozialwiss. Literatur häufig das typologisierende Verfahren angewandt. Die dabei herangezogenen und in den Vordergrund gerückten Kriterien zur Typenbildung unterscheiden sich wiederum je nach politischer Motivation und erkenntnisleitender Fragestellung.

1. Das gebräuchlichste Kriterium zur Unterscheidung verschiedener A. ist das der Programmatik: Auf einer Links-Rechts- bzw. Fortschrittlich-Konservativ- oder Radikal-Reformistisch-Skala werden nach Programm, Propaganda, aber auch nach Bewußtseinsinhalt die verschiedenen Arbeiterorganisationen differenziert. Häufig werden dabei drei große Gruppen unterschieden, nämlich sozialistische, christlich-konservative und liberale Arbeiterorganisationen. Differenzierter ist die Unterscheidung zwischen syndikalistischen, kommunistischen, sozialistischen, sozialdemokratischen, sozial-liberalen, national-liberalen, christlich-demokratischen, national-konservativen und faschistischen Organisationen.

2. Historisch können verschiedene Stufen in

der Entwicklung der A. nach dem Stand ihrer jeweiligen Integration in die bestehende Gesellschaft und das entsprechende ↗ Politische System voneinander abgegrenzt werden. Dabei lassen sich vier zeitliche Abschnitte unterscheiden: a) Frühphase (Beginn der Industrialisierung bis zur Mitte des 19. Jh.s): Die Auflehnung der Arbeiterschaft gegen die Industrialisierung verläuft noch weitgehend spontan (z. B. Maschinenstürmerei), bestenfalls sind erste Organisationsansätze vorhanden. Soweit überhaupt politische Forderungen erhoben werden, sind diese vom radikalen Bürgertum übernommen. Die proletarische Demokratie hat sich noch nicht von der bürgerlichen getrennt. b) Verselbständigung der A. (Mitte bis Ende des 19. Jh.s): Die Organisationen der A. entstehen, Solidaritätsbewußtsein wird systematisch befördert, Gruppendisziplin praktiziert. Politische und gewerkschaftliche Machtmittel der A. werden erkämpft, darunter das Wahlrecht, das Koalitions- und Streikrecht. c) Konsolidierung (Jahrhundertwende bis zum I. Weltkrieg): Die Arbeiterorganisationen richten sich im bestehenden politischen und sozialen System, in dem insbesondere die ↗ Sozialpolitik ausgebaut wird, zunehmend ein. Oligarchisierung und Bürokratisierung kennzeichnen die innerorganisatorische Entwicklung, Flügelbildung (Radikalismus, Reformismus, Revisionismus, Zentrismus) bestimmt die innerorganisatorischen Diskussionen. d) Integration (nach dem I. Weltkrieg): Die sozialdemokratischen Arbeiterparteien arbeiten in den parlamentarischen Demokratien Europas mit, übernehmen häufig selbst Regierungsverantwortung. Durch verschiedene Formen der ↗ Mitbestimmung gewinnen die Gewerkschaften auch auf die betriebliche Situation Einfluß (Arbeiter- und Angestelltenausschüsse, Betriebsräte).

3. Verschiedene Formen der A. können nach ihrer Organisationsstruktur bzw. nach ihrem jeweiligen Institutionalisierungsgrad unterschieden werden. So basierte die sozialdemokratische deutsche, aber auch österreichische A. in der Zwischenweltkriegszeit auf den vier Säulen von Partei, Gewerkschaften, Genossenschaften und Wirtschaftsunternehmungen sowie Freizeit- und Bildungsvereinigungen. Die proletarischen Organisationen stellten eine Gegenwelt zur bürgerlichen Gesellschaft (↗ Bürgertum) und ihren Vereinen dar. Der Proletarier wurde von der Wiege bis zur Bahre von den Organisationen seiner Klasse begleitet, war in ihnen Mitglied, lebte und verwirklichte sich in ihnen. Den Gegentypus hierzu bildet die US-amerikanische A., die in ihrer Geschichte im wesentlichen auf die Gewerkschaften, also auf eine Säule der A. beschränkt geblieben ist. Alle Ansätze zur politischen Parteibildung auf Dauer blieben erfolglos.

4. Im Zusammenhang mit der Organisationsform und auf der Grundlage der die A. konstituierenden Solidarität können verschiedene Solidaritätstypen unterschieden werden: a) Der englische Typus: Bei weitgehender Anerkennung der kapitalistischen Wirtschaftsordnung geht es um die unmittelbare und pragmatische Verbesserung der persönlichen, wirtschaftlichen, sozialen und politischen Lage des einzelnen Arbeiters. Primäre Organisationsform sind Gewerkschaften und Verbrauchergenossenschaften. b) Der klassenkämpferische Typus: Ausgehend vom Begriff der Klassensolidarität geht es um die Aufhebung der Klassengesellschaft in der proletarischen ↗ Revolution. Die politische Partei der Arbeiterschaft ist die primäre Organisationsform; von ihr werden die anderen Organisationen der A. dominiert. c) Der christlich-soziale Typus: Bei Ablehnung von proletarischem Klassenkampf und sozialer Revolution soll auf der Grundlage der katholischen Soziallehre eine korporativ geprägte Sozialordnung erreicht werden. Berufsgenossenschaft und Gesellen- bzw. Arbeitervereine sind die bestimmende Organisationsform.

5. *H. Mommsen* hat versucht, durch eine Verbindung mehrerer Kriterien zur Beschreibung von A. eine komplexe und differenzierte Typenbildung zu ermöglichen. Er unterscheidet zwei Haupttypen, nämlich die angelsächsische und die kontinentaleuropäische A. Der angelsächsische Typus unterscheidet sich danach vom kontinentaleuropäischen durch seine andersartige Organisationsstruktur, durch seine ausgeprägte pragmatische Orientierung, durch die vergleichsweise Bedeutungslosigkeit von Theo-

rie und Programmen, durch die grundsätzliche Anerkennung des demokratisch-parlamentarischen Systems als Grundlage zur Durchsetzung proletarischer Interessen, kurz durch seinen durchgängig evolutionär-reformistischen Charakter. Die A. Großbritanniens, der Länder des britischen *Commonwealth* und der USA werden diesem Typus zugerechnet. Während die A. angelsächsischen Typs auf der Grundlage eines relativ fortgeschrittenen demokratischen politischen Systems zu keinem Zeitpunkt in einen fundamentalen ↗ Konflikt mit der staatlichen Ordnung geraten sind, ist der zentraleuropäische Typus gerade durch wiederholte Versuche polizeistaatlicher Unterdrükkung geprägt.

Mehrere Untertypen sind der zentraleuropäischen A. zuzurechnen: a) Der revolutionäre ↗ Syndikalismus und ↗ Anarchismus gewannen in romanischen Ländern große Bedeutung. b) Die sozialistische A. mit einer vergleichsweise straff organisierten proletarischen Massenintegrationspartei setzte sich im zweiten Drittel des 19. Jh.s. in Deutschland, Österreich-Ungarn, Belgien, später in Skandinavien und in Ost- und Südeuropa durch. c) Die Bolschewiki sind aus diesem sozialistischen Typus von A. hervorgegangen: Sie wandelten die straff organisierte Massenpartei sozialdemokratischen Typs in den einer von Berufsrevolutionären geprägten Kaderpartei um. Nach dem Sieg der Bolschewiki in der Oktoberrevolution 1917 spaltete sich die II. Internationale und damit die sozialistische A.: Der Typus der kommunistischen Kaderpartei verbreitete sich weltweit (↗ Kaderpolitik).

6. Im marxistisch-leninistischen Verständnis wird die Geschichte der A. linear und teleologisch auf die Oktoberrevolution und das Entstehen einer »Partei neuen Typs«, einer Kaderpartei von Berufsrevolutionären, die die staatliche Macht im ökonomisch und sozial rückständigen zaristischen Rußland gewonnen hatte, interpretiert. In immer neuen Wendungen wird die nach dem Prinzip des ↗ Demokratischen Zentralismus organisierte Kaderpartei als »Avantgarde« des Proletariats, als »Stoßtrupp«, »organisierter Trupp«, »Vorhut«, »Vorkämpfer« herausgestellt. Mit der Partei der Bolschewiki erwächst der A. unter der Führung *Lenins* die politisch einheitliche, theoretisch zielklare revolutionäre Kampfpartei neuen Typs. A. und ↗ Marxismus-Leninismus werden gleichgesetzt.

Die hier skizzierten wissenschaftstheoretischen und politischen Zugänge, um A. zu beschreiben, leiden unter verschiedenen Defiziten. Zu nennen sind u.a.: 1. A. wird aus einer eurozentristischen Perspektive analysiert. Proletarische Massenbewegungen in Ländern der Dritten Welt werden bestenfalls in verschiedenen ↗ Imperialismustheorien berücksichtigt, nicht aber aus ihrem je spezifisch nationalen Kontext heraus analysiert. 2. Die verschiedenen Typen von A. sind von einer konkreten historischen Periode aus abstrahiert und gebildet worden, nämlich der A., die sich nach dem I. Weltkrieg herausgebildet hat. Seitdem hat sich in kapitalistischen Industrieländern, aber deutlich auch in Staaten des ehemals »real existierenden Sozialismus« allein schon die soziale Zusammensetzung der Lohnabhängigen so geändert (größere Bedeutung des tertiären gegenüber dem sekundären Sektor; die Zahl der Angestellten übertrifft inzwischen die der Arbeiter; »Akademisierung« der ehemaligen Arbeiterparteien; Wandlung der Arbeiterparteien zu ↗ Volksparteien), daß gefragt werden könnte, ob die A. in ihrem historischen Verständnis nicht zu ihrem Ende gekommen ist. Die politische und soziale Integration der Arbeiterschaft ist in den entwickelten Industriegesellschaften heute weitgehend vollzogen. 3. Die bisherige Historiographie von A. war im wesentlichen geprägt durch Ideologie-, Programm- und Organisationsgeschichte. Erst in den letzten Jahren wurde die – lokal und regional vorgehende – Geschichtsschreibung des alltäglichen Lebens- und Arbeitszusammenhangs sowie

Mentalitätsgeschichte der Arbeiter (und eben nicht nur der organisierten A.) vorangetrieben.

Peter Lösche

↗ Arbeitsbeziehungen; Industriegesellschaft; Streik.

Lit.: *Braunthal, J.* 1961/63: Geschichte der Internationale, 2 Bde., Hannover. *Cole, G.D.H.* 1953–1958: A History of Socialist Thought, 5 Bde., London. *Dolléans, E./Crozier, M.* (Hrsg.) 1950–56: Mouvement Ouvrier Socialiste. Chronologie et Bibliographie, 3 Bde., Paris. *Mayer, G.* 1969: Radikalismus, Sozialismus und bürgerliche Demokratie, hrsg. von *H. U. Wehler*, Frankfurt/M. *Mommsen, H.* 1966: Arbeiterbewegung, in: SDG, Bd. 1, 273–313. *Ritter, G.A.* (Hrsg.) 1984ff.: Geschichte der Arbeiter und der Arbeiterbewegung in Deutschland seit dem Ende des 18. Jahrhunderts, Bonn (geplant auf 11 Bde.). *Rosenberg, A.* 1962: Demokratie und Sozialismus, Frankfurt/M. *Teufelde, K.* 1986: Arbeiter und Arbeiterbewegung im Vergleich: Berichte zur internationalen historischen Forschung, München (= HZ, Sonderheft 15).

Arbeitsbeziehungen

I. Der Begriff Arbeitsbeziehungen (A.) bezieht sich auf die Akteure des Arbeitslebens sowie die Regeln ihrer Beziehungen und die daraus folgenden Handlungen der Akteure. Zu den Akteuren gehören (a) die Arbeitgeber und ihre Vertreter, (b) die Arbeitnehmer und ihre Vertreter und (c) staatliche Instanzen, die Zuständigkeiten für die Arbeitswelt haben. Die Regeln betreffen Verfahrensweisen in und zwischen den beteiligten Organisationen (z.B. Gewerkschaftssatzungen, Tarifvertragsrecht, Betriebsverfassung, Streikrecht, Schlichtungsverfahren) und Regeln über materielle Leistungen (beispielsweise Höhe der Tariflöhne, Arbeitszeiten). Handlungen können integrativ (z. B. Kooperation zwischen Betriebsräten und Arbeitgebern bei der Einführung einer technologischen Innovation im Produktionsprozeß) oder dissoziativ sein (Beispiel: Streik und Aussperrung). A. werden als System betrachtet, das als solches Grenzen gegenüber seiner ökonomischen und politischen Umwelt hat und intern durch seine Elemente und die interdependenten Beziehungen zwischen ihnen charakterisiert ist (vgl. *Dunlop* 1958; *von Beyme* 1977: 11–14; *Müller-Jentsch* 1986:10–22). Die Forschung über A. wurde vor allem im angelsächsischen Bereich vorangetrieben. Dort hat sich der Begriff *industrial relations* eingebürgert. Zuweilen wird diese Bezeichnung auch wörtlich ins Deutsche übernommen (»industrielle Beziehungen«), obwohl damit nicht nur der sekundäre Sektor gemeint ist. Vergleichende Analysen der A., die auch politikwissenschaftliche Fragestellungen aufnehmen, sind selten. Ausnahmen bilden die Arbeiten von *von Beyme* (1977), *Clegg* (1976) und *Poole* (1986) sowie die systematisch international und historisch vergleichenden Analysen von *Crouch* (1993) und *Armingeon* (1994). Nützliche vergleichende Einführungen sind *Endruweit* (1985) und *Bean* (1985). Eine gute Sammlung zentraler Texte bildet *Kerr/Staudohar* (1986)

Der Literatur lassen sich drei Annahmen über langfristige Entwicklungen der A. entnehmen. Die erste stammt von *Dunlop* (1958), dem zufolge die wichtigsten Merkmale eines Systems der A. in einer relativ frühen Phase des Industrialisierungsprozesses entstehen und danach – solange keine umfassenden Veränderungen der Gesellschaft durch Revolutionen oder Kriege stattfinden – beibehalten werden. Es gibt ansonsten nur evolutionären Wandel, der sich auf die Veränderung von drei Rahmenbedingungen zurückführen läßt: die technologische Entwicklung, die ökonomische Lage und die gesamtgesellschaftliche Machtverteilung. Da diese Bedingungen zwischen den Industrieländern immer ähnlicher werden, konvergieren die

Systeme der A. zumindest tendenziell *(Kerr u.a.* 1962; *Kerr* 1983).
Die zweite Entwicklungsannahme bezieht sich auf die Institutionalisierung der A., die in der historischen Entwicklung den politischen vom industriellen Konflikt trenne und die A. institutionell von politischen Auseinandersetzungen isoliere *(Dahrendorf* 1967). Dies trifft sich mit modernisierungstheoretischen Argumenten, die funktionale Spezialisierung und Differenzierung im Prozeß gesellschaftlicher Modernisierung behaupten. Schließlich wird die These vertreten, daß Systeme der A. nicht konvergieren, sondern prinzipiell divergieren. Gründe dafür sind unterschiedliche institutionelle Antworten auf Konflikte in der Arbeitswelt (*Poole* 1986) oder unterschiedliche Machtverteilungen im politischen System *(Korpi* 1983).

A. weisen im internationalen Vergleich enorme Unterschiede auf (↗ Gewerkschaften, ↗ Einkommenspolitik, ↗ Korporatismus, ↗ Streik). Dies wird auch deutlich, wenn man der Frage nachgeht, in welchem Maße Arbeitsbedingungen kollektiv durch Tarifverträge oder individuell geregelt sind. In den 80er Jahren arbeiteten fast alle abhängig Beschäftigten in Belgien, Österreich und Schweden im Geltungsbereich von Tarifverträgen, in der Bundesrepublik 80–90%, in Frankreich 45%, in den USA knapp ein Drittel und in Japan ein Viertel *(International Labour Office* 1987: 135).

II. Obwohl mit dem systemtheoretischen Konzept der Staat bereits im Forschungsansatz miteinbezogen wird, hat die Forschung über A. sich erst in jüngster Zeit mit staatlicher Politik in diesem Bereich ausführlicher beschäftigt (vgl. *Giles* 1989; *Crouch* 1993; *Armingeon* 1994). Die vergleichenden Arbeiten lassen sich den folgenden Ansätzen zurechnen:
1. Arbeitspolitik: In diesem Ansatz werden Staat und Politik nicht als abgehobenes Institutionengefüge gesehen, sondern das Politische gerade auch im scheinbar politikneutralisierten Bereich des Arbeits- und Produktionsprozesses erkannt *(Naschold* 1985).
2. Tripartismus/Korporatismus: In einer Reihe von Studien wird gefragt, unter welchen Bedingungen auf Industrie- oder nationaler Ebene korporatistische oder sozialpartnerschaftliche Beziehungen entstehen und wovon die Stabilität dieser Arrangements abhängt (↗ Korporatismus).
3. Deregulierung/Desorganisation des Kapitalismus: In einigen neueren Arbeiten wird die Auffassung vertreten, daß die Phase des Korporatismus und der keynesianisch inspirierten Wirtschaftssteuerung (Organisierter Kapitalismus, Fordismus) vorbei sei. In den 80er und 90er Jahren würden sich neue A. ausbilden, die durch einen höheren Grad an Dezentralität und durch weniger Regulation gekennzeichnet seien *(Boyer* 1988; *Lash/Urry* 1988).
4. Streiks: Staatliche Politik hat Auswirkungen auf den Konfliktgehalt der A. Wenn Gewerkschaften ihre Ziele über eine ihnen nahestehende Regierung verwirklichen können, sind sie – zumindest langfristig – weniger auf die Zielverwirklichung über Streiks angewiesen als unter politischen Bedingungen, in denen das Feld erfolgreicher gewerkschaftlicher Tätigkeit auf die Auseinandersetzung mit Arbeitgebern beschränkt ist.
5. Entwicklungen der Institutionen der A.: Hierzu gehören Analysen der Traditionen (*Crouch* 1993) und der Reformbedingungen der A. (*Armingeon* 1994).

III. Zu den Folgen von A. lassen sich vier die Diskussion beherrschende Thesen unterscheiden. Sie beinhalten den Zusammenhang von A. mit dem Wirtschaftswachstum, mit politischer und wirtschaftlicher Stabilität sowie mit der Wirtschaftspolitik:

1. *Mancur Olson* (1982) argumentiert, daß fragmentierte und dezentrale Systeme der A. sich wirtschaftlich wachstumshemmend auswirken. Er geht dabei davon aus, daß Organisationen ebenso wie Individuen rational handeln und ihren Nutzen maximieren. Organisationen kleiner Gruppen *(special interest organizations)* wie beispielsweise Berufsgewerkschaften oder nur regional operierende Gewerkschaften hätten Interesse an Kollektivgütern (z.B. Preisstabilität). Andererseits wäre einer kleinen Gewerkschaft aufgrund

ihrer geringen zahlenmäßigen Bedeutung auch klar, daß ihre Politik für sich alleine keinen nachhaltigen Einfluß auf gesamtwirtschaftliche Größen habe. Es sei deshalb in dieser Situation rational, sich stabilitätswidrig zu verhalten. Da jedoch andere kleine Organisationen dieselbe Strategie (Teilhabe am Kollektivgut, ohne einen entsprechenden eigenen Beitrag zu leisten) verfolgten, werde das Kollektivgut nicht produziert. Hinzu kämen weitere Nachteile: Je älter eine Demokratie sei, desto mehr solcher Sonderinteressen-Organisationen habe sie. Die Vielzahl der Gruppen führe zu überladenen Entscheidungstagesordnungen der Politik und zu langsamen Entscheidungsfindungen. Länder, in denen es schon lange das Koalitionsrecht gebe und die dementsprechend viele dieser Sonderinteressen-Organisationen vorwiesen, hätten deshalb unter überzogenen Forderungen der Gruppen, langsamen Entscheidungen und großen Rigiditäten sowie – in der Folge – unter geringem wirtschaftlichem Erfolg zu leiden. Eine Ausnahme bildeten lediglich Fälle, in denen nicht Sonderinteressen-Organisationen, sondern umfassende Interessenorganisationen entstanden seien. Als Beispiel nennt *Olson* große Industriegewerkschaften, die Mitglieder in verschiedenen Statusgruppen, Berufen und Regionen vereinen. Diese hätten insbesondere kein rationales Interesse an überzogenen Forderungen, da sie zahlenmäßig so bedeutsam seien, daß eine direkte Beziehung zwischen dem Handeln der Organisation und der Erreichung des Kollektivgutes bestehe. Ferner sind sie aus Interesse am Wohlergehen der Gesamtmitgliedschaft u. U. daran interessiert und dazu bereit, Interessen einzelner Mitgliedergruppen zu verletzen. Aus dieser Argumentation folgt eine Hypothese zum Zusammenhang von A. und wirtschaftlicher Entwicklung eines Landes: Je länger das Koalitionsrecht besteht und je weniger umfassend die Gewerkschaften sind, desto schlechter sind die wirtschaftlichen Erfolgsaussichten dieses Landes.

2. Soweit A. institutionalisiert sind und Gewerkschaften eine starke Mitgliederbasis haben, sind wichtige Voraussetzungen der politischen und ökonomischen Stabilität gegeben. Gering institutionalisierte A. sind in bezug auf die Folgen von Konfliktregulierungen in zweierlei Hinsicht schlecht berechenbar (vgl. *Dahrendorf* 1967): Unklar ist, in welcher Form und in welcher Stärke diese Konflikte in anderen Arenen ausgetragen werden, weil es keine festgelegten Verfahren der Konfliktregulierung gibt. Zum zweiten sind die materiellen Folgen der Auseinandersetzungen schlecht vorhersehbar, weil in der Abwesenheit stabilisierender Institutionen augenblickliche Kräfteverteilungen, Koalitionen und Wahrnehmungen ein außerordentlich starkes Gewicht haben. Außerdem treten Gewerkschaften auf dem Arbeitsmarkt nicht nur als Forderer auf. Sie aggregieren und definieren die Interessen der Arbeitnehmerschaft und machen sie dadurch erst überschaubar und verhandelbar. Darüber hinaus macht die Interessenvertretung und Mitbestimmung der Gewerkschaften die Politik der Arbeitgeber vernünftiger und längerfristig angelegt. Gewerkschaftliche Mitbestimmung verhindert beispielsweise eine auf kurzfristige Wirtschaftsschwankungen reagierende Personalpolitik des Heuerns und Feuerns, die auf mittlere und längere Sicht auch nachteilig für die Unternehmen ist (*Streeck* 1987; *Freeman/Medoff* 1984). In der Forschung über Korporatismus wurde wiederholt gefunden, daß bei korporatistischen Formen der Wirtschaftsregulierung das Ziel der Vollbeschäftigung und oft auch der Preisstabilität und des Wirtschaftswachstums eher erreicht wird als in Ländern, deren A. nicht sozialpartnerschaftlich sind (*Bruno/Sachs* 1985).

3. In einem Vergleich der Wirtschaftspolitik sozialdemokratischer Regierungen in Österreich, Großbritannien, Schweden und der BRD seit 1973 entwickelte *Fritz W. Scharpf* (1987) die These, daß es vom wirtschaftlichen Problem und der darauf bezogenen politischen Strategie abhänge, wie problemverschärfend oder -entlastend sich ein gegebenes System der A. auswirke. Im Einklang mit *Olson* wird zunächst von der Überlegenheit eines Systems zentralisierter Industriegewerkschaften im Rahmen keynesianischer Globalsteuerung ausgegangen.
Anders sieht es aus, wenn die Wirtschaftslage keine keynesianische Strategie zuläßt, die Regierung eine Sparpolitik ohne Abstimmung

mit den Gewerkschaften betreibt und die Gewerkschaften in die lohnpolitische Konfrontation mit der Regierung gehen. In diesem Fall sind starke, zentralisierte Gewerkschaften von Nachteil. Günstiger wären dann fragmentierte und schwache Gewerkschaften, weil diese, so *Scharpf*, rascher und mit weniger Widerstand die von der Regierung akzeptierte hohe ↗ Arbeitslosigkeit in niedrigere Forderungen umsetzen.

4. Im Anschluß an und in Ergänzung zu *Scharpf* wurde argumentiert, daß bei Einbeziehung von machtpolitischen und Einstellungsvariablen unterschiedliche Wege zum wirtschaftlichen Erfolg bestehen. In bezug auf das Vollbeschäftigungsziel haben beispielsweise die A. in Schweden, der Schweiz und Japan unter jeweils anderen Bedingungen denselben funktionalen Effekt *(Schmidt* 1988).

Klaus Armingeon

↗ Arbeitslosigkeit.

Lit.: *Armingeon, K.* 1994: Staat und Arbeitsbeziehungen. Ein internationaler Vergleich, Opladen. *Baglioni, G./Crouch, C.* 1990: European Industrial Relations: The Challenge of Flexibility, London. *Bean, R.* 1985: Comparative Industrial Relations. An Introduction to Cross-National Perspectives, London/Sydney. *Beyme, K. von* 1977: Gewerkschaften und Arbeitsbeziehungen in kapitalistischen Ländern, München/Zürich. *Boyer, R.* (Hrsg.) 1988: The Search for Labour Market Flexibility. The European Economies in Transition, Oxford. *Bruno, M./Sachs, J.D. 1985:* Economics of Worldwide Stagflation, Cambridge, Mass. *Clegg, H. A.* 1976: Trade Unionism under Collective Bargaining. A Theory Based on Comparison of Six Countries, Oxford. *Crouch, C.* 1993: Industrial Relations and European State Traditions, Oxford. *Dahrendorf, R.* [4]1967: Class and Class Conflict in Industrial Society, London. *Dunlop, J. T* 1958: Industrial Relations Systems, New York. *Endruweit, G. u.a.* (Hrsg.) 1985: Handbuch der Arbeitsbeziehungen. Deutschland, Österreich, Schweiz, Berlin. *Ferner, A./Hyman, R.* (Hrsg.) 1992: Industrial Relations in the New Europe, Oxford. *Freeman, R.B./Medoff, J.L.* 1984: What Do Unions Do?, New York. *Giles, A.* 1989: Industrial Relations Theory, The State, and Politics, in: *Barbash, J./Barbash, K.* (Hrsg.): Theories and Concepts in Comparative Industrial Relations, Columbia, 123–153. *International Labour Office,* 1987: World Labour Report. 1–2, Oxford. *Kerr, C. u.a.* 1962: Industrialism and Industrial Man. The Problem of Labor and Management in Economic Growth, London/Edinburgh. *Kerr,* C. 1983: The Future of Industrial Societies: Convergence or Continuing Diversity?, Cambridge, Mass. *Kerr, C./Staudohar, P.* O. (Hrsg.) 1986: Industrial Relations in a New Age. Economic, Social and Managerial Perspectives, San Francisco. *Korpi,* W. 1983: The Democratic Class Struggle, London. *Lash, S./Urry, J.* 1988: The End of Organized Capitalism, Gerrards Cross. *Müller-Jentsch, W.* 1986: Soziologie der industriellen Beziehungen. Eine Einführung, Frankfurt a. M./New York. *Naschold, F.* (Hrsg.) 1985: Arbeit und Politik. Gesellschaftliche Regulierung der Arbeit und der sozialen Sicherung, Frankfurt a. M./New York. *Olson, M.* 1982: The Rise and Decline of Nations. Economic Growth, Stagflation, and Social Rigidities, New Haven/London. *Poole, M.* 1986: Industrial Relations. Origins and Patterns of National Diversity, London. *Scharpf, F. W.* 1987: Sozialdemokratische Krisenpolitik in Europa, Frankfurt a.M./ New York. *Schmidt, M. G.* 1988: The Politics of Labour Market Policy. Structural und Political Determinants of Rates of Unemployment in Industrial Nations, in: *Castles, F.* C. u.a. (Hrsg.): Managing Mixed Economies, Berlin/New York, 4–53. *Streeck, W.* 1987: Industrielle Beziehungen, soziale Ordnung, Produktion und Beschäftigung. Ein Kommentar, in: *Matzner, E.* u.a. (Hrsg.): Arbeit für alle ist möglich. Über ökonomische und institutionelle Bedingungen erfolgreicher Beschäftigungs- und Arbeitsmarktpolitik, Berlin, 241–246.

Arbeitslosigkeit

I. In wirtschaftswissenschaftlicher Perspektive ist Arbeitslosigkeit (A.) als Überschuß des Arbeitsangebots relativ zur Arbeitsnachfrage definiert. Als Arbeitslose im Sinne der amtlichen Statistik gelten die abhängigen Erwerbspersonen im arbeitsfähigen Alter (in der Regel zwischen 15 und 65 Jahren), die arbeitswillig und beim Arbeitsamt als arbeitslos registriert sind und keiner geregelten dauerhaften Beschäftigung nachgehen.

Die gesamtwirtschaftliche Größenordnung der A. wird durch statistische Kennziffern der Unterbeschäftigung, insbesondere die Arbeitslosenquote erfaßt. Sie ist definiert als prozentualer Anteil der Zahl der registrierten Arbeitslosen an der Zahl der abhängig Beschäftigten oder der Zahl der abhängigen Erwerbspersonen (abhängig Beschäftigte und Arbeitslose) oder der Zahl aller Erwerbspersonen (abhängig Beschäftigte, Selbständige und Arbeitslose). Die Arbeitslosenquote erfaßt jedoch nur einen Teil der Diskrepanz zwischen Arbeitsangebot und Arbeitsnachfrage. Mindestens zwei Aspekte verdeckter A. fallen in der Regel durch ihre Maschen: die »stille Reserve« (entmutigte Arbeitssuchende, die arbeitsfähig und arbeitswillig sind, aber nicht als arbeitslos registriert sind) und die aufgrund von Beschäftigungsproblemen bedingte Abwanderung von Arbeitskräften in den vorzeitigen Ruhestand oder – im Falle von Ausländern oder Emigranten – ins Ausland. Die Größenordnung der verdeckten A. wird auf mehr als 50 % der registrierten A. geschätzt, so daß die tatsächliche Unterbeschäftigung erheblich größer als die offiziell ausgewiesene Arbeitslosenquote ist *(Maddison* 1980).

II. Historische und internationale Vergleiche fördern große Unterschiede in der Arbeitslosenquote zutage. Im Ländervergleich erweist sich das Gefälle zwischen der Gruppe der Länder mit geringer durchschnittlicher A. in der Periode von den 50er bis zu Beginn der 90er Jahre (beispielsweise Japan, Norwegen, Schweden und die Schweiz) und der Gruppe der Länder mit konstant hoher Arbeitslosenquote (zu denen vor allem Irland, Italien, Kanada und die USA zu zählen sind) als besonders markant. Die Bundesrepublik Deutschland zählte in der Periode nach dem (Ende der 50er Jahre erfolgten) Abbau der hohen A. der Nachkriegszeit bis Mitte der 70er Jahre zu den Ländern mit sehr niedriger A. und anschließend zu den Nationen mit relativ hoher Unterbeschäftigung. Nach der Herstellung der Währungs-, Wirtschafts- und Sozialunion stieg die A. der neuen Bundesländer auf ein ungewöhnlich hohes Niveau (1993: 15,8 % im Vergleich zu 7,9 % in den alten Bundesländern; Bezugsgröße: abhängige zivile Erwerbspersonen).

Die Arbeitslosenquote als Bestandsgröße zur Messung des in einer bestimmten Periode anfallenden Unterbeschäftigungsniveaus ist für Analysen der Dynamik der A. und der Verteilung der Arbeitslosigkeitsrisiken auf Sozialgruppen oder Sektoren nur begrenzt geeignet. Man wird sie für solche Untersuchungszwecke ergänzen durch Daten der – in sozialer, regionaler und wirtschaftssektoraler Hinsicht differenzierten – Dynamik des Eintretens und der Beendigung von A. sowie der Verteilung von Arbeitsmarktchancen und -risiken (»Arbeitslosigkeitsprozeß«; vgl. *Büchtemann* 1984). Das Arbeitslosigkeitsrisiko beispielsweise ist nach Sozialgruppen hochgradig konzentriert. An 70 bis 80 % der Arbeitnehmer der alten Bundesländer geht die A. spurlos vorbei. Das Arbeitslosigkeitsrisiko trifft dort 20 – 25 % der abhängig Beschäftigten, vor allem Ausländer, ältere Arbeitnehmer, Frauen und Jugendliche und generell gering Qualifizierte. Unter diesen Gruppen ist auch die Langzeitarbeitslosigkeit weit verbreitet. Viel höher ist das Arbeitslosigkeitsrisiko in den neuen ↗ Bundesländern, vor allem bedingt durch den rapiden Wandel von der ↗ Plan- zur ↗ Marktwirtschaft.

Neben regionalen, ökonomischen und branchenstrukturellen Faktoren, wie z. B. Beschäftigung in Krisenbranchen, werden vor allem drei Faktoren für überdurchschnittlich hohe Arbeitslosigkeitsrisiken verantwortlich gemacht: (1) Innerbetriebliche und überbetriebliche Arbeitsmärkte sind aus objektiven (z.B. qualifikations- oder marktbezogenen) Gründen, aber auch aufgrund politischer Strategien (»Teile und herrsche«, Besitzstandsverteidigung der *Insider)* in mindestens zwei Segmente gegliedert: den »primären Teilarbeitsmarkt« mit hochqualifizierter Tätigkeit, hoher Arbeitsplatzsicherheit und guter Bezahlung und den »sekundären Teilarbeitsmarkt« mit schlechter Entlohnung, geringer Arbeitsplatzsicherheit und geringem Qualifikationsprofil, in dem vor allem die sog. Problemgruppen des Arbeitsmarktes beschäftigt sind; (2) die Existenz von gesellschaftlich weitgehend akzeptierten Alternativrollen für Arbeitslose außerhalb des Arbeitsmarktes (z.B. unbezahlte Hausarbeit für Frauen als Alternativrolle zur bezahlten Arbeit in der regulären Wirtschaft oder die Rückwanderung von ausländischen Arbeitnehmern in ihre Heimatländer) und (3) die geringe wirtschaftliche und politische Organisations- und Konfliktfähigkeit der Problemgruppen des Arbeitsmarktes.

III. 1. Die Gründe für die Unterschiede der Arbeitslosenquoten im Ländervergleich werden kontrovers diskutiert. Traditionelle Erklärungsversuche setzen bei den Unterschieden der Statistik und bei ökonomischen Variablen im engeren Sinn an.

Anhänger der Statistik-Hypothese führen an: länderspezifische Definitionen der Arbeitsmarktstatistik, unterschiedliche Erhebungsmethoden, variable Wirkungen der Arbeitsmarktverwaltung auf Registrierung und Suchverhalten der Arbeitslosen sowie Unterschiede in den Altersgrenzen und beim Ausländeranteil an der Erwerbsbevölkerung (OECD 1979). Der Statistik-Hypothese läßt sich eine gewisse Berechtigung nicht absprechen, doch ist die Variation der Arbeitslosenquote historisch und im Querschnittsvergleich viel zu groß, als daß man sie vorrangig mit Unterschieden in der Statistik erklären könnte.

Erfolgversprechender sind demgegenüber ökonomische Erklärungsansätze. Sie setzen bei den mikroökonomischen Rationalitätskalkülen der Arbeitsanbieter und -nachfrager wie auch bei makroökonomischen Bedingungen von Arbeitsangebot und Arbeitsnachfrage an. Andererseits ist der Zusammenhang zwischen wirtschaftlichen Größen und der Arbeitslosenquote und ihren Veränderungen i.d.R. durch eine Vielzahl von demographischen, sozialen und politischen intervenierenden Variablen geprägt, die sich ihrerseits nicht oder nur zwanghaft in das Korsett ökonomischer Rationalitätskalküle pressen lassen. Aus diesem Grunde lassen sich bedeutsame Unterschiede in der Arbeitslosenquote – wie beispielsweise die Differenz zwischen Massenarbeitslosigkeits- und Vollbeschäftigungsländern – ohne Zuhilfenahme nicht-ökonomischer Variablen und Hypothesen nicht ausreichend erklären. Just an dieser Stelle hat die neuere komparatistische politikwissenschaftliche Forschung über Staatstätigkeit und Politikergebnisse *(policy outcome)* interessante Ergänzungen ökonomischer Erklärungsmodelle vorgeschlagen.

Diese neue Forschungsrichtung greift ihrerseits ältere politisch-ökonomische und politisch-soziologische Ansätze auf. Eine soziologisch-politologische Ergänzung zu ökonomischen Erklärungen der A. wurde in der Theorie des politischen Konjunkturzyklus bei *Kalecki* (1943) angedeutet. Konjunkturaufschwünge bauten die rezessionsbedingte A. ab; dies stärke die Position der Arbeiterschaft, erleichtere die Einforderung höherer Löhne und untergrabe langfristig die Arbeitsdisziplin. Hierdurch werde auf seiten der Unternehmerschaft eine Gegenreaktion provoziert: Sie inszeniere zusammen mit den Geldbesitzern und dem Staat eine Rezession und entwaffne damit die Arbeiterschaft ihrer in der Vollbeschäftigung erworbenen Machtpositionen.

2. Die Theorie vom politischen Konjunkturzyklus bei *Kalecki* erwies sich als theoretisch übervereinfachend und empirisch als nur begrenzt tragfähig, jedoch als heuristisch fruchtbar. Sie gab den Anstoß für die – erfolgreiche – Suche nach sozialen und politischen Determinanten der A. *A.Martins* (1973) Studie über Schweden und die USA ist ein Beispiel. Schwedens Politik sei von mächtigen ↗ Gewerkschaften und der Sozialdemokratie in ähnlich starkem Maß geprägt wie die amerikanische Wirtschafts- und Sozialpolitik durch die Macht der Unternehmerschaft. Entsprechend unterschiedlich fielen die Politikergebnisse aus: in Schweden Vollbeschäftigung und Sozialstaat, aber höhere ↗ Inflation, und in den USA niedrigere Inflation, aber höhere Arbeitslosenquoten und weniger ↗ Sozialstaat.

Zu ähnlichen Ergebnissen kam *D. A. Hibbs* (1977, 1987) in einem vielbeachteten Vergleich westlicher Länder in den 60er Jahren. *Hibbs* zufolge unterscheidet sich die ↗ Wirtschaftspolitik sozialdemokratischer Regierungen markant von der Wirtschaftspolitik bürgerlicher Regierungen. Während Links-Regierungen Vollbeschäftigung auf Kosten höherer Inflation wahlten, entschieden sich Rechts-Regierungen für weniger Inflation auf Kosten höherer Arbeitslosigkeit. Überprüfungen dieser Studie anhand größerer Stichproben und anderer Perioden sowie neuere Studien zur A. haben die *Hibbs*-Hypothese nicht bestätigt, andererseits aber den politikwiss. Ansatz der Erklärung von A. gestützt *(Schmidt* 1982: 184f. und *Scharpf* 1987). In der Tendenz blieben die Arbeitslosenquoten in den Ländern niedrig, in denen die Gewerkschaften mächtig, ideologisch geeint und gemäßigt sind, in denen der Konflikt zwischen Lohnarbeit und Kapital sozialpartnerschaftlich-korporatistisch reguliert wird (↗ Korporatismus) und in denen die Finanz-, die Geld- und die Lohnpolitik koordiniert sind (Theorem der »koordinierten Ökonomien« im Gegensatz zu den »unkoordinierten Ökonomien«). Unter diesen Bedingungen ist eine Vollbeschäftigungspolitik realisierbar.

Wie die neuere Forschung zeigt, gibt es jedoch auch andere Wege zur Vollbeschäftigung. Sie führten in der Periode nach dem II. Weltkrieg bis Ende der 80er Jahre über den »reformistischen Konservativismus« von bürgerlich dominierten Allparteien-Regierungen schweizerischer Art oder über konzertierte Staat-Wirtschafts-Beziehungen japanischer Prägung. Ferner bieten die 30er Jahre ebenso Anschauungsmaterial für Wege aus der A. wie die Wirtschaftsentwicklung der westlichen Länder in den 50er Jahren (vgl. *Gourevitch* 1986, *Maddison* 1982, *Schmidt* 1990). Bei allen Unterschieden in den politischen Verhältnissen der in Frage kommenden Länder zeigen Analysen über diese Wege aus der A., daß der politisch-ökonomischen Koordinierungsfähigkeit, insbesondere der Koordination von Geldpolitik, Finanzpolitik, Lohnpolitik und bisweilen auch der Währungspolitik, dem Ausbau der Beschäftigung im öffentlichen Sektor, der Umverteilung von Arbeitszeit beispielsweise durch einen zunehmenden Anteil von Teilzeitarbeitsplätzen sowie der Steuerung des Arbeitskräfteangebotes, zentrale Bedeutung für Erfolg bzw. Mißerfolg der Vollbeschäftigungspolitik zukommen. Besonders hohe A. ist demgegenüber in »nichtkoordinierten Ökonomien« und in Prozessen rapiden Übergangs von der zentralgeleiteten zur marktgeleiteten Wirtschaft wie in den osteuropäischen Reformstaaten der 90er Jahre zu erwarten.

Manfred G. Schmidt

Lit. *Alt, J. E.* 1985: Political Parties, World Demand, and Unemployment: Domestic and International Sources of Economic Activity, in: *APSR* 79, 1016–1041. *Bruno, M./ Sachs, J.* 1985: Economics of Worldwide Stagflation, Cambridge, Mass. *Büchtemann, C.F.* 1984: Der Arbeitslosigkeitsprozeß, in: *Bonß, W./Heinze, R. G.* (Hrsg.): Arbeitslosigkeit in der Arbeitsgesellschaft, Frankfurt/ M., 53–105. *Gourevitch, P.* 1986: Politics in Hard Times. Comparative Responses to International Economic Crises, Ithaca/London. *Hibbs, D. A.Jr.* 1977: Political Parties and Macroeconomic Policy, in: *APSR* 71, 1467–1487. *Hibbs, D. A. Jr.* 1987: The American Political Economy. Macroeconomic and Electoral Politics, Cambridge, Mass./London. *Kalecki, M.* 1943: Political

Aspects of Full Employment, in: *Political Quarterly* 14, 322–331. *Klös, H.-G.* 1993: Osteuropas und Ostdeutschlands Arbeitsmärkte, in: Beschäftigungsobservatorium Ostdeutschland Nr. 7. *Layard, R.* u.a. 1991: Unemployment, Oxford u.a. *Lindbeck, A./Snower, D.J.* 1988: The Insider-Outsider Theory of Employment and Unemployment, Cambridge, Mass./London. *Maddison, A.* 1980: Monitoring the Labour Market, in: *The Review of Income and Wealth* 26, 175–217. *Martin, A.* 1973: The Politics of Economic Policy in the United States: A Tentative View from a Comparative Perspective, in: *Sage Comparative Politics Series,* Nr. 01–040. *Scharpf, F. W.* 1987: Sozialdemokratische Krisenpolitik in Europa. Das »Modell Deutschland« im Vergleich, Frankfurt a. M./New York. *Schmidt, M. G.* 1982: Wohlfahrtsstaatliche Politik unter bürgerlichen und sozialdemokratischen Regierungen. Ein internationaler Vergleich, Frankfurt a. M./New York. *Schmidt, M. G.* 1987: The Politics of Labour Market Policy. Structural and Political Determinants of Rates of Unemployment in Industrial Nations, in: *Castles, F. G./Lehner, E./Schmidt, M. G.* (Hrsg.): Managing Mixed Economies, Berlin/New York, 4–53. *Schmidt, M. G.* 1993: Arbeitslosigkeit in der Bundesrepublik, in: *Klingemann, H.-D./Luthardt, W.* (Hrsg.): Wohlfahrtsstaat, Sozialstruktur und Verfassungsanalyse, Opladen.

Arbeitsmarktpolitik

I. Ist Arbeitsmarktpolitik (A.) im weiteren Sinne globale ↗ Beschäftigungspolitik, so wird mit A. im engeren Sinn die politische Regulierung von Art und Umfang kompensatorischer Leistungen für Einkommensausfälle infolge von ↗ Arbeitslosigkeit (passive Arbeitsmarktpolitik, Arbeitslosenversicherungspolitik) sowie die Gesamtheit der nach sozialen Gruppen, Regionen und Industrien differenzierten Maßnahmen bezeichnet, welche die Beziehungen zwischen dem Angebot und der Nachfrage auf und zwischen über- und innerbetrieblichen Arbeitsmärkten selektiv beeinflussen (aktive Arbeitsmarktförderungspolitik). Die A. im engeren Sinn – die im Vordergrund dieses Beitrags steht – soll vor allem Engpässe der Vermittlung von Angebot und Nachfrage (z.B. Fehlqualifikation oder Hindernisse der Arbeitsvermittlung) eindämmen oder ausgleichen, während die globale Beschäftigungspolitik unerwünschte konjunkturelle und strukturelle gesamtwirtschaftliche Ungleichgewichte (z.B. Arbeitslosigkeit) abbauen, beseitigen oder schon im Vorfeld verhindern soll.

II. In den westlichen Demokratien lassen sich drei Phasen der A. unterscheiden: (1) In der Phase der reaktiv-kompensatorischen A. – sie erstreckt sich auf die erste Hälfte des 20. Jh.s – stehen Arbeitsvermittlung und Arbeitslosenversicherung im Zentrum. (2) Die zweite Phase – sie beginnt in den 60er Jahren – ist charakterisiert durch Auf- und Ausbau der präventiven selektiven (aktiven) A., die Wachstumshindernisse sowie Qualifikations- und Mobilitätsengpässe beseitigen soll. (3) Mit der weltweiten Rezession Mitte der 70er Jahre beginnt eine dritte Phase; sie bringt die Wiederaufwertung der reaktiv-kompensatorischen Komponente, aber auch die Erweiterung der aktiven A.

III. Das Leistungsvermögen der A. variiert nach Ländern, Perioden und Regelungsbereichen. Die kompensatorisch-reaktive Aufgabe (passive A.) wurde insbesondere in den entwickelten Wohlfahrtsstaaten Westeuropas lange Zeit erfolgreich bewältigt, während die marktorientierten westlichen Länder, wie z.B. die USA, viel schwächere Netze der Arbeitslosenversicherung haben. Hinsichtlich sozialer und politischer Stabilisierung ist auch die Bilanz der aktiven A. beachtlich, während ihre mikro- und makroökonomischen Wirkungen teils problemlösender, teils problemverschärfender Art sind. Obwohl sie zunächst nur für Probleme der Prosperitätsphase konzipiert war, erwies sich die aktive A. als hilfreiches Instrument zur Eindämmung von Diskrepanzen zwischen Arbeitskräfteangebot und Arbeitskräftenachfrage. Seit Mitte der 70er Jahre wurden in vielen OECD-Ländern zahlreiche arbeitsmarktpolitische Maßnahmen reaktiviert, erweitert oder neu installiert, beispielsweise die extensive Anwendung und Erweiterung von Kurzarbeit (vor allem in Europa und Japan), der Ausbau von Umschulungs- und Weiterbildungsmaßnahmen, beschäftigungspolitisch gezielte Subventionen für wirtschaftsschwache Regionen und Industriezweige, der Auf- und Ausbau von Teilzeitarbeitsplätzen und die starke Erhöhung der Zahl der Arbeitsplätze im öffentlichen Sektor (vor allem in Skandinavien).

Viele Regierungen versuchten der Beschäftigungsproblematik auch durch Steuerung des Arbeitskräfteangebots Herr zu werden. Hatte man zuvor Arbeitskraftreserven im In- und Ausland mobilisiert, so war seit Mitte der 70er Jahre die Anpassung des Arbeitsangebots an die abnehmende Arbeitsnachfrage Trumpf, beispielsweise mittels erschwerter Einwanderung von ausländischen Arbeitskräften, Förderung der Rückwanderung ausländischer Arbeitskräfte in die Heimatländer (↗ Ausländerpolitik), und Frühverrentung von älteren Arbeitnehmern. Besonders kräftig prozyklisch fiel die Arbeitsangebot-Anpassung an Veränderungen der Arbeitsnachfrage in den deutschsprachigen westlichen Industrieländern aus.

Volumen, Qualität und Wirksamkeit der A. variieren von Land zu Land. Relativ gute Noten erhält im allgemeinen die passive A. der Benelux-Länder. Nach der Verminderung der Arbeitslosenquote durch die aktive A. zu urteilen erhält Schweden und die A. in den neuen Bundesländern die besten Bewertungen, während die schlechtesten Noten unter anderem auf die USA, auf Italien und die Schweiz entfallen.

Die A. stieß auf – von Land zu Land unterschiedliche – Handlungssperren. Finanzierungsbedingungen wie in der Bundesrepublik – Beitragsfinanzierung und Defizitfinanzierung durch den Bundeshaushalt – drängten sie tendenziell auf prozyklischen Kurs: Ihre Ausgaben und ihre Leistungen nahmen nicht selten in Krisenzeiten ab, just zu dem Zeitpunkt, wo ein Mehr an aktiver A. erwünscht wäre. Andererseits muß man die A. gegen zwei weitverbreitete Kritiken in Schutz nehmen. Die Kritik, sie sei ein etatistisches Instrument und marktwirtschaftlichen Verhältnissen abträglich, zielt daneben: A. ist vor allem Arbeitsmarktförderungspolitik. Ebensowenig tragfähig ist die verbreitete Kritik, die A. sorge nicht für Vollbeschäftigung. Sicherung von Vollbeschäftigung ist nicht ihre Aufgabe – und hierfür ist sie nicht gerüstet –, sondern diese obliegt der Konzertierung von Finanz-, ↗ Geld-, Lohn- und Investitionspolitik (so der klassische sozialdemokratische Weg zur Vollbeschäftigung) oder einer rapiden Anpassung des Arbeitsangebots an sinkende Arbeitsnachfrage (so der schweizerische Weg zur Vollbeschäftigung bis Ende der 80er Jahre).

Manfred G. Schmidt

Lit.: *Alber, J.* 1982: Vom Armenhaus zum Wohlfahrtsstaat. Analysen zur Entwicklung der Sozialversicherung in Westeuropa, Frankfurt a.M./New York. *Bruche, G./ Reissert, B.* 1985: Die Finanzierung der Arbeitsmarktpolitik, Frankfurt a.M./New York. *Klös, H.-G.* 1993: Osteuropas und Ostdeutschlands Arbeitsmärkte – Herausforderung für die Arbeitsmarktpolitik, in: Beschäftigungsobservatorium Ostdeutschland Nr. 7. *Rhein-Kress, G. von* 1993: Labour Supply as a Policy Instrument, in: *Castles, F. G.* (Hrsg.): Families of Nations, Dartmouth. *Scharpf F. W.* u.a. 1982 (Hrsg.): Aktive Arbeitsmarktpolitik. Erfahrungen und neue Wege, Frankfurt a.M./New York. *Scharpf F. W./Brockmann, M.* (Hrsg.) 1983: Institutionelle Bedingungen der Arbeitsmarkt- und Beschäftigungspolitik, Frankfurt a. M./New York. *Scharpf, F.W.* 1987: Sozialdemokratische Krisenpolitik in Europa. Das »Modell Deutschland« im Vergleich, Frankfurt a.M./New York. *Schmid,* G. 1975: Steuerungssysteme des Arbeitsmarktes. Vergleich von Frankreich, Großbritannien, Schweden, DDR und Sowjetunion mit der Bundesrepublik Deutschland, Göttingen. *Schmid, G.* 1980: Strukturierte Arbeitslosigkeit und Arbeitsmarktpolitik, Königstein/Ts. *Schmid,* G. 1990: Beschäftigungs- und Arbeitsmarktpolitik, in: *Beyme, K. von/ Schmidt, M. G.* (Hrsg.): Politik in der Bundesrepublik Deutschland, Opladen, 228–254. *Schmid, G./Reissert, B./Bruche, G.* 1987: Arbeitslosenversicherung und aktive Arbeitsmarktpolitik. Finanzierungssysteme im internationalen Vergleich, Berlin. *Schmidt, M. G.* 1985: Der Schweizerische Weg zur Vollbeschäftigung, Frankfurt a. M./ New York.

Asylpolitik

Bereits in vorchristlicher Zeit gab es Asylstätten, an denen Schutz vor profaner Gewalt und Strafe bestand. Dieses ursprünglich im religiösen Raum entstandene Institut, das im Christentum über Jahrhunderte galt, hatte in der Neuzeit praktisch keine Bedeutung mehr. Neuerdings wird an diese alte Tradition mit dem Begriff *sanctuary* (Kirchenasyl) wieder angeknüpft. Vor allem in diesem Jahrhundert und besonders in der Folge des II. Weltkriegs entstanden Verfolgungssituationen und Fluchtbewegungen in vorher nicht bekanntem Ausmaß.

Vor diesem Hintergrund wurden völkerrechtliche Regelungen über Asyl geschaffen, u.a. durch Art. 14 der Allgemeinen Erklärung der Menschenrechte von 1948 sowie besonders durch die Genfer Flüchtlingskonvention (GFK) von 1951, die sich nur auf Nachkriegsereignisse im wesentlichen in Europa bezieht, und das New Yorker Protokoll von 1967, mit dem die geographische und zeitliche Beschränkung der GFK aufgehoben wurde. Die GFK ist mittlerweile von über 120 Staaten unterzeichnet. Wesentlicher Inhalt ist dabei: Verbot der Ausweisung und Zurückweisung an der Grenze (*non refoulement*) bei drohender Gefahr für Leben oder Freiheit (Art. 33); die GFK beinhaltet jedoch weder eine Aufnahmeverpflichtung noch eine Rechtsschutzgarantie. Flüchtling nach der GFK ist eine Person, die »aus der begründeten Furcht vor Verfolgung wegen ihrer Rasse, Religion, Nationalität, Zugehörigkeit zu einer bestimmten sozialen Gruppe oder wegen ihrer politischen Überzeugung« sich in den Schutz eines anderen Landes begibt (Art. 1 A). Ein völkerrechtlich garantiertes Menschenrecht auf Asyl besteht nicht. Weltweit registrierte der Hohe Flüchtlingskommissar der Vereinten Nationen (UNHCR) 1994 mehr als 20 Millionen Flüchtlinge i.S. der GFK und eine ebenso große Anzahl von sog. *displaced persons* (Vertriebene, die innerhalb der Grenzen ihres Heimatlandes entwurzelt sind), in Deutschland (einschließlich der Kriegs- und Bürgerkriegsflüchtlinge) 1068000 Flüchtlinge. Weniger als 10% der Flüchtlinge gelangen in die wohlhabenden Länder der nördlichen Hemisphäre, die Hauptlast liegt bei angrenzenden Staaten von Krisengebieten mit großen ökonomischen Problemen. Zum Vergleich: Während in Deutschland ein Flüchtling auf 97 Einwohner kommt, ist das Verhältnis z.B. in Malawi 1:14,1.

1. In der Bundesrepublik wurde das Asylrecht aufgrund der Erfahrungen des ↗ Nationalsozialismus als individuelles Grundrecht in die Verfassung aufgenommen (Art. 16 Abs. 2 S. 2: »Politisch Verfolgte genießen Asylrecht«). Das Asylrecht wurde damals fast ausschließlich von Ostblockflüchtlingen wahrgenommen, die selbst bei negativem Ausgang ihres Asylverfahrens ein Bleiberecht erhielten. Die Asylbewerberzahlen waren bis zum Ende der Anwerbung

ausländischer Arbeitskräfte (Anwerbestopp im Jahr 1973) nahezu unbedeutend, nicht zuletzt deswegen, weil der Zugang nach Deutschland für die Menschen aus den südeuropäischen Staaten mit Diktaturen und politischer Verfolgung (Portugal, Spanien, Jugoslawien, Griechenland, Türkei, Marokko) über die Arbeitsmigration leicht möglich war. Bereits im Jahre 1980 war jedoch erstmals die Grenze von 100 000 Asylbewerbern überschritten. Den Hauptanteil stellten jetzt Menschen aus der Dritten Welt.

War die ausländerpolitische Diskussion in der Bundesrepublik und den meisten ihrer unmittelbaren westeuropäischen Nachbarländer lange Zeit von Fragen der Arbeitskräftewanderung bestimmt (↗ Ausländerpolitik), so standen seit Beginn der 80er Jahre Flüchtlinge im Vordergrund. Besonders betroffen von dieser Zuwanderergruppe war und ist die Bundesrepublik aufgrund ihrer geographischen Lage und wirtschaftlichen Anziehungskraft.

Die Entwicklung des Asylrechts ist seit 1978 durch Restriktionen gekennzeichnet. Vor allem das Asylverfahrensgesetz von 1982 und seine Novellierung von 1987 schufen wesentliche Verfahrenskürzungen und Ausschlußgründe (u. a. anderweitiger Schutz vor Verfolgung, Ausschluß von sog. Nachfluchtgründen). Hinzu kamen »flankierende Maßnahmen« wie Visumszwang für Hauptherkunftsländer, Arbeitsverbot, Unterbringung in Sammelunterkünften, Sozialhilfe i. d. R. als Sachleistung mit dem Ziel der Abschreckung.

Das starke Anwachsen der Asylbewerberzahlen (1990: 193 063; 1991: 256 112; 1992: 438 191) bei einer Anerkennungsquote von ca. 4% durch das Bundesamt für die Anerkennung ausländischer Flüchtlinge und dem Umkehrschluß, 96% seien daher »Wirtschaftsflüchtlinge«, löste heftige politische Kontroversen aus. Dabei blieb vielfach unberücksichtigt, daß immer etwa 60% aufgrund von gerichtlichen Entscheidungen und Abschiebungshindernissen (*De-facto-Flüchtlinge*) ein Bleiberecht erhielten bzw. nicht ausgewiesen wurden. Zahlreiche Änderungen in immer kürzeren Abständen waren die Folge, insbesondere die am 1. 7. 1992 in Kraft getretene Beschleunigungsnovelle (u. a. begleitet durch eine starke personelle Aufstockung innerhalb des Bundesamtes), deren Wirkungen gar nicht mehr abgewartet wurden: Bereits am 6. 12. 1992 wurde der sog. Asylkompromiß geschlossen, der zu einer Änderung des Art. 16 GG führte. Die dazu erforderliche 2/3-Mehrheit im Bundestag wurde mit den Stimmen der Regierungskoalition aus CDU/CSU und FDP sowie der SPD erreicht. Wesentlicher Inhalt der Neuregelung (Art. 16a GG) ist die Einführung von »sicheren Herkunfts- bzw. Drittstaaten«: Wer aus einem solchen Land einreisen will, kann sich nicht mehr auf das Asylrecht berufen.

Alle EU-Staaten wurden durch die Verfassung zu sicheren Drittstaaten erklärt, weitere sichere Herkunfts- und Drittstaaten sind im Asylverfahrensgesetz aufgeführt. Die Bundesregierung kann durch Rechtsverordnung (ohne Zustimmung des Bundesrates) Änderungen vornehmen. Da die Bundesrepublik ausschließlich von sicheren Dritt- und Herkunftsstaaten umgeben ist (*cordon sanitaire*), ist ein legaler Zugang für Flüchtlinge auf dem Landweg faktisch ausgeschlossen. Im Vordergrund steht nicht mehr der Fluchtgrund, sondern der Fluchtweg. Kettenabschiebungen (von Deutschland nach Österreich, von dort über Ungarn nach Serbien) sind eine mögliche Folge. Allerdings können Flüchtlinge dann nicht ausgewiesen werden, wenn sie das Territorium erreicht haben und ihnen nach Ausweisung Gefahr für Leib und Leben droht (*non refoulement, De-facto*-Flüchtlinge). Die Zahl der *De-facto*-Flüchtlinge – besonders aufgrund der anhaltenden Konflikte im ehemaligen Jugoslawien – läßt sich deswegen nicht kurzfristig reduzieren.

Asylrechtlicher bzw. Ausweisungsschutz wird in Deutschland in verschiedener Form gewährt – im wesentlichen durch Art. 16a GG und die §§ 51 ff. AuslG, die sich auf die Definition der GFK beziehen. Während Art. 16a GG eine objektive Beurteilung der Verfolgungsgefahr verlangt, stellt die GFK auf die eher subjektiv gefärbte »begründete Furcht vor Verfolgung« ab, für die allerdings »gute Gründe« gegeben sein müssen. Folgende Kategorien von Flüchtlingen sind zu unterscheiden:

(1) Asylberechtigte: Asylbewerber, die eine förmliche Anerkennung i.S. von Art. 16a I GG erhielten aufgrund staatlicher politischer Verfolgung in ihrem Heimatstaat. Nur sie erhalten eine Reihe von Eingliederungs- und Sozialleistungen und sind hier Deutschen gleichgestellt.

(2) Kontingentflüchtlinge (z.B. vietnamesische *boat-people*, Juden aus der ehem. Sowjetunion) sind Asylberechtigten gleichgestellt und brauchen kein Asylverfahren zu durchlaufen. Für sie gilt das Gesetz über Maßnahmen für im Rahmen humanitärer Hilfsaktionen aufgenommene Flüchtlinge von 1980.

(3) *De-facto*-Flüchtlinge: durch Nichtabschiebung (§§ 51 ff. AuslG) aus völkerrechtlichen (GFK, EMRK), humanitären oder tatsächlichen (z.B. fehlende Bereitschaft des Herkunftsstaates zur Aufnahme des Flüchtlings) Gründen. *De-facto*-Flüchtlinge, die keinen Asylantrag gestellt haben (z.B. um Angehörige nicht zu gefährden), deren Asylantrag rechtskräftig abgelehnt worden ist, oder Flüchtlinge aus Kriegs- und Bürgerkriegsgebieten; Flüchtlinge, die vor Folter, Todesstrafe oder gravierenden Menschenrechtsverletzungen geflohen sind (§ 53 AuslG) oder solche bei Rückkehr zu befürchten haben (z.B. Deserteure); sog. Ostblockflüchtlinge, die zwischen 1966 und 1987 auch nach Ablehnung ihres Asylantrages nicht in ihre Herkunftsländer abgeschoben wurden; Staatenlose, die kein Land bereit ist aufzunehmen.

(4) Bürgerkriegsflüchtlinge könnten nach § 32 AuslG vorübergehend Schutz in der BRD erhalten. Voraussetzung ist das Einvernehmen zwischen Bund und Ländern, wobei bis heute aufgrund fortbestehender Kontroversen zwischen Bund und Ländern über die Finanzierung keine Lösung in Sicht ist.

2. Mit der fortschreitenden Integration der Europäischen Union (Vollendung des Binnenmarktes mit der Beseitigung von Personenkontrollen an den Binnengrenzen) ist eine Harmonisierung der Asylpolitik und des Asylrechts auf der Ebene der EU unumgänglich. Bisher bestehen jedoch nur Abkommen zwischen Mitgliedstaaten (Abkommen von Schengen (Juni 1990) und Dublin (Juni 1990)), die lediglich Verfahrensregelungen vorsehen und zwischen den jeweiligen Vertragsstaaten die Zuständigkeit für die Überprüfung eines Asylgesuchs bestimmen.

Im Rahmen des Vertrages von Maastricht wurde zwar ein institutioneller Rahmen für die Harmonisierung der europäischen Asylpolitik geschaffen, die aber weiterhin nur auf zwischenstaatlicher und damit völkerrechtlicher Grundlage erfolgt. Da alle Mitgliedstaaten den Zugang von Drittstaatsangehörigen als Kernbereich nationaler ↗ Souveränität betrachten, ist eine kurzfristige verfahrensrechtliche und materielle (z.B. Flüchtlingsbegriff) Harmonisierung jedoch nicht zu erwarten.

Die weltweit zunehmenden Migrationsbewegungen machen ein Gesamtkonzept der Zuwanderung notwendig, das politisch Verfolgte und Arbeitsmigranten ebenso umfaßt wie Bürgerkriegs- und Armutsflüchtlinge. Eine wirksame Politik der Verringerung von Fluchtursachen muß Fragen der Ökologie, der Bevölkerungs- und der Entwicklungspolitik berücksichtigen und sich an einer Weltwirtschaftsordnung orientieren, deren Ziel ist, den gegenwärtigen Prozeß des Auseinanderdriftens zwischen armen und reichen Regionen der Erde umzukehren; die Unterstützung undemokratischer Regime und Waffenexport sind kontraproduktiv.

Christoph Schumacher / Klaus Barwig

Lit.: *Barwig, K.* u.a. (Hrsg.) 1994: Asyl nach der Änderung des Grundgesetzes. Entwicklungen in Deutschland und Europa, Baden-Baden. *Hailbronner, K.* 1992ff.: Ausländerrecht, Karlsruhe. *Huber, B.* (Hrsg.) 1994: Ausländer- und Asylrecht (Kommentar), München. *Kanein, W. / Renner, G.* [6]1993: Ausländerrecht, München. *Köfner, G. / Nicolaus, P.* 1986: Grundlagen des Asylrechts, Mainz. *Nuscheler, F.* 1994: Internationale Migration – Flucht und Asyl, Opladen. *Tessmer, C.* (Hrsg.) 1994: Deutschland und das Weltflüchtlingsproblem, Opladen. *UNHCR-Report* 1994: Die Lage der Flüchtlinge in der Welt, Bonn.

Aufklärung

I. Der heute gebräuchliche Begriff Aufklärung (A.) wurde von Philosophiehistorikern in der 2. Hälfte des 19. Jh.s *(Erdmann, Windelband)* geprägt; er gibt nicht das Selbstverständnis der Aufklärer wieder. Sie hatten kein Bewußtsein von der Gleichsinnigkeit ihrer Absichten. Als geschichtsphilosophischer Fortschritts- und Perspektivbegriff taucht A. nur bei *Kant* auf, allerdings mit der bedeutsamen Einschränkung, man befinde sich in einem Zeitalter der Aufklärung und nicht in einem aufgeklärten Zeitalter. *Kants* kleine Schrift »Beantwortung der Frage: Was ist Aufklärung?« wurde von seinen Zeitgenossen freilich kaum beachtet. Insofern *Kant* gegenüber dem für die A. charakteristischen Vernunftsoptimismus skeptisch blieb und sein Hauptwerk der Kritik der Vernunft (Kritik im Sinne von Grenzbestimmung) widmete, ist der später als Hauptvertreter der A. apostrophierte Philosoph der A. nur bedingt zuzurechnen.

Seit der Mitte des 19. Jh.s wurde A. – in der 2. Hälfte des 18. Jh.s ein verbreitetes Modewort ohne klar umrissene Bedeutung und zuvor ein Begriff der Meteorologie – zum historischen Epochenbegriff, mit dem die Einheitlichkeit einer im 18. Jh. kulminierenden Geistesbewegung behauptet wurde. Ihr Ziel sei der mündige und sittlich autonome Mensch gewesen, der sich sowohl von der religiösen Bevormundung als auch von der Last des geschichtlichen Herkommens befreit habe. Die supranaturale Erklärung natürlicher Vorgänge und die Legitimation politischer und gesellschaftlicher Verhältnisse durch die Tradition seien abgelehnt worden, alles habe sich vor dem »Gerichtshof der Vernunft« *(Kant)* zu verantworten gehabt. Damit sei der Beginn der Moderne eingeleitet worden.

II. In der Regel werden die bekannten Philosophen und Schriftsteller des 18. Jh.s als die wichtigsten Aufklärer genannt: *Diderot, d'Alembert, Voltaire, Helvétius* und *Holbach* (die Repräsentanten des philosophischen Materialismus) für Frankreich. *Lessing* und *Wieland* für Deutschland, *Hume* für England. Dabei wird übersehen, daß diese zwar die Grundideen lieferten, für die Breitenwirkung und Popularisierung dieser Ideen jedoch Verleger und Herausgeber von Journalen sowie viele heute weitgehend in Vergessenheit geratene Schriftsteller sorgten, die einzelne Gedanken, indem sie sie in Schlagworte verwandelten, zum »Thema der Zeit« machten. Sie bedienten sich dabei der Lichtmetaphorik: Die A. brachte Licht in die Finsternis und durchdrang den Nebel, den »Obskuranten und Pfaffen« verbreitet hatten. Voraussetzung dafür war die Verfügung über die Kommunikationsmittel der Zeit und

Presse- und Publikationsfreiheit. Diese Forderung bildete einen ständigen Konfliktpunkt zwischen Autoren und Herrschern, selbst wenn diese »aufgeklärt« waren oder sich zumindest so nennen ließen. Für die breite Masse des Volkes wurde die A. relevant durch das Wirken der Philanthropinisten, jener Pädagogen, die eine Volksbildungsbewegung ins Leben zu rufen versuchten und den Kampf gegen das Analphabetentum aufnahmen.

III. Ende der 80er Jahre des 18. Jh.s kam es zu einer umfassenden Politisierung der von den Aufklärern aufgeworfenen Fragen. Autoren und Publikum polarisierten sich in Freunde und Feinde der A. Verbote gegen Illuminaten und Jesuiten wurden ausgesprochen. Nach dem Ausbruch der Französischen Revolution erreichte die Diskussion einen neuen Höhepunkt: War die Revolution eine Folge der A.? Der Aufklärer *Campe* bejahte dies begeistert. Die Gegner der Aufklärung sahen sich in ihrem Verdacht bestätigt, daß es sich bei der A. um eine Verschwörung gegen die bestehende politische und religiöse Ordnung und eine Bedrohung für den Fortbestand der Staaten handele. Andere machten, um an der »wahren« A. festhalten zu können, entschuldigend geltend, die Revolution sei die Folge der »falschen« A. Bis heute bildet die damals geführte Debatte das Paradigma für die Frage nach dem Verhältnis zwischen Intellektuellen und politischen Ereignissen, nach Intentionen und nicht intendierten Nebenfolgen. Ein jüngeres Beispiel ist die Ende der 70er Jahre in der Bundesrepublik Deutschland geführte Debatte über die »intellektuellen Urheber« des ↗ Terrorismus.

IV. Von der »Wüste des Verstandes« und der »Vertilgung des Heiligen« sprach *Novalis* in »Die Christenheit und Europa«, der ersten großen intellektuellen Kritik an der A. Die Säuberung der Religion von allem intellektuell Anstößigen und die Herrschaft des Verstandes hätten zu einer geistigen Leere geführt, gegen die eine »neue Poesie« vonnöten sei. *Schelling* kritisierte die A. als Erhebung des Verstandes über die Vernunft, und *Hegel* apostrophierte sie als »diese Eitelkeit des Verstandes«. Den Aporien und Verwerfungen einer von allen Vorgaben entbundenen Rationalität sind – an *Hegel* und *Nietzsche* anknüpfend – *Adorno* und *Horkheimer* in der »Dialektik der Aufklärung« nachgegangen (↗ Kritische Theorie). Ihnen allen geht es um den Nachweis, daß »instrumentelle Vernunft« *(Horkheimer)* in Unvernunft und Barbarei umschlägt.

Herfried Münkler

Lit.: *Adorno, Th./Horkheimer, M.* 1947: Dialektik der Aufklärung, Amsterdam. *Fetscher, I./Münkler, H.* (Hrsg.) 1985: Pipers Handbuch der politischen Ideen, Bd. 3: Von den Konfessionskriegen bis zur Aufklärung, München. *Heimpel-Michel, E.* 1928: Die Aufklärung. Eine historisch-systematische Untersuchung, Langensalza. *Krauss, W.* 1963: Studien zur deutschen und französischen Aufklärung, Berlin. *Stuke, H.* 1972: Aufklärung, in: *Brunner, O./Conze, W./Koselleck, R.* (Hrsg.): Geschichtliche Grundbegriffe, Bd. 1, Stuttgart, 243–342.

Ausländerpolitik

I. In allen europäischen Ländern ist Ausländerpolitik (A.) ein kontroverses Thema, wenngleich die Ausgangslagen in den verschiedenen Ländern z. T. erhebliche Unterschiede aufweisen. Während die ausländerpolitische Diskussion in der Bundesrepublik und den meisten ihrer unmittelbaren Nachbarländer lange Zeit von Fragen der Arbeitskräftewanderung bestimmt war, steht in den mediterranen Ländern (Italien, Spanien, Griechenland, Frankreich) die illegale Einwanderung im Vordergrund. In den Ländern mit kolonialer Vergangenheit (Großbritannien, Frankreich, Spanien, Portugal und die Niederlande) ist auch die Zuwanderung aus den ehemaligen Kolonialgebieten von Bedeutung. In den letzten Jahren sind Debatten über A. zunehmend von der wachsenden Zahl der Asylsuchenden geprägt worden.

Hiervon besonders betroffen ist die Bundesrepublik aufgrund ihrer geographischen

Lage und wirtschaftlichen Anziehungskraft. Das starke Anwachsen der Asylbewerberzahlen (1990: 193063; 1991: 256112; 1992: 438191) führte zu heftigen politischen Kontroversen, an deren Ende der sog. Asylkompromiß (↗ Asylpolitik) vom 6.12.1992 stand, der zu einer Änderung des Art. 16 GG (»Politisch Verfolgte genießen Asylrecht«) führte. Wesentlicher Inhalt der Neuregelung (Art. 16a GG) ist die Einführung von »sicheren Herkunfts- bzw. Drittstaaten«. Da die Bundesrepublik ausschließlich von solchen Staaten umgeben ist (*cordon sanitaire*), ist ein legaler Zugang für Flüchtlinge auf dem Landweg faktisch ausgeschlossen.

Die ausländerpolitische Diskussion in der Bundesrepublik wurde darüber hinaus durch die Zuwanderung von Aus- und Übersiedlern – verstärkt durch die politischen Veränderungen in Osteuropa – beeinflußt; obwohl diese staatsangehörigkeitsrechtlich als Deutsche zu betrachten sind, werden sie gesellschaftlich vielfach ebenfalls als »Fremde« oder »Ausländer« angesehen. Die Bundesregierung reagierte auf die auch hier erheblich gestiegenen Zugangszahlen (1988: 377055; 1988–1992: ca. 1,5 Millionen), indem seit 1. Juli 1990 die Aussiedlungswilligen von ihrem jeweiligen Herkunftsland aus einen Aufnahmeantrag stellen und den positiven Bescheid abwarten müssen. Im o.g. Parteienkompromiß zur Zuwanderungspolitik vom 6.12.1992 wurde zudem eine Kontingentierung eingeführt: Seit Anfang 1993 können jährlich zwischen 200000 und 250000 Deutschstämmige einen Aufnahmebescheid erhalten.

Die Steigerung der Zuwanderung nach Deutschland hatte Rückwirkungen auf die gesamte Einstellung gegenüber den Fremden im Land. Distanz oder Feindlichkeit gegenüber Fremden ist nicht zuletzt mit der Größenordnung der jeweiligen Zuwanderungszahlen und deren politischer Interpretation verbunden. Besonders erschreckend stellt sich dies durch die sprunghaft angestiegene Zahl ausländerfeindlich motivierter Straftaten (1991: 2426; 1992: 6336, davon allein 596 Brandanschläge) – teilweise mit Todesfolge – dar. Die schrecklichen Übergriffe in Solingen und Mölln führten jeweils zu einer Vielzahl von Nachahmungstaten. Besonders besorgniserregend ist der hohe Anteil Jugendlicher: Über 90% der Tatverdächtigen sind unter 25 Jahre alt.

II. Ab Mitte der 50er Jahre schloß die Bundesrepublik Anwerbeverträge mit anderen Staaten, die die Arbeitsmigration anregten, und zwar mit Italien (1955 – es gab damals 1 Mio. Arbeitslose in der Bundesrepublik), Griechenland und Spanien (1960), der Türkei (1961), Portugal (1964), Tunesien und Marokko (1965) und Jugoslawien (1968). Zusätzlich geplante Anwerbevereinbarungen mit weiteren afrikanischen Staaten wurden aufgrund der Rezession 1966–1968 nicht mehr realisiert. Forciert wurde die Anwerbung ausländischer Arbeitskräfte insbesondere, als nach dem Bau der Berliner Mauer (↗ Deutsche Einheit) der Zuzug von Facharbeitern aus dem östlichen Teil Deutschlands zum Erliegen kam und daher eine Weiterqualifizierung deutscher Arbeitnehmer notwendig wurde. Auch die ↗ Bildungspolitik steigerte den Bedarf an ausländischen Arbeitnehmern zur Kompensation der mit der Bildungsexpansion verbundenen Verringerung des einheimischen Potentials un- bzw. angelernter Arbeitskräfte. Der Höchststand der Ausländerbeschäftigung in der Bundesrepublik wurde 1973 mit 2,6 Mio. ausländischen Arbeitnehmern bei einer ausländischen Wohnbevölkerung von knapp 4 Mio. erreicht.

Über viele Jahre wurde die Ausländerbeschäftigung als ein vorübergehendes Phänomen begriffen, was sich in dem Begriff »Gastarbeiter« und der bereits früh geprägten Formel »Die Bundesrepublik ist kein Einwanderungsland« ausdrückt. Folglich wurde keine umfassende Migrations- und Einwanderungspolitik formuliert. Auch Fragen der Eingliederung ausländischer Arbeitskräfte und ihrer Familienangehörigen erörterte man angesichts der vermeintlichen Vorläufigkeit der Arbeitsmigration in den ersten Jahren kaum; eine ausführliche gesellschaftliche Diskussion über A. fand allenfalls punktuell statt. Zu Beginn der 70er Jahre forderten jedoch die in der Ausländerarbeit engagierten Kirchen und Wohlfahrtsverbände, der erfolgten Einwanderung in den Bereichen Aufenthaltsrecht, ↗ Partizipation, Bildung und sozialer Infrastruktur Rechnung zu tragen. Die ↗ Gewerkschaften schlossen sich diesen Forderungen Ende der 70er Jahre an. Unter dem Eindruck der ersten Ölkrise 1973 wurde am 23.11.1973 ein Anwerbestopp verhängt. Seither dürfen Angehörige aus Nicht-EG-Staaten grundsätzlich nicht mehr zur Arbeitsaufnahme einreisen. Lediglich Familienangehörige (Ehegatten und Kinder) bereits ansässiger ausländischer Arbeitnehmer können nach bestimmten Wartezeiten eine Arbeit aufnehmen. Diese Politik der »Grenzschließung« nach Jahren stürmischer Anwerbung und vielfach unkontrollierter Einreise angesichts eines nahezu unbegrenzt erscheinenden Arbeitsmarktes führte bei vielen Familien zu einer »Verfestigung« ihres Aufenthalts: Wer ursprünglich vorgehabt hatte, zurückzukehren, verschob dies immer wieder, da eine erneute Einreise nicht möglich war. Der Kindernachzug nahm zu, als 1978 das Kindergeld für die in der Heimat verbliebenen Kinder stark reduziert wurde.

Seit Ende der 80er Jahre ist wieder eine Tendenz zur Öffnung des Arbeitsmarktes hauptsächlich bei sog. Saisonarbeiten, zunehmend jedoch auch im Bereich der Pflegeberufe zu verzeichnen. Das Arbeitsverbot für Asylbewerber wurde auf maximal 3 Monate reduziert, wobei eine Erlaubnis nur dann gewährt wird, wenn keine vorrangig Berechtigten (v.a. Deutsche und EU-Angehörige) zur Verfügung stehen.

Angesichts der Entwicklung vom vorübergehenden zum dauernden Aufenthalt und wachsender Ausländeranteile in Kindergärten und Schulen in den Ballungsgebieten und Industrierevieren entstanden Ende der 70er Jahre in Bund und ↗ Bundesländern umfangreiche Integrationskonzepte, so etwa der *Kühn-Bericht* des ersten Ausländerbeauftragten der Bundesregierung, der bereits von der Prämisse ausging, die Bundesrepublik sei ein Einwanderungsland, und daher eine Novellierung des Ausländerrechts (u.a. Erschwerung der Ausweisung, Einbürgerung »per Postkarte«) sowie umfangreiche Maßnahmen im Bildungsbereich und in der ↗ Sozialpolitik forderte (*Kühn* 1979).

Unter dem Eindruck der 1980 stark angestiegenen Asylbewerberzahlen, als erstmals die Grenze von 100000 Anträgen überschritten wurde, setzte sich jedoch wieder eine eher restriktive A. durch. Diskussion und Maßnahmen wurden vom Ziel bestimmt, die Ausländerzahl zu verringern, v.a. über die Rückkehrförderung (Kapitalisierung von Arbeitslosengeld, erleichterte Beitragserstattung aus der Rentenversicherung sowie Prämien für Kinder, die mit der Familie zurückkehrten). An der Gesamtzahl der Ausländer änderten diese Maßnahmen wenig: Sie schwankte damals zwischen 4,5 und 4,8 Millionen. Die Entwicklung auf dem Arbeitsmarkt führte jedoch zu einem »Export« von ↗ Arbeitslosigkeit durch die Ausländer. 1987 war die Zahl der ausländischen Arbeitnehmer auf 1,47 Millionen zurückgegangen und hat 1992 wieder die Zwei-Millionen-Grenze überschritten.

III. Innerhalb der ↗ Europäischen Union ist durch den Wegfall der Binnengrenzen der Grenzübertritt erleichtert worden. Allerdings wurde das Ziel einer generellen Freizügigkeit mit einem uneingeschränkten Aufenthaltsrecht für alle EU-Bürger nicht erreicht. Auch künftig sind nur Arbeitnehmer und Selbständige (einschließlich deren Familienangehörige) sowie – mit Einschränkungen – Studenten und Rentner umfaßt. Eine allgemeine Gleichbehandlung insbesondere hinsichtlich sozialer Rechte wurde durch den Vertrag von

Maastricht nicht erreicht. Von Bedeutung ist das Abkommen zum Europäischen Wirtschaftsraum (EWR), durch das die Freizügigkeitsbestimmungen der EG seit 1. 1. 1994 nunmehr auch für die EFTA-Länder (mit Ausnahme von Liechtenstein und der Schweiz) und damit in 17 Staaten gelten.
Die wachsende Freizügigkeit im EU-Binnenbereich wird – auch vor dem Hintergrund der negativen Arbeitsmarktentwicklung und steigender Flüchtlingszahlen – durch eine stärkere Abschottung der Außengrenzen kompensiert: Mit dem Maastrichter Vertrag besteht seit 1. 11. 1993 eine EU-Angleichungskompetenz für eine gemeinschaftliche Visumspolitik, d. h. der Rat bestimmt die visapflichtigen Drittstaaten. Durch vorausgegangene Regelungswerke wie das Schengener Abkommen (1985 zwischen BRD, Frankreich und den Benelux-Staaten sowie später Italien, Spanien und Portugal geschlossen) und das Schengener Zusatzabkommen (Schengen II) von 1990 sollte v. a. eine einheitliche Kontrolle der Außengrenzen der Unterzeichnerstaaten, u. a. durch den Informationsaustausch im Rahmen des im Aufbau befindlichen Schengener Informationssystems (SIS), verwirklicht werden. Die Zahl der visapflichtigen Staaten ist seitens der zwölf Mitgliedsstaaten drastisch erhöht worden. Im Ergebnis haben damit Drittstaatsangehörige ohne Visum zum EU-Gebiet nur noch einen sehr erschwerten Zugang.
Im EU-Bereich bezieht sich das jeweilige nationale Ausländer- und Arbeitserlaubnisrecht in erster Linie nur noch auf die Bürger von Drittstaaten. Jedoch wird im Maastrichter Vertrag (K 1) dies als eine »Angelegenheit von gemeinsamem Interesse« bezeichnet und damit längerfristig in den Kompetenzbereich der EU überführt, d. h. auch der Status der Drittstaatsangehörigen wird künftig von Brüssel mitgestaltet.
Die nationalen Regelungen sehen meist eine befristete Erlaubnis vor, die in einigen Ländern (Griechenland, Italien, Schweiz, Belgien) an den Nachweis eines Arbeitsverhältnisses geknüpft ist.

Mit zunehmender Dauer des Aufenthalts und der beruflichen Tätigkeit ist in den meisten europäischen Ländern eine erleichterte Verlängerung bzw. eine Verfestigung des Aufenthaltes und ein wachsender Ausweisungsschutz verbunden. Italien, Griechenland, Irland, Luxemburg und Spanien erteilen stets nur befristete Aufenthaltserlaubnis, und in Frankreich wird maximal eine zehnjährige Aufenthaltserlaubnis erteilt. Eine Verlängerung ist jeweils möglich.
Der Nachzug von Familienangehörigen ist zwar grundsätzlich überall gestattet, unterliegt aber in den einzelnen Ländern unterschiedlichen Restriktionen. Während der Familiennachzug zu einem ausländischen Arbeitnehmer der ersten Generation mit relativ geringen Einschränkungen allgemein gestattet wird, bestehen für die zweite Generation strenge Regelungen.
In der Bundesrepublik wird im Ehegattennachzug zu ausländischen Arbeitnehmern – insbesondere der zweiten Generation – ein Risiko (»Scheinehen«) gesehen. Er ist nur bei langjährigem Aufenthalt, nach einer Mindestdauer der Ehe und bei Nachweis ausreichenden Wohnraums, gestattet. In Belgien, Dänemark, Frankreich, den Niederlanden, Österreich, der Schweiz und den USA ist demgegenüber kein Mindestaufenthalt vorgeschrieben. Auch im Hinblick auf den Kindernachzug bestehen unterschiedliche Regelungen. Er ist in der Bundesrepublik nur für Kinder bis zum 16. Lebensjahr unter der Voraussetzung möglich, daß die Familie v. a. über ausreichenden Wohnraum verfügt. In Belgien, Dänemark, Frankreich, Großbritannien und einigen anderen Ländern liegt die Altersgrenze bei 18, in Schweden bei 21 Jahren. Innerhalb von EU/EWR ist der Ehegattennachzug generell möglich und der Nachzug von Kindern bis zum Alter von 21 Jahren erlaubt.
Im Mittelpunkt der ausländerpolitischen

Debatte der letzten Jahre stand v.a. auch die Forderung nach politischer Gleichberechtigung. Insbesondere von den ausländischen Interessenvertretungen in der Bundesrepublik wurde das aktive und passive Wahlrecht auf kommunaler Ebene gefordert. Von der Bundesregierung wurde jedoch allenfalls ein Kommunalwahlrecht für EG-Bürger auf Gegenseitigkeit ernsthaft diskutiert und die politische Gleichbehandlung von Angehörigen dritter Staaten grundsätzlich abgelehnt. Das Bundesverfassungsgericht erklärte in seiner Entscheidung vom 31. 10. 1990 das in Schleswig-Holstein und Hamburg bereits eingeführte Kommunalwahlrecht für Ausländer für verfassungswidrig. Demgegenüber sieht man in anderen Ländern die politische Mitbestimmung auch als Mittel der Integration an. Beispielsweise in den Niederlanden, Dänemark, Irland, Schweden und Norwegen und einigen Kantonen der Schweiz (Neuchâtel seit 1849, Jura seit 1991) besteht ein Kommunalwahlrecht, in Spanien mit der Einschränkung auf Gegenseitigkeit. Auch in der DDR gab es ein Kommunalwahlrecht für Ausländer. Auf EU-Ebene wurde im Maastrichter Vertrag unter dem Titel »Unionsbürgerschaft« das aktive und passive Wahlrecht für EU-Bürger eingeführt. Die Einzelheiten müssen vom Rat vor dem 31.12.1994 geregelt werden. Seit 1992 liegt eine Konvention des Europarates vor, die das Kommunalwahlrecht für Ausländer nach fünfjährigem Aufenthalt vorsieht. In einigen Bundesländern hat man aufgrund der hohen Ausländeranteile in den Städten jedoch Ausländerbeiräte und -ausschüsse geschaffen, die von der ausländischen Bevölkerung teilweise direkt gewählt werden, aber nur ein Anhörungsrecht in den Gemeindeorganen haben. Solche Beiräte, die als Vorstufe zum Kommunalwahlrecht angesehen werden, haben besonders in der Bundesrepublik an Bedeutung und Beachtung gewonnen. Entsprechende Mitwirkungsmöglichkeiten bestehen in Belgien und Luxemburg.

Starke Unterschiede zwischen den europäischen Ländern gibt es auch hinsichtlich der Einbürgerungsregelungen. Sie sind in der Bundesrepublik vergleichsweise restriktiv. Der Antragsteller muß seit mindestens zehn Jahren in der Bundesrepublik leben, sich in das wirtschaftliche und kulturelle Leben integriert haben und i.d.R. seine bisherige Staatsbürgerschaft aufgeben. Nur in Ausnahmefällen ist eine doppelte Staatsangehörigkeit möglich, ein wesentlicher Grund für das relativ geringe Interesse von Arbeitsimmigranten aus Drittstaaten, die deutsche Staatsbürgerschaft zu erwerben. Seit 1.1. 1991 gelten mit dem neuen Ausländerrecht für in Deutschland geborene Ausländer allerdings Erleichterungen bei der Einbürgerung. In den meisten anderen europäischen Ländern wird eine Einbürgerung an geringere Anforderungen als in Deutschland geknüpft. Zwar ist das Staatsangehörigkeitsrecht der europäischen Staaten vom Abstammungsprinzip (*jus sanguinis*) geprägt, jedoch lassen einige Staaten auch Elemente des *Jus-Soli*-Prinzips zu. Dies gilt insbesondere für die Einbürgerung in der zweiten bzw. dritten Generation; so haben beispielsweise in den Niederlanden, Luxemburg und Großbritannien im Land geborene Kinder von Ausländern das automatische Recht auf die Staatsangehörigkeit des Geburtslandes. Dabei besteht i.d.R. eine Verzichtmöglichkeit, es erfolgt also keine Zwangseinbürgerung per Geburt. In Luxemburg, den Niederlanden und in der Bundesrepublik ab 1.1.1991 bestehen Wahlmöglichkeiten für Kinder der zweiten Generation zwischen ihrem 18. und 25. bzw. 23. Lebensjahr, in Frankreich bis zur Vollendung des 18. Lebensjahres.

Christoph Schumacher/
Klaus Barwig

↗ Asylpolitik.

Lit.: *Aus Politik und Zeitgeschichte* B 2–3/93 v. 8. Januar 1993 (Thematischer Schwerpunkt: Fremdenfeindlichkeit/Rechtsextremismus) APuZ B 7/93 v. 12. Februar 1993 (Thematischer Schwerpunkt: Zuwanderung nach Deutschland). *Bade, K. J.* (Hrsg.) 1993: Deutsche im Ausland – Fremde in Deutschland. Migration in Geschichte und Gegenwart, München. *Bade, K.J.* (Hrsg.) 1994: Das Manifest der 60: Deutschland und die Einwanderung, München. *Barwig, K.* u.a. (Hrsg.) 1991: Das neue Ausländerrecht. Kommentierte Einführung mit Gesetzestexten und Durchführungsverordnungen, Baden-Baden. *Barwig, K.* u.a. (Hrsg.)

1994: Asyl nach der Änderung des Grundgesetzes. Entwicklungen in Deutschland und Europa, Baden-Baden. *Bericht '99* 1990: Zur Situation der ausländischen Arbeitnehmer und ihrer Familien – Bestandsaufnahme und Perspektiven für die 90er Jahre, hrsg. von der Beauftragten der Bundesregierung für die Integration der ausländischen Arbeitnehmer und ihrer Familienangehörigen, Bonn. *Fremdenfeindlichkeit und Gewalt* 1993: Ursachen und Handlungsperspektiven, hrsg. vom Forschungsinstitut der Friedrich Ebert Stiftung, Bonn. *Hailbronner, K.* 1992ff.: Ausländerrecht, Karlsruhe. *Herbert, U.* 1986: Geschichte der Ausländerbeschäftigung in Deutschland 1880–1980. Saisonarbeiter – Zwangsarbeiter – Gastarbeiter, Berlin/Bonn. *Huber, B.* (Hrsg.) 1994: Ausländer- und Asylrecht (Kommentar), München. *Kanein, W./Renner, G.* [6]1993: Ausländerrecht, München. *Oberndörfer, D.* 1991: Die offene Republik. Zur Zukunft Deutschlands und Europas. Freiburg. *Das Parlament*, 43. Jahrgang/Nr. 2–3, 8./15. Januar 1993 (Thematischer Schwerpunkt: Ausländer in Deutschland). *Thränhardt, D.* 1988: Die Bundesrepublik Deutschland. Ein unerklärtes Einwanderungsland, in: APuZ 24, 3–13. *Unger, H.* 1980: Ausländerpolitik in der Bundesrepublik Deutschland, Saarbrücken.

Außenpolitik

I. Mit Hilfe der Außenpolitik (A.) setzt die im Nationalstaat organisierte Gesellschaft ihre Interessen gegenüber anderen Staaten, d.h. im internationalen System (↗ Internationale Beziehungen) durch. 1. A. im klassischen Sinn sind die Aktivitäten oder Unterlassungen einer Regierung gegenüber einer anderen, die in ihrer Gesamtheit ein Beziehungsmuster konstituieren. 2. Unter A. wird auch die Mitarbeit einer Regierung in multi-, supra- und internationalen Organisationen bzw. Konferenzen wie z.B. UNO, OECD, EU, NATO, OSZE und Weltwirtschaftsgipfeln verstanden (↗ Internationale Organisationen). A. im Sinne gouvernementalen Außenverhaltens unterliegt der Kompetenz der Außenministerien und äußert sich in Staatsbesuchen, Vertragsabschlüssen oder Übereinkünften mit anderen Regierungen und in den Erscheinungsformen des diplomatischen Verkehrs. 3. Unter A. im weiteren Sinn müssen auch diejenigen Aspekte von Wirtschafts-, Verteidigungs- und Kulturpolitik verstanden werden, die grenzüberschreitenden Charakter oder Folgen haben, da A. zunehmend als Verbindung von Herrschafts-, Sicherheits- und Wohlfahrtsinteressen gegenüber dem äußeren Umfeld verstanden und realisiert wird. 4. Ferner erstreckt sich A. auf nichtstaatliches Verhalten wie Tourismus, Tätigkeiten von transnationalen Konzernen, Aktivitäten von nichtstaatlichen politischen Organisationen wie Parteienzusammenschlüsse, sofern sie staatliche Interessen berühren. Zu ihrer Vorbereitung, Durchsetzung und Absicherung kann A. sich auch nichtgouvernementaler Akteure wie Parteien, Parteienstiftungen, Wirtschaftsunternehmen usw. bedienen (z.B. Ostpolitik der Bundesrepublik Deutschland).

II. Die Trennung von Innenpolitik und A. ist historisch und durch die Unterschiede der internationalen und intranationalen Ordnung erklärbar. A. war und ist das Reservat der Exekutive, d.h. mit der Verteidigungspolitik derjenige Bereich, den die Monarchie den Parlamentarisierungsstrategien des Bürgertums vorenthalten konnte. Auch beim Übergang zur Republik konnte A. von den in der Innenpolitik gebräuchlichen parlamentarischen Kontroll- und Initiativmöglichkeiten weitgehend freigehalten werden. Sie unterliegt zudem anderen Regeln. Während das innerstaatliche Leben durch Gesellschaftsvertrag (↗ Vertragstheorien), Gewaltmonopol, sanktionierte Regelmechanismen und kontrollierte Kompetenzhierarchien geordnet ist (↗ Gewaltenteilung), unterliegt A. aufgrund des geringeren Organisations- oder Vergemeinschaftungsgrades einer ungleich größeren Handlungsfreiheit. So erlaubt das internationale System z. B. bei der Konfliktlösung sowohl die kriegerische Unterwerfung als auch den friedlichen Kompromiß.

A. und Innenpolitik lassen sich zwar analytisch voneinander trennen, hängen aber inhaltlich zusammen. Außenpolitische Maßnahmen, wie z. B. militärische Aggressionen, können primär innenpolitisch bedingt sein (Binnenintegration durch Außenkonflikt) und innenpolitische Maßnahmen, wie z. B. politische Liberalisierungen, primär außenpolitische Zugeständnisse darstellen. Daher ist auch die Frage, ob die Innenpolitik oder die A. das Primat besitze, falsch gestellt.

III. A. und internationale Politik sind in erster Linie analytisch bedingte Begriffe, die verschiedene Aspekte eines politischen Zusammenhangs erklären. Mit A. nimmt der staatliche Akteur im internationalen System seine Interessen wahr, reagiert auf die aus den Strukturen, Entwicklungen und Handlungsspielräumen resultierenden Anreize. A. ist also die Verengung internationaler Politik aus der Interessenlage des Nationalstaates. Internationale Politik ist aber nicht nur die Summe aller Außenpolitiken, sondern auch die ihnen zugrunde liegenden und die von ihnen beeinflußten Ordnungsstrukturen, Verhaltensmuster und Systemtrends. Ein außenpolitischer Vorgang muß also auf drei Analyseebenen untersucht werden: 1. in bezug auf seine innergesellschaftlichen Zusammenhänge, 2. in bezug auf die nationalstaatliche Interessenlage und 3. in bezug auf Bedingungen und Folgen für das internationale System.

IV. Die Theoriebildung ist in der noch jungen Teildisziplin ↗ Internationale Beziehungen noch wenig vorangekommen. Zur Analyse von A. haben sich bislang fünf Ansätze herausgeschält, die sich gegenseitig ergänzen. Es sind 1. der machtpolitische, 2. der Aktions-Reaktions-, 3. der Entscheidungsprozeß-, 4. der Ziel-Mittel-, 5. der Bedingungsstrukturansatz.

1. Der machtpolitische Ansatz untersucht A. unter der Fragestellung, inwieweit diese dem Erhalt, dem Ausbau und der Absicherung von Machtpositionen dient. Regionale und internationale ↗ Macht dient dabei den jeweiligen nationalstaatlichen Interessen und hängt von den zur Verfügung stehenden wirtschaftlichen und militärischen Kapazitäten ab, die durch Allianzbildung, politische Strategie und diplomatische Taktik vergrößert werden können. Der machtpolitische Ansatz untersucht die Weltgesellschaft unter den nationalen Herrschafts- und Ordnungsinteressen, vernachlässigt aber häufig die strukturellen Zusammenhänge des internationalen Systems.

2. Der Aktions-Reaktions-Ansatz geht auf die behavioristische Denkschule zurück und findet sich häufig in quantitativ vorgehenden Arbeiten und der Ereignisanalyse. Er erklärt A. als Reaktion des Nationalstaates auf einen von außen kommenden, als solchen nicht mehr hinterfragten Anreiz. Er hat wichtige Beiträge zur Klassifizierung von Verhaltensweisen geliefert, wird aber wegen seines Mangels an inhaltlichen Fragestellungen, Herrschaftsanalyse und strukturellen Ursachen kritisiert.

3. Der Entscheidungsprozeßansatz geht hier weiter. Er konzentriert sich auf den außenpolitischen Entscheidungsprozeß bzw. die Genese von A. in ihrem institutionellen Rahmen. Er untersucht in der Regel auch, welche in- und ausländischen Gruppen bzw. Institutionen in welcher Weise ihre Interessen einbringen.

4. Der Ziel-Mittel-Ansatz, der die Ziele und die ihnen zugeordneten Mittel von A. untersucht, kann über die Erfassung empirischer Zusammenhänge hinaus die Zweckrationalität, die Kosten-Nutzen-Beziehung und schließlich den Wertbezug des außenpolitischen Ziel-Mittel-Kataloges eines Landes

analysieren. Er kann auch Aussagen über Erfolgsmöglichkeiten einer bestimmten A. treffen, wenn er Handlungsspielräume, Akteurskonstellationen und Systemtrends ausreichend berücksichtigt. Schließlich eignet sich der Ziel-Mittel-Ansatz auch zur Längsschnittanalyse und zum Vergleich.

5. Der Bedingungsstrukturansatz konzentriert sich auf die strukturellen Bedingungsfaktoren für A., die Inhalt, Ziele und Reichweite langfristig bestimmen. Zu solchen Faktoren gehören z. B. geographische Lage, Rohstoffabhängigkeit, Wirtschaftsstruktur und Entwicklungsdynamik, historische Bindungen, außenpolitisch einsetzbare wirtschaftliche und militärische Kapazitäten usw.

V. Zur »Demokratisierung« von Außenpolitik.

Selbst in den modernen Demokratien ist Außen- und Sicherheitspolitik nach wie vor eines der letzten Reservate der Exekutive. Die Praxis der Gewaltenteilung gibt der Regierung in diesem Bereich einen wesentlichen politischen Handlungsvorsprung, was mit dem geringen Maß an parlamentarischer Kontrolle und Einflußnahme, der kaum vorhandenen kritischen Öffentlichkeit und dem geringen Informations- und Betroffenheitsgrad zusammenhängt. Dieses Demokratiedefizit kann mit der Geschichte der pluralistischen Demokratie erklärt werden: In der bürgerlichen Revolution gelang es der Monarchie, wenigstens die Diplomatie und das Militär der unmittelbaren Partizipation des Bürgertums zu entziehen. Dies blieb im wesentlichen auch beim Übergang zur Republik unverändert. Neuere Entwicklungen deuten aber auf eine stärkere Kontrolle bzw. Beschneidung dieses Regierungsmonopols hin. In den USA ist z. B. im Zusammenhang mit dem Vietnam-Krieg die außenpolitische und insbesondere die Kriegsführungskompetenz des Präsidenten durch den Kongreß eingeschränkt worden. Friedensbewegungen haben in außen- und sicherheitspolitischen Fragen Öffentlichkeit und Betroffenheit hergestellt und durch die von ihnen ausgelösten Akzeptanzkrisen politische Eliten und Parlamente zu einem stärkeren Engagement in diesen Fragen bewegt. Internationale Parteienkooperation und die Bemühungen des Europäischen Parlaments um parlamentarische Kompetenzen sind weitere Anzeichen für diese Entwicklung.

Parlament, Öffentlichkeit, Parteien und politische Bewegungen sind dabei nicht nur A. unmittelbar beeinflussende Akteure, sondern selbst Objekte und Bezugspunkte von A. anderer Länder geworden. So werden also auch Akteure im gouvernementalen Vorfeld für die außenpolitische Willensbildung wichtiger, wobei die Folgen für die institutionalisierte Kompetenzverteilung, Akzeptanzbereitschaft und demokratische Beteiligung noch nicht abzusehen sind. Demokratisierung von A. ist aber nicht nur eine Frage der Willensbildung, sondern betrifft auch politische Inhalte. Westliche Demokratien berufen sich traditionell auf ihren Friedenswillen, und auch die realsozialistischen Systeme hatten dies stets getan. Demnach ist die Schutzfunktion des Staates nach außen gleichzeitig eine positive Ordnungsfunktion in bezug auf die Weltgesellschaft. Insbesondere Friedensforschung und Friedensbewegung haben diesen politischen Anspruch mit der sicherheits- und außenpolitischen Wirklichkeit konfrontiert. Sie sind dabei zu dem Ergebnis gekommen, daß selbst angesichts der bestehenden Unvollkommenheiten des Staatensystems ein Mehr an konkreter Friedenspolitik machbar sei. Frieden wird dabei nicht nur als die Abwesenheit von Gewalt, d. h. als Nichtkrieg, sondern auch als der Aufbau gerechter internationaler

Strukturen im wirtschaftlichen, politischen und gesellschaftlichen Bereich verstanden. A. hat demnach die Aufgabe, z. B. durch eine stärkere Hinwendung zum zweiten, d. h. gemeinschaftlich orientierten Grundtypus auf der einen Seite militärische Gewalt – d. h. den Willen und die Fähigkeit dazu – aus der Staatenwelt schrittweise zu verbannen und gleichzeitig den politischen Willen und die Fähigkeit zur friedlichen Konfliktlösung und zum Abbau von Konfliktpotentialen zu schaffen. Dabei wird in Anlehnung an den Begriff Zivilgesellschaft neuerdings auch von »Zivilisierung« gesprochen (*Maull* 1992). Die Ersetzung des negativen durch den positiven Friedensbegriff bezieht sich dabei auf das Ost-West- und das innereuropäische Verhältnis ebenso wie auf den ↗ Nord-Süd-Konflikt und die Frage einer internationalen Neuen Politischen Ordnung. Ob und wieweit sich ein solches außenpolitisches Erkenntnisinteresse durchsetzt und inwieweit der proklamierte Wertbezug moderner Politik in Wirklichkeit umgesetzt wird, bleibt abzuwarten. Die Menschenrechtspolitik der US-amerikanischen *Carter*-Administration, die Nichteinmischungsforderungen der OSZE und die Ansätze zu einer Europäisierung der EU-Sozialordnungen sind Beispiele für diesen neuen Wertbezug in der A., auch wenn sie damit allein nicht vollständig erklärt werden können.

Reimund Seidelmann

↗ Internationale Beziehungen.

Lit.: *Czempiel, E. O.* 1981: Internationale Politik. Ein Konfliktmodell, Paderborn. *Czempiel, E. O.* ²1992: Weltpolitik im Umbruch, München. *Haftendorn, H.* 1978: Verwaltete Außenpolitik, Köln. *Krippendorff, E.* 1973: Ist Außenpolitik Außenpolitik?, in: *ders.* (Hrsg.): Internationale Beziehungen, Köln, 189–213. *Maull, H.* 1992: Zivilmacht Bundesrepublik Deutschland, in: EA 10, 269–278.

Außenwirtschaftspolitik

I. Außenwirtschaftspolitik (A.) ist die Gesamtheit der staatlichen Maßnahmen, die zur Steuerung und Regulierung grenzüberschreitender wirtschaftlicher Transaktionen eingesetzt werden. Die Ziele, denen die A. dient (z. B. Erschließung und Sicherung von Absatzmärkten, Sicherung der Rohstoffversorgung, Wechselkursstabilität), sind Teil- oder Unterziele der allgemeinen ↗ Wirtschaftspolitik, die auf Ziele wie Wachstum, Vollbeschäftigung und außenwirtschaftliches Gleichgewicht gerichtet ist (*Glastetter* 1975: 33 f.). Ferner wird A. als Instrument der ↗ Außenpolitik im Dienste nichtwirtschaftlicher Ziele eingesetzt (Beispiel: Sanktionen gegen das *Apartheid*-Regime in Südafrika). Instrumente der A. sind: die Ordnungspolitik, die den rechtlich-institutionellen Rahmen der Außenwirtschaftsbeziehungen gestaltet; die Handelspolitik, die als Mengenpolitik durch Ein- oder Ausfuhrverbote und Kontingente, als Preispolitik durch Zölle, Ausgleichsabgaben und Subventionen den Außenhandel zu beeinflussen sucht; die Währungspolitik, die über den Wechselkurs oder die Devisenbewirtschaftung die Entwicklung der Zahlungsbilanz steuert. Die Institutionalisierung wirtschaftspolitischer Koordination und Zusammenarbeit im Rahmen weltweiter oder regionaler Organisationen wird auch als Integrationspolitik bezeichnet. Auch die ↗ Entwicklungspolitik ist als Teilbereich der A. zu betrachten.

Die intensive Verflechtung der Volkswirtschaften der westlichen Industrieländer durch Handels- und Kapitalströme verringert die wirtschaftspolitische Steuerungskapazität nationaler Regierungen und Notenbanken, vergrößert aber andererseits die Reichweite von Maßnahmen nationaler Wirtschaftspolitik und damit auch die Möglichkeiten bewußter und die Gefahren unbewußter – Einflußnahme auf den Wirtschaftsprozeß der wichtigsten Partnerländer. Innerhalb der ↗ Europäischen Union wird der Handlungsspielraum nationaler A. nicht nur durch die wirtschaftliche Interdependenz der Mitgliedsländer begrenzt, sondern auch durch die Vergemeinschaftung von Politikfeldern (gemeinsame Handelspolitik, Europäisches Währungssystem) stark eingeschränkt.

II. Die A. einzelner Länder, ihre Strategien und die internen Interaktionsmuster zwischen staatlichen und gesellschaftlichen Akteuren im außenwirtschaftlichen Entscheidungsprozeß können auf jeweils historisch gewachsene Kräfteverhältnisse zwischen Staat und Gesellschaft zurückgeführt werden (*Katzenstein* 1978).

1. *USA*. Die Fragmentierung der Macht und die Dezentralisierung von Entscheidungskompetenzen, die das politische System der USA kennzeichnen, bestimmen auch die Handelspolitik. Innerhalb der Exekutive verteilen sich die handelspolitischen Kompetenzen auf die Ministerien für Finanzen, Handel, Landwirtschaft, Arbeit, das Büro des Handelsbeauftragten im Weißen Haus, das Außenministerium und den Nationalen Sicherheitsrat.

Das Ausschußsystem und die Arbeitsweise des Kongresses eröffnen Interessengruppen zahlreiche Möglichkeiten, den handelspolitischen Entscheidungsprozeß zu beeinflussen. Die Entscheidungen der *International Trade Commission*, einer »direkten Anlaufstelle für die Anträge schutzbegehrender Industriezweige« (Rode 1980:139), die sich gegen »unfaire« Handelspraktiken richten, können durch mehrere Instanzen hindurch gerichtlich überprüft werden. Währungspolitische Entscheidungen hingegen sind besser gegen den Druck gesellschaftlicher Kräfte abgeschirmt und sind gewöhnlich im Weißen Haus, im Finanzministerium und vom *Federal Reserve Board* gefällt worden (*Krasner* 1978a; *Destler/Henning* 1989).

Die Entscheidung für den Aufbau eines liberalen Weltwirtschaftssystems nach dem Ende des II. Weltkrieges wurde von einem breiten Konsens gesellschaftlicher Kräfte (von der Landwirtschaft über Industrie und Banken bis zu den Gewerkschaften) getragen, der bis Anfang der 60er Jahre anhielt. Der *Trade Unions Act* von 1962 ermächtigte den Präsidenten zu 50%igen Zollsenkungen und schuf so die Voraussetzungen für erfolgreiche Verhandlungen über eine weitere Liberalisierung des Welthandels im Rahmen des GATT (*Kennedy-Runde*). Seit der zweiten Hälfte der 60er Jahre verstärkte sich jedoch der Druck protektionistischer Kräfte (konkurrenzschwache Branchen, ↗ Gewerkschaften). Der Katalog der geforderten Schutzmaßnahmen umfaßte Zollerhöhungen, Marktteilungsabkommen, Importquoten, Exporthilfen sowie die Beibehaltung des *American Selling Price System* und des *Buy American Act*. Oft stellten die Gewerkschaften höhere Schutzforderungen als die Verbände der betroffenen Industriezweige, die auf Interessenkonflikte zwischen primär im Inland produzierenden Unternehmen und multinationalen Konzernen Rücksicht nehmen mußten. Protektionistische Gesetzentwürfe wie die *Mills Bill* (1970) und die von der AFL-CIO entworfene *Burke-Hartke Bill* (1971) fanden zwar keine Mehrheit, doch zeigte der *Trade Act* von 1974 trotz seiner liberalen Grundorientierung, daß die protektionistischen Kräfte an Boden gewonnen hatten (*Rode 1980*). In der *Tokio-Runde* suchte die *Carter*-Administration den protektionistischen Tendenzen im Welthandel zu wehren, indem sie sich auf Vereinbarungen über die Regulierung und den Abbau von nicht-tarifären Handelsschranken konzentrierte. Zu Beginn der 80er Jahre verschärften sich die handelspolitischen Konflikte mit der EG. Diese erstreckten sich nicht nur auf den Agrarprotektionismus und die Stahlexporte der EG, sondern auch auf den Technologietransfer und die Kreditvergabe im Osthandel. Der Konflikt über die Osthandelspolitik entzündete sich an den amerikanischen Versuchen, wirtschaftliche Sanktionen gegenüber dem Ostblock als Instrument der Außenpolitik einzusetzen – eine Strategie, deren Ursprünge in die späten 40er Jahre zurückreichen.

Trotz steigenden Handelsbilanzdefiziten und wachsendem protektionistischen Druck aus dem Kongreß hielt die *Reagan*-Administration an ihrer grundsätzlichen Freihandelsorientierung fest, schlug aber dann – unter Berufung auf das Prinzip des »fairen Handels« – eine zunehmend härtere Gangart ein. Während die USA in der Uruguay-Runde des GATT eine weitgehende Liberalisierung des internationalen Handels mit Gütern und Dienstleistungen anstrebten, entwickelten sie gleichzeitig neue Instrumente zur Bekämpfung »unfairer« Handelspraktiken anderer Länder. Mit dem Abschluß des Nordamerikanischen Freihandelsabkommens (NAFTA) (1992) und dem erfolgreichen Ausgang der Uruguay-Runde (1993) haben die USA ihre Strategie der Marktöffnung auf regionaler und globaler Ebene durchzusetzen vermocht.

2. *Bundesrepublik Deutschland.* Der Aufstieg der Bundesrepublik zur zweitgrößten bzw. größten Welthandelsnation ist das Ergebnis einer Strategie des exportorientierten Wachstums, die lange Zeit Vollbeschäftigung sicherte und wachsende Reallöhne garantierte. Wirtschaftliches Wachstum verbürgte politische und soziale Stabilität, und diese Stabilität wiederum wurde zu einem wichtigen Faktor für die Wettbewerbsfähigkeit der westdeutschen Industrie auf den Weltmärkten. Die A. war kontinuierlich darauf gerichtet, Exportmärkte für die westdeutsche Industrie zu erschließen und auszuweiten. Sie wurde von einer »Exportmystik« *(Wadbrook)* getragen, die von keiner gesellschaftlichen Gruppe ernsthaft in Frage gestellt wurde.

Das strukturelle Gewicht des Exportsektors, das in der hohen Exportabhängigkeit zahlreicher Industriezweige begründet ist, hat sich wirkungsvoll in politischen Einfluß umgesetzt. Die Achse des außenwirtschaftspolitischen Entscheidungsprozesses bildet eine enge Kooperationsbeziehung zwischen der Ministerialbürokratie und den Verbänden der Industrie, des Handels und der Banken, die weitgehend von der Öffentlichkeit abgeschirmt ist. Parteien und Parlament sind an der Peripherie des Entscheidungsprozesses angesiedelt. Die Gewerkschaften gehörten zu der »großen Koalition«, welche die außenwirtschaftliche Expansion trug, doch haben sie in der A. bisher kaum mehr als eine Statistenrolle gespielt.

Preisstabilität im Innern und Wettbewerbsfähigkeit nach außen bildeten die Zielgrößen der ↗ Geld- und Währungspolitik. Trotz steigender Exportüberschüsse seit der zweiten Hälfte der 50er Jahre war die Parität tabu, und Wechselkursänderungen wurden nur als *ultima ratio* praktiziert, wenn die importierte ↗ Inflation das Ziel der Preisstabilität gefährdete. Im Zielkonflikt zwischen Preisstabilität und Exportchancen vermochte der Exportsektor (Industrie und Geschäftsbanken) erfolgreich notwendige Aufwertungen zu verzögern, wie der Verlauf der Aufwertungsdebatten 1961 und 1968/69 zeigte *(Kreile* 1978 a). In den 70er Jahren gewann das Problem der »wirtschaftlichen Sicherheit« in der A. an Bedeutung, nachdem die Ölkrise von 1973 das Bewußtsein für die Notwendigkeit einer gesicherten Rohstoffversorgung geschärft hatte. Direktinvestitionen im Ausland wurden als Beitrag zum Strukturwandel gefördert. Die Forderungen der Dritten Welt nach einer neuen Weltwirtschaftsordnung (↗ Nord-Süd-Konflikt) wurden als Angriff auf Ordnungsprinzipien abgelehnt, die der Bundesrepublik Exporterfolge und Prosperität beschert hatten. Im Osthandel, dem am stärksten politisierten Bereich des westdeutschen Außenhandels, wurden unter der sozialliberalen Koalition die noch verbliebenen Restriktionen weiter gelockert, um die Entspannungspolitik auch ökonomisch abzustützen.

Im Laufe der 80er Jahre wuchsen sowohl die Außenhandelsabhängigkeit als auch die Exportüberschüsse der Bundesrepublik. Die internationale Verwendung der D-Mark als Reserve- und Anlagewährung nahm zu, und innerhalb des Europäischen Währungssystems wurde die D-Mark zur »Ankerwährung«, an der sich die Geldpolitik der übrigen Mitgliedstaaten auszurichten hatte. Die Auflösung des Ost-West-Konflikts und die Vereinigung der beiden deutschen Staaten haben neue Rahmenbedingungen für die Gestaltung der Wirtschaftsbeziehungen zu Osteuropa geschaffen.

3. *Japan.* In der industriellen Entwicklung Japans hat der Staat eine zentrale Rolle gespielt. Das Wirtschaftswachstum wurde durch eine Strategie der selektiven Entwicklung von Schlüsselsektoren gefördert, die sich auf den Import moderner Technologie stützte. Industrie- und Außenwirtschaftspolitik waren und sind eng koordiniert. Die Regierung übte eine strenge Kontrolle über den Außenwirtschaftsverkehr aus und förderte lange den Export durch eine Unterbewertung des Yen. Insofern verdienten sich Japan wie die BRD das Prädikat des Neomerkantilismus. Bei Fertigwarenimporten praktizierte Japan eine außerordentlich restriktive Politik, was zu Konflikten mit den Handelspartnern führte, die nicht länger steigende japanische Exportüberschüsse hinzunehmen bereit waren. Unter allen westlichen Industrieländern hat Japan wohl die kohärenteste und kontinuierlichste A. betrieben.

Ermöglicht wurde sie durch eine korporatistische Koalition von Banken, Großindustrie, Handelsgesellschaften und Hochbürokratie, die in der politischen Arena durch die langjährige Herrschaft der konservativen Liberaldemokratischen Partei abgesichert wurde. Der systematische Ausschluß der Gewerkschaften und der sozialistischen Parteien vom politischen Entscheidungsprozeß sowie die Existenz eines dualen Arbeitsmarktes waren die Voraussetzungen dafür, daß der Staat die Sozialausgaben niedrig halten und in der Wirtschaftspolitik auf Wachstum und Expansion setzen konnte. Der außenwirtschaftspolitische Entscheidungsprozeß ist durch eine sehr enge Kooperation zwischen der mächtigen Bürokratie und den Spitzenorganisationen von Industrie und Finanzwelt gekennzeichnet, die durch den Austausch von Personal zwischen diesen Sektoren zusätzlich gefestigt wird. Die Wirtschaftsverbände sind hochgradig zentralisiert und wirken nicht selten als Transmissionsriemen für die Direktiven der Regierung. Eine Unterordnung der A. unter nichtökonomische Ziele der Außenpolitik ist – abgesehen von der Beteiligung am COCOM (Agreement zwischen den NATO-Staaten und Japan zur Begrenzung militärisch und technologisch sensibler Exporte in die Ostblock-Länder) – kaum jemals ernsthaft betrieben worden. Eher gibt es Belege dafür, daß die Außenpolitik außenwirtschaftlichen Erfordernissen unterworfen wurde.

Michael Kreile

Lit.: *Andersen, U.* 1977: Das internationale Währungssystem zwischen nationaler Souveränität und supranationaler Integration, Berlin. *Destler, I.M.* 1986: American Trade Politics: System Under Stress, Washington, D.C. *Destler, I.M./Henning, C.R.* 1989: Dollar Politics: Exchange Rate Policymaking in the United States, Washington, D.C. *Donges, J.B.* 1981: Außenwirtschafts- und Entwicklungspolitik, Berlin/Heidelberg/New York. *Glastetter, W.* 1975: Außenwirtschaftspolitik, Köln. *Johnson, C.* 1982: MITI and the Japanese Miracle: the Growth of Industrial Policy 1925–1975, Stanford. *Katzenstein, P.J.* (Hrsg.) 1978: Between Power and Plenty. Foreign Economic Policies of Advanced Industrial States, Madison, Wisconsin. *Krasner, S.D.* 1978a: United States Commercial and Monetary Policy: Unravelling the Paradox of External Strength and Internal Weakness, in: *Katzenstein* (Hrsg.) 1978, 51–88. *Krasner, S.D.* 1978b: Defending the National Interest. Raw Materials Investment and U.S. Foreign Policy, Princeton. *Kreile, M.* 1978a: West Germany: The Dynamics of Expansion, in: *Katzenstein* (Hrsg.) 1978, 191–224. *Kreile, M.* 1978b: Osthandel und Ostpolitik, Baden-Baden. *May, B.* 1994: Die Uruguay-Runde, Bonn. *Pastor, R.A. 1980:* Congress and the Politics of U.S. Foreign Economic Policy 1929–1976, Berkeley/Los Angeles/London. *Rode, R.* 1980: Amerikanische Handelspolitik gegenüber Westeuropa. Von der Handelsreform zur Tokio-Runde, Frankfurt a.M./New York. *Senti, R.* 1986: GATT. Allgemeines Zoll- und Handelsabkommen als System der Welthandelsordnung, Zürich. *Shonfield, A.* (Hrsg.) 1976: International Economic Relations of the Western World, 2 Bde., London. *Weiss, F. D.* u.a. 1988: Trade Policy in West-Germany, Tübingen.

Autoritäre Regime

I. Begreift man autoritäre Regime (a. R.) nicht einfach als eine Mischform totalitärer Systeme und demokratischer Regierungen, sondern als einen Systemtypus *sui generis,* muß man sich typologisch relevanter Untersuchungsdimensionen und trennscharfer Kriterien versichern, die a. R. von ↗ Totalitarismus und ↗ Demokratie unterscheidbar machen. Unsere Konzeption konzentriert sich auf die Art der Machtausbildung, Organisationsformen, Glaubens- und Wertsysteme, die Verbindung von staatlicher Macht und gesellschaftlicher Sphäre sowie auf die Rollenzuweisung der Bevölkerung im politischen Prozeß. Ausgegrenzt bleibt dabei eine Analyse des *policy output* ebenso wie die angestrebten Ziele oder die *raison d'être* der Regime. Vor dem Hintergrund dieser Einschränkungen lassen sich a. R. als Systeme kennzeichnen, die über einen nur begrenzten ↗ Pluralismus verfügen, keine umfassend ausformulierte ↗ Ideologie besitzen und, außer in ihren Entstehungsphasen, weder auf eine extensive noch intensive Mobilisierung zurückgreifen (vgl. *Linz* 1964).

Der eingeschränkte Pluralismus von a. R. muß als zentrales Abgrenzungsmerkmal gegenüber Demokratien (und ihrem prinzipiell unbegrenzten Pluralismus) und totalitären Systemen (Monismus) gelten *(Hermet* 1984). Der begrenzte Pluralismus der a. R. ist nicht nur der Pluralismus der Organisation einer einzigen Partei oder des Staatsapparats, sondern von sozialen, wirtschaftlichen, institutionellen, politischen Strukturen, die vor dem a. R. existierten oder sich außerhalb des Regimes entwickelten und sich in dieser Hinsicht vom Interessenpluralismus in kommunistischen Systemen oder im NS-Staat (↗ Nationalsozialismus) unterscheiden. Zulassung wie Handlungsspielräume der politischen und gesellschaftlichen Akteure hängen weitgehend von der autoritären Staatsführung ab. Innerhalb der Grenzen des eingeschränkten Pluralismus variieren die Formen politischer ↗ Partizipation. Sie reichen von politischer Apathie über semipluralistische, elitäre Beteiligungsformen bis hin zu intensiver organisierter Mobilisierung. Häufig erweist sich die Depolitisierung als sehr funktional, da eine anhaltende Massenmobilisierung, dirigiert durch eine Partei, von den herrschenden Gruppen wie der Bürokratie, der Armee, der Kirche und den Interessengruppen als Bedrohung empfunden werden könnte.

In Abgrenzung zum Totalitarismus ist es für a. R. zutreffender, von Mentalitäten als von Ideologien zu sprechen. Mentalität ist, wie es *T. Geiger* (1932) ausdrückt, »subjektiver«, Ideologie dagegen »objektiver Geist«. Ideologien sind Reflexionen, Mentalitäten psychische Prädispositionen, erstere sind fest umrissen und kodifiziert, letztere funktionieren formlos. Das Fehlen einer fest umrissenen Ideologie bezahlen a. R. mit dem Verlust an Mobilisierungsfähigkeit und affektiver Identifikation der Bevölkerung mit dem System. Andererseits erlaubt der Rückgriff auf nur allgemeine Werte wie Patriotismus, ↗ Nationalismus, Modernisierung, Ordnung etc. den autoritären Regimeführungen eine pragmatischere Orientierung in der Politikformulierung.

Autoritäre Regime sind solche, die nicht oder nicht nur auf traditioneller ↗ Legitimität beruhen wie z. B. islamische Monarchien. Sie sind auch nicht mit rein persönlicher ↗ Herrschaft gleichzusetzen, die auf Gewalt und ↗ Korruption zum Vorteil des Herrschers, seiner Familie, Klienten (↗ Klientelismus) und Prätorianer aufgebaut ist, die man als sultanistisch im Sinne *Max Webers* bezeichnen kann (z. B. *Trujillo, Somoza).* Repression und Staatsterror sind nicht Unterscheidungsmerkmale von totalitären und a. R., obgleich totalitäre Regime oft zu einem erheblichen Ausmaß an Repression geführt haben und a. R. oft weniger repressiv sind. Die a. R. entstehen aus der Krise und dem Zusammenbruch von demokratischen Regimen, dem Übergang von traditioneller Herrschaft, der Instabilität nach der Dekolonisierung, den Konflikten in multiethnischen Gesellschaften, der »Veralltäglichung« des totalitären Utopismus.

II. Die drei zentralen Dimensionen – begrenzter Pluralismus, Depolitisierung oder begrenzte Partizipation, Mentalitäten – lassen nicht nur eine Abgrenzung von den monistischen, hoch mobilisierten und ideologisierten totalitären Systemen zu, sondern ermöglichen in einer komparativen Ausdifferenzierung auch eine feinere Typologisierung von a. R. Die daraus resultierende Klassifikation ist im *Weber*schen Sinne idealtypisch und korrespondiert nur selten deckungsgleich mit den real existierenden Regimen, da diese immer auch das Ergebnis widersprüchlicher Tendenzen sind.

1. Bürokratisch-militärischer Typus. Dieser Typ von a. R. verfügt weder über komplexe Institutionen eines autoritativ verfügten Korporativismus noch über eine mobilisierungsfähige Partei, die für die Elitenrekrutierung und zur Kanalisierung der Partizipation dienen könnte. Er ist so etwas wie ein »paradigmatischer Typ« a. R., da er gleich weit von demokratischen wie totalitären Systemen entfernt ist. Geführt von meist acharismatischen Militärs, ist dieser Regimetypus innerhalb der Grenzen seiner bürokratisch-militärischen Mentalität pragmatisch orientiert. Nicht selten folgt er auf liberaldemokratische Systeme, in denen das ↗ Parteiensystem nicht in der Lage war, Systemloyalitäten bzw. stabile Regierungen zu produzieren (*Stepan* 1973; *O'Donnell* 1973; *Collier* 1979).

2. Autoritärer Korporativismus. Diesen Typ kennzeichnet eine vom Staat verfügte Prozedur der Interessenrepräsentation. Diese Art von zwangsinstitutionalisiertem Konfliktschlichtungsmuster erlaubt die Repräsentation sozialer Interessen bei gleichzeitiger zwangsadministrativer Begrenzung der ↗ Konflikte. Als »organische Demokratie« diente der autoritäre Korporativismus als eine ideologische Alternative für jene Gesellschaften, die infolge ihrer ökonomischen und sozialen Komplexität nicht allein mit technokratisch-autoritären Mitteln regiert werden konnten (*Stepan* 1978). *Salazars* »Estado Novo« verkörperte am deutlichsten diesen Typus. Aber auch das *Dollfuß*-Regime in Österreich (1934–1938), *Francos* Spanien nach der prätotalitären faschistischen Periode sind unter den Typ autoritärer Korporativismus subsumierbar.

3. Mobilisierende a. R. in postdemokratischen Gesellschaften. Im Unterschied zu anderen autoritären Konzeptionen versucht der mobilisierende Typus über emotionale Legitimationsformen eine affektive Identifikation der Regierten mit den autoritär Regierenden herzustellen. Plebiszitäre Beteiligungsformen sollen dabei zusätzlich die Unterstützung der Massen sichern helfen. Diese faschistisch mobilisierenden a. R. sind weniger pluralistisch, dafür ideologischer und partizipationsoffener als bürokratisch-militärische oder zwangskorporativistische Regimes. Sie sind der Demokratie näher als dem ↗ Liberalismus, versuchen den Verlust an individueller Freiheit durch kontrollierte Chancen der Partizipation zu kompensieren, sie sind weniger konservativ und begrenztem Wandel gegenüber aufgeschlossener (vgl. *Linz* 1976 in: *Laqueur; Linz* 1980 in: *Larsen).*

4. Nachkoloniale mobilisierende Regimes. Die simultane Schwäche traditioneller Autorität und das fehlende Verständnis für die komplexen Mechanismen einer rationalen, legalen Autorität ließen vornehmlich im nachkolonialen Afrika diese spezifische Variante entstehen. Der artifizielle Charakter postkolonialer Staatsgrenzen, die ethnischen, linguistischen und religiösen *cleavages* quer durch die Bevölkerung, die sozialen und ökonomischen Disparitäten zwischen urbanen Zentren und ländlicher Peripherie (↗ Konfliktlinien) sowie die Schwäche administrativer Bürokratien ließen viele Führer der unabhängig gewordenen Staaten glauben, eine autoritär gelenkte Partei und Staatsführung wären die einzigen erfolgver-

sprechenden Instrumente im Prozeß der Staatswerdung *(nation building)*. Diese a. R. sind meistens Opfer von Militärputschen geworden und/oder in rein persönliche Herrschaft umgewandelt worden *(Jackson/Osberg* 1982).

Der begrenzte Pluralismus, die relative Autonomie der Gesellschaft, die Heterogenität politischer Tendenzen und Kräfte führen öfter zu Liberalisierung und damit zu Krisen und unter besonderen Bedingungen zum endogenen Übergang zur Demokratie.

5. Rassen- und ethnische »Demokratien«. Dieser bewußt paradox gewählte Begriff bezieht sich auf Regime, die, wie Rhodesien vor 1980 und Südafrika vor 1994, einer rassisch definierten Gruppe (meist Minorität) die Partizipation an demokratischen Prozeduren zugestehen, während andere ethnische Gruppen von den demokratischen Rechten ausgeschlossen bleiben. Dabei bedeutet »Rassendemokratie« nicht nur autoritäre Herrschaft über die farbige Bevölkerung, sondern auch autoritärer Druck gegenüber jenen weißen Dissidenten, die die Rassenpolitik bekämpfen und in Frage stellen.

6. Unvollständig totalitäre und prätotalitäre Regime. Mit dem Begriff *defective or arrested totalitarism* lassen sich jene Systeme kennzeichnen, in denen die Entwicklungstendenzen zum Totalitarismus gestoppt wurden, deren Vertreter jedoch zu einem bedeutsamen Machtfaktor innerhalb des Systems geworden sind. Prätotalitarismus sollte hingegen jenen Regimen vorbehalten bleiben, die sich in einer Übergangsphase zur Etablierung eines totalitären Systems befinden. So läßt sich Spanien in der Phase unmittelbar nach dem Bürgerkrieg als *defective totalitarism*, das Dritte Reich in der ersten Periode nach der Machtergreifung als »prätotalitäres Regime« kennzeichnen.

7. Posttotalitäre a. R. Unter diesem Typus lassen sich allein die entstalinisierten Staaten Osteuropas unter Einschluß der UdSSR bis zum Zusammenbruch dieser Systeme 1989 subsumieren. G. F. *Skilling* differenzierte den Begriff weiter aus und unterschied zwischen »totalitären Systemen ohne Terror«, konsultativ-autoritären Regimen (DDR, Rumänien, Bulgarien), quasi-pluralistischem Autoritarismus (ČSSR und Polen Mitte der 60er Jahre), pluralistisch-autoritären Regimen mit Demokratisierungstendenzen (ČSSR der *Dubček*-Ära, Jugoslawien nach 1966) und anarchisch-autoritären Regimen (VR China während der Kulturrevolution).

Die vorgestellte Klassifikation ist indikativ und illustrierend. Für eine umfassende, auf quantitativen Daten und Korrelationen beruhende typologische Zuordnung aller Länder müßten die drei zentralen Dimensionen a. R. – begrenzter Pluralismus, kontrollierte Partizipation, Mentalitäten – quantifizierbar operationalisiert werden.

Juan J. Linz

↗ Demokratietheorie; Diktatur; Faschismus; Ideologie/Ideologiekritik; Systemwechsel.

Lit.: *Collier, D.* 1979: The New Authoritarianism in Latin America, Princeton. *Finer, S. E.* 1971: Comparative Government, New York. *Friedrich, K. J./Brzezinski, Z.* 1965: Totalitarian Dictatorship and Autocracy, New York. *Geiger, T.* 1932: Die soziale Schichtung des deutschen Volkes, Stuttgart. *Hermet,* C. 1984: Totalitarisme, Paris. *Huntington, S. P./Moore, C.M.* (Hrsg.) 1970: Authoritarian Politics in Modern Society, New York. *Jackson, R. H./Osberg, K.* G. 1982: Personal Rule in Black Africa. Prince, Autocrat, Prophet, Tyrant, Berkeley. *Laqueur, W.* (Hrsg.) 1988: Fascism. A Reader's Guide (Repr.), Aldershot. *Larsen, S. U.* u.a. (Hrsg.) 1980: Who were the Fascists?, Oslo. *Linz, J. J.* 1964: An Authoritarian Regime: The Case of Spain, in: *Allardt, E./Rokkan, S.* (Hrsg.) 1970: Mass Politics: Studies in Political Sociology, New York. *Linz, J. J.* 1975: Totalitarian and Authoritarian Regimes, in: *Greenstein, F. J./Polsby, N. W.* (Hrsg.): Handbook of Political Science, Reading. *Nohlen, D.* 1987: Autoritäre Systeme, in: *Nohlen, D./Waldmann, P.* (Hrsg.): Dritte Welt, München/Zürich, 64–84. *O'Donnell, G.* 1973: Modernization and Bureaucratic Authoritarianism. Studies in South American Politics, Berkeley. *Sartori, G.* 1962: Dittatura, in: Enciclopedia del Diritto, Mailand. *Schmitter, P. C.* 1973: Military Rule in Latin America: Functions, Consequences and Perspectives, Beverly Hills. *Skilling, H. G.* 1983: Communist Politics Revisited, in: WP 36, 1–27. *Staniszkis, J.* 1984: Poland's Selflimiting Revolution, Princeton. *Stepan, A.* (Hrsg.) 1973: Authoritarian Brazil. Origins, Politics and Future, New Haven. *Stepan, A.* 1978: State and Society. Peru in Comparative Perspective, Princeton.

Beschäftigungspolitik

Die Konzeptionen zu einer effizienten Beschäftigungspolitik (B.) veränderten sich mit den herrschenden ökonomischen Paradigmen und den Erfahrungen beim Einsatz der Instrumente. Mit der theoretischen Aufarbeitung der Weltwirtschaftskrise Anfang der 30er Jahre vor allem durch *J. M. Keynes* (1936) wurde das neoklassische liberalistische Leitbild weitestgehender staatlicher Abstinenz gegenüber prozeßorientierten Eingriffen in das marktwirtschaftliche System zunehmend durch die *keynesianische* Konzeption (↗ Keynesianismus) abgelöst. In der Bundesrepublik Deutschland wurde B. als makroökonomische Globalsteuerung relativ spät, dem Vorbild westlicher Staaten folgend, in der ersten Nachkriegsrezession im Stabilitätsgesetz von 1967 als staatliche Aufgabe definiert. Abzugrenzen ist diese makroökonomische, die volkswirtschaftliche Gesamtnachfrage steuernde B. von der Arbeitsmarktpolitik, die ihr makroökonomisches Pendant darstellt und Arbeitnehmer, die aufgrund des ökonomischen Strukturwandels von struktureller ↗ Arbeitslosigkeit bedroht sind, dem Qualifikationsbedarf der expandierenden Branchen entsprechend weiterbildet.

Im Arbeitsförderungsgesetz (AFG) sind neben Fortbildungs- und Umschulungsangeboten (FuU) weitere Instrumente, die eine Brücke zur Wiederbeschäftigung in privaten Unternehmen bilden sollen, enthalten: zeitlich begrenzte Arbeitsbeschaffungsmaßnahmen (ABM), Eingliederungszuschüsse und besondere Hilfen für Problemgruppen des Arbeitsmarktes wie Behinderte, Ausländer und Langzeitarbeitslose. Länger andauernde Arbeitslosigkeit, so zeigen die bedrückenden Erfahrungen, führt bald zu sozialen und psychischen Problemen bei den Betroffenen, die eine Wiedereingliederung immer schwieriger gestalten (Hysteresis-Phänomen). Die Bedeutung arbeitsmarktpolitischer Maßnahmen wird denn auch im Prinzip trotz aller sonstigen Divergenzen von allen ökonomischen Paradigmen anerkannt. Die *keynesianisch* orientierte B. konzentriert sich dagegen auf die konjunkturelle Arbeitslosigkeit und versucht über Instrumente einer antizyklischen Fiskalpolitik die Konjunkturzyklen zu glätten. So werden konjunkturelle Einbrüche (Rezessionen) auf eine Nachfrageschwäche bei den Komponenten der volkswirtschaftlichen Gesamtnachfrage Konsum, Investitionen und Export zurückgeführt. Die Aufgabe des staatlichen *demand management* ist es nun, vor allem durch kreditfinanzierte Ausgabenprogramme diese Nachfragelücke zu schließen.

Der durch anfängliche Erfolge der B. genährte Optimismus, über ein Breitbandmittel gegen Arbeitslosigkeit zu verfügen und durch immer feinere Abstimmung der fiskalpolitischen Instrumente den im Stabilitätsgesetz definierten volkswirtschaftlichen Zielkatalog *in toto* und ohne direkte Eingriffe in den marktwirtschaftlichen Allokationsmechanismus realisieren zu können, verflog zunehmend. Der empirische Befund der *Phillips*kurve wies auf einen zumindest graduellen Zielkonflikt zwischen dem Vollbeschäftigungs- und dem Preisniveaustabilisierungsziel hin. Die Mängelanalyse der *Keynesianer* ergab folgende Schwachstellen: Unzuverlässige Konjunkturindikatoren und zeitliche Wirkungsverzögerungen erschweren die richtige Terminierung und Dosierung antizyklischer Nachfragestimuli. Als offene Flanken erwiesen sich Lohnpolitik und monopolistische Preispolitik. Gerade der Erfolg der B. ermutigte die Gewerkschaften zu Lohnabschlüssen oberhalb der Produktivitätsentwicklung und erleichterte den Unternehmen die Umwälzung der damit steigenden Lohnstückkosten auf die Preise. In den USA und England kam es aufgrund der betriebsnahen Lohnverhandlungen zu zweistelligen Inflationsraten, während die Gewerkschaften in der Bundesrepublik sich vergleichsweise maßvoll verhielten. Daraus resultierende niedrige Lohnstückkosten führten zu wachsenden Exporterfolgen, verbunden mit einer Beschäftigungssicherung im Inland. Sozialdemokratische Wirtschaftspolitik wählte im Vertrauen auf eine stabile Lage der *Phillips*kurve aus deren »Wahlmenüs« einen hohen Beschäftigungsstand unter Inkaufnahme einer höheren Inflationsrate. Die Probleme verschärften sich in der Mitte der 70er Jahre zur Stagflation: Arbeitslosigkeit und Inflation auf hohem Niveau bei geringen bzw. negativen Wachstumsraten des Bruttosozialprodukts. Trotz zahl- und umfangreicher Beschäftigungsprogramme von 1975 bis 1980 verblieb ein hoher Sockel von ca. 750000 Arbeitslosen. Die *Postkeynesianer* sahen diese Entwicklung im Zusammenspiel mehrerer Faktoren begründet. Den Auslöser sah man in exogenen Schocks, den Ölpreisexplosionen. Verschärft wurde die Situation durch die als fehlerhaft eingeschätzte Geldpolitik. So versuchte die Bundesbank durch eine Politik knappen Geldes trotz der extern verursachten Kostenexpansion eine Überwälzung auf die Preise zu verhindern. Der expansive Nachfrageeffekt der eingeleiteten Beschäftigungsprogramme der Bundesregierung wurde so durch den geldpolitischen Restriktionskurs gebremst. Föderale Abstimmungsfehler traten hinzu, da Länder und Kommunen den fiskalischen Expansionskurs zu früh abbrachen. Um Strohfeuereffekte zu kurzatmiger Konjunkturprogramme zu vermeiden und gleichzeitig ökologisch sinnvolle Projekte zu fördern, wurde ab 1977 ein mittelfristig orientiertes Zukunftsinvestitionsprogramm (ZIP) aufgelegt. Die damit gesammelten positiven Erfahrungen sind für *Keynesianer* so beeindruckend, daß diese Konzeption für viele heute Modellcharakter für eine zeitgemäße B. hat.

Im Zuge der durch den zweiten Ölpreisschock Anfang der 80er Jahre ausgelösten Krise setzte sich die Gegenrevolution der Neoklassiker, *Supply-side*-Ökonomen und Monetaristen endgültig paradigmatisch und im politischen Raum durch. Das Scheitern *keynesianischer* B. erklärt sich für sie aus der Drogenwirkung des ordnungspolitisch verfehlten Instrumentariums. Immer höhere Dosen von Finanz- und Geldspritzen brächten immer kurzfristigere und bescheidenere Beschäftigungseffekte. Diese Effekte sind aus monetaristischer Sicht der meist parallel zur Staatsverschuldung expansiv eingesetzten Geldpolitik zuzurechnen (*Friedman* 1973). Die dadurch ausgelöste Inflation wird zunächst von den Arbeitnehmern nicht vorausgesehen, so daß sie das Reallohnangebot überschätzen (Geldillusion). Die »natürliche« Arbeitslosenrate derjenigen, die zum herrschenden Reallohn nicht zu arbeiten bereit sind oder gemäß der *Job-search*-Theorie (Neue Mikrotheorie) noch länger suchen müßten, wird aufgrund dieser Fehlinformationen künstlich gesenkt. Dieser Beschäftigungseffekt verliert zunehmend an Stärke, da die Menschen lernen, die Inflationsfolgen einer expansiven Geldpolitik vorauszusehen. Der Staat hat aus monetaristischer Sicht letztlich nur Einfluß auf die nominalen, nicht jedoch auf die realen Zielgrößen. Höhere Dosen der parallel zur Staatsverschuldung erweiterten Geldmenge führen schließlich zur Stagflation, da der Lenkungseffekt der Marktpreise bei hohen Inflationsraten beeinträchtigt wird. In der Theorie rationaler Erwartungen (Neue Classische Makrotheorie: NCM), einer weiteren Blüte des neoklassischen Paradigmas, sind Beschäftigungseffekte inflationärer Geldpolitik gänzlich ausgeschlossen (Politik-Unwirksamkeitsthese). Diese extreme Position ist allerdings auch aus der Sicht des ökonomischen *mainstream* mit den empirischen Befunden nicht in Einklang zu bringen. Wenn der Abbau der Haushaltsdefizite im konjunkturellen Aufschwung – wie programmatisch vom *Keynesianismus* vorgesehen – bei steigenden Steuereinnahmen nicht gelingt, weil noch ein hoher Arbeitslosensockel besteht oder Ausgabenkürzungen gegen die betroffenen Gruppen politisch nur schwer durchzusetzen sind (*Buchanan* 1972), ist ein sprunghafter Anstieg von Staatsverschuldung und Staatsquote vorprogrammiert, bis die Belastung der Kapitalmärkte durch den Staat zu steigenden Zinsen führt und private Investoren zu verdrängen droht (*crowding out effect*). Die Finanzkrise des Staates schränkt die Handlungsfähigkeit auch in den anderen zentralen Aufgabenfeldern ein. Die 80er Jahre wurden – auch international – zum Testfall der angebotstheoretischen Alternativen. Eine eigenständige B. erübrigt sich aus dieser Sicht, wenn die Staatsfinanzen konsolidiert, die Ausgaben auf die eigentlichen staatlichen Aufgaben, die Bereitstellung öffentlicher Güter, beschränkt werden und eine Umschichtung von den konsumptiven sozialen zu den investiven Feldern gelingt. Die dadurch möglichen steuerlichen Entlastungen sollen im Verein mit einer das Beschäftigungsrisiko wieder stärker verantwortenden Lohnpolitik die Kapitalrentabilität verbessern und private Investitionen und Innovationen anregen. Die Stabilisierungsfunktion übernimmt die potentialorientierte Geldmengensteuerung der Notenbank. In der Freilegung ursprünglicher Anreizstrukturen und Triebkräfte marktwirtschaftlicher Systeme von übertriebenen regulativen Eingriffen und Belastungen (Flexibilisierung, Deregulierung) sieht man den Königsweg zu mehr individueller Leistung, Innovation, Produktivität und internationaler Konkurrenzfähigkeit. Hieran knüpft sich die Hoffnung an Arbeitsplätze schaffendes Wirtschaftswachstum. Wie ist die Beschäftigungsbilanz dieser Strategie einzuschätzen?

In Großbritannien (*Thatcherismus*) wurde das Konzept weitgehend exerziert. Sehenswerten Erfolgen bei der Sanierung der Staatsfinanzen und der Senkung der Inflationsrate stehen eher bescheidene Fortschritte bei der Schaffung von hochproduktiven Arbeitsplätzen gegenüber. Eine deutliche Expansion bei Niedriglohnjobs reduzierte die Arbeitslosenzahl bis 1990 immerhin um fast 1 Million. In den USA (*Reagonomics*) wurde tatsächlich eine brisante Mischung aus Super-*Keynesianismus* und angebotsorientierter Lohnpolitik praktiziert. Die Beschäftigungserfolge sind auf den ersten Blick äußerst eindrucksvoll. Bei näherem Hinsehen verliert das Szenario seinen Glanz. Es entstanden hauptsächlich Niedriglohnarbeitsplätze (*working poor*). Bei der Rückführung der riesigen Staatsdefizite in den 90er Jahren könnten zudem viele qualifizierte Arbeitsplätze gefährdet sein.
Ein bescheidenes Beschäftigungswunder erlebte auch Deutschland. Die Zahl der Arbeitsplätze stieg nach zögerlichem Start in einem langen Aufschwung bis zu Beginn der 90er Jahre um 2,3 Mio. an. Die Zahl der Arbeitslosen blieb mit 1,7 Mio. dennoch sehr hoch, da das Arbeitskräftepotential sich aufgrund steigender Frauenerwerbstätigkeit und Zuwanderung stark erhöhte. Läßt sich der positive Beschäftigungseffekt der angebotsorientierten Politik gutschreiben?
Insgesamt war die praktizierte Wirtschaftspolitik eher ausgewogen. Angebotsorientierte Maßnahmen (Kürzung von Sozialleistungen, Arbeitsmarktderegulation) blieben moderat und wurden von nachfrageseitigen Effekten unterstützt. So hat die dreistufige Einkommensteuerreform Ende der 80er Jahre mit ihrem Entlastungseffekt von über 40 Mrd. DM neben Anreizverbesserungen erhebliche Konsumeffekte ausgelöst. Zudem gab es im Gegensatz zu den 70er Jahren günstige internationale Entwicklungen für die deutsche Wirtschaft. So kam die Konjunktur

erst richtig mit der Dollaraufwertung im Zuge des *Reagan*-Booms über die Exportnachfrage in Schwung. Der Ölpreisverfall Mitte der 80er Jahre wirkte ebenfalls wie ein 20-Mrd.-Konjunkturprogramm. Der Boom im Zuge der deutschen Einheit wurde durch zum großen Teil kreditfinanzierte staatliche Ausgabenprogramme in den ostdeutschen Ländern bewirkt. Maßnahmen der Arbeitszeitverkürzung, die die Gewerkschaften in Reaktion auf fehlende Beschäftigungsprogramme der Regierung in harten Arbeitskämpfen durchsetzten, sind bei der Ursachenanalyse des »kleinen deutschen Beschäftigungswunders« mitzurechnen. Auch die Qualifizierungsoffensive im Rahmen der Arbeitsmarktpolitik zur Behebung struktureller *mismatch*-Probleme brachte erhebliche Entlastungseffekte. Die Aufarbeitung dieser Erfahrungen ist noch nicht abgeschlossen. Das Lager der Ökonomen bleibt, was die Beurteilung spezifischer beschäftigungspolitischer Programme oder auch die Arbeitszeitverkürzung anbelangt, zerstritten. Allerdings scheint sich bei einer wachsenden Zahl doch eine eher pragmatische Haltung durchzusetzen, daß den vielfältigen Verursachungen von Arbeitslosigkeit entsprechende spezifische Politikmaßnahmen zuzuweisen sind (*Kromphardt* 1993). Auch Sozialwissenschaftler anderer Spezialisierung mischen sich zunehmend in die Diskussion um das Problemfeld Arbeitslosigkeit ein, so daß die Hoffnung besteht, daß die Zeit ideologischer Grabenkämpfe um die richtige B. bald vorbei ist. Die Krise Anfang der 90er Jahre hat die Zahl der Arbeitslosen in Deutschland auf fast 4 Mio. ansteigen lassen. Der Arbeitslosensockel, der auch im nächsten Aufschwung Bestand haben wird, nähert sich der 3-Millionen-Grenze.

Der Zusammenbruch der sozialistischen Wirtschaft brachte für die neuen Bundesländer strukturelle Massenarbeitslosigkeit. Die deutsche Einheit steht vor ihrer beschäftigungspolitischen Bewährungsprobe. Auf dem Feld der Arbeitsmarktpolitik findet ein massierter Einsatz bewährter Instrumente (ABM, FuU, Frühverrentung) und die Erprobung neuer Maßnahmen (Mega-ABM, Beschäftigungsgesellschaften) statt. Entscheidend sind jedoch produktive Investitionen. Umstritten ist, ob massive Investitionsanreize und ein forcierter Aufbau der öffentlichen Infrastruktur genügend Impulse geben. Beschäftigungsprogramme und eine staatliche Struktur- und Industriepolitik fordern die Gewerkschaften, Lohnzurückhaltung ihre Kritiker.

Dies belegt den Bedarf an neuen kreativen Maßnahmen zur B., und zwar sowohl auf der Angebots- als auch auf der Nachfrageseite. Neben bekannten Vorschlägen – Arbeitszeitverkürzung ohne vollen Lohnausgleich, öffentlich geförderter »Zweiter Arbeitsmarkt« für die wachsende Zahl der Menschen, die den Leistungsanforderungen der hochproduktiven Wirtschaftssektoren nicht mehr gewachsen sind, flexible Arbeitszeiten und Förderung der Teilzeitarbeit – gibt es auch innovative Ideen: Kombination von Tariflöhnen und Gewinnbeteiligungslöhnen (*Weitzman*-Plan 1987), Lohnzuschüsse für untere Einkommensgruppen nach dem Prinzip der negativen Einkommenssteuer (*Scharpf* 1987). Einige dieser Maßnahmen zielen auf die Personen, die den Leistungsanforderungen der hochproduktiven Wirtschaftssektoren auf Dauer nicht mehr gewachsen erscheinen. Die Polarisierungsthese prognostiziert einen wachsenden Anteil unterproduktiver Arbeitnehmer, so daß nur eine problemgruppenspezifische Strategie die Dualisierung der Gesellschaft verhindern könnte. Da die Zuwanderung von Arbeitnehmern aus anderen Ländern zunehmen wird, wird sich das Problem weiter verschärfen.

Nachfrageseitige Konzepte bleiben – je nach Situation – letztlich unverzichtbar. So verweist die globale Beschäftigungslücke heute u. U. doch auf ein Defizit in der volkswirtschaftlichen Gesamtnachfrage. Die Lösung im Export durch Senkung der Lohnstückkosten zu suchen behindert die Entwicklung der

Massenkaufkraft im Inland und ruft die Gefahr des Exports von Arbeitslosigkeit (*beggar my neighbour*) hervor. Wenn die Mehrzahl der Handelspartner mit gleicher Strategie gegenhält, wird der internationale Handel bald zu einem Negativsummenspiel.

Die relative Bedeutung der Verursachungsfaktoren von Arbeitslosigkeit hängt von der aktuellen ökonomischen Situation ab. Situationsgerechter Mitteleinsatz ohne ideologische Berührungsängste könnte das erfolgversprechende Konzept der 90er Jahre werden. So ist auf neue Konzeptionen zu einer Reform der Globalsteuerung hinzuweisen: eine bessere Abstimmung mit der Tarif- und der Geldpolitik (Solidarpakt der wichtigsten Träger), eine mittelfristige und ökologische Ausrichtung der Instrumente nach Vorbild des ZIP oder gar eine Abkehr von der antizyklischen Steuerung (Politiküberforderung-These) hin zu langfristig im Rahmen optimistisch erwartbarer Produktivitätssteigerungen expansiven öffentlichen Haushalten (Verstetigung und Trendorientierung). Da die Beschäftigungsschwelle (die Wachstumsrate der Arbeitsproduktivität) trotz der mikroelektronischen Revolutionierung der Produktionsprozesse im Trend weiter gesunken ist, ist Wachstumspolitik heute schon bei relativ geringen BSP-Zuwachsraten (2 %) beschäftigungssichernd. Gerade das immer wieder in anderen Zusammenhängen als Vorbild genannte Japan scheut sich in der schweren Krise Anfang der 90er Jahre nicht, zu *Keynes*schen Beschäftigungsprogrammen zu greifen, deren Dimension alles bisher Praktizierte sprengt.

Klaus Schaper

Lit.: *Bell, D./Kristol, I.* (Hrsg.) 1984: Die Krise in der Wirtschaftstheorie, Berlin/Heidelberg u.a. *Buchanan, J. M.* 1972: Easy Budgets and Tight Money, in: *Buchanan, J. M./Tollison, R. D.* (Hrsg.): Theory of Public Choice, Ann Arbor, 62–84. *Franz, W.* 1991: Arbeitsmarktökonomik, Berlin. *Friedman, M.* 1973: Die Gegenrevolution in der Geldtheorie, in: *Kalmbach, P.* (Hrsg.): Der neue Monetarismus, München, 47–69. *Hampe, P.* (Hrsg.) 1993: Zwischenbilanz der Arbeitszeitverkürzung, Tutzinger Schriften zur Politik, Bd. 1, München. *Hardes, H.-D.* 1988: Vorschläge zur Differenzierung und Flexibilisierung der Löhne, in: Mitteilungen aus der Arbeitsmarkt- und Berufsforschung, 21. Jg., 52–73. *Kaldor, N./Trevithick, J.* 1981: Geldpolitik und Geldtheorie V: Aus keynesianischer Sicht, in: HdWW, 3. Bd., Stuttgart, 412–423. *Keynes, J. M.* 1936: The General Theory of Employment, Interest and Money, London. *Kocheler Kreis* 1992: 25 Jahre Stabilitätsgesetz: Überlegungen zu einer zeitgerechten Ausgestaltung der Stabilitäts- und Wachstumspolitik, Bonn. *Körner, H./Uhlig, C.* (Hrsg.) 1986: Die Zukunft der Globalsteuerung. Karl Schiller zum 75. Geburtstag, Bern/Stuttgart. *Kromphardt, J.* 1987: Arbeitslosigkeit und Inflation, Göttingen. *Kromphardt, J.* 1992: Plädoyer gegen die Reduzierung von Beschäftigungspolitik auf Arbeitsmarktpolitik, in: Mitteilungen aus der Arbeitsmarkt- und Berufsforschung, 25. Jg., 221–231. *Rothschild, K.* 1990: Arbeitslose: Gibts die? Ausgewählte Beiträge zu den ökonomischen und gesellschaftspolitischen Aspekten der Arbeitslosigkeit, Marburg. *Scharpf, F. W.* 1987: Sozialdemokratische Krisenpolitik in Europa, Frankfurt a. M./New York. *Weitzman, M. L.* 1987: Das Beteiligungsmodell (The Share Economy), Vollbeschäftigung durch flexible Löhne, Frankfurt a. M./New York.

Betriebsverfassung

Der Begriff Betriebsverfassung (B.) kennzeichnet die Ordnung kollektiver Beziehungen, die zwischen den Arbeitnehmern und dem Arbeitgeber in einem Betrieb bestehen. Die Interessenvertretung der Arbeitnehmer im Betrieb erfolgt in westlichen Demokratien in der Regel durch die ↗ Gewerkschaften. In der Bundesrepublik

Deutschland hingegen gibt es ein duales System der Interessenvertretung: Neben die Gewerkschaften treten die Betriebsräte, die kollektive Mitwirkungsrechte im Betrieb in verschiedenen Formen (vom Informationsrecht bis zum Mitbestimmungsrecht; ↗ Mitbestimmung) wahrnehmen. Allerdings sind mehr als 80 % der Betriebsräte in der Bundesrepublik auch gewerkschaftlich organisiert.

In Deutschland wurde das Betriebsverfassungsrecht erstmals während des I. Weltkrieges im Hilfsdienstgesetz von 1916 mit der für weite Bereiche der Wirtschaft zwingenden Einführung von Arbeiter- und Angestelltenausschüssen institutionalisiert. Es folgte das Betriebsrätegesetz von 1920 und das Betriebsverfassungsgesetz von 1952, das 1972 novelliert wurde. Im Betriebsverfassungsgesetz sind festgelegt: Bildung und Zusammensetzung des Betriebsrates, Amtszeit des Betriebsrates, Aufgabe des Betriebsrates, Bildung von Sondervertretungen für bestimmte Arbeitnehmergruppen (Jugendvertretung), Bildung von Gesamt- und Konzernbetriebsräten, Einrichtung von Wirtschaftsausschüssen, Abhaltung von Betriebsversammlungen. Zur B. kann auch jene Regelung gerechnet werden, nach der in den Aufsichtsräten von Aktiengesellschaften und Kapitalgesellschaften ein Drittel der Sitze von Arbeitnehmern wahrgenommen wird, in der Montanindustrie Arbeitnehmer- und Arbeitgebervertreter sich paritätisch unter dem Vorsitz eines weiteren, unabhängigen Mitgliedes gegenübersitzen (Montanmitbestimmung).

Regelungen zur B. können gesellschaftspolitischen Konzeptionen der Mitbestimmung bzw. der ↗ Wirtschaftsdemokratie zugerechnet werden. Danach wird von Gewerkschaften, der Sozialdemokratie und vom Arbeitnehmerflügel der CDU angestrebt, den Arbeitnehmern auf der Ebene des Betriebes, des Unternehmens sowie im gesamtwirtschaftlichen Bereich eine organisierte Mitwirkung zu ermöglichen. Gesellschaftspolitisch wird die Gleichberechtigung von Kapital und Arbeit angestrebt, sozialpolitisch geht es um die materielle Verbesserung der Lage der Arbeitnehmer, wirtschaftspolitisch geht es um die Kontrolle wirtschaftlicher ↗ Macht im Betrieb, Unternehmen und im politischen System. Konzeptionen der Wirtschaftsdemokratie zielen reformistisch eine qualitative Veränderung des ↗ Kapitalismus hin zu einer Gesellschaft des ↗ Demokratischen Sozialismus an. Von einigen linken Positionen aus werden diese Konzeptionen einschließlich der B. kritisiert, weil sie zur Integration der Arbeiterklasse in den Kapitalismus, zur Umfunktionierung der Gewerkschaften zum Ordnungsfaktor geführt hätten. Umgekehrt wenden sich Unternehmer gegen eine Ausweitung der Mitbestimmung (auch wie sie im Betriebsverfassungsgesetz niedergelegt ist), weil sie befürchten, daß Gewerkschaften Gegenmachtpositionen in Betrieb und Gesellschaft aufbauen könnten.

Peter Lösche

↗ Arbeitsbeziehungen; Sozialstaat.

Lit.: *Braun, S./Eberwein, W./Tholen, I.* 1992: Belegschaften und Unternehmen: Zur Geschichte und Soziologie der deutschen Betriebsverfassung und Belegschaftsmitbestimmung, Frankfurt/M. *Gerster, H.* 1991: Unternehmensverfassung und Mitbestimmung in Europa, Wiesbaden. *Halberstadt, G.* 1972: Das neue Recht der Betriebsräte. Eine Einführung in das Betriebsverfassungsgesetz von 1972, Bonn-Bad Godesberg. *Kuda, R.F./Schneider, D.* 1969: Mitbestimmung. Weg zur industriellen Demokratie, München. *Muszynski, B.* 1975: Wirtschaftliche Mitbestimmung zwischen Konflikt- und Harmoniekonzeptionen, Meisenheim.

Bevölkerungsforschung/Bevölkerungspolitik

I. Der Begriff der Bevölkerung (B.) bezeichnet die in einer Volkszählung oder

Bevölkerungsfortschreibung erfaßten Personen eines räumlich abgegrenzten Gebietes (Meldegesetze).

Als »materielles Substrat« jeder Gesellschaft (*Dürkheim*) ist die B. Ausgangspunkt jeglicher sozialwissenschaftlicher Analyse sozialer Phänomene und Prozesse. Nahezu alle gesellschaftlichen Probleme (Jugendproteste, Alterssicherung, Ausländerintegration) und Phänomene (Wählerverhalten, Wertewandel) weisen eine eigenständige demographische Dimension auf, wenngleich im politikwiss. Kontext primär auf die sozialen Institutionen (↗ Interessengruppen, ↗ Parteien usw.) abgestellt wird, die damit in Beziehung stehen.

II. Ausgangspunkt der Bevölkerungsforschung sind Fragen nach der Größe und Altersstruktur der B. und deren Veränderungen, die im Zeitablauf durch Geburten und Sterbefälle sowie aufgrund von Ein- und Auswanderung bewirkt werden. Auch ist die registrierte Zahl der Eheschließungen bzw. Scheidungen u. a. für die Erforschung der demographischen Interferenz von Bedeutung, d. h. der wechselseitigen Beeinflussung demographischer Prozesse untereinander, also etwa die Störung der Heiratswahrscheinlichkeit durch Veränderungen der Mortalität. Bevölkerungsforschung und Bevölkerungsstatistik hängen eng zusammen.

1. Die Bevölkerungsstatistik ist unentbehrliches Hilfsmittel jeder politischen Steuerung und Gestaltung der gesellschaftlichen Entwicklung. Sie liefert Daten über Struktur und Prozesse einer B. (vgl. *Esenwein-Rothe* 1982, *Mueller* 1993).

Die Bevölkerungsstruktur umfaßt 1) die Regionalstruktur (räumliche Verteilung der B.), 2) die Vitalstruktur (Erhebung und Beschreibung der B. nach Alter, Geschlecht sowie altersspezifischen Unfall- und Krankheitshäufigkeiten), 3) die Sozialstruktur (Erfassung der sozioökonomischen Zusammensetzung nach Familienstand, Erwerbstätigkeit, Haushalten unter Berücksichtigung von Konfession, Nationalität sowie Einkommens- und Vermögensstrukturen).

Der Bevölkerungsprozeß unterteilt sich in die Migrationsprozesse (räumliche Bevölkerungsbewegung, Pendelwanderung), Mortalität (Sterblichkeitsstatistik) und Natalität (Geburten und Fruchtbarkeitsstatistik) sowie Nuptualität (Heirats- und Ehestatistik).

2. Die theoretische Demographie (D.) beschreibt auf der Grundlage von mathematischen Bevölkerungsmodellen das eigendynamische Zusammenspiel von zeit- und altersabhängigen Funktionen, mit denen sich der Wachstums- und Erneuerungsprozeß einer B. formal beschreiben und untersuchen läßt. Das bekannteste Modell ist das der stabilen B. (zurückgehend auf *Euler, Benoulli, Lexis, Lotka*), deren stabile Altersstruktur dann entsteht, wenn die altersspezifischen Geburten- und Sterbehäufigkeiten im Zeitablauf konstant bleiben und dadurch zu einer konstante Zuwachsrate einer B. führen. Die Bedeutung der beiden Hauptsätze der D., die Theoreme der asymptotischen Annäherung an die stabile Altersstruktur, liegt darin, daß jede existierende Bevölkerung sehr genau angenähert durch ih re stabile Altersstruktur charakterisiert werden kann (*Keyfitz* 1977; *Feichtinger* 1979). Die Altersverteilung weist für stark wachsende Bevölkerungen eine Pyramidenform, für nicht wachsende (stationäre) B. die Glockenform und für schrumpfende B. die sog. Urnenform auf. Die D. bildet deshalb die Grundlage für die Bevölkerungsvorausschätzung (sowohl für die Bevölkerungsprognose als Vorhersage der tatsächlichen Entwicklung wie für die Bevölkerungsprojektion als Berechnung von hypothetischen Auswirkungen bestimmter Muster von Fruchtbarkeit, Sterblichkeit und Wanderungsbewe-

gungen, z. B. als *Status-quo*-Projektion oder als Zielprojektion (*Pflaumer* 1988).

III. Viele wirtschafts- und sozialwissenschaftliche Fragestellungen lassen sich ohne das Instrumentarium der formalen Demographie nicht angemessen quantitativ untersuchen, so etwa die Auswirkungen von Altersstrukturveränderungen auf das System der sozialen Sicherung, das Bildungs- und Erwerbssystem (↗ Bildungspolitik, ↗ Arbeitsmarktpolitik) sowie auf die Staatsfinanzen (vgl. *Felderer* 1990). Aber nicht nur die soziale Alterssicherung und das Gesundheitswesen, sondern auch der öffentliche und private Personalbedarf sind mittel- und langfristig mit der Bevölkerungsentwicklung verknüpft.

Allerdings wird seit mehr als zweihundert Jahren heftig darüber debattiert, wie und in welcher Weise sich Wirtschafts- und Bevölkerungsentwicklung wechselseitig beeinflussen. So wird das von *Malthus* aufgestellte Bevölkerungsgesetz, wonach die Bevölkerung schneller (geometrische Progression) wächst als die Nahrungsmittelproduktion (arithmetische Progression), im Zusammenhang mit dem starken Bevölkerungswachstum in vielen Entwicklungsländern diskutiert. In neuerer Zeit geht es dabei um die Frage, ob der Bevölkerungsschub – ähnlich wie in Europa – die industrielle Entwicklung »erzwingt« und alle Versuche, das Bevölkerungswachstum zu drosseln, damit letztlich verfehlt und schädlich sind. In den bereits entwickelten offenen Volkswirtschaften haben Kapitalakkumulation und technischer Fortschritt inzwischen einen ungleich größeren Einfluß auf die gesamtwirtschaftliche Nachfrage als die Bevölkerungsgröße und deren Veränderung durch die natürliche Bevölkerungsbewegung. Deshalb muß ein Bevölkerungsrückgang, wie er in vielen Industrieländern beobachtet wird, keineswegs zwangsläufig zu schrumpfender Nachfrage und zu wirtschaftlicher Stagnation führen, wie noch *Keynes* in den 30er Jahren befürchtete. Die Wechselwirkungen sind wegen der unterschiedlichen Zeitstruktur der interdependenten Variablen veränderlich, so daß es vermutlich keine zeitinvarianten Kausalitäten zum Bevölkerungsfaktor im geschichtlichen Entwicklungsprozeß moderner Gesellschaften gibt.

Soziale Entwicklungen können sich insbesondere auch dadurch ändern, daß sie erkannt und zum Gegenstand bewußter Gestaltung gemacht werden. Jede umfassende Theoriebildung zum Verhältnis von Wirtschafts- und Bevölkerungsentwicklung müßte dies eigentlich berücksichtigen. Um beispielsweise den Zusammenhang von Frauenerwerbsverhalten und Geburtenentwicklung zu erklären, ist es erforderlich, die wechselseitigen Wirkungen und Rückwirkungen von ökonomischen, politischen, rechtlichen, sozialen, psychischen Faktoren (Bildungs- und Arbeitsplatzangebot, Gesetzgebung zu Schwangerschaftsabbruch, Mutterschutz, Familienlastenausgleich, Rollenverständnis usw.) für das Verhalten von verschiedenen Frauengenerationen zu erfassen. Daneben gilt, daß Familienpolitik oder auch Ausländerpolitik indirekt immer auch eine bevölkerungspolitische Dimension besitzen, wenngleich sie nicht aus bevölkerungspolitischen Zielsetzungen hervorgehen, sondern beispielsweise verteilungs- oder sozialpolitisch motiviert und legitimiert sein können. Daß Motiv und Funktion jeglicher Handlungen getrennt beurteilt werden müssen, ist seit dem von *Adam Smith* geprägten Bild der »unsichtbaren Hand« hinsichtlich des Zusammenhangs von Einzelinteresse und Gemeinwohl bekannt. Dies gilt auch für die B. als Aggregat von Individuen. Deshalb läßt sich die Bevölkerungsentwicklung einerseits als das nichtintendierte Resultat intentionaler Handlungen und Zufallseinflüsse ansehen. Andererseits gibt es ungezählte geschichtliche Beispiele staatlichen Handelns, bei dem die Bevölkerungsgröße bzw. deren Zusammensetzung selbst das Objekt politischer Steuerung war und ist.

IV. Unter Bevölkerungspolitik versteht man daher die Gesamtheit aller staatlichen Maßnahmen zur Beeinflussung der Größe und Struktur einer Bevölkerung. Die Beeinflussung der Geburtenzahl durch finanzielle Anreize wie Kindergeld oder durch Kinderfreibeträge im Steuerrecht, die Gewährung von Erziehungszeiten in der Altersversorgung oder von Ehestandsdarlehen gehören ebenso zu diesem Maßnahmenkatalog wie rechtliche Normsetzungen, etwa die Strafbestimmungen gegen Abtreibung oder die Erschwerung der Frühehe. Aber auch gesundheitspolitische Maßnahmen wie die Säuglingsfürsorge sowie die Bekämpfung von Seuchen und Infektionskrankheiten beeinflussen durch die Senkung der Sterblichkeit unmittelbar die Bevölkerungsgröße und den Altersaufbau. Direkte Auswirkungen besitzen auch alle Veränderungen von Ein- und Auswanderungsbedingungen, wenngleich deren soziodemographische Folgewirkungen – ein möglicherweise ungünstiger Altersaufbau einer »Restbevölkerung« in dem Auswanderungsland oder die Integrationsprobleme der zweiten und dritten Generation im Einwanderungsland – meist ignoriert werden.

Die Bevölkerungspolitik gehört zu den Aufgabengebieten der Vereinten Nationen (*United Nations Fund for Populations Activities, UNFPA*). Die von ihr konzipierten und auf den UNO-Bevölkerungskonferenzen beschlossenen Aktionsprogramme besitzen neben der politischen Bedeutung auch aufgrund der damit verbundenen finanziellen Ausstattung zunehmendes Interesse. Während die erste UNO-Bevölkerungskonferenz 1974 in Bukarest noch unter dem Leitbild stand »Entwicklung ist das beste Verhütungsmittel«, lag der Schwerpunkt der Weltbevölkerungskonferenz von 1994 in Kairo darin, neben dem Ziel besserer Lebensbedingungen die Stärkung der sozialen Stellung der Frau im Bevölkerungsprozeß zu betonen, nachdem sich inzwischen die Auffassung durchgesetzt hat, daß der erhoffte ökonomische Wohlstand, der den Bevölkerungsanstieg beschränken könnte, sich nicht realisieren läßt. Geburtenkontrolle und Familienplanung sind primär soziale Probleme. Ohne ein Mindestmaß an Ausbildung, sozialer Sicherung und Selbstbestimmung – auch im Hinblick auf die von der katholischen Kirche nach wie vor entschieden bekämpfte Abtreibung – hat weder eine Familienplanung noch die Bereitstellung kulturell angepaßter Mittel der Empfängnisverhütung Aussicht, das Wachstum von Bevölkerungen in den Entwicklungsländern wirksam zu bremsen. In vielen dieser Länder besitzen die Bevölkerungen vergleichsweise geringe Verdopplungszeiten und dementsprechend ein hohes demographisches Moment, d. h. selbst nach dem sofortigen Absenken der Geburtenrate auf das stationäre Niveau würden diese noch um mehr als ein Drittel wachsen.

Auf die Länder der Dritten Welt entfallen bereits jetzt 75 % der Weltbevölkerung, die im Jahr 2000 die 6-Mrd.-Grenze überschreiten dürfte. Die Weltbank geht davon aus, daß 90 % des Bevölkerungswachstums auf die Entwicklungsländer entfällt. Das führt nicht nur dazu, daß sich die Verteilung des Welteinkommens weiter zu deren Ungunsten verschiebt, sondern auch, daß die ohne simultanes Produktivitätswachstum stattfindende Verknappung der natürlichen Ressourcen und der damit verbundene Umweltverbrauch in einem Ausmaß zunehmen, der – in Form von Katastrophen – den Selektionsdruck auf diese Populationen und deren soziale Gefuge in den kommenden Jahrzehnten weiter erhöhen und die weltweite politische und soziale Konfliktbewältigung vor neue Dimensionen stellen wird.

Andreas Ryll

Lit.: *Bolte, K.-M./Kappe D./Schmid, J.* 1980: Bevölkerung, Opladen. *Dinkel, R. H.* 1989: Bevölkerungsdynamik, München. *Esenwein-Rothe, I.* 1982: Einführung in die Demographie, Wiesbaden. *Feichtinger, G.* 1979: Demographische Analyse und populationsdynamische Modelle, Wien/New York. *Felderer, B.* (Hrsg.) 1990: Bevölkerung und Wirtschaft. Schriften des Vereins für Socialpolitik, Bd. 202, Berlin. *Keyfitz, N.* 1977: Applied Mathematical Demography, Cambridge/Massachusetts. *Mueller, U.* 1993: Bevölkerungsstatistik und Bevölkerungsdynamik, Berlin. *Schmid, J.* 1976: Einführung in die Bevölkerungssoziologie, Reinbek. *Pflaumer, P.* 1988: Methoden der Bevölkerungsvorausschätzung unter besonderer Berücksichtigung der Unsicherheit, Berlin. *Wehling, H.-G.* (Hrsg.) 1988: Bevölkerungsentwicklung und Bevölkerungspolitik in der Bundesrepublik, Stuttgart.

Bildungspolitik

I. Der Begriff der Bildungspolitik (B.) wird mit geplanter Bildung zusammengebracht und bezieht sich auf gesellschaftliche Großgruppen (z. B. Kirchen, Verbände, ↗ Gewerkschaften, soziale Gruppen) und politische Institutionen (z. B. Kommunen, Länder), die sie seit eh und je als Instrumente der Gesellschaftspolitik benutzen. Zwar erscheint der Begriff erst in den 60er Jahren *(Picht* 1964), inhaltlich ist er so alt wie die relevanten Organisationen und Institutionen und hat es mit der internationalen Erziehung und Bildung der nachwachsenden Generation sowie mit der Fort- und Weiterbildung der Erwachsenen in jeweils institutionalisierter, schulischer und außerschulischer Form zu tun.

Das Ziel der B. liegt generell 1) in der nationalen Enkulturation und Sozialisation der jungen Menschen, 2) in der Ausbildung von Fähigkeiten und Fertigkeiten, 3) in der Vorbereitung auf eine berufliche und gesellschaftliche Position, 4) in der Vermittlung von Methoden sozialen Lernens und Lebens, 5) in der Einübung von Kritik und Loyalität, von Anpassung und ↗ Widerstand und dergleichen. Das Ziel der B. umgreift die Ebene personaler Individuation wie kollektiver Kollaboration, von Individualität und Solidarität, von ↗ Freiheit und ↗ Gleichheit, von privaten und öffentlichen Tugenden, von Akzeptanz und Distanz usw.

II. Die Herkunft der nach ihrem Zustandekommen und ihren Anforderungen normativen Erziehungsziele beruht auf politisch-ideologischen Vorentscheidungen. Sie drücken den Willen der Herrschenden darüber aus, welche Werthaltungen, Informationen, Themen usw. der nachwachsenden Generation weitergegeben werden sollen.

Infolgedessen ist B. ein streng gehüteter national- oder gar teilstaatlicher Politikbereich. Dies wird an den parteipolitischen Auseinandersetzungen über die länderspezifische B. in der Bundesrepublik Deutschland (z. B. Gesamtschule, Rahmenrichtlinien, Förder- oder Eingangsstufe), ferner an den bildungspolitischen Programmen von ↗ Parteien und Verbänden sowie am Bildungsföderalismus evident. Diese entwickeln sich in den letzten Jahren eher auseinander; eine gewisse Einheitlichkeit wird lediglich unter den A- (SPD-) und B- (CDU/CSU-)Ländern gewahrt. Ein wesentlicher Grund für die disparate Entwicklung in der Bundesrepublik liegt in den je verschiedenen politischen Konstellationen mit einem Bild vom (künftigen) Menschen, das bildungspolitisch (d.h. durch entsprechende Inhalte, Methoden, Arbeits-, Organisations- und Ausbildungsformen) abgesichert werden soll. Als Träger kommen der Staat oder private Träger in Frage, wobei in der Bundesrepublik der Staat grundsätzlich das Schulwesen unter seine Aufsicht gestellt hat. Infolgedessen bewegt sich B. im Vergleich mit anderen Ländern stark im Rahmen staatlicher Gesetze (z. B. Schuldauer, -struktur, Anerkennung von Abschlüssen).

Im Gegensatz zu den ↗ Bundesländern hat das Bundesministerium für Bildung und Wissenschaft nur eingeschränkte Kompetenzen, die sich im Bildungsbereich vor allem auf die Hochschulgesetzgebung (Hochschulrahmengesetz 1976), den Hochschulbau und die Bildungsplanung sowie auf die Erstellung des jährlichen Bildungsberichts der Bundesregierung erstrecken. Das Bundesverfassungsgericht hat den Parlamentsvorbehalt im Bildungswesen (sog. Wesentlichkeitstheorie) eingeführt, wonach »wesentliche« bildungspolitische Entscheidungen die Länderparlamente durchlaufen müssen. In einem demokratischen Staat soll kein öffentlicher Bereich – hier der Bildungsbereich – von der parlamentarischen Beschlußfassung und Kontrolle ausgenommen werden (↗ Gewaltenteilung). Nach deutscher

Tradition liegt der Entwurf und die Ausführung der B. zu einem großen Teil bei den parlamentarisch fast unkontrollierten Kultusbehörden, d.h. bei demokratisch nicht legitimierten Beamten, die mit Hilfe einer obrigkeitlichen Behördenstruktur und Bindung der Lehrer an die Hierarchie die B. eines Bundeslandes in einem beachtlichen Maße bestimmen bzw. auf dem Verwaltungswege ihre – und die maßgebender Politiker – bildungspolitischen Ideen relativ rasch durchsetzen können.

III. Die bildungspolitisch interessanten Bereiche in den Bundesländern umfassen die Bildungsstruktur (Aufbau des Bildungswesens) sowie die Inhalte und Ziele (Lehrpläne/*curricula*, Lehr- und Lernprogramme). In Übereinstimmung mit der Gliederung der Gesellschaft und den Bedürfnissen ihrer Reproduktion hat sich im 19. Jh. nach preußischem Vorbild das dreigliedrige Schulsystem in Deutschland entfaltet; im 20. Jh. kamen als quartärer Bereich das Volkshochschulsystem und andere Weiterqualifizierungseinrichtungen hinzu.

Die SPD-regierten Länder zeichne(te)n sich eher durch allgemeine Reformfreudigkeit im Bildungswesen aus, z.B. durch die Einführung von Gesamtschulen, die zahlenmäßige Ausweitung gehobener Bildungsabschlüsse als Mittel für Chancengleichheit und gesellschaftliche Egalisierung, Gleichwertigkeit von beruflicher und allgemeiner Bildung, Einebnung des alten Bildungsprivilegs durch verstärkte Heranführung ehemals bildungsferner Schichten; die Einführung berufspraktischer Fächer (Arbeitslehre, Berufsfindungspraktikum); großes Angebot leistungsdifferenzierender Kurse und deren relative Wahlfreiheit usw. In den CDU/CSU-regierten Ländern konnte man sich den genannten Trends nicht ganz verschließen, bewertete zunächst die Bildungsexplosion sehr kritisch im Sinne einer Qualitätsminderung, legt größeren Wert auf (schulische) Leistung, auf inhaltlich fest umrissene Anforderungsprofile, auf die Förderung herausragender Begabungen (Elitenbildung), ferner auf formale Berechtigungen, auf die Betonung intellektueller Fähigkeiten bei gleichzeitiger praxisorientiert-manueller und emotional-heimatkundlich ausgerichteter Breitenbildung, auf die Erhöhung der Prüfungsanforderungen, die leistungsbezogene schulische Durchlässigkeit im Sinne von Chancengerechtigkeit, die Reduzierung des Kurssystems und Hinwendung zu einem konstanten Bildungskanon und schließlich die Beibehaltung des dreigliedrigen Schulsystems mit seinen traditionellen Selektionsmechanismen.

IV. Eine gewisse Vereinheitlichung der B. wurde erreicht durch die Ständige Kultusministerkonferenz (seit 1949), die Bund-Länder-Kommission für Bildungsplanung und Forschungsförderung, den Wissenschaftsrat und den Bildungsrat. Diese Institutionen haben allerdings dem politischen Willen der Landesregierungen nie ernsthaft entgegenwirken können. Andererseits wird an ihrer Tätigkeit deutlich, was Sozialwissenschaft leisten kann (Entwurf strategischer Modelle unter Verwendung eines vorgegebenen Paradigmas; ↗ Politische Bildung).

V. Die Bildungsökonomie leistet einen Beitrag zur Bildungsplanung und Rationalisierung der B.

Bildungsökonomie ist der Oberbegriff für theoretische und empirische Forschungsbemühungen, um die wirtschaftlich-finanziellen, demographischen und gesellschaftlichen Aspekte von Bildung, Ausbildung, Fort- und Weiterbildung sowie von Forschung zu untersuchen. Sie befaßt sich – unter Anwendung der Methoden und Erkenntnisse vornehmlich der Wirtschafts- und Sozialwissenschaften – mit den (einzel- und gesamt)wirtschaftlichen Voraussetzungen und der Rentabilität von Bildungsvorgängen ebenso wie mit den bildungsmäßigen Bedingungen wirtschaftlicher Vorgänge. Daraus resultieren die Teilbereiche der Bildungsökonomie: 1) das Verhältnis von Bildung und Wirtschaft (Bildung als Investition: Humankapi-

talkonzept), 2) von Bildungsaufwand und gesamtwirtschaftlichem Wachstum (Kosten, Erträge und Verzinsung des eingesetzten Bildungskapitals) und 3) von finanziellem Aufwand und Effizienz der Bildungseinrichtungen (Wirtschaftlichkeit).
Bei der Bildungsplanung wird das klassische Verfahren des *social demand approach,* des *individual* oder *cultural demand approach,* bei dem es um die Ermittlung der gesellschaftlich bestimmten Nachfrage nach Bildungsplätzen geht, und des *manpower approach,* der auf die Ermittlung des wirtschaftlich bestimmten Bedarfs an qualifizierten Absolventen des Bildungssystems zielt, zugrunde gelegt. Sie werden ergänzt durch den modernen Ansatz, der Bildung als Konsumgut faßt. Mit Hilfe ökonomischer Mikro- und Makro-Analysen wird die Binnenstruktur des Bildungswesens untersucht.

VI. B. soll dazu beitragen, daß das Bildungssystem seine Qualifikations-, Allokations- und Sozialisationsfunktion mit optimalem Nutzen und zu den geringsten Kosten unter den sich ständig verändernden Bedingungen effizient zu erfüllen vermag (marktgesteuertes Bildungssystem). Daneben steht das Modell einer zweckfreien Bildung.
Infolge der eigentümlichen Struktur der Bildung (und Ausbildung) im föderalen System der Bundesrepublik Deutschland erweist sich B. als ideologielastig. Dies ist durch Wissenschaft nur teilweise zu reduzieren. So kennt man z. B. längst die Relativität von Zeugnisnoten, benutzt sie jedoch in einem rigiden Maße als quasi-objektive Indikatoren für die Zuweisung von Berufs- und Lebenschancen *(Numerus clausus;* Lehrstelle); man weiß um die Unterrepräsentanz bestimmter Gegenstandsbereiche in unserem Bildungssystem, z. B. Technik, auch Fremdsprachen und Naturwissenschaften, stellt die Mißstände jedoch nicht ab; man plädiert für die Korrelierung von Allgemein- und Berufsbildung, Bildungs- und Ausbildungssystem, tut aber kaum etwas für die Beseitigung der Defizite.

Seit Mitte der 70er Jahre ist die Reformeuphorie bundesdeutscher B. durch eine restaurative Phase abgelöst worden. Knappe Mittel zwingen zum Sparen und werden nicht zuletzt zur Rechtfertigung und Beendigung von Reformkonzepten politisch benutzt.
Die derzeitige Problematik bezieht sich u. a. auf die ungelösten Fragen der Bildungsgerechtigkeit (z. B. berufliche Fortbildung, Frauenanteil an Hochschulen), der Lehrer-Schüler-Relation, der Weiterexistenz der Hauptschule als Restschule, der inhaltlich-curricularen Differenzierung, des pädagogischen Umgangs mit und der lehrplanmäßigen Aufarbeitung von Multiethnizität und -kulturalität, der Kooperation und Durchlässigkeit zwischen den Schulformen, der Aufwertung der Berufsschule als qualifiziertem (Aus-)Bildungsgang in der Sekundarstufe II, der Regelung der beruflichen, allgemeinen, kulturellen und politischen Weiterbildung, der entstehenden »Betreuungsschulen«, der neu erkannten Eigenarten der Mädchenbildung besonders in technischen und naturwissenschaftlich-mathematischen Fächern, der Einführung einer 12jährigen Schulzeit in Westdeutschland, der Intensivierung der bildungspolitischen Zusammenarbeit zwischen Bund und Ländern, der Neuformulierung des Bildungsbegriffs, der Angleichung der (Aus-)Bildungssysteme in den westlichen und östlichen Bundesländern.

VII. Der Beitritt der ehemaligen DDR zur Bundesrepublik Deutschland hat eine völlige Veränderung der politischen, wirtschaftlichen, rechtlichen, gesellschaftlichen usw. Strukturen im Sinne einer Demokratisierung aller Lebensbereiche nach westdeutschem Muster zur Folge. Ein wichtiger Faktor ist die Föderalisierung des alten zentralistischen Bildungswesens in den fünf neuen Bundesländern. Dabei wurden diverse (Übergangs-)Initiativen von gesetzlichen Maßnahmen der Länderparlamente und der Länderkultusministerien nach und nach abgelöst.

Dringendste bildungspolitische Aufgabe im Bereich des 12jährigen Einheitsschulsystems war seine Entideologisierung und der Abschied vom Erziehungsziel der »sozialistischen Persönlichkeit«. Dazu gehörten die Entfernung inhaltlich einseitiger realsozialistischer Relikte – die ehemalige Fokussierung auf Antikapitalismus, Antifaschismus, Sozialismus und sozialistischen Humanismus – aus den Lehr-/Lernprogrammen und Lehrbüchern, die Entlassung ideologisch fixierter Lehrer/innen, die Umwandlung einer rezeptiv-systemaffirmativen Lernschule in eine kritische Lernerschule, die Eliminierung von indoktrinierenden Fächern (Staatsbürgerkunde, Wehrkunde), die inhaltliche Neubestimmung des Geschichtsunterrichts (Ablösung der marxistischen Geschichtsdeutung vom »Klassenstandpunkt« aus, der DDR als »Höhepunkt« der deutschen Geschichte und Wahrerin des historischen »Erbes«), die Bereitstellung von Alternativen zum früher obligatorischen Russischunterricht u. dgl.

Die bildungspolitische Reform verfolgt tendenziell eine pragmatische Angleichung der früher staatsmonopolistischen Einheitsschule an das tradierte westdeutsche System (Kompatibilität nach Aufbau, Gliederung, fachlichen Anforderungen, Prüfungen usw.). Viele Schulen haben sich – im Sinne bildungspolitischer Pluralität und vorbehaltlich gesetzlicher Regelungen – ein eigenes Profil als Realschule oder Gymnasium gegeben. Als vordringliche Aufgabe und als Leitlinie der Reform wurde die pädagogische Verpflichtung auf die Grundwerte (humanistisches Menschenbild, Demokratie, Individualität, Gerechtigkeit, Solidarität) angesehen; ferner die Erweiterung der allgemeinen Schulpflicht auf 9 bzw. 10 Jahre, die Erarbeitung von Fachlehrplänen und Richtlinien sowie die Festlegung von fachlichen (Lern-) Zielen, schließlich die Orientierung an demokratischen Erziehungszielen wie Mündigkeit, Verantwortung, Kompetenz, Kritik- und Konfliktfähigkeit, die Einführung von Mitspracherechten der Lehrer/innen, Eltern und Schüler/innen, die Stärkung der Eigenverantwortung der Schulleiter/innen und Lehrer/innen, die Aufarbeitung der NS-Zeit und der eigenen (sozialistischen) Vergangenheit, ein Angebot an modernen Fremdsprachen sowie der Alten Sprachen, die Etablierung der politischen Bildung als Unterrichtsprinzip und als Fach (Sozialkunde), die Erhöhung der Abiturientenquote (bis 1990 ca. 13% eines Jahrgangs) bei freiem Zugang zu den weiterführenden (Aus-)Bildungsgängen, die Neugliederung des Berufsschulwesens (öffentliche Berufsschulen im dualen System) und der beruflichen Anforderungsprofile, die zusätzliche Qualifizierung des für alle Schulstufen ausgebildeten Einheitslehrers und die Einrichtung eines Referendariats, die Akademisierung der Grundschullehrerausbildung usw. All dies wird von der am 6.12.1990 konstituierten gesamtdeutschen Kultusministerkonferenz koordiniert.

Die Umgestaltung des Hochschulwesens erforderte erhebliche bildungspolitische Einschnitte. Im personellen Bereich wurde/wird die Überbesetzung abgebaut, Stelleninhaber werden auf ihre fachliche Qualifikation und politische Belastung überprüft, die Forschung wurde von den personell redundanten, forschungsertragsmäßig zweifelhaften, aufgelösten Akademien der Wissenschaften an die Universitäten zurückverlegt, zahlreiche (technische) (Hoch-, Fach-)Schulen wurden in entsprechende Einrichtungen integriert oder zu Fach(hoch)schulen zurückgeführt, die zu enge Spezialisierung der Studiengänge wurde aufgehoben, das marxistisch-leninistische Grundstudium wurde abgeschafft, geistes- und sozialwissenschaftliche Institute wurden »abgewickelt« (aufgelöst) und danach inhaltlich und personell neu strukturiert, neue, den internationalen Standards entsprechende Fächer (z.B. Rechts-, Wirtschafts- und Sozialwissenschaften) und Fakultäten mit westdeutscher Hilfe etabliert.

Wolfgang W. Mickel

Lit.: *Anweiler, O.* u.a. 1992: Bildungspolitik in Deutschland 1945–1990. Ein historisch-vergleichender Quellenband, Opladen. *Becker, H.* 1962: Quantität und Qualität der

Bildungspolitik, Freiburg. *Dahrendorf, R.* 1965: Bildung ist Bürgerrecht, Stuttgart. *Deutscher Bundestag, Enquête-Kommission* 1990: Zukünftige Bildungspolitik – Bildung 2000, Bonn. *Edding, F.* 1963: Ökonomie des Bildungswesens, Freiburg. *Kanz, H.* 1989: Bundesrepublikanische Bildungsgeschichte 1949–1989. Quellen und Dokumente. 2 Teile, Frankfurt/M. *Krüger, H.-H./Marotzki, W.* (Hrsg.) 1994: Pädagogik und Erziehungsalltag in der DDR, Opladen. *Picht, G.* 1964: Die deutsche Bildungskatastrophe, Oldenburg.

Bundesländer

I. Die Bundesrepublik Deutschland ist ein Bundesstaat, in dem sich Zentralstaat (Bund) und Gliedstaaten (Länder) staatliche Aufgaben teilen. Bund und Länder verfügen jeweils über eigene exekutive, legislative und judikative Institutionen. Im bundesrepublikanischen ↗ Föderalismus nimmt freilich die Gesetzgebung in den meisten Bereichen der Bund wahr, die Verwaltung obliegt vornehmlich den Ländern, und in der Rechtsprechung besteht eine Verzahnung zwischen Bund und Ländern. Die Entwickung zum »kooperativen Föderalismus« der Bundesrepublik kennzeichnen Verluste an legislativen Kompetenzen und finanzieller Autarkie der Länder bei gleichzeitiger Intensivierung der Ländermitwirkung an bundespolitischen Entscheidungen durch den Bundesrat und vielfältigen Bund-Länder-Kooperationen (↗ Politikverflechtung).

II. Nach dem Zusammenschluß von Württemberg-Hohenzollern, Württemberg-Baden und Baden (1952) sowie der Eingliederung des Saarlandes (1956) bestand die Bundesrepublik bis 1990 aus den Ländern Baden-Württemberg, Bayern, Bremen, Hamburg, Hessen, Niedersachsen, Nordrhein-Westfalen, Rheinland-Pfalz, Saarland und Schleswig-Holstein sowie (West-) Berlin, das unter alliiertem Vorbehaltsrecht stand. Mit Ausnahme der »Freien Hansestädte« Bremen und Hamburg sowie dem »Freistaat Bayern« entbehren diese einer ungebrochenen eigenstaatlichen Tradition und sind im wesentlichen Produkte der von den Besatzungsmächten geprägten Nachkriegszeit. Vorschläge zur Neugliederung des Bundesgebietes gemäß Art. 29 des Grundgesetzes – z. B. in fünf oder sechs etwa gleich große und finanzstarke Länder (*Ernst*-Kommission) – wurden in der alten Bundesrepublik zwar wiederholt diskutiert, aber nicht umgesetzt. Im Zuge der Vereinigung (1990) konstituierte sich Gesamt-Berlin als ein vollwertiges Bundesland und traten Brandenburg, Mecklenburg-Vorpommern, Sachsen, Sachsen-Anhalt sowie Thüringen der Bundesrepublik bei. Die Gliederung der fünf neuen B. auf Grundlage des noch von der DDR-Volkskammer beschlossenen Ländereinführungsgesetzes (1990) lehnte sich an die von 1945/46 bis 1952 gültige Länderstruktur in der SBZ bzw. DDR an. Alle neuen B. mit Ausnahme Sachsen-Anhalts konnten an historisch-geographische Traditionen anknüpfen. Alternativentwürfe zur Länderneugliederung etwa in drei oder vier neue Bundesländer (*Blaschke*-Vorschlag) scheiterten ebenso wie Pläne einer Neugliederung des gesamten Bundesgebietes z. B. in fünf Länder im Westen und zwei im Osten (*Gobrecht*-Initiative). Die hohe Akzeptanz der alten B. in Politik, Medien und Bevölkerung sowie der positive Widerhall, auf den die Errichtung der fünf neuen Länder in der dortigen Bevölkerung stieß, setzt einer künftigen Neugliederung enge Grenzen – so gerechtfertigt diese gemessen an funktionalen Kriterien auch sein mag. Bislang ist lediglich eine Vereinigung von Berlin und Brandenburg (bis 1999) geplant,

Tabelle 1: Die deutschen Bundesländer

Land	Hauptstadt	Beitritt zur Bundesrepublik	Bevölkerung in Mio.[1]	Fläche in 1000 qkm[1]	Sitze im Bundesrat
Baden-Württemberg	Stuttgart	1949 (1952[2])	10,2	35,8	6
Bayern (Freistaat)	München	1949	11,9	70,6	6
Berlin	(Stadtstaat)[3]	1990[4]	3,5	0,9	4
Brandenburg	Potsdam	1990	2,5	29,1	4
Bremen	(Stadtstaat)[3]	1949	0,7	0,4	3
Hamburg	(Stadtstaat)[3]	1949	1,7	0,8	3
Hessen	Wiesbaden	1949	6,0	21,1	4
Mecklenburg-Vorpommern	Schwerin	1990	1,8	23,6	3
Niedersachsen	Hannover	1949	7,7	47,4	6
Nordrhein-Westfalen	Düsseldorf	1949	17,8	34,1	6
Rheinland-Pfalz	Mainz	1949	3,9	19,8	4
Saarland	Saarbrücken	1957	1,1	2,6	3
Sachsen (Freistaat)	Dresden	1990	4,6	18,4	4
Sachsen-Anhalt	Magdeburg	1990	2,8	20,4	4
Schleswig-Holstein	Kiel	1949	2,7	15,7	4
Thüringen	Erfurt	1990	2,5	16,3	4

1 Daten (gerundet) nach *Fischer Weltalmanach* 1995
2 Zusammenschluß der Länder Württemberg-Hohenzollern, Baden und Württemberg-Baden
3 Gleichzeitiges Wahrnehmen von Länder- und kommunalen Aufgaben
4 Ende des Viermächtestatus und Vereinigung von Berlin (West) mit dem Ostteil der Stadt

die freilich eine Zustimmung per Volksentscheid benötigt.

III. Trotz struktureller Ähnlichkeiten ihrer politischen Systeme unterscheiden sich die B. in zahlreichen Details ihrer Verfassungskonstruktionen (Staatsziele, Verhältnis zwischen Parlament, Regierung und Regierungschef etc.) und weiterer politisch-institutioneller Arrangements (z. B. die Ausgestaltung ihrer Wahlsysteme), wobei sich mehr oder minder große Abweichungen vom Bonner Muster ergeben.

Beispielsweise sind die Regierungen in der Hansestädten stärker kollegial ausgelegt und enger an die Volksvertretung rückgebunden als in den Flächenstaaten und im Bund. Mit Ausnahme einiger Bundesländer (z. B. der Stadtstaaten und Niedersachsens) enthalten – im Unterschied zum Grundgesetz – die Länderverfassungen, die vereinzelt sogar durch Volksabstimmung legitimiert wurden (Hessen, Bayern, Rheinland-Pfalz, Brandenburg), direktdemokratische Elemente in Gestalt von Volksinitiativen, -begehren und/oder Volksentscheiden, deren verfassungspolitische Bedeutung bislang jedoch nicht allzu groß ist. Des weiteren unterscheiden sich die parlamentarischen Mehrheits- und Regierungsverhältnisse in den einzelnen Ländern. Gerade in der ersten Hälfte der 90er Jahre war eine beispiellose Vielfalt gegeben, die sowohl Alleinregierungen von CDU, CSU und SPD umfaßte als auch Koalitionsregierungen aus CDU/FDP, CDU/SPD (große Koalition), SPD/FDP, SPD/FDP/Grüne bzw. Bündnis 90 (Ampelkoalition) und SPD/Grüne. Die Bündnisfiguren sind für Richtungsentscheidungen auf Bundesebene u.U. von Bedeutung. Bundespolitisch wichtiger ist freilich, ob die Parteimehrheiten im Bundestag und Bundesrat divergieren. Da die Länderregierungen über den Bundesrat maßgeblich an der Gesetzgebung und Verwaltung des Bundes mitwirken, kann in solch einem Fall der Bundesrat parteipolitisch instrumentalisiert werden. Bislang betrieben jedoch die von Oppositionsparteien geführten Länderregierungen, auch wenn sie eine Mehrheitsposition im Bundesrat innehatten, weniger eine obstruktive als eine mitgestaltende Oppositionspolitik. Kompromisse sind die Regel.

IV. Die B. unterscheiden sich erheblich hinsichtlich ihrer Wirtschafts- und Finanzkraft – und damit auch hinsichtlich ihrer öffentlichen Leistungsfähigkeit. Der Korrektur der unterschiedlichen Finanzausstattung der B. dienen der horizontale und der vertikale Finanzausgleich, die bereits vor der Vereinigung ein Quell ständiger Verteilungskämpfe sowohl zwischen finanzstarken und -schwachen Ländern als auch zwischen Ländern und Bund waren.

Infolge der Vereinigung verschärfte sich die Ausgleichs- und Verteilungsproblematik drastisch. Das bestehende Finanzausgleichsystem schien kein angemessenes Instrument zu sein, um die krassen Finanzkraftunterschiede zwischen alten und neuen B. zu beheben. Übergangsweise sah der Einigungsvertrag daher bis Ende 1994 Sonderregelungen im Bereich der Finanzverfassung vor: Er beteiligte die neuen B. nur teilweise an der einwohnerbezogenen Umsatzsteuerverteilung, schloß sie gänzlich von Bundesergänzungszuweisungen aus und sah einen nach alten und neuen B. getrennten Umsatzsteuerausgleich und Länderfinanzausgleich vor. Im Gegenzug wurde das Provisorium eines Sonderfonds »Deutsche Einheit« geschaffen, der sich aus – größtenteils kreditfinanzierten – Mitteln von Bund und alten Ländern speist. Trotz einer Korrektur der einwohnerbezogen Umsatzsteuerverteilung zugunsten der neuen Länder (1991) und verschiedenen Aufstockungen des Fonds Deutsche Einheit blieb jedoch die Finanzierung der öffentlichen Aufgaben in den neuen B. unzureichend, so daß deren Schuldenniveau binnen kurzer Zeit enorm anstieg. Das Föderale Konsolidierungsprogramm, das Bund und Länder im Rahmen des Solidarpaktes (1993) beschlossen, legte schließlich die Grundlage für eine volle und gleichberechtigte Einbeziehung der neuen Länder in die bundesstaatliche Finanzverfassung ab 1995. Als entscheidend für die Lösung des damit einhergehenden horizontalen Verteilungsproblems zwischen alten und neuen B. erwies sich die Neuordnung der vertikalen Steuerverteilung. Durch eine beachtliche Erhöhung des Länderanteils an der Umsatzsteuer, immerhin dem Hauptposten der zu verteilenden Finanzmasse, soll ab 1995 das Finanzkraftniveau der neuen Länder derart angehoben werden, daß diese »finanzausgleichsfähig« werden und sich so – in den nahezu unveränderten – horizontalen Länderfinanzausgleich einbeziehen lassen. Die Finanzkraft der neuen Länder wird also durch »Vorabauffüllungen« an die Erfordernisse des Finanzausgleichssystems anzupassen versucht – und nicht, wie vielfach gefordert, das System an die veränderten finanzpolitischen Verhältnisse (vgl. *Renzsch* 1994: 129). Mit dieser Lösung haben die Länder unter beträchtlichem Aufwand an ↗ Koordination einen Zentralisierungsschub im föderativen System der Bundesrepublik, der im Zusammenhang der vereinigungsbedingten Finanzausgleichsprobleme gemeinhin befürchtet worden war, (zunächst) abwenden können.

Michael Krennerich

Lit.: *Andersen, U./Woyke, W.* 1992: Handwörterbuch des politischen Systems der Bundesrepublik Deutschland, Bonn. *Beyme, K. von* 1993: Das politische System der Bundesrepublik Deutschland nach der Vereinigung, München/Zürich. *Färber, G.* 1993: Reform des Länderfinanzausgleiches, in: Wirtschaftsdienst 6, 305–313. *Hartmann, J.* [2]1994: Handbuch der deutschen Bundesländer, Frankfurt/M. *Hartwich, H.-H./Wewer, G.* (Hrsg.) 1992: Regieren in der Bundesrepublik IV: Finanz- und wirtschaftspolitische Bestimmungsfaktoren des Regierens im Bundesstaat – unter besonderer Berücksichtigung des deutschen Vereinigungsprozesses, Opladen. *Laufer, H.* 1992: Das föderative System der Bundesrepublik Deutschland, Bonn. *Renzsch, W.* 1994: Föderative Problembewältigung: Zur Einbeziehung der neuen Länder in einen gesamtdeutschen Finanzausgleich ab 1995, in: ZParl 1, 116–138. *Rudzio, W.* [3]1991: Das politische System der Bundesrepublik Deutschland, Opladen. *Rutz, W./Scherf, K./Strenz, W.*

1993: Die fünf neuen Bundesländer, Darmstadt. *Sturm, R.* 1991: Die Zukunft des deutschen Föderalismus, in: *Liebert, U./Merkel, W.* (Hrsg.): Die Politik zur deutschen Einheit: Probleme, Positionen, Kontroversen, Opladen.

Bürgerinitiativen

Bürgerinitiativen (BI) als direktdemokratische und aktionsbetonte Organisationsform politischer Beteiligung und Entscheidungsbeeinflussung sind in einem Zusammenhang mit den tiefgreifenden politischen Mobilisierungsprozessen der späten 60er und 70er Jahre zu sehen, welche auf den Begriff der »partizipatorischen Revolution« *(Kaase)* gebracht wurden.

I. In der Bundesrepublik betreten BI die innenpolitische Szene ab Mitte der 60er Jahre und erleben ihre Blütezeit bis zur Mitte der 70er Jahre. Für diese Hochzeit reichen die Zahlenschätzungen von 4000 bis 50000.

Ihr Aufkommen erklärt sich aus wachsenden Struktur- und Funktionsmängeln des politisch-administrativen Bereichs einerseits und politischen Bewußtseins und Verhaltensänderungen in der westdeutschen Bevölkerung andererseits, die zeitgleich aufeinandertrafen. Auslösendes Moment war die Große Koalition sowie das Aufbegehren, das durch die Studentenrevolte und die Außerparlamentarische Opposition (APO) entfacht wurde. Innenpolitisch zeigten sich Verkrustungs- und kartellhafte Verselbständigungstendenzen im Institutionengefüge repräsentativ-demokratischer Willensbildung und Interessenvermittlung, worauf die Bevölkerung mit politischer Entfremdung und Parteienverdruß reagierte. Die Protestbereitschaft wuchs, als ab Ende der 60er Jahre eine wachstumsfixierte Planungs- und Modernisierungspolitik administrativ verstärkt in natürliche und gesellschaftliche Freiräume eingriff, so daß sich die betroffenen Bürger in ihrer Lebensqualität beeinträchtigt sahen. Sich in dieser Situation autonom zu wehren fiel der Aktivbürgerschaft nicht schwer, zumal mit der Bildungsexpansion und dem ↗ Wertewandel nicht nur deren politische Kompetenz, sondern auch das Anspruchsniveau auf unmittelbare Mitwirkung an politischen Entscheidungen angestiegen waren.

II. Das buntscheckige sowie organisatorisch schwer fixierbare, fluide Erscheinungsbild von BI erschwert es außerordentlich, das Gemeinsame und Verbindende dieser Gebilde begrifflich zu erfassen und in eine Definition zu kleiden. Gleichwohl hat sich ein Begriffsverständnis in der Literatur eingebürgert, das eng mit dem Anfangs- und Entstehungshintergrund der BI verwachsen ist und diese als offenkundiges Kontrastmodell zu institutionell verfestigten Instanzen, wie ↗ Parteien und Verbänden (↗ Verbändeforschung), idealtypisch stilisiert.

Hiernach bilden BI spontan ins Leben gerufene, relativ kurzlebige, thematisch punktuelle, räumlich begrenzte und locker organisierte Zusammenschlüsse Betroffener, die durch bürgerschaftliche Selbsthilfe oder öffentliche Interessenartikulation konkret erfahrbare Mißstände bzw. Fehlentwicklungen und damit verbundene politisch-administrative Planungen, Maßnahmen bzw. Unterlassungen beseitigen, verhindern bzw. korrigieren wollen.

Diese Begrifflichkeit stellt stark auf Formcharakteristika von BI ab, während Eigentümlichkeiten der Aktion und Operationsweise vernachlässigt werden.

Gleichzeitig wird das Lernpotential und der Anpassungsgrad, mit dem BI auf veränderliche Umweltbedingungen reagieren, übersehen, so daß die tatsächliche Entwicklung über die isolierte *Ad hoc-* und Einzelfall-Initiative, welche für die Begriffsdefinition Pate steht, größtenteils rasch hinweggegangen ist. Entsprechend begrenzt läßt sich das idealtypische Formprinzip der BI auch nur mit den verstreuten empirischen Befunden in Einklang bringen, die aus den 70er Jahren vorliegen *(Hegner* und *Rüdig* in *Hauff* 1980; *Kempf* in *Guggenberger/Kempf* 1986). So weisen etwa Umweltinitiativen (Stadtpla-

nung, Verkehr, Industrieansiedlung, Naturschutz, Energie, Militär) einen allgemeineren Zielhorizont und organisatorischen Verfestigungs- und Verflechtungsgrad auf, der eher an Vereine denn an die Strukturmerkmale von BI erinnert.
Zur weiteren Typologisierung ist zwischen reaktiven und aktiven, lokalen und überlokalen, vereins- und nichtvereinsförmigen, gesellschaftsverändernden und gesellschaftsbewahrenden, Massen- und Honoratioren-, *Ad hoc* und Langzeitinitiativen sowie Initiativen der ersten und zweiten Generation unterschieden worden, ohne hinreichend Ordnung in die heterogene Artenvielfalt der BI bringen zu können.

III. Anfangs verbreiten sich BI entlang dem konkret faßbaren und unmittelbar betroffen machenden Problemhorizont des urbanen Reproduktionsbereichs (Erziehung, Bildung, Kultur, Wohnen, Verkehr, Industrieansiedlung). Umweltinitiativen verfügen allerdings über einen erweiterten Themen- und Aktionsradius, der ihr Tätigkeitsfeld auch in den Produktionssektor hinein ausdehnt.
Um etwas zu erreichen oder zu verhindern, umgehen BI die institutionellen Vermittlungsinstanzen und suchen auf direktem Weg die Auseinandersetzung mit ihren Hauptadressaten unmittelbarer Interessenartikulation, den verantwortlichen Planungs- und Genehmigungsbehörden. Zum Zwecke öffentlichkeitswirksamer Dramatisierung ihrer Forderungen verfügen BI einerseits über eine breite Palette zumeist unkonventioneller Aktionsformen (Versammlungen und Demonstrationen, Informationsveranstaltungen, Unterschriften- und Flugblattaktionen, Plakatierungen und Leserbriefkampagnen – seltener Eingaben und Klagen). Entsprechend den Aufmerksamkeits- und Nachrichtenwertregeln der Medien wird Öffentlichkeit mobilisiert, um die Entscheidungsträger in Politik und Verwaltung unter Legitimations- und Handlungszwang zu setzen. Andererseits suchen BI gleichzeitig die Kooperation mit Verwaltungsstellen und den Kontakt zu anderen gesellschaftlichen Gruppen (↗ Parteien, Verbänden, Kirchen), um den eigenen Anliegen eine möglichst breit gestreute Legitimations- und Unterstützungsbasis zu verschaffen. Die Auseinandersetzungen werden vom Wechselspiel zwischen ↗ Konflikt und ↗ Konsens begrenzt, wobei sich Erfolg und Mißerfolg in etwa die Waage halten. Hingegen stellen die Massenprotestaktionen der Umweltinitiativen (Gorleben, Brokdorf, Startbahn West) eine neue Qualität und Intensität der Konfrontation dar, welche das herkömmliche Aktionsrepertoire von BI sprengen und bewegungstheoretisch eingeordnet werden müssen.
IV. Der Einfluß von BI schlägt sich in inhaltlichen und strukturellen Akzentverschiebungen politischer Willensbildung nieder. Durch BI gelingt es, nicht berücksichtigten und von den exklusiven korporatistisch-exekutiven Interessenrepräsentations- und Entscheidungszirkeln übergangenen Anliegen öffentliches Gehör zu verleihen. Dabei bilden sie Katalysatoren einer wachstumskritischen Problemsensibilität, an der der technokratische Wachstums-, Planungs- und Nuklearkonsens in der Bundesrepublik zerbricht. Grundsätzlicher verstärken BI die Vertrauenskrise in die Problemlösungskompetenz staatlicher Instanzen und mindern die Bereitschaft, deren Entscheidungen zu folgen, was mit zu den Regierbarkeitsproblemen der 70er Jahre beiträgt.
Zugleich verbreitet sich mit den BI ein gegen die Abkoppelungs- und Zentralisierungstendenzen politisch-administrativer Entscheidungsprozesse gerichtetes Politik- und Demokratieverständnis, was das abgehoben Politische wie-

Abbildung 1: Entwicklung bürgerinitiativnaher Beteiligungspräferenzen

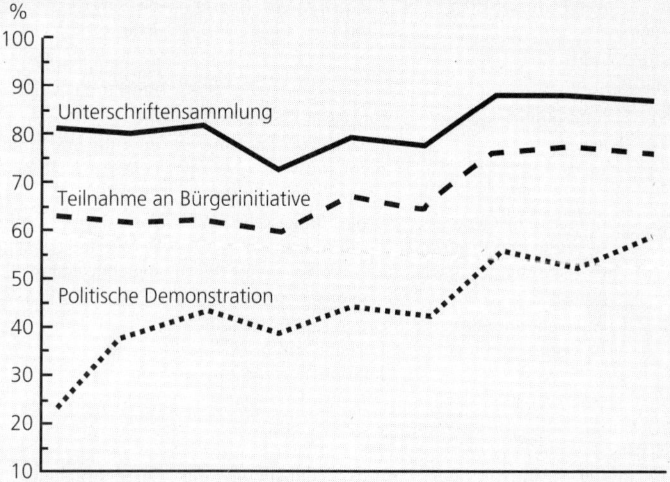

1984	1985	1986	1987	1988	1989	1991	1992	1993
81	80	81	72	79	76	87	87	86
63	61	61	58	65	62	74	75	73
23	40	43	38	44	42	56	53	59

Quelle: ipos - Einstellungen zu aktuellen Fragen der Innenpolitik.
Daten repräsentativ für die wahlberechtigte Bevölkerung der Bundesrepublik Deutschland

der als sinnlich faßbar, nah, kleinräumig und unmittelbar selbstbestimmend zurückzugewinnen versucht.
Dabei kommen das Formprinzip und die Aktionsbesonderheiten der BI dem ausgeweiteten politischen Handlungsrepertoire und der verstärkten Nachfrage nach direktdemokratischer, ungebundener, regelungsarmer, erlebnis- und aktionsbetonter politischer Beteiligung entgegen, was durch ihre positive Resonanz als Partizipationskanäle bestätigt wird (↗ Direkte Demokratie). Bereitschaft zur Mitarbeit ist noch kein tatsächliches Verhalten, wenngleich zu Hochzeiten die Zahl der Mitglieder an die der Parteien herangereicht haben mag. 1993 erklären 5 Prozent der Westdeutschen und 2 Prozent der Ostdeutschen, Mitglied einer BI zu sein (*Ipos*). Mitgliedschaft in Parteien und Mitarbeit in BI schloß sich zu keinem Zeitpunkt gegenseitig aus, sondern fand bei Aktivbürgern gleichermaßen Zuspruch (*Uehlinger* 1988). Zum Abbau schichtspezifischer Partizipationsbarrieren trug dies allerdings wenig bei. Eher verstärkten BI die Mittelschichtendominanz im politischen Prozeß, wodurch sich anfängliche egalitäre

Tabelle 2: Periodisierung der Bürgerinitiativen-Entwicklung

Zeitrahmen	*Mayer-Tasch* 1985	*Guggenberger/Kempf* 1984	*Brandt/Büsser/Rucht* 1986
ab 1967			Nebeneinander von Ein-Punkt-Aktionen
1970	punktuelle Initiativarbeit	Einzelfall-Orientierung Erwerb von Zusammenhangswissen	organisatorische Formierung und inhaltliche Ausweitung des Protests
1975	thematische Generalisierung und Programmatisierung der Bewegung	programmatische Forderungen	Aufstieg und drohender Zerfall der Ökologiebewegung
1980	Auffächerung der Bewegung in Flügel	organisatorische und parteipolitisch-ideologische Formierung des »grünen Protestes«	

Demokratisierungshoffnungen rasch verflüchtigten.

V. Nach ihrer Blütezeit normalisierte sich die Aktivität von BI auf einem niedrigeren Niveau, ohne je auszulaufen. Gesicherte Zahlenangaben fehlen hierzu allerdings. Die wissenschaftliche Aufbereitung von BI lief Mitte der 80er Jahre mit der Veralltäglichung des Phänomens aus. Danach nahm die Literatur nur noch in Einzelfallstudien von ihnen Notiz (*Ohlemacher* 1993).

In der Retrospektive wurden verschiedene Versuche unternommen, um die der BI-Entwicklung innewohnenden Gesetzmäßigkeiten und Reifephasen aufzudecken. Ausgereift sind diese Ansätze noch nicht. Vor allem bleibt klärungsbedürftig, ob BI in ihrer Erscheinungsvielfalt überhaupt eine gemeinsame Entwicklungslogik zu unterstellen ist.

Auch die bewegungstheoretisch orientierte Literatur (*Braid/Büsser/Rucht* 1986; *Rolke* 1987) tut sich logisch und empirisch schwer, BI genuine Bewegungseigenschaften neben der Ökologie- oder auch Alternativ- und Friedensbewegung zuzusprechen. Eher scheinen BI in einer Verzweigung Vorläufer und Wegbereiter der neuen Sozialen Bewegungen zu sein, so daß sie dann unter Aufgabe ihres Eigenlebens vor allem in der Ökologie- und Antikernkraftbewegung aufgegangen sind. Unverkennbar haben große Teile der BI insbesondere im Umweltbereich verstetigende organisatorische Formierungs-, Vernetzungs- und thematisch-ideologische Horizonterweiterungen durchgemacht, die bereits 1972 zur Gründung des »Bundesverbandes Bürgerinitiativen Umweltschutz« (BBU) führten. Hier liegen Lern- und Bewußtseinserweiterungsprozesse zugrunde, die die Metamorphose hin zur sozialen Bewegung einleiteten.

Für die traditionellen Einpunkt- und *Ad hoc*-Initiativen hat sich die Aktivität verstärkt auf das Feld der schul-, kultur- und sozialpolitischen Abwehr ökonomischer Krisenfolgen der 70er und 80er Jahre verlagert.

Insgesamt hat sich das Verhältnis zwischen den BI und politisch-administrativen Akteuren eingespielt, was nicht zuletzt an der Einbindung professionalisierter Dachverbände der BI in die parlamentarische Beratungs- und Gesetzgebungsarbeit abzulesen ist. Staatlicherseits ging mit der Finanz- und Verschuldungskrise das interventionistische Konfliktpotential zurück, an dem sich der Widerstand von BI hätte entzünden können. Allerdings wird die forcierte und ökologisch unsensible wirtschaftliche Aufbaupolitik in Ostdeutschland im regionalen Rahmen erneut zum Auftrieb von BI führen. Die BI selbst haben ihr Publizitäts- und Mobilisierungspotential ausgereizt und verlieren an Repräsentationsmacht gegenüber Betroffeneninteressen, wie neben den Grünen auch die etablierten Parteien Bürgerinitiativen-Themen für sich entdeckt haben. Die Überlebensfrage stellt sich für BI deshalb nicht, weil ihr struktureller Wettbewerbsvorteil als Plattformen des autonomen, direktdemokratischen Engagements und bürgerschaftlichen Aufbegehrens durch partei- und verbandsförmig institutionalisierte politische Akteure kaum zu gefährden ist.

Elmar Wiesendahl

Lit.: *Brand, W./Büsser, D./Rucht, D.* 1986: Aufbruch in eine andere Gesellschaft. Neue soziale Bewegungen in der Bundesrepublik, aktualisierte Neuausgabe, Frankfurt a. M./New York. *Guggenberger, B.* 1980: Bürgerinitiativen in der Parteiendemokratie. Von der Ökologiebewegung zur Umweltpartei, Stuttgart u. a. *Guggenberger, B./Kempf, U.* (Hrsg.) ²1984: Bürgerinitiativen und repräsentatives System, Opladen. *Hauff V.* (Hrsg.) 1980: Bürgerinitiativen in der Gesellschaft, Villingen. *Mayer-Tasch, P. C.* 1985: Die Bürgerinitiativbewegung. Der aktive Bürger als rechts- und politikwissenschaftliches Problem, Neuausgabe, Reinbek. *Ohlemacher, Th.* 1993: Brücken der Mobilisierung. Soziale Relais und individuelle Netzwerke in Bürgerinitiativen gegen militärischen Tiefflug, Wiesbaden. *Rolke, L.* 1987: Protestbewegungen in der Bundesrepublik. Eine analytische Sozialgeschichte des politischen Widerspruchs, Opladen. *Uehlinger, H.-M.* 1988: Politische Partizipation in der Bundesrepublik. Strukturen und Erklärungsmodelle, Opladen.

Bürgerliche Parteien

I. Erst seit der Entstehung der großen Arbeiterparteien finden sich die konservativen, christdemokratischen (vor dem II. Weltkrieg: konfessionellen) und liberalen Parteien in einem Lager vereint. Bevor der Gegensatz von Industriearbeiterschaft und Bourgeoisie zur beherrschenden (partei)politischen Spaltungslinie wurde, standen sich Liberale und Konservative im Konflikt zwischen städtischem ↗ Bürgertum und (Land-)Adel, Liberale und Konfessionsparteien als Vertreter von Staat bzw. Kirche gegenüber. Die vordringliche Abwehr des ↗ Sozialismus drängte diese Gegensätze des 19. Jh.s in den Hintergrund. Im Formierungsprozeß zweier großer politischer Lager entwickelten sich die Konservativen und ihre spätere interkonfessionelle Variante, die Christdemokraten, zu jeweils dominierenden bürgerlichen Parteien, während die in mehreren Ländern in linke und rechte Flügelparteien gespaltenen Liberalen sich um eine Mittelposition zwischen Links- und Rechtsparteien bemühten oder zum bürgerlichen Juniorpartner wurden. In Skandinavien überlebten die Bauernparteien Industrialisierung und Urbanisierung durch den Wandel zu liberalen Zentrumsparteien. Die Zuordnung zu einer der parteipolitischen Grundrichtungen fällt hier schwerer als bei den Linksparteien. Konservative Parteien nennen sich gegenwärtig »liberal«, »liberal-demokratisch« oder gar »progressiv«, skandinavische Liberale tragen noch heute den aus dem letzten Jh. stammenden Namen »Linke« *(Venstre)*. Die Zugehörigkeit zu den internationalen Parteizusammenschlüssen und den Fraktionen des Europäischen Parlaments erleichtert die Identifizierung. Erstere sind die *Christlich-Demokratische Internationale* (CDI), die *Europäische Union Christlicher Demokraten* (EUCD), die *Europäische Volkspartei* der Christdemokraten der EU (EVP), die *Liberale Internationale*, die *Europäischen Liberalen, Demokraten und Reformer* (ELDR) der EU, die *Europäische Demokratische Union* (EDU). Die seit 1982 in der *Pazifischen Demokratischen Union* (PDU) zusammengeschlossenen konservativen Parteien in Japan, Australien, Neuseeland und den USA (Republikaner) gehören mit den europäischen Konservativen der 1983 formierten *Internationalen Demokratischen Union* (IDU) an. Der israelische *Likud-Block* hat sich vergeblich um Aufnahme bemüht *(Horner* 1981). Zur *Liberalen Internationalen* gehören die entsprechenden Parteien in Israel und Kanada (seit 1974).

Gemessen an der Regierungsbeteiligung (↗ Regierung) sind die Liberalen die erfolgreichsten bürgerlichen Parteien der westlichen Industrieländer. In 16 Staaten (Westeuropas sowie Kanada, Australien und Neuseeland) brachten sie es 1946–80 auf eine Gesamtdauer von 3054 Monaten, die Christdemokraten auf 2272, die Konservativen auf 1877 Monate Regierungsbeteiligung. Die liberalen Regierungshochburgen (mehr als 300 Monate) waren Dänemark, Finnland, Italien, die Bundesrepublik und Kanada (der einzige Fall einer alleinregierenden liberalen Partei), die christdemokratischen die Benelux-Staaten und Italien, die konservativen Island, Australien und Neuseeland *(von Beyme* 1982: 393).

Die beiden großen Parteien der USA sind innerhalb des bürgerlichen Spektrums nur schwierig zu verorten. Das amerikanische Parteiensystem konfrontiert uns mit einem Paradox: »Es ist das älteste und kontinuierlichste Parteiensystem der Welt; gleichzeitig ist es das am schwächsten konturierte und am schwersten faßbare« (*Shell* 1980: 68). Organisatorisch wie in gewissem Sinne auch programmatisch befinden sich die US-Parteien auf der Entwicklungsstufe, auf der auch die europäischen Honoratiorenparteien ohne den von den Massenparteien der Linken ausgeübten Anpassungsdruck stehengeblieben wären (*Bunihain* 1974: 648). Obwohl sie keine den europäischen Parteien vergleichbare Mitgliedschaft, eine nur schwach entwickelte, stark wahlkampforientierte nationale Organisation und eine pragmatisch diffuse Programmatik aufweisen, lassen sie sich seit der Neuausrichtung des Parteiensystems in der *New Deal*-Periode (1928–36) in ihrer politischen Orientierung und hinsichtlich ihrer Wählerbasis grob voneinander unterscheiden. Als Partei der sog. *New Deal*-Koalition (Gewerkschaften, Katholiken, Juden, Schwarze, Südstaatler und Intellektuelle) vertraten die Demokraten die Interessen der von der Wirtschaftskrise besonders betroffenen Amerikaner und leiteten eine interventionistische und sozialstaatliche (im amerikanischen Sprachgebrauch »liberale«) Politik ein, während die Republikaner industriekapitalistische und ländlich-kleinstädtische Belange repräsentierten. Hinter diesem Gegensatz verbarg sich jedoch stets ein faktisches Vierparteiensystem aus den liberalen und konservativen Flügeln der beiden Parteien, in dem etwa die südlichen Demokraten oft mit den Republikanern zusammengingen, wohingegen die demokratische Linke Positionen ähnlich der europäischen Sozialdemokratie vertritt. Seit in den 60er Jahren die Demokratische Partei zum Ansprechpartner der neuen ↗ Sozialen Bewegungen wurde, ist den Republikanern der Einbruch in ihr traditionelles Wählerpotential vor allem im Süden und der Industriearbeiterschaft gelungen. Ob aus diesem Umbruch eine konsequente Neuausrichtung an der Links-Rechts-Achse resultiert (mit einer Zunahme des gegenwärtig nur geringen Einflusses der Partei auf die Regierungspolitik), ist noch offen. In ihrer ↗ Wirtschaftspolitik stehen die Republikaner den britischen Konservativen heute näher als den Demokraten, das gleiche gilt für die ↗ Außen- und Sicherheitspolitik.

II. *Konservative Parteien.* Innerhalb der OECD gibt es konservative Parteien hauptsächlich in Skandinavien und den Staaten des englischen Sprachraums. Von den insgesamt zwölf Parteien operieren neun in Westeuropa (Skandinavien einschl. Island, Großbritannien, Irland, Frankreich), drei in Asien/Ozeanien (Japan, Australien, Neuseeland), eine in Nordamerika (Kanada). Mit Ausnahme der kanadischen, isländischen, irischen und französischen Konservativen sind sämtliche Parteien der EDU angeschlossen. Nicht zu den klassischen konservativen Parteien zählen die irische *Fianna Fail* und die *Gaullisten,* die sich im Europäischen Parlament zu einer gemeinsamen Fraktion zusammenschlossen. Die *Gaullisten* haben sich seit dem Abtritt *de Gaulles* von der organisierten politischen Gefolgschaft ihres Gründers unter wechselnden Namen (seit 1976: *Rassemblement pour la République,* RPR) und unter Beibehaltung eines ausgeprägten ↗ Nationalismus zu einer konservativen Partei nach britischem Vorbild entwickelt. Auch die aus dem radikalen Flügel der irischen Nationalbewegung hervorgegangene *Fianna Fail* verbindet diese traditionelle Hintergrundideologie mit einer konservativen Orientierung. (Die andere auf die Spaltung des irischen Nationalismus 1920/21 zurückgehende Partei, die *Fine Gael,* trat 1976 der christdemokratischen EVP bei.) Der Konflikt mit dem Mutterland Dänemark gab auch der isländischen *Selbständigkeitspartei* eine nationalistische Färbung, ihre Gründung diente jedoch primär der Konzentration des zersplitterten konservativen Lagers in Reaktion auf das Erstarken der agrarischen und sozialdemokratischen Interessenparteien. Die organisatorisch jüngste konservative Partei, die 1955 durch den Zusammenschluß zweier Vorläufer gegründete *Liberal-Demokratische Partei* (LDP) in Japan, weist auch heute noch Züge eines Konglomerats z. T. reaktionärer Honoratioren und ihrer Klienteln auf. Hinsichtlich ihres vor allem im agrarischen und kleinstädtischen Bereich verankerten ↗ Klientelismus und des virulenten innerparteilichen Faktionalismus wurde die LDP als den italienischen Christdemokraten ähnlich gesehen *(Thayer* 1969).

Handelt es sich bei den skandinavischen Konservativen in Dänemark, Finnland und Schweden um vergleichsweise kleine Parteien, die in der Konkurrenz mit anderen bürgerlichen Parteien um 20 % der Stimmen erreichen, jedoch häufig an der Regierung beteiligt sind, so schien sich die norwegische *Høyre* (»Rechte«) 1981 mit 31,6 % zur ernstzunehmenden Bedrohung für die traditionell dominierende *Arbeiterpartei* zu entwickeln. 1989 fiel sie allerdings in der Konkurrenz mit der rechtspopulistischen *Fortschrittspartei* auf 22,2 %, 1993 auf 17,0 % zurück. Ähnlich erging es der isländischen *Selbständigkeitspartei* (mit 1946–87 38,0 % stärkste Partei der Insel), die 1987 Wähler an die von ihr abgespaltene *Bürgerpartei* abgab und unter die 20-%-Marke fiel, aber 1991 wieder stärkste Partei im isländischen Althing wurde. Die wählerstärksten konservativen Parteien sind die japanische LDP, die stets über 50 % der Stimmen blieb, bis sie 1990 auf 46,1 % und 1993 auf lediglich 36,6 % der Stimmen absackte, so daß ein Acht-Parteien-Bündnis an die Stelle der gewohnten Einparteiregierung trat; die irische *Fianna Fail* (1948–87: 45,8 %), der die 1985 erfolgte Abspaltung der *Progressive Democrats* bislang wenig geschadet hat; 1993 erreichte sie freilich nur 39,1 % der Stimmen und ging erstmals eine Koalition mit der *Labour Party* ein; die britische *Conservative Party* (1945–87: 43,4 %); die neuseeländische *National Party* (1946–87: 44,9 %), deren neo-liberaler Flügel sich 1983 abspaltete und 1986 wieder mit ihr fusionierte. Die kanadische *Progressive Conservative Party* (PCP) erzielte 1945–80 durchschnittlich 34,9 %, steigerte ihren Anteil 1984 auf 50 % (1988: 42,9 %) und löste die bislang dominierenden Liberalen als Regierungspartei ab. 1993 erlitt die PCP jedoch einen katastrophalen Einbruch (16 %), der sich infolge der relativen Mehrheitswahl in einer parlamentarischen Vertretung von nur zwei Abgeordneten niederschlug. In der V. Republik wurden die *Gaullisten* zwar erst 1981 aus der Regierung gedrängt; sie waren jedoch stets Teil eines bürgerlichen Wahlbündnisses (1958: *Union pour la Nouvelle République,* UNR; 1988 erreichte die RPR im Rahmen der *Union du Rassemblement et du Centre,* URC, 19,2 %). Bei den Wahlen von 1993 erzielte die RPR im ersten Wahlgang 20,8 % der Stimmen und bildete mit der UDF (19,1 %) eine Koalitionsregierung.

Die organisatorische Kontinuität der Konservativen ist in Großbritannien, Kanada, Dänemark und Norwegen am größten. Als Gründungsjahr der britischen Partei gilt 1835; die 1883 gegründete dänische »Rechte« benannte sich bereits 1915 in *Konservative Volkspartei* um (die schwedische »Rechtspartei« erst 1969 in *Gemäßigte Sammlungspartei);* die norwegischen Konservativen haben den 1884 angenommenen Namen bis heute beibehalten; die kanadischen Konservativen (seit 1942 PCP) formierten sich im Anschluß an die Gründung des *Dominion* 1867. Jüngeren Datums sind die durch Wahlerfolge der Arbeiterparteien ausgelösten konservativen Zusammenschlüsse in Australien (1910) und Neuseeland (1936), wo – wie auch in Island und Japan – der organisierte Liberalismus weitestgehend absorbiert wurde (in der *National Party* tritt er heute noch in Flügelkämpfen zutage). Die australische *Liberal Party* (1946–87: 36,8 %) ging in der Konkurrenz mit der starken *Labour Party* ein Dauerbündnis mit der agrarisch-konservativen *National Party of Australia* ein. 1993 erreichte die *Liberal Party* nur mehr 35,1 %, *Labour* hingegen 51,8 % der Stimmen.

Die konservativen Parteien verfügen traditionell über enge ideologische und personelle (wenn auch meist nicht institutionalisierte) Verbindungen zu den Interessenverbänden von Industrie, Handel, Finanz- und Landwirtschaft, die sich fast immer in einem hohen Spendenaufkommen niederschlagen. Ein Beispiel exzessiver Spendenabhängigkeit bietet die LDP, deren Einnahmen vor dem Parteienfinanzierungsgesetz von 1976 zu 97 % aus der Geschäftswelt stammten *(Pohl* 1981: 42) und die nach wie vor als »Skandalpartei« *par excellence* gilt (↗ Parteienfinanzierung).

Außerhalb Skandinaviens besitzen die Konservativen z. T. beträchtliche Arbeiteranteile in ihrer Wählerschaft (etwa die sog. *working class tories* in Großbritannien). Zu ihren Stammwählern zählen das (Klein-)Bürgertum, die Landwirte (in geringerem Maße dort, wo Agrarparteien existieren) sowie (höhere) Angestellte und Beamte. Die Anpassung der einstigen Honoratiorenparteien an die Realitäten des Industriekapitalismus erfolgte organisatorisch (die größte konservative Partei, die britischen *Conservatives,* besaß 1987 1,5 Mio. Mitglieder) und programmatisch vor allem durch die Aufgabe reaktionärer und die Aufnahme liberaler Positionen. Grundelemente des modernen Konservatismus sind die Bewahrung der ↗ Marktwirtschaft, das Eintreten für einen starken Staat (nach innen wie außen), der strikte Antisozialismus, die restriktive Haltung gegenüber demokratischen und sozialstaatlichen Teilhaberechten. Altkonservative Restbestände finden sich in der Kulturpolitik, im Verhältnis zur Kirche sowie – wo relevant – im Monarchismus.

III. *Christdemokratische Parteien.* Die *Christlich-Demokratische Internationale* (wie sich die CDWU seit 1982 nennt) umfaßt zwar Parteien aus aller Welt, innerhalb der westlichen Länder gibt es jedoch fast nur in Westeuropa relevante christlich-demokratische Parteien. Die Christdemokraten Neuseelands sind Mitglied, aber eine nahezu bedeutungslose Kleinstorganisation. Neben den westeuropäischen bilden die lateinamerikanischen Parteien den zweiten großen Block in der internationalen Christdemokratie. Die großen Parteien Kontinentaleuropas gingen aus den (überwiegend katholischen) Konfessionsparteien der Zwischenkriegszeit hervor und entwickelten sich nach 1945 zu »liberal-konservativen Parteien mit konfessioneller Hintergrundideologie und sozialer Komponente« (*Raschke* 1978: 36). In den homogen protestantischen Ländern Skandinaviens, in denen kein Bedarf an konfessionellen Defensivparteien gegen liberale Säkularisierungspolitik bestand, wurden christdemokratische Parteien erst spät, vornehmlich von anti-modernistischen Dissentern getragen, und ohne großen Erfolg gegründet.

Die *Finnische Christliche Union* (gegr. 1958), die schwedische *Christlich-Demokratische Sammlung* (1964) und die dänische *Christliche Volkspartei* (1970) weisen sämtlich durchschnittliche Stimmenanteile unter 5 % auf. Lediglich die bereits 1933 gegründete *Christliche Volkspartei* Norwegens vermochte zusätzliche Wählergruppen zu gewinnen, mit durchschnittlich 9,6 % (1945–89; 1993: 8,0 %) war sie bislang dreimal an der Regierung beteiligt. Die französische Christdemokratie im *Mouvement Républicain Populaire* (MRP), im Juni 1946 stärkste Partei, verlor ihre Wählerschaft in einem kontinuierlichen Auszehrungsprozeß vor allem an die *Gaullisten*. Die MRP wurde 1966 aufgelöst; die Christliche Gewerkschaft hatte bereits 1964 das »Christlich« aus ihrem Namen entfernt und steht als CFDT heute den Sozialisten nahe. Die Reste der Christdemokratie sammelten sich im *Centre des Démocrates Sociaux* (CDS), das seit 1978 zu den kleineren Partnern im Wahlbündnis *Giscard d'Estaings* (UDF) gehört. In den Benelux-Staaten sowie in der Bundesrepublik, Österreich und (bis 1994) Italien sind die Christdemokraten die mit Abstand stärkste bürgerliche Partei. Einen durchschnittlichen Stimmenanteil von über 40 % erreichten die CDU/CSU (1949–87: 45,1 %), die *Österreichische Volkspartei* (ÖVP; 1945–86: 44,3 %) und die drei niederländischen Konfessionsparteien, die 1980 ihre seit 1973 bestehende Föderation, die *Christlich-Demokratische Allianz* (CDA), in eine einheitliche überkonfessionelle Partei umwandelten (1946–86: zusammen 41,5 %). Bei den Wahlen von 1994 sackten die ÖVP auf 27,7 % und die CDA auf 22,2 % ab. Auf mehr als 35 % kamen die italienische *Democrazia Cristiana* (DC; 1946–87: 38,8 %, bis sie im Verlauf der italienischen Krise Anfang der 90er Jahre selbst in die Krise geriet, sich auflöste bzw. in Volkspartei, *Partito Popolare*, umbenannte) sowie die seit 1965 aus zwei separaten Regionalverbänden (*Christliche Volkspartei/Christlich-Soziale Partei*) bestehenden belgischen Christdemokraten (CVP/PSC; 1946–87: 36,3 %) und die *Christlich-Soziale Volkspartei* (PCS) in Luxemburg (1945–84: 35,8 %). Mit Ausnahme der ÖVP und der CDU/CSU stehen diesen Parteien starke Richtungsgewerkschaften nahe (in Belgien der größte, in Luxemburg, den Niederlanden und Italien der zweitgrößte Verband). In den Niederlanden erfolgte parallel zum CDA-Zusammenschluß die Vereinigung des katholischen mit dem sozialistischen Gewerkschaftsbund (1975) – beides Folge der Entkonfessionalisierung und politisch-kulturellen »Entsäulung«. Der protestantische Verband blieb autonom und unterhält enge Beziehungen zur CDA. Auch in Italien bemühte sich der christliche Verband angesichts gewerkschaftlicher Einigungsbestrebungen um Distanz zur zwischen 1945 und 1994 ununterbrochen regierenden DC. Von den beiden noch nicht genannten, wählermäßig schwächeren Parteien besitzt nur die *Christlich-Demokratische Volkspartei* der Schweiz (CVP; 1947–87: 21,8 %) institutionalisierte Verbindungen zu einer christlichen Gewerkschaft. Die *Fine Gael* (FG; 1948–87: 31,5 %) bemüht sich erst seit Mitte der 70er Jahre, ihre traditionelle Gewerkschaftsferne zu überwinden – dies nicht zuletzt, weil sie bislang nur durch eine Koalition mit der *Labour Party* an die Regierung gelangen konnte.

Unter den bürgerlichen Parteien weisen die Christdemokraten den höchsten Anteil an Arbeiterwählern auf. Sie stützen sich dabei (vor allem in Belgien und – bis 1994 – in Italien) auf die mehr oder minder ausgeprägten katholischen Subkulturen mit ihrem Netzwerk von Organisationen. (In der Bundesrepublik trat die überkonfessionelle CDU hier als Erbin des katholischen Zentrums auf.) Von der Entkonfessionalisierung sind diese Parteien daher in besonderem Maße betroffen. Dem klassenübergreifenden Charakter der Christdemokraten, die seit ihrer Gründung das Volksparteienkonzept in der Konkurrenz nicht nur mit den Linksparteien offensiv eingesetzt haben, entspricht es, daß ihrem linken, gewerkschaftlichen Flügel die nicht selten auch organisatorisch verankerte Verbindung zu Unternehmerverbänden gegenübersteht. Wo christliche Gewerkschaften fehlen oder nur schwach entwickelt sind, tritt der konservative Charakter deutlicher zutage. Dies gilt auch dort, wo Christdemokraten die Nachfolge auch von Rechtsparteien angetreten haben. Im westeuropäischen Vergleich weist diese Grundrichtung eine beachtliche ideologisch-programmatische Bandbreite auf: Die dem linken Flügel zugerechneten Parteien der Niederlande und Belgiens wahren die Distanz zur EDU, die 1978 auf Initiative von CDU/CSU und ÖVP (sowie der britischen Konservativen) gegründet wurde.

Nachdem sie in der Nachkriegszeit erfolgreich das ideologische Vakuum der Mitte auszufüllen vermochten und dabei von der Diskreditierung der Rechtsparteien durch den ↗ Faschismus profitierten, gerieten die christdemokratischen Parteien in den 60er Jahren in eine Krise: Entkonfessionalisierung, Liberalisierung des Katholizismus seit dem Zweiten Vatikanischen Konzil, internationale Entspannung und ökonomische Wachstumsschwäche tangierten die wesentlichen Elemente ihrer Integrationsideologie (Christentum, Antikommunismus, freie Marktwirtschaft). In den Benelux-Staaten nahmen die resultierenden Wählerverluste besonders drastische Ausmaße an. In den 80er Jahren ließ die harte Rechtskonkurrenz der erstarkten Liberalen die CDA bis dicht an, die belgische CVP/PSC sogar unter die 30-%-Marke rutschen. Anders als diese haben CDU/CSU und ÖVP eine deutlich konservative Ausrichtung genommen und gehören gleichzeitig der Christdemokratischen Internationalen und der konservativen IDU an. Ob andere Parteien ihrem Vorbild folgen, hängt von nationalen Bedingungsfaktoren wie der Stärke des Gewerkschaftseinflusses, dem innerparteilichen Kräfteverhältnis von konfessionell orientierten Traditionalisten und Wirtschaftsliberalen und den vom jeweiligen Parteiensystem ausgehenden strategischen Zwängen ab. Einen Sonderfall bildet der Niedergang der Christdemokraten in Italien.

IV. *Liberale Parteien.* Unter den bürgerlichen Parteien stellen die Liberalen trotz ihrer Beschränkung auf Westeuropa (außer Irland) und Kanada die am häufigsten auftretende Grundrichtung dar. In den meisten dieser Länder haben sie sich auch über interne Spaltungen und Kurswechsel hinweg als langlebigste Partei erwiesen. In Irland entstand aufgrund spezifischer nationaler Bedingungen (Dominanz des anglo-irischen Konflikts, homogener Katholizismus) keine liberale Partei. In Australien, Neuseeland und Japan gingen die Liberalen in großen konservativen Parteien auf.

Bei den Liberalen sagt der Stimmenanteil nur wenig über den tatsächlichen Grad ihres Einflusses aus; auch als kleine Parteien erlangten sie durch Koalitionen z. T. beträchtliche Regierungsmacht. Lediglich in Kanada haben die Liberalen ihre im 19. Jh. gewachsene Position behaupten können: Mit durchschnittlich 41,9 % der Stimmen (1945–80) dominierte die *Liberal Party* seit den 20er Jahren nahezu unangefochten die kanadische Bundespolitik, da sie als einzige Partei eine nicht nur schichten-, sondern auch weitgehend die anglo- und frankophonen Bevölkerungsgruppen übergreifende Wählerschaft besaß. 1984 erlitt sie mit nur 28,0 % eine vernichtende Niederlage (1988: 32,0 %) und mußte die Regierungsposition an die konservative PCP abgeben, siegte jedoch 1993 mit einem extrem hohen Mandatsvorsprung. In Finnland (1965), Norwegen (1959) und Schweden (1958) gingen aus den Bauernparteien *Zentrumsparteien* hervor, die das liberale Lager stärkten und die klassischen Liberalen überrundeten. In Norwegen (1985) und Finnland (1987) verloren die *Liberalen Volksparteien* sogar ihre Parlamentssitze. Der gemeinsame Stimmenanteil betrug in Schweden 30,7 % (1944–88), in Norwegen 16,4 % (1945–89), in Finnland 25,0 % (1945–87). In Dänemark erreichten die *Venstre* und die 1905 von ihr abgespaltene *Radikale Venstre* zusammen 25,7 % (1945–88), fielen allerdings seit 1977 auf einen Stand von rund 17 % ab. Auf die liberal-agrarische *Fortschrittspartei* in Island entfielen 23,1 % (1946–87). Rechts- und linksliberale Parteien existieren nebeneinander außer in Dänemark auch in Italien, Frankreich und den Niederlanden. Die italienische *Republikanische Partei* bietet mit nur 2,8 % (1946–87) das Paradebeispiel einer einflußreichen Kleinstpartei. In engem Kontakt mit der Großindustrie diente sie traditionell zur technokratisch-innovativen Korrektur christdemokratischer Politik. Nach der bis 1994 dominierenden DC war der PRI am häufigsten an den römischen Kabinetten beteiligt, und 1981–83 stellte sie den ersten nicht der DC angehörenden Regierungschef. Die rechtsstehende *Liberale Partei* (3,8 %) verlor dagegen stetig an Einfluß. Im »ewigen Morast« der französischen Mitte *(Duverger)* lassen sich heute drei liberale Parteien ausmachen: Von dem *Parti Radical Socialiste* (PRS), dem 1903 gegründeten »politischen Leitfossil« des französischen Liberalismus *(Hänsch* 1978: 162), spaltete sich 1972 der *Mouvement des Radicaux de Gauche* (MRG) ab, der ein enges Bündnis mit den Sozialisten eingegangen ist. Der *Parti Republicain* des ehemaligen Staatspräsidenten *Giscard d'Estaing* schwankt zwischen liberalen Positionen und solchen der klassischen Rechten, gehört jedoch der ELDR und der liberalen Fraktion im Europäischen Parlament an. Der PRS zählt zu den Juniorpartnern in der giscardistischen UDF (1988: 18,5 %). Der niederländische Linksliberalismus fand seine Heimat in den 1966 in bewußter Abkehr von den etablierten Parteirichtungen gegründeten *Demokraten* '66 (1967–86: 6,0 %), die 1994 15,5 % der Stimmen erzielten. Rechts der Christdemokratie stellen die niederländische *Volkspartei für Freiheit und Demokratie* (1946–86: 12,7 %; 1994: 19,9 %), die in flämische und wallonische Teilorganisationen gespaltenen belgischen Liberalen (1946–87: 15,5 %; 1991: 20,1 %) und die *Demokratische Partei* in Luxemburg (1945–84: 16,9 %) den eigentlichen konservativen Pol ihrer Parteiensysteme dar. Die *Freisinnig-Demokratische Partei* der Schweiz (1947–87: 23,2 %; 1991: 20,9 %) entstammt zwar dem radikalen Liberalismus des 19. Jh.s, steht heute jedoch wie die kleine *Liberale Partei* (2,5 %; 3,0 %) in der rechten Mitte. Eine wechselhafte jüngere Geschichte haben die traditionsreichen britischen Liberalen hinter sich. 1981 vereinigte sich die *Liberal Party* mit der von *Labour* abgespaltenen *Social Democratic Party* (SDP) zur *Alliance*, die 1983 25,4 % (Liberale: 13,8) und 1987 22,5 % (Liberale: 12,8) errang. 1987 fusionierten die beiden – in der *Alliance* weiterbestandenen – Parteien nach langwierigen Verhandlungen und Urabstimmungen ihrer Mitglieder schließlich zu den *Social and Liberal Democrats* (SLD). Die *Liberal Party* verstand sich als »klassenlose Mitte-Links-Partei« *(Ball* 1981: 188). Ihr Stimmenanteil von 10,4 % (1945–87; 1992: 17,8 %) übertrifft zwar den der FDP, anders als diese konnte sie ihn jedoch aufgrund des Mehrheitswahlsystems nur selten in relevanten Einfluß umsetzen.

Die *Freie Demokratische Partei* der Bundesrepublik entwickelte sich nach einem national-liberalen Beginn, der sie rechts der CDU ansiedelte, ab 1969 zu einer linksliberalen Partei, die in ihrem Freiburger Programm von 1972 die »Reform des Kapitalismus« forderte. Der 1982 vollzogene Wechsel von der sozial-liberalen Koalition zum Regierungsbündnis mit der CDU/CSU führte zum weitgehenden Verlust des linken Flügels. Entsprechend sank der Stimmenanteil der FDP 1983 auf 7,0%. Es folgte ein Anstieg auf 9,1% (1987) und 11,0% (1990), ehe 1994 infolge politischer Profilverluste ein Bangen um das Überspringen der 5-%-Hürde einsetzte und die Liberalen mit 6,9% ihr magerstes Ergebnis seit 1969 einfuhren. Die *Freiheitliche Partei Österreichs* (1949–86: 7,2%) blieb lange wegen ihres deutschnationalen Hintergrunds von der Regierungsbildung ausgeschlossen. Erst 1983 war dieser so weit verblaßt, daß die SPÖ mit ihr koalierte. 1986 vollzog die FPÖ unter ihrem neuen Vorsitzenden *Haider* jedoch einen Kurswechsel und kehrte zur deutschnationalen Konfrontationspolitik zurück. Die SPÖ beendete die Zusammenarbeit, aber bei der fälligen Neuwahl erreichte die FPÖ 9,7%, 1990: 16,6% und 1994 sogar 22,5% der Stimmen, obwohl sich ein linker Flügel abgespalten hatte, der auf 6,0% der Stimmen kam. 1989 wurde ihr Vorsitzender Regierungschef des Bundeslandes Kärnten (wo die FPÖ die Christdemokraten erstmals auf den dritten Platz verdrängte), was ihr 1994 ebenfalls in Vorarlberg gelang.

Die Wählerschaft der Liberalen (abgesehen von der kanadischen Partei) erstreckt sich meist auf nur wenige Gruppen (Handwerk, Handel, freie Berufe, kleine und mittlere Unternehmer). Der Arbeiteranteil ist der geringste unter den bürgerlichen Parteien (außerhalb Skandinaviens). Neben den Zentrumsparteien besitzt auch der dänische *Venstre* einen hohen Anteil an bäuerlichen Wählern. In der Führungsschicht dominieren die Selbständigen, nicht selten auch Industriemanager. Nahestehende Verbände, die oft zur Finanzierung der meist mitgliederschwachen Parteien beitragen, sind die Organisationen der Unternehmer und Selbständigen, teilweise auch der Landwirte.

Die Hauptziele, zu deren Verwirklichung die Liberalen im 19. Jh. antraten, sind heute von fast allen bedeutenden Parteien anerkannte Realität: kapitalistisches Wirtschaftssystem und demokratischer ↗ Rechtsstaat. In den westlichen Ländern haben die Liberalen ihr aus diesen beiden Grundelementen bestehendes ideologisch-programmatisches Monopol verloren, nachdem sie als große demokratische Reformpartei von den Sozialdemokraten, als große liberale Wirtschaftspartei von den Konservativen und Christdemokraten abgelöst wurden. Vielmehr vertiefte sich die frühzeitig angelegte Spaltung in den linken (Sozial-)Liberalismus, der für einen sozialstaatlich korrigierten ↗ Kapitalismus und die strikte Wahrung rechtsstaatlicher Grundsätze eintritt, und den rechten (Wirtschafts-)Liberalismus, der sich als Hüter des Privateigentums und der freien Marktwirtschaft versteht. Beiden Richtungen gemeinsam ist der mehr (z. B. Italien) oder minder (z. B.Belgien) ausgeprägte Antiklerikalismus. Auf der Grundlage dieser Heterogenität, die geringer als die der Christdemokraten und größer als die der Konservativen ist, haben sich die liberalen Parteien stets als programmatisch wie koalitionspolitisch flexibel erwiesen.

Detlef Murphy

Lit.: *Aitkin, D./Kahan, M.* 1974: Australia: Class Politics in the New World, in: *Rose, R.* (Hrsg.): Electoral Behavior. A Comparative Handbook, New York/London, 437–480. *Ball, A. R.* 1981: British Political Parties: The Emergence of a Modern Party System, London/Basingstoke. *Beyme, K. von* 1982: Parteien in westlichen Demokratien, München. *Budge, I./Keman, H.* 1990: Parties and Democracy, Oxford. *Burnham, W. D.* 1974: The United States: The Politics of Heterogenity, in: *Rose, R.* (Hrsg.): Electoral Behavior. A Comparative Handbook, New

York/London, 653–725. *Day, A.J.* (Hrsg.) [3]1988: Political Parties of the World, Harlow. *Hänsch, K.* 1978: Frankreich, in: *Raschke, J.* (Hrsg.): Die politischen Parteien in Westeuropa, Geschichte – Programm – Praxis, Reinbek, 158–214. *Henig, S.* (Hrsg.) 1979: Political Parties in the European Community, London. *Horner, F.* 1981: Konservative und christdemokratische Parteien in Europa. Geschichte, Programmatik, Strukturen, Wien/München. *Irving, R. E. M.* 1979: The Christian Democratic Parties of Western Europe, London. *Kirchner, E.* (Hrsg.) 1988: Liberal Parties in Western Europe, Cambridge. *Layton-Henry, Z.* (Hrsg.) 1982: Conservative Politics in Western Europe, London/Basingstoke. *Levine, S.* 1979: The New Zealand Political System. Politics in a Small Society, Auckland/London/Boston. *Mainwaring, S./Scully, T.* 1994: Building Democratic Institutions: Parties and Party Systems in Latin America, Stanford. *Merkl, P.H.* (Hrsg.) 1980: Western European Party Systems. Trends and Prospects, New York/London. *Penniman, H. R.* (Hrsg.) 1975: Canada at the Polls. The General Election of 1974, Washington, D. C. *Raschke, J.* 1978 (Hrsg.): Die politischen Parteien in Westeuropa. Geschichte – Programm – Praxis. Ein Handbuch, Reinbek, 12–45. *Shell, K.L.* 1980. Das amerikanische Parteiensystem im Umbruch, in: USA. Hrsg. von der Landeszentrale für politische Bildung Baden-Württemberg, Stuttgart ii. a., 68–80. *Smith, G./Mair, P.* (Hrsg.) 1989: Understanding Party System Change in Western Europe, London. *Thayer, N. B.* 1969: How the Conservatives rule Japan, Princeton, N.J. *Veen, H.-J.* (Hrsg.) 1983/1991/1994: Christlich-demokratische und konservative Parteien in Europa, 4 Bde., Paderborn. *Wearing, J.* 1981: The L-Shaped Party: The Liberal Party of Canada 1958–80,Toronto. *Wende, F.* (Hrsg.) 1981: Lexikon zur Geschichte der Parteien in Europa, Stuttgart. *Whitaker, R.* 1977: The Government Party: Organizing and Financing the Liberal Party of Canada 1930–58, Toronto/Buffalo. *Wolinetz, S.B.* (Hrsg.) 1988: Parties and Party Systems in Liberal Democracies, London/New York.

Bürgertum/Bürgerliche Gesellschaft und Kultur

I. Im Falle des Bürgertums (B.) gibt die Analyse des Begriffs nur bedingten Aufschluß über die Sache. Das ist die Folge einer bewegten Begriffsgeschichte: Nach mehrfachem grundlegendem Bedeutungswandel, in dem sich auch die Geschichte des B. spiegelt, ist B. heute ein Sammel- und Allerweltsbegriff: Wir sprechen von Stadt-, Staats- und Weltbürgern, von Klein- und Groß-, Spieß- und Bildungsbürgern. Im einen Fall wird das Besondere, im anderen das Allgemeine akzentuiert, im einen das Untertanentum, im anderen die Selbstregierung, im einen die politische, im anderen die unpolitische Seite des Begriffs. Hinzu kommt, daß im Gegensatz zu den romanischen Sprachen *(citoyen/bourgeois)* das deutsche Wort Bürger (etymologisch von Burg, fruh bereits im Sinne von Stadt) politische und soziale Eigenschaften nicht unterscheidet. Daneben sind noch rechtliche und ethisch-ästhetische Bedeutungselemente in den Begriff B. eingegangen. So bezeichnet *Bürgertum* 1) die privilegierte Bewohnerschaft einer Stadt, 2) die Angehörigen eines Standes, 3) die Untertanen eines Staates und 4) Menschen mit bestimmten Einstellungen und Verhaltensweisen (bürgerlich im Gegensatz zu adlig oder bäurisch). In diesem letztgenannten Sinn konnte schließlich auch ein Spannungsverhältnis zwischen »bürgerlich« und »Bürgertum« hergestellt bzw. »Bürgerlichkeit« als Idealtypus des Bürgertums entworfen werden (etwa bei *Kocka*, Bd. 1: 11 ff.). Der historisch-systematische Rekurs vermag diese Bedeutungsvielfalt zu differenzieren und Anhaltspunkte zur Geschichte des B. zu geben.

II. Nach antiker Auffassung war die definierende Qualität eines politischen Gemeinwesens *(politeia, civitas)* nicht das Territorium, sondern die Bürgerschaft *(politeis, cives)*. Der antike Staat war kein Territorial-, sondern ein Personenverbandsstaat; nicht athenischer Staat, sondern Staat der Athener *(Politeia Athenaion)*; nicht römischer Staat, sondern Senat und Volk von Rom *(Senatus Populusque Romanus)*. Das aber hieß auch: Nicht die Bewohner eines Gebietes, sondern nur die Gruppe der sich selbst und andere Regierenden bildete die Bürgerschaft. So konnte *Aristoteles* schließlich die gemäßigte bürgerliche Selbstregierung mit dem allgemeinen Begriff des Gemeinwesens und der Verfassung *(politeia)* gleichsetzen. Zur Selbstregierung gehörte die Wehrfähigkeit und (in der Regel) die wirtschaftliche Unabhängigkeit. Die prägnanteste Darstellung dieser Idee des B. findet sich im III. Buch der »Politik« des *Aristoteles* (↗ Demokratietheorie, ↗ Freiheit).

Der gentile Ursprung und die patriarchalische Limitierung der Bürgerschaft in den antiken Stadtstaaten werden im Römischen Recht deutlich: Von den *cives Romani* haben nur die *patres familias* als *homines sui iuris* volle Bürgerrechte; die Söhne – Frauen und Töchter sind *sui generis* in ihren Rechten beschränkt – erlangen die vollen Rechte eines römischen Bürgers erst, wenn sie selbst *patres familias* sind. Mit der Ausdehnung des stadtrömischen Bürgerrechts zuerst auf Italien und dann über den gesamten Mittelmeerraum verbreiteten sich die Ideen des Kosmopolitismus, die auch ins Christentum, insbesondere bei *Augustinus* (»De civitate Dei«), Eingang fanden. Die spätantike Idee des Weltbürgers war die entpolitisierte Variante des antiken Bürgerbegriffs.

III. In den mittelalterlichen Ordo-Konzeptionen findet sich das B. zunächst nicht als ein eigener Stand; unter den drei Ständen der Kleriker, Ritter und Bauern sind die Bürger den Bauern zugeordnet. Erst seit dem Ende des Hochmittelalters nach der Ära der Städtegründungen in Europa (11./12. Jh.) treten die Bürger als ein gesonderter Stand in Erscheinung. Die Schwurgemeinschaft der Bürger *(coniuratio civium)* ist als horizontale Vergesellschaftung der Idee nach grundlegend unterschieden von den vertikalen Vergesellschaftungen der feudalen Welt (Herr und Mann); in der historischen Realität freilich sind die Grenzen oft fließend: Wenngleich sich das B. gegen das Vorrecht des Bodens wandte, akzeptierte es dieses doch insofern, als die Bürgerqualität in der Regel am Besitz von Grund und Haus hing. Nur wer immobilen Besitz hatte und nicht heimlich mitsamt seinem (Geld-)Vermögen verschwinden konnte, war vollberechtigtes Mitglied der Bürgerschaft, nur er beispielsweise konnte für jemanden bürgen. Auch hing das Bürgerrecht an der Wehrfähigkeit, die zumindest auf die Stellung eines Spießes (Spießbürger) hinauslief. Nur wer diese Pflichten übernehmen konnte, erhielt die Vorrechte (Privilegien) eines Bürgers.

IV. Mit der Herausbildung des absolutistischen Territorialstaates wurden die Privilegien sukzessiv beseitigt und die Unterschiede zwischen Bürgern und Einwohnern nivelliert. Der bisherige *civis* wurde zum *subditus* bzw. *bourgeois*. Herrschaftstechnisch entsprach dem die Entwaffnung der Bürger und die Bildung besoldeter stehender Heere *(miles perpetuus)*; die finanztechnische Seite dieser Vereinheitlichung des Untertanenverbandes war die Erhebung einer Personensteuer neben der Vermögensbesteuerung. Zunehmend verloren die Stände an Bedeutung. Durch die Antithese Souverän-Bürger konnte der Bürgerbegriff auf alle Einwohner ausgedehnt werden, bis in den ↗ Revolutionen des 18. und 19. Jh.s die Bürger die ↗ Souveränität selbst beanspruchten. Jetzt aber zeigten sich die Grenzen der Gleichheit, die das B. selbst propagiert hatte: Parallel zur Nivellierung der Stände hatte sich nämlich die Bildung von Klassen vollzogen. Seit der Mitte des 18. Jh.s wurde in Frankreich der Unterschied zwischen dem *citoyen* und dem *bourgeois* sichtbar und damit die Ansätze zur Konstituierung des B. als Klasse. Nicht Privilegien, sondern Besitz sind dabei das Konstitutionsprinzip.

Mit der Beschleunigung des gesellschaftlichen Wandels und den wachsenden Vermögensunterschieden differenzierte sich das B. seinerseits noch einmal in Groß- und Kleinbürgertum. Diese unterscheiden sich nicht nur hinsichtlich des Besitzes, sondern auch der gesellschaftlichen und politischen Rolle, die sie spielen. So attestierte *Marx* der Bourgeoisie, sie habe die Welt verändert wie keine Klasse zuvor, während er dem Kleinbürgertum die Rolle des Reaktionärs zuwies. Die oft zu beobachtende Tendenz des Großbürgertums zu liberalen und des Kleinbürgertums zu konservativen bis reaktionären Positionen hängt offensichtlich mit dem unterschiedlichen Grad der Bedrohung zusammen, den der soziale Wandel für beide darstellt.

V. Der Begriff der bürgerlichen Gesellschaft markiert die Opposition des B. sowohl gegen die ständisch-höfische Gesellschaft als auch gegen den absolutistischen Staat; gleichzeitig setzt sich hierin das neuzeitliche B. ab von der Bürgervorstellung der Antike und eines an sie anknüpfenden Republikanismus der frühen Neuzeit:

– gegen die ständische, zumal um den Königshof zentrierte Gesellschaft, insofern in der bürgerlichen Gesellschaft nicht Privilegien und Königsnähe, sondern Besitz und Bildung den jeweiligen Status festlegen, wobei dieser Status eher von jedem einzelnen erworben als in Sukzession ererbt wird (mit der Ausnahme der Vererbbarkeit von materiellem Eigentum). Dies bildet einen wichtigen Pfeiler des bürgerlichen Individualismus und ist eine der Grundlagen des Anspruchs der bürgerlichen Gesellschaft, auf den Prinzipien von ↗ Freiheit und ↗ Gleichheit begründet zu sein.

– gegen den absolutistischen Staat, insofern in der bürgerlichen Gesellschaft die Synthesis des Gemeinwesens nicht in dem (willkürlich) Ordnung schaffenden und garantierenden Herrn, sondern in den (vernünftigen) Beziehungen der Bürger untereinander gesucht wird. Die bürgerliche Gesellschaft behauptet die Möglichkeit, aus sich heraus konsensfähige, weil rationale Ordnungsprinzipien entfalten zu können, welche die Existenz eines Herrn überflüssig machen. In der polemischen Kontrastierung von willkürlicher Herrschaft und der Vernünftigkeit der bürgerlichen Gesellschaft delegitimiert das aufstrebende B. die Ordnung des *Ancien Régime* und begründet damit zugleich die Legitimität des revolutionären Sturzes der alten Ordnung (vgl. die Französische Revolution).

Gleichzeitig steht die bürgerliche Gesellschaft in Opposition zur antiken und frühneuzeitlichen Tugendkonzeption, wonach eine Republik nur dann Bestand und Dauer haben kann, wenn, so die hier vorherrschende Definition bürgerlicher Tugend, die einzelnen ihre Ziele und Absichten an denen des Gemeinwesens orientieren und sie ihm freiwillig unterordnen. Die Freiwilligkeit dieser Unterordnung, so die gemeinsame Überzeugung sonst so unterschiedlicher Theoretiker wie *Machiavelli, Montesquieu* und *Rousseau,* ist die Bedingung der Möglichkeit einer Republik; ihr Fehlen ist gleichbedeutend mit dem Aufstieg einer Alleinherrschaft, in der von Untertanen erzwungen wird, was sie als Bürger nicht freiwillig zu leisten vermochten. Der in jüngster Zeit vermehrt in Gebrauch gekommene Begriff »Zivilgesellschaft« akzentuiert in Abgrenzung zu »bürgerliche Gesellschaft« stärker die politische als die ökonomische Synthesis der Bürger und betont demgemäß auch die Erfordernis einer *qua* Bürgertugend erfolgenden bewußten Intendierung des bürgerlichen Gemeinwesens.

Dagegen lautet der Grundgedanke der bürgerlichen Gesellschaft, wie er von *Adam Smith, Kant* und *Hegel* formuliert worden ist, daß es Gesetzmäßigkeiten gibt, die eine gute Ordnung des menschlichen Zusammenlebens herstellen, auch wenn sie von den einzelnen nicht intendiert wird, sondern diese durchaus ihre Eigeninteressen verfolgen.

Adam Smith hat diese Gesetzmäßigkeit mit dem Wirken einer »invisible hand« verglichen, *Kant* sprach von einem »Mechanismus der Antagonismen«, der dazu führe, daß selbst »ein Volk von Teufeln« friedlich koexistieren könne, so als handle es sich um »ein Volk von Engeln« – vorausgesetzt, die Teufel haben Verstand. Dagegen ist *Hegel*, der die immanente Gesetzmäßigkeit der bürgerlichen Gesellschaft über weite Strecken nachgezeichnet hat, auf eine systemsprengende Dynamik der bürgerlichen Gesellschaft gestoßen, die gesellschaftsimmanent nicht gebändigt werden könne, sondern dazu des übergreifenden Staates bedürfe.

VI. Die Zukunftsperspektiven der bürgerlichen Gesellschaft werden in der politischen Theorie unterschiedlich beurteilt: Wird sie im Falle der marxistischen Theorie (etwa bei *Kofler)* als eine Durchgangsetappe der gesellschaftlichen Entwicklung begriffen, so werden von anderen ihre Prinzipien für entwicklungs- und anschlußfähig gehalten und in ihr die nach wie vor avanciertesten politischen Ordnungsprinzipien vemutet. Ersteres ist z. B. dort der Fall, wo die Synthesis der bürgerlichen Gesellschaft lediglich an »blinden Marktgesetzen« festgemacht wird, letzteres etwa dort, wo die durch wirtschaftliche Mechanismen gewährleistete Synthesis systematisch mit der Möglichkeit ihres Reflexivwerdens verknüpft werden kann, wie dies bei *Habermas* in der »Theorie des kommunikativen Handelns« entfaltet ist.

VII. Der Begriff der bürgerlichen Kultur wird in der ↗ Sozial- wie Literaturwiss. um so häufiger verwandt, je weniger es gelingt, ihn präzise zu fassen. Seinen Kern bilden die neuhumanistischen Vorstellungen der deutschen klassischen Literatur, auf die sich vor allem in Deutschland das Bildungsbürgertum immer wieder berufen hat. Je nach der politischen Lage wurden dabei eher patriotische oder kosmopolitische Elemente betont, ohne daß es möglich wäre, die eine Akzentuierung gegen die andere als authentisch auszuspielen. Durchgängig ist jedoch, daß das Bildungsbürgertum dazu neigte, die wirtschaftlichen Grundlagen der gesellschaftlichen Differenzen zu bestreiten und sie als das Ergebnis von Erziehung und Zivilisiertheit zu begreifen. In dieser Ideologie wird ein Charakteristikum der bürgerlichen Kultur sichtbar: ihre starke Fixierung auf vorbürgerliche, adlige Werte. Deren Verfallsform ist die kleinbürgerliche Illustrierten-Neugier gegenüber adligem oder auch pseudoadligem Leben.

Herfried Münkler

↗ Aufklärung; Bürgerinitiativen; Kritische Theorie.

Lit.: *Conze, W.* u.a. (Hrsg.) 1985 ff.: Bildungsbürgertum im 19. Jahrhundert, 4 Bde., Stuttgart. *Elias, N.* 1969: Die höfische Gesellschaft, Neuwied/Berlin. *Gall, L.* (Hrsg.) 1990 ff.: Stadt und Bürgertum, bisher 4 Bde., München. *Gebhardt, J./Münkler, H.* (Hrsg.) 1993: Bürgerschaft und Herrschaft, Baden-Baden. *Habermas, J.* 1981: Theorie des kommunikativen Handelns, Frankfurt/M. *Kocka, J.* 1988: Bürgertum im 19. Jahrhundert. Deutschland im europäischen Vergleich, München. *Kofler, L.* 1966: Zur Geschichte der bürgerlichen Gesellschaft, Neuwied/Berlin. *Nipperdey, T.* 1991: Deutsche Geschichte 1866–1918. Arbeitswelt und Bürgergeist, München. *Riedel, M.* 1972: Bürger, Staatsbürger, Bürgertum, in: *Brunner, O./Conze, W./Koselleck, R.* (Hrsg.): Geschichtliche Grundbegriffe, Bd. 1, Stuttgart, 672–725. *Vondung, K.* (Hrsg.) 1976: Das wilhelminische Bildungsbürgertum. Zur Sozialgeschichte seiner Ideen, Göttingen.

Bürokratie

I. Umgangssprachlich ist der Begriff der Bürokratie (B.) seit seiner Übernahme aus dem Französischen negativ besetzt (*Wunder* 1987: 277 ff.): Formalismus, Inflexibilität und Langsamkeit scheinen die besonderen Kennzeichen bürokratischer Organisationen zu sein. B. bezeichnet damit sowohl die spezifische Organisation als auch deren Erscheinungsform. Dabei haben entsprechende Vorwürfe ganz unterschiedliche Ursprünge. Bemüht sich ein Unternehmer beispielsweise um eine Genehmigung für die Errichtung einer Produktionsanlage, erscheinen ihm die zu erfüllenden Genehmigungsvoraussetzungen als ein »Zuviel« an staatlicher Aktivität. Ein Nachbar, der von der neuen Produktionsanlage betroffen ist, wird hingegen für strengere Auflagen und damit für mehr staatliche Aktivität plädieren. Der Bürokratismus-Vorwurf enthält folglich je nach Interessenlage einen ganz unterschiedlichen Inhalt, speist sich jedoch aus der Regelgebundenheit bürokratischer Organisationen.

II. Dem ist der wissenschaftlich strenge, idealtypische Bürokratiebegriff *Max Webers* entgegenzusetzen, den dieser in eine umfassende Theorie der Herrschaftsformen und der gesellschaftlichen Rationalisierungsprozesse eingebettet hat.

Als wichtigste Kennzeichen eines »bürokratischen Verwaltungsstabs« werden von ihm die folgenden genannt: 1) kontinuierlicher regelgebundener Betrieb von Amtsgeschäften innerhalb fester Kompetenzzuweisungen, womit eine sinnvolle Arbeitsteilung ermöglicht wird; 2) es gilt das Prinzip der Amtshierarchie, d.h. die Ordnung fester Kontroll- und Aufsichtsbehörden; 3) es gilt das Prinzip der Trennung des Verwaltungsstabes von den Verwaltungs- und Beschaffungsmitteln, d.h. die Mitglieder bürokratischer Organisationen sind nicht im Eigenbesitz der Verwaltungs- und Beschaffungsmittel; 4) der Verwaltungsstab besteht aus Einzelbeamten, die persönlich nur sachlichen Amtspflichten gehorchen, in fester Amtshierarchie, mit festen Amtskompetenzen, kraft Kontrakts, nach Fachqualifikation angestellt und nicht gewählt werden, mit festen Gehältern entgolten werden, im Hauptberuf tätig sind, in eine Laufbahn eingebunden sind sowie einer strengen Amtsdisziplin und Kontrolle unterliegen; 5) es gilt das Prinzip der Aktenmäßigkeit der Verwaltung (*Weber* ^{5}1980: 124ff. und 551ff.). Während Prinzipien wie die Aktenmäßigkeit der Verwaltung verwaltungswissenschaftlich nicht Vorgebildeten auch heute noch besonderer Erwähnung bedürfen, sind andere Merkmale des *Weber*schen Bürokratiemodells heute so geläufig, daß sie nur aus der historischen Situation, in der *Weber* sich befand, zu verstehen sind. So ergab sich die Trennung der Verwaltungsmittel vom Eigenbesitz des Verwalters erst mit der modernen Verwaltung (*Weber* ^{5}1980: 134ff. und 598ff.).

Bei der Rezeption der Bürokratietheorie von Weber hat der von ihm verwendete Begriff des Idealtypus häufig für Verwirrung gesorgt. Wurde doch eher umgangssprachlich »idealtypisch« mit »ideal« bzw. »idealerweise« gleichgesetzt. Tatsächlich ist der Begriff jedoch einer verstehenden Soziologie zuzurechnen: Das Herausbilden eines Idealtypus ist als Methode zu verstehen, um vor dem Hintergrund eines Referenzsystems die Realität besser beschreiben und analysieren zu können (*Weber* ^{5}1980: 10 und 124). Damit beschreibt das *Weber*sche Bürokratiemodell weder Verwaltungsrealität, noch sollte es als Handlungsanleitung zur Schaffung einer effizienten Verwaltung mißverstanden werden (*Becker* 1989: 59).

Ein guter Teil der Kritik, die an *Webers* idealtypischen Festlegungen formuliert wurde, basiert auf diesem Mißverständnis. So gelang es vor allem anglo-amerikanischen Autoren nachzuweisen, daß das Modell keinesfalls in jeder Situation und für jede Aufgabe Effizienz garantiere. Auch seien *Webers* Vorstellungen nicht mit den Werten einer modernen Demokratie in Einklang zu bringen (*Albrow* 1972: 62ff.). Wenn damit *Webers* Vorstellungen auch nicht widerlegt sind, so förderten diese Bemühungen immerhin neues Wissen über Verwaltung zutage. So etwa die Erkenntnis, daß bürokratische Organisationen, wie sie im *Weber*schen Idealtypus erfaßt wurden, vor allem bei der Erledigung von Routineaufgaben erfolgreich sind. Werden jedoch ständig wechselnde, bislang weitgehend unbekannte Herausforderungen an die Verwaltung herangetragen und muß sie aktiv in wenig prognostizierbare Prozesse eingreifen oder sie anstoßen, scheinen bürokratische Organisationen weniger geeignet (*Prätorius* 1986: 9f.).

III. Wendet man sich der Kritik an den Erscheinungsformen und Wirkungen moderner bürokratischer Organisationen zu, so sind insbesondere drei Aspekte aufzugreifen:

1. Dem Verwaltungsapparat falle wegen seines überlegenen Fach- und Dienstwissens politische Macht zu, die ihm nach dem Prinzip der Gewaltenteilung nicht zustehe. Insbesondere die gewählten Parlamente seien immer weniger in der Lage, die öffentliche Verwaltung zu kontrollieren, wobei sich dieses Problem insbesondere bei ehrenamtlich tätigen Volksvertretern ergibt. Allerdings haben auch hauptberufliche Parlamentarier wegen der zunehmenden Komplexität der zu beratenden Materie trotz Spezialisierung auf bestimmte Sachgebiete ohne wissenschaftliche Beratung immer weniger eine Chance, gegen den Sachverstand der Ministerialverwaltung zu bestehen.

2. In engem Zusammenhang mit dieser Verselbständigungstendenz bürokratischer Organisationen wird die Selektivität ihrer Interessenberücksichtigung problematisiert. Beklagt wird, daß die Struktur des politischen Willensbildungsprozesses systematisch solchen Interessen (↗ Interessengruppen, ↗ Verbändeforschung) erlaubt sich durchzusetzen, welche die jeweiligen Politikfelder dominieren. Weniger konfliktfähige Interessen würden damit benachteiligt (*Uthoff/Deetz* 1980; *Treutner* 1983: 172ff.).

3. Schließlich wird der ↗ öffentlichen Verwaltung mangelnde Leistungsfähigkeit vorgeworfen. Bei einer genaueren Betrachtung erweist sich diese Kritik an der Aufgabenwahrnehmung zum Teil als Kritik am Wohlfahrtsstaat (*Prätorius* 1986: 11): Er reiche mit seinen steuernden Aktivitäten so weit in gesellschaftliche und wirtschaftliche Prozesse hinein, daß er diese nicht mehr in sinnvoller Weise beeinflussen könne. *Luhmann* (1981: 152) kennzeichnet das so beschriebene Bild als »Selbstüberforderung des politischen Systems«.

Als Gründe für das festgestellte Aufgabenwachstum werden je nach theoretischer Position unterschiedliche Faktoren gesehen: So deutet *Ellwein* (1976: 171) in einer sich am Gegenstand ausrichtenden Betrachtung auf den sozialen Wandel, mit dem sich neue Bedürfnisse ergeben würden, die abzuwehren die öffentliche Verwaltung keine Mechanismen besitze. Mit dieser gesellschaftlichen Entwicklung korrespondiere das Expansionsstreben der gestaltenden Verwaltung, das über gezogene Grenzen hinausweise. Für *Luhmann* (1981: 94ff. und 108f.) ist der Aufgabenzuwachs eine Folge funktionaler Differenzierung: Wenn sich ein politisches System ausdifferenziert habe, gebe es keine systeminternen Gründe, bei der Erfüllung der spezifischen Funktionen zurückzustekken. Schließlich gehen Vertreter einer ökonomischen Theorie der Bürokratie davon aus, daß Bürokratien als monopolistische Anbieter von Verwaltungsleistungen eine Budgetmaximierungsstrategie verfolgen würden und es ihnen bei durchaus guten Absichten gelinge, das Parlament dazu zu bewegen, mehr an öffentlichen Leistungen nachzufragen, als dies den Präferenzen der Bevölkerung entspräche (*Niskanen* 1973: 22ff.). Während bei *Niskanen* (1973: 32) im großen und ganzen davon ausgegangen wird, daß die Bürokratie ihre Leistungen technisch effizient produziert, entfällt diese Annahme bei *Williamson* (1964: 39ff.). Er nimmt vielmehr an, daß es der Bürokratie wegen mangelnder Kontrolle gelänge, einen diskretionären Spielraum durchzusetzen, der zudem durch anschließende Überwälzung von Verwaltungsaufgaben auf den privaten Sektor (Berichts- und Selbstüberwachungspflichten) noch erweitert werden könne. Dieser diskretionäre Spielraum wird nicht – wie das bei *Niskanen* der Fall wäre – durch ein zusätzliches Angebot von öffentlichen Leistungen genutzt, sondern zur Steigerung des eigenen Nutzens verwendet, wie z. B. zu einer Verbesserung der Arbeitsbedingungen. Folglich ist das Angebot an öffentlichen Leistungen nicht nur überhöht (allokationsineffizient), sondern wird auch zu überhöhten Kosten produziert (technisch ineffizient). Damit ist bereits die Art der Aufgabenwahrnehmung angesprochen. Weitere Kritikpunkte ergeben sich hier erstens aus der als überbordend erkannten Produktion gesetzlicher und untergesetzlicher Normen, welche weder für die Verwaltung noch für die rechtsunterworfenen Bürger durchschaubar seien (*Voigt* 1980: 18 ff.). Zweitens wird kritisiert, daß die Bürokratie einem dynamischen Wachstumsprozeß unterliege, der in keinem Verhältnis zum Aufgabenbestand stehe, sondern vielmehr dem Wunsch der einzelnen Bürokraten nach Bedeutungszuwachs entspringe. Da sich Beförderungschancen in Abhängigkeit von der Zahl der Untergebenen ergeben, sei jeder darum bemüht, deren Zahl zu erhöhen. Eine größere Zahl, von Mitarbeitern erfordere wiederum erhöhte Aufwendungen für Koordinationen innerhalb der Bürokratie, was sodann nach weiteren Mitarbeitern verlange (*Parkinson* 1984: 11 ff.).

IV. Die Kritik an bürokratischen Organisationen wird mit ganz unterschiedlichen Problemlösungsansätzen aufgegriffen:

1. Zu nennen wäre hier die nach ihrer Neuorientierung auch für handlungsleitende Wertorientierungen und unstrukturierte Prozesse in verflochtenen *Policy*-Netzen offene *Policy*-Analyse in ihrer präskriptiv-normativen Variante (*Héritier* 1993). Dabei spielen die Ergebnisse der Implementationsforschung eine wichtige Rolle, denn mit ihr ließ sich eine Reihe von Faktoren – wie Personal, Verrechtlichungsgrad, Kompetenzverteilung zwischen den zuständigen Verwaltungseinheiten, Art des Problems, sozio-ökonomisches Umfeld, Angemessenheit und Richtigkeit der zugrunde gelegten Steuerungstheorie usw. – benennen, welche das Implementationsergebnis beeinflussen (*Mayntz* 1983; *Sabatier* 1986: 21 ff.).

2. Unmittelbarer auf die Bürokratisierungstendenzen der deutschen öffentlichen Verwaltung war die Arbeit verschiedener Entbürokratisierungs- und Rechtsbereinigungs-Kommissionen gerichtet (*Ellwein*/*Hesse* 1985). Darüber hinaus gibt es Ansätze, Verwaltungsvorschriften übersichtlicher zu ordnen und im Bestand zu vermindern (*Ellwein* 1989). Neuerdings werden die Bemühungen auf eine umfassendere Staatsmodernisierung ausgeweitet. Eine besondere Rolle spielen dabei die verschiedenen Ansätze der Beschleunigung von Genehmigungsverfahren (Abbau von Rechtsschutz einerseits und frühzeitige und verstärkte Betroffenenpartizipation unter Einsatz unabhängiger Mediatoren andererseits, Anpassung der unterschiedlichen Genehmigungen an den Prozeß von Planung, Bau und Inbetriebnahme einer Anlage sowie verbesserte Behördenorganisation; *Dose*/*Holznagel*/*Weber* 1994).

3. Radikaler sind Vorschläge aus dem Bereich der ökonomischen Theorie der Bürokratie. Sie zielen zuallererst auf die Einführung von Wettbewerb zwischen Bürokratien. Zusammen mit einem recht komplizierten System leistungsbezogener Bezahlung der öffentlich Bediensteten soll auf diese Weise die Effizienz bürokratischer Organisationen erhöht werden. Diskutiert werden darüber hinaus Markt-Alternativen wie die Bereitstellung »öffentlicher« Dienstleistungen durch private Anbieter sowie institutionelle Vorkehrungen im politischen System gegen ein »Überangebot« von öffentlichen Leistungen (*Niskanen* 1973: 37 ff.).

Wolfgang Bruder/
Nicolai Dose

Lit.: *Albrow M.* 1972: Bürokratie, München. *Becker, B.* 1989: Öffentliche Verwaltung, Percha/Kempfenhausen. *Dose, N./ Holznagel, B./Weber, V.* (Hrsg.) 1994: Beschleunigung von Genehmigungsverfahren. Vorschläge zur Verbesserung des Industriestandortes Deutschland, Bonn. *Ellwein, T.* 1976: Regieren und Verwalten, Opladen. *Ellwein, T.* 1989: Verwaltung und Verwaltungsvorschriften, Opladen. *Ellwein, T./ Hesse, J.J.* (Hrsg.) 1985: Verwaltungsvereinfachung und Verwaltungspolitik, Baden-Baden. *Héritier, A.* (Hrsg.) 1993: Policy-Analyse. Kritik und Neuorientierung, Opladen. *Luhmann, N.* 1981: Politische Theorie im Wohlfahrtsstaat, München/Wien. *Mayntz, R.* (Hrsg.) 1983: Implementation politischer Programme II, Opladen. *Niskanen, W.A.* 1973: Bureaucracy: Servant or Master?, London. *Parkinson, C. N.* 1984: Parkinsons neues Gesetz, Reinbek. *Prätorius, R.* 1986: Bürokratietheorie und Bürokratiekritik, in: *Landeszentrale für politische Bildung Baden-Württemberg* (Hrsg.): Politik und Verwaltung, Stuttgart, 8–11. *Sabatier, P.A.* 1986: Top-Down and Bottom-Up Approaches to Implementation Research: a Critical Analysis and Suggested Synthesis, in: Journal of Public Policy 6, 21–48. *Treutner, E.* 1983: Bürokratie und Subjekt – Aushandlungsprozesse in der öffentlichen Verwaltung, in: *Bolte, K. M./Treutner, E.* (Hrsg.): Subjektorientierte Arbeits- und Berufssoziologie, Frankfurt a.M./New York, 170–197. *Uthoff, H./Deetz, W.* (Hrsg.) 1980: Bürokratische Politik, Stuttgart. *Voigt, R.* 1980: Verrechtlichung in Staat und Gesellschaft, in: *Voigt, R.* (Hrsg.): Verrechtlichung, Königstein/Ts., 15–37. *Weber, M.* [5]1980: Wirtschaft und Gesellschaft, Studienausg. Tübingen. *Williamson, O.E.* 1964: The Economics of Discretionary Behavior, Englewood Cliffs, N.J. *Wunder, B.* 1987: Bürokratie: Die Geschichte eines politischen Schlagwortes, in: *Windhoff-Héritier, A.* (Hrsg.): Verwaltung und ihre Umwelt, Festschrift für T. Ellwein, Opladen, 277–301.

Datenschutz

I. Datenschutz (D.) ist ein Begriff der Rechtssprache, der bestimmte Ziele und staatliche Maßnahmen im Bereich von Information und Kommunikation bezeichnet. Zum einen soll ein rechtsstaatlicher fairer Umgang mit personenbezogenen Informationen sichergestellt und dabei insbesondere die Selbstbestimmung des einzelnen zur Geltung gebracht werden (Gegenbegriffe: »Verdatung«, »Überwachungsstaat«; vgl. *Bull* 1984; *Taeger* 1984). Das Recht auf »informationelle Selbstbestimmung« wird aus den Grundrechten der Artikel 2 Abs. 1 und 1 Abs. 1 GG hergeleitet (vgl. insbesondere das Volkszählungs-Urteil des Bundesverfassungsgerichts). Daneben soll durch D. auch eine »informationelle Gewaltenteilung« verwirklicht werden. Zur Annäherung an diese Ziele sind gesetzliche Regeln, organisatorische und technische Maßnahmen und ein erhebliches Maß an Bewußtseinsbeeinflussung nötig. Die Sicherung der Daten (d.h. der auf Datenträgern gespeicherten Informationen) gegen Kenntnisnahme Unbefugter oder gegen Veränderungen und Verlust stellt ein Teilziel dar.

Das Recht des D. ist also Teilgebiet des sich erst entwickelnden Informationsrechts (*Steinmüller* 1976; *Bull* 1985; *Sieber* 1989; *Spinner* 1994); komplementär zum Schutz vor unangemessener Informationspraxis gehört zu diesem Rechtsgebiet auch das Recht auf Information (Informationsfreiheit), das in einigen Ländern als allgemeines Bürgerrecht auf Zugang zu den Akten und Daten der Verwaltung ausgeformt ist.

II. Die Forderung nach D. entstand als Reaktion auf den Einbruch der Informationstechnik in Verwaltung und Wirtschaft.

Massenhaftigkeit, Schnelligkeit und Multifunktionalität der Datenverarbeitung wurden als Risiko für bisher geltende Informations- und Handlungskompetenzen erkannt. Pläne für nationale Datenzentren und allgemeine Personennummern, mit deren Hilfe sowohl die staatliche Statistik als auch eine

Fülle von Verwaltungsaufgaben qualitativ entscheidend verändert werden sollten, stießen auf Kritik von Bürgerrechtlern und Medien. Soweit die Methode der Informationsverarbeitung im Mittelpunkt des Interesses stand, überwog die Neigung, die Reaktion darauf den technisch-organisatorischen Vorgaben strukturell anzupassen. Manche hielten es schon für ausreichend, die Maßnahmen der technisch-organisatorischen Datensicherung zu verstärken. Andere hingegen entwarfen Konzepte einer Informationsrechtsordnung mit wesentlich weiter reichenden staatlichen Regulierungs- und Kontrollsystemen.

Daneben bestand die ältere Tradition des rechtlichen Schutzes von Persönlichkeits- und Privatsphäre. Das Bundesverfassungsgericht hat sie in einer Reihe von Entscheidungen zur Geltung gebracht, um unangemessene Informationsübermittlungen zu unterbinden. Die dagegen geäußerte Kritik, es handele sich um überholte Moralbegriffe des Großbürgertums (↗ Bürgertum) aus dem 19. Jh. (↗ Liberalismus), verkennt den auch heute wirksamen assoziativen Charakter der genannten Begriffe; werden sie für obsolet erklärt, so fällt es schwerer zu begründen, daß dem Individuum Bereiche der Selbst- oder Mitbestimmung gewährleistet sein müssen. Richtig ist freilich, daß allein auf dieser Grundlage die Informationsprobleme in der »technisierten« Massengesellschaft nicht gelöst werden können. Andererseits ist es inzwischen allgemeine Meinung, daß das Datenschutzrecht nicht isoliert von anderen Teilen des Informationsrechts und als nur technikbezogenes Sonderrecht weiterentwickelt werden kann. Auch die Tradition der Amts- und Berufsgeheimnisse ist zu beachten.

Sozialwiss. Beiträge zu dieser Diskussion blieben selten, verglichen mit technologischen, juristischen und sozialphilosophischen Erörterungen. Empirische Untersuchungen über die sozialen Folgen der Informationstechnik waren schon deshalb zunächst kaum zu erwarten, weil viele Projekte noch nicht realisiert waren. Auch die demoskopischen Untersuchungen über die Einstellung der Menschen zur Informationstechnik und zum D., die bisher angestellt wurden, sind wenig ergiebig.

III. Bei der Vorbereitung des Bundesdatenschutzgesetzes (BDSG; dazu *Simitis* u.a. 1992ff.) wie in der Auseinandersetzung mit den durch dieses Gesetz geschaffenen Kontrollorganen wurde die Interessenlage deutlich: Wirtschaft und Verwaltung lehnten Reglementierungen ab, weil sie ihnen lästig und aufwendig erschienen. So wurde behauptet, die Durchführung von Datensicherungsmaßnahmen, die Erteilung von Auskünften an die Betroffenen und die Einrichtung von Datenschutzbeauftragten würden enorme Kosten verursachen und die wirtschaftliche Situation mancher Unternehmen gefährden bzw. die Aufgabenerfüllung bestimmter Behörden unmöglich machen. Die tatsächliche Belastung z. B. durch Auskunftsverlangen Betroffener ist äußerst gering; die Aufwendungen für Datenschutzmaßnahmen sind im Vergleich mit den Kosten der Datenverarbeitung selbst minimal.

Die auch lange nach Inkrafttreten des BDSG noch verbreitete Kritik, D. bedeute eine an sich überflüssige Verrechtlichung und verursache unnötigen Aufwand, ist schwächer geworden. Zwar ist nach wie vor das Bestreben von Verwaltungseinheiten und Wirtschaftsunternehmen erkennbar, sich der Kontrolle unabhängiger Stellen zu entziehen; die Praxis der Kontrollinstanzen und die Fortschritte bei der Konkretisierung der gesetzlichen Vorschriften haben aber allgemein deutlich gemacht, daß Informations- und Geheimhaltungsinteressen tatsächlich in eine Balance gebracht werden können, daß also ein wirksamer Schutz der Individualinteressen mit einer wirksamen Wahrnehmung der Verwaltungsaufgaben sehr wohl vereinbar ist. D. wird zur Normalität, zu einem selbstverständlichen Regulativ der technisierten Verwaltung und der Informationsgesellschaft.

IV. Das Datenschutzrecht ist zunächst von den Ländern, später auch vom Bund weiterentwickelt worden, und zwar sowohl in allgemeinen »Querschnitts«-Gesetzen (BDSG) und Landesdatenschutzgesetzen wie insbesondere auch in »bereichsspezifischen« gesetzlichen Regelungen, unter denen diejenigen für die Informationserhebung, -verarbeitung und -verwendung durch Polizeibehörden (Landespolizeigesetze) und Nachrichtendienste (Bundesverfassungsschutzgesetz, Gesetze über den Militärischen Abschirmdienst und den Bundesnachrichtendienst) herausragende politische Bedeutung besitzen und heftig umstritten waren – wie auch sonst bei allen Diskussionen über die Informationsbefugnisse der Sicherheitsbehörden immer wieder die Auseinandersetzung über deren verfassungsrechtliche und politische Grenzen aufbricht. Die Gesetze über Statistik und Archivwesen sowie die datenschutzrelevanten Teile der Gesundheitsreform hingegen fanden geringere öffentliche Aufmerksamkeit, obwohl auch dort starke Interessengegensätze auszugleichen waren. Neuerdings wird auch der Konflikt zwischen dem Geheimhaltungsinteresse Betroffener und Transparenzforderungen aufgrund des Demokratieprinzips oder zu Forschungszwecken deutlicher wahrgenommen (↗ Informationsfreiheit).

V. Der *Bundesbeauftragte für den Datenschutz* hat eine besondere rechtliche Stellung, die in die klassische Gewaltenteilung nur schwer einzuordnen ist. Er berichtet unmittelbar dem Parlament und kann auch auf dessen Ersuchen hin tätig werden; nach der Neufassung des BDSG 1990 wird er überdies vom Bundestag gewählt. Doch ist er organisatorisch der Exekutive zugeordnet; er unterliegt der Dienstaufsicht des Bundesministers des Innern und der Rechtsaufsicht der Bundesregierung. Ihm können aber keine Weisungen erteilt werden. Tatsächlich haben der Bundesbeauftragte und ebenso die Landesbeauftragten für den Datenschutz ihre Unabhängigkeit gegenüber den zu kontrollierenden Stellen bewiesen und erheblichen Einfluß auf Verwaltungspraxis und Gesetzgebung gewonnen; im internationalen Vergleich zählt das deutsche Modell der Datenschutzkontrolle zu den erfolgreichsten (*Flaherty* 1989). Als besonders schwierig erweist sich die Datenschutzkontrolle der neuen Informations- und Kommunikationstechniken.

Hans Peter Bull

Lit.: *Bull, H. P.* 1984: Datenschutz oder die Angst vor dem Computer, München. *Bull, H. P.* 1985: Die Grundprobleme des Informationsrechts, Zwolle/Frankfurt a. M. *Flaherty, D. H.* 1989: Protecting Privacy in Surveillance Societies, Chapel Hill/London. *Sieber, U.* 1989: Informationsrecht und Recht der Informationstechnik, in: Neue Juristische Wochenschrift 42, 2569–2580. *Simitis, S.* u.a. [4]1992ff.: Kommentar zum Bundesdatenschutzgesetz, Baden-Baden. *Spinner, H. F.* 1994: Die Wissensordnung (Studien zur Wissensordnung 1), Opladen. *Steinmüller,* W. (Hrsg.) 1976: Informationsrecht und Informationspolitik (Rechtstheorie und Informationsrecht 1), München/Wien. *Taeger, J.* (Hrsg.) 1984: Der neue Personalausweis, Reinbek.

Demokratie / Demokratietheorie

I. Begriff und Sache der Demokratie (D.) waren in einem Maße erfolgreich, daß dieser Schlüsselbegriff moderner ↗ Politikwissenschaft sich nahezu unangefochten in der politischen Semantik etabliert hat. Selbst die Gegner der D. sind wortgebrauchspolitisch auf sie fixiert; ihre Einwände bringen sie nicht als gegen die D. gerichtet vor, sondern kleiden sie in den Mantel der Kritik an aktuellen Erscheinungsformen der D.

Was D. ist – dafür gibt es keine allseits akzeptierte Lehrmeinung, die sich in einer einzigen handfesten Definitionsformel verdichten ließe. Es existiert eine Fülle gleichermaßen unbefriedigender Definitionsversuche, die meist jeweils ein Element als in besonderer Weise kennzeichnend herausstellen: Volkssouveränität, Gleichheit, Partizipation, Mehrheitsherrschaft, Toleranz, Herrschaftslimitierung und -kontrolle, Grundrechte, Gewaltenteilung, Rechts- und Sozialstaatlichkeit, Mehrparteiensystem, allgemeine Wahlen, Öffentlichkeit, Meinungswettbewerb, Pluralismus u. a. m.

Den noch immer fruchtbarsten Zugang zu den wesentlichen Vorstellungen, die sich mit dem Demokratiebegriff verbinden, bietet daher ein etymologischer und begriffsgeschichtlicher Rückblick. »Demokratie« setzt sich aus den griechischen Wortbestandteilen δῆμος; *(demos)* = Volk und κρατεῖν *(kratein)* = herrschen zusammen. D. ist »Volksherrschaft« oder, in der schon weitergehenden berühmten Gettysburg-Formel von *Lincoln* aus dem Jahr 1863: D. ist »government of the people, by the people, for the people«. Alle drei hier enthaltenen Präpositionen weisen mit unterschiedlichem Nachruck auf Wesensmerkmale der D. hin: daß in der D. die Herrschaft aus dem Volk hervorgeht *(of)*, daß sie durch das Volk *(by)* und in seinem Interesse *(for)* ausgeübt wird.
Insbesondere das letztgenannte Merkmal zielt über eine bloß statische Begriffsverwendung hinaus auf eine Sichtweise, in welcher D. als inhaltlicher Auftrag, als ein im Rahmen einer politischen und sozialen Bewegung einzulösender Staatszweck erscheint. In der ursprünglichen Wortverwendung, von der griechischen Antike bis zur Französischen Revolution, wurde D. fast ausschließlich als Begriff der ↗ Staatsformenlehre gebraucht. D. bezeichnete für *Herodot* (bei dem der Begriff erstmals auftaucht) wie für *Plato, Aristoteles, Cicero, Seneca* und andere klassische Autoren nicht eine besondere Form der Gesellschaft, sondern eine besondere Form ihrer staatlichen Herrschaftsorganisation: jene nämlich, bei der nicht einer (wie in der Monarchie und ihrer Entartungsform, der Tyrannis), auch nicht einige (wie in der Aristokratie und ihrer Entartungsform, der Oligarchie und Plutokratie), sondern alle herrschen. Vor allem *Aristoteles* hat mit seiner Sechser-Typologie der drei guten Staatsformen und ihrer Entartung (Tyrannis, Oligarchie, Demokratie oder Ochlokratie) neben dem numerisch-quantitativen Einteilungskriterium (»wer herrscht?«) auch qualitative Merkmale geltend gemacht (»wie wird geherrscht?«). Dabei schneidet die D. bei ihm schlecht ab. Als die Entartungsform der *Politie* beschrieben, verbleibt sie für fast zwei Jahrtausende in der Folge dieses Verdikts im Bannkreis polemischer Begriffskonnotationen. Mit dem Begriff wurde jedoch keineswegs zugleich die Sache der D. abgewertet. Man übersieht häufig, daß die von *Aristoteles* favorisierte *Politie* eine ganze Reihe von Elementen enthält, die der späteren positiven Sichtweise von D. sehr nahekommen.

Die Aufwertung des Begriffs und die bereits erwähnte semantische Erweiterung des Wortfeldes setzen sich vor allem im Gefolge der Französischen Revolution durch. D. wird zu einem Tendenzbegriff, der die Richtung einer ↗ Sozialen Bewegung, ihr politisches und soziales Ziel bezeichnet. D. bedeutet fortan nicht mehr bloß eine Verfassungsform, die der Monarchie und der Aristokratie alternativ gegenübersteht, sondern sie ist die geschichtsphilosophische und herrschaftssoziologische Chiffre für die Summe bürgerlich-liberaler Autonomie- und Mitbestimmungsforderungen wie für die Bestrebungen und Ideen zur sozialen Gleichheit. Sie wird zum zentralen Impuls und zu einem wesentlichen, der gesamten modernen Verfassungsentwicklung inhärenten Element (↗ Verfassung). Demokratisierung meint jenen Prozeß, der, vom englischen und US-amerikanischen Frühkonstitutionalismus und der Französischen Revolution ausgehend, die gegenwärtigen Erscheinungsformen des demokratischen Verfassungsstaates heraufgeführt hat. D. ist, gerade auch unter dem Aspekt des Prozeßhaft-Unabgeschlossenen, nur aus dem Strukturzusammenhang des modernen Verfassungsstaats zu erschließen. Dieser verkörpert kein »finales« Verfassungsereignis und kein »fertiges« Verfassungskonzept, sondern ein mehrstufiges, immer nur vorläufiges historisches Prozeßresultat (siehe die nachfolgende Übersicht, Tabelle 3).

II. Der moderne Verfassungsstaat begann mit der Bändigung und Entwaffnung der konfessionellen Bürgerkriegsparteien (↗ Krieg), mit der Durchsetzung hoheitlicher Staatlichkeit durch die Monopolisierung der Mittel »legitimer physischer Gewaltsamkeit« *(Max Weber)* beim Staat. Auf dieser Stufe (I) wird – über die Klärung der Souveränitätsfrage und die Sicherung des inneren Friedens – der Staat als Staat im modernen Sinne überhaupt erst begründet. Für die Qualität seiner Herrschaftsorganisation indes besagte dies noch wenig. Erst auf der folgenden Stufe wandelt sich der friedens- und überlebenssichernde »Leviathan« *(Hobbes)* durch ↗ Gewaltenteilung und Gewährleistung von unveräußerlichen ↗ Grundrechten und ↗ Menschenrechten zum Verfassungsstaat (II); und erst die folgende Stufe erbrachte mit der Durchsetzung des Prinzips der Volkssouveränität und mit der Erkämpfung des allgemeinen Wahlrechts den demokratischen Verfassungsstaat (III), der in der Folge durch die sozial- und wohlfahrtsstaatliche Komponente (IV) ergänzt wurde.
Der Bogen spannt sich also von der Garantie allgemeiner Überlebens- und Sicherheitsrechte (Frieden) über die Anerkennung persönlicher Freiheitsrechte (Freiheit) – die unveräußerlichen Grund- und Menschenrechte – und die Gewährleistung politischer Teilhabe- und Mitwirkungsrechte (Gleichheit) bis zur Durchsetzung wohlfahrtsstaatlicher (Bürger-)Rechte (Brüderlichkeit; ↗ Sozialstaat). Die Entwicklungsdynamik des demokratischen Verfassungsstaates scheint damit jedoch keineswegs erschöpft: Hinter und jenseits der vierten Stufe, der Sozialstaatlichkeit, zeichnet sich bereits eine neue Dimension von Ansprüchen und Gewährleistungsforderungen ab: Umwelt- und Lebensrechte, ökologische und lebensweltliche Unversehrtheitsansprüche gegenüber den Imperativen des ökonomischen Wachstums und der sozialen wie der militärischen Sicherheit; hinzu treten Forderungen globaler Geltung und weltgemeinschaftlicher Verbindlichkeit (V). Die historische Zäsur der deutschen Vereinigung signalisierte Zeitpunkt und Gelegenheit einer Verfassungsrevision; die Gründe und der Stoff für eine Erneuerung indes sind vor allem die verfassungsbedeutsamen Veränderungen in Europa und der Welt nach dem Ende des Kalten Krieges, die, zusammen mit den neuartigen Krisen und ökologischen Großgefahren, zu einer Neuvermessung der politischen Kräftefelder und zu konstitutionellen Innovationen auffordern. Denn unter dem doppelten Gesichtspunkt der Verantwortung wie der Betroffenheit bildet der Nationalstaat längst nicht mehr die zulängliche politische Organisationseinheit.
III. Auch wenn die Demokratietheorie im Gefolge dieser Entwicklung sich mehr und mehr an der demokratischen Praxis ausrichtet, ist sie nicht einfach mit Verfassungsgeschichte ineins zu setzen. Der historische Rückblick hat für sie primär die Funktion der Veranschaulichung. Sie erörtert ihre Probleme durchaus systematisch nach Maßgabe übergeordneter erkenntnisleitender Fragen.
Unter den demokratietheoretischen Ansätzen lassen sich zunächst zwei Grundtypen unterscheiden: 1) normative und 2) empirisch-deskriptive Theorien. Während die ersten begründen, was D. idealerweise ausmacht und warum sie anderen Regierungsformen überlegen ist, beschreiben die Ansätze des zweiten

Typs, was D. ist und wie sie wirklich funktioniert. Diese Differenzierung erlaubt jedoch nur eine ungefähre Orientierung; denn auch normative Begründungen berufen sich auf Empirie, und umgekehrt beschreiben die empirischen Ansätze nie bloß die vorgefundene Wirklichkeit, sondern interpretieren und organisieren sie unter einem besonderen Frageaspekt. Innerhalb dieser beiden Grundmuster lassen sich verschiedene Richtungen ausmachen, die jeweils eigene Schwerpunkte setzen, jeweils andere Begriffe und Zusammenhänge in den Mittelpunkt rücken.

1. Die traditionell-liberale Demokratietheorie (↗ Liberalismus) geht vom zentralen Topos in der Beschreibung der repräsentativen D. angelsächsischer Provenienz *(Burke)* aus: von ihrer Kennzeichnung als *responsible government (Bagehot)*, als Regierung, die Entscheidungen trifft und diese zugleich verantworten muß.

Nicht die Abschaffung der Differenz zwischen Herrschenden und Beherrschten – das Kernanliegen des identitären, an *Rousseau* orientierten Demokratieverständnisses – ist hier der Fokus, sondern das Zustandekommen verantwortlicher und zurechenbarer Entscheidungen. Die repräsentative D. zielt zuvorderst auf die Ermöglichung und das Sichtbarmachen von Verantwortung, weniger auf Beteiligung, wenngleich die Einlösung der Rechenschaftspflichtigkeit der Regierung zumeist über Beteiligungsprozeduren erfolgt. Demokratisierung heißt in dieser Perspektive nicht allein »Maximierung von Beteiligungschancen«, sondern zugleich »Maximierung von politischer Verantwortlichkeit«. Konstituierung und Limitierung von politischer Herrschaft sind die Grundelemente des repräsentativen Demokratieverständnisses (vgl. *Mandt* 1974). Der Volkswille kommt nicht als ungeteilter unmittelbar zum Ausdruck, sondern bedient sich der vermittelnden Einschaltung von Repräsentanten, die die Willensbildung des Volkes selbst erst in Gang setzen und, im Falle politischer Entscheidung, eigenverantwortlich interpretieren und antizipieren. Zwischen Repräsentanten und Repräsentierten besteht ein Auftrags- bzw. Vertrauensverhältnis *(trust; Fraenkel* 1979), für welches beides gleichermaßen konstitutiv ist: die innerhalb verfassungsmäßig umschriebener Grenzen sich bewegende Unabhängigkeit und Ermessenskompetenz des Abgeordneten einerseits und die (Wahl-)Ermächtigung durch das Volk andererseits. Von den Vertretern der identitären D. wird eben dies: Stellvertreterschaft, Bevollmächtigung, das Entstehen von Zwischengewalten, als strukturfremdes Element wahrer D. zurückgewiesen. Für *Rousseau* war, ganz in der Konsequenz dieses Denkansatzes, das englische Volk nur an einem einzigen Tag wirklich frei, nämlich an dem Tag, an dem es sein Parlament wählte. Haben die Parlamentswahlen stattgefunden, »dann lebt es wieder in Knechtschaft, ist es nichts«. Das Volk darf sich also, will es frei bleiben, auf keinen Fall unter das Joch arbeitsteiliger Entscheidungsfindungsprozeduren begeben: »Jedes Gesetz, das das Volk nicht persönlich bestätigt hat, ist null und nichtig, es ist kein Gesetz« *(Rousseau* 1963: 107). Diese Rigidität beruht letztlich auf der empirisch nicht haltbaren Fiktion eines homogen gedachten Volkswillens. Nur im gemeinsamen Bezug auf ein a *priori* vorausgesetztes, gleichwohl nirgends belegbares Gemeinwohl sind Regierte und Regierende identisch, wird die Unterscheidung von Herrschenden und Beherrschten hinfällig, wie *Rousseau* dies fordert. An diesem Punkt läßt sich auch der Gegensatz zur pluralistisch-repräsentativen D. am besten verdeutlichen.

2. Die Verfechter des Pluralismuskonzepts gehen davon aus, daß die vorrangige Wahrnehmung des eigenen Nutzens zur unaufhebbaren »menschlichen Natur« gehört (↗ Pluralismus). Von daher kann auch nicht die Homogenität des Denkens und Wollens das Ziel aller Politik sein, sondern die möglichst vollständige Widerspiegelung (»Repräsentation«) der mannigfachen gesellschaftlichen Interessen- und Meinungsströmungen (↗ Interessengruppen).

Tabelle 3: Stufen der Entwicklung des modernen Verfassungsstaates

	Kernforderung	dominanter »Rechtstypus«	Angst vor...	Sehnsucht nach...	institutionenpolitische Konseqenzen
I	»Frieden«	allgemeine Überlebens- und Sicherheitsrechte	gewaltsamem Tod, allgemeiner Unsicherheit, Bürgerkriegsterror, innerer Zerrissenheit	innerem Frieden, Sicherheit, Berechenbarkeit, klaren Herrschaftsverhältnissen	*Staat* Souveränität; Monopolisierung der legitimen physischen Gewaltmittel durch den Staat
II	»Freiheit«	persönliche Freiheitsrechte	Staatsterror, Gewissenszwang, obrigkeitsstaatlicher Gängelung	persönlicher Freiheit, Selbstbestimmung, Marktfreiheiten, staatsfreien Autonomieräumen	*Verfassungsstaat* unveräußerliche Grund- und Menschenrechte, Gewaltenteilung, parlamentarisches Mehrheitsprinzip
III	»Gleichheit«	politische Teilhabe- und Mitwirkungsrechte	Sklaverei, Unrecht, Benachteiligung, fehlender Allgemeinheit der bürgerlichen Freiheiten	Gleichberechtigung, gleicher Freiheit aller, politischer Mitbestimmung	*Rechtsstaat/ politische Demokratie* allgemeines, gleiches Wahlrecht, parlamentarische Repräsentation, Volkssouveränität, Parteienmitwirkung
IV	»Brüderlichkeit«	soziale (Bürger-) Rechte	sozialer Benachteiligung, materiellem Elend	materieller Besserung, Sicherung allgemeiner Chancengleichheit	*Sozialstaat/moderner Wohlfahrtsstaat*
V	»Umwelt«/ ökologische Unversehrtheit, globaler Friedenszustand	ökologische und globale (Über-) Lebensrechte (Umwelt- und Nachweltrechte, Eigenrechte der Natur)	allgemeiner Lebens- und Naturzerstörung, atomaren Katastrophen, Ökokatastrophen, Gefährdung der natürlichen Lebensbedingungen	befriedetem »Normal«-zustand, ökologischem Gleichgewicht, Allgemeinheit und Verbindlichkeit der Menschenrechte weltweit, globaler Abrüstung	*»Neue Weltordnung«* Systeme kollektiver Sicherheit, Arten-, Umwelt- und Lebensschutz als Verfassungsgrundrechte, Ethik-Kommissionen, TA-Institutionen, umweltpolitische Vetorechte, »ökologischer Rat«

Erst im Austragen der vorhandenen Gegensätze, in einem Prozeß des Mit- und Gegeneinander, entsteht eine Art »Gemeinwohl *a posteriori*« (*Fraenkel* 1979). Unter diesem Aspekt existiert eine strukturelle Übereinstimmung mit den Argumenten der Vertreter eines relativistischen und skeptizistischen Demokratieverständnisses (vgl. etwa *Radbruch* 1957; *Kelsen* 1929), welche D. und Mehrheitsregel gerade aus der Unentscheidbarkeit der Wahrheit und der prinzipiellen Gleichwertigkeit aller Meinungen und Interessen herleiten.

Die Vertreter der pluralistischen D. in der Nachfolge des britischen Politikwissenschaftlers und Sozialisten *Harold Laski* halten eine Monopolisierung der politischen Entscheidungsfindung durch eine einzelne gesellschaftliche Gruppe einfach deshalb für unmöglich, weil nach dieser Auffassung der Entscheidungs- und Willensbildungsprozeß durch ein System von Kräften und Gegenkräften *(checks and balances)* stets auf einem »mittleren Weg« gehalten wird, gleich weit entfernt von den jeweiligen partikularen Interessen und Positionen. Die Politik hört auf alle und folgt eben deshalb keiner Stimme uneingeschränkt. Die Pluralismuskonzeption unterstellt mithin ein Kräftegleichgewicht, welches die Funktionalisierung des politischen Handelns im Dienste einer gesellschaftlichen Teilmacht ausschließt.
Die Anhänger der Repräsentationsidee neigen dazu, die Frage der Wünschbarkeit oder Nichtwünschbarkeit von politischer ↗ Partizipation eher nach Maßgabe der Funktionserfordernisse des Systems zu beantworten, die repräsentationskritischen Verfechter einer unmittelbaren Volkswillensbildung dagegen tendieren dahin, politische Beteiligung zum »Wert an sich« zu stilisieren. Für *Leibholz*, der beide Konzeptionen zu kombinieren versucht, hat die moderne D. einen »Strukturwandel« hin zum ↗ Parteienstaat durchgemacht: Die ↗ Parteien sind zu »Sprachrohren« geworden, deren sich das »mündig gewordene Volk bedient«. Diese Entwicklung erlaubt es, Parteiwillen und Volkswillen gleichzusetzen und den plebiszitären Parteienstaat als »Surrogat der direkten Demokratie im modernen Flächenstaat« zu begreifen (*Leibholz* ³1966: 93 f.).

3. Die Anhänger der elitären Demokratietheorie wenden sich nicht zuletzt gegen die Übersteigerungen und Projektionen, welche den altliberalen Idealen der Demokratie zugrunde liegen. Aus den Diskrepanzen zwischen den demokratischen Idealvorstellungen des 19. Jh.s und der Realität leiten sie jedoch nicht die Feststellung einer »falschen« Wirklichkeit ab. Die Beweislast wird gleichsam umgekehrt: Nicht die Wirklichkeit muß sich vor dem Ideal rechtfertigen, sondern das Ideal sich pragmatisch in der Wirklichkeit bewähren. In letzter Konsequenz führt diese Überlegung zur völligen Preisgabe einer eigenständigen Rolle normativer Sollensüberzeugungen. Es wirkt die normative Kraft des Faktischen. Was D. leisten kann und soll, wird aus dem entwickelt, was sie objektiv feststellbar leistet. Aus der Not des enttäuschten Ideals wird die Tugend des illusionsfesten Realismus. Eine solche Orientierung vernachlässigt, daß neben der normativen Kraft des Faktischen auch die faktische Kraft des Normativen regulierend eingreift.

Die Anhänger der elitären Demokratietheorie gehen von der empirischen Erfahrung aus, daß auch unter der Bedingung demokratischer Mehrheitsherrschaft die politischen Entscheidungen überwiegend von Minderheiten gefällt werden. Anders als die Vertreter einer ↗ Kritischen Theorie der D., welche die Demokratiepostulate der Volkssouveränität, der Gleichheit und der politischen Selbstbestimmung durch Entscheidungsteilhabe radikal beim Wort nehmen, sehen sie in den Phänomenen der demokratischen Elitenherrschaft keinen Defekt, sondern eher die schlüssige Konsequenz, daß es weder ein wissenschaftlich einsichtiges und politisch verbindliches Gemeinwohlkonzept gebe noch ein strikt rationales Abstimmungsverhalten der Bürger bei Wahlen und Sachentscheidungen.

Im Elitenmodell *Schumpeters* reduziert sich der demokratische Anspruch auf die Methode der Herrschaftsbestellung: »Die demokratische Methode ist diejenige Ordnung der Institution zur Erreichung politischer Entscheidungen, bei welcher einzelne die Entscheidungsbefugnis vermittels eines Konkurrenzkampfes um die Stimmen des Volkes erwerben« (1972: 428). Politisch handlungsfähig werden differenzierte Großgesellschaften nach diesem Modell nicht im Wege einer permanenten Mitbestimmung aller über alles, sondern allein durch eine Art »politischer Arbeitsteilung«, bei welcher die gewählte Herrschaftselite auf Zeit politische Stellvertreterfunktionen gegenüber der selbst nicht sprech- und handlungsfähigen Bevölkerungsmehrheit wahrnimmt. Der Vorzug der D. gegenüber anderen Formen der faktischen Minderheitsherrschaft liegt also fast ausschließlich beim Modus der Herrschaftsbestellung durch die Mehrheit, welcher in der Konsequenz Durchlässigkeit, politischen Wechsel und auch eine Art reduzierter *Ex post*-Kontrolle mindestens ermöglichen soll. Zu einer umfassenden Rechtfertigung politischer Herrschaft auf der Basis normativer Geltungsgründe befähigt ein solches Konzept nicht.

4. *Downs* (1968) geht in seinem außerordentlich einflußreichen Ansatz einer »Ökonomischen Theorie der Demokratie« in der Nachfolge der nationalökonomischen Theoriebildung von der Grundannahme aus, daß jeder durch rationales Handeln seinen individuellen Nutzen maximieren möchte.

Dieser Vorstellung liegt das Leitbild des *homo oeconomicus* zugrunde, des umfassend informierten und einzig auf rationaler Grundlage entscheidungsfähigen Wirtschaftsmenschen. Es ist jedoch höchst fragwürdig, ob man tatsächlich die Wahlentscheidung mit einer Marktentscheidung vergleichen kann. Denn dieser Vergleich läßt außer acht, was die politische vor beliebigen anderen Entscheidungen auszeichnet: daß in ihr sich Spuren einer kollektiven Handlungsrationalität finden, weil politische Entscheidungen eine Fähigkeit zur Informationsverarbeitung voraussetzen, wie sie nur in gesellschaftlichen Interaktionsprozessen zum Tragen kommen.
Die übersteigerte Individualisierung der Verhaltensrationalität läßt auch *Buchanan* und *Tullock* (1962) in der Fortführung des *Downs*schen Ansatzes für eine Begründung der D. auf der Basis der älteren Sozialvertragslehren (↗ Vertragstheorien) plädieren. D. und Mehrheitsentscheid sind für sie diejenigen Entscheidungsregeln, auf welche sich rational handelnde Individuen zwangsläufig verständigen.

5. Die Kritik der kritischen Demokratietheorie richtet sich gegen die in ihrer Sicht fatalen Konsequenzen der empirisch-deskriptiven Theorieansätze, der »Theorie demokratischer Elitenherrschaft« (*Bachrach* 1970) und der Pluralismustheorie: Die überwiegende Forschungsrichtung in der Demokratietheorie verliere die kritische Distanz zur jeweiligen politisch-sozialen Realität. Die kritische Demokratietheorie konfrontiert die Wirklichkeit mit rigorosen normativen Postulaten, in deren Zentrum das Ideal der individuellen Selbstbestimmung steht. Diese Orientierung an der Autonomie des einzelnen kann zu zwei ganz unterschiedlichen, ja geradezu gegensätzlichen Konsequenzen führen: zur Forderung nach allseitiger politischer Partizipation und gesamtgesellschaftlicher Demokratisierung einerseits und zur Forderung nach genereller Herrschaftsfreiheit andererseits.

Beide Varianten der kritischen Demokratietheorie, die »partizipatorische« und die »anarchistische«, sind in der Praxis oft schwer auseinanderzuhalten, da sie sich sowohl in der Kritik als auch in ihren Wertberufungen ähnlicher Argumente und Topoi bedienen. Das Partizipationskonzept faßt Selbstbestimmung als Mitbestimmung; sämtliche Lebensbereiche werden in der Tendenz als mitbestimmungsbedürftig begriffen. Es gibt keine unpolitischen privaten oder gesellschaftlichen Räume. Ziel ist die umfassende Demokratisierung aller Lebensbereiche (*Vilmar* 1973). Pendant dieses Demokratieverständnisses ist ein expansionistischer Politikbegriff, der auch die gesellschaftlichen und privaten Lebensfelder einbegreift.

Liegt in der Konsequenz des partizipatorischen Demokratieverständnisses die »Totalpolitisierung«, so zielt umgekehrt die anarchistische Variante eher auf »Totalprivatisierung«. Ziel und Funktion der Demokratie ist der Abbau von ↗ Herrschaft jedweder Art. Die Verfechter des Ideals der Herrschaftsfreiheit setzen auf den herrschafts- und repressionsfreien Diskurs, welcher das unverzichtbare Mindestmaß an Gemeinsamkeit erzeugen soll, indem er täuschungsfrei die Interessen aller Beteiligten offenkundig macht. Das Diskursmodell von *Habermas* geht von der »Wahrheitsfähigkeit praktischer Fragen« aus und mündet konsequent in die Forderung nach konsensuellen Einigungsverfahren. Wo keiner mehr überstimmt wird, kann keiner sich mehr beherrscht und fremdbestimmt empfinden. An diesem utopischen Fluchtpunkt berühren sich die partizipatorische und die anarchistische Variante der kritischen Demokratietheorie: Die Partizipationsforderung setzt die Volkssouveränität absolut und begreift mit *Rousseau*scher Konsequenz das Volk als ein mit einem einheitlichen Willen ausgestattetes Subjekt; die Forderung nach Herrschaftsfreiheit setzt die individuelle Autonomie und Selbstentfaltung absolut, so daß es zu verbindlichen Kollektivaktionen nur kommen kann, wenn alle ein gemeinsamer Wille eint.

6. Ganz ähnlich steht auch die sozialistische Demokratietheorie in einem doppelten Spannungsverhältnis zur Idee der D.: Zum einen existiert in der Perspektive des staatslosen ↗ Kommunismus der gleichsam »natürliche« Vorbehalt einer Position, die sich dem Ideal der Herrschaftslosigkeit verschrieben hat, gegenüber jedweder Herrschaftsform; und zum anderen wird befürchtet, die D. könne den »Klasseninhalt der bürgerlichen Demokratie« *(Lenin* 1959: 240) beschönigen und hierdurch die Bereitschaft zur Revolution vermindern.

Es gibt nach der marxistischen Doktrin nur Klassendemokratien. Hatte der »Revisionist« *Bernstein* (1899: 126) D. noch als »Hochschule des Kompromisses« gepriesen, so ist eben diese konfliktdämpfende Wirkung und die mit ihr einhergehende Blindheit für den fortbestehenden Klassengegensatz den Orthodoxen ein Dorn im Auge: Die »bürgerliche Demokratie« verberge hinter der Fassade des Mehrheitsprinzips und der formalen Gleichheit nur ihren repressiven Klassencharakter; erst die »proletarische« oder »sozialistische« D. bringe eine entscheidende Erweiterung über den pseudodemokratischen bürgerlichen Staat hinaus; erst die sozialistische Revolution lasse ein »sozial geeintes Volk« als Basis wirklicher Volksherrschaft entstehen. Zwar existieren noch immer unterschiedliche Klassen, doch sind – nach der *Stalin*schen Lehre – die durch sie bewirkten Interessengegensätze nicht mehr antagonistisch, so daß auch der Staat nicht mehr als Unterdrückungsinstrument im Dienste einer Klasse fungiert. Für die sozialistische Demokratietheorie ist D. nur ein historisch-transitorisches Phänomen; der erste Entwicklungsabschnitt steht ganz im Zeichen der politischen Machteroberungs- und -behauptungsstrategie des Proletariats. *Lukács* hat für diese Phase den scheinbar paradoxen Begriff der »demokratischen Diktatur« geprägt. Erst in der zweiten Phase erweitert die D. ihren Funktionskreis auf das ganze Volk. Und schließlich wird sie »in der kommunistischen Gesellschaft, sich umbildend und zur Gewohnheit werdend, absterben« *(Lenin* 1959: 240f.).

D. ist im Kontext der marxistischen Staatslehre Bestandteil einer umfassenden Gesellschaftstheorie mit geschichtsphilosophischer Perspektive und Periodisierung (↗ Staatstheorie). Diese umschreibt ihren Zweck und ihre Funktion nahezu vollkommen. Ganz anders ist dieses Verhältnis in der westlichen Demokratietheorie bestimmt. D. ist hier nicht Übereinkunft auf der Basis weitgehender weltanschaulicher und sozialer Homogenität, sondern stets erneuerungsbedürftige politische Übereinkunft gerade wegen der fortdauernden weltanschaulichen und sozialen Verschiedenheit. Die westliche Demokratietheorie kennt nicht die verbindliche Vorgabe eines Staatszwecks. Sie bedarf der fortgesetzten demokratischen Willensvereinheitlichung, die den Zweck des Gemeinwesens immer wieder neu definiert. Die Verpflichtung auf ein Verfahren, welches Pluralität, Wertekonkurrenz und Toleranz sicherstellt, tritt an die Stelle der Verpflichtung auf ein ideologisch fixiertes Geschichts- und Gesellschaftsziel.

Es ist das Spezifikum der sozialistischen Demokratietheorie, daß sie, bei aller Unterschiedlichkeit in der konkreten Ausformung durch einzelne Theoretiker, konsequent die »Klassenbasis« zum Kriterium der D. erhebt (↗ Sozialstruktur). Deshalb sind für sie auch die »sozialen Grundrechte« ungleich bedeutsamer als die von der bürgerlichen Demokratietheorie vorrangig geltend gemachten politischen Freiheits- und Teilhaberechte. Dies zeigt sich explizit etwa in der Konfrontation von »politischer« und »sozialer« D. bei dem Austromarxisten *Adler*. Doch wurden in der Folge auch die zentralen Forderungen liberal-konstitutionellen Ursprungs wie Repräsentativsystem, allgemeine und freie Wahlen, Rechtsstaatlichkeit, Gewaltenteilung und ↗ Föderalismus von der offiziellen marxistischen Staatslehre zunehmend anerkannt. In den Selbstinterpretationen hier wie da ließ sich eine gewisse Annäherung der Standpunkte feststellen: Der demokratische Verfassungsstaat hat sich längst auch zum sozialen Leistungs- und Daseinsvorsorgestaat weiterentwickelt; die »bürgerliche Demokratie« hat also ihre primär konstitutionell politische Ausrichtung zur sozialen Dimension hin ergänzt; und es gab seit den 60er Jahren verstärkt auch Anzeichen dafür, daß die »sozialistische Demokratie« dabei sein könnte, ihre traditionelle Orientierung an sozialer Gleichheit, Wohlfahrt und ökonomisch-technischer Effizienz stärker nach der politisch-rechtsstaatlichen Seite hin zu ergänzen.

7. *Luhmann* (1969) will in seiner systemtheoretischen Version der Demokratietheorie die normativen Voraussetzungen der D. neu bestimmen. Er geht von einem historisch beispiellosen »Komplexitätsgrad« des politisch relevanten Wirklichkeitshorizontes aus: Die Zwecke individuellen wie kollektiven Handelns sind nicht mehr eindeutig vorgegeben. Wir befinden uns in einer prinzipiell offenen, äußerst komplexen und ontisch unbestimmten Welt. Die Politik muß sich die Grundlagen und Kriterien ihrer Entscheidung immer wieder selbst »erarbeiten«. Auf diese Situation erscheint die D. als angemessene Antwort, weil sie eine weitgehend inhaltsneutrale, d.h. von »wertenden Vorentscheiden« freie Verfahrensstruktur zur Produktion von Entscheidungen zur Verfügung stellt oder, in der Sprache der ↗ Systemtheorie, weil sie zu einer »hohen Selektionsleistung« imstande ist. Vor anderen Staatsformen zeichnet sich die D. dadurch aus, daß sie »trotz laufender Entscheidungsarbeit« die Bandbreite der Komplexität bewahrt (*Luhmann* 1969: 319f.). Obgleich auch sie mit jeder getroffenen Entscheidung eine Vielzahl möglicher anderer Entscheidungen verwirft, also »Komplexität reduziert«, sucht sie doch insgesamt einen möglichst umfassenden Selektionsbereich für künftige Entscheidungen zu erhalten. D. kombiniert also die Fähigkeit, verbindliche Entscheidungen zu produzieren, mit der Erhaltung von Komplexität, d.h. mit der strukturellen Offenheit für künftige Handlungsalternativen.

Dies klingt zunächst ganz nach den Argumenten traditionell-liberaler Demokratiebegründung: Freiheit, Vielfalt, Pluralität, Offenheit, Partizipation, Meinungskonkurrenz. Dennoch bekommen diese Werte und Prinzipien im Kontext einer systemtheoretisch konzipierten Demokratiebegründung einen ganz anderen Sinn: Vielfalt wird nicht als psychosoziale Bereicherungschance vom einzelnen Subjekt her begründet; Adaptivität und Zielwandlungsfähigkeit sind positive Werte, weil sie unter der Bedingung einer komplexen Umwelt am ehesten den Systemerhalt verbürgen; demokratische Partizipation gewinnt ihre Bedeutung nicht als Instrument der Verwirklichung individueller und kollektiver Autonomie, sondern als Garant eines möglichst weiten Selektionsbereichs für politische Entscheidungen; und die Wahl schließlich als das klassische »Herzstück« der D. dient im repräsentativen System weniger der Realisierung individueller Freiheit und Selbstbestimmung als vielmehr der Abschirmung der administrativen Entscheidungsebene vor kurzatmigen Wählerstimmungen und politisch-kompetitiven Prozessen (↗ Politisches System). Kurzum: In der funktionalistischen Demokratiebegründung der Systemtheorie werden subjektive Motivation und psychologische Gratifikationen der D. konsequent durch objektive, systemfunktionale Leistungen ersetzt: Partizipation bewirkt Vielfalt, »Komplexität«; und Komplexität sichert das langfristige Überleben des Systems. D. wird nicht als »humanste« Form der Organisation von Herrschaftsprozessen gerechtfertigt, sondern als die Staatsform, welche unter modernen Bedingungen den Systemerhalt am ehesten verbürgt. Entgegen ihrem Anspruch bestimmt die systemtheoretisch konzipierte Demokratiebegründung nicht die normativen Prämissen der D. neu, sondern macht eine genuin normative Begründung überflüssig. Die Ersetzung der traditionellen normativen, strukturellen und prozeduralen Merkmale von D. durch funktionalistische Kriterien im Hinblick auf die Fähigkeit des Systems, sich selbst zu erhalten, schafft keine genuine Legitimitätsbasis für D. Prinzipiell jede Herrschaftsorganisation, welche die Selbstbehauptungschancen des Systems optimiert, ist auf dieser Basis rechtfertigungsfähig (↗ Legitimität).

IV. Das Pendeln der relevanten demokratietheoretischen Orientierungen zwischen den Polen »Utopie« und »Anpassung« (*Scharpf* 1970) war der demokratietheoretischen Diskussion der letzten zwei Dekaden nicht eben förderlich. Eine Demokratietheorie, die aktuellen wiss. Standards genügt, müßte komplex und elastisch genug sein, beide Impulse zu integrieren, d.h. die spezifischen Fragen und Folgerungen auch unterschiedlicher Ansätze heuristisch sinnvoll aufeinander zu beziehen. Sie müßte die empirischen Daten und Erkenntnisse der Parteien- und Verbändesoziologie, der ↗ Wahlforschung, der ↗ Politischen Psychologie und anderer Spezialdisziplinen ebenso berücksichtigen wie die »relevanten Fragen«, die gesellschaftlichen Zielvorstellungen und Bewertungen, die Hoffnungen und Befürchtungen, welche sich mit der D. jeweils verbinden. Sie darf sich nicht einem einzelnen Zielwert (Partizipation oder Effizienz, Freiheit oder Gleichheit, Rechts- oder Sozialstaatlichkeit [↗ Rechtsstaat, ↗ Sozialstaat], Minderheitenschutz oder Mehrheitsherrschaft, Autonomie oder Autorität) allein verschreiben, sondern muß eine möglichst große Zahl jener Zielvorstellungen kombinieren, welche sich in der westlichen Demokratiephilosophie und Demokratiepraxis als sozial bedeutsam herausgestellt haben. Sie darf weder die Wirklichkeit bloß wiedergeben, noch darf sie sich in uneinholbar realitätsfernen Utopien verlieren. Gefordert ist ein komplexer Theorieansatz, der eine mittlere Distanz zwischen Vision und Wirklichkeitsbezug hält; eine Demokratietheorie, die ihrer Realität stets voraus ist, ohne sie jedoch aus dem Auge zu verlieren. Zu den neuen Fragen zeitgemäßer Demokratietheorie wird vor allem auch die gehören, ob D. ohne wachsenden Wohlstand möglich ist. D. war in der Vergangenheit meist als »soziale Zugewinnsgemeinschaft« angelegt. Dies hat nicht unwesentlich ihre Attraktivität und Dynamik begründet. Funktioniert sie auch als politischer Solidarverband zur Organisation des Verzichts und des Lastenausgleichs? Oder gilt es, die neuen ökologischen und globalen Pflichten den Unwägbarkeiten des Meinungsstreits zu entziehen und sie als verfassungsrechtliche Normvorgaben des politischen Prozesses festzuschreiben – gerade so, wie wir im Falle der allgemeinen Grundrechte und der geläufigen Staatszielbestimmungen auch verfahren?

Bernd Guggenberger

Lit.: *Adler, M.* 1926: Politische oder soziale Demokratie, Berlin. *Agnoli, J./Brückner, P.* 1967: Die Transformation der Demokratie, Frankfurt/M. *Bachrach, P.* 1967: Theory of Democratic Elitism. A Critique, Boston (dt. 1970). *Bernstein, E.* 1899: Die Voraussetzungen des Sozialismus und die Aufgaben der Sozialdemokratie, Stuttgart. *Bobbio, N.* 1988: Die Zukunft der Demokratie, Berlin. *Buchanan, J.M./Tullock, G.* 1962: The Calculus of Consent. Logical Foundations of Constitutional Democracy, Ann Arbor. *Cunningham, F.* 1987: Democratic Theory and Socialism, Cambridge. *Dahl, R. A.* 1976: Vorstufen zur Demokratietheorie, Tübingen. *Downs, A.* 1968: Ökonomische Theorie der Demokratie, Tübingen. *Etzioni, A.* 1975: Die aktive Gesellschaft, Opladen (engl. 1968). *Fraenkel, E.* [7]1979: Deutschland und die westlichen Demokratien, Stuttgart ([1]1964). *Grube, F./Richter, G.* (Hrsg.) 1975: Demokratietheorien, Hamburg. *Guggenberger, B./Meier, A.* (Hrsg.) 1994: Der Souverän auf der Nebenbühne, Opladen. *Guggenberger, B./Offe, C.* (Hrsg.) 1984: An den Grenzen der Mehrheitsdemokratie, Opladen. *Habermas, J.* 1973: Legitimationsprobleme im Spätkapitalismus, Frankfurt/M. *Hättich, M.* 1967: Demokratie als Gesellschaftsordnung, Köln/Opladen. *Kelsen, H.* [2]1929: Vom Wesen und Wert der Demokratie (Nachdruck Aalen 1963). *Kielmansegg, P. Graf* 1977: Volkssouveränität. Eine Untersuchung der Bedingungen demokratischer Legitimität, Stuttgart. *Kriele, M.* 1975: Einführung in die Staatslehre. Die geschichtlichen Legitimitätsgrundlagen des demokratischen Verfassungsstaates, Hamburg. *Leibholz, G.* [3]1966: Das Wesen der Repräsentation und der Gestaltwandel der Demokratie im 20. Jahrhundert, Berlin. *Lenin, W. I.* 1959: Die proletarische Revolution und der Renegat Kautsky, in: LW, Bd. 28, 225ff. *Luhmann, N.* 1969: Komplexität und Demokratie, PVS 10 (1969), 314ff. *Mandt, H.* 1974: »Responsible Government« und kontinentale Demokratietheorie, in: Civitas, XII, 84–103. *Matz, U.* (Hrsg.) 1973: Grundprobleme der Demokratie, Darmstadt. *Narr, W.-D./Naschold, F.* 1971: Theorie der Demokratie, Stuttgart. *Naschold, F.* 1969: Organisation und Demokratie, Stuttgart. *Oberndörfer, D./Jäger, W.* 1975: »Die neue Elite«. Eine Kritik der kritischen Demokratietheorie, Freiburg. *Radbruch, G.* 1957: Der Relativismus in der Rechtsphilosophie, in: Der Mensch im Recht, Göttingen, 80ff. *Rousseau, J.-J.* 1959: Contrat Social, München. *Sartori, G.* 1987: The Theory of Democracy Revisited, 2 Bde., Chatham/New Jersey. *Scharpf F.* 1970: Demokratietheorie zwischen Utopie und Anpassung, Konstanz (Neuausgabe 1975). *Schumpeter, J.A.* [3]1972: Kapitalismus, Sozialismus und Demokratie, München. *Vilmar, F.* 1973: Strategien der Demokratisierung, 2 Bde., Darmstadt/Neuwied. *Walzer, M.* 1992: Zivile Gesellschaft und amerikanische Demokratie, Berlin. *Zolo, D.* 1992: Democracy and Complexity, Oxford.

Demokratischer Sozialismus

Das Prinzip Demokratischer Sozialismus (D.S.), verstanden als geschichtlich entwickelter Inbegriff einer sozialtheoretischen Position, nicht als bloße Kennzeichnung bestimmter politischer Organisationen, beinhaltet eine Reihe sowohl von Weg- als auch von Zielbestimmungen sozialistischer Praxis, von denen wir im folgenden – ohne Anspruch auf Vollständigkeit – die uns unerläßlich erscheinenden nennen.

I. *Parlamentarische Demokratie als Basis.* Ziel der Theorie und Praxis des D.S. ist eine schrittweise, aber konsequent vorangetriebene Umformung der bestehenden kapitalistischen Klassengesellschaft in eine solidarische, »klassenlose«, auf dem Boden einer konsequent die Mitbestimmung des einzelnen ausdehnenden parlamentarischen Demokratie. Im Gegensatz zu orthodoxen Marxisten, die in der parlamentarischen Demokratie nur eine »bürgerliche Herrschaftsform des Kapitals« sehen, halten Demokratische Sozialisten die in der bürgerlichen Gesellschaft entwickelten demokratischen Grundprinzipien: allgemeine freie ↗ Wahlen, ↗ Gewaltenteilung, Parteienpluralismus, Unabdingbarkeit der Menschenrechte als oberste Gesetzesnormen (insbesondere Organisations-, Gewissens-, Meinungsfreiheit, Freizügigkeit), für unverzichtbare Grundlagen jedes Fortschritts zu und Lebens in einer sozialistischen Gesellschaft.

II. *Prinzip der gesamtgesellschaftlichen Demokratisierung.* Die Theorie des D.S. kritisiert die nur-politische Demokratie unter kapitalistischen Bedingungen, weil diese Bedingungen die genannten demokratischen Prinzipien vielfach aushöhlen und zu bloß äußerlichen »Formen« und »Spielregeln« entarten lassen. Wesentliche gesellschaftliche Strukturen im Bildungs- und Produktionssystem, im Wohn- und Informationsbereich, in Parteien und Verbänden sind nicht nur selbst undemokratisch, sondern behindern zu gleich nachhaltig die Verwirklichung der demokratischen Verfassungsgrundsätze im Regierungssystem.

Aus diesem Grunde enthält der Begriff D.S. unabdingbar die Forderung nach einer Demokratisierung und Humanisierung aller gesellschaftlichen Lebensbereiche einschließlich der staatlichen Institutionen. Demokratisierung zielt auf die Verwirklichung demokratischer Grundsätze in allen Bereichen der Gesellschaft – sie begreift Demokratie als gesamtgesellschaftlichen Prozeß.

III. *Anthropologie und grundwerteorientierte Reformpolitik.* Der D.S. weiß sich den emanzipatorischen und solidarisierenden Normen der christlichen und humanistischen Ethik verpflichtet, die zu bestimmten – nur im Sozialismus zu verwirklichenden – Grundwerten des D. S. führen: Freiheit, Solidarität, Gleichheit, Gerechtigkeit. Die diesen Grundwerten entsprechenden Ziele wollen Demokratische Sozialisten auf dem Wege der Reform erreichen. Sie lehnen eine gewaltsame ↗ Revolution ab, entweder prinzipiell oder aber aufgrund der politischen Einsicht, daß zumindest in den westlichen Industriegesellschaften eine sozialistische Systemveränderung nur in demokratischen Formen, auf der Basis von Mehrheitsentscheidungen, verwirklicht werden kann.

Wenn D.S. sich zum Weg schrittweiser Reformen bekennt, so sind Reformen mit systemveränderndem Charakter gemeint. Systemverändernde Reformen haben die schrittweise Verwirklichung der Selbstbestimmung der Menschen in allen Bereichen des gesellschaftlichen Lebens zum Zweck, den Abbau von Fremdbestimmung, von sozialer wie psychischer Verelendung, die Herstellung einer gesellschaftlichen Ordnung, in der es keine Macht, keine Herrschaft von Menschen über Menschen mehr gibt, die nicht realdemokratisch kontrolliert und auf das funktional unabdingbar Notwendige reduziert wäre. Eine evolutionäre, die Gesellschaft grundlegend revolutionierende Reformstrategie kann nur erfolgreich sein, wenn sie in mehreren gesellschaftlichen Teilbereichen gleichzeitig ansetzt (»multifrontale Strategie«).

IV. *Demokratisierung der Wirtschaft.* ↗ Wirtschaftsdemokratie, das heißt primär gemeinwohl- statt profitorientierte Gestaltung der Wirtschaft, beinhaltet ein Transformationskonzept des D. S., das die Aufhebung der strukturellen kapitalistischen Instabilität, Disfunktionalitäten, Inhumanität und Oligarchien nicht verwirklichen zu können glaubt durch einige »totale« revolutionäre Eingriffe (Totalsozialisierung; Totalplanung), sondern durch einen Prozeß begrenzter, differenzierter Umgestaltungen nach dem Prinzip der *mixed economy.*

Im einzelnen meint dies: Erhaltung (sogar Wiederherstellung!) funktionsfähiger marktwirtschaftlicher Strukturen (Wettbewerb; Angebot-Nachfrage-Funktionen; einzelwirtschaftlicher Dispositionsspielraum etc.) aber Ergänzung, Veränderung, Ersetzung und gemeinwohlorientierte Steuerung von marktwirtschaftlichen Systemelementen durch Kontrolle wirtschaftlicher Macht (einschließlich möglicher Vergesellschaftung marktbeherrschender und Schlüsselunternehmen), Mitbestimmung der abhängig Beschäftigten auf allen Ebenen der Wirtschaft, Humanisierung der Arbeit und volkswirtschaftliche Rahmenplanung (einschließlich indirekter oder direkter Investitionslenkung und planvoller ↗ Arbeitsmarktpolitik).

In den 80er Jahren ist im Rahmen einer »ökosozialistischen« Neuorientierung des D.S. (s. u.) das Prinzip einer Kreislaufwirtschaft bei nur noch qualitativem Wachstum und ökologischer Produktionskontrolle hinzugetreten.

V. *Demokratisierung des Sozialisations- und Bildungssystems.* Der D.S. erstrebt freiheitliche Entwicklungsbedingungen jedes einzelnen in Familie und Vorschulbereich sowie die Schaffung gleicher Bildungschancen für alle, d. h. vermehrte Bildungsmöglichkeiten für die Unterprivilegierten.

Strukturelle Voraussetzungen zum Erreichen dieses Zieles sind: ausreichende Kindertagesstätten, integrierte Gesamtschulen (Ganztagsschulen) und Gesamthochschulen mit optimal demokratisierter Verfassung. Weitere Voraussetzungen sind: Abbau repressiver Familienstrukturen und Sexualnormen, permanente Weiterbildung, Vorschulerziehung, Betrieb als Bildungsinstitution, offene Bildungsgänge einschließlich der Universität. Zugleich gilt es, Bildungsinhalte zu verändern: Bildung und Erziehung haben die Aufgabe, den einzelnen nicht zur gehorsamen Hinnahme der bestehenden Normen und Institutionen, sondern zu kritischem Engagement in diesen Institutionen und insgesamt zu einem mündigen, autonomen, mitmenschlichen und glücksfähigen Verhalten zu befähigen.

VI. *Pluralismus als Prinzip.* Die Theorie des D.S. tritt aus prinzipiellen erkenntnistheoretischen und gesellschaftlichen Einsichten mit Entschiedenheit für einen Wissenschaftspluralismus gerade auch in der sozialistischen Theorie ein, weil jeder Alleingültigkeit beanspruchende theoretische Ansatz der Endlichkeit und Begrenztheit jeglicher Theorieproduktion widerspricht, sich erfahrungsgemäß dogmatisch der Kritik entzieht, kreative, dem Gesellschaftsprozeß entsprechende Weiterentwicklung blockiert und in der praktischen Politik zu einem starren Weltanschauungssystem mit Glaubenszwang und Trend zur Herrschaftslegitimation entartet.

VII. Ökosozialismus: In kritischer und konstruktiver Auseinandersetzung mit Forderungen der neuen ↗ Sozialen Bewegungen sind insbes. Essentials der Frauenbewegung, der Ökologiebewegung und einer basisdemokratisch orientierten Selbsthilfebewegung in Theorieansätze des D.S. aufgenommen worden, vor allem von der Grundwertekommission der SPD und in Arbeiten von *Flechtheim/Traube/Strasser* und *Scherer/Vilmar*, die den Zielbegriff des Ökosozialismus entwickelten.

Fritz Vilmar

Lit.: *Adler-Karlsson, G.* 1973: Funktionaler Sozialismus, Düsseldorf. *Autorenteam* 1977: Zur Einführung in die Theorie des demokratischen Sozialismus, Frankfurt a. M./Köln. *Bernstein, E.* 1973: Die Voraussetzung des Sozialismus und die Aufgaben der Sozialdemokratie, Neuauflage, Bonn-Bad Godesberg. *Fetscher, I.* (Hrsg.) 1968: Der Sozialismus. Vom Klassenkampf zum Wohlfahrtsstaat, Frankfurt/M. *Glotz, P.* 1975: Der Weg der Sozialdemokratie, Wien. *Kremendahl, H./Meyer, T.* (Hrsg.) 1974: Sozialismus und Grundgesetz, Kronberg. *Oertzen, P. von* 1974: Die Aufgabe der Partei, Bonn-Bad Godesberg. *Scherer, K.-J./Vilmar, F.* 1986: Ökosozialismus?, Berlin. *Vilmar, F.* 1973: Strategien der Demokratisierung, 2 Bde., Darmstadt/Neuwied.

Demokratischer Zentralismus

1. Der von *Lenin* konzipierte Demokratische Zentralismus (D.Z.) war das grundlegende Organisationsprinzip in den realsozialistischen Herrschaftssystemen und wurde mit deren fundamentaler Krise Ende der 80er Jahre ebenfalls umfassend in Frage gestellt. Er hatte Verbindlichkeit für alle Bereiche des öffentlichen Lebens. Parteien, gesellschaftliche Organisationen, Staatsapparat und Wirtschaft sollten gemäß diesen Leitungsprinzipien strukturiert sein und handeln.

Der D.Z. wurde zumeist durch ein Bündel von Organisationsnormen umschrieben. Sie lassen sich unter fünf allgemeine Prinzipien subsumieren: 1) Die Organe werden von unten nach oben gewählt; 2) die Organe haben gegenüber den sie wählenden Organisationen eine Rechenschaftspflicht; 3) die Beschlüsse der höheren Organe sind für die unteren Organe verbindlich; 4) die Mitglieder haben nicht nur das Recht, sondern auch die Pflicht, an der Verwirklichung dieser Beschlüsse mitzuwirken; 5) alle Organe und ihre Mitglieder haben bewußte sozialistische Disziplin einzuhalten. Als sechstes und die vorgenannten Merkmale überwölbendes Prinzip wurde zumal im Hinblick auf die Partei immer wieder die Existenz und Autorität eines Zentrums zur Leitung der Organisation genannt.

2. Der D. Z. wurde von *W. I. Lenin* als Kern seiner Lehre von der bolschewistischen »Partei neuen Typs« konzipiert. *Lenin* bezweifelte die Möglichkeit eines friedlichen, demokratischen und parlamentariscen Weges zum Sozialismus, aber auch einer spontanen und ungesteuerten Erhebung der werktätigen Massen, wie sie *Rosa Luxemburg* vorschwebte. Vielmehr müsse eine militante Elite das Proletariat konsequent und straff führen und als Avantgarde der Arbeiterklasse für diese die Revolution einleiten.

Der historische Hintergrund der Parteilehre *Lenins* im allgemeinen und seiner Konzeption des D. Z. im besonderen war die Konfrontation der russischen Arbeiterbewegung mit dem Unterdrückungsapparat des Zarenreiches. So forderte *Lenin* 1902 in seiner Schrift »Was tun?« eine »machtvolle und streng geheime Organisation, die alle Fäden der konspirativen Arbeit in ihren Händen konzentriert, eine Organisation, die notwendigerweise zentralistisch ist« (LW 5: 493). In der folgenden Diskussion innerhalb der Sozialdemokratischen Arbeiterpartei Rußlands konzedierte *Lenin* zwar den adjektivischen Zusatz »demokratisch«, ließ aber an dem Vorrang des Zentralismus keinen Zweifel aufkommen.

Lenins Prinzipien der Parteiorganisation wurden 1906 vom IV. Parteitag der russischen Sozialdemokraten erstmals in einem Statut verankert. Seitdem gehörte diese Parteinorm zum festen Bestandteil der Statuten aller marxistisch-leninistischen Parteien bis hin zum (5.) Statut der in der DDR herrschenden SED von 1976 (§ 23).

Obwohl damit im Kern bis zum Ende der 80er Jahre an den Definitionen und Axiomen *Lenins* festgehalten wurde, muß man im Hinblick auf die Verwirklichung des D. Z. im Alltag der kommunistischen Parteien berücksichtigen, daß diese sich seit Anfang des 20. Jh.s aus kleinen Zirkeln von konspirativen Berufsrevolutionären in Fundamentalopposition gegenüber dem jeweiligen Herrschaftssystem in der Mitte des Jahrhunderts zu staatstragenden Massenparteien in realsozialistischen Systemen entwickelt hatten. Das Organisationsprinzip des D.Z. legitimierte bis Ende der 80er Jahre in den kommunistischen Parteistaaten die Machtkonzentration in den Händen der hauptamtlichen Parteibürokratie mit Politbüro und Sekretariat an der Spitze. Das demokratische Element der Wahlen von unten nach oben war weitgehend dadurch degeneriert, daß die Kandidaturen der Bestätigung durch die übergeordneten Parteiinstanzen bedurften. Die zentralistischen Elemente hingegen kamen voll zum Tragen. »Parteidisziplin« und »Einheit und Reinheit« der marxistisch-leninistischen Lehre und Organisation waren die höchsten Werte, Abweichungen von der Parteidisziplin und »Fraktionsmacherei« die schlimmsten Verfehlungen. So war der D. Z. das grundlegende Organisationsprinzip der Diktatur, formell des Proletariats und faktisch der Elite der sogenannten Partei der Arbeiterklasse in den realsozialistischen Staaten.

3. Nachdem kommunistische Parteien, als erste die *Bolschewiki* in der Oktoberrevolution 1917, die Staatsmacht übernommen hatten, wurde das Organisationsprinzip des D. Z. von ihnen auf den sozialistischen Staat als ihr Hauptinstrument übertragen. In den Verfassungen fast aller realsozialistischen Staaten war der D.Z. *expressis verbis* verankert (vgl. *Roggemann* 1980; *Lungwitz* 1982). So hieß es in der Verfassung der DDR von 1968/74 im Artikel 47 Abs. 2: »Die Souveränität des werktätigen Volkes, verwirklicht auf der Grundlage des demokratischen Zentralismus, ist das tragende Prinzip des Staatsaufbaus.«

Das verfassungsrechtliche Prinzip des D. Z. beinhaltete für die realsozialistischen Staatsordnungen vor allem einen »radikalen Bruch mit Theorie und Praxis der Gewaltenteilung« (*Autorenkollektiv* 1981: 169ff.). Der D. Z. als Prinzip der Gewalteneinheit richtete sich nicht nur gegen die horizontale Form der Gewaltenteilung zwischen legislativen, exekutiven und judikativen Organen, sondern auch gegen die vertikale Form der Gewaltenteilung in Gestalt des ↗ Föderalismus. Die kommunistischen Staaten waren daher generell dezentralisierte Einheitsstaaten, auch wenn z. B. die Sowjetunion sich im Hinblick auf die Vielfalt ihrer Nationalitäten als ein föderativer Staat proklamierte. Gemeinden, Städte, Kreise, Bezirke, Regionen und dergleichen waren in den realsozialistischen Staaten keine autonomen Gebietskörperschaften, sondern »örtliche Organe der staatlichen Macht und Leitung«, wie es in den Verfassungen hieß.

4. Das Prinzip des D. Z. kam insbesondere auch in der Wirtschaftsorganisation der kommunistischen Staaten zum Tragen, was im Hinblick auf die fundamentale Bedeutung der Ökonomie für Theorie und Praxis der realsozialistischen Staaten selbstverständlich ist (vgl. *Hamel* 1966; *Autorenkollektiv* 1981: 97ff.).

Bei der Aufstellung und Inkraftsetzung der Wirtschaftspläne dominierten die zentralen Instanzen mit den staatlichen Plankommissionen den Ministerräten und letztlich den Parteiapparaten an der Spitze. Die Beteiligung der örtlichen Gremien und der Werktätigen insbesondere beschränkte sich auf die Zulieferung von Informationen und die aktive Mitwirkung bei der Durchführung der Pläne. Das zentralistische Element fand in den Planwirtschaften der realsozialistischen Staaten seinen besonderen Ausdruck in dem Zusammenschluß von immer mehr volkseigenen Betrieben zu riesigen Kombinaten. Innerhalb der Betriebe wurde der D. Z. vor allem durch das Prinzip der Einzelleitung verwirklicht.

Marxistisch-leninistische Theoretiker sprachen selbst von einer »gesamtgesellschaftlichen Relevanz« des D. Z. (*Autorenkollektiv* 1981: 12). An diesem Organisationsprinzip hatten sich neben der führenden Einheitspartei nicht nur die übrigen Parteien, sondern auch die Massenorganisationen zu orientieren. Selbst für die Beziehungen zwischen Herrschaftsträgern und Bürgern wurde das Prinzip des D. Z. verbindlich gemacht.

5. Marxistisch-leninistische Theoretiker betonten in den vergangenen Jahrzehnten immer wieder, daß der D. Z. kein starres, überzeitliches Prinzip sei, sondern dynamischen Charakter besitze. Insbesondere in der Tauwetterperiode nach 1956, während der Wirtschaftsreformen Mitte der 60er Jahre und auch in den 80er Jahren waren in den realsozialistischen Staaten theoretische Überlegungen zu verzeichnen, das

demokratische Element im Prinzip des D. Z. durch die Betonung von Mitwirkung der Werktätigen, sozialistische Rechtsstaatlichkeit und ↗ Pluralismus sowie Gewaltenaufteilung zwischen Partei und Staat zu stärken.

In einigen osteuropäischen Staaten konnten diese Bemühungen, Demokratie und Zentralismus in ein ausgewogeneres Verhältnis zu bringen, auch in die politische Wirklichkeit umgesetzt werden. So wurde in Polen 1980 ein Oberstes Verwaltungsgericht und 1986 ein Verfassungsgericht eingerichtet. In der Sowjetunion wurde durch die Verfassungsänderung vom Dezember 1988 die Kontrolle der regierenden Partei durch den Kongreß der Volksdeputierten postuliert. Ähnliche Reformen waren auch in Ungarn zu verzeichnen. Doch in anderen realsozialistischen Staaten wie der DDR war der Glaube an die universelle Effektivität straffer Zentralisierung ungebrochen *(Honecker* 1988; *Steeger* 1989) und wurde auf den »Ausbau des Bewährten« *(Schürer* 1982) gesetzt.

6. In allen realsozialistischen Staaten Osteuropas, ganz gleich ob sie sich im Verlauf der 80er Jahre um die systemimmanente Reform des D. Z. bemüht oder prinzipiell jeder Veränderung verschlossen hatten, kam es gegen Ende der 80er Jahre zu einer »Hegemoniekrise der marxistisch-leninistischen Partei« *(Studie zur Gesellschaftsstrategie* 1989). Die Starrheit und Überalterung der herrschenden Parteieliten produzierte gesellschaftliche Protestbewegungen, die die »führende Rolle der Partei« zunächst in Frage stellten und schließlich beseitigten. Mit der Herrschaft der kommunistischen Parteidiktatur kollabierte auch die marxistisch-leninistische Parteitheorie einschließlich des Grundprinzips des D. Z. Es läßt sich nach Jahrzehnten politischer Praxis auch durch noch so sublime theoretische Reformbemühungen nicht wiederbeleben.

Wilhelm Bleek

Lit.: *Autorenkollektiv* (unter Leitung von *G. Schüßler)* 1981: Der demokratische Zentralismus. Theorie und Praxis, Berlin. *Dohlus, H.* 1965: Der demokratische Zentralismus – Grundprinzip der Führungstätigkeit der SED bei der Verwirklichung der Beschlüsse des Zentralkomitees, Berlin. *Fricke, K. W.* (Hrsg.) 1976: Programm und Statut der SED vom 22. Mai 1976, Köln. *Henrich, R.* 1989: Der vormundschaftliche Staat, Reinbek. *Heuer, U.-J.* 1965: Demokratie und Recht im neuen ökonomischen System der Planung und Leitung der Volkswirtschaft, Berlin. *Kazemzadeh, F.* 1966: Demokratischer Zentralismus, in: SDG 2, 1158–1165. *Lenin, W.I.* 1902/1959: Was tun?, in: LW 5: 355–551. *Loose, W./Schumann, M.* 1980: Demokratischer Zentralismus und gesellschaftliche Bewußtheit, in: Staat und Recht 29 (2), 98–109. *Roggemann, H.* (Hrsg.) 1980: Die Verfassungen der sozialistischen Staaten, Berlin. *Staatsrecht der DDR.* Lehrbuch [2]1984, Berlin. *Schürer, G.* 1982: Planwirtschaft und sozialistische Demokratie, in: Einheit, H. 9, 885–891. *Studie zur Gesellschaftsstrategie* 1989. Sozialismus in der Diskussion 1, Berlin. *Texte zu Politik, Staat, Recht* 1990. Sozialismus in der Diskussion 2, Berlin. *Vasilev, V.I.* 1973: Demokratičeskij centralizm v sisteme sovetov (Demokratischer Zentralismus im Rätesystem), Moskau. *Weichelt, W.* 1984: Über sozialistische Demokratie und demokratischen Zentralismus, in: Einheit, H. 4, 304–309.

Demoskopie / Umfrageforschung

I. Der griechisch-neulateinische Begriff der Demoskopie (D.) bedeutet Abbildung, Darstellung des Volkes; was dabei im einzelnen abgebildet wird, ist damit nicht gesagt. Das deutsche Sprachäquivalent ist in der Regel Meinungsforschung, ein, wie sich zeigen wird, durchaus kulturell typisches Verständnis der Sache selbst, denn D. ist ein z. B. im angelsächsischen Sprachraum nicht geläufiger Begriff; dort spricht man von *public opinion research* oder auch, umfassender, von *survey research.* Dem entspricht der im Deutschen ebenfalls gängige Begriff der Umfrageforschung.

Nach *Kant* bedeutet Meinung eine sowohl subjektiv wie objektiv unzureichende Fürwahrhaltung. Doch auch in der Psychologie und Sozialpsychologie gilt Meinung in Abgrenzung zu Einstellung *(attitudes)* als etwas Flüchtigeres, als ein insbesondere mit weniger Affekt besetzter Reaktionsmodus einer Person. Dieses Begriffsverständnis erklärt, warum bei vielen zeitgenössischen Beobachtern Meinungsforschung oder D. dem Begriff nach erhebliche Vorbehalte hervorruft. Recht verständlich wird diese negative Bewertung aber erst auf dem Hintergrund bestimmter staats- und verfassungstheoretischer Positionen.

II. Umfrageforschung (U.) ist ein Teilbereich der ↗ Empirischen Sozialforschung. Die Literatur zur Geschichte der Empirischen Sozialforschung betont, daß ihre Grundlagen schon im 18. und insbesondere im 19. Jh. entstanden *(Maus* 1973*)*. Unter Berufung auf *Lazarsfeld* stellt *Scheuch* (1965: 20) fest, »daß die Grundzüge aller wesentlichen Techniken der Sozialforschung bis um die Zeit des Ersten Weltkrieges in Europa erarbeitet wurden«. Dennoch kann man sagen, daß die Institutionalisierung der U. über die Herausbildung einer Forschungsinfrastruktur, standardisierter Erhebungs- und Analysetechniken bis hin zur Etablierung einer regelmäßigen Nachfrage nach ihren Dienstleistungen erst nach dem II. Weltkrieg erfolgte. Entscheidend für diese Entwicklung ist sicherlich die Verbindung der Befragungstechniken mit der systematischen Anwendung der Wahrscheinlichkeitstheorie auf stichprobentheoretische Überlegungen. Wenngleich Ansätze zur Wahrscheinlichkeitstheorie sehr weit zurückreichen (z. B. *Bernoulli, Condorcet, Quételet*; vgl. *Maus* 1973: 24), erfolgte ihre Axiomatisierung doch erst in den 30er Jahren des 20. Jh.s. Gleichzeitig wurden damit die Voraussetzungen für die Idee geschaffen, daß eine statistisch hoch zuverlässige Aussage über beliebig große Grundgesamtheiten (unter bestimmten zusätzlichen Bedingungen) schon auf der Grundlage einer im Verhältnis extrem geringen Zahl von Fällen getroffen werden kann. Dieser Ansatz erfuhr z. B. in den USA 1936 eine erste spektakuläre Bewährung, als G. *Gallup* die Ergebnisse der Präsidentschaftswahl auf der Grundlage einer Stichprobe von einigen tausend Befragten wesentlich genauer voraussagte als die Zeitschrift »Literary Digest« mit ca. 10 Millionen Einsendungen, die aber gerade nicht repräsentativ für die amerikanisehe Wahlbevölkerung waren *(Noelle* 1963: 96*)*. Die U. als Methode der Informationsbeschaffung über politische, wirtschaftliche und gesellschaftliche Sachverhalte hat in diesen Bereichen inzwischen große Bedeutung erlangt. Insbesondere in der politischen Arena hat die D. dabei viele Vorbehalte geweckt und Probleme aufgeworfen.

III. Die Entwicklung und praktische Anwendung der U. geschah zunächst vor allem in den USA und war durch eine enge Kooperation zwischen akademischer und anwendungsbezogener Forschung gekennzeichnet. In Deutschland wurden erste Ansätze durch das Dritte Reich zerstört, so daß es erst nach dem II. Weltkrieg zu einer hinreichenden Institutionalisierung gekommen ist. Die deutsche Entwicklung der U. hatte ihren Schwerpunkt lange Zeit in der privatwirtschaftlich verfaßten Markt- und Meinungsforschung; die theoretische und praktische universitäre Basis der U. erfuhr hingegen erst zu Beginn der 70er Jahre eine ausreichende Verbreiterung *(Kaase/Küchler* 1985*)*. In ihren Anfängen sah sich die U. einer Reihe von Problemen gegenüber, die eine umfassende Forschungstätigkeit anregten. Darunter fallen Gebiete wie Formulierung von Frage/Fragebogen, Stichprobenpläne, Meß- und Skalierungsverfahren, theoretische und praktische Fragen des Interviews und der Datenerhebung allgemein sowie schließlich der Datenanalyse (vgl. *König* 1973; *van Koolwijk/Wieken-Mayser* 1974/75). Entscheidende Anstöße erfuhr die U. auch durch das Aufkommen der elektronischen Datenverarbeitung, die vor allem in der Datenaufbereitung, dem Datenmanagement und der Datenanalyse grundlegend neue Möglichkeiten eröffnete und damit unter Anwendungsgesichtspunkten ihren Durchbruch auf breiter Front ermöglichte.

Die stürmische Entwicklung der methodologischen und methodischen Grundlagen der U. in den 40er und vor allem in den 50er Jahren wurde durch eine Phase des relativen wissenschaftlichen Stillstands in den 60er und 70er Jahren abgelöst. Seitdem ist die Diskussion wieder voll in Gang gekommen. Zu nennen sind hier z. B. die intensive Zusammenarbeit zwischen Kognitionspsychologen und Umfrageforschern *(Hippler / Schwarz / Sudman* 1987) oder die steigende Sensitivität gegenüber Kontexteffekten (*Schwarz / Sudman* 1992). Darüber hinaus sieht sich die U., die auf der freiwilligen Mitarbeit der Befragten beruht, zunehmend finanziellen (Kosten), praktischen (Ausschöpfungsraten) und rechtlichen (↗ Datenschutz) Schwierigkeiten gegenüber. Manche dieser Schwierigkeiten können vermutlich durch Maßnahmen wie etwa das Ausweichen auf Telefoninterviews vermindert werden. Dem entspricht ein zunehmendes wissenschaftliches Interesse an dieser Form des persönlichen Interviews *(Frey / Kunz / Lüschen* 1990), wobei die Interviewsteuerung durch die inzwischen große Verbreitung von Personal Computern immer mehr computergestützt verläuft (CATI – *Computer Assisted Telephone Interviewing).*

IV. Die U. bezieht sich nach gängigem Sprachgebrauch auf die empirische Untersuchung von repräsentativen Querschnitten *(Sample)* der nationalen Bevölkerung oder deren Untergruppen mittels standardisierter Erhebungsinstrumente und mündlicher Befragung. Demoskopische (d.) Erhebungen können jedoch auch unter Einsatz anderer als standardisierter Meßinstrumente (z. B. qualitative Verfahren wie etwa leitfadengesteuerte Interviews) oder in Verbindung mit diesen erfolgen.

Die besonders für Deutschland typische kontroverse Bewertung der D. spiegelt sowohl historische als auch normativ-theoretische Gesichtspunkte wider. Zum einen ist hier eine von unterschiedlichen demokratietheoretischen Voraussetzungen gespeiste Bewertung zu nennen. Dabei stehen sich eine elitetheoretische Position, die eine über institutionelle Strukturen vermittelte und damit im Kern reduzierte Rolle des einzelnen Bürgers hinsichtlich der Gestaltung von Politik betont, sowie eine partizipatorisch-plebiszitäre Position, die die unmittelbaren und umfassenden Beteiligungsrechte des Bürgers in einer demokratischen Politik hervorhebt, gegenüber. Die Möglichkeit, mit den Verfahren der U. Meinungen der Bevölkerung zu öffentlichen Angelegenheiten in Erfahrung zu bringen, eröffnet zum ersten Mal in der Geschichte der Menschheit zuverlässig den Zugang zu einer ständigen Einbeziehung des ganzen Volkes in den Prozeß der politischen Meinungsbildung. Möglich werden nun Aussagen über Struktur und Inhalte der ↗ Öffentlichen Meinung. Der schillernde Begriff der öffentlichen Meinung ist seit einiger Zeit wieder Gegenstand besonderer wiss. Aufmerksamkeit. Der Versuch, öffentliche Meinung zu bezeichnen als solche »Meinungen, Verhaltensweisen, die man in der Öffentlichkeit äußern oder zeigen *muß,* wenn man sich nicht isolieren will; in kontroversen, im Wandel begriffenen Bereichen oder in neu entstandenen Spannungszonen in der Öffentlichkeit äußern *kann* ohne Gefahr, sich zu isolieren« *(Noelle-Neumann* 1989: 257), entspricht einem sozialpsychologischen Ansatz und kommt einer Erfassung durch die U. sehr entgegen. Er enthält aber nichts von einem Verständnis, das öffentliche Meinung als die Meinung der besten, gebildetsten und urteilsfähigsten Bürger versteht und auf diesem Hintergrund die D., die nur gemeine Meinung als die der ganzen Bevölkerung erheben kann, aus einer Reihe von Gründen als Gefährdung des Verfassungssystems der repräsentativen Demokratie betrachtet *(Hennis* 1957; für die Formulierung der Gegenposition siehe *Schmidtchen* 1959 sowie als Gesamtdarstellung der Problematik *Traugott* 1970).

Im Kern der demoskopiefeindlichen Position befindet sich die Annahme, daß die Ergebnisse der D. die verantwortungsbewußte Handhabung von Politik durch die dafür gewählten Repräsentanten bedrohe, wenn nicht zerstöre. Diese Bedrohung erfolge nicht nur durch eine qualitative Veränderung des politischen Entscheidungsprozesses – Politiker, die sich zunehmend nach d. Ergebnissen richten –, sondern auch durch die Gefahr der Verstärkung der plebiszitären Komponente im Verfassungssystem selber. Diese Skepsis wurde ironischerweise durch frühe Befunde gerade jener kritisierten D. begründet, die belegten, daß sich die Mehrzahl der Bürger für Politik nicht oder nur wenig interessiere, an ihr nur am Rande teilnehme und entsprechend auch über nur geringe politische Sachkenntnis und Urteilsfähigkeit verfüge. Typischerweise sind solche Vorbehalte in den anglo-amerikanischen Traditionsdemokratien nur selten zu vernehmen. Besonders bemerkenswert ist die Tatsache, daß gerade die amerikanische Besatzungsmacht nach dem II. Weltkrieg erhebliche Anstrengungen unternommen hat, um den Aufbau einer Infrastruktur für d. Forschungen in Deutschland zu unterstützen *(Kaase* 1977: 453–454; *Kaase/Ott/Scheuch* 1981; *Kaase/Küchler* 1985). Aus authentischen Äußerungen wird dabei deutlich, daß diese Unterstützung auch aus einer ausgesprochen positiven Bewertung des demokratischen Potentials der D. erfolgte *(Institut für öffentliche Angelegenheiten* 1952: 215). Diese Bewertung erscheint um so selbstverständlicher, als man aus den Möglichkeiten und Ergebnissen der D. z.B. im US-amerikanischen Verfassungskontext zu keiner Zeit die Schlußfolgerung gezogen hat oder ziehen würde, deswegen bewährte Elemente der Verfassung in Frage zu stellen.

V. Die D. und ihre Ergebnisse können als ein Element der Informatisierung und Selbstbeobachtung moderner Gesellschaft aufgefaßt werden; sie sind aus diesen Gesellschaften nicht mehr wegzudenken. In Demokratien, in denen dem Bürger als Wähler die wichtigste politische Entscheidung überhaupt – über die Regierung – als konstitutionelles Recht zugewiesen ist, wird man Vorbehalte gegenüber anderen von ihm gehaltenen Meinungen und deren Öffentlichmachung durch d. Verfahren nicht überzeugend begründen können. Daß solche Meinungen, wie nicht zuletzt die Empirische Sozialforschung belegt hat, häufig wenig fundiert und informiert sind, erscheint unerheblich angesichts der Tatsache, daß aus strukturellen Gründen in komplexen, differenzierten Gesellschaften auch Eliten, selbst politische Eliten, in vielen Gebieten wenig mehr als Laienmeinungen in die öffentliche Diskussion einbringen können. Inwieweit die genannten Befürchtungen, die D. greife in den verfassungsmäßigen politischen Prozeß ein, gerechtfertigt oder nicht gerechtfertigt sind, ist zum einen Sache der politischen Akteure und ihres Politikverständnisses, zum anderen Sache der bestehenden Verfassungsregeln und ihrer Interpretation im politischen Prozeß selber. Hier ist nicht die D., sondern *Politeia* gefordert. Dazu gehört im übrigen auch die Herstellung einer breiten Öffentlichkeit für d. Ergebnisse durch Offenlegung wie Kontrolle der Verfahren und Pluralität wie Zugänglichkeit der Forschungen *(Küchler* 1981: 137; *Hartenstein* 1976; *Kaase* 1977: 460–472). Angesprochen hingegen ist die D. in ihrem professionellen Selbstverständnis, wenn z.B. Schätzungen der relativen Parteistärken im Vorfeld von Wahlen an die Öffentlichkeit gebracht werden, ohne daß die Grundlagen der Berechnung nachvollziehbar dokumentiert werden. Sich insgesamt der politischen Verantwortung und der Reflexion ihrer soziopolitischen Folgen zu entziehen, dieser Vorwurf an die Adresse der D. (*Hennis* 1957) erscheint nicht ungerechtfertigt, zumal die D. einen großen Teil ihrer öffentlichen Aufmerksamkeit der empirischen Wahlforschung verdankt (*Küchler* 1986).

Abschließend bleibt festzuhalten, daß die zeitgenössische U. sich mit ihrem Potential zur wissenschaftlich fundierten Erhellung gesamt- und teilgesellschaftlicher Strukturen und Prozesse als ein für komplexe demokratische Industriegesellschaften unverzichtbares Informationsmittel erwiesen hat. Sie ist Lichtjahre von jenem simplizistischen Verständnis der D. entfernt, das so viele Angriffe gegen sie hervorgebracht hat.

Max Kaase

Lit.: *Frey, J./Kunz, G./Lüschen, G.* 1990: Telefonumfragen in der Sozialforschung, Opladen. *Hartenstein,* W. 1976: Vom Nutzen und Schaden veroffentlichter Umfrageergebnisse, in: Transfer: Wahlforschung – Sonden im politischen Markt, Bd. 2, 13–17. *Hennis,* W. 1957: Meinungsforschung und repräsentative Demokratie, Tübingen. *Hippler, H.-J./Schwarz, N./Sudman, S.* 1987: Social Information Processing and Survey Methodology, Heidelberg. *Institut zur Förderung öffentlicher Angelegenheiten* (Hrsg.) 1952: Empirische Sozialforschung, Frankfurt/M. *Kaase, M.* 1977: Politische Meinungsforschung in der Bundesrepublik Deutschland, in: *Kaase, M.* (Hrsg.): Wahlsoziologie heute, PVS 18, 2/3, 452–475. *Kaase, M./Ott, W./Scheuch, E. K.* 1983: Empirische Sozialforschung in der modernen Gesellschaft – eine Einführung, in: *Kaase, M./Ott, W./Scheuch, E.K.* (Hrsg.): Empirische Sozialforschung in der modernen Gesellschaft, Frankfurt/M. *Kaase, M./Küchler, M.* (Hrsg.) 1985: Herausforderungen der Empirischen Sozialforschung, Mannheim. *König, R.* (Hrsg.) ³1973: Handbuch der empirischen Sozialforschung, Bde. 1–4, Stuttgart. *Küchler, M.* 1981: Demoskopie, in: *Greiffenhagen, M./Greiffenhagen, S./Prätorius, R.* (Hrsg.): Handwörterbuch zur politischen Kultur der Bundesrepublik Deutschland, Opladen, 133–137. *Küchler, M.* 1986: Wahl- und Sozialforschung, in: *Beyme, K. von* (Hrsg.): Politikwissenschaft in der Bundesrepublik Deutschland, PVS-Sonderheft 17, Opladen, 194–208. *Maus, H.* 1973: Zur Vorgeschichte der empirischen Sozialforschung, in: *König, R.* (Hrsg.): Handbuch der empirischen Sozialforschung, Bd. 1, Stuttgart, 21–56. *Noelle, E.* 1963: Umfragen in der Massengesellschaft, Hamburg. *Noelle-Neumann, E.* ²1989: Öffentliche Meinung. Die Entdeckung der Schweigespirale, Frankfurt/M. *Scheuch, E. K.* 1965: Sozialer Wandel und Sozialforschung, in: KZfSS 17, 1–48. *Scheuch, E. K.* 1973: Auswahlverfahren in der Sozialforschung, in: *König, R.* (Hrsg.): Handbuch der empirischen Sozialforschung, Bd. 3 a, Stuttgart, 1–96. *Schmidtchen, G.* 1959: Die befragte Nation, Freiburg. *Schwarz, N./Sudman S.* (Hrsg.) 1992: Context Effects in Social and Psychological Research, New York. *Traugott, E.* 1970: Die Herrschaft der Meinung, Düsseldorf. *Van Koolwijk, J./Wieken-Mayser, M.* (Hrsg.) 1974/75: Techniken der Empirischen Sozialforschung, Bde. 1–8, München.

Deutsche Einheit

Die Deutschlandpolitik der Bundesregierungen gründete sich seit 1949 auf das Selbstbestimmungsrecht des deutschen Volkes und das Präambel-Gebot des Grundgesetzes, die Einheit und Freiheit Deutschlands zu vollenden.

Den politisch-rechtlichen Gesamtrahmen bilden: (a) das Grundgesetz für die Bundesrepublik Deutschland von 1949; (b) der Deutschlandvertrag von 1955; (c) die Briefe zur Deutschen Einheit von 1970 und 1972; (d) der Beschluß des Deutschen Bundestages über die gemeinsamen Grundansichten zur Deutschland- und Außenpolitik vom 17. Mai 1972; (e) der Vertrag über die Grundlagen der Beziehungen zwischen der Bundesrepublik Deutschland und der Deutschen Demokratischen Republik (Grundlagenvertrag) von 1972; (f) die Entscheidungen des Bundesverfassungsgerichts vom 31. Juli 1973, 7. Juli 1975 und 2. Oktober 1987; (g) der Vertrag über die Schaffung einer Währungs-, Wirtschafts- und Sozialunion zwischen der Bundesrepublik Deutschland und der Deutschen Demokratischen Republik vom 18. Mai 1990 (Staatsvertrag); (h) die Entschließung von Bundestag und DDR-Volkskammer zur Anerkennung der polnischen Westgrenze vom 18. Juni 1990; (i) der Vertrag zwischen der Bundesrepublik Deutschland und der Deutschen Demokratischen Republik über die Herstellung der Einheit Deutschlands vom 31. August 1990 (Einigungsvertrag); (k) der Souveränitätsvertrag der Zwei-plus-Vier-Verhandlungen über ein vereintes, souveränes Deutschland vom 12. September 1990.

Zur Deutschlandpolitik der Bundesregierung gehörten in strikter Einhaltung und voller Anwendung des Viermächte-Abkommens über Berlin die Konsolidierung und Entwicklung der Bindungen (West-)Berlins an den Bund und die Wahrnehmung der Außenvertretung (West-)Berlins. Erstmals konnten die Berliner Abgeordneten am 21. Juni 1990 ihr volles Stimmrecht ausüben. Die drei Westalliierten hatten zuvor die Vorbehalte gegen das Stimmrecht formell aufgehoben.

I. *Kalter Krieg und Gründung der beiden deutschen Staaten (1945–1949).* Die Spaltung Deutschlands war nicht das Ergebnis der Einigkeit der Siegermächte des II. Weltkrieges über einen Teilungsplan, sondern das Ergebnis der Uneinigkeit über ein gemeinsames, für alle verbindliches Konzept für die Zukunft Deutschlands. Die Teilung begann praktisch zu dem Zeitpunkt, an dem die Siegermächte von den Teilungsplänen Abstand genommen hatten. Ausgangspunkt der Teilung Deutschlands war das Aufeinandertreffen zweier gegensätzlicher Ordnungssysteme in Deutschland: der sowjetische Versuch, westlichen Einfluß auf die Ostzone abzuwehren, gleichzeitig aber eigenen Einfluß auf die Westzonen auszuüben; die Nichteinhaltung der Vereinbarungen der Konferenz von Potsdam seitens der Sowjetunion und der drohende weitere Verfall der Westzone. Konkret hat die mit der Deutschlandplanung 1943 betraute Europäische Beratende Kommission die entscheidenden Festlegungen über Deutschland – Einteilung Deutschlands in Besatzungszonen und Schaffung eines alliierten Kontrollmechanismus – bereits in ihren Londoner Protokollen vom 12.9. und 14.11.1944 getroffen und – unter Einbeziehung Frankreichs – nach der militärischen Kapitulation der Deutschen Wehrmacht in den Berliner Festlegungen über das Kontrollverfahren in Deutschland und die Besatzungszonen in Deutschland vom 5.6.1945 wiederholt. Danach wurde Deutschland zum Zwecke der Besetzung und Kontrolle zunächst in drei und später unter Einbeziehung Frankreichs in vier Besatzungszonen eingeteilt. Die vier Zonen-Befehlshaber (Kontrollrat) übten in den entsprechenden Zonen die oberste Gewalt in Deutschland aus und gemeinsam in den »Deutschland als Ganzes« betreffenden Fragen. Ganz Berlin wurde jedoch zusätzlich in vier Sektoren eingeteilt und der gemeinsamen Besatzungshoheit der vier Mächte unterstellt.

»Deutschland als Ganzes« bedeutete für die Alliierten das Deutschland in den Grenzen vom 31.12.1937. Es wird Objekt der Viermächteverantwortung. Die Formulierung folgte der Auffassung der Siegermächte, daß alle Gebietserwerbungen des Deutschen Reiches nach dem 1.1.1938 unwirksam blieben. Die Übernahme der Regierungsgewalt bewirkte nach dem Willen der Siegermächte nicht die Annektierung Deutschlands, sondern für sie bestand die Kontinuität des deutschen Staates über das Jahr 1945 hinaus. Auf der Potsdamer Konferenz vom 17.7. bis 2.8.1945 legten die Regierungschefs der USA, Großbritanniens und der Sowjetunion die Grundsätze für die Besatzungspolitik fest, denen sich Frankreich unter Vorbehalt anschloß.

Über die Auslegung und Durchführung der Potsdamer Abmachungen bestanden, wie sich bald zeigte, zwischen den Westmächten und der Sowjetunion kontroverse Vorstellungen. Während die sowjetischen Besatzungsbehörden in ihrer Zone eine tiefgreifende Umstrukturierung nach dem Vorbild des sowjetischen Herrschaftsmodells einleiteten, wurde in den westlichen Besatzungszonen, die zur Erhaltung der wirtschaftlichen Einheit zusammengefaßt wurden (Bizone am 1.1.1947, Trizone am 8.4.1949), mit dem Ausbau einer freiheitlich-demokratischen Ordnung begonnen. Nach der Annahme des Grundgesetzes durch den Parlamentarischen Rat am 8.5.1949 – in Kraft getreten am 23.5.1949 – und den Wahlen zum ersten Deutschen Bundestag (14.8.1949) konstituierte sich die Bundesrepublik Deutschland. In der sowjetischen Besatzungszone nahm der 3. Deutsche Volkskongreß am 30.5.1949 die Verfassung der Deutschen Demokratischen Republik an und wählte einen Deutschen Volksrat, der sich am 7.10.1949 zur provisorischen Volkskammer erklärte. Die 1. Volkskammer der DDR wurde am 15.10.1950 nach Einheitslisten gewählt.

II. *Beschränkte Souveränität, deutschlandpolitische Grundpositionen und die Verfestigung der Spaltung.* In der Zeit von der Konstituierung der Bundesrepublik Deutschland bis zum Frühjahr 1955 war der deutschlandpolitische Spielraum der Bundesregierung stark beschränkt, da nach wie vor die Vorbehaltsrechte der drei westlichen Besatzungsmächte galten. Die DDR war bis 1955 dem Besatzungsregime der Sowjetunion unterworfen. Für die Regierung *Adenauer* ergaben sich auf dieser Grundlage des Grundgesetzes mehrere praktische Aufgaben der Deutschlandpolitik: die westlichen Alliierten auf das Ziel der Wiedervereinigung zu verpflichten, die vier Mächte unter keinen Umständen aus ihrer Verantwortung für Deutschland als Ganzes zu entlassen, jegliche Sanktionierung des *Status quo* der Teilung zu verhindern, keine Lösung zuzulassen, die nicht letztlich die freie Zustimmung des deutschen Volkes fand. Das Ziel der Freiheit rangierte vor dem der Einheit.

In den deutschlandpolitischen Debatten ging es inhaltlich in den 50er Jahren zunächst um die kontrovers diskutierte Frage von Westbindung und Integration. Die Westintegration gehörte zur Maxime der *Adenauer*schen Politik. Nur die solidarische Einbindung der Deutschen in eine europäische Gemeinschaft konnte das Vertrauen zurückgewinnen. Die Bundesrepublik Deutschland wurde eingebettet in europäisch-atlantische Bündnissysteme. Die Westverankerung war eine Absage an eine Schaukelpolitik zwischen West und Ost.

Die deutsche Frage ist somit in dieser ersten formativen Phase der Bundesrepublik Deutschland geprägt durch die Ambivalenz von Wiedervereinigungsanspruch und Westintegration. Westintegration greift dabei über den geographischen und bündnisstrategischen Aspekt hinaus. Gemeint ist damit eine neue geistig-politische Standortverankerung der Bundesrepublik Deutschland im freiheitlichen Westen.

Mit dem am 5.5.1955 in Kraft getretenen Vertrag über die Beziehungen zwischen der Bundesrepublik Deutschland und den Drei Mächten (Deutschlandvertrag) erhielt die Bundesrepublik Deutschland die volle Macht eines souveränen Staates über ihre inneren und äußeren Angelegenheiten (Art. 1 Abs. 2). Die Abstriche vom vollen Souveränitätsstatus werden durch Art. 2 des Vertrages deutlich, wonach sich die drei Westmächte Entscheidungen in bezug auf Berlin und Deutschland als Ganzes einschließlich der Wiedervereinigung Deutschlands und einer friedensvertraglichen Regelung vorbehielten. Mit Inkrafttreten des Deutschlandvertrages wurde die Bundesrepublik Deutschland Mitglied der Nordatlantik-Pakt-Organisation (NATO) und der Westeuropäischen Union (WEU). Die DDR wurde am 14.5.1955 in die Warschauer-Pakt-Organisation aufgenommen.

Die Veränderung des weltpolitischen Szenariums führte Mitte der 50er Jahre zu einer wichtigen Revision der Deutschlandpolitik *Adenauers*. Denn in dem Maße, in dem den westlichen Alliierten an einem Arrangement mit der Sowjetunion möglicherweise ebensoviel gelegen war wie an einer positiven Lösung der deutschen Frage, war es besser, wenn diese nicht mehr auf die Tagesordnung von Ost-West-Konferenzen kam, weil das die Möglichkeit erleichtert hätte, Vereinbarungen auf Deutschlands Kosten zu treffen. Daher begann *Adenauer* seit 1956 selbst dafür einzutreten, daß auf Ost-West-Konferenzen die ↗ Abrüstung die primäre Frage sein müsse.

Die Bundesrepublik Deutschland erhob seit ihrer Konstituierung den Anspruch, die alleinige legitimierte staatliche Organisation des deutschen Volkes zu sein (Alleinvertretungsanspruch). Der »sog. DDR« wurde keine Staatsqualität zugebilligt, und sie wurde auch nicht völkerrechtlich anerkannt. Diplomatische Beziehungen mit der DDR durch dritte Staaten, mit denen die Bundesrepublik Deutschland offizielle Beziehungen unterhielt, wurden als unfreundlicher Akt angesehen, da er geeignet war, die Spaltung Deutschlands zu vertiefen (*Hallstein*-Doktrin).

Das Berlin-Ultimatum der Sowjetunion im November 1958 eröffnete eine neue Phase sowjetischer Deutschlandpolitik, die sich immer mehr auf die Zwei-Staaten-Theorie konzentrierte. Mit dem Bau der Berliner Mauer vom 13.8.1961 wurde die letzte freie Verbindung zwischen beiden Teilen der Nation zerschnitten. Die Bundesrepublik Deutschland war auf sich selbst zurückgeworfen, die Aussichten auf baldige Einheit schwanden, und die DDR konnte sich konsolidieren, denn erst die Mauer gab *Ulbricht* die volle Gewalt über die Bürger seines Staates. Die Spaltung Deutschlands hatte sich verfestigt.

III. *Status-Fragen und Aussöhnung*. Die beiden Machtblöcke hatten sich während der 60er Jahre immer mehr verfestigt. Auf der Grundlage des *Status quo* versuchte die Bundesregierung der Großen Koalition ab Ende 1966 mit den Staaten des Ostblocks bilaterale Abkommen über einen gegenseitigen Gewaltverzicht zu schließen, ohne dabei jedoch die Oder-Neiße-Linie anzuerkennen. Bei Beibehaltung des Alleinvertretungsrechts und der Nichtanerkennung versuchte die Regierung *Kiesinger/Brandt*, wenigstens menschliche Erleichterungen im gespaltenen Deutschland zu erreichen, wenn nicht die Forderung nach staatlicher Einheit kurzfristig erreichbar war. In der öffentlichen Diskussion in der Bundesrepublik Deutschland wurden Mitte der 60er Jahre immer stärker die offiziellen Positionen zur Wiedervereinigung in Frage gestellt. Der Wille nach Überwindung der Stagnation verband sich mit Plädoyers zur Anerkennung der DDR. Die deutsche Frage hatte sich von der Frage nach der Wiedervereinigung in den 50er Jahren zunehmend auf neue staatsrechtliche Annäherungsbemühungen und auf die Aussöhnung mit dem Osten verlagert.

Entscheidender deutschlandpolitischer Einschnitt nach Beendigung der Ära *Adenauer* war der Übergang zum Zwei-Staaten-Konzept in der Bundesrepublik Deutschland nach 1969. Auf der Grundlage des neuen internationalen Sicherheits- und Entspannungsklimas leitete die sozial-liberale Koalition 1969 ihre neue Ost- und Deutschlandpolitik ein. Am Anfang stand die Bereitschaft, von der Existenz der DDR als eines zweiten Staates in Deutschland auszugehen. Die Kernproblematik der Einheit der deutschen Nation rückte in den Vordergrund bei der Formel von den zwei deutschen Staaten einer Nation. Der am 21. 12. 1972 unterzeichnete Vertrag über die Grundlagen der Beziehungen zwischen beiden deutschen Staaten (Grundlagenvertrag) vollzog eine tiefgreifende Zäsur: den Übergang vom Alleinvertretungsanspruch der Bundesrepublik Deutschland zum Prinzip und Status der Gleichberechtigung zwischen beiden Staaten, verbunden mit dem Ziel, normale, gutnachbarliche Beziehungen zu entwickeln.

Neben den bilateralen Verträgen (Ostverträgen) mit der Sowjetunion (12.8. 1970), Polen (7. 12. 1970), Prag (11. 1. 1973) und dem Viermächteabkommen über Berlin vom 3. 9. 1971 kennzeichnet die KSZE-Schlußakte vom 1. 8. 1975 als wichtiger multilateraler Einschnitt die Deutschland- und Ostpolitik. Die deutsche Frage bleibt danach offen, da die Schlußakte kein europäischer Friedensvertrag mit bindender Wirkung für Deutschland ist.

Die Grundpositionen der Deutschlandpolitik sind seit dem Grundlagenvertrag gekennzeichnet durch einen auch formal festgehaltenen Dissens der beiden deutschen Staaten über die deutsche Nation. Das Bundesverfassungsgericht ist in der Begründung des Urteils vom 31. 7. 1973 auf diesen Gesichtspunkt der unterschiedlichen Auffassungen zur nationalen Frage eingegangen. Im Anschluß an den Grundlagenvertrag ist es zwischen den beiden deutschen Staaten zu einer Reihe von Verträgen und Vereinbarungen gekommen. Der Grundlagenvertrag hat ferner den Weg zur Aufnahme der Bundesrepublik Deutschland und der DDR in die ↗ Vereinten Nationen freigemacht. Der am 7. 10. 1975 zwischen der DDR und der Sowjetunion geschlossene Freundschaftsvertrag geht davon aus, daß die deutsche Frage im Gegensatz zur Auffassung der Bundesrepublik Deutschland nicht mehr offen ist.

IV. *Suche nach Identität.* Seit Abschluß des Grundlagenvertrages zeigten sich in den 70er Jahren und vehement seit Beginn der 80er Jahre politisch-kulturelle Akzentverschiebungen der deutschen Frage in der Bundesrepublik Deutschland. Die Debattenschwerpunkte und Argumentationsfiguren verwiesen schon sprachlich auf neue Akzentuierungen der deutschen Frage. Vor allem in der intellektuellen Öffentlichkeit wurden die veränderten Positionen artikuliert. Anerkennung und Selbstanerkennung, statusrechtliche Probleme, Fragen des Systemgegensatzes wandelten sich zu Selbstverständnisdebatten und Identitätsnachfragen. So wurden in der Bundesrepublik Deutschland erneut Fragen gestellt, von denen man im Zuge der Entwicklung der Bundesrepublik Deutschland zu einer westlichen Industriemacht beinahe hätte glauben können, sie stellten sich im westlichen Deutschland nicht mehr. Es ging um die Frage, wer wir eigentlich sind. Selbstdefinition und Selbstabgrenzung waren für die Westdeutschen nach dem

Grundlagenvertrag offenbar noch vager geworden. Gesucht wurde somit eine tiefer grundierte Identität, ein neuer Standort. Es ging um das Verhältnis der Bundesrepublik Deutschland zu sich selbst; es integrierte die Debatte über die deutsche Rolle in der internationalen Politik; die Frage nach den West-Ost-Koordinaten der Bundesrepublik zwischen Westbindung, Ostverbindung und Mittellage tauchte auf; Traditionslinien deutscher Standorte wurden mit der Identitätssuche aktiviert. Die sich dabei mit vermischenden kultur- und zivilisationskritischen Strömungen waren jedoch weniger Ausdruck des Unbehagens an der Nation als an der Verfaßtheit der bundesrepublikanischen Gesellschaft. Die Frage nach der Identität der Deutschen in den 80er Jahren bündelte somit kulturelle Dispositionen. Die deutsche Frage wurde zunehmend als Thema unserer ↗ Politischen Kultur diskutiert. Auch in der DDR gab es fast zeitgleich das Bemühen, das sozialistische Vaterland nicht nur mit gesellschaftspolitisch-ideologischem, sondern auch mit geschichtlichem Inhalt auszufüllen. Das Konzept der Herausbildung der sozialistischen Nation in der DDR, durch die die deutsche Frage endgültig beantwortet sei, wandelte sich.

V. *Die Schritte zur staatlichen Vereinigung. 1. Der innenpolitische Weg zur Einheit*: Die Ursachen des Umbruchs in der DDR sind vielschichtig. Die Unzufriedenheit der Menschen mit den Auswirkungen des alltäglichen Sozialismus, die wirtschaftlich desolate Situation, der Protest gegen weitere Beschränkungen der Reisefreiheit und der Menschenrechte gehörten sicher zu den entscheidenden Auslösern des Umbruchs. Ohne die von *Gorbatschow* in der Sowjetunion und dem gesamten Ostblock eingeleiteten Reformen des gesellschaftlichen und politischen Umbaus wäre die Gesamtentwicklung nicht möglich gewesen. Als Katalysatoren der revolutionsähnlich verlaufenden Wende in der DDR ist die Öffnung der ungarisch-österreichischen Grenze am 11. September 1989 und die Massenflucht von Tausenden DDR-Bürgern einzuordnen. Der Massenflucht folgte der Massenprotest: die Montagsdemonstrationen besonders in Leipzig, Dresden und Ost-Berlin. Mit dem Fall der Mauer am 9. November 1989 war der Weg zur staatlichen Einheit unumkehrbar. Die täglichen Übersiedlerzahlen und das enorme Wohlstandsgefälle zwischen West- und Ostdeutschland ließen zu einer schnellen Vereinigung keine Alternative, wollte man nicht deutsch-deutsche Grenzkontrollen aufrechterhalten. Es gab zwei Ziele innerhalb des Massenprotestes, die phasenverschoben nacheinander folgten: Zunächst sollte das SED-Regime gestürzt werden (»Wir sind das Volk!«); dann, als der Sog der Bundesrepublik sich vergrößerte und die Destabilisierung der DDR täglich zunahm, wurde daraus »Wir sind ein Volk!«.

Die in der ersten freien Volkskammerwahl in der DDR vom 18. März 1990 gewählte Koalitionsregierung unter der Führung von Ministerpräsident *Lothar de Maizière* hatte das Ziel, wieder einen föderativen Staatsaufbau zu schaffen und die Vereinigung nach Verhandlungen mit der Bundesrepublik auf der Grundlage des Art. 23 GG, der anderen Teilen Deutschlands den Beitritt ermöglicht, konkret vorzubereiten. *De Maizière* bestand darauf, Rechte und Ansprüche der DDR-Bürger im vereinten Deutschland durch verbindliche Festschreibungen zu sichern. Die Schaffung einer Währungs-, Wirtschafts- und Sozialunion (Staatsvertrag vom 18. Mai 1990) schuf die Voraussetzungen für die Übernahme des Prinzips der sozialen Marktwirtschaft und für die Verpflichtung der DDR auf die Ziele der Geld-, Fiskal-, Beschäftigungs- und Außenhandelspolitik der Bundesrepublik Deutschland. Dieser Staatsvertrag war die Vorstufe zur Vereinigung und trat am 1. Juli 1990 in Kraft. Der Wahlvertrag vom 3. August 1990 versuchte die Formen der politischen Legitimation in beiden deutschen Staaten aufeinander zu beziehen. Parteipolitische Interessen und verfassungsrechtliche Argumente waren jedoch nicht in Einklang zu bringen. Das Bundesverfassungsgericht verhinderte die Festschreibung einer einheitlichen Fünfprozentklausel für das gesamte Wahlgebiet. Auf der Grundlage dieses Wahlvertrages erklärte schließlich die Volkskammer der DDR am 23. August 1990 ihren Beitritt zum Geltungsbereich des Grundgesetzes nach Art. 23 GG mit Wirkung zum 3. Oktober. Doch die Volkskammer formulierte gleichzeitig Vorbehalte: Zunächst müßten die Verhandlungen zum Einigungsvertrag abgeschlossen und die außenpolitischen Fragen geklärt sein. Die rechtlichen Grundlagen für die Vereinigung wurden im »Vertrag zwischen der Bundesrepublik Deutschland und der Deutschen Demokratischen Republik über die Herstellung der Einheit Deutschlands – Einigungsvertrag« vom 31. August 1990 gelegt. Der Vertrag regelte die Inkraftsetzung des Grundgesetzes in der ehemaligen DDR zum 3. Oktober sowie die weitgehende Anwendung des Rechts der Bundesrepublik im Beitrittsgebiet.

2. *Der außenpolitische Weg zur Einheit*: Nach der deutschlandpolitischen Wende am 9. November 1989 war es an den Vier Mächten, zu den Ereignissen Stellung zu beziehen. US-Außenminister *Baker* erklärte, daß die Deutschen in West und Ost selbst über ihre Einheit zu entscheiden hätten, doch müsse ein vereinigtes Deutschland der NATO und der EG angehören. *Michail Gorbatschow* und *François Mitterrand* trafen sich Anfang Dezember 1989 in Kiew, beide warnten vor deutschen Alleingängen in der Frage der künftigen Beziehungen beider deutscher Staaten. Das Gleichgewicht und die historischen Bedingungen müßten berücksichtigt werden. Die Sowjetunion beharrte zunächst auf der Neutralität des vereinten Deutschlands, Polen bestand auf einer formalen Anerkennung der polnischen Westgrenze.

An diesen Positionen orientierte die Bundesregierung ihre diplomatischen Initiativen. Am 14. Februar 1990 bereits waren in Ottawa die Außenminister der Bundesrepublik Deutschland und der DDR sowie der Vier Mächte zusammengekommen. Dabei vereinbarten sie die Abhaltung von Konferenzen nach der Formel »Zwei-plus-Vier«, um die äußeren Aspekte der Herstellung der deutschen Einheit einschließlich der Fragen der Sicherheit der Nachbarn zu besprechen. Beim ersten »Zwei-plus-Vier«-Treffen am 5. Mai 1990 verständigten sich die Konferenzteilnehmer, den deutschen Einigungsprozeß zügig und ohne Zeitverlust auf den Weg zu bringen. Übereinstimmung herrschte über das Recht der Deutschen, eigenständig über ihre Vereinigung zu entscheiden, und darüber, daß die polnische Westgrenze in völkerrechtlich verbindlicher Form anzuerkennen sei. Die Debatte um die künftige bündnispolitische Einordnung Gesamtdeutschlands blieb zunächst ohne Ergebnis. Weitere bilaterale und internationale Gespräche folgten. Der entscheidende Durchbruch wurde bei dem Besuch *Helmut Kohls* in der Sowjetunion, am 16. Juli 1990, erzielt: Deutschland sollte nach seiner Eini-

gung die volle Souveränität erhalten und hätte das Recht, frei über seine Bündniszugehörigkeit zu entscheiden.
Mit dieser Vereinbarung gab die Sowjetunion ihren bisherigen Widerstand gegen die NATO-Mitgliedschaft Deutschlands auf, die außenpolitischen Probleme der Wiedervereinigung waren damit gelöst. Die Regierungen der Westmächte hatten zuvor bereits versichert, daß sie einem Vertrag unter der Bedingung der NATO-Zugehörigkeit Deutschlands zustimmen würden. Am 19. September 1990 unterzeichneten die sechs Außenminister der »Zwei-plus-Vier«-Runde den »Vertrag über die abschließende Regelung in bezug auf Deutschland«. Mit der Aussetzung ihrer Sonderrechte zum Zeitpunkt der staatlichen Wiedervereinigung der Deutschen, dem 3. Oktober 1990, trat der Vertrag noch vor der Ratifizierung durch die einzelnen Parlamente der vier Mächte in Kraft.

VI. *Die innere Einheit*: Den Grundstein zur Vereinigung legte die Mehrheit der 16 Millionen Bürger der ehemaligen DDR. Massenflucht, Massenprotest und Vereinigungswille waren die Stationen der friedlichen Revolution. Die Volkskammer und schließlich auch die Bundestagswahl sind als Referenden für die deutsche Einheit zu werten. Die staatliche und rechtliche Einheit ist vollzogen. Die gesellschaftspolitische Vereinigung steht noch aus. Soziale, wirtschaftspolitische und kulturelle Spannungen kennzeichnen die innere Verfassung des vergrößerten Deutschlands. Die Kosten der Einheit verdrängen im öffentlichen Bewußtsein die Vorteile der Vereinigung. Kaufmännisch kühl nehmen die Westdeutschen den Zusammenbruch der für die Ostdeutschen vertrauten Ordnung hin. Die sich fremd gewordenen West- und Ostdeutschen brauchen vermutlich eine ganze Generation, um sich wieder näherzukommen. Dennoch: Nie zuvor sind in der Geschichte zwei so gegensätzliche politische Systeme nach vier Jahrzehnten der Trennung so reibungslos und in so atemberaubendem Tempo miteinander verbunden worden. Erst die kommende Generation wird auf die Episode des zweigeteilten Deutschlands zurückblicken und die doppelte Geschichte als deutsche Geschichte auf dem Weg zur Einheit umfassend in ihrem Geschichtsbewußtsein verankern.

Karl-Rudolf Korte/
Werner Weidenfeld

Lit.: *Bender, P.* 1986: Neue Ostpolitik. Vom Mauerbau bis zum Moskauer Vertrag, München. *Bracher, K. D.* u.a. (Hrsg.) 1982–1987: Geschichte der Bundesrepublik Deutschland in fünf Bänden, Stuttgart/Mannheim. *Craig, G.* 1982: Über die Deutschen, München. *Garton Ash, T.* 1993: Im Namen Europas. Deutschland und der geteilte Kontinent, München. *Glaeßner, G.* 1992: Der schwierige Weg zur Demokratie. Vom Ende der DDR zur deutschen Einheit, Opladen. *Hillgruber, A.* ⁴1983: Deutsche Geschichte 1945–1982. Die deutsche Frage in der Weltpolitik, Stuttgart. *Jesse, E./Mitter, A.* (Hrsg.) 1992: Die Gestaltung der deutschen Einheit, Bonn. *Korte, K.-R.* 1990: Der Standort der Deutschen. Akzentverlagerungen der deutschen Frage in der Bundesrepublik seit den siebziger Jahren, Köln. *Korte, K.-R.* 1994: Die Chance genutzt? Die Politik zur Einheit Deutschlands, Frankfurt a. M./New York. *Liebert, U./Merkel W.* (Hrsg.) 1991: Die Politik zur deutschen Einheit, Opladen. *Meuschel, S.* 1992: Legitimation und Parteiherrschaft in der DDR, Frankfurt/M. *Schäuble, W.* 1991: Der Vertrag. Wie ich über die deutsche Einheit verhandelte, Stuttgart. *Teltschik, H.* 1991: 329 Tage. Innenansichten der Einigung, Berlin. *Weidenfeld, W.* 1982: Die Frage nach der Einheit der deutschen Nation, München. *Weidenfeld, W.* (Hrsg.) ²1985: Die Identität der Deutschen, München. *Weidenfeld, W.* ²1990: Der deutsche Weg, Berlin. *Weidenfeld, W.*

(Hrsg.) 1990: Die Deutschen und die Architektur des Europäischen Hauses. Materialien zu den Perspektiven Deutschlands, Köln. *Weidenfeld, W.* (Hrsg.) 1993: Deutschland. Eine Nation – doppelte Geschichte, Köln. *Weidenfeld, W./Korte K.-R.* (Hrsg.) 1993: Handbuch zur deutschen Einheit, Frankfurt a.M./New York. *Weidenfeld, W./Zimmermann, H.* (Hrsg.) 1989: Deutschland-Handbuch. Eine doppelte Bilanz 1949–1989, München.

Diktatur

I. Herrschaft einer Person, Gruppe, Partei oder Klasse, die die Macht im Staat monopolisiert hat und sie unbeschränkt (oder ohne große Einschränkung) ausübt.

Die historisch konkreten Erscheinungsformen der Diktatur (D.) sind äußerst vielfältig und nur schwer untereinander wie gegenüber anderen Herrschaftsformen des Autoritarismus (↗ Autoritäre Regime, ↗ Einparteisystem etc.) abzugrenzen. Sie reichen von der orientalischen Despotie, der griechischen Tyrannis (als der entarteten Form der Monarchie) und der römischen D. über die D. der mittelalterlichen Stadtstaaten und Renaissance-Fürsten bis zu den D. während, im Gefolge und in Reaktion der bürgerlichen Revolution *(D. Cromwells, Robespierres, Napoleons I.)*, der sozialistischen Revolution (Diktatur des Proletariats) und der Dekolonisierung (etwa die Einparteiregime Afrikas und Asiens seit den 60er Jahren). Sie reichen ihrem Charakter nach von der D. als zeitlich befristeter Krisen- und Notstandsregierung (z. B. die römische D. bis *Sulla*, die »kommissarische« D. des Weimarer Reichspräsidenten, diktatorische Macht aufgrund des *War Measures Act* in Großbritannien) über den Cäsarismus, Bonapartismus und *caudillismo* bis zur »totalitären D.« des ↗ Faschismus und ↗ Stalinismus.

II. Im Gegensatz zum liberalen »Verfassungsstaat der Neuzeit« *(C.J. Friedrich)* ist die moderne D. insbesondere von den folgenden Strukturmerkmalen gekennzeichnet: durch 1) die »Monopolisierung der Staatsgewalt« *(Heller)* und damit die Beseitigung der horizontalen wie vertikal/föderalen Gewaltenteilung und Machtdiffusion, 2) die Abschaffung der Opposition, die (völlige oder weitgehende) Aufhebung des gesellschaftlichen und politischen ↗ Pluralismus, der Pressefreiheit und damit durch die Aufhebung der Kontrolle politischer Herrschaft, 3) die Ersetzung des ↗ Rechtsstaates durch den Polizeistaat und damit den Verlust von *Habeas-Corpus*-Rechten, *due process* und unabhängiger Gerichtsbarkeit. Während diese drei Charakteristika modernen D. insgesamt gemeinsam sind, treten im Typ der »totalitären D.«, den *Franz Neumann* (1967, 1977) insbesondere aus der Herrschaftspraxis des Nationalsozialismus entwickelte, als weitere Merkmale hinzu: 4) die Existenz einer monopolistischen Staatspartei, die in industriellen Gesellschaften 5) den Übergang zur totalitären Kontrolle u.a. durch die folgenden Herrschaftstechniken ermöglicht: a) das Führerprinzip, b) die Gleichschaltung, c) die Schaffung »gestufter Eliten«, um die »Kontrolle der Massen von innen zu ermöglichen und die Manipulation nach außen zu verschleiern«, und den Dualismus von Partei- und Staatsbürokratie, d) die Vereinzelung und Isolierung des einzelnen, e) die Überführung von Kultur in Propaganda sowie 6) den Terror in Form der »nicht berechenbare(n) Anwendung physischer Gewalt als permanenter Drohung gegen jeden« *(Neumann* 1967: 235 f.).

III. Die Frage nach den sozialen Ursachen moderner D. läßt sich differenzieren zwischen D., die die Aufrechterhaltung des sozialökonomischen *Status quo* oder der herrschenden gesellschaftlichen Kräfte verfolgen, und D., die auf den Strukturwandel der Gesellschaft, auf Innovation und Entwicklung zielen, die Unterscheidung also zwischen »Beharrungs- und Entwicklungsdiktaturen«.

Barrington Moore (1969) hat im Anschluß an *Wittfogel* die »soziale(n) Ursprünge von Diktatur und Demokratie« auf die unterschiedlichen Reaktionen der grundbesitzenden Oberklassen und der Bauern auf die Erfordernisse einer kommerziellen, auf die Marktproduktion zielenden Landwirtschaft zurückgeführt. Entsprechend der Verhaltensweise der Agrarbesitzer macht *Moore* drei Wege aus der vorindustriellen in die moderne Welt aus: Der erste führte über die bürgerlichen Revolutionen und die Verbindung von Großgrundbesitz und Gewerbe- und Industriebürgertum der Städte zur kapitalistischen Demokratie (Großbritannien, Frankreich, USA), der zweite über eine »Revolution von oben« in die faschistischen D. von rechts (Deutschland, Japan), der dritte über die Bauernrevolution von unten in die kommunistischen D. von links (UdSSR, China).

In anderen Interpretationen geht es den D. unter krisenhaften Bedingungen um den Schutz des Privateigentums und um den Machterhalt gefährdeter oder absteigender Klassen; sie grenzen sich von den D. ab, in denen bislang rechtlose oder ausgebeutete Klassen radikale Veränderungen und gesellschaftliche Modernisierung (Entwicklungsdiktatur) anstreben, z. B. durch die Vergesellschaftung der Produktionsmittel (Diktatur des Proletariats) und durch die politische und soziale Teilhabe (Erziehungsdiktatur).

Nach den gleichen Merkmalen wird zwischen Militärregimen unterschieden: nicht-partizipatorische, sog. *exclusionary regimes*, zum Schutze der privilegierten Oberschicht und zur Durchsetzung eines orthodoxen Wirtschaftsliberalismus und sog. *inclusionary regimes*, wo das Militär die Unterprivilegierten für reformistische Entwicklungsziele zu mobilisieren versucht.

IV. Nicht erst durch den Zusammenbruch des realexistierenden Sozialismus in der vormaligen Sowjetunion und in Ost-Mittel-Europa Ende der 80er Jahre kam es weltweit zur Öffnung und Liberalisierung diktatorischer oder autoritärer Herrschaft. Vorangegangen waren seit Mitte der 70er Jahre in Südeuropa, in Lateinamerika Transformationsprozesse, die zur Demokratisierung der dortigen politischen Systeme führten. Die Geschlossenheit nach innen ließ die Regime zusehends lern- und wandlungsunfähig werden und führte teils zur (tatkräftig von außen angestoßenen) Selbsttransformation, teils zur Implosion der Diktaturen wie vor allem im vormaligen »Ostblock«. Die ↗ Systemwechsel bedeuten indes nicht automatisch auch ein Weniger an Gewalt; zudem ist aufgrund der markanten Ungleichzeitigkeiten wirtschaftlicher, sozialer und politischer Entwicklung fraglich, ob pluralistische und demokratische Herrschaftsformen die einstmals diktatorischen oder autoritären Regime werden dauerhaft ablösen können.

Rainer-Olaf Schultze

↗ Totalitarismus/Totalitarismustheorie.

Lit.: *Hallgarten, G. W. F.* 1966: Dämonen oder Retter? Eine kurze Geschichte der Diktatur seit 600 v. Chr., München. *Heller, H.* 1930: Rechtsstaat oder Diktatur?, Tübingen. *Moore, B. jr.* 1969: Soziale Ursprünge von Diktatur und Demokratie, Frankfurt/M. (engl. 1966). *Neumann, F.* 1967: Demokratischer und autoritärer Staat. Studien zur politischen Theorie, Frankfurt a. M./Wien, 224–247. *Neumann, F.* 1977: Behemoth. Struktur und Praxis des Nationalsozialismus 1933–1944, Köln/Frankfurt a. M. (engl. 1942/1944). *Schmitt, C.* 1964: Die Diktatur. Von den Anfängen des modernen Souveränitätsgedankens bis zum proletarischen Klassenkampf, Berlin (zuerst 1928). *Wittfogel, K. A.* 1962: Die orientalische Despotie, Köln/Berlin (engl. 1957).

Direkte Demokratie

Der dem Demokratiebegriff zugrunde liegende Gedanke ist die Herrschaft des Volkes, die Volkssouveränität. Direkte Demokratie (d. D.) bezeichnet die unmittelbare Herrschaft des Volkes – im Unterschied zur repräsentativen Demokratie, in der Herrschaft durch vom Volk gewählte Repräsentanten (↗ Repräsentation) ausgeübt wird. Konzeptionen der d. D. – etwa das reine Rätemodell – gehen von der prinzipiellen Identität von Regierenden und Regierten aus. Dem Volk, gleich ob in Volksversammlungen, *town meetings* oder Basisgruppen in Wohnnachbarschaften oder Betrieb organisiert, wird (zumindest die Vermutung) totale(r) Kompetenzenzuständigkeit in allen Angelegenheiten zugesprochen: Die *volonté générale,* der Allgemeinwille des Volkes, stellt sich gleichsam automatisch immer wieder her. Dies hat die ständige Teilnahme aller Bürger an allen Entscheidungen zur Voraussetzung. Dabei ist der Bürger ein *homo politicus*; eine Unterscheidung von Staat und Gesellschaft, die sich in der Unterscheidung von *citoyen* und *bourgeois* niederschlägt, ist nicht möglich (↗ Bürgertum). Der Bürger überwindet sein egoistisches Interesse bzw. eine Gruppe von Bürgern ihre partikularistischen Interessen immer wieder zugunsten des ↗ Gemeinwohls. Die Bürger treffen ihre Entscheidungen »an der Basis«, in Volksversammlungen oder Basisgruppen und durch Volksbegehren und Volksabstimmungen. Soweit es überhaupt aus Gründen, die mit der Größe eines Gemeinwesens zusammenhängen, ein Parlament mit gewählten Delegierten geben muß, kommt diesem kein Eigengewicht zu, es ist vielmehr Exekutor der *volonté générale.* Um die Verselbständigung der Parlamentarier zu einer politischen ↗ Elite mit Eigengewicht zu vermeiden, werden diese mit Hilfe des imperativen Mandats, des Rotationsprinzips und des *recall* und durch direkte Volkswahl an die Basis gebunden. Auf diese Weise soll die Identität von Regierenden und Regierten immer wieder hergestellt werden. Direkte Demokratie läuft also auf (tendenzielle) Aufhebung von ↗ Herrschaft hinaus. Demokratie wird als gesellschaftliches Prinzip postuliert und nicht – wie in Konzeptionen der repräsentativen Demokratie – auf die politische und staatliche Sphäre begrenzt.

In der Verfassungswirklichkeit eines Landes sind Konzeptionen der d. D. bisher nicht verwirklicht worden, auch nicht das Rätemodell. Soll d.D. überhaupt funktionieren, so ist dies nur in einem relativ kleinen und übersichtlichen (Stadt-)Staat denkbar, in dem eine sozial homogene Bevölkerung lebt. Selbst *Rousseau,* der Vater der direkten, der klassischen Demokratietheorie, empfahl den Bewohnern von Korsika eine gemischte Verfassung – allein schon wegen der Größe des Landes. Auch sozialistische Theoretiker waren Konzeptionen der d. D. gegenüber skeptisch. So sind die 1868–72 veröffentlichten Vorschläge des Sozialdemokraten *Moritz Rittinghausen* (der das Repräsentativsystem für eine Entartung hielt), die direkte Gesetzgebung durch das Volk einzuführen, auf die scharfe Kritik *Karl Kautskys* gestoßen; sie wurden in seiner eigenen Partei kaum rezipiert. Es liegt auf der Hand (so die Kritik von Vertretern der Pluralismustheorie an Theorien der d. D.), daß direkt-demokratische Verfahren gerade angesichts der Entwicklung moderner Kommunikationsmittel und Wahlkämpfe leicht in Demagogie ausarten und cäsaristische Züge annehmen könnten (↗ Autoritäre Regime). Dennoch ist unbestritten, daß alle Verfassungen und Verfassungswirklichkeiten mehr oder minder stark Elemente der d. D., also eine plebiszitäre Komponente enthalten: Diese reichen von *town meetings* in Neu-England über die Volkswahl des Reichspräsidenten nach der Weimarer Reichsverfassung bis zur Volksabstimmung nach dem Grundgesetz, die nur auf einen bestimmten, historisch inzwischen überholten Fall begrenzt ist. *Gerhard Leibholz* gilt als Vertreter einer modifizierten Konzeption d. D.: Er sieht in der Entwicklung zum Parteienstaat die »rationalisierte Erscheinungsform der plebiszitären Demokratie«. Danach ist der Parteienstaat gleichsam Ersatz für die d. D., die jeweilige Parteienmehrheit in Parlament und Regierung stelle die *volonté générale* dar.

Peter Lösche

↗ Demokratie/Demokratietheorie.

Lit.: *Fetscher, I.* [7]1970: Die Demokratie, Stuttgart. *Fraenkel, E.* [7]1979: Deutschland und die westlichen Demokratien, Stuttgart. *Jung, O./Evers, T.* u.a. (Hrsg.) 1991: Direkte Demokratie in Deutschland, Bonn. *Kautsky, K.* [2]1893: Der Parlamentarismus, die Volksgesetzgebung und die Sozialdemokratie, Stuttgart. *Leibholz, G.* 1958: Strukturprobleme der modernen Demokratie, Karlsruhe. *Rittinghausen, M.* [5]1893: Die direkte Gesetzgebung durch das Volk, Zürich.

Einkommenspolitik

I. Einkommenspolitik (E.) bezeichnet die direkte staatliche Einwirkung auf die Entwicklung der Einkommen. Die Politik kann an Löhnen und/oder an Preisen ansetzen. Empirisch ist dabei Einkommenspolitik überwiegend staatliche Steuerung der Lohnentwicklung. Das ausgewiesene Ziel der Politik ist die Verringerung oder Beseitigung von Inflation. Der Politik liegt in den meisten Fällen die Überlegung zugrunde, daß Preisauftrieb durch übermäßiges Steigen der Kosten *(cost-push-inflation)* und dort wiederum durch Lohnkostensteigerungen *(wage-push-inflation)* entstehe.

E. ist hingegen sinnlos, wenn die Ursache von Inflation nicht im (Lohn-)Kostendruck gesehen wird, sondern beispielsweise in einer zu großen umlaufenden Geldmenge oder in politisch oder organisatorisch hervorgerufenen Störungen des ansonsten funktionierenden Marktes. Regierungen, deren wirtschaftspolitische Grundüberzeugungen durch keynesianische Überlegungen geprägt sind, werden deshalb eher zum Instrument der E. greifen als Regierungen mit einer stärker neoklassischen/monetaristischen Ausrichtung.

1. Verschiedene Typen der E. lassen sich auf einem Kontinuum ansiedeln. Ein Extrempol wird durch die vollkommene und verbindliche staatliche Regelung der Einkommen ohne Einbeziehung der Arbeitgeber und Arbeitnehmer in den Prozeß der Politikformulierung und -durchführung (gesetzliche Einkommenspolitik, Lohn-/Preiskontrollen) gebildet. Der andere Extrempol wird vom »Überredungsdirigismus« (*von Beyme*), die »*moral suasion*«, eingenommen. Hier versuchen staatliche Stellen, auf die Politik der Tarifpartner durch Informationen, Argumente, Appelle und Drohungen Einfluß zu nehmen. Vor allem in den 70er Jahren ist eine Zwischenform wichtig geworden. Sie ist dadurch gekennzeichnet, daß die Teilnahme an der Politik für die privaten Akteure freiwillig ist – die Lohn- und Preisnormen der Politik können nicht durch gesetzliche Vorschriften verwirklicht werden – und daß diese freiwillige Selbstbeschränkung motiviert wird durch wirtschaftliche, organisatorische oder sozialpolitische Vorteile, die sonst nicht in dieser Weise für die privaten Akteure erhältlich wären. Diese Form der E. wurde als kooperativ, konzertiert, tripartistisch, sozialpartnerschaftlich oder korporatistisch bezeichnet (vgl. auch *Wilensky/Turner* 1987).

2. Im Anschluß an *Braun* (1986) und *Flanagan* u.a. (1983) lassen sich vier Phasen der E. in westlichen Ländern unterscheiden: (1) die unmittelbaren Nachkriegsjahre, in denen es darum ging, die Umstellungsphase der Volkswirtschaften durch kurzzeitige Lohn- und Preiskontrollen zu flankieren. (2) In den 60er Jahren wurde versucht, die preistreibenden Wirkungen staatlicher Nachfragesteuerung durch E. in Grenzen zu halten. Dieser Versuch gilt als weitgehend gescheitert. (3) Bei den vor allem nach dem Ölpreis-Schock von

1973 einsetzenden E. der »zweiten Generation« sollten die Fehler der Vergangenheit vermieden werden. Diese hatten u.a. darin bestanden, die Tarifpartner und besonders die ↗ Gewerkschaften nicht eng genug in die Politik einzubinden. Deshalb wurde nunmehr mit kooperativen Formen der E. experimentiert, die auch für Gewerkschaften Anreize zum Mitmachen boten. (4) Ende der 70er Jahre wurde auf dem Hintergrund des Stimmungswechsels in den Wirtschaftswissenschaften vom ↗ Keynesianismus zum ↗ Monetarismus auch der Erfolg der zweiten einkommenspolitischen Generation eher gering gewertet. In einigen Ländern vollzog sich die monetaristische Wende und damit die Absage an E. In anderen Ländern war, vor allem während der von den USA ausgehenden Hochzinsphase, die Chance keynesianischer Steuerung verringert (*Scharpf* 1987). Dies hat andererseits nicht verhindert, daß in einigen Ländern korporatistische E. fortgeführt (Finnland) oder sogar erst eingeführt wurden (Australien).

Die vier Phasenwechsel wurden in der Bundesrepublik Deutschland nur sehr abgeschwächt registriert. Dort hatten sich seit jeher die Gewerkschaften lohnpolitisch stark zurückgehalten, so daß formelle E. zunächst gar nicht nötig war. Die Versuche einer korporatistischen Steuerung seit 1966 stießen rasch auf organisatorische und politische Probleme, so daß seit Beginn der 70er Jahre wieder zu den Praktiken der Vorjahre zurückgegangen wurde. Wenn Politikabstimmung stattfand, so war dies informell. Darüber hinaus konnten die Akteure die Handlungen ihrer Gegenspieler gut kalkulieren. Insbesondere die Gewerkschaften haben nicht zum lohnpolitischen Angriff geblasen, sondern ihre über Jahrzehnte praktizierte Lohnpolitik ohne weitreichende Umverteilungsziele fortgesetzt.

II. Die politikwiss. Diskussion hat besonders folgende Fragen aufgegriffen: (1) Unter welchen ökonomischen, organisatorisehen und politischen Bedingungen entwickeln sich welche Formen der E.? (2) Welche Probleme entstehen bei der Durchführung der E. bei den Akteuren? (3) Welche ökonomischen Folgen hat E.? Wie tauglich ist sie, um Volkswirtschaften politisch zu steuern? Das Forschungsinteresse hat sich dabei besonders auf die »zweite Generation« der Politiken und deren Fortsetzung und eventuelle Ablösung durch monetaristische Steuerung gerichtet und zu folgenden Ergebnissen geführt:

1. Die Entstehung einer E. hängt mit einem wirtschaftlichen Problem zusammen, zu dessen Therapie der Regierung wie den Gewerkschaften eine Verhinderung oder Kontrolle des Lohnwachstums sinnvoll erscheint. Gewerkschaften sind eher bereit, an einer freiwilligen Konzertierung mitzuwirken, wenn sie aufgrund bisheriger Erfahrung davon ausgehen können, daß die Verwirklichung der vereinbarten Norm keine schwerwiegenden innerorganisatorischen Probleme auslöst (Mitgliederrevolten, Austritte, lohnpolitische Opposition der Basis gegen die Führung) und wenn ihre eigenen organisatorischen Probleme durch die Politik eventuell auch verringert werden (Organisationshilfen, staatliche Stützung der Organisation; vgl. *Streeck* 1982). In diesem Zusammenhang erwies sich oft ein hoher Grad der auch informell zustande gebrachten Konzentration der Entscheidungsmacht an der Verbandsspitze (Zentralisierung) als wichtige Voraussetzung (vgl. auch *Marks* 1986, *Crouch* 1985, *Scharpf* 1987, *Lange* 1984). Im Anschluß an *Olson* (1982) wurde argumentiert, daß umfassende (große und zentralisierte Industrie- oder Massen-)Gewerkschaften die makroökonomischen Folgen ihrer Politik eher berücksichtigen als kleine Gewerkschaften, die nur Arbeitnehmer einer Region, eines kleinen Beschäftigungsbereiches, einer Berufs- oder Statusgruppe organisieren. Umfassende Gewerkschaften würden deshalb schon von sich aus zu einer konzer-

tierten Lohnpolitik neigen. Ferner war hilfreich, wenn außer den angestrebten wirtschaftlichen Zielen auch andere Ziele im Politikverbund mitverwirklicht werden konnten (z. B. mehr Sozialausgaben, Veränderung der Steuerstruktur, Industriestrukturpolitiken, Mitbestimmung). Schließlich waren enge politische Beziehungen zwischen Gewerkschaften und Regierungen einer Konzertation förderlich (z. B. wenn eine sozialdemokratisch orientierte Gewerkschaft mit einer sozialdemokratischen Regierungspartei über das einkommenspolitische Paket verhandeln konnte).

2. Durchführungsprobleme ergaben sich besonders, wenn aus unterschiedlichen Gründen die wirtschaftlichen Ziele der Politik nicht erreicht wurden. Wenn zudem die Regierung bei kooperativen Politiken nicht die zusätzlichen Leistungen für gewerkschaftliche Organisationen und Mitglieder erbrachte, konnte dies die Kooperationsmotivation der Gewerkschaftsführungen verringern. Diese wurde auch geringer, wenn – was eher selten der Fall war – sich breite Opposition gegen die zu geringen Lohnsteigerungen formierte oder wenn – was häufiger vorkam – sich aufgrund der oft auch angestrebten nivellierenden Wirkungen der zentralen Politik einzelne Arbeitnehmergruppen gegen die relative Verschlechterung ihrer Position in der Lohnhierarchie wandten. Schließlich mußte eine zentrale Randbedingung für die Politik erfüllt sein: Wenn die ökonomischen Probleme für die Arbeitnehmerschaft derart drückend waren (hohe ↗ Arbeitslosigkeit), daß sie selbst ohne jede weitere äußere Einwirkung in ihren Forderungen zurücksteckte, bedurfte es keiner weiteren Abstimmung und eventueller Kompensationsgeschäfte mit den anderen Akteuren. In dieser Situation haben auch Arbeitgeber schon die Kooperation aufgekündigt (vgl. *Windolf* 1989).

3. Die wirtschaftlichen Effekte der E. sind umstritten. Untersuchungen einzelner Politiken führten immer wieder zum Ergebnis, daß diese ihre ausgewiesenen Ziele – Preisstabilität durch Verminderung des Lohnkostendruckes – nicht oder nur bedingt erreichen konnten (*Ulman/Flanagan* 1971; *Meyer-Thoms* 1978; *OECD* 1980; *Flanagan* u.a. 1983; *Armingeon* 1983). E. ist lediglich als flankierendes Instrument zu weiteren abgestimmten staatlichen Wirtschaftspolitiken sinnvoll; die eigenständige Steuerungskapazität der Politik ist gering (vgl. auch *Braun* 1986).

Die Ergebnisse sehen deutlich anders aus, wenn E. in ihrem Zusammenhang mit anderen Politiken und Einstellungen der Akteure betrachtet wird. Während E. alleine nur geringe Unterschiede macht, erklärt der Kontext, zu dem auch kooperative E. zählt, sehr viele der Länderunterschiede. Wo kooperative Beziehungen zwischen den Akteuren der Arbeitsbeziehungen bestehen, die sich oft auch in niedrigem Streikvolumen (↗ Streik) und häufigen freiwilligen E. ausdrücken, entwickeln sich die Indikatoren für wirtschaftlichen Erfolg positiver. Dies gilt besonders für das Ziel der Vollbeschäftigung (*Bruno/Sachs* 1985, 217–247; *Schmidt* 1988).

Klaus Armingeon

Lit.: *Armingeon, K.* 1983: Neo-korporatistische Einkommenspolitik. Eine vergleichende Untersuchung von Einkommenspolitiken in westeuropäischen Ländern in den 70er Jahren, Frankfurt/M. *Blyth, C. A.* 1979: The Interaction between Collective Bargaining and Government Policies in Selected Member Countries, in: *OECD* (Hrsg.): Collective Bargaining and Government Policies, Paris, 59–99. *Braun, A. R.* 1986: Wage Determination and Incomes Policy in Open Economies, Washington, D. C. *Bruno, M./Sachs, J. D.* 1985: Economics of Worldwide Stagflation, Cambridge, Mass. *Crouch, C.* 1985: Conditions for Trade Union Wage Restraint, in: *Lindberg, L. L./Maier, Ch.* (Hrsg.): The Politics of Inflation and Economic Stagnation, Washington, D. C., 105–139. *Edelman, M./Fleming, R. W.* 1965: The Politics of Wage-Price Decisions. A Four Country Analysis, Urbana. *Flanagan, R. J./Soskice, D. W./Ulman, L.* 1983: Unionism, Economic Stabilization, and Incomes Policies: European Experiences, Washington, D. C. *Lange, P.* 1984: Unions, Workers and Wage Regulation: The Rational Bases of Consent, in: *Goldthorpe, J.* (Hrsg.): Order and Conflict in Contemporary Capitalism, Oxford, 98–123. *Lehmbruch, G.* 1984: Concertation and the Structure of Corporatist Networks, in: *Goldthorpe, J.* (Hrsg.): Order and Conflict in Contemporary Capitalism, Oxford, 60–80. *Marin, B.* 1982: Die Paritätische Kommission, Wien. *Marks, G.* 1986: Neocorporatism and Incomes Policy in Western Europe and North America, in: Comparative Politics 18, 253–278. *Meyer-Thoms, G.* 1978: Lohn- und Preiskontrollen als Instrument der Stabilitätspolitik, Bochum. *OECD* 1980: Incomes Policy in Theory and Practice, in: *OECD:* Economic Outlook, Occasional Studies, 33–50. *Olson, M.* 1982: The Rise and Decline of Nations. Economic Growth, Stagflation, and Social Rigidities, New Haven/London. *Scharpf, F. W.* 1987: Sozialdemokratische Krisenpolitik in Europa, Frankfurt a. M./New York. *Schmidt, M. G.* 1988: The Politics of Labour Market Policy. Structural and Political Determinants of Rates of Unemployment in Industrial Nations, in: *Castles, F. G./Lehner, F./Schmidt, M. G.* (Hrsg.): Managing Mixed Economies, Berlin/New York, 4–53. *Streeck, W.* 1982: Organizational Consequences of Neo-Corporatist Co-operation in West German Labour Unions, in: *Lehmbruch, G./Schmitter, Ph. C.* (Hrsg.): Patterns of Corporatist Policy-Making, London, 29–81. *Ulman, L./Flanagan, R. W.* 1971: Wage Restraint. A Study of Incomes Policies in Western Europe, Berkeley/Los Angeles/London. *Wilensky, H. L./Turner, L.* 1987: Democratic Corporatism and Policy Linkages, Berkeley. *Windolf, P.* 1989: Productivity Coalitions and the Future of Capitalism, in: Industrial Relations 28, 1–20.

Einparteisystem

Klassifikatorischer Begriff aus der Lehre von den ↗ Parteiensystemen, der nach dem Kriterium der Zahl, jedoch unter Berücksichtigung weiterer Kriterien, wie Ideologie, Koalitionsbildung, Wahlsystem, Einparteisysteme (E.) von Zwei-, Mehr- und Vielparteiensystemen unterscheidet. *S. Neumann* (1956) hat im Gegensatz zwischen E. und Vielparteiensystem einen fundamentalen Unterschied zwischen ↗ Diktatur und ↗ Demokratie gesehen. Im Unterschied zu demokratischen Wettbewerbssystemen existiert in E. auch dann, wenn realiter mehrere Parteien auftreten, keine freie und offene Parteienkonkurrenz. Ehemals konkurrierende Parteien sind entweder als Satellitenparteien oder Blockparteien gleich- bzw. gänzlich ausgeschaltet. Im Einparteistaat sucht die »Staatspartei« oder Einheitspartei alle gesellschaftlichen Gruppen entweder nach organischen (ständischen, völkischen), nach klassenpolitischen oder nationalrevolutionären Prinzipien und unter einem bestimmten – meist autoritären – Führer bzw. Führungsprinzip zu erfassen, mit einer allgemeinverbindlichen Ideologie zu indoktrinieren und den von ihr gelenkten Staatsapparat in den Dienst dieser Ideologie zu stellen. Die wichtigsten historischen Beispiele für E. sind die KPdSU in der UdSSR (↗ Kommunismus, ↗ Marxismus-Leninismus) und die NSDAP in Deutschland (↗ Faschismus).

Alf Mintzel

Lit.: ↗ Parteiensystem.

Elite / Elitetheorie

I. Der Elitebegriff ist wissenschaftlich sehr umstritten. Dies erklärt sich daraus, daß er zum Gleichheitsprinzip moderner demokratischer Gesellschaften in einem Widerspruch zu stehen scheint. Entsprechend groß ist die Uneinigkeit unter den Sozialwissenschaftlern, was unter einer Elite (E.) zu verstehen sei. Eine Übereinstimmung zeichnet sich nur hinsichtlich dreier Merkmale ab: daß es sich um eine Minderheit handelt, die dem Rest der Gesellschaft überlegen ist und durch Auslese zustande kommt (*Endruweit* 1979: 34). Diese wenig aussagekräftige Definition wirft sogleich die Frage auf, welcher Art die Auslese ist, die zur Elitebildung führt, auf die drei Antworten gegeben wurden: Als E. bezeichnet zu werden verdienen jene, die durch ihr Verhalten am glaubwürdigsten die Leitwerte eines Gemeinwesens repräsentieren; die Bezeichnung steht jenen zu, die sich durch ihre Fähigkeiten und Leistungen der Gemeinschaft als besonders nützlich erweisen, oder jenen, denen es aufgrund ihres Durchsetzungsvermögens gelungen ist, einen überlegenen Einfluß auf und über ihre Mitbürger zu erlangen. Dementsprechend wird in der Literatur zwischen Werteliten, Funktionseliten und Machteliten unterschieden (*Jaeggi* 1967: 97ff.; *Schluchter* 1963).

Diese drei Elitetypen lassen sich durch mehrere Kriterien voneinander abgrenzen, etwa durch ihre Wirkung und, damit verbunden, das ihnen jeweils zugrunde liegende Gesellschaftsmodell.

Der von Werteliten ausgehende Einfluß ist nicht institutionell erfaßbar und formalisierbar. Er besteht, streng genommen, allein in der Vorbildwirkung, der Ausstrahlung, die ihr Verhalten als Orientierungsmaßstab und Bestätigung anerkannter Wertemuster für die anderen hat. Im Begriff der Wertelite schwingt die Annahme mit, es bedürfe eines Minimums von allen Mitgliedern einer Gesellschaft geteilter ↗ Grundwerte, sonst sei der gesellschaftliche Zusammenhalt gefährdet. Eben diese Annahme wird von den Befürwortern eines Funktionselite-Begriffs in Zweifel gezogen. Nach ihrer Auffassung sind allgemeine Grundwerte eine zu unverbindliche Klammer, um das hochkomplexe Gefüge moderner Gesellschaften vor dem Auseinanderbrechen zu bewahren. Ihren Fortbestand zu sichern sei vielmehr die Aufgabe der großen, durch intensive wechselseitige Austauschprozesse miteinander verbundenen Funktionskomplexe wie Politik, Wirtschaft, Wissenschaft, Recht usw. Diese Funktionskomplexe hätten ihre je eigene Wertorientierung und brächten ihre speziellen E. hervor, die jeweils Tüchtigsten und Leistungsfähigsten innerhalb eines jeden Funktionsbereichs. Im Unterschied zur im Prinzip einheitlichen Wertelite gibt es also eine Pluralität von Funktionseliten. Was schließlich die Machtelite angeht, so verdankt sie ihren Einfluß weder ihren überlegenen moralischen Qualitäten noch ihrer herausragenden Erfahrung und Sachkompetenz, sondern dem Vermögen, ihre Interessen und Ziele auch gegen den Widerstand anderer zu realisieren, kurz: ihrer überlegenen Durchsetzungsfähigkeit. Die gesellschaftliche Integration wird im Sinn des Machtelitebegriffs primär durch Kontrolle und Zwang, die Herrschaft einer Minderheit über die Mehrheit, verbürgt.

II. Gelegentlich wurde der Versuch unternommen, das eine oder andere der drei Elitekonzepte (das gilt insbes. für jenes der Wertelite; vgl. *Stammer* 1975) für obsolet zu erklären oder alle drei in einer einzigen Definition zu verschmelzen. Solche Bemühungen erscheinen wenig fruchtbar, spiegelt doch jeder der drei Begriffe bestimmte Strukturaspekte auch der modernen Gesellschaften wider und vermittelt somit wichtige Einsichten.

Alle drei teilen die Eigenschaft, daß sie empirisch schwer umsetzbar und überprüfbar sind. Dies trifft vor allem für den Begriff der Wertelite zu, zu der sich ja aufgrund von Selbstzuschreibung jeder zählen darf, der für sich in Anspruch nimmt, den sittlichen Leitwerten eines Gemeinwesens konsequent nachzuleben. Im Falle der Funktionselite gibt es schon greifbarere, auch äußerlich erkennbare Kriterien: Zeugnisse, Diplome und Gehaltsstufen, Prämien und besondere Auszeichnungen, Beförderungen, hohe Positionen. Freilich bleiben Zweifel, inwieweit die darin zum Ausdruck kommende offizielle Rangfolge auch der Pyramide tatsächlicher Leistungs- und Qualifikationsabstufungen entspricht. Die Forschung hat sich jedoch weder sonderlich für Wert- noch für Funktionseliten interessiert, sondern ihre Aufmerksamkeit in erster Linie den Machteliten zugewendet. Dabei tauchte eine Reihe von Fragen auf, etwa die, ob die ↗ Macht auch tatsächlich von denjenigen ausgeübt wird, die allgemein als mächtig angesehen werden, oder nicht; oder ob sie tatsächlich bei den offiziellen Entscheidungsträgern konzentriert ist oder sich nicht vielmehr in den Händen jener »grauen Eminenzen« befindet, die hinter den Kulissen wirken. Zur Lösung dieser Probleme wurden, insbes. im Rahmen der Untersuchung von Machtstrukturen auf Gemeindeebene, mehrere Verfahren entwickelt (Reputationsmethode; Entscheidungsmethode; *Hradil* 1980). Die größte Verbreitung hat wegen ihrer leichten Handhabbarkeit nach wie vor die »Positionsmethode«, die den Inhabern der politischen, wirtschaftlichen, militärischen u. a. Schlüsselpositionen eine entsprechend überlegene Einflußmöglichkeit auf das gesellschaftliche Geschehen unterstellt.

Auch die drei Klassiker der Elitetheorie, *G. Mosca, V. Pareto* und *R. Michels*, deren Werke um die Jahrhundertwende bzw. kurz danach erschienen, setzten beim Machtelitebegriff an. Alle drei waren keineswegs von vornherein erklärte Gegner der sich allmählich durchsetzenden liberal-demokratischen Verfassungsordnung (↗ Verfassung). Sie erachteten es jedoch als ihre wiss. Pflicht, auf das illusionär Vordergründige der Vorstellung von der Einbeziehung der Massen in die politischen Entscheidungsprozesse hinzuweisen. Mit den Worten von *Mosca* (1950: 53): »In allen Gesellschaften, von den primitivsten im Aufgang der Zivilisation bis zu den vorgeschrittensten und mächtigsten, gibt es zwei Klassen, eine, die herrscht, und eine, die beherrscht wird. Die erste ist immer die weniger zahlreiche, sie versieht alle politischen Funktionen, monopolisiert die Macht und genießt deren Vorteile, während die zweite, zahlreichere Klasse von der ersten befehligt und geleitet wird.« Über das Anliegen hinaus, den »Mythos« vom heraufziehenden Zeitalter der Demokratie zu entlarven, wollten die »machiavellistischen« Elitetheoretiker auch der *Marx*schen Lehre vom Klassenkampf entgegentreten (↗ Marxismus). Nicht die Auseinandersetzung zwischen Ausbeutern und Ausgebeuteten in der wirtschaftlichen Sphäre, sondern der Kampf um die politische Macht zwischen E. und Gegenelite bestimme den geschichtlichen Prozeß. Ihr Ringen führe zu einem ununterbrochenen, manchmal langsamer, manchmal in Sprüngen sich vollziehenden Kreislauf der E. Mithin könne – diese Schlußfolgerung richtete sich ebenso gegen *Marx* wie gegen bürgerliche Vertreter des Evolutionismus, z. B. *A. Comte* und *H. Spencer* – von einer Fort- und Höherentwicklung der Gesellschaften keine Rede sein. Die Menschennatur ändere sich nicht, dementsprechend kehrten auch in der gesellschaftlichen Entwicklung stets dieselben Konstellationen wieder.

In den 50er Jahren setzte in den USA eine intensive wiss. Beschäftigung mit E. ein, sowohl im nationalen Rahmen als auch auf internationaler Ebene. Besonders bekannt wurden die vergleichenden Studien unter der Leitung *H. D. Lasswells* über den Wandel der Herrschaftseliten in Deutschland, Italien, Rußland und China (sog. RADIR-Projekt; *Lasswell/Lenier* 1966). In anderen westlichen Ländern wurden ebenfalls Herkunft, Strukturveränderungen und Einflußkanäle der jeweiligen nationalen E. genauer studiert. In der Bundesrepublik Deutschland war es vor allem der Tübinger Forscherkreis um *R. Dahrendorf* und W. *Zapf*, der erstmals den Kontinuitäten und inneren Verschiebungen innerhalb der deutschen Führungsgruppen seit dem Ausgang der Wilhelminischen Epoche nachging (*Zapf* 1965; *Dahrendorf* 1965).

Die Fülle des mittlerweile vorliegenden

Forschungsmaterials, das von rein deskriptiven Einzelfallstudien über vergleichende Forschungen bis zu theoretisch orientierten Arbeiten reicht, läßt sich im wesentlichen in drei Komplexe ordnen (*Herzog* 1982):

1. Eine erste Gruppe von Untersuchungen befaßt sich, die Problemstellung der Klassiker aufgreifend, mit der Umschichtung von E. im Zuge der gesellschaftlichen Entwicklung. Repräsentativ für diese Forschungsrichtung sind das bereits erwähnte RADIR-Projekt und die Differenzierungstheorie von *S. Keller* (1963).

Lasswell und seine Mitarbeiter kamen zu dem Schluß, die zunehmende Industrialisierung, Rationalisierung und Bürokratisierung einerseits sowie die wachsende Weltunsicherheit andererseits führten zur Verdrängung traditioneller gesellschaftlich-politischer Führungsgruppen durch den Berufspolitiker, der zunächst als Agitator und Manipulator von Symbolen, später als technokratischer Organisationsspezialist in Erscheinung trete (*Lasswell/Lerner/Rothwell* 1952). *Keller* arbeitete die Pluralisierung und Differenzierung der E. als Antwort auf die Funktionsprobleme moderner Gesellschaften heraus.

2. Eine zweite Gruppe von Studien gilt Fragen der Elitenrekrutierung. Sieht eine Forschungsrichtung in der sozialen Herkunft die über Aufnahme oder Nichtaufnahme in die E. entscheidende Variable, so wird von anderer Seite mehr auf die spezifischen Aufstiegs- und Erfolgsbedingungen in modernen Großorganisationen (↗ Parteien, Verbände) als Voraussetzung des Aufrückens in Führungspositionen abgehoben, während eine dritte Strömung die kennzeichnenden psychologischen Merkmale der machtorientierten Persönlichkeit herauszufinden sucht. Für sich allein vermag keine dieser Theorien zu überzeugen, weshalb in jüngeren Untersuchungen dazu übergegangen wurde, sie in einen integrierten Ansatz einzubringen, der die Rekrutierung von Führungspersonal als dynamischen Interaktionsprozeß zwischen Individuen und soziopolitischen Kontextbedingungen begreift und dabei den Begriff der Karriere in den Mittelpunkt der Betrachtung stellt (*Herzog* 1975).

3. Bei einem dritten Komplex von Untersuchungen geht es schließlich um die Machtstruktur und -verteilung in Industriegesellschaften. Die Diskussion darüber wurde durch eine Arbeit von *C. Wright Mills* (1956) ausgelöst, der mit der Behauptung, die Macht in den USA sei in den Spitzen der Hierarchien von Wirtschaft, Militär und Regierungsbürokratie konzentriert, das nordamerikanische Selbstverständnis eines demokratischen, gewaltenteiligen Staatswesens in Frage stellte. Es bildeten sich zwei Schulen heraus, die »Elitisten« und die »Pluralisten«, die insbesondere durch Gemeindestudien (ein in den USA besonders entwickelter Forschungszweig) die Richtigkeit der jeweils vertretenen Positionen empirisch zu erhärten suchten (*Siewert* 1979: 12f.). Für die Bundesrepublik hat die Mannheimer Forschergruppe um *R. W. Wildenmann* nachgewiesen, daß *Dahrendorfs* aus den 60er Jahren stammende These von der Versäulung der Teileliten und ihrem Zusammenschluß zu einem immobilen, defensiven Kartell mittlerweile überholt erscheint. Die westdeutsche Elitenformation stellt sich heute als ein System von Konkurrenzen und variablen Koalitionen mit beträchtlicher Flexibilität dar. Der Handlungsspielraum der Teileliten hat sich durch die Fähigkeit zur Aushandlung pragmatischer Kompromisse über konfligierende Ansprüche erheblich erweitert (*Dahrendorf* 1965: 245ff.; *Wildenmann* 1974).

Peter Waldmann

↗ Demokratie/Demokratietheorie; Herrschaft; Minderheit; Soziale Ungleichheit.

Lit.: *Bottomore, T.B.* 1969: Elite und Gesellschaft, München. *Dahrendorf, R.* 1965: Gesellschaft und Demokratie in Deutschland, München. *Endruweit,* G. 1979: Elitebegriffe in den Sozialwissenschaften, in: ZfP, 26, 30–46. *Etzioni-Halevy, E.* 1993: The Elite Connection. Problems and Potential of Western Democracy, Cambridge. *Herzog, D.* 1975: Politische Karrieren-Selektion und Professionalisierung politischer Führungsgruppen, Opladen. *Herzog, D.* 1982: Politische Führungsgruppen. Probleme und Ergebnisse der modernen Elitenforschung, Darmstadt. *Hradil, S.* 1980: Erforschung der Macht, Stuttgart. *Jaeggi, U.* ²1967: Die gesellschaftliche Elite, Bern/Stuttgart. *Keller, S.* 1963: Beyond the Ruling Class, New York. *Lasswell, H. D./Lerner, D.* (Hrsg.) 1966: World Revolutionary Elites. Studies in Coercive Ideological Movements, Cambridge, Mass. *Lasswell, H. D./Lerner, D./Rothwell, C.E.* 1952: The Comparative Study of Elites, Stanford. *Michels, R.* 1911: Zur Soziologie des Parteiwesens in der modernen Demokratie, Leipzig. *Mills,* C. W. 1956: The Power Elite, New York. *Mosca, G.* 1950: Die herrschende Klasse. Grundlagen der politischen Wissenschaft, Bern. *Pareto, V.* 1975: Ausgewählte Schriften, Frankfurt/M. *Putnam, R.D.* 1976: The Comparative Study of Political Elites, Englewood Cliffs. *Röhrich, W.* (Hrsg.) 1975: »Demokratische« Elitenherrschaft. Traditionsbestände eines Sozialwissenschaftlichen Problems, Darmstadt. *Schluchter, W.* 1963: Der Elitebegriff als soziologische Kategorie, in: KZfSS, 233–256. *Siewert, H. J.* 1979: Lokale Elitesysteme, Meisenheim. *Stammer, O.* 1975: Das Elitenproblem in der Demokratie, in: *Röhrich, W.* (Hrsg.): »Demokratische« Elitenherrschaft, Darmstadt, 192–224. *Wuster, J.* ²1970: Herrschaft und Widerstand. Theorien zur Zirkulation regierender Eliten, Tübingen. *Zapf, W.* ²1966: Wandlungen der deutschen Elite. Ein Zirkulationsmodell deutscher Führungsgruppen 1919–1961, München.

Emanzipation

Der Terminus stammt aus dem römischen Recht und bezeichnet dort den Rechtsakt, durch den ein erwachsener Sohn, später ein Sklave »frei«, d.h. als Person anerkannt wird. In einem ähnlichen Sinne konnte man auch von der Emanzipation (E.) des »dritten Standes« sprechen, der unter dem *Ancien Régime* gegenüber Geistlichkeit und Adel rechtlich benachteiligt und insofern abhängig war. In der Folge wird der Begriff nicht mehr allein für die rechtliche Gleichstellung und Befreiung, sondern auch für die Überwindung sozialer Abhängigkeiten gebraucht. Dementsprechend gewinnt E. umfassendere, präzise zu unterscheidende Bedeutungen.

I. Das europäische ↗ Bürgertum hat seine E. in klassischer Weise in der Französischen Revolution von 1789 propagiert und durchgesetzt. Unter dem *Ancien Régime* wurde die Gesamtheit der nicht den beiden privilegierten Ständen Adel und Geistlichkeit angehörenden Personen als »dritter Stand« (*troisième état*) zusammengefaßt. Diese Personengruppe unterlag einer Reihe von rechtlichen Benachteiligungen: Bestimmte Posten in Staat und Kirche konnten von ihren Angehörigen nicht eingenommen werden (insbesondere höhere Offiziersstellen, Bischofsämter usw.), bestimmter Landbesitz durfte nicht an sie verkauft werden. Auch wenn diese Einschränkungen im Laufe der Zeit für die wohlhabenden Standesangehörigen in ihrer Bedeutung zurückgegangen waren, stellten sie noch immer – vor allem auch prestigemäßig – eine erhebliche Benachteiligung dar. Durch die Abschaffung der Privilegien des Adels und der Geistlichkeit wurde die rechtliche Benachteiligung des »dritten Standes« aufgehoben. Damit wurde der Stand »emanzipiert«. Mit der Aufhebung der rechtlichen Abhängigkeit war freilich noch nicht die faktische verschwunden. Auch war die Hälfte der Bevölkerung – die Frauen – von der E. nicht betroffen. Sie blieben – was z. B. das Vermögensrecht, das Testierrecht usw. angeht – rechtlich benachteiligt. Der Versuch von Frauen (*Olympe de Gouges* z. B.), während der Französischen Revolution auch ihre E. durchzusetzen, wurde von den Männern brutal unterdrückt. Die E. des Bürgertums (des dritten Standes) war auch rechtlich (politisch) nur die der Männer.

II. Zur eingreifenden politischen Bewegung wuchs aber nicht eine Bewegung der unterdrückten Frauen, sondern die der ökonomisch Benachteiligten heran. Unter den Bedingungen rechtlicher Gleichheit (unter den Männern) war zwar die Erbuntertänigkeit und damit die direkte Abhängigkeit weggefallen, soweit aber der einzelne nicht über eigene Arbeitsmittel verfügte, war er gezwungen, seine Arbeitskraft an einen Unternehmer zu verkaufen, um sich seinen Lebensunterhalt zu verdienen. An die Stelle der direkten, persönlichen (oft auch patriarchalisch fürsorglichen) Abhängigkeit von Personen trat die von Klasse zu Klasse. Die Gesamtheit der Lohnarbeiter war abhängig von der Gesamtheit der Produktionsmittelbesitzer. Zwar gibt auch *Marx* zu, daß diese kollektive Abhängigkeit gegenüber der direkten persönlichen einen Zugewinn an Freiheit bedeutete, aber namentlich in Notzeiten, bei Arbeitslosigkeit, Frühinvalidität usw. entsprach dem »rechtlichen Gewinn« eine soziale Verschlechterung der Lage. Dem entlassenen Arbeiter gegenüber hatte der bürgerliche Unternehmer keinerlei Verpflichtungen.

Marx hat schon in seinen Frühschriften zwischen der politischen E. der bürgerlichen Revolution und der menschlichen E. unterschieden, die erst durch die proletarische Revolution verwirklicht werden könne. Damit war gemeint, daß die bürgerliche Revolution lediglich die rechtliche Gleichheit unter den faktisch ungleichen (weil u. a. über ungleiches Eigentum verfügenden) Bürgern realisiert habe, so daß der Staatsbürger gleiches Recht (z. B. Wahlrecht) erhält, ganz gleich, ob er reich oder arm ist. Damit werde aber an der realen Situation der Menschen nichts geändert. Die Individuen – Kapitalisten wie Lohnarbeiter – seien unter den Bedingungen des bürgerlichen Staates nicht etwa frei, sondern gerieten nun in die totale Abhängigkeit von der Bewegung der verselbständigten Strukturen der Ökonomie (oder auch der Ideologie wie der Religion). Die bürgerliche ↗ Revolution habe nicht die Menschen vom »Schacher« und von der »religiösen Entfremdung« erlöst, sondern lediglich den politischen Menschen von diesen Strukturen abstrahiert.

Die E. der Arbeiterklasse soll daher – nach *Marx* – mehr bewirken als nur die weitgehende faktische Gleichstellung der Menschen – also die E. von sozialer Abhängigkeit. Sie soll zugleich die »assoziierten Produzenten« zu Herren über jene Strukturen (und ihre Zwänge) machen, von deren »naturwüchsiger Bewegung« sie bislang abhängig waren. Die E. der Arbeiterklasse wäre erst dann eine wirklich menschliche E., wenn das gelänge.

Vom Standpunkt eines reformistischen ↗ Sozialismus aus genügt zur E. der Arbeiterklasse die Herstellung völlig gleicher Bildungschancen und die Sicherung sinnvoller, befriedigender Arbeits- und Lebensverhältnisse für alle. Ungleichheiten der Eigentums- und Einkommensverhältnisse können so lange gerechtfertigt bleiben, als sie – wie *John Rawls* in seiner »Theorie der Gerechtigkeit« entwickelt hat – zur Besserstellung des am schlechtesten Situierten effektiv beitragen. Totaler Egalitarismus könnte – so die Annahme – diesem Ziel sogar schaden.

III. Während die Masse der eigentumslosen Männer wenigstens rechtlich frei und gleich ist (auch wenn das nicht sofort und mit einem Schlag überall verwirklicht wurde), entbehrten und entbehren vielfach die Frauen sogar dieser formalen Rechtsgleichheit. Zivilrechtliche und öffentlich-rechtliche Benachteiligungen reichen weit ins 20. Jh. hinein. Und noch heute sind z. B. die Bestimmungen des Arbeitsrechts »Gleicher Lohn für gleiche Arbeit« und keine Benachteiligung auf Grund von Rasse, Religion, Geschlecht nicht voll realisiert.

In der ↗ Arbeiterbewegung war die Auffassung verbreitet, daß mit der Zulassung der Frauen zu allen Berufen und ihrer selbstverständlich gleichen Bezahlung die Frage der E. der Frauen im Prinzip gelöst sei. *August Bebel* wies in »Die Frau und der Sozialismus« weiter darauf hin, daß in einer sozialistischen Gesellschaft durch Kinderkrippen und Kindergärten, Gemeinschaftsküchen und Wäschereien sowie durch die Technisierung des Haushalts die Belastung der Frauen durch Haushalt und Kinderbetreuung erheblich vermindert werden würde. An die gleichberechtigte Beteiligung von Mann und Frau an Haushalt und Kinderbetreuung dachte er noch nicht, ebensowenig daran, daß der Beruf für die Frau ebenso wie für die Männer zur Entfaltung ihrer Persönlichkeit und ihrer Anlagen wichtig sein könnte. Der Gedanke, daß im Grunde die Hauptaufgabe der Frau in Haushalt und Kindererziehung liege, hat sich – nicht nur in konservativen Kreisen – bis zum heutigen Tage erhalten.

Zu den heutigen Forderungen der E. der Frauen gehört die gleichberechtigte Zulassung zu allen Berufen und führenden Stellungen, die Teilung der häuslichen Arbeit zwischen den Geschlechtern – oder aber die Anerkennung und Bezahlung hausfraulicher Tätigkeit (und die Gewährung von Rentenansprüchen). Erst in den letzten Jahrzehnten ist – wenn man von vereinzelten Pionierinnen absieht – die Forderung auch nach sexueller E. der Frauen hinzugetreten. Sie richtet sich vor allem gegen die heuchlerische doppelte Moral des traditionellen Bürgertums, das dem jungen Manne sehr wohl sexuelle Freizügigkeit vor (und auch während) der Ehe zubilligte, der Frau aber ein ähnliches Verhalten verbot. Die Verbesserung der Aufklärung über Verhütungsmittel und die Entdeckung des Rechts der Frau auf sexuelle Erfüllung haben hier einen gründlichen Wandel geschaffen. Freilich ist deshalb noch längst nicht das von der Frauenbewegung erstrebte Ziel erreicht. Konservative und reaktionäre Kräfte – nicht nur bei den bürgerlichen Parteien – suchen die Entwicklung zurückzuschrauben. Das Recht der Frau, über ihren eignen Körper zu verfügen, wird u. a. auch von Politikern in Frage gestellt, die im Interesse des Bevölkerungswachstums und der Versorgung der Streitkräfte mit männlichen Soldaten mit Hilfe von »Geburtsprämien« und ähnlichen Anreizen die Bereitschaft, Kinder zu gebären, erhöhen wollen. Derartige Pläne werden von der Frauenbewegung mit Recht als Eingriff in die freie Selbstbestimmung der Frau kritisiert.

IV. Historisch hat die E. von ethnischen und religiösen ↗ Minderheiten in Europa und Nordamerika eine große Rolle gespielt. Die Französische Revolution emanzipierte zwar die Juden als Individuen, war aber nicht bereit, ihrem Kultus und ihrer kulturellen Eigenart das gleiche Recht wie der »Religion der Mehrheit« einzuräumen. Vor der sofortigen E. der Sklaven in den Kolonien schreckten die meisten zurück. Der ökonomische Nutzen afrikanischer Sklaven für die Plantagenbesitzer der Südstaaten der USA verhinderte deren E., bis sie – wenigstens formell – am Ende des Sezessionskrieges (1861–65) gewährt wurde.

Ähnlich wie im Fall der Arbeiterklasse blieb aber die faktische Befreiung der Afroamerikaner noch ein Jahrhundert und mehr hinter der rechtlichen E. zurück. Reaktionäre Kreise der Bevölkerung – insbesondere die *poor whites* – schüchterten erfolgreich die farbige Bevölkerung ein, so daß sie nicht einmal ihre politischen Rechte überall wahrnehmen konnte. Noch heute ist der Prozentsatz der in die Wählerlisten eingetragenen Farbigen in den USA weit niedriger als der der Weißen. Die soziale Diskriminierung – beim Schulbesuch, im Beruf usw. – führte insbesondere bei jungen Menschen zu einer frühzeitigen Entmutigung, die sich bei Tests in niedrigen Leistungen niederschlug und von Rassisten zu Unrecht als »Beweis« für deren »rassische Minderwertigkeit« herangezogen wurde.

V. In einem übertragenen Sinne kann man E. auch die Gewährung – oder Erringung – der Unabhängigkeit durch ehemalige Kolonien nennen. Neben die äußere politische (meist noch nicht wirtschaftliche) Unabhängigkeit tritt die kulturelle E., die vielfach ein aktuelles Problem darstellt. Die kapitalistische oder staatssozialistische Industrialisierung hat überkommene kulturelle Eigenarten, Werte und Verhaltensweisen zerstört und die isolierten einzelnen dem kulturellen Druck der europäisch-nordamerikanischen Zivilisation ausgeliefert. Hier ist E. mit der Bewahrung oder auch Wiederaneignung einer kulturellen Eigenständigkeit verbunden, ein Kampf, der oft von Europäern als »rückschrittlich« angesehen wird. E. bekommt auf diesem Gebiet eine Funktion, die der ursprünglichen Bedeutung des Wortes in der Aufklärung widerspricht: Es geht nicht um die Befreiung von »Überliefertem«, sondern um dessen Bewahrung im Namen der eignen Identität und ihrer Würde.

Iring Fetscher

↗ Aufklärung; Bürgertum/Bürgerliche Gesellschaft und Kultur; Demokratie/Demokratietheorie; Frauenpolitik.

Lit.: *Aron, R.* 1965: Über die Freiheiten, Frankfurt/M. *Bebel, A.* 1920: Die Frau und der Sozialismus, Stuttgart (zuerst 1879). *Benard, C.* 1981: Die geschlossene Gesellschaft und ihre Rebellen, Frankfurt/M. *Böhme, W.* (Hrsg.) 1971: Nach der Emanzipation. Dilemma und Chance der Frau in unserer Gesellschaft, Stuttgart. *Dienel, P. C.* 1975: Zur Strategie der Partizipationsausweitung, Wuppertal. *Greiffenhagen, M.* (Hrsg.) 1973: Emanzipation, Hamburg. *Inglehart, R.* 1977: The Silent Revolution, Princeton. *Kunstmann, A.* 1973: Frauenemanzipation und Erziehung, Starnberg. *Marx, K.* 1844: Zur Judenfrage, MEW, Bd. 1. *Mollenhauer, K.* 1968: Erziehung und Emanzipation, München. *Schröder, H.* (Hrsg.) 1980: Die Frau ist frei geboren, 2 Bde., München. *Spaemann, R.* 1971: Autonomie, Mündigkeit, Emanzipation. Zur Ideologisierung von Rechtsbegriffen, in: Erinnerungsausgabe für E. Lichtenstein, Wuppertal. *Walch, J.* 1980: Ökonomie der Frauendiskriminierung, Freiburg.

Empirische Sozialforschung

I. Empirische Sozialforschung (E. S.) ist eine nicht sehr scharf umrissene Sammelbezeichnung für (zumindest teilweise) geplante, systematische Vorgehensweisen bei der Konstitution und Aufbereitung von Erfahrungen im sozialwissenschaftlichen Bereich. Eingeengtere Definitionen sprechen von der »Erhebung« und »Beschreibung« sozialwissenschaftlicher »Sachverhalte« – doch gehen solche Begriffe von einer klassisch-naturwissenschaftlichen Erfahrungs- und Empirie-Konzeption aus, welche die Möglichkeit zur Registrierung situations- und insbesondere subjektunabhängiger, wiederholbarer und kontrollierbarer »Fakten« unterstellt. Jedoch wird diese Position keineswegs von allen empirischen Sozialforschern – geschweige denn Sozialwissenschaftlern insgesamt – geteilt. Vielmehr sind die Grenzen gegenüber hermeneutischen, gesellschaftskritischen, historischen und einzelfallanalytischen Ansätzen fließend.

II. Vorläufer der heutigen E. S. (im o. a. engeren Sinne) gehen mindestens bis ins 17. und 18. Jh. zurück, wo im Rahmen der sog. »Politischen Arithmetik« versucht wurde, Gesetzmäßigkeiten in gesellschaftlichen und wirtschaftlichen Erscheinungen zu finden. Im 19. Jh. wurden die sozialen Lebensverhältnisse von Arbeiterfamilien ausführlich erfaßt und dargestellt: In Frankreich erschien 1855 ein sechsbändiges Werk über die europäischen Arbeiter von *F. Leplay*, in England untersuchte *C. Booth* in großangelegten Studien mit Befragung und teilnehmender Beobachtung die Arbeiterschaft, methodisch beachtenswerte Untersuchungen wurden auch in Dänemark und Norwegen durchgeführt. In Deutschland führte erst ab 1908 der »Verein für Socialpolitik« Erhebungen über »Auslese und Anpassung der Arbeiterschaft« durch – frühere Versuche waren praktisch am mangelnden Interesse und auch an der Obstruktion durch die Universitäten als Wahrer der offiziellen Wissenschaft gescheitert. Im 20. Jh. wurde in Amerika die E. S. schon bald in größerem Umfang institutionalisiert, während die in Deutschland gegen Ende der 20er Jahre aufblühende E. S. erneut durch die nationalsozialistische Herrschaft einen Rückschlag erlitt. In den letzten Jahrzehnten konnte sich E. S. in der Bundesrepublik durch ihre Verankerung an den Universitäten einerseits und die Gründung zahlreicher Markt- und Meinungsforschungsinstitute (↗ Demoskopie) auf kommerziellem Sektor andererseits erneut etablieren. Im wissenschaftlichen Bereich sind mit dem »Zentralarchiv für empirische Sozialforschung« (Köln), in dem Umfragen EDV-gerecht gespeichert werden, und dem »Zentrum für Umfragen, Methoden und Analysen (ZUMA)« (Mannheim) zwei wichtige Institutionen zur Unterstützung der E. S. geschaffen worden.

III. In der E. S. gibt es verschiedene Wege, zu Daten zu gelangen. Der immer noch häufigste (besonders in der Demoskopie) besteht in der Befragung von Personen. Diese kann mündlich erfolgen (Interview) oder aber schriftlich. Zumindest letzteres setzt einen Fragebogen voraus, in dem die zu stellenden Fragen präzise und möglichst verständlich formuliert sein müssen. Die Vorgaben an Interviewer und Befragte sind sehr unterschiedlich und reichen vom standardisierten Fragebogen mit geschlossenen Fragen (mit festen Antwortvorgaben, die nur noch anzukreuzen sind) über offene Fragen, gelenkte oder zentrierte Interviews (in denen nur die Reihenfolge der Themen festgelegt ist) bis hin zum offenen Tiefeninterview, bei dem nur die Thematik (ggf. mit Leitfaden) vorgegeben ist. In dieser Reihenfolge wird eine zunehmend höhere Qualifikation der Interviewer verlangt.

Im Vergleich zur Befragung ist die Beobachtung aufwendiger, hat aber den Vorteil, daß sich die erfaßte soziale Situation oft auch ohne den Forscher in ähnlicher Weise abgespielt hätte und nicht nur als Reaktion auf dessen Vorgaben zu verstehen ist. Obwohl somit Beobachtung als wenig reaktiver Ansatz gilt, haben Untersuchungen gezeigt, daß allein das Bewußtsein, Teilnehmer einer Untersuchung zu sein, schon erhebliche Auswirkungen auf das Verhalten einer Person hat (sog. *Hawthorne*-Effekt, nach einer klassischen Studie in den amerikanischen *Hawthorne*-Werken benannt). Mit Hilfe von Beobachtungsschemata (deren theoretische Fundierung sehr unterschiedlich ist) wird die Erhebungssituation mehr oder weniger stark strukturiert. Eine Sonderform stellt die teilnehmende Beobachtung dar: Hier nimmt der Forscher an den Aktivitäten der Beobachteten teil – bis hin zur Übernahme bestimmter Rollen (*Friedrichs/Lüdke* 1973).

Die reaktivste Form, soziale Strukturen zu untersuchen, ist das Experiment. Dabei werden wirksame Bedingungen systematisch entsprechend eines vorher erstellten Versuchsplanes variiert und die Reaktionen auf die abhängigen Variablen registriert und analysiert. Mit zunehmender Einsicht der E. S. in systemische Zusammenhänge und Rückkoppelung zwischen vernetzten »Variablen« wurde die Aufspaltung in unabhängige und abhängige Variable (bzw. »Ursache« und »Wirkung«) obsolet. Das gilt auch für das Quasi-Experiment, bei dem die »unabhängigen« Bedingungen nicht vom Forscher willkürlich variiert, sondern in einem ohnedies gegebenen Prozeß mittels logischer oder statistischer Operationen analytisch bestimmt werden. Reaktiv ist allerdings auch die Aktions- oder Handlungsforschung, die bewußt mit dem Ziel betrieben wird, Veränderungen (z. B. im Sinne von Aufklärung, Kompetenzerweiterung, Mobilisation etc.) zu bewirken bzw. zu unterstützen. Prinzipiell wäre bei diesen reaktiven Ansätzen der E. S. auch die Einbeziehung moderner Systemtheorie und rekursiver Prozesse möglich, doch gibt es hier faktisch kaum Beispiele.

Als wenig reaktiv gilt die Inhalts- oder Dokumentenanalyse – eine Sammelbezeichnung für sehr unterschiedliche theoretische Konzeptionen und Vorgehensweisen, die manifest gewordene Kommunikationsprozesse (Briefe, Filme, Zeitungstexte, Verträge usw.) zum Gegenstand haben. Sie wird gegenüber den o.a. Ansätzen erstaunlich wenig eingesetzt, obwohl sich das Problem, den Inhalt von sozialen Handlungssituationen zu bestimmen, grundsätzlich in jedem Ansatz der E. S. stellt. Die Frage, wie die mittels bestimmter »Techniken« erhobene soziale Interaktion (»Daten«) überhaupt zu deuten ist, wird allerdings bei Experimenten, Befragungen, Beobachtungen usw. weitgehend in technisierte Handlungsanweisungen verdrängt und deren theoretischer Stellenwert in einer konkreten Untersuchung kaum je diskutiert. So entsteht der falsche Eindruck, diese Erhebungsmodelle würden »objektivere« oder gar »exaktere« Ergebnisse liefern als die vergleichsweise »vage« Inhaltsanalyse. Tatsächlich aber werden bei der Inhaltsanalyse eine Reihe von Fragen explizit aufgeworfen, die bei anderen Ansätzen implizit – und damit in der Regel unreflektiert – ebenfalls entschieden werden müssen (*Lisch/Kriz* 1978).

Neben diesen zentralen Klassen von Erhebungsansätzen gibt es noch eine Vielzahl anderer, wie z. B. Gruppendiskussion, Soziometrie, Sekundäranalyse oder sog. biographische Methoden. Jeder Ansatz vermag eine andere Perspektive eines bestimmten Gegenstandsbereiches zu liefern, so daß es häufig sinnvoll ist, unterschiedliche Vorgehensweisen jeweils in einer Studie zu koppeln, d.h. »multimethodisch« vorzugehen. Untersuchungen sollten daher mit einer möglichst genauen inhaltlichen Spezifikation der grundliegenden Forschungsfrage(n) beginnen und erst danach erörtern, welche Ansätze zur Erfassung der spezifischen Realität möglich und sinnvoll sind.

Ein anderer Teilbereich der E. S. behandelt die Frage, auf welche Weise Stichproben erhoben werden können (Aspekt der Repräsentativität); denn der Bereich, über den letztlich Aussagen gemacht werden sollen, läßt sich faktisch (z. B. aus Kostengründen) und theoretisch (z. B. zu allen möglichen Erhebungszeitpunkten 1995) nicht voll ausschöpfen (Grundgesamtheit). Zur E. S. gehören ferner forschungslogische und -praktische Fragen, wie die Formulierung von Hypothesen, die Entwicklung von Plänen (Designs), Aspekte der Operationalisierung (d.h. Übersetzung theoretischer Begriffe in praktisch untersuchbare und erfahrbare Phänomene), die Entwicklung der Instrumente selbst (z. B. Fragebogen) ggf. einschließlich der statistischen Kriterien wie Gültigkeit (Validität) und Zuverlässigkeit (Reliabilität), Trennschärfe von einzelnen Frage-Items, Konsistenz von Kategorie-Systemen usw. Letztlich werden auch noch Fragen der Codierung und Messung (d. h. Überführung der erhobenen Information in Zahlen zum Zwecke der statistischen Auswertung) mit zur E. S. gerechnet. Hingegen wird die eigentliche Auswertung der Daten einer Forschungsphase zugerechnet, deren Modelle und Probleme in der Literatur unter Statistik abgehandelt werden.

IV. Gegenstand der E. S. ist aber auch die Reflexion über ethische und methodologische Fragen. Zum letzteren gehört auch eine Auseinandersetzung mit zahlreichen Problemen und Fehlerquellen. Gerade bei einer eher technisch-methodisch verstandenen Konzeption empirischer Forschung wird nur allzuleicht übersehen, daß es sich bei den empirischen Untersuchungen in den Human- und Sozialwissenschaften meist um soziale Interaktionen (mindestens) zweier Personen handelt, die üblicherweise als Versuchsleiter (VL) und Versuchspersonen (VPn) gekennzeichnet werden. Diese Personen verfügen wie alle Menschen über kognitive Fähigkeiten wie Erwartungen, Strategien, Hypothesen, Lernen etc., deren Einfluß auf die Versuchsplanung und -durchführung schwer vorhersehbar, systematisierbar und kontrollierbar ist.

Es geht bei solchen Fehlerquellen nicht um »Mogeln« in irgendeinem vordergründigen Sinne, sondern um höchst diffizile und in der Regel bei allen Beteiligten unbewußt ablaufende Prozesse, wobei z. B. paralinguistische Signale (Tonfall, Betonung, Pausen etc.), optische Hinweise (Lächeln, Zunicken, sichtbare Entspannung etc. bei einer »richtigen« Antwort), aber auch andere Einflußkanäle eine Rolle spielen. Selbst wenn der VL als Person gar nicht anwesend ist, sondern mit der VP nur über eine gedruckte oder eine auf Tonband gesprochene Anweisung in Kontakt tritt, macht sich die VP über die möglichen Ziele, erwünschtes Verhalten etc. ihre Gedanken, welche die Situation erheblich beeinflussen können.

Viele dieser Fehlerquellen tauchen unter eigenen Kategorien in der Literatur auf. So thematisiert der *Halo*-Effekt die Auswirkung einzelner Teile von vorgelegtem Material auf andere Teile. Dies kann durch Vorgabe unterschiedlicher Reihenfolgen in Teilpopulationen zumindest teilweise kontrolliert werden. Mit *Response Sets* (Antwortmuster) sind Reaktionstendenzen bzw. Antwortmuster gemeint, die relativ unabhängig vom spezifischen Inhalt bevorzugt werden. So wirkt sich bei der Vorgabe von JA/NEIN-Antworten oft die Ja-Sager-Tendenz (*Aquiescence*) aus, d. h. es werden bevorzugt die JA-Kategorien angekreuzt – auch dann, wenn bei »umgepolten« Kontrollfragen eine der beiden Frage-Versionen ein NEIN erfordern würde. Kontrollen sind durch Umformulierung derselben Fragen und Vergleich der Antworten möglich. Unter *Social Desirability* (soziale Erwünschtheit) wird die bevorzugte Wahl sozial wünschenswerter Eigenschaften, Einstellungen und Verhaltensweisen verstanden – bzw. das Gegenteil bei bewußten »Non-Konformisten«.

Sozial-demographische Effekte, wie Alter, Geschlecht, soziale Herkunft, Sprache, Hautfarbe etc., spielen sowohl beim VL als auch bei der VP als auch in Interaktion von beiden eine Rolle – so z. B. für die Erreichbarkeit oder für Verweigerung; selbst die o. a. »Ja-Sager-Tendenz« kommt je nach ethnischer Gruppe und sozialer Schicht unterschiedlich zum Tragen. Letztlich zeigen zahlreiche Untersuchungen, daß bei der Registrierung von Beobachtungen bzw. von Ergebnissen Protokollfehler überzufällig häufig im Sinne der Erwartungen und Hypothesen auftreten.

Neben solchen einzeln wirksamen Fehlerquellen entstehen Forschungsartefakte (d. h. ungültige Ergebnisse) auch durch eine unreflektierte »Methoden-Gläubigkeit«, bei der die inhaltliche Bedeutung der formalen Schritte und Entscheidungen sowie der begrenzte Gültigkeits-Kontext nicht diskutiert werden, sondern dem Forschungsprozeß irrtümlich eine algorithmisierbare Objektivität unterstellt wird (*Kriz* 1981).

Jürgen Kriz

Lit.: *Atterlander, P.* [7]1993: Methoden der empirischen Sozialforschung, Berlin. *Friedrichs, J.* [5]1990: Methoden empirischer Sozialforschung, Opladen. *Friedrichs, J./Lüdtke, H.* 1973: Teilnehmende Beobachtung, Weinheim. *König, R.* (Hrsg.) 1973: Handbuch der empirischen Sozialforschung, 12 Bde., Stuttgart. *Kriz, J.* 1981: Methodenkritik empirischer Sozialforschung, Stuttgart. *Kriz, J./Nohlen, D./Schultze, R.-O.* (Hrsg.) 1994: Politikwissenschaftliche Methoden, München. *Kromrey, H.* [5]1991: Empirische Sozialforschung, Opladen. *Lisch, R./Kriz, J.* 1978: Grundlagen und Modell der Inhaltsanalyse, Opladen. *Roth, E.* (Hrsg.) 1986: Methoden empirischer Sozialforschung, München. *Schnell, R./Hill, B.P./Esser, E.* 1988: Methoden der empirischen Sozialforschung, München.

Energiepolitik

I. »Als Energiepolitik ist die Gesamtheit der hoheitlichen Regelungen und Maßnahmen zu verstehen, die auf das Verhalten der Anbieter und Nachfrager von Energieprodukten (Kohle, Erdöl, -gas, Elektrizität usw.) einwirken« (*Michaelis* 1993: 55). Bis zur Ölkrise von 1973/74 war die Energiepolitik (E.) allenfalls marginaler Teil der Wirtschaftspolitik. Erst der Ölpreisschock bereitete einer aktiven E. den Boden.

Obwohl sich das Niveau und die Struktur des Energieverbrauchs in den Staaten der Welt erheblich unterscheiden und ein ausgeprägtes Nord-Süd-Gefälle aufweisen, lassen sich nach 1945 im weltweiten Maßstab drei Grundtendenzen feststellen: ein stark wachsender Energieverbrauch, eine Umschichtung des Anteils der verschiedenen Primärenergieträger, vor allem zugunsten des Erdöls (1967 überstieg erstmals der weltweite Verbrauch an Erdöl den an Kohle), sowie eine verstärkte internationale Verflechtung im Energiebereich, nicht zuletzt durch den Ölhandel. Infolge des Bedeutungszuwachses des Erdöls klafften Konsumenten- und Produzentengebiete von Energieprodukten zusehends auseinander, erhöhte sich die Energie-Importabhängigkeit der Industrienationen und gewannen sowohl die multinationalen Ölkonzerne als auch die 1960 gegründete Organisation erdölexportierender Länder (OPEC) in der internationalen Energieversorgung an Bedeutung.

II. Eine nachhaltige Zäsur markiert die – durch den Nahost-Krieg und das politisch motivierte Ölembargo einiger arabischer Ölförderländer ausgelöste – Ölkrise von 1973/74, der 1979 eine weitere folgte. Sie stellte zwar keine Unterbrechung der Energieversorgung, sondern nur eine vorübergehende Verknappung des Energieangebots dar; doch in den Industriestaaten waren die öffentlichen Reaktionen auf den damit einhergehenden Ölpreisschock überaus heftig: Eine sichere Energieversorgung wurde nunmehr als Schlüsselproblem der Zukunft wahrgenommen, von dem nicht nur der wirtschaftliche Wohlstand, sondern auch die sicherheits- und machtpolitische Stellung der westlichen Industriestaaten abzuhängen schienen. Katastrophen-Szenarien wurden entworfen, die von den akuten Ölkrisen der 70er Jahre auf dauerhafte, unüberbrückbare Energielücken schlossen, die energiewirtschaftliche Erdrosselung der Industrieländer durch die OPEC befürchteten und anhand der Ölfrage bereits den »Niedergang des Westens« (*Levy* 1980) vorhersagten (*Fischer* u.a. 1987).

Auf internationaler Ebene entwickelten die Industrieländer – nach anfänglichen Versuchen der USA, das Rohstoff-Kartell der OPEC aufzubrechen – vielfältige Aushandlungs- und Kooperationsbemühungen gegenüber den OPEC-Staaten, die sich, ausgestattet mit der »Ölwaffe«, ihrerseits im Rahmen des ↗ Nord-Süd-Konfliktes zeitweise zum Wortführer der Dritten Welt aufschwingen konnten. Als direkte Folge der ersten Ölkrise gründete die Organisation für wirtschaftliche Zusammenarbeit und Entwicklung (OECD) 1974 die Internationale Energieagentur (IEA) mit den vornehmlichen Zielen, die Erdölversorgung der Industriestaaten zu sichern und deren Erdölabhängigkeit zu vermindern. Die IEA bemüht sich seitdem um eine Abstimmung der E. der OECD-Staaten und koordiniert einen Erdöl-Notstandsvorrat, um Lieferengpässe zu überbrücken oder auch nur um den Ölmarkt in Krisenzeiten zu beruhigen (so geschehen während des Golfkrieges von 1991). Neben der OPEC stellt die IEA einen weiteren zentralen Akteur der internationalen E. dar.

Auf nationaler Ebene lautete nach der ersten Ölkrise die einhellige energiepolitische Devise der OECD-Staaten: »Weg vom Erdöl«, vor allem: »Weg vom Erdöl des krisenanfälligen Nahen Ostens«. Energiepolitische Gegenstrategien umfaßten u. a. die Senkung des Ölverbrauchs und der Ölimporte, die Diversifizierung der Energieversorgung nach Energieträgern und Bezugsquellen, einschließlich der Rückbesinnung auf einheimische und der Erschließung neuer Energiequellen, sowie nicht zuletzt: Energiesparen (»*The Fifth Fuel*«). In allen OECD-Staaten verlangsamte sich nach 1973 deutlich der Anstieg des Energiekonsums, gegen Ende der 70er Jahre ging der Verbrauch zeitweilig sogar zurück. Einzelne Länder (Belgien, Dänemark, Großbritannien, Luxemburg) verbrauchten noch 1988 weniger Energie als 1973; in der Bundesrepublik Deutschland war der Energiekonsum nur unwesentlich angestiegen (*IEA* 1990). Der Erdölanteil am Energieverbrauch der OECD-Staaten sank insgesamt von 54% (1973) auf 43% (1988); extreme Gefälle wiesen Dänemark (1973: 89%, 1988: 50%), Irland (76% und 42%) und Finnland (60% und 30%) auf. Auch der Erdölimportanteil der OECD-Staaten ging im selben Zeitraum zurück: insgesamt von 37% auf 24%. Länderunterschiede sind freilich zu beachten: Staaten mit einem sehr hohen Ölimportanteil (über 70%) im Jahre 1973 konnten diesen zumeist beachtlich senken (Dänemark, Griechenland, Japan, Italien, Irland, Frankreich). In dem Gros der übrigen OECD-Staaten, deren Ölimportanteil 1973 zumeist zwischen 35% und 70% betrug, war das Gefälle in der Regel etwas geringer. Ausnahmen sind Schweden (61% und 28%), Neuseeland (46% und 15%) sowie die beiden Staaten, die infolge der Erschließung neuer Förderregionen in der Nordsee zu Erdölnettoexporteuren wurden: Großbritannien (1973: 53%) und Norwegen (35%). Lediglich in Luxemburg (36% und 40%) sowie in den USA (17% und 18%) stieg die Ölimportabhängigkeit leicht an (*IEA* 1990). Bei der Suche nach einem krisensicheren »Energie-Mix« hatte in etlichen OECD-Staaten die Atomenergie erheblich an Bedeutung gewonnen (extremes Beispiel: Frankreich). Freilich stießen Expansionsbestrebungen im Atomsektor seit den 70er Jahren vielerorts auf heftige außerparlamentarische Widerstände (Stichwort: »Atomkonflikt«), denen – abhängig vom Verhältnis zwischen Staat und Atomindustrie sowie von den Strukturen des Politischen Systems – ein mehr oder minder großer Erfolg beschieden war.

Außerhalb der OECD-Staaten trugen die Ölkrisen der 70er Jahre u.a. zur Ausdifferenzierung der Dritten Welt bei: Während die Vervielfachung der Ölpreise den erdölexportierenden Entwicklungsländern zum Nutzen gereichte, verschärfte sie erheblich die Zahlungsbilanz- und Schuldenprobleme der erdölimportierenden Entwicklungsländer, deren Ausgaben für Ölimporte sich zwischen 1973 und 1981 insgesamt verzehnfachten. Die Negativfolgen des Ölpreisanstiegs konnten weder durch bilaterale oder multilaterale Kredithilfen seitens der OPEC-Staaten vollständig aufgefangen werden noch durch die jeweilige nationale E. der erdölimportierenden Entwicklungsländer, die zumeist massiven wirtschaftlichen wie politischen Handlungsrestriktionen unterlag. Leidtragende der Ölkrisen waren vor allem die ärmsten, ressourcenschwachen Entwicklungsländer. Allerdings verstärkte sich nach der ersten Ölkrise die Süd-Süd-Kooperation im Energiebereich. Institutioneller Ausdruck hiervon waren in Lateinamerika etwa die Gründung (1973) der Lateinamerikanischen Energieorganisation (OLADE), die seitdem eine Zusammenarbeit zwischen lateinamerikanischen Energieproduzenten und -verbrauchern zu fördern versucht, sowie das verstärkte Interesse der UN-Wirtschaftskommission für Lateinamerika und die Karibik (CEPAL) an Fragen regionaler Energiekooperation. Auch die UN-Wirtschafts- und Sozialkommission für Asien und den Pazifik (ESCAP) übernahm ab 1974 eine aktive Rolle in der regionalen Förderung der Energieentwicklung und -zusammenarbeit (*IEA* 1988). 1975 wurde zudem der *ASEAN Council for Petroleum* (ASCOPE) gegründet, der im Verband südostasiatischer Staaten (ASEAN) die Kooperation im Erdölsektor förderte.

III. Mitte der 80er Jahre veränderte sich die Lage auf dem Welterdölmarkt grundlegend: Die Einsparungen des Ölverbrauchs in den Industriestaaten, die Erschließung neuer Förderregionen (Mexiko, Nordsee) sowie Produktionssteigerungen in Nicht-OPEC-Staaten führten zu einer regelrechten Ölschwemme und zum Verfall der Erdölpreise. Nachdem die Energiediskussion der 70er Jahre die technische und politische Verfügbarkeit knapper Energieträger in den Mittelpunkt gerückt hatte, fächerte sich nun die Sichtweise des Energieproblems auf: Neben »klassischen« Aspekten der Preiswürdigkeit und Versorgungssicherheit bestimmten nun zusehends auch Fragen der Sozial- und vor allem der Umweltverträglichkeit die energiepolitische Agenda der Industrieländer (s. u.). Angesichts globaler Umweltprobleme (Stichwort: »Klimakatastrophe«) wurde – vermittelt über Kreditprogramme, internationale Konferenzen etc. – die Umweltproblematik von Energieaktivitäten auch zum Thema des Nord-Süd- und des Süd-Süd-Dialogs.

Eine besondere Problemlage besteht in Mittel- und Osteuropa. Nach der Auflösung (Jan. 1991) des – in der Energieversorgung ehedem autarken – osteuropäischen Wirtschaftsbündnisses RGW (Rat für Gegenseitige Wirtschaftshilfe) blieben die meisten Staaten des ehemaligen Ostblocks weiterhin in hohem Maße abhängig von Energieimporten aus der ehemaligen Sowjetunion, die bis 1990 immerhin der größte Energieproduzent der Welt war. Rußland verfügt heute über einen Großteil der einstigen sowjetischen Rohstoffvorräte und versorgt mit Ausnahme Turkmenistans auch die Nachfolgestaaten der Sowjetunion mit Energie. Durch die drastische Erhöhung der Energieimportpreise infolge der veränderten Bedingungen des Ost-Ost-Handels (Verrechnung in konvertibler Währung etc.) sowie durch Produktionsrückgänge im Zuge krisenhafter wirtschaftlicher Transformationen hat sich indes die Energieversorgungslage vielerorts erheblich verschlechtert. Angesichts von Devisen- und Ressourcenmangel gewinnt in den ehemaligen RGW-Staaten, wo einst subventionierte Energiepreise eine immense Energieverschwendung beförderten, Energiesparen erheblich an Bedeutung. Trotz großer Einsparpotentiale ist in Anbetracht der angespannten Versorgungslage nicht davon auszugehen, daß die mit großen Sicherheitsmängeln behafteten Kernkraftwerke in den Staaten Mittel- und Osteuropas, deren Strombedarf zum Teil im beachtlichen Umfang durch Atomenergie abgedeckt wird, in absehbarer Zeit vom Netz genommen werden (*Moltmann* u.a. 1994). Bezeichnenderweise revidierte im Oktober 1993 das ukrainische Parlament seinen Beschluß von Oktober 1991, das Kernkraftwerk in Tschernobyl stillzulegen. Etwaigen Sanierungen im Energiebereich, die aus Sicherheits- und Umweltgründen dringend geboten wären, sind enge finanzielle Grenzen gezogen. Die gesamteuropäische Energiecharta, die 1991 von 45 Staaten der OECD, Mittel- und Osteuropas sowie der GUS unterzeichnet wurde, zielt darauf ab, eine verstärkte Ost-West-Kooperation im Energiebereich einzuleiten. Die Energiecharta soll zum einen dem Westen den Zugang zu den riesigen russischen Rohstoffreserven öffnen und dadurch seine Abhängigkeit von den Öllieferanten der instabilen Golfregion verringern, zum anderen soll sie dem Osten Zugang zu Devisen, privatem Kapital und moderner Technologie verschaffen mit dem Ziel einer Finanzierung des wirtschaftlichen Strukturwandels sowie zur Steigerung der Energieeffizienz und Sicherheit im Energiesektor.

IV. Energiepolitik steht im Spannungsfeld verschiedener Funktionsanforderungen, zwischen denen sich Zielkonflikte auftun. Die in den OECD-Staaten dominierenden Zielsetzungen sind gegenwärtig:
a) Preiswürdigkeit: Obwohl das »klassische« Primat einer möglichst preiswerten Energieversorgung, wie es in den 50er und 60er Jahren gerade auch in der Bundesrepublik Deutschland vorherrschte, in den 70ern von Fragen der Versorgungssicherheit überlagert wurde, zielen in der Regel nationale Energiestrategien noch heute darauf ab, preiswerte Energie zur Verfügung zu stellen. Eingebunden in umfassende Bemühungen der Sicherung von Wirtschaftsstandorten wird eine preiswerte Energieversorgung von den Regierungen der Industrieländer gemeinhin als einer unter vielen Faktoren angesehen, welche die Wettbewerbsfähigkeit der Industrien fördern. Indes ist die Zielvorgabe, preiswerte Energie bereitzustellen, zunehmend umstritten. Alternative energiepolitische Konzepte sehen gerade in Energiepreiserhöhungen ein politisches Steuerungsinstrument, um eine ökologische E. einzuleiten: So schlägt etwa *von Weizsäcker* (1992) vor, über 30 bis 40 Jahre hinweg durch Subventionsabbau und Umweltsteuern die Endverbraucherpreise von nichterneuerbaren und ökologisch problematischen Energien – konkret vor allem von fossilen Energien und Atomstrom – jährlich um fünf Prozent zu erhöhen. In 14 Jahren hätte sich so der Energiepreis verdoppelt, in 42 Jahren verachtfacht. Über die langfristige Preisentwicklung sollen nachhaltige Steuerungs- und Innovationsimpulse zur drastischen Steigerung der Energieeffizienz und zur Veränderung der Energieträgerstruktur (hin zu erneuerbaren Energien) ausgehen.
b) Versorgungssicherheit: Spätestens seit der ersten Ölkrise ist die Energieversorgungssicherheit ein zentrales Element jedweder Energiepolitik in OECD-Staaten. Kurz- und mittelfristige Versorgungsstrategien zielen darauf ab, unter Verwendung der gegenwärtig verfügbaren Energieträger und Produktions-, Transport-, Verarbeitungs- und Verteilungskapazitäten die Energienachfrage auf absehbare Zeit zu dekken. Eine Diversifizierung der Energieversorgung nach Energieträgern und Bezugsquellen vermeidet hierbei einseitige Abhängigkeitsstrukturen und erhöht die Fähigkeit, auf zeitweilige Energieversorgungsstörungen zu reagieren. Gegenwärtig gilt die kurz- und mittelfristige Versorgungssicherheit der OECD-Staaten als gesichert: Es bestehen vergleichsweise diversifizierte Versorgungsstrukturen, und die weltweite Energiesituation ist durch ein Überangebot und eine stabile Mischung der verschiedenen Energieträger gekennzeichnet. Die langfristige Versorgungssicherheit jedoch ist gefährdet. Sie hängt von der dauerhaften Verfügbarkeit entsprechender Energievorräte ab, wobei zwischen Reserven (nachgewiesene, technisch erschließbare Vorkommen) und Ressourcen (gesamte Vorkommen, inkl. der vermuteten, technisch noch zu erschließenden) zu unterscheiden ist. Die Vorräte der derzeit wichtigsten Energieträger – Erdöl (1993: 40 % des weltweiten Primärenergieverbrauchs), Kohle (27 %), Erdgas (23 %) und Kernenergie (7 %) – sind in absehbarer Zeit erschöpft. Unter der Annahme eines steigenden Weltverbrauchs wird die Reichweite der Reserven (Ressourcen) an Erdöl auf 30

(80) Jahre geschätzt, von Erdgas auf 35 (110) Jahre, von Kohle auf 110 (450) Jahre und von Natururan (bei Einsatz in Leichtwasserreaktoren) auf 45 (80) Jahre (*Das Parlament*, 6.8.1993). Angesichts der Endlichkeit dieser Energieträger sind zum einen die Streckung der Vorräte durch noch weitaus rigidere Energiesparmaßnahmen und Effizienzsteigerungen geboten, als sie nach der Ölkrise in vielen Staaten eingeleitet wurden, zum anderen eine forcierte Entwicklung alternativer Energietechnologien, welche langfristig die Nutzung erneuerbarer Energieträger (Sonne, Wasser, Erdwärme, Wind, Biomasse etc.) im großen Maßstab ermöglichen. Eine konsequente Umstellung der Energiesysteme bedürfte freilich energischer Forschungsbemühungen, viel Kapital und entsprechender politischer Steuerungsimpulse – und müßte angesichts der langen Ausreifungszeit, die der Aufbau anspruchsvoller energieeffizienter und regenerativer Energiesysteme benötigt, alsbald eingeleitet werden. (Auch der Aufbau der Öl-, Gas- und Kernenergiewirtschaften brauchte seine Zeit.) Indessen ist die E. der Industriestaaten noch weitgehend auf kurz- und mittelfristige Versorgungsaspekte ausgerichtet. Zu den Ausnahmen gehört etwa Dänemark, das bereits früh einen massiven Ausbau effektiver und alternativer Energietechnologien einleitete, oder auch Japan, dessen Langzeitplanung jedoch gerade auf die Entwicklung der aus sicherheitstechnischen und (aufgrund der Waffentauglichkeit des Materials) politischen Gründen äußerst problematischen Plutoniumwirtschaft setzt.

c) Umweltverträglichkeit: Erzeugung, Umwandlung, Transport und Verwendung von Energie zeitigen weitreichende Umweltfolgen – etwa in den Problembereichen: Binnengewässer-, Meeres- und Luftverschmutzung, Säureablagerungen (Saurer Regen) sowie bezüglich globaler Klimaveränderungen (Treibhauseffekt). Ein besonderes Problem stellen Umweltunfälle dar, die von Austritten, Explosionen und Bränden bei Förderung, Transport, Verarbeitung und Verwendung von Öl und Erdgas bis hin zu Reaktorunfällen à la Harrisburg (1979) oder Tschernobyl (1986) reichen. Das Problembewußtsein gegenüber Umweltproblemen im allgemeinen und von Energieaktivitäten im besonderen ist in den Industrieländern, die immerhin das überwältigende Gros der Energie verbrauchen und die hautpsächlichen Umweltverschmutzer sind, sicherlich gewachsen – mit deutlicher Akzentverschiebung von den Sicherheitsproblemen der Kernenergie hin zu den Problemen der Luftverschmutzung und globaler Klimaveränderungen. Ungeachtet nationaler Unterschiede sind in den OECD-Staaten bereits eine Reihe von Umweltschutzmaßen vor allem ordnungspolitischer (Rechts- und Verwaltungsvorschriften), aber auch ökonomischer Art (Abgabe, Subventionen etc.) in Kraft, die Energieaktivitäten – von der Erzeugung bis zur Endverwendung – betreffen. Hierbei läßt sich eine Tendenz zu einer etwas umfassenderen Umweltorientierung der Energieaktivitäten feststellen, zu einer stärkeren Betonung präventiver gegenüber kurativen Umweltschutzmaßnahmen sowie zu verstärkten Bemühungen um die internationale Harmonisierung der umweltpolitischen Maßnahmen und Instrumente im Energiebereich (*IEA* 1991). Angesichts gewaltiger Umweltprobleme können indes die umweltpolitischen Maßnahmen im Energiebereich beileibe nicht als ausreichend gelten. Im Rahmen einer ökologischen »Erdpolitik« (*von Weizsäcker* 1992) wird daher rigoroses Energiesparen bzw. eine drastische Steigerung der Energieproduktivität gefordert sowie eine Erhöhung des Anteils an erneuerbaren Energiequellen, die zwar auch Umweltprobleme aufwerfen, prinzipiell aber umweltverträglicher sind als herkömmliche Energieträger.

d) Sozialverträglichkeit: Energiepolitische Entscheidungen bergen weitreichende soziale Folgen und bedürfen daher auch eines gewissen Maßes an gesellschaftlicher Akzeptanz. In der Bundesrepublik Deutschland haben sowohl der heftige Konflikt um die friedliche Nutzung der Atomenergie der 70er und 80er Jahre als auch jüngste Debatten um die künftige Subventionierung der heimischen Steinkohle die energiepolitischen Entscheidungsprozesse beeinflußt. Mit der Tiefe derartiger gesellschaftlicher Konflikte gewinnen Ausgleichsbemühungen – die Suche nach einem »Energiekonsens« – erheblich an Bedeutung. Dies gilt auch für einen etwaigen ökologischen Strukturwandel im Energiebereich, der ein erhebliches Konfliktpotential in sich birgt.

Die jeweilige Gewichtung der miteinander wettstreitenden Zielgrößen – Preiswürdigkeit, Versorgungssicherheit, Umwelt- und Sozialverträglichkeit – bestimmt letztlich das nationale Profil der Energiepolitik.

Michael Krennerich

Lit.: *Alber, G. / Fritsche, U.* 1991: Energiewende Europa: Ergebnisse und Materialien, Freiburg/Darmstadt. *Bethkenhagen, J. / Clement, H.* 1985: Die sowjetische Energie- und Rohstoffwirtschaft in den 80er Jahren, München. *Clark, J. G.* 1990: The Political Economy of World Energy, Chapel Hill/London. *Das Parlament*, Jg. 43 (1993), Nr. 32: Energie (Themenausgabe). *Fach, W. / Simonis, G.* 1987: Die Stärke des Staates im Atomkonflikt. Die Bundesrepublik im Vergleich mit Frankreich, Frankfurt a. M./New York. *Fischer, W.* u. a. 1987: Internationale Energieversorgung und politische Zukunftssicherung, München. *Flavin, C. / Lenssen, N.* 1994: Neugestaltung der Energiewirtschaft, in: *Worldwatch Institute* (Hrsg.): Zur Lage der Welt 1994, Stuttgart, 113–146. *Häusler, J.* 1988: Der Traum wird zum Alptraum. Das Dilemma einer Volkspartei: die SPD im Atomkonflikt, Berlin. *Hohensee, J. / Salewski, M.* (Hrsg.) 1993: Energie – Politik – Geschichte. Nationale und internationale Energiepolitik seit 1945, Stuttgart. *IEA* 1988: Energy in non-OECD Countries. Selected Topics 1988, Paris. *IEA* 1989: Energy Policies and Programmes of IEA Countries, 1988 Review, Paris. *IEA* 1990: Energy Balances of OECD Countries 1987–1988, Paris. *IEA* 1991: Energie- und Umweltpolitik, Braunschweig. *Krause, F.* u. a. 1989/1990: Energy Policy in the Greenhouse, 2 Bde., Den Haag. *Krawinkel, H.* 1991: Für eine neue Energiepolitik. Was die Bundesrepublik Deutschland von Dänemark lernen kann, Frankfurt/M. *Michaelis, H.* 1993: Die Energiewirtschaft der Bundesrepublik Deutschland von 1970 bis 1990, in: *Hohensee, J. / Salewski, M.* (Hrsg.), 51–74. *Moltmann, B. / Sahm, A. / Sapper, M.* (Hrsg.) 1994: Die Folgen von Tschernobyl, Frankfurt/M. *Nitsch, J. / Luther, J.* 1990: Energieversorgung der Zukunft, Berlin. *Öko-Institut Freiburg* (Hrsg.) 1991: Energie Report Europa. Strategien für eine europäische Energiewende, Freiburg. *Weizsäcker, E. U. von* 1992: Erdpolitik: Ökologische Realpolitik an der Schwelle zum Jahrhundert der Umwelt, Darmstadt.

Entwicklung / Entwicklungstheorien

I. Es gibt kaum einen ursprünglich philosophischen Begriff, der eine so eingreifende realweltlich-praktische Wirkung bekommen sollte wie der der Entwicklung (E.). Der ihm beigegebene Fortschrittsoptimismus bestimmt nicht nur bis in unsere Zeit (z. B. *Hermann Kahn* in der Zukunftsforschung, *Robert Havemann* in den Entwürfen einer künftigen kommunistischen Gesellschaft) als wesentlich anzusehende Strömungen im Denken über die Evolutionschancen der modernen, oft als postindustriell bezeichneten westlichen Gesellschaften (↗ Industriegesellschaft, ↗ Post-industrielle Gesellschaft).

1. Das Wort E. ist in der deutschen Sprache erstmals 1645 als Übersetzung des lateinischen Begriffs *evolutio* nachweisbar. Ähnlich wie in dem Begriff des *développement* in der Philosophie von *Leibniz* bildet das Verb *volvere* (= wickeln) die semantische Grundlage, so daß »Ent-Wicklung« auf die Entfaltung und Hervorbringung von etwas hinweist, »was in sozusagen eingewickeltem Zustand bereits existierte« (*Geiger/Mansilla* 1983: 33), z. B. eine philosophische Idee, um deren *explicatio* man bemüht ist, eine dramatische Handlung usw. Die gleiche Grundannahme, daß E. etwas zutage treten läßt, dessen vorherige Anlage schon da oder dessen Ergebnis *a priori* bestimmt sei, kennzeichnet auch die weitverbreitete Übernahme und Popularisierung des Begriffs durch die Naturwissenschaften. Insgesamt verdichtet sich im 18. und 19. Jh. im Wort »Entwicklung« der Selbsterfahrungsprozeß eines ganzen Zeitalters, das auf Fortschritt angelegt zu sein scheint. Man geht davon aus, daß Individuen wie soziale Gebilde genügend Können und Rationalität erworben haben, um durch den Einsatz des eigenen Kräftepotentials eine immer bessere Welt hervorzubringen. E. wird damit zur säkularen Fassung der christlichen Auffassung von Welt als Heilsgeschichte. Namen wie *Herder, Kant, Hegel,* später *Comte, Marx, Spencer, Toynbee* und viele andere stehen bei allen Nuancierungen im einzelnen für eine epochale Auffassung von einem Weltprozeß als *creatio continua*. Besonders in den Gesellschaftswiss. war »nahezu allen Theorien über geschichtliche und gesellschaftliche Entwicklung [gemeinsam] die Konstruktion einer in der Grundtendenz aufsteigenden Linie, eines mehr stufenförmig oder mehr kontinuierlich, manchmal auch dialektisch gedachten Fortschritts von ›primitiveren‹ zu ›höher entwickelten‹ Formen« (*Geiger/Mansilla* 1983: 35).

2. Der Begriff E. hat seit dem 19. Jh. allen Versuchen des Kolonialismus und ↗ Imperialismus eine quasi-rationale Legitimationsgrundlage für die Übertragung westlicher wirtschaftlicher, kultureller und politischer Lebensformen auf dominierte außereuropäische Gesellschaften gegeben. Mochten die im 19. Jh. geborenen Programme dieser Art dort, wo sie auf Formeln gebracht wurden wie *mission civilisatrice, the white man's burden* oder *manifest destiny,* ob ihrer ideologisch-kulturellen Verbrämung von machtpolitischen und wirtschaftlichen Beherrschungsversuchen noch so durchsichtig und damit kritisierbar erscheinen, so bekam gleichwohl dieses bei näherem Hinsehen naive Entwicklungsdenken der westlichen Welt im Zuge der weltweiten Prozesse der Dekolonisation nach 1945 neuen Auftrieb. Nun galt es, aus vormals »unterentwickelten« Gesellschaften und Staaten »entwickelte« zu machen, d. h. staatlich-gesellschaftliche Gebilde, die den westlichen Industriegesellschaften möglichst nahe kommen sollten. Und dies unabhängig davon, ob die konkrete Ausstattung mehr mit den Zielen einer kapitalistischen Wirtschaft konform ging, vielleicht noch von liberal-demokratischen Strukturen begleitet, oder ob man sich sozialistische Varianten der westlichen Industriegesellschaft vorstellte. Bis zur Gegenwart bleiben auch die meisten Modernitätsleitbilder aus der Dritten Welt selbst dann, wenn sie um nativistische, also kulturspezifische Varianten des eigenen Entwicklungsweges bemüht sind, dem westlichen Vorbild verpflichtet (↗ Kapitalismus, ↗ Kommunismus, ↗ Liberalismus).

Das partielle Scheitern der Entwicklungsbemühungen in den letzten Jahrzehnten, unterschiedliche politische und ideologische Entwicklungsinteressen, die Instrumentalisierung von praktischer ↗ Entwicklungspolitik für übergeordnete Ziele in der ↗ Außen-

und ↗ Außenwirtschaftspolitik bzw. ihre Indienststellung in die Behauptungsversuche involvierter ↗ Eliten in den Industrieländern wie in den Entwicklungsländern selbst haben zu einer Vielzahl von kaum noch auf einen Nenner zu bringenden Entwicklungsbegriffen geführt. Dazu beigetragen haben aber auch die Beteiligung verschiedener akademischer Disziplinen an der weltweiten Entwicklungsdiskussion sowie ein nie abgebrochener Streit über die Verursachungen von Unterentwicklung, schließlich zahlreiche, qualifiziert geäußerte Zweifel an der Tragfähigkeit des westlichen Vorbildes unter Entwicklungspraktikern wie -theoretikern.

Obwohl heutzutage darauf verwiesen wird, daß es sinnlos sei, nach einer ubiquitär gültigen und füglich ahistorischen Definition von E. zu suchen *(Nohlen/Nuscheler* 1992: 56), E. daher ein »Cluster-Begriff« sei, »dessen konstitutive Eigenschaften nicht verbindlich festgelegt werden können«, so zeichnet sich gleichwohl ein zunehmender Konsens über unverzichtbare Kriterien ab. E. kann a) weder wertneutral noch b) unabhängig von Raum und Zeit diskutiert werden; c) eine monokausale Entwicklungsbetrachtung verzerrt und führt zu einseitigen, letztlich falschen Ergebnissen; d) Wachstum bzw. angebbare Veränderungen in soziokulturellen, wirtschaftlichen oder politischen Teilbereichen tragen nur dann zur E. bei, wenn sie e) gesamtgesellschaftliche Implikationen bzw. f) qualitative Verbesserungen zeitigen; E. hat nie nur eine binnenstaatliche bzw. -gesellschaftliche Dimension, sondern muß g) in seiner internationalen Mit-Konditionierung gesehen werden. Damit macht das, was unter E. zu verstehen ist, »einen guten Teil der Entwicklungsproblematik selbst aus« *(Nohlen* 1994: 196).

II. So gut wie alle zeitgenössischen Entwicklungstheorien sind vor dem Forum solcher Kriterien zu kurzatmig. Die entwicklungstheoretische Diskussion wird seit Jahrzehnten sehr stark von den Überlegungen der Ökonomen beherrscht, wobei man sich verhältnismäßig einseitig auf Theorien und Strategien zur Optimierung wirtschaftlichen Wachstums konzentriert. E. wird als etwas aufgefaßt, was sich primär zwischen ökonomischen bzw. ökonomisch beeinflußbaren Variablen abspielt.

Dieser Ökonomismus des Entwicklungsdenkens läuft quer durch die wiss. und ideologischen Schulen. Die bürgerliche Ökonomie mit ihren Markt-, Wachstums- und Außenhandelsüberlegungen unterscheidet sich in dem Primat, den sie wirtschaftlichen Dingen einräumt, kaum von »linkeren« politökonomischen Schulen (Austausch- und Verteilungsüberlegungen). In der Entwicklungspraxis ist man den Leitvorstellungen der Ökonomen weitestgehend gefolgt. Die Überzeugung, daß wirtschaftliches Wachstum und eine gerechte Umverteilung der erwirtschafteten Güter der eigentliche Schlüssel zur Lösung der Entwicklungsproblematik sei, zieht sich wie ein roter Faden von den frühesten Verlautbarungen um 1948/49 über die den späteren Nord-Süd-Dialog einleitenden UNCTADs und die zahlreichen Global- und Fachkonferenzen zu einer Neuen Weltwirtschaftsordnung über so gut wie alle internationalen Entwicklungsberichte (z. B. *Pearson*-Bericht von 1969; RIO-Bericht an den *Club of Rome* von 1976) bis in die beiden 1980 und 1983 herausgegebenen Bestandsaufnahmen der Nord-Süd-Kommission. Auch die Entwicklungsstrategien der nationalen Regierungen in der Dritten Welt und ebenso die Assistenzüberlegungen privater und öffentlicher Banken und Entwicklungsinstitutionen haben lange Zeit das vorherrschende Paradigma reflektiert, das im Augenblick aber – sieht man sich jüngste indische oder südostasiatische Entwicklungspläne oder die neuere CEPAL-Diskussion an – einer in einer Perspektivenausweitung bestehenden Revision unterzogen wird. Auch der neueste *Human Development Index* von UNDP (1990) spiegelt diesen Trend wider.

Allerdings haben die ökonomischen Entwicklungsvorstellungen von Anfang an eine gewisse Korrektur (wenn auch nicht den Zwang zu einem Paradigmenwechsel) erfahren durch die erst soziologisch und ethnologisch bestimmten und später kommunikationswissenschaftlich erweiterten Theorien sozialen Wandels. Diese im einzelnen subtil und differenziert seit den 20er Jahren geführten Diskussionen haben in den letzten zwei Jahrzehnten zu vielen konzeptuellen wie praktisch-strategischen Erweiterungen ursprünglich schlichter eingeleiteter Entwicklungsüberlegungen geführt, insofern sie den Sinn dafür schärften, daß Wachstum und Umverteilung nur dann zur E. beitragen können, wenn sie von einem korrespondierenden soziostrukturellen Wandel und Veränderungen in den Einstellungsmustern der breiten Bevölkerung und der Eliten begleitet sind.

Den Theorien sozialen Wandels sind vier grundlegende Einsichten zu verdanken: 1) daß E. nicht diskutiert werden kann, ohne auf Entwicklungsträger und soziale Behinderungsfaktoren zu achten (positive und negative *change agents*); 2) daß zu jeder umfassenden Entwicklungsstrategie Investitionen im sozialen Bereich gehören; 3) daß E. nur meßbar und damit quantitativ beurteilbar ist unter Einbezug sozialer Indikatoren; 4) daß E. und Unterentwicklung auch kulturelle Phänomene sind, die sich über Normen, Werthaltungen und Einstellungen vollziehen. Die seit den frühen 70er Jahren aufkommende internationale Debatte über sog. Grundbedürfnisse (zu erfüllende Mindestausstattung an Nahrungsmitteln, Wohnung, Kleidung, Bildung, öffentliche Serviceleistungen usw.) gehört zu den wichtigsten Erfolgen dieser Richtung. Das internationale Entwicklungsgespräch wurde zudem seit ungefähr 1960 zusätzlich ergänzt durch Beiträge aus politikwiss. Sicht.

III. Quer zu vielen einzelfachlichen Auffassungsunterschieden zum Wesen und Begriff von E. hatten sich (vor allem in den ↗ Sozialwissenschaften) zwei paradigmatische Betrachtungsweisen herausgebildet, die nahezu unvereinbar erscheinende Positionen zum Thema E. vortrugen. Sie werden meist als Modernisierungs- und Dependenztheorien bezeichnet.

1. Modernisierungstheorien setzten traditionale und hochentwickelte (westliche) Industriegesellschaften als »Ausgangspunkt und Endpunkt des Weges« (*Nohlen* 1989: 460ff.), den die Staaten, Wirtschaften und Kulturen der Dritten Welt im Zuge ihrer E. zu durchlaufen haben, auch wenn heute stärker als noch vor einigen Jahren gesehen wird, daß es für keinen dieser beiden Pole, Tradition und Moderne, bündige und allseits gültige Kriterien gibt. Auslösende Faktoren werden überwiegend endogen verortet, exogene Einflüsse weniger in ihrem Behinderungspotential denn als stimulierende Elemente für einen graduell sich einstellenden Modernitäts-Status gesehen.

Gegen die Modernisierungstheorien wird der Vorwurf erhoben, daß sie unhinterfragt westliche analytische Kategorien, die ja aus einem ganz spezifischen historischen Anschauungssubstrat gewonnen seien, nämlich in Ansehung des Werdegangs der westeuropäisch-nordamerikanischen Gesellschaften, auf die Dritte Welt anwendeten, so daß in solcher Schematisierung ein gutes Stück Aufgabe von Geschichtlichkeit und damit auch kultureller Identität liege. Dieser Einwand wird dadurch provoziert, daß in der Tat viele Modernisierungstheoretiker mehr oder minder offen mit westlichen Erfahrungswerten und/oder analytischen Beurteilungskriterien arbeiten (Übernahme bestimmter Technologie- und Kapitalausstattungen, *Take-off*-Kriterien für die Einleitungsphase eines sich selbst tragenden wirtschaftlichen Wachstums, Akkulturationsanreize für die Verbreiterung moderner gesellschaftlicher Sektoren, Empathie als Maßstab für die moderne, aktive Modalpersönlichkeit usw.). Er verkennt aber a) die grundsätzliche hermeneutische Befangenheit jeder sozialwiss. Aussage, die forschungspraktisch noch dadurch gesteigert wird, daß man b) in den Entwicklungsländern selbst (von Dependenz-Richtungen abgesehen) selten auf einem vergleichbaren analytischen Niveau mitzuargumentieren wußte (was sich erst in jüngster Zeit punktuell in einigen Ländern wie z. B. Indien oder Brasilien zu ändern scheint) und daß c) Historizität nicht allein durch veränderte Gewichtungen einzelner Faktorenbündel erreicht werden kann.

2. In diesem Sinne wiesen die Dependenztheorien keine prinzipielle Überlegenheit, sondern zunächst einmal einen alternativen Zugriff zum Thema Unterentwicklung–Entwicklung auf. Beide Phänomene wurden als die verschiedenen Seiten der nämlichen Münze aufgefaßt. Unterentwicklung sei nicht in erster Linie die »natürliche« (= historische) Rückständigkeit traditionaler Gesellschaften und Kulturen, sondern Ergebnis der weltweiten Penetration des westlichen (kapitalistischen) ↗ Wirtschaftssystems einschließlich der die Penetration begleitenden imperialen Bevormundungen.

Es ist nach solchen Auffassungen sinnlos, E. durch partielle Modernisierungsschübe einzuleiten. Vielmehr komme es darauf an, die Entwicklungsländer aus der sie auch intern verzerrenden Metropole–Satelliten-Situation herauszubringen. Im einzelnen reichten dabei die konkreten Überwindungsstrategien von Vorschlägen zu einer autozentrierten E. bis hin zu den bekannten Positionskatalogen der Dritten Welt im Nord-Süd-Dialog. Fast alle dependenztheoretischen Ansätze litten darunter, daß sie ein weiteres Mal wirtschaftliche Größen in den Vordergrund stellten und die politische und kulturelle Dimension von E. und Unterentwicklung »als abgeleitete Phänomene« behandelten. Auch dort, wo man stärker um die Situationsanalyse eines peripheren Staates bemüht war, blieben die Überwindungsschritte vage – sofern man sich nicht selten auf einen revolutionären Voluntarismus (*Boeckh*) zurückzog. Es war aber das Verdienst der Dependenztheoretiker, energisch und plausibel an die internationale Mit-Konditionierung des Entwicklungsproblems erinnert zu haben.

In den letzten Jahren hat es verschiedene Ansätze zur Überwindung des Orientierungsdilemmas zwischen Modernisierungs- und Dependenztheorien gegeben. Die überzeugendsten Versuche leiden an einer erheblichen theoretischen Kompliziertheit (*Jaguaribe, Mansilla, Likhit Dhiravegin*). Ein forschungsökonomisch leistungsfähiger Überwindungsversuch ist topischer Natur. *Nohlen/Nuscheler* ([2]1982) sprechen mit Blick auf Wachstum, Arbeit, Gleichheit/Gerechtigkeit, Partizipation und Unabhängigkeit von einem »magischen Fünfeck von Entwicklung«, d. h. sie schlagen vor, mit einem Begriffsraster zu arbeiten, welches den Begriff der E. auf wichtigste Elemente reduziert, die zugleich Mittel wie Ziele andeuten. Im Augenblick haben wir weniger einen Paradigmenwechsel vor uns als einen auf Synopse angelegten forschungsökonomischen wie ideologischen Pragmatismus.

IV. Die Politikwiss. gehört zu den *latecomers* in der internationalen Entwicklungsdiskussion. Ihr Einfluß leidet zudem bis heute darunter, daß sich viele Autoren verhältnismäßig bereitwillig den gängigen ökonomischen und soziologisch-ethnologischen Diskussionen ein- und damit unterordneten (Politik als abhängige Variable in ökonomischen Modernisierungsprozessen und als Folge von Kulturwandel). Hinzu kommt ein bisher nicht abgeebbter Streit um Konzepte, Theorien und selbst elementare Begriffe, so daß man bisher nicht in der Lage ist, aus der Sicherheit eines fachinternen Grundkonsenses zu argumentieren.

Desungeachtet sind einzelne Ansätze und Schulen zumindest innerhalb der Politikwiss. selbst einflußreich geworden. Seit Ende der 50er Jahre gingen immer wieder weltweit beachtete Impulse vom *Social Science Research Council* des *Committee on Compara-*

tive Politics aus, dessen Verdienste vor allem darin bestanden, politikwiss. Modernisierungs- und Entwicklungsüberlegungen systematisch im Kontext einer neu konzipierten vergleichenden Analyse politischer Systeme zu diskutieren. Die hier im Kreise um *Gabriel Almond, Lucian Pye, Leonard Binder* u.a. erarbeiteten Denkfiguren (Säkularisierung der Werthaltungen, Rollendifferenzierung, Subsystemautonomie, *political culture-* und Krisenansatz) haben sich nicht zuletzt deshalb behaupten können, weil sie bewußt offengehalten wurden für Impulse aus benachbarten, methodisch avancierten Sozialwiss. (Soziologie, Sozialpsychologie, Psychologie, Kommunikationswiss.). Dies gilt ähnlich für den *nation building-*Ansatz (*Karl W. Deutsch, Samuel Eisenstadt, Stein Rokkan*) und für die Institutionalisierungs- und Partizipationskonzepte von *Samuel Huntington*. Auch die zahlreichen verhaltenstheoretischen Vorschläge (Modernisierung des Lebensstils als Voraussetzung politischer Innovation) gehören hierhin.

Insgesamt sind die hier angedeuteten Erkenntnisse der modernisierungstheoretischen Richtung zuzuordnen, deren Verdienste und Begrenzungen sie teilen. Innerhalb dieses Ansatzes läßt sich seit einigen Jahren eine akzentuelle Umorientierung beobachten. Während man früher mehr von Veränderungen in der Qualität individuellen wie gruppengebundenen Handelns bei einer gleichzeitigen Beachtung der Modernisierungsmöglichkeiten des politischen Prozesses sowohl auf den intermediären Ebenen (↗ Parteien, Administration, Kommunikations- und Sozialisationsstrukturen) wie auf der Makroebene ausging, stehen neuerdings die Ergebnisse politischen Handelns (*public policy*) stärker im Vordergrund. Auf diese Weise wird auch die ursprüngliche Distanz dieser Richtung zu politökonomischen Überlegungen tendenziell abgebaut, so daß sich über den Akzentwechsel möglicherweise auch eine weitere Relativierung des entwicklungstheoretischen Orientierungsdilemmas anbahnt. Bezeichnenderweise haben diejenigen, die E. als gesteigerte Zielautonomie von Gesellschaften und ↗ Politischen Systemen auffaßten, ohnehin weniger als andere ein Problem darin gesehen, modernisierungs- und dependenztheoretische Erkenntnisse miteinander zu verbinden (u.a. *Gino Germani, Helio Jaguaribe, Marcos Kaplan*). Alles in allem wird man in den nächsten Jahren die wohl interessantesten Impulse für eine Weiterentwicklung der politikwiss. Entwicklungstheorien aus solchen Ländern und Regionen der Dritten Welt erwarten dürfen, in denen man die bisherige »westliche« Entwicklungsdiskussion ohne intellektuelle Aufgabe der eigenen Betroffenheiten aufzuarbeiten wußte. Das trifft z.B. sehr deutlich für Indien und Thailand zu, aber auch für lateinamerikanische Länder wie Brasilien, Chile, Peru.

Manfred Mols

Lit.: *Boeckh, A.* 1982: Abhängigkeit, Unterentwicklung und Entwicklung: Zum Erklärungswert der Dependencia-Ansätze, in: *Nohlen, D./Nuscheler, F.* (Hrsg.): Handbuch der Dritten Welt, Bd.1, Hamburg, 133–151. *Brandt, W.* (Hrsg.) 1980: Das Überleben sichern. Bericht der Nord-Süd-Kommission, Köln. *Brandt, W.* (Hrsg.) 1983: Hilfe in der Weltkrise. Ein Sofortprogramm. Der 2. Bericht der Nord-Süd-Kommission, Hamburg. *Buisson, I./Mols, M.* (Hrsg.) 1983: Entwicklungsstrategien in Lateinamerika, Paderborn. *Chilton, St.* 1988: Defining Political Development, Boulder/London. *Eisenstadt, S. N.* (Hrsg.) 1987: Patterns of Modernity. Bd. 1: The West; Bd. 2: Beyond the West, London. *Geiger, W./Mansilla, H. C. F.* 1983: Unterentwicklung. Theorien und Strategien zu ihrer Überwindung, Frankfurt/M. *Higgott, R.* 1983: Political Development Theory, London/Canberra. *Kothari, R.* 1988: Rethinking Development. In Search of Human Alternatives, Delhi. *Likhit Dhiravegin* 1985: Thai Politics: Selected Aspects of Development and Change, Bangkok. *Mols, M.* 1975: Zum Problem des westlichen Vorbilds in der neueren Diskussion zur politischen Entwicklung, in: VRÜ 8(1), 5–36. *Nohlen, D.* (Hrsg.) [6]1994: Lexikon Dritte Welt, Reinbek. *Nohlen, D./Nuscheler, F.* [2]1982: Was heißt Entwicklung?, in: *Nohlen, D./Nuscheler, F.* (Hrsg.): Handbuch der Dritten Welt, Bd. 1, Hamburg, 48–72. *Nuscheler, F.* (Hrsg.): Politikwissenschaftliche Entwicklungsländerforschung, Darmstadt. *UNDP* 1990: Special Report: A New Scale of Progress – Measuring the Human Development Dimension, in: World Development Vol. 3 No. 3. *Wiswede, G./Kutsch, Th.* 1978: Sozialer Wandel. Zur Erklärungskraft neuer Entwicklungs- und Modernisierungstheorien, Darmstadt.

Entwicklungspolitik

I. Unter Entwicklungspolitik (E.) werden alle Maßnahmen verstanden, die auf eine normativ bestimmte Veränderung der Lage der Entwicklungsländer im nationalen und internationalen Bereich abzielen. Träger der E. sind zum einen die Entwicklungsländer selbst; E. umfaßt dann die ganze Wirtschaftspolitik dieser Länder. Träger sind zum anderen ausländische Regierungen, transnationale Akteure und ↗ Internationale Organisationen. In der Öffentlichkeit der Industrieländer wird diese internationale E. in der Regel mit Entwicklungshilfe gleichgesetzt. Demgegenüber ist es in Wissenschaft und Politik zunehmend üblich geworden, zwischen der internationalen E. im engeren Sinne – auch Entwicklungshilfe genannt (neuerdings »Entwicklungszusammenarbeit« bzw. »Zusammenarbeit mit Entwicklungsländern«) – und der internationalen E. im weiteren Sinne (Entwicklungshilfe sowie handels-, struktur-, rohstoff- und währungspolitische Maßnahmen) zu unterscheiden.

Hinsichtlich der Instrumente der E. im engeren Sinn unterscheidet man die Kapitalhilfe (auch finanzielle Hilfe) einerseits, die i. d. R. in Form von vergünstigten Krediten für bestimmte regionale oder sektorale Projekte oder Programme vergeben wird, und technische Hilfe andererseits, die in der Entsendung von Beratern, Ausbildern, Sachverständigen und sonstigen Fachkräften sowie in der Lieferung von Ausrüstungsgütern besteht.

II. 1. In der Bundesrepublik Deutschland ist die E. eine der jüngsten Handlungsbereiche der Staatstätigkeit. In ihrer Ausrichtung auf Wirkungen in anderen Ländern und hinsichtlich der Langfristigkeit der anvisierten Ziele unterscheidet sie sich erheblich von anderen Politikbereichen und erfordert daher ganz spezielle Vorgehensweisen. Indem sie vorfindliche Entwicklung in helfender Absicht unter Verzicht auf adäquate Gegenleistung fördert, ist sie nur ein Teil der Zusammenarbeit mit Entwicklungsländern. Dies begründet ihre relative Eigenständigkeit.

Andererseits ist E. Teil der Gesamtpolitik und erhält somit ihre entscheidenden Impulse auf Grund nationaler Motivierungen. Als grenzüberschreitende Politik ist sie Bestandteil und besondere Form der ↗ Außenpolitik (Diplomatie; ↗ Außenwirtschaftspolitik). Damit ist sie untrennbar mit strategischen, ideologischen und außenwirtschaftlichen Motiven, Zielen und Instrumenten der Außenpolitik verbunden. Die Profilierung der E. als funktional eigenständiger Politikbereich *sui generis* hängt davon ab, ob es den verantwortlichen Akteuren – und hier v. a. dem zuständigen Bundesministerium für Wirtschaftliche Zusammenarbeit (BMZ) – gelingt, das Ziel – Entwicklung der als unterentwickelt definierten Länder – nicht als Unterziel nationaler Politik, sondern als eigenständiges Ziel darzustellen, das nur über seine tendenzielle Erreichung nationalen Interessen dient.

2. Entsprechend der Pluralität innen- und außenpolitischer Partikularinteressen, die in die Definition des nationalen Interesses einfließen und sich in entwicklungspolitischen (e.) Ziel- und Begründungszusammenhängen wiederfinden, ist E. als multifunktionales Aufgabensystem zu begreifen.

Institutionell-organisatorisch zeigt sich die Multifunktionalität der E. in der Bundesrepublik darin, daß 1) neben dem Staat, vertreten durch die Bundesregierung, eine Vielzahl nicht-staatlicher Organisationen e. tätig sind, E. sich somit nicht nur auf der Ebene der internationalen, sondern auch auf der Ebene der transnationalen Beziehungen abspielt; 2) die Verwaltung der E. sich als ein im Laufe der Jahre variabel abgegrenztes System mit geteilter ministerieller und nachgeordneter Verantwortlichkeit beschreiben läßt, wobei die Organisationsstruktur und der Entscheidungsprozeß als Antwort auf spezifische gesellschaftliche und politische Problemlagen aus dem nationalen und internationalen Umfeld begriffen werden müssen.

3. Nach den unterschiedlichen Gewichtungen zwischen einem genuin entwicklungspolitischen Rationalitätskalkül einerseits und diplomatischen und außenwirtschaftspolitischen Kalkülen andererseits läßt sich die bisherige Geschichte der bundesdeutschen E. in fünf Phasen einteilen:

1) Mitte der 50er bis in die zweite Hälfte der 60er Jahre wurde die E. der Bundesrepublik mit einem stark improvisatorischen Charakter aufgebaut und dabei v. a. als Instrument der Diplomatie und der Außenwirtschaftspolitik eingesetzt. Das für die technische Hilfe fachlich verantwortliche Auswärtige Amt (AA) begriff E. in erster Linie als weltweites diplomatisches Kampfmittel des Westens gegen ein Vordringen des ↗ Kommunismus in der Dritten Welt. Vor dem Hintergrund der deutschen Teilung (↗ Deutsche Einheit) wurde die E. ergänzend als Sanktionierungsinstrument eingesetzt, um eine diplomatische Anerkennung der DDR durch Staaten der Dritten Welt zu verhindern. Mit der Betonung der export- und rohstoffpolitischen Interessen sowie der ordnungspolitischen Perspektive der ↗ Sozialen Marktwirtschaft konkretisierte das für die Kapitalhilfe zuständige Wirtschaftsministerium (BMWi) ergänzend die außenpolitischen Zielvorstellungen. Auf der organisatorischen Ebene entsprach der konzeptionellen Improvisation und Fremdbestimmung der E. ein System nur schwer überschaubarer und koordinierbarer Verantwortlichkeiten ohne die integrierende Kraft eines voll verantwortlichen Ressorts. Dem 1961 geschaffenen Bundesministerium für Wirtschaftliche Zusammenarbeit (BMZ) gelang es erst nach Jahren, sich die für eine funktionale Eigenständigkeit der E. notwendigen Kompetenzen anzueignen (1964 Übernahme der Technische-Hilfe-Kompetenzen vom AA, 1972 der Kapitalhilfe-Kompetenzen vom BMWi). Der e. Entscheidungsprozeß lag bis 1972 bei einem System interministerieller Ausschüsse, in dem das AA und das BMWi über Veto-Rechte verfügten.

2) Der Wandel außenpolitischer und innenpolitischer Lageparameter (Entspannungspolitik, 1969 Beginn der sozialliberalen Koalition) schuf gegen Ende der 60er Jahre die Voraussetzungen für eine Vergrößerung des e. Handlungsspielraums und eine bis zum Ölschock 1973/74 anhaltende Innovationsphase der E. Begünstigt durch ein allgemeines Reformklima, wurde E. als eine »aktive« Politik begriffen, und zwar im doppelten Sinn einer Profilierung der Politik des BMZ und als Anspruch einer vorausschauenden, aktiv steuernden und an den Bedürfnissen der Entwicklungsländer orientierten Politik (E. als »Weltinnenpolitik« bzw. als weltweite Sozialpolitik und Friedenspolitik).

Dem Gewinn an funktionaler Eigenständigkeit der E. entsprach in dieser Phase eine Verfestigung des bürokratischen Organisationsgeflechts auf ministerieller und nachgeordneter Ebene, ein Ergebnis verstärkter Kontroll- und Prüfaktionen im BMZ und detaillierter Organisationsplanungen. Gleichzeitig ergab sich in professioneller Hinsicht eine stärkere Verfachlichung als Konsequenz entwicklungstheoretischer Fortschritte (Abkehr von naiven Modernisierungsvorstellungen) und eigener Erfahrungen in der Projektarbeit.

3) Die weltweite Wirtschaftskrise im Gefolge

des Ölschocks 1973 führte schrittweise zu einer pragmatischen E., die, geprägt von einer auf Krisenmanagement abstellenden Außen- und Außenwirtschaftspolitik, den rohstoff-, export- und beschäftigungspolitischen Eigeninteressen der Bundesrepublik wieder größere Bedeutung zumaß. Der Differenzierung der Entwicklungsländer im Gefolge der Energiekrise begegnete man mit einer Differenzierung des e. Instrumentariums. Danach sollten sich die herkömmlichen Hilfeleistungen auf die sehr armen und von der Ölkrise besonders negativ betroffenen Entwicklungsländer konzentrieren, während für die sog. Schwellenländer mit höherem wirtschaftlichen Entwicklungsstand neue bzw. erweiterte Formen einer technisch-wirtschaftlichen Kooperation zum Einsatz kommen sollten. »Gesamtpolitik« wurde ein neuer Schlüsselbegriff und E. nicht mehr als funktional eigenständiger Politikbereich, sondern in enger Verbindung mit Handels-, Wirtschafts- und Außenpolitik gesehen. Unter dem Eindruck eines enger werdenden haushaltspolitischen Spielraums betonte man verstärkt auch Effizienzgesichtspunkte.

4) Der Regierungwechsel 1982 brachte eine erneute Akzentverschiebung der E. mit sich. Sie stand nunmehr unter dem Motto einer stärkeren Berücksichtigung deutscher (wirtschaftlicher) Interessen. Eingebettet in eine neoliberale Wirtschaftsphilosophie (Vertrauen auf die Marktkräfte, »Entstaatlichung«), wurde Entwicklungshilfe mittels besonderer Finanzierungstechniken, Lieferbindungen und »aktiver Projektfindung« wieder vorrangig zum Instrument deutscher Exportinteressen und ausdrücklich auch unter dem Gesichtspunkt der Beschäftigungswirksamkeit der Hilfe in der Bundesrepublik betrachtet und begründet. Im Sinne eines konservativen, paternalistischen Politikverständnisses wurde E. auch zur Unterstützung außenpolitischer Freunde als antikommunistische Eindämmungspolitik eingesetzt.

5) Auf die wachsenden nationalen (wirtschaftliche Strukturkrise, Wiedervereinigung) und globalen Herausforderungen (Ende des Ost-West-Konflikts, Drogen-, Migrations- und Umweltprobleme) antwortete die Bundesregierung schließlich 1991 mit »Neuen Kriterien« für die Vergabe von Entwicklungshilfe: 1. der Entwicklungsorientierung des staatlichen Handelns (Armutsbekämpfung, Verwaltungsreformen, Abbau überhöhter Rüstungsbudgets), 2. der Schaffung einer marktfreundlichen Wirtschaftsordnung (Privatisierung ineffizienter Staatsbetriebe, Förderung von Kleingewerbe), 3. der Gewährung von Rechtssicherheit, 4. der Beachtung der Menschenrechte und 5. der Beteiligung der Bevölkerung am politischen Prozeß. Durch die Berücksichtigung der internen Rahmenbedingungen, eine Konzentration auf die e. Schlüsselbereiche Armutsbekämpfung (mittels struktureller Reformen), Bildung (v.a. Grundbildung und berufliche Bildung) und Umweltschutz, den Einbezug der Zielgruppen in der Planungs- und Durchführungsphase sowie durch regionale und sektorale Schwerpunktsetzung soll die E. insgesamt glaubwürdiger, berechenbarer und verläßlicher werden.

Auf eine enge Verklammerung der E. mit der Außenwirtschaftspolitik zielte ein Vorstoß des Haushaltsausschusses im März 1994 ab: Mit der Eröffnung eines »zweiten Fensters« übernimmt der Bund unter Federführung des BMZ Bürgschaften, auf deren Basis die Kreditanstalt für Wiederaufbau (KfW) Kapitalmarktmittel aufnimmt und zusammen mit Haushaltsmitteln aus dem Einzelplan 23 für Darlehen der Entwicklungsländer (v. a. Schwellenländer) bereitstellt. Damit gerät E. zum ersten Mal ganz offiziell zur Exportförderung. Angesichts dieser Instrumentalisierung der E., schrumpfender öffentlicher Mittel und einer Konzentration der Verteilungskonflikte auf innenpolitische Themen hat die Erkenntnis, daß die wachsende Armut in der Dritten Welt auch für Deutschland ein Sicherheitsrisiko bedeutet (weil Bevölkerungsdruck und Umweltzerstörung nicht an den Grenzen haltmachen) und die Unterstützung des Südens als eine Art moderner Sicherheitspolitik im wohlverstandenen Eigeninteresse des Nordens liegt, nur geringe Chancen, im wiedervereinigten Deutschland in praktische Politik umgesetzt zu werden.

III. Die für die bundesdeutsche E. festgestellte Spannung zwischen außen- und außenwirtschaftspolitischen Interessen einerseits und eigenständigen, an Bedürfnissen der Entwicklungsländer orientierten Zielsetzungen andererseits – mit einem tendenziellen Übergewicht der beiden ersten Interessensphären – gilt grundsätzlich auch für die E. der anderen westlichen Industrieländer. Hinsichtlich der inhaltlichen Gewichtung der verschiedenen Ziele sowie auch in bezug auf die regionale Orientierung und den Stellenwert der E. im Gesamtzusammenhang der Staatstätigkeit gibt es jedoch deutliche Unterschiede zwischen den verschiedenen Ländern.

1. Wie ein Blick auf die E. einiger wichtiger OECD-Länder zeigt, ergeben sich Unterschiede der Funktionszuweisung und der regionalen Orientierung der E. einzelner Staaten u.a. aus der politischen und wirtschaftlichen Position des jeweiligen Landes im Weltsystem und den damit verbundenen nationalen Interessenlagen sowie aus verschiedenen Traditionsbeständen v. a. der Staaten mit einer Vergangenheit als Kolonialmacht.

Das klassische Beispiel für eine vorwiegend strategisch-außenpolitisch motivierte und eingesetzte E. bieten die USA, die seit Beginn des Kalten Krieges und während der Dauer des Ost-West-Konfliktes ihre Beziehungen zu den Ländern der Dritten Welt stets, wenn auch mit rhetorischen und programmatischen Schwankungen, unter dem Blickwinkel der Systemkonkurrenz betrachteten und gestalteten. In den USA gibt es, ebenso wie in der Mehrzahl der westlichen Länder, kein eigenständiges Ministerium für die E., die, institutionalisiert in der *Agency for International Development* (AID), einem Interessenkartell von Außenministerium, Schatzamt und Handelsministerium untersteht. In einem institutionellen Dauerkonflikt zwischen Präsident und Kongreß wird die nordamerikanische Hilfe für Entwicklungsländer, die sich in Wirtschafts- und Militärhilfe gliedert, durch jährliche Gesetze festgelegt, wobei es oftmals zu starken Verzögerungen kommt (vgl. *May* 1987). In der zweiten Hälfte der 70er Jahre stellte Präsident *Carter* die Frage der ↗ Menschenrechte ins Zentrum seiner Politik gegenüber den Ländern der Dritten Welt. Im Zuge der Ende der 70er Jahre eintretenden Verschärfung des Systemgegensatzes trat unter der Präsidentschaft *Reagans* eine wieder stärkere internationalstrategische Funktionalisierung der E. ein, insbesondere in Zentralamerika und in Afrika. Militärhilfe, kreditfinanzierte Waffenverkäufe und die v.a. sicherheitspolitische Verwendung der Mittel des Wirtschaftsstützungsfonds erhielten unter seiner Regierung einen zunehmenden Stellenwert in der Kooperation mit den Entwicklungsländern. Nach dem Ende des Ost-West-Konfliktes, mit dem der über Jahrzehnte hinweg bestimmende Bezugsrahmen der amerikanischen E. verschwand, erfolgte unter Präsident *Bush* zunächst keine wesentliche Änderung. Im Zusammenhang des Golfkriegs von 1991 blieben sicherheitspolitische und strategische Gesichtspunkte bestimmend. Die Militärhilfe für die arabischen Alliierten im Konflikt mit dem Irak wurden als öffentliche Entwicklungshilfe deklariert. Die Suche nach einer konzeptionellen Neuorientierung der E. wurde überlagert und verzögert durch mehr oder minder spontane Reaktionen auf neue Krisen im internationalen System sowie durch die verstärkte Konzentration auf innen-, vor allem wirtschaftspolitische Themen unter Präsident *Clinton*.

Die japanische E. orientiert sich v.a. an Interessen der Rohstoffsicherung und Erschließung von Märkten für die expansive Industrieproduktion, und zwar vorwiegend innerhalb des asiatisch-pazifischen Raumes. Auch soll die E. zur wirtschaftlichen und politischen Stabilisierung der Nachbarländer in Ost- und Südostasien beitragen sowie historische Hypotheken der ehemaligen Imperialmacht abtragen. Der Institutionalisierungsgrad der japanischen E. ist nach wie vor gering, es gibt weder ein eigenständiges Ministerium noch einen zuständigen Ausschuß des Parlaments. Da auch das öffentliche Interesse an e. Themen ausgesprochen gering ist, findet eine Kontrolle staatlicher Politik in diesem Bereich praktisch kaum statt. Seit 1989 wird die stark bürokratisierte japanische E., der im Hinblick auf die Projektfindung eine Interessenverfilzung mit den großen Konzernen und Handelshäusern nachgesagt wird, durch einen interministeriellen Ausschuß verwaltet, an dem 14 Ministerien beteiligt sind, wobei das mächtige Handels- und das Finanzministerium bei der Kapitalhilfe und das Außenministerium bei der technischen Hilfe am einflußreichsten sind (vgl. *Nuscheler* 1992). In der zweiten Hälfte der 70er Jahre begann eine stark expansive Phase der japanischen E., die sowohl durch eine Vervielfachung der eingesetzten Mittel als auch durch eine Globalisierung der Zusammenarbeit mit Entwicklungsländern gekennzeichnet war, wenngleich der asiatisch-pazifische Raum nach wie vor der regionale Schwerpunkt blieb. Außerdem bekamen die außenpolitischen Interessen einer Nachbarschaftspflege innerhalb des asiatischen Raums und Bedürfnisse der internationalen Imageverbesserung ein stärkeres Gewicht *(May* 1989).

Großbritannien leistete seit 1929 eine Art von Entwicklungshilfe in den Kolonialgebieten, die freilich vorwiegend den wirtschaftlichen Eigeninteressen des Mutterlandes diente. 1964 wurde die E. in einer zentralen Behörde, der *Overseas Development Administration,* institutionell verankert, deren Status sich seither häufig änderte (zeitweise eigenständiges Ministerium, zeitweise zugeordnete Verwaltungsbehörde). Gleichwohl wurde die britische E. sowohl in organisatorischer als auch in programmatischer Hinsicht stets durch das Handels- und das Außenministerium dominiert, allerdings kaum als außenpolitisches Sanktionsmittel instrumentalisiert *(Nuscheler* 1986). Trotz scharfer inhaltlich-programmatischer Kontroversen zwischen den Parteien ist die britische E. auch über ↗ Regierungswechsel hinweg durch ein beachtliches Maß an Kontinuität der Programmatik, Funktionszuweisung und regionalen Schwerpunktsetzungen gekennzeichnet. Nach der Regierungsübernahme der Konservativen 1979 blieb ein radikaler Kurswechsel trotz der angekündigten »Totalrevision« der unter der *Labour*-Regierung seit Mitte der 70er Jahre deutlich aufgewerteten E. aus, wenngleich sowohl in wirtschaftspolitischer Hinsicht als auch in bezug auf die Höhe und Konditionalität der Leistungen in den 80er Jahren eine restriktive Tendenz sichtbar wurde. Mehr als zwei Drittel der britischen Entwicklungshilfe gehen nach wie vor in das *Commonwealth,* schwerpunktmäßig in die südasiatischen Länder und in die ehemaligen Kolonialgebiete in Afrika.

Auch Frankreich steht entwicklungspolitisch in enger traditioneller Bindung zu seinen ehemaligen Kolonien, v. a. in Afrika. Ein großer Teil der französischen Entwicklungshilfe fließt in Länder, die im Prozeß der Dekolonisierung loyal zum ehemaligen Mutterland blieben. Die französische E. ist auch vom außenpolitischen Interesse an einer Aufrechterhaltung der Eigenständigkeit als internationale Macht geprägt. In den 70er Jahren versuchte die französische Regierung – freilich ohne großen Erfolg – als Mittler im Kreuz zwischen Ost-West-Gegensatz und ↗ Nord-Süd-Konflikt aufzutreten, und nach wie vor gebärdet sich die ehemalige Kolonialmacht als militärpolitischer Ordnungsfaktor in Zentral- und Westafrika, gestützt auf Verteidigungsabkommen über technische Militärhilfe. Kulturpolitische Bemühungen, etwa zur Pflege der französischen Sprache und dementsprechende Einflußnahme auf das Bildungswesen in den Partnerländern, stellen ebenfalls einen konstanten Schwerpunkt der französischen E. dar. Auch auf institutioneller Ebene wirkt das Erbe der Kolonialverwaltung fort. Mehrere Reformansätze, zuletzt 1992, vermochten nicht, die Vielfalt der mit e. Funktionen betrauten Administrationsbereiche dauerhaft zu vereinheitlichen. Das 1961 gegründete und zeitweilig dem Außenministerium eingegliederte *Ministère de Coopération* blieb in seinen Kompetenzen beschränkt, das Institutionengeflecht der französischen E. durch eine regionale und sachliche Verteilung von Zuständigkeiten auf verschiedene Ministerien gekennzeichnet (*Wilhelms* 1985: 128 ff.; *Claus* 1992). In programmatischer Hinsicht wendete sich Frankreich unter sozialistischer Regierung in den 80er Jahren gegen die Zugrundelegung rein marktwirtschaftlicher Konzepte in der E. und regte beispielsweise auf dem Weltwirtschaftsgipfel 1988 mit Erfolg einen Schuldenerlaß für die ärmsten afrikanischen Entwicklungsländer an.

Gleichzeitig wurde ein Schwerpunkt der E. auf die Menschenrechtsthematik gesetzt. Die damit verbundene Globalisierung der französischen E. nahm man allerdings relativ bald wieder zugunsten des afrikanischen Raumes, unter Einbeziehung der anglophonen Länder, zurück (*Woyke* 1987). Seit Anfang der 90er Jahre bindet auch Frankreich die Vergabe von Entwicklungshilfe an politische Kriterien wie Demokratie und marktwirtschaftliche Orientierung.

2. Was die materiellen Leistungen der E. der westlichen Länder anbelangt, zeigen sich Unterschiede, die nur zum geringen Teil auf das wirtschaftliche Potential der einzelnen Länder rückführbar sind.

Die in der OECD zusammengeschlossenen westlichen Industrieländer richteten 1961 einen Ausschuß für Entwicklungshilfe (*Development Assistance Committee*, DAC) ein, der u.a. für die Erarbeitung von Normen bzw. Zielvorgaben der e. Tätigkeit der Mitgliedsländer zuständig ist, diese auch in regelmäßigen Abständen einer Prüfung unterzieht und dementsprechende Statistiken veröffentlicht. Als öffentliche Entwicklungshilfe (*Official Development Aid*, ODA) anerkannt werden dabei nur solche Leistungen, die der wirtschaftlichen und sozialen Entwicklung der Empfängerländer dienen sollen (Militärhilfe fällt also eigentlich nicht unter ODA, wenngleich der DAC sich den anders lautenden Deklarationen der USA nach dem Golfkrieg 1991 beugen mußte) und deren Konditionen erheblich günstiger sind als bei Leistungen zu Marktbedingungen. Das geforderte »Zuschußelement« hängt dabei vom wirtschaftlichen Entwicklungsstand des Empfängerlandes ab.

Die ↗ Vereinten Nationen proklamierten 1970 das Ziel, die Industrieländer sollten 0,7% ihres ↗ Sozialprodukts für ODA verwenden. Dies wurde erstmals 1975 von Schweden erreicht, das zusammen mit Norwegen, Dänemark, Finnland und den Niederlanden heute die Gruppe der Länder bildet, die als einzige der Entwicklungshilfe den damit geforderten Stellenwert einräumen bzw. diesen Wert überschreiten. In den Niederlanden beispielsweise kommt die der E. zugemessene Bedeutung auch darin zum Ausdruck, daß der Haushalt des Entwicklungshilfeministeriums an die Entwicklung des Nationaleinkommens gebunden ist, gesondert vom sonstigen Budget aufgestellt wird und keinen Kürzungen unterliegen darf. Frankreich erreicht das 0,7%-Ziel ebenfalls, allerdings nur unter Einschluß der Leistungen für die französischen Überseegebiete, auf die ca. ein Drittel der Hilfe entfällt. Im Durchschnitt gaben die OECD-Länder Anfang der 90er Jahre nur ca. 0,3% ihres Sozialprodukts für ODA aus. Die Bundesrepublik befindet sich zusammen mit Ländern wie Belgien, Italien und Großbritannien in der Mittelgruppe der Länder, deren ODA leicht über oder unter dem Durchschnittswert liegt, während z.B. die relativen Leistungen der USA, dem in absoluten Zahlen wichtigsten Geberland, weit unterdurchschnittlich sind. Auch die Leistungen Japans, das absolut betrachtet den USA den Rang als wichtigstes Geberland mittlerweile streitig macht, blieben nach den massiven Steigerungen in den 80er Jahren noch unter dem Durchschnitt der OECD-Länder. Freilich sagt zunächst weder die absolute noch die relative Größenordnung der ODA eines Landes etwas über die Qualität und den e. Ertrag der geleisteten Hilfe aus.

In der Regel ist ein großer, meist der weit überwiegende Teil der bilateral, also durch Regierungsabkommen zwischen Geber- und Nehmerland geleisteten ODA an Lieferungen aus dem Geberland gebunden, was häufig eine versteckte Subventionierung von Exporten bedeutet bzw. den Entwicklungsländern die mitunter überhöhten Preise des jeweiligen Geberlandes aufzwingt. Auch in dieser Hinsicht heben sich u. a. die skandinavischen Länder positiv vom Gros der OECD-Länder ab (in der Bundesrepublik sind rd. die Hälfte der Leistungen liefergebunden). Ihre bilateralen Leistungen, wie z.B. auch die stark liefergebundenen Großbritanniens, kommen außerdem in weit überdurchschnittlichem Umfang Empfängern aus der Gruppe der ärmsten Dritte-Welt-Länder zugute (*OECD* 1989).

Der größte Anteil der ODA wird in allen OECD-Ländern bilateral geleistet. Dem unstetigen Trend der letzten Jahrzehnte zu einer Steigerung der multilateralen E. sind nicht alle Länder in gleichem Umfang gefolgt. Nur wenige Länder, darunter wiederum die skandinavischen, stellen mehr als ein Drittel ihrer ODA-Mittel internationalen Organisationen (UN-Sonderorganisationen, Weltbankgruppe, regionale Entwicklungsbanken) zur Verfügung. Die europäischen Länder leisten einen Teil (meist etwa die Hälfte) ihrer multilateralen ODA auch über die ↗ Europäische Union. Multilaterale Hilfe unterliegt nicht direkt der Kontrolle des Geberlandes. Dennoch stehen den großen westlichen Industrieländern genügend Möglichkeiten offen, durch ihre Stimmenanteile in den nach Kapitalanteilen besetzten Entscheidungsgremien von Internationalem Währungsfonds (IWF) und Weltbank auch bei der multilateralen E. ihre einzelstaatlichen und gemeinsamen Interessen zur Geltung zu bringen. Die USA gingen in den 80er Jahren auf deutliche Distanz zu den Sonderorganisationen der UN, in denen über die Verwaltung der den Entwicklungsländern zufließenden Mittel nach dem Prinzip Ein-Land-Eine-Stimme entschieden wird (z. B. Austritt aus der UNESCO 1984). Ihren maßgeblichen Einfluß in der Weltbankgruppe und im IWF verwendeten sie im Sinne einer rigiden Strukturanpassungspolitik dieser Institutionen, deren Prinzipien zunehmend auch die Vergabe der bilateralen Entwicklungshilfeleistungen bestimmten (s. o.).

IV. Mehr als vier Fünftel der weltweit geleisteten ODA kommen aus den OECD-Ländern. Aber auch Länder der Dritten Welt selbst sowie die Industrieländer des ehemaligen Ostblocks unterhalten e. Beziehungen zu Entwicklungsländern.

Die arabischen Ölstaaten beispielsweise stellen auch nach drastischen Kürzungen in den 80er Jahren im Verhältnis zu ihrer Wirtschaftskraft immer noch wesentlich mehr Mittel für Entwicklungshilfe zur Verfügung als die westlichen Industrieländer. Für einige Entwicklungsländer stellen sie die weitaus wichtigste Gebergruppe dar. Nach dem Golfkrieg gegen den Irak 1991 kam es zu einer regionalen Umschichtung der arabischen ODA, deren Hauptgeber (Saudi Arabien, Kuwait, Vereinigte Arabische Emirate) vor allem jene Staaten »belohnten«, die sich auf die Seite der Alliierten gegen den Irak gestellt hatten.
Die e. Leistungen der ehemaligen Ostblockländer hielten sich stets in sehr engen Grenzen, wenngleich sie für einzelne sozialistische Länder der Dritten Welt, vor allem Kuba, extrem wichtig waren. Globale entwicklungspolitische Forderungen aus der Dritten Welt wehrten die sozialistischen Staaten stets mit dem Argument ab, sie seien für die Folgen von Kolonialismus und kapitalistischer Weltwirtschaftsordnung nicht verantwortlich. Die Sowjetunion orientierte ihre E. bis Mitte der 80er Jahre im großen und ganzen an Gesichtspunkten der Systemkonkurrenz und an ihrer Einschätzung der »Sozialismusnähe« der einzelnen Entwicklungsländer. Der sowjetische Anspruch, mit den Dritte-Welt-Partnern eine sozialistische, gerechtere internationale Arbeitsteilung aufzubauen, hielt einer Analyse der Leistungen nie stand (vgl. *Nuscheler* 1987: 232 f.). Nicht weniger als im Falle der westlichen Länder wurden Abhängigkeitsbeziehungen aufgebaut, aufrechterhalten oder verstärkt. Die Nachfolgestaaten der Sowjetunion spielen als ODA-Geber kaum noch eine Rolle. Einige zentralasiatische Nachfolgestaaten der Sowjetunion wurden inzwischen von der OECD als Entwicklungsländer eingestuft und erhalten damit Zugang zu den Töpfen der internationalen Entwicklungshilfe.

V. Über den Ertrag der seit mehr als drei Jahrzehnten geleisteten ODA für die wirtschaftliche und soziale Entwicklung der Dritte-Welt-Länder wird eine andauernde Debatte geführt, wobei die Frustration über das anhaltende und sogar zunehmende Wohlstandsgefälle zwischen Industrie- und Entwicklungsländern sowie über die Mechanismen und Wirkungen e. Projekte und Programme mitunter zur Forderung führte, die »tödliche Hilfe« (*Erler* 1985) besser einzustellen. Die bereits Anfang der 80er Jahre von renommierten Experten wie *G. Myrdal* und Lord *P. Bauer* formulierte Kritik an der seit den

50er Jahren betriebenen E. wurde von den offiziellen Organisationen und Trägern der Entwicklungshilfe zunächst ignoriert bzw. zurückgewiesen. Anfang der 90er Jahre anerkannten die großen Institutionen (Weltbank, regionale Entwicklungsbanken, UNDP) jedoch in selbstkritischen Analysen, daß man sich über Jahrzehnte hinweg zusehr auf die Konzeption und finanzielle Ausstattung von (großen) Projekten konzentriert und deren Durchführung sowie Probleme der dauerhaften Wirksamkeit vernachlässigt hatte (*Berg* 1993; *World Bank* 1992; vgl. auch *Stockmann/Goebe* 1993).

Kritiker und Verteidiger der E. sind sich weitgehend darüber einig, daß es zu einer tatsächlichen Verbesserung der Lage in den Ländern der Dritten Welt weit mehr als e. Aktivitäten im engeren Sinn bedarf, daß Veränderungen sowohl der internationalen Wirtschaftsbeziehungen als auch der gesellschaftlichen und politischen Strukturen in den Entwicklungsländern für eine Überwindung von Unterentwicklung unabdingbar sind. Die theoretisch-strategische Begründung sowie die gesellschafts- bzw. ordnungspolitische Ausrichtung konkreter Entwicklungsbemühungen bleibt freilich ebenso umstritten wie die vielleicht wichtigste Frage, welche wirtschaftlichen und gesellschaftlich-kulturellen Veränderungen in den Industrieländern selbst notwendig sind, um weltweit eine menschenwürdige und ökologisch verträgliche Entwicklung zu ermöglichen.

Klaus Bodemer/
Bernhard Thibaut

Lit.: *Bellers, J.* (Hrsg.) 1988: Entwicklungshilfepolitik in Europa, Münster. *Berg, E.* 1993: Rethinking Technical Cooperation, New York. *Bodemer, K.* 1974: Entwicklungshilfe-Politik für wen? Ideologie und Vergabepraxis der deutschen Entwicklungshilfe in der ersten Dekade, München. *Cassen, R.* 1990: Entwicklungszusammenarbeit, Bern/Stuttgart. *Clauß, B.* 1992: Frankreichs Entwicklungspolitik, in: Entwicklung und Zusammenarbeit 33 (5), 17–19. *Erler, B.* 1985: Tödliche Hilfe, Freiburg. *Friedrich, S.-J.* u. a. 1980: Entwicklungspolitik der EG, Frankfurt a. M./New York. *Glagow, M.* (Hrsg.) 1983: Deutsche Entwicklungspolitik. Aspekte und Probleme ihrer Entscheidungsstruktur, Saarbrücken. *Holthus, M./Kebschull, D.* (Hrsg.) 1985: Die Entwicklungspolitik wichtiger OECD-Länder, 2 Bde., Hamburg. *Hough, R. L.* 1982: Economic Assistance and Security, Washington, D.C. *May, B.* 1987: Reagan und die Entwicklungsländer, München. *May, B.* 1989: Japans neue Außenpolitik, Oldenburg. *Nohlen, D.* (Hrsg.) [6]1994: Lexikon Dritte Welt, Reinbek. *Nuscheler, F.* 1986: Die Entwicklungspolitik der Regierung Thatcher (Friedrich-Ebert-Stiftung, Analysen Nr. 122), Bonn. *Nuscheler, F.* [3]1991: Lern- und Arbeitsbuch Entwicklungspolitik, Bonn. *Nuscheler, F.* 1992: Japans Entwicklungspolitik, in: Entwicklung und Zusammenarbeit 33 (1/2), 38–40. *Oberndörfer, D./Hanf, Th.* (Hrsg.) 1986: Entwicklungspolitik, Stuttgart. *OECD* 1988: Development Cooperation, Paris. *OECD* 1989: Entwicklungszusammenarbeit in den 90er Jahren, Paris. *Okita, S.* 1986: Developing Economies and Japan, Tokio. *Pater, S./Striepke, T.* 1987: Entwicklungspolitik nach der Wende, Dortmund. *Spanger, H.-J./Brock, L.* 1987: Die beiden deutschen Staaten in der Dritten Welt, Opladen. *Stockmann, R./Goebe, W.* (Hrsg.) 1993: Hilft die Entwicklungshilfe langfristig?, Opladen. *Wilhelms, C.* 1985: Frankreich, in: *Holthus, M./Kebschull, D.* (Hrsg.): 1991, Bd. 22. *World Bank* 1992: Effective Implementation – Key to Development Impact, Washington, D.C. *Woyke, W.* 1987: Frankreichs Außenpolitik von de Gaulle zu Mitterrand, Leverkusen.

Europäische Union

I. Die Europäische Union (EU) ist der vertraglich begründete Verbund von ursprünglich sechs, mittlerweile zwölf

Staaten, der Merkmale aufweist, die für einen Zusammenschluß von Staaten ohne Beispiel sind. Seine Charakterisierung ist daher schwierig und strittig. Die EU ist weit mehr als traditionelle ↗ Internationale Organisationen, die auf einzelne, oft sehr spezielle Funktionen beschränkt sind. Sie ist aber auch kein staatliches Gebilde föderativer Struktur (↗ Föderalismus), auch wenn sie Elemente aufweist, die normalerweise Staaten zugerechnet werden (Rechtsetzung nach einem bestimmten Verfahren, an dem verschiedene Institutionen beteiligt sind; Ressourcenallokation mittels eigenem Budget; Wirkung der Tätigkeit der EU auf Bürger und Unternehmen vergleichbar mit der von staatlichen Instanzen; Rechtsgemeinschaft mit einem eigenen Gerichtshof als oberster gerichtlicher Instanz). Unstrittig ist, daß die EU eine eigenständige Einheit, einen neuen Akteur in den internationalen Beziehungen darstellt. (Die Bezeichnung EG – Europäische Gemeinschaft – wurde mit dem Vertrag von Maastricht durch EU abgelöst.) Der EU-Verbund ist das wichtigste Ergebnis des westeuropäischen Integrationsprozesses. Er hat sich von bescheidenen Anfangen einer Sektor-Integration (der auf Kohle und Stahl begrenzten Montan-Union; EGKS) zu einem Gebilde entwickelt, dessen Tätigkeitsspektrum sich stark ausgeweitet hat, das über ein sich immer mehr ausdifferenzierendes »Regierungssystem« verfügt, seinen Mitgliederbestand verdoppelt hat, während der tiefgreifenden Veränderungen in Europa seit 1989 nicht nur als feste Größe erhalten blieb, sondern eine weitere Vertiefung erfuhr und dessen nochmalige Vertiefung und Erweiterung ab 1995/96 auf der europapolitischen Tagesordnung steht.

II. Europäische Integrationspolitik zielte, wie schon bei den entsprechenden Bemühungen nach dem I. Weltkrieg, auf Friedenssicherung, größere wirtschaftliche Leistungsfähigkeit, Behauptung Europas in der Weltpolitik, Lösung von Minderheiten- und Grenzproblemen. Die Bedrohung von Freiheit und Demokratie durch ↗ Autoritäre und totalitäre Regime gab, neben der Katastrophe des II. Weltkrieges, dem Gedanken der europäischen Einigung neue Schubkraft und ergänzte das Spektrum von Zielen um die Gewährleistung von Menschenrechten, Demokratie und Rechtsstaatlichkeit. Integrationsbestrebungen wurden weiterhin mit gesellschaftspolitischen Ordnungskonzepten verknüpft sowie in den Dienst spezifischer nationaler Belange (z. B. des französischen Sicherheitsbedürfnisses gegenüber Deutschland) gestellt. Als Folge des Systemantagonismus im Kalten Krieg (↗ Ost-West-Beziehungen) beschränkte sich Integrationspolitik – mit antikommunistischer Tendenz – auf Westeuropa. Die Bundesrepublik verstand ihre Westbindung zugleich als eine unerläßliche Voraussetzung für die Lösung der deutschen Frage im Einvernehmen mit ihren Nachbarn (↗ Deutsche Einheit).

Für die Realisierung von Integrationsbestrebungen standen sich zwei Ansätze gegenüber: Schaffung eines lockeren Rahmens für zwischenstaatliche Kooperation ohne Einschränkung nationaler Souveränität oder Errichtung eines die Hoheitsgewalt der Mitgliedstaaten beschneidenden »supranationalen« Gebildes. Frankreich, Italien, die BRD und die drei Benelux-Staaten entschieden sich 1951 mit der Montan-Union für den zweiten Ansatz. Für den Montansektor wurde eine gemeinsame Rechtsordnung mit Gemeinschaftsorganen, deren Entscheidungen Staaten und Unternehmen binden sollten, geschaffen. Pläne, nach dem gleichen Muster eine Verteidigungs- und eine Politische Gemeinschaft (EVG und EPG) zu errichten –

die EPG war als bundesstaatsähnliche Konstruktion, die EGKS und EVG überwölben, zusätzlich für Außen- und Wirtschaftspolitik zuständig sein und über parlamentarische Regierungsweise (Parlamentarismus) mit Zweikammersystem verfügen sollte, konzipiert –, scheiterten 1954 als zu ehrgeizig. Mit den Römischen Verträgen von 1957 schufen die sechs EGKS-Staaten die Grundlage für die Errichtung einer Wirtschafts- und einer Atomgemeinschaft (EWG und EAG). Der Fortgang der Integration wurde so gut wie ausschließlich von der EWG bestimmt, deren vertraglich begründete Ziele weitreichende Aktivitäten erlaubten bzw. verlangten.

III. Oberstes Ziel war zunächst die Errichtung einer Zollunion, also die Beseitigung von Zöllen und Kontingenten für den innergemeinschaftlichen Warenverkehr sowie die Schaffung eines gemeinsamen Außenzolls und der Aufbau einer gemeinsamen Handelspolitik gegenüber Drittstaaten; sodann die Errichtung eines Gemeinsamen Marktes mit freiem Warenverkehr, Niederlassungsfreiheit, freiem Kapital- und Dienstleistungsverkehr sowie Freizügigkeit für Arbeitskräfte, ergänzt um eine gemeinschaftliche Wettbewerbsordnung (z. B. Beihilfeverbot).

Die Zollunion wurde bis Ende der 60er Jahre verwirklicht, Außenhandelspolitik ist seither EG-Angelegenheit, also autonomer nationaler Politik entzogen. Für die Errichtung des Gemeinsamen Marktes wurden wichtige erste Maßnahmen getroffen; die systematische Beseitigung der großen Zahl sog. nicht-tarifärer Handelshemmnisse wurde indessen erst mit dem Mitte der 80er Jahre eingeleiteten Programm der Vollendung des Binnenmarktes bis Ende 1992 eingeleitet. Für wenige ausgewählte Politikbereiche war der Aufbau einer gemeinsamen Politik vorgesehen; am wichtigsten ist hier die Agrarpolitik, für deren Finanzierung bis zu 70% des EG-Haushalts aufgewendet wurden. In anderen Politikbereichen wurde nur die Koordinierung nationaler Politiken angestrebt.
Seit Ende der 60er Jahre, dem Ende der sog. Übergangszeit (mit der Vollendung der Zollunion und des Systems der gemeinsamen Agrarpolitik sowie ersten Schritten zum Gemeinsamen Markt incl. gemeinsamer Wettbewerbspolitik), setzte eine Ausweitung der Tätigkeitsbereiche der EG ein; vielfach handelte es sich dabei um Aufgaben, die mit dem Funktionieren des gemeinsamen Marktes verknüpft oder auf die Erfüllung genereller Zielvorstellungen – in Präambel und Art. 2 EWG-Vertrag formuliert (»Aufgabe der Gemeinschaft ist es, durch die Errichtung eines Gemeinsamen Marktes und die schrittweise Annäherung der Wirtschaftspolitik der Mitgliedstaaten eine harmonische Entwicklung des Wirtschaftslebens innerhalb der Gemeinschaft, eine beständige und ausgewogene Wirtschaftsausweitung, eine größere Stabilität, eine beschleunigte Hebung der Lebenshaltung und engere Beziehungen zwischen den Staaten zu fördern, die in dieser Gemeinschaft zusammengeschlossen sind«) – ausgerichtet waren. Ein wichtiges Instrument war die Angleichung innerstaatlicher Rechtsvorschriften, sofern diese Auswirkungen auf das Funktionieren des gemeinsamen Marktes haben. So wurde etwa schon 1973 das erste umweltpolitische Aktionsprogramm beschlossen, ohne daß die EG auf diesem Gebiet ausdrückliche Kompetenzen gehabt hätte; weil aber unterschiedliche Umweltnormen wettbewerbsverfälschend wirken, war ein Tätigwerden der Gemeinschaft geboten. Ähnlich pragmatisch wurden Gemeinschaftsaktionen im Bereich Forschung und Technologie gestartet; das erste Rahmenprogramm der EG war 1983 als Antwort auf die technologische Herausforderung Japans und der USA konzipiert.

Eine wichtige Voraussetzung für gemeinschaftliche Aktivitäten war, daß die EG seit 1970 über vertraglich garantierte Eigenmittel (Zölle, Abschöpfungen – sie fallen beim Import von Agrarprodukten an – und ein Teil des Mehrwertsteueraufkommens der Mitgliedstaaten; seit 1988 kommen als vierte Quelle Zahlungen der Mitgliedstaaten hinzu, die sich nach dem BSP bemessen) verfügte und nicht auf Mitgliedsbeiträge angewiesen war. Ein Teil des Etats ist für besondere Aufgaben bestimmt: Der Sozialfonds ist für arbeitsmarktpolitische Maßnahmen bestimmt und soll Beschäftigungsmöglichkeiten fördern; der Regionalfonds (seit 1975) soll regionale Ungleichgewichte korrigieren, die strukturbedingt sind, und ist wichtigstes Instrument einer eigenständigen EG-Regionalpolitik, bei der es letztlich um innergemeinschaftliche Umverteilung geht. Der Entwicklungsfonds steht im Dienst der vorrangig entwicklungspolitisch ausgerichteten Assoziierungspolitik: Mit den Abkommen von Lomé werden seit 1975 (mit je 5jähriger Laufzeit) über 60 sog. AKP-Staaten (aus Afrika, der Karibik und dem Pazifik) mit der EG verbunden (↗ Entwicklungspolitik).

Der Anfang der 70er Jahre verfolgte Plan zur Errichtung einer Wirtschafts- und Währungsunion (WWU) – damit wäre die Entscheidungskompetenz auf diesen zentralen Politikfeldern von den Staaten auf Gemeinschaftsorgane übertragen worden – scheiterte wegen unüberbrückbarer ordnungspolitischer Gegensätze. Mit dem 1978 geschaffenen Europäischen Währungssystem (EWS) – es zielt auf eine Zone mit stabilen Wechselkursen, verlangt von den Teilnehmern stabilitätsorientierte Wirtschaftspolitik und verpflichtet sie bei Wechselkursschwankungen zu Hilfsmaßnahmen sowie zu Einvernehmen bei eventuell notwendigen Kurskorrekturen – wurde hier ein neuer Anlauf genommen. Mit der Europäischen Politischen Zusammenarbeit (EPZ) haben die Staaten ein intergouvernementales Verfahren beschlossen und kontinuierlich ausgebaut, mit dessen Hilfe sie in der ↗ Außenpolitik gemeinsame Positionen formulieren und schließlich gemeinsam handeln wollen. Fragen der wirtschaftlichen und politischen Aspekte von Sicherheit wurden schrittweise in die Beratungen einbezogen.

Dieses gegenüber der Anfangsphase der EG-Integration bereits erheblich ausgeweitete Aufgabenspektrum wurde in den 80er Jahren nochmals vergrößert. Mit einer Vertragsänderung bzw. -ergänzung in der Einheitlichen Europäischen Akte (EEA) von 1986 sollte auf gemeinschaftsinterne Probleme und Krisen sowie auf externe Herausforderungen angemessen reagiert und die Handlungsfähigkeit der Gemeinschaft gestärkt werden. In der EEA wird die Vollendung des Binnenmarktes bis Ende 1992 als Ziel verankert und die Ausrichtung der wirtschafts- und währungspolitischen Kooperation auf das Ziel der Konvergenz festgeschrieben; der Kompetenzkatalog der Gemeinschaft wird um die Bereiche Forschung und Technologie, Umwelt und Soziales erweitert; die EPZ wird auf eine vertragliche Basis gestellt; die Bekräftigung des wirtschaftlichen und sozialen Zusammenhalts als Ziel hatte die Verdoppelung der Strukturfonds und die Reform der Vergabepraxis zugunsten der schwächeren Mitgliedstaaten, also Fortschritte bei der Umverteilung, zur Folge.

IV. Das ursprüngliche Schema des EG-Entscheidungsverfahrens sah wie folgt aus: Die Kommission (ihre Mitglieder werden von den Regierungen benannt) hat als internationale Behörde das Initiativrecht und ist für Ausführung und Überwachung der Einhaltung der Beschlüsse der Gemeinschaft zuständig. Das Europäische Parlament (EP), zunächst aus Abgeordneten der nationalen Parlamente bestehend, wirkt beratend (mit Stellungnahmen) an der Gemeinschaftsgesetzgebung mit und hat Kontrollbefugnisse gegenüber der Kommission. Der Rat, dem Minister der nationalen Regierungen angehören, entscheidet, ohne an die Voten des EP gebunden zu sein; in bestimmten Fällen sind Mehrheitsabstimmungen vorgeschrieben. Der Europäische Gerichtshof (EuGH) soll die Wahrung des Rechts bei Auslegung und Anwendung des Gemeinschaftsrechts sichern.

Im Laufe der Entwicklung hat sich dieses Schema stark ausdifferenziert und verändert. Auf der Ebene des Rates wurde zur Entlastung der Minister der Ausschuß der Ständigen Vertreter geschaffen; jeder Mitgliedstaat hat inzwischen eine vollausgebaute große Behörde bei der EG. Oberhalb des Rates wurde die (Gipfel-)Konferenz der Staats- und Regierungschefs als Europäischer Rat institutionalisiert und in der EEA schließlich vertraglich verankert; er soll die Leitlinien für Politik und Entwicklung der Gemeinschaft geben und bei Bedarf Konflikte auf oberster Ebene schlichten. Für die Wahrnehmung ihres Initiativrechts hat die Kommission eine Vielzahl von Beratenden Ausschüssen mit Verbandsvertretern eingerichtet; bei der Wahrnehmung ihrer Exekutivfunktionen stehen ihr Verwaltungsausschüsse mit Angehörigen der nationalen Administration zur Seite, die häufig als Kontrollinstanzen fungieren und den Spielraum der Kommission einschränken (Problem der sog. »Komitologie«). Über die Frage von Mehrheitsvoten im Rat kam es bald zum Konflikt (Frankreichs »Politik des leeren Stuhls«); 1966 verständigten sich die Regierungen über das Konsensprinzip, wenn ein Mitgliedstaat vitale nationale Interessen geltend macht. Daraus entwickelte sich eine die EG immer wieder lähmende Veto-Praxis. In der Direktwahl des EP (erstmals 1979) wurde ein Beitrag zur Verringerung des Legitimitätsdefizits der Gemeinschaft gesehen. Die Kompetenzen des EP wurden nur behutsam erweitert: es erhielt ein Mitentscheidungsrecht im Haushaltsverfahren und 1986 mit dem Verfahren der Zusammenarbeit mehr Einwirkungsmöglichkeiten bei der Rechtsetzung zur Vollendung des Binnenmarktes; Aufnahme neuer Mitglieder und Assoziationsverträge bedürfen seit 1986 der ausdrücklichen Zustimmung des EP. Sein politisches Gewicht ist spürbar gewachsen; es hat sich die Rolle eines anerkannten »Mitspielers« im Entscheidungsgefüge erworben.

V. Parallel zur EWG errichteten sieben andere westeuropäische Staaten die in ihrer Zielsetzung viel bescheidenere europäische Freihandelszone (EFTA). Die Sorge vor einer dauerhaften Spaltung Westeuropas erwies sich rasch als unbegründet: Bereits 1961 bemühte sich Großbritannien um Beitrittsverhandlungen. Wegen französischen Widerstands kam die erste EG-Erweiterung erst 1973 zustande; Großbritannien, Dänemark und Irland traten bei. Mit der 1981 erfolgten Aufnahme Griechenlands wurde die Süderweiterung der EG eingeleitet (Griechenland war 1961 als erster europäischer Staat mit der EG assoziiert worden); der Beitritt Portugals und Spaniens 1986 war die vorläufig letzte Etappe der EG-Erweiterung. Die Strukturunterschiede haben sich damit erheblich vergrößert; jedes neue Mitglied bringt spezifische Probleme und Erwartungen in die Gemeinschaft ein.

VI. Der im Februar 1992 unterzeichnete Vertrag von Maastricht ist der bislang ehrgeizigste Schritt zur Weiterentwicklung der Zwölfergemeinschaft. Die Hauptmotive für sein Zustandekommen waren die Auffassung, daß zum Binnenmarkt eine Wirtschafts- und Währungsunion (WWU) gehört und daß diese, da sie letztlich politische Qualität habe, durch eine Politische Union zu ergänzen sei; sodann die Überzeugung, daß nur eine konsolidierte Gemeinschaft den Erwartungen insbesondere mittel- und osteuropäischer Staaten, die sich nach dem Zusammenbruch des Kommunismus auf Westeuropa hin orientierten, werde entsprechen können; schließlich das Bestreben, das vereinigte Deutschland dauerhaft und verläßlich international einzubinden. Die durch den Vertrag errichtete Union sollte sich von der EG dadurch unterscheiden, daß sie deutlich über diese hinausgeht. Zur Union gehören drei Hauptkomponenten, vielfach »Pfeiler« genannt.

Den ersten Pfeiler bilden die drei Europäischen Gemeinschaften, deren vertragliche Grundlagen eine erneute Ergänzung und Veränderung erfahren. Das Aufgabenfeld der Gemeinschaft wird um die Bereiche allgemeine Bildung, Kultur, Gesundheitswesen, Verbraucherschutz, Transeuropäische Netze, Industrie und Entwicklungszusammenarbeit erweitert; hier übernimmt die Gemeinschaft neben den Mitgliedstaaten eine Mitverantwortung. Dabei kann es sich um Rechtsetzung oder – wo diese ausgeschlossen ist – um Initiierung und Förderung spezifischer Programme handeln. Für den Bereich

Sozialpolitik wurde das Prinzip der abgestuften Integration als Sonderlösung angewandt: Großbritannien widersprach der Aufnahme in den gemeinschaftlichen Aufgabenbereich, akzeptierte aber eine Vereinbarung der elf übrigen Mitgliedstaaten, die dem Vertrag als Protokoll beigefügt ist. Am bedeutsamsten ist das Ziel der Errichtung einer Wirtschafts- und Währungsunion. Ziel der Währungsunion sind feste Wechselkurse, eine einheitliche Währung, die Festlegung und Durchführung einer einheitlichen Geld- und Währungspolitik, die dem Ziel der Preisstabilität verpflichtet ist, schließlich eine Europäische Zentralbank. Die Währungsunion soll bis spätestens 1999 gebildet werden, und ihr sollen die Staaten angehören, die bestimmte Stabilitätskriterien erfüllen. Neu ist die Einführung eines Kohäsionsfonds, mit dem ein zusätzlicher Finanzausgleich zugunsten der strukturell schwächsten Mitgliedstaaten erfolgen soll. Weiterhin führt der Vertrag eine Unionsbürgerschaft ein, die Angehörigen der Mitgliedstaaten das kommunale und das Wahlrecht zum EP an ihrem jeweiligen Wohnort einräumt.

Neuerungen im Entscheidungssystem beziehen sich zunächst mit dem Europäischen Währungsinstitut (für die zweite Stufe) und der Europäischen Zentralbank auf die beabsichtigte Währungsunion. Die Mitwirkungsrechte des EP bei der Rechtsetzung werden durch das Verfahren der Mitentscheidung, zu dem ein Vermittlungsverfahren mit dem Rat gehört, gestärkt; das Entscheidungsverfahren wird dadurch allerdings noch komplizierter und weniger transparent. Einer Stärkung des EP sollen auch die Installierung des Petitionsrechts, die Bildung von Untersuchungsausschüssen und die Einrichtung des Amts eines Bürgerbeauftragten dienen. Sodann wird als ganz neues Gremium der Ausschuß der Regionen (AdR) eingeführt, der territorialen Einheiten unterhalb der Ebene des Nationalstaats, pauschal »Regionen« genannt, Mitwirkungsmöglichkeiten – primär konsultativer Art – geben soll. Der AdR konstituierte sich im Frühjahr 1994. Die Heterogenität seiner Zusammensetzung (große Unterschiede in der rechtlichen und politischen Qualität der Regionen sowie das Nebeneinander von Repräsentanten der regionalen und kommunalen Ebene) dürfte auf seine Handlungsfähigkeit und seinen politischen Einfluß eher restriktiv wirken. Mit der Einführung des Subsidiaritätsprinzips in den Vertrag wird der Versuch gemacht, in der »Verfassungs«-Ordnung der EU eine angemessene Balance zwischen Gemeinschaft und Mitgliedstaaten zu gewährleisten; es handelt sich eher um ein politisches Gestaltungsprinzip als um eine justiziable Rechtsnorm.

Der zweite Pfeiler sind die Bestimmungen über die Gemeinsame Außen- und Sicherheitspolitik (GASP), die intergouvernementalen Charakter erhält. Da Entscheidungen des Rates der Einstimmigkeit bedürfen, behält letztlich jeder Mitgliedstaat seinen Gestaltungsspielraum. Längerfristig soll zur GASP auch eine gemeinsame Verteidigungspolitik, schließlich auch eine gemeinsame Verteidigung gehören. Die Westeuropäische Union (WEU) wird deshalb zum integralen Bestandteil der Entwicklung der EU erklärt; in ihrem Rahmen sollen Entscheidungen und Aktionen der EU mit verteidigungspolitischen Bezügen erfolgen.

Der dritte Pfeiler, gleichfalls intergouvernemental, bezieht sich auf die Zusammenarbeit in den Bereichen Justiz und Inneres. Dazu gehören Asylpolitik, Grenzkontrolle, Einwanderungspolitik, Bekämpfung internationaler Kriminalität und des Drogenhandels, Zusammenarbeit der Justiz in Zivil- und Strafsachen, Kooperation im Zollwesen und schließlich polizeiliche Zusammenarbeit, die auch Bestrebungen zum Informationsaustausch im Rahmen eines europäischen Polizeiamts (EUROPOL) einschließt.

Der Vertrag von Maastricht trat erst im November 1993 in Kraft, nach einem langen und schwierigen Ratifikationsverfahren. In der Diskussion zeigten sich vielerlei Ängste (vor dem Verlust der stabilen DM, zu viel bürokratischer Zentralisierung in Brüssel, dem Verlust nationaler Identität und politischer Gestaltungsfreiheit, dem Überhandnehmen ordnungspolitisch abzulehnender Staatsinterventionen), Kritik (an der fehlenden politischen Basis für die WWU, dem viel zu umfangreichen und schwer verständlichen Vertragstext, dem noch problematischer gewordenen Demokratiedefizit) und Unsicherheit, ob der Integrationsprozeß im Sinne des Maastrichter Unionsvertrags fortgesetzt werden sollte – der bisherige »*permissive consensus*« bröckelte. Nach dem mehrheitlichen Nein im ersten dänischen Referendum im Juni 1992 schuf erst die Zustimmung zu Vorbehaltsrechten Dänemarks die Voraussetzung für ein Ja im zweiten Referendum im Mai 1993. Das Referendum in Frankreich im September 1992 brachte nur eine ganz knappe Ja-Mehrheit, und in Deutschland stellte das Bundesverfassungsgericht erst im Oktober 1993 die Verfassungsmäßigkeit der Vertragsbestimmungen fest. Vor diesem Hintergrund ist es überaus fraglich, ob die für 1996 vorgesehene nächste Regierungskonferenz Beschlüsse im Sinn weiterer Vertiefung der EU fassen wird. Zugleich wachsen die Zweifel – genährt durch die offenkundige Krise des EWS im Sommer 1993 (erhebliche Erweiterung der Bandbreiten der beteiligten Währungen) –, ob die Währungsunion wirklich schon 1999, mit einer Kerngruppe von Staaten, gebildet werden kann. Erhebliche europapolitische Unsicherheit und die Zunahme von Maastricht-kritischen Kräften sind das unverkennbare Ergebnis der EP-Wahlen vom Juni 1994. Auch die Bestellung des Luxemburgers *Jacques Santer* als Nachfolger von *Jacques Delors* als Präsident der Europäischen Kommission weckt eher Zweifel an fortdauernder europapolitischer Dynamik.

VII. Neben der Vertiefung steht die EU vor der Frage ihrer Erweiterung. Zunächst haben die EFTA-Staaten mit der EG ein Abkommen über die Schaffung eines einheitlichen Wirtschaftsraums (EWR), also eines Binnenmarkts von 18 Staaten, abgeschlossen; damit wollten sie Nachteile, die Drittstaaten gegenüber dem EG-Binnenmarkt erwachsen können, vermeiden.

Die Ablehnung des EWR-Abkommens durch die Schweiz in einem Referendum im Dezember 1992 hat sein Zustandekommen zunächst verzögert. Die meisten EFTA-Staaten haben den EWR aber nur als kurze Vorstufe zu baldiger Vollmitgliedschaft verstanden. Die Anfang 1993 mit Österreich, Finnland, Norwegen und Schweden begonnenen Beitrittsverhandlungen wurden im Frühjahr 1994 erfolgreich abgeschlossen. Während Österreich (66,6% Ja-Stimmen), Finnland (57,1%) und Schweden (52,3%) in den Referenden vom Juni, Oktober respektive November 1994 den Beitritt billigten, sprach sich die norwegische Bevölkerung im November 1994 mit 52,3% gegen den Beitritt des Landes zur EU aus.

Weitere Beitrittsaspiranten sind mittel- und osteuropäische Staaten, die sich nach dem Zusammenbruch des Kommunismus 1989/90 auf Westeuropa hin orientieren. 1988/89 zwischen einer Reihe dieser Staaten und der EG abgeschlossene Handels- und Kooperationsverträge wurden ab 1991 zu Assoziationsverträgen weiterentwickelt, in denen ebenfalls nur ein Zwischenstadium zu späterer Vollmitgliedschaft gesehen wird. Bedingung hierfür ist, neben dem erfolgreichen Transformationsprozeß zu Marktwirtschaft und Demokratie, ein Abbau des noch zu großen ökonomischen und sozialen Gefälles dieser Staaten zur EU.

Zwischen Vertiefung und Erweiterung der EU besteht ein untrennbarer Zusammenhang. Da ihre Vereinbarkeit vielfach bezweifelt wird, werden Konzepte wie abgestufte Integration (auch variable Geometrie genannt) oder ein System konzentrischer Kreise mit der EU als Kern oder der Herausbildung von kooperativen Aufgabenkonföderationen diskutiert. Sowohl die künftige Struktur der EU als auch die Architektur Europas insgesamt gelten Ende 1994 als offen.

VIII. Die Charakterisierung der EU und des für sie Typischen erweist sich nach wie vor als schwierig. Weitgehende Einigkeit herrscht darüber, daß sie viel mehr als die traditionelle internationale Organisation, mehr als ein funktionaler Zweckverband, auch mehr als ein internationales Regime ist. Sie ist, andererseits, auch kein Staat; dabei wird allerdings diskutiert, ob sie sich auf dem Weg zur Staatswerdung befinde, weil einige ihrer Merkmale mit Staatlichkeit assoziiert werden. Sie hat, als internationale Gemeinschaft ohne Vorbild, Merkmale angenommen, die ihr ein eigenes Gepräge geben; die zuweilen benutzte Bezeichnung als Gemeinschaft *sui generis* kann nicht befriedigen, da sie nichts über spezifische Merkmale aussagt. Das versuchen andere Vorschläge.

So wurde die EG als ein im Werden begriffenes politisches System begriffen, das durch das Ausmaß seines Aufgaben- und Tätigkeitsbereichs sowie durch ein Entscheidungssystem definiert wird. In beiden Dimensionen erfolgte eine dynamische Entwicklung bis zur Maastrichter EU. Die Bezeichnung als Verflechtungssystem verweist auf die Existenz verschiedener Ebenen (der regionalen, nationalen und supranationalen) und sagt aus, daß sie, mit zunehmender Intensität, miteinander verknüpft sind, einschließlich der jeweiligen Akteure, Ressourcen und Kompetenzen/Funktionen. Der Integrationsprozeß zielt damit auf eine Verfestigung des Verbundcharakters. Die Bezeichnung als Konkordanzsystem sieht in der EG/EU gleichfalls ein Mehrebenensystem und betont den besonderen Charakter der Interaktionsbeziehungen. Typisch seien Aushandlungsprozesse, wobei die Akteure das Konkordanzgebot beachten, sich also um Kompromißlösungen und Konsens bemühen und dabei die für die EG/EU so typischen Paketlösungen produzieren. Die Bezeichnung als »fusionierter Föderalstaat« (*Wessels* in *Kreile* 1992) geht von der Prämisse aus, daß die modernen Wohlfahrtsstaaten, unter den Bedingungen wachsender Interdependenz, dazu tendieren, ihr Handlungsinstrumentarium im Rahmen der EG/EU zusammenzufassen, um dem Ebene- und Entscheidungs-Dilemma zu begegnen: Der Nationalstaat ist nicht länger imstande, die Aufgaben als Wohlfahrtsstaat allein zu bewältigen, und fügt sich deshalb einem größeren Rahmen ein; da intergouvernementale Kooperation für die beteiligten Staaten zu ungleichen Ergebnissen führen kann, haben sie der Errichtung supranationaler Institutionen mit echten Befugnissen zugestimmt und kompensieren diesen Souveränitätsverlust durch vielfältige Formen der Beteiligung am neuen Entscheidungssystem. Die vom Bundesverfassungsgericht in seiner Maastricht-Entscheidung für die EU verwendete Bezeichnung »Staatenverbund« unterstreicht, daß Nationalstaaten die Hauptkomponenten der Union sind; das Gericht folgert daraus, daß die Legitimierung primär im jeweiligen nationalen Rahmen erfolgen müsse.

Rudolf Hrbek

Lit.: *Beutler, B./Bieber, R./Pipkorn, J./Streil, J.* [4]1993: Die Europäische Union. Rechtsordnung und Politik, Baden-Baden. *Dinan, D.* 1994: Ever Closer Union? An Introduction to the European Community, London. *Geiger, R.* 1993: EG-Vertrag. Kommentar zu dem Vertrag zur Gründung der Europäischen Gemeinschaft, München. *Grabitz, E.* 1989: Kommentar zum EWG-Vertrag, München. *Von der Groeben, Hans* 1982: Aufbaujahre der Europäischen Gemeinschaft. Das Ringen um den Gemeinsamen Markt und die Politische Union (1958–1966), Baden-Baden. *Holland, M.* 1993: European Integration. From Community to Union, London. *Hrbek, R.* 1987: 30 Jahre Römische Verträge. Eine Bilanz der EG-Integration, in: Aus Politik und Zeitgeschichte B 18/87, 18–33. *Hrbek, R.* (Hrsg.) 1993: Der Vertrag von Maastricht in der wissenschaftlichen Kontroverse, Baden-Baden. *Keohane, R. O./Hoffmann, S.* (Hrsg.) 1991: The New European Community. Decisionmaking and Institutional Change, Boulder/San Francisco u.a. *Kohler-Koch, B./Woyke, W.* (Hrsg.) 1995: Europäische Union/Integration Europas, München. *Kreile, M.* (Hrsg) 1992: Die Integration Europas, PVS-Sonderheft 23. *Läufer, T.* (Bearb.) 1993: Europäische Gemeinschaft – Europäische Union. Die Vertragstexte von Maastricht mit den deutschen Begleitgesetzen, Bonn. *Monar, J./Neuwahl, N./Noack, P.* (Hrsg.) 1993: Sachwörterbuch zur Europäischen Union, Stuttgart. *Oppermann, T.* 1991: Europarecht. Ein Studienbuch, München. *Sbragia, A. M.* (Hrsg.) 1992: Europolitics. Institutions and Policymaking in the »New« European Community, Washington, D.C. *Schneider, H.* 1977: Leitbilder der Europa-Politik 1: Der Weg zur Integration,

Bonn. *Schneider, H.* 1986: Rückblick für die Zukunft. Konzeptionelle Weichenstellungen für die Europäische Einigung, Bonn. *Thiel, E.* [4]1992: Die Europäische Gemeinschaft. Vom Gemeinsamen Markt zur Europäischen Union, München. *Weidenfeld, W./Wessels, W.* (Hrsg.) 1981 ff.: Jahrbuch der Europäischen Integration, Bonn. *Weidenfeld, W./Wessels, W.* [3]1994: Europa von A–Z. Taschenbuch der Europäischen Integration, Bonn. *Wessels, W./Engel, Chr.* (Hrsg.) 1993: The European Union in the 1990s – Ever Closer and Larger?, Bonn.

Familienpolitik

I. Man kann Familienpolitik (F.) als »bewußtes und planvoll-ordnendes, zielgerichtetes öffentliches Einwirken auf Struktur und Funktionen der Familien« (*Wingen* 1980: 589) bestimmen. Der Schwerpunkt liegt heute auf den Funktionen, also auf den Leistungen, die die Familie normalerweise im Zusammenhang mit der Nachwuchssicherung für die Gesellschaft erbringt (quantitative und qualitative Reproduktion).
Die F. verdankt ihre Entstehung und Ausdehnung einerseits den Problemen, mit denen die Entwicklung »familialer Lebens- und Leistungszusammenhänge« (*Herlth/Kaufmann* 1982: 4) konfrontiert wurde, andererseits der Überzeugung, daß keine andere gesellschaftliche Institution die Familie ersetzen könne. Der Begriff F. ist erst in diesem Jahrhundert geprägt worden. Die Zuordnung dieser Politik zur Gesellschafts- oder ↗ Sozialpolitik hängt nicht nur von den Zielen, sondern auch von den Motiven familienpolitischer Vorschläge ab.
Zum Gegenstand politischer Intervention wird die Familie, wenn ihre Leistungen den Erwartungen des Staates nicht (mehr) entsprechen. Hierbei sind dem Staat in den verschiedenen Gesellschaftsordnungen unterschiedliche Grenzen gesetzt.

Die ↗ Industriegesellschaften unterscheiden sich heute nicht durch die Befürwortung oder Ablehnung von F., sondern hinsichtlich der Eingriffsmöglichkeiten, die sie dem Staat einräumen. Liberale Verfassungsstaaten verpflichten sich grundsätzlich zum Schutz der Familie vor staatlichen Eingriffen in die Privatsphäre und übertragen zugleich die Verantwortung für die Existenzbedingungen der Familie mehr (in der Bundesrepublik Deutschland verfassungsrechtlicher Schutz der Familie nach Art. 6 GG) oder weniger ausdrücklich dem Staat.

II. Oberstes Ziel der F. ist nach allgemeiner Auffassung die Herstellung und Sicherung der Voraussetzungen für familiäres Zusammenleben oder für die Funktionstüchtigkeit der Familien.

Eine Reihe von Unterzielen umreißen das mögliche Feld der F: familiengemäße Einkommen, Wohn- und Umweltbedingungen, familienbezogene soziale Dienste und Bildungshilfen, gemeinsame freie Zeit für die Familienmitglieder sowie gesetzlicher Schutz und öffentliche Anerkennung der Familie (↗ Sozialstaat). Ihre Verwirklichung steht vor zwei Problemen, die die F. zu einem besonders umstrittenen Politikfeld machen: Erstens variieren die Vorschläge zur Zielverwirklichung je nach Leitvorstellungen (Rollen der Familienmitglieder, vor allem der Frau: Hausfrauenehe, Drei-Phasen-Modell, Erwerbstätigkeit/Doppelrolle; Neuordnung der Familienrollen von Mann und Frau; ledige Mütter; unvollständige Familien; ↗ Frauenpolitik) und Motiven. *Herlth/Kaufmann* (1982: 15–18) unterscheiden ein bevölkerungspolitisches, sozialpolitisches, institutionelles und emanzipatorisches Motiv. Zweitens gibt es keine einheitliche Zielgruppe »Familie«. Jede Maßnahme wirkt auf die verschiedenen Familientypen und sozialen Familiengruppen sehr unterschiedlich. Hinzu kommt, daß die Durchsetzungsfähigkeit der F. gegenüber anderen Politiken trotz der erklärten Verantwortung des Staates für die Familien gering ist, wenn nicht eines oder mehrere der genannten Motive ihr politisch Nachdruck verleihen.
Vor allem das älteste, bevölkerungspolitische Motiv kann je nach gesellschaftlicher Aner-

kennung zum selbständigen Ziel werden, dem dann die F. als Instrument untergeordnet wird. Das heute unstrittigste und die F. der letzten Jahre besonders charakterisierende Motiv ist das sozialpolitische. Die politische Durchsetzungsfähigkeit der sozialpolitisch motivierten F. ist geringer als die der ↗ Bevölkerungspolitik. Die weiteren Motive haben fast ausschließlich instrumentellen Charakter. So bekam das emanzipatorische Motiv (Familienmitgliederpolitik; neben der Kinder- vor allem Frauenpolitik) bisher unter arbeitsmarktpolitischen Gesichtspunkten Gewicht (Förderung der Erwerbstätigkeit von Frauen; Gegenbewegung bei ↗ Arbeitslosigkeit). Das Ziel/Motiv-Instrument-Verhältnis ist praktisch immer zu Lasten der F. umkehrbar. Das hat dazu geführt, daß manche Wissenschaftler der F. überhaupt nur instrumentellen Charakter zuerkennen (*Kamerman/Kahn* 1978: 481 f.). Auch diejenigen, die sie als eigenständiges Politikfeld definieren, betonen die Schwierigkeiten einer solchen »Querschnittspolitik« (*Wingen* 1980: 589; *Cramer* 1982: 56, 145).

III. Die Maßnahmen lassen sich nach den Dimensionen des Politikfeldes (z. B. Hilfen für große Familien, Förderung von Familiengründungen, Verbesserung der Wohnbedingungen, Ausgleich von Mängeln in den Lebenslagen von Familien und Familienmitgliedern) oder nach Instrumenten der F. (Recht, Geld-, Sach- und Dienstleistungen) ordnen.

Bei den monetären Hilfen kann man Maßnahmen des Familienlastenausgleichs für alle Familien von Maßnahmen für Familien mit niedrigem Einkommen unterscheiden. Leiten sich die Maßnahmen für alle Familien aus deren gesellschaftlichen Leistungen (Nachwuchssicherung, Sozialisation) ab, so sind diejenigen für bestimmte Familiengruppen sozialpolitisch motiviert. Eine Reihe wichtiger Sachleistungen, vor allem kostenvergünstigter Mietwohnraum, sind einkommensschwächeren Familien vorbehalten. Die personenbezogenen Hilfen und Dienste (Bildungs- und Beratungsdienste für Ehe und Familie) tragen verschiedenartigen Mangelsituationen von Familien Rechnung und haben deutlich sozialpolitischen Charakter, verbinden damit aber auch, wie im Falle der Ausbildungsförderung, (je nach Ausgestaltung in unterschiedlichem Umfang) gesellschaftspolitische Ziele (Verbesserung der Chancengleichheit).

In der Bundesrepublik Deutschland sind die Rechte auf öffentliche Leistungen für die Familien im Sozialgesetzbuch kodifiziert.

Über den Erfolg der F., vor allem darüber, ob die angestrebten Ziele erreicht werden und welche Auswirkungen die F. tatsächlich hat, besteht unter Sozialwissenschaftlern keine Einigkeit (*Kaufmann* 1982).

Helga Michalsky

↗ Politikfeldanalyse.

Lit.: *Bethusy-Huc, V. Gräfin von* 1987: Familienpolitik. Aktuelle Bestandsaufnahme der familienpolitischen Leistungen und Reformvorschläge, Tübingen. *Cramer, A.* 1982: Familie und Familienpolitik in der Bundesrepublik Deutschland, Opladen. *Herlth, A./Kaufmann, F.-X.* 1982: Zur Einführung: Familiale Probleme und sozialpolitische Interventionen, in: *Kaufmann, F.-X.* (Hrsg.) 1982: Staatliche Sozialpolitik und Familie, München, 3–22. *Kamerman, S. B./Kahn, A. J.* (Hrsg.) 1978: Family Policy. Government and Families in Fourteen Countries, New York. *Wingen, M.* 1980: Familienpolitik, in: HdWW, Bd. 2, 589–599. *Wingen, M.* (Hrsg.) 1989: Familie im Wandel. Situation, Bewertung, Schlußfolgerungen, Bad Honnef.

Faschismus / Faschismustheorien

I. Der Begriff Faschismus (F.) ist aus dem italienischen Wort für Bund – *fascio* – abgeleitet. Wörtlich übersetzt würde F. »Bündlertum« bedeuten. Eine faschistische wäre eine »bündlerische« Partei; ein Faschist wäre ein »Bündler«. All dies macht jedoch keinen Sinn und zeigt, daß Begriff und Sache eine Neuschöpfung sind. Geschaffen wurde der F. in Italien. Sein Schöpfer und wichtigster Repräsentant war *Benito Mussolini.*

Der 1883 geborene *Mussolini* war zum inoffiziellen Führer der italienischen Sozialistischen Partei aufgestiegen. 1912 übernahm er das Amt des Chefredakteurs des Parteiorgans »*Avanti!*«. Doch drei Jahre später trat er aus der Sozialistischen Partei aus und gründete die *fasci d'azione rivoluzionaria.* Ziel dieser »Bünde der revolutionären Aktion« war die lautstarke Propaganda für den Kriegseintritt Italiens auf der Seite der Entente. Nachdem dieses Ziel erreicht war, wurden die *fasci d'azione rivoluzionaria* wieder aufgelöst. Nach Beendigung des Krieges rief *Mussolini* im Jahr 1919 die sog. Kampfbünde – *fasci di combattimento* – ins Leben. Die Mitglieder dieser *fasci*, die sich meist aus ehemaligen Soldaten zusammensetzten, wurden *fascisti* genannt. Sie trugen Uniform und übten Gewalt aus: zunächst gegenüber Angehörigen der slawischen Minderheiten im Nordosten Italiens, dann terrorisierten sie in zunehmendem Maße Sozialisten, Kommunisten und Angehörige der katholischen Volkspartei der *Popolari.* Dies fand den Beifall und die materielle Unterstützung verschiedener Agrarier und Industrieller, die keineswegs grundlos eine sozialistische bzw. bolschewistische Revolution in Italien fürchteten.

Die immer stärker und gewalttätiger werdenden *fasci* wurden 1921 von *Mussolini* in eine Partei umgewandelt – den *Partito Nazionale Fascista.* Diese neue Partei zeichnete sich durch einen damals neuartigen politischen Stil aus: Sie vertrat eine sowohl antikapitalistische wie antisozialistische Ideologie, verwandte bestimmte militaristische und nationalistische Riten und Symbole, übte eine große Anziehungskraft vor allem auf relativ junge Männer aus nahezu allen sozialen Schichten aus und bekannte sich uneingeschränkt zum Prinzip der Gewaltanwendung in der politischen Auseinandersetzung.

Der von den *fascisti* geführte Terrorfeldzug war erfolgreich. Der bürgerliche Staat kapitulierte. Am 28. Oktober 1922 wurde *Mussolini* zum italienischen Ministerpräsidenten ernannt. Die ganze Macht hatte er damit noch nicht. Doch gestützt auf seine faschistischen Terrorbanden konnte *Mussolini* seine politischen Gegner schrittweise ausschalten und die Strukturen des parlamentarischen Staates beseitigen. Dieser Prozeß dauerte fast vier Jahre bis 1926. Zu einer vollständigen Machtergreifung kam es jedoch nicht. *Mussolini* gelang es niemals, den gesamten Staatsapparat, das Militär, die Industrie und die (katholische) Kirche völlig aus- bzw. gleichzuschalten. Als Regierungschef (*capo del governo*) war *Mussolini* formal dem König unterstellt, der der alleinige Befehlshaber der Armee blieb. Selbst *Mussolinis* Position als *duce del fascismo* (Führer des Faschismus) war in seiner eigenen Partei keineswegs unumstritten. Obwohl *Mussolini* nicht müde wurde, das Gegenteil zu behaupten, war der faschistische Staat alles andere als ein *stato totalitario. Mussolinis* zweifellos starke Machtstellung beruhte auf einer Bündelung von terroristischen und propagandistischen Methoden sowie seiner eigenen unbestritten charismatischen Fähigkeiten.

Das von *Mussolini* in Italien geschaffene politische Regime hatte insgesamt einen sehr spezifischen Charakter. Dennoch wurde es sehr bald auch im Ausland sowohl bewundert und imitiert wie verachtet und bekämpft. Schon Ende 1922 hatten einige Sozialisten und Kommunisten die Selbstbezeichnung der Partei und des Regimes *Mussolinis* auf andere nicht-italienische Parteien und Regime übertragen. Der Begriff F. war damit generalisiert worden. Dieser Sprachgebrauch wurde dann auch von Konservativen und Liberalen übernommen. Allerdings verstanden Kommunisten und Sozialisten, Konservative und Liberale unter F. etwas grundsätzlich anderes.

II. Für die Kommunisten war bald alles »faschistisch«, was dem Kapitalismus nützte und dem Kommunismus schadete. Maßgebend für diese inflationäre Verwendung des Begriffs F. war seine rein instrumentalistische Definition.

Schon auf dem V. Weltkongreß der Komintern von 1924 wurde der F. als »Kampfinstrument der Bourgeoisie gegen das Proletariat« bezeichnet. Fragen nach der sozialen Basis und ideologischen Zielsetzung des F. galten als irrelevant. Wichtig war allein die soziale Funktion. Daher wurden bald auch andere Parteien und Regime von den Kommunisten als »faschistisch« klassifiziert. Dies galt vor allem für die Sozialdemokratie, die nur weil sie für die parlamentarische Demokratie und gegen die KPD eingestellt war, als »sozialfaschistisch« denunziert wurde. Ähnlich erging es verschiedenen bürgerlichen Regierungen innerhalb und außerhalb Deutschlands. Sie repräsentierten nach der Meinung der kommunistischen Faschismustheoretiker die »dritte Variante« des F., nämlich den »Faschismus von oben«. Diese Fehleinschätzungen wurden erst 1935 auf dem VII. Weltkongreß korrigiert. Nicht revidiert wurde jedoch die erwähnte rein instrumentalistische Definition des F., die für die inflationäre Anwendung dieses Begriffs verantwortlich gewesen war. Der »Faschismus an der Macht« galt weiterhin als »die offene terroristische Diktatur der am meisten reaktionären, chauvinistischen und imperialistischen Elemente des Finanzkapitals«.

Die sozialdemokratische Faschismusdiskussion war dagegen weitaus vielfältiger. Zunächst hatten verschiedene Sozialdemokraten jedoch gemeint, daß der F. eine spezifisch italienische Angelegenheit sei, die sich in hochindustrialisierten Ländern wie Deutschland nicht wiederholen könne. Nach den ersten großen Wahlerfolgen der NSDAP von 1930 wurden diese singularisierenden Deutungen jedoch fallengelassen.

Jetzt konzentrierte man sich auf die Frage nach der sozialen Basis des F. ganz allgemein. Während *Theodor Geiger, Svend Riemer* und andere den (alten und neuen) Mittelstand als Trägerschicht des F. bezeichneten, haben Autoren wie *Julius Braunthal, Otto Bauer, Oda Olberg, Pietro Nenni, Italo Tedesco, Georg Decker, Rudolf Hilferding und Arkadij Gurland* das Spannungsverhältnis zwischen der mittelständischen sozialen Basis und der prokapitalistischen sozialen Funktion des F. mit Hilfe der Bonapartismustheorie von *Marx* und *Engels* zu erklären versucht.

Danach habe es der F. verstanden, Anhänger aus dem Mittelstand und selbst der Arbeiterklasse für sich zu gewinnen, weshalb er als eine eigenständige politische Kraft angesehen werden müsse. Zur Macht werde der F. jedoch nur in der Situation eines Gleichgewichts der Klassenkräfte gelangen. Dies trete ein, wenn das Proletariat noch nicht in der Lage sei, die Macht zu erringen, während die in sich gespaltenen und zerstrittenen Parteien und Schichten der Bourgeoisie nicht mehr fähig seien, die politische Macht zu bewahren. In einer solchen Situation würden die Repräsentanten der Bourgeoisie zugunsten des F. auf die weitere Ausübung der politischen Macht mittels des Parlaments verzichten, um ihre soziale Macht, d. h. die Verfügung über die Produktionsmittel behalten zu können. Es komme so zu einer Art Bündnis zwischen der Bourgeoisie und dem F. Gestützt auf seine Massenpartei und einmal im Besitz der Exekutive, würde sich der F. jedoch mehr und mehr von seinen bürgerlichen Bündnispartnern verselbständigen und eine totale politische Herrschaft errichten.

In den 1942 und 1944 von *Ernst Fraenkel* und *Franz Neumann* vorgelegten ersten bedeutenden empirischen Studien über den Aufbau und die Struktur gerade des NS-Staates wurde jedoch der Erweis erbracht, daß das scheinbar so monokratische Dritte Reich in Wirklichkeit einen eher polykratischen Charakter gehabt habe. Doch gerade dies machte seine Neuartigkeit und Gefährlichkeit aus.

Im Vergleich zur sozialdemokratischen und sozialistischen war die Faschismusdiskussion der Konservativen und Liberalen längst nicht so intensiv und bedeutungsvoll. Dennoch ist eindringlich darauf hinzuweisen, daß auch Konservative und Liberale den Begriff in kritischer Absicht benutzt haben, obwohl viele gerade ihrer Gesinnungsgenossen bereit waren, mit dem F. (bzw. ↗ Nationalsozialismus) ein Bündnis einzugehen. Doch einige waren dazu nicht bereit, weil ihnen der Faschismus/Nationalsozialismus zu wenig nationalistisch und zu sozialistisch bzw. zu revolutionär, antikonservativ und antichristlich erschien. Wegen dieser (angeblichen!) revolutionären und der unzweifelhaft vorhandenen antidemokratischen Eigenschaften und Ziele wurde der F. von einigen Konservativen und Liberalen mit dem Kommunismus verglichen und gleichgesetzt. Die Faschismus- ging hier in die Totalitarismusdiskussion über.

III. Die zeitgenössischen Faschismustheorien hatten einen Doppelcharakter. Sie hatten eine dezidiert antifaschistische Zielsetzung und sind daher auch als politische Kampfbegriffe einzuschätzen. Als solche waren sie Faktoren und Indikatoren der damaligen Auseinandersetzung mit dem Problem des F. Sie sagen daher auch mehr über die Ziele und Praktiken des Antifaschismus als über die Geschichte und Struktur des F. selber aus. Gleichwohl hat sich auch die nach 1945 geführte wissenschaftliche Faschismusdiskussion einiger ihrer Begriffe, Fragen und Theoreme bedient.

In erster Linie gilt dies für die Einschätzung des faschistischen Staates. War er nur das willenlose Werkzeug einiger wirklich mächtiger »Elemente des Finanzkapitals«, oder ist er nicht gerade durch ein außergewöhnlich hohes Maß an Autonomie und Verselbständigung gekennzeichnet? Gab es im nationalsozialistischen Deutschland und (was aber weit weniger Interesse fand) im faschistischen Italien einen Primat der Ökonomie oder einen Primat der Politik? Diese Fragen wurden in Deutschland und anderen Ländern vor allem nach der Studentenrevolte von 1968 sehr intensiv und kontrovers diskutiert. Anhänger der dogmatisch marxistischen Faschismustheorie, wie sie in der DDR vertreten und bis zum Schluß auch verteidigt wurde, standen hier solchen gegenüber, die sich auf die erwähnten kritisch marxistischen Faschismustheorien beriefen, welche von zeitgenössischen Sozialdemokraten, aber auch von oppositionellen Kommunisten wie *August Thalheimer, Antonio Gramsci* und *Leo Trotzki* vertreten worden waren. Danach verfügte der faschistische Staat über eine zumindest relative Autonomie.

Diese Diskussion hat sich jedoch mehr oder minder auf die Verhältnisse in Deutschland konzentriert. Die allgemeinen Beziehungen zwischen F. und Kapitalismus konnten so nicht geklärt werden. Die marxistische Faschismusforschung blieb daher die Antwort auf die Frage schuldig, in welchem Stadium der kapitalistischen Entwicklung eines Landes der F. besonders große Chancen hat.

Doch auch die bürgerliche Forschung konnte bisher nicht erklären, warum es starke und schwache faschistische Bewegungen sowohl in hochindustrialisierten wie in noch weitgehend agrarisch strukturierten Ländern gab. Die zu diesem Zweck herangezogenen Modernisierungstheorien erwiesen sich als viel zu grobmaschig und bieten zum Beispiel keine Antwort auf die Fragen, warum der F. in England keine Chancen hatte, während er im sozioökonomisch ähnlich strukturierten Deutschland die Macht ergreifen konnte; warum es in den 30er Jahren im rückständigen Rumänien eine sehr starke faschistische, im ebenfalls agrarisch strukturierten Finnland dagegen nur eine sehr schwache faschistische Bewegung gegeben hat etc.

Ebenso umstritten wie die Fragen nach den Voraussetzungen und der Struktur des F. ist das Problem seiner sozialen Basis, d. h. welche Personen aus welchen Motiven zu Faschisten geworden sind. Die zeitgenössischen soziologischen Deutungsversuche haben sich als unzureichend erwiesen. Der F. war weder in Deutschland noch in anderen Ländern eine Bewegung des Mittelstandes oder des Kleinbürgertums. Die Detailforschung fand nämlich heraus, daß sich unter den Mitgliedern und Wählern dieser faschistischen Parteien Angehörige aller sozialen Schichten und Klassen befanden. Nach allem, was wir wissen, waren für ihre Parteinahme für den F. keineswegs soziale Motive allein maßgebend. Wichtiger waren offensichtlich andere politische und vor allem sozialpsychologische Beweggründe. Doch welche dies waren, weiß auch die neueste Forschung nicht genau anzugeben. Die teilweise schon von den Zeitgenossen entwickelten sozialpsychologischen Faschismustheorien sind nämlich bisher nur in sehr unzureichender Weise durch empirische Daten und Befunde überprüft worden. Dies gilt einmal für die »Massenpsychologie«

Wilhelm Reichs, der die sexuelle Triebunterdrückung durch Familie, Kirche und Staat für die Erfolge des F. verantwortlich machte. Dies gilt auch für die These *Ernst Blochs,* wonach gewisse »Ungleichzeitigkeiten« zwischen der allgemeinen ökonomischen Entwicklung und dem individuellen Bewußtsein das Aufkommen des F. begünstigt haben. Dies gilt schließlich auch für die von *Max Horkheimer* und anderen Mitgliedern der sog. Frankfurter Schule aufgestellten Thesen über die besondere Anfälligkeit von Menschen mit spezifischen autoritären Charaktermerkmalen.

IV. Die erwähnten Faschismustheorien sind keine Globaltheorien. Sie können allenfalls Teilaspekte des Gesamtproblems erklären. Daher sind sie als »Theorien mittlerer Reichweite« (*R. Merton)* zu bezeichnen. Hinzu kommt die sehr undifferenzierte Verwendung des Begriffs F. selber. Wurde doch meist nicht überprüft, ob die jeweilige Partei oder das in Frage kommende Regime wirklich Ähnlichkeiten mit dem namen- und stilbildenden F. in Italien aufweist. Dies kann nur durch einen Vergleich festgestellt werden. F. ist nämlich, um *Max Webers* Kategorie anzuwenden, ein »Realtypus«. Alle Versuche, einen »Idealtypus« F. zu konstruieren, sind fehlgeschlagen. Notwendig und auch erfolgversprechend ist allein die vergleichende Faschismusforschung.

Doch leider sind die entsprechenden Versuche, wie sie unter anderem von *Arkadij Gurland, A. James Gregor, Ernst Nolte, Juan Linz, Stanley G. Payne* vorgetragen worden sind, von der neueren Forschung nicht weitergeführt worden. Hinzu kamen verschiedene politisch motivierte Bestrebungen, den Faschismusbegriff inflationär zu verwenden, wie sie vor allem innerhalb der marxistischen Faschismusdiskussion anzutreffen waren. Sie waren zwar unter wissenschaftlichen Gesichtspunkten absolut fragwürdig und unter politischen Aspekten sogar mehr als töricht, führten aber zu einer fundamentalen Kritik an der Verwendung eines allgemeinen Faschismusbegriffs, wie sie von *Karl Dietrich Bracher, Klaus Hildebrand, Gilbert Allardyce, Henry A. Turner, Renzo De Felice* u. a. vorgetragen wurde. Danach hat es F. gar nicht gegeben, jedenfalls nicht außerhalb Italiens.

Wolfgang Wippermann

Lit.: *Bracher, K. D.* 1976: Zeitgeschichtliche Kontroversen um Faschismus, Totalitarismus, Demokratie, München. *De Felice, R.* 1980: Die Deutungen des Faschismus, Göttingen (ital. 1969). *Grebing, H.* 1974: Aktuelle Theorien über Faschismus und Konservativismus, Stuttgart. *Grebing, H./Kinner, K.* (Hrsg.) 1990: Arbeiterbewegung und Faschismus. Faschismus-Interpretationen in der europäischen Arbeiterbewegung, Essen. *Gregor, A. J.* 1974: Interpretations of Fascism, New York. *Laqueur, W.* (Hrsg.) 1976: Fascism. A Reader's Guide. Analysis, Interpretations, Bibliography, London. *Larsen, S.* u. a. (Hrsg.) 1980: Who were the Fascists. Social Roots of European Fascism, Bergen. *Nolte, E.* 1963: Der Faschismus in seiner Epoche, München. *Nolte, E.* (Hrsg.) 1967: Theorien über den Faschismus, Köln. *Nolte, E.* 1968: Die Krise des liberalen Systems und die faschistischen Bewegungen, München. *Payne, St. E.* 1980: Fascism. Comparison and Definition, Madison. *Schulz, G.* 1974: Faschismus – Nationalsozialismus. Versionen und theoretische Kontroversen 1922–1972, Berlin. *Wippermann, W.* 1983: Europäischer Faschismus im Vergleich, Frankfurt/M. *Wippermann, W.* [5]1989: Faschismustheorien. Zum Stand der gegenwärtigen Diskussion, Darmstadt.

Föderalismus

I. Föderalismus (F.) heute soll vor allem zwei Funktionen erfüllen: Machtaufgliederung mittels vertikaler Gewaltenteilung (und Minoritätenschutz mittels territorialer Eigenständigkeit) und Integration heterogener Gesellschaften, wobei meist ökonomische (aber auch politische und militärische) Integration bei gleichzeitiger soziokultureller Eigenständigkeit und/oder politischer

<table>
<tr><td rowspan="4">Allianz</td><td colspan="4">←— zentrifugaler —— Föderalismus —— zentripetaler —→</td><td rowspan="4">Einheits-
staat</td></tr>
<tr><td colspan="2">Eigenständigkeit
und Vielfalt
als oberste Ziele</td><td colspan="2">Integration und Gleichheit
der Lebensbedingungen
als oberste Ziele</td></tr>
<tr><td colspan="4">←——————————————————→</td></tr>
<tr><td>Staaten-
bund</td><td>konföderaler
Bundesstaat</td><td>unitarischer
Bundesstaat</td><td>dezentraler
Einheitsstaat</td></tr>
</table>

Autonomie der Gliedstaaten/Provinzen angestrebt wird. F. zielt also darauf, »eine gewisse Einheit mit einer gewissen Vielfältigkeit zu verbinden« (*Friedrich* 1968), oder moderner formuliert: In föderal verfaßten politischen Systemen geht es um die Vermittlung gegensätzlicher gesellschaftlicher Zielvorstellungen, die man schematisch entlang eines bipolaren Kontinuums darstellen kann, das definiert ist durch eine auf Integration und die Gleichheit der Lebensbedingungen gerichtete zentripetale Zielvorstellung und durch eine auf Autonomie bzw. Eigenständigkeit und die Vielfalt der Lebensbedingungen gerichtete zentrifugale Zielvorstellung (vgl. Schema oben; *Schultze* 1985).

Bei der Bildung föderaler Systeme haben stets beide Funktionsaspekte eine Rolle gespielt. Von den acht föderal organisierten Staaten im Bereich der westlichen Industrieländer sind dabei drei, die USA, Kanada, Australien, im Zuge von Dekolonisierungsprozessen entstanden. Anders als nach dem II. Weltkrieg in Afrika und Asien beruhte der föderale Zusammenschluß auf dem Willen der weißen Einwanderungsbevölkerung der Kolonien; er diente der Schaffung eines zusammenhängenden Marktes und zielte auf ökonomische wie territoriale Expansion bei gleichzeitiger Garantie von Gewaltenteilung und einzelstaatlicher Selbstregierung. Für die Kanadier ging es bei der Staatsgründung (1867) zudem um Schutz und Abgrenzung vor den USA; sicherheitspolitisch wie institutionell glaubte man, im kanadischen F. die Alternative zum fundamental- und direktdemokratischen Charakter wie zur Macht der Einzelstaaten im US-Föderalismus geschaffen zu haben, zumal er den nationalen Dualismus von Anglo- und Frankokanadiern zu garantieren versprach. Zu den Entstehungsursachen des schweizerischen F. (1848) zählten lokale/kantonale Autonomie und kulturelle Vielfalt sowie Marktintegration und Sicherheitsbedürfnisse. Die kulturelle Fragmentierung zwischen Flamen und Wallonen liegt der 1980 erfolgten Föderalisierung Belgiens zugrunde. Wie die Schweiz, so sind auch die Habsburger Doppelmonarchie als Vorläufer der Bundesrepublik Österreich (1920) sowie vor allem Norddeutscher Bund und Kaiserreich (1867/1871) im Zusammenhang von Kriegen entstanden. Während für den deutschen F. der Vergangenheit kulturelle Vielfalt und die historische Tradition monarchischer Einzelstaatlichkeit noch eine gewisse Bedeutung hatten, ohne allerdings die Hegemonie Preußens in Kaiserreich und Weimarer Republik zu verhindern, spielten gesellschaftliche Heterogenität und multikultureller Schutz bei der Entstehung der Bundesrepublik Deutschland keine Rolle. Den Ländern (mit Ausnahme Bayerns und der Stadtstaaten Hamburg und Bremen von den Besatzungsmächten im Zuge der Zerschlagung Preußens und entsprechend ihrer Zoneninteressen willkürlich nach 1945 geschaffen), die 1948–49 an der Verfassunggebung maßgeblich beteiligt waren, ging es (wie den Westalliierten) im wesentlichen um institutionelle Barrieren gegen die Gefahr totalitärer Gleichschaltung, zudem um die Machtbalance zwischen Bund und Ländern, die jedoch nicht erreicht wurde, da nicht Gewaltentrennung, sondern Gewaltenverschränkung zu dem Charakteristikum des bundesrepublikanischen F. werden sollte. Die Föderalisierung Spaniens nach 1978 ist sowohl machtbegrenzende Reaktion auf den zentralistisch-autoritären Frankismus als auch der Versuch, dem sozialen und kulturellen ↗ Regionalismus des Landes politisch-institutionell Rechnung zu tragen.

In der wissenschaftlich-theoretischen Beschäftigung hat unter Verkürzung der Realität meist nur einer der zwei Funktionsaspekte des F. im Mittelpunkt der Analysen gestanden: zunächst die konstitutionell-gewaltenteilige Betrachtungsweise, die die Föderalismus-Interpretationen bis weit in die Mitte des 20. Jh.s beherrschte. Ihr entstammen auch die meisten Definitionsversuche, die den Bundesstaat in Abgrenzung zum Einheits-/Zentralstaat definiert sehen durch: (1) die Gliederung des Staates in territoriale Einheiten; (2) die Aufteilung der exekutiven und legislativen Gewalt auf Bund und Gliedstaaten, wobei diese über ein bedeutendes Maß an Autonomie verfügen; (3) die Vertretung der Gliedstaaten im Bundesparlament und deren Beteiligung an der Willensbildung des Bundes; (4) Konfliktlösungsregelungen, die auf dem Prinzip des Aushandelns aufbauen und aus Gründen des Minoritätenschutzes zusätzlich häufig qualifizierte Entscheidungsquoten erfordern; (5) ↗ Verfassungsgerichtsbarkeit als Schiedsrichter bei Organstreitigkeiten zwischen beiden Ebenen.

Unter einem verfassungsrechtlich-institutionellen Blickwinkel kann man von F. also dann sprechen, wenn in einem politischen System die entscheidenden Strukturelemente des Staates (Exekutive, Legislative, Gerichtsbarkeit, Bürokratie, Polizei etc.) auf beiden Regierungsebenen vorhanden sind, ihre Existenz verfassungsrechtlich geschützt ist und durch Eingriffe der jeweils anderen Ebene nicht beseitigt werden kann (vgl. u. a. *Bothe* 1977: 10; *Stevenson* 1989).

Eine vergleichende empirische Betrachtung des F. wird heute umfassender zu fragen haben: (1) nach den gesellschaftlichen Voraussetzungen des F. wie nach der institutionellen Struktur und den Handlungsmustern der politischen Eliten; (2) nach der doppelten Funktion des F. und dem daraus resultierenden Spannungsverhältnis zwischen Einheit und Vielfalt, Integration und Autonomie; (3) nach dem Zusammenhang zwischen gesellschaftlicher und politischer Integration und dem Prozeßcharakter des F., ohne damit allerdings einseitig Unitarisierungsannahmen zu verbinden. Gesellschaftliche Rahmenbedingungen, politische Kultur und Institutionengefüge können die Politik im F. nämlich auch in die entgegengesetzte Richtung lenken und die ursprünglich angelegte zentripetale oder zentrifugale Grundorientierung entweder verstärken oder ihr auch entgegenwirken.

Kanada und die Bundesrepublik sind hierfür Musterfälle: Kanada wandelte sich vom unitarischen zum konföderalen Bundesstaat in Richtung Staatenbund. Der unitarische Bundesstaat Bundesrepublik entwickelte sich in den 70er und 80er Jahren zusehends in Richtung eines dezentralen Einheitsstaates; eine Entwicklung, die durch die Konsequenzen der deutschen Vereinigung des Jahres 1990 weiter akzentuiert wird (vgl. u. a. *Abromeit* 1992; *Schultze* 1993).

II. Unter den gesellschaftlichen Rahmenbedingungen kommt neben den naturgegebenen Unterschieden, den Größenunterschieden in Bevölkerungszahl und Fläche der Gliedstaaten vor allem zwei Bereichen herausgehobene Bedeutung zu:

1. wirtschaftsstrukturellen Entwicklungsunterschieden und sozialstrukturellen Disparitäten. Relative Über- bzw. Unterentwicklung, ungleiche Rohstoffpotentiale etc. werden föderale Systeme dann in eine zentrifugale Richtung lenken, wenn bestimmte Bevölkerungsgruppen oder ökonomische Interessen sich von der Bundespolitik dauerhaft übergangen oder gar ausgebeutet fühlen, da solche Interessen sich

dann der Ebene der einzelstaatlichen Politik als Adressaten zuwenden und sich dort durchzusetzen versuchen.

Am ausgeprägtesten sind die ökonomischen Entwicklungsunterschiede gegenwärtig wohl in Kanada, wo die Gegensätze zwischen dem industrie- und wohlfahrtsstaatlich orientierten Zentrum und der rohstofforientierten Peripherie nicht allein zu dauerhaften Konflikten führen. Sie lösten (ermöglicht durch die Verfassung) nachhaltige Prozesse der »Provinz-Bildung« (provinzieller Staatsinterventionismus; einzelstaatliche Entwicklungskonzepte und Industrialisierungsstrategien etc.) aus, bei denen es sich (vergleichbar den Konzepten des ökonomischen Nationalismus) um den (einzel)staatlichen Antwortversuch auf ökonomische Abhängigkeit und ungleiche Entwicklung handelt. In den anderen Föderalismen führten die auch dort bestehenden, allerdings längst nicht so starken regional-ökonomischen Gegensätze nicht zu Konflikten von systembedrohender Schärfe. Der kanadische F. indessen ist mit Tendenzen der ökonomischen Balkanisierung des Landes konfrontiert.

2. Von zentraler Bedeutung für die Struktur föderaler Systeme ist das Verhältnis von Territorialität und nationaler Identität, einschließlich der ethnisch-kulturellen, sprachlichen, konfessionellen Strukturen, die reichen können von der Homogenität des Nationalstaates bis hin zu ausdifferenzierten multinationalen Gesellschaften.

Vom vergleichsweise homogenen F. ohne ethnisch-kulturelles Konfliktpotential in Österreich und der Bundesrepublik, die nach dem II. Weltkrieg überraschend schnell nationalen Identitäten gleichkommende Basiskonsense entwickelten, unterscheiden sich die multikulturellen Föderalismen: (1) In den USA und in Australien sind die ethnischen, kulturellen, rassischen, sprachlichen, konfessionellen Unterschiede nicht territorial verfestigt; die nationalen Identitäten beider Länder sind nicht über die kulturellen *differentiae* definiert; der Anpassungsdruck, dem die Minoritäten unterliegen, ist groß; die Kultur und Bildungskompetenz der Gliedstaaten wirkt dem nur in Ansätzen entgegen. (2) Segmentiert und territorial bezogen sind die multikulturellen Strukturen in Belgien und in der Schweiz. Während kantonale Eigenständigkeit und F. in der Schweiz maßgeblich zur Integration des Multikulturalismus (Ausnahme: Regionalismus der Jurassier und Rätoromanen) beigetragen haben, wird sich in Belgien erst noch erweisen müssen, ob die 1980 vollzogene Föderalisierung den durch ethnisch-kulturelle Arbeitsteilung und Entwicklungsgefälle definierten (Sprachen-)Konflikt von Flamen und Wallonen wird beilegen können. Ähnliches dürfte für Spanien gelten, wo das föderalisierte politische System sowohl mit Problemen der ethnisch-kulturellen Fragmentierung als auch mit beträchtlichen und langfristigen, weil strukturell verfestigten ökonomischen Entwicklungsdisparitäten fertig werden muß. (3) Kanada hingegen ist bestimmt vom territorial verfestigten Spannungsverhältnis zwischen der ethnisch-kulturellen Pluralität des *Canadian mosaic* und dem nationalen Dualismus von anglo- und frankophoner Subgesellschaft bzw. Québec und den Provinzen des anglophonen Kanada. Dem kanadischen F. liegt damit als *raison d'être* sowohl eine gesellschaftliche als auch eine politisch-territoriale Vertragstheorie zugrunde. Dies bedeutet, daß eine Politik, die den Ausgleich zwischen Anglo- und Frankokanadiern zum Inhalt hat und sich an der gesellschaftlichen Variante der *compact theory* orientiert, zugleich und unaufhebbar die Kräfte stärkt, die die Existenz Kanadas durch die politisch-territoriale Variante definiert sehen. Beides lenkt den kanadischen F. in eine konföderale Richtung.

↗ Politische Kultur und ↗ Parteiensystem unterscheiden sich in den acht Föderalismen auf vielfältige Weise. Die Unterschiede können indessen im wesentlichen auf zwei gegensätzliche Typenpaare zurückgeführt werden: (1) den Gegensatz zwischen Mehrheitsprinzip und Wettbewerb als Ausdruck einer konfliktorientierten politischen Kultur einerseits und Proporzprinzip und Aushandeln als Ausdruck einer etatistischen und konfliktfeindlichen politischen Kultur andererseits; (2) den Unterschied zwischen integrierten oder dualistischen Parteistrukturen bzw. zwischen zentripetalen oder konföderalen Parteiensystemen.

Entgegen der weit verbreiteten Auffassung von der Unvereinbarkeit, mindestens aber der Dysfunktionalität bestimmter politischer Stile, Verfassungsmodelle, Parteiensystemtypen mit dem F. zeigt die Praxis, daß die verschiedenen Elemente und Bestimmungsfaktoren durchaus kombiniert auftreten können. Sie führen allerdings zu besonderen Problemen, spezifischen Problemlösungsmöglichkeiten und lenken den F. zusammen mit den gesellschaftlichen Rahmenbedingungen und der Struktur des Verfassungssystems entweder in die zentripetale oder zentrifugale Richtung. Dies gilt vor allem für die Verbindung von Westminster-Modell und F. sowie die Kombination von Mehrheitsprinzip und föderaler Akkommodation, die in Australien, insbesondere aber in Kanada die Eigenständigkeit und Macht der Gliedstaaten unterstreichen und zugleich dualistische/konföderale Parteiensysteme zur Folge haben. Provinz- und Bundesparteien existieren in Kanada weitgehend unabhängig voneinander. Zudem kandidier(t)en einige Parteien stets nur auf einer der beiden Ebenen. Vom politischen Dualismus von Provinz- und Bundesparteien gehen durchaus widersprüchliche Wirkungen aus: Einerseits lassen sich regional begründete politische Interessen leichter artikulieren und so in den Aushandlungsprozeß von Bund und Provinzen einbringen; es spricht viel für die These, daß z. B. die Québécois ihre Forderungen in der Vergangenheit gerade wegen der bundespolitischen Abstinenz ihrer Parteien so konsequent haben vertreten können. Andererseits fehlt es wegen des Dualismus in den Bundesparteien an einer angemessenen Repräsentation der Provinzinteressen; ein solches vom Neben- und Gegeneinander bestimmtes konföderales Parteiensystem trägt zur Zementierung der regionalen Konflikte bei.

Die dualistischen Strukturen des kanadischen Parteiensystems sind zu Beginn der 90er Jahre in Bewegung geraten. Durch die erfolgreiche Kandidatur der *Reform Party* und des *Bloc Québécois* bei der Unterhauswahl von 1993 sind seither der regionalistische und rechtspopulistische Protest des Westens und die Quebecer Separatisten im Bundesparlament als Opposition präsent. Welche Konsequenzen dies für die Interessenrepräsentation, für das Verhältnis von Bund und Provinzen im interstaatlichen Föderalismus und für den Bestand des kanadischen Bundesstaates haben wird, wird man abwarten müssen.

Demgegenüber entsprechen in Österreich, aber vor allem in der Bundesrepublik der etatistischen, konfliktfeindlichen politischen Kultur hochintegrierte Parteien, wobei die enge organisatorische und personelle Verzahnung die Interessenvertretung der Länder in den Bundesparteien garantiert, letztlich aber auch das Übergewicht der Bundesparteien sichert. Für die zentripetale Orientierung des deutschen F. geradezu typisch ist die Doppelrolle der bayerischen CSU, die in der Vergangenheit ihre Machtposition in Bayern weniger zum Schutz der Besonderheiten Bayerns und der Vielfalt der Lebensbedingungen einsetzte, sondern versuchte, über den Bundesrat und die Fraktionsgemeinschaft mit der CDU ihren bundespolitischen Zielen Nachdruck zu verleihen. In Gesamtdeutschland sind die Erfolgsaussichten einer solchen Strategie allerdings deutlich gesunken. Dies resultiert aus dem reduzierten Gewicht Bayerns wie der CSU, folgt aber auch aus dem Zuwachs an Disparitäten und regionalen Konflikten. Bis zur Vereinigung ging es indes im Verhältnis zwischen Länder- und Bundesparteien in der Bundesrepublik kaum um regionale Konflikte, sondern vielmehr um unterschiedliche Konzepte zur Gestaltung der Einheit der Lebensverhältnisse.

Der Verbundcharakter des deutschen F. ist durch das Verfassungssystem vorgegeben, das bestimmt ist von:

(1) der funktionalen Differenzierung nach Kompetenzarten, mit der Gesetzgebung (ausgenommen Kultur/Bildung, Polizei/innere Sicherheit, Gemeindeordnung) weitgehend (über ausschließliche, konkurrierende oder Rahmenkompetenz) beim Bund und mit der Administration bei den Ländern

(und Gemeinden). Dies gilt insbesondere auch für die Steuergesetzgebung und die Verteilung des Steueraufkommens, über die im wesentlichen auf der Bundesebene entschieden wird, während die Länder (und Gemeinden) wegen ihrer Verwaltungszuständigkeit die Kompetenz für den größeren Teil der Ausgaben besitzen.

(2) starker intrastaatlicher Beteiligung der Länder(regierungen) an der Bundespolitik über den Bundesrat und dessen Gesetzgebungskompetenz (Einspruchs- und Zustimmungsgesetze), wobei die Bestellungsweise der »Länderkammer« nach dem Bundesratsprinzip, das gebundene Mandat und die Blockabstimmung den etatistischen Charakter der politischen Kultur widerspiegeln.

(3) interstaatlicher Kooperation sowohl unter den Ländern (u. a. horizontaler Finanzausgleich) als auch zwischen den Ländern und dem Bund (z. B. in den Bund-Länder-Kommissionen, dem Finanzplanungsrat).

Das auf den Prinzipien vertikaler Gewaltenteilung und/oder einzelstaatlicher Autonomie aufbauende interstaatliche Modell des F. gründet demgegenüber auf: (1) Dualismus der staatlichen Strukturelemente, wie z. B. in den USA, in geringerem Ausmaß in Australien und Kanada, und der Unabhängigkeit wie Lebensfähigkeit beider politischen Systemebenen; (2) Kompetenzverteilung nach Politikfeldern (und nicht nach Kompetenzarten) mit mehr oder minder klaren verfassungsrechtlichen Zuordnungen; (3) Beteiligung der Gliedstaaten an der Bundespolitik – wenn überhaupt – durch die Volkswahl der Zweiten Kammer nach dem Senatsprinzip, wie in den USA, Australien oder der Schweiz, während in Kanada wegen der antiquierten Bestellungsweise der Senatoren aufgrund von Ernennung durch den Premierminister die Provinzen bei der Bundesgesetzgebung so gut wie gar nicht beteiligt sind.

Allerdings hängt auch im interstaatlichen F. die Machtverteilung von der konkreten legislatorischen Zuordnung durch Verfassung und Verfassungswirklichkeit ab. So sind in den Verfassungen der USA, Australiens und der Schweiz die Bundeskompetenzen aufgelistet, sämtliche anderen Politikbereiche (einschließlich der Residualkompetenz) fallen in die Zuständigkeit der Gliedstaaten; in Kanada sind die Kompetenzen von Bund und Provinzen aufgeführt, die Residualkompetenz liegt formal beim Bund, faktisch jedoch bei den Provinzen. Verfassungsrechtlich folgt die Kompetenzabgrenzung meist der Unterscheidung zwischen Land (einschließlich der Bodenschätze) bei den Gliedstaaten und Handel beim Bund; ferner liegen in der Regel Bildung, Kultur und Bürgerrechte bei den Gliedstaaten. In der Steuergesetzgebung gibt es neben der Parallelität (USA) ein Übergewicht des Bundes (Australien), das aber auch wieder verlorengehen kann (Kanada). Wichtig ist in diesem Zusammenhang die Interpretation durch die Verfassungsgerichtsbarkeit, die in den USA über den Grundsatz der *implied powers,* der *interstate commerce clause,* der *welfare clause,* in Australien über Entscheidungen zur Finanzverfassung wesentlich zur Ausweitung der Macht des Bundes beigetragen hat. In Kanada ist es nicht zuletzt durch die Rechtsprechung zu konkurrierenden Kompetenzen und damit zur Machtverlagerung vom Bund auf die Provinzen gekommen. Da es an der Repräsentation der Provinzen auf der bundespolitischen Ebene mangelt, spielen sich (unterstützt durch die politische Kultur und den Dualismus des Parteiensystems) die Prozesse der Kompromißfindung in Kanada auf der zwischenstaatlichen Ebene in der Form der *Federal-Provincial Diplomacy* (*Simeon* 1972) ab.

III. 1. Im Zuge der Entwicklung zum neo-liberalen Wohlfahrts- und Leistungsstaat kam es bis zum Beginn der 80er Jahre auch in den föderalen Systemen zum Ausbau der Staatsfunktionen. Dies bedeutet allerdings nicht notwendig Zentralisierung und Einflußverluste der Gliedstaaten, wie der Machtzuwachs der kanadischen Provinzen seit den 50er Jahren exemplarisch zeigt (vgl. *Schultze* 1985). Dennoch lassen sich gemeinsame Trends feststellen:

(1) Im Zentrum des Verhältnisses zwischen Bund und Gliedstaaten stehen seit der Ausdehnung der Staatstätigkeit in allen Föderalismen die Konflikte um die Finanzverfassung, die Verteilung der Steueraufkommen

und der Finanzausgleich, vertikal (durch den Bund mit zweckgebundenen oder freien Zuweisungen an Gliedstaaten und Kommunen) wie horizontal (etwa in der Bundesrepublik zwischen den Ländern). Dabei sind (mit Ausnahme Kanadas) die Gliedstaaten zunehmend zu Kostgängern der Bundesgewalt geworden.

(2) Der Ausbau des exekutiven F., vor allem der ↗ Öffentlichen Verwaltung auf beiden Ebenen, ging einher mit Einflußverlusten der nationalen, insbesondere aber der einzelstaatlichen Parlamente, die die meist unter dem Blickwinkel der Einheit der Lebensverhältnisse geschlossenen Kompromisse der Regierungen und ↗ Bürokratien vielfach nur noch nachträglich sanktionieren können. Von den einzelstaatlichen Parlamenten sind nur wenige der so ausgehandelten Vereinbarungen zum Scheitern gebracht worden.

(3) zunehmende Kooperation und Verflechtung der politischen Systemebenen durch Konferenzen auf der Minister- wie Bürokraten-/Expertenebene, durch gemeinsame Beratungs- und Entscheidungsgremien etc., so daß verschiedentlich bereits vom Entstehen einer zusätzlichen, ausschließlich von der Exekutive beschickten Systemebene gesprochen wurde.

Am ausgeprägtesten ist die Verflechtung der Politikebenen im bundesrepublikanischen F. Wie *Scharpf* u. a. (1976) gezeigt haben, sind föderale Verbundsysteme dabei kurzfristig besser in der Lage (gewesen), mit den systemtypischen Widersprüchen von Spätkapitalismus und Konkurrenzdemokratie fertig zu werden, als zentralistische politische Systeme, da die institutionelle Fragmentierung und vertikale Differenzierung bei gleichzeitiger Wiederverflechtung zum einen den politischen Nutzen vervielfachte und die Kosten verteilte, zum zweiten die unlösbaren Probleme durch »Bearbeitung« und Verschiebung von einer Systemebene zur anderen entschärfte. Der kurzfristige Nutzen der Dämpfung des gesellschaftlichen Problemdrucks wurde indessen mit langfristigen Schwierigkeiten erkauft, die aus den Partizipationsdefiziten der ↗ Politikverflechtung resultieren. Der Aushandlungszwang in föderalen Verbundsystemen, zumal in der Form des Allparteienkompromisses (wie er aufgrund der gegenläufigen Mehrheiten in Bundestag und Bundesrat in der Bundesrepublik zwischen 1970 und 1982 erforderlich war), führt nämlich (wie gleichfalls die bundesrepublikanische Politikverflechtung zeigt) zu Konfliktvermeidung und Innovationsstau, zur Ausblendung neuer gesellschaftlicher Probleme und zur politischen Immobilität, woraus sich auf längere Sicht durchaus schwerwiegende Legitimationsprobleme ergeben können.

2. In den industriellen Demokratien geriet der F. in den 70er und 80er Jahren nicht allein aus Legitimationsgründen in die Kritik. In den Reformdebatten spielten mindestens so sehr Probleme der Regierbarkeit (oder genauer des *»government overload«*) eine Rolle. Wie das US-amerikanische Beispiel des *»New Federalism«* der Präsidenten *Nixon* und *Reagan* zeigt, unterschieden sich die Reformziele konservativer Provenienz dabei durchaus: *Nixon* zielte auf Effizienzsteigerung (sozial)staatlicher Politiken durch Dezentralisierung und funktionale Aufgabenteilung, nicht jedoch auf deren Beseitigung. *General Revenue Sharing* und *Block Grants* waren die Instrumente (vgl. *Conlan* 1989). *Reagans New Federalism* hingegen war integraler Bestand teil seiner neo-konservativen Agenda des Rückzugs des Staates im allgemeinen und des Zurückschraubens sozialstaatlicher Leistungen im besonderen. Es ging nicht allein um Entflechtung und Entlastung in Anbetracht der »Finanzkrise des Staates«, sondern um »Ent(bundes)staatlichung« (*Lösche* 1989).

Gemessen an den hochgesteckten Zielen müssen sowohl der Dezentralisierungsversuch der *Nixon*-Ära als auch die Entflechtungs- und Entlastungsprogramme der *Reagan*-Ära als gescheitert gelten. Dennoch haben insbesondere die *Reagan*schen Reformen die Strukturen des amerikanischen F.

nachhaltig und dauerhaft verändert. Der Strukturwandel im amerikanischen, aber auch ähnliche Entwicklungen im australischen F. zeigen im übrigen, daß derartige Entflechtungen im dualen, auf Gewaltentrennung basierenden F. mindestens ansatzweise eher möglich sind als im intrastaatlichen Verbundföderalismus. Nicht von ungefähr sind in den 80er Jahren die Versuche der Politikentflechtung im bundesdeutschen F. entweder in den Ansätzen stecken oder – im Erfolgsfall – auf solche Randprobleme wie das Graduiertenförderungsprogramm beschränkt geblieben (vgl. *Klatt* 1986). Größere Veränderungen ergaben sich dann im Gefolge der deutschen Vereinigung und im Kontext des Maastrichter (↗ Europäische Unions-)Vertrages. Sie betreffen zum einen die Beteiligung der Länder über den Bundesrat an Hoheitsübertragungen auf supranationale Institutionen, an den Entscheidungen der EU-Kommission und des EU-Ministerrates durch die Mitwirkung der Länder im EU-Regionalausschuß. Sie betreffen zum anderen (a) die Anpassung der Mitgliederzahlen des Bundesrates, (b) die Abschwächung der Bedürfnisklausel von Art. 72 GG und die Ablösung des Prinzips der Einheitlichkeit durch den Grundsatz der Gleichwertigkeit der Lebensverhältnisse, (c) die Rückübertragung von (allerdings nicht zentralen) Kompetenzen auf die Länder, (d) die Einbeziehung der fünf neuen Länder in den Finanzföderalismus. Die Reformen vervielfachen die Prozesse der »doppelten Politikverflechtung« zwischen Land/Bund/EU und sie verstärken insbesondere mit den Regelungen zu Steuer- und Finanzverbund letztlich die Abhängigkeit der Länder vom »goldenen Zügel« des Bundes. Die Veränderungen stellen somit reine Anpassungsreformen dar, die den durch Kontinentalisierung und EU-Integration wie durch die Vereinigungsnotwendigkeiten definierten strukturellen Reformanforderungen nicht gerecht werden (vgl. *Schultze* 1993).

Dessenungeachtet galt (und gilt) der bundesrepublikanische F. wegen seiner in der alten Bundesrepublik vergleichsweise hohen Integrations- und Effizienzleistungen vielfach als Modell, insbesondere in Ländern, die vom Zentralismus der Vergangenheit Abschied nehmen und sich auf dem Wege der Dezentralisierung und Föderalisierung befinden. Es sind z. B. in den spanischen Verfassungsgesetzen nach 1978 die Beziehungen zwischen (Zentral-)Staat und »Autonomen Gemeinschaften« weitgehend analog zum Bonner Grundgesetz geregelt; dies führt zu einer ähnlichen Gemengelage von exekutiven und legislativen Funktionen zwischen »Staat« und »Autonomen Gemeinschaften« bei ausgeprägter finanzieller Abhängigkeit der föderalen Glieder von der Madrider Zentrale. Ob sich die Übertragung des bundesdeutschen Modells in den so anders gearteten gesellschaftlichen Kontext Spaniens bewähren wird, dürfte fraglich sein. Denn föderale Verbundsysteme, wie das der Bundesrepublik, bedürfen als notwendiger Voraussetzung der gesellschaftlichen Homogenität, um systemintegrierend und konfliktentlastend wirken zu können. In Kanada liefen Reformen in Richtung auf intrastaatlichen F., wie sie verschiedentlich von politikwissenschaftlicher Seite ins Spiel gebracht worden sind, zudem vielen, im Land tief verwurzelten politischen Traditionen zuwider. Kanada befindet sich denn auch weiterhin auf dem Weg zum Staatenbund; seine staatliche Einheit ist nach dem zweimaligen Scheitern der Verfassungsreform (1990: *Meech Lake*; 1992: *Charlolt Town Constitutional Accords*) stärker denn je in der über 120jährigen Geschichte des Landes in Frage gestellt.

3. Seit Ende der 80er Jahre hat der F. als Organisationsprinzip wieder an Attraktivität gewonnen. Im normativen Spannungsverhältnis zwischen Einheit und Vielfalt geht es dabei weniger um Effizienz, Integration und einheitliche Lebensverhältnisse, sondern wieder vorrangig um Subsidiarität, Autonomie und Vielfalt sowie um den Schutz vor Majorisierung (↗ Minderheit) und totalitärer Herrschaft durch Gewaltenteilung.

Das neu gewonnene Interesse bei veränderten Wertprioritäten hängt zusammen mit den sich weltweit vollziehenden Prozessen der territorialen Reorganisation politischer Herrschaft; sie sind einerseits bestimmt vom

Zerfall der alten Blöcke und dem Auseinanderbrechen der Sowjetunion und anderer Vielvölkerstaaten Ost-Mitteleuropas. Dezentralisierung und F. gelten dort vielen als *die* Alternative zu Zentralismus und Totalitarismus, eine Hoffnung, die durch die zahlreichen Bürgerkriege, vor allem im ehemaligen Jugoslawien, allerdings stark erschüttert ist. Sie resultieren andererseits aus den Prozessen der ökonomischen und technologischen Globalisierung und Kontinentalisierung, die Antworten auf die Frage herausfordern, welche Probleme zu groß geworden sind für den Nationalstaat, also in Zukunft supranational zu lösen sein werden, welche regional/gliedstaatlich, welche lokal bearbeitet werden können, schließlich welche Aufgaben dem überkommenen National- bzw. Bundesstaat bleiben werden. Im kontinentalen/supranationalen Maßstab ist dabei der ethnisch-kulturellen Fragmentierung, der Multinationalität, den starken sozioökonomischen Entwicklungsdisparitäten Rechnung zu tragen. Aber auch unter dem Gesichtspunkt demokratischer ↗ Partizipation stellen hochintegrierte Verbundsysteme – will man anders als in der ↗ Europäischen Union die »Politikverflechtungsfalle« vermeiden (*Scharpf* 1985) – kein erfolgversprechendes Modell politischer Organisation dar. Gefordert sind vielmehr Systeme des interstaatlichen F., die Autonomie garantieren und Züge der Konföderation aufweisen (vgl. *Schultze* 1990).

Rainer Olaf Schultze

Lit.: *Abromeit, H.* 1992: Der verkappte Einheitsstaat, Opladen. *Benz, A./Scharpf, F. W./Zintl, R.* 1992: Horizontale Politikverflechtung. Zur Theorie von Verhandlungssystemen, Frankfurt/M. *Bothe, M.* 1977: Die Kompetenzstruktur des modernen Bundesstaates in rechtsvergleichender Sicht, Berlin. *Cairns, A. C.* 1977: The Governments and Societies of Canadian Federalism, in: Canadian Journal of Political Science 10, 695–726. *Conlan, T.* 1989: New Federalism. Intergovernmental Reform from Nixon to Reagan, Washington, D.C. *Cruz Villalón, P.* 1985: Die Neugliederung des Spanischen Staates durch die »Autonomen Gemeinschaften«, in: JöR N.F. 34, 195–243. *Dye, T. R.* 1990: American Federalism. Competition Among Governments, Lexington. *Friedrich, C. J.* 1968: Trends of Federalism in Theory and Practice, New York. *Hesse, J.J./Benz, A.* 1990: Die Modernisierung der Staatsorganisation. Institutionenpolitik im internationalen Vergleich: USA, Großbritannien, Frankreich, Bundesrepublik Deutschland, Baden-Baden. *Hesse, J. J./Renzsch, W.* (Hrsg.) 1991: Föderalstaatliche Entwicklung in Europa, Baden-Baden. *Hirscher, G.* (Hrsg.) 1991: Die Zukunft des kooperativen Föderalismus in Deutschland, München. *Klatt, H.* 1986: Reform und Perspektiven des Föderalismus in der Bundesrepublik Deutschland, in: APuZ B 28, 3–21. *Laufer, H.* [6]1991: Das föderative System der Bundesrepublik Deutschland, München. *Lehmbruch, G.* 1976: Parteienwettbewerb im Bundesstaat, Stuttgart. *Livingston, W. S.* 1956: Federalism and Constitutional Change, Oxford. *Lösche, P.* 1989: Amerika in Perspektive, Darmstadt. *Mayntz, R.* 1989: Föderalismus und die Gesellschaft der Gegenwart (Max-Planck-Institut für Gesellschaftsforschung, Discussion Paper 3), Köln. *Neidhart, L.* 1988: Die Schweizer Konkordanzdemokratie, in: *Wehling, H. G.* (Red.): Die Schweiz, Stuttgart, 128–155. *Nohlen, D.* (Hrsg.) 1991: Descentralización política y consolidación democrática, Europa-América del Sur, Caracas. *Nohlen, D./González Encinar, J. J.* (Hrsg.) 1992: Der Staat der Autonomen Gemeinschaften in Spanien, Opladen. *Nüssli, K.* 1985: Föderalismus in der Schweiz, Grüsch. *Pernthaler, P.* 1988: Österreichs Länder und Gemeinden, in: *Wehling, H. G.* (Red.): Österreich, Stuttgart, 95–106. *Renzsch, W.* 1991: Finanzverfassung und Finanzausgleich, Bonn. *Scharpf, F. W.* u. a. 1976: Politikverflechtung. Theorie und Empirie des kooperativen Föderalismus in der Bundesrepublik, 2 Bde., Kronberg/Ts. *Scharpf, F. W.* 1985: Die Politikverflechtungsfalle: Europäische Integration und deutscher Föderalismus im Vergleich, in: PVS 26, 323–356. *Scharpf, F. W.*1994: Optionen des Föderalismus in Deutschland und Europa, Frankfurt/M. *Scharpf, F. W./Benz, A.* 1991: Kooperation als Alternative zur Neugliederung?, Baden-Baden. *Schultze, R.-O.* 1985: Das politische System Kanadas im Strukturvergleich, Bochum. *Schultze, R.-O.* 1990: Föderalismus als Alternative? Überlegungen zur territorialen Reorganisation politischer Herrschaft, in: ZParl 21, 475–490. *Schultze, R.-O.* 1993: Statt Subsidiarität und Entscheidungsautonomie – Politikverflechtung und kein Ende: Der deutsche Föderalismus nach der Vereinigung, in: Staatswissenschaften und Staatspraxis 4, 225–255. *Smiley, D. V./Watts, R. L.* (Hrsg.) 1985: Instrastate Federalism, Toronto. *Stevenson, G.* ^{3}1989: Unfulfilled Union: Canadian Federalism and National Unity, Toronto. *Williamson, R. S.* 1990: Reagan's Federalism, University of Arizona Press.

Frauenpolitik

[1] Frauen und Politik in der Bundesrepublik Deutschland.

I. Frauenpolitik (F.) zielt auf die Verringerung der sozialen, wirtschaftlichen und politischen Benachteiligung der Frauen, um langfristig die in Artikel 3 des Grundgesetzes verbürgte Gleichberechtigung von Frauen und Männern in die Verfassungswirklichkeit umzusetzen. Schon im 19. Jahrhundert hatte die bürgerliche Frauenbewegung gleiche Bildungs- und Berufschancen sowie das Wahlrecht für Frauen gefordert. Nach dem II. Weltkrieg hat erst die neue Frauenbewegung Ende der 60er Jahre den Anstoß für eine Diskussion frauenpolitischer Themen gegeben. Zu diesen Themen gehörten der § 218 StGB, Gewalt gegen Frauen, die Vereinbarkeit von Beruf und Familie und die Lohnungleichheit. Die Frauenbewegung hat dazu beigetragen, daß sich auch die etablierten politischen Institutionen wie ↗ Parteien und das Parlament mit F. auseinandersetzen mußten. Seit 1979 gibt es mit der Einrichtung des Arbeitsstabes F. im Bundesministerium für Jugend, Familie und Gesundheit auch eine institutionalisierte F. Dieser Arbeitsstab wurde 1986 in eine Abteilung F. mit acht Referaten umgestaltet, und seit 1990 gibt es das Bundesministerium für Frauen und Jugend.

II. Die Institutionalisierung der F. und die breite gesellschaftliche Akzeptanz einer Politik zur Förderung der Gleichberechtigung der Frauen dürfen nicht darüber hinwegtäuschen, daß die soziale und politische Realität von einer Gleichberechtigung der Geschlechter noch immer weit entfernt ist (↗ Soziale Ungleichheit).

Die soziale Realität hat sich für die Frauen in den neuen Ländern durch die deutsche Einigung verschlechtert. Bei der Frauenerwerbsquote und den Voraussetzungen für die Erwerbstätigkeit von Müttern wies die DDR mehr Ähnlichkeiten mit anderen westlichen Ländern auf als mit der in diesem Bereich ausgesprochen rückständigen alten Bundesrepublik (*Merkel* 1994: 379). Während die Frauenerwerbsquote in der Bundesrepublik im Zeitraum von 1960 bis 1990 um nur 7% auf 56,6% gestiegen war, stieg diese Quote im gleichen Zeitraum in den USA von 42,6% auf 68,1% und in Schweden von 50,1% auf 81,1% (*Schmidt* 1993). In der DDR erreichte die Erwerbstätigkeit der Frauen schon 1966 78% und stieg bis auf 90%. Der wirtschaftliche Einbruch in den neuen Ländern mit einem Rückgang des Bruttosozialproduktes von 1990 bis 1991 um 31,4% (*OECD* 1993: 13) und einer besonders hohen Frauenarbeitslosigkeit bedeutete ein vorläufiges Ende des hohen Niveaus der Frauenerwerbstätigkeit im Osten Deutschlands. So waren 66,2% der Arbeitslosen im Bundesgebiet Ost im Juli 1994 Frauen (*Bundesanstalt für Arbeit* 1994: Statistik)

Ein wichtiger Aspekt der sozialen Ungleichheit sind die Lohnunterschiede zwischen Männern und Frauen. Noch immer sind Frauen vorwiegend in den untersten Funktionsebenen beschäftigt. Die durchschnittlichen Bruttowochenverdienste der Arbeiterinnen in der Industrie betrugen 1989 nur 73% der Verdienste der Männer. Bei den Angestellten in Industrie und Handel erhielten 1989 Frauen 64% des Gehaltes der Männer (*Maier* 1993: 272). Auch in der ehemaligen DDR waren die Frauen trotz der hohen Erwerbsquote durch die Einkommensstruktur benachteiligt und verdienten ca. 25 bis 30% weniger als Männer (*Nickel* 1993: 237). Dabei beruhen die Lohnunterschiede nicht auf direkter Diskriminierung, sondern sie sind auf strukturelle Gründe zurückzuführen. Frauen sind in den niedrigen Leistungsgruppen beschäftigt und haben meist eine geringere Zahl von Berufsjahren. In den skandinavischen Ländern ist die Lohnungleichheit im Vergleich zu Deutschland weniger ausgeprägt. Hier erreichen Arbeiterinnen in der Industrie etwa 80–90% des Verdienstes der Männer (*OECD* 1985: 70).

Auch im öffentlichen Dienst gilt das Prinzip: Je höher die Laufbahngruppe, desto geringer der Frauenanteil. Der Anteil der Beamtinnen und Richterinnen im unmittelbaren Bundesdienst ist in der Laufbahngruppe des höheren Dienstes von 5,2% im Jahr 1986 nur auf 6,2% im Jahr 1988 angestiegen (Bundestags-Drucksache 11/8129, 15.10.1990: 5). Die Richtlinie zur beruflichen Förderung von Frauen in der Bundesverwaltung von 1986 hat sich damit als wenig effektiv erwiesen.

In einem anderen Bereich der Frauenpolitik, der Frage des Schwangerschaftsabbruchs, ist der Versuch des Bundestages, die zum Zeitpunkt der Vereinigung in den alten und neuen Ländern geltenden Regelungen mit einander zu verbinden und damit einen Auftrag des Einigungsvertrages zu erfüllen (Art. 31 Abs. 4 EVertr), am Veto des Bundesverfassungsgerichtes gescheitert. Nachdem es in einem schwierigen Verhandlungsprozeß gelungen war, den überparteilichen Entwurf der Abgeordneten *Inge Wettig-Danielmeier*, *Uta Würfel* u.a. im Juni 1992 mit einer Mehrheit von 357 Ja-Stimmen zu 284 Nein-Stimmen bei 16 Enthaltungen im Bundestag zu verabschieden (Bundestags-Drucksache 12/2605), stand auch hier am Ende ein Modell, das für die Frauen in den neuen Ländern wiederum eine Verschlechterung mit sich brachte. Das Bundesverfassungsgericht verkündete am 28. Mai 1993 mit einer Mehrheit von sechs zu zwei Stimmen, daß die vom Bundestag beschlossene Lösung verfassungswidrig ist. In zwei Punkten verlangte das Gericht eine grundsätzliche Änderung: Die Beratung müsse dem Ziel dienen, Frauen zu einer Fortsetzung der Schwangerschaft zu ermutigen, und ein Schwangerschaftsabbruch dürfe auch nach Beratung nicht von den Krankenkassen finanziert werden, weil er rechtswidrig sei (BVerfGE 88, 203). Das Urteil, das methodische Mängel aufweist, ist ein generelles Mißtrauensvotum gegenüber Frauen, denen man die »notwendigen Bewertungsmaßstäbe... in verständlicher Weise... vermitteln« müsse (BVerfGE 88, 203, 284). Methodische Mängel eines Urteils sind häufig ein erstes Indiz für einen Machtmißbrauch der Richter. Im Urteil zum Schwangerschaftsabbruch steht die generelle Unrechtsvermutung gegenüber allen Abbrüchen nach Beratung im Widerspruch zum Rechtsstaatsprinzip und dem davon abgeleiteten Willkürverbot. Wo in der Verfassung gibt es einen Anhaltspunkt für die Annahme, daß alle Schwangerschaftsabbrüche nach Beratung einheitlich als Unrecht mit den entsprechenden Konsequenzen im Sozialversicherungsrecht zu interpretieren sind? Selbst wenn man den paternalistischen Standpunkt der Richter teilte, daß die Entscheidung einer Frau zum Abbruch nach Beratung nicht in jedem Fall als ihre autonome Entscheidung zu akzeptieren sei, so ließe sich daraus nicht ableiten, daß alle beratenen Schwangerschaftsabbrüche rechtswidrig seien. Allenfalls gäbe es nun rechtmäßige und rechtswidrige Schwangerschaftsabbrüche. Es ist aber eine Verletzung des Rechtsstaatsprinzips, völlig verschiedene Sachverhalte gleich zu behandeln. Im Ergebnis bedeutet das Urteil keinen Fortschritt für den wirksamen Schutz des ungeborenen Lebens, wohl aber einen Rückschritt für die Frauen in den neuen Ländern. Für die Frauen in den alten Ländern ist die Einführung der Fristenlösung mit Beratung zwar ein Schritt nach vorn, doch wird die Beratung mit so vielen Kontrollen und Bevormundungen verbunden, daß der Schritt nach vorn kaum wahrnehmbar ist. Die Richter verweisen die Frauen, die die Kosten für einen Schwangerschaftsabbruch nicht selbst aufbringen können, an die Sozialhilfe. Damit wird ausgerechnet den Frauen ein weiterer Stein in den Weg gelegt, die ohnehin wegen ihres geringen Einkommens benachteiligt sind. Inzwischen hat die Regierungskoalition ein neues Gesetz formuliert, das sich eng an die Vorgaben des Verfassungsgerichts hält. Mit der knappen Mehrheit von 264 Ja-Stimmen zu 260 Nein-Stimmen bei 26 Enthaltungen wurde das Gesetz im Mai 1994 vom Bundestag verabschiedet.

Die Chancen für eine konsequente Politik zur Gleichstellung der Frauen steigen, wenn Frauen in Parteien und Parlamenten angemessen vertreten sind. Dies ist jedoch nicht der Fall. Der Anteil der Frauen in den Landesparlamenten schwankt zwischen 11 und 34%. In den 12. Deutschen Bundestag wurden 136 weibliche Abgeordnete, dies waren 20,5% aller Abgeordneten, gewählt. Die Zahl der weiblichen Mitglieder in den Parteien ist in den letzten Jahren kontinuierlich gestiegen: bei der CDU von 18% im Jahr 1976 auf 22% im Jahr 1988, bei der FDP von 19% (1976) auf 24% (1988) und bei der SPD von 20% im Jahr 1976 auf 26% im Jahr 1988. In der Partei Die Grünen waren 1988 37% der Mitglieder Frauen. Die gestiegene Zahl der weiblichen Mitglieder in Parteien korrespondiert jedoch nicht mit einem spürbaren Anstieg der Karrierechancen von Frauen in Parteien. Die intensive, langfristige Mitarbeit in einer Partei als Voraussetzung für eine politische Karriere können die Frauen durch ihre familiäre Belastung meist nicht erfüllen. Männer hingegen verlassen sich auf ihre Ehefrauen, die als Karrierehelferinnen für einen störungsfreien Ablauf des Alltags Sorge tragen. Noch immer werden Frauen als Politikerinnen nicht in gleicher Weise ernst genommen wie ihre männlichen Kollegen. Steht eine Frau am Rednerpult, steigt der Geräuschpegel im Bundestag (*Hoecker* 1987: 129).

III. Hauptinstrument zur Durchsetzung des Gleichberechtigungspostulats im Alltag sind in der Bundesrepublik Deutschland bislang die von Bund, Ländern und Gemeinden eingerichteten Gleichstellungsstellen. Ihre Zahl ist in den letzten Jahren stark angestiegen. Im Jahr 1986 gab es 100 Gleichstellungsstellen, 1992 waren es 900 (Bundestags-Drucksache 11/4839, 28. 6. 1989: 18; für 1992 vgl. *Rudolph* 1993: 6).

Bei der Gestaltung der Gleichstellungsstellen zeigten sich deutliche Unterschiede zwischen CDU- und SPD-dominierten Ländern. SPD-dominierte Länder haben die Stellen in der Verwaltungshierarchie höher eingestuft und ihnen mehr Kompetenzen zugewiesen. Von den Kompetenzen, der Personal- und Finanzausstattung hängt es aber ab, inwieweit die Gleichstellungsstellen ihre Aufgabe erfüllen können, zu einem Abbau geschlechtsspezifischer Diskriminierung beizutragen.

Eine empirische Studie zur Arbeit der Gleichstellungsstellen in den Ländern kam zu dem Ergebnis, daß diese Stellen durchaus geeignete Mittel zur Verringerung der geschlechtsspezifischen Diskriminierung sind (*Rudolph* 1993: 95). Dabei gilt es zu berücksichtigen, daß CDU und SPD unterschiedliche Vorstellungen einer Gleichstellung von Männern und Frauen besitzen und sich diese Unterschiede auch in den jeweiligen Gleichstellungsstellen niederschlagen. Während die CDU primär das Ziel verfolgt, erwerbstätige Frauen und in der Familie arbeitende Frauen gleichzustellen, steht für die SPD die Gleichstellung von Frauen und Männern im Berufsleben im Mittelpunkt. Gemessen an diesen Zielvorgaben kann die Arbeit der Gleichstellungsstellen als in Grenzen erfolgreich beurteilt werden.

Die Einrichtung von Gleichstellungsstellen reicht jedoch erfahrungsgemäß nicht aus. Es wird häufig nur in Einzelfällen geholfen, ohne daß sich eine strukturändernde Kraft entfalten kann. Eine wirksame Verbesserung der sozialen, wirtschaftlichen und politischen Benachteiligung der Frauen ist von den Quotenregelungen zu erwarten. Man unterscheidet zwischen starren Quoten, bei denen unabhängig von Qualifikationsanforderungen für die Besetzung einer Stelle eine Quote für Männer und Frauen festgelegt wird, und qualifikationsabhängigen Quoten, bei denen die Angehörigen des bisher unterrepräsentierten Geschlechtes bei gleicher oder gleichwertiger Qualifikation bevorzugt eingestellt werden. Bei qualifikationsabhängigen Quoten, wie sie in Hamburg für den öffentlichen Dienst eingeführt wurden, ergibt sich das Problem, daß das Merkmal der Qualifikation ein sehr dehnbares Kriterium darstellt (*Pfarr* 1988: 215). So wird z. B. eine längere, ununterbrochene Beschäftigungszeit häufig unreflektiert als Indiz für Qualifikation angesehen, und damit sind wiederum Frauen benachteiligt, die wegen Kindern und Familie ihre Berufstätigkeit unterbrechen müssen. Qualifikationsabhängige Quoten dürften also nicht einfach die von Männern und ihren Lebensmustern bestimmten Standards zur Qualifikation erklären. Die Anforderungen müßten vielmehr aus den Funktionen und Positionen selbst abgeleitet werden (*Pfarr* 1987: 445).

Eine gesicherte und anteilsmäßige Berücksichtigung der Frauen durch Quoten in den Parteien, im Parlament, in den Regierungen, am Arbeitsplatz, bei der Ausbildung und in der Wissenschaft ist u. a. auch deshalb wünschenswert, weil Frauen nur dann eine eigenständige Politik entwerfen und ihre Verhaltensweisen einbringen können, wenn sie nicht ständig als Einzelkämpferinnen der Übermacht männlicher Konkurrenz ausgesetzt sind.

Christine Landfried

Lit.: *Beck-Gernsheim, E.* 1980: Das halbierte Leben. Männerwelt Beruf, Frauenwelt Familie, Frankfurt/M. *Böckmann-Schewe L./Kulke Ch./Röhrig, A.* 1994: Wandel und Brüche in Lebensentwürfen von Frauen in den neuen Bundesländern, in: APuZ 6, 33–44. *Bundesanstalt für Arbeit* 1994: Arbeitsmarktreport für Frauen, Nürnberg. *Bundesministerium für Jugend, Familie, Frauen und Gesundheit* 1989: Frauen in der Bundesrepublik Deutschland, Bonn. *Engelbrech, G.* 1994: Frauenerwerbslosigkeit in den neuen Bundesländern. Folgen und Auswege, in: APuZ 6, 22–32. *Eser, A./Koch, H. G.* (Hrsg.) 1988: Schwangerschaftsabbruch im internationalen Vergleich, Bd. 1: Europa, Baden-Baden. *Gerhardt, U./Schütze, Y.* (Hrsg.) 1988: Frauensituation. Veränderungen in den letzten zwanzig Jahren, Frankfurt/M. *Greven-Aschoff, B.* 1981: Die bürgerliche Frauenbewegung in Deutschland 1894 bis 1933, Göttingen. *Hadler, A./Domsch, M.E.* 1994: Frauen auf dem Weg in Spitzenpositionen der Wirtschaft? Eine Bestandsaufnahme für die Bundesrepublik Deutschland, in: APuZ 6, 11–21. *Hagemann-White, C.* 1987: Können die Frauen die Politik verändern?, in: APuZ 9–10, 29–37. *Helwig, G./Nickel, H.* (Hrsg.) 1993: Frauen in Deutschland 1945–1992, Bundeszentrale fur politische Bildung, Bonn. *Hernes, H. M.* 1989: Wohlfahrtsstaat und Frauenmacht. Essays über die Feminisierung des Staates, Baden-Baden. *Hoecker, B.* 1987: Frauen in der Politik, Leverkusen. *Interparliamentary Union* 1988: Participation of Women in Political Life and in the Decision-Making Process, Genf. *Kickbusch, J./Riedmüller, B.* (Hrsg.) 1988: Die armen Frauen. Frauen und Sozialpolitik, Frankfurt/M. *Merkel, I.* 1994: Leitbilder und Lebensweisen von Frauen in der DDR, in: *Kaelble, H./Kocka, J./Zwahr, H.* (Hrsg.): Sozialgeschichte der DDR, Stuttgart, 359–382. *Meyer, B.* 1990: Frauenpolitiken und Frauenleitbilder der Parteien in der Bundesrepublik, in: APuZ 34–35, 16–28. *OECD* 1985: The Integration of Women into the Economy, Paris. *OECD* 1993. Economic Surveys Germany, Paris. *Osterloh, M./Oberländer, K.* 1994: Der geschlechtsspezifische Arbeitsmarkt: Ökonomische und soziologische Erklärungsansätze, in: APuZ 6, 3–10. *Pfarr, H.* 1987: Die heimliche Hoffnung auf die Frauen. in: *Brandt, W./Gollwitzer, H./Henschel, J. F.* (Hrsg.) 1987: Ein Richter, ein Bürger, ein Christ. Festschrift für Helmut Simon, Baden-Baden, 437–446. *Pfarr, H.* 1988: Quoten und Grundgesetz, Baden-Baden. *Rudolph, C.* 1993: Die andere Seite der Frauenbewegung. Frauengleichstellungsstellen in Deutschland, Pfaffenweiler. *Schenk, H.* [4]1988: Die feministische Herausforderung. 150 Jahre Frauenbewegung in Deutschland, München. *Schmidt, M.* 1993: Erwerbsbeteiligung von Frauen und Männern im Industrieländervergleich, Opladen.

[2] Frauenpolitik und Systemwandel in den osteuropäischen Ländern.

I. Die Begründer des »wissenschaftlichen Sozialismus« (↗ Marxismus) hielten die Befreiung der Frau für eine zwangsläufige Folge der ↗ Emanzipation des Proletariats, für einen »Teil der sozialen Frage, die mit der Umgestaltung der heutigen Gesellschafts- und Produktionsverhältnisse von selber gelöst wird« (*Liebknecht* 1890: 170). *Marx, Engels* und *Bebel* sahen die Befreiung der Frau auch mit ihrer Berufstätigkeit verbunden, eine Auffassung, welche vor allem die marxistische Frauenrechtlerin *Clara Zetkin* auf ihre Fahnen schrieb. Schon 1917 und in den ersten Jahren der Sowjetrepublik propagierte *Lenin* auch die Einbeziehung der Frauen in Organisation und Kontrolle der Staatsverwaltung.

In der UdSSR machte sich die kommunistische F. vor allem in der raschen Zunahme des weiblichen Anteils im Erwerbsleben bemerkbar, während die von *Lenin* erhoffte Integration der Frau in die Sphäre der Politik nur sehr begrenzt Verwirklichung fand. Die ideologische Prämisse von der emanzipatorischen Kraft der Berufstätigkeit, der Bedarf an Arbeitskräften, zumal für die Industrialisierung in den 30er Jahren, schließlich die durch den II. Weltkrieg verursachten Verluste an männlicher Arbeitskraft haben bewirkt, daß der Anteil der Frauen am Erwerbsleben von nur 25% im Jahre 1922 auf 39% im Jahre 1940, kriegsfolgenbedingt 1945 auf 56% anstieg und seit 1970 sich bei 51 bis 52% der gesamten Erwerbsbevölkerung eingependelt hat (*Heitlinger* 1979).
Aus der Unterrepräsentation von Frauen in Führungspositionen und aus ihrer breiten Vertretung in Niedriglohnsektoren der Wirtschaft folgte, daß die Einkommen von Frauen aufs Ganze gesehen unter denjenigen der Männer lagen. Die Doppelbelastung, die aus der Erwerbstätigkeit, der Kinderversorgung und den Haushaltsarbeiten herrührte, bewirkte die Zurückstellung weitreichender beruflicher und politischer Ambitionen von Frauen. Die sinkende Geburtenrate gab zuletzt das Signal dafür ab, daß entgegen allen früheren Behauptungen von der endgültigen »Lösung« der Frauenfrage diese in neuer Gestalt auftrat. Unter *Breschnew* diskutierten zumal Soziologen über mögliche Problemlösungen (*Lapidus* 1982).

Die F. in den anderen sozialistischen Systemen Europas folgte weitgehend dem sowjetischen Modell. Auch hier war ein rasches Anschwellen der Berufstätigkeit sowie der Bildungs- und Ausbildungsmöglichkeiten von Frauen zu beobachten. Die Prozentsätze der Frauenberufstätigkeit rangierten indessen teilweise deutlich unter denjenigen im »Vaterland des Sozialismus«. Auch die Eroberung vieler »traditioneller« Männerberufe hinkte hinter den in der UdSSR erzielten Erfolgen her (*Adamski* 1980; *Wolchik* 1978).
Die F. in allen früheren »realsozialistischen« Ländern hat gezeigt, daß die Emanzipationstheoreme der geistigen Väter des ↗ Marxismus-Leninismus sich nicht erfüllen konnten, da die Befreiung der Frau weder eine zwangsläufige Folge der »Umgestaltung der Produktionsverhältnisse« noch das selbstverständliche Beiprodukt der Behauptung der Frau im Erwerbsleben war. *Lenins* Worte, daß jede Köchin den Staat regieren können sollte, mußten tote Buchstaben bleiben, weil sich die nötige Kulturrevolution kaum vollzog. Der Verzicht auf eine effiziente psychologische Kriegführung gegen patriarchalisches Denken in Politik und Familie hat ein traditionales Rollendenken und Leitbilder überleben lassen, die eine politische Gleichstellung der Frau behinderten.
II. Im Zuge von *Gorbatschows Glasnost* und *Perestroika* wurde die Frauenfrage neu artikuliert. *Gorbatschow* bekannte sich zur notwendigen Förderung von Frauen im öffentlichen und kulturellen Bereich, drückte aber gleichzeitig das Bedauern aus, daß den Frauen die Zeit fehle, »um ihren täg-

lichen Pflichten zu Hause nachzukommen – dem Haushalt, der Erziehung der Kinder und der Schaffung einer familiären Atmosphäre«. Eine Reduktion der Erwerbsrolle schien das von oben vorgegebene Rezept, um den Frauen die Rückkehr »zu ihrer eigentlichen weiblichen Lebensaufgabe« zu ermöglichen (*Gorbatschow* 1987: 147). Die öffentlichen Diskussionen über die wünschenswerte gesellschaftliche Stellung der Frau gingen indessen bald in höchst unterschiedliche Richtungen. Neben der verstärkten Propagierung traditionaler Frauenleitbilder wurde erstmal der bislang verpönte Begriff »Feminismus« unter positiven Vorzeichen erörtert und die Geschichte der westlichen Frauenbewegung rezipiert (*Trepper* 1990).

Auffällig im Zusammenhang mit dem ↗ Systemwechsel in Osteuropa war die spontane politische Selbstorganisation von Frauen, ob in der UdSSR oder in den vormaligen »Bruderländern«. Neben den offiziell wiederbelebten »Frauenräten« boomten in der UdSSR seit 1987 »informelle« Frauengruppen. Es bildeten sich politische Frauenparteien mit noch geringerem Profil, Gruppen mit ökologischen Zielsetzungen und Komitees von Soldatenmüttern, die gegen Mißstände in der Armee mobil machten. In der DDR trat im Zusammenhang mit dem breiten Gesellschaftsprotest im Spätherbst 1989 eine Frauenbewegung in den Vordergrund, deren Aktivistinnen es sogar gelang, am Runden Tisch in Berlin und in anderen Städten mitzuwirken. Der Unabhängige Frauenverband profilierte sich relativ erfolgreich unter dem Motto »Ohne Frauen ist kein Staat zu machen«. Allerdings sind jene frauenbewegten, basisdemokratischen Initiativen bald versickert.

III. In allen postkommunistischen Gesellschaften erlitt die soziale Stellung der Frau im Zuge des Systemwandels beträchtliche Einbußen. Zum Verlust von Arbeitsplätzen trat der Abbau der Kinderversorgungsstätten. Nach Wegfall der früher praktizierten Quotierung haben sich die Frauenanteile in den freigewählten Parlamenten verringert. Rußlands neue Feministinnen führen beredte Klage über die unheilvolle Dialektik von Demokratisierung und Devaluierung des Status der Frau in Politik und Gesellschaft. Die Wirtschaftsreformen brachten einen Rückgang der Frauenbeschäftigung mit sich; 70 % der registrierten Arbeitslosen sind Frauen (*Posadskaja* 1993: 93 ff.). In den neuen Bundesländern Deutschlands ist die Problemlage nicht unähnlich. Ost-Frauen zählen überproportional zu »Unterversorgungsrisikogruppen«; nicht zu Unrecht verbreitete sich die Vorstellung von den Frauen als »Verliererinnen« der deutschen Vereinigung.

Unter den Frauen in Osteuropa hat sich im Gefolge des Strukturwandels Unsicherheit im Rollenverständnis eingestellt. Traditionale Frauenleitbilder stehen neben den ambivalenten »realsozialistischen« Einschätzungen und modernen feministischen Idealen. Während in der Bundesrepublik die Frauenpolitik der etablierten politischen Parteien zunehmend auch in Ostdeutschland an Boden gewinnt, ist der Wertewandel in Osteuropa in Funktion des dort erst in Herausbildung oder Konsolidierung begriffenen Parteiensystems offener. Der spektakuläre Erfolg der Wählerbewegung »Frauen Rußlands«, die bei den Wahlen vom Dezember 1993 über 8 % der abgegebenen Stimmen erhielt, war allgemein sozialpolitischen, nicht aber radikalen frauenpolitischen Forderungen zuzuschreiben. Mitte der 90er Jahre ist es ungewiß, inwieweit es in Osteuropa gelingen wird, eine F. auf den Weg zu bringen, in der sich emanzipatorische Postulate der westlichen Frauenbewegung mit der Wiedervereinigung von Errungenschaften verbinden, die im »realen Sozialismus« durch breite Förderung und Einbeziehung von Frauen in das Erwerbsleben gegeben waren.

Margareta Mommsen

Lit.: *Adamski*, *W. W.* 1980: Women in Contemporary Poland: Their Social and Occupational Position and Attitudes towards Work, in: Yedlin, 212–225. *Atkinson, D.* u.a. (Hrsg.) 1978: Women in Russia, Hassocks. *Buckley, M.* (Hrsg.) 1992: Perestroika and Soviet Women, Cambridge. *Feministische Studien* 1992: Schwerpunkt: Umbruch in Europa, Aufbruch der Frauen? 10. Jg., Nr. 2. *Godel, B.* 1992: GUS – »Frauenfrage« ungelöst, in: Praxis Geographie 6/1992, 40ff. *Gorbatschow, M. S.* 1987: Perestroika. Die zweite russische Revolution, München. *Heitlinger, A.* 1979: Women and State Socialism, London. *Helwig, G./Nickel, M.* (Hrsg.) 1993: Frauen in Deutschland 1945–1992, Bonn/Berlin. *Initial*, Zeitschrift für Sozialwiss. Diskurs, Heft 4/1994, Schwerpunkt: Frauenforschung Ost. *Lapidus, G. W.* 1982: Women, Work and Family in the Soviet Union, New York. *Liebknecht, W.* 1890, in: Protokoll des Parteitags der SPD 1890. *Moses, J.* 1978: Women in Political Roles, in: *Atkinson, D.* u.a., 333–353. *Posadskaja, A.* 1993: Demokratisierung ohne Frauen, in: Beiträge zur Feministischen Theorie und Praxis, Bd. 34, 93–98. *Shreeves, R.* 1990: Mothers against the Draft: Women's Activism in the UdSSR, in: Report on the USSR, 2 (38), 3–8. *Trepper, H.* 1990: »Madonna mit dem Brecheisen«. Neue Diskussion um die Frau in der sowjetischen Gesellschaft, in: Osteuropa 40 (2), 141–155.

Freiheit

1. Freiheit (F.) steht für das politische Denken im Abendland im Zentrum. Auf den ersten Blick scheint nur die F. des Handelns, nicht die Willensfreiheit politisch relevant zu sein, da soziale Verhältnisse und politische Institutionen lediglich den Spielraum der Handlungsfreiheit, nicht den der Willensfreiheit einschränken können. Aus zwei Gründen ist jedoch auch die Willensfreiheit politisch und gesellschaftlich relevant: Erstens setzt die von allen politischen Systemen in Anspruch genommene rechtliche Normierung des Verhaltens notwendig die Willensfreiheit (bei »zurechnungsfähigen« Individuen) voraus, und zweitens hat die moderne Naturwiss. Mittel entwickelt (Psychopharmaka und Psychotechniken, die das Unbewußte direkt beeinflussen), die die Willensfreiheit aufheben oder zumindest einschränken können. Der Mißbrauch der staatlichen Psychiatrie zum Zwecke der »Ausgrenzung« politisch unliebsamer Personen (im zaristischen Rußland und in der Sowjetunion) wird durch die zeitgenössischen Möglichkeiten der Psychopharmaka und der Tiefenpsychologie verstärkt.

2. Dem ersten politischen Begriff von F. begegnen wir in der griechischen Antike. Die *Polis*, der Stadtstaat des alten Griechenlands und des alten Roms, wird als eine politische Gemeinschaft von Freien verstanden, die gemeinsam sich Gesetze geben und abwechselnd politische Ämter übernehmen.

Für die Eigenschaft eines freien *Polites* war dabei anfangs und im Prinzip die Befreitheit von Arbeit für den Lebensunterhalt, also Muße, und die Abstammung von einem freien Bürger Voraussetzung. Nur wer genügend Zeit hatte, um sich ein umfassendes Verständnis der öffentlichen Angelegenheiten zu verschaffen und sich in der Volksversammlung und im Gericht um diese zu kümmern, konnte auch frei sein. Die Beschäftigung mit Handarbeit und Handel, so argumentieren noch *Platon* wie *Aristoteles*, verdirbt die Seele für jene Aufgaben, bei denen es darum geht, das ↗ Gemeinwohl und das Gemeininteresse zu befördern.

Bis zum Auftreten der Sophisten und des *Sokrates* herrschte ein gleichsam unbewußtes Einverständnis des freien *Polites* mit seiner *Polis*. Sein Wollen war von den traditionellen Wertvorstellungen und Normen der Polisgemeinschaft bestimmt, ohne daß er sich darüber notwendig Rechenschaft geben konnte. Das Auftauchen der Sophisten, die gegen Bezahlung Argumentationshilfe anboten und als erste im Abendland die geltenden moralischen und rechtlichen Bestimmungen als Ausdruck von Partikularinteressen interpretierten, führte im Denken von *Sokrates* und *Platon* zur Vertiefung der Reflexion über die moralischen Grundlagen der F. in einer *Polis*. An die Stelle der bislang unbefragt als gültig erkannten und anerkannten Normen trat nun deren Fundierung auf das selbständige Gewissen (*Sokrates*) oder die geistige Schau der Urbilder (Ideen) des Gerechten (*Platon*). Dabei gehen diese Denker davon aus, daß es ein objektiv Vernünftiges und Gerechtes gibt, das zu erkennen wenigstens einer qualifizierten Minderheit der Polis-Bürger möglich ist. Diesen kommt daher eine legitime Führungsrolle zu (*Platons* Philosophen-Könige in der *Politeia*).

In der Zeit des zunehmenden Verfalls der *Polis* entwickelt sich das Bewußtsein des (möglichen) Gegensatzes von individueller F. und politischer Ordnung. Stoiker und Epikureer treten daher – in unterschiedlichem Ausmaß – für einen Rückzug der Individuen (als Privatmenschen) aus dem öffentlichen Leben ein. Sie suchen F. nicht mehr im Handeln in und für die politische Gemeinschaft, sondern im stillen Kreis privaten Daseins. Das demokratische Freiheitsideal verliert an Ansehen, zumal es nicht nur in ephemeren tyrannischen Herrschaften, sondern auch in Monarchien (wie der mazedonischen) und schließlich im römischen Kaiserreich immer ferner und unwirklicher erscheint.

Eine Erneuerung der demokratischen Vorstellung von F. hat im 18. Jh. vor allem *J.-J. Rousseau* entworfen. Grundlage seiner Freiheitsvorstellung war einmal der »Vertrag« als Gründungsmythos der politischen Ordnung und zum anderen der Gemeinwille (*volonté générale*) als »Subjekt« der für alle geltenden gesetzlichen Ordnung.

Die Ableitung des Staates aus einem Vertrag der ihn bildenden Personen übernahm *Rousseau* von seinen Vorgängern (*Hobbes* und *Locke*; ↗ Vertragstheorien). Sie stellt ein Mittel dar, um die individuelle F. mit der verbindlichen staatlichen Ordnung zu versöhnen. Durch einen Vertrag »aller mit allen«, so die Theorie von *Hobbes*, entsteht ein Staat – und zwar dadurch, daß diese einzelnen auf ihr »Recht auf alles« zugunsten eines Dritten (des Souveräns, der aus einer Person oder auch aus der Gesamtheit der vereinigten Bürger bestehen kann) verzichten. Während *Hobbes* offenbar die Ermächtigung eines einzelnen Souveräns für den Regelfall hielt, hält *Rousseau* allein die Rechtsübertragung auf die vereinigte Gesamtheit für legitim und mit der Aufrechterhaltung von F. für vereinbar. Der Gesellschaftsvertrag schafft aus den isolierten einzelnen eine verbundene Gemeinschaft von *citoyens*, die nunmehr gemeinsam jedem einzelnen (allen einzelnen) Gesetze geben kann, ohne daß der F. damit Abbruch geschähe. Diese Gesetzgebung durch die Gesamtheit der *citoyens* ist aber nur so lange legitim und verpflichtend, wie die vereinigten *citoyens* wenigstens in ihrer Mehrheit dem Gemeinwillen Ausdruck geben. Dieser ist auch inhaltlich bestimmt und kann daher vom Mehrheitswillen verfehlt werden. Nur der Unvernünftige, der seinen Privatvorteil anstrebt, fühlt sich durch die objektiv vernünftigen Gesetze beengt und eingeschränkt, er kann daher auch »gezwungen werden, frei zu sein«.

An diesen *Rousseau*schen Freiheitsbegriff knüpft *Hegel* an, nur daß er den vernünftigen Beamten eher zutraut, dem Gemeinwillen Ausdruck zu verleihen, als der Gesamtheit der (ungebildeten) Bürger. Konservativ gewendet bedeutet F. im *Hegel*schen »sittlichen Staat«, daß durch entsprechende Erziehung die Bürger erst zum Bewußtsein ihrer F. im Staat hingeführt werden. Als »subjektiver Geist« ist der vernünftige Mensch eins mit dem »objektiven Geist« seines Staates und daher frei.

Ein sinnvolles und nicht wie der *Hegel*sche Begriff mißbrauchbares Konzept der demokratischen F. wird am eindeutigsten durch den Gedanken der ↗ Partizipation umrissen. Demokratische F. besteht in dem Recht jedes Staatsbürgers (gleich welchen Geschlechts), am Zustandekommen der Gesetze und der Einsetzung und Kontrolle der Regierung durch geeignete Mittel zu partizipieren. Demokratische F. ist nicht nur ein erprobtes Mittel, um die individuelle F. (die F. der Betätigung, der Vereinigung, der Meinung usw.) zu sichern, sondern auch ein Eigenwert. Nur durch ihre Befugnis zur Partizipation am Gemeinwesen können sich die Individuen als *animal sociale* oder *zoon politikon* bewähren.

3. Während der demokratische Freiheitsbegriff als Partizipationsfreiheit charakterisiert werden kann, muß der liberale als F. der individuellen Betätigung und Entfaltung umschrieben werden. Menschen sind im liberalen Verständnis frei, soweit sie sich innerhalb möglichst weit gezogener Grenzen frei bewegen können, durch die die Freiheiten anderer Individuen geschützt werden.

In der historischen Realität können demokratische F. und liberale F. in Konflikt miteinander treten. Einmal gab es – wenn auch immer prekär und begrenzt – liberale F. auch unter nichtdemokratischen Verhältnissen (z. B. in aufgeklärten Monarchien), zum anderen gab es erhebliche Einschränkungen liberaler Freiheiten unter (vor allem jungen, militanten) Demokratien. Im Namen der E der neu geschaffenen Republik und der Gleichheit der *citoyens* wurde z. B. während der Französischen Revolution 1793 unter der Herrschaft des Wohlfahrtsausschusses die liberale F. zahlreicher Personen – meist der Besitzenden – eingeschränkt und eine große Anzahl von Menschen als »Verdächtige« hingerichtet. Während die liberale F. durch ↗ Gewaltenteilung, grundrechtliche Grenzen der staatlichen Gewalt (↗ Grundrechte) usw. gesichert werden muß, kann demokratische F. – jedenfalls der Tendenz nach – auf eine Aufhebung solcher Schranken staatlichen Handelns gerichtet sein.

Aber auch wenn historisch liberale und demokratische F. immer wieder in Konflikt miteinander geraten sind, hat die Erfahrung doch gezeigt, daß sie sich gegenseitig stützen und festigen und auf die Dauer nur zusammen erhalten bleiben können: Die liberale F. garantiert, daß die Bürger sich wirklich eine Meinung über Gesetzesvorlagen, Regierungspläne usw. bilden können; die demokratische F. garantiert, daß die Individuen aktiv an dem Prozeß der politischen Willensbildung teilhaben. Aufgeklärte und informierte Bürger werden dann allemal – im Eigeninteresse – für die Bewahrung auch der liberalen F. eintreten.

4. Sozialdemokratische Freiheitskonzeptionen stimmen mit jener Kombination eben beschriebener liberaler und demokratischer F. überein und fordern Maßnahmen zu deren Ausbau auf sozialem Gebiet. *Marx* und *Engels* freilich gingen über diesen Ansatz weit hinaus.

Während der klassische ↗ Anarchismus von der Möglichkeit einer sofortigen Abschaffung aller Herrschaftsinstitutionen träumte (↗ Herrschaft), unterstellten *Marx* und *Engels* die Möglichkeit eines allmählichen Zurücktretens und »Absterbens« der politischen Funktionen der Gesellschaft im Anschluß an die proletarisch-sozialistische Revolution. Wenn es nämlich keine Klassen mehr zu unterdrücken gäbe, dann könnte sich eine Harmonie zwischen individuellem und gesamtgesellschaftlichem Interesse herausbilden, so daß jede Unterdrückung individuellen Handelns überflüssig würde. Im Anschluß an *Saint Simon* sprach *Marx* davon, daß dann an die Stelle der »Herrschaft über Personen« die »Verwaltung von Sachen« treten könnte, eine Verwaltung, die – jedenfalls im höheren Stadium der postrevolutionären Gesellschaft, im Kommunismus – angesichts der vorhandenen Güterfülle keine Probleme mehr aufwerfen würde. In dem Maße, in dem diese Erwartungen von *Marx* und *Engels* in den »real existierenden sozialistischen Staaten« enttäuscht wurden, führte die Vernachlässigung des liberalen Moments der politischen F. zu einer Karikatur der rechtshegelianischen F. durch die Monopolinhaberin der staatlichen Macht, durch die »Nomenklaturaklasse«.

Iring Fetscher

↗ Aufklärung; Demokratie/Demokratietheorie; Liberalismus; Pluralismus; Verfassung.

Lit.: *Dunayevskaya, R.* 1958: Marxism and Freedom, from 1776 until Today, New York. *Fetscher, I.* [3]1962: Die Freiheit im

Lichte des Marxismus-Leninismus, Bonn. *Fetscher, I.* [3]1978: Rousseaus politische Philosophie, Frankfurt/M. *Fleischmann, E.* 1964: La philosophie politique de Hegel, Paris. *Fromm, E.* [12]1980: Die Furcht vor der Freiheit, Frankfurt/M. *Garaudy, R.* 1955: La Liberté, Paris (dt.: Die Freiheit als philosophische und historische Kategorie, Berlin 1959). *Mill, J. S.* [4]1973: Die Freiheit, Darmstadt (engl. 1945). *Nestle, D.* 1967: Eleutheria. Studien zum Wesen der Freiheit bei den Griechen und im Neuen Testament 1, Tübingen. *Pohlenz, M.* 1955: Griechische Freiheit, Heidelberg.

Frieden

I. Die Bedeutung des Friedens (F.) hat sich in den letzten Jahrzehnten infolge der grundlegenden Veränderungen des Kriegswesens erheblich gewandelt. Vor allem nach den beiden Weltkriegen und im Hinblick auf die Auswirkungen eines möglichen nuklearen III. Weltkrieges haben F. und Friedensbemühungen ein gesteigertes gesellschaftliches und politisches Gewicht erhalten. Dies schlägt sich u. a. auch in der vermehrten Befassung mit den Bedingungen, Verlaufsformen und Auswirkungen der ↗ Kriege, von ↗ Konflikten und des F. in der Politikwiss., insbesondere der Teildisziplin der ↗ Internationalen Beziehungen, nieder. In der ↗ Friedensforschung wurde der F. zum zentralen Wert und Orientierungspunkt einer ganzen Teildisziplin.
Mit der Setzung des F. als Wert und Ziel der wiss. Tätigkeit wurde die alte Diskussion um die Wertfreiheit, um die Wissenschaftlichkeit bzw. Ideologiehaftigkeit der Politikwissenschaft unter ganz neuen Aspekten wieder aufgegriffen. F. erscheint in diesen Auseinandersetzungen entweder als Ideologie der Systemerhaltung oder der Systemveränderung, wobei die inhaltliche Bestimmung des Friedens- wie des Systembegriffs variabel ist.

II. Verbreitung hat vor allem die Unterscheidung zwischen einem »positiven« und einem »negativen« F. gefunden. Unter dem negativ bestimmten Friedensbegriff wird die Abwesenheit des Krieges verstanden, während unter dem positiv bestimmten Friedensbegriff die höchst variabel interpretierbare Realisierung sozialer Gerechtigkeit und ↗ Gleichheit, politischer und persönlicher F., der Entfaltung menschlicher Fähigkeiten und Selbstverwirklichungsmöglichkeiten gefaßt wird oder, allgemein ausgedrückt: die Abwesenheit von struktureller und personeller Gewalt.

In jeder Definition des F. von »mehr als nicht Krieg« verbergen sich alle klassischen Differenzen und Kontroversen um unterschiedliche gesellschaftspolitische Zielvorstellungen über anzustrebende bzw. zu erhaltende soziale, ökonomische und politische Ordnungen, ergänzt um neue, z. B. ökologische Aspekte. Die Entwicklung des F. als einer »realisierbaren Utopie« *(Georg Picht)* modifiziert das Wissenschaftsverständnis insofern, als eine nur positivistische oder kritische Analyse von vergangenen und gegenwärtigen Kriegen, Konflikten und Friedensregelungen nicht ausreicht, sondern die Erkenntnis künftiger Möglichkeiten explizit Forschungsziel wird. Das damit eingebrachte spekulative Element läßt sich wiss. nur dadurch rechtfertigen, daß die »konstruktive Vernunft« nicht von der »kritischen Vernunft« abgetrennt wird, die Analyse der Möglichkeiten vielmehr stets aus der Analyse der Wirklichkeit entwickelt wird. Forschung über die Bedingungen und Möglichkeiten von F. unterscheidet sich dadurch wesentlich von praktischer Friedenspolitik.

III. Die Studien in friedensfördernder Absicht konzentrieren sich entweder auf historische Kriege bzw. potentielle Kriegsverläufe oder auf Friedenspläne und -vorstellungen. Untersuchungen von Friedensepochen, längerfristig erfolgreichen Friedensregelungen, gelungener friedenspolitischer Beendigung von Kriegen und der kooperativen Überwindung von Situationen des Beinahekrieges als möglicherweise fruchtbaren Paradigmen zukünftiger Friedenspolitik fehlen fast völlig. Mitverantwortlich hierfür ist die vielfach beobachtete und analysierte Verwischung von Krieg und F. als zeitlich und rechtlich klar definierten sozialen Zuständen in einem angebbaren begrenzten Raum seit dem 19. Jh., vor allem aber im 20. Jh. nach der Entwicklung der Kernwaffen. Die Forschung über die Ursachen vergangener Kriege findet deshalb fast vollständig isoliert von der wiss. Debatte über den Krieg im Atomzeitalter und die Bedingungen eines dauerhaften Weltfriedens statt.

Eingeleitet wurde die Totalisierung des Krieges durch die sog. Demokratisierung des Krieges seit der Französischen Revolution, d.h. durch die aktive und bewußte Teilnahme des ganzen Volkes am Krieg (Formulierung des allgemeinen Wehrrechtes als patriotische Wehrpflicht), durch die Entgrenzung eines bislang abgesonderten Schlachtfeldes und die tendenzielle Beseitigung des Unterschiedes zwischen uniformierten Kombattanten oder Soldaten und den im Krieg zu schonenden Nonkombattanten oder Zivilisten in Partisanen- oder Guerilla-Kriegen (vgl. *Schmitt* 1963). Das Verständnis von Krieg als Staatenkrieg und als Fortsetzung der Staatspolitik mit anderen Mitteln wurde erweitert durch das Konzept der Fortsetzung der Klassenpolitik im Bürgerkrieg oder der bewaffneten ↗ Revolution, das von 1917 bis 1991 den intersystemaren Krieg zugleich zu einem ideologischen Krieg mit totalem Sieganspruch machte.

Der Totalisierung des Krieges entsprach die Totalisierung des Friedensbegriffs. Gekämpft wird nicht mehr um einen Kompromiß für einen befristeten F., sondern um den historisch endgültigen Einsatz der Existenz von weltweiten sozialen Klassen, um sozialökonomische und politische Systeme, um den »ewigen« F. Der in klassischer liberaldemokratischer und sozialistischer Tradition letztendlich auch bewaffnet zu führende Kampf für den Weltfrieden wurde im Rahmen des Ost-West-Konflikts zu einem Programm für den Weltbürgerkrieg.

Gefördert wurde die Tendenz der Totalisierung des Krieges durch die Industrialisierung und Technisierung der Waffensysteme und Kriegsführung, die die Vernichtung ganzer Staaten und Industriezentren, letztlich sogar der Bevölkerungszentren und ganzer Völker zu strategischen Kriegszielen machte. Die Nuklearwaffen vollenden lediglich den Entgrenzungsprozeß zwischen Schlachtfeld und kriegsfreien Räumen, zwischen Kombattanten und Nonkombattanten, reduzieren die Chancen von Kriegsabbruch und Kapitulation vor der Entfaltung des »absoluten Krieges« *(Clausewitz)* aufgrund eines politischen Kalküls von Kriegsschäden und Kriegsgewinnen. Die Periode des nuklearen Nichtkrieges ist zugleich eine Periode der permanenten Kriegsdrohung mit wechselseitiger nuklearer Totalvernichtung, unmittelbar alarmierbarer Kriegsbereitschaft von gewaltigen Militärpotentialen und ständiger Feindbildreproduktion, die für den Abschreckungsfrieden und die Glaubwürdigkeit der abgestuften bis zur massiven Vergeltung unerläßlich sind. Die Beendigung des Ost-West-Konflikts in Europa – noch nicht in Ostasien – hat zunächst die Nukleargefahr drastisch reduziert, wenn auch nicht völlig beseitigt. Sie hat jedoch gleichzeitig konventionelle Kriege und Kriegsdrohungen in der ehemals kommunistischen Welt im Zusammenhang mit einer Renaissance des Nationalismus ermöglicht.

IV. Die ständige »organisierte Friedlosigkeit« *(Senghaas* 1972) – der F. als Fortsetzung des Krieges mit anderen Mitteln – raubte mit ihren hohen ökonomischen Belastungen und mit ihrer psychisch-pädagogischen Erzeugung von wechselseitiger Verteidigungsbereitschaft dem herrschenden Un-Frieden als Nichtkrieg seine Funktion als dauerhaft erhaltenswertem Zustand. Damit erhält F. immer mehr den Charakter eines historisch erstmals zu schaffenden dauerhaften oder »ewigen

Friedens«: F. wird als realisierbare Utopie gedacht, ein Zustand, der bisher noch nirgends verwirklicht wurde, aber dennoch nicht imaginär ist. Entsprechend konzentrierte sich die wiss. Aufmerksamkeit während des Ost-West-Konflikts nur noch auf Beschäftigung mit Fragen des Weltkriegs und Weltfriedens, die zahlreichen lokal und regional begrenzten Kriege nach 1945 ignorierend.

Um den wiss. Nachweis der Realisierbarkeit der Utopie eines dauerhaften Weltfriedens (mit der Voraussetzung oder Folge der Abrüstung und der Abschaffung des Militärs) bzw. um die Zurückweisung eines solchen F. als Ideologie im Sinne eines welt- und realitätsfremden Denkens, das zudem noch den gegenwärtigen prekären Abschreckungsfrieden gefährde, ging lange international ein erheblicher Teil der politikwiss. Kontroverse. Da die Gefahr der Vernichtung der Menschheit auch von Befürwortern des Abschreckungsfriedens in der Regel nicht in Abrede gestellt wurde, verstehen sie unter Sicherung des (Welt-)Friedens wiss. angeleitete Strategien zur reduzierten, räumlich und in der Waffenanwendung begrenzten Kriegführung sowie zur diplomatischen Konfliktlösung nach dem Vorbild der internationalen Beziehungen vor der Französischen Revolution. Rüstungskontrolle zur kooperativen Steuerung des auf absehbare Zeit für unvermeidlich gehaltenen Aufrüstungsprozesses, Beschränkung und Entideologisierung der Kriegsziele (z. B. Verzicht auf einheitliche, weltumfassende Friedensmodelle, die als Weltbürgerkriegserklärungen zur Revolutionierung des internationalen Systems aufgefaßt werden), in den 80er Jahren auch bloße vertrauensbildende militärische Maßnahmen (die Ankündigung und Verringerung von Manövern, Auseinanderrücken von Militärpotentialen) wurden in dieser Sicht als Schritte zum F. wahrgenommen oder postuliert.

In der Debatte über die Realisierbarkeit eines andauernden Weltfriedens erhalten wiss. Studien über die historischen Ursprünge des Krieges, über Kriege und Krieglosigkeit, Aggressivität oder Friedfertigkeit vorgeschichtlicher oder rezenter, sozial wenig differenzierter Stämme ohne staatliche Organisation, aber auch über mögliche Zukünfte von Friedensordnungen und alternativen Verteidigungssystemen ihren Stellenwert.

Fächerübergreifende, von der fachlichen Spezialisierung auf bestimmte Antriebsmomente menschlichen sowie kriegerischen und friedlichen Verhaltens abstrahierende Studien sind nach wie vor selten (vgl. *Lider* 1983; teilweise auch schon *Wright* 1942). Politikwissenschaftler neigen nach wie vor dazu, den F. ausschließlich als politische Machtfrage zu betrachten (vgl. *Morgenthau* 1963), während Soziologen ihn vorzugsweise als sozialstrukturelles, Psychologen als individual- oder sozialpsychisches, Theologen als moralisch-ethisches, Juristen als ein völker- und staatsrechtliches Problem sehen. Die meisten Friedenspläne und Modelle von Friedensordnungen resultieren deshalb aus je einer bestimmten, meist fachlich begrenzten Kriegsursachenanalyse. In einer Typologie internationaler Friedenssysteme (im Unterschied zu subinternationalen und globalen Friedenssystemen) unterscheidet *Johan Galtung* (1975) z. B. sieben verschiedene Typen von Friedensplänen, für die es mehrere wiss. Ausarbeitungen gibt. Sie beruhen auf 1) Konzepten der Machtverteilung im internationalen System, 2) der Organisation von Konflikten, 3) der Umverteilung von individuellen Loyalitäten vom Nationalstaat auf grenzüberschreitende Organisationen, 4) dem Grad an sozialer und kultureller Homologie, 5) internationalen Schichtordnungen, 6) dem Grad der Interdependenz von Nationalstaaten und 7) funktionaler Kooperation zwischen den Nationen.

V. Als allgemeiner Trend konnte infolge der zunehmenden Aussichtslosigkeit kriegerischer und gewaltsamer Friedensstrategien ein gewachsenes Interesse an nichtmilitärischen, gewaltfreien Konzepten der Transformation des internationalen Systems bzw. des friedlichen Wandels in und zwischen den Staaten in der Politikwiss. festgestellt werden, die immer weniger auf den Vorwurf stießen, grundsätzlich utopisch oder systemaffirmativ zu sein, deren Problematik vielmehr in der konkreten Vermittlung von bestimmten Transformationsschritten mit dem Faktor spärlicher Zeit in der sog. Gnadenfrist des Abschreckungsfriedens lag. Dennoch war der überwiegend gewaltfreie Zusammenbruch der kommunistischen Parteiherrschaft auch für die Experten eine Überraschung. Als nach wie vor ungeklärt behandelt muß das Verhältnis von drohendem Weltkrieg und den zahlreichen konventionellen Kriegen in dieser Welt gelten, von denen 186 für die Zeit zwischen 1945 und Mitte 1994 gezählt wurden (*Gantzel/Schlichte* 1994: 10).

Egbert Jahn

↗ Abrüstung; Internationales Recht/Völkerrecht.

Lit.: *Calließ, J./Lob, R.E.* (Hrsg.) 1987: Praxis der Umwelt- und Friedenserziehung, Düsseldorf. *Czempiel, E.-O.* 1986: Friedensstrategien, Paderborn. *Delbrück, J.* 1984: Friedensdokumente aus fünf Jahrhunderten, Kehl/Straßburg. *Galtung, J.* 1975: Peace. Research-Education-Action, Essays in Peace Research, Bd. 1, Kopenhagen. *Gantzel, K.J./Schlichte, K.* 1994: Das Kriegsgeschehen 1993. Daten und Tendenzen der Kriege und bewaffneten Konflikte im Jahr 1993, Bonn. *Janssen, W.* ²1979: Friede, in: *Brunner, O./Conze, W./Koselleck, R.* (Hrsg.): Geschichtliche Grundbegriffe, Bd. 2, Stuttgart. *Kende, I.* 1983: Kriege nach 1945, in: Militär-Dokumentation, Bd. 27, Frankfurt/M. *Lider, J.* 1983: Der Krieg, Frankfurt/M. *Morgenthau, H.J.* 1963: Macht und Frieden, Gütersloh. *Röhrig, H.* 1983: Friede, eine pädagogische Aufgabe, Braunschweig. *Schmitt, C.* 1963: Theorie des Partisanen, Berlin. *Senghaas, D.* ²1972: Abschreckung und Frieden, Frankfurt/M. *Wright, Q.* 1942/ ²1965: A Study of War, Chicago/London.

Friedensforschung

I. Die wiss. Beschäftigung mit ↗ Krieg und ↗ Frieden ist wohl so alt wie Wissenschaft überhaupt. Dennoch dauerte es bis in die 50er Jahre unseres Jh.s, bis mit der Friedensforschung (F.) eine wiss. Teildisziplin entstand, die sich ausschließlich mit der Erforschung des Krieges und von ↗ Konflikten sowie den Bedingungen des Friedens beschäftigt.

Vereinzelte Ansätze einer Friedenswiss. wurden wiederholt im 19. Jh. im Zusammenhang mit der bürgerlichen Friedensbewegung unternommen. Doch erst unter dem Eindruck der Greuel der industriellen Massenvernichtung im I. Weltkrieg entstanden neben dem Völkerbund und dem Internationalen Gerichtshof Institute für ↗ Internationale Beziehungen in den USA und in Großbritannien mit der Aufgabe, internationale Konflikte und Kriege, aber auch ↗ Revolutionen und Bürgerkriege sowie die Bedingungen eines dauerhaften Weltfriedens zu erforschen. Bald nach 1920 blieb jedoch nur noch wenig von dem Anspruch übrig, Krieg und Frieden in den Mittelpunkt der Wiss. von den internationalen Beziehungen zu stellen. Die neue Disziplin wurde rasch zu einer Legitimationswiss. der jeweiligen nationalen ↗ Außenpolitik und ihrer machtpolitischen und militärischen Interessen.

Die erneute politische und moralische Erschütterung des Staatensystems durch den II. Weltkrieg sowie die politisch organisierte Massenvernichtung im ↗ Stalinismus und ↗ Faschismus, vor allem aber die Aussicht auf einen drohenden völkermordenden Atomkrieg ließ die F. Ende der 50er Jahre als Reaktion auf die vorherrschende Ideologie des Kalten Krieges in den Internationalen Beziehungen entstehen, zunächst vereinzelt an Universitäten und in privaten Forschungsanstalten Kanadas, der USA und Norwegens. Parallel dazu bemühte sich eine von wenigen Personen betriebene Polemologie (Wiss. vom Krieg und von den Konflikten) in Frankreich und in den Niederlanden um das systematische Studium vom Kriege und von den Konflikten. Nicht mehr die Hegung, die Eingrenzung und Beschränkung der Kriege und der Kriegsführung ist das Ziel der F., sondern die Abschaffung des Krieges als einer gesellschaftlichen und zwischenstaatlichen Verkehrsform. Damit greift die F. die

Weltfriedensutopie auf, die Ende des 18. und in der ersten Hälfte des 19. Jh.s ein zentrales Motiv in der liberalen und republikanisch-demokratischen Bewegung des Bürgertums gewesen war und dann vor allem durch die ↗ Arbeiterbewegung in erneuerter Form aufgegriffen und verbreitet worden ist.
Die eher kriegshegende und konfliktkontrollierende Denkrichtung schlug sich zunächst parallel zur F. in der Konfliktforschung vor allem in den USA *(Journal of Conflict Resolution)* nieder, ehe in den 60er Jahren beide Tendenzen sich in der Friedens- und Konfliktforschung vereinigten.

II. Im Zuge der internationalen Entspannung gelang 1964 die Konstitution der *International Peace Research Association* in Groningen. Das ebenfalls 1964 in Oslo gegründete *Journal of Peace Research* trug wesentlich zur internationalen Ausbreitung von F. bei. Durch den Aufbau lateinamerikanischer und asiatischer Regionalorganisationen griff die F. Ende der 70er Jahre weit über Nordamerika, Westeuropa und Japan hinaus und erreichte im Prinzip weltweite Ausbreitung, wobei Anstrengungen im Rahmen der UNESCO Vermittlungsdienste leisteten.

Einen Durchbruch erlebte die F. mit der staatlichen Einrichtung und Förderung des *Stockholm International Peace Research Institute* (SIPRI), das 1966 anläßlich der 150jährigen Neutralität Schwedens gegründet wurde und wiss. Grundlagen für die schwedische und internationale Abrüstungsdiplomatie bei der UNO in Genf schaffen soll. Das von SIPRI herausgegebene *Yearbook of World Armaments and Disarmament* mit Daten und Analysen zur Entwicklung der Rüstungsausgaben und Waffensysteme hat der F. internationale Aufmerksamkeit verliehen. Die Entspannung und das Zurücktreten des Ost-West-Konflikts im allgemeinen Bewußtsein, der Vietnamkrieg und die Entwicklungsprobleme in der Dritten Welt lenkten die Aufmerksamkeit zusätzlich auf die Nord-Süd-Problematik (↗ Nord-Süd-Konflikt). Hieraus resultierte eine wesentliche Paradigmenerweiterung der F. jenseits der bis dahin vorherrschenden Auseinandersetzung mit der Rüstungsdynamik, dem Abschreckungssystem, der Rüstungskontrolle und der ↗ Abrüstung. Im Zusammenhang mit der Entwicklung bzw. dem Wiederaufgreifen der Begriffe asymmetrischer Konflikt, Interessenkonflikt, manifester und latenter Konflikt fand die Paradigmenerweiterung ihren Ausdruck v. a. im Begriff der »strukturellen Gewalt« *(Johan Galtung)*, der jene Zwangsverhältnisse bezeichnet, die in gesellschaftlichen Strukturen und Institutionen »eingebaut« sind und nicht auf Handlungen von Personen zurückgeführt werden können. Die damit verbundene, wiss. umstrittene Erweiterung des Gewaltbegriffs wurde in den liberalen, teils auch sozialistischen Teilen der westlichen Öffentlichkeit rasch aufgegriffen, die sich dem Problem der Reformierung des internationalen Staaten- und Gesellschaftssystems stellte.
Die Diffusität des Begriffs der strukturellen Gewalt hat das Forschungsgebiet der F. immens ausgedehnt, damit aber auch tendenziell grenzenlos zur Universalwiss. erweitert und überfordert. In den 70er Jahren wurde diese Ausweitung jedoch zunächst vielfach als befreiend empfunden, da die alten Ansätze den modernen Problemen der internationalen Entwicklung der menschlichen Gesellschaft, ihres Staatensystems und ihrer Umwelt nicht mehr angemessen schienen. F. wirkte dabei vor allem in die Politikwiss., Psychologie (Aggressionsforschung), Theologie, Pädagogik und Geographie hinein, beeinflußte aber auch Physik, Biologie, Informatik, Philosophie, Geschichtswiss., Rechtswiss. und Militärwiss. (Strategische Studien), weniger jedoch die Soziologie – offenbar wegen deren traditioneller Beschränkung des Gesellschaftsbegriffes auf den nationalstaatlichen Rahmen.

Im Zuge der Krise der Entspannung zwischen Ende der 70er Jahre und Mitte der 80er Jahre, als der Ost-West-Konflikt und damit auch die Möglichkeit eines Atomkrieges erneut in den Vordergrund der Aufmerksamkeit in den Industriestaaten rückte, fand eine Rückbesinnung auf das zentrale Anliegen der F. statt, nämlich auf das

Studium der Bedingungen einer dauerhaften Kriegsverhütung, der Kriegsursachen, der Konfliktinformationen und der Rüstungsdynamik, ohne die Bedeutung zumindest der tödlichen und kriegsträchtigen strukturellen Gewalt aus den Augen zu verlieren, die für die meisten Menschen nach wie vor weitaus bedrohlicher ist als der konventionelle Krieg.

Seit sich der Ost-West-Konflikt auflöste und die politischen Ereignisse in Osteuropa die »klassischen« Themen der F. obsolet erscheinen lassen, verlagert sich erneut der Schwerpunkt der F. in Richtung auf eine Entwicklungs- und Umweltforschung, in der wirtschaftliche, ökologische und gesellschaftliche Phänomene bzw. Prozesse untersucht werden, die den äußeren und/oder inneren Frieden gefährden (*Koppe*, in: *Senghaas/Koppe* 1990:109). In jüngster Zeit wendet die F. wie die Politikwissenschaft ihre Aufmerksamkeit auf den Nationalismus als Kriegsursache, wodurch Geschichte, Kultur sowie soziale und psychische Strukturen verstärkt Beachtung finden; Rüstungskritik schwindet wieder fast ganz aus den Augen.

Egbert Jahn

↗ Ost-West-Beziehungen

Lit.: *Brauch, H.-G.* 1979: Entwicklungen und Ergebnisse der Friedensforschung (1969–1978), Frankfurt/M. *Czempiel, E.-O.* 1972: Schwerpunkte und Ziele der Friedensforschung, München/Mainz. *Czempiel, E.-O.* 1986a: Friedensstrategien, Paderborn. *Czempiel, E.-O.* 1986b: Der Stand der Wissenschaft von den Internationalen Beziehungen und der Friedensforschung in der Bundesrepublik Deutschland, in: *Beyme, K. von* (Hrsg.): Politikwissenschaft in der Bundesrepublik, PVS-Sonderheft 17, Opladen, 250–263. *Senghaas, D./Koppe, K.* (Hrsg.) 1990: Friedensforschung in Deutschland, Bonn. *Wasmuht, U.C.* (Hrsg.) 1991: Friedensforschung, Darmstadt.

Fundamentalismus

1. Der Begriff Fundamentalismus (F.) gewinnt erst seit kurzem über die Grenzlinien seiner unterschiedlichen religiösen und nicht-religiösen Deutungen hinweg eine terminologische Bedeutung. Das Wort »Fundamentalismus« ist, zumeist ohne begriffliche Präzisierung, in höchst unterschiedlichen Zusammenhängen verwendet worden, seit es zu Beginn dieses Jahrhunderts als Bezeichnung für eine bestimmte Variante protestantischer Frömmigkeit in den Vereinigten Staaten hervortrat. Mittlerweile steht es nach einem verbreiteten Konsens des Sprachgebrauchs für theoretische Grundlegungen und praktische Organisationsformen eines umfassenden oder selektiven Anti-Modernismus. Noch immer gehen die Auffassungen darüber auseinander, ob der Begriff auf religiöse Formen des Anti-Modernismus beschränkt bleiben sollte oder auch auf säkulare Varianten angewendet werden soll, wenn sie im übrigen die wesentlichen Bestimmungsmerkmale teilen.

In der Sache hat es den F., vor der Prägung des Begriffs, schon seit dem frühen 19. Jh. gegeben. Er entstand als Gegenbewegung gegen den mit der *Kant*ischen Wende in der Philosophie erstarkenden Modernismus in Religion und Theologie. Die modernistischen Positionen, gegen die sich der protestantische und alsbald auch der päpstliche Katholizismus wandte, verkörpern das Eindringen des Geistes der Aufklärung in Theologie und Religion: die historische und literarische Bibelkritik, die *Kant*ische Begrenzung der Religion auf die Rolle der Garantie moralischer Motive, die wissenschaftliche Idee einer natürlichen Evolution der Menschengattung und sogar der konkreten Ausformungen der Religionen selbst.

Der Prozeß der Modernisierung, in den westlichen Gesellschaften aus innerer Dynamik, in vielen Entwicklungsgesellschaften zunächst durch äußeren Einfluß, wenn auch so gut wie nie ohne gleichzeitige innere Dynamik, führt zur Öffnung der kulturellen, sozialen und politischen Systeme für Alternativen. F. stellt den Versuch dar, diesen Prozeß der Öffnung ganz oder in zentralen Bereichen rückgängig zu machen und eine der ins Spiel kommenden Alternativen in Religion, Kultur und Politik verbindlich zu machen. Er bedeutet daher immer auch einen willkürlichen Abbruch der Kommunikation, um selbsterkorene absolute Gewißheiten der Infragestellung zu entziehen.

Es ist nicht ein bestimmter Inhalt grundlegender Erkenntnisansprüche, was für den F. charakteristisch ist, sondern die Form ihrer Handhabung als allem Zweifel entzogen und daher außerhalb jedes Dialogs angesiedelt. In seinen kämpferisch politischen Formen wird das auf diese Weise immunisierte Fundament des F. als Legitimation für Vormachts- oder Herrschaftsansprüche gegenüber Abweichenden in Anspruch genommen. Wenn die geschlossenen Glaubenssysteme fundamentalistischer Prägung, die Kritik, Alternativen, Zweifel, den Dialog über ihre Erkenntnisansprüche von gleich zu gleich nicht zulassen können, eine öffentliche Rolle übernehmen, so ist dies – in wechselnden Graden – die Rückkehr des Absoluten in die Politik. Die gänzliche oder selektive Mißachtung von Menschenrechten, Pluralismus, Toleranzgebot, Mehrheitsprinzip im Namen der vermeintlichen Wahrheit, die sich allein im Besitz des jeweiligen Fundamentalismus befände, sind Folgen des sich nach außen wendenden Gewißheitsanspruchs.

Aufsehen erregt hat seit den 70er Jahren in Europa vor allem der islamische F., weil er 1979 mit einer kämpferisch anti-westlichen Einstellung im Iran an die Macht gelangte und seither in einer zunehmenden Reihe islamisch geprägter Länder eine erhebliche politische Rolle spielt. Die Strukturen, die eine fundamentalistische Geisteshaltung oder Bewegung charakterisieren, finden sich heute in Teilströmungen nahezu aller großen Religionen, auch solcher, die wie der Hinduismus mangels einer ausgearbeiteten Dogmatik lange Zeit als immun gegenüber fundamentalistischen Versuchungen galten. Sie finden sich ebenso in säkularen Ideologien und Bewegungen, beispielsweise dem orthodoxen ↗ Marxismus-Leninismus oder metaphysischen Spielarten des Ökologismus.

F. als theoretisches Prinzip und organisierte Praxis der Gegenmodernisierung nimmt heute so viele, ungleichzeitige Gestalten an wie der weltweite Prozeß der Modernisierung selbst. Der Hindu-Fundamentalismus in Indien unterscheidet sich z. B. vom protestantischen F. in den USA in seiner kulturellen Ausformung und der politischen Reichweite seiner Ansprüche erheblich, teilt mit ihm aber gerade einige der wesentlichen Bestimmungen, die jeden F. kennzeichnen, insbesondere die in Theorie und Praxis verfochtene Auffassung, daß Grundentscheidungen der Religion im Zweifelsfalle die Mißachtung von Gesetz und Recht sowie politischer Mehrheitsentscheidungen rechtfertigen.

F. ist in kommunikationstheoretischer Sicht eine Form systematisch verzerrter Kommunikation. Der Dialog setzt voraus, daß gleichermaßen zurechnungsfähige Subjekte über divergente Meinungen, Interessen und Konzepte streiten in dem Bewußtsein, daß es keinen Standpunkt geben kann, von dem aus er *a priori* entschieden werden könnte. Der F. denunziert Konflikt als Verrat und macht den Gegner zum Feind von Heil und Wahrheit. Er kann ihn daher nicht als zurechnungsfähig akzeptieren und muß an die Stelle des Dialogs Strategien, sei es der Überredung oder der Umerziehung oder der Bloßstellung setzen.

2. In den wenigen Jahren seit der wissenschaftlichen Diskussion des F. im weiteren Sinne hat sich eine breite Palette unterschiedlicher Deutungsansätze entfaltet. Weitgehendes Einvernehmen besteht darin, daß F. als ein Strukturbegriff verwendet werden sollte, der eine bestimmte Form willkürlicher Selbstabschließung von Denk- oder Handlungssystemen gegen Kritik und Alternativen bezeichnet.

Erklärungsansätze für das Aufkommen und die Verbreitungschancen von religiösem oder politischem F. können infolgedessen auf individualpsychologischer, soziologischer und kulturphilosophischer oder sogar anthropologischer Ebene ansetzen. Wenn F. als die Zuflucht zu willkürlich immunisierten absoluten Gewißheiten unter der modernen Bedingung prinzipieller Ungewißheit gilt, so können Motive und Bedingungen dafür auf psychologischer Ebene gefunden werden, nämlich die Unfähigkeit zum Aushalten offener und mehrdeutiger Situationen, auf soziologischer Ebene, nämlich die Unfähigkeit, soziale Identität in einer pluralisierten Gesellschaft zu sichern, auf politischer Ebene, nämlich die mangelnde Bereitschaft, sich mit dem politischen Relativismus der Demokratie zu arrangieren, auf kulturphilosophischer Ebene, nämlich die Unfähigkeit, sich in der metaphysischen Heimatlosigkeit der Moderne einzurichten, und auf anthropologischer Ebene, nämlich in der Annahme, der Mensch könne ohne einen Grundbestand letzter Gewißheiten nicht existieren.

Offensichtlich bildet die metaphysische Heimatlosigkeit der Moderne (*P. L. Beger*) die Grundsituation, in der dann das Zusammentreffen weiterer der genannten Motive und Bedingungen die Hinwendung zum F. und das Erstarken fundamentalistischer Bewegungen begünstigt. Zum Problem wird F. dabei nicht so sehr durch den Versuch von einzelnen oder Gruppen, künstlich Gewißheit für sich selbst zu erlangen, sondern durch die zusätzliche Haltung, diese Gewißheit erst dann als Sicherheit zu empfinden, wenn sie für alle gilt, also auch den Widerstrebenden aufgenötigt werden kann.

Als individuelles Motiv und als Haltung kleiner Gruppen und Sekten ist F. gleich ursprünglich mit der Moderne selbst wie eine Art siamesischer Zwilling. Als weltanschaulich-politische Bewegung gewinnt er, wie historische Längsschnitt- und interkulturelle Vergleiche vermuten lassen, Massenzulauf, wenn drei Bedingungen gleichzeitig erfüllt sind: (1) das plötzliche Brüchigwerden eingelebter soziokultureller Identitäten und Orientierungen, (2) Erfahrung oder Drohung sozialer Unsicherheit und (3) ein in der gegebenen Situation glaubwürdiges Angebot fundamentalistischer Organisation, Rhetorik und Führung.

G. Kepel hat beobachtet, daß vor allem in der islamischen, jüdischen und christlichen Welt eine weltweite Welle des F. mit dem Unglaubwürdigwerden des europäischen Fortschrittsoptimismus zu Beginn der 70er Jahre einsetzt. Für viele Beobachter überraschend sind die erheblichen Erfolge eines kulturell und politisch organisierten Hindu-Fundamentalismus in der größten Demokratie der Welt, Indien. Viele der Jugendsekten und neuen religiösen Bewegungen in Europa tragen fundamentalistisches Gepräge, wenn auch in der Regel ohne direkte politische Ambitionen. Fundamentalistisch sind auch die ethnischen Formen des Nationalismus zu nennen, die in Osteuropa zeitweilig das Vakuum zu füllen scheinen, das der Zusammenbruch der marxistisch-leninistischen Weltanschauung dort hinterlassen hat, und die auch in Westeuropa verstärkt um sich greifen.

F. bietet sich in vielen Formen als Lösung der Widersprüche an, die im Prozeß der Modernisierung aufbrechen. Er ist eine Ausschließungshaltung, die Geborgenheit, Gewißheit und allen Zweifeln entrückte Orientierung an die Stelle der unvermeidlichen Ambivalenzen und Unsicherheiten der modernen Existenz zu setzen verspricht.

So gut wie jede Idee kann in diesem Sinne fundamentalistisch gehandhabt werden, so gut wie keine muß es. F. ist daher nicht das Kennzeichen bestimmter Religionen oder Weltanschauungen, sondern eine durch soziale, ökonomische und politische Krisen begünstigte Weise ihrer Handhabung. F. in seinen jeweiligen lokalen Spielarten bietet sich als Protestideologie gegen Moderne und Modernisierung an. Er zielt gegen den politischen Kern der Moderne: Menschenrechte, Offenheit, Pluralismus und Demokratie.

3. Aus fundamentalistischer Sicht ist der Begriff F. mit dem Argument kritisiert worden, von F. lasse sich immer nur innerhalb eines diskursiven und weltanschaulichen Paradigmas reden, aber nicht im Verhältnis zwischen den

kulturellen, religiösen, weltanschaulichen Paradigmen. Im Außenverhältnis müßten sie aus Gründen der Selbsterhaltung gleichermaßen fundamentalistisch gegeneinander auftreten. Bei diesem Argument liegt offensichtlich eine Verwechslung der Argumentationsebenen vor. Fundamentalistisch ist ja nicht die argumentative Verfolgung von Wahrheitsansprüchen innerhalb offener Gesprächssituationen, sondern die Weigerung, solche Gesprächssituationen herbeizuführen oder sich auf sie einzulassen. Als kulturkritisches Argument widerspricht diese Kritik der Erfahrung. Innerhalb aller Kulturen und Religionen gibt es fundamentalistische und nicht-fundamentalistische Positionen, so daß der Unterschied zwischen beiden nicht der eines unterschiedlichen kulturell-religiösen Paradigmas sein kann.

4. Der Forschungsbedarf in bezug auf die Entstehungs- und Erfolgsbedingungen des F. ist groß, ebenso der Handlungsbedarf in pädagogischen, therapeutischen, politischen, kulturellen und interkulturellen Handlungsfeldern. Auch wenn die Befürchtungen des verstorbenen deutsch-jüdischen Politikwissenschaftlers *Richard Löwenthal* übertrieben erscheinen, der F. könne für die Welt in den 90er Jahren und danach werden, was der Faschismus für Europa in den 30er Jahren war, hat der Prozeß der Modernisierung doch eine Richtung genommen, die die massenhafte Flucht aus der modernen Kultur als Lebensform keineswegs unwahrscheinlich erscheinen läßt.

Thomas Meyer

Lit.: *Jäggi, Chr./Krieger, D.J.* 1991: Fundamentalismus. Ein Phänomen der Gegenwart, Zürich. *Kepel, G.* 1991: Die Rache Gottes. Radikale Moslems, Christen und Juden auf dem Vormarsch, München. *Meyer, Th.* 1989: Fundamentalismus. Aufstand gegen die Moderne, Reinbek. *Meyer, Th.* 1989: Fundamentalismus in der modernen Welt. Die Internationale der Unvernunft, Frankfurt/M. *Tibi, B.* 1992: Die fundamentalistische Herausforderung, München.

Funktionalismus

Der Begriff Funktionalismus (F.) wird als Sammelbezeichnung für theoretische Bemühungen gebraucht, die darauf abzielen, Vorgänge und Prozesse in kulturellen Systemen (z.B. Stammeskulturen) oder komplexeren Sozialsystemen (z.B. Gesellschaften) unter einem ganzheitlichen Forschungshorizont mit Hilfe bestimmter Schlüsselbegriffe wie »Struktur« und »Funktion« zu analysieren. Als »Funktion« gilt in diesem Zusammenhang die Leistung eines Elementes zur Herstellung oder Erhaltung eines bestimmten Systemzustandes oder des Zustandes eines anderen Elementes im System. Im wesentlichen geht es darum, die wechselseitigen Abhängigkeitsbeziehungen der als Einheit betrachteten Systemteile untereinander wie auch zum System als Ganzem zu spezifizieren. Diese allgemeine Charakterisierung macht die Affinität zu systemtheoretischem Gedankengut deutlich, die die Entwicklung des F. insbesondere seit *Parsons* strukturell-funktionaler Theorie bestimmt hat. Allerdings stellt der F. kein einheitliches theoretisches Paradigma dar. Vielmehr haben sich im Laufe seiner Entwicklung seit den Ursprüngen in der 2. Hälfte des 19 Jh.s verschiedene theoretische Varianten herausgebildet, die sich in mehrfacher Hinsicht voneinander unterscheiden.

1. *H. Spencer* und *E. Durkheim* gelten als Vorläufer des modernen soziologischen F. Ihre Vorstellungen von der Funktion sozialer Strukturelemente im gesellschaftlichen System sind am biologischen Organismusmodell orien-

tiert. In der Physiologie bezieht sich der Begriff der organischen Funktion auf die Verbindung zwischen der Struktur und dem Lebensprozeß des Organismus. Die organische Struktur als Lebensstruktur hängt in ihrer fortdauernden Existenz von jenen Prozessen ab, die den Lebensprozeß als Ganzes ausmachen.

Durkheim begreift die Gesellschaft als makrosoziales Kollektivsubjekt *sui generis*, dessen Elemente (»soziale Tatsachen«) im Hinblick auf ihre Funktion für das soziale Ganze zu betrachten sind. Die Funktion eines sozialen Phänomens liegt für ihn in seiner sozialen Nützlichkeit, d.h. in seinem Beitrag zur Förderung bzw. Erhaltung des normalen (»gesunden«) Zustands einer Gesellschaft. Die Gesundheit des sozialen Organismus bezieht sich letztlich auf die Angepaßtheit der Gesellschaft an die konkreten Lebensumstände (»inneres soziales Milieu«); »Krankheit« bedeutet mangelnde Anpassung an sie. *Durkheim* benutzt bewußt den Ausdruck Funktion (statt: Zweck oder Ziel), um zu unterstreichen, daß »die sozialen Phänomene im allgemeinen nicht im Hinblick auf die nützlichen Ergebnisse, die sie hervorbringen, existieren« *(Durkheim* [6]1980: 181). Er fordert, die Ursache eines sozialen Phänomens sorgfältig von seiner Funktion zu unterscheiden und getrennt von ihr zu untersuchen. *Durkheim* räumt allerdings ein, daß diese Funktion in den meisten Fällen faktisch darin besteht, »die vorher existierende Ursache zu erhalten, von der sie abstammen; man wird also die Funktion leichter auffinden, wenn die Ursache schon bekannt ist« *(Durkheim* [6]1980: 182). Damit ist gesagt, daß die fortdauernde Existenz eines sozialen Phänomens an seine Nützlichkeit gebunden ist.

2. *B. Malinowski* und *A. R. Radcliffe-Brown* gehören zu den prominenten Vertretern des sozialanthropologischen F. Sie verbindet in erster Linie nicht eine Übereinstimmung ihrer theoretischen Leitannahmen miteinander, sondern die Kritik am Evolutionismus und Diffusionismus, beides Lehren, die in der traditionellen Ethnologie und Kulturanthropologie lange Zeit von beherrschendem Einfluß waren. Aus dieser Kritik heraus entwickeln sie ein funktionalistisches Erkenntnisprogramm, in dem der Funktionsbegriff eine Schlüsselrolle als analytisches Instrument der Feldforschung, der vergleichenden kulturanthropologischen Forschung sowie als Grundkategorie einer funktionalen (Kultur-)Theorie einnimmt. Im einzelnen unterscheiden sich ihre Ansätze voneinander. Das wird v.a. in der Wahl der zentralen funktionalen Bezugspunkte deutlich.

Malinowskis theoretischer Ansatz kann in gedrängter Form wie folgt wiedergegeben werden: 1) Grundlage jeder sinnvollen Kulturanalyse sind reale Einzelphänomene, die (sofern sie nicht selbst bereits bestimmte Institutionen repräsentieren) grundsätzlich immer auf bestimmte Institutionen bezogen sind. 2) Alle kulturellen und sozialen Institutionen besitzen eine bestimmte Funktion (Funktionalität als Wesensmerkmal). 3) Unter Funktion ist die Leistung einer Institution in bezug auf ein menschliches Bedürfnis zu verstehen: »Funktion bedeutet immer Befriedigung eines Bedürfnisses« *(Malinowski* 1975: 29). 4) Funktionale Kulturanalyse zielt auf den Nachweis, »daß die menschlichen Institutionen, wie auch alle Teilhandlungen innerhalb dieser Institutionen in Beziehung stehen zu primären, d.h. zu biologischen oder zu abgeleiteten, d.h. zu kulturellen Bedürfnissen« *(ebd.* 1975: 29). 5) Der Kulturprozeß ist eine Totalität. Jedes Kulturelement ist daher stets in seinem kulturellen und sozialen Zusammenhang zu betrachten.

Wie bei *Durkheim* ist auch der theoretische Ansatz von *Radcliffe-Brown* vom Organismusmodell geprägt. Er projiziert den physiologischen Funktionsbegriff auf die Ebene sozialer Systeme, »um auf die wechselseitige Verbindung zwischen der Struktur und dem Prozeß des sozialen Lebens hinzuweisen« *(Radcliffe-Brown* [5]1965: 12). Im Unterschied zum Funktionsbegriff von *Malinowski*, der auf die Wirkung sozialer Institutionen in bezug auf die Befriedigung primär-

biologischer *oder* sekundär-kultureller Bedürfnisse abstellt, steht bei *Radcliffe-Brown* die strukturerhaltende Wirkung sozialer Institutionen im Vordergrund. Die soziale Funktion einer standardisierten Handlungs- oder Denkweise wird von ihm bestimmt »als ihre Beziehung auf die soziale Struktur, zu deren Existenz und Kontinuität sie einen Beitrag leistet« *(ebd.*: 200).
In dieser Auffassung schimmert die Übertragung des physiologischen Funktionsbegriffes auf die Ebene sozialer Systeme durch, die *Radcliffe-Brown* vornimmt, »um auf die wechselseitige Verbindung zwischen der Struktur und dem Prozeß des sozialen Lebens hinzuweisen« (*ebd.*: 12). Werden im Rahmen der ethnographischen Feldforschung sich wiederholende Aktivitäten oder Handlungssequenzen festgestellt, so können diese als erklärt gelten, wenn es gelingt, ihre Funktion aufzudecken, d.h. die Rolle zu bestimmen, die sie für das soziale Leben insgesamt spielen, speziell im Hinblick auf den Beitrag, den sie zur strukturellen Kontinuität leisten. Insgesamt ist der sozialanthropologische F. durch eine betont empirische Ausrichtung gekennzeichnet, die bei späteren Varianten des F. zunehmend in den Hintergrund tritt bzw. ganz verlorengeht. Eine weitere Auffälligkeit ist die Vermischung von Theorie und Methode: Funktionale Analyse und Funktionaltheorie sind aus der Sicht von *Malinowski* und *Radcliffe-Brown* lediglich verschiedene Manifestationsformen derselben Erkenntnisabsicht – das Wesen kultureller und sozialer Phänomene »richtig zu verstehen« (*Malinowski* 1975: 19; ähnlich *Radcliffe-Brown* [5]1965: 12). Damit wird zugleich deutlich, daß der F. keine Kausalerklärungen anstrebt. Der Vorwurf, »sich um klare kausale Feststellungen zu drücken« (*von Beyme* [7]1992: 94), kann den F. daher insoweit nicht treffen, als er die Aufdeckung empirisch-kausaler Beziehungen nicht zu seinem ausdrücklichen Erkenntnisanliegen macht.

3. Eine Reihe innovativer Ideen, die der Weiterentwicklung des F. nachhaltige Impulse gegeben haben, enthält das von *R.K. Merton* vorgelegte »Paradigma der funktionalen Analyse«.
Sein Entwurf bestimmt als Untersuchungseinheiten funktionaler Analysen standardisierte soziale Elemente (soziale Rollen, soziale Normen, soziale Strukturen und/oder Prozesse, kulturelle Muster etc.), die im Hinblick auf ihre Funktion für alle betroffenen sozialen Einheiten (z.B. Individuen, Gruppen, kulturelles und gesellschaftliches System) untersucht werden. Dabei meint Funktion diejenigen beobachteten Folgen eines sozialen Elements, die die Anpassung oder Regulierung eines gegebenen Systems fördern; Folgen, die eine solche Anpassung behindern, nennt *Merton* »Dysfunktionen« *(Merton* [3]1968: 105). Soziale Elemente, die im Wirkungszusammenhang eines sozialen Systems die gleiche Leistung erbringen, sind mit Blick auf die Erreichung eines bestimmten Systemzustandes funktional äquivalent und somit gegenseitig austauschbar. Solche Elemente (funktionale Äquivalente, Alternativen, Substitute; vgl. *ebd.*: 106) eröffnen Wahlmöglichkeiten im Hinblick auf die Lösung von Systemproblemen. *Merton* bezieht den Funktionsbegriff auf die objektiven Konsequenzen sozialer Elemente, nicht auf subjektive Dispositionen wie Motive oder Zwecke. Objektive Konsequenzen, die von den Beteiligten sowohl beabsichtigt als auch wahrgenommen werden, nennt *Merton* manifeste Funktionen. Latente Funktionen sind demgegenüber Konsequenzen, die weder beabsichtigt noch wahrgenommen werden. Es ist *Mertons* erklärtes Hauptanliegen, mit dem Entwurf eines Paradigmas der funktionalen Analyse einen vorläufigen kodifizierten Leitfaden vorzulegen, der zu einer fruchtbaren Interpretation soziologischer Daten verhilft (*ebd.*: 109, 108 Anm. 55). Damit wird eine (Neu-)Bestimmung des F. vom Erklärungsmodell (Funktionaltheorie) hin zum methodischen Instrument der Analyse vorgenommen und gleichzeitig eine Brücke zwischen funktionalistischer und empirischer Erkenntnisorientierung geschlagen (»empirischer F.«), welche ein beachtliches heuristisches Potential in sich birgt.

4. *T. Parsons* zählt zweifellos zu den herausragenden Vertretern des F. Seine vom systemtheoretischen Denken geprägte Theorie befaßt sich im Kern mit

dem funktional abgestimmten Zusammenwirken struktureller Elemente oder Systemteile, die dem sozialen System seine (relative) Stabilität und Dauerhaftigkeit geben. Ein Reihe analytischer Kategorien wird von ihm zu einem komplexen theoretischen Bezugsrahmen ausgearbeitet: der strukturell-funktionalen Theorie (auch strukturell-funktionale Systemtheorie oder Strukturfunktionalismus genannt).

Für *Parsons* ist das soziale System das spezifische Erkenntnisobjekt der Soziologie, mithin die Entwicklung einer Theorie sozialer Systeme eine zentrale Erkenntnisaufgabe. Das analytische Konstrukt »soziales System« ist auf unterschiedliche soziale Einheiten anwendbar: (Gesamt-)Gesellschaften lassen sich damit ebenso als soziale Systeme behandeln wie gesellschaftliche Teilbereiche oder soziale Gruppen. Der Fortbestand sozialer Systeme ist nun fortwährend durch endogene oder exogene Einflüsse verschiedener Art gefährdet. Das führt zu der Frage, welche Erfordernisse erfüllt sein müssen, um in einem System einen Gleichgewichtszustand herbeizuführen, bzw. von welchen Voraussetzungen der Fortbestand sozialer Systeme abhängig ist. *Parsons* formuliert vier lösungsbedürftige Probleme der Bestandserhaltung, die in sein bekanntes AGIL-Schema eingegangen sind: 1) die Anpassung des Systems an externe Gegebenheiten *(adaptation)*; 2) die Ausrichtung der Akteure auf individuelle wie kollektive Ziele *(goal attainment)*; 3) die Integration des Aktionssystems *(integration)*; 4) die Aufrechterhaltung grundlegender kultureller Orientierungsmuster *(latent pattern maintenance)*. Die Leistungen sozialer Elemente können nun daraufhin untersucht werden, in welcher Weise sie für das System als Ganzes relevant werden. Wirkungen oder Leistungen, die zur Erfüllung der Funktionsvoraussetzungen beitragen, stellen »Funktionen« dar; solche, die die Erfüllung erschweren oder verhindern, sind »Dysfunktionen«. Teile der Systemstruktur, die gleichwertige Beiträge zur Problembewältigung leisten können, sind als funktional äquivalent gekennzeichnet. *Parsons* ist der Auffassung, daß jedes Handlungssystem den oben genannten Anforderungen im Interesse der Systemfunktionalität genügen muß. Die Gesellschaft verkörpert einen Typus des sozialen Systems, der »alle [...] wesentlichen funktionalen Voraussetzungen eines langfristigen Überdauerns aus eigener Kraft« (*Parsons* [4]1968: 19) in sich trägt. *Parsons'* strukturell-funktionale Theorie hat die Theoriediskussion innerhalb der Soziologie lange Zeit nachhaltig beeinflußt. Allerdings rechtfertigt dieser weitreichende Einfluß nicht die pauschale Gleichsetzung des Strukturfunktionalismus mit dem F. schlechthin, die man gelegentlich in der Literatur vorfindet. Eine solche einseitige Verkürzung des funktionalistischen Ansatzes ist angesichts der Existenz einer Reihe unterschiedlicher »Paradigma«-Varianten theoretisch zumindest fragwürdig. Zweifel sind gleichfalls am aktuellen Anspruch der These angebracht, der Strukturfunktionalismus sei »der weltweit wohl immer noch verbreitetste Ansatz in der Soziologie« (*Endruweit* 1989: 753).

5. *N. Luhmanns* funktional-strukturelle Theorie, für die eigentlich die Bezeichnung »sinnstrukturelle Systemtheorie« (*Gukenbiehl* 1986: 303) treffender wäre, ist eine recht eigenwillige Variante der soziologischen Systemtheorie, die die Frage nach dem Sinn der Systembildung überhaupt zum Ausgangspunkt nimmt (Funktion als Vorgang der Systembildung) und von ihr aus zur Strukturanalyse übergeht. Mit dieser Akzentuierung seines theoretischen Ansatzes wendet er sich kritisch gegen *Parsons*, der umgekehrt von strukturanalytisch ermittelten Sachverhalten ausgegangen war, um daraufhin deren Funktionen zu untersuchen.

Luhmanns Auffassung zufolge besteht die Leistung von Systemen in der »Ausgrenzung von Handlungsmöglichkeiten aus einer begrenzten Vielfalt von Möglichkeiten, die die ›Welt‹ enthält (Reduktion von Komplexität). Systeme schaffen eine Innen-Außen-Distanz, in der Handeln erst möglich wird. Kann die Funktion von Systemen so bestimmt werden, dann kann die Strukturanalyse von Systemen an diese Funktionsbestimmung anknüpfen« (*Matthes* ³1981: 210). Wenn man den F. aller inhaltlichen Annahmen über reale Sachzusammenhänge entkleidet, wie das bei *Luhmann* geschieht, bleibt er als bloße Methode zurück, die dann primär als Ordnungskonzept bei der Suche nach funktionalen Alternativen für die Lösung gedanklich konstruierter Systemprobleme dienen kann. Einer in diesem Sinne verstandenen funktional-strukturellen Methode verbleibt die Aufgabe, Funktionen zur Erreichung von Systemzielen im Hinblick auf funktional äquivalente Lösungsmöglichkeiten zu überprüfen und miteinander zu vergleichen. Die Bedeutung von *Luhmanns* funktional-struktureller Theorie wird mit Blick auf ihren teilweise tautologischen Charakter sowie wegen ihrer Eigenart, ein »überdurchschnittlich hohes Abstraktionsniveau mit einem fast dichterischen Zugriff zur Empirie« (*von Beyme* ⁷1992: 92) zu verbinden, vielfach zurückhaltend beurteilt. Es dürfte sogar offen sein, inwieweit seine Theorie aufgrund ihrer erheblichen Distanznahme von den inhaltlichen und methodologischen Traditionslinien des F. überhaupt noch als spezifische Weiterentwicklung des funktionalistischen Ansatzes betrachtet werden kann.

6. *G.A. Almond* hat den strukturell-funktionalen Ansatz für die politikwissenschaftliche Forschung fruchtbar zu machen versucht. Er benutzt die Begriffe politische Struktur und politische Funktion als analytisches Werkzeug zur Darstellung der Existenzweise und Entwicklung ↗ Politischer Systeme, insbesondere aber als Hilfsmittel zu ihrem Vergleich. *Almond* vertritt dabei die Auffassung, daß Bestand und Stabilität eines jeden politischen Systems von der Erfüllung bestimmter politischer Funktionen abhängig sind, wobei diese Funktionen wiederum auf strukturellen Voraussetzungen beruhen.

Alle politischen Systeme besitzen (eine oder mehrere) politische Strukturen, die bestimmte Funktionen erfüllen. Dabei ist zu beachten, daß jede einzelne Struktur – von *Almond* als Netzwerk miteinander verbundener Rollen gedacht (*Almond/Powell* ⁷1966: 21, 307) – mehr als eine Funktion ausüben kann (Multifunktionalität politischer Strukturen), d.h. sie kann faktisch mehrere, unterschiedliche Leistungen für das politische System und die Gesellschaft, der das politische System zugehört, erbringen. Indem wir die Leistung von Strukturen vergleichen und sehen, »wie sie die gleichen Funktionen in allen Systemen erfüllen, können wir auch Systeme analysieren, die voneinander sehr verschieden zu sein scheinen« (*Almond/Powell* ⁶1966: 28). Politische Entwicklung wird konsequent zur gewählten Betrachtungsweise als strukturelle Differenzierung gedeutet, die eine funktionale Spezialisierung in sich schließt. *Almonds* Ansatz ist für die methodische und theoretische Entwicklung der modernen vergleichenden Politikwissenschaft von großem Einfluß gewesen.

7. Die Kritik am F. ist umfangreich und umfaßt inhaltliche und methodologische Argumente (vgl. *Nagel* 1961: 520–535). Zu den häufigsten Einwänden zählen der irreführende Gebrauch inhaltlicher Analogien und Homologien zwischen biologischen Organismen und sozialen Systemen, die bereits *Merton* ausdrücklich kritisiert hat (vgl. *Merton* ³1968: 102, Anm. 51), und die einseitige Betonung der Stabilitätsbedingungen sozialer Systeme, die die Frage nach der Entstehung und den Veränderungsprozessen sozialer Strukturen außer Betracht läßt. In methodologischer Hinsicht werden insbesondere die unzureichende Klarheit zentraler Kategorien der funktionalen Analyse bemängelt (Normalitätsstandards, »Überleben von Systemen« etc.) und die Logik funktionaler Erklärungen als brüchig erkannt. Daß sich der F. trotz einer breitgefächerten Kritik lange Zeit als dominierendes Paradigma in den Sozialwissenschaften behaupten konnte und seine heuristische Fruchtbarkeit selbst von den Kritikern des F. kaum bestritten wird, hängt nicht zuletzt mit

dem Fortgang der theoretischen Diskussion um den F. zusammen, deren Ergebnisse eine (Teil-)Revision bestimmter traditioneller Einwände gegen den F. nahelegen. So haben etwa neuere Forschungen zutage gefördert, daß der Vorwurf, der F. könne Phänomene wie Konflikt und sozialen Wandel theoretisch nicht erfassen, sich nicht in pauschaler Form aufrechterhalten läßt (vgl. *von Beyme* [7]1992: 97f.). Der Einfluß des F. ist unverändert in einer beachtlichen disziplinären Breite lebendig; dies gilt in den Sozialwissenschaften u.a. für die Systemtheorie und Kybernetik, für die Soziobiologie und Psychologie, aber auch für die allgemeine Soziologie und Politikwissenschaft, sofern sie strukturfunktionalistisch vorgehen.

Peter Rölke

↗ Paradigma; Politische Kybernetik; Politisches System; Sozialwissenschaften; Vergleichende Methode; Vergleichende Regierungslehre/Vergleichende politische Systemlehre.

Lit.: *Almond, G.A./Powell, G.B.* 1966: Comparative Politics. A Developmental Approach, Boston. *Beyme, K. von* [7]1992: Die politischen Theorien der Gegenwart, Opladen. *Durkheim, E.* [6]1980: Regeln der soziologischen Methode, Darmstadt. *Endruweit, G.* 1989: Art. Theorie, strukturell-funktionale, in: *Endruweit, G./Trommsdorf, G.* (Hrsg.): Wörterbuch der Soziologie, Stuttgart, 752–762. *Gukenbiehl, H.L.* 1986: Art. Systemtheorien, in: *Schäfers, B.* (Hrsg.): Grundbegriffe der Soziologie, Opladen, 298–305. *Lowi, T.* 1963: Toward Functionalism in Political Science, in: APSR, 57, 570–583. *Luhmann, N.* [3]1972: Soziologische Aufklärung. Aufsätze zur Theorie sozialer Systeme, Bd. 1, Opladen. *Malinowski, B.* 1975: Eine wissenschaftliche Theorie der Kultur, Frankfurt/M. *Matthes, J.* [3]1981: Einführung in das Studium der Soziologie, Reinbek. *Merton, R.K.* [3]1968: Social Theory and Social Structure, New York. *Nagel, E.* 1961: The Structure of Science, New York. *Parsons, T.* [4]1968: The Social System, New York/London. *Radcliffe-Brown, A.R.* [5]1965: Structure and Function in Primitive Societies, New York.

Geldpolitik

I. In den Volkswirtschaften der Industrieländer hat Geld eine dreifache Funktion: Es ist a) gesetzliches Zahlungs- und allgemeines Tauschmittel; b) Bewertungsmaßstab und Recheneinheit im Wirtschaftsverkehr: erst die in Geldeinheiten ausgedrückten Preise machen die unterschiedlichsten Güter miteinander vergleichbar; und c) Wertaufbewahrungsmittel; durch Sparen, d.h. Verschieben des Konsums in die Zukunft, können Werte angesammelt und Vermögen gebildet werden. Störungen der Geld- und Währungsordnung, etwa durch offene oder zurückgestaute ↗ Inflation, Devisenbeschränkungen oder internationale Währungskrisen, können die zentralen Funktionen des Geldes beeinträchtigen und damit das ↗ Wirtschaftssystem empfindlich treffen. Geldpolitik (G.) dient der Ordnung des Geldwesens (monetäre Ordnungspolitik) und der Stabilisierung des inneren und äußeren Geldwertes (Stabilitäts- und Währungspolitik). Die binnenwirtschaftlich ausgerichtete G. hat vor allem die Aufgabe, Geldentwertung und Kaufkraftverlust durch Preisinflation zu vermeiden bzw. möglichst eng zu begrenzen, während die außenwirtschaftlich orientierte Währungspolitik zur Stabilisierung der Wechselkurse und zur Sicherung des internationalen Währungssystems beitragen soll.

Preisinflationen haben vielfältige Ursachen; eine notwendige Bedingung ist aber immer die übermäßige Zunahme der Geldmenge und damit des verfügbaren Geld- und Kreditvolumens. Eine auf Stabilität ausgerichtete G. muß des-

Abbildung 2: Die Entwicklung der deutschen Leitzinsen

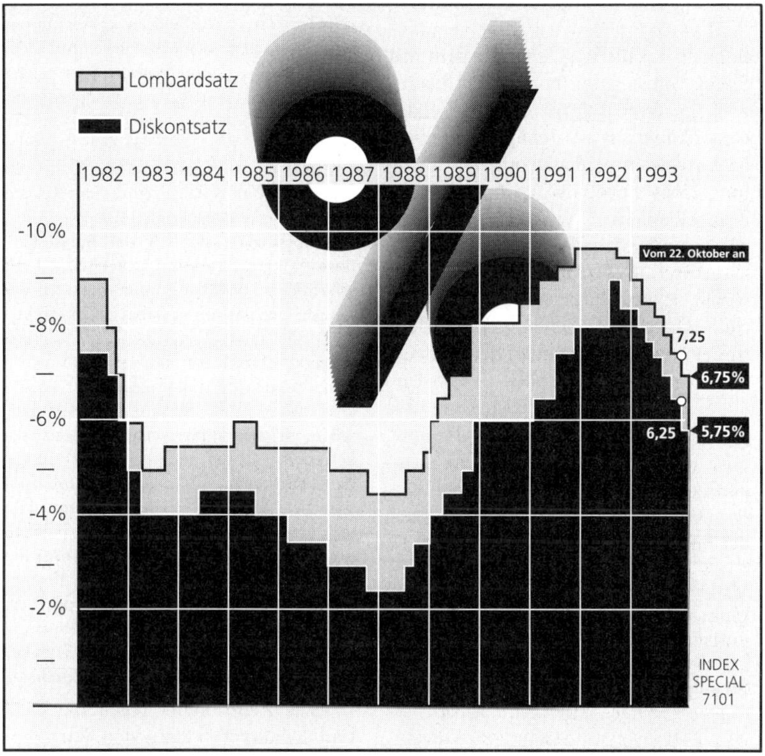

wegen im Kern die Geldmengenentwicklung so begrenzen, daß sich mittelfristig die Zunahme von Geldmenge und Güterproduktion entsprechen. Neben dieser Hauptaufgabe – Sicherung der Währung – hat die G. auch noch eine allgemeine konjunkturpolitische Funktion. Durch die angemessene Steuerung der Geld- und Kreditversorgung soll sie die monetäre Gesamtnachfrage verstetigen und damit zur Stabilisierung der konjunkturellen Entwicklung beitragen.

II. In allen Industrieländern ist die Regelung des Geldumlaufs und der Kreditversorgung der Wirtschaft sowie die Abwicklung des Zahlungsverkehrs mit dem Ausland staatlichen Noten- oder Zentralbanken übertragen. Von diesen eher technischen Notenbankfunktionen unterscheidet sich die G. im Sinne einer bewußten Steuerung des Geld- und Kreditvolumens sowie des Zinsniveaus. Als Akteur der G. ist diejenige Instanz anzusehen, bei der die Entscheidungsbefugnis über die Expansionsrate der Geldmenge (des Geldangebots) und über die Höhe der Leitzinsen liegt; dies ist nicht notwendigerweise die Zentralbank selbst. In Frankreich, Großbritannien oder Italien sind die Zentralbanken im rechtlichen Sinne abhängig von

Weisungen der Regierung: *Die Bank of England* untersteht dem Schatzamt, die *Banque de France* wird von einem Nationalen Kreditrat geleitet, in dem das Finanzministerium (noch) das Übergewicht hat (eine Reform mit dem Ziel der Unabhängigkeit der *Banque de France* ist im Zusammenhang mit der Schaffung eines Europäischen Systems der Zentralbanken anvisiert), die *Banca d'Italia* untersteht dem Interministeriellen Ausschuß für das Kredit- und Sparwesen, faktisch dem Schatzministerium. Dagegen genießen z. B. die Zentralbanken Deutschlands, der Schweiz oder der USA eine gesetzlich fixierte Unabhängigkeit von der Regierung. Im § 12 Bundesbankgesetz (BBkG) heißt es: Die Bundesbank »ist bei der Ausübung der Befugnisse, die ihr nach diesem Gesetz zustehen, von Weisungen der Bundesregierung unabhängig«.

Man muß allerdings sehen, daß die Bundesbank zugleich verpflichtet ist, unter Wahrung ihrer zentralen Aufgaben der Geldwertsicherung »die allgemeine Wirtschaftspolitik der Bundesregierung zu unterstützen«. Die rechtliche Stellung einer Zentralbank ist darüber hinaus nur einer von mehreren Bestimmungsgründen ihres faktischen Handlungsspielraums. Politische, ökonomische und persönliche Faktoren spielen hier eine Rolle. Der Grad an tatsächlicher Autonomie fällt dann ins Gewicht, wenn sich die Zielkonflikte der ↗ Konjunkturpolitik zuspitzen – wie etwa nach den beiden Ölpreisschocks 1973/74 und 1979/80 –, vor allem dann, wenn die Regierung dem Beschäftigungsziel Priorität einräumt, die Zentralbank aber dem Geldwert. In der BRD hat sich die Kritik an der Unabhängigkeit der Bundesbank verstärkt, seit diese – einer modifiziert monetaristischen Linie folgend – die Geldmengenexpansion eng begrenzt (↗ Monetarismus). Ihr wird eine zu einseitig auf Geldwertstabilität ausgerichtete Politik vorgeworfen, die zu Lasten der Beschäftigung gehe. Diese Kritik erscheint berechtigt für den ungewöhnlich scharfen Restriktionskurs des Jahres 1973, als die Wachstumsrate der Geldmenge in kurzer Zeit von ca. 20 % auf – 4 % reduziert und der restriktive Effekt des ersten Ölpreisschocks noch verschärft wurde. Auch Anfang der 80er Jahre fuhr die Bundesbank einen scharf restriktiven geldpolitischen Kurs und verstärkte damit die schwere Rezession von 1981/82. In der Rezession 1993/94 lockerte die Bundesbank nur sehr zögerlich die Zins-Zügel, trotz einer Rekord-Arbeitslosigkeit von vier Millionen.

Bemerkenswert ist, daß die Bundesbank über Kompetenzen mit erheblichen wirtschaftlichen und auch politischen Auswirkungen verfügt, ohne dabei einer direkten Kontrolle durch Regierung oder Parlament zu unterliegen. Darin kann man ein institutionalisiertes Mißtrauen gegenüber »demokratischen« Einflüssen auf Entscheidungen sehen, welche die Herrschaft über das Geld betreffen. Auf der anderen Seite ermutigen die Erfahrungen in Ländern, deren Zentralbank den Finanz- oder Schatzministerien unterstehen, nicht unbedingt zur Nachahmung. Der Primat des Politischen wurde hingegen bei der deutsch-deutschen Währungsunion (1989) eindrucksvoll demonstriert: Gegen den Widerstand der Bundesbank setzte die Regierung eine einheitliche Währung zum Umtauschverhältnis von 2:1 durch.

III. Die Zentralbank regelt die Geld- und Kreditversorgung der Wirtschaft auf indirektem Wege, indem sie die Liquidität der Kreditinstitute beeinflußt. Liquide Mittel fließen den Kreditinstituten durch Sicht-, Termin- und Spareinlagen zu; darüber hinaus können sie sich durch Rediskontierung von Wechseln und Verkauf von Geldmarktpapieren bei der Zentralbank refinanzieren. Indem die Zentralbank den Liquiditätsgrad der Kreditinstitute verändert, kann sie eine Komponente der Geldmenge, nämlich das Kreditvolumen steuern.

Dazu stehen ihr folgende Instrumente zur Verfügung:

1. *Mindestreservepolitik*. Nach § 16 BBkG müssen die Kreditinstitute einen bestimmten Prozentsatz ihrer Einlagen zinslos bei der

Abbildung 3: Bundesbankzinsen und Tagesgeldsatz

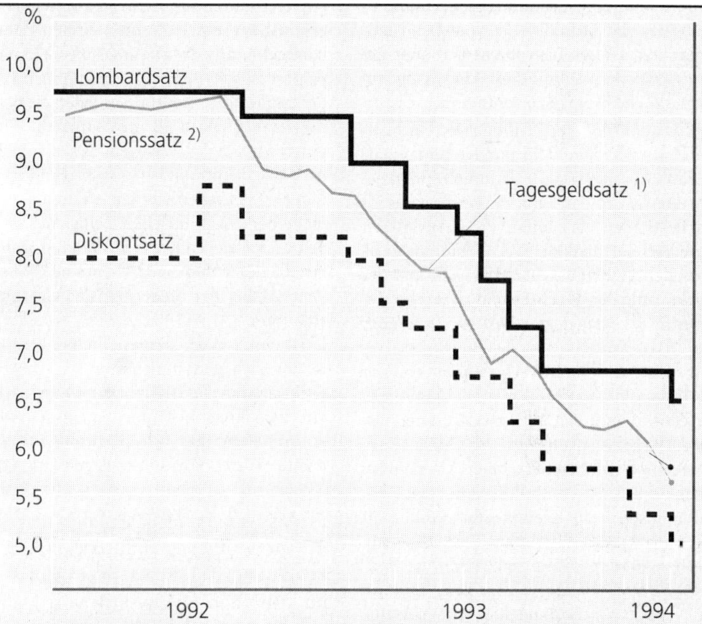

1 Monatsdurchschnitte. – **2** Monatsdurchschnittlicher Zinssatz für Wertpapierpensionsgeschäfte mit einmonatiger bzw. ab Oktober 1992 mit zweiwöchiger Laufzeit; einheitlicher Zuteilungssatz (Mengentender) bzw. gewichteter Zuteilungssatz ("amerikanische" Zinstender). – • = Letzter Stand: 14. April 1994.

Deutsche Bundesbank

Tabelle 4: Mindestreservesätze (MR-Sätze) und reservepflichtige Verbindlichkeiten (Bundesrepublik Deutschland)

	Maximale MR-Sätze [a] (§ 16 BBkG)	Tatsächliche MR-Sätze [a] 1979	ab 1987	ab 1994	Reservepflichtige Verbindlichkeiten [b] (März 1994)
Sichteinlagen	30	12,45	9,9	5,0	458
Termineinlagen	20	8,65	4,95	2,0	650
Spareinlagen	10	6,3	4,15	2,0	802

a) in % (mittlere Progressionsstufe); b) in Mrd. DM *Quelle:* Deutsche Bundesbank

Bundesbank als Mindestreserve halten. Durch eine Veränderung der Mindestreservesätze (vgl. Tab. 4) kann die BBK die Liquidität – und damit den Kreditschöpfungsspielraum – der Kreditinstitute ausweiten oder einengen. Ähnliche Regelungen bestehen in allen Industrieländern.

Eine Herabsetzung der durchschnittlichen Mindestreservesätze um 1 % würde bei den Kreditinstituten einen Betrag von ca. 11

Mrd. DM freisetzen (Stand: 1994) Umgekehrt würde eine Erhöhung der Mindesreservesätze die Liquidität entsprechend einschränken. Dieses Instrument ist somit geeignet, die Bankenliquidität kurzfristig um beträchtliche Beträge zu verändern.

2. *Rediskontpolitik*. Benötigen Kreditinstitute Zentralbankgeld für ihre Kreditgeschäfte, dann können sie sich dadurch refinanzieren, daß sie der Zentralbank Wechsel aus ihren Beständen verkaufen; die Zentralbank schreibt ihnen dann die Wechselsumme gut – abzüglich eines Diskonts, der sich aus der Restlaufzeit der Wechsel und dem von der Zentralbank festgelegten Diskontsatz ergibt. Der Diskontsatz ist also der Preis, den Kreditinstitute für einen Wechselkredit von der Zentralbank entrichten müssen. Verändert die Zentralbank den Diskontsatz, dann passen die Kreditinstitute auch die Zinssätze an, die sie ihren Kunden berechnen. Mit dem Instrument der Diskontpolitik kann die Zentralbank somit die Kreditkosten – und indirekt auch das Kreditvolumen – beeinflussen. Zusätzlich zum Diskontsatz kann die Zentralbank auch mengenmäßige Beschränkungen – Rediskontkontingente – für einzelne Kreditinstitute festlegen und/oder die qualitativen Anforderungen an das Wechselmaterial verändern. Damit reguliert sie die Verfügbarkeit und die Kosten des Wechselkredits und kann so die Kreditschöpfung der Kreditinstitute dämpfen oder anregen.

In Ländern wie Frankreich, Italien, Dänemark, Belgien können die Währungsbehörden auch globale Kreditzuwachsbeschränkungen oder nach Kreditnehmer und -zweck differenzierte Kreditlinien verfügen.

3. *Offenmarktpolitik*. Zusätzlich zu den bereits genannten Instrumenten zur Beeinflussung der Bankenliquidität und des Zinsniveaus kann die Zentralbank auch Wertpapiergeschäfte am Geld- und Kreditmarkt tätigen. Sie bietet den Kreditinstituten und anderen Anlegern Geldmarktpapiere (v. a. Schatzwechsel und U-Schätze) an, deren Verzinsung sie je nach ihren geldpolitischen Absichten festlegt. Bietet die Zentralbank einen attraktiven Zins, dann besteht für die Anleger ein Anreiz, ihre liquiden Mittel in Geldmarktpapiere einzutauschen. Dies hat einen tendenziell restriktiven Effekt. Umgekehrt wirkt die Rücknahme von Geldmarktpapieren durch die Zentralbank tendenziell expansiv, weil den Kreditinstituten Zentralbankgeld zufließt. Die meisten Geldmarktpapiere haben allerdings einen hohen Liquiditätsgrad, d.h. sie können jederzeit bei geringen Kosten in Zentralbankgeld umgetauscht werden. Deswegen eignen sich Zentralbankoperationen – so wie sie in den EU-Ländern betrieben werden – v. a. als Instrument der zinspolitischen Feinsteuerung. In den USA dagegen hat die Offenmarktpolitik ein solches Volumen, daß ihr eine große Bedeutung bei der Steuerung der Geldmenge zukommt.

Jedes einzelne der dargestellten Instrumente ist für sich genommen nur sehr begrenzt wirksam. Für die Geldpolitik kommt es darauf an, ihren Instrumenteneinsatz so zu koordinieren, daß sich die einzelnen Instrumente in ihren Wirkungen gegenseitig unterstützen.

IV. Bis Anfang der 70er Jahre herrschte in den westlichen Industrieländern die keynesianische Konzeption der Konjunktur- und Geldpolitik vor. Danach sollten konjunkturelle Schwankungen der gesamtwirtschaftlichen Nachfrage durch eine entgegengerichtete, »antizyklische« Variation der Staatsausgaben ausgeglichen werden. Der G. war die Aufgabe zugedacht, den restriktiven oder expansiven Kurs der Finanzpolitik zu unterstützen: In Abschwung und Rezession sollte sie das Zinsniveau senken und durch ihre Liquiditätspolitik die Finanzierung staatlicher Haushaltsdefizite absichern. Umgekehrt sollte sie im Aufschwung und Boom durch Verknappung der Liquidität und Erhöhung des Zinsniveaus restriktiv auf die Gesamtnachfrage wirken. Gegen diese antizyklische, den »Geldhahn« auf- und zudrehende G. wurde zunehmend Kritik laut. Zinsempfindliche Branchen waren dauernden Wechselbädern ausgesetzt. Oft wurden die geldpolitischen Maßnahmen zu spät ergriffen, und dann noch in unzureichender Dosie-

rung. Entscheidend aber war die These der monetaristischen Kritiker des ↗ Keynesianismus, daß die antizyklische Finanz- und Geldpolitik keine Verstetigung bringe, sondern die konjunkturellen Schwankungen überhaupt erst verursache.
Als sich die Inflationsraten Anfang der 70er Jahre in allen Industriestaaten z. T. rapide beschleunigten, setzten sich v. a. bei den geldpolitischen Instanzen zunehmend monetaristische Vorstellungen durch. Danach ist jede Inflation durch eine übermäßige Geldmengenexpansion verursacht. Das erste Erfordernis einer stabilitätsorientierten G. besteht für Monetaristen folglich in einer strikten Kontrolle der Geldmengenentwicklung. Antizyklische Interventionen sind zu unterlassen, statt dessen soll sich die G. an der mittelfristigen Wirtschaftsentwicklung ausrichten. Als Grundregel gilt, daß die Geldmenge im Trend nicht schneller zunehmen darf als das reale gesamtwirtschaftliche Güterangebot. Zur Stabilisierung der Erwartungen der Wirtschaftssubjekte sollen die Akteure der G. die geplante Expansionsrate der Geldmenge regelmäßig vorweg bekanntgeben – und diese Rate dann auch strikt einhalten.
In den 70er Jahren übernahmen fast alle Zentralbanken der Industrieländer bestimmte Elemente der monetaristischen Position. Sie gaben die angestrebten Geldmengenziele bekannt – auch wenn diese Zielwerte häufig nicht eingehalten werden konnten. Sie reduzierten die antizyklische Ausrichtung der G., auch wenn es keiner Zentralbank gelang, eine strikt »regelgebundene« G. durchzuhalten und auf diskretionäre Eingriffe zur Gegensteuerung gegen kurzfristige Fehlentwicklungen zu verzichten.

1. In den 60er und 70er Jahren war die G. des *Federal Reserve Board (Fed)* der USA vor allem darauf gerichtet, ein stabiles und niedriges Zinsniveau zu halten, trotz der im Zuge der Vietnamkriegsfinanzierung sich beschleunigenden Inflation (durchschnittliche Inflationsrate 1960–70: 7,8 % pro Jahr). Die Schwächung des US-$ und Währungsunruhen führten 1971–73 zum Zusammenbruch des Systems der festen Wechselkurse (Bretton-Woods-System) und zu einer beträchtlichen Abwertung des Dollars. Erst Ende 1979 vollzog die *Fed* ihre Wende zu einer monetaristisch orientierten Geldmengensteuerung. Zur Eindämmung der zweistelligen Inflationsraten sollte die Grundlinie der G. – das Geldmengenziel – im voraus bekanntgemacht werden. Außerordentliche Haushaltsdefizite der *Reagan*-Regierung durchkreuzten jedoch diese Verstetigungsstrategie; die Inflationserwartungen – und vor allem die Zinsen – wurden in die Höhe getrieben. Auch andere Industrieländer sahen sich dadurch gezwungen, ihre Zinsen an das hohe US-Niveau anzupassen – mit negativen Auswirkungen auf die private Investitionstätigkeit. Im Verlauf der 80er Jahre ist es der G. der USA gelungen, die Inflationsraten wieder deutlich zu senken. Um so stärker sind dagegen die Haushaltsdefizite angestiegen, die weiterhin einen nachhaltigen Druck auf die internationalen Kapitalmärkte ausüben.
2. In den Jahren 1971–73 vollzog sich mit dem Zusammenbruch des Bretton-Woods-Systems und der Freigabe der Wechselkurse eine für die G. der Deutschen Bundesbank entscheidende Veränderung. Hatte es zuvor, im System fester Wechselkurse, immer wieder massive Devisenzuflüsse gegeben, die von der Bundesbank hingenommen werden mußten, auch wenn sie die inländische Geldmenge aufblähten, so war die »außenwirtschaftliche Flanke« jetzt durch frei bewegliche Wechselkurse besser abgesichert: Die Bundesbank konnte vom März 1973 an zu einer straffen, monetaristisch orientierten Geldmengen-Politik übergehen.

Seit 1974 verkündet die Bundesbank jeweils im Herbst ihr Geldmengenziel für die kommenden zwölf Monate. Die Bekanntgabe der anvisierten Expansionsrate der Geldmenge soll den Wirtschaftssubjekten, den Tarifvertragsparteien und auch dem Staat als Orientierungshilfe dienen. Zielgröße der Bundesbank war zunächst die Zentralbankgeldmenge, bestehend aus dem Bargeldumlauf sowie den drei weiteren Komponenten Sichteinlagen, Termineinlagen (mit einer Laufdauer von unter vier Jahren) und Spareinlagen (mit gesetzlicher Kündigungsfrist). Diese drei Komponenten wurden mit den durchschnittlichen Mindestreservesätzen von 1974 gewichtet. Anfang 1988 beschloß die Bundesbank, das Geldmengenaggregat zur zentralen geldpolitischen Steuerungsgröße zu machen, in das die drei genannten Komponenten in vollem Umfang, also ungewichtet eingehen. Entsprechend ist die Bedeutung des Bargeldumlaufs verringert.

In den Anfangsjahren ihrer neuen G. legte die Bundesbank Punktwerte als angestrebte Zuwachsraten der Geldmenge fest (z. B. 8 % im Jahresdurchschnitt). Seit 1979 wird i. d. R. eine Bandbreite (ein »Zieltrichter«, z. B. 4–6 %) für das Geldmengenwachstum vorgegeben. Die jeweilige Zielgröße bestimmt sich aus folgenden vier Elementen: a) erwartetes Wachstum des Produktionspotentials; b) erwartete Änderung des Auslastungsgrades der Produktionskapazitäten; c) die als unvermeidlich angesehene Preissteigerungsrate; und d) erwartete Veränderung der Umlaufgeschwindigkeit der Zentralbankgeldmenge.

Auch wenn von der Konzeption her eine »Potentialorientierung« angestrebt ist, verfolgt die Bundesbank faktisch doch eine »gemischte« Strategie: Innerhalb des vorgegebenen Zieltrichters nützt sie die gegebenen Spielräume für diskretionäres Handeln, v. a. für die Gegensteuerung gegen außenwirtschaftlich bedingte Störungen. Insgesamt ist es der Bundesbank gelungen, die monetäre Entwicklung so zu steuern, daß die Inflationsmentalität der 70er Jahre gebrochen wurde: Gegenüber den 60er Jahren (2,4 %) hatte sich die durchschnittliche Inflationsrate in den 70er Jahren auf 4,9 % verdoppelt; während der 80er Jahre normalisierte sich der Preisauftrieb wieder auf 2,3 % im Jahresdurchschnitt. Die Bundesbank hat damit zentrale Voraussetzungen für eine solide wirtschaftliche Entwicklung geschaffen, nämlich ein hohes Maß an Preisstabilität und an Vertrauen in die Währung.

Eine Herausforderung ganz neuer Art stellte sich der G. durch die deutsche Vereinigung, insbesondere die Währungsunion. Massive Finanztransfers in die neuen Bundesländer und ein sprunghafter Anstieg des öffentlichen Defizits trieben die Inflationsrate in die Höhe (1992: 4,0 %; 1993: 4,2 %). Dem trat die Bundesbank mit einer scharfen Zinspolitik entgegen (Rekordniveau des Diskontsatzes im Herbst 1992: 8,75 %). Seit Ende 1992 hat die Bundesbank das Zinsniveau schrittweise wieder reduziert.

3. Die Mitgliedsländer der Europäischen Gemeinschaft sind seit 1979 durch das »Europäische Währungssystem« (EWS), d. h. durch ein System fester Wechselkurse miteinander verbunden. Von diesem System und seiner »Ankerwährung« – der DM – geht ein gewisser Zwang zur Abstimmung der Wirtschafts- und Geldpolitik der Mitgliedsländer aus. Allerdings wurden Mitte 1993 im Zuge heftiger Währungsunruhen die bislang engen Bandbreiten auf ± 15 % erweitert. Im Zuge der im Maastrichter Vertrag vorgesehenen Verwirklichung der Europäischen Wirtschafts- und Währungsunion in drei Stufen soll die geld- und währungspolitische Koordination immer enger werden, bis schließlich ein System Europäischer Zentralbanken errichtet und die geldpolitische Souveränität von den Mitgliedsländern auf die gemeinsame Zentralbank übertragen ist. Die EU-Mitgliedsländer haben sich darauf verständigt, daß das Europäische Zentralbankensystem politisch unabhängig und auf das Ziel der Preisstabilität verpflichtet sein soll.

Gerhard Willke

↗ Einkommenspolitik; Inflation; Konjunkturpolitik; Wirtschaftspolitik.

Lit.: *Die Deutsche Bundesbank* 1990: Geldpolitische Aufgaben und Instrumente (Sonderdrucke der Bundesbank Nr. 7), Frankfurt/M. *Duwendag, D.* u.a. ²1977: Geldtheorie und Geldpolitik – eine problemorientierte Einführung, Köln. *Issing, O.* ³1990: Einführung in die Geldpolitik, München. *Jarchow, H.-J.* ³1982: Theorie und Politik des Geldes. Bd. 2: Geldmarkt, Bundesbank und geldpolitisches Instrumentarium, Göttingen. *Kloten, N.* u.a. 1980: Zur Entwicklung des Geldwertes in Deutschland. Fakten und Bestimmungsgründe, Tübingen. *Monatsberichte der Deutschen Bundesbank,* Frankfurt/M., lfd.

Gemeinwohl

I. Der zwischen ↗ Politischer Philosophie und praktischer Politik angesiedelte Begriff Gemeinwohl (G.) wird verwandt zur Benennung eines allgemeinen Zweckes oder gemeinsamer Ziele bzw. Werte, zu dessen (deren) Verwirklichung Menschen in einer Gemeinschaft zusammengeschlossen sind. Zu unterscheiden ist zwischen zwei Konzeptionen: 1) normativ-apriorische Begriffe von G., die von der Existenz eines vorab definierten, objektiven allgemeinen Wohls ausgehen, das nicht an die empirisch zu ermittelnde Zustimmung der Gesellschafts- bzw. Gemeinschaftsmitglieder gebunden ist, dem sich diese jedoch unterzuordnen haben. Hierzu zählen insbesondere auch solche Gemeinwohlbegriffe, die ethisch-moralisch, religiös, rationalistisch definiert sind. Von diesen überindividuellen, zudem statischen und ahistorischen Gemeinwohlkonzeptionen unterscheiden sich 2) aposteriorische Begriffe von G., die, dynamisch-historisch und stärker individualistisch, am Interesse und Wohlergehen des einzelnen orientiert, auf das empirisch her- und feststellbare Wohl aller zielen.

II. 1. Den normativen, allgemeinen Staatszwecklehren, die auf die politische Philosophie der Antike zurückgehen, ist dreierlei gemeinsam:

1) Nach *Aristoteles* besteht jede Gemeinschaft zum Zwecke der Verwirklichung eines bestimmten Gutes. Die *Polis* ist dabei diejenige Gemeinschaft, in und durch die das G., lat. das *bonum commune,* realisiert ist, zu dem alle anderen Güter des (zu erstrebenden tugendhaften) gemeinschaftlichen Lebens zusammenfließen. 2) Da der Staat als Ganzes begriffen wird, das mehr ist als die Summe seiner Teile, können die Mitglieder keine eigenen Zwecke formulieren, sondern stets nur Teilzwecke des vorgegebenen Staatszweckes zu dessen Vollkommenheit zu entfalten versuchen. 3) Seit *Platon* setzt die Annahme eines in und durch den Staat verwirklichten, präexistenten objektiven G. des weiteren die Annahme einer essentiellen menschlichen Natur voraus, die sich unter bestimmten Bedingungen der wohlgeordneten *Polis* voll entfalten kann. Dies bedeutet zugleich, daß der Mensch mittels einer Ontologie fähig ist, das wirkliche menschliche Sein wie die gesellschaftlichen und politischen Bedingungen zu dessen Verwirklichung zu erkennen. Philosophisches und technisches Wissen erlauben folglich die »wahre« Auslegung und Anwendung der allgemeinen Prinzipien, was zugleich ihre Aufgaben als praktische Wissenschaft und als erzieherischer Staat definiert, bei *Platon* in der Herrschaftskonzeption der »Philosophen-Könige«. Die Vertreter des normativen Theoriebegriffs in der westdeutschen Politikwiss. definieren die Disziplin als praktische Wiss. und knüpfen insbesondere an der vorrangigen Bedeutung von ↗ Politischer Bildung für die Gestaltung der (demokratischen) politischen Ordnung an, wobei die Bestimmungen des allgemeinen Staatszweckes und höchsten Gutes unterschiedlich sind.

Aristoteles am nächsten kommt *W. Hennis* (1963). Dessen Konzeption des G. läßt sich von der Idee des guten, tugendhaften Lebens und der des Rechts leiten; *D. Sternberger* von der Idee des Friedens, während für *O. H. von der Gablentz* und *F. Neumann* die der Freiheit bestimmend ist. An diesen Basisannahmen finden die Interessengegensätze in der Demokratie und die Auseinandersetzungen um die politische ↗ Macht ihre Grenzen.

Die katholische Soziallehre knüpft an die Gemeinwohlkonzeption von *Thomas von Aquin* an, der den Staatszweck des tugendhaften Lebens ergänzt um die Sicherung des inneren und äußeren Friedens, des materiellen Wohlstandes und der Sicherung des von Gott gesetzten Ziels der Verwirklichung des Menschen.

2. Eine Sonderstellung unter den apriorischen Konzeptionen von G. nimmt *Rousseau* mit seiner Theorie identitärer Demokratie ein (↗ Direkte Demokratie). Seit der Aufklärung vertragstheoretisch konzipiert, definiert sich das G. seither zunächst durch den Zweck des Gesellschaftsvertrages (bei *Hobbes*: die Friedenssicherung, bei *Locke*: den individuellen Grundrechts- und Eigentumsschutz, bei *Rousseau*: die allgemeine Wohlfahrt und die Erhaltung des Wohlbefindens der einzelnen Gesellschaftsmitglieder); diese wie darüber hinausgehende Gemeinwohlzwecke bedürfen indes der Zustimmung durch die Gesellschaftsmitglieder (↗ Vertragstheorien). Dem Widerspruch zwischen dem apriorischen G., das sich im allgemeinen Willen, der *volonté générale*, konkretisiert, und der nur aposteriorisch möglichen Ermittlung der *volonté de tous* entspricht bei *Rousseau* seine Vorstellung von der dualistischen Natur des Menschen, der nicht nur wie bei *Hobbes* seine individuellen Begierden verfolgt, sondern neben dem *amour-propre* auch den allgemeinen Willen in sich verkörpert. »Aufgelöst« wird der Widerspruch bekanntlich durch die Fiktion eines homogen gedachten Volkswillens und der Identität von Regierenden und Regierten. Wie sich beides konkret herstellen soll, bleibt bei *Rousseau* indessen weitgehend offen. Nicht von ungefähr spielt für ihn die Erziehung zu Tugend, Vernunft und Patriotismus eine herausragende Rolle, und seine konkreten Verfassungsentwürfe sind konzipiert für territorial überschaubare und gesellschaftlich homogene, nicht durch Sonderinteressen gespaltene Gemeinwesen.

III. 1. Im Gegensatz zu *Rousseau* mit seiner widersprüchlichen Gemeinwohlkonzeption gibt die liberale Vertragstheorie von *Locke* bis *Fraenkel* die Annahme eines apriorischen allgemeinen Wohls auf zugunsten der aposteriorischen Gemeinwohlvorstellung des individuellen Wohls aller. Sie argumentiert dabei analog den Marktannahmen der klassischen Nationalökonomie und geht wie diese davon aus, daß sich das G., ähnlich dem Gleichgewicht am Markt, eher naturwüchsig als nicht intendiertes Ergebnis der individuellen oder organisierten Interessenkonflikte herstellt, sofern die Wettbewerbsbedingungen dies unverzerrt erlauben und alle Beteiligten damit am Fortbestand des Gleichgewichts interessiert sind (↗ Ökonomische Theorien der Politik).

2. In der Pluralismustheorie *Fraenkels* bedeutet dies einerseits, daß 1) »die Entscheidung über die Grundfrage einer jeden Politik, was jeweils als das bonum commune anzusehen sei, in einer Demokratie nur autonom und… unter aktiver Mitwirkung der autonomen Gruppen zustande kommen kann« (*Fraenkel* 1979: 220); es heißt 2), daß das G. keine vorgegebene Größe ist, sondern sich als Ergebnis der soziopolitischen Konflikte darstellt, »die Resultante… , die sich jeweils aus dem Parallelogramm der ökonomischen, sozialen, politischen und ideologischen

Kräfte einer Nation dann ergibt, wenn ein Ausgleich angestrebt und erreicht wird, der objektiv den Mindestanforderungen einer gerechten Sozialordnung entspricht und subjektiv von keiner maßgeblichen Gruppe als Vergewaltigung empfunden wird« (ebd.: 21). Andererseits sieht *Fraenkel* jedoch 3) das G. nicht als »soziale Realität«, sondern als »regulative Idee« (ebd.: 42).

3. Weder staatszweckorientiert noch apriorisch, aber normativ sind Gemeinwohlkonzeptionen, die auf den allgemeinen Menschenrechten urd den Grundrechtskatalogen der liberalen Verfassungsstaaten aufbauen. Sie verpflichten einerseits das staatliche Handeln auf den individuellen Grundrechtsschutz; sie binden aber andererseits auch die liberalen Freiheitsrechte an das Wohl der Allgemeinheit und begrenzen den Handlungsspielraum des einzelnen (↗ Liberalismus). Dies ist bedeutsam insbesondere für solche Verfassungen, in denen die Sozialbindung der Grundrechte nicht oder nur gering normiert ist, wie z. B. in der US-amerikanischen Verfassung oder im Bonner Grundgesetz, wo allein über die Sozialpflichtigkeit des Eigentums der Bezug zwischen Grundrechten und Allgemeinwohl hergestellt wird (Art. 14). Es führt aber auch zu dem durchaus problematischen Tatbestand, daß G. und Sozialstaatlichkeit in starkem Maße von der demokratisch nicht kontrollierbaren Verfassungsgerichtsbarkeit definiert werden (↗ Gewaltenteilung, ↗ Rechtsstaat).

IV. Die Hauptstoßrichtung der Kritik am G. zielt von Beginn an auf die harmonistischen und interessenneutralen bzw. interessenausgleichenden Grundannahmen aller Gemeinwohlkonzeptionen, die die Existenz grundsätzlicher Interessenkonflikte in der Gesellschaft entweder leugnen oder zu überwinden trachten und faktisch dazu dienen, Herrschaft bzw. Herrschaftsanspruch eines Teiles der Gesellschaft zu verschleiern, indem deren Sonderinteresse zum G. erklärt wird (↗ Interessengruppen):

1. Mit dem Ideologievorwurf setzt sich bereits *Platon* in der »Politeia« auseinander, wenn er den Sophisten *Thrasymachos* gegen *Sokrates* und die Annahme eines präexistenten allgemeingültigen Rechts argumentieren läßt, daß das Gerechte stets mit dem Interesse des Stärkeren identisch sei und jede herrschende Gruppe sich ihre eigene Gerechtigkeit schaffe. »Im Rechtspositivismus des Thrasymachos ist die Gerechtigkeit Instrument der Ausbeutung in den Händen der Herrschenden, und die Polis als kulturelle Einheit und Medium der Selbstentfaltung verschwindet hinter der Organisation einer Machtclique, die durch die Bande des aufgeklärten Egoismus zusammengehalten wird« (*Weber-Schäfer* 1976, Bd. 2: 6).

2. *Marx* und in seinem Gefolge die verschiedenen marxistischen Theorievarianten nehmen diese ideologiekritische Interpretationslinie klassentheoretisch gewendet auf und richten sie insbesondere gegen die liberalen, gleichgewichtsorientierten Gemeinwohlkonzeptionen, aber auch gegen die demokratische Allgemeinwohlvorstellung *Rousseaus*. In den durch antagonistische Klasseninteressen definierten Sozialverhältnissen drückt sich im G. immer das Interesse der jeweils herrschenden Klasse aus. Gemeinwohlideologien dienen zur Verschleierung des Klassencharakters der Gesellschaft, tragen zur Manipulation des Bewußtseins der ausgebeuteten Klasse bei und sind zur Aufrechterhaltung der bestehenden Machtverhältnisse funktional notwendig (↗ Ideologiekritik). Allerdings knüpft auch *Marx* an *Rousseaus* Menschenbild und dessen Homogenitäts- und Identitätsvorstellung an: Ein »echtes« G. ist indessen erst in der klassenlosen, kommunistischen Gesellschaft möglich (↗ Kommunismus).

3. Auch die ↗ Pluralismus-Kritik (und keineswegs allein in ihrer neo-marxistischen Variante) setzt mit ihrer Kritik an den harmonistischen Ausgangspositionen an, die im Staat (wie z. B. *Stammer*) die *Clearing*-Stelle für die politischen und ökonomischen Inter-

essen sehen (und damit Interessenneutralität unterstellen) oder die (wie *Fraenkel* mit seinem Bild vom Kräfteparallelogramm) das G. *qua* Interessenausgleich auf dem politischen Markt näherungsweise für realisierbar halten. Die Kritik verweist demgegenüber auf 1) den jeder Institution inhärenten *organizational bias (Schattschneider* 1960: 71), 2) die (in Ökonomie wie Politik gleichermaßen auftretenden) Oligopolisierungs- und Monopolisierungstendenzen im fortgeschrittenen Kapitalismus, 3) die unzulängliche Berücksichtigung nicht konflikt- und organisationsfähiger Interessen, 4) die Stillegung des Wettbewerbs durch neo-korporative Entscheidungsstrukturen (↗ Korporatismus). Diese sowohl theoretisch vorgetragenen als auch empirisch untermauerten Einwände haben in der am G. orientierten liberalen Pluralismustheorie zu einer interessanten Differenzierung der Positionen geführt: a) Einerseits bewirkten sie die Rücknahme des Gemeinwohlbegriffs auf die These von der »regulativen Idee« und die Aufgabe des mindestens bei *Fraenkel* noch vorhandenen materiellen Gehaltes einer in ihren Grundzügen »gerechten Sozialordnung«, die es herzustellen gelte. Der *Fraenkel*-Schüler *H. Kremendahl* (1977: 451) schlägt denn auch vor, »weder den Begriff des *A-posteriori*-Gemeinwohls noch das Bild der Resultante länger (zu) verwenden« und die These von der regulativen Idee nur mehr als »Gemeinwohlsuche« aufzufassen. Eine ähnliche Reduktion im Bedeutungsgehalt nimmt *K. L. Shell* (1973:119) vor, der das G. in der liberalen Gesellschaft definiert sieht durch (die) Partizipation(schance) aller, Öffentlichkeit, Universalität und »Rationalisierungszwang«: »›Gemeinwohl‹ bezieht sich demnach in erster Linie auf die Art, wie eine politische Entscheidung zustande kommt, und nicht auf ihren Inhalt, der unvermeidlich Interessen und Perspektiven enthält,... deren sachliche Richtigkeit bestenfalls im nachhinein – und dann nie logisch zwingend – erweisbar ist.« Die Nähe zur elitären ↗ Demokratietheorie (z.B. eines *Schumpeter,* mit dem *Fraenkel* sich noch kritisch auseinandergesetzt hatte), die Demokratie nur noch als Methode versteht, ist in diesen Gemeinwohlvorstellungen unübersehbar. b) Andererseits veranlaßten Theorie und Praxis des Pluralismus andere Autoren, den normativen Gehalt im liberalen Gemeinwohlverständnis herauszuarbeiten und zu betonen. Dies gilt z.B. für *W. A. Kelso* (1978) und sein Konzept des *public pluralism,* in dem die staatlichen Institutionen gerade wegen der strukturellen Schranken und Ungleichgewichte in den Interessenkonflikten die Schiedsrichterrolle aufgeben und aktiv zugunsten der nicht konflikt- und konkurrenzfähigen Interessen intervenieren sollen (vgl. *Steffani* 1980). Es gilt aber insbesondere für die am G. orientierte liberale Sozialphilosophie von *J. Rawls* (1971), in der er mit seinem Konzept der *»justice as fairness«* die philosophische Begründung des *»new egalitarianism«* formulierte, die den alt-liberalen Grundsatz der Chancengleichheit *(equality of opportunity)* durch das Prinzip der Ergebnisgleichheit *(equality of result)* ersetzte. Von den in der *Rousseau*schen Tradition stehenden radikaldemokratischen Gleichheitsvorstellungen unterscheidet sich die *Rawls*sche Gemeinwohlkonzeption kaum mehr im materiellen Ziel; die Begründung bleibt indes unterschiedlich (vgl. *Gutmann* 1980: 218ff.): Während *Rawls* in seiner liberalen Theorie die Gleichheits- und Gerechtigkeitsprinzipien aus den Interessen des einzelnen abzuleiten versucht und sie damit aposteriorisch bestimmt, resultiert die Begründung kommunitärer Egalität im radikaldemokratisch-rousseauistischen Verständnis aus der apriorischen Vorstellung einer guten bzw. gerechten politischen Ordnung, dem der einzelne seine Interessen unterzuordnen hat.

4. Von der entgegengesetzten Warte aus argumentiert seit Anfang der 80er Jahre die (bislang überwiegend nordamerikanische) kommunitaristische politische Philosophie, die der liberalen Gesellschaftstheorie, dabei insbesondere deren Grundrechts-(*rights*)basierte und prozedural beschränkte Variante in den Blick nehmend, den Verlust an individueller wie kollektiver Gemeinwohlorientierung vorhält. Wie unterschiedlich die Positionen innerhalb des Kommunitarismus (etwa eines *M. San-*

del oder *M. Walzer*, eines *A. MacIntyre* oder *C. Taylor*) auch sein mögen, gemeinsam kritisieren die Kommunitaristen am Liberalismus (a) den Vorrang individueller Rechte vor gemeinschaftlichen Zielen und Werten, (b) die Fragmentierung und Atomisierung in der Gesellschaft; sie beklagen (c) den Verlust an sozialer Integration als Folge der (ihrer Auffassung nach) ahistorischen und transkulturellen Wert- und Moralvorstellungen des Liberalismus; und sie wenden sich (d) gegen die einseitige Aufhebung des Spannungsverhältnisses von Gesellschaft und Gemeinschaft, da der Liberalismus soziale Integration allein formal und über das Recht, nicht aber über gemeinschaftlich definierte Güter oder über das G. herstelle und politische Legitimation nur durch Verfahren, nicht aber durch die Verständigung der Bürger über gemeinschaftliche Güter aufbaue.

Die Kommunitaristen betonen hingegen (analytisch wie normativ) die Gemeinschaftsbindung des Menschen; seine Existenz sei wesentlich durch seine sozialen Rollen, Interaktionen und zwischenmenschlichen Beziehungen, seine Identität vorrangig durch die *shared understandings*, also durch die Kultur und historischen Traditionen der jeweiligen Gemeinschaft definiert, in die er hineingeboren wurde und in der er lebt. Es geht ihnen um die Analyse und Begründung der Existenz, Notwendigkeit und Berechtigung kommunitärer Vielfalt, um die Gleichberechtigung kultureller Lebensformen. Die Kommunitaristen zielen mit ihrer politischen Philosophie folglich auf die Formulierung von Ordnungsvorstellungen, die den Neutralitätsanspruch des liberalen Rechtsstaates und die Gültigkeit der Menschenrechte jenseits von Geschlecht, Rasse, Ethnie, politischer Überzeugung mit der Parteilichkeit des bzw. der in der jeweiligen Gemeinschaft definierten G. bzw. Gemeinschaftszwecken verbinden. Mit *M. Walzer* (1992) geht es dem Kommunitarismus um »die liberale Kunst der Trennung und die soziale... Tugend des Verbindens: Pluralismus *und* Gleichheit. Differenz *und* Solidarität« (*Kallscheuer* in: *Walzer* 1992a: 11). Wie diese Verbindung unter den Bedingungen von Demokratie, kultureller Pluralität und sozialer Ungleichheit im Innern, der neuen Weltunordnung im Internationalen System konkret aussehen könnte, darauf bleiben die Kommunitaristen *neue* Antworten allerdings weitgehend schuldig. Dies gilt insbesondere für die drei zentralen Fragen nach der Art und Weise der Ermittlung des G., nach dem Verhältnis bzw. dem Vorrang von Recht und Gut, nach der Vermittlung widerstreitender Autonomieansprüche im Innern wie nach außen. So erfolgt die Bestimmung des G. bei den Kommunitaristen höchst traditionell entweder apriorisch/substantialistisch und weithin in Anlehnung an die aristotelische politische Philosophie. Oder sie folgt dem Republikanismus *Rousseaus* und nimmt mit seiner Theorie identitärer Demokratie die Gefahr der Rechtfertigung totalitärer Herrschaft im Namen des Allgemeinwohls in Kauf. Die Kommunitaristen übersehen, daß unter den Bedingungen rechtsstaatlicher Demokratie die gleichberechtigte Koexistenz und die Reproduktion der Kulturen und ihrer Gemeinschaften immer nur ermöglicht, nicht aber der »Artenschutz« garantiert werden kann (vgl. *Habermas* 1993). Zum zentralen Problem wird damit, wie die jeweilige Gemeinschaft sich gegenüber Dissidenten und kulturellen Minderheiten verhält, ob sie ihnen das Recht auf abweichende Meinung und unterschiedliche Lebensformen einräumt, denn »*the struggle for recognition can find only one satisfactory solution, and that is a regime of reciprocal recognition among equals*« (*Taylor* 1992: 50). Hier vermögen die Kommunitaristen bezeichnenderweise nur Lösungen anzubieten, wenn sie das Spannungsverhältnis zwischen den allgemeinen Rechten des Individuums und dem Anspruch der Gemeinschaftszwekke auf Realisierung im Konfliktfall letztlich zugunsten des individuellen Grundrechtsschutzes auflösen (vgl. *Kymlicka* 1989), wenn sie es – wie *C. Taylor* (1989) – auf dialektische Weise durch den Rekurs auf Güter höherer Ordnung aufheben, die als sogenannte »*hypergoods*« beides, den Respekt vor und die Garantie der allgemeinen Rechte wie die Bestimmung des G. der Gemeinschaft im Prozeß deliberativer Demokratie, in sich vereinigen und universell gelten. *Taylors* Version des Kommunitarismus stellt sich damit nicht als postmoderne Überwindung, sondern als Ergänzung bzw. als die durch die kommunitaristische Kritik ermöglichte Rekonstruktion des Liberalismus der Aufklärung dar, und sie erweist sich somit letztlich – und ganz im *Habermas*schen Sinne – als Verteidigung des »Projekts der Moderne«.

Rainer-Olaf Schultze

Lit.: *Arnim, H. H. von* 1977: Gemeinwohl und Gruppeninteressen. Die Durchsetzungsschwäche allgemeiner Interessen in der pluralistischen Demokratie, Frankfurt/M. *Beyme, K. von* [2]1992: Theorie und Politik im 20. Jahrhundert. Von der Moderne zur Postmoderne, Frankfurt/M. *Fraenkel, E.* [7]1979: Deutschland und die westlichen Demokratien, Stuttgart (zuerst 1964). *Gablentz, O. H. von* 1965: Einführung in die politische Wissenschaft, Köln/Opladen. *Gutmann, A.* 1980: Liberal Equality, Cambridge. *Habermas, J.* 1993: Anerkennungskämpfe im demokratischen Rechtsstaat, in: *Taylor, C.* 1993, 147–196. *Hennis, W.* 1963: Politik als praktische Philosophie, Neuwied. *Honneth, A.* (Hrsg.) 1993: Kommunitarismus. Eine Debatte über die moralischen Grundlagen moderner Gesellschaften, Frankfurt a. M./New York. *Kelso, W. A.* 1978: American Democratic Theory. Pluralism and its Critics, Westport, Conn. *Knebel, J.* 1978: Koalitionsfreiheit und Gemeinwohl, Berlin. *Kremendahl, H.* 1977: Pluralismustheorie in Deutschland. Entstehung, Kritik, Perspektiven, Leverkusen. *Kymlicka, W.* 1989: Liberalism, Community and Culture, Oxford. *Neumann, F. L.* 1953: Zum Begriff der politischen Freiheit, in: ZgStW 109, 25–53. *Rawls, J.* 1971: A Theory of Justice, Cambridge, Mass. (dt.: Eine Theorie der Gerechtigkeit, Frankfurt/M. 1975). *Schattschneider, E.E.* 1960: The Semi-sovereign People. A Realist's View of Democracy in America, New York. *Schumpeter, J. A.* [4]1975: Kapitalismus, Sozialismus und Demokratie, München (engl. 1942). *Shell, K.L.* 1973: Gemeinwohl in: *Görlitz, A.* (Hrsg.): Handlexikon zur Politikwissenschaft, Reinbek, 116–119 (zuerst 1970). *Steffani, W.* 1980: Vom Pluralismus zum Neopluralismus, in: *Oberreuter, H.* (Hrsg.): Pluralismus, Opladen, 37–108. *Sternberger, D.* 1961: Der Begriff des Politischen, Frankfurt/M. *Taylor, C.* 1989: Sources of the Self. The Making of the Modern Identity, Cambridge. *Taylor, C.* 1992: Multiculturalism and »The Politics of Recognition«, Princeton; dt. 1993: Multikulturalismus und die Politik der Anerkennung, Frankfurt/M. *Walzer, M.* 1992: Sphären der Gerechtigkeit. Ein Plädoyer für Pluralität und Gleichheit, Frankfurt a. M./New York (engl. zuerst 1983). *Walzer, M.* 1992a: Zivile Gesellschaft und amerikanische Demokratie, Berlin. *Weber-Schäfer, P.* [2]1992: Einführung in die antike Politische Theorie, 2 Bde., Darmstadt (zuerst 1976).

Genossenschaften

Genossenschaften (G.) sind Zusammenschlüsse von Haushalten oder Betrieben zum Zwecke der Beschaffung, der Produktion von Gütern oder der Bereitstellung von Dienstleistungen in solidarischer Selbsthilfe. Der Zusammenschluß erfolgt, weil der Markt bestimmte Güter nicht produziert, nicht mit den gewünschten Eigenschaften oder (infolge monopolistischer Marktstrukturen) aus der Sicht der Genossenschaftsmitglieder zu teuer anbietet. Diese G. im wirtschaftlichen Sinne bedienen sich häufig der genossenschaftlichen Rechtsform (Rechtsbegriff G., vgl. § 1 Genossenschaftsgesetz), können aber auch andere Rechtsformen wählen. Wiss. umstrittene Probleme ergeben sich daraus, daß die Genossenschaft einerseits Personengemeinschaft, andererseits Geschäftsbetrieb ist (»Doppelgesicht« der G.; *Henzler*). Selbst wenn man allen Gemeinschaftsbegriffen *Tönniesscher* Art kritisch gegenüberstehen sollte, so wird die Besonderheit der sozialen Beziehungen der Genossenschaftsmitglieder – sieht man von Großgenossenschaften ab – allgemein anerkannt *(Fürstenberg)*. Ökonomisch und politisch bedeutsam ist das Identitätsprinzip: Die Mitglieder der G. sind gleichzeitig ihre Kunden oder die Nutzer ihrer Einrichtungen. Umstritten ist die Frage, ob zwischen Mitgliedern und G. eine »Marktbeziehung« besteht, da man den genossenschaftlichen Zusammenschluß als bewußtes Ausscheiden aus dem Markt zum Zwecke der Selbstversorgung interpretieren könnte. Die zeitweise heftig diskutierte Frage der Abgrenzung der G. von den Kartellen kann heute als geklärt gelten. Ob und inwieweit das Nicht-Mitgliedergeschäft (z. B. bei den Konsumgenossenschaften Verkauf an jedermann) von »strukturverändernder Relevanz« ist *(Engelhardt)*, d.h. zur Transformation der G. in den allgemeinen Typ des erwerbswirtschaftlichen Privatbetriebes führt, ist umstritten.

Wirtschaftspolitisch wichtig ist die Unterscheidung in Haushaltsgenossenschaften (vor allem Konsum- und Wohnungsgenossenschaften), Betriebsgenossenschaften (vor allem landwirtschaftliche und gewerbliche G.) und Produktivgenossenschaften. Bei den Produktionsgenossenschaften sind alle im Betrieb Tätigen Miteigentümer des Unternehmens. Gesellschaftsreformerische Konzeptionen vor allem des 19. Jh.s konzentrierten sich vor allem auf diesen Genossenschaftstyp. Die Haushaltsgenossenschaften hatten sich seit der Mitte des 19. Jh.s bis in die 60er Jahre dieses Jh.s zu einem volkswirtschaftlich entscheidenden Marktkorrektiv entwickelt, haben aber (in Deutschland) gegenwärtig an Bedeutung verloren und ringen um ihr Selbstverständnis in dieser Wirtschaftsordnung.
Gesellschaftsreformerische Vorstellungen, die sich mit den Haushaltsgenossenschaften verbanden (die in G. demokratisch organisierten Konsumenten sollten bis in die genossenschaftliche Eigenproduktion vordringen), haben gegenwärtig keine Stoßkraft mehr. Ob eine Renaissance der Idee der solidarischen Selbsthilfe z. B. in der Wohnungswirtschaft möglich ist *(Novy)*, ist umstritten. Dagegen sind die Betriebsgenossenschaften (u.a. Beschaffungs-, Absatz-, Kredit-, Maschinengenossenschaften usw.) gegenwärtig, zumal für die Selbstbehauptung der mittelständischen Wirtschaft, von großer und zunehmender Bedeutung. Indes sind auch diese G. teilweise von Transformationsgesetzlichkeiten geprägt, da sie sich in Einzelfällen – infolge des ökonomischen Druckes und des Zwangs zur marktlichen Effizienz – zu »integrierten G.« entwickeln *(Dülfer)*, bei denen die Mitglieder in die Abhängigkeit nahezu autonomer Genossenschaftszentralen geraten.

Unbestritten ist in Theorie und Praxis, daß – in Übereinstimmung mit dem Genossenschaftsgesetz – die G. gegenüber den Mitgliedern einen Förderauftrag hat. Der Inhalt dieses Förderauftrages (die Ziele der G.) erfährt in der Literatur sehr unterschiedliche Interpretationen. Als problematisch erweist sich vor allem die Messung von Betriebserfolg in Hinsicht auf diesen Förderauftrag (da der Gewinnmaßstab versagt). Es gibt verschiedene Quantifizierungsversuche und Vorschläge einer genossenschaftlichen »Förderbilanz«. Heftig umstritten ist die Frage, ob eine wirksame Genossenschaftstätigkeit eine ethische Grundhaltung im Sinne des Solidarprinzips voraussetzt oder ob sich die Bildung und das Funktionieren von G. allein oder doch entscheidend durch das individualistische Nutzenmaximierungsprinzip der modernen neo-klassischen Theorie erklären läßt *(Boettcher* und die Münsteraner Schule im Anschluß an *Olson)*. Erhebliche Kontroversen gibt es ferner um die Frage, ob im Sinne der älteren Theorie der Gemeinwirtschaft G. »gemeinwirtschaftlich« sind, d.h. sich aus ihrem Selbstverständnis heraus »öffentlichen Aufgaben« widmen. Dem steht die These, zumal der betriebsgenossenschaftlichen Verbände und eines Teils der G., gegenüber, daß G. primär Instrumente der Mitgliederförderung, also eines Gruppeninteresses sind. Neuerdings gewinnt eine Betrachtungsweise an Boden, die – unter Hinweis auf die Vielfalt der Genossenschaftstypen – die G. danach unterscheidet, ob sie primär der Förderung der Mitglieder eines Standes

(z. B. mittelständische G.), einer Schicht oder Klasse (↗ Arbeiterbewegung), der Förderung hilfebedürftiger Nichtmitglieder oder der Allgemeinheit dienen wollen.

Theo Thiemeyer †

↗ Gewerkschaften; Kapitalismus; Wirtschaftsdemokratie.

Lit.: *Boettcher, E./Engelhardt, W. W.* 1981: Genossenschaften, in: HdWW Bd. 3, 540–571. *Thiemeyer, T.* 1981: Gemeinwirtschaft, in: HdWW Bd. 3, 525–540. *Weisser, G.* 1968: Genossenschaften, in: HdWW.

Geschichte und Politik

Da die Gegenwart als gelebter Augenblick kein Grund möglicher Erfahrung sein kann, sind Individuen und Gemeinschaften auf Geschichte angewiesen, wenn sie ihre Überzeugungen und Handlungen auf selbst erlebte oder angeeignete Erfahrungen stützen wollen. Jeder Mensch lebt in der Spannung zwischen Erfahrung und Erwartung, Geschichte und Zukunft, Geschichte und Politik. Diese Grundstruktur gilt sowohl für den alltäglichen, vorwissenschaftlichen Gebrauch geschichtlicher Erfahrungen als auch für den wissenschaftlichen, d.h. methodisch disziplinierten Umgang mit der Geschichte. Jeder aufmerksame Zeitgenosse kann die eingespielten Gewohnheiten beobachten, die es Individuen und Gemeinschaften gestatten, täglich einen Zusammenhang von Geschichte und Politik zu stiften. Um drei Beispiele zu nennen:

1. die bewußte Pflege von Traditionen, in den Familien, Vereinen, Verbänden, Parteien, Kirchen und Nationen, aber auch in Museen, beim Denkmalsschutz und in der Bauplanung von Architekten. Menschen sprechen ihrer besonderen Existenz und ihren besonderen Interessen Bedeutung, Kontinuität und normative Verbindlichkeit zu, indem sie sich als Glied einer bestimmten Tradition verstehen. Eine solche Traditionspflege wird unmittelbar politisch, wenn die jeweilige Tradition zur verpflichtenden Norm für die Zukunft erklärt wird. Christen z. B. können sich die historisch gewachsenen Glaubensinhalte verschiedener christlichen Kirchen normativ aneignen.

2. der Gebrauch von Geschichte als politisches Argument, als Waffe im politischen Tageskampf. Der politische Diskurs, die Verteidigung des eigenen Handelns und die Angriffe auf den politischen Gegner werden durch konkrete historische Argumente, aber auch ganz allgemein durch die Berufung auf einen Auftrag »der Geschichte«, auf »die Lehren der Geschichte« unterstützt. Von der Antike bis zur Gegenwart gibt es die selbstverständliche Vorstellung, daß die Geschichte die Lehrmeisterin des Lebens sei. Für die Deutschen und die Welt der Gegenwart sind z. B. die Geschichte *Hitlers* und des Dritten Reiches ein fast unerschöpfliches Reservoir historisch-politischer Argumente in warnender und belehrender Absicht.

3. Geschichte als Voraussetzung zur Gewinnung und zum Erhalt der Identität von Gruppen. Das neuzeitliche Paradebeispiel ist das Bedürfnis der Bürger von Nationalstaaten, sich durch das Bewußtsein gemeinsamer sprachlicher, kultureller, ethnischer, geographischer und historisch-politischer Traditionen, die zugleich die Abgrenzung vom »Fremden«, vom »Anderen« ermöglicht, ihrer »Selbigkeit« zu versichern. Dabei kann es innerhalb der Nation zu harten Auseinandersetzungen darüber kommen, welche Teile der Geschichte für wert befunden werden, dieser Tradition anzugehören. Der lange Streit der Franzosen um die Integration der Französischen Revolution in die Geschichte der »*grande nation*« oder der jüngste »Historikerstreit« in Deutschland sind Beispiele für die politische Instrumentalisierung geschichtlicher Sachverhalte im Kampf um die eigene Identität.

Dieser von Politikern und Bürgern fast überall in der Welt praktizierte Umgang mit Geschichte, d.h. die durch eine kritische Reflexion nicht gefilterte Instrumentalisierung von Geschichte zum Zwecke der jeweiligen politischen Praxis, ist allerdings im europäisch-atlantischen Kulturkreis seit dem 19. Jh. zu einem Problem geworden. Als Folge des am Siegeszug der neuzeitlichen Naturwissenschaften orientierten Anspruches der modernen, empirischen Geschichtsforschung, Wissenschaft sein zu wollen, wurden Historiker und Geschichtstheoretiker gezwungen, über den möglichen Wahrheits- und Objektivitätsgrund ihrer Aussagen nachzudenken. Diese erkenntnistheoretische Besinnung auf die eigene Methode, verbunden mit der universalen Ausweitung des wissenschaftlichen Interesses auf alle Epochen und Kulturen der Weltgeschichte, zerstörte die alte, oft mythisch oder geschichtsteleologisch vermittelte Einheit von Theorie und Praxis, Sein und Sollen, Geschichte und Politik – auch wenn dieser Fortschritt im Bewußtsein des Problems von den meisten Bürgern noch nicht bemerkt worden ist. Die höchst komplexen, meist multikausalen und sich häufig widersprechenden Hypothesen von Wissenschaftlern über historische Sachverhalte stehen »quer zum Leben«, sperren sich gegen die parteiische und in der Regel verzerrende Vereinnahmung durch die politische Praxis. *Friedrich Nietzsche*, der große Anti-Aufklärer und scharfe Kritiker der modernen Geschichtswissenschaft, hat in seiner berühmten Schrift »Vom Nutzen und Nachteil der Historie für das Leben« (1874) vor dieser Verwissenschaftlichung der Geschichtsschreibung gewarnt. Nur die vorwissenschaftliche Aneignung der Geschichte, so *Nietzsche*, könne dem Leben, der Tat und der Gegenwart nutzen. Den Aufstieg und den Erfolg der wissenschaftlichen Geschichtsschreibung dagegen hielt er für zutiefst lebens- und tatfeindlich, weil ein Übermaß an geschichtlichem Wissen die Kraft zur Erneuerung zerstöre.

Ausgeprägte Tatmenschen pflegen sich bis heute an *Nietzsches* Mahnungen zu halten. Sie eignen sich Geschichte höchst subjektiv, verzerrt, einseitig und dogmatisch an. Im Extremfall werden geschichtliche Sachverhalte bewußt parteiisch verfälscht. Verwalter und Interpreten geglaubter Weltauffassungen maßen sich sogar an, Historikern die Resultate ihrer Forschung vorzuschreiben und ein Abweichen von der »Parteilinie« mit Sanktionen zu belegen. ↗ Nationalsozialismus und ↗ Kommunismus sind prominente Beispiele solcher Geschichtsklitterungen in politischer Absicht.

Die Historiker dagegen kennen heute genauer die Grenzen und Möglichkeiten, politische, auf die zukünftige Praxis bezogene Aussagen im Namen der Wissenschaft verantworten zu können. Wieder seien drei Beispiele genannt:

1. Die Historiker können im Namen ihrer Wissenschaft nicht sagen, was getan werden soll. Aus allen beschreibenden und erklärenden Sätzen über die geschichtliche Welt kann logisch nicht geschlossen werden, was getan werden soll. Die Kluft zwischen Sein und Sollen gilt, kein empirischer Wissenschaftler kann diesem »*Hume*schen Gesetz« entfliehen. Jedes normative Urteil setzt einen, mehr oder weniger bewußten, Akt der Wertwahl und Wertentscheidung voraus, der dem Einzelnen und der Gesellschaft weder von der Geschichtswissenschaft noch von anderen Wissenschaften abgenommen werden kann. Die Geschichtswissenschaftler können dagegen – und das ist nicht wenig – denjenigen, der ein Werturteil fällt, darüber informieren, welche Folgen seine Entscheidung nach bisheriger historischer Erfahrung wahrscheinlich zeitigen wird.

2. Die Historiker können im Namen der Wissenschaft nicht sagen, was geschehen wird. Die Fähigkeit zu historischen Prognosen – zu Vorhersagen über Entwicklungen, Ereignisse oder Zustände der Zukunft, die sich auf den gesellschaftlichen Prozeß beziehen und aufgrund von Wissen über die Vergangenheit gefällt werden – ist außerordentlich begrenzt, weil es weder Gesetze in der Geschichte noch eine Teleologie der Geschichte, einen determinierten Richtungs-

sinn des ganzen weltgeschichtlichen Verlaufs, gibt. Deshalb sind historische Prognosen keine Voraussagen, sondern nur gedankliche Vorwegnahmen der Zukunft, die historisches Wissen in die Zukunft extrapolieren. Für diese Extrapolationen kann die Geschichtswissenschaft lediglich empirisches Wissen von erheblich geringerer Allgemeinheit zur Verfügung stellen als das Gesetz, nämlich typologisches Wissen, oder von geringerer zeitlicher Reichweite als die Teleologie, nämlich die Tendenz oder die Konstante mittlerer Reichweite. Deshalb können Historiker nie sagen, was sein wird, sondern bestenfalls, was möglich und wahrscheinlich ist.

3. Weil die Historiker im Namen der Wissenschaft nicht sagen können, was getan werden soll, können sie auch keine »Identitäten stiften«. Welchen Teil der Geschichte und Tradition ein Bürger der Gegenwart in seiner möglichen Rolle als Weltbürger, Europäer, Deutscher, Bayer oder Münchener, als Protestant, Katholik, Buddhist oder Anhänger des Islams, als Konservativer, Liberaler, Sozialdemokrat oder Grüner, als Unternehmer, Angestellter, Arbeiter, Bauer oder Beamter für seine »Identität« als maßgeblich betrachtet, kann kein Geschichtswissenschaftler verordnen. Er kann den Bürger nur über die Geschichte Europas, der deutschen Nation, des Buddhismus etc. aufklären, um ihm zum besseren Verständnis darüber zu verhelfen, was er zum Teil seiner Identität machen will. Der Historiker ist kein Richter, sondern ein Sachverständiger, dessen Aufgabe darin liegt, im Rahmen der jeder Wissenschaft gezogenen Grenzen mit der historischen zugleich die politische Urteilskraft zu schulen.

Allein ein solcher Umgang mit Geschichte kann der beliebten Forderung nach »Geschichtsbewältigung« einen vernünftigen Sinn geben. Im Wortsinne hat niemand die Geschichte in seiner Gewalt. Die abgelaufene Realgeschichte aufeinander folgender Generationen (*res gestae*) ist vergangen, tot und nicht wiederherstellbar. Die jeweils lebende Generation kann sich an diese Vergangenheit bruchstückhaft erinnern, soweit sie ein Teil der eigenen Lebensgeschichte war. Alle anderen Vergangenheiten können die Lebenden nur auf dem Umweg über Hörensagen oder die Ergebnisse wissenschaftlicher Forschungen und Darstellungen (*historia rerum gestarum*) in ihr Bewußtsein und Gedächtnis rufen. Geschichte bewältigen hieße dann, mit dem erworbenen Wissen leben zu können, es weder vergessen noch verdrängen zu wollen.

Detlef Junker

Lit.: *Becker, U. A. J./Bergmann, K.* (Hrsg.) 1986: Geschichte – Nutzen oder Nachteil für das Leben, Düsseldorf. *Faber, K.G.* 1977: Zur Instrumentalisierung historischen Wissens in der politischen Diskussion, in: *Koselleck, R.* u.a. (Hrsg.): Objektivität und Parteilichkeit in der Geschichtswissenschaft, München, 270–318. *Jeismann, K.-E.* 1985: Geschichte als Horizont der Gegenwart. Über den Zusammenhang von Vergangenheitsdeutung, Gegenwartstendenz und Zukunftsperspektive, Paderborn. *Kocka, J.* 1989: Geschichte und Aufklärung, Göttingen, 140–159. *Koselleck, R.* 1971: Wozu noch Historie?, in: Historische Zeitschrift 212, 1–18. *Koselleck, R.* 1979: Historia Magistra Vitae. Über die Auflösung des Topos im Horizont neuzeitlich bewegter Geschichte, in: *ders.*: Vergangene Zukunft. Zur Semantik geschichtlicher Zeiten, Frankfurt/M., 38–66. *Lübbe, H.* 1977: Geschichtsbegriff und Geschichtsinteresse. Analytik und Pragmatik der Historie, Basel/Stuttgart. *Nietzsche, F.* 1988: Vom Nutzen und Nachtheil der Historie für das Leben (1874). Unzeitgemäße Betrachtungen II, in: *Nietzsche, F.*: Kritische Studienausgabe 1, hrsg. von *G. Colli* und *M. Montinari*, München, 243–334. *Oelmüller, W.* 1977: Wozu noch Geschichte?, München. *Rüsen, J.* 1989: Lebendige Geschichte, Göttingen, 78–135. *Schieder, Th.* 1980: Politisches Handeln aus historischem Bewußtsein, in: *ders.*: Einsichten in die Geschichte, Frankfurt a. M./Berlin/Wien, 485–504. *Weber, M.* 1973: Gesammelte Aufsätze zur Wissenschaftslehre, hrsg. von *J. Winckelmann*, 2. durchgesehene und ergänzte Aufl., Tübingen.

Gesellschaft / Staat und Gesellschaft

I. Etymologisch wird der Begriff Gesellschaft (G.) von der räumlichen Vereinigung von Personen, insbesondere der Gesellen mit dem Meister, abgeleitet und schon bald auf jede mehr oder weniger, meist zu bestimmten Zwecken organisierte Vereinigung einer größeren Anzahl von Menschen ausgedehnt. Die Definition von G. als strukturierte Verbindung von menschlichen Lebewesen verweist auf ihre vielseitige Anwendung und kündigt – je nach Erkenntnisabsicht des Sozialwissenschaftlers – unterschiedliche Auffassungen über Beschreibung und Erklärung ihrer Erscheinungsformen an. Unbestritten ist die Bedeutung von G. als dem umfassendsten System menschlichen Zusammenlebens, womit im engeren Sinne die nationale Gesamtgesellschaft und im weiteren Sinne die Weltgesellschaft gemeint ist. Der Gesellschaftsbegriff wird aber auch auf spezifische Gebilde bezogen, die – je nach Zweck – staatlich (z. B. ↗ Nationen), wirtschaftlich (z. B. Aktiengesellschaften) oder ideell (z. B. wiss. Vereinigungen) begrenzt sein können. Schließlich kann es sich bei G. um einen Prozeß handeln, in dem Menschen ihren Handlungen durch Beziehung zu anderen Menschen Sinn verleihen. Dadurch kommen Interaktionen, Rollen und Identitäten ins mikrosoziologische Blickfeld, ebenso wie gesellschaftliche Teilsysteme und Gesamtstrukturen als Gegenstand makrosoziologischer Fragestellungen in Erscheinung treten.

Daneben wird der Gesellschaftsbegriff im Sinne von »guter«, »zivilisierter«, »neuzeitlicher« oder »höfischer« G. gebraucht. Nach dem Entwicklungsstand wird zwischen primitiven und komplexen G. unterschieden, wobei als Kriterien meist der Grad der Arbeitsteilung und der Stand der Technologie herangezogen werden. Diese Bedeutungen haben auch Eingang gefunden in die verschiedenen Disziplinen und Fachgebiete der Geistes- und ↗ Sozialwissenschaften (vgl. *Geiger* 1959).

II. Historisch gesehen ist der Gesellschaftsbegriff in der Neuzeit entstanden.

Antike und Mittelalter betrachteten den Menschen als Bürger des Staates oder als Glied der Kirche; gesellschaftliche Verhältnisse traten vor allem als Herrschaftsverhältnisse in Erscheinung, die wiederum mythischen oder göttlichen Ordnungsprinzipien entsprachen. Erst die ↗ Aufklärung stellte den Menschen als bewußt und zielgerichtet Handelnden sowie die G. als solche in den Mittelpunkt der Betrachtung. Die G. wurde erst durch einen gewollten Zusammenschluß der Menschen aus dem unsozialen, weil chaotischen Naturzustand geschaffen. Die aufkommende ↗ Bürgerliche Gesellschaft entpuppt sich (zunächst) als Gegenvorstellung zur Rechts- und Herrschaftsordnung des Staates. G. wurde als etwas Natürliches und Gewachsenes dem Künstlichen und Gemachten des Staates gegenübergestellt. Die G., zumal die bürgerliche, wird als besonderer Typ geselliger Verbundenheit verstanden, in der die einzelnen Menschen zum Zwecke der Bedürfnisbefriedigung durch Wirtschaften zusammenrücken. Diesen relativ losen Einzelverbindungen steht der Staat als einheitliche Organisation gegenüber, die alle Mitglieder über Recht und Macht gleichermaßen und notfalls zwanghaft bindet (↗ Staatstheorie). Schon *Adam Smith* beschrieb die bürgerliche G. als eine vom Staat unabhängige Tauschgesellschaft. Indem Wirtschaft, Besitz, Bildung und berechnendem Verstand der Primat zuerkannt wird, entsteht jener Dualismus von Gesellschaft und Wirtschaft auf der einen Seite und Staat auf der anderen Seite, der die sozialwiss. Debatte ebenso wie die gesellschaftspolitischen Auseinandersetzungen bis heute bestimmen sollte. Wie *Hegel* siedelt z. B. die deutsche Jurisprudenz heute noch G. in den Erscheinungen des menschlichen Zusammenlebens außerhalb des Staates an. In den Sozialwiss. schließt der Gesellschaftsbegriff den Staat ein.

Die Theorie der G., wie wir sie heute

verstehen, ist daher eng mit dem Entstehen der bürgerlichen G. verknüpft. Die Tatsache, daß seit dem 17. Jh. politische ↗ Herrschaft zunehmend problematisiert wurde (z. B. *Hobbes, Locke*) und daß durch die Aufklärung die menschliche Erfahrung das Etikett der unveränderlichen Unschuld abzustreifen begann, hatte gewichtige Folgen für den Gesellschaftsbegriff und die Gesellschaftstheorie. Besonders im Gefolge der Französischen Revolution kam es einerseits zur Trennung der Konzeptionen von Staat und G. (z. B. *Hegel, Lorenz von Stein*) und andererseits in der klassischen Soziologie bei *Comte* und im Frühsozialismus bei *Fourier* und *Proudhon* zur Vorstellung von G. als einem emergenten System der Befriedigung wirtschaftlicher Bedürfnisse, dessen Auswüchse im Zuge der Industrialisierung darzustellen und korrigierbar seien. Diese Identität der bürgerlichen G. wurde mit dem Erstarken des vierten Standes, des Proletariats, zunehmend in Frage gestellt. Die marxistisch orientierte Konflikt- und Klassentheorie gab dieser Entwicklung fortan ihren theoretischen Ausdruck (vgl. *Tjaden* 1969). Die ursprüngliche Vorstellung, das Ganze der (bürgerlichen) G. verfolge den gleichen Zweck wie die Individuen als ihre Teile, ging ein in ein organizistisches Gesellschaftsverständnis, das G. als sozialen Körper mit eigenem, von den Teilen unabhängigem Leben interpretierte. G. wird damit zur Realität *sui generis* und als soziologischer Forschungsgegenstand hoffähig.

III. Während für Konflikttheoretiker Wandel im Vordergrund des Interesses stand, ging es den Holisten um die Frage, wie soziale Integration möglich ist bzw. erreicht werden kann. Für Soziologen wie *Durkheim* und Kulturanthropologen wie *Radcliffe-Brown*, die als Begründer des modernen ↗ Funktionalismus gelten können, entpuppte sich G. als ein System interdependenter Teile, das durch selbstregulierende Mechanismen im Gleichgewicht gehalten werde. Soziale Integration werde durch Wertkonsens (↗ Wert) erreicht und G. durch Institutionalisierung, Sozialisation und soziale Kontrolle stabilisiert.

Vor allem unter Berufung auf *Durkheim, Max Weber* und *Pareto* sowie *Radcliffe-Brown* und *Malinowski* schlug *Parsons* (1951) eine systemtheoretische Fassung des Gesellschaftsbegriffs vor, in dem G. als soziales System vorgestellt wird, das sich durch gemeinschaftliche Wertorientierung und jene Funktionen auszeichnet, deren Erfüllung für seine Erhaltung notwendig sind (↗ Systemtheorie). Die struktur-funktionale Theorie der G. bestimmte denn auch die einschlägige Diskussion in den 50er und 60er Jahren, während die konflikttheoretische (vgl. *Dahrendorf* 1957; *Coser* 1965; *Rex* 1970) und die phänomenologische Herausforderung (vgl. *Garfinkel* 1967; *Blumer* 1969) erst seit Beginn der 60er Jahre Fuß zu fassen begann. Phänomenologisch orientierte Sozialwissenschaftler erinnern uns sowohl an die aufklärerischen als auch an die romantischen Quellen der modernen Gesellschaftskonzeption, in der nicht ein gemeinsames Wertsystem oder konflikterzeugende Herrschaftsstrukturen, sondern die ständige Aushandlung und Interpretation der Situationsdefinitionen das Ordnungsprinzip darstellen. In diesem Sinne ist G. der Sinnhorizont, dessen Vorfeld, die soziale Wirklichkeit, in unzähligen Interaktionen vollzogen und durch Sozialisation ständig rekonstruiert wird.

IV. Die Konzeption der bürgerlichen G. war nicht zuletzt Ausgangspunkt einer Reihe von weiteren Begriffen der G. sowohl in kritischer und legitimatorischer als auch in deskriptiver und analytischer Absicht. Gerade weil das ↗ Bürgertum nicht so sehr an der politischen Herrschaft partizipierte, sondern durch Machtentfaltung im wirtschaftlichen und kulturellen Bereich das Politische auf das staatliche Handeln zurückdrängte, lag es für Kritiker der bürgerlichen G. und der mit ihr einhergehenden Industrialisierung unter kapitalistischen Vorzeichen nahe, sie auch als antagonistische G. zu bezeichnen. Antagonistisch, weil in ihr Arbeiterschaft und Produktionsmittelbesitzer in einem auf gegensätzlichen Interessen beruhenden Klassenverhältnis sich gegenüberstehen (↗ Kapitalismus). Dieser Befund des Antagonismus wurde sowohl von *Marx* für die Zeit des Hochkapitalismus als auch noch von *W. Abendroth* und *C. Offe* für die des Spätkapitalismus ausgegeben. Im Gegensatz dazu sind in der klassenlosen G. zwar nicht Ungleichheit, aber Klassen und Klassenkonflikte beseitigt.

In diesem Zusammenhang sind kapitalistisch und sozialistisch organisierte Industriegesellschaften zu unterscheiden. Das Abgrenzungskriterium besteht u. a. darin, ob – wie im ↗ Kapitalismus – Waren- und Arbeitsmärkte oder ob – wie im ↗ Sozialismus – politische Entscheidungen und Arbeitsmärkte sich innerhalb des Produktionsprozesses kreuzen, mit dem wahrscheinlichen Resultat der Ausbeutung im ersten Fall und der Unfreiheit im zweiten Fall. Im Gegensatz zum Begriff der antagonistischen G., dem meist die Annahme einer herrschenden und beherrschten Klasse und damit die Eigenschaft der Klassengesellschaft überhaupt zugrunde liegt, besteht eine pluralistische G. aus mehreren um Macht und Einfluß konkurrierenden Gruppen, von denen keine eine beherrschende Stellung einnimmt (↗ Pluralismus). Theoretisch wie empirisch wichtige Beiträge lieferte dazu die Auseinandersetzung zwischen den Vertretern der Machtelite- und der Vetogruppentheorien (vgl. *Kornhauser* 1966). Mit dem Aufkommen der bürgerlich-kapitalistischen G. wird oft auch der Übergang von der vorindustriellen zur industriellen G. markiert, d. h. von der eher stammesgebundenen, auf gemeinschaftlichen und konkreten Beziehungen beruhenden geschlossenen G. zur offenen G., in der abstrakt-rationale Prinzipien wie Arbeitsteilung und Austausch über Rollendifferenzierung, Markt und Geld im Vordergrund stehen (vgl. *Popper* 1957). Schließlich signalisiert die Entwicklung von der vorindustriellen über die industrielle hin zur nachindustriellen G. fundamentale Veränderungen in den Strukturierungsprinzipien der bürgerlichen G.: So änderte sich in dieser Reihenfolge der Vorrang der wirtschaftlichen Aktivitäten von der Ur- und Güter- zur Dienstleistungsproduktion, bei den Berufszweigen wurde die vorrangige Bedeutung des Bauern zunächst vom angelernten und Facharbeiter und später vom Ingenieur und Wissenschaftler abgelöst; die jeweilige Grundlage der Technologie verlagerte sich von den Rohstoffen zur Energie und jüngst zur Information usw. (*Bell* 1975; *Touraine* 1972).

IV. Die in der zweiten Hälfte der 70er Jahre einsetzende Debatte über den Wandel der Werte, die Auswirkungen der Informations- und Kommunikationstechniken und die Frage, »ob der Arbeitsgesellschaft die Arbeit ausgehe« (*Dahrendorf* 1983), erhebt die Unübersichtlichkeit der empirischen Verhältnisse und die Unbestimmtheit der postmodernen Gesellschaft zu begrifflichen Leitfiguren der 80er und 90er Jahre.

Die veränderten Gegebenheiten und der »kulturelle Umbruch« (*Inglehart* 1989), die den Gesellschaftsmitgliedern kulturelle Anpassungsübungen abverlangen, stehen neuen Gesellschaftskonzeptionen Pate: Im Konzept der »Risikogesellschaft« (*Beck* 1986) wird der Mensch aus alten Bindungen entlassen, zwar zum Herrn über seinen Lebenslauf gemacht, gleichzeitig vermehrt zu eigenen Entscheidungen gezwungen. Die Gesellschaft wird zur Risikogesellschaft in dem Maße, als der postmoderne Mensch durch Individualisierung der Lebensplanung und Globalisierung der Risiken sich »riskante Lebensverhältnisse« (*Engel* 1993) schafft. Nicht zuletzt sind die technischen und sozialen Großrisiken die Folgen von Freiheit und Demokratie, in deren Namen zivilisatorischer Fortschritt moralisch eingefordert wird. Das Projekt der modernen Gesellschaft entpuppt sich als endloser Prozeß des Hervorbringens, Abarbeitens und Wiedererzeugens von Widersprüchen. Indem die starre Einbindung des Menschen einer Vielfalt von sich gegenseitig durchdringenden Gruppierungen weicht, kommt es zu einem permanenten Umbau der Gesellschaft. Kommunikationssysteme (z.B. Telekommunikation) und Kommunikatoren (z.B. Führungskräfte) rücken immer mehr in den Mittelpunkt. Wenn aber alle Angelegenheiten durch Kommunikation bewegt werden, dann kann man sich dem Zwang, öffentliche Aufmerksamkeit zu erzielen, kaum entziehen: Nach *Münch* (1991) sind wir in dieser »Dialektik der Kommunikationsgesellschaft« gefangen. *Schulze* (1992) sieht dagegen das gegenwärtige Verhältnis der Menschen zu den Gütern und Diensten verändert: Nicht mehr ihr Gebrauchswert, sondern ihr Erlebniswert steht als Selbstzweck im Vordergrund. Mit dieser Erlebnisorientierung und der weitreichenden Ästhetisierung des Alltagslebens wird das Leben selbst zum Erlebnisprojekt.

Hermann Strasser

↗ Demokratie/Demokratietheorie; Industriegesellschaft; Liberalismus; Sozialismus/Sozialdemokratie.

Lit.: *Beck, U.* 1986: Risikogesellschaft, Frankfurt/M. *Bell, D.* 1975: Die nachindustrielle Gesellschaft, Frankfurt/M. *Blumier, H.* 1969: Symbolic Interactionisms. Perspective and Method, Englewood Cliffs. *Closer, L. A.* 1965: Theorie sozialer Konflikte, Neuwied. *Coser, L. A.* 1967: Continuities in the Study of Social Conflict, New York. *Dahrendorf, R.* 1957: Klassen und Klassenkonflikte in der industriellen Gesellschaft, Stuttgart. *Dahrendorf, R.* 1983: »Wenn der Arbeitsgesellschaft die Arbeit ausgeht«, in: *Matthes, J.* (Hrsg.): Krise der Arbeitsgesellschaft?, Frankfurt/M., 25–27. *Durkheim, E.* 1977: Über die Teilung der sozialen Arbeit, Frankfurt/M. *Engel, U.* 1993: Riskante Lebensverhältnisse, Habilitationsschrift, Duisburg. *Garfinkel, H.* 1967: Studies in Ethnomethodology, Englewood Cliffs. *Geiger, T.* [2]1959: Gesellschaft, in: *Vierkandt, A.* (Hrsg.): Handwörterbuch der Soziologie, Stuttgart, 201–211. *Habermas, J.* 1981: Theorie des kommunikativen Handelns, 2 Bde., Frankfurt/M. *Inglehart, R.* 1989: Kultureller Umbruch, Frankfurt/M. *Kofler, L.* 1966: Zur Geschichte der bürgerlichen Gesellschaft, Neuwied. *Kornhauser, W.* [2]1966: »Power Elite« or »Veto Groups»?, in: *Bendix, R./Lipset, S. M.* (Hrsg.): Class, Status, and Power, New York, 210–218. *Luhmann, N.* [2]1971: Soziologische Aufklärung, Opladen. *Luhmann, N.* 1975: Soziologische Aufklärung 2, Opladen. *Münch, R.* 1991: Dialektik der Kommunikationsgesellschaft, Frankfurt/M. *Nikles, B./Weiß, J.* (Hrsg.) 1975: Gesellschaft. Organismus – Totalität – System, Hamburg. *Parsons, T.* 1951: The Social System, Glencoe. *Parsons, T.* 1975: Gesellschaften, Frankfurt/M. *Popper, K. R.* 1957: Die offene Gesellschaft und ihre Feinde, 2 Bde., Bern. *Rex, J.* 1970: Grundprobleme der soziologischen Theorie, Freiburg. *Schulze, G.* [2]1992: Ereignisgesellschaft, Frankfurt/M. *Strasser, H.* 1976: The Normative Structure of Sociology, London. *Strasser, H./Randall, S. C.* 1979: Einführung in die Theorien des sozialen Wandels, Darmstadt. *Tjaden, K. H.* 1969: Soziales System und sozialer Wandel, Stuttgart. *Touraine, A.* 1972: Die postindustrielle Gesellschaft, Frankfurt/M.

Gesetzgebung / Gesetzgebungsverfahren

I. Gesetzgebung (G.) ist das wichtigste, dem ↗ Rechtsstaat angemessene Mittel politischer Steuerung. Sie führt zu allgemeinverbindlicher Entscheidung über öffentliche Probleme, die einer Regelung bedürfen oder deren Regelung z.B. aufgrund einer politischen Ordnungskonzeption für notwendig erachtet wird. Insofern sind Gesetze immer Ausdruck politischer Überzeugungen, die freilich nicht willkürlich sein dürfen, sondern im modernen Verfassungsstaat eingebettet bleiben in eine umfassendere, in aller Regel grundwertorientierte Rechtsordnung (↗ Grundwerte).

Als Gesetzgebungsverfahren im weiteren Sinne läßt sich der gesamte politisch-gesellschaftliche Prozeß der Problemfindung, Willensbildung und Entscheidung definieren. Im engeren Sinne ist darunter der im Rahmen der verfassungsmäßigen Kompetenzordnung rechtlich und geschäftsordnungsmäßig organisierte institutionelle Prozeß der Normsetzung von der formellen Initiative über die Beratung bis zur Entscheidung zu verstehen. Da G. ihre Impulse und Problemstellungen aus der gesellschaftlichen Dynamik erfährt und zum Ziel hat, eben diese Dynamik politisch-zielorientiert und sachadäquat zugleich zu steuern, kann die Betrachtung ihres Verfahrens unter allein formell-institutionellen Aspekten nicht zu angemessenen Erkenntnissen führen.

Zu einem anderen Ergebnis führt die Diskussion des Gesetzesbegriffs, der früher zwischen formellem (nur auf den Erlaß durch das entsprechende Staatsorgan auf dem vorgesehenen formellen Weg abstellende) und materiellem (im Sinne einer generellen abstrakten Norm zur Beurteilung aller einschlägigen Rechtsverhältnisse) Gesetz unterschied. Maßnahme- oder Einzelfallgesetze – ein Großteil der G. im leistenden und daseinsvorsorgenden ↗ Sozialstaat – galten demnach nicht als Gesetz im materiellen Sinne. Die Unterscheidung zwischen *public* und *private bills* in den angelsächsischen Regierungssystemen ist nicht in jeder Hinsicht identisch, aber doch vergleichbar. In der deutschen Diskussion hat *U. Scheuner* (1960) festgestellt, daß verfassungsrechtlich materiale Differenzierungen des Gesetzesbegriffs nicht mehr zulässig sind, die früher ja eine Waffe der Monarchie gewesen waren, parlamentarische Mitwirkung einzuschränken und sich selbst autonome Bereiche der Normsetzung zu reservieren. Auf das formale Element allein stellt auch die Wesentlichkeitstheorie des Bundesverfassungsgerichtes ab, der zufolge die grundlegenden und wesentlichen staatlichen Entscheidungen dem parlamentarischen Gesetzgeber vorbehalten bleiben.

Im Rahmen einer (verengten) Theorie der ↗ Gewaltenteilung wird häufig das Parlament mit der Aufgabe der G. identifiziert und als *die* Legislative verstanden. Tatsächlich gibt es u. U. jedoch in dezentralisierten politischen Systemen unterschiedliche Ebenen der Normsetzung (↗ Föderalismus). Ebenso haben moderne Parlamente umfassendere als nur gesetzgeberische Aufgaben. Verfassungsgeschichtlich waren Parlamente auch nie autonome, sondern immer nur mitwirkende Gesetzgebungsorgane, das Gesetzgebungsverfahren mithin stets ein konkurrentieller Prozeß zwischen mehreren Institutionen, in welchem Krone oder Exekutive stets eine starke Position einnahmen – zu Zeiten des »klassisch«-bürgerlichen ↗ Parlamentarismus sogar die stärkere. In der Ablösung dieser Prärogativen durch den Parlamentsvorbehalt der Wesentlichkeitstheorie offenbart sich der verfassungsgeschichtliche Wandel zur parlamentarischen Demokratie. Von Funktionsverlusten des heutigen parlamentarischen Gesetzgebers gegenüber dem »klassischen« Parlamentarismus zu sprechen ist historisch zumindest in Deutschland nicht haltbar.

II. Das *erste* Gestaltungsprinzip der G. und der Grundzüge des Verfahrens sind die in den unterschiedlichen politischen Systemen grundgelegten ↗ Verfassungsgrundsätze. In den USA und in den kontinentalen Verfassungsstaaten unterliegt der Gesetzgeber inhaltlichen Beschränkungen durch eine bindende Verfassung.

Anders in Großbritannien, wo der Grundsatz der Parlamentssouveränität das Parlament von jeder rechtlichen Beschränkung freistellt und ihm »die souveräne und unkontrollierbare Autorität beim Abfassen, Bestätigen, Erweitern, Einschränken, Widerrufen,

Aufheben, Wiedereinführen und Auslegen der Gesetze, die Angelegenheiten aller möglichen Art betreffen« *(Blackstone* 1765; *Dicey* 1885) zuschreibt und Parlamentsgesetze auch jeglicher materieller Prüfung durch die Gerichte entzieht, wie sie etwa in den USA und Deutschland durch die ↗ Verfassungsgerichtsbarkeit möglich und üblich ist. Diese *Sovereignty of Parliament* ist eine formale Fiktion. Sie stellt die rein rechtlich potentielle legislatorische Despotie des Gesetzgebers nicht von politischen Bindungen und von *Conventions* frei, die denen der kontinentalen Verfassungsurkunden praktisch gleichkommen. Nur für den Notstandsfall, in dem es auf materielle und prozedurale Flexibilität der Normsetzung ankommt, gewährt sie, ihr Wesen offenbarend, auch faktisch uneingeschränkten Aktionsraum.

Ein *zweites* Gestaltungsprinzip ist die verfassungsrechtliche Organisation des Regierungssystems (↗ Politisches System). In präsidentiellen Systemen (USA, Frankreich) ist das Gesetzgebungsverfahren als institutionelle Konkurrenz zwischen Parlament und Regierung angelegt, die weniger in der Gewaltenteilung als in der originären demokratischen Legitimation beider Institutionen wurzelt. Größte Verfahrensautonomie genießt formal der *Congress,* der im Regierungssystem der USA zudem allein das Recht besitzt, Gesetze zu initiieren. Das Gegengewicht stellt das nur schwer überstimmbare präsidentielle Veto dar. Die Verfassung der V. Republik Frankreichs billigt dagegen auch der Regierung das Initiativrecht zu, gibt ihr weitgehende, parlamentarische Eigenständigkeiten, potentiell unterdrückende Eingriffsmöglichkeiten in das Verfahren und entzieht – ähnlich der konstitutionellen Monarchie – durch materielle Definition des Gesetzes dem Parlament überhaupt weite Bereiche der Normsetzung, indem diese der Regierung zugeschoben werden. Anders als in den USA entscheidet der »rationalisierte« Parlamentarismus Frankreichs die Frage nach der legislatorischen Macht von vornherein zugunsten der präsidialen Regierung. Das gewaltenfusionierende parlamentarische Regierungssystem (Großbritannien, Bundesrepublik Deutschland u.a.) gestaltet dagegen das Gesetzgebungsverfahren nach den Prinzipien der Kooperation: Formal haben Parlament und Regierung das gleiche Initiativrecht, am parlamentarischen Beratungsprozeß ist die Regierung jederzeit beteiligt, lediglich der Gesetzesbeschluß fällt in die alleinige Kompetenz des Parlaments. Weder bestehen exekutive Veto- noch parlamentsfeindliche Eingriffsmöglichkeiten in die Beratungs- und Verfahrensautonomie.

Unabhängig von der verfassungsorganisatorischen Entscheidung für das präsidentielle oder parlamentarische Regierungssystem gehen gegebenenfalls strukturierende Wirkungen vom föderalistischen Prinzip aus (z.B. USA, Bundesrepublik Deutschland; ↗ Föderalismus), welches zum einen gesetzgeberische Kompetenzen nach dem Subsidiaritätsprinzip dezentral verteilt und zum anderen die subnationale Ebene an den nationalen Willensbildungsprozessen initiierend, beratend und mitentscheidend beteiligt (Senat, Bundesrat) – und zwar obligatorisch bei allen Gesetzentwürfen. Ohne Zustimmung des Senats als in die G. voll integrierte, politisch sogar gewichtigere Kammer kommt in den USA kein Gesetz zustande, in der Bundesrepublik dort nicht, wo das Grundgesetz Zustimmungspflichten des Bundesrates vorsieht; aber auch in dessen Anhörungsrechten verbirgt sich erhebliches Verhinderungspotential.

Die Referendumsdemokratie (Schweiz) – das Repräsentativprinzip durchbrechend – stellt die G. schließlich überhaupt fakultativ und in bestimmten Fällen sogar obligatorisch unter den Vorbehalt unmittelbarer Zustimmung einer Mehrheit des Volkes. Initiativrechte bestehen jedoch in der Regel nicht bei nationalen, sondern nur bei subnationalen (Kantone, Bundesländer) Entscheidungsebenen.

Ein *drittes* Gestaltungsprinzip ist der Parlamentstyp. Er ist von formalen und institutionellen Prämissen nicht primär abhängig und wird mehr vom Selbstverständnis der Parlamentarier und von der ↗ Politischen Kultur geformt: Das Redeparlament (Realtyp: Unterhaus) ordnet auch die Gesetzgebungsverfahren und Gesetzesberatung seiner Intention unter, vor allem Forum der politischen Diskussion zwischen regierender Mehrheit und Opposition für die Öffentlichkeit zu sein. Die Debatte von Gesetzentwürfen dient daher im wesentlichen der politischen Begründung oder Kritik – auch während des zum großen Teil öffentlichen Ausschußverfahrens. G. wird auf institutioneller Ebene weitgehend zum Bestätigungsakt für Regierungsvorlagen nach kontroverser Diskussion. Das Arbeitsparlament legt seinen Schwerpunkt auf die konkrete und detaillierte Gestaltung der Gesellschaft durch »Arbeit am Gesetz«. Die politische Grundsatzdiskussion wird überlagert, teils sogar durch fachorientierte und spezialisierte Detailarbeit verdrängt. Ihr Ort sind die Ausschüsse. Auch wo diese – im Gegensatz zum Deutschen Bundestag – weitgehend öffentlich tagen (USA, Italien, Belgien), wird die Gesetzgebungsdiskussion durch den Beratungsstil der Öffentlichkeit entrückt. Das Parlament verteidigt zwar seine Effizienz und gestaltet die Gesetze erheblich mit, verliert zugleich aber an Evidenz. Die Idealformel, beides zu optimieren, ist bislang auch vom Deutschen Bundestag, der ihr im Selbstverständnis nahezukommen sucht (*Maier* u. a. ^{2}1979), nicht gefunden worden.

III. Das Verfassungsrecht schafft zumeist nur allgemeine Rahmenbedingungen des Gesetzgebungsverfahrens. Dessen Details werden vor allem in den parlamentarischen Geschäftsordnungen geregelt, die als nachgeordnetes Satzungsrecht selbstverständlich an diese Rahmenbedingungen gebunden sind. Darauf ist die Vielfalt der Verfahrensweisen bei aller strukturellen Verwandtschaft zurückzuführen. Die formelle Grobstruktur des Gesetzgebungsverfahrens hat sich seit vordemokratischen Zeiten kaum verändert und erscheint in ihrer Abstraktion auch unabhängig von den Wertorientierungen politischer Systeme: Sie unterscheidet die vier Phasen Einbringung (Initiative), Beratung, Beschlußfassung und Inkraftsetzung. Im einzelnen unterliegen diese Phasen den zuvor geschilderten Gestaltungsprinzipien. Weitgehende parlamentarische Gestaltungsautonomie genießt zumindest in Systemen, die eine eigenständige Rolle der Volksvertretung zu realisieren suchen, die Beratung, während die anderen Phasen angesichts des autoritativen Charakters der G. in der Regel verfassungsrechtlich normiert sind.

Die Gesetzesinitiative kann formell ausschließlich dem einzelnen Parlamentsmitglied vorbehalten bleiben (USA); sie kann den einzelnen Abgeordneten und der Regierung zustehen (England, Frankreich); ebenso kann sie von Fraktionen – oder Gruppen von Abgeordneten, die wenigstens das Quorum der Fraktionsstärke erreichen –, Regierung und Länderkammer (Bundesrat) wahrgenommen werden (Bundesrepublik Deutschland). Ausgehend von der Verfassungsreform Schleswig-Holsteins (1990) eröffnen mittlerweile zahlreiche Länderverfassungen in Deutschland durch die »Volksinitiative«, die den Landtag zur Befassung mit bestimmten Materien zwingen kann, eine zusätzliche potentiell in Volksbegehren und Volksentscheid mündende Initiativchance. Die Autorität einer Initiative kann vom Initianten ebenso abhängig sein wie der dann einzuschlagende Verfahrensweg. Vom britischen Vorbild ausgehend, haben sich für die Gesetzesberatung im allgemeinen drei Lesungen eingebürgert. Die erste ist in der Regel ritueller Natur: Im Unterhaus beschränkt sie sich auf die Benennung der Vorlage und die Mitteilung des Termins für die zweite Lesung, in der Bundesrepublik auf die Überweisung an die Ausschüsse; im *Congress* gilt sie mit der Eintragung in die Einbringungslisten bereits als vollzogen. *Congress* und Bundestag, ganz Arbeitsparlamente, schließen daran eine Ausschußphase an, in welcher sie die Entwürfe einer intensiven politischen wie sachlichen Prüfung und in aller Regel (teils erheblichen) Modifizierungen unterziehen: der Kern parlamentarischer Arbeit am Gesetz. Das Ergebnis, die Vorlage der Ausschüsse, bildet die Grundlage für die zweite Lesung im Plenum. Diese dient der Einzelberatung aller Vorschriften. Jeder Abgeordnete kann Änderungsanträge stellen.

Das Unterhaus, ganz Redeparlament, schaltet dagegen die zweite Lesung der Ausschuß-Phase vor. Es führt dabei die Hauptdebatte über die politischen Prinzipien, keineswegs über Einzelfragen. Die Ausschüsse, in denen die Entwürfe anschließend diskutiert werden, sind keineswegs spezialisierte Fachausschüsse, sondern der Idee nach verkleinerte Spiegelbilder des Hauses, denen als politischen Generalisten die unterschiedlichsten Materien aus dem Spektrum legislatorischer Arbeit vorgelegt werden. In jüngster Zeit wird ihre Zusammensetzung jedoch je nach Vorlage verändert, um eine gegenstandsbezogenere Arbeit zu gewährleisten. Zugleich ist es den *backbenchers* Ende der 70er Jahre gelungen, ihren Führungen wenigstens Ansätze fachorientierter Ausschußstrukturen abzuringen, die sich inzwischen neben den Überkommenen bewährt haben. Gleichwohl wird die Ausschußarbeit nicht als Kern des Verfahrens betrachtet; die Teilnahmefrequenz der Parlamentarier ist gering, die Diskussion bleibt politisch, konkrete Änderungsanträge werden vergleichsweise selten und noch seltener erfolgreich gestellt, weil auch dieser Teil des Verfahrens mehr der öffentlichen Begründung und Zuweisung von Verantwortlichkeit dient: Arbeit am Gesetz bleibt vor allem politische Diskussion, die durchaus Änderungen und Ergänzungen veranlassen kann, nie jedoch so konkret wird, daß Mehrheits- und Minderheitsposition verwischt werden würden. Die Ergebnisse der Ausschußdiskussion werden dem Plenum förmlich mitgeteilt *(report stage)*. Die dritte Lesung schließt sich an. Soweit eine Debatte überhaupt stattfindet, dient sie erneut der generellen politischen Auseinandersetzung.

Das britische Verfahren ist »politischer«. Schon verfahrenstechnisch rangiert die Transparenz der Leitlinien vor der weniger oder gar nicht öffentlichen Ausschußarbeit. Die amerikanische und deutsche Verfahrensweise konfrontiert die Plenaröffentlichkeit dagegen sogleich mit Arbeitsergebnissen, deren politische Ausgangspunkte und deren Zustandekommen kaum rekonstruierbar sind, soweit nicht, wie im *Congress*, über weite Strecken öffentlich verhandelt wird. Im Bundestag ist die Ausschußphase in der Regel nicht öffentlich. Die Öffentlichkeit der *Committees* kompensiert dagegen in den USA die Neigung des mächtigen *Rules Committee*, die Ergebnisse mühsamer Ausschußarbeit keineswegs immer zur weiteren Behandlung im Plenum zuzulassen. Die an die zweite Lesung im allgemeinen unmittelbar anschließende dritte, die nun der allgemeinen politischen Aussprache dient, kann insofern vor der Gefahr stehen, die Gründe für Kompromisse und Kontroversen nicht wirklich zu vermitteln. In der Schlußabstimmung (für die es unterschiedliche Verfahrensmöglichkeiten und Quoten gibt) erteilt das Parlament einer Vorlage den »Gesetzesbefehl«. Ohne seine Zustimmung kommt jedenfalls kein Gesetz zustande. Schon diese formelle Position schützt es vor politischer Entmachtung.

Gesetz wird eine Vorlage in den meisten demokratischen Systemen erst nach der Befassung oder sogar Zustimmung einer zweiten Kammer, u. U. nach einem Vermittlungsverfahren mit der Notwendigkeit eines neuerlichen parlamentarischen Durchgangs. Es folgt der förmliche Akt des *Royal Assent* (in Großbritannien) bzw. der Unterzeichnung durch den Staatspräsidenten (z. B. in der Bundesrepublik). Materiell bedeutsam ist diese Stufe des Verfahrens in den USA: Dort kommt die konkurrierende Konstellation der Institutionen nicht zuletzt darin zum Ausdruck, daß der Präsident ein in der Praxis kaum mehr überstimmbares (Zweidrittel-Mehrheit beider Häuser) Veto einlegen kann. Weniger das Veto selbst als die Bedrohung, die von ihm auf jeden Gesetzgebungsakt ausstrahlt, sichert den Einfluß und die Berücksichtigung präsidialer Positionen im parlamentarischen Gesetzgebungsverfahren.

IV. Diese verfahrenspolitische Bedeutung des Vetos lenkt den Blick von den formellen auf informelle und nichtinstitutionelle Faktoren und Wandlungsprozesse, die in der gesetzgeberischen Praxis ausschlaggebende Bedeutung besitzen.

Formell liegt die Initiative bei Abgeordneten oder Institutionen. Im Vorfeld des formellen Verfahrens sind gesellschaftliche Interessenträger oder die Verwaltung, welche Regelungsbedarf entdecken und anmelden, erheblich daran beteiligt. Insbesondere die amerikanische Praxis, in der im Grunde jedermann, der die Ansicht besitzt, *that there ought to be law,* Abgeordneten einen Entwurf zustecken kann, belegt den traditionellen Zusammenhang zwischen Petition und Gesetzgebung: Der Abgeordnete bringt ihn ein, u. U. mit der Formel *by request,* um sich personlicher Verantwortlichkeit zu entledigen. Diese Offenheit führt zu etwa 20000 Vorlagen während der zweijährigen *Session;* aber nur wenige hundert davon werden Gesetz: Der *Congress* behält insoweit das Verfahren in der Hand. Grundsätzlich ist in allen Demokratien in diesem Vorstadium die Kooperation der Institutionen mit den gesellschaftlichen Interessen bedeutsam. Sie sichert die Sachrationalität und die Legitimität der gesetzgeberischen Entscheidung; denn Demokratie heißt nicht Trennung, sondern Interdependenz von Staat und Gesellschaft. Dazu tritt die starke Position der ↗ Öffentlichen Verwaltung, die aus der Vollzugspraxis die notwendigen Änderungen und Anpassungen benennt und im Vorfeld der Initiative Alternativen materiell prüft und abklärt. Dem vorgelegten Entwurf geht in aller Regel eine Vielzahl verwaltungsinterner Konsultations- und Koordinierungsprozesse voraus. Das parlamentarische Verfahren setzt nicht auf unbestelltem Feld an.

Hier deutet sich bereits an, daß die Initiative heute weitgehend auf die Regierungen übergegangen ist – selbst dort, wo sie formell kein Recht dazu hat: In den USA entstehen 50% der Entwürfe in der Exekutive; sie initiiert etwa 80% derer, die überhaupt Gesetz werden, und ohne ihre Unterstützung haben zumindest wichtigere Gesetze keine Chance. In der Regel wird der Entwurf einem Abgeordneten zugestellt, der ihn im *Congress* einbringt. Als Einfallstor hat sich aber auch Art. II Sekt. 3 der Verfassung erwiesen, der dem Präsidenten abverlangt, regelmäßig »über die Lage der Union Bericht zu erstatten und Maßnahmen zu empfehlen, die er für notwendig und nützlich erachtet«. Der Präsident als »*legislative leader*« oder »*chief legislator*« (*Jewell/Patterson* 1966: 301f.)? Jedenfalls empfindet der *Congress* es als verfassungspolitische Verpflichtung der Regierung, ihn mit ihren Gesetzgebungsprogrammen zu versorgen. Nach dem Motto *you draft the bills and we work them over* behält er sich jedoch ziemlich souveränen Umgang mit den Vorlagen vor. Noch stärker hat im parlamentarischen Regierungssystem Großbritanniens die Regierung »die Klinke der Gesetzgebung in der Hand« (*Loewenstein* 1967, Bd. 1: 322). Die Initiative einzelner Abgeordneter (*private member bills*) ist buchstäblich ein Lotteriespiel, da die wenige dafür zur Verfügung stehende Zeit unter den Interessenten verlost wird; Verabschiedungschancen haben diese *bills* nicht, es sei denn, die Regierung stellt sich dahinter. Auch in der Bundesrepublik stammen regelmäßig zwei Drittel der Entwürfe von der Regierung; sie sind die gewichtigeren und besitzen eine hohe Verabschiedungschance. Die parlamentarische Initiative ist im wesentlichen ein der Opposition zur Verfügung stehendes Instrument zur Vorlage von Alternativen. Allerdings pflegt der Bundestag einen Beratungs- und Kontrollstil, der sich stark am amerikanischen Verfahren orientiert; Fachausschüsse, fraktionsinterne Spezialisierung und Arbeitsteilung, die sich in sachgebietsorientierten Arbeitskreisen und Arbeitsgruppen organisiert – beides unterstützt durch einen zuarbeitenden parlamentarischen Hilfsdienst, der natürlich nicht amerikanische Ausmaße erreicht, nach dem japanischen seit langem aber der drittstärkste in der Welt ist. Durch diese organisatorischen Maßnahmen entwickelt das Parlament ein hohes Maß gesetzgeberischer Kompetenz. Keineswegs wird es durch das Übergewicht der Regierungsinitiative grundsätzlich entmächtigt. Darüber hinaus besitzt im parlamentarischen Regierungssystem die regierende Mehrheit (= Kabinett plus Mehrheitsfraktionen) zumindest bei Materien, die nicht der technokratischen und sozialtechnologischen Anpassung, sondern der politischen Gestaltung dienen, in der Regel das gleiche Programm. Insoweit steht hinter der Regierungsinitiative der programmatische Wille des Mehrheitslagers, dessen Fachleute vielfach frühzeitig in die Diskussion mit einbezogen werden, bevor überhaupt eine Initiative eingebracht wird (*Helmrich*; *Oberreuter*, in *Hill* 1989). Die Rolle des Parlaments wird also nicht nur durch die *power of initiative* bestimmt. Mit seiner politischen *power of prevention* kann es die Regierung daran hindern, ihm überhaupt gewisse Vorlagen zuzuleiten. Seine *power of reaction* ermöglicht ihm durch konkrete Arbeit am Gesetz erhebliche Modifizierungen, bei der »Gestaltungsgesetzgebung« (*Oberreuter* 1974) sogar oft genug die Entfaltung geradezu klassischer Gesetzgebungstätigkeit: initiativ, informationssammelnd, intensiv beratend und recht eigenständig entscheidend. Allerdings ist dies der kleinere Teil der G. Der Sozialstaat, der gleichzeitig Rechtsstaat sein muß, hat einen unersättlichen Normbedarf in Details, die oft politischer Gestaltung gar nicht zugänglich sind.

Auch wenn G. unabhängig von der Struktur des Regierungssystems ein offenes Feld für Kooperation und Kontroverse der Institutionen ist, läßt sich insgesamt die Überlegenheit der Regierungen nicht leugnen. Ihre Ursachen liegen im immensen Wachstum der Staatsaufgaben, im Wandel vom liberalen Nachtwächterstaat zum Sozialstaat, welcher seine gesetzgeberischen Eingriffe und Leistungen weit in die Gesellschaft hineintreibt. G. wird dadurch in den Industriestaaten ein hochkomplexer Prozeß. Dessen Steuerung und Kontrolle verlangen in der modernen Gesellschaft ein hohes Maß an Rationalität und Planung. ↗ Legitimität wird jedoch nicht allein durch formales und rationales Verfahren, sondern vor allem dadurch gewonnen, daß zugleich das Element wertorientierter politischer Steuerung wirksam bleibt.

Heinrich Oberreuter

↗ Föderalismus; Gewaltenteilung; Öffentliche Verwaltung; Verfassungsgerichtsbarkeit; Verfassungsgrundsätze.

Lit.: *Berman, D.M.* [2]1966: In Congress Assembled. The Legislative Process in the National Government, New York u.a. *Davidson, R.H.* 1988: Der US-Kongreß »bei der Arbeit«: Zum Wandel von Gesetzesvolumen und Geschäftsordnung, in: ZParl, 249–287. *Dicey, A.V.* [10]1959 (Reprint 1968): Introduction to the Study of the Law of the Constitution, London u.a. *Ellwein, Th./Hesse, J.J.* [7]1992: Das Regierungssystem der Bundesrepublik Deutschland, Opladen. *Galloway, G.B.* [3]1959: The Legislative Process in Congress, New York. *Griffith, J.A.G.* 1974: Parliamentary Scrutiny of Government Bills, London. *Hill, H.* 1989: Zustand und Perspektiven der Gesetzgebung, Berlin. *Jewell, M.E./Patterson, S.C.* 1966: The Legislative Process in the United States, New York. *Kempf, U.* 1975: Das politische System Frankreichs, Opladen. *Koenig, L. W.* 1971: American National Government. Policy and Politics, Glenview u.a. *Light, P.C.* 1992: Forging Legislation, New York/London. *Loewenstein, K.* 1959: Verfassungsrecht und Verfassungspraxis der Vereinigten Staaten, Berlin u.a. *Loewenstein, K.* 1967: Staatsrecht und Staatspraxis von Großbritannien, 2 Bde., Berlin u.a. *Madgwick, P.J.* [2]1976: Introduction to British Politics, London. *Maier, H./Rausch, H./Hübner, E./Oberreuter, H.* [2]1979: Parlament und Parlamentsreform. Zum Selbstverständnis des fünften Deutschen Bundestages, München. *Neustadt, R.E.* 1955: Presidency and Legislation: Planning the President's Program, in: American Political Science Review 49, 980–1021. *Norton, P.* 1990: Parliaments in Western Europe, WEP 13. *Oberreuter, H.* 1974: Krise des Gesetzgebers? Bemerkungen zur legislatorischen Kompetenz des Parlaments, in: Politische Studien 25, 5–18. *Patterson, S.C./Davidson, R.H./Ripley, R.B.* 1979: A More Perfect Union. Introduction to American Government, Homewood/Ill. *Saalfeld, T.* 1988: Das britische Unterhaus 1965–1986, Frankfurt/M. *Scheuner, U.* 1960: Die Aufgabe der Gesetzgebung in unserer Zeit, in: Die öffentliche Verwaltung 13, 601–611. *Schindler, P.* 1994: Datenhandbuch zur Geschichte des Deutschen Bundestages 1983 bis 1991, Baden-Baden. *Schneider, H.* 1991: Gesetzgebung. Ein Lehrbuch, Heidelberg. *Schulze-Fielitz, H.* 1988: Theorie und Praxis parlamentarischer Gesetzgebung, Berlin. *Thaysen, U.* / *Davidson, R. H.* / *Livingston, R. G.* (Hrsg.) 1988: US-Kongreß und Deutscher Bundestag, Opladen.

Gesundheitspolitik

I. Nach einem in den ↗ Sozialwissenschaften verbreiteten Verständnis bezeichnet der Begriff Gesundheit das Vermögen der Menschen, alle diejenigen Funktionen störungsfrei erfüllen zu können, die ihnen im Rahmen ihrer gesellschaftlichen Bezüge zukommen (*Jahn* u. a. ³1973: 10).

Unter Gesundheitspolitik (G.) versteht man alle Maßnahmen zur Gesundheitsversorgung der Bevölkerung, die sich auf die Gesundheitsvorsorge, die Krankheitsbehandlung und die Krankheitsfolgen beziehen. In ihrer jeweiligen organisatorischen, rechtlichen und finanziellen Ausformung bestimmen sie die Struktur des Gesundheitssystems.

Die Ziele der G. lassen sich nach drei Ebenen unterscheiden. Auf der gesellschaftlichen Ebene geht es um die Norm, daß im Bedarfsfall jeder Bürger unabhängig von Einkommen und sozialem Status Anspruch auf die notwendige Gesundheitsversorgung haben soll. Auf der medizinischen Ebene geht es um die bestmögliche Qualität der Gesundheitsversorgung unter Wahrung der menschlichen Würde und Freiheit. Auf der ökonomischen Ebene geht es um die kostengünstige Versorgung mit Gütern und Dienstleistungen. Die verfügbaren finanziellen Mittel sollen nicht nur effektiv, sondern auch effizient verwendet werden. Diese Ziele stehen in Konflikt miteinander. Ihnen wird von den einzelnen Akteuren im Gesundheitssystem aufgrund verschiedener Interessenlagen eine unterschiedliche Priorität eingeräumt.

Das zentrale politische Steuerungsinstrument ist in allen Ländern das Krankenversicherungssystem. Es entscheidet darüber, wer die Gesundheitsleistungen in welcher Höhe finanziert, wer sie in welchem Umfang in Anspruch nehmen kann, wer sie mit welchen Kompetenzen verwaltet, wie die Anbieter von medizinischen Leistungen (Ärzte, Medizinalberufe, Industrie) auf Umfang und Qualität der Versorgung Einfluß nehmen können und auf welche Weise auf veränderte Umweltbedingungen reagiert werden kann.

II. Die Gesundheitssysteme der OECD-Länder lassen sich hinsichtlich der Art und Weise, wie sie den Krankenversicherungsschutz organisieren, nach drei Grundtypen unterscheiden:

Der Typ eines nationalen Gesundheitsdienstes ist charakterisiert durch eine kostenfreie medizinische Versorgung aller Bürger. Die Finanzierung erfolgt aus allgemeinen Steuermitteln, und der Staat ist weitgehend Träger und Kontrolleur des Leistungsangebots (Beispiel: Großbritannien und Italien). – Der Typ der ↗ Sozialversicherung ist charakterisiert durch eine gesetzliche Pflichtversicherung mit Beitragsfinanzierung. Hier gibt es allerdings starke Variationen von Land zu Land hinsichtlich des Ausmaßes der Versicherungspflicht, der Höhe der Beiträge und der von der Versicherung gedeckten Leistungen. Träger des Angebots sind unabhängige Vertragspartner der Krankenkassen (Beispiel: Deutschland und Frankreich). – Der Typ der Privatversicherung ist charakterisiert durch unternehmensbezogene oder individuell abgeschlossene private Krankenversicherungen. Die Finanzierung erfolgt individuell und/oder durch Beiträge der Unternehmer. Das Leistungsangebot ist weitgehend unter privatwirtschaftlicher Kontrolle (Beispiel: USA).

Diese Typen sind allerdings nirgends in reiner Form anzutreffen. Immer gibt es eine allerdings graduell unterschiedliche Mischung von privaten und staatlichen Komponenten. Beispielsweise gibt es im staatlichen Gesundheitssystem Großbritanniens auch private Anbieter und Krankenversicherungen, und im privatwirtschaftlichen Gesundheitssystem der USA gibt es staatliche Krankenversicherungsprogramme. Allen Ländern ist gemeinsam, daß der Anteil der öffentlichen Ausgaben (Staat oder gesetzliche Krankenversicherungen) an den gesamten Gesundheitsausgaben zugenommen hat, auch wenn die Unterschiede nicht zu übersehen sind. Sie reichen in den 80er Jahren von rd. 42% in den USA bis zu rd. 90% in Großbritannien und Schweden. Trotz vielfältiger Ähnlichkeiten sind die Krankenversicherungssysteme und damit die gesundheitspolitischen Steuerungsmaßnahmen von einer starken Variation geprägt. Das liegt an der unterschiedlichen historischen Entwicklung und den daraus hervorgegangenen unterschiedlichen institutionellen Strukturen.

In allen OECD-Ländern sind unabhängig von der Art des Krankenversicherungssystems und der institutionellen Struktur des Gesundheitswesens die Gesundheitsausgaben seit Beginn der 60er Jahre stärker gestiegen als das ↗ Sozialprodukt. Seit Mitte der 70er Jahre, aber vor allem in den 80er Jahren macht sich allerdings eine bemerkenswerte Variation bemerkbar (vgl. *OECD* 1990: 10). Länder, wie die USA, mit starken marktwirtschaftlichen Steuerungselementen verzeichnen die höchste Ausgabenexpansion, während staatliche Systeme, wie Großbritannien, aber auch die Bundesrepublik, erfolgreicher eine Kostendämpfung betreiben konnten. Der internationale Vergleich zeigt, daß im Gegensatz zu einer weitverbreiteten Annahme öffentliche Gesundheitssysteme mit staatlichen Kontrollmechanismen die Kostendynamik besser beherrschen konnten.

Die Kostendynamik des Gesundheitssektors hat in allen Ländern zu einer Dominanz der ökonomischen Perspektive geführt. Es geht darum, ob die Gesundheitsversorgung effizienter und kostensparender erbracht werden kann. Die politische und wissenschaftliche Diskussion konzentriert sich auf die Steuerungsmedien Staat, Markt und Verhandlungen.

In allen Ländern besteht ein Gemisch dieser Steuerungsinstrumente. Nirgends konnte bislang aber die Fehlallokation von Ressourcen verhindert, noch die Anpassungsfähigkeit an sozioökonomische und medizinische Veränderungen ausreichend gewährleistet werden. Der Vergleich von Gesundheitssystemen macht deutlich, daß sich nur in wenigen Fällen klare Beziehungen zwischen den finanziellen Aufwendungen für die Gesundheit und Indikatoren der Gesundheitsversorgung (etwa: Ärztedichte, Krankenhauseinweisungen, Personal, Säuglingssterblichkeit, Lebensdauer) herstellen lassen. Insgesamt ist eine Evaluierung der Auswirkungen von Gesundheitsausgaben für den Gesundheitszustand der Bevölkerung und für eine effektive und effiziente Verwendung medizinischer Leistungen durch internationale Vergleiche noch nicht in der Weise gelungen, daß sich daraus allgemeine Reformkonzepte für die Kostenkontrolle und für eine angemessene qualitätsbezogene Gesundheitssicherung gewinnen lassen. Im Gegenteil hat sich in den 80er Jahren gezeigt, daß die Reformversuche in den einzelnen Ländern stark von den jeweiligen nationalen politischen und institutionellen Bedingungen geprägt waren. Trotz der mannigfaltigen Ähnlichkeiten in den Regelungen des Krankenversicherungsschutzes und der sozialen, finanziellen und medizinischen Probleme kann daher weder von einer Konvergenz der Gesundheitssysteme noch von einer Konvergenz gesundheitspolitischer Reformstrategien gesprochen werden.

Axel Murswieck

Lit.: *Alber, J.* 1988: Die Gesundheitssysteme der OECD-Länder im Vergleich, in: *Schmidt, M.G.* (Hrsg.): Staatstätigkeit. International und historisch vergleichende Analysen (PVS Sonderheft 19), Opladen, 116–150. *Alber, J./Bernardi-Schenkluhn, B.* 1992: Westeuropäische Gesundheitssysteme im Vergleich, Frankfurt/M. *Blanpain, J./Lindgren, B./Sandier, S.* 1985: Comparaisons Internationales des Systèmes de Santé, Centre de Recherche, d'Etude et de Documentation en Economie de la Santé (CREDES), Paris. *Der Bundesminister für Arbeit und Sozialordnung* (Hrsg.) ²1989: Gesundheitssysteme im internationalen Vergleich (= Forschungsbericht 160: Gesundheitsforschung), Bonn. *Jahn, E.* u.a. ³1973: Die Gesundheitssicherung in der Bundesrepublik Deutschland, Köln. *Keck, A.* 1981: Planung und Ökonomie des Gesundheitswesens, Berlin (Ost). *Murswieck, A.* 1990: Politische Steuerung des Gesundheitswesens, in: *Beyme, K. von/Schmidt, M. G.* (Hrsg.): Politik in der Bundesrepublik Deutschland, Opladen, 150–176. *OECD* 1987: Financing and Delivering Health Care. A Comparative Analysis of OECD Countries, Paris. *OECD* 1990: Health Care Systems in Transition. The Search for Efficiency, Paris. *Perschke-Hartmann, Ch.* 1994: Die doppelte Reform. Gesundheitspolitik von Blüm bis Seehofer, Opladen. *Rosewitz, B./Webber, D.* 1990: Die Reformversuche und Reformblockaden im deutschen Gesundheitswesen, Frankfurt/M.

Gewaltenteilung

I. Gewaltenteilung (G.) gilt als unverzichtbarer Grundsatz freiheitlicher Demokratien. Ihr Kerngedanke ist die Begrenzung, Hemmung und Kontrolle staatlich-politischer ↗ Macht, deren übermäßige Ausdehnung oder deren Mißbrauch auf Kosten individueller oder gesellschaftlicher ↗ Freiheit verhindert werden soll. Daß gerade die formelle und materielle Aufhebung der G. Voraussetzung für Errichtung und Funktionieren der Partei- und Führerdiktaturen des 20. Jh.s gewesen ist, hat ihre verfassungspolitische Bedeutung in der Moderne von neuem verdeutlicht.

Das traditionelle Verständnis der G. geht von der Verteilung der Staatsgewalt auf mehrere rechtlich selbständige Teilgewalten und staatliche Institutionen aus und betont zumeist deren Trennung voneinander. Dieser Ansatz begnügt sich mit der horizontalen G. zwischen Legislative (gesetzgebende Gewalt), Exekutive (vollziehende Gewalt) und Judikative (rechtsprechende Gewalt). Keineswegs ähnlich populär geworden ist der ebenso formale Grundsatz vertikaler G., der durch dezentrale Staatsorganisation (↗ Föderalismus) und selbständige Entscheidungsrechte abgestufter Einheiten (z.B. Zentralstaat, Gliedstaat, Kommunen) verwirklicht werden soll. Am allerwenigsten bekannt sind schließlich Elemente sozialer und politischer G., die heute vielfach mehr als die klassisch-formalen Ansätze Kontrolle und Hemmung von Macht bewirken.

II. Auf das »eingerostete« Schema (*K. Loewenstein*) der Gewaltenteilungsdoktrin trifft *W. Kägis* Erkenntnis ganz besonders zu, daß die Breitenwirkung sozialwiss. und sozialphilosophischer Erkenntnisse weniger auf dem Studium der Autoren selbst als auf popularisierenden Zusammenfassungen, Kernsätzen oder Schlagwörtern beruhe (*Kägi* 1969: 294). Jedenfalls herrschen kaum differenzierte Erkenntnisse über die historische Ausformung und aktuelle Bedeutung der G. Sie muß aus der engen Fixierung auf Staatsfunktionen und Staatsorgane gelöst und in den übergreifenden Zusammenhang politischer Ordnung gerückt werden. Das kommt bereits in der antiken Lehre von der gemischten Verfassung zum Ausdruck, nach welcher die reinen Verfassungsformen (Monarchie, Aristokratie, Demokratie) zu entarten drohen, während eine aus den drei Einzelformen gemischte und auf die verschiedenen Gruppen der Gesellschaft aufgeteilte Verfassung Beständigkeit und Mäßigung verspricht (*Aristoteles*, *Platon*, bes. *Polybios;* ↗ Staatsformenlehre). Auch das in der Moderne zunächst wichtige Konzept von *John Locke (Second Treatise of Government,* 1689) beruht auf einer politischen Ordnungsidee, welcher staatsorganisatorische Fragen untergeordnet bleiben. *Locke* unterschied vier Gewalten, die er auf verschiedene Träger aufteilte: Die Legislative legte er in die Hände des Besitzbürgertums, die Exekutive in die Hände der Krone, die jedoch auch an der Legislative beteiligt blieb. Das Steuerbewilligungsrecht der Legislative stellte gewissermaßen deren Sicherung gegen die Verselbständigung der Exekutive dar. Der Krone fielen zusätzlich noch die Gewalten der Föderative (die auswärtige Politik) und der Prärogative (*»the power of doing public good without a rule«*) zu. Die *moderated monarchy* und die Sicherung der bürgerlichen Freiheit beruhten auf einem komplexen Ansatz, der Trennung und Verschränkung der Gewalten miteinander verband.

Am einflußreichsten bis heute blieb jedoch *Montesquieu (De l'Esprit des Lois,* 1748). Er setzte gegen die despotischen Erscheinungen des Absolutismus eine politische Ordnungskonzeption, die auf der Idee der Menschenwürde und Freiheit basiert. *Liberté* ist daher der Leit- und Ordnungsbegriff seiner Gewaltenteilungstheorie, die auf gesetzliche Ordnung und ein *gouvernement modéré* abzielt. Freiheit sollte nicht durch Trennung der Gewalten, sondern dadurch verwirklicht werden, daß eine Macht der anderen Schranken setzt.

Die Mißverständnisse der *Montesquieu*-Rezeption beginnen bereits bei der Frage nach den drei Gewalten, die er beschrieb. In der Tat unterschied er zunächst die drei Staatsfunktionen: die gesetzgebende, verwaltende und die richterliche, ohne sie allerdings näher zu differenzieren. Allgemeine Hinweise auf ihre Bedeutung werden ergänzt durch die wiederholte Mahnung vor ihrer Zusammenfassung in einer Hand. Besonders kam es ihm aber darauf an, die richterliche als Staatsgewalt auszusondern. Durch soziale Neutralisierung – klassenautonome Justiz ohne kontinuierliches Richteramt – beabsichtigte *Montesquieu,* sie ihrer gefährlichen sozialen Potenz zu berauben. Sie sollte unsichtbar werden: *»En quelque façon nulle«*. Aus der Gewaltentrias war damit die Rechtsprechung eliminiert: *»Il n'en reste que deux.«* Trotzdem spricht *Montesquieu* nach wie vor von drei Gewalten. Gemeint sind aber nun nicht mehr die Staatsfunktionen, sondern die politischen und sozialen Machtfaktoren: die Krone, welche die vollziehende Gewalt innehaben und gleichzeitig an der gesetzgebenden (durch ihr Vetorecht) beteiligt sein sollte, sowie Adel und Volk, die sich in einem Zweikammersystem die gesetzgebende Gewalt teilen sollten. Drei autonome soziale Gewalten teilen sich in zwei staatliche Funktionen. Ebensowenig wie *Montesquieu* also drei staatliche Grundfunktionen auf je ein Staatsorgan als Träger aufteilte, hat er beabsichtigt, die Gewalten voneinander zu trennen. Funktionsfähigkeit und Integration des Verfassungssystems mitbedenkend, schuf er vielmehr eine Balancetheorie, die innere Abhängigkeiten und konkretes Ineinanderwirken, die – mit einem Wort – neben zweckentsprechender Aufteilung zugleich wechselseitige Verschränkung der Gewalten begründete.

Die amerikanischen Verfassungsväter griffen in *The Federalist* gerade diesen Ansatz auf und bauten ihn zu einem System von *checks and balances* aus. Zusätzlich entwickelten sie den föderalistischen Gedanken vertikaler G. und thematisierten Grundsätze der Beteiligung aller gesellschaftlichen Klassen und Interessen, welche eine Diktatur von ↗ Minderheiten über die Mehrheit ebenso verhindern sollten wie eine rücksichtslose Majorisierung von Minderheiten. Die klassischen Gewaltenteilungstheorien stehen im Dienste der Freiheit wie der Funktionssicherung des ↗ Politischen Systems. Mit popularisierten eindimensionalen Gewaltenteilungsvorstellungen haben sie wenig gemein.

1. G. ist in Großbritannien kein elementarer Grundzug der politischen und verfassungsrechtlichen Theorie. Abgegrenzt werden lediglich die Gerichte, jedoch aufgrund einer bis ins Mittelalter zurückreichenden Tradition. Das kontinentale Denken und selbst das amerikanische Verfassungssystem provozieren die Furcht vor *deadlock* und *open conflict.* Tatsächlich überwand die schon im

18. Jh. einsetzende Entwicklung zum *parliamentary government* die Doktrin *John Lokkes*. Zugleich aber wurde als neues Element zur Hemmung und Kontrolle der Macht die besondere verfassungspolitische Funktion der ↗ Opposition formuliert (und praktiziert). Das parlamentarische Regierungssystem, mit dem Kabinett bzw. der regierenden Mehrheit als Gelenkstelle zwischen Legislative und Exekutive, ist bis heute das bekannteste Beispiel gewaltenfusionierenden Denkens und seiner institutionellen Ausprägung. Aber auch der *Lord Chancellor* (Justizminister) und die *Lords of Appeal* (Oberhaus) sind Bindeglieder zwischen Exekutive bzw. Legislative und Rechtsprechung. Gleichwohl gilt die Verwirklichung der Grundannahmen der G. als unproblematisch, weil das politische Denken nicht auf den statischen Trennungsgrundsatz, sondern auf ein dynamisches System gegenseitiger *checks and balances* abhebt, das sich der Idee nach auf drei Ebenen verwirklicht: politisch-horizontal durch die Spannungs- und Konkurrenzverhältnisse von Unterhaus und Oberhaus, von Kabinett und Opposition, von *Civil Service* (Verwaltung) und Legislative; vertikal durch die Aufteilung in *local* und *central government;* sozial-pluralistisch durch freie Wirtschaft, unabhängige Kommunikationsmedien, konkurrierende Willensbildung. Machthemmung im Regierungssystem vollzieht sich nach britischem Verständnis durch Kooperation und Verschränkung.

2. Der deutsche Sonderweg erklärt sich aus der »Gegenlehre« *(E. R. Huber)* zur G., dem monarchischen Prinzip. Zentraler Gedanke des monarchischen Konstitutionalismus wie der Staatsrechtslehre war die Erhaltung der unteilbaren Einheit der Staatsgewalt und die Abwehr jeder Zersplitterung und Aufteilung, die auch von liberalen Rechtsgelehrten als Gefahr für den um Einheit ringenden Staat interpretiert wurde.

Das monarchische Prinzip beruhte auf dem Grundsatz der »vorwaltenden Kronmacht« *(O. Hintze)*. Wenn politisch Staat und Gesellschaft und in der Verfassung demgemäß die Krone und ihre Regierung von den Repräsentanten des Volkes scharf getrennt wurden, diente dieser Dualismus der Absicherung der Krone und ihrer politisch-exekutiven Macht (Regierung, Verwaltung, Militär), der Beschränkung des Parlaments auf periphere Mitwirkungsrechte, keineswegs aber liberaler G.

Der so begründete Verfassungsdualismus und mit ihm auch die Priorität der Exekutive blieben verfassungspolitisch wirksam, wurden z. T. aber nun unter der Gewaltenteilungsdoktrin subsumiert. Erst mit der Weimarer Reichsverfassung, eigentlich konsequent erst mit dem Bonner GG, wurde die Trennung von Legislative und Exekutive durch die Einführung des parlamentarischen Regierungssystems überwunden. Die G. wurde dadurch nicht beschädigt. Als System von Hemmungen und Gegengewichten, wie *Montesquieu* sie verstand, lebt sie nicht zuletzt von der Verschränkung der Gewalten. Die Praxis des parlamentarischen Regierungssystems in der Bundesrepublik steht heute hinter jener in Großbritannien kaum zurück.

3. Obgleich die Verfassung der USA die drei Staatsfunktionen auf selbständige Staatsorgane – *Congress*, Präsident und *Supreme Court* – aufteilt und dadurch geradezu den Gegentyp zum britischen darstellt, stimmt die Interpretation der G. eher mit der britischen als mit der kontinentalen überein: In der Tradition der *Federalist-Papers* stehend, etabliert die Verfassung in Wahrheit ebenfalls ein System von *checks and balances*, in dem keines der Staatsorgane exklusiv die ihm primär zugewiesene Funktion wahrnimmt, sondern alle Organe – die drei Zweige *(branches)* des Regierungssystems – sich in die Funktionen teilen. So ist z. B. der Präsident durch Veto und (informelle) Initiative an der Gesetzgebung, der *Congress* durch Organisationsakte an der Rechtsprechung und Verwaltung, der *Supreme Court* durch Normenkontrolle an der Rechtsetzung beteiligt. G. geht nur so weit, »jedem Zweig der Regierung in seiner Gesamtheit die Ausübung der Befugnisse eines anderen Zweiges zu untersagen« *(Fraenkel* 1976: 280). Das Regierungssystem der USA gründet also nicht auf voneinander getrennten Gewalten.

»As a result, the constitutional principle of separation of powers, along with checks and balances, really means sharing of powers«

(*Patterson* u.a. 1979: 47). Kontrolle und Machthemmung liegen folglich in der gemeinsamen Beteiligung an der gesamten Macht. Die Entscheidungsprozesse in präsidentiellen Systemen wie dem der USA haben sich daher u.a. auch aus diesem Grund zumindest informell denen in parlamentarischen Systemen stark angenähert, wenngleich Parlament und Regierung stärkere Eigenständigkeit zu bewahren vermochten. Dies ist aber nicht eine Folge der G., sondern der jeweils autonomen direkten demokratischen Legitimation durch die Wähler: Formal folgt daraus eine Bestandsgarantie für *Congress* und *Administration* für die Dauer der Wahlperiode (der Präsident kann – außer durch *impeachment* – durch das Parlament nicht entlassen, das Parlament durch den Präsidenten nicht aufgelöst werden); politisch folgen daraus autonome Interessen und Wählerverantwortlichkeiten der Organe, Amtsinhaber und Mandatsträger, die im Willensbildungsprozeß zum Ausdruck kommen.

III. Aushöhlung der G. droht heute in allen westlichen Industriegesellschaften besonders durch Wandel und Wachstum der Staatsaufgaben. Dadurch wurde die Macht von Regierungen und Verwaltungen erheblich gestärkt, die Kontroll- und Einflußchancen der Parlamente tendenziell geschwächt. Ihre Position und mit ihr die Substanz der G. sind nur durch parlamentarische Mitregierung und Mitsteuerung zu verteidigen. Beides kann nicht durch Trennung, sondern nur durch Verschränkung der Gewalten verwirklicht werden. Die Alternative heißt: Gewaltenhemmung durch Mitregierung – oder keine Gewaltenhemmung. Obgleich die »Klassiker« die Entwicklung zum Daseinsvorsorgestaat mit seiner ausgedehnten Leistungsverwaltung nicht vorhersehen konnten, sind ihre wirklichen Konzepte dafür offener als deren populäre Dogmatisierungen.

Die aktuellen Entwicklungen lassen sich mit der Gewaltenteilungsidee versöhnen, sobald man sich auf ihre ordnungspolitischen Grundgedanken besinnt, wie es etwa das Bundesverfassungsgericht mit seiner »Kernbereichslehre« tut. In der G. geradezu klassisch ein Instrument zur Mäßigung der Staatsgewalt erblickend, erklärten die Karlsruher Richter Gewaltenverschränkung für unbedenklich, solange keine Gewalt ein verfassungsrechtlich nicht vorgesehenes Übergewicht über eine andere erringe und ihrer Zuständigkeit beraube, indem sie in ihren Kernbereich eindringe. Damit ist die Dynamik moderner Regierungssysteme ebenso akzeptiert, wie ihr Grenzen gezogen werden. Entsprechend problembewußt sind auch rechtswissenschaftliche Ansätze, die, den »Bereich der Regierung« (*Scheuner* 1952) als Staatsleitung und politische Führung verstehend, postulieren, daß diese Staatsleitung in der modernen Demokratie Parlament und Regierung gemeinsam zustehe (*Friesenhahn* 1958). Ein anderes Konzept spricht von »ineinandergreifender Gewaltenteilung«: Jede Gewalt besitzt ein Machtquantum, das jedoch nur zusammen mit anderen Machtquanten die rechtserhebliche Entscheidung herbeiführt (*Leisner* 1969). Andere vermeiden seit langem den Ausdruck G. und sprechen von Gewaltengliederung (*Böckenförde* 1952) oder von Zuordnung und Balancierung der Gewalten (*Hesse* 1990). Damit sind die angelsächsischen Interpretationsmuster – *»separated institutions sharing powers«* (*R. Neustadt*) – längst auch der rechtswiss. Diskussion in Deutschland nicht mehr fremd. In der ↗ Politikwissenschaft sind ebenfalls weiterführende Ansätze entwickelt worden: Die politische Entscheidungslehre *K. Loewensteins* (1969) unterscheidet zwischen politischer Gestaltungs- und Grundentscheidung, Ausführung und Durchführung sowie politischer Kontrolle. Die Institutionen sind auf jeder dieser Ebenen in ganz unterschiedlicher Weise präsent. Weit darüber hinaus geht *W. Steffani* (1969: 313 ff.), indem er G. staatsrechtlich (horizontal), temporal (Herrschaft auf Zeit), föderativ (vertikal), dezisiv (offene Willensbildung und konkurrierende Diskussions- [und Entscheidungs]ebenen von Regierung, Parlament, Parteien und öffentlicher Meinung) und sozial (schichtenspezifische Interessen) bestimmt.

Dieser Ansatz sprengt den engen staatsorganisatorischen und -funktionellen Rahmen. Letztlich hebt er auf die Offenheit und Konkurrenzorientierung eines rechtsstaatlich geregelten und gesicherten demokratischen Willensbildungsprozesses ab, in welchem auf allen Stufen verschiedene Träger von Macht und Interessen interagieren und sich sowohl durchdringen als auch begrenzen. G. ist somit zu verstehen als der gesamte *set* von Macht, Hemmungen und Gegengewichten, die auf je verschiedene Weise, sei es normativ-rechtlich, sei es dynamisch-politisch, einen Ausgleich zu vollziehen versuchen. Die entschiedene Ergänzung der formalen durch die politische Komponente findet sich in rudimentärer Form bereits bei einem Teil der Klassiker der Gewaltenteilungsdoktrin, erst recht in der angelsächsischen Interpretation und Praxis. Sie eröffnet die Möglichkeit, Wandlungsprozesse miteinzubeziehen, die außerhalb des Horizonts der Klassiker lagen: die ↗ Partizipation in der Massendemokratie, die generell unbegrenzte politische Öffentlichkeit, die wachsende Interdependenz von Staat und Gesellschaft und die Kommunikationskanäle (insbes. Parteien und Verbände) zur Realisierung einer dieser Interdependenz entsprechenden Willensbildungsstruktur. Das Problem der Machtkontrolle und Machtverteilung stellt sich bereits in den Interaktionsprozessen im präinstitutionellen Raum, bevor die überkommenen staatsorganisatorischen und -rechtlichen Mechanismen greifen. Diese werden erst wirksam im normativ geregelten institutionellen zentralen Entscheidungsprozeß.

Wenn G. angesichts der modernen Herausforderungen durch das Anwachsen staatlichen und gesellschaftlichen Machtpotentials verteidigt werden soll, ist daher phantasievoller und komplexer anzusetzen, als es die traditionelle Konzentration auf Staatsfunktionen und -organisationen (Institutionen) erlaubt. Auf der funktionellen Ebene hat sich heute in allen gefestigten Demokratien ein Balancesystem ineinandergreifender Gewaltenhemmung etabliert, welches mehr durch strukturelle Gemeinsamkeiten charakterisiert ist als durch die unvermeidlichen Differenzierungen in den jeweiligen Verfassungssystemen. In den Staaten des früheren Ostblocks, speziell in Rußland, scheint ein funktionierendes Balancesystem das prekäre Verfassungsproblem der Gegenwart zu sein, zumal die kommunistischen Vorläuferregime den Grundsatz der G. negierten. Auf institutioneller Ebene kommt es in parlamentarischen Regierungssystemen, welche den alten Dualismus von Legislative und Exekutive überwinden, darauf an, den neuen Dualismus zwischen regierender Mehrheit und Opposition funktionsfähig zu gestalten. Angesichts der immensen Prämien auf den Machtbesitz im modernen ↗ Sozialstaat stellt sich die dringende Aufgabe, die Opposition auch institutionell zu stärken, um die Balance der Macht zu sichern. In präsidentiellen Systemen, die auf dem alten Dualismus beruhen, stellt sich die gleiche Aufgabe für die Parlamente. Auf sozialstruktureller Ebene ist zunehmend zu bedenken, daß die Sicherung individueller Freiheit nicht nur gegenüber dem Staat, sondern mit seiner Hilfe gegenüber gesellschaftlicher Macht geleistet werden muß, was sogar eine Stärkung des zentralen Entscheidungspotentials gegenüber der Indolenz von Gruppen und Interessen erforderlich macht *(Scharpf* 1975*)*. Zum zweiten verdienen der offene Zugang zum und die Chancengerechtigkeit im konkurrenzorientierten Willensbildungsprozeß als Strukturelemente der Machtbalance Aufmerksamkeit. Beide scheinen durch die bekannten Disparitäten zugunsten mächtiger Interessen gefährdet, so daß G. sich nicht zuletzt in der Wiederherstellung neuer Chancengerechtigkeit und des Primats wert- und gemeinwohlorientierter politischer Entscheidung zu bewähren hat.

Heinrich Oberreuter

↗ Gesetzgebung/ Gesetzgebungsverfahren; Kommunalpolitik; Öffentliche Verwaltung; Parlamentarismus; Präsidentialismus; Verfassungsgerichtsbarkeit; Verfassungsgrundsätze.

Lit.: *Adams, A.* u. *W. P.* (Hrsg.) 1994: *Hamilton/Madison/Jay*: Die Federalist-Artikel, Paderborn u. a. *Becker, J.* 1986: Gewaltenteilung im Gruppenstaat. Ein Beitrag zum Verfassungsrecht des Gruppenstaates, Baden-Baden. *Böckenförde, E. W.* 1958: Gesetz und gesetzgebende Gewalt, Berlin. *Fraenkel, E.* ³1976: Das amerikanische Regierungssystem, Opladen. *Friesenhahn, E.* 1958: Parlament und Regierung im modernen Staat, in: VVDStRL H. 16,9–73. *Hesse, K.* ¹⁷1990: Grundzüge des Verfassungsrechts der Bundesrepublik Deutschland, Karlsruhe. *Huber, E. R.* 1957: Deutsche Verfassungsgeschichte seit 1789, Bd. 1, Stuttgart. *Kägi, W.* 1969: Von der klassischen Dreiteilung zur umfassenden Gewaltenteilung, in: *Rausch, H.* (Hrsg.) 1969, 286–312. *Leisner, W.* 1969: Die quantitative Gewaltenteilung. Für ein neues Verständnis der Trennung der Gewalten, in: DÖV 22, 405–411. *Locke, J.* 1974: Über die Regierung, Stuttgart. *Loewenstein, K.* ²1969: Verfassungslehre, Tübingen. *Montesquieu* 1992: Vom Geist der Gesetze, übers. u. eingel. von *Forsthoff, E.*, Stuttgart. *Patterson, S. C.* u. a. 1979: A more perfect Union. Introduction to American Government, Homewood, Illinois. *Rausch, H.* (Hrsg.) 1969: Zur heutigen Problematik der Gewaltenteilung, Darmstadt. *Scharpf, F.* 1975: Demokratietheorie zwischen Utopie und Anpassung, Kronberg. *Scheuner U.* 1952: Der Bereich der Regierung, in: Rechtsprobleme in Staat und Kirche. Festschrift für Rudolf Smend, Göttingen, 252–301. *Steffani, W.* 1969: Gewaltenteilung im demokratisch-pluralistischen Rechtsstaat, in: *Rausch, H.* (Hrsg.) 1969: Zur heutigen Problematik der Gewaltentrennung, Darmstadt, 313–352. *de Smith, S. A.* ³1973: Constitutional and Administrative Law, Harmondsworth.

Gewerkschaften

[1] Allgemein.

I. Gewerkschaften (G.) sind autonome Verbände (Koalitionen) von Lohnabhängigen, die sich zur Wahrnehmung und Durchsetzung ihrer Interessen sowohl im Betrieb wie allgemein in Wirtschaft und Politik zusammengeschlossen haben. Sie sind mit der Durchsetzung der kapitalistisch-industriellen Produktionsweise entstanden, gelten als die ursprüngliche Form der ↗ Arbeiterbewegung und stellen bis heute eine ihrer organisatorischen Säulen dar (↗ Kapitalismus).

Die ersten gewerkschaftsähnlichen Zusammenschlüsse waren Streik- und Unterstützungsvereine, denen es in den einzelnen Betrieben um Löhne und Arbeitsbedingungen, aber auch um die Unterstützung ihrer Mitglieder im Fall von Arbeitslosigkeit, Invalidität, Krankheit und Streik ging. Nach ihrem überbetrieblichen Zusammenschluß wuchsen den G. weitere Aufgaben zu: Erziehung und kulturelle Förderung der Arbeiterschaft, Wahrnehmung der politischen Interessen der Arbeiter zum Zweck der Durchsetzung der Koalitionsfreiheit, Anerkennung als Tarifpartner, Durchsetzung staatlicher Arbeitsschutzmaßnahmen (einschließlich Normalarbeitstag). Im Mittelpunkt gewerkschaftlicher Tätigkeit steht die ↗ Tarifpolitik (Regelung von Lohn, Arbeitsbedingungen, betrieblichen Sozialleistungen usw.). Je nach politischem und gesellschaftlichem System verschieden, nehmen G. aber auch mehr oder minder intensiv politische Aufgaben wahr, nämlich die Beeinflussung der ↗ Sozialpolitik, des Arbeitsrechts und der staatlichen Regelungen zur Betriebsverfassung, unter Umständen auch – wie einige G. in den Vereinigten Staaten in den 60er Jahren – die Durchsetzung von Bürgerrechten.

Mittel zur Durchsetzung gewerkschaftlicher (g.) Interessen in der Tarifpolitik sind die (Tarif-)Verhandlungen mit den Unternehmern bzw. Unternehmensverbänden und verschiedene Arten des Arbeitskampfes, von denen der Streik die schärfste Waffe ist (↗ Arbeitsbeziehungen). Soweit G. politische Ziele durchzusetzen versuchen, treten sie innerhalb des politischen Systems als ↗ Interessengruppe auf und wenden die verschiedenen Methoden des *Lobbying* (einschließlich der Mobilisierung der Öffentlichkeit) an. Je nach dem Typus von Arbeiterbewegung verschieden, sind G. mit einer politischen (Arbeiter-) Partei mehr oder minder eng verbunden.

Obwohl die Geschichte der G. und die der Industrialisierung parallel verlaufen und ursächlich miteinander verbunden sind, sind die ersten G. nicht von Fabrikarbeitern, sondern von Handwerkergesellen gebildet worden, die von der Proletarisierung bedroht waren. Gewerkschaftsgründungen waren im 18. und frühen 19. Jh. das Ergebnis spontaner Selbsthilfe. Sie knüpften zum Teil an die Traditionen der handwerklichen Gesellenbrüderschaften, zum Teil an zünftlerische Traditionen an. Nach innen waren sie solidarisch-genossenschaftliche Zusammenschlüsse, nach außen eine Koalition derjenigen, die ihre Arbeitskraft gegenüber dem Unternehmer verkauften: Konkurrenz zwischen Arbeitern um Arbeitsplätze, Löhne und Arbeitsbedingungen konnte auf diese Weise solidarisch abgemildert, kontrolliert oder aufgehoben werden.

Organisatorisch waren die ersten G. Orts- und Betriebsgewerkschaften von gelernten Arbeitern des gleichen Berufs. Mit zunehmender ökonomischer Konzentration wurden die lokalistischen Strukturen überwunden, Berufsgewerkschaften schlossen sich national zusammen, und die nationalen G. kooperierten bald im Rahmen von Spitzenverbänden, von Gewerkschaftsbünden. Nach der Einführung der Massengüterproduktion und der damit verbundenen Umschichtung innerhalb der beruflichen Qualifikationsstruktur (ungelernte und angelernte Arbeiter, Facharbeiter, Angestellte) waren die G. vor neuartige organisatorische Probleme gestellt, da das Berufsprinzip überholt schien: Das Industrieverbandsprinzip (»ein Betrieb – eine Gewerkschaft«) setzte sich zunehmend durch, wenn auch bis heute in einigen Ländern (wie in Großbritannien und den Vereinigten Staaten) G. nebeneinander bestehen und in Gewerkschaftsbünden zusammengeschlossen sind, die nach dem Berufs- und nach dem Industrieprinzip organisiert sind.

Je nach Typus von Arbeiterbewegung verschieden, können G. auch nach politischer oder religiöser Orientierung ihrer Mitglieder und der mit ihnen jeweils verbundenen Parteien verschiedenen »Lagern« (kommunistisch, sozialdemokratisch, liberal, konservativ, christlich) angehören. Doch gibt es nach dem II. Weltkrieg deutlich die Tendenz, diese Art der Richtungsgewerkschaften zu überwinden und nach dem Prinzip der Einheitsgewerkschaften zu organisieren. Die Geschichte der G. in der Bundesrepublik Deutschland ist hierfür ein Beispiel.

II. In den Sozialwiss. werden nach ihrer Funktion innerhalb zeitgenössischer kapitalistischer Systeme zwei Haupttypen von G. unterschieden: 1) konfliktorische G., die – prinzipiell ausgehend vom Widerspruch von Lohnarbeit und Kapital – zwar innerhalb des Systems der Arbeitsbeziehungen Tarifverträge abschließen und politisch als Interessenverband agieren, die aber reformistisch oder revolutionär die bestehende gesellschaftliche und wirtschaftliche

Ordnung durch eine sozialistische zu überwinden bestrebt sind; 2) kooperative G., die sich auf Tarifpolitik und Sozialpolitik konzentrieren und weder in der Praxis noch programmatisch den Kapitalismus in Frage stellen. Diese beiden Gewerkschaftstypen werden auch mit den Begriffen Ordnungsfaktor und Gegenmacht gegenübergestellt. Beide Gewerkschaftstypen können mit den Repräsentanten staatlicher Institutionen und der Unternehmer (nicht zuletzt im eigenen Interesse) so kooperieren, daß von einem gewissen Institutionalisierungsgrad dieser Zusammenarbeit von Staat, Arbeit und Kapital an von »neokorporatistischer Versäulung« (↗ Korporatismus) gesprochen wird.

Peter Lösche

Lit.: *Alemann, U. von* (Hrsg.) 1981: Neokorporatismus, Frankfurt/M. *Bergmann, J. (Hrsg.)* 1979: Beiträge zur Soziologie der Gewerkschaften, Frankfurt/M. *Bergmann, J./Jacobi, O./Müller-Jentsch, W.* 1975: Gewerkschaften in der Bundesrepublik. Gewerkschaftliche Lohnpolitik zwischen Mitgliederinteressen und ökonomischen Systemzwängen, Frankfurt/M. *Beyme, K. von* 1977: Gewerkschaften und Arbeitsbeziehungen in kapitalistischen Ländern, München/Zürich. *Däubler, W./Lecher, W.* (Hrsg.) 1991: Die Gewerkschaften in den 12 EG-Ländern, Köln. *Hemmer, H.-O./Schmitz, K. T.* (Hrsg.) 1990: Geschichte der Gewerkschaften in der Bundesrepublik Deutschland, Köln. *Mielke, S.* (Hrsg.) 1983: Internationales Gewerkschaftsbuch, Opladen. *Moses, I. A.* 1990: Trade Union Theory from Marx to Walesa, New York. *Schmidt, E.* 1971: Ordnungsfaktor oder Gegenmacht. Die politische Rolle der Gewerkschaften, Frankfurt/M. *Schneider, M.* 1989: Kleine Geschichte der Gewerkschaften, Bonn. *Schönhoven, K.* 1987: Die deutschen Gewerkschaften, Frankfurt/M.

[2] Westliche Länder im Vergleich.

I. In bezug auf die staatliche Politik gegenüber G. lassen sich vier Verhaltensmuster bzw. Stadien unterscheiden (vgl. *Neumann* 1978): Verbot, Duldung, Anerkennung, Förderung. Nur in wenigen westlichen Ländern werden heute die G. durch staatliche Stellen ausdrücklich gefördert, und nicht in allen westlichen Industrieländern folgten die drei ersten Stadien mit klaren zeitlichen Abständen aufeinander. In Zeiten von Diktaturen wurde die Duldung und Anerkennung wieder rückgängig gemacht (*Armingeon* 1994).

Trotz zahlreicher und sehr starker Unterschiede zwischen G. westlicher Länder paßt auf die meisten nord- und mitteleuropäischen G. bis zum Ende der 1970er Jahre die Entwicklungstheorie von *Götz Briefs* (1965). Sie lautet, daß aus klassischen G. legal und real befestigte G. entstanden seien. Klassische G. hätten in Europa bis zum Ende des I. Weltkrieges bestanden. Ihre rechtliche Anerkennung hätte gefehlt oder wäre unsicher gewesen, sie wären von Unternehmern und Staat nicht als rechtmäßige Vertretung der Arbeitnehmerschaft anerkannt gewesen, und ihre Mitgliederzahlen hätten mit dem Wirtschaftsablauf kovariiert. Befestigte G. dagegen operierten auf der Basis rechtlicher, gesellschaftlicher und politischer Anerkennung; sie seien zu einer quasi-öffentlichen Einrichtung geworden, und ihre Mitgliederzahlen seien hoch und stabil, da aufgrund staatlicher Interventionen ein hoher Beschäftigungsstand garantiert sei. (In der Sichtweise von *Briefs* würde in vielen Ländern seit dem Ende der 1970er Jahre eine Rückverwandlung der real befestigten G. aufgrund hoher Arbeitslosigkeit in nur legal befestigte Organisationen stattfinden.) In Zusammenhang mit der Entwicklung zu befestigten G., die eher ein Organ der Volkswirtschaft als ein Opfer wirtschaftlicher Abläufe sind, wurde eine weitere These zu langfristigen Entwicklungen aufgestellt. Ihr zufolge findet eine Entpolitisierung und Entideologisierung der G. statt. Dies ist Folge eines Prozesses funktionaler Differenzierung (↗ Systemtheorie), institutioneller Ab- und Ausgrenzung der ↗ Arbeitsbeziehungen vom politischen System *(Dahrendorf* 1967) oder Rationalisierung im Prozeß gesellschaftlicher

Entwicklung (*Perlman* 1949). An dieser Entwicklungsthese ist richtig, daß revolutionäre G. im Westen eine Minderheit darstellen; eine nachlassende Verbindung zum politischen und administrativen System insgesamt (↗ Korporatismus) oder zu politischen ↗ Parteien kann jedoch nicht bestätigt werden.

II. Die gewerkschaftliche Mitgliederstärke variiert stark nach Ländern, Zeiten und Sektoren. Das gebräuchlichste Maß zur Messung der Mitgliederstärke ist der Organisationsgrad, der die Gewerkschaftsmitglieder in Prozent der insgesamt organisierbaren Mitglieder angibt. Die Genauigkeit der Mitgliederstatistiken der G. schwankt stark zwischen einzelnen Ländern. Internationale Vergleiche werden auch durch Unterschiede der Berechnungsgrundlagen hinsichtlich Mitgliederbestand und Organisationspotential der G. erschwert (vergleichende Datensammlungen bei *Bain/Price* 1980, *Visser* 1989, 1991). Geht man vom Bruttoorganisationsgrad aus (alle Gewerkschaftsmitglieder in Prozent aller Arbeitnehmer), dann erweisen sich die G. in den USA, Spanien, Frankreich und Japan mit einer Mitgliederschaft von jeweils zwischen 15 und 30% als außerordentlich schwach organisiert, während sie in den skandinavischen Ländern und in Belgien zwei Drittel bis neun Zehntel aller Arbeitnehmer organisieren können. Die westdeutschen G. befinden sich mit einem Organisationsgrad von 41% in der unteren Mittelgruppe der westlichen Industrieländer (vgl. zu den Daten *Armingeon* 1989).
Diese aggregierten Maße verdecken freilich die z.T. beträchtlichen Differenzen des Organisationsgrades zwischen Männern und Frauen, verschiedenen Statusgruppen und Branchen. Eine Auswertung großer repräsentativer Umfragen (ALLBUS-Umfragen 1980–88) zeigt, daß von 100 Mitgliedern der DGB-Gewerkschaften 22 nicht im Erwerbsleben standen. Den Löwenanteil dieser Gruppe machten dabei die Rentner und Pensionäre aus. Darüber hinaus waren zwei Prozent aller Mitglieder arbeitslos. Dies bedeutet, daß nur drei Viertel der Gewerkschaftsmitglieder auch tatsächlich erwerbstätig sind. Ende der 80er Jahre waren 40% der Männer und knapp 20% der Frauen gewerkschaftlich organisiert. Der Organisationsgrad der Angestellten betrug gerade ein Drittel (nämlich 16%) des Organisationsgrades der Arbeiter (50%). Wenn man die Mitgliedschaft in Beamtengewerkschaften hinzuzählt, so waren die Beamten die gewerkschaftlich am stärksten organisierte Gruppe: Von drei Beamten war einer unorganisiert, einer in DGB-Gewerkschaften und einer in Verbänden des Deutschen Beamtenbundes. Der Organisationsgrad in Branchen variierte Mitte der 80er Jahre zwischen nahe 100% im Bergbau über 75% bei Bahn und Post und 50% im verarbeitenden Gewerbe bis zu 10% im Handel, bei den Banken und den Versicherungen (*Armingeon* 1988).

Zur Erklärung der Unterschiede der gewerkschaftlichen Mitgliederstärke zwischen verschiedenen Zeitpunkten, Beschäftigungssektoren und Ländern lassen sich verschiedene Ansätze unterscheiden:
1. Ökonomische Faktoren: Eine lange Tradition haben Erklärungsvorschläge, die den Wirtschaftsverlauf als zentralen Erklärungsfaktor identifizieren. In der wichtigen vergleichenden Arbeit von *G. S. Bain* und *F. Elsheikh* (1976) wurde die These entwickelt, daß das Mitgliederwachstum durch Anstiege der Preise und Nominallöhne begünstigt werde. Zwischen der Arbeitslosigkeit und dem Mitgliederwachstum bestehe ein inverser Zusammenhang. Darüber hinaus sei auch der bisherige Organisationsgrad wichtig. Je höher er sei, desto schwieriger sei es,

neue Mitglieder zu gewinnen, da bei großer Organisationsdichte das unorganisierte Mitgliederpotential gering sei und die wenigen noch verbliebenen Nicht-Organisierten einem Beitritt besonders kritisch gegenüberstünden. Die Diskussion dieses Modells zeigte, daß ökonomische Faktoren nur einen sehr begrenzten Erklärungswert haben und das Modell durch Veränderung oder Hinzufügen von ökonomischen, demographischen und politischen Variablen erheblich erklärungskräftiger wird (*Stepina/Fiorito* 1986; *Visser* 1986; *Armingeon* 1989b; *Roche/Larragy* 1990).

2. Nutzenmaximierung: Einer Theorie *Olsons* (1965) zufolge ist es für das Individuum nicht sinnvoll, die Mitgliedschaftskosten eines Interessenverbandes zu tragen, der kollektive Güter herstellt. Zum Beispiel Lohnerhöhungen oder Preisstabilität konsumieren Mitglieder einer Gruppe unabhängig davon, ob sie auch Verbandsmitglied sind. Interessenverbände können das entstehende Trittbrettfahrer-Problem unter anderem lösen, indem sie selektive Anreize, nämlich ausschließlich für ihre Mitglieder, schaffen. Beispiele sind besonders günstige Versicherungen oder umfangreiche Unterstützungen. Bei der empirischen Überprüfung ergeben sich jedoch eine Reihe operationaler und konzeptioneller Probleme (*Keller* 1988; *Lange* 1984). Einfache Analysen des Ausgabeverhaltens von G. zeigen keinen Zusammenhang mit der Mitgliederentwicklung, wie sie *Olson* behauptet (*Armingeon* 1988).

3. Organisationshilfen und -garantien: Im Anschluß an *Olson* läßt sich vermuten, daß die Mitgliederdichte auch von Institutionen abhängt, die die Nicht-Mitgliedschaft bestrafen. Dazu gehört z.B. der *closed shop* oder *union shop*, d.h. die Verpflichtung des Arbeitgebers, nur Gewerkschaftsmitglieder einzustellen bzw. nur solche Arbeitnehmer zu beschäftigen, die sich verpflichten, innerhalb einer gewissen Frist der G. beizutreten. Solche Organisationshilfen gab es in Großbritannien bis zu den Gewerkschaftsgesetzen der konservativen Regierung in den 80er Jahren; es gibt sie noch in Australien, Japan, Kanada, Neuseeland und den USA. Darüber hinaus gibt es in Neuseeland sogar noch gesetzlich vorgeschriebene Zwangsmitgliedschaft in bestimmten Bereichen. Für die Bundesrepublik wurde argumentiert, daß die gewöhnlich gewerkschaftlich stark organisierten Betriebsräte durch ihre Mitbestimmungsrechte bei Einstellungen und Entlassungen oft einen informellen *closed shop* durchsetzen (*Streeck 1981*). Eine Umfragestudie zeigte jedoch, daß das Betriebsratssystem nur ein schwaches funktionales Äquivalent für den *closed shop* ist (*Windolf/Haas* 1989). In einer Reihe von Ländern ist der Bezug von Arbeitslosengeldern im Falle der Erwerbslosigkeit mehr oder minder fest an die Gewerkschaftsmitgliedschaft gebunden (Schweden, Finnland, Dänemark, Belgien), und in Zeiten drohender oder bestehender hoher Arbeitslosigkeit stellt diese Regelung sicher eine wichtige Organisationshilfe für G. dar.

4. Administrative Rationalisierung: In einer grundlegenden Analyse zeigte *Streeck* (1981), daß über externe Organisationssicherungen hinaus die G. in der Bundesrepublik Mitgliederverluste durch eine Reihe von Reformen verhindern konnten. Dazu gehört die Formalisierung der Mitgliederrolle, die sich beispielsweise in einem aufwendigen Verfahren zur Kündigung der Mitgliedschaft zeigt. Außerdem haben G. durch den Einsatz moderner Computertechnologien ihren Mitgliederbestand besser verwalten können und dadurch die Fluktuationsrate gesenkt. Fraglich bleibt jedoch, wie stark sich diese Reformen auf die Entwicklung der Gesamtmitgliederzahlen ausgewirkt haben.

5. Leichtigkeit und Notwendigkeit gewerkschaftlicher Organisation: *Crouch* (1982) zufolge hängt der gewerkschaftliche Organisationsgrad besonders von zwei Größen ab: zum einen von der Notwendigkeit, mit der einzelne Arbeitnehmer auf den gewerkschaftlichen Verbund angewiesen sind (beispielsweise schlecht qualifizierte, schnell ersetzbare Arbeitnehmer im Vergleich zu hoch qualifizierten und nur langfristig ersetzbaren Arbeitnehmern), und zum anderen von der Leichtigkeit, mit der der gewerkschaftliche Zusammenschluß bewerkstelligt werden kann (beispielsweise ist es leichter, die 1000 Beschäftigten in einem lokal konzentrierten Großbetrieb zu organisieren, als 1000 Arbeitnehmer in einer kleinbetrieblich struk-

turierten Branche, in der die Arbeitnehmer an verschiedenen Orten arbeiten).

6. Demographische und beschäftigungsstrukturelle Größen: In einer vergleichenden Analyse argumentierte *Wallerstein* (1989), daß die Mitgliederdichte auch eine Funktion der Rekrutierungsanstrengungen von G. sei. Die Vorteile, die durch eine Vergrößerung der Gewerkschaftsmitgliedschaft entstehen, hängen vom Organisationsgrad, d.h. von der relativen Mitgliederstärke ab. Hingegen steigen die Rekrutierungskosten mit der absoluten Zahl der Organisierten. G. in großen Arbeitsmärkten müssen deshalb fur denselben Organisationsgrad einen höheren Preis zahlen als G. in kleinen Arbeitsmärkten. Da der Preis pro neugewonnenem Mitglied höher sei, würden G. in Ländern mit großen Arbeitsmärkten weniger Mitglieder »kaufen«. Ein anderes Argument bezieht sich auf die Veränderung der Beschäftigtenzahlen innerhalb eines Landes. Je rascher die Beschäftigtenzahlen wachsen, desto größer sind die Probleme der G., diese neu in den Arbeitsmarkt eingetretenen Arbeitnehmer zu organisieren; der Organisationsgrad sinkt. Verringert sich jedoch die Beschäftigtenzahl, so trifft dies oft besonders stark jene Arbeitnehmergruppen, die in den G. unterrepräsentiert sind; der Organisationsgrad steigt. Beschäftigungsstrukturelle Veränderungen sind ein weiterer Faktor der Entwicklung der Mitgliederzahlen. Dehnt sich die Beschäftigung in Arbeitnehmergruppen aus, in denen der gewerkschaftliche Organisationsgrad geringer ist, so sinkt die Mitgliederdichte. Beispiele sind der Dienstleistungsbereich, der Anstieg der Beschäftigtenanteile der Angestellten, der Frauen oder bestimmter Regionen (*Sunbelt* in den USA). Die empirische Forschung zeigt allerdings, daß diesen Entwicklungen keine Automatik unterliegt. Das Organisationsverhalten bestimmter Gruppen hängt auch von den unterschiedlichen Rekrutierungsanstrengungen und Attraktivitäten der G. ab. Außerdem läßt sich nur ein Teil der Veränderungen des Insgesamt-Organisationsgrades auf solche beschäftigungsstrukturellen Veränderungen zurückführen.

7. Politische Machtverteilung: Sind linke, gewerkschaftsnahe Parteien in der Legislative und Exekutive stark vertreten, so wirkt sich dies vorteilhaft auf die gewerkschaftliche Mitgliederentwicklung aus. Ein Grund ist das gewerkschaftsfreundliche »Klima« (*Stepina/Fiorito* 1986), das die Beitrittsbarrieren herabsetzt, oder die Anerkennung der G. als verdienstvolle und wirksame gesellschaftsformende Kraft (vgl. *Bain* 1970). Ein weiterer Grund sind institutionelle Regelungen, die das Interesse der G. an Mitgliedergewinnung fördern (beispielsweise die Wiedereinführung der gewerkschaftlichen Zwangsmitgliedschaft durch eine Labour-Regierung in Neuseeland 1985 oder umgekehrt das Verbot des *union shops* in einzelnen Staaten der USA). Schließlich haben G. unter linken Regierungen mehr Chancen, ihre Ziele durchzusetzen; dies motiviert Arbeitnehmer, den effizienten G. beizutreten (*Stephens* 1979; *Korpi* 1978; Armingeon 1989b; *Wallerstein* 1989).

III. Unter politikwiss. Aspekten ist die Struktur des Gewerkschaftssystems in fünferlei Hinsicht wichtig: (1) In wahlsoziologischer Hinsicht bilden Gewerkschaftsmitgliedschaften den Kernwählerbereich vieler – besonders ↗ Sozialdemokratischer – Parteien. (2) Hoch fragmentierte Gewerkschaftssysteme weisen eine höhere Neigung zu ↗ Streiks und überzogenen Forderungen auf; dies kann ökonomische Probleme und politische Folgeprobleme verursachen. (3) In bezug auf den *Input* in das politische System ist die Geschlossenheit und die durch Mitgliederzahlen ausgewiesene Stärke der Artikulation der Arbeiterinteressen wichtig. Eine große Zahl von Organisationen kann zur Blockierung von Politiken durch das Veto von einzelnen Interessengruppen führen, und sie entscheidet mit über die Chance, zwischen den Akteuren der ↗ Arbeitsbeziehungen auf der nationalen Ebene Übereinkommen zu erreichen. (4) Im *Output*-Bereich ist entscheidend, ob Regierungen bei der Implementation von staatlichen Politiken auf die Mitwirkung von G.

zählen können, die ihre Mitglieder auf die Befolgung vereinbarter Normen verpflichten können (vgl. *Weitbrecht* 1969). (5) In bezug auf den eigenen Anspruch der G. und in bezug auf die Repräsentativität der Gewerkschaftsforderungen ist wichtig, wie stark die Mitglieder in demokratischer Weise an der Willensbildung beteiligt sind.

In einer horizontalen Dimension sind Gewerkschaftssysteme vor allem durch politische und kulturelle ↗ Konflikte sowie durch materielle Interessenkonflikte zwischen Arbeitnehmergruppen gespalten. Beispiele für den ersten Typ sind die Spaltungen zwischen kommunistischen und katholischen G. in Frankreich und Italien, zwischen links-anarchistischen und sozialdemokratischen G. in Spanien oder zwischen protestantischen, katholischen und sozialdemokratischen Arbeitnehmerverbänden in den Niederlanden. Im Zuge von Säkularisierungsprozessen und der Auflösung versäulter Gesellschaften und konkordanzdemokratischer Strukturen (↗ Konkordanzdemokratie) haben sich die Bindungen der G. an die Kirchen gelockert und das Gewerkschaftssystem grundlegend verändert (Italien, Frankreich, Niederlande). Die Krise der kommunistischen Bewegung und die zugrunde liegenden sozialstrukturellen Veränderungen haben zu einer teilweisen Emanzipation der G. von den Parteien geführt (Italien) oder sind mit einem Niedergang der kommunistischen G. verbunden (Frankreich). Während einerseits die Kraft solcher politisch-kultureller Spaltungsfaktoren nachläßt, nehme – so schon eine ältere Argumentation *(Kerr* u.a. 1962) sowie neuere Diskussionen über das Ende des »organisierten Kapitalismus« – der Einfluß von Konflikten innerhalb der Arbeitnehmerschaft zu. Deren Interessenlagen würden so unterschiedlich, daß sie nicht mehr durch Massen- oder Industriegewerkschaften vereinheitlichbar und damit vertretbar gemacht werden könnten. Aus diesem Grund gehöre die Zukunft den nach Beschäftigungs-, Status-, Branchen- und Betriebsgruppen differenzierten G. Empirische Belege, die zeigen könnten, daß dies als allgemeiner Entwicklungstrend gilt, fehlen jedoch bislang (vgl. *Müller-Jentsch* 1988).

In einer vertikalen Dimension gibt der Grad der Zentralisierung an, in welchem Ausmaße Verbandsführer Entscheidungen gegenüber untergeordneten Organen durchsetzen können. Darüber geben Satzungsregeln teilweise Auskunft. Vergleicht man unter diesem Aspekt und bezogen auf die Tarifpolitik den Zentralisierungsgrad westlicher G., findet man in der Gruppe hoch zentralisierter Gewerkschaftssysteme Schweden, Norwegen und Österreich. Als dezentralisiert sind die USA, Kanada, Frankreich, Italien, Großbritannien und Irland einzustufen. Die Bundesrepublik nimmt zusammen mit den Niederlanden und der Schweiz eine mittlere Position ein. Durch informelle Mechanismen werden diese Satzungsregeln im Sinne einer Zentralisierung (Lohnführerschaft der großen G. in der Bundesrepublik) oder Dezentralisierung (hoher Lohndrift beispielsweise in Schweden) modifiziert. Mangelnde innergewerkschaftliche Demokratie ist Gegenstand häufiger Klagen konservativer und linker Gewerkschaftskritiker. Empirische Studien zeigen allerdings, daß die demokratische Qualität des Entscheidungsprozesses in G. nicht geringer ist als in anderen Verbänden und daß keine zwangsläufige Entwicklung hin zu weniger Demokratie existiert *(von Beyme* 1977: 108; *Armingeon* 1988).

IV. Die gewerkschaftliche Interessenvertretung findet gegenüber den Akteuren Arbeitgeber und Staat statt. Das wichtigste Mittel stellt die kollektivvertragliche Regelung von Arbeitsbedingungen dar (vgl. *Clegg* 1976). In der Bundesrepublik sind beispielsweise 80 bis 90% aller Arbeitnehmer im Geltungsbereich von Tarifverträgen beschäftigt (↗ Tarifpolitik).

Die ökonomischen Folgen der gewerkschaftlichen Politik sind umstritten. Neuere Analysen haben sich auf die Frage konzentriert, was G. tun. Dabei wurde herausgefunden, daß sie relativ geringe Nachteile für die Gesamtwirtschaft hervorrufen und daß insgesamt die positiven ökonomischen Folgen gewerkschaftlicher Interessenvertretung überwiegen *(Freeman/Medoff* 1984). Im Zusammenhang der makroökonomischen Steuerung versuchen staatliche Stellen auf die Tariflohnverhandlungen zwischen Arbeitgebern und Arbeitnehmern Einfluß zu nehmen (Einkommenspolitik) oder lohnpolitische Mäßigung durch bewußte Hinnahme hoher Arbeitslosigkeit *(Cold Turkey Strategy)* zu erzwingen. Kooperation zwischen Staat und G. wird oft in korporatistischen Gremien institutionalisiert. Dabei erweist es sich als hilfreich, wenn G. ihre Mitglieder auf die Befolgung zentral ausgehandelter Normen weitgehend verpflichten können und die Regierungen den G. besonders vertrauenswürdig erscheinen, weil in ihnen Parteien vertreten sind, die den Arbeitnehmerverbänden nahestehen. Umgekehrt versuchen G. auch, ihre Ziele, die sie nicht in der Auseinandersetzung mit den Unternehmern verwirklichen konnten, durch ihnen nahestehende politische Parteien auf parlamentarischem Wege zu realisieren *(Korpi* 1983).

Klaus Armingeon

↗ Arbeiterbewegung; Arbeitsbeziehungen; Streiks; Unternehmerverbände; Verbändeforschung.

Lit.: *Armingeon, K.* 1988: Die Entwicklung der westdeutschen Gewerkschaften 1950 bis 1985, Frankfurt a. M./New York. *Armingeon, K.* 1989a: Arbeitsbeziehungen und Gewerkschaftsentwicklung in den 80er Jahren: Ein Vergleich der OECD-Länder, in: PVS 30, 603–628. *Armingeon, K.* 1989b: Trade Unions under Changing Conditions: the West German Experience, 1950–1985, in: European Sociological Review 5, 1–23. *Armingeon, K.* 1994: Staat und Arbeitsbeziehungen. Ein internationaler Vergleich, Opladen. *Bain, G.S.* 1970: The Growth of White Collar Unionism, Oxford. *Bain, G.S./Elsheikh* 1976: Union Growth and the Business Cycle. An Econometric Analysis, Oxford. *Bain, G.S./Price, R.* 1980: Profiles of Union Growth. A Comparative Statistical Portrait of Eight Countries, Oxford. *Beyme, K. von* 1977: Gewerkschaften und Arbeitsbeziehungen in kapitalistischen Ländern, München/Zürich. *Briefs, G.* 1965: Gewerkschaften, in: Handwörterbuch der Sozialwissenschaften, Bd. 4, Tübingen, 545–561. *Campbell, J./Windmuller, J.* (Hrsg.) 1992: European Labor Unions, Westport/Conn. *Clegg, H.A.* 1976: Trade Unionism under Collective Bargaining, Oxford. *Crouch, C.* 1982: Trade Unions: the Logic of Collective Action, London. *Dahrendorf, R.* [4]1967: Class and Class Conflict in Industrial Society, London. *Ferner, A./Hyman, R.* (Hrsg.) 1992: Industrial Relations in the New Europe, Oxford. *Freeman, R.B./Medoff J.L.* 1984: What Do Unions Do?, New York. *Keller, B.* 1988: Olsons »Logik des kollektiven Handelns«. Entwicklung, Kritik – und eine Alternative, in: PVS 29,388–406. *Kerr, C.* u.a. 1962: Industrialism and Industrial Man. The Problem of Labor and Management in Industrial Growth, London/Edinburgh. *Korpi, W.* 1978: The Working Class in Welfare Capitalism. Work, Unions and Politics in Sweden, London. *Korpi, W.* 1983: The Democratic Class Struggle, London. *Lange, P.* 1984: Unions, Workers and Wage Restraint: The Rational Bases of Consent, in: *Goldthorpe, J.* (Hrsg.): Order and Conflict in Contemporary Capitalism, Oxford, 98–123. *Müller-Jentsch, W.* 1988 (Hrsg.): Zukunft der Gewerkschaften. Ein internationaler Vergleich, Frankfurt a.M./New York. *Neumann, F. L.* 1978: Die Gewerkschaften in der Demokratie und Diktatur (zuerst 1935), in: *Söllner, A.* (Hrsg.): Franz L. Neumann. Wirtschaft, Staat, Demokratie. Aufsätze 1930–1954, Frankfurt/M., 145–222. *Olson, M.* 1965. The Logic of Collective Action, Cambridge, Mass. *Perlman, S.* 1949: Eine Theorie der Gewerkschaftsentwicklung (zuerst 1928), Berlin. *Roche, K. W./Larragy, J.* 1990: Cyclical and Institutional Determinants of Annual Trade Union Growth and Decline in Ireland, in: European Sociological Review 6,49–72. *Stephens, J. D.* 1979: The Transition from Capitalism to Socialism, London/Basingstoke. *Stepina, L. P./Fiorito, J.* 1986: Towards a Comprehensive Theory of Union Growth and Decline, in: Industrial Relations 25, 248–264. *Streeck, W.* 1981: Gewerkschaftliche Organisationsprobleme in der sozialstaatlichen Demokratie, Königstein/Ts. *Visser, J.* 1986: Die Mitgliederentwicklung der westeuropäischen Gewerkschaften. Trends und Konjunkturen 1920–1983, in: Journal für Sozialforschung 26, 3–33. *Visser, J.* 1989: European Trade Unions in Figures, Deventer. *Visser, J.* 1991: Trends in Trade Union Membership, in OECD: Employment Outlook, July 1991, Paris, 97–134. *Wallerstein, M.* 1989: Union Organization in Advanced Industrial Democracies, in: APSR 83, 481–501. *Weitbrecht, H.-J.* 1969: Effektivität und Legitimität der Tarifautonomie, Berlin. *Windolf P./Haas, J.* 1989: Who Joins the Union? Determinants of Trade Union Membership in West Germany 1976–1984, in: European Sociological Review 5, 147–163.

[3] Osteuropa.

I. Die Funktionen der G. in den realsozialistischen Ländern wurden im wesentlichen durch die Konzeption *Lenins* und später *Stalins* geprägt. *Lenin* wies den G. in der Übergangsphase zum ↗ Kommunismus eine Funktion als Transmissionsriemen zwischen der allein führenden kommunistischen Partei und den »werktätigen Massen« zu. Die G. sollten unter strikter Anleitung der Partei die Massen erziehen, politisches Bewußtsein wecken und zur »Schule des Kommunismus« werden.

War bei *Lenin* noch eine Doppelfunktion der G. angelegt (einerseits Transmissionsriemen, andererseits Interessenvertretung), wies *Stalin* den G. primär eine Transmissionsfunktion zu. Ihre Hauptaufgabe bestand in der Disziplinierung und Mobilisierung der Arbeiterschaft bei der Erfüllung und Übererfüllung der Wirtschaftspläne. Ferner bildeten im *Stalinschen* Konzept die G. einen wichtigen Pfeiler zur Sicherung des postrevolutionären politischen Systems. Die personelle Besetzung der Führungsorgane der G. unterlag bis mindestens zur mittleren Ebene der Nomenklatur-Kompetenz der Partei.

Der gewerkschaftliche Organisationsgrad lag in allen realsozialistischen Staaten Europas über 90% (*Mielke* 1982 passim). Dies dürfte nicht zuletzt darauf zurückzuführen sein, daß die G. auf Betriebsebene soziale Leistungen zuwiesen, die anderweitig teilweise nur schwer erhältlich waren (Vermittlung preiswerter Ferien- und Erholungsaufenthalte, Kinderkrippen, die Werksverpflegung, z. T. betriebliche Einkaufsmöglichkeiten u. ä.). Weiterhin verfügten sie über Fonds für soziale Notfälle und vermittelten in vielen Fällen auch Wohnungen.

In der Aufgabenstellung der G. in den realsozialistischen Staaten waren somit Zielkonflikte in ihrer Tätigkeit vorprogrammiert. In der Propaganda wurde zwar seit Ende der 50er Jahre die Interessenvertretung für die Beschäftigten in den Vordergrund gerückt. Daß in der Praxis jedoch die Mobilisierung zur Planerfüllung an erster Stelle stand, belegen sowohl öffentliche Eingeständnisse der politischen Führungen in Krisensituationen (ČSSR 1968, Polen 1970/71 und 1980/81) als auch die wenigen bekannt gewordenen empirischen Untersuchungen zum Image der G. unter den Beschäftigten.

II. Mit dem politischen Systemwechsel und dem – von Land zu Land in Tempo und Reichweite allerdings unterschiedlichen – Übergang von der Planwirtschaft zur Marktwirtschaft stellte sich für die G. in den bisher sowjetsozialistischen Ländern eine völlig neue Situation. Alle mit den kommunistischen Parteien verbundenen G. lösten ihre formale organisatorische Bindung an die KP, was einige von ihnen wie der Dachverband OPZZ in Polen bereits in den 80er Jahren getan hatten. Gleichwohl blieb i. d. R. eine enge inhaltliche wie personelle Verbindung zwischen den bisherigen offiziellen G. und den postkommunistischen Parteien erhalten. Überall bildete sich jedoch mit der

Gründung neuer, unabhangiger Organisationen ein Gewerkschaftspluralismus aus. Die »gewendeten« G. konnten dabei nicht zuletzt aufgrund der ererbten organisationsstrukturellen Vorteile eine starke Position behaupten, selbst in Polen, wo die »Solidarność« nach ihrer Wiederzulassung 1989 nur rund ein Viertel der Mitgliederzahl von 1981 zurückgewinnen konnte. Zum Erbe der realsozialistischen Zeit zählen z.T. noch immer nicht geklärte Fragen der Aufteilung des Vermögens der bisherigen Einheitsgewerkschaften.

Grundlegend verändert haben sich die Aufgabenstellungen der G. mit der sozio-ökonomischen Systemtransformation. Marktwirtschaft – mit oder ohne Zusätze – und Privatisierung wird von den Regierungen fast aller früher kommunistischen Staaten als Zielsetzung proklamiert. Die bisher mit der KP verbundenen G. treten dabei im allgemeinen für eine langsame, sozial verträgliche Umwandlung der Wirtschaftsstrukturen und gegen eine »Schocktherapie« ein, nach der der Weg durch das »Tal der Tränen« möglichst kurz, dafür aber sehr tief ausfällt, d.h. mit hohen sozialen Kosten wie Arbeitslosigkeit und Verlust an Realeinkommen verbunden ist. Ein Grundproblem bildet die Zukunft der häufig ineffizienten, hoch subventionierten Staatsunternehmen, die nach marktwirtschaftlichen (und häufig auch ökologischen) Kriterien eigentlich liquidiert werden müßten, nicht zuletzt aufgrund des Widerstands der G. aller Provenienz aber weiterhin auf Staatskosten am Leben erhalten werden. Nachdem die Arbeitskraft als Kostenfaktor für die Betriebe neues Gewicht erhalten hat, sind Massenentlassungen für die G. zu einem Problem geworden, das sie vielfach überfordert. Sie verfügen meist allenfalls über Konsultationsrechte, während die Unternehmensseite in der Regel zusätzlich über einen erheblichen Informationsvorsprung verfügt.
Veränderte Aufgaben wachsen den G. mit der Reform des Sozialversicherungswesens zu, dies allerdings auch in je nach Land unterschiedlichem Ausmaß. Zu den sich überall stellenden Problemen zählt die Umgestaltung der bisher aus ideologischen Gründen verzerrten Lohnskala, d.h. die Beseitigung der Benachteiligung der *white collar workers* insbesondere im Gesundheits- und im Bildungswesen zugunsten der bisher »herrschenden« Arbeiterklasse (*blue collar workers*). Fast überall klagen die G. über sinkende Mitgliederzahlen, ferner über die Beschneidung ihrer betrieblichen Rechte bei der Formulierung neuer arbeitsrechtlicher Bestimmungen. Ein grundsätzliches Strukturproblem bildet die weitgehende Beschränkung auf den tendenziell schrumpfenden staatlichen Wirtschaftssektor, während sie im expandierenden privaten Sektor kaum Fuß fassen, nicht zuletzt deshalb, weil die Arbeitgeber sie außerhalb ihrer Unternehmen zu halten suchen.

Klaus Ziemer

Lit.: *Deppe, F.* 1968: Gewerkschaften, in: SDG 2, 1030–1065. *Holzer, J.* 1985: »Solidarität«. Die Geschichte einer freien Gewerkschaft in Polen, München. *Horn, H.* 1982: Gewerkschaften in staatssozialistischen Ländern Osteuropas, in: *Mielke*, 1982, 85–101. *Mielke, S.* (Hrsg.) 1982: Internationales Gewerkschaftshandbuch, Opladen. *Mielke, S./Rütters, P.* 1991: Die neuen Gewerkschaftsbewegungen in Mittel- und Osteuropa und ihre Auswirkungen auf die internationale Gewerkschaftsbewegung, in: APuZ 41 (13), 35–46. *Pleskot, I.* 1992: Die Entwicklung der tschechoslowakischen Gewerkschaftsbewegung während der Umbruchphase von 1989–1992, in: Gewerkschaftliche Monatshefte 12. *Sauer, W.* 1991: Zur Rolle der Gewerkschaftsbewegung im gesellschaftlichen Umstrukturierungsprozeß Osteuropas, in: Beiträge zur historischen Sozialkunde 21 (4), 128–133. *Ziemer, K.* 1994: Polens Gewerkschaften auf der Suche nach ihrem Platz im postsozialistischen System, in: Industrielle Beziehungen 1 (3). *Zimmermann, H.* ^{3}1985: Freier Deutscher Gewerkschaftsbund (FDGB), in: *ders.* (Hrsg.): DDR-Handbuch, Köln, 459–473.

Gleichheit

I. Wie ↗ Freiheit gehört auch Gleichheit (G.) zu den meistgebrauchten und

-mißbrauchten Schlagworten der politischen ↗ Ideologie. Historisch taucht der Gedanke der G. im Sinne der Gleichberechtigung und prinzipiellen Gleichwertigkeit aller Menschen erst relativ spät auf.

Für das unreflektierte und unkritische Selbstbewußtsein der Griechen wie für die Angehörigen vieler anderer Völker gab es eine prinzipielle Ungleichheit zwischen dem eignen Volk, der eignen *Polis* und der übrigen Welt. Die Griechen behaupteten noch zur Zeit des *Aristoteles,* daß Nicht-Griechen zum größten Teil »von Natur Sklaven« seien während ein versklavter Grieche »widernatürlich« war. Aus den erkannten Unterschieden von Sitte, Sprache, Institutionen wurde spontan die These von der Ungleichheit der Menschen entwickelt. Erst in hellenistischer Zeit entstand zusammen mit dem Untergang der autarken Stadtstaaten und der Herausbildung von »Weltreichen« *(Alexander-*Reich, Rom) bei einigen Denkern das Konzept des »Kosmopolitismus« und der G. aller Menschen ungeachtet ihrer kulturellen und politischen Zugehörigkeit, Sprache, Rasse oder Religion. Der insbesondere von stoischen Denkern vertretene Kosmopolitismus wurde durch den Siegeszug des Christentums mit seinem universalen Anspruch auf »Gültigkeit« bei allen Völkern (Juden wie Heiden) überboten. Dem Christen waren »alle Menschen vor Gott gleich«, was freilich noch nicht notwendig die Aufhebung von Ungleichheiten im »Diesseits« mit sich brachte. Immerhin sollten auch Sklaven am gemeinsamen Gottesdienst teilhaben und als »Menschen« von ihren Herren behandelt werden.

Die Geschichte Europas von der Christianisierung des römischen Weltreichs bis in seine Gegenwart hat *Hegel* als die der »Hineinbildung der Freiheit« in die Realität charakterisiert, aus dem gleichen Grunde hätte er auch von einer allmählichen Realisierung der christlichen G. in der politischen und gesellschaftlichen Realität sprechen können. Um die Probleme des Gleichheitsfortschritts kennzeichnen zu können, müssen – wenigstens schematisch – Stufen der Entwicklung unterschieden werden: christliche G. in der hierarchischen Welt des Mittelalters, bürgerlich-politische G. im modernen Staat, soziale G. im reformierten Gemeinwesen (↗ Sozialstaat) der Gegenwart und ideale G. im Denken von *Marx.* Gegen die Realisierungen der Stufen und Arten von G. wenden sich jeweils kritische Theorien, die – meist unter Verzeichnung der Gleichheitsthesen der Demokraten und Sozialisten – einen »empirischen Nachweis der Unterschiedlichkeit der Menschen und Rassen« zu führen suchen. Aber von keiner ernsthaften Theorie wird G. als Gleichartigkeit (Fehlen von Verschiedenheit) verstanden, sondern als Gleichwertigkeit im Sinne der gleichen Würde und der gleichen Rechte (auf Leben, Arbeit, individuelle Entfaltung, politische Teilhabe usw; ↗ Kommunismus, ↗ Sozialismus).

II. 1. Die Vereinbarkeit christlicher G. mit ständischer Ungleichheit und Hierarchie wurde im Mittelalter durch das Bewußtsein der »Vorläufigkeit« des irdischen Daseins ermöglicht sowie durch die Lehre von der »himmlischen Gerechtigkeit«, die schon für einen späteren Ausgleich jener – durch Verdienste der einzelnen nicht gerechtfertigten – unterschiedlichen Lebensumstände sorgen werde.

Alle Menschen stammen nach biblischem Mythos von *Adam* und *Eva* ab, alle sind durch die stellvertretenden Leiden und Sühneleistungen von *Jesus* erlöst, alle sind sie aufgerufen, ihm nachzufolgen. Dennoch hatten die Theologen des Mittelalters in der Regel kein Problem mit der Existenz von Standesunterschieden.

In jenem seltsamen Amalgam von antiker Kosmologie und Ontologie mit christlichem Glauben, das die Hochscholastik vertritt, sind die irdischen Hierarchien auch um ihrer immanenten, vernünftigen Ordnung willen gerechtfertigt. Sowohl die Hierarchie der Kirche vom Papst über die Kardinäle und Erzbischöfe bis hinab zum Dorfpfarrer und einfachen Gläubigen als auch die weltliche Hierarchie vom Kaiser bis zum Bettelmann gelten als »Abbild« der himmlischen Ordnung, an deren Spitze Gott und die himmlischen Heerscharen stehen. Auf diese Weise ist die Ungleichheit auch der irdischen Stände als »Abbild« der jenseitigen, himmlischen gerechtfertigt. Ein Angriff auf sie wird einer Abkehr von der »göttlichen Weltordnung« gleichgesetzt.

Wegen dieser engen Verbindung von religiöser und weltlicher Hierarchie sind die revolutionären Bewegungen des Mittelalters immer zugleich religiöse Ketzerbewegungen und werden von der Amtskirche als solche verfolgt. Nur in der Form der »Bettelorden« können sie sich als tolerierte Aussteiger am Rande der Ständegesellschaft (und als ständige Mahnung zur christlichen Armut, Gleichheit und Freiheit) etablieren. Erst mit *Luthers* Verkündigung des »allgemeinen Priestertums« und seiner Negierung der hierarchischen Kirchenstruktur wird diese Rechtfertigungsbasis der Ständegesellschaft beseitigt.

2. Das aufsteigende ↗ Bürgertum fordert in seinen Theorien die Herstellung der Rechtsgleichheit zwischen ihm und den Angehörigen der beiden »oberen Stände«. Aus der G. im religiösen Bereich wird die Rechtsgleichheit im gesellschaftlichen Leben. Die »Privilegien« des Adels und der Geistlichkeit werden als Verstoß gegen das Naturrecht empfunden und in der Französischen Revolution abgeschafft. Vor dem Gesetz sind alle gleich. Über die G. vor dem Gesetz geht die G. der politischen Rechte in der Demokratie hinaus. Im allgemeinen herrschen im Laufe des 19. Jh.s – und bis 1918 – in den meisten bürgerlichen Staaten noch Bestimmungen, die das Wahlrecht begrenzen. Erst 1918 wird in den meisten europäischen Staaten das allgemeine und gleiche Wahlrecht für alle Erwachsenen (mit Einschluß der Frauen – Ausnahme lange Zeit die Schweiz) eingeführt.

Die bürgerliche Rechtsgleichheit und das allgemeine gleiche Wahlrecht haben aber keineswegs schon die reale Gleichstellung aller verwirklicht. Vor allem bleibt die Ungleichheit der Eigentumsverhältnisse und damit auch die ungleiche Chance der individuellen Entfaltung erhalten. Muße zur Information und Mittel zur Verbreitung der eignen Auffassungen, Meinungen und Interessen fehlen den Besitzlosen. Ihr Nachteil wird partiell durch politische Zusammenschlüsse in ↗ Parteien (Arbeiterparteien, Bauernparteien usw.) und durch soziale Vereinigungen in ↗ Gewerkschaften kompensiert. Auch hier wird die Rechtsgleichheit erst spät realisiert. Während Unternehmer, schon wegen ihrer kleineren Zahl, sich leichter zusammenschließen und verabreden können, müssen die Lohnarbeiter ihr Recht auf gewerkschaftliche Vereinigung in England, Frankreich, Deutschland erst durchsetzen. Das gleiche gilt für ihr Kampfmittel, den ↗ Streik.

3. Der reformistische Sozialismus versucht, durch staatliche Normierung des Arbeitslebens (Höchstarbeitszeit, Mindestlöhne, hygienische Arbeitsbedingungen usw., Sozialversicherungspflicht) über die Rechtsgleichheit und die gleichen Partizipationsrechte hinaus soziale G. zu verwirklichen. Der ↗ Demokratische Sozialismus geht von einem Gerechtigkeitsbegriff aus, der allen Menschen das gleiche Recht auf Entfaltung ihrer Persönlichkeit zubilligt. Da infolge der ungleichen Eigentumsverteilung die Chancen solcher Entfaltung für viele nicht bestehen, sucht er durch entsprechende staatliche Eingriffe diese herzustellen.

Da in der modernen arbeitsteiligen Industriegesellschaft das Lebensschicksal des einzelnen in erster Linie durch seine Ausbildung bestimmt wird, bedeutet Chancengleichheit vor allem gleiche Chancen zur optimalen

Schulbildung und gleiche Chancen zum Besuch der Hochschulen (↗ Bildungspolitik). Infolge der »Öffnung der weiterführenden Schulen« für alle Bevölkerungsschichten mußte sich notwendigerweise der Konkurrenzkampf um die nicht im gleichen Maße erweiterten (und erweiterungsfähigen) Studienplätze für bestimmte Fächer (wie Medizin, Zahnmedizin, Pharmakologie usw.) verschärfen. Die Öffnung der weiterführenden Schulen für »Unterschichtangehörige« war jedoch kein Fehler, sondern nur eine ungenügend geplante Maßnahme zum Zwecke der Realisierung von Chancengleichheit.

4. Sowohl gegen die reformistische Gerechtigkeitsforderung als auch erst recht gegen *Marx* ist von konservativer wie liberaler Seite eingewandt worden, sie unterstellten eine völlige G. von Begabung und Fähigkeiten. In Wahrheit ist das weder bei den bürgerlichen Anwälten der G. (wie *Rousseau)* noch bei den Sozialisten der Fall gewesen. Die Menschen sind von Haus aus unterschiedlich, und gerade infolge ihrer Unterschiedlichkeit könnten sie einander helfen, bereichern, ergänzen. Die sozialen Umstände, unter denen sie leben, ermöglichen ihnen aber in höchst unterschiedlicher Weise, ihre individuellen Anlagen zu entfalten. Außerdem ist nicht einzusehen, daß sie – auf die Dauer – für ihre persönlichen Mängel auch noch sozial benachteiligt werden sollen. Dieses Prinzip hat der Sozialstaat bis zu einem gewissen Grade schon anerkannt, indem er öffentliche Hilfe für Alte, Frühinvalide, Kranke, Behinderte usw. als Recht anerkennt. *Marx* war überzeugt, daß darüber hinaus die lebenslange Bindung an eine einseitige Funktion sowie die frühzeitige Spezialisierung der Arbeiter sie um ihr Recht auf freie und allseitige Entfaltung bringt und daß nur in einer vernünftig durch die »assoziierten Produzenten« selbst organisierten Gesellschaft diese Benachteiligung aufgehoben werden kann.

5. *J. Rawls* (1971) hat in seiner *»Theory of Justice«* soziale Gerechtigkeit in der Weise bestimmt, daß Mehreinkommen und andere Bevorzugungen nur dann legitimiert werden können, wenn sie dazu beitragen, daß noch der »am schlechtesten Gestellte« davon Vorteile hat. Wenn nämlich höheres Einkommen zu vermehrter Anstrengung und erhöhter Verantwortung führt, dann steige das Bruttosozialprodukt und damit die zu verteilende Gütermasse. *B. Barry* (1973) hat gegen *Rawls'* Rechtfertigung von ökonomischer Ungleichheit eingewandt, daß faktisch die Bereitschaft zur Übernahme verantwortlicher und leitender Funktionen gar nicht – oder doch nicht im heute unterstellten Ausmaß – an höhere Einkommen gebunden sei. *Rawls* legitimiere pauschal, was empirisch kaum der Nachprüfung standhalte. Vor die Wahl gestellt, entweder mit dem Einkommen eines Müllräumers die leitende Funktion in einem Betrieb beizubehalten oder mit dem bisherigen hohen Gehalt die Tätigkeit des Müllräumers zu übernehmen, würden vermutlich 95 % die erste Alternative wählen.

Iring Fetscher

Lit.: *Barry, B.* 1973: The Liberal Theory of Justice, Oxford. *Dahrendorf, R.* 1961: Über den Ursprung der Ungleichheit, Tübingen. *Jencks, C.* 1972: Inequality, New York. *Leibholz, G.* 1959: Die Gleichheit vor dem Gesetz, München/Berlin. *Rawls, J.* 1971: Theory of Justice, Cambridge (dt. 1975). *Sampson, R. V.* 1965: Equality and Power. *Scharpf, F.* 1970: Demokratietheorie zwischen Utopie und Anpassung, Konstanz. *Verba, S./Nie, N. H./Kim, J.* 1978: Participation and Political Equality, Cambridge. *Wilson, J.* 1966: Equality. *Tawney, R. H.* 1931: Equality, New York.

Globale Entwicklung

1. Der Begriff »Globale Entwicklung« (G. E.) konstruiert eine hochgradig ab-

strakte Analyseeinheit, die weltweite Ebene. Aussagen auf diesem Niveau sind nur insofern gehaltvoll, als das Weltgeschehen sich tatsächlich tendenziell vergesellschaftet bzw. durch global (und nicht nur lokal, national oder regional) wirksame Faktoren geprägt wird. Der zweite Teilbegriff, »Entwicklung«, bringt die aus der Theorie der ↗ Entwicklungspolitik bekannten Implikationen mit sich: Inhalt, Merkmale, Ziel(e) und Wert(e) von Entwicklung lassen sich nur angeben, indem man sich auf einen bestimmten historisch-situativen Kontext sowie spezifische kulturell-normative Voraussetzungen bezieht.

2. Die räumliche Erweiterung von ökonomischen, kulturellen und politischen Beziehungen sowie die wechselseitige Verflechtung (Interdependenz) von Akteuren und Problemlagen erreichen heute in historisch einmaliger Weise die regionale, oftmals auch die globale Ebene (vgl. *Camilleri/Falk* 1992, *Luard* 1990). Antreibende Faktoren dieser Globalisierung sind der umfassende Ausbau der Verkehrs- und Transportsysteme sowie die Revolutionierung der Mikroelektronik und Telekommunikation. Aber auch die rasche Verbreitung wissenschaftlicher Neuentdeckungen (z. B. der Bio- und Gentechnologie) sowie die zunehmende Labilität des Ökosystems Erde tragen zu einer Vernetzung weltweiter Handlungszusammenhänge bei. Infolge dieser Entwicklungen wurden in immer stärkerem Maße die Begrenzungen der Nationalstaaten in Politik, Wirtschaft und Kultur überwunden. Transnational tätige Akteure haben an Bedeutung gewonnen: Wurden 1968 noch 7276 multinationale Konzerne (MNK's) und 1899 internationale Nichtregierungsorganisationen (INGO's) gezählt, so waren es 1990 bereits 35 000 MNK's bzw. 4646 INGO's (vgl. *Globale Trends* 93/94).

Die räumliche Ausweitung von Prozessen und Strukturen wirkt sich ambivalent aus: Die intensivierte internationale Arbeitsteilung hat beispielsweise in den westlichen Industriestaaten die gesellschaftliche Wohlfahrt erhöht, der kulturelle und wissenschaftliche Austausch hat Erfahrungshorizonte erweitert und Erkenntnisfortschritte befördert. Der Globalisierungsprozeß und die Verfügbarkeit grenzüberschreitend wirksamer Technologien birgt aber auch Bedrohungen in sich: Die zivile und militärische Verwendung von Atomkraft enthält das Risiko einer zuvor unbekannten Vernichtungskapazität. Verelendungsprozesse in einzelnen Weltregionen wirken sich in Form von Flucht und durch die armutsbedingte Zerstörung natürlicher Ressourcen weltweit aus. Die globale Ausbreitung von Seuchen (z. B. Aids) scheint heute schneller als je zuvor möglich. Schließlich hat der fortschreitende Industrialisierungs- und Modernisierungsprozeß durch seine Folgewirkungen (Schadstoffemissionen, Ressourcenverzehr, Umweltvergiftung) eine ökologische Katastrophe (Treibhauseffekt, Zerstörung der Ozonschicht) möglich gemacht.

Mit dem räumlichen »Zusammenschrumpfen« und der rasanten kommunikativen Vernetzung der Welt einher geht eine zunehmende Vergegenwärtigung der Weltprobleme. Die Universalisierung und Uniformierung von Lebensstilen durch die Medien, die weltweite Mobilität von Menschen, Waren und Dienstleistungen werden zu Alltagserfahrungen, die das gesellschaftliche und wirtschaftliche Leben nicht nur in den westlichen Industriestaaten, sondern immer mehr auch in anderen Weltregionen bestimmen. Mit der zunehmenden Vernetzung und Relevanz von Weltproblemen ist auch die Aufmerksamkeit für globale Bedrohungen menschlicher Existenz und Wohlfahrt gewachsen. Die von Expertenkommissionen erstellten Weltberichte unter Leitung international renommierter Persönlichkeiten wie *Willy Brandt, Olof Palme, Gro Harlem Brundtland* oder *Julius Nyerere* geben hiervon ebenso Zeugnis wie die Beachtung, die die UNO-Weltkonferenzen zu globalen Fragen (der Umweltgipfel in Rio 1992, die Weltmenschenrechtskonferenz in Wien 1993, die Weltbevölkerungskonferenz in Kairo 1994 und der Weltsozialgipfel in Kopenhagen 1995) erfahren.

3. Der Prozeß fortschreitender Globalisierung wird durch zahlreiche gegenläufige Tendenzen in den verschiedenen Bereichen der Weltentwicklung (↗ Herrschaft, Wirtschaft, ↗ Sicherheit, Ökologie, Kultur) gebrochen. Beschreibt man Weltentwicklung in einem Kontinuum von Homogenisierung und Heterogenisierung, so läßt sich als Gegenpol zu Globalisierung der Begriff der Fragmentierung verwenden.

Fragmentierung setzt oftmals dann ein, wenn »übergroße« Gebilde Steuerungsfähigkeit und Legitimität einbüßen (vgl. *Ropers* 1993). Zwischen den beiden Extremen ist der Prozeß der Regionalisierung, d.h. der territorial-funktionalen Intensivierung übernationaler Interaktionen auf mittlerer Ebene, anzusiedeln.
Im Bereich Herrschaft haben die widersprüchlichen Tendenzen der Globalisierung und Fragmentierung zu einer – regional unterschiedlich ausgeprägten – Erosion des herkömmlichen Konzeptes nationaler ↗ Souveränität geführt (vgl. *Camilleri/Falk* 1992). Die Kompetenz des klassischen Nationalstaats ist sowohl aufgrund der über ihn hinausreichenden Problemlagen wie auch durch weitverbreitete Autonomiebestrebungen subnationaler Einheiten *de facto* in Frage gestellt. Gerade an der Schnittstelle zur Dimension Wirtschaft zeigt sich die Unterhöhlung staatlicher Souveränität deutlich (vgl. *Globale Trends* 93/94): Die internationalen Finanz- und Kapitalmärkte sind in einem solch atemberaubenden Tempo expandiert (das internationale Kreditvolumen versechzehnfachte sich zwischen 1974 und 1991), daß ihre nationale und multinationale Steuerbarkeit außer Kraft gesetzt ist (siehe z.B. *Knieper* 1991). Innerhalb der Weltökonomie sind die Trends wiederum uneinheitlich. Die immer engere Verflechtung führt nicht durchweg zu Globalisierung. So hat in den 80er Jahren der intra- gegenüber dem interregionalen Handel an Gewicht gewonnen, insbesondere innerhalb der drei weltwirtschaftlichen Gravitationszentren Nordamerika, Westeuropa und Japan/Ostasien.
Im Bereich Sicherheit werden seit dem Ende des Ost-West-Konflikts (↗ Ost-West-Beziehungen) regionale und lokale Friedensbedrohungen verstärkt in internationalisierter Form behandelt, insbesondere auf der Ebene der Vereinten Nationen. Das Bemühen, globale und regionale Regelungsmechanismen zu etablieren, stößt jedoch in zweierlei Hinsicht an Grenzen: Zum einen ist die Bereitschaft der Nationalstaaten und kollektiver Verteidigungsbündnisse (z.B. NATO) beschränkt, substantielle (d.h. auch militärische) Machtbefugnisse an Systeme kollektiver Sicherheit (z.B. UNO, OSZE) abzugeben. Zum anderen hat sich in jüngster Zeit erwiesen, daß fragmentierte, chaotisierte Bürgerkriegsgesellschaften in nur geringem Maße von außen steuerbar sind. Auch im Politikfeld Ökologie gibt es einen Widerspruch zwischen universellen Leitbildern und defizitären Steuerungskapazitäten: Das wachsende globale Problembewußtsein kontrastiert zur nach wie vor begrenzten Fähigkeit, die lokale Schadstoffproduktion und den lokalen Ressourcenverbrauch, die sich in der Regel global auswirken, umweltverträglich zu regulieren.
Im Bereich Kultur hat die Revolutionierung der Kommunikationsmedien zu einer weltweiten Vereinheitlichung der Medieninhalte und Konsummuster, zu einer westlich dominierten »*McWorldCulture*« geführt. Der damit einhergehende Identitätsverlust nichtwestlicher Kulturen weckt zugleich Gegentendenzen. Vor allem marginalisierte oder sozial frustrierte Bevölkerungsgruppen suchen Zuflucht zu religiös-fundamentalistischen und ethno-nationalistischen Sinnbestimmungen mit bewußt partikularer Ausrichtung.

4. Paradigmata zur Erfassung globaler Transformationsprozesse.
Die bisherige intellektuelle und wissenschaftliche Bewältigung der globalen Veränderungsprozesse ist auf verschiedenen, zeitlich voneinander abgrenzbaren Stufen erfolgt.

Eine Pionierrolle spielte der von *A. Peccei* 1968 gegründete *Club of Rome*. Er wies

1972 mit Hilfe computergestützter Modelle nachdrücklich auf die »Grenzen des Wachstums« (*Meadows* et al.) angesichts der begrenzten Ressourcen des Planeten Erde hin. Auf einer zweiten Stufe wurden einige der »klassischen« Ansätze in der Theorie der ↗ Internationalen Beziehungen/Politik in den 70er Jahren modifiziert und weiterentwickelt. Die »realistische« (*H.J. Morgenthau*) bzw. »neorealistische« (z. B. *K.N. Waltz*) Schule, welche internationale Politik vorrangig als anarchisches Gegeneinander souverän entscheidender, auf Machtgewinn abzielender Staaten auffaßt, wurde um den Aspekt wechselseitiger Verwundbarkeit infolge politischer, militärischer und ökonomischer Interdependenzen angereichert (*R.O. Keohane/J.S. Nye*). Polit-ökonomische Theorien, insbesondere der *dependencia*-Ansatz, die internationale Politik aus der Entwicklungslogik kapitalistischer Wirtschaftsprozesse ableiten, wurden durch den Weltsystem-Ansatz (*I. Wallerstein*) in Form eines globalen Zentrum-Peripherie-Modells systematisiert und weitergeführt. Schließlich gab es erste Versuche, die intensivierte Interaktion transnationaler Akteure im Modell einer »Weltgesellschaft« (*J. Burton*) zu erfassen.

Ende der 80er Jahre trat ein neues Modell hinzu: Es verbindet herkömmliche und neue Strukturen und Prozesse in einer zunehmend »turbulenten« Welt, indem es eine Verzweigung (*bifurcation*) der Weltentwicklung seit den 80er Jahren konstatiert (*Rosenau* 1990, 1992; siehe auch *Czempiel* 1991, *Ropers* 1993). Zu der »Staatenwelt« mit ihren mittlerweile 189 Nationalstaaten (Ende 1993) ist demnach eine »multi-zentrische Welt« bzw. »Gesellschaftswelt«, bestehend aus vielen tausend nichtstaatlichen Akteuren, hinzugekommen. In ihr gelten neue Mechanismen der Zielbestimmung, des Mitteleinsatzes, der Zusammenarbeit, der Legitimation etc., die in vielen Fällen innovativer, flexibler und effektiver als die entsprechenden Regeln der »Staatenwelt« sind.

Sämtliche Paradigmata sind insofern defizitär, als sie nur begrenzte Aspekte G.E. sichtbar machen und der zunehmend komplexen Weltentwicklung eher nachzeichnend hinterherhinken, denn sie zu erklären und vorherzusagen vermögen. Relativ hohen Ansprüchen genügt freilich das »Doppelwelt«-Paradigma: Einerseits integriert es bestehende Ansätze, indem bewährte Elemente sowohl der realistischen und idealistischen als auch der transnationalen Perspektive von G.E. aufgenommen werden. Andererseits gelingt es diesem Paradigma, bislang ungelöste Problemstellungen (insbesondere den Bedeutungszuwachs nichtstaatlicher Akteure) innerhalb eines neuen Bezugsrahmens (»Doppelwelt«) zugänglich zu machen.

Tobias Debiel

Lit.: *Camilleri, J.A./Falk, J.* 1992: The End of Sovereignty? Aldershot. *Czempiel, E.-O.* [2]1993: Weltpolitik im Umbruch, München. *Globale Trends 93/94* (1993): Daten zur Weltentwicklung, hrsg. von der Stiftung Entwicklung und Frieden. Frankfurt/M. *Knieper, R.* 1991: Nationale Souveränität, Frankfurt/M. *Luard, E.* 1990: The Globalization of Politics. Houndsmill u.a. *Ropers, N.* 1993: Weltordnung, in: Globale Trends 93/94, 25–47. *Rosenau, J.N.* 1990: Turbulence in World Politics. New York u.a. *Rosenau, J.N.* 1992: The United Nations in a Turbulent World. Boulder; London. *Senghaas, D.* 1994: Wohin driftet die Welt? Frankfurt/M.

Grundrechte

I. Die Geschichte der Grundrechte (G.) als im Verfassungstext positivierter ↗ Menschenrechte beginnt mit der *Virginia Bill of Rights* von 1776 und der französischen Erklärung der Menschen- und Bürgerrechte von 1789.

In den deutschen Verfassungen des 19. Jh.s waren überwiegend Grundrechtskataloge enthalten, so zuerst in den Verfassungen Badens, Bayerns und Württembergs, 1818 und 1819. Die Frankfurter Nationalversammlung verabschiedete am 27.12.1848 einen Grundrechtskatalog, der formell bis 1851 in Kraft war, freilich wegen des Scheiterns der Reichsverfassung in Wahrheit keine wesentliche Bedeutung erlangte. In die Norddeutsche Bundesverfassung von 1867 und die Reichsverfassung von 1871 wurden G. nicht aufgenommen, weil der durch ihre Geltung befürchtete Eingriff in die einzelstaatlichen Zuständigkeiten vermieden werden sollte. Erst die Weimarer Reichsverfassung von 1919 und das Grundgesetz von 1949 enthalten Gewährleistungen der G., die für Bundes- und Landesorgane gelten. Die G. der Verfassungen der deutschen Länder des 19. Jh.s entfalteten in der Rechtspraxis nur geringe Wirksamkeit. Im Gegensatz zu den USA, wo eine Überprüfung der Gesetzgebung anhand der Verfassung von der Rechtsprechung entwickelt wurde, verstand man die G. in Deutschland als bloße Aufträge an den Gesetzgeber. Das galt weitgehend auch noch in der Weimarer Zeit. Art. 1 Abs. 3 GG wendet sich mit der Formulierung, daß die nachfolgenden G. Gesetzgebung, vollziehende Gewalt und Rechtsprechung als »unmittelbar geltendes Recht« binden, gerade gegen diese Entwicklung.

II. 1. Der Grundrechtskatalog des Bonner Grundgesetzes von 1949 (Art. 1–19) enthält eine detaillierte und besonders weitreichende Garantie von G. Dem Katalog vorangestellt ist das Prinzip der Unantastbarkeit der Menschenwürde. Hierin liegt eine eindeutige Reaktion des Verfassunggebers auf die nationalsozialistische Mißachtung der Persönlichkeit.

Der Grundrechtskatalog enthält neben dem Schutz des Lebens, der Freiheit der Person und dem Gleichheitssatz die traditionellen liberalen Freiheitsrechte der Glaubens-, Meinungs-, Pressefreiheit, der Freiheit der Kunst und der Wissenschaft, der Versammlungs-, Vereinigungs- und Berufsfreiheit. Außerdem findet sich eine grundrechtliche Sicherung der Ehe und Familie, des Elternrechts gegenüber der Schule sowie des Eigentums. Mit den letzten Vorschriften werden auch bestimmte Rechtsinstitute, Eigentum, Elternrecht, Ehe, sowie der Charakter bestimmter öffentlich-rechtlicher Institutionen gewährleistet (Schule). Man spricht hier von Institutsgarantien oder institutionellen Garantien im Grundrechtskatalog. Art. 2 Abs. 1 GG enthält das allgemeine Recht auf die freie Entfaltung der Persönlichkeit, das in der Rechtsprechung des Bundesverfassungsgerichts als Auffangfreiheitsrecht gegen alle rechtswidrigen Beschränkungen der persönlichen Handlungsfreiheit schützt. Art. 101–104 GG gewährleisten besondere Prozeßgrundrechte. Auch die deutschen Landesverfassungen enthalten zum Teil eigene Grundrechtskataloge (Art. 142 GG).

2. Die erste Bedeutung der G. besteht darin, als individuelle Abwehrrechte gegen die staatliche Gewalt zu wirken. Die Praxis der Verfassungsgerichtsbarkeit zeigt aber, daß den G. eine sehr viel weitere Bedeutung zukommt. Die G. enthalten auch objektive Prinzipien der Verfassungs- und Rechtsordnung. Das gehört zu ihrer Tradition und ist in Zusammenhang mit den frühen Grundrechtsgewährleistungen, die eine Änderung der Rechtsordnung einleiten sollten, immer deutlich gewesen.

In der Rechtsprechung des Bundesverfassungsgerichts ist die Verpflichtung des Staates zur Gewährleistung von G. anerkannt worden. Daraus folgt, daß auch in den Beziehungen zwischen den Bürgern die Grundrechtsordnung bei der Anwendung des in Frage kommenden materiellen Rechts berücksichtigt werden muß (mittelbare Drittwirkung). Auch ist der Staat verpflichtet, durch seine Gesetzgebung G. zu schützen. Problematisch ist die teilweise Auslegung der G. als »Teilhaberechte«, die dem Staat die Verpflichtung auferlegen, bestimmte Leistungen zur Verfügung zu stellen (etwa Bildungseinrichtungen). Tatsächlich sind aber im Grundgesetz soziale G. (Recht auf Arbeit, Recht auf Bildung) nicht aufgenommen worden.

3. In einzigartiger Weise ist im deutschen Verfassungsrecht durch die in Art. 93 Abs. 1 Nr. 4a GG gewährleistete Verfassungsbeschwerde an das Bundesverfassungsgericht der Schutz der G. gesichert.

Jedermann kann danach Verfassungsbeschwerde mit der Behauptung erheben, durch die öffentliche Gewalt in einem seiner G. oder in einem anderen spezifisch genannten Recht verletzt zu sein. Hier werden auch die Verfahrensgrundrechte in Art. 101, 103 und 104 sowie das Widerstandsrecht (↗ Widerstand) und das Wahlrecht genannt. Die Verfassungsbeschwerde setzt die Erschöpfung des Rechtsweges voraus. Sie ist gegen alle Hoheitsakte, einschließlich der Gerichtsurteile, zulässig. Obwohl die große Mehrheit der Verfassungsbeschwerden erfolglos bleibt, hat das Bundesverfassungsgericht durch Verfassungsbeschwerden wichtige Fragen der Grundrechtsauslegung entschieden. Die Verfassungsbeschwerde des deutschen Rechts ist die neben dem *Certiorari*-Verfahren zum *Supreme Court* der USA weiteste Möglichkeit, Grundrechtsverstöße zu rügen. In Österreich ist eine Verfassungsbeschwerde gegen Gerichtsentscheidungen unzulässig. In der Schweiz ist die staatsrechtliche Beschwerde nur gegen kantonale Akte möglich. Italien, das ebenfalls ein Verfassungsgericht kennt, hat die Verfassungsbeschwerde nicht eingeführt.

III. 1. Nach dem II. Weltkrieg ist der Schutz der ↗ Menschenrechte als Aufgabe der Völkerrechtsordnung zunehmend anerkannt worden (↗ Internationales Recht). In der allgemeinen Erklärung der Menschenrechte der Vereinten Nationen von 1948 sowie in den beiden Pakten über bürgerliche und politische Rechte sowie über wirtschaftliche, soziale und kulturelle Rechte von 1966, die 1976 in Kraft getreten sind, sind diese Rechte auf weltweiter Ebene positiviert worden. Freilich besteht über ihre Auslegung ein nicht überwindbarer Dissens zwischen den unterschiedlichen Staatengruppen, soweit die liberalen Freiheiten wie Meinungs- und Pressefreiheit oder Versammlungsfreiheit betroffen sind. Der Internationale Gerichtshof hat anerkannt, daß der Schutz der grundlegenden Rechte der menschlichen Person heute Bestandteil des allgemeinen Völkerrechts ist.

2. In Westeuropa ist durch die seit 1953 in Kraft befindliche Europäische Menschenrechtskonvention ein internationaler Grundrechtskatalog geschaffen worden, der gerichtsförmige Institutionen zu seiner Durchsetzung zur Verfügung stellt. Durch eine Individualbeschwerde an die Europäische Kommission für Menschenrechte nach Art. 25 kann jeder, der sich in seinen Rechten verletzt glaubt, nach Erschöpfung des innerstaatlichen Rechtsweges ein internationales Verfahren in Gang setzen. Insbesondere für die Staaten, die entsprechende innerstaatliche Möglichkeiten nicht kennen, hat sich das Verfahren der Straßburger Organe als eine bedeutsame Form des Grundrechtsschutzes herausgestellt.

IV. Der Schutz der G., insbesondere der liberalen Freiheitsrechte, steht in einem unmittelbaren Zusammenhang mit der Staatsform der ↗ Demokratie. Freie Wahlen sind ohne Meinungs- und Pressefreiheit, ohne die Möglichkeit freier Versammlungen und Vereinigungen nicht denkbar. Entgegen einer in der deutschen Staatsrechtslehre der Weimarer Zeit prominenten Auffassung, wonach Demokratie und Freiheitsrechte in einem latenten Gegensatz stehen, bedingen sie sich gegenseitig. Von einem funktionierenden Grundrechtsschutz kann nur in der freiheitlichen Demokratie ausgegangen werden.

Freilich besagt das nicht, daß die G. in jeder Demokratie mit Verfassungsrang und besonderem Rechtsschutz gewährleistet sein müssen. Großbritannien kennt z. B. weder eine Positivierung der G. noch eine besondere interne Rechtsschutzmöglichkeit. Auch Frankreich, in dessen Verfassungsrecht zwar die Erklärung der Menschen- und Bürgerrechte weiter gilt, kennt keine besondere Schutzmöglichkeit des einzelnen gegenüber einer Verletzung dieser G. durch den Gesetzgeber. Erst die Überprüfung von Entscheidungen des Gesetzgebers an Hand der G. verhilft diesen aber zur entscheidenden Wirkung. Freilich legt sie dem zuständigen Gericht auch eine besonders hohe Verantwortung auf.

Jochen Abr. Frowein

↗ Grundwerte; Freiheit; Justiz und Politik; Liberalismus; Verfassung/Verfassungstheorie

Lit.: *Benda, E./Maihofer, W./Vogel, H.-J.* (Hrsg.) 1983: Handbuch des Verfassungsrechts der Bundesrepublik Deutschland, Berlin/New York. *Bettermann, K.A.* u.a. 1954–1966: Die Grundrechte, Handbuch, 6 Bde., Berlin. *Denninger, E.* u.a. (Red.) 1984: Kommentar zum Grundgesetz in der Bundesrepublik Deutschland (Reihe Alternativkommentare), 2 Bde., Neuwied/Darmstadt. *Friesenhahn, E.* 1974: Der Wandel des Grundrechtsverständnisses, Verhandlungen des 50. Deutschen Juristentages, München. *Hesse, K.* 1983: Bestand und Bedeutung der Grundrechte, in: *Benda, E./Maihofer, W./ Vogel, H. -J.* (Hrsg.): Handbuch des Verfassungsrechts der Bundesrepublik Deutschland, Berlin/New York, 79–106. *Saladin, P.* ³1982: Grundrechte im Wandel, Bonn. *Schwartländer, J.* (Hrsg.) 1981: Modernes Freiheitsethos und christlicher Glaube, München/ Mainz.

Grundwerte

I. Werte sind allgemeine Orientierungen für Denken und Handeln von Individuen, Gruppen, Teilen von Gesellschaften, mehr oder minder ganzer Gesellschaften oder auch z. B. für den europäischen Kulturkreis, der in seiner Ethik stark von Christentum und Aufklärung geprägt ist. Werte sind generelle Beurteilungsmaßstäbe, aber keine konkreten und direkten Handlungsanweisungen für das, was als wichtig, richtig, gut, erstrebenswert angesehen wird. Obwohl es für Werte kennzeichnend ist, daß sie den Anschein der Allgemeingültigkeit und Überzeitlichkeit erwecken, sind sie im wesentlichen geschichtlich, sozial und kulturell determiniert und unterliegen damit auch einem Wandel. Auch wenn ein Wertesystem in einer Gesellschaft, einer Kultur oder einer Epoche allgemein anerkannt wird, kann das konkrete politisch-soziale Handeln von einzelnen Menschen oder Gruppen, auch z. B. von denen, die über die politische Macht in einem Staat verfügen, stark davon abweichen, insbesondere wenn ökonomische Interessen berührt werden.

II. Grundwerte (G.), die Basis, Ziel und Grenzen politischen Handelns bestimmen, finden seit der ↗ Aufklärung in Menschenrechtsdeklarationen breite Verankerung (↗ Menschenrechte). Auch das Grundgesetz der Bundesrepublik enthält einen umfangreichen Katalog besonders geschützter ↗ Grundrechte, mit dem Grundwerte Verfassungsrang erhalten haben. Nach den Erfahrungen der nationalsozialistischen Diktatur (↗ Nationalsozialismus) stehen Menschenwürde, ↗ Freiheit der Person und ↗ Gleichheit im Mittelpunkt; Solidarität, Arbeit und ↗ Frieden wurden nicht ausdrücklich aufgenommen. Erst sehr spät wurde erkannt, daß der Schutz der Umwelt (der Natur) auch um des Überlebens willen der Gattung Mensch ein Grundwert ist.

1. *Menschenwürde*, Zweck aller G. und auch Fundamentalnorm des Grundgesetzes der Bundesrepublik, wird als Substanz einer ↗ Politischen Ethik theoretisch heute nirgendwo in Frage gestellt. Die einzigartige Würde der menschlichen Person und eine menschenwürdige Gesellschaft werden durch Erfüllung der G. konkretisiert. Unfreiheit, Angst, Unterdrückung, Terror, Folter, Gewalt, ↗ Krieg, Armut, Ausbeutung, Zwangsarbeit, ↗ Arbeitslosigkeit verletzen die Menschenwürde in vielen Staaten der Welt. Auch unter den Wertepostulaten des Grundgesetzes ist Menschenwürde *de facto* nicht unangetastet: Inhumane Arbeit, Dauerarbeitslosigkeit, Not alter, behinderter und psychisch kranker Menschen, Fremdenfeindlichkeit, Kindesmißhandlungen u. a. m. sind zu nennen, aber nicht zu vergleichen mit der systematischen Zerstörung der Menschenwürde im nationalsozialistischen Völkermord an den Juden und der Barbarei in den Konzentrationslagern.

2. *Freiheit* ist Selbstbestimmung des Menschen, nämlich selbst und ohne Zwang entscheiden zu können, was er tun oder unterlassen will. Freiheit kann nur *sozial* bestimmte Freiheit sein, d.h. zusammen mit anderen Menschen in einer *Ordnung* zu leben, deren Regeln und Normen für alle gleich verbindlich sind, aber auch »keinen äußeren Gesetzen zu gehorchen, als zu denen ich meine Zustimmung gegeben habe« *(Kant)*. Dies ermöglicht im Prinzip die ↗ Demokratie. Die Freiheit des einzelnen ist so lange und so weit unbeschränkt, als kein anderer Schaden erleidet und in der gleichen Entfaltung seiner Freiheit behindert wird (vgl. auch Art. 2 GG). Freiheit und Gleichheit stehen in einem Spannungsverhältnis zueinander.

3. *Gleichheit* bedeutet seit der Aufklärung, daß alle Menschen in ihrem Wert und ihrer Würde gleich sind und daß allen die gleichen Rechte zukommen. Wertgleichheit kann nicht bedeuten, daß die Menschen auch in ihren Anlagen, Fähigkeiten, Bedürfnissen, Wünschen, Leistungen, Emotionen gleich sind oder gleichgemacht werden können.

Die Erzwingung solcher Gleichheit ließe Freiheit verkommen. Aus dieser »Ungleichartigkeit« folgt aber nicht, daß es Reiche und Arme, Gebildete und Ungebildete, Privilegierte und Diskriminierte, Mächtige und Unterdrückte geben muß. Wenn, wie das GG normiert, niemand wegen seines Geschlechts, seiner Abstammung, seiner Rasse, seiner Sprache, seiner Herkunft, seiner religiösen oder politischen Überzeugung bevorzugt oder benachteiligt werden darf (Art. 3), dann bedeutet diese Chancengleichheit gleiche Freiheit für alle (↗ Sozialstruktur, ↗ Soziale Ungleichheit).

4. *Solidarität* meint das Bewußtsein der Verbundenheit in Gruppen, ↗ Sozialen Bewegungen, ↗ Gewerkschaften, ↗ Bürgerinitiativen, ↗ Parteien und letztlich auch zwischen allen Menschen; diese »Brüderlichkeit« ermöglicht erst ein menschenwürdiges, freies, sicheres Zusammenleben. Solidarität verlangt, individuelle oder partikulare Interessen gemeinsamen Zielen, dem »Ganzen«, unterzuordnen. Nach Auffassung des ↗ Marxismus und ↗ Anarchismus, aber auch der katholischen und evangelischen ↗ Soziallehre gehört Solidarität zum Wesen, zur Natur des Menschen. Heute ist weltweite Solidarität gefordert, damit die drohende Sozialkatastrophe im ↗ Nord-Süd-Konflikt abgewendet werden kann und die Menschen auch im Süden unter den universalen G. Menschenwürde, Freiheit, soziale Gerechtigkeit und Frieden leben können.

5. *Arbeit* gehört zum Wesen des Menschen, ist also nicht nur sein Broterwerb und Hauptquelle des gesellschaftlichen Reichtums, sondern wesentlicher Bestandteil seiner Selbstverwirklichung. Oder anders formuliert: Arbeit ist lebensnotwendig, ermöglicht Bedürfnisbefriedigung, bestimmt die soziale Position und die sozialen Beziehungen des Individuums, und zugleich trägt sie wesentlich zur Identitätsbildung bei. Erfolge und Mißerfolge, Selbstbestimmung und Entfremdung in der Arbeit prägen die Persönlichkeit. Länger anhaltende Arbeitslosigkeit bewirkt über die sozial-ökonomischen Folgen hinaus psycho-soziale Veränderungen: soziale Desorientierung, Hoffnungslosigkeit, Fatalismus. Arbeiten zu dürfen ist deshalb die eine, Arbeit zu haben die andere Seite des Grundwertes. Ein solches Recht auf Arbeit ist im Grundrechtskatalog des Grundgesetzes nicht vorgesehen. Für menschliche Arbeit des Menschen, d.h. sinnvolle, schöpferische Arbeit, wo der Mensch nicht nur Anhängsel von Maschinen ist, kämpfte und kämpft die ↗ Arbeiterbewegung, insbesondere die Gewerkschaften.

6. *Eigentum* als privater Besitz an Konsumtionsmitteln (einschließlich Wohnungseigentum) und an Produktionsmitteln ist eine Grundlage für individuelle Freiheit, Unabhängigkeit und soziale Sicherheit. Das Grundgesetz betont die Sozialfunktion: »Eigentum verpflichtet. Sein Gebrauch soll zugleich dem Wohle der Allgemeinheit dienen« (Art. 14, Abs. 2). Die zunehmende Konzentration des Produktivvermögens beeinträchtigt letztlich die Demokratie, da die ökonomischen Entscheidungen von wenigen in erheblichem Umfang die Politik des Gemeinwesens präformieren.

7. *Frieden* unter den Menschen ist mehr als die Abwesenheit von Krieg. Der Grundwert Frieden hat mehrere Dimensionen: erstens (und im engeren Sinne), daß kein Krieg

herrscht, zweitens die Abwesenheit von personaler (direkter) und menschenverachtender Gewalt (z. B. die des ↗ Faschismus, des ↗ Stalinismus, von Militärdiktaturen), drittens die Abwesenheit von struktureller (indirekter) Gewalt. Diese beeinträchtigt dort Frieden, wo die aktuelle Entfaltung der Menschen infolge von Angst, Armut, Hunger, Krankheit, Analphabetismus geringer ist als potentielle *(Galtung)*. Bedingungen für Frieden sind auf vier Ebenen zu suchen: (a) individuell: vor allem die Ursachen von Aggressionen, (b) innergesellschaftlich: soziale Gerechtigkeit und Partizipationschancen, (c) intergesellschaftlich: Verhinderung von Krieg und Solidarität zwischen reichen und armen Ländern (Nord-Süd-Konflikt), (d) global: Frieden mit der Natur.

8. *Natur.* Bis in die zweite Hälfte des 20. Jh.s hinein wurden die G. anthropozentrisch mißverstanden: Was soll gut sein (nur) für den Menschen? In der Aufklärung war sein Interesse gegenüber der übrigen Natur noch überhöht worden: »In der ganzen Schöpfung kann alles, was man will, und worüber man etwas vermag, auch bloß als Mittel gebraucht werden; nur der Mensch und mit ihm jedes vernünftige Geschöpf, ist Zweck an sich selbst« *(Kant)*. Diese wunderbare Sentenz, an die gerade in Deutschland als Reflex auf die Zerstörung der Menschenwürde im ↗ Faschismus immer wieder erinnert wird, konnte auch Rechtfertigung sein für den *homo industrialis*, aus der Natur zu nehmen, was ihm gut dünkte; er betrachtete die Erde als seinen Besitz. Kein Mensch will einen stummen Frühling, einen sterbenden Wald, tote Flüsse, Ozonlöcher, strahlende Nahrungsmittel und ein Treibhausklima, die aber doch Ergebnis seiner Handlungen sind oder sein können. Der Schutz der Natur als Grundwert politischen Handelns hat jedoch noch nicht den Rang erhalten, der anderen G. seit langem eingeräumt wird. Das Gewaltverhältnis Mensch-Natur sollte durch einen »Aufstand für die Natur« beendet werden *(Meyer-Abich* 1990). Diese Auffaltung weist auch darauf hin, wie sich die G. gegenseitig bedingen und wie die Verletzung eines Grundwertes auch andere beeinträchtigt oder gar zerstört. In den Grundwertediskussionen wird nicht bestritten, daß Menschenwürde in Freiheit und Gleichheit gründet und in Solidarität und durch Frieden erst ermöglicht wird. Kontrovers sind die politisch-philosophischen Prämissen und die sozialen Implikationen.

Franz Neumann

↗ Politische Ethik; Politische Philosophie und Ideengeschichte.

Lit.: *Bayertz, K./Holtz, H. H.* (Hrsg.) 1978: Grundwerte-Diskussion. Der Streit um die geistigen Grundlagen der Demokratie, Köln. *Berg-Schlosser, D./Schissler, J.* 1987: Politische Kultur in Deutschland, Facetten einer dramatischen Entwicklung, Opladen/Wiesbaden. *Galtung, J.* 1975: Strukturelle Gewalt, Reinbek. *Gorschenek, G.* (Hrsg.) 1978: Grundwerte in Staat und Gesellschaft, München. *Meyer, Th.* (Hrsg.) 1981: Grundwerte und Gesellschaftsreform, Frankfurt a. M./Köln. *Meyer-Abich, K. M.* 1990: Aufstand für die Natur, München. *Neumann, F.* (Hrsg.) 1978–1980: Grundwerte-Texte zur politischen Bildung (7 Bde.: Menschenwürde, Freiheit, Gleichheit, Frieden, Solidarität, Eigentum, Arbeit), Baden-Baden. *Neumann, F.* (Hrsg.) 1985: Politische Ethik, Baden-Baden. *Reichel, P.* 1981: Politische Kultur in der Bundesrepublik, Opladen.

Grüne Parteien

I. Grüne Parteien und Listenvereinigungen zählen seit Jahren zum festen Bestandteil zahlreicher westeuropäischer ↗ Parteiensysteme *(Müller-Rommel* 1989; 1993*)*. Die organisatorische Stärke sowie die programmatische Richtung und die Größe des Wählerpotentials der Grünen variieren allerdings im Ländervergleich.

Im Zeitraum von 1978–1993 haben grüne Parteien und Listenvereinigungen an mehr als 150 Kommunal- und Regionalwahlen und an mehr als 60 nationalen Wahlen in fünfzehn westeuropäischen Ländern teilgenommen. Betrachten wir die nationale Ebene, so waren die Grünen 1990 mit 117 Abgeordneten in elf Parlamenten vertreten (Bundesrepublik Deutschland, Belgien, Luxemburg, Schweden, Finnland, Italien, Irland, Österreich, Schweiz, Griechenland, Niederlande), nicht hingegen in Dänemark, Frankreich, Großbritannien und Spanien. In drei Ländern (Griechenland, Italien, Niederlande) kandidierten die Grünen bislang nur einmal. In den übrigen zwölf Ländern beteiligten sich die Grünen an zwei und mehr nationalen Wahlen. In vier Ländern (Luxemburg, Schweiz, Österreich, Niederlande) erzielten sie unmittelbar nach der Parteigründung die ersten Wahlerfolge. In fünf Ländern (Bundesrepublik Deutschland, Belgien, Schweden, Irland, Italien) setzten diese erst einige Jahre nach der Parteigründung ein, in zwei Ländern (Finnland und Griechenland) rückten grüne Listenvereinigungen bereits in die nationalen Parlamente ein, bevor die Parteien offiziell gegründet wurden *(Müller-Rommel* 1993) (vgl. Tabelle 5). Im Europaparlament (↗ Europäische Gemeinschaft) sind die Grünen seit 1984 vertreten.

II. Grüne Parteien und Listenvereinigungen zeigen einige spezifische Merkmale, die sie von den etablierten Parteien unterscheiden. Dazu zählen: die Themenfelder, die Organisationsformen und das Wählerpotential *(Poguntke* 1993).

1. Die Grünen in Westeuropa stehen keineswegs ausschließlich als Markenzeichen für Umweltprobleme. Vielmehr enthalten die programmatischen Aussagen eine teilweise ambivalente Mischung aus wertkonservativem, populistischem und sozialistischem Gedankengut, in dem sich ein bürgerzentrierter ↗ Politikbegriff und ein basisdemokratisches Verständnis von ↗ Partizipation widerspiegelt.

Die richtungspolitische Position der Grünen auf verschiedenen Themenfeldern ist folglich nicht eindeutig in einem »Links-Rechts-Spektrum« einzuordnen. Die allgemeine Kritik an den Auswüchsen des bürokratischen Wohlfahrtsstaates ist beispielsweise auch in den Programmen der konservativen Parteien in Westeuropa zu finden. Andererseits entspringt die Forderung nach mehr direkter Partizipation eher dem linken Lager. Über diese und andere Brückenköpfe zu den konservativen und sozialistischen Parteien konnten die Grünen Teile des Wählerpotentials der etablierten Parteien für sich gewinnen. Der kleinste gemeinsame programmatische Nenner aller grünen Parteien besteht in folgenden politischen Forderungen: mehr Mitbestimmung der Bürger durch Dezentralisierung von politischen Entscheidungsprozessen; Beendigung des Wirtschaftswachstums auf Kosten von Umweltbelastungen; Ablehnung von Kernkraftwerken; ↗ Abrüstung in Westeuropa.

In den traditionellen »alten« Politikfeldern ist es den meisten grünen Parteien bislang nicht gelungen, überzeugend einzugreifen. So suchen die Grünen in zahlreichen westeuropäischen Ländern nach wie vor einen Mittelweg zwischen ↗ Marktwirtschaft und ↗ Planwirtschaft (↗ Wirtschaftssystem).

Im Gegensatz zu den etablierten Parteien liegt das Gemeinsame in den Programmvorstellungen der Grünen weniger in einer einheitlichen richtungspolitischen Position, sondern vielmehr auf der Ebene einer relativ konsistenten Wertedimension: Mehr Partizipation, Friedenssicherung und Umweltschutz zählen gerade zu jenen »neuen« Politikfeldern, die von den etablierten Parteien in Westeuropa bislang nicht überzeugend vertreten bzw. praktisch politisch umgesetzt wurden.

2. Die Organisationsformen der Grünen unterscheiden sich ebenfalls deutlich von denen der etablierten Parteien. Weder bei den großen »Honoratiorenparteien« des ↗ Bürgertums noch bei den sozialistischen bzw. sozialdemokratischen »Massenlegitimationsparteien« findet man jene dezentralen, autonomen, basisdemokratischen Strukturen, die charakteristisch sind für die überwiegende Mehrzahl der grünen Parteien in Westeuropa *(Kitschelt* 1988). Sie bedienen sich darüber hinaus unkonventioneller Aktionsformen bei der Mobilisierung ihres Mitglieder- und Anhängerpotentials, was ebenfalls bei den etablierten Parteien nicht zu finden ist.

3. Auch die Wählerschaft der grünen Parteien unterscheidet sich von der der

Tabelle 5: Wahlergebnisse der grünen Partei auf nationaler Ebene
Angaben in Prozent der Wählerstimmen sowie (in Klammern) Anzahl der Sitze im nationalen Parlament

	1978	1979	1979[1]	1980	1981	1982	1983	1984	1984[1]	1985	1986	1987	1988	1989	1989[1]	1990	1991	1992	1993/4
Belgien[2]	0,8	–	3,4 (0)	–	4,5 (0)	–	–	–	8,2 (2)	6,2 (9)	–	7,1 (9)	–	–	13,6 (3)	–	10,0 (17)	–	–
Bundesrepublik	–	–	3,2 (0)	1,5(0)	–	–	5,6 (27)	–	8,2 (7)	–	–	8,3 (44)	–	–	8,4 (8)	3,9 (0)/ 1,2 (8)[7]	–	–	7,3 (49)
Dänemark	–	–	–	–	–	–	–	–	–	–	–	1,2 (0)	1,3 (0)	–	–	–	–	–	3,1 (6)
Frankreich	2,1 (0)	–	4,4 (0)	–	1,1 (0)	–	–	–	3,4 (0)/ 3,3 (0)[3]	–	1,2 (0)	–	0,4 (0)	–	10,6 (9)	–	–	–	7,6 (–)
Finnland	0,1 (0)	–	–	–	–	–	1,5 (2)	–	–	–	–	4 (4)	–	–	–	–	6,8 (10)	–	–
Griechenland	–	–	–	–	–	–	–	–	–	–	–	–	–	0,6 (1)	–	0,8 (1)	–	–	–
Großbritannien	–	0,1 (0)	0,1 (0)	–	–	–	0,2 (0)	–	0,5 (0)	–	–	1,3 (0)	–	–	14,9 (0)	–	–	0,5 (0)	–
Irland	–	–	–	–	–	–	–	–	0,1 (0)	–	–	0,4 (0)	–	1,5 (1)	3,7 (0)	–	–	1,4 (1)	–
Italien	–	–	–	–	–	–	–	–	–	–	–	2,5 (13)	–	–	6,2 (5)	–	–	2,8 (10)	–
Luxemburg	–	1 (0)	1 (0)	–	–	–	–	5,8 (2)	6,1 (0)	–	–	–	–	8,6 (4)	10,4 (0)	–	–	–	–
Niederlande[4]	–	–	–	–	–	–	–	–	5,6 (2)	–	–	–	–	4,1 (6)	7 (2)	–	5,4 (4)	–	3,5 (5)
Österreich[5]	–	–	–	–	–	–	3,2 (0)	–	–	–	4,8 (8)	–	–	–	–	4,5 (9)	–	–	7,3 (13)
Schweden	–	–	–	–	–	1,6 (0)	–	–	–	1,5 (0)	–	–	5,5 (20)	–	–	–	3,4 (0)	–	5,0 (18)
Schweiz	–	0,8 (1)	–	–	–	–	6,4 (6)[6]	–	–	–	–	–	8,3 (7)	–	–	–	7,4 (15)[8]	–	–
Spanien	–	–	–	–	–	–	–	–	–	–	1 (0)	–	–	1,4 (0)	–	–	–	–	0,8 (0)

1 Ergebnisse bei den Europawahlen
2 Ergebnisse von AGALEU und ECOLO zusammen
3 3,4 = Les Verts; 3,3 = Entente Radical Ecologiste
4 Grün-Progressiver-Accord (GPACCORD)
5 Ergebnisse von VGÖ und ALÖ zusammen
6 Ergebnisse von GPS und GAS zusammen
7 3,9 = DIE GRÜNEN (West); 1,2 = Bündnis '90/Grüne (Ost)
8 Ergebnisse von GPS und DACH

etablierten Parteien. Zwar ist das soziologische Profil der Anhängerschaft grüner Parteien in Westeuropa graduell verschieden, doch insgesamt ist die Wählerschaft der Grünen homogener als die der etablierten Parteien. Im Kern zählen die Wähler der Grünen mehrheitlich zur nachkriegssozialisierten Generation des materiell versorgten neuen Mittelstands (unkündbare bzw. nur schwer kündbare Angestellte im öffentlichen Dienst und in Großunternehmen) und der weniger saturierten Gruppen von Studenten, Schülern und Hausfrauen. Diese Wähler der grünen Parteien und Listenvereinigungen verbindet ein ähnliches Wertesystem, das durch eine Abkehr von »materialistischen« Wohlstandswerten zu »postmaterialistischen« Werten gekennzeichnet ist, zu mehr Lebens- und Umweltqualität, mehr politischer Beteiligung etc. (↗ Wertewandel).

III. Da die Grünen alle jene Politikthemen vertreten, deren Nachfrage gerade bei Wählern mit neuen Wertorientierungen sehr groß ist, treten sie zunächst einmal in Konkurrenz zu allen etablierten Parteien, die den programmatischen Anspruch erheben, Themen der neuen Politik zu repräsentieren, in der konkreten Politikformulierung allerdings diesen Anspruch nicht realisieren können oder wollen (wie z. B. zahlreiche sozialistische oder sozialdemokratische Parteien in Westeuropa). Wenn es nun richtig ist, daß in den kommenden Jahren zunehmend mehr Bürger postmaterialistische Werte annehmen, und wenn es weiter richtig ist, daß zwischen der organisatorischen Entfaltung der Grünen und dem wachsenden Anteil von neuen Werteorientierungen ein enger Zusammenhang besteht, dann sind die Entfaltungsbedingungen von grünen Parteien in Westeuropa um so günstiger, je mehr die Themen der neuen Politik an Bedeutung gewinnen und je weniger die etablierten Parteien diese neuen Politikfelder programmatisch integrieren bzw. parteipolitisch instrumentalisieren.

Die Existenz von grünen Parteien in Westeuropa bewirkt jedoch auch strukturelle Veränderungen in den Konfliktdimensionen innerhalb der einzelnen Parteiensysteme. Bestanden die alten politischen ↗ Konflikte bislang zwischen den am *Status quo* orientierten Parteien (Konservative/Christdemokraten) einerseits und den systemverändernden Parteien (Sozialdemokraten, Sozialisten, Kommunisten) andererseits, so tritt über die Grünen eine weitere politische Kraft ins Parteiensystem, die in ihren programmatischen Forderungen ebenfalls auf Systemveränderung zielt, sich jedoch in der Wahl der Mittel zur Zielverwirklichung von den linken Parteien unterscheidet. Mithin entsteht eine strukturell neue ↗ Konfliktlinie zwischen den auf Systemveränderung drängenden Parteien, die nicht mehr ausschließlich durch religiöse oder sozialstrukturelle Gegensätze definiert ist (↗ Sozialstruktur). Konfliktorisch wirken hier vielmehr die unterschiedlichen Werteorientierungen der politischen ↗ Eliten und der Wählerschaften. Insgesamt haben sich durch diese neue Konfliktdimension die Wettbewerbskonstellationen in westeuropäischen Parteiensystemen verändert.

IV. Die Grünen sind so lange stabil, wie sich ihre Organisationsformen und programmatischen Forderungen mit den gesellschaftlichen und kulturellen Strukturen eines Landes decken. Lösen sich die Grünen von den Lebensweisen, Lebensgefühlen und Alltagsnormen ihrer Anhänger, so steigt das Risiko eines organisatorischen Zerfalls der Partei. Freilich stehen Prognosen über die langfristige Überlebenschance von Parteien, die zwischen zwei und acht Prozent der Wählerstimmen erzielen, immer auf recht unsicherem Boden. Die Verankerung in einem relativ klar definierbaren neuen Milieu sichert den Grünen jedoch einen festen Wählerstamm, der in den europäischen Ländern unterschiedlich hoch ausfällt. Der bei nahezu allen grünen Parteien erkennbare Anteil hochgebildeter Wähler legt die Vermutung nahe, daß die tatsächliche Politik der grünen Parteien ihre Wahlerfolge erheblich beeinflußt.

Die Anhänger grüner Parteien neigen nämlich dazu, ihre Wahlentscheidung im Sinne einer rationalen Entscheidung von den Leistungen der Partei abhängig zu machen. Mit anderen Worten, die Stimmabgabe für grüne Parteien ist Resultat einer bewußten Wahrnehmung der materiellen Politik dieser Parteien. Die Wähler grüner Parteien evaluieren vor dem Wahlgang retrospektiv die politischen Streitfragen und Probleme, welche die einzelnen konkurrierenden Parteien in der vergangenen Legislaturperiode aufgeworfen und praktisch politisch umgesetzt haben. Unter Abwägung eines »lebensqualitätsbezogenen Nutzenkalküls« fällt dann die Entscheidung für die Wahl einer Partei. Wenn das Nutzenkalkül zu Ungunsten der etablierten Parteien ausfällt, dann gewinnen die Grünen (oder andere Kleinparteien) Stimmenanteile. Nun läßt sich allerdings der sogenannte rationale Wähler im tatsächlichen Wahlverhalten nicht nur »retrospektiv« durch die materielle Politik der konkurrierenden Parteien leiten, sondern auch »prospektiv« durch deren in Parteiprogrammen und offiziellen *Statements* angekündigte, zukünftige politische Zielrichtungen. Beides zusammengenommen erklärt, warum die grünen Parteien gerade von der Unzufriedenheit der rationalen Wähler mit den etablierten Parteien elektoral profitieren.

Jenseits aller wahltaktischen Überlegungen müssen die Beharrungskräfte einmal etablierter und mit Finanzmitteln ausgestatteter politischer Organisationen in die Überlegungen über die Stabilität der grünen Parteien in Westeuropa miteinbezogen werden. Eine mit finanziellen Mitteln ausgestattete Partei ist bis zu einem gewissen Grad in der Lage, sich selbst Unterstützung zu verschaffen, indem sie Themen in der öffentlichen Diskussion hält, die ihr wahlpolitisch zugute kommen. Die Ausstattung zahlreicher grüner Parteien in Westeuropa mit beträchtlichen staatlichen Finanzen und Mandaten auf allen politischen Ebenen bringt auch Patronagemöglichkeiten mit sich.

Vor allem auf kommunaler Ebene sorgen grüne Mandatsträger dafür, daß staatliche Mittel die vielfältigen Einrichtungen des alternativen Milieus am Leben erhält. Damit erhöht sich die wahlpolitische Stabilität jener grünen Parteien, die über relativ hohe eigene Finanzmittel verfügen.

Ferner muß bei allen Prognosen auch das erhebliche innerparteiliche Konfliktpotential berücksichtigt werden. Auch wenn es zutrifft, daß offen ausgetragene Meinungsverschiedenheiten die Wahlchancen der grünen Parteien weniger stark beeinträchtigen, als dies für andere Parteien zutrifft, so hat das Verständnis der Wähler für lebhaften Streit zweifellos Grenzen. Wie das Beispiel der Bundestagswahlen 1990 zeigt, ist es für das Fortbestehen der grünen Parteien wichtig, Formen des innerparteilichen Umgangs zu finden, die nicht alle politischen Energien ihrer Aktivisten und den Vertrauensvorschuß ihrer Wähler absorbieren.

Ferdinand Müller-Rommel

Lit.: *Kitschelt, H.* 1988: Left-Libertarian Parties. Explaning Innovation in Competitive Systems, in: WP 15, 194–234. *Müller-Rommel, F.* (Hrsg.) 1989: New Politics in Western Europe, Boulder/London. *Müller-Rommel, F.* 1993: Grüne Parteien in Westeuropa, Opladen. *Poguntke, T.* 1993: Alternative Politics, Edinburgh. *Raschke, J.* 1993: Die Grünen. Wie sie wurden, was sie sind, Köln. *Salomon, D.* 1992: Grüne Theorie und graue Wirklichkeit. Die GRÜNEN und die Basisdemokratie, Freiburg i. Br.

Handlungstheorien

Unter Handlungstheorien (H.) versteht man sozialwissenschaftliche Erklärungsansätze, die im Laufe dieses Jahrhunderts in der Soziologie, Anthropologie, Psychologie und den Wirtschaftswissenschaften entwickelt wurden und im Unterschied zu strukturalistischen oder systemtheoretischen Konzepten gesellschaftliche Phänomene in erster Linie aus den Intentionen, Situationsdefinitionen, Handlungen und Interaktionen von Akteuren herleiten. H. zählen damit zu den Verhaltenstheorien. Sie unterscheiden sich allerdings grundlegend von solchen Verhaltenstheorien, die Handeln direkt aus sozialen Strukturmerkmalen ableiten, ohne dabei den Umsetzungsprozeß von Sozialstruktur in Intention und von Intention in Handlung zu thematisieren. Ein Kausaldeterminismus, wie er z. B. in behavioralistischen *Stimulus-Response*-Modellen angelegt ist, wird abgelehnt (s. hierzu *Reimann* u.a. 1991): Handlungssituationen beinhalten immer ein Element der Wahlfreiheit, da die einzelnen Akteure Entscheidungen auf der Grundlage von Situationsinterpretationen und Präferenzen fällen. Intentionalerklärungen, die nach den Präferenzen der Akteure und ihren Annahmen über Sachverhalte in der Welt, also nach dem Sinn von Handlungen, fragen (*Føllesdal* u.a. 1986), bilden darum eine notwendige Ergänzung der ansonsten stark naturwissenschaftlich-kausal geprägten ↗ Sozialwissenschaften.

I. Handlungstheorien lassen sich in zwei große Gruppen einteilen: in Rationalitätsmodelle und in Interaktionsansätze. Handlungstheoretiker sind grundsätzlich mit den methodologischen Problemen konfrontiert, den ihnen notwendig äußerlichen subjektiven Sinn, den die Akteure mit ihren Handlungen verbinden, »verstehen« zu müssen und darüber hinaus die unendliche Vielfalt von Handlungsmotiven auf eine beschreibbare Komplexität zu reduzieren. Um diesen Problemen zu begegnen, haben die Rationalitätsmodelle versucht, intersubjektiv verbindliche Kriterien für die Beschreibung der subjektiven Perspektive des Handelnden zu finden (*von Beyme* 1992: 255).

(1) *Max Weber* plädierte bereits zu Anfang dieses Jahrhunderts für das methodische Mittel der »Typenbildung«. Er entwarf verschiedene Idealtypen »rationalen Handelns«, die für den wissenschaftlichen Beobachter »restlos und durchsichtig intellektuell« verständlich sein sollten (*Weber* 1976: 2). Obwohl *Max Weber* hervorhebt, daß unser Handeln fast immer eine Mischung dieser Typen ist, kommt der Zweckrationalität, also dem Handeln »nach Zweck, Mitteln und Nebenfolgen« in modernen Gesellschaften, seiner Meinung nach die größte Bedeutung zu.
(2) Einen ähnlichen Rationalitätsbegriff verwenden die in den 50er Jahren aus dem Utilitarismus und der klassischen Ökonomie hervorgegangenen Ansätze der Neuen Politischen Ökonomie (*Riker/Ordeshook* 1973; *Downs* 1957): Akteure versuchen, ihren Nutzen zu maximieren. Da hierbei notwendigerweise Zielkonflikte auftreten, legen Akteure ihre Präferenzen in einer Rangordnung fest, die unter Abwägung der Kosten und Nutzen alternativer Handlungsmöglichkeiten gebildet wird. Die Handlungsalternative, die den meisten Nutzen bei gleichzeitig den geringsten Kosten verspricht, wird den obersten Platz in der Präferenzordnung einnehmen und damit die Intention des Handelnden sein.
(3) In Studien der Organisationssoziologie (*Simon* 1954; *March/Simon* 1958) wurden diese Modellannahmen bereits kurze Zeit später abgeschwächt. Zwar sei es richtig, Akteuren zu unterstellen, daß sie Präferenzord-

nungen bilden. Alternativen würden aber nicht unter einem Maximierungsdiktat stehen, sondern bereits dann akzeptiert, wenn bestimmte Erwartungsniveaus erfüllt wären. Bis heute beschäftigen sich eine Reihe kognitiv-psychologischer, soziologischer und philosophischer Ansätze mit den Grenzen dieses Rationalitätsmodells unter dem Stichwort »*Bounded Rationality*« (*Kahnemann* u.a. 1982; *Wiesenthal* 1987a; *Elster* 1979).

II. Interaktionsansätze versuchen, die subjektiven Kategorien des Handelns ernst zu nehmen und nicht über Typen- oder Modellbildung, sondern über hermeneutische Methoden den subjektiven Sinn, den die Akteure ihren Handlungen beimessen, zu entschlüsseln. Untersuchungseinheit ist dabei allerdings nicht der einzelne Akteur wie in den Rationalitätsmodellen, sondern die Interaktionssituation. *Max Weber* hatte in seiner Definition des sozialen Handelns (Handeln, »welches seinem von dem oder den Handelnden gemeinten Sinn nach auf das Verhalten anderer bezogen wird und daran in seinem Ablauf orientiert ist«; *Weber* 1976: 1) bereits das Element der Interaktion für eine Handlungstheorie vorweggenommen. *Schütz*, der die phänomenologische Tradition *Husserls* fortsetzte, vertiefte diesen Aspekt ebenso wie *Georg Simmel* (*Schütz/Luckmann* 1984; *Simmel* 1922). Um den Sinn des Handelns verstehen zu können, bedürfe es der Beantwortung der Frage, wie sich Akteure überhaupt sinnvoll aufeinander beziehen können, wie »gemeinsamer Sinn« entsteht.

Diese Frage wurde in den 20er Jahren von einer vom amerikanischen Pragmatismus ausgehenden anthropologischen Schule aufgegriffen (Symbolischer Interaktionismus; *Mead* 1934). Eine handlungstheoretische Version dieses Ansatzes wurde v.a. von *Blumer* in den 60er Jahren entworfen (*Blumer* 1969): Soziale Organisation ist für ihn das Resultat von Kommunikation. Kommunikation erscheint als die Fähigkeit der Individuen, gemeinsame Symbole zu schaffen, die in die Interaktion zwischen Menschen einfließen und zu dauernden Prozessen der Interpretation, Evaluation und Definition herausfordern. Erst in der Interaktion konstituiere sich so subjektiver Sinn. Eine klare Kausalität von Struktur und Handlung könne es nicht geben, weil menschliches Handeln der fortlaufende Prozeß sich ändernder Situationsdefinitionen sei. »Verstehen« heißt in diesem Ansatz der fortwährende Versuch des Beobachters, die symbolischen Interaktionsprozesse aus der Sicht der Beteiligten interpretativ nachzuvollziehen.
In *Parsons* Handlungstheorie ist Interaktion die Einbettung der Akteure in ein über Normen und Rollen reguliertes und stabilisiertes Handlungssystem (*Parsons* 1951). Durch seine im Funktionalismus verhaftete Suche nach der Stabilität solcher Systeme wird Handlung dann allerdings wesentlich deterministischer konzipiert als im symbolischen Interaktionismus: Akteure erscheinen als personalisierte Rollenträger, deren Handlungsfreiheit stark eingeschränkt ist. Durch diese Ausblendung der Wahlfreiheit, die am Anfang seiner »voluntaristischen Handlungstheorie« noch weniger stark ausgeprägt war, kann man *Parsons* Ansatz kaum noch als eine Handlungstheorie verstehen.
Habermas' Handlungstheorie schließlich knüpft ebenfalls an die Ideen des symbolischen Interaktionismus an, hebt in diesem Zusammenhang aber v.a. den Typus des kommunikativen Handelns hervor, der ein durchgängiges Motiv der Handelnden beschreibt, ihre Handlungspläne und damit ihre Handlungen einvernehmlich koordinieren zu wollen (*Habermas* 1981: 128).

II. Für die Politikwissenschaft hat die phänomenologisch / symbolisch-interaktionistische Tradition der H., außer in den Arbeiten von *Habermas*, der sie mit der Systemperspektive zu verknüpfen wußte, keine große Rolle gespielt. Gelegentlich fand sie Eingang bei der Erforschung der Motivationen im Wählerverhalten (*Brand/Honolka* 1981) und der Akteure in neuen sozialen Bewegungen (*von Beyme* 1992:

286–296). Die Bedeutung von Deutungsmustern für politische Entscheidungen haben *Edelman* (1964) und neuerdings *Hofman* (1993) hervorgehoben. Erkenntnisse aus der Handlungspraxis im Alltag hat *Patzelt* (1987) für die Politikwissenschaft fruchtbar gemacht. Als durchsetzungsfähiger haben sich in der Politikwissenschaft allerdings die Varianten von H. erwiesen, die sich dem Rationalitätsmodell verschrieben haben.

Dies hat zweierlei Gründe: Das Rationalitätsmodell ermöglicht erstens ein dem naturwissenschaftlichen Kausalitätsmodell fast analoges Argumentationsmuster, indem die Transformation von Struktur in kollektives Handeln in Form eines allgemeinen Gesetzes, nämlich entweder als Maximierungs- oder den Umständen angemessenes Optimierungsprinzip, beschrieben werden kann, ohne daß dabei der Gesichtspunkt der Intentionalität wegfallen würde. Gleichzeitig wird hiermit ein von den methodischen Voraussetzungen her besonders sparsames Modell kombiniert, das deduktive Theoriebildung erlaubt. Zweitens konnte gezeigt werden, daß H. nicht rein individualistisch zu verfahren brauchen, sondern auch auf den für die Politikwissenschaft wichtigen Meso- und Makroebenen der Analyse einsetzbar sind. Die (neo)realistischen Ansätze in den ↗ Internationalen Beziehungen haben dies für den Handlungsakteur Staat ebenso nachgewiesen (*Morgenthau* 1963; *Keohane* 1986) wie die auf *Colemans* Arbeiten über »korporative Akteure« aufbauenden Studien (*Coleman* 1974; *Stucke* 1993; *Burns/Flam* 1987). Gemeinsam ist diesen Ansätzen, daß sie aggregierten Einheiten ebenso eindeutige Zielsetzungen unterstellen wie Individuen.

Handlungstheoretische Rationalitätsmodelle haben seit den 50er Jahren in vielen politikwissenschaftlichen Forschungsfeldern Eingang gefunden: z.B. in der Wahlforschung (*Downs* 1957); in Bürokratiemodellen (*Niskanen* 1971; *Dunleavy* 1991); bei der Koalitionsbildung in Parteiensystemen (*Black* 1958; *Budge/Keman* 1990); bei der Diskussion von Kollektivgüterproblematiken (*Olson* 1965; *Ostrom* 1990); in der normativen Verfassungsdiskussion (*Brennan/Tullock* 1985); in der Transformationsforschung (*Przeworski* 1991); in spieltheoretischen Analysen zur Kooperation und zum Entscheidungsverhalten (*Axelrod* 1988; *Scharpf* 1985, 1987); in Studien zu Verhandlungsprozessen (*Benz* u.a. 1992) sowie in institutionalistisch ausgerichteten Analysen von Politikfeldern (*Levi* 1988; *North* 1990).
In heutigen handlungstheoretisch angeleiteten politikwissenschaftlichen Diskussionen steht das Verhältnis von umweltbedingten Restriktionen der Akteure und ihren Handlungsentscheidungen im Vordergrund. Die Diskussion kognitiv-rationaler Grenzen des Akteurhandelns anhand der *Bounded-Rationality*-Literatur (*Wiesenthal* 1987b) gehört hier ebenso dazu wie die auch in der Interaktionstheorie hervorgehobene Bedeutung von eingeübten Verhaltensmustern und situativen Interpretationsrahmen (*Lindenberg* 1989; *Esser* 1990) oder Versuchen der Verbindung von institutionalistischen und handlungstheoretischen Perspektiven (*Czada/Windhoff-Héritier* 1991; *Heckathorn/Maser* 1987; *Hechter* u.a. 1990).

Aus der Sicht des methodologischen Individualismus müßten alle politikwissenschaftlichen Ansätze, wenn sie Erklärungen und nicht nur Beschreibungen von Zusammenhängen zwischen Makrophänomenen sein oder bei *a priori* Annahmen über individuelles Verhalten stehenbleiben wollen, auf handlungstheoretische Elemente rekurrieren. »Eine statistische Regelmäßigkeit bleibt undurchsichtig und belanglos, sobald es nicht gelingt, sie auf die individuellen Handlungen zurückzuführen, aus denen sie sich ergibt« (*Boudon/Bourricaud* 1992: 195). Dieser Anspruch geht sicherlich zu weit. So ist man sich inzwischen weitgehend einig, daß Verhalten, gerade in organisierten Gesellschaften, häufig in Routinen, festen Entscheidungsregeln und institutionalisierten Erwartungshaltungen abläuft, die keine individuellen Entscheidungen verlangen, sondern gleichsam routiniert und mechanisch ablaufen (die sog. *logic of appropriateness*; *March/Olsen* 1989). Ebenso wurde darauf hingewiesen, daß rationale Entscheidungen meistens nur in Situationen abverlangt werden, in denen tatsächlich substantielle Interessen der Akteure berührt werden (*Latsis* 1972). In vielen Fällen des politischen Handelns können wir also getrost auf eine Intentionalerklärung als Ergänzung von rein kausalorientierten Struktur- oder Verhaltenserklärungen verzichten.

Brauchbar erscheinen H. in der Politikwissenschaft v.a. in vier Fällen: Erstens dann, wenn es vorzugsweise um die Erfassung von Motivationen politischer Akteure geht, zweitens, um Scheinzusammenhänge in statistischen Analysen aufzudecken (*Boudon/Bourricaud* 1992: 193); drittens, wenn institutioneller Wandel erklärt werden soll und schließlich immer dann, wenn die Entscheidungsfindung der Akteure und Entscheidungssysteme als ein wesentliches Erklärungselement angesehen werden. Als besonders fruchtbar haben sich in bezug auf den letzten Punkt die über die Spieltheorie entwickelten Diskussionen kollektiver Handlungsdilemmata (wie *Prisoners' Dilemma*, *Battle-of-the-Sexes; Scharpf* 1987; *Ostrom* 1990) sowie die Versuche erwiesen, das Handeln in Akteurkonstellationen über die Darstellung von Netzwerken, Handlungslogiken und Figurationen zu beschreiben (*Marin/Mayntz* 1991; *Hohn/Schimank* 1990; *Braun* 1993).

Dietmar Braun

Lit.: *Axelrod, R.* 1988: Die Evolution der Kooperation, München. *Benz, A./Scharpf, F. W./Zintl*, R. 1992: Horizontale Politikverflechtung. Zur Theorie von Verhandlungssystemen, Frankfurt a. M./New York. *Beyme, K. von* 1992: Theorie der Politik im 20. Jahrhundert. Von der Moderne zur Postmoderne, Frankfurt/M. *Black, D.* 1958: The Theory of Committees and Elections, New York. *Blumer, H.* 1969: Symbolic Interactionism: Perspective and Method, Englewood Cliffs, NJ. *Boudon, R./Bourricaud, F.* 1992: Soziologische Stichworte, Opladen. *Brand, K. W./Honolka, H.* 1981: Lebenswelt und Wahlentscheidung. in: PVS 13, 305–326. *Braun, D.* 1993: Who Governs Intermediary Agencies? Principal-Agent Relations in Research Policy-Making. in: JoPP, 13, 135–162. *Brennan, G./Buchanan, J. M.* 1985: The Reason of Rules. Constitutional Political Economy, Cambridge, Mass. *Buchanan, J. M./Tullock, G.* 1962: The Calculus of Consent. Logical Foundations of Constitutional Democracy, Ann Arbor. *Budge, I./Keman, H.* 1990: Parties and Democracy – Coalition Formation and Government Functioning in Twenty States, Oxford. *Burns, T./Flam, H.* 1987: The Shaping of Social Organization, London. *Coleman, J. S.* 1974: Power and the Structure of Society, New York. *Czada, R./Windhoff-Héritier, A.* (Hrsg.) 1992: Political Choice. Frankfurt a. M./New York. *Downs, A.* 1957: An Economic Theory of Democracy, New York. *Dunleavy, P.* 1991: Democracy, Bureaucracy and Public Choice, New York. *Edelman, M.* 1964: The Symbolic Uses of Politics. Urbana. *Elster, J.* 1979: Ulysses and the Sirens. Studies in Rationality and Irrationality, Cambridge. *Esser, H.* 1990: »Habits«, »Frames« und »Rational Choice«. Die Reichweite von Theorien der rationalen Wahl (am Beispiel der Erklärung des Befragtenverhaltens), in: ZfS 19, (4), 231–247. *Føllesdal, D./Walloe, L./Elster, J.* 1986: Rationale Argumentation. Ein Grundkurs in Argumentations- und Wissenschaftstheorie, Berlin/New York. *Habermas, J.* 1981: Theorie des kommunikativen Handelns, Frankfurt/M. *Hechter, M./Opp, K.-D./Wippler, R.* (Hrsg.) 1990: Social Institutions. Their Emergence, Maintenance and Effects, Berlin/New York. *Heckathorn, D. D./Maser, St. M.* 1987: Bargaining and Constitutional Contracts, in: AJPS, 31, (1), 142–168. *Hofmann, J.* 1993: Implizite Theorien in der Politik. Interpretationsprobleme regionaler Technologiepolitik, Opladen. *Hohn, H.-W./Schimank U.* 1990: Konflikte und Gleichgewichte im Forschungssystem. Akteurkonstellationen und Entwicklungspfade in der staatlich finanzierten außeruniversitären

Forschung, Frankfurt a.M./New York. *Kahnemann, D./Slovic, P./Tversky, A.*(Hrsg.) 1982: Judgement under Uncertainty: Heuristics and Biases, New York. *Keohane, R.O.* (Hrsg.) 1986: Neorealism and its Critics, New York. *Latsis, S.J.* 1972: Situational Determinism in Economics, British Journal of Philosophical Science, 23, 207–245. *Levi, M.* 1988: Of Rule and Revenue, Berkeley. *Lindenberg, S.* 1989: Social Production Functions. Deficits, and Social Revolutions: Pre-revolutionary France and Russia, in: Rationality and Society 1, 51–77. *Luckmann, T.* 1992: Theorie des sozialen Handelns, Berlin/New York. *March, J.G./Olsen, J.P.* 1989: Rediscovering Institutions. The Organizational Basis of Politics, New York. *March, J.G./Simon, H.* 1958: Organizations, New York. *Marin, B./Mayntz, R.* (Hrsg.) 1991: Policy Networks. Empirical Evidence and Theoretical Considerations, Frankfurt a.M./Boulder, Colorado. *Mead, G.H.* 1934: Mind, Self, and Society, Chicago. *Morgenthau, H.J.* 1963: Macht und Frieden. Grundlegung einer Theorie der internationalen Politik, Gütersloh. *Niskanen, W.A.* 1971: Bureaucracy and Representative Government, Chicago. *North, D.C.* 1990: Institutions, Institutional Change and Economic Performance. Political Economy of Institutions and Decisions, Cambridge. *Olson, M. Jr.* 1965: The Logic of Collective Action, Cambridge. *Ostrom, E.* 1990: Governing the Commons: The Evolution of Institutions for Collective Action, Cambridge. *Parsons, T.* 1951: Toward a General Theory of Action, Cambridge, Mass. *Patzelt, W.J.* 1987: Grundlagen der Ethnomethodologie. Theorie, Empirie und politikwissenschaftlicher Nutzen einer Soziologie des Alltags. München. *Przeworski, A.* 1991: Democracy and the Market. Political and Economic Reforms in Eastern Europe and Latin America. Cambridge, Mass. *Radnitzky, G./Bernholz, P.* (Hrsg.) 1987: Economic Imperialism: The Economic Approach Applied Outside the Field of Economics, New York. *Ramb, B.-T./Tietzel, M.* (Hrsg.) 1993: Ökonomische Verhaltenstheorie, München. *Reimann, H./Giesen, B./Goetze, D./Schmid, M.* [4]1991: Basale Soziologie: Theoretische Modelle, Opladen. *Riker, W. H./ Ordeshook, P.C.* 1973: An Introduction to Positive Political Theory, Englewood Cliffs, NJ. *Scharpf, F.W.* 1985: Die Politikverflechtungsfalle: Europäische Integration und deutscher Föderalismus im Vergleich, in: PVS 26, (4), 323–356. *Scharpf, F. W.* 1987: Sozialdemokratische Krisenpolitik in Europa, Frankfurt/M. *Schütz, A./Luckmann, T.* 1984: Strukturen der Lebenswelt, Bd. 2, Frankfurt/M. *Simmel, G.* 1922: Soziologie. Untersuchungen über die Formen der Vergesellschaftung, München und Leipzig. *Simon, H.* 1954: A Behavioral Theory of Rational Choice, in: Quarterly Journal of Economics 96, 99–118. *Simon, H.* 1985: Human Nature in Politics: The Dialogue of Psychology with Political Science, in: APSR 79, 293–304. *Stucke, A.* 1993: Institutionalisierung der Forschungspolitik: Entstehung, Entwicklung und Steuerungsprobleme des Bundesforschungsministeriums, Frankfurt a.M./New York. *Weber, M.* [5]1976: Wirtschaft und Gesellschaft. Grundriss der verstehenden Soziologie, Tübingen. *Wiesenthal, H.* 1987a: Rational Choice – Ein Uberblick über Grundlinien, Theoriefelder und neuere Themenakquisition eines sozialwissenschaftlichen Paradigmas, in: ZfS, 16, 434–450. *Wiesenthal, H.* 1987b: Strategie und Illusion. Rationalitätsgrenzen kollektiver Akteure am Beispiel der Arbeitszeitpolitik 1980–1985, Frankfurt/M.

Haushaltspolitik

Unter Haushaltspolitik (H.) soll hier die Gesamtheit der Ausgaben- und Steuerpolitik verstanden werden. Diese Festlegung ist angesichts der haushaltspolitischen Praxis von Ländern in der Tradition des britischen ↗ Parlamentarismus, deren Haushaltsdebatten in erster Linie Steuerfragen gewidmet sind, bzw. der Konzentration des haushaltspolitischen Entscheidungsprozesses in Ländern wie der Bundesrepublik auf die Ausgabenseite des Haushalts, keineswegs trivial. H. unterscheidet sich von anderen Politikfeldern wesentlich durch ihre Querschnittsfunktion. Mit dem Medium Geld verfügt der Staat über ein zentrales Lenkungsinstrument für alle Politikfelder. Durch Haushaltsentscheidungen verteilt er gesellschaftliche Ressourcen um und setzt politische Schwerpunkte.

In der wissenschaftlichen Tradition gab es deshalb immer wieder Bemühungen um »die Finanzen (als) einer der besten Angriffspunkte der Untersuchung des sozialen Getriebes, besonders, aber nicht ausschließlich des politischen« *(Schumpeter)*. Die für einen solchen Ansatz erforderliche Interdisziplinarität blieb jedoch eine Ausnahmeerscheinung im wissenschaftlichen Diskurs. Bemühungen der Jurisprudenz (Haushaltsrecht), der Verwaltungswissenschaft, der Finanzwissenschaft (mit einem starken Übergewicht auf der technischen Seite der Steuererhebung), der Volkswirtschaftslehre und der ↗ Politikwissenschaft um den gleichen Gegenstand liefen und laufen weitgehend unverbunden nebeneinander her. Dabei ist die umfassende gesellschaftliche Wirkung haushaltspolitischer Grundentscheidungen nicht zu übersehen.

Aufgrund des nach dem II. Weltkrieg, wenn auch mit einiger Verzögerung in den USA und in der Bundesrepublik, in allen westlichen Demokratien vollzogenen Übergangs zu einer keynesianisch angeleiteten H. (↗ Keynesianismus) wurden die Instrumente bereitgestellt, mit denen Ziele wie Vollbeschäftigung, Inflationsbekämpfung (↗ Inflation), außenwirtschaftliches Gleichgewicht (↗ Außenwirtschaftspolitik) und Wachstum erreicht werden sollten. In einer ausgefeilteren technokratischen Variante dieser Politik wurde mit »politikneutralen« Planungsmodellen wie dem PPBS *(Planning-Programming-Budgeting System)* oder MBO *(Management by Objectives)* etc. experimentiert.

Ziel dieser Strategien war es in erster Linie, eine optimale Umsetzung politischer Zielsetzungen durch eine Ausrichtung der Ausgabenpolitik an aus den Programmen gewonnenen Maßstäben mit entsprechenden Effizienzkontrollen (↗ Implementationsforschung/Evaluierungsforschung) zu erreichen. Ihr Scheitern hatte auch technische Gründe, wie die Zwänge und Zeitnöte, die sich aus dem Fehlen zuverlässiger längerfristiger Prognosen über die Höhe der zur Verfügung stehenden Staatseinnahmen und der in den meisten Ländern geltenden Jährlichkeit des Haushalts ergeben. Ihr wesentlicher Konstruktionsfehler bestand aber in dem Versuch, mit Hilfe eines ökonomisch rationalen Kalküls der – aus ökonomischer Sicht politischen – Irrationalitäten der Programmentwicklung und -finanzierung Herr werden zu wollen.

Mit der Feststellung des »Scheiterns« einer nachfrageorientierten H. verband sich bei gleichbleibenden Globalzielen eine Veränderung des haushaltspolitischen Instrumentariums. Wirtschaftliche Wettbewerbsfähigkeit und industrieller Strukturwandel sowie eine Sanierung des durch keynesianisch begründete Ausgabenpolitik gewachsenen Budgetdefizits sollte seit Mitte der 70er Jahre durch eine stärker angebotsorientierte, d.h. die Rahmenbedingungen der Unternehmenstätigkeit fördernde Politik erreicht werden. Im Zeichen des ↗ Monetarismus hatte das indirekte Steuern wirtschaftlicher Abläufe durch eine Politik der Geldmengensteuerung Konjunktur. International wurden eine Runde der Kürzungen der Spitzensteuersätze, eine Verringerung der Abgaben- und Steuerlast für Unternehmen, Entregulierungen der Staatstätigkeit sowie der Abbau staatlicher Interventionsmöglichkeiten durch eine Politik der Privatisierungen eingeläutet. Die Umverteilung von gesellschaftlichem Reichtum von den wirtschaftlich passiven Begünstigten des ↗ Sozialstaates hin zu den Investitionsgeneigten durch den Abbau sozialer Leistungen und die Umschichtung der Steuerlast von den direkten zu den indirekten Steuern (↗ Steuerpolitik) sollte neue wirtschaftliche Dynamik entfachen, die auf lange Sicht auch den Leidtragenden dieser Umstrukturierungen zugute kommen sollen. In wenigen Fällen, wie denen der *Reagonomics* in den USA und vor allem des Thatcherismus in Großbritannien, wurden diese in allen westlichen Demokratien mehr oder minder deutlich vorgenommenen Weichenstellungen ideologisch überhöht und als neue politische Philosophie präsentiert.

Die technische Seite der haushaltspolitischen Praxis aller westlichen Industrieländer basiert auf den Phasen der Haushaltsplanung, der Haushaltsvorbereitung, der Beschlußfassung über den Haushalt in Exekutive und Legislative, der Durchführung des Haushalts und der Rechnungskontrolle. Unterschiedliche institutionelle Vorkehrungen kanalisieren bzw. filtern auf unterschiedliche Weise gesellschaftliche Interessen. Ein Extrem ist dabei das Modell des *de facto* völligen Übergewichts der Exekutive im Haushaltszyklus, wie er beispielsweise weitgehend die britische und die französische Praxis bestimmt. Ein Gegenmodell wäre das gleichgewichtige Gegenüber von Exekutive und Legislative, das im großen und ganzen in den USA zu beobachten ist. Hier hat der Kongreß ein eigenes *Congressional Budget Office* (CBO), das sogar zur Haushaltsplanung fähig ist. ↗ Interessengruppen reagieren sensibel auf solche unterschiedlichen Gewichtungen der Gewalten. In den USA ist das Parlament weit stärker Adressat der Lobbyisten als in Großbritannien oder Frankreich. Von der Rechnungskontrolle wird in allen Ländern die Überprüfung korrekten, also rechtlich abgesicherten und sparsamen Ausgabengebarens erwartet. Schwieriger zu beantworten ist die Frage, ob bestimmte Ausgaben sinnvoll waren. In der Grauzone zur politischen Normensetzung tun sich die Rechnungshöfe schwer. Anforderungen einer umfassenden Rationalitätskontrolle des Regierungshandelns mit Gegengutachten und Alternativrechnungen ohne Rücksicht auf politische Tabus kann sich nur das auch personell entsprechend ausgestattete amerikanische *General Accounting Office* leisten.

Roland Sturm

Lit.: *Gaudemet, P.-M./Moliner, J.* 1992: Finances publiques, Paris. *Hickel, R.* (Hrsg.) 1976: *Rudolf Goldscheid/Joseph Schumpeter*, Die Finanzkrise des Steuerstaats, Frankfurt/M. *Sturm, R.* 1989: Haushaltspolitik in westlichen Demokratien, Baden-Baden. *Hellstern, G.-M./Sturm, R.* (Hrsg.) 1991: Finanzpolitik zwischen Autonomie und Abhängigkeit, Baden-Baden.

Herrschaft

I. Herrschaft (H.) ist nach allgemeiner Übereinstimmung eine Grundkategorie der Gesellschaftstheorie, ein Zentralbegriff der ↗ Politischen Soziologie und ein, wenn nicht der Hauptgegenstand der Wissenschaft von der Politik. Wie H. entsteht und vergeht, vor allem wie sie sich selbst begründet, sind Hauptfragen des politischen Lebens. Wer herrscht und wer beherrscht wird, ist eine entscheidende Differenz politischen Denkens, wobei »das Wort weithin ohne Reflexion und Kritik gebraucht wird« (*Sternberger* 1980: 153).

I. Im allgemeinen wird unter H. eine asymmetrische soziale Wechselbeziehung von Befehlsgebung und Gehorsamsleistung verstanden, in der eine Person, Gruppe oder Organisation anderen (zeitweilig) Unterordnung aufzwingen und Folgebereitschaft erwarten kann. Erst Regelmäßigkeit und Erfolg kennzeichnen H. als Institution. Gleich ob Herrschaftsinstanzen personal repräsentiert oder anonym ausgeprägt sind, verleihen sie der chaotischen und wechselhaften sozialen Welt eine stabile Zentralstruktur. H. ist ein wichtiges Element sozialer Ordnung, ein Kraftfeld, um das sich die gesellschaftlichen Beziehungen und Spannungen ordnen. H. wird dabei in der Regel verstanden als ein vertikales Verhältnis zwischen Oben und Unten, kann aber auch als horizontale Relation von Gleichen angesehen werden, in der Herrschende und Beherrschte (periodisch oder permanent) ineinsfallen und wechseln. Die meisten Herrschaftslehren von der Antike bis zur Moderne entwarfen eine soziale und politische Ordnung in der ein konsistentes, befehlendes Subjekt bestimmten Adressaten Befehle erteilt, die diese befolgen (oder verweigern). Dem Herrschaftssystem (analog zum ↗ Politischen System) wird die Funktion zugebilligt, autoritativ bindende Entscheidungen zu fassen und gegenüber den anderen Systemen der Gesellschaft durchzusetzen. In der Regel wird also die Relation von Herrschaftsträgern und Herrschaftsadressaten als Zentrum-Peripherie-Verhältnis gedacht.

Das besondere Interesse der ↗ Politischen Theorie galt der Erarbeitung einer Typologie von Herrschaftsformen (Aristokratie, Monarchie, Demokratie, ↗ Technokratie etc.), die anfangs im zyklischen Kreislauf, dann in evolutionärer Linie gedacht wurden. In der Neuzeit ist H. grundsätzlich problematisch, nämlich dem systematischen Zweifel und dem potentiellen Sturz ausgesetzt. Fragen der Teilnahme an bzw. des Ausschlusses von H. werden öffentlich diskutiert, wobei insbesondere die Gewichtung von (staatlicher) Herrschaftsgewalt und (bürgerlicher) Verabredungsmacht von Interesse ist. Die Frage ist, ob H. in dieser politisch-theoretischen Fassung noch aussagekräftig ist für die soziale Welt am Ende des 20. Jahrhunderts.

II. Aufschlüsse in die kaum zu überschauende Thematik bietet die Geschichte des Herrschaftsbegriffs.

1. Im antiken Griechenland bedeutete *arché* (Verb: *archein*, z. B. in Oligarchie [Wenigenherrschaft] oder Anarchie [Herrschaftslosigkeit]) Anfang/Ursprung/Prinzip wie auch Herrschaft/Regierung. Archonten waren militärische Befehlshaber und höchste Beamte. Ihre Fähigkeit war das »Anfangenkönnen«, und nach klassischer Auffassung ein spezifisches Herrschaftsprivileg und ein Kennzeichen des Politischen überhaupt (*Arendt* 1963). Mit der Terminologie von *krátos/kratein* (Kraft, Macht, Herrschaft, z. B. in Aristokratie [Besten- oder Adelsherrschaft], Demokratie [Volksherrschaft]) entwickelte sich seit dem 5. Jh. v. Chr. vor allem in der attischen *Polis* in der Dramenliteratur, in den praktisch-politischen Reformwerken und in der politischen Theorie des *Aristoteles* ein bis dahin unbekanntes »Könnens-Bewußtsein« (*Meier* 1983). Der klassische Herrschaftsbegriff der *Polis* markiert die maßvolle Mitte zwischen Anarchie und Tyrannis. (Eu)nomistische Ordnungen, *qua* göttlichem Recht vorgegeben, wurden allmählich von kratistischen Ordnungen abgelöst, wobei sich weltgeschichtlich erstmals demokratische, volksherrschaftliche Formen etablierten. Politische (d. h. vernünftige, zur öffentlichen Sphäre gehörige) Herrschaftsbeziehungen werden von gewaltsamen Herr-Knecht-Verhältnissen unterschieden, die auf die »ökonomische«, d. h. hauswirtschaftliche Sphäre begrenzt sind.

2. H. war ein in der Krise geborener Ordnungs- und Reformbegriff, der Zustände der Unordnung (oder der chaotischen Herrschaftslosigkeit) überwinden oder vermeiden sollte. Diese Tradition griff die römische Republik auf. Auch im lateinischen *dominium* (Eigentumsrecht über Güter) und *imperium* (Ausübung öffentlicher Gewalt) hebt sich die politische Herrschaft von der hausherrlichen Gewalt des *pater familias* ab, der über Personen und leblose Dinge (Eigentum) verfügte. Im deutschen Begriff *herschaft*

(von *her*, erhaben, würdig, dann Anlehnung an *herre*, der Höher- und Hochgestellte) verweist noch auf den Aspekt der Hausherrschaft über Familie und Gesinde sowie freie Gefolgsleute. Es handelt sich um eine personale und gegenseitige Beziehung, die bei schlechter Erfüllung durch den Herrn dem Gefolge ein Recht auf Widerstand einräumte.

Alle traditionalen Formen der H. lassen sich noch auf diese konkrete Befehlsgewalt des Herren beziehen, angefangen vom *pater familias* in der agrarischen Hauswirtschaft bis zu Landesherrn auf einem erweiterten, abgegrenzten Territorium. Diese Beziehung ist das Muster der Autoritätslehren bis zu den konservativen Naturrechtslehren des 18. Jh.s, als »Idee der Herrschaft im gemeinschaftlichen Sinne« (*Tönnies* 1972: § 2), die auch fraglos mit der Unterordnung der (Haus-)Frauen einhergeht. Die aus der Hauswirtschaft abgeleitete *patria potestas* erweitert sich mit einem Amtsapparat zu einem politischen Verband. Aus Hausgenossen werden Untertanen. Im Okzident prägte sich als Besonderheit ein ständischer Patrimonialismus aus, der sich der Verabsolutierung der Zentralgewalt mit Erfolg widersetzen konnte und im weiteren eine bürgerliche Herrschaftskontrolle und demokratische ↗ Partizipation gestattete. Mit der Entstehung der Landesherrschaft, die ältere Einzelrechte bündelt, bekam H. eine räumlich-territoriale Dimension, die in der Neuzeit in ein abstrakt-rationales Staatsverständnis übergeht. Die zugrundeliegende, »alteuropäische« Trennung von privat und öffentlich ist bis heute in der politischen Theorie (z. B. der Bürgergesellschaft) einflußreich.

3. H. tendiert zu einer spezifischen Form der ↗ Repräsentation und zur Spezialisierung in Gestalt von Stäben und Bürokratien. Politische H. ist damit zentralisierend und exzentrisch zugleich, indem sich die Rolle des Herrschers aus dem Repertoire sozialer Rollen markant abhebt und einen Sonderstatus reklamiert. Neuzeitlich entstehen dadurch drei Probleme: die Depersonalisierung der (patriarchalen, aristokratischen und monarchischen) H., der permanente Legitimationszwang von H. und das Problem der ↗ Bürokratie. Der Prozeß der Modernisierung kann interpretiert werden als ein Versuch der Neutralisierung von H., in dessen Verlauf die demokratische Kongruenz von Herrschern und Beherrschten und die vollständige Beseitigung persönlich(-männlicher) H. durch eine anonyme, d. h. personen- und geschlechtsindifferente »Herrschaft des Gesetzes« (*Neumann* 1980) angestrebt wurde.

III. Die sich in diesem Prozeß der Modernisierung herausbildende ↗ Politikwissenschaft nahm drei wesentliche Grundperspektiven ein: (1) *Machiavelli*, *Thomas Hobbes* u. a. rückten den Gesichtspunkt der durch ein (legitimes) staatliches Gewaltmonopol gewährleisteten effizienten Herrschaftskunst und Staatsführung in den Mittelpunkt. (2) In der Sichtweise der meisten ↗ Vertragstheorien lag der Akzent eher auf der Problematik der Anerkennung der »Herren« durch die freien Bürger, die sich freiwillig auf eine (jederzeit revidierbare) Herrschaftsinstanz einigten. H. ist hier an den Akt der bürgerlichen Vereinbarung gebunden. (3) In der klassentheoretischen Perspektive wird H. auf sozioökonomische ↗ Ungleichheit zurückgeführt und die Utopie einer herrschaftsfreien Gesellschaft thematisiert.

1. Die »herrschende Meinung« bezieht sich vor allem auf die herrschaftssoziologische Fassung, die *Max Weber* zu Beginn des 20. Jh.s dem Begriff der H. gegeben hat, die durch die intensive *Weber*-Rezeption in den sozialwissenschaftlichen ↗ System- und Handlungstheorien weltweite Verbreitung gefunden hat. Bei den soziologischen Grundbegriffen unterscheidet *Weber* (1980: 38 f.) amorphe Macht (als »jede Chance, innerhalb einer sozialen Beziehung den eigenen Willen auch gegen Widerstreben durchzusetzen, gleichwohl worauf diese Chance beruht«) vom *präziseren* Begriff H. – als »die Chance für einen Befehl bestimmten Inhalts bei angebbaren Personen Gehorsam zu finden«. Der Tatbestand von H. ist damit notwendig geknüpft »an das aktuelle Vorhandensein *eines* erfolgreich *andern* Befeh-

lenden« (ebd.). *Weber* denkt H. als eine akteursbezogene und antagonistische Relation, die sich institutionalisiert in Form eines politischen Herrschaftsverbandes, der den »Bestand und die Geltung seiner Ordnungen innerhalb eines geographischen Gebiets kontinuierlich durch Anwendung und Androhung physischen Zwangs seitens des Verwaltungsstabes garantiert«. H. wird damit eng dem Staat assoziiert, als ein »politischer Anstaltsbetrieb..., wenn und soweit sein Verwaltungsstab erfolgreich das Monopol legitimen physischen Zwanges für die Durchführung der Ordnungen in Anspruch nimmt« (ebd.).

Der Unterschied eines »echten« Herrschaftsverhältnisses von reiner Gewaltanwendung besteht in dem bei den Beherrschten vorauszusetzenden »Minimum an Gehorchen*wollen*, als *Interesse* (äußerem oder innerem) am Gehorchen« (157, Hervorhebungen im Original). Die »Motive der Fügsamkeit« reichen von dumpfer Gewöhnung bis zu zweckrationalen Erwägungen. Warum sich Menschen anderen freiwillig unterordnen, also die grundlegende Ungleichheit zwischen Herrschern und Beherrschten akzeptieren (oder daran glauben), hat schon der Philosoph *Etienne de la Boetie* als »Geheimnis der Herrschaft« (1574/1980) gekennzeichnet. Sich derart beherrschen zu lassen, scheint einem vernünftigen Zweck-Mittel-Kalkül zu entspringen, dies postuliert auch die Vorstellung vom Gesellschaftsvertrag von Individuen, die eine rationale Wahl treffen und kollektives Handeln ermöglichen (*Coleman* 1979).

Unter diesem leitenden, vorwiegend psychologischen (oder religionssoziologischen) Gesichtspunkt der Anerkennung von H. hat *Weber* (1980: 159) drei Typen legitimer Herrschaft klassifiziert:

(1) die rationale (oder legale) H., die »auf dem Glauben an die Legalität gesatzter Ordnungen und des Anweisungsrechts der durch sie zur Ausübung der Herrschaft Berufenen«; (2) traditionale H. »auf dem Alltagsglauben an die Heiligkeit von jeher geltender Traditionen und die Legitimität der durch sie zur Autorität Berufenen«; (3) die charismatische H., die »auf der außeralltäglichen Hingabe an die Heiligkeit oder die Heldenkraft oder die Vorbildlichkeit einer Person und der durch sie offenbarten oder geschaffenen Ordnungen«.

Die drei Herrschaftsformen sind der empirischen Wirklichkeit entnommen und beanspruchen in der Abstraktion des »reinen« oder Idealtypus transepochale Gültigkeit. Gleichwohl ging *Weber* von den »modernen und also bekannten Verhältnissen« aus, um die evolutionäre Dynamik in der Entwicklung der Herrschaftsformen herauszuarbeiten, deren entscheidende Zuspitzung – die formale Rationalisierung – es einzig und allein im Okzident gegeben habe. Für ihn war der Übergang von der »Regierung über Personen zur Verwaltung von Sachen« (*Schluchter* 1972) am ehesten mit der rational-legalen H. kraft »Satzung« erreicht, also mit einer unpersönlichen und systematischen Ordnung, die mit den drei Merkmalen formales Recht, methodische Verwaltungsorganisation und habituelles »Fachmenschentum« ausgestattet ist. Die Bürokratie gilt als »*das* spezifische Mittel, ›Gemeinschaftshandeln‹ in rational geordnetes ›Gesellschaftshandeln‹ zu überführen« (*Weber* 1980: 569f.). Bürokratische Ordnungen gab es überall und zu allen Zeiten. Typisch für den Okzident war die Qualität der formalen Rationalisierung »durch die von geschulten Juristen geschaffene Durchführung der Herrschaft allgemeinverbindlicher Rechtsnormen für alle ›Staatsbürger‹« (*Weber*

1972: 272). Das wichtigste Merkmal moderner bürokratischer H. ist also, daß »Satzungen« nach dem Willen politischer Gemeinschaften frei verändert werden können und sich dies nach klaren Regeln und transparenten und zustimmungsfähigen Verfahren vollzieht. Der bürokratische Verwaltungsstab galt *Weber* als herausragendes Instrument für die Durchführung rationaler Herrschaft. Zugleich wurde die Tendenz zur Verselbständigung der Bürokratie sichtbar. Die beunruhigende Frage: »Wer beherrscht den bestehenden büreaukratischen Apparat?« (128) beantwortete *Weber* in seinen politischen Schriften mit der Forderung nach einer charismatischen Überformung und parlamentarischen Kontrolle der Bürokratie, um deren Eigendynamik zu konterkarieren.

2. An der bürokratischen H. interessierte *Weber* vor allem das Verhältnis zwischen den zur Verselbständigung neigenden »Fachmenschen« und der externen Autorität eines politischen Führers. Für die Antwort auf die alte Frage: Warum gehorchen Menschen? fehlen bei ihm die »Gründe der Geltungsgründe«. Auch rationale H. hat eine spirituelle Basis (Gehorchen*wollen* und Legitimations*glaube*), aber diese politisch-religiöse Voraussetzung wird sogleich administrativ enggeführt und ontologisiert. So kam es zu der Auffassung, daß eine rationale Bürokratie *ipso facto* und somit auch eine legale Ordnung als solche bereits legitim seien. Die Beherrschten kommen in der von *Weber* gestifteten Tradition politischen Denkens nur am Rande vor. Deshalb moniert man zu Recht, daß »Weber das Kriterium der Legitimität so entschieden an die Formen der ›Herrschaft‹ geknüpft, also auch mit Befehl und Gehorsam verquickt, daß der ganze Bereich der genossenschaftlichen, bürgerlichen, ›demokratischen‹ Regierungsformen mit seiner eigentümlichen Rechtmäßigkeit nahezu völlig außerhalb seines Gesichtskreises geblieben ist« (*Sternberger* 1986: 82).

Die demokratische Legitimität einer »Bürgergesellschaft« kann nicht am herrschaftsförmigen, hierarchischen Staatsverständnis anknüpfen. Sie ist vielmehr der Idee der vertraglichen und verfassungsmäßigen Vereinbarung freier und gleicher Bürger verpflichtet. Hierbei rekurrieren die Kritiker *Webers* auf die eingangs skizzierte »alteuropäische« Tradition des Polisdenkens, das sie in den Horizont der frühbürgerlichen Revolutionen und Republiken, vor allem in den Vereinigten Staaten, verlängern: »Herrschaft zerstört mit anderen Worten den politischen Raum, und das Resultat dieser Zerstörung ist die Vernichtung der Freiheit für Herrscher wie Beherrschte« (*Arendt* 1963: 37). Diese pointierte Wahrnehmung reflektiert die wahnhafte Übersteigerung bürokratischer H. im 20. Jh. *Arendt* sprach, nur scheinbar paradox, von der »Niemandsherrschaft der Bürokratie«, die die organisierte Unverantwortlichkeit des Einzelnen herbeiführt und Unfreiheit in ihrer schärfsten Form zuläßt. Autoritäre und diktatorische H. zeichnet sich durch eine qualitative Steigerung der Gewaltkomponente des Staatsapparates und die Abschottung der Herrschaftseliten gegenüber allen Formen demokratischer Beteiligung und Kontrolle aus. Davon zu unterscheiden ist totalitäre H. (↗ Totalitarismus), die im Kern ein polykratischer Ideologie- und Terrorapparat unter der Kontrolle eines charismatischen Führers ist. Unter diesem Gesichtspunkt können ↗ Nationalsozialismus und ↗ Stalinismus trotz aller systemischen Verschiedenheiten zusammen klassifiziert werden. Im Zentrum steht hier nicht mehr die Bürokratie, sondern die totalitäre Bewegung oder Partei, die sich permanent selbst revolutioniert und nach vorn treibt. Zur Erreichung ihrer Ziele kann sich die Bewegung industriell-bürokratischer Methoden bedienen (wie z. B. bei der »Durchführung« des nationalsozialistischen Massenvernichtungsprogramms), womit die beschriebene Dialektik der Rationalisierung zum Extrempunkt geführt ist. Die doppelte Erfahrung der totalitären H. in diesem Jahrhundert hat »der Welt die bislang zerstörerischste Kombination von magischem Charisma und bürokratischer Rationalität beschert« (*Breuer* 1991: 67).

(3) Seit der frühen Neuzeit und insbesondere mit dem 18. Jh. ist H. einem prinzipiellem Zweifel an ihrer Berechtigung und Gerechtigkeit ausgesetzt. Die Historisierung von H., also die Relativierung ihrer geschichtlichen Genese als willkürlich und menschengemacht, beeinflußt die Anerkennung der Geltungsgründe: H. hat sich nun permanent zu rechtfertigen und ist zur ständigen Ablösung disponiert, ggf. mit einem revolutionären Akt des »Neubeginnens«. Mit dieser Wendung entsteht überhaupt erst der moderne Begriff von politischer H., die nicht mehr persönlichen Qualitäten und Beziehungen entspringt, sondern öffentliche Angelegenheit aller Gleichen ist, sich damit von allen Formen häuslicher Gewalt distanziert und keinerlei Knechtschaftsverhältnisse begründen kann. Mit der grundsätzlichen Transformation von H. ist nur noch Regierung »im Namen des Volkes« möglich, worauf *pro forma* auch moderne Militärdiktaturen und totalitäre Regime rekurrieren.

Was die Frage der Unvermeidbarkeit von H. anbelangt, stehen sich zwei Denkschulen gegenüber: Die eine behauptet die Universalität und Unumgänglichkeit von *arché*, beschränkt sich deshalb auf die Kritik ungerechtfertigter H. und favorisiert die verfahrensmäßig korrekte Gewährleistung ihrer strikten zeitlichen Begrenzung und inhaltlichen Kontrolle (z. B. *Dahrendorf* 1964). Die anarchistische Sichtweise hingegen kritisiert H. insgesamt und verfolgt dagegen das Projekt der herrschaftsfreien Gesellschaft. In der anarchistischen (oder syndikalistischen) Gegenkultur werden moderne Formen »regulierter Anarchie« (*Sigrist*) erneuert, wie sie vor und außerhalb der westlichen Moderne bestanden haben sollen.

↗ Anarchismus und ↗ Marxismus stimmen in der Idee eines herrschaftslosen Zustandes am Anfang und am Ende der Geschichte überein; das Phänomen der H. verliert seine Berechtigung mit dem Untergang der Klassengesellschaft und dem »Absterben des Staates« als deren wichtigstes Repressionsinstrument. An dessen Stelle setzt sich im Marxismus allerdings die »Herrschaft der Arbeit«, also die H. der unmittelbaren Produzenten, die das industrielle Herrschaftsverhältnis der kapitalistischen Betriebsorganisation aufhebt. Die Rede von der herrschenden Klasse hat neben ihrer (begrenzten) analytischen Dimension den Charakter eines Kampfbegriffs, der wieder die agonale Dimension von H. ins Spiel bringt. Die für eine Übergangsperiode vorgesehene »Diktatur des Proletariats« entpuppte sich in den politischen Systemen des »real-existierenden Sozialismus« und nachkolonialen ↗ Einparteisystemen als »partikularistischer Neopatrimonialismus« (*Roth*), mit dem wieder personale H. ausgeübt wurde. Auch die Polemik um die »politische Klasse« in westlich-liberalen Demokratien hat diese personale Qualität politischer Eliten wieder hervorgehoben und zum (fragwürdigen) Maßstab legitimer H. gemacht (*von Beyme* 1993).

IV. Das »Absterben« von (staatlicher) H., wie es die anarchistische und sozialistische Literatur prognostizierte und programmatisch anstrebte, könnte sich auch ganz ohne diesen revolutionären Impetus einstellen. *Max Weber* ließ kaum Zweifel daran, daß es um die Zukunft rationaler H. aus immanenten Gründen schlecht bestellt war und der neuzeitliche Neutralisierungs- und Versachlichungsversuch von H. zum Scheitern verurteilt sein könnte. Zum einen besteht eine Tendenz zur Involution bürokratischer H., die näher zu bestimmen ist mit den Stichworten (1) Entformalisierung des Rechts, (2) Entzauberung des Staates und (3) Übergang von der Bürokratie zur Expertenherrschaft bzw. ↗ Technokratie. Zum anderen macht sich eine Tendenz zur Repersonalisierung von H. bemerkbar.

1. (1) In der Rechtssoziologie wird seit langem eine »Abkehr vom juristischen Formalismus« (*Wieacker* 1967) konstatiert, also die Aufgabe der inneren Rechtssystematik durch Pluralisierung, Moralisierung und Materialisierung des Rechts. Der Autonomieverlust des Rechtssystems insgesamt wird für möglich gehalten. Er beruht weniger auf dem Versagen der juristischen Profession als auf einer Fehlanpassung des Rechtssystems an die sich wandelnde soziale Umwelt, woraufhin im Wirtschafts-, Arbeits- und Sozialrecht, auch im Strafrecht eine teleologische Öffnung eingetreten ist, verbunden mit dem Einfluß i. e. S. sozialwissenschaftlicher Disziplinen. Recht muß wertrational voraussetzungsvoller, situativ flexibler und reflexiver im Bezug auf die von ihm verursachten Folgen sein – und man kann diese Tendenzen ebensogut als Zugewinn an »Rationalität« verbuchen (*Breuer* 1992).

(2) Nur scheinbar paradox geht mit der Entdifferenzierung formalen Rechts eine Verrechtlichung und eine (jedenfalls quantitative) Bedeutungszunahme der Bürokratie einher. Die Expansion des Wohlfahrtsstaates und die Ausweitung der regulativen Staatsaufgaben haben zur Ausdehnung und zum Kompetenzgewinn der Bürokratien geführt, zugleich aber zu einer weitgehenden Pluralisierung (und damit »ironischen« Entzauberung) des Staatsapparates insgesamt (*Willke* 1992). Im Zuge dieser Dezentrierung stehen die Verwaltungen nicht mehr hoheitlich herausgehoben über den gesellschaftlichen Interessen, sondern bilden deren Komplexität selbst verwaltungsintern ab. Der Staat ist nicht mehr als autoritativer Zwingherr repräsentiert, sondern agiert als gleichrangiger Verhandlungspartner mit nichtstaatlichen Organisationen, ohne deren Kooperation er seine Interventions- und Steuerungskapazität ganz einbüßen würde.

(3) Verbunden damit ist eine breite Diffundierung der Problemexpertise und der angesichts komplexer Materien der wissenschaftlich-technischen Zivilisation unvermeidliche Kompetenzverlust der bürokratischen Fachleute, die sich von äußeren Experten (z. B. über den »Stand der Technik«) Rat holen und externer Kritik stellen müssen (durch »Ethik-Kommissionen«, parlamentarische *hearings*, die Ökologiebewegung und deren Gegenexperten). Das »Fachmenschentum« der staatlichen Bürokratie scheitert an den komplexen Modernisierungsproblemen industriell-bürokratischer Massengesellschaften und an der Kumulation nicht-intendierter Folgen bürokratischen Handelns.

Die Relativierung und interne Fragmentierung des Herrschaftssystems geht weiter, als sich dies ein bürokratiezentriertes Denkmodell je vorstellen konnte. Allgemein kann man sagen, daß die Grenze zwischen Politik (als Sphäre öffentlicher Herrschaftsausübung) und Nichtpolitik (als Privatsphäre) im Prozeß der »reflexiven Modernisierung« (*Beck* 1986) flüssiger und durchlässiger angesehen wird. Mit dieser Entdifferenzierung entwickelt sich eine Ebene der »Subpolitik« bzw. eine »politische Gesellschaft« (*Greven* 1993); die von der Modernisierungstheorie reflektierte Sphärentrennung muß in erheblichem Maße relativiert und zurückgenommen werden. Der Umbau des Staates, der H. (oder autoritative Führung) auf Steuerung umstellt und im nächsten Schritt Steuerung reflexiv in die Selbstorganisation einer polyzentrisch vernetzten Gesellschaftsstruktur hineinverlagert, hat erhebliche Konsequenzen für die Regierungslehre (*Hartwich*/*Wewer* 1990 ff.) und die *policy*-Forschung, die ihre konventionelle Herrschaftsperspektive im Sinne partizipativer Politik »von unten« sowie durch Netzwerk-Analysen korrigiert haben (*Héritier* 1993).

2. Genuine charismatische H. ist abhängig von den besonderen Qualitäten der herrschenden Persönlichkeit, »um derentwillen sie als mit übernatürlichen oder über-

menschlichen oder mindestens spezifisch außeralltäglichen, nicht jedem andern zugänglichen Kräften oder Eigenschaften (begabt) oder als gottgesandt oder als vorbildlich und deshalb als ›Führer‹ gewertet wird« (*Weber* 1980: 140). Solche Führer bringen vor allem segmentäre schwach ausdifferenzierte, »magische« Gemeinschaften hervor.

Am Charisma kann aber auch die kreative Dimension politischer H. illustriert werden: Charismatische Persönlichkeiten initiieren in einer Welt, deren Bewohner normalerweise auf Stabilität und Reproduktion eingestellt sind, »plötzlich« Neuerungen. Verbunden mit politischer Religiosität kann dies auch »nach-traditionale« Gesellschaften auszeichnen; unter den Bedingungen weitgediehener Rationalisierung erneuert sich charismatische H., die sich mit bürokratisierten Massenparteien ebenso wie mit der pazifistischen oder militanten Gegenkultur verbinden kann (*Roth* 1987). Es besteht zudem ein großes Bedürfnis nach »existentieller« und personaler Repräsentation von H. Diese tritt gegenwärtig in drei Formen zutage:

(1) In der Gestalt des »universalistischen Personalismus« (*Roth* 1987) moderner Präsidialsysteme: Der Siegeszug der Demokratie in postkommunistischen und nachautoritären Gesellschaften Osteuropas und Südamerikas hat charismatische Herrschaftsfiguren dieses Typs verallgemeinert, die sich heute mit Hilfe elektronischer Medien »telekratischer« Mittel zur Sicherung der Massenloyalität bedienen. Auch vom Charisma abgeleitete Formen des Nationalpopulismus und Cäsarismus stärken den Zug zur Wiederverpersönlichung von H. in heutigen Massendemokratien.

(2) Mit der von den Neuen Sozialen Bewegungen postulierten Inversion von Privatheit und Politik: In diesem durch Wertewandel beschleunigten Prozeß ist v. a. auch die Aufmerksamkeit für die besonderen Geschlechtseigenheiten der herrschenden Personen gewachsen. Von feministischer Seite wird Männlichkeit als wesentliches Merkmal des Herrschaftsapparates aufgefaßt und der Staat, auch in seinen unbewußten und formalisierten Teilen, als »Männerbund« angesehen. Der Begriff wird zur Kritik der Standardform patriarchaler Herrschaftsstrukturen benutzt, die den strukturellen Konservatismus der Bürokratie prägt und zu immer neuen Modernisierungen und Anpassungen fähig ist (*Kreisky* 1992). Allgemein haben die Neuen Sozialen Bewegungen, indem sie Identität und Authentizität als Leitmotive des Politischen auf ihre Fahnen geschrieben haben, personale Qualitäten von Funktionsträgern in den Mittelpunkt gerückt.

(3) Im Kommunismus: Bereits *Otto Gierkes* Genossenschaftstheorie und die Polemik *Otto Hintzes* gegen *Max Webers* Soziologie der H. rehabilitierten die germanisch-deutsche Vorstellung von der Genossenschaft als Gegenbegriff zur »romanischen« Idee der H. (und Gesellschaft). Die darin zum Ausdruck kommende Kritik am steigenden Abstraktionsgrad von H. und das Verlangen nach Beibehaltung ihrer personalen Versinnlichung wird aufgegriffen in der aktuellen Debatte zwischen Liberalismus und Kommunitarismus, wobei, aus einer neoaristotelischen oder republikanischen Perspektive, die »konkrete Gemeinschaft« der Handelnden im Vordergrund steht und weniger die Person der Herrscher selbst.

V. Allenthalben ist das Bemühen spürbar, die schwindende Kraft und problematisierte Verbindlichkeit formal-bürokratischer H. politisch-theoretisch einzufangen. In provokanter Weise ist dies in den Schriften der Poststrukturalisten der Fall.

Vor allem das Werk von *Michel Foucault* (1977: 115) ist ein Versuch der Außerkraftsetzung der »allgemeinen Matrix einer globalen Zweiteilung, die Beherrscher und Beherrschte einander entgegensetzt und von oben nach unten auf immer beschränktere Gruppen und bis in die letzten Tiefen des Gesellschaftskörpers ausstrahlt. Man muß eher davon ausgehen, daß die vielfältigen Kraftverhältnisse, die sich in den Produktionsapparaten, in den Familien, in den einzelnen

Gruppen und Institutionen ausbilden und auswirken, als Basis für eine weitreichende und den gesamten Gesellschaftskörper durchlaufende Spaltungen dienen«. Die Herrschaftsordnung erscheint hier nicht als rational fundierte Rechtsordnung, sondern als ein Ensemble von diffusen, nicht lokalisierbaren Machtdispositiven und -strategien. Von dieser Sichtweise führt eine Linie zu naturwissenschaftlichen ↗ Systemtheorien. In neuronalen Netzen werden die Synthetisierungen hochkomplexer, paralleler Schaltvorgänge im Hirn nicht einer intelligenten, genau lokalisierbaren Metainstanz zugerechnet, sondern als selbstorganisierter, emergenter Bewertungs- und Selektionsprozeß. Es wird interessant sein, die Logik der »Bewertung« von Informationen in politischen und wirtschaftlichen Entscheidungs- und Allokationsprozessen in dieser Perspektive auszudeuten, zumal sie in einem ungelösten Spannungsverhältnis zu den Normen westlicher Demokratien steht. Jedenfalls ist die postmoderne Gegenwartstheorie und Zeitdiagnose durch eine doppelte Paradoxie gekennzeichnet: H. wird ubiquitär und verläßt das Gehäuse ihrer Zentralstruktur; zugleich verlieren die politischen Eliten ihren exzentrischen Charakter als spezialisierte Repräsentanten von H. – was den Wunsch nach ihrer personal-charismatischen Reinkarnation wohl nur noch wachsen läßt

Claus Leggewie

↗ Autoritäre Regime; Demokratie/Demokratietheorie; Legitimität; Macht/Machttheorien; Soziale Bewegung; Staatsformenlehre; Staatstheorie.

Lit.: *Arendt, H.* 1963: Über die Revolution, München. *dies.* 1986: Elemente und Ursprünge totaler Herrschaft, München. *Beck, U.* 1986: Risikogesellschaft. Auf dem Weg in eine andere Moderne, Frankfurt/M. *Bendix, R.* 1960: Herrschaft und Industriearbeit, Frankfurt/M. *Bendix, R.* 1980: Könige oder Volk. Machtausübung und Herrschaftsmandat, Frankfurt/M. *Beyme, K. von* 1993: Die politische Klasse im Parteienstaat, Frankfurt/M. *Boetie, E. de la* 1574/1980: Von der freiwilligen Knechtschaft, hrsg. von *Bulst N./Günther, H.*, Frankfurt/M. *Breuer, St.* 1991: Max Webers Herrschaftssoziologie, Frankfurt/M. *Coleman, J. S.* 1979: Macht und Gesellschaftsstruktur, Tübingen. *Dahrendorf, R.* 1964: Amba und die Amerikaner. Bemerkungen zur These der Universalität von Herrschaft, in: EAS Bd. 5, 83–98. *Foucault, M.* 1977: Sexualität und Wahrheit. Der Wille zum Wissen, Frankfurt/M. *Giddens, A.* 1985: The Nation-State and Violence, Oxford. *Greven, M. Th.* 1993: Ist die Demokratie modern? Zur Rationalitätskrise der politischen Gesellschaft, in: PVS 34 (3), 399–413. *Haferkamp, H.* 1983: Soziologie der Herrschaft, Opladen. *Hartwich, H.-H./Wewer G.* (Hrsg.) 1990ff.: Regieren in der Bundesrepublik, 5 Bde., Opladen. *Héritier, A.* 1993: Policy-Analyse. Kritik und Neuorientierung, PVS-Sonderheft 24, Opladen. *Koselleck, R.* u.a. 1982: Art. Herrschaft in: Geschichtliche Grundbegriffe, Bd. 3, 1–102. *Kreisky, E.* 1992: Der Staat als »Männerbund«. Der Versuch einer feministischen Staatssicht, in: *Biester, E.* u.a. (Hrsg.): Staat aus feministischer Sicht, Berlin. *Langer, J.* 1988: Grenzen der Herrschaft. Die Endzeit der Machthierarchien, Opladen. *Luhmann, N.* 1975: Macht. Stuttgart. *Maier, Chr.* (1980): Die Entstehung des Politischen bei den Griechen, Frankfurt/M. *Müller, N.* 1979: Empirische Herrschaftstheorie. Zur Beziehung zwischen Kontextdifferenzierung, politischer Herrschaft und politischer Sozialisation, Opladen. *Neumann, F.* 1936/1980: Die Herrschaft des Gesetzes, Frankfurt/M. *Roth, G.* 1987: Politische Herrschaft und persönliche Freiheit, Frankfurt/M. *Schluchter, W.* 1972: Aspekte bürokratischer Herrschaft, Munchen. *Schluchter, W.* 1979: Die Entwicklung des okzidentalen Rationalismus, Tübingen. *Sigrist, C.* 1967: Regulierte Anarchie, Olten/Freiburg. *Sternberger, D.* 1980: Herrschaft und Vereinbarung, Frankfurt/M. *Sternberger, D.* 1986: Grund und Abgrund der Macht, Frankfurt/M. *Tönnies, F.* 1887/1972: Gemeinschaft und Gesellschaft, Darmstadt. *Weber, M.* 1972: Gesammelte Aufsätze zur Religionssoziologie, Tübingen. *Weber, M.* 1980: Wirtschaft und Gesellschaft. Grundriß der verstehenden Soziologie, Tübingen. *Wieacker, F.* 1967: Privatrechtsgeschichte der Neuzeit, Göttingen. *Willke, H.* 1983: Entzauberung des Staates. Überlegungen zu einer gesellschaftlichen

Steuerungstheorie. Königstein/Ts. *Willke, H.* 1992: Ironie des Staates. Grundlinien einer Staatstheorie polyzentrischer Gesellschaft, Frankfurt/M.

Humanitäre Intervention

I. Der Begriff der humanitären Intervention (h. I.) wird in jüngster Zeit häufig benutzt. Sein bislang nicht einheitlicher Gebrauch läßt sich im wesentlichen anhand dreier Kriterien klären: dem Zweck, den Maßnahmen und den Akteuren einer humanitären Intervention. Es herrscht Einvernehmen darüber, daß der Zweck einer h. I. der Schutz von Menschen ist, die sich in einer schwerwiegenden Notlage befinden. Umstritten ist indes, ob eine h. I. sich nur auf den Schutz der einheimischen Bevölkerung eines fremden Staates bezieht (enges und eigentliches Begriffsverständnis) oder auch den Schutz eigener Staatsangehöriger im Ausland umfaßt (sog. humanitäre Rettung). Hinsichtlich der Art der Maßnahmen besteht völkerrechtlich Konsens darüber, daß eine h. I. definitorisch die Androhung oder Anwendung von Waffengewalt im Zuge eines militärischen Eingriffs in die Souveränitätssphäre eines Staates einschließt.

Im politischen Sprachgebrauch wird der Begriff jedoch nicht immer eindeutig auf militärische Maßnahmen bezogen. Dahinter steht u. U. die Absicht, die militärischen Implikationen einer h. I. zu verschleiern. Prinzipiell abzugrenzen von einer h. I. als einer militärischen Zwangsmaßnahme ist weiterhin die Entsendung von Truppen in einen Staat mit Zustimmung der jeweiligen Regierung bzw. Konfliktparteien, wie dies im Rahmen der traditionellen friedenserhaltenden Einsätze der UN-Blauhelme geschieht (*peace-keeping*). Freilich verwischt das in jüngster Zeit diskutierte Konzept des »robusten *peacekeeping*« insofern diese Unterscheidung, als es einzelfallbezogen Elemente militärischen Zwangs – auch zur Durchsetzung humanitärer Mindeststandards – vorsieht. Als mögliche Akteure von h. I. werden in der Regel einzelne Staaten, Staatengruppen oder auch internationale Organisationen betrachtet. Verschiedentlich wird der Begriff jedoch auf (einseitige) einzelstaatliche Interventionen beschränkt, um ihn so von militärischen Maßnahmen der ↗ Vereinten Nationen im Rahmen der sog. kollektiven Sicherung abzugrenzen.

II. Völkerrechtliche Aspekte. Bis zum Inkrafttreten der UN-Charta (1945) war das Recht zur h. I. im Sinne eines militärischen Eingriffs in die Souveränitätssphäre eines Staates vom Völkergewohnheitsrecht weitgehend anerkannt, wenn besagter Staat nicht fähig oder willens war, die Bewohner seines Territoriums zu schützen. Mit dem universellen Gewaltanwendungsverbot des Art. 2 (4) der UN-Charta änderte sich die Rechtslage und die Staatenpraxis in den ↗ Internationalen Beziehungen grundlegend. Einseitige militärische Interventionen in ein fremdes Staatsgebiet wurden unabhängig etwaiger humanitärer Motive von der herrschenden Völkerrechtsmeinung fortan als Verletzung des in der UN-Charta niedergelegten Gewaltverbots angesehen. Die Gewaltanwendung als Mittel der internationalen Politik blieb, abgesehen vom Recht auf Selbstverteidigung im Sinne des Art. 51 der UN-Charta, nunmehr der Entscheidungsbefugnis einzelner Staaten entzogen.

Bezeichnenderweise beriefen sich Mächte, die nach 1945 in einem fremden Staat intervenierten, nicht auf ein Recht h. I., sondern im wesentlichen auf das Recht auf Selbstverteidigung (etwa Indien in Ostbengalen 1971, Tansania in Uganda 1979, Vietnam in Kambodscha 1979). Freilich hat die Staatengemeinschaft eine Reihe völkerrechtlich durchaus umstrittener militärischer Rettungsaktionen einzelner Staaten, gerade auch der USA (Libanon 1958, Dominikanische Republik 1965, Iran 1980, Grenada 1983), zum – tatsächlichen oder vermeintlichen – Schutz eigener Staatsangehöriger im Ausland toleriert.

Auch für eine h. I. durch die Vereinten Nationen besteht strenggenommen keine Rechtsgrundlage. Artikel 2 (7) der UN-Charta untersagt den UN *expressis verbis* das Eingreifen in die inneren Angelegenheiten eines Staates. Freilich ermächtigt Kap. VII der UN-Charta den UN-Sicherheitsrat, im Rahmen der kollektiven Sicherung Zwangsmaßnahmen ggf. auch militärischer Art gegen einen Staat zu verhängen, wenn von selbigem »eine Bedrohung oder ein Bruch des Friedens oder eine Angriffshandlung« ausgehen. Die Ermessensfreiheit des Sicherheitsrates erlaubt es, gegen schwere Menschenrechtsverbrechen einzelner Staaten militärische Maßnahmen zu ergreifen bzw. zu gestatten, vorausgesetzt der Sicherheitsrat bewertet die innerstaatlichen Menschenrechtsverletzungen als eine Friedensbedrohung und erhebt diese so zu einer Frage der internationalen Sicherheit. In der Vergangenheit war der Sicherheitsrat, wie die Embargo-Maßnahmen gegen Rhodesien (Resolution 232 von 1966) und gegen die Republik Südafrika (Resolution 418 von 1977) zeigen, mitunter bereit, eine Friedensbedrohung anzunehmen, wenn mit innerstaatlichen Menschenrechtsverletzungen eine grenzüberschreitende Wirkung verbunden war. Dies bestätigte sich auch in der »Kurden-Resolution« 688 von 1991, welche die Folgen der Unterdrückung der irakischen Zivilbevölkerung – in Gestalt eines grenzüberschreitenden Flüchtlingsstroms – als eine Bedrohung des Weltfriedens und der internationalen Sicherheit in der Region bewertete, verbunden mit dem Appell an alle Mitgliedsstaaten und humanitäre Organisationen, humanitäre Soforthilfe zu leisten. In extensiver, völkerrechtlich nicht unproblematischer Auslegung dieser Resolution gewährten die USA und ihre Verbündeten den Hilfslieferungen an die Kurden militärischen Schutz und errichteten später Flugverbotszonen im Nord- und Südirak. Die Somalia-Resolution 794 von 1992 erweiterte schließlich den humanitären Aktionsradius der UN, indem sie innerstaatliche Menschenrechtsverletzungen nicht mehr aufgrund ihrer grenzüberschreitenden Wirkungen, sondern bereits aufgrund ihres Ausmaßes als eine Friedensbedrohung bewertete. Autoritarisiert durch den UN-Sicherheitsrat, landete ein internationales Truppenkontingent (UNITAF) in Somalia, um militärisch ein sicheres Umfeld für humanitäre Hilfe zu errichten. *De facto* handelte es sich hierbei um eine h.I. (der friedenserhaltende Maßnahmen von UN-Blauhelmen vorausgingen, UNOSOM 1, bzw. nachfolgten, UNOSOM 2). Obwohl Völkerrechtler aufgrund des allgemeinen Interventionsverbotes in Artikel 2 (7) der UN-Charta den Begriff scheuen, verfügen also die UN über die Handhabe zu einer h. I., wenn der UN-Sicherheitsrat gravierende innerstaatliche Menschenrechtsverletzungen als internationale Friedensbedrohung einstuft.

III. Die gegenwärtige politische Diskussion um h. I. kreist im wesentlichen um die friedensstiftende Rolle der UN. Zur Zeit des Ost-West-Konfliktes stellten aus politischen Gründen kollektive UN-Sicherheitsmaßnahmen die Ausnahme dar. In großer Zahl scheiterten entsprechende Anträge am Veto im Sicherheitsrat. Soweit die UN Truppen in einen Staat entsandten, geschah dies im Rahmen friedenserhaltender Missionen mit – bisweilen etwas »künstlicher« – Zustimmung der jeweiligen Konfliktparteien.

Die Zahl derartiger *peace-keeping*-Operationen belief sich zwischen 1948 und 1987 auf 13; einmal, im Kongo (Zaire) 1960–64, weitete sich die Mission zu einem regelrechten Kriegseinsatz aus. Infolge der Annäherung der Supermächte und schließlich des Endes des Ost-West-Konfliktes erhöhte sich nicht nur sprunghaft die Zahl friedenserhaltender UN-Operationen (1988–93: 20 neu beschlossene Einsätze, u. a. in Angola, Kambodscha, Namibia, El Salvador, Somalia, Kroatien, Bosnien). Es eröffnete sich nun auch die Möglichkeit, aus humanitären Gründen wirtschaftliche und militärische Sanktionen im Sicherheitsrat durchzusetzen. Angesichts der neugewonnenen Handlungsfähigkeit der UN gewann die Frage einer h. I. oder auch nur eines »robusten *peace-keeping*« an politischer Brisanz, zusätzlich forciert durch Fernsehbilder über menschliche

Tragödien gerade in Somalia und Bosnien-Herzegowina sowie durch massive Behinderungen der dortigen traditionellen Blauhelm-Einsätze. In der emotionsgeladenen und situationsbezogenen Diskussion, in der völkerrechtliche Aspekte in den Hintergrund traten, gewann bisweilen die Überzeugung Oberhand, daß die moralische Verpflichtung, Menschen aus Not und Elend zu retten, nicht an Staatsgrenzen und völkerrechtlichen Regeln halt machen könne und solle. Humanitäre Interventionen erschienen – mitunter in nicht unproblematischer Analogie zur Intervention der Aliierten im II. Weltkrieg – als moralisches Gebot angesichts von Bürgerkriegen, Völkermord und Hungertod. Dem historisch negativ belegten Begriff wurde so eine beachtliche politische Aufwertung zuteil. Der humanitäre Zweck heiligte gewissermaßen die militärischen Mittel.

Indes bestehen prinzipielle Einwände gegen eine h. I.: 1) die Gefahr des Mißbrauchs: Humanitäre Interventionen sind historisch belastet. In der Vergangenheit wurde unter dem Deckmantel hehrer humanitärer Ziele oft eine gewaltsame staatliche Interessenpolitik betrieben. Verglichen mit einzelstaatlichen Interventionen ist die Gefahr des Mißbrauchs im Falle kollektiver bzw. kollektiv beschlossener h. I. zwar vermindert, keineswegs aber gebannt. Schließlich wird auch die Willensbildung in internationalen Organisationen maßgeblich von einzelstaatlichen Interessen mächtiger Staaten geleitet; 2) Zwang zur Selektion: Selbst bei einer personell wie finanziell verbesserten Ausstattung der UN könnte die internationale Staatengemeinschaft nicht überall einschreiten, wo Bürgerkriege und menschliches Leid herrschen. Das zwangsläufig selektive Vorgehen erhöht die Bedeutung sachfremder Kriterien (einzelstaatliche Interessen von Mitgliedern des Sicherheitsrates, Druck der öffentlichen Meinung, hohe Kosten etc.) bei der Entscheidung für oder gegen ein militärisches Eingreifen; 3) Angemessenheit und Wirksamkeit der Mittel: Da sich eine h. I. gewaltsamer, militärischer Maßnahmen bedient, besteht die Gefahr, daß sie mehr Leid schafft, als sie behebt – etwa durch eine militärische Eskalation oder durch einen Mißerfolg des Einsatzes. Humanitäre Interventionen zeitigen weitreichende Folgen und bergen hohe Risiken – bei ungesichertem Ausgang. Sie sind daher als Standardlösung zum Schutz von Menschen, die von Bürgerkriegen, Völkermord oder Chaos bedroht sind, wenig geeignet. Eine h. I. mag allenfalls ein allerletztes kollektives, wohlgemerkt nicht einzelstaatliches, Notinstrument sein, wenn die gesamte Palette nicht-gewaltsamer Maßnahmen des Menschenrechtsschutzes und des kollektiven Krisenmanagements erfolglos angewandt – und nicht nur angekündigt – wurde. »Der auch im Völkerrecht geltende Grundsatz der Verhältnismäßigkeit der Mittel, das Gewaltverbot als völkerrechtliche Fundamentalnorm der Gegenwart und die verantwortungsethische Regel, die voraussehbaren Folgen einer gesinnungsethisch naheliegenden politischen Entscheidung vorher zu bedenken, ziehen der humanitären Intervention enge Grenzen, die auch durch das modern gewordene irreführende Schlagwort vom ›Gewaltmonopol‹ der Vereinten Nationen nicht erweitert werden können« (*Nass* 1993: 287). Falls dennoch eine h. I. im Sinne einer *ultima ratio* durchgeführt wird, ist sie in einen umfassenden Aktionsplan einzubetten, der über klare politische Zielvorgaben verfügen und den gesellschaftlichen und politischen Bedingungen vor Ort Rechnung tragen sollte.

Michael Krennerich

Lit.: *Debiel, T.* 1994: Kriegerische Konflikte, friedliche Streitbeilegung und die Vereinten Nationen, in: APuZ 2/94, 3–17. *Ei-*

kenberg, K. 1993: Die UNO in Somalia, in: Blätter für deutsche und internationale Politik 38 (9), 1061–1069. *Fuchs, K.* et al. (Hrsg.) 1993: Zieht die Linke in den Krieg? Köln. *Greenwood, C.* 1993: Gibt es ein Recht auf humanitäre Intervention?, in: Europa-Archiv 4, 93–106. *Jahn, B.* 1993: Humanitäre Intervention und das Selbstbestimmungsrecht der Völker, in: PVS 34 (4), 567–587. *Jean, F.* (Hrsg.) 1993: Helfer im Kreuzfeuer. Humanitäre Hilfe und militärische Intervention, Bonn. *Kühne, W.* 1993: Blauhelme in einer turbulenten Welt, Baden-Baden. *Kunig, P.* 1993: Humanitäre Intervention, in: Jahrbuch 3. Welt 1994, München, 47–63. *Lillich, R.B.* 1993: Humanitarian Intervention through the United Nations: Towards the Development of Criteria, in: Zeitschrift für ausländisches öffentliches Recht und Völkerrecht 53 (3), 557–575. *Matthies, V.* (Hrsg.) 1992: Frieden durch Einmischung? Die Schrecken des Krieges und die (Ohn)Macht der internationalen Gemeinschaft, Bonn. *Matthies, V.* 1994: Die UNO in Somalia: Operation enttäuschte Hoffnung, in: APuZ B 31/94, 3–13. *Michler, W.* 1993: Somalia – ein Volk stirbt: Der Bürgerkrieg und das Versagen des Auslands, Bonn. *Mohr, M.* 1993: Einmischung für die Menschenrechte contra staatliche Souveränität, in: *Bielefeldt, H.* et al. (Hrsg.): amnesty international. Menschenrechte vor der Jahrtausendwende, Frankfurt/M., 88–100. *Nass, K.-O.* 1993: Grenzen und Gefahren humanitärer Interventionen, in: Europa-Archiv 10, 279–288. *Nuscheler, F.* 1992: Plädoyer für einen humanitären Interventionismus. Lehren aus der somalischen Apokalypse, in: Entwicklung und Zusammenarbeit 33 (10), 4–5.

Ideologie/Ideologiekritik

Ursprünglich ist der Ideologiebegriff kritisch gemeint. Er gewinnt zur Zeit der bürgerlichen Aufklärung an Bedeutung, in der die Selbstreflexion über religiöse, ideengeschichtliche, soziale und ökonomische Zusammenhänge im Zeichen eines naturwiss. Erkenntnisideals beginnt. Gemessen an diesem wiss. Ideal erscheint die menschliche Vernunft mit Vorurteilen (franz. *préjugés*) behaftet, bzw. die Vernunfterkenntnis unterliegt subjektiven Verzerrungen.

I. Der Engländer *Francis Bacon,* für den die Ideologiehaftigkeit des Denkens ein die Vernunft schlechthin charakterisierendes Merkmal ist, unterschied die »Idole des Stammes«, d.h. die in der Natur des Menschen, und die »Idole des Marktes«, d.h. die in der sozialen Natur des Menschen angelegten Vorurteile, während die »Idole des Theaters« den autoritativen Charakter überlieferter Vorstellungen und Meinungen und die »Idole der Höhle« die je individuelle Vorurteilsstruktur bezeichnen. Systematische Ideologienforschung und -kritik ist jedoch der späteren Neuzeit vorbehalten, da erst etwa ab dem 18. Jh. nicht nur der erkenntniskritische Aspekt, sondern auch die soziale Funktion bestimmter Meinungen und Vorstellungskomplexe Aufmerksamkeit erregen konnte. So zielte die Kritik der französischen Materialisten vor allem auf jene Dogmen und Glaubenssätze, die mit dem Anspruch auf Wahrheit Aussagen über Gegenstände treffen wollen, von denen es kein Erfahrungswissen geben kann; an der Verbreitung solcher Dogmen und Vorurteile können allein jene Gruppen interessiert sein (Klerus, Fürsten, Feudale), die aus der damit erzeugten Verblendung ihren Nutzen ziehen (Lehre vom »Priestertrug«).

2. Die interessenpsychologische Interpretation des Ideologiephänomens bei den französischen Enzyklopädisten sowie die in der sog. Ideologenschule *(de Tracy, Condorcet)* geübte Zurückführung aller Vorstellungen und Ideen auf wiss. erfaßbare Empfindungselemente (Selbstliebe, Streben nach Reichtum, Macht usw.) werden in Deutschland insbesondere von *Arthur Schopenhauer* und *Friedrich Nietzsche* aufgenommen. Für *Schopenhauer* ist der menschliche Intellekt dem blinden Willen zum Leben entsprungen, wenngleich er aus dessen Bann prinzipiell auch wieder gelöst werden kann; für *Nietzsche* besitzen die aus dem Willen zur Macht erwachsenden Ressentiments und Wertschätzungen – trotz seines Psychologismus – auch noch eine historische Komponente.

3. Die objektive, gesellschaftlich be-

dingte Notwendigkeit des Ideologiephänomens im Sinne des gesellschaftlich notwendigen Scheins bildet erst den Gegenstand der klassischen Form ideologiekritischer Analysen. Ideologiebildung steht bei *Karl Marx* im Zusammenhang mit dem kapitalistischen Grundwiderspruch: dem Antagonismus von lebendiger Arbeit und totem Kapital. Im universell gewordenen Tauschprozeß erscheinen die Produkte menschlicher Arbeit nur mehr unter dem Blickpunkt ihres Wertes als Tauschobjekte. Die Wertform der Ware läßt vergessen, daß sie in Wahrheit ein gesellschaftliches Verhältnis zwischen sozialen Klassen darstellt. So wie in den Waren des Marktes das konkrete Lohnverhältnis, die Bedingungen, unter denen produziert wird, als auch der Gebrauchswert der Ware zugunsten ihres Tauschwerts verschwindet, so erscheinen auch alle geistigen Produkte des Menschen so, als ob ihnen losgelöst vom wirklichen Lebensprozeß der Menschen »Wahrheit« zukäme.

Das falsche Bewußtsein ist die notwendige Folge der kapitalistischen Warenproduktion und des Lohnverhältnisses, da es dem Schein der Oberfläche erliegt. Sind Ideologien (I.) der theoretische Ausdruck der kapitalistischen Produktionsverhältnisse, so ist – nach *Marx* – an der Aufrechterhaltung des gesellschaftlich notwendigen Scheins nur die besitzende Klasse aufgrund ihrer herrschenden Stellung (Aneignung der Ware Arbeitskraft gegen Lohn) interessiert.
Diese von *Marx* mittels der Warenanalyse geleistete Ideologiekritik wurde im orthodoxen ↗ Marxismus-Leninismus zugunsten eines Überbau(Ideen)-Unterbau(Ökonomie)-Modells preisgegeben. »Ideologie« ist Klassenbewußtsein, Ergebnis der jeweiligen Produktionsverhältnisse.

4. Im 20. Jh. tritt in der positivistischen Ideologienlehre *Vilfredo Paretos* eine neue Wendung zum subjektiven Ideologiebegriff ein, die, nach der in der Wissenssoziologie vollzogenen Herauslösung des Ideologieproblems aus dem Zusammenhang einer Gesellschaftstheorie, schließlich in den »totalen« Ideologiebegriff *Karl Mannheims* mündet.
Die positivistische Ideologienlehre trennt scharf zwischen wiss. Tatsachenerkenntnissen und politisch-weltanschaulichen Wertungen. Der empirisch-szientistischen Grundausrichtung entsprechend sind Wertungen Ausdruck von Gefühlen, Stimmungen und des Wollens. Bei *Pareto* bilden die »Residuen«, aus denen die menschlichen Handlungen entspringen, relativ konstante Triebkonglomerate. Der instinktartig-alogische Kern des Menschen garantiert eine gewisse Gleichförmigkeit des Verhaltens. Die »Derivationen« stellen demgegenüber die räumlich, zeitlich und individuell variablen Versuche der Menschen dar, ihren Handlungen einen logischen und kohärenten Anschein zu geben und sie so zu rechtfertigen.

Theodor Geiger erweitert *Paretos* Begriff der »Derivation« dahin, daß er darunter die theoretische Rechtfertigung affektiver und vitaler Engagements schlechthin faßt. Gleichzeitig erhalten die »Residuen« den sozialpsychologisch bestimmten Charakter milieubedingter seelischer Dispositionen, die *Geiger* als »Mentalität« bezeichnet. Durch seine an *Max Weber* orientierte Forderung der Wertfreiheit soziologischer Urteile kommt die Werturteilsdiskussion in eine enge Beziehung zum Ideologieproblem. Nur als Begriff der Erkenntniskritik kann I. als sinnvoll gelten. Weder die soziale Wirklichkeit als solche noch die sich auf diese beziehende Bewußtseinsstruktur können Gegenstand ideologiekritischer Analyse sein. Vielmehr ist allein das wiss. Einzelurteil daraufhin zu befragen, ob und inwieweit es mit der empirisch erfaßbaren raum-zeitlichen Wirklichkeit übereinstimmt.

5. Während die positivistische Ideologienlehre die Tendenz besitzt, I. in die

Nähe von Werturteil oder Vorurteilsprojektion zu rücken, geht die von *Max Scheler* begründete und von *Mannheim* entwickelte Wissenssoziologie von einer Konzeption des ideologischen Bewußtseins aus, die geistes- und sozialwiss. Denken von seiner »Aspektstruktur« *(Mannheim)* her als I. begreift.

So versucht *Mannheim*, den Ideologiebegriff dem der Seinsverbundenheit des Denkens gleichzusetzen. Alle Aussagen über Mensch, Gesellschaft und Geschichte haben ihren historischen und sozialen Ort und müssen daher gleichermaßen als relativ zu einer Wahrheit bezeichnet werden, die sich nur aus der Gesamtheit der in der menschlichen Geschichte möglichen Standorte erschließen läßt. Alles Denken ist sozial determiniert und kann darum einen Anspruch auf objektive Erkenntnis der Wahrheit nicht aufrechterhalten. Es repräsentiert jedoch, als Weltanschauungswissen, stets eine Partialwahrheit, die es fälschlich für absolut hält. Objektive Erkenntnis sowohl empirischer Wirklichkeit als auch von bestimmten Werten ist nur durch wissenssoziologische Selbstkontrolle des Erkennenden möglich. Vor allem die »freischwebende Intelligenz« ist nach *Mannheim*, da unabhängig vom sozialen Standort einer Klasse/Schicht, durch fortwährende Selbstkritik in der Lage, eine relative Synthese aller wahren Momente der in einer Zeit einander gegenüberstehenden geistigen und politischen Standorte zu unternehmen. Sie kann dies nur mit »gleitenden Begriffen« leisten, die sich der historisch-gesellschaftlichen Bewegung anpassen (»Kultursynthese«).

6. Die ↗ Kritische Theorie kennt keine ontische Trennung von gesellschaftlicher Realität und ideologischem Überbau mehr. Die gesellschaftliche Totalität, als welche die »verwaltete Welt« *(Adorno)* sich darstellt, besitzt eine Universalität und Durchschlagskraft, die das Bewußtsein der davon beherrschten Individuen in einer Weise besetzt, die eine solche Trennung obsolet werden läßt. Die Reproduktion der Gesellschaft vollzieht sich durch das Handeln und Denken der Individuen hindurch, so daß in der Gestalt des vorherrschenden Bewußtseins sich die Gesetzmäßigkeit der Gesellschaft verdoppelt, wodurch die I. sich im Funktionieren dieses Prozesses der Vermittlung von selber herstellt. Der Schein des Ideologischen wird vom System der Gesellschaft mitproduziert. Eine im ganzen konforme Medienöffentlichkeit besorgt die reibungslose Anpassung an die vorgegebenen Normen und Verhaltensmuster.

Kurt Lenk

↗ Kritischer Rationalismus bzw. Pluralismus.

Lit.: *Lenk, K.* 1982: Politische Soziologie, Stuttgart. *Lenk, K.* (Hrsg.) 1984: Ideologie. Ideologiekritik und Wissenssoziologie. Neuauflage, Frankfurt a. M./New York. *Lieber, H.-J.* (Hrsg.) 1974: Ideologielehre und Wissenssoziologie. Die Diskussion um das Ideologieproblem in den 20er Jahren, Darmstadt. *Lieber, H.-J.* (Hrsg.) 1976: Ideologie, Wissenschaft, Gesellschaft. Neuere Beiträge zur Diskussion, Darmstadt. *Ludz, P. Ch.* [2]1977: Ideologiebegriff und marxistische Theorie. Ansätze zu einer immanenten Kritik, Opladen. *Pelinka, A.* (Hrsg.) 1981: Ideologien im Bezugsfeld von Geschichte und Gesellschaft, Innsbruck.

Imperialismus/Imperialismustheorien

I. 1. Unter Imperialismus (I.) wurde zunächst die Bildung eines Herrschaftsgebiets verstanden, das über die Grenzen des jeweiligen Staatsvolkes hinausreichte. Heute wird unter I. vor allem die kapitalistische Durchdringung der Dritten Welt verstanden.

Reiche, die über die Grenzen des Staatsvolkes hinausreichten, hat es während langer Perioden der Geschichte gegeben. I. als besonderes Verhalten von Staaten konnte erst erkannt werden, als die territoriale Expansion über die Grenzen des Staatsvolkes hinaus nicht mehr als normal angesehen wurde, nämlich als der bürgerliche Staat zum Normalfall wurde, der sich auf ein Staatsvolk stützte und in dem repräsentative Institutionen bestanden, durch die die Nation an politischen Entscheidungen mitwirkte.

2. Als I. erschien deshalb erst die territoriale Expansion der europäischen Nationalstaaten im letzten Viertel des 19. Jh.s. Seit dieser Zeit gibt es im wesentlichen zwei Richtungen zur Erklärung dieser territorialen Expansion. »Politische« Imperialismustheorien konzentrieren sich auf internationale und innenpolitische Faktoren, politökonomische Imperialismustheorien auf Probleme der Kapitalverwertung in den imperialistischen Ländern. Seit dem Ende der Kolonialreiche (Anfang der 60er Jahre) stoßen nur noch die politökonomischen Imperialismustheorien auf wiss. Interesse. Sie versuchen das Entwicklungsgefälle zwischen dem Norden und dem Süden (Unterentwicklung) aus dem Imperialismus, z. B. der Expansion von westlichen Industriefirmen in die Dritte Welt, zu erklären.

II. Für die politische Erklärung des I. ist der Begriff des nationalen Interesses zentral. Dieses kann als Aufrechterhaltung innenpolitischer Stabilität und/oder als Aufrechterhaltung der äußeren Sicherheit definiert werden.

1. Am Ziel der Aufrechterhaltung innenpolitischer Stabilität setzt die Sozialimperialismusthese an. Sie unterstellt, daß die gesellschaftlichen Konflikte in den kapitalistischen Ländern im letzten Viertel des 19. Jh.s so stark wurden, daß nur eine scharfe Frontstellung gegen andere Länder ausreichende Solidarisierungseffekte im Innern bewirken konnte, die die Aufrechterhaltung politischer Stabilität erlaubten. I. wird damit notwendige Folge des ↗ Nationalismus, der als Instrument zur Aufrechterhaltung der Herrschaft einer privilegierten Minderheit über eine benachteiligte Mehrheit verstanden wird.

2. Am Interesse der Aufrechterhaltung der äußeren Sicherheit setzen geopolitische Imperialismustheorien an. Sie gehen von einer naturnotwendigen Rivalität der Staaten aus. Sobald Räume entstehen, deren politische Organisation zu schwach ist, um den Zugriff einer anderen fremden Macht abzuwehren, führt dies zu einem Machtvakuum. Dieses Machtvakuum muß gegen andere Rivalen gesichert werden. Alle Staaten versuchen deshalb, solche schwach organisierten Regionen vor dem Zugriff anderer dadurch zu sichern, daß sie diese selbst besetzen. I. ist dann die Fortsetzung der Rivalität der europäischen Staaten in politisch schwachen Gebieten der heutigen Dritten Welt. Nicht alle Gebiete waren für die rivalisierenden Staaten von gleicher Wichtigkeit. Manche waren schon durch andere besetzt. Dadurch ergaben sich für die je einzelnen Staaten unterschiedliche, sich überlappende Expansionsrichtungen, z. B. für Großbritannien die Kontrolle des Seewegs nach Indien durch Sicherung des Mittleren Ostens (Suez, Irak, Persischer Golf, Aden) und die Kontrolle Süd- und Ostafrikas, für die USA die Sicherung der Karibik (Panama, Kuba) und Stützpunkte im Pazifik (Hawaii), für Deutschland die Expansion zwischen dem russischen und dem englischen Einflußgebiet (Balkan, Bagdadbahn).

III. Die politökonomischen Imperialismustheorien sehen in der territorialen Expansion der Staaten ein zweitrangiges Phänomen. Diese Expansion unterstützt nur die Expansion des Kapitals. Wenn unterstellt wird, daß Kapital auch um den möglichen Preis von Kriegen imperialistisch wird, muß Kapital im nationalen Rahmen auf Wachstumsprobleme stoßen, in der marxistischen Theorie als Verwertungsprobleme bezeichnet.

Ausgehend von *Marx* kann an zwei Formen von Verwertungsproblemen angesetzt werden: Profitmangel und Nachfragemangel.

1. Kapital muß international expandieren, weil die im nationalen Rahmen produzierbare Mehrwertmasse zu klein ist, um die Profitansprüche des Kapitals zu befriedigen. Dies ist die Grundlage der *Leninschen* Imperialismustheorie. Sie geht von einer zunehmenden Monopolisierung in den kapitalistischen In-

dustrieländern als einer Form des Kampfs gegen den Fall der Profitrate aus. Banken und Industrieunternehmen verflechten sich zum Finanzkapital, das durch Kapitalexport in fremde Länder die Produktionskosten (für Vorprodukte wie Rohstoffe und für Arbeit) senkt und damit die Profitrate anhebt. Bei dieser Expansion kommt es zur Konkurrenz zwischen (auch international organisierten) Kapitalistenverbänden, die zur Durchsetzung ihrer Interessen die Außenpolitik der Nationalstaaten (nicht unbedingt nur ihrer Heimatstaaten) instrumentalisieren und die Welt unter sich aufteilen.

2. Kapital muß auch expandieren, wenn die nationalen Märkte zu eng werden. An dieser These setzt *Rosa Luxemburgs* Imperialismustheorie an. Weil die Realeinkommen der Arbeiter in den kapitalistischen Industrieländern stagnieren und die Konkurrenz den Kapitalisten gleichzeitig verbietet, den eigenen (Luxus-)Konsum zu erhöhen, kann die produktive Verwendung des Mehrwerts nur dadurch gelingen, daß außerhalb des kapitalistischen Sektors Märkte erschlossen und dadurch schrittweise kapitalistisch organisiert werden. Diese Märkte lagen in der vorimperialistischen Periode innerhalb des eigenen Staatsgebiets (vorkapitalistische Sektoren). Sobald die nationale Wirtschaft durchkapitalisiert ist, gibt es nur noch die Möglichkeit der Expansion in ausländische nichtkapitalistische Sektoren, in die Dritte Welt.

3. *Lenins* Imperialismustheorie verliert ihre logische Konsistenz, wenn die These eines notwendigen Falls der Profitrate im kapitalistischen Wachstumsprozeß falsch ist; *Luxemburgs* Imperialismustheorie wird inkonsistent, wenn die Reallöhne der Arbeiter steigen können, weil dann innerhalb des kapitalistischen Sektors ein ausreichender Markt entsteht. *Lenin* – mit der These der Abschöpfung von Mehrwert (Ausbeutung) – und *Luxemburg* (ungleiche internationale Arbeitsteilung) sehen eine Benachteiligung der imperialistisch beherrschten Völker, doch implizieren ihre Theorien die notwendige Durchkapitalisierung auch der Dritten Welt. Ist die Profitrate in diesen Ländern höher, wird die Kapitalakkumulation zunehmen (Investitionen sind rentabler als in den Industrieländern). Ähnlich führt die Durchkapitalisierung der imperialistisch beherrschten Länder bei *Luxemburg* zu ihrer kapitalistischen Entwicklung. I. ist dann die Endphase des Kapitalismus, der zusammenbrechen muß, wenn die Widersprüche im kapitalistischen Wachstumsprozeß, die zum I. der kapitalistischen Industrieländer führten, als Folge der Kapitalakkumulation auch in den imperialistisch beherrschten Ländern auftreten.

4. Mit der Fortdauer des kapitalistischen Wachstums in den kapitalistischen Industrieländern, dem Rückgang des Anteils des Kapitalexports an der Kapitalakkumulation im Zentrum und der Fortdauer von Unterentwicklung in der Dritten Welt hat die neuere politökonomische Imperialismustheorie weitgehend die These der Durchkapitalisierung der Dritten Welt aufgegeben. Sie konzentriert sich auf die Begründung einer notwendigen Benachteiligung auch der politisch unabhängigen Dritten Welt in den Wirtschaftsbeziehungen mit dem Norden, die dort die Aufrechterhaltung des Kapitalismus entweder nur stutzt oder dafür notwendige Bedingung ist. Für eine Reihe von Autoren steht die Übertragung von Mehrwert aus dem Süden in den kapitalistischen Norden im Mittelpunkt. Dabei kann einerseits die Preisbildung auf dem Weltmarkt (sich verschlechternde *terms of trade,* ungleicher Tausch), andererseits die Tätigkeit transnationaler Unternehmen im Mittelpunkt stehen. Die Ausbeutung der Dritten Welt verhindert die Akkumulation dort produzierten Mehrwerts und damit ihre wirtschaftliche Entwicklung. In der Kritik der Auswirkungen ausländischer Direktinvestitionen auf Länder der Dritten Welt wird allerdings zudem die These einer strukturellen Abhängigkeit der Dritten Welt eingeführt, die nicht nur auf Ausbeutung beruht. Im Mittelpunkt dieser Argumentation steht die Aussage, daß der I. der Industrieländer die Entwicklung wachstumsfähiger ökonomischer und gesellschaftlicher Strukturen in der Dritten Welt verhindere, z. B. durch eine falsche Wahl von Technologien (mit der Folge technologischer Abhängigkeit), die Übertragung von Konsummustern, die dem erreichten Entwicklungsstand nicht angemessen sind, die Stützung »reaktionärer« Regime usw. Alle diese

Abhängigkeiten führen zu struktureller Heterogenität. Das imperialistische Kapital entwickelt einen von außen abhängigen modernen Sektor, dessen Wachstum aber begrenzt ist, instrumentalisiert und marginalisiert vorkapitalistische Sektoren. Die Lebensbedingungen der Masse der Bevölkerung in der Dritten Welt verschlechtern sich durch diese kapitalistische Durchdringung.

5. Diese Imperialismustheorien, die Dependencia-Theorien (↗ Entwicklungstheorien), werden zunehmend als Rechtfertigung für auch hausgemachte Unterentwicklung und hausgemachte repressive politische Systeme in der Dritten Welt erkannt. Angesichts der sehr wohl einsetzenden Wachstumsprozesse auch durch ausländische Direktinvestitionen, der hohen Wachstumsraten gerade in einigen Ländern, die sich auf den Export von unter kapitalistischen Bedingungen hergestellten verarbeiteten Produkten in die kapitalistischen Industrieländer spezialisieren, angesichts der Enttäuschung über die politische Ausrichtung der ↗ Eliten nach der Unabhängigkeit der vormals kolonialabhängigen Länder sowie des geringen Beitrags der Staatsbetriebe in der Dritten Welt für Wirtschaftswachstum und Befriedigung von Massenbedürfnissen (falsche Technologiewahl, Ineffizienz, Zunahme der Verschuldung, Korruption) sehen neuere Beiträge in der kapitalistischen Durchdringung der Dritten Welt, also im I. eine historisch progressive Phase.

Hartmut Elsenhans

Lit.: *Bucharin, N.* 1929: Imperialismus und Weltwirtschaft, Wien/Berlin. *Feis, H.* 1930: Europe the World's Banker 1870–1914. An Account of European Foreign Investment and the Connection of World Finance With Diplomacy Before the War, New Haven. *Fieldhouse, D.K.* 1961: Imperialism: A Historiographical Revision, Oxford. *Fieldhouse, D.K.* 1973: Economics and Empire 1880–1914, Ithaca. *Gallagher, J./Robinson, R.E.* 1968: Africa and the Victorians: The Climax of Imperialism, Garden City. *Großmann, H.* 1929: Das Akkumulations- und Zusammenbruchsgesetz des kapitalistischen Systems, Leipzig. *Hobsbawn, E.J.* 1987: The Age of Empire. 1875–1914, London. *Hobson, C.K.* 1914: The Export of Capital, London. *Hobson, J.A.* [4]1961: Imperialism. A Study, London (zuerst 1938). *Lenin, W.I.* 1977: Der Imperialismus als höchste Stufe des Kapitalismus. Ein Beitrag zur ökonomischen Erklärung des Imperialismus. Vereinigung internationaler Verlagsanstalten, Berlin. *Marx, K.* 1853: Die künftigen Ergebnisse der britischen Herrschaft in Indien, in: MEW 9, 220–226. *Mommsen, W.J.* [2]1980: Imperialismustheorien, Göttingen. *Platt, D.C.M.* 1972: Latin America and British Trade 1808–1914, London. *Semmel, B.* 1960: Imperialism and Social Reform. English Social Imperial Thought 1895–1914, London. *Semmel, B.* 1970: The Rise of Free Trade Imperialism, Cambridge.

Implementationsforschung/ Evaluierungsforschung

I. Begreift man Politik als einen umfassenden politischen Prozeß und als »Politikzyklus« *(policy cycle)*, der sich von der Problemartikulation über Politik bzw. Programmformulierung und die Durchführung (Implementation) bis zu den (beabsichtigten wie unbeabsichtigten) Wirkungen erstreckt, rückt die Implementationsforschung (I.) dessen Durchführungsphase und -probleme in den Mittelpunkt ihres analytischen Interesses. Demgegenüber ist die Evaluierungsforschung (E.) vorrangig mit der Erfassung der Ergebnisse und (auch unbeabsichtigten) Wirkungen *(outputs, outcomes, impacts)* politisch-administrativen Handelns befaßt. Auf eine gebräuchliche schematische Unterscheidung von *inputs, withinputs* und *outputs* des politisch-administrativen Systems anspielend, könnte man sagen, daß sich die Politikwiss. in ihren klassischen Ausgangsfragen zunächst vornehmlich mit *input*-Strukturen und -Fragen (Wahlen, Parteien, Verbände, Parlament usw.) beschäftigt hat, während sich I. vor allem den *withinputs* und E. insbesondere den *outputs* zuwendet.

Zur Unterscheidung von I. und E. läßt sich vereinfachend sagen, daß sich I. in erster Linie auf den Implementationsprozeß (als abhängige Variable) richtet und nach den Faktoren (als unabhängigen Variablen) fragt, die auf den Implementationsprozeß kausal einwirken (z. B. Politikfeld – *policy* –, Aktorensystem, Adressatenfeld usw.); demgegenüber interessiert sich E. in erster Linie für die Wirkungen (als abhängige Variablen) und sucht – insoweit sie nach den Ursachen bestimmter Zielerreichung oder -verfehlung usw. fragt – Erklärungsfaktoren u.a. in Merkmalen des Implementationsprozesses (als abhängige Variablen) zu identifizieren. Die tatsächlichen Fragestellungen sind insofern viel komplexer, als ein bestimmtes Variablenfeld in einer und derselben Untersuchung bald als abhängige – zu erklärende – und bald als unabhängige – erklärende – Variable interessieren kann.

II. Da I. (und auch E.) in der Regel auf die empirische Erforschung von Politikprozessen innerhalb bestimmter Politikfelder zielen, erweisen sie sich als Varianten der Politikfeldforschung (↗ Politikfeldanalyse). Sieht man (z. B. mit *Scharpf* 1985) die analytische Stärke der *Policy*-Forschung vor allem darin, daß sie darauf angelegt und geeignet ist, die in der anglosächsischen Terminologie und Begrifflichkeit unterschiedenen drei Politikdimensionen von *polity* (politische Institutionen), *policy* (Inhalte von Politik) und *politics* (politischer Prozeß; ↗ Politikbegriffe) in der Untersuchung politisch-administrativer Strukturen und Prozesse zu verknüpfen und damit deren analytische Leistungsfähigkeit gegenüber bisherigen Untersuchungsansätzen (z. B. dem engeren institutionalistischen) zu steigern, so ist die I. als eine besonders aussichtsreiche Variante einzuschätzen. Dies gilt vor allem dann, wenn sie – unter Beibehaltung ihres auf die Durchführungsphase gerichteten Fokus – die Phase der Politikformulierung (Aktorenkonstellation, Konflikte, Politik-, Programmziele, *policy design* usw.) ebenso einbegreift wie die Wirkungen (Zielerreichung, materielle Auswirkungen usw.) der betreffenden politisch-administrativen Handlungsprogramme.

Spielt man schließlich auf die (für die Politikwiss. allerdings schon wegen ihres spezifischen Gegenstandes, nämlich vielfach konkreter politisch-administrativer Probleme und Problemlösungsversuche problematische) Unterscheidung von Grundlagen-bezogener und angewandter (Politik-)Forschung an, so liegt der Anwendungs- und Praxisbezug für die I. (und noch ausgeprägter für die E.) allein dadurch nahe, daß in diesen Untersuchungen in aller Regel von einem bestimmten politisch-administrativen Handlungsziel (Gesetz, Programm usw.) ausgegangen und damit vielfach ein steuerungstheoretisches Erkenntnisinteresse, wenn nicht gar ein unmittelbares Interesse an ↗ Politikberatung verbunden wird. Hinsichtlich der I. zeigt die bisherige Forschungsentwicklung freilich, daß sie – ungeachtet ihres oft beobachtbaren reformpolitischen Ausgangspunktes – verbreitet von eher akademischem, letztlich auf sozial- und politikwiss. Theoriegewinnung erpichtem Erkenntnisinteresse angeleitet war (vgl. *Mayntz* 1980a, 1983a, *Wollmann* 1980 a, *Windhoff-Héritier* 1980, *Mazmanian/Sabatier* 1983) und hierfür folgerichtig überwiegend die eher Grundlagen-orientierte Forschungsförderung (DFG, VW-Stiftung) suchte. Demgegenüber ist die E. bislang wesentlich stärker von dem Anwendungs- und Praxisbezug einer Politikberatungsforschung gekennzeichnet, was nicht zuletzt dadurch bedingt sein dürfte, daß die ihr zuzurechnenden Projekte ganz überwiegend als Auftragsforschung, d.h. im Rahmen von Forschungsaufträgen von Bundes- und Landesministerien usw. durchgeführt worden sind (vgl. *Hellstern/Wollmann* 1983).

III. Wie die Entwicklung der I. in den USA ebenso wie in der Bundesrepublik zeigt, erhielt das politikwiss. Interesse an den Durchführungsprozessen von Politikprogrammen kräftige Anstöße in Phasen der Reformpolitik. In dem Maße wie die in den USA unter Präsident

Johnson 1964 eingeleiteten sozialpolitischen Aktionsprogramme *(War on Poverty, Great Society Program)* auf vielfältige Hindernisse und Schwierigkeiten stießen (*»Implementation was the Achilles heel of the Johnson Administration«*, *William* 1971: 11), wurde die Implementation als politikwiss. Forschungsproblem entdeckt, nicht zuletzt von solchen Sozialwissenschaftlern, die vorübergehend in »Reformbürokratien« tätig waren.

Die Fallstudie, die *J. L. Pressman* und *A. Wildavsky* in den frühen 70er Jahren in der kalifornischen Stadt Oakland über die Realisierungsprobleme eines auf die Schaffung von Arbeitsplätzen für Minderheitsgruppen gemünzten Bundesprogramms bearbeiteten, hatte den bezeichnenden Untertitel: *»How great expectations in Washington are dashed in Oakland; or: why it's amazing that federal programs work at all«*. Die Studie trug wesentlich dazu bei, dem Begriff und der konzeptionellen Stoßrichtung der I. in der internationalen Forschungsdiskussion Geltung zu verschaffen.

In der Bundesrepublik war zwar der Rechtssoziologie die sog. Rechtstatsachenforschung als Frage nach der faktischen Geltung rechtlicher Normen (mit Schwerpunkt auf dem Strafrecht) seit längerem geläufig. Jedoch fanden die politisch-administrativen Implementationsprobleme (im öffentlichen Recht ebenso wie von politischen Handlungsprogrammen) bis in die 60er Jahre kaum politikwiss. Untersuchungsinteresse, wozu wesentlich beigetragen haben dürfte, daß die politikwiss. Forschung in der unmittelbaren Nachkriegszeit vor allem demokratietheoretische Fragestellungen (und damit die *input*-Seite des politisch-administrativen Systems) im Auge hatte; zudem stand die verwaltungswiss. Forschung noch unter dem Bann verwaltungsrechtlicher Orientierung, ehe im Laufe der 60er Jahre eine sozialwiss. angeleitete Verwaltungsforschung Konturen gewann und sich mit ihr eine wachsende analytische Offenheit gegenüber verwaltungsinternen Entscheidungs- und Verarbeitungsprozessen (also den *withinputs* des politisch-administrativen Systems) durchsetzte. Auch in der Bundesrepublik wurde der analytische Blick der ↗ Sozialwissenschaften für Implementationsprobleme zweifellos wesentlich dadurch geschärft, daß eine Reihe von Wissenschaftlern bzw. Wissenschaftlerinnen in den späten 60er und frühen 70er Jahren (etwa im Rahmen der Projektgruppe Regierungs- und Verwaltungsreform) in Politikberatungsfunktionen tätig waren und damit die Implementationsschwierigkeiten reformpolitischer Vorhaben unmittelbar miterlebten. Als eigenständige Forschungsrichtung trat die I. in der Bundesrepublik erstmals vor allem im Zusammenhang damit in Erscheinung, daß der Rat von Sachverständigen für Umweltfragen, durch konzeptionelle Vorarbeiten von *R. Mayntz* angeregt, an diese und ein von ihr geleitetes Forschungsteam 1975 eine Untersuchung über »Vollzugsprobleme der Umweltpolitik. Empirische Untersuchung der Implementation von Gesetzen im Bereich der Luftreinhaltung und des Gewässerschutzes« vergab (vgl. *R. Mayntz* u.a. 1978). Ein entscheidender Schritt zur Etablierung der I. in der Bundesrepublik wurde dadurch gesetzt, daß die Deutsche Forschungsgemeinschaft aus Sonderforschungsmitteln des BMFT zwischen 1977 und 1982 einen »Forschungsverbund Implementationsforschung« förderte, der, von *R. Mayntz* koordiniert, Forschungsgruppen und -projekte aus unterschiedlichen Politikfeldern (u.a. ↗ Umweltpolitik, Arbeitsförderungspolitik, ↗ Sozialpolitik, Raumordnungspolitik) zusammenführte und dessen theoretische und empirische Ergebnisse in zwei Sammelbänden vorgelegt wurden (vgl. *R. Mayntz* 1980a, 1983 a). In dieser Phase avancierte die Implementationsfragestellung auch in anderen Arbeitszusammenhängen zu einem Diskussionsfokus, so im Arbeitskreis Lokale Politikforschung, dessen Ergebnisse in einem Sammelband dokumentiert wurden (vgl. *Wollmann* 1980a).

IV. Zweifellos ist die in der Frühphase der I. verschiedentlich gehegte Erwartung, insbesondere durch kooperative Forschungsprojekte verhältnismäßig rasch zu theoriefähigen Aussagen und Ergebnissen zu gelangen, bald konzeptioneller und methodischer Ernüchterung gewichen. Insbesondere zeigte sich, daß dieses Forschungsfeld – national wie international – noch immer weitgehend Neuland ist und auf empirisch fundiertes Theoriewissen noch kaum zurückgegriffen werden kann.

Es kann deshalb nicht verwundern, daß in den Forschungsarbeiten der I. bislang, methodisch gesprochen, Einzelfalluntersuchungen *(»case studies«)* im Vordergrund standen (und angesichts der Vielgestaltigkeit des Forschungsfeldes sowie der theoretischen Ungesichertheit des Terrains empirische Implementationsstudien kaum anders als explorative Falluntersuchungen angelegt werden können; vgl. *Hucke/Wollmann* 1980). Die bisherigen Forschungsarbeiten deuten darauf hin, daß inzwischen zwar Aussagen über Regelhaftigkeiten *(patterns;* vgl. *Mayntz* 1983b) über bestimmte Konstellationen (z. B. den Zusammenhang zwischen Politiktypus, Handlungsinstrument, Aktorensystem, Adressatenfeld einerseits und Implementationsverlauf und -ergebnis andererseits) formuliert werden können, daß jedoch die Reichweite solcher Aussagen zeitlich, räumlich und sachlich erheblich eingeschränkt bleibt, zumal die Nutzung des vergleichenden Erkenntnispotentials (z. B. quer zu den Politikfeldern und/oder Handlungsinstrumenten oder im internationalen Vergleich) angesichts des für die I. spezifischen Anspruchs, eher mikroanalytische Aussagen über Variablenzusammenhänge zu gewinnen, vor besonderen Problemen steht.

Ungeachtet dieser Einschränkungen kann die I. inzwischen national wie international durchaus bemerkenswerte Forschungsleistungen vorweisen. Sieht man einmal von der (keineswegs banalen) Feststellung ab, daß die I. die politik- und verwaltungswiss. fundierte Kenntnis über das bundesstaatliche Entscheidungs- und Handlungssystem in vielen Politikfeldern wesentlich vorangebracht und vertieft hat, seien einige Erträge der I. genannt.

1. Die (sowohl der »klassischen« Politik-Verwaltungs-Dichotomie als auch dem *Max Weberschen* Bürokratiemodell zugrunde liegende) analytische Gegenüberstellung und Phasentrennung von »Politikformulierung« und »Vollzug« erweist sich als ungeeignet, die Wirklichkeit der sich vielfältig überschneidenden, überlappenden und verflochtenen Entscheidungs- und Realisierungsprozesse politischer Handlungsprogramme angemessen zu erfassen. Eine allein auf die Implementationsphase gerichtete Untersuchung liefe zudem Gefahr, die Konflikt- und Entscheidungsprozesse, die die Politik- und Programmformulierung bestimmten, samt ihren möglichen Auswirkungen auf die Realisierungsphase, ebenso auszublenden wie die der Politikformulierung voraus- und zugrunde liegenden Kontextbedingungen. Ohne eine Analyse des Handlungsprogramms und der dieses prägenden Entscheidungen wäre die eigentliche Implementationsanalyse kaum zu einer differenzierenden Analyse imstande, die zwischen Vollzugsdefiziten, als eigentlichem Implementationsversagen, und solchen Vollzugsproblemen zu unterscheiden wüßte, die auf einen Programmfehler (Regelungsdefizit) zurückzuführen sind. Damit gelangt die I. folgerichtig, ja notwendig (wieder) dazu, den konzeptionellen Bogen sowohl zur Programmformulierung und deren Rahmenbedingungen als auch zu ihrem Wirkungsfeld zu spannen, also den gesamten Politikzyklus zu umfassen (vgl. *Mayntz* 1983 b).

2. Der Implementationsprozeß ist auch insofern als dynamischer Prozeß zu begreifen, als – selbst bei unveränderten Programmvorgaben – das Anwender- und Adressatenfeld sich in seiner Einstellung und in seinem Umgang mit dem Programm ständig verändern *(implementation as evolution; Majone/Wildavsky* 1979) und hierbei insbesondere Anpassungs- und Lernprozessen unterliegen kann *(implementation as adjustment* bzw. *as learning; Pressman/Wildavsky* 1983: 206ff.).

3. Politikimplementation vollzieht sich nur in Ausnahmefällen in Handlungsstrukturen, in denen die Handlungs- und Programmziele von staatlichen Behörden gegenüber privaten Adressaten hierarchisch (»von oben«) durchgesetzt werden. Implementationsprozesse spielen sich vielmehr in der Regel in

vertikal und horizontal verflochtenen Handlungsnetzwerken ab, an denen staatliche wie nichtstaatliche (gesellschaftliche) Akteure (»Spieler«, *implementation as game, Bardach* 1977) beteiligt sind. Selbst wo formal eine solche hierarchisch-obrigkeitliche Durchsetzung durch staatliche Instanzen möglich wäre (z.B. im Umweltrecht oder Baurecht), überwiegen in der Wirklichkeit vielfach nicht-hierarchische Interaktions- und Aushandlungsprozesse.

4. Solche Befunde geben einerseits der steuerungstheoretischen Deutung Nahrung, daß mit dem Verzicht auf hierarchische Durchsetzung vielfach eine eher freiwillige Mitwirkung des Privaten an der Erreichung des Handlungs(Steuerungs)ziels erreicht und damit ein Handlungsgewinn (etwa gegenüber dem Risiko, bei Anwendung hierarchischer Instrumente mögliche verwaltungsgerichtliche Auseinandersetzungen mit entsprechenden Zeitverlusten auszulösen) erzielt werden kann. Andererseits ist die Gefahr einer »Umkehrung des Machtgefälles zwischen Verwaltungsapparat und (privaten) Adressaten« *(Hucke/Bohne* 1980: 190) – z.B. zu Lasten der Umwelt – als Preis für den Einsatz hierarchischen Vorgehens und als mögliche steuerungstheoretische Einbuße zu veranschlagen.

Hellmut Wollmann

Lit.: *Bardach, E.* 1977: The Implementation Game, Cambridge, Mass. *Elmore, R.F.* 1982: Backward Mapping: Implementation Research and Policy Decisions, in: *Williams, W.* u.a. (Hrsg.): Studying Implementation, Chatham, N.J. *Hellstern, G.-M./Wollmann, H.* 1984a (Hrsg.): Handbuch zur Evaluierungsforschung, Bd. 1, Opladen. *Hellstern, G.-M./Wollmann, H.* 1984b: Evaluierung und Evaluierungsforschung – ein Entwicklungsbericht, in: *dies.* 1984a, 17ff. *Hucke, J./Bohne, E.* 1980: Bürokratische Reaktionsmuster bei regulativer Politik und ihre Folgen, in: *Wollmann* 1980a (Hrsg.), 180ff. *Hucke, J./Wollmann, H.* 1980: Methodenprobleme der Implementationsforschung, in: *Mayntz, R.* 1980a, 216ff. *Majone, G./Wildavsky, A.* 1979: Implementation as Evolution, in: *Pressman, J.L./Wildavsky, A.* 1984, S.163ff. *Mayntz, R.* 1977: Die Implementation politischer Programme. Theoretische Überlegungen zu einem neuen Forschungsfeld, in: *Mayntz, R.* 1980a, S.236ff. *Mayntz, R.* u.a. 1978: Vollzugsprobleme der Umweltpolitik. Empirische Untersuchungen von Gesetzen im Bereich der Luftreinhaltung und des Gewässerschutzes, Stuttgart. *Mayntz, R.* 1980a (Hrsg.): Implementation politischer Programme. Empirische Forschungsberichte, Königstein. *Mayntz, R.* 1980b: Die Entwicklung des analytischen Paradigmas der Implementationsforschung, in: *Mayntz, R.* 1980a, 1ff. *Mayntz, R.* 1983a (Hrsg.): Implementation politischer Programme (II), Opladen. *Mazmanian, D./Sabatier, P.A.* 1983: Implementation and Public Policy, Palo Alto, Cal. *Pressman, J.L./Wildavsky, A.* [3]1984 (1. Aufl. 1973): Implementation, Berkeley. *Rist, R.C.* (Hrsg.) 1990: Program Evaluation and the Management of Government, New Brunswick/London. *Williams, W.* 1971: Social Policy Research and Analysis. The Experience in Federal Social Agencies, New York. *Windhoff-Héritier, A.* 1980: Politikimplementation: Ziele und Wirklichkeit politischer Entscheidungen, Königstein. *Wollmann, H.* 1980a (Hrsg.): Politik im Dickicht der Bürokratie. Beiträge zur Implementationsforschung, Leviathan, Sonderheft 3/1979, Opladen. *Wollmann, H.* 1980b: Implementationsforschung – eine Chance für kritische Verwaltungsforschung?, in: *ders.*, 1980a. *Wollmann, H.* 1991: Erfahrungen in und mit Begleitforschung, in: Informationen zur Raumentwicklung, Heft 2.

Industriegesellschaft

I. In der Soziologie wird die Industriegesellschaft (I.) als eine entscheidende Stufe moderner gesellschaftlicher Entwicklung der vorindustriellen Gesellschaft gegenübergestellt. Bei einer solchen Kontrastbildung, die idealtypisierender Natur ist, wird keine exakte zeitliche und räumliche Grenzziehung ins Auge gefaßt. Fragt man dennoch nach der historischen Entstehungssituation der I., so wird man für den größeren Teil West- und Mitteleuropas wie auch für die USA und Japan die zweite Hälfte des 19. Jh.s ins Auge fassen müssen. Während dieser Zeit fand in einer größeren Zahl von Ländern die industrielle ↗ Revolution statt, welche zur Entstehung der I. führte. Man bezeichnet diese Länder als »Altindustrialisierungsländer«, denen bis heute zunehmend zahlreiche weitere Länder nachfolgten oder nachzufolgen versuchten. Man geht im allgemeinen davon aus, daß die I. inzwischen eine globale Verbreitung findet. Zumindest im Selbstverständnis vieler Entwicklungsländer stellt die Industrialisierung ein unumgehbares Erfordernis der Modernisierung dar. Daß sich mit ihr die Entwicklung einer I. mit neuartigen Strukturmerkmalen und Problemen verbindet, wird dabei nicht immer gesehen (↗ Entwicklungstheorien).

II. Während die vorindustrielle Gesellschaft in Europa agrarischer und handwerklich-kleinstädtischer Natur war, verlagerten sich die strukturellen Schwerpunkte nachfolgend auf die – zunächst noch kaum vorhandene, im Verlauf des 19. Jh.s aber explosionsartig anwachsende – Industrie. Es verband sich hiermit eine Erschließung von Arbeits- und Einkommenschancen für eine anwachsende Bevölkerung, die vorher – aufgrund der begrenzten Tragfähigkeit der vorindustriellen Gesellschaft – einer zunehmend drückender werdenden Armut ausgeliefert war. Während vorher ein großer Teil der Bevölkerung nicht zur Eheschließung gelangen konnte, da hierfür die materielle Basis fehlte, konnten nunmehr nahezu alle Menschen heiraten. Über schwierige, durch Kämpfe und Krisen gekennzeichnete Zwischenphasen hinweg stellte sich längerfristig eine bedeutende Steigerung des durchschnittlichen Realeinkommens unter Beteiligung der breiten Schichten der Bevölkerung ein. Die Arbeitszeit, die zunächst sehr ausgedehnt war, wurde zunehmend eingeschränkt, so daß die neuartige Zeitkategorie der Freizeit ins Leben treten konnte. Das wachsende Einkommen und das Wachstum frei verfügbarer Zeit begünstigten die Entstehung einer Konsumgesellschaft.

Man erfaßt die Strukturmerkmale der I. nur sehr begrenzt, wenn man sie ausschließlich von ihrer *output*-Seite her betrachtet. Tiefgreifende Wandlungen gingen vielmehr davon aus, daß die Industrialisierung in ihrer Anlaufphase Gesetzen der räumlichen Konzentration in solchen Gebieten folgte, in denen große Rohstoffvorkommen (Kohle, Eisenerz) vorhanden waren. Die meisten Menschen, die industrielle Arbeitschancen ergreifen wollten, mußten von der dörflich-kleinstädtischen Lebenswelt in die Lebenswelt der hochschießenden industriellen Großstädte umsiedeln. Während vorher ländliche und handwerkliche Berufe vorherrschten, entstanden nunmehr zunehmend zahlreiche Arbeiterberufe und, im Anschluß daran, vielfältige Angestelltenberufe. Die soziale Schichtung veränderte sich somit tiefgreifend. Ein neuartiger struktureller Sachverhalt war auch, daß sich in den Industriegebieten die Wohnstätten und die Arbeitsstätten voneinander entfernten. Diese Entwicklung begünstigte die Entwicklung und Ausbreitung neuartiger Verkehrsmittel (Fahrrad, Straßenbahn, Auto). Die zunehmenden Lieferungsverflechtungen aufgrund des wachsenden Rohstoffbedarfs, der sich ausweitenden überregionalen Arbeitsteilung zwischen den Betrieben und der expandierenden Endverbrauchermärkte begünstigten darüber hinaus die stürmische Entwicklung von Fernverkehrsmitteln (Dampfschiff, Eisenbahn, Flugzeug) und des modernen Kommunikationswesens.

Während anfangs der Eindruck entstehen konnte, daß die Maschine alle komplexeren und intelligenteren Funktionen der Arbeit in sich aufbauen werde, so daß dem Menschen nur einfache maschinenbedienende Tätigkeiten vorbehalten bleiben würden, stellte sich im weiteren Verlauf heraus, daß die Anforderungen an Ausbildung und Intelligenz anstiegen. Mit der Industrialisierung gingen somit allenthalben Bildungsrevolutionen Hand in Hand, die auch durch wachsende Anforderungen an berufliche und räumliche Mobilität gefördert wurden, welche sich ihrerseits aus beschleunigten innovativen Entwicklungen im Bereich der Produkte, der angewandten Techniken und der Verfahrensweisen ableiteten.

III. Wie schon angedeutet, vollzogen sich diese Entwicklungen nicht ohne Kämpfe und Krisen. Da die Nachfrage nach Arbeitsplätzen sehr groß war und die Entwicklung der Maschinentechnik dauernd zur Freisetzung von Arbeitskräften führte, schien die I. in großem Umfang neues Elend zu erzeugen. Die Löhne tendierten anfangs zum Existenzminimum. Auch die seit 1873 einsetzenden industriellen Wirtschaftskrisen schufen schwere Probleme. ↗ Arbeitslosigkeit schien zur Dauererscheinung zu werden. Da die Zusammenballung der Menschen in großen Städten die Entstehung von Massenorganisationen begünstigte, war es kein Wunder, daß »antikapitalistische« Verbände und Parteien mit großen Mitgliederzahlen entstanden.

Diese Probleme der Anlaufphase wurden im weiteren Verlauf durch die später in den ↗ Sozialstaat überleitende ↗ Sozialpolitik wie auch durch die Entwicklung vielfältiger Planungsmechanismen reduziert. Die Entwicklung der I. charakterisiert sich, zusammenfassend gesagt, durch die Entfaltung von Steuerungskapazitäten, welche die zunächst freiflutenden Marktkräfte in ein Ordnungsgerüst einbanden und mit Sicherungssystemen unterbauten. Es darf bei alledem allerdings nicht übersehen werden, daß die Dynamik der I. selbst entscheidende Problemlösungsbeiträge lieferte. Insbesondere wirkte sich aus, daß an die Stelle wegfallender Arbeitsplätze immer wieder neue traten, die im Strukturwandel entstanden.

Gegenwärtige Probleme der »spät-« oder »postindustriellen« Gesellschaft haben ihre Ursache erstens darin, daß die sozialstaatlichen Einrichtungen ihrerseits freiflutend geworden sind und durch Steuerungseinrichtungen – die aber noch nicht verfügbar sind – gebändigt werden müssen. Zweitens lassen sich im Bereich der industriegesellschaftlichen Dynamik Abschwächungserscheinungen feststellen, die mit einer Zunahme von Hemmungsfaktoren im zentralen Bereich der Entstehung und des Transfers von Innovationen zusammenhängen. Drittens scheint die arbeitersparende Wirkung technischer Neuerungen gegenüber ihren arbeitsschaffenden Effekten zuzunehmen, und viertens wächst die Konkurrenz unter den sich vermehrenden Industrieländern.

IV. Die sozialpsychologischen Probleme der I. wurden anfangs mit der Entstehung von Klassenbewußtsein und Klassenkampf-Bereitschaft identifiziert und den vorstehend genannten Verelendungsproblemen zugeschrieben. Im weiteren Verlauf rückten jedoch Problemsachverhalte in den Vordergrund, die mit dauerhafteren strukturellen Merkmalen der I. in Verbindung gebracht wurden. Seit der Jahrhundertwende geriet die Anonymität der Lebensweise in der industriellen Großstadt ins Kreuzfeuer kulturkritischer Analysen. Seit *Le Bons* »Psychologie der Massen« und *Ortega y Gassets* »Aufstand der Massen« wurden »Vermassungs«-Diagnosen gestellt. Bei *A. Gehlen* und anderen traten Relativierungen der Moral, Subjektivierungen der Wirklichkeitswahrnehmung und des menschlichen Selbstverständnisses und Ideologisierungsanfälligkeiten in den Vordergrund, die mit dem Abbau älterer Verbindlichkeiten und mit der Öffnung des Wahrnehmungshorizonts der Menschen über den eigenen Handlungsraum hinaus in Verbindung gebracht wurden. Von neo-marxistischer Seite (*H. Marcuse* u.a.) wurden »Entfremdungs«-Erscheinungen aufgrund eines zunehmenden Raffinements der Warenwirtschaft und einer wachsenden Kapazität zur Oktroyierung falscher Bedürfnisse gesichtet. In letzter Zeit traten Kritiken an einer zunehmenden Bürokratisierung und inhumanen Kälte der Institutionen der hochorganisierten Wohlfahrtsgesellschaft hinzu (↗ Kapitalismus).

In der Tat verbinden sich mit der industriegesellschaftlichen Entwicklung sozialpsychologische Probleme verschiedener Art, die – zumindest zum Teil – mit Disparitäten zwischen einem oft sehr abrupt verlaufenden gesellschaftlichen ↗ Wertewandel und den Angeboten zur Wertverwirklichung in den Rollengefügen des sozialen Alltags zusammenhängen. Die diesbezüglichen Verhältnisse liegen aber von Land zu Land verschieden.

V. Wenn man gewöhnlich von *der I.* im Singular spricht, so vernachlässigt man Variationen des allgemeinen Strukturmusters, die sich im Ländervergleich aufdecken lassen. Hierbei spielen erstens unterschiedliche Schwerpunktbildungen in der industriellen Entwicklung selbst (z.B. Schwerindustrie *contra* Verbrauchsgüterindustrie), zweitens Unterschiede hinsichtlich des Umfangs sozialstaatlicher Sicherungssysteme (↗ Sozialstaat), drittens starke Kontraste hinsichtlich der Beschaffenheit eingesetzter Steuerungsmechanismen (Geld, ↗ Macht, Planung, ↗ Bürokratie, ↗ Ideologie) wie auch viertens deutliche Verschiedenartigkeiten bezüglich der in Kraft befindlichen gesellschaftlichen Wertsysteme eine Rolle. Die Aufdeckung solcher Differenzen wurde durch politische Entwicklungen (Widerstand von Ländern der Dritten Welt gegen die Unterwerfung unter westliche Entwicklungsvorstellungen; Diskussion um konvergenztheoretische Vorstellungen in der Ost-West-Auseinandersetzung) wie auch durch die Wissenschaft (Entwicklung des Systemvergleichs, der Sozialindikatoren-Bewegung und der internationalen Vergleichsforschung) gefördert. Es besteht heute Klarheit darüber, daß es unterschiedliche Entwicklungspfade der I. gibt. Die Erörterung universeller Merkmale der I. ist damit aber keinesfalls bedeutungslos geworden.

Helmut Klages

↗ Entwicklungstheorien; Industriepolitik; Politische Psychologie

Lit.: *Aron, R.* 1962: Die industrielle Gesellschaft, Frankfurt a. M./Hamburg. *Dahrendorf, R.* 1965: Gesellschaft und Demokratie in Deutschland, München. *Etzioni, A./Etzioni, E.* (Hrsg.) 1964: Social Change. Sources, Patterns, and Consequences, New York/London. *Freyer, H.* 1955: Theorie des gegenwärtigen Zeitalters, Stuttgart. *Gehlen, A.* 1957: Die Seele im technischen Zeitalter. Sozialpsychologische Probleme der industriellen Gesellschaft, Hamburg. *Klages, H.* 1975: Die unruhige Gesellschaft, München. *Le Bon, G.* 1895: Psychologie des foules, Paris. *Marcuse, H.* [19]1984: Der eindimensionale Mensch, Darmstadt. *Michel, E.* [3]1953: Sozialgeschichte der industriellen Arbeitswelt, Frankfurt/M. *Moore, W. E.* 1967: Strukturwandel der Gesellschaft, dt.: München. *Nohlen, D./Nuscheler, F.* (Hrsg.) [3]1992: Handbuch der Dritten Welt, Bd. 1: Grundprobleme, Theorien, Strategien, Bonn. (Handbuch der Dritten Welt, Bd. 1) *Ortega y Gasset, J.* 1955: Der Aufstand der Massen, dt.: Stuttgart. *Schäfers, B.* [5]1990: Gesellschaftlicher Wandel in Deutschland, Stuttgart. *Schmidt, M. G.* (Hrsg.) 1992: Die westlichen Länder, München. *Schumpeter, J. A.* [4]1975: Kapitalismus, Sozialismus und Demokratie, München (engl. zuerst 1942). *Zapf, W.* (Hrsg.) 1969: Theorien des sozialen Wandels, Köln/Berlin.

Industriepolitik

I. Der Begriff Industriepolitik (I.) ist nicht eindeutig definiert und wird unterschiedlich gebraucht (*v. Einem* 1991: 13). Weitgehend synonym mit den Begriffen »Strukturpolitik« (*Jablonowski/Simons* 1993) oder gar »Industriestrukturpolitik« (*Sturm* 1992) verwendet ist I. – ganz allgemein – die Sammelbezeichnung für all diejenigen Maßnahmen des Staates (Bund, Länder und Kommunen) oder suprastaatlicher Organisationen (z. B. ↗ Europäische Union), die direkt oder indirekt darauf abzielen, die Struktur der Wirtschaft bzw. ihren Wandel zu beeinflussen.

Aus diesem allgemeinen Verständis von I. ergeben sich hinsichtlich der genaueren Begriffsbestimmung vier Schlußfolgerungen: 1. I. ist ein Teil der staatlichen bzw. suprastaatlichen Wirtschaftspolitik und zielt somit letztlich auf die Erreichung bzw. Erhaltung der allgemeinen Ziele der Wirtschaftspolitik, nämlich Wirtschaftswachstum, Vollbeschäftigung, Preisniveaustabilität und außenwirtschaftliches Gleichgewicht; 2. I. ist definitionsgemäß staatliches Intervenieren in das Wirtschaftsgeschehen und wird folglich unterschiedlich bewertet: Anhänger der neo-liberalen Wirtschaftstheorie beurteilen sie mit großer Skepsis bzw. lehnen sie als dysfunktionalen Eingriff in das freie Spiel der Marktkräfte ab (*Jablonowski/Simons* 1993: 143), Befürworter einer weitgehenden Verantwortung des Staates für das Wirtschaftsgeschehen hingegen bejahen und fordern sie; 3. I. umfaßt nicht nur – wie das Wort zunächst nahelegt – diejenigen Maßnahmen, die den industriellen (sekundären) Sektor der Volkswirtschaft betreffen, sondern all diejenigen Maßnahmen, die die Struktur der gesamten Wirtschaft beeinflussen, also auch diejenigen, die auf die Entwicklung von Landwirtschafts- (primärem) und/oder Dienstleistungs- (tertiärem) Sektor zielen (*v. Einem* 1991: 13); 4. entsprechend der Vielfalt von Determinanten des wirtschaftlichen Strukturwandels umfaßt I. zahlreiche Teilpolitiken, so z. B. die Steuer- und ↗ Subventionspolitik (= i. Steuerung durch indirekte oder direkte finanzielle Förderung von Investitionen), die Regional- und Infrastrukturpolitik (= i. Steuerung durch den Auf- oder Ausbau der Infrastruktur, vor allem in sog. strukturschwachen Regionen), die Forschungs-, Entwicklungs- und Technologiepolitik (= i. Steuerung durch Förderung des Aufbaus und der Verbreitung technischen Know-hows), industriebezogene ↗ Umwelt- und ↗ Energiepolitik oder auch ↗ Außenwirtschaftspolitik (vgl. *OECD* 1993).

II. Sorgt der politische Nutzen, den eine florierende Wirtschaft den Inhabern der Regierungsgewalt in Form von Ansehensgewinnen und damit Wiederwahlchancen verspricht, dafür, daß die Regierungen aller entwickelten westlichen Industrieländer versuchen, den industriellen Wandel zu fördern (*Daniels* 1992: 123), so unterscheiden sich die in diesem Interesse gewählten Strategien und eingesetzten Instrumente zum Teil deutlich voneinander. In den Ländern, deren Wirtschaftspolitik prinzipiell von einer Betonung der Marktbeziehungen geprägt ist (z. B. USA, Großbritannien, die Bundesrepublik der 80er Jahre), setzt man vor allem auf Investitionsanreize, den Auf- und Ausbau der Infrastruktur, die Förderung von Forschung und Entwicklung und – wenn es notwendig erscheint – die Subventionierung von Krisenbranchen (Großbritannien, Bundesrepublik). I. ist hier nur begrenzt interventionistisch, wenig koordiniert und hat insgesamt einen eher reaktiven bzw. defensiven Charakter. In den Ländern, in denen dem Staat traditionell eine größere Verantwortung für das Wirtschaftsgeschehen zugeschrieben wird (z. B. Japan, Frankreich), versucht man hingegen, neben der Verbesserung der wirtschaftlichen Rahmenbedingungen und der zeitweisen Subventionierung von Krisenbranchen den Auf- und Ausbau von Zukunftsindustrien zu fördern, entweder durch massive direkte oder indirekte Subventionierung privater Investitionen (z. B. im Computer- oder Elektronikbereich), Förderung des Technologieimports und der Verbreitung technischen Know-hows innerhalb der Industrie, Schutz nationaler

Industrien durch Importbeschränkungen u.a.m. (Japan), oder auch durch den Aufbau großer industrieller Zusammenschlüsse zur Förderung der internationalen Wettbewerbsfähigkeit von Zukunftsbranchen (z.B. Luftfahrt, Telekommunikation), u.U. auf dem Weg der Nationalisierung (Frankreich 1958–1976 und 1981–1983 (*Daniels* 1992: 126)). I. ist hier stark interventionistisch, mehr koordiniert – wobei die ↗ Koordination entweder zentral (Japan) oder eher dezentral (Frankreich) stattfindet (*Sturm* 1992: 153) – und hat insgesamt einen eher aktiven, progressiven Charakter.

Für die tendenzielle Ausrichtung der I. am stark interventionistischen, koordinierten, aktiven Extrem bzw. am begrenzt interventionistischen, weniger koordinierten, reaktiven Extrem wird im allgemeinen das Vorhandensein bzw. Nicht-Vorhandensein von mindestens vier Bedingungen verantwortlich gemacht (*Daniels* 1992: 145; *Krauss* 1992: 53f): (1) ein breiter Konsens hinsichtlich der Legitimität und der Notwendigkeit staatlicher Interventionen in das Wirtschaftsgeschehen, (2) ein mit umfassenden Kapazitäten hinsichtlich der Planung, Koordinierung und Implementierung i. Maßnahmen ausgestatteter staatlicher Verwaltungsapparat, (3) gute »Kanäle« und kooperative Beziehungen zwischen Staat und Wirtschaft und (4) umfassende und in sich geschlossene Interessenverbände als Verhandlungs- bzw. Kooperationspartner auf Arbeitgeber- und Arbeitnehmerseite.
Neben diesen vorwiegend politisch-institutionellen und damit längerfristigen Faktoren wird die staatliche I. auch von Faktoren bestimmt, die in größerem Maße zeitlich befristet bzw. zeitbedingt sind wie z.B. bestimmte sozio-ökonomische Gegebenheiten aufgrund nationaler oder internationaler Entwicklungen. Diese Faktoren können längerfristige i. Orientierungen gewissermaßen brechen und für mehr oder weniger ausgeprägte Kursänderungen sorgen. Dies gilt z.B. für den im Rahmen der Vereinigung der beiden deutschen Staaten und der damit verbundenen Transformation der zentralen Verwaltungswirtschaft der Ex-DDR in die Marktwirtschaft der Bundesrepublik betriebenen i. Kurswechsel der Bundesregierung. Aufgrund des massiven Problemdrucks in den neuen Ländern gab die Regierung ihren zunächst beibehaltenen neo-liberalen Kurs schließlich auf und befürwortete zum Zwekke des Erhalts industrieller Kerne die von den ostdeutschen Länderregierungen – z.T. unter aktiver Beteiligung von Arbeitgebern und Gewerkschaften – betriebene aktive I. (*Nolte* 1994). Allerdings kam es trotz entsprechender Forderungen aus Politik und Wissenschaft (z.B. *Arbeitsgruppe Alternative Wirtschaftspolitik* 1993; *Jablonowski/Simons* 1993) zu keiner von Bund, Ländern und der für die ↗ Privatisierung der ehemals volkseigenen Betriebe zuständigen Treuhandanstalt gemeinsam betriebenen aktiven I. (*Nolte* 1994).

III. Die Volkswirtschaften der westlichen Industrieländer sind seit den 80er Jahren in zunehmendem Maße von einer Internationalisierung der Geld-, Güter- und Arbeitsmärkte betroffen. Für die staatliche Steuerung des Wirtschaftsgeschehens durch I. bedeutet diese Entwicklung zweierlei: 1. Effektivitäts- und Effizienzverluste nationalstaatlicher I. und 2. die zunehmende Notwendigkeit suprastaatlicher Industriepolitik.

Letzteres aufgreifend hat beispielsweise die EG/EU mit den Beschlüssen von Maastricht Ende 1991 die I. explizit als eine ihrer Aufgaben herausgestellt (*Starbatty/Vetterlein* 1992: 16). Die Realisierung dieser Aufgabe im Sinne einer gemeinschaftlichen Förderung des wirtschaftlichen Strukturwandels in den Mitgliedsländern bleibt jedoch aus mindestens zwei Gründen problematisch: Zum einen erschwert die Existenz verschiedener nationaler Interessen und Politik-Stile im Bereich der I. die Konsensfindung auf Gemeinschaftsebene (*Fronia* 1992: 238); zum anderen vergrößert die Übertragung i. Steuerung auf die europäische Ebene die Komplexität der I., was wiederum enorme Anforderungen an die Sachkenntnis, Prognose- und

Strategiewahlfähigkeit der Entscheidungsträger stellt und damit die Risiken von Fehlsteuerungen erhöht (vgl. *Starbatty/Vetterlein* 1992). Die Problematik i. Steuerung auf europäischer Ebene ist wohl eine Ursache dafür, daß die EU zur Sicherung von Wachstum, Wettbewerbsfähigkeit und Beschäftigung für »aktives Handeln« eintritt, ohne jedoch den Versuch zu machen, die wirtschaftspolitischen Strategien der Mitgliedsstaaten zu vereinheitlichen (*Kommission der Europäischen Gemeinschaften* 1993: 23).

Gaby von Rhein-Kress

Lit.: *Arbeitsgruppe Alternative Wirtschaftspolitik* 1993: Memorandum 1993, Köln. *Daniels, P.* 1992: Industrial Policy, in: *Harrop, M.* (Hrsg.): Power and Policy in Liberal Democracies, Cambridge u.a., 123–149. *Einem, E. v.* 1991: Industriepolitik: Anmerkungen zu einem kontroversen Begriff, in: *Jürgens, U./Krumbein, W.* (Hrsg.), 11–33. *Fronia, J.* 1992: Möglichkeiten der EG zur Koordinierung regionaler Industriepolitiken, in: *Jürgens, U./Krumbein, W.* (Hrsg.), 237–246. *Jablonowski, H.W./Simons, R. (Hrsg.)* 1993: Strukturpolitik in Ost und West. Zwischen Steuerungsbedarf und ordnungspolitischem Sündenfall, Köln. *Jürgens, U./Krumbein, W. (Hrsg.)* 1991: Industriepolitische Strategien, Bundesländer im Vergleich, Berlin. *Kommission der Europäischen Gemeinschaften 1993*: Wachstum, Wettbewerbsfähigkeit, Beschäftigung. Herausforderungen der Gegenwart und Wege ins 21. Jahrhundert (Weißbuch), Luxemburg. *Krauss, E.S.* 1992: Political Economy: Policymaking and Industrial Policy in Japan, in: Political Science and Politics, No.1, 44–57. *Nolte, D.* 1994: Industriepolitik in Ostdeutschland am Beispiel des Bundeslandes Sachsen, in: APuZ 17/94, 31–38. *OECD* 1993: Industrial Policy in OECD Countries: Annual Review 1993, Paris. *Starbatty, J./Vetterlein, U.* 1992: Europäische Technologie- und Industriepolitik nach Maastricht, in: APuZ 10–11/94, 16–24. *Sturm, R.* 1992: Industriestrukturpolitik, in: *Nohlen, D.* (Hrsg.): Lexikon der Politik, Bd. 3 (hrsg. von M.G. Schmidt), Die westlichen Länder, München, 151–156.

Inflation

I. Als Inflation (I.) bezeichnet man einen anhaltenden Anstieg des allgemeinen Preisniveaus. Inflatorische Prozesse stehen im Zentrum ökonomischer und politischer Interessen, weil sie eine explosive Mischung aus wirtschaftlichen, politischen und sozialen Problemen beinhalten. I. ist bedrohlich für die Volkswirtschaft und die ↗ Wirtschaftspolitik, weil sie – im Unterschied zur ↗ Arbeitslosigkeit, die vor allem ein soziales und politisches Problem ist –, den Kern der Funktionsweise der Ökonomie – die Sicherung und Verwertung von (in monetären Größen bewerteten) Vermögen – stört *(Spahn* 1988). Inflationsprozesse rufen Abwehrreaktionen bei den Vermögensbesitzern hervor, die ihrerseits zu Fehlallokationen und zur Flucht aus der nationalen Währung führen können. Ferner destabilisiert die I. die Struktur und die soziale Akzeptanz von Einkommens- und Vermögensverteilungen; sie produziert systematisch Unsicherheit. Die Größe ihrer negativen Effekte variiert invers mit dem Ausmaß, in dem die Inflation korrekt antizipiert wird, und mit der Inflationstoleranz einer Gesellschaft. Bezüglich der Verteilungswirkungen gilt als Faustregel, daß die Lasten der I. vor allem von Gruppen mit geringer Konfliktfähigkeit, Beziehern von (gering oder gar nicht indexierten) Transfereinkommen und Gläubigern zu schultern sind.

Eine besondere politische Problematik der Inflation liegt darin, daß sie ↗ Konflikte zwischen kampffähigen Gruppen wie ↗ Unternehmerverbänden und ↗ Gewerkschaften schürt und daß diese Konflikte zugleich Sperren gegen wirksame Bekämpfung der zugrunde liegenden inflatorischen Prozesse sind. Hierdurch wird eine Kette von Verteilungskonflikten mit beachtlichem Destabilisierungspotential erzeugt. Das kann die Regierbarkeit einer Volkswirtschaft beeinträchtigen, insbesondere wenn in den ↗ Arbeitsbeziehungen geeignete Bedingungen für Konfliktregelung und Konsensbildung fehlen. Ferner birgt die I. ein Risiko für Machthaber: Sie vermindert die Popularität von Regierungen und die Wiederwahlchancen von Amtsinhabern. Ein brisantes politisches Problem ist die I. vor allem in den Ländern, in denen Hyperinflationen traumatische Umverteilungs- und Enteignungserfahrungen erzeugt und wachgehalten haben. Aufgrund der Nachwirkungen von zwei Hyperinflationen in Deutschland (1923 und die Währungsreform 1948) reagiert beispielsweise die bundesrepublikanische Bevölkerung ausgesprochen empfindlich auf Preissteigerungen.

Die I. spielte in den westlichen Industrieländern bis etwa Anfang des 20. Jh.s eine bescheidene Rolle. Während und nach dem I. Weltkrieg stieg das Preisniveau – in Österreich (1922) und Deutschland (1923) wucherte es gar zur Hyperinflation –, aber bis in die 30er Jahre wechselten I. und Deflation einander ab. Die finanziellen Bürden des II. Weltkriegs ließen die Inflation in vielen Ländern auf ungewohnte Höhen steigen. Strikte Inflationsbekämpfung und der Wirtschaftsaufschwung der 50er und 60er Jahre setzten anschließend einen neuen Inflationstypus in Kraft: die schleichende Inflation. Ende der 60er und in den 70er Jahren nahmen die Preissteigerungen weltweit stark zu, und infolge des Zusammenbruchs des Bretton-Woods-Systems der fixen Wechselkurse vergrößerte sich nun der Abstand zwischen Ländern mit geringer Inflation – wie die Bundesrepublik Deutschland und die Schweiz – und Hochinflations-Ländern. Die meisten westlichen Industrieländer gingen mit kräftiger I. in die 80er Jahre, doch führten die restriktive ↗ Geldpolitik der Zentralbanken in den großen OECD-Ländern, die Disziplinierung der nationalen Geldpolitik durch das Europäische Währungssystem, die zurückhaltende Lohnpolitik der – ihrerseits von Arbeitslosigkeit und Geldpolitik disziplinierten – Gewerkschaften sowie die tendenziell sinkenden internationalen Rohstoffpreise die Preissteigerungen wieder auf niedrige Zuwachsraten zurück.

Auch wenn inflatorische Prozesse mittlerweile zum »Gemeingut« westlicher Länder geworden sind, gibt es große Unterschiede im Preisauftrieb. Zu den Ländern mit relativ geringem durchschnittlichen Wachstum des Konsumentenpreisindexes – des politisch wichtigsten Preissteigerungsindexes – zählen vor allem die Bundesrepublik Deutschland und die Schweiz; deutlich höhere Inflationsraten werden in der Regel aus den nordischen Ländern, aber auch aus Großbritannien und den romanischen Ländern berichtet. Zu den Ländern mit überdurchschnittlich hoher I. zählen vor allem die Nationen mit einer »unkoordinierten Ökonomie«, einer gering koordinierten Wirtschaftspolitik und fragmentierten Arbeitsbeziehungen.

II. Die Forschung zur I. wurde lange Zeit von den Wirtschaftswissenschaften monopolisiert. In der Volkswirtschaftslehre konkurrieren verschiedene Ansätze zur Erklärung von Inflationsursachen. Monetäre Inflationstheorien sehen die primäre Ursache in der zu raschen Ausweitung der Geldmenge und mithin in Steuerungsdefiziten der Geldpolitik (↗ Monetarismus). Realwirtschaftliche Erklärungsansätze verorten die primäre Inflationsursache in Störungen entweder auf der Nachfrageseite (»Nachfrage-Überschuß-Inflation«) oder der Angebotsseite (»Kostendruck-Inflation«) und diese wiederum werden als Folge tiefer liegender sozialer und politischer Konflikte über die Verteilung des ↗ Sozialproduktes interpretiert.

An diesen sozialen und politischen Grundlagen inflatorischer Prozesse setzt die neuere sozialwiss. Inflationsforschung an. Politische Determinanten der I. wurden erstmals systematisch in empirischen Studien von Vertretern der Neuen ↗ Ökonomischen Theorie der Politik untersucht (z.B. *Frey* 1979) und in Theorien »politischer Konjunkturzyklen« eingebaut, denen zufolge Regierungen den Wirtschaftsprozeß insgesamt und inflatorische Prozesse im besonderen mit Blick auf Wahlterminkalender und Wiederwahlchancen manipulieren. Freilich wurden diese Theorien nur mit wechselndem und insgesamt zweifelhaftem Erfolg getestet.

Demgegenüber führten soziologische Theorien die säkulare Tendenz der I. auf Veränderungen der Klassenstruktur und der Politik zurück. *Goldthorpes* These vom Verfall der traditionellen Status-Ordnung und der »Reifung der Arbeiterklasse« *(Goldthorpe* 1978) sowie die These der Neuformierung von Koalitionen zwischen organisierter Arbeiterschaft und Unternehmerschaft (*Maier* 1978) sind hier vor allem zu nennen. Diesen Theorien – wie auch den Verteilungskonflikt-Theorien der I. und nicht wenigen ökonomischen Inflationstheorien – mangelt es jedoch an einer Erklärung für die beachtlichen internationalen Unterschiede in der I. Die Gründe dafür, daß ein Kollektivgut wie relative Preisstabilität angestrebt und – trotz entgegenwirkender »Logik des kollektiven Handelns« (*Olson*) – erfolgreich produziert wird, erschließt sich zureichend nur einer Analyse von politisch-institutionellen und politisch-kulturellen Grundlagen wirtschaftspolitischen Handelns.

Ansätze hierzu gibt es in der neueren politologischen Erforschung von Staatstätigkeiten. *D. A. Hibbs* (1977) beispielsweise vertrat in einem vielbeachteten Artikel die These, der Zielkonflikt zwischen Preisstabilität und Vollbeschäftigung stehe in Zusammenhang mit der parteipolitischen Färbung von Regierungen: Bürgerliche Regierungsparteien favorisierten Preisstabilität auf Kosten von Arbeitslosigkeit, während sozialdemokratische ↗ Regierungen die Preisstabilität der Vollbeschäftigung opferten. Auch Verteilungskampf-Theorien wurden in vergleichenden Studien gestützt: Der Inflationsschub der 70er Jahre beispielsweise wird bei *C. F. Andrain* (1980: 124) auf die Stärke der Gewerkschaften, die Marktmacht von Großunternehmen und expansive staatliche Budgetpolitik zurückgeführt.

Neuere Forschungen haben die politologischen Ansätze der Inflationserklärung grundsätzlich bestätigt, jedoch erheblich differenzierte Ergebnisse zu Tage gefördert *(Cameron* 1984; *Lindberg/Maier* 1985). Man kann zeigen, daß die Parteiendifferenzthese von *Hibbs* nicht ohne weiteres verallgemeinerbar ist. Vielmehr gibt es sowohl unter Rechts- wie unter Links-Regierungen Preisstabilität und I. Auch die Stärke von Gewerkschaften *per se* ist weder für I. noch für Preisstabilität eine notwendige oder hinreichende Bedingung.

Alternative Erklärungsversuche konnten zunächst bei der Studie von *A. Tylecote* (1981) zur I. in mehreren westlichen Ländern anknüpfen. *Tylecote* beantwortet drei Fragen: 1. Warum nimmt die I. im Trend zu? Antwort: Aufgrund allgegenwärtiger inflatorischer Veränderungen in der Struktur der Volkswirtschaft (wachsende Konzentration, dezentralisierte Arbeitsbeziehungen, zunehmende Stärke der Gewerkschaften, zunehmende Orientierung der Lohnpolitik am Einkommensniveau anderer Arbeitnehmergruppen). 2. Warum schwankt die Inflationsrate einzelner Länder kurz- und mittelfristig so heftig? Antwort: Aufgrund von Veränderungen in der Kapazitätsauslastung und in der außenwirtschaftlichen Kostenbelastung sowie infolge von ↗ Einkommenspolitik. 3. Wie sind die Unterschiede in den Inflationsraten zwischen den Nationen zu erklären? *Tylecotes* Antwort: Durch Unterschiede in den Arbeitsbeziehungen, in der Wirtschaftsstruktur und in den Einstellungen zur Inflation.

Auch dezidiert politologische Ansätze tragen mittlerweile relativ gesicherte Erkenntnisse zur Erklärung von Inflationsunterschieden zwischen Ländern bei. Das gilt insbesondere für Kombinationen von Verteilungskonflikt-Analysen mit ↗ Korporatismus- bzw. Interessenkonzertierungs-Theorien. Für die Periode zwischen 1974 und Mitte der 80er Jahre beispielsweise wurde gezeigt, daß die Inflationsunterschiede nicht nur durch ökonomische Faktoren zu erklären sind wie Veränderungen der Rohstoffpreise, Lohnstückkosten und außenwirtschaftliche Abhängigkeit, sondern auch durch politische Determinanten: Die Inflationsraten waren in den Ländern tendenziell kleiner, in denen eine preisstabilitätsbewußte autonome Zentralbank agierte und in denen die Notenbank die Unterstützung von starken, in korporatistische Arrangements eingebundenen Gewerkschaften erhielt, die ihrerseits für gemäßigte Lohnpolitik sorgten und somit Grundlagen für die zurückhaltende Preispolitik auf seiten der Unternehmen und des Staates schufen. Eine weitere günstige Voraussetzung von Preisstabilitätspolitik liegt in hohen institutionellen Hindernissen einer expansiven defizitfinanzierten Finanzpolitik. Ungünstiger sind die Chancen der Inflationsbekämpfung, wenn der Verteilungskampf zwischen Arbeit und Kapital in weitgehend unstrukturierten Bahnen, im Rahmen fragmentierter, pluralistischer Arbeitsbeziehungen erfolgt und wenn der Spielraum für eine preisstabilitätsorientierte Notenbankpolitik klein und derjenige der Finanzpolitik groß ist.

Maßgebend für die Höhe der langfristigen Inflationsrate und für Erfolg oder Mißerfolg der Inflationsbekämpfung ist auch die Inflationsaversion der Wählermehrheit sowie der Wille und die institutionell vordefinierte Fähigkeit, Instrumente der Wirtschaftssteuerung im allgemeinen und der Inflationsbekämpfung im besonderen rechtzeitig und sachlich angemessen einzusetzen. Für (relativ erfolgreiche) Inflationsbekämpfung unter Wahrung von Vollbeschäftigung – wie z.B. in Österreich in den 70er Jahren – war die Tradition der Sozialpartnerschaft zwischen Arbeit, Kapital und Staat ebenso von Vorteil wie der starke Einfluß, den die Sozialpartner und die Regierung auf die Wirtschaft und die Zentralbank hatten. Normalerweise fällt es jedoch schwer, relative Preisstabilität mit Vollbeschäftigung oder hohem Beschäftigungsstand auf lange Frist zu halten. Die größten Erfolge in dieser Hinsicht erzielten die Bundesrepublik Deutschland, Österreich und die Schweiz bis Mitte der 70er Jahre. Dann jedoch nahm die Schärfe des Zielkonfliktes zwischen Preisstabilität und Vollbeschäftigung auch in diesen Ländern zu.

Insgesamt ergibt sich, daß soziologische und politologische Beiträge wirtschaftswissenschaftliche Inflationstheorien ergänzen können (vgl. insbesondere *McCallum* 1983 und *Busch* 1994). Ihre besonderen Stärken liegen im Aufdecken politischer Grundlagen und politischer Folgen von mittel- und langfristigen Inflationsraten und im Beitrag zur Erklärung interkultureller Unterschiede in langfristigen Preisniveauveränderungen.

Manfred G. Schmidt

Lit.: *Andrain, C. F.* 1980: Politics and Economic Policy in Western Democracies, North Scituate. *Busch, A.* 1994: Preisstabilitätspolitik (Dissertation, Universität Heidelberg). *Cameron, D. R.* 1984: Social Democracy, Corporatism, Labour Quiescence, and the Representation of Economic Interest in Advanced Capitalist Society, in: *Goldthorpe, J. T.* (Hrsg.): Order and Conflict in Contemporary Capitalism, Oxford, 143–178. *Frey, B. S.* 1979: Politometrics of Government Behavior in a Democracy, in: Scandinavian Journal of Economics 81, 308–322. *Goldthorpe, J. T.* 1978: The Current Inflation: Towards a Sociological Account, in: *Hirsch, F./Goldthorpe, J. T.* (Hrsg.): The Political Economy of Inflation, Cambridge, Mass., 186–213. *Hibbs, D.A. Jr.* 1977: Political Parties and Macroeconomic Policy, in: APSR 71, 1467–1487. *Hibbs, D. A. Jr.* 1987: The American Political Economy, Cambridge, Mass. *Horsman, G.* 1988: Inflation in the Twentieth Century. Evidence from Europe and North America, New York. *Lindberg, L. N./Maier, C. S.* (Hrsg.) 1985: The Politics of Inflation and Economic Stagnation, Washington, D.C. *McCallum, M.* 1983: Inflation and Social Consensus in the Seventies, in: The Economic Journal 93, 784–805. *Pätzold, J.* 1993:

Stabilisierungspolitik, Bern u.a. *Scharpf, F. W.* 1987: Sozialdemokratische Krisenpolitik in Europa. Das »Modell Deutschland« im Vergleich, Frankfurt a. M./New York. *Schmidt, M. G.* 1987: West Germany: The Policy of the Middle Way, in: Journal of Public Policy 7, 135–177. *Spahn, H.-P.* 1988: Bundesbank und Wirtschaftskrise, Regensburg. *Ströbele, W.* 1984: Inflation – Einführung in Theorie und Politik, München. *Tylecote, A.* 1981: The Causes of the Present Inflation, London.

Informationsfreiheit

Informationsfreiheit ist einerseits das von der Verfassung garantierte Grundrecht, sich aus allgemein zugänglichen Quellen zu informieren (Art. 5, Abs. 1, S. 1 GG), andererseits in einem spezielleren, in Deutschland erst neuerdings eingeführten Sinne das Recht, in Akten und andere Informationssammlungen der öffentlichen Verwaltung einzusehen (nach dem US-amerikanischen *Freedom of Information Act*).

1. Das grundgesetzliche Recht zielt nach traditionellem Verständnis auf die Abwehr staatlicher Behinderungen der Informationsgewinnung (Beispiel: Verbot, Auslandssender zu empfangen). Informationsansprüche (z. B. der Forschung) können daraus kaum hergeleitet werden. Auch die Wissenschaftsfreiheit (Art. 5, Abs. 3 GG), die hier zusätzlich ins Spiel gebracht wird, zwingt nicht zur Öffnung von Datenbeständen, die herkömmlicherweise vertraulich gehalten werden (*Wollenteit* 1993).

2. Die Offenlegung von »Herrschaftswissen« der Regierung und der Verwaltung, aber auch von Gefahrenfaktoren (Umweltinformationen) ist im deutschen Verfassungsrecht nicht vorgesehen. Hier herrscht noch das auf den Obrigkeitsstaat zurückgehende »Arkanprinzip«: was nicht ausdrücklich freigegeben oder veröffentlicht wird, gilt als geheim. Dieses Prinzip dient heute auch dem Schutz von Interessen Privater, deren Angelegenheiten die Verwaltung zu regeln hat (↗ Datenschutz). Auskunftsrechte und Aktenvorlagerechte bestehen jedoch im Rahmen von Kontrollrechten der Parlamente gegenüber den Regierungen nach neueren Landesverfassungen. Als Bürgerrechte sind Informationsansprüche bisher nur durch einfaches Gesetz (Prozeßordnungen, Verwaltungsverfahrens- und Datenschutzgesetze) und nur in engen Grenzen statuiert; insbesondere ist stets die eigene Betroffenheit des Auskunftsinteressenten vorausgesetzt.

3. Im Ausland hingegen hat die Überzeugung, daß Informationsteilhabe von entscheidender Bedeutung für die Kontrolle der Staatsorgane und die politische Auseinandersetzung mit Machtträgern ist, zu entsprechenden »Informationsfreiheits«-Gesetzen geführt, in denen das Recht auf Zugang zu den Daten der öffentlichen Verwaltung für jedermann ohne besondere Voraussetzungen festgelegt wurde.

Bereits das schwedische Pressegesetz von 1766 (!) verpflichtet die Verwaltung zur Offenlegung ihrer Akten. Die übrigen skandinavischen Länder, die USA, Frankreich, die Niederlande, Kanada und einige andere Länder haben Informationsfreiheitsgesetze seit den 60er Jahren erlassen. Selbstverständlich sind dabei Abgrenzungen zum Datenschutz und Ausnahmen im Interesse bestimmter höherrangiger Interessen erforderlich. In verschiedenen Ländern ist die Durchsetzung der Informationsfreiheit besonderen Beauftragten oder Kommissionen anvertraut.

4. Politische Forderungen nach entsprechenden Regelungen sind in Deutschland bisher erfolglos geblieben. Doch hat sich auf der Ebene der EU die Forderung nach Auskunfts- und Einsichtsrechten bei Umweltdaten durchgesetzt. Die Richtlinie des Rates vom 7. Juni 1990 über den freien Zugang zu Informationen über die Umwelt bestimmt nunmehr, daß bei den Behörden vorhandene Umweltdaten öffentlich sind.

Zur Umsetzung dieser Richtlinie in nationales Recht wird ein Bundesgesetz erlassen.

Hans Peter Bull

Lit.: *Burkert, H.* 1992: Informationszugang und Datenschutz. Ein kanadisches Beispiel, Baden-Baden. *Scherer, J.* 1978: Verwaltung und Öffentlichkeit, Baden-Baden. *Schlachter, J.* 1993: Mehr Öffentlichkeit wagen, Heidelberg. *Wollenteit, U.* 1993: Informationsrechte des Forschers im Spannungsfeld von Transparenzforderungen und Datenschutz, Berlin.

Innenpolitik

I. Als Innenpolitik (I.) im weiteren Sinne werden die Formen, Inhalte, Konflikt- und Konsensprozesse wie auch die Ergebnisse politischen Handelns innerhalb eines Staates, an denen im wesentlichen nur die Angehörigen dieses Staates beteiligt sind, bezeichnet. Ihr Kern sind die mit Anspruch auf gesamtgesellschaftliche Verbindlichkeit getroffene Regelung von Konflikten über begehrte Werte in einem Gemeinwesen und die Rückwirkungen dieser Regelung auf Form, Vorgang und Inhalt des Politischen.

II. Ein historischer Vergleich verdeutlicht, daß sich das Feld der I. in den westlichen ↗ Industriegesellschaften ausgedehnt und ausdifferenziert hat. Die Veränderungen lassen sich u. a. ablesen an der Art der staatlich regulierten Gesellschaftsbereiche, der Quantität, Intensität und der Regelungsdichte von gesetzlichen Normierungen, der Verteilung der Staatsausgaben und des Staatspersonals nach Aufgabenbereichen und an der Art, Zahl und den Aufgabenbereichen von Ministerien.

Zu den klassischen Ministerien zählen das Innen-, das Justiz-, das Finanz- und das Verteidigungsministerium. Sie repräsentieren den Aufgabenbereich des im 19. Jh. in vielen Ländern sich entwickelnden liberalen Staates, der sich vorrangig auf Rechtsnormensetzung, Ordnungsverwaltung und äußere und ↗ Innere Sicherheit (oftmals mit repressiven Mitteln) beschränkte und des öfteren auch eine expansive imperialistische Politik nach außen betrieb (↗ Imperialismustheorien). Mit der Industrialisierung, der Mobilisierung der Arbeiterschaft und der politischen (Fundamental-)Demokratisierung wurde auch das Feld der innenpolitischen Auseinandersetzungen und Regelungsbereiche erweitert. Stärker als vorher fielen nunmehr staatliche Maßnahmen zur Mobilisierung von Ressourcen und zur Infrastrukturpolitik (z. B. Auf- und Ausbau von Verkehrs- und Kommunikationsnetzen) und in der Zeit nach dem I. und besonders nach dem II. Weltkrieg sozialstaatliche Leistungen ins Gewicht (↗ Sozialstaat).

An der Vielfalt neuer Ministerien läßt sich die Ausdifferenzierung der I. ablesen. Neben den klassischen Ministerien bestehen nunmehr in den meisten Industrieländern u. a. Ministerien für Arbeit und Soziales, Familie, Jugend und Gesundheit, Wirtschaftsentwicklung, Landwirtschaft, Wohnungsbau und Mieten, Technologie, Wissenschaft, Bildung und Umweltschutz. Das Innenministerium ist demgegenüber nur noch für einen kleineren Teil der I. – in erster Linie für Angelegenheiten der Staats- und Rechtsordnung, des Verfassungsschutzes, der allgemeinen Verwaltung, des öffentlichen Dienstes und der Polizei – zuständig.

Die Mehrzahl der westlichen Länder ist bei der Aufgliederung der Ministerialverwaltung einem Entwicklungsschema gefolgt, in dem »definierende Aktivitäten« (Verteidigung der nationalen territorialen Integrität, Aufrechterhaltung von Ruhe und Ordnung, Sicherung von Einnahmequellen) zuerst zum Zuge kamen, im Regelfall zeitlich vor den »Ressourcen-Mobilisierungs-Aktivitäten«, und diese wiederum im allgemeinen früher als »sozialstaatliche Verteilungs- und Umverteilungsaktivitäten« (*Rose* 1976) in Gang gesetzt wurden.

Für diese Entwicklungsdynamik waren neben dem Wirtschafts- und Bevölkerungswachstum und der rapide voranschreitenden Industrialisierung auch politische Faktoren verantwortlich: Vorwegnehmende und reaktive Strategien der politischen ↗ Eliten – insbesondere die Reaktion auf (oder auch die Antizipation von) Forderungen der sich politisch allmählich artikulierenden und organisierenden Massen – sind dabei mit an erster Stelle zu nennen.

III. So vielfältig der Gegenstand der I. ist, so vielfältig sind auch die Ansätze zur Erforschung innenpolitischer Konsens-, Konflikt- und Entscheidungsprozesse (vgl. *Böhret* u. a. 1988). Vereinfachend lassen sich drei grundlegende Ansätze unterscheiden: der Interessengruppen- und Institutionen-Ansatz, der klassentheoretische und der Ansatz, der im Unterschied zu den Akteurs- und Institutionentheorien vor allem Strukturen, Funktionen und Systeme betont.

1. Vor allem ältere (pluralismustheoretische) Varianten des Interessengruppen- und Institutionenansatzes (z. B. *Truman* 1968) begreifen I. als ein Feld von – organisierten oder latenten, aber prinzipiell organisierbaren – Interessen, die miteinander durch Konflikt- und Konsensprozesse verbunden sind. Politik im Sinne von *policy* wird als Resultante eines Kräfteparallelogramms interpretiert. Pluralismustheoretische Ansätze (↗ Pluralismus) richten ihre Aufmerksamkeit vor allem auf Interessenverbände (↗ Interessengruppen), Parteien, Parlamente, Regierungen und Verwaltungen und die ↗ Politische Kultur. Zwar unterstellen sie keineswegs einen harmonischen Interessenausgleich; z. B. werden oftmals Prozesse der Vermachtung beschrieben (etwa »Gewerkschaftsstaat«, »Unternehmerstaat«, »militärisch-industrieller Komplex«, »Machtelite«). Maßgebend ist jedoch die Annahme eines relativ hohen Grades an Autonomie des ↗ Politischen Systems gegenüber dem ökonomischen System und die Annahme eines prinzipiell hohen Grades der Organisierbarkeit und Berücksichtigung von schwach organisierten oder latenten Interessen. Neuere, insbesondere durch neue ↗ Ökonomische Theorien der Politik, ↗ Staatstheorie und ↗ Korporatismus-Theorie beeinflußte Varianten des Interessengruppen- und Institutionenansatzes haben diese Annahmen jedoch als ebenso problematisch wie diejenigen des klassentheoretischen Ansatzes erscheinen lassen.

2. Im klassentheoretischen, vor allem im ↗ Marxismus vertretenen Ansatz wird I. als Feld von strukturell einander entgegengesetzten Klasseninteressen und Klassenkonflikten begriffen, die in der unterschiedlichen Stellung der Individuen im Produktionsprozeß und zur Verfügungsgewalt über Produktionsmittel wurzeln. Politik im Sinne von *policy* wird hier in erster Linie als Ergebnis des Kräfteverhältnisses zwischen der organisierten Arbeiterklasse auf der einen Seite und der über einen strukturellen Machtvorsprung verfügenden Unternehmerschaft, der Mittelklassen und dem (mehr oder weniger stark mit der bürgerlichen Klasse liierten) Staat auf der anderen Seite begriffen. Maßgebend für die klassentheoretische Variante ist die Annahme, daß das politische System nur einen relativ geringen Handlungsspielraum gegenüber der Ökonomie aufweist, wenn es um die Durchsetzung von Interessen abhängiger Klassen geht.

3. Insbesondere die gesellschaftskritischen Varianten der strukturell-funktionalen Theorie der I. (z. B. *Offe* 1972) wie auch systemtheoretische Ansätze betonen demgegenüber die strukturelle (und durch Personen und Handlungen nicht zureichend beschreibbare) Selektivität der politischen Prozesse, Institutionen und Entscheidungen. Im Willensbildungsprozeß kommen der gesellschaftskritischen Variante dieses Ansatzes zufolge vorwiegend diejenigen Interessen zu Wort, die zugleich organisations- und konfliktfähig sind (im Sinne der Fähigkeit, systemrelevante Leistungen verweigern zu können). Die Politik (im Sinne von *policy*) richte sich zum einen nach der Organisations- und Konfliktfähigkeit der Interessen, zum anderen nach strukturellen Imperativen und Handlungsgrenzen sowie Eigeninteres-

sen eines Staates, der – *via* Steuereinnahmen – von der Ökonomie abhängig sei und sich zugleich Massenlegitimation besorgen müsse (↗ Legitimität). Innenpolitische Prozesse und Entscheidungen hätten demnach eine strukturelle Schlagseite – vor allem zugunsten wirtschaftlich mächtiger Investitions- und Akkumulationsinteressen und zu Lasten von politisch und ökonomisch schwächeren Interessen wie auch auf Kosten von mittel- oder langfristigen Lebensqualitätinteressen.

IV. In der Geschichts- und Politikwiss. gibt es eine ausführliche Diskussion über das Verhältnis von I. und ↗ Außenpolitik.

Die These vom »Primat der auswärtigen Politik« markiert die eine – zuerst vom Historiker *L. von Ranke* vertretene – Extremposition. Das Maß der Unabhängigkeit gebe einem Staat seine Stellung in der Welt; es lege ihm zugleich die Notwendigkeit auf, alle inneren Angelegenheiten zu dem Zweck einzurichten, sich zu behaupten. Aus diesem Grundsatz folgt die Unterordnung der I. unter die Außenpolitik. Das Maß der inneren ↗ Freiheit z. B. habe sich nach dem Grad zu richten, zu dem die staatliche Sicherheit, Unabhängigkeit und Größe außen gewährleistet wird. Die andere, vor allem von gesellschaftskritischen Autoren vertretene Extremposition besagt, die Außenpolitik sei primär eine Funktion der I. (Primat der Innenpolitik). So vertrat z. B. *E. Kehr* (1970) in seinen Studien über die Rüstungspolitik im kaiserlichen Deutschland die Auffassung, der Aufbau der deutschen Schlachtflotte vor dem I. Weltkrieg habe seine Ursache nicht in der Außenpolitik gehabt. Er habe stattgefunden, ehe ein Gegner für die Flotte gefunden worden sei. Der entscheidende Beweggrund liege in einer sozialimperialistischen Integrationspolitik und einer innenpolitischen Strategie, mit der ein Konflikt zwischen Großagrariern und der Schwerindustrie gelöst wurde. Beide Parteien gewährten sich gegenseitig Schutzzölle bzw. die Flotte und fänden sich in der gemeinsamen Frontstellung gegen die Sozialdemokratie wieder. Auch in Analysen der Rüstungspolitik in Ost und West (↗ Ost-West-Konflikt) spielten die Thesen vom Primat der Außenpolitik bzw. vom Primat der I. eine große Rolle. Zwischen beiden Extremen vermittelnde Positionen heben auf die wechselseitige – und historisch und von Fall zu Fall variable – Beeinflussung von I. und Außenpolitik ab. Diese Sichtweise ist in dem Maße empirisch triftiger, je stärker die Internationalisierung der Wirtschaft und der Politik ausgeprägt ist.

Manfred G. Schmidt

Lit.: *Böhret, C.* u. a. [3]1988: Innenpolitik und politische Theorie, Opladen. *Kehr, E.* 1970: Der Primat der Innenpolitik, hrsg. v. *H. U. Wehler*, Göttingen. *Marx, K./Engels, F.*: Ausgewählte Schriften in zwei Bänden, Berlin (Ost), Bd. 1, 222–316. *Offe, C.* 1972: Strukturprobleme des kapitalistischen Staates, Frankfurt/M. *Rose, R.* 1976: On the Priorities of Government: A Developmental Analysis of Public Policies, in: EJPR, 4, 247–289. *Scharpf, F. W.* 1987: Sozialdemokratische Krisenpolitik in Europa, Frankfurt a. M./New York. *Truman, D.B.* 1968: The Governmental Process: Political Interests and Public Opinion, New York.

Innere Sicherheit

Innere Sicherheit (I. S.), auch als öffentliche Sicherheit bezeichnet, ist ein mehrdeutiger Begriff für Prozesse, Institutionen und Maßnahmen in der ↗ Innenpolitik, die dem Anspruch und/oder der Funktion nach hauptsächlich darauf gerichtet sind, Schutz, Gefahrlosigkeit, Verläßlichkeit und Abwehr von Gefahren für Individuen, aber auch für politische, soziale und wirtschaftliche Ordnungen sicherzustellen.

Der Begriff ist gegen mehrdeutige Verwendungen nicht gefeit. Als Politik zur Wahrung von I. S. werden z. B. sowohl rechtsstaatliche Verfahren als auch solche, die rechtsstaatliche Prinzipien verletzen, legitimiert. I. S. steht im Spannungsfeld eines konservativen Sicherheitsziels – Sicherstellung des Monopols legitimer physischer Gewaltsamkeit des Staates – und eines liberalen Sicherheitsziels, dem die Beschränkung öffentlicher Gewalt, Wahrung oder Erweiterung der Freiheitsrechte der Bürger und Schutz des Rechtsstaates als Primäraufgabe gilt.

Je nach ↗ Politischer Kultur, Selbstverständnis der mit innerer Sicherheitspolitik beauftragten Staatsorgane, politischer Linie der Regierung und sicherheitspolitischen Problemen hat bisweilen die konservative und bisweilen die liberale Linie der I. S. Oberhand.

In der Bundesrepublik Deutschland war die I. S. in den 50er und 60er Jahren vor allem durch die innenpolitischen Auswirkungen des Ost-West-Konflikts (↗ Ost-West-Beziehungen) und der Spaltung Deutschlands geprägt (↗ Deutsche Einheit). In den 70er und 80er Jahren verlagerte sich die Politik der I. S. auf präventive oder nachträgliche Kontrolle politisch unkonventionellen oder politisch abweichenden Verhaltens von Protestbewegungen und von terroristischen Gruppierungen.

Vergleichende Untersuchungen zeigen, daß die Bundesrepublik mit der Expansion präventiver und reaktiver Politik der I. S. in den 70er und 80er Jahren kein Sonderfall ist. Das steht im krassen Gegensatz zur Theorie vom »Sicherheitsstaat« (*Hirsch* 1980), doch macht diese zumindest auf spektakuläre und umstrittene Programme wie den sogenannten Radikalenerlaß und rechtsstaatlich bedenkliche Aspekte der Anti-Terror-Gesetzgebung aufmerksam, die im Mißverhältnis zur drohenden Gefahr standen.

Für die Expansion der Politik der I. S. liegen unterschiedliche Erklärungen vor. Zusätzlich zum zweifellos gewachsenen Problembestand stellen manche Analysen auf politisch-kulturell tief verwurzelte Antriebskräfte der I. S. ab. Andere Erklärungsmodelle betonen Prozesse der sich gegenseitig hochschaukelnden Aktion und Reaktion von Protestbewegungen und Staat bzw. von ↗ Terrorismus und Staat. Dem steht die These gegenüber, daß eine offensive und harte Politik der I. S. eine breite soziale Basis habe, politisch prämiert und durch den Parteienwettbewerb gefördert werde.

Freilich verdeutlicht der Vergleich von westlich-liberalen mit autoritären und totalitären Regimen, daß die ersteren eine insgesamt relativ weiche Politik der I. S. und letztere eine ausgesprochen harte Politik der I. S. betreiben. Die Repression und die Allgegenwärtigkeit des Staatssicherheitsdienstes der ehemaligen DDR ist ein Beispiel für letzteres.

Manfred G. Schmidt

↗ Autoritäre Regime; Grundrechte; Rechtsstaat; Totalitarismus/Totalitarismustheorie.

Lit.: *Blankenburg, E.* (Hrsg.) 1980: Politik der Inneren Sicherheit, Frankfurt/M. *Blankenburg, E.* 1992: Innere Sicherheit, in: *Schmidt, M. G.* (Hrsg.): Politische Systeme und Politikfelder (Lexikon der Politik, Bd. 3), München. *Hirsch, J.* 1980: Der Sicherheitsstaat, Frankfurt/M. *Murck, M.* 1980: Soziologie der Öffentlichen Sicherheit, Frankfurt a. M. /New York.

Innerparteiliche Demokratie

I. Politische Parteien bezeichnen sich fast ausnahmslos als demokratisch, was von ihrer Natur her nicht so selbstverständlich ist. Als politische Freiwilligenorganisationen stellen sie herrschaftliche Gebilde dar, die aus ungleichen gesellschaftlichen Macht- und Interessenverhältnissen hervorgehen. Sie fungieren als Sprachrohre und Vermittlungsinstanzen des Volkswillens, um einer Schaltstelle zwischen Staat und Gesellschaft gleich die von ihnen vertretenen Interessen im staatlichen Entscheidungsbereich zur Geltung zu bringen. Wer innerparteiliche Macht besitzt, verfügt über einen Schlüssel, um parteienstaatlich organisierten Einfluß auszuüben.

Demokratie in den Parteien bildet insofern die Basis für Parteiendemokratie (*Trautmann* 1975). Sie wiederum legitimiert den ↗ Parteienstaat, wodurch dessen lebendige gesellschaftliche Verwurzelung und Rückkoppelung sichergestellt wird. Da die politische Willensbildung und öffentliche Mandatszuteilung der Kontrolle durch Parteien unterworfen sind und sie auch die politische Beteiligung der Bürger kanalisieren, muß es in ihnen demokratisch zugehen, wenn sich nicht Parteien- und Volksherrschaft gegenseitig ausschließen sollen.

Aus ihrem beherrschenden öffentlichen Einfluß heraus erklärt sich auch, warum den Parteien grundgesetzlich und parteienrechtlich Mindestauflagen zur demokratischen Gestaltung ihrer inneren Ordnung gemacht werden, an denen sich ihre satzungsmäßige Formalstruktur ausrichtet (*Heinz* 1987).

II. Der Norm nach bedeutet Innerparteiliche Demokratie, daß sich Parteien nach dem uneingeschränkten Willen und der Entscheidungskompetenz ihrer Mitglieder richten und nicht der Herrschaft einiger weniger unterworfen sind. Hier setzt jedoch eine Kontroverse in der Parteienforschung an, die von unverträglichen demokratietheoretischen Positionen bestimmt wird (*Wiesendahl* 1980). Die Anhänger des Transmissionsparadigmas wünschen sich unmittelbar basisdemokratische Verhältnisse in den Parteien, wogegen diese jedoch – wie *Robert Michels* bereits 1911 aufgezeigt hat – mit ihrer Oligarchisierungstendenz kraß verstoßen. Für die Anhänger des Integrationsparadigmas mit ihrem elitären Demokratieverständnis reicht es hingegen aus, wenn sich die Parteiführungen periodischen Wahlen stellen müssen, sich nicht nach unten abschotten und untereinander konkurrieren. Diese Bedingungen sehen sie halbwegs erfüllt, so daß sie den Parteien befriedigende Noten erteilen. Schließlich spielt sich für die Vertreter des Konkurrenzparadigmas Demokratie nicht in, sondern zwischen den Parteien ab, so daß der äußere Wahlerfolg darüber entscheidet, ob sich die Parteispitzen innerparteilich halten können oder ausgetauscht werden.

III. Für die empirische Forschung ist die Frage aufschlußreich, wie die parteiinternen Machtverhältnisse, Entscheidungsprozesse und Beteiligungsstrukturen tatsächlich beschaffen sind und ob sich in ihnen der Gleichheitsgrundsatz unter den Mitgliedern verwirklicht.

Während sich Strukturanalysen mit den inneren Macht- und Einflußverhältnissen sowie deren Voraussetzungen befassen, beleuchten Prozeßanalysen Entscheidungsabläufe, bei denen es um solche Aspekte wie Elitenauswahl, Kandidatenaufstellung, Programmentstehung oder Parteitage geht. Mitgliederstudien kombinieren beide Perspektiven.

Wenn auch vieles im verborgenen geschieht, eignen sich die empirischen Befunde nicht dazu, um sie undifferenziert auf die Formel vom »demokratischen Schein und oligarchischen Sein« *(Duverger)* zu bringen. Daß Parteien ehern und unumkehrbar der Oligarchisierung ausgesetzt sind, läßt sich mit Vorkehrungen, wie sie die Grünen eingeführt haben, durchaus relativieren. Nach wie vor gibt die Wirklichkeit allerdings *Michels* (1970) recht, daß unmittelbare Demokratieideale sich nicht mit den organisatorischen Effizienzerfordernissen des politischen Machtkampfes vereinbaren lassen. Theoretische Harmonisierungslösungen beider Größen *(Naschold* 1969) unterschätzen, daß sich das Machtinteresse der Parteieliten praktisch mit der Effizienznorm deckt.

Die unbestreitbare Verfestigungs- und Verselbständigungstendenz der häufig genug aus Wahlen ohne Auswahl hervorgegangenen Parteieliten kann nicht mit deren Allmacht gleichgesetzt werden. Auch sind heutige Parteien alles andere als zentralistische »*top down*«-gesteuerte Funktionärs- oder Apparateparteien. Die CDU verfügt über eine dezentrale föderale Gliederung, in der plurale Machtzentren ein Eigenleben entfalten (*Schmid* 1990). Die SPD ist über ihre heterogenen Gruppen und Flügel wie ein bunter Flickenteppich zusammengesetzt, wofür der Begriff der »organisierten Anarchie« herangezogen wurde (*Lösche/Walter* 1992).

Innerparteiliche Elitenherrschaft leitet sich aus ungleichem Zugang und einseitiger Verfügung über Einflußressourcen ab, worunter formales Herrschaftswissen und »*political skills*« einerseits sowie Kontrolle über Informationsmittel und Kommunikationskanäle, Adressenkarteien, Finanz- und Sachmittel wie Geschäftsstellenpersonal, parteiinterne und öffentliche Ämter und schließlich Mitgliederzu- und -abgänge andererseits zu verstehen sind. Um das verdeckte innerparteiliche Einfluß- und Kommunikationssystem zu analysieren, bietet sich besonders die Netzwerkanalyse (*Schwartz* 1990) an. Verteilt sich die Kontrolle über verschiedene Gruppen und Fraktionen, profitiert hiervon der innerparteiliche Gruppenwettbewerb (*Zeuner* 1970; *Raschke* 1975). Dieser geht allerdings häufiger mit Oligarchisierung auf der Gruppenebene einher (*Preuße* 1981; *Hess* 1984).

Der größte Teil der Parteimitglieder nimmt nicht am Binnenleben der Parteien teil. Zu den Aktiven werden zwischen 10 und 25 Prozent der Mitglieder gezählt (*Niedermayer* 1993: 235f.). Individuelle Beteiligungsbereitschaft läßt sich aus dem Zusammenwirken von sozialer Herkunft, Sozialisation und Bindungsmotiven erklären (*Niedermayer* 1989: 63ff.). Vor diesem Hintergrund werden parteiinterne Beteiligungs- und Einflußmöglichkeiten selektiv genutzt. Dies schlägt sich im überproportionalen Mittelschichteneinfluß auf die Parteien in der Bundesrepublik nieder, wobei die schichtspezifische Repräsentationsverzerrung mit der Höhe der Partei- und Wahlämter wächst.

Als demokratischer Lern- und Erfahrungsbereich sowie Forum effektiver politischer Beteiligung und Entscheidungsbeeinflussung dürfen die Binnenorganisationen der Parteien nicht überschätzt werden. Nicht daß Mitarbeit und Ämtererwerb auf der Parteibasis unerwünscht wären oder verwehrt würden. Nur bescheinigen sich Parteimitglieder allenortens Einflußlosigkeit, obgleich sie stärker beteiligt werden möchten (*Greven* 1987). Demokratische Basisorientierungen von Delegierten kommen diesem Wunsch entgegen (*Rohrschneider* 1994), so daß von einer Dichotomie zwischen Führung und Masse nicht die Rede sein kann. Während Mitgliederversammlungen verfahrensritualistisch erstarren, hat sich gleichzeitig die politische Arbeit in den Parteien spezialisiert und professionalisiert und dementsprechend in kleine Expertenzirkel und Arbeitskreise verlagert.

Auf der gealterten Organisationsstruktur politischer Parteien lastet ein Modernisierungsdruck, um mit den veränderten Ansprüchen auf unmittelbare, direktdemokratische, regelungsarme, aktions- und erlebnisbetonte Beteiligung und Entscheidungsbeeinflussung Schritt halten zu können.

Elmar Wiesendahl

Lit.: *Greven, M.T.* 1987: Parteimitglieder. Ein empirischer Essay, Opladen. *Heinz, U. E.* 1987: Organisation innerparteilicher Willensbildung. Satzungen und innerparteiliche Demokratie, Frankfurt/M. etc. *Hess, H. J.* 1984: Innerparteiliche Gruppenbildung: Macht- und Demokratieverlust einer politischen Partei am Beispiel der Berliner SPD in den Jahren von 1963 bis 1981, Bonn. *Lösche, P./Walter, F.* 1992: Die SPD: Klassenpartei-Volkspartei-Quotenpartei, Darmstadt. *Lohmar, U.* ²1968: Innerparteiliche Demokratie, Stuttgart. *Michels, R.* ³1970: Zur Soziologie des Parteiwesens in der modernen Demokratie, Stuttgart. *Naschold, F.* 1969: Organisation und Demokratie, Stuttgart. *Niedermayer, O.* 1989: Innerparteiliche Partizipation, Opladen. *Niedermayer,*

O. 1993: Innerparteiliche Demokratie, in: *Niedermayer, O./Stöss, R.* (Hrsg.): Stand und Perspektiven der Parteienforschung in Deutschland, Opladen, 230–250. *Preuße, D.* 1981: Gruppenbildungen und innerparteiliche Demokratie. Am Beispiel der Hamburger CDU, Königstein. *Raschke, J.* 1975: Innerparteiliche Opposition. Die Linke in der Berliner SPD, Hamburg. *Rohrschneider, R.* 1994: How Iron is the Iron Law of Oligarchy? in: European Journal of Political Research, 25, 207–238. *Schmid, J.* 1990: Die CDU. Organisationsstrukturen, Politiken und Funktionsweisen einer Partei im Föderalismus, Opladen. *Schwartz, M. A.* 1990: The Party Network, Madison/Wisc. *Trautmann, H.* 1975: Innerparteiliche Demokratie im Parteienstaat, Berlin. *Wiesendahl, E.* 1980: Parteien und Demokratie, Opladen. *Zeuner, B.* 1970: Innerparteiliche Demokratie, Berlin.

Interessengruppen

1. Interessengruppen (I.) sind Organisationen, die, im Kontext der fortschreitenden Industrialisierung der modernen Gesellschaft entstanden, zum einen Interessen gegenüber anderen Gruppen mit abweichenden oder entgegengesetzten Interessen (z. B. in der Beziehung der Sozialpartner) wahrnehmen, zum anderen die Interessen ihrer Mitglieder durch Mitwirkung in und Einwirkung auf Regierung, Parlament, Parteien und Öffentlichkeit im politischen Willensbildungs- und Entscheidungsprozeß zur Geltung bringen (*Weber* 1981; *von Arnim* 1977; *Teubner* 1978). Diese Definition unterscheidet I. (↗ Gewerkschaften, ↗ Unternehmerverbände) von politischen Parteien, die zumindest theoretisch und programmatisch die Übernahme oder Beteiligung an der Regierungsverantwortung anstreben, und von Vereinigungen, deren Hauptziel nicht die Einflußnahme auf die politische Willensbildung ist (z. B. Freizeitvereinigungen, kulturelle Vereinigungen usw.).

2. In sozial- und politikwiss. Theorien werden die Existenz und das Wirken von I. unterschiedlich verarbeitet. Staatsrechtlich orientierte Theorien, die noch in den 50er und 60er Jahren eine wichtige Rolle spielten, bewerten I. meist negativ (z. B. *C. Schmitt, W. Weber, E. Forsthoff*) und befürchten eine »Mediatisierung« des Volkswillens bzw. einen unzulässigen Herrschaftsanspruch der I. In den 70er Jahren findet sich diese Position in abgeschwächter Form in Thesen von der »Unregierbarkeit« (*Hennis u.a.* 1977) und vom drohenden »Gewerkschaftsstaat« (vgl. *von Alemann* 1987). Sie sehen vor allem die staatliche Souveränität gefährdet. Pluralistische Theorien halten dagegen I. für ein unverzichtbares Element in einer funktionierenden Demokratie (↗ Pluralismus). Auf der individuellen Ebene ermöglichen sie über die Wahlen hinaus einen Zugang zu politischem Einfluß und gewähren dem Individuum eine neue Form von sozialer Bindung (*Lipset* u.a. 1962: 85 ff.). Auf der gesellschaftlichen Ebene tragen I. nach diesem Ansatz vor allem zur Dezentralisierung politischer ↗ Macht bei. Das Neben- und Gegeneinander verschiedener I. verhindert, daß eine Gruppe ihr Interesse auf Kosten einer anderen voll durchsetzt, und garantiert die höchstmögliche Berücksichtigung der Interessen aller Gruppen und Individuen (*Fraenkel* 1979).

Systemtheoretische Ansätze (vgl. u.a. *Almond/Powell* 1966) bewerten I. ebenfalls positiv und betonen vor allem ihre zentralen Funktionen: Interessenaggregierung, Interessenartikulation, Rekrutierung und Sozialisation sowie Systemerhaltung.

3. Gegen diese Vorstellung einer pluralistischen Interessenrepräsentation sind vor allem drei Einwände vorgebracht worden: 1) Wenn die Organisationsfähigkeit von Interessen davon abhängt, daß sie in der Lage sind, ausreichend motivationale und materielle Ressourcen zu mobilisieren und für die Verbandsbildung bereitzustellen, und die Konfliktfähigkeit davon, daß sie eine für die Gesellschaft funktionsnotwendige Leistung kollektiv verweigern oder diese Verweigerung glaubhaft androhen können, dann sind z. B. Interessen aus dem Bereich allgemeiner Grundbedürfnisse wie Gesundheit, Woh-

nen, Freizeit nur schwer zu organisieren und Interessen marginalisierter Gruppen wie Frauen, Alte, Kinder, Behinderte usw. nicht konfliktfähig. Solche Interessen werden im pluralistischen Willensbildungsprozeß denn auch kaum berücksichtigt, was zu strukturellen Ungleichgewichten führt *(Offe* 1973). 2) Der zweite Einwand verweist auf die selektive Interessenberücksichtigung durch die Logik des Gruppenhandelns *(Olson* 1968). Der persönliche Nutzen für den individuellen Beteiligungsaufwand nimmt mit der Größe der Bevölkerungsgruppe ab, deren Interessen organisiert werden sollen. Interessenorganisationen für kleine Gruppen sind für das individuelle Nutzenkalkül folglich interessanter, und Interessenorganisationen großer Bevölkerungsgruppen weisen gegenüber schlagkräftigen Organisationen von bestimmten Minderheiten eine relativ geringere Wirksamkeit auf. 3) Der dritte Einwand richtet sich gegen das Legitimationsdefizit organisierter Interessenvertretung, d.h. gegen die immanenten Oligarchisierungstendenzen in I., die dazu führen, daß aus Gründen der Effizienz zwischen Verbandsführung und Mitgliedschaft eine Interessendivergenz entsteht *(Teubner* 1978: 75).

Diese Kritikpunkte an der Interessengruppenforschung wurden in jüngster Zeit durch die Korporatismusdiskussion erweitert. Sie versucht zu zeigen, daß die überwiegend einflußtheoretisch orientierten Konzepte die zunehmende Institutionalisierung der I. in das politisch-administrative System selbst analytisch nicht adäquat erfassen, und sucht daher »das Verhalten zwischen aktiv intervenierendem Staat und korporativer Einbindung gesellschaftlicher Großorganisationen anders zu bestimmen« *(von Alemann/Heinze* 1979: 33), um die sozialwiss. Interessengruppenforschung neu anzuregen (↗ Korporatismus).

Peter Massing

Lit.: *Alemann, U. von* 1985: Der Wandel organisierter Interessen in der Bundesrepublik, in: APuZ B 49, 3–21. *Alemann, U. von* 1987: Organisierte Interessen in der Bundesrepublik Deutschland, Opladen. *Alemann, U. von/Heinze, R. G.* (Hrsg.) 1979: Verbände und Staat. Vom Pluralismus zum Korporatismus, Opladen. *Almond, G. A./Powell, B. G.* 1966: Comparative Politics, Boston. *Arnim, H.H. von* 1977: Gemeinwohl und Gruppeninteressen, Frankfurt/M. *Fraenkel, E.* 1979: Deutschland und die westlichen Demokratien, Stuttgart. *Hennis, W.* u.a. (Hrsg.) 1977: Regierbarkeit, 2 Bde., Stuttgart. *Lipset, S. M./Trow, M./Coleman, J.* 1962: Union Democracy. The Internal Politics of the International Typographical Union, Glencoe, III. *Offe, C.* [2]1973: Strukturprobleme des kapitalistischen Staates, Frankfurt/M. *Olson, M. jr.* 1968: Die Logik des kollektiven Handelns, Tübingen (engl. 1965). *Rascke, P.* 1978: Vereine und Verbände. Zur Organisation von Interessen in der Bundesrepublik Deutschland, München. *Teubner, G.* 1978: Organisationsdemokratie und Verbandsverfassung, Tübingen. *Ullmann, H.P.* 1978: Bibliographie zur Geschichte der deutschen Parteien und Interessenverbände, Göttingen. *Ullmann, H. P.* 1988: Interessenverbände in Deutschland, Frankfurt/M. *Weber, J.* [2]1981: Interessengruppen im politischen System der Bundesrepublik, Stuttgart.

Internationale Beziehungen/Politik

I. Der Begriff Internationale Beziehungen (IB) bezeichnet ein Lehr- und Forschungsgebiet der Politikwissenschaft, das in enger Wechselwirkung mit Nachbardisziplinen wie den Rechtswissenschaften (Völkerrecht), den Wirtschaftswissenschaften (Außenwirtschaft und internationale Wirtschaftsbeziehungen) oder der Sozialpsychologie (Aggressionsforschung) steht. Die Bezeichnung des eigentlichen Gegenstandes der IB ist uneinheitlich. Häufig wird synonym von internationalen Beziehungen (i.B.) und internationaler Politik (i.P.) oder von i.P. und Weltpolitik gesprochen, wobei diese Begriffe die ↗ Außenpolitik einzelner Länder als Untersuchungsgegenstand einschließen. Als (Inter-)Aktionsfeld gilt in der Regel das internationale System. In der einschlägigen Literatur ist aber auch von der Staatengemeinschaft oder

Weltgesellschaft und neuerdings sogar von der Gesellschaftswelt (*Czempiel* 1991) die Rede. Es geht hier nicht nur um eine abwechslungsreiche Benennung des Erkenntnisgegenstandes, sondern auch um den Versuch, ihn auf den Begriff zu bringen, wobei grob verallgemeinernd zwei Haupttendenzen gegeneinander stehen: die eine hält an der Zeitlosigkeit staatenbezogener Machtpolitik fest und erwartet nach dem Zusammenbruch der bipolaren Mächtekonstellation des Ost-West-Konflikts eine Wiederherstellung der klassischen Staatenanarchie (vgl. *Mearsheimer* 1990); die andere betont die zunehmende Internationalisierung und Globalisierung der Existenzprobleme aller sozialen Einheiten (Sicherheit, Wohlfahrt) und eine damit einhergehende staatenübergreifende Differenzierung von Problemfeldern, Akteuren und Handlungsebenen der Politik, die mit der wachsenden Notwendigkeit einer internationalen Regulierung kollektiver Existenzprobleme auch neue Ansatzpunkte hierfür liefert (vgl. *Zürn* 1992).

Bevor auf die Fragen zur Analyse der i. B. näher eingegangen wird, die diese unterschiedlichen Interpretationsrichtungen der gegenwärtigen Entwicklung aufwerfen, soll hier zunächst die Terminologie präzisiert werden.

II. Die politischen Hauptakteure auf internationaler Ebene sind zweifellos immer noch die Regierungen. Sie betreiben, jede für sich betrachtet, Außenpolitik, zusammen gesehen internationale Politik im engeren Sinne (s. Tabelle 6, S. 292). Zur i. P. gehören auch die Aktivitäten internationaler Regierungsorganisationen sowie die Konferenzdiplomatie in Gestalt von Einzelveranstaltungen (UN-Konferenz für Umwelt und Entwicklung, Weltfrauenkonferenz) oder institutionalisierter Kommunikations- und Verhandlungsprozesse (Konferenz für Sicherheit und Zusammenarbeit in Europa, Welthandels- und Entwicklungskonferenz – UNCTAD). Bezogen auf die Aktivitäten der internationalen Regierungsorganisationen und auf die Konferenzdiplomatie könnte man auch von multinationaler Politik sprechen, sofern das Ziel dieser Aktivitäten und Konferenzen ein gemeinsames Handeln mehrerer einzelstaatlicher Entscheidungsträger zur Lösung bestimmter Probleme ist.

Die inter- und multinationale Politik ist von den i. B. insofern zu unterscheiden, als letztere auch die nicht-intendierte ökonomische, politische und kulturelle Durchdringung und Verflechtung von Gesellschaften unabhängig von ihrer Einbindung in eine bestimmte politische Strategie umfassen.

Die Regierungen treten in ihrem Verhältnis zueinander als Träger des einzelstaatlichen Anspruchs auf ↗ Souveränität auf. Sie handeln jedoch keineswegs in völliger Unabhängigkeit, sondern – was ihre staatliche Machtbasis betrifft – in enger Wechselwirkung mit ihrem innenpolitischen, sozialen, wirtschaftlichen und kulturellen Umfeld. Sie verfügen also nicht über einen beliebigen Handlungsspielraum, sondern werden durch die von ihnen vertretenen oder auf sie einwirkenden gesellschaftlichen Kräfte auf bestimmte Bandbreiten ihres politischen Handelns festgelegt. Dies kann im Wege der gezielten Einwirkung auf bestimmte Entscheidungen erfolgen (außenpolitische Einflußnahme) oder durch die allgemeine Festlegung der Staatsorgane auf die Wahrung der gesellschaftlichen Ordnung, innerhalb derer sie operieren.

Zahlreiche gesellschaftliche Kräfte und wirtschaftliche Interessengruppen (↗ Unternehmerverbände, ↗ Gewerkschaften, Parteienzusammenschlüsse, international vernetzte politische Bewegungen) versuchen nicht nur, die eigene Regierung zu beeinflussen, sondern auch auf einzelne Entscheidungen anderer Regierungen, wenn nicht auf die politi-

Tabelle 6: Mögliche begriffliche Abgrenzung von Akteuren und Aktionsformen oder Transaktionsmuster

Akteure	Aktionsformen oder Transaktionsmuster	Beispiele
Alle folgenden Akteure	Internationale Beziehungen (einschließlich wirtschaftlicher Verflechtung); auch internationale Politik im weiteren Sinne	Gesamtheit der Transaktionen zwischen mehreren oder allen Staaten
Supranationale Organisationen	Supranationale Politik	frühere Europäische Gemeinschaft für Kohle und Stahl
Staatengruppen, Internationale Organisationen, Bündnisse	Multinationale Politik oder internationale Politik im engeren Sinne	Bemühungen der »Contadora-Gruppe« (Mexiko, Panama, Kolumbien und Venezuela) um Frieden in Zentralamerika; UN-Aktivitäten zur Neuordnung der Weltwirtschaft; entwicklungspolitische Aktivitäten der »Gruppe der 77«; OSZE-Politik, Abrüstungsverhandlungen
Parteien, Kirchen, Interessengruppen, transnationale Konzerne als *externe Akteure*, die auf andere Regierungen, Internationale Organisationen, Staatengruppen etc. einzuwirken versuchen	Transnationale Politik	»Proletarischer Internationalismus« der sozialistischen Länder, Internationale Zusammenschlüsse westlicher Parteien, Einflußnahme transnationaler Konzerne, Aktivitäten von Welt-Kirchenrat und anderen Nicht-Regierungs-Organisationen zur Beeinflussung der Rüstungs- oder der Entwicklungspolitik
Einzelne Instanzen des politischen Systems mehrerer Länder, Geheimdienste	Transgouvernementale Politik	EU-Ministerrat, Fachressortkonferenzen anderer Staatengruppierungen (Erziehungsminister, Umweltminister etc.)
Einzelne Regierungen	Außenpolitik	Bonner Ost-Politik; Teilaspekte der Entwicklungspolitik
Gesellschaftliche Kräfte als *interne Akteure*	außenwirtschaftliche Einflußnahme	Haltung von Gewerkschaften, Industrie und Kirchen zur Frage der Rüstungsexporte

sche, wirtschaftliche und gesellschaftliche Entwicklung anderer Länder insgesamt, einzuwirken. Hier handelt es sich um eine transnationale Einflußnahme. Auch die Gliedstaaten eines Bundesstaates, Kommunen und andere staatliche Einrichtungen unterhalb der zentralen Staatsgewalt treten in zunehmendem Maße als Akteure im zwischenstaatlichen Verkehr auf. Auf dieser Handlungsebene hat man es im Unterschied zu der länderübergreifenden Einflußnahme von Nicht-Regierungsorganisationen mit transnationaler Politik zu tun.

Eine weitere Gruppe von Akteuren mit offenbar zunehmendem Gewicht ist die der Fachressorts der einzelstaatlichen Regierungen, die direkt miteinander auf internationaler Ebene verhandeln (Ministerrat der EU, Kultusministertreffen der Organisation Amerikanischer Staaten). Sie sind dabei natürlich an Weisungen ihrer jeweiligen Regierungen gebunden, können aber auch einen eigenen *Esprit de Corps* gegenüber den anderen Fachressorts der nationalen Regierungen entwickeln. Dieses Zusammenwirken einzelner Segmente nationaler Regierungen ließe sich als transgouvernementale Politik bezeichnen.

Nur geringe Bedeutung haben demgegenüber bisher supranationale Organisationen erlangt, die mit Mehrheit bindende Entscheidungen fällen können – Organisationen also, an die die Mitgliedsländer einen Teil ihrer Souveränität förmlich abgetreten haben (frühere Europäische Gemeinschaft für Kohle und Stahl). Auch für die EU gilt, daß Einzelstaaten bei Entscheidungen, die sie als wesentlich erachten, nicht überstimmt werden.

III. Auf internationaler Ebene gibt es kein Monopol legitimer Gewaltanwendung (*Max Weber*), mit dessen Hilfe allgemein verbindliche Verhaltensregeln aufgestellt und durchgesetzt werden könnten. Es besteht insofern eine anarchische Machtordnung (*Raymond Aron*), in der jeder Staat beanspruchen kann, seine innere Ordnung eigenständig zu gestalten und gegen Einmischung von außen abzuschirmen. Selbst dort, wo Staaten in diesem Sinne lediglich auf Selbstbehauptung gegenüber den anderen Staaten (und nicht auf Machterweiterung) aus sind, tendieren sie dazu, durch den Aufbau von Selbstverteidigungskapazitäten eine Situation wechselseitiger Bedrohung zu schaffen. Die Auseinandersetzung mit diesem »Sicherheitsdilemma« (*John Herz*), seinen konkreten Ausprägungsformen und seiner Wechselwirkung mit ökonomischen und politischen Faktoren (Wirtschafts- und Herrschaftsinteressen) bildet einen »klassischen« Gegenstand der IB (vgl. *Senghaas* 1988).

Im Sicherheitsdilemma spiegelt sich die Staatenzentriertheit der internationalen Ordnung. Sie gerät zunehmend in Widerspruch zur Internationalisierung und Globalisierung der Existenzprobleme aller Gesellschaften. Das bedeutet jedoch noch nicht, daß sich die Staatenwelt bereits im Übergang zu einer »Gesellschaftswelt« befände und Außenpolitik in den Kategorien einer Weltinnenpolitik erfaßt werden könne. Die Staatsgrenzen haben sich als wichtiger erwiesen als die Klassengrenzen, und wo bestehende Staatsgebilde auseinanderbrechen, da geschieht dies unter der Perspektive neuer Staatsgründungen. Deshalb kann vorerst nur von einer sich verschärfenden Spannung zwischen der Faktizität der Staatenwelt und der weltweiten Verflechtung der Überlebens- und Entwicklungschancen aller Gesellschaften ausgegangen werden.

Diese Verflechtung ist das Produkt eines in der Tendenz globalen Modernisierungsprozesses, der von den heute in der Organisation für wirtschaftliche Zusammenarbeit und Entwicklung (OECD) zusammengeschlossenen westlichen und fernöstlichen Industriestaaten angeführt wird. Für die Länder der Dritten Welt und heute auch für die ehemals sozialistischen Länder erfolgt die Modernisierung als Eingliederung in einen weltwirtschaftlichen Entwicklungszusammenhang, auf dessen Dynamik und Richtung sie keinen oder nur einen geringen Einfluß haben. Wir haben es insofern mit einer ungleichmäßigen Modernisierung im Weltmaßstab zu tun, die jedoch nicht auf das Nord-Süd- und auf das alte Ost-West-Verhältnis beschränkt ist, sondern – bei wachsender Krisenhaftigkeit des Modernisierungsprozesses – auch das Verhältnis der Avantgarde-Staaten zueinander im Dreieck Westeuropa, Japan, USA betrifft. Dieser Sachverhalt schafft einen zusätzlichen Regulierungsbedarf der internationalen Beziehungen. Hinzu kommt, daß mit der Auflösung der bipolaren Machtkonstellation des Ost-West-Konflikts die Gesamtstruktur des internationalen Systems erschüttert worden ist, und militante Abgrenzungsmuster (↗ Nationalismus, Chauvinismus) als Orientierungsansätze der Politik wieder an Bedeutung gewinnen.

IV. Aus einer nationalistischen oder merkantilistischen Sicht stellen wirtschaftliche, politische oder militärische Veränderungen in den i. B. in der Regel ein Nullsummenspiel dar. Was dem einen Land schadet, nutzt dem anderen und umgekehrt: Jeder Schornstein eines Landes erscheint als ein gegen die Nachbarstaaten gerichtetes Kanonenrohr. Diese Sichtweise der i. B. begleitete insbesondere die Verschiebungen im innereuropäischen Kräfteverhältnis durch die zweite industrielle Revolution im letzten Drittel des 19. Jh.s. Sie scheint im Zuge der militanter werdenden Konkurrenz zwischen den USA, Westeuropa und Japan wieder einen gewissen Auftrieb zu erhalten, gerät aber in immer schärferen Widerspruch zur wechselseitigen Abhängigkeit gerade der fortgeschrittendsten Industriegesellschaften: Wirtschaftliche Krisenerscheinungen in einem Land können zwar die internationale Konkurrenzsituation eines anderen kurzfristig stärken. Aufgrund der vielschichtigen internationalen Verflechtung stellen Krisenerscheinungen und Fehlentwicklungen in einem Lande (bei entsprechender weltwirtschaftlicher Bedeutung dieses Landes) aber zugleich eine Bedrohung des Wohlergehens aller anderen dar (*Keohane/Nye* 1977; *Unabhängige Kommission für Entwicklungsfragen* 1980).

Aus dieser Interdependenz kann ein wohlverstandenes Eigeninteresse aller Staaten an einer kooperativen Bewältigung ihrer Existenzprobleme abgeleitet werden. Das bloße Vorhandensein eines solchen (objektiven) Interesses reicht jedoch nicht aus, um die Staaten bzw. ihre Regierungen auch zu einer kooperativen Politik zu bewegen. Zwei Faktoren sind hier als intervenierende Variablen besonders wichtig: (1) Der Begriff Interdependenz (wechselseitige Abhängigkeit) suggeriert eine weitgehende Symmetrie der Beeinträchtigung von Staaten durch Fehlentwicklungen in anderen Staaten. Eine solche Symmetrie ist aber eher die Ausnahme als die Regel. Der Verweis auf die wechselseitige Abhängigkeit von Staaten gerät damit leicht unter Ideologieverdacht. Um realen Asymmetrien bei der Analyse von Interdependenz stärker Rechnung zu tragen, wird in der einschlägigen Literatur zwischen Verwundbarkeit und Sensitivität von Staaten unterschieden (*Keohane/Nye* 1977; zur kritischen Auseinandersetzung mit diesem Ansatz s. *Kohler-Koch* 1989). Sensitivität ist gegeben, wenn Staaten zwar gezwungen sind, sich an Veränderungen in anderen Staaten anzupassen, dies aber im Rahmen der bestehenden Strukturen bewerkstelligen können. Verwundbarkeit besteht, wenn eine Anpassung an externe Veränderungen nur über Strukturveränderungen in den betroffenen Staaten möglich ist (komplexe Interdependenz).

Aufgrund der Asymmetrien bildet sich kein einheitliches und gleichmäßiges Interesse an Kooperation heraus; vielmehr besteht die beständige Gefahr, daß Staaten versuchen, auf eigene Faust, d.h. hier durch Kooperationsverweigerung, ihre Interessen durchzusetzen. Aus interdependenztheoretischer Sicht ist aber eine einseitige Interessendurchsetzung unter den Bedingungen komplexer Interdependenz mit hohen Kosten und Unwägbarkeiten verbunden. Daraus wird die Annahme abgeleitet, daß Staaten trotz individuellen Vorteilsstrebens lernen können, eine Politik zu verfolgen, die den kollektiven Nutzen der Interaktion erhöht.

(2) Aus ähnlichen Überlegungen läßt sich die

These aufstellen, daß das Sicherheitsdilemma nicht nur ein Interesse am Ausbau der militärischen Selbstbehauptungskapazitäten eines Staates begründet, sondern auch das Interesse an einer Verrechtlichung und Verregelung der internationalen Beziehungen weckt. Die Existenz und politische Relevanz eines solchen Interesses manifestiert sich in der Entwicklung des Völkerrechts und der Herausbildung von internationalen Regimen sowie einer kaum noch überschaubaren Zahl von ↗ Internationalen Organisationen auf inter- und transnationaler Ebene (*Rittberger* 1992).

Internationale Organisationen reflektieren die Politik ihrer Mitgliedsländer. Insofern sind sie stets in Gefahr, von diesen für partikulare politische Zwecke instrumentalisiert zu werden. Daraus folgt jedoch nicht notwendig, daß internationale Organisationen von vornherein nichts weiter darstellten als den verlängerten Arm der Außenpolitik einzelner Staaten; denn sie sind für die Politik eines bestimmten Landes nur solange interessant, wie sie als Forum der in ihnen organisierten Staatengemeinschaft insgesamt gelten. Wo dies nicht der Fall ist, verlieren sie auch als außenpolitisches Instrument an Bedeutung. Die Einschaltung internationaler Organisationen setzt alle Mitglieder unter Rechtfertigungsdruck mit der möglichen Folge, daß ursprünglich angestrebte Entscheidungen modifiziert und neue politische Optionen erwogen werden. Außerdem können internationale Organisationen in Gestalt ihrer Generalsekretariate oder einzelner ihrer Gremien von sich aus einen Beitrag dazu leisten, daß bestimmte Probleme ins Blickfeld der Weltöffentlichkeit geraten oder der Einfluß einzelner Staaten eingeschränkt wird. Sofern Möglichkeiten zum Aushandeln von Kompromissen bestehen und wahrgenommen werden, stellen die Entscheidungen internationaler Organisationen zwar nicht notwendigerweise mehr, aber doch etwas anderes als die bloße Summe der außenpolitischen Entscheidungen ihrer Mitgliedsstaaten dar (*Czempiel* 1983: 11). Darüber hinaus ist zu fragen, ob internationale Organisationen prinzipiell nur in den Grenzen der vorgegebenen einzelstaatlichen Kooperationsbereitschaft funktionieren oder ob sie nicht ihrerseits auch dazu beitragen, einzelstaatliche Kooperationsbereitschaft zu erzeugen und auszuweiten. Diese Frage wird von den »liberalen Institutionalisten« bejaht (*Nye, Keohane*; vgl. *Zürn* 1992; *Rittberger* 1992; skeptisch: *Kohler-Koch* 1989).
In die gleiche Richtung könnte der Auf- und Ausbau einer »internationalen Zivilgesellschaft« in Gestalt tausender Nichtregierungsorganisationen wirken, die sich mit Hilfe moderner Kommunikationsmöglichkeiten auf transnationaler Ebene immer stärker vernetzen und durch konkrete Selbstverpflichtungen z. B. im Umweltschutz eine Regime-Bildung von unten betreiben.

V. Angesichts der Vielzahl von Bestimmungsfaktoren der i.B. greift jeder Ansatz zu kurz, der mit dem von ihm gewählten Fokus die Gültigkeit aller anderen Zugänge zum Forschungsobjekt bestreitet. Der hier gebotene Pluralismus der Forschung ist heute jedoch in Gefahr, angesichts der Schwierigkeiten der Theoriebildung in einen postmodernen Relativismus umzuschlagen. Ein zentrales Problem der Analyse der i. B. besteht darin, die Fragestellungen so zu fokussieren und die Vorgehensweise so zu organisieren, daß ein intersubjektiver Vergleich der Forschungsergebnisse, die Akkumulation von Wissen und eine bedingte Prognose (i. S. von Wenn-Dann-Hypothesen) möglich wird. Die Versuche, dieses Problem durch eine Präzisierung der Kategorien (z. B. ↗ Krieg, Intervention, Einflußnahme) und einen verstärkten Einsatz quantitativer Methoden zu lösen, haben bisher – wie das Beispiel der Kriegsursachenforschung zeigt (*Singer* 1979; *Gantzel/Siegelberg* 1989) – keine befriedigenden Ergebnisse erbracht. Nach jahrzehntelanger Forschung zeichnet sich bis heute keine Theorie der Kriegsursachen ab.

Als ein Neuansatz ist die Thematisierung des Geschlechterverhältnisses in seiner Bedeutung für die Analyse der i.B. zu sehen. Insbesondere in Verbindung mit dem Postmodernismus eröffnen sich hier Möglichkeiten der Erkenntniskritik, die freilich ihrerseits eher die Unzulänglichkeiten der bisherigen Theoriebildungsansätze unterstreichen als daß sie selbst schon einen neuen Weg zur Theoriebildung weisen würden (*Zalewski* 1993).

VI. Politik auf der Ebene des internationalen Systems ist Politik im Schnittpunkt gesamtgesellschaftlicher Überlebens- und Entwicklungsbedürfnisse und partikularer Herrschafts- und Bereicherungsinteressen. Sie ist gleichzeitig geprägt durch die Eigendynamik der bestehenden dezentralen Machtordnung, und durch gesellschaftliche Auseinandersetzungen und Kämpfe um die Verteilung des (Welt-)Mehrprodukts. Trotz Aufwertung ökonomischer Machtmittel im Zuge der internationalen wirtschaftlichen Verflechtung (»*soft power*«) steht die i. P. weiterhin unter dem Vorbehalt des Krieges. Die Kriegsverhütung und die »Zivilisierung« des inner- und zwischengesellschaftlichen Konfliktverhaltens bleibt von daher die entscheidende Aufgabe der i. P. Sie verlangt zusätzlich zum Krisenmanagement systematische Anstrengungen zur materiellen und ideellen Friedenssicherung durch wirtschaftliche Zusammenarbeit, den internationalen Schutz der Menschenrechte, ↗ Abrüstung und internationale Verständigung. Insofern ist eine Repolitisierung der i. B. gefordert: Es genügt nicht, sich auf die Herausbildung objektiver Interessen an internationaler Kooperation im Zuge der Verdichtung von Interdependenz zu verlassen, diese Interessen müssen politisch durchgesetzt werden.

Lothar Brock

↗ Außenpolitik, Außenwirtschaftspolitik, Nord-Süd-Konflikt, Ost-West-Beziehungen.

Lit.: *Albrecht, U.* (Hrsg.) 1989: Technikkontrolle und internationale Politik, Opladen. *Boeckh, A.* (Hrsg.)[2]1993: Internationale Beziehungen, Lexikon der Politik, hrsg. von *Nohlen, D.*, Bd. 6, München. *Buzan, B.* 1990: The European Security Order Recast, London. *Czempiel, E. O.* 1981: Internationale Politik, Paderborn. *Czempiel, E. O.* 1991: Umbruch in der Weltpolitik, München. *Czempiel, E. O./Rosenau, J. N.* (Hrsg.) 1989: Global Changes and Theoretical Challenges. Approaches to World Politics for the 1990s, Lexington. *Deutsch, K. W.* 1968: The Analysis of International Relations, Englewood Cliffs. *Gantzel, K. J./Siegelberg, J.* 1989: Krieg und Entwicklung, Hamburg: Forschungsstelle Kriege, Rüstung und Entwicklung. *Haftendorn, H.* (Hrsg.) 1975: Theorie der Internationalen Politik, Hamburg. *Hütter, J.* 1976: Einführung in die Internationale Politik, Stuttgart. *Keohane, R. O./Nye, J. S.* 1977: Power and Interdependence, Boston/Toronto. *Knapp, M./Krell, G.* (Hrsg.) 1990: Einführung in die Internationale Politik, München/Wien. *Kohler-Koch, B.* (Hrsg.) 1989: Regime in den Internationalen Beziehungen, Baden-Baden. *Krippendorff, E.* 1975: Internationales System als Geschichte. Einführung in die internationalen Beziehungen 1, Frankfurt/M. *Krippendorff, E.* 1977: Internationale Beziehungen als Wissenschaft, Einführung 2, Frankfurt/M. *Link, W.* 1988: Der Ost-West-Konflikt, Stuttgart. *Mearsheimer, J. J.* 1990: Back to the Future, in: International Security 15/1, S. 5–56. *Rittberger, V.* 1990: Theorien der internationalen Beziehungen, PVS Sonderheft 21, Opladen. *Rittberger, V.* 1992: Beyond Anarchy: Regimes in International Relations, Oxford. *Senghaas, D.* 1972: Abschreckung und Frieden, Frankfurt/M. *Senghaas, D.* 1988: Konfliktformationen im internationalen System, Frankfurt/M. *Singer, D.* (Hrsg.) 1979: The Correlates of War, 2 Bde., New York/London. *Unabhängige Kommission für Internationale Entwicklungsfragen* 1980: Das Überleben sichern (*Brandt*-Bericht), Köln. *Woyke, W.* [4]1990: Handwörterbuch Internationale Politik, Opladen. *Woyke, W.* (Hrsg.) 1989: Netzwerk Weltpolitik, Opladen. *Zalewski, M.* 1993: Feminist Theory and International

Relations, in: Bowker M./Brown R. (Hrsg.): From Cold War to Collapse, Cambridge.
Zürn, M. 1992: Interessen und Institutionen in der internationalen Politik, Opladen.

Internationale Organisationen

I. Im Verlauf des 19. Jh.s bildeten sich internationale Organisationen (i. O.) mit dem Ziel, Rechts- und Arbeitsgrundlagen für die Zusammenarbeit der Staaten bzw. nationaler Akteure bei grenzüberschreitenden Transaktionen zu gewährleisten. Bei diesen i. O. wird unterschieden zwischen *International Governmental Organizations* (IGO) und *International Non-Governmental Organizations* (INGO). Unter einer IGO wird eine durch multilateralen völkerrechtlichen Vertrag geschaffene Staatenverbindung mit eigenen Organen und Kompetenzen verstanden, die sich als Ziel die Zusammenarbeit von mindestens zwei Staaten auf politischem und/oder ökonomischem, militärischem, kulturellem Gebiet gesetzt hat. Eine INGO ist ein Zusammenschluß von mindestens zwei gesellschaftlichen Akteuren (Parteien, Verbände etc.), der zur Ausübung seiner grenzüberschreitenden Zusammenarbeit Regelungsmechanismen aufstellt. Internationale Organisationen bilden eine besondere Form zur Steuerung des internationalen Systems, die durch die zunehmende Verflechtung der Staaten in ökonomischer, politischer und gesellschaftlicher Hinsicht erforderlich wurde.

II. IGO unterscheiden sich voneinander zunächst auf der zeitlichen Ebene, insofern sie für einen bestimmten oder unbestimmten Zeitraum Geltung haben können. Räumlich unterscheidet man IGO mit globalem Charakter von solchen, deren Geltungsbereich auf eine bestimmte Region begrenzt ist. Da regionale Organisationen nur eine begrenzte Zahl von Staaten umfassen, weisen sie i. d. R. eine tendenziell zentralisierte Organisationsstruktur auf. In räumlicher Hinsicht wird auch unterschieden zwischen IGO, die für einen Beitritt weiterer Staaten offen sind, und geschlossenen IGO.

In bezug auf die inhaltlichen Funktionen von IGO hat sich die leicht mißverständliche Unterscheidung zwischen »politischen« und »unpolitischen« Organisationen eingebürgert. Unter politischen IGO versteht man dabei solche Organisationen, die in einem umfassenden Sinn *(high politics)* an der Erhaltung oder Ausdehnung der Macht ihrer Mitglieder orientiert sind (z. B. ↗ Militärbündnisse), während funktional spezifische, zur technisch-administrativen Bewältigung von Sachproblemen geschaffene IGO (z. B. die Internationale Atomenergie-Kommission IAEA oder die Weltgesundheitsorganisation WHO) als unpolitisch bezeichnet werden *(low politics)*. In vielen Fällen ist freilich die Grenzziehung zwischen funktionaler Spezifität und umfassender, Machtfragen berührender Politik problematisch. So etwa im Bereich der wirtschaftspolitischen Organe der ↗ Vereinten Nationen (UN), wie IWF und Weltbank (s. u.), die man zwar den »unpolitischen« IGO zurechnet, die aber mit zunehmender Bedeutung nicht nur technisch-administrative Funktionen haben, sondern in ihrer Organisationsstruktur und Arbeitsweise sowohl machtpolitisch geprägt sind als auch in diesem Sinn wirken.

Im Rahmen der Differenzierung zwischen politischen und unpolitischen IGO gibt es Organisationen, die militärische, wirtschaftliche, kulturelle oder technische Funktionen ausüben. Dabei gibt es IGO, die v. a. als Verhandlungsorgane arbeiten (z. B. das GATT, s. u.), während andere hauptsächlich konkrete Dienstleistungen für ihre Mitgliedslän-

der erbringen (z. B. WHO oder auch die Ernährungs- und Landwirtschaftsorganisation der UN, FAO).
Die IGO klassischen Stils verfügen über Organe, die i. d. R. die ↗ Souveränität der Mitgliedstaaten nicht einschränken, und sie haben deshalb potentiell nur eine geringe Durchsetzungskompetenz gegenüber den Einzelinteressen ihrer Mitglieder. Dies ist bei supranationalen IGO tendenziell anders, deren Organen die Mitgliedstaaten Kompetenzen auch zur Durchsetzung übernationaler Interessen abgetreten haben (z. B. in begrenztem Umfang im Rahmen der ↗ Europäischen Union). Dabei stellt sich im einzelnen die Frage sowohl nach den formalen Kompetenzen und Sanktionsmöglichkeiten der IGO gegenüber ihren Mitgliedern als auch nach den realen Machtmitteln bzw. Durchsetzungsmöglichkeiten.

Ein letztes Unterscheidungsmerkmal bildet die Binnen- oder Organisationsstruktur. Zwar gilt im Völkerrecht das Prinzip der Gleichheit der Staaten in der internationalen Politik; jedoch kann es innerhalb einer IGO sowohl bei der Zusammensetzung von Führungs- und Entscheidungsorganen als auch in bezug auf das Stimmrecht durchaus Abweichungen von diesem Gleichheitsprinzip geben. So sind z. B. die Großmächte ständig im Sicherheitsrat der UN vertreten, während andere Staaten nur zeitweiliges Mitglied sind, und die Stimmenverteilung in IWF und Weltbank folgt den ungleichen Beiträgen der Mitgliedsländer zur Finanzierung dieser IGO (s. u.). Ungleiche Finanzierungsbeiträge münden jedoch nicht notgedrungen in eine Ungleichheit der Einfluß- oder Vertretungsposition der verschiedenen Länder. In den meisten Organisationen der UN gilt das Prinzip der Stimmengleichheit unabhängig von den enorm unterschiedlichen Finanzierungsbeiträgen der Mitgliedsländer.

III. Zu den wichtigsten IGO im Bereich der internationalen Wirtschaftsbeziehungen gehören der Internationale Währungsfonds *(International Monetary Fund*, IWF) und die Weltbank *(International Bank for Reconstruction and Development*, IBRD) – beide 1945 im Anschluß an die Währungskonferenz von *Bretton Woods* geschaffen und unabhängige Sonderorganisationen der UN – sowie das seit 1947 als Provisorium bestehende Allgemeine Zoll- und Handelsabkommen *(General Agreement on Tariffs and Trade*, GATT), das 1995 in die Welthandelsorganisation (*World Trade Organisation*, WTO) überführt wurde.

1. Der IWF wurde mit dem Ziel einer Stabilisierung der internationalen Währungsbeziehungen und einer Verstetigung des Welthandels gegründet. Seine zunächst 44 Mitgliedsländer (1993: 177) verpflichteten sich im ersten IWF-Übereinkommen vom 27. 12. 1945, innerhalb bestimmter Schwankungsbreiten feste Wechselkurse im Verhältnis zum US-Dollar einzuhalten bzw. darüber hinausgehende Änderungen einer Genehmigung des IWF zu unterziehen. Zahlungsbilanzprobleme, denen in der Vorkriegszeit viele Länder mit einer weltwirtschaftlich fatalen aggressiven Wechselkurspolitik begegnet waren, sollten künftig durch Ausgleichskredite des IWF überbrückt und der Abbau von Bilanzungleichgewichten mittels Konditionalität dieser Kredite durch den IWF mitgesteuert bzw. kontrolliert werden. 1973 ließ sich das *Bretton-Woods*-System der festen Wechselkurse nicht länger aufrechterhalten. Nachdem anschließende Versuche einer grundlegenden Reform des internationalen Währungssystems erfolglos geblieben waren, schrieb man in einer Neufassung des Übereinkommens über den IWF 1978 das faktisch seit 1973 bestehende System prinzipiell freier Wechselkurse weitgehend fest. Der IWF erhielt die Funktion eines Wächters über die Währungspolitik seiner Mitgliedsländer, die sich verpflichteten, starke plötzliche Schwankungen der Wechselkurse aufgrund eventueller Zahlungsbilanzprobleme zu vermeiden.
Die Mittel des IWF werden durch Beiträge der Mitgliedsländer nach einem Quoten-

system festgelegt, das im Prinzip die nach einem bestimmten Schlüssel ermittelte Wirtschaftskraft der jeweiligen Länder reflektieren soll, faktisch aber zu einem erheblichen Teil auch durch macht- und prestigepolitische Faktoren bestimmt wird. Die Quote eines Landes bestimmt sowohl seine Kreditmöglichkeiten (Ziehung) als auch sein Gewicht in den Führungs- und Entscheidungsgremien des IWF. Anders als in den meisten Organen der UN gilt hier also nicht das Prinzip der Stimmengleichheit der Mitgliedsländer. Durch ihre Anteile an der Gesamtquote des Fonds haben die führenden Industrieländer einen bestimmenden Einfluß auf die Politik des IWF; bei wichtigen Entscheidungen, die mit einem Quorum von 85 % der Stimmen getroffen werden müssen, verfügen sowohl die USA als auch die EU-Länder zusammen über eine Sperrminorität.

Seit Mitte der 60er Jahre forderten die Entwicklungsländer eine Koppelung *(link)* zwischen den Krediten des IWF und der Entwicklungsfinanzierung. Sie wollten die Möglichkeit erhalten, im Verhältnis zu ihrer Quote überproportionale Kredite zu ziehen. Diese Verbindung wurde und wird von den Industrieländern jedoch stets abgelehnt. Durch die Einrichtung verschiedener sog. Sonderfazilitäten zur Bewältigung spezieller Zahlungsbilanzschwierigkeiten hat man seit Ende der 60er Jahre zwar mehrfach auf spezifische Probleme der Entwicklungsländer reagiert (so wurde z. B. 1986 eine Strukturanpassungsfazilität zur Unterstutzung armer Länder mit langwierigen Zahlungsbilanzproblemen geschaffen), nach wie vor aber stellt die an die Quote der Mitgliedsländer gebundene Inanspruchnahme der allgemeinen Kreditfazilität einen Herd ständiger Konflikte zwischen den Ländern der Dritten Welt und dem IWF dar. Entwicklungsländer, die wegen ihrer oftmals chronischen Zahlungsbilanzschwierigkeiten diese Kreditfazilität in Anspruch nehmen müssen bzw. nach dem Versiegen der privaten Kapitalmärkte für Umschuldungsabkommen mit Gläubigerbanken auf ein sog. Beistandsabkommen mit dem Fonds angewiesen sind, müssen i. d. R. harte wirtschaftspolitische Auflagen zur Sanierung ihrer Zahlungsbilanz akzeptieren. Im Zusammenhang mit der Verschuldungskrise der Entwicklungsländer in den 80er Jahren kam es wegen der meist v. a. die armen Bevölkerungsgruppen treffenden sozialen Auswirkungen dieser Stabilisierungsprogramme in zahlreichen Ländern zu sozialen und politischen Unruhen. Erst relativ spät gingen IWF und Weltbank dazu über, die sozialen Auswirkungen der Stabilisierung und Strukturanpassung mit entsprechenden Begleitprogrammen wenigstens teilweise abzufedern.

2. Die IBRD wurde als »Zwillingsorganisation« des IWF im Hinblick auf den für die Nachkriegszeit erwarteten Bedarf an langfristigem Kapital für den Wiederaufbau bzw. die Entwicklung ihrer Mitgliedsländer gegründet. Zusammen mit der 1956 geschaffenen *International Finance Corporation* (IFC) und ihren Tochtergesellschaften, der 1960 gegründeten *International Development Association* (IDA) und der seit 1988 existierenden *Multilateral Investment Guarantee Agency* (MIGA), bildet sie die sog. Weltbankgruppe. Ihre Mittel setzte die Weltbank zunächst überwiegend beim Wiederaufbau Europas ein, seit den 50er Jahren jedoch v. a. zur Förderung der Entwicklung in den Ländern der Dritten Welt. Für die Entwicklungsländer stellt sie die größte einzelne Kreditkapitalquelle dar.

Jedes der 174 Mitgliedsländer (1993), die obligatorisch auch Mitglieder des IWF sind, hat einen Anteil am Grundkapital der Weltbank, der in etwa seine wirtschaftliche Stärke widerspiegelt. Entsprechend einer 1988 beschlossenen Kapitalerhöhung sollte das Grundkapital der IBRD, das zu ca. 18 % von den USA gehalten wird, Ende 1993 171 Mrd. US-$ betragen. Die Organisations- und Entscheidungsstruktur der IBRD entspricht der des IWF, die Industrieländer nehmen also auch hier eine dominierende Position gegenüber den Entwicklungsländern ein. Das seit der Gründung mehrfach aufgestockte Grundkapital ist nur zu einem geringen Teil eingezahlt. Die Refinanzierung der IBRD erfolgt im wesentlichen über Anleihen auf den privaten Kapitalmärkten, anfangs nahezu ausschließlich in den USA, heute jedoch v. a. in Japan, der Bundesrepublik und der Schweiz. Die Kreditkonditionen der IBRD orientieren sich von daher an der Zinsentwicklung auf den internationalen Kapitalmärkten. Normale Weltbankkredite stellen also keine Entwicklungshilfe im eigentlichen Sinn dar (↗ Entwicklungspolitik), sondern werden zu relativ harten Bedingungen vergeben (durchschnittlicher Zinssatz 1992 ca. 7,7%), die vielen wirtschaftlich schwachen Ländern eine Kreditaufnahme unmöglich machen. Die nicht bankmäßig, sondern durch freiwillige Beitragszahlungen der Mitgliedsländer refinanzierte IDA vergibt, eigens zu diesem Zweck gegründet, Kredite zu weicheren Konditionen an besonders arme Entwicklungsländer.

Die Kreditpolitik der Weltbank ist auf die wirtschaftliche Entwicklung ihrer Schuldner zugeschnitten, finanziert werden nur solche Projekte und Programme, die nach Prüfung durch die Experten der Bank als prioritär für die wirtschaftliche Entwicklung des Schuldnerlandes beurteilt werden und strikten Produktivitätskriterien genügen. In diesem Sinn dient die Weltbank auch einer Verbreitung marktwirtschaftlich-kapitalistischer Ordnungsvorstellungen in der Dritten Welt. Dies gilt unabhängig davon, daß die Vergabepolitik der Weltbank seit Ende der 60er Jahre ihrem Selbstverständnis nach am entwicklungspolitischen Ziel der Armutsbekämpfung und Befriedigung der Grundbedürfnisse breiter Bevölkerungsschichten orientiert ist, etwa durch gezielte Förderung eines Agrarsektors, der zur Versorgung des betreffenden Landes mit Nahrungsmitteln fähig ist.

Die Kritik an der Projektpolitik der Weltbank betont, daß deren Konzentration auf technologieintensive Großvorhaben in sozialer wie ökologischer Hinsicht oftmals fatale Auswirkungen hatte und dem Anspruch auf eine langfristig wirksame Entwicklungspolitik bislang nicht gerecht wurde. Anfang der 90er Jahre räumte die Bank in selbstkritischen Analysen Versäumnisse insbesondere in der Implementierung und langfristigen Betreuung der von ihr geförderten Projekte ein. Seit 1991 vewaltet die Weltbank treuhänderisch die im Zusammenhang mit der Weltumweltkonferenz in Rio de Janeiro geschaffene Globale Umweltfazilität (*Global Environmental Facility*, GEF), deren Mittel (1,3 Mrd. US-$) in Zusammenarbeit mit UNEP und UNDP für Entwicklungsprojekte mit globalem Umweltbezug in Ländern der Dritten Welt und des ehemaligen Ostblocks verwendet werden sollen.

Im Zuge der Entwicklungs- und Schuldenkrise der 80er Jahre wuchs die politische und wirtschaftliche Bedeutung der Weltbank ebenso wie die des IWF, und die Zusammenarbeit zwischen beiden Organisationen wurde intensiver. Die IBRD nimmt eine Mittlerstellung zwischen den von der Schuldenkrise betroffenen Entwicklungsländern und ihren Gläubigern ein, beteiligt sich an der Konzipierung und Durchführung wachstumsorientierter Strukturanpassungsprogramme in den Schuldnerländern und versucht, zusätzliche private Bankkredite und Direktinvestitionen für deren Entwicklungsvorhaben zu mobilisieren. Die damit verbundene Machtposition gegenüber den Entwicklungsländern hat die IBRD ebenso wie den IWF zum Gegenstand heftiger Auseinandersetzungen und Ziel der Kritik an den sozialen Folgen der primär an wirtschaftlichen Stabilitäts- und Effizienzgesichtspunkten orientierten Anpassungsmaßnahmen werden lassen. Mitunter übersieht die z. T. wohlbegründete Kritik jedoch, daß eine grundlegende Veränderung jener nationalen und internationalen politischen und wirtschaftlichen Strukturen, die man als ursächlich für eine Zunahme sozialer Not in der Dritten Welt zu erkennen glaubt, außerhalb der institutionellen Reichweite beider Organisationen liegt.

3. Das GATT wurde 1947 als Provisorium einer internationalen Handelsorganisation geschaffen und funktionierte bis 1995 als Dauerforum mit jährlich tagender Vollversammlung (gleiches Stimmrecht für alle Mitgliedsländer) als oberstem Entscheidungsgremium und einem ständigen Sekretariat (Sitz: Genf). Seiner Gründung lag die Zielsetzung zugrunde, durch eine Liberalisierung des Welthandels den Lebensstandard in den Mitgliedsländern (ursprünglich 23; 1993: 110 plus ca. 30 Anwenderstaaten) zu heben, Vollbeschäftigung und ein anhaltendes Wachstum der Realeinkommen zu erreichen sowie den Handel zu mehren.

Hauptinstrument des GATT ist die sog. Meistbegünstigung, zu der sich formal alle

Mitglieder bekennen und die vorsieht, daß ein Staat Handelsvergünstigungen nicht bilateral vergeben darf, sondern in seinem Außenhandel allen Vertragsstaaten gleiche Chancen einräumen muß. Das GATT sieht außerdem vor, daß Importbeschränkungen im Regelfall lediglich auf tarifären Maßnahmen (Zöllen) beruhen sollen und nichttarifäre Handelshemmnisse (z.B. Einfuhrbeschränkungen) lediglich in Ausnahmefällen einem Mitgliedsland unter Rücksprache mit den anderen Vertragspartnern erlaubt sein sollen. Die Handelsbeschränkungen sollen auf dem Weg multilateraler Verhandlungen reduziert werden. Die bislang letzte dieser sog. Zollsenkungsrunden (insgesamt acht seit Gründung des GATT), die 1986 begonnene »Uruguay-Runde« konnte aufgrund von Differenzen zwischen den USA, Japan und der EU bezüglich des Agrarprotektionismus erst mit dreijähriger Verspätung Ende 1993 zum Abschluß gebracht werden. Ein Schwerpunkt des neuen Abkommens liegt auf Themen, die über die klassischen Zolltariffragen hinausgehen und v. a. auf Druck der Industrieländer in den Verhandlungskatalog aufgenommen wurden: der Schutz geistiger Eigentumsrechte *(Trade-related Intellectual Properties*, TRIP), handelsrelevante investitionspolitische Maßnahmen *(Trade-related Investment Measures*, TRIM) und der bis dato durch das GATT nicht erfaßte Handel mit Dienstleistungen *(General Agreement on Trade in Services*, GATS). Von den neu vereinbarten Handelsliberalisierungen, die zu einer Steigerung des Welthandels um insgesamt ca. 2,8% führen sollen, werden die Entwicklungsländer nur z.T. (etwa im Textilbereich) profitieren können; insbesondere die Agrarmärkte bleiben hochgeschützt. Direkt oder indirekt protektionistische Praktiken der Industrieländer, die v.a. seit den 70er Jahren zunahmen (Ausweitung nichttarifärer Handelshemmnisse durch technische Normen, Einfuhr- und Zulassungsbestimmungen; Subventionierungen) schränken die Geltung der Prinzipien des GATT weiterhin ein. Eine wachsende Rolle spielt auch die sog. Meistbegünstigungsklausel des Abkommens, die den Mitgliedsländern erlaubt, regionalen Freihandels- oder Präferenzräumen oder Zollunionen beizutreten, deren Märkte dann nach außen geschützt werden.
Eine wesentliche Neuerung brachte das Abkommen der Uruguay-Runde im organisatorischen Bereich. Es wurde beschlossen, zur Durchführung und Überwachung der Verhandlungsergebnisse der Uruguay-Runde bis zum 1.1.1995 eine Welthandelsorganisation *(World Trade Organization*, WTO) zu schaffen, die dann – anders als das GATT in seiner bisherigen Form – einen eigenständigen völkerrechtlichen Status sowie leicht erweiterte Kompetenzen hat. Die Zuständigkeit der WTO wird alle zum GATT-Komplex gehörenden Verträge und Abkommen sowie die Zusammenarbeit mit Weltbank und IWF umfassen, bei Streitigkeiten zwischen Mitgliedsländern soll sie als Schiedsrichter fungieren, freilich ohne über verbindliche Sanktionsmittel zu verfügen. Oberstes Organ der WTO wird die mindestens alle zwei Jahre tagende Ministerkonferenz sein, ihre genaue institutionelle Struktur soll bis spatestens 1998 festgelegt werden. Die Finanzierung wird, wie schon die des GATT, durch gestaffelte Beiträge der Mitgliedsländer erfolgen, deren Höhe sich nach dem jeweiligen Anteil am gesamten Handel (GATT: nur Warenhandel, WTO: Handel mit Waren und Dienstleistungen) zwischen den Teilnehmern richtet.

IV. Sind die IGO Völkerrechtssubjekte, so sind die INGO Institutionen des internationalen Privatrechts. Aufgrund der zunehmenden internationalen Verflechtung – z.B. in der Wirtschaft, Währung, Nachrichtentechnologie, Verkehrswesen, Umwelt etc. – haben IGO und INGO außerordentlich an Bedeutung gewonnen und einen enormen Zuwachs in den 70er und 80er Jahren erlebt. Ende der 80er Jahre wurden ca. 370 IGO und 4700 INGO gezählt. Für das Jahr 2000 werden ca. 450 IGO und 10800 INGO erwartet. Sie sind in der seit 1907 bestehenden *Union of International Organizations* zusammengeschlossen. INGO unterscheiden sich ebenso wie IGO hinsichtlich ihres zeitlichen, räumlichen und inhaltlichen Geltungsbereichs.

Für die internationale Politik von besonderer Bedeutung sind jene INGO, die spezifische politische Ziele verfolgen wie z. B. die internationalen oder kontinentalen Parteienzusammenschlüsse, internationale oder regionale Gewerkschaftsbewegungen sowie multinationale Konzerne. Weder IGO noch INGO sind institutionalisierte Konferenzen wie z. B. der Weltwirtschaftsgipfel der sieben wichtigsten westlichen Industrieländer (WWG) oder die Konferenz über Sicherheit und Zusammenarbeit in Europa (KSZE). Durch ihre periodischen Treffen einschließlich der von ihnen verabschiedeten Maßnahmen erhalten diese Konferenzen Akteursqualität für das internationale System.

Wichard Woyke / (III.) Bernhard Thibaut

Lit.: *Andersen, U.* 1977: Das internationale Währungssystem zwischen nationaler Souveränität und supranationaler Integration, Berlin. *Andersen, U. / Woyke, W.* (Hrsg.) ^{3}1995: Handwörterbuch internationale Organisationen, Opladen. *Archer, C.* ^{2}1992: International Organization, London. *Bennet, A. L.* ^{5}1991: International Organization, Englewood Cliffs. *Boeckh, A.* (Hrsg.) 1993: Internationale Beziehungen, München. *Groom, A. J. R. / Taylor, P.* 1990: Frameworks of International Cooperation, London. *Jacobson, H.* 1984: Networks of Interdependence: International Organizations and the Global Political System, New York. *Keohane, R. O. / Nye, J. S.* (Hrsg.) 1977: Power and Independence: World Politics in Transition, Boston. *Tetzlaff, R.* 1980: Die Weltbank. Machtinstrument der USA oder Hilfe für die Entwicklungsländer?, München/London. *Union of International Organizations* (Hrsg.): Yearbook of International Organizations (jährl.), Brüssel.

Internationales Recht / Völkerrecht

1. Der Begriff des Völkerrechts (V.) geht zurück auf die römisch-rechtliche Kategorie des *»ius gentium«* (hierzu *Reibstein* 1949: 198 ff.); in der Antike bezog sich das damit bezeichnete normative System – angewandt seit dem 3. Jh. v. Chr. vom *praetor peregrinus* – auf die gemeinsame Völkersitte. Gegenstand dieser Normen war damals nicht nur der gegenseitige Verkehr der Völker, sondern auch die Regelung innerer gesellschaftlicher Zustände, soweit diese nicht eine eigenständige Ausprägung erfahren hatte.

Die soziologischen und rechtlichen Grundlagen des abendländischen V. entwickelten sich erst im Spätmittelalter, als die Auseinandersetzungen zwischen Papst und Kaiser erstmals zur Existenz gleichberechtigter souveräner Staaten führten. Im Verlauf dieser Entwicklung wandelte sich der Begriff des *»ius gentium« (»droit des gens«, »law of nations«)* und bezog sich nur noch auf die rechtlichen Beziehungen zwischen diesen Staaten, nicht mehr auf die Beziehung zwischen dem Staat und seinen Rechtsunterworfenen. Eine systematische Darstellung hat das V. in diesem Sinne erstmals bei *Francisco Suárez* (1548–1617), insbesondere bei *Hugo Grotius* (1583–1642) und später bei *Emeric de Vattel* (1714–1767) erhalten.

Nationalstaatlich-demokratisches Gedankengut des 19. Jh.s akzentuierte die Ausrichtung des V. auf die souveränen Rechte des Staats. Im 20. Jh. führten technologische, wirtschaftliche und politische Entwicklungen zu einer Gegenbewegung, welche zwar den Einzelstaat nach wie vor als den zentralen Akteur der zwischenstaatlichen Beziehung anerkennt, gleichzeitig aber wesentliche Begrenzungen seiner Rechtsmacht einführt, die sich insbesondere im Recht der ↗ Internationalen Organisationen, im Selbstbestimmungsrecht der Völker, in Rechten des Individuums und in der Ächtung der Gewalt als eines Mittels der zwischenstaatlichen Beziehungen niederschlagen. Seit 1945 sind die

Grundsätze der bestehenden völkerrechtlichen Ordnung in der Charta der ↗ Vereinten Nationen verankert; diese bindet heute nahezu alle Staaten.

Auf dieser Grundlage haben sich die Regelungsbereiche des V. in den vergangenen Jahrzehnten in zuvor ungekanntem Maße ausgeweitet; sie spannen sich etwa von Einzelheiten der friedlichen Nutzung der Kernenergie bis zum Schutz wandernder Fische, vom Schutz des Briefgeheimnisses bis zur Eingrenzung nationaler Währungspolitik. Bestanden 1945 noch 51 Staaten, so hat sich ihre Zahl seither – insbesondere nach der Dekolonisierung – auf 160 erhöht. Die Grundlagen und das System des V. haben sich in diesem Prozeß nicht wesentlich verändert, wenngleich gerade die Entwicklung in Westeuropa neue Formen staatlicher und supranationaler Zusammenarbeit hervorgebracht hat. Das herkömmliche V. wurde zuerst von den sozialistischen Staaten, später von den Ländern der Dritten Welt teils kritisiert, weil es die liberalen, industrialisierten Staaten begünstige. Diese Kritik war oft polemisch und übersah, daß das klassische V. in erster Linie auf der Idee der Gleichheit der Staaten beruhte und deshalb offen war gegenüber einer weniger homogenen, zahlenmäßig erweiterten Staatengemeinschaft. Mit punktuellen Veranderungen zur Anpassung an diese erneuerte Staatengemeinschaft haben deshalb die Kategorien und Instrumente des klassischen V. auch heute noch Bestand; das Souveränitätsdenken der sozialistischen Staaten und der Dritten Welt hat sich in neuerer Zeit abgeschwächt. Die neueste umfassendste Darstellung des V., die *Encyclopedia of Public International Law (Bernhard,* Hrsg.), legt die Vielfalt und Komplexität des heutigen V. auf etwa 5000 Seiten dar.

2. Die wichtigsten Quellen des V. – anerkannt im Statut des Internationalen Gerichtshofs – sind die Verträge zwischen Staaten und das Gewohnheitsrecht; diese werden ergänzt durch die sog. allgemeinen Rechtsprinzipien und in gewissem Maße durch Gerichtsentscheidungen und durch die Doktrin des V. Seit 1945 sind etwa 40 000 Verträge zwischen Staaten abgeschlossen worden; diese sind anzuwenden und auszulegen nach den allgemein anerkannten Regeln des Gewohnheitsrechts und der Wiener Vertragsrechtskonvention aus dem Jahre 1963.

Trotz der fortschreitenden Kodifikation bleibt das Gewohnheitsrecht von wesentlicher Bedeutung. Es bildet sich auf der Grundlage einer uniformen zwischenstaatlichen Praxis und einer korrespondierenden Rechtsüberzeugung; im Einzelfall kann seine Ermittlung heute angesichts der Vielzahl der Staaten und ihrer unterschiedlichen Interessen Schwierigkeiten bereiten. Oft ergänzen sich Vertragsrecht und Gewohnheitsrecht, wie etwa im Seerecht. Allgemeine Rechtsprinzipien sind im Wege der Ermittlung und des Vergleichs innerstaatlicher Rechtsordnungen zu gewinnen.

3. Zu allen Zeiten haben Kritiker und Leugner des V. versucht, dessen Qualität als Rechtsordnung in Frage zu stellen. Zentrale Ansatzpunkte dieser irrigen Meinungen waren oft das Fehlen jener Organe auf internationaler Ebene, wie sie kennzeichnend für das nationale Recht sind. Das V. kennt weder eine zentrale Legislative noch eine Exekutive im Sinne einzelstaatlicher Ordnung, insbesondere ermangelt es einer obligatorischen Gerichtsbarkeit. Trotz dieser Eigenarten des Völkerrechts anerkennen die Staaten das V. als verbindliche Ordnung. Der Umstand, daß Verstöße gegen das V. festzustellen sind, erlaubt jedoch auf der Ebene der Rechtsqualität keine Differenzierung im Verhältnis zum innerstaatlichen Recht: Auch das nationale Strafrecht etwa wird (trotz seiner scharfen Sanktionen) von Rechtsbrechern mißachtet. Die Rechtsabteilungen in den nationalen Ämtern für auswärtige Beziehungen sind in der Regel ebenso wie andere nationale Stellen mit der Durchführung und Beachtung des V. betraut. Der Re-

ziprozitätsgedanke und allgemein die Furcht vor international anarchistischen Entwicklungen motivieren ihrerseits die Staaten zur Beachtung des V. Grenzregelungen z. B. werden in der Regel im völkerrechtlichen Alltag ebenso streng beachtet wie die Normen über das internationale Postwesen oder die Statuten internationaler Organisationen.

Im Falle von Verstößen gegen Normen des V. stehen sowohl dem einzelnen betroffenen Staat sowie ggf. der Staatengemeinschaft Sanktionen zur Verfügung; diese umfassen etwa das Einfrieren von Guthaben im Ausland oder das Außerkrafttreten von bestehenden Verträgen. Gewalt darf nach dem System der ↗ Vereinten Nationen (UN) nur noch zur Selbstverteidigung und im Rahmen solcher Aktionen ausgeübt werden, die der UN-Sicherheitsrat gebilligt hat. Die Vielzahl kriegerischer Entwicklungen nach 1945 trotz des Gewaltverbots der UN-Charta läßt aber auch die Grenzen dieser völkerrechtlichen Sanktionsgewalt erkennen: Die Rechtsqualität des V. ändert nichts daran, daß das V. mangels zentraler Organe der Staatengemeinschaft sich auch heute oft als eine gefährdete Rechtsordnung darstellt.

Obgleich der Begriff des Rechts nicht mit der richterlichen Streitbeilegung identifiziert werden darf, findet das partielle Bemühen der Staaten zur Wahrung ihrer nationalen Interessen doch auch einen Ausdruck in der vergleichsweise geringen Zahl der Fälle, welche sie in den vergangenen Jahrzehnten dem Internationalen Gerichtshof als dem zentralen richterlichen Organ oder anderen internationalen Gerichten unterbreitet haben. Andererseits zeigt etwa die Errichtung eines Schiedsgerichts zur Abwicklung der vermögensrechtlichen Beziehungen zwischen dem Iran und den USA nach der iranischen Revolution 1979, daß das V. durchaus Instrumente zur Streitbeilegung auch im Verhältnis zwischen Staaten mit unterschiedlicher politischer Ausrichtung bereithält. Auch die Einigung der Staaten auf ein System der obligatorischen Streitbeilegung im Rahmen der – noch nicht in Kraft getretenen – Seerechtskonvention aus dem Jahre 1982 deutet auf die Möglichkeit einer stärkeren Bedeutung gerichtlicher Entscheidungen im künftigen V. hin.

4. Das klassische V. des 19. Jh.s hatte – im Vergleich zum heutigen Recht – seinen Schwerpunkt in der Regelung der Formen des zwischenstaatlichen Verkehrs. *Holtzendorff* (Enzyklopädie der Rechtswissenschaft, Erster Systematischer Teil, 4. Aufl. 1882: 1202) umschreibt die Grundlagen noch wie folgt: »ein gewisses für das Verkehrsbedürfnis der Staaten unentbehrliches Maß der kosmopolitischen Kultur und außerdem die gegenseitige Anerkennung der durch dies Bedürfnis verbundenen Volkskörper als gleichberechtigter Existenzen...«. In den vergangenen hundert Jahren haben sich Gegenstand und Ziele des V. wesentlich erweitert.

So ist die Begrenzung der Gewalt zu einem zentralen Thema des V. geworden. Ersten zögerlichen Schritten aus der Zeit vor dem I. Weltkrieg folgte das Kriegsverbot des *Kellogg-Briand*-Pakts aus dem Jahre 1929 und schließlich das umfassende Gewaltverbot in der UN-Charta. In dieser Entwicklung zur Begrenzung staatlicher Souveränität spiegelt sich die Furcht der Menschheit vor den Leiden, welche der ↗ Krieg mit Mitteln moderner Technik zur Folge hat. In begrenztem Umfang ist das Gewaltverbot ergänzt worden durch völkerrechtliche Verträge zur ↗ Abrüstung und zur Rüstungskontrolle. Daß das Gewaltverbot bisher oft mißachtet wurde, hängt in erster Linie auch damit zusammen, daß die in der UN-Charta festgelegten Formen der Friedenssicherung die Einigkeit der Großmächte voraussetzen, welche in der Praxis bisher meist nicht vorhanden war; eine Besserung dieses Verhältnisses der Großmächte könnte auf der Grundlage der UN-Charta einen zentralen Beitrag zur Errichtung einer Friedensordnung leisten.

Parallel zur Negierung der Gewalt haben die Staaten in den vergangenen Jahrzehnten positive Formen der Kooperation mittels der Errichtung einer Vielzahl von internationalen Organisationen in nahezu allen Bereichen des politischen, wirtschaftlichen, sozialen und kulturellen Lebens geschaffen. Im öffentlichen Bewußtsein kommt die vielfältige Arbeit der Organisationen derzeit noch nicht in angemessener Weise zum Ausdruck. Insbesondere im Hinblick auf die völkerrechtliche Grundlage dieser Entwicklung läßt sich heute mit Recht von einem »Völkerrecht der Kooperation« *(Wolfgang Friedmann)* im Gegensatz zum früheren Zustand der Koordination sprechen.

Neben der Begrenzung der Gewalt und der Entwicklung moderner Formen der Kooperation wird das heutige V. geprägt durch die Suche nach gemeinsamen Werten in der Ordnung der innerstaatlichen Beziehungen. Die Anerkennung von ↗ Menschenrechten auf der Ebene des V. nach 1945 bedeutet eine fundamentale Abwendung vom Souveränitätsverständnis des 19. Jahrhunderts. Auf globaler Ebene hat sich diese Entwicklung in erster Linie in zwei Menschenrechtspakten der Vereinten Nationen niedergeschlagen, wobei auch gewisse Formen einer Überwachung dieser Rechte vereinbart wurden. Bisher war der praktische Erfolg dieser Arbeit auch deswegen begrenzt, weil sich das Verständnis der Menschenrechte in liberalen Staaten nicht deckte mit der sozialistischen Auffassung von den Rechten einzelner; auch die Entwicklungsländer haben insoweit teils eigene Ansätze entwickelt, welche insbesondere die Bezüge des einzelnen zur Gemeinschaft hervorheben wollen. Angesichts dieser Unterschiedlichkeit der Auffassungen haben sich auch regionale Systeme zum Schutz der Menschenrechte entwickelt; die effizienteste Ordnung findet sich insoweit bisher im Rahmen der Europäischen Menschenrechtskonvention, deren Organe (Gerichtshof und Kommission) ihren Sitz in Straßburg haben.

Das moderne V. hat auf der Grundlage der UN-Charta einen wesentlichen Beitrag zur positiven Gestaltung der ↗ Internationalen Beziehungen geleistet. Die internationale Ausrichtung dieser Charta ist vorbildhaft geblieben, sowohl im Sinne der notwendigen Abwendung von übersteigertem nationalstaatlichem Denken als auch im Sinne bisheriger partieller Mißerfolge bei der Durchsetzung ihrer Grundgedanken. Die Charta ist normativ bindend, ihre vollständige Verwirklichung bleibt universeller Auftrag. Die von ihr errichtete Ordnung bedarf aber künftig auch der Fortentwicklung und der Ergänzung. Die globale Agenda der Zukunft wird wesentlich mitbestimmt werden durch Bemühungen zur Erhaltung der Schöpfung und durch das Streben nach dem Abbau der Ungleichgewichte in der Weltwirtschaft. Bei der Formulierung der Charta im Jahre 1945 standen diese Themen noch nicht im Vordergrund. Das V. ist – wie jedes Recht – primär stabilisierend; bestehende Normen sind in den anerkannten Verfahren anzupassen, neue Normen bedürfen der Verhandlungen und des internationalen Konsens. In diesem Rahmen wird die zunehmende Globalisierung der Probleme und der Interdependenzen neue Aufgaben und Herausforderungen des V. mit sich bringen.

Rudolf Dolzer

Lit.: *Bernhardt, R.* (Hrsg.) 1980–1990: Encyclopedia of Public International Law, 12 Bde., Amsterdam/New York/Oxford. *Brownlie, J.* 1990: Principles of Public International Law, Oxford. *Dahm, G./Delbrück, J./Wolfrum, R.* [2]1989: Völkerrecht, Bd. I, Berlin. *Friedmann, W.* 1964: The Changing Structure of International Law, London. *Mosler, H.* 1980: The International Society as a Legal Community, Alphen a. d. Rijn. *Reibstein, E.* 1949: Die Anfänge des neueren Natur- und Völkerrechts, Bern. *Seidl-Hohenveldern, I.* [4]1984: Internationale Organisationen, Köln. *Seidl-Hohenveldern, I.* [6]1987: Völkerrecht, Köln. *Verdross, A./Simma, B.* [3]1984: Universelles Völkerrecht, Berlin.

Justiz und Politik

I. Die Entwicklung einer eigenständigen Justiz ist untrennbar mit der Entstehung des neuzeitlichen Verfassungsstaates verbunden. Rechtsprechung war jahrhundertelang untrennbar mit dem Willen der jeweils Herrschenden verbunden. Sie sprachen nicht nur Recht, sondern schufen sich auch die Rechtsregeln, die dazu dienten, bestehende Machtverhältnisse auf allen gesellschaftlichen Ebenen zu perpetuieren. Sie wählten auch in der Regel diejenigen aus, die bei Konflikten das bestehende Recht interpretierten. Dies galt sowohl für weltliche Herrscher als auch für die Kirche, in deren spezifischer Rechtsordnung nach wie vor Elemente dieses überkommenen Verhältnisses von Rechtsprechung und Herrschenden vorhanden sind. Diese untrennbare Verbindung des Rechts mit der Macht führte auch zu einer Symbiose von Justiz und Politik.

Die Menschen des Mittelalters nahmen es als gegeben hin, daß die Rechtsprechung der verlängerte Arm der Herrschenden war. Staat und Gesellschaft wurden von Gott abgeleitet als eine von Gott gewollte Ordnung. Zwar kannte auch das Mittelalter den Dualismus von Staat und Kirche, aber das geistliche und weltliche Schwert leiteten ihre Autorität und Legitimation aus der gleichen göttlichen Quelle ab. Alles geschah *ad Dei gloriam.* Das Recht und eine es anwendende eigenständige, gegenüber staatlichen oder kirchlichen Gewalten als Kontrollinstanz auftretende Justiz gab es nicht. Bis heute kennt die katholische Kirche die Gewaltentrennung als ein dem Wesen ihrer Hierarchie fremdes Prinzip nicht und behält unangefochten ihren mittelalterlichen Jurisdiktionsbegriff bei.

Das Ende der mittelalterlichen Kultur und der Zerfall eines einheitlichen Glaubens bewirkten zusammen mit dem Postulat der Gleichheit des Menschen, daß das Individuum nicht mehr ohne weiteres daran glaubte, die Herrschenden würden das Recht auch gerecht anwenden. Die Forderung nach unabhängigen Richtern, deren Tätigkeit auf Wahrheitsfindung und gerechter Anwendung des Rechts beruht, wurde laut. Hinzu kam, daß die Wissenschaft, auch die der Jurisprudenz, sich von den Fesseln der Theologie befreite. Die Vernunft bestimmte mehr und mehr das Verhältnis zwischen Recht und den Herrschenden. Die Entdeckung eines auf Vernunft gegründeten Rechts, das allen zugänglich ist und im Naturrecht eine seiner wesentlichen Ausprägungen erfährt, setzt die Herrschenden und die ihnen mehr oder minder institutionell und ideologisch verbundenen Gerichte der Kritik aus. Die der Justiz unterworfenen Menschen glauben nicht mehr unbedingt von vornherein an die Gerechtigkeit und Vernünftigkeit der Urteile. Die Geburtsstunde einer unabhängigen Justiz hat geschlagen. In seinem Werk »*De l'ésprit des Lois*« stellte *Montesquieu* kategorisch fest: »*Il n'y a point encore de liberté, si la puissance de juger n'est pas séparée de la puissance législative et de la puissance exécutrice*« (Es gibt noch keine Freiheit, wenn die rechtsprechende Gewalt nicht von der gesetzgebenden Gewalt und der ausführenden Gewalt getrennt ist; Buch XI, Kap. 6).

In Deutschland gewann der Staat mit der Abschaffung gutsherrlicher Gerichtsbarkeit in den Jahren nach 1848 ein Rechtspflegemonopol. In § 75 der letztendlich nicht in Kraft getretenen Frankfurter Paulskirchenverfassung von 1849 heißt es: »Die richterliche Gewalt wird selbstständig von dem Gericht ausgeübt. Kabinetts- und Ministerialjustiz ist unstatthaft...« Preußen hatte schon als erstes deutsches Land die persönliche Unabhängigkeit der Richter in der Verfassung von 1848 gesichert. Die Justizhoheit lag in der Hand der Bundesstaaten und seit 1919 in den Ländern, die allerdings ab 1871 als Glieder des Reiches den durch die Reichsgesetzgebung geschaffenen Rahmen beachten mußten. Mit Wirkung vom 1. Oktober 1879 galten im *Bismarck*-Reich einheitliche Normen für

die Justizreform. Es wurde eine oberstrichterliche Rechtsprechung in Zivil- und Strafsachen eingeführt. Siebzig Jahre nach der Auflösung des Reichskammergerichts wurde mit dem Reichsgericht zu Leipzig ein neuer Wächter der deutschen Rechtseinheit geschaffen. Die an der Nahtstelle von Justiz und Politik angesiedelte Verwaltungsgerichtsbarkeit verblieb bei den Bundesstaaten. Voraussetzung für einen Ausbau der Verwaltungsgerichtsbarkeit war die Trennung von Justiz und Verwaltung, die aber mehr als zögerlich erfolgte.
Heute ist die Justiz als Dritte Gewalt unumstritten verankert. Wie auch die beiden anderen Gewalten, die Legislative und die Exekutive, findet sie sich in einem System der ↗ Gewaltenteilung, welches auf einem stets aufs neue zu gewährleistenden Balanceverhältnis beruht. Die Justiz ist im ↗ Rechtsstaat mit der Legislative und Exekutive dadurch normativ und institutionell verbunden, daß jene ihr durch Normsetzung die Grundlage der Rechtsprechung zur Verfügung stellt. Ferner besitzen Exekutive und Legislative Einfluß auf die Auswahl der Richterschaft. So entscheidet gemäß Art. 95 Ziff. 2 GG über die Berufung der Richter der obersten Gerichtshöfe des Bundes der für das jeweilige Sachgebiet zuständige Bundesminister gemeinsam mit einem Richterwahlausschuß, der aus den für das jeweilige Sachgebiet zuständigen Ministern der Länder und einer gleichen Anzahl von Mitgliedern besteht, die vom Bundestag gewählt werden.

Diese Regelung ist nicht die einzig denkbare. Möglich wäre auch die Wahl der Richter durch das Volk, wie das etwa das Erfurter Programm der SPD aus dem Jahre 1891 forderte. In den Ländern bestehen differenzierte Regelungen zur Richterwahl und Richterbeförderung. Daß die Politik auch hier starken Einfluß nehmen kann, zeigt z. B. die Wahl der Präsidenten der obersten Landesgerichte im Lande Berlin durch das Abgeordnetenhaus. Die Möglichkeiten der Zusammensetzung der Richterwahlausschüsse in den Ländern reichen von einer rein parlamentarischen bis zu einer parlamentarisch-exekutiven Lösung.

Die Schaffung von Ausnahmegerichten ist unzulässig. Niemand darf auch etwa durch politischen Einfluß seinem gesetzmäßigen Richter entzogen werden (Art. 101 Ziff. 1 GG). Gerichte für besondere Sachgebiete können nur durch Gesetz errichtet werden. Dieser Gedanke wurde zum ersten Mal in der französischen Verfassung von 1791 erwähnt und war das Ergebnis des Kampfes gegen die Willkürjustiz absolutistischer Staatsgewalt.
II. In totalitären Regimen werden Recht und Justiz tendenziell zu bloßen Mitteln der Sicherung und Ausübung politischer Macht instrumentalisiert. Recht ist stets auch Politik, da diese jenes zur verbindlichen Regelung von Konflikten über die Verteilung knapper gesellschaftlicher Güter benutzt. Auch die Rechtsprechung selbst besitzt einen politischen Charakter, da sie in diesem Sinn ebenfalls gestalterische Aufgaben wahrnimmt. Der wesentliche Unterschied zwischen Jurisdiktion und Politik liegt darin, daß erstere sich an enger vorgegebene Gestaltungsregeln (Rechtsvorschriften) zu halten hat als letztere (Verfassungsvorschriften). Aber im Rechtsstaat werden auch dem Gestaltungsspielraum der Politik Grenzen durch das Recht gesetzt, Grenzen, die im permanenten transparenten Diskurs ausgelotet werden müssen, wobei keine der beiden Seiten die sklavische Unterordnung der jeweils anderen erwarten kann. Dieser ständige Diskurs zwischen Recht und Politik unterscheidet den Rechtsstaat von totalitären Re-

gimen, in denen die Kontrollmechanismen des Rechts gegenüber der Politik durch die jeweils Herrschenden weitgehend außer Kraft gesetzt sind. Da Politik mit Machterlangung und Machtausübung verbunden ist, wird sie zu allen Zeiten die Möglichkeit und Versuchung beinhalten, sich über die einengenden Regeln des Rechts hinwegzusetzen.

1. Das mag ganz offen geschehen, wie etwa als *Franz Gürtner,* der Reichsjustizminister *Hitlers,* höhnte, daß man auf Einhaltung der rechtlich demokratischen Regeln nur so lange Wert legen müsse, wie sie dem Zwecke der Machtergreifung dienten. Es gibt keinerlei Patentrezept, wie rechtlose Politik verhindert werden kann – mag sie unter dem Banner verblendeter ↗ Ideologie oder unter dem Herrschaftsanspruch religiösen Glaubens daherkommen.
Die Entwicklung zu einer unabhängigen Justiz ist in Systemen, in denen die Herrschenden beanspruchen, nicht nur Rechtsnormen zu setzen, sondern auch deren Anwendung durch die Rechtsprechung sowohl personell als auch inhaltlich zu kontrollieren, unmöglich. Dort wo politischer Herrschaftswille und Rechtsinterpretation erzwungenermaßen zusammenfallen, wird die Justiz zur Magd der Herrschenden. Dies war der Fall im Dritten Reich. Das »vernünftige Recht« wurde zum großen Teil nicht nur durch die Gesetzgebung *ad absurdum* geführt, sondern auch die Justiz leistete einen kaum zu überschätzenden Beitrag zur Deformierung und zum Mißbrauch des Rechts durch die Politik. Grundlage der politisierten Justiz und ihrer Rechtsprechung wurde die nationalsozialistische Rechtslehre, die sich auf solche zentralen Begriffe wie den des »gesunden Volksempfindens« oder der »Rasse« gründete. Die Justiz und ihre Richter sollten nach den Worten von *Hans Frank,* dem Präsidenten der Akademie für Deutsches Recht, »Priester des deutschen Volksrechts« sein. Die Folge war für viele, daß die Justiz ihnen als Verfolgungsinstrument der politisch Herrschenden gegenübertrat. Institutionalisiert wurde solche Verfolgung in verschiedenen Ausprägungen von Sondergerichten, insbesondere der Sondergerichte in Strafsachen, die aufgrund der Gewaltverbrecherverordnung, der Heimtückeverordnung oder etwa der Kriegswirtschaftsordnung urteilten und Recht zum Instrument der Machterhaltung des Regimes pervertierten.
2. Wenn auch in anderer praktischer Realisierung, lag das gleiche Prinzip, daß die Justiz in erster Linie nicht Instrument eines gerechten Ausgleichs widerstreitender Interessen aufgrund vorliegender Normen, sondern Werkzeug der Herrschenden zur Durchsetzung der dem System zugrunde liegenden Ideologie sein sollte, der marxistisch/leninistischen Auffassung der Rolle der Justiz in einer Gesellschaft zugrunde. Unter Überwindung der »bürgerlichen Theorie« der Gewaltenteilung sollte beispielsweise die Justiz der DDR »zu einem festen Bestandteil der Verwirklichung der Staatspolitik der Arbeiterklasse« werden. Die Trennung von Exekutive, Legislative und Jurisdiktion ist in der Tat für ein Regime überflüssig, das von einer einheitlichen, unteilbaren Staatsmacht, welche lediglich den Willen einer Klasse durchsetzt, ausgeht. Das wichtigste Instrument zur Durchsetzung des politischen Willens der Arbeiterklasse im Bereich der Justiz und Rechtsprechung war in der DDR das Ministerium der Justiz. Es wurde zu einem zentralen Leitungsorgan und war verantwortlich für die Anleitung der Bezirks- und Kreisgerichte. Diese Leitung der Justiz durch die Politik bestand in allgemeinen und konkreten Vorgaben zur Rechtsprechung und nachfolgend in der Kontrolle der Erfüllung der übertragenen Aufgaben. Dabei war wirksamstes Kontroll- und Disziplinierungsinstrument die Auswahl, der Einsatz und die Weiterbeförderung des Justizpersonals.

III. Die Trennung des Politikbereichs von der Justiz im demokratischen Rechtsstaat ist so zu verstehen, daß die Politik auf legale und legitimierte Weise die gesellschaftlichen Verhältnisse durch Festlegung von Normen gestaltet und die Justiz diese Normen im konkreten Fall anzuwenden und auszulegen hat. Dadurch wird ein Spannungsverhältnis zwischen Politik und Justiz konstituiert, denn daß diese Anwendung und Auslegung unpolitischen Charakter hat, war schon für den liberalen bürgerlichen Rechtsstaat eine Fiktion und ist es noch in sehr viel stärkerem Maße für den demokratisch-sozialen Rechtsstaat mit seinen immer komplexeren Regelungsgeflechten. Eine besondere Bedeutung kommt der Aufgabe zu, die Einhaltung der Grundnorm einer rechtsstaatlichen Gesellschaft, ihrer ↗ Verfassung, bei Schaffung und Anwendung von Normen zu überwachen. Besonders letzteres hat zur Folge, daß die Justiz die Gestaltungsfreiheit der Politik insoweit begrenzen kann, wie sie zu verfassungswidrigen Normen oder Handlungen führt. Selbst in der Gestaltung von Verfassungsnormen ist die Politik nicht immer frei, da die Justiz hier auf der freien Verfassungsgestaltung nicht zugängliche Bereiche verweisen kann.

Oberstes Justizorgan in Fragen verfassungsrechtlicher Kontrolle politischer Gestaltungsmöglichkeiten ist das Bundesverfassungsgericht (↗ Verfassungsgerichtsbarkeit). Die Balance zwischen der Kontrollfunktion der Justiz über den Bereich des Politischen wird durch Einflußmöglichkeiten der Politik bei der Besetzung richterlicher Funktionen gewahrt. In der Regel darf kein Richter abberufen werden. Die Richteranklage, die zur Abberufung führen kann und in den Verfassungen der Bundesländer und dem Grundgesetz vorgesehen ist, wird nur im Extremfall von Pflichtverletzungen eingeleitet. In den USA ist eine solche Abberufung durch das *Impeachment*-Verfahren (Art. I, Sektion 2 Ziff. 5; Sektion 3 Ziff. 6) vorgesehen. Im Grundgesetz wird sie in Art. 98 Ziff. 2 und 5 geregelt. Danach soll die Möglichkeit, einen Richter abzuberufen, die »Gewähr dafür bieten, daß der Richter die ihm anvertraute ungewöhnliche und nach der fachlichen Seite nicht kontrollierbare Machtbefugnis im Sinne des Volkes, von dem er sie erhalten hat und in dessen Namen er sie ausübt, verwaltet« (Amtl. Bericht S. 49). Der Antrag auf Eröffnung eines Richteranklageverfahrens gegen einen Bundesrichter kann nur vom Bundestag gestellt werden. Entscheidungsbefugnis über den Antrag hat dann allein das Bundesverfassungsgericht. Die Richterwahlausschüsse der Parlamente gewährleisten jedoch, daß die Richterschaft grundsätzlich dem Gedanken des demokratischen Rechtsstaates und der damit verbundenen Respektierung der Gewaltenteilung verpflichtet sind. Voraussetzung dafür ist eine sorgfältige, diesen Vorstellungen gerecht werdende Ausbildung im juristischen Studium und der juristischen Praxis. Die ständige Diskussion darum und das Scheitern der einstufigen Juristenausbildung unter Einbeziehung anderer Sozialwissenschaften macht die politische Umstrittenheit der Funktionsträger des Justizbereiches deutlich. Der Streit gründet letztlich in unterschiedlichen Auffassungen zur Rolle des Rechts und der Justiz in einer demokratischen Gesellschaft. Dabei sollte klar sein, daß die Ausbildung junger Juristen zu reinen Rechtsanwendungstechnikern den tatsächlichen Bedingungen der justiziellen Rechtsfindung nicht genügt. Zwar kann ein Richter nie gegen den Wortlaut des Gesetzes urteilen, diesen jedoch auslegen und allein schon den entsprechenden Lebenssachverhalt selbst durch seine unabdingbare Subjektivität im Rahmen der Rechtsfindung in einer bestimmten Weise erfassen. Dies gilt besonders für Entscheidungen, die den Gestaltungsrahmen der Politik betreffen. Bei einer Verkennung der Grenzen dieser politischen Gestaltungsfreiheit der Legislativen und Exekutiven in der Anwendung oder Setzung von Recht wird letztlich das Bundesverfassungsgericht über die endgültige Grenzziehung entscheiden und im günstigsten Falle für den demokratischen Staat sich *»political selfrestraint«* auferlegen, d.h. in Hinblick auf den weiten politischen Gestaltungsraum insbesondere des Gesetzgebers die Rolle der Justiz im konkreten Fall eher restriktiv auslegen.

Die wichtigste Rolle der Justiz gegenüber der Politik muß im demokratischen Rechtsstaat der Bundesrepublik Deutschland darin gesehen werden, daß die Justiz die Grundrechte der einzelnen Bürger gegen die Eingriffe der Politik oder auch mittelbar gegen Eingriffe Dritter schützt bzw. für deren Effektivierung sorgt. Gerade dieser justiziable Grundrechtsbereich bedarf der immerwährenden Neuinterpretation. Die vorliegenden Erfahrungen mit der Interpretationskunst auch oberster Gerichte wie des *Supreme Court* der USA, des Bundesverfassungsgerichts oder des Reichsgerichts können für den demokratisch-pluralistischen Rechtsstaat nur die Konsequenz haben, daß jede auch mit noch so großer Überzeugungskraft als einzig richtige Rechtsauslegung dargestellte Interpretation nicht unkritisch akzeptiert werden kann, sondern sich genau wie die Politik dem kritischen Diskurs über das »warum« stellen muß. Hier gilt es noch einen langen Prozeß nicht nur zur offenen Gesellschaft der Verfassungsinterpreten *(Häberle)*, sondern zur offenen Gesellschaft der Rechtsinterpreten hin zu vollziehen.

Hans-Joachim Mengel

Lit.: *Charven, R.* 1968: Justice et politique, Paris. *Görlitz, A.* 1985: Rechtspolitologie. Eine Einführung, Opladen. *Grimm, D.* 1969: Recht und Politik, in: Juristische Schulung, 501 ff. *Gruchmann, L.* 1988: Justiz im Dritten Reich 1933–1940. Anpassung und Unterwerfung in der Ära Gürtner, München. *Ipsen, H. P.* 1937: Politik und Justiz, Hamburg. *Kirchheimer, O.* 1980: Politische Justiz. Verwendung juristischer Verfahrensweisen zu politischen Zwecken, Frankfurt/M. *Litten, R.* 1971: Politisierung der Justiz, Hamburg. *Mengel, H.-J.* 1989: Recht und Politik. Zur Theorie eines Spannungsverhältnisses im demokratischen Staat, in: APuZ B 13–14/89, 13 ff. *Pardon, F.* 1983: Politik und Recht, in: Festschrift für Hans Scupin, Berlin, 71 ff. *Schmid, R.* 1967: Justiz und Politik in der Bundesrepublik, Pfullingen. *Voigt, R.* (Hrsg.) 1986: Recht als Instrument der Politik, Opladen. *Wassermann, R.* 1971: Der politische Richter, München. *Werner, F.* 1960: Das Problem des Richterstaates, Berlin. *Wittlämper, G.* 1976: Politik und Recht, Kronberg/Ts.

Kapitalismus

I. Im allgemeinen Sprachgebrauch wird unter dem unpräzisen Sammelbegriff Kapitalismus (K.) meist das Wirtschaftssystem der westlichen Industriestaaten nach der Ablösung des Feudalismus verstanden. Auch in der wissenschaftlichen Verwendung leidet der seit mehr als 100 Jahren benutzte Begriff an einer Reihe von Unschärfen, die seinen Wert in Frage stellen. Wichtige Unschärfen beziehen sich auf die sachliche Reichweite (eng nur auf Wirtschaftssystem bezogen oder auch politisches und gesellschaftliches System umfassend), die zeitliche Reichweite (unterschiedliche Periodisierungen), den theoretischen Anspruch (am stärksten ausgeprägt in der marxistischen Kapitalismuskritik), die ideologische Aufladung (K. als negativ besetzter Kampfbegriff in marxistischer Tradition) und die inhaltlichen Merkmale. Konsens dürfte darüber bestehen, daß zum K. mindestens gehören 1. Koordination der dezentralen einzelwirtschaftlichen Entscheidungen über das Preissystem des Marktes, 2. Privateigentum auch an Produktionsmitteln, 3. Gewinn- bzw. Nutzenmaximierung als Wirtschaftsziel und -motivation. Auch wenn die genannten Elemente in der Realität nie vollständig umgesetzt worden sind und vereinzelt auch in nichtkapitalistischen Systemen anzutreffen waren, wird der K. doch durch die Dominanz und strukturprägende Kraft dieser Merkmale charakterisiert.

II. *Karl Marx*, der den Begriff K. wörtlich nicht verwendet hat, darf gleichwohl als der wohl wichtigste Popularisierer und Kritiker des K. gelten. In seiner mit dem Anspruch des wissenschaftlichen Sozialismus verbundenen Geschichtsphilosophie mit stark voluntaristischer Komponente sieht er die Produktivkräfte als zentrales Bewegungsmoment der Geschichte und interpretiert den K. positiv als Gesellschaftsformation, die die Produktivkräfte auf ein vorher nie gekanntes Niveau entwickelte. Andererseits erwiesen sich die Produktionsverhältnisse, insbesondere das Privateigentum an Produktionsmitteln, zunehmend als Fessel für die Weiterentwicklung der Produktivkräfte. Die Aneignung des von den Arbeitern (Proletariat) geschaffenen Mehrwertes durch die Produktionsmittelbesitzer (Bourgeoisie) führe zwangsläufig (Unterkonsumptionstheorie) zu zyklischen Krisen. Schließlich würden in einer sozialistischen Revolution mit dem Proletariat als revolutionärem Subjekt die bestehenden Produktionsverhältnisse »aufgehoben«, insbesondere werde das Eigentum an Produktionsmitteln sozialisiert.

Gegen die das Verhältnis prägende, wenn auch dialektisch relativierte Basis(Wirtschaft)-Überbau (z.B. Staat, Religion)-Vorstellung von *Marx* hat *Max Weber* die Entwicklung des k. »Geistes« die Rolle der insbesondere calvinistischen Überzeugung von innerweltlicher Askese und Bewährung durch wirtschaftliches Handeln betont.

Auf *Werner Sombart* geht die einflußreiche Phaseneinteilung in Früh-, Hoch- und Spätkapitalismus zurück, auch wenn der letztgenannte Begriff wegen der Untertöne (nahes Ende) häufig abgelehnt worden ist und die konkrete zeitliche Festlegung (u.a. nach Ländern) variiert. Für den Frühkapitalismus wird außer einigen Vorläuferelementen im Mittelalter meist das 16. Jh. und neben der Rolle des protestantischen Wirtschaftsethos die des Merkantilismus und damit der Einfluß des absolutistischen Staates betont. Im Hochkapitalismus – meist von der Mitte des 18. Jh. bis in die 70er Jahre des 19. Jh. oder (so *Sombart*) bis zum I. Weltkrieg datiert – setzt sich der K. in Verbindung mit der industriellen Revolution weitestgehend durch, tritt an die Stelle des Merkantilismus der Liberalismus (*Adam Smith*, *David Ricardo*) als dominante Doktrin und wird staatliche Lenkung entsprechend reduziert. Im letzten Viertel des 19. Jh. verschärft sich bereits die Konzentration, die konfliktreiche Expansion nach innen wie nach außen (Kolonialismus) nimmt zu. Bis zum I. Weltkrieg bildet sich erstmals so etwas wie ein Weltwirtschaftssystem heraus, das von den führenden k. Ländern, v.a. Großbritannien, dominiert wird. Zugleich treten zyklische Krisen auf, die in Verbindung mit verbreitetem sozialen Elend die Kritik verschärfen. In Reaktion darauf, wie im Dienst der außenwirtschaftlichen Expansion, wird die liberale Doktrin (z.B. Freihandel) zurückgedrängt, und staatliche Eingriffe nehmen wieder zu. Kennzeichen des Spätkapitalismus ist die wachsende Einschränkung marktwirtschaftlicher Steuerung durch Vermachtung der Märkte, private Monopole und Kartelle auf der einen, staatliche Reglementierung auf der anderen Seite. *Lenin* hat die Phase vor dem I. Weltkrieg als Imperialismus abgegrenzt und ihn als »das monopolistische Stadium des K.« definiert (Merkmale u.a. Entstehung einer herrschenden Finanzoligarchie und große Rolle des Finanzexports, wobei die Welt unter die Großmächte bereits aufgeteilt worden ist). Nach den Erfahrungen im I. Weltkrieg (starke staatliche Lenkung) hat Lenin als letzte Phase den »Staatsmonopolistischen K.« unterschieden, der durch eine Verschmelzung von staatlicher Administration und privater Verbandsbürokratie das Überleben des K. verlängere. Mit der Oktoberrevolution in Rußland und der Etablierung eines sich auf den ↗ Marxismus-Leninismus berufenden Systems wurde der K. zudem mit einer Alternative im praktischen Test konfrontiert.

III. Der nach dem I. Weltkrieg unternommene Versuch, v.a. international zur Vorkriegsordnung zurückzukehren, mißlang und mündete in der bis dahin schwersten Weltwirtschaftskrise 1929, die insbesondere aufgrund der einhergehenden Massenarbeitslosigkeit den K. gründlich diskreditierte. Die Reaktion national isolierter Rettungsversuche zu Lasten Dritter (»*beggar-my-neighbour-policy*«) führte zu nahezu anarchischen weltwirtschaftlichen Beziehungen. In den faschistischen Staaten wurde die marktwirtschaftliche Steuerung weitgehend durch staatliche Lenkung ersetzt, auch wenn das Privateigentum an Produktionsmitteln erhalten blieb. Bedingt durch die Kriegserfordernisse wurde auch in allen westlichen Industriestaaten die Wirtschaft im II. Weltkrieg einer weitgehenden staatlichen Lenkung unterworfen.

Nach dem II. Weltkrieg verschärfte sich der Wettkampf der Systeme zwischen den k. Industriestaaten des Westens und den zahlenmäßig gewachsenen Staaten des real existierenden Sozialismus. Im Zuge des Entkolonisierungsprozesses wurde die Dritte Welt zunehmend in die Auseinandersetzung einbezogen, in kritischer Perspektive überwiegend als »peripherer K.« (*Senghaas* 1974) weiterhin dem ökonomischen Diktat der k. Metropolen unterworfen. Der Markt blieb als Koordinationsrahmen für den extrem zunehmenden internationalen Wirtschaftsaustausch allerdings schon deshalb unverzichtbar, weil er den geringsten politischen Steuerungsbedarf aufweist und die für eine weltweite Wirtschaftsplanung erforderliche Weltregierung Utopie blieb. Gleichwohl führt die Diskrepanz zwischen der starken privatwirtschaftlichen Integration (multinationale Unternehmen, supranationale Geld- und Kapitalmärkte) und dem nur ansatzweise vorhandenen Steuerungsinstrumentarium (internationale Wirtschaftsorganisationen) zu einer krisenträchtigen Steuerungslücke. Innerhalb der k. Welt nahm die Differenzierung der Wirtschaftssysteme zu, wobei Ausmaß und Formen der politischen Steuerung das Zentrum der Auseinandersetzung bildeten. Deutschland – an der Grenze der Systeme gelegen und geteilt – wurde in besonderem Maße Arena des ideologischen und faktischen Systemwettkampfes.

Innerhalb der Bundesrepublik setzte sich das Konzept der »Sozialen Marktwirtschaft«, gestützt insbesondere auf den Neoliberalismus (↗ Liberalismus), gegen neosozialistische Vorstellungen durch. Ein zentraler Streitpunkt war das Verhältnis von k. System und pluralistischer Demokratie. Während die Neosozialisten gerade die von der wirtschaftlichen Macht im k. System ausgehende Gefährdung der Demokratie betonten, war aus Sicht der Neoliberalen die mit der Verstaatlichung der Schlüsselindustrien und staatlicher Wirtschaftslenkung verbundene Machtkonzentration die Hauptgefahr, und das dezentral gesteuerte k. System wurde als adäquates ökonomisches Pendant einer pluralistischen Demokratie betrachtet. *Walter Eucken* als wichtigster Vertreter des Neoliberalismus hat eine Ordnungstheorie entworfen, die – anders als *Marx* – die Frage der Wirtschaftslenkung – idealtypisch dezentral über den Markt oder zentral in Form der Zentralverwaltungswirtschaft – ins Zentrum rückt und die u. a. zur Forderung geführt hat, auf den unpräzisen Begriff K. zu verzichten. *Eucken* zieht die Grenze staatlicher Steuerung zwischen Ordnungspolitik – der Staat muß den für die Funktionsfähigkeit einer Marktwirtschaft notwendigen Ordnungsrahmen schaffen, u. a. Wettbewerb durchsetzen – und Prozeßpolitik.

In den 60er Jahren ist mit dem auf *Keynes* gestützten Versuch einer antizyklischen Konjunkturpolitik (»Globalsteuerung«) die Grenze legitimer staatlicher Steuerung in die Prozeßpolitik verschoben worden. Mangelnde Erfolge in den 70er Jahren und die »monetaristische Gegenrevolution« unter Führung von *Milton Friedman* haben eine anhaltende Debatte über die Grenzen politischer Wirtschaftssteuerung ausgelöst und eine Rückbesinnung auf Ordnungspolitik begünstigt. Die in den westlichen k. Systemen beobachtbaren Tendenzen zur Konzentration, zur Leitung der Großunternehmen durch angestellte Manager statt durch Kapitaleigner (Manager-Kapitalismus), die verstärkten staatlichen Eingriffe in die

Einkommensverteilung (»Wohlfahrtsstaat«) und das wirtschaftliche Steuerungssystem einerseits, begrenzte Reformversuche im Ostblock unter selektiver Nutzung von Marktelementen andererseits, haben zeitweilig zu einer Diskussion über die Konvergenz der Systeme geführt, der aber spätestens seit dem Scheitern der Systeme des »real existierenden Sozialismus« die Basis entzogen wurde.

IV. Seit dem Sieg im Systemwettkampf dominiert der in sich variantenreiche K. weltweit, und Alternativmodelle sind zur Zeit ohne reale Bedeutung. Auch China kann angesichts seiner marktorientierten Reformversuche nicht als Einwand gelten, belegt vielmehr, daß unter Effizienzgesichtspunkten der Markt als Koordinierungsinstrument unverzichtbar scheint. Als Vorzüge des K. werden insbesondere seine Dynamik und Adaptionsfähigkeit sowie der zumindest in westlichen Industriestaaten erreichte Massenwohlstand angeführt. Für die Vielzahl nicht oder nur unzureichend gelöster Probleme seien als Stichworte genannt: internationale Steuerungslücke und Nord-Süd-Verteilungskonflikt, Unternehmenskonzentration (Wettbewerbseinschränkungen und Machtkontrolle) und Vermögenskonzentration (insbesondere des Produktivvermögens), »magisches Zielvieleck«, insbesondere das Ziel Vollbeschäftigung, Wertewandel (z. B. die Diskussion um einen Postmaterialismus), »Grenzen des Wachstums« unter dem ökologischen Gesichtspunkt dauerhafter Entwicklung. Auch angesichts dieser Herausforderungen bleibt die Frage, ob ihre Bewältigung nicht am ehesten innerhalb k. Systeme gelingen kann, zu deren Vorzügen gerade ihre Anpassungsfähigkeit an neue Rahmenbedingungen zählt.

Uwe Andersen

Lit.: *Bell, D.* 1991: Die kulturellen Widersprüche des Kapitalismus, Frankfurt a. M./New York. *Eucken, W.* [8]1965: Die Grundlagen der Nationalökonomie, Berlin/Heidelberg/New York. *Eynern, G. von* 1973: Wörterbuch zur politischen Ökonomie, Opladen. *Friedman, M.* 1976: Kapitalismus und Freiheit, München. *Hayek, F. A. von* (Hrsg.) 1954: Capitalism and the Historians, Chicago/London. *Mandel, E.* 1972: Der Spätkapitalismus, Frankfurt/M. *Marx, K.* 1970, 1969: Das Kapital, Bd. 1–3, MEW, Bd. 23–25, Berlin. *Lenin, V. I.* 1972: Der Imperialismus als höchstes Stadium des Kapitalismus, Werke Bd. 2, 22, Berlin. *Lenin, V. I.* 1972: Staat und Revolution, Werke Bd. 25, Berlin. *Schumpeter, J. A.* [3]1980: Kapitalismus, Sozialismus und Demokratie, München. *Senghaas, D.* (Hrsg.) 1974: Peripherer Kapitalismus, Frankfurt/M. *Sombart, W.* 1928: Der moderne Kapitalismus, 6 Bde., München/Leipzig. *Weber, M.* [7]1978: Die protestantische Ethik und der Geist des Kapitalismus, in: *ders.*: Gesammelte Schriften zur Religionssoziologie, Bd. 1, Tübingen. *Weber, M.* 1980: Wirtschaft und Gesellschaft, Tübingen. *Winkler, H. A.* (Hrsg.) 1974: Organisierter Kapitalismus, Göttingen.

Keynesianismus

I. Der Begriff Keynesianismus (K.) entstand im Anschluß an *John M. Keynes'* Hauptwerk von 1936 *»The general theory of employment, interest and money«*, das seinerzeit die revolutionäre Antwort auf die Herausforderung der Zwischenkriegszeit mit ihrer langdauernden Massenarbeitslosigkeit war. Das Neue der *Keynesschen* Theorie bestand darin, daß sie erstmals seit den Reproduktionsschemata von *Marx* zentrale Zusammenhänge des Wirtschaftsprozesses gesamtwirtschaftlich und makroökonomisch faßte, also Bildung und Verwendung des Volkseinkommens in Aggregatgrößen modellierte. Das nach wie vor revolutionär Wirkende ist der heute als spezieller

Teil der Theorie aufgefaßte Nachweis, daß eine kapitalistische ↗ Marktwirtschaft (entgegen den damals aus der walrasianischen Theorie des Allgemeinen Gleichgewichts gefolgerten und entgegen allen Auffassungen der von *Keynes* deshalb [schief] so benannten »klassischen« Theorie) keine eingebaute Marktautomatik aufweist, die permanente Massenarbeitslosigkeit bei gleichzeitigem Gleichgewicht auf Geld- und Gütermärkten verhindern würde (Unterbeschäftigungsgleichgewicht). Dieser Nachweis führte *Keynes* zur Formulierung seiner zentralen wirtschaftspolitischen Empfehlung: Wenn das (reale) Volkseinkommen und damit das Beschäftigungsniveau wegen der zu geringen privaten Nettoinvestitionen zu niedrig sind, wenn (und weil) die Renditeerwartungen, von der diese Realkapitalbildung abhängt, durch Zins- und ↗ Geld(mengen)politik nicht optimistischer gestaltet werden können, bleibt nur ein Ausweg zur Wiederherstellung – nicht zur Ablösung – des mit Vollbeschäftigung verknüpften Niveaus von privater Wirtschaftstätigkeit: An die Stelle der privaten Investoren (Unternehmen) muß zeitweise und zur Wiederankurbelung der öffentliche Investor treten. Öffentliche Aufträge, die nicht aus laufenden Steuereinnahmen, sondern aus Kreditaufnahme *(deficit spending)* finanziert werden, müssen über ihren Multiplikatoreffekt die Vollbeschäftigung wiederherstellen helfen.

Fraglos sähe sich selbst *Keynes* außerstande, die vielfältigen Interpretationen dessen, was er »wirklich gesagt« bzw. »wirklich gemeint« habe, die heute unter K. subsumiert werden, miteinander zu vereinbaren. Nun existierten vor und parallel zu *Keynes* eine ganze Reihe von deutschen und skandinavischen Studien (vgl. *Bombach* 1981 ff.), die heute ebenfalls als K. rezipiert werden. Der entscheidende Unterschied liegt darin, daß es sich bei diesen Arbeiten primär um wirtschaftspolitisch orientierte Studien handelt und nicht wie bei der *general theory* um den grundsätzlichen Versuch, die gesamte ökonomische Theorie auf eine andere, nämlich eine makroökonomische Grundlage zu stellen. Es ist genau das Zwiespältige dieses Versuches, eine neue allgemeine Theorie an die Stelle der – in England durch *Marshall* – tradierten zu setzen, der den K. zu einem Dauergegenstand auch der öffentlichen Diskussion macht – und nicht allein die damit verschränkte wirtschaftspolitische Auseinandersetzung über Nachfragesteuerung *versus* ↗ Monetarismus und (neo-klassische) angebotsorientierte Wirtschaftspolitik.

Die sprunghafte Ausdehnung der ↗ Staatsausgaben durch Aufrüstung und II. Weltkrieg führte in allen Ländern mehr oder weniger schnell zu Vollbeschäftigung. Der entscheidende Test, ob das *Keynessche* Rezept auch und vor allem in Friedenszeiten anschlüge, war damit auf die 60er und 70er Jahre verschoben. Zu diesem Zeitpunkt war der K. bereits nachhaltig durch die sog. neoklassische Synthese verändert worden. Die makroökonomisch-wirtschaftspolitische Dimension war zur allein am Niveau orientierten *fiscal policy* geworden, während die mikroökonomisch-theoretische Dimension, die die Strukturen der einzelnen Märkte zu erklären unternahm, weiterhin aus dem – allerdings enorm verfeinerten und um Wachstumstheorie erweiterten – neo-klassischen Theoriekomplex bestand, den *Keynes* mit seiner *general theory* hatte ablösen wollen. Als ↗ Inflation und Stagnation das Ende der überdurchschnittlich langen Wachstumsphase nach dem Kriege unmißverständlich anzeigten, war die Reaktion: Der K. verbürgt keine Vollbeschäftigung, denn erhöhte Staatsausgaben werden von den Unternehmen nicht als Unterstützung, sondern als Verdrängungsmechanismus empfunden, die Investitionen bleiben zu gering, die ↗ Arbeitslosigkeit wird nicht abgebaut, der wirklich durchschlagende Effekt der Staatsverschuldung ist eine Steigerung der jährlichen Inflationsrate: *»Money matters«*. Eine langfristige Stabilisierung des Geldwertes wie des marktwirtschaftlichen Systems ist nur durch eine stetige Geldmengenpolitik zu erreichen, der Preis besteht in der Hinnahme der *»natural rate of unemployment« (Friedman);* Unterbeschäftigung hat eben nicht nur mangelnde Endnachfrage als Ursache, sondern ist auch wesentlich durch das Angebotsverhalten aller mitbedingt.

Die Rückübersetzung der durch diese rigorose Chicago-Alternative zu *keynesianischer* Wirtschaftspolitik aufgeworfenen praktischen Fragen in die Theorie zeitigte die nachhaltigen Debatten des Postkeynesianismus, der die Bedeutung der Verteilung des Volkseinkommens bis zur Neuen Makroökonomie (*Hagemann/Kurz/Schläger* 1981) betont.

Dabei werden die divergierenden *Keynes*-Interpretationen thematisiert und deren Verhältnis zur Theorie des Allgemeinen Gleichgewichts untersucht. Drehpunkt ist die Einsicht, daß im allgemeinen Gütermengen und Güterpreise, Beschäftigungsniveau und Löhne ebensowenig eindeutig miteinander verknüpft sind wie Geldmenge und Zinssatz bei *Keynes.* Die spezielle Theorie des Unterbeschäftigungsgleichgewichtes wird in eine allgemeinere Theorie von Unterbeschäftigung transformiert, wobei der Nachdruck darauf liegt, makroökonomische Aussagen und Politikempfehlungen mit Aussagen über Mikrozusammenhänge zu fundieren. Vergegenwärtigt man sich, daß in der *Keynesschen* Theorie in der Tat die Gesamtgrößenbetrachtung neuer Art fast unverbunden mit der tradierten Preistheorie verkoppelt war, die die allgemeine Interdependenz aller Mengen und Preise in einer Volkswirtschaft nicht als zeitdimensionierten Kreislaufzusammenhang modellieren konnte, so verwundert die irritierende Vielschichtigkeit der gegenwärtigen theoretischen Debatten um die *Keynessche* Theorie ebensowenig wie die Widersprüchlichkeit und Ängstlichkeit der Wirtschaftspolitik des K.

Eines läßt sich allerdings mit Gewißheit sagen: Es ist weder in der Theorie noch in der Wirtschaftspolitik hinreichend, sich – wie *Keynes* das tat – allein auf das Niveau gesamtwirtschaftlicher Aggregate zu konzentrieren und darüber deren sektorale Strukturen zu vernachlässigen. Und ein Zweites lehrt die bisherige Geschichte des K.: Die institutionellen Gegebenheiten der westlichen Länder sind so unterschiedlich, daß kein uniformer *policy-mix* Aussicht auf Erfolg hat.

Gerhard Huber

↗ Beschäftigungspolitik; Konjunkturpolitik; Steuerpolitik.

Lit.: *Bombach, G.* u.a. (Hrsg.) 1981–83: Der Keynesianismus, Bde. 1–5, Berlin. *Hagemann, H./Kurz, H. D./Schäfer, W.* (Hrsg.) 1981: Die neue Makroökonomik. Marktungleichgewicht, Rationierung und Beschäftigung, Frankfurt a. M./New York. *Klein, L.* 1947: The Keynesian Revolution, London. *Robinson, A./Moggridge, D. E.* (Hrsg.) 1971 ff.: The Collected Writings of John Maynard Keynes, 25 Bde., London. *Wood, J. C.* (Hrsg.) 1983: John Maynard Keynes: Critical Assessments, 4 Bde., London.

Klientelismus

Klientelstrukturen, die zuvor in erster Linie Anthropologen beschäftigten, rückten erst seit Ende der 50er, Anfang der 60er Jahre ins Blickfeld der Sozialwissenschaftler.

Die Untersuchungen erstreckten sich zunächst auf »politische Maschinen« und *»bossism«* in ↗ Industriegesellschaften, wurden dann auf Entwicklungsländer ausgedehnt und führten hier zu einer kaum mehr überschaubaren Flut von Studien *(Eisenstadt/Roniger* 1980: 43 ff.). In den 80er Jahren wurden auch Staaten des »real existierenden Sozialismus« einer klientelismusorientierten Analyse unterzogen *(Ionescu,* in: *Gellner/Waterbury 1977; Tarkowski,* in: *Eisenstadt/Lemarchand* 1981 und in: *Graziano* 1983). Die Hinwendung zur Untersuchung von Klientelverhältnissen war eng verbunden mit der Kritik an strukturfunktionalen und systemtheoretischen Ansätzen (↗ Systemtheorie) in den Sozialwiss. *(Eisenstadt/Roniger* 1980: 47; ↗ Funktionalismus).

Grundlegende Elemente des politischen Klientelismus (K.) sind das Vorhandensein einer personalen Beziehung zwischen Akteuren oder Gruppen von Akteuren, der zum beiderseitigen Vorteil vorgenommene Austausch in der Regel ungleicher Ressourcen und damit verbunden das Bestehen eines faktischen Dependenzverhältnisses. In vielen Fällen sind diese Beziehungen allenfalls halblegal und stehen nicht selten sogar in Widerspruch zur offiziellen Gesetzgebung des betreffenden Landes. Besteht bei diesem Klientelverhältnis vielfach eine Beziehung der Abhängigkeit oder gar Ausbeutung des schwächeren durch den stärkeren Partner, so wird diese meist gemildert durch eine Verpflichtung des »Patrons« zu Hilfeleistung und Solidarität in Fällen einer gravierenden Notlage des »Klienten«. Dieser vertikalen Klientelbeziehung wird heute bisweilen eine horizontale gegenübergestellt, in der sich die beiden Partner im Bedarfsfall Güter derselben Art zur Verfügung stellen *(Landé* 1983: 447).

Mit der Zahl von deskriptiven Studien wuchs eine zunehmend beklagte Kluft zur »Dürftigkeit, ja Sterilität des Konzepts« *(Graziano* 1983: 425). Schwierigkeiten, dem Begriff K. eine ausreichende analytische Schärfe zu verleihen, entstehen, wenn er von interpersonalen Beziehungen auf regionale und/oder internationale Dependenzbeziehungen übertragen wird *(Graziano* 1983: 426). Zwar werden funktionale Aspekte des K. gut herausgearbeitet – etwa seine Fähigkeit, Leistungsdefizite von Institutionen zu mindern. Zu wenig berücksichtigt wird jedoch die Ebene der ↗ Sozialstruktur, die nicht als eigene Determinante, sondern eher empirisch als Aggregat von Klientelbeziehungen gesehen wird *(Higgins,* in: *Clapham* 1982: 116). Schon 1974 hatte *Kaufman* (1974: 293) darauf hingewiesen, je größer die untersuchte Makroeinheit sei, desto notwendiger sei es, in die Analyse Eigenschaften und Annahmen einzuführen, die nicht vom Konzept »Patron–Klient« abgeleitet werden könnten. Auch in neueren Arbeiten wird eingeräumt, daß es bisher nicht gelungen ist, die gesellschaftliche Dimension des Klientelismuskonzepts hinreichend zu erfassen (*Weber Pazmiño* 1991: 168).
Nicht geleistet wurden bisher systematische Analysen, die etwa erklären können, zu welchem Zeitpunkt und unter welchen Voraussetzungen Patron-Klienten-Beziehungen z. B. die Trennlinien zwischen Klassen verändern (*Lemarchand* 1981: 12). Zwar wurden einzelne, z. T. sehr komplexe Modelle (vgl. *Purcell,* in: *Eisenstadt/Lemarchand* 1981) entwickelt, die wichtige Einsichten vermitteln. Sie haben aber den Nachteil, nicht endgültig und nicht falsifizierbar zu sein. Ferner sind sie nur auf ein einziges Land bezogen und eignen sich kaum zur Analyse anderer Staaten oder zur Entwicklung der Typologie politischer Systeme. Im methodischen Bereich waren Versuche, quantifizierende Indikatoren zur Bestimmung von Klientelverhältnissen einzuführen, nicht weitgehend genug. Bei Analysen auf der Makroebene fehlen sie fast ganz (*Landé* 1983: 437 ff.).
Trotz somit unbestrittener Schwächen des Klientelismus-Konzepts behält die Analyse von Patron-Klienten-Beziehungen ihren heuristischen Wert, denn sie kennzeichnet *»a distinct mode of regulating crucial aspects of institutional order: the structuring of the flow of resources, exchange and power relations and their legitimation in society«* (*Eisenstadt/Roniger* 1980: 49).

Klaus Ziemer

Lit.: *Clapham, C.* (Hrsg.) 1982: Private Patronage and Public Power: Political Clientelism in the Modern State, London. *Eisenstadt, S. N./Lemarchand, R.* (Hrsg.) 1981: Political Clientelism, Patronage and Development, Beverly Hills. *Eisenstadt, S. N./Roniger, L.* 1980: Patron-Client-Relations as a Model of Structuring Social Exchange, in: Comparative Studies in Society and History 22, 42–77. *Gellner, E./Waterbury, J.* (Hrsg.) 1977: Patrons and Clients in Mediterranean Societies, London. *Graziano, L.* (Hrsg.) 1983: Political Clientelism and Comparative Perspectives, IPSR 4. *Kaufman, R.* 1974: The Patron-Client Concept and Macro-Politics: Prospects and Problems, in: Comparative Studies in Society and History 16, 284–308. *Landé, C. H.* 1983: Political Clientelism in Political Studies. Retrospect and Prospects, in: *Graziano* 1983, 435–454. *Lemarchand, R.* 1981: Comparative Political Clientelism: Structure, Process and Optic, in: *Eisenstadt / Lemarchand*, 7–32. *Weber Pazmiño, G.* (Hrsg.) 1991: Klientelismus. Annäherungen an das Konzept, Zürich.

Koalition / Koalitionstheorien

I. Eine Koalition (K.) ist ein »Bündnis von Parteien zur Regierungsbildung und parlamentarischen Unterstützung der Regierung«. Diese Definition *T. Eschenburgs* (1963) signalisiert eine Präzision der Begriffsbildung, die in Wirklichkeit jedoch nicht existiert. Ebensowenig besteht Klarheit über den Verwendungszusammenhang des Koalitionsbegriffs. Gerade die mit weitreichenden Erwartungen verbundene Entdeckung der K. als Gegenstand theoretischer Bemühungen hat durch den Anspruch, einen Schlüssel für die Lösung aller Rätsel gesellschaftlichen und politischen Zusammenlebens zu finden, bei dem Versuch, einen diesen Anspruch umsetzenden operationalisierbaren Koalitionsbegriff zu formulieren, in die Gegenrichtung geführt: nämlich in größtmögliche begriffliche Allgemeinheit.

W. Riker definiert: »*The word ›coalition‹ has long been used in ordinary English to refer to a group of people who come together (usually on a temporary basis) to obtain some end. Typically, a coalition has been regarded as a parliamentary or political grouping less permanent than a party or a faction or an interest group... Recently, however, the word has acquired a technical significance in social science theories with the elaboration... of the theory of n-person games.*« *W. Gamson*, ein anderer prominenter Koalitionstheoretiker, fügt ebenfalls in der *International Encyclopedia of Social Sciences* hinzu: »*It is the joint use of resources to determine the outcome of a decision in a mixed-motive situation involving more than two units.*« Damit führt der Trend der internationalen Diskussion aus dem engeren Bereich des Politischen hinaus und begreift Koalitionsbildung als ein allgemeines soziales Phänomen. Zumindest unter der Voraussetzung parlamentarischer Regierungssysteme, welche durch die regierungs- (und damit mehrheits-)bildende Funktion des Parlaments konstituiert werden, wäre der umgekehrte Weg zu fordern. Gleichwohl sind die Bemühungen zur Begriffserklärung und Theoriebildung in diesem Kontext eher spärlich und zufällig. Systematisierungen (z. B. »kleine, große, echte, unechte, negative« K.) tragen schon wegen ihrer vagen Terminologie nicht weit. Dabei hätten *D. Sternbergers* Bemerkungen über Bildung und Formen der Koalitionsregierung (1956) Anknüpfungspunkte geboten, wenn sie auch allzu deutlich auf die Wahlsystemfrage (Mehrheits- oder Verhältniswahl) abzielten.

Dennoch deuteten sich bereits hier wichtige Determinanten der Koalitionsbildung an: das Regierungssystem, welches als parlamentarisches nahezu zwangsläufig stabile Koalitionsbildungen erzwingt, weil absolute Mehrheiten außergewöhnlich sind, welches aber als präsidentielles z. B. die Möglichkeit fluktuierender *issue*-orientierter und folglich ständig wechselnder Mehrheitsbildungen eröffnet; das ↗ Wahlsystem, welches als ausgeprägtes Proporzsystem Koalitionsbildungen ebenso erzwingen wie zugleich erschweren, welches als Mehrheitswahlsystem sie andrerseits idealiter sogar überflüssig werden lassen kann; das ↗ Parteiensystem, welches insbesondere durch die vorherrschenden Parteitypen (z. B. verantwortungsorientierte ↗ Volkspartei oder ideologieorientierte Weltanschauungsparteien) determinierend für die Koalitionsfähigkeit der politischen Akteure wirkt; in engem Zusammenhang damit ist das politisierbare gesellschaftliche Spannungs-

und Konfliktpotential zu nennen, das seinerseits auf Gestalt, Typus und Verhaltensweisen der Parteien sowie ihre potentiellen ideologischen Affinitäten und Differenzen einwirkt. Die Fragen nach Notwendigkeit, Möglichkeit und Stabilität von Koalitionsbildungen müßten sich anhand dieser Determinanten systematisch entfalten lassen.

II. Trotz ihrer Bedeutung in parlamentarischen Regierungssystemen blieben in der Wiss. die empirischen Bemühungen um die K. als Thema schwach ausgeprägt. Theoretisch wurde das Phänomen spät entdeckt, gleichzeitig aber mit dem hohen Anspruch, als ein neuer Königsweg der Sozialwiss. gesellschaftliches Zusammenleben zu erklären. Der koalitionstheoretische Aufbruch in den 60er und 70er Jahren in der US-amerikanischen Politikwiss. nahm seinen Ausgang nicht bei der Koalitionsregierung, die dem dortigen politischen System ohnehin fremd ist. Er wurde weitgehend angeregt von dem in die US-amerikanische Soziologie eingegangenen Ansatz *G. Simmels*, daß in jeder Triade die Situation entstehen muß, daß zwei sich gegen einen verbünden. *»Two against one«* (*Caplow* 1968) ist geradezu die Programmerklärung dieses Ansatzes, der im weitesten Sinn K. als charakteristische Form aller sozialen Organisation begreift und von daher zu einer hochformalisierten, keineswegs nur das Politische im engeren Sinn ansteuernden Theoriebildung zu gelangen sucht. Insofern gründet auch die politikwiss. Koalitionsforschung auf sozialpsychologischen und soziologischen Ansätzen, in denen aufgezeigt wurde, daß soziale Interaktionen in Familie, Gruppe und Organisation durch Absprachen gekennzeichnet sind, mit deren Hilfe sich eine beliebige Anzahl von Partnern zusammentun, um gemeinsam Ziele durchzusetzen. Eine solche K. ist regelmäßig gegen einen dritten gerichtet. Am Anfang steht die Theorie von *n-person-games*, die *J. von Neumann/O. Morgenstern* entwickelt haben, nach der es in Drei- oder Mehr-Personenspielen für jeden Akteur darauf ankommt, Partner auszuwählen, mit denen gemeinsam Gewinn zu erzielen ist. Tatsächlich ist es beiden Autoren jedoch nur gelungen, die Gewinnteilung zu erklären, jedoch nicht die Partnerwahl.
Dieser allgemeine Einstieg hat dazu geführt, nicht nur Koalitionsbildungsprozesse in sozialen Gruppen, sondern auch solche in der ↗ Internationalen Politik ins Zentrum der Theoriebildung zu rücken. Die Frage ist jedoch, ob für das Problem politischer K. nicht umfassendere und komplexere Kausalitätsketten angenommen werden müssen, als sie der Simulation und Situation in Personentriaden zugrunde liegen: Dort können durchaus sich wiederholende Strategien unter gleichbleibenden internen und externen Bedingungen sichtbar werden, während eine Übertragung auf den politischen Bereich dazu verleitet, durch Begriffsidentität auch Strukturidentität von Kleingruppenexperimenten zu behaupten, deren Existenz in Wirklichkeit erheblich anzuzweifeln ist (vgl. *Rausch* 1976).

Heinrich Oberreuter

Lit.: *Baker, P.M.* 1981: Theoretical Perspectives on Coalitions: Political and Social Interpretations, in: Social Science 56, 22–32. *Browne, E.C./Gleiber, D.W./Mashoba, C.S.* 1984: Evaluating Conflict of Interest Theory: Western European Cabinet Coalitions, 1945–80, in: BJPol.S. 14, 1–32. *Budge, I./Herman, V.* 1978: Coalitions and Government Formation: An Empirically Relevant Theory, in: BJPol.S 8, 459–477. *Butterworth, R.L.* 1971: A Research Note on the Size of Winning Coalitions, in: APSR 65, 791 ff. *Caplow, T.* 1956: A Theory of Coalitions in the Triad, in: ASR 21, 489–493. *Caplow, T.* 1968: Two Against One. Coalitions in Triads, Englewood Cliffs. *Fach, W.* 1974: Koalition und Opposition in spieltheoretischer Sicht: Ein Beitrag zur Analyse und Kritik der neuen politischen Ökonomie, Berlin. *Gamson, W. A.* 1968: Coalition Formation, in: IESS, Bd. 2, 529–534. *Hinckley, B.* 1979: Twenty-one-Variables. Beyond the Size of Winning Coalitions, in: JoP 41, 192–212. *Laver, M.* 1974: Dynamic Factors in Government Coalition Formation, in: EJPR 2, 259–270. *Luebbert, G. M.* 1983: Coalition Theory and Government Formation in Multiparty Democracies, in: CP 15, 235–249. *Neumann, J. von/Morgenstern, O.* (1944) [3]1964: Theory of

Games and Economic Behaviour, New York. *Rausch, H.* 1976: Ein neuer »Phönix aus der Asche«? Bemerkungen zur formalisierten Koalitionstheorie, in: Civatas, Bd. 14, 74–98. *Riker, W. H.* 1962: The Theory of Political Coalitions, New Haven. *Riker, W. H.* 1968: The Study of Coalitions, in: IESS, Bd. 2, 524–529.

Kommunalpolitik

I. 1. Inhaltlich ist Kommunalpolitik (K.) seit eh und je vor allem Daseinsvorsorge, Sozialpolitik, Infrastrukturpolitik, Wirtschaftsförderung, Kultur- und Freizeitpolitik – alles Bereiche, die nicht unter den an der äußeren und inneren Sicherheit des Staates orientierten ↗ Politikbegriff des 19. Jh.s fallen. Ihrem Wesen nach ist K. projektbezogen und einzelfallorientiert, von daher fällt sie auch nicht unter einen Politikbegriff, der ausschließlich auf die Setzung allgemeiner Normen abhebt und für den die Einzelfallentscheidung (unpolitische, weil die vorgegebene Norm erfüllende) Verwaltung ist. Von daher ist zu verstehen, daß sich in Deutschland anstelle von K. der Begriff Selbstverwaltung gehalten hat – im Gegensatz etwa zum angelsächsischen Sprachgebrauch von *local government* und *self government*. Politik ist K. jedoch insofern, als auch hier zwischen programm- bzw. interessenbezogenen Handlungsalternativen entschieden werden muß – auch wenn die Entscheidung zumeist nicht unter Ausnutzung klarer Mehrheitsverhältnisse, sondern einvernehmlich erfolgt (konkurrenzdemokratische versus konkordanzdemokratische Entscheidungsmuster). K. stellt die unterste Stufe öffentlicher, auf eine räumliche Einheit bezogener Aufgabenerledigung dar.

Bezugsgröße für K. ist die Gebietseinheit Gemeinde. Im deutschen Wort Gemeinde wie im vom Lateinischen abgeleiteten Wort Kommune steckt die Bedeutung »gemeinsam«. Damit ist das genossenschaftliche Element von K. bezeichnet (↗ Genossenschaften). Überall in Europa steht die genossenschaftliche Erledigung der Aufgaben von lokaler Bedeutung auch historisch am Anfang und weitgehend im Vordergrund von K., so z. B. die gemeinsame Schaffung einer landwirtschaftlichen Infrastruktur (Feldwegebau), die Schaffung und Unterhaltung von Eigenbetrieben (z. B. Mühlen), Arbeitsregelungen wie Flurzwang und gemeinschaftliche Nutzung von Weide und Wald, Flurschutz, der Unterhalt eines – wenn auch bescheidenen – sozialen Netzes (Versorgung Unehelicher und Waisen, von Armen und alleinstehenden Alten und Invaliden), Reglementierung des Lebenswandels (z. B. zur Verhinderung kostenverursachender unehelicher Geburten oder vorzeitiger Invalidität durch Trunksucht), Schlichtung von Streitigkeiten, Abwehr der Übergriffe von außen (Räuber, Gesindel, Soldaten, Grenzverletzung durch Nachbargemeinden etc.). Die Mitgliedschaft im Genossenschaftsverband Gemeinde mußte streng und restriktiv geregelt werden, weil sie den Versorgungsanspruch in der Not mitbeinhaltete (heute noch in der Schweiz); erst die Ablösung der ↗ Sozialpolitik von Familie und Gemeinde, d. h. ihre Verstaatlichung, erlaubt eine offene Mitgliedschaft. Falsch wäre es, sich die herrschaftlich-feudalistisch-staatliche Ordnung als der kommunal-genossenschaftlichen zu allen Zeiten als notwendigerweise übergeordnet vorzustellen. Beide standen sich in Europa jahrhundertelang in Konkurrenz gegenüber, teilweise über die Zeit des Absolutismus hinaus. Mit der Schweizer Eidgenossenschaft gelang es sogar, das genossenschaftlich-kommunale Prinzip zum Strukturprinzip des Staates zu erheben *(Blickle* 1981). – In den USA ging die Gemeinde im Zuge der Kolonisierung und vor allem der Westausdehnung dem Staat ständig voraus. Folgen der historischen Entwicklung sind überall spürbar im Selbstbewußtsein der kommunalen Selbstverwaltung und in der (lokalen, aber auch nationalen) politischen Kultur. Auch die Unterscheidungen zwischen Staat und Gesellschaft, zwischen »Staatspolitik« und kommunaler Selbstverwaltung (namentlich in der juristischen Literatur Deutschlands) haben im historischen Gegensatz zwischen herrschaftlich und genossenschaftlich ihre Anknüpfungspunkte.

Gemeinde ist aber nicht gleich Gemeinde: weder begrifflich noch inhaltlich. So unterscheidet *A. Klönne* (1972) zwischen dem soziologischen (= genaue Grenzen im Raum, Nachbarschaftssystem, Wir-Bewußtsein), dem staatsrechtlichen (= Rechtstitel) und dem politikwiss. (= sinnvoller Rahmen politischer Entscheidung und Planung auf der untersten Ebene) Gemeindebegriff. In Deutschland und Großbritannien, nicht aber in den USA und nur in Ansätzen in Frankreich, hat die kommunale Gebietsreform die Gemeinde im staatsrechtlichen und politikwiss. Sinne zur Deckung zu bringen versucht – um so schärfer klaffen dann Gemeinde im soziologischen und im staatsrechtlichen Sinn auseinander (mehrere Gemeinden im soziologischen Sinn bilden eine Gemeinde im staatsrechtlichen Sinn): Darin liegt die Problematik der Gemeindereform. In Großbritannien gibt es überhaupt keine Gemeinden mehr, sondern nur noch *Unitary Councils* (69), *County Councils* (39), *District/Borough Councils* (296) und *Parish/Town Councils* (10200) (*Mitchell-Gears* in: *Wehling* 1994).

Im Anschluß an *R. König* (1958) wird die Gemeinde zumeist als »globale Gesellschaft auf lokaler Basis« angesehen. Historisch gesehen stimmt das überall, für Europa auch heute noch. In den USA jedoch ist die Gemeinde unter den Bedingungen der Finanzverfassung und der hohen Mobilität vielfach zu einem Anbieter von jeweils unterschiedlichen Dienstleistungen geworden, die man sich je nach Geldbeutel und aktuellen Bedürfnissen auswählt. Nur so ist z.B. die Existenz von Altenstädten (wie *Sun City* in Arizona) zu erklären, weil man dort das Geld für Kindergärten, Schulen und weitgehend auch Polizei sparen kann. Demgegenüber steht der hochgradig gemeinschaftsbildende und allumfassende Charakter von *Moshav* und *Kibbuz* in Israel.

2. Gerechtfertigt wird die Existenz der kommunalen Ebene einerseits mit einem Effizienzargument als Entlastung der höheren Ebenen vom Problem- und Entscheidungsdruck und als Chance sachgerechter Lösungen (Orts- und Gegenstandsnähe *versus* »grüner Tisch«), andererseits demokratietheoretisch (↗ Demokratietheorie) als Chance zu mehr ↗ Partizipation einschließlich der Qualifikationsmöglichkeit für die höheren Ebenen (»Schule der Demokratie« – elitentheoretisches Argument). In Verknüpfung dieser Argumente ist durch kommunale Selbstverwaltung ferner eine legitimatorische Entlastung des ↗ Politischen Systems möglich, einschließlich der Möglichkeit, daß Unzufriedenheit sich lokale Aggressionsobjekte sucht und höhere Instanzen verschont. Des weiteren kann die kommunale Ebene kleinkarierte Interessenpolitik und persönliche Querelen wegfiltern sowie ein als dysfunktional abgestempeltes Übermaß an Partizipationsbedürfnissen aufsaugen.

Unter Bezug auf diese Rechtfertigungen bedeutet K. im Verhältnis zur zentralstaatlichen Ebene die Dekonzentration oder die Dezentralisierung politischer Befugnisse. Dekonzentration meint die Verlagerung von Zuständigkeiten auf untere Ebenen ohne Ausgliederung aus der Verwaltungshierarchie, die jeweils unteren Ebenen werden also von oben angewiesen und kontrolliert. Dezentralisation meint demgegenüber die eigenverantwortliche Aufgabenerledigung durch selbständige Körperschaften oder andere Institutionen, wenn auch unter (Rechts-)Aufsicht der zentralstaatlichen Ebene.

Alle Typen von Gemeindeverfassung sind Mischtypen. Dem Dekonzentrations-Modell am nächsten kommen die Länder, die den französischen Typ von Gemeindeordnung übernommen haben: Frankreich, Italien, die Niederlande, Belgien und Luxemburg, in Deutschland ursprünglich auch Baden und Bayern. Am Dekonzentrations-Modell orientierte Gemeindeordnungen sind aus dem jedem lokalen Sonderdasein und »Wildwuchs« abholden Geist der ↗ Aufklärung entstanden und verstanden sich vielfach als Instrumente zur Gesellschaftsveränderung von oben. So ist zu erklären, daß auch Japan seit der Öffnung des Landes nach 1853 einen solchen Typ von Gemeindeverfassung aufweist, und die Staaten des »real existierenden Sozialismus« kannten nur dieses Modell.

»Klassische« Länder mit Dezentralisations-Modell sind Deutschland und die USA. Einen Sonderfall stellt Großbritannien dar. Es kennt zwar keine institutionelle Garantie kommunaler Selbstverwaltung wie die Bundesrepublik Deutschland (Art. 28 GG), was wegen der Parlamentssuprematie auch systemfremd wäre, faktisch jedoch gibt es eine kommunale Selbstverwaltung (wenn auch nur – im Gegensatz zur originären Allzuständigkeit der Gemeinden in der Bundesrepublik – im Rahmen ausdrücklicher gesetzlicher Aufgabenzuweisungen).

Die Frage der kommunalen Autonomie bzw. der Beschränkung der Handlungsspielräume stellt sich heute nicht nur im Rahmen des Dekonzentrations-Modells. Im Zuge einer allgemeinen Verrechtlichung macht sich von staatlicher Seite eine zunehmende Reglementierung bemerkbar. In allen westlichen Industrieländern – auch in den USA mit ihrer ausgeprägten Trennung der Ebenen Bund, Einzelstaat, Gemeinde – werden auf dem Gebiet der Finanzen zunehmend projektgebundene Zuweisungen des Staates eingesetzt, die die kommunalen Handlungsspielräume zu beschränken drohen. Für die Bundesrepublik ist zudem auf dem Gebiet der Finanzverfassung (s. u.) seit 1969 der Übergang zum Steuerverbund zwischen Bund, Ländern und Gemeinden kennzeichnend. So hat sich hier eine Form des ↗ Föderalismus herausgebildet, die man als ↗ Politikverflechtung bezeichnet.

Auf institutioneller Ebene ist für den »französischen« Typ von Kommunalverfassung kennzeichnend: Gemeinderat als Kommunalparlament, aus seiner Mitte gewählt Bürgermeister und Beigeordnete als (ehrenamtliche) Gemeinderegierung, zusätzlich quasi als Chef der Verwaltung ein Gemeindesekretär mit besonders engen Bindungen an die Staatsverwaltung (in Italien z. B. ist er, obwohl von der Gemeinde bezahlt, Staatsbeamter; seit den »Paket«-Vereinbarungen von 1969 ist in Südtirol der Gemeindesekretär Gemeindebeamter, was man dort im Rahmen der Autonomieforderungen immer verlangt hatte).

Ein typisches Institutionengefüge gibt es im Rahmen des Dezentralisations-Modells natürlicherweise nicht. Wie weit das Spektrum reichen kann, soll am Beispiel der Bundesrepublik weiter unten dargestellt werden.

II. Die Inhalte von K. *(policy)* wie auch der kommunalpolitische Willensbildungsprozeß *(politics)* werden sowohl durch solche Determinanten mitbestimmt, die das ganze politische System bestimmen, als auch durch solche, die für jede Gemeinde unterschiedlich sind. Zu den ersten gehören die Verfassung, die Wirtschafts- und Sozialordnung, die Finanzverfassung und die nationale ↗ Politische Kultur; zu den zweiten Ortsgröße (Einwohnerzahl), sozioökonomische Gemeindestruktur, regionale und lokale politische Kultur sowie die jeweilige Kommunalverfassung (Gemeindeordnung) in Landern mit verschiedenen Typen kommunaler Verfassung (Bundesrepublik Deutschland). Im Rahmen der Determinanten der Gemeindeebene werden ferner Filter für die Inhalte von K. in Form intermediärer Gruppen wie ↗ Parteien, Vereine, ↗ Bürgerinitiativen wirksam.

1. Die westlichen Industrieländer sind durch eine Wirtschafts- und Sozialordnung gekennzeichnet, für die privater Besitz an und private Verfügung über die Produktionsmittel charakteristisch ist. Alle damit verbundenen privaten Entscheidungen werden lokal und mithin auch kommunalpolitisch wirksam. Die K. verfügt demgegenüber nur über relativ geringe Steuerungsmöglichkeiten, etwa in Form von Enteignungsregelungen bei Grund und Boden, Auflagemöglichkeiten und insbes. über finanzielle Anreize.

Diese Steuerungsmöglichkeiten werden vor allem dann noch geschwächt, wenn die Finanzverfassung die Gemeinde von den Wirtschaftssubjekten teilweise abhängig macht (Grundsteuer, Gewerbesteuer in Deutschland). So kann sich K. zur Wirtschaftsförderungspolitik verengen (*Zoll* 1974: 122). Andere Finanzverfassungen, die den Gemeinden eine lokale Einkommenssteuer zugestehen, verhelfen damit zwar zu einem kostenbewußten Umgang mit den kommunalen Finanzen, führen aber andererseits zu einer stark selektiven Aufgabenerfüllung (Beispiel USA, s.o.). Von Interesse ist vor allem auch, in welchem Umfang die Gemeinden ihre Ausgaben aus eigenen Einnahmen finanzieren können bzw. in welchem Ausmaß sie von der höheren politischen Ebene »ausgehalten« werden (allgemeine wie zweckgebundene Finanzzuweisungen). Finanzzuweisungen sind für Dekonzentrations-Modelle systemkonform. Wenn bei Dezentralisations-Modellen der Anteil der Finanzzuweisungen (namentlich der projektgebundenen) zunimmt, wird dadurch die Autonomie von K. beeinträchtigt, da das Geld von den höheren politischen Ebenen (in der Bundesrepublik: Bund und Land) selten ohne Auflagen gegeben wird (»goldene Zügel«). Bei der Diskussion über projektgebundene Finanzzuweisungen ist bislang übersehen worden, daß sich die Beschränkung der Autonomie in Grenzen hält, wenn die Gemeinden zwischen verschiedenen Angeboten wählen können, wie das in der Bundesrepublik sehr oft der Fall ist (*Mayntz* 1981: 162, 165). Im Vergleich mit anderen Ländern – mit Ausnahme der USA – ist in der Bundesrepublik der Anteil der eigenen Einnahmen an den Gesamteinnahmen der Gemeinden mit rund zwei Drittel immer noch außergewöhnlich hoch (ein Drittel Steuereinnahmen, ein Viertel Gebühren u.ä., ein Viertel Zuweisungen). Bei den Steuereinnahmen überwiegt hier inzwischen mit 45,1% der Einkommenssteueranteil den Gewerbesteueranteil von 39,3%; die Einnahmen aus der Grundsteuer betragen lediglich 11,7% der Gemeindeeinnahmen. Im Vergleich dazu machen z.B. in Großbritannien die allgemeinen Finanzzuweisungen rund 60% der Gemeindeeinnahmen aus (*Johnson* in *Mayntz* 1981: 31). Die Abhängigkeit der Gemeinden von übergeordneten politischen Entscheidungen und Finanzzuweisungen führt dazu, daß Gemeindevertreter in die zentralen Parlamente drängen (z.B. in Frankreich, aber auch in Japan).

Die Unterschiede in der verfassungsmäßigen Stellung der Gemeinden sind bereits grob skizziert worden. Auf die Unterschiede der politischen Kultur kann hier nicht eingegangen werden, obwohl sie sehr wesentlich die politische Wirklichkeit bestimmen und die geschriebene Verfassung in der politischen Praxis modifizieren können. So sind in Deutschland die Gemeindeordnungen von Niedersachsen und Nordrhein-Westfalen nach 1945 nach englischem Muster gestaltet worden. Trotzdem verläuft K. hier völlig anders als in Großbritannien.

2. Zwischen den westlichen Ländern wie auch innerhalb jedes einzelnen Landes bestehen beträchtliche Unterschiede in bezug auf die Zahl der Gemeinden und deren Einwohnerzahlen. So verfügt Frankreich bei 54 Mio. Einwohnern über 36551 (1990) Gemeinden, davon zählen 62% weniger als 500 Einwohner (ca. 9% der Bevölkerung wohnen in diesen Kleingemeinden). Deutschland (80,27 Mio. Einwohner) liegt mit 16121 Gemeinden (davon 8505 in den alten und 7616 in den neuen Bundesländern) hier in der Mitte. Insgesamt wohnen 18,5% der Bundesbürger in Gemeinden mit weniger als 5000 Einwohnern, 59,1% in Gemeinden unter 50000 Einwohner (1991). Die Größenordnung ist zunächst unter dem Gesichtspunkt der Autonomie zu sehen. Je kleiner die Gemeinde, desto geringer ihre Verwaltungskraft, desto stärker das Erfordernis zur Leitung von »außen«. (Von daher paßt die Vielzahl kleiner und kleinster Gemeinden in Frankreich durchaus ins System.) Die Größenordnung der jeweiligen Gemeinde hat zudem Einfluß auf den Prozeß kommunalpolitischer Willensbildung (*Wehling* 1986): Je größer die Gemeinde, desto ausgeprägter z.B. die Bedeutung von Parteien und eines lokalen ↗ Parteiensystems. Hier müssen jedoch weitere Variablen wie ↗ Wahlsystem und politische Kultur beachtet werden. In den fünf neuen ↗ Bundesländern gibt es vergleichsweise sehr viele Kommunen. Im sozialistischen »Knopfdruck-Staat« waren leistungs-

fähige und autonome Gemeinden weder erforderlich noch erwünscht. Im Zuge des Neuaufbaus demokratischer K. wird man an einer Gemeindereform nicht vorbeikommen. Sowohl für die Inhalte von Politik wie auch für den Prozeß kommunalpolitischer Willensbildung von Bedeutung ist die sozioökonomische Struktur der jeweiligen Gemeinde. Wenn z. B. das Gewerbesteueraufkommen von Sindelfingen (1991) pro Kopf 2166,65 DM (netto) ausmachte, in Marburg aber nur 997,24 DM, dann lassen sich hier unterschiedlich ausgeprägte Abhängigkeiten von den Gewerbesteuerzahlern vermuten, die sich nicht massiv (in Form direkter Interventionen) zu äußern brauchen, sondern zumeist automatisch wirksam werden. Doch läßt sich der Einfluß sozioökonomischer Determinanten nicht auf die Gewerbesteuerzahler (sprich: Industrie) reduzieren. Sozioökonomische Typen von Gemeinden sind ferner z. B. landwirtschaftlich geprägte Orte, Bundeswehrstandorte (wo Unteroffiziere nicht nur im Gemeinderat zu finden sind, sondern auch in den Vorständen wichtiger Vereine, wegen ihres Organisationstalents, ihrer Redebegabung, ihrer »Einsatzfreude«), Beamtenstädte, Universitätsstädte (wobei in den letzten beiden z. B. Bürgerinitiativen eine stärkere Rolle spielen, sowohl in der kommunalpolitischen Willensbildung als auch in Hinblick auf die durch sie transportierten spezifischen Inhalte).

In welchem Ausmaß unterschiedliche Typen von Kommunalverfassung (Gemeindeordnungen) in ein und demselben Staat einen unterschiedlichen Ablauf des kommunalpolitischen Willensbildungsprozesses und unterschiedliche Politikergebnisse zur Folge haben, ließe sich am ehesten in der Bundesrepublik Deutschland studieren. Aufgrund der Zuständigkeiten des jeweiligen Landesgesetzgebers gibt es gemäß heimischen Traditionen bzw. entsprechend den Vorstellungen der einstmaligen Besatzungsmacht (Niedersachsen, Nordrhein-Westfalen) vier unterschiedliche Typen von Gemeindeverfassungen (siehe Tabelle 7, S. 324).

Stark vereinfacht lassen sich die Auswirkungen der verschiedenen Typen dabei so zusammenfassen, daß trotz eines generell zu beobachtenden Übergewichts der Verwaltung gegenüber der Vertretungskörperschaft (Rat) in den zweiköpfigen Systemen (≙ dem Verwaltungschef steht ein Ratsvorsitzender gegenüber) der Einfluß des Rates auf die K. erheblich höher und die »Chance für ein hohes Maß an Diskussion und Öffentlichkeit« größer sind (*Banner* 1972: 166). Andererseits ist der Einfluß des Rats dort am geringsten, wo der Bürgermeister zugleich Verwaltungschef, Ratsvorsitzender und Vertreter der Gemeinde nach außen und zudem noch volksgewählt ist (ursprünglich nur Baden-Württemberg und Bayern). Hier kann sich das Amt zum populistischen »Wahlkönigtum« entwickeln. Die Effizienz von K. scheint hier vor allem im Vergleich zu den zweiköpfigen Systemen (mit ihren rivalitätsbedingten Reibungsverlusten) höher zu sein. Hier zeigt sich das Dilemma von ↗ Partizipation und Effizienz, die »Antinomie von erfolgreicher Verwaltungsführung und demokratischen Erfordernissen« (*Zoll* 1974: 133). Die Auswirkungen verschiedener kommunaler Verfassungssysteme auf die Inhalte von K. sind noch weitgehend unerforscht, die Frage *Who governs?* (wer regiert?) wurde selten erweitert zu *What difference does it make who governs?* (wer regiert – welchen Unterschied macht das?). Unbeachtet blieben auch bislang die Auswirkungen unterschiedlicher lokaler und regionaler politischer Kulturen auf *policy* und *politics* (↗ Politikbegriffe).

3. Die Bedeutung von Parteien in der K. hangt von der jeweiligen politischen Kultur, dem Wahlsystem (als Teil der Gemeindeverfassung) und der Ortsgröße ab: je größer die Gemeinde, desto ausgeprägter die Rolle der politischen Parteien. In Ländern und Regionen mit stark ausgeprägten Gegensätzen findet man auch in kleineren Gemeinden Parteien im Rathaus; ebenso aber auch dort, wo die Gemeinden stark unter gesamtstaatlicher Kuratel stehen (die als notwendig erachtete »Überparteilichkeit« der Kommunalverwaltung besorgt hier der Staat). Wo der Wähler seine eigene Liste zusammenstellen und zudem noch Stimmen häufen kann (panaschieren und kumulieren, z. B. in Baden-Württemberg, Bayern, Niedersachsen, Rheinland-Pfalz), sind die Parteien von geringerer Bedeutung. Mit dem (politisch-kulturellen)

Tabelle 7: Gemeindeordnungen im Überblick

Land	Verfassungstyp	Gemeinderat	Hauptverwaltungsbeamter/ Verwaltungsspitze					Bürgerbegehren und Bürgerentscheid?
		Wahlperiode in J.	Name	Wahlmodus	Amtszeit in J.	Abwählbar?	G.-R. und Ausschußvorsitz?	
Baden-Württemberg	Süddeutsche Ratsverfassung – einköpfig	5	(Ober-)Bürgermeister	Volkswahl	8	nein	ja	ja, 15 % bzw. 30 %
Bayern	Süddeutsche Ratsverfassung – einköpfig	6	1. Bürgermeister bzw. Oberbürgermeister	Volkswahl	6	nein	ja	nein
Brandenburg	ein- (bei ehrenamtl. BM) und zweiköpfig (hauptamtl. BM)	5	(Ober-)Bürgermeister	Volkswahl	8	ja	nein	ja, 10 % bzw. 25 %
Hessen	Magistratsverfassung – zweiköpfig	4	Magistrat mit (Ober-) Bürgermeister	Volkswahl	6	durch Bevölkerung	nein	ja, 10 % bzw. 25 %
Mecklenburg-Vorpommern	zweiköpfig	5	(Ober-)Bürgermeister	Wahl durch Gemeinderat	7 bis 9	mit $2/3$-Mehrheit	nein	ja, 10 % bzw. 25 %
Niedersachsen	Norddeutsche Ratsverfassung – zweiköpfig	5	Gemeindedirektor bzw. (Ober-)Stadtdirektor	Wahl durch Gemeinderat	6 oder 12	mit $3/4$-Mehrheit	nein	nein
Nordrhein-Westfalen	Norddeutsche Ratsverfassung – zweiköpfig	5	Gemeindedirektor bzw. (Ober-)Stadtdirektor	Wahl durch Gemeinderat	8	mit $2/3$-Mehrheit	nein	nein
Rheinland-Pfalz	Bürgermeisterverfassung – einköpfig	5	(Ober-)Bürgermeister	Volkswahl	8	durch Bevölkerung	ja	ja, 15 % bzw. 30 %
Saarland	Bürgermeisterverfassung – einköpfig	5	(Ober-)Bürgermeister	Wahl durch Gemeinderat	10	mit $2/3$-Mehrheit	ja, ohne Stimmrecht	nein
Sachsen	Süddeutsche Ratsverfassung – einköpfig	5	(Ober-)Bürgermeister	Volkswahl	7	durch Bevölkerung	ja	ja, 10 % bzw. 25 %
Sachsen-Anhalt	Süddeutsche Ratsverfassung – zweiköpfig	5	(Ober-)Bürgermeister	Volkswahl	7	durch Bevölkerung	nein	ja, 15 % bzw. 30 %
Schleswig-Holstein	zweiköpfig (in kreisfr. Städten), sonst einköpfig	4	Magistrat mit (Ober-) Bürgermeister	Wahl durch Gemeinderat	6 bis 12	mit $2/3$-Mehrheit	nein	ja, 10 % bzw. 25 %
Thüringen	Süddeutsche Ratsverfassung – einköpfig	5	(Ober-)Bürgermeister	Volkswahl	6	durch Bevölkerung	ja	ja, 20 % bzw. 25 %

Verständnis von K. als unpolitisch und mit dem Wahlsystem hängt zusammen, daß in der Bundesrepublik in Baden-Württemberg, Bayern und Niedersachsen, aber auch in Rheinland-Pfalz und Hessen die Freien Wähler (»Rathausparteien«) eine größere Rolle spielen: als ausgewogenes Dorfpotpourri aller Sozialaktiven mit verschiedener Akzentuierung (entsprechend parteipolitischer Grundrichtungen, Familienzugehörigkeit, unterschiedlicher kirchlicher Bindung, einheimisch oder zugezogen) in kleineren Gemeinden, als Vertreter des »alten Mittelstandes« (Krämer, Handwerker, Bauunternehmer, Architekten, Rechtsanwälte) in den mittleren Gemeinden.

Eine zentrale Rolle bei der Artikulation und Durchsetzung von Bürgerwünschen und Interessen, aber auch bei der Auslese kommunalpolitischen Personals kommt den Vereinen zu: »Bedürfnisse, die sich nicht in Vereinsform darstellen, werden nicht sichtbar und gelten als unwichtig« (*Naßmacher/Naßmacher* 1979: 118). Demokratietheoretisch bedenklich daran ist, daß die Vereinsmitgliedschaft keinesfalls für die Bevölkerung repräsentativ ist und in den Vorständen das mittelständische Element noch stärker überwiegt. Besonders leicht lassen sich auf Gemeindeebene z. B. Freizeitinteressen vereinsmäßig organisieren, so daß im *policy*-Bereich die Gemeinde z. B. ausgesprochen stark als Sportförderer auftritt.

Im Gefolge eines ↗ Wertewandels in den Industrieländern und vor dem Hintergrund der Funktionsschwäche der Parteien traten seit dem Ende der 60er Jahre zunehmend ↗ Bürgerinitiativen als Akteure in der K. auf den Plan, die sich vorwiegend Problemen aus dem Reproduktionsbereich einer Gesellschaft annehmen: Umwelt, Verkehr, Wohnen, Kinder-, Jugend-, Schulprobleme. Die Anstöße zur Gründung von Bürgerinitiativen gehen zu einem beträchtlichen Teil von Planungen der Verwaltung selbst aus, die Mitgliedschaft ist stark vom »neuen Mittelstand« (Lehrer, Beamte, Angestellte mit höherem Bildungsstand) geprägt (↗ Sozialstruktur). Die Aktionsformen der Bürgerinitiativen machen Mandatsträgern und Verwaltung die Kooperation nicht immer leicht: Da Bürgerinitiativen eine »fluktuierende«, formal kaum gebundene Mitgliedschaft haben, die sich zudem nur vorübergehend für eine Sache zu engagieren bereit ist, muß der harte Kern den Konflikt emotionalisieren, moralisieren und personalisieren. Dadurch werden Kompromisse mit der Verwaltung erschwert (es geht um »alles oder nichts«), der Konflikt eskaliert. Aussagen über Erfolgsaussichten von Bürgerinitiativen lassen sich bei der unzureichenden empirischen Übersicht nur mit Vorbehalt machen. Je frühzeitiger eine Bürgerinitiative ein Thema aufgreift – vor allem wenn die Verwaltung noch nicht festgelegt ist –, desto größer die Erfolgsaussichten. Das gilt vor allem für Bürgerinitiativen, die sich für bisher nicht bestehende Einrichtungen stark machen. In Ländern mit Elementen direkter Demokratie (Schweiz, USA, für die Bundesrepublik vgl. Tabelle 7) stehen den Bürgerinitiativen zur Zielerreichung institutionelle Kanäle zur Verfügung. – Die Verwaltungen scheinen im Umgang mit Bürgerinitiativen lernfähig geworden zu sein – auch in der Hinsicht, daß man Planungen in solche Gegenden verlegt, deren soziale und politische Struktur wenig Gegenwehr in Form von Bürgerinitiativen erwarten läßt.

Hans-Georg Wehling

↗ Föderalismus; Staatsausgaben.

Lit.: *Andersen, K.* (Hrsg.) 1987: Kommunale Selbstverwaltung und Kommunalpolitik in Nordrhein-Westfalen, Stuttgart. *Banner, G.* 1972: Politische Willensbildung in Großstadten mit Oberstadtdirektorverfassung, in: *Grauhan, R. R.* (Hrsg.): Großstadtpolitik, Gütersloh, 162–180. *Blickle, P.* 1981: Deutsche Untertanen, München. *Ellwein, Th./Zoll, R.* 1982: Wertheim: Politik und Machtstruktur in einer deutschen Stadt, München. *Gabriel, O. W.* 1979: Mängelanalyse des politischen Willensbildungsprozesses in der Gemeinde, in: *Institut für Kommunalwissenschaften der Konrad-Adenauer-Stiftung* (Hrsg.): Politische Beteiligung im politischen System 1, Bonn, 73–252. *Gabriel, O. W.* (Hrsg.) 1989: Kommunale Demokratie zwischen Politik und Verwaltung, München. *Guggenberger, B./Kempf, U.* (Hrsg.) ²1984: Bürgerinitiativen und repräsentatives System, Opladen. *Haus, W./Krebsbach, A.* (Hrsg.) 1967: Gemeindeordnungen in Europa, Stuttgart. *Heimelt, H./Wollmann, H.* (Hrsg.) 1991: Brennpunkt Stadt. Stadtpolitik und lokale Politikforschung in den 80er und 90er Jahren, Basel. *Klönne, A.* 1972: Zum Begriff und zur Realität von politischer Gemeinde, in: *Zoll, R.* (Hrsg.): Gemeinde als Alibi: Materialien zur politischen Soziologie der Gemeinde, München, 249–255. *Lehmbruch, G.* 1979: Der Januskopf der Ortsparteien, in: *Köser, H.* (Hrsg.): Der Bürger in der Gemeinde, Hamburg, 320–334. *Mayntz, R.* (Hrsg.) 1981: Kommunale Wirtschaftsförderung, Stuttgart. *Naßmacher, H./Naßmacher, K.-H.* 1979: Kommunalpolitik in der Bundesrepublik, Opladen. *Pfizer, Th./Wehling, H.-G.* (Hrsg.) ²1991: Kommunalpolitik in Baden-Württemberg, Stuttgart. *Püttner, G.* (Hrsg.) 1981 und 1982: Handbuch der kommunalen Wissenschaft und Praxis, Band 1: Grundlagen, Band 2: Kommunalverfassung, Berlin/Heidelberg/New York. *Schimanke, D.* (Hrsg.) 1989: Stadtdirektor oder Bürgermeister, Basel. *Wehling, H.-G.* (Hrsg.) 1978: Dorfpolitik, Opladen. *Wehling, H.-G.* 1986: Kommunalpolitik in der Bundesrepublik Deutschland, Berlin. *Wehling, H.-G./Siewert, H.-J.* ²1987: Der Bürgermeister in Baden-Württemberg, Stuttgart. *Wehling, H.-G.* (Hrsg.) 1994: Kommunalpolitik in Europa, Stuttgart. *Wollmann, H.* (Hrsg.) 1980: Politik im Dickicht der Bürokratie, Opladen. *Zoll, R.* 1974: Wertheim III. Kommunalpolitik und Machtstruktur, München.

Kommunismus

I. Der Begriff Kommunismus (K.) bezeichnet in der gegenwärtigen Politikwiss. eine bestimmte Herrschaftsform, politische Bewegung oder ↗ Ideologie. Im weiteren Sinne umfaßt K. alle Zielvorstellungen, politischen Aktivitäten und Gesellschaftsmodelle, mit denen die Verwirklichung sozialer Gleichheit ohne privates Eigentum propagiert oder zu praktizieren versucht wird.

1. Die kommunistische Herrschaftsform, wie sie in der ehemaligen Sowjetunion und den übrigen Staaten des »real existierenden Sozialismus« etabliert wurde, beruht auf der führenden Rolle der ↗ Kommunistischen Partei, die über das hierarchische Prinzip des ↗ Demokratischen Zentralismus die staatlichen und gesellschaftlichen Aktivitäten lenkt und die Produktion kollektivistisch organisiert. Insbesondere in ihrer rigiden Form des ↗ Stalinismus wird sie häufig als ›totalitär‹ charakterisiert (↗ Totalitarismus), weil alle Lebensbereiche kontrollierend, und ebenso wie der ↗ Faschismus den freiheitlich-rechtsstaatlichen westlichen Demokratien gegenübergestellt.

2. Als politische Bewegung kennzeichnet K. die Vielzahl jener politischen Bestrebungen, die sich – im Bündnis oder Streit mit dem ↗ Sozialismus und ↗ Anarchismus – gegen die privatwirtschaftliche Organisation des ↗ Kapitalismus wenden und in Abgrenzung und Konkurrenz zur Sozialdemokratie (↗ Sozialdemokratische Parteien) – das Ziel einer klassenlosen Gesellschaft entweder durch zentrale ↗ Planwirtschaft (Sowjetkommunismus) oder durch rätedemokratische Verwaltung der Produktion vermittels freier Assoziationen (↗ Räte) verwirklichen wollen.

3. Als Ideologie umfaßt K. die den politischen Systemen und Bewegungen entsprechende Vielzahl der ihnen zugrunde gelegten theoretischen Positionen; zumeist unter Berufung auf die Geschichts- und Gesellschaftsanalyse des ↗ Marxismus dienen sie der geistigen Führung, der Herrschaftslegitimation und der Begründung von Strategie und Taktik der organisierten ↗ Sozialen Bewegungen.

II. Zu den einzelnen Erscheinungsformen des K. zählen sowohl die unterschiedlichen Kommunebewegungen, die sich um die Verwirklichung solidarischer Formen des Zusammenlebens auf der Basis gemeinschaftlichen Eigentums im kleineren Kreis bemühen, als auch revolutionäre Klassenkampf- und Umsturzbewegungen, die den Kapitalismus im ganzen attackieren und durch neue gesamtgesellschaftliche Organisationsformen zu ersetzen suchen. Dazu gehört insbesondere der utopisch orientierte, vormarxistische Frühsozialismus.

Nach theoretischen Vorläufern in den utopischen Schriften von *Thomas Morus* (Utopia, 1517), *Tommaso Campanella* (Sonnenstaat, 1623) und *Francis Bacon* (Neu-Atlantis, 1627) und praktischen Vorläufern im Urchristentum in der reformatorischen Täuferbewegung des 16. und 17. Jh.s sowie in der englischen *Digger*-Bewegung bildeten sich die unmittelbaren Vorformen des heutigen K. im Gefolge der Französischen Revolution in Gestalt des *utopischen Sozialismus* heraus. Dieser verfolgte in seinen verschiedenen Bewegungen das Ziel, das Revolutionspostulat der Gleichheit in Gestalt rechtlicher, politischer und sozialer Gleichheit durch Schaffung neuer, kollektiver Lebens- und Arbeitsformen zu verwirklichen. Schon zu Beginn der Revolution propagierte *Babeuf* die Prinzipien der radikalen Demokratie (↗ Direkte Demokratie). Seit 1795 hielt er Vorträge über die wahren Prinzipien der Gesellschaft und organisierte 1796 die *Conspiration des Égaux*. Zu Beginn des 19. Jh.s entwarfen *Saint-Simon* und seine Schüler eine Gesellschaftsordnung, die der neuen Wirtschaftsform, der Industrie, in besserer Weise entsprechen könnte als überkommene Formen. Fast zur gleichen Zeit formulierte *Fourier* eine Theorie der freien Arbeit und propagierte mit seinen Schülern (*V. Considérant* u. a.) kleine, überschaubare ↗ Genossenschaften *(phalanstères)*, in denen jeder einzelne nach seiner Arbeit, seinen Fähigkeiten und nach seinem eingebrachten Kapital am Gemeinschaftsprodukt partizipieren sollte. In England wandte sich *R. Owen* gegen die verderblichen Folgen der Industrialisierung und gründete kommunistische Mustergesellschaften (»*Home*-Kolonien«), die durch Vorbild zur Nachahmung anregen sollten.

Während alle drei Schulen in der Praxis scheiterten, bildeten sich im Gefolge der Revolution von 1830 in Gestalt des Babouvismus der »*Égalitaires*« (*R. Labautière* u. a.) und der »Humanitarier« (*T. Dézamy* u. a.) sowie des religiösen, von *Lamennais* inspirierten K. der »Ikarier« um *E. Cabet* neue Formen des K. heraus, die sich auf die proletarisierten Arbeitermassen stützten. Während sich die Babouvisten in Geheimgesellschaften organisierten und – anknüpfend an die von *F. M. Buonarroti* verfaßte Geschichte der *Babeufschen* Verschwörung (1828) – den gewaltsamen Sturz der Regierung und die Fortführung der Revolution sowie die Errichtung einer Übergangsdiktatur forderten (insbesondere *A. Blanqui*), lehnten die »Ikarier«, die in *Cabets* »*Voyage en Icarie*« (1840) ihre utopische Programmschrift fanden, den gewaltsamen Umsturz und Geheimbünde ab und erprobten auf der Grundlage gemeinsamen Eigentums und gemeinsamer Arbeit neue Lebensformen.

Proudhon versuchte in seiner Schrift »*Qu'est-ce que la propiété?*« (1840) den Nachweis zu erbringen, daß das Eigentum unmöglich sei, da weder eigene Arbeit noch Besitznahme dasselbe als positives Recht schaffen könne. Allein die Anarchie (↗ Anarchismus) als Aufhebung von K. und Privateigentum könne zu Herrschaftsfreiheit und individueller Selbstverantwortung führen, die ihrerseits Voraussetzung zur Bezwingung der bürgerlichen Konkurrenz sei. Einen anderen Ausweg aus der gesellschaftlichen Zerrissenheit sah *L. Blanc* in seinem Aufsatz »*Organisation du Travail*« (1841). Das Kapital selbst werde durch Konzentration in immer weniger Händen die Konkurrenz als Quelle des sozialen Elends bezwingen, bis dann der Staat als größter Kapitalist zum alleinigen Herrscher über die Produktion würde. Zu diesem Zweck müsse die Macht der Regierung gestärkt werden, um nach vollbrachter Arbeit die gesamte Staatsmaschine zu demokratisieren. Während *Proudhon* einen anarchischen oder »demokratischen Sozialismus« vertrat, begründete *Blanc* den autoritären »Regierungs-« oder »Staatssozialismus«, wie er dann später im östlichen »Realsozialismus« praktiziert wurde.

Aus der deutschen Arbeiterschaft, die von der Industrialisierung noch weniger betroffen war, stammte *W. Weitling*, der in seinem Buch über »Garantien der Harmonie und Freiheit« (1842), das für viele Arbeiter zu einer Art Bibel wurde, einen »Handwerkerkommunismus« propagierte und zur Revolution aufrief.

III. Bedeutender Theoretiker und geistiger Ahnherr des heutigen K. ist *Karl Marx* (1818–83), der mit der Begründung des »wissenschaftlichen Sozialismus« auch Zielsetzung und Begriffsinhalt des K. auf eine neue Grundlage gestellt hat.

Durch *Lorenz von Stein* (1842) und *Moses Heß* mit dem K. bekannt gemacht, hatte *Marx* ihn zunächst – in seinen »Ökonomisch-philosophischen Manuskripten« von 1844 – praxisphilosophisch begründet, indem er, wie die französischen Utopisten, eine der menschlichen Natur entsprechende Ordnung antizipierte. Später gab er ihm – insbesondere in dem zusammen mit *Friedrich Engels* verfaßten »Kommunistischen Manifest« (1848) – ein geschichtsphilosophisches Fundament, das die sich abzeichnenden Tendenzen der Kapitalakkumulation perspektivisch in die Zukunft verlängerte. Aufgrund der wachsenden, schon fortgeschrittenen Verelendung würden sich die proletarischen, aus den traditionalen Lebensverhältnissen herausgerissenen und gewaltsam in Lohnarbeitsverhältnisse gezwängten Massen gezwungen sehen, die politische Macht zu ergreifen, eine Diktatur des Proletariats zu errichten und die Produktionsmittel in Händen des Staats zu konzentrieren, der nach vollbrachter Arbeit nach der Aufhebung der Klassenspaltung allmählich »absterben« und der Verwaltung des Produktionsprozesses durch freie Assoziationen Platz machen würde.
Diese Hoffnung wurde im Verlauf der 48er Revolution enttäuscht. An ihre Stelle trat seit den 50er Jahren die aus der »Kritik der politischen Ökonomie« geschöpfte Erwartung, der Kapitalismus werde durch die Verselbständigung der Kapitalverwertungsinteressen gegenüber der Gebrauchswertproduktion, durch den Zwang zur permanenten Revolutionierung der Produktivkräfte und durch die Konzentration und Zentralisation des Kapitals sowie die mit ihr verbundene Erzeugung immer neuer Vergesellschaftungsformen aus sich heraus die Voraussetzungen schaffen, um ihn in eine neue Produktionsweise zu überführen. Im Gegensatz zu den *Babouvisten* erstrebte *Marx* keinen Putsch und keine Erziehungsdiktatur, sondern eine Massendemokratie, in der die zahlenmäßig stärkste Klasse das Sagen hat. Wollte er in den 1840er Jahren noch den Staatsapparat erobern und für die revolutionäre Umgestaltung instrumentalisieren, so propagierte er in den 1870er Jahren die Entwicklung einer politischen Gegenmacht zum Staat, die diesen aus den Angeln heben sollte. Dadurch geriet er in die Nähe *M. Bakunins* und der Anarchisten, von denen er sich jedoch scharf abgrenzte. Diese Gegenmacht sah er in der Pariser Commune von 1871 ansatzweise, aber paradigmatisch vorgebildet. Der Tod der Kommunarden ließ jedoch auch an dieser Konzeption zweifeln und führte den Marxismus zur Suche nach einer neuen Strategie und Taktik. Die Hoffnungen von *Marx* und *Engels* erfüllten sich ebensowenig wie die der Frühsozialisten. Der K. konnte sich in den entwickelten kapitalistischen Gesellschaften nicht durchsetzen, war aber gerade in solchen Ländern erfolgreich, die industriell unterentwickelt und agrarisch strukturiert waren.

IV. Nach *Marx'* Tod (1883) erörterten seine Schüler die möglichen Wege des K. (↗ Marxismus). Die Arbeiterbewegung hatte seit den 1860er Jahren einen allgemeinen Aufschwung erlebt und sich in allen Industriegesellschaften in Parteien und Gewerkschaften organisiert. War die Zeit zwischen der Gründung der I. (1864) und der Auflösung der II. Internationale (1914) die Zeit der Auseinandersetzung zwischen Marxismus, Anarchismus und Syndikalismus bzw. zwischen *Tradeunionisten* und *Sozialrevolutionären* um die Ziele und Organisationsformen der Arbeiterbewegung, so spaltete sie sich in der Folgezeit in zwei unversöhnlich verfeindete Blöcke. Während die Sozialdemokratie der westlichen Länder sich zunehmend vom kommunistischen Endziel abkehrte, wurde der K. in den östlichen Staaten, in denen kommunistische Parteien an die Macht gelangten, zur Herrschaftsform und zum ideologischen Grundmuster des real existierenden Sozialismus ausgebildet.

Die Etablierung des K. in der Sowjetunion und ihren Satellitenstaaten basiert auf der Durchsetzung der *Bolschewiki* in der russischen Oktoberrevolution (1917), der Erlangung der Hegemonie über ihre Gegner und der schließlichen Unterdrückung der anderen politischen Parteien und Ideologien. Hervorgegangen aus der Bewegung der *Volkstümler*, des *Narodničestvo* (vgl. *Scherrer* 1987: 221 ff.), wurde der russische Marxismus alsbald dominiert durch *Lenin* (1870–1924), der – im Gegensatz zu den *Menschewiki* – eine Kaderpartei mit konspirativem Charakter erstrebte, im Bündnis mit den Bauern eine Diktatur des Proletariats errichten und die bürgerliche Revolution und den Kapitalismus überspringen wollte. Die sozialistische Revolution erschien nicht länger als das Werk der Arbeiterklasse, sondern einer zahlenmäßig kleinen Schar von Berufsrevolutionären, die eine Erziehungsdiktatur errichten, die Industrialisierung forcieren und so – nach einer kurzen Phase des Sozialismus – den Übergang zum K. organisieren sollten.

Während *Lenins* Partei- und Staatsführung auch nach der Oktoberrevolution umstritten blieb (vgl. *Sotelo* 1987: 454 ff.), wurde unter *Stalin* (1879–1953) jegliche Opposition gewaltsam unterdrückt. Die Landwirtschaft wurde zwangskollektiviert, politische Gegner wurden in Schauprozessen liquidiert (1933–38). Unter *Stalins* Herrschaft schrumpfte die kommunistische Lehre zu einigen Formeln, die als ↗ Marxismus-Leninismus zur verbindlichen »Weltanschauung« wurden (*Stalin* 1938; vgl. *Fetscher* 1959). Als ihr Kern wurde der vom späten *Engels* konzipierte *dialektische Materialismus* kanonisiert, die Dialektik schrumpfte darin zu einigen »Gesetzen« – »Einheit und Kampf der Gegensätze«, »Negation der Negation«, »Umschlag von Quantität in Qualität« –, die dann als »umgestülpte« Dialektik der Natur und der geschichtlichen Entwicklung zugeschrieben wurden. Der historische Materialismus wurde so in den Kontext einer Ontologie integriert und zu einem geschlossenen System der Gesellschafts- und Geschichtstheorie mit endgültigen Prinzipien stilisiert, die jegliche soziologische und politische Forschung ersetzten. Die Revolutionstheorie wurde in ihrer leninistischen Fassung, der Theorie der Berufsrevolutionäre als Avantgarde des Proletariats, zur Legitimationsideologie der herrschenden, in bürokratischen Strukturen erstarrenden Partei mit ihrem »Personenkult«. Die Diktatur des Proletariats, die in der Herrschaft der kommunistischen Partei zum Ausdruck kommen sollte, verwandelte sich, wie von *Trotzki* bereits 1904 prognostiziert, über die Diktatur des Zentralkomitees in die Diktatur eines Mannes, die das soziale Leben der »freien Assoziationen« im Keim erstickte (↗ Stalinismus). Die in den außersowjetischen Ländern seit 1918 – zumeist durch Abspaltung von der Sozialdemokratie – entstehenden kommunistischen Parteien orientierten sich an der KPdSU und übernahmen die leninistischen Organisationsprinzipien und die marxistisch-leninistische Lehre, deren richtige Auslegung zwar umstritten blieb, die aber erst seit den 60er Jahren auch intern radikal in Frage gestellt wurde.

V. Nach *Stalins* Tod (1953) begann im Ostblock, wo die reduzierte Lehre *Marxens* noch immer als Staatsdoktrin galt, sowie in einigen westlichen Ländern (besonders Frankreich und Italien) eine kritische Reflexion auf die Grundlagen des Marxismus. Sie erbrachte in der Sowjetunion nach dem XX. Parteitag der KPdSU (1956) unter *Chruschtschow* eine Liberalisierung und Demokratisierung des Demokratischen Zentralismus, die zwar unter *Breschnew* seit 1964 gebremst und wieder rückgängig gemacht wurde, jedoch in den außersowjetischen Staaten des Ostens den humanistisch orientierten Reformkommunismus freisetzte.

Zwischenzeitlich hatte sich in China mit dem Maoismus eine neue, auf die Bauernmassen gestützte Form des K. herausgebildet und 1949 praktisch wie theoretisch durchgesetzt, die in der Folge einen wachsenden Einfluß auf die Befreiungsbewegung in Afrika, Asien und Lateinamerika ausübte. Die von *Mao Tse-tung* (1893–1976) und *Chou En-lai* geführte Volksrepublik China geriet seit 1957 in politisch-ideologischen Konflikt mit der

UdSSR um die »Reinheit« der marxistisch-leninistischen Lehre und um die Führung des Weltkommunismus, der 1962/63 zum offenen Bruch führte und die kommunistische Welt in zwei Lager spaltete. Auch die chinesischen Kommunisten stabilisierten ihre Herrschaft im Inneren durch die Unterdrükkung oppositioneller Kräfte, die 1966/67 in der sog. »Kulturrevolution« ausgeschaltet wurden. Zwar wurde schon bald nach *Maos* Tod mit der Liberalisierung der Wirtschaft begonnen, doch wurden jegliche Demokratisierungsbestrebungen bislang gewaltsam unterdrückt, wie zuletzt in den blutigen Massakern auf dem Platz des Himmlischen Friedens in Peking (1989).

Dafür begannen in den 60er Jahren in einigen osteuropäischen Staaten theoretische Kontroversen, deren Urheber zwar als »Dissidenten« gebrandmarkt und alsbald unterdrückt bzw. außer Landes verwiesen wurden, die aber ihre Langzeitwirkung in den 80er Jahren entfalteten und heute ihre nachträgliche Rechtfertigung finden.

In Jugoslawien, wo unter *Tito* seit 1948 eine auf Selbstverwaltung durch Arbeiter- und Produzentenräte basierende Alternative zum Stalinismus erprobt wurde (theoretisch begründet von *M. Djilas, E. Kardelj* u.a.), sammelte sich um die Zeitschrift »Praxis« eine Gruppe von Sozialphilosophen (*R. Supek, G. Petrovič, V. Korač u.a.*), die sich gegen die Verselbständigung und Entfremdung des politischen Apparates wandten. Sie erinnerten an *Marxens* These vom »Absterben des Staates« und forderten die Demokratisierung aller Lebensbereiche. Ihr Kampf für einen freiheitlichen K. wurde jedoch 1975 unterdrückt, indem die Hochschullehrer aus ihren Ämtern entlassen wurden, die Sommerschule in Korçula geschlossen wurde und die Zeitschrift ihr Erscheinen einstellen mußte. In Polen, wo 1956 nach politischen Unruhen der »Titoist« *W. Gomulka* zum Ersten Sekretär des Zentralkomitees berufen wurde, suchte *A. Schaff* den »subjektiven Faktor« neu zu bestimmen und die Rolle des Individuums im Sozialismus aufzuwerten, während sein Schüler *L. Kolakowski* den Historischen Materialismus relativierte und eine Theorie des »permanenten Revisionismus« konzipierte. In der ČSSR maßen Philosophen (*K. Kosik, M. Machovec, I. Sviták* u.a.) das politische System an den Bedürfnissen der Menschen und erörterten Wege einer Demokratisierung des politischen Lebens, die dann unter *A. Dubček, O. Šik, J. Smrkovský* u.a. betreten wurden, im »Prager Frühling« (1968) kulminierten und von sowjetischen Panzern blockiert wurden.

In der DDR forschten marxistisch orientierte Philosophen (*W. Harich, R. Havemann, R. Bahro* u.a.) nach »Alternativen« in der Organisation des Staates und erstrebten eine »Dialektik ohne Dogma«. Da sich der von der Sowjetunion dominierte Realsozialismus in Osteuropa zunächst erfolgreich gegen die geforderten Reformen sträubte, bezahlte er seine Starre schließlich mit wirtschaftlichem Niedergang und mit politischem Zerfall.

Auch in Westeuropa erlebten kommunistische Ideen – von der Sozialromantik des utopischen Sozialismus bis hin zu den unterschiedlichen Formen des politischen K. – infolge des Protestes gegen den amerikanischen Vietnamkrieg und der Studentenbewegung von 1968 eine Renaissance. Wie schon die frühen (*St.-Simon, Fourier, Owen, Cabet*), so scheiterten auch die neuen Kommunebewegungen. Die neu entstehenden politischen Gruppierungen und Parteien hingegen reproduzierten in den einzelnen Ländern die ideologischen Konflikte des Weltkommunismus im Kleinen, befehdeten sich gegenseitig und gerieten alsbald ins Schlepptau ihrer östlichen Vorbilder, wodurch sie ihre Attraktivität verloren. Die Folge dieser Entwicklungen war eine breite Rezeption und Wiederbelebung des überkommenen sozialistischen und kommunistischen Gedankenguts – von den frühen Utopien bis hin zu den einzelnen Ausprägungen der politischen Theorie des Marxismus.

Während die meisten dieser politischen Bewegungen bald in marxistische Orthodoxie zurückfielen, suchten einige westeuropäische kommunistische Parteien – insbesondere in Frankreich, Italien und Spanien – nach einer Alternative zum bürokratischen Staatssozialismus und einen eigenständigen und dritten Weg zwischen Sozialdemokratie und Sowjetkommunismus, den sie unter den Begriff *Eurokommunismus* brachten (*S. Carillo, E. Berlinguer* u.a.). Sie besannen sich zurück auf die Theorie *A. Gramscis* (1891–1937), verwarfen das Konzept der Diktatur des Proletariats, wiesen den Führungsanspruch der KPdSU zurück und strebten nach politischem Einfluß und nach kultureller Hegemonie im bürgerlichen Rechtsstaat. Allerdings verloren diese Positionen aufgrund der sich überschlagenden Ereignisse bald ihre Bedeutung.

VI. Seit den 80er Jahren begann, ausgelöst durch Arbeiteraufstände in Polen, die zur Etablierung einer oppositionellen Gewerkschaftsbewegung *(Solidarność)* und alsbald zum Machtwechsel führten, die Auflösung der totalitären Herrschaftssysteme im Ostblock. Aufgrund der desolaten Lage der Planwirtschaft, die verschärft wurde durch den Druck des Kalten Krieges, setzte *Michail Gorbatschow* in der Sowjetunion einen Reformprozeß in Gang *(Glasnost, Perestrojka)*, der die Demokratisierung des politischen Systems und die Liberalisierung und Ankurbelung der Wirtschaft zum Ziel hatte, zugleich jedoch die einstmals unterdrückten Nationalitätenprobleme wiederaufleben ließ. Der nur langsam greifende Reformprozeß und die Schwierigkeiten beim Übergang in die ↗ Marktwirtschaft verschärften die nationalen Bestrebungen in den einzelnen Unionsrepubliken und führten zum Zerfall des Ostblocks, zur Auflösung der Sowjetunion und zur Verselbständigung der ehemaligen Satellitenstaaten, die zum Teil selbst auseinanderbrachen (Jugoslawien, Tschechoslowakei), in denen sich nicht-kommunistische Parteien etablierten und festigten, so daß die kommunistischen Parteien bei freien Wahlen in der Regel in die Minderheit gerieten.

Durch den Niedergang und Zerfall des kommunistischen Herrschaftssystems und die Aufdeckung der Unterdrükkungsmechanismen und Menschenrechtsverletzungen im Realsozialismus schwand auch die Anziehungskraft der politischen Ideen des K. Mit dem Ende des Kalten Krieges büßten sie – da keine praktikable Alternative mehr – ihre Funktion als anspornendes Drohpotential ein. Einige ehemalige kommunistische Parteien Westeuropas benannten sich um in »Parteien des demokratischen Sozialismus«, fanden sich ab mit der Marktwirtschaft und mit den Werten und Prinzipien des bürgerlichen Rechtsstaates, gaben damit das kommunistische Endziel preis und konzentrierten ihren Kampf auf den Ausbau des Sozialstaates und die Erweiterung der parlamentarischen Demokratie durch plebiszitäre Elemente. Die noch verbleibenden kommunistischen Staaten (China, Nordkorea, Kuba, Vietnam) entfalten aufgrund ihrer inneren politischen Strukturen und Probleme nur wenig Attraktivität. Der K. scheint somit als Herrschaftsform, Bewegung und Ideologie seine geschichtliche Funktion erfüllt und seine Geschichte im wesentlichen bereits hinter sich zu haben. Er erwies sich – neben faschistischen Diktaturen – als eines der Mittel zu einer beschleunigten Industrialisierung unterentwickelter Gesellschaften. Von einem gewissen Entwicklungsstand ab erwiesen sich die von ihm etablierten Produktionsverhältnisse als Hemmnis, das von neuen Produktivkräften gesprengt und abgeschüttelt wurde.

Die Kernprobleme, die den K. hervorgebracht haben (»soziale Frage«, Armut und Unterdrückung), sind – nicht zuletzt aufgrund des vom K. ausgehenden Drucks, seiner Drohungen und Versprechungen – in den meisten Industriegesellschaften heute leidlich im Griff. Die »Verdammten dieser Erde«, die Armen und Ausgestoßenen bilden kaum mehr revolutionäres Material und tendieren eher zu anti-kommunistischen Positionen. Die Sehnsüchte aber, die den K. getragen und beflügelt haben, die Visionen und Träume von nicht-entfremdeter Produktion und herrschaftsfreier Kommunikation, die Hoffnungen auf Harmonie und Eintracht zwischen den Menschen werden vermutlich bleiben und von Zeit zu Zeit wieder aufleben. Schon heute wird der mit dem Verblassen der kommunistischen Ideen verbundene Utopieverlust vielfach als Mangel empfunden und beklagt. Die künftigen Träger emanzipatorischer Hoffnungen und Ideen werden in den geschichtlichen Erfahrungen und theoretischen Begründungen des K. reiches Material finden, an dem sie sich neu orientieren und aufrichten können. Ob sie sich aber zu einer neuen kommunistischen Bewegung formieren und zur Erprobung neuer Wege des Zusammenlebens aufschwingen werden, muß offen bleiben. Wie die Geschichte des K. in Theorie und Praxis lehrt, gibt es keine »reine« und »unschuldige« Form desselben, die hinter den mißglückten Praxisformen auf ihre Realisierung harrt. Stets waren kommunistische Bewegungen und Ideologien geprägt durch die konkreten sozialen und politischen Bedingungen, unter denen sie sich entwickelt haben.

Als positive Wirkung der sozialistischen und kommunistischen Bewegungen und Ideen kann der Ausbau des Sozialstaates in den westlichen Gesellschaften sowie die Animation der Geistes- und Sozialwissenschaften festgehalten werden. Durch die von ihnen inspirierte Sozialkritik wurde die Soziologie auf den Weg gebracht und die Politik- und Geschichtswissenschaft sensibilisiert für die Nöte und Probleme der Unterschichten. Die Entwicklung der modernen Philosophie und Sozialwissenschaft wäre ohne sie gar nicht zu denken, gehören doch ihre Heroen heute zu den bedeutendsten Klassikern des politischen Denkens, die neben zeitbedingten auch bleibende Einsichten und unausgeschöpftes theoretisches Potential enthalten.

Klaus Roth

Lit.: *Bahro, R.* 1977: Die Alternative, Köln/ Frankfurt a.M. *Bambach, R.* 1984: Der französische Frühsozialismus, Opladen. *Elleinstein, J.* 1977: Geschichte des Stalinismus, Hamburg/Berlin. *Engels, F.* 1880: Die Entwicklung des Sozialismus von der Utopie zur Wissenschaft, in: *Marx, K./Engels, F.:* MEW, Bd. 19, 177ff. *Erler, G./Süß, W.* (Hrsg.) 1982: Stalinismus. Frankfurt a.M./ New York. *Fetscher, J.* 1959: Von Marx zur Sowjetideologie, Frankfurt/M. *Hahn, M.* (Hrsg.) 1974: Vormarxistischer Sozialismus, Frankfurt/M. *Hofmann, W.* [6]1979: Ideengeschichte der sozialen Bewegung des 19. und 20. Jahrhunderts. Unter Mitwirkung von *W. Abendroth* und *J. Fetscher*, Berlin/New York. *Kool, F./Krause, W.* (Hrsg.) 1967: Die frühen Sozialisten, 2 Bde., Olten. *Leonhard, W.* 1978: Eurokommunismus. Herausforderung für Ost und West, München. *Marx, K.* 1845: Die deutsche Ideologie (zus. mit *F. Engels*), in: *Marx, K./ Engels, F.:* MEW, Bd. 3. *Marx, K./ Engels, F.* 1848: Manifest der Kommunistischen Partei, in: *Marx, K./Engels, F.:* MEW, Bd. 4, 459ff. *Meyer, A.* 1977: Frühsozialismus, Freiburg/München. *Saage, R.* 1991: Politische Utopien der Neuzeit, Darmstadt. *Schaff, A.* 1982: Die kommunistische Bewegung am Scheideweg, München/Wien. *Scherrer, J.* 1987: Politische Ideen im vorrevolutionären und revolutionären Rußland, in: *Fetscher, J./Münkler, H.* (Hrsg.): Pipers Handbuch der politischen Ideen, München/ Zürich, Bd. 5, 203–281. *Schieder, W.* 1982: Art. »Kommunismus«, in: *Brunner, O./ Conze, W./Koselleck, R.* (Hrsg.): Geschichtliche Grundbegriffe, Stuttgart, Bd. 3, 455ff. *Sotelo, I.* 1987: Demokratischer Sozialismus, Reformkommunismus, in: *Fetscher, J./Münkler, H.* (Hrsg.): Pipers Handbuch der politischen Ideen, München, Bd. 5, 437–470. *Stein, L. von* 1842: Der Sozialismus und Kommunismus des heutigen Frank-

reich, Leipzig. *Vranicki, P.* 1972–74: Geschichte des Marxismus, 2 Bde., Frankfurt/M.
Weitere Lit. ↗ Marxismus; Marxismus-Leninismus.

Kommunistische Parteien

I. Keine der parteipolitischen Grundrichtungen hat seit dem II. Weltkrieg so dramatische Veränderungen erfahren wie die kommunistischen Parteien (KPen) gegen Ende der 80er und Anfang der 90er Jahre. Entmachtung, Spaltung, Auflösung, Umbenennung, Schrumpfung – dies sind die Stichworte, mit denen die jüngste Entwicklung dieser Parteirichtung nicht nur in den einst von ihr regierten Staaten Mittel- und Osteuropas beschrieben werden muß. Es erscheint sogar fraglich, wie lange es sie überhaupt noch geben wird bzw. welche westlichen KPen durch programmatische und organisatorische Reformen das sinkende Schiff des »real existierenden Sozialismus« rechtzeitig verlassen haben, um nicht in den Sog des Untergangs zu geraten.

II. Spätestens seit auf dem XXVII. Parteitag der KPdSU 1986 die sowjetische Führung unter *M. Gorbatschow* offiziell die wachsende Heterogenität der KPen in aller Welt anerkannte, traten fundamentale Veränderungen der Lage der KPen in den demokratischen und in den sozialistischen Industrieländern zutage. Diese Veränderungen hatten bereits lange vorher auf ideologisch-programmatischer Ebene eingesetzt und zeigen sich seither in der Mitgliederentwicklung und auf wahlpolitischer Ebene ebenso wie in bezug auf die relative Machtposition der KPen in den verschiedenen Ländern.

1. Das ideologisch-programmatische Spektrum westlicher Kommunisten konnte längst nicht mehr umstandslos als das engste unter den politischen Grundrichtungen beschrieben werden.

Zwischen der Forderung *Stalins* von 1927, die UdSSR »vorbehaltlos, ohne zu schwanken, ohne Bedingungen zu stellen« zu schützen (*Leonhard* 1978: 40), und etwa dem 28. Parteitag der niederländischen KP 1982, für den die UdSSR »nicht automatisch und natürlicherweise ein Verbündeter im Kampf gegen Rüstung und Krieg« war (*Frankfurter Rundschau,* 29. 11. 1982), liegen Zäsuren, die einen Bedeutungsverlust der KPdSU als einstiger Führungspartei des »proletarischen Internationalismus« markieren.

Bereits im sowjetisch-jugoslawischen Bruch von 1948 hatte sich eine Differenzierung in der kommunistischen Weltbewegung abgezeichnet (↗ Kommunismus, ↗ Marxismus-Leninismus). Der XX. Parteitag der KPdSU 1956, der den ↗ Stalinismus offiziell demaskierte, befreite dann die westlichen KPen weitgehend von ihrer Rolle als Instrumente sowjetischer Außenpolitik und gab ihnen den zur Anpassung an die jeweilige nationale Umwelt notwendigen Spielraum, den als erste die italienische KP (KPI) mit der Formulierung des italienischen Weges zum Sozialismus nutzte.

Die militärische Zerschlagung des reformkommunistischen Experiments in der ČSSR im August 1968 forcierte die inner- und zwischenparteiliche Spaltung in pro-sowjetische Traditionalisten und autonomistische Reformisten. Neben der KPI, Vorreiterin des Reformkommunismus in Europa, bekannten sich Mitte der 70er Jahre auch die großen KPen Frankreichs (KPF) und Spaniens (PCE) zum Eurokommunismus, der die Autonomie aller KPen postulierte, die Konzeption eines nationalen Weges zum ↗ Sozialismus ohne ↗ Revolution und Diktatur des Proletariats vertrat und den sozialen und politischen ↗ Pluralismus sowie die bürgerlichen ↗ Grundrechte und die parlamentarische Demokratie anerkannte (*Trautmann* 1979: 17f.).

Seit den 70er Jahren waren sowohl die Ereignisse in Afghanistan und Polen als auch die *Perestrojka* in der Sowjetunion sowie die blutige Niederschlagung der chinesischen Reformbewegung im Juni 1989 und schließlich der rasche ↗ Systemwechsel in Osteuropa 1989/90 Bestimmungsfaktoren weiterer programmatischer und organisatorischer Reformen in westlichen KPen. Hinzu kamen als nationale Faktoren des Wandels die jeweilige Stärke der Kommunisten (auch im Verhältnis zu den Sozialdemokraten), ihre Nähe zur Regierungsmacht, die sozialstrukturelle Öffnung, spezifische historische Enttäuschungen über kommunistische Politik sowie aktivierbare nichtkommunistische Ideologietraditionen (*von Beyme* 1982: 145ff.).

2. Noch beim XXVII. Parteitag der KPdSU 1986 sorgten 153 Gastdelegationen für eine Rekordpräsenz. Im Dezember desselben Jahres wurden weltweit 100 KPen gezählt, davon 15 regierende und 85 nichtregierende. Diese Parteien besaßen Mitte der 80er Jahre nach eigenen Angaben rund 80 Mio. Mitglieder, von denen 94% in den kommunistisch regierten Staaten lebten. Allein auf die KP Chinas entfielen 40 Mio., auf die KPdSU 19 Mio. Mitglieder. Den westeuropäischen KPen gehörten etwa 3 Mio. Menschen an, die Hälfte davon der KPI. Die KPF hatte 1985 nach eigenen Angaben 608000 Mitglieder (*Timmermann* 1987: 250f.), realistische Schätzungen taxierten sie jedoch auf etwa die Hälfte dieser Zahl (*Schmitz* 1987: 422) und etwas geringere Mitgliederstärke als die KPen Japans und Indiens. Mit rd. 200000 bzw. knapp 100000 Mitgliedern zählten die KPen Portugals und Spaniens Mitte der 80er Jahre zum Mittelfeld, während die meisten westlichen KPen mit Mitgliederzahlen zwischen wenigen hundert (Irland) und ca. 50000 (Bundesrepublik) zu den Klein- und Kleinstparteien dieser Länder zählten.

Für das Jahr 1989 verzeichnete das *Yearbook on International Communist Affairs* bei den KPen der Welt einen Mitgliederrückgang von 90,5 auf 82 Mio., wobei der Verlust bei den KPen Mittel- und Osteuropas ca. 25%, bei den westlichen Kommunisten rund 42% (von 2,6 auf 1,5 Mio.) betrug. Während die KP Chinas 1989 einen Mitgliederzuwachs von ca. einer Mio. vermeldete, löste sich im Oktober desselben Jahres mit der *Ungarischen Sozialistischen Arbeiterpartei* erstmals eine regierende KP freiwillig auf und trat bei den Parlamentswahlen im März 1990 als neugegründete Sozialistische Partei an. Eine Selbstauflösung der KP erfolgte im Januar 1990 auch in Polen, während in Bulgarien und in der ehemaligen DDR die KPen umbenannt wurden. In all diesen Ländern verloren die ehemaligen Staatsparteien einen Großteil ihrer Mitglieder. Der Anteil der pro-kommunistisch eingestellten Bürger Zentral- und Osteuropas bleibt aber mit 23% bedeutend, gegenüber 34%, die das gegenwärtige pluralistische System befürworten (*Rose/Haerpfer* 1994).

3. Auf wahlpolitischer Ebene waren die KPen traditionell besonders in solchen westlichen Ländern erfolgreich, in denen eine verspätete Industrialisierung die frühzeitige Konkurrenz mit den Sozialdemokraten gestattete. Auch die Beteiligung am ↗ Widerstand gegen Diktaturen stellt einen wichtigen Faktor für die Stärke von KPen dar sowie die Fähigkeit, über die ideologisch verfestigte Industriearbeiterschaft hinaus Protestwähler zu mobilisieren, wozu freilich meist eine programmatische Öffnung erforderlich war.

Nach dem II. Weltkrieg hatten in den westlichen Demokratien besonders die KPen der mediterranen Länder Erfolge. So erzielten die italienischen und die französischen Kommunisten ebenso wie die außerordentlich starken KPen San Marinos und Zyperns in der Periode zwischen 1945 und 1980 durchschnittlich mehr als 20% der Stimmen, und auch in den jungen Demokratien Spaniens, Portugals und Griechenlands erreichten die Kommunisten jeweils mehr als 10% der Wählerschaft. Nur in wenigen Ländern Mittel- und Nordeuropas gab es erfolgreiche KPen, etwa in Finnland die Volksdemokratische Union, die i.d.R. Stimmenanteile von mehr als 20% erhielt, oder auch in Island und Luxemburg, wo die KPen bei Wahlen durchschnittlich mehr als 10% erreichten.

Praktisch alle diese KPen erlitten in den

80er Jahren mitunter drastische Stimmeneinbußen. Von den großen KPen erreichte nur noch die Italiens mehr als 20 % (1992: 16,1 %; 1994: 20,4 %), während man in Frankreich den »einzigartigen Verfall einer kommunistischen Partei in einer westlichen Demokratie« (*Kimmich* 1989: 21) konstatierte. Die KPF rutschte bei den Wahlen von 1986 unter die 10 %-Marke bzw. auf ihren Stand von 1924 ab und konnte sich 1988 knapp verbessern; bei den Wahlen 1993 erreichte sie lediglich 4,6 %.

Relativ stark, wenn auch mit beständig abnehmendem Stimmenanteil, blieben die orthodoxen portugiesischen Kommunisten. Sie erreichten in den 80er Jahren durchschnittlich immer noch um die 15 %. Auch die spanische *Izquierda Unida* (IU), als reformkommunistische linke Sammlungsbewegung aus einer Spaltung des alten PCE hervorgegangen, konnte sich bei den Wahlen von 1989 und 1993 mit knapp unter 10 % der Stimmen als immerhin drittstärkste parlamentarische Kraft etablieren.
Schwach waren die Kommunisten stets in den angelsächsischen Ländern, wo sie gegen Ende der 80er Jahre weniger als ein Prozent der Stimmen erreichten. In der Bundesrepublik scheiterte die vor dem II. Weltkrieg größte westliche KP bereits 1953 an der 5 %-Hürde, und auch die nach dem Verbot der KPD gegründete moskautreue DKP schaffte nie den Sprung ins Parlament. Demgegenüber sicherte die aus der einstigen DDR-Staatspartei SED hervorgegangene PDS bei den Bundestagswahlen vom 2. 12. 1990 zumindest vorerst ihr parlamentarisches Überleben; im Gebiet der ehemaligen DDR erreichte sie noch über 10 % der Wähler.
Bei den ersten freien Wahlen in Polen, in Ungarn und in der ČSFR wurden die vormaligen bzw. aufgelösten und unter anderem Namen neugegründeten oder umbenannten Staatsparteien in die Nähe der Bedeutungslosigkeit gedrängt, während in Bulgarien und in Rumänien die Kommunisten eine starke Position behielten. Polen erfuhr bei den Wahlen 1993 einen Linksrutsch, bei dem die Kommunisten auf 20 % kamen und mit der Bauernpartei eine Regierungskoalition bildeten. Auch in Ungarn erholten sich die ehemaligen Kommunisten (jetzt Sozialdemokraten) wieder und übernahmen die Regierung.

4. An der Regierung beteiligt waren KPen unmittelbar nach dem II. Weltkrieg in Island, Finnland, Belgien, Frankreich, Italien, Österreich sowie in den meisten Ländern der westlichen Besatzungszonen Deutschlands. Seit Beginn des Ost-West-Konflikts kam es nur in San Marino (1947–57, erneut seit 1978), Island (mehrfach 1956–1983), Finnland (1966), Frankreich (1981) sowie in Portugal nach dem Ende der Diktatur (1974) und in Griechenland (1989) zu einer Regierungsbeteiligung von Kommunisten.

Die italienischen Kommunisten betrieben in der zweiten Hälfte der 70er Jahre die Annäherung an die regierenden Christdemokraten bis hin zur Tolerierung eines Minderheitenkabinetts und Quasi-Regierungsbeteiligung 1977 im Rahmen einer Programmabsprache. 1985 wurde die KPI in den Konsultationsprozeß zur Wahl des Staatspräsidenten einbezogen und damit als verfassungskonforme Oppositionspartei akzeptiert (*Timmermann* 1986: 6 f.). Das abschreckende Beispiel der KPF vor Augen, die trotz eurokommunistischer Rhetorik stets eine streng zentralistisch geführte, programmatisch orthodoxe Partei blieb und Dissidenten rigoros ausschloß, bemühte sich die KPI weiter um eine Profilierung als moderne Reformpartei und knüpfte Kontakte zur Sozialdemokratie. Dieser Kurs erhielt 1989 und 1990 einen neuen Höhepunkt in dem innerparteilich heftig umstrittenen Plan, die KPI unter Verzicht auf den alten Namen und das Hammer-und-Sichel-Symbol in eine moderne Linkspartei umzuformen, die von den Grünen über die Feministinnen bis hin zu progressiven Christen sämtliche Gruppierungen der italienischen Linken sammeln soll. 1991 wurde die KPI in Partei der Demokratischen Linken (PDS) umbenannt, 1994 führte sie nach der Wahlrechtsreform das Linksbündnis an.
Im Zuge der programmatischen und organi-

satorischen Reformdebatten in den 80er Jahren erlebten zahlreiche westliche KPen Spaltungen, und nur in wenigen Fällen, z. B. in Spanien und Finnland, kam es anschließend wieder zu einer weitgehenden Sammlung der Kommunisten unter reformistischem Vorzeichen. Nicht alle westlichen KPen schwenkten freilich ins reformkommunistische Lager über, zu dem neben der KPI u. a. die britischen, niederländischen und auch die japanischen Kommunisten gerechnet werden. Als orthodox (was mittlerweile einer moskaukritischen Haltung gleichkommt) galten Ende der 80er Jahre die KPen in Portugal, Österreich, Luxemburg, der Bundesrepublik, Dänemark und Norwegen. In Griechenland und Israel existieren seit Spaltungen in den 60er Jahren reformistische und traditionalistische Parteien.

Die Umbenennung der KPen in Osteuropa und die Änderung ihrer Programme gab ihnen einen Aufschwung, was sich als Bremse für die Reformen auswirkte. Die »neuen« Parteien repräsentieren meist konservative Werte (starke zentrale Regierung, nationale Orientierung). Als politische Parteien sind sie heterogen und haben meist keine klare Identität. Die Strömungen innerhalb dieser Parteien unterscheiden sich in: (1) nationalistische Fraktionen (stark in Bulgarien), (2) sozialdemokratische Minoritäten (*Vitanyi* in der Ungarischen Sozialistischen Partei) und (3) eine flexible Parteiexekutive, die zwischen entgegengesetzten Interessengruppen vermittelt (Nomenklatur und sozial Schwache) (*Timmermann* 1992).

III. Nicht nur die *Perestrojka* und der Verzicht der KPdSU auf ihre Führungsrolle in der kommunistischen Bewegung, sondern auch der Entzug teilweise lebenswichtiger Ressourcen (Finanzhilfe, Kaderausbildung) durch den Niedergang der regierenden KPen in Osteuropa lassen mittelfristig das Überleben orthodoxer KPen bzw. starker orthodoxer Fraktionen unwahrscheinlich erscheinen. Die Überlebensstrategie der meisten KPen in den westlichen und den ehemals sozialistischen Ländern zielt auf die weitgehende oder völlige Aufgabe der alten Identität und auf eine breite Bündnispolitik. Ihr Erfolg dürfte zum einen davon abhängen, wie glaubwürdig dieser Wandel zu modernen Linksparteien rot-grüner Couleur ausfällt, zum anderen aber auch von spezifischen nationalen Bedingungen, insbesondere der bisherigen Position der Kommunisten im Parteienspektrum – etwa im Verhältnis zu den Sozialdemokraten – und gegebenenfalls von ihrem Profil als Regierungsparteien auf nationaler, regionaler und kommunaler Ebene.

Detlef Murphy

Lit.: *Beyme, K. von* 1982: Parteien in westlichen Demokratien, München. *Beyme, K. von* 1994: Systemwechsel in Osteuropa, Frankfurt/M. *Blackmer, D. L. M./Tarrow, S.* (Hrsg.) 1975: Communism in Italy and France, Princeton, New Jersey. *Day, A. J.* (Hrsg.) [3]1988: Political Parties in the World, Harlow. *Helms, L.* 1994: Strukturwandel im italienischen Parteiensystem, in: APuZ 34, 28–37. *Hobday, C.* 1986: Communist and Marxist Parties of the World, Harlow. *Hoffmann-Martinot, V.* 1993: Frankreichs Parteiensystem nach den Parlamentswahlen, in: APuZ 32, 10–16. *Jamos, A. C.* 1994: Continuity and Change in Eastern Europe: Strategies of Post-Communist Politics, in: East European Politics and Societies, Vol. 8–1, 1–31. *Kellermann, K.* 1988: Die Kommunistischen Parteien in Westeuropa: Entwicklung zur Sozialdemokratie oder Sekte? Stuttgart. *Leonhard, R.* 1978: Eurokommunismus. Herausforderung für Ost und West, München. *Marek, F.* 1977: Der XX. Parteitag der KPdSU und die kommunistischen Parteien Westeuropas, in: *Crusius, R./Wilke, M.* (Hrsg.): Entstalinisierung. Der XX. Parteitag der KPdSU und seine Folgen, Frankfurt/M., 177–193. *Mink, G.* 1993: Les partis politiques de l'Europe centrale post-communiste, in: Notes et Études documentaires, 4984–4985, 13–23. *Rose, R./Haerpfer, C.* 1994: Mass Response to Transformation in Post-Communist Societies, in: Europe-Asia Studies 46 (1), 3–28. *Schmitz, E.* 1987: Der Niedergang der Kommunistischen Partei Frankreichs, in: PVS 28 (4), 403–425. *Tannahill, R. N.* 1978 : The Communist Parties in Western Europe. A Comparative Study, Westport/Conn. *Timmermann, H.* 1986: Italiens Kommunismus zwischen Stagnation und Wandel. Die KPI nach ihrem XVII. Parteitag vom April 1986, Berichte des Bundesinstituts für ostwissenschaftliche und internationale Studien 35. *Timmermann, H.* 1987: The Decline of the World Communist Movement. Moscow, Beijing, and the Communist Parties in the West, Boulder/London. *Timmermann, H.* 1992: Die KP-Nachfolgeparteien in Ostmitteleuropa, in: Vierteljahresberichte, 129, 235–243. *Trautmann, G.* 1979: (a) Die Aktualität des Eurokommunismus und (b) Zeit der Abhängigkeit: Die kommunistische Bewegung als Instrument sowjetischer Außenpolitik bis 1965, in: *Richter, H./Trautmann, G.* (Hrsg.): Eurokommunismus. Ein dritter Weg für Europa, Hamburg, (a) 11–21 und (b) 86–99. *Yearbook on International Communist Affairs* 1990, Stanford.

Konflikt / Konflikttheorie

Die Kategorie des Konflikts (K.) ist im sozialwiss. Theorienstreit selbst häufig zum Auslöser konfligierender Lagerbildung geworden. Dies trifft im besonderen Maße für die ↗ Politische Soziologie zu, die nach populärem Verständnis in den USA der 60er Jahre aufgespalten war in zwei Blöcke: die vermeintlichen »Konflikt«- und »Konsens«-Schulen (vgl. *Janowitz* 1970: 5).

Ansatzpunkt der Kontroversen waren struktur-funktionalistische Theorieentwürfe (wie am prominentesten bei *T. Parsons*; ↗ Funktionalismus), die nach Ansicht ihrer Kritiker zu einseitig den Blickwinkel auf die Stabilisierung und die Integrationskraft von Gesellschaftssystemen verengt hatten (vgl. *Gouldner* 1974: 276 ff.). Die folgenreichste und resonanzträchtigste Gegenperspektive wurde von *R. Dahrendorf* ausformuliert. *Dahrendorf* billigte dem K. eine natürliche und nicht notwendig systemgefährdende Relevanz beim Erhalt und Wandel der Gesellschaft zu. Für diese Einschätzung war jedoch eine tiefgreifende Neuformulierung des bis dahin dominierenden Begriffes Klassenkonflikt erforderlich. *Dahrendorf* generalisierte zwar den sozialen K. zum Gegensatz zwischen zwei gesellschaftlichen Elementen schlechthin, sofern dieser Gegensatz nur gesellschaftsstrukturell bestimmt war (*Dahrendorf* 1972: 23), verengte dann aber seine Betrachtungen auf K. zwischen gesellschaftlichen Großgruppen und auf nationalstaatliche Maßstäbe.

In negativer wie in positiver Bezugnahme hatte der Klassenkonflikt zwischen Lohnarbeit und Kapital die soziologische Theoriebildung des 19. Jh.s herausgefordert: als handlungsanleitende Theorie der grundlegenden Strukturgegensätze und des revolutionären Wandels bei *Karl Marx*, als staatszentriertes Konzept der Krisenregulierung und des obrigkeitlichen Ausgleichs bei *Lorenz von Stein*, als Individualisierung der Konfliktlagen auf das arbeitsteilige, gesellschaftliche Handeln des einzelnen bei *Emile Durkheim*. Seit jenen Anfängen hat sich die Geschichte der sozialwiss. Konflikttheorien in zwei Strängen zugetragen.

Auf der einen Seite findet man Theoretiker, die, häufig von *Marx* inspiriert, K. in der Gesellschaft durch Großgruppen bzw. Klassen artikuliert begreifen, die darum auf makrosoziologische Aussagen über grundsätzliche Widersprüche und Interessenkonstellationen abstellen und die in der Regel ein Interesse am Systemwandel, also an der Veränderbarkeit von Gesellschaft, eint. Auf der anderen Seite finden wir Autoren, deren bevorzugtes Interesse (im Gefolge *Durkheims*) der Individualisierung und der Dispersion von K. gilt: Die Widersprüchlichkeiten schlagen sich in den Orientierungen und Handlungsausrichtungen der Subjekte selbst nieder, sie müssen dort ihre Austragung und Balance finden. Während im Zentrum der erstgenannten Betrachtungsweise das »Politisch-Werden« von K. durch ihre kollektive Manifestation über Gruppen und Klassen steht, richtet sich die zweite auf die »Privatisierung« von K. in der individuellen Biographie und führt häufig zu einer normativen Präferenz für gesellschaftliche Stabilität und Systemerhalt (vgl. *Krysmanski* 1971).

Das Originelle in den neuen konflikttheoretischen Ansätzen aus den 50er Jahren *(L. Coser, R. Dahrendorf)* bestand nicht zuletzt darin, daß aus beiden Denktraditionen wichtige Elemente aufgenommen wurden. Auch diese Neuformulierungen des K. thematisieren primär den Übergang vom systemgefährdenden »Klassenkampf« des 19. Jh.s zum institutionalisierten und verfahrensförmig geregelten »industriellen Konflikt« des 20. Jh.s (↗ Arbeitsbeziehungen). Unternehmer und Arbeiterschaft wurden zwar weiterhin als Parteien mit einander entgegengesetzten, konfligierenden Interessen begriffen – doch entbehrte dieser Gegensatz seiner vormaligen Sprengkraft, da keine der Parteien durch revolutionären Wandel ihn gänzlich aufheben wollte.

Für *Dahrendorf* führen die K. rund um das Lohnarbeitsverhältnis nicht etwa zu einer extremen Steigerung bis hin zu einem »erlösten«, konfliktfreien Endzustand, sondern bleiben dauerhafter Bestandteil eines kontinuierlichen Gesellschaftswandels. Diesem K. wird dabei in zweifacher Hinsicht seine Dramatik genommen: Einmal wird er als ein geregelter interpretiert, der Kompromisse und zumindest zeitweise Gleichgewichtskonstellationen zuläßt, zum zweiten wird er auch seiner schicksalhaften Bedeutung für die gesellschaftliche Grundstruktur enthoben – und erscheint als ein K. unter anderen: Die Zugehörigkeit zu einer einzigen, alles Konfliktverhalten determinierenden Klassenlage wird verdrängt durch »begrenztere und spezifischere Interessengemeinschaften« (*Dahrendorf* 1972: 90), in deren wechselhaften Teilnahmemöglichkeiten man relativ individuell seinen Vorteil konfligierend zur Geltung bringen kann. Ähnlich wie die Klassenzugehörigkeit nach einem nur zweigeteilten, dichotomischen Kapital-Arbeit-Modell nicht mehr interpretierbar erschien, galten auch die politischen Epiphänomene nicht mehr als auf eine derart einfache Lagerbildung rückführbar. Solche Interpretationen stützten sich vor allem auf den tendenziellen Funktionsverlust, der jenen Institutionen widerfuhr, die sich als Austragungsort der überkommenen Konfliktmuster bewährt hatten – vor allem das Parlament und die »Weltanschauungsparteien« dienten als Beispiel (vgl. *Janowitz* 1970: 26).

O. Kirchheimer (1964: 141 ff.) hat diesen Wandel besonders scharf markiert: An die Stelle der gruppenhaften Orientierung, die sich als Politisierung im ideologischen K. zwischen Regierung und ↗ Opposition am klarsten ausdrückte, trete die Aggregation von kleineren Konfliktquellen (die aus privatistischen Interessenlagen folgten) innerhalb von Organisationen der Interessenartikulation (↗ Volkspartei).
Solche Thesen haben konsequenterweise dann auch das organisationssoziologische Interesse an politischen Phänomenen inspiriert (vgl. *Prätorius* 1984). Wurden politische Organisationen nur als homogene Einheiten aufgefaßt, die strikt an den ideologisch deklarierten Zielen ausgerichtet seien, dann war es eine vertretbare Blickverengung, das Interesse auf die Konflikt- und Konsensprozesse zwischen diesen Organisationen zu beschränken. Die empirische Organisationsforschung der 50er Jahre zeigte aber, daß nicht nur bei Volksparteien, sondern auch bei vermeintlich hierarchischen Organisationen widerstreitende Ziele der Mitglieder den kontinuierlichen inneren K. betreiben können (↗ Verbändeforschung). Die weitere Forschung zeigte, daß dies durchaus nicht immer den Bestand solcher Organisationen (sowie ihren Erfolg im politischen bzw. gesellschaftlichen Gesamtsystem) gefährden mußte. Die positive Neubewertung der Internalisierung von K. erstreckte sich aber nicht allein auf Organisationen, sondern auch auf Individuen.

Auch *Dahrendorf* blieb teilweise der *Marxschen* Tradition verhaftet, da er K. von gesellschaftsgestaltender Kraft primär in der Interaktion zwischen Gruppen und Klassen ansiedelte. Seiner Theorie wurde vorgehalten, sie enthalte zu einseitige Akzentuierungen zugunsten solcher organisierter und politisierter Konfliktformen, vernachlässige aber die Übergänge in intrapersonale K., die also innerhalb der Orientierungen, Attitüden, Loyalitäten des Individuums selbst ausgefochten werden (vgl. *Hondrich* 1970: 58). Die Verlagerung der ↗ Konfliktlinien in derart intrapersonale Konstellationen – so die These – sei aber eine der wesentlichen Stabilitätsbedingungen moderner, demokratischer Gesellschaften, da nämlich »Polarisierung von Konfliktfronten die disruptiven Kräfte in der Gesellschaft verstärkt, während Überschneidung von Konfliktfronten *(cross-cutting cleavages)* mit der entsprechenden Relativierung von Loyalitäten und Gegnerschaften als Integrationskitt wirkt« (*Hondrich* 1970: 62).

Diese These hat sowohl rückwärtsgewandte wie auch aktuelle Bezüge. Theoriegeschichtlich knüpft sie an die Gruppentheorie der Politik bei *D. B. Truman* (1951) an (↗ Pluralismus). Darin wird als eine der Stabilitätsbedingungen pluralistischer Demokratie die Erscheinung der *overlapping membership* dargelegt.

Die Gesellschaftsmitglieder gehören einer Vielzahl nicht nur tatsächlicher, sondern auch potentieller ↗ Interessengruppen an; der Übergang von einer latenten Interessenlage, in der allenfalls gemeinsame Überzeugungen und eine relativ verdichtete Kommunikation zwischen den so zusammengefaßten Individuen anzutreffen sind, hinüber in eine aktualisierte, tatsächliche Interessengruppe mit verfestigter Organisationsstruktur ist als fließend vorzustellen. Da die entstehenden Interessenorganisationen aber nicht allein ihre eigenen, einenden Zielvorgaben verfolgen können, sondern auch die weiteren Gruppenzugehörigkeiten ihrer Mitglieder sowie deren Affinität zu latenten Interessenlagen berücksichtigen müssen, können diese Organisationen ihre Zielverfolgung und Konfliktbereitschaft nie wirklich unbedingt gestalten. Die jeweils immer nur partiell gegebene Loyalität der Mitglieder verlagert die Kompromißfindung in die streitenden Interessengruppen hinein. Der Gruppenkonflikt gestaltet und dynamisiert bei *Truman* zwar Politik und gesellschaftlichen Wandel, dieser K. tendiert bei ihm jedoch auch immer wieder zu Gleichgewichtszuständen.

An derartigen Kompromiß- und Gleichgewichtsmodellen des pluralistisch-demokratischen Prozesses ist in der Folgezeit mannigfaltige Kritik geübt worden (vgl. *Bopp-Schmehl* 1977). Ein zentrales Argument war dabei, daß nicht naturwüchsig alle Interessen eine ihnen angemessene, organisatorische Umsetzung erfahren, sondern daß auch umgekehrt Faktoren einer mangelnden Organisierbarkeit die Konflikt- und Durchsetzungsfähigkeit von breiten Interessenlagen beeinträchtigen können. So läßt sich aus dieser Betrachtung auch ein fortdauerndes Klassengefälle zwischen gut organisierten, engen und privilegierten Partikularinteressen einerseits und diffusen Breiteninteressen andererseits einräumen (*Lehner/Schütze* 1976: 158). Dieser Effekt wird verstärkt durch den organisatorischen Aufholbedarf, den die unteren Gesellschaftsklassen gegenüber der in Institutionen und ökonomischer Verfügungsgewalt verfestigten Macht erst bewältigen müssen.

Nicht allein dieser Fortbestand einer vertikalen Chancenungleichheit relativiert die Konsensusprognose, die manche Gruppentheoretiker mit ihrer Beschreibung von Interessenkonflikten verbinden. Zumindest problematisch ist auch die Annahme, die vielfältigen Interessenlagen könnten so weitflächig gestreut, ja »pulverisiert« sein, daß nur noch den vereinzelten Individuen sie zum jeweils sich neu präsentierenden Balanceakt anheim stünden. In aktuellen, sozialwiss. Analysen der politischen Wertestrukturen und Konfliktlinien findet sich dazu Anschauungsmaterial. Auch wenn manche Beobachter die Einschätzung teilen, homogene Sozialmilieus wie das der Industriearbeiterschaft verlören an Prägekraft für die Ausbildung großer, gesamtgesellschaftlicher Konfliktlager, so folgern sie daraus doch nicht, daß die Konfliktartikulation in organisierten Großgruppen schlechthin vom atomisierten Individualverhalten verdrängt werde (vgl. *Inglehart* 1983). Auch neue Werthaltungen gruppieren sich zu identifizierbaren Konfliktparteien mit formalen Organisationsstrukturen in umgrenzten Sozialmilieus – »grüne« und »alternative« Parteien sind ein beliebtes Beispiel für diese These.

Selbst wenn man bezweifeln mag, daß derartige neuformierte, aus dem ↗ Wertewandel hervorgehende Konfliktlinien jemals die Brisanz des Klassenkampfes im 19. Jh. erlangen werden, so bleibt der Befund, daß neue Interessenlagen nicht allein durch individuelle Strategien zur Geltung gebracht, sondern gruppenhaft erfahren werden. In dieser Dimension wird der politische K. in der Tat eine dauerhafte Begleiterscheinung demokratisch verfaßter Gemeinwesen bleiben. Schließlich bleibt, wie das gewalttätige Wiedererstehen ethnischer und nationalistischer K.e in Europa belegt, auch der Rückfall in archaischere Konstellationen immer denkbar.

Rainer Prätorius

↗ Konsensus; Politische Theorie.

Lit.: *Bopp-Schmehl, A.* 1977: Konflikt und Demokratie. Eine Auseinandersetzung mit Kompromiß und Gleichgewichtsvorstellungen moderner Politiktheorien, Frankfurt/M. usw. *Conn, P.H.* 1971: Conflict and Decision Making. An Introduction to Political Science, New York u.a. *Coser, L.A.* 1965: Theorie sozialer Konflikte, Neuwied/Berlin. *Dahrendorf, R.* 1972: Konflikt und Freiheit. Auf dem Weg zur Dienstklassengesellschaft, München. *Gouldner, A. W.* 1974: Die westliche Soziologie in der Krise, Reinbek. *Gurr, T.R.* (Hrsg.) 1980: Handbook of Political Conflict. Theory and Research, New York. *Herzog, D./Weßels, B.* (Hrsg.) 1989: Konfliktpotentiale und Konsensstrategien. Beiträge zur politischen Soziologie der Bundesrepublik, Opladen. *Hondrich, K.O.* 1970: Wirtschaftliche Entwicklung, soziale Konflikte und politische Freiheiten, Frankfurt/M. *Inglehart, R.* 1983: Traditionelle politische Trennungslinien und die Entwicklung der neuen Politik in westlichen Gesellschaften, in: PVS 24, 139–165. *Janowitz, M.* 1970: Political Conflict. Essays in Political Sociology, Chicago. *Kirchheimer, O.* 1964: Politik und Verfassung, Frankfurt/M. *Krysmanski, H.J.* 1971: Soziologie des Konflikts. Materialien und Modelle, Reinbek. *Lehner, F./Schütte, H. G.* 1976: The Economic Theory of Politics: Suggestions for Reconsideration, in: *Barry, B.* (Hrsg.): Power and Political Theory. Some European Perspectives, London usw., 139–160. *Prätorius, R.* 1984: Soziologie der politischen Organisationen. Eine Einführung, Darmstadt. *Truman, D.B.* 1951: The Governmental Process. Political Interests and Public Opinion, New York. *Winters, H.R./Bellows, T.* 1992: Conflict and Compromise. An Introduction to Politics, New York.

Konfliktlinien

I. Konfliktlinien (engl. *cleavages)* trennen bei jeder politischen Streitfrage Befürworter und Gegner einer Entscheidung. In der Wahlsoziologie haben insbesondere soziale Konfliktlinien *(social cleavages)* Beachtung gefunden. Sie trennen soziale Gruppierungen (Klassen, Konfessionsgruppen, ethnische Minderheiten etc.), deren ideelle oder materielle Interessen durch verschiedene ↗ Parteien vertreten werden. In einer konkreten Konfliktsituation kann es zu einer Koalition zwischen einer sozialen Gruppierung bzw. ihren Repräsentanten und einer politischen Partei kommen. Diese Koalitionen sind in der Regel dauerhaft und finden bei Wahlen ihren Ausdruck in der überdurchschnittlichen Entscheidung der Gruppenangehörigen zugunsten der betreffenden Partei. Dabei brauchen nicht bei jeder Wahl Streitfragen aktualisiert zu werden, die sich unmittelbar auf die entsprechende Konfliktdimension beziehen. Um derartige Latenzphasen mitabzudecken, ist auch der Begriff der Spannungslinien gebräuchlich.

Bei der Analyse sozialer Konfliktlinien (K.) bzw. sozialer Spaltungen wird eine bestimmte sozialstrukturelle Gruppierung der Bevölkerung als Ausgangspunkt einer politischen K. betrachtet. Diese Art Fragestellung ist für die marxistische Sozialwissenschaft charakteristisch, die politische Einstellungen und politisches Verhalten in Abhängigkeit von der Klassenlage sieht. *S. M. Lipset* (1963) hat diese Fragestellung auf die Wahlsoziologie übertragen; danach wäre die Hauptkonfliktlinie auf der politischen Ebene der Gegensatz zwischen rechten Parteien als Verteidigern des *Status quo* und linken Parteien als Befürwortern eines sozialen Wandels hin zu mehr sozialer ↗ Gleichheit. Die Wahl einer linken oder rechten Partei werde von der Klassenlage weitgehend determiniert, so daß *Lipset* Wahlen als institutionalisierten Klassenkampf bezeichnet. Das Ausmaß der Determination des Wahlverhaltens durch die Gruppenmitgliedschaft dient als Maß für Vorliegen und Stärke einer sozialen K. Die Stärke einer sozialen K. kann am besten durch Parameter gemessen werden, die unabhängig von der Größe der verwendeten sozialstrukturellen Gruppierungen allein den Einfluß dieser Gruppierungen auf die gewählte abhängige Variable messen. Ein einfaches, diesen Anforderungen entsprechendes Maß ist der *index of class voting* von *Alford* (1963): die Prozentpunktdifferenz zwischen Arbeitern und Mittelschichtangehörigen in der Wahl der linken Parteien. Man kann für diesen Fall auch ein Maß der Abhängigkeit bzw. Unabhängigkeit der sozialen K. berechnen. Wird die Bevölkerung nach zwei oder mehr sozialstrukturellen Gruppierungen eingeteilt, sind die sozialen K. dann voneinander unabhängig, wenn ein additives Regressionsmodell ohne Interaktionseffekt zur Voraussage der entsprechenden politischen K. ausreicht.

Der Konfliktcharakter sozialer Spaltungen äußert sich in gruppenspezifischen politischen Einstellungen, Verhaltensweisen oder Mitgliedschaften. Empirische Untersuchungen verwenden in der Regel die Wahlentscheidung als die durch K. beeinflußte, abhängige Variable. Der empirische Nachweis einer überdurchschnittlichen Wahrscheinlichkeit zur Wahl einer bestimmten Partei reicht jedoch nicht aus, um eine soziale K. zu identifizieren. Es muß zusätzlich nachgewiesen werden, daß ein Minimum an gemeinsamen materiellen oder ideellen Interessen besteht und daß eine Partei als Vertreter der Gruppeninteressen wahrgenommen wird, wobei den Gruppenrepräsentanten und Parteieliten (↗ Eliten) für die Verankerung einer K. eine wichtige Bedeutung zukommt.

II. 1. *Historische Typologien.* Politische Modernisierung einer Gesellschaft bedeutet die Einbeziehung immer größerer Teile der erwachsenen Bevölkerung eines Staates in den politischen Prozeß. Diese Einbeziehung kann am besten an der Ausdehnung des Wahlrechts studiert werden. In Europa waren für die politische Modernisierung Konflikte zwischen sozialen Gruppierungen der Gesellschaft von ausschlaggebender Bedeutung. Dies gilt nicht nur für den seit Mitte des 19. Jh.s auftretenden Konflikt zwischen dem neuentstehenden Proletariat und den Kapitaleignern, sondern auch für Interessengegensätze zwischen anderen Gruppierungen. *Stein Rokkan* hat, zunächst in Zusammenarbeit mit *M.S. Lipset* (*Lipset/Rokkan* 1967), eine historische Genealogie der noch heute in den demokratischen europäischen Ländern zu beobachtenden Konfliktstrukturen versucht. Zum Ausdruck kommen die Konflikte in den ↗ Parteiensystemen der einzelnen Staaten, zurückführen lassen sie sich auf gesellschaftliche Probleme, die in der Folge von Nationwerdung und Industrialisierung entstanden sind.

Entscheidend für die Parteiensysteme der einzelnen Staaten war, welchen Gebrauch die herrschende Elite von ihren Wahlmöglichkeiten bei der Etablierung von Koalitionen mit sozialen Gruppen machte. Für die Nationwerdung war zunächst die Entscheidung für oder gegen die Durchführung der Reformation wichtig. Dabei geriet die Kirche, z. B. in England, den skandinavischen Ländern und Preußen, unter Staatseinfluß, die Gegner der herrschenden Elite waren die Nonkonformisten und Laizisten. In katholischen Ländern konnte die herrschende Elite entweder eine Koalition mit der Kirche eingehen wie in Belgien und Österreich oder Stellung gegen die Kirche beziehen wie im Frankreich nach der Französischen Revolution. Die nächste Wahlmöglichkeit der herrschenden Elite war, ob sie eine Koalition mit agrarischen Interessen, insbesondere denen des Großgrundbesitzes, oder mit den Vertretern der Handelsinteressen der Städte eingehen sollte. Sowohl in England als auch in Preußen war die Entscheidung zuerst zugunsten einer protestantischen Staatskirche und dann zugunsten einer Koalition mit dem Landadel gefallen. Die Opposition zu diesem System wurde von städtischen, nicht kirchlich gebundenen Teilen des Bürgertums in der politischen Form liberaler Parteien ausgeübt. Dagegen war die Hauptopposition in Frankreich ein ländlicher klerikaler Konservativismus. Die letzte große historische Option für die Gestaltung des modernen Parteiensystems war die Koalitionsbildung im Hinblick auf die erstarkende Arbeiterbewegung. In Deutschland entschied sich die Arbeiterbewegung sehr früh für einen autonomen Weg und schwächte damit den ↗ Liberalismus, in anderen Staaten trat diese Entwicklung erst im 20. Jh. ein bzw. gar nicht wie in den USA.

2. *Theoretische Ansätze*. Die Mobilisierung einer Gruppe ist ein zweiseitiger Prozeß, bei dem die herrschende Elite oder eine politische Partei der fraglichen Gruppe politische Angebote macht und Gruppenvertreter versuchen, die Gruppeninteressen möglichst vollständig durchzusetzen. Zu einem bestimmten historischen Zeitpunkt sind verschiedene Koalitionen möglich.

Eine Partei, die sich im Hinblick auf eine K. festgelegt hat, ist damit nicht im Hinblick auf eine andere K. gebunden. So konnten die Katholiken in den USA eine Koalition mit der eher linken Demokratischen Partei eingehen, während sie in Kontinental-Europa eher zu konservativen Parteien neigen. Daß auch Arbeiter ihre »natürliche« Interessenvertretung nicht unbedingt bei einer sozialistischen Partei finden müssen, zeigt das Beispiel der Demokratischen Partei in den USA, aber auch der Peronismus in Argentinien. Als empirische Verallgemeinerung gilt, daß die bei der ersten Mobilisierung einer Gruppe eingegangene Koalition dauerhaft ist. Diese Beobachtung führte *Lipset* und *Rokkan* (1967) zu der These von der Persistenz der Parteiensysteme westlicher Demokratien seit Abschluß der politischen Mobilisierungsphase.

Faßt man soziale Spannungslinien als Ergebnis der Koalitionsbildung zwischen sozialen Gruppen und politischen Parteien auf, können eine Reihe von Gründen für die Stabilität einmal eingegangener Koalitionen genannt werden: 1) Möglichkeiten der gegenseitigen Einflußnahme, z. B. durch Abgeordnete, die die Gruppeninteressen innerhalb der Parlamentsfraktion vertreten, 2) Umsetzung von Gruppenforderungen in der Regierungspolitik, 3) Ausbildung einer gemeinsamen Ideologie und 4) knappe Mehrheitsverhältnisse, die die Partei auf die Gruppen angewiesen bleiben lassen. Alle diese Faktoren stabilisieren soziale K. gegenüber kurzfristigen Bewegungen auf dem Wählermarkt, denen zum einen eine Verankerung in der Sozialstruktur fehlt und die zum anderen keine dauerhaften Institutionen im Rahmen des bestehenden Parteien- und Konfliktsystems ausbilden (*Stinchcombe* 1975).

Der größere theoretische Zusammenhang, innerhalb dessen *Rokkan* seine Konfliktgenealogie entwickelt hat, ist die Theorie der strukturellen Differenzierung *(Parsons, Smelser)*. Danach ist gesellschaftliche Modernisierung durch Auflösung partikularer Bindungen an traditionelle Gruppierungen wie ethnische Gruppen oder Sprachgemeinschaften der unterlegenen Kultur usw. gekennzeichnet, weil sich immer stärker universalistische Kriterien der Leistungsdifferenzierung durchsetzen. Die funktionale Achse der Differenzierung müßte demnach auf Kosten der territorialen Achse an Bedeutung gewinnen. Diese allgemeine Prognose ist durch die Entwicklung der Industriegesellschaften in den letzten 30 Jahren nicht bestätigt worden. Viele Länder mit sprachlichen und ethnischen Minderheiten wie Kanada, Großbritannien, Belgien usw. erlebten eine Zunahme der Politisierung ethnischer Minderheiten (Regionalismus). Wenn die entsprechenden Minderheiten auch wirtschaftlich benachteiligt sind, ist ein Zusammenhang von ethnischen und Klasseninteressen zu vermuten. Unabhängig von der politischen Umsetzung würde auf der gesellschaftlichen Ebene hier zunächst ein sich verstärkender sozialer Gegensatz *(superimposed cleavages)* feststellbar sein. Diese Situation ist für die politische Mobilisierung besonders günstig, da wirtschaftliche Interessen sich des Vehikels eines bereits vorhandenen Gruppenzusammenhangs ethnischer Art zur politischen Mobilisierung bedienen können. In der Literatur ist diese Situation unter dem Stichwort »interner Kolonialismus« (*Hechter* 1975) oder »kulturelle Arbeitsteilung« behandelt worden.

III. Eine weitverbreitete Diagnose lautet, daß soziale Konfliktpotentiale in westlichen Industriegesellschaften an Bedeutung verlieren. Neue ideologische Spannungslinien wie der Gegensatz zwischen den traditionellen Parteien und ökologischen Bewegungen ließen sich nicht mehr auf Interessengegensätze zwischen bestimmten sozialen Gruppen zurückführen. Wenn Studenten und jüngere Akademiker überproportional Parteien wie die ↗ Grünen wählen, verträten sie nicht wie in der traditionellen Interessengruppenpolitik partikulare Interessen ihrer eigenen Gruppe, sondern setzten sich für öffentliche Güter ein, wie eine saubere Umwelt, von deren Genuß später niemand ausgeschlossen werden kann. Insofern sei hier auch die Vorstellung von der allmählichen politischen Mobilisierung einer latenten Interessengruppe nicht angebracht. Träger dieser neuen Bewegungen seien deshalb eher Wertgemeinschaften und nicht über ihre Interessenlage abgrenzbare sozialstrukturelle Gruppierungen.

Diesen neuen Ansätzen zufolge, die v.a. die Theorie des ↗ Wertewandels zum Ausgangspunkt der Überlegungen zur Entwicklung der K. in den westlichen Industrieländern machen, tritt zu der – v.a. wirtschafts- und sozialpolitisch sich manifestierenden – Polarisierung zwischen den klassischen rechten und linken Parteien eine neue K. zwischen den »Materialisten« der neuen Rechten und den »Postmaterialisten« der neuen Linken. Diese schief zu der alten sozialökonomischen K. verlaufende Polarisierung, bei der Themen wie Umweltschutz, Frauenpolitik, einseitige Abrüstung und Widerstand gegen die Atomkraft im Mittelpunkt der Auseinandersetzung stehen, verursacht für die etablierten Parteien, insbesondere für die sozialistischen und sozialdemokratischen, das Problem, ihre traditionelle Wählerschaft zu halten und sich gleichzeitig in bezug auf die neuen K. mit einem wahlwirksamen Koalitionsangebot für die zunehmend an den neuen Themen orientierten Bevölkerungsteile zu positionieren. Sozialistische und sozialdemokratische Parteien sind auf der einen Seite von Abwanderungstendenzen zu den Grünen bedroht, auf der anderen Seite können materialistisch orientierte Arbeiter zu Parteien der neuen Rechten (etwa die bundesdeutschen

Republikaner) abwandern, die auf der Wertachse den materialistischen Gegenpol zu den ökologischen Parteien bilden, welche postmaterialistische Orientierungen repräsentieren (*Inglehart* 1989: 342–357).

Über den eben geschilderten auf Querschnittsuntersuchungen basierenden Befund besteht in der Literatur weitgehend Einigkeit. Es werden aber verschiedene Auffassungen bezüglich der langfristigen Konsequenzen vertreten. *Ingleharts* Interpretation ist die der »stillen Revolution«: Grundlegende Wertvorstellungen werden in den formativen Jahren der Primärsozialisation erworben, so daß sich der Wertewandel in der Bevölkerung durch den Prozeß des allmählichen Ersetzens älterer Kohorten durch nachwachsende jüngere Generationen ergibt. Andere Autoren interpretieren die Ergebnisse mit Bezug auf eine »neue Klasse« von akademisch gebildeten Fachkräften *(knowledge class)*, deren Berufschancen wegen der wirtschaftlichen Krisen in den 70er Jahren und der negativen Folgen für die akademischen Berufsanfänger entscheidend beeinträchtigt wurden. Die Schwierigkeiten beim Übergang von der langen Ausbildungsphase in den Beruf haben zu Unzufriedenheit, Protestverhalten und der Wahl alternativer, ökologischer Parteien geführt. In der Logik dieses Arguments liegt die Erwartung, daß wirtschaftliches Wachstum die Berufseinstiegsschwierigkeiten dieser Gruppe wieder verringern wird, so daß auch das akademische Protestpotential und damit die Hauptbasis der Grünen abnimmt (vgl. *Bürklin* 1987).

Allgemein haben sich für politisches Verhalten Generationserklärungen besser bewährt als Lebenszyklusthesen. Diese Aussage gilt auch für die Veränderungstendenzen der traditionalen sozialen K. im Wahlverhalten. Der allmähliche Abbau dieser Spaltungen erfolgt, wenn überhaupt, nur durch den Prozeß der Generationenfolge. So sind in der Bundesrepublik mit Ausnahme der jüngsten Wahlberechtigten, die in der zweiten Hälfte der 60er Jahre geboren wurden, die konfessionellen K. nach wie vor präsent, selbst wenn die Häufigkeit des Kirchgangs bei allen Erwachsenen stark zurückgegangen ist. Letzteres schließt aber nicht aus, daß die Unterschiede im Wahlverhalten und in den politischen Einstellungen zwischen Kirchgängern und Nichtkirchgängern gleichgeblieben sind. Der Rückgang des Kirchgangs kann sich aber in Zukunft insofern auf die sozialen K. auswirken, als z. B. die CDU/CSU sich immer weniger an dem religiösen Teil ihrer Wählerschaft orientiert, so daß religiöse Fragen auch weniger thematisiert werden. Ohne eine gelegentliche Aktualisierung der politischen Inhalte sozialer Spaltungen können aber neue Generationen nicht mehr entsprechend sozialisiert werden (vgl. *Pappi/Mnich* 1990).

Die Entstehung neuer politischer und ideologischer K. muß nicht automatisch zur Folge haben, daß die sozialen Konfliktpotentiale an Bedeutung verlieren. Es muß mit der Möglichkeit gerechnet werden, daß die Träger der neuen Werte wieder bestimmte sozialstrukturell abgrenzbare Gruppen sind, die genauso wie früher die Arbeiterbewegung die eigenen Interessen vertreten, aber darüber hinaus auch Ziele anstreben, die Kollektivgutcharakter für alle Gruppen haben. Neben den akademisch ausgebildeten Fachkräften als Trägern postmaterialistischer Werte kommen andere soziale Gruppen als Träger neuer sozialer Spaltungen in Frage. So wird häufig angenommen, daß die traditionelle Berufsklassengliederung als soziale Spaltung abgelöst werde von einem Konflikt zwischen den in der Privatwirtschaft und den im öffentlichen Sektor Beschäftigten. Daneben werden auch für einzelne europäische Länder soziale Spaltungen in der Konsumsphäre identifiziert, z. B. zwischen Hauseigentümern und Mietern (vgl. für Großbritannien z. B. *Dunnleavy* u. a. 1985).

Der Begriff der sozialen Spaltungen ist ein blasser Oberbegriff für den marxistischen Klassenbegriff auf der einen Seite und Konflikte zwischen ethnischen Gruppen auf der anderen Seite. Dieser Begriff hat sich hauptsächlich in deskriptiven Untersuchungen bewährt.

Gerade der systematische Vergleich von Klassenkonflikten mit Konflikten anderer Art wie zwischen religiösen Gruppen führt zu dem für viele überraschenden Befund, daß Religion für das Wahlverhalten in vielen Ländern ein bedeutenderer Prädiktor ist als einfache Klassenvariablen. Die Theorieentwicklung hat andererseits mit der Vielzahl empirischer Befunde nicht ganz Schritt gehalten. Die Vielfalt der Konfliktlinien ist aber wiederholt typologisch erfaßt worden, wobei es neuerdings um die Einordnung von Konflikten infolge des Wertewandels in eine allgemeine Konfliktklassifikation geht. *Weßels* (1991) hat die Typologie *Dahrendorfs* (1972) mit den zwei Dimensionen (1) Rang der Beteiligten (Gleicher contra Gleichen, Übergeordneter contra Untergeordneten und Ganzes contra Teil) und (2) soziale Einheit (Rollen, Gruppen, Sektoren, Gesellschaften) weiter entwickelt, indem er zur ersten Dimension die Ausprägung »Institution contra Kollektiv« hinzunimmt, um hier dann den Wertkonflikt zu den anderweitig eingeordneten Minderheitenkonflikten, Klassenkonflikten und der Konkurrenz bzw. den Proporz zwischen gleichberechtigten Gruppen zu erfassen.

Franz Urban Pappi

↗ Konkordanzdemokratie; Sozialstruktur/ Klassenstrukturen; Wert/Wertewandel.

Lit.: *Alford, R.R.* 1963: Party and Society: The Anglo-American Democracies, Chicago. *Bürklin, W.P.* 1987: Governing Left Parties Frustrating the Radical Non-established Left: The Rise and Inevitable Decline of the Greens, in: European Sociological Review 3, 109–126. *Dahrendorf, R.* 1972: Konflikt und Freiheit, München. *Dunnleavy, P./Husbands, C.T.* 1985: British Democracy at the Crossroads, London. *Hannan, M.T.* 1979: The Dynamics of Ethnic Boundaries in Modern States, in: *Meyer, J.W./Hannan, M.T.* (Hrsg.): National Development and the World System, Chicago/ London, 253–275. *Hechter, M.* 1975: Internal Colonialism: The Celtic Fringe in British National Development, 1536–1966, London. *Inglehart, R.* 1989: Kultureller Umbruch. Wertewandel in der westlichen Welt, Frankfurt a.M./New York. *Lipset, S.M.* 1963: Political Man, New York. *Lipset, S.M./Rokkan, S.* (Hrsg.) 1967: Party Systems and Voter Alignments: Cross-National Perspectives, New York. *Pappi, F.U./ Mnich, P.* 1990: Social Structure and Party Choice in the Federal Republic of Germany since the 1960's, in: *Franklin, M.* u.a.: Electoral Change, Cambridge. *Rae, D.W./Taylor, M.* 1970: The Analysis of Political Cleavages, New Haven/London. *Rokkan, S.* 1980: Eine Familie von Modellen für die vergleichende Geschichte Europas, in: ZfS 9, 118–128. *Stinchcombe, A.* 1975: Social Structure and Politics, in: *Greenstein, F.I./ Polsby, N.W.* (Hrsg.): Macropolitical Theory, Handbook of Political Science, Bd. 3, Reading, Mass., 557–622. *Weßels, B.* 1991: Erosion des Wachstumsparadigmas: Neue Konfliktstrukturen im politischen System der Bundesrepublik?, Opladen.

Konjunkturpolitik

I. Konjunkturpolitik (K.) zielt auf Verstetigung der gesamtwirtschaftlichen Entwicklung. Sie soll zur Sicherung eines hohen Beschäftigungsstandes, eines stabilen Preisniveaus und des außenwirtschaftlichen Gleichgewichts beitragen. Synonym wird auch der Begriff Stabilisierungspolitik verwendet.

Aus den Erfahrungen der Weltwirtschaftskrise der 30er Jahre entwickelte der englische Ökonom *John M. Keynes* das Konzept einer staatlichen Regulierung der gesamtwirtschaftlichen Nachfrage zur Überwindung von Depressionen und damit verbundener Massenarbeitslosigkeit (↗ Keynesianismus). Sein »antizyklisches« Grundkonzept diente über zwei Jahrzehnte lang als Leitbild der K. in allen westlichen Industriestaaten. Die aufgrund günstiger Rahmenbedingungen beispiellose Wirtschaftsentwicklung der 50er und 60er Jahre trug dazu bei, die keynesianische K. und das Konzept einer gemischten Steuerung der Volkswirtschaft durch Markt und Staat im Grundkonsens dieser Länder zu verankern.

II. Während des Wiederaufbaus nach dem II. Weltkrieg bestand das Hauptziel der Wirtschaftspolitik in der Steigerung der Produktion und im Abbau kriegsbedingter struktureller Arbeitslosigkeit. Es war aber offensichtlich, daß die Regierungen das Beschäftigungsziel nicht einseitig maximieren konnten, sondern weitere Ziele beachten mußten, v.a. die Entwicklung des Preisniveaus (Vermeidung von Inflation) und die Sicherung des außenwirtschaftlichen Gleichgewichts (Vermeidung anhaltender Defizite oder Überschüsse im Außenhandel). Daraus entwickelte sich das »klassische Zieldreieck« der K. Im Laufe der 50er Jahre kam noch das Wirtschaftswachstum als eigenständiges Ziel hinzu. Die K. der westlichen Industrieländer orientiert sich seither an einem Zielkatalog, der oft als das »magische Viereck« bezeichnet wird.

Warum »magisch«? Innerhalb dieses Vierecks bestehen (kurzfristig) bestimmte Zielkonflikte: Maßnahmen, die ein Ziel fördern, beeinträchtigen oft gleichzeitig ein anderes. So kann z.B. eine staatliche Nachfrageexpansion, die den Beschäftigungsstand erhöhen soll, zugleich auch inflationäre Impulse auslösen. Dieser Konflikt zwischen Vollbeschäftigung und Preisniveaustabilität gehört zu den klassischen Zielkonflikten der K. Aber auch zwischen den komplementären Zielen Wachstum und Beschäftigung einerseits und außenwirtschaftliches Gleichgewicht andererseits besteht in manchen Ländern (z.B. Frankreich, Großbritannien) ein chronischer Konflikt. Nur mit »Magie« wäre es angesichts solcher Konflikte möglich, alle vier Ziele gleichzeitig zu erreichen. In der Praxis muß die K. Prioritäten setzen – i.d.R. zugunsten des am stärksten gefährdeten Zieles. Dies wirft allerdings schwierige Bewertungsprobleme auf: Welches Ziel ist z.B. stärker gefährdet, wenn sowohl die Inflationsrate als auch die Arbeitslosenquote bei 6% liegen? Welchem Ziel soll die K. dann Priorität einräumen? Es kann nicht verwundern, daß zwischen den verschiedenen Ländern und zwischen konkurrierenden politischen Richtungen charakteristische Unterschiede bezüglich dieses zentralen Zielkonflikts bestehen (vgl. z.B. die Zielpräferenzen in der BRD einerseits, Italien und Großbritannien andererseits, oder diejenigen von konservativen und sozialdemokratischen/sozialistischen Parteien). Nach heute vorherrschender Meinung gibt es allerdings nur auf kurze Sicht eine Wahl zwischen den Alternativen (1) mehr Beschäftigung unter Hinnahme von mehr ↗ Inflation und (2) mehr Preisniveaustabilität zu Lasten einer höheren ↗ Arbeitslosigkeit. Längerfristig kann durch die Hinnahme hoher Inflationsraten das Ziel der Vollbeschäftigung nicht gesichert werden. Im Gegenteil: Es besteht die Gefahr, daß die Inflation sich beschleunigt und früher oder später durch eine Stabilisierungskrise gestoppt werden muß.
In verschiedenen Ländern (Niederlande, Belgien, Schweden) gehört auch noch das Ziel einer gerechte(re)n Einkommensverteilung (↗ Einkommenspolitik) zum Katalog der K. Da die primäre Einkommensverteilung aber von den Tarifparteien ausgehandelt wird, stößt staatliches Handeln in diesem Bereich schnell an die Grenze der Tarifautonomie (wo es sie gibt). Außerdem ist eine operationale und konsensfähige Definition des Ziels gerechte Einkommensverteilung nur schwer vorstellbar. Diese Überlegungen waren in der BRD ausschlaggebend dafür, daß ein Einkommensverteilungsziel in den Katalog der K. nicht aufgenommen wurde.

III. In den 60er Jahren – der hohen Zeit keynesianischer K. – wurde in allen Industrieländern das Instrumentarium zur Steuerung der Wirtschaftsentwicklung ausgebaut und verfeinert. Selbst in der BRD, in der lange eine Abneigung gegen jeden Interventionismus gehegt wurde, lebte Anfang der 60er Jahre die Diskussion über den Ausbau insbeson-

Tabelle 8: Das Instrumentarium der Konjunkturpolitik

Politikbereiche	Instrumente
Finanzpolitik Akteur: Regierung Ziel: Stabilisierung der gesamtwirtschaftlichen Nachfrage	Variationen der – Staatsausgaben – Staatseinnahmen (Steuern) – Konjunkturausgleichsrücklage – Investitionsprämien, -zulagen – Abschreibungsmodalitäten – Subventionen
Geldpolitik Akteur: Zentralbank Ziel: Steuerung der Geldmenge und des Zinsniveaus	– Mindestreservepolitik – Refinanzierungspolitik – Diskontsatzpolitik – Rediskontkontingente – Lombardpolitik – Offenmarktpolitik
Währungspolitik Akteure: Zentralbank und Regierung Ziel: Sicherung des Außenwertes der Währung	– Interventionen am Devisenmarkt – Devisenbewirtschaftung – Auf- oder Abwertung der Währung – Swapsatzpolitik
Einkommenspolitik Akteure: Tarifparteien und Regierung Ziel: Vermeidung stabilitätswidriger Tarifabschlüsse	– Orientierungsdaten der Regierung (Konzertierte Aktion) Lohnleitlinien – Lohn- und Preisstopp

dere des finanzpolitischen Instrumentariums auf. 1963 wurde der »Sachverständigenrat zur Begutachtung der gesamtwirtschaftlichen Entwicklung« eingesetzt; er sollte die Wirtschaftsentwicklung diagnostizieren und konjunkturpolitische Alternativen darlegen. 1967 – unter dem »Druck der Krise«, d.h. der ersten Nachkriegsrezession – wurde das »Gesetz zur Förderung der Stabilität und des Wachstums der Wirtschaft« (StWG) verabschiedet. Damit verfügte die BRD nach den Worten des damaligen Bundeswirtschaftsministers *K. Schiller* über das »modernste Instrumentarium der Welt«.

In allen Industrieländern stützt sich die K. auf vier Politikbereiche (vgl. Tabelle 8). Im Zentrum der keynesianischen K. steht die staatliche Beeinflussung der gesamtwirtschaftlichen Nachfrage mit den Instrumenten der Finanzpolitik. Durch eine Erhöhung seiner Ausgaben und/oder Verminderung seiner Einnahmen (über Steuersenkungen) kann der Staat expansiv auf die Gesamtnachfrage wirken. Der Staat kann auch gezielt die private Investitionstätigkeit durch die Gewährung von Investitionsprämien und/oder die Verbesserung der Abschreibungsmodalitäten anregen. Entsprechend dämpfend wirkt die Rücknahme solcher Vergünstigungen. Eine solche Finanzpolitik ist grundsätzlich auf ein symmetrisches Konjunkturmuster angelegt: Die in Abschwungsphasen hingenommenen Haushaltsdefizite müssen durch entsprechende Überschüsse während der Aufschwungsphasen im Durchschnitt ausgeglichen werden. Ist der Zyklus und/oder das Haushaltsgebaren der Regierung asymmetrisch, kommt es zu einer ansteigenden Staatsverschuldung, die negative Rückwirkungen auf das Zinsniveau und die private Wirtschaftstätigkeit hat.

Im Rahmen des keynesianischen Konzepts soll die ↗ Geldpolitik mit ihren Instrumenten den expansiven oder restriktiven Kurs der Finanzpolitik unterstützen. In der Rezession kann sie durch Senkung des Zinsniveaus und Bereitstellung von Liquidität für niedrige Kreditkosten sorgen und die Attraktivität der Anlagealternative »Realkapitalbildung« (Sachinvestitionen) erhöhen. Umgekehrt kann sie im Boom die Investitionsneigung durch Einschränkung der Bankenliquidität und Erhöhung des Zinsniveaus (Anhebung des Diskontsatzes, Erhöhung der Mindestreservesätze etc.) dämpfen.

Die Währungspolitik soll im Rahmen der K. für die Absicherung der außenwirtschaftlichen Flanke sorgen. Störungen können sich insbesondere aus starken Schwankungen der Wechselkurse oder – bei fixen Kursen – durch die Entstehung anhaltender Handelsbilanzdefizite bzw. -überschüsse ergeben. Außenhandelsungleichgewichte führen über kurz oder lang zu abrupten Ab- oder Aufwertungen, die verunsichernd auf die Dispositionen der außenwirtschaftlich tätigen Unternehmen wirken. Abwertungen verteuern die Importe, erhöhen somit das Preisniveau, Aufwertungen erschweren die Exporte und dämpfen dadurch die Gesamtnachfrage. Durch Interventionen am Devisenmarkt kann die Währungspolitik verstetigend auf die Wechselkurse einwirken.

Die Einkommenspolitik stellt einen Versuch dar, den Zielkonflikt zwischen Beschäftigung und Preisniveaustabilität zu mildern und lohnkostenbedingte Inflationstendenzen einzudämmen. Mit Erreichen eines hohen Beschäftigungsstandes Anfang der 60er Jahre rückte in vielen Ländern das Problem der schleichenden Inflation ins Zentrum der K. Die Arbeitsmarktlage und der von den ↗ Gewerkschaften diagnostizierte Nachholbedarf bei der Einkommensverteilung hatten zusammen mit einer Abschwächung – d.h. Normalisierung – des Wachstums zu einer Verschärfung des Verteilungskampfes geführt. Gestützt auf die weitverbreitete Vorstellung, daß der Staat Vollbeschäftigung garantieren könne, unternahmen die Gewerkschaften den Versuch einer Umverteilung über die ↗ Tarifpolitik. Nachfrage- und marktmachtbedingte Inflationstendenzen wurden dadurch von der Kostenseite her noch verstärkt. In den meisten Industrieländern versuchten die Regierungen mit einkommenspolitischen Maßnahmen »funktionslose Verteilungskämpfe« – d.h. Einkommensverbesserungen, die durch anschließende Preiserhöhungen wieder neutralisiert wurden – zu vermeiden. So vereinbarte die *Labour*-Regierung in Großbritannien 1964 mit den Gewerkschaften und den Arbeitgeberverbänden ein *Statement of Intent*, also eine Art Absprache über den gesamtwirtschaftlich gegebenen Verteilungsspielraum, um die Ansprüche auf das Verfügbare zu begrenzen. Die nachfolgende *Tory*-Regierung errichtete einen *National Board for Prices and Incomes* – einen Vorläufer zahlreicher ähnlicher Gremien, mit deren Hilfe die Lohn- und Preisentwicklung kontrolliert und gedämpft werden sollte. Als die Inflationsraten zweistellig wurden, ergriffen viele Regierungen das einschneidendere Mittel des Lohn- und Preisstopps.

Solche Maßnahmen kamen in der BRD aus verfassungsrechtlichen Gründen (Tarifautonomie) nicht in Betracht. Im StWG war eine sehr schwache Form der Einkommenspolitik vorgesehen, nämlich der Versuch einer stabilitätskonformen Verhaltensabstimmung zwischen den Gebietskörperschaften, den Gewerkschaften und Unternehmensverbänden im Rahmen einer »konzertierten Aktion«. Man hoffte hier – so vergebens wie in anderen Ländern – auf die erzieherische Funktion der volkswirtschaftlichen Gesamtrechnung, d.h. auf die Kraft des Arguments, daß über die Produktivitätszuwächse hinausgehende Lohnsteigerungen zu Inflation – und am Ende zu einer Stabilisierungskrise führen müßten.

IV. Das konkrete konjunkturpolitische Handeln ist i.d.R. in einer umfassenderen Konzeption verankert. Die Konzeptionen unterscheiden sich nicht so sehr in den Zielen oder Instrumenten, sondern vielmehr bezüglich der dem Handeln zugrunde liegenden Theorien und ordnungspolitischen Leitbilder. Diese bestimmen die Zielpräferenzen und den Instrumenteneinsatz.

Die bis zu Beginn der 70er Jahre vorherrschende keynesianische Konzeption führt konjunkturelle Schwankungen auf eine dem

Marktmechanismus inhärente Instabilität der Verbrauchs- und Investitionsnachfrage zurück und folgert daraus die Notwendigkeit einer entgegengerichteten, antizyklischen Finanzpolitik des Staates. Geld-, Währungs- und Einkommenspolitik haben flankierende Funktion. Diese Konzeption stellt sehr hohe Anforderungen an die Politik wie auch an die Ökonomik, denn der Erfolg konjunkturpolitischen Handelns hängt zum einen von einer zutreffenden Diagnose und Prognose der Wirtschaftsentwicklung ab, zum anderen vom rechtzeitigen Einsatz und der richtigen Dosierung der Maßnahmen. Auch an das Zusammenspiel der verschiedenen Akteure (Regierung, Zentralbank, Tarifparteien) und der ihnen zugeordneten Politikbereiche sind hohe Anforderungen gestellt. Zwar bestehen in allen Industrieländern Koordinierungsgremien – z. B. Konjunkturrat der öffentlichen Hand (§ 18 StWG), Finanzplanungsrat (§ 51 HGrG), konzertierte Aktion (§ 3 StWG) in der BRD; Planungsministerium und Wirtschafts- und Sozialrat in Frankreich; Nationaler Wirtschaftsrat in Großbritannien –, gleichwohl ist die Abstimmung eher mangelhaft geblieben. In der BRD haben die Gremien nicht einmal immer das entgegengerichtete Handeln von Bund und Ländern verhindern können. Insgesamt hat sich erwiesen, daß die hohen Ansprüche einer antizyklischen Nachfragesteuerung die K. überfordern. Diagnose-, Prognose-, Koordinierungs- und Entscheidungsprobleme haben öfters sogar dazu geführt, daß von der K. prozyklische statt antizyklische Wirkungen ausgingen. Die entscheidende Schwäche der keynesianischen Konzeption aber ist die offene einkommenspolitische Flanke. Nichts hindert die Tarifparteien daran, im Vertrauen auf eine beschäftigungssichernde Politik des Staates stabilitätswidrige Löhne und Preise zu fordern und damit eine Preis-Lohn-Spirale in Gang zu setzen, die von der K. nur mit restriktiven, die Beschäftigung gefährdenden Mitteln bekämpft werden kann. Das Ergebnis ist Stagflation.

Die seit Ende der 60er Jahre in fast allen Industrieländern sich beschleunigende Inflation und die ansteigende Arbeitslosigkeit wurden von den Kritikern der Nachfragesteuerung als Mißerfolg der keynesianischen Konzeption interpretiert. Es waren die zweistelligen Inflationsraten, welche der konservativen, marktorientierten Konzeption des ↗ Monetarismus zum Durchbruch verhalfen. Die monetaristische Konzeption der Wirtschaftspolitik unterstellt im Gegensatz zum Keynesianismus einen hohen Grad an inhärenter Stabilität des Marktmechanismus. Konjunkturelle Schwankungen sind demnach auf die häufigen Kurswechsel der antizyklischen Nachfragesteuerung zurückzuführen. Nach monetaristischer Überzeugung erfordert eine Rückkehr zur Stabilität erstens den Verzicht auf die *stop-go*-Politik zugunsten einer mittelfristigen Verstetigungsstrategie und zweitens die konsequente Bekämpfung der Inflation durch eine strikte Geldpolitik: Die Geldmenge darf nicht schneller wachsen als die gesamtwirtschaftliche Produktion. Dadurch wird auch der Sanktionsmechanismus des Marktes wieder in Kraft gesetzt: Überhöhte Lohnforderungen können dann nicht mehr durch Inflation verdeckt werden, sondern müssen sich unmittelbar in Beschäftigungsrückgängen niederschlagen.

Seit Anfang der 70er Jahre wird die monetaristische Geldmengenregel in abgemilderter Form (Ausweitung der Geldmenge entsprechend dem mittelfristigen Produktionswachstum plus einer als unvermeidlich angesehenen Inflationsrate) von der Bundesbank und anderen europäischen Zentralbanken angewandt. In einer strengen Form verfolgten Großbritannien *(Thatcherismus)* und die USA *(Reaganomics)* seit Beginn der 80er Jahre eine monetaristische und angebotsorientierte Wirtschaftspolitik. Statt auf eine Expansion der Gesamtnachfrage durch zusätzliche Steuerausgaben zielte die K. dieser Länder (und abgeschwächt auch in der BRD) auf eine Verbesserung der Angebotsbedingungen der Privatunternehmen: Eindämmung der Lohnkosten sowie der Steuer- und Abgabenbelastung, Deregulierung (Aufhebung staatlicher Preis- oder Mengenregulierungen und wettbewerbsbeschränkender »Marktordnungen«), Privatisierung (z. B. Bundespost und Bundesbeteiligungen an Unternehmen), Abbau überzogener Auflagen (Zulassungsbeschränkungen, Ladenschlußzeiten, Arbeits- und Sozialrecht etc.), Entbürokratisierung sowie Gewährung staatlicher Subventionen zur Deckung hoher Investitionsrisiken.

V. Heute ist eine erste Bewertung der angebotsorientierten Stabilisierungspolitik im Vergleich zur keynesianischen K. möglich. Die »monetaristische Wende« Anfang der 80er Jahre, in der eine ganze Reihe von Industrieländern von der Nachfragesteuerung abgerückt und auf eine straffere Geldmengenpolitik bei flankierender Verbesserung der Angebotsbedingungen umgeschwenkt ist, hat mit zu einer deutlichen Senkung der Inflationsraten und zu einer anhaltenden konjunkturellen Aufschwungsphase geführt. Zugleich aber hat sich in vielen Ländern – trotz beachtlicher Beschäftigungsgewinne im Verlauf des Aufschwungs – ein hohes Niveau struktureller Arbeitslosigkeit verfestigt. Zunehmend setzt sich die Einsicht durch, daß Preisstabilität und eine entsprechend straffe Geldpolitik Voraussetzung für ein stetiges Wachstum und einen hohen Beschäftigungsstand sind. Eine antizyklische (keynesianische) Nachfragesteuerung erscheint nur noch akzeptabel für die beiden Extremsituationen eines kumulativ sich verschärfenden Abschwungs bzw. Booms. Darüber hinaus sind finanzpolitische Interventionen zur Beeinflussung der gesamtwirtschaftlichen Nachfrage entbehrlich. Vielmehr sollte der Staat über eine mittelfristige Verstetigung seiner Einnahmen- und Ausgabenpolitik zu einer ebensolchen Verstetigung des Wirtschaftsprozesses beitragen. Die verbleibende strukturelle Arbeitslosigkeit muß mit einer kontinuierlichen Verbesserung der Angebotsbedingungen und einer aktiven ↗ Arbeitsmarktpolitik bekämpft werden.

Gerhard Willke

Lit.: a) Aktuelle Berichte über die konjunkturelle Entwicklung und zur Konjunkturpolitik: *Monatsberichte der Deutschen Bundesbank*, Frankfurt/M. *Jahresgutachten des Sachverständigenrates zur Begutachtung der gesamtwirtschaftlichen Entwicklung*, Bundestagsdrucksachen oder gebunden bei Kohlhammer, Stuttgart. *OECD*: Economic Surveys, Paris. *Europäische Wirtschaft.* Halbjahresveröffentlichung der Kommission der Europäischen Gemeinschaften, Brüssel. Ausführlichere Handwörterbuchartikel: b) HdWW 1978. Darin die Artikel Beschäftigungs- und Konjunkturpolitik *(H.-K. Schneider)*, Beschäftigungs- und Konjunkturpolitik in der BRD (*H. Schlesinger*). c) Grundlegende Einführungen in die Konjunkturpolitik und Konjunkturtheorie: *Cassel, D./Thieme, H.J.* 1989: Stabilisierungspolitik, Wiesbaden. *Müller, G./Röck, W.* [3]1985: Konjunktur- und Stabilisierungspolitik, Stuttgart. *Pätzold, J.* [3]1989: Stabilisierungspolitik, Bern. *Teichmann, U.* [4]1988: Grundriß der Konjunkturpolitik, München. *Willke, G.* 1983: Stabilisierungspolitik und Wirtschaftsordnung, in: *Kühnert, J.* u.a.: Dimensionen der Politik, Teilband I, Frankfurt/M.

Konkordanzdemokratie

I. Der Teminus Konkordanzdemokratie (K.), ursprünglich dem schweizerischen Sprachgebrauch entstammend, ist zu einem Typusbegriff in der ↗ Vergleichenden Politischen Systemlehre geworden (englisches Äquivalent: *consociational democracy)*. Im Unterschied zum Typus der Konkurrenzdemokratie oder Mehrheitsdemokratie, wie er am ausgeprägtesten im britischen ↗ Parlamentarismus begegnet, dient hier das Mehrheitsprinzip nicht als zentraler Entscheidungsmechanismus. Vielmehr werden Minderheiten an den Entscheidungsprozessen beteiligt. Dabei spielen Kompromißtechniken eine große Rolle, die an die Entscheidungsmaxime des gütlichen Einvernehmens *(amicabilis compositio)* aus den deutschen und schweizerischen Religionsfriedensschlüssen des 17. und 18. Jh.s erinnern. Dazu gehört vielfach die Beteiligung aller wichtigen Minderheitsgruppen (Parteien) an der Regierung, also eine Große ↗ Koalition oder Allparteien-Koalition bei der Regierungsbildung. (Man hat auch Fälle hierhergerechnet, in denen es formal zwar eine parlamentarische Opposition gab, diese aber bei wichtigen Streitfragen an deren Beilegung in außerparlamentarischen Beratungen beteiligt wurde.) In besonders ausgeprägten Fällen – so bei den österreichischen großen Koalitionen – werden Beschlüsse nach Möglichkeit einmütig gefaßt, insbesondere wenn sie vitale Interessen einer der beteiligten Parteien berühren.

Minderheiten haben damit also mehr oder weniger ausgeprägte Vetorechte. Damit unter solchen Bedingungen Entscheidungen zustande kommen können, bedient man sich womöglich der Koppelung verschiedener Fragen, wobei Zugeständnisse in einer »Paketlösung« getauscht werden (»Junktim«). Die schweizerische K. ist diesen Weg der formalen Ausschaltung des Mehrheitsprinzips nicht gegangen; hier kann aber die Referendumsdrohung einen starken Kompromißzwang ausüben.

1. Der Absicherung solcher Kompromißverfahren dienen insbesondere Proporz- oder Paritätsregeln bei der Besetzung öffentlicher Ämter: Alle wichtigen Gruppen werden anteilig nicht nur in der Organisation des Parlaments und bei der Zusammensetzung der ↗ Regierung berücksichtigt, sondern auch bei der Ämterpatronage im öffentlichen Dienst (und, wo möglich, bei staatlich kontrollierten Wirtschaftsunternehmen). Weiterhin partizipieren sie anteilig an der Förderung durch staatliche Haushaltsmittel (z. B. Subventionierung konfessioneller Privatschulen) und haben anteilig Zugang zu öffentlich kontrollierten Massenmedien. Schließlich kann zu den konkordanzdemokratischen Kompromißtechniken auch die Delegation autonomer Regelungskompetenzen an die Minderheitsgruppen gehören. Das kann am einfachsten in einem Bundesstaat geschehen, in dem die Minderheiten in Gliedstaaten eine starke Stellung haben. Belgien hat den Sprachenkonflikt deshalb durch die Föderalisierung des Staates beigelegt (↗ Föderalismus).

2. Man hat diesem Typus vor allem eine Reihe kleinerer europäischer Länder zugerechnet, so insbesondere Österreich unter der »schwarz-roten« Koalition (1945–66), die Schweiz, die Niederlande und Belgien. Wichtigstes außereuropäisches Beispiel war der Libanon, wo seit dem (ungeschriebenen) »Nationalpakt« von 1943 die Regierungsämter und Parlamentssitze nach einem festen Schlüssel auf die Religionsgruppen verteilt waren. Nachdem das Einströmen der palästinensischen Flüchtlinge diese prekäre Balance erschüttert hatte, ist hier das System infolge der israelischen Intervention zusammengebrochen.

Einzelne konkordanzdemokratische Kompromißtechniken begegnen auch in anderen politischen Systemen, etwa in der Bundesrepublik Deutschland. Hier spielen sie beispielsweise auf der Ebene der föderativen Entscheidungsprozesse im parlamentarischen Verfahren, bei der Besetzung der oberen Bundesgerichte und in den öffentlich-rechtlichen Rundfunkanstalten eine große Rolle. Man wird aber in der Regel nur solche Systeme als K. charakterisieren, in denen wichtige Entscheidungsprozesse auf der Ebene der Zentralregierung formal oder durch informelle Prozeduren außerparlamentarischer Verständigung von der Maxime des gütlichen Einvernehmens beherrscht sind. In der Mehrzahl der Fälle sind konkordanzdemokratische Verfahren nicht verfassungsmäßig institutionalisiert. Die verfassungsmäßig vorgeschriebene Allparteienregierung (in der Mehrzahl der österreichischen Bundesländer und einigen Schweizer Kantonen) ist die Ausnahme. Es überwiegt der (wie es in der Schweiz heißt) freiwillige Proporz. Auf die Anwendung des Mehrheitsprinzips wird insoweit mehr oder weniger weitgehend verzichtet.

II. Die gegen Ende der 60er Jahre entwickelte Theorie der K. beabsichtigte eine Korrektur der damals einflußreichen vergleichenden politischen Systemanalyse, die Elemente der strukturell-funktionalen Soziologie (↗ Systemtheorie), soziologischen Modernisierungstheorie (↗ Entwicklungstheorien) und der politikwissenschaftlichen neo-pluralistischen Theorie (↗ Pluralismus) verbinden wollte (insbes. *Almond/Powell* 1966). Dieser zufolge hingen Stabilität und Leistungsfähigkeit demokratischer politischer Systeme eng zusammen mit dem Grad ihrer politischen »Modernisierung«, und hierzu gehörte die Ausbildung von (nach Analogie von Marktprozessen vorgestellten) konkurrenzdemokratischen Verfahren. Voraussetzung hierfür sei eine »homogene« und »säkularisierte« (d.h. pragmatische und ideologiefreie) ↗ Politische Kultur, wie sie in den anglo-amerikanischen Demokratien am reinsten ausgeprägt sei. Dagegen wurde die politische Instabilität wichtiger kontinentaleuropäischer Länder nach dem I. und II. Weltkrieg (Weimarer Republik, II. und IV. Republik in Frankreich, Italien) wesentlich auf die »Fragmentierung« ihrer politischen Kultur in politisch-weltanschauliche Lager zurückgeführt, die auch Interessenverbände, Medien und kulturelle Organisationen erfaßte. Demgegenüber behauptete die Theorie der Konkordanzdemokratie, daß in den diesem Typus zuzurechnenden Ländern die politischen ↗ Eliten es mit Hilfe konkordanzdemokratischer Verfahren verstanden hätten, die – potentiell destabilisierende – Fragmentierung der politischen Kultur zu überbrücken (unabhängig voneinander, aber weitgehend übereinstimmend zuerst: *Lehmbruch* 1967, *Lijphart* 1968 a und 1968 b).

1. Von zentraler Bedeutung für diese Theorie wurde (vor allem bei *Lijphart*) der in der niederländischen Soziologie entwickelte Begriff der »Versäulung« (vgl. auch *Lorwin* 1971: »segmentierter Pluralismus«, und im deutschen Sprachgebrauch, bes. in Österreich, der Begriff des »Lagers«). *J. P. Kruijt* (1959) hat als »Säulen« ursprünglich die gesellschaftlich-politischen Lager der Katholiken, Calvinisten und Sozialisten bezeichnet, die ihre Anhänger nicht nur in eigenen Parteien, sondern auch in getrennten Gewerkschaften und Berufsorganisationen, kulturellen und Freizeitorganisationen, über eigene Medien und ein konfessionell getrenntes Schulsystem erfassen und damit von den Anhängern der anderen Säulen, aber auch von der bürgerlich-liberalen und säkularen Kultur – die im späteren 19. Jh. politisch und gesellschaftlich beherrschend war – isolieren. *A. Lijphart* bezeichnet auch diese liberal-säkulare Kultur als »Säule«. Es handelt sich hier also um einen Fall »vertikaler Integration«, quer zu den funktionalen Bindungen, die sich insbesondere aus gemeinsamer Berufs- und Klassenzugehörigkeit ergeben. Auch in Österreich hatten sich seit dem späten 19. Jh. vor allem ein katholisches und ein sozialistisches Lager mit einem differenzierten Organisationsnetz entwickelt, die sich durch hohe innere Kohäsion und wechselseitige Isolierung oder Feindseligkeit auszeichneten. Solche Lagerbildung stellt offenbar eine Sonderform gesellschaftlicher Mobilisierung und organisationeller Differenzierung in früheren Stadien des Übergangs zur »Industriegesellschaft« unter Bedingungen kultureller Fragmentierung dar.

Nach *Lijphart* entstehen K., wenn die Elitegruppen der Säulen die bis dahin intensiven und stabilitätsbedrohenden Konflikte mittels der erwähnten Kompromiß- und Autonomietechniken zu überbrücken suchen. K. ist demzufolge ein Elitenkartell, das bewußt und freiwillig, zielgerichtet und vertragsförmig eingegangen wird (*Lijphart* 1977: 103). Er behandelt sie also als eine politische Technik, die in kulturell fragmentierten politischen Systemen – besonders von Entwicklungsländern – von aufgeklärten Führungsgruppen frei gewählt werden kann. Allerdings sei es wünschenswert, daß einige die Entstehung von K. begünstigende Bedingungen (z.B. ein ungefähres Machtgleichge-

wicht, mit möglichst mehr als nur zwei Lagern, und überwölbende nationale Loyalitäten) erfüllt sind (*Lijphart* 1977).
2. Kritiker dieses sozialtechnologischen Voluntarismus betonten demgegenüber, daß konkordanzdemokratische Regelungen nur in solchen Ländern erfolgreich eingeführt worden sind, in denen Techniken der Konfliktregelung durch gütliches Einvernehmen schon in einem langen historischen Prozeß eingeübt waren. Man hat z. B. für die Niederlande und die Schweiz auf die Traditionen der Gemeindeautonomie bei relativ schwacher Zentralautorität und der Elitenakkommodation in der Gemeindepolitik hingewiesen (*Daalder* 1971; *Lehmbruch* 1967). K. entstehe also nicht plötzlich durch bewußte Willensakte der vertragsförmig sich einigenden Eliten.
Andere Kritiker haben darauf hingewiesen, daß K. auch institutionell bedingt sein kann. So hat in der Schweiz nicht nur der Föderalismus eine wichtige Rolle gespielt, sondern auch die Einrichtung des Referendums, weil die Kooptation der einstigen Oppositionsparteien in die Regierung ihnen den Weg eröffnete, ihre Positionen in einem Verhandlungssystem zur Geltung zu bringen (*Neidhart* 1970).

III. Gegen das Theorem, daß K. eine Strategie zur Beilegung von Konflikten zwischen Säulen oder Subkulturen sei, hat sich grundsätzliche Kritik erhoben. Entweder wird eingewendet, daß in den genannten Ländern die unterstellte Fragmentierung der politischen Kultur auf der Ebene der Wähler nur begrenzt nachweisbar ist. Oder aber es wird argumentiert, die Beilegung der Konflikte sei nicht die Folge, sondern die Voraussetzung für die Bildung eines konkordanzdemokratischen Elitenkartells (z. B. *Barry* 1975; *Scholten* 1980). Diese Kritiken vereinfachen einen komplexeren historischen Prozeß.
In jener Entwicklungsphase kulturell fragmentierter Gesellschaften, die durch die Ausbildung vertikal integrierter Lager (oder Säulen) charakterisiert ist, entstehen K. aus einem strategischen Kalkül von Organisationseliten der rivalisierenden politischen Lager, die sich von Mehrheitsstrategien keine sicher kalkulierbaren Gewinne erwarten. Dies kann dadurch mitbedingt sein, daß in einer gegebenen politischen Tradition keine Erfahrungen mit längerfristig funktionsfähiger Konkurrenzdemokratie vorliegen (Österreich 1945) oder daß potentielle Oppositionsgruppen über institutionelle Instrumente verfügen, um Mehrheitsentscheidungen der Zentralregierung zu konterkarieren (Schweiz). Insbesondere wird dies aber in versäulten Gesellschaften der Fall sein, weil hier die Bindungen der Wähler an die politischen Lager hochgradig stabil und wegen des geringen Potentials an Wechselwählern Strategien der Stimmenmaximierung wenig aussichtsreich sind (*Lehmbruch* 1967; *Pappalardo* 1981). Dies kann mit der Hypothese verknüpft werden, daß die Entstehung von versäulten Organisationsnetzen selbst eine Strategie zur institutionellen Absicherung der Position ihrer Elitegruppen gegen gesellschaftlichen Wandel darstellt (*van Schendelen* 1982). Die »Entsäulung« seit den 60er Jahren, d. h. das Abbröckeln der politisch-ideologischen Lager, die Erosion der Führungsposition versäulter Organisationseliten und die Abnahme der Lagerbindung mit der daraus resultierenden Zunahme der Wechselwähler hat die Auflösung konkordanzdemokratischer Strukturen in den Niederlanden und – in geringerem Maße – in Österreich begünstigt.
Eine zweite, komplementäre Hypothese geht von einem wichtigen sozialgeschichtlichen Zusammenhang aus: Die europäischen K. weisen durchweg (am ausgeprägtesten aber Österreich und die Niederlande) starke neokorporatistische Elemente auf, und beider Entste-

hungsgeschichte ist eng verflochten (*Marin* 1986). Nicht nur kann argumentiert werden, daß die Einübung konkordanzdemokratischer Verfahren durch die Organisationseliten den Übergang zum ↗ Korporatismus erleichtert hat (*Lehmbruch* 1979). Vielmehr setzt Neokorporatismus die Integration der organisierten Arbeiterschaft in die politische Herrschaftsstruktur voraus. Dies geschah insbesondere in den skandinavischen Ländern über den Aufstieg der Sozialdemokratie zur lange Zeit dominierenden Regierungspartei. In zugleich ideologisch fragmentierten und versäulten Gesellschaften des mittleren Westeuropa, in denen den Sozialdemokratien Mehrheitsstrategien nicht aussichtsreich erschienen, wurde hingegen ihre Einbeziehung in konkordanzdemokratische Arrangements eine wichtige politische Voraussetzung für die Absicherung eines funktionierenden Korporatismus. Das gilt auch für die Schweiz, in welcher die Konsolidierung der Sozialpartnerschaft (Friedensabkommen der Metallindustrie 1937) und die Aufnahme der Sozialdemokratie in die Regierungen der größeren Kantone und dann der Eidgenossenschaft historisch eng zusammenhingen.

Gerhard Lehmbruch

↗ Elite/Elitentheorie; Konfliktlinien; Korporatismus; Parteiensystem; Regierung; Wahlsysteme.

Lit.: *Almond, G.A./Powell, G.B.* 1966: Comparative Politics, Boston. *Barry, B.* 1975: Political Accomodation and Consociational Democracy, in: BJPol 5, 477–505. *Daalder, H.* 1971: On Building Consociational Nations, in: International Social Science Journal 23, 355–370. *Huyse, L.* 1970: Passiviteit, pacificatie verzuiling in de Belgische politiek, Antwerpen/Utrecht. *Kruijt, J.P.* 1959: Verzuiling, Zaandijk. *Lehmbruch, G.* 1967: Proporzdemokratie, Tübingen. *Lehmbruch, G.* 1969: Strukturen ideologischer Konflikte bei Parteienwettbewerb, in: PVS 10, 287–313. *Lehmbruch, G.* 1979: Consociational Democracy, Class Conflict, and the New Corporatism, in: *Schmitter, P./Lehmbruch, G.* (Hrsg.): Trends toward Corporatist Intermediation, Beverly Hills/London, 53–62. *Lijphart, A.* 1968 a: Typologies of Democratic Systems, in: CPS 1, 3–44. *Lijphart, A.* 1968 b: The Politics of Accomodation. Pluralism and Democracy in the Netherlands, Berkeley/Los Angeles. *Lijphart, A.* 1977: Democracy in Plural Societies, New Haven/London. *Lorwin, V.* 1971: Segmented Pluralism, in: CP 3, 141–175. *Marin, B.* 1986: From Consociationalism to Technocorporatism, in: *Scholten, I.* (Hrsg.), Political Stability and Neocorporatism in Europe, London, 39–69. *McRae, K.* 1974: Consociational Democracy, Toronto. *Michalsky, H.* (Hrsg.) 1991: Politischer Wandel in konkordanzdemokratischen Systemen, Verlag der Liechtensteinischen Akademischen Gesellschaft, Vaduz. *Neidhart, L.* 1970: Plebiszit und pluralitäre Demokratie, Bern. *Nordlinger, E.* 1972: Conflict Regulation in Divided Societies, Cambridge (Mass.). *Obler, J./Steiner, J./Dierickx, G.* 1977: Decision-making in Smaller Democracies: The Consociational Burden, Beverly Hills/London. *Pappalardo, A.* 1981: The Conditions for Consociational Democracy, in: EJPR 9, 365–390. *Van Schendelen, M.* 1982: The Theory of Consociational Democracy (Ms.). *Scholten, I.* 1980: Does Consociationalism Exist?, in: *Rose, R.* (Hrsg.): Electoral Participation, Beverly Hills/London, 329–354. *Steiner, J.* 1974: Segmented Pluralism and Consociational Democracy in Austria, in: *Heisler, M.* (Hrsg.): Politics in Europe, New York, 117–177.

Konsensus

Die Bedeutung des Begriffs Konsensus (K.) in der Politikwiss. beruht auf der These, daß keine politisch-soziale Einheit ohne ein Minimum an Integration und damit an Konsens bestehen kann. Die Verwendung des Terminus K. ist jedoch nicht einheitlich. In den modernen ↗ Sozialwissenschaften wird K. gelegentlich gleichgesetzt mit kultureller und sozialer Homogenität, um die Übereinstimmung kultureller Wertsysteme, wie gemeinsame religiöse Anschauungen (vgl. *Niebuhr* 1961) oder übergreifende Solidaritätsgefühle (*Eckstein* 1966: 194), zu kennzeichnen. Bezogen auf die Gesamtgesellschaft erscheint K. auch im Sinne von Zustimmung durch politische Willensakte (*Wildenmann* 1967: 1) als Übereinstimmung von politischen Überzeugungen innerhalb des ↗ Politischen Systems (*Lehmbruch* 1969: 286). Die Beispiele verdeutlichen die unterschiedliche Verwendung von K. Unterschiedlich sind auch die Objekte, auf die sich der Begriff bezieht.

Auf ihrer Grundlage hat *G. Lehmbruch* (1969: 291 f.) eine Systematik der Bedeutungen von K. vorgeschlagen und unterscheidet zwischen: 1) Problemkonsens. Damit ist jenes Minimum an *issue consensus* gemeint, das häufig für eine Demokratie als funktionsnotwendig bezeichnet wird (z. B. die Vorstellung, daß die Prinzipien der Privatinitiative und des Wettbewerbs von allen Parteien im Grundsatz anerkannt werden sollten). 2) Fundamentalkonsens. Dieser bezieht sich auf die Spielregeln des Konfliktaustrages und auf grundlegende Verfassungsnormen oder auf die Übereinstimmung wichtiger Bestandteile des ideologischen Wertsystems. 3) Autoritätskonsens. Er beinhaltet die Zustimmung der Individuen zu einem bestimmten Autoritätsanspruch und zu Akten der Autorität. 4) Mehrdimensionaler Konsens. Damit ist ausgedrückt, daß die genannten Konsensobjekte sich nicht gegenseitig ausschließen, sondern auch als Dimensionen eines komplexen Konsensbegriffes angesehen werden können. Eine solche Systematik erleichtert die empirische Analyse des in der Gesellschaft vorhandenen K., beantwortet aber noch nicht die normative Frage, worüber in einer Gesellschaft K. herrschen soll. Der Inhalt und das Ausmaß des gesellschaftlich-politischen K., der notwendig ist, um den Bestand der Demokratie zu sichern und die Desintegration der Gesellschaft zu verhindern, ist ein zentrales Thema pluralistischer Gesellschafts- und ↗ Demokratietheorien.

Konzeptionen, die in der Tradition der angelsächsischen ↗ Pluralismustheorie stehen, gehen in der Regel davon aus, daß es einen universellen K. nicht gibt, außer diesen, zur Durchsetzung der Ziele »politische« Mittel zu gebrauchen (*Crick* 1966: 27). Sie reduzieren den K. allein auf Verfahrensregeln, die dann grundsätzlich dem Konfliktbereich entzogen sind (*Coser* 1972: 164 ff.; *Dahrendorf* 1968: 229). Konzeptionen, die in der Tradition der neopluralistischen Theorie *E. Fraenkels* entwickelt wurden, fassen den notwendigen gesellschaftlichen K. weiter. Neben den verfassungsrechtlich, gesetzlich und konventionell normierten Verfahrens- und Spielregeln der politischen Willensbildung enthält er konkrete politische und soziale Prinzipien, die sich während der historischen Entwicklung der westlichen Demokratien herausgebildet haben und hinter die nicht mehr zurückgegangen werden kann (z. B. Volkssouveränität, Mehrheitsentscheidung, Gleichheit vor dem Gesetz, Freiheitsrechte, Gesetzmäßigkeit der Verwaltung, Unparteilichkeit der Justiz). Außerdem umfaßt der K. auch ein Minimum an regulativen Ideen generellen Charakters wie Gerechtigkeit, Billigkeit und vor allem ↗ Gemeinwohl (*Fraenkel* 1979; 1973: 429). Neo-pluralistische Theorieansätze sprechen dem K. die Funktion zu, einen Beitrag zur Legitimation des sozialen und politischen Systems zu leisten (↗ Legitimität). Denn erst ein K., der auch Werte und Normen beinhaltet, rechtfertigt das Vertrauen, daß der pluralistische Willensbildungs- und Entscheidungsprozeß unter bestimmten institutionellen Randbedingungen auch Gerechtigkeitsansprüche erfüllt (*Massing* 1979: 128).

Für beide Interpretationen des gesellschaftlich notwendigen K. stellt sich das besondere Problem der »Schwellenhöhe« des Konsensusbereiches gegenüber dem Dissensbereich und des Grenzkonflikts zwischen diesen beiden Bereichen (*Steffani* 1978: 50). Mindestkonsensusinhalte aufzuzählen und festzulegen sind Setzungen und bleiben als solche willkürlich und in ihrem Geltungsanspruch fraglich. *Kremendahl* (1977: 456) versucht daher im Anschluß an *Etzioni* (1975) diesem Problem dadurch zu entgehen, daß er den K. von vornherein dynamisch, als Prozeß »authentischer Konsensbildung« *(Etzioni)* interpretiert. K. muß dann immer wieder neu geschaffen werden, »wenn neue Gruppen ihre Ansprüche anmelden und wenn sich die Präferenzen bestehender Gruppen und Beziehungen ändern« (*Etzioni* 1971: 165 f.). Damit ist zwar verhindert, daß die Pluralismustheorie einige starre Grundregeln sowie bestimmte Werte und Normen als Ewigkeitskonsensus fixiert und so zur gesellschaftlichen Verkrustung und zur Stabilisierung bestehender Herrschaftsverhältnisse beiträgt, die Frage nach der Geltung des K. aber ist nach wie vor nicht beantwortet. Auch der dynamische Prozeß authentischer Konsensusbildung verläuft ja nicht in totaler Offenheit und ist normativ nicht voraussetzungslos. Er bedarf einer normativen Basis (vgl. *Massing* 1979:130).

Dieses normative Fundament, das dem Prozeß der Konsensusbildung vorausgeht, wird theoretisch unterschiedlich gefaßt. *E. Fraenkel* (1979) greift auf das Naturrecht zurück und nimmt damit eine vorgegebene, absolute, jenseits aller gesellschaftlicher und kultureller Bezüge existierende Wertbasis an. *Etzioni* formuliert in einer ersten fundamentalen Dezision, einem *act of faith (Lorenzen),* eine Liste menschlicher Grundbedürfnisse als Grundlage des Prozesses authentischer Konsensusbildung (*Etzioni* 1975: 625 ff.). Beide Versuche können nicht befriedigen und sind in der wiss. Literatur entsprechend kritisiert worden (*Massing* 1979: 131 ff.). Einen weiteren Weg weist *J. Habermas* (1971; 1973) mit seinem Modell des praktischen Diskurses. Darin werden bewußt problematisierte oder problematisch gewordene Geltungsansprüche gesellschaftlichen K. zum Thema, um im Rahmen des »vernünftigen Gesprächs« zu einer neuen Tragfähigkeit des K. zu gelangen. Die argumentative Herbeiführung eines solchen »wahren« K. kann jedoch nur unter bestimmten Bedingungen gelingen. So muß der praktische Diskurs von Handlungszwängen freigesetzt sein, die Teilnehmer und thematischen Beiträge dürfen nicht willkürlich beschränkt werden, jede Form von ↗ Macht und ↗ Herrschaft muß ausgeschaltet sein, und es zählen ausschließlich das bessere Argument und die kooperative Wahrheitssuche (*Habermas* 1971: 136 ff.; *Massing* 1979: 226 ff.).

Inwieweit das Modell des Diskurses zur Begründung der Geltungsansprüche gesellschaftlichen K. praktikabel ist, bleibt jedoch umstritten. Die Frage nach dem gesellschaftlich notwendigen Minimalkonsensus bleibt damit ein Grundproblem politikwiss. Theoriebildung. Besonders betroffen davon sind pluralistische Gesellschafts- und Demokratietheorien, insbesondere im Bereich der ↗ Politischen Bildung (vgl. *Schiele/Schneider* 1977). Doch trotz ihrer Bedeutung ist bis heute die Kategorie K. theoretisch eher vernachlässigt worden, und die hier aufgeworfenen Fragen sind – über die allgemeine These hinaus, daß kein demokratisches Gemeinwesen ohne ein Minimum an K. bestehen kann – noch weitgehend unbeantwortet.

Peter Massing

Lit.: *Coser, L.* 1972: Theorie sozialer Konflikte, Darmstadt. *Crick, B.* 1966: Eine Lanze für die Politik, München. *Dahrendorf, R.* 1968: Gesellschaft und Demokratie in Deutschland, München. *Eckstein, H.* 1966:

Division and Cohesion in Democracy. A Study of Norway, Princeton. *Etzioni, A.* ³1971: Elemente einer Makrosoziologie, in: *Zapf, W.* (Hrsg.): Theorien des sozialen Wandels, Köln/Berlin, 147–176. *Etzioni, A.* 1975: Die aktive Gesellschaft, Opladen (engl. 1968). *Fraenkel, E.* ⁷1979: Deutschland und die westlichen Demokratien, Stuttgart usw. *Habermas, J.* 1971: Vorbereitende Bemerkungen zu einer Theorie der kommunikativen Kompetenz, in: *ders./Luhmann, N.*: Theorie der Gesellschaft oder Sozialtechnologie, Frankfurt/M. *Habermas, J.* 1973: Legitimationsprobleme im Spätkapitalismus, Frankfurt/M. *Jörgel, W.* ²1985: Konsensus und Interessen, Opladen. *Kremendahl, H.* 1977: Pluralismustheorie in Deutschland, Leverkusen. *Lehmbruch, G.* 1969: Strukturen ideologischer Konflikte bei Parteienwettbewerb, in: PVS 10, 285–313. *Massing, P.* 1979: Interesse und Konsensus. Zur Rekonstruktion und Begründung normativ-kritischer Elemente neopluralistischer Demokratietheorie, Opladen. *Schiele, S./Schneider, H.* (Hrsg.) 1977: Das Konsensproblem in der politischen Bildung, Stuttgart. *Steffani, W.* 1979: Pluralismus-Neopluralismus. Konzeptionen, Positionen und Kritik, in: *Oberreuter, H.* (Hrsg.): Pluralismus, München, 37–108. *Wildenmann, R.* 1967: Macht und Konsens als Problem der Innen- und Außenpolitik, Köln/Opladen.

Konservatismus

I. Konservatismus (K.) kennzeichnet eine der großen politischen Strömungen und Ideologien, deren Anfänge im frühen 19. Jh. liegen und die nach Entstehungskontext und Wirkungszusammenhang in einer Gesamtkonstellation mit den anderen großen Ideologien, ↗ Liberalismus und ↗ Sozialismus, gesehen werden muß.

Das Definitionsproblem ist vielfältig: 1) Als politische ↗ Ideologie, nicht als traditionalistische Verhaltensdisposition (*K. Mannheim*) verstanden, geht es um einen unterscheidbaren Komplex politisch-programmatischer Positionsbestimmungen mit innerer Kohärenz, öffentlicher Relevanz, Artikulations- und Orientierungsfunktion für bestimmte soziale Gruppen usw.; 2) raumzeitlich kann ein abgegrenztes Phänomen (z.B. Europa im 19. Jh.), ein universales Konzept (z.B. Ablehnung von Wandel durch einzelne Gruppen) oder ein Mischkonzept gemeint sein (z.B. Ablehnung von raschem, umfassendem, etwa revolutionärem Wandel in den westlichen Industriegesellschaften). Da K. in jedem Fall einen generalisierenden Gehalt aufweist, muß eine Definition offen sein für neue Konstellationen, in denen Veränderungsprozesse, Stellungen von Akteuren, historische Rückbindungshorizonte und politisch-ideologische Denkmuster vergleichbarer Art näher zu bestimmen sind (vgl. *Schumann* 1974, 1983). Definitionskonzepte und -inhalte präsentieren sich recht heterogen, zumal auf die Gegenwart bezogen. Zwar wird trotz des oft vermuteten »Endes der Ideologie« kaum behauptet, es gäbe keinen Konservativismus mehr; dennoch sind auf die Gegenwart angewandte, systematische Begriffsbestimmungen selten und dementsprechend die Übereinstimmungen gering. Politisch-normative Prämissen bilden sich dabei ebenfalls ab.

Es gibt keine klare Arbeitsteilung zwischen Politikwiss. und Geschichtswiss. Die Politikwiss. interessiert sich auch für den historischen K. als Traditionsquelle der Gegenwart, zur Kritik historischer Fehler und zur besseren Einsicht in die innere Systematik komplexer Ideologien, in den Verlauf von Wandlungsprozessen und in systematisch verdeckte Motivwelten (»verschleierte Interessen«) politischer Aussagesysteme (ein bedeutendes Beispiel solcher Rekonstruktion stellt die Monographie von *M. Greiffenhagen* [1971] dar).

II. Global zusammengefaßt, lassen sich drei Perioden des K. (in verschiedenen westlichen Ländern durchaus vergleichbar) unterscheiden: 1) der »klassische« K. des 19. Jh.s, untergliedert in die vorparteiliche und die parteiliche Form, 2) die Umbruchperiode des K. zwischen organisiertem Kapitalismus und der Weltwirtschaftskrise (ca. 1890–1930), 3) die Zeit nach 1945. Historische Typologisierungsansätze müßten diesen Zeiträumen und den nationalen Entwicklungsverläufen genauer zugeordnet werden (*Status-quo*-Konservatismus, Reform-Konservatismus, reaktionärer K.; vgl. *Epstein* 1973; liberaler, romantischer, konterrevolutionär-legitimistischer und realpolitischer K.).

1. Die Entstehung des K. wird übereinstimmend als Reaktion auf Ziele, Denkformen und Erfolge des Liberalismus, besonders als Verfassungsbewegung bzw. in der Französischen Revolution von 1789, erklärt (exemplarisch hierfür sind *Burkes* Schrift gegen die Französische Revolution und *Chateaubriands* Zeitschrift »Le Conservateur«, 1818–20). Nach *Mannheim* (1964) äußert sich hierin aber nicht nur bloßer Traditionalismus der (meist) adligen Trägerschichten; der K. ist vielmehr reflektierte Positionsbestimmung; *Greiffenhagen* (1971) folgert hieraus das Dilemma, daß der K., weil gleich-ursprünglich mit dem Rationalismus der ↗ Aufklärung, noch seinen inhaltlichen Irrationalismus in rationaler und systematischer Form explizieren mußte. Als Kerngedanken gelten: monarchisch-legitimistisches Verfassungsverständnis, Verteidigung der Religion und traditioneller Autoritäten und Normen, eine hierarchische, herrschaftlich gegliederte Gesellschaftsordnung gemäß überkommenen adligen Privilegien und Eigentumsverhältnissen (zunehmend aber auch bürgerlichen Eigentums) sowie ein vergangenheitsorientiertes, gegen liberalen Fortschrittsoptimismus gerichtetes Geschichtsbild. Bereits im Beginn prägten sich nationale Besonderheiten aus, je nachdem welcher Entwicklungsstand der politischen Ordnung erreicht war (daher ist z. B. *Burke* reformoffener als der französische K. oder der spätere deutsche K.; der US-amerikanische K. steht in der Tradition des *Locke*schen Liberalismus).

2. In der Umbruchperiode gegen Ende des 19. Jh.s sollten die Strukturprobleme des organisierten Kapitalismus mit solchen Entwicklungstraditionen zusammentreffen, zu Verschiebungen in der Trägerschaft in großindustrielle Richtung und zu einem Gegnerwechsel (↗ Arbeiterbewegung, Sozialismus) führen. In einigen Ländern (besonders Deutschland, aber auch Frankreich und Italien) resultierte ein Ideologisierungsschub mit fließenden Grenzen zu reaktionärem Radikalismus (Antisemitismus/Rassismus, ↗ Nationalismus, Antiparlamentarismus, Irrationalismus usw.), der sich nach 1918/19 zur vollen Demokratiefeindlichkeit auswuchs und in den Sieg des Nationalsozialismus mündete. Der Versuch eines Teils der Weimarer Konservativen, die aufgerissene Kluft zwischen demokratischem *Status quo* und restaurativem Ordnungsdenken durch das Paradoxon einer »konservativen Revolution« zu überspannen, war nur die theoretisch auffälligste »Verzweiflungstat« (*Greiffenhagen* 1971) des K., dessen vielschichtiger Beitrag zur Errichtung der NS-Diktatur breites Interesse auch der politikwiss. Forschung gefunden hat. Im Unterschied zu anderen Ländern mußte daher der deutsche K. nach 1945 einen tiefen Kontinuitätsbruch hinnehmen.

III. Trotz aller Bedeutung politikwiss. Untersuchungen zum historischen K. muß sich die Leistungsfähigkeit der Politikwiss. in der Analyse des K. der Gegenwart erweisen. Der bisherige Diskussionsstand ist dabei noch deutlich ergänzungsbedürftig.

1. Analysekonzepte: Nach *H.-G. Schumann* (1974) müßte der K. (wie übrigens auch andere Ideologien) nach fünf Aspekten untersucht werden: a) Funktion konservativen (k.) Denkens für die Interessenposition bestimmter Klassen, Schichten oder Führungsgruppen; b) Adressaten; c) k. Inhalte; d) Träger, die die Inhalte aktiv vertreten; e) Artikulierer, die Konzeptionen entwickeln und propagieren. Angelpunkt ist dabei der Funktionsbegriff, der höchstwahrscheinlich von k. Akteuren selbst nicht expliziert wird und daher nur durch ideologiekritische Interessenanalyse erschlossen werden kann.

2. Definitionsansätze: Die Zuordnung von Inhalten, Trägern usw. zu einem zeitgenössischen K. ist schwieriger als beim historischen K., u. a. wegen einer allgemeinen Relativierung ideologischer Spannungen (auch unter dem Abgrenzungsdruck des ↗ Ost-West-Konflikts). Definitionen gemäß Selbstetikettierung sind daher kaum umfassend und ver-

läßlich genug, zumal in der Bundesrepublik Deutschland, wo der K. nicht als bruchlose Tradition fortgeführt werden konnte; Fremdetikettierung mag daher sogar genauer sein. Definitionen nach inhaltlichen Kontinuitätslinien sind bedeutsam, aber problematisch gegenüber Bruchstellen und Aussagen zu historisch neuen Problemlagen. Bevorzugt werden daher historisch-systematische Verallgemeinerungen, die den K. als Gegenposition sehen gegen den Demokratisierungsprozeß oder gegen die Emanzipationsbestrebungen allgemein, als Gegensatz zu progressiven Kräften oder als Verteidigung oder Rechtfertigung ihrer sozialen Position durch sozial bevorrechtigte Klassen oder Machtgruppen mit Hilfe institutionalisierter Absicherungen gegenüber Versuchen sozialer Umverteilung definieren (*Schumann* 1983). Dafür muß aber ein zeitgemäß aktualisierter Begriff gesellschaftlicher Herrschaftsinteressen als wesentlicher funktionaler Bezugspunkt vorliegen.

3. Akteure und Interaktionsmuster: Als Träger k. Ideologie kommen in der Gegenwart vor allem Parteien in Frage; die Identifizierung fällt dabei in Ländern mit nur einer Partei und expliziter Namensgebung (wie z. B. England) leichter als in Ländern mit mehreren Parteien, besonders unter Einschluß solcher mit christlicher Tradition, vor allem aber bei überlappenden ↗ Parteiensystemen wie z. B. in den USA. Die Zuordnung des K. kann aber selten eindeutig sein, weil koalierende und sogar konkurrierende Parteien partiell affiziert sein dürften, wie umgekehrt nicht alle Inhalte, Teilströmungen und Funktionen selbst einer offiziell k. Partei als k. gefaßt werden können. Als Artikulierer treten neben Parteirepräsentanten auch Intellektuelle in der wiss. Theoriebildung, Publizistik, Konzeptionsentwicklung und Traditionspflege auf, oft auch Ideologieproduzenten organisierter Interessen selbst. Parteienforschung und Analyse der Öffentlichkeits- und Medienstrukturen müßten daher für den Interaktionsprozeß der Ideologienkonkurrenz wesentliche Beiträge leisten. Das gilt auch für das Adressatenproblem, das bisher für die spezifische Ideologieproblematik des K. ebenfalls kaum bearbeitet wurde.

4. Richtungsdifferenzierungen: Auch nach 1945 sind zunächst die nationalen Prägungsmuster des K. und seiner Teilströmungen zu beachten, an die sich dann modernisierende Verschiebungen im k. Spektrum anschließen. Monarchistische Positionen wurden durchweg unbedeutend, reaktionäre Auffassungen partiell rechtsextremistischer Art waren weithin diskreditiert, damit auch (besonders in Deutschland und Italien) der ↗ Nationalismus. Eine reduziert-respektable Bandbreite umfaßte in der Bundesrepublik Deutschland zunächst 1) Altkonservative (z. B. in der DP), 2) den christlich-katholischen (z. T. auch christlich-protestantischen) K., 3) den technokratischen K. (besonders Intellektuelle wie *H. Freyer, A. Gehlen, H. Schelsky, E. Forsthoff*). Traditionsreste von Nationalkonservatismus (neuerdings wieder *B. Willms*) und kulturaristokratischem K. (*E. Jünger*) blieben eher unterschwellig. Ob sich ein eigener »aufgeklärter Konservatismus« fassen läßt, ist zweifelhaft. Grenzüberschreitungen betreffen einerseits Teile des NPD-Spektrums (deutlicher im Ausland bezüglich »Neue Rechte«), andererseits den Ordo-Liberalismus (Neo-Liberalismus). Weitere Verschiebungen, auch internationale Angleichungen, vollziehen sich mit dem seit den 70er Jahren beobachtbaren Aufschwung eines Neo-Konservatismus.

5. Funktions- und Inhaltsanalyse: Nach der Umbruchperiode des K. und der politischen Neuordnung im Ost-West-Konflikt nach 1945 waren drei wesentliche Klärungen gegeben: 1) Die ideologische Herrschaftsfunktion des K. konnte nur auf das kapitalistische Privateigentum bezogen sein. 2) Auch der K. mußte von der Demokratie als politischem Grundmodell ausgehen. 3) Internationale Wirtschaftsverflechtungen lösen nationale Machtkonkurrenzen ab. Wichtige traditionelle Topoi k. Ideologie waren damit verstellt, konnten jedoch durch einen aggressiven Antikommunismus substituiert werden. Nach einer Latenzphase traten inhaltliche Orientierungsprobleme wieder hervor: a) das Problem der Wirtschaftsordnung (Marktgesetze, Kapitalkonzentration und organisierte Interessen), b) interventionistische Verstrickung der Staatsautorität in den Wirtschaftsablauf, c) Stellung zum kapitalistisch automatisierten Wandel und damit

zum Fortschrittsproblem, d) pluralistischer Wertrelativismus oder feste Wertordnung, e) Elitenstabilisierung in der Demokratie, f) sozialpolitische Integrationsfunktion unterhalb sozialstaatlicher Strukturreformen, g) konfliktabsorbierende Mechanismen der Konsensbildung.
Die allgemeinste Klammer einer k. Konzeption boten die Ansätze *Gehlens* und *Schelskys* zu einem technokratischen Institutionalismus, der die eingebaute Wandlungsdynamik unter die Obhut wert- und verhaltenssichernder Institutionen stellen würde (vgl. *Lederer* 1979). Einen mißratenen Versuch für die politische Praxis unternahmen 1964 *L. Erhard* und *R. Altmann* mit dem Konzept einer »Formierten Gesellschaft«. Parteipolitisch hat eher die CSU als die CDU markante k. Konturen zum zeitgenössischen Modernitätsproblem des K. präsentiert (vgl. *Mintzel* 1977). Für westliche Industriegesellschaften verallgemeinernd sieht *N. O'Sullivan* (1976) im modernen Großunternehmen einen zentralen Kristallisationspunkt für k. Ordnungskonzepte (Privateigentum, hohes Maß an Marktkontrolle, bedeutender Faktor für soziale Integration, partielles Interesse an Staatsregulierung mit eigenen, verteilten Machtvorbehalten gut balanciert, Basis für funktionelle Elitenbildung u.ä.). Freilich kann dies nur als Leitfaden für die Analyse k. Gegenwartstrends angesichts der disparaten k. Diskussionslage dienen.

IV. Ein bedeutsamer Klärungsschub verbindet sich mit dem Neo-Konservatismus der 70er Jahre. Seine Entstehung läßt sich unschwer zurückführen auf die Reform- und Emanzipationsansprüche der antiautoritären Studentenbewegung und ihr Zusammentreffen mit einer starken Ausweitung keynesianisch-wohlfahrtsstaatlichen Interventionismus in den 60er Jahren (↗ Keynesianismus); die wirtschaftliche Krisentendenz nach 1973/74 wirkte als Verstärkungsbedingung. Gemäß klassisch-konservativen Verlaufsmustern dürfte *Schelskys* (1973) Gegenposition zur »Strategie der Systemüberwindung« exemplarisch die Demokratierestriktion im Interesse einer institutionell verfugten Werteordnung zum Ausdruck bringen. Umfassende Inhaltsanalysen zum Neo-Konservatismus betonen als Ziele die Stabilisierung von Wertorientierungen der Anpassungs- und Leistungsbereitschaft, Rationalität und Fortschritt in technischer Verkürzung (und damit die Stabilität eines beherrschbaren Wandels in Permanenz), neue Verbindlichkeiten von Moral, (modernisierte) Rechtfertigung sozialer Ungleichheit in Kategorien der Leistungskonkurrenz, Konfliktabsorbierung durch Systemdenken, Entpolitisierung durch funktionelle Systemdifferenzierung, Abschirmung des Staates gegen »Unregierbarkeits«-Überlastung, systempolitisch angeleitete Sozialisationsprozesse (vgl. *Hennig/Saage* 1983; *Fetscher* 1983). Die entscheidende Neuerung dürfte darin liegen, daß dieser Neo-Konservatismus eine Wirtschaftstheorie teils hervorgebracht, teils integriert hat (↗ Monetarismus, angebotsorientierte Wirtschaftspolitik), die auf steuerungspolitischer Ebene mit dem Keynesianismus konkurrenzfähig und gleichzeitig für die Eindämmung sozialstaatlicher Steuerungsansprüche geeignet ist. Dabei wird an den Ordo-Liberalismus angeknüpft, aber unter Hinzufügung generalisierter Interventionsmechanismen und unter Abschwächung der Wettbewerbskontrollen. Unabhängig davon, ob nachhaltig praktische Wirkungen erzielt werden, ist jedenfalls die ideologisch-publizistische Resonanz beträchtlich. Da Analysen über den politischen Rezeptionszusammenhang (Träger, Adressaten usw.) fehlen, kann indes über die historische Prägekraft des neo-konservativen Ansatzes zur Zeit wenig ausgesagt werden.

V. Das Spektrum des K. ist offenkundig im Wandel begriffen (*Kreuder/Loewy*

1987). Die für die Nachkriegszeit so bedeutsame christliche Orientierung scheint an politischem Gewicht für den K. einzubüßen. Insofern befriedigt der Neo-Konservatismus auch einen wachsenden Rationalisierungsbedarf. Ältere k. Milieus sind dem Zerfall ausgesetzt. Um den K. gruppieren sich neue Ränder: einerseits »Liberalkonservative«, die sich eine traditionelle Rhetorik von Freiheitlichkeit inkorporieren, andererseits eine »Neue Rechte« (besonders in Frankreich), die den Irrationalismus und offensiv soziale Diskriminierung neu belebt. Das Ende des Ost-West-Systemkonflikts 1989/91 und die Wiedervereinigung Deutschlands gaben diesen Wandlungsprozessen zusätzliche Nahrung. Der verstärkte Einwanderungsdruck und die damit verbundene Zunahme rechtsextremer Strömungen in Deutschland (»Republikaner« und Neonazis) und anderen europäischen Ländern eröffneten neue Berührungsfelder und Abgrenzungsprobleme für rechte Positionen mit nach wie vor »konservativem« Selbstverständnis. Dabei spielen Nationalismus und ethnische Identitätskonzepte sowie antieuropäische Akzente eine zunehmende Rolle in der Profilierungskonkurrenz. In Italien wurde der bisherige christdemokratische K. durch die neuartige und in ihren Ideologiemustern noch diffuse »Rechte« (Koalition von *Berlusconis »Forza Italia«* mit den Neofaschisten und der *»Lega Nord«*) abgelöst. Zu dem heterogenen Gesamtbild der gegenwärtigen Konservatismusentwicklung gehört auch die Reaktivierung bislang unterdrückter konservativer Traditionen in den Ländern Osteuropas mit teils ethnisch-nationalistischen, teils kirchlich-katholischen Ausprägungen, deren weitere Konturierung und Gewichtung mittelfristig noch kaum überschaubar ist. Als Ironie der Geschichte könnten dort »strukturkonservative« Tendenzen quer zu bisherigen ideologischen Konfliktlinien durchaus die hergebrachte Dominanz staatlicher Apparate mit neuen Sicherungsfunktionen stabilisieren. Für das uneingelöste Analysekonzept *Schumanns* bietet sich somit künftig ein mehrfach erweitertes Anwendungsfeld.

Theo Schiller

↗ Kommunismus, Liberalismus, Marxismus; Sozialismus/Sozialdemokratie.

Lit.: *Epstein, K.* u.a. 1973: Die Ursprünge des Konservativismus in Deutschland, Frankfurt/M. *Faber, R.* (Hrsg.) 1991: Konservativismus in Geschichte und Gegenwart, Würzburg. *Fetscher, I.* (Hrsg.) 1983: Neokonservative und »Neue Rechte«. Der Angriff gegen Sozialstaat und liberale Demokratie in den Vereinigten Staaten, Westeuropa und der Bundesrepublik, München. *Girvin, B.* (Hrsg.) 1988: The Transformation of Contemporary Conservatism, London. *Grebing, H.* 1974: Aktuelle Theorien über Faschismus und Konservatismus. Eine Kritik, Stuttgart. *Greiffenhagen, M.* 1971: Das Dilemma des Konservatismus in Deutschland, München. *Hennig, E./Saage, R.* (Hrsg.) 1983: Konservatismus – eine Gefahr für die Freiheit?, München. *Kaltenbrunner, G.K.* (Hrsg.) 1972: Rekonstruktion des Konservatismus, Freiburg. *Kondylis, P.* 1986: Konservatismus, Stuttgart. *Kreuder, Th./Loewy, H.* 1987: Konservativismus in der Strukturkrise, Frankfurt/M. *Layton-Henry, Z.* (Hrsg.) 1982: Conservative Politics in Western Europe, London/Basingstoke. *Lederer, R.* 1979: Neokonservative Theorie und Gesellschaftsanalyse, Frankfurt/M. *Lenk, K.* 1989: Deutscher Konservatismus, Frankfurt a.M./New York. *Mannheim, K.* 1964: Das Konservative Denken. Soziologische Beiträge zum Werden des politisch-historischen Denkens in Deutschland, in: *Wolf, K.H.* (Hrsg.): Wissenssoziologie, Berlin/Neuwied, 408–566. *Mintzel, A.* 1977: Geschichte der CSU. Ein Überblick, Opladen. *Mohler, A.* ³1989: Die Konservative Revolution in Deutschland 1918–1932. Ein Handbuch, Darmstadt. *Müller, J.B.* 1981: Konvergenz und Distanz zwischen New Conservatism und Nouvelle Droite, in: PVS 22, 69–90. *Müller, J. B.* 1992: Die politischen Ideenkreise der Gegenwart, Berlin. *Nisbet, R.* 1986: Conservatism, Minneapolis. *O'Sullivan, N.* 1976: Conservatism, London. *Ribhegge, W.* 1989: Konservative Politik in Deutschland: von der Französischen Revolution bis zur Gegenwart, Darmstadt. *Saage, R.* 1983: Rückkehr zum starken Staat? Studien über Konservativismus, Faschismus und Demokratie, Frankfurt/M. *Schelsky, H.* 1973: Systemüberwindung, Demokratisierung, Gewaltenteilung, München. *Schissler, J.* (Hrsg.) 1983: Neokonservatismus in den USA. Eine Herausforderung, Opladen. *Schumann, H.-G.* (Hrsg.) 1974: Konservatismus, Köln/Berlin. *Schumann, H.-G.* 1983: Konservatismus als analytischer Strukturbegriff, in: *Hennig, E./Saage, R.* (Hrsg.): 13ff. *Veen, H.-J.* (Hrsg.) 1983: Christlich-demokratische und konservative Parteien in Westeuropa, 2 Bde., Paderborn.

Koordination

I. Koordination (K.) – die gegenseitige Abstimmung verschiedener, eventuell konfligierender Vorhaben oder Maßnahmen – ist ein oftmals wenig trennscharf gebrauchter Schlüsselbegriff der Verwaltungswissenschaft und der *Policy*-Forschung geworden. Mit dem Begriff verbindet sich das Ideal, Konflikte und Störungen zu vermeiden und knappe Ressourcen möglichst effizient einzusetzen (*Ellwein* 1991: 99; *Fürst* 1991: 53f.). Angesichts zunehmend komplexer politischer Probleme, die im Rahmen territorial, organisatorisch und funktional ausdifferenzierter Planungs-, Entscheidungs- und Durchführungsprozesse bewältigt werden müssen, stellt K. ein allenthalben konstatierbares Manko ebenso dar wie eine allen »turbulenten Interdependenzen« zum Trotz erstaunlich häufige Realität (*Scharpf* 1993: 57).

Koordinationsbedarf entsteht in Verwaltung und Politik generell, (a) wenn sich bei verschiedenen Vorhaben vermeidbare Überschneidungen oder Doppelungen von Maßnahmen ergeben können, (b) wenn verschiedene Einheiten bzw. Akteure, die über eine gewisse Entscheidungs- und Handlungsautonomie verfügen, ihre Ziele mit Maßnahmen verfolgen, deren Auswirkungen auch andere Einheiten oder Akteure betreffen (externe Effekte), oder (c) wenn verschiedene Akteure zur Umsetzung eines Vorhabens Beiträge leisten müssen und sich Kosten und Nutzen ungleich verteilen. Virulent werden derartige Probleme zwar vorwiegend in dezentral ausgerichteten Systemen, doch tauchen sie auch in streng hierarchisch organisierten arbeitsteiligen Gebilden ständig auf.

II. Im Prinzip ist K. an kein bestimmtes Verfahren gebunden. Politik- und Verwaltungswissenschaft verstehen darunter in der Regel jedoch kooperative, an die Stelle von »Führung« tretende Formen der wechselseitigen Abstimmung bei der Maßnahmenvorbereitung und -durchführung (vgl. *Ellwein* 1991: 113ff.).

Im Hinblick auf Entscheidungsprozesse im engeren Sinn wird K. im allgemeinen von majoritären Verfahren abgegrenzt und oftmals mit Konsensfindung gleichgesetzt. Allerdings ist zwischen freiwilliger und Zwangskoordination zu unterscheiden. Während freiwillige K. die Handlungsautonomie der Beteiligten im Prinzip unberührt läßt, diese also im Zweifelsfall ihre Vorhaben ohne Rücksicht auf Dritte durchführen können, impliziert Zwangskoordination eine Einigungsverpflichtung bzw. im Falle des Scheiterns entweder die Streichung strittiger Vorhaben oder eine hierarchische Entscheidung oder ein verbindliches Schiedsverfahren.

Auch im Hinblick auf Problembezug bzw. Zielsetzung sowie hinsichtlich strukturell-prozessualer Merkmale werden Formen der K. unterschieden. Von technischer oder administrativer K. spricht man, wenn es darum geht, beschlossene Maßnahmen unter möglichst rationellem Ressourceneinsatz zu planen und durchzuführen. Sofern zwischen alternativen Vorhaben entschieden werden muß oder die mit einem bestimmten Vorhaben verbundenen Nutzen und Kosten zu verteilen sind, erhält K. hingegen einen genuin politischen Charakter und wird zum Mechanismus der Konfliktregulierung. Freilich ist die Grenze zwischen technischer und politischer K. in der Praxis ebenso fließend wie jene zwischen »Verwaltung« und »Politik«.

Die von *F. W. Scharpf* eingeführte Unterscheidung zwischen »negativer« und »positiver« K. (vgl. *Scharpf* 1973) bezieht sich auf jene Fälle, in denen Vorhaben eines Akteurs externe Effekte für andere Akteure implizieren oder Kosten und Nutzen ungleich verteilt sind. Um negative K. handelt es sich, wenn einzelne Vorhaben Gegenstand meist bilateraler Verhandlungen sind, in denen einzelne Betroffene ihre Einwände geltend machen und eventuell eine Veto-Position einnehmen können. Zustimmung oder Ablehnung werden dabei typischerweise allein von den jeweils individuellen Kosten-Nutzen-Erwägungen abhängig gemacht. Negative K. stellt daher in der Regel eher einen Verhinderungs- denn einen effektiven Problemlösungsmechanismus dar. Bei positiver K. stehen hingegen in multilateralen Verhandlungen die Ziele und Vorhaben aller Beteiligten zur Debatte, und innovative Problemlösungen bzw. Vergleiche oder Koppelgeschäfte werden möglich. Die ökonomischen und politischen Kosten der K. drohen allerdings exponentiell mit der Zahl der beteiligten Verhandlungspartner zu steigen.

In der Wohlfahrtstheorie wird der K. durch den Markt (Preismechanismus) oder durch Hierarchie (Befehlsmechanismus) meist der Vorzug gegenüber der als ineffizient geltenden K. durch Verhandlungssysteme gegeben. Aber auch in hierarchisch nicht steuerbaren und nicht marktförmigen Interdependenzbeziehungen, wie sie für politische Prozesse charakteristisch sind, lassen sich wohlfahrtstheoretisch befriedigende Koordinationsergebnisse erzielen, da Verhandlungssysteme oftmals in hierarchische oder in netzwerkartige Strukturen »eingebettet« sind (*Scharpf* 1993: 67ff.). Hierarchische Strukturen schränken die Opportunismus- und Egoismusneigung der einzelnen Verhandlungsteilnehmer vor allem durch die Vorgabe von Orientierungskriterien und durch die Prüfung der Verhandlungsergebnisse ein. Auch Netzwerke bewirken eine Selbstbeschränkung der Akteure, die in einer Verhandlungsbeziehung Ergebnisse vermeiden werden, deren externe Effekte möglicherweise die Vertrauensbasis einer in anderen Zusammenhängen wichtigen Beziehung zu Dritten gefährden.

III. Im Regierungssystem der Bundesrepublik Deutschland entsteht politischer Koordinationsbedarf kontinuierlich in den Beziehungen zwischen den Ministerien von Bundes- bzw. Landesregierungen, zwischen Regierung und Parlament bzw. Opposition und in besonderer Weise im Rahmen der ↗ Politikverflechtung auf und zwischen den verschiedenen Ebenen der Staatsorganisation (Kommunen, ↗ Bundesländer, Bund und mit wachsender Bedeutung auch ↗ Europäische Union). Politikbereiche mit besonders hohem Koordinations-Bedarf sind z. B. Raum- und Verkehrsplanung, Finanzplanung, Bildungsplanung und Forschungsförderung, ↗ Energie- und ↗ Umweltpolitik, ↗ Medienpolitik.

Regierungsinterne Koordinationsprozesse sind in vielen Bereichen formalisiert, z. B. durch eine Informations- und Mitzeichnungspflicht bei Programmvorhaben, die mehr als ein Ressort betreffen, oder durch ein generelles Mitsprache- oder gar Widerstandsrecht sensibler Ressorts (Finanzministerium). Wenngleich hier im Zweifelsfall hierarchisch koordiniert werden kann, erfolgen die entsprechenden Koordinationsprozesse in aller Regel durch – häufig informelle – Absprachen unterhalb der Kabinettsebene, da andernfalls eine Entscheidungsüberlastung und Selbstblockade der Regierung drohte. In den Beziehungen zwischen Parlament und Regierung resultieren politisch bedeutsame Koordinationsmechanismen vor allem aus Oppositionsrechten (z. B. bei Personalentscheidungen im Bereich der Justiz). Der Bundesrat ist die wichtigste Arena einer nichthierarchischen Zwangskoordination zwischen Bund und Ländern, die außerdem im Rahmen geteilter oder gemeinsamer Aufgaben, etwa in der Bildungsplanung, ständig zusammenwirken müssen (vgl. *Bull* 1991: 34–38).

Die K. im Rahmen der horizontalen Politikverflechtung, vor allem zwischen benachbarten Ländern, erweist sich häufig als problematisch, wenn Kosten und Nutzen einseitiger Maßnahmen oder nur gemeinsam realisierbarer Vorhaben ungleich verteilt sind (z. B. in der Verkehrswegeplanung, der Hochschulpolitik, der Umwelt- und Energiepolitik). Da derartige grenzüberschreitende Koordinationserfordernisse um so größer werden, je kleiner die Länder sind, nähren allenthalben beklagte Koordinationsmängel immer wieder die Forderung nach einer Neugliederung des Bundesgebietes. Realistischer und vielversprechender erscheinen jedoch Vorschläge, die auf eine stärkere Institutionalisierung grenzüberschreitender Verhandlungssysteme abzielen (*Benz* u. a. 1992).

IV. In der international vergleichenden *Policy*-Forschung wird der Koordinationsbegriff zur Erklärung von Unterschieden in der wirtschaftspolitischen Erfolgsbilanz zwischen Ländern bzw. Ländergruppen herangezogen. Aus dem Verhältnis zwischen wirtschaftlichen und gesellschaftlichen Akteuren (v. a. ↗ Unternehmerverbände und ↗ Gewerkschaften) und Staat entstehen in marktwirtschaftlich organisierten Gemeinwesen besondere Koordinationsprobleme, die unter Umständen erheblich auf die Entwicklung gesamtwirtschaftlicher Zielgrößen einwirken.

Eine empirisch für die Jahrzehnte nach dem II. Weltkrieg gut belegte These besagt, daß sogenannte »koordinierte politische Ökonomien«, die institutionalisierte, auf einvernehmliche Konfliktregulierung angelegte Verhandlungsbeziehungen zwischen politischen und gesellschaftlichen Akteuren aufweisen (korporatistische bzw. konkordanzdemokratische Systeme), vor allem in bezug auf Inflationsvermeidung und Begrenzung der ↗ Arbeitslosigkeit bessere Ergebnisse erzielten als Länder mit majoritär strukturierten Entscheidungsprozessen (pluralistische Wettbewerbssysteme). Die Grundlage erfolgreicher, langfristig stabiler K. im nationalen bzw. volkswirtschaftlichen Maßstab war dabei in der Regel eine institutionell oder politisch-strukturell abgesicherte Berechenbarkeit der Staatstätigkeit, sehr viel seltener spielten auf dem Verhandlungsweg abgesicherte Kurswechsel in der Regierungspolitik eine Rolle (vgl. *Schmidt* 1993: 384 f.). Diese Ergebnisse lassen sich als makroanalytische Begründung theoretischer und normativer Optionen zugunsten eher verhandelter denn majoritär durchgesetzter Problemlösungen interpretieren; allerdings beziehen sie sich auf Gesellschaften, in denen die Transaktionskosten solcher Verhandlungen unter relativ günstigen historischen und politisch-strukturellen Bedingungen (Nachkriegsprosperität westlicher Industrieländer; moderate Parteiensysteme; nicht-fragmentierte Arbeitsbeziehungen) einigermaßen gering gehalten werden konnten.

Bernhard Thibaut

↗ Politikfeldanalyse; Regierung.

Lit.: *Baars, B./Baum, K. B./Fiedler, J.* 1976: Politik und Koordinierung. Untersuchung ausgewählter Verfahren der Ziel- und Programmkoordination innerhalb und zwischen Ressorts sowie zwischen Bund und Ländern, Göttingen. *Benz, A./Scharpf, F. W./Zintl, R.* 1992: Horizontale Politikverflechtung. Zur Theorie von Verhandlungssystemen, Frankfurt a. M. *Bull, H. P.* 1991: Koordination des Regierungshandelns – wieviel Öl braucht der Motor?, in: Jahrbuch zur Staats- und Verwaltungswissenschaft 5, 29–52. *Ellwein, Th.* 1991: Koordination in der öffentlichen Verwaltung – Ein Versuch in pragmatischer Absicht, in: Jahrbuch zur Staats- und Verwaltungswissenschaft 5, 99–124. *Fürst, D.* 1991: Koordination in der Raumplanung, in: Jahrbuch zur Staats- und Verwaltungswissenschaft 5, 53–76. *Héritier, A.* (Hrsg.): Policy-Analyse. Kritik und Neuorientierung (PVS-Sonderheft 24), Opladen. *Scharpf, F. W.* 1972: Planung als politischer Prozeß.

Aufsätze zur Theorie der planenden Demokratie, Frankfurt a. M. *Scharpf, F. W.* 1993: Positive und negative Koordination in Verhandlungssystemen, in: *Héritier, A.*, 57–83. *Schmidt, M. G.* 1993: Theorien in der international vergleichenden Staatstätigkeitsforschung, in: *Héritier, A.*, 371–393.

Korporatismus / Neo-Korporatismus

I. 1. Als Korporatismus (K.) (auch Neo-K., Liberaler K., Demokratischer K.) bezeichnet man die Beteiligung von Interessengruppen an der Politik, und zwar durch wechselseitige Organisationsbeziehungen zwischen Regierung und politischer Verwaltung einerseits und starken, zentralisierten Verbänden andererseits *(Streeck / Schmitter* 1991: 135). Die Interessenvermittlung und Politikausführung im Verbund von Staat, Gewerkschaften und Unternehmerverbänden zur Lösung makroökonomischer Probleme wie Inflation und Arbeitslosigkeit war in den 70er Jahren Ausgangspunkt der Korporatismusforschung. Heute steht der sektorale oder »Meso«-Korporatismus im Mittelpunkt des Interesses. Dabei geht es um »Private Interessenregierungen« (*Streeck / Schmitter* 1985) und ihre ökonomischen Lenkungsfunktionen in einzelnen Politikbereichen, insbesondere in der ↗ Industrie-, ↗ Agrar- oder ↗ Sozialpolitik.

2. Verbandseinflüsse auf die Politik sind Bestandteil aller liberal-demokratischen Regierungssysteme. Sie wurden lange mit illegitimer Interessendurchsetzung einzelner Gruppen gleichgesetzt. Erst in der Nachkriegszeit fanden die positiven Aspekte pluralistischer Verbändekonkurrenz weitere Beachtung: Interessenartikulation und -selektion, Information und Legitimation. Während nach der Auffassung der ↗ Pluralismustheorie eine Vielzahl konkurrierender Verbände versucht, von außen Einfluß auf Entscheidungsprozesse des Parlaments und der Regierung zu gewinnen (Lobbyismus und *pressure-politics)*, geht korporatistische Einbindung darüber hinaus. Verbände werden verbindlich und regelmäßig an der Formulierung wie auch an der Ausführung von Entscheidungen beteiligt, gewissermaßen in die Politikentwicklung »inkorporiert«.

Der Begriff bezieht sich auf eine ältere, vorburgerliche Staatsorganisation, den sogenannten Ständestaat, in dem die öffentliche Gewalt auf gesellschaftliche Teilorganisationen, Korporationen, übertragen war. Er kehrt wieder in der katholischen Soziallehre sowie in der berufsständischen parlamentarischen Repräsentation des romanischen ↗ Faschismus der 30er Jahre (Korporativismus). Entsprechend befaßte sich einer der wegweisenden Beiträge (*Lehmbruch* 1977) mit der Verträglichkeit bzw. Ergänzung von parteienstaatlich-parlamentarischer Politik und funktionaler Interessenvermittlung. Im Neo-K. nehmen gesellschaftliche Verbände eine *intermediäre* Stellung ein, in der sie nicht nur die Interessen ihrer Mitglieder gegenüber dem Staat, sondern auch Regierungspolitik gegenüber ihren Mitgliedern zu vertreten haben. Dies wird bei der Beteiligung von Verbänden in parastaatliche Selbstverwaltungskörperschaften (z. B. Bundesanstalt für Arbeit) oder Institutionen der Kollegialverwaltung (v. a. in skandinavischen Ländern) besonders sichtbar.

II. Politische Verbändeeinbindung hat zwei mögliche Folgen: Durchsetzung gruppenegoistischer Ziele oder Mäßigung interessenpolitischer Forderungen. Das Korporatismuskonzept betont die zweite Möglichkeit. Es richtet sich auf Formen der Konfliktregulierung, in denen gesellschaftliche Organisationen zur Zusammenarbeit und zu Zugeständnissen gegenüber Regierung und konkurrierenden Interessen fähig und bereit sind. Die »Konzertierung« von Verbände- und Regierungspolitik stellt sich als Problem, wo starke Gruppen die Betätigung konkurrierender Organisationen ebenso wie staatliche Politik empfindlich stören können. Dies trifft auf die Abhängigkeit der Wirtschaftspolitik vom Verhalten tarifautonomer Produzentenorganisationen zu, die für eine Regierung »unumgehbare Daten« setzen. Neben der Einkommenspolitik zur Inflationsbekämpfung betrifft dies die Arbeitsmarktpolitik, die Industriestrukturpolitik, die Sozial- und Gesundheitspolitik sowie jegliche Form der verbandlichen Selbstregulierung.

Ein besonderes Problem wird durch die Frage nach der Demokratieverträglichkeit vernetzter Entscheidungsstrukturen aufgeworfen. Korporatistische Politik erfordert organisatorische Zentralisierung sowie Kompromiß- und Beschlußfähigkeit der Beteiligten. Dies wiederum setzt die Autonomie von Verbandsführungen voraus und hat eine gewisse Intransparenz von Verhandlungsprozessen zur Folge. Dadurch bleibt das demokratische Element auf die »generalisierte Zustimmung« durch freiwillige Mitgliedschaft und Beteiligung an der Führungsauslese beschränkt. Eine diesem Umstand »angemessene normative Theorie der politischen Verantwortlichkeit und der demokratischen Partizipation... ist heute nirgendwo in Sicht« (*Scharpf* 1993: 26).

Institutionalisierte Verbändebeteiligung kann nicht generell mit korporatistischer Politik gleichgesetzt werden. So gibt es nationale Wirtschaftsräte in Frankreich und Großbritannien, die lediglich Beratungsgremien sind, oft auch nur der Darstellung regierungsamtlicher Politik dienen. Daneben bleiben pluralistische Einflußversuche und konfliktorisches Verbändeverhalten vorherrschend. Eine wechselseitige Interessenvermittlung findet nicht statt. Erkennbares Unterscheidungsmerkmal korporatistischer Abstimmung gegenüber pluralistischer *pressure-politics* wäre die institutionalisierte und für alle Beteiligten formal freiwillige, insofern gleichberechtigte (paritätische) Einbindung von Verbänden sowohl in die Formulierung von Politik als auch in deren Ausführung (*Lehmbruch* 1987).

III. Frühe Formen der Verbändebeteiligung in Deutschland, etwa das Kammerwesen, in dem zwangsverfaßte Wirtschaftskammern die staatliche Industriepolitik auf lokaler Ebene umzusetzen hatten, entbehrten der Freiwilligkeit und blieben auf die Funktion der Politikausführung konzentriert. Ähnliches gilt für die Selbstverwaltung in der ↗ Sozialversicherung. In der Bundesrepublik findet sich eine Vielzahl von politischen Gremien mit Beteiligung der Wirtschaftsverbände und Gewerkschaften. Beispiele sind die Paritätischen Kanzlerausschüsse von 1951 sowie die Konzertierte Aktion von 1965 bis 1976. Beidemal ging es um die Erörterung von Fragen der Wirtschafts- und Einkommenspolitik. Institutionalisierungsgrad und Stabilität waren gering. Weit größeren Verbindlichkeitscharakter haben Beteiligungen der Wirtschaftsverbände und Gewerkschaften im Verwaltungsrat der Kreditanstalt für Wiederaufbau (WiGBl. 48, 123; BGBl. 52, 65), in den Beiräten der Landeszentralbanken (BankG, BGBl. 57, 745). Neuerdings ist die Politik der deutschen Vereinigung und des Aufbaues-Ost von einer Vielzahl korporatistischer Arrangements insbesondere im Umfeld der »Treuhandanstalt« begleitet.

Heinze (1981) weist auf die politische Einbindung von Agrar- und Wohlfahrtsverbänden hin, denen in Teilbereichen eine politische Selbstregulierung vom Staat zugestanden wird. Die mit dem Subsidiaritätsprinzip begründete Verbändebeteiligung (staatliche Politik soll demnach erst bei einem Versagen gesellschaftlicher Selbsthilfe einspringen) im Sozial-, Gesundheits- und Bildungswesen umfaßt oft nur die Durchführung von Aufgaben, deren Inhalt durch staatliche Regulierung und Finanzierung weitgehend vorgegeben ist. Eine Beratungsfunktion wird den nationalen Interessenverbänden durch Begutachtungsrechte im Gesetzgebungsprozeß (§ 73 der GO des Bundestages, § 23 GGO der Bundesministerien) sowie durch die Vertretung in zahlreichen Beiräten bei den Bundesministerien eingeräumt.

Als Musterbeispiel korporatistischer Interessenvermittlung galt die seit 1977 bestehende Konzertierte Aktion im Gesundheitswesen. Sie soll zur Kostendämpfung und damit Erhaltung des sozialen Sicherungssystems durch die wechselseitige Abstimmung von Ärzteinteressen, Konsumentenbedürfnissen, Belangen von Versicherungs- und Krankenhausträgern sowie der pharmazeutischen Industrie beitragen; eine Politik, welche die teilweise Aufgabe pluralistischer Interessenkonkurrenz zur Voraussetzung ihres Erfolges werden läßt. Gemessen an den Erfahrungen anderer Länder blieb aber auch diese Form neokorporatistischer Politik gering institutionalisiert und mit erheblichen Konsensproblemen belastet (*Gäfgen* 1988). Daher hat das Gesundheitsministerium 1994 eine stärkere Institutionalisierung und Einführung des Mehrheitsprinzips als Alternative zur Auflösung des Gremiums vorgeschlagen.

Die Erfüllung öffentlicher Aufgaben durch Private, etwa im Bereich der Technikkontrolle (Technische Überwachungsvereine, Normenausschuß der Deutschen Wirtschaft) oder des beruflichen Berechtigungswesens und der Berufsbildung (Industrie- und Handelskammern), bildet einen eigenen Zweig der Forschung. K. auf der sektoralen »Meso«-Ebene ist gegenüber der Einbindung von Verbänden auf der gesamtwirtschaftlichen »Makro«-Ebene durch hohe Stabilität gekennzeichnet. Es handelt sich um etablierte Regulierungsnetzwerke durch die Verbände zur Steuerung (»Regierbarkeit«) von Wirtschaftssektoren (*Streeck/Schmitter* 1985; *Cawson* 1985). Die Einbindung von Verbänden in die Politik ist in Österreich besonders ausgeprägt (*Karlhofer* 1993). Die dortige »Wirtschafts- und Sozialpartnerschaft« bedeutet, »daß alle gesellschaftlichen und wirtschaftlichen Probleme, die die sozialen Gruppierungen betreffen, auf dem Verhandlungsweg beigelegt werden können« (*Matzner* 1978: 39). Institutionelles Zentrum des österreichischen K. ist die Paritätische Kommission für Lohn- und Preisfragen. Hier fallen die wichtigsten Entscheidungen der Wirtschafts- und Sozialpolitik. Die drei zwangsverfaßten Kammerorganisationen – Kammer für Arbeiter und Angestellte, Landwirtschaftskammer und Bundeswirtschaftskammer – sowie der auf freiwilliger Mitgliedschaft beruhende Österreichische Gewerkschaftsbund (ÖGB) sind neben der Bundesregierung vertreten. Die Paritätische Kommission untergliedert sich in einen Preisunterausschuß, einen Lohnunterausschuß und einen Beirat für Wirtschafts- und Sozialfragen. Exportförderung, Zinspolitik, Arbeitsmarktförderung, Sozialversicherungsfragen und Industriepolitik sind wichtige Politikfelder dieser Gremien. Der Beirat für Wirtschafts- und Sozialfragen ist außerdem an der Erstellung der mittelfristigen Finanzplanung des Bundes beteiligt. Neben diesen Zentralinstanzen sind die Organisationen der Sozialpartner in einer Reihe weiterer Institutionen des Geld- und Kreditsektors (Nationalbank, ERP-Kreditkommission, Staatsschuldenausschuß) und der Industrie- und Arbeitsmarktpolitik (Industriekommission, Beirat für Arbeitsmarktpolitik, Verstaatlichte Industrie) vertreten.

Verbände sind in Schweden noch systematischer und konzentrierter in die Politikentwicklung inkorporiert als in anderen skandinavischen Ländern. In Dänemark und Finnland bleiben Regierungs- und Verbändesystem in Interessensegmente aufgespalten und nur sektoral miteinander verflochten. Die vergleichsweise geringe Institutionalisierung des »Makro«-Korporatismus in Norwegen bedeutet allerdings nicht ein Mehr an Interessenkonkurrenz, da dort Parteien, Regierung, Verbände und selbst informelle, *ad hoc* gebildete Gruppen regelmäßig in den Prozeß der Politikentwicklung integriert werden und selbst in marginalen Fragen konsensuelle Regelungen gegenüber Mehrheitsentscheidungen in den Vordergrund treten. In Norwegen wird von einer postpluralistischen Verbindung aus Verhandlungsökonomie und kooptiver, gemischter Bürokratie gesprochen.

In der Schweiz spielen die konkordanzdemokratische Interessenvermittlung und »parastaatliche Verwaltung« durch Verbände eine herausragende Rolle (*Lehner* 1993). Die »Privatisierung der Wirtschaftspolitik« durch die Delegation von Aufgaben und staatliche Allgemeinverbindlichkeitserklärung von Verbändeabkommen wurde sogar als gesellschaftlich erwünschte Möglichkeit der Staatsentlastung in der Bundesverfassung aufgenommen. So wurde ein Großteil der Aids-Politik auf den »Aids-Hilfe«-Verein übertragen, nachdem das eidgenössische Gesundheitsamt als Vereinsmitglied beigetreten war. Ein vom Haus- und Grundeigentümerverband und dem Mieterverein der Westschweiz abgeschlossener »Gesamtmietvertrag« erhielt durch die Erklärung der Allgemeinverbindlichkeit den Status eines Mieterschutzgesetzes.

IV. Die einkommenspolitische Konzertierung von ↗ Gewerkschaften und Arbeitgeberverbänden – ausgerichtet an gesamtwirtschaftlichen Stabilitätszielen – wird durch industriegewerkschaftlich organisierte, mit Assoziationsmonopolen ausgestattete hochzentralisierte Systeme der industriellen Beziehungen erleichtert. Länder, die unter Krisenbedingungen versuchten, eine korporatistische Einkommenspolitik zu erreichen, etwa Großbritannien *(Social Contract)* oder Dänemark und Norwegen, scheiterten indes nicht nur an widrigen Organisationsbedingungen, sondern meist an instabilen Regierungen. Gewerkschaften können offenbar ihre Mitglieder nur auf eine freiwillige Einkommenspolitik verpflichten, wenn im Gegenzug soziale Transfereinkommen oder Mitbestimmungsrechte verbessert werden (neokorporatistische Tauschhypothese; vgl. *Lehmbruch* 1984). Dazu aber sind ausreichende parlamentarische Mehrheiten, meistens ↗ Sozialdemokratischer Parteien, und fiskalpolitische Handlungsspielräume notwendig. Beteiligung der Gewerkschaften an der Politik führt im internationalen Vergleich zu überdurchschnittlicher wohlfahrtsstaatlicher Entwicklung. Häufig, so in Schweden, Österreich und der Bundesrepublik, standen korporatistische Konfliktregulierung und steigende Sozialausgaben in Zusammenhang mit *kynesianischer* Wirtschaftspolitik und sozialdemokratischer Regierungsbeteiligung. Je stärker Gewerkschaften und ↗ Unternehmerverbände in die Politikentwicklung inkorporiert sind, um so niedriger blieben auch unter den Bedingungen der Wachstumskrise die Arbeitslosenquoten (*Treu* 1992).

Korporatistische Regulierungsnetzwerke tragen zur Staatsentlastung bei, enthalten aber auch die Gefahr der »Gefangennahme« (*capture*) staatlicher Behörden durch partikulare Interessen. Neuere Forschungen zeigen, daß Beziehungen zwischen Verwaltungen und Interessengruppen meist kein »Nullsummenspiel« mit Gewinnern und Verlierern darstellen. Vielmehr handelt es sich um einen Prozeß wechselseitiger strategischer Anpassung. Korporatistische Strukturen entstehen offenbar aus einer »Logik« administrativer Interessenvermittlung, bei der beide Seiten Vorteile erwarten. Gleichwohl sind die »Austauschbeziehungen« zwischen Staat und Verbänden nicht überall gleich ausgeprägt. Internationale und sektorale Unterschiede haben sich in unterschiedlichen historischen Prozessen der Institutionalisierung herausgebildet (*Lehmbruch* 1990). Gestalt und Praxis des Neo-K. sind insbesondere von den, in nationalen Verwaltungen aufgehobenen Konzeptionen des Verhältnisses von Staat und Gesellschaft geprägt.

Die Vereinheitlichung und Zentralisierung der Politikentwicklung im Rahmen der EU-Integration steht quer zu solchen länderspezifischen Entwicklungen. *Streeck/Schmitter* (1991) sehen darin einen Grund für ein langsames Schwinden des Neo-K. Auf europäischer Ebene bietet die diffuse und dezentralisierte Struktur der Politikentwicklung weder Anreiz noch Möglichkeiten, die Verbände regelmäßig und ausgewogen, d.h. paritätisch zu beteiligen. Gleichzeitig werden durch europaweite regulative Standards nationale Vertretungsmonopole und Einflußpositionen von Verbänden geschwächt sowie eine Pluralisierung und Regionalisierung der Interessenpolitik begünstigt. Insofern läßt sich ein Trend vom »nationalen Korporatismus zum transnationalen Pluralismus« (ebd.: 133) voraussagen. Andererseits bieten gerade korporatistische Staatstraditionen viele Möglichkeiten, den Herausforderungen eines Freihandelsregimes zu begegnen – sei es durch den »inszenierten Korporatismus« (*Heinze/Voelzkow* 1990) regionaler und sektoraler Verhandlungssysteme (*Anderson* 1992) oder durch Verflechtungsstrukturen im Bereich der nationalen Wirtschafts- und Finanzpolitik.

V. Von einer Korporatismustheorie wird erwartet, daß sie politische Strukturen, Prozesse und Ergebnisse, sei es auch nur in bestimmten Politikbereichen oder Ländern, besser erklären kann als politikwiss. Pluralismus- und Parteienstaatstheorien. Integrierte Politikstrategien *(policy-mix)* in Schweden und Österreich, auch die Konzertierte Aktion im Gesundheitswesen in der Bundesrepublik oder »meso«-korporatistische Regulierungsnetzwerke führen zu einer Politik, die in Form und Ergebnis von dem freien »Kräftemessen« zwischen Interessengruppen und vom Wettbewerb der politischen Parteien abweicht. Entschieden wird in institutionalisierten Verhandlungssystemen, in denen an die Stelle der Mehrheitsregel ein Proporzprinzip und meist auch Einstimmigkeit nach außen getreten sind. Was entschieden wird, setzen nicht nur eine staatliche Bürokratie, sondern auch die beteiligten Verbände selbst in die Praxis um. Inhaltlich geht es um Varianten interventionistischer Politik oder die sektorale Selbststeuerung und Eigenüberwachung. Solche neben Markt und Staat tretenden Lenkungsmechanismen (»Private Interessenregierungen«, *Streeck/Schmitter* 1985) haben eine neue Qualität gesellschaftlicher Interessenorganisation und -vermittlung hervorgebracht, derer sich die Korporatismusforschung annimmt. Auf dieser Grundlage bietet sie in der Kombination von politischen, historischen, organisationssoziologischen und ökonomischen Erklärungsfaktoren ein differenziertes Erklärungsmodell unterschiedlicher Politik in verschiedenen Ländern, politischen Ebenen und Funktionsbereichen.

Roland Czada

↗ Arbeitsbeziehungen; Einkommenspolitik.

Lit.: *Alemann, U. von* 1987: Organisierte Interessen in der Bundesrepublik, Opladen. *Anderson, J. J.* 1992: The Territorial Imperative. Pluralism, Corporatism, and Economic Crisis, Cambridge. *Cawson, A.* (Hrsg.) 1985: Organized Interests and the State. Studies in Meso-Corporatism, London u.a. *Czada, R.* 1994: Konjunkturen des Korporatismus. Zur Geschichte eines Paradigmenwechsels in der Verbändeforschung, in: *Streeck, W.* (Hrsg.): Verbände (PVS-Sonderheft 25), Opladen. *Gäfgen, G.* (Hrsg.) 1988: Neokorporatismus im Gesundheitswesen, Baden-Baden. *Goldthorpe, J.* (Hrsg.) 1984: Order and Conflict in Contemporary Capitalism, Oxford. *Heinze, R.G.* 1981: Verbändepolitik und »Neokorporatismus«, Opladen. *Heinze, R.G./ Voelzkow, H.* 1990: Kommunalpolitik und Verbände. Inszenierter Korporatismus auf lokaler und regionaler Ebene?, Bochum (Forschungsstelle für sozialwissenschaftliche Innovations- und Technologieforschung). *Karlhofer, F.* 1993: Die österreichische Sozialpartnerschaft – Vom Modellfall zum Normalfall, in: *Kleinfeld/Luthardt* (Hrsg.), 180–192. *Katzenstein, P.* 1984: Corporatism and Change – Austria, Switzerland and the Politics of Industry, Ithaca/London. *Kleinfeld, R./Luthardt, W.* 1993: Westliche Demokratien und Interessenvermittlung, Marburg. *Lehmbruch, G.* 1977: Liberal Corporatism and Party Government, in: CPS 10, 91–126. *Lehmbruch, G.* 1984: Concertation and the Structure of Corporatist Networks, in: *Goldthorpe, J.* (Hrsg.), 60–80. *Lehmbruch, G.* 1990: Public Bureaucracies, Strategic Choice, and the Development of Policy Networks, in: *Czada, R./Windhoff-Héritier, A.* (Hrsg.): Political Choice. Institutions, Rules and the Limits of Rationality, Frankfurt a.M./Boulder, Col., 121–158. *Lehmbruch, G./Schmitter Ph.C.* (Hrsg.) 1982: Patterns of Corporatist Policy-Making, London u.a. *Lehner, F.* 1993: Schweizerische Konkordanzdemokratie. Politik im Spannungsfeld von Partizipation und Management, in: *Kleinfeld/Luthardt* (Hrsg.), 193–204. *Matzner, E.* 1978: Funktionen der Sozialpartnerschaft, in: *ders.:* Wohlfahrtsstaat und Wirtschaftskrise, Reinbek. *Reutter, W.* 1991: Korporatismustheorien, Frankfurt/ M. *Scharpf, F.W.* 1993: Versuch über Demokratie im verhandelnden Staat, in: *Czada, R./Schmidt, M.G.* (Hrsg.): Verhandlungsdemokratie, Interessenvermittlung, Regierbarkeit, Opladen, 25–50. *Schmitter, Ph.C./Lehmbruch, G.* (Hrsg.) 1979: Trends Towards Corporatist Intermediation, London u.a. *Scholten, I.* (Hrsg.) 1987: Political Stability and Neo-Corporatism, London u.a. *Streeck, W./Schmitter, P.C.* (Hrsg.) 1985: Private Interest Government: Beyond Market and State, London u.a. *Streeck, W./Schmitter, P.C.* (Hrsg.) 1991: From National Corporatism to Transnational Pluralism: Organized Interests in the Single European Market, in: Politics and Society 19, 133–164. *Treu, T.* (Hrsg.) 1992: Participation in Public Policy-Making. The Role of Trade Unions and Employer's Associations, Berlin. *Williamson, P.J.* 1989: Corporatism in Perspective, London u.a.

Korruption

Korruption (K.), jedenfalls politische K., wird allgemein definiert als »*misuse of public power for private profit*« (*J.A. Senturia*). Wenngleich die Übergänge fließend sein können, ist sie zu unterscheiden von Phänomenen wie Nepotismus (Vetternwirtschaft; Bevorzugung von Verwandten einflußreicher

Leute für Ämter und Würden), ↗ Klientelismus, Ämterpatronage (bevorzugte Einstellung von eigenen Anhängern im öffentlichen Sektor) und Protektion (Bevorzugung und Begünstigung bestimmter Bewerber für Positionen oder Aufträge) einerseits und Lobbyismus (als Versuch, Abgeordnete, Regierungs- oder Verwaltungsmitglieder durch Information, Überzeugungsarbeit oder Gefälligkeiten im eigenen Interesse zu beeinflussen), Bestechung oder Erpressung andererseits. Definitorisch ausgeschlossen sind auch Vorteilsnahmen bei der Anbahnung von Geschäften oder Gefälligkeiten, soweit diese sich ausschließlich im privaten Sektor abspielen.

K. hat es zu allen Zeiten und in allen politischen Systemen gegeben. Aber auch wer die Anfälligkeit für K. für eine anthropologische Grundkonstante hält, muß erklären, warum es zu bestimmten Zeiten mehr und zu anderen weniger K. gibt und warum sie in bestimmten Systemen verbreiteter ist als in anderen. Monokausale Erklärungen reichen dafür nicht aus, von einer überzeugenden Theorie politischer K. sind wir noch weit entfernt. In der Regel ist schon der empirische Nachweis schwierig, ob es tatsächlich verstärkte K. gibt oder nur gerade (zufällig?) mehr Skandale aufgedeckt werden. Denn Heimlichkeit der Vorgänge ist – da K. meist gegen Rechtsnormen und/oder soziale Normen verstößt (»Mißbrauch«) – ein wichtiger Indikator für das Phänomen. Was das Licht der Öffentlichkeit nicht zu scheuen braucht, dürfte kaum als K. wahrgenommen werden.

Aufgabe der Forschung ist es, K. empirisch zu erfassen, ihre sozialen, ökonomischen, politischen und kulturellen Ursachen herauszuarbeiten, die tatsächlichen Wirkungen in den untersuchten Gesellschaften zu belegen, sie normativ zu bewerten und ggf. Vorschläge zur Eindämmung oder Kontrolle zu entwickeln. Funktionalistische Erklärungen, wonach in relativ ineffektiven Plan- und Staatswirtschaften ein bißchen K. als Schmiermittel durchaus zur gemeinsamen Entwicklung beitragen könne, haben inzwischen wieder an Boden verloren. Das gilt auch für ökonomische Theorieansätze, die K. als eine – nicht immer nur negative – Form des sozialen Tausches unter anderen interpretieren. *G. Caiden*: »*No substancial evidence has ever been offered proving that corrupt officials contribute notably to economic development and social progress.*« Nach *C.J. Friedrich* kann K. »zwar funktional sein, aber sie bleibt es nur dadurch, daß man gegen sie vorgeht«.

Erklärungen, die K. allein als »Pathologie der Politik« (*Friedrich*) sehen, ohne die Wechselbeziehungen zwischen Politik und Gesellschaft zu betrachten, greifen zu kurz. Das macht die Sache nicht einfacher, schützt aber vor voreiligen Deutungen. Unterschiedliche rechtliche und soziale Normen und Werte, Gewohnheiten und politische Kulturen erschweren den internationalen Vergleich ebenso wie die übliche Diskretion und verschieden investigative Medien und verschieden engagierte Behörden. Was hier mit Strafe bedroht ist, kann anderswo erlaubt sein; was dort von einer Mehrheit der Bevölkerung als Mißbrauch eines öffentlichen Amtes oder Mandates eingestuft wird, mag anderswo gang und gäbe sein und gar nicht als K. wahrgenommen werden. Was eine Mehrheit in einem bestimmten Land noch akzeptiert und was sie als Mißbrauch wahrnimmt, ist wiederum eine empirische Frage. Insofern sollten die eigenen normativen Maßstäbe – und erst recht nicht Vorurteile über einen vermeintlichen »Nationalcharakter« – zumindest nicht unreflektiert an andere Länder und Kulturen angelegt werden.

Göttrik Wewer

Lit.: *Brünner, Chr.* (Hrsg.) 1991: Korruption und Kontrolle, Graz. *Caiden, G.* 1988: Towards a General Theory of Official Corruption, in: Asian Journal of Public Administration 1 (10), 3–26. *Clarke, M.* (Hrsg.)

1983: Corruption: Causes, Consequences and Control, New York. *Fleck, Chr./Kuzmics, H.* (Hrsg.) 1985: Korruption. Zur Soziologie nicht immer abweichenden Verhaltens, Königstein/Ts. *Heidenheimer, A.J./Johnston, M./LeVine, V.T.* (Hrsg.) 1989: Political Corruption. A Handbook, New Brunswick/Oxford. *Nick, R./Philp, M./Pinto-Duschinsky, M.* (Hrsg.) 1989: Political Corruption and Scandals. Case Studies from East and West, Wien.

Krieg

I. Ob eine gewaltsame Auseinandersetzung zwischen Kollektiven als Krieg (K.) bezeichnet wird oder nicht, bestimmen in der Praxis politische Interessen, rechtliche Interpretationen und/oder ideologische Standpunkte und in der Wiss. Erkenntnisinteressen, fachliche Betrachtungsweisen und Untersuchungsmethoden. Im Hinblick auf den analytischen Zweck läßt sich in die verwirrende Vielfalt vorfindlicher Begriffe eine erste Ordnung durch folgende Unterscheidung bringen:

1. Empirische Definitionen: Um K. von anderen Formen kollektiven Gewalthandelns wie spontanen, unorganisierten Unruhen, Terroraktionen, Massenmorden, Militärputschen, widerstandslosen Besetzungen, gelegentlichen Grenzschießereien usw. abzugrenzen, werden in der Literatur unterschiedliche qualitative Merkmale und quantitative Grenzwerte benutzt. Für die qualitative Beschreibung empfiehlt sich die von *I. Kende* (1982: 7): K. ist ein gewaltsamer Massenkonflikt, in dem zwei oder mehr bewaffnete Streitkräfte an den Kämpfen unmittelbar beteiligt sind, dabei mindestens auf einer Seite reguläre Streitkräfte der Regierung; in dem ein Mindestmaß zentralgelenkter Organisation der Kriegführenden und des Kampfes auf beiden Seiten gegeben ist, selbst wenn sich dies auf organisierte Abwehr oder auf strategisch-taktische Überfälle (Guerilla-Aktionen, Partisanenkrieg) beschränkt; und in dem die bewaffneten Operationen eine gewisse Kontinuität aufweisen, d.h. daß beide Seiten nach einer planmäßigen Strategie vorgehen, gleichgültig ob die Kämpfe auf dem Gebiet eines oder mehrerer Staaten oder ob sie kürzer oder länger stattfinden. Entscheidend ist in dieser Definition die Beteiligung der Staatsgewalt. Außerdem umfaßt sie verschiedene Kriegstypen. Mit welchen quantitativen Daten die Definition präzisiert werden soll (Dauer, Mindestgrößen von Truppenstärken oder Gefallenenzahlen u.ä.), muß pragmatisch entschieden werden (vgl. *Small/Singer* [2]1982; *Wright* 1965: 636).

2. Rechtstheoretisch orientierte Definitionen: Exemplarisch ist hier die Formulierung von *Q. Wright* (1965: 8–13, 698). Er bezeichnet K. als »den Rechtszustand, der es zwei oder mehr feindlichen Gruppen gleichermaßen zuläßt, einen Konflikt mit Waffengewalt auszutragen«.

In dieser Beschreibung begriff *Wright* (1965: 12f.) den K. als eine unter anderen Konfliktformen zwischen organisierten Gruppen (soziologischer Aspekt), als einen Extremfall von Gruppenattitüden (psychologischer Aspekt) und Gewaltanwendung (militärischer Aspekt) sowie als eine von vielen anormalen Rechtssituationen, und zwar als eine solche, in der »ein hoher Grad von Rechtsgleichheit« der Gruppen vorausgesetzt wird. Der rechtliche Aspekt ist wesentlich. Die gegnerischen Gruppen weisen durch die Feindschaft ihre Eigenständigkeit aus, sind sich aber insofern gleich, als jeder Gesetzgeber (Souverän) zu sein beansprucht. Damit erkennen sie, positiv gesehen, doch zugleich das Rechtsprinzip an als regulative Idee friedlicher Streitbeilegung, als Bedingung der Unabhängigkeit von der nötigenden Willkür anderer Menschen bzw. Völker (vgl. *Kant* 1795). Dieses Prinzip praktischer Vernunft begründet die Hoffnung, die Menschheit vor der »Geißel des Krieges« bewahren zu können (Präambel der UN-Charta). Tragik liegt in der historischen Dialektik, daß es bisher anscheinend immer noch des K. bedurfte, um das Rechtsprinzip in winzigen Schritten bewußtzumachen und seiner Durchsetzung anzunähern, d.h. ihm entgegenstehende illegitime Herrschafts-, Gesetzes- und Gesellschaftsstrukturen zu überwinden; ein Atomkrieg allerdings würde einem Sturz in den Abgrund gleichen (vgl. *Wright* 1965: 249 ff).

3. Politisch-funktionale Definitionen: Dieser Ansatz zur Begriffsbestimmung ist zwar in den vorgenannten Fassungen enthalten, muß aber wegen seiner theoretischen Bedeutung hervorgehoben werden. Er geht auf *K. von Clausewitz* (1832) zurück, hat aber nichts von seiner Gültigkeit verloren.

Ausgehend vom Modell des Zweikampfes und inspiriert von den Erfahrungen der Napoleonischen Kriege, definierte *Clausewitz* zunächst das reine Wesen des K., den »absoluten Krieg«, als einen »Akt der Gewalt, um den Gegner zur Erfüllung unseres Willens zu zwingen« (ebd.: 17). Zwecks Willensdurchsetzung müsse der Feind mittels physischer Gewalt wehrlos gemacht werden. Dieses dem Begriff nach eigentliche Ziel der kriegerischen Handlung »vertrete den Zweck und verdränge ihn gewissermaßen als etwas nicht zum Kriege selbst Gehöriges« (ebd.); denn jede Seite gebe der anderen das Gesetz des Handelns, es komme zu Wechselwirkungen (Eskalationen, wie wir heute sagen), in denen die Anwendung der Gewalt, das Ziel der Niederwerfung und die Aufbringung der Mittel und der Willensstärke sich zum Äußersten steigern würden – bis zur wechselseitigen Vernichtung, wodurch der K. jedoch zwecklos, zum Selbstzweck geworden wäre. In der Wirklichkeit hingegen würde dieser Prozeß modifiziert: K. entstehe nicht urplötzlich, er bedürfe der Vorbereitungen, die den organisatorischen u.a. Unvollkommenheiten des Staatslebens unterworfen seien; der Zeitfaktor sei nicht gleich Null, d.h. der K. bestehe nicht aus einem einzigen Schlag ohne Dauer, nicht aus einer einzigen oder einer Reihe gleichzeitiger Entscheidungen; vor allem wirke der politische Zustand, der dem K. folgen werde, auf die Kriegsentscheidungen zurück. Wegen dieser modifizierenden Bedingungen könne der politische Zweck als das ursprüngliche Motiv wieder hervortreten, konnte *Clausewitz* den »realen Krieg« als »eine bloße Fortsetzung der Politik mit anderen Mitteln« (ebd.: 34) definieren.

Nach der *levée en masse* im Gefolge der Französischen Revolution über die Zwischenstufe des »totalen Krieges« im I. und II. Weltkrieg ist der »absolute Krieg« heute durch die permanente Hochrüstung mit minutenschnellen Massenvernichtungswaffen real möglich, daher politisch zwecklos geworden. Darin liegt das Quentchen Hoffnung, der K. sei auf dem Wege, sich selbst aufzuheben und die Bedingung zu schaffen, die jener regulativen Rechtsidee zum Durchbruch verhilft. Bislang aber waren besonders die Atommächte und ihre Alliierten krampfhaft bemüht, durch technische und diplomatische Mittel künstliche Modifikationen herzustellen, um dadurch kriegerische Gewalt wieder der Politik verfügbar zu machen (vgl. *Senghaas* 1981), vor allem durch das Konzept des »begrenzten Krieges«, im Atomzeitalter ein höchst gefährlicher Rückgriff auf Strategiekonzepte des 18. Jahrhunderts. Bei der Beendigung des Ost-West-Konflikts scheint auch die Einsicht in die Zwecklosigkeit des Atomkrieges und atomarer Drohpolitik mitgewirkt zu haben. Wegen der Ausbreitung von A-Waffen sind die Gefahren aber noch nicht gebannt.

II. Trotz vieler Versuche sind wir von halbwegs gesicherten Theorien über Kriegsursachen weit entfernt. Die Theoretisierungsversuche (vgl. *Wright* 1965; *Deutsch/Senghaas* 1970; *Gantzel* 1972; *Lider* 1983) setzen an auf den Ebenen des Individuums (angeborene oder stammesgeschichtlich erworbene Aggressivität, Feindbilder), der gesellschaftlichen Vermittlungs- und Sozialisationsinstanzen (Kultur, Mobilisierung durch Massenmedien usw.; ↗ Politische Sozialisation), der ↗ Interessengruppen und Klassen (↗ Imperialismus, Militarismus, ideologischer

Missionarismus, ↗ Revolution), des Staatsapparates und der politischen ↗ Herrschaft (Geopolitik, Rüstungswettlauf, Ablenkung innerer Spannungen, innere Repression, Drohverhalten, Fehlkalkulationen usw.) sowie der Staatenwelt (Machtverteilung, Hegemoniebestrebungen, Bündnisse, weltwirtschaftliche Krisen, fehlende supranationale Integration u.a.). Wegen dieser verwirrenden Vielfalt ist für systematische Erkenntnis, auch in friedenspolitischer Hinsicht, ein für unsere Epoche relevanter, gesellschaftstheoretisch orientierter Bezugsrahmen erforderlich, der (a) von der Analyse-Ebene der Akteure (Gesellschaft, Staat) ausgeht und von daher die anderen kriegsursächlichen Ebenen (internationales System sowie Individuen) einbezieht, und der (b) die Historizität der Kriegsursachen, d.h. die epochengeschichtlich spezifischen Hintergründe berücksichtigt. Die Hauptmerkmale des Kriegsvorkommens seit 1945 markieren deutliche Unterschiede gegenüber der Zeit seit dem frühen 19. Jh. (*Gantzel/Schwinghammer* 1994): 1. Die Zahl der jährlich laufenden Kriege steigt fast stetig, unabhängig vom Ost-West-Konflikt. 2. Fast alle Kriege finden in den Entwicklungsregionen statt. 3. Weit überwiegend sind es innergesellschaftliche Kriege. 4. Die hochentwickelten Länder in Europa und Nordamerika sind so gut wie kriegsfrei; auch die »auswärtigen« Interventionen der ehemaligen Kolonialmächte und der USA nehmen tendenziell ab. Diese Befunde legen folgenden Erklärungsansatz nahe (vgl. *Gantzel/Siegelberg* 1990; *Siegelberg* 1994): Wegen der weltweit alternativlosen Dominanz kapitalistischer Vergesellschaftung muß hier der maßstäbliche Ausgangspunkt vergleichender Kriegsursachenforschung liegen. Erst in jüngster Zeit hat diese bürgerliche Gesellschaftsformation ihre pazifizierende, zivilisatorische Seite entfaltet; der lange Prozeß der Durchsetzung des Kapitalismus hingegen war immer mit Gewalt erfolgt (vgl. *Elias* 1980). Die wachsende Kriegsanfälligkeit der Entwicklungsländer ist also offenbar Folge eines nachholenden kapitalistischen Modernisierungsprozesses, wenngleich unter einigen besonderen Ausgangsbedingungen. Dem Prozeß der Staatsbildung (Gewaltmonopolisierung) kommt dabei besondere Bedeutung zu. Die kriegsträchtigen Konfliktlinien finden sich deshalb vor allem dort, wo die kapitalistische Vergesellschaftung (in den unterschiedlichsten Formen) die traditionalen Verhältnisse auflöst. Auch bei den neuerlich besonders oft diskutierten ethnischen oder Religionskriegen handelt es sich in der Regel nur um einen manipulativen Rückgriff auf obsolete traditionale Momente durch bestimmte Herrschaftsinteressen.

III. In methodischer Hinsicht zu unterscheiden sind Fallstudien von vergleichenden Untersuchungen. Zu ersteren (mit verschiedenen Forschungstechniken) zählen z.B. *F. Fischer* (1961), *Siegelberg* (1991), *Pfetsch* (1991). In der vergleichenden Forschung sind zwei Methodenrichtungen gebräuchlich: die historisch-soziologische (z.B. *Aron* 1963; *Wallensteen* 1981; *Luard* 1986) und die quantitative (bedeutsamstes Beispiel das *Correlates-of-War Project;* vgl. *Small/Singer* 1982; *Eberwein* 1981). Aussagekräftige quantitative Methoden für die Kriegsursachenforschung erfordern jedoch noch viel intensive typologische und theoretische Vorarbeit.

Klaus Jürgen Gantzel

↗ Frieden; Friedensforschung; Internationales Recht/Völkerrecht; Konflikt/Konflikttheorie; Terrorismus; Widerstand.

Lit.: *Aron, R.* 1963: Frieden und Krieg. Eine Theorie der Staatenwelt, Frankfurt/M. (franz.: Paris 1962). *Clausewitz, K. von* 1832: Vom Kriege, Berlin (zit. nach der jüngsten Ausgabe, Frankfurt/M. usw. 1980). *Deutsch, K. W./Senghaas, D.* 1970: Die Schritte zum Krieg. Systemebenen, Entscheidungsstadien, Forschungsergebnisse, in: APuZ 47, 21.11. *Eberwein, W.-D.* 1981: The Quantitative Study of International Conflict: Quantity and Quality?, in: JPR28, 19–38. *Elias, N.* [3]1980: Über den Prozeß der Zivilisation, 2 Bde., Frankfurt a. M. *Fischer, E.* 1961: Der Griff nach der Weltmacht. Die Kriegszielpolitik des kaiserlichen Deutschland 1914–1918, Düsseldorf. *Gantzel, K. J.* 1972: System und Akteur. Beiträge zur vergleichenden Kriegsursachenforschung, Düsseldorf. *Gantzel, K. J./Schwinghammer, T.* (Hrsg.) 1994: Die Kriege nach dem Zweiten Weltkrieg bis 1992 – Daten und Tendenzen, Münster/Hamburg. *Gantzel, K. J./Siegelberg, J.* 1990: Krieg und Entwicklung, in: *Rittberger, V.* (Hrsg.): Theorien der Internationalen Beziehungen, Opladen, 219–239. *Kant, I.* 1795: Zum Ewigen Frieden. Ein philosophischer Entwurf. *Kende, I.* 1982: Kriege nach 1945. Eine empirische Untersuchung, in: Militärpolitik Dokumentation, 6,27. *Lider, J.* 1983: Der Krieg. Deutungen und Doktrinen in Ost und West, Frankfurt/M. usw. *Luard, E.* 1986: War in International Society, London. *Pfetsch, F. R.* (Hrsg.) 1991: Konflikte seit 1945 – Daten, Fakten, Hintergründe, 5 Bde., Freiburg/Würzburg. *Senghaas, D.* [3]1981: Abschreckung und Frieden, Studien zur Kritik organisierter Friedlosigkeit, Frankfurt/ M. *Siegelberg, J.* (Red.) 1991: Die Kriege 1985 bis 1990. Analyse ihrer Ursachen, Münster/Hamburg. *Siegelberg, J.* 1994: Kapitalismus und Krieg. Eine Theorie des Krieges in der Weltgesellschaft, Münster/Hamburg. *Small, M./Singer, J. D.* [2]1982: Resort to Arms. International and Civil Wars, 1816–1980, Beverly Hills. *Wallensteen, P.* 1981: Incompatibility, Confrontation, and Wars: Four Models and Three Historical Systems, 1816–1976, in: JPR, 18, 57–90. *Wright, Q.* [2]1965: A Study of War, Chicago/London (1. Aufl. 1942).

Kritische Theorie

1. Unter Kritischer Theorie (K. T.) versteht man heute weitgehend die Theoriebildung und Forschung, die von der sog. Frankfurter Schule hervorgebracht wurden. Wissenschaftsgeschichtlich gesehen, handelt es sich um eine Konzeption, in der vor allem drei Denktraditionen eine charakteristische Verbindung eingingen: die rationale Philosophie von *Rousseau* bis *Hegel*, die ↗ Politische Ökonomie von *Marx* und die *Freudsche* Psychoanalyse. Ihre paradigmatische Gestalt fand sie in den 30er Jahren in dem von *Max Horkheimer* geleiteten Institut für Sozialforschung und in der »Zeitschrift für Sozialforschung«, zu deren Mitarbeitern *Erich Fromm, Herbert Marcuse* u. a. zählten. Beabsichtigt war und in Teilen auch eingelöst wurde eine totalitätsorientierte Analyse der bürgerlichen Gesellschaft (↗ Bürgertum), die einerseits unter dem Primat des Ökonomischen stand, sich andererseits aber auf die sozialpsychologischen und kulturellen Integrationsprozesse konzentrierte.

Theoriebildung wie die explizit ins Zentrum gestellte Sozialforschung hatten ihren Zielpunkt in der »Theorie des historischen Verlaufs der gegenwärtigen Epoche«. Dementsprechend traten die Krise des europäischen ↗ Liberalismus und die Herausbildung bzw. Stabilisierung der ↗ Autoritären Regime in den Vordergrund, deren extremste Ausprägung der ↗ Nationalsozialismus war. Als politikwiss. relevante Leistungen der frühen K. T. sind neben der formalen Konzeption einer interdisziplinären Sozialforschung hervorzuheben die begriffliche Klärung des Problems der Autorität und die Darstellung der rechtlichen und administrativen Verlaufsform, die der Übergang von der parlamentarischen Demokratie zur totalitären Führerdiktatur vor allem in Deutschland nahm. Diese Einschätzung gilt unbeschadet der Tatsache, daß zwischen den Vertretern der K. T. keine Einigung in der Frage erzielt wurde, ob der Nationalsozialismus auf einer plan- oder einer marktwirtschaftlichen kapitalistischen Ökonomie beruhte.

II. Wenn die Krise des Liberalismus in Europa auf einen modernen Typus charismatischer Herrschaft hinauslief, so präzisierte die K. T. diesen von *Max Weber* vorformulierten Begriff durch die Verwendung psychoanalytischer Denkmodelle. Ins Zentrum tritt dabei die die bürgerliche Familie prägende Vaterautorität, deren übermäßige Strenge in der Sozialisation des durchschnittlichen Individuums eine Disposition zur Ich-Schwäche und in deren Gefolge eine Aufspaltung der Persönlichkeit in ein sadistisches Machtstreben und ein masochistisches Unterwerfungsbedürfnis bewirkt *(Horkheimer* u.a. 1936). Solche Charakterdispositionen summieren sich, zumal unter Bedingungen ökonomischer und politischer Machtkonzentration und einer dadurch bedingten Entwertung des autonomen Lebensraums der Familie, zu jenem Massenpotential, das die autoritäre bzw. totalitäre Führerdiktatur für sich zu mobilisieren verstand. Waren die Forschungen der 30er Jahre empirisch von der mitteleuropäischen Lage, genauer von den intellektuellen Erscheinungsformen des Autoritätsglaubens ausgegangen und methodisch an einem funktionalistischen Erklärungsmodell orientiert, so richtete sich später das Erkenntnisinteresse – methodisch eher phänomenologisch formuliert – auf die USA. Die in den Kontext der *»Studies in Prejudice«* gehörende *Authoritarian Personality (Adorno* u.a. 1950) entwickelte mit der sog. Faschismus-Skala ein empirisch verwendbares Instrument zur Messung autoritärer Charakterdispositionen und wies deren Existenz auch in der US-amerikanischen Demokratie nach. Begründet war damit eine ebenso fruchtbare wie umstrittene Tradition zur Erforschung der ↗ Politischen Kultur, die auch heute noch als kritischer Widerpart eines allzu eilfertigen Optimismus bezüglich der inneren Stabilität westlicher Demokratien fungiert, auf der andern Seite aber keinen Zweifel an der Wünschbarkeit genuin demokratischer Einstellungen bei Regierten wie Regierenden läßt.

III. Obschon am emigrierten Institut für Sozialforschung die rechtliche und institutionelle Ausformung der Nazi-Diktatur ausgiebig erforscht wurde *(Neumann* 1977), kam es in der frühen K. T. nicht zur Ausbildung einer Wissenschaft von der Politik. Nachgeholt wurde dies in den 50er und 60er Jahren von *Franz Neumann* und *Otto Kirchheimer,* freilich unter den veränderten Bedingungen der Nachkriegssituation und der US-amerikanischen *Political Science.* Hatte sich die Deutung der Krise des Liberalismus und der Entstehung des ↗ Totalitarismus in den 30er Jahren aus dem marxistischen Entwicklungsmodell ergeben (↗ Marxismus), so trat jetzt auch eine eher phänomenologisch verfahrende Betrachtung der politischen und rechtlichen Institutionen in den Vordergrund. Dem erneuerten Anspruch auf eine kritische Gegenwartsdiagnose folgend, ging es um eine Bestimmung der politischen und sozialen Machtstrukturen in parlamentarischen Demokratien westlichen Musters und ihrer Entwicklungstendenzen.

Zum primären Bezugspunkt der Analyse wurde dabei die fortgesetzte Machtkonzentration in der monopolistischen Ökonomie und in der Staatsbürokratie – gegen die dadurch bedingten zeitgenössischen Erscheinungsformen von politischer Entfremdung und Apathie wurde eine politische Theorie ins Auge gefaßt, in der die aktivistischen und rationalen Werte der demokratischen Denktradition eingeklagt wurden *(Neumann* 1967). Diese aber und die ihnen entsprechende politische Aktivbürgerschaft schienen nicht nur durch die Erosion der den Willensbildungsprozeß vermittelnden Institutionen wie Wahlfreiheit, Parteien- und Gruppenkonkurrenz und vor allem parlamentarische Opposition in Frage gestellt (*Kirchheimer* 1969), sondern noch zusätzlich bedroht durch die Verrechtlichung der politischen Konflikte und die komplementäre Politisierung der Justiz (*Kirchheimer* 1981). Die der K. T. zuzuordnende politische Theorie im engeren Sinne läßt sich in einem Demokratieskeptizismus zusammenfassen, in einer Haltung, die die in der kapitalistischen Massengesellschaft liegenden Hinderungsgründe für eine fortschreitende Demokratisierung nüchtern konstatiert, ohne indessen auf eine wirkliche Alternative, eine neue Utopie verweisen zu können.

IV. Die von der K. T. ausgehenden Impulse auf die zeitgenössische ↗ Sozialwissenschaft sind ebenso vielfältig, wie sie in der Politikwiss. verstreut blieben. Nur zaghaft in dieselbe Richtung weisend wie die von der Studentenbewegung radikalisierten Demokratisierungspostulate, konnten sie auch in der Bundesrepublik Deutschland nicht zu einem theoretisch konsistenten Paradigma kritischer Politikwiss. verdichtet werden.

Eine deutliche Ausnahme in dieser Konstellation bildet die von *J. Habermas* ausformulierte Version der Kritischen Theorie, die von Anfang an durchaus eigenständigen Charakter trug. Wenn es eine Zeitlang so scheinen mochte, als ob die von ihm zu Anfang der 70er Jahre entwickelte Spätkapitalismustheorie (*Habermas* 1973) auf immer größere Distanz zur älteren Tradition ging – Indikatoren dafür waren die Übernahme systemtheoretischer Denkmodelle und die breite Rezeption *Weberscher* Kategorien –, so zeigten sich in den folgenden Arbeiten nicht minder starke Gegentendenzen, die sich schrittweise zu einer systematischen Theorie des kommunikativen Handelns verdichtet haben (*Habermas* 1981). Ihr Zentrum ist eine Ethik der Verständigung, die nicht nur als Korrektiv gegenüber den Planungs- und Legitimationskrisen der wohlfahrtsstaatlichen Demokratien festhalten, sondern als der unaufgebbare, der universelle Kern der kulturellen Moderne behauptet wird. Daß dies eine Revitalisierung der Kritischen Theorie nicht etwa ausschließt, sondern durch die Annäherung an die institutionellen Ausprägungen der modernen Politik befördert, hat *Habermas* jüngst unter Beweis gestellt. Seine »Diskurstheorie des Rechts« (*Habermas* 1992) erschöpft sich keineswegs in der Reformulierung normativer, kantianischer Argumente, sondern führt in eine recht konkret gehaltene Auseinandersetzung mit dem demokratischen Rechtsstaat, dessen Vorzüge und Defizite anhand aktueller Problemanalysen gegeneinander abgewogen werden. So kommt *Habermas* das Verdienst zu, mit seinen breit angelegten Bemühungen um eine zeitgenössische Demokratietheorie die Tradition der Kritischen Theorie von neuem anschlußfähig zu machen an die empirische Politikforschung, die sich ihrerseits vor allem durch seine hartnäckigen Interventionen auf die Unverzichtbarkeit moralphilosophischer Reflexion hingewiesen sieht.

Alfons Söllner

Lit.: *Adorno, T. W.* u.a. 1950: The Authoritarian Personality, New York. *Habermas, J.* 1973: Legitimationsprobleme im Spätkapitalismus, Frankfurt/M. *Habermas, J.* 1981: Theorie des kommunikativen Handelns, Frankfurt/M. *Habermas, J.* 1992: Faktizität und Geltung, Frankfurt/M. *Horkheimer, M.* u.a. 1936: Autorität und Familie, Paris. *Jay, M.* 1976: Dialektische Phantasie, Frankfurt/M. *Kirchheimer, O.* 1969: Politics, Law, and Social Change, New York. *Kirchheimer, O.* 1981: Politische Justiz, Frankfurt/M. *Neumann, F. L.* 1967: Demokratischer und autoritärer Staat, Frankfurt/M. *Neumann, F. L.* 1977: Behemoth, Frankfurt/M. (engl. zuerst 1942). *Söllner, A.* 1982: Politische Dialektik der Aufklärung, in: *Bonß, W./Honneth, A.* (Hrsg.): Sozialforschung als Kritik, Frankfurt/M., 281–326.

Kritischer Rationalismus bzw. Pluralismus

Der Kritische Rationalismus (K. R.) bzw. Kritische Pluralismus (K. P.) ist eine moderne wissenschaftstheoretische und sozialphilosophische Lehre, begründet von *Karl R. Popper* und vertreten von seiner v. a. im angloamerikanischen und deutschen Sprachgebiet verbreiteten Schule *(Agassi, Albert, Bartley, Jarvie, Lakatos, Watkins)*, durch Radikalisierung weiterentwikkelt zum Erkenntnismodell für Theorienpluralismus (vgl. *Spinner* 1974; 1981) und schließlich umgeschlagen zur anarchistischen Erkenntnislehre des postmodernen *anything goes* (vgl. *Feyerabend* 1983).

1. Im Mittelpunkt steht die kritisch-rationale Wissenschaftsauffassung, damit nachträglich verbunden eine zwar geistesverwandte, aber wissenschaftlich verengte Vernunft- und konservativ verkürzte Gesellschaftslehre (zur Kritik *Spinner* 1978). Nach vorherrschendem Selbstverständnis ist das alles letztlich universelle Methodik »eines adäquaten Problemlösungsverhaltens überhaupt« *(Albert* 1971: 67), dessen »kritische Vernunft« *(Albert* 1968) ausschließlich in seinen methodischen Regeln liegt. Die für den K. R. und K. P. maßgebende *Poppersche* Wende vom Rechtfertigungs- zum Widerlegungsdenken, d. h. die Umschaltung von der sichernden (»certistischen«) Begründungs- auf die fehlbar fortschreitende (»fallibilistische«) Kritikstrategie, hat in der Wissenschaftstheorie zu einer strengen Methode (der Theorieprüfung durch Falsifikation), in der Sozialphilosophie zu drei unfertigen Konzepten (der kritischen Lebensform, offenen Gesellschaft und schrittweisen Sozialtechnologie), in der Rezeptionsliteratur zu tendenziösen, teilweise konträren Parolen (»Reform statt Revolution!«), im K. P. zu einem verallgemeinerten Funktionsmodell (des »Prinzips Kritik«) geführt.

2. Den beiden klassischen Grundproblemen – dem *Humeschen* Induktionsproblem und dem *Kantschen* Abgrenzungsproblem (vgl. *Popper* 1963; 1979) – fügt der K. R. als Leitfigur das *Poppersche* Problem des Erkenntnisfortschritts (vgl. *Spinner* 1974: 22) hinzu. Für unsere griechisch-abendländische Theorienwissenschaft (vgl. *Spinner* 1977) in neuer Auslegung als Vermutungswissen lehrt die Wissenschaftstheorie des K. R. (vgl. *Popper* 1935):
(1) Im Rahmen seiner kontrainduktivistischen Heuristik des hypothetischen Theoretisierens statt induktiven Generalisierens und seiner Methodologie des deduktionslogischen Falsifizierens mit Hilfe empirischer Gegenbefunde anstelle induktionslogischer Theorienstützung durch Bestätigungsinstanzen löst sich das Induktionsproblem in nichts auf. (2) Das Abgrenzungsproblem zwischen Erfahrungwiss. und Metaphysik erhält durch das *Popper*-Kriterium der prinzipiellen Falsifizierbarkeit eine neue Lösung, derzufolge realwiss. Theorien dann und nur dann als »wissenschaftlich« gelten, wenn sie grundsätzlich an den Tatsachen scheitern können, also empirisch widerlegbar sind. (3) Sind alle empirisch gehaltvollen Theorien lediglich Hypothesen, die durch kritische Überprüfung anhand von Logik und Erfahrung widerlegt oder korrigiert werden können, vollzieht sich der wiss. Erkenntnisfortschritt nach der Revolutionstheorie (vgl. *Spinner* 1974: 57 ff.) im *Trial and error*-Vorgehen von kühnen Vermutungen und strengen Widerlegungen (vgl. *Popper* 1963) zu neuen, verbesserten, mutmaßlich wahrheitsnäheren Hypothesen.

So bilden die Heuristik der hypothetischen Theoriebildung, die Methodologie der empirischen Falsifikation und die Progressologie der wiss. Revolution eine in sich stimmige Wissenschaftsauffassung am Leitfaden des

Kritikgedankens. Damit hat *Popper* einen verbindlichen Maßstab gesetzt, an dem sich alle Weiterentwicklungen des K. R. messen lassen müssen: Wenn Kritisierbarkeit strikte Widerlegbarkeit gemäß im voraus angegebenen Falsifikationsverfahren und -instanzen bedeutet, ist eine Übertragung dieses Kritizismus von der Wissenschaft auf andere Bereiche nur dann maßstabstreu, wenn mit der begriffsstreckenden Ausdehnung des Kritikgedankens die Widerlegungsmöglichkeiten und -mittel Schritt halten, um so die Verhältnisse für die Korrigierbarkeit durch Kritik offenzuhalten (vgl. *Spinner* 1974: 221 ff.). Dieses dynamische Entwicklungskriterium ist dem statischen Abgrenzungskriterium vorzuziehen.

3. Gestellt, aber nicht gelöst hat der K. R. das sozialphilosophische Problem der »Verdogmatisierung« der realen Verhältnisse durch soziale Verschließung, d. h. der Geschlossenheit der Geister und Gesellschaften gegenüber widerlegender Kritik (»Gegeninformation«) kraft verbessernder Vernunft. Damit aber wäre das programmgemäße kritisch-rationale »Lernen aus dem Irrtum« für weite Lebensbereiche ausgeschlossen. Somit hätte – entgegen vorherrschender Rezeption – das Verschließungsthema für den K. R. dieselbe Schlüsselstellung wie etwa die Entfremdungsthese für den ↗ Marxismus oder die Verdinglichungsthese für die ↗ Kritische Theorie (vgl. *Spinner* 1983).
Zur Öffnung der sozialen Welt – mit Ausnahme von politischen Revolutionen: auf dieselbe Art und in demselben Ausmaß wie in der Wissenschaft – hat der K. R. für das Individuum das Verhaltenskonzept der kritischen Lebensform, für das soziale Ganze das Strukturkonzept der offenen Gesellschaft und für die demokratische Politik das Fortschrittskonzept der reformerischen Stückwerk-Sozialtechnologie *(»piecemeal engineering«*, Reformstrategie der »kleinen Schritte«) vorgeschlagen (vgl. *Popper* 1957/58).
Damit wird die Offenheits-/Geschlossenheitsproblematik (*Spinner* 1978) auf keiner Ebene gelöst, solange das dreifache politische Dilemma der Kritik für alle drei Konzepte fortbesteht: Erstens für das Verhaltenskonzept die Informationsstärke, aber Sanktionsschwäche des individuellen Widerspruchs (*Hirschman* 1974) bloßer Geninformation aus Ohnmachtsposition, welche keine effektive Widerlegung unter faktischer Eliminierung »institutionalisierter Fehler« gewährleistet. Zweitens für das Strukturkonzept die in allen demokratisch verfaßten, pluralistisch strukturierten modernen Großgesellschaften immer noch unüberbrückte Kluft zwischen rechtsstaatlich garantierter Offenheit für und politisch nicht gewährleisteter Wirksamkeit von Kritik, gemessen am Unterschied zwischen Freiheitsausmaß und Verbindlichkeitsgrad des demokratischen Widerspruchs, der öffentlichen Meinung oder wiss. Gegeninformation (durch wiss. Beratung der Politik, u. a.). Drittens für das Fortschrittskonzept das eben nicht zur großen Innovation rational gesteuerten, sozialtechnologisch verwirklichten gesellschaftlichen Strukturwandels aufsummierbare geringe Änderungspotential vieler kleiner Schritte (Inkrementalismus), die u. U. nur den Änderungswiderstand gegen tiefgreifende Reformen wecken sowie den Größenbonus (*Douglas* 1991) und Selbstbestätigungsfehler (dazu *Hager/Weißmann* 1991) der Institutionen verstärken. Daran scheitert in der Sozialphilosophie die *Popper*-Gleichung der Rationalität, derzufolge »rational = kritisch« ist und die als reine Regelrationalität verstandene »kritische Vernunft« in diesen idealistischen Methoden des Problemlösens liegt.

4. Nach anfänglich radikaler Rezeption des Ausgangsprogramms, v.a. zur maßstabsgerechten Kritik des »Modell-Platonismus« im ökonomischen Denken (vgl. *Albert* 1967), hat sich der deutsche K. R. infolge seiner einseitigen Parteinahme zum »Positivismusstreit in der deutschen Soziologie« *(Adorno* u.a. 1969) mit konservativen Positionen der konformen Vernunft des *Status quo* in Wissenschaft und Gesellschaft ideologisch aufgeladen.

Wo im Zuge der damit verbundenen deutschen Rückwende des K. R. (bei *Albert, Topitsch, Radnitzky)* die sachlichen Maßstäbe und gesellschaftskritischen Impulse verloren gingen (zur Kritik *Spinner* 1982), konnte die Ideologie des Neo-Konservativismus auf Kosten des ursprünglichen Kritikprogramms an Boden gewinnen. So wurde in der neueren deutschen Rezeption die enge, aber strenge Prüfmethode der Falsifikation zur grenzen- und konturenlosen Allerweltsidee der fehlbaren, aber nie verfehlten »kritischen Vernunft« verdünnt. Damit wird die schwere Forderung der Widerlegbarkeit zur leichten Erfüllung der bloßen Bezweifelbarkeit herabgestuft, die dem angepaßten Skeptizismus einer konformen Vernunft entspricht. Mit dem Abschreckungsinstrument der polemisch anvisierten »totalen Kritik« ist das vorprogrammierte offene Denken in Alternativen – wie es der K. P. weiterhin fordert – zum entschlossenen Denken gegen (»radikale«) Alternativen umgewendet worden. Die Entwicklung des allgemein- und sozialphilosophisch, soziologisch und politikwiss. von Anfang an unterentwickelten K. R. ist für diese Bereiche, nach dem obigen Entwicklungskriterium beurteilt, in der deutschen Rezeptionsliteratur weitgehend zum Stillstand gekommen.

5. Die Weiterentwicklung des K. R. zum K. P. gemäß dem *Prinzip Kritik* (*Spinner* 1981; 1985: 65 ff.) ist ein Versuch, die Anwendungsbedingungen und Funktionsbestimmungen des Kritikkonzepts als Deutungsformel der theoretischen und als Wirkungshebel der praktischen »kritischen Vernunft« so neuzufassen, daß alle genannten Maßstäbe für kritische Rationalität (Widerlegungsstandard, Entwicklungskriterium, Rationalitätsmaßstab) nicht leererweise *per definitionem* erfüllt oder als angenommene Bedingungen der Möglichkeit von Vernunft, Wissenschaft, Gesellschaft einer bestimmten Art der Abgrenzung der kritisch-rationalen Bereiche vorausgesetzt werden können, sondern theoretisch als rationale Kritikwirkungen auszuweisen und empirisch als reale Kritikleistungen (K-Funktionen und K-Effekte, analog den V-Effekten der verfremdenden Vernunft *Bert Brechts*) nachzuweisen sind.

Das Funktionsmodell des maßstabsentsprechend auskonstruierten Prinzips Kritik umfaßt die Führungsfunktion des Erkennens und die Kontrollfunktion der Argumentation (»Kritik« im engeren Sinne). »Kritisch-rationale« Strukturen wie die offene Gesellschaft oder Prozesse wie das soziale Problemlösen hängen am Leitfaden der Kritik in genau dem Ausmaß, als sie durch allgemeine Grundsätze, Regeln, Theorien wissensgeleitet und durch empirische Gegeninformation kritikkontrolliert sind. Nur in diesem Doppelmaß kann etwas nach der empirisch interpretierten *Popper*-Gleichung als »rational« gelten. Inwieweit dies gänzlich oder graduell auf die geschichtlichen Belegfälle des K. R. für real existierende »kritische Rationalität« (Naturwissenschaften, offene Gesellschaft, schrittweise Sozialtechnologie, nicht zuletzt ihn selber) zutrifft, ist eine empirische Frage, zu der es noch keine umfassenden wiss. Untersuchungen gibt (zur Überprüfung der Offenheitsdoktrin vgl. *Spinner* 1987). Jedenfalls ist die ganze Problematik der Rationalisierung von Wissenschaft und Gesellschaft am Leitfaden des Prinzips Kritik von einer Definitionsfrage (des Begriffs der kritischen Vernunft) und einem Abgrenzungsproblem (des Bereichs der Erfahrungswissenschaften und des wissenschaftsgemäßen Problemlösens) zu einer Funktionsfrage der Gegeninformation (»Kritik«) und einem Forschungsprogramm der damit befaßten Wissenschaf-

Tabelle 9: Funktionsmodell des »Prinzips Kritik«

PRINZIP KRITIK
(Funktionsschema für das Zusammenwirken von Information und Gegeninformation im Problemlösungsprozeß)

FÜHRUNGSFUNKTION DES ERKENNENS durch allgemeines Wissen als Leitinformation (Theorien, Gesetze, Grundsätze, Regeln)		KONTROLLFUNKTION DER ARGUMENTATION (»KRITIK«) durch besonderes Wissen als Gegeninformation (Erfahrungsdaten, argumentative Einwände, »Tatsachen«)	
KOGNITIVE DOMINANZ (Vorrangigkeit des Wissens: sachlicher Vorrang, zeitlicher Vorlauf, entwicklungsmäßiger Vorsprung)	KOGNITIVE RELEVANZ (Bedeutung des Wissens: quantitatives Ausmaß und qualitatives Gewicht des Wissensanteils in den Tatbeständen)	KRITISCHE KOMPETENZ zur Argumentation (Fähigkeit zur Gegenargumentation)	KRITISCHE REZEPTIVITÄT für Argumente (Zugänglichkeit für Gegeninformation)
verstanden als Maß oder Grad der *führenden Rolle* des Erkenntnisfaktors gegenüber anderen Einflußfaktoren	verstanden als Maß der *Wissensbedingtheit* der Problemstellungen und Problemlösungen	verstanden als Maß für *Kritikpotenzen*, z.B. der Kritikfähigkeit von Individuen oder Gruppen	verstanden als Maß für *Lernpotentiale*, z.B. der Kritikoffenheit und -verarbeitungsfähigkeit von Organisationen
spezifiziert als Ideenorientierung, Wahrheitsperspektive, Erkenntnisvorsprung, Rationalitätsvorgabe, Vorausdenken	spezifiziert als Lösbarkeit der Probleme durch Wissen, Ideenbestimmtheit, Informationshaltigkeit und -abhängigkeit	spezifiziert als Artikulations- und Organisationsfähigkeit von Kritik, Befähigung zur empirischen, experimentellen, argumentativen Überprüfung	spezifiziert als ›Eindringtiefe‹ von und Empfänglichkeit für Gegeninformation, Korrigierbarkeit durch Kritik, Aufnahme von Argumenten, Lernfähigkeit
gestützt auf *hohe Legitimationskraft* der Wissenschaft in der modernen Gesellschaft	gefährdet wegen *geringer Motivationskraft* des Wissens für das Handeln (das eher interessenbedingt ist)	gestützt auf *hohe Informationskraft* von Gegeninformation (Kritik ist informativer als Bestätigung)	gefährdet wegen *geringer Sanktionskraft* von Gegeninformation (Ideen ohne Macht)
verwirklicht durch (wiss.) *Erkenntnisfortschritt*	verwirklicht durch *Verwissenschaftlichung der Gesellschaft*	verwirklicht durch *Kritische Lebensform*	verwirklicht durch *Offene Gesellschaft* (fortschrittsfähige Organisation u. dgl.)

THEORIE im Zusammenwirken mit KRITIK

PROBLEMLÖSEN durch *Theorie und Kritik* –
erschwert neben den obengenannten inneren Schwächen durch die äußeren Bedingungen der sozialen Verteilung beider Wissensarten (Trennung von Theorien- und Kontrollwissen, ersteres geballt in der Wissenschaft, letzteres zerstreut in der Gesellschaft)

ten geworden. Das Konzept kritischer Rationalität kann dadurch wieder philosophisch gehaltvoller und politisch anspruchsvoller (dazu kritisch *von Beyme* 1992: 166ff.) werden, als es der deutsche K. P. spätestens seit dem Positivismusstreit anzunehmen scheint.

Helmut F. Spinner

Lit.: *Adorno, T. W.* u.a. 1969: Der Positivismusstreit in der deutschen Soziologie, Neuwied/Berlin. *Albert, H.* 1967: Marktsoziologie und Entscheidungslogik, Neuwied/Berlin. *Albert, H.* [4]1980: Traktat über kritische Vernunft, Tübingen (zuerst 1968). *Albert, H.* 1971: Plädoyer für kritischen Rationalismus, München. *Albert, H.* 1978: Traktat über rationale Praxis, Tübingen. *Beyme, K. von* [2]1992: Theorie der Politik im 20. Jahrhundert, Frankfurt/M. *Douglas, M.* 1991: Wie Institutionen denken, Frankfurt/M. *Feyerabend, P.* [3]1983: Wider den Methodenzwang, Frankfurt/M. (engl. 1975). *Hager, W./Weißmann, S.* 1991: Bestätigungstendenzen in der Urteilsbildung, Göttingen/Toronto u.a. *Hirschman, A.O.* 1974: Abwanderung und Widerspruch, Tübingen. *Kewenig, P.* 1984: Politik im elektronischen Zeitalter, Baden-Baden. *Popper, K.R.* 1935, [8]1984: Logik der Forschung, Tübingen. *Popper, K.R.* 1957/58, [7]1992: Die offene Gesellschaft und ihre Feinde, 2 Bde., Bern. *Popper, K.R.* 1963: Conjectures and Refutations, London. *Popper, K.R.* 1979: Die beiden Grundprobleme der Erkenntnistheorie, Tübingen. *Spinner H. F.* 1974: Pluralismus als Erkenntnismodell, Frankfurt a.M. *Spinner, H.F.* 1977: Begründung, Kritik und Rationalität, Bd. I, Braunschweig. *Spinner, H.F.* 1978: Popper und die Politik, Bd. I, Berlin/Bonn. *Spinner, H.F.* 1980: Theorienpluralismus in Wissenschaft und Praxis, in: *Neuhaus, G.* (Hrsg.): Pluralität in der Medizin, Frankfurt/M., 34–58. *Spinner, H.F.* 1981: Das Prinzip Kritik als Leitfaden der Rationalisierung in Wissenschaft und Gesellschaft, Jahrbuch 1980 der Berliner Wissenschaftlichen Gesellschaft, 256–291. *Spinner, H. F.* 1982: Ist der Kritische Rationalismus am Ende?, Weinheim/Basel. *Spinner, H. F.* 1983: Zur gegenwärtigen Problemlage des Kritischen Rationalismus, in: Information Philosophie, 2, 80–87. *Spinner, H. F.* 1985: Das »wissenschaftliche Ethos« als Sonderethik des Wissens, Tübingen

Legalität

I. Legalität (L.) meint ganz allgemein die Gesetzmäßigkeit eines Handelns oder eines Zustandes. Durch sie wird insbesondere ein formelles, für den ↗ Rechtsstaat konstitutives Handlungsprinzip gekennzeichnet, das sowohl für das Verhalten der Bürger als auch der ↗ Öffentlichen Verwaltung (Gesetzmäßigkeit der Verwaltung) und der Rechtsprechung (Gesetzesgebundenheit des Richters als Voraussetzung seiner richterlichen Unabhängigkeit) gilt. Im weiteren Sinne ist zur L. auch die Verfassungsmäßigkeit der Gesetzgebung, d.h. die Unterwerfung der Legislative unter das Verfassungsgesetz zu rechnen (vgl. Art. 20 Abs. 2 und 3 sowie Art. 97 Abs. 1 GG; ↗ Gewaltenteilung).

Der Grundsatz der L. allen bürgerlichen und staatlichen Handelns ist die Voraussetzung für die Aufrechterhaltung einer an ↗ Verfassung und Recht gebundenen Ordnung. Dem trägt das sog. Legalitätsprinzip Rechnung, d.h. die Verpflichtung staatlicher Amtsträger, gegen gesetzwidriges Verhalten einzuschreiten. Insbesondere obliegt es der Staatsanwaltschaft, bei einer vermutlichen Straftat Ermittlungen aufzunehmen und Anklage zu erheben (Gegensatz: Opportunitätsprinzip, die Möglichkeit, von einer Strafverfolgung z.B. bei Geringfügigkeit des eingetretenen Schadens abzusehen).

II. In der ↗ Politischen Philosophie und in der politischen Praxis hat die begriffliche Unterscheidung zwischen L. und ↗ Legitimität eine vorrangige Rolle gespielt.

Die L. des Handelns wird von *Kant* und den ihm folgenden Philosophen der Moralität gegenübergestellt, da es bei ihr nicht um die innere Einstellung des Handelnden und seine Motivationen, sondern nur um die äußere Übereinstimmung von Verhalten und Gesetz gehe. Tatsächlich fordert die Rechtsordnung in der Regel nur eine äußerliche L. des Verhaltens der Bürger. Es können aber z.B. im Strafrecht auch innere Einstellungen des Täters zu seiner Tat strafverschärfend oder strafmildernd berücksichtigt werden. Eine Gewissensprüfung bei Rechtshandlungen wird dagegen im allgemeinen aus wohlerwogenen Gründen nicht vorgenommen.

In *Max Webers* Herrschaftstypologie bezeichnet die L. als Berufung auf das Gesetz eine bestimmte Form des legitimen staatlichen Handelns, und zwar typischerweise des modern-bürokratischen Handelns. Da aber eine bloß äußerliche Befolgung des Gesetzeswortlautes gegen Sinn und Prinzipien der das Gesetz tragenden Rechtsordnung verstoßen kann, werden L. und Legitimität häufig auch als Gegensätze verstanden. Es wird dann z.B. der Verzicht auf ein an sich legales Verhalten um der höheren Ziele der Gerechtigkeit, Billigkeit oder Sittlichkeit willen gefordert oder sogar ein illegales Verhalten um ihretwillen verlangt (sog. Notstandshandeln).

Die Unterscheidung von L. und Legitimität wurde insbesondere von *Carl Schmitt* gegen Ende der Weimarer Republik propagiert angesichts des Umstandes, daß die Weimarer Verfassung Maßnahmen als legal, d.h. als nicht formell verfassungswidrig zuließ, die dennoch gegen die Prinzipien der von ihr verkörperten Ordnung eines demokratischen und parlamentarischen Rechtsstaates verstießen. Den hierdurch gegebenen Spielraum nutzte *Hitler* bei seiner »legalen« Machtergreifung 1933 aus.

Hans Boldt

↗ Demokratie/Demokratietheorie; Herrschaft.

Lit.: *Winckelmann, J.* 1956: Die verfassungsrechtliche Unterscheidung von Legitimität und Legalität, in: ZgStw 112, 164–175.

Legitimität

[I] Theorie und Geschichte.

I. Mit dem Begriff der Legitimität (L.) wird die Frage der Rechtfertigung politischer ↗ Herrschaft angesprochen. Die L. einer politischen Ordnung stützt sich zugleich auf Grundnormen, auf konstitutive Verfahren und auf die (empirische) Anerkennung der Bürger (Legitimitätsglaube) als dem auf Erfahrung gegründeten Vertrauen, daß diese Verfahren zur Verwirklichung der als unverbrüchlich geltenden Normen geeignet sind und normalerweise diesen Maßstäben entsprechend angewandt werden.

Vorstellungen und Begriffe politischer L. sind historischem Wandel unterworfen, variieren zugleich kulturspezifisch und finden ihren Ausdruck in unterschiedlichen Formen des Wissens (Mythos, Religion, Philosophie, Wissenschaft). Darüber hinaus zeigt sich, daß auch bei Dominanz einer von einem besonderen Normensystem bestimmten Legitimitätsauffassung im Rahmen eines bestimmten Kulturkreises diese einerseits nicht jederzeit unumstritten ist und daß sich andererseits verschiedene relative Gewichtungen innerhalb desselben Grundwertesystems entwickeln können, die zu einer Pluralität von Weltanschauungen führen (politische Ideenkreise). Kontinuität und Wandel von Legitimitätsauffassungen kommen zumeist prägnant in unterschiedlichen Begriffen politischer Rechtmäßigkeit zum Ausdruck. Mit ihnen korrespondieren Vorstellungen und Begriffe von Illegitimität, ohne deren Kenntnis und Berücksichtigung sich wiss. belangvolle Aussagen über Dauer und Veränderung von Legitimitätskonzeptionen in der Entwicklung einer Zivilisation und im interkulturellen Vergleich nicht treffen lassen.

II. Für das Legitimitätsbewußtsein der westlichen Zivilisation ist eine Kombination von Grundnormen maßgeblich, die aus der griechisch-römischen Überlieferung, aus jüdisch-christlichen Quellen und germanisch-mittelalterlichen Rechtstraditionen erwachsen ist. Dazu gehört »der Glaube an eine mit den Mitteln der menschlichen Vernunft verständliche Ordnung der Welt, an die Einzigartigkeit des Individuums, das mit unveräußerlichen Rechten geboren wird, an die bindende Natur von freiwillig eingegangenen (und nicht nur von auf Blutsbanden beruhenden, naturwüchsigen) Gemeinschaften, an die Notwendigkeit einer Abgrenzung zwischen den Ansprüchen der Individuen und denen der Gemeinschaft durch eine Rechtsordnung und an den Wert der Arbeit in dieser Welt nicht nur als bitterer Notwendigkeit, sondern als Sinnerfüllung des Lebens« (*Löwenthal* 1979: 111).

1. Das von diesen Grundüberzeugungen bestimmte Legitimitätsbewußtsein fand in den Epochen der europäischen Geschichte seinen Ausdruck in unterschiedlichen Begriffen politischer Rechtmäßigkeit und Unrechtmäßigkeit: bis in die frühe Neuzeit vor allem in der Entgegensetzung von Monarchie und Tyrannis, seit der Mitte des 18. Jh.s allmählich abgelöst durch das Begriffspaar Republikanismus/Despotismus. Im 20. Jh. wird nicht nur in westlichen ↗ Industriegesellschaften Demokratie (↗ Demokratietheorie) zum Leitbegriff politischer L., dem Autoritarismus (↗ Autoritäre Regime) und ↗ Totalitarismus als Gegenbegriffe entsprechen. Dies gilt freilich nicht ohne Einschränkung. Denn wo – wie z. B. im anarchistischen Denken – ↗ Freiheit von Herrschaft zum Ziel wird, verliert die Unterscheidung von rechtmäßiger und unrechtmäßiger Herrschaft ihren Sinn (↗ Anarchismus). Ähnliches gilt dort, wo – wie im Denken von *Marx, Engels* und *Lenin* (↗ Marxismus/Leninismus) – der Primat der Politik und des Rechts im Namen der Ökonomie in Frage gestellt und letztlich mit dem Absterben des Staates gerechnet wird. Hier werden ↗ Kommunismus und ↗ Kapitalismus zu Synonymen von L. und Illegitimität. Auch aus der Proklamation des unbedingten Vorrangs der ↗ Nation oder einer bestimmten Rasse folgt, daß mit grundlegenden Wertüberzeugungen der westlichen Zivilisation gleichzeitig die ihnen entsprechenden Leitbegriffe politischer Rechtmäßigkeit und Unrechtmäßigkeit außer Kraft gesetzt werden (↗ Rechtsstaat).

2. Im Rahmen des Legitimitätsbewußtseins der westlichen Überlieferung werden prinzipiell Grundnormen und Verfahren der Entscheidungsbildung als einander ergänzende, komplementäre Quellen politischer Rechtmäßigkeit angesehen.

Dies gilt insbesondere nach den republikanischen Revolutionen des 17. und 18. Jh.s. Die Forderungen »Leben, Freiheit, Streben nach Glück« (wie in der von *Jefferson* verfaßten amerikanischen Unabhängigkeitserklärung von 1776) oder »Freiheit, Gleichheit, Brüderlichkeit« (wie in der Französischen Revolution von 1789; ↗ Liberalismus) können nicht gegen Verfahren (periodische Wahlen, ↗ Gewaltenteilung, ↗ Repräsentation, Parteienkonkurrenz, Mehrheitsregel, Öffentlichkeit) aufgerechnet werden. Ein Aufrechnen (»*trade-off*«) würde heißen, daß etwa ein Optimum äußeren Friedens das Fehlen periodischer Wahlen oder soziale Sicherheit die Parteienkonkurrenz u. a. m. aufwiegen könnte. Auch die Grundwerte untereinander sind nicht verrechnungsfähig, etwa die Sicherung des Lebens gegen die Freiheiten des Bürgers (↗ Grundrechte) oder die ↗ Gleichheit vor dem Gesetz gegen die Brüderlichkeit. Die Grundnormen bilden vielmehr für sich gleichsam ein »Magisches Vieleck« politischer L.: Ohne daß sie zur gleichen Zeit in vollem Umfang je zu verwirklichen wären, sind sie doch stets gleichrangig anzustrebende Ziele demokratischer Politik.

3. Das hier in Umrissen skizzierte Legitimitätsverständnis westlicher politischer Tradition läßt sich mithin weder auf die Formel »Legitimation durch Verfahren« (*Luhmann* ⁴1983) bringen noch in der Maxime »Legitimation durch Werte« ausdrücken. Wer von politischer L. spricht, kann nicht allein von Verfahren reden und zugleich von Normen schweigen und umgekehrt. Andererseits gilt, daß wer »nur« Verfahren kritisiert, verteidigt oder suspendiert, zugleich immer auch bestimmte Grundnormen kritisiert, verteidigt oder suspendiert. Denn die Verfahren selbst sind nicht rein formaler Natur. Vielmehr haben sie selbst eine materiale, inhaltliche Komponente. So ist die Ge-

waltenteilung an die Grundnorm der Freiheit im Sinne der Freiheit von Willkür und der Mäßigung der ↗ Macht gebunden; das Mehrheitsprinzip als Entscheidungsregel im demokratischen Verfassungsstaat steht in enger Relation sowohl zum Freiheitspostulat wie zum Gleichheitsgrundsatz, und dies unabhängig von Bildungs- und Besitzqualifikationen; Repräsentation zielt auf den Ausgleich von öffentlichem Interesse mit Gruppen- wie Individualinteressen (↗ Pluralismus).

4. Wenn richtig ist, daß Regeln nicht »rein« oder »absolut« formal sind, so haben sie ungeachtet ihrer materialen Implikationen gleichwohl einen »relativ formalen« Charakter. Denn sie binden zwar den politischen Gestaltungswillen des Gesetzgebers an miteinander verkettete politische Ziele im Sinne regulativer Ideen, nicht aber an eine inhaltlich letztverbindlich bestimmte und starr gewichtete Zielkombination. Dem politischen Prozeß ist weder eine feststehende Auslegung noch eine unabänderliche Rangfolge der Ziele vorgegeben. Frieden, Freiheit und das Streben nach Glück etwa sind als regulative Ideen in einer offenen Gesellschaft unter Achtung des Grundrechtsrahmens unterschiedlicher Auslegung und Gewichtung durch konkurrierende politische Kräfte zugänglich. Allein im Horizont regulativer Ideen und im Rahmen bestimmter verbindlicher Verfahren können Entscheidungen in unterschiedlichen Politikbereichen demokratisch verantwortet und legitimiert werden.

III. Über politische L. wurde in der Weimarer Republik und wird in der Bundesrepublik Deutschland kontrovers diskutiert. Naturgemäß war L. in der I. Republik in unvergleichlich höherem Maße streitbefangen, als dies bisher in der Bundesrepublik der Fall ist. Die Weimarer Demokratie stand unter der Vorbelastung unausgetragener Legitimitätskonflikte, deren gewaltfreie Regelung bei gegebener ideologischer »Versäulung« (↗ Ideologie) und angesichts einer krisenhaften Wirtschaftslage schwer absehbar war.

1. In dieser Situation versuchten »Vernunftrepublikaner« *(Meinecke)* wie *Max Weber* und *Hans Kelsen* der neu gegründeten Demokratie dadurch eine Konsolidierungs- und Überlebenschance zu geben, daß sie L. wertrelativistisch (d.h. von der Auffassung ausgehend, daß Werte zwar als [inter-]subjektiv bindend angesehen werden, objektiv gleichwohl als mit den Mitteln menschlicher Vernunft und Wiss. nicht zwingend begründbar gelten) einerseits an die Dimension des Legitimitätsglaubens, andererseits an die Verfahren der politischen Willensbildung als Quellen politischer Rechtmäßigkeit banden. *Max Weber* unterscheidet in seiner ebenso berühmten und einflußreichen wie umstrittenen Typologie legitimer Herrschaftsformen unter dem Gesichtspunkt der jeweils ausschlaggebenden Fügsamkeitsmotivation der Herrschaftsunterworfenen traditionale L. (»kraft Glaubens an die Heiligkeit von jeher vorhandener Ordnungen und Herrengewalten«), charismatische L. (»kraft affektueller Hingabe an die Person des Herrn und ihre Gnadengaben«) und rationale L. (»kraft des Glaubens an die Geltung legaler Satzung und der durch rational geschaffene Regeln begründeten sachlichen Kompetenz«; ↗ Bürokratie; *Weber* [5]1964, 1:157ff.).

Die moderne rechtsstaatliche Demokratie entspricht dem Typus rationaler L., insofern ↗ Legalität (im Sinne positiven Rechts und der Verbindlichkeit grundlegender Regeln bzw. Verfahren) ein konstitutiver, kein bloß nachgeordneter Aspekt von L. ist. Denn gerade unter der Voraussetzung der Relativität konkurrierender politischer Ideale kommt der Übereinstimmung in und der Anerkennung von »rational geschaffenen Regeln« eine besondere Bedeutung als Legitimitätsquelle zu. Zumal dem Mehrheitsprinzip als einer pragmatischen Entscheidungsregel wird im wertrelativistischen Denken angesichts der Konkurrenz relativer Werte, die eine (im Prinzip widerrufbare oder wenigstens modifizierbare) Entscheidung verlangt, ein besonderes Gewicht zuerkannt, es wird in eine unauflösliche Verbindung mit demokratischer L. gebracht: »...die Herrschaft der Majorität unterscheidet sich von jeder anderen Herrschaft dadurch, daß sie ihrem innersten Wesen nach eine *Minorität* nicht nur begrifflich *voraussetzt*, sondern auch politisch *anerkennt* und – in konsequenter Verfolgung des demokratischen Gedankens – *schützt*. Die Relativität des Wertes, den ein bestimmtes politisches Glaubensbekenntnis aufrichtet..., zwingt gebieterisch zu einer Negation auch des *politischen Absolutismus*, mag das nun der Absolutismus eines Monarchen, einer Priester-, Adels- oder Kriegerkaste, einer Klasse oder sonst einer privilegierten, jede andere ausschließenden Gruppe sein« *(Kelsen* 1965: 161).

2. Eine andere Gewichtung des Verhältnisses von L. und Legalität und zugleich eine andere Bewertung des Majoritätsprinzips nimmt am Ende der Weimarer Republik *Carl Schmitt* ([3]1980: 31) vor. Die Mehrheitsregel könnte ihre legitimierende Kraft allein unter der Voraussetzung»substantieller Gleichartigkeit« oder Homogenität des ganzen Volkes entfalten. Soziale, ideologische, konfessionelle oder ethnische Heterogenität dagegen entziehe dem Majoritätsprinzip die Geltungsgrundlage. Dies um so mehr, wenn es – wie in der herrschenden staatsrechtlichen Lehre – als ein »gegen Wert und Wahrheit« (ebd.: 98) neutrales Entscheidungsverfahren aufgefaßt werde. *Schmitt* rückt die von ihm dem Parlament zugeordnete Legalität in einen schroffen Gegensatz zur L. einer »substanzhaften Ordnung« plebiszitärer Art. Das so gedeutete Begriffspaar soll an die Stelle überlieferter Leitbegriffe politischer Rechtmäßigkeit und Unrechtmäßigkeit wie Rechtsstaat und ↗ Diktatur und der Unterscheidungen der *Aristotelischen* Verfassungstypologie (↗ Staatsformenlehre) treten (ebd.: 11).

Fragt man, in welchen Kategorien genau jene dem Wertrelativismus entgegengehaltene »substanzhafte Ordnung« ausgedrückt wird, die bloß formaler Legalität überlegen sein und »echte« L. verbürgen soll, so stellt man (zuerst *Kirchheimer/Leites* 1932: 150) schnell fest, daß diese Legitimitätsvorstellung so inhaltsleer und formal, d.h. aber für heterogene politische Optionen nicht weniger offen ist, als der Mehrheitsregel in ihrer relativistischen Deutung von *Schmitt* unterstellt wird. Den Gegensatz von Rechtsstaat und Diktatur kann seine Kontrastierung von L. und Legalität nicht ersetzen. Dies nicht zuletzt deshalb, weil ihr (im Unterschied zum Wertrelativismus) die nirgends näher begründete Annahme eines als unwiderruflich unterstellten Geltungsverlusts der *»idées générales«* (*Schmitt* [3]1980: 14), also unverbrüchlicher Grundnormen der westlichen Überlieferung, zugrunde liegt. Nicht die »in vergangenen Situationen entstandene(n) Unterscheidungen« haben die geforderte praktische Urteilskraft am Ende der Weimarer Republik »verdunkelt und verwirrt« (ebd.: 10f.), sondern *Schmitts* eigene dichotomisch-polarisierende Deutung »verschiedene(r) Organisationsformen derselben Legitimität« (*Kirchheimer/Leites* 1932: 148).

IV. Die Bundesrepublik Deutschland hat aus einleuchtenden historischen Gründen nicht ernsthaft um Anerkennung als legitime politische Ordnung kämpfen müssen. Sowohl die Erinnerung an die nationalsozialistische Diktatur wie andererseits die Gründung der Volksdemokratien im politischen Einflußbereich der Sowjetunion nach dem II. Weltkrieg führten rasch zur Akzeptanz der Demokratie des Grundrechtsschutzes und des Parteienwettbewerbs, ein Vorgang, der auch durch den raschen wirtschaftlichen Wiederaufbau (»Wirtschaftswunder«) gefördert wurde. Soweit empirische Daten vorliegen, weisen sie im westeuropäischen Ländervergleich für die Bundesrepublik kontinuierlich die höchsten Prozentanteile hinsichtlich der Zufriedenheit mit dem politischen System aus *(Kaase* 1979).

Es überrascht daher nicht, daß es über die Kritik an restaurativen Tendenzen im Demokratiegründungsprozeß hinausgehend in den beiden ersten Jahrzehnten nach 1949 keine der Weimarer Zeit vergleichbare öffentliche

Diskussion um Legitimitätsprobleme des politischen Systems in der Bundesrepublik gegeben hat. Daß »Bonn nicht Weimar« ist (*Allemann* 1956), war eine sich allmählich festigende Überzeugung. Sie konnte freilich niemals gänzlich die Sorge verdrängen, daß der II. Republik das Schicksal der I. nicht mit Sicherheit werde erspart werden können. Ganz unterschiedliche politische Optionen verbanden sich mit einer negativen Fixierung des Blickwinkels auf Weimar und führten anläßlich heterogener innenpolitischer Konfliktlagen zu Delegitimationsprognosen. Insbesondere die Bildung der Großen Koalition 1966 wurde in Verbindung mit der Wirtschaftsrezession von 1966/67, den Wahlerfolgen der NPD auf Länderebene und der Diskussion um die Notstandsgesetze nicht als Regierungs-, sondern als politische Systemkrise gedeutet. Der Philosoph *Karl Jaspers* prophezeite eine neue »Machtergreifung«, dieses Mal durch ein Oligopol politischer Parteien, die zum Zwecke der eigenen Machtsicherung die Notstandsgesetze (in Verbindung mit der 5%-Klausel u. a. m.) zur Abwehr neuer politischer Kräfte nutzen und eine Allparteiendiktatur errichten würden. *Jaspers* (1966) forderte zu politischem Streik und Widerstand auf, um eine politische Umkehr zu erzwingen, wo Reformen ihm ungenügend und eine Revolution politisch nicht wünschenswert erschien. Zustimmung für seine Prognose insgesamt, wenngleich nicht für ihre Form und Begründung im Detail, fand *Jaspers* u. a. bei neo-marxistischen Sozialwissenschaftlern, die wie *Jürgen Habermas* in Anknüpfung an Positionen und Argumentationsmuster der Weimarer Demokratie-Kritik auch die Bundesrepublik als eine bloß »formale Demokratie« kritisierten: Sie mache »Wohlstand ohne Freiheit« möglich (*Habermas* 1973: 170). Denn in ihr sei der »Widerspruch zwischen der administrativ vergesellschafteten Produktion und einer nach wie vor privaten Aneignung und Verwendung des Mehrwerts« im öffentlichen Bewußtsein nicht mit dem Willen präsent, ihn durch »Partizipation der Staatsbürger an den politischen Willensbildungsprozessen, also materiale Demokratie« (ebd.: 54 f.) aufzuheben. Formaldemokratisch werde lediglich »inhaltlich diffuse Massenloyalität« erzeugt, die Staatsbürger würden auf den »Status von Passivbürgern mit dem Recht auf Akklamationsverweigerung« reduziert. Dieser gravierende Legitimitätsmangel könne sich dann zu einer Legitimitätskrise ausweiten, wenn der unwiderrufliche, weil der »Entwicklungslogik von Weltbildern« innewohnende Prozeß des Geltungsverlusts überlieferter kultureller Motivationen für Fügsamkeit und Leistung weiter vorangeschritten sei.

Diese Prognose und die ihr zugrunde liegende Legitimitätskonzeption geht im Gegensatz zu wertrelativistischen Positionen in der Bundesrepublik (*Becker* 1982) von der Voraussetzung nicht allein der Begründungsfähigkeit praktischer Normen wie die »praktische Philosophie« (*Schwan* [2]1982), sondern ihrer Wahrheitsfähigkeit aus. In diesem Zusammenhang erachtet sie nur solche Interessen als legitim, die »verallgemeinerungsfähig« sind. Das heißt aber, daß der materialen partizipatorischen Demokratie als eines Inbegriffs politischer L. das Ideal einer moralischen Gemeinschaft zugrunde liegt, die »befreit ist von Konflikt, aber auch von Politik und der Erfahrung menschlicher Pluralität« (*Benhabib* 1982: 74). Neo-konservative Autoren sehen dagegen die Wurzel künftiger bzw. akuter Legitimitätsprobleme in einem verfehlten Selbstverständnis des modernen Staates als Daseinsvorsorgestaat (↗ Sozialstaat). Es setze die Regierbarkeit der Demokratie nicht absehbaren Belastungsproben aus (*Crozier* u. a. 1975; *Hennis* u. a. 1977/1979). Im Interesse der Vermeidung einer Legitimitätskrise seien die Grenzen des Sozialstaates neu zu bestimmen und geeignete praktische Konsequenzen zu ziehen. Diese Überlegungen treffen sich z. T. mit vergleichbaren Erwägungen, die in wertkonservativ argumentierenden Gruppierungen der SPD (*Strasser* 1983) und der Partei »Die Grünen« angestellt werden.

Sowohl gegen neo-marxistische wie neo-konservative Theoreme über Legitimitätsprobleme der Bundesrepublik haben empirisch orientierte Sozialwissenschaftler eingewandt, daß sich ihre Vertreter »bisher nicht die Mühe gemacht haben, ihrerseits ihre Thesen so zu formulieren, daß sich daraus die Möglichkeit einer empirischen Überprüfung hätte einigermaßen eindeutig ableiten lassen« *(Kaase* 1979: 329). Dieser Einwand trifft nicht minder auf die in den 80er Jahren stark geführte Kritik an der »Mehrheitsdemokratie« *(Guggenberger/Offe* 1984) zu. Teils addiert diese Kritik empirische Befunde (z. B. ↗ Wertewandel, »Parteiverdrossenheit«, negative Einschätzung von Berufspolitikern u. a. m.) in nonchalanten Verallgemeinerungen zum Menetekel einer Formkrise des demokratischen Verfassungsstaates angesichts historisch unvergleichlicher politischer Herausforderungen (z. B. qualitativer Sprung der Waffentechnologie; »Übertötungskapazität«; Gen-Technologie etc.). Teils wird in der These von den »selbstnegatorischen Tendenzen« *(Offe* 1980) der Wettbewerbsdemokratie die konkurrenzlose Geltung einer emanzipatorisch-antikapitalistischen »kollektiven Identität« unterstellt und daran die Forderung geknüpft, ihr durch eine (nicht-leninistische) »Partei neuen Typs« sowie durch »unkonventionelle« Formen politischer Willensbildung (ziviler Ungehorsam) nun endlich zum historischen Durchbruch zu verhelfen. Ob solche Beschwörung alter Hoffnungen zur Wiederholung alter Fehler einlädt, kann hier nicht erörtert werden. Außer Frage steht indessen, daß eine Kritik der Mehrheitsdemokratie, die nicht systematisch vergleichend die empirische Vielfalt ihrer Entwicklungsmöglichkeiten in Ländern mit unterschiedlicher Ausgestaltung des demokratischen Regierungssystems (↗ Parlamentarismus, ↗ Präsidentialismus, ↗ Konkordanzdemokratie) einerseits, mit jeweils anderen Verfassungskonventionen, politisch-kulturellen Traditionen, sozialer Schichtung, konfessioneller Einheit oder Spaltung etc. andererseits, sorgsam in die Diagnose des Bestehenden und eine Voraussage von krisenhaften Veränderungen einbezieht, methodisch dem Trugschluß der Verallgemeinerung erliegt. Da sich dieser Trugschluß hinsichtlich seiner Folgen naturgemäß nicht auf die »Gelehrtenrepublik« beschränken läßt, sondern sich praktisch-politisch (auch gegen die erklärte Absicht der Kritiker der Mehrheitsregel) als Förderung eines Legitimitätsentzuges für die Demokratie des Grundrechtsschutzes und des Parteienwettbewerbs auswirken könnte, ruft er die ernste Sorge derer hervor, die vor dem »Abgesang auf einen Verfassungstyp« *(Oberreuter* 1983) warnen, zu dem wir im Rahmen des Legitimitätsverständnisses der westlichen Zivilisation keine politische Alternative haben.

Hella Mandt

Lit.: *Allemann, F. R.* 1956: Bonn ist nicht Weimar, Köln/Berlin. *Becker, W.* 1982: Die Freiheit, die wir meinen. Entscheidung für die liberale Demokratie, München. *Benhabib, S.* 1982: The Methodological Illusions of Modern Political Theory. The Case of Rawls and Habermas, in: Neue Hefte für Philosophie, Bd. 21, Göttingen. *Guggenberger, B./Offe, C.* 1984: An den Grenzen der Mehrheitsdemokratie. Politik und Soziologie der Mehrheitsregel, Opladen. *Habermas, J.* 1973: Legitimationsprobleme im Spätkapitalismus, Frankfurt/M. *Hennis, W./ Kielmannsegg, P. Graf/Matz, U.* 1977/ 1979: Regierbarkeit. Studien zu ihrer Problematisierung, 2 Bde., Stuttgart. *Jaspers, K.* 1966: Wohin treibt die Bundesrepublik?, München. *Kaase, M.* 1979: Legitimitätskrise in westlichen demokratischen Industriegesellschaften – Mythos oder Realität?, in: *Klages, H./Kmieciak, P.:* Wertwandel und gesellschaftlicher Wandel, Frankfurt a. M./ New

York, 328–350. *Kelsen, H.* 1965: Sozialismus und Staat. Eine Untersuchung der politischen Theorie des Marxismus, hrsg. von *N. Leser,* Wien. *Kirchheimer, O./Leites, N.* 1932: Bemerkungen zu Carl Schmitts »Legalität und Legitimität«, in: *Luthardt, W./Kirchheimer, O.* (Hrsg.) 1976: Von der Weimarer Republik zum Faschismus – Die Auflösung der demokratischen Rechtsordnung, Frankfurt/M. *Löwenthal, R.* 1979: Politische Legitimität und kultureller Wandel in Ost und West, in: *ders.:* Gesellschaftswandel und Kulturkrise. Zukunftsprobleme der westlichen Demokratien, Frankfurt/M., 101–132. *Luhmann, N.* [4]1983: Legitimation durch Verfahren, Frankfurt/M. *Oberreuter, H.* 1983: Abgesang auf einen Verfassungstyp?, in: APuZ 2, 19–31. *Offe, C.* 1980: Konkurrenzpartei und kollektive politische Identität, in: *Roth, R.* (Hrsg.): Parlamentarisches Ritual und politische Alternativen, Frankfurt/M., 26–42. *Schmitt, C.* [3]1980: Legalität und Legitimität, Berlin. *Schwan, A.* [2]1982: Legitimation, in: Christlicher Glaube in moderner Gesellschaft, Bd. 27, Freiburg. *Strasser, J.* [2]1983: Grenzen des Sozialstaats? Soziale Sicherung in der Wachstumskrise, Köln. *Weber, M.* [5]1964: Wirtschaft und Gesellschaft, Tübingen.

[2] Empirie und Vergleich.

I. Legitimitätsüberzeugungen (oder Legitimitätsglaube) sind theoretisch auf der individuellen Ebene konzeptualisiert und müssen entsprechend so gemessen werden. L. kann als Summe der Legitimitätsüberzeugungen der Bürger auch auf das Gesamtsystem hochaggregiert werden. Nur in diesem Sinne ist L. ein Merkmal des politischen Systems, das es je nach Datenlage mehr oder weniger besitzen kann; es ist jedoch keine eigentliche Systemvariable (als unabhängiges Makrokonzept). Legitimation bezeichnet dann folgerichtig den Prozeß, über den L. hergestellt wird.

Für die theoretische und empirische Präzisierung dieses Legitimitätskonzepts haben die Arbeiten von *David Easton* (1965; 1975) eine große Bedeutung erlangt. Danach wird eine Unterscheidung in *Objekte* und *Arten* der politischen Unterstützung vorgenommen. Die in einer hierarchischen Ordnung gedachten Objekte sind die politische Gemeinschaft, die politische Ordnung und die politischen Herrschaftsträger. Politische Unterstützung kann sich spezifisch, d.h. instrumentell *output*-bezogen, und diffus, d.h. *output*-unabhängig, äußern. Die typischen Objekt-Arten-Verbindungen sind einerseits die diffuse Unterstützung der politischen Gemeinschaft und der politischen Ordnung sowie die spezifische Unterstützung der politischen Herrschaftsträger. In einer differenzierten Analyse und Weiterentwicklung des *Eastonschen* Ansatzes hat *Westle* (1989) die Einführung der zusätzlichen Kategorie der diffus-spezifischen, auf die *ideologische output*-Bewertung bezogenen politischen Unterstützung vorgeschlagen und als empirisch trennscharf abgesichert.

Auf der Grundlage der theoretischen Überlegungen von *Easton* muß erwartet werden, daß spezifische L. als Einstellung gegenüber Parteien, Politikern und Regierungen kurzfristig variiert, während diffuse L. eine Art Vertrauensvorschuß für die politische Ordnung insgesamt ist, die die langfristigen Entwicklungsbedingungen des Systems widerspiegelt. Insofern kann sie durch kurzfristige, institutionell durch Parteienwettbewerb vorgesehene, ja geradezu erzwungene Veränderungen in den spezifischen Legitimitätsüberzeugungen nicht ausgewaschen werden.

Die Vorstellung, daß ein Legitimitätsverständnis auf breiter Grundlage zwischen Herrschenden und Beherrschten in einer demokratischen Gesellschaft (als Stabilitätsgarantie) bestehen muß – der sog. Fundamentalkonsens –, ist ein zentraler Baustein der pluralistischen ↗ Demokratietheorien. Diese Annahme ist allerdings insbesondere von *J. D. Wright* (1976) in Zweifel gezogen worden. Auf der Grundlage der Aufgliederung der Bürgereinstellungen in Konsens, Gewährenlassen und Dissens stellte er die Hypothese auf, daß die zeitgenössischen westlichen Demokratien zu keiner Zeit durch einen umfassenden Fundamentalkonsens im Sinne einer aktiven Zustimmung aller Bürger zu der gegebenen politischen Ordnung gekennzeichnet waren. Vielmehr, so sein Argument, können diese Demokratien ein beachtliches Maß an Indifferenz und Mißtrauen absorbieren, ohne in ihrem Bestand gefährdet zu sein (*Wright* 1976: 259).

II. Der Schock des Zusammenbruchs demokratischer Systeme in der ersten Hälfte dieses Jahrhunderts hatte zunächst nicht zu einer systematischen Erforschung der politischen Orientierungen in der Bevölkerung geführt, die demokratie-förderlich sind. Vielmehr dominierten lange Zeit wahlsoziologische Studien (↗ Wahlsoziologie) und einige Untersuchungen zur Natur demokratischer Einstellungen.

Dieses Bild änderte sich erst im Gefolge der unruhigen 60er Jahre mit den aufkommenden Protestbewegungen bei Studenten und insbesondere in den USA bei unterprivilegierten Minderheiten wie den Schwarzen. In Deutschland wurde im Zusammenhang mit der Spätkapitalismuskritik der 70er Jahre (*Habermas* 1973, 1976; *Offe* 1973, 1976; *Ebbighausen* 1976) die These von der Legitimitätskrise fast schon zum Dogma, ohne daß dafür allerdings ein empirischer Beleg erbracht werden konnte. Entsprechende Spekulationen wurden auch in anderen europäischen Ländern angestellt, aber nicht mit zur Bundesrepublik vergleichbarer Intensität. Ganz unabhängig davon begann Anfang der 70er Jahre in den USA eine Diskussion, die auf der Grundlage empirischer Langzeitstudien eine zunehmende Erosion des Bürgervertrauens in die politischen Akteure und Institutionen diagnostizierte (*Abramson* 1983). Diese Entwicklung war eng mit der Problematisierung der amerikanischen Intervention in Vietnam verbunden. Diese Legitimitätsdiskussion verlief jedoch nicht zuletzt deswegen besonders kontrovers, weil die der Debatte Nahrung gebenden Datensammlungen keine theoretisch klare Fundierung besaßen und damit relativ beliebigen Interpretationen Tür und Tor öffneten (für Einzelheiten dieser Debatte siehe *Zimmermann* 1981: 35–47; *Westle* 1989: 91–110). Unbestritten für die USA ist jedoch ein erheblicher Rückgang der Parteiidentifikation der Bürger sowie des Vertrauens in alle wichtigen Institutionen und Großorganisationen des Systems (*Lipset/Schneider* 1987).

Es kann nicht überraschen, daß aus der Bundesrepublik, dem Ursprungsland der These von der Legitimitätskrise der spätkapitalistischen Demokratien, neben den USA die umfassendsten und wichtigsten theoriegeleiteten empirischen Überprüfungen der Legitimitätsproblematik zu berichten sind (*Fuchs* 1989; *Westle* 1989), nachdem zunächst *Kaase* (1979, 1986), *Küchler* (1982) und *Pappi* (1982) erste Analyseversuche auf der Grundlage von Sekundärdaten unternommen hatten. *Kaase*, *Küchler* und *Pappi* waren jeweils zu dem Schluß gelangt, daß das ↗ Politische System der Bundesrepublik seit seiner Gründung bis heute einen Prozeß der Herstellung von diffuser L. und keine erkennbare Delegitimierung oder Legitimitätskrise erfahren hat. Insofern haben sich Vorbehalte gegenüber der Stabilität der demokratischen Ordnung in Deutschland, die bis zu Beginn der 60er Jahre regelmäßig geäußert wurden, als nicht gerechtfertigt erwiesen. Zu dieser positiven Entwicklung haben, wie Untersuchungen zeigen, vor allem die durch die Wirtschaftsentwicklung und die außenpolitische Westeinbindung der Bundesrepublik erzeugte Akzeptanz *Konrad Adenauers* und seiner Regierung beigetragen. Dies ist insofern systematisch bemerkenswert, als hier ein Beispiel für einen Prozeß vorliegt, in dem ein neu konstituiertes demokratisches System langfristig diffuse L. über einen Vorschuß an spezifischer L. gewinnt und diffuse L. nicht, wie dies die gängige Vorstellung bei etablierten Demokratien ist, einen Puffer gegen Verluste an spezifischer L. abgibt.

Die Arbeiten von *Fuchs* und *Westle* leisten einen besonderen Beitrag zu der in der Forschung aus vielen Gründen lange umstrittenen Frage, ob die *Eastonsche* Unterscheidung in spezifische und diffuse L. in der sozialen Wirklichkeit seitens der Bürger überhaupt praktiziert und verstanden wird. Beide Untersuchungen belegen mit unterschiedlichen Datenbasen die empirische Validität dieser Unterscheidung. Diese Befunde sind deswegen so bedeutsam, weil so ein besseres Verständnis für die Logik des Prozesses gewonnen wird, in dem für Demokratien trotz des über den Regierungs-Oppositions-Mechanismus institutionalisierten Konflikts dennoch Zustimmung für die Ordnungsform der Demokratie gesichert werden kann.

Leider liegen systematische Analysen der Struktur und Entwicklung von Legitimitätsüberzeugungen in anderen westeuropäischen Ländern nicht vor. Die Transformation der kommunistischen Länder Mittel- und Osteuropas in die Richtung von Wettbewerbsdemokratien, die bekanntlich unter äußerst schwierigen wirtschaftlichen Rahmenbedingungen abläuft, bietet allerdings eine herausragende Gelegenheit, die Entwicklung der Legitimitätsüberzeugungen dieser Staaten zu untersuchen (*Kaase* 1994).

Für die Mitgliedsländer der EU enthalten die halbjährlich im Auftrag der Europäischen Kommission bei der Wahlbevölkerung durchgeführten Repräsentativuntersuchungen (Eurobarometer) regelmäßig sowohl eine Frage zur allgemeinen Lebenszufriedenheit als auch eine Frage zur Zufriedenheit mit dem Funktionieren der Demokratie im jeweiligen Land. Der Anteil derjenigen, die sich mit ihrem Leben zufrieden zeigen, liegt seit Beginn der Erhebungen 1973 (in den damaligen sechs EG-Staaten) bei leichten Schwankungen um 80 %, die Zufriedenheit mit der Demokratie 25 bis 30 Prozentpunkte darunter, bei länderspezifischen beachtlichen Niveauunterschieden (*Kommission* 1994). Die wesentlich geringere Zufriedenheit mit der Demokratie als mit dem eigenen Leben ist weder verwunderlich noch neu. Hier drückt sich eine aus vielen anderen Forschungen bekannte grundsätzliche Distanz der Bürger zu allen Belangen der öffentlichen Sphäre aus.

Bemerkenswert ist allerdings, daß nach einem Höhepunkt der Demokratiezufriedenheit in der EU zwischen 1989 und 1991, die als Reaktion auf den Zusammenbruch der totalitären kommunistischen Systeme Mittel- und Osteuropas gedeutet werden kann, nun ein beachtlicher Rückgang um mehr als zehn Prozentpunkte zu verzeichnen ist. Seit Herbst 1992 – und erstmals seit Beginn der entsprechenden Messungen 1976 – übersteigt die Zahl der Unzufriedenen die der Zufriedenen kontinuierlich, und zwar um rund zehn Prozentpunkte.

Abgesicherte Erklärungen für diese Entwicklung gibt es bisher nicht. Es ist jedoch nicht unplausibel, Interpretationen in zwei Richtungen zu suchen. Zum ersten legt die negative wirtschaftliche Entwicklung der Periode 1990–1994 mit ihrem hohen und tendenziell steigenden Sockel an Arbeitslosigkeit Enttäuschungsreaktionen der Bürger gegenüber ihren Regierungen und auch den rezeptlosen Oppositionen nahe. Zum zweiten dürfte sich das Abklingen der Begeisterung über die Demokratisierung Mittel- und Osteuropas paaren mit einer skeptischeren Einschätzung der eigenen Demokratie, der gleichsam über Nacht das negativ besetzte kommunistische Gegenmodell abhanden gekommen ist, das die westlichen Demokratien über so lange Zeit legitimatorisch entlastet hat.

Die Interpretation der auf dem Indikator »Zufriedenheit mit dem Funktionieren der Demokratie« beruhenden Befunde leidet zusätzlich unter dessen zweifelhafter Gültigkeit. Zwischen den *Eastonschen* Hierarchieebenen »Herrschaftsträger« und »Regime« angesiedelt, stellt er eine Mischung aus diffuser und spezifischer L. dar, wie auch die Abhängigkeit der Reaktionen der Befragten auf die Frage nach der Demokratiezufriedenheit von deren Zugehörigkeit zu Parteien entweder der Regierung oder Opposition zeigt (*Westle* 1989: 159–164; zum allgemeinen Sachverhalt siehe *Gabriel* 1989: 83–89). Insofern ist es schwer, die Konsequenzen der in den Eurobarometerumfragen 1992 und 1993 so deutlich zurückgegangenen Demokratiezufriedenheit z. B. auf die Einstellung gegenüber dem demokratischen Regime zuverlässig zu bestimmen. Sollte sich diese Zufriedenheitserosion auf längere Sicht hin stabilisieren oder sogar fortsetzen, kann jedenfalls eine gewisse Generalisierung auch auf die Regimeebene nicht ausgeschlossen werden. Mangels verfügbarer Systemalternativen (*Sniderman* 1981: 166–170) dürfte diese Unzufriedenheit allerdings eher in einem Rückzug aus der Politik als in politischem Aktionismus ihren Ausdruck finden.

Die deutsche Vereinigung hat im übrigen für die Struktur der Legitimitätsüberzeugungen in der Bundesrepublik zwei neue Fragen aufgeworfen. Sie zwingt erstens stärker als in der Vergangenheit zu einer konzeptionellen und empirischen Auseinandersetzung mit dem höchsten Legitimitätsobjekt in *Eastons* Hierarchie: der politischen Gemeinschaft, die bisher durch die Existenz zweier deutscher Staaten unterdefiniert bleiben und zumindest in Westdeutschland in die Dimension einer europäischen Identität hineinprojiziert werden konnte. An dieser Stelle ist z. B. die Debatte über den künftigen Stellenwert von Nation in der politischen Kultur des vereinigten Deutschlands einzuordnen.

Zweitens geht es um die Entwicklung der Legitimitätsüberzeugungen der Bürger der früheren DDR seit 1990 sowie um die möglichen Rückwirkungen auf die L. der neuen Bundesrepublik. Verschiedene Untersuchungen zeigen, daß in den neuen ↗ Bundesländern demokratische Legitimität und wirtschaftlicher Erfolg eng verkoppelt sind, wie dies für junge Demokratien typisch ist (*Bauer* 1991: 446–451; *Kaase* 1994). So kann nicht verwundern, daß in Ostdeutschland die Demokratie westdeutscher Prägung eine deutlich geringere Akzeptanz als in Westdeutschland findet, verbunden mit einer gewissen Romantisierung der DDR (*Westle* 1992). Solche Befunde zeigen, daß die Prozesse der Konsolidierung politischer Regime im Sinne der Herstellung von L. in Abhängigkeit von Rahmenbedingungen in Struktur, zeitlicher Reichweite und Ergebnissen sehr unterschiedlich verlaufen.

Max Kaase

↗ Politische Kultur

Lit.: *Abramson, P. R.* 1983: Political Attitudes in America: Formation and Change, San Francisco. *Bauer, P.* 1991: Politische Orientierungen im Übergang. Eine Analyse politischer Einstellungen der Bürger in West- und Ostdeutschland, in: KZfSS 43, 433–453. *Easton, D.* 1965: A System Analysis of Political Life, New York. *Easton, D.* 1975: A Re-Assessment of the Concept of Political Support, in: BJPol 5,435–458. *Ebbighausen, R.* (Hrsg.) 1976: Bürgerlicher Staat und politische Legitimation, Frankfurt/M. *Eckert, R./ Kaase, M./Neidhardt, F.*, unter Mitwirkung von *Willems, H.* 1990: Ursachen, Prävention und Kontrolle von Gewalt aus soziologischer Sicht, in: *Schwindt, H.-D.* (Hrsg.): Ursachen, Prävention und Kontrolle von Gewalt. Analysen und Vorschläge der Unabhängigen Regierungskommission (Generalkommission), Berlin, 293–414. *Fuchs, D.* 1989: Die Unterstützung des politischen Systems der Bundesrepublik, Opladen. *Gabriel, O. W.* 1989: Regierungswechsel und politische Unterstützung, in: PVS 30,75–93. *Habermas, J.* 1973: Legitimationsprobleme im Spätkapitalismus, Frankfurt/M. *Habermas, J.* 1976: Legitimationsprobleme im modernen Staat, in: *Kielmansegg, P. G.* (Hrsg.): Legitimationsprobleme politischer Systeme, PVS-

Sonderheft 7, 39–61. *Kaase, M.* 1979: Legitimitätskrise in westlichen demokratischen Industriegesellschaften: Mythos oder Realität, in: *Klages, H./Kmieciak, P.* (Hrsg.): Wertewandel und gesellschaftlicher Wandel, Frankfurt a. M./New York, 328–350. *Kaase, M.* 1986: Zur Legitimität des politischen Systems in den westlichen Demokratien, in: *Randelzhofer, A./Süß, W.* (Hrsg.): Konsens und Konflikt, Berlin, 463–494. *Kaase, M.* 1994: Political Culture and Political Consolidation, in: *Steunenberg, B./Blommestein, H.J.* (Hrsg.): Government and Markets, Dordrecht. *Kommission der Europäischen Gemeinschaften* 1994: Eurobarometer. Trends 1974–1993, Brüssel. *Küchler, M.* 1982: Staats-, Parteien- oder Politikverdrossenheit?, in: *Raschke, J.* (Hrsg.): Bürger und Parteien, Opladen, 39–54. *Lipset, S. M./Schneider, W.* 1987: The Confidence Gap. Business, Labor and Government in the Public Mind, Revised Edition, Baltimore. *Offe, C.* 1972: Strukturprobleme des kapitalistischen Staates, Frankfurt/M. *Offe, C.* 1976: Überlegungen und Hypothesen zum Problem politischer Legitimation, in: *Ebbighausen, R.* (Hrsg.): Bürgerlicher Staat und politische Legitimation, Frankfurt/M., 80–105. *Pappi, F. U.* 1982: Die politischen Institutionen der Bundesrepublik Deutschland: Zum Legitimitätseinverständnis der Bevölkerung, in: Außerschulische Bildung 3, B72–B79. *Sniderman, P. M.* 1981: A Question of Loyalty, Berkeley. *Westle, B.* 1989: Politische Legitimität. Theorien, Konzepte, empirische Befunde, Baden-Baden. *Westle, B.* 1992: Unterstützung des politischen Systems des vereinten Deutschland, in: *Mohler, P. Ph./Bandilla, W.* (Hrsg.): Blickpunkt Gesellschaft 2, Opladen, 21–44. *Wright, J. D.* 1976: The Dissent of the Governed, New York. *Zimmermann, E.* 1981: Krisen, Staatsstreiche und Revolutionen, Opladen.

Liberalismus

I. Der Liberalismus (L.) kennzeichnet eine der großen politischen Strömungen (Ideen; ↗ Ideologien) der letzten zwei bis drei Jahrhunderte mit Schwerpunkt im 19. Jh., die mit den anderen großen Ideologierichtungen ↗ Konservatismus und ↗ Sozialismus, aber auch ↗ Anarchismus und ↗ Faschismus in Entstehungs-, Wirkungs-, Interaktions-, Spannungs- und Ablösungszusammenhängen steht und daher analytisch stets in diesem Gesamtumfeld der politischen Ideologien gesehen werden muß.

Definitorisch verstehen wir unter L. jenen politischen Ideenkomplex, der durch die Postulate der Selbstbestimmungsfähigkeit der Individuen durch Vernunft, der Individualfreiheit gegenüber dem Staat (Menschen- und Bürgerrechte), der Bändigung politischer ↗ Herrschaft durch ↗ Verfassung und der Selbstregulierung der Ökonomie durch Gesetzmäßigkeiten von Markt und Wettbewerb abgesteckt ist, in eine Evolutionsvorstellung geschichtlichen Fortschritts mündet und zumindest in der Entstehungs- und Blütezeit vom ↗ Bürgertum mit seinen Eigentums- und Erwerbsinteressen und seinen daraus erwachsenden Machtansprüchen getragen wurde.

Der L. darf wohl als erste umfassende politische Ideologie im modernen Sinne gelten, weil er erstmals einen systematischen Ordnungs- und Entwicklungsentwurf im wesentlichen nicht religiös begründet und auch nicht bloß faktische Machtstrukturen untermauert, sondern eine Bewegung in bessere Zukünfte auslobt und die Kraft dazu aus den Fähigkeiten und Interessen aller einzelnen selbst schöpft. Die Erscheinungsform, Begriffsmuster und Bedeutungsgehalte von L. als theoretischem Entwurf und politischer Praxis variieren sehr stark im zeitlichen Verlauf einerseits, im nationalen Vergleich andererseits, und schließlich auch noch durch innere soziale und inhaltliche Differenzierungen.

Die wiss. Beschäftigung mit dem L. wird nicht ausschließlich durch die Politikwiss. geleistet, sondern sogar primär durch die Geschichtswiss.; Überschneidungen und Teilbearbeitungen finden sich vor allem mit der

Philosophie, der Soziologie, Wirtschaftswiss. und der Staatsrechtslehre.

II. Häufig als epochaler Begriff in zeitlicher und systematischer Verknüpfung mit Bürgertum, ↗ Kapitalismus und Verfassungsstaat verwendet, erscheint L. tendenziell als historisch zwar wirkungsmächtig, aber abgeschlossen; die Relevanz für die Gegenwart am Ende des 20. Jh.s, an der die Politikwiss. trotz aller historischen Voraussetzungs- und Grundlagenforschung orientiert ist, gilt daher als diffus und umstritten. Ein Blick auf die Entwicklungsperioden verdeutlicht das Problem:

1. Herausbildung und Durchsetzung des L. (»Frühliberalismus«, »revolutionärer Liberalismus«, im allgemeinen ca. 1750–1850). Forschungsschwerpunkte betreffen a) das liberale Weltbild rationalistischer ↗ Aufklärung, des Individualismus, ökonomischen Gesetzesdenkens und der Verfassungstheorie, b) empirische Strukturen und Verläufe der Verfassungsbewegungen und c) Industrialisierungsprozesse, soziale Umstrukturierung und gestufte Klassenpolarisierung von Adel, Bürgertum und Proletariat (mit zunehmender Differenzierung des Begriffs Bürgertum). Im liberalen Ideal einer klassenlosen Bürgergesellschaft suchte *L. Gall* (1976) die Handlungshorizonte des L. zu integrieren.
2. Der L. des etablierten Bürgertums (zweite Hälfte des 19. Jh.s, besonders 1860er bis 1890er Jahre) ist bereits von Bruchpunkten durchzogen, an denen sich auch die Strukturvarianten in Deutschland, Italien, Frankreich, England und den USA ausbilden: Verfassungsideal *versus* »Realpolitik«; Freihandel *versus* Protektionismus und ↗ Imperialismus; Eigentum *versus* Arbeiterfrage/Gewerkschaftsfreiheit (↗ Arbeiterbewegung); Konzentration *versus* Wettbewerb; das Wahlrechts- und Demokratieproblem (↗ Demokratietheorie). Die Ausbildung politischer ↗ Parteien bringt zugleich die neue dreigliedrige (partei-) politische Kräftekonstellation von L., Konservativismus und Sozialdemokratie auf den Weg.
3. Niedergang und Krise des L. (zwischen den 1890er und 1930er Jahren) sind mit Klassenpolarisierung und organisiertem Kapitalismus, sozialem Reform- und Demokratisierungsdruck, Schrumpfung der »mittelständisch«-kleinbürgerlichen ökonomischen und sozialen Basis, verbandlich organisiertem ↗ Pluralismus, sozialen Entwurzelungsprozessen in Weltkrieg und Inflation und dem trotz (umstrittener) Zunahme an Staatsinterventionen unzureichenden staatlich-politischen Steuerungspotential gegenüber der Weltwirtschaftskrise verknüpft. (Allerdings gab es auch die sozialliberale Wendung in England, USA und Kanada, z. T. in Frankreich.)
4. Die aktuellen Probleme des L. stellen sich vor dem durch Weltwirtschaftskrise, ↗ Nationalsozialismus/Faschismus, ↗ Stalinismus, II. Weltkrieg und Ost-West-Konfrontation wesentlich veränderten weltgeschichtlichen Hintergrund. Weniger tragfähige Bewegung oder Partei, tritt L. nach 1945 eher als wiederbelebte Systemstruktur in Erscheinung, mir allen anderen Aspekten der Wirtschafts-, Gesellschafts- und Staatsordnung verwoben und daher als politische Kraft, als Idee und Ordnungsvorstellung so schwer identifizierbar. Ob L. damit verwirklicht oder nur ein vergessenes Strukturproblem ist, muß nicht unbedingt die Geschichtswiss., wohl aber die Politikwiss. beschäftigen.

Der Neo-Liberalismus der Neuordnungsperiode am Ende von NS-Diktatur und II. Weltkrieg formulierte kein umfassendes Programm, sondern im Kern eine politische Wirtschaftslehre, allerdings mit gesellschaftspolitischem Grundlagenanspruch. Die wichtigsten Vertreter *W. Eucken* (Grundlagen der Nationalökonomie, 1939; Grundsätze der Wirtschaftspolitik, 1952), *W. Röpke, A. Rüstow, F.A. von Hayek* propagieren für die Stabilisierung der Wettbewerbsordnung gegenüber dem traditionellen *Laisser-faire*-Liberalismus die Notwendigkeit eines staatlich normierten Ordnungsrahmens und geeignete Verwaltungsmechanismen der Monopolverhinderung bzw. -kontrolle

(»Ordnungspolitik«, »Ordo«-Liberalismus). Diese wettbewerbspolitische Rahmensetzung durch ein starkes staatlich-politisches Entscheidungszentrum soll zugleich prozeßbezogene Staatsintervention der Wirtschaftssteuerung (etwa im Sinne von *Keynes*) ausschließen und unnötig machen. Ungeklärt blieb jedoch die Generierung jener staatlichen Ordnungsmacht, die zugleich anderweitige Interventionsinteressen zurückweisen könnte. Das modifizierte Konzept einer »sozialen Marktwirtschaft« (*A. Müller-Armack, L. Erhard*) konnte mit einer begrenzten Umverteilungsprogrammatik ansatzweise zusätzliche Legitimationsquellen einbauen. In der Praxis der Bundesrepublik verblaßten die neoliberalen Konzepte zugunsten keynesianischer Globalsteuerung, als in den 60er Jahren Konzentrationsprozesse, soziale Ungleichheiten, erste Strukturkrisen und allgemeine Zeichen der Krisenhaftigkeit markant hervortraten. Die Mißerfolge des Interventionismus in der Wirtschaftskrise von 1973/75 und auch Anfang der 80er Jahre begünstigten dann jedoch einen zweiten Aufschwung neoliberaler Wirtschaftstheorien, vor allem repräsentiert durch *M. Friedman* (↗ Monetarismus, »angebotsorientierte« Wirtschaftspolitik). Mit ihrer Stoßrichtung gegen »Monopolstellungen« des Staates und der ↗ Gewerkschaften wurde trotz aller theoretischen Radikalität das privatkapitalistische Monopolproblem praktisch relativiert. Die konzeptionellen Grenzlinien zwischen Neo-Liberalismus und Neo-Konservatismus (↗ Konservatismus) erweisen sich seit den 80er Jahren als fließend.

III. Mit anderen Disziplinen sich oft überschneidend, ist die Politikwiss. vorrangig an folgenden Problembereichen interessiert:

1. Ideen-, Theorie- und Ideologiegeschichte. Die meisten der klassischen liberalen Theoretiker und viele Autoren des 19. Jh.s (*Hobbes, Locke, Montesquieu, Rousseau, Adam Smith, Kant, Hegel, Bentham, Lorenz von Stein, John Stuart Mill*) gehören zum allgemeinen Kanon der politischen Ideengeschichte. Die Politikwiss. fragt vor allem nach Herrschaftsproblemen, Ordnungsentwürfen, Interessenimplikationen, Legitimationsmustern und theoriegeschichtlichen Wirkungslinien; exemplarisch sei nur *C. B. Macphersons* (1973) Deutung der sozial-ökonomischen Sinn- und Bedingungszusammenhänge bei *Hobbes* und *Locke* (Besitzindividualismus) oder die Vergegenwärtigung der moralphilosophischen Grundlagen bei *Adam Smith* und der schottischen Schule durch *Medick* (1973) erwähnt. Da in der zweiten Hälfte des 19. Jh.s die Autorenzahl wächst, aber der Systemanspruch zurücktritt (bedeutsam noch *L. Brentano*) und konzeptionelle Verzerrungen und Richtungsdifferenzierungen einsetzen (z.B. Bezüge zum Sozialdarwinismus, Konservativismus, aber auch zum Sozialismus; zur Kritik an *Max Webers* Machtstaatsneigungen vgl. W. *Mommsen* 1974), gewinnen systematisierende Problemstudien an Gewicht, so z.B. in Typologisierungsversuchen liberaler Theorietraditionen zum wirtschaftspolitischen Interventionsproblem (*Müller* 1978). Während ein englischer oder US-amerikanischer Sozialliberalismus auch theoretisch expliziert (*Hobhouse* bis *Keynes* und *Beveridge*) und damit auch interpretierbar wurde, fehlt in Deutschland ein Pendant. Die Vorstellungen des Neo-Liberalismus seit den 30er Jahren haben zwar Resonanz bei Praktikern und Wirtschaftswissenschaftlern gefunden, während in der Politikwiss. auch die kritische Aufarbeitung unzulänglich ist.

2. Verfassungsgeschichte. Nach den zentralen Entscheidungsthemen des etablierten L. (↗ Parlamentarismus, ↗ Wahlrecht, ↗ Demokratie) ist für Deutschland vor allem die Haltung zur Ausgestaltung des demokratischen Systems und der Wirtschaftsordnung in der Weimarer Verfassung von 1919 bedeutsam *(Albertin* 1972), aber auch die Rolle von Liberalen im Niedergang der Weimarer Demokratie 1930–33. Zur Entstehung der Bundesrepublik Deutschland und des Grundgesetzes ist die Forschungsgrundlage durch neuere Arbeiten zur FDP-Entstehung (auch im LDPD-Vergleich) verbessert, doch steht eine Gesamtstudie zur liberalen Verfassungspolitik 1945–49 aus. Auch die Entwicklung bis zur Gegenwart ist nicht systematisch untersucht.

3. Parteiengeschichte und -soziologie. Die Vielfalt der Einzeldarstellungen spiegelt zugleich einige Grundmuster wider: den Übergang von der Honoratiorenpartei zu Parteien als politischen Massenorganisationen mit Konkurrenznachteilen für den bürgerlichen L.; die aufkommende Neigung zu ↗ Eliten-Orientierung; die teils begrenzten, teils wenig erfolgreichen Versuche, die soziale Basis zu erweitern bzw. ihren Verfall aufzuhalten; die Ansätze zur Verklammerung mit ↗ Interessengruppen als zweitem Strukturelement pluralistischer Politikorganisation. DVP- und DDP-Analysen verknüpfen diese Probleme mit den inhaltlichen Entwicklungen und Widersprüchen auf programmatischer und praktischer Ebene *(Döhn* 1970*)*. Untersuchungen zur FDP sind, besonders für die Entstehungszeit, stark organisations-, personen- und programmgeschichtlich orientiert (etwa *Gutscher* 1967); im übrigen dominieren die Fragen nach der koalitionspolitischen Stellung und nach Größe und Strukturmerkmalen des Wählerpotentials *(Kaack* 1976*; Albertin* 1980*)*. Der Zusammenhang zwischen politischer Entscheidungspraxis, programmatischer Darstellung und realer gesellschaftlicher Interessenvertretung der FDP ist bisher nicht erforscht (vgl. *Döhn* 1980; *Schiller* 1977, 1993). Die dauerhafte Existenzgefährdung einer liberalen Partei scheint die Inhalts- und Funktionsprobleme zu überlagern (vgl. *Sontheimer* 1975).

4. Herrschaftssoziologische und interessenanalytische Aspekte. An die inhaltliche Kontur und Verlaufsform des Niedergangsprozesses und seiner Faschismus-Folgen (Deutschland, Italien) werden Überlegungen zur Entwicklungslogik und Interessenkontinuität angeschlossen. *H. Marcuse* (1965) sieht eine inhärente Selbstaufhebungstendenz des L. durch Zulassung kapitalistischer Konzentration, andere werten selbst den Sozialliberalismus als (masssenintegrative) Herrschaftsstrategie des Monopolkapitals (z.B. *Opitz* 1973). Als systematisches Interpretationskonzept verknüpft *L. Döhn* (^{2}1977) den L. prinzipiell mit der Funktion ideologischer Herrschaftssicherung für das bürgerlich-kapitalistische Privateigentum, was aber weiterer Klärungen zum Verhältnis von L. und Konservativismus und zu den nicht-liberalen Orientierungen bei kleinbürgerlichen Eigentümerschichten bedürfte. Diametral entgegengesetzt lautet die neo-liberale These *(von Hayek)*, nur Privateigentum und Wettbewerb biete Schutz gegen totalitäre politische ↗ Herrschaft.

5. Gesellschafts- und sozialstrukturelle Aspekte stehen im Mittelpunkt von *R. Dahrendorfs* Überlegungen (1979), dem *Hayek*-Problem einer »Verfassung der Freiheit« soziologisch beizukommen. Gegenüber Eigentums- und Klassenpolarisierung eröffnete sich über pluralistische Vielfalt und Optionen,

Mobilität, Marktalternativen zu Staat, Bürokratie und Organisation, Chancengleichheit über Bildungsausstattung und andere Lebenschancen, erweiterte demokratische Beteiligung (↗ Partizipation), vor allem aber über strukturelle und kulturelle Offenheit für Konflikte ein Weg für neue ↗ Freiheiten des Individuums gegenüber der Verdichtung des »Gehäuses der Hörigkeit« *Max Weberschen* Angedenkens. In Strukturveränderungen zu einer »Dienstklassengesellschaft« sieht *Dahrendorf* zugleich neue Tendenzen für eine soziale Basis des L. (zusammenfassend *Dahrendorf* 1992). Obwohl vergleichsweise komplex, war die liberalismustheoretische und -praktische Resonanz auf *Dahrendorfs* Ansatz leider eher gering.

6. L. als Systemstruktur und Systemproblem. Trotz zweifelhafter Existenzfähigkeit als Partei wird L. durchgängig für ein wesentliches Element gegenwärtiger Systemstrukturen gehalten; Probleme des L. rücken damit zugleich in das Zentrum systematischer und politisch-soziologischer Anstrengungen der ↗ Demokratietheorie und der Verfassungssoziologie (vgl. *Shell* 1981). Explizit normative Beiträge (↗ Politische Philosophie) zur Analyse und Begründung gegenwärtiger oder hypothetischer Systemstrukturen sind indes in Deutschland außerhalb der Staatsrechtslehre immer noch selten (vgl. *Becker* 1982). Dieser Rückstand in der normativen Theoriebildung zum L. zeigt die historische Schwäche des L. in Deutschland gegenüber dem angelsächsischen Westen. Auch neuerdings erhielt die sozialphilosophische Debatte wesentliche Impulse aus den USA, vor allem durch vertragstheoretische Begründungen einer liberalen Ordnung (*Rawls* 1975 und weitere Arbeiten 1992; vgl. auch *Höffe* 1987) und die Theorien einer gestaltungs- und beteiligungsoffenen »Zivilgesellschaft« (*Cohen/Arato* 1992). Die diskursethische Konzeption sozialer und politischer Normenbegründung von *Karl-Otto Apel* und *Jürgen Habermas* (1981 und 1992) thematisieren ebenfalls diese Grundlagenprobleme liberaler Demokratie.

Daß sich am Ende des Ost-West-Konflikts 1989/91 das kapitalistisch/liberal-demokratische Grundmodell des Westens als überlegen erwiesen hat, wird zwar von einigen als liberales »Ende der Geschichte« (*Fukuyama*) gesehen. Die neuen Herausforderungen des L. liegen jedoch darin, daß in Osteuropa und der ehemaligen Sowjetunion Marktökonomie und politische Demokratie bei unzureichenden kulturellen Grundlagen in komplexen Transformationsprozessen kurzfristig und gleichzeitig etabliert werden sollen und dabei die ohnehin überhöhten Erwartungen starken Enttäuschungen ausgesetzt sind. Auch in dieser »Erfolgskrise« des Liberalismus erweisen sich praktisch und in der theoretischen Begleitreflexion die Dimensionen der Wirtschaftsordnung und der liberal-demokratischen politischen Verfassung erneut als nicht hinreichend integriert.

Insgesamt muß offenbleiben, ob nach dem Wegfall des sowjetkommunistischen Gegenmodells die Entideologisierung der westlichen Systemstrukturen weitergeht, oder ob ein verstärkter inhärenter Bedarf an systematischer Ideologiebildung und Legitimation dem L. zu theoretisch und programmatisch klaren Konturen verhilft.

Theo Schiller

↗ Bürgerliche Parteien; Emanzipation.

Lit.: *Albertin, L.* 1972: Liberalismus und Demokratie am Anfang der Weimarer Republik, Düsseldorf. *Albertin, L.* (Hrsg.) 1980:

Politischer Liberalismus in der Bundesrepublik Deutschland, Göttingen/Zürich. *Becker, W.* 1982: Freiheit, die wir meinen. Entscheidung für die liberale Demokratie, München. *Cohen, J./Arato, A.* 1992: Civil Society and Political Theory, Cambridge, Mass. *Dahrendorf, R.* 1979: Lebenschancen. Anläufe zur sozialen und politischen Theorie, Frankfurt/M. *Dahrendorf, R.* 1987: Fragmente eines neuen Liberalismus, Stuttgart. *Dahrendorf, R.* 1992: Der moderne soziale Konflikt. Essay zur Politik der Freiheit, Stuttgart. *Döhn, L.* 1970: Politik und Interesse. Die Interessenstruktur der deutschen Volkspartei, Meisenheim. *Döhn, L.* ²1977: Liberalismus, in: *Neumann, F.* (Hrsg.): Politische Theorien und Ideologien, Baden-Baden, 1–44. *Döhn, L.* 1980: Liberalismus als kategorialer Rahmen für die FDP, in: *Albertin, L.* (Hrsg.): Politischer Liberalismus in der Bundesrepublik Deutschland, Göttingen/Zürich, 267–287. *Friedman, M.* 1962: Capitalism and Freedom, Chicago/London (dt. 1971, Stuttgart). *Gall, L.* (Hrsg.) 1976: Liberalismus, Köln. *Gall, L./Koch, R.* (Hrsg.) 1981: Der europäische Liberalismus im 19. Jahrhundert. Texte zu seiner Entwicklung, 4 Bde., Frankfurt/M. usw. *Gutscher, J. M.* 1967: Die Entwicklung der FDP von ihren Anfängen bis 1961, Meisenheim. *Habermas, J.* 1981: Theorie des kommunikativen Handelns, Frankfurt/M. *Habermas, J.* 1992: Faktizität und Geltung, Frankfurt/M. *Haselbach, D.* 1991: Autoritärer Liberalismus und Soziale Marktwirtschaft. Gesellschaft und Politik im Ordoliberalismus, Baden-Baden. *Hayek, F.A. von* 1971: Der Weg zur Knechtschaft, München (zuerst 1944). *Hayek, F.A. von* 1979: Liberalismus, Tübingen. *Hein, D.* 1985: Zwischen Milieupartei und nationaler Sammlungsbewegung. Gründung, Entwicklung und Struktur der Freien Demokratischen und Partei 1945–1949, Düsseldorf. *Hess, J.C./van Stensaal von der Aa, E.* 1981: Bibliographie zum deutschen Liberalismus, Göttingen. *Höffe, O.* 1987: Politische Gerechtigkeit. Grundlegung einer kritischen Philosophie von Recht und Staat, Frankfurt/M. *Holl, K./List, G.* (Hrsg.) 1975: Liberalismus und imperialistischer Staat – Der Imperialismus als Problem liberaler Parteien 1890–1914, Göttingen. *Holl, K. u.a.* (Hrsg.) 1986: Sozialer Liberalismus, Göttingen. *Jahrbuch zur Liberalismusforschung*, Bd. 1 (1989)ff., Baden-Baden. *Kaack, H.* 1976: Zur Geschichte und Programmatik der Freien Demokratischen Partei, Meisenheim. *Langewiesche, D.* 1988: Liberalismus in Deutschland, Frankfurt/M. *Langewiesche, D.* (Hrsg.) 1988: Liberalismus im 19. Jahrhundert. Deutschland im europäischen Vergleich, Göttingen. *Macpherson, C. B.* 1973: Die politische Theorie des Besitzindividualismus. Von Hobbes bis Locke, Frankfurt/M. *Marcuse, H.* 1965: Der Kampf gegen den Liberalismus in der totalitären Staatsauffassung, in: *ders.:* Kultur und Gesellschaft, Bd. 1, Frankfurt/ M., 17–55. *Medick, H.* 1973: Naturzustand und Naturgeschichte der bürgerlichen Gesellschaft, Göttingen. *Mommsen, W.J.* ²1974: Max Weber und die deutsche Politik 1890–1920, Tübingen. *Mommsen, W.J.* (Hrsg.) 1978: Liberalismus im aufsteigenden Industriestaat, Göttingen. *Müller, J.B.* 1978: Liberalismus und Demokratie, Studien zum Verhältnis von Politik und Wirtschaft im Liberalismus, Stuttgart. *Müller, J.B.* 1992: Die politischen Ideenkreise der Gegenwart, Berlin. *Müller-Armack, A.* 1974: Genealogie der sozialen Marktwirtschaft, Bern/Stuttgart. *Opitz, R.* 1973: Der deutsche Sozialliberalismus 1917–1933, Köln. *Pateman, C.* 1985: Political Obligation. A Critique of Liberal Theory, Oxford. *Rawls, J.* 1975: Eine Theorie der Gerechtigkeit, Frankfurt/M. (Orig. 1971). *Rawls, J.* 1992: Die Idee des politischen Liberalismus. Aufsätze 1978–1989, Frankfurt/M. *Schiller, Th.* 1977: Wird die FDP eine Partei?, in: *Narr, W.D.* (Hrsg.): Auf dem Weg zum Einparteienstaat, Opladen, 122–148. *Schiller, Th.* 1978: Liberalismus in Europa, Hannover. *Schiller, Th.* 1993: Stand, Defizite und Perspektiven der FDP-Forschung, in: *Niedermayer, O./Stöss, R.* (Hrsg.): Stand und Perspektiven der Parteienforschung in Deutschland, Opladen, 119–146. *Sontheimer, K.* (Hrsg.) 1975: Möglichkeiten und Grenzen liberaler Politik, Düsseldorf. *Vorländer, H.* (Hrsg.) 1987: Verfall oder Renaissance des Liberalismus, München.

Macht / Machttheorien

I. Im Gebrauch des Machtbegriffs in der Alltagssprache und in den politischen Theorien sind vielfältige Bedeutungsüberschneidungen mit den Begriffen Gewalt und ↗ Herrschaft sowie Autorität und Amtsbefugnis festzustellen. Der Befund einer »Vielfältigkeit des Machtvokabulars« (*Faber* u. a. 1982: 822) ohne feste Bedeutungsgrenzen der einzelnen Termini läßt sich schon bei den Griechen und Römern der Antike erheben.

Allerdings wird ein hohes Maß an Theoriekonsistenz dadurch garantiert, daß die antiken Klassiker – im Unterschied zu den Sophisten – an der ethisch-rechtlichen Fundierung der Macht (M.) festhalten und diese als Rechtsgebilde begreifen. Bei *Platon, Aristoteles* und *Cicero* werden die auf dem Feld von Macht, Herrschaft, Regierung, Gewalt gebräuchlichen Termini vor allem zur Bezeichnung einer politisch gebundenen M. verwendet. Die Machtbegrifflichkeit entstammt dort dem Kontext des politisch-verfassungstheoretischen Sprachgebrauchs, und daher konnte sich kein allgemeiner Machtbegriff herausbilden. In seiner *Politik* bietet *Aristoteles* zwar die Unterscheidung von drei Typen der M. (Gewalt, Herrschaft): die der Eltern über die Kinder, die des Herrn über die Sklaven und die der Regierenden über die Regierten. Ziel dieser Typologie ist es jedoch, die charakteristischen Merkmale der politischen Macht, d. h. die der Regierenden über die Regierten, im Kontrast zu der häuslichen Gewalt herauszuarbeiten. Innerhalb der politologischen bzw. juridischen Erörterungen der Römer bezeichnete *potestas* gewöhnlich die rechtliche Verfügungsgewalt. Dagegen bezog sich *potentia* vor allem auf die Machtmittel, aufgrund deren einzelne oder Gruppen Einfluß hatten.

In der römisch-republikanischen Tradition, wie sie uns aus der politischen Theorie *Ciceros* bekannt ist, läßt sich eine Differenzierung und korrelative Zuordnung von Autorität (*auctoritas*) und M. (*potestas*) feststellen, wobei Autorität die Legitimitätsgrundlage von M. darstellt: Autorität wird durch den Senat, M. (im Sinne von Amtsgewalt) durch die Magistrate repräsentiert. Mit dem Prinzipat des *Augustus* bricht diese republikanische Tradition ab; *Oktavian* vereinigt in seiner Person Autorität und M.; der Senat verliert seine Autoritäts-Prärogative. Die M. des *princeps* beansprucht ihre Rechtfertigung in sich selbst. Bei den Nachfolgern des *Augustus*, die für sich den Titel *dominus* in Anspruch nehmen, kündigt sich der Übergang von der Monarchie zur despotischen Herrschaft an.

Bei der theoretischen Begründung der kirchlichen M. sowie der Ausbildung der Zweigewaltenlehre wurde die begriffliche Unterscheidung von *potestas* und *auctoritas* in der Weise rezipiert, daß die Kirche für sich den *auctoritas*-Begriff in Anspruch nahm und die weltlich-politische M. durch den *potestas*-Begriff kennzeichnete. Die traditionelle sittliche Begründung der politischen M. wurde im Mittelalter dazu noch theologisch-metaphysisch fundiert.

Durch die Ausarbeitung des Begriffs der ↗ Souveränität bzw. eines spezifisch politischen Begriffs der *summa potestas* (im Unterschied zum entsprechenden, Gottes Allmacht bezeichnenden theologischen Begriff) kommt den mittelalterlichen Juristen, insbesondere den französischen Legisten des 14 Jh.s, eine innovatorische Bedeutung zu. Vermittels der Rezeption des römischen Rechts entdecken sie das Prinzip einer monarchischen Regierungsform, in der der Monarch souveräner Herrscher einer *res publica* ist (Inhaber einer *summa potestas; rex legibus solutus*), im Unterschied zu einem feudalen Königtum, in dem der König die M. eines Hausherrn (*dominus*) ausübt. Die Legisten antizipieren modernes Gedankengut insofern, als sie die Zwangsgewalt, über die der politische Machthaber verfügt, als das spezifische Merkmal politischer M. verstehen.

Die lateinische Staatssprache wurde im Mittelalter beibehalten, und in deutschen Texten deckte »Gewalt« in etwa das Wortfeld von *potestas* und »Macht« dasjenige von *potentia*. Allmählich kam es zur Verwischung der Bedeutungsgrenze zwischen den beiden unterschiedlichen Begriffen, und seit der Reformation tritt der Terminus M. immer mehr an die Stelle von Gewalt. Das Zusammenrücken der beiden Begriffe und die Eliminierung des *auctoritas*-Begriffs aus der politischen Theorie dokumentieren zugleich eine neue Rechtsauffassung, in der Gewalt bzw. M. nicht mehr *a priori* als rechtens gelten.

Ein erster deutlicher Bruch mit den traditionellen verfassungspolitisch-normativen Konnotationen der klassischen Machtbegrifflichkeit vollzieht sich in der frühen Neuzeit im Rahmen eines zwar empirisch orientierten, aber zugleich neue normative Akzente setzenden politischen Denkens. So entwickelt im 16. Jh. *Machiavelli* eine Technologie bzw. Kunstlehre des Erwerbs und der Erhaltung der M., in der Machtgewinn und -behauptung als Selbstzweck und die (notfalls sich der Brachialgewalt und der List bedienende) Tatkraft *(virtù)* eines Fürsten als politische Tugend erscheinen. Die Prävalenz des Machtbegriffs vor dem Rechtsbegriff läßt sich auch bei *Hobbes* und *Spinoza* feststellen: Wenngleich beide (im Rahmen einer ↗ Vertragstheorie) von der theoretischen Fiktion eines gesamtgesellschaftlichen Konsenses ausgehen, so betrachten sie dennoch die faktische M. eines Souveräns als deren Legitimationsgrundlage. Die M. im Sinne von Erzwingungschance erscheint so als das eigentümliche Merkmal des Staates, während der Begriff des rechtmäßigen Staates nur noch – bei *Spinoza* deutlicher als bei *Hobbes* – als Derivat des erfolgreich seine M. behauptenden Staates gelten kann.

II. Nach dem im 18. Jh. einsetzenden Abbruch der Naturrechtstradition wird der Begriff der M. (und auch der der Gewalt) nicht mehr als das spezifische Phänomen des in Staaten geordneten rechtlichen Zusammenlebens, sondern als ein in allen sozialen Gruppen anzutreffendes Phänomen betrachtet. Demgemäß diagnostizieren *Marx* und *Engels* die durch Arbeitsteilung erfolgte »Verwandlung der persönlichen Mächte (Verhältnisse) in sachliche« (MEW 3: 74). Die Arbeit wird »eine selbständige Macht« dem Arbeiter gegenüber (MEW, Ergänzungs-Bd. 1, 1. Teil: 512); »das Kapital zeigt sich... als entfremdete, verselbständigte gesellschaftliche Macht« (MEW 25: 274). Die noch personengebunden vorgestellte politische M. gilt nunmehr als abhängig von der anonymen M. des Kapitals (MEW, Ergänzungs-Bd. 1).

Der Gebrauch des Machtbegriffs in einem staatstheoretischen oder sozialkritischen Kontext kann noch nicht als seine Definition gelten. Es ist *Max Webers* Verdienst, den Begriff der M. als solchen isoliert und ihn in einer Definition bestimmt zu haben, die in den empirischen Sozialwiss., einschließlich der Politikwiss., grundlegend geblieben ist. *Weber* (1972: 28) definiert M. als »die Chance, innerhalb einer sozialen Beziehung den eigenen Willen auch gegen Widerstreben durchzusetzen, gleichviel worauf diese Chance beruht«. Wie *Weber* hervorhebt, ist der Machtbegriff »soziologisch amorph«, denn »alle denkbaren Qualitäten eines Menschen und alle denkbaren Konstellationen können jemand in die Lage versetzen, seinen Willen in einer gegebenen Situation durchzusetzen« (ebd.: 28f.). M. wird hier als eine asymmetrische Relation zwischen mindestens zwei Handlungssubjekten (A und B), die auch Gruppen sein können, verstanden. Das Verhalten von B hängt ab von den Initiativen, Wünschen oder dem bloßen Auftreten von A. Ohne seine Bezogenheit auf A würde B nicht handeln, wie er handelt. Die Definition von *R. A. Dahl* (1957: 201f.) »A hat Macht über B in dem Ausmaß, als er B veranlassen kann, etwas zu tun, was er sonst nicht tun würde« ist im Grunde eine Paraphrase der *Weberschen* Machtdefinition.

III. Die Politikwiss. hat sich bemüht, die Unschärfe von *Webers* Machtbegriff zu mindern und seine Definition für besondere Untersuchungsfelder zu operationalisieren. Dabei scheint sie bisweilen nur imstande zu sein, den *Weberschen* Begriff als eine soziale Kategorie zu bestätigen, indem sie die spezifischen Machtbeziehungen in spezifischen Sozialbeziehungen diagnostiziert.

Wenn in solchen Zusammenhängen die verschiedenen Machtressourcen (soziales Prestige, Kompetenz, Überlegenheit, ökonomische Mittel, militärische Stärke, physischer und psychischer Zwang) und ihre jeweiligen strategischen Einsatzmöglichkeiten untersucht werden, wenn zwischen Machtbereichen (Politik, Wirtschaft, Parteien, Verbänden, Meinungsmedien, Militär, Kirche, Wissenschaft) und Machtebenen (kommunale, regionale, nationale, übernationale) unterschieden wird, wenn typische oder spezifische Muster des Machterwerbs, -gebrauchs, -mißbrauchs und -verschleißes untersucht werden: immer handelt es sich um Strukturmuster für subtile empirische Untersuchungen, die ihrerseits die M. im Sinne *Webers* als relationale (und nicht substantielle) Größe und dementsprechend die Machtbeziehung als Spezies der Sozialbeziehungen begreifen.

Allerdings kann in solchen Untersuchungen der interaktionistisch konzipierte *Webersche* Machtbegriff eine nicht unerhebliche Modifikation erfahren dadurch, daß (im *Marxschen* oder im systemtheoretischen Sinn) der Gesichtspunkt der Übermacht von Sachen bzw. von gesellschaftlichen Strukturen ins Spiel kommt. Dadurch können dann in der Analyse der Interaktionen von Personen und/oder Gruppen die (asymmetrischen) Machtrelationen z. B. auf der Folie von struktureller Gewalt erklärt werden. Defizient ist in dieser Hinsicht die Machtdefinition von *Laswell/Kaplan* (1968: 76, 99), in der M. als Beeinflussung anderer sozialer Akteure bestimmt und näherhin durch Anwendung bzw. Androhung von Sanktionen gekennzeichnet wird. Aufgrund der Komplexität der Machtverhältnisse ist es jedoch unzulässig, die Machtbeziehung generell und ausschließlich als Interaktionsbeziehung auf der Grundlage intentionalen Handelns zu verstehen. Daß Machtrelationen nicht erschöpfend in der Definition von beabsichtigten Wirkungen bestimmt werden können, hat auch *Dahl* gesehen. Durch seinen Begriff der »negativen Macht« (1957: 205) hat er darüber hinaus die unbeabsichtigten Wirkungen von Einflußnahmen kennzeichnen wollen, die aufgrund einer negativen Reaktion von B das Gegenteil des von A beabsichtigten Effekts darstellen können. Die Machtrelation wird auch hier noch als Interaktionsbeziehung definiert; aber es wird deutlicher als bei *Weber* ihre immanente Grenze aufgezeigt. Machtausübung ist in den verschiedenen sozialen Kontexten stets Bedingungen unterworfen, die ihre Reichweite begrenzen. Daher liegt es nahe, das in *Webers* Machtdefinition angeführte (mögliche oder wirkliche) »Widerstreben« (von B gegen A) seinerseits als Machtpotential des Schwächeren zu verstehen, welches es diesem ermöglicht, gewisse Einflüsse auf A auszuüben.

Gegenüber den in der behavioristischen Analyse ausschließlich in Betracht gezogenen beobachtbaren Verhaltensweisen der an einem Entscheidungsprozeß teilnehmenden Individuen bzw. Gruppen haben *Bachrach/Baratz* (1962: 947–952) ein »zweites Gesicht der Macht« geltend gemacht, nämlich die im Vorfeld der formalen Entscheidung getroffenen Vorentscheidungen über das, was Verhandlungsgegenstand sein soll, unter Ausschluß der für A unerwünschten Themen. Auch von diesem Ansatz aus – von den Autoren als die Ebene der »Nicht-Entscheidungen« und »Nicht-Ereignisse« bezeichnet – kann wiederum eine Machtausübung des Schwächeren (B) in Betracht kommen, nämlich als Fähigkeit zur Sabotage, als Blockierungsmacht oder als Fähigkeit, Machtressourcen von A zu binden, die diesem dann nicht mehr für andere Entscheidungsstrategien verfügbar sind.

IV. Im Rahmen der sozialwiss. Systemtheorie und der kybernetischen Modellanalyse sind von *Parsons*, *Deutsch* und

Luhmann die Grundzüge einer generellen Machttheorie entwickelt worden, die die gesellschaftlich-strukturellen Bedingungen der als Machtrelationen verstehbaren Interaktionsmuster in die Analyse einbezieht und so der Komplexität der Machtbeziehungen gerecht zu werden versucht.

Im Kontext dieses theoretischen Ansatzes wird M. bestimmt als ein »symbolisch generalisiertes Kommunikationsmedium« *(Luhmann* 1975: 13), das im sozialen Prozeß als ein »Zahlungsmittel« *(Deutsch* 1970: 179) fungiert und ähnlich wie Geld die Kommensurabilität der unterschiedlichen Bedürfnisse der Interaktionspartner herstellen kann, aber auch, wie die Geldwährung, für Störungen anfällig ist, »die einer galoppierenden Inflation nicht unähnlich sind« (ebd.:181). In diesem theoretischen Rahmen ist es möglich, auf die Chancen von Machterwerb, -steigerung oder -erhaltung unter Bedingungen der Knappheit an Machtressourcen zu reflektieren, den Nutzen gegen die Kosten (Bindung von Energien) von Machtausübung abzuwägen und eine Art Grenznutzenkalkül des Machteinsatzes durchzuführen. Die Berücksichtigung der Komplexität gesellschaftlicher Strukturen und Prozesse hat *Luhmann* dazu veranlaßt, die einfache Kausalvorstellung der M. zu verfeinern und die M. des Machthabers nicht als Ursache zu beschreiben, sondern »mit der komplexen Funktion eines Katalysators zu vergleichen« (1975: 12), der Prozesse beschleunigen (und verlangsamen) und Zeitgewinn produzieren kann. Die katalytische Funktion von M. wird von *Luhmann* als »Regulierung von Kontingenz« bestimmt, und zwar im Sinne der »Beschränkung des Selektionsspielraums des Partners« (ebd.: 12, 11). Machtwirkungen gehen aber nicht notwendig unmittelbar von Personen oder Personengruppen aus; sie können sich auch als Verhaltensdisziplinierung durch institutionalisierte Regeln geltend machen. M. als Kommunikationsmedium bringt die Handlungsmotivation selbst hervor. »Macht instrumentiert also nicht einen schon vorhandenen Willen, sie erzeugt diesen Willen erst und sie kann ihn verpflichten, kann ihn binden...« (ebd.: 21). In hochkomplexen sozialen Prozessen können die Selektionsvorgaben der M. jedoch in den vielfältigen Interaktionskonstellationen auf höchst komplexe Formen des »Widerstrebens« stoßen. Einerseits kann eine (juridische) »Festlegung auf Anwendung von Macht Machtverlust bedeuten, nämlich Verzicht auf Unbestimmtheit, Offenheit, Liquidität des Möglichen«. Andererseits muß der Machthaber unter Umständen »schon kämpfen, um die Fassade seiner Macht zu halten« (ebd.: 26). Da die vom politischen System ausgeübte Funktion kollektiv bindender Entscheidungen auf einem »Machtkredit« *(Parsons* 1963: 256) beruht, der die Zwangsmittel, über die das politische System verfügt, bei weitem übersteigt, vermag der Einsatz physischer Gewalt nur in Grenzfällen einen Prozeß der Machtentwertung zu verhindern.

Was die gesellschaftliche Tragweite von M. betrifft, so ist das favorisierte Thema der sozialwiss. Systemtheorie die nach Rechtsregeln »normalisierte Macht«, die, wie *Luhmann* betont, das Alltagsleben einer Gesellschaft in sehr viel stärkerem Maße bestimmt als brutaler und eigensüchtiger Machtgebrauch (1975: 17).

Der insgesamt positivistische Ansatz der neueren Machttheorien und die Herauslösung des Machtbegriffs aus der philosophischen und juristischen Betrachtungsweise sind nicht ohne Widerspruch geblieben. Autoren wie *Hannah Arendt, Leo Strauss, Eric Voegelin, Wilhelm Hennis* u.a. sind Kritiker jenes politologischen Positivismus, der die M. zum Angelpunkt politikwissenschaftlicher Analyse erklärt. In grundsätzlicher Form hat *U. Matz* (1988: 248) die Frage gestellt, »ob M. als Forschungsgegenstand überhaupt den Anforderungen genügt, die eine empirische Forschung an ihre Gegenstände stellen muß«. Wenn M. eine Ursache für das Handeln Machtbetroffener im höchst komplexen Feld vieler möglicher Handlungsursachen ist, wie kann sie dann gegenüber anderen Handlungsursachen abgegrenzt werden? Wenn M. im *Weber*schen Sinn »Chance« (seinen Willen gegen andere durchzusetzen) ist, also nicht Wirklichkeit, wie kann sie dann erfahrungswissenschaftlicher Analyse zugänglich gemacht werden?

Wie kann man Machtspielräume gegenüber Machtpotentialen anderer bestimmen und abgrenzen? *Matz* (ebd.: 257) kommt zu dem Schluß, »daß wir das Modell eines Machthabers, der einen objektivierbaren Handlungsspielraum gegenüber anderen hat, aufgeben müssen«.
Inwieweit die systemtheoretischen Grundzüge einer allgemeinen Machttheorie für die empirisch-politologische Forschung fruchtbar gemacht werden können, wird endgültig erst durch die Ergebnisse zukünftiger Forschung zu erweisen sein.

Günther Maluschke

Lit.: *Bachrach, P./Baratz, M.* 1962: Two Faces of Power, in: APSR 53, 947–952. *Bachrach, P./Baratz, M.* 1977: Macht und Armut. Eine theoretisch-empirische Untersuchung, Frankfurt/M. *Bobbio, N.* 1989: Poder/autoridade, in: Enciclopédia Einaudi, Bd. 14, 44–57. Portugiesische Ausgabe, Lissabon. *Dahl, R.A.* 1957: The Concept of Power, in: Behavioral Science 2, 201–215. *Dahl, R.A.* ²1963: Modern Political Analysis, Englewood Cliffs. *Deutsch, K. W.* ²1970: Politische Kybernetik. Modelle und Perspektiven, Freiburg. *Faber, K.-G./Ilting, K.-H./Meier, C.* 1982: Art. Macht und Gewalt, in: Geschichtliche Grundbegriffe. Historisches Lexikon der politisch sozialen Sprache in Deutschland, Bd. 3, Stuttgart, 817–935. *Harsanyi, J.C.* 1962: Measurement of Social Power in n-Person Reciprocal Power Situations, in: Behavioral Science 7, 81–91. *Laswell, H.D./Kaplan, A.* 1968: Power and Society. A Framework for Political Inquiry, New Haven/London. *Luhmann, N.* 1969: Klassische Theorie der Macht, in: ZfP 16, 149–170. *Luhmann, N.* 1975: Macht, Stuttgart. *Matz, U.* 1988: Über die Unbestimmbarkeit von Macht, in: Politik, Philosophie, Praxis. Festschrift für Wilhelm Hennis, Stuttgart, 248–257. *Parsons, T.* 1963: On the Concept of Political Power, in: Proc. Amer. philos. Soc. 107, 232–262. *Rieger, G./Schultze, R.-O.* 1994: Machttheoretische Ansätze, in: *Kriz, J./Nohlen, D./Schultze, R.-O.* (Hrsg.): Politikwissenschaftliche Methoden, München, 243–254. *Weber, M.* 1972: Wirtschaft und Gesellschaft, Tübingen.

Marktwirtschaft

I. Unter Marktwirtschaft (M.) wird ein ↗ Wirtschaftssystem mit dezentralen Planentscheidungen verstanden, bei dem der Markt mit seinem Preissystem als Informations- und Koordinierungsinstrument genutzt wird. Der Begriff wird teilweise synonym mit Verkehrswirtschaft und ↗ Kapitalismus verwendet, obwohl mit dem letztgenannten Begriff häufig auch andere Akzente verbunden sind.

1. Ende des 18. Jh.s begründeten die liberalen Klassiker der Nationalökonomie in Frontstellung zum Merkantilismus die M. als ein System, das individuellen Egoismus in gesellschaftlichen Nutzen transformiert, das durch die Ordnungspotenz des Marktes einen befehlsfreien Ausgleich unterschiedlicher ökonomischer Interessen im Sinne einer prästabilierten Harmonie herzustellen und die Produktion entsprechend den Wünschen der Verbraucher zu steuern vermag. Voraussetzung ist die ökonomische Handlungsfreiheit der Individuen und demgemäß eine stark reduzierte Rolle des Staates in der Wirtschaft, die in ihrer späteren Zuspitzung als »Nachtwächterstaat« *(Lassalle)* karikiert worden ist.

2. Die klassische Theorie der M. ist eng mit der Gesellschaftslehre des ↗ Liberalismus verbunden. Sie wird als ökonomisches Leitbild des politischen Liberalismus auch einflußreich für die politische Praxis, allerdings häufig gefiltert durch politische Interessen insbesondere des ↗ Bürgertums. Von *Karl Marx* wie in der Folge von marxistischen und sozialistischen Positionen aus wird die »anarchische« M. als Kapitalismus einer wiss. wie politischen Fundamentalkritik unterworfen. Die praktischen Krisenerfahrungen führen aber auch zu verstärkten Diskussionen und Positionsveränderungen innerhalb des liberalen Lagers, die im Neo-Liberalismus ihren Niederschlag finden. Der ein breites Spektrum von im einzelnen unterschiedlich akzentuierten Positionen umfassende Neo-Liberalismus hat insbesondere nach dem II. Weltkrieg bei der Diskussion um die Wirtschaftssystemoption eine gewichtige Rolle gespielt, v.a. in der BRD.

3. Einer seiner wichtigsten Vertreter, *Walter Eucken,* hat die auf dezentrale Planträger gestützte M. idealtypisch als eine von zwei grundsätzlich möglichen wirtschaftspolitischen Lenkungsmethoden und als Alternative zur zentral gelenkten Zentralverwaltungswirtschaft (↗ Planwirtschaft) herausgearbeitet. Er sieht die behaupteten Vorzüge der M. aber nur als Wettbewerbswirtschaft gegeben und betont die Tendenzen zur Aufhebung des Wettbewerbs durch wettbewerbsbeschränkende Maßnahmen der Marktteilnehmer. Eine M. als Wettbewerbswirtschaft erscheint nicht mehr als »natürliche Ordnung«, der Staat muß vielmehr Wettbewerb garantieren und durchsetzen, er erhält »Wettbewerb als Aufgabe« *(Miksch).* Gerade in Abgrenzung zu *Marx,* der die Eigentumsform als komprimierten Ausdruck der Produktionsverhältnisse zum zentralen Kriterium macht, betont *Eucken* den Vorrang des Kriteriums Planträger und -koordination.

Zwar liegt eine Verknüpfung von Planträger und Eigentum, das Verfügungsrechte schafft, nahe. So gehört Privateigentum in der Konzeption *Euckens* nach dem Grundprinzip der Wettbewerbsordnung und zusammen mit voller Haftung, freiem Marktzugang, Vertragsfreiheit, Geldwertstabilität und Konstanz der ↗ Wirtschaftspolitik auch zu den konstituierenden Ordnungsprinzipien. Aber bereits die Existenz »sozialistischer« M. wie zeitweilig in Jugoslawien, die vergesellschaftetes Eigentum mit marktwirtschaftlicher (m.) Steuerung zu verbinden suchen, belegt die Notwendigkeit, Lenkungs- und Eigentumsform zu unterscheiden. Die innere Systemstabilität sozialistischer M. war dabei stets umstritten und erscheint angesichts der Krisen bzw. Umwälzungen in den entsprechenden osteuropäischen Systemen (Ungarn, Jugoslawien) praktisch wie theoretisch fraglicher denn je.

II. Der Neo-Liberalismus ordnet dem Staat nicht nur wichtige, wenn auch primär auf die Setzung der Rahmenbedingungen beschränkte wirtschaftspolitische Aufgaben zu, er vertritt auch die These einer strengen Interdependenz der Ordnungen. Er hält insbesondere nur eine M. für vereinbar mit einer freiheitlichen Demokratie westlichen Musters (↗ Demokratietheorie). Überwiegend wird eine strenge Interdependenz als überzogene Modellkonstruktion abgelehnt, auch wenn die Frage nach strukturellen Affinitäten von Wirtschaftssystemen und politischen Systemen und daraus zu ziehenden Konsequenzen als wichtig anzuerkennen ist. Den Vorstellungen *Euckens* und der am mittelalterlichen Ordo-Gedanken orientierten Ordo-Liberalen wird unter dem Gesichtspunkt der wechselseitigen ökonomisch-politischen Einflüsse zudem ein inadäquates Politikverständnis vorgehalten, z. B. sei die Forderung nach dem starken, Wettbewerb erzwingenden Staat angesichts der von ↗ Interessengruppen wesentlich mitbestimmten pluralistischen Demokratien des Westens irreal (↗ Pluralismus).

Im Gegensatz zu den idealtypischen Modellen sind alle realen Systeme mehr oder minder Mischsysteme. In der erheblichen Bandbreite grundsätzlich m. ausgerichteter Systeme der westlichen Industrieländer sind in der Nachkriegszeit insbesondere die ↗ Soziale Marktwirtschaft der Bundesrepublik Deutschland und das *Planification*-System Frankreichs diskutiert worden, wobei auch hier Leitbild und Realität zu unterscheiden und Veränderungen in der Zeit zu berücksichtigen sind. Besonderes Interesse galt der Frage nach dem Optimum wirtschaftspolitischer Eingriffe in einer M. Die Antworten fallen bis heute entsprechend der unterschiedlichen Einschätzung m. Defizite und dem unterschiedlichen Stellenwert des Ordnungsdenkens – Kriterium der Systemkonformität – vielfältig aus.

Das gilt auch für die Ebene des Weltwirtschaftssystems. Auch hier existiert prinzipiell ein dezentral gesteuertes m. System, das mangels eines Weltstaates als politischem Träger einer Wirtschaftsplanung im Weltmaßstab prinzipiell ohne Alternative ist. Die bisher im wesentlichen vergeblichen Versuche der Entwicklungsländer, im Rahmen einer Neuen Weltwirtschaftsordnung eine andere Mischung, insbesondere Korrekturen zugunsten stärkerer wirtschaftspolitischer Eingriffe (z. B. Integriertes Rohstoffprogramm) durchzusetzen, gehen nicht über ein Eingriffsniveau hinaus, das auf einzelstaatlicher Ebene in M. durchaus etabliert ist, wobei Sinn und Effizienz solcher Korrekturen umstritten sind.

Die »Konkurrenz der Systeme« ist in der Nachkriegszeit vor allem auf ökonomischem Gebiet ausgetragen worden. Eine Tendenz zur Mischung unterschiedlicher Steuerungselemente, insbesondere zunehmende wirtschaftspolitische Eingriffe des Staates in westlichen M. einerseits, vermehrter Einbau von Marktelementen – »ökonomische Hebel« – und ein höheres Maß an Dezentralisierung der Entscheidungsstrukturen in den osteuropäischen Wirtschaftssystemen andererseits, sind in dem Theorem der Systemkonvergenz verarbeitet worden, das in unterschiedlicher Akzentuierung eine zunehmende Annäherung der politischen und wirtschaftlichen Systeme konstatiert und prognostiziert. Die ökonomisch akzentuierte Konvergenztheorie ist vor allem von Vertretern des Neo-Liberalismus als oberflächlich und wertblind kritisiert und durch die jüngste Entwicklung weitgehend widerlegt worden.

III. Neben umfassenden Fundamentalkritiken der M., wie sie etwa im Rahmen der Theorie des staatsmonopolistischen Kapitalismus (STAMOKAP) vorgetragen werden, finden sich Partialkritiken auch unter Anhängern der M., die teilweise mit Lösungsansätzen verbunden sind.

Ein Kritikpunkt sind krisenträchtige gesamtwirtschaftliche Instabilitäten, wobei die Lösungsvorschläge von weitgehenden wirtschaftspolitischen Eingriffen in das Lenkungssystem (z. B. Investitionslenkung) über mittlere keynesianische Ansätze (↗ Keynesianismus) bis zur Reduzierung und Verstetigung prozeßpolitischer Eingriffe, z. B. Regelbindung im Rahmen des ↗ Monetarismus, reichen. Ein weiterer Ansatzpunkt der Kritik ist die Vermachtung der Märkte, wobei unterschiedliche Aspekte (Ausbeutung und Steuerung der Verbraucher – manipulative Werbung –, größenbedingte Asymmetrien – »Sozialisierung der Verluste« bei Großunternehmen –, Herrschaft der Manager) betont werden. Traditioneller Kritikpunkt ist auch die Verteilungsfrage, wobei insbesondere die Vermögenskonzentration herangezogen wird. Als wichtigster Vorzug der m. Steuerung wird demgegenüber ihre Flexibilität und ungeachtet vorhandener Defizite ihre Überlegenheit im Vergleich zu Alternativen behauptet. Das Urteil über die M. fällt notwendig sehr verschieden aus, weil kein Konsens über die Vergleichskriterien und ihre Rangordnung besteht, insbesondere von Verfechtern wie Gegnern der Bezug zu übergeordneten Werten (z. B. ↗ Freiheit, Gerechtigkeit) und dem ↗ Politischen System betont wird.

Im Zuge der Systemtransformation früherer planwirtschaftlicher Systeme in Osteuropa, aber auch in der Dritten Welt (z. B. China) ist es national wie international zumindest konzeptionell zu einem Siegeszug marktorientierter Lösungen gekommen, und auch die wissenschaftliche Grundsatzkritik an M. hat an Gewicht verloren. Die Ursache dafür ist aber v. a. die Schwäche der Alternativkonzepte, während die Diskussion um und die Suche nach der optimalen konkreten Wirtschaftsordnung innerhalb eines prinzipiell marktwirtschaftlichen Systems und die Minimierung der damit verbundenen Defizite und Probleme mit Sicherheit weitergehen wird.

Uwe Andersen

↗ Arbeitslosigkeit; Arbeitsmarktpolitik.

Lit.: *Arndt, H.* (Hrsg.) ²1971: Die Konzentration in der Wirtschaft, 2 Bde., Berlin. *Eucken, W.* ³1960: Grundsätze der Wirtschaftspolitik, Tübingen/Zürich. *Eucken, W.* ⁸1965: Die Grundlagen der Nationalökonomie, Berlin usw. *Galbraith, J. K.* 1968: Die moderne Industriegesellschaft, München. *Hensel, K. P.* ³1978: Grundformen der Wirtschaftsordnung. Marktwirtschaft – Zentralverwaltungswirtschaft, München. *Mandel, E. H.* 1972: Der Spätkapitalismus. Versuch einer marxistischen Erklärung, Frankfurt/M. *Marx, K.* 1970: Das Kapital. MEW 23–25, Berlin (Ost). *Meißner, H.* 1971: Konvergenztheorie und Realität, Frankfurt/M. *Neuberger, E./Duffy, W.* 1976: Comparative Economic Systems. A Decision Making Approach, Boston. *Schumpeter, J.A.* ²1950: Kapitalismus, Sozialismus und Demokratie, München. *Ward, B.* 1986: Die Idealwelten der Ökonomie, Frankfurt/M. (amerik. 1979).

Marxismus

I. Der Sammelbegriff Marxismus (M.) bezeichnet die heterogene und in sich widersprüchliche Pluralität derjenigen theoretischen Ansätze und darauf gegründeten politischen Positionen, die sich auf die Lehre von *Karl Marx* berufen. Diese Lehre stellt kein abgeschlossenes »System« dar, sondern ein theoretisches und praktisches Programm, das seinen Anhängern verschiedene Anknüpfungspunkte bietet. Es enthält eine bestimmte Sicht der Wirklichkeit und eine – ihr entsprechende spezifische Wissenschaftsauffassung und Methode. Die marxistische (m.) Sicht der Wirklichkeit beruht auf der Grundüberzeugung, das politische, geistige, kulturelle und sonstige Leben der Gesellschaften werde »bestimmt« von den ihm zugrunde liegenden ökonomischen Strukturen und Verhältnissen, über die es sich reproduziert. Am Anfang jeder Analyse steht daher nach m. Wissenschaftsauffassung die Thematisierung der ökonomischen Situation in Anlehnung an die richtungweisenden paradigmatischen Ausführungen im »Kapital« von *Marx*.

Die m. Theorie versteht sich als Reflex und Anleitung der politischen Praxis. Geleitet von dem Ziel einer klassenlosen Gesellschaft, »worin die freie Entwicklung eines jeden die Bedingung für die freie Entwicklung aller ist« (MEW 4: 482), strebt der M. danach, durch die kritische Analyse der jeweils gegebenen Verhältnisse die Bedingungen und Wege ihrer Revolutionierung und Transformation freizulegen (↗ Revolution). Die Differenzen zwischen den Marxisten resultieren aus unterschiedlichen historischen, nationalen und politischen Erfahrungen und deren – wiederum unterschiedlichen – Verarbeitung und Umsetzung. Als Methode der wiss. Darstellung von Sachverhalten und Zusammenhängen dient die Dialektik; ihre Aufgabe besteht nach *Hegel* darin, im Ausgang vom »Abstrakt-Allgemeinen«, d.h. den wesentlichen Grundlagen und Bestimmungen der Phänomene, die »Besonderungen des Begriffs« hervorzubringen und ins »Konkret-Allgemeine«, d.h. in die begriffliche »Totalität« der Phänomenbestimmungen, »aufzuheben«.

II. Schematisch lassen sich in der Herausbildung der *Marxschen* Lehre drei Entwicklungsstufen unterscheiden:

1. Der Humanismus des jungen *Marx*. Unter dem Einfluß der Junghegelianer (*B. Bauer, L. Feuerbach* u.a.) und des Frühsozialismus (↗ Kommunismus) kam *Marx* in den frühen 1840er Jahren zu einer sozialphilosophischen Konzeption, die sich die Aufhebung der menschlichen Entfremdung zum Ziel setzte.

2. Die Revolutionstheorie. Um den Selbstbewußtwerdungsprozeß der in Bewegung geratenen Arbeiter (↗ Arbeiterbewegung), die Bildung des proletarischen Klassenbewußtseins, anzuleiten, stellten *Marx* und *Engels* im »Kommunistischen Manifest« (1848) geschichtsphilosophische Reflexionen an und suchten die revolutionären Bestrebungen der 1840er Jahre in einen allgemeinen historischen Erklärungsrahmen zu integrieren, dessen Struktur durch die These festgelegt war, die Geschichte sei eine Geschichte von Klassenkämpfen gewesen, die durch die »Dialektik von Produktivkräften und Produktionsverhältnissen« vorangetrieben wurde.

3. Kritik der ↗ Politischen Ökonomie. An die Stelle des Humanismus und der ihn ablösenden Geschichtsphilosophie trat seit den 1850er Jahren der Versuch

einer systematischen Darstellung und Kritik der kapitalistischen Produktionsweise vermittels einer Kritik der nationalökonomischen Literatur (*Adam Smith, David Ricardo* u. a.).

Die aus dem Staatsleben freigesetzte »bürgerliche Gesellschaft« (↗ Bürgertum/Bürgerliche Gesellschaft und Kultur) hatte sich um die entstandenen Geld- und Besitzverhältnisse kristallisiert und die Akteure des ökonomischen Prozesses zu bloßen Vollstreckern oder – wie *Marx* sagte – zu »Charaktermasken« oder »Personifikationen« ökonomischer Zwangsgesetze degradiert. Diese Zwangsgesetze, die den Menschen ihre eigene gesellschaftliche Bewegung als sachliche Beziehung zurückspiegelten, wollte *Marx* als Waren-, Geld- und Kapitalfetischismus entlarven. Im Aufstieg vom Abstrakten zum Konkreten, von der »einfachen Warenzirkulation« über den »Verwertungsprozeß des Kapitals« bis hin zur »Oberfläche der bürgerlichen Gesellschaft«, wollte er alle Formen dialektisch begründen, über die sich der »Produktions- und Zirkulationsprozeß des Gesamtkapitals« vermittelt. – Zugleich sollte die Kritik der politischen Ökonomie den »Schlüssel« abgeben für die Erkenntnis der bürgerlichen Gesellschaft insgesamt und der in ihr wurzelnden Rechtsverhältnisse und Staatsformen. *Marx* selbst kam jedoch nicht mehr dazu, diese Aufgabe in Angriff zu nehmen. Das »Kapital« blieb fragmentarisch und bricht an jener Stelle ab, da er die »Klassen der modernen Gesellschaft« untersuchen wollte. Es gelang ihm nicht mehr, von der abstrakt-allgemeinen »Kernstruktur« der bürgerlichen Gesellschaft aufzusteigen zu den realen und konkreten Formen des Zusammenlebens. Seine Schüler versuchten, dieses Defizit auszugleichen und auf der Grundlage der Kritik der politischen Ökonomie Rechtsverhältnisse und Staatsformen sowie die ihnen entsprechenden Institutionen und Bewußtseinsformen »abzuleiten«, hatten dabei aber den sich wandelnden Bedingungen des sozialen und politischen Lebens Rechnung zu tragen.

III. Nach *Marx'* Tod versuchte *Engels*, der eine »Dialektik der Natur« konzipierte, seine Lehren zu systematisieren und zu popularisieren. Er wollte den dialektischen Materialismus zur Grundlage der »proletarischen Weltanschauung« machen. In seiner Schrift »Vom Ursprung der Familie, des Privateigentums und des Staates« (1884) unternahm er – im Anschluß an *L. H. Morgans* Forschungen zur »Urgesellschaft« – eine historische Rekonstruktion des Staates, die diesen aus den ökonomischen Klassenkonflikten der Gesellschaften begründete. In der weiteren Entwicklung des M. lassen sich in der Zeit vom Ende des 19. Jh.s bis zu den 20er Jahren folgende Richtungen unterscheiden:

1. Ökonomismus. Die ersten Schüler von *Marx* beschäftigten sich – abgesehen von einigen Ausnahmen wie *A. Labriola*, dem frühen *K. Kautsky* u. a. – vor allem mit Problemen der kapitalistischen Ökonomie. Die Staatsfrage wurde für den M. erst wieder zum Thema, als den sozialistischen Bewegungen infolge des militärischen Zusammenbruchs (1917–18) die politische Macht in Rußland, Deutschland, Österreich und Ungarn zufiel. Während der Zeit der II. Internationale (1889–1914) stand die Frage nach dem »Akkumulations- und Zusammenbruchsgesetz des kapitalistischen Systems« *(Grossmann)* im Zentrum der Diskussion. Der von ihr entwickelte »Ökonomismus« vertraute mit seiner Selbstlaufstrategie – paradigmatisch ausgebildet in *Kautskys* Naturgeschichte der sozialen Evolution – auf die historische Gesetzmäßigkeit des Übergangs vom ↗ Kapitalismus zum ↗ Sozialismus und bemühte sich theoretisch um die Erklärung der sozioökonomischen und politischen Erscheinungen durch das *Marx*sche Werk.
Da sich die verschiedensten Erscheinungsformen des sozialen und politischen Lebens gegen die Erklärung durch das *Marx*sche Werk sperrten, wurden in der Folge von verschiedenen Sekten Versuche unternommen, die Kritik der politischen Ökonomie durch immer neue, über die Ökonomie hinausgreifende Ergänzungstheorien zu komplettieren, die die Verzögerung des kapitalistischen Zu-

sammenbruchs erklären sollten, wie *R. Hilferdings* »Finanzkapital« (1910) und seine Theorie des organisierten Kapitalismus, *Lenins* ↗ Imperialismustheorie, *R. Luxemburgs* »Akkumulation des Kapitals« (1913), *O. Bauers* Gleichgewichtstheorie, *K. Renners* Lehre von der Durchstaatlichung der Wirtschaft usw.

2. Revisionismus. Während die zuletzt genannten Autoren die *Marxsche* Lehre nur ergänzen wollten, unterzog sie der »Revisionismus« einer grundlegenden Kritik. In Deutschland entfachte *E. Bernstein* Mitte der 1890er Jahre den Revisionismusstreit, der in weiten Teilen der Sozialdemokratie (↗ Sozialdemokratische Parteien) eine Abkehr von *Marx* und die Aufgabe vieler seiner Positionen zur Folge hatte. *Bernstein* wandte sich gegen den Hegelianismus der *Marx*schen Theorie und verwarf die dialektische Methode, die er für die Fehleinschätzung der ökonomischen Entwicklung durch *Marx* verantwortlich machte. Die Parteidoktrin der Sozialdemokratie *(K. Kautsky, A. Bebel, E. Bernstein* u.a.) ging zur Staatsbejahung über und erstrebte eine demokratische Republik, die für die ↗ Emanzipation der Arbeiterklasse instrumentalisiert und als ↗ Sozialstaat ausgebaut werden sollte.

3. Bolschewismus. Dagegen spezifizierte die bolschewistische Theorie *(Lenin, N. Bucharin, L. Trotzky* u.a.) zunächst die These vom Klassencharakter des (zaristischen) Staates, der zu zerschlagen und durch eine Räte-Demokratie oder durch den ↗ Demokratischen Zentralismus zu ersetzen sei. Die *Bolschewiki* wollten das ökonomische Denken durch »konkrete Analyse des konkreten Gegenstandes« *(Lenin)* überwinden und die sozialen und politischen Zusammenhänge – im Gegenzug zum Revisionismus – mit Hilfe der dialektischen Methode erklären, die als Kern des historischen und dialektischen Materialismus angesehen wurde. Das Verhältnis von Ökonomie und Politik wurde – in Widerspiegelung der Entwicklung der Sowjetunion zu einer sich institutionell verfestigenden Staatsform – umgekehrt, indem letztere zur Herrscherin über die erstere überhöht wurde.

4. Austromarxismus. Eine gewisse Zwischenstellung zwischen Revisionismus und Bolschewismus nahm der von *M. Adler, O. Bauer, R. Hilferding, K. Renner* u.a. repräsentierte »Austromarxismus« ein (vgl. *Leser* 1968), mit dem sich nach den russischen »legalen Marxisten« nun auch in Westeuropa erstmals eine akademische Schule des M. etablierte. Bis 1914 mehr eine »Geistergemeinschaft« *(L. B. Boudin),* suchte der Austromarxismus nach 1918 *(Bauer* 1976: 296) »die sozialdemokratische und die kommunistische Einseitigkeit in einem sowohl die Sozialdemokratie als auch den Kommunismus in sich vereinigenden *integralen Sozialismus* zu überwinden«.

5. Der sog. Hegelmarxismus (G. *Lukács, K. Korsch)* unternahm den Versuch, eine Theorie des Klassenbewußtseins oder eine Philosophie des Proletariats auszuarbeiten. Durch Analyse der bewußtseinsbildenden und handlungsleitenden Prozesse sollte das Theorie-Praxis-Verhältnis selbst theoretisch eingeholt werden. Die Wirklichkeit wurde als Verdinglichungszusammenhang begriffen, der vom Historischen Materialismus theoretisch, von der Arbeiterklasse im Verfolg ihrer »historischen Mission« praktisch aufgebrochen werden sollte.

IV. Während alle bislang erwähnten Positionen vom Vertrauen auf die emanzipatorische Kraft der Arbeiterbewegung getragen wurden, sah sich diese Hoffnung in den 30er Jahren jäh enttäuscht. In den sozialstaatlich organisierten Gesellschaften des Westens wurde die begonnene Emanzipation und Demokratisierung in Italien und Deutschland durch ↗ Faschismus und ↗ Nationalsozialismus unterbrochen. Mit der Verfestigung der sozialistischen Gesellschaft in der Sowjetunion wandelte sich die Diktatur des Proletariats in eine »Diktatur der Partei« *(Kautsky)* und letztlich in eine Diktatur *Stalins* (↗ Stalinismus). Die marxistisch orientierten Wissenschaftler sahen sich daher mit völlig neuen Erfahrungen konfrontiert, die sie verarbeiten mußten. Besonders erklärungsbedürftig erschien das neuartige Phänomen der

Verschmelzung von Ökonomie und Politik, von Gesellschaft und Staat zu einer umfassenden Totalität, in der sich autoritäre Strukturen zementierten.
1. Die ↗ Kritische Theorie der »Frankfurter Schule« *(M. Horkheimer, T. W. Adorno, H. Marcuse, E. Fromm, F. Pollock* u.a.) suchte diesem Problem ideologiekritisch mit dem Konzept einer interdisziplinären Sozialforschung beizukommen.

Auf der Grundlage einer Sozialphilosophie, die sich kritisch gegen die von *Marx* erkannte Verselbständigung der Tauschwertproduktion wandte, sowie einer Geschichtsphilosophie, die den daraus entspringenden Prozeß der Rationalisierung des sozialen und politischen Lebens zu erklären suchte, bemühte sich die Kritische Theorie um die Synopsis und Synthese der einzelwiss. Forschungsergebnisse. Sie griff dabei insbesondere auf sozialpsychologische Erklärungsraster zurück, die von der Psychoanalyse bereitgestellt wurden. Nach ihrer Emigration in die USA kritisierten *Horkheimer* und *Adorno* unter dem Titel »Dialektik der Aufklärung« (1947) die »instrumentelle Vernunft«, die ungehemmte Steigerung des technischen Niveaus der Produktion, in die *Marx* seine Hoffnung gesetzt hatte, als legitimatorische Basis und als Reflex einer »technokratischen Barbarei«.

2. Eine andere Erklärung versuchte in Italien *A. Gramsci* mit seinem Hegemonie-Konzept, demzufolge sich ökonomische »Basis« und juristisch-politischer »Überbau« zu einem komplexen und untrennbaren Zusammenhang verbinden, den er mit der Kategorie des »historischen Blocks« umschrieb.

Nach *Gramsci* durchdringen sich ökonomische, politische und ideologische Macht im Verlauf politischer Auseinandersetzungen zwischen Klassen und Klassenfraktionen zur Hegemonie der dann herrschenden Klasse, die sich sodann die politischen Institutionen zur Durchsetzung ihrer Interessen dienstbar macht. In Auseinandersetzung mit der Theorie *G. Sorels* begriff er den Staat als Einheit von politischer Gesellschaft und bürgerlicher Gesellschaft, »d.h. mit Zwang gepanzerte Hegemonie«.

3. In der Sowjetunion schrumpfte dagegen die marxistische Lehre unter der Herrschaft des Stalinismus zu einigen Formeln, die als verbindliche »Weltanschauung« festgeschrieben wurden. Die Revolutionstheorie wurde in ihrer leninistischen Variante, der Theorie der Berufsrevolutionäre als Avantgarde des Proletariats, zur Legitimationsdoktrin der herrschenden, in bürokratischen Strukturen erstarrenden Partei mit ihrem »Personenkult« (↗ Marxismus/Leninismus).
4. In China bildete sich mit dem Maoismus eine neue Form des M. heraus, die sich 1949 theoretisch und praktisch durchsetzte und in der Folge mit der Theorie der permanenten Revolution und des Guerillakrieges einen wachsenden Einfluß auf die nationalen Befreiungsbewegungen in Indochina, Kuba, Afrika und Lateinamerika ausstrahlte.

Für *Mao Zedong* wird die Entwicklung – auch der sozialistischen Gesellschaften – vorangetrieben durch Widersprüche, die daher nicht unterdrückt, sondern ausgenutzt werden sollen. Ihm zufolge gibt es nichts auf der Welt, was sich auf absolut gleiche Art entwickelt, folglich auch keine allgemeinen Entwicklungsgesetze, nach denen sich die politische Entwicklung verschiedener Länder synchronisieren ließe. Vielmehr sei die jeweilige Entwicklung durch die Dominanz bestimmter Hauptwidersprüche über die davon abgeleiteten Nebenwidersprüche und durch das Verhältnis von antagonistischen und nichtantagonistischen Widersprüchen in ihrer ungleichmäßigen Entwicklung bestimmt.

5. Mit der Liberalisierung der Sowjetunion nach dem XX. Parteitag der KPdSU (1956) begann – insbesondere in den außersowjetischen Staaten des Ostens eine erneute Zurückwendung des M. auf die *Marxschen* Frühschrif-

ten, die in Gestalt des marxistischen Humanismus oder Reformkommunismus (*A. Schaff, L. Kolakowski, G. Petrovič, P. Vranicki* u.a.) alsbald ihre Früchte trug. Eine philosophische Gegenposition zu diesen Ansätzen entwikkelte in den 60er Jahren *L. Althusser* in Frankreich, der im *Marx*schen Spätwerk einen »theoretischen Antihumanismus« erblickte, für den nicht Menschen, sondern ökonomische, politische, ideologische und andere Strukturen die eigentlichen historischen Subjekte sind.

V. Neuere Tendenzen.

1. Im Anschluß an *Lenins* These, der Imperialismus oder »staatsmonopolistische Kapitalismus« stelle die letzte Stufe der kapitalistischen Entwicklung dar, entwickelte sich in den real existierenden sozialistischen Staaten, insbesondere in der DDR, Mitte der 60er Jahre die Theorie des staatsmonopolistischen Kapitalismus (STAMOKAP), derzufolge sich die kapitalistischen »Monopole« über die bestehende Herrschaftsorganisation die Staatsmacht dienstbar machen (vgl. *R. Gündel* u.a. 1967; Imperialismus heute, 1966).

2. Im Gegenzug gegen die »STAMOKAP-Theorie« entwickelte sich eine Diskussion, die man als politische Theorie des »westlichen Marxismus« zusammenfassen könnte.

Weder seien marktbeherrschende Monopole in den kapitalistischen Gesellschaften ausmachbar – allenfalls für kurze Zeit in einzelnen Branchen –, noch ließe sich aus der chaotischen Pluralität der miteinander konkurrierenden Konzerne und kleineren Kapitale ein wirkliches Gesamtinteresse der ökonomisch Mächtigen ermitteln, das nicht zugleich Interesse der Arbeitenden sei, wie beispielsweise die staatliche Garantie von Rechtsbeziehungen oder die Aufrechterhaltung der Produktion und Zirkulation des Kapitals durch Krisenmanagement und Ausbau der Infrastruktur. Man müsse deshalb zu einer grundsätzlichen Neubestimmung des Verhältnisses von Ökonomie und Politik im Spätkapitalismus gelangen, die den Etatismus der Sozialdemokratie und den Instrumentalismus des Kommunismus überwindet, indem sie die faktischen Einflußmöglichkeiten und Grenzen staatlichen Handelns in bezug auf die Kapitalbewegung klärt.

Mit den 70er Jahren begann in den Sozialwiss. der meisten westlichen Länder eine Marx-Renaissance, die sich aus den sich mehrenden ökonomischen Krisenerscheinungen, den Unzulänglichkeiten technokratischer und planifikatorischer Versuche und dem Zukurzgreifen der Kritischen Theorie auf ökonomischem Gebiet erklärt. Der Impetus dieser Renaissance verlor jedoch in dem Maße an Stoßkraft, wie das begriffliche und methodische Instrumentarium der Kritik der politischen Ökonomie seinerseits sich als nicht hinreichend erwies, um die Totalität der politischen Erscheinungen erklären zu können, was eine »Krise des Marxismus« (*Althusser*) zur Folge hatte.

3. Hauptgegenstand der m. Kritik war der ↗ Keynesianismus, die politisch-ökonomische Lehre der Sozialdemokratie.

So unterwarfen italienische Marxisten (*A. Negri, M. Tronti* u.a.) den sog. »Planstaat« einer umfassenden Kritik – mit dem Ziel, die Einflußmöglichkeiten der Arbeiterklasse auf die staatliche Politik zu erweitern. Anknüpfend an *L. Althussers* Theorie der »ideologischen Apparate« vertrat *N. Poulantzas* (1978) die Auffassung, die staatliche Politik müsse als Resultante der in die Struktur des Staates selbst eingeschriebenen Klassenwidersprüche verstanden werden, der Staat sei daher die Verdichtung, Materialisierung und Verkörperung eines Kräfteverhältnisses zwischen Klassen und Klassenfraktionen und müsse als solche untersucht werden. In der Bundesrepublik Deutschland entwickelte sich – eingeleitet durch die Revisionismuskritik von *W. Müller* und *C. Neusüß* (1970) eine Diskussion, die sich als »Staatsableitung« einen Namen machte. Die Beteiligten an dieser Auseinandersetzung (*E. Altvater, B. Blanke, U. Jürgens, H. Kastendiek, J. Hirsch, Projekt Klassenanalyse, D. Läpple* u. a.) wollten die von dem russischen Rechtssoziologen *E. Paschukanis* in seiner Schrift »Allgemeine Rechtslehre und Marxismus« (1929) aufgeworfene Frage beantworten, warum sich die öffentliche Herrschaft von der Gesellschaft abspalte und die Form eines unpersönlichen Machtapparates annehme. Im systematischen Nachvollzug des *Marxschen* Aufstiegs vom Abstrakten, dem einfachen Warentausch, zum Konkreten, der Konkurrenz der Einzelkapitale, leitete man die Möglichkeit, Wirklichkeit und Notwendigkeit einer außerökonomischen Zwangsgewalt als rechtsetzender und -durchsetzender Instanz ab. Die weiteren Aufgaben des Staates – Schaffung von »allgemeinen Produktionsbedingungen« (Infrastruktur etc.) und »Krisenmanagement« (antizyklische Gegensteuerung etc.) – wurden funktional aus den Erfordernissen des Kapitalkreislaufes begründet (↗ Staatstheorie). Die Probleme und Grenzen des Staatsinterventionismus wurden aus den Schranken der Interventionsmedien Recht und Geld abgeleitet. Diese Diskussion beschränkte sich hauptsächlich auf konzeptionelle und methodologische Erorterungen.

Insgesamt lassen die genannten Positionen die seit Anbeginn bestehende Pluralität der Ansätze, Methoden, Theorien, Begriffe usw. erkennen, mit denen der M. die Politik zu erklären sucht. Er erstrebt zwar in den meisten seiner Träger eine ↗ Ökonomische Theorie der Politik, trägt aber in der Regel der (relativen) Autonomie des Staates gegenüber der Wirtschaft Rechnung und analysiert die konkreten Kräfteverhältnisse im politischen Feld. Nur einzelne Extrempositionen (Ökonomismus, STAMOKAP) konstruieren einen Kausalzusammenhang zwischen ökonomischer »Basis« und politischem »Überbau«. Durch seinen ökonomischen und klassenanalytischen Zugang hat der M. der empirischen Forschung wichtige Bereiche erschlossen, die einer institutionalistisch oder normativistisch orientierten Politikwiss. unzugänglich blieben. Allerdings ist die politische Theorie des M. charakterisiert durch eine Kluft zwischen theoretischem Programm und empirischer Umsetzung. Durch die Fixierung auf die *Marx*sche Kritik der politischen Ökonomie droht ihr ferner stets die Gefahr, die Komplexität des sozialen und politischen Handelns auf den kapitalistischen »Grundwiderspruch« zu reduzieren, den Widerspruch von Lohnarbeit und Kapital, und »das Politische« als bloßen Reflex der ökonomischen »Basis« zu verstehen, also in »Ökonomismus« auszuarten und die Eigenbewegung des politischen Systems zu vernachlässigen.

Gerhard Göhler / Klaus Roth

Lit.: *Adler, M.* 1922: Die Staatsauffassung des Marxismus, Wien. *Althusser, L.* 1977: Ideologie und ideologische Staatsapparate, Hamburg/Berlin. *Arndt, A.* 1985: Karl Marx. Versuch über den Zusammenhang seiner Theorie, Bochum. *Bauer, O.* 1976: Zwischen zwei Weltkriegen?, in: *ders.:* Werke, Bd. 4, Wien (zuerst 1936). *Brandes, V.* u. a. (Hrsg.) 1977: Handbuch 5: Staat, Frankfurt a. M./Köln. *Colletti, L.* 1971: Bernstein und der Marxismus der Zweiten Internationale, Frankfurt/M. *Eurokommunismus und Theorie der Politik.* Das Argument. Sonderband, 44/1979. *Fetscher, I.* (Hrsg.) 1976: Grundbegriffe des Marxismus, Hamburg. *Grebing, H.* 1977: Der Revisionismus. Von Bernstein zum »Prager Frühling«, München. *Gündel, R.* u. a. 1967: Zur Theorie des staatsmonopolistischen Kapitalismus, Berlin (Ost). *Habermas, J.* 1971: Literaturbericht zur philosophischen Diskussion um Marx und den Marxismus, in: *ders.:* Theorie und Praxis, Frankfurt/M. (zuerst 1957). *Hanak, T.* 1976: Die Entwicklung der marxistischen Philosophie, Darmstadt. *Hobsbawm, E. J.* (Hrsg.) 1978: Storia del marxismo, Bd. 1, Bologna (engl. 1982). *Holloway, J. / Picciotto, S.* (Hrsg.) 1978:

State and Capital. A Marxist Debate, London. *Kallscheuer, O.* 1986: Marxismus und Sozialismus bis zum Ersten Weltkrieg, in: *Fetscher, J./Münkler, H.* (Hrsg.): Pipers Handbuch der politischen Ideen, Bd. 4. München/Zürich, 515–588. *Kelsen, H.* 1920: Sozialismus und Staat, Leipzig. *Kernig, C. D.* (Hrsg.) 1973: Marxismus im Systemvergleich, 3 Bde., Frankfurt a. M./New York. *Kolakowski, L.* ²1981: Die Hauptströmungen des Marxismus, 3 Bde., München/Zürich. *Lenin, W.I.* 1961–64: LW, Bd. 1–40. *Leonhard, W.* 1970: Die Dreispaltung des Marxismus, Düsseldorf/Wien. *Leser, N.* 1968: Zwischen Reformismus und Bolschewismus, Wien usw. *Luxemburg, R.* 1913: Die Akkumulation des Kapitals, Berlin. *Mandel, E.* 1968: Marxistische Wirtschaftstheorie, 2 Bde., Frankfurt/M. *Marx, K.*: Grundrisse der Kritik der politischen Ökonomie (1857–58). *Marx, K./Engels, F.* 1972–83: MEW, Bd. 1–42. *Müller, W./Neusüß,* C. 1970: Die Sozialstaatsillusion und der Widerspruch von Lohnarbeit und Kapital, in: Sozialistische Politik 6/7, 4ff. *Neusüss, A.* 1981: Marxismus. Ein Grundriß der Großen Methode, München. *Poulantzas, N.* 1978: Staatstheorie, Hamburg. *Rossi, M.* 1960–63: Da Hegel a Marx, 3 Bde., Rom. *Sandkühler, H. J./de la Vega, R.* (Hrsg.) 1970: Austromarxismus, Frankfurt/M. *Sandkühler, H. J./de la Vega, R.* (Hrsg.) 1974: Marxismus und Ethik, Frankfurt/M. *Vranicki, P.* 1972–74: Geschichte des Marxismus, 2 Bde., Frankfurt/M.

Marxismus-Leninismus

Der »Marxismus-Leninismus« (ML) war die offizielle Weltanschauung der Sowjetunion und der sozialistischen Länder, die sich am sowjetischen Vorbild orientierten. Nach dem Zusammenbruch dieser Herrschaftssysteme hat der ML seine institutionell gestützte Monopolstellung eingebüßt und damit auch seine einstige politische und soziale Bedeutung verloren. Heute kann er in der nachstehend dargestellten Form auch in seinem ehemaligen Geltungsbereich nur noch ein historisches Interesse beanspruchen.

I. In den ersten Jahren nach der Oktoberrevolution war es in der sowjetischen Publizistik allgemein üblich, das revolutionäre Programm der russischen Kommunisten mit dem Ausdruck »Bolschewismus« zu bezeichnen (nach dem russischen Wort für »Mehrheit« *[bol'šinstvo]*, die die Anhänger *Lenins* bei einer Abstimmung über die Parteistatuten der Russischen Sozialdemokratischen Arbeiterpartei auf deren II. Kongreß 1903 gewonnen hatten). Der Begriff »Leninismus« ist nach der Veröffentlichung der programmatischen Schrift von *J. W. Stalin* »Über die Grundlagen des Leninismus« im Mai 1924 als konkurrierende Bezeichnung für die *Leninschen* Theorien in Gebrauch gekommen. In der Frühphase der sowjetischen Geschichte identifizierte man die Termini »Bolschewismus«, »russischen Kommunismus« und »Leninismus« unterschiedslos mit der »richtigen« Interpretation des revolutionären ↗ Marxismus. Als aber nach einigen Jahren das Problem auftauchte, eine zusammenfassende Bezeichnung für die ideologischen Grundlagen der sowjetischen Politik zu finden, zeigte sich, daß man keinen geeigneten Begriff besaß, um die Legitimationsgrundlagen des sowjetischen Staates in einem Begriff zum Ausdruck zu bringen.
Die Aufgabe, die marxistischen und die leninistischen Elemente der sowjetischen Staatsdoktrin begrifflich zusammenzufassen, hat eine sprachliche Neubildung übernommen, die Mitte der 20er Jahre in der sowjetischen Terminologie auftaucht. Die Neologie ML entsteht im Zusammenhang mit der von *Stalin* getroffenen Unterscheidung des »Leninismus« von »Marxismus« als »Weiterentwicklung des Marxismus«: »Der Leninismus ist der Marxismus der Epoche des Imperialismus und der proletarischen Revolution« *(Stalin* ²1950: 10). Diese Differenzierung machte es erforderlich, einen Begriff zu finden, der beide Elemente der sowjetischen Staatsdoktrin wieder zu einer strukturierten Einheit verband. Der Anstoß zur Lösung des Problems ging von *V. V. Adoratskijs* Schrift »Was ist der Marxismus-Leninismus?« (1926) aus, in der sie zu gleichwertigen Bestandteilen der sowjetischen Ge-

schichts- und Gesellschaftstheorie erklärt wurden *(Adoratskij* 1926*)*. Bald darauf bemächtigen sich die Vertreter der »dialektischen Philosophie« *(A. M. Deborin* u. a.) des Begriffs, um in der Auseinandersetzung mit den »Mechanizisten« *(A. K. Timirjazev* u. a.) über die richtige Auffassung des dialektischen Materialismus die Orthodoxie ihres Standpunktes zu betonen. Als schließlich die »Deborinisten« ihrerseits 1931 von der Partei als ideologische Abweichler vom ML verurteilt wurden, hatte sich dieser Ausdruck bereits weitgehend als Bezeichnung für die sowjetische Parteiideologie durchgesetzt.

II. Nach der offiziellen Sprachregelung umfaßt der ML nur die Lehren (Analysen, Postulate und Werturteile) von *Karl Marx, Friedrich Engels* und *W. I. Lenin*, in Wirklichkeit jedoch auch die Beiträge von *J. W Stalin* (mit einigen Korrekturen und Modifikationen; ↗ Stalinismus) sowie seiner Nachfolger im Amt des Generalsekretärs der KPdSU über die dialektischen Bewegungsgesetze von Natur und Gesellschaft, über den gesetzmäßigen Ablauf der Geschichte, die Widersprüche der kapitalistischen Produktionsweise, die Erscheinungsformen des Klassenkampfes, die historische Mission der Arbeiterklasse, die Theorie und Taktik der proletarischen Revolution und die Methoden des sozialistischen und kommunistischen Aufbaus. Diese aus verschiedenen historischen Epochen stammenden Theorien und Analysen werden im ML als ein logisch geschlossenes wissenschaftliches System dargestellt, das dem planmäßigen Aufbau der sozialistischen Gesellschaft unter der Führung der ↗ Kommunistischen Parteien zugrunde liegt, das die politische und theoretische Tätigkeit der kommunistischen Parteien in aller Welt bestimmt, dem internationalen Klassenkampf des Proletariats die Ziele weist und damit als »theoretische Anleitung« für die revolutionäre Veränderung der Welt dient.

Der ML erhebt den Anspruch, über ein Wissen zu verfügen, das die Struktur der historischen und sozialen Gesetze erkläre und damit die Geschichte vorhersehbar und beherrschbar mache. Zu den »Gesetzmäßigkeiten«, auf die sich der ML beruft, gehören erstens die Ablösung des ↗ Kapitalismus durch den Sozialismus, zweitens die friedlich konkurrierende Koexistenz von Staaten unterschiedlicher Gesellschaftsordnung, solange der Kapitalismus noch besteht, drittens das »Gesetz von der wachsenden Rolle der Volksmassen in der Geschichte« und viertens die »gesetzmäßig wachsende Verschärfung des Klassenkampfes im internationalen Maßstab« *(Dynnik* 1967, VI: 5 f.). »Im Verlauf der Geschichte gewannen diese vom Marxismus-Leninismus aufgedeckten Gesetzmäßigkeiten allgemeinen Charakter. Ihr Wirken wird sich im Ergebnis der zukünftigen sozialistischen Revolutionen auf alle Völker der Welt ausdehnen« (ebd. 15). Die gesamte moderne Geschichte erscheint unter diesem Blickwinkel als Bestätigung der Vorhersagen von *Marx, Engels* und *Lenin* über die Unvermeidbarkeit der globalen Ausdehnung des Sozialismus. Alle politischen Entwicklungen, Revolutionen, Unabhängigkeits- und Befreiungsbewegungen, die seit 1917 zur Gründung neuer sozialistischer Herrschaftssysteme oder zur Erweiterung der sowjetischen Macht- und Einflußsphäre geführt haben, werden in den Rang von »Gesetzmäßigkeiten« erhoben, die auf den internationalen Sieg des Sozialismus hinwirken.

III. Die moderne Version des ML umfaßt drei Bestandteile: erstens die Philosophie des dialektischen und historischen Materialismus, zweitens die politische Ökonomie des Kapitalismus und Sozialismus und drittens (seit Beginn der 60er Jahre) die Theorie des wissenschaftlichen Kommunismus, die den Status einer Wissenschaft von der Politik erhalten hat.

Die drei Bestandteile des ML werden als Elemente der einheitlichen Weltanschauung der

Arbeiterklasse und ihrer revolutionären Partei behandelt, die untrennbar miteinander verbunden seien, wenngleich dabei den einzelnen Lehrstücken eine relative Selbständigkeit als Wissenschaften, ein besonderer Ort im System der Wissenschaften und auch eine spezifische Funktion zugesprochen wird. Die Philosophie des dialektischen und historischen Materialismus benötigt die Arbeiterklasse nach marxistisch-leninistischer Auffassung dazu, um sich die Welt theoretisch und praktisch anzueignen und um ihre Rolle in der geschichtlichen Entwicklung zu verstehen. Die politische Ökonomie bemüht sich um den wissenschaftlichen Beweis, daß die sozialistische Gesellschaftsordnung aufgrund objektiver Gesetzmäßigkeiten die ökonomische Gesellschaftsformation des Kapitalismus ablösen wird. Der wissenschaftliche Kommunismus spielt im Rahmen des ML die Rolle einer Theorie der Politik, die der Arbeiterklasse zeigt, wie sie den Kampf für die Befreiung von der kapitalistischen Ausbeutung und Unterdrückung zu führen und wie sie den sozialistischen und kommunistischen Aufbau zu organisieren habe. Die Einheit aller Bestandteile des ML muß sich nach dieser Auffassung letztlich in der Praxis des Klassenkampfes für die Verwirklichung der historischen Mission der Arbeiterklasse bewähren. Da aus der Sicht des ML die Vertreter der bürgerlichen ↗ Ideologie seine logische Geschlossenheit zu untergraben versuchen, müsse er sich in der kompromißlosen Auseinandersetzung mit allen Strömungen des Idealismus, des Vulgärmaterialismus und Revisionismus entwickeln.

René Ahlberg

Lit.: *Dynnik, A.M.* u.a. (Hrsg.) 1959 bis 1967: Geschichte der Philosophie, I–VI, Berlin (Ost). *Kolakowskij L.* 1977–1979: Hauptströmungen des Marxismus. Entstehung, Entwicklung, Zerfall, 3 Bde., München/Zürich.

Massenkommunikation

I. Unter Massenkommunikation (M.) versteht man Aussagen, die »öffentlich durch technische Verbreitungsmittel indirekt und einseitig an ein disperses Publikum vermittelt« werden (*Maletzke* 1976:4). M., übrigens ein wegen seiner unvermeidlichen Verbindung zu sozialphilosophisch geprägten Begriffsinhalten von Masse im Sinne von etwa Vermassung nicht besonders glücklich gewählter Begriff, unterscheidet sich deutlich von Kommunikation im allgemeinen, als deren wesentliches Kriterium *K. Merten* (1977: 93) soziale, sachliche und zeitliche Reflexivität, d.h. das sich in diesen Dimensionen jeweils wechselseitig aneinander ausrichtende Verhalten der Akteure, bestimmt hat. In der M. befinden sich Sender und Empfänger in der Regel nicht in einem direkten Interaktionsverhältnis, vielmehr ist der Sender weitgehend anonym, und die Empfänger haben keine unmittelbare Möglichkeit der Reaktion auf eine Kommunikation. Andererseits, so argumentiert *Merten* (1977: 144ff.), erfolgen über M. ganz analoge reflexive Verschränkungen wie bei Kommunikation. Diese Verschränkungen beziehen sich allerdings auf Vorstellungen darüber, was andere Empfänger wahrnehmen, was sie wissen und meinen. In diesem Zusammenhang kann man von M. als von einem virtuellen sozialen System sprechen, das durch die Herstellung von Beziehungen zwischen den Empfängern gekennzeichnet ist. Hier können dann Überlegungen zu den Funktionen von M., etwa Integration und Sozialisation, aber auch über Prozesse der Bildung von öffentlicher Meinung festgemacht werden.

Diese Konzeptualisierung von M. insbesondere im Bereich der elektronischen Medien reflektiert noch die technisch bedingten strukturellen Beschränkungen vor allem in der Verfügbarkeit von Kanälen. Die auf dem Vormarsch befindlichen neuen Kommunikationstechnologien, z.B. die hochkanaligen Glasfasernetze, werden jedoch auch individuelle Sender-Empfänger-Sender Beziehungen ermöglichen. Sind diese Technologien erst einmal flächendeckend verfügbar, wird dies auch veränderte Konzeptualisierungen der Struktur, Funktion und Wirkungen von M. notwendig machen.

II. Forschungen zur M. haben sich lange Zeit an der klassischen *Lasswell*-Formel »Wer sagt Was in welchem Kanal zu Wem und mit welcher Wirkung?« orientiert (*Lasswell* 1948: 37). Die Frage nach dem »Wer« bezieht sich auf die Institutionen und Akteure, die Mitteilungen verbreiten, das »Was« auf die Inhalte der Mitteilungen, das »in welchem Kanal« auf die Medien, das »zu Wem« auf die Struktur der Empfängerschaft und das »mit welcher Wirkung« auf die möglichen Effekte der aufgenommenen Mitteilungen auf die Empfängerschaft. Während viele Autoren die heuristische Nützlichkeit dieser Formel betonen (*Janowitz* 1968: 42; *Maletzke* 1976: 10ff.), die sich besonders zur Parzellierung des gesamten Kommunikationsvorgangs in für die Forschung leichter zugängliche Blöcke eignet, wird inzwischen zunehmend besser verstanden, daß der Ansatz von *H. D. Lasswell* dem Prozeßcharakter, also den dynamischen Elementen von M., nicht gerecht wird (*Schulz* 1989a).

Die Kommunikationswissenschaft ist von der allgemeinen Weiterentwicklung in den Sozialwissenschaften in Theorien und Methoden stark beeinflußt worden. Je nach Fragestellung dominieren dabei mikro- oder makrotheoretische Ansätze; vor allem wegen der Komplexität und Vernetztheit von Kommunikationsphänomenen gewinnen aber auch Mikro-Makro-Theorien an Bedeutung (*Schenk* 1989). Angesichts der großen gesellschaftlichen und politischen Rolle der Massenmedien kann nicht überraschen, daß stets die Frage nach den Medienwirkungen im Mittelpunkt des Interesses der Forschungen zur Massenkommunikation gestanden hat (zusammenfassend dazu *DFG* 1986; *Katz* 1988; *Noelle-Neumann* 1989 a).

Auf dem Hintergrund der elitären Kritik an der demokratischen Massengesellschaft, des Aufkommens des Radios als des ersten universalen trägerlosen Massenmediums und der Bedeutung der psychologischen Stimulus-Reaktions-Theorien (S-R-Theorien) hatte sich in den 30er Jahren zunächst die Vorstellung Geltung verschafft, daß der Einfluß der Massenmedien auf den einzelnen nahezu unbegrenzt sei.

Relativ bald setzte sich dann jedoch die Vorstellung durch, daß der einzelne Bürger den Massenmedien keinesfalls schutzlos ausgeliefert ist. In der Literatur besteht weitgehend Einigkeit darüber, daß die Entwicklung des Konzepts des Meinungsführers und, darauf aufbauend, des Zwei-Stufen-Flusses der Kommunikation durch *P. F. Lazarsfeld* und seine Mitarbeiter in ihrer berühmten *Erie-County*-Wahlstudie für diese Neubesinnung erste wichtige Akzente gesetzt hat (*Lazarsfeld/Berelson/Gaudet* 1944). Danach kam es zu einer erheblichen Relativierung der Einschätzung massenmedialer Einflüsse; eine Vielzahl von Faktoren innerhalb des Individuums, in seiner Umgebung und in der Struktur des soziopolitischen Systems wurde identifiziert, die die Aufnahme von Informationen, deren Verarbeitung und deren Wirkungen steuert. Diese veränderte Sichtweise ist sicherlich auch durch Entwicklungen in der Psychologie und durch die Dominanz bestimmter Forschungsverfahren bei der Wirkungsforschung begünstigt worden. Dazu gehören zum einen Theorien der selektiven Wahrnehmung und der kognitiven Dissonanz, zum anderen das einem monokausalen Wirkungsverständnis verpflichtete und auf dem S-R-Schema beruhende Experiment. Ergebnisse dieser Forschung bestätigen die aktive Rolle der Rezipienten bei der Steuerung ihrer Wahrnehmung und die geringfügigen Wirkungen von M. auf die Veränderung von Einstellungen und Verhaltensweisen; lange

Zeit galt als ausgemacht, daß Massenmedien bereits vorhandene Einstellungen festigen, sie aber nicht verändern können. Daraus erklärt sich im übrigen z.T. auch das lange Zeit geringe Interesse politikwiss. Forschung an den Massenmedien.
Im engeren Bereich der Massenkommunikationsforschung führten die eben besprochenen Ansätze zu einer ihrem theoretischen Status nach nicht leicht zu definierenden Weiterentwicklung, dem sog. Nutzenansatz *(uses and gratifications approach; Katz/Blumler/Gurevitch* 1973; *Renckstorf* 1973; *Weiß* 1978). Dieser Ansatz betont die subjektiven, dem Individuum eigenen Faktoren, die die Auswahl aus der Fülle der verfügbaren Massenmedien und Inhalte bestimmen und damit die Handlungsdimension; der einzelne entscheidet nach seinen Bedürfnissen und den erwarteten Befriedigungen, welchen Massenmedien und Inhalten er sich aussetzt. Am ehesten der Prozeßhaftigkeit von M. kommt das dynamisch-transaktionale Modell entgegen, das auf *Bauer* (1964) zurückgeht und im deutschen Sprachraum durch *Früh* und *Schönbach* popularisiert worden ist *(Früh/Schönbach* 1982; *Schönbach/Früh* 1984; *Früh* 1991). Die besondere Bedeutung dieses Modells liegt in der Problematisierung eines einseitigen, einfachen Wirkungsbegriffes so, wie dies auch zunehmend an anderer Stelle geschieht *(Merten* 1977: 164ff.; *Kepplinger* 1982).

III. Schon 1922 hat *W. Lippmann* darauf hingewiesen, daß der moderne Mensch sich immer neue Dimensionen der Erkenntnis, des Wissens erschließt, diese Dimensionen sich jedoch zunehmend der persönlichen Erfahrbarkeit entziehen. Für *Lippmann* resultierte dieser »Prozeß in der Herausbildung von Wahrnehmungsstereotypen, die als Bilder in unseren Köpfen« wirklichkeitsprägenden Charakter annahmen; in diesem Prozeß spielen die Massenmedien eine ganz entscheidende Rolle. Es muß in der Rückschau verwundern, daß diese langfristige Wirkung von M. so lange übersehen worden ist; bei der Wiederentdeckung dieser Perspektive mag nicht zuletzt die Entwicklung und enorme Verbreitung elektronischer Massenmedien, insbesondere des Fernsehens, eine wichtige Rolle gespielt haben. In konsequenter Weiterführung der *Lippmannschen* Überlegungen muß aber gefragt werden, ob es so etwas wie eine »objektive Wirklichkeit« überhaupt gibt oder ob jede Realität im Kern nicht immer nur dokumentierte und (evtl.) berichtete Realität ist *(Schulz* 1976: 25ff.; *Schulz* 1989b; davon zu trennen ist die Frage nach den »Pseudoereignissen«, die überhaupt nur zum Zweck der medialen Berichterstattung geschaffen werden; *Boorstin* 1987). Damit gewinnt z.B. die Frage nach den Auswahlkriterien der Kommunikatoren, der sog. Türsteher *(gate keeper)*, eine andere, vermutlich verringerte Bedeutung.
Solange man davon ausging, daß die Hauptfunktion eines Massenmediensystems in pluralistischen demokratischen Gesellschaften die Herstellung eines möglichst genauen Abbilds von Realität war, mußte die Zielrichtung medienpolitisch in der Einrichtung eines pluralistischen Mediensystems liegen. *E. Noelle-Neumann* hat nun darauf hingewiesen, daß auch in demokratisch verfaßten Gesellschaften durch bei den Kommunikatoren geltende Professionsregeln hinsichtlich der Bestimmung dessen, was eine Nachricht ist, Konsonanzeffekte der Berichterstattung in den Massenmedien auftreten können *(Noelle-Neumann* 1977). Empirische Untersuchungen haben gezeigt, daß etwa durchgängig verbindliche Nachrichtenwerte und Nachrichtenfaktoren medienübergreifend existieren *(Schulz* 1976; *Staab* 1990). Damit gewinnt die These von *Noelle-Neumann* an Plausibilität, daß in bezug auf z.B. die politische Berichterstattung eine quasi-automatische, nicht inten-

tional hergestellte Konsonanz von vermittelter Medienrealität entsteht. Diese Realität erhält darüber hinaus durch die Kumulation derselben Realität in den unterschiedlichen Massenmedien eine besondere bewußtseinsprägende Kraft. Vor diesem Hintergrund ist auch die These *Noelle-Neumanns* von der Schweigespirale als einer Theorie der Bildung von öffentlicher Meinung zu sehen (*Noelle-Neumann* 1989b). Dabei wird öffentliche Meinung als die Meinung charakterisiert, die man öffentlich äußern kann, ohne sich zu isolieren, und die Schweigespirale ist jener Prozeß, in dem sich öffentliche Meinung herausbildet.

Ein weiteres Beispiel für die Neubesinnung hinsichtlich langfristiger Wirkungen von M. ist die moderne Thematisierungsforschung (*agenda setting research*). Diese Forschung geht von der Hypothese aus, daß die Massenmedien die Bürger in einer demokratischen Gesellschaft vielleicht nicht dazu zwingen können, was sie denken sollen, daß die Medien aber sehr wohl einen Einfluß darauf nehmen, worüber die Bürger nachdenken. Auch diese Forschung hat ihre recht vereinfachende Ausgangsposition einer unmittelbaren Umsetzung der massenmedialen Agenda in deren Repräsentation in den Köpfen der Bürger längst aufgegeben. Vielmehr kann sie in Ansätzen zeigen, wie Einflußfaktoren der äußeren Umgebung, der Einstellungen der Bürger und der massenmedialen Darstellung von politischen Problemen miteinander in Beziehung stehen und unter welchen Umständen weitgehende Thematisierungswirkungen zustande kommen (*Erbring/Goldenberg/Miller* 1980; *Pfetsch* 1986; *Iyengar/Kinder* 1987; *Mathes und Freisens* 1990). Die Bundestagswahl 1990 zeigt im übrigen am Beispiel der Bewertung von Bundeskanzler *Kohl*, daß sich unter bestimmten (Themen)-Bedingungen (deutsche Vereinigung) veränderte Medienpositionen auch deutlich in Veränderungen von an sich verhärteten Publikumspositionen umsetzen können (*Kepplinger* u.a. 1994; *Kindelmann* 1994).

Von besonderem Interesse für die Kommunikationswissenschaft ist die Rolle der M. im Prozeß der deutschen Vereinigung. Mit dem Zugang der großen Mehrheit der DDR-Bürger ab Mitte der 70er Jahre zu den Fernsehangeboten der bundesrepublikanischen Rundfunkanstalten fand eine virtuelle Verschränkung der Publika der beiden deutschen Staaten statt, an die *Hesse* (1990: 334) nicht ohne Grund als allabendliche Wiedervereinigung durch die Tagesschau erinnert hat. Es gibt zahlreiche Belege dafür, daß auf diese Weise bereits lange vor der Vereinigung 1990 in Ostdeutschland Orientierungen am westdeutschen politischen System vorgeformt wurden (*Kaase/Klingemann* 1994). Ob diese medialen Prägungen allerdings als funktionale Äquivalente für den mühsamen Prozeß der direkten Aneignung politischer Orientierungen und Wissens angesehen werden können, muß angesichts der in Ostdeutschland beobachteten Fluidität bezweifelt werden.

Neben diesen eher langfristigen, indirekten Medienwirkungen haben die M., allen voran die öffentlich-rechtlichen Rundfunkanstalten, mit großer Wahrscheinlichkeit den Prozeß der Implosion des DDR-Herrschaftssystems durch ihre kontinuierliche Berichterstattung zunächst über die Fluchtwelle im Herbst 1989 aus der DDR und später über die »Montagsdemonstrationen« auch kurzfristig über sich zeitlich und substantiell akzelerierende Rückkopplungsprozesse entscheidend gefördert.

IV. Den Massenmedien oder Massenkommunikationsmitteln als Träger von vermittelten Aussagen an ein unspezifisches Publikum werden in der Regel die Druckmedien, Hörfunk, Fernsehen, Film und Schallplatte zugerechnet. Die Abgrenzung ist angesichts der schnellen technischen Entwicklung fließend; hinzu gerechnet werden müssen heute sicherlich schon CD, Kassette, Video und Bildplatte. Die häufig fälschlich als Neue Medien bezeichneten Kabel- und Satellitenfernsehen sind lediglich neuartige Verteilungsformen für das Fernsehen. Bedeutsam in der Zukunft wird allerdings die in ihren Verbreitungschancen schwer abzuschätzende Breitband-Kommunikation über Glasfaserkabel werden, die ganz neue Kommunikationsdienste ermöglichen und die einfache Trennung zwischen einseitig-indirekter M. und interaktiver Individualkommunikation aufheben wird.

Diese Entwicklung wird, je nach Standpunkt des Betrachters, mit großen Sorgen oder großen Hoffnungen betrachtet. In gewisser, eingeschränkter Weise erinnert diese Diskussion an die Sorgen bei der Einführung des Fernsehens, als sowohl eine lebensgefährliche Bedrohung der Tageszeitungen als auch eine negative Beeinflussung der Bevölkerung befürchtet wurde. Für Deutschland zeigen ausführliche empirische Untersuchungen, daß beide Befürchtungen nicht eingetreten sind *(Berg/Kiefer* 1992). So ergibt sich z. B., daß sich seit 1964 die Zahl der durchschnittlichen Medienkontakte pro Individuum deutlich erhöht hat, daß zwischen den Massenmedien eine komplementäre Beziehung besteht und daß an einem durchschnittlichen Werktag fast die gesamte Bevölkerung von mindestens einem der drei Medien – Fernsehen, Radio und Tageszeitung – erreicht wird. Insgesamt entsteht aus den vorliegenden Langzeituntersuchungen der Eindruck einer sehr differenzierten, bewußten Nutzung des massenmedialen Angebots durch die Teilnehmer sowie einer zunehmenden Skepsis gegenüber den Massenmedien *(Berg/Kiefer* 1992: 52, 253–259).

Je nach Organisationsform des jeweiligen nationalen Massenkommunikationssystems ist die Veränderung des massenmedialen Angebots unterschiedlich weit fortgeschritten (*Euromedia Research Group* 1992). Wegen dieser Unterschiedlichkeiten sind verallgemeinernde Aussagen über zukünftige Verhaltenstendenzen der Teilnehmer, die sozialen Folgen und die Strukturfolgen für das Massenkommunikationssystem insgesamt nicht möglich. In der Bundesrepublik, wie anderswo, hat die Dualisierung des Rundfunksystems im Sinne der Erweiterung der öffentlich-rechtlichen um private Anstalten nicht zu einer Diversifizierung, sondern zu einer Homogenisierung des Programmangebots geführt (*Krüger* 1992). Auf der Zuschauerseite ist ebenfalls nachweisbar, daß eine Ausweitung des Angebots, wie etwa über Satelliten- und Kabelfernsehen, nicht nur eine beachtliche Erhöhung der für Fernsehen aufgewendeten Zeit, sondern auch eine Veränderung der Sehgewohnheiten zuungunsten von kulturellen und informativen sowie zugunsten von unterhaltenden Sendungen nach sich zieht. Diese Veränderung drückt sich auch in einem Anteil von inzwischen (1993) über 50% der privaten Rundfunkanstalten am deutschen Zuschauermarkt aus (*Darschin/Frank* 1994: 99f.).

Weitgehend unbeantwortet ist nach wie vor unter politikwiss. und verfassungsrechtlicher Perspektive die Frage nach den Folgen der Dualisierung sowie der Veränderung des Verhältnisses von traditioneller und neuer Massenkommunikation für die Struktur des politischen Prozesses *(Kaase* 1986; *Sartori* 1989; *Pfetsch* 1991). Massenmediale Ordnungspolitik als Element politischer Herrschaft und die Verkümmerung von Politik zu einem mediengerechten Spektakel, das eher der Verdummung als der Information der Bürger dient, sind dabei Fragen von besonders großer Tragweite.

Max Kaase

Lit.: *Bauer, R.A.* 1964: The Obstinate Audience: The Influence Process from the Point of View of Social Communication, in: American Psychologist 19, 319–328. *Berg, K./Kiefer, M.* (Hrsg.) 1992: Massenkommunikation IV, Baden-Baden. *Boorstin, D.J.* 1987: Das Image, Reinbek. *Darschin, W./Frank, B.* 1994: Tendenzen im Zuschauerverhalten, in: Media Perspektiven,

Heft 3, 97–110. *Deutsche Forschungsgemeinschaft* (Hrsg.) 1986: Medienwirkungsforschung in der Bundesrepublik Deutschland, Teil I: Berichte und Empfehlungen, Weinheim. *Erbring, L./Goldenberg, E. N./Miller, A.H.* 1980: Front-Page News and Real-World Cues: A New Look at Agenda-Setting by the Media, in: AJPS 24, 16–49. *Euromedia Research Group* 1992: The Media in Western Europe, London. *Früh, W./Schönbach, K.* 1982: Der dynamisch-transaktionale Ansatz. Ein neues Paradigma der Medienwirkungen, in: Publizistik 27, 74–88. *Früh, W.* 1991: Medienwirkungen: Das dynamisch-transaktionale Modell, Opladen. *Hesse, K.R.* 1990: Fernsehen und Revolution, in: Rundfunk und Fernsehen 38, 328–342. *Iyengar, S./Kinder, D. R.* 1987: News That Matters, Chicago. *Janowitz, M.* 1968: The Study of Mass Communication, in: IESS, Band 3, New York, 41–55. *Kaase, M.* 1986: Massenkommunikation und politischer Prozeß, in: *Kaase, M.* (Hrsg.): Politische Wissenschaft und politische Ordnung, Opladen, 357–374. *Kaase, M./Schulz, W.* 1989: Perspektiven der Kommunikationsforschung, in: *Kaase, M./Schulz, W.* (Hrsg.): Massenkommunikation, Opladen, 9–27. *Kaase, M./Klingemann H.-D.* 1994. Der mühsame Weg zur Entwicklung von Parteiorientierungen in einer »neuen« Demokratie: Das Beispiel der früheren DDR, in: *Klingemann, H.-D./Kaase, M.* (Hrsg.): Wahlen und Wähler. Analysen aus Anlaß der Bundestagswahl 1990, Opladen, 365–396. *Katz, E.* 1988 : Wird das Fernsehen überschätzt? Konzepte der Medienwirkungsforschung, in: *Fröhlich, W. D./Zitzlsperger, R./Franzmann, B.* (Hrsg.): Die verstellte Welt, Frankfurt/M., 190–221. *Katz, E./Blumler, J. G./ Gurevitch, M.* 1973: Uses and Gratifications Research, in: Public Opinion Quarterly 37, 509–523. *Kepplinger, H.M.* 1982: Die Grenzen des Wirkungsbegriffes, in: Publizistik 27, 98–113. *Kepplinger, H.M.* u.a. 1994: Wie das Fernsehen Wahlen beeinflußt, München. *Kindelmann, K.* 1994: Kanzlerkandidaten in den Medien, Opladen. *Krüger, U. M.* 1992: Programmprofile im dualen Fernsehsystem 1985–1990, Baden-Baden. *Lasswell, H.D.* 1948: The Structure and Function of Communication in Society, in: *Bryson, L.* (Hrsg.): The Communication of Ideas, New York, 37–51. *Lazarsfeld, P. F./Berelson, B. R./Gaudet, H.* 1944: The People's Choice, New York. *Lippmann, W.* 1949: Public Opinion, New York (zuerst veröffentlicht 1922). *Maletzke, G.* 1976: Ziele und Wirkungen der Massenkommunikation, Hamburg. *Mathes, R./Freisens, U.* 1990: Kommunikationsziele der Parteien und ihr Erfolg, in: *Kaase, M./Klingemann, H.-D.* (Hrsg.): Wahlen und Wähler, Opladen, 531–568. *Merten, K.* 1977: Kommunikation. Eine Begriffs- und Prozeßanalyse, Opladen. *Noelle-Neumann, E.* 1977: Kumulation, Konsonanz und Öffentlichkeitseffekt. Ein neuer Ansatz zur Analyse der Wirkung der Massenmedien, in: *Noelle-Neumann, E.*: Öffentlichkeit als Bedrohung, Freiburg, 127–168. *Noelle-Neumann, E.* 1989a: Wirkung der Massenmedien, in: *Noelle-Neumann, E./Schulz, W./Wilke, J.* (Hrsg.): Fischer Lexikon Publizistik-Massenkommunikation, Frankfurt/M., 360 bis 400. *Noelle-Neumann, E.* 1989b: Öffentliche Meinung. Die Entdeckung der Schweigespirale, Frankfurt/M. *Pfetsch, B.* 1986: Volkszählung 1983: Ein Beispiel für die Thematisierung eines politischen Issues in den Massenmedien, in: *Klingemann, H.-D./Kaase, M.* (Hrsg.): Wahlen und politischer Prozeß, Opladen, 201–231. *Pfetsch, B.* 1991: Politische Folgen der Dualisierung des Rundfunksystems in der Bundesrepublik Deutschland, Baden Baden. *Ronckstorf, K.* 1973: Alternative Ansätze der Massenkommunikationsforschung: Wirkungs- vs. Nutzenansatz, in: Rundfunk und Fernsehen 21, 183–197. *Sartori, G.* 1989: Video Power, in: Government and Opposition 24, 39–53. *Schenk, M.* 1989: Kommunikationstheorien, in: *Noelle-Neumann, E./Schulz, W./Wilke, J.* (Hrsg.), 123–133. *Schönbach, K./Früh, W.* 1984: Der dynamisch-transaktionale Ansatz II: Konsequenzen, in: Rundfunk und Fernsehen 32, 314–329. *Schulz, W.* 1976: Die Konstruktion von Realität in den Nachrichtenmedien, Freiburg. *Schulz, W.* 1989a: Kommunikationsprozeß, in: *Noelle-Neumann, E./Schulz, W./Wilke, J.* (Hrsg.), 98–123. *Schulz, W.* 1989b: Massenmedien und Realität, in: *Kaase, M./Schulz, W.*

(Hrsg.): Massenkommunikation, Opladen, 135–149. *Staab, J.F.* 1990: Nachrichtenwerttheorie, Freiburg. *Weiß, H.-J.* 1978: Kommunikationsbedürfnisse und Medienfunktionen, in: *Berg, K./Kiefer, M. L.* (Hrsg.): Massenkommunikation, Mainz, 345–390.

Medienpolitik

[1] Westliche Länder.

I. Der Bereich der Medien ist erst seit einer Reihe von Jahren in das Bewußtsein der Bürger als zentrales Aktionsfeld eingedrungen, obwohl hier schon immer Politik gestaltet wurde. Im wiss. Sprachgebrauch benennt Medienpolitik (M.) ein politisch motiviertes und intendiertes Handeln, das sich auf die Organisation, die Funktionsweise, die Ausgestaltung und die materielle sowie personelle Situation der Massenmedien bezieht. M. hat üblicherweise die inneren Verhältnisse von Presse und Rundfunk zum Gegenstand, während andere Medienbereiche auch unter andere Politiken subsumiert werden, z. B. die Filmförderung unter Kulturpolitik.

Wegen der wachsenden Bedeutung der Neuen Medien haben sich die Entwicklungstendenzen der Massenmedien immer mehr mit anderen Kommunikations- und Datenverarbeitungstechniken verwoben. Für diesen Bereich hat sich der Terminus Telekommunikation eingebürgert. Mit dem Ansatz der Kommunikationspolitik verbinden sich vor allem Konzepte aus der Kommunikationswiss., wobei alle Bereiche von Kommunikation eingeschlossen sein können. Kommunikationspolitik meint dann die Gesamtheit der Maßnahmen des Staates und gesellschaftlicher Organisationen, Institutionen und Gruppen, die sich auf die Regelung des Prozesses gesellschaftlicher Kommunikation richten.

Bei der in der Kommunikationswiss. geführten Diskussion werden oft normative mit empirischen Befunden vermengt. – Kommunikationspolitik etwa wird mit dem Ziel verknüpft, Anweisungen für die Verwirklichung einer demokratischen Kommunikationsverfassung zu bieten.

II. Die westlichen m. Akteure sind: 1. die ↗ Regierungen auf allen Ebenen des ↗ Politischen Systems, die die öffentliche Meinungsbildung in ihrem Interesse zu beeinflussen suchen (↗ Öffentliche Meinung), z. B. durch die (Aufklärungs- oder Propaganda-)Arbeit von Presse- und Informationsämtern, aber beispielsweise auch durch staatliche Zwangsmaßnahmen. Teil der staatlichen M. ist zudem die mehr oder weniger zweckgebundene Förderung der Kommunikationsforschung; 2. die politischen ↗ Parteien, die in ihrer m. Programmatik einerseits einen Reflex der gesellschaftlichen Leitvorstellungen bieten, andererseits aber auch in den Medien Positionen von Einfluß und Statuswahrung (etwa in Wahlen) suchen; 3. Verbände, Gewerkschaften und Kirchen (↗ Interessengruppen), die zum einen meist über eigene Publikationen verfügen sowie eigene Pressestellen betreiben und zum anderen, da von den Medien vielfältig betroffen, selbst ordnungspolitische Vorstellungen entwickeln; 4. die Medienorganisationen selbst, die im Interesse ihrer Eigentümer (Presse) oder Verantwortlichen (Rundfunk) eine Existenzsicherungspolitik betreiben, ökonomische Ziele verfolgen (etwa Expansion) und politischen Einfluß zu nehmen suchen. Auch die in den Medien journalistisch Tätigen können politisch wirksam werden; 5. die eigentlichen Konsumenten der Medien, also Leser oder Zuschauer, die individuell (etwa: Leserbrief) oder verbandlich organisiert auf die gebotenen Informationen reagieren, etwa im Sinne eines *feedback*.

Bei dieser Auflistung soll nicht eine

Gleichgewichtigkeit der Chancen suggeriert, sondern lediglich die Breite m. Aktivität betont werden. In der Praxis haben sich beispielsweise die Widerstände der organisierten Zeitungsverleger als so wirkungsvoll erwiesen, daß die Verabschiedung eines Presserechtsrahmengesetzes in den 70er Jahren nicht zustande kam. Dagegen erweisen sich die Konsumenten als weitgehend einflußlos.

III. Die aktuelle Diskussion um die M. setzte in der Bundesrepublik Deutschland in der Öffentlichkeit erst Ende der 60er Jahre ein und wurde vor allem durch die Kritik der Studentenbewegung (Anti-Springer-Kampagnen) stimuliert. In den Jahren 1971–73 verabschiedeten die Bundestagsparteien erstmals medienpolitische Programme, die auf die seinerzeitigen zwei zentralen Streitthemen zwischen CDU und SPD eingingen, die Neuen Medien sowie die Einführung privat-kommerziellen Rundfunks. Im »Urknall« des Kabelpilotprojekts Ludwigshafen wurde 1984 das öffentliche Sendemonopol gebrochen. Bereits Mitte der 80er Jahre näherten sich die Positionen der Parteien wieder einander an, d. h., die SPD arrangierte sich und unterstützte fortan kommerziellen Rundfunk. Seitdem konkurrieren beide Parteien vor allem unter standortpolitischen Gesichtspunkten um die Ansiedlung neuer Medienunternehmen.

In der Folge jener Kontroversen wurde eine massive Verkabelung der Bundesrepublik durchgeführt (1994: 13,5 Mio. Anschlüsse) und kommerzieller Rundfunk etabliert. Letzterer ist durch zwei Elemente charakterisiert: (1) die erwerbswirtschaftliche Widmung der neuen Medienunternehmen, meist GmbH & Co KGs und (2) die Finanzierung über die regelmäßig das Programm unterbrechende Werbung. Das Bundesverfassungsgericht hatte bereits 1986 die neue, nun »dual« genannte Rundfunkordnung als mit dem Grundgesetz vereinbar erklärt, vorausgesetzt, bestimmte Bedingungen (wie Sicherung der Grundversorgung) werden erfüllt.

Nach dem Zusammenbruch der DDR wurde deren Mediensystem »abgewickelt«, die alten SED-Bezirkszeitungen an westliche Verleger verkauft und das Rundfunksystem in Länderhand übergeben (Neugründung von MDR und ORB, Erweiterung von NDR und SFB). Die erneuerte Ordnung wurde im Medienstaatsvertrag von 1991 festgeschrieben, in dem auch europäische Medienpolitik (Fernsehrichtlinie von 1989) in deutsches Recht überführt wurde. Bis Mitte der 90er Jahre hat das kommerzielle Fernsehen enorm expandiert, wobei zwei »Sendefamilien« den Markt beherrschen: *Kirch/Springer* operiert im Umfeld der CDU, *Bertelsmann/RTL* näher an der SPD.

Der öffentlich-rechtliche Rundfunk ist angesichts einer »ungleichen« Konkurrenzsituation in mehrfacher Hinsicht in eine Krise geraten. Er hat große Teile seiner Zuschauer verloren, er kommt wegen stagnierender Gebühren und sinkender Werbeeinnahmen in eine Finanzklemme, die seine Zukunft ungewiß werden läßt. So besteht Unklarheit, ob er im dualen Wettbewerb zu bestehen vermag (wie dies die britische BBC seit den 50er Jahren erfolgreich schafft) oder ob eine kommerzielle Hegemonie entsteht, etwa weil die Gebührenfinanzierung zusammenbricht (wie in Australien und Kanada). Die Konzentration der bedeutenden Medienaktivitäten auf ganz wenige Anbieter hat eine Debatte über Gegenmaßnahmen, etwa über das Kartellrecht ausgelöst (verstärkt noch wegen des *Berlusconi*-Effektes in Italien, wo der mit Abstand größte Medienverleger 1994 Premier wurde).

Wegen des europäischen Binnenmarktes und Techniken mit großflächiger Reichweite (insb. Satelliten) sind viele der anstehenden medienpolitischen Probleme weder von den Ländern noch vom Bund, sondern höchstens auf europäischer Ebene zu lösen. Dort allerdings bestehen derzeit kaum Steuerungsinstrumentarien, so daß die europäische Medienentwicklung, inzwischen wesentlich getragen von »Medienmoguls« (*Palmer/Tunstall* 1991), kaum effektiver Regulierung unterliegt.

Unklar erscheint nach wie vor die medienpolitische Entwicklung in den postkommunistischen Staaten. Unter der Führung der kommunistischen Partei galten Massenmedien dort einst als »Transmissionsriemen« zur Bevölkerung, als »kollektiver Agitator und Propagandist«. Den Medien wurde eine Mobilisierungs- und Erziehungsfunktion zugewiesen, faktisch unterlagen sie staatlicher Zensur und fielen als Ort kritischer Öffentlichkeit gegen die herrschenden Kräfte aus.

Mit dem Zusammenbruch der alten Ordnung öffneten sich überall in Ost- und Mittelosteuropa die Medienmärkte, sowohl für landesinterne Dissidenten wie Einflüsse aus dem Westen. Im Bereich der Printmedien hat es seitdem große Veränderungen gegeben, neue Zeitungen wurden gegründet, und alte Parteiblätter wechselten den Besitzer. In allen postkommunistischen Staaten (außer Sonderfällen wie Teilen Ex-Jugoslawiens) findet sich heute eine breitgefächerte Presselandschaft, wobei sich allerdings in mehreren Staaten (Ungarn, Tschechische Republik) ein erheblicher, die Bevölkerung beunruhigender Teil der Medien in ausländischer, oft deutscher Hand befindet. Anders sieht es im Rundfunkbereich aus. Ganz in der Tradition des alten Staatsfunks steht er fast überall unter der Aufsicht der jeweils Regierenden, gleichgültig ob diese aus der antikommunistischen Opposition kommen oder Nachfolger der Kommunisten sind. Eingriffe in die Arbeit der nach wie vor staatlichen Anbieter sind notorisch, unliebsame Redakteure werden gegängelt (in Ungarn gab es 1993/94 einen »Medienkrieg«). Seit Jahren wird um eine gesetzliche Neuregelung gerungen, an der die herrschenden Kräfte allerdings wenig Interesse zeigen. Kommerzielle Anbieter sind erst vereinzelt lizensiert worden (Polen, Tschechische Republik). Die oft massiven Zensuransätze werden dadurch relativiert, daß überall in Osteuropa westliche Programme per Satelliten-Direktempfang gesehen werden.

Hans J. Kleinsteuber

Lit.: *Bertelsmann Stiftung* (Hrsg.) 1993: Beziehungsspiele. Medien und Politik in der öffentlichen Diskussion, Gütersloh. *Braunschweig, S./Kleinsteuber, H.J./Wiesner, V./Wilke P.* 1990: Radio und Fernsehen in der Bundesrepublik, Frankfurt. *Geserick, R.* 1989: 40 Jahre Presse, Rundfunk und Kommunikationspolitik in der DDR, München. *Hans-Bredow-Institut* (Hrsg.): Internationales Handbuch für Rundfunk und Fernsehen, erscheint zweijährlich, Hamburg. *Heinrich, H.* 1991: Deutsche Medienpolitik, Nauheim. *Jäckel, M./Winterhoff-Spork, P.* (Hrsg.) 1994: Politik und Medien, Berlin. *Jarren, O.* (Hrsg.) 1994: Medienwandel, Gesellschaftswandel, Berlin. *Kaase, M./Schulz, W.* (Hrsg.) 1989: Massenkommunikation. Theorien, Methoden, Befunde, Opladen (Sonderheft der KZfSS 30). *Kepplinger, H.M.* 1992: Ereignismanagement – Wirklichkeit und Massenmedien, Osnabrück. *Medien-Jahrbuch*, 2 Bde., erscheint jährlich, Ulm. *Kleinsteuber, H. J.* 1982: Rundfunk-Politik, Opladen. *Kleinsteuber, H. J./Wiesner, V./Wilke, P.* (Hrsg.) 1990: EG-Medienpolitik, Berlin. *Kleinsteuber, H.J./Rossmann, T.* 1994: Europa als Kommunikationsraum, Opladen. *Kopper, G.G.* 1992: Medien- und Kommunikationspolitik der Bundesrepublik Deutschland, München. *Merten, K./Schmidt, S. J./Weischenberg, S.* 1994: Die Wirklichkeit der Medien, Opladen. *Meyn, H.* 1994: Massenmedien in der Bundesrepublik Deutschland, Berlin. *Palmer, P. M./Tunstall, J.* 1991: Media Moguls, London. *Pürer, H./Raabe, J.* 1994: Medien in Deutschland, Bd. 1: Die Presse, München. *Ronneberger, F.* 1978–1986: Kommunikationspolitik, 3 Bde., Mainz. *Schatz, H./Habig, C./Immer, N.* 1990: Medienpolitik, in: *von Beyme, K./Schmidt, M.G.* (Hrsg.): Politik in der Bundesrepublik Deutschland, Opladen, 331–359. *Siune, K./Truetzschler, W.* (hrsg. für die Euromedia Research Group) 1992: Dynamics of Media Politics, London. *Stuiber, H.W./Schneiderbauer, C./Wich, A.* 1994: Medien in Deutschland, Bd. 2: Der Rundfunk, München. *Tonnemacher, J.* 1994: Kommunikationspolitik in Deutschland, München. *Wulff-Nienhüser, M.* 1994: Medienpolitik, Konstanz.

[2] Osteuropäische Länder.

I. Als die Führer der russischen Sozialdemokratie im Exil vor organisatorischen Grundfragen standen, strebte *Lenin* eine Zeitung als Mehrzweckorgan revolutionärer Tätigkeit an. 1901 schrieb er den später viel zitierten Satz: »Die Zeitung ist nicht nur ein kollektiver Propagandist und kollektiver Agitator, sondern auch ein kollektiver Organisator« (LW 5: 11). Die von *Lenin* vorgegebene Aufgabe blieb auch nach der Oktoberrevolution und während des ↗ Stalinismus für die M. in der UdSSR bestimmend. Den Massenmedien fiel es zu, die von der Partei aufgestellten Ziele zu propagieren und abweichende Meinungen auszuschließen.

Für eine solche M. stand das Kriterium der »Parteilichkeit«, während die ebenfalls angestrebte »Volkstümlichkeit« durch Leserbrief-Foren und die Mitarbeit von Arbeiter- und Bauernkorrespondenten erreicht werden sollte. In der Ära *Chruschtschow* weiteten sich die Spielräume einer parteilichen M. aus. Seit Ende der 50er Jahre wurde eine stärkere Berücksichtigung der öffentlichen Meinung propagiert, wie sie etwa in der Presse, in Hörer- und Zuschauerbriefen an Radio und Fernsehen zum Ausdruck kam (*Hopkins* 1979; *Adams* 1980).

In den osteuropäischen Bruderländern der UdSSR folgten die den Massenmedien grundsätzlich zugewiesenen Funktionen im allgemeinen dem in der Führungsmacht vorgegebenen Muster. Überall wirkten die Massenmedien als ein Hauptinstrument der politischen Sozialisation. Angesichts der verfügten Tabus und Grenzen des öffentlichen Diskurses mußte es schwierig erscheinen, in den Medien die Balance zwischen Parteilichkeit und Produktionspropaganda einerseits, Massenverbundenheit und kritischer öffentlicher Meinung andererseits zu gewährleisten. Die wiederkehrenden Politbürobeschlüsse der SED gegen Monotonie in der ideologischen Arbeit (*Holzweißig* 1983: 15) zeigten, daß den Strategen der M. im Sozialismus das Dilemma bewußt war.

Die Wiederbelebung des Begriffs »öffentliche Meinung« war in einigen osteuropäischen Ländern noch früher zu beobachten als in der UdSSR. So übernahmen polnische Soziologen bei der Konzipierung und Durchführung von Meinungsumfragen seit 1955 eine Pionierrolle. In der ČSSR kam während des »Prager Frühlings« eine rege Umfragetätigkeit in Gang (*Gitelman* 1977). Vor allem in den mit geringer Auflagenzahl erscheinenden Fachzeitschriften wurden in den 70er Jahren überall die thematischen Freiräume weiter gesteckt (*Remington* 1981). Der stärkste Meinungspluralismus entwickelte sich in Polen bereits vor der Massenprotestbewegung 1980/81.

II. Im Zuge der Zusammenbrüche von 1989/90 wandelte sich auch die Landschaft der Massenmedien in grundlegender Weise. Die vorausgegangene *Glasnost*-politik in der UdSSR hatte schon das Verlangen nach mehr kritischer Öffentlichkeit in den Bruderländern gesteigert. Dank der bereits früher in Polen und Ungarn gewährleisteten, vergleichsweise pluralen Öffentlichkeit erfolgte hier der Übergang zur Presse- und Meinungsfreiheit schnell. Die deutsche Vereinigung bewirkte eine besonders rasche und konsequente Übertragung der westlichen M. auf die neuen Bundesländer.

In der Sowjetunion war die unter dem Schlagwort »*Glasnost*« auf dem 27. Parteitag der KPdSU Anfang 1986 sanktionierte neue M. dazu bestimmt, einen breiten Modernisierungs- und Innovationsschub zu bewerkstelligen. Der neue »Pluralismus der Meinungen« sollte nicht nur das Reformpotential der *Intelligentsija* mobilisieren, sondern auch die politische Autorität der Partei heben und Impulse zur Aktivierung der Gesellschaft vermitteln. Dank Glasnost wurden die kritischen Stimmen über Geschichte und Natur des »befehls-administrativen« Regimes bald unüberhörbar. In dem Prozeß einer umfassenden Selbstkritik und der Suche nach neuen Werten und alternativen Systemstrukturen übernahmen die Medien, die Presse und das Fernsehen zumal, eine Pionierrolle. Zugleich differenzierte sich die Presse weltanschaulich in unterschiedliche Richtungen aus (*Mommsen* 1989). Im Mai

1990 wurde vom Obersten Sowjet der UdSSR nach mehrjähriger parlamentarischer und öffentlicher Diskussion ein »Gesetz über die Presse und die anderen Masseninformationsmittel« verabschiedet. Kernpunkte dieses ersten Gesetzes über die Presse in der Geschichte des Landes stellten ein Verbot der Präventivzensur und das Recht für Privatpersonen oder Gruppen dar, Presseorgane zu gründen. Den Vätern des Gesetzes diente nach eigener Aussage die gängige Praxis in der »ganzen zivilisierten Welt« als Vorbild.

Allerdings mußten sowohl in der Sowjetunion *Gorbatschows* als auch im postsowjetischen Rußland *Jelzins* vor allem die elektronischen Medien, aber auch die Presse, gegen den Druck und die Behinderung seitens politischer Kräfte ankämpfen. Da die Liberalisierung von Rundfunk und Fernsehen immer »von oben« dosiert war, machten sich politische Kursänderungen hier besonders bemerkbar. Doch auch die Presse litt unter den Auswirkungen der Machtkämpfe. Als die Putschisten im August 1991 das Erscheinen von Presseorganen verboten, edierten die führenden liberalen Zeitungen eine gemeinsame Notausgabe, um die Menschen in ihrem Widerstand gegen die Anführer des Putsches zu unterstützen. Als schließlich im Oktober 1993 im Zusammenhang mit der Niederschlagung des Parlamentputsches von *Jelzin* selbst eine provisorische Pressezensur verhängt wurde, lehnten sich viele russische Journalisten dagegen auf und setzten die Wiederaufhebung der Zensur auch unverzüglich durch (*Wishnevsky* 1994: 1 ff.).

Im nachsowjetischen Rußland haben die Zeitungsredaktionen nicht zuletzt mit Finanzschwierigkeiten zu kämpfen, die sich aus dem Preisanstieg für Papier und Druck ergeben. Von daher ist man am Empfang von Subventionen interessiert, die grundsätzlich die Pressefreiheit wieder beeinträchtigen (*Steinsdorff* 1994: 293). Dessenungeachtet gibt es deutliche Indizien dafür, daß sich die bisherige demokratische Lotsenfunktion der Presse auch weiterhin behaupten wird. Über die Sicherung der Rechtsgrundlagen in der neuen russischen Verfassung hinaus sind es in erster Linie die engagierten Journalisten selbst, die seit Beginn der *Perestroika* bis heute ungebrochen für mehr »Zivilisiertheit« in der russischen Politik eintraten. Jüngere Journalisten, die sich dem gleichen Ziel verpflichtet haben, brauchen den eingeübten »Propagandisten« erst gar nicht mehr abzustreifen (*Steinsdorff* 1994: 297).

Angesichts der auch nach den Parlamentswahlen vom Dezember 1993 diffus gebliebenen Parteilandschaft und des völlig unterentwickelten Pluralismus von Interessengruppen bieten am ehesten die Presseorgane in Rußland den politisch interessierten Bürgern Orientierung und Identifikation. Ähnliches gilt für die nicht minder komplexen soziokulturellen und politisch-institutionellen Transformationsprozesse in anderen Ländern aus der Erbmasse des vormaligen »Ostblocks«.

Margareta Mommsen

Lit.: *Adams, J. S.* 1980: Critical Letters to the Soviet Press: An Increasingly Important Public Forum, in: *Schulz, D./Adams, J. S.* (Hrsg.): Political Participation in Communist Systems, New York, 108–136. *Bos, E.* 1993: Leserbriefe in Tageszeitungen der DDR. Zur Massenverbundenheit der Presse 1949–1989, Opladen. *Gitelman, Z.Y.* 1977: Public Opinion in Czechoslovakia, in: *Connor, W. D./Gitelman, Z.Y.* (Hrsg.): Public Opinion in European Socialist Systems, New York. *Holzweißig, G.* 1983: Massenmedien in den postkommunistischen Staaten, in: *Bundesinstitut für Ostwiss. und Internationale Studien* (Hrsg.): Aufbruch im Osten Europas. Chancen für Demokratie und Marktwirtschaft nach dem Zerfall des Kommunismus, München/Wien. *Ders.*, 1994: Medienpolitik in Rußland nach dem Oktober 1993, Teil I. Pressepolitik, in: *Bundesinstitut für Ostwiss. und Internationale Studien*, Heft 41. *Koschwitz, H.* (Hrsg.) 1979: Massenkommunikation in der UdSSR, Freiburg/München. *Ludz, P.C.* 1980: Mechanismen der Herrschaftssicherung, München/Wien. *Mommsen-Reindl, M.* 1989: Strukturwandel der Öffentlichkeit im Sowjetsystem. Zur Dialektik von Glasnost und Perestroika, in: APuZ B12/89, 10–19. *Remington, T.* 1981: The Mass Media and Public Communication in the

USSR, in: JoP 43 (3), 803–817. *Roth, P.* 1990: Glasnost und Medienpolitik unter Gorbatschow, Bonn. *Steinsdorff, S. von* 1994: Rußland auf dem Weg zur Meinungsfreiheit. Die Pluralisierung der russischen Presse zwischen 1985 und 1993, Münster/Hamburg. *Wishnevsky, J.* 1994: The Russian Media after the State of Emergency, in: *Radio Liberty/Radio Free Europe*, Research Report, 11.2.94.

Menschenrechte/Menschenrechtspolitik

[1] Menschenrechte.

Unter Menschenrechte (M.) versteht man Rechte der Individuen, die ihnen unabhängig von ihrer Zugehörigkeit zu Staaten von »Natur aus« zukommen.

Erste Vorstellungen eines allen Menschen als Menschen zukommenden Rechts finden sich in der Antike bei der Stoa und im römischen Recht. Die Lehre von den M. wird vom aufstrebenden ↗ Bürgertum als Mittel zur Durchsetzung von ↗ Freiheit und ↗ Gleichheit gegenüber der feudalen und absolutistischen Ständegesellschaft eingesetzt. Die naturrechtliche Konstruktion eines Gesellschaftsvertrages – bei *Hobbes, Locke, Rousseau* usw. geht davon aus, daß Menschen im vorstaatlichen »Naturzustand« ein »Recht auf alles« haben, was zu ihrer Selbsterhaltung notwendig ist. Um des friedlichen Zusammenlebens und des gemeinsamen Überlebens (im Kampf gegen die Natur und potentielle Feinde) willen müssen sie in einem Vertrag auf einen Teil dieses umfassenden, absoluten Rechts verzichten (↗ Vertragstheorien). Der Vertrag wäre aber sinnlos und unverbindlich, wenn er mit einem Totalverzicht auf die angeborenen Rechte jedes Menschen verbunden wäre. Selbst für *Thomas Hobbes,* der doch einen absoluten Souverän im Interesse der Verhinderung des lebensbedrohenden Bürgerkrieges postuliert, gibt es eine Grenze des Verzichts: Sobald der Souverän nicht mehr imstande ist, das Recht auf Leben und dessen Verteidigung zu garantieren, entfällt die Gehorsamspflicht ihm gegenüber.

Die M. gehören in die Tradition der liberalen Auffassung von Freiheit. Sie berufen sich in England auf die vertraglichen Vereinbarungen zwischen dem Adel und der Krone *(Magna Charta Libertarum,* 1215), in der allerdings diesem allein das Recht zuerkannt wurde, nur durch ein Gericht von Gleichrangigen verurteilt zu werden, und der König sich zur Respektierung der Adelsprivilegien verpflichten mußte. Die 1689 dem vom Parlament auf den englischen Thron berufenen König *William I.* abgenötigte *Bill of Rights* dehnt die Rechte auf größere Teile der britischen Bevölkerung aus, ohne daß man schon von »allgemeinen M.« sprechen könnte. In England haben sich die M. faktisch durch allmähliche Ausweitung der ursprünglich allein dem Adel vorbehaltenen Privilegien durchgesetzt.

John Locke unterstellt als vorstaatliche Rechte jedes Individuums ein Recht auf Leben, Freiheit und Eigentum. Damit geht er in der Theorie weit über *Hobbes* hinaus, der lediglich das Leben als vorstaatliches Naturrecht annahm. Unter Eigentum versteht *Locke* neben dem materiellen Besitz auch das Recht zur Ausübung einer speziellen Religion. Die Kehrseite der Verknüpfung von Naturrecht und Eigentum ist allerdings, daß die politischen Rechte (die Bürgerrechte, wie sie seit der Französischen Revolution im Unterschied zu den M. genannt werden) auf die Eigentümer beschränkt bleiben. Nur wer über eigene Produktionsmittel verfügt, kann auch im Staat frei sein und an der politischen Willensbildung durch passives und aktives Wahlrecht teilnehmen. Dieser Gedanke von *Locke* hat dazu beigetragen, daß das ↗ Wahlrecht in England erst schrittweise von den Beziehern hoher Einkommen (aus Besitztiteln) auf weniger Wohlhabende und schließlich auf die Gesamtheit der Erwachsenen ausgedehnt wurde (zwischen 1831 und 1918/28).

Karl Marx hat in seiner Schrift »Zur Judenfrage« ein inneres Spannungsverhältnis zwischen M. und Bürgerrechten in den Verfassungen der Französischen Republik wie nordamerikanischer Einzelstaaten aufgewiesen. Die M., so zeigt er, sind letztlich Rechte des Privatmannes, dem die freie Verfügung über sein Eigentum (im Rahmen der Gesetze) garantiert wird. Während sich alle M. – Frei-

heit des Kaufs und Verkaufs, Freizügigkeit, Meinungsfreiheit, Sicherheit usw. – auf Privatrechte der Eigentümer zurückführen lassen, die ihre Mitbürger als ebenso viele (leider unvermeidliche) Beschränkungen ihrer Freiheit ansehen, sind die Bürgerrechte *(droits du citoyen)* Rechte des mit dem Gemeinwesen verbundenen sozialen Menschen. Der *citoyen* muß bereit sein, sein Eigentum und selbst sein Leben für das Gemeinwesen hinzugeben, der auf seine »M.« pochende *bourgeois* ist nur an der Bewahrung seines Eigentums interessiert. Daß M. und Bürgerrechte miteinander in Konflikt geraten können, hat auch die Geschichte gezeigt: Wenn das »Vaterland in Gefahr« ist, verlangt die Regierung der Republik die Zurückstellung der egoistischen Eigentümerinteressen (und daher der M., soweit sie das Eigentum schützen) zugunsten der *»levée en masse«* und der Versorgung der Truppen. Der Wille des *citoyen,* der seine Rechte auf Teilhabe an der Gesetzgebung und Regierung wahrnimmt, geht über die Wünsche des *bourgeois,* der sich auf die M. beruft, im Notfall hinweg. *Hegel,* dessen Staatsbürger eine Art vergeistigter *citoyen* ist, hat daher nicht zufällig davon gesprochen, daß erst im Krieg sich die Wahrheit der Bedeutung des Staates offenbare, weil dann mit den »erbaulichen Reden« vom »Opfern des Eigennutzes für das Gemeinwohl« wirklich »ernst gemacht« werde.
Während der *Marxsche* ↗ Sozialismus an eine Zukunftsgesellschaft glaubte, in der beide »Arten von Rechten« überflüssig geworden sind, weil alle Individuen sich allseitig entfalten können und jede staatliche Zwangsordnung überflüssig geworden wäre, hat der neuzeitliche ↗ Sozialstaat den Katalog der M. um eine Reihe von sozialen Rechten erweitert.

Während die ursprünglichen M. Abwehrrechte zugunsten des Individuums waren, sind die sozialen Rechte Anspruchsrechte der Individuen an den Staat. Das M. auf Leben (Unversehrtheit) wird ausgeweitet zu einem Recht auf Gewährleistung des Existenzminimums, das M. der Meinungsfreiheit zu einem Recht auf Bildung (Schulbildung, Zugang zu allen Bildungseinrichtungen), das Recht auf körperliche Unversehrtheit zu einem Recht auf Gesundheitsfürsorge und Erholung, das Recht auf freie Berufswahl zu einem Recht auf Arbeit.

Iring Fetscher

[2] Menschenrechtspolitik.
I. Erst im 20. Jh. – und hier besonders nach dem II. Weltkrieg – wird der Menschenrechtsschutz als eine internationale Verantwortung erkannt.
Als Gründe dafür sind im wesentlichen vier Entwicklungen auf nationaler und internationaler Ebene zu nennen: 1. Ganz allgemein gerät das Individuum aufgrund einer wachsenden transnationalen Mobilität als internationaler Akteur stärker in das Blickfeld; 2. die bereits nach dem I. Weltkrieg auftretenden Probleme der Anerkennung und Durchsetzung von menschenrechtlich begründeten Ansprüchen auf nationale Selbstbestimmung; 3. die zunehmende faktische und später auch rechtliche Internationalisierung der sozialen Frage (z.B. Internationale Arbeitsorganisation, ILO); und 4. die verheerenden Auswirkungen einer menschenverachtenden rassistischen Vernichtungspolitik des Dritten Reiches sowie die verschiedenen Formen rassistischer Politik, die eine Reihe nationaler Gesellschaften prägen, wie bisher die Apartheidspolitik, haben das Bewußtsein für die Notwendigkeit eines international verantworteten Menschenrechtsschutzes geweckt. Rechtsdogmatisch war die Öffnung des Völkerrechts hin zur Anerkennung des Individuums als Träger völkerrechtlich begründeter Rechte und damit als zumindest teilweise rechts- und prozeßfähiges Subjekt des Völkerrechts durch völkerrechtliche Verträge und die Rechtsprechung des Ständigen Internationalen Gerichtsho-

fes in der Zwischenkriegszeit vorbereitet worden.

Auf dieser Basis kommt es nach dem II. Weltkrieg vornehmlich im Bereich der ↗ Vereinten Nationen (UN), aber auch regional, zu zahlreichen internationalen Menschenrechtskodifikationen. Neben der Charta der UN, die eine Verpflichtung der Mitgliedstaaten zur Achtung der M. enthält, sind Marksteine für die Internationalisierung der M. die Allgemeine Erklärung der Menschenrechte von 1948, die Pakte der UN über bürgerliche und politische Rechte und über wirtschaftliche, soziale und kulturelle Rechte von 1966 sowie die Menschenrechtskonventionen über das Verbot der Rassendiskriminierung (1966), der Diskriminierung in Beschäftigung und Beruf (1958), im Erziehungswesen (1960) und der Diskriminierung der Frau (1979) sowie die Konvention zum Schutz der Rechte des Kindes (1989). Auf regionaler Ebene sind als die bisher bedeutendsten Fortschritte die Europäische Menschenrechtskonvention von 1950 (EMRK) und die Amerikanische Menschenrechtskonvention von 1969 zu nennen. Als Standard menschenrechtlichen Verhaltens ist für den europäischen Raum auch auf die KSZE-Schlußakte hinzuweisen. Eine neue Dimension regionaler Menschenrechtskodifikation ist mit der Annahme der Afrikanischen Charta der Menschenrechte und Rechte der Völker (1981) eröffnet worden, welche die spezifischen kulturellen und sozialen Bedingungen der Vertragsstaaten in der Kodifikation widerspiegelt. Ein Beispiel einer nicht regions- sondern religionsbezogenen Kodifikation der M. bilden die »Allgemeine Islamische Menschenrechtserklärung von 1981« und die jüngere »Islamische Menschenrechtserklärung von Kairo« (1990). Als ein neues Feld der Entwicklung des internationalen Menschenrechtsschutzes steht heute der Schutz der Rechte der Ureinwohner/Urbevölkerungen (*indigenous people*, z. B. Indianer, Inuit) auf der Tagesordnung.

II. Die Skala der internationalen Verfahren zur Durchsetzung der M. reicht von Formen gerichtlicher Entscheidung (so namentlich im Bereich der EMRK) bis zu politischen Sanktionsmechanismen in Gestalt öffentlicher Diskussionen internationaler Gremien über Stand und Wirksamkeit der M. in einzelnen Staaten oder in Gestalt der Anwendung politischer und wirtschaftlicher Sanktionen gegen menschenrechtsverletzende Staaten. Auf universaler Ebene (UN, Sonderorganisationen der UN) sind Verfahren nicht-judiziärer Art zur Durchsetzung der Menschenrechtsprüfung von Staatenberichten über den Stand der Verwirklichung der M. Behandlung von Individualbeschwerden über Menschenrechtsverletzungen durch unabhängige Expertenausschüsse – am verbreitetsten. Die gerichtsförmige Durchsetzung der M. ist bisher am weitesten im Rahmen der EMRK verwirklicht. Auf der Ebene der UN zeigte sich seit dem Ende des Ost-West-Konflikts eine wachsende Bereitschaft, schweren Verletzungen der M. mit Zwangsmaßnahmen nach Kapitel VII der Charta der UN zu begegnen (z. B. Somalia, Bosnien-Herzegowina; ↗ Humanitäre Intervention).

Trotz der unleugbaren Fortschritte in der Entwicklung und Anwendung der verschiedenen Durchsetzungsverfahren ist kritisch anzumerken, daß insgesamt die international verantwortete Durchsetzung der M. bisher mit der raschen Entwicklung des internationalen Bestandes an verbindlichen Menschenrechtsnormen nicht Schritt gehalten hat. Indem die Staaten zugleich Adressaten der Menschenrechtsverpflichtungen und – angesichts des Fehlens einer unabhängigen internationalen Sanktionsgewalt – auch die Umsetzer dieser Verpflichtungen sind, bleibt die im geordneten rechtlichen Verfahren erfolgende internationale Menschenrechtsdurchsetzung aufs Ganze gesehen defizitär. Damit hängt es zusammen, daß nach wie vor einer politischen Menschenrechtsdurchsetzung (Menschenrechtspolitik) ein hoher Stellenwert zukommt – mit allen Gefahren und Problemen, die damit verbunden sind.

III. Menschenrechtspolitik wird im gegenwärtigen internationalen System auf zwei Ebenen verfolgt. Zum einen sind Träger einer Menschenrechtspolitik, die im eigentlichen Sinne »international« bezeichnet werden kann, eine Vielzahl internationaler Organisationen, unter denen die UN selbst, die ILO und die UNESCO sowie nicht-gouvernementale Organisationen wie *Amnesty International* hervorzuheben sind. Zum anderen sind es die Staaten, die in ihrer nationalen ↗ Außenpolitik immer wieder menschenrechtliche Ziele durchzusetzen suchen. Die wesentlichen Elemente der Menschenrechtspolitik internationaler Organisationen sind die Fortentwicklung des einschlägigen Normenbestandes, die Förderung der materiellen und ideellen Voraussetzungen für eine Menschenrechtsdurchsetzung, vor allem im wirtschaftlichen und sozialen Bereich, und schließlich die – noch unvollkommene – Verhinderung und Ahndung von Menschenrechtsverletzungen. Nationale Menschenrechtspolitiken zielen vorrangig auf die Sicherung der Einhaltung internationaler und nationaler Menschenrechtsverbürgungen innerhalb solcher Staaten, die strukturell oder auch nur *ad hoc* Menschenrechtsverletzungen begehen. Instrumente solcher Politik sind u.a. die Vorenthaltung oder Gewährung wirtschaftlicher Vorteile. Die Bereitschaft der Staaten zu einer Koppelung von Einhaltung der M. und Gewährung wirtschaftlicher Vorteile oder *vice versa* scheint jedoch in jüngerer Zeit rückläufig. So hat US-Präsident *Clinton* diese Koppelung gegenüber China aufgehoben. Während sowohl auf institutioneller internationaler Ebene als auch auf der Ebene nationaler Menschenrechtspolitik gewiß Erfolge nicht zu leugnen sind, können Gefahren für den Menschenrechtsschutz nicht übersehen werden. Obwohl nach dem Ende des Ost-West-Konflikts der ideologische Streit über das inhaltliche (Wert-)Verständnis hinsichtlich der M. entfallen ist, besteht doch bisher kein weltweiter Konsens über Inhalt und Reichweite der zu schützenden Menschenrechte. So gerät Menschenrechtspolitik immer wieder in den ideologischen und damit auch den machtpolitischen Streit der Staaten. Diese Problematik hat sich erneut auf der UN-Menschenrechtskonferenz in Wien (1993) gezeigt, wo Vertreter der Dritten Welt das unterschiedliche Verständnis der M. betonten und vor allem eine Einschränkung des Interventionsverbots zugunsten eines effektiveren internationalen Schutzes der M. ablehnten.

Jost Delbrück

Lit.: *Amnesty International* 1993: Menschenrechte vor der Jahrhundertwende, Frankfurt/M. *Bielefeldt, H.* 1992: Die Menschenrechte als das »Erbe der gesamten Menschheit«, in: *ders./Brugger, W./Dicke, K.* (Hrsg.): Würde und Recht des Menschen, Würzburg, 143ff. *Brugger, W.* 1990: Menschenrechtsethos und Verantwortungspolitik, Freiburg/München. *Delbrück, J.* 1993: Die Universalisierung des Menschenrechtsschutzes: Aspekte der Begründung und Durchsetzbarkeit, in: *Zunker, A.* 1993: Weltordnung oder Chaos?, Baden-Baden, 551ff. *Dicke, K.* 1992: Die der Person innewohnende Würde und die

Frage der Universalität der Menschenrechte, in *Bielefeldt, H./Brugger, W./Dicke, K.* (Hrsg.): Würde und Recht des Menschen, Würzburg, 161 ff. *Hartung, F.* 1972: Die Entwicklung der Menschen- und Bürgerrechte von 1776 bis zur Gegenwart, Göttingen. *Henkin, C.* 1990: The Age of Rights, New York. *Huber, W./Tödt, H. E.* 1977: Menschenrechte – Perspektiven einer menschlichen Welt, Stuttgart/Berlin. *Kerber, W.* (Hrsg.) 1991: Menschenrechte und kulturelle Identität, München. *Kommers, D. O./Loescher, G. D.* 1979: Human Rights and American Foreign Policy, Notre Dame. *Kühnhardt, L.* 1987: Die Universität der Menschenrechte, München. *Marshall, T. H.* 1992: Bürgerrechte und soziale Klassen, Frankfurt a. M./New York. *Schwartländer, J.* 1981: Menschenrechte und Demokratie, Kehl/Straßburg. *Sohn, L. D./Buergenthal, Th.* 1973: International Protection of Human Rights, Indianapolis/Kansas City/New York. *Tomuschat, Ch.* 1991: Bewahrung, Stärkung, Ausgestaltung. Zur künftigen Menschenrechtspolitik Deutschlands in der Weltorganisation, in: Vereinte Nationen 39 (1991), 6 ff. *United Nations*, General Assembly Doc. A/44/668 (1989): Effective Implementation of International Instruments on Human Rights, including Reporting Obligations under International Instruments on Human Rights. *Wolfrum, R.* 1993: Die Entwicklung des internationalen Menschenrechtsschutzes. Perspektiven nach der Weltmenschenrechtskonferenz von Wien, in: Europa-Archiv 48 (1993), 681 ff.

Militärbündnisse

I. Ein Militärbündnis (M.) ist der Zusammenschluß zweier oder mehrerer Staaten für eine befristete oder unbefristete Zeit mit dem Ziel, eine Erhöhung der eigenen Sicherheit bzw. eine Eindämmung oder Reduzierung gegnerischer Machtstellung zu erreichen. Defensivbündnisse sind von Offensivbündnissen zu unterscheiden. Nach dem II. Weltkrieg wurde in der UN-Charta im Artikel 52 (↗ Vereinte Nationen) ein Verbot von Offensivbündnissen ausgesprochen. Merkmale von Militärbündnissen sind: Mitgliedschaft, geographische Ausdehnung, Zielsetzung, Gültigkeitsdauer und Organisationsstruktur.

II. Im Verlauf der Geschichte wurden zahllose M. geschlossen. Für die Antike sei an den Attisch-Delischen Seebund von 478 v. Chr. erinnert, der formell durch zweiseitige Verträge zwischen Athen und 270 Mitgliedern zustande kam. Für die kleinen Staaten bedeutete er den athenischen Schutz gegenüber den Persern, und für Athen wurde auf diese Weise die lebenswichtige Seewegverbindung zum Schwarzen Meer gesichert. Das europäische Mächtekonzert seit dem Westfälischen Frieden von 1648 bis zum II. Weltkrieg wurde geradezu durch M. bestimmt, wobei die Idee des Gleichgewichts die Struktur des europäischen Systems von M. präg te. Klassisch dafür wurde die Bündnispolitik der fünf europäischen Großmächte Österreich-Ungarn, Frankreich, Rußland, Preußen und England in der Zeit von 1815 bis 1914.

Nach dem I. Weltkrieg erkannte der Völkerbund Bündnisse als legitim an, wenn sie mit seiner Satzung übereinstimmten. Die UN-Charta ermuntert die Bildung von Regionalpakten und weist ihnen eine Doppelfunktion zu: Zum einen sollen sie eine friedliche Regelung der Beziehungen geographisch benachbarter Staaten erleichtern und bei eventuell aufkommenden Konflikten schlichtend mitwirken; zum anderen sollen sie als Vollzugsorgane des Sicherheitsrats der UN auf dessen Anweisung und unter seiner Kontrolle Sanktionen gegen einen Aggressor in die Wege leiten, wenn dies satzungsgemäß seitens der UN festgestellt wird. Artikel 51 bildet die rechtliche Grundlage für M., wonach kollektive und individuelle Selbstverteidigung wie regionale Bündnisse zur Wahrung des Friedens möglich sind.

III. Nach dem II. Weltkrieg entstand durch den strukturbestimmenden Konflikt der ↗ Internationalen Beziehungen, den Ost-West-Konflikt, ein Wandel im Charakter von Bündnissen. Die von den beiden Welthegemonialmächten USA und UdSSR gebildeten Bündnisse erhielten neben der Schutzgewährung – im wesentlichen durch Abschreckung – die politische Funktion der Aufrechterhaltung der eigenen Gesellschaftsordnung. Zum Schutz der westlich-kapitalistischen Gesellschaftsordnung entstand ein weltweites Bündnissystem, in Europa mit dem Brüsseler Pakt (Westunion 1948), dem Nordatlantikpakt (NATO 1949) sowie der Westeuropäischen Union (WEU 1955), in Amerika mit dem Rio-Pakt (1947) und im Pazifik mit dem Pazifischen Sicherheitspakt ANZUS (1951), der Südostasiatischen Verteidigungsorganisation SEATO (1954–1972) und der Zentralen Paktorganisation CENTO (1955 – 1979) sowie mit zahlreichen bilateralen Militärbündnissen. Der kommunistische Herrschaftsbereich schuf zur Verteidigung der sozialistischen Wertegemeinschaft und fußend auf dem Prinzip des »Sozialistischen Internationalismus« die Warschauer Vertragsorganisation (WVO 1955). Die nach der völkerrechtlichen Entkolonisierung Ende der 50er, Anfang der 60er Jahre entstehende Dritte Welt hat sich dem Blockdenken entziehen wollen und die Bewegung der Blockfreien (Belgrad 1961) gegründet. Durch Aufweichung des Kriteriums Blockfreiheit waren in der sich zur mitgliederstärksten Dritte-Welt-Organisation entwickelnden Bewegung faktisch immer mehr Mitglieder in die Militärblöcke eingebunden.

IV. Die NATO *(North Atlantic Treaty Organization)* entwickelte sich im Verlauf von vier Jahrzehnten aufgrund des politischen, ökonomischen und militärischen Potentials seiner Mitgliedsstaaten zum bedeutsamsten Militärbündnis der Welt.

1. Die NATO entstand 1949 im Zuge der Verschärfung des Ost-West-Konflikts nach dem Staatsstreich in der Tschechoslowakei (1948) und der Berliner Blockade (1948/49) auf nachdrückliches Verlangen Großbritanniens und Frankreichs. Gründungsmitglieder waren die USA, Kanada, Frankreich, Großbritannien, die Benelux-Staaten, Norwegen, Dänemark, Portugal und Italien. 1952 traten Griechenland und die Türkei der NATO bei, 1955 die Bundesrepublik Deutschland. Spanien wurde 1982 16. Mitglied der NATO.

2. Laut NATO-Vertrag gilt als wichtigste Aufgabe der Schutz sämtlicher NATO-Partner gegen eine mögliche Aggression. Ein bewaffneter Angriff gegen einen oder mehrere von ihnen in Europa oder Nordamerika wird als Angriff gegen alle Mitglieder angesehen. Allerdings enthält der Vertrag keine automatische militärische Beistandspflicht, da es jedem Mitgliedstaat überlassen bleibt, unverzüglich und im Zusammenwirken mit den anderen Partnern die Maßnahmen zu treffen, einschließlich der Anwendung von Waffengewalt, die er für notwendig hält. Somit wird durch die NATO die Möglichkeit unterschiedlicher Unterstützung in einem Konfliktfall gegeben. Damit geht die Beistandsverpflichtung hinter die Regelung des Brüsseler Paktes zurück, in dem die automatische militärische Unterstützung niedergelegt wurde.

Neben der militärischen sieht der NATO-Vertrag auch die politische, soziale, ökonomische und kulturelle Zusammenarbeit vor und setzt sich somit die Verteidigung der westlichen Lebensform zum Ziel. Alle zwölf Gründungsmitglieder anerkannten das Prinzip der »westlichen Demokratie«, wenngleich sie in einigen Mitgliedsländern wie Griechenland, Portugal und der Türkei lange Zeit nicht praktiziert wurde, das kapitalistische Wirtschaftssystem mit der Garantie des Privateigentums an Produktionsmitteln sowie die Herrschaft des Rechts und des Völkerrechts.

3. Die NATO gliedert sich in eine politische und eine militärische Organisation. Mitglied der politischen Organisation (Atlantisches Bündnis) sind alle 16 Mitgliedsstaaten, während der militärischen Organisation Frankreich, Island und Spanien aus unterschiedlichen Gründen nicht angehören. Oberstes Entscheidungsorgan ist der NATO-Rat, der durch die Vertreter der Mitgliedsregierungen gebildet wird und Entscheidungen im Konsensverfahren trifft. Dieses Beschlußverfahren ermöglicht gerade den kleineren Mitgliedsstaaten ein erhebliches Mitwirkungspotential im Entscheidungsprozeß der NATO, wie die langjährigen Vorbehalte der Niederlande und Belgiens gegen den NATO-Doppelbeschluß zeigen.

Fragen der Verteidigung werden im Verteidigungsplanungsausschuß beraten, den die ständigen Vertreter der 13 in der Militärorganisation integrierten Staaten bilden. Seit 1967 werden Nuklearfragen des Bündnisses im Ausschuß für Nukleare Verteidigungsfragen bzw. der dann gegründeten Nuklearen Planungsgruppe behandelt.

Exekutivorgan der NATO ist das Generalsekretariat, dem der auf fünf Jahre gewählte Generalsekretär vorsteht. Neben den offiziellen NATO-Organen haben sich informelle Organe, wie die *Euro-Group* – die Verteidigungsminister der westeuropäischen NATO-Staaten – oder die *High-Level-Group* (HLG) zur Koordinierung der Grundlagen für den NATO-Doppelbeschluß, gebildet.

In der militärischen Organisation bildet seit 1966 der Militärausschuß, bestehend aus den Stabschefs der Bündnispartner mit Ausnahme Frankreichs und Islands, die höchste Instanz. Er erarbeitet Maßnahmen zur Verteidigung des NATO-Gebiets. Außerdem berät er den NATO-Rat in militärischen Fragen. Um die Funktionsfähigkeit der militärischen Organisation zu gewährleisten, hat die NATO ab 1993 zwei unterschiedliche Kommandobehörden gebildet, deren bekanntere SACEUR *(Supreme Allied Commander Europe)* ist.

4. Die Geschichte der NATO ist durch etliche Krisen gekennzeichnet, die das Bündnis mehrmals in seinem Bestand gefährdeten.

Sechs Entwicklungsphasen lassen sich unterscheiden: An die 1949 begonnene Aufbau- und Ausbauphase, die 1955 mit dem Beitritt der Bundesrepublik Deutschland endete, schloß sich die Konsolidierungsphase (bis 1966) an, in der die NATO durch die Berlin-Krise von 1961 und die Kuba-Krise von 1962 auf harte Proben gestellt wurde. Zwar kam es auch in dieser Zeit zu schweren Intraallianzkonflikten, als Großbritannien und Frankreich 1956 im Suez-Konflikt versuchten, ihre »kolonialen Restbestände« aufrechtzuerhalten, und die USA die beiden Staaten zur Beendigung ihres Vorgehens in Nahost zwangen. Dem Auszug Frankreichs aus der Militärorganisation (1966) folgte eine militärische und politische Strukturreform der Allianz. Die dritte Phase der NATO wurde durch die internationale Entspannungspolitik gekennzeichnet. 1967 erhielt die NATO in dem vom NATO-Rat verabschiedeten *Harmel*-Bericht den Auftrag, neben der militärischen Verteidigung auch mit Hilfe politischer Maßnahmen die Sicherheit in Europa zu gewährleisten. Ihr höchstes politisches Ziel wurde nun die Suche nach »einer gerechten und dauerhaften Friedensordnung in Europa mit geeigneten Sicherheitsgarantien«, so daß das neue NATO-Selbstverständnis von nun an in der Kurzformel »Sicherheit = Verteidigung plus Entspannung« zum Ausdruck kam. Die vierte Phase der NATO setzte Mitte der 70er Jahre ein und kann als Phase der verstärkten intraatlantischen Konfrontation, besonders zwischen Westeuropa und den USA, bezeichnet werden. Nicht zuletzt wurde die NATO durch den aktiven sowjetisch-amerikanischen Bilateralismus zu Beginn der 70er Jahre, die US-Politik in Südostasien und die zunehmenden Differenzen zwischen Westeuropa und den USA belastet. Besonders konfliktreich wurden aber die Auseinandersetzungen im Gefolge des NATO-Doppelbeschlusses, als einzelne europäische Regierungen und Politiker sowie große Teile der westeuropäischen Bevölkerung den Doppelbeschluß der NATO nicht unterstützten. Der 1979 vom NATO-Rat verabschiedete Doppelbeschluß sah als Antwort auf die sowjetische Mittelstreckenraketenaufrüstung zum einen ein Verhandlungsangebot an die UdSSR, zum anderen – falls es bis Ende 1983 zu keinem befriedigenden Verhandlungsergebnis käme – die Aufstellung von 108 Pershing-2-Raketen und 464 Marschflugkörpern in Westeuropa vor. Jedoch wurde – trotz heftiger Proteste in einzelnen westeuropäischen Ländern, vor allem in der Bundesrepublik Deutschland, den Niederlanden, Belgien und Dänemark – der Stationierungsplan eingehalten, da die amerikanisch-sowjetischen Verhandlungen über die Mittelstreckenwaffen 1983 scheiterten. Trotz der verstärkten intraatlantischen Konfrontation war die NATO attraktiv genug, um 1982 Spanien als 16. Mitglied in ihr politisches Bündnis aufzunehmen. Die fünfte Phase in der Entwicklung des Atlantischen Bündnisses bildet die Übergangszeit vom Amtsantritt *Gorbatschows* bis zur Auflösung der Sowjetunion. Sie wird zunächst durch den von KPdSU-Generalsekretär *Gorbatschow* eingeleiteten Wandel der sowjetischen Außenpolitik eingeleitet. Für die NATO stellte die neue sowjetische Außenpolitik eine ungewohnte Herausforderung dar, da zwischen den NATO-Partnern keine Einigkeit über die Reaktion auf diese neue Politik zu erzielen war. So wurde das NATO-Kommuniqué vom Mai 1989 ein Kompromißpapier, das eine Modernisierung der nuklearen Kurzstreckenraketen von der weiteren Entwicklung in der Sowjetunion und Osteuropa sowie dem Verlauf der Verhandlung über vertrauens- und sicherheitsbildende Maßnahmen abhängig machte. Ab 1989 wird diese Phase mit den Umwälzungen und Revolutionen sowie dem Zusammenbruch des »real existierenden Sozialismus« gekennzeichnet. Dadurch wurde dem Warschauer Pakt die Grundlage entzogen, sein Zusammenbruch vorprogrammiert und die NATO vor eine vollkommen neue internationale Konstellation gestellt. Der tiefgreifende Wandel in und der Zusammenbruch der Sowjetunion, die bedeutsamen Fortschritte bei den Verhandlungen über die konventionelle Rüstungskontrolle, die fortschreitende Demokratisierung in Mitteleuropa sowie die deutsche Wiedervereinigung mit der daraus folgenden Mitgliedschaft des vereinten Deutschland in der NATO haben Ende 1991 die sicherheitspolitischen Rahmendaten vollkommen zugunsten der NATO verändert. Die sechste Phase der NATO beginnt 1991 nach dem Zusammenbruch der Sowjetunion mit einer Aufgabenerweiterung. Nachdem eine direkte Bedrohung des Bündnisses nicht mehr gegeben war, nahm die NATO auch eine Veränderung ihrer Strategie vor. Die Allianz sieht nun das Territorium der Bündnispartner eher von der Peripherie bedroht. Auch wenn die neue Strategie noch nicht hinreichend ausformuliert ist, gelten als ihre grundlegenden Prinzipien eine rein defensive Ausrüstung sowie die Hinlänglichkeit des Militärpotentials, die strategische Einheit des Bündnisgebiets und die Solidarität der Bündnismitglieder, Kollektivität der Verteidigung und integrierte Militärstrukturen sowie das Zusammenwirken von nuklearen und konventionellen Streitkräften. Ein zentraler Stellenwert wird den Schnell- und Soforteingreifverbänden zugewiesen. Die NATO behält sich allerdings auch in Zukunft den Ersteinsatz von Nuklearwaffen weiterhin vor.

Es stellte sich nun die Frage nach der Funktion des Bündnisses in einem total veränderten internationalen System. Die Bündnispartner gerieten unter erheblichen Anpassungsdruck. Nach wie vor ist aber die Existenz der NATO erforderlich, nämlich als 1. Stabilitätsanker einer euro-atlantischen Sicherheitsordnung; 2. transatlantisches Bindeglied; 3. Versicherungsgemeinschaft gegen verbleibende militärische Risiken. 4. (nach der Auflösung des Warschauer Pakts) Instrument des Krisenmanagements, 5. Verifikations- und Durchsetzungsinstrument der Rüstungskontrolle und 6. intaktes Militärbündnis, das für *peace-keeping*-Aktionen der Vereinten Nationen sowie der KSZE Gerät, Soldaten und notfalls auch Waffen zur Verfügung stellt, wenn *peace-keeping* in *peace-enforcement* übergeht.

Die bedeutsamste Maßnahme zur Aufrechterhaltung der Stabilität ist die Schaffung des NATO-Kooperationsrats (NAKK), der sich im Dezember 1991 konstituierte. Mit dem NATO-Kooperationsrat, dem neben den NATO-Staaten die Nachfolgestaaten der Sowjetunion sowie die früheren Warschauer Pakt-Staaten angehören, wie auch mit der Partnerschaft für den Frieden (PfP) übt die NATO eine gestalterische Funktion der Sicherheitsordnung in Europa aus, hat gleichzeitig auch ein Instrumentarium geschaffen, durch das sie vor allem Informationen über die Kernwaffen, die in den vier GUS-Staaten Rußland, Weißrußland, Ukraine und Kasachstan stationiert sind, erhält und so eine gewisse Kontrolle ausüben kann. Sowohl der NAKK als auch die Partnerschaft für den Frieden bewirken keine Sicherheitsgarantien, ermöglichen aber die militärpolitische Zusammenarbeit der ehemaligen Gegner. NAKK sowie PfP werden in Ost- und Mitteleuropa als Vorstufe für einen späteren NATO-Beitritt perzipiert. Neben dem NATO-Kooperationsrat stellt die Bereitschaft der NATO, den ↗ Vereinten Nationen bzw. der OSZE Einheiten für *peacekeeping*-Maßnahmen zur Verfügung zu stellen, eine weitere Kompetenzausweitung des Bündnisses dar.

5. Hatten in den ersten Dekaden Strukturprobleme wie die heterogene Mitgliedschaft, die nukleare Mitbestimmung, die unterschiedliche Lastenteilung im Bündnis, die Strategieauslegung usw. die Beziehung der Allianzpartner gekennzeichnet, so stellt sich das Ende des Ost-West-Konflikts als Weichenstellung für die weitere Entwicklung der NATO dar. Trotz neuer, verstärkt politischer Aufgaben, befindet sich die NATO in einem Dilemma. Der Außendruck, vier Jahrzehnte das Bindeglied zwischen den Mitgliedstaaten, ist entfallen. Dies könnte zu Konsequenzen seitens der Mitgliedstaaten gegenüber der multinationalen Organisation führen, nämlich dann, wenn eine weitere Mitgliedschaft nicht mehr als zwingend erforderlich angesehen wird. Die Kosten des Bündnisses könnten höher als der Nutzen eingeschätzt werden. Die Ausbildung einer europäischen Verteidigungsidentität wird zwar in offiziellen NATO-Kommuniqués begrüßt. Sie beinhaltet aber einen Sprengsatz. Entweder gibt es eine vollkommen europäische Identität – dann stellt sich nicht mehr die Frage der militärischen Kooperation mit den Amerikanern – oder es gibt eine verstärkte europäische Identität. In diesem Fall käme es zu einem europäischen Block innerhalb der NATO und ebenfalls einer Minderung des US-Einflusses. Die NATO ist damit gewissermaßen zu einem Opfer ihres Erfolgs geworden. Auch die ihr neu zugewiesenen politischen Aufgaben werden die Kohärenz der Organisation nicht in dem Maße gewährleisten, wie es die über vier Jahrzehnte perzipierte Bedrohung durch die Sowjetunion getan hat. Allenfalls ein erneuter Außendruck, der die noch nicht mit einem ausreichenden Sicherheitsdispositiv versehenen Europäer träfe, könnte zu einer Revitalisierung der Atlantischen Allianz führen.

V. Der Warschauer Pakt (WVO) wurde am 14.5.1955 von der UdSSR, Albanien, Bulgarien, Polen, ČSSR, Rumänien und Ungarn geschlossen und am 1.4. 1991 aufgelöst.

Die Unterzeichnerstaaten verstanden dieses zunächst auf 20 Jahre angelegte M. als Antwort auf den am 9.5.1955 erfolgten Beitritt der Bundesrepublik Deutschland zur NATO. Ziele des von der UdSSR angeregten Pakts waren die Gewährleistung militärischer Sicherheit und verbesserte politische Zusammenarbeit und Kontrolle. Außerdem verfolgte die UdSSR mit der Gründung der WVO noch das Ziel, eine neue Rechtsgrundlage für die Stationierung ihrer Truppen in Ungarn und Rumänien zu schaffen, da der österreichische Staatsvertrag (15.5.1955) diese Rechtsgrundlage entzog. Der territoriale Geltungsbereich der WVO beschränkte sich auf Osteuropa bis hin zum Ural. Auch die WVO verstand sich als ein politisches Bündnis mit gemeinsamen Werten. Artikel 3 des Vertrages sah die Koordination der Außenpolitik der Mitgliedsstaaten vor. Einen besonderen Stellenwert nahm die kollektive Verantwortung der WVO-Staaten für die Bewahrung des Sozialismus im territorialen Geltungsbereich des Vertrags ein. War in einem Vertragsland der Sozialismus bedroht, so waren die anderen WVO-Staaten nicht nur berechtigt, sondern geradezu verpflichtet, den Sozialismus durch »brüderliche Hilfe« aufrechtzuerhalten. Die Hilfe schloß als äußerstes Mittel die Anwendung militärischer Gewalt ein. 1956 wurden sowjetische Truppen eingesetzt, um in Ungarn die Reformprojekte in Richtung auf ein Mehrparteiensystem zu unterdrücken, 1968 intervenierten die Streitkräfte der UdSSR, Polens, Bulgariens, Ungarns und der DDR in der Tschechoslowakei, um dem »Prager Frühling« ein gewaltsames Ende zu bereiten. Für das sozialistische Interventionsrecht wurde der Begriff »*Breschnew*-Doktrin« gebräuchlich. Die WVO gliedert sich wie auch die NATO in eine politische und eine militärische Ebene. Oberstes Organ der politischen Ebene war der *Politisch Beratende Ausschuß* (PBA), der aus den Regierungschefs bzw. ihren Vertretern der Mitgliedsländer gebildet wurde. Im PBA wurde die gesamte Leitung der WVO koordiniert. Auf militärischer Ebene bildete das Vereinte Oberkommando das höchste Organ. An seiner Spitze stand immer ein sowjetischer General, dem in Friedenszeiten die sowjetischen Truppen in der DDR, Polen, der ČSSR und Ungarn sowie die DDR-Truppen einschließlich der Grenztruppen ständig unterstellt waren. Nachdem 1975 kein Mitgliedsstaat die Kündigung ausgesprochen hatte – Albanien war 1968 nach der ČSSR-Intervention durch die WVO-Staaten ausgetreten –, galt die WVO für weitere 10 Jahre und wurde 1985 erneut um 20 Jahre verlängert. Mit der Reformpolitik von *Michail Gorbatschow* setzte auch ein Wandel in den sowjetisch-osteuropäischen Beziehungen ein, die für den Warschauer Pakt zwei Folgen hatte: Zum einen eine Verringerung der Bedrohungsgefahr für Westeuropa durch Betonung des Verteidigungscharakters des Bündnisses, zum anderen die sowjetische Abstinenz in den osteuropäischen Ländern zu intervenieren bzw. die Aufgabe der *Breschnew*-Doktrin. Im Zuge der ↗ Systemwechsel in den osteuropäischen Ländern wurde die Militärstruktur der WVO noch vor der Schaffung eines »Systems kollektiver Sicherheit« in Europa zum 1. Juli 1991 formell aufgelöst.

Wichard Woyke

↗ Abrüstung; Frieden; Friedensforschung; Militärpolitik; Sicherheit

Lit.: *Bayerische Landeszentrale für politische Bildung* (Hrsg.) [2]1984: Nordatlantikpakt – Warschauer Pakt. Ein Vergleich zweier Bündnisse. München. *Bundesministerium für Verteidigung* 1994: Weißbuch 1994. Weißbuch zur Sicherheit der Bundesrepublik Deutschland und zur Lage und der Zukunft der Bundeswehr, Köln. *Buteux, P.* 1983: The Politics of Nuclear Consultation in NATO 1965–1980, New York. *Clesse, A./Ruehl, L.* (Hrsg.) 1990: Beyond East-West-Confrontation. Searching for a New Security in Europe, Baden-Baden. *Daalder, I. H.* 1991: The Nature and Practice of Flexible Response, New York. *Myers, K.* (Hrsg.) 1981: NATO. The Next Thirty Years, Boulder. *NATO-Informationsabteilung* (Hrsg.) [7]1990: Tatsachen und Dokumente, Brüssel. *dies.* 1993: NATO-Handbuch, Brüssel. *Sloan, S. R.* 1989: NATO in the 1990s, Oxford. *Stromseth, J. E.* 1988: The Origins of Flexible Response, London. *Walt, S. M.* 1987: The Origins of Alliances, Ithaca N.Y.

Militärpolitik

In der Militärpolitik (M.) geht es »vor allem um die verteidigungspolitischen Mittel, Aufwendungen und Aktivitäten, die eine Gesellschaft bereitzustellen und zu entfalten in der Lage ist, um ihre ↗ Sicherheit zu gewährleisten« (*Dettke* 1990: 340). Der Grad der effektiven oder perzipierten Gefährdung und die sicherheitspolitischen Ziele eines Landes sind die wesentlichen Kriterien für militärpolitische Aufwendungen, vor allem rüstungspolitische Mittel, und bündnispolitische Aktivitäten (↗ Militärbündnisse). Nach dem II. Weltkrieg war die M. vieler Staaten vom Ost-West-Konflikt geprägt. Dieser Gegensatz hat seit Beginn des »Neuen Denkens« in der Sowjetunion Mitte der 80er Jahre derart an Bedeutung verloren, daß die hergebrachten militärstrategischen und rüstungspolitischen Konzepte grundlegend geändert werden müssen. Die Furcht der Staaten vor Bedrohung und Angriffen von außen hat mit dem Ende des Kalten Krieges entscheidend nachgelassen (*Cox* 1990). Die internationale Sicherheitspolitik ist dadurch in einen dynamischen Wandlungsprozeß eingetreten. Es wurde erwartet, daß die Militärpakte in Ost (WVO) und West (NATO) stetig weiter an ihrer Funktion als militärische Organisationen verlieren und entweder desintegrieren (so geschehen im Osten) oder sich in ein internationales politisches Regime verwandeln würden.

[1] Westliche Länder.

I. Die westlichen Industrieländer gaben 1992 mehr als 493 Mrd. US-$ (in Preisen von 1985) für Rüstungszwecke aus (*SIPRI* 1993: 337f.: Tabelle 9.15). Seit 1989 sinken die weltweiten Militärausgaben mit einer realen jährlichen Rate von 5%. In den meisten Industrieländern stiegen die absoluten Militärausgaben bis 1987 kontinuierlich an, während ihr Anteil am ↗ Sozialprodukt in den meisten Ländern seit Anfang der 80er Jahre zurückging. Ab 1987 verzögerte sich dann sowohl die absolute Steigerung als auch die relative Senkung der Ausgaben. 1992 sind die Ausgaben in Europa auf das Niveau von 1985 zurückgefallen (*SIPRI* 1993: 370). Insbesondere die USA und die größeren NATO-Staaten machen seither Abstriche bei der Modernisierung ihrer Rüstung. In einigen Ländern, etwa in Belgien und in den Niederlanden, sind die Militärausgaben sogar rückläufig. Vor allem fällt der Rückgang in Deutschland auf: mit einer Senkung von 3,4% BSP auf 2,2% BSP nimmt die Bundesrepublik die Spitzenposition unter den westlichen Industrieländern bei der Senkung der Militärausgaben ein. Dies gilt für die Rüstungsausgaben, die jetzt (1992) 64% niedriger sind als 1988 (*SIPRI* 1993: 371). Diese jüngere Entwicklung ist vermutlich nicht nur auf die (erst seit 1987 wirksame) Entspannung zwischen Ost und West zurückzuführen, sondern auch auf die wirtschaftlichen Probleme der meisten OECD-Länder seit den späten 70er Jahren.

Im Zuge der Ost-West-Entspannung wird die sog. »Zwei-Pfeiler-Doktrin« der ↗ Sicherheitspolitik, derzufolge politische und militärische Entspannung nur parallel zur Aufrüstung oder zur Modernisierung der Waffenarsenale erreicht werden kann, allmählich durch wirkliche ↗ Abrüstung ersetzt. Bislang freilich findet ein Abbau der nuklearen und technologischen Waffenarsenale kaum statt, sondern es sind lediglich die Wachstumsraten dieser Rüstung verringert worden. Die Neuordnung Europas als Folge der politischen und gesellschaftlichen Veränderungen in Osteuropa und der Vereinigung beider Teile Deutschlands (↗ Deutsche Einheit) haben das bisherige Konzept der Sicherheitspolitik und insbesondere die Rüstungspraxis der meisten Länder grundlegend geändert, zumal die westeuropäischen Staaten sich mit den Mitteln moderner Rüstung ohnehin nicht mehr sichern lassen.

II. Zur Erklärung der Rüstungspraxis einzelner Länder muß man sowohl auf innergesellschaftliche Faktoren als auch auf Entwicklungen in den ↗ Internationalen Beziehungen zurückgreifen.

Ökonomische Faktoren haben auf die Entwicklung der Militärausgaben eines Landes zweifellos einen großen Einfluß, wobei die Konjunkturen der Wirtschaftsentwicklung von geringerem Gewicht sind als der ökonomische und technologische Entwicklungsstand eines Landes (*Keman* 1982: 208f.). Daneben spielen aber auch politische Faktoren eine wichtige Rolle. Hier kommt insbesondere den Strukturen des internationalen Beziehungssystems und ihren Veränderungen eine große Bedeutung zu, wie gerade die gegenwärtigen Entwicklungen im Ost-West-Verhältnis deutlich zeigen. Schließlich beeinflussen auch die unterschiedlichen Auffassungen über internationale Spannungen (oder ihre Abwesenheit) den Umfang und die Entwicklung der Militärausgaben in den westlichen Ländern. Das Bedrohungspotential, das diesen Spannungen jeweils zugeschrieben wird, stellt eines der wesentlichen Erklärungsmomente für Unterschiede im

Wachstum der Militärausgaben verschiedener NATO-Länder – etwa der USA und ihrer europäischen Verbündeten (*Abolfathi* 1980; *SIPRI* 1990: 156) – sowie für historische Veränderungen innerhalb eines Landes dar. Auch die unterschiedliche Stellung einzelner Länder im internationalen System, bislang v. a. in bezug auf den Ost-West-Konflikt, kann zur Erklärung solcher Unterschiede bzw. Veränderungen beitragen (*Keman* 1982: 188 f.; *Oneall* 1990).

Die Rüstungspraxis nach dem II. Weltkrieg wurde v. a. durch den Kalten Krieg und die Einführung von Nuklearwaffen (*Krippendorff* 1977: 111–114; *Schmidt* 1981: 3) geprägt. Eine wichtige Rolle spielten auch technologische Entwicklungen, die Erwartungen im Hinblick auf den vermeintlichen Gegner sowie die Integration der meisten Industrieländer in militärische Bündnisse.

Die Bedeutung dieser Faktoren nimmt seit Ende der 80er Jahre ab. Die Bedrohung durch einen 3. Weltkrieg ist jetzt kaum mehr als realistisch anzusehen. Die internationalen Abkommen im Bereich der Waffenkontrolle zwischen 1990 und 1993 demonstrieren dies: START I und II, der CFE-Vertrag, *Open Skies Treaty* und CWC (Chemische Waffen). Gleichzeitig ist aber zu erwarten, daß innenpolitische Determinanten der Rüstungspraxis mehr Gewicht bekommen: die Existenz von waffenexportierenden Industrien, der Umfang des Militärapparates und die parteipolitische Zusammensetzung der ↗ Regierung (*Cusack/Ward* 1981; *Keman* 1987). Da die Rüstungspraxis bislang eng mit der Technologieförderung verbunden war und dabei längerfristige Planungen eine große Rolle spielten, wird in Zukunft auch die Bedeutung haushaltspolitischer Auseinandersetzungen und der Orientierung der Forschungs- und Technologiepolitik wachsen.

In den westlichen Staaten wurden bis 1987 laufend neue und immer umfangreichere Waffensysteme entwickelt und angeschafft. Seither verläuft der Trend, insbesondere in Frankreich, Deutschland und Großbritannien, in die entgegengesetzte Richtung. Unter der Voraussetzung, daß die derzeitige Entwicklung anhält, wird es bis zum Jahr 2000 dauern, bis die Rüstungsausgaben wieder auf dem Stand von 1980 angelangt sind (*SIPRI* 1990: 154). Die Rüstungspraxis hat also eine gewisse Eigendynamik, die durch nationale und internationale Faktoren hervorgerufen, durch technologische Entwicklungen und ökonomische Ressourcen ermöglicht und von ↗ Interessengruppen für deren eigene Ziele genutzt wird (militärisch-industrieller Komplex). Welcher dieser Faktoren für die Rüstungspolitik am wichtigsten ist, läßt sich kaum eindeutig klären, jedenfalls aber ist die Eigendynamik des Rüstungswettlaufs für die Rüstungspolitik, und damit auch für die Ausgabenentwicklung, von erheblicher Bedeutung (*Cusack/Ward* 1981). Dieser Bumerangeffekt der Rüstungspolitik wird jedoch voraussichtlich durch Abrüstungsfortschritte im Kontext der Ost-West-Entspannung sowie durch Grenzen des ökonomischen Handlungsspielraums der Regierungen zurückgehen.

III. Über die Bedeutung der Rüstungspolitik für die wirtschaftliche Entwicklung eines Landes wird seit den Zeiten *A. Smiths* und der klassischen ↗ Politischen Ökonomie debattiert. Dabei geht es nicht nur um die Frage, wie die Militärausgaben anderweitig verwendet werden könnten, sondern auch um die konkreten Folgen der Rüstung in bezug auf wirtschaftliches Wachstum, ↗ Arbeitslosigkeit und ↗ Inflation.

Vergleichende Analysen haben gezeigt, daß – abgesehen von Ländern, die sehr hohe Militärausgaben haben (z. B. die USA heute, Frankreich und Großbritannien in den 50er Jahren) bzw. ihr Waffenarsenal laufend modernisieren – die Rüstungsinvestitionen nur geringe Auswirkungen auf das Wachstum der betreffenden Ökonomien haben (*Smith* 1977). Nur bei stagnierendem Wirtschaftswachstum und weiterhin steigenden Rüstungsausgaben (wie z. B. in den USA bis 1987) lassen sich positive Effekte für die Beschäftigung nachweisen (*Junne* 1983), nicht aber, wenn die Militärausgaben in Zeiten wirtschaftlichen Aufschwungs steigen (*Smith* 1977: 66f.). Anders sieht es im Hinblick auf die Inflation aus. Es ist kaum zu bestreiten, daß von der Rüstungspraxis – insbesondere von den kaum planbaren Aufwendungen – inflationsverstärkende Impulse ausgehen, da Rüstung entweder nur mit Hilfe staatlicher Neuverschuldung bezahlt werden kann oder aber die Ausgaben über einen längeren Zeitraum verteilt werden müssen (*Bielfeldt/Schlotter* 1980). In beiden Fällen sind unerwünschte wirtschaftliche Folgen der Rüstung unvermeidlich. Gerade heute stellt sich ein neues Problem: Die zurückgehenden Militärausgaben während einer wirtschaftlichen Krise bedeuten, daß die Zivilökonomie weniger Vermögen entwickelt, die Folgen der Abrüstung (Aufnahme von Militärpersonal und weniger Rüstung) zu absorbieren.

Was die politischen Folgen der Rüstung anbelangt, so steht der Anteil der Militärausgaben an den gesamten ↗ Staatsausgaben in einer mehr oder weniger direkten Beziehung zum Stellenwert anderer staatlicher Aufgaben (↗ Haushaltspolitik). Die meisten Untersuchungen stellen diesbezüglich einen negativen bzw. einschränkenden Effekt der Rüstungspolitik fest (*Wilensky* 1975: 75–80; *Pluta* 1978). Dieser Sachverhalt spielt insbesondere seit der weltweiten Rezession in den 70er Jahren eine wachsende Rolle. Bei den Sparmaßnahmen, die in den meisten westlichen Industrieländern seither vorgenommen wurden, klammerte man die Militärausgaben weitgehend aus (*Keman* 1982: 215ff.). Dieses relative Ungleichgewicht zwischen den Aufwendungen für Rüstung einerseits und sozialstaatliche Zwecke andererseits hat in den letzten zehn Jahren aber weniger stark zugenommen, als ursprünglich angenommen wurde (*Keman* 1987). Die Rüstungspolitik scheint in den meisten westlichen Ländern nicht unmittelbar zu einem Abbau des ↗ Sozialstaates beizutragen, obwohl Fragen der wohlfahrtsstaatlichen Entwicklung i. d. R. ja parteipolitisch stark umstritten sind. Hier zeigt sich, daß die Militärausgaben zwar von nationalen Ressourcen und parteipolitischen Konstellationen mitbestimmt werden, offenbar aber auch stark von internationalen Entwicklungen abhängen. So können die politischen Folgen des heutigen Trends, i.d.R. Abrüstung, einerseits im Rahmen einer wirtschaftlichen Krise eine Einschränkung des Sozialstaates bzw. seiner Ausdehnung bedeuten, andererseits könnte jedoch bei entsprechenden internationalen Entspannungstendenzen die soziale Sicherheit wieder zu einem prioritären Thema werden.

Hans Keman

Lit.: *Abolfathi, F.* 1980: Threat, Public Opinion and Military Spending in the U.S. 1930–1990, in: *McGowen, P./Kegley Jr., Ch. W.* (Hrsg.): Threats, Weapons, and Foreign Policy, Beverly Hills/London, 83–133. *Bielfeldt, C./Schlotter, P.* 1980: Die militärische Sicherheitspolitik der Bundesrepublik Deutschland, Frankfurt a. M./New York. *Cox, M.* 1990: From the Truman Doctrine to the Second Superpower Détente: The Rise and Fall of the Cold War, in: Journal of Peace Research 27, 1, 25–43. *Cusack, T. R./Ward, M. D.* 1981: Military Spending in the U.S., Soviet Union and the Peoples Republic of China, in: JCR 25, 429–469. *Dettke, K.* 1990: Militärpolitik/Sicherheitspolitik, in: *Woyke, W.* (Hrsg.): Handwörterbuch Internationale Politik, Opladen, 337–345. *Junne, G.* 1984: Het Amerikaanse Defensibieledeid: een substituut vor industriepolitiek?, in: Internationale Spectator 37, 7, 419–427. *Keman, H.* 1982: Securing the Safety of the Nation State, in: *Castles, F. G.* (Hrsg.): The Impact of Parties, Beverly Hills/ London, 177–221. *Keman, H.* 1987: Welfare and Warfare. Critical Options and Conscious

Choice in Public Policy, in: *Castles, F. G./ Lehner, F./Schmidt, M. G.* (Hrsg.): Managing Mixed Economies, Berlin/New York, 97–141. *Krippendorff, E.* 1977: Internationale Beziehungen als Wissenschaft, Frankfurt a.M./New York. *Oneall, J. R.* 1990: NATO Defense Burdens, in: JCR 34, 3, 426–448. *Pluta, J. E.* 1978: National Defense and Social Welfare, Budget Trends in 10 Nations of Postwar Western Europe, in: International Journal of Social Economics 1, 3–21. *Schlotter, P.* 1990: Militärpolitik und äußere Sicherheit, in: *Beyme, K. von/ Schmidt, M. G.* (Hrsg.): Politik in der Bundesrepublik Deutschland, Opladen, 99–123. *Schmidt, M. G.* 1981: Bestimmungsfaktoren des Rüstungswettlaufs zwischen Ost und West, in: APuZ B 28/81, 1–8. *SIPRI Yearbook* 1990, 1993: World Armaments and Disarmament, Oxford. *Smith, R. P.* 1977: Military Expenditure and Capitalism, in: Cambridge Journal of Economics 1, 61–77. *Wilensky, H. L.* 1975: The Welfare State and Equality, Berkeley.

[2] Rußland.

I. In der sowjetischen M. galt in den Nachkriegsjahren das »Primat der Politik«. Entscheidungen über Fragen der Militärdoktrin, über grundsätzliche Fragen der Strategie und der Weltverfassung lagen in den Händen des Verteidigungsrates *(Soviet oborony)*, eines zivilen Gremiums, in dem die einflußreichsten Mitglieder des Politbüros der KPdSU vertreten waren. Die politische Kontrolle der Streitkräfte wurde durch Politverwaltung und Armeeparteiorganisation gewährleistet, die auf allen Ebenen der militärischen Hierarchie präsent waren.

Trotz der institutionellen Dominanz politischer Strukturen wurden jedoch sowohl militär-, wie außen- und wirtschaftspolitische Entscheidungen häufig unter militärischen Gesichtspunkten gefällt, da das Denken ziviler Politiker in der *Chruschtschow-* und der *Breschnew*-Periode – gespeist aus den Erfahrungen des »Großen Vaterländischen Krieges« (1941–1945) – von militärischen Sichtweisen geprägt war. Die Tatsache, daß Verteidigungsministerium und Generalstab ein Beratungsmonopol hatten – zivile sicherheitspolitische Expertise wie etwa in den USA wurde nicht zugelassen –, unterstützte diese Tendenz. Bei der Durchsetzung ihrer Weltmachtvorstellung setzte die UdSSR infolgedessen stark auf das militärische Instrument und gab dem Ausbau der Militärmacht sozial- und wirtschaftspolitisch Priorität.

II. Der Wandel der Politik, der nach der Amtsübernahme *Gorbatschows* im Jahre 1985 einsetzte, hatte gravierende Auswirkungen auf das Verhältnis von Politik und Militär und auf die Militärpolitik. Es kam rasch zu einer Demilitarisierung des sicherheitspolitischen Denkens: die sowjetische Führung orientierte sich nun an einem Konzept des »Neuen Denkens«, das ausging von der Einsicht, daß Rüstung keine Sicherheit schafft und Sicherheit nur kooperativ gewährleistet werden kann.

Der Wandel der außenpolitischen Konzeption machte eine Neugestaltung der Militärdoktrin notwendig. 1987 wurden politische Leitlinien einer neuen Doktrin für die Warschauer Vertragsorganisation verabschiedet, die »defensive« Aspekte in den Vordergrund stellte und sich am Prinzip der »Hinlänglichkeit für Verteidigung« orientierte. In diesem Kontext stand die einseitige Reduzierung von Streitkräften und Militärausgaben, die die sowjetische Führung 1989 einleitete. Die Revolutionen in der DDR und in den Staaten Ostmitteleuropas und die faktische Auflösung der Warschauer Vertragsorganisation schufen dann eine ganz neue Situation und machten es notwendig, nunmehr eine neue, nur für die Sowjetunion gültige Militärdoktrin zu erarbeiten, eine Arbeit, die bis 1991 aber nicht abgeschlossen wurde.
Der Wandel der außenpolitischen Leitideen und die Neukonzeption der Militärdoktrin, die sich daraus ergab, fand praktischen Ausdruck in der sowjetischen Haltung zur Abrüstungspolitik. Bereits im Dezember 1987 konnte ein Abkommen über den Abbau der Mittelstreckenraketen in Europa unterzeichnet werden. Ende 1988 kündigte *Gorba-*

tschow eine einseitige Reduzierung von Streitkräften und Militärausgaben an, die noch im Laufe des Jahres 1989 eingeleitet wurde. Diese sowjetische Vorleistung beschleunigte die Verhandlungen über die Beschränkung der konventionellen Streitkräfte in Europa, die im November 1990 erfolgreich abgeschlossen werden konnten. Im Juli 1991 schließlich unterzeichneten die Regierungen der USA und der UdSSR das Abkommen über die Reduzierung der strategischen Nuklearsysteme (START).

Die praktische Sicherheitspolitik folgte – teilweise gegen den Widerstand der militärischen Führung – den neuen Konzepten. Die Abrüstungsschritte machten Ende der 80er Jahre eine Neustrukturierung der sowjetischen Militärmacht notwendig.

Reformen in den Streitkräften wurden auch durch die innenpolitischen Veränderungen erforderlich. Die Aufhebung des politischen Monopols der KPdSU und die Parlamentarisierung des politischen Systems nötigten zu einer Veränderung der politischen Einbindung der Armee. Das Oberkommando wurde an den Präsidenten gebunden, im Rahmen des Obersten Sowjets wurde mit dem »Komitee für Vereinigung und Staatssicherheit« eine Instanz geschaffen, die ähnliche Kompetenzen erhielt wie Verteidigungsausschüsse in westlichen Parlamenten. Aufgaben wie »Depolitisierung« der Armee – d.h. die Beseitigung der Parteiorganisationen in den Streitkräften und der Politikverwaltung –, die Neuregelung der militärpolitischen Kompetenzen von Union und Republiken, und die Reform der Wehrverfassung – Berufsarmee anstelle der Wehrpflichtarmee – wurden im Rahmen einer Militärreformdebatte zwar thematisiert, blieben bis Ende 1991 aber ungelöst.

Im Kontext der Veränderungen des politischen Systems wandelte sich das Verhältnis von Militär und Politik. Offizierskorps und militärische Führung begannen, innenpolitische Prozesse zu kommentieren und auf sie Einfluß zu nehmen. Die Politisierung des Militärs, eine Reaktion auf die Krise des Systems und die Krise im Verhältnis Militär und Gesellschaft, war ein Novum in der Geschichte der Sowjetunion. Der Umsturzversuch, den eine Reihe konservativer Parteiführer im August 1991 inszenierte, stellte die Militärs schließlich vor eine Grundsatzentscheidung. Ihre Weigerung, Gewalt gegen die Kräfte einzusetzen, die sich um *Jelzin* und die russische Regierung formierten und gegen die Putschisten vorgingen, ließ den Staatsstreich scheitern. Im Gefolge der Ereignisse löste sich die UdSSR Ende 1991 auf.

III. Nach der Auflösung der Sowjetunion fehlte zunächst eine Instanz, die politische Kontrolle über die Streitkräfte ausübte und zugleich ihre Finanzierung gewährleistete. Die Mehrheit des Offizierskorps, das sich in Offiziersversammlungen eine politische Vertretungsinstanz schuf, plädierte zwar für einen Erhalt geschlossener Streitkräfte, doch entsprach diese Forderung nicht der Situation, in der ein Teil der souveränen Staaten, die aus den ehemaligen Unionsrepubliken hervorgegangen waren, eigene Streitkräfte aufzubauen begannen und Ansprüche auf die auf ihrem Territorium befindlichen Verbände und militärischen Einrichtungen erhoben. Diese Situation, in der zunächst unklar war, wer in Zukunft Finanzierung und Versorgung der einzelnen Armeeteile sicherstellen würde, wirkte sich auf die innere Verfassung der Streitkräfte aus. Die Demoralisierung der Verbände und der Verfall der Disziplin nahmen bedenkliche Ausmaße an.

Mit Einverständnis hoher Militärs entschied die *Jelzin*-Regierung daher im April 1992 nach längerem Zögern, eine eigenständige russische Armee aufzubauen. Das neue russische Verteidigungsministerium mußte in Zusammenarbeit mit der Legislative eine Wehrgesetzgebung schaffen, welche die Streitkräfte in die politische Struktur der Russischen Föderation einband. Die vordringliche Aufgabe, die zu lösen war, bestand jedoch in der Durchsetzung zentraler Kontrolle über die Verbände, die in Rußland sowie im »nahen« und »fernen Ausland« stationiert waren.

Die Durchsetzung militärischer Zentralautorität wurde jedoch durch die unzureichende Versorgung, fehlende soziale Sicherungen und durch den hohen Politisierungsgrad des Offizierskorps behindert. Der Konflikt zwischen Präsident und Parlament, der die innere Konsolidierung des russischen Staates erschwerte, trug nicht dazu bei, die Situation zu entschärfen. Eine Einmischung des Militärs in die Auseinandersetzungen zwischen Präsident und Parlament suchte das Verteidigungsministerium zu vermeiden, nicht nur weil diese die angestrebte demokratische Entwicklung bedroht hätte, sondern vor allem weil sie den Zusammenhalt der Streitkräfte gefährdete, in denen Anhänger beider Seiten dienten.

Tatsächlich gelang es dem Verteidigungsministerium 1992 und 1993, öffentlich wirksame politische Kundgebungen aus den Streitkräften heraus weitgehend zu unterbinden und die Kontrolle über die Verbände herzustellen, die im Verlaufe der Aufteilung der sowjetischen Streitkräfte bei Rußland verblieben waren. Zugleich begann die militärische Führung in dieser Phase aber auch unter Übergehung von Außenministerium und Präsidialapparat, die in den innenpolitischen Streitigkeiten gebunden waren, im »nahen Ausland« – d.h. auf dem Territorium der ehemaligen Sowjetunion – eine eigene Politik zu betreiben, die eine Wahrung des »einheitlichen strategischen Raums« bzw. langfristig eine militärische Reintegration der Einzelrepubliken zum Ziel hatte.

Gegenüber den Fragen der Einbindung der Streitkräfte in den neuen russischen Staat und der militärpolitischen Organisation der GUS traten die sicherheitspolitischen Beziehungen zur NATO und den Staaten Ostmitteleuropas 1992–1993 zunächst in den Hintergrund. Allerdings reagierte Rußland 1993 zunehmend besorgt auf Bestrebungen Polens, Tschechiens und Ungarns, ihre äußere Sicherheit durch Anschluß an die NATO zu gewährleisten. 1993 und 1994 unternahm die russische Regierung eine Reihe von Initiativen, ihr Verhältnis zur NATO neu zu definieren. Während sie einerseits eine Zusammenarbeit mit der westlichen Militärallianz suchte, rang sie zugleich um ihre Anerkennung als nukleare Großmacht von globaler Bedeutung und als Ordnungsmacht in der Region.

Indes gefährdete die Unfähigkeit der russischen Regierung, Mittel für die soziale und wirtschaftliche Absicherung der Streitkräfte bereitzustellen, die innere Konsolidierung der Armee. Darüber hinaus zwang die Zuspitzung des Machtkampfes zwischen Präsident und Parlament im Herbst 1993 die militärische Führung schließlich, trotz allen Widerstrebens im Konflikt zwischen den Verfassungsorganen Stellung zu beziehen. Der Einsatz militärischer Verbände entschied den Konflikt zugunsten des Präsidenten. Daß die Machtkrise erst durch das Eingreifen regulärer Streitkräfte entschieden werden konnte, zeigte, daß die Instabilität der politischen Verhältnisse dem Militär eine nicht zu unterschätzende innenpolitische Rolle zuwies.

Regierung und Präsidialapparat waren daher nach den Oktoberereignissen 1993 bemüht, wenigstens formal einen Rahmen für die Einbindung des Militärs zu finden. Der erste Schritt war die rasche Verabschiedung der lange diskutierten Militärdoktrin, die eine Art von gesetzlicher Basis für die Streitkräfte schuf. In dem widersprüchlichen Dokument, das die Einflüsse konkurrierender Interessen reflektierte, wurde das Primat der Politik noch einmal festgeschrieben und der Einsatz regulärer Truppen gegen die eigene Gesellschaft nachträglich legitimiert. Die neue russische Verfassung, die am 12. Dezember 1993 in einem Referendum verabschiedet wurde, fixierte die starke verfassungsrechtliche Stellung des Präsidenten und unterstellt ihm die Streitkräfte.

Hans-Henning Schröder

Lit.: *Allison, R.* (Hrsg.) 1992: Radical Reform in Soviet Defence Policy. Selected Papers from the Fourth World Congress for Soviet and East European Studies, Harrogate 1990, Houndsmills/Basingstoke/London. *Allison, R.* 1993: Military Forces in the Soviet Successor States. An Analysis of the Military Policies, Force Dispositions and Evolving Threat Perceptions of the Former Soviet States, London (= Adelphi Paper 280). *Blacker C. D.* 1993: Hostage to Revolution. Gorbachev and Soviet Security Policy, 1985–1991, New York. *Fischer, S./Nassauer, O.* (Hrsg.) 1992: Satansfaust. Das nukleare Erbe der Sowjetunion, Berlin/Weimar. *Fischer, S.* (Hrsg.) 1992: Zerfall einer Militärmacht. Das Ende der Sowjetarmee. In Dokumenten, Quellen, Komentaren, Bremen. *Garthoff, R. L.* 1988: New Thinking in Soviet Military Doctrine, in: Washington Quarterly, 3, 131–158. *Jones, E.* 1985: Red Army and Society. A Sociology of the Soviet Military, Boston/London/Sidney. *Nation, C.R.* 1992: Black Earth, Red Star: A History of Soviet Security Policy, 1917–1991, Ithaca/New York. *Nichols, T. M.* 1993: The Sacred Cause. Civil-Military Conflict over Soviet National Security, 1917–1992, Ithaca/London. *Reusch, J.* (Hrsg.) 1989: Abschied von der Abschreckung. Die sowjetische Diskussion, Köln. *Walter, F.* 1993: Rußlands »neue« Streitkräfte, in: Osteuropa, 43, (5), 413–428.

Minderheit

I. Der Begriff Minderheit (M.) wird umgangssprachlich und wiss. mehrdeutig verwandt. Im Kern lassen sich vier Begriffsverständnisse unterscheiden:

1. M. ganz allgemein (und umgangssprachlich) als die zahlenmäßig geringere Gruppe. Dabei interessiert weder ihre soziale Zusammensetzung, noch ob sie gesellschaftlich oder politisch dominiert (↗ Elite) oder unterlegen ist.

2. M. als beständige Gruppe von Menschen, die sich rassisch, kulturell-(sprachlich) oder religiös-konfessionell von der Mehrheit der Population oder anderen Bevölkerungsteilen eines Landes unterscheiden.

Diesem Verständnis folgend, definierte ein Untersuchungsausschuß der Kommission für Menschenrechte der ↗ Vereinten Nationen 1950 (unter Hereinnahme von Forderungen, von deren Erfüllung die politische Anerkennung als M. abhängig gemacht wird): »Der Ausdruck Minderheit erfaßt 1. nur jene nicht herrschenden Gruppen einer Bevölkerung, die stabile, ethnische, religiöse oder sprachliche Traditionen aufweisen und zu erhalten wünschen, welche sich von denen der übrigen Bevölkerung deutlich unterscheiden; 2. solche Minderheiten sollen eine Anzahl von Personen umfassen, die genügend groß ist, um die Entwicklung solcher Merkmale zu ermöglichen; 3. Angehörige solcher Minderheiten müssen dem Staat gegenüber, dessen Bürger sie sind, loyal sein.«

3. M. als politisch der Mehrheit gegenüberstehende Gruppierung in der Wählerschaft, in repräsentativen Körperschaften (↗ Opposition), in Verbänden und Parteien etc., die im Prinzip soziologisch dem Wechsel unterworfen ist, die jedoch im konkreten Fall durchaus dauerhaft sein kann (auf der Ebene von Parteiensystemen etwa infolge des Einfrierens der ↗ Konfliktlinien).

4. M. im Sinne von sich benachteiligt fühlenden gesellschaftlichen Gruppen, die rein zahlenmäßig durchaus eine Mehrheit bilden können (etwa Frauen oder die Farbigen in der Republik Südafrika), in der Regel aber Randgruppen (etwa Obdachlose, Ausländer) darstellen.

II. Die politikwiss. Fragestellungen zur Minderheitenproblematik differieren nach dem Begriffsverständnis. Immer geht es jedoch um das Verhältnis von Mehrheit und Minderheit. Größte politische und wiss. Aufmerksamkeit wurde den nicht dem Wechsel unterliegenden M. zuteil: Probleme ihrer Integration/Assimilation aus der Sicht der Mehrheit, ihrer Bestandserhaltung/Separierung aus der Sicht der nicht integrations-/assimilationsbereiten Minderheiten.

Diese erhoben Forderungen nach Anerkennung als ethnische/religiöse/nationale M. und Rechtsschutz, nach Aufrechterhaltung oder Gewährung von Sonderrechten (Gebrauch der eigenen Sprache, entsprechende Spracherziehung, Ausübung der Religion, Pflege der Tradition), gegebenenfalls nach politischer Selbstverwaltung (Autonomie), nach Schutz vor Majorisierung (etwa durch Migrationsprozesse), nach sozialer Gleichstellung etc. Die in diesen Forderungen beschlossene Minderheitsproblematik trat insbesondere im Zusammenhang der Bildung der Nationalstaaten im 19. Jh. auf und verschärfte sich mit der Demokratisierung des ↗ Wahlrechts (vor allem im Vielvölkerstaat Österreich-Ungarn). Die Veränderungen der politischen Landkarte nach dem I. Weltkrieg und die Dekolonisation in Afrika und Asien auf der Grundlage der territorialen Grenzziehung der Kolonialmächte, die ohne Rücksichtnahme auf die Siedlungsräume der Völkerschaften erfolgt war, weitete die Problematik erheblich aus. Der Rechtsbegriff der M. basiert zwar, ebenso wie das Selbstbestimmungsrecht der Völker, auf dem subjektiven Identitätsbewußtsein, im Unterschied zu letzterem aber weist er keinen Territorialbezug auf, sondern hebt auf das kulturelle Selbstverständnis einer Gruppe ab. Im Rahmen der UN wurde im Hinblick auf den Minderheitenschutz zunächst eine Gewährleistung der Individualrechte im Rahmen einer rechtsstaatlichen Ordnung für ausreichend gehalten. Die aktuelle Debatte dagegen konzentriert sich zunehmend auf die Garantie von Gruppenrechten (Wiener Menschenrechtskonferenz 1993; Rechte für indigene Völker).

III. Im Zusammenhang mit den Umwälzungen in Ostmittel- und Osteuropa 1989/90 gewann die Problematik ethnischer M. in dieser Weltregion erneut erhebliche Bedeutung. Aufgrund der pluriethnischen Siedlungsverhältnisse, die auf bis ins Mittelalter zurückreichende Kolonisation und Migrationsströme zurückgehen, denen auf der institutionellen Ebene staatlicher Strukturen kaum Rechnung getragen wurde, besaßen die Fragen nach nationalstaatlicher Integration, Selbstbestimmung und Schutzrechten der ethnischen M. im osteuropäischen Raum von jeher eine besondere Brisanz, insbesondere seit dem Auftreten der Nationalbewegungen und dem Zusammenbruch der Imperien 1917/18. Während der Ära des realexistierenden Sozialismus trat diese Problematik nur scheinbar in den Hintergrund; die Verdrängung der Konflikte durch Repression in Form von Zwangsassimilierung, Deportation und übersteigertem Zentralismus suggerierte ihre Lösung durch ein angebliches Aufgehen der M. im »sozialistischen Staatsvolk«. Das eruptive Aufbrechen ethnischer Konflikte seit Mitte der 80er Jahre, wobei es sich sowohl um Auseinandersetzungen zwischen Mehrheit und M., als auch zwischen verschiedenen M. handelte, erklärt sich aus der jahrzehntelangen Mißachtung der ideologisch postulierten Gleichbehandlung der Ethnien durch den Staatsapparat und der Verstärkung traditioneller Benachteiligungen im sozialistischen System. Kennzeichnend für die Durchsetzung der sozialistischen Modernisierung mittels des administrativen Kommandosystems war ihr extremer Zentralismus, der einzelnen ↗ Regionen, und damit zumeist ethnischen M. enorme ökonomische, ökologische und kulturelle Kosten aufbürdete, während er urbane Zentren und Mehrheitsethnien tendenziell schonte.

IV. Der Umbau des Staates, die Anpassung des Institutionensystems an die jeweiligen Minderheitensituationen scheinen die einzig dauerhafte Lösung des Problems zu sein. Bemerkenswert ist, daß das Motiv für institutionelle Vorkehrungen zum Schutz politischer, d.h. dem Wechsel unterliegender, M. oftmals die Existenz ethnischer/kultureller/religiöser M. gewesen ist. Die institutionellen Formen variieren: ↗ Föderalismus, Dezentralisierung, Aufgabe des Mehrheitsprinzips bei ↗ Wahlen, die Aufhebung der Sperrklausel bei Wahlen nur für die nationale M., Erfordernis doppelter Mehrheiten (nicht nur in einem Gremium insgesamt, sondern auch innerhalb der einzelnen Gruppen des Gremiums), die Vetomacht der M. (es kann nicht gegen das Veto der M.

entschieden werden) usw. In Belgien (Konflikt zwischen Flamen und Wallonen) und Spanien (Konflikt zwischen »historischen Nationalitäten« und Zentralstaat) wurde erfolgreich der Weg der Föderalisierung beschritten. Hinsichtlich der Gemengelage in Osteuropa wurde im Rahmen des KSZE-Prozesses (OSZE) versucht, Minderheitenschutz durch Individualrechte mit kollektivem Bezug *via* Verfassungsreformen oder Einzelgesetzgebung zu fördern. Aufgrund der spezifischen Siedlungsformen nationaler Minderheiten in Osteuropa erwies sich das Konzept der Personalautonomie (Träger der Autonomie ist die als Personenverband verfaßte M. mit ihren demokratisch bestellten Organen) als demjenigen der Territorialautonomie vorzuziehen. In diesem Zusammenhang wird die Notwendigkeit »positiver Diskriminierung« zugunsten der M. und wirksamer Rechtsschutz (etwa über die Verfassungsgebung) diskutiert (vgl. *Brunner* 1993). In einigen Ländern verbinden sich mit innerstaatlichen Minderheitsproblemen zwischenstaatliche Konflikte (etwa zwischen Ungarn und Rumänien über die Rechte der ungarischen M. in Rumänien).

Es ist nicht untypisch, daß sich in Prozessen des Systemwandels die Spannungen zwischen der Zentralgewalt und einzelnen Regionen durch unterschiedliche Niveaus und Dynamiken politischer Entwicklung erhöhen.

Diesbezüglich war im sowjetischen und jugoslawischen Fall eine gewisse Parallelität zu beobachten. Während in einigen Teilrepubliken beider Länder bereits der Durchbruch zu einem vollständigen politischen ↗ Pluralismus erreicht war und mit dem Aufbau demokratischer Institutionen begonnen wurde (Litauen, Slowenien), erzwangen beharrende Kräfte in den von den jeweiligen Mehrheitsethnien (Russen, Serben) dominierten Zentralen ein wesentlich langsameres Reformtempo. Der von den weitgehend demokratisierten Regionen angestrebte Übergang zu marktwirtschaftlichen und rechtsstaatlichen Ordnungen wurde durch die Zentralgewalt behindert. Die betreffenden Regionen reagierten mit der einseitigen Erklärung ihrer ↗ Souveränität, um sich u. a. den Zugriff auf ihre Ressourcen zu sichern. Eigene Währungen sollten Unabhängigkeit von der zentralen ↗ Planwirtschaft verschaffen. Nach und nach schlossen sich die anderen Teilrepubliken diesem Beispiel an, wodurch die alte, zentralisierte »Union« bzw. »Föderation« in Frage gestellt wurde. Vor allem der von den Teilrepubliken proklamierte Grundsatz »Republikrecht bricht Unionsrecht«, wodurch ein rascher Übergang zur Rechtsstaatlichkeit (↗ Rechtsstaat) ermöglicht werden sollte, stellte eine Herausforderung der Zentralgewalt dar. Eine besondere Komplikation in diesem Konflikt ergab sich durch die Existenz ethnischer M. in den Teilrepubliken, die teilweise mit der Mehrheitsethnie des Gesamtstaates identisch waren (Russen in den Baltenstaaten, Serben in Kroatien) und von der Zentrale gegen die Autonomiebestrebungen instrumentalisiert wurden. In der UdSSR wurde eine (von der politischen Führung als notwendig angesehene) Kohärenz der Reaktion auf die Souveränitätserklärungen dadurch erschwert, daß die von M. besiedelten Regionen unterschiedliche rechtliche Ansprüche geltend machen konnten, die sich aus der unterschiedlichen Form der Aneignung dieser Gebiete durch die Sowjetunion (u. a. Übernahme aus dem zaristischen Kolonialreich, Annexionen durch *Stalin*) herleiteten. In dem Dilemma, daß eine notwendige Transformation des Systems zunehmend von der Zustimmung der Teilrepubliken abhing, diese jedoch weitgehende Konzessionen der Zentralgewalt voraussetzte, die sie angesichts der Vetomacht konservativer Kräfte kaum gewähren konnte, gewann die auf die Einheit des Gesamtstaates verpflichtete Armee an Gewicht. Das Auseinanderbrechen der Sowjetunion Ende 1991 löste freilich die Minderheitenproblematik nicht, sondern verlieh ihr zusätzlich die Qualität zwischenstaatlicher Konflikte.

V. Die Begrenzung des Mehrheitsprinzips zeigt sich neuerdings auch jenseits ethnischer und kulturnationaler Begründungen. Sie folgt ebenso aus zunehmender gesellschaftlicher Differenzierung und erhöhtem Komplexitätsgrad politischer Entscheidungsfindung, was sich äußert in: 1. Durchsetzung der Verhältniswahl als Repräsentationsprinzip der meisten westlichen Demokratien (↗ Wahlsystem); 2. veränderten Prozessen der Entscheidungsfindung in Form der Ersetzung des Mehrheitsprinzips oder vorgeschalteter Verfahren des Aushandelns und des Kompromisses in den verschiedensten Bereichen (zwischen den Verfassungsorganen, zwischen den verschiedenen politischen Systemebenen, im Verhältnis der politischen Parteien zueinander, zwischen Regierungen und organisierten Interessen), was unter ↗ Konkordanzdemokratie, ↗ Politikverflechtung und ↗ Korporatismus diskutiert wird.

Die Grenzen des Mehrheitsprinzips werden seit den 80er Jahren im Zusammenhang mit Entscheidungen in gesellschaftlichen Problemlagen erörtert, denen irreversibler Charakter zugesprochen wird (Kernenergie, Gentechnologie, Waffentechnologie, Datenerfassung usw.). Anknüpfend an *Locke* und andere liberale Vertragstheoretiker (↗ Vertragstheorien), wird von den Vertretern der neuen ↗ Sozialen Bewegungen, aber auch von sozialwiss. Gesellschaftskritikern (*Guggenberger*/ *Offe* 1984) hervorgehoben, daß es sich bei Überlebensfragen um politische Entscheidungen handele, die von der vertragstheoretischen Begründung des Mehrheitsprinzips nicht gedeckt seien. Jüngeren Datums ist auch das Verständnis von M. als Randgruppen und eine dadurch sehr stark soziologisch und sozialpsychologisch orientierte politikwiss. Forschung zum Spannungsfeld von sozialer und politischer Integration und kultureller Identität.

Dieter Nohlen/Harald Barrios

Lit.: *Brunner, G.* 1993: Nationalitätenprobleme und Minderheitenkonflikte in Osteuropa, Gütersloh. *Brunner, G./Lemberg, H.* (Hrsg.) 1994: Volksgruppen in Ostmittel- und Südeuropa, Baden-Baden. *Claude, I. L.* 1955: National Minorities, Cambridge, Mass. *Dittrich, E. J./Radtke, F. O.* (Hrsg.) 1990: Ethnizität. Wissenschaft und Minderheiten, Wiesbaden. *Ermacora, F.* 1964: Minderheitenschutz in der Arbeit der Vereinten Nationen, Wien. *Heckmann, F.* 1981: Die Bundesrepublik, ein Einwanderungsland?. Stuttgart. *Gabriel, H./ Quilitzsch, S.* 1990: Umbruch in der UdSSR und in Osteuropa. Ergebnisse, Probleme und Wirkungen, in: Osteuropa 40 (8), 692–704. *Guggenberger, B./Offe, C.* (Hrsg.) 1984: An den Grenzen der Mehrheitsdemokratie, Opladen. *Halbach, U.* 1990: Nationalitätenfrage und Föderation. Die »Explosion des Ethnischen« in der Sowjetunion, in: Osteuropa 40 (11), 1011–1024. *König, R.* 1958: Soziologie, Frankfurt/M. *Lemberg, E.* 1964: Nationalismus, 2 Bde., Reinbek. *Lindig, W.* (Hrsg.) 1981: Völker der Vierten Welt, München usw. *Markefka, M.* 1982: Vorurteile, Minderheiten, Diskriminierung, Neuwied. *Mommsen, H./Martiny, A.* 1971: Nationalismus. Nationalitätenpolitik, in: *Kernig, C. D.:* Sowjetsystem und demokratische Gesellschaft, Bd. 4, Freiburg, 625–695. *Nuscheler, F.* 1984: Nirgendwo zu Hause. Menschen auf der Flucht, Baden-Baden. *Reuter, J.* 1990: Jugoslawien im Umbruch, in: APuZ 45, 3–15. *Soest, G. von* 1980: Zigeuner zwischen Verfolgung und Integration, Weinheim. *Steffani, W.* 1986: Mehrheitsentscheidungen und Minderheiten in der pluralistischen Verfassungsdemokratie, in: ZParl. 17, 569–586. *Stephens, M.* 1979: Minderheiten in Westeuropa, Husum. *Waldmann, P.* 1989: Ethnischer Radikalismus, Opladen. *Waldmann, P./Elwert, G.* (Hrsg.) 1989: Ethnizität im Wandel, Saarbrücken. *Wehler, U.* (Hrsg.) 1974: Sozialgeschichte heute, Göttingen. *Zülch, T.* 1975: Von denen keiner spricht. Unterdrückte Minderheiten, Reinbek.

Mitbestimmung / Mitbestimmungspolitik

[1] Konzept und Realisierung in der BRD.

I. Von Mitbestimmung (M.) kann nur dort gesprochen werden, wo Eingriffsrechte in Entscheidungsprozesse im Sinne eines Chancen- und Machtgleichgewichts von Kontrahenten garantiert sind. M. ist also nicht einfach irgendeine Art von ↗ Partizipation an Entscheidungen, sondern sie läßt sich innerhalb einer Skala von Partizipationsrechten (oder faktischen Partizipationsmaßnahmen) einordnen: Anhörungsrecht, Mitberatungsrecht, Mitwirkungsrecht, Mitbestimmungsrecht (gegebenenfalls: als Vetorecht), Selbstbestimmungsrecht.

II. Es sind folgende Mitbestimmungsebenen und Entscheidungsbereiche zu unterscheiden:

1. Ebenen: der Arbeitsplatz des einzelnen, der Arbeitsplatz der Arbeitsgruppe bzw. Abteilung, der Betrieb, die Leitung eines Unternehmens, die Leitung einer Unternehmensgruppe (Konzernbetriebsrat), der Aufsichtsrat eines Unternehmens bzw. einer Unternehmensgruppe, die regionalen Organe der Wirtschaft, die länderwirtschaftlichen Entscheidungsinstanzen, die volkswirtschaftlichen Entscheidungsinstanzen des Bundes, die wirtschaftlichen Entscheidungsinstanzen der ↗ Europäischen Union, die Vorstände und Aufsichtsräte transnationaler Konzerne. In der allgemeinen Diskussion werden die hier ausdifferenzierten Ebenen der M. in vier große Mitbestimmungsbereiche: Arbeitsplatz, Betrieb, Unternehmensleitung, Gesamtwirtschaft, zusammengefaßt.

2. Bereiche: 1) Systementscheidungen (die Existenz bzw. prinzipielle Zielsetzungen eines Unternehmens, einer Branche oder die Wirtschaft betreffend), 2) Produktionsentscheidungen, 3) personelle Entscheidungen, 4) Einkommensentscheidungen, 5) Verfahrensentscheidungen, 6) sozialintegrative (marginale) Entscheidungen.

III. Nimmt man die hier festgestellten Mitbestimmungsebenen und Entscheidungsbereiche zum Ausgangspunkt einer Prüfung, inwieweit gegenwärtig in der Bundesrepublik Deutschland ein in sich konsequentes theoretisches Konzept und ein integrales mitbestimmungsrechtliches Regelungssystem verwirklicht ist, so kommt man zu folgendem, sehr ernüchternden Ergebnis:

1. am Arbeitsplatz: geringe Mitwirkungs- und Mitbestimmungsansätze der Arbeitnehmer und des Betriebsrats nach dem Betriebsverfassungsgesetz (BetrVG, §§ 82–86, 90f.), dagegen keinerlei von einer Gewerkschaft oder Partei entwickelte bzw. akzeptierte Konzeption direkter Mitwirkung und/oder M. (oder gar Selbstbestimmung) der Arbeitsgruppen in Verfahrens- und personellen Entscheidungen ihres speziellen Arbeitsbereiches; Mitwirkungsansätze in den Richtlinien einiger Gewerkschaften über die Vertrauensleutearbeit;

2. im »Betrieb« bzw. in Unternehmen jeder Größe: nach dem BetrVG (§ 87) M. in marginalen (»sozialen«) und einigen Einkommensentscheidungen, in wenigen arbeitsorganisatorischen Verfahrensentscheidungen, nach §§ 94–104ff. in einigen personellen Entscheidungen; nur geringe Mitwirkung in wesentlichen arbeitsorganisatorischen und Systementscheidungen (»wirtschaftlichen« Fragen, §§ 106–113); keinerlei M. oder Mitwirkung in Produktionsentscheidungen; dagegen vorliegende gewerkschaftliche und sozialdemokratische Konzepte (Gesetzesvorlagen) für ein erweitertes BetrVG;

3. in Großunternehmen: nur in der Montanindustrie M. in Systementscheidungen durch paritätisch besetzte Aufsichtsräte – bedingte M. in personellen und sozialen Angelegenheiten durch den »Arbeitsdirektor«; in allen anderen Großunternehmen aufgrund mangelnder Machtparität auch nach dem 1976er Mitbestimmungsgesetz keine M. in Systementscheidungen; dagegen ausgeführte Konzeptionen (Gesetzesvorlagen) von Deutschem Gewerkschaftsbund (DGB), SPD und

Sozialausschüssen der CDU über paritätische M. in Großunternehmen;
4. in Organen der Volkswirtschaft: lediglich Diskussionskonzept des DGB über paritätische Besetzung von Wirtschaftskammern und über Landes- bzw. Bundeswirtschafts- und Sozialräte;
5. in der EU: Entwurf des Europäischen Bundes Freier Gewerkschaften über Drittelbeteiligung von Arbeitnehmervertretern sowie Vertretern des öffentlichen Interesses in der »Europäischen Aktiengesellschaft«; keinerlei Konzept über eine M. bei ökonomischen Planungsprozessen der EU.
Überdenkt man dieses Fazit, so erkennt man, daß das sozialstaatliche Prinzip der M. in der Wirtschaft in ganz wesentlichen Entscheidungsbereichen der Unternehmen und der Gesamtwirtschaft – sowohl an der Basis des Arbeitsprozesses wie in den Entscheidungszentren – noch kaum verwirklicht ist.

Fritz Vilmar

Lit.: *Leminsky, G./Berndt, O.* (Hrsg.) 1974: Politik und Programmatik des Deutschen Gewerkschaftsbundes, Köln. *Schneider, D./Kuda, R.* 1969: Mitbestimmung – Weg zur industriellen Demokratie, München. *Vilmar, F.* 1977: Politik und Mitbestimmung: Kritische Zwischenbilanz – integrales Konzept, Kronberg.

[2] Europäischer Vergleich.

I. Der Begriff M. (synonym im Englischen etwa *codetermination* und im Französischen *cogestion)* kennzeichnet in der internationalen Diskussion die spezifisch deutsche Ausprägung der industriellen Demokratie. Die Institution eines ausschließlich von den Belegschaften gewählten Betriebsrats, dessen Einflußmöglichkeiten insbesondere auf die ↗ Sozialpolitik der Einzelunternehmen im Betriebsverfassungsgesetz 1952 fixiert und in den Novellen 1972 und 1989 erweitert bzw. präzisiert wurden, gilt als einer der Eckpfeiler im System der industriellen Beziehungen. Weitere Charakteristika sind die Präsenz von Belegschaftsrepräsentanten im Aufsichtsrat von Großunternehmen, für die das Montanmitbestimmungsgesetz 1951 die Hälfte der Aufsichtsratssitze reserviert. Im Vorstand der westdeutschen Bergbau-, eisen- und stahlerzeugenden Industrie kann seither der für Personalangelegenheiten zuständige Arbeitsdirektor nicht gegen die Stimmen der Arbeitnehmer-Aufsichtsräte bestellt werden. Zumindest bis Ende der 60er Jahre wurden die Institutionen der deutschen Unternehmensverfassung und die Strategie des DGB, die Mitbestimmung auf Unternehmensebene in weitere Bereiche auszudehnen, im Ausland skeptisch beargwöhnt. Ausländische Gewerkschafter sahen darin die Gefahr des Betriebsegoismus, d.h. einer zu engen Bindung ihrer betrieblichen Organisationseinheiten an die Politik einzelner Großunternehmen.

II. Mit der Ausnahme Österreichs, wo nach 1918 ebenfalls Betriebsräte eingerichtet wurden, die seither ausschließlich aus Belegschaftsvertretern zusammengesetzt sind, entstanden im Ausland statt dessen gemischte Beratungsausschüsse von Unternehmensleitung und Belegschaftsvertretern.

Die Einrichtung solcher gemeinsamer Ausschüsse war in Frankreich, Belgien und den Niederlanden gesetzlich vorgeschrieben, in Großbritannien und den skandinavischen Ländern blieben sie einer vertraglichen Regelung der Tarifparteien überlassen. Als Alternative zur deutschen Mitbestimmung verfolgten die Arbeiterbewegungen in den romanischen und skandinavischen Ländern mit je unterschiedlicher ideologischer Akzentuierung Strategien der »Arbeiterkontrolle«. Übereinstimmendes Kennzeichen war, daß die Funktion der gemischten Betriebsausschüsse rasch geschmälert wurde durch Verhandlungen der Unternehmensleitungen mit den betrieblichen und überbetrieblichen Gewerkschaftskadern. Die Kompromißbildung mit den privaten Kapitaleignern fand so außerhalb der Leitungsorgane der Einzelunternehmen statt. Für die Belegschaftsvertreter in den Verwaltungsräten und Leitungsboards einzelner Industrieunternehmen wurden daher nur minoritäre Sitzanteile vorgesehen. Entsprechende Regelungen blieben zudem meist auf die Bereiche der verstaatlichten Industrien beschränkt.

Unter dem Eindruck der heftigen Streikwellen Ende der 60er und Anfang der 70er Jahre fand das deutsche Modell Eingang in die verstärkt einsetzenden Reformdebatten des westeuropäischen Auslands. In den Niederlanden und den skandinavischen Ländern wurden zu Beginn der 70er Jahre die nationalen Aktiengesetze so novelliert, daß auch Belegschaftsvertreter in den Aufsichtsräten der Privatindustrie Platz nehmen konnten. Von den gleichgerichteten Empfehlungen der EG zur Harmonisierung des europäischen Aktienrechts fühlten sich zunächst die DGB-offiziösen Befürworter der Mitbestimmungsstrategie bestätigt, die bislang schon die ausländischen Ansätze zu einer Strategie der Arbeiterkontrolle als gleichsam archaische Vorformen des deutschen Mitbestimmungsideals eingestuft hatten (*Hondrich* 1972: 65). Die mangelnde Nachahmungsbereitschaft ausländischer Großgewerkschaften – insbesondere in den romanischen Ländern – interpretierten DGB-nahe Sozialwissenschaftler als Ausdruck gewerkschaftlicher Schwäche und ideologischer Borniertheit ihrer Führungen (*von Beyme* 1977: 300) bzw. als Nachwirkung einer vergleichsweise späten gesetzlichen Anerkennung der Gewerkschaften durch Staat und Unternehmer (*Nagels/Sorge* 1977: 133).

In der Vergangenheit erwarteten die DGB-nahen Befürworter der deutschen Mitbestimmungsform, daß die ausländischen Forderungen nach »Arbeiterkontrolle« mit der Zeit in den deutschen Weg der Unternehmensmitbestimmung einmünden würden. Die Gewißheit für eine solche Prognose schöpften die Autoren aus einer demokratie-theoretischen Rechtfertigungskonstruktion. Darin erscheint das Modell der Montanmitbestimmung als idealtypische Lösung eines Legitimationsdefizits der Kapitaleigner, die im Zuge der Entfaltung einer industriellen Großorganisation Herrschaftsbefugnisse an das Management abgegeben haben. Die moderne Unternehmensleitung hat sich demnach nicht ausschließlich vor den Kapitaleignern zu rechtfertigen, sondern sieht sich auch einem zunehmenden Partizipationsbegehren der ständig höher bewerteten und gewerkschaftlich besser organisierten Belegschaft gegenüber.

Vertreter einer partizipationsorientierten Variante der Demokratisierungsthese sehen neuerdings die »fußkranke, weil nicht auf den Arbeitsplatz verlängerte, repräsentative Mitbestimmung« selbst in einer »Legitimationskrise«. Diese gelte es zu überwinden durch Einrichtungen direkter ↗ Partizipation, wie z. B. die Schaffung von Möglichkeiten zur individuellen Einflußnahme der Beschäftigten auf die Gestaltung der direkten Arbeitsumgebung, die Bildung von Werkstattkreisen und Formen der Gruppenarbeit auf Abteilungsebene (*Kißler* 1985:17).

Eine wenig partizipative Seite zeigt die deutsche Mitbestimmung auch im Entsendungsrecht der Gewerkschaftsspitzen, die sog. »externe« Vertreter in die Aufsichtsräte und – im Montansektor – auch in die Vorstände großer Kapitalgesellschaften delegieren können. Der DGB weicht selbst in seinem eigenen Entwurf für ein Mitbestimmungsgesetz nicht von dieser Teilforderung ab und begründet dies mit der Notwendigkeit einer einheitlichen Vertretung von Arbeitnehmerinteressen (*DGB* 1984:18). Bemerkenswert zurückhaltend leistete der DGB auch Widerstand, als die konservativ-liberale Bundesregierung im Frühjahr 1994 den Vorstoß unternahm, Belegschaften von kleineren Aktiengesellschaften unter 500 Beschäftigten das Recht zur Wahl von Aufsichtsratsmitgliedern (ohne gewerkschaftliches Entsendungsrecht) einzuschränken.

Die relative Abschottung der deutschen Mitbestimmungskonstruktion gegen die direkte Einflußnahme der Belegschaften ist für eher gewerkschaftskritische Autoren ein Indiz dafür, daß die Mitbestimmung zumindest nicht nur aus einem Legitimationsverlust der Kapitaleigner zu erklären ist. Sie werde vielmehr auch zur Abstützung einer kooperativen Gewerkschaftsstrategie funktionalisiert. Kooperative Gewerkschaften – so ließe sich aus den Untersuchungen zur Politik der DGB-Gewerkschaften verallgemeinern – überlassen die Behandlung von Folgeproblemen einer konzertierten Wirtschaftssteuerung weitgehend den betrieblichen Mitbestimmungsträgern. Die betriebliche Interessenvertretung der Belegschaften wird durch die Mitgliedschaft wichtiger Betriebsräte in den gewerkschaftlichen Tarifkommissionen koordiniert. Eine strikte Verrechtlichung der Verhandlungsfelder und die Präsenz externer Gewerkschaftsvertreter in den Aufsichtsräten erleichtern die gewerkschaftliche Kontrolle über die Politik der Betriebsräte und erlauben es auf der Mikroebene des Einzelunternehmens, Lohn- und Investitionsentscheidungen zu konzertieren. Die These von der Notwendigkeit eines verrechtlichten Unterbaus für korporatistische Systeme der Eliteninteraktion wurde bislang vornehmlich an der Novellierung des deutschen Betriebsverfassungsgesetzes exemplifiziert (*Erd* 1982). Die deutschen Gewerkschaften begrüßten, daß darin Einigungsstellen gesetzlich fixiert wurden. Damit werden Betriebsrat und Unternehmensleitung angewiesen, Konflikte (z.B. über Akkordlohnbestimmungen, Personalpolitik, Sozialpläne) auf der betrieblichen Ebene zu verarbeiten.

Die im Mitbestimmungsgesetz 1976 neu geregelte Aufsichtsratsvertretung für Unternehmen außerhalb der Montanindustrie hingegen blieb hinter den gewerkschaftlichen Reformvorstellungen zurück. Der DGB kritisiert daran bis heute nicht nur die unterparitätische Sitzverteilung, die dadurch zustande kommt, daß auf Verlangen der FDP ein leitender Angestellter auf der Arbeitnehmerseite der Aufsichtsräte mitgezählt wird. Vor allem sehen die deutschen Gewerkschaften ihre Einflußmöglichkeiten dadurch eingeschränkt, daß die von ihnen vorgeschlagenen externen Vertreter durch den Wahlakt der Belegschaften bestätigt werden müssen.

III. Im Gegensatz zum Streben des DGB, die Mitbestimmung auf Unternehmensebene auch außerhalb der Montanindustrie bis zur paritätischen Aufsichtsratsbesetzung auszubauen, zeigte in der überwiegenden Mehrzahl der ausländischen Fälle ein anderes Bild: Die Übernahme der deutschen Unternehmensverfassung wurde von christlichen Gewerkschaften, Kreisen des liberalen Bürgertums und den Angestelltenverbänden befürwortet, von den Organisationen der traditionellen *blue-collar*-Arbeiterklasse aber eher skeptisch beargwöhnt. Wo die sozialdemokratischen Regierungsparteien sich zu einer gesetzlich geregelten Aufsichtsratsmitbestimmung entschlossen, wurden – wie in Dänemark, Norwegen und den Niederlanden – die Gewerkschaftsvorschläge durch liberale Einflußnahme basisdemokratisch korrigiert. In Frankreich, Belgien und Großbritannien haben die traditionellen Großgewerkschaften das liberale Ansinnen abgewehrt, indem sie zunächst auf eine gesetzliche Regelung verzichteten.

Bemerkenswert ist aber auch das letztlich nur geringe Interesse der beiden mitgliederstarken Gewerkschaftsverbände, ÖGB und schwedischer LO, an einer Übernahme des deutschen Modells der Montanmitbestimmung. Als Alternative zum deutschen Paritätsgedanken entwickelte man im schwedischen LO das Konzept einer kapitalgestützten ↗ Wirtschaftsdemokratie. Nach dieser Strategie sollten sog. »Übergewinne« besonders prosperierender Kapitale abgeschöpft und einem »Lohnempfängerfonds« zugeführt werden. Die gewerkschaftlich mitkontrollierte Fondsverwaltung sollte gezielt Anteile in ausgesuchten Unternehmen erwerben (*Meidner* u.a. 1978). So wurde versucht, den

Gedanken an eine gesamtgesellschaftliche Investitionslenkung mit der Aufsichtsratsmitbestimmung zu verknüpfen, was vorübergehend Nachahmungsbestrebungen beim dänischen LO, in Großbritannien und in den Niederlanden auslöste. Die Adaptionsbestrebungen verebbten aber offenbar wieder in dem Maße, wie sich im Ursprungsland Schweden die Lohnempfängerfonds als nurmehr zusätzliche rentabilitätsorientierte Investmentfonds ohne politische Gestaltungsintention erwiesen (*D'Art* 1992; *Trautwein* 1988).

Zumindest bis Anfang der 80er Jahre schien auch den traditionellen Arbeitergewerkschaften in Frankreich und in Belgien die staatliche Kontrolle über die nationalen Investitionsgesellschaften vorrangiges Ziel. Die Entwürfe von CGT und CFDT zur gewerkschaftlichen Präsenz in Leitungsorganen großer Unternehmen zielten auf die Industrieunternehmen, die unter der Linkskoalition (wieder-)verstaatlicht wurden. Beide Gewerkschaften beschränkten sich – nach österreichischem Vorbild – auf einen Drittelanteil an den Sitzen der Aufsichtsräte.

In Schweden und Österreich wurde somit eine Kopie der deutschen Unternehmensverfassung von Gewerkschaftsbewegungen abgelehnt, denen man auch im Vergleich zur Bundesrepublik weder Schwäche noch ideologische Unreife nachsagen kann. Ein genetischer Vergleich der Reformentwicklungen in Deutschland und Österreich liefert vielmehr Hinweise dafür, daß Gewerkschaften in hochentwickelten korporatistischen Systemen überbetriebliche Einrichtungen der Wirtschaftsdemokratie mitaufgebaut haben, denen sie einen funktional höheren Stellenwert zumessen als der deutschen Unternehmensmitbestimmung (↗ Korporatismus).

IV. In den 80er Jahren sind neokorporatistische Arrangements selbst in vormals hochentwickelten Systemen brüchig geworden. In Österreich werden Teile der verstaatlichten Industrie privatisiert, und in Schweden folgen beide Tarifvertragsparteien nurmehr zögernd den zentralen Vorgaben der sozialdemokratischen Regierung. Die Arbeitnehmerfonds, konzipiert als Glanzstück der Wirtschaftsdemokratie, entpuppten sich als gewöhnliche rentabilitätsheischende Investmentfonds (*Trautwein* 1988). Dennoch kommt es weder hier noch in den Ländern mit ideologisch akzentuierten Konzepten der Arbeiterkontrolle zu einem weiteren Ausbau der gewerkschaftlichen Präsenz in den Aufsichtsräten der Privatindustrie. Auch die EU-Kommission erkennt in ihrem Vorschlag zur Ausgestaltung der Europäischen Aktiengesellschaft die verschiedensten Formen gewerkschaftlicher Einflußnahme als gleichwertig an (vgl. *Jürgens* 1990).

Vielmehr läßt sich beobachten, wie die Gewerkschaften mit z. T. abrupten Kehrtwendungen von ihrer bisherigen Skepsis gegenüber individuellen Teilnahmechancen abrücken und dem Aufbau neuartiger partizipativer Strukturen auf der Ebene einzelner Werkstätten und Abteilungen zustimmen. Die Palette der Institutionalisierungsformen, die bislang vornehmlich aufgeklärte Vertreter des Managements befürworteten, reicht von unverbindlichen Werkstattkreisen über Qualitätszirkel zur Produktverbesserung bis zur radikalen Abkehr von tayloristischer Linienfertigung durch eine flächendeckende Einführung der Gruppenarbeit. Das französische Beispiel ist besonders bemerkenswert. Hier setzte der fortschrittliche Flügel im Unternehmerverband CNPF schon 1973 den Beschluß durch, den »progressiven Abbau der Fließbandarbeit in den nächsten Jahren« einzuleiten. Noch 1977 lehnten die beiden großen Gewerkschaftsbünde CGT und CFDT nationale Rahmenverträge zur Regelung von Arbeitsbedingungen ab. Aber schon ein Jahr später regte die KP-nahe CGT an, neben den bestehenden gewerkschaftlichen Strukturen die Belegschaften über sogenannte Werkstatt- und Abteilungsräte direkt auf ihre Arbeitsbedingungen Einfluß nehmen zu lassen (vgl. *Kißler* u.a. 1985: 119–130). Mit den sog. *Aroux*-Gesetzen hat die Linkskoalition 1982 den individuellen Beschäftigten Mitspracherechte bei der Gestaltung ihrer Arbeitsbedingungen einge-

räumt. Den beiden großen Gewerkschaftsbünden ist es dennoch nicht gelungen, ihre dramatischen Mitgliedereinbrüche zu stoppen, die schon Mitte der 70er Jahre eingesetzt haben.
Eine ähnliche Gefahr, durch die Verbetrieblichung der Verhandlungsgegenstände und -prozeduren an Einfluß zu verlieren, konnten die skandinavischen Gewerkschaften hingegen vermeiden. Zumindest in der Automobilindustrie ist Macht und Attraktivität der Gewerkschaften durch die Umstellung der Produktion auf Gruppenarbeit eher weiter gestiegen (*Berggren* 1988).

Es scheint demnach, als ob durch neue Formen der direkten Beteiligung, wie sie auch in der Bundesrepublik befürwortet werden (*Muster* 1988), die jeweils schon vorher einsetzenden Prozesse der organisatorischen Schwächung oder Stärkung der Gewerkschaften jeweils nur weiter befördert werden (auch *Crouch* 1993). Man kann die Hinwendung der Gewerkschaften zu partizipatorischen Gestaltungsabsichten des Managements als internationalen Trend zu einem neuen Mitbestimmungsansatz verstehen. Im Unterschied zu den bisher diskutierten Vorstellungen von einer industriellen Demokratie wird allerdings die Frage nach dem Eigentum an Produktionsmitteln und der Anspruch auf gesamtwirtschaftliche Lenkung nicht mehr damit verbunden. Formen der direkten Partizipation der Belegschaften, wie sie in den 90er Jahren v. a. auch auf Unternehmerseite befürwortet werden, orientieren sich weniger an europäischen Vorbildern als an der Organisation japanischer Industrieunternehmen, die als überlegene Produktionsform wahrgenommen wird. Partizipationsansätze wie z. B. Qualitätszirkel, Abteilungsbesprechungen und Gruppenarbeit sind integrale Bestandteile »postfordistischer« oder »posttayloristischer« Gesellschaftsformen, die die wirtschaftsdemokratischen (Schweden, Österreich) und unternehmensdemokratischen Leitbilder (Deutschland) abzulösen beginnen.

Walter Dittrich

Lit.: *Berggren, C.* 1988: Von der Arbeitsrotation zur qualifizierten Teamorganisation. Schwedische Erfahrungen mit neuen Arbeitsstrukturen in der Automobilmontage, in: *Roth, S./Kohl, H.* (Hrsg.): Perspektive Gruppenarbeit, Köln, 243–258. *Bergmann, J./Jacobi, O./Müller-Jentsch, W.* 1975: Gewerkschaften in der Bundesrepublik, Frankfurt/M. *Beyme, K. von* 1977: Gewerkschaften und Arbeitsbeziehungen in kapitalistischen Ländern, München. *Crouch, C.* 1992: The Changing Appearance of German Codetermination. A British View, in: Die Mitbestimmung, Special, Industrial Democracy in the Modern Workplace. Conflict and Cooperation, 12–16. *Crouch, C.* 1993: Ambiguities of Decentralisation, in: *International Industrial Relations Association* (Hrsg.): Economic and Political Changes in Europe. Implications on Industrial Relations. 3rd European Regional Congress 1991, Bari, 881–893. *D'Art, D.* 1992: Economic Democracy and Financial Participation. A Comparative Study, London/New York. *DGB* 1984: Entwurf eines Gesetzes über die Mitbestimmung der Arbeitnehmer in Großunternehmen und Großkonzernen (Mitbestimmungsgesetz), Düsseldorf. *Dittrich, W.* 1985: Mitbestimmung – eine korporatistische Strategie? Eine international vergleichende Untersuchung zur Mitbestimmungspolitik in zehn europäischen Ländern, Konstanz. *Erd, R.* 1982: Die Modernisierung des Arbeitsrechts im korporatistischen Verbund. Entwicklungstendenzen der Verrechtlichung industrieller Beziehungen in der zweiten Hälfte der siebziger Jahre, in: PROKLA 12, 147–160. *Fricke, E./Notz, G./Schuchardt, W.* 1986: Arbeitnehmerbeteiligung in Westeuropa. Erfahrungen aus Italien, Norwegen und Schweden. Frankfurt a. M./New York. *Halle, A.* 1987: Politik im Netzwerk. Parteien, Parlament und Verbände in Österreich, Konstanz. *Hondrich, K. O.* 1972: Demokratisierung- und Leistungsgesellschaft. Macht und Herrschaftswandel als sozio-ökonomischer Prozeß, Stuttgart. *Jürgens, P.* 1990: Die Europäische Aktiengesellschaft nimmt Strukturen an, in: Betriebs-Berater 17, 1147–1150. *Kißler, L.* 1985: Industrielle Demokratie in Frankreich, Frankfurt a.M./New York. *Meidner, R./Hedborg, A./Fond, G.* 1978: Vermögenspolitik in Schweden, Köln. *Mitbestimmungskommission* 1970: Mitbestimmung im Unternehmen. Bericht der Sachverständigenkommission zur Auswertung der bisherigen Erfahrungen bei der Mitbestimmung, Stuttgart. *Muster, M.* 1988: Zum Stand der Gruppenarbeit in der Automobilindustrie der Bundesrepublik, in: *Roth, S./Kohl, H.* (Hrsg.): Perspektive Gruppenarbeit, Köln, 259–281. *Nagels, K./Sorge, A.* 1977: Industrielle Demokratie in Europa. Mitbestimmung und Kontrolle in der Europäischen Aktiengesellschaft, Frankfurt/M. *Naphtali, F.* ²1966: Wirtschaftsdemokratie, Frankfurt/M. *Pelinka, A.* 1981: Österreich – Mitbestimmung von oben. Zur Funktion von Zentralisation und Gewerkschaftsdemokratie, in: Journal für Sozialforschung 21, 161–168. *Shonfield, A.* 1968: Geplanter Kapitalismus. Wirtschaftspolitik in Westeuropa und USA, Berlin. *Trautwein, H.-M.* 1988: Zur Entschärfung tarifpolitischer Verteilungskonflikte durch kollektive Kapitalbildung. Das Beispiel der schwedischen Arbeitnehmerfonds, in: Jahrb. für Nationalök. und Stat. 204, 155–174.

Monetarismus

Der Monetarismus (M.) versteht sich als Gegenrevolution in den Wirtschaftswissenschaften, die den ↗ Keynesianismus zu widerlegen beabsichtigt, der seinerseits (seit den 30er Jahren) gegen die Neo-Klassik gerichtet war. Der geistige Kopf des M. ist *Milton Friedman* und die sogenannte Chicago-Schule. Der Kern der »Revolution« des M. liegt in der dominierenden Bedeutung, die er der Geldmenge, der Geldmengenentwicklung und der Geldmengensteuerung in einer Volkswirtschaft zumißt: Nur die Geldmenge bestimmt die Höhe des nominalen Einkommens, und kurzfristige Schwankungen des realen Einkommens und »die Inflation ist immer und überall ein monetäres Phänomen«.

Konjunkturelle Schwankungen einer Volkswirtschaft können nach Auffassung des M. nicht (wie von den Keynesianern vorgeschlagen) durch eine antizyklische Fiskalpolitik bekämpft werden. Aus der Sicht des M. ist die staatliche Fiskalpolitik des *»stop and go«* die Hauptursache der Konjunkturschwankungen. Ein marktwirtschaftliches System tendiere danach automatisch zur Stabilität und zu einem stabilen Wachstum – wenn es nur möglichst frei von staatlichen Eingriffen gehalten wird. Als wirtschaftspolitische Konsequenz ergibt sich aus der monetaristischen Lehre eine umfassende Deregulierung der Volkswirtschaft in Richtung freie Verkehrswirtschaft *(»get the prices right«)* und eine Geldmengensteuerung, die sich an der natürlichen, als stabil angesehenen Wachstumsrate der Wirtschaft orientiert und diese nicht überschreiten darf. Denn eine darüber hinausgehende monetäre Wachstumsrate erzeugt unweigerlich ↗ Inflation, und eine anhaltende Inflation wirkt langfristig unweigerlich kontraktiv auf die Wirtschaftsentwicklung. Sie ist regelmäßig das Ergebnis einer undisziplinierten Fiskalpolitik, die das Wachstum des ↗ Sozialproduktes mit Hilfe hoher Budgetdefizite zu erreichen versucht und diese nicht durch eine Kreditaufnahme beim Publikum deckt, sondern mit Hilfe einer expansiven ↗ Geldpolitik finanziert.

Das Ziel des ökonomischen Wachstums sehen die Monetaristen durch die Inflation dreifach gefährdet:

1. Die Inflation verringert die für (heimische) Investitionen zur Verfügung stehenden Ressourcen, da sie die Einkommensbezieher ver-

anlaßt, potentielle Ersparnisse in aktuelle Konsumerhöhung zu transformieren. Darüber hinaus stimuliert sie Kapitalexporte und schreckt Kapitalimporte ab.

2. Die verbleibenden Ressourcen werden zunehmend stärker in Verwendungen geführt, die sich an der Wertsicherung orientieren und unproduktive Anlagen darstellen (z. B. Grund und Boden), oder auch in solche, die ausgesprochen spekulationsorientiert sind (wie z. B. Eurodollaranlagen).

3. Diejenigen Mittel, die tatsächlich produktiven Verwendungen zugeführt werden, tendieren dazu, ökonomisch ineffiziente Industrien aufzubauen, da die »unsichtbare Hand« des Preismechanismus unter Inflationsbedingungen keine optimale Allokation der Ressourcen garantieren kann (↗ Marktwirtschaft).

Aus dieser Analyse ergibt sich für die Monetaristen die Schlußfolgerung, daß das Wachstumsziel verfehlt wird, wenn zuvor das Stabilitätsziel nicht erreicht ist. Nur bei Preisniveaustabilität ist die Gewähr gegeben, daß die erwähnten Fehlallokationen der Ressourcen vermieden werden und größere Wachstumsspielräume eröffnet werden können.

Die monetaristische Gegenrevolution hat auch auf die praktische Wirtschaftspolitik starken Einfluß genommen. Zum Beispiel hat die Deutsche Bundesbank seit 1974 ihre Geldmengenpolitik im Sinne der *Friedman*schen Theorie im Rahmen eines »Zielkorridors« gesteuert, der zum einen das wirtschaftliche Wachstum nicht behindern darf und zum anderen Inflationserscheinungen zu vermeiden sucht. Umfassendere Wirtschaftspolitiken, die auf dem M. fußen, wurden unter *Margaret Thatcher* in Großbritannien, unter *Ronald Reagan* in den Vereinigten Staaten und unter dem ↗ Autoritären Regime *Pinochet* in Chile praktiziert. In allen Ländern konnte diese Politik große Erfolge hinsichtlich der Senkung der Inflationsraten erzielen. Doch gleichzeitig traten in den genannten Beispielen hohe Zuwachsraten der ↗ Arbeitslosigkeit auf. Der Zielkonflikt zwischen Preisniveaustabilität und Vollbeschäftigung konnte mithin in keinem Fall befriedigend gelöst werden. Die Monetaristen versuchen sich jedoch zu exkulpieren, indem sie den praktizierten Politiken vorwerfen, daß sie den M. nicht radikal genug umgesetzt haben, sondern nach zu kurzer Zeit auf keynesianische Politikelemente zurückgriffen. Das monetaristische Konzept greift demnach erst in langer Frist.

Hans-Peter Nissen

Lit.: *Brunner, K.* 1986: Monetarism Isn't Dead, in: Fortune, Bd. 113 (12), 177–184. *Brunner K.* 1989: The Role of Money and Monetary Policy, in: Review, Federal Reserve Bank of St. Louis, Sept./Oct., 4–22. *Dean, J. W.* 1985: The Rise and Fall of Neomonetarism, in: Financial Analysts Journal, Bd. 41(5), 72–78. *Edwards, S.* 1986: Monetarism in Chile, 1973–1983: Some Economic Puzzles, in: Economic Development & Cultural Change, Bd. 34 (3), 535–559. *Ehrlicher, W./Becker W.-D.* (Hrsg.) 1978: Die Monetarismus-Kontroverse, Eine Zwischenbilanz, in: Beihefte zu Kredit und Kapital, Heft 4, Berlin. *Friedman, M.* 1963: Inflation, Causes and Consequences, London. *Friedman, M.* 1970: Die optimale Geldmenge und andere Essays, München. *Friedman, M.* 1987: The Quantity Theory of Money, London. *Griffin, K.* 1988/89: Monetarism, in: Journal of Business Administration, Bd. 18 (1/2), 67–109. *Kaldor, N.* 1985: How Monetarism Failed, in: Challenge, Bd. 28 (2), 4–13. *Laidler, D./Parkin J. M.* 1975: Inflation: A Survey, in: Economic Journal (Dec.), 741–809. *Modigliani, F./ Mayer Th.* 1988: The Monetarist Controversy Revisited; Modigliani on Monetarism: A Response, in: Contemporary Policy Issues, Bd. 6 (4), 3–24. *Nelson, C. L.* 1993: Monetary Policy Officials' Views about Setting Monetary Targets, in: Journal of Economic Issues, Bd. 27, 1181–1193. *Niggle, Ch. J.* 1990: The Evolution of Money, Financial Institutions, and Monetary Economics, in:

Journal of Economic Issues, Bd. 24, 443–450. *Peterson, W. C.* 1988: The Macroeconomic Legacy of Reaganomics, in: Journal of Economic Issues, Bd. 22 (1), 1–16. *Tanner, J. E.* 1993: Did Monetarism Die in the 1980s?, in: Journal of Economics and Business, Bd. 45, 213–229.

Nation/Nationalstaat/Nationalismus

1. Zu den politischen Überraschungen, die das Ende des Ost-West-Konflikts mit sich brachte, zählt auch die Renaissance von Nationalismus und dem Denken in national akzentuierten politischen Horizonten. Genaueres Hinsehen macht allerdings deutlich, daß der seit den 70er Jahren langsam seine weltpolitische Strukturierungskraft einbüßende Ost-West-Konflikt schon länger nicht mehr in der Lage gewesen war, nations-bezogene politische Handlungsperspektiven internationalistisch zu transzendieren. Das gelang allenfalls in (Mittel-)Europa und vornehmlich in Deutschland noch einigermaßen. In anderen Teilen der Welt hat die Auseinandersetzung um den Zusammenhalt oder Zerfall, die Grenzen und die politischen, kulturellen oder sonstigen Definitionsmerkmale von Nationen und Nationalstaaten während der zweiten Hälfte des 20. Jh.s eher an Intensität gewonnen. Aus deutscher Perspektive hingegen (die sich in gewisser Weise als repräsentativ für eine europäische verstand oder zumindest doch als avantgardistisch) war Nationalismus diskreditiert, erschien der Nationalstaat größtenteils als »überholt« (*Czempiel* 1987).

Nach der deutschen Vereinigung 1990 (↗ Deutsche Einheit) sind die problematischen Seiten jenes post-nationalen Diskurses in der politischen Debatte sichtbar geworden (*von Bredow* 1993).

2. In der Fachdebatte über Nation, Nationalstaat und Nationalismus herrscht weitgehende Übereinstimmung darüber, daß diese Begriffe und das, was sie bezeichnen sollen, Erscheinungen der Moderne und im Kontext der Ausbildung von bürgerlicher Gesellschaft und der Ausbreitung der industriellen Revolution mit ihren sozialen, politischen und ökonomischen Konsequenzen geprägt worden sind. Frühere Verwendungen des Begriffs Nation, etwa im Mittelalter und der frühen Neuzeit, zielten auf etwas anderes, nämlich auf die Bezeichnung eines kleinen und eher lokal bestimmten Zweckverbandes, einer Landsmannschaft oder einer Untergruppe innerhalb von größeren und schwer überschaubaren Gruppen.

Im 19. und 20. Jh. werden – ausgehend von Europa – Nation, Nationalstaat und Nationalismus zu Zentralbegriffen politischer Integration. Das Begriffsnetz, mit dem wir es zu tun haben, läßt sich dabei noch um eine Reihe anderer Begriffe ergänzen: Ethnie, Volk, kollektive Identität, Patriotismus. All diese Begriffe werden in den verschiedenen Gesellschaften Europas ein wenig unterschiedlich eingefärbt. Ein wichtiger Strang der diesbezüglichen Forschung (zumeist aus der Feder von Historikern; oft in vergleichender Absicht und mit soziologischem Rüstzeug ausgestattet) besteht in der Nachzeichnung von Nations-Bildungs-Prozessen sowie in der Konstruktion von Typologien. So wird etwa zwischen Staats-, Kultur- und Willensnationen unterschieden oder zwischen einem (eher) westlichen und einem (eher) östlichen Nationsbegriff. Aus größerer Distanz kann man die Fachliteratur auch danach einteilen, ob sie den Nationsbegriff eher affirmativ oder eher kritisch verwendet. Es sei daran erinnert, daß ein Teil dieser Literatur als gewichtiges und oft folgenreiches Element von Nations-Bildungs-Prozessen begriffen werden muß.

Als Arbeitsdefinition zur Erleichterung des Einstiegs in die Sachproblematik und in die inzwischen schier unübersichtlich gewordene Literatur zu Nation usw. bieten sich nach wie vor die lakonischen Setzungen von *Karl W. Deutsch* (1972b: 27) an, der Volk als Personengruppe mit komplementären Kommunikationsgewohnheiten beschreibt und Nation als ein Volk, das die Kontrolle über einige Institutionen gesellschaftlichen Zwanges gewonnen hat, was schließlich zu einem voll ausgebildeten Nationalstaat führen kann. Als Nationalismus bezeichnet *Deutsch* die Bevorzugung der Wettbewerbsinteressen dieser Nation und ihrer Mitglieder vor denen aller Außenstehenden.

Hinzuzufügen ist die Arbeitsdefinition des inzwischen prominenter gewordenen Begriffs der Ethnie oder ethnischen Gruppe; dabei handelt es sich um eine Menschengruppe mit einer besonderen kulturellen kollektiven Identität, die mit anderen ethnischen Gruppen in einem Staat zusammenlebt (*Heckmann* 1992: 57). Eine ethnische Gruppe kann in einem solchen Staat die Mehrheit bilden oder eine Minderheit sein – Staaten mit einer Bevölkerung aus mehreren Ethnien werden von der Außenwelt häufig auch daran gemessen, inwieweit in ihnen die Rechte ethnischer Minderheiten geschützt sind.

Die komplementären Kommunikationsgewohnheiten einer Gruppe (Ethnie oder Volk) ergeben sich über bestimmte Gemeinsamkeiten ihrer Mitglieder – Nachbarschaft, Sprache, Kultur, Geschichte, Tradition – eben eine kollektive Identität, die auch oft von dem Glauben an eine gemeinsame Herkunft gestärkt wird. Hier verschränken sich kaum entwirrbar objektive und subjektive Faktoren, Mythen und Manipulationen. Deswegen ist die jüngere Debatte darüber, ob Nationen »nur« fiktive und sozusagen aus dem puren Willen heraus konstruierte Großgruppen oder ob sie »auch« auf »wirklichen« Unterschieden zwischen Individuen beruhen, unentscheidbar.

3. Trotzdem beherrscht diese Debatte gegenwärtig die theoretisch ambitionierte Nations- und Nationalismusforschung, die dabei (gleichviel, ob das den beteiligten Autoren ganz bewußt ist) immer deutlicher als Element des umfassenden, gegen Ende des 20. Jh.s womöglich noch drückender gewordenen geisteswissenschaftlichen Selbstvergewisserungsprojekts der Moderne identifizierbar wird. Denn daß die Nation und die mit ihr verbundenen säkularisierten Heilserwartungen oder (nur) die ideologisch oder technokratisch begründeten Hoffnungen auf eine staatlich gesicherte Zukunft aus der Moderne hervorgegangen sind und diese gleichzeitig weiter vorangetrieben haben, daß sie als Gegenstand von Appellen weniger Intellektueller und als Bewegungsmotiv großer Massen insgesamt in das große Paket der Ambivalenz der Moderne gehören, ist unbezweifelbar.

Moderne Nationen sind als revolutionäre Erben älterer Großstaaten entstanden, als sich selbst befreiende ehemalige Kolonie, als Folge eines Einigungsprozesses »von oben«, als Säkularisierungs- und Modernisierungsprojekt einer kleinen, aber entschlossenen Gruppe von Intellektuellen, Militärs und Politikern, als Ergebnis von Bürgerkriegen, mit oder ohne Unterstützung von außerterritorialen Mächten. Zumeist stellte sich die zur Ausbildung einer nationalen kollektiven Identität notwendige Homogenität der Bürger und Bürgerinnen erst im Kampf gegen einen gemeinsamen Feind her; zuweilen wurde sie auch nur antizipiert, ohne sich wirklich herzustellen – dann brach das konzipierte Gebilde des Nationalstaats auseinander.

Braucht es, um eine moderne Nation zu schaffen, um komplementäre Kommunikationsgewohnheiten über die Generationen hin zu stabilisieren, einer »ethnischen Begründung« (*Smith* 1988)? Dieser Behauptung aus der einen Denkrichtung wird aus einer anderen nachdrücklich widersprochen. Danach sind Nationen »imaginierte Gemeinschaften« (*Anderson* 1988), in denen über Ideologiebildung und Indoktrination die tatsächlich vorhandenen sozialen Unterschiede der Individuen überspielt werden. Und sie bilden die zufällige Gestalt von Großgruppen mit fortschreitender industrieller Arbeitsteilung (*Gellner* 1991). *Form follows function* könnte man als Quintessenz dieser Vorstellung formulieren: Weil die moderne Industriegesellschaft eine zugleich differenzierte und nivellierte Form benötigt, wird sie über einen Mythos hergestellt. Die nationale Tradition wird gewissermaßen »erfunden« (*Hobsbawn/Ranger* 1983). Etwas komplizierter ausgedrückt: »Kulturelle Differenzierung... findet vor allem entlang einer *vertikalen* sozialen Achse statt, in Unterschieden innerhalb einer Hierarchie von Klassen und Schichten; die kulturelle Homogenisierung... entwickelt sich dagegen in *lateraler* Richtung, sie führt zum Postulat der Deckungsgleichheit kultureller Grenzen mit jenen territorialer politischer Einheiten« (*Bauböck* 1990: 78).

Die Schwierigkeit, die sich ergibt, wenn Nation als reine Fiktion und als etwas beliebig Konstruierbares vorgestellt wird, besteht darin, daß dann kein Kriterium dingfest gemacht werden kann, mit dessen Hilfe sich erklären ließe, warum gerade diese und jene, aber nicht andere Nationen entstanden sind. Auch muß man wieder auf anonyme Akteure hinter den Akteuren zurückgreifen (etwa jene unsäglichen »Triebkräfte«), um die Erfolgs- oder die Mißerfolgsgeschichten von Nationen auf dem Wege zum Nationalstaat erzählen zu können. Für das *Patchwork*-Muster von Nationen und Nationalstaaten im internationalen System und für die oft schubartig verlaufenden Veränderungen dieses Musters fehlen die Erklärungen gleichfalls.

Mit der Annahme von immer schon oder ab einem bestimmten Zeitpunkt vorhandenen objektiven Gemeinsamkeiten zwischen Individuen als Mitglieder einer Ethnie, eines Volkes, einer Nation lassen sich die meisten der eben skizzierten Fragen allerdings auch nicht beantworten. Wann und warum werden bestimmte Gemeinsamkeiten (z.B. der Sprache) gegenüber anderen Gemeinsamkeiten (z.B. der alltäglichen Arbeit) als politisch wertvoller eingestuft? Wann werden bestimmte Gemeinsamkeiten zwischen Individuen zum Kristallisationspunkt für die Ausbildung ethnischen Bewußtseins oder sogar relevant für Nations-Bildungs-Prozesse? Zwar ist es also richtig, daß es ohne Gemeinsamkeiten zwischen Individuen keine Gemeinschaft und *ergo* auch keine Nationen geben würde, aber welcher Art diese Gemeinsamkeiten sein müssen (oberhalb der oft vergessenen Trivialität, daß alle Menschen Menschen sind), darauf gibt es keine befriedigende Antwort.

Die jüngere Forschung kämpfte bereits heftig mit diesen Fragestellungen, als 1989/90 das Ende des Ost-West-Konflikts nicht, wie einen kurzen historischen Augenblick von vielen erwartet, den Weltfrieden mit sich brachte, sondern statt dessen zugleich einen Globalisierungsschub politischer, wirtschaftlicher und soziokultureller Beziehungen und eine Renaissance nationsbezogener politischer Aktivität bis hin zu Sezessionen und Bürgerkriegen auslöste.

4. Während das Interesse der soziologisch interessierten Historiographie vor allem die Ausbildung und Veränderung der Gestalt(en) von Nationen und Nationalismus in ihren politischen und kulturellen Dimensionen betrifft, ist in der Politikwissenschaft letzthin die Frage nach der Zukunft des Akteurs Nationalstaat im internationalen System erneut in den Vordergrund getreten. Das liegt an den nach dem Ende des Ost-West-Konflikts unübersichtlicher gewordenen Verhältnissen der internationalen Politik. Einerseits sind nachhaltige Globalisierungsschübe politischer, wirtschaftlicher und soziokultureller Beziehungen zu konstatieren. Dazu gehören auch die Vorgänge, die zur Ausbildung und Weiterentwicklung von Makroregionen drängen. Andererseits zerfallen nicht nur multi-ethnische Zwangsreiche, vielmehr lassen sich auf allen Kontinenten politische Entwicklungen konstatieren, die auf die Sprengung größerer politischer Einheiten abzielen. Gar nicht selten spielen weniger die wirtschaftlichen, vielmehr kulturelle (insbesondere auch religiöse) Beweggründe eine entscheidende Rolle bei derartigen Bestrebungen.

Quer zu diesen einander widersprechenden Tendenzen steht eine andere, die auf die teilweise Auflösung der »komplementären Kommunikationsgewohnheiten« als Substrat einer kollektiven ethnischen oder nationalen Identität hinausläuft – die Ausbildung transnationaler Verflechtungen mit wachsender Unabhängigkeit von nationalstaatlichen Regelungskompetenzen. Ob sich daraus eine universalistische Weltgesellschaft mit einer Weltinnenpolitik ergibt oder ob der Nationalstaat auch weiterhin »dominant die Weltpolitik bestimmen« wird (*Bellers* 1990: 17), läßt sich gegenwärtig nicht entscheiden.

In Deutschland wird die geistes- und sozialwissenschaftliche Debatte über Nation, Nationalstaat und Nationalismus, ähnlich wie in der Politik, nach wie vor von den Erfahrungen mit dem Nationalsozialismus bestimmt. Für die politische Kultur der Bundesrepublik Deutschland bedeutete das in erster Linie, daß nationsbezogene Werte an Gewicht verloren. Dadurch konnten die Konsequenzen der Teilung Deutschlands leichter ertragen werden, und die westeuropäische Integration in Richtung auf ein supranationales Gebilde gewann Akzeptanz. Nach der Vereinigung Deutschlands (nicht so sehr eine Folge nationaler Bestrebungen, in der Hauptsache eine Konsequenz des Zusammenbruchs der UdSSR und des Sowjetsozialismus) ist diese Debatte in ein neues Fahrwasser geraten. Die Rolle Deutschlands im internationalen System muß neu bestimmt werden, was nicht nur am rechten Rand des politischen Spektrums zu einem Aufschwung nationaler Rhetorik geführt hat. Wichtiger noch sind die Herausforderungen, die sich aus der Globalisierung von immer mehr politischen Feldern ergeben. Ein Beispiel ist etwa die Einwanderungspolitik. Die Befürworter einer Ablösung des *ius sanguinis* durch das *ius solis* bei der Gewährung der Staatsbürgerschaft wollen nicht nur technische Schwierigkeiten bei der Einbürgerung aus dem Weg räumen, sondern zugleich die Definitionsachse bei der Merkmalsaufzählung für die deutsche Nationalität verschieben. In einer sich gleichzeitig globalisierenden und fragmentierenden Welt werden in naher Zukunft auch kulturell scheinbar »homogene« Gesellschaften um das Management von Multikulturalismus nicht herumkommen. Im Falle Deutschlands erweist sich der Post-Nationalismus der Nachkriegszeit allerdings als wenig hilfreich bei solchen Fragen. Dennoch wäre es ganz unangemessen, die Erfahrungen aus der Zeit des ↗ Nationalsozialismus zu verdrängen oder zu vergessen. Eine Erweiterung des Denk- und Forschungshorizonts bezüglich der Nation scheint angeraten zu sein. Der theoretische Rahmen für beides kann in den Arbeiten von Autoren wie *Elias* (1989), *Greenfeld* (1992) oder *Bauman* (1992a) gefunden werden, in denen es um die Janusköpfigkeit des Zivilisationsprozesses in der Moderne geht.

Wilfried von Bredow

Lit.: *Alter, P.* 1985: Nationalismus. Frankfurt/M. *Anderson, B.* 1988: Die Erfindung der Nation, Frankfurt/M. *Bauböck, R.* 1990: Nationalismus versus Demokratie, in: ÖZP 20, 73–90. *Bauman, Z.* 1992a: Moderne und Ambivalenz. Das Ende der Eindeutigkeit, Hamburg. *Bauman, Z.* 1992b: Soil, Blood, Identity, in: Sociological Review 40, 675–701. *Bellers, J.* 1990: Ist eine Theorie internationaler Vergesellschaftung (schon) möglich?, Münster. *Berlin I.* 1990: Der Nationalismus, Frankfurt/M. *Bredow, W. von* 1993: Post-post-nationalism, in: IJ 48, 413–433. *Breuilly, J.* 1982: Nationalism and the State, Manchester. *Christie, C. J.* 1992: Partition, Separatism and National Identity: A Reassessment, in: PQ 63, 68–78. *Connor, W.* 1990: When is a Nation?, in: Ethnic and Racial Studies 13, 92–103. *Connor, W.* 1992: The Nation and its Myth, in: International Journal of Comparative Sociology 33, 48–57. *Czempiel, E.-O.* 1987: Die Zukunft des Nationalstaats, in: *Beyme, K. von* u.a. (Hrsg.): Politikwissenschaft. Eine Grundlegung, Bd. III: Außenpolitik und Internationale Politik, Stuttgart. *Dann, O.* ²1994: Nation und Nationalismus in Deutschland, 1770–1990, München. *Deutsch, K.W.* 1972a: Der Nationalismus und seine Alternativen, Stuttgart. *Deutsch, K.W.* 1972b: Nationenbildung – Nationalstaat – Integration, Düsseldorf. *Elias, N.* 1989: Studien über die Deutschen. Machtkämpfe und Habitusentwicklung im 19. und 20. Jahrhundert, Frankfurt/M. *Estel, B.* 1991: Grundaspekte der

Nation, in: Soziale Welt 42, 208–231. *Gellner, E.* 1991: Nationalismus und Moderne, Berlin. *Giesen, B.* 1993: Die Intelektuellen und die Nation, Frankfurt/M. *Greenfeld, L.* 1992: Nationalism. Five Roads to Modernity, Cambridge, Mass. *Heckmann, F.* 1992: Ethnische Minderheiten, Volk und Nation. Soziologie inter-ethnischer Beziehungen, Stuttgart. *Hobsbawn, E.* 1990: Nations and Nationalism since 1780, Cambridge. *Hobsbawn, E./Ranger, T.* (Hrsg.) 1983: The Invention of Tradition, Cambridge. *Hutchinson, J.* 1992: Moral Innovators and the Politics of Regeneration: the Distinctive Role of Cultural Nationalists in Nation-Building, in: International Journal of Comparative Sociology 33, 101–117. *Kedourie, E.* 1971: Nationalismus, München. *Kiss, G.* 1992: Nation als Formel für gesellschaftliche Einheitssymbolisierung, in: *Gauger, J.-D./Stagl, J.* (Hrsg.): Staatsrepräsentation. Berlin. *Kittel, B.* 1993: Die Selbstbeschreibung der Gesellschaft. Der Begriff der Nation als missing link der Systemtheorie?, Wien. *Krüger, P.* (Hrsg.) 1993: Ethnicity and Nationalism. Marburg. *Lippert, E.* 1992: On the Psychology of the ›Nation‹, in: Ricerci di Psicologia 4, 107–119. *Miller, D.* 1988: The Ethical Significance of Nationality, in: Ethice 98, 647–662. *Oberndörfer, D.* 1993: Der Wahn des Nationalen, Freiburg i. Br. *Riggs, F.W.* 1991: Ethnicity, Nationalism, Race, Minority: A Semantic/Onomantic Exercise, in: International Sociology 6, 281–305 und 443–463. *Seiler, D. L.* 1989: Peripheral Nationalism Between Pluralism and Monism, in: IPSR 10, 191–207. *Senghaas, D.* 1992: Vom Nutzen und Elend der Nationalismen im Leben der Völker, in: APuZ Nr. 31/32, 23–32. *Smith, A. D.* 1986: The Ethnic Origins of Nations, Oxford. *Smith, A. D.* 1988: The Myth of the ›Modern Nation‹ and the Myths of Nations, in: Ethnic and Racial Studies 11, 1–26. *Smith, A. D.* 1989: The Origins of Nations, in: Ethnic and Racial Studies 12, 340–367. *Smith, A. D.* 1990: The Supersession of Nationalism?, in: International Journal of Comparative Sociology 31, 1–31. *Smith, A. D.* 1992: Nationalism and the Historians, in: International Journal of Comparative Sociology 33, 58–80. *Winkler, H. A.* (Hrsg.) [2]1985: Nationalismus. Königstein/Ts.

Nationalsozialismus

I. Wie das Dritte Reich zu erklären sei, ist auch fast 50 Jahre nach seinem Ende noch immer heftig umstritten. Auch wenn nicht in Abrede zu stellen ist, daß *Hitlers* Herrschaft bis zu ihrer vollständigen militärischen Überwältigung im Jahre 1945 von der überwiegenden Mehrheit des deutschen Volkes getragen worden ist, so manifestierte sich der Nationalsozialismus (NS) selbst doch zunächst in der NSDAP und vor allem in der Person des »Führers« dieser »Bewegung«. Schon in der Zeit der Weimarer Republik galt es jedoch als überaus fraglich, ob die nationalsozialistische (ns.) »Idee« nicht als eine bloße Ansammlung wirrer, sich zum Teil gegenseitig ausschließender Propagandaphrasen verstanden werden müßte, der mitnichten die Qualität einer auch nur halbwegs in sich geschlossenen ↗ Ideologie zuzusprechen sei. Zeitgenossen sahen im NS allenfalls eine Variante des italienischen ↗ Faschismus, erwarteten eine arbeiterfeindliche Politik oder gingen schlicht davon aus, daß »*Hitler*« Krieg bedeute. Der verbreiteten »Agententheorie« zufolge wurde der NSDAP-Führer weithin als eine Marionette der Großagrarier und der Schwerindustrie vorwiegend zur Durchführung ihrer wirtschaftlichen Zielsetzungen angesehen. *H. Rauschning* schließlich kanonisierte insbesondere in seinem Buch »Die Revolution des Nihilismus« die Vorstellung von einem an nichts weiter als an der Erhaltung und Erweiterung seiner persönlichen Macht interessierten Diktators, der keinerlei politische Zielvorstellungen im eigentlichen Sinne verfolgt habe.

Hatten *E. Fraenkel* und *F. Neumann*

aufgrund der Wahrnehmung des Kompetenzenwirrwarrs innerhalb des ns. Deutschen Reiches bereits zu Beginn der 40er Jahre die Vorstellung von dessen polykratischem Grundcharakter vertreten, so dominierte nach 1945 zunächst relativ unangefochten die Interpretation des »Dritten Reiches« als einer letztendlich uneingeschränkten Willkür-, Gewalt- und Alleinherrschaft eines prinzipienlosen Opportunisten, eben *Hitlers*. Diese überaus einflußreiche Auffassung fand ihre »klassische« Ausprägung in der ersten wissenschaftlichen *Hitler*-Biographie, die *A. Bullock* verfaßt hat.

II. Erst in den 60er Jahren wurde dieses Bild grundlegend erschüttert. Zunächst arbeitete *E. Nolte* den Antimarxismus als ideologischen Kern des NS sowie aller faschistischen Bewegungen heraus. *E. Jäckel* führte 1969 den Nachweis, daß Hitler entgegen der bis dahin vorherrschenden Meinung sehr wohl politisch-ideologisch motivierte Zielvorgaben formuliert hatte, die im wesentlichen auf die Absicht, die Juden zu ermorden und »Lebensraum im Osten« erobern zu wollen, reduziert werden könnten. Und *M. Broszat* und *H. Mommsen* machten im Staat *Hitlers* ein derartiges Kompetenzenchaos und eine solche Vielzahl von divergierenden Kräften aus, daß sie, entgegen der vorherrschenden Auffassung, in den polykratischen Elementen nichts weiter als ein vom Diktator bewußt eingesetztes Instrument zur Sicherung seiner persönlichen Herrschaft erblicken zu können glaubten. Ihnen galt und gilt das Dritte Reich fortan als tatsächliche Polykratie. Das Vorhandensein ernstgemeinter politisch-ideologischer Absichten *Hitlers* und der Nationalsozialisten bestritten sie und bestreiten sie noch immer.

Damit sind die Pole der bis heute nicht abgeschlossenen Kontroverse um den Stellenwert von Person und Weltanschauung *Hitlers* im Zeitraum von 1933–1945 markiert. Sehen die einen im NSDAP-Führer den letztendlich entscheidenden Faktor, der sein »Programm« unter den allgemeinen Rahmenbedingungen eines modernen Verwaltungsstaates im internationalen Mächtesystem der 30er und 40er Jahre hartnäckig verwirklichte (Intentionalisten), so gilt er den anderen als »in mancher Hinsicht schwacher Diktator«, der in vielen Fällen von der »kumulativen Radikalisierung« der Gesellschaft und des Staatsapparates einfach mitgerissen wurde und dessen Rolle sich oftmals darauf beschränkte, bereits getroffene Entscheidungen – gleichsam als Notar – im nachhinein zu legalisieren (Funktionalisten). Die vor allem von *E. Jäckel* markierte »klassische« Position der Intentionalisten wurde jüngst von *E. Syring* der Kritik unterzogen. Er wies darauf hin, daß die Ergebnisse beider »Schulen«, schenkt man dem Zeitfaktor stärker als bisher Beachtung, durchaus miteinander vereinbar sind. In der zentralen Streitfrage nach der Urheberschaft des Massenmordes an den europäischen Juden ist inzwischen ebenfalls insofern eine Verschränkung der Fronten zu beobachten, als jetzt auch *R. Hilberg* die Rolle *Hitlers* betont, während *W. Manoschek* nachwies, daß jedenfalls die Ermordung der Juden im besetzten Serbien zweifelsfrei auf die Eigeninitiative der örtlichen deutschen Militärbefehlshaber zurückging. Die Auseinandersetzung spitzt sich nunmehr auf die Frage zu, ob der Befehl des deutschen Diktators am Anfang oder am Ende der organisatorischen Vorbereitungen zum Völkermord stand.

J. Falter hat seit 1986 mit seinen statistischen Analysen zum Wählerverhalten in der Weimarer Republik die bis zu diesem Zeitpunkt weithin akzeptierte

Interpretation des NS als eines im wesentlichen vom Mittelstand und vom abstiegsbedrohten Kleinbürgertum getragenen Phänomens widerlegt. Seinen Ergebnissen zufolge war die NSDAP seinerzeit für nahezu alle gesellschaftlichen Schichten gleichermaßen attraktiv; insbesondere war der Anteil der Arbeiter an ihrer Wählerschaft ganz erheblich höher als bisher angenommen. *Hitlers* »Bewegung« war in diesem Sinne die erste wirkliche ↗ Volkspartei auf deutschem Boden und fiel damit aus dem Rahmen der übrigen politischen Parteien der Weimarer Republik. Auf einen wahrscheinlichen Grund für den Erfolg der Nationalsozialisten bzw. für die ihnen bis zum Ende entgegengebrachte Massenloyalität ist *R. Zitelmann* gestoßen. Er führte den an und für sich überzeugenden Nachweis, daß *Hitler* auf den ersten Blick verblüffend modern anmutende Vorstellungen zu den Bereichen der Gesellschafts-, Sozial- und Wirtschaftspolitik verfochten hat. Damit wurde die von *R. Dahrendorf* vertretene Auffassung, die nach 1945 festzustellende »Modernisierung« der deutschen Gesellschaft sei den Nationalsozialisten absichtswidrigerweise unterlaufen, stichhaltig widerlegt, zumal sozialrevolutionäre Vorstellungen inzwischen auch bei einer ganzen Reihe weiterer prominenter NS-Führer nachgewiesen wurden. Seitdem wächst in der Forschung die Tendenz, den NS mit *M. Prinz/R. Zitelmann* gleichsam als Entwicklungs- bzw. Modernisierungsdiktatur zu interpretieren. Nach den Ergebnissen von *G. Aly/ S. Heim* ließe sich mittels der in der zeitgenössischen Modernisierungsdiskussion nachweisbaren Vorstellung von der »notwendigen« Vernichtung von »Randexistenzen« sogar der millionenfache Massenmord an den europäischen Juden anhand dieses Modells erklären.

In der Sonderwegsdiskussion wurde davon ausgegangen, daß es eine aus dem gesamteuropäischen Rahmen fallende Fehlentwicklung beim deutschen Weg in die bürgerliche Gesellschaft gegeben habe. Das ↗ Bürgertum sei zwar die ökonomisch führende Schicht geworden, die politische Macht habe jedoch nach wie vor in den Händen vor allem der agrarischen Eliten Ostelbiens gelegen. Diese »Gleichzeitigkeit des Ungleichzeitigen« habe dann zu einer Reihe von Verwerfungen geführt, die schließlich in die ns. Herrschaft eingemündet sei. Abgesehen davon, daß dieses Theorem im »Säurebad des Vergleichs« mit den gesellschaftlichen Entwicklungen in Westeuropa offenbar nicht verhärtet werden konnte, ist etwa von *K. D. Bracher* und *K. Hildebrand* die Auffassung vertreten worden, ein deutscher Sonderweg sei allenfalls in den Jahren zwischen 1933 und 1945 auszumachen, nicht vorher. Zudem haben die dieser Diskussion zugrunde liegenden marxistischen Parameter seit 1989/1991 viel von ihrer Plausibilität verloren.

III. Angesichts der ausufernden Unübersichtlichkeit der Diskussion ist es noch immer nicht möglich, mit auch nur einiger Gewißheit zu konstatieren, was der NS denn nun eigentlich gewesen ist. Gleichwohl legt die neuere Forschung nahe, daß der schon in den 20er Jahren auszumachende Selbstanspruch der Nationalsozialisten, ideologisch eine beide Pole überwiegende Synthese zwischen ↗ Nationalismus und ↗ Sozialismus darzustellen, doch ernster genommen werden muß, als dies bisher geschehen ist. Auch wurde die letztlich rassenideologisch motivierte doppelte Frontstellung des NS gegenüber der Herrschaft des Bolschewismus in der Sowjetunion einerseits (↗ Marxismus-Leninismus) und der kapitalistisch-demokratischen Herrschaftsordnung der westlichen Welt andererseits bis dato offenbar unterschätzt. Die Nähe zur Tradition der Vorstellung eines »dritten Weges« ist jedenfalls unübersehbar. Daß selbst die wissenschaftliche Auseinandersetzung mit dem NS noch immer wesentlich von tagespolitischen Interessen beeinflußt wird, belegte einmal mehr der »Historikerstreit« der Jahre nach 1986. Auch wenn sich insbesondere *J. Habermas* und *H.-U. Wehler* der Diskussion der damals allenfalls am Rande angeschnittenen fachwissenschaftlichen Inhalte seit Jahren entziehen, wird doch inzwischen allgemein anerkannt, daß die damals als so skandalös empfundenen Thesen *E. Noltes* einen durchaus diskussionswürdigen Kern besaßen. Zumindest *Hitlers* persönliche Weltanschauung wurde tatsächlich nachhaltig von seiner subjektiven Perzeption der bolschewistischen Herrschaft in der entstehenden Sowjetunion geprägt. Insofern hat *Noltes* Vermutung, der Bolschewismus sei dem NSDAP-Führer »Schreckbild *und* Vorbild« zugleich gewesen, ihre Bestätigung gefunden. *Noltes* damaliger Versuch, die ↗ Totalitarismustheorie in seine Faschismustheorie zu integrieren, erweist sich mithin aus der Perspektive der Jahre nach dem Zusammenbruch des ehemaligen Ostblocks *cum grano salis* als gerechtfertigt.

Die deutsche Vereinigung hat allerdings eher noch zu einer zusätzlichen Polarisierung im »öffentlichen Gebrauch der Historie« geführt. Neben den Versuchen, die ns. Massenverbrechen dogmatisch als »einzigartig« festzuschreiben, finden in den letzten Jahren auch solche Publizisten wie beispielsweise *K. Weißmann* zunehmend Gehör, die – ebenfalls aus politischen Gründen – einer Kontinuität der deutschen Geschichte gleichsam um das Dritte Reich »herum« das Wort reden. Gegenüber all diesen Instrumentalisierungsversuchen von links wie von rechts ist jedoch auf dem Postulat einer »Historisierung« des NS (*U. Backes/E. Jesse/R. Zitelmann*) zu beharren: Es gilt zunächst, die jede weitere Forschung behindernden tagespolitischen Interessen transparent und bewußt zu machen, um ihre oft unterschwellige Wirkung wenigstens reduzieren zu können. Nur so kann eine demokratische, von pluralistischer Toleranz getragene Sachdiskussion überhaupt erst möglich werden. Die von *M. Broszat* und *K. Hildebrand* vorgetragenen Konzepte zur »Historisierung« des NS sollten daher, trotz ihrer grundlegend verschiedenen Ansätze, auch nicht als unvereinbare Gegensätze, sondern als komplementäre Notwendigkeiten verstanden werden: So gewiß die ns. Ära in den größeren Zusammenhang der deutschen Geschichte eingeordnet werden muß, um die bis in die Gegenwart reichenden Kontinuitäten – auch aus der fernen Vergangenheit – aufzuzeigen und so allen Ausklammerungsversuchen entgegenzuwirken, so unabdingbar ist es ebenfalls, das »Dritte Reich« noch stärker als bisher im Rahmen des internationalen Mächtesystems zu interpretieren. Nur so werden Interdependenzen deutlich, nur so treten Unterschiede und Gemeinsamkeiten mit den Entwicklungen in anderen (totalitären) Staaten klar hervor.

Enrico Syring

Lit.: *Aly, G./Heim, S.* 1990: Vordenker der Vernichtung. Auschwitz und die deutschen Pläne für eine neue europäische Ordnung, Hamburg. *Augstein, R.* u.a. 1987: »Historikerstreit«. Die Dokumentation der Kontroverse um die Einzigartigkeit der nationalsozialistischen Judenvernichtung. München/Zürich. *Backes, U./Jesse, E./Zitelmann, R.* (Hrsg.) 1990: Die Schatten der Vergangenheit. Impulse zur Historisierung des Nationalsozialismus, Frankfurt a. M./Berlin. *Broszat, M.* [9]1981: Der Staat Hitlers. Grundlegung und Entwicklung seiner inneren Verfassung, München. *Broszat, M.* 1987: Nach Hitler. Der schwierige Umgang mit unserer Geschichte. Beiträge von Martin Broszat, hrsg. von *H. Graml* u. *K.-D. Henke*, München. *Bullock, A.* ^{14}1981: Hitler: A Study in Tyranny, o.O. *Dahrendorf, R.* 1965: Gesellschaft und Demokratie in Deutschland, München. *Falter, J. W.* 1991: Hitlers Wähler, München. *Fraenkel, E.* 1941: The Dual State. A Contribution to the Theory of Dictatorship, New York. *Geiss, I.* 1992: Der Hysterikerstreit. Ein unpolemischer Essay, Bonn/Berlin. *Grebing, H.* 1986: Der »deutsche Sonderweg« in Europa (1806–1945) – Eine Kritik, Stuttgart/Berlin/Köln. *Hilberg, R.* 1992: Täter, Opfer, Zuschauer. Die Vernichtung der Juden 1933–1945, Frankfurt/M. *Hildebrand, K.:* Deutscher Sonderweg und »Drittes Reich«. Betrachtungen über ein Grundproblem der deutschen und europäischen Geschichte im 19. und 20. Jahrhundert, in: *Michalka, W.* (Hrsg.) 1983: Die nationalsozialistische Machtergreifung, Paderborn u.a., 386–394. *Hildebrand, K.* ^{3}1987: Das Dritte Reich, München (= Oldenbourg, Grundriß der Geschichte, Bd. 17). *Jäckel, E.* 1969 bzw. 1981: Hitlers Weltanschauung. Entwurf einer Herrschaft, Tübingen bzw. Stuttgart. *Manoschek, W.* 1993: »Serbien ist judenfrei«. Militärische Besatzungspolitik und Judenvernichtung 1941/42, München. *Mommsen, H.* 1966: Beamtentum im Dritten Reich. Mit ausgewählten Quellen zur nationalsozialistischen Beamtenpolitik, Stuttgart. *Neumann, F. L.* ^{2}1942/44: Behemoth. The Structure and Practice of National Socialism 1933–1944, New York. *Nolte, E.* ^{7}1987: Der Faschismus in seiner Epoche. Action française – Italienischer Faschismus – Nationalsozialismus, München. *Nolte, E.* 1987: Der europäische Bürgerkrieg 1917–1945. Nationalsozialismus und Bolschewismus, Frankfurt a. M./Berlin. *Nolte, E.* 1993: Streitpunkte. Heutige und künftige Kontroversen um den Nationalsozialismus, Frankfurt a. M./Berlin. *Prinz, M./Zitelmann, R.* 1991: Nationalsozialismus und Modernisierung, Darmstadt. *Rauschning, H.* ^{5}1938: Die Revolution des Nihilismus. Kulisse und Wirklichkeit im Dritten Reich, Zürich/New York. *Syring, E.* 1994: Hitler. Seine politische Utopie, Frankfurt a. M./Berlin. *Weißmann, K.* ^{2}1994: Rückruf in die Geschichte. Die deutsche Herausforderung, Frankfurt a. M./Berlin. *Zitelmann, R.* ^{2}1989: Hitler. Selbstverständnis eines Revolutionärs, Stuttgart.

Nord-Süd-Konflikt

I. Der Nord-Süd-Konflikt bezeichnet die Konfrontation zwischen Entwicklungsländern und Industrieländern, die zu einem der zentralen Probleme der ↗ Internationalen Beziehungen im letzten Drittel unseres Jh.s geworden ist. Der ↗ Konflikt gründet sich auf die unterschiedlichen wirtschaftlichen und politischen Entwicklungschancen von Entwicklungsgesellschaften und ↗ Industriegesellschaften. Es handelt sich dabei um einen außenwirtschaftlichen und verteilungspolitischen Interessenkonflikt zwischen Konfliktparteien, die mit Macht- und Einflußpotentialen höchst ungleich ausgestattet sind.

Das unterstellte Konfliktverhältnis wird mit der geographisch orientierten Bezeichnung Nord-Süd nicht eindeutig erfaßt, da einerseits nicht alle Südländer zu den Entwicklungsländern zählen und andererseits die ex-sozialistischen Länder des Nordens kaum ins Visier genommen werden. Es geht hauptsächlich um die Beziehung zwischen westlichen Industrieländern (der OECD) und den Entwicklungsländern in Afrika, Asien und Lateinamerika, so daß es sich eigentlich um einen West-Süd-Konflikt handelt, in den bis Ende der 80er Jahre der Ost-West-Konflikt aber entscheidend einwirkte.

Die Perzeption der Konfrontation zwischen Industrieländern und Entwicklungsländern als » Nord-Süd-Konflikt« drang mit der sog. Erdölkrise zu Beginn der 70er Jahre ins öffentliche Bewußtsein. Die Erdölkrise ging von einer einseitigen Erhöhung der Erdölpreise durch die Erzeugerländer in der Dritten Welt aus, die sich in der OPEC zusammengeschlossen hatten. Die politisch bedingte Knappheit der bedeutenden

Energieressource machte einerseits den Industrieländern ihre Energie- und Rohstoffabhängigkeit deutlich (↗ Energiepolitik), andererseits führte sie den Entwicklungsländern die Möglichkeit einer auf Solidarität beruhenden Drohstrategie gegenüber den Industrieländern vor Augen. Die Dritte Welt war über Nacht als neuer Machtfaktor in die Weltpolitik eingetreten mit dem Ziel, Strukturunterschiede durch neue internationale Ordnungen zu beseitigen.

II. Im Mittelpunkt der Forderungen der Entwicklungsländer stand eine Neue Weltwirtschaftsordnung (NWWO). Der Konflikt umfaßte jedoch bald weitere Beziehungsebenen zwischen Industrie- und Entwicklungsländern; u.a. erhob die Dritte Welt Forderungen nach einem Neuen Weltwährungssystem, nach einer Neuen Weltinformationsordnung, nach einer Neuregelung der internationalen Meeresnutzung.

Im Gefolge der dritten *UN-Konferenz für Handel und Entwicklung* (UNCTAD III) von Santiago de Chile 1972 wurde die Forderung der Entwicklungsländer nach einer NWWO das beherrschende Thema der internationalen Konferenzen, insbesondere im Rahmen des Systems der ↗ Vereinten Nationen. Im Konzept der NWWO kulminierten zahlreiche Einzelforderungen der Drittweltstaaten nach Reformen der internationalen Wirtschaftsbeziehungen in bezug auf Handelsfragen (u.a. Abbau von Handelshemmnissen seitens der Industrieländer), die Rohstoffpolitik (u.a. Förderung von Rohstoffkartellen, Einrichtung eines Fonds zur Stabilisierung der Rohstoffpreise auf »gerechtem« Niveau), den finanziellen und technologischen Ressourcentransfer (u.a. Steigerung der Entwicklungshilfe, Schuldenerleichterungen, Vorzugsbedingungen beim Technologietransfer, Industrieförderung) sowie in bezug auf die Entscheidungsprozesse in jenen Organisationen (vor allem IWF und Weltbank), die Steuerungsfunktionen in den internationalen Wirtschafts- und Finanzbeziehungen wahrnehmen (mehr Mitbestimmungsrechte für die Entwicklungsländer; stärkere Berücksichtigung des Entwicklungsaspekts). Generell zielten die Forderungen darauf ab, marktorientierte Verteilungsmechanismen in den internationalen Austauschbeziehungen durch stärker politisch-regulative Mechanismen zu ersetzen, um die Ressourcenströme zugunsten der Länder des Südens zu stabilisieren. Begründet wurde dies im wesentlichen mit zwei Forderungen: 1. Die Industrieländer müssen zu einem Ausgleich der Schäden bereit sein, die sie den Entwicklungsländern durch Kolonialismus und Neo-Kolonialismus, durch Ausbeutung während und ungerechte Handelsbeziehungen nach der Kolonialherrschaft angerichtet haben; 2. Partnerschaft und Gleichberechtigung zwischen Industrieländern und Entwicklungsländern setzen voraus, daß die Entwicklungsländer nicht durch Handelshemmnisse benachteiligt werden, welche die Industrieländer errichten, und daß die Industrieländer den Entwicklungsländern in ihrer Entwicklung durch Ressourcentransfer helfen bzw. zur Übertragung von Kapital, Technologie etc. verpflichtet sind.

1974 verabschiedete die UN-Vollversammlung eine Erklärung und ein Aktionsprogramm zur Errichtung einer Neuen Weltwirtschaftsordnung (9.5.1974) sowie die Charta über die wirtschaftlichen Rechte und Pflichten der Staaten (12.12.1974). Ausdruck der gestiegenen Verhandlungsmacht der Dritten Welt war auch die Einrichtung eines »Nord-Süd-Dialogs« in der zweiten Hälfte der 70er Jahre. Ungeachtet kleiner Fortschritte in Teilbereichen scheiterten in der Folgezeit jedoch die Versuche, die Weltwirtschaft zugunsten der Dritten Welt neu zu ordnen. Der Nord-Süd-Gipfel in Cancun 1981 und die sechste UN-Konferenz für Handel und Entwicklung in Belgrad 1983 zogen faktisch einen Schlußstrich unter das Konzept der NWWO, und auch auf den anderen Ebenen des Nord-Süd-Konfliktes erreichten die Entwicklungsländer ihre Reformziele nicht oder nur sehr unvollständig (*Nohlen/Wagner* 1989; *Brock* in: *Nohlen/Nuscheler* 1992).

Seit Beginn der 80er Jahre ist in den

Nord-Süd-Beziehungen wieder die alte, von Dominanz und Abhängigkeit bestimmte Ausgangslage erreicht. Die Dritte Welt ist nach dem Aufbäumen gegen die Hegemonie der Industrieländer mittels Gegenmachtbildung in den 70er Jahren wieder in die frühere Ohnmachtssituation zurückgefallen. Unter den zahlreichen Gründen für diese Trendwende ragen die Verschuldungs- und Entwicklungskrise der 80er Jahre sowie die sozioökonomische Differenzierung und politisch-organisatorische Schwächung der Dritten Welt heraus.

Die bereits seit den 60er Jahren zunehmende sozioökonomische Differenzierung des Südens spaltete die Dritte Welt in den 80er Jahren in Wachstums- und Krisenregionen und löste die Aktionseinheit der Entwicklungsländer gegenüber den Industrieländern auf. Während die große Mehrheit der Entwicklungsländer, insbesondere in Afrika und Lateinamerika, eine schwere Rezession erlebte, konnten vor allem die südostasiatischen Länder, die bereits seit den 60er Jahren eine Strategie aktiver Weltmarktintegration durch Steigerung der Industriegüterexporte verfolgt hatten, weitere Wachstumserfolge verbuchen. Die Verschärfung der Entwicklungsprobleme in der übrigen Dritten Welt setzte anstelle des Mythos einer durchsetzungsstarken Solidargemeinschaft der Entwicklungsländer die nationale, allenfalls subregionale Interessenwahrnehmung. Der dramatische Verfall der Rohstoffpreise und die Verschuldungskrise führten einerseits zu einer unfreiwilligen Abkopplung zahlreicher Entwicklungsländer vom Weltmarkt und andererseits dazu, daß die individuelle Anpassung an die Bedingungen des Weltmarkts als einzige entwicklungsstrategische Option übrig blieb. Die Verschuldungskrise nahm den Entwicklungsländern nicht nur den machtpolitischen Hebel aus der Hand, die internationalen Wirtschaftsorganisationen im Sinne ihrer politischen und ökonomischen Interessen zu reformieren, sondern steigerte umgekehrt den Einfluß dieser Organisationen auf die Wirtschaftspolitik der Drittweltländer. Konträr zur Grundidee des NWWO-Konzepts mußten die einzelnen Schuldnerländer sich darauf verpflichten, ihre Volkswirtschaften entsprechend der von Weltbank und IWF vorgegebenen Richtlinien an die Bedingungen des Weltmarktes anzupassen (*Tetzlaff* in: *Nohlen/Nuscheler* 1992). Die markante Schwächung der Konfliktfähigkeit des Südens zeigte sich auch auf der Ebene der ↗ Vereinten Nationen, wo Nord-Süd-Verhandlungsforen wie die UNCTAD oder die UNESCO an Bedeutung verloren oder von wichtigen Industrieländern gar boykottiert wurden. Die Strategie des Südens, durch eine Veränderung der in den internationalen Regimen etablierten Verteilungsmechanismen (von eher marktmäßigen hin zu eher regulativen Prinzipien) die Ressourcenströme zu stabilisieren, scheiterte mithin auch einfach daran, daß jene institutionellen Arenen im Rahmen des UN-Systems, in denen das Prinzip der Gleichheit souveräner Staaten die Verhandlungsposition der Dritten Welt begünstigte, für den Norden mehr oder weniger verzichtbar wurden, wahrend jene Institutionen, die nicht auf der Basis des Gleichheitsprinzips aufgebaut sind (Weltbank und IWF), enorm an Einfluß gewannen.

III. Als Strukturmerkmal der internationalen Beziehungen hat der Nord-Süd-Konflikt in den vergangenen Jahren eher an Bedeutung gewonnen als verloren. Die Verschärfung der Entwicklungsprobleme in weiten Teilen der Dritten Welt und das Ende des Ost-West-Konflikts haben den Themenkatalog der Nord-Süd-Beziehungen erweitert.
Die mit der Auflösung des ehemaligen Ostblocks verbundenen Veränderungen im internationalen System drücken sich für die Dritte Welt insbesondere darin aus, daß sie ihre Bedeutung als Austragungsort des Systemwettkampfes verloren hat. Damit entfallen auf politisch-militärischer Ebene sowohl konfliktschürende Potentiale als auch konfliktverdeckende Zwangsordnungen in und zwischen zahlreichen Ent-

wicklungsländern. Die wichtigste ökonomische Konsequenz dieses Wandels besteht darin, daß viele Drittweltländer auf ihre wirtschaftliche Funktion innerhalb des von den westlichen Industrienationen dominierten Weltmarktes zurückgeworfen werden und keine Möglichkeit mehr haben, ihre geostrategische Lage in wirtschaftliche Vorteile (Wirtschaftshilfe, Handelsvergünstigungen) umzumünzen. Zudem haben die Länder des Südens erhebliche Konkurrenz im Verteilungskampf um internationales Kapital zur Bewältigung der Entwicklungskrise erhalten.
Neue Themen im Nord-Süd-Verhältnis ergeben sich nun einerseits daraus, daß die immer krassere Asymmetrie der Lebensverhältnisse in Industrie- und Entwicklungsländern zunehmend globale Folgen zeitigt, denen sich der Norden auf die Dauer kaum entziehen kann. Auf der anderen Seite sehen sich nach dem Ende des Ost-West-Systemkonflikts die Regierungen der Länder des Südens im Hinblick auf die Einhaltung der Menschenrechte und die Anerkennung demokratischer Verfassungsprinzipien einem zunehmenden politischen Druck seitens der westlichen Industrieländer ausgesetzt.

Migrations- und Flüchtlingsbewegungen haben in den 80er Jahren vor allem in Regionen der Dritten Welt enorm zugenommen. 1990 umfaßten die weltweiten Wanderungsbewegungen nach Schätzungen der Weltbank insgesamt ca. 100 Mio. Menschen. Unter den zahlreichen Ursachen dieser Migration verweisen koloniale Hinterlassenschaften wie willkürlich gezogene Staatsgrenzen und die daraus resultierenden inner- und zwischenstaatlichen Konflikte sowie Bevölkerungswachstum und Massenarmut auf historisch-politische und ökonomische Probleme im Nord-Süd-Verhältnis zurück (*Opitz* in: *Nohlen/Nuscheler* 1992). Die Flüchtlingsströme bewegen sich bislang zu über 90% innerhalb des Südens, die damit verbundenen gesellschaftlichen und ökonomischen Belastungen werden also vor allem von Entwicklungsländern getragen. Gleichwohl wird der Migrationsdruck auf die Industrieländer mittelfristig deutlich zunehmen. In den USA wuchs der Anteil der Menschen aus Entwicklungsländern an den Einwanderern zwischen 1960–69 und 1980–89 um ca. 50% auf über 80%; in der BRD von ca. 25% auf ca. 50%, in Kanada von unter 25% auf ca. 70%. In den 80er Jahren wanderten ca. jeweils 10 Mio. Menschen aus Entwicklungsländern in die USA und nach Europa ein. Die Bekämpfung der Migrationsursachen in den Ursprungsländern und -regionen avanciert vor diesem Hintergrund im Prinzip zum genuinen Eigeninteresse der Industrieländer (*Bade* u.a. 1993: 60). Bislang besteht die vorherrschende Reaktion des Nordens auf die demographische »Bedrohung« aus dem Süden allerdings darin, die Zuwanderungsmöglichkeiten zu beschränken. Eine Revision der eigenen, privilegierten Lebensweise und ihres Verhältnisses zu den Wanderungsbewegungen findet kaum statt.

Daß aus dem Zusammenspiel und Wechselverhältnis von Wohlstand und Massenkonsum im Norden und Armut und Massenelend im Süden globale Gefährdungen erwachsen, ist in den letzten Jahren insbesondere auf der Ebene ökologischer Problemlagen deutlich geworden. Eine Verallgemeinerung der heutigen industriegesellschaftlichen Lebensweise im Sinne einer nachholenden Entwicklung in der Dritten Welt würde die ökologische Belastungsfähigkeit der Erde schlicht überfordern. Die Möglichkeiten, ökologische Folgekosten des Entwicklungsprozesses zu externalisieren, das heißt, anderen Ländern bzw. Regionen aufzubürden, verknappen zusehends. Die aus dieser Erkenntnis resultierenden Versuche der Industrieländer, internationale Umweltstandards durchzusetzen, werden von den Ländern der Dritten Welt als Einschränkung ihrer eigenen Entwicklungsoptionen begriffen (z.B. FCKW-Produktion). Dementsprechend weisen Vertreter der Dritten Welt den Industrieländern die Hauptverantwortung für den globalen Umweltschutz zu und fordern eine umfassende finanzielle und technologische

Unterstützung entsprechender Maßnahmen in den Entwicklungsländern ein. Auch die regional begrenzten Umweltzerstörungen in der Dritten Welt sind in mancher Hinsicht strukturell mit dem Nord-Süd-Verhältnis verknüpft. Oftmals handelt es sich um armutsbedingte Umweltzerstörungen (z. B. Erosionsschäden infolge des Holzeinschlags zur Brennstoffgewinnung) oder um Schäden, an deren Entstehung die Industrieländer (als Kapitalgeber, als Konsumenten im Raubbau gewonnener Produkte, als Lieferanten von Giftmüll usw.) direkt beteiligt sind. Der Raubbau natürlicher Ressourcen wird in einigen Entwicklungsländern auch durch die Art der Weltmarkteinbindung und den verschuldungsbedingten Zwang zur Steigerung der Exporterlöse verstärkt. Wenngleich die jeweils nationalen Verantwortlichkeiten für Umweltzerstörungen in der internationalen Debatte allzu häufig unterschlagen werden (*Wöhlcke* 1992: 11), läßt sich also die enge Verbindung globaler wie regionaler ökologischer Probleme mit den wirtschaftlichen Ungleichgewichten im Nord-Süd-Verhältnis nicht leugnen. Daß diese Probleme die Abkehr von den bislang maßgeblichen Entwicklungskonzepten und -leitbildern sowohl im Norden als auch im Süden erzwingen, wird grundsätzlich kaum noch bestritten. Doch konnte die UN-Konferenz über Umwelt und Entwicklung (UNCED) im Frühjahr 1992 in Rio de Janeiro den neuen Verteilungskonflikt im Nord-Süd-Verhältnis um die Kontrolle, den Verbrauch und die Belastung von Natur kaum verdecken. Die von den Entwicklungsländern angestrebte Verknüpfung von Umweltproblematik und Weltwirtschaftsbeziehungen kam nicht zustande (*Stahl* 1992).

Auf sicherheitspolitischer Ebene wird das Nord-Süd-Verhältnis in den letzten Jahren vor allem von Befürchtungen der Industrieländer bezüglich der (weiteren) Verbreitung von Massenvernichtungswaffen und modernen Trägersystemen in der Dritten Welt bestimmt. Teilweise im Schatten des Ost-West-Konflikts sind eine ganze Reihe von Entwicklungsländern zu gewichtigen Militärmächten herangewachsen (*Brosza* in: *Matthies* 1992). Dem nicht zuletzt auf ökonomisch-strategischen Interessen (z. B. im Nahen Osten) beruhenden Verlangen der westlichen Industrienationen nach einer strikten Kontrolle der Rüstungsprozesse stehen die Souveränitäts- und Machtansprüche dieser Entwicklungsländer entgegen. Gleichzeitig sind die Industrieländer an den auch unter entwicklungspolitischen Gesichtspunkten beklagten Hochrüstungen in der Dritten Welt als Waffenexporteure in erheblichem Umfang selbst beteiligt. Mit der Auflösung der Sowjetunion hat sich die Problematik der Kontrolle von Exporten und des Technologietransfers vor allem in bezug auf Nuklearwaffen erheblich verschärft. Aber es sind nicht nur Fragen der Rüstungskontrolle, die auf militärisch-sicherheitspolitischer Ebene die Nord-Süd-Beziehungen prägen. Die Militärdoktrin mancher westlicher Staaten wurde in den vergangenen Jahren in gewisser Weise nach Süden hin umgeschrieben. Beispielsweise wurde in den USA der »Faktor Umwelt« in das Konzept der Nationalen Sicherheit aufgenommen, und in der Bundesrepublik bestimmen die verteidigungspolitischen Richtlinien vom November 1992 den Auftrag der Bundeswehr unter anderem mit der Zielbestimmung einer »Aufrechterhaltung des freien Welthandels und des ungehinderten Zugangs zu Märkten und Rohstoffen in aller Welt im Rahmen einer gerechten Weltwirtschaftsordnung«. Auch das Thema Migration droht mittelfristig eine »sicherheitspolitische« Komponente zu erhalten, wie Debatten über eine stärkere militärische Sicherung der Ostgrenzen der Bundesrepublik zeigen.

Seit dem Ende des Ost-West-Konflikts hat die Frage der Menschenrechte in der Agenda der Nord-Süd-Beziehungen stark an Bedeutung gewonnen. Der konfliktive Charakter dieses Themas offenbarte sich inbesondere bei der UN-Menschenrechtskonferenz im Juni 1993 in Wien. In der Perspektive des Nord-Süd-Verhältnisses stand auf der Wien-Konferenz der individualistischen, stark auf demokratische Normen abhebenden Konzeption der westlichen Länder vor allem die Forderung der Dritten Welt nach einem »Recht auf Entwicklung« gegenüber. Regierungsvertreter der westlichen Länder betonten – in einem kaum übersehbaren Kontrast zur eigenen Praxis politischer und wirtschaftlicher Beziehungen mit Dritte-Welt-Staaten –, daß die Gewährleistung individueller Freiheitsrechte im Rahmen demokratischer Institutionen eine notwendige Voraussetzung und Bedingung von Entwicklung sei. Dieser Position stellten Regierungsvertreter von Dritte-Welt-Staaten die Auffassung entgegen, daß Armut und Unterentwicklung eine inhärente Verletzung der Menschenrechte der Völker des Südens bedeuteten, ihre Überwindung also vordringlichste Aufgabe einer an den Menschrechten orientierten Politik sei. Insbesondere südost- und ostasiatische Staaten (VR China, Singapur) – bemüht, Menschenrechtsverletzungen im eigenen Land zu kaschieren oder zu legitimieren – beharrten auch darauf, daß individuelle Freiheitsrechte den Imperativen des Fortschritts und der jeweiligen kulturellen Ordnung untergeordnet werden müßten.

Die Interessenkonflikte zwischen Dritter Welt und westlichen Industrieländern, die bei den neuen Themen der Nord-Süd-Beziehungen zum Ausdruck kommen, stellen sich in erster Linie als Konflikte zwischen Regierungen dar. Ein charakteristisches Merkmal der internationalen Beziehungen im Bereich dieser Themen besteht jedoch in der zunehmenden Präsenz von Nichtregierungsorganisationen (NRO), insbesondere aus den Ländern des Südens. Die Weltumweltkonferenz in Rio 1992 und die UN-Menschenrechtskonferenz in Wien 1993 wurden von Parallelkonferenzen der Nichtregierungsorganisationen begleitet, die darauf abzielten, die Interessen gesellschaftlicher Gruppen gegenüber den Regierungen der Industrie- und der Dritte-Welt-Staaten zu vertreten. Auch bei der Weltbevölkerungskonferenz in Kairo 1994 traten zahlreiche NRO. auf. Sowohl in umwelt- als auch in menschenrechts- und bevölkerungspolitischen Fragen gibt es in mancher Hinsicht Übereinstimmungen zwischen NRO aus den Entwicklungsländern und den offiziellen Positionen westlicher Regierungen – andererseits gibt es Allianzen zwischen NRO des Südens und des Nordens mit den Regierungen und Organisationen der Entwicklungsländer, und schließlich Gegensätze zwischen offizieller Politik und gesellschaftlichen Forderungen. Die Struktur der Nord-Süd-Beziehungen ist in diesem Sinn also deutlich komplexer geworden.

IV. Die Behandlung der neuen Themenfelder im Nord-Süd-Verhältnis hat bislang kaum die Form manifester Konflikte angenommen, und es ist unwahrscheinlich, daß dies in absehbarer Zeit geschieht. Dafür lassen sich mehrere Gründe ausmachen. Die aus den neuen Globalproblemen resultierende »Chaos-Macht« des Südens gegenüber dem Norden (*Senghaas* 1988: 170) bedeutet kaum eine Steigerung der Konfliktfähigkeit der Dritten Welt. Weder Bevölkerungswachstum und Migration noch ökologische Gefahren sind gezielt einsetzbare Druckmittel, zumal die direkten Folgen von Problemverschärfungen in beiden Bereichen international ungleich, und zwar zu Lasten der Entwicklungsländer verteilt sind. Die Rüstungstendenzen laufen eher auf verstärkte Regionalkonflikte innerhalb des Südens hinaus als auf eine militärische Machtverschiebung im Nord-Süd-Verhältnis. Hinzu kommt zum einen die anhaltende organisatorische und programmatische Schwäche der Aktionseinheit der Entwicklungsländer und zum andern die relative Verhandlungsstärke, die den Industrieländern aus den weltwirtschaftlichen und weltpolitischen Veränderungen der vergangenen Jahre erwachsen ist.

Die neue Machtposition des Nordens äußert sich auf entwicklungspolitischer Ebene im Begriff der »politischen Konditionalität«. Die Verschuldungs- und Entwicklungskrise hat in den 80er Jahren den westlichen Industrieländern bzw. den von ihnen dominierten ↗ Internationalen Organisationen die Möglichkeit verschafft, in verstärktem Maße auf wirtschaftspolitische Entscheidungen der Entwicklungsländer Einfluß zu nehmen. So wurde im Rahmen der Weltbank *good governance* zu einem

Kriterium der Beurteilung von Entwicklungsprozessen in Ländern der Dritten Welt und zu einem Maßstab für die Vergabe von Krediten. Seit Beginn der 90er Jahre wurde diese Art Konditionierung von Entwicklungszusammenarbeit von der Mehrzahl der westlichen Industrieländer im Sinne von Menschenrechts- und Demokratiesierungsfragen weiter ausgedehnt. Ungeachtet der Tatsache, daß die entsprechenden Kriterien im Zweifelsfall »übergeordneten« wirtschaftlichen oder politischen Interessen geopfert werden und nicht selten auch in offenem Widerspruch zur Waffenexportpraxis der Industrieländer stehen, offenbart das Konzept der politischen Konditionalität die Absicht – und zum Teil das Vermögen – der westlichen Industrieländer, in verstärktem Maße die politischen Entscheidungsprozesse in den Entwicklungsländern mitzusteuern – nicht zuletzt im Sinne eigener Interessen bezüglich der globalen Probleme. Man darf die Steuerungsmöglichkeiten der Industrieländer freilich nicht überschätzen. Trotz der Dominanz der Industrieländer im Nord-Süd-Verhältnis, die heute wahrscheinlich größer ist als jemals zuvor seit der Entkolonialisierung (*Buzan* 1991), wird sich der Norden den »neuen Risiken aus dem Süden« durch Einsatz wirtschaftlicher oder gar militärischer Machtmittel auf die Dauer nicht entziehen können. Um so mehr drängen auch die ›alten‹ Themen des Nord-Süd-Konflikts wieder an die Oberfläche. Eine am Prinzip der fairen Kooperation und des Interessenausgleichs orientierte Neuordnung der wirtschaftlichen und politischen Beziehungen zwischen Industrie- und Entwicklungsländern erscheint zur Bewältigung der globalen Probleme ebenso dringend wie eine entwicklungspolitische Neuorientierung in Nord und Süd.

Dieter Nohlen / Bernhard Thibaut

Lit.: *Bade, K. J.* (Hrsg.) 1993: Das Manifest der 60. Deutschland und die Einwanderung, München. *Betz, J.* 1987: Nord-Süd-Beziehungen, in: *Nohlen, D./Waldmann, P.*(Hrsg.): Dritte Welt, München/Zürich, 390–398. *Braun, G.* 1985: Nord-Süd-Konflikt und Entwicklungspolitik, Opladen. *Brock, L.* 1990: Der Nord-Süd-Konflikt, in: *Knapp, M./Krell, G.* (Hrsg.): Einführung in die Internationale Politik, München/Wien, 203–228. *Brock, L.* 1992: Die Dritte Welt im internationalen System. Bedrohungsvorstellungen und Konfliktpotentiale im Nord-Süd-Verhältnis, in: *Nohlen/Nuscheler*, 446–466. *Buzan, B.* 1991: New Patterns of Global Security in the Twenty-first Century, in: International Affairs 67 (3), 431–451. *Elsenhans, H.* [2]1987: Nord-Süd-Beziehungen, Geschichte – Politik – Wirtschaft, Stuttgart. *Elsenhans, H.* 1990: Nord-Süd-Beziehungen: Theorien über die Nord-Süd-Konfliktformation und ihre Bearbeitung, in: *Rittberger, V.* (Hrsg.): Theorien der internationalen Beziehungen (= PVS-Sonderheft 21), Opladen, 330–352. *Matthies, V.* (Hrsg.) 1992: Kreuzzug oder Dialog. Die Zukunft der Nord-Süd-Beziehungen, Bonn. *Menzel, U.* 1992: Das Ende der Dritten Welt und das Scheitern der großen Theorie, Frankfurt/M. *Nohlen, D./Nuscheler, F.* (Hrsg.) [3]1991–94: Handbuch der Dritten Welt, 8 Bde., Bonn. *Nohlen, D./Nuscheler, F.* (Hrsg.) [3]1992: Handbuch der Dritten Welt, Bd. 1 (Grundprobleme, Strategien, Theorien), Bonn. *Nohlen, D./Wagner, R.* 1989: Nord-Süd-Konflikt in: *Woyke, W.* (Hrsg.): Netzwerk Weltpolitik, Opladen. *Nuscheler, F.* [3]1991: Lern- und Arbeitsbuch Entwicklungspolitik, Bonn. *Senghaas, D.* 1988: Konfliktformationen im internationalen System, Frankfurt/M. *Stahl, K.* 1992: Die UN-Konferenz über »Umwelt und Entwicklung«: Neue und alte Verteilungskonflikte zwischen Erster und Dritter Welt, in. Jahrbuch Dritte Welt 1993, München, 48–60. *Wöhlcke, M.* 1991: Risiken aus dem »Süden«, Ebenhausen. *Wöhlcke, M.* 1992: Der ökologische Nord-Süd-Konflikt, Ebenhausen.

Öffentliche Meinung

I. Der Begriff der öffentlichen Meinung (ö. M.) schließt den der Öffentlichkeit ein, der einen allen Bürgern zugänglichen Raum meint, der also weder privat noch geheim ist. Er verbindet sich mit dem der Meinung, einer (nach *Kant*) objektiven bzw. subjektiven (richtigen oder falschen) Fürwahrhaltung, der die Sicherheit des Wissens fehlt.

II. Öffentliche Meinung stellt einen Schlüsselbegriff sowohl der ↗ Politischen Ideengeschichte wie auch der Kommunikationswiss. dar. Ein geschlossenes Konzept der ö. M. gibt es nach einhelliger Auffassung nicht, vielmehr ein breites Panorama von Deutungen, bei denen in je unterschiedlicher Dichte sich ideengeschichtliche, theoretische, empirische und normative Elemente verweben.

Der Begriff *l'opinion publique* wurde zuerst bei *Montaigne* (1588) nachgewiesen, doch könnte man auf noch frühere Wurzeln verweisen, etwa auf das *vox populi vox dei* des Altertums. *Locke* entwarf ein *law of opinion*, das eine Macht darstellte, vor der sich Herrscher und Beherrscher gleichermaßen fürchten mußten. Bei *Rousseau* wird die ö. M. zur Sittenwächterin für das Gemeinwesen; sie wendet sich gegen das Individuum, mündet zum anderen im politischen Bereich in die *volonté générale*, den die Gesetzgebung inspirierenden allgemeinen Willen.
In unserem Jahrhundert sieht die pluralistische Schule (*Fraenkel* [7]1979) in der ö. M. vor allem den Schiedsrichter im Interessenkonflikt (↗ Pluralismus). Ihr sei die Kardinalfrage einer jeden Politik überantwortet, zu bestimmen, wer regieren soll. In diesem Konzept wird ö. M. von Parteiführern, Politikern und Bürgern geprägt, Massenmedien als Machtzentren kommen nicht vor. In einem elitär angelegten Ansatz (*Hennis* 1957) gilt die Meinung als öffentliche, die eine besonders verantwortliche Gruppe politisch informierter, rational eine Meinung bildender und dem ↗ Gemeinwohl verbundener Bürger vertritt. Ihr steht die »gemeine Meinung« der Massen gegenüber, die allein sich als Ergebnis von Umfragen feststellen läßt (↗ Demoskopie). Wiederum anders sich nähernd, kann man ö. M. auch als die von den Medien hergestellte Realität sehen, die von medienspezifischen (z. B. Stereotype) oder medienfremden (z. B. Interessen) Einflüssen getragen wird (*Lippmann* 1922). Im Rahmen eines systemtheoretischen Verständnisses kann ihr die Aufgabe zugewiesen werden, der öffentlichen (↗ Massen-) Kommunikation in einer hochkomplexen Gesellschaft eine thematische Struktur zu geben. Sie soll helfen, Themen zu erzeugen, sinnvolle Erwartungen zu artikulieren und die Bedürfnisse der Gesellschaft in politisch zu entscheidende Probleme zu übersetzen (*Luhmann* 1971). Vorstellungen von Themenvorgabe und einer daran orientierten, abhängigen Meinungsbildung fließen hier in ein Schema von ö. M. ein. In einer sozialpsychologischen Theorie der Schweigespirale wird besonders der Konformitätsdruck betont, den die von Isolationsfurcht geprägten Menschen verspüren, die sich der ö. M. aussetzen. Ihre Existenz ist gegründet auf das unbewußte Streben von Menschen, zu einem gemeinsamen Urteil zu gelangen; belohnt wird die Konformität, bestraft der Verstoß (*Noelle-Neumann* 1982).

II. In der wiss. Auseinandersetzung wird durchgängig betont, daß die ö. M. nicht mit einer Addition von Einzelmeinungen gleichzusetzen ist. Sie ist also auf keinen Fall mit den demoskopisch gewonnenen Aussagen über die Einstellung identisch, auch wenn bestimmte Anwendungen des Begriffs dies nahelegen (*public opinion research*, Handbuch der öffentlichen Meinung). Eher steht der Begriff mitunter in der Nähe der »veröffentlichten« Meinung, die Einschätzungen derer wiedergibt, die Zugang zu und Einfluß in den Medien haben.

Die mögliche Manipulierbarkeit der Meinungsbildung wird so nicht thematisiert, sie verbirgt sich hinter einem Bild von urwüchsig und autonom operierender Öffentlichkeit. Andere Definitionen rücken den Begriff näher an die »herrschende« Meinung, was wiederum die Doppelbödigkeit einer überwiegend geteilten bzw. einer sich durchsetzenden Meinung (was nicht identisch sein muß) verschleiert. Hier kommt ein repressiv-intolerantes Element in die ö. M., wobei Repression nicht gesellschaftlich bedingt gesehen, sondern quasi zu einem menschlichen Grundbedürfnis wird.

Dem schillernden Begriff der ö. M. stellte eine kritische Sozialwiss. den einer je spezifizierten Öffentlichkeit gegenüber, die die Sphäre bezeichnet, in der ö. M. als eine »empörte oder unterrichtete Öffentlichkeit« (*Habermas* 1962: 12) entsteht. *Habermas* erarbeitete das Konzept einer bürgerlichen Öffentlichkeit, die eine Organisation politisch-literarischer Kommunikation der klassisch-bürgerlichen Gesellschaft bezeichnet; eine Öffentlichkeit, die in Klubs und Salons, aber auch in der Presse hergestellt wird und den politischen Willen eines gebildeten, räsonierenden Publikums gegen die Herrschaft des Monarchen ausdrückt (↗ Bürgertum, ↗ Liberalismus).

Da heute die bürgerliche Öffentlichkeit zur herrschenden geworden ist, zur Waffe der herrschenden Klasse wurde, gelte es nun (*Negt/Kluge* 1972), eine Gegenöffentlichkeit, eine massenhafte und proletarische Öffentlichkeit aufzubauen. Hier wird die quasi harmonistische Unterströmung der ö. M. zugunsten mehrerer und antagonistischer Öffentlichkeiten aufgegeben.

III. Der Begriff der ö. M. steht in seiner ganzen Interpretationsbreite zwischen Zeitgeist und Volkswillen, zwischen Gemeinschaftszwang und Elitenwillen. In der gesamten Sozialwiss. gibt es kaum einen Begriff, der in verschiedenen Epochen, Kulturkreisen und Disziplinen so unterschiedliche Verwendung fand. Da er heute große Verschleißerscheinungen zeigt, sei anempfohlen, ihn aus der vorderen Schußlinie der wiss. Diskussion zu ziehen. Die Gefahr verstärkt sich sonst, daß die wiss. Öffentlichkeit in ihrer Meinungsbildung über immer neue Interpretationen nicht hinauskommt.

Hans J. Kleinsteuber

↗ Demoskopie; Legitimität; Massenkommunikation; Medienpolitik.

Lit.: *Fraenkel, E.* ^{7}1979: Demokratie und öffentliche Meinung, in: *ders*: Deutschland und die westlichen Demokratien, Stuttgart, 131–154. *Habermas, J.* 1962: Strukturwandel der Öffentlichkeit, Neuwied (^{14}1983). *Hennis, W.* 1957: Meinungsforschung und repräsentative Demokratie, Tübingen. *Hunziker, P.* 1981: Gesellschaftliche Strukturbedingungen der »öffentlichen Meinung«, in: Media Perspektiven 7, 515–520. *Lippmann, W.* 1922: Public Opinion, New York. *Luhmann, N.* 1971: Öffentliche Meinung, in: *ders.*: Politische Planung, Opladen, 9–34. *Negt, O./Kluge, A.* 1972: Öffentlichkeit und Erfahrung, Frankfurt/M. *Noelle-Neumann, E.* 1982: Die Schweigespirale. Öffentliche Meinung – unsere soziale Haut, Frankfurt/M. (zuerst 1980). *Renckstorf, K.* 1977: Neue Perspektiven in der Massenkommunikationsforschung, Berlin. *Rust, F.H.* 1977: Massenmedien und Öffentlichkeit, Berlin. *Zoll, R.* (Hrsg.) 1971: Manipulation der Meinungsbildung, Opladen.

Öffentliche Verwaltung

I. Aufgrund ihrer völlig unterschiedlichen Aufgabenbereiche läßt sich öffentliche Verwaltung (ö. V.) »zwar beschreiben, aber nicht definieren« (*Forsthoff* 1973: 1). Der Vielschichtigkeit der ö. V. wird deshalb eine analytisch-deskriptive Unterteilung des Gegenstandes nach der jeweils dominierenden Funktion, wie sie von *Hesse* und *Ellwein* (^{7}1992: 308 f.) vorgenommen wird, am besten gerecht. Freilich kann ein Verwaltungstyp mehrere Funktionen gleichzeitig wahrnehmen und so die eindeutige Zuordnung erschweren.

Im einzelnen wird differenziert in:

a) Ordnungsverwaltung: Diese vollzieht Gesetze und untergesetzliche Vorschriften und kontrolliert deren Einhaltung durch die Betroffenen.

b) Dienstleistungsverwaltung: Diese erbringt technische oder personale Dienstleistungen auf der Grundlage von gesetzlichen und untergesetzlichen Vorschriften und politischen Weisungen. Im Gegensatz zum klassischen Typus der Ordnungsverwaltung, bei der ein vergleichsweise geringer Ermessensspielraum besteht, ist die Dienstleistungsverwaltung durch einen Dualismus von rechtlichen und fachlichen Bezugssystemen gekennzeichnet, was einen gewissen Entscheidungs- und Handlungsspielraum bei der Aufgabenerledigung impliziert.

c) Wirtschaftsverwaltung: Sie umfaßt die Bereiche der Einnahmen der öffentlichen Hand, der Verteilung von Ausgaben zwischen deren einzelnen Sektoren sowie der Verwaltung des bestehenden Vermögens. Grundlage ihrer Tätigkeit ist dabei einerseits eine strenge Bindung an geltende Rechtsvorschriften; andererseits spielen auch ökonomische Kriterien wie Zweckmäßigkeit, Wirtschaftlichkeit, Effektivität und Ertrag eine bestimmende Rolle.

d) Organisationsverwaltung: Ihr Tätigkeitsschwerpunkt bildet die Verwaltung der Verwaltung, d.h. jene Querschnittsaufgaben wie z.B. Personaleinstellung und Fortbildung, Besoldung und Organisationsentwicklung, welche für die Funktionsfähigkeit der Verwaltung grundlegend sind.

e) Politische Verwaltung: Sie umfaßt jene Bereiche, in denen programmorientierte Entscheidungsvorbereitung und Planung sowie die inhaltliche Zuarbeit für die jeweilige politische Führung von Verwaltungseinheiten (z.B. Ministerien) erfolgt. Politische Verwaltung ist damit gekennzeichnet durch Nähe zur Politik. Während die klassische Ordnungsverwaltung in ihrem Arbeitsstil einer eher konditionalen Programmierung unterliegt (Wenn-Dann-Beziehungen unter Anwendung von abstrakt-generellen Rechtsnormen), ist die politische Verwaltung eher durch eine Zweckprogrammierung (beschränkte Freiheit bei der Wahl geeigneter Mittel zur Erreichung eines Ziels) gekennzeichnet, welche im Gegensatz zur Konditionalprogrammierung dem jeweiligen Entscheider wesentlich größere Freiräume ermöglicht.

II. Die Anfänge der ö. V. reichen ins Zeitalter des Absolutismus zurück; hier entwickelte sich eine Absonderung der öffentlichen Verwaltung als eigenständige Funktion und Organisation insbesondere in Abgrenzungen zur Justiz.

Der Aufbau eines professionalisierten Verwaltungskorps – im Gegensatz zur bis dahin vorherrschenden Wahrnehmung von hoheitlichen Aufgaben durch den adeligen Amtmann in norddeutschen Territorien und den bürgerlichen Amtmann und Schreiber in süddeutschen Landen – sowie der sich Ende des 18.Jhs. vollziehende Wandel von Zentralkollegien der fürstlichen Kammern zu dem bis heute vorherrschenden Ministerialsystem markieren den Beginn der neuzeitlichen Verwaltung. Das monokratisch geführte zentrale Ressortsystem umfaßte mit den fünf klassischen Ministerien alle wichtigen Aufgabenbereiche des absolutistischen Staates. Diese waren zuständig für Äußere Sicherheit (Außenministerium und Kriegsministerium), Innere Sicherheit (Innenministerium und Justizministerium) und Steuern und Finanzen (Finanzministerium) (*Hintze* 1962: 275).

Innerhalb der ö.V. wurde das Hierarchieprinzip als gestaffeltes System von Weisungs- und Kontrollbefugnissen bzw. Gehorsams- und Berichtspflichten zum tragenden Strukturmerkmal des vertikalen Verwaltungsaufbaus. Horizontal läßt sich eine zunehmende Ausdifferenzierung der Staatsaufgaben mit dem Ergebnis einer wachsenden Spezialisierung der ö. V. feststellen. Mit der zunehmenden Professionalisierung, Hierarchisierung und Ausdifferenzierung der modernen Verwaltung erfolgte auch eine moderne Kodifikation, mit der allmählich das auf örtlichen und regionalen Besonderheiten beruhende und folglich auch zersplitterte Recht ersetzt wurde. Gleichfalls erfolgte eine nach verhältnismäßig rationalen Kriterien (Fläche, Einwohnerzahl, Erreichbarkeit des Behördensitzes) vorgenommene territoriale Neuorganisation der Verwaltung (*Ellwein* 1986: 4ff.). In allen europäischen Ländern ergibt sich seit dem Übergang zum konstitutionellen liberalen Rechtsstaat eine zusätzliche Übernahme von Aufgaben im Bereich der Versorgungs- und Dienstleistungen sowie der Planung und Steuerung.

Organisatorisch vollzieht sich der Prozeß der zunehmenden Aufgabenerweiterung des Staates durch Ausdifferenzierung und Absonderung immer neuer Aufgabenbereiche vor allem aus dem Innenressort (etwa Wirtschafts- und Agrarpolitik, öffentliches Bildungs-

und Sozialwesen), um damit die Folgeprobleme der beginnenden Industrialisierung und der mit ihr einhergehenden Urbanisierung abzufangen. Kennzeichnend für die gesamte Entwicklung ist die Schwerpunktverlagerung weg von der klassischen Hoheits- und Ordnungsverwaltung hin zur modernen Dienstleistungsverwaltung, die in immer weitere gesellschaftliche Bereiche steuernd eingreift (*Ellwein* 1993: 263 ff.).

Durch das Anwachsen von Verwaltungsaufgaben und einer damit einhergehenden Anforderung an die Verwaltung, der bestehenden Komplexität und Interdependenz von Problemen immer stärker mit politikfeldübergreifenden, d.h. nicht mehr isoliert ansetzenden Lösungsstrategien, gerecht zu werden, gewann die längerfristige ↗ Planung von Verwaltungsaufgaben eine zunehmende Bedeutung. Der ab Mitte der 60er Jahre zunehmende Aufbau von regierungsweiten Aufgaben- und Finanzplanungssystemen in zahlreichen europäischen Ländern stellt in diesem Zusammenhang den Versuch dar, nicht mehr nur auf vorgegebene Probleme im Nachhinein reagieren zu wollen (reaktive Politik), sondern mittels einer aktiven, längerfristig orientierten Politik die gesellschaftlichen und ökonomischen Ursachen dieser Probleme steuernd und regulierend zu beeinflussen. Der Typus der Dienstleistungsverwaltung wurde hierdurch stärker auch zur planenden Verwaltung. Auf den zentralstaatlichen Ebenen wuchs der planenden Verwaltung in Gestalt der Ministerialorganisation eine wichtigere Rolle im politischen Gesamtprozeß zu: Aufgrund ihres angesammelten Fachwissens und ihrer Kontinuität (im Gegensatz zum politischen Bereich) ist die planende Ministerialverwaltung ein wichtiger Aktionspartner bei der Planung und Entscheidung von staatlichen Programmen und Maßnahmen. Dies führt – gerade bei politisch vergleichsweise instabilen parlamentarischen Strukturen (z.B. Italien) – zu einer wachsenden Dominanz des bürokratischen Sektors. Die zunehmende Komplexität staatlicher Regelungsmaterien bewirkt, daß Programme und Gesetze immer mehr innerhalb der planenden Ministerialorganisation entwickelt werden und das Parlament die überwiegende Zahl dieser Maßnahmen wegen eigener Kapazitätsmängel nur noch ratifizieren kann. Ergebnis dieses Prozesses ist die zunehmende Politisierung der planenden Verwaltung und die zumindest partielle Entpolitisierung des Parlaments. Damit verliert die dem Parlament obliegende Kontrolle der Verwaltung zunehmend an Wirksamkeit. Sie wird darüber hinaus durch die Umsetzung von Richtlinien der ↗ Europäischen Union in nationales Recht geschwächt. Denn an der Formulierung der ursprünglichen Richtlinien und an deren Umsetzung sind wiederum die jeweils zuständigen Verwaltungen maßgeblich beteiligt, ohne daß die Parlamente nennenswerte faktische Mitwirkungsmöglichkeiten haben (*Siedentopf/Hauschild* 1990: 449).

III. Verwaltungsorganisationen einschließlich ihres Zentralisierungsgrades sind sowohl durch die Verfassung vorgezeichnet als auch nach Zweckmäßigkeitsgesichtspunkten durch Rechtsvorschriften geregelt. Bedingt durch die unterschiedlichen historischen Entwicklungsprozesse läßt sich in den europäischen Ländern ein unterschiedlicher Grad an Zentralisierung/Dezentralisierung bei der Wahrnehmung öffentlicher Aufgaben feststellen.

Zentralistisch ist ein Verwaltungssystem, in dem alle oder die überwiegende Mehrzahl von Verwaltungsaufgaben von staatlichen

Behörden wahrgenommen werden. Dezentralisiert ist jenes, in dem Verwaltungsfunktionen in größerem Umfang von selbständigen, rechtsfähigen Verwaltungsträgern (z. B. Gemeinden, Sozialversicherungsträgern, Hochschulen) in eigener Verantwortung unter Staatsaufsicht wahrgenommen werden. Je nach Verfassungsstruktur finden wir in westeuropäischen Ländern unterschiedliche Funktionsmodelle der öffentlichen Verwaltung. Frankreich ist durch starke Zentralisierung der Verwaltungskompetenzen gekennzeichnet; der Handlungsspielraum vor allem der 95 *Départements*, aber auch der etwa 36000 Kommunen ist vergleichsweise gering. Reformen zugunsten einer stärkeren Dezentralisierung von Verwaltungskompetenzen, wie sie seit 1981 in Schritten in Angriff genommen wurden, können nicht darüber hinwegtäuschen, daß die politische Willensbildung sowie die verwaltungsbezogene Planung und Steuerung weiterhin fast ausschließlich auf der Pariser Zentralverwaltungsebene ablaufen. Auch die Umsetzung der Pariser Politik erfolgt durch die auch zahlenmäßig bedeutenden Außenstellen der Zentralverwaltung, denen die stark zersplitterte kommunale Verwaltung wenig entgegenzusetzen hat. Allerdings besteht im Zuge der angesprochenen Dezentralisierung die Tendenz, Aufgaben auf Kommunen und *Départements* zu übertragen.

Großbritannien ist ebenfalls durch eine starke Zentralverwaltungsebene gekennzeichnet. Anders als in Frankreich findet sich in Großbritannien jedoch neben den stark fragmentierten und wenig koordinierten Außenstellen der Zentralverwaltung eine auch zahlenmäßig bedeutende Lokalverwaltung. Sie stellt die eigentliche Arbeitsebene dar. Deutschland hingegen, das aufgrund seiner Verfassung als Bundesstaat aufgebaut ist, besitzt analog zu diesem Staatsaufbau auch eine föderative Verwaltungsorganisation. Bemerkenswert ist, daß in der Bundesrepublik das Schwergewicht der öffentlichen Verwaltung bei den einzelnen ↗ Bundesländern liegt. Sie sind nicht nur in allen der Landesgesetzgebung vorbehaltenen Bereichen allein zuständig, sondern führen i.d.R. auch die Bundesgesetze als eigene Angelegenheit durch. Eine bundeseigene Verwaltung gibt es dagegen nur in einer Reihe von im Grundgesetz namentlich aufgeführten Sachgebieten, wobei auch hier die Zahl der Zentralbehörden ohne einen eigenen Verwaltungsunterbau überwiegt (*Rowat* 1988).

Prägend für das Bild von der ö. V. war trotz zahlreicher Modifizierungen bei Aufbau, Struktur und Funktionsmechanismen sehr lange Zeit das rationale Bürokratiemodell *Max Webers* (siehe ↗ Bürokratie). Daß es sich hierbei nur um ein idealtypisches Modell handelt, mit dessen Hilfe sich die Verwaltungsrealität besser herauskristallisieren läßt, verdeutlicht die inzwischen umfangreiche Literatur zum kooperativen Verwaltungshandeln (*Dose*/*Voigt* 1994): Selbst Ordnungsverwaltungen agieren nicht hoheitlich-bürokratisch, sondern setzen auf ein frühzeitiges Verhandeln, Beraten und Überzeugen. Auch im europäischen Vergleich wird dies deutlich (*Hauschild* 1991: 88). Im südlichen Teil der Europäischen Union verstärken sich vom Ausgangspunkt einer Verwaltung mit einem relativ geringen Grad an Verwaltungsrationalisierung Bestrebungen, die Rechtsförmigkeit des Verwaltungshandelns verbindlicher auszugestalten und es einer strengeren hierarchischen Kontrolle zu unterwerfen. Hingegen bilden sich in den kontinentaleuropäischen Mitgliedsstaaten mit ihren hochdifferenzierten Verwaltungsstrukturen pragmatische Handlungsformen heraus.
Unterschiedliches Verwaltungshandeln kann vom jeweils vorherrschenden Verwaltungsstil geprägt sein (legalistischer Verwaltungsstil *versus* pragmatischer Verwaltungsstil; *Siedentopf*/*Hauschild* 1990: 453). Verwaltungsstile wiederum sind einzubetten in die weiter ausgreifenden Verwaltungskulturen. Sie bestimmen unter Einfluß von politischen, ökonomischen und sozia-

Tabelle 10: Verwaltungskulturen im Vergleich

Merkmale	BRD: Regelungs-kultur	Großbritannien: Verhandlungs-kultur	Schweden: Kontakt-kultur
Organisations-aufbau und -strukturen	fragmentiert detailliert kompliziert	fragmentiert abgeschottet unübersichtlich	integriert offen übersichtlich
Programm-bearbeitung	immobil status-quo-orientiert formalisiert	inkremental ad hoc flexibel	innovativ langfristig kooperativ
Verhaltens-muster	Konflikt Mißtrauen	Konflikt Vertrauen	Konsens Vertrauen

len Rahmenbedingungen die Art und Weise der Aufgabenerledigung innerhalb und durch die Verwaltung. Bei Bemühungen, die Verwaltungskulturen unterschiedlicher Länder analytisch befriedigend zu klassifizieren, vermochte es die vergleichende Verwaltungsforschung bisher lediglich, charakteristische administrative Problemlösungsmuster sowie typische Personal-, Organisations- und Prozeßstrukturen der Verwaltungen ausgewählter Länder zu skizzieren. Ein entsprechender Vergleich der Verwaltungskulturen von Großbritannien, Schweden und der alten Bundesrepublik Deutschland ist in Tabelle 10 dargestellt (*Jann* 1983: 520).

IV. Betrachtet man die Debatte über Funktionsdefizite der ö. V., lassen sich zwei zentrale Argumentationsstränge herauskristallisieren: die Diskussion um die mangelnde ↗ Legitimität bürokratischer Herrschaft und die Problematik der Effizienz des Verwaltungshandelns.

1. Eine Destabilisierung parlamentarischer Kontroll- und Gestaltungsmöglichkeiten ergibt sich in der Bundesrepublik Deutschland – sowie auf der Ebene der Europäischen Union – durch die mit der Schaffung eines Systems von Gemeinschaftsaufgaben zwischen Bund und Ländern verstärkte Politikverflechtung. Folge der komplizierten und zeitraubenden Abstimmungsprozesse zwischen den Fachbürokratien sowohl von Bund und Ländern als auch auf der europäischen Ebene ist eine Schwächung des parlamentarischen Gesetzgebungsvorbehalts und der parlamentarischen Kontrolle der Verwaltung. Ein übriges trägt in diesem Zusammenhang auch die Komplexität der Regelungsmaterien bei (*Scharpf* 1985: 323 ff.).

2. Es wird beklagt, daß parallel mit der Ausweitung von Staatsfunktionen und dem quantitativen Anwachsen der öffentlichen Verwaltung in den meisten europäischen Ländern eine Tendenz zur zunehmenden Produktion von Gesetzen durch die Parlamente, von Verwaltungsvorschriften durch die Verwaltungen sowie von ähnliche Regulierungswirkungen entfaltenden Urteilen durch die Gerichte besteht (*Voigt* 1980: 18 ff.). Tatsächlich scheinen insbesondere die gesellschaftlichen und technischen Umwälzungsprozesse eine drastisch ansteigende Zahl insbesondere von Änderungsnormen zu bewirken. Hingegen blieb der Anteil neuer Gesetze mit 10,2 % und der neuer Verordnungen mit 28,4 % relativ gering, wie eine empirische Untersuchung rechtssetzender Aktivitäten des Bundes (BRD) in den Jahren von 1978 bis 1982 deutlich macht (*Müller* 1989: 150 f.). Aber auch eine hohe Zahl von Änderungsnormen liefert Hinweise auf den

Wildwuchs gesetzlicher Vorschriften und solcher, die unter der Ebene von Gesetzen liegen, den zu beheben sich in der Bundesrepublik Deutschland eine ganze Reihe von Kommissionen in Bund und Ländern zum Ziel gesetzt hat (*Ellwein* 1989). Hierbei gingen die Bemühungen allerdings über die reine Vorschriftenbereinigung hinaus und entwickelten sich zu einer breiteren Aufgabenkritik (*Ellwein*/*Hesse* 1985). Bundesdeutsche Beiträge hierzu (*König* 1989) finden ihre Entsprechungen in anderen westlichen Ländern. Wesentlich deutlicher noch als in der Bundesrepublik Deutschland ging es bei den Deregulierungsbemühungen in Großbritannien um eine Liberalisierung der Wirtschaft. In den USA stand gleichfalls die ökonomische Deregulierung im Vordergrund, was nicht daran hinderte, auch wichtige Schutzvorschriften außer Kraft zu setzen.

V. Anstrengungen von und für die ö.V. werden zukünftig vor allem für die Fortsetzung der Transformation der vormalig realsozialistischen Verwaltung (*König* 1991) der neuen Länder in eine klassisch-europäische Verwaltung unternommen werden müssen (*König* 1992: 229 ff.). Dabei ist nicht nur eine ungeheure Organisationsarbeit zu bewältigen, sondern es muß sich auch eine Verwaltungskultur entwickeln können, die von Rechtsstaatlichkeit, Verantwortung und Kontrolle geprägt ist. Innerhalb des damit vorgegebenen Rahmens erfordert der große Aufgabendruck aber auch Effizienz in der Aufgabenerfüllung. Bei alldem besteht die Gefahr, daß dieses Spannungsverhältnis zwischen Rechtsstaatlichkeit und Effizienz zuungunsten der auf dem Gebiet der neuen Länder lange vermißten Rechtsstaatlichkeit aufgelöst wird, wie sich dies etwa im Bereich der administrativen ↗ Planung andeutet (*Seibel*/*Benz*/*Mäding* 1993).

Organisatorisch wurden in den neuen Ländern zunächst einmal – sehr weitreichend dem Prinzip der Freiwilligkeit folgend – die vielen verhältnismäßig kleinen Kreise zusammengefaßt, um funktionsfähige Verwaltungseinheiten zu schaffen (*v. Oertzen* 1992). Eine notwendig ergänzende Gemeindegebietsreform ist jedoch – mit Ausnahme Sachsens – steckengeblieben. Die angestrebte Vewaltungseffizienz soll vielmehr durch die Schaffung von Ämtern und Verwaltungsgemeinschaften erreicht werden (*Knemeyer* 1993: 281 f.). Kontrovers diskutiert wurde die Frage der allgemeinen Mittelbehörden, die in den meisten der alten Bundesländer zugunsten von Regierungspräsidien gelöst wurde. Für die neuen Bundesländer – mit Ausnahme Sachsens – stellt sich die Frage, ob die zu geringe Bevölkerungsdichte nicht nach einer anderen Lösung verlangt. Wird jedoch auf Mittelbehörden verzichtet, sind – wie dies etwa in Brandenburg der Fall ist – Ministerien mit unmittelbaren Vollzugs- und Routineaufgaben befaßt, was dem eigentlich planenden Charakter ihrer Tätigkeit entgegensteht (*Seibel*/*Benz*/*Mäding* 1993). Für eine andere Lösung hat sich das Land Thüringen mit der Neukonstruktion eines Landesverwaltungsamtes sowie zusätzlicher ausgegliederter Landesämter entschieden, denen Vollzugsaufgaben für das gesamte Landesgebiet und nicht nur für bestimmte Bezirke übertragen wurden. Kritisiert wird jedoch auch dieser Ansatz mit dem Hinweis auf die hohe Komplexität der auf diese Weise geschaffenen Arbeitsumwelt. Auch sei fraglich, ob die immense Aufgabe der horizontalen und vertikalen Koordination aller thüringischen Behörden durch das Landesverwaltungsamt erfüllt werden kann (*Becker* 1993: 317 ff.).

Eine noch schwierigere Aufgabe stellen die Strukturprobleme der Personalentwicklung in der ö.V. der neuen Länder dar. Denn während sich Organisationsstrukturen bereits nur unter Mühen verändern lassen, gelingt dies bei den durch langjährige Zugehörigkeit zur sozialistischen Verwaltung geprägten Menschen erst allmählich. Hier geht es dann folgerichtig um den Aufbau von Fachhochschulen für die öffentliche Verwaltung und um Verwaltungsfachschulen, um eine intensive Fortbildung, aber auch um eine Personalhilfe westdeutscher Verwaltungen (*Seibel* 1993: 486 ff.).

Angesichts der rasanten technischen Entwicklung und der großen staatlichen Aufgaben, welche durch die neuen Bundesländer und die Öffnung der osteuropäischen Länder zu bewältigen sind, wird darüber hinaus die Debatte um die Steuerungsfähigkeit wirtschaftlicher und gesellschaftlicher Prozesse und die dem politisch-administrativen System zur Verfügung stehenden Handlungsformen (*Mayntz* 1985: 56ff. und 211ff.) neu zu führen sein. Wie eine im Rahmen des kooperativen Verwaltungshandelns beratende Verwaltung sowie das Interesse am Technologie- und Wissenstransfer zeigen, verdienen insbesondere die neuen Instrumente, welche durch Information und Kommunikation sowohl Unsicherheit über die Folgen zukünftigen Handelns abbauen helfen als auch dieses zielgerichtete Handeln erst ermöglichen, besondere Beachtung (*König/Dose* 1993).

Zunehmende Bedeutung wird daneben europaweit eine auf hohem Niveau stehende Qualifizierung und Motivierung der im öffentlichen Dienst Beschäftigten erlangen. Hierfür sprechen im wesentlichen drei Punkte. Erstens bedarf die Europäisierung bzw. Internationalisierung der öffentlichen Verwaltung im Zuge der europäischen Integration innerhalb der EU, aber auch in Zusammenhang mit den Ländern Osteuropas einer verbesserten Qualifikation und Motivation der Mitarbeiter, sowohl um ein gegenseitiges Verständnis herzustellen als auch um Formen der direkten Kooperation überhaupt erst zu ermöglichen. Innerhalb der EU wird deshalb über neue Formen der Karriereplanung und Führungskräfteentwicklung nachgedacht. Darüber hinaus wird der Transfer privatwirtschaftlicher Managementmodelle in die ö. V. nicht ausgeschlossen. Insbesondere Griechenland, Portugal und Spanien erwarten in diesem Zusammenhang einen Modernisierungsschub für ihre ö. V. infolge der verstärkt angestrebten Integration (*Siedentopf/Hauschild* 1990: 454f.).

Zweitens wird sich infolge der demographischen Entwicklung unter der Annahme gleichbleibender Trends der Anteil der Personalausgaben der Gebietskörperschaften der alten BRD am Bruttoinlandsprodukt von 10,5 % im Jahre 1986 auf 16,2 % im Jahre 2030 erhöhen. Bei Zugrundelegung einer konstanten Steuerquote werden nicht mehr – wie heute – ca. 45 %, sondern etwa 65 % der Steuereinnahmen für Personalausgaben aufgewendet werden müssen (*Färber* 1992: 42). Hierbei sind die Belastungen, die von der aufgeblähten Verwaltung der fünf neuen Bundesländer ausgehen, noch nicht einmal einbezogen. Will die öffentliche Hand nicht völlig handlungsunfähig werden, sind folglich Überlegungen hinsichtlich einer Modernisierung und Effizienzsteigerung der ö. V. unausweichlich. Dabei stehen Bestrebungen, die ↗ Privatisierung bislang öffentlich wahrgenommener Aufgaben voranzutreiben, neben den Bemühungen um eine nachhaltige Qualifikation der öffentlich Bediensteten.

Drittens wird die demographische Entwicklung Anfang des neuen Jahrtausends zu einer Verknappung der Angebote qualifizierter Arbeitskräfte führen. Wenn die ö. V. attraktiv für qualifizierte Arbeitnehmer bleiben will, wird sie ein interessantes und modernes Arbeitsumfeld bieten müssen. Viertens erfordert der Übergang der ehemals sozialistischen Verwaltung, die geprägt war von einer »politisierten Inkompetenz« (*Derlien* 1993: 193), in eine moderne rechtsstaatliche Verwaltung nachhaltige und fortgesetzte Bemühungen um die Qualifikation des vorhandenen Verwaltungspersonals.

Wolfgang Bruder/Nicolai Dose

Lit.: *Becker, B.* 1989: Öffentliche Verwaltung, Percha/Kempfenhausen. *Becker, B.* 1993: Zum Thüringer Landesverwaltungsamt – Vivisektion einer Neuzüchtung, in: Die Verwaltung 26, 317–328. *Derlien, H.-U.* 1993: Integration der Staatsfunktionäre der DDR in das Berufsbeamtentum: Professionalisierung und Säuberung, in: *Seibel, W./Benz, A./Mäding, H.* (Hrsg.): Verwaltungsreform und Verwaltungspolitik im Prozeß der deutschen Einigung, Baden-Baden, 190–206. *Dose, N./Voigt, R.* (Hrsg.) 1994: Kooperatives Recht, Baden-Baden. *Ellwein, T.* 1986: Zur Geschichte der öffentlichen Verwaltung in Deutschland, in: *Landeszentrale für politische Bildung Baden-Württemberg* (Hrsg.): Politik und Verwaltung, Stuttgart, 3–7. *Ellwein, T.* 1989: Verwaltung und Verwaltungsvorschriften, Opladen. *Ellwein, T.* 1993: Der Staat als Zufall und als Notwendigkeit, Opladen. *Ellwein, T.* 1994: Das Dilemma der Verwaltung: Verwaltungsstruktur und Verwaltungsreformen in Deutschland, Mannheim u.a. *Ellwein, T./Hesse, J. J.* (Hrsg.) 1985: Verwaltungsvereinfachung und Verwaltungspolitik, Baden-Baden. *Hesse, J. J./Ellwein, T.* [7]1992: Das Regierungssystem der Bundesrepublik Deutschland, Bd. 1, Opladen. *Färber, G.* 1992: Revision der Personalausgabenprojektion der Gebietskörperschaften bis 2030, Speyer. *Forsthoff, E.* 1973: Lehrbuch des Verwaltungsrechts, Bd. 1, München. *Hauschild, C.* 1991: Die Modernisierung des öffentlichen Dienstes im internationalen Vergleich, in: Verwaltungs-Archiv 82, 81–109. *Hintze, O.* 1962: Staat und Verfassung, Göttingen. *Jann, W.* 1983: Staatliche Programme und Verwaltungskultur, Opladen. *Knemeyer, F.-L.* 1993: Verwaltungs- und Gebietsreform in den jungen Bundesländern, in: Die Verwaltung 26, 273–289. *König, K.* 1989: Kritik öffentlicher Aufgaben, Baden-Baden. *König, K.* (Hrsg.) 1991: Verwaltungsstrukturen der DDR, Baden-Baden. *König, K.* 1992: Zur Transformation einer real-sozialistischen Verwaltung in eine klassisch-europäische Verwaltung, in: Verwaltungs-Archiv 83, 229–245. *König, K./Dose, N.* (Hrsg.) 1993: Instrumente und Formen staatlichen Handelns, Köln u.a. *König, K./Oertzen, H. J. von/Wagener, F.* (Hrsg.) 1981: Öffentliche Verwaltung in der Bundesrepublik Deutschland, Baden-Baden. *Mayntz, R.* [3]1985: Soziologie der öffentlichen Verwaltung, Heidelberg. *Müller, E.* 1989: Gesetzgebung im historischen Vergleich, Pfaffenweiler. *Oertzen, H. J. von* (Hrsg.) 1992: Rechtsstaatliche Verwaltung im Aufbau I, Baden-Baden. *Rowat, D. C.* (Hrsg.) 1988: Public Administration in Developed Democracies. A Comparative Study, New York/Basel. *Scharpf, F. W.* 1994: Optionen des Föderalismus in Deutschland und Europa, Frankfurt/M. *Seibel, W.* 1993: Zur Situation der öffentlichen Verwaltung in den neuen Bundesländern, in: *Seibel, W./Benz, A./Mäding, H.* (Hrsg.): Verwaltungsreform und Verwaltungspolitik im Prozeß der deutschen Einigung, Baden-Baden, 477–498. *Seibel, W./Benz, A./Klimecki, R.-G.* (Hrsg.) 1994: Regierungssystem und Verwaltungspolitik, Wiesbaden. *Seibel, W./Benz, A./Mäding, H.* (Hrsg.) 1993: Verwaltungsreform und Verwaltungspolitik im Prozeß der deutschen Einigung, Baden-Baden. *Siedentopf, H./Hauschild, C.* 1990: Europäische Integration und die öffentlichen Verwaltungen der Mitgliedstaaten, in: DÖV 43, 445–455. *Voigt, R.* 1980: Verrechtlichung in Staat und Gesellschaft, in: *Voigt, R.* (Hrsg.): Verrechtlichung, Königstein/Ts., 15–37. *Weber, M.* 1976: Wirtschaft und Gesellschaft, Köln.

Ökonomische Theorien der Politik

I. Ökonomische Theorien der Politik (ö.T.d.P.) sind Theorien, die das entscheidungslogische Instrumentarium moderner Wirtschaftstheorien für die Erklärung politischer Strukturen und Prozesse sowie der wechselseitigen Abhängigkeit von Wirtschaft und Politik anwenden. Sie beruhen auf der ökonomischen Theorie des rationalen Handelns. Als Oberbegriff dieser Theorien setzt sich zunehmend Neue Politische Ökonomie durch.

Die Neue Politische Ökonomie unterscheidet sich bereits im Ansatz von der klassischen ↗ Politischen Ökonomie. Während letztere aus der gesellschaftlichen Organisation des Produktionsprozesses heraus eine untrennbare Verbindung von Ökonomie und Politik ableitet, läßt erstere die Interdependenzen zwischen Ökonomie und Politik offen. Sie unterstellt also keine bestimmte, durch die Produktionsverhältnisse zwingend vorgegebene Form der wechselseitigen Beziehungen. Im Gegensatz zu überwiegenden Teilen der neo-klassischen Ökonomie vernachlässigt die Neue Politische Ökonomie jedoch die gegenseitige Beeinflussung von Wirtschaft und Politik nicht, sondern versucht, sie über eine Integration ökonomischer und politischer Theorien zu erfassen.

II. Die Neue Politische Ökonomie basiert auf dem Prinzip des methodologischen Individualismus, demzufolge Aussagen über soziale, ökonomische oder politische Strukturen und Prozesse aus Aussagen über individuelles Verhalten ableitbar sind (im Gegensatz dazu: ↗ Funktionalismus, ↗ Systemtheorie). Die grundlegenden Annahmen der ö.T.d.P. sind deshalb ebenso wie die der ökonomischen Theorie im allgemeinen Annahmen über individuelles Verhalten.

Zentrales Axiom ist das Rationalitätsprinzip, das postuliert, daß Individuen in einer gegebenen Situation immer diejenige Verhaltensalternative wählen, von der sie den größten Nutzen erwarten oder die bei nicht unterscheidbarem Nutzen mit den geringsten Kosten verbunden ist. Zusätzlich werden Annahmen über die Strukturen individueller Präferenzen postuliert, die im wesentlichen davon ausgehen, daß Individuen in der Lage sind, ihre Wünsche und Ansprüche konsistent zu ordnen und Verhaltensalternativen entsprechend dieser Präferenzordnung zu bewerten.

Das Rationalitätsprinzip und die ergänzenden Annahmen über individuelle Präferenzstrukturen beschreiben eine einfache abstrakte Theorie individuellen Verhaltens. Diese Theorie wird im Rahmen einer Konzeption sozialen Tausches zur Erklärung sozialer Strukturen und Prozesse angewandt. Gemäß dieser Konzeption können soziale Beziehungen als ein Austausch von materiellen und immateriellen Gütern und Dienstleistungen interpretiert werden (*Becker*, 1982). Diese Idee ist für die Erfüllung des weitreichenden Anspruchs des methodologischen Individualismus grundlegend. Der soziale Tausch bildet die Brücke zwischen dem Individuum und seiner sozialen Umwelt. Soziale Strukturen und Prozesse sind Konsequenz und zugleich Bedingung sozialer Tauschbeziehungen.

Soziale Strukturen (↗ Sozialstruktur, ↗ Macht, ↗ Konflikte etc.) sind wiederum wichtige Rahmenbedingungen für Tauschprozesse. Sie konstituieren mehr oder weniger enge und feste, prinzipiell gestaltbare Restriktionen für individuelles Verhalten. Individuelles Verhalten ist also das Produkt von bestimmten Präferenzen einerseits und von bestimmten strukturellen Rahmenbedingungen (oder allgemeinen Tauschbedingungen) andererseits. Die Anwendung der Theorie des rationalen Verhaltens für die Erklärung konkreter Situationen erfordert deshalb nicht nur die Spezifikation der Nutzenfunktion der involvierten Akteure, sondern auch der relevanten Tauschbedingungen. Dieser Ansatz liegt allen ö.T.d.P. zugrunde. Der Unterschied zwischen den einzelnen Theorien liegt im Anwendungsbereich und in den hierfür jeweils speziellen Annahmen über Nutzenfunktionen und Tauschbedingungen. Wir haben es bei den im folgenden dargestellten Theorien also mit speziellen Varianten einer allgemeinen Theorie rationalen Handelns zu tun.

III. Die ökonomische Theorie der Demokratie, die von dem US-amerikanischen Nationalökonomen *A. Downs* 1957 auf der Basis einer Konzeption von *J. A. Schumpeter* entwickelt wurde, stellt eine der wichtigsten Pionierleistungen der Neuen Politischen Ökonomie dar (*Downs* 1968). Ihr Ziel ist die Erklärung des Verhaltens von Wählern und Parteien sowie der sich daraus ergebenden Konsequenzen für das Handeln von Regierungen in Demokratien.

Demokratie wird definiert als ein Regierungssystem, in welchem a) mindestens zwei Parteien um die Ausübung der staatlichen ↗ Herrschaft konkurrieren, b) in periodischen Wahlen eine ↗ Partei oder ↗ Koalition für die Dauer einer Wahlperiode durch die Mehrheit der Wähler mit der Regierungsmacht betraut wird und c) jeder erwachsene und mündige Bürger bei der Wahl eine, und nur eine, Stimme abgeben darf. Diese Merkmale definieren die relevanten Tauschbedingungen für Wähler und Parteien. Das Verhalten dieser beiden Akteure wird durch die folgenden zwei Prämissen festgelegt: 1. Das Ziel politischer Parteien besteht im Wahlgewinn. Die Parteien entwickeln deshalb Programme, von denen sie sich eine Maximierung ihrer Wählerstimmen erhoffen. 2. Die Wähler versuchen durch ihre Wahlentscheidung ihren politischen Nutzen (d.h. den Nutzen aus der Regierungstätigkeit) zu maximieren. Aus der Sicht dieses Modells funktioniert die demokratische Methode ähnlich dem Marktmechanismus – Parteien »verkaufen« Programme gegen Wählerstimmen, und Wähler versuchen mit ihrer Stimme ein für sie nützliches Regierungsprogramm zu »kaufen« (↗ Demokratietheorie).

Auf der Basis dieses einfachen Modells analysiert *Downs* Wählerverhalten und Parteienkonkurrenz unter unterschiedlichen Bedingungen, insbesondere denen der Ungewißheit. Darüber hinaus untersucht er den Zusammenhang zwischen der Verteilung der Wählerpräferenzen und der Struktur des ↗ Parteiensystems. Anhand der Analyse dieses Zusammenhanges wird die Logik der *Downschen* Theorie deutlich. *Downs* geht davon aus, daß sich die Verteilung der Wählerpräferenzen auf einer eindimensionalen Rechts-Links-Skala abbilden läßt. Aus der so ermittelten Häufigkeitsverteilung der Wählerpräferenzen schließt er auf die grobe Struktur des Parteiensystems. Bei einer eingipfligen Verteilung, die in etwa den Bedingungen einer politisch relativ homogenen Gesellschaft entspricht, können nur zwei Parteien – deren Programme weitgehend identisch sein und der Position der Wähler im Gipfelpunkt der Verteilung entsprechen müssen – ihre Stimmen maximieren. Bei einer zweigipfligen Verteilung, die annäherungsweise eine politisch polarisierte Gesellschaft abbildet, können ebenfalls nur zwei Parteien ihre Stimmen maximieren. Ihre Programme müssen sich jedoch stark voneinander abgrenzen und jeweils einer der Wählerpositionen der beiden Gipfelpunkte entsprechen. Bei einer mehrgipfligen Verteilung, welche annäherungsweise einer politisch segmentierten Gesellschaft entspricht, ist von einem Mehrparteiensystem mit deutlich unterschiedlichen Programmen, die die Positionen in den Gipfelpunkten repräsentieren, auszugehen. Dieses Modell enthält sehr abstrakte Annahmen (z.B. die einer eindimensionalen Verteilung der Wählerpräferenzen) und vernachlässigt eine Reihe von Faktoren, die für die Struktur der Parteienkonkurrenz wichtig sind (z.B. Wahlrecht, Interessenbindungen von Parteien). Deshalb kann es nicht mehr leisten als eine Herausarbeitung der grundsätzlichen Logik der Parteienkonkurrenz und ihrer Konsequenzen. Darüber hinaus hat das *Downsche* Modell jedoch die Basis für differenzierte Analysen und komplexere Modelle geliefert – z.B. für die von *B. S. Frey* und Mitarbeitern entwickelten Modelle politisch-ökonomischer Interdependenz, in denen der Zusammenhang von wirtschaftlicher Lage, Wählerverhalten und Wirtschaftspolitik abgebildet und empirisch überprüft wird.

IV. Gegenstand der *Social Choice*-Theorie ist die Aggregation (Umsetzung) individueller Präferenzen in kollektive Entscheidungen im Rahmen von demokratischen Verfahren. Im Mittelpunkt steht dabei die Frage nach den Möglichkeiten, individuelle Präferenzen verfälschungsfrei in kollektive Entscheidungen umzusetzen, d.h., politische Entscheidungen so zu treffen, daß sie die Interessen der Bürger möglichst genau repräsentieren.

Eine der wichtigsten Arbeiten hierzu verfaßte *K. Arrow* (1951). In seinem »Unmöglichkeitstheorem« versucht *Arrow* nachzuweisen, daß es keine kollektiven Entscheidungen gibt, die minimalen Anforderungen an demokratische Verfahren genügen und gleichzeitig in sich widerspruchsfrei sind. Das bedeutet, daß es kein Entscheidungsverfahren gibt, das individuelle Präferenzen verfälschungsfrei und konsistent in kollektive Entscheidungen umsetzt. Dieses Theorem, das sich gegen die Vorstellung rationaler gesellschaftlicher Wohlfahrtsfunktionen richtet, ist in der Neuen Politischen Ökonomie umstritten. Einerseits gibt es verschiedene Versuche, das »Arrow-Problem« doch noch zu lösen, andererseits wird behauptet, das »Unmöglichkeitstheorem« sei irrelevant, weil das Aggregationsproblem demokratischer Systeme nicht in der Möglichkeit einer allgemeinen und umfassenden gesellschaftlichen Wohlfahrtsfunktion bestehe, sondern lediglich in der Konstruktion möglichst verfälschungsfreier politischer Entscheidungsverfahren. Prominente Vertreter dieser Perspektive sind *J. M. Buchanan/G. Tullock* (1962). Deren Analyse konzentriert sich auf die Frage, wie die in der politischen Realität immer durchzuführende Präferenz-Aggregation geregelt sein müsse, damit sie zu möglichst verfälschungsfreien Entscheidungen führt. Nach *Buchanan/Tullock* ist dies jedoch nur möglich, wenn Entscheidungen nach dem Einstimmigkeitsprinzip erfolgen, welches in größeren Kollektiven jedoch mit extrem hohen Entscheidungskosten insbesondere einem großen Zeitaufwand verbunden und deshalb praktisch kaum anwendbar ist. Die notwendigen Abweichungen vom Einstimmigkeitsprinzip führen indessen zwangsläufig dazu, daß eine mehr oder weniger große Minderheit durch kollektive Entscheidungen benachteiligt wird. Darüber hinaus bietet die Abweichung vom Einstimmigkeitsprinzip die Möglichkeit einer systematischen Beeinflussung kollektiver Entscheidungen durch die Bildung von Interessenkoalitionen. Das wiederum löst, wie *Buchanan* (1975) zeigt, einen dynamischen Prozeß der Beeinflussung kollektiver Entscheidungen durch wechselnde Mehrheiten aus. Dieser Prozeß ist nach *Buchanan* in den modernen Demokratien mit einer Tendenz zur Ausweitung des öffentlichen Sektors verbunden – unter dem Einfluß wechselnder Interessenkoalitionen tendiert der Staat dazu, immer mehr öffentliche Güter und Dienstleistungen zu produzieren, ohne dadurch die Bedürfnisse seiner Bürger notwendigerweise besser zu befriedigen. Im Gegenteil: Da gesellschaftliche Interessen nicht gleichgewichtig organisierbar sind, führt die Dynamik wechselnder Mehrheiten zu einer wenig effizienten und bedürfnisgerechten Produktion öffentlicher Güter und Dienstleistungen.

V. Einer der wichtigsten Beiträge der Neuen Politischen Ökonomie zum Verständnis politischer Prozesse in modernen Demokratien ist die »Logik des kollektiven Handelns« von *M. Olson* (1968). Im Gegensatz zu der in der Politikwiss. immer noch weitverbreiteten pluralistischen Gruppentheorie (↗ Pluralismus) zeigt *Olson,* daß gesellschaftliche Interessen ungleich organisierbar sind und sich i.d.R. nicht wechselseitig kontrollieren und beschränken. Seine Analyse basiert auf der Erkenntnis, daß sich rational handelnde Individuen gegenüber kollektiven Zielen anders verhalten als gegenüber individuellen Zielen.

Rationale Individuen unternehmen i.d.R. auch sehr hohe Anstrengungen, um ihre individuellen, jedoch zumeist sehr viel weniger, um kollektive Ziele zu erreichen, d.h., daß gemeinsame Interessen allein noch keine ausreichende Grundlage effektiven kollektiven Handelns sind. Eine Erklärung hierfür ist, daß Interessenorganisationen kollektive Güter erzeugen, d.h. Güter, an deren Nutzen Mitglieder eines Kollektives auch dann partizipieren, wenn sie keinen angemessenen Beitrag zu den Kosten der Erzeugung des Gutes leisten. Das hat zur Folge, daß tendenziell weniger für die Beschaffung eines kollektiven Gutes (die Erreichung eines gemeinsamen Zieles) getan wird, als im gemeinsamen Interesse aller Mitglieder wäre. Kollektive tendieren deshalb zu einer sub-optimalen Beschaffung kollektiver Güter, eine Tendenz, die i.d.R. zunimmt je größer ein Kollektiv ist und je allgemeiner das Interesse ist. Aus diesem Größeneffekt folgt, daß die speziellen Interessen kleiner, privilegierter gesellschaftlicher Gruppen besser organisierbar (und politisch durchsetzbar) sind als die allgemeinen Interessen breiter Bevölkerungskreise. Um diese Tendenz zu verringern oder zu durchbrechen, müssen große Gruppen für ihre Mitglieder auch private Güter bereitstellen. Private Güter sind solche, von deren Genuß ausgeschlossen ist, wer keinen angemessenen Beitrag zur Erreichung der gemeinsamen Ziele leistet. Allgemeiner gesagt: Große Gruppen müssen selektive Anreize in Form privater Güter zur Verfügung stellen, um die für die ausreichende Bereitstellung kollektiver Güter notwendigen Mitgliederleistungen zu motivieren. Als selektiver Anreiz können unterschiedliche materielle und immaterielle Güter und Dienstleistungen dienen, wie z. B. Status, Macht, Prämien, vergünstigte Versicherungen, Vermittlung von Ämtern außerhalb der Organisation sowie andere, finanzielle Leistungen. Die Notwendigkeit selektiver Anreize in großen ↗ Interessengruppen ist zumeist mit starken Oligarchisierungstendenzen und dem Aufbau von Funktionärs- und Führungskadern verbunden. Darüber hinaus tendieren große Interessenorganisationen zu einer Ausweitung ihrer Funktionen in Bereiche, in denen sie selektive Anreize beschaffen können. Beides zusammen führt häufig dazu, daß das eigentliche Organisationsziel zu einem »Nebenprodukt« der Organisationstätigkeit wird. Vor allem aber ist die Organisation großer Gruppen mit beträchtlich höheren Organisationskosten verbunden. Das bedeutet, daß insgesamt gesehen spezielle Interessen kleiner Gruppen zumeist leichter und effektiver organisierbar sind als allgemeine Interessen großer Gruppen. Das hat zur Folge, daß Politik in starkem Maße durch gut organisierte spezielle Interessen beeinflußt wird und allgemeine Interessen häufig nicht ausreichend politisch durchsetzbar sind. Dieser Tatbestand führt, wie *Olson* (1985) zeigte, zu einer ineffizienten Staatstätigkeit und zu einer erheblichen Beeinträchtigung wirtschaftlicher Entwicklung durch staatliche Interventionen. Ökonomische Krisen sind aus *Olsons* Sicht vor allem das Resultat einer durch spezielle und durchsetzungsfähige Interessen bestimmten ↗ Wirtschaftspolitik.

VI. Im modernen Wohlfahrtsstaat spielen ↗ Bürokratien eine zentrale Rolle. Der überwiegende Teil der Staatstätigkeit wird faktisch von Bürokratien im Zusammenspiel mit organisierten Interessen ausgearbeitet und von den Parlamenten lediglich noch legitimiert (↗ Politisches System). Deshalb ist staatliches Handeln in den hochindustrialisierten Demokratien ohne eine Theorie der Bürokratie kaum analysierbar und zu verstehen. In der Neuen Politischen Ökonomie wurde und wird die Bürokratieproblematik im Vergleich zu Themenbereichen wie Wahlen, Parteien und die Vermittlung organisierter Interessen vernachlässigt. Allerdings gibt es mit den Bürokratietheorien von *Downs* (1966) und *W. A. Niskanen* (1971) zwei interessante Ansätze.

Niskanens Theorie baut auf einem einfachen Modell auf – dem Modell einer budgetmaximierenden Bürokratie. Dieses Modell geht von der Annahme aus, daß Bürokratien ein Interesse an der Maximierung ihres Budgets haben, und untersucht die Bedingungen und Konsequenzen der Budgetmaximierung. Wichtig sind dabei vor allem Restriktionen, die sich aus den Interessen derjenigen Institutionen des politischen Systems ergeben, die über die Budgets von Bürokratien entscheiden, sowie den generellen finanziellen Restriktionen des Staates und der Leistungsfähigkeit von Bürokratien. Diese Restriktionen führen tendenziell zur Ausweitung der Aktivitäten und zu ineffizientem Verhalten – Bürokratien tendieren somit zur Überproduktion von Leistungen und zum Einsatz von günstig beschaffbaren, aber nicht notwendigerweise effizienten »Produktionsfaktoren« . *Niskanens* Modell ist durchaus geeignet, wichtige Tendenzen bürokratischen Handelns zu erhellen. Es vernachlässigt jedoch viele relevante Faktoren (z. B. Interessenbindungen, interne Strukturfaktoren, professionelle Orientierungen oder rechtliche Handlungsbedingungen) und ist deshalb häufig wenig realistisch (Modell-Platonismus). Bezüglich der Erfassung von Zielen, Strukturen, Orientierungen und externen Bindungen von Bürokratien ist die Theorie von *Downs* erheblich differenzierter als die von *Niskanen*. Sie ist allerdings auch erheblich komplexer. *Downs* geht von der Annahme aus, daß die Bestandssicherung dominantes Motiv von Bürokratien ist, und untersucht die Strategien, Verhaltensweisen und Organisationsformen von und in Bürokratien, die sich aus unterschiedlichen funktionalen und strukturellen Bedingungen der Bestandssicherung ergeben. Dabei legt er ein starkes Gewicht auf die Dynamik von Bürokratien. Seine Theorie erlaubt denn auch differenziertere und realistischere Aussagen über die Entwicklung von Bürokratien sowie ihrer internen Strukturen und Prozesse als die *Niskanens*. Allerdings vernachlässigt er den *output* von Bürokratien weitgehend. Beide Theorien weisen erhebliche Defizite bei der Analyse des Zusammenhangs von bürokratischen Aktivitäten und Staatstätigkeit auf.

VII. Die ökonomische Theorie der Institutionen übt auf die neuerlich wiederbelebte Diskussion über die Bedeutung politischer Institutionen einen nachhaltigen Einfluß aus. Allgemein geht es in dieser Diskussion um die Frage, welche Bedeutung Institutionen, d.h. allgemein respektierte Werthaltungen und Verhaltensmuster, allgemein anerkannte Verfahrensregeln und Instanzen oder normativ festgelegte Regeln und Verträge, bei der Organisation sozialer Beziehungen haben. Aus Sicht der Neuen Politischen Ökonomie sind Institutionen nicht nur deshalb von zentraler Bedeutung, weil sie die individuellen Entscheidungen beeinflussen, d.h. alternative Tauschbedingungen definieren, sondern auch, weil sie damit über Filter- und Anreizfunktionen verfügen, die in bestimmten Fällen effizientere Ergebnisse bewirken als individuelle (Wahl-)Handlungen. Kennzeichnend für die (neue) ökonomische Theorie der Institutionen ist der Anspruch, daß die traditionell als modellexogen behandelten Institutionen mit dem ökonomischen Instrumentarium erklärt werden können. Die wegweisende Arbeit hierzu wurde von *O. E. Williamson* (1990) verfaßt. Als zentrale Variable zur Erklärung von Institutionen dient das Konzept der Transaktionskosten.

Im Rahmen von Tauschprozessen werden nicht nur die unmittelbaren Kosten der Produktion oder der Nutzung von Gütern und Dienstleistungen relevant, es entstehen vielmehr auch mittelbare Kosten etwa bei der Suche nach geeigneten Tauschpartnern, bei der Kontrolle von vereinbarten Qualitäten und anderen (Vertrags-)Bedingungen sowie bei der ↗ Koordination und Steuerung von Produktions- und Tauschprozessen. Diese sogenannten Transaktionskosten umfassen mit anderen Worten Aufwendungen, die bei den notwendigen Abstimmungsprozessen einer zunehmend arbeitsteiligen Produktion von Gütern und Dienstleistungen entstehen. Transaktionsprozesse und mithin die Höhe der Transaktionskosten werden bestimmt a) durch den Grad der verfügbaren und i.d.R. begrenzten (*bounded*) Rationalität der Handelnden, b) der am ökonomischen Eigennutzprinzip orientierten Möglichkeit opportunistischen Verhaltens und c) dadurch, daß die Tauschobjekte selbst Eigenschaften aufweisen, die spätere Tauschprozesse beeinflussen (Vermögensspezifität).
Nach *Williamson* haben Institutionen hauptsächlich die Funktion, Transaktionskosten zu minimieren. Institutionen sind hierzu besonders in der Lage, weil sie anstelle des jeweils individuellen Aushandelns Standardlösungen bieten, die darüber hinaus auch die Anschlußfähigkeit der jeweiligen Transaktion an weitere Handlungen gewährleistet. Bei der Suche nach effizienten Strategien zur Minimierung von Transaktionskosten entwickelte *Williamson* vier Typen von Lösungsstrategien: 1. Liegen alle drei Merkmale – begrenzte Rationalität, Opportunismus, Vermögensspezifität – vor, ist eine hierarchische Steuerung notwendig. 2. Kann dagegen von vollständiger Information und Rationalität der Akteure ausgegangen werden, während die beiden anderen Merkmale gegeben sind, ist zentrale Planung die beste Lösung. 3. Verzichten die Handelnden gegenseitig auf Opportunismus, wäh-

rend die zwei weiteren Merkmale vorliegen, stellen Verträge oder Absprachen die beste Alternative dar. 4. Weisen lediglich die Tauschobjekte keine Spezifika auf, die beiden anderen Merkmale sind aber gegeben, weist die Steuerung über den Markt die effizienteste Lösung.

Die ökonomische Theorie der Institutionen zielt mit diesem Ansatz auf ein Kernstück sozialwissenschaftlicher Forschung und Theoriebildung. Unter weitgehender Ausblendung anderer sozialwissenschaftlicher Kategorien wie z. B. Macht und Tradition wird einerseits die Wirkung unterschiedlicher Institutionen herausgearbeitet und damit gleichzeitig ein Instrumentarium entwickelt, das geeignet erscheint, für je spezifische soziale und politische Problemstellungen optimale institutionelle Lösungsalternativen zu bestimmen.

VIII. Die Neue Politische Ökonomie ist bis heute weitgehend ein wirtschaftswissenschaftlicher Ansatz geblieben und wird in der Politikwiss. – vor allem in der deutschen – bislang nur sehr vorsichtig aufgenommen. Das hat zur Folge, daß ihre interdisziplinären Perspektiven bisher nur sehr eingeschränkt genutzt worden sind.

Sie bietet jedoch auch und gerade für die Politikwissenschaft, interessante Ansatzpunkte für die Erklärung der Staatstätigkeit im modernen ↗ Kapitalismus. Durch die einfache theoretische Basis und ihre weiten Anwendungsmöglichkeiten bietet sie ein großes Potential für eine systematische theoretische Analyse und Integration empirischer Erkenntnisse. Die in der politikwissenschaftlichen Forschung vorherrschenden Theorien wie Funktionalismus, Pluralismustheorie oder ↗ Systemtheorie verbleiben dagegen zumeist auf der Ebene eines mehr oder weniger losen konzeptuellen Bezugsrahmens.

Franz Lehner/Klaus Schubert

Lit.: *Arrow, K.* 1951: Social Choice and Individual Values, New Haven. *Becker, G.S.* 1982: Der ökonomische Ansatz zur Erklärung menschlichen Verhaltens, Tübingen (engl. 1976). *Buchanan, J. M.* 1975: The Limits of Liberty, Chicago. *Buchanan, J. M./Tullock, G.* 1962: The Calculus of Consent, Ann Arbor. *Downs, A.* 1968: Ökonomische Theorie der Demokratie, Tübingen (engl. 1957). *Downs, A.* 1966: Inside Bureaucracy, Boston. *Frey, B.S./Meißner, W.* (Hrsg.) 1974: Zwei Ansätze der Politischen Ökonomie, Königstein. *Lehner, F.* 1981: Einführung in die Neue Politische Ökonomie, Königstein. *Niskanen, W. A.* 1971: Bureaucracy and Representative Government, Chicago. *Olson, M.* 1968: Die Logik des kollektiven Handelns, Tübingen (engl. 1965). *Olson, M.* 1985: Aufstieg und Fall von Nationen, Tübingen (engl. 1981). *Schubert, K.* (Hrsg.) 1992: Leistungen und Grenzen politisch-ökonomischer Theorie, Darmstadt. *Wiesenthal, H.* 1987: Rational Choice, in: ZfS, 16, 434–449. *Williamson, O.E.* 1990: Die ökonomischen Institutionen des Kapitalismus, Tübingen (engl. 1985).

Opposition

[1] Westliche Länder.

I. Sobald der Oppositionsbegriff erstmals zur spezifischen Bezeichnung politischen Verhaltens diente, kennzeichnete er in England zunächst jene »Partei« im Parlament, die sich im politischen Gegensatz zur Regierungspartei befand. Daraus abgeleitet und nur in übertragenem Sinne, diente er nach dem *Shorter Oxford Dictionary* von 1781 auch zur Kennzeichnung von *»any party or body of opponents«*. Heute werden beide Bedeutungen unbesehen gleichberechtigt verwendet. Systemsprengende Gruppierungen reklamieren den Terminus Opposition (O.) ebenso für sich wie solche, die lediglich in die öffentliche Diskussion eines politischen Willensbildungsprozesses kontrovers eingreifen wollen. Öffentliche und organisierte Inanspruchnahme des Rechts auf freie Meinungsäußerung oder auf Manifestation politischer Überzeugungen ist lediglich eine logische Voraussetzung für O., die sich darin nicht erschöpft. Außerdem deckt O. begriffsgeschichtlich nicht Gruppierungen, die auf ↗ Widerstand oder ↗ Revolution abzielen. Von O. kann begriffsgeschichtlich nur gesprochen werden, wenn die Auseinandersetzung zwischen Mehrheit und Minderheit sich auf der Basis »einer fundamentalen Gemeinsamkeit jenseits und vor der Alternative« *(Landshut)* vollzieht, die den Verfassungskern und die Grundlagen des Regierungssystems nicht in Frage stellt.

O. bedeutet folglich volle Integration in den Willensbildungsprozeß als »der andere Beweger der Politik« (*Carlo Schmid*), mit dem Willen und der Chance, in der Gegenwart auf die politischen Handlungsabläufe einzuwirken und in Zukunft selbst die ↗ Macht allein oder in einer ↗ Koalition auszuüben. O. ist daher in einem stabilisierten parlamentarisch-demokratischen System parlamentarisch organisiert und andererseits »formalisiert« (*D. Sternberger*). Sie erschöpft sich nicht in der bloßen Teilnahme an der politischen Willensbildung, sie ist abgesetzt vom Widerstand (weil sie *per se* nur in liberal-rechtsstaatlichen Demokratien möglich ist, in denen es für Widerstand keine Basis gibt), und sie bleibt unterhalb der Schwelle von Obstruktion oder gar Revolution. Leider hat sich in Publizistik und Wissenschaft dieser präzise Oppositionsbegriff nicht durchzusetzen vermocht, obwohl er mehrfach angemahnt worden ist (*Oberreuter* 1975; *Schumann* 1976).

II. Schon die erste Oppositionstheorie (*Bolingbroke* 1749) hatte den ↗ Konsens über die Verfassungsprinzipien zum Ansatz, aus dem sich das Aktionsfeld systemloyaler O. erschließt. Diese Theorie überwand erstmals den Dualismus Gesamtparlament – Krone und ging, der Praxis des Regierungssystems entsprechend, von der Konfrontation zwischen regierungstragender Mehrheit und regierungsbekämpfender Minderheit aus. Er stieß damit bereits zum verfassungspolitischen Konstituans des parlamentarischen Regierungssystems moderner Prägung vor (↗ Parlamentarismus).

Die für dieses System typische Verschmelzung von Legislative und Exekutive verlangt ein Überdenken der Position der nicht an der Ausübung der Macht beteiligten politischen Gruppierungen. *Bolingbroke* erkannte und bedachte das Problem schärfer, als es noch heute vielfach geschieht, »indem er die Aktionsform der Opposition als bleibende und in sich gerechtfertigte parlamentarische Form zu begründen suchte und sie mit eigenem Ethos ausstattete« *(Kluxen)*. Die damalige Herrschaft *Walpoles*, die sich auf die Krone und die Parlamentsmehrheit stützte, stellte eine Durchbrechung des Gewaltenteilungsprinzips in der von *J. Locke* entwickelten Form dar.

Der O. kam es zu, der Verabsolutierung der Regierungsgewalt Einhalt zu gebieten und die *balance of powers* stetig zu gewährleisten. Diese vollzog sich nun durch die kontinuierlich wirksame, gemeinwohlorientierte Wachsamkeit, Freiheitsliebe und Verfassungstreue der O. ↗ Gewaltenteilung wurde also nicht mehr statisch begriffen, sondern dynamisiert. Ohne reale Machtmittel zu besitzen, ist O. zur Kontrolle der Regierung berufen, wozu nicht punktuelle Aktion oder Negation, sondern ein systematisches, auf ein politisches Gesamtprogramm gestütztes Opponieren notwendig ist. Dieses Kontrastprogramm sollte die Möglichkeit einer strikten, an der Verfassung orientierten Führungskonzeption beweisen. Indem die O. sie verdeutlichte, diskreditierte sie die Regierung als korrupt und übte moralischen Druck auf die Krone aus, sie abzulösen. Damit initiierte sie die Rotation der Führungsämter, wenn auch nur unter den Parteigängern der Krone. Regierungswechsel war ihr konkret aufgegebenes Ziel, ohne daß sie selbst angesichts der verfassungspolitischen Voraussetzungen bereits als Regierung im Wartestand begriffen werden konnte. Das *system of conduct* der O. bleibt Kontrast und Gegensatz ohne reale Verwirklichungschance. Dennoch ergab sich die Funktion der O., sich als politische Alternative zur Regierung nicht nur zu profilieren, sondern auch bereitzuhalten, als logische Konsequenz einer Konzeption, nach der die O. gegen ihr gemeinwohlorientiertes und damit verfassungskonformes politisches Gesamtprogramm, ↗ Legalität und ↗ Legitimität, eintauschte. Ebenso prägte dieses erste systematische Konzept auch die klassische Funktionstrias heraus: Kritik, Kontrolle und Alternative. Überhaupt erwies sich *Bolingbrokes* Oppositionstheorie in ihren Grundzügen als erstaunlich flexibel und offen für das parlamentarische Regierungssystem, das sich im Augenblick ihrer Konzipierung selbst erst an der Schwelle seiner Entwicklung befand. Seine wesentliche Leistung bleibt es, der O. nicht nur ihren Platz im Herrschaftsgefüge, sondern sogar ein öffentliches Amt gegeben zu haben. Gedanklich hatte er die Formel von »*His Majesty's Opposition*« bereits antizipiert, wenn ihre rechtliche Sanktionierung auch bis 1937 dauerte, als das öffentliche Amt des Oppositionsführers staatlich anerkannt wurde.

Legitimität gewann O. historisch als eigentliche Hüterin des ↗ Gemeinwohls. Erst der Pluralismusbegriff der Neuzeit hat den Kern offener und konkurrierender politischer Willensbildung freigelegt: daß nämlich um das Gemeinwohl selbst politisch gestritten werden kann. Damit war die Basis für die Legitimität der Parteienkonkurrenz, der O. und ihrer spezifischen Funktionen – Kritik, Kontrolle, Alternative – gewonnen. Eine zweite wichtige Voraussetzung war die Ersetzung des monarchischen Prinzips durch das demokratische und – zumindest im parlamentarischen Regierungssystem – der Gewinn des Zugriffs auf die Regierungsbildung durch die Volksvertretung. Erst dadurch konnte O. zur realen programmatischen und personellen Alternative werden.

II. Existenz und unterschiedliche Erscheinungsformen von O. hängen vom politisierbaren Konfliktpotential und dem Ausmaß seiner Aktualisierung im politischen Prozeß ab. Von daher entstehen Modifizierungen oppositionellen (o.) Verhaltens, welche die Bestimmung eines Idealtyps von O. unmöglich erscheinen lassen (vgl. *Dahl* 1966). Dehnt sich das Konfliktpotential einer Gesellschaft so aus, daß es sich auf den Basiskonsens erstreckt, handelt es sich bei entsprechend konfliktbereiten Gruppierungen offensichtlich um »Opposition aus Prinzip« (*Kirchheimer* 1957) oder Fundamentalopposition. Angesichts der begriffsgeschichtlichen Vorklärungen wäre es freilich angemessen, hier nicht von O. sondern von verfassungsrevisionistischen oder revolutionären Bewegungen zu sprechen.

Die gegenläufige Tendenz, die Reduzierung des politisierbaren Konfliktpotentials, ist besonders in Systemen mit einem hohen Grad gesellschaftlicher Antagonismen beobachtet worden, der sich weniger aus sozioökonomischen, sondern aus sprachlichen, religiösen, rassischen oder ethnischen und auch ideologischen Differenzen ergibt (*Lehmbruch* 1967; Daalder, in: *Dahl* 1966; *Lijphart* 1968). Gesellschaftliche Segmentierung, Versäulung und Lagerstrukturen beeinflussen das vorherrschende Konfliktregelungsmuster hochgradig. Die Versöhnung der gegensätzlichen Interessen von Subkulturen innerhalb des gleichen politischen Systems verlangt die Ausgrenzung von Konfliktpotential aus dem politischen Prozeß, verlangt auch dessen Abkehr von konfrontationsorientierten Entscheidungsmustern und die Anwendung von Strategien, die durch Mitbeteiligung und Mitentscheidung, notfalls sogar durch Vetorechte die Interessen von Segmenten und Subkulturen garantieren (↗ Konkordanzdemokratie).

Das Alternativpotential der O. ist durch soziale Integrationsprozesse in der Tat eingeschränkt worden. Darin hat sich, von *S. Landshut* (1955) ausgehend, eine breite, die wiss. Auseinandersetzung in der Bundesrepublik Deutschland in den 60er Jahren beherrschende Diskussion entwickelt, in der immer stärker die These vertreten wurde, die Chancen der O. reduzierten sich mit der allgemeinen Nivellierung der Gesellschaft im Wohlfahrtsstaat, zumal der Regierung alle strategischen Vorteile und sozialwiss. Instrumente zur Erkundung und Vorwegbefriedigung auftauchender Bedürfnisse zur Verfügung stünden. Befürchtet wurde die Verfestigung permanenter Mehrheiten und die Wandlung der O. von einer zeitweiligen strukturellen zur unaufhebbaren ↗ Minderheit. Als Folge der fortschreitenden gesellschaftlichen Integration sah man die »Opposition ohne Alternative« (*Friedrich* 1962), erwartete ihr Versickern und ihren »Verfall« (*Kirchheimer* 1957) und schließlich überhaupt das »Ende des Parteienstaates« (*Krippendorff* 1962).

Diese Thesen beruhten auf drei irrigen Prämissen: auf der Verwechslung sozialer Integration mit gesellschaftlicher Harmonie, auf einer unzulässigen Reduktion des Begriffs des Politischen (↗ Politikbegriffe), die dann eintritt, wenn Politik lediglich als Funktion der Ökonomie betrachtet wird (↗ Ökonomische Theorie der Politik), und auf der unzutreffenden Erwartung quasi automatischen und regelmäßigen Machtwechsels im parlamentarischen Regierungssystem. Darüber hinaus unterblieb damals eine Realanalyse o. Verhaltens und seiner bestimmenden Faktoren. Unbedacht blieb auch der Inhalt der Alternativfunktion in einem stabilisierten System. Die politische Praxis ist den politikwiss. Prognosen nicht gefolgt. Es stellte sich heraus, daß aktuelle Probleme voreilig in strukturelle uminterpretiert worden waren. Repolitisierungs- und Reideologisierungstendenzen seither haben die O. wiederbelebt und gerade dort, wo ihr Ende vorhergesagt worden war, in durchaus angemessenen Abständen zu Regierungswechseln geführt. In der internationalen Diskussion galt die »Opposition ohne Alternative« denn auch bald als Erfindung »deutscher Doktrinäre« (*Ionescu/de Madariaga* 1971). Zu Recht konnten *S. M. Lipset/S. Rokkan* das Fazit ziehen: »*It is heartening to see how quickly these observers had to change their minds.*« Beide (vgl. *Stjernquist,* in: *Oberreuter* 1975 und *Kolinsky* 1984) kehren das Wohlfahrtsstaatsargument sogar gegen die Regierungen, die sich angesichts gesteigerter Erwartungen als Adressaten ständig neuer Forderungen und Klagen sehen und ratlos sind, ihnen zu entsprechen. Neueste Forschungsergebnisse (*Sebaldt* 1992) belegen zudem, daß es gerade der O. durch die Thematisierung neu entstandener politischer Probleme immer wieder gelingt, der Regierung ihren »positiven Gestaltungswillen« (*Schumacher*) aufzuzwingen. Die politische Steuerungsfähigkeit des modernen Wohlfahrtsstaates wird also auch durch die aktive Mitwirkung und Mitregierung der O. sichergestellt.

IV. Präsidentielle Regierungssysteme und parlamentarische bieten für o. Verhalten unterschiedliche Voraussetzungen. Die Aufteilung der ↗ Macht zwischen Präsident und Parlament im ↗ Präsidentialismus schafft offensichtlich idealtypische Voraussetzungen für »institutionelle Opposition« (*Kirchheimer*). Im Willensbildungsprozeß werden Mehrheits- und Minderheitspositionen fluktuierend eingenommen. Unwahrscheinlich ist die Herausbildung einer systematischen und kohärenten O. Die Oppositionsposition wird situationsorientiert von unterschiedlichen Gruppierungen eingenommen, deren Kohärenz sich in der gemeinsamen Ablehnung eines singulären Vorhabens erschöpfen kann. O. wird »diffus« (*Romoser* in: *Oberreuter* 1975). Anders im parlamentarischen Regierungssystem, das regierende Mehrheit und nichtregierungsbeteiligte Minderheit voneinander scheidet und durch die Bereitstellung einer deutlich identifizierbaren Oppositionsposition die Voraussetzungen für die Formierung einer systematischen O. schafft, unterstützt vom klassischen Gedanken der Machtbalance. Die anderen institutionellen Determinanten wirken jedoch als intervenierende Variablen.

V. International vergleichende Untersuchungen, solange sie die institutionellen Faktoren nicht ausblenden, gestehen immer wieder Schwierigkeiten ein, zu Generalisierungen oder geschlossenen theoretischen Konzepten zu kommen. Regierungs- und ↗ Parteiensystem, Konfliktpotential und Konfliktregelungsmuster, die gesamte ↗ Politische Kultur und ihre historischen Entwicklungen mit den in ihr vorherrschenden Überzeugungen und Einstellungen führen in jedem politischen System zu individuellem Oppositionsprofil. Auch die aktuelle politische und parlamentarische Situation prägt o. Verhalten entscheidend. Selbst wenn sich Übereinstimmungen in sozialstrukturellen und institutionellen Determinanten häufen sollten, bleiben in der Regel Unterschiede in Kohärenz und Konzentration, Konkurrenzorientierung, Signifikanz, Aktionsfeldern, Zielen und Strategien von Oppositionsparteien bestehen (*Dahl* 1966).

W. *Steffani* (1970) unterschied typologisch O. nach der Systemintention der Wirkungsebene und der Aktionskonsistenz. Die Systemintention wäre demnach systemloyal oder systemkonträr, die Wirkungsebene parlamentarisch oder außerparlamentarisch bzw. vorparlamentarisch, die Aktionskonsistenz systematisch oder situationsorientiert. Die beiden zugrundeliegenden Idealtypen lassen sich unschwer erkennen. Aber auch die Schwierigkeiten dieser Typologie liegen im zugrundeliegenden Oppositionsbegriff. Wenn O. sich aus dem Basiskonsens über die Verfassungsprinzipien heraus entwickelt hat, ist systemkonträre O. ein begriffliches Unding. *Steffani* faßt den Oppositionsbegriff denn auch zunächst allgemein, dann speziell (parlamentarische O.) und dann enger (O. im parlamentarischen Regierungssystem). Nicht alle Kategorien dieser Typenbildung halten einer näheren Nachprüfung stand. Die Wirkungsebene parlamentarischer O. erstreckt sich z. B. zugleich in den vorparlamentarischen Raum: O. würde ihre Funktion für das politische System verlieren, wenn ihr die Verknüpfung beider Sphären nicht gelänge. Reale Phänomene unter die konstruierten Grundtypen zu subsumieren, fällt schwer.

Von entwickelten demokratischen Systemen ausgehend, die kontinuierliche kontroverse Beteiligung am nicht-institutionalisierten und am institutionalisierten Prozeß politischer Willensbildung zulassen und von der Prämisse der Systemloyalität ausgehend, wurde später (*Oberreuter* 1975) folgender an *Dahl* (1966) angelehnter Typologisierungsversuch angeboten: 1. issue-orientierte Ad-hoc-Opposition; 2. kooperative O.; 3. kompetitive O. Diese Typologie erscheint weit genug, um unter dem ersten Typ so unterschiedliche Phänomene wie das o. Verhalten im US-amerikanischen Regierungssystem und die gelegentlichen Ausbruchserscheinungen aus dem Kartell von Proporzsystemen fassen zu können. Der zweite und dritte Typ, beide charakteristisch für parlamentarische Regierungssysteme, geben lediglich Präferenzen in den o. Strategien an: In der Praxis wendet O. beide Strategien überwiegend parallel an. Strikt kompetitive, also konkurrenzorientierte O. ist die Ausnahme. In ihrer zugespitzten Form der Systemverweigerung kristallisiert sie sich vor allem in den klassischen und neuen Protestparteien. Die üblich gewordene o. Kooperation mag zwar die Signifikanz der Alternative einschränken. Das System erfährt aber dadurch in hohem Maße Legitimationszufuhr. Als Minderheit ist O. darüber hinaus auf kooperative Strategien angewiesen, wenn sie den Entscheidungsprozeß durch ihre Alternativen wenigstens mitgestalten will. Insofern Oppositionsfunktionen unter dem Aspekt der Legitimationszufuhr und damit der Integration des politischen Systems wahrgenommen werden, ergibt sich in der Theorie die Notwendigkeit, sie komplexer Ausgestaltung offenzuhalten.

In der politischen Praxis erzwingen die »Prämien auf den Machtbesitz«, die der regierenden Mehrheit zufallen, Reformmaßnahmen, welche die Freiheit der O. zur komplexen Ausgestaltung ihrer Rolle materiell absichern, wenn der systemtypische Dualismus zwischen Regierung und O. funktionsfähig bleiben soll. Machtpositionelles Kalkül wird jedoch wie in der Vergangenheit so auch in Zukunft ein kaum überwindbares Hindernis sein, sich diesem Problem zu stellen.

Heinrich Oberreuter

↗ Demokratietheorie; Öffentliche Meinung.

Lit.: *Barker, R.* (Hrsg.) 1971: Studies in Opposition, London. *Bode, I.* 1962: Ursprung und Begriff der parlamentarischen Opposition, Stuttgart. *Dahl, R. A.* (Hrsg.) 1966: Political Oppositions in Western Democracies, New Haven/London. *Dahl, R. A.* (Hrsg.) 1973: Regimes and Oppositions, New Haven/London. *Euchner, W.* (Hrsg.) 1993: Politische Opposition in Deutschland und im internationalen Vergleich, Göttingen. *Friedrich, M.* 1962: Opposition ohne Alternative? Über die Lage der Opposition im Wohlfahrtsstaat, Köln. *Ionescu, G./de Madariaga, I.* 1971: Die Opposition, München. *Kirchheimer, O.* 1957: Vom Wandel der politischen Opposition, in: Archiv für Rechts- und Sozialphilosophie, 59–86. *Kluxen, K.* 1956: Das Problem der Opposition, Freiburg/München. *Kolinsky, E.* (Hrsg.) 1984: Democracy and Opposition in Western Europe, London. *Kramm, L.* 1986: Grundzüge einer Theorie politischer Opposition, in: ZfP 33, 33–43. *Landshut, S.* 1955: Formen und Funktionen der parlamentarischen Opposition, in: *Eisermann, G.* (Hrsg.): Wirtschaft und Kultursystem, Erlenbach usw., 214–228. *Lehmbruch, G.* 1967: Proporzdemokratie, Tübingen. *Lijphart, A.* 1968: The Politics of Accomodation, Berkeley. *Lipset, S. M./Rokkan, S.* 1967: Party Systems and Voter Alignments, New York. *McLennan, B.* 1973: Political Oppositions and Dissent, New York. *Oberreuter, H.* (Hrsg.) 1975: Parlamentarische Opposition. Ein internationaler Vergleich. Parlamentarische Opposition im internationalen Vergleich 1990, in: Göttinger Sozialwissenschaften heute, hrsg. v. *Lösche, P.*, Göttingen, 81–179. *Schneider, H. P.* 1990: Verfassungsrechtliche Bedeutung und politische Praxis der parlamentarischen Opposition, in: *ders./Zeh, W.* (Hrsg.): Parlamentsrecht und Parlamentspraxis in der Bundesrepublik Deutschland, Berlin/New York, 1055–1096. *Schumann, H.-G.* (Hrsg.) 1976: Die Rolle der Opposition in der Bundesrepublik Deutschland, Darmstadt. *Sebaldt, M.* 1992: Die Thematisierungsfunktion der Opposition. Die parlamentarische Minderheit des Deutschen Bundestags als innovative Kraft im politischen System der Bundesrepublik Deutschland, Frankfurt/M. u.a. *Steffani, W.* 1970: Opposition, in: *Röhring, H.-H./Sontheimer, K.*: Handbuch des deutschen Parlamentarismus, München, 314–320.

[2] Osteuropa.

I. Nach marxistisch-leninistischem Verständnis war (»echte«) politische O. in bürgerlichen Staaten als Ausdruck antagonistischer Gegensätze im ↗ Kapitalismus zu verstehen, der sich letztlich auf den Gegensatz zwischen Kapital (»Privatbesitz an Produktionsmitteln«) und Arbeit reduzieren ließ. Mit der Beseitigung des Privateigentums an Produktionsmitteln nach der ↗ Revolution entfällt dementsprechend die »materielle Basis« der antagonistischen Widersprüche und damit auch der Opposition. Interessengegensätze können zwar noch aufteten (z.B. zwischen Stadt- und Landbevölkerung). Sie sind jedoch nichtantagonistischer Natur und damit prinzipiell lösbar, und zwar durch die kommunistische Partei. Somit »[existiert] in sozialistischen Staaten... für eine Opposition keinen objektive soziale und politischen Grundlage« (*Kleines Politisches Wörterbuch*, Berlin/Ost [7]1988: 707).

Entsprechend war in parteiorthodoxer Sicht für sowjet-sozialistische Systeme der Begriff »politische Opposition« negativ besetzt, und zwar in mehrfacher Hinsicht. Sofern O. von außerhalb der kommunistischen Partei ausgeübt wurde, galt sie als konterrevolutionär, wurde auf Überbleibsel des vorherigen Systems oder auf externe Einwirkung zurückgeführt und kriminalisiert. Innerparteiliche Opposition war durch das auf dem X. Parteitag der russischen KP von 1921 durchgesetzte Fraktionsverbot (vorgeblich zu Bewahrung von »Einheit und Reinheit« der Partei) jahrzehntelang nicht in der Lage, sich zu organisieren. Einen Versuch, größere innerparteiliche Demokratie zu ermöglichen, stellte der dem annullierten Parteitag der KPČ vom August 1968 vorgelegte Statutenentwurf dar, nach dem innerhalb der Partei zwar keine Fraktionen, aber »Plattformen« bestehen durften. Minderheitspositionen sollten in der Partei auch nach einer Beschlußfassung – abweichend vom bisherigen Verständnis des Organisationsprinzips ↗ Demokratischer Zentralismus – die Möglichkeit einer Darstellung ihrer Standpunkte auch nach außen erhalten. Auch wenn diese Postulate in der KPČ nach 1968 nicht praxisrelevant wurden, waren sie doch bekannt und beeinflußten die Überlegungen zu »Reformen von oben« im sowjetischen Hegemonialbereich. Auch das auf dem 27. Parteitag im Juli 1990 verabschiedete neue Organisationsstatut der KPdSU, das die Möglichkeiten von »Plattformen« innerhalb der Partei ausdrücklich vorsieht, zeigt deutliche Anklänge an das Reformkonzpet von 1968.

In reformorientierten realsozialistischen Staaten der 80er Jahre wurden Versuche unternommen, eine – nach der Ideologie eigentlich ausgeschlossene – »konstruktive«, von außerhalb der Partei agierende und die bestehenden Verhältnisse zum Ausgangspunkt von Reformen nehmende O. ansatzweise in das politische System zu integrieren (Wahl einer Handvoll Oppositioneller in das ungarische Parlament 1985, Bildung des »Konsultativrats beim Vorsitzenden des Staatsrats« in Polen 1986). Auch das auf dem 27. Parteitag im Juli 1990 verabschiedete neue Organisationsstatut der KPdSU, das die Möglichkeiten von »Plattformen« innerhalb der Partei ausdrücklich vorsieht, zeigte deutliche Anklänge an das Reformkonzept der KPČ vom August 1968, das nach der sowjetischen Intervention vom August 1968 in der ČSSR selbst keine Chance auf eine Verwirklichung gehabt, im sowjetischen Hegemonialbereich aber die Überlegungen zu »Reformen von oben« dennoch inspiriert hatte.

II. Die Etablierung gewaltenteiliger Verfassungssysteme Ende der 80er/Anfang der 90er Jahre führte allenfalls und oft auch hier nur ansatzweise in den ostmitteleuropäischen und den baltischen Staaten sowie Bulgarien zu einem Rollenspiel zwischen Regierungsmehrheit und parlamentarischer O., wie dies aus westlichen Demokratien bekannt ist. Die Konfliktlinien waren dabei vielfach diffus. Sie waren bestimmt von der verfassungsmäßigen Konstruktion des Verhältnisses zwischen Exekutive und Legislative, den Regelungen des Wahlsystems und/oder den *cleavages* zwischen den einzelnen Parteien bzw. Politikern mit persönlicher Klientel.

Zugleich waren die Trennlinien zwischen parlamentarischer und außerparlamentarischer O. fließend. Insbesondere in Staaten mit hohem gesellschaftlichem, wirtschaftlichem und politischem Konfliktpotential stellt sich die Aufgabe, nicht nur funktionsfähige politische Institutionen, sondern auch einen Handlungsrahmen für Parteien, Interessengruppen etc. aufzubauen und die gesellschaftliche Akzeptanz für einen geregelten Konfliktaustrag innerhalb wie außerhalb des Parlaments herzustellen. Institutionell nicht integrieren ließ sich das ethnische Spannungspotential in den kommunistischen Scheinföderationen Jugoslawien, Sowjetunion und Tschechoslowakei, so daß diese Staaten 1991/92 zerfielen. Noch offen ist die Frage, ob die Integration im Falle der Russischen Föderation gelingen wird.

Klaus Ziemer

↗ Föderalismus; Minderheiten; Parlamentarismus; Systemwechsel.

Lit.: *Klokočka, V./Ziemer, K.* [2]1989: Opposition, in: *Ziemer, K.* (Hrsg.): Sozialistische Systeme, München, 305–315. *Tismaneanu, V.* (Hrsg.) 1990: In Search of Civil Society. Independent Peace Movements in the Soviet Bloc, New York/London. *Tökes, R. L.* (Hrsg.) 1979: Opposition in Eastern Europe, London/Basingstoke.

Ost-West-Beziehungen

Der Ost-West-Konflikt hat über 40 Jahre Gehalt, Modus und Handlungsspielräume internationaler wie europäischer Politik konstitutiv bestimmt. Mit der Pariser KSZE-Gipfelkonferenz von 1990 wurde er nicht nur deklamatorisch beendet, sondern auch eine Neuordnung des europäischen Staatensystems eingeleitet, das durch kooperative Konfliktregelung, Übernahme westlicher Demokratiemodelle im ehemaligen Ostblock und wirtschaftliche Ein- bzw. abhängige Anbindung der osteuropäischen Staaten sowie Rußlands und der GUS-Staaten gekennzeichnet ist. Seit dieser Zäsur in der Nachkriegsgeschichte lassen sich die Ost-West-Beziehungen beschreiben als die Beziehungen zwischen den Staaten Nordamerikas und Westeuropas einerseits und den Staaten Mittel- und Osteuropas, Rußlands und der GUS-Staaten andererseits.

I. Die Vorgeschichte des Ost-West-Konfliktes beginnt lange vor 1945 und wird durch drei strukturelle Entwicklungen bestimmt. Erstens bewirken die unterschiedlichen sozio-ökonomischen Entwicklungen im Europa des 19. Jh.s einen relativen Machtverfall und die ökonomische Marginalisierung Rußlands. Zweitens führt die russische Oktoberrevolution zu einem politisch wie ökonomisch folgenreichen Dissens über Gesellschaftsformation, Demokratieverständnis und außenpolitische Leitziele, der zwar Positionsverlust und wirtschaftliche Schwäche nach innen kompensieren half, nach außen aber noch verschärfte. Die in der UdSSR sich schon in den 20er Jahren abzeichnende innere Militarisierung, zentralplanwirtschaftliche Wirtschaftspolitik sowie der damit verbundene politische Reformverzicht koppelten die UdSSR von der politisch-ökonomischen Entwicklung Europas weiter ab, woran auch Versuche, über eine *Rapallo*-Lösung bzw. den *Hitler-Stalin*-Pakt dies aufzuheben bzw. zu mildern, nichts wesentliches änderten. Die sich im II. Weltkrieg ergebende Koalition mit den USA, Frankreich und Großbritannien ergab dann die Chance, den sowjetischen Macht-, Sicherheits- und Wirtschaftsinteressen Geltung zu verschaffen und bei der politischen Neuordnung Europas eine entscheidende Rolle zu spielen. Der bisher in erster Linie sowjetisch-europäische Konflikt entwikkelte sich dann nach Mitte der 40er Jahre zu einem sowjetisch-amerikanischen, weil die politisch-ökonomisch erstarkten USA einen macht- wie gesellschaftspolitischen Ordnungsanspruch in Europa anmeldeten und darüber hinaus ihren Anspruch auf die Rolle der Weltführungsmacht durchsetzten.

Damit bestand 1945 eine Konstellation, in der insbesondere in Europa sowohl die allgemeinen macht- und ordnungspolitischen als auch die spezifischen sicherheits- und wirtschaftspolitischen Interessen der UdSSR und der USA miteinander kollidierten und sich insbesondere in der jeweiligen Deutschlandpolitik (↗ Deutsche Einheit) festmachten. Um den Konfliktverlauf in der Phase Mitte der 40er Jahre bis Anfang der 60er Jahre zu erklären, muß insbesondere auf die Verknüpfung dieser Interessen in Form einer bestimmten Politik hingewiesen werden. Denn so wie die USA zur ordnungspolitischen Restabilisierung Westeuropas und zur Absicherung ihres ökonomisch-politischen Einflusses in Europa Blockintegration mit Blockkonfrontation miteinander verbanden, so agierte wie reagierte die UdSSR mit einem im Grundsatz ähnlichen, in der Austragungsform allerdings anderen Politikmuster. Auch hier läßt sich gerade an der Integration Westdeutschlands bzw. der Bundesrepublik Deutschland und Ostdeutschlands bzw. der DDR der Zusammenhang zwischen militarisierter Konfrontation, Regime- und Systemstabilisierung nach innen und Etablierung einer Blockführerschaft durch die jeweilige Großmacht verdeutlichen: Außenpolitischer Konflikt erlaubte bzw. erleichterte wesentlich die Durchsetzung der innen- wie blockpolitischen Neuordnung. ↗ Stalinismus und Antikommunismus – die gesellschaftspolitische Ausprägung des Ost-West-Konfliktes – bedingten sich gegenseitig; der »Kalte

Krieg«, d.h. die Militarisierung der Beziehungen zwischen dem West- und Ostblock, und die Etablierung amerikanischer und sowjetischer Suprematie hingen ebenso miteinander zusammen.

Dabei war der Ost-West-Konflikt in dieser Phase trotz seiner Bilateralisierungs- und Blockbildungseffekte durch eine doppelte Asymmetrie zwischen West und Ost bzw. USA und UdSSR als Primärakteuren gekennzeichnet. Erstens hatten sich die USA zur Weltmacht entwickelt und verfolgten in und über dem Ost-West-Konflikt auch globale Ordnungsziele und Interessen. Die UdSSR war jedoch trotz aller programmatischen Ansprüche nach wie vor Regionalmacht; für sie hatte daher die Auseinandersetzung in Europa einen anderen Stellenwert als für die USA. Zweitens waren die Machtpotentiale wie auch die Akzeptanz der Machtposition extrem unterschiedlich. Dem amerikanischen Nuklearmonopol, Wirtschaftspotential und der Attraktivität der amerikanischen Ordnungsvorstellungen für ihre westeuropäischen Bündnispartner hatte die UdSSR nur ihren ideologischen Anspruch und ihr konventionelles Okkupationspotential entgegenzusetzen. Dies erklärt nicht nur den relativ raschen Erfolg amerikanischer *Containment*-Politik, global vernetzter Allianzbildung (NATO, CENTO, SEAT) und die langfristige Stabilität der Atlantischen Allianz, sondern ebenso die Bemühungen der UdSSR, mit den USA wenigstens machtpolitisch gleichzuziehen.

Die raschen Erfolge der UdSSR beim Abbau dieser Asymmetrien verdrängten auch auf Jahrzehnte in der sowjetischen Führungselite die langfristigen Gefahren traditionellen Reformverzichtes, repressiver Blockpolitik und militarisierter Außenbeziehungen. Mit dem Aufbau eines sowjetischen Nuklearpotentials, den außenpolitischen Anfangserfolgen im Dekolonisierungsprozeß und dem Aufbau einer prosowjetischen Klientel in Lateinamerika, Asien und Afrika wurde die UdSSR in den 60er und 70er Jahren nicht nur militärische und politische Weltmacht, sondern es etablierte sich jener kompetitive Bilaterialismus, der auf der einen Seite in amerikanisch-sowjetischen Rüstungskontrollverhandlungen als Folge des nuklearen Patts zum Ausdruck kam und sich auf der anderen Seite darin äußerte, daß nicht nur andere Globalkonflikte wie der Entkolonialisierungs- bzw. spätere ↗ Nord-Süd-Konflikt, sondern auch Regionalkonflikte und sogar innergesellschaftliche Reformkonflikte in der Dritten Welt davon überlagert, Handlungsspielräume eingeschränkt und Großmachtinterventionen zur Regel wurden.

Kalter Krieg und kooperativ-konfligierender Bilateralismus der 60er und 70er Jahre haben aber nicht nur strukturelle Veränderungen in der Ausgangskonstellation des Ost-West-Konfliktes nicht verhindert, sondern auch politische Lernprozesse ausgelöst, die erstens zu einer Debatte über Kosten und Risiken des Ost-West-Konfliktes, zweitens zu Politiken zur Konfliktsteuerung und drittens zu einer globalen Relativierung des amerikanisch-sowjetischen Machtduopols führten. Entspannungspolitiken, Regionalisierungsbemühungen und ein schrittweiser Verfall von Führungsmacht sorgten nicht nur für eine Funktionseinbuße militärischer Machtpotentiale, sondern gaben dem nun amerikanisch-westeuropäisch- japanischen Wirtschaftspotential und der Attraktivität kooperativ-demokratischer Ordnungen neuen Einfluß. Dieser Einfluß machte sich nicht nur in der Dritten Welt, sondern schrittweise auch in Osteuropa und schließlich auch in der UdSSR bemerkbar. Die durch die amerikanische Politik der Jahre 1980–84 ausgelöste Remilitarisierung des amerikanisch-sowjetischen Konfliktes war nur vorübergehender Natur und hat die Lernprozesse in

Richtung auf Konfliktentspannung und -überwindung bei den betroffenen Staaten eher beschleunigt.

Die Erklärungsansätze für den Ost-West-Konflikt lassen sich in drei Gruppen einteilen.

Erstens wird der ↗ Konflikt als Folge akteursspezifischen Fehlverhaltens gesehen, wobei je nach politischem Standort die »Schuld« westlicher bzw. östlicher Unfähigkeit bzw. Unwilligkeit zum Interessenausgleich, Machtkompromiß oder Systemtoleranz zugeschrieben wird. In diese Gruppe gehören Hinweise auf den ideologischen Weltgeltungsanspruch, unsaturierten Machtanspruch und primär innengeleitete Außenpolitik und auch der fälschliche Hinweis, die USA hätten im Ost-West-Konflikt »gesiegt«. Zweitens wird der Konflikt als Resultat bestimmter, dem internationalen System immanenten Widersprüchen, Handlungszwängen und Verhaltensmodi verstanden. Dazu gehört nicht nur die Antagonismus-Schule, sondern auch das Theorem, daß das internationale System aufgrund seiner nationalstaatlichen Struktur eben nationalmaximalistische Interessendurchsetzung über Konflikt und mit Hilfe militärischer Konfrontation hervorruft. Nach diesen Vorstellungen ist die Beendigung des Ost-West-Konflikts eng mit dem erfolgreichen Aufbau legitimierter und akzeptierter supranationaler Steuerungsmechanismen verbunden. Drittens wird mit Hilfe von Hegemonialzyklen und Gleichgewichtsmodellen der Konflikt als Ergebnis von absoluter und relativer Machtdynamik verstanden; Konflikt entsteht dabei, wenn Machtbalancen gestört, Machtverluste nicht angemessen kompensiert und nationalstaatliche Ordnungen nicht ausreichend adaptionsfähig und -willig sind. Danach ist die Überwindung des Ost-West-Konflikts auch von dem Verlust des amerikanischen Weltführungsmonopols abhängig.

Die revolutionären Veränderungen in den Jahren 1989/90 in Mittel- und Osteuropa stellen eine weltpolitische Zäsur dar. Ohne die Vorgeschichte dieser Entwicklung zu verkennen, handelte es sich hierbei nicht nur um eine Zuspitzung der unter *Gorbatschow* eingeleiteten Reformen in der Sowjetunion (samt ihrer Folgewirkungen in Osteuropa) und um eine Weiterführung der Ost-West-Entspannung seit Mitte der 80er Jahre. Vielmehr veränderten sich mit dem Zusammenbruch der realsozialistischen Regime grundlegend die politischen Prämissen, unter denen Politik seither in der östlichen Hälfte Europas stattfindet, und es vollzog sich ein tiefgreifender Strukturwandel der Ost-West-Beziehungen. Als Folge der revolutionären Umbrüche löste sich der Kernkonflikt über den ordnungspolitischen Antagonismus, der dem Ost-West-Konflikt zugrundelag, auf, fand mithin der Ost-West-Konflikt selbst sein Ende. Dies bedeutet jedoch nicht, daß die Ost-West-Beziehungen fortan konfliktfrei wären. Obwohl sich im postrevolutionären Europa ein historischer »Konsens über die ordnungspolitischen Prämissen von Politik, Gesellschaft, Kultur, ja selbst von Ökonomie herauskristallisiert hat« (*Senghaas* 1992a: 17), der im Rahmen der KSZE vor allem in der »Pariser Charta für ein neues Europa« (1990) deklaratorisch seinen Ausdruck fand, wird auch künftig sicherlich ein gewisses Maß an ordnungspolitischen Positionsdifferenzen, etwa in den Bereichen Selbstbestimmungsrecht, Minderheitenschutz oder Rechtssicherheit, fortbestehen. Gerade in der Frage, wie auf Minderheiten- und ethnonationalistische Konflikte in Mittel- und Osteuropa zu reagieren sei, steckt erheblicher internationaler Konfliktstoff. Des weiteren sind Altlasten des Kalten Krieges wie insbesondere die ↗ Abrüstung und die Rüstungskonversion abzutragen. Auch grenzüberschreitende Umweltprobleme bergen ein beachtliches und – aufgrund des weltweit wachsenden ökologischen Problemdrucks – vermutlich zunehmendes Konfliktpotential. Zudem werden infolge intensivierter wirtschaftlicher Verflechtungen zwischen West und Ost unweigerlich neue Interessenkonflikte entstehen, etwa in den Bereichen der Handels- oder der Agrarpolitik. Das Wohlstandsgefälle zwischen West und Ost birgt nicht zuletzt in Form anhaltender, nur schwer steuer- und absorbierbarer Migrationsströme weiteres Konfliktpotential. Kurzum: Es wäre sicherlich falsch, die Augen vor den sich abzeichnenden Problemen in den Ost-West-Beziehungen und vor den Gefahren zu verschließen, die gerade im Wiedererstarken nationalistisch-chauvinistischer Politiken liegen. Nichtsdestotrotz bietet sich mit dem Ende des Ost-West-Konflikts die historische Chance, eine dauerhafte Friedensordnung in einem »Europa demokratischer Rechtsstaaten« aufzubauen. Die Vereinigung Deutschlands (↗ Deutsche Einheit) war – nicht nur aus deutscher Sicht – diesbezüglich ein hochbedeutsamer Schritt.

Politikempfehlungen begreifen die Friedensaufgabe in Europa nach Ende des Ost-West-Konflikts in vierfacher Hinsicht (vgl. *Senghaas* 1992a, 1992b):

a) Förderung der Demokratisierungsprozesse in Mittel- und Osteuropa zwecks Aufbau eines einheitlichen Rechtsraumes im Sinne demokratischer Rechtsstaatlichkeit. In einigen Staaten gefährdet die politische und wirtschaftliche Problemfülle noch immer Bestand und Stabilität der demokratischen Entwicklung.

b) Vernetzung der europäischen Staaten vor allem im Bereich friedlicher Streitbeilegung und kooperativ-kollektiver Sicherheit. Nach Ende des Ost-West-Konflikts wurde die Konferenz über Sicherheit und Zusammenarbeit in Europa (KSZE) als eine internationale Organisation zur vorrangig zivilen Konfliktprävention und -bearbeitung ausgebaut (seit Jan. 1995 OSZE: Organisation für Sicherheit und Zusammenarbeit in Europa), deren Effektivität jedoch trotz der schrittweisen Ausweitung ihrer Kompetenzen und Handlungsinstrumentarien noch zu wünschen übrig läßt. Strukturelle Veränderungen betreffen auch: die ↗ Europäische Union (EU), die vor dem Problem steht, die europäische Integration zu vertiefen und gleichzeitig stufenweise – zum Teil vermittelt über Assoziierungs- und Kooperationsverträge – zu erweitern; sowie die *North Atlantic Treaty Organization* (NATO), die nach Ende des Ost-West-Konflikts eine strategische Umorientierung weg von der bipolaren Blockkonfrontation hin zur kollektiven Sicherheitsordnung vollzieht. Die Initiative Partnerschaft für den Frieden (*Partnership for Peace*, PFP), die im Januar 1994 auf dem NATO-Gipfel in Brüssel ins Leben gerufen wurde, verfolgt das Ziel, in Europa Stabilität und Sicherheit durch eine militärische Kooperation zwischen NATO, den Staaten Mittel- und Osteuropas und anderen OSZE-Staaten zu erhöhen. Bis Juni 1994 haben bereits 20 Staaten das Rahmendokument des Partnerschaftsprogramms mit der NATO unterzeichnet. Freilich bestehen gerade im sicherheitspolitischen Bereich noch beachtliche Abstimmungsprobleme zwischen der OSZE, den Vereinten Nationen, der NATO, der Westeuropäischen Union und der EU.

c) ökonomischer Ausgleich zwischen den beiden Hälften Europas. Die Überwindung des drastischen Entwicklungsgefälles innerhalb Europas und damit einhergehend die Transformation der ehemaligen sozialistischen Planwirtschaften in Marktwirtschaften sowie deren Integration in die Weltwirtschaft bedürfen auf Dauer massiver wirtschaftlicher und politischer Anstrengungen auch seitens des Westens (öffentliche Überbrückungs- und Sanierungshilfen, private Direktinvestitionen etc.).

d) empathiefördernde Politik auf Grundlage von Vertragsregelungen sowie von Stärkung, Erweiterung und Schaffung von Institutionen und Regimen in spezifischen Politikfeldern, um nationalistisch-chauvinistischen Entwicklungen entgegenzuwirken.

Reimund Seidelmann/
Michael Krennerich

↗ Abrüstung; Außenpolitik; Friedensforschung; Internationales Recht; Sicherheitspolitik.

Lit.: *Adomeit, H.* 1983: Die Sowjetmacht in internationalen Krisen und Konflikten, Baden-Baden. *Czempiel, E.O.* 1986: Friedensstrategien, Paderborn. *Czempiel, E.O.* 1989: Machtprobe. Die USA und die Sowjetunion in den achtziger Jahren, München. *Czempiel, E.O.* ²1993: Weltpolitik im Umbruch. Das internationale System nach dem Ende des Ost-West-Konfliktes, München. *Frei, D./Ruloff, D.* 1983: East-West-Relations, 2 Bde., Cambridge/Mass. *Hamann, R.* (Hrsg.) 1986: Die Süddimension des Ost-West-Konfliktes, Baden-Baden. *Link, W.* ²1988: Der Ost-West-Konflikt, Stuttgart usw. *Loth, W.* 1989: Ost-West-Konflikt und Deutsche Frage, München. *Mearsheimer, J.* 1990: Back to the Future: Instability in Europe after the Cold War, in: International Security, 1, 5–56. *Rittberger, V./Zürn, M.* 1991: Transformation der Konflikte in den Ost-West-Beziehungen. Versuch einer institutionalistischen Bestandsaufnahme, in: PVS, 32, 399–424. *Senghaas, D.* 1990: Europa 2000. Ein Friedensplan, Frankfurt/M. *Senghaas, D.* 1992a: Friedensprojekt Europa, Frankfurt/M. *Senghaas, D.* 1992b: Von Struktur- zur Regimeanalyse und zurück, in: PVS, 33, 93–104. *Staack, M.* (Hrsg.) 1992: Aufbruch nach Gesamteuropa. Die KSZE nach der Wende im Osten, Münster. *Zunker, A.* (Hrsg.) 1993: Weltordnung oder Chaos?, Baden-Baden.

Parlamentarismus

[1] Demokratien.

I. Parlamentarismus (P.) bezeichnet eine der Grundformen repräsentativer Demokratie, die sich durch die Zuordnung der Institutionen Parlament, Regierung und Staatsoberhaupt (Monarch oder Präsident) unterscheiden. Im P. ist es das Parlament, das – heute in allgemeinen ↗ Wahlen gewählt – die ↗ Regierung bestellt, kontrolliert und die ↗ Gesetzgebung ausübt.

Dieses engere Verständnis von P. setzt über die bloße Existenz eines Parlaments auch seine gestaltende Kompetenz voraus. Auch in nicht parlamentarisierten Monarchien oder in ↗ Autoritären Regimen kann es Parlamente im weiteren Sinne geben. Spielen solche Volksvertretungen aber politisch keine zentrale Rolle, kann höchstens von einem »autoritären« oder gar »totalitären« P. gesprochen werden (siehe unter [2]). Das enge Verständnis von P. grenzt sich auch gegenüber dem ↗ Präsidentialismus ab. Es ist identisch mit dem des parlamentarischen (Regierungs-)Systems, in welchem die Regierung aus dem Parlament hervorgeht, in ihrer Amtsführung und der Amtsdauer vom Vertrauen des Parlaments bzw. einer Parlamentsmehrheit abhängig ist und dergestalt die klassische ↗ Gewaltenteilung, nicht aber – wie *Montesquieu* unterstellte – die ↗ Freiheit aufgehoben ist.

Die weit überwiegende Zahl der westlichen ↗ Industriegesellschaften wird parlamentarisch regiert. Die USA (präsidentiell), Frankreich (semipräsidentiell), die Schweiz (kollegial) sind die viel zitierten Ausnahmen. In den Entwicklungsländern halten sich freilich P. und Präsidentialismus die Waage. In den Demokratien des ehemaligen britischen Kolonialreiches überwiegen parlamentarische Systeme, in Lateinamerika dominieren Präsidialsysteme. In den postkommunistischen Staaten Osteuropas haben sich teilweise parlamentarische, teilweise semipräsidentielle Regime gebildet. Das Profil ist aber noch nicht stabil.

II. Die historische Herausbildung des P. wird in besonderem Maße von Sprüngen, Widersprüchen und ungewollten Folgen politischer Entscheidungen gekennzeichnet. Sie erfolgte in manchen Ländern Schritt für Schritt seit Mitte des 19. Jh.s bis zum Ende des I. Weltkrieges, so in Großbritannien, in den »weißen« überseeischen *Commonwealth*-Staaten oder in Skandinavien und den Niederlanden; in anderen abrupt nach revolutionären Erhebungen oder Regimewechseln, besonders in Frankreich (1793, 1830, 1848, 1875) oder in Deutschland (1848, 1918, 1945), in Spanien und Portugal in den 70er Jahren und jüngst in den osteuropäischen Staaten. Die Parlamentarisierungen des 19. und beginnenden 20. Jh.s haben gemeinsame Ursprünge in der sozialen und ökonomischen ↗ Emanzipation des ↗ Bürgertums, die zur politischen Emanzipation von feudalen und spätabsolutistischen Zwängen drängte. Die Entstehung des liberalen P. (↗ Liberalismus) ist so mit der Genese des bürgerlichen ↗ Kapitalismus eng verknüpft, ohne freilich eine deterministische Kausalbeziehung zu bilden. Denn Kapitalismus gedieh auch im spätfeudalen Regime des Deutschen Kaiserreiches oder in der präsidentiellen »republikanischen Monarchie« der USA des 19. Jh.s und schließlich auch in spätfaschistischen Regimen der iberischen Halbinsel bis in die Mitte des 20. Jh.s.

1. In England wird die Zeit von der Glorreichen Revolution (1688) bis zur bürgerlichen Wahlreform von 1832 als die goldene Zeit des britischen P. gefeiert. Mitnichten kann für diese Zeit aber von einer Vorherrschaft des Parlaments gesprochen werden. Erst zu Beginn des 19. Jh.s löste sich das Kabinett mehr und mehr vom unmittelbaren Einfluß des Königs und wurde abhängig vom Vertrauen des Unterhauses. Noch weniger kann nach der Wahlreform von 1832 bereits von einer demokratisch gewählten Volksvertretung die Rede sein. Aber unter diesen Bedingungen gelang die Parlamentarisierung des Regierungssystems. »Das Unterhaus war kein Abbild des Volkes als Summe aller Schichten, sondern Repräsentant der bestimmenden und gesellschaftlichen Kräfte. Das war die soziologische Voraussetzung für die parlamentarische Souveränität, der gegenüber die Regierung lediglich als erstes Komitee des Hauses erschien.« (*Kluxen* 1967: 114f.) In Großbritannien erfolgte die Demokratisierung des ↗ Wahlrechts zeitlich lange nach der Parlamentarisierung der Verantwortlichkeit der Regierung, die sich schließlich bis zum *prime ministerial government* wieder zu einem guten Teil von der Prädominanz des Parlaments bis zum heutigen Tag emanzipieren konnte.

2. Frankreich verkörpert in vieler Hinsicht den idealtypischen Gegenpol zur britischen Entwicklung. Zum einen verlief der Prozeß sprunghaft, zum anderen ging die Demokratisierung des Wahlrechts der Parlamentarisierung voraus. Schon die revolutionäre Konventsverfassung von 1793 sollte eine Versammlungsregierung konstituieren, statt sich auf Gesetzgebung, Regierungskontrolle und Budgetrecht zu beschränken, wie die klassische Gewaltenteilungslehre von *Montesquieu,* die sich am (mißverstandenen) britischen Vorbild orientierte, vorsah. 1830, 1848 und schließlich mit der Verfassung der III. Republik von 1875 mußte das Bürgertum immer wieder neu die Rechte des Parlaments erkämpfen. Der politische P. des 19. Jh.s fußte überall in Europa auf den wirtschaftlichen und politischen Interessen des Bürgertums. Liberaler P. war deshalb ohne weiteres mit strikten Wahlrechtsbeschränkungen auf die besitzenden Klassen vereinbar, gemäß der Umkehrung der klassischen Formel zur Durchsetzung des P. – *»no taxation without representation«* – in das Prinzip *»no representation without taxation«*. Die Herausforderung durch die unterprivilegierten Klassen der Arbeiter oder auch der Dienstboten und natürlich der Frauen wurde ganz

unterschiedlich beantwortet. Taktischen Wahlrechtserweiterungen der bürgerlichen ↗ Parteien zur schrittweisen Integration der Arbeiterschaft, wie in England, standen harte Repressionsmaßnahmen (Sozialistengesetze) mit sozialpolitischer Abfederung unter *Bismarck* in Deutschland gegenüber. Obwohl die europäische ↗ Arbeiterbewegung im bürgerlichen P. einen Hauptfeind identifizierte, wurde die Demokratisierung des Wahlrechts schließlich zu einem Instrument der politischen Integration weiter Teile der sozialistischen Massenparteien. Diese Entwicklung führte in der Arbeiterbewegung zu einer Abspaltung eines radikalen, kommunistischen Flügels, der an der prinzipiellen Ablehnung einer parlamentarisch errungenen Herrschaft festhielt. Erst in den letzten beiden Jahrzehnten ist dieser Gegensatz zunächst in westeuropäischen ↗ Kommunistischen Parteien abgeschwächt und aufgehoben worden. Seit Ende der 80er Jahre sind die osteuropäischen Staaten dieser Entwicklung gefolgt.

III. Zur Abgrenzung des parlamentarischen von anderen Regierungssystemen, die ebenfalls eine Volksvertretung, d.h. ein Parlament im weitesten Sinne des Wortes, kennen, können folgende institutionelle und politische Merkmale gelten (vgl. *von Beyme* 1970):

1. Die ↗ Regierung (Chef und Minister) wird in der Regel aus dem Parlament rekrutiert; es besteht keine Inkompatibilität zwischen Exekutive und Legislative. 2. Die Regierung ist dem Parlament verantwortlich und muß zurücktreten, wenn das Parlament ihr das Vertrauen entzieht. 3. Das Parlament kontrolliert die Regierung durch Interpellationen, Ausschüsse und andere Informationsinstrumente. 4. Parlamentarische Mehrheit und Regierung arbeiten eng zusammen, die institutionelle Gewaltenteilung wird zugunsten einer funktionalen zwischen Regierung und Opposition, die ihrerseits eine legitime Funktion erfüllt, abgelöst. 5. Das Staatsoberhaupt, in Ausnahmefällen sogar vom Parlament gewählt (z.B. Bundesrepublik Deutschland), hat höchstens ein Nominationsrecht des Regierungschefs, das nicht gegen die Parlamentsmehrheit ausgeübt werden darf. 6. Das Parlament kann in der Regel durch das Staatsoberhaupt auf Verlangen des Regierungschefs aufgelöst werden (Ausnahmen: Bundesrepublik, Israel, Norwegen). 7. Der Regierungschef (Kanzler, Premierminister) hat meist eine hervorgehobene Stellung bei Auswahl des Kabinetts und politischen Entscheidungen (Richtlinienkompetenz). 8. Legitimität von ↗ Opposition, kritischer Öffentlichkeit und turnusmäßigem ↗ Regierungswechsel werden allgemein anerkannt. 9. Legitimität organisierter politischer Willensbildung und in Fraktionen organisierter Parlamentsarbeit durch politische Parteien hat sich allgemein durchgesetzt.

IV. Die Unterschiede zwischen den parlamentarischen Demokratien der Bundesrepublik oder Großbritanniens, Kanadas oder Österreichs, Schwedens oder Italiens bleiben beträchtlich. Die ↗ Politische Kultur dieser Länder, der durch historische politische Sozialisation gewonnene Arbeitsstil der Institutionen und die demokratischen Überzeugungen und Haltungen in der Bevölkerung sind für die politische Wirklichkeit prägender als einzelne institutionelle Kriterien.

1. Neben der eigentlichen verfassungsrechtlichen Ausgestaltung des parlamentarischen Prozesses bestimmen weitere institutionelle Merkmale die jeweilige Stellung und Bedeutung der Volksvertretung. Zweikammersysteme, in denen ein ernanntes Oberhaus, wie noch immer in Großbritannien, neben das demokratisch gewählte Parlament tritt, haben als Relikt des Ständestaates bisweilen überlebt. Versuche, neben die politisch-egalitäre Repräsentation im Parlament mit allgemeinem Wahlrecht mittels funktionaler Repräsentation aus Berufs- und Interessengruppen einen Senat, wie in Bayern, zu

etablieren, haben mehr symbolische Funktion und scheitern ebenso wie Versuche, Wirtschafts- und Sozialräte neben dem Parlament einzurichten, oft schon am kaum lösbaren Dilemma, über einen »gerechten« Schlüssel die Interessen der Gesellschaft abzubilden. Die zweite Kammer bleibt deshalb heute meistens in föderalen Systemen den regionalen Vertretungen vorbehalten, häufig mit minderen Rechten ausgestattet (↗ Föderalismus). Deshalb ist der Bundesrat des Grundgesetzes, weil er nicht durch Volkswahl eingesetzt, sondern nur durch Beauftragte der Landesregierungen besetzt und mit minderen Rechten als der Bundestag ausgestattet ist, nicht als eine echte zweite Kammer anzusehen.

2. Erst recht prägt die innere Ausstattung des parlamentarischen Verhandlungsprozesses den politischen Stil eines Systems. Das wichtigste Element der internen Parlamentsstruktur ist die Geschäftsordnung. Sie regelt entscheidende Details der Rolle des einzelnen Abgeordneten, die Organisation der Ausschüsse und die Arbeit der Fraktionen. Die Geschäftsordnung bietet oft für den Charakter der parlamentarischen Arbeit mehr Aufschluß als die Verfassung selbst. Die Machtverteilung zwischen Plenum, Ausschuß und Fraktion kann sehr unterschiedlich gewichtet sein. Das britische Unterhaus stellt die Plenumsdebatte in den Vordergrund, im Schlagabtausch der kompetitiven Konstellation von Regierung und Opposition, von den Fraktionsführern, den *whips*, recht streng moderiert. Jede Vorlage wird hier von *ad-hoc*-Ausschüssen behandelt, die lediglich nach den Anfangsbuchstaben des Alphabetes benannt sind. Erst in jüngerer Zeit gibt es einige ständige Ausschüsse. Diese politische Arbeitsteilung ist als »Redeparlament« apostrophiert worden, dem als Idealtypus das »Arbeitsparlament« mit hochspezialisiertem Ausschußsystem und voll ausgebautem wiss. Hilfsapparat als Gegengewicht zur ↗ Bürokratie der Exekutive gegenübersteht – Beispiel US-amerikanischer Kongreß. Der deutsche Bundestag nimmt zwischen diesen Extremen eine Mittelstellung ein.

V. Die bundesrepublikanische Variante des P. ist durch teilweise kurzsichtige Verarbeitung des Scheiterns der Weimarer Republik geprägt.

Die Mitglieder des Parlamentarischen Rates waren davon überzeugt, daß die Machtergreifung durch den ↗ Nationalsozialismus wesentlich durch Mängel der Weimarer Reichsverfassung – Notverordnungsrecht, Präsidentenvorrechte bei Regierungsbildung und Parlamentsauflösung, Parteienzersplitterung durch Verhältniswahl, Volksentscheid – mitverursacht worden sei. In großen Teilen wurde deshalb das Grundgesetz als eine Gegenverfassung zu Weimar konstruiert: Schwächung der Stellung des Bundespräsidenten; Stärkung des Kanzlers durch Richtlinienkompetenz und konstruktives Mißtrauensvotum, das die Abwahl des Kanzlers nur bei gleichzeitiger Neuwahl eines Nachfolgers erlaubt; Stärkung der Verbindlichkeit der Grundrechte; Garantie eines unveränderlichen Kernbestandes der Verfassung (↗ Verfassungsgerichtsbarkeit), der von keiner Mehrheit suspendiert werden kann; positive Würdigung der Rolle der Parteien bei der politischen Willensbildung; Schwächung aller plebiszitären Möglichkeiten auf Bundesebene zugunsten der repräsentativen Elemente. Der parlamentarische Rat hat die institutionellen Schwächen der Weimarer Republik allerdings bei weitem gegenüber ökonomischen Kräften und der obrigkeitsstaatlich geprägten politischen Kultur überbewertet.

Eine neue institutionalistische Überinterpretation geschah in den ersten Jahrzehnten der Bundesrepublik, als aufgrund des autoritären Regierungsstils *Adenauers* gemeint wurde, daß es sich beim bundesrepublikanischen parlamentarischen System um ein »demoautoritäres« System handele und man sich Stabilität um den Preis politischer Stagnation ohne die Möglichkeit des Alternierens in der Regierungsausübung eingehandelt habe. Seit ab 1966 drei unterschiedliche Machtkonstellationen – 1966 Große Koalition CDU/ CSU–SPD, 1969 Sozialliberale Koalition SPD–FDP und 1982 Konservativ-liberale Koalition CDU/CSU–FDP – den »CDU-Staat« der 50er Jahre abgelöst haben, seit Studentenbewegung, ↗ Bürgerinitiativen, ↗ Soziale Bewegungen und neue Parlamentsparteien wie die Grünen

(↗ Grüne Parteien) für einigen politischen Wandel gesorgt haben, hat sich gezeigt, daß auch das parlamentarische System des Grundgesetzes dem politischen Wechsel offensteht und über einige Anpassungsfähigkeit verfügt. Trotz der vielfachen institutionellen Veränderungen des Grundgesetzes seit 1949 – Wehrverfassung, Notstandsgesetzgebung, Kompetenzerweiterung des Bundes in Finanzplanung, Bildungsplanung usw. –, die durchweg den Zentralismus stärkten und die Bürgerrechte begrenzten, geriet der Kernbestand eines im internationalen Vergleich akzeptablen und recht flexiblen demokratisch verfaßten politischen Systems nicht in Gefahr. Sogar der epochale Einschnitt der deutschen Wiedervereinigung 1990 brachte keine grundlegende Revision des parlamentarischen Systems. Obwohl in der Öffentlichkeit kurzfristig eine alternative neue Verfassung diskutiert wurde, blieb die Verfassungskommission sogar hinter Reformvorschlägen einer Enquête-Kommission aus den 70er Jahren zurück.
Dies Urteil über die Stabilität des deutschen Parlamentarismus soll nicht zur Selbstzufriedenheit aufrufen, sondern eher institutionellen Optimismus in der progressiven und in der konservativen Variante relativieren. *Agnolis* radikale Kritik am P. der Bundesrepublik 1968 als bürgerlicher Klassenherrschaft wird heute in der Parlamentarismuskritik von Bürgerrechtsgruppen und der Partei der *Grünen* viel differenzierter beurteilt. Insbesondere gehen die Forderungen nach grundlegend »neuer Politik« mit der pragmatischen Nutzung »alter Politik«, auch des Parlaments, einher. Die Herausforderung an das parlamentarische System – mehr Demokratie von unten, mehr Transparenz, Abbau von Ämterkumulation, Rotationsprinzip, imperatives Mandat – sind keineswegs von vornherein als unvereinbar mit dem politischen System zu diffamieren (vgl. *Oberreuter* 1983), sondern können zur Ergänzung erstarrter Formen parlamentarischer Demokratie fruchtbar gemacht werden (vgl. *Huber* 1983). Nicht nur die Parteien, auch die Parlamente müssen sich mit wachsender Politikverdrossenheit auseinandersetzen.

VI. Die insgesamt erfolgreichen Demokratiegründungen in Europa auf der Grundlage parlamentarischer Systeme haben im Systemvergleich von P. und Präsidentialismus zur Politikempfehlung geführt, auch in traditionell präsidial regierten Ländern wie in Lateinamerika zwecks Konsolidierung der Demokratie die Verfassung im Sinne parlamentarischer Systeme zu reformieren (s. *Nohlen/Solari* 1988; *Linz/Valenzuela* 1994). Dabei ist es erneut zu Überbewertungen der Institutionen entsprechend dem älteren institutionellen Ansatz gekommen (↗ Vergleichende Regierungslehre; *Nohlen/Fernández* 1991). Eher freilich als Lateinamerika, wo in Brasilien die Hoffnungen auf einen Übergang vom Präsidentialismus zum P. im Referendum vom April 1993 zunächst enttäuscht wurden, ist Osteuropa ein neues Experimentierfeld des P. geworden.

Ulrich von Alemann

↗ Demokratietheorie; Konkordanzdemokratie; Korporatismus.

Lit.: *Agnoli, J./Brückner, P.* 1968: Die Transformation der Demokratie, Frankfurt/M. *Bermbach, U.* (Hrsg.) 1973: Hamburger Bibliographie zum parlamentarischen System der Bundesrepublik Deutschland 1945–1970, Opladen, weitere Ergänzungslieferungen. *Beyme, K. von* 1970: Die parlamentarischen Regierungssysteme in Europa, München. *Ellwein, Th./Hesse, J. J.* [6]1987: Das Regierungssystem der Bundesrepublik Deutschland, Opladen. *Enquête-Kommission Verfassungsreform des Deutschen Bundestages* 1976: Beratungen und Empfehlungen, hrsg. vom Presse- und Informationszentrum des Deutschen Bundestages, Bonn. *Friedrich, C. J.* 1953: Der Verfassungsstaat der Neuzeit, Berlin. *Guggenberger, B./Offe, C.* 1984: Grenzen der Mehrheitsdemokratie, Opladen. *Herzog, D.* u.a. (Hrsg.) 1993: Parlament und Gesellschaft, Opladen. *Huber, J.* 1983: Basisdemokratie und Parlamentarismus. Zum Politikverständnis der Grünen, in: APuZ 2, 33–45. *Hübner, E./Oberreuter, H./Rausch, H.*

(Hrsg.) 1969: Der Bundestag von innen gesehen, München. *Ismayr, W.* 1992: Der Deutsche Bundestag, Opladen. *Kluxen, K.* (Hrsg.) 1967: Parlamentarismus, Köln. *Liebert, U./Cotta, M.* (Hrsg.) 1990: Parliament and Democratic Consolidation in Southern Europe, London/New York. *Linz, J. J./Valenzuela, A.* (Hrsg.) 1994: The Failure of Presidential Democracy, Baltimore/London. *Loewenberg, G.* 1969: Parlamentarismus im politischen System der Bundesrepublik Deutschland, Tübingen. *Loewenstein, K.* 1959 (^{2}1969): Verfassungslehre, Tübingen. *Nohlen, D./ Solari, A.* (Hrsg.) 1988: Reforma política y consolidación democrática. Europa-América Latina, Caracas. *Nohlen, D./Fernández, M.* (Hrsg.) 1991: Presidencialismo vs. parlamentarismo en América Latina. Caracas. *Nohlen, D.* 1994: Institutional Reform in Latin America from the Perspective of Political Engineering, IPSA-World Congress-Paper, Berlin. *Oberreuter, H.* 1983: Abgesang auf einen Verfassungstyp? Aktuelle Herausforderung und Mißverständnisse der parlamentarischen Demokratie, in: APuZ 2, 19–31. *Rüb, W.* 1994: Schach dem Parlament! – Über semipräsidentielle Regierungssysteme in einigen postkommunistischen Staaten, in: Leviathan 2, 260–292. *Schindler, P.* 1983: Datenhandbuch zur Geschichte des Deutschen Bundestages 1949–1982, Bonn. *Schneider, H. P./Zeh, W.* (Hrsg.) 1989: Parlamentsrecht und Parlamentspraxis in der Bundesrepublik Deutschland, Berlin/New York. *Schütt-Wetschky, E.* 1994: Grundtypen parlamentarischer Demokratie, Freiburg/München. *Steffani, W.* (Hrsg.) 1971: Parlamentarismus ohne Transparenz, Opladen. *Thaysen, U.* 1972: Parlamentsreform in Theorie und Praxis, Opladen. *Wasser, H.* 1974: Parlamentarismuskritik vom Kaiserreich zur Bundesrepublik, Stuttgart. *Westphalen, R. von Graf* (Hrsg.) 1993: Parlamentslehre, München/Wien.

[2] Osteuropa.

I. Bis zur politischen Wende von 1989/90 verstand man unter Osteuropa die Sowjetunion und die sieben kommunistisch regierten Staaten Europas. In all diesen Staaten gab es Versammlungsorgane, die nach systemimmanentem Selbstverständnis keine Parlamente sein sollten und in der politischen Wirklichkeit der totalitären Einparteidiktaturen keine Rolle spielten. In Jugoslawien, Ungarn und Polen, wo sich schon vor 1989/90 ein Systemwandel von der totalitären zur autoritären Einparteidiktatur vollzogen hatte, kam den obersten Volksvertretungen eine geringe Bedeutung zu (zur Entwicklung bis 1990 vgl. Vorauflage).

Seit dem Beitritt der DDR zur Bundesrepublik Deutschland am 3. Oktober 1990 und dem Zerfall der drei multiethnischen Bundesstaaten (Sowjetunion, Jugoslawien, Tschechoslowakei) in ihre gliedstaatlich-nationalen Bestandteile im Verlaufe der Jahre 1991/92 bestehen auf dem Gebiet des früheren Osteuropas 28 Staaten, in denen gewaltige politische Transformationsprozesse in Gang gekommen sind. Fast überall sind Parlamente gewählt worden, und in der Mehrzahl der Staaten sind neue Verfassungen verabschiedet worden. Freilich müssen Wahlen nicht unbedingt frei sein und auch freie Wahlen nicht unbedingt demokratisch gesonnene Kräfte an die Macht bringen. Ebensowenig muß ein demokratisches Regierungssystem unbedingt ein parlamentarisches sein. Die bisherigen Erfahrungen zeigen in der Tat, daß die Entwicklung in den einzelnen Staaten sehr unterschiedlich verläuft. Sie zeigen des weiteren, daß die Unterschiede in starkem Maße durch die vorkommunistischen politisch-kulturellen Traditionen bedingt sind. Das einst kommunistische »Osteuropa« gliedert sich wieder in die historisch entstandenen Kulturregionen, die fortan einer besonderen Beachtung bedürfen.

1. Von den Staaten Ostmitteleuropas waren Böhmen und Mähren, Polen/Litauen sowie Ungarn bis ins 16. Jh. als Großmächte an der

gesamteuropäischen Entwicklung beteiligt und vermochten auch unter den ungünstigeren Bedingungen der Neuzeit ihre ständischen Einrichtungen beizubehalten und im 19. Jh. zu Repräsentativversammlungen umzugestalten. Dies geschah im wesentlichen im Rahmen der Habsburger Monarchie, ab 1867 der österrreichisch-ungarischen Doppelmonarchie, zu der die Slowakei als integraler Bestandteil Ungarns, Kroatien als autonomes Königreich im ungarischen Staatsverband und Slowenien als das österreichische Kronland Krain gehörten. Das mit der dritten Teilung untergegangene Polen konnte an dieser Entwicklung nur mit seinen an Preußen und Österreich gelangten Teilen partizipieren, während seine vom Russischen Reich einverleibten Gebiete in die repräsentationslose Epoche des Absolutismus zurückversetzt wurden, nachdem der für »Kongreßpolen« zunächst fortbestehende Sejm 1830 aufgelöst worden war. Von den auf der Grundlage der verunglückten Pariser Vorort-Friedensverträge nach dem I. Weltkrieg errichteten demokratischen Systemen funktionierte nur der tschechoslowakische P. bis zum bitteren Ende 1938/39 reibungslos, aber auch der P. in Ungarn vermochte trotz zunehmend konservativ-autoritärer Züge seine Funktionsfähigkeit bis 1944 zu behaupten. Demgegenüber konnte der polnische P. dem sich verstärkenden Druck der diversen innenpolitischen Probleme eines überdimensionierten Nationalitätenstaates nicht standhalten und glitt seit dem Staatsstreich *Pilsudskis* im Mai 1926 in ein autoritäres Fahrwasser ab. Kroatien und Slowenien schlossen sich dem neugeschaffenen, serbisch dominierten jugoslawischen Einheitsstaat an und gerieten somit in ein traditionswidriges politisches Milieu.

2. In Nordosteuropa (Baltikum) brachten es die Esten und Letten in ihren angestammten Siedlungsgebieten bis 1918 zwar nicht zu eigenen Herrschaftsbildungen, doch lebten sie seit ihrer Christianisierung im 13. Jh. in den historischen Regionen Estland, Livland und Kurland in einer – trotz der vom Deutschen Ordensstaat über Schweden zum Russischen Reich wechselnden Oberherrschaft – von der deutschen Oberschicht geprägten politischen Umgebung, die dem jeweiligen gesamteuropäischen Entwicklungsstand im wesentlichen entsprach. Nach dem I. Weltkrieg begannen die Esten, die Letten und die – sich von der polnischen Geschichtslinie lösenden und der baltischen Region zuwendenden – Litauer ihre nationalstaatliche Existenz im Zeichen der parlamentarischen Demokratie. Eine politische Stabilität wurde allerdings nicht erreicht, so daß die Entwicklung früher oder später zu einem autoritären Präsidentialismus führte (Litauen 1926, Estland 1933, Lettland 1934). Vor der Annexion der baltischen Staaten durch die Sowjetunion im Juni 1940 fand nur Estland Anfang 1938 wieder den Weg zur demokratischen Verfassungsstaatlichkeit.

3. Südosteuropa (Balkan) blieb infolge der Mitte des 14. Jh.s einsetzenden osmanischen Herrschaft bis ins 19. Jh. hinein von den maßgebenden gesamteuropäischen Entwicklungen abgeschnitten und vermochte folglich keine ständisch-parlamentarischen Traditionen zu entwickeln. Dies gilt sogar für die autonomen Donaufürstentümer Moldau und Walachei, aus deren Vereinigung 1862 Rumänien hervorging: bis 1832, als sie eine erste Bojarenversammlung erhielten, verharrten sie im Absolutismus byzantinischer Prägung. Die demokratische Entwicklung in den im Zuge der Zurückdrängung des Osmanischen Reiches entstehenden Nationalstaaten, deren Grenzen im wesentlichen auf dem Berliner Kongreß 1878 und im Ergebnis der Balkankriege 1912/13 fixiert wurden, stand unter einem unguten Stern. Die traditionellen Oberschichten waren in türkischer Zeit ausgerottet (Serbien, Bulgarien), islamisiert (Bosnien, Albanien) oder korrumpiert (Rumänien) worden, so daß eine ihrer immensen Modernisierungsaufgabe gewachsene Führungsschicht nicht zur Verfügung stand. Es ist deshalb nicht verwunderlich, daß die modernen Repräsentativversammlungen, die erstmals 1857 in den Donaufürstentümern, 1858 in Serbien, 1879 in Bulgarien, 1905 in Montenegro, 1910 (noch im Rahmen der Österreichisch-Ungarischen Monarchie) eingerichtet wurden, nicht im Sinne westlicher Verfassungsstaatlichkeit funktionierten. Erst recht galt dies für das kulturell und religiös heterogene Jugoslawien, das 1918 aus den selbständigen

Staaten Serbien und Montenegro, dem ungarischen Kroatien, dem österreichischen Slowenien und dem österreichisch-ungarischen Bosnien-Herzegowina als »Königreich der Serben, Kroaten und Slowenen« entstand. Die politische Realverfassung pendelte in all diesen Staaten zwischen Autokratie und Anarchie; prägende Elemente des politischen Stils waren – in unterschiedlichem Maße – Gewalt und Korruption. In der Zwischenkriegszeit wurden diese Zustände durch eine autoritäre Königsdiktatur jeweils spezifischer Art abgelöst (Albanien 1928, Jugoslawien 1931, Bulgarien 1935, Rumänien 1938).

4. In den ostslawischen Kerngebieten des späteren Russischen Reiches (Rußland, Ukraine, Weißrußland) wurde die im Zeichen der byzantinisch-ostchristlichen Kultur beginnende politische Entwicklung 1237/38 durch die mongolische Eroberung für rund zwei Jahrhunderte unterbrochen. Die danach einsetzende Entwicklung zum und im Russischen Reich war durch die byzantinisch-moskowitische Autokratie gekennzeichnet, in der die überkommenen ständischen Versammlungen *(Bojarenduma, Zemskij Sobor)* bis zur Mitte des 17. Jh.s vollständig verdrängt wurden. Die seit *Peter dem Großen* periodisch unternommenen und dann wieder versandeten Reformen zur Europäisierung ließen die Herrschaftsform der absoluten Monarchie bis 1905 unberührt. Erst auf der Grundlage der Staatsgrundgesetze von 1906 wurden in Gestalt der *Duma* und des Reichsrats zwei halbmoderne Versammlungsorgane ins Leben gerufen, denen allerdings infolge *Duma*auflösung und Wahlrechtsänderung der reformerische Impetus bereits im Sommer 1907 genommen wurde, so daß *Max Weber* zu Recht von einem russischen »Scheinkonstitutionalismus« sprechen konnte. Mit der bolschewistischen Machtergreifung wurde die traditionelle Autokratie zur totalitären Diktatur gesteigert.

5. Die Nachfolgestaaten der Sowjetunion in Zentralasien (Kasachstan, Kirgisien, Tadschikistan, Turkmenistan, Usbekistan) und Transkaukasien (Armenien, Aserbaidschan, Georgien) gehören überwiegend zum islamischen Kulturkreis, deren überkommene Herrschaftsform als eine durch oligarchische Konsultationsforen gemilderte Autokratie kaum eigenständige Ansatzpunkte für eine parlamentarisch-demokratische Entwicklung bietet. Eine Ausnahme bilden Georgien und Armenien, die zum ostchristlichen Kulturkreis gehören, aber die traditionelle Herrschaftsform war auch hier die absolute Monarchie, freilich des byzantinisch-orientalischen Typs. Die sukzessive Einverleibung dieser Regionen in das Russische Reich im Verlaufe des 19 Jh.s hatte zwar einige Modernisierungsansätze zur Folge, die in sowjetischer Zeit noch verstärkt wurden, doch für die Förderung einer demokratischen politischen Kultur blieben diese naturgemäß ohne Belang.

Mit Ausnahme der zuletzt genannten islamischen Region, wo auch heute ziemlich unverblümt an einer aus sowjetischen und traditionellen Elementen zusammengesetzten autoritären Herrschaftsform festgehalten wird, hat in ganz Osteuropa 1989/90 ein politischer Transformationsprozeß eingesetzt, der zu einem demokratischen Regierungssystem führen soll. In Ostmittel- und Nordosteuropa scheint dieser Prozeß bereits ein erfolgreiches Ende gefunden zu haben, während in Südosteuropa und den ostslawischen Staaten die Entwicklung noch offen ist. Bis Mitte 1994 ist der Prozeß der Verfassungsgebung so weit fortgeschritten, daß 18 der 28 osteuropäischen Staaten (mit Rumpf-Jugoslawien 19 von 29) über eine neue Vollverfassung verfügen.

II. Im Zuge der Verfassungsgebung gehörte die Bestimmung des Regierungssystems überall zu den umstrittensten Entscheidungen, in deren Mittelpunkt die Ausgestaltung der Rechtsstellung des Staatspräsidenten stand. Nach dem gegenwärtigen Stand (Mitte 1994) lassen sich die osteuropäischen Staaten, die in der Frage des Regierungssystems eine vorerst abschließende verfassungsrechtliche Entscheidung getroffen haben, in folgende Gruppen einteilen:

1. Für das parlamentarische System haben sich bislang Bulgarien, Estland, Mazedonien, die Slowakei, Slowenien, die Tschechei und Ungarn entschieden; die vorläufige Entscheidung ist auch in Albanien in diese Richtung ergangen. In diese Gruppe gehört schließlich die Bundesrepublik Jugoslawien, sofern man ihr im Vergleich zu den politisch wichtigeren Gliedstaaten Serbien und Montenegro eine eigenständige Bedeutung beimessen will. Die Regierungsbildung erfolgt in all diesen durch parlamentarische Wahl oder Investitur des Regierungschefs oder der gesamten Regierung, und die herkömmlichen Instrumentarien zur Geltendmachung der parlamentarischen Verantwortung der Regierung, Mißtrauensvotum und Vertrauensfrage, sind durchweg bekannt. Es ist bemerkenswert, daß in Ungarn und Slowenien nach deutschem Muster das konstruktive Mißtrauensvotum eingeführt worden ist. Die Rechtsstellung des Staatspräsidenten ist unterschiedlich ausgestaltet, aber nirgends so schwach wie in Deutschland. Der Regeltypus des vom Parlament gewählten Staatspräsidenten ist am ehesten mit der mittelstarken Position des italienischen Staatspräsidenten vergleichbar. Eine legitimatorische und damit zwangsläufig auch machtpolitische Aufwertung erfährt der Staatspräsident dort, wo er unmittelbar vom Volk gewählt wird, was in Bulgarien, Mazedonien und Slowenien der Fall ist.

2. Eine zweite Gruppe von Staaten hat sich für ein Mischsystem aus parlamentarischen und präsidentiellen Elementen entschieden, für das vielfach die Verfassung der V. Französischen Republik als Orientierungsmodell gedient hat. Hier sind die Exekutivbefugnisse zwischen dem Staatspräsidenten und der Regierung aufgeteilt, und für die Rechtsstellung der Regierung ist eine doppelte politische Verantwortung sowohl gegenüber dem Parlament als auch gegenüber dem Staatspräsidenten charakteristisch. Der Staatspräsident wird vom Volk gewählt und verfügt somit über die gleiche demokratische Legitimität wie das Parlament. Für die Regierungsbildung müssen Parlament und Staatspräsident zusammenwirken. Mißtrauensvotum und Vertrauensfrage sind bekannt, aber ihr Einsatz gegen die Regierung führt nicht zwangsläufig zum Regierungssturz; der Staatspräsident kann auf ein Mißtrauensvotum in der Regel auch mit einer Parlamentsauflösung reagieren und mit der Ausschreibung von Neuwahlen das Volk als Schiedsrichter in den Auseinandersetzungen mit dem Parlament anrufen. Zu den sachlichen Schwerpunkten der Präsidialgewalt gehören in der Regel die Außen- und die Sicherheitspolitik, auch der Oberbefehl pflegt dem Staatspräsidenten meistens auch die tatsächliche Verfügungsgewalt über die Streitkräfte zu vermitteln. Im übrigen sind verschiedene Abstufungen der Präsidialmacht vorstellbar, wie auch die parlamentarischen und die präsidentiellen Elemente des Regierungssystems in unterschiedlicher Mischung auftreten können. Will man diesen graduellen Unterschieden terminologisch Rechnung tragen, mag man zwischen parlamentarisch-präsidentiellen und präsidentiell-parlamentarischen Mischsystemen differenzieren. Nach dem gegenwärtigen Stand der Dinge kommt den parlamentarischen Elementen in Polen (wo es neben dem destruktiven auch ein für den Präsidenten unüberwindbares konstruktives Mißtrauensvotum gibt), Litauen und Montenegro ein leichtes Übergewicht zu, während in Kroatien, Rumänien, Serbien und Rußland der Staatspräsident dominiert.

3. Ein Präsidialsystem nach amerikanischem Muster, bei dem die gesamte Exekutivgewalt in der Person des volksgewählten Staatspräsidenten konzentriert ist und eine Regierung nicht existiert, ist in keinem der osteuropäischen Länder eingeführt worden. Es gibt aber Länder, in denen die Exekutivgewalt schwerpunktmäßig beim volksgewählten Staatspräsidenten liegt, der das Kabinett und den Premierminister im wesentlichen – höchstens mit marginaler parlamentarischer Mitwirkung – nach eigenem Ermessen einsetzt und abberuft, und wo die Regierung nur dem Präsidenten, nicht aber dem Parlament politisch verantwortlich ist (ein parlamentarisches Mißbilligungsvotum ist aber denkbar). Diese Version des Präsidialsystems ist in Turkmenistan, Usbekistan, Kirgisien, Kasachstan und Weißrußland eingeführt worden. Zumindest im Falle der vier erstgenannten Staaten des islamischen Kul-

turkreises handelt es sich indes bereits nach der Gesamtanlage des Verfassungstextes nicht um eine Präsidialdemokratie, sondern um ein autoritäres Präsidialregime, das pluralistische Elemente nicht vollständig ausschließt und insofern als Fortschritt gegenüber der vorangegangenen totalitären Diktatur zu werten ist.

III. Bei einer verfassungspolitischen Würdigung der skizzierten Regierungssysteme ist zu bedenken, daß die osteuropäischen Verfassungsgeber zwei gegenläufige Zielvorstellungen zu berücksichtigen hatten und haben werden: Einerseits soll die Verfassung Verfahren zur Verfügung stellen, die für eine demokratische Legitimität der Staatsgewalt sorgen; andererseits soll das Regierungssystem schnelle Entscheidungen ermöglichen, damit die überaus schwierigen Probleme der politischen und – noch mehr – ökonomischen Systemtransformation effektiv gelöst werden können. Dabei gilt die Maxime: je demokratischer der politische Entscheidungsprozeß ausgestaltet ist, um so schwerfälliger und langwieriger wird er; je mehr Entscheidungsgewalt in einer Hand konzentriert wird, um so größer ist die Gefahr eines autokratischen Machtmißbrauchs. Das parlamentarische System neigt der jeweils ersten, das präsidentielle System der jeweils zweiten Alternative zu. Ein funktionierendes parlamentarisches System setzt in jedem Fall ein entscheidungsfähiges und damit zur Bildung stabiler Mehrheiten fähiges Parlament voraus. Dies ist wiederum keine zwangsläufige Folge demokratischer Wahlen, sondern hängt von der Beschaffenheit des Parteiensystems und letztlich der tradierten politischen Kultur ab, die sich nicht durch rechtliche Regelungen herbeiführen läßt. Es versteht sich von selbst, daß die Entstehung eines stabilen Parteiensystems nach dem Zusammenbruch einer totalitären Diktatur, in der jeder Pluralismus im Keime erstickt wurde, eine gewisse Zeit in Anspruch nimmt, so daß in der ersten Phase junger Demokratien schwache Parlamente nichts Ungewöhnliches sind. Die Entscheidung für ein rein parlamentarisches System ist deshalb vorwiegend in den Ländern Ostmitteleuropas gewagt worden, in denen die überkommene politische Kultur Hoffnungen auf die rasche Herausbildung eines funktionsfähigen Parteiensystems berechtigt erscheinen läßt. Umgekehrt wäre unter den Bedingungen einer demokratisch defizitären politischen Kultur die Entscheidung für ein Präsidialsystem besonders gefährlich, da dem Abgleiten in eine autoritäre Diktatur keine wirksamen sozial-psychologischen Hindernisse im Wege stehen. Nur wenn eine Demokratie gar nicht gewollt ist – wie das bei den Präsidenten der zentralasiatischen Staaten überwiegend der Fall ist –, mag die autokratische Staatsräson das Präsidialsystem nahelegen. Ansonsten dürfte ein Mischsystem die empfehlenswerteste Lösung bieten. Sein großer Vorzug besteht in der Flexibilität, die die Gefahr eines totalen Systemzusammenbruchs minimiert. Im Falle eines entscheidungsunfähigen Parlaments bricht ein Mischsystem – anders als das rein parlamentarische System – nicht zusammen, sondern der Schwerpunkt der politischen Entscheidungsgewalt verschiebt sich zum Präsidenten und der hauptsächlich von ihm abhängigen Regierung. Ist hingegen das Parlament stark, so tritt zwangsläufig die parlamentarische Verantwortung der Regierung in den Vordergrund, und der Präsident wird sich dieser Entwicklung beugen müssen. Auf diese Weise kann das parlamentarisch-präsidentielle Mischsystem sowohl bei einem starken als auch bei einem schwachen Parlament funktionieren. Die Gefahr einer autoritären Entwicklung im Falle eines schwachen Parlaments ist zwar nicht gebannt, aber dies dürfte im Vergleich zum totalen Systemzusammenbruch das geringere Übel sein.

Georg Brunner

Lit.: *Bihari, O.* 1970: Socialist Representative Institutions, Budapest. *Brunner, G.* 1989: Ansätze zu einem »sozialistischen Parlamentarismus« im sowjetischen Hegemonialbereich, in: PVS 30 (Sonderheft 20), 151–176. *Brunner, G.* 1991: Die neue Verfassung der Republik Ungarn: Entstehungsgeschichte und Grundprobleme, in: Jahrbuch für Politik 1 (2), 297–318. *Brunner, G.* 1993: Neue Verfassungen in Osteuropa, in: Aufbruch im Osten Europas (hrsg. vom *Bundesinstitut für ostwissenschaftliche und internationale Studien*), Köln, 100–110. *Konstantinow, E.* 1993: Die neue bulgarische Verfassung von 1991, in: Recht in Ost und West 37 (2), 35–44. *Kristan, I.* 1994. Vefassungsentwicklung in Slowenien, in: JöR (Neue Folge) 42, 59–89. *Lammich, S.* 1977: Grundzüge des sozialistischen Parlamentarismus, Baden-Baden. *Lang, K.-O.* 1993: Die kleine Verfassung der polnischen Republik, in: Recht in Ost und West 37 (6), 172–177. *Luchterhandt, O.* 1992: Die Einführung des Präsidialsystems in der UdSSR und in Rußland, in: Jahrbuch für Politik 2 (2), 273–318. *Nelson, D./White, S.* (Hrsg.) 1982: Communist Legislatures in Comparative Perspective, London. *Pintarić, T.* 1993: Das kroatische Parlament nach der Verfassung von 1990, in: Jahrbuch für Ostrecht XXXIV, 61–70. *Schrameyer, K.* 1992: Die neue bulgarische Verfassung, in: Ost-Europa-Recht 38 (2–3), 159–180. *Slapnicka, H.* 1993: Die Verfassung der Slowakischen Republik, in: Ost-Europa-Recht 39 (3), 157–166. *Slapnicka, H.* 1994: Die Verfassungsordnung der Tschechischen Republik, in: Ost-Europa-Recht 40 (1), 28–43. *Trunk, A.* 1994: Die neue Verfassung Rußlands als Wirtschaftsgrundgesetz, in: Wirtschaft und Recht in Osteuropa 3 (2), 33–37. *Ziemer, K.* 1993: Probleme des politischen Systemwechsels der Republik Polen. Eine Zwischenbilanz nach drei Jahren, in: Jahrbuch für Politik 3 (1), 93–123. The Postcommunist Presidency 1993/94 = East European Constitutional Review 2/3 (4/1).

Partei

I. In seinem allgemeinsten Begriffsverständnis meint Partei (P.) (aus lat. *pars* = Teil, Abteilung) eine Gruppe gleichgesinnter Bürger, die sich die Durchsetzung gemeinsamer politischer Vorstellungen zum Ziel gesetzt haben.

Eine solche Minimaldefinition politischer P. gestattet die Subsumtion so gut wie aller historisch auffindbaren P., und zwar unabhängig von Zielsetzung/Programm, Organisationsform/innerer Struktur, Systemfunktionen/Handlungsmuster. Sie erfaßt u.a. die Bürgerkriegsparteien der Antike, die Fraktionen in den Parlamenten des frühbürgerlichen Konstitutionalismus, die Honoratiorenparteien des »klassischen« Parlamentarismus, die modernen, hochorganisierten (Massenintegrations-)P. in pluralistischen Wettbewerbs- oder monistischen Einparteisystemen.

Die Minimaldefinition von P. beruht auf zwei, zudem eng miteinander verknüpften (indes nur höchst selten explizit gemachten) Prämissen: Sie unterstellt als Voraussetzung für die Formierung und Existenz von P., daß in einer (gruppenmäßig) differenzierten Gesellschaft Interessenverhältnisse vorhanden sind, und sieht die P. definiert durch die Dialektik von Teil und Ganzem. P. repräsentieren (wie schon der Name sagt) Teilinteressen und streben doch nach Totalität, indem sie ihr Partikularinteresse als allgemeines durchzusetzen versuchen. P. sind einerseits um so schlagkräftiger, je homogener sie sind und um so authentischer sie ihr Partikularinteresse vertreten können; zur Verwirklichung ihrer Ziele bedürfen sie andererseits einer möglichst breiten Unterstützung (in Wettbewerbsdemokratien der parlamentarischen Mehrheit), was zu Kompromissen und zur Verwässerung ihrer Ziele zwingt sowie geringere Kohäsion und verminderte Schlagkraft zur Folge hat. Diese gleich dreifache Dialektik zwischen Teil und Ganzem, Besonderem und Allgemeinem, binnenstruktureller Kohäsion und außengerichteter Koalitionsfähigkeit ist es, die das Spezifikum politischer P. in den jeweiligen gesellschaftsgeschichtlichen Kontexten ausmacht. P. sind also Ausdruck von Interessenkonflikten, die sie artikulieren und politisch organisieren, die sie gleichzeitig aber auch »aufzuheben« trachten.

Während im ↗ Marxismus sich die Interessenverhältnisse immer als Klassenverhältnisse darstellen und P. dementsprechend definiert wird als »politische Organisation, in der sich Gruppen von Menschen zusammenschließen, um die Interessen einer Klasse oder Klassenfraktion politisch-ideologisch zum Ausdruck zu bringen und durch den Kampf um die Teilnahme an der Staatsmacht gegenüber anderen Klassen und Klassenfraktionen in der Gesellschaft durchzusetzen« (*Klaus/Buhr* 1975: 911), stehen im liberalen Gesellschaftsverständnis neben dem Klassengegensatz von Kapital und Arbeit weitere Interessenkonflikte als Grundlage für die Parteiformierung: nationale/territoriale, kulturelle (sprachlich, konfessionell), ethnische/rassische, politische *cleavages* (↗ Konfliktlinien).

P. können vornehmlich *ein* Konfliktinteresse repräsentieren, aber auch verschiedene innerparteilich zu akkommodieren versuchen. Zu welchen Parteibildungen es kommt, welche P. im Wandel der Zeit hinzutreten, welche verschwinden, welche sich wie anzupassen versuchen, hängt von den gesellschaftsgeschichtlichen Konstellationen und deren Veränderungen ab.

II. Zur Erklärung der Entstehung von modernen P. kann man mit *K. von Beyme* (1984: 26ff.) drei Ansätze unterscheiden:

1) institutionelle Theorien, 2) historische Krisensituationstheorien, 3) Theorien der Modernisierung/des sozialen Wandels. Allen drei Erklärungsansätzen ist gemeinsam, daß sie die Genese der P. interessen- und konfliktdefiniert interpretieren, ihre Entstehung (sieht man von wenigen konservativen P. ab) aus abweichendem Verhalten und Opposition gegenüber dem jeweiligen institutionellen, (national-)staatlichen, verfassungspolitischen und/oder sozialen *Status quo* erklären und mit Forderungen nach qualitativer Reform bzw. revolutionärer Veränderung, u.a. mit Forderungen nach Parlamentarisierung und Demokratisierung der politischen Institutionen, nach territorialer Neuordnung, nach Umverteilung, sozialer Teilhabe etc., in Verbindung bringen. *S. M. Lipset/S. Rokkan* (1967) haben für die Geschichte der westeuropäischen P. vier Konfliktlinien hervorgehoben, und zwar je zwei im Prozeß von Nationsbildung und Industrialisierung; im Prozeß der »nationalen Revolution« den Konflikt zwischen 1) dominanter *versus* unterworfener Kultur (ethnische, sprachliche Konflikte) und 2) Staat *versus* Kirche, im Prozeß der »industriellen Revolution« den Konflikt zwischen 3) Agrarinteressen *versus* Industrieinteressen und 4) Kapital *versus* Arbeit. Unter Hinzufügung des Ökologie-Konfliktes hat *K. von Beyme* (1984: 36f.) hieraus das folgende Schema der Ausdifferenzierung europäischer P. abgeleitet: 1) Liberalismus gegen das alte Regime; 2) Konservative; 3) Arbeiterparteien gegen das bürgerliche System; 4) Agrarparteien gegen das industrielle System; 5) Regionale P. gegen das zentralistische System; 6) Christliche P. gegen das laizistische System; 7) Kommunistische P. gegen den Sozialdemokratismus; 8) Faschistische P. gegen demokratische Systeme; 9) Protestparteien gegen das bürokratisch-wohlfahrtsstaatliche System; 10) Ökologische Bewegung gegen die Wachstumsgesellschaft.

III. Organisieren P. Interessen, so ist zu fragen, ob und wie sie sich von anderen Formen gesellschaftlicher Interessenorganisation, insbesondere den ↗ Interessengruppen (↗ Verbändeforschung), abgrenzen. Geht es den Interessengruppen vornehmlich um die Artikulation der Interessen ihrer Mitglieder, so nehmen die P. neben der Funktion der Interessenartikulation zugleich und im Unterschied zu allen anderen intermediären Gruppen (u.a. auch den ↗ Bürgerinitiativen) auch die Funktion der Interessenaggregation/Interessenintegration wahr.

P. sind also (maßgeblich) direkt oder indirekt (als Regierung bzw. Opposition) an den autoritativen Allokations-Entscheidungen des ↗ Politischen Systems beteiligt bzw. streben eine solche Beteiligung mindestens an. Oder wie *Max Weber* (1976:167) dies klassisch formuliert hat: »Parteien sollen heißen auf (formal) freier Werbung beruhende Vergesellschaftungen mit dem Zweck, ihren Leitern innerhalb eines Verbandes Macht und ihren aktiven Teilnehmern dadurch (ideelle oder materielle) Chancen (der Durchsetzung von sachlichen Zielen oder der Erlangung von persönlichen Vorteilen oder beides) zuzuwenden.... Parteien sind begrifflich nur *innerhalb* eines Verbandes möglich, dessen Leitung sie beeinflussen oder erobern wollen... (Sie) können alle Mittel zur Erlangung der Macht anwenden. Da wo die Leitung durch (formal) freie *Wahl* besetzt wird..., sind sie primär Organisationen für die Werbung von Wahlstimmen...« *(Weber* 1976: 167)
Im Gefolge von *Max Weber,* auf dessen Definition die meisten Autoren (häufig mehr imals explizit) rekurrieren, ist in Definitionen, die politisch systemneutral angelegt sind, der Herrschafts-, Regierungs- und Machtaspekt herausgestrichen worden. Z. B. von *R. Steininger* (1984: 77), der die politische P. als »extrakonstitutionelle, freiwillige Vereinigung zum Erwerb der Positionen politischer Herrschaft« sieht, oder von *K. Janda* (1980: 83), der P. als Organisationen definierte, *»that pursue a goal of placing their avowed representatives in government positions«.*

Mit Blick auf den Parteienpluralismus im liberalen Verfassungsstaat sind vor allem der Wettbewerbs- und Werbungsaspekt und die Kandidatur bei Wahlen als Kernbestandteile des Parteibegriffs betont und P. insbesondere vor dem Hintergrund der US-amerikanischen Parteiengeschichte stets und zuallererst als Wähler- und Regierungsparteien begriffen worden.

L. Epstein (1967: 9) definierte als P.: »Any group, however loosely organized, seeking to elect governmental officeholders under a given label...« Für *R. Rose* (1976: 2f.) ist eine politische P. »an organization concerned with the expression of popular preferences and contesting control of the chief policy making offices of government...« Analog formulierte *J. Hartmann* (1979: 5): »Parteien sind auf freiwilliger Grundlage entstanden, auf freie Stimmenwerbung in Konkurrenz mit anderen Parteien angelegte Organisationen, die das Ziel verfolgen, Parteivertreter in politische Ämter zu wählen.«
Auch das Parteiengesetz der Bundesrepublik von 1967 sieht die P. durch das Element der Kandidatur bei (Parlaments-)Wahlen von Interessengruppen und außerparlamentarischen ↗ Sozialen Bewegungen abgegrenzt, durch die Merkmale dauerhafter Organisation und übergreifender Programmatik von Wählervereinigungen und Bürgerinitiativen unterschieden. Zudem ist der Begriff auf den repräsentativ-demokratischen Charakter des Bonner Grundgesetzes zugeschnitten.
Nach § 2 des Parteiengesetzes sind P. »Vereinigungen von Bürgern, die dauernd oder für längere Zeit für den Bereich des Bundes oder eines Landes auf die politische Willensbildung Einfluß nehmen und an der Vertretung des Volkes im Deutschen Bundestag oder einem Landtag mitwirken wollen, wenn sie nach dem Gesamtbild der tatsächlichen Verhältnisse, insbesondere nach Umfang und Festigkeit ihrer Organisation, nach der Zahl ihrer Mitglieder und nach ihrem Hervortreten in der Öffentlichkeit eine ausreichende Gewähr für die Ernsthaftigkeit dieser Zielsetzung bieten«.
Noch speziellere Eingrenzungen thematisieren binnenstrukturell: Organisationsform, Basisorganisation, Mitgliederstruktur etc. und in der Außenwirkung: Programm,

Handlungsmuster, Wählerstruktur etc., mit Untersuchungen zur Parteientypologie, zur Analyse von ↗ Parteiensystemen, zur Parteiensoziologie.

IV. Analog zum Parteibegriff sind auch die Funktionen, die die politischen P. heute wahrnehmen, bestimmt durch das Spannungsverhältnis von Teil und Ganzem, Besonderem und Allgemeinem (vgl. die Funktionskataloge u. a. bei *Wiesendahl,* 1980: 184ff., *von Beyme,* [2]1984: 25). Ihr Handeln unterliegt in allen Funktionsbereichen und Aufgabenfeldern dieser Dialektik. So haben die P. einerseits ihre Spezialinteressen im Auge zu behalten, andererseits für die Interessenintegration zu sorgen. Auf der Mitglieder- und Wählerebene muß es ihnen sowohl um Interessenrepräsentation als auch um Stimmen- (wie Mitglieder-)maximierung gehen. Auf der Programmebene wird von den P. einerseits die gesellschaftsverändernde Programminnovation gefordert, andererseits unterliegen die P. je nach Gesellschaftsstruktur und politischem System bestimmten systematischen Handlungsimperativen, werden von ihnen systemfunktionale Problemlösungen verlangt. Analog verhält es sich bei weiteren Funktionen: Einerseits zielen die P. darauf, Anhänger wie Wähler für die eigene Programmatik zu mobilisieren. Andererseits sind sie wichtige Sozialisationsagenten, bestimmen sie politische Einstellungen und Verhaltensmuster mit, integrieren sie Mitglieder und Bürger in das bestehende politische System. Die P. bilden sodann die Rekrutierungsbasis für das politische Personal: ihnen fällt dabei vor allem die Regierungs- und Oppositionsbildungsfunktion zu. Zu ihren Aufgaben gehört es aber auch, ihre Führer und Mitglieder zu alimentieren und für individuelle Gratifikationen zu sorgen. Politische P. handeln damit stets im Spannungsfeld folgender Funktionsgegensätze: 1) Interessenartikulation *versus* Interessenaggregation bzw. -integration; 2) Interessenrepräsentation *versus* Stimmenmaximierung; 3) Programmformulierung und -realisierung *versus* systemfunktionale Problemlösung; 4) Mobilisierung *versus* Sozialisation; 5) Realisierung von Eigen- und Gefolgschaftsinteressen *versus* Rekrutierung des politischen Personals. Die Konflikte, die hieraus notwendig resultieren, sind nicht einseitig aufhebbar. Wird dies versucht, sind schwerwiegende Funktionsstörungen in Parteien- und politischem System die Folge, wie die spätestens seit Ende der 70er Jahre in den industriellen Demokratien, insbesondere auch in der BRD, beobachtbaren Tendenzen wachsender Integrationsprobleme, steigender Parteien- und Politikerverdrossenheit belegen. Sie können darauf zurückgeführt werden, daß die Wähler- und Volksparteien (a) Mobilisierung und Interessenrepräsentation zugunsten der Stimmenmaximierung vernachlässigten, (b) Programmformulierung und -realisierung durchweg dem Versuch systemfunktionaler Problemlösung unterordneten, (c) in Anbetracht reduzierter Steuerungs- und Problemlösungskapazität materielle Politiken zusehends durch Symbolik ersetzten und schließlich (d) ihre Elitenpositionen im politisch-administrativen System vielfach und allzu schamlos zur Befriedigung ihrer Eigen- und Gefolgschaftsinteressen, zu Patronage und Vorteilsnahme mißbrauchten. Kumulieren sich derartige, aus einseitiger Funktionserfüllung resultierenden Handlungsdefizite, geraten über kurz oder lang Parteien, Parteiensystem in existentielle Gefahr, das politische System in Legitimationsprobleme.

Rainer-Olaf Schultze

Lit.: *Blondel, J.* 1978: Political Parties. A Genuine Case for Discontent?, London. *Beyme, K. von* 1973: Politische Parteien, in: *Kernig, C. D.* (Hrsg.): Marxismus im Systemvergleich, Sonderausgabe von SDG, Politik, Bd. 4, 70–106. *Beyme, K. von* ²1984: Parteien in den westlichen Demokratien, München. *Beyme, K. von* 1993: Die politische Klasse im Parteienstaat, Frankfurt/M. *Downs, A.* 1968: Ökonomische Theorie der Demokratie, Tübingen (engl. 1957). *Duverger, M.* ⁹1977: Les parties politiques, Paris (zuerst 1951; dt. 1959). *Epstein, L. D.* ²1980: Political Parties in Western Democracies, London (zuerst 1967). *Epstein, L.D.* 1986: Political Parties in the American Mold, Wisconsin. *Greven, M. T.* 1993: Die Parteien in der politischen Gesellschaft, in: *Niedermayer, O./Stöss, R.* (Hrsg.), 276–292. *Hartmann, J.* 1979: Parteienforschung, Darmstadt. *Haungs, P./Jesse, E.* (Hrsg.) 1987: Parteien in der Krise, Köln. *Hennis, W.* 1977: Parteienstruktur und Regierbarkeit, in: *Hennis, W.* u.a. (Hrsg.): Regierbarkeit. Studien zu ihrer Problematisierung, Bd. 1, Stuttgart 150–195. *Janda, K.* 1980: Political Parties. A Cross-National Survey, New York/London. *Klaus, G./Buhr, M.* (Hrsg.) ¹¹1975: Philosophisches Wörterbuch, 2 Bde., Berlin (West), Lizenzausgabe (zuerst Leipzig 1964). *Lenk, K./Neumann, F.* (Hrsg.) ²1974: Theorie und Soziologie der politischen Parteien, 2 Bde., Darmstadt/Neuwied (zuerst 1968). *Lipset, S.M./Rokkan, S.* 1967: Party Systems and Voter Alignments, New York. *Lösche, P.* 1993: Kleine Geschichte der deutschen Parteien, Stuttgart u.a. *Mintzel, A.* 1984: Die Volkspartei, Opladen. *Mintzel, A.* 1987: Hauptaufgaben der Parteienforschung, in: OZP, 16, 221–240. *Mintzel, A./Oberreuter, H.* (Hrsg.) ²1992: Parteien in der Bundesrepublik Deutschland, Bonn. *Niedermayer, O./Stöss, R.* (Hrsg.) 1993: Stand und Perspektiven der Parteienforschung in Deutschland, Opladen. *Rose, R.* 1976: The Problem of Party Government, Harmondsworth (zuerst 1974). *Steininger, R.* 1984: Soziologische Theorie der politischen Parteien, Frankfurt/M. *Stöss, R.* (Hrsg.) 1983/84: Parteien-Handbuch. Die Parteien der Bundesrepublik Deutschland 1945–1980, 2 Bde., Opladen. *Weber, M.* 1976: Wirtschaft und Gesellschaft, Studienausgabe, Tübingen. *Wehling, H. G.* (Hrsg.) 1990: Parteien in der Bundesrepublik, Stuttgart, u.a. *Wiesendahl, E.* 1980: Parteien und Demokratie. Eine soziologische Analyse paradigmatischer Ansätze der Parteienforschung, Opladen.

Parteienfinanzierung

I. Der Begriff Parteienfinanzierung (P.) umfaßt alle Einnahmen der Parteien a) von privater Seite (Beiträge, Spenden, einschließlich Sammlungen und unentgeltlicher oder verbilligter Bereitstellung von Sachmitteln und Dienstleistungen), b) aus wirtschaftlicher Betätigung (Unternehmungen, Vermietungen, Zinserträge u.ä.) und c) aus öffentlichen Haushalten.

Die staatliche Förderung kann: a) indirekt (als steuerliche Anreize und Angebot an die Bürger) oder direkt (an die Parteien, ihre Untergliederungen oder Nebenorganisationen) erfolgen; b) an Zwecke (wie politische Bildung, Presseförderung oder Wahlkampfausgaben) gebunden sein oder pauschal gegeben werden; c) in Finanzzuweisungen oder in Serviceleistungen (wie unentgeltliche Bereitstellung von Stellschildern, Versammlungsräumen oder Sendezeiten in Rundfunk und Fernsehen, Erlaß bestimmter Telefonkosten oder verbilligter Versand von Wahlpropaganda) bestehen; d) relativ offen (wie im Fall der deutschen »Parteistiftungen«) oder verdeckt erfolgen (etwa als systematische Überzahlung von Abgeordneten und Fraktionen zugunsten von Parteikassen).

Für die empirische Erfassung der P. spielt ferner keine Rolle, ob die Parteien öffentliche Subvention oder private Zuwendungen legal oder illegal erwerben.

Mit den Einnahmen bestreiten die Parteien Ausgaben für Personal, Organisation, Öffentlichkeitsarbeit und Wahlkampagnen u.a. m. Bei den europäischen »Apparatparteien« sind die Kosten für den laufenden Betrieb meist höher als die für Wahlkämpfe; in den

Explosion der Wahlkampfkosten geführt.

II. In allen westlichen Demokratien ruht die P. heute, wenn auch in sehr unterschiedlicher Gewichtung, auf drei Säulen: Mitgliedsbeiträgen, privaten Spenden und öffentlichen ↗ Subventionen. Die idealtypische Gegenüberstellung von Beitragsparteien und Spendenparteien ist damit weitgehend überholt. Jedoch verlangen »linke« Parteien in der Regel höhere Beiträge und können »rechte« Parteien deutlich mehr Spenden mobilisieren. Während Beiträge und Kleinspenden als unproblematische Einnahmequelle gelten, stehen Großspender und Sammelvereine (wie etwa die »PACs« in den USA) unter dem Verdacht unzulässiger Einflußnahme.

1. Das politische Ideal der reinen Beitragspartei ist hoffnungslos antiquiert und auch die Versuche primär linker Parteien, eine ökonomisch-publizistische Gegenmacht aufzubauen, sind sämtlich gescheitert. Zwar haben es insbesondere auch konservative bzw. christlich-demokratische Parteien (↗ Bürgerliche Parteien) in den vergangenen Jahrzehnten vermocht, ihre Mitgliederzahlen und Beitragseinnahmen teilweise beträchtlich zu steigern, aber diese Mittel reichen nirgendwo aus, die Wahlkampagnen und einen modernen Dienstleistungsapparat zu finanzieren. Eine weitere Steigerung stößt zudem an materielle und psychologische Zumutbarkeitsgrenzen.

2. Die kurzfristige Mobilisierung von Spenden Dritter stellt für die Praktiker das einzig flexible Instrument bei Anbohrung der drei Hauptquellen dar. Daraus, und weniger aus ihrem absoluten und relativen Volumen, ergibt sich ihre anhaltende Relevanz für ungedeckte Grenzkosten. Die strategische Bedeutung einiger weniger *fat cats* geht dabei überall zurück, auch wenn das massenhafte Einsammeln von Kleinspenden über *direct mail* bisher nur in den USA gelang.

Der Staat kann hier durch hohe steuerliche Abzugsfähigkeit besondere Anreize für vermögende Interessenten schaffen oder aber ein vielfältiges Einwerben von kleineren Zuwendungen durch Kandidaten oder Parteien mit eigenen Zuschlägen belohnen *(matching grants)*. Für alle Versuche, den Spendenfluß durch rechtliche Auflagen zu kontrollieren, gilt: Je enger die Grenzen für steuerliche Abzugsfähigkeit und je rigider die Vorschriften für Rechenschaft und Offenlegung, desto mehr verlagern sich die Geldströme in andere Kanäle und in Grauzonen zwischen ↗ Legalität und Illegalität.

3. Was die öffentlichen Subventionen angeht, so kann man nach wie vor zwischen kandidaten-orientierten Finanzierungssystemen (wie in Japan, Kanada oder den USA) und parteien-orientierten unterscheiden. Den Vorreiter beim säkularen Trend hin zu staatlichen Fördermitteln machten gerade nicht die Länder mit einer ungebrochenen demokratischen Tradition, sondern Staaten wie Costa Rica (1954), Argentinien (1955), Puerto Rico (1957) und die Bundesrepublik Deutschland (1959), die auf diesem Gebiet gegenwärtig im übrigen unter den westlichen Demokratien praktisch überall an der Spitze liegt. Die Ehre, historisch als erste eine staatliche P. eingeführt zu haben, dürfte freilich der Sowjetunion gebühren. Diesem Beispiel sind nach dem II. Weltkrieg die kommunistischen Parteien im übrigen »real existierenden Sozialismus« gefolgt.

Die Akzeptanz der öffentlichen Parteienförderung ist in allen Ländern eher begrenzt. Das hindert Parteien nicht unbedingt, die Mittelansätze aufzustocken, verleitet sie aber bisweilen dazu, Umwege zu wählen und Subventionen zu verschleiern – was nach Bekanntwerden wiederum die Aversionen bekräftigt. *H. Kaack* nannte dies einen »Kreislauf der Entfremdung« zwischen Parteien und Bürgern.

Ist man nicht prinzipiell gegen jegliche Unterstützung (zumal der Staat ohnehin niemals völlig neutral ist), dann sind – neben Höhe und Form der indirekten Förderung – in den westlichen Demokratien inzwischen die Verteilungsschlüssel für direkte Hilfen das Kernproblem.

III. Eine vergleichende Momentaufnahme zeigt bei den rechtlichen Regelungen, dem Volumen der Subventionen und dem Anteil der Staatsmittel an den Gesamteinnahmen der Parteien eine erhebliche Bandbreite.

1. Eine Alimentation der Abgeordneten und Zuschüsse für die Fraktionen sind in gewissem Umfang inzwischen in allen westlichen Demokratien üblich. Diese Praxis sollte heute nur dort zur eigentlichen P. gezählt werden, wo sie offen beabsichtigt und zulässig ist oder entgegen einer anderslautenden Zweckbindung heimlich betrieben wird.
2. Beiträge und Spenden sind – legal – noch längst nicht überall von der Steuer abzugsfähig. Wo diese Möglichkeit besteht, gibt es in der Regel als Gegengewicht Höchstgrenzen.
Seit 1994 sind in der Bundesrepublik (wieder) nur relativ geringe Beträge abzugsfähig (6000 DM für Ledige, 12000 DM für Verheiratete). In den Niederlanden können zwar Beträge von Privatpersonen, die mindestens ein und höchstens zehn Prozent ihres Bruttoeinkommens ausmachen, und von Unternehmen bis zu sechs Prozent des Gesamtgewinns abgesetzt werden, doch gelten Großspenden an Parteien in der dortigen ↗ Politischen Kultur als unanständig. In Belgien dürfen die Parteien selbst keine Spenden annehmen; es können aber Zuwendungen an ihnen nahestehende Stiftungen steuerlich abgesetzt werden. Manche Spenden sind in einigen Ländern generell verboten.
Die Offenlegung von Parteispenden in der Bundesrepublik ist jetzt zwar wieder auf 20000 DM gesenkt worden, im internationalen Vergleich ist diese Publizitätsgrenze aber immer noch relativ großzügig. In anderen Ländern müssen schon wesentlich kleinere Zuwendungen offengelegt werden.
3. Öffentliche Subventionen sind zumeist, aber nicht in jedem Fall an die Bedingung gebunden, einen bestimmten Stimmenanteil bzw. eine gewisse Anzahl Parlamentsmandate zu erreichen. Die Höhe des Quorums schwankt dabei. Die meisten Länder praktizieren eine proportionale Mittelverteilung, einige arbeiten mit gleichmäßigen Sockelbeträgen.
Pauschale Zuschüsse für laufende Ausgaben erhalten Parteien u.a. in Griechenland, Italien, Portugal und Spanien. Die Zweckbindung für die seit 1984 in Luxemburg gewährten Mittel ist so allgemein, daß man sie ebenfalls dazuzählen kann. Eine ausdrückliche Erstattung von Wahlkampfkosten kennen neben der Bundesrepublik noch drei weitere Mitgliedsstaaten der ↗ Europäischen Union, aber zum Beispiel auch Österreich. Wo detaillierte Verwendungsnachweise nicht verlangt und kontrolliert werden, nähern sich solche Erstattungen pauschalen Subventionen an.
4. Vom relativen Anteil der Subventionen an den Gesamteinnahmen her sind es spanische Parteien, die sich heute am stärksten aus dem Staatshaushalt finanzieren, während sie in der Schweiz – relativ und absolut – am knappsten gehalten werden. Fehlte in Spanien in der *Franco*-Ära die Chance, starke und moderne Organisationen aufzubauen, so zögern die Parteien in der Schweiz wegen des Referendums, sich entschiedener zu subventionieren. Keine unmittelbaren Zuschüsse erhalten allerdings nach wie vor die englischen Parteien, während man in Frankreich 1988 begonnen hat, die heimliche Mittelnahme in offene Zuwendungen umzuwandeln.
5. Gemessen an der Vielfalt der kumulativen Subventionen und nach den absoluten Summen, die an die Parteien ausgeschüttet werden, liegt die Bundesrepublik in der westlichen Welt an der Spitze. Die staatliche Ausstattung der deutschen Parteistiftungen ist weltweit einzigartig, und auch die Erstattung der Wahlkosten ist durchaus großzügig. Auch die österreichische P. bewegt sich im internationalen Vergleich auf sehr hohem Niveau. Dort machen im übrigen die Zuschüsse auf Länderebene faktisch den größeren Anteil aus, während im »skandinavischen Modell« (Schweden, Norwegen) ganz bewußt eine Stärkung der kommunalen Ebene vorgesehen ist. Die Zentralen bekommen zwar auch Zuwendungen, müssen aber ihre Untergliederungen überzeugen, wenn sie einen weitergehenden internen Finanzausgleich anstreben.

IV. Die öffentliche Förderung sollte die Parteien in die Lage versetzen, ihre Aufgaben auch zwischen den Wahlkämpfen besser wahrnehmen zu können, bestimmte Gruppierungen von Abhängigkeiten befreien und insgesamt mehr Chancengleichheit im politischen Wettbewerb bringen. Als Risiken galten eine Verselbständigung der Führungsspitzen, die nicht mehr in gleicher Weise auf Beiträge und Mitglieder angewiesen wären, nach innen und nach außen eine Absicherung der Arrivierten, also das »staatlich proportionierte Parteienoligopol als Endstufe« (*U. Dübber*).

Empirisch gesichert ist, daß in allen westlichen Demokratien – wenig erstaunlich – die größten Parteien in der Regel von den öffentlichen Subventionen überproportional profitieren. Das ist eine Frage der Zugangshürden und der Verteilungsschlüssel. Trotzdem sind die »eingefrorenen« ↗ Parteiensysteme vielerorts in Bewegung geraten und zum Teil neue Kräfte in die Parlamente gelangt. Das verweist darauf, daß finanzielle Ressourcen nur ein Erklärungsfaktor für politischen Erfolg sind und ihr Anteil daran zudem unsicher ist.

Die Hypothese, mit zunehmenden Staatsmitteln würden sich die Parteispitzen verselbständigen und die Mitgliederzahlen zurückgehen, ließ sich empirisch nicht halten. Auch hier gibt es keine eindeutige Korrelation. Nicht bestätigt hat sich freilich auch die Hoffnung, die Abhängigkeit von Spendengeldern werde abnehmen und die P. vollkommen transparent. Aus der Sicht der Parteien ist die öffentliche Rechenschaftslegung die häßliche Schwester der geliebten Subventionen und wird häufig umgangen. Ähnliches gilt für Versuche, Wahlkampfkosten zu begrenzen.

Einflußtheoretische Erklärungsansätze nach dem Motto: »Wes' Brot ich eß, des' Lied ich sing«, haben mit Aufkommen und Ausdehnung der öffentlichen Subventionen zugunsten von interaktionistischen bzw. tauschtheoretischen Deutungsmodellen an Zugkraft verloren. Moderne Parteien werden nicht gekauft und von wenigen Finanziers im Hintergrund gesteuert, sondern bekommen mehr Spenden als andere, wenn und weil sie ohnehin bestimmte Interessen vertreten und um diese anderen von der Macht fernzuhalten. Damit werden auch einfache Rückschlüsse von der Art und Weise ihrer Finanzierung auf die von den einzelnen Parteien praktizierte materielle Politik fragwürdig. *U. Schleth* hat diese »klassische« Hypothese geradezu umgedreht: Ein bestimmter Zustand der Parteifinanzen sei »eher Indikator politisch-gesellschaftlicher Verhältnisse als deren Ursache« (1973:7).

Göttrik Wewer

Lit.: *Alexander, H.* 1989 (Hrsg.): Comparative Political Finance in the 1980s, Cambridge. *del Castillo, P.* 1985: La financiación de los partidos políticos, Madrid. *Gunlicks, A.B.* (Hrsg.) 1993: Campaign and Party Finance in North America and Western Europe, Boulder/Col. Empfehlungen der vom Bundespräsidenten berufenen *Kommission unabhängiger Sachverständiger zur Finanzierung der Parteien* 1993, Rom (Manuskr.). *Landfried, Ch.* 1990: Parteifinanzen und politische Macht, Baden-Baden. *Naßmacher, K.-H.* 1987: Öffentliche Parteifinanzierung in Westeuropa, in: PVS 28, 101–125. *Naßmacher, K.-H.* 1989: Parteifinanzierung im Wandel, in: Der Bürger im Staat 39 (4), 271–278. *Schleth, U.* 1973: Parteifinanzen, Meisenheim/Gl. *Tsatsos, A.Th.* (Hrsg.) 1992: Parteienfinanzierung im europäischen Vergleich, Baden-Baden. *Wewer, G.* 1990 (Hrsg.): Parteienfinanzierung und politischer Wettbewerb, Opladen.

Parteienstaat

1. Der Begriff Parteienstaat (P.) wurde zu Beginn der Weimarer Republik in der politischen Polemik als Schlagwort gegen die Parteiendemokratie von Weimar gerichtet. Der neue P. galt als schlechtes Gegenstück zu dem überkommenen Ämter- und Beamtenstaat der konstitutionellen Monarchie. In der Staatsrechtslehre der Weimarer Zeit diente der Begriff P. zur Kennzeichnung des allgemeinen, jedoch gegensätzlich

bewerteten Prozesses der gegenseitigen Durchdringung von Gesellschaft und Staat durch den Doppelcharakter der politischen ↗ Parteien als gesellschaftlich-partikulare (Interessen-)Organisationen und als politische Institutionen des parlamentarischen Systems.

Carl Schmitt (1931: 79, 71) zufolge fungierten die politischen Parteien als zum »Parteienstaat gewordene Gesellschaft selbst«, und zwar in der Weise, daß sie »sich als solche der staatlichen Willensbildung bemächtigen, ohne aufzuhören, nur soziale (nicht-staatliche) Gebilde zu sein«. Aus dualistischer Sicht begriff er den Staat als eine politische Größe *sui generis,* die im P. einem »zerstörerischen politischen Pluralismus« ausgeliefert war. *G. Leibholz* betonte 1931 hingegen in seiner Auseinandersetzung mit *C. Schmitt, O. Koellreuther* u.a. die unaufhaltsame »Entwicklung zum massendemokratischen Parteienstaat«. Die »liberal-repräsentative Demokratie« des 19. Jahrhunderts werde unwiderruflich vom massendemokratischen Parteienstaat des 20. Jahrhunderts abgelöst. Das Parlament der Massendemokratie sei »zum Zwischenbau von Staat und Gesellschaft geworden« (*Leibholz* ²1964: 25).

2. Auf die Strukturprobleme der modernen Demokratie nach 1945 bezogen, lauteten die Hauptthesen von *G. Leibholz* (²1964:146 ff.): »Der moderne demokratische Parteienstaat ist seinem Wesen wie seiner Form nach nichts anderes wie eine rationalisierte Erscheinungsform der plebiszitären Demokratie im modernen Flächenstaat... Aus dieser Einsicht ergibt sich, daß der durch die Parteien gebildete Volks- und Gemeinwille in der parteienstaatlichen Demokratie nicht mit Hilfe des Prinzips gebildet wird, das auch in der plebiszitären Demokratie zur *volonté générale* führt. Der Gemeinwille kommt in der parteienstaatlichen Demokratie des 20. Jahrhunderts mit Hilfe des Identitätsprinzips ohne Beimischung repräsentativer Strukturelemente zur Geltung.«

In seiner Theorie-Konstruktion ging *Leibholz* davon aus, daß die staatliche Willensbildung in Parlament und Regierung heute nur noch auf parteipolitischer Grundlage organisierbar sei. Aus dieser Grundthese leitete er das Postulat der innerparteilichen Demokratie ab. Nur sie könne verhindern, »daß die Parteien in der Demokratie zum Selbstzweck und damit zu Fremdkörpern mit eigenen selbständigen Zielen und Interessen innerhalb des Volksganzen und so zu einem Staat im Staate werden« (ebd.: 124).

3. An der Theorie von *Leibholz* wurde sowohl theoretisch als auch empirisch zum Teil scharfe Kritik geübt. Obschon das parteienstaatliche Funktions- und Integrationsmodell als empiriefeindliche Fiktion (*Saage* 1969: 185), als Zerrbild der Wirklichkeit *(Haungs* 1980:13) und als ↗ Ideologie kritisiert und zurückgewiesen wurde, setzte sich der Begriff P. als deutender Hilfsbegriff weitgehend durch.

Nach *K. Sontheimer* (⁷1979: 100) drückt »die Formel vom Parteienstaat nichts anderes aus, als die empirisch nachweisbare Wahrheit, daß der moderne demokratische Staat durch die politischen Parteien regiert wird«. In dieser deutenden Vagheit wurde der Begriff P. mitunter sinnverwandt mit dem ebenso unspezifischen Begriff Parteiendemokratie *(party government)* gebraucht. Ganz im Gegensatz zur abwertend polemischen Verwendung in der Weimarer Republik erfuhr der Begriff P. in der Bundesrepublik eine positive Wertung. Dies hängt in hohem Maße mit der Entwicklung der ↗ Volksparteien in der Bundesrepublik zusammen. Mit ihnen entwickelte sich ein Parteitypus von hoher Problemlösungskapazität und Anpassungsfähigkeit. Selbst ihre Kritiker bezeichnen die Volksparteien als machtbewußte, oligopolistische Kartellparteien und Superstrukturen, die eine den politischen Markt beherrschende Stellung einnähmen und den P. der Bundesrepublik charakterisierten.

In der in den 90er Jahren wiederbelebten Kritik an den politischen Parteien schimmert freilich die alte deutsche Parteienfeindschaft; sie erinnert fatal an die Weimarer Republik mit ihrer Abneigung gegenüber den Parteiungen des »Systems«. Besonders krass wird sie in den Schriften des Staatsrechtslers *Hans Herbert von Arnim*: »Der Staat als Beute«, »Staat ohne Diener«, »Demokratie ohne Volk« als Titel verweisen auf das Argumentationsmuster, das im Kern gegen die repräsentative Demokratie gerichtet ist, wenn »die Mängel ganz überwiegend [als] struktur- und systembedingt« begriffen werden (*von Arnim* 1993: 15). So heißt es denn: »Wenn das Volk [durch die Parteien] entmündigt ist, kann es nichts Wertvolles ausbilden, bleibt es dumpfe Masse, politisch apathisch und uninteressiert. Unsere Demokratie ist kritikwürdig, weil sie in Wahrheit keine Demokratie ist. Die Pseudodemokratie muß erst zur wirklichen Demokratie gemacht werden« (ebd.: 60). Die Systemveränderer von rechts sind dabei Teil eines Chores von Parteienkritikern in Medien, Wissenschaft und Politik, der ihrer maßlosen Parteienschelte scheinbare Berechtigung verleiht. Nicht nur der SPIEGEL vermittelt Montag für Montag das Bild einer »verlotterten Republik«, sondern auch die seriöse FRANKFURTER ALLGEMEINE ZEITUNG schrieb (*Konrad Adam*, 3.9.1992): »Kein Winkel ist vor dem Zugriff der Parteien sicher. Ihr Herrschaftsbereich reicht von der Spitze des Parlaments bis in die Flachlandschaften der deutschen Karnevalsvereine... Die Parteien besitzen Macht, haben aber verlernt, mit ihr verantwortlich umzugehen. Sie verengen das Gemeinwohl auf ihr Gruppeninteresse, das sie dann abermals mit höchsten persönlichen Vorteilen verwechseln.« Und *Richard von Weizsäcker* (1992: 140) warf während seiner Amtszeit als Bundespräsident den Parteien vor, daß sie sich zu einem »ungeschriebenen sechsten Verfassungsorgan entwickelt (haben), das auf die anderen fünf einen immer weitergehenden, zum Teil völlig beherrschenden Einfluß« ausübt. Durch diese überzogene Parteienkritik geht die Macht der Medien, der Verbände, der Wirtschaft sowie der nationalen und internationalen Bürokratien aus dem Blick verloren. Wie sagte doch *Otto Heinrich von der Gablentz* (1952): »Man kann sich heute kaum leichter Beifall holen, als wenn man auf die Parteien schimpft.« Die Konsequenzen der Kritik sollten mitbedacht werden, z.B. durch einen Blick auf Italien. Nicht populistische Alternativen zu den Parteien, sondern deren Reform ist wichtiger.

4. Bisher ist kein politiksoziologisches, analytisches Konzept des P. entwickelt worden. Eine relative Zentralität und Dominanz besitzen politische Parteien im P. der Bundesrepublik in folgenden intermediären (gesellschaftlich-politischen) und gouvernementalen Funktionsbereichen: 1. Intermediärer Bereich: a) bei der Organisation von allgemeinen, freien und geheimen Wahlen, b) bei der Rekrutierung und Selektion politischen Personals, c) bei der Artikulation gesellschaftlicher Interessen, d) bei der Aggregation gesellschaftlicher Interessen und e) bei der Organisierung von Unterstützung und Loyalität für Entscheidungen des politischen Systems; 2. Gouvernementaler Bereich: a) bei der Regierungsbildung, b) bei der Programmsetzung, Politikformulierung und Politikexekution, c) bei der Politikkoordination, d) bei der Selektion von öffentlichen Amts- und Mandatsträgern und e) als Adressat von gesellschaftlichen und politischen Anforderungen. Erst auf der Grundlage systematisch erarbeiteter empirischer Befunde ließen sich über den vorläufig nur modellhaft gedachten Funktions- und Normenzusammenhang »Parteienstaat« präzise Aussagen machen.

Alf Mintzel / Ulrich von Alemann

Lit.: *Alemann, U.* 1994: Parteien, rororo-special, Reinbek. *Arnim, H. H. von* 1993: Demokratie ohne Volk, München. *Beyme, K. von* 1993: Die politische Klasse im Parteienstaat, Frankfurt/M. *Gablentz, O.H. von der* 1952: Politische Parteien als Ausdruck gesellschaftlicher Kräfte, Berlin. *Haungs, P.* 1973: Die Bundesrepublik – Ein Parteienstaat? Kritische Anmerkungen zu einem wissenschaftlichen Mythos, in: ZParl4, 52–524. *Haungs, P.* 1980: Parteiendemokratie in der Bundesrepublik, Berlin. *Leib-*

holz, G. 1958 ([2]1964): Strukturprobleme der modernen Demokratie, Karlsruhe. *Sontheimer, K.* [7]1979: Grundzüge des Politischen Systems der Bundesrepublik Deutschland, München. *Saage, R.* 1969: Zum Begriff der Parteien und des Parlaments bei Carl Schmitt und Gerhard Leibholz, in: Das Argument 50. *Schmitt, C.* 1931: Der Hüter der Verfassung, Tübingen. *Weizsäcker, R. von* 1992: Richard von Weizsäcker im Gespräch, Frankfurt/M. *Wiesendahl, E.* 1980: Parteien und Demokratie, Opladen.

Parteiensystem

I. Westliche Demokratien beruhen auf einem ↗ Pluralismus, der die Existenz von mehr als einer ↗ Partei zur Voraussetzung hat. Aber schon in vordemokratischen Zeiten führte die Herausbildung einer Partei zur Entstehung ihrer Antithese. Die Liberalen waren seit der Französischen Revolution vielfach die erste Partei. Die Konservativen, die bis zu dieser Herausforderung meist naturwüchsig ohne Basisorganisation den Staatsapparat beherrscht hatten, wurden gezwungen, sich ebenfalls zu organisieren. Diese erste große Parteien-Konfrontation wurde von weiteren Konflikten überlagert wie: ↗ Bürgertum vs. Arbeiterklasse (↗ Bürgerliche Parteien, ↗ Sozialdemokratische Parteien), Klerikalismus vs. laizistischer Staat. Nach dem I. Weltkrieg traten Rechts- und Linksabspaltungen hinzu (↗ Rechtsextreme Parteien, ↗ Kommunistische Parteien). Zentrum vs. Peripherie-Konflikte schufen regionale Parteien (↗ Regionalismus) und der jüngste Konflikt der postmateriell Eingestellten gegen den an Wachstum und Verteilungskämpfen orientierten »Materialismus« der etablierten Parteien schuf Umwelt- und Protestparteien (↗ Wertewandel, ↗ Grüne Parteien). Keine westliche Demokratie hat alle diese Konflikte im heutigen Parteiensystem (P.) bewahrt. Finnland kommt jedoch dem Modell, das alle diese *cleavages* noch institutionalisiert (mit Ausnahme einer faschistischen Partei), am nächsten.

Die angelsächsischen Demokratien haben sich am längsten an einem ↗ Liberalismus- ↗ Konservatismus-Schema orientiert, das bis heute vielen Umfragen in diesen Ländern zugrunde liegt. Das Links-Rechts-Schema, das sich seit der Französischen Revolution auf dem Kontinent als Orientierungshilfe durchsetzte, ist noch immer stark von den Wählern internalisiert, und 73 % (Belgien) bis 93 % (BRD und Niederlande) von Befragten ordneten sich bereitwillig in dieses Schema ein (*Budge* u.a. 1976: 248 f.), das vor allem im Neonationalismus und der Umweltbewegung immer fragwürdiger wird.

Die Entstehung von P. wurde in der älteren institutionalistischen Parteienforschung (*Hermens* 1968; *Duverger* 1977) relativ mechanistisch mit den Wirkungen von ↗ Wahlsystemen erklärt. Inzwischen ist erwiesen, daß ein relatives Mehrheitswahlsystem die Fragmentierung des P. nicht immer verhindert (Großbritannien, Kanada) und daß Proporzsysteme gleichwohl zu überschaubaren P. mit zwei Lagern führen können (BRD, Österreich). Neuere Erklärungen der Entstehung von P. setzen eher bei historisch-soziologischen Studien über die sozialen *cleavages* an (↗ Konfliktlinien).

II. Parteiensysteme unterliegen jedoch nicht nur den langfristigen Wandlungstendenzen, die durch die Entstehung neuer Konflikte bestimmt werden, sondern auch den kürzerfristigen Wirkungen der ideologischen Distanz von Parteien, die in täglicher Interaktion bei der Bildung von Koalitionen der ↗ Regierung und der ↗ Opposition zusammenwirken. Dieser Aspekt hat in der Parteienlehre dazu geführt, daß die

Tabelle 11: Zahl der relevanten Parteien, die über 2 % der Stimmen erhielten

	1946/47	1960	1970	1980	1990
Belgien	4	5	6	6	9
BRD	8	3	4	3	5
Dänemark	5	7	5	11	8
Finnland	7	8	7	8	9
Frankreich	5	7	6	5	6
Großbritannien	3	3	3	3	4
Irland	6	5	3	3	6
Island	4	4	5	5	6
Italien	6	7	7	8	9
Kanada	4	4	4	3	3
Luxemburg	4	4	5	5	6
Neuseeland	2	3	3	3	2
Niederlande	6	6	10	8[a]	6
Norwegen	6	7	6	7	6
Österreich	3	4	3	3	4
Schweden	5	5	5	5	7
Schweiz	7	7	9	8	9
Spanien	–	–	–	6	5

[a] 1981.
Quelle: *von Beyme* ²1984: 310; ergänzt.

bloß numerische Klassifikation von P. seit *G. Sartori* (1976) durch ein inhaltliches Kriterium abgelöst wurde, nämlich das der für Regierungsbildungsprozesse relevanten Parteien. Wenn man die relevanten Parteien etwa ab 2 % der Stimmen und einer gewissen Dauer im System und einer Relevanz für die Regierungsbildung ansetzt, zeigt sich, daß die P. sich in den 60er und 70er Jahren fragmentierten (vor allem in Belgien, Dänemark und den Niederlanden). Schon stark fragmentierte Systeme blieben in etwa konstant (Finnland, Italien). Nur in wenigen vollzog sich eine Konzentration der Parteien (BRD, Irland).

In ganz Europa hatten die P. nach dem II.Weltkrieg im Durchschnitt 4,2 Parteien (1949), ihre Zahl sank auf 3,7 (1953) und erreichte 1973 einen neuen Höhepunkt (4,5).

Der rasche Wandel der P. zwingt zu immer neuen Anpassungen in der Klassifikation. Abweichend von *Sartori* lassen sich die P. wie folgt klassifizieren:

1. Zweiparteiensysteme. Sie stellen mehr eine Abstraktion als eine Realität dar. Zweiparteiensysteme waren Großbritannien, Kanada oder Neuseeland in vielen Phasen ihrer Geschichte nur insofern, als sie versuchten an der alternierenden Regierung möglichst ohne ↗ Koalition festzuhalten.

2. Der gemäßigte Pluralismus tritt in drei Untertypen auf, je nachdem, ob die alternierende Regierung ohne Koalition (Großbritannien, Kanada, Österreich) oder mit Koalition (Australien, Bundesrepublik) üblich geworden ist. Einen dritten Untertyp des gemäßigten Pluralismus stellen die Demokratien dar, in denen häufig Koalitionen der Mitte oder große Koalitionen regierten (Benelux-Staaten, die skandinavischen Staaten außer Finnland, die Schweiz), vielfach unter Tolerierung von Minderheitsregierungen.

Tabelle 12: Parteiensysteme der westlichen Demokratien (um 1990)[a]

Parteiensystemtypen			
Zweiparteiensysteme mit alternierender Regierung: Neuseeland USA	Gemäßigter Pluralismus: a) mit alternierenden Flügelparteien möglichst ohne Koalition: Großbritannien (4) Kanada (4) Österreich (3) b) alternierende Flügelpartei mit dauerhaftem Koalitionspartner: Australien (3) BRD (3) (1962–65, 1969–82, 1982 ff.) c) gemäßigter Pluralismus mit Koalitionen der Mitte oder großen Koalitionen: Belgien (5) Griechenland (6) Island (5) Luxemburg (5) Niederlande (8) Norwegen (7) Schweden (5) Schweiz (8)	Polarisierter Pluralismus: a) mit Fundamentalopposition, die die Mitte zerreibt: Weimarer Republik 2. Spanische Republik b) Abschwächende zentrifugale Wirkungen der Fundamentalopposition: Finnland (8) Frankreich (4 plus n) Israel (6) Italien (8) (bis 1994) Spanien (7)	System einer hegemonialen Partei im polarisierten Pluralismus: Irland (3) Israel (bis 1977) Japan (6) (bis 1992)

[a] In Klammern: Zahl relevanter Parteien
Quelle: *von Beyme* 1984, ergänzt.

Nach *Sartori* gehörte zu den Merkmalen des Typs eines gemäßigt pluralistischen P.: 1) eine relativ geringe ideologische Distanz zwischen den relevanten Parteien im System; 2) eine Neigung zur polaren Koalitionsbildung; 3) ein Vorherrschen des zentripetalen Wettbewerbs. Modifikationen sind auch hier geboten. Die polare Koalitionsbildung hat es in einigen Ländern nie gegeben (Schweiz). Die ideologische Distanz mancher Parteien hat durch neue Konflikte wieder zugenommen. Der zentripetale Wettbewerb ist gelegentlich in Frage gestellt worden durch die ethnischen Parteien (Belgien, Großbritannien, Spanien) oder durch neopopulistische Protestparteien (Dänemark, Norwegen, Niederlande). Im ganzen kann die Unterscheidung jedoch noch immer gelten, weil wesentliche Teile des P. sich bisher nicht verändert haben.

3. Der Typ des polarisierten Pluralismus ist kaum mehr säuberlich vom gemäßigten Pluralismus zu trennen, wie es *Sartori* noch versuchte. Die Grenze zwischen beiden Typen schien damals zwischen fünf und sechs Parteien zu liegen. Durch Zunahme der Parteien und ihre Fragmentierung seit etwa 1974 (Dänemark, Niederlande, Norwegen, Schweiz) sind in einigen Fällen die Zahlenangaben überholt worden. Allein für die Schweiz ist dieser Umstand wenig relevant, weil die Vermehrung der Parteien hier nicht automatisch zur Vermehrung der an der Proporzregierung beteiligten Parteien führt.

Einige der Koalitionsmuster, die für den polarisierten Pluralismus als typisch galten, sind nur noch in abgeschwächter Form vorhanden. Antisystemparteien dieses Typs sind nicht mehr so sicher auszumachen. In Italien gehört der MSI dazu (↗ Rechtsextreme Parteien). Aber die Fundamentaloppositionen erscheinen nicht mehr so symmetrisch wie in *Sartoris* Modell. Schon 1976 war die Definition von *Sartoris* Mißtrauen gegen die KPI stark beeinflußt. Die KPI (seit 1991: PDS; ↗ Kommunistische Parteien) ist weit mehr in das System eingebunden, als der Ausdruck »negative Integration« verrät. Sie vertritt die eurokommunistische Öffnung am längsten und glaubhaftesten in Europa. Was immer für Mißtrauen ihr gegenüber bestehen bleibt, man kann sie nicht ohne Willkür mit den faschistischen und kommunistischen Fundamentaloppositionen der Weimarer Republik und der Zweiten Spanischen Republik in eine Rubrik pressen. Italien wurde daher mit Recht schon dem Typ eines »zentripetalen Wettbewerbs« zugeordnet (*Farneti* 1979), aus dem der MSI bis 1994 um so nachdrücklicher ausgeschlossen blieb, je mehr die KPI in ihn hineinwuchs. Der MSI allein wird auf die Dauer die Existenz eines zentrifugalen Systems nicht begründen können. Schließlich blieben auch weniger rechte Gruppen wie die FPÖ in Österreich (bis 1983) aus dem Koalitionskonsens ausgeschlossen, und dennoch käme niemand auf die Idee, Österreich dem Typ zentrifugaler Politik zuzuordnen.

Zweifel am Typ des polarisierten Pluralismus erhoben sich auch aufgrund der Entwicklung in Finnland und in Island. Beide Länder experimentierten mit Koalitionen, in denen die Kommunisten vertreten sind. Es ist *Sartori* aber zuzustimmen, daß diese beiden kleinen marginalen Länder kein Beweis dafür sind, daß Kommunisten sich generell in das Kräftespiel der parlamentarischen Demokratie einordnen, weil hier die kommunistischen Parteien mehrfach die Macht in der Regierung auch wieder aufgegeben haben. Auch die Parallele zwischen Sozialisten und Kommunisten ist schief. Die Sozialisten haben früher begonnen, sich in das System zu integrieren, weil mehr Übereinstimmung mit den radikal-demokratischen Deutungen der bürgerlichen Demokratien bestand als bei den Kommunisten. Außerdem hatten sie nur eine vielfach überschätzte, mehr und mehr zerbröckelnde Internationale hinter sich, nicht die Weltmacht Sowjetunion, von der sich selbst die Eurokommunisten nur ungern noch weiter distanzierten.

Aus den genannten Gründen scheint es sinnvoll, den Typ des polarisierten Pluralismus in zwei Untertypen zu zerlegen: 1) polarisierter Pluralismus mit Fundamentaloppositionen von rechts und links (Weimarer Republik, Zweite Spanische Republik), in der die Mitte nicht mehr regierungsfähig ist; 2) polarisierter Pluralismus mit regierungsfähigen Mitteparteien (Frankreich, Israel, Finnland, Italien, Spanien).

4. Systeme mit einer dominanten Partei, die in der Regel die Regierung bildet und die nur durch eine Koalition aller oder der meisten anderen Parteien von der Macht verdrängt werden kann. Sie sind am stärksten in ihrer Wettbewerbsorientierung eingeschränkt. (Viele Entwicklungsländer haben ein solches System, Mexiko unter der Hegemonie der PRI seit Jahrzehnten.)

Am Rande jener Regime, die die Konfliktschlichtungsmuster westlicher Demokratien für sich übernommen haben, hat es jedoch dominante Parteien gegeben, die eine hegemoniale Stellung im System einnahmen und sich für die »natürliche Regierungspartei« hielten. Es handelte sich ausschließlich um Systeme mit starken Relikten einer traditionalistischen und klientelistischen politischen Kultur (↗ Klientelismus). In Europa gehören hierzu nur Irland und Italien. Die Gaullisten haben eine vergleichbare Stellung in Frankreich verloren, die sie aber vermutlich nur durch das manipulative Wahlsystem vorübergehend unter *de Gaulle* behaupten konnten. Außerhalb Europas gehören dazu Israel, Indien und Japan.

Irland stellt einen Sonderfall des Systems mit dominanter Partei dar. Die *Fianna Fáil* war anfangs eine Antisystempartei, nicht – wie in den anderen Fällen – die tragende politische Kraft eines neuen Systems. Sie akzeptierte den *Dominion*-Status und die Teilung Irlands nicht. 1938 errang sie die absolute Mehrheit und verursachte so den seltenen Fall, daß eine marginale Partei ins Machtzentrum vorstieß und sich dort jahrzehntelang behauptete. Nur sporadisch wurde sie durch Koalitionen aller anderen Parteien von der Macht verdrängt: 1948–51 durch eine Fünferkoalition, 1954–57 durch eine Vierparteienkoalition, 1973–77 und 1981/82 durch eine *Fine-Gael-Labour*-Koalition.

Italien und Israel wurden einst als Prototypen des P. mit dominierender Partei angesehen. Sie haben sich inzwischen völlig auseinanderentwickelt. In Israel hat die *Mapai*, kurz nachdem sie ihren traditionellen Namen, den sie nach der Fusion mit *Achdut Avoda, Mapam* und *Rafi* in *Maarach* (Arbeiterpartei) umänderte, verloren hatte, auch ihre alte Vormachtstellung eingebüßt und ist von 46,7% der Sitze (1969) auf 42,5% (1973) bzw. 26,7% (1977) gesunken. Ein konservatives Gegenbündnis unter der Bezeichnung *Likud* Block hat unter *Begins* Premierministerschaft dem System der dominanten Partei in Israel ein Ende bereitet.

In Italien kam es nicht zu einem Gegenblock. Eine Koalition von den Kommunisten bis zu den Liberalen war kaum denkbar. Die Annäherung der KPI an die DC in der Konzeption des »historischen Kompromisses« hatte die Dominanz der DC zwar geschwächt, aber die Ablösung der DC durch einen linken Block unter Führung der KPI war damit eher unwahrscheinlich geworden, seit der PSI zunehmend wieder an Regierungen in *Centrosinistra*-Regierungen teilnahm. Immerhin wurde es 1981 als Vorbote des Wandels erstmals möglich, einen Regierungschef durchzusetzen, der nicht aus der DC stammte (*Spadolini*, PRI). In Japan behaupteten die *Liberaldemokraten* 1980 noch 47,9%, aber die anderen Parteien höhlen die Dominanz der Partei nicht weniger aus als die interne Fraktionierung der Regierungspartei. Selbst in der Dritten Welt ist das System der dominanten Partei nicht unangefochten geblieben. In Indien verlor die Kongreßpartei 1977–79 für eine kurze Episode und erneut 1989 die Macht. Es sieht nicht mehr so aus, als ob *S. H. Barnes'* Modell eines »verläßlichen Typs demokratischer Stabilität« (*Arian/Barnes* 1974) in einer wettbewerbsorientierten Demokratie westlichen Musters auf die Dauer noch eine Chance hat.

Klaus von Beyme

Lit.: *Arian, A./Barnes, S. H.* 1974: The Dominant Party System, in: JoP 36, 592–614. *Beyme, K. von* [2]1984: Parteien in westlichen Demokratien. München. *Budge, I.* u.a. (Hrsg.) 1976: Party Identification and Beyond, London. *Daalder, H./Mair, P.* (Hrsg.) 1983: Western European Party Systems. Continuity and Change, London. *Duverger, M.* [9]1977: Les partis politiques. Paris. *Farneti, P.* 1979: Partiti, stato e mercato: appunti per un'analisi comparata, in: *Graziano, L./Tarrow, S.* (Hrsg.): La crisi italiana, Turin, Bd. 1, 113–175. *Hermens, F. A.* [2]1968: Demokratie oder Anarchie, Köln/Opladen (zuerst 1941). *Laponce, J.* 1981: Left and Right, Toronto. *Laakso, M./Taagepera, R.* 1979: The Effective Number of Parties. A Measure with Application to West Europe, in: CPS 11, 3–28. *Merkl, P.H.* (Hrsg.) 1980: Western European Party Systems. New York/London. *Nohlen, D.* [2]1990: Wahlrecht und Parteiensystem. Opladen. *Rae, W.* 1967: The Political Consequences of Electoral Laws. New Haven. *Riker, W. H.* 1967: The Number of Parties. A Reexamination of Duverger's Law. Comparative Politics 9, 96–106. *Sartori, G.* 1982: Il pluralismus polarizzato: critiche e repliche, in: Rivista italiana di scienza politica 12, 3–44. *Sartori, G.* 1976: Parties and Party Systems. London. *Wolinetz, S. B.* 1978: Stabilità e mutamento nei sistemi partitici dell'Europa occidentale, in: Rivista italiana di scienza politica 8,3–55. *Ziebura, G.* (Hrsg.) 1969: Beiträge zur allgemeinen Parteienlehre, Darmstadt.

Parteientheorie

1. Die Parteientheorie (P.) ist ein Teil der ↗ Politischen Theorie relativ geringer Reichweite. Parteien sind anders als ↗ Interessengruppen, Klassen (↗ Sozialstruktur) und ↗ Eliten kaum je dazu benutzt worden, das gesamte ↗ Politische System und seine Bewegungsgesetze zu erklären. P. ist vielfach auch

nicht unabhängig von anderen Teiltheorien entwickelt worden. Vor allem in ihren normativen Prämissen war sie stark abhängig von der ↗ Demokratietheorie, der Theorie der ↗ Repräsentation und des ↗ Parlamentarismus.

Die Nachwirkung konfliktfeindlicher Concordia-Lehren führte zur Verketzerung der Parteien bis ins 20. Jh. Im Begriff Fraktion lebt die alte Aversion gegen Parteien, vor allem in der Linken, bis heute fort (*von Beyme* 1978). Eine empirisch orientierte P. entstand erst aus der Enttäuschung über die Entwicklung moderner Massendemokratien. Bei *M. Ostrogorski* entwickelte sich die P. aus der Kritik an den modernen Massenparteien, die in den USA und in Großbritannien durch die Wahlrechterweiterungen entstanden waren. Zur Rettung der freien Repräsentation strebte *Ostrogorski* (1903, Bd. 2: 683) von der modernen bürokratisierten Partei zurück zur »freien Vereinigung mit individueller Verantwortlichkeit«. Bei *R. Michels* (1925: 270) resultierte die P. aus der Enttäuschung eines intellektuellen Sozialisten darüber, daß »die Verbürgerlichung gewisser Schichten der Arbeiterpartei« sich unter anderem mit »Hilfe des sozialdemokratischen Parteiapparates« und der ↗ Gewerkschaften vollzog. *Max Webers* Klassifikation der Parteien, die sich an die drei Typen legitimer ↗ Herrschaft anlehnte, war ein Fortschritt gegenüber der älteren Verketzerung der modernen Massenpartei. Sie erlaubt wenigstens gute und weniger gebilligte Erscheinungen im Parteiwesen zu sondern. Dies führte jedoch zu einer neuen normativen Prämisse für die Mehrzahl der positivistisch orientierten Wissenschaftler. Ein wünschenswerter Typ von Partei wurde an *Max Webers* Typ legal-rationaler Herrschaft kanonisiert, bei *M. Duverger* etwa der Typ der Sektionspartei. Als Partei, die eine klare ideologische programmatische Alternative bot und kritisch zum System eingestellt war und eine gut organisierte Mitgliederpartei mit tiefreichenden Wurzeln in sozialen Umfeldorganisationen darstellte, schien die SPD vor 1918 der kritischen Literatur vielfach der Prototyp einer modernen Partei zu sein. An ihr wurde der »Niedergang« in der Zeit konturloser Volksparteien auch später immer wieder in ahistorischer Weise gemessen. Die Typologie der Parteien war am Dualismus von Sozialisten und bürgerlichen Parteien ausgerichtet. In älteren Theorien von *Hermens* bis *Duverger* überwog der institutionelle Aspekt zur Erklärung von ↗ Parteiensystemen. Parteiensysteme wurden häufig aus Typen parlamentarischer Systeme und den ihnen zugeordneten ↗ Wahlsystemen deduziert.

2. Die P. wurde in der politikwiss. Literatur nicht weniger kontrovers behandelt als die generellen Theorien über politische Systeme. Integrations- und ↗ Konflikttheorien standen sich auch in der Parteienforschung gegenüber. Das Integrationsparadigma und das Konkurrenzparadigma, die in der Literatur unterschieden wurden (*Wiesendahl* 1980: 108 ff.), sind Varianten eines Ansatzes, die von den Funktionsbedingungen des politischen Systems in seiner bestehenden Form ausgingen.

1) Der Integrationsansatz im engeren Sinne – vor allem in seiner systemtheoretischen und funktionalistischen Variante – stellte die Leistungen der Parteien für die Sicherung der Konsensbildung, der Funktionserfüllung und Überlebenssicherung des politischen Gesamtsystems in den Vordergrund. Das Konkurrenzparadigma ging ebenfalls von einem Ganzheitsbegriff aus, gab aber dem Konflikt einen höheren Stellenwert. Demokratie wurde auf »Konkurrenz um freie Stimmen« auf einem politischen Markt definiert (*Schumpeter* 1950: 430). Um die Verdinglichung der Partei bei älteren institutionellen Ansätzen zu vermeiden, wurde die Partei als »Koalition von Personen« definiert, »die den Regierungsapparat mit legalen Mitteln unter ihre Kontrolle zu bringen suchen« (*Downs* 1968: 24). Beide Integrationsansätze hatten die Tendenz, die Funktion der Parteien auf die Beschaffung von Konsens und Unterstützung für ↗ Eliten in der politischen Arena zu beschreiben und Gruppen eines fundamentalen Dissenses als »dysfunktional« für das System zu werten. Von den beiden Hauptmerkmalen politischer Parteien von *Burke* bis *Weber*, ↗ Ideo-

logie und Patronage, wurde das zweite (in erweiterter Form und auf die Formulierung von materieller Politik hin operationalisiert) stärker betont.

2) Konflikttheoretische Ansätze waren weit mehr auf ein normatives Bild des politischen Systems hin orientiert, wie es erst geschaffen werden soll. Das basisdemokratische Leitbild dieses Ansatzes rechtfertigt die Bezeichnung »Transmissionsparadigma« (*Wiesendahl* 1980: 128), vor allem soweit sie einer sozialistischen Denktradition verbunden ist. Die suboptimale Trennung von Eliten und Bürgern in den integrationstheoretischen Ansätzen wird zugunsten einer identitätstheoretischen Suche nach Legitimation des demokratischen Prozesses aufgegeben. Die extreme libertinäre Linke neigte seit den 60er Jahren wieder zur Ablehnung von Parteien überhaupt und hoffte auf andere, revolutionäre Organisationsformen für die als Gesamtheit zum Handeln aufgerufenen Klassen, wie die ↗ Räte. Die marxistisch-leninistische Linke hingegen spitzte die Formen straff organisierter und bürokratieanfälliger P. in ihren Organisationsmodellen eines ↗ Demokratischen Zentralismus noch zu. Die Herstellung der Identität von Regierenden und Regierten drohte vielfach zur doppelten Stellvertretung zu werden: Die Partei schien befugt, über die Klasse zu herrschen, und die Führung der Partei über die organisierte Avantgarde dieser Klasse (↗ Arbeiterbewegung). Beide Traditionen sozialistischer P. sind sich nur einig in dem Anspruch, die ideologische Trennung von der »privaten Sphäre« der materiellen Reproduktion und der »öffentlichen oder Legitimationssphäre« zu überwinden.

Die konflikttheoretischen Ansätze des Transmissionsparadigmas nehmen vielfach für sich in Anspruch, allein eine P. zu besitzen, und werfen den konkurrierenden Paradigmen und der auf ihnen aufbauenden empirischen Forschung »Theorielosigkeit« vor. Gegenüber der abstrakten Staatsableitungsliteratur, die Konfliktstrukturen direkt aus polit-ökonomischen Kategorien abzuleiten versucht und Parteien allenfalls als Ausdifferenzierung von Kapitalfraktionen einerseits und Meinungsverschiedenheiten von revolutionären Gegenkräften, die noch kein gemeinsames Konzept gefunden haben, andererseits gelten läßt, werden Parteien in den Transmissionsparadigmen als sinnvolle mittlere Analyseebene angesehen. Hauptproblem bleibt jedoch, daß das Klassensystem sich kaum je bruchlos in einem Parteiensystem niederschlägt. Die historisch-soziologische Forschung vor allem bei *S. Rokkan* (1970) bemüht sich demgegenüber um den Nachweis, daß Klassenkonflikte in gewissen Epochen dominant werden können, daß aber Religionskonflikte, Regionalkonflikte und andere *cleavages* (↗ Konfliktlinien) hartnäckig weiterleben und ihren Niederschlag in fragmentierten Vielparteiensystemen finden.

3. Obwohl die P. im Durchschnitt weniger anspruchsvoll formuliert wurde als die Theorie anderer politischer Bereiche, haben sich – je nach Schwerpunkt, welche die großen Ansätze bevorzugen – unterschiedliche Bereiche herausgebildet. Auch eine dialektische P., die sich als Gesellschaftstheorie versteht, grenzt ähnliche Bereiche ab wie die funktionalistischen und analytischen Ansätze (Organisation, Parteienkonkurrenz, Sozialstruktur und Parteien, Staat und Parteien; vgl. *von Winter* 1982: 450) oder klassifiziert Funktionen von Parteien wie Transmission, Selektion und Legitimierung als Richtschnur für empirische Untersuchung (*Greven* 1977: 120). Erstere verstehen solche Funktionskataloge weniger deskriptiv-empirisch als präskriptiv, als Liste der demokratietheoretisch erwünschten Funktionen. Im Einzelfall zeigt sich jedoch, daß es viele Überschneidungen von beiden Funktionstypen gibt (*Wiesendahl* 1980: 189).

Hauptkonfliktpunkte der verschiedenen Ansätze finden sich in den Bereichen Stellenwert der Parteiideologien, soziale Basis der Parteien, Möglichkeiten der ↗ Innerparteilichen Demokratie. In integrationstheoretischen Ansätzen erscheinen Parteiideologie und Programmatik stark funktionalisiert. Vor allem im Konkurrenzansatz sind Ideologien nur Orientierungsmittel im Werbeprozeß. Die Wähler sind letztlich nur an Handlungen und ihrem Ausdruck in materieller Politik interessiert (*Downs* 1968). Die Klassenbasis der Parteien wird in diesem Ansatz ebenfalls weitgehend für zweitrangig gehalten. Parteien werden als ziemlich autonome Gruppen definiert, die sich für ihre Ziele des Machterwerbs der sozialen Gruppen und Klassen nur bedienen.

Die Erforschung der Klassenstruktur der Parteien ist gleichwohl auch bei der Mehrzahl nichtmarxistisch eingestellter Parteiforscher ein Anliegen geblieben, wenn auch nur, um marxistische Gegenpositionen zu falsifizieren. Nur bei *G. Sartori* verdichtet sich die antisoziologische Einstellung zu der Behauptung, es sei ein »objektivistischer Aberglaube« anzunehmen, daß sozioökonomische Indikatoren der Gefolgschaft von Parteien eine größere Sicherheit der Voraussage als andere Indikatoren gewährleisten. *A. Przeworski/J. Sprague* (1982) haben einen der seltenen Versuche unternommen, die marxistische Annahme zu erhärten, daß die Aufgabe der proletarischen Klassenbasis durch Arbeiterparteien und die Öffnung hin zu den Mittelschichten auch ihre Stärke in absoluten Größen untergraben habe. Die These hat bis 1945 einige Wahrscheinlichkeit für sich. Die Schrumpfung der Arbeiterklasse durch die wissenschaftlich-technische Revolution seither gibt den Arbeiterparteien gleichwohl keine realistische Alternative zur Politik der sozialen Öffnung mehr.

Parteiforschung war weitgehend Auseinandersetzung mit *Michels'* Oligarchiethesen. Für viele Länder und Parteien wurde immer wieder gezeigt, daß die *Michels*-Thesen nicht haltbar seien. Die Parteiführung wurde entweder als pluralistischer als angenommen entdeckt (*Eldersveld* 1964:119), oder die Faktionalismusforschung konnte zeigen, daß die Partei in sich schon *in nuce* ein Mini-Parteiensystem von Koalitionen ist. Die Handlungseinheit »Partei« war vom institutionellen Ansatz häufig zu stark verdinglicht worden. Innerparteiliche Demokratie wurde vor allem für die konfliktorientierten Ansätze zum Zentrum des Interesses. Der normative Anspruch der Transmissionsparadigmen wurde in sympathischer Weise offengelegt, aber analytisch in bedenklicher Weise überzogen. ↗ Partizipation wurde gegen vielfache Warnungen realistischer Demokratie- und Parteientheorie unter die Produktivkräfte eingereiht (*Naschold* 1969), ohne realistische Einschätzung, daß dieses Gut von der Mehrheit nicht annähernd so begehrt wurde wie Kapital, Arbeit oder Wissen. Radikalere Theoretiker, die gegen eine normativ-idealistische Theorie der innerparteilichen Demokratie argumentierten (*Greven* 1977: 264), behielten Hand in Hand mit der liberalkonservativen Kritik meist recht gegen die enthusiastischen radikaldemokratischen Versuche, über innerparteiliche Demokratie und Konflikte das System zu verändern und Linksparteien den Versuch zu suggerieren, »in sich die Struktur des sozialistischen Pluralismus zu antizipieren« (*Raschke* 1977: 249). Die große Transformation blieb aus. Die Aufgabe der Partei als organisatorischen Ansatz und die Verherrlichung basis- und rätedemokratischer Modelle blieb freilich den Beweis für größere mögliche Transformationserfolge erst recht schuldig.

4. In der praktischen Parteienforschung überwiegen in ihrem Geltungsanspruch zwei Verfahren: 1) Auf der Basis deduktiv-normativer oder induktiver Theorien wird vorwiegend mit Typenbildung gearbeitet (vor allem im Bereich der Parteiensysteme, der Faktionalismusforschung und der Organisationslehre). Gelegentlich wurde eine eindimensionale Typologie nach der Grundeinheit der Partei bei *Duverger* zur Basis der gesamten Parteienlehre. 2) Formale Theorien wie die der elitären Demokratie oder der Koalitionstheorie hingegen arbeiten mit Modellen. Faktische Einwände anhand abweichender Erscheinungen werden nicht als Beweis für die Nutzlosigkeit des Modells akzeptiert, solange Prognosen mit dem Modell noch wahrscheinlich sind. *A. Downs* (1968) hält die Richtigkeit der Prognosen sogar für wichtiger als die Realität der Annahmen einer P., eine Position, der historisch-soziologisch

orientierte Forscher kaum folgen können, da viele der Prognosen aufgrund solcher Modelle zwar richtig, aber formal und politisch irrelevant erscheinen *(von Beyme* [2]1984).
Die konkurrierenden Ansätze haben in der Parteienforschung – je nach Absicht des Forschers – ihre Berechtigung. Die Klage um die Widersprüchlichkeit verschiedener Theorien und die Vorstellung, daß irgendwann einmal eine empirisch gesättigte P. existieren werde, die alle Forschung in gleicher Weise anleitet und damit leichter kumulierbares Wissen erzeugt, ist vermutlich szientistischer Aberglaube. Der Zustand der P. kann kaum einheitlicher sein als die allgemeineren ↗ Demokratietheorien, die ihnen in der Regel zugrunde liegen.

Klaus von Beyme

Lit.: *Beyme, K. von* 1978: Partei, Faktion, in: *Brunner, G.* u.a. (Hrsg.): Geschichtliche Grundbegriffe. Historisches Lexikon zur politisch-sozialen Sprache in Deutschland, Stuttgart, Bd. 4, 677–773. *Beyme, K. von* [2]1984: Parteien in westlichen Demokratien, München. *Duverger, M.* 1959: Die politischen Parteien, Tübingen. *Downs, A.* 1968: Ökonomische Theorie der Demokratie, Tübingen (engl. 1957). *Eldersveld, S. J.* 1964: Political Parties. A Behavioral Analysis, Chicago. *Greven, M. Th.* 1977: Parteien und politische Herrschaft, Meisenheim. *Hartmann, J.* 1979: Parteienforschung, Darmstadt. *Jäger, W.* (Hrsg.) 1973: Partei und System, Stuttgart. *Janda, K.* 1970: A Conceptional Framework for the Comparative Analysis of Political Parties, Beverly Hills. *Mair, P./Smith, G.* (Hrsg.) 1989: Understanding Party System Change in Western Europe, London. *Michels, R.* 1925: Soziologie des Parteienwesens, Stuttgart. *Naschold, F.* 1969: Organisation und Demokratie, Stuttgart. *Ostrogorski, M.* 1903: La démocratie et l'organisation des partis politiques, 2 Bde. Paris. *Panebianco, A.* 1982: Modelli di partito, Bologna. *Przeworski, A./Strague, J.* 1982: Party Strategy, Class Ideology and Individual Voting. A Theory of Electoral Socialism, Stanford (hekt.). *Raschke, J.* 1977: Organisierter Konflikt in westeuropäischen Parteien, Opladen. *Rokkan, S.* 1970: Citizens, Elections, Parties, Oslo. *Sartori, G.* 1976: Parties and Party Systems, Cambridge. *Sartori, G.* 1982: Teoria dei partiti e caso italiano, Mailand. *Schumpeter, J.* 1950: Kapitalismus, Sozialismus und Demokratie, Bern. *Wiesendahl, E.* 1980: Parteien und Demokratie. Eine soziologische Analyse paradigmatischer Ansätze der Parteienforschung, Opladen.

Partizipation

I. Unter Partizipation (P.) werden in demokratisch verfaßten Ländern i. d. R. alle Tätigkeiten verstanden, die Bürger freiwillig mit dem Ziel unternehmen, Entscheidungen auf den verschiedenen Ebenen des ↗ Politischen Systems zu beeinflussen *(Nie/Verba* 1975:1; *von Alemann* 1975: 41–42; *Barnes/Kaase* u.a. 1979: 42). Aus dieser Begriffsbestimmung wird deutlich, daß Beteiligung an der Politik vor allem als instrumentelles, zielgerichtetes Handeln aufgefaßt wird, und zwar aus der Sicht des einzelnen Bürgers. Damit werden im Interesse der analytischen Präzisierung des Begriffes alle jene Handlungen außer acht gelassen, die lediglich in ihren Konsequenzen politisch sind; dies ist schon deshalb sinnvoll, weil in den umfassend und komplex verflochtenen ↗ Industriegesellschaften nur wenige Handlungen von Personen und Gruppen langfristig ohne jede politische Bedeutung sind. Damit ist allerdings nicht gesagt, daß (nicht-politisch) expressives Handeln unter Rückgriff auf politisch-instrumentell geprägte Aktionsformen für die Partizipationsforschung prinzipiell ohne Interesse ist *(Barnes/Kaase* u.a. 1979: 523 bis 536).

Formen der P. können danach unterschieden werden, ob sie direkt oder indirekt sowie verfaßt oder nicht verfaßt sind und auf welche Ebene des politischen Systems sie abzielen (*von Alemann* 1975: 79–86). Unter direkter P. sind alle die Formen zu fassen, in denen auf eine spezifische Entscheidung eingewirkt wird und keine generalisierte Handlungsvollmacht (wie etwa bei Wahlen) erteilt wird. Verfaßt ist eine P. an Politik dann, wenn sie institutionell verbindlich verankert ist, etwa in der ↗ Verfassung oder z. B. in einer Gemeindeordnung. Dazu gerechnet werden kann z. B. ein Bürgerbegehren, ganz im Gegensatz zu der nicht verfaßten Beteiligungsform der Bürgerinitiative. Die Zielebene des politischen Systems, die durch eine Handlung erreicht werden soll, hat gegenüber den beiden anderen, gerade beschriebenen Kategorien einen geringeren analytischen Stellenwert. Sie gewinnt ihren Sinn aus der Beobachtung, daß bestimmte Beteiligungsformen typischerweise mit Einflußversuchen der Bürger auf Entscheidungen einmal auf den zentralen Systemebenen (Bund und Länder) und zum anderen in der Gemeinde verbunden sind (*Kaase* 1990: 53–58).

Eine Abgrenzung hat in der Forschung Bedeutung erlangt. In ihrer Definition von P. betonen *N. H. Nie* und *S. Verba* die Notwendigkeit der Legalität, d.h., daß die Beteiligung eine gesetzliche Grundlage besitzen muß. Dieser Gesichtspunkt ist wichtig, um z. B. politische Gewalt und zivilen Ungehorsam im Sinne von nicht verfaßten illegalen Beteiligungsformen als getrennte Phänomene behandeln zu können.

Eine zusätzliche Überlegung bezieht sich auf die Frage, ob Gegenstand der Forschung nur tatsächliches Verhalten oder auch Einstellungen und Affinitäten zu P. sein sollen. Die Entscheidung, tatsächliches Verhalten zu untersuchen, berücksichtigt das in der Forschung vielfältig dokumentierte Ergebnis, daß eine Identität von Einstellung und Verhalten in aller Regel nicht gegeben ist (*Nie/Verba* 1975: 2–3). Demgegenüber spricht für die Analyse auch von Beteiligungsabsichten und Einstellungen zur Beteiligung der Gesichtspunkt, daß damit durchaus bedeutsame Voraussetzungen tatsächlicher P. erfaßt werden und ein Beitrag zur Analyse von politischem Wandel wie auch der Bedingungen, unter denen Beteiligung tatsächlich zustande kommt, geleistet werden kann (*Barnes/Kaase* u.a. 1979: 42, 57–81; *Verba/Nie/Kim* 1978: 70–93; *Kaase* 1990: 37ff.).

II. Die im vorigen Abschnitt dargestellten Konzepte von P. dienen in ihrem theoretisch - analytisch - klassifikatorischen Charakter der konzeptionellen Strukturierung des Gegenstandsbereiches. Damit ist jedoch noch nichts über ihre empirische, in der sozialen Wirklichkeit überprüfte Gültigkeit ausgesagt. Eine solche Überprüfung ist heute mit den Methoden der ↗ Empirischen Sozialforschung möglich.

Die Herstellung verfaßter Teilhaberechte an Politik für *alle* Bürger (ab einer bestimmten Altersschwelle) liegt in vielen westlichen Demokratien noch so kurz zurück, daß die Konzentration der frühen Forschung auf den verfaßten Akt der Beteiligung bei politischen Wahlen verständlich scheint. Wenn es zunächst nur um Wählerverhalten selbst ging, so erfolgte konsequenterweise eine erste Ausweitung der Fragestellung innerhalb der wahlbezogenen Dimension, also z. B. auf Beteiligungsformen wie Wahlkampfengagement oder Kontakte mit Politikern. Dabei wurde von einer Eindimensionalität der wahlbezogenen Aktivitäten im Sinne einer hierarchischen Struktur ausgegangen: Bürger, die sich an den selteneren, einen größeren Aufwand erfordernden Akten beteiligen, beteiligen sich auch an den häufigeren, weniger anspruchsvollen Akten. So ergab sich eine Aufgliederung der (amerikanischen) Bevölkerung in drei Gruppen: die Apathischen, die Zuschauer und die Gladiatoren (*Milbrath/Goel* 1977: 10–11). Diese Aufgliederung, die in den 60er Jahren, und zwar *nicht* auf der Grundlage einer eigenen empirischen Untersuchung, vorgeschlagen wurde, zog die spätere Forschung zunehmend in Zweifel (*Nie/Verba* 1975: 27–30). Eine international vergleichende empirische Untersuchung politischer Beteiligung in sieben Ländern, darunter Jugoslawien als einzigem Land des Ostblocks, in den Jahren zwischen 1966 und 1971 konnte durchgängig vier voneinander unterscheidbare Formen konventioneller, i.d.R. wahlbezogener Aktivitäten nachweisen (Demonstrationen, Bürgerinitiativen usw. wurden nicht untersucht; *Nie/Verba* 1975: 26–27; *Verba/Nie/Kim* 1978: 48). Die vier Dimensionen sind 1) Wahlen, 2) wahlkampfbezogene Aktivitäten, 3) (meistens gemeindebezogene) Gruppenaktivitäten und 4) politische Einzelkontakte. Der wesentliche systematische Unterschied zwischen diesen vier Dimensionen besteht darin, daß 1) - 3) sich auf kollektive politische Entscheidungen und 4) sich auf einzelpersonenbezogene Entscheidungen beziehen. Darüber hinaus verlangen die den vier Dimensionen zugeordneten Handlungsformen ein unterschiedliches Maß an Initiative der Bürger und weisen auch recht unterschiedliche Konfliktchancen und -intensitäten auf (*Nie/Verba* 1975: 6–9). Die analytische Trennung der vier Dimensionen bedeutet nun allerdings nicht, daß zwischen ihnen überhaupt keine Beziehung bestünde. Vielmehr ist darauf hingewiesen worden, daß es sich um eine Beziehungsstruktur handelt, in der die Korrelationen der Tätigkeiten untereinander im Durchschnitt innerhalb der Dimensionen höher sind als zwischen den Dimensionen; dem widerspricht nicht die Aussage, daß die Daten auch eine gemeinsame Aktivitäts-Nichtaktivitätsstruktur zum Ausdruck bringen (*Milbrath/Goel* 1977: 20; *Barnes/Kaase* u.a. 1979: 44, 86–87).

Insbesondere die amerikanischen Forschungen zur P. haben die konzeptionelle und empirische Analyse entscheidend vorangetrieben. Gemeinsam ist ihnen jedoch, daß sie noch in einer historischen Situation stehen, in der das Wort vom »Ende der Ideologie« einen weitgehend konfliktfreien politischen Prozeß für die Zukunft signalisierte. Die Protestbewegungen der späten 60er und 70er Jahre wurden weder theoretisch noch empirisch ein- und ausgearbeitet; sie blieben analytisch zunächst ein Randphänomen, das systematisch vor allem mit Protestverhalten bis hin zur politischen Gewalt verbunden wurde. Diese Sichtweise änderte sich erst, als zum einen die unverfaßten, nicht selten an der Grenze zur Illegalität liegenden Beteiligungsformen so regelmäßig und nationenübergreifend auftraten, daß sie nicht mehr mit ausgesprochenen Krisensituationen des politischen Systems in Verbindung gebracht werden konnten. Zum zweiten zeigte die sich langsam verdichtende empirische Forschung, daß diese Formen typischerweise bei Angehörigen bzw. zukünftigen Angehörigen (Studenten und Schülern) der mittleren und oberen Mittelschicht zu beobachten waren. Damit lag die Vermutung nahe, daß das bisherige Beteiligungsrepertoire eine systematische Entwicklung erfuhr.

Diese Überlegung war Ausgangspunkt einer international vergleichenden empirischen Untersuchung in acht Ländern 1974 bis 1976 (Bundesrepublik Deutschland, Finnland, Großbritannien, Italien, Niederlande, Österreich, Schweiz, USA) – der sog. *Political-Action*-Studie (*Barnes/Kaase* u.a. 1979). In dieser Studie wurde erstmals für gesamte Wahlbevölkerungen der Versuch unternommen, Formen der legalen und illegalen unverfaßten Beteiligung wie Petitionen, Boykotte, Demonstrationen bis hin zu Hausbesetzungen und zu politischer Gewalt quantitativ zu erfassen und ihre sozialstrukturellen wie motivationalen Voraussetzungen zu analysieren. Untersucht wurde die Zustimmung zu bzw. Ablehnung von solchen Beteiligungsformen (Legitimität) sowie die Teilnahme bzw. Bereitschaft zur Teilnahme an entsprechenden Aktivitäten, wobei aus theoretischen Gründen die Beteiligungsformen »Wählen« sowie »Gewalt gegen Personen und Sachen« aus der späteren Analyse ausgeschlossen wurden. Obgleich unterschiedliche Analyseverfahren eingesetzt wurden, ergab sich übereinstimmend in allen acht Ländern eine von der konventionellen getrennte, in sich kohärente Dimension der unkonventionellen P., die in sich Akte legaler wie illegaler Beteiligung vereinte (*Barnes/Kaase* u.a. 1979: 65–81, 543–555; *Allerbeck* 1980: 10–23). Ihren besonderen Niederschlag fand diese Dimension in Form der sog. Protestpotentialskala, die die Zustimmungsdimensionen mit der – tatsächlichen oder beabsichtigten – Handlungsdimension systematisch verschränkt. Diese Ergebnisse konnten in mehreren unabhängigen Replikationen in der Bundesrepublik (*Radtke* 1976; *Infratest* 1980; *Klingemann* 1985), vor allem aber in einer Weiterführung der *Political-Action*-Studie 1979–1981 in der Bundesrepublik, den Niederlanden und den USA (*Jennings/van Deth* u.a. 1990) bestätigt werden.

Die Beschränkung lediglich auf die beiden Dimensionen der konventionellen und unkonventionellen politischen Beteiligung hat in der Forschung schon bald zu Kritik und Verbesserungsvorschlägen geführt, die im wesentlichen auf eine weitere Untergliederung der beiden Partizipationsdimensionen hinausliefen (*Schmidtchen/Uehlinger* 1983: 202–217; *Fuchs* 1984: 622–623). 1988 hat *Uehlinger* auf der Grundlage eigener Daten und einer Sekundäranalyse der *Political-Action*-Studie unter Einsatz einer Reihe von skalierungs- und clusteranalytischen Verfahren einen neuen Vorschlag zur Strukturierung des Partizipationsraumes vorgelegt; dabei hat er auch Wählen und politische Gewalt mit einbezogen (*Uehlinger* 1988: 129–131). Er unterscheidet die folgenden fünf Typen: 1) Staatsbürgerrolle (z.B. Wählen), 2) problemspezifische P. (z.B. in einer Bürgerinitiative mitwirken), 3) parteiorientierte P. (z.B. Parteimitgliedschaft), 4) zivilen Ungehorsam (illegale Aktivitäten wie z.B. Hausbesetzungen), und 5) Gewalt (gegen Personen und Sachen). Wie auch *Uehlinger* schreibt, gibt es nach wie vor klare Bezüge zu der *Political-Action*-Konzeptualisierung: Die Typen 1 und 3 konstituieren die konventionelle, die Typen 2 und 4 konstituieren die unkonventionelle Dimension; politische Gewalt war bei *Political Action* nicht behandelt worden (siehe dazu aber *Kaase/Neidhardt* 1990). Dennoch ist der *Uehlingerschen* Typologie vor allem wegen der klaren Berücksichtigung der Dimension Legalität – Illegalität der Vorzug zu geben. In die Richtung einer typologischen Differenzierung weist im übrigen auch eine neuere Partizipationsstudie aus Großbritannien (*Parry/Moyser/Day* 1992).

III. Durch die Forschung ist vorgeschlagen worden, die Faktoren, welche die Wahrscheinlichkeit politischer P. beeinflussen, aufzugliedern, und zwar in persönlichkeitsbezogene und sozialstrukturelle Variablen, deren Träger das Individuum ist, einerseits und in Merkmale des sozialen Umfeldes von Akteuren (Kontextvariablen) andererseits (*Milbrath/Goel* 1977). Ganz grundsätzlich ist in diesem Zusammenhang zunächst festzustellen, daß ein rein individualistisches Modell der P. unzureichend wäre. Die Ebene der Messung, die den einzelnen Bürger als demokratischen Souverän im Visier hat, ist von der Ebene zu unterscheiden, auf der die Faktoren liegen, die den Bürger zur P. veranlassen. Dabei ist vor allem die überragende Rolle von Mobilisierungsprozessen über Gruppenzugehörigkeiten zu berücksichtigen.

Unter den sozialstrukturellen Faktoren, die P. besonders fördern, nimmt der sozioökonomische Status der Bürger, der in erster Linie durch Schulbildung, Beruf und Einkommen bestimmt ist, eine überragende Stellung ein. Man spricht daher von einem Standardmodell der P., wonach eine hohe ökonomische Ressourcenausstattung der Bürger zur Ausbildung von positiven Einstellungen gegenüber dem politischen System und schließlich zu partizipatorischem Engagement führt. Dieses Modell gilt, sieht man einmal von politischer Gewalt, von zivilem Ungehorsam und von politischen Einzelkontakten ab, für alle Formen politischer Beteiligung (*Kaase* 1981; *Kaase* 1990; *Kaase* 1992). Lediglich für Wählen ergibt sich ein nach Ländern zu differenzierendes Bild (*Verba/Nie/Kim* 1978).

Daneben spielen jedoch auch andere strukturelle Variablen eine Rolle, darunter insbesondere Alter und Geschlecht, wobei deren Einfluß allerdings je nach den zur Debatte stehenden Beteiligungsformen unterschiedlich zu beurteilen ist. Für die Staatsbürgerrolle (Wähler) ergibt sich nach Altersstufen ein typisch kurvenlinearer Verlauf: Die Beteiligung steigt bis ins mittlere Lebensalter an und fällt dann wieder ab. Dagegen stehen Lebensalter und unkonventionelle Beteiligung in einem strikt linearen negativen Zusammenhang: Je älter ein Bürger ist, desto geringer seine Neigung, sich unkonventionell politisch zu betätigen. Noch stärker mit (jungem) Alter korreliert allerdings eine positive *Einstellung* zu unkonventionellen politischen Akten (problemorientierte P. und ziviler Ungehorsam), ein Hinweis für die Existenz eines allgemeineren Orientierungssyndroms (für Einzelheiten *Kaase* 1990: 37–46; *Kaase/Neidhardt* 1990: 22–27; *Kaase* 1992).

Bezüglich des Faktors Geschlecht schneiden Frauen, auch nach Berücksichtigung der Schulbildungsunterschiede zwischen den Geschlechtern, bei konventionellen Beteiligungsformen immer noch merklich schlechter ab als Männer. Dieser Unterschied ist im unkonventionellen Bereich wesentlich geringer, bei abnehmender Tendenz, ein Hinweis darauf, daß Frauen politischen Einfluß eher über nicht verfaßte Kanäle suchen (*Milbrath/Goel* 1977: 114–118; *Barnes/Kaase* u.a. 1979: 129–135, 171–189; *Allerbeck* 1980: 45–58; *Kaase* 1990: 40–41).

Über die Leistungsfähigkeit unterschiedlicher Theorieperspektiven in den Sozialwissenschaften gibt es eine rege Diskussion (*Opp/Wippler* 1990). Auf der Mikroebene des Individuums konkurrieren in der Partizipationsforschung vor allem soziologische mit nutzentheoretischen Erklärungen (letztere Ansätze sind unter das *Rational-Choice*-Paradigma subsumierbar; zu Anwendungen in der Partizipationsforschung siehe vor allem *Opp* u.a. 1984; *Opp/Roehl* 1990; *Opp* 1992). Abgesehen davon, daß aus dem *Rational-Choice*-Modell keine theoretisch bestimmbaren inhaltlichen Konkretisierungen der jeweiligen individuellen Nutzen und Kosten von P. ableitbar sind, greift dessen mikrotheoretische Fokussierung auch für die Konzeptualisierung des Mobilisierungsprozesses als zentraler Determinante politischer Beteiligung zu kurz. Es kann an dieser Stelle der künftigen Forschung überlassen bleiben, ob über Brückenhypothesen (*Esser* 1991: 40ff.) eine ertragreiche Verbindung beider Theorieperspektiven erreicht werden wird.

IV. Von besonderem Interesse für die mittel- und langfristige systematische Bedeutung des Aufkommens breiterer Partizipationsbedürfnisse in der Bevölkerung ist die Beantwortung der Frage, in welchem Verhältnis die unterschiedlichen Partizipationsformen zueinander stehen. Hier ist die Forschung zu dem Ergebnis gekommen, daß vor allem zwischen der wahlbezogenen, konventionellen und der problemorientierten, unkonventionellen P. positive Beziehungen bestehen; ziviler Ungehorsam ist offensichtlich an den Nahtstellen einmal zu legalen unverfaßten Formen und zum anderen zu politischer Gewalt eine prekäre Zwischengröße (*Uehlinger* 1988: 211–217; *Kaase/Neidhardt* 1990: 11–14). Daraus läßt sich schließen, daß die beschriebenen Formen der unverfaßten Beteiligung nicht alternativ, sondern zusätzlich und situationsspezifisch im Sinne der Erweiterung des politischen Handlungsrepertoires der Bürger verwendet werden. Diese Ergebnisse sind insbesondere vor dem Hintergrund der Fragen von Interesse, inwieweit die demokratietheoretisch begründeten Forderungen nach der Ausweitung von P. sowohl im politisch-administrativen Raum als auch in anderen Bereichen der Gesellschaft in der Bevölkerung eine breite Grundlage besitzen und welche Folgen sich aus dieser Ausweitung für die politisch-konstitutionelle Ordnung der westlichen Demokratien ergeben.

Um zu einem angemessenen Verständnis der Bedingungen zu gelangen, unter denen Bürger sich aktiv in den unterschiedlichen Formen an Politik beteiligen, erscheint es sinnvoll, persönliche Merkmale und das soziale Umfeld der Bürger als erleichternde oder erschwerende Bedingungen für P., nicht aber als selbständig verursachende Faktoren aufzufassen. Mit wenigen Ausnahmen ist politische P. ein auf kollektive Ziele hin orientiertes soziales Verhalten, das in einem komplexen Zusammenspiel zwischen institutionellen Strukturen, konkreten politischen Ereignissen, Gruppeneinbindungen und individuellen Merkmalen zustande kommt.

V. Die überwiegend friedlich verlaufene Transformation der totalitären kommunistischen Systeme Mittel- und Osteuropas in die Richtung demokratischer Verfassungsstaaten ist ohne die teils aktive, wohl aber überwiegend passive Unterstützung der Bevölkerung nicht denkbar gewesen. Im wesentlichen jedoch, folgt man *Karl* und *Schmitter* (1991), handelt es sich um zwischen alten und neuen Eliten ausgehandelte Transitionen, welche den Bürgern mit der Ausnahme von kurzen Hochphasen der Mobilisierung keine herausgehobene Rolle in der Gestaltung des Übergangsprozesses belassen haben.

Von um so größerem Interesse ist jedoch die Phase der demokratischen Verfestigung der nachkommunistischen Regime und dabei das Ausmaß des Engagements, das die Bürger den neu geschaffenen demokratischen politischen Institutionen entgegenbringen werden. In vergleichender Perspektive liegen hierzu noch kaum zuverlässige Befunde vor. Eine Ausnahme stellt die Analyse von *Klingemann* (1994) der Entwicklung der Parteiensysteme in der genannten Region dar. Dieser Studie kann entnommen werden, daß schon deutliche Verfestigungen zu beobachten sind, die nicht zuletzt über ethnische und religiöse Trennungslinien (*cleavages*) befördert werden, welche die Zeit der kommunistischen Herrschaft überdauert haben. Große Fluktuationen (Volatilität) im Wahlverhalten, aber auch in der Wahlbeteiligung deuten allerdings darauf hin, daß es, sieht man einmal von den neukommunistischen Parteien ab, erst eines Aufbaus des intermediären Systems der Parteien und Interessengruppen mit regionalen und lokalen Organisationsverästelungen bedarf, bis eine Mindestberechenbarkeit der Stärke von Parteien oder zumindest Parteifamilien eintreten wird. Ob es in absehbarer Zeit zu einer Konsolidierung von Parteiensystemen und Wahlverhalten kommen wird, dürfte im übrigen nicht zuletzt von den wirtschaftlichen Leistungen der neuen Demokratien abhängen.

Die Forschung in Mittel- und Osteuropa hat sich bereits der Frage angenommen, inwieweit Strukturen und Bestimmungsgründe politischer P. Entwicklungspfaden folgen werden, wie sie für die westlichen Demokratien der letzten 30 Jahre typisch waren. Ergebnisse von entsprechenden Analysen liegen jedoch noch nicht vor, so daß diese Frage z. Zt. nicht verläßlich beantwortet werden kann. Allerdings ist die politische Transformation der früheren DDR schon frühzeitig, d. h. kurz nach Öffnung der Mauer im November 1989, durch systematische sozialwissenschaftliche Forschung begleitet worden. Die Befunde dieser Forschung dürften jedoch wegen der besonderen konstitutionellen Rahmenbedingungen der Vereinigung nach Art. 23 GG keine einfachen Generalisierungen auf andere mittel- und osteuropäische Länder zulassen. Für Ostdeutschland zeigen sich im Vergleich zu Westdeutschland einerseits beachtliche Ähnlichkeiten in den Strukturen und Bestimmungsgründen politischer Partizipation. Andererseits dokumentieren eine gewisse Distanz zu Wahlen und Parteien sowie eine stärkere Hervorhebung plebiszitärer Elemente durchaus die Prägekraft sowohl der früheren institutionellen Rahmenbedingungen der DDR als auch der herausgehobenen Rolle der DDR-Bürger in der Beförderung des Einigungsprozesses (*Bauer-Kaase* 1993).

Insgesamt stellen die politischen Transformationen in Mittel- und Osteuropa für die Partizipationsforschung eine große theoretische Herausforderung, aber auch eine Chance dar, Parallelitäten wie Besonderheiten dieser im Vergleich zu den über mehr als ein Jahrhundert dauernden Entwicklungen in Westeuropa im Zeitraffer ablaufenden

Demokratisierungsprozesse herauszuarbeiten.

Max Kaase

↗ Demokratietheorie.

Lit.: *Alemann, U. von* (Hrsg.) 1975: Partizipation – Demokratisierung – Mitbestimmung, Opladen. *Allerbeck, K. R.* 1980: Politische Ungleichheit. Ein Acht-Nationen-Vergleich, Opladen. *Allerbeck, K.R.* 1981: Partizipation, in: *Greiffenhagen, M./Greiffenhagen, S./Prätorius, R.* (Hrsg.): Handwörterbuch zur politischen Kultur der Bundesrepublik Deutschland, Opladen, 292 bis 295. *Barnes, S. H./Kaase, M.* u. a. 1979: Political Action. Mass Participation in Five Western Democracies, Beverly Hills. *Bauer-Kaase, P.* 1993: Germany in Transition: The Challenge of Coping with Unification, in: *Hancock, D. M./Wesh, H. A.* (Hrsg.): German Unification: Process and Outcomes, Boulder, 285–311. *Eckert, R./Kaase, M./Neidhardt, F.* unter Mitwirkung von *Willems, H.* 1990: Ursachen, Prävention und Kontrolle von Gewalt aus soziologischer Sicht, in: *Schwindt, H.-D./Baumann, J.* u. a. (Hrsg.): Ursachen, Prävention und Kontrolle von Gewalt. Analysen und Vorschläge der Unabhängigen Regierungskommission zur Verhinderung und Bekämpfung von Gewalt (Gewaltkommission), Bd. II, Berlin, 293 bis 414. *Esser, H.* 1991: Alltagshandeln und Verstehen, Tübingen. *Fuchs, D.* 1984: Die Aktionsformen der neuen sozialen Bewegungen, in: *Falter, J. W./Fenner, Ch./Greven, M.* (Hrsg.): Politische Willensbildung und Interessenvermittlung, Opladen, 621–634. *Infratest* (Hrsg.) 1980: Politischer Protest in der Bundesrepublik Deutschland, Stuttgart. *Kaase, M.* 1976: Bedingungen unkonventionellen politischen Verhaltens in der Bundesrepublik Deutschland, in: *Kielmansegg, P. G.* (Hrsg.): Legitimationsprobleme politischer Systeme, PVS Sonderheft 7, 179–216. *Kaase, M.* 1981: Politische Beteiligung und politische Ungleichheit: Betrachtungen zu einem Paradoxon, in: *Albertin, L./Link, W.* (Hrsg.): Politische Parteien auf dem Weg zur parlamentarischen Demokratie in Deutschland, Düsseldorf, 363–377. *Kaase, M.* 1990: Mass Participation, in: *Jennings, M. K./van Deth, J.* u. a.: Continuities in Political Action: A Longitudinal Study of Political Orientations in Three Western Democracies, Berlin, 23–64. *Kaase, M./Neidhardt, E.* 1990: Politische Gewalt und Repression – Ergebnisse von Bevölkerungsumfragen, in: *Schwindt, H.-D./Baumann, J.* u.a. (Hrsg.): Ursachen, Prävention und Kontrolle von Gewalt. Analysen und Vorschläge der Unabhängigen Regierungskommission zur Verhinderung und Bekämpfung von Gewalt (Gewaltkommisson), Bd. IV, Berlin. *Karl, T. L./Schmitter, P. C.* 1991: Modes of Transition in Latin America, Southern and Eastern Europe, in: ISSJ 128, 269–284. *Klingemann, H.-D.* 1985: Formen, Bestimmungsgründe und Konsequenzen politischer Beteiligung. Ein Forschungsbericht, Berlin. *Klingemann, H.-D.* 1994: Die Entstehung wettbewerbsorientierter Parteiensysteme in Osteuropa, in: *Zapf, W./Dierkes, M.* (Hrsg.): WZB-Jahrbuch 1994, Berlin, 13–38. *Milbrath, L.W./Goel, M. L.* 1977: Political Participation, Chicago. *Nie, N. H./Verba, S.* 1975: Political Participation, in: *Greenstein, F. K./Polsby, N. W.* (Hrsg.): Handbook of Political Science, Bd. 4, Reading, 1–73. *Opp, K. D.* 1992: Legaler und illegaler Protest im internationalen Vergleich, KZfSS 44, 436–460. *Opp, K. D.* u. a. 1984: Soziale Probleme und Protestverhalten, Opladen. *Opp, K.D./Roehl, W.* 1990: Der Tschernobyl-Effekt, Opladen. *Opp, K.D./Wippler, R.* (Hrsg.) 1990: Empirischer Theorienvergleich, Opladen. *Parry, G./Moyser, G./Day, N.* 1992: Political Participation in Britain, Cambridge. *Radtke, G.D.* 1976: Teilnahme an der Politik, Leverkusen. *Schmidtchen, G.*, unter Mitarbeit von *Uehlinger, H.-M.*: Jugend und Staat. Übergänge von der Bürger-Aktivität zur Illegalität, in: *Matz, U./Schmidtchen, G.*: Gewalt und Legitimität. Bd. 4/1 der Analysen zum Terrorismus, Opladen, 105–437. *Uehlinger, H.-M.* 1988: Politische Partizipation in der Bundesrepublik, Opladen. *Verba, S./Nie, N.H./Kim, J.* 1978: Participation and Political Equality. A Seven-Nation Comparison, Cambridge.

Planung/Planungspolitik

[1] Planung.

I. Versteht man unter Planung (P.) ein

bewußtes, zielgerichtetes Denken und methodisch-systematisches Vorgehen zum Zwecke einer gedanklichen Vorwegnahme jener Handlungsabfolgen, die eine bestmögliche Zielerreichung erwarten lassen, wird deutlich, daß P. in Unternehmen, Verbänden, Parteien und im Bereich der ↗ Öffentlichen Verwaltung heute eine nicht mehr wegzudenkende Rolle spielt. Neben der Zielgerichtetheit bildet die Zweckrationalität ein weiteres Charakteristikum von Planung. Diese ist dann zweckrational, wenn der Planungsakteur in seinem Handeln Zwecke, Mittel und Nebenfolgen gegeneinander abwägt und dergestalt zu einer gegenüber normalen Entscheidungsfindungsverfahren (z. B. *Adhoc*-Entscheidungen nach Plausibilitätsüberlegungen) verbesserten Zielverwirklichung gelangt (*Lau* 1975).

1. Betrachtet man die in unterschiedlichen Wissenschaftsdisziplinen gängigen Planungsbegriffe, zeigen sich erhebliche Definitionsunterschiede vor allem dann, wenn man den Planungs- vom Entscheidungsbegriff differenziert. Eine erste, in ihrem Erklärungswert eher beschränkt bleibende Gruppe von Begriffen trennt zwischen »politischen« Entscheidungen, welche etwa durch Regierung und Parlamente vorgegeben werden, und eher »technischer« P., welche versucht, diese politischen Vorgaben sachorientiert und wertneutral durchzuführen. Im Gegensatz zu diesen eher reduzierten Planungsbegriffen betont eine umfassende, in den ↗ Sozialwissenschaften gängige Vorstellung die Notwendigkeit einheitlicher Betrachtung von P. und Entscheidung. Der damit verbundene Gedanke einer prinzipiellen Werthaftigkeit von Zielen und Mitteln verneint folgerichtig die in den eher technisch-orientierten Planungsbegriffen zumindest implizit vorhandene Vorstellung von der Möglichkeit einer wertfreien Planung.

2. Politische P., die infolge des Funktionswandels von der klassischen Ordnungs- zur modernen Leistungsverwaltung zu einem wichtigen staatlichen Steuerungs- und Regulierungsmedium wurde und immer noch »die am weitest fortgeschrittene Problemlösungsstrategie des politischen Systems gegenüber anstehenden Problemlagen« (*Naschold/Väth* 1973: 15) darstellt, besitzt dabei folgende grundlegende Funktionen. Sie soll helfen: a) den Handlungsspielraum von Regierung und Verwaltung gegenüber einer komplexer gewordenen Umwelt mit ihren oftmals widersprüchlichen Funktionsanforderungen an den Staat zu sichern und zu erweitern sowie b) die Rationalität des politisch-administrativen Entscheidungsprozesses mit Hilfe des Aufbaus von verwaltungsinternen Aufgaben-, Ziel- und Programmplanungssystemen nachhaltig zu steigern.

II. In ihrer institutionellen Ausprägung ist P. als ein ineinandergreifendes System zunehmend konkreter werdender Pläne zu verstehen. So weist die Raum- und Bauleitplanung insgesamt fünf Planungsebenen auf: Die Raumordnungsgrundsätze nach § 2 Raumordnungsgesetz, Landesraumordnungspläne, regionale Raumordnungspläne, Flächennutzungspläne und Bebauungspläne, wobei jeder Plan von den Vorgaben der übergeordneten Pläne beeinflußt wird (*Scherer* 1994).

Allerdings finden nicht alle Planungsbemühungen des Bundes ihre Fortsetzung in konkretisierenden Planungen der nachgeordneten Gebietskörperschaften. So brachte etwa die mittlerweile nicht mehr weiterverfolgte Bildungsplanung lediglich einen gesamtstaatlichen Bildungsgesamtplan hervor. P. läßt sich neben der Differenzierung nach der Planungsebene hinsichtlich des Zeithorizonts (kurz-, mittel- und langfristig) und hinsichtlich des Planungsgegenstandes (*Input*planung der Ressourcen wie Finanzen, Personal und sächliche Mittel; *Output*planung bzw. Aufgabenplanung in der Form der Fachplanung oder der alle Verwaltungsaufgaben umfassenden integrierten Entwicklungsplanung) unterscheiden. Von P. im strengen Sinne kann man allerdings nur sprechen, wenn nicht lediglich einseitig die Ressourcen festgelegt werden, sondern wenn zunächst die Ziele von P. offengelegt werden

(Aufgaben), und dann die möglichen Handlungsschritte erarbeitet werden, die im Rahmen der zur Verfügung stehenden Ressourcen zur Zielerreichung beitragen können (*Freudenberg* 1983: 104ff.; *Becker* 1989: 479ff.).
Da sich die Wirkungen gesellschaftlicher Probleme häufig nicht mit den Problemverarbeitungskapazitäten und -räumen der Gebietskörperschaften in Deckung bringen lassen, wird auf vielfältige Planungsverbünde und auch auf großräumige Planungskooperationen zurückgegriffen (*Becker* 1989: 359ff.). Zunehmende Bedeutung erlangen hierbei erneut Überlegungen zu Stadt-Umland-Problemen, die sich aus dem doppelten Ungleichgewicht zwischen Großstädten und den sie umgebenden Gemeinden hinsichtlich ihrer finanziellen Möglichkeiten und der Übernahme zentralörtlicher Funktionen ergeben. Da dies insbesondere für die Stadtstaaten ein Problem ist, werden z. Zt. verstärkte Bemühungen um eine Weiterentwicklung der Gemeinsamen Landesplanung unternommen. Hierbei stehen neben Aspekten der Infrastrukturplanung Fragen der Siedlungs- und Freiraumentwicklung sowie der Abfall- und Wasserwirtschaftsplanung im Vordergrund (*Scharpf/Benz* 1991; *Fürst/Müller/Schefold* 1994).

III. Vom Bürger werden Pläne vor allem dann wahrgenommen, wenn ihnen konkrete Maßnahmen wie etwa der Bau einer Straße oder einer Eisenbahnlinie folgen. Ähnliche Bedeutung erlangen Bebauungspläne, mit denen raumwirksame Nutzungen vorgezeichnet werden. So macht es für den einzelnen Bürger einen Unterschied, ob er in der Nähe eines Wohngebietes oder eines Industriegebietes wohnt. Probleme, die sich aus der Gemengelage von Wohn- und Industriegebieten ergeben, sind häufig auf entsprechende Planungsfehler bei der Flächennutzungsplanung zurückzuführen.

Zunehmende Widerstände gegen raumwirksame Planungen und Bemühungen um einen zügigen Ausbau der Infrastruktur in den neuen Ländern führten zu vielfältigen Bemühungen, die eine Beschleunigung entsprechender Planungen zum Ziel haben. So enthält beispielsweise das Verkehrswegebeschleunigungsgesetz aus dem Jahre 1991 eine Reihe von Normierungen, die einerseits das Verfahren vereinfachen, die jedoch andererseits als massiv in den Rechtsschutz der Bürger eingreifend kritisiert werden. Zunehmend werden Straßenbaumaßnahmen im Rahmen der »Verkehrsprojekte Deutsche Einheit« auch als Maßnahmegesetze beschlossen. Die sonst erforderlichen behördlichen Entscheidungen, insbesondere Planfeststellungsverfahren (*Blümel* 1992) mit umfangreicher Öffentlichkeitsbeteiligung entfallen damit. Auf der Basis der in den neuen Ländern gemachten Erfahrungen mit Beschleunigungsbemühungen werden die entsprechenden Neuregelungen zunehmend auch für die gesamte Republik eingeführt. So etwa mit dem Planungsvereinfachungsgesetz, das Ende 1993 verkündet wurde. Hier ist jedoch zu kritisieren, daß eine Verkürzung von Rechtsschutzmöglichkeiten in den alten Ländern nicht mehr – wie für die neuen Länder – mit dem schlechten Zustand der Infrastruktur legitimiert werden kann (*Gaßner/Ewald-Sommer* 1994). Darüber hinaus wird durch eine informelle Privatisierung der Planung eine Beschleunigung der Aufstellung von Bebauungsplänen versucht. Die jeweilige Gemeinde beschließt hierfür in einem erleichterten und verkürzten Satzungsaufstellungsverfahren eine Plansatzung über einen Vorhaben- und Entschließungsplan, der von einem privaten Investor vorgelegt wurde. Das gesamte Projektmanagement wird dann von dem privaten Vorhabenträger übernommen, mit dem die Gemeinde einen öffentlich-rechtlichen Durchführungsvertrag schließt (*Schmidt-Preuß* 1993: 495ff.)

IV. Politische P. hat in Deutschland mittlerweile eine beachtliche Tradition. Infolge weiter wachsender und sich qualitativ verändernder Problemlösungsanforderungen an das Politisch-Administrative System sind auch weiterhin umfangreiche Steuerungs- und Regulierungsleistungen zu erbringen. Obwohl auf die Reformeuphorie der

70er Jahre eine weitgehende Ernüchterung folgte, machen die Entwicklungsprobleme, die sich heute aus der deutschen Vereinigung ergeben, eine quantitativ und qualitativ ausgebaute P. erforderlich. Dabei bietet sich heute die Chance, aus den früheren Fehlern zu lernen. Denn die politische Planung war und ist von einer Reihe gravierender Widersprüche gekennzeichnet:

1. Während Regierung und Parlamente aus Legitimationsgründen eine kurzfristige Politikorientierung in Form eines Legislaturperiodenzyklus präferieren, muß politische P. zwangsläufig längerfristig angelegt sein. Damit wird sie aber dem Inhalt wie dem Prozeß nach eine Angelegenheit von Experten. Planung als politisches Gestaltungselement wird damit für den betroffenen Bürger immer undurchsichtiger und kaum mehr nachvollziehbar. Die Komplexität von Planungsmaterialien verhindert die Möglichkeit seines unmittelbaren Engagements.

2. Die negativen Auswirkungen einer immer stärker professionalisierten und spezialisierten Aufgabenerledigung mittels politischer P. zeigen sich in ähnlicher Weise gegenüber dem politischen Bereich. Das Beispiel der mit den Art. 91a und 91b GG geschaffenen Gemeinschaftsaufgaben zeigt exemplarisch, daß die Parlamente gerade bei einer ebenenübergreifenden, stark verflochtenen Aufgabenerledigung kaum mehr in der Lage sind, ihre originäre Gestaltungsfunktion wahrzunehmen. Statt dessen finden sie sich immer stärker in einer Situation wieder, daß die in einem schwierigen administrativen Planungs- und Problemlösungsprozeß gefundenen Ergebnisse, welche oft genug nur den kleinsten gemeinsamen Nenner der beteiligten Aktionspartner repräsentieren, nur noch um den Preis eines Scheiterns des gesamten Problemlösungspaktes in Frage gestellt werden können. Der administrative Vorabkonsens innerhalb komplexer politischer Planungsprozesse wird damit für die Parlamente zum weitgehend unverrückbaren Datum (*Scharpf* u.a. 1976). Dieser aus mangelnden Teilhabemöglichkeiten resultierende Funktionsverlust der Parlamente sowie der damit einhergehende Funktionszuwachs der ↗ Bürokratie zeigt Auswirkungen im Bereich der Exekutive selbst. Politische P. verstärkt in aller Regel das Spannungsverhältnis zwischen politischer Führung und Bürokratie. Während der Aufmerksamkeitsbereich von politischer Führung vor allem aus Kapazitätsgründen strukturell begrenzt bleibt und die politische Führung sich aufgrund kurzfristig orientierter Nutzenmaximierungskalküle zwangsläufig eher auf das politische Tagesgeschäft denn auf die Konzipierung längerfristiger Entwicklungsoptionen konzentriert, wächst die Macht der Bürokratie fast zwangsläufig.

3. Diese oft beklagte Verselbständigung administrativer Einheiten gegenüber der politischen Führung beinhaltet – positiv gesehen – ein notwendiges und wünschenswertes Maß an Kontinuität. Längerfristig orientierte politische P. trägt aber gleichzeitig dazu bei, daß etwa im Falle eines Regierungswechsels die Möglichkeiten von grundlegenden inhaltlichen Veränderungen zumindest innerhalb der für Politiker relevanten kurzfristigen Perspektive einer Legislaturperiode stark eingeschränkt werden. Politische P. reduziert damit notwendige Handlungsspielräume und stärkt die Stellung jener administrativen Akteure im politischen Willensbildungsprozeß, die aufgrund ihres planungsrelevanten Prozeß- und Fachwissens zu einem immer unentbehrlicheren Aktionspartner im politischen Gesamtprozeß werden.

Wolfgang Bruder/Nicolai Dose

Lit.: *Becker, B.* 1989: Öffentliche Verwaltung, Percha/Kempfenhausen. *Blümel, W.* 1992: Der Gegenstand der Planfeststellung, in: Verwaltungs-Archiv 83, 146–164. *Böhret, C.* 1970: Entscheidungshilfen für die Regierung. Modelle, Instrumente, Probleme, Opladen. *Ellwein, Th.* 1968: Politik und Planung, Stuttgart. *Freudenberg, D.* 1983: Planen und Entscheiden in der öffentlichen Verwaltung, Herford. *Fürst, D./Müller, B./Schefold, D.* 1994: Weiterentwicklung der Gemeinsamen Landesplanung Bremen/Niedersachsen, Baden-Baden. *Gaßner, H./Ewald-Sommer, K.* 1994: Beschleunigung von Genehmigungsverfahren durch den Abbau von Rechtsschutzmöglichkeiten?, in: *Dose, N./Holznagel, B./Weber, V.* (Hrsg.):

Beschleunigung von Genehmigungsverfahren. Vorschläge zur Verbesserung des Industriestandortes Deutschland, Bonn. *Lau, C.* 1975: Theorien gesellschaftlicher Planung, Stuttgart. *Luhmann, N.* 1971: Politische Planung. Aufsätze zur Soziologie von Politik und Verwaltung, Wiesbaden. *Naschold, F./Väth, W.* (Hrsg.) 1973: Politische Planungssysteme, Opladen. *Scharpf F.W.* 1973: Planung als politischer Prozeß, Frankfurt. *Scharpf, F.W./Benz, A.* 1991: Kooperation als Alternative zur Neugliederung, Baden-Baden. *Scharpf F.W./Reissert, W./Schnabel, F.* 1976: Politikverflechtung. Theorie und Empirie des kooperativen Föderalismus in der Bundesrepublik, Königstein. *Schmidt-Preuß, M.* 1993: Beschleunigung gewerblicher Bauvorhaben nach dem Investitionserleichterungs- und Wohnbaulandgesetz vom 22.4.1993, in: Die Verwaltung 26, 489–513.

[2] Planungspolitik.

I. Eine wesentliche Voraussetzung von Planungspolitik besteht in der langfristigen Koordination öffentlicher und privater Interessen. Dabei müssen sowohl über die Ziele als auch über Mittel und Anreizsysteme der P. politische Entscheidungen getroffen werden. Für einen internationalen Vergleich von Organisationsformen, politischem Stellenwert und Bestimmungsgründen von P. empfiehlt es sich, die möglichen Ansätze nach ihrer Reichweite (funktional, räumlich, zeitlich) und ihrer Intensität (Interventionsgrad und Verbindlichkeit) zu ordnen.

Planungspolitik kann in einem umfassenden Sinn makroökonomisch »über funktionale Sektoren hinweg« (*McKay* 1982: 4) orientiert sein oder sich auf einzelne Bereiche in Wirtschaft und Verwaltung beschränken. Ebenfalls unter dem Gesichtspunkt der Reichweite unterscheidet sich die Aufgaben- und Finanzplanung einer Regierung von der direkt maßnahmeorientierten Projekt- und Programmplanung einzelner Ministerien. Den Versuch, die Einzelplanungen autonomer räumlicher Einheiten (Bund und Länder) zu koordinieren, bezeichnet man als Rahmenplanung. Nach der Intensität unterscheidet man Planungsansätze, die lediglich die Eckwerte politischer Zielsetzungen betreffen, von solchen Maßnahmen, die konkrete Ziele in einem bestimmten Bereich imperativ durchzusetzen trachten (vgl. Abbildung 3, S. 532).

II. Historische und international vergleichende Analysen zeigen, daß politische P. keineswegs ein Phänomen der Nachkriegszeit ist. Die preußisch-deutsche Städte- und Raumplanung gilt beispielsweise als die fortschrittlichste im Europa des 19. Jh.s, einer Zeit, in der Besiedlung, Verkehr und Industrialisierung sich in vielen Ländern noch ohne übergeordnete staatliche Aufsicht, quasi naturwüchsig entwickeln konnten (*McKay* 1982). Planungstraditionen finden sich auch in Japan, Schweden, Österreich und Frankreich, allesamt Lander mit staatlich koordiniertem oder gefördertem Industrialisierungsprozeß und solidarprotektionistischer Politiktradition. Politische Wirtschaftsplanung war darüber hinaus in Kriegs- und unmittelbaren Nachkriegszeiten in Deutschland, Großbritannien, Frankreich und USA verbreitet (Syndizierung der Schwerindustrie, Rohstoffplanung, Regulierung des Arbeitsmarktes). Umfassende Systeme mittel- (bis 5 Jahre) und langfristiger Perspektivpläne, vor allem im Bereich der Wirtschaftsplanung, wurden aber erst nach dem II. Weltkrieg und den Erfahrungen der Weltwirtschaftskrise in den Niederlanden, Frankreich, Norwegen und später in Italien und Großbritannien entwickelt. In allen westlichen Industriestaaten wird vorausschauende Strukturpolitik betrieben: Haushaltsplanung (Struktur und Entwicklung öffentlicher Haushalte, vgl. *Mäding* 1986), Infrastrukturplanung (Verkehr, Energie, Raumordnung), Verwaltungsplanung (Organisation und Ablauf öf-

Abbildung 3: Inhalte und Intensitätsstufen politischer Planung

Markt als unabhängige Variable
(Berücksichtigung der Marktentwicklung)

↑

Politische Planung »Planung in der Politik« (Regulative Planung)	I.	Prognose: Bevölkerungs- und Wirtschaftsstatistik als Kalkulationsgrundlage der Politik, Sachverständigengremien
	II.	Budget- und Verwaltungsplanung: innerstaatlicher Finanz- und Ablaufplanung, Organisationsplanung
	III.	Regulative Strukturplanung: negativ koordinierte Ressortplanung, Beispiel: Verkehrs-, Energie- und Raumplanung
Planungspolitik »Planung der Politik« (Indikative Planung)	IV.	Globalsteuerung und wirtschaftliche Rahmenplanung: Vorausschauende Beeinflussung volkswirtschaftlicher Eckdaten
	V.	Aktive Strukturpolitik: Intersektoral abgestimmte öffentliche Investitionspläne, Landesentwicklungs-, Bildungs-, Gesundheitsplanung
Gesellschaftsplanung »Planung der Gesellschaft« (Imperative Planung)	VI.	Indikative ökonomische Detailplanung: branchen- und produktspezifische Investitionsanreize
	VII.	Imperative Planung, administrierte Preis- und Entlohnungssysteme

↓

Markt als abhängige Variable
(Beeinflussung der Marktentwicklung)

fentlicher Aufgabenerfüllung). Mehr oder weniger kommt es auch zur Abstimmung von Ressortplanungen, meist bei negativer Betroffenheit von weiteren Trägern öffentlicher Interessen (Regulative Planung, *McKay* 1982: 4). Dadurch sollen Planungsschäden vermieden werden, die etwa dadurch entstehen, daß Straßenbauverwaltung, Wasserversorgung, Fernmeldebehörde und Energieversorgungsunternehmen kurz hintereinander die gleiche Straße aufreißen, um ihre jeweiligen Ressortpläne einzuhalten, oder dadurch, daß auf nationaler Ebene die Zweige der Sozialversicherung und die staatliche Sozialfürsorge widersprüchliche Politiken betreiben.

Der Markt bleibt in diesen regulativen Planansätzen die unabhängige Variable, seine Entwicklung wird erforscht und der Politik als Kalkulationsgrundlage unterbreitet. Eine Umkehrung dieses Zusammenhangs bahnt sich mit staatlicher Global- und Rahmenplanung an, wie sie im Gefolge des Keynesianismus vor allem in den 60er Jahren praktiziert wurde. Die Geld-, Fiskal- und Einkommenspolitik wird in diesen Planungsmodellen zur Erreichung mittelfristiger Globalziele – wie Wachstum, Stabilität, Beschäftigung, Außenbilanz – eingesetzt. Entwickelt sich

Staatsintervention zur aktiven Strukturpolitik und zur ökonomischen Detailplanung, so kann bereits von weitestgehender Planungspolitik gesprochen werden. Planungsziele richten sich hier nicht mehr nur auf Globalgrößen, sondern auf die Beeinflussung von Einzelbetrieben, Produktgruppen und Industriestandorten.

2. Vor allem im Bereich der makroökonomischen Wirtschaftssteuerung ist nach einer weltweiten Planungseuphorie in den 60er und frühen 70er Jahren Ernüchterung eingekehrt (zur europäischen Situation: *Chaloupek/Teufelsbauer* 1987; zu den USA: *Peschek* 1987). Die Unmöglichkeit weltmarktoffene Volkswirtschaften durch die antizyklische Variation von Staatsausgaben zu steuern (↗ Keynesianismus), ist durch den »Ölpreisschock« von 1973/74 besonders deutlich geworden. In kleinen offenen Volkswirtschaften hat indes die Abhängigkeit von Weltmarktbedingungen lange vorher zur Herausbildung von »Planungssubstituten« geführt. Diese bestehen im wesentlichen aus korporatistischer Verbändeeinbindung und Systemen politisierter ↗ Politikberatung. Die Umorientierung der Planungsdiskussion auf Konzepte der Wissensorganisation und dezentraler, selbstverwalteter Planungsinseln zur Aktivierung situativen Wissens ist sowohl von den Erfahrungen kleiner westeuropäischer als auch ehemals realsozialistischer Länder beeinflußt (vgl. *Devine* 1988).

Es wäre falsch, nach dem Zusammenbruch der Sozialistischen Planwirtschaften das Thema Planung und Politik abzuhaken. Die neokonservative Wende der amerikanischen Wirtschaftspolitik ist wesentlich von Forschungs- und Planungsinstitutionen getragen worden. Dies hat die linke Kritik an »konservativen politischen Planungsorganisationen, welche die Steuerungsmechanismen der Regierung und die Substanz der Politik kontrollieren möchten« *(Peschek* 1988; 230) wachgerufen. Im konservativ regierten Japan hat die Wirtschaftsplanungsbehörde 1990 einen Ausschuß eingerichtet, der einen Zwanzigjahresplan zur »Verbesserung von Wirtschaft und Gesellschaft« ausarbeitet. Die im Zuge keynesianischer Politiken der 60er und 70er Jahre in den meisten europäischen Ländern eingeführte mittelfristige Finanzplanung der Staatshaushalte ist, unter Einfluß der internationalen *Organisation für wirtschaftliche Entwicklung und Zusammenarbeit* (OECD) zu einem flexiblen Instrument ausgebaut worden, das nicht zuletzt auch die zwischenstaatliche Abstimmung von Budgetplanungen und der generellen Wirtschaftspolitik erleichtert. Auch in Deutschland haben veränderte gesellschaftliche und ökonomische Bedingungen den in Politik und Verwaltung vorhandenen Planungsbedarf im Sinne »rationaler Zukunftsorientierung« *(Ellwein* 1968) keinesfalls reduziert.

III. Planung in der Politik und Planung der Politik unterliegen im internationalen Vergleich erheblichen Entwicklungs- und Organisationsunterschieden, die im wesentlichen durch Tradition und ↗ Politische Kultur, gesellschaftliche Kräfteverhältnisse und ökonomische Probleminterpretationen bestimmt sind. Materielle Planungspolitik folgt in vielen Fällen einem zyklischen Entwicklungsmuster, das von wechselnden gesellschaftlichen Konfliktstrukturen und -intensitäten begleitet ist.

Versuche zur Konfliktsteuerung und Verbesserung von Durchsetzungsbedingungen durch ↗ Korporatismus, Verwaltungsreformen, Verstaatlichung und Ausweitung der gesetzlichen Instrumente (Steuern, Zinspolitik, Subventionen, Information und statistische Prognostik) konnten nur unzureichend die in allen Ländern vorhandene Kluft zwischen Anspruch und Wirklichkeit in der Planungspolitik überwinden. Als effektive und flexible Planungssysteme gelten die in das Regierungssystem integrierten Ansätze in Norwegen und Japan sowie die »Planifikationssubstitute« *(Bozzi* 1977) in der Bundesrepublik Deutschland: pluralistisches System von Wirtschaftsforschungsinstituten, Sachverständigenrat, »Sozialpartnerschaft«, Konjunkturrat der öffentlichen Hand und Mittelfristige Finanzplanung, das Subventionssystem und die Kreditanstalt für Wiederaufbau (vgl. auch *Shonfield* 1968, der darüber hinaus die Industriebeteiligungen und industriepolitischen Aktivitäten der Großbanken als Äquivalente für eine amtliche Wirtschaftsplanung ansieht). Eine krisenvermeidende Äquifunktion zur staatlichen Planung erkennen *Ronge/Schmieg* (1973) auch in der Monopolisierung und Kartellierung der Industrie. Sie geben dieser P. im außerstaatlichen Bereich auf lange Sicht sogar größere Zukunftschancen. Dies deshalb, weil staatliche Politik in liberal-kapitalistischen Systemen immer als abhängige Variable der Marktentwicklung reagieren müsse, der Versuch einer Umkehrung dieses Zusammenhanges deshalb letztlich an Systemgrenzen stoße oder als »Ökonomisierung«, das heißt politische Durchsetzung und Unterstützung der Marktgesetze ende.

Umverteilungsziele sind im internationalen Vergleich von Planungssystemen überall gering entwickelt. Planungspolitik als »Gesellschaftsprojekt« mit redistributiven Zielen – im Gegensatz zur P. als »ökonomische Strategie« *(Maldague* 1982:154) – kennzeichnet allenfalls die frühe italienische Planungspolitik sowie den französischen Interimsplan von 1982/83 und die schwedischen »Arbeitnehmerfonds« und Arbeitsmarktplanung. Der internationale Vergleich von Raum- und Infrastrukturplanung *(McKay* 1982) zeigt minimale unmittelbare Redistributionseffekte von P., die allenfalls bestimmten Wirtschaftsgruppen zugute kommen. Gerät Planungspolitik in umverteilungswirksame Bereiche, wie Bildungs-, Gesundheits- und Vermögensbildungspolitik, so hat die damit verbundene materielle Politisierung von Marktchancen häufig Finanzierungs- und Legitimationsprobleme verursacht.

Die Überwindung der Restriktionen demokratischer Planung erfordert vor allem: 1) eine einheitliche Konzeption, die einen Aktionsrahmen setzt; 2) zentrale Koordinationsgremien; 3) authentische Partizipations- und Kontrollmöglichkeiten der Betroffenen bei der Formulierung und Ausführung von Planungspolitik; 4) gleiche Einflußchancen dezentraler Organisationseinheiten im Koordinierungsprozeß *(Sandberg* 1976, *Devine* 1988). Auf diese Weise ergänzen sich Zentralisierung (Punkte 1 und 2) und Dezentralisierung (Punkte 3 und 4). Ob es gelingt, die Kluft zwischen technokratischer Steuerungserfordernis und demokratischem Verfahrensanspruch zu überbrücken, hängt von institutionellen Voraussetzungen ab. Eine wesentliche Rolle spielen dabei Institutionen der wissenschaftlichen Politikberatung und gesellschaftlichen Interessenrepräsentation sowie die Öffentlichkeit des Verfahrens.

Roland Czada

Lit.: *Bozzi, J.* 1977: Les Substituts de la planification; La RFA, in: Supplément aux Cahiers Français 181. *Chaloupek, G./Teufelsbauer, W.* 1987: Gesamtwirtschaftliche Planung in Westeuropa. Theoretische Entwicklungen und praktische Erfahrungen seit 1970, Frankfurt a.M./New York. *Devine, P.* 1988: Democracy and Economic Planning. The Political Economy of a Self-Governing Society, Boulder, Col. *Ellwein, Th.* 1968: Politik und Planung, Stuttgart. *Holland, S.* (Hrsg.) 1978: Beyond Capitalist Planning, Oxford. *Kornai, J.* 1986: Contradictions and Dilemmas, Cambridge Mass. *Lindblom, C.* 1977: Politics and Markets, New York. *Maldague, R.* 1982: Die Herausforderungen der staatlichen Planung, in: Annalen der Gemeinwirtschaft 51, 145–160. *Mayntz, R./Scharpf, F. W.* (Hrsg.) 1973: Planungsorganisation, München. *Mäding, H.* (Hrsg.) 1986: Haushaltsplanung – Haushaltsvollzug – Haushaltskontrolle, Baden-Baden. *McKay, D.* (Hrsg.) 1982: Planning and Politics in Western Europe, London. *Peschek, J. G.* 1987: Policy-Planning Organizations. Elite Agendas and America's Rightward Turn, Philadelphia. *Ritter, E.H.* 1987:

Staatliche Steuerung bei vermindertem Rationalitätsanspruch? Politische Planung in der Bundesrepublik Deutschland, in: Jahrbuch zur Staats- und Verwaltungswissenschaft 1, 321–352. *Ronge, V./Schmieg, G.* 1973: Restriktionen politischer Planung, Königstein/Ts. *Rürup, B. /Hansmeyer, K. H.* [3]1984: Staatswirtschaftliche Planungsinstrumente, Düsseldorf. *Sandberg, A.* 1976: The Limits to Democratic Planning, Stockholm. *Schatz, H.* 1974: Politische Planung im Regierungssystem der Bundesrepublik Deutschland, Göttingen. *Shonfield, A.* 1968 (engl. Originalausgabe 1965): Geplanter Kapitalismus. Wirtschaftspolitik in Westeuropa und USA, Köln.

Planwirtschaft

I. Der zur Kennzeichnung eines bestimmten Typus von ↗ Wirtschaftssystemen verwendete Begriff Planwirtschaft (P.) ist unglücklich gewählt, da jedes Wirtschaftssystem auf Planung basiert. Die synonym verwendeten Begriffe Zentralverwaltungswirtschaft *(W. Eucken)* und Befehls(Kommando)-wirtschaft weisen darauf hin, daß es um die Art der Planung geht. Als P. werden zentralgeplante Wirtschaftssysteme bezeichnet, bei denen eine zentrale Stelle einen integrierten Plan für die Wirtschaftstätigkeit der gesamten Volkswirtschaft entwirft und imperativ durchzusetzen trachtet.

Ideengeschichtlich sind Vorstellungen einer zentralen Wirtschaftsplanung und -lenkung eng verknüpft mit sozialistischer Kritik an der »Anarchie der Märkte« und Hoffnungen auf eine planmäßige, bewußte Gesellschaftsgestaltung. Bei *Karl Marx* finden sich zur Frage zentraler Planung und Lenkung keine eindeutigen Aussagen, und obwohl die meisten am ↗ Marxismus orientierten Systeme entsprechend dem vormaligen Muster der Sowjetunion sozialistische P. stets für ein wesentliches Charakteristikum ihrer Gesellschaft gehalten und teilweise verfassungsrechtlich verankert haben, wurden auch – etwa in der sozialistischen Marktwirtschaft Jugoslawiens – andere Auslegungsmöglichkeiten wirksam. Andererseits ist zentrale Planung und Steuerung nicht zwingend mit Kollektiveigentum an Produktionsmitteln verbunden, wie ansatzweise die Erfahrungen der nationalsozialistischen Wirtschaftspolitik belegen.

Bereits in idealtypischer Betrachtung unterscheidet *W. Eucken* ([3]1960) die totale Zentralverwaltungswirtschaft und die Zentralverwaltungswirtschaft mit völlig freier Konsumwahl, bei der die Zentralinstanz versucht, ihre Planentscheidungen an den individuellen Konsumpräferenzen zu orientieren. Reale Systeme sind immer durch Mischungen unterschiedlicher Steuerungselemente gekennzeichnet, so daß reale zentral geplante und gesteuerte Wirtschaftssysteme, wie z. B. die der UdSSR oder DDR bis zum dortigen Umbruch 1989/90, auch mit delegierten Entscheidungsspielräumen auf den unteren Ebenen und marktbezogenen Elementen – »ökonomische Hebel« – arbeiten bzw. gearbeitet haben. Das Gewicht systematypischer Elemente hat im Zusammenhang mit den Reformdebatten erheblich geschwankt.

Die Interdependenz von sozialistischer P. und sozialistischer Demokratie ist in orthodox-marxistischer Sicht zwingend. Unter dem Machtaspekt bedeutet eine zentral geplante und gelenkte Wirtschaft eine außerordentliche Machtkonzentration (↗ Macht). Ist sie mit dem Besetzungsmonopol von Arbeitsplätzen verbunden, ermöglicht sie im Grenzfall den Entzug der materiellen Existenzbasis, ein äußerst wirksames und im Vergleich zu Polizeistaatsmethoden weniger auffälliges Instrument.

II. Die ursprüngliche Diskussion, ob in einer zentral gesteuerten P. eine rationale Wirtschaftsrechnung möglich sei, hat sich zu der Frage verschoben, wie weit die hochkomplexe Aufgabe der zentralen Planung und Steuerung einer Volkswirtschaft auch unter Einsatz modernster Planungsmethoden und Technologie bei Berücksichtigung des

Zeit- und Ressourcenbedarfs praktisch zu bewältigen ist bzw. welche Kompromisse erforderlich und mit welchen Anspruchsreduzierungen verbunden sind. Im Mittelpunkt der Kritik stehen systembedingte Defizite im Informations- und Motivationsbereich mit gravierenden Folgen.

Bei der Festlegung der Planziele in den sozialistischen P. wurde bzw. wird faktisch davon ausgegangen, daß die Führung der marxistisch-leninistischen Partei stellvertretend für die Bürger die gesamtgesellschaftlichen Interessen »erkennt« und fixiert (↗ Demokratischer Zentralismus), und zwar im Rekurs auf die Fiktion einer weitgehenden Beseitigung von Interessengegensätzen in einer sozialistischen Gesellschaft. Alternativen zu dieser autoritären Form der Zielbestimmung sind in zentral geplanten Wirtschaftssystemen denkbar. Abgesehen von Problemen der Informationskapazität ergibt sich in demokratischen Modellen aber das Problem, individuelle Präferenzen widerspruchsfrei in gesamtwirtschaftliche Zielfunktionen zu transformieren (↗ Marktwirtschaft).

Als bedeutendstes praktisches Informationsproblem für die zentrale Planbehörde erwies sich die realitätsgerechte Erfassung des Produktionspotentials als Planungsgrundlage. Da in den osteuropäischen planwirtschaftlichen Systemen genaue Informationen nur über die nachgeordneten Instanzen bis zu den einzelnen Produktionsbetrieben zu erhalten waren, diese aber auf ein Sicherheitspolster gegenüber der Gefahr mangelnder Planerfüllung und der daran geknüpften Sanktionen Wert legten, herrschte eine Tendenz zu »weichen Plänen«, einer systematischen Unterschätzung des Produktionspotentials. Sie wurde durch sozialistische Bewußtseinsbildung, den Einsatz zusätzlicher Informationskanäle (Partei) und »ökonomische Hebel«, die Anreize zur Aufdeckung von Produktionsreserven geben sollen, zu bekämpfen versucht.

Ein anderes Problem war stets die Motivierung zu einer optimalen Planerfüllung. Obwohl für den kommunistischen Zukunftsmenschen das Prinzip »Jeder nach seinen Fähigkeiten, jedem nach seinen Bedürfnissen« gelten soll (↗ Kommunismus), räumten bzw. räumen alle realsozialistischen Systeme dem »Prinzip der materiellen Interessiertheit« – z.B. Verbindung gesellschaftlicher Anreize wie Orden mit Prämienzahlungen – einen wachsenden Stellenwert ein, wenn auch nicht ohne ideologischen Widerspruch (z.B. im Rahmen der chinesischen Kulturrevolution). Die Bewertung der P. im Systemvergleich war mangels einheitlicher Kriterien und wegen des starken Wertbezugs nicht nur politisch, sondern auch wiss. stets umstritten, und es bleibt abzuwarten, ob der Zusammenbruch der realsozialistischen Systeme in Osteuropa die Auseinandersetzung zwischen markt- und planwirtschaftlichen Konzeptionen der Wirtschaftssteuerung tatsächlich endgültig entschieden hat. Der im Vergleich zur Marktwirtschaft lange Zeit größeren konjunkturellen Stabilität (geringere Schwankungsbreite der wirtschaftlichen Aktivität) und einer – empirisch freilich umstrittenen – größeren Verteilungsgerechtigkeit stand bzw. steht eine enorme Inflexibilität (Bürokratisierung) und außerordentlich geringe Innovationsneigung gegenüber, und die offenkundige Unterlegenheit der osteuropäischen realsozialistischen P. im – von den sozialistischen Regierungen selbst häufig propagierten – Leistungswettbewerb mit den westlich kapitalistischen Systemen in bezug auf die Steigerung wirtschaftlichen Wohlstands war zweifellos ein wichtiger Faktor beim Niedergang der mit P. verbundenen politischen Systeme Ende der 80er, Anfang der 90er Jahre.

Uwe Andersen

↗ Politische Ökonomie; Sozialismus.

Lit.: *Autorenkollektiv* 1969: Politische Ökonomie des Sozialismus und ihre Anwendung in der DDR, Berlin (Ost). *Eucken, W.* ³1960: Grundsätze der Wirtschaftspolitik, Tübingen/Zürich. *Hamel, H. von* ³1979: Bundesrepublik Deutschland – DDR. Die Wirtschaftssysteme, München. *Hensel, K. P.* ³1978: Grundformen der Wirtschaftsordnung. Marktwirtschaft Zentralverwaltungswirtschaft, München. *Leipold, H.* ²1980: Wirtschafts- und Gesellschaftssysteme im Vergleich, Stuttgart. *Šik, O.* 1971: Demokratische und sozialistische Markt- und Planwirtschaft, Zürich. *Wagener, H.-J.* 1979: Zur Analyse von Wirtschaftssystemen, Berlin u.a.

Pluralismus / Pluralismustheorie

Der Begriff Pluralismus (P.) kennzeichnet zum einen deskriptiv die Berücksichtigung der empirisch vorhandenen, mit ungleicher Durchsetzungsfähigkeit (↗ Macht) ausgestatteten Meinungs-, Interessen- und Organisations- (Gruppen- bzw. Verbands-)Vielfalt bei der Analyse sozialer Strukturen; zum anderen normativ die Forderung, daß diese Vielfalt einzugehen hat in die Inhalte der politischen Gestaltung demokratischer Gemeinwesen, wobei auftretende Probleme der Machtungleichheit unterschiedlich bewertet werden. Bei der Entwicklung pluralistischer (p.) Konzeptionen lassen sich bis zur Gegenwart sechs Etappen unterscheiden:

I. 1. Die Ursprünge p. Welt- und Gesellschaftsdeutung finden sich in der deutschen und angelsächsischen Philosophie und Staatsrechtslehre. Gegen den vorherrschenden idealistischen Monismus (insbesondere *Hegels*) gerichtet, der die Gesamtheit aller Seinserfahrungen auf ein universales Grundprinzip zurückführte, entwarf der US-amerikanische Philosoph *W. James* 1909 das Konzept eines pluralistischen »Multiversums«.

Danach existiert die Wirklichkeit »föderativ«, weder als massives »Block-Universum« noch atomistisch zersplittert. Jede Erfahrung ist vielmehr mit anderen, nicht aber mit allen anderen, wechselseitig verschränkt. Einheit in der Vielheit bleibt damit nicht ausgeschlossen (vgl. *James* 1914). Diese Lehre stand in engem Zusammenhang mit dem erfahrungsbezogenen Pragmatismus, der von *James* als experimentelle Philosophie begründet wurde. Wahrheit wird im Pragmatismus als dynamischer Wahrheitsfindungsprozeß gedeutet, in dem Begriffe ihre »Nützlichkeit« als Arbeitshypothesen unter Beweis stellen müssen. Der Kosmos des Lebens erscheint als werdender Prozeß, prägbar und damit verbesserungsfähig, offen gegen die Zukunft, offen für die handelnde Tat.

2. In Deutschland hatte schon zwischen 1868 und 1881 der Jurist *O. von Gierke* versucht, die »Spannung zwischen Einheit und Freiheit« zu überwinden durch die Genossenschaftsidee als Grundlage für »ein System sich mannigfach überkreuzender Verbände«: Menschliche ↗ Genossenschaften sind danach wesensgleich, der Staat ist Vereinen oder Gemeinden »homogen« (*Gierke* 1954: 654, 833).

Gemäß ihrem Ziel, »den Staat in die bürgerliche Gesellschaft zurückzuverlegen« (*Gierke* 1954: 832), wies die Genossenschaftstheorie den »engeren Gemeinwesen und Genossenschaften« die Aufgabe zu, »eine große und umfassende Staatseinheit mit einer tätigen bürgerlichen Freiheit, mit der Selbstverwaltung zu vereinen« (*Gierke* 1954: 3). Gleichzeitig wandte sie sich freilich gegen die »frei geschlossene und frei lösliche« Assoziation der einzelnen »zugunsten einer vom Ganzen ausgehenden Betrachtungsweise«: Mit ihrer Befürwortung der Korporation und ihrer rechtlichen Einbindung des Individuums zielte die Lehre ab auf juristische Durchgliederung der Staatseinheit. Sämtlichen Vereinigungen dieser Art schrieb sie dabei eine »reale Gesamtpersönlichkeit« zu, die nicht lediglich von Staats wegen konzediert oder (als juristische Person) fingiert sei.

3. Die genossenschaftstheoretische Einstufung menschlicher Verbände kam der im englischen *Common Law* angelegten Verschränkung von Verbands- mit staatlichen Strukturen, von »öffentlichem« und »privatem« Recht in einer Weise entgegen, die für rasche Rezeption sorgte. Sie verband sich dort mit dem Rechtsinstitut des »*trust*«, das

die Entwicklung von Vereinigungen kraft Eigenrechts erlaubt und ein juristisches Dach geliefert hatte, unter dem Handelskompanien sich ebenso entfalten konnten wie philanthropische Vereine und religiöse Sekten.

1900 veröffentlichte der englische Rechtshistoriker *F. W. Maitland* eine Übersetzung von Teilen des *Gierke*schen »Deutschen Genossenschaftsrechts«. Parallel dazu war *James'* Konzept einer »föderativen« Wirklichkeit, deren einzelnen Elementen weitgehende Autonomie zukam, dem Trachten nach einer politischen Aufwertung zunehmender sozialer Mannigfaltigkeit und Verbändevielfalt förderlich. Vorbereitet worden war die politische Wendung, welche die *James*sche Lehre erfuhr, in England durch genossenschaftliche und staatsinterventionistische Ansätze bei *John Stuart Mill,* durch die idealistische Einschränkung des unbegrenzten liberalen Individualismus bei *T. H. Green,* schließlich durch den »zaudernden Sozialismus« der *Fabian Society*.

4. Die von Genossenschaftsdenken und pragmatischer Philosophie ausgehenden Impulse für eine neue politische Theorie verstärkten sich gegenseitig. Konflikte nonkonformistischer Kirchen und ↗ Gewerkschaften mit dem englischen Staat wirkten in dieselbe Richtung. Schien es, als könnten erstere nur durch die Annahme einer sowohl autonomen wie realen Verbandspersönlichkeit vor den Folgen uneingeschränkter staatlicher Souveränitätsausübung geschützt werden, so rückte insbesondere mit dem Erstarken der Gewerkschaften neben der Frage ihrer sozialen Rechte diejenige ihrer kollektiven Pflichten auf die Tagesordnung *(Birke)*. Das gleiche Problem, nur noch verschärft, stellte sich mit zunehmender Konzentration der Industrie im Falle der großen Konzerne, nachdem die Kapitalgesellschaft die Einzelunternehmung als dominierende Unternehmensform abgelöst hatte (vgl. *Laski* 1921: 273ff.).

II. 1. Der frühe P. zog aus diesen vielfältigen Entwicklungen die systematische Konsequenz. Der Verlauf politischer Geschichte – so das p. Argument – belegte, daß der Wille des Staates und die Ausrichtung einzelner Verbände kollidieren konnten und es dann nicht der Staatswille war, der die individuelle Loyalität band. Die Grundsätze ↗ Politischer Ethik ließen die Annahme einer moralischen Oberhoheit des Staates unhaltbar erscheinen. Die Analysen der ↗ Politischen Soziologie endlich wiesen aus, daß Politik und Gesetzgebung vom Konflikt sozialer Kräfte bestimmt waren und daß der moderne Staat zum Dienstleistungs- und Regulierungsstaat geworden, folglich nach seiner Zweckgerechtigkeit zu werten war.

J. N. Figgis sprach den Kirchen und im weiteren jedem Verband eine Autonomie zu, die der Staat zu respektieren habe (vgl. *Figgis* [2]1914). *A. D. Lindsay* und *E. Barker* kontrastierten die liberale Entgegensetzung von Individuum und Staat mit der – insbesondere im Zuge der ökonomischen Entwicklung – eingetretenen »Vergesellschaftung« des einzelnen. Sie wiesen zugleich auf die Notwendigkeit einer neuen Regierungstheorie hin, die den veränderten und wachsenden Regulierungsaufgaben des Staates entspreche (vgl. *Lindsay* 1914; *Barker* 1915).

2. Derjenige, der zwischen 1915 und 1925 die neue Theorie am detailliertesten ausarbeitete und den staatlichen Anspruch auf Souveränität zunächst am radikalsten verwarf, war *H. J. Laski.* Zwar endete sein erster theoretischer Anlauf, Staat und Gesellschaft zu verschränken und zu demokratisieren durch Einführung eines »funktionellen Föderalismus« (die politische Demokratie als Konsumenten-, die wirtschaftliche als Produzentenverband gedacht, beide vielfach untergliedert), in der Sackgasse ständestaatlicher Vorstellungen (vgl. *Laski* [2]1968: 73ff., 83ff.). *Laskis* Festhalten an der These von der realen Gesamtpersönlichkeit hatte zudem eine unhaltbare Ontologisierung des Verbandes zur Folge; auch wurde der ethische Individualismus, der Ausgangspunkt und Maßstab für

ihn blieb, gelegentlich durch einen pragmatisch argumentierenden Sozialdarwinismus überlagert.
Als wichtiger erwies sich jedoch, daß *Laski* nicht bei der Kritik am formalen Souveränitätsanspruch des Staates stehenblieb, sondern die Frage nach den gesellschaftlichen Machtverhältnissen aufwarf: Wenn individuelle Anlagen sich erst in Gruppen und Verbänden verwirklichen können (die folglich der Freiheit ebenso bedürfen wie der einzelne); und wenn Individuen, Gruppen und Verbände beitragen zum Kräftespiel der Interessenartikulation und politischen Willensbildung – dann folgt daraus, so *Laski,* unausweichlich die Aufgabe, die egalitären Grundlagen dieses Prozesses erst herzustellen. Der P. weitete sich damit zur »Kritik eines Systems (aus), das unter dem Deckmantel... politischer Demokratie die Arbeiter der Gnade des industriellen Autokraten überantwortet« *(Griffith* 1933: 79).

3. Aus dieser Kritik entwickelte der frühe P. ein Konzept der Institutionalisierung sozioökonomischer Machtkontrolle, in dem das Industriekapital aus der Rolle des »Haupterben« verwiesen wurde auf den Platz einer Komponente des Wirtschaftsprozesses unter mehreren, deren Entlohnung gemäß ihrer »beigesteuerte(n) Dienstleistung« erfolgen sollte: »Die gegenwärtige Privateigentumsordnung schließt die derzeit angewendete Methode der Unternehmensführung in keiner Weise ein« *(Laski* 1977:113). Der P. benutzte den ↗ Sozialismus – so wurde kommentiert –, um eine neue Auslegung für den ↗ Liberalismus zu formen *(Griffith* 1933: 78). Dieses sozialistische Element bereitete *Laskis* in den 30er Jahren erfolgende Hinwendung zum ↗ Marxismus vor, ohne daß er seine p. Position damit aufgegeben hätte: Erst als klassenlose erschien ihm jetzt eine p. Gesellschaft möglich (vgl. *Laski* 1977: XII).
4. Die frühe englische Pluralismusdebatte fand in den USA ein zeitweiliges Echo. Insbesondere von *M. P. Follett* und *J. Dewey* wurde der Pluralismusbegriff im Rahmen ihrer eigenen Entwürfe kritisch rezipiert. *Folletts* P. löste den negativen Freiheitsbegriff (»Freiheit von...«) durch einen positiven ab; wie *Laski* gelangte sie zur Ersetzung der negativen liberalen durch eine positive Auffassung vom Staat: Der demokratische Dienstleistungsstaat könne und müsse (durch Beseitigung sozialer Unterprivilegierung) Freiheit als »Möglichkeit« organisieren *(Follett* [3]1920: 294). *Dewey* registrierte nicht anders als *Follett* und *Laski* die Herausbildung einer ökonomischen Oligarchie. Wie beide bestritt er, daß dem p. Staat eine bloße Schiedsrichterrolle zwischen den organisierten, mit ungleicher Macht ausgestatteten Gruppen zufalle *(Dewey* 1927: 73/74).

III. 1. Derartige Ansätze, den P. nicht nur als Verbände-, sondern auch als demokratisches Mitwirkungs- (↗ Partizipations-)Konzept auszugestalten, wurden durch die Ausbildung der Gruppentheorie überlagert – und zwar so weit, daß der Gebrauch des Begriffs P. in der angelsächsischen Sozialwiss. schließlich synonym wurde mit der Verwendung des gruppentheoretischen Zugangs. Verantwortlich dafür war einmal der Umstand, daß die Wirklichkeit sich den demokratisierenden Konsequenzen des ursprünglichen Pluralismuskonzepts weitgehend verschloß; zum anderen die Tatsache, daß der deskriptive Teil der Pluralismustheorie sich eignete zur Analyse jener *pressure groups,* deren Tätigkeit insbesondere in den USA die Aufmerksamkeit der politischen Soziologie auf sich gezogen hatte.

2. Die gruppentheoretische Schule unterstellte, daß jegliches Handeln sich einerseits als Individual-, andererseits als Gruppen- bzw. Verbandsaktivität darstellen lasse, daß aber die zweite Form der Darstellung »die Hauptsache« sei – »zu Anfang, am Schluß und durchweg« *(Bentley* [3]1949: 215). Die Anwendung dieses Konzepts auf die Beschreibung politischer Prozesse des *bargai-*

ning, des Aushandelns organisierter Interessen, wurde insbesondere von *D. Truman* (1951) und *E. Latham* (1952) ausgebaut und verfeinert. Im Mittelpunkt des Ansatzes steht die Vorstellung von sich überlappenden Gruppenmitgliedschaften und einander überkreuzenden Solidaritäten des einzelnen, deren Widerspiel ebenso die Individualautonomie gewährleisten wie systemintegrierend wirken soll (vgl. *Truman* 1951:161, 510, 514ff.).

3. Diese Thesen und damit die Konsistenz der Gruppentheorie sind bestritten worden. Darüber hinaus hat man ihr die behavioristische, am jeweiligen sozialen *Status quo* orientierte Ausrichtung vorgeworfen und ihrem »Interessengruppenliberalismus« (*Lowi*) vorgehalten, sein Konzept politischer Willensbildung reduziere sich faktisch auf Konflikte (bzw. Kompromisse) »zwischen den *Führungen* organisierter Gruppen«, so daß seine »Toleranz gegenüber sozialer Vielfalt... die Anstrengungen von Massen, ihre Lage zu verbessern«, nicht einschließe (*Rogin* 1967:10, 15, 282). Eine ähnliche Kritik erfuhr *R.A. Dahls* Abwandlung der Gruppentheorie. *Dahl* zufolge existiert in den USA »eine Menge unterschiedlicher Führungsgruppen, deren jede sich auf eine andere Kombination politischer«, durch »unterschiedlichste Kategorien von Bürgern« mobilisierbarer Ressourcen gründet. Damit werde dem »theoretische(n) und praktische(n) Grundaxiom des Pluralismus« Genüge getan (*Dahl* [3]1963: 86, 228; 1967: 23). Die Kritik konnte anknüpfen an *Dahls* eigener Feststellung der »ungewöhnliche(n) Möglichkeiten« des politischen Systems zum Auftürmen sozialer Macht-»Pyramiden« (*Dahl* [3]1963: 227). Darin, so ließ sich *Dahl* vorhalten, ist eine strukturelle Benachteiligung angelegt, die in die Kooperation herrschender ↗ Eliten mündet und sich im politischen Prozeß als dysfunktional erweist.

IV. 1. Im Gegensatz zur deskriptiven Akzentuierung der Gruppentheorie nahm in der Bundesrepublik Deutschland der Neo-Pluralismus den normativen Anspruch des frühen P. wieder auf, kehrte ihn jedoch gegen den »totalitären« anstelle des souveränen Staats und konstruierte den Idealtyp einer »autonom-pluralistisch-soziale(n)-rechtsstaatliche(n) Demokratie diesseits der Mauer« als Gegenstück zu einer »heteronom-monistisch-totalitären Diktatur jenseits der Mauer« (*Fraenkel* 1964: 7). Für den Neo-Pluralismus stehen im Mittelpunkt die autonome Organisierbarkeit sozialer Interessen und die Bildung des ↗ Gemeinwohls als Resultante aus dem Konflikt der organisierten Gruppen, soweit diese bei ihrer Auseinandersetzung sozial akzeptierte und rechtlich normierte Verfahrensregeln einhalten. *E. Fraenkel,* der den Begriff Neo-Pluralismus prägte, knüpfte dabei in einer Reihe von Punkten an sein Konzept einer »dialektischen Demokratie« an, das er gegen Ende der Weimarer Republik entwickelt hatte; doch ließ sich nicht übersehen, »daß die Dimensionen des Wandels und der Emanzipation, die empirische Überprüfung der postulierten Thesen sowie die Relevanz der sozioökonomischen Rahmenbedingungen pluralistischer Demokratien von *Fraenkel* nicht hinreichend genug berücksichtigt wurden« (*Steffani* 1972: 33).

2. Bis in die Gegenwart zeichnen sich damit auf seiten der Vertreter neo-pluralistischer Entwürfe zwei unterschiedliche Interpretationsstränge ab. Der eine legt das Gewicht nach wie vor auf die Funktion des Neo-Pluralismus als antimarxistischer Kampfbegriff (auf diejenige »Komponente der *Fraenkel*schen Arbeiten, die scharf den Gegensatz von Pluralismus und Totalitarismus und den zur marxistischen Ideologie betont«) und wehrt sich gegen eine »Verengung des Pluralismus auf den ↗ Demokratischen Sozialismus« (*Jesse* 1979:152, 149). Der andere konzediert selbstkritisch, das neo-pluralistische Konzept sei »im Formalen stecken(geblieben)«, und regt an, der Auseinandersetzung mit dem eigenen »schlecht proportionierten gesellschaftlichen Machtsystem« stärkere Aufmerksamkeit zu widmen (*Sontheimer* [2]1972: 125, 126).

V. *Fraenkel* selbst hat angemerkt, der Kalte Krieg habe, als er seinen neo-pluralistischen Entwurf vorlegte, »auch das innenpolitische Denken der westlichen Welt« beherrscht. Entsprechend sind es seine letzten Arbeiten, in denen sich der betonte Hinweis findet, der (Neo-)Pluralismus sei die »Staatstheorie des Reformismus« (*Fraenkel* 1969: 23). Wenig später wurde in den USA von *W. A. Kelso* zur Gruppentheorie die normativ akzentuierte Gegenposition eines sozialstaatlichen, »öffentlichen« P. entwickelt; danach soll die Exekutive sich bei der Umverteilung politischer Macht zugunsten sozial benachteiligter Gruppen engagieren (vgl. *Kelso* 1978: 25 ff., 33).

2. In diesem »Konzept eines öffentlichen bzw. sozialen Pluralismus« ist »in gewisser Weise das amerikanische Gegenstück zum deutschen Neo-Pluralismus« gesehen worden (*Steffani* 1980: 32). Sinnvoller dürfte sein, unter die Bezeichnung sozialer P. sowohl *Kelsos* Ansatz zu subsumieren wie denjenigen Interpretationsstrang des westdeutschen Neo-Pluralismus, der diesen »auch als strukturpolitische Aufgabe begreifen und nutzbar machen möchte« (*Kremendahl* 1977: 410) und P. »in Theorie und Praxis (als) ein Arbeitsprogramm« auffaßt (*Steffani* 1980: 69). Mit Recht ist gefordert worden, dazu anstelle eines zweifelhaften ↗ Totalitarismus die Kategorie des Monismus wieder in ihre angestammte Rolle als Widerpart des P. einzusetzen (*Kremendahl* 1977). Freilich besagt die sich abzeichnende »reformistische« Akzentverschiebung »ohne nähere Bestimmung der Reichweite und strukturellen Tiefenwirkung dieses Reformismus noch wenig« (*Nuscheler* 1980: 158 f.).

VI. Weiter als der soziale greift deshalb der sozialistische P., der in einem langwierigen Prozeß soziale Ungleichheit, institutionelle Starrheit und politische Apathie jedenfalls stärker verringern will, als dies unter den strukturellen Bedingungen gegenwärtiger »westlicher« Systeme möglich erscheint und ehemaliger »östlicher« Systeme möglich war.

Die zahlreich vorgelegten Entwürfe betonen die Einführung der Arbeiter- und Angestelltenselbstverwaltung im Unternehmensbereich, verbunden mit einer einschneidenden Stärkung der Verbraucherrechte und -verbände, wirtschaftlicher Rahmenplanung, Garantie der Verbands- und Parteienvielfalt sowie einer durchgängigeren Verschränkung täglicher »sozialer« mit bislang nur periodischer »politischer« Betätigung (vgl. die Überblicke bei *Eisfeld* 1972; *Bermbach/Nuscheler* 1973; ↗ Mitbestimmung).

Die Entwicklung derartiger, teilweise an *Laski* anknüpfender Vorstellungen aus der Kritik am »vermachteten« Oligopolkapitalismus fiel nicht zufällig zusammen mit dem Hervorgehen verwandter Konzeptionen aus der Infragestellung der Herrschaftsstrukturen des real existierenden Monopolsozialismus. Die reformkommunistische Forderung nach P. als »innerem Bedürfnis des Sozialismus« (*Lombardo-Radice*) gewann praktische Relevanz während des kurzlebigen, gewaltsam beendeten Experiments in der ČSSR 1968 (vgl. *Klokocka*). »Sozialistischer Pluralismus« hieß auch das Ziel, das die Offiziere, die die *Caetano*-Diktatur gestürzt hatten, 1975 in Portugal zu verwirklichen trachteten (vgl. *Eisfeld* 1984). Das jugoslawische Konzept der »sozialistischen Selbstverwaltungsdemokratie« visierte eine derartige Perspektive seit 1950 am deutlichsten an (vgl. *Kardelj* 1979). Die fortdauernde Einparteiherrschaft des Bundes der Kommunisten führte jedoch dazu, daß das Selbstverwaltungsprinzip praktisch wie als regulative Idee seine Funktion verlor. Jugoslawien kehrte zurück zu einer dezentralisierten Spielart des real existierenden Sozialismus, der auch dort, wie überall in Ost-Mittel-Europa, (freilich mit besonders blutigen Folgen) scheiterte.

Dieses Scheitern ändert nichts daran, daß die Schaffung größtmöglicher Ressourcengleichheit als Voraussetzung für wirksame politische Beteiligung auf der Tagesordnung bleibt. Daraus ergibt sich unverändert die normative Perspektive einer »dritten demokratischen Transformation« (*Dahl* 1989) durch Einbeziehung des sozio-ökonomischen Bereichs. Als Konzept einer entfalteten, partizipativen Demokratie behält der sozialistische P. seine Bedeutung.

Rainer Eisfeld

Lit.: *Barker, E.* 1915: Political Thought in England from Herbert Spencer to the Present Day, London/New York. *Bentley, A. F.* [3]1949: The Process of Government, Evanston. *Bermbach, U./Nuscheler, F.* (Hrsg.) 1973: Sozialistischer Pluralismus, Hamburg. *Dahl, R.A.* [3]1963: Who Governs?, New Haven. *Dahl, R. A.* 1967: Pluralist Democracy in the United States: Conflict and Consent, Chicago. *Dahl, R. A.* 1975: Und nach der Revolution? Herrschaft in einer Gesellschaft freier Menschen, Frankfurt/ M. *Dahl, R. A.* 1982: Dilemmas of Pluralist Democracy, New Haven. *Dahl, R. A.* 1989: Democracy and Its Critics, New Haven. *Dewey, J.* 1927: The Public and Its Problems, New York. *Eisfeld, R.* 1972: Pluralismus zwischen Liberalismus und Sozialismus, Stuttgart. *Eisfeld, R.* 1984: Sozialistischer Pluralismus in Europa. Ansätze und Scheitern am Beispiel Portugals, Köln. *Figgis, J. N.* [2]1914: The Divine Right of Kings, London. *Follett, M. P.* [3]1920: The New State: Group Organization the Solution of Popular Government, New York. *Fraenkel, E.* 1964: Deutschland und die westlichen Demokratien, Stuttgart. *Fraenkel, E.* 1964: Der Pluralismus als Strukturelement der freiheitlich-rechtsstaatlichen Demokratie, München/ Berlin. *Fraenkel, E.* 1969: Strukturanalyse der modernen Demokratie, in: APuZ 49, 3–27. *Gierke, O. von* 1954 ([1]1868): Das deutsche Genossenschaftsrecht, 1. Bd.: Rechtsgeschichte der deutschen Genossenschaft, Darmstadt. *Griffith, T H.* 1933: Politischer Pluralismus in der zeitgenössischen Philosophie Englands, Diss. Gießen. *James, W.* 1914: Das pluralistische Universum, Leipzig. *Kelso, W.A.* 1978: American Democratic Theory. Pluralism and Its Critics, Westport. *Kremendahl, H.* 1977: Pluralismustheorie in Deutschland, Leverkusen. *Laski, H. J.* [2]1968 ([1]1919): Authority in the Modern State, New Haven. *Laski, H. J.* 1977 ([1]1925): A Grammar of Politics, London. *Latham, E.* 1952: The Group Basis of Politics, New York. *Lindsay, A. D.* 1914: The State in Recent Political Theory, in: The Political Quarterly, 128ff. *Nuscheler, F.* 1980: Sozialistischer Pluralismus, in: *Oberreuter, H.* (Hrsg.): Pluralismus, Opladen, 143–162. *Nuscheler, F./Steffani, W.* (Hrsg.) 1972: Pluralismus. Konzeptionen und Kontroversen, München. *Rogin, M. P.* 1967: The Intellectuals and McCarthy: The Radical Specter, Cambridge. *Sontheimer, K.* [2]1972: Grundzüge des politischen Systems der Bundesrepublik Deutschland, München. *Steffani, W.* 1972: Einleitung, in: *Nuscheler, F./Steffani, W.* (Hrsg.), 9–46. *Steffani, W.* 1980: Pluralistische Demokratie, Opladen. *Truman, D. B.* 1951: The Governmental Process, New York.

Politikbegriffe

Seit über Politik systematisch nachgedacht und mit kritischem Abstand des Analytikers diskutiert wird, im Grunde also seit den frühen klassischen Politiklehren eines *Aristoteles* oder eines *Machiavelli*, wird die Bestimmung von Politik immer wieder neu versucht (↗ Politische Philosophie, ↗ Politische Theorie).

»Alle Politik ist Kunst« – so beginnt der erste Satz von *H. von Treitschkes* »Politik« (1897), und er fährt fort: »Sie bewegt sich in der Welt der historischen Thaten, verwandelt sich und treibt neue Bildungen hervor, während wir reden. Daher muß jede Theorie mangelhaft bleiben.« Seit dieser Absage an jede Politikwiss. zugunsten der Kunst des Staatsmannes ist in der zurückliegenden Zeit, in der sich Politik als Wiss. etablierte, bis heute keineswegs wachsende Einigkeit über den Begriff von Politik erzielt worden. Ob ↗ Macht, ↗ Konflikt, ↗ Herrschaft, Ordnung oder ↗ Friede die eigentliche Substanz von Politik seien, bleibt umstritten.

I. Die Vielzahl der kontroversen Politikbegriffe (P.) kann nach drei Dimensionen in Gegensatzpaaren geordnet aufgezeigt werden.

1. Gouvernementale *versus* emanzipatorische P. Ausgehend von der »Staatskunst«, die bereits durch *Treitschke* oben angesprochen wurde, stehen als

zentrale Konzepte »Führung«, »Herrschaft«, »Macht« und »Hierarchie« im Vordergrund des gouvernementalen Politikbegriffs.

»Politik ist die Lehre von den Staatszwecken und den besten Mitteln zu ihrer Verwirklichung« – so definierte der Brockhaus (1903, Bd. 13: 236) um die Jahrhundertwende. In jüngerer Zeit formulierte *A. Bergsträsser* (1961): »Unter Politik verstehen wir den Begriff der Kunst, die Führung menschlicher Gruppen zu ordnen und zu vollziehen.« O. K. *Flechtheim* (1958: 70) hat den Staats- mit dem Machtbegriff verknüpft: »Die politische Wissenschaft läßt sich als derjenige Spezialzweig der Sozialwissenschaften definieren, der sachlich-kritisch den Staat unter seinem Machtaspekt sowie alle sonstigen Machtphänomene unter Einbeziehung sonstiger Zielsetzungen insoweit untersucht, wie diese Machtphänomene mehr oder weniger unmittelbar mit dem Staat zusammenhängen.« War der Staat im 19. Jh. die Kategorie des Politischen schlechthin, so blieb die »Macht« bis heute auch in der internationalen Politikwiss. eine der wichtigsten Grundkategorien der Politik. Dies freilich nicht ohne Kritik, denn trotz aller Versuche seit *Max Weber* zur Konkretisierung des Begriffs blieb der schwer faßbare, amorphe Charakter von Macht ein Problem für eine Politikwiss., die bei einer Machtfixierung immer in der Gefahr steht, zur »technischen Handlangerin der Macht und der Mächtigen« (*Sontheimer* 1962: 209) zu werden.
Ein emanzipatorischer Grundbegriff von Politik setzt deshalb gerade an Machtbeschränkung durch Teilhabe, ↗ Partizipation, Gleichheit und ↗ Demokratisierung an. »Praktisch-kritische politische Wissenschaft zielt auf eine politische Theorie, die die Befunde der Gesellschaftskritik integriert. Im Begriff der Demokratie gewinnt sie einen Leitbegriff für die Analyse der politisch relevanten Herrschaftsstrukturen der Gesellschaft« (*Kammler* 1968: 20f.; vgl. *Narr/Naschold* [2]1973).

2. Normative *versus* deskriptive P. Die verschiedenen Dimensionen des P. sind keine sich ausschließenden Kategorien, denn sicher ist auch der zuletzt genannte Demokratiebegriff zu den normativen Kategorien zu rechnen. Deutlicher wird dies noch bei Definitionen wie »Politik ist Kampf um die rechte Ordnung« (*Suhr* 1950), »Politische Wissenschaft ist die Wissenschaft von der Freiheit« (*Neumann* 1950) oder »Der Gegenstand und das Ziel der Politik ist der Friede... Der Friede ist die politische Kategorie schlechthin« (*Sternberger* 1961:18).

Was Politik eigentlich sein soll, d.h. ein normativer Soll- oder Zielwert wird zur Grundkategorie des Politischen erhoben. Wobei hier häufig, wie besonders beim Begriff »rechte Ordnung«, harmonisierende Gemeinwohlvorstellungen angeboten werden, die einer Ethik der Politik vorangestellt werden (↗ Politische Ethik).
Als politische Programmwiss. wird eine solche Zuspitzung auf einen Sollwert als Essenz der Politikwiss. kritisiert von Autoren, die eine rein deskriptive Definition von Politik vertreten. »Politik (ist) gesellschaftliches Handeln..., welches darauf gerichtet ist, gesellschaftliche Konflikte über Werte verbindlich zu regeln« – so hat G. *Lehmbruch* (1968: 17) die verbreitete Politikdefinition der ↗ Systemtheorie, besonders durch *D. Easton* repräsentiert (↗ Politisches System), ins Deutsche adaptiert. Insbesondere *R. Münch* (1982) hat mit seiner »Soziologie der Politik« den strengen Ansatz von *T. Parsons* weiterentwickelt.

3. Konfliktorientierte *versus* konsensbezogene P. Bereits die eben auf deutsch zitierte »*authoritative allocation of values*« ging vom Konflikt als Grundtatsache der Politik aus. Sozialwiss. Konflikttheorien (vgl. z.B. *L. Coser* oder *R. Dahrendorf*) sehen im Konflikt das entscheidende Agens jeden sozialen Wandels – im Gegensatz zu älteren Harmonielehren, die nur aus dem Konsens das ↗ Gemeinwohl gefördert sehen.

Voraussetzung für die Einsetzung des Konflikts als Grundkategorie in liberalen Politiktheorien im weitesten Sinne ist allerdings die Existenz einer flexiblen und gerade dadurch stabilen Struktur von Spielregeln für die friedliche Austragung von Konflikten zwischen sozialen Gruppen. Diese Struktur sei mit der pluralistischen Gesellschaft in der repräsentativ-parlamentarischen, von ↗ Parteien und ↗ Interessengruppen geprägten Demokratie erreicht (↗ Pluralismus).

Auch der marxistische P. basierte auf Konflikt, kritisiert aber an den liberal-pluralistischen Theorien, daß sie unhistorisch, affirmativ und interessengeleitet seien, da sie die gegebenen Spielregeln als Schranken der Gleichheit keineswegs in Frage stellten. »Politik ist der Kampf der Klassen und ihrer Parteien, der Staaten und der Weltsysteme um die Verwirklichung ihrer sozialökonomisch bedingten Interessen und Ziele« (*Klaus/ Buhr* [11]1975: 941; ↗ Politische Ökonomie).

II. Die jüngere Diskussion des P. der Politikwiss. hat die Suche nach dem verbindlichen Wesensbegriff aufgegeben und sieht Politik in der Gesellschaft grundsätzlich mehrdimensional strukturiert (vgl. z.B. *Rohe* [2]1994; *Böhret* [3]1988).

Politik hat nach dieser Auffassung erstens eine institutionelle Dimension, die durch Verfassung, Rechtsordnung und Tradition festgelegt ist. Regierungen, Parlamente und Gerichte, Ämter, Schulen und Körperschaften sind die deutlich sichtbaren Institutionen der verfaßten Rechtsordnung. Auch die Grundsätze der politischen Willensbildung werden durch Institutionen kanalisiert: Wahlen, Grundrechte der Meinungsfreiheit, Parteien und Verbände. Die beiden übrigen Dimensionen von Politik, Inhalt und Verlauf, werden durch die institutionelle Form in Bahnen gelenkt; der Handlungsspielraum wird durch die Institutionen abgesteckt. Im Englischen nennt man diese institutionelle Dimension von Politik *polity*.

Politik hat zweitens eine normative, inhaltliche Dimension, die auf Ziele, Aufgaben und Gegenstände von Politik verweist. Die Gestaltung und Aufgabenerfüllung von Politik ist von den Interessen in der Gesellschaft abhängig. Da diese individuellen, materiellen und ideellen Interessen äußerst vielfältig und durch die Knappheit der Mittel gegensätzlich und widersprüchlich sein müssen, ist der inhaltliche Gestaltungsraum von Politik mit Konfliktstoff gefüllt. Die inhaltliche Dimension von Politik kann man in der englischen Begrifflichkeit als *policy* bezeichnen.

Politik hat drittens eine prozessuale Dimension, die auf die Vermittlung von Interessen durch ↗ Konflikt und ↗ Konsens abstellt. Dieser ständige Prozeß der politischen Willensbildung und Interessenvermittlung kann allein durch das Studium der Institutionen oder der Inhalte nicht begriffen werden. Alle Formen der Macht und ihrer Durchsetzung, die formellen Formen der verfaßten Rechtsordnung wie auch informelle und verborgene, sind für den politischen Prozeß zu berücksichtigen. Für die dritte Dimension des Politikbegriffs hat die englische Sprache das Wort *politics* anzubieten.

Besonders in der deutschen Politikwissenschaft hat sich dieses »politologische Dreieck« (*von Prittwitz* 1994: 13) als Analyseinstrument weitgehend durchgesetzt, das die Politik in den Dimensionen des politisch-institutionellen Systems (*polity*), des öffentlichen Handelns (*policy*) und des politischen Prozesses (*politics*) betrachtet. Allerdings erscheint manchen diese Trinität etwas künstlich, da sie auch im angelsächsischen Sprachraum selbst kaum verwendet wird. So hat *Patzelt* (1992) für die Begriffsbildung eine Weiterentwicklung von *Parsons*' Systemtheorie angeboten. Der Autor (*von Alemann* 1994: 148) hat das Dreieck ergänzt durch die klassischen Grundbegriffe Öffentlichkeit, Konflikt, Interesse,

Macht und Konsens zu folgender Definition von Politik und Politikwissenschaft: »Politik ist öffentlicher Konflikt von Interessen unter den Bedingungen von öffentlichem Machtgebrauch und Konsensbedarf. Politikwissenschaft wäre demnach folgerichtig diejenige Sozialwissenschaft, die sich mit der so verstandenen Politik wissenschaftlich beschäftigt, und zwar in den Dimensionen der politischen Form (*polity*), der politischen Inhalte (*policy*) und der politischen Prozesse (*politics*).«

Ulrich von Alemann

↗ Demokratietheorie; Politikwissenschaft.

Lit.: *Alemann, U. von* 1994: Grundlagen der Politikwissenschaft, ein Wegweiser, Opladen. *Alemann, U. von/Forndran, E.* [4]1990: Methodik der Politikwissenschaft. Eine Einführung in Arbeitstechnik und Forschungspraxis, Stuttgart u.a., 34–41 (mit den entsprechenden Nachweisen der zitierten Politikbegriffe). *Böhret,* C. u.a. [3]1988: Innenpolitik und politische Theorie, Opladen, 25–36. *Münch, R.* 1982: Basale Soziologie: Soziologie der Politik, Opladen. *Patzelt, W. J.* 1992: Einführung in die Politikwissenschaft, Passau. *Prittwitz, V. von* 1994: Politikanalyse, Opladen. *Rohe, K.* [2]1994: Politik. Begriffe und Wirklichkeiten, Stuttgart. *Sternberger, D.* 1978: Drei Wurzeln der Politik, Frankfurt/M.

Politikberatung

In einem weiten Verständnis kann unter Politikberatung (P.) eine Rollendifferenzierung begriffen werden, in der dem Politiker ein (dem politisch-administrativen System externer) Berater gegenübertritt, von dem jener Entscheidungshilfe erwartet. Dabei kann es sich um einen Wirtschaftsmanager, Banker oder Journalisten ebenso handeln wie um einen Wissenschaftler. Im engeren Verständnis des Begriffs beschränkt sich P. auf die Mitwirkung von Wissenschaftlern und (noch enger) auf Sozialwissenschaftler an politisch-administrativer Entscheidungsfindung.

I. In der Diskussion um die Formen und Inhalte von P. durch Wissenschaft (um die Nutzung und Verwendung sozialwiss. Wissens in der politisch-administrativen Praxis) wird das Verhältnis zwischen Politik und Wissenschaft vielfach als das »zweier Welten« begriffen, die von unterschiedlichen »Logiken« und Wirkungsimperativen bestimmt sind (vgl. *Caplan* u.a. 1975, *Wingens* 1988: 71ff.). Während politisch-administratives Entscheiden und Handeln – unter den Gegebenheiten einer demokratisch-pluralistischen Verfassungsordnung – einer wesentlich von Interessenberücksichtigung, Konsensfindung und letzten Endes vom Mehrheitswillen bestimmten Handlungslogik folgt, wird wiss. Arbeit wesentlich von einer auf »Wahrheitssuche« ausgerichteten Erkenntnislogik angeleitet. Die Entwicklung von Formen und Inhalten der P. durch Wissenschaft kann als Teil jenes säkularen Prozesses einer »intellektualistische(n) Rationalisierung durch Wissenschaft und wissenschaftlich orientierte Technik« (*Max Weber* 1922: 593f.) betrachtet werden, in dessen Verlauf die politischen, administrativen und gesellschaftlichen Akteure angesichts ständig steigender Komplexität der von ihnen zu bewältigenden Probleme Veranlassung sehen, die Wissenschaft und die von ihr hervorgebrachten Informationen und Erkenntnisse als Entscheidungs- und Handlungshilfe heranzuziehen und zu nutzen.

II. Für die Analyse und Interpretation des spannungsvollen Verhältnisses, in dem Politik/Verwaltung und Wissenschaft über Formen und Inhalte der P. miteinander in Beziehung treten, werden in der sozialwiss. Diskussion eine

Reihe unterschiedlicher Konzepte vertreten, in denen jeweils unterschiedliche Aspekte und Akzente dieses Spannungsverhältnisses hervorgehoben werden. Hatten in der sozialwiss. Debatte in den 60er Jahren eher wissenschaftspolitisch-normative Fragen (z. B. Autonomieverlust der Wissenschaft durch ihr Einlassen auf Politikberatung) im Vordergrund gestanden (vgl. *Lompe* 1966), wird das Praxis-Wissenschafts-Verhältnis in letzter Zeit vor allem unter dem empirischen Interesse an Formen und Inhalten der »Verwendung von (sozialwiss.) Wissen« in Politik und Verwaltung erörtert (*»knowledge utilization research«*, »Verwendungsforschung«; vgl. zur bundesdeutschen Diskussion *Weiss* 1986, 1991, *Wittrock* 1991, *Wittrock* u.a. 1991, *Wingens* 1988, *Beck/Bonß* 1990).

1. Die unterschiedlichen Zwecke, die politisch-administrative Entscheidungsträger mit der Heranziehung und Nutzung von sozialwiss. Beratungsleistungen verfolgen können, lassen sich grob entlang eines Kontinuums klassifizieren, an dessen einem Ende ein rationales, d.h. sich auf (wissenschaftliche) Information und Erkenntnis möglichst umfassend stützendes Politikmodell und an dessen anderem Ende ein politisches, d.h. von Konsensfindung, Mehrheitswillen usw. gesteuertes Politikmodell steht.

1) Die weitestgehende Einlösung des »rationalen« Politikmodells liegt dann vor, wenn sich Politik bereit und interessiert zeigt, sich für die politisch-administrative Entscheidungsfindung (sozial)wissenschaftlicher Erkenntnisverfahren und Erkenntnisse umfassend – von der Problemanalyse über die Entscheidung der Handlungsziele bis zur Auswahl der geeigneten Handlungsmittel – zu bedienen.

Am ausgeprägtesten fand das rationale Politikmodell bislang in dem (insbesondere von *D. Campbell* [1988] verfochtenen) Konzept einer »experimentellen Politik« Ausdruck, das darauf abzielt, politisch-gesellschaftliche Konflikte und Kontroversen über die Veranstaltung sozialer Experimente und deren sozialwiss. Kontrolle und Auswertung rational entscheidbar zu machen (vgl. *Hellstern/Wollmann* 1983). Deutlich orientiert am rationalen Politikmodell ist ferner die Vorstellung, daß es Aufgabe sozialwiss. P. sei, gegenüber der strukturell bedingten Kurzatmigkeit und Kurzsichtigkeit der politisch-administrativen Praxis »einen unabhängigen Resonanzboden für die Reflexion künftiger Entwicklungen ab(zu)geben (und) Impulse für gesellschaftspolitische Innovationen (zu) dekodieren« (*Ritter* 1982: 460).

Für die Diffusions- und Transferprozesse, über die solches sozialwiss. generiertes Problem- und Gestaltungswissen von der politisch-administrativen Praxis wahrgenommen werden und in die Formulierung von Entscheidungsprämissen, Politikkonzepten usw. eingehen kann, wird in der *knowledge-utilization*-Diskussion (freilich in einseitig wissenschaftszentrierter Betrachtungsweise) von einem Aufklärungsmodell (*enlightenment model*, vgl. Weiss 1986: 38) gesprochen. Danach vollzieht sich die Wissensnutzung durch die politisch-administrative Praxis nur ausnahmsweise in unmittelbarer instrumenteller P., in aller Regel aber in weit komplizierteren Lernprozessen (über Einzelgespräche, Fachzeitschriften, Medien usw.). Auf diesen verschlungenen Diffusionswegen kann die ursprüngliche wissenschaftliche Information vielfältigen »Verwandlungen« (*knowledge conversion, Caplan* 1983) unterliegen, ja sie kann, wie in der deutschen »Verwendungs«-Diskussion pointiert gesagt worden ist (vgl. *Beck/Bonß* 1984: 384), infolge einer allgemeinen »Soziologisierung« des Praxisalltagswissens (gewissermaßen als strategisch erfolgreichste Variante sozialwiss. P.) regelrecht »verschwinden« (zur Kritik an diesem gegenüber empirischer Überprüfung geradezu immunisierten Theorem vgl. *Wingens* 1988:91).

2) Von einer eher instrumentellen Variante des rationalen Politikmodells

kann gesprochen werden, wenn über ein bestimmtes Politikziel bereits politisch, d. h. aufgrund der politischen Logik (Interessenberücksichtigung, Mehrheitsentscheidung usw.), entschieden ist und die P. für die Aufgabe herangezogen wird, für die Erreichung des (politisch vor-entschiedenen) Zieles geeignete Handlungsmittel und -pfade (u. a. aufgrund wiss. gesicherten Kausalwissens bezüglich der relevanten Wirkungszusammenhange) vorzuschlagen. Diese auch als *engineering* oder *problem-solving model* (*Weiss* 1986: 32 ff.) bezeichnete Variante der P. kann der Verwaltung dazu dienen, eigenen fehlenden Sachverstand auszugleichen und die wiss. Beratung sozusagen als verlängerte Werkbank zu nutzen (vgl. *Ritter* 1982: 460).

3) Ist in ihren rationalen Varianten P. darauf gemünzt, den politisch-administrativen Entscheidungsprozeß inhaltlich zu informieren, kann die politisch-administrative Praxis mit der Einschaltung von P. auch handgreiflich taktische Zwecke verfolgen (zum *political* und *tactical model* vgl. *Weiss* 1986: 36 ff., *Bartholomai* 1977: 285 f.). Insbesondere kann z. B. die Vergabe einer sozialwiss. Untersuchung oder eines Gutachtens wesentlich darauf aus sein, eine bereits getroffene politische Entscheidung zu legitimieren. Im politisch-taktischen Spiel kann die Beauftragung eines Gutachtens aber auch schlicht das Ziel verfolgen, Zeit zu gewinnen und eine Entscheidung auf die lange Bank zu schieben.

2. Mit Anklängen an die Vorstellung vom Verhältnis zwischen Politik und Wissenschaft als zwei Welten unterschiedlicher Logiken wird in der Diskussion (in Anknüpfung an *Habermas* 1968) vielfach zwischen einem dezisionistischen Entscheidungsmodell, wonach sich letzten Endes die politische Logik geltend macht, und einem technokratischen Entscheidungsmodell unterschieden, wonach letztlich der technisch-wiss. Sachverstand das Sagen hat. Allerdings erscheinen diese – idealtypisch zugespitzten und einseitig praxiszentriert bzw. wissenschaftszentriert formulierten – Modelle als wenig geeignet, die hier interessierenden Praxis-Wissenschaft-Beziehungen unter den Gegebenheiten eines demokratisch-pluralistischen politisch-administrativen Handlungssystems angemessen zu erfassen. Demgegenüber scheinen analytisch leistungsfähiger (aber auch normativ befriedigender) Vorstellungen und Konzepte, die die Praxis-Wissenschaft-Beziehung eher als Dialog und beider- und wechselseitigen Lernprozeß (so das pragmatische Entscheidungsmodell, *Habermas* 1968) und als interaktiven Prozeß begreifen.

III. In der deutschen Politik- und Verwaltungsgeschichte entwickelte sich P. zunächst in erster Linie über die Bildung von Beiräten (bei Ministerien usw.). So wurden ab 1871 bei Ministerien im Reich und in Preußen, insbesondere im Bereich von Agrar-, Gesundheits- und Handelspolitik, Beiräte gebildet, denen neben Verbändevertretern auch Wissenschaftler angehörten; sie hatten die doppelte Funktion, der ↗ Bürokratie fachkundige Informationen zu liefern und außerdem der Interessenvermittlung zu dienen (vgl. *Friedrich* 1970).

War die Heranziehung von (aus Interessenvertretern und Wissenschaftlern zusammengesetzten) Beiräten bis in die frühen 60er Jahre in der Bundesrepublik die vorherrschende Form der P., vollzog sich im Laufe der 60er Jahre in den Formen und ihrem Umfang der P. eine tiefgreifende Veränderung. Diese stand – nach dem »Ende der Nachkriegszeit« – in offenkundigem Zusammenhang mit den wachsenden sozioökonomischen und infrastrukturellen Entwicklungsproblemen der Bundesrepublik, für deren Meisterung in zunehmendem Maße auf wiss. Beratung gesetzt wurde. Schrittmacher hierfür waren die ↗ Wirtschaftspolitik (Einrichtung des Sachverständigenrats für die Begutachtung der gesamtwirtschaftlichen Entwicklung, 1963) und die ↗ Bildungspolitik (Einrichtung des Wissenschaftsrats, 1957, und des Bildungsrats, 1965). Einen regelrechten Entwicklungsschub erfuhr die (sozialwiss.) P. seit den späten 60er Jahren, als (zumal im Rahmen der von der sozial-liberalen Koalition proklamierten »Politik der inneren Reformen«) in der Verwissenschaftlichung von Politik und Verwaltung, nicht zuletzt durch eine verstärkte Nutzung sozialwiss. Sachverstands, eine maßgebliche Voraussetzung für eine grundlegende Modernisierung des Regierungs- und Verwaltungsapparates gesehen wurde. An unterschiedlichen institutionellen Ansätzen und Ausprägungen von Verwissenschaftlichung und P. lassen sich u. a. unterscheiden (vgl. *Wollmann* 1989: 241 ff. mit Nachweisen):

1. Schaffung von Planungs- und Informationseinheiten innerhalb der Bundesregierung (Bundeskanzleramt, Bundesministerien) mit dem Ziel, die Kapazität für Informationsverarbeitung auszubauen und verwaltungsinterne (*in house*) Analyseeinheiten zu schaffen.
2. Schaffung bzw. Ausbau von (ministeriumsunterstellten) Forschungseinrichtungen (Bundesforschungsanstalten), z. B. Bundesinstitut für Berufsbildung (1970), Umweltbundesamt (1974).
3. Bildung einer Vielzahl von (Reform-) Gruppen und Kommissionen, in denen und für die Sozialwissenschaftler tätig wurden (insbesondere Projektgruppe Regierungs- und Verwaltungsreform, Studienkommission für die Reform des Öffentlichen Dienstrechts, Kommission für wirtschaftlichen und sozialen Wandel, die allein 150 sozialwiss. Gutachten vergab).
4. Expansion der sog. Ressortforschungsförderung, vermittels derer Ministerien und andere Einrichtungen von Bund und Ländern (externe) Forschungsleistungen der (zunehmend außeruniversitär-kommerziell organisierten, aber auch universitär verorteten) Sozial- und Politikforschung nachfragten.
5. Formen sozialwiss. Beratung des Parlaments, u. a.: Die Ausschüsse des Bundestages führen zum einen bei wichtigen Gesetzgebungsvorhaben vielfach öffentliche Anhörungen durch, zu denen – neben Vertretern der Verbände – i.d.R. auch Wissenschaftler geladen werden. Zum andern ist der Bundestag dazu übergegangen, zu komplexen Sachproblemen (neue Informations- und Kommunikationstechniken, Chancen und Risiken der Gentechnologie usw.) Enquêtekommissionen zu bilden, an denen auch Wissenschaftler mitwirken. Schließlich ist auf die inzwischen zahlreichen Regierungsberichte zu verweisen, die der Bundestag – regelmäßig oder *ad hoc* – zu ganzen Politikfeldern (Familienbericht, Raumordnungsbericht usw.) ebenso wie zu einzelnen Regelungen und Maßnahmen anfordert und an deren Erstellung (über Forschungsaufträge durch die zuständigen Ministerien) Wissenschaftler in erheblichem Umfange mitwirken.

IV. Die P. erlebte in der Bundesrepublik einen steilen Aufstieg und zugleich ihren bisherigen Höhepunkt in den frühen 70er Jahren, also in einer Politikphase, in der wesentliche Teile der politischen und akademischen Elite tiefgreifende gesellschaftliche und soziale Reformen in der Bundesrepublik für machbar und den Beitrag der Sozialwiss. hierzu für relevant und erstrebenswert hielten. Die (vorübergehende) politische Bereitschaft, für die Entscheidung kontroverser politischer und gesellschaftlicher Fragen auf soziale Experimente und deren wissenschaftliche Kontrolle zu setzen, läßt sich als

bemerkenswerte Annäherung an ein rationales Politikmodell (vgl. *Hellstern/Wollmann* 1983) bezeichnen.
Zwar ist die damalige Reform- und Wissenschaftszuversicht, wenn nicht -gläubigkeit inzwischen längst Ernüchterung und Skepsis gewichen, zumal (etwa im Verlauf und im Ergebnis der experimentellen Politik) die überlegene Bestimmungsmacht von interessenbestimmten Gruppen- und Mehrheitsentscheidungen gegenüber wissenschaftlicher Information und Aufklärung sichtbar wurde. Ungeachtet dieser Enttäuschungen und Rückschläge weist das politisch-administrative System der Bundesrepublik seit den 70er Jahren indessen ein breites Repertoire an Formen und Inhalten der P. auf, das inzwischen in den erwähnten Institutionen fest verankert erscheint (vgl. *Wagner/Wollmann* 1986).

1. Für Politik und Verwaltung weisen empirische Befunde und Beobachtungen darauf hin, daß die Verwaltungen und ihre Angehörigen inzwischen wesentlich offener, »rezeptiver« für sozialwiss. Informationen sind, als dies etwa vor 30 Jahren – vor dem Hintergrund des damals noch dominierenden Typs des klassischen Bürokraten (vgl. *Aberbach* u.a. 1981) – der Fall war. (In einer unlängst durchgeführten Befragung von leitenden Bonner Ministerialbeamten erklärten 80 %, daß sie Evaluierungsuntersuchungen für nützlich bzw. sehr nützlich halten, vgl. *Derlien/Mayntz* 1988.) Dabei zeigt sich vielfach, daß die Verwaltungsangehörigen – trotz ungebrochenen Juristenmonopols im höheren Dienst der Ministerialbürokratie – längst gelernt haben, mit den methodischen Fragen beigezogener sozialwiss. Forschungsleistungen durchaus kompetent umzugehen und mit den (vor etlichen Jahren noch beredt beklagten, vgl. *Bartholomai* 1977) fachterminologischen Besonderheiten und Sprachgebräuchen sozialwiss. Forschung zurechtzukommen. Die Professionalisierung, die die Bürokratie in der Herbeiziehung und Nutzung von sozialwiss. Forschungs- und Beratungsleistungen zeigt, kommt auch darin zum Ausdruck, daß die zu beantwortenden Fragen und aufzuhellenden Problemfelder in den Ausschreibungen und Vergabeverträgen präzise benannt und nicht selten methodisch vorstrukturiert sind. Dabei überwiegt eher die instrumentelle Variante von P. (vgl. *Ritter* 1982), auch wenn in den vielfältigen Kontakten und Netzwerken, über die das politisch-administrative und das Wissenschaftssystem miteinander in Verbindung stehen, das pragmatische (dialogische) und Interaktions Modell von P. verbreitet eingelöst scheint. Hierbei ist freilich daran zu erinnern, daß Formen der P. durch Wissenschaftler für die Bürokratie i.d.R. nur einen von mehreren Wegen der Informationsbeschaffung darstellen, zu denen insbesondere auch die Kontakte mit Interessenverbänden und Praktikern aus dem betreffenden Handlungsfeld gehören (vgl. *Krautzberger/Wollmann* 1988: 186).

2. Was die Sozialwiss. betrifft, so haben sich auch in ihr Anpassungsprozesse an die veränderten Gegebenheiten und die »Veralltäglichung« der P. vollzogen. Die reformpolitische Emphase, die in den frühen 70er Jahren politisch-administrative Akteure und Sozialwissenschaftler geradezu in Reformkoalitionen vereinte, ist verflogen. Die Erbringung von beratungsorientierten Forschungsleistungen wurde inzwischen darin spezialisiert und gewissermaßen professionalisiert, daß als Auftragnehmer für die von Ministerien ausgeschriebenen und vergebenen Forschungsaufträge und Gutachten in erster Linie außeruniversitär-kommerziell organisierte und teilweise auch an Hochschulen gegründete, vielfach halbkommerziell geführte, auf Auftragsforschung spezialisierte Forschungseinrichtungen und -gruppen auftreten. Infolge ihrer zumindest teilweisen Abkoppelung aus dem eigentlichen Wissenschaftssystem, ihrer Auftrags- und Klientenabhängigkeit und der spezifischen zeitlichen, finanziellen usw. Zwänge scheint die Wissenschaftlichkeit solcher Forschung – sei es i. S. disziplinär-wissenschaftlicher Professionalität (z. B. methodische und konzeptionelle Standards), sei es i. S. wissenschaftlicher Unbestechlichkeit und intellektueller Redlichkeit – auf die Probe gestellt. Die erstere

Gefährdung kann in merklichem Umfange dadurch gebannt werden, daß die Forschungsergebnisse auch der Auftrags- und Beratungsforschung publiziert und damit der wissenschaftsinternen Kontrolle (*peers review*) ausgesetzt werden. Der letzteren Gefährdung kann am ehesten dadurch begegnet werden, daß sich die einzelnen Forschungseinrichtungen am Forschungsmarkt thematisch ebenso wie klientenbezogen nach Möglichkeit diversifizieren.

Hellmut Wollmann

↗ Implementationsforschung/Evaluationsforschung; Politikfeldanalyse.

Lit.: *Aberbach, J.D.* u.a. 1981: Bureaucrats and Politicians in Western Democracies, Cambridge, Mass. *Bartholomai, R.* 1977: Ressortforschung. Aspekte der Vergabe und Forschungsbegleitung, in: *Wissenschaftszentrum Berlin* (Hrsg.). *Beck, U./Bonß, W.* 1990: Verwendung, Verwandlung, Verwissenschaftlichung, Frankfurt/M. *Campbell D.* 1968: Reforms as Experiments, in: American Psychologist, 409 ff. *Caplan, N.* 1975: The Use of Social Science Information by Federal Executives, in: *Lyons, G.* (Hrsg.): Social Research and Public Policies, Hanover (Dartmouth College). *Caplan, N./Morrison, S./Stambaugh, R.* 1975: The Use of Social Science Knowledge in Policy Decisions at the National Level, Ann Arbor. *Derlien, H. U./Mayntz, R.* 1987: Einstellungen der politisch-administrativen Elite des Bundes. Verwaltungswiss. Beiträge, Uni Bamberg. *Friedrich, H.* 1970: Staatliche Verwaltung und Wissenschaft. Die sozialwissenschaftliche Beratung der Politik aus der Sicht der Ministerialverwaltung, Frankfurt/M. *Habermas, J.* 1968: Verwissenschaftlichte Politik und öffentliche Meinung, in: *ders.*: Technik und Wissenschaft als Ideologie, Frankfurt/M. *Hellstern, G.-M/Wollmann, H.* 1983: Experimentelle Politik – Reformstrohfeuer oder Lernstrategie?, Opladen. *Krautzberger, M./Wollmann, H.* 1988: Verwendung sozialwissenschaftlichen Wissens im Gesetzgebungsverfahren, in: Zeitschrift für Rechtssoziologie, 177 ff. *Lompe, K.* 1966: Wissenschaftliche Beratung der Politik, Göttingen. *Ritter, E.-H.* 1982: Perspektiven für die wissenschaftliche Politikberatung, in: PVS, Sonderheft 13, 458 ff. *Wagner, P.* u.a. (Hrsg.) 1991: Social Sciences and Modern States, Cambridge u.a. *Wagner, P./Wollmann, H.* 1986: Scocial Scientists in Policy Research and Consulting: Some Cross-national Comparisons, in: ISSJ 1986, 601–617. *Weiss, C.H.* 1986: The Many Meanings of Research Utilization, in: *Bulmer, M.* (Hrsg.) 1986: Social Science and Social Policy, London u.a. *Weiss, C.H.* 1991: Policy Research, in: *Wagner, P.* u.a. (Hrsg.): 1991, 307–332. *Wingens, M.* 1988: Soziologisches Wissen und politische Praxis, Frankfurt a. M./New York. *Wissenschaftszentrum Berlin* (Hrsg.) 1977: Interaktion von Wissenschaft und Politik, Frankfurt a. M. /New York. *Wittrock, B.* 1991: Social Knowledge and Public Policy: Eight Models of Interaction, in: *Wagner, P.* u.a. (Hrsg.): 1991, 333–353. *Wittrock, B./Wagner, P./Wollmann, H.* 1991: Social Science and the Modern State: Policy Knowledge and Political Institutions in Western Europe and the United States, in: *Wagner, P.* u.a. (Hrsg.): 1991, 28–85. *Wollmann, H.* 1989: Policy Analysis in West Germany's Federal Government, in: Governance, 235 ff.

Politikfeldanalyse

I. Die ↗ Politikwissenschaft in der Bundesrepublik Deutschland beschäftigt sich erst seit Anfang der 70er Jahre verstärkt mit einzelnen Politikfeldern (*Hartwich* 1985; *Schubert* 1991; *Windhoff-Héritier* 1987). Ihre Hinwendung zur Politikfeldanalyse (P.) ist Ausdruck des wachsenden Interesses an der inhaltlichen Dimension von Politik (*policy*; ↗ Politikbegriffe). P. kann daher als deutsches Pendant der angelsächsischen *Policy Studies* oder *Policy Analysis* verstanden werden. Im Deutschen sind dafür auch die Bezeichnungen Politikfeldforschung oder *Policy*-Forschung geläufig (vgl. *Derlien* 1981; *Hesse* 1982). Die Bedeutung dieses Aspektes von Politik wird bei uns am ehesten in zusammengesetzten Ausdrücken wie Wohnungsbaupolitik, ↗ Gesundheitspolitik usw., d.h. eben in Politikfeldern, deutlich. Im Zentrum des Interesses der P. stehen die Art und Weise staatlicher Aktivitäten, die Problembewältigung und ihre Instrumente. Der politische Prozeß wird in erster Linie als Prozeß der Problemverarbeitung durch das politische, oder präziser, das politisch-administrative System, Politik in einem funktionalen Sinn als *policy-making* aufgefaßt. Nach einer klassischen Formulierung geht es der P. darum, herauszufinden, »*what governments do, why they do it, and what difference it makes*« (*Dye* 1978:1). Damit sind die zentralen Elemente angesprochen: a) das »Was« staatlicher *policies,* d.h. deren Inhalt, b) das »Warum«, die Frage nach den Gründen, Voraussetzungen und Einflußfaktoren auf staatliche *policies,* c) das »Wozu«, die Frage nach den Folgen und Wirkungen von *policies.*

Das zentrale Erkenntnisinteresse richtet sich auf die Grundlagen und Möglichkeiten staatlicher Interventionen in Teilsystemen des gesamtgesellschaftlichen Systems, wobei zwei Aspekte zu unterscheiden sind: Auf der einen Seite stehen die Inhalte staatlicher Politik, die Problembewältigung durch staatliche *policies* im Zentrum des Interesses, sie können daher als abhängige Variablen aufgefaßt werden. Sämtliche Einflußfaktoren auf diese Inhalte, also z.B. sozioökonomische Faktoren, die politische Machtverteilung (↗ Macht) oder politische Institutionen, können dann als unabhängige Variablen betrachtet werden. Sie interessieren nur insoweit, wie sie die Inhalte von *policies* beeinflussen. Auf der anderen Seite haben staatliche *policies* aber wiederum Folgen im gesamtgesellschaftlichen System, d.h. sie können im Rahmen einer weiteren Fragestellung als unabhängige Variablen betrachtet werden, und es kommt dann darauf an, die davon beeinflußten Faktoren und ihre Veränderungen zu identifizieren. Es wurde zu Recht darauf hingewiesen, daß man den politischen Prozeß als Problemverarbeitung analysieren kann, dies bedeutet aber nicht, daß er nach Anlaß und Ergebnis und auch im Verständnis der beteiligten Akteure lediglich ein Problemverarbeitungsprozeß ist (vgl. *Mayntz* 1982: 74). Die Frage nach den Politikinhalten ist nur eine unter vielen möglichen und eben auch nur eine begrenzte, da klassische Probleme der Politikwiss. (z.B. Machtverteilung, demokratische Beteiligung) in der Regel nicht an sich, sondern als Einflußfaktoren auf *policies,* d.h. als unabhängige Variablen interessieren.

II. Entscheidende Anstöße hat die P. durch die reformorientierten politikwiss. Ansätze der späten 60er Jahre erhalten (vgl. *Böhret* 1970), nicht zuletzt in Verbindung mit der umfangreichen Diskussion über politische ↗ Planung.

Die verschiedenen für die »Kommission für wirtschaftlichen und sozialen Wandel« angefertigten Teilstudien sowie deren Abschlußbericht können als der erste umfassende Versuch einer Bestandsaufnahme der politikfeldorientierten Forschung angesehen werden. Diese ersten Bemühungen wurden vor allem aus der Sicht der materialistischen ↗ Staatstheorie stark kritisiert (vgl. *Blankenburg* u.a. 1974). Im Gefolge der Ernüchterung über die Probleme der Reformpolitik sowie in Auseinandersetzung mit der materialistischen Staatstheorie (»was kann der Staat«) und durch die Rezeption angelsächsischer Ansätze entwickelten sich in der Bundesrepublik Deutschland dann die Bereiche ↗ Implementationsforschung (vgl. *Mayntz* 1980, 1983; *Wollmann* 1980) sowie Wirkungs- und Evaluationsforschung (*Hellstern/Wollmann* 1977). Im engen Zusammenhang damit und vor allem im Rahmen der Auftragsforschung für Bundes- und Landesministerien sind seit Anfang der 70er Jahre verstärkte sozialwiss. Bemühungen in einer Reihe von materiellen Politikfeldern wie ↗ Arbeitsmarkt-, ↗ Gesundheits-, ↗ Regional-, ↗ Sozial-, Städte- und Wohnungsbau- sowie ↗ Umweltpolitik zu beobachten (vgl. *Hesse* 1982; *Hellstern/Wollmann* 1983; *von Beyme/Schmidt* 1990). In diesen Bereichen hat sich gezeigt, daß die P. über die klassische ↗ Politikberatung hinausgeht, indem sie insbesondere die Zusammenhänge zwischen sozio-ökonomischen und politisch-administrativen Faktoren und Politikinhalten thematisiert. Auch die eher theoretisch ausgerichtete vergleichende *policy-output*-Forschung, die versucht, den Einfluß politischer Faktoren (z. B. Ideologie der Regierungspartei) auf Politikinhalte (z. B. Budgetgrößen) zu messen, wurde in der Bundesrepublik etabliert (vgl. *Schmidt* 1982, 1988). P. ist heute ein zentrales Tätigkeitsfeld der Politikwissenschaft, dessen Erkenntnisse inzwischen auch im Rahmen der politischen Bildung verwendet werden (*Sarcinelli* 1990).

III. Die Vielfalt der unterschiedlichen Perspektiven, Fragestellungen und Erkenntnisinteressen, mit denen Ursachen, Inhalte und Folgen staatlicher *policies* in bestimmten Politikfeldern untersucht werden können, lassen sich anhand von vier möglichen Dimensionen veranschaulichen:

1. *Politikbereiche.* Zunächst kann der Prozeß staatlicher Problemverarbeitung aus dem Blickwinkel einzelner Politikbereiche analysiert werden. Ausgangspunkt ist hier die Frage, wie staatliche *policies* aussehen oder sinnvollerweise aussehen sollten, warum dies der Fall ist und welche Folgen diese *policies* haben.

In Bereichen wie z. B. Wohnungsbaupolitik, ↗ Sozialpolitik, Gesundheitspolitik u. a. sind solche Fragen schon immer relevant gewesen, und es gibt daher »Fachleute«, die für bestimmte Politikbereiche »zuständig« sind oder sich zumindest zuständig fühlen. Architekten, Ingenieure, Mediziner, aber auch Sozialwissenschaftler wie vor allem Ökonomen haben daher auch bei uns eine lange Tradition als Experten für *policies* und *policy-making* in bestimmten Politikfeldern. P. ist also keineswegs allein eine Domäne der Politikwissenschaft. Insbesondere im Bereich der materiellen oder substantiellen Analyse einzelner Politikfelder sind andere Fächer mindestens ebenso gefordert.

2. *Perspektiven.* Im Rahmen der P. gibt es unterschiedliche Standpunkte gegenüber dem Erkenntnisobjekt. Ganz grob können unterschieden werden: eine *ex-ante*-Perspektive, der es darauf ankommt, *policies* und den Prozeß ihres Zustandekommens und Wirkens zu verbessern, und eine *ex-post*-Perspektive, der es um die Analyse stattgefundener Politik geht, d. h. um die Beschreibung und Erklärung von Inhalten, Voraussetzungen und Folgen bestimmter *policies.* Während es auf der einen Seite um »analysis *for* policy« geht, d. h. um die Verbesserung zukünftiger *policies* durch die Anwendung wiss. Erkenntnisse und Methoden (*science for action*), ist die zweite Perspektive eher »analysis *of* policy«, mit Erklärung und Verallgemeinerung als vorrangigen Zielsetzungen (*science for knowledge*). Im angelsächsischen Sprachgebrauch steht der Begriff *Policy-Analysis* für beide Perspektiven (auch für eher quantitativ-ökonomisch ausgerichtete Analysen; *Stokey/Zeckhauser* 1978), während die eher politikwiss. orientierte beschreibend-erklärende Variante meistens *Policy-Studies* genannt wird. *Policy Science* bezeichnet schließlich die auf *Lasswell* (1951) zurückgehende präskriptiv-normative Variante, die insbesondere die engen Beziehungen zwischen P. und Demokratietheorie betont.

3. *Phasen.* Eine weitere gebräuchliche Unterscheidung der P. differenziert zwischen verschiedenen Phasen oder Teilprozessen der politisch-administrativen Problemverarbeitung, wobei gewöhnlich Politikformulierung, -durchführung und -wirkung unterschieden werden:

a) Politikformulierung. In dieser Phase, die wiederum in Problemdefinition, *agenda setting,* Zielbildung, Programmierung usw., unterteilt werden kann, werden aus artikulierten Problemen, Vorschlägen oder Forderungen staatliche Programme entwickelt.

Von besonderer Bedeutung ist in diesem Zusammenhang die Unterscheidung von Informationsgewinnung und -verarbeitung sowie Konfliktregelung und Konsensbildung (vgl. *Scharpf,* in: *Mayntz/Scharpf* 1973: 68 ff.).

b) Politikdurchführung. Die Programme werden in der Phase der Politikdurchführung in die Wirklichkeit umgesetzt. Elemente dieser logisch und hierarchisch der Politikformulierung nachgeordneten Phase sind u. a. Programmkonkretisierung, Ressourcenbereitstellung, Mittelverteilung, Normenanwendung, Einzelfallentscheidung. Ihre Bedeutung besteht darin, daß politisches Handeln durch Zielvorgaben, Handlungsprogramme, Gesetze usw. nicht endgültig steuerbar ist und daher in dieser Phase politische Programme und deren Intentionen verzögert, verändert oder sogar vereitelt werden können. Das Ergebnis dieser Phase wird in der Regel als *output* (präzise: Implementations-*output)* bezeichnet.

c) Politikwirkung. Die staatlichen Aktivitäten sollen Veränderungen im gesellschaftlichen Umfeld, z. B. in Richtung auf Problemlösung oder -verarbeitung, bewirken. Hier kann man zwischen *impact,* d. h. den Wirkungen, die bei den Adressaten der jeweiligen *policy* zu beobachten sind, und *outcome,* d. h. den (umfassenderen) Auswirkungen staatlicher Aktivitäten (z. B. auch unbeabsichtigte Folgen), unterscheiden.

4. *Faktoren.* Der Prozeß der Problemverarbeitung durch das politisch-administrative System kann durch unterschiedliche Faktoren beeinflußt werden bzw. kann unterschiedliche Faktoren beeinflussen. Auf hohem Abstraktionsniveau kann man zwischen politisch-administrativen und externen Faktoren unterscheiden (*Feick/Jann* 1988).

Zu den ersteren gehören z. B. binnen-administrative Strukturen (z. B. zentrale oder dezentrale Entscheidung), aber auch klassische Elemente der Prozeß- oder der Ordnungs-Dimension von Politik, z. B. parteipolitische Konstellationen oder institutionelle Arrangements des Regierungssystems (↗ Politikbegriffe).

Bei den externen Faktoren ist zu denken an allgemeine Merkmale des jeweiligen Systems, von denen angenommen werden kann, daß sie den Prozeß der Problemverarbeitung beeinflussen oder von diesem beeinflußt werden, wie z. B. sozioökonomische Systemcharakteristika (ökonomische Situation, Industrialisierungsgrad, Klassenstruktur usw.) oder auch Merkmale des Problems, das durch die jeweilige *policy* bearbeitet werden soll und von dem anzunehmen ist, daß es den Prozeß der Problembearbeitung vorstrukturiert. Die Frage der Einbeziehung erklärender bzw. erklärter Faktoren in die Analyse eines Politikfeldes ist daher eine Frage des Erkenntnisinteresses. Es ist möglich, sich auf politisch-administrative Faktoren zu beschränken, es kann aber auch sinnvoll und notwendig sein, sämtliche denkbaren Faktoren in die Analyse einzubeziehen oder zumindest die Aufmerksamkeit nicht auf politisch-administrative Gegebenheiten zu beschränken (vgl. *Scharpf,* in: *Hesse* 1982).

IV. Insgesamt geht es im Rahmen der P. also um theoretisches und empirisches Wissen, sowohl über kausale Zusammenhänge und Beziehungen in der Vergangenheit als auch über daraus ableitbare vorhersehbare Entwicklungen in der Zukunft. Es geht sowohl um Wissen über und für spezielle Politikfelder, d. h. materielle oder substantielle Aspekte, als auch um generelles Wissen für alle oder eine Anzahl Politikfelder, d. h. über Strukturen und Prozesse (z. B. Gesetzgebung, Planung, Implementation). Zentral ist die Verschränkung von materiellen und strukturellen Aspekten.

Analytisch kann man zwei unterschiedliche Orientierungen unterscheiden, eine weitere, sozialwiss., der es allgemein um die Nutzung sozialwiss. Erkenntnisse für staatliche *policies* geht, und eine engere, politik- und verwaltungswiss., der es speziell um Zusammenhänge zwischen Strukturen und Prozessen des politisch-administrativen Systems und den Inhalten staatlicher Politik geht. Beide Fragestellungen sollten nicht künstlich getrennt werden. Gesellschaftliche Probleme, die durch staatliche *policies* bearbeitet werden, halten sich in der Regel nicht an die bestehende wiss. Arbeitsteilung. P. muß daher notwendigerweise interdisziplinär sein.

V. Um zu generalisierenden Aussagen zu gelangen, ist es notwendig, Konzepte zu entwickeln, mit denen die Zusammenhänge zwischen externen Faktoren, strukturellen und prozessualen Merkmalen des politisch-administrativen Systems und Politikinhalten systematisch beschrieben werden können. Fernziel wären systematische Typologien von Umweltfaktoren, Problemsituationen, Strukturen und Prozessen der Politikformulierung, -durchführung und -wirkung sowie der Politikinhalte, d.h. von *policies*, Programmen und Instrumenten (vgl. *Scharpf* 1977).

Die Politikwiss. ist bisher auf diesem Gebiet nicht sehr weit vorangeschritten. Am weitesten ist die Diskussion über Konzepte und Elemente zur Systematisierung von Politikinhalten gediehen, angestoßen durch *Lowi*, der distributive, redistributive, regulative und konstitutive *policies* unterscheidet (vgl. *Lowi* 1972), aber bisher ist die empirische Brauchbarkeit dieser Typologien sehr umstritten. Verhältnismäßig weit fortgeschritten ist die Diskussion über Steuerungsinstrumente im Rahmen unterschiedlicher Politikfelder; differenziert wird u.a. zwischen Regulierung (z.B. Ge- und Verbote, Anzeige- und Genehmigungspflichten), Finanzierung (Transfers, Anreize, Abgaben), Information (Öffentlichkeitsarbeit, Belohnung), Leistung (Bereitstellung von Gütern und Dienstleistungen) sowie prozeduraler oder struktureller Steuerung (Konzertierte Aktionen, Beteiligungen; vgl. *Mayntz* 1980; *Jann* 1981). Schließlich werden auch Programme nach der Art der in ihnen vorherrschenden Steuerung unterschieden, z.B. Konditional-, Final-, Anreiz-, Leistungsprogramme. In letzter Zeit wurde verschiedentlich die mangelnde steuerungstheoretische Erklärungskraft und der eher bescheidene wissenschaftlich-beraterische Erfolg der P. kritisiert, insbesondere die oft impliziten rationalistischen Annahmen, das daraus folgende mechanistische »Fließband-Produktionsmodell« der klassischen Phaseneinteilung und demokratietheoretische Defizite aufgrund eines technokratischen Staatsverständnisses. Die vielfältige Kritik, die sich sowohl gegen die beschreibend-erklärende wie die beratend-praktische Form der P. richtet, wird von einer Reihe von analytischen und konzeptionellen Neuorientierungen verarbeitet (*Héritier* 1993 mit ausführlichen Angaben), vor allem durch die Einbeziehung neuerer Ansätze wie: (a) *Policy*-Netzwerk-Analyse, (b) *Policy-Advocacy*-Koalitionen, (c) Ideen und handlungsleitende Orientierungen, (d) Organisationstheorie, insbesondere *Garbage-Can*-Modelle, (e) internationale und sektorale Politikverflechtung, (f) Post-Positivismus sowie (e) *Design-Science*.

Methodologisch werden in der P. sämtliche Möglichkeiten der empirischen Sozialforschung, von Experimenten über statistische Analysen (insbesondere Aggregatdaten) bis zu Fallstudien, insbesondere vergleichende Fallstudien, angewendet (vgl. *Hellstern/Wollmann* 1977; *Mayntz* 1980, 1983). Insgesamt zeichnet sich der Bereich dadurch aus, daß er analytisch anspruchsvolle, d.h. insbesondere quantitative und vergleichende Techniken und Untersuchungsmethoden zur Analyse politischer Probleme verwendet, inter- oder zumindest multidisziplinär ausgerichtet und schließlich eher anwendungs- und problemorientiert ist, indem es zwar auch um die Generierung wiss. Theorien geht, der Beitrag der Wiss. zur Lösung aktuell anstehender Probleme aber in der Regel im Vordergrund des Interesses steht.

Werner Jann

↗ Interessengruppen.

Lit.: *Beyme, K. von/Schmidt, M. G.* (Hrsg.) 1990: Politik in der Bundesrepublik, Opladen. *Böhret, C.* 1970: Entscheidungshilfen für die Regierung. Modelle, Instrumente, Probleme. Opladen. *Blankenburg, E./Schmid, G./Treiber, H.* 1974: Von der reaktiven zur aktiven Politik? Darstellung und Kritik des Policy-Science-Ansatzes, in: *Grottian, P./Murswieck, A.* (Hrsg.): Handlungsspielräume der Staatsadministration, Hamburg, 37–51. *Dye, T. R.* 1978: Policy Analysis. What Governments Do, Why They Do It, and What Difference It Makes, Alabama. *Derlien, H.-U.* (Hrsg.) 1981: Programmforschung in der öffentlichen Verwaltung. Werkstattbericht der Gesellschaft für Programmforschung, München. *Feick, J./Jann, W.* 1988: »Nations Matter« – vom Eklektizismus zur Integration in der vergleichenden *Policy*-Forschung?, in: *Schmidt, M. G.* (Hrsg.), 196–220. *Hartwich, H.-H.* (Hrsg.) 1985: Policy-Forschung in der Bundesrepublik Deutschland. Ihr Selbstverständnis und ihr Verhältnis zu den Grundfragen der Politikwissenschaft, Opladen. *Hellstern, G.-M./Wollmann, H.* 1977: Sozialwissenschaftliche Untersuchungsregeln und Wirkungsforschung, in: *Haungs, P.* (Hrsg.): Res Publica, München, 415–466. *Hellstern, G.-M./Wollmann, H.* (Hrsg.) 1983: Experimentelle Politik – Reformstrohfeuer oder Lernstrategie?, Opladen. *Héritier, A.* (Hrsg.) 1994: Policy-Analyse. Kritik und Neuorientierung, Wiesbaden. *Hesse, J. J.* (Hrsg.) 1982: Politikwissenschaft und Verwaltungswissenschaft, PVS, Sonderheft 13, Opladen. *Jann, W.* 1981: Kategorien der Policy-Forschung, Speyerer Arbeitsheft 37, Speyer. *Lasswell, H. D.* 1951: The Policy Sciences, Palo Alto. *Lowi, T. J.* 1972: Four Systems of Policy, Politics and Choice, in: PAR, 298–310. *Mayntz, R.* (Hrsg.) 1980: Implementation politischer Programme. Empirische Forschungsberichte, Königstein. *Mayntz, R.* 1982: Problemverarbeitung durch das politisch-administrative System: Zum Stand der Forschung, in: *Hesse, J. J.* (Hrsg.), 74–89. *Mayntz, R.* (Hrsg.) 1983: Implementation politischer Programme II, Opladen. *Mayntz, R./Scharpf, F. W.* (Hrsg.) 1973: Planungsorganisation. Die Diskussion um die Reform von Regierung und Verwaltung des Bundes, München. *Sarcinelli, U.* (Hrsg.) 1990: Demokratische Streitkultur. Theoretische Grundpositionen und Handlungsalternativen in Politikfeldern, Opladen. *Scharpf, F. W.* 1977: Public Organisation and the Waning of the Welfare State: A Research Perspective, in: EJPR 5, 339–362. *Schmidt, M. G.* 1982: Wohlfahrtsstaatliche Politik unter bürgerlichen und sozialdemokratischen Regierungen, Frankfurt a. M./New York. *Schmidt, M. G.* (Hrsg.) 1988: Staatstätigkeit. International und historisch vergleichende Analysen, PVS, Sonderheft 19, Opladen. *Schubert, K.* 1991: Politikfeldanalyse, Opladen. *Stokey, E./Zeckhauser, R.* 1978: A Primer for Policy Analysis, New York/London. *Windhoff-Héritier, A.* (Hrsg.) 1987: Policy-Analyse. Eine Einführung, Frankfurt/M. *Wollmann, H.* 1980: Implementationsforschung – eine Chance für kritische Verwaltungsforschung?, in: *ders.* (Hrsg.): Politik im Dickicht der Bürokratie, Opladen.

Politikverflechtung

Der von *F. W. Scharpf* geprägte Begriff kennzeichnet die im ↗ Föderalismus der Bundesrepublik Deutschland vorherrschende Entscheidungsstruktur, in der die meisten öffentlichen Aufgaben nicht durch selbständige Entscheidungen des Bundes oder einzelner Länder, sondern durch das Zusammenwirken des Bundes mit den Ländern oder durch die Zusammenarbeit zwischen einzelnen Ländern wahrgenommen werden (»kooperativer Föderalismus«). Seit der Gründung der Bundesrepublik hat die Politikverflechtung (P.) an Intensität und Vielfalt erheblich zugenommen; von Bedeutung sind vor allem folgende Formen:

1. die Mitwirkung der Landesregierungen an der Bundesgesetzgebung durch den Bundesrat – vor allem in Form eines Vetorechts bei Verfassungsänderungen und »Zustimmungsgesetzen« (die die Verwaltungskompetenzen oder Finanzen der Länder tangieren; ca. 60 % aller Bundesgesetze);
2. die Mitfinanzierung von Aufgaben der Länder durch den Bund, die in den 50er Jahren ohne ausdrückliche verfassungsrechtliche Grundlage begann und

1969 in Form der Gemeinschaftsaufgaben von Bund und Ländern (Art. 91a, 91b GG) und der »Finanzhilfen« des Bundes »für besonders bedeutsame Investitionen der Länder und Gemeinden« (Art. 104a Abs. 4 GG) geregelt wurde;
3. die 1992 im Grundgesetz (Art. 23 GG) verankerte Beteiligung des Bundesrates an der Europapolitik des Bundes – vor allem bei der Festlegung der deutschen Position im Ministerrat der Europäischen Gemeinschaft (»doppelte Politikverflechtung«, *Hrbek* 1986);
4. die Koordination von Fachpolitiken zwischen Bundesregierung und Landesregierungen in einer Vielzahl von Bund-Länder-Gremien (z. B. die Abstimmung der Finanzplanungen im Finanzplanungsrat);
5. die »horizontale« Abstimmung von Fachpolitiken zwischen den Bundesländern durch eine Vielzahl von Koordinationsgremien und -einrichtungen (z. B. Kultusministerkonferenz), Staatsverträgen (z. B. zu Rundfunkangelegenheiten) und Verwaltungsabkommen.

Der Trend zur zunehmenden P. ist offenbar vor allem durch drei Faktoren begünstigt worden:
1. durch die erheblichen Unterschiede zwischen den Ländern im Hinblick auf Größe und Finanzkraft. Unter dem Einfluß einer politischen Kultur, die auf gesellschaftliche Homogenität und »Einheitlichkeit der Lebensverhältnisse« (Art. 72, 106 GG) ausgerichtet ist, drängten bereits seit den 50er Jahren vor allem kleine und finanzschwache Länder den Bund zur finanziellen Beteiligung an einzelnen Aufgaben, die sie nicht im gleichen Maße erfüllen konnten wie große, finanzstarke Länder. Dieser Druck ist mit der deutschen Einigung und der Erweiterung der Bundesrepublik um fünfeinhalb kleine und extrem finanzschwache Länder noch erheblich verstärkt worden; er hat dazu geführt, daß in Ostdeutschland »die wichtigsten Bereiche der Länder-Politik quasi-Gemeinschaftsaufgaben« von Bund und Ländern geworden sind (*Abromeit* 1992: 128).
2. durch den Wandel der Staatsaufgaben. Mit seiner traditionellen Vorherrschaft in der Gesetzgebung besaß der Bund im klassischen Ordnungsstaat zentrale gesellschaftspolitische Steuerungsmöglichkeiten. In dem Maße, in dem staatliche Leistungs-, Planungs- und Infrastrukturaufgaben an Bedeutung gewonnen haben, hat jedoch die Gesetzgebung als Gestaltungsinstrument – und haben damit auch die Einflußmöglichkeit des Bundes – an Bedeutung verloren. Die (finanzielle und koordinierende) Beteiligung des Bundes an Aufgaben der Länder ist deshalb auch eine Reaktion auf den Wandel der Staatsfunktionen und ein Versuch, dem Bund unter veränderten Bedingungen Einfluß auf gesamtstaatliche Aufgaben (z. B. Konjunktur- und Raumordnungspolitik) zu sichern.
3. durch die Interessen der Akteure in Regierung und Verwaltung. Für viele Akteure in Regierungen und Verwaltungen bietet die P. Vorteile: Sie »entschädigt« Landesregierungen und -verwaltungen für den Verlust an eigenständigen Gestaltungsmöglichkeiten, indem sie ihnen im Gegenzug die Mitwirkung an der Bundesgesetzgebung und an gesamtstaatlicher ↗ Koordination zubilligt; sie ermöglicht es, daß sich Bundes- und Landespolitiker Erfolge teilen und gleichzeitig Mißerfolge aufeinander abschieben; und sie erleichtert Fachpolitikern und -verwaltungen in Bund und Ländern die Durchsetzung und Aufrechterhaltung ihrer Ausgabenprogramme mit dem Hinweis darauf, daß die jeweils andere Ebene die Ausgaben mitfinanziert.

Kritisch beurteilt wird die P. unter anderem, weil sie die Parlamente (vor allem die Länderparlamente) schwächt und die Exekutiven stärkt. Die Kooperation von Bund und Ländern findet fast ausschließlich zwischen den Exekutiven statt, die Parlamente (die auf der Ebene der Länder zudem einen großen Teil ihrer Gesetzgebungskompetenzen verloren haben) können die ausgehandelten Ergebnisse in der Regel nur ratifizieren. Auf Kritik stößt auch die mit der P. einhergehende Verwischung von Verantwortlichkeiten. Sie ist vor allem dann bedeutsam, wenn (wie in den Jahren 1969 bis 1982, 1990 und wieder seit 1991) gegensätzliche parteipolitische Mehrheiten in Bundestag und Bundesrat bestehen. Diese Konstellation zwingt Regierungs- und Oppositionsparteien im Bund bei der Gesetzgebung zur faktischen Allparteienkoalition, läßt jedoch gleichzeitig das Prinzip der Parteienkonkurrenz und die formelle Trennung von Regierung und Opposition unangetastet. Sie behindert damit die Zurechnung von politischer Verantwortung und die ↗ Gewaltenteilungs-Funktion des Föderalismus und fördert die Parteien- und Politikverdrossenheit, »weil es den Wählern zunehmend schwerfallen wird, sich mit einem Parteiensystem zu identifizieren, das hinter einer Fassade von Konkurrenz faktisch als widerwillig durchgehaltene Große Koalition funktioniert« (*Lehmbruch* 1976: 160).

Kritisiert wird schließlich auch die geringe Problemlösungs- und Innovationsfähigkeit des kooperativen Föderalismus. Entscheidungen im deutschen Bundesstaat (z. B. zur Gesetzgebung des Bundes und zur Mitfinanzierung von Länderaufgaben durch den Bund) sind nur bei weitgehendem Konsens von Bund und Landesregierungen möglich. Sie fallen deshalb in der Regel nur auf dem kleinsten gemeinsamen Nenner unterschiedlicher Partei- und Länderinteressen und führen damit zur Beibehaltung des *Status quo*, zur Vernachlässigung von Innovationen und zum politischen Immobilismus (*Scharpf* u.a. 1976; *Lehmbruch* 1976; *Scharpf* 1985).

Zur Eindämmung der P. und ihrer negativen Folgen sind zwei Wege denkbar: eine »Reföderalisierung« der Bundesrepublik im Sinne einer Entflechtung von Bundes- und Länderkompetenzen und einer Stärkung der Eigenverantwortung der Länder und eine Länderneugliederung, die nach Größe und Finanzkraft annähernd gleiche Länder schaffen und damit wesentliche Anlässe der Verflechtung beseitigen würde. Beide Wege stoßen allerdings auf erhebliche Hindernisse: auf die an gesellschaftliche Homogenität und »Einheitlichkeit der Lebensverhältnisse« orientierte politische Kultur der Bundesrepublik und auf die Interessen der etablierten Akteure in Politik und Verwaltung.

Bernd Reissert

Lit.: *Abromeit, H.* 1992: Der verkappte Einheitsstaat, Opladen. *Hrbek, R.* 1986: Doppelte Politikverflechtung: Deutscher Föderalismus und Europäische Integration. Die deutschen Länder im EG-Entscheidungsprozeß, in: *Hrbek, R./Thaysen, U.* (Hrsg.): Die Deutschen Länder und die Europäischen Gemeinschaften, Baden-Baden, 17–36. *Lehmbruch, G.* 1976: Parteienwettbewerb im Bundesstaat, Stuttgart. *Scharpf, F. W.* 1994: Optionen des Föderalismus in Deutschland und Europa, Frankfurt/M./New York. *Scharpf, F. W./Reissert, B./Schnabel, F.* 1976: Politikverflechtung. Theorie und Empirie des kooperativen Föderalismus in der Bundesrepublik, Kronberg.

Politikwissenschaft

1. *Bezeichnung und Gegenstand.* Politikwissenschaft (P.) (auch Politologie, Wissenschaftliche Politik, Politische Wissenschaft, *political science, science politique* usw.) ist eine bis auf *Platon* und v.a. *Aristoteles* zurückreichende Beschäftigung mit dem Sinn und den institutionell-organisatorischen Ausprägungen menschlichen Zusammenlebens in politischer Hinsicht.

Ursprünglich als Zweig der Praktischen Philosophie begründet und damit in einem engen wechselseitigen Verweisungszusammenhang mit ethischen und ökonomischen Fragen stehend, wurde sie später unter verschiedenen Namen als Teil des Oberkurses an den

Artistenfakultäten der mittelalterlichen bis frühneuzeitlichen Universitäten verpflichtender Bestandteil der akademischen Grundausbildung. Im heutigen Rückblick wird man die großen Denker der abendländischen Staatsphilosophie zu ihren Ahnen rechnen müssen. Im Zuge der sich ausweitenden und damit auch arbeitsteilig differenzierenden Tätigkeiten des kameralistischen Verwaltungsstaates verlor die ältere Lehre von der Politik an Bedeutung zugunsten von Einzelfächern, die sich in einem gut 200 Jahre währenden Prozeß aus ihr herauslösten (Volkswirtschaftslehre, juristische allgemeine Staatslehre, Soziologie, ↗ Politische Philosophie, auch geographische Statistik und Geschichtswiss.).

Um die Wende zum 20. Jh. suchte man wieder zu einer ganzheitlichen Betrachtung von Staat und Politik in Form einer autonomen akademischen Disziplin zurückzufinden – nun unter den Arbeits- und Rationalitätskriterien eines reformierten, »verwissenschaftlichten« Universitätswesens. In den USA gelang dies früher als in Deutschland, wo man immerhin mit der 1907 gegründeten »Zeitschrift für Politik« und der 1920 ins Leben gerufenen »Berliner Hochschule für Politik« wichtige Revitalisierungsschritte einleiten konnte. Nach dem II. Weltkrieg ist die P. in allen westlichen Ländern einschließlich Lateinamerika heimisch geworden. Ihre Verbreitung erstreckt sich inzwischen auch auf Asien und Afrika sowie auf die Länder des ehemaligen Ostblocks, wo man auch früher zumindest Ansätze politikwiss. (p.) Arbeit beobachten konnte. In der Bundesrepublik Deutschland erlebte die P. bis um die Mitte der 70er Jahre einen derartigen Aufschwung, daß sie in Gefahr geriet, ein einheitliches Selbstverständnis und damit ihre Identität zu verlieren. In den oben genannten Bezeichnungen des Faches spiegeln sich unterschiedliche Auffassungen und Strömungen wider, die vornehmlich in den Ländern entstanden sind, wo die P. einen breiteren personellen Ausbau erreichte und ihre Energien nicht mehr darauf verwenden mußte, sich als ein »neues« Fach innerhalb eines etablierten Universitätswesens zu behaupten.

Im Vordergrund p. Fragestellungen stehen heute politische Institutionen und Prozesse, die Durchleuchtung politischer ↗ Macht und das Problem der Friedenssicherung, ↗ Ideologien und politische Ordnungsentwürfe, nationale und internationale Kooperationsformen und Konflikte, Analysen einer neuen Weltordnung und zunehmend auch konkrete Politikbereiche (Politikfelder, *policy analysis*). Im allgemeinen gliedert sich das Fach in spezialisierte Unterdisziplinen, von denen Systemlehre, ↗ Politische Theorie und ↗ Außenpolitik bzw. ↗ Internationale Beziehungen am besten ausgebaut sind. Die fachinterne Ausdifferenzierung geht in Deutschland wie auch international über diese Trias weit hinaus.

2. *Schulen und Strömungen.* In den drei vergangenen Jahrzehnten lassen sich in den westlichen Ländern drei Hauptrichtungen unterscheiden (auch wenn die Bezeichnungen nicht immer ganz einheitlich sind). Die sog. traditionelle P. verbindet politisch-philosophische Fragestellungen mit einer vorwiegend institutionell geprägten Betrachtung des Politischen. In praktischer Hinsicht ist sie den Idealen einer staatsbürgerlichen politischen Bildung verpflichtet, die Erfahrungen der Vergangenheit wie verfassungsmäßig-normative Ansprüche den Zwecken einer ↗ Politischen Sozialisation dienlich machen will, welche den Bestand einer repräsentativdemokratischen Bürgerkultur sichern

soll (↗ Politische Kultur). Historisch-vergleichende, topische und hermeneutisch-philosophische Methoden werden von ihr bevorzugt. Wo sie eine internationale Perspektive zeigt, greift sie vor allem die Themen und Modelle klassischer ↗ Außenpolitik auf.

In Deutschland war diese traditionelle bzw. normativ-ontologische P. offen für die Erkenntnisse und Ansichten benachbarter wiss. Disziplinen. *F. Fraenkels* Standortbestimmung des Faches als Integrationswissenschaft und *A. Bergstraessers* zu einer einflußreichen Schule führende Konzeptualisierung einer synoptischen Wiss. etikettieren daher zeitweilig einen Grundkonsens über Inhalte und Ziele, der in gleicher Weise vom Verständigungswillen über eine wiederzugewinnende Einheit der Staatswiss. auf einer überwiegend aristotelisch-staatsontologischen Grundlage wie auch vom historischen Vorbild eines »Verfassungsstaats der Neuzeit« (*C.J. Friedrich*) lebte. Obwohl die traditionelle P. seit den 60er Jahren die Konkurrenz anderer Schulen zu spüren bekam, wurde sie nie gänzlich abgelöst. Vor allem dort, wo sich ihre Vertreter für die Aufgaben der ↗ Politischen Bildung engagierten, konnte sie eine relativ dominante Rolle verteidigen. Heute erhält sie möglicherweise einen erneuten Auftrieb durch die Institutionalisierung politischer Bildungsarbeit an den Universitäten der neuen Bundesländer.

Die empirisch-analytische P. bzw. ihre verschiedenen nordamerikanischen Spielformen (Behavioralismus, Systemtheorie) verstehen sich als Gegenrichtung zur normativ-ontologischen Schule. Sie auf einen Nenner zu bringen ist deshalb nicht leicht, weil sie wissenschaftstheoretisch sowohl ausgeprägte analytische wie auch empirische Komponenten enthalten und teilweise mehr der Makro-, dann auch wieder stärker einer Individual- bzw. Mikro-Betrachtung des Politischen zuneigen. Die epistemologische Orientierungsgröße ist in der Bundesrepublik in etwa der Kritische Rationalismus *Karl R. Poppers*.

Diese oft auch als »szientistisch« bezeichnete P. wird nicht zuletzt durch einheitswiss. Grundvorstellungen zusammengehalten, d.h. ihre Vertreter gehen davon aus, daß allen Wiss., die ihre Namen verdienen, die gleichen wissenschaftslogischen Kriterien zu eigen seien (empirisch-analytisch). Faktisch hat dies v.a. bedeutet, daß man sich unter solchen Gesichtspunkten an methodisch wie methodologisch avancierten Fächern wie der Psychologie, der Sozialpsychologie, der empirischen Soziologie und teilweise auch den Wirtschaftswiss. orientierte und von dort her auch Arbeitsverfahren, Kategorien, Modelle und selbst Theorien bezog, z.B. das *Stimulus-Response*-Schema mit seinen neueren lerntheoretischen Erweiterungen, *Input-Output*-Analyse, funktionalistische Systemtheorie, Spieltheorie. Ihre größten Erfolge hat die empirisch-analytische Richtung bisher dort zu verzeichnen gehabt, wo sie sich individuellem Verhalten (Beispiel: ↗ Wahlforschung), dem Aufzeigen rationaler entscheidungstheoretischer Alternativen und den Nationalstaat übersteigenden Interaktionsgeflechten in der internationalen Politik (interdependenztheoretische Ansätze; Regimeanalyse) widmen konnte.

Die kritisch-dialektische P. wirft den anderen beiden Richtungen ideologische Verschleierungen gegebener Herrschaftsverhältnisse und v.a. ein reduziertes Politikverständnis vor, das stillschweigend davon ausgehe, daß man den politischen Bereich forschungspraktisch als eine autonome Größe ansehen könne. Sie ist weniger durch wissenschaftstheoretisch abgesicherte Kontrollschritte geprägt als durch die großen politischen Erschütterungen motiviert, die seit den 60er Jahren sowohl in der Bundesrepublik als auch in anderen westlichen Industrieländern gespürt und diskutiert wurden (Notstandsgesetze, Studentenrevolte, Protestbewegungen, Vietnamkrieg etc.; Neue Linke). Ihr zentrales Arbeitsprogramm kreist um die Analyse gesellschaftlicher Rahmenbedingungen politischer Institutionen und Prozesse (Interventionsstaatstheorien). Ihre im allgemeinen deutliche politökonomische Orientierung (↗ Politische Ökonomie) mit nicht selten eindeutigen marxistischen und/oder neo-marxistischen Grundüberzeugungen läßt sie immer wieder nach den epochalen Kräften und Faktoren spätkapitalistischer Krisen einschließlich der Belastungen des internationalen Systems fragen. Bezeichnenderweise hat gerade die kritisch-dialektische P. wesentliche Impulse aus Entwicklungsländern erhalten (*dependencia*). Auch die »kritische« ↗ Friedensforschung und heute ein Teil der p. Ökologieforschung wissen sich dieser Richtung verpflichtet. Zweifellos hat der weitgehende Zusammenbruch des Kommunismus der kritisch-dialektischen P. weltweit einen Dämpfer versetzt. Daß sie dauerhaft an Bedeutung verliert, ist schon deshalb unwahrscheinlich, weil ihre Anliegen nicht an Relevanz verloren haben.

Die Ränder der drei Schulen sind nicht immer ganz scharf. Jede von ihnen hat sich ihren Platz an den Universitäten erobern können. Ihre jeweils besten Forschungsleistungen liegen im allgemeinen in Themenbereichen, die von den »konkurrierenden« Richtungen gar nicht ausgefüllt werden, so daß sich die P. bis auf weiteres in ungefähr diese drei Grundrichtungen aufgeteilt sehen muß. Alle drei Schulen haben spezielle Schwierigkeiten nie überwinden können. Die traditionelle P. hat zu sehr die offiziellen Politikbereiche in den Vordergrund gestellt, so daß sie immer wieder in die Versuchung einer Legitimationswiss. (*Kastendiek*) geriet. Die szientistische Richtung hat damit zu kämpfen, das politisch Relevante nicht dem wissenschaftstechnisch Raffinierten unterzuordnen. Die kritisch-dialektische P. steht in der Gefahr, die gesellschaftlich-ökonomische Mit-Konditionierung von Politik einseitig und damit monokausal zu interpretieren (↗ Kritische Theorie).

3. *Probleme und Zukunftsperspektiven.* Obwohl die P. heute in den Universitäten einen gesicherten Platz hat, bleiben Probleme, die dann gelöst werden müssen, wenn sie ihre akademische wie praktische Bedeutung halten und vielleicht noch steigern will. Der rasche Ausbau des Faches, der Schulenstreit und die mit ihm gleichzeitig verbundene Politisierung von Lehre und Forschung, nicht zuletzt auch ein nie ganz abgeschlossenes Suchen nach einem verbindlichen Gegenstand haben das Fach mehrfach in die Gefahr einer Desintegration bis hin zur Auflösung seiner organisatorischen Einheit gebracht. Hinzu kommt das Fehlen einheitlicher und ordnender wiss. Standards, was weniger im Außenverhältnis als nach innen zu einer Belastung geworden ist. Wenn die P. heute vor der Aufgabe steht, zu einer konsensfähigen Pluralität zu finden, dann sind gleichwohl wichtige Orientierungen und Prioritäten einstweilen schwierig zu entscheiden, z. B. das Spannungsverhältnis von politischer Institutionenkunde, politischer Prozeßanalyse und einer konkreten Politikfeldern verhafteten *Policy*-Betrachtung des Politischen (↗ Politikfeldanalyse), das Verhältnis von politischer Sozialisation und grundsätzlicher Zeit- und Gesellschaftskritik, überhaupt die offene Frage einer Akzentverteilung zwischen der Verpflichtung zur politischen Bildung, einer mehr theoretisch-akademischen Reflexion und einem praktisch-politischen Engagement (↗ Politikberatung), das auf ein gewisses Maß an Vorbereitung und vielleicht sogar Mitwirkung an nationalen und internationalen politischen Entscheidungsprozessen und an der Konzeption politischer Programme hinausläuft. Dahinter verbirgt sich auch das Problem, daß die P. in der Bundesrepublik wie auch in anderen

Ländern zu einem akademischen Massenfach mit Tausenden von Studenten und einem entsprechend großen Lehrkörper herangewachsen ist, ohne daß es ein klares Berufsbild für Politikwissenschaftler gibt. Die Zukunftsperspektiven werden daher ganz wesentlich davon abhängen, ob es gelingt, in Gesellschaft, staatlicher Administration und im internationalen Bereich Tätigkeitsfelder auszufüllen, für die die Besetzung durch ausgebildete Politikwissenschaftler eine allgemein anerkannte bessere Lösung darstellt als die Einstellung von Akademikern aus den traditionell konkurrierenden Disziplinen. Eine zweite und nicht weniger wichtige Weichenstellung dürfte davon bestimmt sein, ob das Fach die Kraft aufbringt, sich aktiv und qualifiziert an der Beantwortung der vor uns liegenden großen Fragen des politischen Lebens der Menschheit zu beteiligen (wie z. B. ↗ Umweltschutz, Friedenssicherung, ↗ Sozialpolitik, Zuständigkeitsverteilungen zwischen Nationalstaaten und ↗ Internationalen Organisationen einschließlich regionaler Ordnungsformen, Wertediskussion, Bevölkerungs- und Migrationspolitik, Neuordnung des internationalen Systems)

Manfred Mols

↗ Empirische Sozialforschung; Friedensforschung; Internationale Beziehungen; Politikfeldanalyse; Politische Philosophie; Politische Theorie; Sozialwissenschaften; Vergleichende Regierungslehre/Vergleichende politische Systemlehre.

Lit.: *Alemann, U. von/Forndran, E.* [4]1990: Methodik der Politikwissenschaft, Stuttgart u. a. *Almond, G.A.* 1990: A Discipline Divided. Schools and Sects, Newbury Park u. a. *Andrews, W.G.* (Hrsg.) 1982: International Handbook of Political Science, Westport u. a. *Bellers, R.* (Hrsg.) [3]1992: Politikwissenschaft I. Grundkurs, Münster/Hamburg. *Berg-Schlosser, D./Stammen, Th.* [5]1992: Einführung in die Politikwissenschaft, München. *Beyme, K. von* u. a. (Hrsg.) 1987: Politikwissenschaft. Eine Grundlegung, 3 Bde., Stuttgart u. a. *Bracher, K.D.* u. a. 1982: Entwicklungslinien der Politikwissenschaft in der Bundesrepublik Deutschland, Melle. *Johnson, N.* 1989: The Limits of Political Science, Oxford u. a. *Kastendiek, H.* 1977: Die Entwicklung der westdeutschen Politikwissenschaft, Frankfurt/M. *Kriz, J./Nohlen, D./Schultze, R.-O.* (Hrsg.) 1994: Politikwissenschaftliche Methoden, München. *Maier, H.* 1966: Die ältere deutsche Staats- und Verwaltungslehre (Polizeiwissenschaft), Neuwied/Berlin. *Mohr, A.* 1988: Politikwissenschaft als Alternative, Bochum. *Mols, M./Lauth, H.-J./Wagner, Chr.* (Hrsg.) 1994: Politikwissenschaft. Eine Einführung, Paderborn u. a. *Nohlen, D./Schultze, R.-O.* (Hrsg.) [4]1992: Politikwissenschaft. Theorien, Methoden, Begriffe, München. *Rittberger, V.* 1990 (Hrsg.): Theorien der internationalen Beziehungen. Bestandsaufnahme und Forschungsperspektiven, in: PVS, Sonderheft 21. *Weimer, D.L./Vining, A.R.* 1989: Policy Analysis. Concepts and Practice, London u. a.

Politische Bildung

I. Politische Bildung (p. B.) geht davon aus, daß jeder Mensch als ein *zoon politikon* (*Platon, Aristoteles*) in ein Geflecht von sozialen Beziehungen (z. B. Familie, Nachbarschaft, Gemeinde, Kirche, Schule, Betrieb, Vereine, Parteien, Berufsverbände usw.) in Staat und Gesellschaft eingebunden ist. Auf dem Weg von (politischer) Sozialisation und Erziehung, später von Selbstentscheidung und Aktivität wird das Individuum zum Einnehmen einer bestimmten Position im gesellschaftlichen Gefüge veranlaßt.

So ist p. B. der Sammelbegriff für ein schulisches oder außerschulisches, institutionalisiertes oder freies, intentionales oder funktionales, aktives oder passives, verbales oder non-verbales, interaktionales Einwirken auf den (Mit-)Menschen, um politisches Verhalten, Handlungsbereitschaft und -kompetenz, demokratische Spielregeln und Grundwerte, Problembewußtsein und Urteilsfähigkeit usw. zu vermitteln. Die theoretische und praktische Reichweite hängt von dem zugrunde gelegten ↗ Politikbegriff ab, der sich auf einer zwischen einem eng legalistischen, auf die politischen Institutionen bezogenen (statischen) (*polity*) und einer auch die gesellschaftlichen Bereiche einschließenden partizipatorisch-dynamischen Skala (*politics*) bewegt, der sich entweder inhaltlich stark an die Systematik der ↗ Politikwissenschaft anlehnt oder die übrigen ↗ Sozialwissenschaften mit einbezieht.

Die Inhalte p. B. hängen dann selbstverständlich davon ab, welche der drei metatheoretischen – (a) normativ-ontologisch, b) empirisch-analytisch oder c) dialektisch-kritisch) – Positionen man als Ausgangspunkt wählt. Sie führen zu einer Praxis p. B., die sich orientiert entweder a) an einem konservativen, *Status-quo*-orientierten, obrigkeitlichen und staatszentrierten, b) an einem liberaldemokratischen, offenen, alle öffentlichen Bereiche einbeziehenden oder c) an einem sozialstaatlichen, systemverändernden, an sozialer Egalität interessierten Gesellschaftsmodell. Alle Positionen lassen sich durch das Grundgesetz der Bundesrepublik Deutschland absichern; in der Praxis treten sie oft als Mischformen auf bzw. werden ihre methodischen Instrumentarien gegenstands- und zieladäquat eingesetzt, z. B. ist eine dialektische oder kritisch-analytische Gesellschaftsanalyse auf die Berücksichtigung der historischen Dimension angewiesen, wird der normative Ansatz auch die Ergebnisse faktenorientierter analytischer Bemühungen aufnehmen. Allerdings werden je unterschiedliche Folgerungen aus den Resultaten zu ziehen sein.

Da p. B. keine bloß theoretische Veranstaltung ist, sondern innerhalb der Zeit verläuft, die sie in ihren präteritalen, präsentischen und futurischen Aspekten erläutern, erkennen und beurteilen will, korrelieren ihre Schwerpunkte, Perspektiven, Intentionen usw. mit dem »Zeitgeist« der konkreten Politik. Dies geschieht – je nach Richtung p. B. – entweder affirmativ-evolutionär zum Zwecke der relativen Systemstabilisierung oder – in der Vergangenheit – teilweise revolutionär-progressiv mit dem Ziel einer Systemtransformation. Dazwischen sind eine Reihe von Varianten möglich, die die Entwicklung p. B. in der Bundesrepublik Deutschland geprägt haben und jede für sich eine kritische Auseinandersetzung mit der sozialen und staatlichen Umwelt darstellen.

II. Eine chronologische Phaseneinteilung der p.B. in der Bundesrepublik Deutschland ergibt – an zentralen inhaltlichen Kriterien festgemacht – ein abwechslungsreiches Bild, dem die jeweiligen politisch-gesellschaftlichen Trends korrespondieren.

Es handelt(e) sich um eine Erziehung 1. zur Gemeinschaft und Partnerschaft ab 1945 (dazu *Oetinger* 1951) als zeitdiagnostischer Reflex auf die damalige Situation in Westdeutschland: Aufbau neuer menschlicher Beziehungen, Institutionen, Werthaltungen und Befriedigungen von Grundbedürfnissen; Denaturierung des Staatlichen und Rückgriff auf die Gemeinschaftsideologie; 2. zum Staatsbürger seit der Mitte der fünfziger Jahre (vgl. *Litt* 1953) nach der schrittweisen Etablierung des westdeutschen Staates; beschleunigt durch den Ausbruch des Kalten Krieges, des raschen Fortschritts des westeuropäischen Bündnissystems (↗ Internationale Beziehungen), der globalen Blockbildung usw. bildeten der innere Aufbau dieses Staatswesens und einer demokratischen Gesellschaft das Zentralthema aller politischen Bemühungen, nachdem die materiellen Umstände sich durch den Erfolg der ↗ Sozialen Marktwirtschaft nachhaltig gebessert hatten; 3. zur Gesellschaftskritik ab Mitte der sechziger Jahre. Die alten gesellschaftlichen Strukturen aus der Weimarer Zeit waren nach 1945 beinahe kritiklos übernommen, die Sinnfrage menschlichen

Lebens war nicht gestellt, die NS-Vergangenheit nicht bewältigt worden. Dies führte zu einer in der Protestbewegung gegen Ende der sechziger Jahre mündenden, konfliktorientierten Grundsatzkritik an der bestehenden Gesellschaft; 4. zu (unpolitischen) neuen Werthaltungen wie das emotionale Eintreten für Tradition und Erbe, Heimat, Opfer, Pflicht, gegen Wohlstand und praktischen Materialismus, für Selbstwert und Selbstbestimmung usw. seit der Mitte der siebziger Jahre nach dem Ende der sog. Reformpolitik, schließlich nach dem Auseinanderfallen der sozial-liberalen und dem Beginn der christlich-liberalen Koalition (1982) für Verfassungspatriotismus (vgl. *Behrmann/Schiele* 1993) und europäische Integration. Das zugehörige didaktische Feld ist charakterisiert durch die jeweils dominierende Konzeption: harmonisierende Partnerschaftsdidaktik, Staatspädagogik, Kritische (Politik-)Didaktik, Konfliktdidaktik, Wertpädagogik. Seit der Wende 1989/90 befindet sich die p. B. auf der Suche nach einem neuen Paradigma.

III. P. B. ist inhaltlich und konzeptionell vielfältig. Sie visiert den mündigen Bürger an, der – in Verfolgung der Freiheitsgarantien der ↗ Aufklärung, der Französischen Revolution und vor allem des Grundgesetzes – in positiv-kritischer Weise am demokratischen Ausbau von Staat und Gesellschaft der Bundesrepublik Deutschland aktiv teilnimmt, dabei seine Interessen und Bedürfnisse verfolgt, Konflikten nicht ausweicht, an den Mitbestimmungsmöglichkeiten partizipiert (↗ Partizipation), schließlich sich von überflüssiger, dysfunktionaler ↗ Herrschaft und Abhängigkeit emanzipiert (↗ Emanzipation). Zu diesem Zwecke muß politische Bewußtseins- und Willensbildung betrieben, müssen kritisches Prüfen, Analysieren und Urteilen sowie Handeln aus Gründen eingeübt werden, damit weder blinder Dezisionismus noch einseitiger Aktionismus entstehen (↗ Ideologiekritik). Inwieweit all dies gelingen, inwieweit somit p. B. als effektiv bezeichnet werden kann (es gibt Staaten mit einer hohen demokratisch-politischen Kultur, aber ohne intentionale und institutionalisierte p. B.), hängt von dem Maßstab ab, den man an sie anlegt, und nicht zuletzt von den politischen Verhältnissen im Lande selbst. Für die Bundesrepublik Deutschland läßt sich eine international erstaunliche Stabilität des ↗ Politischen Systems feststellen.

Wolfgang W. Mickel

↗ Demokratietheorie; Konflikttheorie.

Lit.: *Behrmann, C.G./ Schiele, S.* (Hrsg.) 1993: Verfassungspatriotismus als Ziel politischer Bildung?, Schwalbach/Ts. *Gagel, W.* 1994: Geschichte der politischen Bildung in der BRD 1945–1989, Opladen. *Giesecke, H.* 1993: Politische Bildung, München. *Grosser, D.* u.a. 1976: Politische Bildung, Stuttgart. *Hättich, M.* 1977: Rationalität als Ziel politischer Bildung, München. *Kuhn, H.-W.* u.a. (Hrsg.) [2]1993: Politische Bildung in Deutschland. Entwicklung – Stand – Perspektiven, Opladen. *Litt, T.* 1953: Die politische Selbsterziehung des deutschen Volkes, Bonn. *Massing, P./Weißeno, G.* (Hrsg.) 1994: Politik als Kern der politischen Bildung, Opladen. *Mickel, W./ Zitzlaff, D.* (Hrsg.)1988: Handbuch zur politischen Bildung, Bonn/Opladen. *Oetinger, F.* 1951: Partnerschaft, Stuttgart. *Sutor, B.* 1976: Grundgesetz und politische Bildung, Mainz.

Politische Ethik

1. In der griechischen Philosophie bildete die Ethik als methodische Suche nach allgemeingültigen Aussagen über das gute und gerechte Handeln zusammen mit der Ökonomie und der Politik die einheitliche Disziplin der praktischen, also auf das Handeln und seine Ziele gerichteten Philosophie. Erst nach der allmählich erfolgenden Einengung des Begriffs der Ethik auf die Moralphilosophie, also den individuellen Aspekt des rechten Handelns und seiner Moti-

ve und der damit einhergehenden Ausklammerung der sozialen und politischen Dimension des Handelns aus der allgemeinen Ethik, kann ein eigenständiger Bereich der p. E. als Teildisziplin der ↗ Politischen Philosophie abgegrenzt werden.

Ziel der Politik als einer ethischen Wiss. im Rahmen der praktischen Philosophie ist das gute Handeln als Praxis des guten Lebens in seiner Ausrichtung auf Erwerb der Glückseligkeit durch Kultivation und Tugenden des Handelns (ethische Tugenden) und des Erkennens (dianoetische Tugenden). Die kritische Verfassungs- und ↗ Staatsformenlehre ist dabei abhängig von der normativen Bedingung der Gerechtigkeit als Voraussetzung des Glücks jedes einzelnen wie der Ordnung der Gemeinschaft. Die richtige Verfassung, deren Prinzipien aus denjenigen der Tugendlehre entwickelt werden, soll durch Belehrung, Gewöhnung und Einübung in die ethischen Tugenden einen autarken Bereich rationaler Lebensführung schaffen, in dem sich die dianoetischen Tugenden der Erkenntnis entfalten können. Damit werden Erfahrung, praktische Klugheit und die Tugenden des sozialen Verhaltens zu den konstitutiven Elementen einer Politik, die Ethik, Herrschaftsordnung und ökonomische Klugheit in einer Wissenschaft zu vereinen sucht.

2. Die ursprüngliche Einheit von Politik und Ethik löst sich in der frühen Neuzeit sowohl vom Gegenstand als auch von der Methode her auf. *Machiavelli* trennt die Ausübung der ↗ Macht als Inhalt der Politik von der christlichen Ethik, wenn er zu ihren konstitutiven Elementen Glück *(fortuna)* und Tüchtigkeit *(virtù)* erklärt. Bei der Erneuerung eines in Dekadenz begriffenen Staates dürfen für ihn moralische Bewertungskriterien nicht beachtet werden. Im rationalistischen Wissenschaftsmodell eines *Hobbes* wird die Politik aus dem Bereich der praktischen Wiss. herausgelöst, wenn er die Forderung erhebt, ihren Aussagen denselben Genauigkeitsgrad zu verleihen, wie er den theoretischen Wiss. eigen ist. Die Methode der Ableitung von Phänomenen und Wirkungen aus der Gesetzmäßigkeit ihrer Ursachen trennt in ihren Auswirkungen das berechenbare Funktionieren des staatlich gesicherten Rechtssystems vom subjektiven und daher nicht exakt erfaßbaren Handeln einzelner Menschen als Subjekten der Politik.

Damit tritt auch der aus dem Mittelalter überlieferte Begriff der Standesethik in den Hintergrund, innerhalb dessen differenzierte politische Rechte und Pflichten der Bürger nach ihrer sozialen Funktion und ihrem ererbten Stand von den allgemeinen, für jedermann verbindlichen generellen Verpflichtungen der p. E. unterschieden werden konnten. In der zuerst von *Bentham* entworfenen, später von *Mill* und *Sidgwick* differenzierten p. E. des Utilitarismus tritt an die Stelle der Tugendlehre das Prinzip der Nützlichkeit, nach dem jede Handlung erlaubt ist, deren Folgen das höchste Maß an Glück für alle Betroffenen bewirken (↗ Liberalismus).

Dabei bleibt es den einzelnen überlassen, ihre Glückserwartung inhaltlich zu bestimmen. Kriterium für die Meßbarkeit des individuellen Glücks ist das jeweils durch eine Handlung erzeugte Ausmaß an Freude unter Berücksichtigung des mit ihr verbundenen Leids. Das Sozialprinzip der utilitaristischen E., in dem der Handelnde, der immer das Glück aller Beteiligten berücksichtigen muß, auf das allgemeine Wohlergehen verpflichtet wird, schließt eine Verfälschung des Glückskalküls durch egoistische Einzelinteressen aus. Die utilitaristische E. der Politik kann infolgedessen als ein Musterbeispiel dessen gelten, was *Scheler* als Erfolgsethik im Gegensatz zur Gesinnungsethik bezeichnet hat.

Von entscheidender Bedeutung für die Anwendung ethischer Kategorien auf die Beurteilung politischen Handelns ist die Weiterführung dieses Gegensatzes in *Max Webers* Unterscheidung zwischen Gesinnungsethik und Verantwortungsethik. Wo die Gesinnungsethik ihre Beurteilungskriterien ausschließlich auf den Anspruch des Gewissens, das Gute zu wollen und zu wissen, stützt und die Frage nicht berücksichtigt, ob die ethisch gebotene Handlung in der gesellschaftlichen Realität zum Erfolg führen kann, mißt die Erfolgsethik den Wert der moralischen Entscheidung nicht an der Qualität des subjektiven Wollens, sondern an der Verfolgung von Zielen, deren positive Auswirkungen in der Realität empirisch bestimmbar sind. Verantwortungsethik im *Weber*schen Sinne als Grundforderung der Politik fordert nicht auf, hohen sittlichen Geboten zu folgen, sondern die voraussehbaren Konsequenzen des Handelns zu beachten und die Verantwortung für sie zu übernehmen.

Peter Weber-Schäfer

Lit.: *Jonas, H.* 1980: Das Prinzip Verantwortung, Frankfurt/M. *Lenski, G.* 1973: Macht und Privileg, Frankfurt/M. *Lively, J./Rees, J.* 1978: Utilitarian Logic and Politics, Oxford. *Pocock, J. G. A.* 1975: The Machiavellian Moment, Princeton. *Polin, R.* 1968: Ethique et Politique, Paris. *Scheler, M.* 1916: Der Formalismus in der Ethik und die materiale Wertethik, Halle. *Sidgwick, H.* 1874: Methods of Ethics, London. *Weber, M.* 1919: Politik als Beruf, München/Leipzig. *Weber-Schäfer, P.* [2]1982: Einführung in die antike politische Theorie, Darmstadt. *Wendland, H. D./Strohm, T.* (Hrsg.) 1969: Politik und Ethik, Darmstadt.

Politische Kultur

I. Die politische Bedeutung des in den letzten Jahren zum gängigen Schlagwort gewordenen Begriffs politische Kultur (p. K.) liegt fast ausschließlich in seinem polemisch-wertenden Gebrauch; dem politischen Gegner etwa oder dem politischen Betrieb insgesamt einen Mangel an politischer Kultur (*Brüggemann*) vorzuwerfen rekurriert auf eine im Deutschen zum Höheren tendierende Vorstellung von Kultur. Gemeint ist jedoch meist ein Verstoß gegen den guten Stil oder den Konsens demokratischer Spielregeln. Wenn die politische und publizistische Klasse inzwischen ein Bewußtsein von der Pflegebedürftigkeit – das aus dem Lateinischen kommende Kultur *(colere)* meint u.a. pflegen – dieses kostbaren Gutes erlangt hat, sollte man das nicht geringschätzen. Daß es politischer Kulturforschung aber um mehr geht, macht die Feststellung deutlich, daß jedes Land eine p. K. besitzt. Das Erkenntnisinteresse zielt auf eine synchrone und diachrone (vergleichende) Beschreibung, Analyse, Erklärung und mögliche Prognose dessen, was die Zunft inzwischen als Minimaldefinition die subjektiven Dimensionen der gesellschaftlichen Grundlagen politischer Systeme zu nennen sich geeinigt hat. Oder etwas weiter gefaßt: die geschriebenen und ungeschriebenen Ideen und Wertcodes, die politisches Handeln der Gesellschaftsmitglieder regulieren.

In der Bundesrepublik setzte Ende der 70er Jahre ein enormer Aufschwung politischer Kulturforschung ein (*Greiffenhagen* 1979). Das war kein Zufall – genausowenig wie die gleichzeitige Renaissance der Kultursoziologie (KZfSS, 3,79). Das Beklagen mangelnder p. K., eine »Regulierungsstörung«, wird selber Gegenstand von Analysen (*Reichel* 1981). Die psychokulturelle Befindlichkeit der Deutschen, der Zeitgeist, erlebte einen Umbruch. »Heißer Herbst« und ökonomische Krise, Friedens-, Frauen- und AKW-Bewegung, das Ende ökonomistischer Klassenanalysen und die Wiederentdeckung des subjektiven Faktors, Identitäts- und Sinndebatten verbreiteten Angst und Pessimismus. Die Grünen entstanden (↗ Grüne Parteien) und ausländische Beobachter fragten: Was ist mit den Deutschen los? (*W. Laqueur*).

Die Deutschen – sie bestimmten auch das politisch motivierte Erkenntnisinteresse derer, die Mitte der 50er Jahre begonnen hatten, ein sozialwissenschaftliches Analysekonzept zum Vergleich politischer Kulturen zu entwickeln. 1963 erschien die fünf Länder (USA, GB, D, MEX, I) umfassende *Civic Culture*-Studie von *Almond/Verba;* ihr folgte zwei Jahre später die zehn Länder-Studie von *Pye/Verba: Political Culture and Political Development.* Trotz heftiger und immer wieder erneuerter Kritik konturieren deren theoretische und methodische Überlegungen bis heute die politikwiss. Debatte. Deshalb wird hier auf Entwicklungsgeschichte und Konzept sowie relativ ausführlich auf Dimensionen und Operationalisierungen eingegangen. Im Zusammenhang der Kritik wird für ein erweitertes Verständnis politischer Kulturforschung plädiert. Denn noch einmal in diesem Jahrhundert wird diese von den Deutschen herausgefordert, den faszinierenden Vorgang der Vereinigung zweier deutscher politischer Kulturen als empirische und praktische Aufgabe zu begleiten.

II. Ausgelöst wurde die vergleichende Erforschung von p. K. nach dem II. Weltkrieg aus Interesse an stabilen politischen Systemen bzw. Demokratien. Insbesondere der in Deutschland zutage getretene Widerspruch sozioökonomischer Modernität und einer verheerenden politischen Geschichte war Grund dafür, daß die Untersuchung psychokultureller Faktoren ihren Ursprung in den deutschen Erfahrungen nahm: »Deutschland gerät zur Fallstudie für die Möglichkeit eines bewußt manipulativen Wandels fundamentaler, insbesondere mehr demokratischer Haltungen« *(Verba* in: *Pye/Verba* 1965: 131). Der andere Grund war das Aufkommen neuer Nationen im Gefolge der Entkolonisierung, deren Entwicklung zu demokratischen Staaten die USA befördern wollten. Die Frage lautete: Welche institutionellen zivilisatorisch-politisch-kulturellen Voraussetzungen müssen die Bürger erfüllen, um demokratische Regime zu unterstützen? Zu deren Beantwortung müsse sich das Erkenntnisinteresse auf die empirischen (abfragbaren) »Glaubenshaltungen, Symbole und Werte« richten, die »die Art und Weise bestimmen, in der Menschen innerhalb des Rahmens politischer Institutionen handeln« (*Verba* in: *Pye/Verba* 1965: 514). Wenn man die ↗ Grundwerte, die Kenntnisse und gefühlsmäßigen Bindungen, die Loyalität der Bürger gegenüber ihrem System als ganzem bestimme, sei es möglich, einmal die Defizite an Werten der *civic culture,* die demokratische Stabilität verbürgen sollen, festzustellen, zum anderen, durch geeignete Maßnahmen die verfassungsmäßigen und psychologischen Bedingungen zu schaffen, die in einem Lernprozeß der ↗ Politischen Sozialisation zu einer integrierten politischen bzw. *civic culture* führen sollen. Die *civic culture* gilt dabei als Maßstab politischer Kulturforschung: also erfolgreich integrierte Gesellschaften, in denen sich politische Strukturen und politische Kulturen im rechten Maß bedingen – die »Bürgerkulturen« der USA und Englands. Politische Kulturforschung wurde also sowohl von analytisch-erkennenden als auch von normativ-praktischen stabilitätssteuernden Absichten getragen.

Deutlich wird das bei *Almond/Verbas* (1963) zwei Modellen demokratischer politischer Kulturen: die *rational-activist* und die *civic culture.* Erstere wird verworfen, obwohl ihre Normen einem staatsbürgerlichen Verhaltenshandbuch entnommen sein könnten; aber der aktive, engagierte, informierte Bürger, der rational auf der Basis von gerechten Prinzipien und kalkuliertem Selbstinteresse handelte, stünde in Gefahr, durch sein Engagement die Möglichkeit der Regierung, autoritative Entscheidungen zu fällen, zu stören. Deshalb müßten die zum Erhalt demokratischer Stabilität förderlichen »Tugenden« Passivität, Traditionsbewußtsein und politische Indifferenz bei den Massen mit den aktiven Eigenschaften der politi-

schen Eliten eine gesunde Mischung eingehen. Das sei eine erfolgreiche *civic culture*.
Der politisch suggestive Begriff wurde von *Almond* (1956) recht willkürlich in die politikwiss. Debatte eingeführt, um das alte und unpräzise Konzept der Nationalcharakterforschung mit Kategorien der Anthropologie und Psychologie sowie des kulturellen Konflikts und der Akkulturation anzureichern: »Jedes politische System ist eingebettet in ein besonderes Muster von Orientierungen gegenüber politischen Handlungen.« Diese Sicht von politischer Kultur ist noch weitgehend bestimmt von den Imperativen der frühen ↗ Systemtheorie und des Behaviorismus. Ihre Anwendbarkeit war begrenzt vom Zugang zu den Daten und den Operationalisierungsmöglichkeiten der noch nicht so weit fortgeschrittenen Umfrageforschung. Das führte zu starken Abstraktionen und Grenzen der inhaltlichen Aussagen. Denn der Gegenstand, ein äußerst komplexer sozialer Sachverhalt zur Charakterisierung spezifischer Muster politischen Verhaltens, der ↗ Legitimität und Identität ganzer Nationen, läßt sich nur bedingt mit den Durchschnittsergebnissen der individuellen Einstellungen der Bürger gegenüber dem politischen Handeln der politischen Eliten erfassen. So verweisen *Almond* und *Verba* selbst auf die Ansätze von *Aristoteles*, von dem sie den Begriff der *civic virtue* haben, auf *Montesquieu, Tocqueville* und *Bagehot*, auf die kulturanthropologischen Forschungen von *Kroeber/Kluckhon*, die als Vorgänger der politischen Kulturforschung zu betrachten seien. Sie selbst sehen sich besonders *Max Weber* und *T. Parsons* verpflichtet. Die Fragen eines weiteren »Ahnen«, *Karl Marx (Street)*, nach den »objektiven« Beziehungen von Politik, *policies* und ökonomischer Struktur, von politischem und juristischem System und ihren »adäquaten« gesellschaftlichen Bewußtseinsformen bleiben unberücksichtigt – zur Erleichterung der Analyse, wie *Verba* wiederholt betont. Um so bemerkenswerter ist der Anspruch der Protagonisten der politischen Kulturforschung, damit zur Untersuchung »ganzer politischer Systeme« zurückzukehren, ohne auf die Vorteile des in *surveys* abfragbaren psychologischen Individualverhaltens verzichten zu müssen. Das Konzept der p. K. eröffne die Möglichkeit, eine Brücke zu schlagen vom Individualverhalten zum Verhalten politischer Systeme als ganzen. Die Indikatoren des gesellschaftlichen Zusammenhalts sind die fundamentalen *general beliefs* aller Gesellschaftsmitglieder, die den politischen Tendenzen eines Landes eine Art Grundrichtung verleihen.
Verba nennt 1. die *primitive beliefs*, die, bei allen Bürgern tief verwurzelt, gegenseitig nicht mehr in Frage gestellt werden; sie liefern die Rechtfertigungs- und Beziehungsbasis für die mehr spezifisch politischen Haltungen (*attitudes*); 2. bewertende Orientierungen, die als Leitprinzipien die generellen Ziele des politischen Systems bestimmen, und 3. die expressiven verpflichtenden Orientierungen gegenüber den fundamentalen Symbolen politischer Integration und ihrer Loyalitätsmuster. Die Bestimmung solch genereller Orientierungen sei insbesondere für die Untersuchung des politisch-sozialen Wandels im internationalen Vergleich auch unterschiedlich entwickelter Länder von Bedeutung, da sie als modifizierende und auf die Traditionen verweisende Kontrollinstanzen bei der Einführung neuer Institutionen und Werte dienen. Dabei sei nicht ausgeschlossen, daß sich auch diese *basic beliefs* ändern bzw. von den Eliten zur Durchsetzung von Innovationsschüben manipulativ geändert werden müssen. (Das steht im Gegensatz zur Nationalcharakterforschung, die von kulturellen Konstanten ausging.)
Analytisch sind die Wurzeln politischer Kultur zu trennen in a) die Grundsozialisation: hier erwirbt man die Erfahrungen, die man in nicht-politischen Bereichen (Familie, Schule, *peer groups*, Arbeitsplatz) macht; man lernt die Grundschichtungsmuster und den eigenen Platz darin kennen ebenso wie die Kriterien für Erfolge, Respekt vor der Autorität, den Hierarchien und Konflikten; der Gewinn von Motivationszielen, von Glaubwürdigkeit und Identitätsbildung übt einen Einfluß auf die späteren politischen Einstellungen aus; und b) die politische Sozialisation: also die direkten persönlichen Erfahrungen im politischen Prozeß, die Begegnung mit den politischen Institutionen, die Erfahrung der eigenen Kompetenz und

die durch Kommunikation und Sozialisation vermittelte Geschichte der Krisen und Wendepunkte, die als »kulturelles Gedächtnis« zur Beurteilung neu auftauchender Fragen dient; desgleichen können andere Gesellschaften als Vorbilder oder (zur Abschrekkung) als Bewertungsmaßstab dienen. Hervorgehoben zu werden verdient vielleicht noch die spezifische Sozialisation der Eliten, die meist ein gesondertes (politisches) Rollenverständnis entwickeln, das mit den Werten der Grundsozialisation nicht mehr viel gemein hat. Auf die hervorragende Bedeutung der Beziehung dieser Grundmuster (des sog. Mikrobereichs) für makropolitische Orientierungen wieder aufmerksam gemacht zu haben ist eines der Hauptverdienste des politischen Kulturkonzepts.

Für die empirische Erforschung der direkten politischen Orientierungen geben *Almond/Verba* zahlreiche Untersuchungsbereiche an, die jeweils nach verschiedenen Modi des Wissens, des Gefühls und der Bewertung unterschieden werden. *Max Kaase* (1983) hat, daran anknüpfend, diese Bereiche ausdifferenziert und folgendes Operationalisierungsschema vorgeschlagen:

1. Orientierungen gegenüber dem politischen System insgesamt. Also die »diffuse« Zustimmung und Identifikation mit der Nation, den politischen Institutionen und den politischen Eliten, kurz, das Legitimationseinverständnis, laut *F. U. Pappi* die Kernbedeutung politischer Kultur.
2. Orientierungen gegenüber den Leistungen (*output*) des politischen Systems; die Zuschreibung und Bewertung spezifischer Gratifikationen von bestimmten Akteuren und Institutionen.
3. Orientierungen gegenüber den Willensbildungs-(input)strukturen politischer Organisationen und Ideologien.
4. Orientierungen gegenüber dem eigenen Selbst, die Kenntnis von Rechten und Pflichten und das Gefühl politischer Kompetenz.

Almond/Verba hatten in ihrer Studie einige dieser Orientierungen mit drei Idealtypen politischer Kultur in Beziehung gesetzt, die bestimmten Modernisierungsstadien gesellschaftlicher Entwicklung entsprechen: die »pasochiale« Kultur (es herrscht allgemein keine politische Systemsicht vor), die »Untertanenkultur« (differenzierte Systemsicht, die vornehmlich passiv bleibt und nur an den Ergebnissen interessiert ist) sowie eine Beteiligungskultur, in der ein aktives Interesse an den politischen Vorgängen vorherrscht. Um die Stabilität oder Fragmentierung politischer Systeme empirisch zu bestimmen, haben die Autoren die psychologischen Orientierungen mit einem Kontinuum in Beziehung gesetzt, das von »ergebener« über »apathische« zur »entfremdeten« Orientierung reicht. Die *civic culture* stellt einen Mischtyp dar, dem die politischen Systeme der USA und Englands entsprechen, die eine integrierte, nichtentfremdete, effiziente und gemäßigt partizipative p. K. besitzen – die Voraussetzung stabiler Demokratie. In Deutschland dagegen gebe es zwar ein großes formales Wissen über politische Vorgänge, doch das Verhalten tendiere zur Passivität. Es gebe keine gefühlsmäßige Bindung ans System, man sei eher an den materiellen Ergebnissen interessiert, gegenseitiges Vertrauen und Kooperation hätten ihre Grenzen.

III. Es mag überraschen, daß dieser Pionierstudie keine vergleichbaren Untersuchungen folgten. So geisterten fast zwanzig Jahre lang die Daten durch Wissenschaft und Publizistik. Zwar wurden Teilaspekte wie die Wahl-, Sozialisations-, Partizipations- und Elitenforschung zu inzwischen hoher Professionalität fortentwickelt, bezeichnenderweise aber ohne Rückgriff auf das politische Kulturkonzept. Das unterlag desto mehr entweder fortdauernder theoretischer Kritik oder tauchte nur mehr in Einzelländerstudien auf. Verdienstvollerweise haben *Almond/*

Verba (1980) 17 Jahre später den Band *The Civic Culture Revisited* herausgegeben, in dem sie rückblickend Bilanz ziehen, verschiedene Kritiker zu Wort kommen lassen und die fünf untersuchten Länder mit neuen empirischen Untersuchungen konfrontieren. Die Gegenüberstellung der Befunde, einmal des Modells der *civic culture* Großbritannien und zum anderen des »abweichenden« Falls Deutschland, mit den von *Kavanagh* in: *Almond/Verba* (1980) und *Conradt* in: ebd. (1980) präsentierten Daten der 70er Jahre bringt Erstaunliches zutage: Letztere kommen zu fast entgegengesetzten Einschätzungen der politischen Kultur beider Länder wie *Almond/Verba* (1963). Während *Kavanagh* in seiner äußerst fruchtbaren Kritik deutlich macht, daß die undifferenzierten, nur auf die nationale Ebene fixierten Fragebatterien daran schuld seien, daß das viel realistischere Bild, das er von England entfaltet, nicht auch schon 1959 zum Tragen gekommen ist, kommt *Conradt* zu dem Schluß, daß alle pessimistischen Prognosen über Deutschland sich nicht bestätigt hätten. Die Wert- und Einstellungsänderungen und die relativ stabile ökonomische Lage ließen die Institutionen der liberalen Demokratie viel weniger instabil erscheinen als in der Weimarer Republik. Ja, Deutschland sei geradezu zu einem »Modell stabiler Demokratie« avanciert.

Selbst wenn dem zuzustimmen ist, wäre man doch sehr gespannt, was *Conradt* auf die Frage »Was ist mit den Deutschen los?« antworten würde. Wenn das eine nur empirisch zu entscheidende Frage wäre, könnte man zur Tagesordnung übergehen. Wenn sich politische Kulturen innerhalb von 20 Jahren aber so stark verändern können sollen, dürfen Zweifel angemeldet werden, ob mit *Almond/Verbas* Strategie das erforscht werden kann, was *Verba* selbst konzeptionell entwickelt hat.

Gemessen an der Fülle von Studien, die sich von der Offenheit und den heuristisch fruchtbaren Fragen haben inspirieren lassen, wäre eine Begrenzung politischer Kulturforschung auf psychologische, subjektive Dimensionen *(surveys)* kontraproduktiv. Die Frage nach den Determinanten des *»whole way of (political) life«* (*R. Williams*) läßt sich keineswegs mit Eindeutigkeit erweckenden Aussagen, gewonnen aus Aggregatdaten politischer Mehrheitsorientierungen gegenüber dem »Objekt Politik«, beantworten. Denn erstens ist die dahinterstehende Politikvorstellung unkomplex, handlungs- wie interessentheoretisch, ein empirisches Konstrukt, wirklichkeitsfern. Sie operiert mit (bei den politischen Eliten angesiedelten) Normen, die die Massen entweder erfüllen oder eben manipulativ verinnerlichen sollen. (Historisch hat sich erwiesen, daß es immer Teile der Eliten sind, die gegebenenfalls demokratische Normen beiseite schieben.) Zweitens bleibt völlig ungeklärt, ob und wie die (Mehrheits-)Orientierungen – über das Wählerverhalten hinaus – das politische Handeln regulieren, insbesondere, wenn man daran erinnert, daß politische Akteure auf mehreren Ebenen eigendynamische, politisch-kulturelle Handlungs- und Deutungsmuster ausbilden (*Nedelmann*). Das heißt aber auch, drittens, Orientierungen erklären nichts, weder woher sie kommen, warum und wie sie sich ändern, warum es zu Apathie, Fragmentierungen und politischen Teilkulturen kommt. Viertens bleibt ungeklärt, welches spezifische Gewicht die in gesellschaftlichen Teilsystemen (Wirtschaft als Kultur – Kultur als Kultur) erworbenen modalen Verhaltensweisen, Mentalitäten und Wertvorstellungen haben, wie sie ein-

ander interpenetrieren und damit die Wahrnehmung des politischen Systems (als Kultur) mediatisieren. (Zur Unterscheidung von Socio- und Deutungskultur vgl. *Rohe* 1987.)
Damit erscheint es plausibel, p. K. als kollektives, als ein mit verschiedenen Methoden zu erforschendes, strukturiertes, zusammengesetztes Ganzes zu begreifen und die Bedingungen und Vorstellungen zu analysieren und zu erklären, die das Zusammenleben der Gesamtheit aller divergierender Lebensweisen möglich und politische Machtausübung nötig machen.

P. K. als Ausdruck geschichtlicher Traditionen, Ideologien und Mentalitäten, die sich durch spezifischen Wandel und Beeinflussung von Politik und Ökonomie sowohl sozialstrukturell wie auch bei den tatsächlich handelnden kollektiven Akteuren gegenüber den dauernden und neu auftauchenden Problemen sedimentiert haben (Individuen kommen und gehen, Rollen, Institutionen, Organisationen und Ideologien bleiben bestehen), müßte, um das Politische der p. K. herauszubekommen, m. E. die jeweils spezifischen Handlungs-, Konfliktlösungsmuster der politischen Akteure bestimmen, die sich im »Kampf um die rechte Ordnung« innerhalb einer Gesellschaft herausgebildet haben, d.h. aber auch auf die Implikationen des aristotelischen Politikbegriffs (*civic virtue*), der Trennung von Politik und Ökonomie, der Konsensorientierung und eines Demokratiebegriffs verzichten, der die Bedeutung vorpolitischer Loyalitätsmuster wie nationale Identität oder allgemeine Unterstützung zur zentralen Aufgabe politischer Systeme macht. Schließlich ist der Staat auch ein gesellschaftlicher Herrschafts(Zwang-)Verband, dessen den Amtsinhabern auf Zeit gewährtes Herrschaftshandeln nur so lange als legitim betrachtet wird, wie bestimmte Parteien, Interessen und ↗ Werte nicht völlig unterdrückt werden.
P. K. läßt sich nicht einfach als unabhängige Variable betrachten, denn selbst Gegenstand der Analyse, wird sie zur abhängigen Variablen. Daher ist eine der wichtigsten historischen Determinanten von p. K., welche politischen fundamentalen Konflikte sich beim Auftauchen neuer sozialer und politischer Bewegungen ausgebildet haben und welche Institutionen bestimmte Machtverhältnisse als quasi »geronnene Politik« festgeschrieben und damit einzelnen Gesellschaften durchaus unterschiedliche Grundausstattungen (*Rohe* 1982) zur Lösung von Konflikten an die Hand gegeben haben. Diese Unterschiede liegen auf der Ebene kultureller Dispositionen, deren Wurzeln in den Traditionen der Ideologien, des Stils, der Rhetorik der einzelnen subkulturellen Gruppen liegen (Freund-Feind-Denken, Kompromißbereitschaft, Juridifizierung von Politik, Angst), aber auch in den durch frühere Entscheidungen geronnenen Formen z. B. der Sozialversicherungen für gesellschaftliche Gleichheitsvorstellungen. Der Bezug zum ganzen politischen System wird schon dadurch gewahrt, daß die analytisch unterscheidbaren ökonomischen, politischen, Erziehungs-, Kommunikations-, Verwandtschafts- und Repräsentationssysteme ihre Aktivitäten durch ein allgemeines Symbolsystem vermitteln, da die tatsächlichen Verhältnisse, deren Bild sie (wenn auch aus unterschiedlichem Blickwinkel) wiedergeben, die gleichen sind, da sie auf dem gleichen kulturellen Komplex aufbauen und sich in der gleichen Sprache ausdrücken (*Duby* 1981).

Ausgangspunkt, Zweck und Ziel politischer Kulturforschung muß der Vergleich, der intersystemische Vergleich sein. Das Zusammenleben der Menschheit wird von der Fähigkeit abhängen, Denken und Verhalten anderer (Teil-)Gesellschaften zu verstehen; die »unsichtbaren« Unterschiede aufzudekken gehört zur wichtigen (und praktischen) Aufgabe politischer Kulturanalyse. Warum regulieren einige Gesellschaften ihre Konflikte friedlicher als andere? Warum dulden einige Länder Arbeitslosigkeit weniger als andere? Warum sind linke Parteien und Gewerkschaften in den meisten Ländern schwach? Oder, die berühmte Frage, warum gibt es in den USA keinen Sozialismus? »Warum«-Fragen sind multidimensional, entziehen sich bloßer systematischer Quantifizierung und verlangen doch gehaltvolle Antworten. Die häufigsten liefern uns dichte

Beschreibungen, vermittels der ideographischen, auf den Einzelfall beschränkten Methode. Diese macht ohne Geschichte keinen Sinn, geht aber im »Das kann man nur historisch erklären« nicht auf. Der Vergleich verlangt gemeinsame Parameter, Fragestellungen und Rahmenbedingungen. In vergleichenden Untersuchungen muß hier dem *most similar case* der Vorzug gegeben werden. Erst politische Institutionen, ↗ Sozialstrukturen, Normen und Wirtschaftsordnungen, die eine gemeinsame Typik aufweisen, machen es möglich, die strukturabhängige und strukturerhaltende Bedeutung politisch-kultureller Faktoren (als intervenierende Variable) zu bestimmen – und damit Differenzen und mögliche Varianten zum Idealtyp, beispielsweise westlich-kapitalistische Demokratie.

Einen möglichen Ansatz, mit Hilfe heuristischer, das Ganze typologisierender Begriffe Politikanalyse unter politisch-kulturellem Aspekt zu betreiben, bietet *Rohes* (1984) Unterscheidung von deutscher »Staats-« und englischer »Zivilkultur«. Häufiger finden sich vergleichende Analysen spezifischer Orientierungs- und Verhaltensmuster von politisch besonders wichtigen Teilkulturen, deren Modi der Aufgabenwahrnehmung und Konfliktregelung fokushaft dominante Elemente politischer Kulturen hervorheben. Z. B. Politische Elitenkultur (*Anton*), Verwaltungs-(*policy*)Kultur (*Jann, Sturm*), Konsensbildungsprozesse (*Lehmbruch*), Parteien(system) als vertikales *missing link* von Gesellschaft und Politik (*Fenner* 1984). Andere Ansätze nehmen die Rolle der Kultur als Kultur für Politik ins Visier: Deutungsbilder, Symbole, Literatur, Öffentliche Meinung, Gesellschaftscodes (*Fenner* 1989). In vergleichender Sicht kann von besonderem Interesse sein, von welchen soziokulturellen Subsystemen politisch-kultureller Wandel (vgl. *Ingleharts* Postmaterialismusthese; ↗ Wertewandel) induziert wird und wie die eingeschliffenen institutionellen Arrangements (*Lepsius*) diesen verarbeiten. Dabei sollte auch der Stellenwert nicht-ziviler, subalterner Teilkulturen (*Jessop*) systematischer berücksichtigt werden. Die Multidimensionalität verlangt eine dialektische Sichtweise der Beeinflussungswege. Ein Methodenmix ist für die Forschung nur angemessen. Die Synthetisierungsleistung zum strukturierten, zusammengesetzten Ganzen obliegt dem Forschenden. Erst qualifizierte Ergebnisse führen zu sinnvollen (Um-)Fragen, die empirische Überführungen und Antworten auf Fragen wie »Was ist mit den Deutschen los?« möglich machen.

Tatsächlich eröffnet die Wiedervereinigung Deutschlands für alle Ansätze und Untersuchungen zur p. K. Deutschlands die Möglichkeit, Theoreme, Annahmen und Ergebnisse zu überprüfen. Es stellt sich z. B. die Frage nach der als Kern politischer Kultur behandelten diffusen Legitimität als funktionaler Stabilitätsreserve, wenn das Phänomen Herrschaft ausgeblendet und Legitimität nur formal gefaßt wird.

Christian Fenner

Lit.: *Almond, G.* 1956: Comparative Political Systems, in: Journal of Politics 18, 391–409. *Almond, G. / Verba, S.* 1963: The Civic Culture, Princeton. *Almond, G. / Verba, S.* 1980: The Civic Culture Revisited, Boston/Toronto. *Anton, Th.* 1980: Administered Politics. Elite Political Culture in Sweden, Boston. *Berg-Schlosser, D. / Schissler, J.* 1987: Politische Kultur in Deutschland, PVS, SH18. *Claessens, D.* 1979: Kapitalismus als Kultur, Frankfurt/M. *Duby* G. 1981: Sozialgeschichte und Ideologie der Gesellschaft, in: Freibeuter 9, 15–31. *Fenner, Ch.* 1984: Parteiensysteme und Politische Kultur, in: OZP, 1, 37–52. *Gibbins, J. R.* (Hrsg.) 1989: Contemporary Political Culture, London u. a. *Greiffenhagen, M.* u. a. 1981: Handwörterbuch zur politischen Kultur der Bundesrepublik Deutschland, Opladen. *Greiffenhagen, M.* u. *S.* 1993: Ein schwieriges Vaterland. Zur politischen Kultur Deutschlands, München. *Jessop, B.* 1973: Traditionalism, Conservatism and British Political Culture, London. *Kaase, M.* 1983: Sinn oder Unsinn des Konzepts Politische Kultur für die vergleichende Politikforschung, in: *Kaase / Klingemann:* Wahlen und politisches System, Opladen, 144–172. *Kroeber, A. L. / Kluckhon, C.* 1952: Culture. A Critical Review of Concepts and Definitions, Cambridge (Mass.). *Nedelmann, B.* 1986: Das kulturelle Milieu politischer Konflikte, in: *Neidhardt, F. / Lepsius, M. R.*

(Hrsg.): Kultur und Gesellschaft, KZfSS, 397–414. *Pappi, F. U.* 1986: Politische Kultur, in: *Kaase, M.* (Hrsg.): Politische Wissenschaft und politische Ordnung, Wiesbaden, 279–291. *Pye, L./Verba, S.* (Hrsg.) 1965: Political Culture and Political Developments, Princeton. *Reichel, P.* 1981: Politische Kultur der Bundesrepublik, Opladen. *Rohe, K.* 1982: Zur Typologie politischer Kulturen in westlichen Demokratien am Beispiel Großbritanniens und Deutschlands, in: *Dollinger, H.* (Hrsg.): Weltpolitik, Europapolitik und Regionalismus, Münster, 581–598. *Rohe, K.* 1987: Politische Kultur und der kulturelle Aspekt von politischer Wirklichkeit – Konzeptionelle und typologische Überlegungen zu Gegenstand und Fragestellung Politischer Kultur-Forschung, in: *Berg-Schlosser, D./Schissler, J.*, 27–38. *Street, J.* 1994: Political Culture – from Civic Culture to Mass Culture, in: British Journal of Politics 24 (1), 95–113. *Welch, St.* 1993: The Concept of Political Culture, New York. *Williams, R.* 1981: Culture, Glasgow.

Politische Kybernetik

I. Mit politischer Kybernetik (p. K.) bezeichnet man die Analyse ↗ Politischer Systeme und Prozesse mit Hilfe kybernetischer Gesetzmäßigkeiten, das heißt mit Prinzipien realer und möglicher dynamischer Systeme, die sich selbst organisieren, regulieren und stabilisieren. Sie verwendet kybernetische Modelle (z. B. homöostatische und ultrastabile Modelle) hinsichtlich politischer und politikwiss. Fragestellungen. Einen Beitrag zur Lösung politischer Probleme kann sie als *general system theory* nur im Zusammenwirken mit traditionellen politikwiss. Theorieansätzen erbringen, u. a. in Ergänzung demokratie- und kommunikationstheoretischer Ansätze (↗ Demokratietheorie) sowie der Theorien politischer Planung und Entscheidung.

Als Metatheorie hat es die Kybernetik mit Systemen zu tun, die in den verschiedensten Bereichen auffindbar sind. Da kybernetische Modellbeschreibung auf Strukturgleichheiten (Isomorphien) zwischen Systemen unterschiedlicher Provenienz zielt, können auf der Ebene kybernetischer Metatheorie verschiedene politikwiss. Konzeptionen und Detailansätze miteinander verbunden werden. Als Strukturwiss. befaßt sich die Kybernetik mit Beziehungsgefügen und -prozessen und abstrahiert von der inhaltlichen Analyse (*Black-Box*-Methode). Die Gesetzmäßigkeiten der Steuerung und Regelung sowie der Aufnahme und Verarbeitung von Informationen kennzeichnen ein solches kybernetisches Beziehungsgefüge. Schon *Platon* in »Der Staat« und *A. M. Ampère* (1834) im »*Essai sur la philosophie des sciences*« versuchten, Prinzipien kybernetischer Steuerung auf die Staatskunst zu übertragen. Für *K. W. Deutsch/W.-D. Narr* und andere hat die Politikwiss. in den 60er Jahren mit der Einführung kybernetischen Denkens in Form kybernetischer Systemanalyse eine neue Qualität erlangt. Sie habe damit den »Rang einer deduktiv-empirischen Theorie« (*Narr* 1969) erreicht.

II. In der Politikwiss. stellt sich konkret die Frage, inwieweit kybernetische Denkansätze die Möglichkeiten erweitern, Probleme zu lösen, bei denen traditionelle Ansätze an ihre Grenzen gestoßen sind.

1. Die gegenwärtig allgemeine Anerkennung von Demokratie als Norm fordert zu der Frage nach der Überlebensfähigkeit demokratischer Strukturen heraus angesichts zunehmenden Problemdrucks. Sind die heutigen Formen von Demokratie genügend variabel und komplex, um einen gesellschaftlichen Strukturaufbau zu garantieren, der dem steigenden Problemdruck gewachsen ist? Sind andererseits die in der Wiss. vorherrschenden demokratietheoretischen Ansätze komplex genug, um die Probleme, denen sich Demokratie in hochentwickelten Industriegesellschaften zu stellen hat, entsprechend analysieren und Lösungsmöglichkeiten anbieten zu können?

Deutsch versucht mit seiner Theorie p. K., die Problemlösungskapazität traditioneller demokratietheoretischer Ansätze dadurch zu erhöhen, daß er die Prozesse der Informationsaufnahme und -verarbeitung in den Mittelpunkt seines Demokratieverständnisses rückt. Sie sollten so geregelt werden, daß ein System seine Lernfähigkeit erhält bzw. zu einem Verhalten gelangt, das von Außensteuerung über Anpassung zur autonomen Selbststeuerung und -regelung überleitet.

Die demokratische Norm der Selbstbestimmung korrespondiert dabei positiv mit der Fähigkeit des Systems zur inneren Umstrukturierung und Neu- bzw. Selbstorganisation. Mit Hilfe des kybernetischen Prinzips der negativen Rückkopplung soll die jeweils systemimmanente Selbstkontrolle von Systemflüssen garantiert werden, so daß die Form der Entscheidungsfindung demokratisch, und das heißt in Richtung schöpferischen Lernens, gelenkt werden kann. Demokratische Entscheidungen sollten so aussehen, daß sie die Basis dafür schaffen, daß auch in Zukunft Probleme autonom und selbstregulierend gelöst werden können, d.h. daß das System als autonomes, sich selbst regulierendes und permanent lernendes System erhalten bleibt. Demokratiefähigkeit im kybernetischen Verständnis heißt, die Fähigkeit erhalten, Ziele neu zu suchen, innere Strukturen ändern zu können, ohne destabilisierende Wirkungen für das Systemganze fürchten zu müssen, und die permanente Selbstkontrolle über die Erzeugung von Bewußtsein über eine ständige Erweiterung der Informationsaufnahme- und -verarbeitungskapazität. Da *Deutsch* politisches System mit Regierungssystem gleichsetzt, von dem aus Gesellschaft letztendlich doch wieder gesteuert wird, schränkt er seinen Versuch, die Komplexität demokratietheoretischer Analyse zu erhöhen, zum Teil wieder ein.

Dieses Defizit versucht *A. Etzioni* (1968) zu umgehen, indem er sein Demokratieverständnis nicht nur an den Informations-, Kommunikations- und Kontrollprozessen der Zentralinstanzen (Regierungssystem) festmacht, sondern die Gesamtgesellschaft einbezieht. Er entwickelt verschiedene Steuerungs- und Regelungskonzepte, die von der reaktiven Anpassung bis zur politisch gesteuerten Selbsttransformation reichen. Die politisch gesteuerte Systemtransformation gilt als höchster Aktivierungsgrad einer Gesellschaft, da sie über Homöostase (Aufrechterhaltung des Systemgleichgewichts) und Ultrastabilität (Stabilisierung über Verhaltensänderung) hinaus zu einer neuen Identität des Systems führt.

Hinter dem theoretischen Anspruch, die Analyse demokratischer Gesellschaftsstrukturen entsprechend der Beschaffung hochindustrialisierter Gesellschaften komplexer anzusetzen, sinkt jedoch das methodologische Niveau. Ebenso ist das Problem der Verbindung von Theorie, Empirie- und Werteproblem unbefriedigend gelöst.

2. Bei der Anwendung kybernetischer Prinzipien und Methoden im Bereich politischer Planung tritt der Niveauunterschied zwischen theoretischem Anspruch und methodologischen Möglichkeiten weniger in Erscheinung. Kybernetische Planung zielt primär darauf, Planungsprozesse dynamischer zu gestalten. Aber hier soll mit Hilfe der Kybernetik Varietät und Komplexität von Planungsprozessen erhöht werden, um den wachsenden Problemdruck bereits antizipatorisch auffangen zu können.

In Anlehnung an *D. Aderhold* (1973) bedeutet dynamische Planung im kybernetischen Verständnis Zielgerichtetheit im Sinne möglicher Zielveränderung, Erfolgskontrolle über Rückkopplung, Verbindung von Identitätserhaltung und Flexibilität des Planungssystems entsprechend den Anforderungen von innen und außen, Lernfähigkeit hinsichtlich der Veränderungsbedürftigkeit von Systemstrukturen und ein durch Rückkopplungsmechanismen garantiertes integriertes politisches Handeln.

In Verbindung mit Methoden der elektronischen Datenverarbeitung, des kybernetischen Datenmanagements, der Simulation, der Netzplantechnik und anderen Methoden ist kybernetische Planung Bestandteil moderner Regierungstechniken.

3. Der Vorwurf der technokratischen Manipulierbarkeit von Gesellschaften mit Hilfe kybernetischer Planungsmethoden trifft dabei nur eine Seite der Möglichkeiten, die in der Anwendung

kybernetischer Prinzipien auf gesellschaftspolitische Prozesse liegen. Dies zeigte u.a. die Diskussion um die Verwertbarkeit kybernetischer Erkenntnisse für Gesellschaftsplanung und -gestaltung in den ehemaligen sozialistischen Ländern.

Parallel zur Konzipierung der »wissenschaftlich-technischen Revolution« für sozialistische Gesellschaften Anfang der 60er Jahre wurde eine intensive Diskussion darüber eingeleitet, inwieweit kybernetische Prinzipien und Erkenntnisse in den Bereichen gesellschaftspolitischer Planung, Organisation und Leitung, besonders hinsichtlich der Formen ↗ Demokratischen Zentralismus, anwendbar sind. Je nachdem, ob der systemtheoretische Aspekt (DDR) oder der informationstheoretische Aspekt (ČSSR) mehr in den Vordergrund gestellt wurde, wurden die Diskussionen um p. K. stärker im Sinne von Bestandserhaltung und Systemstabilisierung oder im Sinne tiefgreifender struktureller Reformen geführt.
In der DDR war es *G. Klaus*, der den »Plan als kybernetische Kategorie« einführte. Er verwies auf die Notwendigkeit von eingebauten Rückkopplungsmechanismen im Planungssystem, damit dieses mit Störungen selbsttätig umgehen kann, von flexibler Anpassungsfähigkeit autonomer Teilbereiche und einer funktionierenden Selbstkontrolle dieser Teilsysteme, um dadurch die Funktionsfähigkeit des gesamten Planungssystems zu erhöhen. Dies war ein Reformansatz, der der Bestandserhaltung und der Systemstabilisierung im *Parsons*schen Sinne entsprach.
Ein tschechoslowakisches Autorenkollektiv (*Richta-Report* 1968) ging weit darüber hinaus. Es sah in den kybernetischen Regelungsprinzipien »heute die einzige überhaupt mögliche Basis moderner Leitung und Planung«. Die »modernen Produktions- und Gesellschaftssysteme müssen zu einem Chaos werden ohne die Anwendung eines Systems selbsttätiger Prozesse«. Als Beispiele für selbsttätige Regulatoren werden »Markt, Ware(nform), Geld, demokratische Prinzipien, Rechtsnormen, moralische Regeln« (ebd.) angeführt. Davon versprachen die Autoren sich eine Rationalisierung, aber auch Demokratisierung der ökonomischen, politischen und der Informationssysteme. Hier ging es also um tiefgreifende Reformansätze, die auf strukturelle Veränderungen im System zielten. Daß in den 70er Jahren der gesellschaftspolitischen Diskussion um Kybernetik von seiten der Parteiideologen enge Grenzen gesetzt wurden, verweist auf die politische Sprengkraft solcher Reformansätze.

4. Die Erkenntnis p. K., daß ein System zu seinem Überleben einer permanenten, auf Selbststabilisierung gerichteten Veränderung bedarf, betrifft nicht nur einzelne Gesellschaften, sondern das Weltsystem als Ganzes.

Diese Erkenntnis führte *Mesarović* und *Pestel* (in: *Global 2000*) in Anlehnung an *Forrester* und andere dazu, über kybernetische Simulationsmodelle mögliche Verhaltensweisen von Systemen in gegenwärtigen und zukünftigen Krisensituationen auszuloten. Sie brachten die verschiedensten Bereiche der Natur und menschlichen Kultur in ein hierarchisch gegliedertes Interaktionssystem und untersuchten mögliche Entwicklungen, wobei sich als ideales Modell das eines »organischen Wachstums« herausstellte. Die Computersimulationen zeigten, daß zur Vermeidung regionaler und weltweiter Katastrophen die weltweite Zusammenarbeit von einem »Gesamtplan für langfristiges organisches Wachstum geleitet« (ebd.) werden müsse. In solchen Studien dient die Kybernetik der Erfassung und Bewältigung regional und weltweit angelegter komplexer Probleme und der Prognostizierung globaler Entwicklungs- und Lösungsmöglichkeiten.

Gerda Haufe

↗ Systemtheorie.

Lit.: *Aderhold, D.* 1973: Kybernetische Regierungstechnik in der Demokratie, München/Wien. *Deutsch, K. W.* 1969: Politische Kybernetik. Modelle und Perspektiven, Freiburg. *Deutsch, K. W./Fritsch, B.* 1980: Zur Theorie der Vereinfachung, Königstein/Ts. *Etzioni, A.* 1968: The Active Society, New York (dt. 1975). *Fiedrichs, G./Schaff A.* (Hrsg.) 1982: Auf Gedeih und Verderb, Mikroelektronik und Gesellschaft. Bericht an den Club of Rome, Wien. *Global 2000*: Der Bericht an den Präsidenten, Frankfurt/M. 1980. *Haufe, G.* 1980: Dialektik und Kybernetik in der DDR, Berlin. *Kevenhörster, P.* 1984: Politik im elektronischen Zeitalter, Baden-Baden. *Klaus,* G. 1965: Kybernetik und Gesellschaft, Berlin (Ost). *Meadows, D. H./Dennis, L.* 1976: Das globale Gleichgewicht, Hamburg. *Narr, W.-D.* 1969: Theoriebegriffe und Systemtheorie, Berlin u.a. *Richta-Report* 1968: Politische Ökonomie des 20. Jahrhunderts, Prag.

Politische Ökonomie

I. Gegenstand der Politischen Ökonomie (P. Ö.) als interdiziplinärer Sozialwiss. ist der Wechselbezug von Wirtschaft und Politik, dessen Analyse mit systematischen und historischen, positiven und normativen Untersuchungsansätzen angegangen wird. Für den Begriff P. Ö., der erstmals zu Beginn des 17. Jh.s auftaucht und die Einheit von Ökonomie und Politik bezeichnet, liegt jedoch kein einheitliches Verständnis vor. Sein Inhalt ist abhängig von der historischen Wirklichkeit, auf die er sich analytisch, kritisch oder normativ bezieht.

II. 1. Die nationalökonomischen Theorien von *Adam Smith* (1723–1790) und *David Ricardo* (1772–1823) stehen im Mittelpunkt der englischen Klassik der Politischen Ökonomie.

Als einer ihrer wichtigsten Vorläufer gilt der Begründer der Physiokratischen Schule in Frankreich, *François Quesnay* (1694 bis 1774). Er erhob Forderungen nach wirtschaftlicher ↗ Freiheit und nach Unantastbarkeit des Eigentums und entwickelte die ersten Ansätze einer Arbeitswertlehre, die die Bauernschaft als einzige wertschöpfende (produktive) Klasse herausstellte.
Adam Smith, der an der Glasgower Universität Moralphilosophie, Literatur, Logik, Rhetorik und die sich von den Einzelwiss. allmählich spezialisierende Nationalökonomie las, entwarf, gestützt auf sein umfassendes Wissen, in seinem Hauptwerk *Inquiry into the Nature and the Causes of the Wealth of Nations* (1776) ein ganzheitliches Bild von Wirtschaft und Gesellschaft. *Smith* vertrat die Interessen des aufkommenden ↗ Bürgertums, das durch die Feudalschranken an seinem ökonomischen Aufstieg behindert wurde. Sein liberales Konzept enthält neben ökonomischen Aussagen auch normativ-ethische sowie politische Aspekte. Die konsequente Durchsetzung der Eigeninteressen – so *Smith* – führt gleichzeitig zur größtmöglichen allgemeinen Wohlfahrt. In der freien Konkurrenz und mit Hilfe des Geldes als Tauschmittel würde der natürliche Hang des Menschen zum Tausch die Arbeitsteilung und diese wiederum die Produktivität der menschlichen Arbeit immens vorantreiben. Seiner Auffassung zufolge sind »im Naturzustand« – solange die Kapitalbildung in der Gesellschaft gering und das Angebot an Grund und Boden groß war – die Güter proportional zu der aufgewendeten Arbeit ausgetauscht worden. In entwickelten Volkswirtschaften jedoch, wo Kapital vorhanden, der Boden aber weitgehend besetzt sei, schwankte der Marktpreis aufgrund des Spiels von Angebot und Nachfrage, wie durch eine »unsichtbare Hand« gesteuert, um den »natürlichen Preis«, nämlich den Arbeitswert. Hier werden die beiden Grundpfeiler der klassischen P. Ö. deutlich: der Marktmechanismus, der positiv analysiert und gleichzeitig normativ postuliert wird, sowie die Arbeitswertlehre, derzufolge die Güterpreise den Arbeitswerten entsprechen.

Die Aussagen von *Smith* zur künftigen Entwicklung bewegen sich durchaus im Rahmen des kapitalistisch-marktwirtschaftlichen Systems, dessen Wachstumsdynamik in der Lage sein würde, auch alle sozialen Probleme zu lösen (↗ Kapitalismus). Als Theoretiker der Einkommensverteilung formulierte *Smith* die These, Lohn, Grundrente und Profit seien gleichzeitig Preiselemente und Entgelte für die Faktoren Arbeit, Boden und Kapital (wobei der Zins als Komponente von Profit bzw. Grundrente gedeutet wird). *Smith* unterschätzte den mit der industriellen Entwicklung einhergehenden Konzentrationsprozeß, der unter privaten Eigentumsverhältnissen zu hierarchischen zwischenmenschlichen Beziehungen innerhalb des Großbetriebs führt. Auch seine Vorstellung, der Staat könne auf die Funktion eines Ordnungshüters beschränkt werden, hat sich durch die spätere Entwicklung als illusorisch erwiesen.

David Ricardo wird im Gegensatz zu *Smith* als Pessimist der Klassik bezeichnet. Er hat zwar die Grundpfeiler des durch Privateigentum und Marktlenkung gekennzeichneten Systems ebenfalls bejaht. Zudem stellt *Ricardos* Freihandelstheorem über die komparativen Kostenvorteile im Außenhandel ein Plädoyer für die ökonomischen Vorzüge einer liberalen Handelspolitik dar, in der eine Unterstützung der am Export interessierten englischen Industrie im Kampf gegen den Feudaladel zum Ausdruck kam. *Ricardo* legte mit seiner Theorie über die Verteilung der Faktoreinkommen (Profit, Lohn, Bodenrente) die Grundsteine für eine sozioökonomische Analyse der kapitalistischen Gesellschaft. Als konsequenter Vertreter der Arbeitswertlehre, die er durch eine eigenständige Theorie der Bodenrente zu ergänzen bemüht war, zeichnete *Ricardo* ein pessimistisches Bild über die Zusammenhänge von sinkendem Bodenertrag, fallendem Unternehmergewinn und gleichbleibendem Arbeitslohn.

An *Ricardos* Position knüpften sozialkritische Theoretiker der späteren Zeit an – so etwa *Marx* mit seinem Gesetz des tendenziellen Falls der Profitrate, *Lassalle* mit seinem »ehernen Lohngesetz« sowie die Neo-Ricardianer mit ihrer generellen Kritik an der neoklassischen Marktverherrlichung. Freilich sind so manche Aussagen von *Ricardo* durch die spätere Entwicklung widerlegt worden: so etwa die durch den technischen Fortschritt überholte Vorstellung von einem sinkenden Bodenertrag (Ertragsgesetz) oder die einseitige Erklärung des Preisgeschehens auf der Basis der Arbeitskosten.

2. *Karl Marx* und *Friedrich Engels* übernahmen in ihr Konzept einer die Totalität der gesellschaftlichen Prozesse einbeziehenden P. Ö. »drei Quellen und drei Bestandteile« (*Lenin*) der zeitgenössischen Strömungen: 1) die materialistische Philosophie *Feuerbachs,* die sie mit der *Hegel*schen Dialektik zu verknüpfen suchten, 2) die englische P. Ö. der Klassik, insbesondere die Arbeitswertlehre von *Smith* und *Ricardo,* und nicht zuletzt 3) das frühsozialistische Gedankengut der ↗ Arbeiterbewegung, dessen bedeutendste Vertreter *Saint-Simon, Fourier, Proudhon* und *Owen* waren. Die Grundaussagen der Arbeitswertlehre wurden von *Marx* zur Mehrwerttheorie ausgebaut. Während das Mehrwerttheorem als Wertschöpfungs- und Verteilungstheorie noch eine gewisse Aussagekraft besitzt, ist der Versuch, mit ihr das Preisgeschehen auf den Märkten zu erklären – wie dies *Smith, Ricardo* (dieser mit Einschränkungen) und *Marx* tun –, äußerst fragwürdig. Das gelingt auch nicht dadurch, daß *Marx* im dritten Band des »Kapitals« den Konkurrenzmechanismus als Erklärungsvariable zusätzlich einbaut, um die Preisbildung aufgrund des Spiels von Angebot und Nachfrage zu erklären. Mit Hilfe der Arbeitswertlehre wird auch die Krisenhaftigkeit des Kapitalismus begründet. Das Kernstück der *Marx*schen Krisentheorie – die These über den »tendenziellen Fall der Profitrate« – wird durch die Kategorie der »organischen Zusammensetzung des Kapitals« (c:v) abgeleitet, die mit zunehmendem Industrialisierungsgrad ansteige. Auch diese Aussage hält weder einer theoretischen Analyse noch der empirischen Überprüfung stand.

Die von *Marx* und *Engels* formulierte Akkumulationstheorie ist von der realen Entwicklung des Kapitalismus ebenfalls nicht bestätigt worden. Zwar trifft die Aussage durchaus zu, daß der Konkurrenzmechanismus zur »Konzentration und Zentralisation des Kapitals« führe, wobei die kleineren und mittleren Unternehmen, die produktionstechnisch nicht mithalten können, sukzessive verdrängt und vernichtet würden. Es hat sich jedoch nicht bewahrheitet, daß dieser Prozeß zu einer totalen Polarisierung der Gesellschaft und dadurch zu der von *Marx* behaupteten Zuspitzung des »Grundwiderspruchs zwischen gesellschaftlicher Produktion und privater Aneignung« führen würde. Ungeachtet der ausgesprochenen Fehlschlüsse und Fehlurteile von *Marx* und *Engels* ist jedoch nicht zu bestreiten, daß eine Reihe ihrer ökonomischen Überlegungen für die Weiterentwicklung der Wirtschaftstheorie von Bedeutung war: so die wachstumstheoretischen Ansätze, die Aussagen über die Freisetzung von Arbeitskräften durch den technologischen Fortschritt (»industrielle Reservearmee«) oder der im Konkurrenzmechanismus angelegte Trend zur Konzentration. Über die ökonomischen Aussagen im engeren Sinne gingen allerdings die sozialen und anthropologischen Überlegungen des ursprünglichen ↗ Marxismus hinaus. So haben die Aussagen von *Marx* zur Entfremdung des Menschen in der hierarchisch organisierten, hochtechnisierten Welt von heute an Aktualität gewonnen.

3. Im Unterschied zur englischen Klassik und zur *Marx*schen Kapitalismuskritik beginnt mit der »subjektiven« Wertlehre eine Hinwendung von der Gesellschaft zum Individuum. Die Grenznutzenschule, die an frühere Thesen von *Gossen* anknüpft, findet ihre logische Fortführung in verschiedenen Strömungen der neo-klassischen Wirtschaftstheorie. Nicht zufällig setzt sich anstelle des Ausdrucks *political economy* der neue Terminus *economics* durch. Mit der zunehmenden Formalisierung der ökonomischen Theorie wird schließlich das mathematisch formulierte Modell zum Selbstzweck.

In der deutschen Wirtschaftswiss. versuchte die Historische Schule, sich diesem Trend entgegenzusetzen. Gleichzeitig jedoch wandten sich die Vertreter dieser Strömung gegen den von der klassischen P. Ö. formulierten Anspruch, allgemeine wirtschaftliche Gesetzte deduktiv herzuleiten. Anstatt der deduktiven Methode setzen sie einen theoretischen und praktischen Relativismus, der auf Deskription und Induktion aufbaute. *Schmoller, Brentano, Bücher* u.a. wollten die historische Darstellung und Untersuchung zur Voraussetzung und Grundlage jedweder Theoriebildung machen. In Wirklichkeit gelang es jedoch der Historischen Schule nie, zu allgemeineren Theorieaussagen vorzudringen. Die dieser Schule angehörenden »Kathedersozialisten« traten aktiv für eine staatliche Sozialpolitik ein. Die materialreichen geschichtlichen Untersuchungen und die meist auch sozial bzw. national geprägten Überlegungen könnten jedoch wegen ihres Theoriedefizites kaum als P. Ö. im eigentlichen Sinne betrachtet werden. Als Reaktion auf die Einseitigkeit der *economics* entstand die Forderung nach Einbezug von institutionellen und interdisziplinären Aspekten in die ökonomische Analyse. Vorläufer einer in dieser Richtung vorpreschenden P. Ö., der außerhalb der marxistischen Tradition stand, war *J. A. Schumpeter.* Die Arbeiten *Schumpeters* sind Beleg für die Berücksichtigung außerökonomischer Faktoren. Dies gilt für seine »Theorie der wirtschaftlichen Entwicklung« (1912), in der die kapitalistische Dynamik mit den vom schöpferischen Unternehmer initiierten »Innovationsschüben« erklärt wird, ebenso wie das Spätwerk »Kapitalismus, Sozialismus und Demokratie« (1942), welches die Wandlungsprozesse des Kapitalismus thematisiert.

Die bedeutendste Herausforderung für die neo-klassische Wirtschaftswiss. kam jedoch von dem englischen Nationalökonomen *J. M. Keynes* und seinen Schülern. Obwohl der Keynesianismus im Vergleich zur Neo-Klassik differenziertere und realitätsnähere Betrachtungsweisen und Bestimmungsgrößen einführt, wird diese Strömung üblicherweise nicht als P. Ö. bezeichnet. Dies mag unter anderem daran liegen, daß seit *Marx* dieser Terminus nur denjenigen Schulen zugewiesen wird, die eine »Überwindung des Kapitalismus« prognostizieren bzw. postulieren. Dennoch ist zu vermerken, daß bei *Keynes* nicht nur einige Aussagen an *Ricardo* und zum Teil auch an *Marx* erinnern, so die These über die sinkende

»Grenzleistungsfähigkeit« des Kapitals. *Keynes* hat auch ansatzweise neue institutionelle Determinanten berücksichtigt, wie etwa den Widerstand der ↗ Gewerkschaften gegen die Senkung des Lohns. Die wirtschaftspolitischen Empfehlungen des Keynesianismus haben jedoch spätestens seit den 70er Jahren nicht mehr ausgereicht, um die wirtschaftlichen Strukturprobleme zu lösen. Während seit den späten 30er Jahren Keynesianer als die bedeutendsten Widersacher der neo-klassischen Tradition galten, gewannen allmählich auch andere institutionelle und interdisziplinäre Ansätze in den Wirtschaftswiss. an Gewicht. Wenn wir von den verschiedenen Industrialisierungs- und Modernisierungstheorien absehen (*Veblen, Rostow, Galbraith, Bell*), in deren Arbeiten ökonomisch-theoretische Aussagen wenn überhaupt, so eher am Rande behandelt wurden, dann ist u.a. die in den Vereinigten Staaten als Neue Politische Ökonomie (prägnanter ↗ Ökonomische Theorie der Politik) zu nennen.

Diese Schule übernimmt meist Axiome und Verfahrenstechniken der neo-klassischen Ökonomie, so insbesondere das Rationalitätsaxiom des individuellen Eigennutzes sowie die Formalisierung von Entscheidungsprozessen. Die gegen die Axiome und Verfahren erhobenen berechtigten Einwände beziehen sich auf den reduzierten Realitätsgehalt der Aussagen, der – ähnlich wie dies in der neo-klassischen Marktanalyse geschieht – aus dem verengten individuellen Rationalitätskalkül resultiert. Auch die Theorie der Eigentumsrechte *(property rights)* kann als eine Mischung positiver und normativer Elemente betrachtet werden. Hier steht der *homo oeconomicus* mit seinem hypostasierten Streben nach Nutzenmaximierung im Vordergrund. Die institutionell ausgerichteten Ansätze der Amerikaner *Dahl* und *Lindblom* unterscheiden vier Entscheidungsformen in Wirtschaft und Gesellschaft: 1) Markt, 2) Bürokratie, 3) Verhandlung, 4) Demokratie. Sie bilden dennoch ein brauchbares Instrument zur Analyse und zum Vergleich von sozialökonomischen Systemen. In Anknüpfung an die genannten neueren Schulen sind in den 80er Jahren weitere Richtungen der »Institutionenökonomie« entstanden, die Wechselwirkungen ökonomischer und politischer Entscheidungen analysieren (*Bernholz/Breyer* 1984, *Demsetz* 1983, *North* 1981, *Williamson* 1981). Auch im deutschsprachigen Schrifttum sind vielfältige Bemühungen bemerkbar, politik- und wirtschaftswiss. Inhalte und Methoden zu verknüpfen. Derartige Versuche, eine politische Wirtschaftslehre (*von Eynern*) im Sinne einer P. Ö. zu konstituieren, sind bislang jedoch lediglich in Form von Einzelstudien und Desideraten (*Himmelmann*) vorzufinden.

4. Die P. Ö. des Kapitalismus fußt auf der Denktradition des Marxismus. Zu den beiden bedeutendsten gegenwärtigen Richtungen gehören 1) die marxistisch-leninistische P. Ö. und 2) die P. Ö. des Neo-Marxismus bzw. der Neuen Linken. Die marxistisch-leninistische P. Ö. bildete die theoretische Basis der sowjetorientierten kommunistischen Parteien in Ost und West. Unter Rekurs auf *Lenins* Schrift »Imperialismus als höchstes Stadium des Kapitalismus« wird der Übergang vom Kapitalismus der freien Konkurrenz zum Kapitalismus der »Monopole« untersucht. Als Monopole werden dabei alle institutionellen Formen der Konzentration betrachtet. Die z.B. von *Hilferdings* »Finanzkapital« (1910) aufgestellte These über die zunehmende Vormachtstellung der Finanzoligarchie – eines Zusammenschlusses von Bank- und Industriekapital –, deren Interessen der Staat als Instrument der herrschenden Klasse vertrete, bildet die Ausgangsbasis der Theorie des staatsmonopolistischen Kapitalismus.
Die von der Neuen Linken vertretene P. Ö. ist äußerst heterogen. Deshalb seien

lediglich zwei Repräsentanten dieser Strömungen erwähnt:

die Amerikaner *Baran* und *Sweezy* und der Belgier *Mandel*. *Baran/Sweezy* untersuchten in ihrem »Monopolkapital« (1967) den »Akkumulationsprozeß des Kapitals« in den USA. Das Fortleben von mittleren und kleineren Betrieben neben den zunehmend dominierenden Monopolen führe zu einer Modifikation der von *Marx* behaupteten Herausbildung einer einheitlichen Durchschnittsprofitrate: Es bestünden nunmehr zwei unterschiedliche Profitraten, da der Konkurrenzmechanismus partiell außer Kraft gesetzt sei. Die Monopole befänden sich in der Lage, einen Teil des Mehrwertes, der die gesamtwirtschaftliche Kapitalrendite übertrifft, zu Lasten der Kleinen anzueignen. Nach *Mandels* »Spätkapitalismus« (1972) sind Wertgesetz, Warenproduktion sowie die tendenzielle Herausbildung einer Durchschnittsprofitrate, wie *Marx* diagnostiziert hatte, auch im gegenwärtigen Kapitalismus sichtbar. *Mandel* integriert auch außerhalb des Marxismus entstandene Theorieansätze (*Kondratieffs* Theorie der »Langen Wellen«, Aussagen über die »Technologische Revolution«, Überlegungen zur sog. Dienstleistungs- bzw. Konsumgesellschaft). Kapitalismuskritische Überlegungen und Aussagen finden sich zudem im Linkskeynesianismus, der beschäftigungspolitische sowie sozialreformerische Zielsetzungen in den Vordergrund rückt. Nicht mehr Globalsteuerung, sondern gezielte Strukturprogramme auf dem Gebiet des Sozial- und Bildungswesens, der Verkehrs- und Regionalplanung, des Umweltschutzes etc. (↗ Strukturpolitik) werden mit einer Politik des *deficit spending* verbunden.

5. Auch die P. Ö. des Sozialismus entspringt der marxistischen Tradition. Während *Marx* eher am Rande seines Werkes – in seiner »Kritik des Gothaer Programms« – von einer »niederen« und einer »höheren« Phase der kommunistischen Gesellschaft gesprochen hatte, *Engels* wiederum in seinem »Anti-Dühring« den ↗ Sozialismus als gleichbedeutend mit dem ↗ Kommunismus darstellte, wird seit *Lenin* der Sozialismus als die »niedere Phase« interpretiert.

In diesem Sinne finden wir drei Richtungen: 1) die parteioffizielle Strömung, die Realsozialismus in Osteuropa mit Sozialismus gleichsetzt, 2) die Version der Neuen Linken im Westen, die die Sowjetgesellschaft und deren Ideologie als »revisionistisch« ablehnt, und 3) eine reformsozialistisch orientierte P. Ö. des Sozialismus, die auch unter dem Begriff »freiheitlicher« oder ↗ Demokratischer Sozialismus subsumiert werden kann.

Die marxistisch-leninistische P. Ö. reicht von *Stalins* »Ökonomischen Problemen des Sozialismus in der UdSSR« (1952) und dem nach dieser Schrift herausgegebenen ersten sowjetischen Lehrbuch der P. Ö. (1954) bis zur Lehrbuchliteratur der ehemals realsozialistischen Länder. Die wichtigsten Thesen sind: 1) Voraussetzung für den Aufbau einer sozialistischen Wirtschaft ist die politische Machtergreifung durch die kommunistische Partei als Vorhut der Arbeiterklasse (Diktatur des Proletariats). 2) Der erste Schritt des Aufbaus des Sozialismus besteht in der Transformation der Eigentumsverhältnisse: Für den industriellen Bereich heißt dies v. a. Verstaatlichung, während im Agrarsektor Produktionsgenossenschaften präferiert werden. 3) Hand in Hand mit der Veränderung der Eigentumsordnung geht die Installierung eines zentral-planwirtschaftlichen Systems. Wichtigste Prinzipien (»Gesetze«) eines sozialistischen Wirtschaftssystems seien: a) die planmäßige proportionale Entwicklung der Volkswirtschaft durch verbindliche Vorgaben; b) die Entlohnung »gemäß der geleisteten Arbeit«, die durch zunehmende »gesellschaftliche Konsumtion« (freies Bildungswesen, Sozialfürsorge, Subventionierung von Wohnung, Nahverkehr etc.) ergänzt wird; c) Einsatz monetärer Anreize als Instrument der Planerfüllung; d) die Stärkung der wirtschaftlichen Zusammenarbeit »der sozialistischen Ländergemeinschaft« sowie die Unterordnung der Kooperation mit dem Westen unter die außenpolitischen Zielsetzungen des Ostblocks. In der P. Ö. der Neuen Linken wird die tendenzielle Abkehr der Sowjetgesellschaften von den

*Marx*schen Vorstellungen eines künftigen Gemeinwesens kritisiert. So seien keineswegs ↗ Herrschaft zugunsten von Selbstverwaltung abgebaut, Warenproduktion und Wertgesetz durch Planung ersetzt und Arbeitsanreize durch solidarisches Bewußtsein abgelöst worden. All das markiere eine Rückkehr zum Kapitalismus. Als genuine P. Ö. des Sozialismus wird das Konzept von *Che Guevara* in Kuba und von *Mao Zedong* in China gedeutet.

»Reformsozialistisch« ist jene Richtung der P. Ö., die seit *Bernstein* im Westen und seit der Abkehr Jugoslawiens vom östlichen System Sozialismus als abrupte Negation des Kapitalismus ablehnt.

Obwohl die unter völlig konträren Bedingungen entstandenen reformsozialistischen Konzepte in Ost und West erhebliche Unterschiede aufweisen und auch innerhalb der jeweiligen Fronten nicht zu unterschätzende Divergenzen bestehen, werden doch gewisse Gemeinsamkeiten deutlich, die zusammenfassend wie folgt gekennzeichnet werden können: 1) Eine sozialökonomische Umgestaltung des bestehenden kapitalistischen Wirtschaftssystems erfordert nicht in erster Linie eine Verstaatlichung im juristischen Sinne, sondern eine Umgestaltung der realen Verfügungsgewalt über Produktionsmittel, Arbeitsprozesse und Einkommensverteilung zugunsten der arbeitenden Menschen in Wirtschaft und Gesellschaft. 2) Nicht die Ersetzung von Markt und Geld durch zentrale Pläne und verbindliche Kennziffern ist ein weiteres Grundelement einer sozialistischen Wirtschaftsprogrammatik, sondern die Unterordnung der Lenkungsformen unter die gemeinschaftlich und demokratisch zustande gekommenen Zielsetzungen der sozialökonomischen Entwicklung. 3) Nicht in der Beseitigung von leistungsbedingten Lohndifferenzen zugunsten einer egalitären Einkommensverteilung, sondern in der Durchsetzung des Prinzips »für gleiche Arbeit gleichen Lohn« bei entsprechender sozialer Absicherung besteht die demokratisch-sozialistische Alternative zu der Kommunismusvision des orthodoxen Marxismus.

Jiří Kosta

Lit.: *Baran, P. A./Sweezy, P. M.* 1967: Monopolkapital, Frankfurt/M. *Bernholz, P./Breyer, F.* 1984: Grundlagen der Politischen Ökonomie, Bd. I/II, Tübingen. *Böhret, C.* 1973: Politische Ökonomie (PÖ), in: *Eynern, G. von* u.a. (Hrsg.): Wörterbuch zur politischen Ökonomie, Frankfurt/M., 292–302. *Dahl, R. A./Lindblom, C. E.* 1963: Politics, Economics and Welfare, New York. *Demsetz, H.* 1983: Economics, Legal and Political Dimensions of Competition, Amsterdam u.a. *Engels, F.*: Anti-Dühring, in: MEW, Bd. 20, 16–306. *Frey, B. S./Meißner, W.* (Hrsg.) 1974: Zwei Ansätze der Politischen Ökonomie. Marxismus und ökonomische Theorie der Politik, Frankfurt/M. *Galbraith, J. K.* 1968: Die moderne Industriegesellschaft, München (engl. 1967). *Himmelmann, G.* 1977: Politische Ökonomie – Herkunft, Probleme, Ansätze, in: Politik und Wirtschaft, Festschrift für G. von Eynern, in: PVS Sonderheft 8/1977, 178–213. *Issing, O.* (Hrsg.) 1984: Geschichte der Nationalökonomie, München. *Keynes, J. M.* 1936: The General Theory of Employment, Interest and Money, London. *Kosta, J.* 1984: Wirtschaftssysteme des realen Sozialismus, Köln. *Lenin, W. I.*: Der Imperialismus als höchstes Stadium des Kapitalismus, in: Ausgewählte Werke, Bd. 1, 763–873. *Mandel, E.* 1972: Der Spätkapitalismus. Versuch einer marxistischen Erklärung, Frankfurt/M. *Marx, K.*: Das Kapital, Bd. 1–3 (MEW, Bd. 23–25). *Marx, K.*: Kritik des Gothaer Programms, in: MEW, Bd. 19, 11–32. *Marx, K./Engels, F.*: Manifest der Kommunistischen Partei, in: MEW, Bd. 4, 459–493. *North, D. C.* 1981: Structure and Change in Economic History, New York. *Ricardo, D.* 1972: Grundsätze der politischen Ökonomie und der Besteuerung, Frankfurt/M. (zuerst 1817). *Richter, H.* u.a. 1975: Politische Ökonomie des Kapitalismus und des Sozialismus, Berlin(Ost). *Schumpeter, J. A.* [5]1980: Kapitalismus, Sozialismus und Demokratie, München (engl. zuerst 1942). *Šik, O.* 1972: Der Dritte Weg. Die marxistisch-leninistische Theorie und die moderne Industriegesellschaft, Hamburg. *Smith, A.* 1974: Der Wohlstand der Nationen. Eine Untersuchung seiner Natur und seiner Ursachen, München (engl. zuerst

1776). *Stavenhagen, G.* 1969: Geschichte der Wirtschaftstheorie, Göttingen. *Williamson, O. E.* 1981: The Modern Corporation: Origins, Evolution, Attributes, in: Journal of Economic Literature 19, 1537–1568. *Zagolow, N. A.* u.a. 1972: Lehrbuch politischer Ökonomie, Bd. 1, 2 (1970) Frankfurt/M.

Politische Philosophie und Ideengeschichte

I. Als Teildisziplin einer über das theoretische Erkenntnisinteresse hinaus an den Möglichkeiten rationaler Gestaltung der Welt orientierten praktischen Philosophie befaßt sich politische Philosophie (p. P.) mit Legitimation und Sinngebung menschlichen Handelns im Kontext gesellschaftlichen Zusammenlebens und den durch dieses Handeln geschaffenen institutionellen Formen politischer Ordnung. Als politische Anthropologie findet die p. P. ihren Gegenstand in dem Versuch, angemessene Formen gesellschaftlicher und staatlicher Organisation aus der als sozial verstandenen Natur des Menschen abzuleiten. Als ↗ Politische Ethik geht es ihr um die Formulierung verbindlicher Normen rational legitimierbaren, dem ↗ Gemeinwohl dienenden Handelns des einzelnen in der Gesellschaft und um die Beschreibung von Institutionen der politischen Gemeinschaft, die den Zielen und Möglichkeiten eines derartigen Handelns adäquat sind. Im Bereich der politikwiss. Methodik bildet die p. P. das Fundament für die Entwicklung normativer Theorien.

II. Konstitutive Themen einer am Begriff der Rationalität ausgerichteten p. P. sind Fragen der inhaltlichen Bestimmung und institutionellen Realisierung von Gütern des Handelns wie gute ↗ Herrschaft, Gemeinwohl, Gerechtigkeit, ↗ Gleichheit, ↗ Freiheit, Menschenwürde und Rechtsstaatlichkeit. Die anthropologische Frage nach der natürlichen Sozialität (oder Soziabilität) des Menschen und der Vereinbarkeit individuellen Glücksstrebens mit den Ansprüchen der Gemeinschaft stellt die Grundlage für die Untersuchung der ↗ Legitimität der Herrschaft und ihrer Formen dar.

In bewußter Opposition zur Forderung der empirisch-analytischen ↗ Politikwissenschaft nach strenger Trennung von Tatsachenurteilen und Werturteilen gehen Vertreter der Anwendung philosophischer Methoden in der Politikwiss. von der These aus, die Frage nach dem anthropologischen Sinn politischer Institutionen lasse eine derartige Unterscheidung nicht zu: Für eine normative Theorie der Politik liegt die bestimmende Aufgabe der Politikwiss. nicht in der exakten Beschreibung, sondern in der wertenden Beurteilung politischen Handelns und seines institutionellen Rahmens. Gegenüber der dezisionistischen Behauptung, zwischen konkurrierenden Werten und Wertsystemen als Determinanten politischen Handelns sei eine rationale Entscheidung nicht möglich, besteht die p. P. auf der prinzipiellen Erkennbarkeit von Kriterien, nach denen sich die Vernünftigkeit von Wertentscheidungen beurteilen läßt. Der zeitgenössische Versuch zur Rekonstruktion und Wiederbelebung der p. P. stützt sich dabei häufig auf eine Aufwertung des »vorwissenschaftlichen« Wissens aus dem *common sense* als Repositorium überlieferter Erfahrung, die es durch Anwendung wissenschaftlicher Methodik in überprüfbare und gesicherte Formen zu transformieren gilt.

III. P. P. geht aber bei ihrem jeweiligen Auftreten nicht von einer *tabula rasa* des Bewußtseins aus, sondern findet innerhalb eines sozialen Kontexts statt, in dem Symbole der Selbstinterpretation bereits vor ihrer philosophischen Deutung entwickelt worden sind. Wenn sie hier mit dem Anspruch auftritt, die vorhandenen sozialen Wissensbestände einer Gesellschaft und die sprachlichen Symbole ihrer Selbstinterpretation einer philosophischen Überprüfung ihres Wahrheitsgehalts zu unterziehen, so tritt die ideologiekritische Motivation der p. P. ebenso zutage wie ihre allgemein gesellschaftskritische Orientierung. Den sie umgebenden, von ihr erkannten und sie hervorbringenden gesellschaftlichen Zuständen gegenüber erhebt die p. P. damit den Anspruch auf die Formulierung kritischen Ordnungswissens. Mit den jeweils vorhandenen politischen Organisationsformen und deren Zielsetzungen konfrontiert, hat die p. P. eine gesellschaftskritische Funktion, wenn sie sich um die Erkenntnis der Bedingungen und Voraussetzungen eines gerechten, vernünftigen und der menschlichen Natur angemessenen Lebens bemüht. Die Formulierung politischer Normen, die mit dem Anspruch auf Allgemeingültigkeit auftreten, impliziert ein kritisches Urteil über die Legitimität der herrschenden Verhältnisse. Hier kann die Konstatierung einer vollen oder tendenziellen Angemessenheit der bestehenden Strukturen eine apologetische-bestätigende Funktion der Ergebnisse der kritischen Überprüfungen implizieren, während der implizite Aufruf zur Veränderung einer philosophisch fundierten Schilderung einer politischen Ordnung inhärent ist, die den Zielen menschlichen Strebens in höherem Maße adäquat ist als das obherrschende System (↗ Politische Utopie). Werden die Bedingungen, unter denen sich das öffentliche Leben einer konkret vorhandenen Gesellschaft vollzieht, als unvernünftig, unfrei, ungerecht und dem Wesen des Menschen nicht angemessen charakterisiert, muß die p. P. prinzipielle Reflexionen über Vernunft, Freiheit, Gerechtigkeit und Menschenwürde anstellen, um die Normen einer besseren Politik zu entwerfen. So erklärt sich die Tatsache, daß eine p. P., die aus dem Spannungsverhältnis zwischen ihren eigenen Normen und dem Selbstverständnis der sie umgebenden Gesellschaft entsteht, »ihren eigentlichen Inhalt in der aus dieser Auseinandersetzung entstehenden philosophischen Reflexion über politische Ordnung und ihre Prinzipien besitzt« (*Berg-Schlosser* u.a. 1974: 145). Der eigentliche Kernbestand einer philosophisch orientierten Politikwiss. liegt dann mit *Voegelin* (1966: 284) in einer »Interpretation von Mensch, Gesellschaft und Geschichte, die gegenüber der Ordnungskonzeption der Gesellschaft, in der sie sich jeweils ereignet, mit dem Anspruch kritischen Ordnungswissens auftritt«.

IV. Die gemeinsame Motivation der Fragestellung, durch die sich eine philosophisch orientierte Politikwiss. auszeichnet, gibt aber keine Grundlage für eine über den Generalrahmen der Frage nach Sinn und Legitimation hinausgehende inhaltliche Konsensbildung ab, wo es um die einzelnen Resultate der Forschung geht. Da, wo p. P. als Subsystem eines Gesamtsystems der theoretischen und praktischen Philosophie auftritt, ist ihre Begriffsbildung und Erkenntnisformation von den anthropologischen, erkenntnistheoretischen und ontologischen Axiomen der sie bestimmenden Fundamentalphilosophie abhängig. Zwar geht jede philosophisch geprägte Beschäftigung mit der politischen Existenz des Menschen von der normativ vorgegebenen Kategorie eines Ordnungsbegriffs aus, der es in seiner Doppelfunktion als Seins- und Sollensaussage ermöglicht, mit dem Anspruch auf Verwirklichung auftretende, weil als wahr erkannte Aussagen über menschliches Handeln in der Gesellschaft zu machen und somit ein Urteil über die Qualität vorhandener Institutionen im Hinblick auf ihre Legitimierbarkeit zu fällen, aber die inhaltliche Ausgestaltung von Zentralbegriffen der

p. P. wie Gerechtigkeit, Freiheit, Gleichheit, Gemeinwohl, gute Ordnung, Autorität usw. ist dadurch ebensowenig prädeterminiert wie die Entscheidung darüber, welche dieser Kategorien in den Mittelpunkt der philosophischen Untersuchung gerückt wird.

Konnte die klassische Philosophie, die vom partizipatorischen Charakter einer dem Menschen vorgegebenen Vernunft ausging, die rationale Begründbarkeit ethischer Normen zur Legitimationsbasis einer Institutionenlehre machen, in der die anthropologischen Prinzipien von Politik und Ethik zusammenfielen, so muß eine Philosophie, deren Vernunftbegriff vom Modell einer durch menschliches Vermögen ohne Rückgriff auf übermenschliche Bereiche entstehenden Setzungsvernunft beherrscht wird, andere Wege der Legitimation von Politik beschreiten. In der Staatstheorie des Aufklärungsidealismus, dessen Anthropologie vom Bild des Individuums als eines autonomen Vernunftwesens bestimmt ist, entstammt der politische Gesamtwille nicht der teilhabenden Einsicht in die präfigurierte kosmische Ordnung, sondern geht *a priori* aus der menschlichen Vernunft hervor (↗ Aufklärung, ↗ Bürgertum). Aufgabe des aufgeklärten Herrschers als Personifikation des Rechts ist die Wahrung und Verwirklichung dieses vernünftigen Gesamtwillens, der aufgrund seiner Vernunftförmigkeit Anspruch auf den absoluten Gehorsam des dennoch mit den unverzichtbaren Attributen der Freiheit, Gleichheit und Selbständigkeit ausgestattet gedachten Bürgers erheben kann. Zum Staatszweck wird damit weder das individuelle noch das kollektive Glück der Bürger, sondern wie bei *Kant* die höchstmögliche Übereinstimmung der Verfassung mit Rechtsprinzipien. Der Gerechtigkeitsbegriff selbst, der diesen Rechtsprinzipien zugrunde liegt, ist dabei nicht aus vorgängigen Erkenntnissen abgeleitet, sondern in dem Sinne evident, daß jedes Unrecht unmittelbar aus der reinen Vernunft als solches erkannt werden kann. Die Erziehungspflicht des aufgeklärten Herrschers gegenüber der Bürgerschaft beschränkt sich auf das Legalitätsprinzip des pflichtgemäßen Handelns, während die unter dem Begriff der Moralität gefaßte Gesinnung des einzelnen nicht zum legitimen Funktionsbereich staatlicher Gewalt gehört. Die Trennung zwischen Legalität und Moralität als Kategorien der intellektuellen Erfaßbarkeit der Rechtsethik und der anthropologischen Ethik wird in der p. P. des Idealismus aufgehoben, wenn *Hegel* den Staat als Wirklichkeit der sittlichen Idee zu derjenigen Instanz erklärt, in der das Einzelinteresse und die moralischen Prinzipien aufgehoben und vereinigt sind. In der ins Göttliche hypostasierten Staatsidee verbinden sich das Selbstbewußtsein des einzelnen und die Freiheit aller zu einer sittlichen Einheit, in der nur noch der Staat und nicht mehr der einzelne Mensch eigentlicher Gegenstand der p. P. ist.

Wenn die klassische wie die idealistische p. P. trotz ihrer nicht miteinander zu vereinbarenden Konzeptionen der Vernunft von der rationalen Vermittelbarkeit ethischer Normen als Legitimationsbasis politischer Institutionen ausgehen, so kann die negative Anthropologie eines *Hobbes*, die nicht von der natürlichen Sozialität des Menschen, sondern allenfalls von seiner artifiziellen Soziabilität ausgeht und anstelle seiner Vernunftnatur seine Leidenschaftsnatur in den Vordergrund der Betrachtung schiebt, nur eine instrumentalistisch gefärbte Legitimation des Staates hervorbringen (↗ Vertragstheorie). Der Staat als übermächtige Instanz, die das Überleben der sich einander im Naturzustand gegenseitig bedrohenden Individuen und die Sicherung einer dem kollektiven ↗ Frieden nicht gefährlichen Sphäre individueller Interessen garantiert, entsteht dann aus dem Versuch, die bedrohliche Unvollkommenheit menschlicher Natur durch das Instrument eines dem Konsens der Betroffenen entspringenden Gesellschaftsvertrages zu überwinden.

Bei anderen Vertretern des »Besitzindividualismus« *(Macpherson* 1962) wird das autonome Individuum zunächst als Besitzer seiner selbst und sekundär daraus des Produkts seiner Arbeit verstanden, so daß der Gesellschaftsvertrag, wie bei *Locke*, die Wahrung der naturrechtlich verankerten Prinzipien der Gleichheit, des Lebens, der Freiheit und des Eigentums zum Gegenstand hat, aus dem heraus sich die Ausübung staatlicher Gewalt legitimiert und zugleich ihre Grenzen findet. Die Institutionen der Herrschaft dienen nicht der Entfaltung menschlicher Natur im Sinne der Erziehung zur Tugend, sondern sollen durch die Aufrechterhaltung des Rechtssystems das autonome Individuum vor widerrechtlichen Übergriffen anderer Individuen schützen. Damit ist die legitime Betätigungssphäre des Staates auf einen Minimalbereich der Existenzsicherung eingeschränkt.

Die philosophisch begründete Aufhebung dieser Einschränkung findet sich in der Identifikation des Staates mit einem dem Willen der Mehrheit entspringenden allgemeinen Willen, wie sie *Rousseau* postuliert. Wenn so die politische Gemeinschaft als Ganzes zum handelnden Subjekt im Rahmen der Bestimmungen des Gesellschaftsvertrages wird, ist die Legitimationsbasis für eine Staatstheorie geschaffen, die es ermöglicht, das Dilemma der Unvereinbarkeit von individueller Freiheit und politischer Gemeinsamkeit in einer Institution aufzuheben, die dazu dient, den einzelnen auch gegen seinen Willen zur Freiheit zu zwingen.

Für die teleologisch orientierte Geschichtsphilosophie des ↗ Marxismus ist der Staat weder naturgegeben noch aus dem freiwilligen Zusammenschluß von Einzelmenschen entstanden, sondern stellt als Instrument der politischen Machtausübung bestimmter Klassen zur Durchsetzung ihrer Interessen und zur Niederhaltung anderer Klassen ein historisches Produkt der Spaltung der Gesellschaft in einander unversöhnlich gegenüberstehende Formationen dar. Damit ist er auch keine überzeitlich gegebene Form politischer Organisation, sondern eine historisch begrenzte Erscheinung, die beim Übergang zur klassenlosen Gesellschaft des ↗ Kommunismus »absterben« wird. Legitimierbar ist er damit nicht mehr in allgemeingültiger Form, sondern jeweils nur in seiner historischen Funktion als Instrument gesellschaftlicher Entwicklung in bestimmten Perioden des historischen Gesamtprozesses. Marxistische ↗ Staatstheorie bezieht sich infolgedessen nicht auf den Staat an sich, sondern auf die jeweiligen Aufgaben staatlicher Institutionen unter den jeweils gegebenen gesellschaftlichen Bedingungen.

Gegenüber der Gefahr der Hypostasierung des Staates im instrumentalistischen oder idealistischen Sinne wie gegenüber der entgegengesetzten Prämisse seiner prinzipiellen Nichtlegitimierbarkeit und Beliebigkeit versuchen neoliberale Theorien der p. P. seine Begründung als ↗ Rechtsstaat, der gleichzeitig weitgehend seiner ökonomischen und sozialen Aufgaben entkleidet wird (↗ Liberalismus), während er in der Theorie des ↗ Sozialstaats überhaupt nicht mehr als autonom handelndes Subjekt auftaucht, sondern einem System der gegenseitigen Kontrollen voneinander unabhängiger Gewalten unterworfen ist. Neuere Ansätze der p. P. bemühen sich darum, die Grenzen legitimer Ausübung demokratischer Staatsgewalt durch die Ableitung von Beurteilungskriterien aus den absolut gesetzten Maßstäben der Freiheit und Würde des Menschen zu bestimmen.

Die Frage nach der Legitimierbarkeit des Staates als der wichtigsten Form politischer Herrschaft macht nicht das Gesamtgebiet der p. P. aus, stellt aber einen ihrer Kernbereiche dar. Allgemein gesprochen werden philosophische Ansätze in der Politikwiss. immer da entscheidend, wo sie sich nicht mit der wertfreien Deskription und Analyse politischer Institutionen und Prozesse zufriedengibt, sondern sich um Probleme der Sinngebung vorfindbarer Institutionen und der Kriterien zur Beurteilung der Angemessenheit und Verantwortbarkeit menschlichen Handelns wie der Investigation von Veränderung im gesellschaftlichen Bereich bemüht.

V. Die Überlieferung und Interpretation der Resultate abgeschlossener philosophischer Denkakte über politische Phänomene, wie sie der Bereich der politischen Ideengeschichte (p. I.) ist, stellt insoweit keinen genuinen Teil der politischen Theorie dar, als sie weitgehend im Deskriptiven verharrt und sich nicht um die Schaffung von Erklärungsmustern und Grundlagen der Prognose durch Aufstellung von Hypothesen, deren methodisch abgesicherte Überprüfung und Systematisierung bemüht. Ihre Aufgabe liegt im wesentlichen darin, das historische Material der p. P. unter doxographischem Aspekt zu sammeln. Von ↗ Ideologie und Ideologiekritik unterscheidet sie sich darin, daß sie sich weder mit der Analyse eines Gesamtsystems politischer Ideen als Bewußtseinsinhalte, ihrer Entstehung, ihrer Form, ihres inneren Zusammenhangs und ihrer Beziehungen zur materiellen Außenwelt befaßt, noch die Herstellung eines Legitimationszusammenhangs für politische Überzeugungen, Handlungsprogramme oder Herrschaftssysteme intendiert. Wenn es Aufgabe der p. I. ist, »politische Ideen auf ihre möglichen Folgen hin zu untersuchen und zu fragen, inwieweit diese Ideen in den Gang der Ereignisse eingegriffen, ihn beschleunigt oder verlangsamt haben« (*Münkler* 1987: 76), kann die Spannbreite ihrer Intentionen von der positivistischen Darstellung werkimmanenter Zusammenhänge bei einzelnen Autoren (*Sabine* 1937; *Zippelius* 1971; *Fenske* 1981; *Steinvorth* 1981) über den Versuch, aus der Herausarbeitung historischer Entwicklungslinien des Denkens Kriterien für die Beurteilung zeitgenössischer Theorien zu gewinnen (*Maier* 1968; *Strauss* 1953; *Strauss/Cropsey* 1963; *Willms* 1971), bis zur Erarbeitung einer »Sozialgeschichte der Ideen« durch Bezugnahme auf die gesellschaftlichen Bedingungen ihrer Entstehung (*Hofmann* 1962; *Röhrich* 1979) reichen. Ebenso kann die p. I. den Vertretern normativer Theorien der Politik als Instrument der Analyse geistesgeschichtlicher Fehlentwicklungen im Interesse einer Erneuerung verschütteter Traditionsbestände der p. P. dienen. Ihre wichtigste Bedeutung für die Politikwissenschaft dürfte jedoch in ihrer Funktion als »Lagerhaus politischer Probleme« (*von Beyme* 1969: 50) liegen, als einer Art von Fundus von Argumenten, Denkmodellen und Sachaussagen, die auf ihre Anwendbarkeit für konkrete Fragestellungen hin überprüft werden und so weiterer Forschung zum Stimulus dienen können.

Peter Weber-Schäfer

Lit.: *Berg-Schlosser, D.* u.a. 1974: Einführung in die Politikwissenschaft, München. *Beyme, K. von* 1969: Politische Ideengeschichte, Tübingen. *Fenske, H.* u.a. 1981: Geschichte der politischen Ideen, Königstein. *Habermas, J.* 1963: Theorie und Praxis, Neuwied. *Hennis, W.* 1963: Politik und Praktische Philosophie, Neuwied. *Hofmann, W.* 1962: Ideengeschichte der sozialen Bewegung, Berlin. *Macpherson, C. B.* 1962: The Political Theory of Possessive Individualism, Oxford (dt. 1967). *Maier, H.* u.a. 1968: Klassiker des Politischen Denkens, München. *Münkler, H.* 1987: Im Namen des Staates, Frankfurt/M. *Nozick, R.* 1974: Anarchy, State, and Utopia, New York. *Rawls, J.* 1972: A Theory of Justice, Oxford (dt. 1975). *Röhrich, W.* 1979: Sozialgeschichte politischer Ideen, Reinbek. *Sabine, G.H.* 1937: A History of Political Theory, London. *Steinvorth, V.* 1981: Stationen der politischen Theorie, Stuttgart. *Strauss, L.* 1953: Natural Right and History, Chicago (dt. 1956). *Strauss, L.* 1959: What is Political Philosophy?, Glencoe. *Strauss, L./Cropsey, J.* 1963: History of Political Philosophy, Chicago. *Voegelin, E.* 1952: The New Science of Politics, Chicago (dt. 1959). *Voegelin, E.* 1956–1987: Order and History, Baton Rouge. *Voegelin, E.* 1966: Anamnesis. Zur Theorie der Geschichte und Politik, München. *Willms, B.* 1971: Die politischen Ideen von Hobbes bis Ho Tschi Minh, Stuttgart. *Zippelius, R.* 1971: Geschichte der Staatsideen, München.

Politische Psychologie

Bereits in der Philosophie der Antike wurden vereinzelt Themen bearbeitet, die wir heute dem Bereich der Politischen Psychologie (P. P.) zuordnen würden. Allerdings drängte sich die Notwendigkeit einer systematischen Untersuchung der Wechselwirkungen zwischen Individualität einerseits und Kollektivität andererseits erst in der zweiten Hälfte des letzten Jahrhunderts auf. Durch die Ausdifferenzierung von ↗ Gesellschaft, bedingt u.a. durch den Prozeß der Industrialisierung und verbunden mit Verstädterung, dem Übergang von der Groß- zur Kleinfamilie oder Anfängen der Demokratisierung, begannen alte Normen- und Wertesysteme, kurz: Traditionen, ihre sinnstiftenden und handlungsorientierenden Funktionen zu verlieren. Das hatte zur Folge, daß die Gesellschaft und ihre Institutionen diese Funktionen übernehmen mußten und daß der einzelne den Wegfall der Kollektivität sowie die Diskrepanz zwischen Individualisierung und Massengesellschaft psycho-sozial verarbeiten mußte. Mit dieser Problematik befaßten sich z.B. *G. Le Bon* (1895) in seiner Studie »La Psychologie des foules«, *V. Pareto* (1902) in »Les Systèmes socialistes«, der Elemente nonlogischer Aktionen untersuchte und eine Synthese zwischen Wertrelativismus und Sozialrelativismus herstellte, oder *S. Freud* (1921) in seinem Werk »Massenpsychologie und Ich-Analyse«. Allerdings liegt der eigentliche Beginn der P.P. als Unterdisziplin an der Schnittstelle zwischen Psychologie, Soziologie, Verwaltung, Ökonomie und Politikwissenschaft in der Zeit zwischen den beiden Weltkriegen – bedingt durch Kriegserfahrung und Modernisierungsschub.

In den USA waren der Verlust an politischer Loyalität und die Möglichkeiten der kontrollierenden Einflußnahme zentrale Gegenstände der Psychologie. *H.D. Lasswell* (1930), Begründer der P.P. in den USA, stellte in diesem Zusammenhang die Kontrolle der Kommunikation als wichtigste Kontrollmaßnahme heraus. In Deutschland entstand die P.P. im Kontext der Entwicklung von ↗ Faschismus und ↗ Nationalismus, nämlich einerseits als Hilfsmittel, um die faschistische Massenmanipulation voranzutreiben, andererseits als kritische Reaktion darauf: So in den »Studien über Autorität und Familie« von *Horkheimer* (1936) oder den Arbeiten von *Adorno* u.a. (1950) zu »The Authoritarian Personality. Studies in Prejudice«. Nach dem II. Weltkrieg war die Faschismusforschung der primäre Bereich der P.P. mit dem erkenntnisleitenden Interesse, Mechanismen des Faschismus aufzudecken, um Maßnahmen zu entwickeln, die eine Wiederholung der NS-Vergangenheit verhindern können.

I. Politische Psychologie ist mehr als die Untersuchung politischer Problemfelder mit den Mitteln der psychologischen Methode und Theorie. Sie versteht sich als transdisziplinärer Ansatz, mit dem Wechselwirkungen zwischen gesellschaftlich vermitteltem individuellem Verhalten und den von Menschen geschaffenen politischen Prozessen und gesellschaftlichen Strukturen untersucht werden. Politische Prozesse werden grundsätzlich als Ergebnis der sozialen Konstruktion von Wirklichkeit betrachtet, die unter Einbeziehung der historischen Perspektive und des »subjektiven Faktors« analysiert werden (*Berger/Luckmann* 1966; *Erdheim* 1984: *DeMause* 1982). Die Berücksichtigung der kollektiven und individuellen Subjektivität bei der Erklärung sozialen und politischen Handelns ist das große Verdienst der Politischen Psychologie. Genau hier unterscheidet sie sich von der Sozialpsychologie, die individuelles und Gruppenverhalten aufgrund von intrapersonellen Befindlichkeiten und Mikroprozessen erklärt, jedoch gesamtgesellschaftliche Einflußfaktoren ausklammert, und von der ↗ Politikwissenschaft, die in ihrer Tradition den Einfluß des Subjekts unberücksichtigt läßt. Ihr Forschungsfeld ist also definiert durch die Dialektik zwischen individuellen Mikro- und gesellschaftlichen Makroprozessen. Dabei ist die P. P. in zweifacher Sicht eine wissenschaftliche Reaktion auf gesellschaftliche Krisen: Einerseits wurde aufgrund gesellschaftlicher Ausdifferenzierung die Prognose von Verhalten für das ↗ Politische System und dessen Akteure immer schwieriger, was die Erforschung von Wählerverhalten, Parteiverdrossenheit, sozialem und politischem Wandel, Terrorismus oder Oppositionsbewegungen erforderte. In diesem Bereich ist die P. P. auch politikberatend tätig. Andererseits etablierte sich die P. P. als »kritische Wissenschaft«, als »Wissenschaft von unten«, deren Erkenntnisinteresse die Kritik am *Status quo* sowie am Handeln politisch Verantwortlicher ist. *Horkheimer* hatte die P. P. als Krisenwissenschaft bereits 1932 beschrieben: »Je weniger das Handeln aber der Einsicht in die Wirklichkeit entspringt, ja dieser Einsicht widerspricht, desto notwendiger ist es, die irrationalen, zwangsmäßig die Menschen bestimmenden Mächte psychologisch aufzudecken« (*Horkheimer* 1968 [Bd. I]: 20).

Das Themenspektrum der P. P. ist breit: Es umfaßt Faschismusforschung, Analysen des Umgangs der Deutschen mit ihrer Vergangenheit (↗ Geschichte und Politik), Arbeiten über politische ↗ Eliten und Führer, Untersuchungen politischer Beeinflussung und Manipulation, der Medienforschung, des ↗ Wahlverhaltens und der politischen Kultur (*Berg-Schlosser/Schissler* 1987), ferner Arbeiten zur Technologiefolgenabschätzung, Krisenursachenforschung (*Glad* 1990), zu Militarismus, Angst und politischer Apathie oder auch zum Zusammenhang von Mensch und Umwelt. Darüber hinaus ist der Bereich der »Psychologie des Friedens« ein wichtiges Forschungsfeld (*Müller-Brettel* 1991). Arbeiten dazu wurden sowohl nach Kriegen (Weltkriege), während der Kriege (Vietnamkrieg) als auch in Erwartung von Kriegen geschrieben; so entstanden während der 80er Jahre viele Arbeiten zu Kriegsangst, atomarer Kriegsgefahr und zur Psychologie der Abschreckungslogik (*Ensel* 1984; *Horn* 1988; *Horn/Rittberger* 1987; *Richter* 1981). Selbstredend stand auch die P. P. im Zeichen des Ost-West-Konflikts, weshalb ↗ Internationale Beziehungen (*Birckenbach* 1988; *Senghaas-Knobloch* 1989) und Feindbilder zwischen Staaten (*Frei* 1985; *Janis* 1972; *Jervis* 1970) unter dem Blickwinkel der P. P. untersucht wurden. Nicht jedoch die Themen, sondern Erkenntnisinteresse und Methodologie machen das Besondere der P. P. im Rahmen der Vielfalt sozialwissenschaftlicher Fächer aus.

II. Wie in den anderen ↗ Sozialwissenschaften, so gibt es auch in der P. P. keine einheitliche Methodologie: Demzufolge ist auch innerhalb der P. P. die gesamte Bandbreite der üblichen sozialwissenschaftlichen Methoden vorzufinden. Analog zur traditionellen Trias der Metatheorien in der Politikwissenschaft (normativ-ontologisch, empirisch-analytisch, kritisch-dialektisch) gibt es im Bereich der P. P. das »Traditionelle Wissenschaftsverständnis«, die »Kritische Psychologie«, die »Kritische Theorie des Subjekts« (*Moser* 1979; *Peltzer* 1983).

Die dem ↗ Kritischen Rationalismus nahestehenden Vertreter des »Traditionellen Wissenschaftsverständnisses« (z. B. *Jacobsen* 1963, *Herrmann* 1971) erkennen nur die Theorieformulierung und -überprüfung (Begründungszusammenhang) als wissenschaftlich an, nicht aber den Entdeckungs- und Verwertungszusammenhang, den sie als moralisierend und subjektivistisch bezeichnen. Diese Wissenschaftsauffassung provozierte die Kritik der Vertreter der »Kritischen Psychologie«: »Ein positivistisches Selbstverständnis der nomologischen Wissenschaften leistet vielmehr dem Ersatz aufgeklärten Handelns durch Technik Vorschub« (*Habermas* 1971: 350). Die »Kritische Psychologie« stellt im Gegensatz dazu den

Entdeckungs- und Verwertungszusammenhang in den Vordergrund. Ihre Vertreter (z. B. *Braun* 1978, *Holzkamp* 1977) kritisierten »unkritische« Forschung, da diese zur Entmündigung des Menschen und zur Aufrechterhaltung von ↗ Herrschaft beitrage. Vielmehr müsse die Wissenschaft normativ, d.h. herrschaftskritisch, sein. Die Grundlage dafür lieferte die historisch-materialistische Gesellschaftstheorie. Die »Kritische Theorie des Subjekts« steht in der Tradition der »Frankfurter Schule« und geht über den Ansatz der »Kritischen Psychologie« hinaus, die aus dieser Sicht das Subjekt zugunsten der gesamtgesellschaftlichen Analyse (z. B. *Horn* 1989, *Lorenzer* 1974) vernachlässigt.
Die Vertreter dieser Richtung verbinden Marxismus und Psychoanalyse, um der »Subjektivierung gesellschaftlicher Probleme« gerecht zu werden, wobei beide Theorien in grundlegend kritisierter und damit auch abgeänderter Form in die »Kritische Theorie des Subjekts« eingearbeitet werden. Auch schließt diese Forschungsrichtung die ständige Selbstreflektion des Wissenschaftlers mit ein: seinen Handlungsbezug, seine Subjektivität, seine Ziele. Mit Nachdruck werden naturwissenschaftliche Methoden abgelehnt, da menschliches Bewußtsein und Handeln nur interpretativ, mittels hermeneutischer Verfahren, analysiert werden könnten.

III. Die P. P. als transdisziplinärer Ansatz hat sich inzwischen zwar in Form von Sektionen in den Berufsvereinigungen oder im Rahmen der *International Society of Political Psychology* organisatorisch etabliert, aber sie wird nur an wenigen Fachbereichen gelehrt, da sie nach wie vor lediglich als Unterbereich der Psychologie bzw. Politikwissenschaft gilt. Doch ihr Beitrag – insbesondere die Analyse des Subjekts – ist unverzichtbar, soll politisches Handeln nicht nur teilweise verstanden werden. Zudem ist die P. P. heute gefordert, sich mit völlig neuen politischen Rahmenbedingungen und damit einer gründlichen Überarbeitung ihrer Theoriebildung zu befassen. Neue Themen ergeben sich durch die Transformation des Ost-West-Konflikts (↗ Ost-West-Beziehungen) und den politischen und sozialen Wandel in den neuen Bundesländern, der den Menschen eine völlige Umorientierung und deren psycho-soziale Verarbeitung abverlangt (*Maaz* 1990); die neuen (alten) ethnonationalen Konflikte im Osten Europas; die Bildung einer neuen Weltordnung, mit der ein neuer Chauvinismus und ↗ Nationalismus zu entstehen droht; die Tatsache, daß Kriege wieder führbar werden und sich der Rechtsextremismus (↗ Politischer Extremismus) zu einer sozialen Bewegung formiert. Diese neuen Politik- und Problemfelder können nur im Rahmen interdisziplinärer Forschungen analysiert werden, wobei die psycho-sozialen Einflußgrößen der Subjektivität von Kollektiven und konkreten Akteuren dringend berücksichtigt werden müssen.

Ulrike C. Wasmuht

Lit.: *Adorno, T.* u.a. 1950: The Authoritarian Personality. Studies in Prejudice, New York (dt. Frankfurt/M. 1973). *Berg-Schlosser, D./Schissler, J.* (Hrsg.) 1987: Politische Kultur in Deutschland. Bilanz und Perspektiven der Forschung, PVS Sonderheft 18, Opladen. *Berger, P./Luckmann, Th.* 1966: Die gesellschaftliche Konstruktion der Wirklichkeit. Eine Theorie der Wissenssoziologie, Frankfurt/M. *Birckenbach, H.-M.* 1988: Die Überwindung von Feindschaft im Ost-West-Konflikt. Zur politischen Psychologie einer Streitkultur, Hamburger Beiträge zur Friedensforschung und Sicherheitspolitik, Heft 28, Hamburg. *Braun, K.-H.* 1978: Einführung in die Politische Psychologie, Köln. *DeMause, L.* 1982: Foundations of Psychohistory, New York. *DeMause, L.* 1984: Reagan's America. Eine psychologische Studie, Frankfurt/M. *Ensel, F.-J.* 1984: Richtige Angst und falsche Furcht. Psychologische Friedensvorbereitung und der Beitrag der Pädagogik, Frankfurt/M. *Erdheim, M.* 1984: Die gesellschaftliche Produktion von

Unbewußtheit. Eine Einführung in den ethnopsychoanalytischen Prozeß, Frankfurt/M. *Frei, D.* 1985: Feindbilder und Abrüstung. Die gegenseitige Einschätzung der UdSSR und der USA, München. *Freud, S.* 1974: Massenpsychologie und Ich-Analyse, Frankfurt/M. (zuerst 1921). *Frindle, W./Pätzold, H.* (Hrsg.) 1994: Mythen der Deutschen, Opladen. *Glad, B.* (Hrsg.) 1990: Psychological Dimensions of War, Newsbury Park u.a. *Habermas, J.* (1965) 1971: Erkenntnis und Interesse, in: *Albert, H./Topitsch, E.* (Hrsg.): Werturteilsstreit, Darmstadt, 334–352. *Hermann, H.G.* (Hrsg.) 1986: Political Psychology. Contemporary Problems and Issues, San Francisco/London. *Herrmann, T.* 1971: Über einige Einwände gegen die nomothetische Psychologie, in: ZfSozialpsychologie, Nr. 2, 123–149. *Holzkamp, K.* 1977: Die Überwindung der wissenschaftlichen Beliebigkeit psychologischer Theorien durch die Kritische Psychologie, in: ZfSozialpsychologie, Nr. 8, 1–22/78–97. *Horkheimer, M.* (Hrsg.) 1936: Studien über Autorität und Familie, Paris. *Horkheimer, M.* 1968: Geschichte und Psychologie, in: *Horkheimer, M.*: Kritische Theorie. Eine Dokumentation (2 Bde.; hrsg. von *A. Schmidt*), Frankfurt/M. (zuerst 1932). *Horn, K.* 1988: Gewalt – Aggression – Krieg. Studien zu einer psychoanalytisch orientierten Sozialpsychologie des Friedens, Baden-Baden. *Horn, K.* 1989: Politische Psychologie (hrsg. von *H.-J. Busch*), Frankfurt/M. *Horn, K./Rittberger, V.* (Hrsg.) 1987: Mit Kriegsgefahren leben. Bedroht sein, Bedrohungsgefühle und friedenspolitisches Engagement, Opladen. *Jacobsen, W.* 1963: Was ist »Politische Psychologie?«, in: *Baeyer-Katte, W. von* u.a. (Hrsg.): Politische Psychologie als Aufgabe unserer Zeit (»Politische Psychologie« Bd. I), Frankfurt/M., 9–16. *Janis, I.L.* 1972: Victims of Groupthink. A Psychological Study of Foreign Policy and Fiascoes, Boston. *Jervis, R.* 1970: The Logic of Images in International Relations, Princeton. *Klingemann, H.-D./Kaase, M.* (Hrsg.): Politische Psychologie, PVS Sonderheft 12, Opladen. *Knutson, J.* (Hrsg.) 1973: Handbook of Political Psychology, San Francisco u.a. *König, H.* 1988: Wider die Politische Psychologie als Befragungswissenschaft. Kritischer Literaturbericht, in: *König, H.* (Hrsg.): Politische Psychologie heute, Leviathan, Sonderheft 9, Opladen, 36–52. *Lasswell, H.D.* 1966: Psychopathology and Politics. A New Edition with Afterthoughts by the Author, New York (zuerst 1930). *Le Bon, G.* 1895: La Psychologie des foules, Paris. *Lorenzer, A.* 1974: Die Wahrheit der psychoanalytischen Erkenntnis. Ein historisch-materialistischer Entwurf, Frankfurt/M. *Maaz, H.-J.* 1990: Der Gefühlsstau. Ein Psychogramm der DDR, Berlin. *Moser, H.* 1979: Ansätze und inhaltliche Struktur einer Politischen Psychologie, in: *Moser, H.* (Hrsg.): Politische Psychologie, Weinheim/Basel, 19–52. *Müller-Brettel, M.* 1991: Psychologische Beiträge zur Friedensforschung und Friedenspolitik. Ein Literaturbericht, Schriftenreihe des Max-Planck-Instituts für Bildungsforschung, Nr. 37/ES, Berlin. *Pareto, V.* 1902: Les Systèmes socialistes, Paris. *Peltzer, U.* 1983: Methodologie und Methoden, in: *Lippert, E./Wakenhut, R.* (Hrsg.): Handwörterbuch der Politischen Psychologie, Opladen, 178–189. *Senghaas-Knobloch, E.* 1989: Zur Perspektive politischer Psychologie in der Friedens- und Konfliktforschung. Innergesellschaftliche und internationale Konflikterfahrung und Konfliktverarbeitung. AFB-TEXT, Bonn.

Politische Sozialisation

I. Sozialisation (S.) bezeichnet den Prozeß, in dessen Verlauf Individuen die von der Gruppe bzw. Gesellschaft für wesentlich erachteten Verhaltensweisen, Normen, ↗ Werte und Einstellungen erwerben, um den Anforderungen und Erwartungen der Gruppe/Gesellschaft an ihre Mitglieder gerecht werden zu können. Das Individuum muß also einerseits lernen, was erwartet wird, andererseits die notwendigen Fähigkeiten erwerben, um sich diesen Erwartungen entsprechend verhalten zu können. Die Gesellschaft formt somit das ihr zugehörige Verhalten der Individuen, die ihrerseits die Gesellschaft formen. Damit wird auch deutlich, daß es sich bei der S. um einen wechselseitigen Prozeß handelt, bei dem die Individuen sowohl Rezipienten und »Lernende« sind als auch aktiv – durch Stabilisierung und Veränderung – an der Ausformung der Gesellschaft beteiligt sind. Politische Sozialisation (p. S.) »... bezeichnet die Gesamtheit aller lebenslangen Lernprozesse, in deren Verlauf die politische Persönlichkeit des Menschen entsteht und mehr oder minder dynamisch ausdifferenziert wird. Hauptsächlich geht es dabei um die Entwicklung der individuellen Qualitätsmerkmale für die Existenz als Staatsbürgerin und Staatsbürger. Wesentlich für die Lernprozesse ist ganz allgemein die Vermittlung zwischen den inneren Strukturen der Einzelsubjekte und den objektiv gegebenen Herrschaftsverhältnissen in der engeren und weiteren Umwelt« (*Claußen* 1994: 503).

II. In der politischen Sozialisationsforschung sind zwei Forschungsebenen zu finden. Es handelt sich dabei einerseits um die eher theoretische Ebene, auf der allgemeine Aussagen gemacht werden über 1) Art, Funktion und Inhalte politischer Sozialisation; 2) die Art und Weise, wie Individuen ihre politische Rolle lernen (und veränderten Gegebenheiten anpassen); 3) die Agenten, Situationen und Orte politischer Sozialisation. Auf der zweiten, der anwendungsbezogenen Ebene werden spezielle Fragen und Probleme untersucht. Dies geschieht sowohl deskriptiv als auch erklärend als auch mit dem Ziel, verändernd einzugreifen. Politische Sozialisation existiert als eigenständige Forschungsrichtung seit der unter diesem Namen veröffentlichten Arbeit von *H. Hyman* (1959). Die verschiedenen Themen und Problembereiche p. S. waren aber schon lange vorher, und sind immer noch, ebenfalls Gegenstand von Politikwissenschaft, Soziologie, Sozial-, Entwicklungs- und allgemeiner Psychologie wie auch Sozialanthropologie, Philosophie und Geschichtswissenschaft gewesen.

1. Frühere (soziologische) Sozialisationstheorien (z. B. *Parsons* 1964) betrachten Sozialisation primär als Prozeß menschlicher Anpassung an die Gesellschaft, neuere Ansätze thematisieren die Wechselwirkung zwischen Individuum und Gesellschaft.

Nach dem theoretischen Modell von *Hurrelmann* (1986: 64) steht »das menschliche Subjekt in einem sozialen Kontext, der subjektiv aufgenommen und verarbeitet wird, der in diesem Sinne also auf das Individuum einwirkt, aber zugleich immer auch durch das Individuum beeinflußt, verändert und gestaltet wird«.

Betrachtet man die Inhalte, den Gegenstand p. S., so ist dies von der Seite der Gesellschaft wie von der ihrer Mitglieder zu sehen. Auf der gesellschaftlichen Seite sind es z. B. ↗ Demokratisierungstheorien (u. a. *Lipset* 1962; *von Beyme* 1992) oder Untersuchungen über ↗ Verfassungsgrundsätze, die Aufschlüsse über die normativen Erwartungen der Gesellschaft (sowie deren Veränderungen) suchen. Für die individuelle (Mitglieds-)Seite nennen z. B. *Jennings/Niemi* (1981) sechs Teilbereiche, in denen die speziellen Auswirkungen p. S. zu analysieren sind: a) psychologisches Engagement in Politik und öffentlichen Angelegenheiten; b) politische Ressourcen im Sinne kognitiver und motivationaler Voraussetzungen; c) politische ↗ Partizipation im weitesten Sinne; d) Präferenzen und Einstellungen gegenüber politischen Inhalten; e) Bewertung von regierungsbezogenen Personen und Gruppen; f) nicht politische Eigenschaften von Personen als Teilbereiche, in denen p. S. stattfindet.

2. Zu diesen Teilbereichen p. S. machen psychologische und sozialpsychologische Theorien Aussagen über Lernen, Motivation, Einstellungen und Vorurteile, Einstellungsänderungen, soziale Wahrnehmung, Personenwahrnehmung.

Politische Sozialisation beginnt bereits im Verlauf der frühen Kindheit. Schon ab dem dritten Lebensjahr wird eine diffuse emotional affektive Haltung zu Politik, zur Nationalität und zu Politikern erworben. Familiäre Bedingungen wie die politische Einstellung der Eltern sowie das Familienklima determinieren die Richtung dieser Haltung (z. B. *Hess/Torney* 1967).

In der Kindheit findet die primäre p. S. statt: die Vorstrukturierung der politischen Verhaltensdispositionen. Im Verlauf der Reifung durchläuft das Kind Entwicklungsphasen kognitiver Strukturen. Nach *Kohlberg* verläuft die kognitiv-moralische Entwicklung in drei Phasen (mit je zwei Stufen): Auf dem präkonventionellen Niveau ist die Perspektive zunächst egozentrisch, dann konkret individualistisch. Auf dem konventionellen Niveau wird die Eingebundenheit des Individuums in die Gesellschaft erkannt und handlungsgeleitet. Das postkonventionelle Niveau ist durch eine Perspektive gekennzeichnet, die der Gesellschaft vorgeordnet ist, d. h., es wird ein moralischer Standpunkt eingenommen, von dem her auch Integrations- und Kritikfähigkeit geleistet werden (*Colby/Kohlberg* 1978).

Während der ersten Stufen findet p. S. latent statt, indem sich die eigene Identität und allgemeine kognitive und moralische Komponenten herausbilden. Durch die Einbeziehung gesellschaftlicher Aspekte können sich dann die politische Identität, politische Kenntnisse und Einstellungen entwickeln. In dieser, der Phase der sekundären p. S. entsteht die politische Persönlichkeit (*Weiß* 1981). Neben der latenten ist nun auch – durch Erreichen des konventionellen Niveaus – manifeste p. S. möglich. Im Verlauf des Erwachsenenalters gibt es immer wieder Lebensabschnitte und krisenhafte Ereignisse, die die »politische Persönlichkeit« verändern können. Im »Lebenszyklus«-Ansatz werden einerseits die verschiedenen Rollen des Erwachsenenalters, andererseits auch physiologische und psychologische Altersveränderungen zur Erklärung von Veränderungen z. B. politischer Einstellungen herangezogen. Die deutlich konservativere Einstellung Älterer kann als eine Veränderung politischer Einstellungen interpretiert werden. Es wird allerdings auch argumentiert, daß in einer Gesellschaft schnellen sozialen Wandels die weitgehend unveränderten politischen Einstellungen eines Jahrgangs in hohem Alter konservativ erscheinen (*Braungart/Braungart* 1986).

Ein weiterer wesentlicher Bestimmungsfaktor der politischen Persönlichkeit ist die Generationszugehörigkeit, also das soziale und politische Umfeld, in dem sich Personen gleichen Alters und entsprechender Lebensphase befinden. Z. B. muß sich die 60er Generation während ihrer – auch politisch – aktivitätsbereiten Adoleszenzphase mit dem Ereignis Vietnamkrieg auseinandersetzen (*Bettelheim* 1963).

3. Die Hauptagenten politischer Sozialisation sind Familie, Schule, Gleichaltrigen-(Arbeits-, Berufs-)Gruppen und die Medien. Vor allem dem Vater und den Lehrern wird eine hohe Bedeutung für die eigene politische Sozialisation zugeschrieben (*Krampen* 1991). Auf der theoretischen Ebene sind die spezifischen Eigenheiten der Sozialisationsinstanzen sowie daraus folgend die potentiellen Sozialisationsmöglichkeiten – gegebenenfalls differenziert für verschiedene Inhalte – dieser Institutionen Forschungsgegenstand. Aussagen über z. B. relative Anteile einzelner Sozialisationsinstanzen am Sozialisationsergebnis sind Aufgaben der anwendungsbezogenen Forschung, da nur bei Kenntnis der je vorliegenden Bedingungen der an der S. beteiligten Agenten Rückschlüsse auf ihre Sozialisationswirkungen und damit auf ihr relatives Gewicht möglich sind.

In der Familie, der für das Kind ersten und lange Zeit wichtigsten Sozialisationsinstanz, werden neben den nicht explizit politikbezogenen Voraussetzungen für die p. S. sehr früh diffuse Werthaltungen gegenüber ebenso undifferenzierten politischen Sachverhalten erworben. Da Politik oder politische Unterweisung, wie aus vielen Untersuchungen zu Erziehungszielen hervorgeht, von der Mehrzahl der Familien nicht als ein ihnen zugeordneter, wesentlicher Aufgabenbereich angesehen wird, sind politische Inhalte, die durch die Familie übermittelt werden, in erster Linie globale Einstellungen zum öffentlichen Leben und zur Parteienlandschaft. Der Sozialisationseinfluß steigt mit zunehmendem Interesse, Diskussionen und Kenntnisstand an und über politische Themen (*Sears* 1975) – notwendig ist aber ein Erziehungsklima, das durch gute Eltern-Kind-Beziehung, soziale Unterstützung und Wärme die Bereitschaft zur politischen Auseinandersetzung mit elterlichen Vorstellungen erhöht (*Adams* 1986).

Die – von der Gesellschaft zugewiesenen – Aufgaben der Schule erstrecken sich in demokratischen Gesellschaften explizit auch auf die ↗ Politische Bildung, d.h. auf den Erwerb von entsprechenden Kenntnissen, auf die Vermittlung von sowie die Identifikation mit demokratischen Werten und Normen sowie Kritikfähigkeit politischen Institutionen und Prozessen gegenüber. In der Sozialisationsinstanz Schule sind die zu vermittelnden Inhalte in Form von Lehrplänen explizit aufgeführt, es lassen sich hier also – unter dem Vorbehalt methodischer Probleme – Wirksamkeitsanalysen, z.B. unter Berücksichtigung didaktischer Methoden, durchführen (vgl. z.B. *Klein* 1991: Zur Bedeutung der schulischen Sozialisation für die Entwicklung politischer Werte). Ein weiterer Fragenkomplex ergibt sich daraus, daß die Schüler im Sozial- oder Gemeinschaftskundeunterricht nicht als ›leeres Blatt‹ auftauchen, sondern bereits durch bisherige Erfahrungen, Einstellungen und Wissen unterschiedlichster Art und Stärke mitbringen. Hier stellen sich stärker als im Familienkontext die Fragen nach Auswirkungen von Informationen, die bisherige Einstellungen unterstützen oder ihnen widersprechen.

Die *peer group* unterstützt den Ablöseprozeß des Jugendlichen aus dem Elternhaus, aus dem Schutz der Familie. *Peer groups* sind also wesentliche Sozialisationsagenten des Kindes auf dem Weg zum Erwachsenwerden. Im Bereich der Kleingruppenforschung findet sich eine Fülle von Material zu Bedingungen der Stärke des Einflusses der Gruppe auf das einzelne Mitglied. Sind diese Gruppen damit auch wesentliche Sozialisationsagenten für den politischen Bereich? Die Ergebnisse der *Bennington*-Studie (*Newcomb* 1934) lassen dies vermuten: Er fand, daß der Einfluß der Collegegruppen, denen die befragten Studentinnen angehörten, eine lang anhaltende Änderung ihrer zunächst konservativen Einstellungen bewirkten – diese Änderungen zu eher liberalen bis radikalen Einstellungen war jedoch nicht bei den Studentinnen zu finden, die eher ihre Familie als Bezugsgruppe beibehalten hatten.

Da aber eine große Anzahl von *peer groups* ausgesprochen apolitischer Art ist, kann man im allgemeinen eher latente politische Sozialisationseffekte der *peer group* erwarten; die manifeste politische Sozialisation der Jugendlichen ist um so stärker, je deutlicher politische Sachverhalte auch Gruppenziele sind (Jugendgruppen der Parteien). In Massengesellschaften beziehen die Mitglieder Informationen über politische Ereignisse in erster Linie durch Massenmedien. Diese sind durch die ihnen im Rahmen ihrer redaktionellen Aufgaben gegebenen Möglichkeiten der Auswahl politischer Informationen potentiell wesentliche Sozialisationsagenten für Jugendliche wie Erwachsene. Die Massenmedien wirken sowohl direkt durch politische Informationen wie auch als Anlaß zu Diskussionen über solche Informationen (›*two-step flow of information*‹, *Katz* 1957), wobei die Medien hauptsächlich die durch andere Sozialisationsagenten vermittelten Einstellungen und Werthaltungen verstärken und ausdifferenzieren (↗ Massenkommunikation).

III. Das Ziel auf der eher theoretischen Ebene ist die allgemeine Erklärung des Prozesses politischer Sozialisation und seines Bedingungsgefüges unter Heraushebung theoretischer Positionen verschiedener Disziplinen. Auf der zweiten, der anwendungsbezogenen Ebene geht es darum, mehr oder minder komplexe, dem politischen Sozialisationskontext zugehörige Sachverhalte aufzudecken, zu erklären und zu verändern.

Die bisher untersuchten Fragen bzw. Problemstellungen sind schon jetzt außerordentlich zahlreich und vielfältig: Es lassen sich Arbeiten anführen, die im internationalen Vergleich politische Kulturen im weiten Sinne (*civic culture*, *Almond/Verba* 1963) oder Generationsunterschiede/-ähnlichkeiten in bezug auf politische Einstellungen und Parteipräferenzen (*Allerbeck* u.a. 1980) untersuchen, Studien, die sich mit der zeitlichen Stabilität/Instabilität bestimmter politischer Einstellungen befassen (z.B. *Amelang/Wendt* 1977), Arbeiten, die Bedingungen für wirksamen politischen Unterricht zum Thema haben (z.B. *Harnischfeger* 1972) oder sich mit der politischen Sozialisation von Jugendlichen in Ost und West auseinandersetzten (*Claußen* 1990). Neuere Untersuchungen beschäftigen sich u.a. mit der Zunahme rechtsextremistischer Tendenzen bei Jugendlichen. *Heitmeyer* (1992) untersuchte z.B. in einer qualitativen Langzeitstudie die Entwicklung von Fremdenfeindlichkeit, Gewaltakzeptanz und rechtsextremistischer Orientierung von männlichen Jugendlichen.

Einer ersten Gruppe von Untersuchungen deskriptiven Charakters geht es um die Beschreibung von bis dahin unbekannten Sachverhalten, z.B. die Frage, was Schüler über Parteien und deren Funktion wissen; oder noch spezifischer: Was wissen bayrische Hauptschüler darüber (*Menacher* 1972)? Das Ziel der zweiten Gruppe von Untersuchungen besteht in einer theorie(n)geleiteten Erklärung von bekannten oder erwarteten Sachverhalten (z.B. Unterschiede zwischen Nationen) bzw. der Prüfung von Hypothesen über solche Sachverhalte oder Unterschiede. *Easton/Dennis* (1969) z.B. erklären in einer umfangreichen Arbeit die p.S. von Kindern unter Zuhilfenahme der von ihnen formulierten strukturfunktionalistischen Theorie (↗ Funktionalismus, ↗ Systemtheorie). Als dritte Gruppe sind die Forschungsarbeiten zu nennen, die aufbauend auf die Kenntnis unerwünschter Sachverhalte einerseits und möglicher Erklärungen/Theorien für Zustandekommen bzw. Existenz dieser unerwünschten Sachverhalte andererseits verändernd einzugreifen versuchen. In diese Gruppe fallen z.B. alle Arbeiten zur Politikdidaktik in der Schule (*Giesekke* 1993). Anlaß sind jeweils festgestellte Defizite politischer Sozialisation; die pädagogisch-didaktischen Überlegungen leiten sowohl die Erklärung der Defizite sowie die Strategien, um Defizite abzubauen bzw. zu vermeiden. Evaluationsstudien schließlich geben Aufschluß über die Wirksamkeit der Maßnahmen. In diese dritte Gruppe ist eine weitere Forschungsrichtung einzuordnen: Die »kritische Theorie politischer Sozialisation... ist bemüht um eine Totaldeutung politischer Sozialisation im Kontext reflektierter gesamtgesellschaftlicher Zusammenhänge auf der Grundlage eines emanzipatorischen Interesses..., parteinehmend für die Demokratisierung im Sinne eines Mitwirkens an der Erhaltung und Erweiterung der Selbstverfügung aller Menschen und ihrer Mitbestimmung bezüglich der über sie persönlich hinausgehenden Entscheidungen« (*Claußen* 1982: 15).

IV. Die Methoden der Sozialisationsforschung müssen, ausgerichtet auf die Forschungsfrage, die jeweiligen Variationen, Bedingungen und Zustände so erfassen, daß eine zielgerichtete Analyse möglich ist. Es müssen also z.B. die Einstellungen zu politischen Sachverhalten erhoben werden können, die Veränderungen im Zeitablauf festgehalten, Dimensionen politischer Ereignisse herausgearbeitet und die Rezeption bei den Beteiligten ermittelt werden, um den Einfluß politischer Ereignisse auf politische Überzeugungen zu erforschen. Da aber auch bei Personen z.B. reifungs- oder altersbedingte Veränderungen von Einstellungen zu erwarten sind und zeitgleiche Ereignisse von verschiedenen Personen(gruppen) – z.B. Kohorten – unterschiedlich interpretiert und verarbeitet werden, müssen auch zur Analyse dieser Prozesse Erhebungsverfahren erarbeitet werden.

Dazu existieren in der Sozialisationsforschung zwei grundlegend verschiedene Methoden-Konzeptionen: Standardisierte Erhebungen und statistische Datenanalysen als Antwort auf positivistische Vorgaben und intensive Gespräche und deren Interpretationen als Orientierung an hermeneutisch-sinnverstehenden Vorgaben.

Im ersten Fall werden für alle interessierenden Variablen standardisierte Meßinstrumente entwickelt, Größe und Art der Stichprobe(n) entschieden, in Form von Interviews, schriftlichen Befragungen, Experimenten u. a. die Daten erhoben (z. B. *Bortz* 1993) und statistisch ausgewertet. Hierzu dienen u. a. Varianz-, Pfad-, Kausal-, Regressions- oder Faktorenanalysen (↗ Empirische Sozialforschung).

Qualitative Forschungsansätze entwikkelten sich in der Bundesrepublik seit Beginn der 70er Jahre. Sie sind meist begleitet von einer Kritik an standardisierten Erhebungsverfahren (*Köckeis-Spangel* 1980). Hauptmerkmal dieser Forschungsrichtung ist der Verzicht auf vorab entwickelte Erhebungsinstrumente und die weitgehende Offenheit der Erwartungen. Die Auswahl der Forschungspartner (=Befragten) geschieht vor allem zielgerichtet (im Gegensatz zur Repräsentativ- oder Zufallsstichprobe) und kann sich im Forschungsprozeß verschieben, ebenso kann im Zuge der Gespräche zwischen dem Forscher und seiner Informationsquelle das Forschungsziel modifiziert und verändert werden. Die Grundlage der interpretativen Analyse sind z. B. Transkripte von Gesprächen, Aufsätze oder (Auto-)Biographien, das Ziel ist eine systematisierende Ergebniskonstruktion (z. B. *Gstetter* 1980). Die Erkenntnisgrenzen beider Positionen werden in neueren Arbeiten problematisiert und eröffnen ein fruchtbares Miteinander, ohne »... eine unsensible Sicherheit hinsichtlich der methodologischen Grundlage und methodischen Vorgehensweise der Sozialisationsforschung ...« einzugehen (*Hurrelmann* 1991: 5).

Die einfachste Art der Datengewinnung ist die *Querschnittsanalyse*. Verschiedene Bevölkerungs- oder Altersgruppen werden zum gleichen Zeitpunkt befragt. Z. B. wurde in der Jugendstudie 1992 (*Jugendwerk der Deutschen Shell* 1992) u. a. nach dem Interesse an Politik gefragt. Es zeigte sich, daß mit zunehmendem Alter das Interesse an Politik größer wurde. Bei den 13–16jährigen gaben 35 %, bei den 17–20jährigen 54 % und bei den 21–24jährigen 65 % der Jugendlichen an, daß sie an Politik interessiert seien. Im Lichte theoretischer Überlegungen zur kognitiv-moralischen Entwicklung ist es plausibel anzunehmen, daß das zunehmende Alter der wesentliche Faktor ist. Ein Kohorteneffekt ist jedoch angesichts der vorliegenden Daten nicht auszuschließen – es müßten Längsschnittanalysen durchgeführt werden, um genaue Aussagen treffen zu können.

Die Untersuchung von Veränderungen in Abhängigkeit von bestimmten politischen Ereignissen oder durch zeit- bzw. altersbedingten Wandel erlauben *Längsschnittstudien*. Eine Möglichkeit stellt die Folgestudie dar: *Erlebach* u. a. (1981) verwendeten eine Auswahl von Kenntnisfragen zum ↗ Nationalsozialismus, die 1961 einer Stichprobe von Abiturienten (*Raasch* 1964) gestellt worden waren, um Abiturienten des Jahrgangs 1979 zu befragen. Die Untersuchung ergab, daß bezüglich des allgemeinen Kenntnisniveaus von Abiturienten keine gravierenden Unterschiede vorlagen; die Bereiche, in denen die Abiturienten Bescheid wußten, waren allerdings unterschiedlich: Die 61er Abiturienten hatten eher Kenntnisse über die Ereignisse und Namen, Zusammenhänge waren den 79er Abiturienten stärker bekannt. Hier war die Frage nach den Auswirkungen schulischer und gesellschaftlicher S. auf zwei gleichaltrige Schülergruppen zu verschiedenen Zeitpunkten beantwortet worden.

Will man Entwicklungsverläufe untersuchen, so ist ein anderes Vorgehen notwendig: Werden die gleichen Personen im Zeitablauf mehrmals befragt, so spricht man von Panelstudie. *Krampen* (1991) untersuchte z. B. in einer explorativen Längsschnittsequenz-Analyse die Entwicklung politischer Handlungsorientierung im Jugendalter. Zusätzlich zu der Analyse von zeitlich (oder Ereignis-)bedingten Veränderungen auf Aggregat-(-Gruppen-)Ebene können mit dieser Vorgehensweise auch intraindividuelle Prozesse analysiert werden. Werden mehrere Gruppen in dieser Weise im Zeitablauf untersucht, so können die Sozialisationsprozesse im Vergleich analysiert werden. Solche Panelstudien sind sehr zeit- und kostenaufwendige Untersuchungen. Außerdem sind möglicherweise hochinteressante politische, wirtschaftliche und gesellschaftliche Ereignisse nicht vorhersagbar. Aus diesem Grund werden häufig erst im Rückblick der befragten Personen die Einflüsse solcher Ereignisse bzw. Veränderungen erhoben. In der *Lebenslaufforschung* werden die Lebenserfahrungen, Wahrnehmungen und Interpretationen von Ereignissen einzelner Personen oder Gruppen untersucht. *Elder* (1980) vergleicht z. B. die Auswirkungen der Weltwirtschaftskrise 1929 auf die Geburtenjahrgänge 1920/21 und 1928/29, um u. a. zu analysieren, welche Bedeutung das Lebensalter (10 Jahre vs. 1 Jahr) zum Zeitpunkt eines solchen kritischen Ereignisses hat. Untersuchungsmaterial sind in der Lebenslaufforschung auch Biographien politischer Führer. Die Schwierigkeit dieser Vorgehensweise liegt darin, daß lange Zurückliegendes schwer erinnert werden kann und Ereignisse z. T. im nachhinein anders interpretiert werden.

Dorothee Dickenberger

Lit.: *Adams, G. R.* 1986: Identity and Political Socialization. Identity in Adolescence: Process and Contents, New Directions for Child Development 30, 61–77. *Allerbeck, K. R.* u. a. 1980/81: Politische Ideologien, politische Beteiligung und politische Sozialisation. Bericht über die Ergebnisse eines international vergleichenden Forschungsvorhabens, PVS 20 und 21, 357–378 und 88–96. *Almond, G. / Verba, S.* 1963: The Civic Culture: Political Attitudes on Democracy in Five Nations, Princeton. *Amelang, M./Wendt, W.* 1977: Stabilität und Veränderung von Einstellungen gegenüber Fragen der aktuellen Politik. Ein Längsschnittvergleich der Jahre 1972–1975, Zeitschrift für Sozialpsychologie 3, 174–184. *Bettelheim, B.* 1963: The Problem of Generation, in: *Erikson, E. H.* (Hrsg.): Youth: Change and Challenge, New York. *Beyme, K. von* [7]1992: Die politischen Theorien der Gegenwart, Opladen. *Bortz, J.* 1993: Statistik, Berlin. *Braungart, R. G./Braungart, M. M.* 1986: Life-Course and Generational Politics, Annual Review of Sociology 12, 205–231. *Claußen, B. 1994,* Politische Sozialisation, in: *Holtmann, E.* (Hrsg.): Politik-Lexikon, München, 503–506. *Claußen, B./Müller, H.* (Hrsg.) 1990: Political Socialization of the Young in East and West, Frankfurt/M. *Claußen, B./Wasmund, K.* 1982: Handbuch der Sozialisation, Braunschweig, 1–22. *Colby, A./Kohlberg, L.* 1978: Das moralische Urteil: Der kognitionszentrierte entwicklungspsychologische Ansatz, in: *Steiner, G.* (Hrsg.): Piaget und die Folgen, Zürich, 348–366. *Easton, D./Dennis, J.* 1969: Children in the Political System: Origins of the Political Legitimacy, New York. *Erlebach, R./Kissekotter, T./Krieger, R./Wacker, D.* 1981: Nationalsozialismus: Kenntnisse und Meinungen von Abiturienten. 1961 und 1979, PVS Sonderheft 12, 337–349. *Giesecke, H.* 1993: Politische Bildung. Didaktik und Methoden für Schule und Jugendarbeit, Weinheim. *Gstetter, P.* 1980: Biographische Methoden in der Sozialisationsforschung, in: *Hurrelmann, K./Ulich, D.* (Hrsg.): Handbuch der Sozialisationsforschung, Weinheim, 371–392. *Harnischfeger, A.* 1972: Die Veränderung politischer Einstellung durch den Unterricht: Ein Experiment zur Beeinflussung der Nationenbezogenheit, Berlin. *Heimeyer, W./Buhse, H./Liebe-Freud, J./Möller, K./Müller, J./Ritz, H./Siller, G./Vossen, J.* 1992: Die Bielefelder Rechtsextremismus-Studie, Weinheim. *Hess, R. D./Torney, J. V.* 1967: The Development of Political Attitudes in Children, Chicago. *Hurrelmann, K.* 1986: Einführung in die Sozialisationstheorien. Über den Zusammenhang von Sozialstruktur und Persönlichkeit, Weinheim. *Hurrelmann, K./Ulich, D.* (Hrsg.) 1991: Neues Handbuch der Sozialisationsforschung, Weinheim. *Hyman, H.* 1959: Political Socialization, New York. *Jennings, M.K./Niemi, R. G.* 1981: Generations and Politics. A Panel Study of Young Adults and their Parents, Princeton. *Jugendwerk der*

Deutsche Shell 1992: Jugend '92. Bd. 4: Methodenberichte, Tabellen, Fragebögen, Opladen. *Katz, E.* 1957: The Two-step Flow of Communication: An Up-to Date Report on a Hypothesis, Public Opinion Quarterly 21, 61–78. *Klein, T.* 1991: Schulische Sozialisation und politische Werte. Zeitschrift für Sozialisationserfahrung und Erziehungssoziologie 11, 18–29. *Köckeis-Spangel, E.*: Methoden der Sozialisationsforschung, in: *Hurrelmann, K./Ulich, D.* (Hrsg.): Handbuch der Sozialisationsforschung, Weinheim, 321–370. *Krampen, G.* 1991: Entwicklung politischer Handlungsorientierungen im Jugendalter. Ergebnisse einer explorativen Längsschnittsequenz-Studie, Göttingen. *Lipset, S. M.* 1962: Soziologie der Demokratie, Neuwied. *Menacher, P.* 1972: Jugendliche und Parteien: Ein Beitrag zur politischen Bildung unter Berücksichtigung der Kenntnisse und Stellungnahme der Schüler beim Abschluß der Hauptschule, München. *Newcomb, T. M.* 1943: Personalien and Social Change: Attitudes Formation in a Student Community, New York. *Parsons, T.* 1964: Social Structure and Personality, Glencoe. *Raasch, R.* 1964: Zeitgeschichte und Nationalbewußtsein, Neuwied. *Sears, D. O.* 1975: Political Socialization, in: *Greenstein, F. I./Polsby, N. W.* (Hrsg.): Handbook of Political Science, Bd. 2, Reading, 93–153. *Weiß, M.* 1981: Überlegungen für ein theoretisches Modell politischer Sozialisation, PVS Sonderheft 12, 37–55.

Politische Soziologie

I. Die politische Soziologie (p. S.) ist als Teildisziplin zwischen Soziologie und ↗ Politikwissenschaft nicht eindeutig abgrenzbar. Sie umfaßt soziologische und politikwiss. Forschungsbereiche, die sich unter einem bestimmten Blickwinkel mit den gesellschaftlichen Voraussetzungen und Folgen staatlichen Handelns befassen.

O. *Stammer* (1955: 277) umriß Perspektive und Gegenstandsbereich der p. S. folgendermaßen: »Die politische Soziologie... befaßt sich mit den gesellschaftlichen Voraussetzungen und Folgeerscheinungen, mit der Struktur und dem Wirkungszusammenhang der politischen Ordnung in der vielgestaltigen Welt der Völker und Länder unserer Gegenwart. Sie richtet ihr Augenmerk in erster Linie auf eine sorgfältige Analyse der gesellschaftlich-politischen Wirklichkeit und ist bestrebt, die strukturellen und funktionellen Veränderungen aufzuzeigen, die für das heutige politische Leben charakteristisch sind.« Nach *S. M. Lipset* (1962: 14ff.) ist »eines der wichtigsten Anliegen der politischen Soziologie die Analyse der soziologischen Voraussetzungen der Demokratie.«

Aus den zahlreichen Einführungen und Überblicksdarstellungen zur p. S. ergeben sich v. a. folgende spezielle Gegenstandsbereiche: ↗ Bürokratie und Bürokratisierung; politische Funktionseliten (↗ Eliten); Machteliten (↗ Macht); ↗ Parteien, ↗ Interessengruppen und Interessenvermittlung; Wahlen (↗ Wahlsoziologie) und politische ↗ Partizipation; ↗ Politische Sozialisation (politische Generationen); Machtlagen und Machterwerb, auch in bezug auf Persönlichkeitstypen und -strukturen; Staatsfunktionen und Herrschaftsordnungen (↗ Demokratie, ↗ Diktatur, ↗ Totalitarismus); Gesellschaftsstruktur und Herrschaftsorganisation; ↗ Ideologien und ihre Bedeutung für Gesellschaft und Politik; ↗ Soziale Bewegungen; Propaganda und ↗ Terror.

II. Die p. S. entstand im Zuge der Ausdifferenzierung von gegenstandsspezifischen Teildisziplinen im Bereich der »Mutterwissenschaft« Soziologie erst in den 20er und 30er Jahren des Jh.s. Problemperspektiven und Forschungsansätze der p. S. reichen allerdings bis an die disziplingeschichtlichen Wurzeln der Soziologie zurück (*Karl Marx, Lorenz von Stein* u.a.). Unter den »Gründungsvätern« der Soziologie als Fachwiss. in der zweiten Soziologen-Generation finden wir auch die »Klassiker« der p. S.: *Pareto, Max Weber, R. Michels, K. Mannheim.* Die unverkennbare Nähe der p. S. auch zu einer soziologisch orientierten Staatslehre war schon in der Staatssoziologie *Max Webers*

zum Ausdruck gekommen. Von seiten der deutschen Staatsrechtslehre trug *H. Heller* mit seiner »funktionellen« Staatssoziologie, die den Staat aus dem gesellschaftlichen Gesamtzusammenhang erklärt, wesentlich zur Herausbildung der p. S. bei.
Die nationalsozialistische Machtergreifung unterbrach die Entwicklung der p. S. zu einer fachwiss. Disziplin. Bei der Wieder- und Neuetablierung von Soziologie und Politikwiss. nach 1945 führte die disziplinär-institutionelle und theoretisch-methodologische Standortbestimmung der p. S. zu in der Sache mitunter überspitzten, zum Teil stark persönlich eingefärbten Kontroversen und Frontstellungen (z.B. zwischen *E. Fraenkel* und *O. Stammer*). Der Streit wurde im Sinne einer »Bindestrich-Soziologie«, die zugleich gegenstandsspezifischen »Bindegliedcharakter« zur Politikwiss. habe, so gut wie beigelegt. *J.Fijalkowski* (1967) und *P.C. Ludz* (1979) betonten den Aspekt der arbeitsteiligen Zusammenarbeit. Am Ende hatten sorgfältige empirische Studien»den Streit um die Berechtigung einer soziologischen Analyse der Politik wie einer politischen Soziologie ebenso eindeutig wie undramatisch entschieden« *(Ludz* 1979: 289).

Ludz lokalisierte für die 50er und 60er Jahre mehrere westdeutsche Zentren bzw. Schulen der soziologischen Analyse der Politik bzw. der p. S. Er unterschied vier Schulen mit vier charakteristischen Ansätzen: *Stammer* und seine Mitarbeiter betrieben p. S. als empirische Demokratieforschung; *W. Abendroth* und seine Schüler wählten einen eher verstehend-ideologiekritischen Ansatz; *R. Dahrendorf* und sein Kreis zeichneten sich durch eine gesamtgesellschaftliche Analyse mit starken Bezügen zur US-amerikanischen *Political Sociology* aus; *A. Weber* und sein Kreis bezogen »die politikbezogene Soziologie in den weiter gespannten Rahmen der universalhistorisch orientierten Kultursoziologie mit ein«. *(Ludz* 1979: 265–69). Diese Ansätze und Schulen erfuhren seit den 60er Jahren mannigfache Differenzierungen und eine breite Diffusion.

Spätere Einführungen und Standortbestimmungen belegen zumindest für den westdeutschen Bereich erneut das unklare theoretisch-methodologische Selbstverständnis dieser Teildisziplin. *W. Röhrich* (1977: 10ff.) forderte eine Wendung von der »entökonomisierten« politiksoziologischen Demokratieforschung zu einer »materialistisch angelegten Gesellschaftsanalyse« mit »politisch-emanzipatorischer« Funktion. Auf ähnlicher Grundlage plädierte *R. Ebbighausen* (1981: 21, 231) für eine »historisch-kritische« und »gesellschaftsgeschichtliche« Neuausrichtung der p. S. Einen anderen theoretischen Ansatz wählt *R. Münch* (1982: 14ff.), der in seiner »Soziologie der Politik« den zentralen politik-soziologischen Begriff des politischen Handelns in Anknüpfung an *T. Parsons* wieder an eine allgemeine soziologische Handlungstheorie und»politisches Handeln« in diesem weiteren theoretischen Bezugsrahmen als einen Typus des sozialen Handelns definiert und verortet. Hierdurch erhält die »Soziologie der Politik« den Charakter einer integrativen theoretischen Basiswiss. für die Politikwissenschaften.

III. P. S. ist nach wie vor trotz theoretisch-methodologischer Divergenzen in hohem Maße Demokratieforschung geblieben: empirisch-analytisch, historisch, makrosoziologisch (unter Einbeziehung mikrosoziologischer Aspekte), systematisierend-theoretisch und hin zur Politikwiss. fachübergreifend orientiert. Sie weiß sich nach wie vor auch den »*grand design*«-Fragestellungen *Max Webers, K. Mannheims* und den großen Demokratietheoretikern verpflichtet. Mit der interdisziplinären Stellung der p. S. im Grenzbereich zwischen Politikwiss. und Soziologie stellt sich zwangsläufig die Frage nach der Beziehung zwischen Politikwiss. und Soziologie immer von neuem. *Horrowitz* z.B. sieht in der politiksoziologischen «Verbindung von Soziologie und

Politikwiss. ...eine Vernunftehe und nicht... eine Liebesheirat«. In dieser Vernunftehe werden »zwei grundverschiedene Konzeptionen« in der Sozialwiss., »die gesellschaftsorientierte der Soziologie und die staatsorientierte der Politikwiss.« innovativ vereinigt. Er geht sogar so weit zu sagen, »daß die Politische Soziologie das zwanzigste Jahrhundert in seinen Grundzügen genauso geprägt hat wie die Politische Ökonomie das neunzehnte Jahrhundert« (*Horrowitz* 1975: 29, 37).

Alf Mintzel

Lit.: *Abendroth, W. 1967:* Zur Einführung: Politische Wissenschaft als politische Soziologie, in: ders.: Antagonistische Gesellschaft und politische Demokratie, Neuwied/Berlin. *Coser, L.A.* (Hrsg.) 1967: Political Sociology, New York/Evanston/London. *Ebbighausen, R.* 1981: Politische Soziologie, Opladen. *Eisenstadt, S. N.* (Hrsg.) 1971: Political Sociology. A Reader, New York/London. *Fijalkowski, J. 1967:* Die Bedeutung der Soziologie für die Politische Wissenschaft, in: *Schneider, H.* (Hrsg.): Aufgaben und Selbstverständnis der Politischen Wissenschaft, Darmstadt, 385–393. *Horrowitz, J. L.* 1975: Grundlagen der politischen Soziologie, Freiburg. *Knoke, D.* 1990: Political Networks. The Structural Perspective, Cambridge. *Lipset, S. M.* 1962: Soziologie der Demokratie, Neuwied/Berlin. *Ludz, P. C.* 1979: Die Bedeutung der Soziologie für die politische Wissenschaft, in: KZfSS, Sonderheft 21, 264–293. *Mannheim, K.* 1932: Die Gegenwartsaufgaben der Soziologie, Tübingen. *Mannheim, K.* 5 1969: Ideologie und Utopie, Frankfurt/M. *Marin, B./Mayntz, R.* 1991: Policy Networks, Frankfurt a.M./Boulder, Co. *Massing, O.* 1976: Politische Soziologie, Frankfurt/M. *Münch, R.* 1982: Basale Soziologie: Soziologie der Politik, Opladen. *Pappi, F.U.* 1994: Politische Soziologie, in: *Kriz, J./Nohlen, D./Schultze, R.-O.* (Hrsg.): Politikwissenschaftliche Methoden, München, 381–388. *Röhrich, W.* 1977: Politische Soziologie, Stuttgart. *Stammer, O.* 1955: Politische Soziologie, in: *Gehlen, A./Schelsky, H.* (Hrsg.): Soziologie. Ein Lehr- und Handbuch zur modernen Gesellschaftskunde, Düsseldorf/Köln. *Stammer, O.* 1956: Politische Soziologie und Demokratieforschung, in: KZfSS 8,380–395.

Politische Theorie

I. ↗ Politikwissenschaft ist im Vergleich zu anderen ↗ Sozialwissenschaften relativ wenig theoriebeladen. Es ist kein Zufall, daß neue theoretische Ansätze in den 60er Jahren aus den Nachbardisziplinen kamen: ↗ Systemtheorie, Kybernetik, Hermeneutik, Strukturalismus, ↗ Funktionalismus sind nicht von Politologen entwickelt worden, sondern von ihnen nur mit einer gewissen Verspätung rezipiert worden. Nicht nur genetisch, sondern auch methodisch steht die Politikwiss. noch immer weitgehend zwischen stark generalisierenden Vorgehensweisen, wie sie in der Soziologie dominieren, und der individualisierenden Methode der Historiker oder der kasuistischen Methode der Juristen, die vor allem im *policy*-Bereich sogar wieder an Gelände gewinnt. Als Formen der Abstraktion sind die selektive Deskription neben der Typologie und schließlich der Systemanalyse in der politikwiss. Forschung nebeneinander akzeptiert worden (*Apter* 1977: 27).

In immer neuen Wellen gab es im Fach Politikwiss. Bestrebungen, Politik zur Wissenschaft nach naturwiss. Vorbild zu erheben. Die Differenzmethode des Vergleichs ist schon von *J. S. Mill* (1959: 256) im 19. Jh als eine Methode des künstlichen Experiments aufgefaßt worden, das im Bereich sozialer Vorgänge wenig anwendbar ist. Die Übereinstimmungsmethode wird daher nicht zufällig viel häufiger angewandt, weil Experimente in der Politikwiss. allenfalls im Mikrobereich möglich sind. Die Bewegung für eine *New Science of Politics* in der Chicago-Schule, der Behavioralismus, der ↗ Kritische Rationalismus haben Impulse gegeben, aus der politischen Theoriebildung exakte wiss. Theorie (T.) zu machen. Der Kritische Rationalismus will deduktiv vorgehen und sich hauptsächlich der Theorieüberprüfung widmen. Der rigorose Falsifikationismus hat sich jedoch vielfach als unfruchtbar erwiesen. Der Behavioralismus – vielfach zu Unrecht mit dem, was salopp als »Neo-Positivismus« bezeichnet wird, identifiziert – ist empirienäher und eher induktiv orientiert *(Falter* 1982:185). Seine T. enden in der Regel als Bereichstheorien. Zu T. über gesamte ↗ Politische Systeme stoßen eher deduktiv-empirische Ansätze, funktionalistische T. oder die T. der dialektischen Schule mit zahlreichen Varianten vor.

Innerhalb des *mainstream* der Wissenschaftler, die sich empirisch-analytisch verstehen, gibt es zwei Haupttraditionen in bezug auf die angestrebte Ansatzhöhe, die man mit den beiden Soziologen *Emile Durkheim* und *Max Weber* veranschaulichen kann. Der erste Ansatz führt eher zur Modellbildung mit starkem Interesse an Prognosen, der zweite Ansatz eher zur Typologie, die mehr historische Komplexität in ihren theoretischen Aussagen bewahrt *(von Beyme* 1984). Da die metatheoretische Forschung stark ausdifferenziert ist und allenfalls von einigen Spezialisten in den Sozialwiss. verfolgt wird, gibt es unterschiedliche Mischungsverhältnisse der Ansätze in der politischen Theoriebildung. Ein Teil der Empiristen vertritt nach wie vor eine instrumentalistische Auffassung von T., in der T. als Werkzeuge der Erkenntnisse aufgefaßt werden, im Gegensatz zur realistischen Theorieauffassung *Poppers* und seiner Schule.

II. Ansatzhöhe und Methode sind anders als die zugrunde gelegte T. instrumentell und können dem Gegenstand angemessen ausgewählt werden. Der Pluralismus der Methoden ist unverzichtbar. Anders als beim Pluralismus der T. und metatheoretischen Positionen kann der Pluralismus der Methoden auch innerhalb eines Versuchs der Theoriebildung zum Tragen kommen. In der modernen sozialwiss. Theoriebildung wird zunehmend zwischen T. und Methode geschieden, obwohl einige Denkansätze – wie der Funktionalismus oder die dialektischen T. – immer wieder dazu neigen, beides zu vermischen. T. und Methode sind aufeinander angewiesen. Eine T. ohne methodische Überprüfung und Erweiterung bleibt nutzlos, eine Methode ohne T., welche die Entscheidung über den sinnvollen Einsatz von Methoden lenkt, bleibt steril. Methoden wirken auf die Theoriebildung zurück, aber die beschränkte Anzahl der Methoden in der Politikwiss. hat eine gewisse Unabhängigkeit gegenüber der Vielzahl von T., deren Gültigkeit von relativ wenigen Methoden überprüft werden muß. T. müssen falsifizierbar sein, und sie sind mit ihrer Falsifikation erledigt. Methoden sind durch die Falsifikation von T., die sie hervorgebracht haben, vielleicht diskreditiert, aber keineswegs verworfen, da eine Methode nacheinander und nebeneinander gleichzeitig viele T. erzeugen kann *(Luhmann).*

III. Der Wandel von T. vollzieht sich nicht beliebig. Er ist auch von außerwiss. Faktoren beeinflußt. Die generellste Erklärung des Theoriewandels erklärt den Wandel mit dem Wandel des Paradigmas, das der Wissenschaft zugrunde liegt. Paradigma wird von *Kuhn* (1976: 187) definiert als »das, was den Mitgliedern einer wissenschaftlichen Gemeinschaft gemeinsam ist«, eine »Konstellation von Meinungen, Wertungen und Methoden«. Die Konflikte zwischen den metatheoretischen Positionen in den Sozialwiss. haben den Blick dafür geschärft, daß die Frage nach dem Fortschritt in der Wissenschaft nicht als Prozeß der Kumulation erfaßt werden kann, wie der Kritische Rationalismus mit seiner *trial-and-error*-Methode nahelegt.

Die Dynamik des Theorienwandels ist für die Sozialwiss. bisher kaum erforscht worden. Soweit es um die ideologischen Grundlagen der Metatheorien ging, hat man versucht, Wellen der Theoriebildung auf der Grundlage von Generationen herauszuarbeiten. Nach der Durchsetzung einer Lehre kommt es zur Entzweiung der Flügel und nach Entideologisierungsbestrebungen zu einer neuen Generationsrevolte (*Feuer* 1978). Für die wiss. Theoriebildung im engeren Sinne kann diese Dialektik des Ideologiewandels wenig erklären, und sie ist auf sie bisher auch nicht systematisch angewandt worden. Die Politikwiss. ist zudem als Wissenschaft zu jung, um schon sinnvolle Generalisierungen zu ermöglichen. Die Darstellungen der Geschichte der Politikwiss. haben entweder mit den konkreten politischen Ereignissen in dem betreffenden Land argumentiert (*Kastendiek* 1977: 245) oder ziehen sich auf eine vage Generationenhypothese zurück.

T. S. Kuhn relativiert den wiss. Fortschrittsgedanken und versucht zu zeigen, daß die Entwicklung nicht rational und kumulativ vor sich geht, sondern in Revolutionen. Das eigentlich Studierenswerte an der Geschichte einer Wissenschaft ist danach weniger die Konkurrenz der T. als der Kampf der Paradigmen, wenn plötzlich – als Antwort auf Krisen, die von den herkömmlichen und etablierten T. nicht mehr geistig gemeistert werden können – eine neue Weltanschauung aufkommt. Mit dem älteren Falsifikationismus im Kritischen Rationalismus teilt *Kuhn* noch die Annahme, daß überholte T. gleichsam zu den Akten gelegt werden. Das siegreiche Paradigma versucht sich jedoch eher kraft wissenschaftspolitischer Machtpositionen als durch bloße intellektuelle Überzeugungskraft als Sieger zu definieren und das unterlegene Paradigma zu eliminieren. Kritische Rationalisten, die den Pluralismusgedanken *Poppers* ernst nehmen, haben an diesem Punkt ihre Bedenken angemeldet und lassen einen Minderheitenschutz für die unterlegenen Paradigmen zu: »Um sich bewähren zu können, müssen Theorien zunächst bewahrt werden«, und: »Durch das pluralistische Bewahrungsprinzip soll der Mord an vielversprechenden neugeborenen Ideen verhindert werden, um den vorläufig unterlegenen Standpunkten die Chance zu erhalten, den Wettbewerb schließlich doch noch zu gewinnen« (*Spinner* 1974: 91). In *P. Feyerabends* (1976) anarchistischer Erkenntnistheorie schließlich kommt es sogar zur Forderung nach Gleichberechtigung für jede *prima vista* absurd erscheinende Lehre, auch wenn sich die Mehrzahl der Konfliktgegner im Paradigmenstreit über die »Unwissenschaftlichkeit« einer T. einig zu sein scheint.

Der Paradigmenbegriff, der zu einer Erforschung der sozialen Grundlagen des Wissenschaftsfortschritts beitragen sollte, erscheint bisher allzu vieldeutig. Die Parallele zu *K. Mannheims* vager Kategorie der »Denkstile« drängt sich auf (*Ludz* 1978: 218). Das Verhältnis von Paradigma und T. bleibt weitgehend ungeklärt. Der Fall, daß eine T. das umfassende Phänomen darstellt, innerhalb dessen mehrere Paradigmen verschiedene Bilder für das Explanandum bereitstellen, ist nicht vorgesehen (*Hondrich/Matthes* 1978: 315). Es wird gerade in der Politikwiss. die politische Dimension der sozialen in der Erforschung der Theoriedynamik hinzugefügt werden müssen.
Machiavelli und *Hobbes* haben *Aristoteles* nicht im gleichen Maß »überholt« wie *Kopernikus* das Ptolemäische Weltbild. Der Aristotelismus in der politischen T. hatte ein zähes Weiterleben, zum Teil durch die Macht abgestützt. Auch die Konflikte der 60er und 70er Jahre in der deutschen Politikwiss. zeigten, daß ein Paradigmenwechsel administrativ behindert werden kann. Das Bündnis der alten Erzfeinde »Normativisten« und »Neo-Positivisten« unter dem Druck des Neo-Marxismus hat in den Fakultäten und in der Hochschulpolitik ein anscheinend unterliegendes Paradigma am Leben halten können.

Wenn die *Kuhnsche* These richtig ist, haben Theorievergleiche, um die sich die deutsche Soziologie zunehmend bemüht, eigentlich keinen Sinn. Paradigmen stehen sich fremd und gesprächsunbereit gegenüber. *De facto* zeigt sich jedoch, daß die wirklich angewandten Methoden und ihre Ergebnisse viel mehr Übereinstimmungen – bis in die Relevanz- und Beurteilungskriterien hinein – aufweisen, als die von den Vordenkern der jeweiligen metatheoretischen Position proklamierten Grundsätze vermuten lassen. Nach ersten konfliktreichen Jahren, die der *Kuhn*schen These ähnlich sahen, ist zu bestreiten, daß sich die T. weiter gleichsam sozialdarwinistisch zueinander verhalten und die siegreiche nicht rastet, ehe alle anderen ausgerottet sind. Paradigmen bewegen sich nach Zeiten nutzloser Streitereien auch häufig aufeinander zu und befruchten einander trotz sattsamen Aneinandervorbeiredens wie im Positivismusstreit, in der *Habermas-Luhmann*-Debatte oder in der französischen Kontroverse zwischen Strukturalisten und Marxisten.

Stärker auf die Konstanten der Theoriebildung hebt ein Ansatz ab, der die alte soziologische Debatte um die Denkstile fortführt. *J. Galtung* (1983) etwa hat vier dominante intellektuelle Stile in den Sozialwiss. unterschieden. Um sie nicht allzu sehr mit einzelnen Ländern zu identifizieren, sind ihnen verfremdete Namen gegeben worden: »saxonisch«, »teutonisch«, »gallisch« und »nipponisch«. Außer dem letzten Typ umfassen alle mehrere Länder. Der gallische Stil wird für die romanischen Länder schlechthin für typisch erklärt. Der teutonische Stil scheint nicht nur in den deutschsprachigen Ländern zu überwiegen, sondern breitete sich aufgrund kultureller Einflüsse seit dem 19. Jh. und marxistischer Denkweisen nach dem Krieg in ganz Osteuropa aus. *Galtung* sah in diesen Stilen »Idealtypen«, nicht deskriptive empirische Kategorien. Die Typologie intellektueller Stile könnte als weitere Modifikation dieser These benutzt werden, weil sie Konstanten im Verhalten von Wissenschaftlern und in der Theoriebildung annimmt, die nur selten einem revolutionären Paradigmawandel ausgesetzt sind.

Wendet man *Galtungs* Typen auf die Politikwiss. an, so gibt es kein angelsächsisches Muster mit allen Aspekten, die *Galtung* erwähnt. Die USA und Großbritannien sind vor allem in der Interaktion von Sozialwiss., Gesellschaft und Politik ziemlich unterschiedlich. Trotz einer gewissen Neigung zur Vorherrschaft des deduktiven Denkens in Deutschland und in der Sowjetunion haben beide Länder im Wissenschaftsstil im übrigen nur wenig gemeinsam. ↗ Sozialismus und ↗ Marktwirtschaft erklären die Varianz. Auch die drei wichtigsten romanischen Länder, Frankreich, Italien und Spanien, zeigen starke Abweichungen aufgrund unterschiedlicher historischer Traditionen. Dennoch sind diese Idealtypen nicht wertlos bei der Suche nach dem Einfluß außerwiss. Faktoren, welche die Theorieentwicklung im Fach Politikwiss. in verschiedenen Systemen mitgeprägt haben. Die wichtigsten von ihnen sind: a) der Einfluß langfristiger politischer Trends auf die Theoriebildung, vor allem in der Mobilisierungsphase der 60er und 70er Jahre; b) institutionelle Faktoren wie das Erziehungssystem, in dem die Disziplin verankert ist; c) typische professionelle Hürden für Politologen in einzelnen Systemen und die Relevanz dieser Wissenschaft im politischen Prozeß; d) das intellektuelle Klima verschiedener Länder.

Angesichts der Dominanz amerikanischer sozialwiss. T. sollte man jedoch die Stile vorherrschender Theoriebildung nicht allzu wörtlich nehmen. In einigen Ländern sind sie allenfalls noch Enklaven der nationalen Tradition im Meer einer szientistisch uniformierten Wissenschaftskultur, gegen die immer neue Wellen eines konservativen oder radikalen Normativismus viele Schlachten gewinnen, aber auf die Dauer jeden Krieg verlieren.

IV. Die politische T. der Gegenwart wird die konsequente Fortführung der Ideen der klassischen Moderne durch das postmoderne Denken verarbeiten müssen, vor allem im Bereich neuer radikalerer Pluralismustheorien. Postmoderne und Autopoiese schärfen den

Blick für die Fragmentiertheit der Gesellschaft und für den Eigensinn, mit dem Teilbereiche sich der politischen Intervention entziehen. Die Geschichte des politischen Denkens im 20. Jh. scheint wie eine wachsende Bescheidenheit der Steuerungsansprüche des politischen Systems. Aber es spricht wenig dafür, daß die Entwicklung der politischen T. der Zukunft darin bestehen wird, die theoretische Entzauberung des Staates immer weiter zu treiben. Politische T. entwickeln sich nicht im luftleeren Raum. Sie sind Antworten auf soziale und politische Probleme. Die Intentionen von postmodernem Denken und T. der selbststeuernden Systeme waren nach einer Phase der Planungs- und Lenkungseuphorie (↗ Planung) auch in westlichen Demokratien auf Demontage übertriebener Erwartungen gerichtet. Nur mit Demontage kann dauerhaft jedoch nicht politische T. entwickelt werden. Die bisherige Nachmoderne erscheint in vieler Hinsicht als geistiges Produkt der Schönwetterperiode der 80er Jahre, in denen sich die westlichen Demokratien erstaunlich rasch aus dem Ölkrisenschock erholten, während der reale Sozialismus sein eigenes Grab zu schaufeln begann. Kommende Herausforderungen der realen Politik, Katastrophen, Migrationswellen ungekannten Ausmaßes, wirtschaftliche Einbrüche können rasch den Bedarf an Steuerungstheorien wieder wecken. Selbst in das Arsenal des totgesagten Sozialismus wird wieder gegriffen werden, hoffentlich ohne den Ruf nach seinen autoritären Zügen.

Die nachmodernen Steuerungsskeptiker sind durch das bloße Aufkommen eines neuen Steuerungsbedarfs nicht falsifiziert, aber erfahrungsgemäß hört ihnen in einem solchen Augenblick niemand zu. Andere, stärker handlungsorientierte T. erleben ein *come back* und werden sich bis zu einem gewissen Grade bewähren.

Es gibt auch aus wissenschaftstheoretischen Gründen wenig Veranlassung für Sozialwissenschaftler, die in ihrer Arbeit mit Handlungstheorien eine Chance von Erkenntnisgewinn und praktischem gesellschaftlichen Nutzen sehen, sich von einigen Theoretikern ins Bockshorn jagen zu lassen, die das Prinzip der selbststeuernden Systeme ontologisch überhöhen. Das nachmoderne Denken wird aus dem Selbstreflexivitätsgeschwätz erst heraustreten, wenn es seine Grundsätze nicht nur auf kritisierte Altmoderne, sondern wirklich auch auf sich selbst anwendet. Auch wenn *Luhmann* mit dem radikalen Konstruktivismus nicht völlig einig ist, weil seine Systeme nicht nur als Konstrukte angesehen werden, hat er wenig Möglichkeiten, von den Prämissen seiner Lehre einen Schritt auf die alte Abbildtheorie zuzumachen. Theorien sind – nach einer unschönen englischen Übersetzung – niemals ein Abbild der wirklichen Welt *(v. Glasersfeld* 1987: 141), sondern nur »viabel«. Sie können sich bewähren. Ihre Bewährung ist kein Beweis für ihre volle Wahrheit. Andere Konstrukte können ebenfalls viabel sein. Für die Politikwiss., die schon in ihrer Entstehung eklektisch war, ist diese Botschaft leichter zu akzeptieren als für Disziplinen, die noch mit dem monistischen Anspruch: »eine Wissenschaft – eine Methode – eine richtige Theorie«, groß geworden sind. Im Mikrobereich werden behavioralistische Ansätze ihren Zweck weiterhin erfüllen. Marktuntersuchungen und politische Marktanalysen sichern die Viabilität des Ansatzes ohnehin, trotz – oder gerade wegen – seiner theoretischen Dürftigkeit. Der *mainstream* der Politikwiss. kann viable T. im Mesobereich der Kollektivakteure auch weiterhin produzieren. Folgte man *Luhmanns* rigoroser Ansicht, so ließe sich nur noch metatheoretische Evolutionstheorie treiben. Gewiß, eine nützliche Beschäftigung, aber nicht die einzig mögliche und ganz sicher nicht die viabelste im Sinne von Anwendbarkeit und praktischem Erfolg. Die raschen Modetrends verbergen, daß sich ganz altmoderne Ansätze noch immer bewähren. Lebensweltliche Ansätze verdrängen daher nicht die behavioralistische *Survey*forschung. Kein Ansatz ist auf eine Mikroebene festgelegt. Theorien des ↗ Wertewandels zeigten nicht weniger einen eschatologischen Zug als Lebensweltheorien, die von vornherein makroorientiert waren.

Klaus von Beyme

Lit.: *Apter, D. E.* 1977: Introduction to Political Analysis, Cambridge, Mass. *Beyme, K. von* 1984: Neuere Entwicklungstendenzen von Theorien der Politik, APuZ 38, 3–13. *Beyme, K. von* 1991: Theorie der Politik im 20. Jahrhundert, Frankfurt a. M. *Beyme, K. von* [7]1992: Die politischen Theorien der Gegenwart, München. *Falter, J. W.* 1982: Der »Positivismusstreit« in der amerikanischen Politikwissenschaft, Opladen. *Falter, J. W.* u.a. 1990: Politische Theorie in den USA, Opladen. *Feuer, L. S.* 1978: Die autoritäre Vermessenheit. Ideologen im Dilemma, Graz. *Feyerabend, P.* 1976: Wider den Methodenzwang, Frankfurt/M. *Galtung, J.* 1983: Struktur, Kultur und intellektueller Stil, in: Leviathan 11, 303–338. *Glasersfeld, E. von* 1987: Wissen, Sprache und Wirklichkeit, Braunschweig. *Gunnell, J. G.* 1986: Between Philosophy and Politics. The Alienation of Political Theory, Amherst. *Hondrich, K. O./Matthes, J.* (Hrsg.) 1978: Theorienvergleich in den Sozialwissenschaften, Darmstadt. *Johnson, N.* 1989: The Limits of Political Science, Oxford. *Kastendiek, H.* 1977: Die Entwicklung der westdeutschen Politikwissenschaft, Frankfurt/M. *Kuhn, T. S.* [2]1976: Die Struktur wissenschaftlicher Revolutionen, Frankfurt/M. *Ludz, P. C.* 1978: Thomas S. Kuhns Paradigmathese: eine ideologiekritische Untersuchung, in: Sozialphilosophie als Aufklärung. Festschrift für Ernst Topitsch, Tübingen, 217–246. *Mill, J. S.* 1959: A System of Logic, London. *Peters, E. J.* 1990: The Tragedy of Political Theory, Princeton. *Spinner, H.* 1974: Pluralismus als Erkenntnismodell, Frankfurt/M. *Stammen, T.* 1976: Theoriedynamik in der Politikwissenschaft, München. *Wolin, S. S.* 1968: Paradigmas and Political Theory, in: *King, P./ Parekh, B. C.* (Hrsg.): Politics and Experience, Cambridge, Mass., 125–152.

Politische Utopie

1. Die politische Utopie (p. U.) dient der indirekten Analyse und impliziten Kritik der herrschenden politischen Verhältnisse. Grundformen der p. U. sind die positive Utopie als Schilderung eines Gemeinwesens, in dem die reibungslose Aufrechterhaltung äußerer Regeln des Zusammenlebens ebenso gewährleistet ist wie die Möglichkeit individuellen Glücksgewinns, und die negative Utopie (auch: Dystopie), in der durch Überzeichnung und Verabsolutierung denkbarer Resultate von in der Gegenwart beobachtbaren Entwicklungstendenzen vor einer bedrohlich ausgemalten Zukunft gewarnt wird.

2. Die als Instrument der Sozialkritik und politischen Belehrung verwendete literarische Form der p. U. geht auf die Staatsromane der Renaissance zurück. Die Schilderung der gesellschaftlichen, intellektuellen, ökonomischen und politischen Ordnung eines idealen Gemeinwesens (oder der Gegenentwurf satirisch überzeichneter Mißstände) ist meist in einen fiktiven Reisebericht eingebettet. Dabei ist ein wesentliches Konstruktionsprinzip der Darstellung die Tatsache, daß ein konstitutives Element der realen politischen Ordnung beim Aufbau der utopischen Gesellschaft bewußt vernachlässigt oder geleugnet wird. In anderen Utopien geht das Gegenmodell zur kritisierten politischen Realität in der Ableitung der Zustände der utopischen Gesellschaft davon aus, daß ein in der Wirklichkeit nur bedingt zur Wirkung kommendes Prinzip der menschlichen Erkenntnis oder des Handelns in absoluter Weise als allgemeingültig gesetzt wird. Entscheidendes Kriterium für den utopischen Charakter des Ordnungsentwurfs ist seine grundlegende Abweichung von der bekannten politischen Ordnung.
Typisch für die utopischen Staatsromane der Renaissance (*Morus* 1516; *Rabelais* 1534; *Campanella* 1623; *Bacon* 1627) ist die zentrale Stellung der menschlichen Rationalität als alleinbestimmendes Prinzip des öffentlichen wie des privaten Lebens, hinter dem

die irrationalen, leidenschaftsbestimmten und auf die Verfolgung individueller Interessen gerichteten Züge menschlichen Verhaltens zurücktreten. Der utopische Staat der Renaissance-Utopie ist dasjenige Gemeinwesen, das denkbar wäre, wenn alle Menschen gleichermaßen im Besitz rationaler Einsicht und derjenigen seelischen Veranlagung wären, die sie bereit machte, jederzeit nach dieser Einsicht zu handeln. Die Utopien der Aufklärung (*Fénelon* 1699; *Morelly* 1753; *Mercier* 1770; *Restif de la Bretonne* 1781) betonen die natürliche Fähigkeit des Menschen, frei von despotischer Willkür sein öffentliches Leben selbst zu gestalten. In den Utopien des frühen Sozialismus (*Owen* 1814; *Fourier* 1829; *Cabet* 1840) werden die Ideale der ökonomischen und sozialen Gerechtigkeit und der Sicherung des äußeren und inneren Friedenszustandes thematisch und leiten so die radikale Kritik an den bestehenden Verhältnissen ein.

In der utopischen Literatur der Gegenwart wird die auf politische Reformen zielende Sozialutopie zunehmend von negativen Entwürfen verdrängt, die vor der Entwicklung zum allumfassenden System der totalitären Herrschaft, der politischen Unterdrückung, der perfektionierten Verwaltung und der psychischen Manipulation durch extrapolierte Zukunftsschilderung warnen (*Samjatin* 1927; *Huxley* 1932; *Orwell* 1949). Der Fortschrittsoptimismus des 19. Jh.s wird abgelöst durch eine Grundstimmung der Angst vor den unüberschaubaren Konsequenzen rational nicht steuerbarer Veränderungsprozesse.

3. Eine neue Bedeutung in der ↗ Politischen Philosophie erhält der Begriff der Utopie, wenn er von seiner traditionellen Bindung an bestimmte literarische Darstellungsformen gelöst und als allgemeines Prinzip historischer Veränderung mit der auf die Zukunft gerichteten Intention des Prinzips Hoffnung (*Bloch* 1959) oder der von emanzipatorischem Erkenntnisinteresse geleiteten kontrafaktischen Antizipation (*Habermas* 1968) identifiziert wird. Die politische Funktion der Utopie besteht darin, durch Abstraktion von gesellschaftlich real Vorhandenem Kriterien des Wünschbaren zu entwerfen, die nicht ihrer eigenen Realisierung dienen, sondern die Richtung für auf Veränderung zielende Handlungsstrategien bestimmen.

Peter Weber-Schäfer

↗ Demokratietheorie; Freiheit; Politische Theorie.

Lit.: *Bloch, E.* 1918: Geist und Utopie, München. *Bloch, E.* 1959: Das Prinzip Hoffnung, Frankfurt/M. *Buber, M.* 1950: Pfade in Utopia, Heidelberg. *Habermas, J.* 1968: Erkenntnis und Interesse, Frankfurt/M. *Kamlah, W.* 1969: Utopie, Eschatologie und Geschichtsteleologie, Mannheim. *Mannheim, K. 1929:* Ideologie und Utopie, Freiburg. *Neusüss, A.* 1968: Utopie. Begriff und Phänomen des Utopischen, Neuwied/Berlin. *Nozick, R.* 1974: Anarchy, State, and Utopia, New York. *Servier, J.* 1967: Histoire de l'Utopie, Paris.

Politischer Extremismus

I. Politischer Extremismus (p. E.) gehört nicht zu den analytischen und empirischen Standardkonzepten der ↗ Sozialwissenschaften; in den sozialwissenschaftlichen Handwörterbüchern und Enzyklopädien, besonders den fremdsprachigen, findet man dazu in der Regel keinen Eintrag, während Radikalismus mit höherer Wahrscheinlichkeit behandelt wird (*Bittner* 1968). Nicht zuletzt wegen der nationalsozialistischen Vergangenheit wird p. E. in der Bundesrepublik Deutschland in Politik und Öffentlichkeit mit wesentlich mehr Interesse, Aufmerksamkeit und Emotionen thematisiert als in anderen westlichen Demokratien. Der Konjunkturabhängigkeit des Themas entsprechend fehlt es leider auch in der wissenschaftlichen Behandlung der Problematik an dem notwendigen langen Atem. Das plötzliche Auftauchen der NPD zwischen 1966 und 1969 führte zu einer ersten sozialwissenschaftlichen Forschungsanstrengung, die bis heute der Extremismusforschung entscheidende theoretische Impulse verliehen hat (*Liepelt* 1967; *Scheuch/Klingemann* 1968; *Klingemann/Pappi* 1972; *Scheuch* 1974; *Herz* 1975). Die Dominanz linksextremer, insbesondere terroristischer gegenüber rechtsextremen politischen Strömungen in den 70er bis in die Mitte der 80er Jahre fand, mit Ausnahme der vom Bundesinnenministerium herausgegebenen »Analysen zum Terrorismus« (Westdeutscher Verlag, diverse Herausgeber), nur einen geringen und dazu noch äußerst kontroversen Widerhall in der Forschung (*Infratest* 1980; *Noelle-Neumann/Ring* 1985). Zunächst die Wahlerfolge ab 1989 der rechten Partei der Republikaner und später anderer rechter Gruppierungen (NPD, DVU) sowie vor allem das massive Auftreten von Gewalttaten gegen Ausländer seit 1991 im vereinigten Deutschland haben in den letzten Jahren zu einem exponentiell anwachsenden Schrifttum zum p. E. geführt (einen sehr guten Überblick über diese Entwicklung geben die seit 1989 von *Backes* und *Jesse* herausgegebenen Jahrbücher »Extremismus und Demokratie«).

II. *Scheuch* und *Klingemann* hatten schon 1968 (:22) E. als die »grundsätzliche Ablehnung der gegenwärtigen Gesellschaftsform und ihrer politischen Organisation als untragbar, ja als böse unter Verweis auf einen alternativen und effizienteren Organisationstyp der Gesellschaft« konzipiert. In den aktuellen Beiträgen zum p. E. bleibt es im Grunde bei dem *Scheuch-Klingemannschen* Verständnis, auch wenn dieses nunmehr konkreter als Bestrebungen, den demokratischen Verfassungsstaat zu beseitigen, gefaßt wird (*Jesse* 1993: 148; *Pfahl-Traughber* 1993: 14–18). Die verständliche Betroffenheit überzeugter Demokraten durch die Haß- und Gewaltausbrüche der letzten Jahre gegen politisch Andersdenkende und Fremde hat bedauerlicherweise nicht gerade zu einer analytisch tragfähigen und weiterführenden Konzeptualisierung von p. E. beigetragen. Um angesichts der Masse an Material zu dieser niederschmetternden Schlußfolgerung zu gelangen, ist offenbar eine gewisse räumliche Distanz zum Extremismus-Thema hilfreich. Nach einer Exegese aktueller einschlägiger Literatur formuliert der englische Sozialwissenschaftler *Roberts* (1994: 480) resümierend: »... *The concept of extremism is by no means satisfactorily, or conclusively defined... Not only is the word ›extremism‹ a dubious label for the concept, but, for all the systematic attempts at definition in terms of groups or behaviour that offend against the democratic constitutional order, its procedures, norms and institutions, cases of extremism are still so categorized seemingly rather because of their policies and programmes...*«

Die Konzeptionsarmut der deutschen Extremismus-Debatte wird besonders deutlich bei den Versuchen, dieses historisch und emotional stark geprägte Phänomen einer systematischen vergleichenden Analyse zuzuführen. *Roberts* (1994: 463) weist zurecht auf den Umstand hin, daß die Politische Wissenschaft nicht auf ein (von ihm als »normal« bezeichnetes) Verständnis von E. als den äußersten Polen eines wie auch immer inhaltlich bestimmten Kontinuums verzichten kann. In diesem Zusammenhang liegt es nahe, auf die theoretisch wohlfundierte Untersuchung von *Klingemann* und *Pappi* (1972) zum politischen Radikalismus zu verweisen, in der in einer zweidimensionalen Gliederung des politischen Raums die Ziel- bzw. Wertdimension über das Links-Rechts-Kontinuum und die Mittel- bzw. Normdimension über eine Totalitarismus-Skala operationalisiert worden war, mit den Endpunkten E. der Ziel- und Radikalismus der Mitteldimension. In einer Studie zum Linksextremismus (*Infratest* 1980) wurde dann die Mitteldimension noch konkreter als bei *Klingemann/Pappi* als Modi politischer Partizipation gefaßt, wobei ziviler Ungehorsam und politische Gewalt die undemokratische Position auf diesem Kontinuum kennzeichneten.

Diese Konzeptualisierung von E. und Radikalismus hat sich jedoch in der Forschung nicht durchsetzen können, im Gegenteil. Die Verfassungsschutzberichte der Bundesregierung gehen vielmehr von einem eindimensionalen Konzept der relativen Verfassungsnähe aus und bezeichnen p. E. als gegen den Kernbestand der Verfassung gerichtet, während Radikalismus die Verfolgung außerhalb des Mehrheitskonsenses liegender politischer Ziele mit im Rahmen der Verfassung liegenden Mitteln meint. Es liegt auf der Hand, daß solche begrifflichen Konfundierungen nicht der Analyse der in Frage stehenden Sachverhalte förderlich sind. Für die wissenschaftliche Diskussion in der Bundesrepublik ist allerdings festzuhalten, daß sich inzwischen der Begriff des p. E. im Sinne der Ablehnung des demokratischen Verfassungsstaates weitgehend durchgesetzt hat.

III. Der wissenschaftliche Ertrag der Extremismusforschung hängt nicht zuletzt von der Erklärungsleistung der eingesetzten Konzepte ab. Damit stellt sich zum einen die Frage nach der operationalen Umsetzung der theoretischen Konstrukte zum Zwecke der empirischen Analyse. Zum anderen muß dem Umstand Rechnung getragen werden, daß es sich bei p. E. um Erscheinungen handelt, die durch die komplexe Verbindung von gesellschaftlich-institutionellen Rahmenbedingungen (Makroebene), kollektiven Akteuren wie Parteien oder politischen Gruppen (Mesoebene), individuellen Einstellungen und Verhaltensweisen (Mikroebene) sowie konkreten Ereigniskontexten erzeugt werden. Diese Komplexität stellt hohe Anforderungen an die Forschung und kann in der Regel bestenfalls in Ansätzen in konkrete Erhebungs- und Analysedesigns umgesetzt werden. Insofern überrascht nicht, daß sich die empirischen Befunde überwiegend auf Einzelaspekte des p. E. beziehen.

Auf der Mikroebene des Individuums läßt sich diese Problematik paradigmatisch als das Verhältnis von politischen Einstellungen und politischem Verhalten des Einzelnen oder von Personengruppen verdeutlichen. Es gehört inzwischen zu den Trivia der diesbezüglichen Forschung, daß diese Beziehung nicht selbstverständlich – wenn überhaupt – besteht und in ihrer konkreten Ausprägung stark situationsabhängig ist. Eine Studie von *Stöss* (1993: 58–60) belegt z.B., daß der ganz überwiegende Teil des in Westberlin 1990 durch Einstellungsitems unabhängig gemessenen rechtsextremen Potentials bei seiner Wahlentscheidung demokratische Parteien bevorzugte. Erklärungsbedürftig ist ein solcher Sachverhalt aus mehreren Gründen. Zum einen wirft er die Frage nach der Validität der Einstellungsmessungen auf; theoretisch nicht abgesicherte Idiosynkrasien von Forschern führen gelegentlich zu leichtfertigen und fragwürdigen Etikettierungen erheblicher Teile der Bevölkerung als extremistisch – diesen Vorwurf erheben *Noelle-Neumann* und *Ring* (1984: 14) z.B. gegen die Sinus-Rechtsextremismusstudie (*Sinus* 1981). Zum zweiten betont er die Notwendigkeit, genauer zu verstehen, warum als e. klassifizierte Einstellungen eben gerade nicht mit Notwendigkeit zu einem e. (Wahl)Verhalten führen. Hier ist von besonderem Interesse die Arbeit von *Falter* (1994: 107–153), der auf der Grundlage einer Sekundäranalyse von Bevölkerungsumfragen aus den letzten Jahren gezeigt hat, daß rechtsextreme Einstellungen nur in Verbindung mit anderen Merkmalen, vor allem Politikverdrossenheit und dem Gefühl relativer Benachteiligung, zur Wahl rechtsextremer Parteien führen.

Die Erforschung individueller e. Prädispositionen im Sinne von Persönlichkeitsmerkmalen hatte, induziert durch die nationalsozialistische Judenvernichtung, zum Ende des II. Weltkriegs einen massiven Anstoß erhalten. Das Konzept der autoritären Persönlichkeit, facettenreich entwickelt von *Adorno* und seinen Mitarbeitern

(1950), hat in Deutschland zwar zu Anschlußuntersuchungen geführt (*von Freyhold* 1971), ist jedoch für systematische, längsschnittlich orientierte Extremismusanalysen folgenlos geblieben. Ähnliches gilt für das inhaltlich durchaus verwandte Dogmatismuskonzept (*Rokeach* 1960), das von *Roghmann* (1966) in den deutschen Sprachraum eingeführt wurde. Zwar hat *Schumann* (1986; 1990) einen erneuten Versuch unternommen, Persönlichkeitsmerkmale für die politisch-soziologische Forschung fruchtbar zu machen, doch hat auch dieser Versuch bislang keine wissenschaftliche Resonanz gefunden. Bemerkenswerterweise, und von der deutschen Forschung ignoriert, hat eine niederländische Wissenschaftlergruppe in Anknüpfung an die Arbeiten der Frankfurter Schule zur autoritären Persönlichkeit für die Niederlande mit Daten aus dem Jahr 1985 systematische Beziehungen zwischen Autoritarismus und Ethnozentrismus aufgedeckt (*Scheepers/Falling/Peters* 1990).

Kann man die genannten Ansätze noch als theoretisch fundierte Versuche werten, stabile, extremismusfördernde Elemente von Persönlichkeit zu markieren, so verliert man völlig den Boden unter den Füßen, wenn es darum geht, zuverlässig zu identifizieren, worum es sich bei politisch extremen Einstellungen handelt. Konzepte wie Rassismus, Nationalismus, Fremdenfeindlichkeit oder Antisemitismus, um nur einige in diesem Zusammenhang gängige Begriffe zu nennen, werden in der Regel *ad hoc* eingeführt und ermangeln durchweg einer theoretischen Einbettung; teilweise werden sie als erklärende Variablen für p. E. verwendet, teilweise sind sie selbst Bestandteil von Extremismusdefinitionen. Insgesamt muß man also den diesbezüglichen Forschungsstand nach wie vor als desolat bezeichnen.

Relativ gesehen noch am klarsten ist die Situation der Extremismusforschung auf der Mesoebene im Bereich der verfaßten und unverfaßten politischen Partizipation. Zwar lassen sich, besonders im internationalen Vergleich, politische Parteien und andere politische Organisationen wegen der durch die Mehrdimensionalität von p. E. fließenden Grenzen nicht immer eindeutig dem politisch extremen Spektrum zurechnen. Erschwerend tritt hierbei hinzu, daß Veränderungen der Zuordnung im zeitlichen Verlauf möglich und plausibel sind. Nach einer Studie, in der (überwiegend) durch Expertenurteile die im Parlament vertretenen politischen Parteien in den europäischen wie außereuropäischen Demokratien auf einer Links-Rechts-Skala angeordnet wurden, ergab sich ein Anteil von 9,2 % für »ultralinke« und von 8,4 % für »ultrarechte« unter den 119 klassifizierten Parteien (*Castles/Mair* 1984: 84). Unter den elf als ultralinks eingeordneten Parteien befanden sich jedoch neun orthodoxe kommunistische Parteien. Daraus wird erneut deutlich, daß ein aus spezifischen historischen Erfahrungen geprägtes Extremismusverständnis, wie dies in Deutschland dominiert, schwerlich allgemeingültige Kategorien zur quantifizierenden Bestimmung und Analyse des organisierten p. E. und seiner Potentiale abgeben kann. Allerdings sind Mitgliedschaft in bzw. Stimmabgabe für extreme Parteien für die Forschung handhabbare und interkulturell äquivalent operationalisierbare Sachverhalte, so daß vor allem zu dieser Dimension des p. E., mit einer Schwerpunktsetzung auf Rechtsextremismus, einige zuverlässige Informationen vorliegen (z. B. *von Beyme* 1988 sowie mehrere Beiträge in *Kowalski/Schröder* 1994; für Deutschland s. *Winkler* 1994 und die dort angegebene Literatur).

Besonders interessant für die Analyse des

p. E. ist die Frage der Gewaltanwendung bzw. der Gewaltaffinität in einer Gesellschaft (*Kaase/Neidhardt* 1990), zumal sich linker und rechter E. in der Akzeptanz politischer Gewalt als Mittel der Konfliktaustragung weitgehend ähneln. *Willems* u.a. (1993) haben in einer ausgezeichneten Analyse der Strafakten von 1398 in den Jahren 1991/92 der fremdenfeindlichen Gewalt bezichtigten Tatverdächtigen einen differenzierten Einblick in die Dynamik realer Gewalthandlungen mit vermutetem rechtsextremistischen Hintergrund eröffnet, der zu einer Revision vieler Wahrnehmungsklischees über die Ursachen und Dynamik solcher Gewaltakte zwingt. Dabei ist besonders zu beachten, daß diese Akte keinesfalls notwendig politisch extreme Überzeugungen voraussetzen, ein weiterer Hinweis auf die Notwendigkeit, die Beziehung zwischen e. Einstellungen und e. Verhalten in beide Richtungen zu untersuchen.

Ein Vorzug des intensiven Interesses in Deutschland an p. E. liegt im übrigen in der umfassenden Kenntnis vor allem über rechtsextreme Parteien sowie vor-parteiliche Gruppen, Organisationen und ihre zentralen Akteure (z.B. *Pfahl-Traughber* 1993, sowie die von *Backes* und *Jesse* herausgegebenen Jahrbücher »Extremismus und Demokratie«). Darüber berichten auch seit langem die jährlich erscheinenden Verfassungsschutzberichte von Bund und Ländern. Ein Nachteil dieser Fokussierung ist allerdings darin zu sehen, daß viele e. Organisationen ein Maß an öffentlicher, auch medialer Aufmerksamkeit erfahren, das ihre reale politische Bedeutung weit übersteigt und sie, nicht zuletzt in den Augen von (potentiellen) Mitgliedern, über Gebühr aufwertet.

IV. Sofern international vergleichende Untersuchungen zur Thematik der politisch extremen Einstellungen existieren, kann von einer breiten Grundlage für diese Strömungen, operationalisiert z.B. als Glaube an die Notwendigkeit einer revolutionären Veränderung der politischen und Gesellschaftsordnung, nicht gesprochen werden. *Bauer* und *Niedermayer* (1990) haben in einer Analyse der Eurobarometerdaten 1988 aus den 12 Mitgliedsländern der Europäischen Union gezeigt, daß rechtsextreme Einstellungen in Europa sehr unterschiedlich konfiguriert sind und daß von einem geschlossenen rechten Weltbild durchweg keine Rede sein kann. *Kuechler* (1994) kommt, ebenfalls auf der Grundlage von Eurobarometerdaten und zusätzlich von ALLBUS-Daten, zu dem Ergebnis, daß in Deutschland zwischen 1980 und 1990 zumindest die Einstellung gegenüber Gastarbeitern deutlich positiver geworden ist, daß Deutschland in Europa auf der Dimension Fremdenfeindlichkeit eine Mittelposition einnimmt, und daß – dies besonders wichtig – in allen untersuchten Ländern das Gefühl relativer Benachteiligung mit großem Gewicht zu fremdenfeindlichen Einstellungen führt. Daraus ergibt sich, daß eine nachhaltige, strukturell bedingte Verschlechterung der wirtschaftlichen Lage von beachtlichen Teilen der Bevölkerung in Europa mit Sicherheit nicht ohne Einfluß auf den Umgang mit Angehörigen fremder Nationalitäten, die als Bedrohung der eigenen Position und Identität wahrgenommen werden, bleiben wird. Die *Kuechlersche* Analyse belegt jedoch auch, wie durch Nichtbehandlung eines zentral einschlägigen Themas (Asyl) durch die verantwortlichen politischen Akteure erst die Voraussetzungen für gewaltsame Konflikte mit geschaffen werden.

Die Verfassungsschutzberichte des Bundesministeriums des Innern der letzten Jahre weisen aus, daß ab 1986, also schon lange vor der deutschen Vereinigung, die Zahl der Mitglieder in rechtsextremistischen Organisationen deutlich angestiegen ist, während die Zahl der Mitglieder in linksextremistischen Organisationen abgenommen hat. 1990 überstieg die Zahl Rechtsextremer erstmals die Linksextremer, eine bis 1993 gleichbleibende Situation. Noch gravierender drückt sich dieser Wandel in den dokumentierten Gewalttaten aus, die 1992 und 1993 im linksextremen Spektrum bei rund 1000 liegen, während die entsprechenden Zahlen für den Rechtsextremismus 1992 bei rund 2300 und 1993 bei rund 1600 liegen (alle Angaben aus dem Verfassungsschutzbericht 1993: 21, 24, 75, 80). Damit bestätigt sich einerseits der Eindruck des Überwiegens rechtsextremer, insbesondere fremdenfeindlicher Gewalt in Deutschland. Andererseits kann von einem Verschwinden linksextremer Gewalt keine Rede sein; zu beachten ist, daß ein nicht unbeträchtlicher Teil aller Gewaltakte aus der direkten Konfrontation Links- und Rechtsextremer resultiert.

Diese Angaben bekräftigen, daß der p. E. in Deutschland zurecht Gegenstand öffentlicher Aufmerksamkeit und wissenschaftlicher Analyse ist. Ob e. Gewalt und p. E. allgemein nur die Spitze des Eisbergs darstellen oder in ihrer medialen Vergrößerung als politisches Problem für den demokratischen Prozeß in Deutschland überschätzt werden, wird erst die Zukunft weisen; die genannten Zahlen und die schrumpfenden Anteile rechtsextremer Parteien bei Wahlen des Jahres 1994 scheinen hier günstige Prognosen zu eröffnen. Zu wünschen wäre jedoch, daß die Extremismusforschung zur Beantwortung dieser Frage künftig einen fundierteren Beitrag leistet, als dies bisher die Regel ist.

Max Kaase

↗ Faschismus; Ideologie; Kommunismus; Konfliktlinien; Rechtsextreme Parteien; Politische Psychologie.

Lit.: *Adorno, T. W.* u. a. 1950: The Authoritarian Personality, New York. *Backes, U./Jesse, E.* 1989–1993: Jahrbuch Extremismus und Demokratie (E&D), Bände 1–5, Bonn. *Bauer, P./Niedermayer, O.* 1990: Extrem rechtes Potential in den Ländern der Europäischen Gemeinschaft, in: APuZ 46–47, 15–26. *Beyme, K. von* (Hrsg.) 1988: West European Studies, Special Issue on Right-Wing Extremism in Western Europe 11, Nr. 2. *Bittner, E.* 1968: Radicalism, IESS, Bd. 13, New York, 294–300. *Bundesministerium des Innern* 1994: Verfassungsschutzbericht 1993, Bonn. *Castles, G./Mair, P.* 1984: Left-Right Political Scales: Some ›Expert‹ Judgements, in: EJPR 12, 73–88. *Falter, J. W.* 1994: Wer wählt rechts?, München. *Freyhold, M. von* 1971: Autoritarismus und Politische Apathie, Frankfurt/M. *Herz, T. A.* 1975: Soziale Bedingungen für Rechtsextremismus in der Bundesrepublik Deutschland und in den Vereinigten Staaten, Meisenheim am Glan. *Infratest* 1980: Politischer Protest in der Bundesrepublik Deutschland, Stuttgart. *Jesse, E.* 1993: Extremismus, in: *Andersen, U./Woyke, W.* (Hrsg.): Handwörterbuch des politischen Systems der Bundesrepublik Deutschland, Opladen, 148–151. *Kaase, M./Neidhardt, F.* 1990: Politische Gewalt und Repression. Ergebnisse von Bevölkerungsumfragen, in: *Schwind, H.-D./Baumann, J.* u. a. (Hrsg.): Ursachen, Prävention und Kontrolle von Gewalt. Analysen und Vorschläge der Unabhängigen Regierungskommission zur Verhinderung und Bekämpfung von Gewalt (Gewaltkommission), Bd. IV, Berlin. *Klingemann, H. D./Pappi, F. U.* 1972: Politischer Radikalismus, München. *Kowalsky, W./Schroeder, W.* (Hrsg.) 1994: Rechtsextremismus, Opladen. *Kuechler, M.* 1994: Germans and ›Others‹: Racism, Xenophobia, or ›Legitimate Conservatism‹?, German Politics 3, 47–74. *Liepelt, K.* 1967: Anhänger der neuen Rechtspartei, in: PVS 8, 237–271. *Noelle-Neumann, E./Ring, E.* 1985: Das Extremismus-Potential unter jungen Leuten in der Bundesrepublik Deutschland 1984, Allensbach: Institut für Demoskopie. *Pfahl-Traughber, A.* 1993: Rechtsextremismus. Eine kritische Bestandsaufnahme nach der Wiedervereinigung, Bonn. *Roberts, G. K.* 1994: Extremism in Germany: Sparrows or Avalanche?, in: EJPR 25, 461–482. *Roghmann, K.* 1966: Dogmatismus und Autoritarismus, Meisenheim am Glan. *Rokeach, M.* 1960: The Open and Closed Mind, New York. *Scheepers, P./Felling, A./Peters, J.* 1990: Social Conditions, Authoritarianism and Ethnocentrism: a Theoretical Model of the Early Frankfurt School, Updated and Tested, in: European Sociological Review 6, 15–29. *Scheuch, E. K.* [3]1979: Politischer Extremismus in der Bundesrepublik, in: *Löwenthal, R./Schwarz, H. P.* (Hrsg.): Die zweite Republik, Stuttgart, 433–469. *Scheuch, E. K./Klingemann, H. D.* 1967: Theorien des

Rechtsradikalismus in westlichen Industriegesellschaften, in: Hamburger Jahrbuch für Wirtschafts- und Gesellschaftspolitik 12, 11–29. *Schumann, S.* 1986: Politische Einstellungen und Persönlichkeit, Frankfurt/M. *Schumann, S.* 1990: Wahlverhalten und Persönlichkeit, Opladen. *Sinus* 1981: 5 Millionen Deutsche: »Wir sollten wieder einen Führer haben...«, Reinbek. *Stöss, R.* 1993: Rechtsextremismus und Wahlen in der Bundesrepublik, in: APuZ 11, 50–61. *Willems, H./Eckert, R./Würtz, S./Steinmetz, L.* 1993: Fremdenfeindliche Gewalt. Einstellungen, Täter, Konflikteskalation, Opladen. *Winkler, J. R.* 1994: Die Wählerschaft der rechtsextremen Parteien in der Bundesrepublik Deutschland 1949–1993, in: *Kowalsky, W./Schroeder, W.* (Hrsg.): Rechtsextremismus, Opladen, 69–88.

Politisches System

I. Der Begriff »politisches System« (p. S.) ist so sehr Standardbegriff der Politik und der ↗ Politikwissenschaft, daß er sich von selbst zu verstehen scheint. Nur so ist verständlich, daß monographische Darstellungen nationaler p. S. und vergleichende Analysen i. d. R. darauf verzichten, explizit anzugeben, was unter p. S. zu verstehen ist. Man kann unterscheiden zwischen einer vagen Verwendungsweise und einer strikt systemtheoretischen Fassung des Begriffs.

Im ersteren Fall füllt sich der Begriff jeweils mit dem, was die einzelnen Autoren – vom Einzelfall ausgehend – in Betracht nehmen. Das kann legitimerweise nach Raum und Zeit verschieden sein, da die wesentlichen Komponenten eines p. S. nach politischem Regimetyp (etwa ↗ Autoritäres Regime, ↗ Demokratie, ↗ Diktatur) und nach gesellschaftlichem Systemtyp (↗ Kapitalismus, ↗ Sozialismus) variieren. Über das im Einzelfall vorliegende Begriffsverständnis gibt folglich häufig das Inhaltsverzeichnis einer Schrift zum p. S. eines Landes Auskunft. Demgegenüber kann ein systemtheoretischer Ansatz eine präzisere Definition erreichen, da von bestimmten Funktionen ausgegangen wird, die alle p. S. zu erfüllen haben, und zunächst ein Begriffsinstrumentarium *(framework of analysis)* entwickelt wird, mit dem an die Vielfalt p. S. herangegangen wird.

II. Umrissen wird das allgemeine und vage Verständnis von p. S. durch Abgrenzungen gegenüber anderen Phänomenen und Abstraktionen, etwa gegenüber Staat (↗ Staatstheorie), ↗ Verfassung und Regierungssystem, die in der Literatur nicht immer eindeutig erfolgen, ja teilweise bewußt unterlassen werden, um dem Unterschied keine Bedeutung beizumessen.

Vom Staat verschieden ist das p. S. dadurch, daß der Staat eine viel abstraktere Kategorie und weniger leicht definierbar ist, andere konstitutierende Bedingungen kennt (Territorium, Bevölkerung, Monopol physischer Gewaltanwendung etc.), auf (größere) Dauer angelegt ist und sich mit ihm umfassendere Fragen verbinden nach den (Staats-)Zielen und (Staats-)Funktionen, nach den Produktions- und Eigentumsverhältnissen bzw. nach dem gesellschaftlichen System (Kapitalismus vs. Sozialismus) (vgl. *von Beyme* 1984). Der Begriff des p. S. ist enger festgelegt, u. a. auf Herrschaftsformen (↗ Staatsformenlehre), Regimetypen (Demokratie, Diktatur), politische Systemtypen (↗ Präsidentialismus, ↗ Parlamentarismus), Machtverhältnisse (↗ Parteien, ↗ Regierung) und Formen gesellschaftlicher und politischer ↗ Repräsentation (↗ Pluralismus, ↗ Korporatismus) in einem Staat, die dem Wandel unterliegen.

Von Verfassung ist das p. S. verschieden, dadurch daß die institutionellen Einrichtungen und verfahrensmäßigen

Regelungen, die eine zumeist geschriebene Verfassung vornimmt, zwar für den politischen Prozeß von Bedeutung sind, ihn aber weder vollends strukturieren noch real erfassen. Der Begriff Verfassung hebt auf das Juristisch-Normative, der Begriff p. S. auf das Empirisch-Tatsächliche ab.

Von Regierungssystem ist p. S. dadurch verschieden, daß nicht nur die politischen Institutionen, sondern auch Gegebenheiten und Entwicklungen des gesellschaftlichen Umfeldes in den Blick genommen werden und der Wirkungszusammenhang zwischen dem Institutionengefüge, der Interaktion der Institutionen und der Gesellschaft mit erforscht wird. Die Vorstellung, daß es im p. S. zu einem Verhältnis gegenseitiger Abhängigkeit von Institutionensystem und gesellschaftlich-politischen Prozessen kommt, führt in Richtung auf eine Präzisierung des politischen Systembegriffs, wie sie von der ↗ Systemtheorie herbeigeführt wurde.

III. Der Begriff des p. S. wurde in den 50er Jahren in Abgrenzung zu den als formalistisch bzw. legalistisch empfundenen Leitbegriffen und Analyseverfahren der klassischen Regierungslehre entwickelt (vgl. *Daalder* 1993: 17 f.). Im Übergang von *comparative government* zu *comparative politics* (↗ Vergleichende Regierungslehre) verband sich der Begriff mit dem Anspruch auf ein einheitliches Konzept für einen theorieorientierten Vergleich räumlich und/oder zeitlich weit auseinanderliegender Untersuchungsobjekte, nämlich der politischen Organisationsformen einer im geographischen wie im historischen Bewußtsein der Politikwissenschaft steigenden Zahl von Gesellschaften. An die Stelle des nominalistisch orientierten Vergleichs rechtlich gesatzter Institutionen sollte die vergleichende Strukturanalyse politischer Systeme in bezug auf abstrakt postulierte allgemeine Systemfunktionen treten.

In der Sprache der Systemtheorie ist das p. S. ganz allgemein dasjenige gesellschaftliche Teilsystem, das für die Produktion kollektiv verbindlicher Entscheidungen zuständig ist. Der Systembegriff impliziert die Vorstellung einer zum Gleichgewicht tendierenden, intern in eine Vielzahl interdependenter Elemente, Rollen und Prozesse differenzierten Einheit, die von einer sozialen, kulturellen, ökonomischen und physischen Umwelt unterscheidbar, mit dieser aber durch wechselseitige Austauschprozesse verbunden ist.

D. Easton (1957, zuerst 1953) bestimmte das p. S. als Adressat gesellschaftlicher Forderungen und Unterstützungsleistungen *(Inputs)* einerseits und als Lieferant verbindlicher Entscheidungen und Maßnahmen *(Outputs)* andererseits. *Input*- und *Output*-Funktionen sind in einem dynamischen Regelkreislauf miteinander verbunden. Im Anschluß an die allgemeine Systemtheorie *T. Parsons* und an die ↗ Politische Kybernetik *K. Deutschs* zielte das Modell *Eastons* auf die Frage, durch welche Organisations-, Differenzierungs-, Kommunikations- und Steuerungsprozesse ein p. S. die auf der *Input*-Seite entstehenden gesellschaftlichen Forderungen in *Output*-Leistungen zu übersetzen vermag, die ihrerseits wiederum die gesellschaftliche Unterstützung des p. S. und damit dessen Fortbestand sichern. Die Bedingungen der Stabilität bzw. Anpassungsfähigkeit politischer Systeme sollten ins Zentrum der politikwissenschaftlichen Theoriebildung gerückt werden (*Easton* 1957: 475).

Die empirisch vergleichende Forschung wurde freilich vor allem durch das von *G. Almond* entwickelte, teilweise auf *Easton* aufbauende Konzept des p.S. beeinflußt (vgl. *Almond/Coleman* 1960; *Almond/Powell/Mundt* 1993). Ebenfalls von einem Regelkreismodell ausgehend, zeichnet sich das *Almond*sche Konzept durch eine differenzierende Konkretisierung der das p. S. bestimmenden Funktionen und durch die Einführung des Begriffs der politischen Struktur aus. In Weiterentwicklung des ursprünglichen Konzeptes werden folgende Funktionen unterschieden (vgl. *Almond/Powell/Mundt* 1993: 10f.): (1) die Prozeßfunktionen Interessenartikulation, Interessenaggregation, Politikformulierung *(policymaking)* sowie Politikimplementation und -anpassung (↗ Politikfeldanalyse); (2) die Systemfunktionen politische Sozialisation, Rekrutierung und Kommunikation und (3) die *Policy*-Funktionen Ressourcennutzung *(extraction)*, effektive Regeldurchsetzung *(regulation)* und Verteilung *(distribution)*. Die Systemfunktionen lassen sich wesentlich dem *Input*-Bereich zuordnen, die Prozeßfunktionen beziehen sich auf Abläufe innerhalb des p. S., d. h. auf die Umsetzung von *Inputs* in *Outputs*, und die *Policy*-Funktionen konstituieren den eigentlichen *Output*-Bereich, die vom p.S. ausgehenden »substantiellen Einflüsse auf Gesellschaft, Wirtschaft und Kultur« (*Almond/Powell/Mundt*: 11). Im ursprünglichen Modell waren die *Output*-Funktionen mit der Unterscheidung von Regelsetzung, -anwendung und -auslegung (*Almond/Coleman* 1960: 17) noch stark an der klassischen Gewaltentrias (Legislative, Exekutive, Judikative) orientiert gewesen.

Politische Strukturen sind all jene Institutionen (Organisationen, Verfahrensordnungen, Normen- und Rollensets), die einen Beitrag zur Erfüllung der einzelnen Funktionen bzw. Funktionsgruppen leisten.

Das empirische Forschungsinteresse der dem Systembegriff verpflichteten Politikwissenschaft richtete sich zunächst auf die System- und Prozeßfunktionen. Die dabei maßgeblichen Neuerungen, das Paradigma der politischen Entwicklung (↗ Entwicklung/Entwicklungstheorie) und das Konzept der ↗ Politischen Kultur, nährten den nur bedingt gerechtfertigten Vorwurf, der Systemansatz erhebe in ethnozentrischer Manier spezifische politisch-strukturelle und kulturelle Merkmale westlich-industriegesellschaftlicher Demokratien (z.B. die Ausbildung von Mehrparteiensystemen und Verbändepluralismus, die Säkularisierung und Individualisierung von Wertvorstellungen) zum universalen Ziel politisch-gesellschaftlicher Entwicklung und damit zu einem normativen Maßstab der vergleichenden Forschung (vgl. *Hartmann* 1980: 28ff.). Dieser Eindruck konnte auch deshalb entstehen, weil in der Praxis nur wenige Studien eine tatsächlich nach funktionalen Äquivalenten suchende vergleichende Strukturanalyse räumlich oder zeitlich auseinanderliegender politischer Systeme leisteten. Bis heute orientieren sich zahlreiche Untersuchungen am typischen Institutionensystem westlicher Industriegesellschaften (z.B. Regierung, Parlament, kompetitive Wahlen, Parteiensystem, Interessengruppen) wie an einer *Check*-Liste und bringen wenig Gespür für die Bedeutung genuiner politischer Strukturen der jeweiligen Vergleichsgesellschaften auf.

Seit den 70er Jahren rückten die *Output*-bezogenen Funktionen in den Blickpunkt der Forschung. Damit wurde auch ein – allerdings selten gesuchter – Anschluß der empirischen politischen Systemanalyse an die Steuerungsdebatten der neueren Systemtheorie möglich, die den Steuerungsoptimismus vieler

Empiriker längst abgelegt hat (vgl. *von Beyme* 1991; *Willke* 1992). Die deskriptiven und analytischen Leistungen der mit dem Begriff des p.S. operierenden empirischen Forschung erscheinen zunehmend entkoppelt von den Entwicklungen in der Systemtheorie selbst, die ihrerseits nurmehr wenig Interesse für die Erträge der vergleichenden Politikwissenschaft aufbringt.

Dieter Nohlen / Bernhard Thibaut

Lit.: *Almond, G. A. / Coleman, J. S.* (Hrsg.) 1960: The Politics of the Developing Areas, Princeton. *Almond, G. / Powell, G. B. / Mundt, R. J.* 1993: Comparative Politics. A Theoretical Framework, New York. *Berg-Schlosser, D. / Müller-Rommel, F.* (Hrsg.) [2]1992: Vergleichende Politikwissenschaft. *Beyme, K. von* 1988: Der Vergleich in der Politikwissenschaft, München. *Beyme, K. von* 1990: Theorie der Politik im 20. Jahrhundert, Frankfurt/M. *Beyme, K. von* [7]1993: Das politische System der Bundesrepublik Deutschland nach der Vereinigung, München. *Blondel, J.* 1972: Comparative Political Systems, New York. *Böhret, C. / Wewer, G.* (Hrsg.) 1993: Regieren im 21. Jahrhundert – zwischen Globalisierung und Regionalisierung, Opladen. *Campbell, C.* u. a. 1990: Politics and Government in Europe today, San Diego. *Daalder, H.* 1993: The Development of the Study of Comparative Politics, in: *Keman, H.* (Hrsg.): Comparative Politics, Amsterdam, 11–30. *Deutsch, K. W.* 1963: The Nerves of Government, New York. *Draguhn, W.* u. a. [2]1989: Politisches Lexikon Asien und Südpazifik, München. *Easton, D.* [2]1967: A Systems Analysis of Political Life, New York u. a. *Ellwein, T. / Hesse, J. J.* [6]1987: Das Regierungssystem der Bundesrepublik Deutschland, Opladen. *Götz, R. / Halbach, U.* [2]1993: Politisches Lexikon GUS, München. *Götz, R. / Halbach, U.* 1994: Politisches Lexikon Rußland, München. *Hartmann, J.* (Hrsg.) 1980: Vergleichende politische Systemforschung, Köln. *Hofmeier, R. / Schönborn, M.* (Hrsg.) [4]1988: Politisches Lexikon Afrika, München. *Hübner, E.* [3]1993: Das politische System der USA, München. *Kempf, U.* [2]1980: Das politische System Frankreichs, Opladen. *Lehmbruch, G.* 1970: Einführung in die Politikwissenschaft, Stuttgart u. a. *Lijphart, A.* 1984: Democracies: Patterns of Majoritarian and Consensus Governments in 21 Countries, New Haven. *Loewenstein, K.* [2]1959: Verfassungslehre, Tübingen. *Mewes, H.* [2]1990: Einführung in das politische System der USA, Heidelberg. *Narr, W.-D.* [2]1971: Theoriebegriffe und Systemtheorie, Stuttgart u. a. *Nohlen, D. / Hildenbrand, A.* 1992: Spanien. Wirtschaft – Gesellschaft – Politik, Opladen. *Petersson, O.* 1989: Die politischen Systeme Nordeuropas, Baden-Baden. *Steffani, W.* (Hrsg.) 1991: Regierungsmehrheit und Opposition in den Staaten der EG, Opladen. *Steinbach, U. / Hofmeier, R.* (Hrsg.) [3]1993: Politisches Lexikon Nahost/ Nordafrika, München. *Waldmann, P. / Krumwiede, H.-W.* [3]1991: Politisches Lexikon Lateinamerika, München. *Young, O. R.* 1968: Systems of Political Science, Englewood Cliffs, N.J. *Willke, H.* 1992: Ironie des Staates, Frankfurt/M.

Post-industrielle Gesellschaft

Wenngleich die gegenwärtige Gesellschaft noch häufig als ↗ Industriegesellschaft angesprochen wird, so hat sich vielfach doch die Bezeichnung post-industrielle Gesellschaft (p.-i. G.) durchgesetzt. Hiermit soll ausgesagt werden, daß – im Anschluß an die Industriegesellschaft – eine neue gesellschaftliche Entwicklungsphase angebrochen sei. Übereinstimmend wird hierbei davon ausgegangen, daß die Industrie der gegenwärtigen Gesellschaft nicht mehr das entsprechende Gepräge gebe. Hinsichtlich derjenigen Elemente, die anstelle der Industrie strukturprägend werden sollen, bestehen allerdings Auffassungsunterschiede:

1. Einer häufig anzutreffenden Vorstellung zufolge charakterisiert sich die Gegenwartsgesellschaft als eine Dienstleistungsgesellschaft. Es wird mit dieser Bezeichnung an Verschiebungen in der Beschäftigungsstruktur angeknüpft, die

dazu geführt haben, daß die Erwerbstätigen im tertiären Sektor (d.h. im Dienstleistungssektor) gegenüber den Beschäftigten im sekundären (d.h. industriellen) und im primären (d.h. agrarischen) Sektor in eine Mehrheitsposition geraten.

J. Fourastié (1954) zufolge erhalten in der Dienstleistungsgesellschaft im Zusammenhang mit dem nunmehr erreichten durchschnittlichen Einkommensniveau qualitative Fragen der Lebensweise gegenüber dem einfachen Lebensstandard ein verstärktes Gewicht. Ein erwachendes Bedürfnis nach Lebensqualität verändert die Städte, die – im Sinne der Suburbanisation – mit der Landschaft verschmelzen. Die »traurigen Mietskasernen der sekundären Zeiten« weichen im Grünen gelegenen »technischen Wunderwerken«; in der Arbeitswelt treten geistige Tätigkeiten in den Vordergrund; die Bedeutung anspruchsvoller Bildungsgänge steigt; die Arbeitszeit sinkt; kultivierte, hochindividualisierte Freizeitinteressen gewinnen an Bedeutung.

2. Diese optimistische Zukunftsperspektive wird nachfolgend in den Vorstellungen *D. Bells* (1975), von dem der Ausdruck post- oder nach-industrielle Gesellschaft populär gemacht wurde, ergänzt, überbaut und differenziert.

Auch *Bell* geht von einem »zunehmenden Übergewicht der Dienstleistungswirtschaft über die produzierende Wirtschaft« aus, betont jedoch die zunehmende Abhängigkeit der Gesellschaft von der Wissenschaft »als Mittel der Neuerung und Organisationsprinzip des technologischen Wandels«. Es kommt hierbei zu starken Änderungen der sozialen Schichtung und der Herrschaftsstruktur (↗ Sozialstruktur), die sich durch ein wachsendes Gewicht »einer Klasse professionalisierter und technisch qualifizierter Berufe« und durch ihren zunehmenden Machtanspruch im Wege der Verwissenschaftlichung von Politik, Wirtschaft und Technik kennzeichnet.

Die p.-i. G. organisiert sich zum »Zweck der sozialen Kontrolle und der Lenkung von Innovation und Wandel um das Wissen«. Systeme mathematischer Gleichungen, Computersysteme wie auch komplexe Analyse-, Planungs- und Entscheidungsverfahren verbinden sich überall zu zentralen Lenkungs- und Steuerungsmächten. Es breiten sich hierbei jedoch auch neuartige Unbestimmtheitszonen aus, die sich einerseits durch fortschreitende Zentralisierungen und Bürokratisierungen, andererseits aber auch durch einen antinomischen Trend der Kultur charakterisieren lassen, in welcher »gegenkulturelle« Bedürfnisse nach »Selbstverwirklichung und Entfaltung der eigenen Person« dominant werden, wodurch große Spannungen in Erscheinung treten. In die optimistische Vision *Fourastiés* mischen sich somit Problemerfahrungen, wie sie die ausgehenden 60er und 70er Jahre vermittelten.

3. Stärker an aktuelle Schwerpunktbildungen im Bereich des technischen Fortschritts sind Vorstellungen einer »Informationsgesellschaft« *(Deutsch/Sonntag* u.a. 1981) angelehnt.

Diesen Vorstellungen zufolge prägen bestimmte Grundtechnologien die Wirtschaftsordnung, die Gesellschaft und die Kultur. Für die Gegenwart und absehbare Zukunft wird eine Dominanz der Informationstechnologie festgestellt, die auf einem rapide anwachsenden Informationsbedarf aufbaut. Die Einteilung der Sozialstruktur nach Informationsberufen und Nicht-Informationsberufen ersetzt demzufolge die herkömmliche Einteilung nach primären, sekundären und tertiären Berufen. Die Informationsberufe gewinnen die Mehrheitsposition. Gefahren der Informationsüberlastung, Verknappung der Zeit, Streben nach Aufmerksamkeitsgewinnung und die vermehrte Suche nach Sinn und Wert bei steigender Unverbindlichkeit kultureller Sinngehalte sind Stichworte für die tastende Bemühung um die Erfassung soziokultureller Folgeerscheinungen, denen man im Bereich dieses Denkens begegnen kann.

4. In jüngster Zeit entwickeln sich andersgelagerte Vorstellungen der p.-i. G., die in scharfer Opposition zu den bisher dargestellten Positionen stehen.

Hierbei wird von der Annahme ausgegangen, daß die bisherige gesellschaftliche Entwicklung auf der Grundlage der Industrialisierung gefährliche Fehlentwicklungen mit sich gebracht habe, die in der steigenden Umweltzerstörung, in der Entstehung inhumaner bürokratischer Apparate, in der Sinnentleerung eines konsumorientierten Lebens und in der zunehmenden ↗ Arbeitslosigkeit zum Ausdruck kämen. Es wird eine Umkehr des Denkens und Handelns in Richtung der De-Zentralisierung, der De-Professionalisierung, der De-Technisierung, der De-Bürokratisierung, ja selbst der De-Monetarisierung gefordert, die in eine durch Autonomie kleiner Netze, solidarische Erarbeitung von Gebrauchswerten, optimale Selbstversorgung, eigenwirtschaftliche Aktivität, Selbsthilfe in alten und neuen Gemeinschaftsformen bestimmte humane und ökologische Zukunft hineinführen soll. Der verschiedentlich als Kontrast zur Arbeitsgesellschaft verwendete Ausdruck »Tätigkeitsgesellschaft« ist in diesem Bereich zu verorten.

Helmut Klages

Lit.: *Bell, D.* 1975: Die nachindustrielle Gesellschaft, Frankfurt/M. *Deutsch, K. W./ Sonntag, P.* 1981: From the Industrial Society to the Information Society – Crises of Transition in Society, II VG/dp 81–113 (April). *Fourastié, J.* 1954: Die große Hoffnung des zwanzigsten Jahrhunderts, Köln-Deutz. *Huber, J.* (Hrsg.) 1979: Anders arbeiten – anders wirtschaften, Frankfurt/M.

Präsidentialismus / Präsidialsystem

I. Der Präsidentialismus (P.) stellt ebenso wie der ↗ Parlamentarismus und das in der Schweiz beheimatete Direktorialsystem eine Ausprägungsform repräsentativer Demokratie dar *(Steffani* 1983). Ein Präsidialsystem zeichnet sich im Gegensatz zu einem parlamentarischen System, in dem eine enge Verbindung zwischen der parlamentarischen Mehrheit und der ↗ Regierung vorliegt (schließlich geht dort die Regierung aus dem Parlament hervor) – durch eine relativ starke Trennung von Parlament und Regierung aus. Der Präsident, der die Funktionen des Regierungschefs und des Staatsoberhauptes in sich vereinigt, darf auf keinen Fall dem Parlament angehören. Die Regierung erhält ihre Legitimation durch die Volkswahl des Präsidenten. Ungeachtet der Mehrheitsverhältnisse im Parlament ist der Präsident für die Dauer seiner Amtszeit von ihm nicht absetzbar. Kennzeichen des P. sind mithin: weitgehende Trennung von Legislative und Exekutive; monistische Exekutive; Volkswahl des Präsidenten; keine Abberufbarkeit der Exekutive während der Amtsperiode; keine Auflösung des Parlaments durch den Präsidenten (vgl. *Loewenstein* ²1959; *von Beyme* ²1973; *Brunner* 1979).

II. Den Prototyp eines Präsidialsystems sieht die ↗ Vergleichende Regierungslehre im ↗ Politischen System der USA verkörpert. Vielfach werden für den P. noch weitere Kriterien geltend gemacht, die unmittelbar den US-amerikanischen Verhältnissen entlehnt sind, wie beispielsweise die in den USA schwach ausgeprägte Fraktionsdisziplin. Bei der ↗ Gesetzgebung bilden sich im Kongreß häufig »*ad-hoc*-Mehrheiten«. Der Präsident hat sich des öfteren mit der parlamentarischen Mehrheit einer Partei auseinanderzusetzen, der er nicht angehört. Er muß mit dem Parlament zusammenarbeiten, da er es nicht auflösen kann. Um Funktionsstörungen klein zu halten, ist das Präsidialsystem viel eher durch eine Koordinierung und Verschränkung der Gewalten geprägt (System der *checks and balances)* als durch eine strikte ↗ Gewaltenteilung *(separation of powers)*.

Der Kongreß (Repräsentantenhaus und Senat) figuriert als Gegenspieler des vom Volke gewählten Präsidenten, der sein Amt nur durch ein *impeachment* verlieren kann. *R. Nixon* kam im Jahre 1974 dieser Staatsanklage durch Rücktritt zuvor. Der Kongreß ist ein »Arbeitsparlament«, das eine Fülle von Ausschüssen kennt. Gegenüber den vom Kongreß verabschiedeten Gesetzesbeschlüssen besitzt der Präsident ein Veto. Weisen beide Häuser mit einer Zweidrittelmehrheit das Veto des Präsidenten zurück, ist das Gesetz zustande gekommen – eine seltene Konstellation. Der Präsident kann meistens ein ihm unliebsames Gesetz verhindern.

III. Der P. hat jedoch eine über die USA weit hinausgehende Verbreitung gefunden. In Lateinamerika ist der P. traditionellerweise der bevorzugte politische Systemtyp. In anderen *areas* hat sich der P. nicht so verbreiten können wie das parlamentarische System. Im Zuge der Redemokratisierung der politischen Systeme Lateinamerikas in den 80er Jahren wurden überall wieder präsidentielle Systeme eingeführt, obwohl in einigen Ländern Funktionsschwächen des P. aufgezeigt und Reformalternativen lebhaft diskutiert worden sind.

Der Übergang lateinamerikanischer Präsidialdemokratien zu autoritären Militärdiktaturen in den 60er und 70er Jahren mag durch das präsidentielle Element erleichtert worden sein, ursächlich hervorgerufen wurde er dadurch jedoch nicht (↗ Autoritäre Regime). Trotzdem wird von einigen Politikwissenschaftlern *(Linz, Lijphart)* den lateinamerikanischen Ländern ein Wechsel zum Parlamentarismus dringend angeraten (s. *Godoy* 1990; *Linz/Valenzuela* 1994). Die Aussichten dafür sind jedoch gering (s. *Nohlen/Fernández* 1991). Nur in Brasilien schien eine entsprechende Reform möglich (s. *Lamounier/Nohlen* 1993), wurde jedoch per Referendum 1993 verworfen. Der P. geht in Lateinamerika mit unterschiedlichen ↗ Parteiensystemen einher, auch mit stark ideologisierten Parteien, deren Parlamentsfraktionen eine ausgeprägte Disziplin kennen. Daraus u.a. kann sich die Situation ergeben, die für den lateinamerikanischen P. typisch ist: Statt eines Systems von *checks and balances* ein System der Blockierung des Präsidenten durch das Parlament, dem verfassungsmäßig im Laufe der Zeit durch eine Konzentration fast aller Macht im Präsidenten vorgebeugt wurde. Seine Restmacht setzt das Parlament gegen den Präsidenten ein, der freilich im Unterschied zu den USA i.d.R. nicht direkt wiederwählbar ist. Schließlich kennzeichnet den lateinamerikanischen P. die fast gänzliche Abwesenheit föderaler Elemente, auch wenn in einigen wenigen Ländern ↗ Föderalismus verfassungsmäßig gefordert wird. Ähnlich wie im Falle des Parlamentarismus gibt es auch im P. Varianten, die von der vergleichenden Regierungslehre bislang infolge der Konzentration auf die USA als quasi einziger Fall von P. kaum zur Kenntnis genommen wurden. Die Palette reicht vom reinen P. autoritären Typs (der Fall Mexiko; s. *Carpizo* [9]1989) bis zum P. mit verfassungsrechtlich verankerter parlamentarischer Verantwortlichkeit der Minister (der Fall Uruguay), die freilich in der Praxis vom Parlament nicht geltend gemacht wird. In Bolivien (nach 1985) hingegen und auch in Chile (nach 1989) haben parlamentarische Praktiken in präsidentiellen Systemen zur Konsolidierung der Demokratien beigetragen (s. *Thibaut* 1992; *Nohlen* 1994).

IV. Die Anwendung der unter I. genannten Merkmale des P. führt nicht immer zu eindeutigen Ergebnissen. Manche Staaten (Frankreich, Finnland, Portugal) scheinen Ausprägungen parlamentarisch-präsidentieller Mischsysteme darzustellen. In einem derartigen System gibt es neben dem vom Volk gewählten Staatspräsidenten einen Ministerpräsidenten, der sowohl vom Staatspräsidenten abhängig ist wie vom Parlament. Ob in diesen Staaten stärker die präsidentielle oder die parlamentarische Komponente in den Vordergrund tritt, hängt von zahlreichen – nicht nur institutionellen – Faktoren ab.

Auch die Weimarer Republik stellte ein »Mischsystem« dar. Dabei wurde *H. Preuß* von der Theorie *R. Redslobs* beeinflußt. Nach *Redslob*, der den britischen Parlamentarismus fehlerhaft rezipierte, handelt es sich um einen »echten« Parlamentarismus nur dann, wenn das Parlament einen Gegenspieler in Form des (volksgewählten) Präsidenten aufweise (*Redslob* 1918) – eine verfassungsrechtliche Konstruktion, die angesichts der historischen Vorbelastungen die Funktionsweise des Weimarer Parlamentarismus erschwerte.

Wer wie *W. Steffani* (1979: 38) ein einziges Merkmal als Unterscheidungskriterium zugrunde legt, kommt ohne »Mischformen« aus. Entweder sind es parlamentarische oder präsidentielle Regierungssysteme. Zentrales Kriterium ist für ihn die Abberufbarkeit der Regierung. Kann die Regierung vom Parlament nicht abgesetzt werden, so handelt es sich um P.; Frankreich gehört hiernach also zu den parlamentarischen Regierungssystemen. *Steffani* fügt dem primären Unterscheidungsmerkmal supplementäre an. In diesem Sinne zählt Frankreich zu den parlamentarischen Regierungssystemen mit Präsidialhegemonie.

In der Tat hat sich im Falle Frankreichs und auch Portugals gezeigt, daß der Charakter des politischen Systems vom ↗ Parteiensystem und dessen Wandel abhängig ist. Als der französische Präsident eine parlamentarische Mehrheit einbüßte und als in Portugal eine Partei über die parlamentarische Mehrheit verfügte, nahm das politische System den Charakter eines parlamentarischen Systems an. Damit bestätigten sich die Analysen von *M. Duverger* (1980) und *R. Aron* (1981), die den Semipräsidentialismus nicht als eine Synthese von P. und Parlamentarismus verstehen, sondern als System alternativer Phasen, präsidentieller und parlamentarischer, je nach parteipolitischen Bedingungen.

Eckhard Jesse/Dieter Nohlen

Lit.: *Aron, R.* 1981: Alternation in Government in the Industrialized Countries, in: Government and Opposition 27, 2, 3–21. *Beyme, K. von* 1967: Das präsidentielle Regierungssystem der Vereinigten Staaten in der Lehre der Herrschaftsformen, Karlsruhe. *Beyme, K.* von [2]1973: Die parlamentarischen Regierungssysteme in Europa, München. *Brunner, G.* 1979: Vergleichende Regierungslehre, Paderborn. *Carpizo, J.* [9]1989: El presidencialismo mexicano, Mexico-Stadt. *Diamond, L./Linz, J. H./Lipset, S. M.* (Hrsg.) 1988/1989: Democracy in Developing Countries, 4 Bde., Boulder. *Duverger, M.* 1980: A New Political System Model: Semipresidential Government, in: EJPR 8, 165–178. *Fraenkel, E.* [3]1976: Das amerikanische Regierungssystem, Opladen. *Godoy Arcaya, O.* (Hrsg.) 1990: Hacia una democracia moderna. La opción parlamentaria, Santiago de Chile. *Horowitz, D. L.* 1990: Comparing Democratic Systems, in: Journal of Democracy 1(3), 73–79. *Kaltefleiter, W.* 1970: Die Funktionen des Staatsoberhauptes in der parlamentarischen Demokratie, Köln/Opladen. *Lamounier, B./Nohlen, D.* (Hrsg.) 1993: Presidencialismo ou parlamentarismo, Sao Paulo. *Lijphart, A.* (Hrsg.) 1992: Parliamentary versus Presidential Government, Oxford. *Linz, J. J.* 1990: The Perils of Presidentialism, in: Journal *of* Democracy 1 (1), 51–69. *Linz, J. J./Valenzuela, A.* (Hrsg.) 1994: The Failure of Presidential Democracy, 2 Bde., Baltimore/London. *Lösche, P.* 1978: Politik in USA, Leverkusen. *Loewenstein, K.* [2]1959: Verfassungslehre, Tübingen. *Mainwaring, S.* 1990: Presidentialism in Latin America, in: Latin American Research Review 25, 157–179. *Mewes, H.* [2]1990: Einführung in das politische System der USA, Heidelberg. *Nohlen, D.* 1994: Institutional Reform in Latin America from the Perspective of Political Engineering, Paper IPSA-World-Congress, Berlin. *Nohlen, D./Fernández, M.* (Hrsg.) 1991: Presidencialismo vs. parlamentarismo en América Latina, Caracas. *Redslob, R.* 1918: Die parlamentarische Regierung in ihrer wahren und unechten Form, Tubingen. *Rose, R./Suleiman, E. N.* (Hrsg.) 1980: Presidents and Prime Ministers, Washington D. C. *Steffani, W.* 1979: Parlamentarische und präsidentielle Demokratie, Opladen. *Steffani, W.* 1983: Zur Unterscheidung parlamentarischer und präsidentieller Regierungssysteme, in: Z Parl 14, 390–401. *Thibaut, B.* 1992: Präsidentialismus, Parlamentarismus und das Problem der Konsolidierung der Demokratie in Lateinamerika, in: Ibero-Amerikanisches Archiv, NF 18 (1–2), 107 bis 150

Privatisierungspolitik

Privatisierung meint die Übertragung bzw. Auslagerung von Vermögen und

Aufgaben aus dem öffentlichen Sektor an private Eigentümer und Leistungsträger. Davon zu unterscheiden ist die einer Privatisierung gegebenenfalls vorausgehende Umwandlung von Verwaltungsvermögen in privatrechtliche Eigentumsformen. Solange hier die Eigentumsrechte bei der öffentlichen Hand liegen, wie z. B. nach Umwandlung der Deutschen Bundesbahn in die Deutsche Bahn AG oder eines Teils der staatlichen Post- und Fernmeldeverwaltung in die Deutsche Telekom AG, kann von Privatisierung nicht gesprochen werden (andernfalls hätte die in den Reformstaaten Ost- und Mitteleuropas rasch erfolgte Umwandlung sozialistischer Unternehmensformen in privatrechtliche Kaptialgesellschaften schon als Privatisierung gelten müssen). Von der Privatisierungspolitik (P.) zu unterscheiden sind auch die zuweilen mit ihr zusammenhängenden Politiken der Liberalisierung und Deregulierung von Wirtschaftsbereichen. Hierunter fällt etwa die Aufhebung von Staatsmonopolen – z. B. des früheren Zündholzmonopols oder des Endgerätemonpols in der Telekommunikation – sowie die Vereinfachung und Aufhebung von staatlichen Vorschriften. Es gibt eine Vielfalt von Entstaatlichungs- und Deregulierungspolitiken, die auf eine Stärkung privater Entfaltung und Initiative hinauslaufen, ohne daß sie mit dem Begriff der Privatisierungspolitik hinreichend beschrieben wären.

Staatliche und kommunale Unternehmen und Kapitalbeteiligungen fanden sich traditionell im Bereich »natürlicher Monopole« des Verkehrs-, Energie- und Kommunikationswesens (Eisenbahn, Luftverkehr, Post, Elektrizitätserzeugung und -verteilung). Weiter sind kommunale Versorgungseinrichtungen (Gaswerke, Verkehrsbetriebe, Schlachthöfe etc.) sowie spezielle Finanzierungsinstitute der öffentlichen Haushalte und öffentliche Kapitalmarkteinrichtungen weit verbreitet (Sparkassen, Landesbanken, Spezialkreditinstitute, Girozentralen, Börsen). Hinzu kommen in einigen Ländern beachtliche Staatsanteile im Bereich der Großindustrie (Bergwerke, industrielle Staatskonzerne). Eine Sonderstellung nehmen die Länder des ehemals staatssozialistischen Ost- und Mitteleuropas ein, in denen nahezu die gesamte Wirtschaft in öffentlichem Besitz war. Mit Einführung der Marktwirtschaft seit Beginn der 90er Jahre wurden dort Privatisierungsprogramme zu wesentlichen Bestandteilen der Wirtschaftspolitik.

I. Ursprung und Größe der öffentlichen Wirtschaft. Während Staatsbesitz vielerorts und frühzeitig im Grundstoff- (Bergbau) und Infrastrukturbereich (Straßen, Eisenbahnen) dominierte, gab es in der Großindustrie außerhalb der Sowjetunion erst in den 20er und 30er Jahren systematische Nationalisierungsansätze, v. a. in Deutschland und Italien (1923 Gründung der VIAG, Vereinigte Industrieunternehmungen AG, 1937 des Volkswagenwerkes, 1933 des IRI, *Istituto per la Riconstruzione Industriale*). Sie waren industriepolitisch begründet. Vollständig verstaatlicht wurden nach dem II. Weltkrieg die großen Industrien der »sozialistisch« gewordenen Länder Ost- und Mitteleuropas. Vielerorts, wie etwa in der einstigen DDR, erstreckten sich bis in die 70er Jahre reichende Sozialisierungsprojekte auch auf die gesamte Landwirtschaft und kleinere Betriebe. Im Westen begann Frankreich mit der Verstaatlichung von Kollaborationsvermögen (z. B. RNUR, *Régie Nationale des Usines Renault*). Ähnlich wurden in Österreich die Niederlassungen deutscher

Großunternehmen verstaatlicht, unter anderem um eine Demontage durch die sowjetische Besatzungsmacht zu verhindern. In Großbritannien gab es einen ersten Nationalisierungsschub nach 1945, einen zweiten in den 60er Jahren (*British Leyland*, Gründung des *National Enterprise Board*). Beide waren stark von den Sozialisierungsvorstellungen der damals regierenden Arbeiterpartei geprägt.

In der Nachkriegszeit bauten Italien und Frankreich ihren Staaatsbesitz beständig aus, während in der Bundesrepublik erste größere Privatisierungsprojekte realisiert wurden (mehrere Teilprivatisierungen des Volkswagenwerkes, der VEBA und der VIAG). In der kapitalistischen Welt waren 1983 von den 806 größten Industrieunternehmen 71 (8,8%) in Staatsbesitz (*Dunning/Pearce* 1985: 17). Gemessen an der Beschäftigung lag der Staatsanteil 1986 in Frankreich (17%), Italien (15%) und Österreich (14%) am höchsten (*CEEP* 1987), während Belgien, Großbritannien und die Bundesrepublik (jeweils ca. 10%) eine Mittelstellung einnahmen. Mit der deutschen Vereinigung gelangten im Jahr 1990 rd. 8500 Unternehmen mit 45000 Betriebsstätten und mehr als vier Mio. Beschäftigten in ein Treuhandvermögen des Bundes (*Fischer* u.a. 1993: 547). Hinzu kamen vier Mio. Hektar Grundbesitz der früheren DDR, davon 1,7 Hektar landwirtschaftliche Flächen. Mit der Umwandlung des sozialistischen in privates Eigentum wurde 1990, noch vor der deutschen Vereinigung, die Berliner Treuhandanstalt von der vorletzten amtierenden DDR-Regierung beauftragt (*ebd.*).

II. Privatisierungspolitik im internationalen Vergleich. Privatisierungspolitiken der 80er Jahre gehen auf ökonomische Anpassungs- und Produktivitätsprobleme sowie das vorhergehende rapide Wachstum von Staatsaktivitäten zurück (*Hemming/Mansoor* 1988). Meist waren sie Teil neoliberaler Strategiewechsel in der Wirtschaftspolitik. Ihre Ziele waren Effizienzsteigerung, private Vermögensbildung und die Belebung von Aktienmärkten sowie vor allem in Großbritannien die Schwächung gewerkschaftlicher Positionen im öffentlichen Sektor (*Abromeit* 1986). Die Sanierung der Staatsfinanzen gilt als weiterer Grund für Privatisierungen, das gute Börsenklima bis 1987 als günstiger Anlaß. In den 80er Jahren erbrachte der Verkauf von Staatsunternehmen in Großbritannien 75 Mrd. DM, in Frankreich 20 Mrd. DM, in der Bundesrepublik Deutschland 9,4 Mrd. DM, in Italien 5,9 Mrd. DM und in Österreich 5,7 Mrd. DM (*Eizenga/Pfisterer* 1989; *Hemming/Mansoor* 1988; *Knauss* 1993: 163; Österreichische Nationalbank). Allein die VEBA-Privatisierung vom März 1987 erbrachte 2,5 Mrd. DM, die zum Teil zur Deckung des Eigenmittelbedarfs weiterer Bundesunternehmen verwendet wurden. Eins der davon begünstigten Unternehmen, die Salzgitter AG, erzielte bei seiner Privatisierung im Oktober 1989 ebenfalls nahezu 2,5 Mrd. DM, die – nach dem Vorbild der »Stiftung Volkswagenwerk« – der neugegründeten »Deutschen Bundesstiftung Umwelt« zuflossen.

In Frankreich, Spanien, Schweden, Portugal und Italien waren Privatisierungen stark von fiskalischen Überlegungen zur staatlichen Budgetsanierung beeinflußt, während in Großbritannien, Deutschland und Holland das Bekenntnis zur Marktwirtschaft Pate stand. Außerhalb Europas waren Chile, Malaysia und Niger Vorreiter der Privatisierungspolitik.

Die Privatisierungswelle der 80er Jahre

ebbte mit dem »Börsenkrach« vom Oktober 1987 ab. Erfahrungen von Kleinaktionären, die ihren vom Staat übernommen »Industriebesitz« schwinden sahen, verhinderten weitere Privatisierungserfolge ebenso wie Regierungen, die in der Baisse nicht länger ihre Beteiligungen »verschleudern« wollten. Insgesamt haben die Erfahrungen der 80er Jahre gezeigt, daß Erfolge nur über einen längeren Zeitraum bei günstigen wirtschaftlichen Rahmenbedingungen erreicht werden können.

Ursprüngliche Wettbewerbs- und vermögenspolitische Ziele wurden meist verfehlt. In Großbritannien sind viele der an Kleinanleger veräußerten Unternehmensanteile mit Aufschlägen sofort an Großinvestoren und an monopolistisch interessierte Industriegruppen weitergegangen. In Frankreich hatte man die Streuung und den Weiterverkauf von Aktien begrenzt. Dies sollte den weiteren Einfluß des Staates sowie ihm genehmer Großaktionäre sicherstellen und »unfreundliche« Übernahmen verhindern. *Bauer* (1989: 60) nennt die französische Privatisierungspolitik ein »profundes anti-liberales politisches Programm«. In Großbritannien führte die Privatisierung »natürlicher Monopole« (Telekommunikation, Gas-, Elektrizitäts- und Wasserversorgung) nicht zu freien Märkten, sondern zur Einrichtung von Regulierungsbehörden, die über Versorgungssicherheit, Betriebsauflagen und die Preisgestaltung wachen sollen. Zur Stärkung des Wettbewerbes haben die Privatisierungen der 80er Jahre insofern weniger beigetragen, als die begleitende politische Rhetorik erwarten ließ (*Sturm* 1990).

Nachhaltige Auswirkungen hatten Privatisierungspolitiken auf nationale Finanz- und Aktienmärkte. So wurden die Finanzplätze London und Paris durch sie aufgewertet und auf eine breitere Basis gestellt. Gleichzeitig kam es zu Finanz- und Politikinnovationen, die öffentliche Kontrolle, Privatbesitz, marktwirtschaftliche Unternehmensführung und das Ziel attraktiver Kapitalmärkte unter einen Hut bringen sollten (*Eizenga/Pfisterer* 1989; *Sturm* 1990).

III. Privatisierung in vormals »sozialistischen« Ländern. Ein besonderes Problem stellt sich mit dem marktwirtschaftlichen Umbau ehemals »sozialistischer« Volkswirtschaften in Mittel- und Osteuropa. Der anfängliche Optimismus, wonach die dortigen Staatsunternehmen nach dem westeuropäischen Muster der 80er Jahre einfach verkauft werden könnten, erwies sich als Irrtum. Die Vielzahl und Größe der Transaktionen, gravierende Produktivitätsrückstände bzw. Sanierungserfordernisse, die Knappheit von Expertise und unternehmerischem Engagement, schwach entwickelte bzw. fehlende Aktienmärkte und arbeitsmarktpolitische Konsequenzen standen einer raschen Privatisierung vielerorts entgegen. Sie erschwerten die Übertragung des sozialistischen Volksvermögens auf das Volk ebenso wie marktwirtschaftliche Radikallösungen, etwa den raschen Verkauf an Meistbietende (Auktionsmodell). Lediglich wo auf angemessene Erlöse zugunsten einer schnellen Übereignung an potente Großinvestoren verzichtet wurde, waren kurzfristige Erfolge vorzuweisen.

In Deutschland war der Übergang von der Staats- zur Marktwirtschaft angesichts gravierender Produktivitätsunterschiede zwischen Ost und West besonderen Zielkonflikten ausgesetzt. Die Strategie der Treuhandanstalt bestand in einer verhandelten Privatisierung, bei der die Bewerber insbesondere ihre unternehmerische Kompetenz glaubhaft machen mußten. Die von ihnen verlangten Unternehmenskonzepte sollten nachhaltig rentierliche Investitionen und sichere Arbeitsplätze garantieren können. In solchen Fällen war die Treuhandanstalt bereit, negative Kaufpreise und mehrjährige Verlustübernahmen durch den Staat zugunsten einer raschen, erfolgversprechenden Privatisierung hinzunehmen (vgl. *Fischer* u.a. 1993). Sie hat mit dem »Verkauf« nahezu der gesamten ehemaligen DDR-Ökonomie ein Schuldenkonto von 270 Mrd. DM angehäuft (davon sind 70 Mrd. DM Altschulden von DDR-Betrieben). Durch die Gewährträgerhaftung der Bundesregierung konnte sie sich zur Wahrnehmung ihres Privatisierungsauftrages auf den internationalen Kaitalmärkten refinanzieren – eine Möglichkeit, die den ostdeutschen Reformstaaten in diesem Aus maß verschlossen blieb.

Tschechische und slowakische Bürger konnten Gutscheine zum Eintausch gegen Aktien kaufen. Dies diente nicht zuletzt der Kaufkraftabschöpfung und Inflationsbekämpfung. Erstmals kam es dort auch zu öffentlichen Versteigerungen von Kleinbetrieben. Privatisierungspolitik erwies sich beim Aufbau der Marktwirtschaft in Osteuropa als hochgradig polivalent: Ziele der Vermögensbildung, des Schutzes gegen Überfremdung der nationalen Wirtschaft, der Währungsstabilisierung durch Kaufkraftabschöpfung und der Institutionalisierung von Kapitalmärkten spielen gleichermaßen eine Rolle (*Brabant* 1993; *Targetti* 1993). Der Weg von der Plan- zur Marktwirtschaft verläuft in den osteuropäischen Ländern höchst unterschiedlich. Dies liegt zum einen an variierenden ökonomischen Entwicklungsständen. Nur die höchstentwickelten Volkswirtschaften Polens, Tschechiens und Ungarns bieten die infrastrukturellen Voraussetzungen für einen schnellen Übergang. Hinzu kommen unterschiedliche Hinterlassenschaften des Sozialismus. Polen konnte auf einer privaten Landwirtschaft und auf eine reformbereite Wirtschaftselite aufbauen. Letzteres gilt ebenso für Tschechien und Ungarn (*Bolton/Gérard* 1992). Gleichwohl unterscheiden sich die Privatisierungsmethoden beträchtlich: In der Tschechischen Republik steht neben dem Verkauf von Bezugsrechten an die Bevölkerung die Versteigerung an Meistbietende im Vordergrund, in Ungarn werden die Auktionsmethode und die verhandelte Privatisierung gleichermaßen angewandt (vgl. *Earle* u.a. 1994; *Frydman/Rapaczinsky* 1994). In Polen ist die Privatisierungspolitik geschlossener. Neben dem Direktverkauf an Insider handelt es sich um verhandelte Privatisierungen. In allen drei genannten Ländern findet sich anstelle des Verkaufs die Verpachtung vor allem von kleineren, zuvor in Kommunaleigentum überführten Dienstleistungsunternehmen. Auf diese Weise entsteht Wettbewerb durch private Betreiber, die aber nicht zugleich Eigentümer sind (*Earle* u.a. 1994).

Die Entwicklung des Privatsektors in den ehemals »sozialistischen« Ländern Europas kann freilich ohne Hilfe von außen nicht bewältigt werden. Zu diesem Zweck wurde 1990 von 39 Staaten die »Europäische Bank für Wiederaufbau und Entwicklung« mit Sitz in London gegründet – sie ist freilich bisher nur mit mäßigem Erfolg tätig.

Eine für die postsozialistischen Ökonomien überwiegend problematische Variante der Privatisierung besteht in der Rückgabe von Unternehmen an die Alteigentümer bzw. deren Erben. Diese Form der Reprivatisierung bzw. Restitution älterer Eigentumsrechte wirft in den Reformstaaten Ost- und Mitteleuropas nicht nur das Problem der Legitimität und weiteren Gültigkeit früherer Reformpolitiken auf – etwa von Bodenreformen, Enteignung der Kirchen, der Bodenschätze oder der Grundstoffindustrien. Es geriet zunehmend auch in Gegensatz zu marktwirtschaftlichen Entwicklungsinteressen, besonders dort, wo kompetente und finanzkräftige Neuinvestoren die besseren Unternehmenskonzepte vorweisen konnten, während Alteigentümer lediglich ihren Besitz beanspruchten, ohne sich am Wirtschaftsaufbau zu beteiligen. In Deutschland hatte sich das zunächst verfolgte Prinzip der Rückgabe vor Entschädigung im Verlauf des marktwirtschaftlichen Transformationsprozesses umgekehrt. Mit Verabschiedung des »Investitionsvorranggesetzes« wurde die Treuhandanstalt in die Lage versetzt, in Fällen, in denen Alteigentümer produktive Neuinvestitionen behinderten, durch Feststellung des Investitionsvorranges das Recht auf Restitution in einen Entschädigungsanspruch umzuwandeln (*Willgerodt* 1993).

IV. Privatisierung als Politik- und Verwaltungsproblem. Privatisierungspolitiken sind stark ideologisch befrachtet. Auch wenn die Frage nach Staat oder Markt grundsätzlich geklärt ist, bieten sie häufig Anlaß zu politischer Polarisierung. Da Verteilungsfragen zwischen öffentlichen Gebietskörperschaften (Bund, Länder, Gemeinden), staatlichen Ressorts, Parteien, Interessengruppen und Gewerkschaften unmittelbar berührt sind, bleiben Art und Tempo der Politik oft umstritten. Dort, wo Leitungspositionen im Staatssektor nach einem politischen Prinzip besetzt werden – v.a. in Österreich, Italien und in der kanadischen Provinz Quebec –, geraten Privatisierungsabsichten in Konflikt mit den an einer Versorgung von Parteigängern mit Aufsichtsrats- und Vorstandspositionen interessierten politischen Kräften. Mit ähnlichen Problemen der politischen Instrumentalisierung großer Unternehmen sind die postsozialistischen Reformstaaten konfrontiert. Dort haben sich spezifische Privatisierungsregime herausgebildet, die nicht selten dem politischen Machterhalt mehr dienen als der Bildung effizienter Eigentumsrechte (vgl. *Frydman/Rapaczinsky* 1994: 168 f.).

Neben politischen sind rechtliche Schranken zu überwinden: Zwischenstaatliche Verträge sowie fehlende oder unzureichende Gesetze, etwa des Eigentums- und Gesellschaftsrechts, verzögern Privatisierungen in den nachsozialistischen Reformstaaten und in den neuen deutschen Bundesländern. Ökonomische Risiken ergänzen bestehende politische Konflikte und rechtliche Unsicherheiten. Sie sind durch turbulente Finanz- und Aktienmärkte sowie konjunkturelle Unwägbarkeiten verursacht. Privatisierungspolitik ist vor diesem Hintergrund mit erheblichen Ausführungsproblemen belastet. Sie kann nicht selbst als privatwirtschaftliches Projekt betrieben werden, sondern erfordert eine entscheidungsfähige Politik, eindeutige Rechtsgrundlagen und funktionierende Verwaltungen.

Die vielfältigen politischen, administrativen und sozio-ökonomischen Bedingungen der Privatisierung schließen rigorose Lösungen ebenso aus wie die bloße Nachahmung andernorts erprobter Patentrezepte (*König* 1988). In Großbritannien, Italien und Frankreich haben Privatisierungen oft neuerliche Nationalisierungsschübe nach sich gezogen. So hat der italienische Staat in der Nachkriegszeit mehrmals Hauptanteile an der Chemieindustrie teuer zurückgekauft, die er zuvor privatisiert hatte (*Süddeutsche Zeitung* vom 7.1.

1991). Zu Renationalisierungen kam es, wenn wettbewerbs- und strukturpolitische Ziele verfehlt wurden, bei unerwarteten sozialen Folgen und nach Regierungswechseln.

Roland Czada

Lit.: *Abromeit, H.* 1986: Veränderung ohne Reform. Die britische Privatisierungspolitik, in: PVS 27, 271–289. *Annalen der Gemeinwirtschaft* 55 (2) 1986: Themenheft Privatisierung öffentlicher Unternehmen – Eine europaische Diskussion. *Bauer, M.* 1988: The Politics of State Directed Privatization: The Case of France, 1986–88, in: West European Politics 11, 49–60. *Bolton, P./Gérard, R.* 1992: Privatization in Central and Eastern Europe, in: Economic Policy 15, 275–309. *Brabant, J. M. von* 1994: Industrial Policy in Eastern Europe. Governing the Transition, Dordrecht/Boston. *Brede, H.* (Hrsg.) 1988: Privatisierung und die Zukunft der öffentlichen Wirtschaft, Baden-Baden. *CEEP – Centre Européen de l'Entreprise Public* 1987: Die öffentliche Wirtschaft in der Europäischen Gemeinschaft, Brüssel/Berlin. *Earle, J.S./Frydman, R./Rapaczinsky, A./Turkewitz, J.* 1994: Small Privatization. The Transformation of Retail Trade and Consumer Services in the Czech Republic, Hungary and Poland, Budapest/London. *Eizenga, W./Pfisterer, H.* 1989: Zwischenbilanz der Privatisierungen, in: Sparkasse 106, 117–120. *Fischer, W./Hax, H./Schneider, H.-K.* (Hrsg.) 1993: Treuhandanstalt – das Unmögliche wagen, Berlin. *Frydman, R./Rapaczinsky, A.* 1994: Privatization in Eastern Europe. Is the State Withering Away?, Budapest/London. *Hemming, R./Mansoor, A. M.* 1988: Privatization and Public Enterprises, IMF Occ. Paper 56, Washington, D. C. *Holland, S.* (Hrsg.) 1971: The State as Entrepreneur, London. *Knauss, F.* (Hrsg.) 1993: Privatisierungs- und Beteiligungspolitik in der Bundesrepublik Deutschland, Baden-Baden. *König, K.* 1988: Developments in Privatization in the Federal Republic of Germany: Problems, Status, Outlook, in: International Review of Administrative Sciences 54, 517–551. *Loesch, A. V.* ²1987: Privatisierung öffentlicher Unternehmen, Baden-Baden. *Müller, W.C.* 1988: Privatizing a Corporatist Economy: The Politics of Privatization in Austria, in: West European Politics 11, 101–116. *Parris, H./Pestieau, P./Saynor, P.* 1987: Public Enterprise in Western Europe, London. *Sturm, R.* 1990: Privatisierungspolitiken im internationalen Vergleich, in: Zeitschrift für öffentliche und gemeinwirtschaftliche Unternehmungen 13, 170–184. *Targetti, F.* (Hrsg.) 1992: Privatization in Europe. West and East Experiences, Aldershot. *Thiemeyer, T./Quaden, G.* (Hrsg.) 1986: The Privatization of Public Enterprise – A European Debate, Lüttich. *Vickers, J./Wright, V.* (Hrsg.) 1988: The Politics of Privatization in Western Europe, in: West European Politics, Sonderheft 11, London. *Willgerodt, H.* 1993: Wiedereinsetzung der Alteigentümer (Reprivatisierung), in: *Fischer W./Hax, H./Schneider H.-K.* (Hrsg.), 1993, 241–262.

Räte

I. Idealtypisch können Räte (R.) aufgrund bestimmter organisatorischer Elemente und gesellschaftlicher Prinzipien beschrieben werden:

1. Die Urwählerschaft organisiert sich in Basisgruppen im Betrieb oder im Wohnbezirk, in Truppeneinheiten. Da die Urwählerschaft die Vermutung totaler Kompetenzzuständigkeit für sich hat, sollen alle relevanten Entscheidungen – soweit organisatorisch und funktional irgend möglich – in den Basisgruppen fallen. 2. Über den Basisgruppen erhebt sich pyramidenförmig und jeweils indirekt von unten nach oben gewählt (und jederzeit abwählbar) ein System von Delegiertenkörperschaften, nämlich R. 3. Die R. haben ein imperatives Mandat. Durch Öffentlichkeit der Sitzungen und jederzeit möglichen Rückruf unterliegen sie der permanenten Kontrolle der Basis. Alle öffentlichen Positionen, einschließlich die der Verwaltung und Judikative, werden durch Wahl besetzt. Ämterrotation soll Machtkonzentration, Bürokratisierung und ↗ Korruption verhindern. Auf diese Weise soll die Identität von Wählern und Delegierten, Basis und R., hergestellt werden und erhalten bleiben. ↗ Parteien und Verbände (↗ Interessengruppen) erübrigen sich mithin als In-

stitutionen, in denen partikulare (Klassen-) Interessen vertreten werden. 4. Die ↗ Gewaltenteilung wird aufgehoben. Basisgruppen und R. üben die legislative, exekutive und judikative Gewalt aus. Sie tagen »in Permanenz«. Dadurch verlieren die bisherigen politischen Institutionen ihre Qualität als Herrschaftsinstrumente, und an die Stelle der ↗ Herrschaft von Menschen über Menschen tritt die Verwaltung von Sachen *(Marx)*. 5. Die R. arbeiten grundsätzlich ehrenamtlich.

Die Verwirklichung der Prinzipien des »reinen« Rätesystems wäre mit der einer herrschaftsfreien, sozialistischen Gesellschaft identisch. Sie hätte ein Höchstmaß sozialer Homogenität zur Voraussetzung und zum Inhalt.

II. Nach ihrer Funktion können drei Erscheinungsformen von R. in der Geschichte unterschieden werden:

1. R. als spontan sich bildende revolutionäre Kampforgane unterprivilegierter Schichten oder Klassen, zumeist der Arbeiterschaft, aber auch des Kleinbürgertums und der Bauern. Sie richten sich gegen die etablierten Institutionen, mit deren Hilfe die herrschenden Gruppen ihre Macht ausüben (R. in Rußland 1905/06, 1917/18, in Österreich und Deutschland 1918/19, in Ungarn 1919/20 und 1956, in Polen 1956, in der ČSSR 1968).

2. R. als Klassenorganisationen des Proletariats im Übergang von der kapitalistischen zur sozialistischen Gesellschaft, also als Organisationsform der Diktatur des Proletariats (die Pariser Kommune 1871 in der Interpretation von *Marx* und die russische Rätebewegung 1917 in der zeitgenössischen Interpretation *Lenins)* oder als fundamentaldemokratische Alternativorganisationen gegenüber bürokratisch erstarrten und verselbständigten (stalinistischen) Partei- und Staatsapparaten (im Ansatz in den Rätebewegungen in Ungarn und Polen 1956 und in der ČSSR 1968) oder als Organisationsmodell der sozialistischen Gesellschaft (Konzeptionen verschiedener sozialistischer Rätetheoretiker).

3. R. als wirtschaftliche und sozialpolitische Interessenvertretungen, zumeist der Arbeiterschaft, aber auch der Angestellten und Beamten gegenüber den Arbeitgebern (Betriebs- und Personalräte in der Weimarer Republik und in der Bundesrepublik, Arbeiterkammern in Österreich, *shop stewards* in England, R. in Jugoslawien (↗ Betriebsverfassung, Mitbestimmung).

III. Konzeptionen der Rätedemokratie sind unterschiedlichen Vorstellungen direkt-demokratischen, anarchistischen und sozialistischen Gesellschafts- und Verfassungsdenkens verbunden.

1. Das reine Rätesystem stellt eine Form herrschaftsfreier Gesellschaft und Verfassung dar, es entspricht also prinzipiell Vorstellungen anarchistischer Autoren und Praktiker von einer zukünftigen und auch schon in der jeweiligen Gegenwart – soweit möglich – zu antizipierenden Gesellschaft. Direkte Demokratie, ↗ Föderalismus und Dezentralisation sind Elemente des Rätesystems und des Anarchismus.

Anarchisten und Vertreter des Rätesystems unterscheiden sich häufig mehr in den geistesgeschichtlichen Vorbildern, auf die sie sich berufen, und in den sozialen und politischen Traditionen, aus denen sie kommen, als in den Prinzipien ihres Gesellschaftsdenkens. Überschneidungen und Ähnlichkeiten zwischen Rätebewegungen und Anarchismus sind historisch daher nicht zufällig: Die russische Revolution 1917–20 durchlief eine Phase der anarchistisch-syndikalistischen Selbstverwaltung der Betriebe; anarchistische Tendenzen waren in den Räterepubliken von München und Bremen 1919 unverkennbar. Und auch die Pariser Kommune, auf die *Marx* sich als Modell der Diktatur des Proletariats berief, stand weniger unter seinem Einfluß und dem seiner Genossen als unter dem von *Proudhon* und *Bakunin.*

2. Reines Rätesystem und parlamentarisches Regierungssystem sind unvereinbar (↗ Parlamentarismus, Repräsentation). Dies liegt an den Unterschieden der Verfassungsmodelle und vor allem an der Unvereinbarkeit von sozialistischer und kapitalistischer Gesellschaft, für die Rätesystem und parla-

mentarisches System jeweils den institutionellen Rahmen abgeben. Während das Repräsentativsystem überhaupt erst funktionsfähig wird durch prinzipielle ↗ Gewaltenteilung, ein auf Zeit vergebenes freies Mandat und politischen ↗ Pluralismus, ist das Rätesystem gekennzeichnet durch Aufhebung der Gewaltenteilung, Überwindung partikularer Interessen sowie durch imperatives Mandat und *recall*.

Allerdings wird häufig übersehen, daß eine plebiszitär-direktdemokratische Komponente und Elemente des Rätesystems auch repräsentativen politischen Systemen innewohnen können: a) In keinem parlamentarischen Regierungssystem ist die Trennung von legislativer, exekutiver und judikativer Gewalt strikt durchgeführt (↗ Parlamentarismus). b) In der Schweiz und in einigen Einzelstaaten der USA werden Richter direkt und auf Zeit gewählt. c) In mehreren Staaten der USA gibt es die Möglichkeit des *recall* gewählter Repräsentanten. d) Volksbegehren und Volksentscheid finden sich in vielen parlamentarischen und präsidentiellen Regierungssystemen.

Umgekehrt stellt sich die Frage, ob nicht eine repräsentative Komponente bei dem Versuch sich durchsetzen würde, ein reines Rätesystem zu errichten: a) Ungelöst erscheint das Problem, wie die Identität von Urwählern und R. in diesem System ausdifferenzierter Delegation auf Dauer erhalten werden kann. b) Offen ist ferner die Frage, wie syndikalistische Strukturen und zentralistische Notwendigkeiten in einem Rätesystem vermittelt werden können. Wie sind die Interessen eines Betriebes oder Produktionszweiges oder einer Region mit den Gesamtinteressen der Produzenten und Konsumenten konfliktlos zu vermitteln? c) Bedürfen Basisgruppen und Delegiertenorgane einer fraktionellen Gliederung, um Alternativen zu anstehenden Entscheidungen überhaupt erst formulieren zu können? Ist also die angestrebte Aufhebung von Parteien überhaupt wünschbar und realisierbar?

Die Existenz des Rätekonzepts seinerseits zwingt zu Überlegungen, wie in repräsentativ-demokratischen Systemen die Teilnahme des Bürgers an ihn betreffenden Entscheidungen ermöglicht und erweitert wird; wie Entscheidungsprozesse offengelegt werden; wie gewählte Repräsentanten gegenüber ihren Wählern verantwortlich gemacht werden können; wie ↗ innerparteiliche und innerverbandliche Demokratie sich zu konkretisieren haben.

3. Obwohl die UdSSR den Begriff R. = »Sowjets« in ihrem Namen geführt hat, hatte die dortige Praxis kaum etwas mit einem Rätesystem zu tun gehabt. Direkt-demokratische Praxis von R. und ↗ Demokratischer Zentralismus im ↗ Marxismus-Leninismus waren unvereinbar. Die spontan in der Revolution 1917/18 entstandenen R. degenerierten in der Geschichte der Sowjetunion zu Transmissionsriemen und damit zu Herrschaftsinstrumenten der von oben nach unten getroffenen und vollzogenen Entscheidungen der Kommunistischen Partei.

4. Das Modell der sog. Arbeiterselbstverwaltung in Jugoslawien, wie es bis Mitte der 80er Jahre bestand und praktiziert wurde, kam im Vergleich zu anderen politischen, gesellschaftlichen und ökonomischen Systemen einem Rätesystem am nächsten. Es beruhte auf dem Versuch einer pragmatischen Anpassung an die spezifischen innen- und außenpolitischen, wirtschaftlichen, kulturellen und geographischen Bedingungen des Landes. Man könnte daher von einem Versuch sprechen, auf reformistischem Weg Elemente des Rätesystems zu verwirklichen. Dennoch dominierte auch in Jugoslawien die Kommunistische Partei Politik und Gesellschaft, ihre bloße Existenz widersprach bereits einem Rätesystem.

5. Eine strukturell-institutionelle Affinität zwischen Rätemodellen und ständestaatlichen bzw. berufsständischen Konzepten ist unverkennbar. Diese Zusammenhänge sind bisher weder syste-

matisch noch empirisch-historisch untersucht worden.

Peter Lösche

Lit.: *Bermbach, U.* (Hrsg.) 1973: Theorie und Praxis der direkten Demokratie. Texte und Materialien, Opladen. *Blidon, H.* 1984: Voraussetzungen und Anfänge der Räte- und Betriebsrätebildung in Deutschland, (Phil. Dissertation) Bremen. *Faul, E.* (Hrsg.) 1970: Probleme der Demokratie heute, PVS Sonderheft 2, 53–152: Räte als politisches Organisationsprinzip. *Gutmann, F.* 1922: Das Rätesystem, München. *Kevenhörster, P.* 1974: Das Rätesystem als Instrument zur Kontrolle politischer und wirtschaftlicher Macht, Opladen. *Oertzen, P. von* 1963: Betriebsräte in der Novemberrevolution, Düsseldorf. *Tschudi, L.* 1952: Kritische Grundlegung der Idee der direkten Rätedemokratie im Marxismus, Basel.

Rechtsextreme Parteien

I. Für die Definition von Rechtsextremismus (R.) war in der europäischen Politikforschung über Jahrzehnte die geistige Tradition von ↗ Faschismus und ↗ Nationalismus bestimmend, also »völkische Denkmuster, ein daraus abgeleitetes Menschenbild, autoritär-rigide Ordnungsvorstellungen und die Berufung auf das Führerprinzip« (*Greß/Jaschke/Schönekäs* 1990). Faschismus/Neofaschismus, Rechtsradikalismus und R. wurden dabei sowohl in der wiss. Literatur als auch in der politischen Öffentlichkeit bis in die jüngste Zeit mehr oder minder synonym gebraucht (*Wilkinson* 1981; *Ferraresi* 1984 und 1988; *Maoláin* 1987; *Kirfel/Oswalt* 1991). Untersuchungen rechtsextremistischer Bestrebungen thematisierten »Zunahme und Umfang von faschistischen, rassistischen und nahestehenden Gruppen« (*Europäisches Parlament* 1985). Für die meisten Autoren scheinen heute jedoch der Begriff R. und seine Entsprechungen in anderen europäischen Sprachen gleichsam als gemeinsames semantisches Dach für die vielfältigen nationalen, sozialen und ideologischen Ausprägungen der extremen Rechten in westlichen – und neuerdings auch östlichen – Industriegesellschaften konsensfähig zu sein. Während aber die angelsächsische Begriffsbildung, *right-wing extremism*, ebenso wie der französische Terminus *extrême droite*, eher operationale und parteiensoziologische Standortbestimmungen darstellen, ist der bundesdeutsche Extremismusbegriff mit der Verfassungsschutz-Tradition rechtlich-normativer Ausgrenzung befrachtet (*Backes/Jesse* 1993; kritisch: *Stöss* 1994).

Die Schwäche des parteiensoziologischen wie auch des normativen Ansatzes besteht jedoch in deren fast ausschließlicher Konzentration auf aus- und abgrenzbare Parteien, Organisationen und Programme. Rechtsextremismus als eher unauffällige Disposition oder Einstellung breiterer Bevölkerungsschichten bzw. von Wählern etablierter Parteien gerät dabei zwangsläufig aus dem Blickfeld.

II. Über empirische Klassifikationen rechtsextremer Denkmuster – Antipluralismus, Antiparlamentarismus, Autoritarismus, ↗ Nationalismus, Ethnozentrismus, Antikommunismus, Militarismus, *Law-and-Order*-Mentalität – versucht die ↗ Politische Psychologie, Verbreitungsgrad, psychosoziale Struktur und ideologische Dynamik des R. zu ermitteln, zumal weder die Selbstverortung von Befragten am äußersten rechten Rand des Links-Rechts-Kontinuums noch die Wahlentscheidung für eine rechtsextreme Partei hinreichend genau Aufschluß über das tatsächliche Gewicht rechtsextremer Potentiale geben. Parteipräferenz und Selbsteinstufung auf der äußersten Rechten korrelieren ohnehin nur bedingt miteinander. Die Mehrheit jener, die auf dem Links-Rechts-Kontinuum die Rechts-

Tabelle 13: Rechtsextremismus in europäischen Ländern nach Selbsteinschätzung

D	F	I	Benelux	E	GB	Mittelwert
3,7%	4,7%	2,7%	5,3%	7,0%	6,1%	4,7%

außenposition beziehen, bevorzugt in den meisten EG-Ländern nicht extrem rechte sondern christdemokratische oder konservative Parteien (*Bauer/Niedermayer* 1990).

Stimmenanteile rechtsextremer Parteien bei allgemeinen Wahlen reflektieren den Verbreitungsgrad rechtsextremer Einstellungsmuster daher zumeist ungenau. In Deutschland verfügen nach *Falter* (1994) rund 17% der Wahlbevölkerung über eine »relativ festgefügte rechtsextremistische Weltanschauung«. Bezogen auf Berlin berichtete *Stöss* (1993) über ein rechtsextremes Einstellungspotential von 8% für den Westen und von 17% für den Osten der Stadt. 1979/80 ermittelte das Sinus-Institut 13% rechtsextrem Eingestellte in der Bundesrepublik. Der rechtsextreme Einstellungsraum wurde dabei mittels eines empirisch ermittelten faktoranalytischen Modells durch fünf übergreifende Kategorien abgebildet: »Reaktionäres Menschenbild« (der Leitfaktor), ein Gefühl der »Bedrohung« kollektiver oder individueller Identität, »Harmoniestreben/Antipluralismus«, eine pathologisch überhöhte Wertschätzung für »Volk, Vaterland und Familie« und der im Szenario vom aufrechten deutschen Recken, der von tückischen, listigen, intelligenten Feinden umlauert ist, kulminierende »Siegfried-Komplex«. Das »reaktionäre Menschenbild«, Haß und Abneigung gegen alles Andersartige, kann, laut Sinus, als »inhaltliches Rückgrat des rechtsextremen Weltbildes« verstanden werden (*Sinus* 1981).

III. Nennenswerten Einfluß auf die ↗ Politische Kultur Westeuropas oder auch der Vereinigten Staaten konnten rechtsextreme Ideen nach dem II. Weltkrieg nicht gewinnen. In Europa änderte sich dies mit dem Auftreten einer bürgerlich-intellektuell geprägten »Neuen Rechten«, die sich Ende der 60er Jahre gegen die radikal-emanzipatorischen Lehren der linken Protestbewegung formierte.

Die französische *Nouvelle Droite* entwickelte sich rasch zum geistigen Kristallisationspunkt einer militant anti-egalitären und antiaufklärerischen Weltanschauung, die in der italienischen *Nuova Destra* ebenso bereitwillig Aufnahme fand wie in der britischen *New Right*, deren Mentor, der Philosophie-Professor *Roger Scruton*, die Demokratie eine »kollektive Halluzination« nannte. Als bundesrepublikanische Ableger operieren das »Thule-Seminar«, der Herausgeberkreis der Zeitschrift *Criticón* und andere neurechte Zirkel (*Feit* 1987; *Greß/Jaschke/Schönekäs* 1990). Trotz mannigfaltiger Unterschiede einigt sie die »Vision eines ethnisch und kulturell homogenen, organisch gegliederten Volkes im starken, den Volkswillen verkörpernden Staat... Gegen die Vorstellung einer pluralistischen, individualistischen, sich in Interessenkämpfen aufzehrenden, nach innen und außen offenen Gesellschaft« (*Jaschke* 1992). Voraussetzung dafür ist für den geistigen Vorkämpfer der *Nouvelle Droite*, *Alain de Benoist*, eine wirksame rechte Kulturstrategie, auch *gramscisme de droite* genannt (*von Beyme* 1988), und die Abkehr vom Christentum. Die »Sklavenmoral« müsse durch eine »Herrenmoral« ersetzt werden (*de Benoist* 1979). Im Gegensatz dazu beruft sich die *Christian Right* in den USA, die im Vorfeld der Präsidentschaft *Reagans* zur Massenbewegung wurde, auf die moralischen Prinzipien eines fundamentalistischen Christentums. Sie führte in den 80er Jahren auf allen Ebenen des politischen Lebens der Vereinigten Staaten einen häufig erbitterten Kulturkampf gegen das liberale Amerika und erlangte unter Führung des evangelikalen Populisten *Pat Robertson*, der die Schaffung eines in biblischen Wahrheiten wurzelnden Amerika predigt, beträchtlichen Einfluß in der Republikanischen Partei

(*Guth/Green* 1988). *Crawford* (1980) umschrieb ihre soziale Stoßrichtung als Aufstand der »*unyoung, unpoor, unblack*«.

In Westeuropa sind nationalistisch gestimmte rechtspopulistische Strömungen auf Parteiebene seit fast zwei Jahrzehnten auf dem Vormarsch (*Niedermayer* 1990; *Backes* 1991, 1993; *Belz* 1991; *Duranton-Crabol* 1991; *Fromm/Kernbach* 1994; *Greß* 1994).

So erzielte in Frankreich der 1972 gegründete *Front National (FN)* unter Führung von *J. M. Le Pen* in den 80er Jahren zunehmende Wahlerfolge mit der Propagierung einer verschärften ↗ Ausländerpolitik, dem Schüren von Ressentiments gegen etablierte Parteien und die staatliche Administration, der Betonung von Autoritäts- und Ordnungsdenken, der Rückbesinnung auf das französische kulturelle Erbe und mit einer Absage an die europäische Einheit. Nach dem II. Weltkrieg war die in der ersten Hälfte des 20. Jhs. in mehreren Parteien mit teils bürgerlicher Basis organisierte extreme Rechte, die während der Besatzungszeit (1940–44) mit Deutschland (↗ Nationalsozialismus) kollaborierte, zunächst stark geschwächt gewesen und z. T. auch vom Republikanismus *DeGaulles* domestiziert worden. In den 50er Jahren hatte jedoch die *Union de Défense des Commercants et Artisans* durch eine Mobilisierung von Modernisierungsängsten des alten Mittelstandes bei Parlamentswahlen Stimmenanteile von über 10% erzielt. Der FN knüpfte mit dem Ziel einer Sammlung aller rechtsextremen Gruppen auch an dieses Potential an, bindet aber v.a. in den immigrationsgeprägten Städten und Regionen Frankreichs (v.a. im Mittelmeerraum) zunehmend auch traditionell links orientierte Wähler. Dieser »*chassé croisé*« genannte Prozeß, mit dem eine Proletarisierung der sozialen Basis des FN verbunden ist, bescherte der Partei seit Ende der 80er Jahre bei Wahlen Stimmenanteile von über 10% (Wahlen zur Nationalversammlung 1993; 1. Wahlgang: 12,4%) und machte sie damit zur drittstärksten Kraft im französischen Parteiensystem.
Auch in der Bundesrepublik fand die Partei *Die Republikaner* in der Arbeiterschaft bei Wahlen seit Ende der 80er Jahre überdurchschnittliche Resonanz (*Klär* u.a. 1989; *Roth* 1989; *Jaschke* 1990; *Veen/Lepszy/Mnich* 1992; *Lepszy* 1993; *Falter* 1994). In Deutschland stellen die *Republikaner* heute trotz starker Verluste bei der Europawahl 1994 (3,9% gegenüber 7,1% 1989) im Hinblick auf eine parteipolitische Mobilisierung rechtsextremer Einstellungsmuster die wichtigste Organisation dar. Fremdenfeindlichkeit, Sozialprotest, nationale Sehnsüchte und »Wohlstands-Chauvinismus«, also das Bestreben, die Früchte des Wohlstands dem eigenen Volk vorzubehalten und gegen den »Zugriff« einwandernder »Fremdgruppen« (Asylbewerber, Aussiedler aus Osteuropa) zu verteidigen, wurden als dominierende Motive ihrer Wählerschaft ermittelt (*Ueltzhöffer* 1990). Der traditionelle deutsche Rechtsextremismus ist nach einem relativen Bedeutungsrückgang der *Nationaldemokratischen Partei Deutschlands* (NPD), die Ende der 60er Jahre zeitweilig in einigen Landesparlamenten vertreten war und 28000 Mitglieder hatte, organisatorisch zersplittert. Neben der NPD, die 1992 nur noch 5300 Mitglieder hatte, aber regional z. T. nach wie vor gut organisiert ist, gibt es zahlreiche, teilweise erheblich radikalere rechtsextreme Organisationen. Noch rechts von der NPD anzusiedeln sind etwa die *Deutsche Volksunion* (DVU, 1992: ca. 26000 Mitglieder) und v.a. verschiedene explizit neonazistische militante Gruppen wie z. B. *Die Bewegung* oder die *Freiheitliche Deutsche Arbeiterpartei* (FAP). Bei Wahlen konnten diese Gruppierungen in den letzten Jahren freilich keine nachhaltigen Erfolge erzielen, wenngleich es bei Kommunal- und Landtagswahlen regional immer wieder zu vergleichsweise hohen Stimmenanteilen kommt. So konnte die DVU mit jeweils über 6% der Stimmen 1991 in die Bremer Bürgerschaft und 1992 in den Landtag von Schleswig-Holstein einziehen. Nach dem Zusammenbruch der DDR wurden die Parteien auch in den neuen Bundesländern aktiv (*Pfahl-Traughber* 1992).

Waren in den meisten europäischen Ländern rechtsextreme Parteien oder Gruppierungen insbesondere in den ersten Nachkriegsjahrzehnten i.d.R. Randerscheinungen der ↗ Parteiensysteme, so findet sich in Italien mit dem *Movimento Sociale Italiano* (MSI) eine Partei, die personell, organisatorisch und ideologisch eine beinahe ungebrochene faschistische Kontinuität vermittelt. 1946 gegründet, war der MSI bereits kurz nach dem Zusammenbruch der faschistischen Diktatur im politischen Leben Italiens präsent und verfügte ab 1950 auch über eine Gewerkschaftsorganisation sowie über einen Studentenbund. Heute zählt der MSI ca. 400000 Mitglieder, seine soziale Basis bildet im wesentlichen der alte, im Niedergang begriffene Mittelstand und das Kleinbürgertum. Nach Stimmenverlusten in den 80er Jahren erreichte die aus dem MSI hervorgegangene *Alleanza Nazionale* unter Führung von *Gianfranco Fini* bei den Parlamentswahlen 1994 13,5 % der Stimmen und stellt zusammen mit der neokonservativen *Forza Italia* (21,0 %) und der *Lega Nord* (8,3 %) die erste nach-christdemokratische Koalitionsregierung Italiens. Während die *Alleanza Nazionale* ihren politischen Schwerpunkt in den klassischen MSI-Hochburgen des Südens hat, entwickelten sich die *Lega* in den Regionen des Nordens (Friaul, Lombardei, Piemont, Veneto) seit Beginn der 90er Jahre zur bestimmenden politischen Kraft. Ihr politisches Profil ist – von der Gegnerschaft zum »alten« Parteiensystem Italiens abgesehen – unklar. Nach anfänglich ausgeprägt rechtspolitischen Tendenzen gelten sie heute eher als Massenparteien der bürgerlichen Mitte (*Diamanti* 1993; *Greß* 1994; *Uesseler* 1994).

In Großbritannien vertritt die 1967 gegründete *National Front* (NF), die ihre Anhängerschaft in den vergangenen Jahren vorzugsweise unter weißen, rassistisch eingestellten *working-class*-Jugendlichen rekrutierte (*Husbands* 1988), ähnlich wie die deutsche NPD und der französische FN einen ethnozentrischen Nationalismus bzw. Neorassismus, der sich v.a. gegen die Immigranten aus dem *Commonwealth* richtet. Die wahlpolitische Bedeutung der NF ist trotz örtlicher Erfolge bei Kommunalwahlen, z.B. 1993 im Londoner *East End*, gering. Empirische Untersuchungen schätzen ihr Stimmenpotential auf ca. 2,5 %, mit leicht größeren Chancen in den problembehafteten Industriestandorten und Ballungsgebieten.

In Belgien spielt der im wesentlichen ebenfalls v.a. mit ausländerfeindlichen, flämisch-nationalistischen Parolen werbende *Vlaams Blok (VB)* eine wachsende Rolle. Bei den Europawahlen 1994 gelang es ihm, mit 12,6 % der Stimmen in Flandern sein Ergebnis von 1989 zu verdoppeln. Demgegenüber sind in den Niederlanden die rechtsextremen *Centrumsdemokraten* weitgehend bedeutungslos.

Ausländerfeindlichkeit bestimmt gleichermaßen das Erscheinungsbild der skandinavischen »Fortschrittsparteien«, die in Dänemark und Norwegen in den nationalen Parlamenten vertreten sind. Auch die Rechtsextremen in der Schweiz sind mit der *Nationalen Aktion für Volk und Heimat* auf regionaler und kommunaler Ebene, z.B. im Aargau, in Parlamenten vertreten. Die 1985 gegründete rechtspopulistische Autopartei war bei kantonalen Wahlen ebenfalls erfolgreich.

Fremdenfeindlichkeit, eine damit verbundene Renaissance nationalistischen Denkens und die zunehmende Akzeptanz derartiger Einstellungen in der Arbeiterschaft können somit als wichtigste Strukturmerkmale eines neuen westeuropäischen R. gelten, der auf die politische Symbolik des klassischen Faschismus und Nationalsozialismus bewußt verzichtet. So unterschiedlich Zielsetzungen, Methoden und soziale Basis von christlichem Fundamentalismus in den USA, rechtem Populismus und Neuer Rechten in Europa auch sein mögen, sie eint ein gemeinsames Leitmotiv, das der italienische Sozialphilosoph *Julius Evola* (der »Marcuse der Rechten«, wie ihn Faschistenführer *Giorgio Almirante* einmal nannte), gleichsam im Vorgriff auf die politische Szenerie des ausgehenden 20. Jh.s, als »Revolte gegen die moderne Welt« auf den Begriff gebracht hat. Eine *»silent counter-revolution«* von rechts diagnostizierte *Pino Ignazi* (1992).

Die Ausstrahlung der »Neuen Rechten« auf gemäßigt konservative Parteien ist nicht unerheblich. Sie wirkt als ideologisches, aber auch organisatorisches

»Scharnier« zwischen Rechtskonservatismus und manifestem Rechtsextremismus (*Gessenharter* 1994). Beachtung findet sie neuerdings auch in den jungen bürgerlichen Demokratien Osteuropas (*Klönne* 1993). Brisanz erhält diese neue Verbindung durch die zunehmende Aktualität der »nationalen Frage« in den Ländern des ehemaligen Ostblocks.

IV. Sozialwissenschaftliche Ansätze zur Erklärung des Entstehens von R. in den westlichen ↗ Industriegesellschaften lassen sich – vereinfacht – in zwei Hauptgruppen unterteilen: 1) die psychologisch argumentierenden Theorien der Autoritarismusforschung in der Tradition der neopsychoanalytisch orientierten »Frankfurter Schule« um *Th. W. Adorno, E. Fromm* und *M. Horkheimer* (*Adorno* 1950), die einen für R. besonders disponierten »autoritären Charakter« vermuten, und 2) die historisch-sozialstrukturell argumentierenden Statusinkonsistenz- (*Lipset/Bendix* 1966) und Anomietheorien (*Scheuch/Klingemann* 1967). Die Theorie der Statusinkonsistenz behauptet eine besondere Anfälligkeit für R. bei statusbedrohten sozialen Schichten. *Scheuch/Klingemann* interpretierten R. als Unfähigkeit, mit der Komplexität moderner Industriegesellschaften fertig zu werden, und daraus resultierendem Ausweichen auf ein starres Wertesystem.

Mit einem strukturellen »Ungleichgewicht zwischen Modernisierungsverlierern und Modernisierungsgewinnern« und mangelnder Krisenlösungskompetenz herkömmlicher Politikangebote wird neuerdings auch der Erfolg rechtspopulistischer Parteien zu erklären versucht (*Stöss* 1989; *Falter* 1994; kritisch: *Backes* 1991). So deutet auch die stark von *Heitmeyers* Arbeiten beeinflußte Individualisierungsthese rechtsextremistische Aggression bei Jugendlichen als Ausdruck einer tiefgreifenden Modernisierungskrise der deutschen Gegenwartsgesellschaft und als Antwort auf den Verlust sozialer Bindungen und Werte (*Heitmeyer* 1987, 1992).

Um den im Kern deprivationstheoretischen Bedeutungsgehalt der »Modernisierungsverlierer«-Hypothese zu relativieren – sie gilt ohnehin nur für bestimmte Teilgruppen rechtsextremer Einstellungs- und Wählerpotentiale (*Winkler* 1994) – wurde daher in Anlehnung an die italienische Diskussion der Begriff »Modernisierungsgegner« vorgeschlagen (*Stöss* 1993). Andere Autoren sprechen dem zeitgenössischen Rechtsextremismus bereits den Charakter einer sozialen Bewegung zu (*Jaschke* 1993; *Leggewie* 1994), mit Breitenwirkung in die gesellschaftliche und politische Mitte (vgl. auch *Hennig* 1994). Für sich genommen leistet keiner dieser Ansätze eine erschöpfende Erklärung. Theoretisch anspruchsvolle Kombinationen neopsychoanalytischer und historisch-soziologischer Ansätze stehen noch aus.

Peter Wirkner/Jörg Ueltzhöffer

Lit.: *Adorno, Th. W.* u.a. 1950: The Authoritarian Personality, New York. *Backes, U.* 1991: Nationalpopulistische Protestparteien in Europa. Vergleichende Betrachtungen zur phänomenologischen und demokratietheoretischen Einordnung, in: ÖZP 1991/1, 7–17. *Backes, U.* 1993: Organisierter Rechtsextremismus im westlichen Europa – Eine vergleichende Betrachtung, in: *Billing, W./Barz, A./Wienk-Borgert, St.* (Hrsg.) 1993: Rechtsextremismus in der Bundesrepublik Deutschland, Baden-Baden. *Bakkes, U./Jesse, E.* 1993: Politischer Extremismus in der Bundesrepublik Deutschland, Berlin. *Bauer, P./Niedermayer, O.* 1990: Extrem rechtes Potential in den Ländern der europäischen Gemeinschaft, in: APuZ 46–47, 15–26. *De Benoist, A.* 1979: Vu de

Droite, Paris. *Betz, H.-G.* 1991: Radikal rechtspopulistische Parteien in Westeuropa, in: APuZ 44, 3–14. *Beyme, K. von* 1988: Right-Wing-Extremism in Post-war Europe, in: *ders.* (Hrsg.) 1988: Right-Wing Extremism in Western Europe, London. *Crawford, A.* 1980: Thunder on the Right, The »New Right« and the Politics of Resentment, New York. *Diamanti, I.* 1993: La Lega. Geografia, storia e sociologia di un nuovo soggetto politico, Rom. *Duranton-Crabol, A.-M.* 1991: L'Europe de l'extrême droite de 1945 à nos jours, Paris. *Eurobarometer Special* 1989: Racism and Xenophobia, Brüssel. *Europäisches Parlament* 1985: Zum Wiederaufleben von Faschismus und Rassismus in Europa, Sitzungsdokumente 23. Januar 1985, Serie A, Dokument A 2–160/85/rev. + Anlagen I, II, III. *Falter, J. W.* 1994: Wer wählt rechts? Die Wähler und Anhänger rechtsextremistischer Parteien im vereinigten Deutschland, München. *Feit, M.* 1987: Die »Neue Rechte« in der Bundesrepublik, Organisation-Ideologie-Strategie, Frankfurt a.M./New York. *Ferraresi, F.* (Hrsg.) 1984: La destra radicale, Milano. *Ferraresi, F.* 1988: The Radical Right in Postwar Italy, in: Politics and Society XVI, 1, 71–119. *Fromm, R./Kernbach, B.* 1994: ...und morgen die ganze Welt? Rechtsextreme Publizistik in Westeuropa, Marburg/Berlin. *Greß, F.* 1994: Rechtsextremismus in Europa, in: *Kowalsky, W./Schroeder, W.* (Hrsg.) 1994: 185–211. *Greß, F./Jaschke, H.-G./Schönekäs, K.* 1990: Neue Rechte und Rechtsextremismus in Europa, Opladen. *Guth, J./Green, J.* 1988: The Christian Right in the Republican Party: The Case of Pat Robertsons Supporters, in: Jop 50, 150–165. *Heitmeyer, W.* 1987: Rechtsextremistische Orientierung bei Jugendlichen. Empirische Ergebnisse und Erklärungsmuster einer Untersuchung zur politischen Sozialisation, Weinheim/München. *Heitmeyer, W.* u.a. 1992: Die Bielefelder Rechtsextremismus-Studie. Erste Langzeituntersuchung zur politischen Sozialisation männlicher Jugendlicher, Weinheim/München. *Hennig, E.* 1994: Politische Unzufriedenheit – ein Resonanzboden für Rechtsextremismus?, in: *Kowalsky, W./Schroeder, W.* (Hrsg.): 339–380. *Husbands, C. T.* 1988: Extreme Right-Wing Politics in Great Britain: The Recent Marginalisation of the National Front, in: West European Politics 11, 65–79. *Ignazi, P.* 1992: The Silent Counter-Revolution. Hypotheses on the Emergence of Extreme Right Wing Parties in Europe, in: EJPR 22, 3–34. *Jaschke, H.-G.* 1990: Die »Republikaner«. Profile einer Rechtsaußen-Partei, Bonn. *Jaschke, H.-G.* 1992: Nationalismus und Ethnopluralismus. Zum Wiederaufleben von Ideen der »Konservativen Revolution«, in: APuZ 3–4, 3–10. *Jaschke, H.-G.* 1993. Rechtsradikalismus als soziale Bewegung. Was heißt das?, in: Vorgänge 122 (32, H. 2), 105–116. *Kirfel, M./Oswalt, W.* (Hrsg.) [2]1991: Die Rückkehr der Führer. Modernisierter Rechtsradikalismus in Westeuropa, Wien/Zürich. *Klär, K.-H.* u.a. (Hrsg.) 1989: Die Wähler der extremen Rechten, 3 Bde., Bonn. *Klönne, A.* 1993: Völkische Wiedergeburt? – Die Neue Rechte in den früher »realsozialistischen« Ländern Osteuropas, in: *Butterwegge, Ch./Jäger, S.* (Hrsg.): Rassismus in Europa, Köln, 46–57. *Kowalsky, W./Schroeder, W.* (Hrsg.) 1994: Rechtsextremismus. Einführung und Forschungsbilanz, Opladen. *Leggewie, C.* 1994: Rechtsextremismus – eine soziale Bewegung?, in: *Kowalsky, W./Schroeder, W.* (Hrsg.): 325–338. *Lepszy, N.* 1993: Die Republikaner, in: *Hirschner, G.* (Hrsg.): Repräsentative Demokratie und politische Partizipation, Berichte und Studien der Hans-Seidel-Stiftung e.V., Bd. 65, München. *Lipset, S. M./Bendix, R.* 1966: Social Mobility in Industrial Society, Berkeley/Los Angeles. *Maoláin, C.* 1987: The Radical Right: A World Directory, Harlow. *Niedermayer, O.* 1990: Sozialstruktur, politische Orientierungen und die Unterstützung extrem rechter Parteien in Westeuropa, in: ZParl 4/90, 564–582. *Pfahl-Traughber, A.* 1992: Rechtsextremismus in den neuen Bundesländern, in: APuZ 3–4, 11–21. *Roth, D.* 1989: Sind die Republikaner die fünfte Partei?, in: APuZ 41–42, 10–20. *Scheuch, K. E./Klingemann, H. D.* 1967: Theorie des Rechtsradikalismus in westlichen Industriegesellschaften, in: Hamburger Jahrbuch für Wirtschafts- und Gesellschaftspolitik, 11–29. *Sinus* 1981: 5 Millionen Deutsche. »Wir sollten wieder einen Führer haben...« Die

Sinus-Studie über rechtsextremistische Einstellungen bei den Deutschen, Reinbek. *Stöss, R.* 1989: Die extreme Rechte in der Bundesrepublik, Opladen. *Stöss, R.* 1993: Rechtsextremismus in Berlin 1990. Berlin: Freie Universität Berlin/Zentralinstitut für sozialwissenschaftliche Forschung (Berliner Arbeitshefte und Berichte zur sozialwissenschaftlichen Forschung, Nr. 80). *Stöss, R.* 1994: Forschungs- und Erklärungsansätze – ein Überblick, in: *Kowalsky, W./Schroeder, W.* (Hrsg.): 23–66. *Ueltzhöffer, J.* 1990: The Chauvinism of Affluence. A Qualitative Study into Motives and Ideology of »Republikaner« Voters, paper presented at the 1990 Annual Meeting of the American Political Science Association, San Francisco. *Uesseler, R.* 1994: Rechtsextremismus in Italien, in: *Kowalsky, W./Schroeder, W.* (Hrsg.): 248–274. *Veen, H.-J./Lepszy, N./Mnich, P.* 1992: Die Republikaner-Partei zu Beginn der 90er Jahre. Programm, Propaganda, Organisation, Wähler- und Sympathisantenstrukturen, Sankt Augustin. *Wilkinson, P.* 1981: The New Fascists, London. *Winkler, J.R.* 1994: Die Wählerschaft der rechtsextremen Parteien in der Bundesrepublik 1945 bis 1989, in: *Kowalsky, W./Schroeder, W.* (Hrsg.): 69–88.

Rechtsstaat

I. Der Begriff des Rechtsstaats (R.) entzieht sich einer einfach-formelhaften Umschreibung. Das Ziel ist die Rechtsgebundenheit des Staates. Da auf die Frage nach dem Verhältnis von Recht und Politik stets nur eine zeitgebundene, nicht aber eine abschließende Antwort gegeben werden kann, bleibt der Rechtsstaatsbegriff für die jeweiligen gesellschaftspolitischen Verhältnisse und Auffassungen offen. Die übliche Übersetzung des R. als *»rule of law«* benennt die Zielsetzung, erfaßt aber nicht die hierfür wesentlichen Begriffselemente.

II. Die überpositive Weltordnung des *nomos* im griechischen Altertum wurde als Grundlage der *polis* verstanden. Der heutige Rechtsstaatsbegriff kam aber erst im Frühliberalismus des 19. Jh.s auf *(Welcker, von Mohl)*. Das aufstrebende Bürgertum setzte ihn dem absolutistischen Polizeistaat entgegen (↗ Liberalismus).

1. Zentraler Staatszweck des absolutistischen Staates war die Sorge für das Wohl der Untertanen. Sie umfaßte nicht nur den Schutz der öffentlichen Sicherheit und Ordnung, sondern auch das körperliche und geistige Wohl des einzelnen. So wird der einzelne zum Objekt staatlichen Handelns, das seinem Wohle dienen soll, aber hierfür schrankenlose Eingriffe erlaubt. Der liberale R. setzte gegen diesen Zwangswohlfahrtsstaat das Selbstbestimmungsrecht des Individuums: Der Mensch soll nicht dem von Gott eingesetzten Souverän nach dessen Gutdünken unterworfen sein, sondern einer nicht willkürlichen Gesetzlichkeit unterliegen. Der Bürger beansprucht Autonomie, d.h. die Befreiung von staatlicher Bevormundung; er will auch Freiräume für private Selbstverwirklichung haben. Ihm kommen von Natur aus Grundrechte zu, mit denen er staatliche Eingriffe abwehren kann. ↗ Grundrechte sind die im politischen Kampf errungenen Freiheitsrechte. Wichtigste Grundrechte sind die Freiheit der Person, die Glaubens- und Bekenntnisfreiheit, Meinungsfreiheit, Vereins- und Versammlungsfreiheit sowie die Garantie des Privateigentums.

Mittel zur Sicherung der ↗ Freiheit sind die Trennung und Balance der Gewalten *(Lokke, Montesquieu;* ↗ Gewaltenteilung), vor allem aber das allgemeine und auch den Staat bindende Gesetz. »Frei ist der Mensch erst, wenn er nicht mehr Menschen, sondern nur noch Gesetzen gehorchen muß« *(Cusanus)*. Der Inhalt der Gesetze soll sich aus den Prinzipien der vernunftrechtlichen ↗ Staatstheorie ergeben, die (ohne Verwendung des Begriffs) wesentliche Rechtsstaatselemente entwickelte, wie das Verständnis des Staates als »Vereinigung von Menschen unter Rechtsgesetze« *(Kant)*.

Ideengeschichtlicher Ausgangspunkt des R. ist, auf dem Boden vernunftrechtlicher Staatstheorie, der Autonomieanspruch des Individuums, das nicht mehr Untertan, sondern Bürger sein will. Die Staatszwecke werden auf den öffentlichen Bereich beschränkt; das Wohlergehen des einzelnen ist seine Sache, nicht die des Staates. Das Streben nach Ausdehnung der individuellen Freiheit und nach einer Limitierung der Staatszwecke entspricht den Bedürfnissen der im 19. Jh. aufkommenden arbeitsteiligen Wirtschaft und der Industrialisierung. Der R., der Ziel und Inhalt staatlicher Betätigung beschreibt und begrenzt, ist in diesem ursprünglichen Verständnis nicht nur eine besondere Staats- oder Regierungsform, sondern eine vom Absolutismus scharf abgegrenzte eigene Staatsgattung.

2. Die politisch durchgesetzten Freiheitsrechte, die auch in die Texte geschriebener ↗ Verfassungen aufgenommen wurden, sollten nun auch für das Verhältnis zwischen Staat und Bürger im Alltag maßgeblich werden. Damit rückt die Rolle der Verwaltung in den Mittelpunkt der Überlegungen: Es ist der administrative Bereich, in dem die erworbenen Freiheiten umgesetzt werden. Der Rechtsstaatsbegriff konzentriert – und verengt – sich dadurch auf die Gesetzmäßigkeit der Verwaltung. R. ist »der Staat des wohlgeordneten Verwaltungsrechts« *(Mayer)*, »er bedeutet überhaupt nicht Ziel und Inhalt des Staates, sondern nur Art und Charakter, dieselben zu verwirklichen« *(Stahl)*.

In diesem formalen Verständnis ist der R. nicht mehr eine eigene Staatsgattung, sondern bezeichnet nur eine besondere Art, in welcher der Staat tätig wird. Der formelle Rechtsstaatsbegriff, der bis zum Ende der Weimarer Republik vorherrscht, wurzelt in dem Glauben an die Unfehlbarkeit der *volonté générale (Rousseau)*. Wenn der mehrheitliche Wille des zum Gesetzgeber gewordenen Volkes als richtig anzusehen ist, so genügt es, Form und Verfahren festzulegen, in denen dieser Wille umgesetzt wird. Unter dieser Voraussetzung ist jeder Rechtssatz unbeschadet seines Inhalts als verbindlich anzusehen. Der omnipotente Konsens der Mehrheit führt zum Wertrelativismus, wahrt aber die Einheit der Staatswillensbildung. Die sozial und weltanschaulich nicht mehr homogene Gesellschaft, die sich nicht mehr auf allseits für verbindlich gehaltene Werte verständigen kann, nimmt Zuflucht zu der Verbindlichkeit des Mehrheitsentscheids ohne Rücksicht auf dessen inhaltliche Richtigkeit. Damit wird der R. auf seine formalen Inhalte reduziert. Inhaltlich kann er selbst totalitär werden. Die Erfahrungen der Weimarer Zeit und vor allem der nationalsozialistischen Diktatur haben gezeigt, daß die Bindung der Staatstätigkeit an bestimmte Formen und Verfahren keine hinreichende Garantie für die Geltung und Durchsetzung des Rechts ist.

3. Das Rechtsstaatsverständnis des Grundgesetzes der Bundesrepublik beschränkt sich nicht auf formale Sicherungen, sondern enthält inhaltliche Aussagen über die Staatstätigkeit, die an oberste Rechtsgrundsätze gebunden wird. Im materialen R. wird auch der Staat selbst vom Recht beherrscht und so die Freiheit des einzelnen gesichert. Alle staatliche Gewalt ist an die Grundrechte gebunden, die auch gegenüber Entscheidungen der parlamentarischen Mehrheit durchgesetzt werden können. Grundrechte sind nicht nur eine Schranke gesetzlicher Entscheidungen, sondern zugleich auch Zielbestimmungen aller Staatstätigkeit. Das materiale Grundprinzip des R. ist die Garantie der Menschenwürde, aus der sich wesentliche inhaltliche Festlegungen für die Staatstätigkeit ergeben.

Zu den Elementen des Rechtsstaatsprinzips in seinem heutigen materialen Verständnis gehören insbesondere: die

Bindung aller Staatstätigkeit an die Verfassung als die ranghöchste Norm, die Rechtsbindung der Gewalten in Gesetzgebung, Verwaltung und Rechtsprechung, die Trennung und Ausbalancierung der Gewalten (auch im Verhältnis des Bundes zu den Ländern; ↗ Föderalismus), der Grundrechtsschutz als materiale Seite des R., die Garantie des effektiven Rechtsschutzes des einzelnen gegenüber jeglicher ihn betreffenden Staatstätigkeit. Zusammen mit den anderen tragenden Prinzipien der Verfassung führen diese Grundentscheidungen zu der Chance einer ausgeglichenen Ordnung zwischen dem Freiheitsanspruch des einzelnen und den Bedürfnissen der Gemeinschaft, deren Glied er ist.

Auch vom liberalen R. des 19. Jh.s unterscheidet sich der heutige soziale R. Die Forderung nach einer Begrenzung der Staatstätigkeit zugunsten der individuellen Freiheit beruhte auf der Vorstellung der Gleichheit freier Menschen, wie sie auch dem heutigen Verfassungsverständnis zugrunde liegt. Hinzugetreten ist aber die Überzeugung, daß die tatsächlichen Ungleichheiten bei der Verteilung von Lebenschancen und die gesellschaftlichen Machtverhältnisse des regulierenden Staatseingriffs bedürfen, um die rechtlich allen garantierte ↗ Gleichheit herzustellen. Freiheit kann nicht allein durch die bloße Abwesenheit von Staatseingriffen in geschützte Lebensbereiche des Bürgers bewirkt werden *(status negativus)*; vielmehr ist der Staat zu sozialgestaltender Aktivität berechtigt und, soweit es um die elementaren Voraussetzungen menschenwürdiger Existenz geht, auch verpflichtet. Dies entspricht der Entwicklung zum Leistungs- und Wohlfahrtsstaat.

Die Ausweitung der Staatstätigkeit bewirkt aber auch immer erhöhte Anforderungen an seine Bürger, die durch steuerliche und andere Leistungen zunehmend belastet werden. Werden hier Grenzen des dem einzelnen Zumutbaren überschritten, so verringert sich der Freiheitsraum des Bürgers. Der überzogene Wohlfahrtsstaat bedeutete eine Rückkehr zu dem Zustand der Unmündigkeit des einzelnen, dem entgegenzuwirken das Ringen um den R. zum Ziele hatte. Heute stellt sich daher die Aufgabe, den sozialen R. in seinen beiden Elementen zu erfüllen, also die Achtung und den Schutz der Freiheit des einzelnen mit der Sorge für das Wohl aller Bürger zum Ausgleich zu bringen (↗ Sozialstaat). Weder ein Zwangswohlfahrtsstaat gleich welcher ideologischer Prägung noch ein dem liberalistischen Verständnis des vorigen Jahrhunderts verhafteter »Nachtwächterstaat« wäre der soziale R., den das Grundgesetz heute fordert.

Ernst Benda

↗ Grundwerte; Justiz und Politik; Staatstheorien; Verfassungsgerichtsbarkeit.

Lit.: *Baretta, A.* 1979: Zur Entwicklung des modernen Rechtsstaatsbegriffs, in: Liber amicorum B. C. H. Aubin, Straßburg, 1–14. *Benda, E.* ²1994: Der soziale Rechtsstaat, in: *Benda, E./Maihofer, W./Vogel, H. J.*: Handbuch des Verfassungsrechts der Bundesrepublik Deutschland, Berlin/New York, 719–798. *Böckenförde, E.-W.* 1969: Entstehung und Wandel des Rechtsstaatsbegriffs, in: Festschrift für Adolf Arndt, Frankfurt/M., 53–76. *Heller, H.* 1930: Rechtsstaat oder Diktatur?, Tübingen. *Hesse, K.* 1962: Der Rechtsstaat im Verfassungssystem des Grundgesetzes, in: Festgabe für R. Smend, Tübingen, 71–95. *Huber, H.* 1953: Niedergang des Rechts und Krise des Rechtsstaats, in: Demokratie und Rechtsstaat, Festgabe für Z. Giacometti, Zürich, 59–88. *Kägi, W.* 1953: Rechtsstaat und Demokratie, in: Demokratie und Rechtsstaat, Festgabe für Z. Giacometti, Zürich, 107–142. *Kimminich, O.* 1979: Die Verknüpfung der Rechtsstaatsidee mit den anderen Leitprinzipien des Grundgesetzes, in: DÖV 1979, 765–772. *Merkel, A. J.* 1971: Idee und Gestalt des Rechtsstaates, in: Festschrift für Hans Kelsen zum 90. Geburtstag, Wien, 126–140. *Schambeck, H.* 1970: Vom Sinnwandel des Rechtsstaates, Berlin. *Scheu-*

ner, U. 1960: Die neuere Entwicklung des Rechtsstaats in Deutschland, Karlsruhe. *Stern, K.* 1971: Der Rechtsstaat, Krefeld. *Stern, K.* 1984: Das rechtsstaatliche Prinzip, in: Das Staatsrecht der Bundesrepublik Deutschland, Bd. 1, München, 759–871.

Regierung

Der Begriff »Regierung« kann unterschiedlich verstanden werden. Im weiteren Sinne umfaßt er die Verfassungsorgane eines Staates, die insgesamt das Regierungssystem bilden, also Parlament und Regierung. Der englische Begriff *government* steht für ein solches Verständnis. Im engeren Sinne bezeichnet Regierung jene Institution, der in Abgrenzung von anderen öffentlichen Gewalten (↗ Gewaltenteilung) und politischen Funktionen (↗ Opposition) das Regieren obliegt. Die Regierung bildet das politische Leitungszentrum eines Landes: Sie leitet die Politik (Herbeiführung politischer Entscheidungen) und die ↗ Öffentliche Verwaltung (Durchführung politischer Entscheidungen; ↗ Implementationsforschung). Die Frage, wie ein Land regiert wird, findet meistens eine Antwort in der Beschreibung des ↗ Politischen Systems bzw. einer Zuordnung zu Grundtypen politischer Systeme, etwa ↗ Parlamentarismus oder ↗ Präsidentialismus. Wird mit der Frage auf eine Bewertung der Politik *(policies)* hingezielt, die eine Regierung betreibt, so tritt i. d. R. die parteipolitische Zusammensetzung der Regierungen in den Blick. Sie erklärt in der Tat inhaltliche Seiten der Regierungsentscheidungen. Die Frage, wie regiert wird, kann aber auch technische Aspekte des Regierens meinen, insbesondere die Regierungsorganisation, eine häufig vernachlässigte Antwort.

[1] Regierungsorganisation.

I. Zur Regierungsorganisation (R.) auf zentralstaatlicher Ebene gehören das Kabinett, die Ministerien und eine dem Regierungschef zugeordnete Regierungszentrale. Dieser Kernbereich kann durch vielfache Sondereinrichtungen (Ausschüsse, Beratungsgremien, Sonderbehörden) ergänzt werden. Die konkrete Ausprägung der R. hinsichtlich der organisatorischen und personellen Strukturen sowie in bezug auf ihre Rolle für das Regierungshandeln ergibt sich aus Verfassungsbestimmungen, Konventionen, Geschäftsordnungen und der Regierungspraxis selbst. Die R. ermöglicht, begrenzt aber auch das Regieren. Für die Regierungsforschung steht daher die Frage im Mittelpunkt, ob und wie es Regierungen gelingt, ihren Anspruch auf politische Führung gegenüber der R. einzulösen, d. h. ihre Nutzung für die Regierungspolitik sicherstellen zu können.

II. Die R. ist durch einen hierarchisch-bürokratischen Aufbau geprägt. Die Gliederung der Ministerien und Ämter gehorcht dem klassischen Muster der Zuständigkeitsverwaltung. Die Mitarbeiter sind in der Regel erfahrene Berufsbeamte. Beamtentum und die Formalisierung von Kompetenzverteilungen und Verfahrensregeln sollen Kontinuität und Verläßlichkeit in der Aufgabenwahrnehmung verbürgen. Für wechselnde Regierungen schafft das Sicherheit. Die R. mit den beschriebenen Merkmalen garantiert als »institutionalisiertes Gedächtnis« den für die Regierungsgeschäfte unabdingbaren Sachverstand. Dazu gehört, neben dem Fachwissen, auch das prozedurale Wissen, das nicht nur nach innen, sondern auch nach außen gerichtet ist. Die R. ist eingewoben in ein vielfältiges externes Kommunikations- und Kontaktnetz (Interessengruppen, Expertengremien, politische Institutionen und Organisationen). Daraus ergeben sich mannigfaltige weitere formale, aber auch informale Organisationsstrukturen, die über den Kernbereich der R. hinausreichen. Der Begriff der »politischen Netzwerke« *(»policy-networks«; »issue-networks«)* wird häufig zur Charakterisierung derartiger extra-gouvernementaler Organisationserweiterungen benutzt. Die Gefahr einer Eigenmacht der R. ist damit angedeutet. Regierungen stehen vor der Aufgabe, durch die Gestaltung desjenigen Teils der R., der ihr politisch zur Disposition steht, ihren Führungsanspruch zu verwirklichen. Die Organisationsgewalt des Regierungschefs, die personalpolitische Entscheidungen einschließt, ist damit angesprochen.

Auch wenn formal durch die Organisationsgewalt die dominierende Stellung des Regierungschefs gegenüber der R. begründet wird, gibt es wichtige Einschränkungen dieses Handlungsspielraumes. Dazu gehören etwa verfassungsrechtliche Bestimmungen, wie im deutschen Fall die Dynamik zwischen Kanzler-, Kabinetts- und Ressortprinzip. Ferner der Einfluß der Parteien, insbesondere bei Koalitionsregierungen, sowie die Mitbeteiligung des Parlaments, die im präsidentiellen System der USA durch den Senat am stärksten gegeben ist, während in parlamentarischen Systemen das Mittel der Budgetbewilligung heute nur noch eine untergeordnete Rolle spielt. Ferner ist der Umfang des Karrierebeamtentums von Bedeutung, d.h. die Zahl der politisch besetzbaren Stellen. Diese Faktoren bilden einen Rahmen, sie entscheiden aber nicht über das politische Gewicht einer Regierung gegenüber der R., die – und das ist heute kaum umstritten – als Staatsverwaltung Politikvorbereitung, also Politik betreibt.

III. Ein deutscher Bundeskanzler steht in der Organisations- und Personalpolitik vor der Aufgabe, politische Akzente zu setzen. Er kann und braucht nicht wie der amerikanische Präsident ca. 3900 Spitzenpositionen zu besetzen oder ein neues Bundeskanzleramt als Regierungszentrale aufzubauen. Ihm steht die Ministerialbürokratie als permanenter Regierungsapparat zur Verfügung. Die Ministerien insgesamt sind die Fachexperten und politischen Berater der Regierung. Die Erwartung ist gegeben, daß das Regierungsprogramm in sachlich-politischer Kompetenz umgesetzt werden kann. Viel hängt davon ab, ob die politische Führung in der R. gewährleistet werden kann. Hier wird die Auswahl (Zahlen 1994) der Minister (19), der Parlamentarischen Staatssekretäre (26) und der politischen Beamten (ca. 135) wichtig. Politische Beamte (beamtete Staatssekretäre und Ministerialdirektoren) können jederzeit in den einstweiligen Ruhestand versetzt werden. Minister und parlamentarische Staatssekretäre sind vorwiegend Berufspolitiker mit Parteien- und Parlamentskarrieren. So ist sichergestellt, daß die Regierungspolitik nicht in Händen von »Außenseitern« oder »politischen Amateuren« liegt. Die parteipolitisch vermittelte Ministerselektion, ähnlich wie in Großbritannien, gruppiert deutsche Minister zwischen den amerikanischen »Amateurtyp« und den französischen »Technokratentyp«. Sowohl die Gefahr der Vereinnahmung des Ministers in das ministerialbürokratische Klientelgeflecht als auch die Gefahr der Einbindung in ein technokratisch-professionalisiertes Politikmanagement sind minimiert. Insgesamt sind die Voraussetzungen einer politischen ↗ Koordination im Kontext regierungsprogrammatischer Leitlinien als relativ günstig anzusehen. So wie einerseits die Parteiorientierung der politischen Stellen sich positiv auf die politische Koordination auswirken kann, besteht andererseits bei einer zu starken Parteipolitisierung die Gefahr kontraproduktiver Auswirkungen, wenn zu sehr am Sachverstand der R. vorbeiregiert wird. Diese Konstellation im politischen Leitungsbereich ist aber nicht mit einer Politisierung der Ministerialbürokratie (im Sinne von Parteipatronage) gleichzusetzen.

Insgesamt bleibt der Umfang der personalpolitischen Sicherstellung des Regierungsmandats aus verfassungs-, beamten- und haushaltsrechtlichen Gründen gering, so daß eine politisch-loyale Nutzung der R. von jeder Regierung erneut zu bewerkstelligen ist. Regierungszentralen erhalten in dieser Hinsicht eine zunehmende Bedeutung.

IV. Zur Durchsetzung seines Führungsanspruchs steht dem Kanzler das Bundeskanzleramt in seiner Doppelrolle als Beratungsorgan und als Koordinationsinstanz der Regierungsarbeit bereit. Es hat einen fest etablierten organisatorischen Unterbau (Spiegelreferate zu den Fachministerien) mit einem personellen Sockel an Berufsbeamten. Es gibt ca. 500 Mitarbeiter mit sechs politischen Beamtenstellen. Hinsichtlich seiner politischen Koordinations- und Einflußfunktion gegenüber der R. ist es im Vergleich zum französischen Äquivalent (*Secrétariat Général de la Présidence*) als schwächer, aber im Vergleich zum amerikanischen Äquivalent (*White House Office*) als stärker einzuschätzen. In Annäherung ähnelt es eher dem britischen *Prime Minister's Office*. Die stark hierarchisch formalisierte Organisation des Kanzleramtes ist relativ indifferent gegenüber dem Führungsstil des Regierungschefs, so daß die Herausbildung informaler Strukturen verständlich wird. Alle Kanzler haben sich nicht auf die alleinige Nutzung des Amtes beschränkt, sondern wie der britische Premier auf externe Berater aus dem parteipolitischen und gesellschaftlichen Bereich zurückgegriffen. Insgesamt ist aber sein Führungspotential weniger weitreichend.

Neben dem Kanzleramt ist das Kabinett ungleich zum amerikanischen (wo es kaum eine Rolle spielt) und französischen Fall (hier steht die Rolle als Beschlußorgan im Vordergrund) ein zentrales Koordinationsinstrument, das durch vorgelagerte Entscheidungsgremien ergänzt wird. Aber auch das Kabinett läßt sich ohne die parteipolitische Komponente und die ressortbezogene Gewichtung der Ministerpositionen nicht denken, die den Kanzler tendenziell in die Rolle des *primus inter pares* verweist, während im britischen Fall eine stärkere Instrumentalisierung durch den *Prime Minister* leichter möglich ist.

Die in modernen R. vollzogene Trennung von Amt und Person garantiert ein Fundament von formalisierter Rationalität und politischer Loyalität. Regierungen bleibt dennoch ein genugender Spielraum, um ihren politischen Führungsstil und politischen Führungsanspruch durchsetzbar zu machen. Stechen zwar die Variationen in parlamentarisch-westlichen Demokratien ins Auge, so ist jedoch allen Ländern gemeinsam, daß R. keine ungebundene, autonome Machtposition besitzen, sondern in das jeweils konstitutionell vorgegebene System der Gewaltentrennung und -verschränkung eingebunden sind und nur auf dieser Grundlage den jeweiligen Regierungen an der Macht zur Verfügung stehen.

Axel Murswieck

Lit.: *Achterberg, N.* 1987: Innere Ordnung der Bundesregierung, in: *Isensee, I./Kirchhof, P.* (Hrsg.): Handbuch des Staatsrechts der Bundesrepublik Deutschland, Bd. 3, Heidelberg, 629–664. *Cohen, S.* 1982: Le Secrétariat général de la présidence de la République, in: *Baecque, F. D./ Quermonne, J.-L.:* Administration et Politique sous la Cinquième République, Paris, 104–127. *Hartwich, H.-H.* (Hrsg.) 1990: Regieren in der Bundesrepublik Deutschland 1: Konzeptionelle Grundlagen und Perspektiven der Forschung, Opladen. *Hartwich, H.-H./Wewer, G.* (Hrsg.) 1991: Regieren in der Bundesrepublik Deutschland 2: Formale und informale Komponenten in den Bereichen Führung, Entscheidung, Personal und Organisation, Opladen. *Haungs, P.* 1989: Kanzlerprinzip und Regierungstechnik im Vergleich. Adenauers Nachfolger, in: APuZ 1/2, 28–39. *Hess, S.* 1988: Organizing the Presidency (Revised Edition), Washington, D.C. *König, K.* 1991: Formalisierung und Informalisierung im Regierungszentrum, in: *Hartwich, H.-H./Wewer, G.* (Hrsg.), 203–220. *Murswieck, A.* 1991: Führungsstile in der Politik in vergleichender Perspektive, in: *Hartwich, H.-H./Wewer, G.* (Hrsg.), 81–95. *Murswieck, A.* (Hrsg.) 1994: Regieren und Politikberatung, Opladen. *Niclauß, K.* 1988: Kanzlerdemokratie. Bonner Regierungspraxis von Konrad Adenauer bis Helmut Kohl, Stuttgart. *Padgett, St.* (Hrsg.) 1993: From Adenauer to Kohl, London.

[2] Parteipolitische Zusammensetzung der Regierungen.

1. Unter »parteipolitischer Zusammensetzung von Regierungen« versteht man die – durch die Zahl der an der Regierung beteiligten Parteien erfaßte – Struktur und die – anhand der Zugehörigkeit der Regierungsparteien zu Parteien-Familien gemessene – politisch-ideologische Färbung von Regierungen.

In der Vergleichenden ↗ Politikwissenschaft gibt es verschiedene Vorschläge zur Messung der parteipolitischen Zusammensetzung von Regierungen. Eine Variante nimmt die Differenz zwischen Linksparteien und Rechtsparteien bzw. zwischen sozialistischen und nichtsozialistischen Parteien (↗ Bürgerliche Parteien) als Haupttrennlinie (z.B. *Schmidt* 1982). Dieser Unterscheidung liegt die Beobachtung zugrunde, daß trotz gruppeninterner Variation die Unterschiede zwischen der Linksparteien-Familie und der Familie der bürgerlichen Parteien groß sind: hinsichtlich der ideologischen Orientierung und der Schwerpunkte der Parteien in der Wählerschaft sowie im Hinblick auf unterschiedliche Allianzen mit mächtigen Interessengruppen. Mit dem Links-Rechts-Indikator lassen sich grundlegende Unterschiede in der Regierungszusammensetzung gut erfassen. Als ergiebig erwies sich beispielsweise die – anhand von Kabinettssitzanteilen ermittelte – Skala der Regierungsbeteiligung von Linksparteien und nichtsozialistischen Parteien, die zwischen »Hegemonie bürgerlicher Parteien« (Alleinregierung), »Dominanz« nichtsozialistischer Parteien (mehr als zwei Drittel, aber weniger als 100% Kabinettssitzanteile), »Patt« zwischen bürgerlichem und sozialdemokratischem Lager (jedes Lager hat mehr als ein Drittel, aber weniger als zwei Drittel der Kabinettssitze), und »Dominanz« bzw. »Hegemonie« der Sozialdemokratie (mehr als zwei Drittel, aber weniger als 100% bzw. Alleinregierung) (vgl. *Schmidt* 1982).

Im Rahmen der Links-Rechts-Dichotomie verbleibt auch der vielbeachtete innovative Vorschlag von *F. G. Castles* (1982: 58–61), bei der Messung der Regierungszusammensetzung vor allem die – nach Stimmenanteilen und nach Regierungsbeteiligung ermittelte – Stärke der »wichtigsten Rechtspartei« *(major party of the right)* zu berücksichtigen. *Castles* zufolge wird die Position der »wichtigsten Rechtspartei« – je nach Struktur des Parteiensystems – entweder von einer konservativen Partei eingenommen oder von einer christdemokratischen Partei, sofern diese nicht mit einer säkularen Partei der Rechten mit mindestens 10% Stimmenanteil konkurriert (z.B. die bundesrepublikanische, die österreichische und bis 1993 die italienische Christdemokratie). Abweichend davon werden christdemokratische Parteien als »Mitte-Parteien« klassifiziert, sofern sie mit einer säkularen Partei der Rechten mit mindestens 10% Stimmenanteil im Wettbewerb stehen (z.B. in Belgien und in den Niederlanden). In solchen Fällen zählt die stärkste unter den säkularen Parteien der Rechten als *major party of the right.*

Castles' Rechts-Parteien-Indikator vereinfacht die Vielfalt der Regierungszusammensetzung drastisch. Das hat er mit der klassischen Links-Rechts-Differenzierung gemeinsam. Darüber hinaus sind dem *Castles*-Indikator jedoch drei weitere Probleme eigen.

Tabelle 14: Regierungsbeteiligung von Rechts-, Mitte- und Links-Parteien in 24 westlichen Industriestaaten, 1946–91[a]

	Rechts-Parteien[b]	Zentrums-Parteien[c]	Links-Parteien[d]	Links-Rechts-Zusammensetzung[e]	Rechts-Partei nach Castles[f]
Australien	66	0	34	Patt	66
Belgien	19	54	27	Bürgerl. Dominanz	19
Bundesrepublik	22	52	26	Bürgerl. Dominanz	52
Dänemark	36	12	52	Patt	14
Finnland	8	52	40	Patt	8
Frankreich	61	12	27	Bürgerl. Dominanz	32
Großbritannien	64	0	36	Patt	64
Griechenland	57	0	43	Patt	50
Irland	69	22	9	Bürgerl. Dominanz	22
Island	42	27	31	Bürgerl. Dominanz	42
Israel[g]	48	9	43	Patt	48
Italien	3	83	14	Bürgerl. Dominanz	69
Japan	98	0	2	Bürgerl. Dominanz	98
Kanada	30	70	0	Bürgerl. Hegemonie	30
Luxemburg	24	50	26	Bürgerl. Dominanz	24
Neuseeland	65	0	35	Patt	65
Niederlande	25	57	18	Bürgerl. Dominanz	15
Norwegen	13	13	74	Soziald. Dominanz	13
Österreich	1	38	61	Patt	38
Portugal	65	16	19	Bürgerl. Dominanz	62
Schweden	3	14	83	Soziald. Dominanz	3
Schweiz	48	30	22	Bürgerl. Dominanz	30
Spanien	42	0	58	Patt	42
USA	59	41	0	Bürgerl. Hegemonie	59
Mittelwert[h]	38	29	32	Bürgerl. Dominanz	41

[a] Kabinettssitzanteile 1946–91 (auf Tagesbasis). Bundesrepublik Deutschland und Israel: 1949–91, Griechenland 1974–91, Portugal 1976–91 und Spanien 1977–91. [b] Nach *Cameron* 1985: 235 ff. (mit Korrekturen). [c] Nach *Cameron* 1985: 235 ff. (mit Korrekturen). [d] Sozialdemokratische Parteien und Parteien links von der Sozialdemokratie. [e] Nach *Schmidt* 1982 (s. Tabelle 32). [f] *Castles* 1982: 59. [g] Spalten 1, 2, 3 und 5: vorläufige Schätzwerte. [h] Spalte 4: häufigster Wert.
Quelle: *Archiv der Gegenwart.*

Parteien mit prinzipiell gleichartiger ideologischer Ausrichtung und sozialer Zusammensetzung wie die christdemokratischen Parteien werden inkonsistent eingestuft: einmal als »Rechts-Partei«, ein anderes Mal als »Mitte-Partei«. Überdies ist die Plazierung der Christdemokraten der Bundesrepublik, Österreichs und Italiens als Rechtsparteien fragwürdig: diese Zuordnung geht vorschnell über den konservativen und reformerischen Doppelcharakter dieser Parteien hinweg. Ferner führt die Optik von *Castles* Klassifikation zur Unterschätzung des wahren Gewichts des Lagers der Mitte- oder Zentrums-Parteien gegenüber den Lagern der Links- und der Rechts-Parteien.

Konsistenter und differenzierter ist demgegenüber die von *Cameron* (1985: 235–237) vorgeschlagene Unterscheidung zwischen »Linksparteien«, »Zentrums-Parteien« und »Rechtsparteien«. Im Gegensatz zu *Castles* werden die Rechtsparteien und die Zentrumsparteien jeweils konsistent zugeordnet. Zur Familie der Zentrumsparteien zählen bei *Cameron* vor allem die (Radikal-)Liberalen und die Zentrumsparteien der skandinavischen Länder, ferner die christdemokratischen Parteien sowie die *Democratic Party* der USA und die *Liberal Party* Kanadas. Zur Familie der Rechtsparteien gehören nach *Cameron* vor allem die konservativen Parteien, ferner die französischen Gaullisten, Neogaullisten und Giscardisten sowie die kanadische *Progressive Conservative Party*, die amerikanische *Republican Party* und die Liberaldemokratische Partei Japans, aber auch die meisten liberalen Parteien (hier erweist sich, daß die Rechts-Zentrum-Links-Einteilung vorrangig die wirtschafts- und sozialpolitischen Positionen von Parteien berücksichtigt und hiervon abweichenden Positionen in anderen Politikfeldern – z. B. progressive Positionen der Liberalen in der Rechtspolitik – nicht Rechnung trägt).

II. Die politische Zusammensetzung von Regierungen wird gemessen durch Indikatoren der Dauer der Regierungsbeteiligung von einzelnen Parteien oder von Partei-Familien (so beispielsweise *Hibbs* 1977), durch Indikatoren der Stärke der Regierungsbeteiligung (beispielsweise anhand des Anteils der Kabinettssitze, der auf eine bestimmte parteipolitische Familie entfällt, und der Zeitspanne, in der eine bestimmte parteipolitische Familie den Regierungschef stellt (vgl. beispielsweise *Schmidt* 1982), und/oder durch kombinierte Indikatoren der Dauer und Stärke der Regierungsbeteiligung von Parteien samt ihres Rückhaltes im Parlament und in der Wählerschaft (z. B. gemessen durch – mittels Parlamentssitz- oder Wählerstimmenanteile – gewichtete Regierungsbeteiligung, vgl. *Castles* 1982 und *Esping-Andersen* 1990: 111 ff.).

Vor 1945 hatten Linksparteien nur wenige und meist nur kurzwährende Chancen der Regierungsbeteiligung. Aber auch nach dem II. Weltkrieg bis Ende der 80er Jahre liegt die durchschnittliche parteipolitische Färbung von Regierungen westlicher Industrieländer etwas rechts von der Mitte. In der Regel regieren in diesen Ländern Parteien der Mitte, der Mitte-Rechts-Position oder der Rechten. Nicht selten sind Fälle mit häufigem Regierungswechsel – wie in Großbritannien – oder breite und oftmals wechselnde Koalitionen – wie in Dänemark oder Finnland. Drei Länder zeichnen sich während des größten Teils der Nachkriegszeit durch die Hegemonie einer Rechts-Partei oder einer Mitte-Partei aus (Japan von 1949 bis 1993, Kanada und die USA). Im übrigen sind Rechts-Parteien in den angloamerikanischen Demokratien sowie in Japan besonders stark an der Führung der Regierungsgeschäfte beteiligt. Dominanzpositionen von nichtsozialistischen Parteien kennzeichnen eine stattliche Anzahl von westlichen Ländern, aber nur zwei Staaten sind 1946–91 durch Dominanz der Sozialdemokratie an der Regierung gekennzeichnet: Norwegen und Schweden, wohingegen kein Land über die gesamte Nachkriegszeit hinweg von einer hegemonialen Sozialdemokratie regiert wurde. Diesem Typus nahe kommt nur Schweden, aber auch dort regierten zwischen 1976 und 1982 und seit 1991 bis zum Ende des Berichtszeitraumes Mitte- bzw. Mitte-Rechtsparteien.

Die meisten Regierungen verfügen über ein Mandatspolster, das zum Regieren ausreicht. Minderheitsregierungen sind die Ausnahme und nicht die Regel. Freilich verdeckt die rechnerische Mehrheit interne Probleme der Konsensbildung: Zahlreiche Regierungen der westlichen Demokratien sind aus heterogenen Mitte-Rechts- oder Mitte-Links-Koalitionen zusammengesetzt, während Alleinregierungen in erster Linie ein Kennzeichen der angloamerikanischen Konkurrenz-Demokratie sind. In westlichen Demokratien sind Regierungswechsel häufig, aber drastische Änderungen der parteipolitischen Zusammensetzung viel seltener. Am markantesten sind die Änderungen, die durch das häufige Alternieren von Regierungsparteien in den angloamerikanischen Zwei- oder Zweieinhalb-Parteiensystemen zustandekamen. Aufsehen erregten ferner die großen Regierungswechsel in Österreich und in der Bundesrepublik, welche die Sozialdemokratischen Parteien in den 60er und 70er

Jahren an die Regierung brachten. Große Änderungen der Regierungszusammensetzung waren sodann in den 70er und frühen 80er Jahren mit den Regierungswechseln in Großbritannien, Schweden, Norwegen, Dänemark und in der Bundesrepublik 1982 verbunden. Aufsehen erregte auch die Aufnahme von Ministern der neofaschistischen Nationalen Allianz in das Kabinett des italienischen Ministerpräsidenten Berlusconi im Mai 1994. In den übrigen Ländern, in denen Koalitionen zwischen Parteien unterschiedlicher Familienzugehörigkeit überwogen, gab es zwar ebenfalls häufig Änderungen in der Regierungszusammensetzung, doch weist der »politische Grundton« hier entweder eine bemerkenswerte Konstanz oder Variationen von eher gradueller Art auf.

Die Chancen der Regierungsbeteiligung werden von den bei Wahlen erworbenen Stimmenanteilen (die ihrerseits von zahlreichen sozialen und politischen Hintergrundvariablen geprägt sind) vorprogrammiert, wenngleich nicht determiniert. Letztlich entscheiden komplex zusammengesetzte Bündel von intervenierenden Variablen, ob und wie die Stimmenanteile in Kabinettssitzanteile transformiert werden. Das ↗ Wahlsystem, die Strategien von Parteieliten, im Falle von Koalitionsregierungen die ideologische Distanz zwischen den potentiellen Regierungspartnern und der Wille und das Geschick der jeweils maßgebenden Persönlichkeiten der zur Regierungsbildung in Frage kommenden Parteien sind dabei v. a. zu nennen.

Manfred G. Schmidt

Lit.: *Budge, I./Keman, H.* 1990: Parties and Democracy, Oxford. *Calise, M.* (Hrsg.) 1992: Come cambiano i partiti, Bologna. *Cameron, D.R.* 1985: Does Government Cause Inflation? Taxes, Spending and Deficits, in: *Lindberg, L.N./Maier, C.S.* (Hrsg.): The Politics of Inflation and Economic Stagnation, Washington D.C., 224–279. *Castles, F.G.* 1982: The Impact of Parties on Public Expenditures, in: *Castles F. G.* (Hrsg.): The Impact of Parties, London/Beverly Hills, 21–96. *Esping-Andersen, G.* 1990: The Three Worlds of Welfare Capitalism, Cambridge. *Hibbs, D. A. Jr.* 1977: Political Parties and Macroeconomic Policy, in: *APSR* 71, 1467–1487. *Schmidt, M.G.* 1982: Wohlfahrtsstaatliche Politik unter bürgerlichen und sozialdemokratischen Regierungen. Ein internationaler Vergleich, Frankfurt a.M./New York.

Regierungswechsel

I. Alle ↗ Politischen Systeme kennen den Regierungswechsel (R.). Nur in westlichen Demokratien jedoch ist dieser verfassungsmäßig geregelt und gilt als normal und erwünscht und vollzieht sich in der Regel nicht durch Putsch und ↗ Revolution oder anläßlich des Todes eines Regierungschefs.

Die ↗ Verfassungen der parlamentarischen Systeme (↗ Parlamentarismus), die sich aus älteren konstitutionellen Regimen entwikkelten (Benelux-Staaten, Dänemark, Norwegen), gingen von einer starken Mitwirkung des Staatsoberhaupts bei der Regierungsbildung aus. In Republiken ist dieses altkonstitutionelle Modell nur noch in Finnland und Frankreich realisiert. Neuere parlamentarischere Verfassungen hingegen haben die Rolle des Staatsoberhaupts beim R. zu minimisieren versucht. Das gilt nach den Weimarer Erfahrungen vor allem für das Grundgesetz (Art. 63 GG), aber auch für Schweden nach der Verfassungsänderung von 1971 (Kap. 6, §§ 2–4), in der der Sprecher des Reichstages und die Fraktionsvorsitzenden auf Kosten der Kompetenzen des Königs gestärkt wurden. Eine Investiturabstimmung hat sich in älteren Systemen vielfach eingebürgert (mit Ausnahme von den Niederlanden) oder ist in neueren Verfassungen sogar vorgeschrieben (Spanien Art. 99), um die ↗ Regierungen an das Vertrauen der Parlamentsmehrheit zu binden. Ein R. auf Initiative des Staatsoberhaupts durch Abberufung des Regierungschefs, der das Vertrauen nicht verloren hat, ist in Großbritannien seit 1834 nicht mehr vorgekommen und ist im modernen Parlamentarismus schwer denkbar (Ausnahmen: Australien 1975, verbunden mit Parlamentsauflösung und Neuwahlen, die über den R. entscheiden, und die semipräsidialen Systeme Finnland und Frankreich).

Einerseits wird in westlichen Demokratien der verfassungsmäßige R. auf der Grundlage

Tabelle 15: Regierungsstabilität: Lebensdauer der Kabinette in Monaten (1946–1980; 1949–1990)

Australien	24,7	27,9	Italien	11,1	11,0
Belgien	16,1	17,3	Kanada	32,3	34,0
BR Deutschland (1949–80)	31,1	33,0	Luxemburg	38,3	43,7
Dänemark	23,3	24,6	Neuseeland	38,2	35,2
Finnland	12,3	14,5	Niederlande	26,3	29,5
Frankreich (1958–80)	24,0	10,6	Norwegen	42,0	33,8
Großbritannien	35,0	36,3	Österreich	30,0	33,7
Irland	32,3	30,3	Schweden	46,7	40,8
Island	30,0	30,9			

Quelle: *Sanders/Herman* 1977; *von Beyme* 1984, ergänzt.

pluralistischer ↗ Parteiensysteme vielfach konstitutionell abgesichert. Andererseits versuchen neuere Verfassungen in Ländern, die eine Unterbrechung der verfassungsmäßigen Kontinuität erfahren haben (vor allem BRD, Frankreich V. Republik, Spanien), die Regierungsstabilität abzusichern, teils durch Erschwerung des Zugangs zum Parlament für kleine Parteien durch Prozentklauseln (BRD, Dänemark, Schweden, Osteuropa; ↗ Wahlsysteme), teils durch andere konstitutionelle Sicherungen wie das konstruktive Mißtrauensvotum (BRD), durch Beschränkungen der Häufigkeit für Vertrauensabstimmungen (Frankreich, Spanien). Eine höhere Regierungsstabilität als vor dem II. Weltkrieg ist jedoch in einigen parlamentarischen Systemen (s. Tabelle 15) nicht so sehr durch institutionelle Sicherungen geschaffen worden als durch die Konzentration des Parteiensystems (BRD, Irland, Österreich) oder durch die Tolerierung von Minderheitsregierungen (Dänemark, Kanada) (vgl. Tabelle 15). In Ländern mit hoher Parteienfragmentierung und geringer Regierungsstabilität hingegen ist eine Stabilität durch die hohe personelle Kontinuität der Parteieliten gegeben (Finnland, Italien).

II. Der R. wurde in parlamentarischen Systemen vielfach als Aufgabe der Parlamentarier gedacht. Wo die Fraktionen lose strukturiert und stark fragmentiert waren, kam es zu häufigem R. wie in Frankreich (III. und IV. Republik). Parlamentarische Ursachen für den Regierungswechsel (nach Mißtrauensvotum, Ablehnung von Vertrauensfragen, Abstimmungsniederlagen) haben nach dem II. Weltkrieg stark abgenommen. Mit der Demokratisierung der Systeme wurden ↗ Wahlen eine Hauptursache des Regierungswechsels. In stark fragmentierten Parteiensystemen hatten Wahlen jedoch nur eine geringe Indikationsfunktion für die Regierungsbildung. Die Parteien legten sich in ihnen in der Regel nicht vor der Wahl auf eine ↗ Koalition fest, und den Parteieliten im Parlament fiel eine dominante Rolle bei Koalitionszerfall und Koalitionsbildung zu. In diesen Fällen wurde von *particratie* oder *partitocrazia* im engeren Sinne gesprochen (Belgien, Niederlande, Italien) (*Dewachter* 1981). Aber auch in anderen Systemen ist der Koalitionszerfall oder der Rücktritt, um eine Koalition zu ändern oder zu erweitern, noch immer die häufigste Ursache des Regierungswechsels (s. Tabelle 16).

Die Regierungsneubildung wird idealiter nach dem Mehrheits- oder Pluralitätsprinzip (stärkste Partei) vorgenommen. Mit Abnahme der parlamentarischen Anlässe für R. spielt das Schuldprinzip eine geringere Rolle. Bei fortbestehender Fragmentierung und Polarisierung ist das Gravitationsprinzip weiterhin einflußreich. Nicht immer die stärkste

Tabelle 16: Ursachen der Regierungsauflösung in westlichen Demokratien 1946–1993

	Parlam. Ursachen	Wahlen	Koalitions-verfall	Koalitions-erweiterung	Freiwill Rücktritt	Tod oder Gesund-heitsgründe	Protokoll. Rücktritt	Konflikte mit Staatsoberhaupt	Zahl der Kabinette
Australien	1	17				2			21
Belgien		9	19	2			1		32
Dänemark	1	14	2	1	1	3			23
BRD[a]		12	2		1		1		16
Finnland	3	12	10	6	4		1	1	38
Frankreich[b]		8		2	4		3	5	23
Großbritannien	1	10			2	3			17
Irland	1	13	1		3				19
Island		11	3	1		2			18
Italien	8	7	22	7	5				50
Kanada		13			3	1			18
Luxemburg		6	3	1		1			12
Neuseeland		11			3	2			17
Niederlande	1	12	4						18
Norwegen	3	10	2		2	1			19
Österreich		12	4		1	1			19
Schweden	1	6	3	1		2			14
Gesamt	20	183	75	21	29	18	8	6	374

[a] 1949–1993 [b] 1959–1993

Quelle: *von Beyme* 1984, *Archiv der Gegenwart*.

Tabelle 17: Alternierende Regierungen und Koalitionen

Australien	1946,	1972,	1975,	1983						
Belgien	1954,	1958,	1974,	1982,	1992					
BRD	1969,	1982								
Dänemark	1950,	1953,	1968,	1971,	1973,	1975,	1982,	1990,	1993	
Frankreich	1981,	1986,	1988,	1993						
Griechenland	1981,	1989,	1991,	1993						
Großbritannien	1945,	1951,	1964,	1970,	1974,	1979				
Irland	1948,	1951,	1954,	1973,	1977,	1981,	1982,	1987		
Kanada	1957,	1963,	1979,	1980,	1984	1993				
Luxemburg	1974,	1979,								
Neuseeland	1949,	1957,	1960,	1972,	1975,	1984,	1990			
Norwegen	1963,	1965,	1971,	1972,	1973,	1981,	1986,	1987,	1990,	1993
Österreich	1970,	1983,	1987							
Schweden	1976,	1982,	1991							
Spanien	1982									

Quelle: *von Beyme* 1984, *Archiv der Gegenwart.*

Partei, sondern diejenige, die eine strategisch günstige Mittel- und Mittlerposition im System einnimmt, um erfolgreiche Regierungsbildungen zu versuchen, wird beauftragt (in Finnland die Zentrumspartei, in den Niederlanden die KVP, seit 1977 CDA, in Italien 1981 erstmals eine kleine Partei wie die PRI). Regierungswechsel sind häufiger, und die Regierungsstabilität ist geringer in Systemen, in denen Mehrparteienregierungen vorherrschen (*Dodd* 1976:11). Die Häufigkeit des Regierungswechsels ist nicht ohne Beziehung zur Zahl der relevanten Parteien. 1946–80 hatten Einparteienregierungen 35 Monate, Koalitionsregierungen nur ca. 20 Monate Lebenserwartung (*v. Beyme* 1984: 386). Koalitionen schaffen also häufig Anlässe zum Regierungswechsel. Der R. aufgrund von Einwirkungen der Straße und mächtiger Gruppen ist nur in sehr fragmentierten Systemen nach dem II.Weltkrieg noch vorgekommen (Finnland, Italien). Indirekt aber wirken außerparlamentarische und außerparteiliche Kräfte in vielfältiger Weise auf die Regierungsstabilität ein.

III. Die Bewertung des R. in westlichen Demokratien wird sich weniger an prozeduralen Umständen als an ihren politischen Ergebnissen orientieren. Im Sinne demokratisch-pluralistischer Postulate ist R. vor allem dann positiv zu bewerten, wenn eine gewisse Regierungsstabilität mit alternierenden Regierungen Hand in Hand geht. Der Immobilismus durch Dauerherrschaft dominanter Parteien hat abgenommen. Alternierende Regierungen haben wieder zugenommen (s. Tabelle 17), aber in einigen Ländern war das Alternieren nicht von Stabilität begleitet (z. B. Dänemark, Irland, Norwegen). Die Durchsetzung alternativer Regierungen ist jedoch kein Wert an sich. Letztlich hängt das Urteil über den R. ab von dem Einfluß, den alternierende Parteien oder Koalitionen auf die Entscheidungen im System gewinnen (Politische Konjunkturzyklen).

Klaus von Beyme

Lit.: *Beyme, K. von* ²1973: Parlamentarische Regierungssysteme in Europa, München. *Beyme, K. von* ²1984: Parteien in westlichen Demokratien, München. *Bueno de Mesquita, B.* 1979: Coalition Payoffs and Electoral Performance in European Democracies, in: CPS 12, 61–81. *Dewachter, W.* 1981: De partijenstaat in den Westeuropese polyarchie: en proeve tot meting, in: Res Publica 23, 115–123. *Dodd, L. C.* 1976: Coalitions in Parlamentary Government, Princeton. *Hermerén, H.* 1976: Government Formation in Multiparty Systems, in: SPS 11,

131–146. *Pappalardo, E.* 1978: Partiti e governi di coalizione in Europa, Mailand. *Sanders, D./Herman, V.* 1977: The Stability and Survival of Governments in Western Democracy, Acta Politica 12, 346–377. *Strom, K.* 1990: Minority Government and Majority Rule, Cambridge.

Regionalpolitik

In seiner engsten Fassung thematisiert Regionalpolitik (R). die unterschiedlichen Interventionsstrategien staatlicher Instanzen zur Beeinflussung regionalisierter Strukturdaten. Hier heißt R. die raumwirksame Instrumentalisierung sektoraler Politikbereiche (z.B. Verkehrspolitik, Industrieansiedelung, Umweltschutz). In einem umfassenderen Verständnis wird R. als regionale Strukturpolitik makroökonomischen Systemzielen (z.B. Wachstum, Stabilität, Gleichheit) zu- bzw. untergeordnet. Ein darüber hinausreichendes Verständnis von R. liegt vor, wenn R. in den Dienst einer umfassenden Raumordnung (vgl. *Bruder/Ellwein* 1979) bzw. Regionalentwicklung (vgl. *Bundesforschungsanstalt für Landeskunde und Raumordnung* 1987) gestellt wird. *Naschold* (1978) faßt eine alle genannten Ebenen integrierende Perspektive im Begriff der »Raumpolitik« zusammen.

Das faktische Scheitern der »klassischen« Raumpolitik (zusammenfassend: *Krafft/Ulrich* 1993: 17ff.) hat in den 80er Jahren zu intensiven Kontroversen über die der R. zugrunde liegenden gesellschaftlichen Leitbilder geführt. Dem aus der Regionalgeographie *(Christaller)* und sozialwiss. Modernisierungstheorien übernommenen zentralistischen Paradigma einer gesamtstaatlichen und egalitären Zielwerten verpflichteten funktionalen R. (*»centre-down-and-outward development«*) wird eine »territoriale« (*Friedman/Weaver* 1979) bzw. »regionale« (*Martens* 1980; *Mettler-Meibom* 1980) R. (*»periphery-up-and-inward development«)* gegenübergestellt. Diese setzt, angestoßen von der dependenztheoretischen Diskussion (vgl. *Nohlen/Schultze* 1985) und von der Belebung regionalistischer Konflikte (↗ Regionalismus), auf die Mobilisierung endogener Potentiale und auf regionale Selbstorganisation. Ansätze zu einer dezentralisierten Regionalentwicklung befinden sich noch im Erprobungsstadium.

Dirk Gerdes

Lit.: *Bruder, W./Ellwein, Th.* (Hrsg.) 1979: Raumordnung und staatliche Steuerungsfähigkeit, PVS-Sonderheft 10. *Bundesforschungsanstalt für Landeskunde und Raumordnung* (Hrsg.) 1987: Regionalbewußtsein und Regionalentwicklung, Informationen zur Raumentwicklung 7/8. *Friedman, J./Weaver, C.E.* 1979: Territory and Function, The Evolution of Regional Planning, London. *Krafft, A./Ulrich, G.* 1993: Chancen und Risiken regionaler Selbstorganisation, Opladen. *Martens, D.* 1980: Grundsätze und Voraussetzungen einer regionalen Regionalpolitik, in: *Bundesforschungsanstalt für Landeskunde und Raumordnung* (Hrsg.): Regionalismus und Regionalpolitik, Informationen zur Raumentwicklung, 5, 263–272. *Mettler-Meibom, B.* 1980: Grundzüge einer regionalen Regionalpolitik, Erfordernisse bei zunehmender Interregionalisierung und Internationalisierung der Produktion, in: ebd., 273–282. *Naschold, F.* 1978: Alternative Raumpolitik, Kronberg/Ts. *Nohlen, D./Schultze, R.-O.* (Hrsg.) 1985: Ungleiche Entwicklung und Regionalpolitik in Südeuropa, Bochum.

Regionen/Regionalismus

[1] Regionen.

I. Eine Region ist weder durch die Dimension Raum noch durch die Identitätsbezüge einer größeren Gruppe von Menschen deutlich abgegrenzt. Aus administrativer Notwendigkeit werden Regionen u.a. als Netzpunkte für Infrastruktureinrichtungen, wie die Wasser- oder Telefonversorgung, gebildet, wobei die gewählten funktionalen Regioneneinteilungen sich durchaus überschneiden können und fortwährendem Wandel unterworfen sind. Politisch relevant werden Regionen aber erst dann, wenn sie einerseits als lebensweltliche Kategorie von einer Mehrheit ihrer Bewohner anerkannt werden und andererseits diese Anerkennung gesellschaftlich folgenreich wird.

1. Die Regionen als politikfähige Einheiten erleben mit der europäischen Einigung und vor allem dem Binnenmarktziel einen Bedeutungszuwachs. Die ↗ Europäische Union selbst hat das Problem der Definition von Regionen pragmatisch gelöst, indem sie auf bestehende Verwaltungseinheiten zurückgriff. Für die Bundesrepublik sind dies die ↗ Bundesländer, die Regierungsbezirke und die Kreise. Dies impliziert aber keineswegs, daß Regionen in Europa jetzt und in Zukunft in der Rolle von Verwaltungsregionen beharren. Die EU nach Maastricht stellt noch deutlicher als bisherige internationale Integrationsbewegungen die Frage nach der Zukunft des Nationalstaats. Gemeinsame ↗ Außenpolitik, gemeinsame ↗ Wirtschaftspolitik und Währungspolitik, die rechtliche Vereinheitlichung, um nur einige Ziele der EU zu nennen, verschieben die Handlungsebene in europäische Dimensionen. Damit stellt sich die Frage, ob die Betroffenen sich im nationalen Rahmen genügend Gehör verschaffen können, oder ob es nicht viel effektiver und demokratischer ist, direkte Artikulationsmöglichkeiten für die regional sich sehr verschieden darstellenden Anliegen zu schaffen.

Dabei handelt es sich um handfeste wirtschaftliche Interessen, die sich aus der Konkurrenz auf dem einheitlichen Binnenmarkt ergeben. Vielmehr als in der Zeit, als nationaler Protektionismus abschirmend und ausgleichend wirken konnte, ist die Raumrelevanz von Wirtschaftspolitik nun die autonome Verantwortung der Regionen. Standortvorteile leiten sich ab von der Attraktivität und der dafür notwendigen Mobilisierungsfähigkeit der Regionen, die sich einerseits auf das Zusammengehen der wirtschaftlich zentralen Akteure und Innovatoren, wie z. B. die regional verankerten mittelständischen Betriebe, Banken und Hochschulen, stützt und andererseits es vermag, auch durch sogenannte »weiche Standortfaktoren«, wie Kultur und ökologische Infrastruktur, Führungskräfte der Wirtschaft regional zu binden. Nordrhein-Westfalen hat mit seinem Wirtschaftsförderungsprogramm Zukunftsinitiative NRW diese Einsichten bereits in konkrete Politik umgesetzt. Den zur Durchführung des Programms sich bildenden Regionen obliegt es, Projekte vorzuschlagen, die geeignet sind, die regionale Wettbewerbsfähigkeit zu stärken. Auch die Durchführung und Finanzierung der Projekte soll möglichst dezentral erfolgen. Das Land NRW hat angesichts begrenzter zur Verfügung stehender Mittel nur noch die Rolle des Schiedsrichters und des Koordinators, der auf Prioritäten-Listen reagiert, die durch konsensorientierte Mehrheitsbeschlüsse auf Regionalkonferenzen erarbeitet werden.

Regionen werden mit der Übernahme der Verantwortung für ihre wirtschaftliche Zukunft in Europa auch zur Zusammenarbeit über die Grenzen des Nationalstaats hinaus befähigt. Die älteren Ansätze zur grenzüberschreitenden Kooperation – wie die Arbeitsgemeinschaft der Alpenländer (ArgeAlp), die sich gegenwärtig vor allem mit ökologischen Problemen der Alpenregion auseinandersetzt – werden heute durch die binnenmarktorientierte Wirtschaftszusammenarbeit abgelöst.

Beispiele für solche Initiativen sind das Saar-Lor-Lux-Projekt, an dem sich das Saarland, Lothringen und Luxemburg sowie die angrenzenden rheinlandpfälzischen Regionen beteiligen, oder die baden-württembergische »Four Motors of Europe«-Idee, die die Zusammenarbeit der wichtigsten vier europäischen Wachstumsregionen (Baden-Württemberg, Rhône-Alpes, Katalonien und Lombardei) fördern will. Aber auch dies ist noch nicht die endgültige Gestalt, die die eigenständige regionale Zusammenarbeit annehmen soll. Über eine europäische Region Oberrhein (Baden-Württemberg/ Elsaß) beispielsweise wird nachgedacht.

2. Seine theoretische Rechtfertigung findet der sich in erster Linie aus ökonomischen Zwängen speisende neue regionale Zusammenhalt vor allem in dem aus der katholischen Soziallehre entlehnten Subsidiaritätsprinzip, das nicht zuletzt auf europäischer Ebene eine Renaissance erlebt, aber auch in früheren, die Unüberschaubarkeit der modernen Welt kritisierenden Argumenten, wie diejenigen der *Small-is-Beautiful*-Schule *(Kohr, Schumacher)*. Letztere verbinden sich jedoch erneut mit ökonomischen Begründungen, wie der Überlegung, daß das »Ende der Massenproduktion« *(Piore/ Sabel)* auch das Ende der großen inflexiblen Produktionseinheiten bedeutet. An die Stelle der *»economies of scale«* tritt in den entwickelten Ländern die regionale und betriebsspezifische Feinabstimmung der Qualitätsproduktion.
3. Reicht aber die ökonomisch zwingend scheinende Logik regionalen Aufschwungs, regionaler Autonomie und Eigeninitiative aus, um die Region als politische Kraft zu etablieren? Zumindest zwei Faktoren wirken beständig als Hemmnisse weiter: einerseits die schwache politisch-institutionelle Konstitution von Regionen, denen klare Grenzen und oft auch die traditionell eindeutige wie emotionale Anerkennung fehlt, und andererseits die verbleibende nationalstaatliche Intervention, die weiterhin den politischen Macht- und Ressourcenausgleich eines Landes bestimmt. Auf europäischer Ebene wurde 1988 in einem ersten Schritt ein »Beirat der regionalen und lokalen Gebietskörperschaften« mit Beratungsaufgaben eingerichtet. Weitergehende Forderungen, wie die Einrichtung einer Zweiten (Regional-)Kammer des Europäischen Parlaments oder gar die Schaffung eines »Europas der Regionen«, bleiben in der Diskussion.

Roland Sturm

Lit.: *von Alemann, U./Heinze, R. G./Hombach, B.* (Hrsg.) 1990: Die Kraft der Region: Nordrhein-Westfalen in Europa, Bonn. *Hesse, J. J./Benz, A.* 1990: Die Modernisierung der Staatsorganisation, Baden-Baden. *Kruse, H.* 1990: Reform durch Regionalisierung. Eine politische Antwort auf die Umstrukturierung der Wirtschaft, Frankfurt a. M./New York. *Renzsch, W.* 1990: Deutsche Länder und europäische Integration. Kompetenzverluste und neue Handlungschancen in einem »Europa der Regionen«, in: APuZ 28, 28–39. *Schultze, R.-O.* 1990: Föderalismus als Alternative? Überlegungen zur territorialen Reorganisation von Herrschaft, in: ZParl 21, 475–490. *Woyke, W.* 1991: Nordrhein-Westfalen und die Europäische Gemeinschaft, Opladen.

[2] Regionalismus.
I. Sozial- und politikwiss. Reflexionen über den Regionalismus (R.) werden durch drei Bezüge charakterisiert: 1. durch den Bezug auf einen homogenen Raum. Die Ausgrenzung und Behauptung der Homogenität dieses Raumes – der Region – erfolgt auf der Basis physisch-geographischer, historisch-kultureller, ökonomischer und/oder politischer Kriterien; 2. durch die Ausgrenzung eines Raumes in bezug auf eine übergeordnete Raumganzheit. Nach früheren Ansätzen, den Begriff des R. auch für die Analyse internationaler Bündnissysteme fruchtbar zu machen (*Yalem* 1965), dominiert heute erneut der Bezug auf die Basiseinheit des Nationalstaats; 3. durch das Verständnis des R. als eines verändernden Gestaltungsprinzips, das in Spannung oder Konkurrenz zu bestehenden Ordnungsvorstellungen von Staat und Gesellschaft gesehen wird. In Zusammenfassung dieser drei Bezüge läßt sich R.

Tabelle 18: Schlüsselbegriffe der politikwissenschaftlichen Regionalismus-Debatte

Ordnungsvorstellungen, die der Reflexion über die Ausgrenzung von Regionen zugrunde liegen	Zielvorstellungen des Regionalismus		
	Autonomie	Förderalismus	Separatismus
Gesellschaft als historisch gewachsener oder »natürlicher Organismus«	Kultur-autonomie	Subsidiarität	Ethnonationalismus
Staat als (»souveräner«) Garant demokratisch legitimierter Willensbildung	Dezentralisierung	vertikale Gewaltenteilung	Elitenkonkurrenz, Legitimationskrise, Unregierbarkeit
Gesellschaft und Staat als unitarisch-republikanische Ganzheit	Dekonzentration	vertikale Aufgabenverteilung	Desintegration, Polarisierung zwischen Zentrum und Peripherie

definieren als oppositionelle »Politisierung eines subnationalen territorialen Bezugsrahmens« (*von Krosigk* 1980: 25), der in Konkurrenz zur gesamtstaatlichen Territorialität als geltenden Bezugsrahmen gesellschaftlicher und politischer Aktivitäten gesetzt wird.

II. Zentral für die Interpretation und Analyse des R. durch die Politikwiss. ist deren implizites oder explizites Verständnis der grundlegenden Ordnungsprinzipien von Staat und Gesellschaft, die durch regionalistisches Denken hervorgehoben, relativiert oder in Frage gestellt werden. Hinzu tritt das Ausmaß der perzipierten Bedrohung geltender Ordnungsprinzipien, durch die Aktivitäten und Zielvorstellungen regionalistisch orientierter ↗ Sozialer Bewegungen. Unterschiedliche Bewertungen des R. ergeben sich insbesondere vor dem Hintergrund der folgenden grundsätzlichen Ordnungsvorstellungen von Staat und Gesellschaft:

1. Konservativ-organizistische Vorstellungen sehen die Ganzheitlichkeit oder Einheit bestehender Gesellschaftsordnungen in Analogie zu natürlichen bzw. in historischer Evolution gewachsenen Organismen. Staatliche Institutionen können, müssen aber nicht als Bestandteil dieses gemeinschaftlichen Sozialkörpers gesehen werden: Im englischen Konservativismus seit *E. Burke* und darauf aufbauenden Vorstellungen ist dies der Fall, nicht jedoch in einem Gemeinschaftsverständnis, das, von der deutschen Romantik beeinflußt, sprachliche und kulturelle Merkmale als Ausgrenzungskriterien hervorhebt. 2. Rationalistische ↗ Vertragstheorien sehen die Einheit bestehender Gesellschaftsordnungen im staatlich garantierten Funktionieren einer demokratisch legitimierten gesellschaftlichen Willensbildung begründet. Das Spektrum der hierunter subsumierbaren Vorstellungen reicht vom konservativen Institutionalismus bis hin zu radikaldemokratischen ↗ Räte-Konzepten. Entsprechend unterschiedlich wird das Wechselspiel von einheitsstiftenden (zentripetalen) und zentrifugalen Ordnungskomponenten gesellschaftlichen Interessenausgleichs beurteilt. 3. Unitarisch-republikanische Vorstellungen und die auf dieser Traditionslinie aufbauenden soziologisch-systemtheoreti-

schen Konzepte sehen die Einheit bestehender Gesellschaftsordnungen in der arbeitsteiligen oder funktionalen Verschränkung der das menschliche Überleben sichernden gesellschaftlichen Verrichtungen begründet (↗ Funktionalismus). Teilweise nähern sich diese Ordnungsvorstellungen organizistischen Denkmodellen an. Im Unterschied zu deren überwiegend statischer Betrachtungsweise fällt es den hier einzuordnenden Vorstellungen leichter, den Nationalstaat als historisches Ergebnis eines gesellschaftlichen Ein- und Ausgrenzungsprozesses zu relativieren.

In Konkurrenz zu diesen Ordnungsvorstellungen artikulieren regionalistische Bewegungen, zum Teil unter Rückgriff auf historisch als verschüttet geltende Denktraditionen, heute insbesondere drei nach Intensitätsgraden abgestufte Zielvorstellungen (vgl. *Gerdes* 1985: Kap. I):

1) Separatisten stellen die ↗ Legitimität des gesamtstaatlichen Geltungsbereichs des herrschenden politischen Systems in Frage. Sie erheben für ihre Region Anspruch auf die Bildung eines souveränen Staates oder auf den Anschluß an ein anderes bestehendes Staatswesen. 2) Föderalisten sehen die gesamtstaatliche und subnationale Territorialität als unterschiedliche Ebenen eines geschichteten Gliederungsgefüges an. Jede Ebene bildet einen eigenständigen territorialen Geltungsbereich für politische Entscheidungen. Aufgaben und Kompetenzen, die sich nicht eindeutig einer bestimmten Ebene zuordnen lassen, müssen konsensual gelöst und verteilt werden (↗ Föderalismus). 3) Autonomisten opponieren vornehmlich gegen das unitarische Selbstbild der »Einheit« und »Unteilbarkeit« moderner Zentralstaaten, ohne daß sich diese Opposition zum Separatismus radikalisiert oder zum Föderalismus verallgemeinert: Gegenüber der territorialen Indifferenz des Einheitsstaats heben Autonomisten die territorial abgegrenzten Sonderinteressen ihrer Region als eigenständige politische Dimension hervor.

III. Im Wechselspiel der angeführten übergreifenden gesellschaftlichen Ordnungs- und regionalistischen Zielvorstellungen lassen sich die wichtigsten Schlüsselbegriffe der Regionalismus-Debatte wie aus der Tabelle 18 ersichtlich zuordnen.

Ausgehend von den die jeweiligen Analysen explizit oder implizit prägenden allgemeinen Ordnungsvorstellungen sind drei, mit den obigen Schlüsselbegriffen markierte idealtypische Diskussionsschwerpunkte zu unterscheiden:

1. Ein organizistisches Gesellschaftskonzept konzediert sprachlich und kulturell abgegrenzten Regionen ein eigenständiges Entfaltungsrecht. Die Verweigerung solcher Autonomierechte wird als Ausgangspunkt für einen radikalen »Ethnonationalismus« (*Connor* 1977) gesehen: Eine unterdrückte Region kann ihre Rechte nur noch durch die politische Gesamtorganisation ihrer Interessen, d.h. föderalistisch (vgl. *Schulz* 1993, Kap. 3 u. 4) oder separatistisch, sichern. Autoren mit dieser Argumentation beziehen sich v. a. auf die Tradition der (romantisch beeinflußten) Volksgruppenbewegung der 20er Jahre (*Héraud* 1967). 2. In demokratietheoretischen Überlegungen wird der räumlichen Dezentralisierung politischer Willensbildung und Entscheidungsebenen eine wichtige legitimationssichernde Bedeutung zugeschrieben. Neuere Ansätze zu einer Dezentralisierung von ↗ Regionalpolitik sowie die Diskussionen über die kulturellen (*Bassand* 1993) und politischen (*Bauer* 1991) Perspektiven eines »Europas der Regionen« haben diese Überlegungen aktualisiert. R. wird hier als Indikator von Legitimationsdefiziten des Zentralstaats angesehen, die sich insbesondere durch das wachsende Ausmaß staatlicher Intervention in alle Lebensbereiche verschärft haben. Die »Re-Kommunalisierung der Politik« (*von Beyme*) kann ebenso wie der R. als Indiz für einen gesellschaftlichen ↗ Widerstand gegen unitarisierende Norm- und Entscheidungsstrukturen

angesehen werden, der erneut auch das Problem der Integration lokaler und regionaler ↗ Eliten (*Tarrow* 1977; *Tarrow/ Katzenstein/Graziano* 1978) und darüber hinaus das Problem eines systemfremden ↗ Wertwandels aufwirft. Konservative Autoren sehen in Dezentralisierungsansätzen demgegenüber eine Chance zur stabilisierenden Entlastung zentraler Institutionen von überhöhtem Erwartungsdruck, undogmatische Linke erwarten sich davon eine Verstärkung basisdemokratischer Politikelemente (vgl. *Offe* 1979).

3. In Abgrenzung von demokratietheoretischen Ansätzen heben Autoren der republikanisch-unitarischen Traditionslinie die enge Verschränkung struktureller Funktions- und politischer Legitimationsprobleme hervor. Unter organisationssoziologischer Fragestellung wird der R. im Zusammenhang mit dem Problem der optimalen »Betriebsgröße« staatlicher Organisation und deren drohender Überlastung durch zunehmende Kommunikationsdichte und funktionale Ausdifferenzierung diskutiert. Ein »funktionaler R.« wird hier als Instrument zur Kontroll- und Effizienzsicherung gesamtstaatlicher Administration (*Cornford* 1975) angesehen (»Dekonzentration« statt Dezentralisierung). Die einflußreichste Version strukturalistischer Regionalismus-Analysen sucht die Ursachen des R. in der desintegrierenden Ungleichzeitigkeit der ökonomischen Entwicklung von Zentrum und Peripherie. Unter Verwendung dependenztheoretischer Kategorien wird auf regionalökonomisch bedingte Polarisierungsprozesse in entwickelten Industriestaaten hingewiesen (*Gottmann* 1980). Die mangelnde Ausgleichswirkung gesamtstaatlicher, globalen Wachstums- und Modernisierungszielen verpflichteter ↗ Regionalpolitik läßt die strukturelle Dynamik ökonomischer Polarisierung als wichtigsten Motor bleibender regionalistischer Unruhe erscheinen.

Die Träger dieser Unruhe – regionalistische Bewegungen – sind als spezifische Form gesellschaftlicher Interessenvertretung bisher kaum untersucht worden (*Gerdes* 1985). Die meisten Analysen bewegen sich auf dem Abstraktionsniveau generalisierender Reflexion über grundsätzliche Probleme gesellschaftlichen Wandels, für die der R. einen mehr illustrierenden als konstitutiven Stellenwert hat.

Dirk Gerdes

Lit.: *Bassand, M.* 1993: Culture and Regions of Europe, Strasbourg. *Bauer, J.* (Hrsg.) 1991: Europa der Regionen, Aktuelle Dokumente zur Rolle und Zukunft der deutschen Länder im europäischen Integrationsprozeß, Berlin. *Connor, W.* 1977: Ethnonationalism in the First World: The Present in Historical Perspective, in: *Esman, M. J.* (Hrsg.): Ethnic Conflict in the Western World, Ithaca/London, 19–45. *Cornford, J.* (Hrsg.) 1975: The Failure of the State, On the Distribution of Political and Economic Power in Europe, London. *Gerdes, D.* 1985: Regionalismus als soziale Bewegung: Westeuropa, Frankreich, Korsika. Vom Vergleich zur Kontextanalyse, Frankfurt a. M./New York. *Gottmann, J.* (Hrsg.) 1980: Centre and Periphery, Spatial Variation in Politics, Beverly Hills/London. *Héraud, G.* 1967: Die Völker als die Träger Europas, Wien/ Stuttgart. *Krosigk, F. von* 1980: Zwischen Folklore und Revolution: Regionalismus in Westeuropa, in: *Gerdes, D.* (Hrsg.): Aufstand der Provinz, Regionalismus in Westeuropa, Frankfurt a. M./New York, 25–48. *Offe, C.* 1979: »Unregierbarkeit«. Zur Renaissance konservativer Krisentheorien, in: *Habermas, J.* (Hrsg.): Stichworte zur »Geistigen Situation der Zeit«, Bd. 1, Frankfurt/ M., 294–318. *Schultze, R.-O./Sturm, R.* 1992: Regionalismus, in: *Nohlen, D.:* Lexikon der Politik, Bd. 3, Politische Systeme und Politikfelder, Hrsg. M. G. Schmidt, München, 404–416. *Schulz, M.* 1993: Regionalismus und die Gestaltung Europas, Hamburg. *Tarrow, S.* 1977: Between Center and Periphery, Grassroots Politicians in Italy and France, New Haven/London. *Tarrow, S./Katzenstein, P./Graziano, L.* (Hrsg.) 1978: Territorial Politics in Industrial Nations, New York/London. *Waldmann, P.* 1989: Ethnischer Radikalismus, Opladen. *Yalem, R. J.* 1965: Regionalism and World Order, Washington, D. C.

Religion und Politik

I. Eine Definition von Religion (R.) soll und kann hier nicht versucht werden; sie dürfte kaum möglich sein (*Richter* 1961). Ebenso ist es unzulässig, die »reine« oder »richtige« R. von »Pseudoreligion« abzugrenzen oder insbesondere den christlichen »Glauben« von R., als »Unglauben«, als »Angelegenheit des gottlosen Menschen« (*Karl Barth*) disqualifizieren zu wollen. Als R. sei hier alles verstanden, was sinnstiftend und gemeinschaftsbildend (Kult) den Menschen einen emotional verankerten Sinn ihres Tuns und Lebens zu erkennen verheißt.

II. Von dem Augenblick an, da von ↗ Politik (P.) gesprochen werden kann, legitimiert die (nun institutionalisierte) R. ↗ Herrschaft. Demgemäß sind im Mythos R. und P. nicht unterscheidbar: Alles ist von der Götter Fluch und Segen erfüllt.

Die Symbiose priesterlicher und herrschaftlicher Funktionen in frühen patrimonialen, an persönliche oder förmliche Herrschaftsrechte gebundenen Königtümern, die Vergöttlichung der Pharaonen, die Übergabe der gottgeschaffenen Gesetze an die Stadtkönige des Zweistromlandes, des Dekalogs durch Moses an das Volk ebenso wie die tödliche Beschuldigung des Sokrates, er lehre Gottloses, verweisen auf diese selbstreferentiellen Legitimationsmechanismen. Der Kult der bestimmenden Gottheiten ist öffentlich und eminent politisch. Das schließt die Existenz »privater« Kulte keineswegs aus, zeigt vielmehr deren vorpolitischen Charakter und die Eignung des Religiösen für politischen Gebrauch.

Auch in den Religionen und Gesellschaften Asiens finden sich vergleichbare Konstellationen. Die Idee des Priesterreichs Tibets mystifiziert und verbindet in nicht zu übertreffender Weise P. mit Religion.

Kultgründungen markieren überall in Vorderasien und Europa die Ausbreitung politischer Herrschaft (*Vogt* 1962: 45). Die (spätere) Ausgliederung der (hohen-)priesterlichen Funktionen aus der *einen* königlichen Herrschaft stellt i.d.R. politische Emanzipationsbestrebungen dar, das Machtmonopol des Königs aufzubrechen (etwa Übergang vom Königtum zur Republik in Rom). Destruktion der alten wie Konstruktion neuer Kulte gehören stets zu politischen Umbrüchen. Darum ist es nicht verwunderlich, wenn mit politischen ↗ Revolutionen stets auch religiöse Veränderungen einhergehen (Französische Revolution) bzw. umgekehrt, wenn religiöse Revolten für Veränderungen des politischen Systems genutzt werden (Reformation).

Religöse Vorstellungen dienen (überall) zur Begründung und Legitimation politischer Herrschaft(sansprüche). Die *diokletianische* Reichs- und Kultreform (297) zeigt dies ebenso wie die *galerianisch-maximianische* und *konstantinische* Religionspolitik (311) und der Versuch *Julians* (361/362), die alte Religion wieder zur Grundlage römischer Verfassungspolitik zu machen. Auch in den politischen Umbrüchen Armeniens, Georgiens und des Iran zu Ende des römischen Reiches erwies sich die (jeweilige) R. als politisches Instrument zur Stabilisierung der dominanten Ethnie. Die sassanidische Verfolgung der Christen um 340 sollte in erster Linie die politischen Einflüsse der byzantisch-hellenistischen Kultur zurückdrängen, galt also politischen (Macht-)-Positionen (*Schneider* 1970: 335 ff.).

III. Das Verhältnis von R. und dem, was wir heute P. nennen, ist im mediterranen Raum erst mit dem Auftreten des Christentums zu einem politischen, religiösen und gesellschaftlichen Problem geworden (*Neumann* 1979). Nun erst traten beide Bereiche, jeweils um die Vormachtstellung ringend, auseinander, blieben jedoch weithin geeint durch die Klammer gemeinsamer Rechtstradition.

Sowohl in den islamischen Eroberungskriegen als auch – später – bei den Kreuzzügen ist das religiös-missionarische Element vom politischen kaum zu unterscheiden; für die Zeitgenossen war das eine ohne das andere nicht vorstellbar. Auch wenn häufig der geistliche Auftrag vordergründig wirkte (»Gott will es!«), dürften Bereicherungsabsicht, territoriale Eroberung und Machtwillen (mit-)bestimmend gewesen sein. Religiöser Glaube und politische Pragmatik sind – nicht nur damals – kaum (eindeutig) zu trennen. (Fast) allen politisch bedeutsamen Begriffen wohnt eine religiöse Komponente inne. So wandelt sich beispielsweise *fides* (Versprechen, Loyalität, Ehrerbietung) von einem vornehmlich politischen zu einem religiös-christlichen Grundbegriff (*Nörr* 1993: 6).

IV. Je nachdem ob das weltlich-politische oder das religiöse System dominiert, spricht man in der abendländisch-europäischen Tradition von staatskirchlichen- oder kirchenstaatshoheitlichem Regime.

Im staatskirchlichen System bedient sich die »weltliche« (kaiserliche) Macht der religiösen Legitimation; im kirchenstaatlichen funktionalisiert die religiöse Gewalt (Bischof bzw. Papst) die weltliche Herrschaft für ihre Interessen. In beiden Fällen geht es um politische Dominanz und um die Verzweckung des jeweils anderen Systems für die Aufrechterhaltung der eigenen (Ober-)Hoheit. Idealtypisch für ein staatskirchenhoheitliches Verhältnis ist der sog. Cäsaropapismus, in dem der Kaiser Herr nicht nur der weltlichen sondern auch der geistlichen Angelegenheiten ist: Die Bischöfe sind lediglich seine Stellvertreter in religiösen Belangen. Den Höhepunkt erreichte diese Auffassung bei *Justinian* (527–565), dem Kaiserbischof, der Bischöfe ein- und absetzt, der die Dinge der Religion als Angelegenheiten des Imperiums behandelt. Im 13. Jh. verkörperten dieses System die Vorstellungen eines *Marsilius von Padua* (1243–1290): Die christliche Gesellschaft leite alle ihre Herrschaftsgewalt zwar von Gott ab, doch alle irdisch-politische Gewalt liege beim Herrscher, der die Priester und den Papst bestelle.

Das kirchenstaatshoheitliche System, am reinsten ausgeprägt in den Ansprüchen der Päpste *Gregor VII.* (1073–85), *Innozenz III.* (1198–1216), der sich als »wirklicher Kaiser« verstand (*Gervasius von Tilbury*) und der *»ratione peccati«* (Dekretale *Novit ille* von 1204) auch in politischen Fragen das Letztentscheidungsrecht beanspruchte, und schließlich *Bonifaz VIII.* (1294–1303: Bulle *Unam sanctam* von 1302). Sie verlangten die Unterwerfung auch der irdisch-politischen Gewalt unter die höchste religiöse Autorität. Gewissermaßen als Glaubenssatz postulierte *Bonifaz VIII.*, Gott allein habe dem Papst die Fülle aller Macht gegeben. Aus dessen Vollgewalt habe der Kaiser die politische Gewalt und das weltliche Schwert lediglich zu Lehen erhalten, denn die Christenheit habe nur ein Haupt, den Papst (Bulle *Apostolica sedes* von 1300). Durch diese Überziehung des geistlichen Anspruchs wurde in Europa die Emanzipation des Politischen vom Religiös-Kirchlichen eingeleitet.

V. In dem Bemühen der Reformation, die Gewalt des Papstes als des Antichrist zu brechen, wurde an die Stelle der päpstlichen Gewalt den Fürsten unmittelbare Kompetenz über die geistlichen Angelegenheiten zugesprochen (*Summepiskopat*). In dieser Landeskirchenhoheit war die Identifikation beider Herrschaftsbereiche total: Der moderne absolute Staat entstand! Die Zugehörigkeit zu einem politischen Verband bestimmte gleichzeitig über die geistliche: *»cuius regio, eius religio«*. Beide Bereiche waren – wenn auch auf neue Weise – wieder nicht mehr unterscheidbar. Da nach den unvorstellbaren Schrecknissen des religiös begründeten, aber um machtpolitischer Ziele willen geführten Dreißigjährigen Krieges im politisch-rechtlichen Rahmen des Deutschen Reiches Katholiken und Protestanten augsburgischer und helvetischer Konfession miteinander leben mußten, bemühte man sich, den Bereich des Religiösen und des Politischen formal zu trennen. Zwar verstand sich der Staat als konfessionell geprägt, aber er sah sich zunehmend gezwungen, die

Wahrnehmung politischer Rechte und die Logik politischen Handelns von der Religion abzukoppeln.

In Frankreich und England dagegen führte die rigoros durchgesetzte Identifikation von politischer Herrschaft und religiösem Machtanspruch zur massenhaften Vertreibung Andersgläubiger (Hugenotten bzw. Dissidenten). Die Idee der Trennung der staatlich-politischen Rechte vom religiös-konfessionellen Glauben kam auf und gewann unter dem Einfluß der ↗ Aufklärung an politischer Wirksamkeit. Die Revolutionen in Nordamerika und Frankreich erhoben die Trennung des politischen Bereichs vom religiös-konfessionellen zum Verfassungsprinzip, ohne jedoch beide gänzlich zu entflechten: Blieb in der amerikanischen Gesellschaft der Zwang, *eine* Religion, egal welche, zu haben, so versuchte in Frankreich eine kleine Gruppe kurzzeitig, die alte Religion durch eine neue, die der »Göttin Vernunft« (1793), zu ersetzen. Noch Jahrzehnte später schwebte *Auguste Comte* eine neue universelle »positivistische Religion der Menschheit« vor, um die politische Ordnung vor dem Verfall zu bewahren. Die Trennung von P. und R. erschien nach wie vor undenkbar.

VI. Aus aufgeklärter, vernünftiger Überlegung und politischer Rationalität entwickelte sich schließlich – zeitlich und räumlich sehr unterschiedlich – im Kontext der Ideen der ↗ Menschenrechte das Prinzip einer grundsätzlichen Trennung beider Bereiche (*Bill of Rights of Virginia* von 1776, Absch. 16; Französische Verfassung von 1793, Art. 7; »Paulskirchen-Verfassung« von 1849, Art. V, §§ 144–147).
Obwohl die Weimarer Reichsverfassung von 1919 feststellte: »Es besteht keine Staatskirche« (Art. 137, Abs. 1), waren damit R. und P., Altar und Herrschaft, noch keineswegs entflochten. Im Gegenteil: Im Mythos von Rasse und Volk, von Blut und Boden, feierte die Kopulation von religiös-irrationalem Pathos und politischem Allmachtsanspruch im Nationalsozialismus neue Triumphe. Manche christlichen Theologen begrüßten dieses neue Amalgam aus politischer Ideologie und religiösem Glauben, zeige es doch, daß Christentum »nicht Übernatur, nicht Geist allein, nicht mystischer Spiritualismus, sondern Geist und Blut oder vielmehr Blut und Geist« sei (*Adam* 1933). Darum fiel es Nazideutschland und dem Vatikan im Juni 1933 auch nicht schwer, das Reichskonkordat zu schließen, das letztlich die Einheit von Religion und Politik in subtiler Form wiederherstellen wollte. Modell dafür war das Konkordat mit dem faschistischen Italien von 1929, das Prälat *Ludwig Kaas* (Vorsitzender der Zentrumspartei 1928–33), der geistliche und politische Promotor des Reichskonkordats, emphatisch als Vorbild aller künftigen Kooperation zwischen »totalitärer« Politik und Religion pries: »So drängte alles: Volksstimmung und Führerüberlegung,... eigenes Lebensgesetz des Faschismus... zu einem neuen Typ positiver Verständigung und umfassender Grenzbereinigung« zwischen R. und P. (*Kaas* 1933: 514). Die mittelalterliche papale Geschichtstheologie konnte somit auch dieser politischen Ideologie angepaßt werden.
VII. Nach dem Zusammenbruch von 1945 stellte die gleiche religiöse Sprachregelung die R. als die eigentliche Siegerin wider die Tyrannei dar. Trotz der behaupteten und beklagten angeblichen »Trennung von P. und R.« kam es zu einer engen Verfilzung von religiösen mit politischen Interessen: Ehe und Familie wurden nach religiös-christlichem Muster rekonstruiert, der Religionsunterricht zum ordentlichen Lehrfach erhoben, Kirchensteuer und Militärseelsorge als politisch-staatliche Aufgaben etabliert und den Kirchen als

»Körperschaften öffentlichen Rechts« eine Vielzahl von Privilegien, wie beispielsweise die Freistellung vom allgemeinen Arbeitsrecht und milliardenschwere Subventionen, zugebilligt. In Konkordaten und Kirchenverträgen sind seither die Grenzen zwischen R. und P. in Deutschland bis zur Unkenntlichkeit verwischt worden: So in der Rede vom politischen »Wächteramt« der R. und von ihrer Zuständigkeit für die in der Politik wirksamen allgemeinen »Grundwerte« (*Schmidt* 1977). Zwar ist die »Dominanz der kirchlichen Religion in der Bundesrepublik... vor allem eine organisatorische, die durch politische Protektion begründet ist« (*Kehrer* 1980: 195), doch verweist gerade letztere auf die vielfältigen gegenseitigen Abhängigkeiten.

Wenn auch in den meisten westlichen Demokratien die Verflechtung zwischen R. und P. nicht so eng sein dürfte wie in Deutschland, so könnte doch sowohl an den USA, die sich einer strikten Trennung zwischen P. und R. rühmen, als erst recht etwa an Großbritannien gezeigt werden, daß beide Bereiche auch heute noch in einer sehr tiefreichenden Weise miteinander verwoben sind. Das Phänomen der *»civil religion«* (*Kodalle* 1988) – vornehmlich in den USA – belegt diese These ebenso wie das Überhandnehmen fundamentalistischer Vorstellungen in vielen Ländern der Erde (*Riesenbrodt/Meyer* 1989).

VIII. Die immer wieder verkündete oder beschworene Trennung von P. und R. scheint noch immer nicht stattgefunden zu haben. Nicht einmal ihre Differenzierung ist zu erwarten. Eher das Gegenteil: Gerade die weltweiten ökonomischen und politischen Krisen lassen die Protagonisten einer religiös begründeten P. wieder lauter werden. Religiös motivierte und politisch gerechtfertigte Genozide sowie die Forderung nach religiöser Fundierung der politischen Ordnung haben gegenwärtig vielerorts Konjunktur. Dabei ist es gleichgültig, welcher Bereich sich des anderen bedient.

Johannes Neumann

↗ Grundwerte, Herrschaft, Fundamentalismus, Legitimität, Menschenrechte, Revolution

Lit.: *Abromeit, H./Göttrik, W.* (Hrsg.) 1989: Die Kirchen und die Politik. Beiträge zu einem ungeklärten Verhältnis, Opladen. *Adam, K.* 1933: Deutsches Volkstum und katholisches Christentum, in: Theologische Quartalschrift 114, 40–63. *Althoff, G.* 1990: Verwandte, Freunde und Getreue: Zum Stellenwert der Gruppenbindungen im frühen Mittelalter, Darmstadt. *Althoff, G.* [3]1992: Amicitiae und pacta. Bündnis, Einung, Politik und Gebetsdenken im beginnenden 10. Jahrhundert. *Böckenförde, E.-W.* 1973: Kirchlicher Auftrag und politische Entscheidung, Freiburg. *Czermak, G.* 1993: Staat und Weltanschauung, Berlin/Aschaffenburg. *Comte, A.* 1979: Rede über den Geist des Positivismus, übers. u. hrsg. v. *I. Fetscher*, Hamburg. *Gladigow, B.* (Hrsg.) 1981: Staat und Religion, Düsseldorf. *Goody, J.* 1989: Entwicklung von Ehe und Familie in Europa, Frankfurt/M. *Kaas, L.* 1933: Der Konkordatstyp des faschistischen Italien, in: Zeitschrift für ausländisches öffentliches Recht und Völkerrecht 3 (1), 488–522. *Kallscheuer, O.* 1991: Glaubensfragen. Über Karl Marx & Christus & andere Tote, Frankfurt/M. *Kehrer, G.* (Hrsg.) 1980: Zur Religionsgeschichte der Bundesrepublik Deutschland, München. *Kepel, G.* 1991: Die Rache Gottes. Radikale Moslems, Christen und Juden auf dem Vormarsch, München. *Kleine, M.* 1993: Institutionalisierte Verfassungswidrigkeiten im Verhältnis von Staat und Kirchen unter dem Grundgesetz, Baden-Baden. *Kodalle, K.-M.* (Hrsg.) 1988: Gott und Politik in USA. Über den Einfluß des Religiösen. Eine Bestandsaufnahme, Frankfurt/M. *Meyer, Th.* 1989 (Hrsg.): Fundamentalismus in der modernen Welt, Frankfurt. *Mirbt, C./Aland, K.* [6]1967: Quellen zur Geschichte des Papsttums und des Römischen Katholizismus, Bd. 1: Von den Anfängen bis zum Tridentinum, Tübingen. *Neumann, J.* 1979: Typologie der Staat-Kirche-Beziehung, in: Beiträge zur historischen Sozialkunde 9, Wien, 75–81. *Neumann, J.* 1991: Zur religiösen Legitimation der Staatsgewalt in der Bundesrepublik Deutschland, in: *Albertz, J.* (Hrsg): Gesellschaft und Religion, Berlin, 77–118. *Neumann, J.* 1994: Religiöser Rigorismus als Ausdruck gesellschaftlicher Desintegration, in: *Klosinski, G.* (Hrsg.): Religion als Chance oder Risiko, Bern u.a., 69–90. *Nörr, K. W.* 1993: Recht und Religion: Über drei Schnittstellen im Recht der mittelalterlichen Kirche, in: Savigny-Zeitschrift für Rechtsgeschichte, Kanonische Abteilung, 110, 1–15. *Richter, L.* 1961: Religion (Religionsphilosophisch) in: Religion in Geschichte und Gegenwart V, Tübingen, 968–976. *Riesebrodt, M.* 1990: Fundamentalismus als patriarchalische Protestbewegung, Tübingen. *Schmidt, H./Kohl, H./Maihofer, W.* 1977: Grundwerte, in: Grundwerte in Staat und Gesellschaft, München. *Schneider, C.* 1970: Geistesgeschichte der christlichen Antike, München. *Soboul, A.* 1973: Die große Französische Revolution, 2 Bde, Frankfurt/M. *Splett, J.* 1988: Religion, in: Staatslexikon, hrsg. v. d. *Görres-Gesellschaft,* 7. Aufl., Bd. IV, Freiburg/Basel/Wien, 792–799. *Vogt, J.* 1962: Der Aufstieg Roms. Römische Republik I, Freiburg. *Walf, K.* 1991: Der Staat im Dienste der Religion – Durchsetzung religiöser Vorstellungen in der Politik, in: *Albertz, J.* (Hrsg.): Gesellschaft und Religion, Berlin.

Repräsentation

I. Wie bei anderen politischen Grundbegriffen ist auch die inhaltliche Bedeutung von Repräsentation (R.) umstritten. Viel zitiert wird die Definition von *E. Fraenkel:* »Repräsentation ist die rechtlich autorisierte Ausübung von Herrschaftsfunktionen durch verfassungsmäßig bestellte, im Namen des Volkes, jedoch ohne dessen bindenden Auftrag handelnde Organe eines Staates oder sonstigen Trägers öffentlicher Gewalt, die ihre Autorität mittelbar oder unmittelbar vom Volk ableiten und mit dem Anspruch legitimieren, dem Gesamtinteresse des Volkes zu dienen und dergestalt dessen wahren Willen zu vollziehen« (*Fraenkel* 1964: 81). Das wegweisende Buch von *H. Pitkin* nähert sich dem Begriff R. dagegen zunächst so: »Repräsentation bedeutet ganz allgemein das Gegenwärtigmachen in einer bestimmten Weise von etwas, das nichtsdestoweniger im wörtlichen Sinn oder tatsächlich nicht gegenwärtig ist. Daß etwas gleichzeitig sowohl gegenwärtig als auch nicht gegenwärtig sei, dies zu sagen scheint äußerst paradox. Deshalb ist ein fundamentaler Dualismus in die Bedeutung von Repräsentation eingebunden« (*Pitkin* 1967: 8 f.). Diese beiden unterschiedlichen Annäherungen an den Begriff, konkret auf die Repräsentativverfassung konzentriert bei *Fraenkel,* recht weit gespannt an der Dialektik von R. orientiert bei *Pitkin,* verweisen auf die historischen Wurzeln, die es freizulegen gilt.

II. 1. Politische R. ist so alt wie politische ↗ Herrschaft. Das absolutistische »*l'état c'est moi*« von Ludwig XIV. forderte in später Zuspitzung die schon archaisch beanspruchte Verkörperung von Staat und Volk im Monarchen. Aber noch im 19. Jh. plädierten monarchistische Souveränitätslehren für die R. aller Staatsgewalt durch den König. Es war ein weiter Weg von der feudalen ↗ Souveränität, die das Volk zu repräsentieren beansprucht, über die Volksrepräsentation, die den Monarchen beschränkt, bis zur Volkssouveränität, die den Volkswillen repräsentiert. Der Durchbruch der Lehre von der Volkssouveränität ist eng mit der Verwirklichung von Repräsentativsystem und Repräsentativverfassung verknüpft. Die bürgerlichen ↗ Revolutionen in

England, Frankreich und Nordamerika verwirklichten zum Ende des 18. Jh.s die liberalen Ideen der ↗ Emanzipation von Feudalismus und Absolutismus, die besonders von englischen und französischen Theoretikern und politischen Praktikern formuliert worden waren (↗ Liberalismus).

2. Das englische Parlament des 18. Jh.s besaß noch eine Zwischenstellung zwischen Ständevertretung und Repräsentativversammlung. Das von Parlament und König *(King in Parliament)* gemeinsam repräsentierte Volk bestand nur aus einer kleinen Zahl wahlberechtigter, d. h. steuerzahlender Bürger und damit im wesentlichen aus Vertretern von Aristokratie und Besitzbürgertum. Die Delegierten beanspruchten, das ganze Königreich »virtuell« zu vertreten, auch die nordamerikanischen Kolonien. Über die Parole »*no taxation without representation*« brach mit der Amerikanischen Revolution (1776–1783) das Prinzip der »aktuellen« R. erstmals zur gesellschaftlichen Wirklichkeit durch. Die Französische Revolution verwirklichte auf dem europäischen Kontinent als erste den Sieg des ↗ Bürgertums gegen den Feudalismus. In der französischen Verfassung von 1791 findet sich im Titel III Art. 2, Abs. 2 die klassische Formel einer Repräsentativverfassung: »Die Nation, von der alle Gewalten ausgehen, kann sie nur durch Übertragung ausüben.« Freilich waren mit der liberalen Repräsentativverfassung des Bürgertums, ob in den USA, England oder Frankreich, drastische Wahlrechtsbeschränkungen noch durch das ganze 19. Jh. vereinbar. Die auf die Interessen des Bürgertums orientierte Verfassung sollte die Grundlagen einer Gesellschaft selbständiger Privateigentümer garantieren, durch Eigentumsrechte, Vertrags- und Gewerbefreiheit, aber auch Versammlungs- und Meinungsfreiheit. Liberaler ↗ Rechtsstaat und ökonomischer ↗ Kapitalismus gingen eine enge Bindung ein.

3. In Deutschland war der Durchbruch zum liberalen Repräsentativsystem schwerer und langsamer als in den meisten anderen europäischen Staaten. Da der aufgeklärte preußische Absolutismus schon Rechtsstaat zu sein beanspruchte, ohne Volkssouveränität zu gewähren, entwickelte sich hier trotz der Episode der Frankfurter Paulskirche ein Bündnis von Besitzbürgertum und Adel, das sich schließlich seit *Bismarck* auch noch sozialpolitisch gegen Herausforderungen durch die Arbeiterschaft (↗ Arbeiterbewegung) absicherte und so bis 1918 durchstehen konnte. Mit dem Deutschen Reichstag seit 1871 – direkt, allgemein (ohne Frauen allerdings) und geheim gewählt – existierte auch in Deutschland eine klassische repräsentative Versammlung, insofern sie nicht die Volksherrschaft verkörperte, sondern das Volk gegenüber dem Souverän vertrat. Dies entsprach auch der klassischen ↗ Gewaltenteilungs-Lehre von *Montesquieu.*

4. Die konservative und liberale ↗ Politische Theorie sah in der R. im Gegensatz zum Ständesystem insbesondere das freie Mandat, das den Abgeordneten vom Boten zum freien Mandatsträger mache. Der britische Konservative *E. Burke* ging mit seiner berühmten Dankesrede an die Wähler seines Wahlkreises Bristol 1774 auf diese Unterscheidung ein: »Ein Parlament ist kein Kongreß von Gesandten verschiedener und miteinander verfeindeter Interessen, deren unterschiedliche Interessen jeder als dessen Agent und Anwalt gegenüber anderen Agenten und Anwälten zu verteidigen hat. Ein Parlament ist vielmehr die beratend-abwägende Versammlung einer Nation, mit einem Interesse, dem des Ganzen« (zit. bei *Steffani* 1981: 113 f.). Der Parlamentarier als freier Repräsentant des ganzen Volkes, als »*trustee*«, als Treuhänder des Volkswillens, der sich von lokalen und partikularen Interessen freihält, das ist die klassische Figur des bürgerlich-liberalen ↗ Parlamentarismus bis heute geblieben. Demgegenüber vertrat der unterlegene Gegenkandidat *Burkes* die Position des »*delegate*«, des Delegierten seiner Wähler, der deren wohlverstandene Interessen im nationalen

Parlament vertrat. Die frühe radikaldemokratische Theorie schon der französischen und nordamerikanischen bürgerlichen Revolution und auch die sich später entwickelnde sozialistische Demokratietheorie haben auf dieser Position der eindeutigen Interessenvertretung beharrt. Denn entgegen aller Repräsentationstheorie bliebe auch der bürgerliche Abgeordnete immer an die Interessen seiner Klasse gebunden. *Trustee* oder *delegate:* diese Kontroverse bestimmt bis heute Theorie und Praxis, Norm und Empirie der Repräsentation.

III. 1. »Die Bundesrepublik Deutschland ist nach Verfassungsordnung und politischer Praxis *ausschließlich repräsentative Demokratie*« (*Ellwein* 1983: 251). Dies gibt die herrschende Meinung des Staatsrechtslehrer zutreffend wieder, stößt aber in der Politikwiss. auf gravierende Zweifel.

Das Grundgesetz orientiert sich tatsächlich stark an der altliberalen Figur der klassischen R.: »Die Abgeordneten des Deutschen Bundestages werden in allgemeiner, unmittelbarer, freier, gleicher und geheimer Wahl gewählt. Sie sind Vertreter des ganzen Volkes, an Aufträge und Weisungen nicht gebunden und nur ihrem Gewissen unterworfen« (Art. 38, Abs. 1 GG). Zusammen mit Art. 20,2 GG – »Alle Staatsgewalt geht vom Volke aus. Sie wird vom Volke in Wahlen und Abstimmungen und durch besondere Organe der Gesetzgebung, der vollziehenden Gewalt und der Rechtsprechung ausgeübt« – wird dieses klare Votum des Grundgesetzes für das freie Mandat des Abgeordneten und für die Ausübung der Volkssouveränität durch »besondere Organe der Gesetzgebung« einschließlich des Fehlens fast aller plebiszitären Elemente auf Bundesebene als eine eindeutige Entscheidung zugunsten des klassischen Repräsentativsystems interpretiert. Die negativen Erfahrungen der Weimarer Verfassung mit Volksentscheid, also plebiszitären Elementen, haben diese eindeutige Festlegung auf die R. verursacht.

2. Diese enge Koppelung der Verfassung an die repräsentative Demokratie kann allerdings mit nicht wenigen Argumenten in Zweifel gezogen werden. a) Nach Art. 21 GG wirken die Parteien, also auch die Fraktionen im Parlament, »bei der politischen Willensbildung des Volkes« mit. *G. Leibholz* geht so weit, im Art. 38 GG nur noch das papierne Relikt eines veralteten Repräsentationsgedankens zu sehen, der durch die Parteien verdrängt worden sei. »Dieser moderne Parteienstaat ist in Wirklichkeit seinem Wesen wie seiner Form nach eine rationalisierte Erscheinungsform der plebiszitären Demokratie« (*Leibholz* 1975: 2198). b) Nach einer mehr vermittelnden Argumentation wird ein Spannungsverhältnis zwischen Art. 21 GG und Art. 38 GG konstatiert, das als ein »korrespektives Gegenseitigkeitsverhältnis« (*Maunz-Düring*, Grundgesetzkommentar Art. 38, Randnotiz 27) verstanden wird und die repräsentative Komponente abschwäche, aber nicht negiere. c) Nicht allein Wahlen gemäß dem repräsentativen Prinzip, sondern »Wahlen *und* Abstimmungen« gebe der Art. 20,2 GG vor. Außerdem ermögliche Art. 28,1 GG sogar: »In Gemeinden kann an die Stelle einer gewählten Körperschaft die Gemeindeversammlung treten.« d) Schließlich müssen neben dem Grundgesetz auch die Landesverfassungen und Gemeindeordnungen herangezogen werden, die sehr unterschiedliche und vielfältige Formen ↗ Direkter Demokratie durch Bürger- und Volksentscheid kennen (↗ Föderalismus) und in den letzten Jahren ausgebaut haben.

Die Verfassungsordnung der Bundesrepublik kann deshalb nicht eindeutig als ausschließlich der repräsentativen Demokratie verpflichtet angesehen werden, insbesondere nicht einem altliberalen Repräsentationsprinzip des völlig freien Abgeordneten gewidmet sein, der von Parteibindungen und Fraktionsdisziplin nicht berührt wird – wenn es denn je diesen Typus überhaupt gegeben hat. Die politische Praxis entspricht erst recht nicht allein dem Prinzip der repräsentativen Demokratie, wenn auch viele Positionsinhaber in Regierungen, Verwaltung und Parlament es gerne so sähen. Die Öffentlichkeit der ↗ Parteien, Organisationen und

Verbände (↗ Verbändeforschung) und in den letzten Jahren zunehmend der spontanen Initiativen und ↗ Sozialen Bewegungen weiß trotz aller Gegentendenzen sich zu artikulieren und die repräsentativen Schranken der Verfassung zu heben.

IV. Hinsichtlich der Geschichte und Theorie der R. (s. *Rausch* 1968) und jüngerer Debatten (s. *Guggenberger* u.a. 1976) scheint es sinnvoll, fünf verschiedene Ansätze der politikwiss. R.-Forschung hervorzuheben:

1. Gerade in Deutschland ist eine phänomenologische Betrachtung, die nach »dem Wesen« von R. fragt, tief verwurzelt. Die klassische Schrift von *Leibholz* (1929) »Das Wesen der Repräsentation« ist für dieses methodische Vorgehen typisch; aber auch *Fraenkel,* wie das Zitat oben zeigt, versucht die »wahren« Interessen zu ergründen, obwohl er sehr viel intensiver vergleichende Analysen der Verfassungswirklichkeit in seine Argumentation einbezieht. Eine solche, wie *Pitkin* kritisiert, mystifizierende Schau der R. zeigt sich besonders deutlich bei *Landshut* (1964: 495): »Weil alle Repräsentation sich von einer dem Repräsentanten vorgegebenen, verpflichtenden (sittlichen) Idee des Ganzen herleitet, deshalb ist auch eine Mehrzahl von Repräsentanten möglich.«

2. Solche »aristokratischen« Funktionen von R. im Parlamentarismus fordern zur Kritik heraus. Am schärfsten wurde sie auf marxistischer Grundlage mit einem Schuß Anarchismus von *Agnoli* (1968) in seiner bekannten Streitschrift »Die Transformation der Demokratie« formuliert. Die dort vorgenommene Identifizierung von Kapitalismus, bürgerlicher Gesellschaft, R. und Parlamentarismus wischt grandios alle Widersprüche, Ungleichzeitigkeiten und Differenzierungen beiseite.

3. Eine pragmatisch-kritische Politiktheorie der R. (vgl. *Pitkin* 1967; *Grebing* 1972; *von Beyme* 1970; *Bermbach* 1971) sieht R. als eine Vertretungstheorie, nicht mehr und nicht weniger. Auch die Verfassungstheorie hat eine differenzierte Sicht der R. übernommen, die sich von der »Wesensschau« eines *G. Leibholz* völlig abgesetzt hat (*Hofmann/Dreier* 1989). Dabei werden auch verstärkt die Probleme des Mehrheitsprinzips und des Minderheitenschutzes mit einbezogen (*Guggenberger/Offe* 1984).

4. Ein politiksoziologischer Ansatz zur R. hat sich insbesondere in der US-amerikanischen Forschung über »*legislative behavior*« entwickelt. Intensive Untersuchungen über Parlamentarierverhalten werden dort durch niedrige Parteibindung und Fraktionsdisziplin und häufige namentliche Abstimmungen *(roll calls)* zu politischen Entscheidungen erleichtert. Idealtypische Rollen des Repräsentanten als *trustee, delegate* oder als beide kombinierender *politico* sind konzipiert und analysiert worden *(Eulau/ Wahlke* 1967). Vergleichbare Untersuchungen sind in der Bundesrepublik erst spät aufgenommen (vgl. *Badura/Reese* 1976) und in jüngerer Zeit verstärkt durch *Dietrich Herzog* (1993) intensiviert worden.

5. Jüngere Analysen von gesellschaftlichem ↗ Korporatismus haben den Begriff der »funktionalen R.« wieder aktiviert. Bereits im 19. Jh. und wieder zwischen beiden Weltkriegen waren berufsständische Vertretungen oder Wirtschafts- und Sozialräte als Alternative oder Ergänzungen zum Parlamentarismus diskutiert und gefordert worden. Der Begriff funktionale R. sollte aber für tatsächlich verfaßte Vertretungsorgane (z.B. den bayerischen Senat) reserviert und nicht auf alle Formen der Interessenvertretung ausgedehnt werden (vgl. *von Alemann* 1981). Neue politologische Vorschläge eines »kybernetischen« Repräsentationsbegriffes sind bisher folgenlos geblieben (*Mirbach* 1992).

6. In letzter Zeit ist die Ergänzung repräsentativer Demokratie durch konsultive Konsensformen (»Runde Tische«, *Thaysen* 1990) sowie durch direktdemokratische Mechanismen wieder stärker diskutiert worden (*Luthard* 1993). In der politischen Wirklichkeit der deutschen Verfassungsdebatte nach der Einigung hat sich davon allerdings wenig niedergeschlagen – außer einige stärkere plebiszitäre Elemente in den Verfassungen der neuen Bundesländer.

Ulrich von Alemann

↗ Demokratietheorie; Parlamentarismus.

Lit.: *Agnoli, J./Brückner, P.* 1968: Die Transformation der Demokratie, Frankfurt/

M. *Alemann, U. von* (Hrsg.) 1981: Neokorporatismus, Frankfurt/M. *Badura, B./Reese, J.* 1976: Jungparlamentarier in Bonn. Ihre Sozialisation im Deutschen Bundestag, Stuttgart. *Bermbach, U.* 1971: Repräsentation, imperatives Mandat und recall. Zur Frage der Demokratisierung im Parteienstaat, in: *Beyme, K. von* (Hrsg.): Theory and Politics. Festschrift zum 70. Geburtstag für C.J. Friedrich, Den Haag, 497–525. *Beyme, K. von* 1970: Die parlamentarischen Regierungssysteme in Europa, München. *Ellwein, T.* [5]1983: Das Regierungssystem der Bundesrepublik Deutschland, Opladen. *Eulau, H./Wahlke, J. C.* (Hrsg.) 1967: The Politics of Representation. Continuities in Theory and Research, Beverly Hills. *Fraenkel, E.* 1964: Die repräsentative und die plebiszitäre Komponente im demokratischen Verfassungsstaat, in: *ders.:* Deutschland und die westlichen Demokratien, Stuttgart, 81–119. *Grebing, H.* 1972: Volksrepräsentation und identitäre Demokratie, PVS 13, 162–180. *Guggenberger, B./Offe, C.* (Hrsg.) 1984: An den Grenzen der Mehrheitsdemokratie, Opladen. *Guggenberger, B./Veen, H.-J./Zunker, A.* (Hrsg.) 1976: Parteienstaat und Abgeordnetenfreiheit. Zur Diskussion um das imperative Mandat, München. *Herzog, D./Rebenstorf, H./Weßels, B.* (Hrsg.) 1993: Parlament und Gesellschaft. Eine Funktionsanalyse der repräsentativen Demokratie, Opladen. *Hofmann, H./Dreier, H.* 1989: Repräsentation, Mehrheitsprinzip und Minderheitenschutz, in: *Schneider, H.P./Zeh, W.* (Hrsg.): Parlamentsrecht und Parlamentspraxis, Berlin, 165–197. *Landshut, S.* 1964: Der politische Begriff der Repräsentation, jetzt in: *Rausch, H.* (Hrsg.) 1968: 482–497. *Leibholz, G.* 1929: Das Wesen der Repräsentation und der Gestaltwandel der Demokratie im 20. Jahrhundert, Berlin. *Leibholz, G.* [3]1974: Strukturprobleme der modernen Demokratie, Frankfurt/M. *Leibholz, G.* [2]1975: Art. Repräsentation, in: Evangelisches Staatslexikon, Stuttgart, 2194–2199. *Luthardt, U.* 1993: Instrumente direkter Demokratie – Bereicherung der Interessenvermittlung?, in: *Klingemann, H.D./Luthardt, W.* (Hrsg.): Wohlfahrtsstaat, Sozialstruktur und Verfassungsanalyse, Opladen, 168–188. *Mirbach, T.* 1992: Eine kybernetische Auflösung des Repräsentationsproblems?, in: ZParl 4, 658–672. *Pitkin, H.F.* 1967: The Concept of Representation, Berkeley. *Rausch, H.* (Hrsg.) 1968: Zur Theorie und Geschichte der Repräsentation und Repräsentativverfassung, Darmstadt. *Steffani, W.* 1981: Edmund Burke: Zur Vereinbarkeit von freiem Mandat und Fraktionsdisziplin, in: ZParl 12, 109–122. *Thaysen, U.* 1990: Der Runde Tisch, Opladen.

Revolution/Revolutionstheorien

I. Der Begriff Revolution (R.) bezeichnet im politisch-gesellschaftlichen Sprachgebrauch tiefgreifende Veränderungen der gesamten politischen und sozialen Strukturen und unter Umständen auch des kulturellen Normensystems einer Gesellschaft. Sowohl hinsichtlich der Geschwindigkeit als auch des Ausmaßes der Veränderungen besteht keine Einigkeit über die genaue Abgrenzung der R. von anderen Formen des gesellschaftlichen Wandels. Auch in bezug auf die Frage, ob eine R. notwendig mit einer umfassenden Massenmobilisierung verbunden ist, gibt es unterschiedliche Auffassungen. Zu unterscheiden ist R. im heutigen Verständnis allerdings von Prozessen, die lediglich den Bruch mit einer bestehenden ↗ Verfassung bedeuten oder nur zur personellen Auswechslung politischer und gesellschaftlicher Machtpositionen führen, wie etwa Staatsstreiche oder Putsche (↗ Systemwechsel). Gewaltsamkeit großen Ausmaßes, obwohl mit den meisten und bekanntesten historischen Formen von R. verbunden, bildet hingegen kein konstitutives Merkmal des Begriffs.

II. In der Regel unterscheidet man R. nach ihren Trägergruppen und/oder nach ihrer politisch-gesellschaftlichen Zielsetzung. Unter Bezug auf die Trägergruppen spricht die historische und sozialwiss. Forschung von bäuerlicher, bürgerlicher und proletarischer Revolution. Einen Sondertyp, dessen Zuordnung zum Begriff der R. im Einzelfall umstritten ist, stellt die sog. »Revolution von oben« dar, nämlich die grundlegende Reorganisation einer Staatsordnung durch die Regierung selbst.

Bürgerliche und proletarische R. sind mit spezifischen Zielsetzungen verbunden, erstere ist eine vorwiegend politische zur Etablierung einer bürgerlichen Demokratie (↗ Demokratietheorie), letztere zielt idealiter in einem über die politisch-rechtliche Neuordnung hinausgehenden Sinn auf die Errichtung einer sozialistischen Gesellschaft (↗ Sozialismus). Eine allein auf Motive und Ziele gegründete Typologie unterscheidet zwischen nationalen Revolutionen, die auf die Überwindung einer Fremdherrschaft und Verwirklichung nationaler Selbstbestimmung und Unabhängigkeit zielen, und sozialen Revolutionen, die sich einen Umsturz der innergesellschaftlichen politischen und wirtschaftlichen Machtverhältnisse und die Errichtung einer gerechteren Gesellschaftsordnung zum Ziel setzen. Ein weiteres Unterscheidungskriterium stellt der Bezugsraum einer R. dar. Bis zur Französischen Revolution 1789 bezog sich der politische Revolutionsbegriff auf die Umgestaltung in einem Land. Wegen der universellen Ziele der bürgerlichen Revolutionäre (↗ Freiheit, ↗ Menschenrechte) tauchte hier erstmals der Gedanke einer über die nationalen Grenzen hinausgehenden »Weltrevolution« auf, der dann insbesondere für den *Marx*schen Begriff der proletarischen R. konstitutiv wurde.

III. Der Begriff der bürgerlichen R. wird v. a. zur Charakterisierung der neuzeitlichen Revolutionen in Europa vom 16. bis 18. Jh. (Niederlande, England, Frankreich) verwendet, ebenso für den Unabhängigkeitskampf der USA im 18. Jh., der auch als klassisches Beispiel einer nationalen R. gilt. Die Bedeutung dieser Revolutionen für die politische und wirtschaftliche Entwicklung der westlichen Länder einerseits und die sozialistische Kritik der bürgerlich-kapitalistischen Gesellschaft andererseits prägten die weitere theoretische und praktische Entwicklung des Begriffs der Revolution.

Die ↗ Politische Philosophie des Naturrechts mit ihrer Absage an die mittelalterliche Vorstellung der Gottgegebenheit aller politischen Ordnung und Herrschaftsverhältnisse bereitete den geistigen Boden für die Emanzipationsbewegung des wirtschaftlich bereits unter dem Absolutismus erstarkten ↗ Bürgertums, die in Frankreich 1789 v. a. auf die Herstellung der Rechtsgleichheit des »Dritten Standes« gerichtet war. Die Tatsache, daß die 1793 in der Losung »Freiheit, Gleichheit, Brüderlichkeit« gebündelten idealistischen Ziele der radikalen Revolutionäre nicht verwirklicht wurden, sondern die politische und rechtliche Emanzipation des Bürgertums im Zuge der weiteren Entwicklung der bürgerlichen Gesellschaft ↗ Soziale Ungleichheiten um so krasser hervortreten ließ, bildete den Ausgangspunkt der sozialistischen Kritik der bürgerlichen R., die langfristig v. a. von *Marx* geprägt wurde.

Für *Marx* folgte aus der Analyse der kapitalistischen Gesellschaft, als deren Voraussetzung er die bürgerliche R. erkannte, daß die sozialen Ziele der radikalen Revolutionäre erst durch eine künftige, vom Proletariat getragene R. noch zu verwirklichen seien. Die historische Zwangsläufigkeit der proletarischen R. leitete er im Rahmen seiner Kritik der ↗ Politischen Ökonomie aus der inhärenten Krisentendenz des ↗ Kapitalismus ab (steigende Produktivität, Rationalisierung, Verelendungsprozesse und daraus folgend Überproduktions- bzw. Unterkonsumtionskrisen). Aus der Tatsache, daß der Kapitalismus im Zuge seiner Entfaltung einen Weltmarkt erzeugt, ergab sich für *Marx* und *Engels* weiterhin das Postulat von der proletarischen R. als Weltrevolution. Der Ausbruch der R. in einem Land wurde damit nicht ausgeschlossen, wohl aber ihr Erfolg als sozialistische R. an die Bedingung geknüpft, daß sie die Grenzen des bürgerlichen Nationalstaates überschreiten müsse.

Für spätere theoretische Konzeptionen der sozialistischen R. wurde in dauernder Auseinandersetzung mit den Thesen von *Marx* und *Engels* insbesondere das spannungsvolle Verhältnis zwischen analytischer Einsicht in gesellschaftliche Verhältnisse und Entwicklungstendenzen einerseits und strategisch-revolutionärem Interesse andererseits konstitutiv. Den geschichtlichen Brennpunkt der Debatten um die sozialistische R. bildete in der ersten Hälfte des 20. Jhs. die russische R. von 1917, die weder eine im strengen Sinn proletarische war noch in einer entwickelten kapitalistischen Gesellschaft stattfand noch eine Weltrevolution zu entfachen vermochte.

So steht im Zentrum des *Leninschen* Revolutionsbegriffs die Frage nach den konkreten gesellschaftlichen Ausgangsbedingungen und strategischen Organisationsformen erfolgreicher revolutionärer Aktion, wobei er für die Verhältnisse im zaristischen, vorindustriellen Rußland auf die bolschewistische Partei als Avantgarde und eigentliches Subjekt der R. setzte. Diese Konzeption wurde v. a. von *R. Luxemburg* kritisiert, die auch in ihrer Auseinandersetzung mit der deutschen Sozialdemokratie das Moment der spontanen Massenbewegung betonte und der Partei die Rolle einer Interpretin und Dienerin der proletarischen Bewegung zuwies. Das Scheitern bzw. Ausbleiben der R. in den anderen europäischen Ländern führte zur *Stalinschen* These vom Aufbau des Sozialismus in einem Land, die das Postulat der Weltrevolution *ad acta* legte und der *Trotzki* die Konzeption der »permanenten Revolution« entgegensetzte.

Nach dem II. Weltkrieg verlagerte sich der geographische Schauplatz von Revolutionen, auch im Zusammenhang mit der Dekolonisation, auf außereuropäische Länder, während die Entwicklung der westlichen ↗ Industriegesellschaften die Erwartung einer proletarisch-sozialistischen R. in diesem Teil der Welt zunehmend in den Hintergrund drängte. Die meisten außereuropäischen Revolutionen des 20. Jh.s, beispielsweise in Mexiko 1910, in China 1949 und in Kuba 1959, weisen eine zugleich nationale und soziale Stoßrichtung auf (vgl. *Tobler* 1987). Eine zusätzliche Komponente erhielt der Revolutionsbegriff mit der iranischen R. 1979, in der sich starke religiöse Motive mit nationalen und sozialen Zielen verbanden. In all diesen R.en spielte die Idee des Sozialismus in zahlreichen Variationen eine prägende Rolle, und es schien so, als habe der Begriff der bürgerlichen R. mit dem Ziel einer liberalen Demokratie keine praktische Bedeutung mehr. In historischer Perspektive bieten daher die Umwälzungen in den ehemals sozialistischen Systemen Osteuropas, die sich freilich nicht in allen Fällen als Revolutionen beschreiben lassen, der Revolutionsforschung ein außerordentlich spannendes Betätigungsfeld (vgl. *von Beyme* 1994).

IV. Die Frage nach den Entstehungs- und Erfolgsbedingungen einer R., konstitutiv für die oben erwähnten theoretisch-strategischen Konzeptionen des Begriffs der sozialistischen R., bildet den Gegenstand sozialwiss. Revolutionstheorien. Eine theoretisch ertragreiche Revolutionsforschung sollte sich im Idealfall durch empirisch überprüfbare, erklärungsstarke und möglichst allgemeine, d.h. räumlich und zeitlich weitreichende Hypothesen auszeichnen. Alle vorhandenen und denkbaren R.-Theorien bleiben aber so weit von diesem wünschbaren Zustand entfernt, daß *Green* (1984: 221) meint, es sei unter Umständen leichter, Revolutionen durchzuführen als sie zu verstehen. Nur wenige Hypothesen von R.-Theorien, vielleicht nicht die wichtigsten, lassen sich in befriedigender Weise empirisch-quantitativ testen. Die Erklärungskraft von R.-Theorien ist auch deshalb gering, weil sie sich vornehmlich auf erfolgreiche Revolutionen, vor allem die »großen«, beziehen und deren spezifische Erfolgsvoraussetzungen unzureichend problematisieren. So fragen sie nicht gezielt genug, unter welchen Bedingungen R. vermutlich scheitern, nur teilweise erfolgreich sind, oder ausbleiben.

Wie viele Theorien leiden auch R.-Theorien unter dem Dilemma, daß ihre Hypothesen mit zunehmender Allgemeinheit immer weniger überprüfbar werden, bzw. scheint es so, als ließe sich die empirische Überprüfbarkeit nur durch einen Verlust an Allgemeinheitsanspruch erreichen. Dies liegt v. a. an der Tatsache, daß R.-Theorien es mit einer insgesamt relativ geringen Zahl von Phänomenen zu tun haben, die sich zu unterschiedlichen Zeiten in unterschiedlichen Kontexten ereignet haben. So haben R.-Theorien die schwierige Aufgabe, das Gemeinsame beispielsweise der schon in bezug auf Ideologie und Trägerschaft extrem unterschiedlichen R.en in Frankreich 1789, Rußland 1917 und Iran 1979 zu identifizieren.

Das Hauptproblem vieler R.-Theorien dürfte wohl darin liegen, daß sie Gefahr laufen, nichts zu erklären, weil sie alles erklären wollen. Fortschritte lassen sich bei der Hypothesenbildung und Überprüfung nur erzielen, wenn man das komplexe Phänomen R. in seine Einzelbestandteile zerlegt. Im einzelnen wäre zu fragen, welche Struktur- und Prozeßbedingungen die Erfolgsaussichten revolutionärer Bewegungen bei der Anhängergewinnung, Koalitionsbildung, Machteroberung und Konsolidierung beeinflussen. Mikropolitische Analysen hätten dann zu prüfen, mit Hilfe welcher Strategien sich revolutionäre ↗ Eliten im Wettkampf gegen Regimeeliten und andere nichtrevolutionäre Eliten durchzusetzen vermögen.

Die Beschäftigung mit allgemeinen R.-Theorien lohnt sich auch für Spezialisten (für bestimmte Regionen und/oder Arten von Revolutionen). Denn indem sie den Blick auf einige elementar notwendige Bedingungen des Erfolgs von R.en bei unterschiedlichen Trägern und Zielsetzungen, in unterschiedlichen Gesellschaften, zu unterschiedlichen Zeitpunkten richten, bieten sie Ausgangspunkte für speziellere R.-Theorien. Als derartige Ausgangspunkte seien genannt:

1) Eine zentrale Erfolgsbedingung, deren Gegebenheit im Einzelfall freilich äußerst schwierig zu bestimmen ist, betrifft den inneren Zustand des Regimes, das durch eine R. zu Fall gebracht werden soll. Erst Legitimitätsdefizite und andere Arten politischer Schwächen eines Regimes eröffnen revolutionären Eliten größere Möglichkeiten zur Anhängergewinnung und Koalitionsbildung. Die Chancen revolutionärer Machteroberung steigen, wenn es zum Abfall wichtiger Eliten vom Regime kommt, wenn insbesondere das Militär sich nicht mehr bereit oder fähig zeigt, das Regime gegen revolutionäre Angriffe zu verteidigen. R.-Theorien konzentrieren sich in einem erheblichen Maße auf die Frage, welche ökonomischen, sozialen, kulturellen und politischen Strukturbedingungen und Prozeßverläufe derartige Existenzkrisen von Regimen erzeugen. Regimekrisen werden häufig als politische Manifestationen von Modernisierungskrisen begriffen. Nur in Ausnahmefällen wurde allerdings auf Regimekrisen mit revolutionärem politischen Wandel reagiert. Eine Aufgabe von R.-Theorien wäre es deshalb, zwischen allgemeiner und revolutionärer Regimeverwundbarkeit und den für sie maßgeblichen Bestimmungsfaktoren präziser zu unterscheiden. 2) Bisher waren nur revolutionäre Umsturzversuche erfolgreich, die von Gruppen aus mehreren Klassen unterstützt wurden und sich zudem – häufig i. S. einer »Integrationsideologie« wie des ↗ Nationalismus – zu Zielsetzungen bekannten, die die Interessen unterschiedlicher Klassen zu berücksichtigen versprachen. R.-Theorien können sich deshalb nicht auf die Suche nach dem einen revolutionären Subjekt, d. h. der Klasse, beschränken, die von einer R. am meisten zu gewinnen bzw. am wenigsten zu verlieren hätte. Gleichermaßen muß untersucht werden, warum andere Sozialgruppen und politische Akteure mit dem bestehenden Regime unzufrieden werden und welche Ziele sie verfolgen, wenn sie den revolutionären Regimesturz unterstützen oder zumindest tolerieren. Folglich haben R.-Theorien den Koalitionsmöglichkeiten und der Koalitionspolitik revolutionärer Eliten besondere Aufmerksamkeit zu widmen. 3) Revolutionäre Spontaneität spielt eine bedeutsame Rolle. Da spontane Rebellionen sich aber gewöhnlich nur dann als revolutionäre Bedrohung für ein Regime erweisen, wenn sie – wie *Lenin* richtig erkannte – von revolutionären Eliten instrumentalisiert werden, verdienen die spezifischen Organisationen und ↗ Ideologien, die revolutionäre Eliten zu derartigen Instrumentalisierungen befähigen, das besondere Interesse von R.-Theorien. 4) Revolutionäre profitieren nur dann von großer

sozialer Unzufriedenheit, wenn sie bei deren Politisierung erfolgreich sind. Der revolutionäre Regimesturz muß als wirksames und realistisches Mittel zur Besserung der sozialen Lage gelten. Folglich müssen R.-Theorien nicht nur die Voraussetzungen der Entstehung, sondern auch der (radikalen) Politisierung sozialer Unzufriedenheit untersuchen. 5) Gerade in neueren Theorien (z.B. *Skocpol* 1979) ist die Bedeutung externer Faktoren für den Erfolg/Nichterfolg von Revolutionen hervorgehoben worden. 6) Die Überlebens- und Umgestaltungsmöglichkeiten revolutionärer Regime scheinen wesentlich durch die Art der Machteroberung bestimmt zu sein. Sie dürften am größten sein, wenn ein umfassender militärischer Sieg den Aufbau neuer Streit- und Sicherheitskräfte ermöglicht.

Heinrich-W. Krumwiede / Bernhard Thibaut

Lit.: *Arendt, H.* 1963: Über die Revolution, München. *Benjamin, W.* 1974: Gesammelte Schriften, Bd. I, 3, Frankfurt/M. *Beyme, K. von* (Hrsg.) 1973: Empirische Revolutionsforschung, Opladen. *Beyme, K. von* 1994: Systemwechsel in Osteuropa, Frankfurt/M. *Brinton, C.* ²1965: The Anatomy of Revolution, New York. *Burke, E. 1967:* Betrachtungen über die Französische Revolution, Frankfurt/M. *Dahrendorf, R.* 1994: Revolutionen und Lebenschancen, in: ders.: Der moderne soziale Konflikt, München, 13–45. *Eckstein, H.* (Hrsg.) 1964: Internal War: Problems and Approaches, New York. *Greene, T.* ²1984: Comparative Revolutionary Movements, Englewood Cliffs. *Gurr, T. T.* 1970: Why Men Rebel, Englewood Cliffs. *Hagopian, M. N.* 1974: The Phenomenon of Revolution, New York. *Huntington, S. P.* 1968: Political Order in Changing Societies, New Haven. *Johnson, C.* 1966: Revolutionary Change, Boston. *Lenin, W. I.* 1959 (1902): Was tun?, in: LW, Bd. 5, 355–551. *Lenk, K.* ²1981: Theorien der Revolution, München. *Luxemburg, R.* 1961: Ausgewählte Schriften, 2 Bde., Berlin. *Mao Tse Tung* 1966: Theorie des Guerillakrieges oder Strategie der Dritten Welt, Reinbek. *Marx, K.* 1851/52: Revolution und Konterrevolution in Deutschland, in: MEW. *Moore, B.* 1966: Social Origins of Dictatorship and Democracy. Lord and Peasant in the Making of the Modern World, Boston. *Schmidt, F.* 1988: Die Metamorphosen der Revolution, Frankfurt a.M./New York. *Skocpol, T.* 1979: States and Social Revolution: A Comparative Analyses of France, Russia, and China, Cambridge. *Tilly, C.* 1978: From Mobilization to Revolution, Reading. *Tilly, C.* 1993: Die europäischen Revolutionen, München. *Tocqueville, A. de* 1969: Der alte Staat und die Revolution, Reinbek. *Tobler, H.-W.* 1984: Die mexikanische Revolution, Frankfurt. *Tobler, H.-W.* 1987: Revolution, in: *Nohlen, D./Waldmann, P.* (Hrsg.): Dritte Welt, München, 483–491. *Trotzki, L.* 1973 (1931): Geschichte der russischen Revolution, 3 Bde., Frankfurt. *Wassmund, H.* 1978: Revolutionstheorien. Eine Einführung, München. *Wickham-Crawley, T. P.* 1992: Guerrillas and Revolution in Latin America, Princeton. *Wolf, E.* 1973: Peasants Wars of the Twentieth Century, London. *Zimmermann, E.* 1981: Krisen, Staatsstreiche und Revolutionen. Theorien, Daten und neuere Forschungsansätze, Opladen.

Schattenwirtschaft

[1] Westliche Industriegesellschaften.

I. Schattenwirtschaft (S.) ist die Bezeichnung für die privatwirtschaftlichen Aktivitäten, die im Unterschied zur Wirtschaftstätigkeit im »sichtbaren« (öffentlichen und privaten) Wirtschaftssektor nicht oder nur teilweise in die Sozialproduktrechnung eingehen (↗ Sozialprodukt), obwohl sie Teil der gesamtwirtschaftlichen Wertschöpfung sind (Alternativbezeichnungen: »Parallelökonomie«, »Informelle Ökonomie«). Zweckmäßigerweise unterscheidet man die enger definierte von der weiter definierten Schattenökonomie. Die S. im engeren Sinn umfaßt diejenige Wirtschaftstätigkeit, die nach allgemeiner Konvention in die volkswirtschaftliche Sozialproduktrechnung eingehen sollte, jedoch bei der Messung *de facto* übergangen wird. Der weiter gefaßte Begriff der S. fügt dieser Komponente die Wertschöpfung hinzu, die durch traditionelle Selbstversorgung, kollektive Selbsthilfe, aber auch durch kriminelle Untergrundwirtschaft entsteht.

II. Die S. verwehrt Außenstehenden naturgemäß den direkten statistischen Einblick. Deshalb sind alle Größenangaben zur S. Schätzungen mit großen Irrtumswahrscheinlichkeiten.

Die Schätzungen basieren in der Regel auf Befragungen, Hochrechnungen von aufgedeckten Steuerhinterziehungen, Erfassung der Unterschiede zwischen dem deklarierten Einkommen und den tatsächlichen Ausgaben anhand der Wirtschafts- und Konsumstatistik, Erfassung der arbeitsmarktstatistischen Differenz zwischen offiziell ausgewiesener und faktischer Erwerbsquote und dem sog. »Geldmarkts-Spuren-Ansatz«, in dem die Differenz zwischen der tatsächlichen Bargeldhaltung und der Geldmenge, die zur Abwicklung des offiziell ermittelten Sozialproduktes normalerweise benötigt wird, als Indiz für den Umfang der S. gewertet wird.
Schätzungen des Umfangs der S. kommen zu unterschiedlichen Ergebnissen. Für die Bundesrepublik schwanken die diesbezüglichen Werte beispielsweise für das Jahr 1980 zwischen rund 4 und 27%. Ähnlich stark schwanken die geschätzten Größenordnungen der US-amerikanischen S. im Jahr 1977/78: sie reichen von 4 bis 33% *(Gretschmann* u.a. 1984: 29).

III. International und historisch vergleichende Analysen der S. stehen erst in den Anfängen. Pionierarbeit hierfür ist – neben Analysen von seiten der OECD *(Blaas* 1982) – in einem vergleichenden Forschungsprojekt über 17 OECD-Länder geleistet worden, das von *B. S. Frey, W. Pommerehne* und *H. Weck-Hannemann* durchgeführt wurde.

Im Zentrum dieses Projekts steht ein theoriegeleiteter (dem Wohlfahrtsstaat gegenüber kritisch eingestellter) ursachenanalytischer Ansatz, der mit Hilfe komplexer statistischer Verfahren zur Identifizierung »unbeobachteter Variablen« getestet wird. Diesem Ansatz liegt die Prüf-Hypothese zugrunde, die S. sei um so größer, je höher die Belastung mit Steuern und Sozialversicherungsabgaben, je höher die Belastung aufgrund staatlicher Vorschriften und Eingriffe (gemessen durch die Zunahme der Abgabenbelastung), je geringer das real verfügbare Pro-Kopf-Einkommen und je schlechter die Steuermoral ist, je stärker die Abgabenbelastung wahrgenommen wird und je geringer die Opportunitätskosten (entgangener Nutzen der Beschäftigung im offiziellen Wirtschaftssektor) zu Buche schlagen. Mithin variiere die Größe der S. invers mit der Erwerbsquote im regulären Wirtschaftssektor und mit dem Arbeitszeit-Volumen und direkt mit der Höhe der Arbeitslosenquote *(Weck-Hannemann* 1984:177).

Manche der Vermutungen werden empirisch bestätigt, andere hingegen nicht gestützt. *Weck-Hannemann* (1984) zufolge variiert die Größe der S. (gemessen als Prozentanteil am offiziellen Sozialprodukt im Jahre 1978) sehr stark – aber zugleich sind auch die Irrtumswahrscheinlichkeiten der Diagnosen unterschiedlich groß. Mit relativ hoher Sicherheit könne man für Schweden, Belgien, Niederlande und Norwegen von einer großen – und in Japan und der Schweiz von einer kleinen – informellen Ökonomie ausgehen. Für einige Länder, unter ihnen die Bundesrepublik sowie Italien, hingen die Ergebnisse jedoch stark von den jeweiligen Gewichtungen der bei der Analyse berücksichtigten Variablen ab, und deshalb könne für die Größe der S. dieser Länder keine eindeutige Aussage gemacht werden *(Weck-Hannemann* 1984: 182–183).

Aber nicht nur die Hypothesen und die empirisch gestützten Aussagen zur Größe und Veränderungsdynamik der S. sind umstritten (vgl. z.B. die Kritik an *Weck-Hannemann* u.a. bei *Helberger/Knepel* 1988). Kontrovers diskutiert werden auch Art und angemessene Gewichtung von Kosten und Nutzen der informellen Ökonomie. Zweifellos unterlaufen viele Tätigkeiten innerhalb der S. die Spielregeln und die Funktionsweise der formellen Ökonomie. Das geht auf Kosten der Steuereinnahme und zu Lasten der Moral. Andererseits sehen manche in der S.

»ein Sicherheitsventil, das den Schaden staatlicher Mißwirtschaft reduziert« – so *Milton Friedman* (in: Der Spiegel 3/1982: 116) – und einen Mechanismus, der gegen den Wirtschaftsbankrott schütze.

Angesichts des begrenzten Wissens über Umfang, Entwicklung und Kosten-Nutzen-Relationen der S. sind notwendigerweise alle Versuche, ihre Größe zu erklären, spekulativ. Historiographisch ansetzende Studien legen nahe, die bei *Frey/Pommerehne/Weck* dominierende sozialökonomische Perspektive mit sozialen und politisch-kulturellen Größen zu konfrontieren. Eine Determinante der Größe des hauswirtschaftlichen Teils der S. beispielsweise liegt in der kulturell definierten Rolle, die vor allem der weiblichen Hausarbeit zugeschrieben wird. Eine weitere soziale Größe ist im ↗ Wertewandel zu suchen, der die Suche nach alternativen nichtprofitorientierten Wirtschaftsweisen attraktiver macht. Für Steuermoral, Steuerhinterziehung und offenen Steuerprotest sind Determinanten wichtig, die sich erst historischen, soziologischen, politologischen und verwaltungswissenschaftlichen Analysen erschließen. Die italienische S. beispielsweise basiert auf der Tradition anarchistischer Einstellungen gegenüber dem Staat. Auch spielen hier die geringe Effektivität und der geringe Einschaltungsgrad der Steuerverwaltung, die ihrerseits in der Tradition einer klientelspezifischen Politik der Regierungen stehen, gewichtige Rollen.

Manfred G. Schmidt

Lit.: *Blades, D.* 1982: The Hidden Economy and the National Accounts, in: *OECD Economic Outlook* – Occasional Studies, Part 2, 28–45. *Ferman, L.A./Henry, S./Hoyman, M.* (Hrsg) 1987: The Informal Economy, in: The Annals of the American Academy of Political and Social Science, No. 493. *Gretschmann, K./Heinze, R. G./Mettelsiefen, B.* (Hrsg.) 1984: Schattenwirtschaft, Göttingen. *Helberger, C./Knepel, H.* 1988: How big is the Shadow Economy? A Re-analysis of the Unobserved – Variable Approach of B. S. Frey and H. Weck-Hannemann, in: European Economic Review 32, 965–976. *Tanzi, V.* (Hrsg.) 1982: The Underground Economy in the United States and Abroad, Lexington/Mass. *Weck, H./Pommerehne, W./Frey, B. S.* 1984: Schattenwirtschaft, München. *Weck-Hannemann, H.* 1984: »Weiche Modellierung« der Schattenwirtschaft – Ein internationaler Vergleich, in: *Gretschmann, K./Heinze, R. G./Mettelsiefen, B.* (Hrsg.) 1984: Schattenwirtschaft, Göttingen, 167–186.

[2] Osteuropa.

I. Die S. in den realsozialistischen Gesellschaften Osteuropas wurde in der westlichen wissenschaftlichen Literatur seit Mitte der 70er Jahre thematisiert. In den osteuropäischen Ländern selbst wurde das Phänomen der S. erst in den 80er Jahren zum Gegenstand offizieller Untersuchungen, als man die fundamentale Bedeutung der S. für die Funktionsweise der gesamten Volkswirtschaft im real existierenden Sozialismus erkannte. Der seit 1989 in allen osteuropäischen Ländern stattfindende Transformationsprozeß hat zu einem Ansteigen schattenwirtschaftlicher Aktivitäten geführt.

Dem Begriff S. liegt keine allgemein akzeptierte Definition zugrunde *(Brezinski* 1985). Die Mehrzahl der Autoren versteht darunter alle ökonomischen Aktivitäten, die vom Staat nicht unmittelbar kontrolliert werden und nicht direkt in dem gesamtwirtschaftlichen Rechnungswesen erfaßt werden. Dementsprechend umfaßt die S. 1) die Selbstversorgungswirtschaft und 2) die Untergrundwirtschaft. Zur ersteren gehören die legalen und abgabefreien Aktivitäten der privaten Haushalte (Eigenfertigung, Selbstversorgung, Hausarbeit) sowie die Nachbarschaftshilfe und die sozialen Selbsthilfenetze. Das zweite Segment umfaßte während der sozialistischen Ära die verheimlichten erwerbswirtschaftlichen Tätigkeiten in den staatlichen Betrieben und Genossenschaften, also die sog. krypto-private Produktion hinter der offiziellen Fassade auf eigene Rechnung der Belegschaft oder des Managements, die Schwarzarbeit, den Laden- und Firmendiebstahl und den Schwarzhandel (*Cassel* 1989). Aktivitäten wie Diebstahl, spekulativer Kauf und Verkauf von Gütern auf dem Schwarzmarkt und auch die Zahlung von Bestechungsgeldern, z. B. um Verkäufe unter dem Ladentisch zu ermöglichen, haben im Gegensatz zu den anderen genannten Aktivitäten keine unmittelbar produktionssteigernden Wirkungen zur Folge, sondern führen nur zu einer Umverteilung der Einkommen.

Durch Transformationsprozesse sind einige Phänomene der S. entfallen, während neue sich sehr schnell ausgebreitet haben. Durch die wirtschaftliche Liberalisierung sind Schwarzmärkte in den meisten Ländern außer den GUS-Staaten verschwunden. Auf der anderen Seite haben Schwarzarbeit, illegaler Kapitalexport, Steuer- und Abgabenhinterziehung sowie die Korruption zugenommen (*Dallago* 1993, *Schulus* 1993).

Die in der S. erfolgenden Aktivitäten lassen sich nur schwer schätzen. Schätzergebnisse, die hinsichtlich der verwendeten Methodik umstritten sind, existieren zum einen für die Hauswirtschaft im Selbstversorgungssektor, zum anderen für die Untergrundwirtschaft.

Zum hauswirtschaftlichen Bereich gibt es nur wenige Untersuchungen. Für Polen wurde ein Wert von 41,5 % des Nationaleinkommens für das Jahr 1984 ermittelt (*Szablewski* 1989). Dies ist eine Größenordnung, wie sie in den 70er Jahren auch für die USA ermittelt worden ist. Es ist jedoch hervorzuheben, daß die monetär bewertete Hausarbeit in den 80er Jahren in Polen aufgrund der Wirtschaftskrise und der demographischen Entwicklung stark zugenommen hat. Die für Polen ermittelten Ergebnisse dürften auch für die anderen osteuropäischen Länder mehr oder weniger zutreffen. Die Transformationsprozesse zu Beginn der 90er Jahre haben zu einem Sinken der Realeinkommen geführt und zu einer Verarmung breiter Teile der Bevölkerung, insbesondere in den GUS-Staaten, so daß die Bedeutung der Selbstversorgungswirtschaft krisenbedingt erheblich gestiegen sein dürfte.

II. Bis zum Beginn der Transformation wurde das Ausmaß der Untergrundwirtschaft in den einzelnen osteuropäischen Ländern je nach Abgrenzung und Schätzmethode auf 5–30 % des Nationaleinkommens geschätzt (*Dallago* 1990). In der CSSR und der ehemaligen DDR lagen sie am unteren Bereich dieses Intervalls. In Ungarn belief sich der Anteil in den 80er Jahren auf 11–15 %, in Polen wurde er 1986 auf 24–28 % und in der Sowjetunion in der zweiten Hälfte der 80er Jahre auf 15–26 % geschätzt (*Dallago* 1991). In Rumänien und Bulgarien dürften die relativen Größenordnungen in etwa denen in der Sowjetunion entsprochen haben.

Da nach dem Umbruch bei mehr als 60 % der Bevölkerung in Osteuropa das Einkommen aus der regulären Beschäftigung nicht ausreicht, um die Lebenshaltungskosten zu decken, hat der Drang, in der Untergrundwirtschaft tätig zu werden, dementsprechend zugenommen. Zwischen 1990 und 1992 ist das Ausmaß der Aktivitäten in diesem Sektor um mindestens 20 % gestiegen (*Dallago* 1993). In Rußland hat sich sein Umfang im gleichen Zeitraum verdoppelt (*Schulus* 1993). Beispielsweise erreicht dort die illegale Alkoholproduktion mittlerweile über 75 % der offiziellen Produktion. Die schattenwirtschaftlichen Dienstleistungen belaufen sich auf das 2 bis 2,5fache der offiziellen Dienstleistungen. Der russische Schwarzmarkt existiert für bestimmte Bereiche wie den Waffen-, Rauschgift-, Importwagen- und Immobilienmarkt immer noch. Etwa 30 % der offiziellen Umsätze werden auf diesen Untergrundmärkten getätigt. Der illegale Export von Waren und Kapital hat zugenommen. Schon 1992 befanden sich 20 Mrd. US-$ aus russischen Untergrundquellen bei westlichen Banken. Dieser illegale Kapitalexport dürfte 1993 bei

12–14 Mrd. US-$ gelegen haben. Bedingt durch kulturelle, historische und geographische Faktoren, war früher in Osteuropa bzw. in der Sowjetunion im Süden ein höheres Ausmaß untergrundwirtschaftlicher Aktivitäten zu verzeichnen als im Norden. Mittlerweile haben sich entsprechende regionale Unterschiede auf die Ost-West-Achse verschoben. Die Hauptursache für das relativ geringere Ausmaß der Untergrundwirtschaft im Westen dürfte im höheren Erfolgsgrad der wirtschaftlichen Reformen zu suchen sein.

III. Vordergründig war die Hauptursache der S. in der Vergangenheit in dem ungenügenden Angebot an Konsum- und Investitionsgütern zu sehen, aber auch in der Knappheit im tertiären Bereich, die partiell bis zum Einsetzen der ↗ Systemwechsel in Osteuropa existierte. Die Entfaltung privater Erwerbstätigkeit stieß in der Vergangenheit sehr schnell an ideologische und strafrechtliche Grenzen, so daß aus diesem Grunde die vorhandene legale Privatwirtschaft in enger Beziehung zur Untergrundwirtschaft stand. Darüber hinaus war es relativ leicht, gesellschaftliches Eigentum für eigene Zwekke zu verwenden, zumal die Wahrscheinlichkeit, entdeckt zu werden, und die zu erwartende Strafe sehr gering waren.

Die tiefergehenden Ursachen sind in mehreren Faktoren zu suchen. Die einzelnen sozialistischen ↗ Planwirtschaften waren mit der Ausnahme Ungarns sehr hierarchisch organisiert, so daß der Planungsprozeß aufwendig und sehr unpräzise war. Daher waren die Pläne inkonsistent, so daß die sozialistischen Manager zu gutwilligen Planverstößen herausgefordert wurden bzw. Planfreiräume und Planlücken vorfanden. Die Inkonsistenzen der Pläne wurden noch verstärkt durch die Formulierung von Prioritätsbereichen in den Wirtschaften. Dies führte zu einer Verschärfung der Güterknappheiten. Das Marktungleichgewicht stärkte die Position des Verkäufers, der im staatlichen Sektor ohnehin schon eine monopolarartige Stellung innehatte. Die staatliche Preispolitik – in den meisten Ländern in Form eines Festpreissystems – erhöhte das Ungleichgewicht von Angebot und Nachfrage. Niedrige Löhne bzw. die unzureichende Anpassung an inflationäre Entwicklungen forderten zur Einkommenskompensation in der S. heraus.

Darüber hinaus spielen aber auch Moral- und Wertvorstellungen eine Rolle. Befragungen z. B. in der Sowjetunion ergaben, daß 25 % der Befragten konsumorientiert sind und den Konsum als ein gesellschaftliches Statussymbol ansehen. Sozialistisches Eigentum wurde von der Mehrzahl der Bevölkerungen in Osteuropa letztlich als anonymes Eigentum betrachtet, dessen Diebstahl niemandem schadete. Eigentumsdelikte gegenüber dem Staat wurden als Kavaliersdelikte angesehen.

Die Auswirkungen der S. in den realsozialistischen Systemen wurden stets ambivalent beurteilt. Einerseits konnte die S. die Unzulänglichkeiten des planwirtschaftlichen Produktions- und Verteilungssystems und die damit verbundenen Ungleichgewichte auf den Güter- und Arbeitsmärkten kurzfristig ausgleichen bzw. verringern und die permanenten Kaufkraftüberhänge teilweise abschöpfen. Sie trug damit zu einer gewissen Systemstabilisierung bei. Andererseits entzog die S. dem offiziellen Produktionsprozeß Ressourcen und verstärkte damit die Probleme bei der Planerfüllung. Die Reallokation der Ressourcen durch die S. führte nicht unbedingt immer zu einer volkswirtschaftlich sinnvolleren Güterproduktion; so beanspruchte z. B. die Alkoholproduktion 1990 in Rußland 8% der gesamten Zuckerproduktion (*Schulus* 1993). Mittel- und langfristig gingen auch auf ideologisch-moralischer Ebene eher destabilisierende Effekte von einer wachsenden S. aus, da die Prinzipien einer weitgehend gewinnorientierten Tauschwirtschaft im Widerspruch zu dem auf Solidarität und den Vorrang gesellschaftlicher Interessen setzenden Wertesystem der sozialistischen Gesellschaft standen.

In den 80er Jahren war man dementsprechend in allen Ländern Osteuropas bemüht, die S. einzudämmen. Man betrieb dies einerseits durch eine Legalisierung der produktiven Teile der Untergrundwirtschaft und andererseits durch eine Bekämpfung ihrer unproduktiven, primär umverteilenden Tätigkeiten. Dies gelang jedoch nur höchst unvollkommen.

IV. Mit dem Beginn der Transformationsprozesse wurden die bislang geltenden Lenkungs- und Kontrollinstrumente schrittweise aufgehoben, ohne daß es gelang, den bisherigen Planungsmechanismus durch funktionsfähige Märkte zu ersetzen. Da auch die staatlichen Institutionen sich als unfähig erwiesen, die Situation zu kontrollieren, ergaben sich massive Wachstumseinbrüche und ein Ansteigen der Arbeitslosigkeit. Die Realeinkommen gingen drastisch zurück, die Vermögensbestände der Bevölkerung wurden durch die galoppierende Inflation entwertet. Schwarzarbeit wurde immer mehr als eine Möglichkeit angesehen, das lebensnotwendige Einkommen zu verdienen. Schmuggel und Kauf auf Schwarzmärkten dienten dazu, Güter billiger zu erwerben. Angesichts fehlender Kontrollmechanismen durch staatliche Institutionen und mangelnder Möglichkeit, sich international betätigen zu können, sowie infolge der Suche der Nomenklatura nach neuen Einkommensquellen und Betätigungsfeldern stiegen die Korruption und die organisierte Kriminalität drastisch an. In Polen und Rußland sind staatliche Genehmigungen und Aufträge nicht mehr ohne Bestechung zu erhalten. Die Mafia kontrolliert mittlerweile in Rußland alle Banken bzw. ist in die Privatisierung von mehr als 70–80% der russischen Unternehmen involviert. Während zu sozialistischen Zeiten die Untergrundwirtschaft hinsichtlich Versorgung der Volkswirtschaft mit Konsumgütern und Dienstleistungen zur offiziellen Wirtschaft in einer komplementären Beziehung stand, ist heute das Verhältnis durch eine Konkurrenzsituation gekennzeichnet.

Die S. mildert kurzfristig die Realeinkommensverluste der Bevölkerung und fängt einen Teil der von den Individuen zu tragenden Transformationskosten auf. Mittel- und langfristig wirkt sich jedoch die S. auf die Transformation selbst negativ aus. Zunehmende Steuer- und Abgabenhinterziehung führt zu einer Vergrößerung der Staatshaushaltsdefizite bzw. zu Einsparungen bei staatlichen Ausgaben, so daß es schwieriger wird, die notwendigen Investitionen für den institutionellen Aufbau der Wirtschaft und Gesellschaft als auch für die adäquate Infrastruktur zu finanzieren. Die Einkommens- und Vermögensverteilung wird zunehmend ungleicher. Der Kapitalimport aus dem Westen wird abgeschreckt durch die zunehmende Korruption, die Ausbreitung der organisierten Kriminalität und durch die Hilflosigkeit des Staates gegenüber beiden Phänomenen. All dies hat negative Auswirkungen auf die Herausbildung marktwirtschaftlicher Institutionen und Strukturen.

V. Die weiteren Entwicklungsperspektiven der S. sind in den einzelnen osteuropäischen Staaten unterschiedlich. In den Ländern, in denen der Transformationsprozeß zur Marktwirtschaft unumkehrbar scheint, dürfte die S. sich in etwa auf dem bisherigen Niveau festsetzen. Steuerhinterziehung wird eine wichtige Komponente der S. werden. Die Schwarzmärkte werden in den meisten Sektoren an Bedeutung verlieren. Bis zum Ende der durch den Systemwandel ausgelösten Strukturkrise wird die Schwarzarbeit ein wichtiges Element bleiben. Ebenso werden viele kleine, neue Unternehmen aus Gründen der Wettbewerbsfähigkeit noch im Untergrund verharren. Die Korruption wird ein tragendes Element werden, da sie von vielen alten Verwaltungsangehörigen und der abgelösten politischen Elite getragen wird. Dort, wo die Marktwirtschaft noch nicht hat richtig Fuß fassen können, insbesondere in Rußland und den übrigen Nachfolgestaaten der Sowjetunion, wird sich die Schattenwirtschaft weiter ausbreiten. Sie stellt in Rußland angesichts der Größenordnung der Korruption und organisierten Kriminalität eine innenpolitische Bedrohung und ein wachsendes Stabilitätsproblem dar. Machtstrukturen werden geschaffen, die möglicherweise, auch wenn dies nicht im Sinne der dortigen Mafia sein kann, die Grundlage für die Herstellung einer neuerlichen Diktatur bildet. Die Schattenwirtschaft verhindert das Entstehen funktionsfähiger Güter- und Finanzmärkte und führt zu einer weiteren Verarmung weiter Kreise der Bevölkerung. Da die organisierte Kriminalität als einer der Hauptträger dieser S. sich anschickt, international tätig zu werden, und sich damit weitere Einkommens- und Machtquellen erschließt, kann nur mit westlicher Hilfe dieser verhängnisvollen Entwicklung für die russische Wirtschaft und Gesellschaft Einhalt geboten werden.

Horst Brezinski

Lit.: *Altman, Y.* 1989: Second Economy Activities in the USSR: Insights from the Southern Republics, in: *Ward, P.* (Hrsg.): Corruption, Development and Inequality, London, 58–72. *Brezinski, H.* 1985: The Second Economy in the Soviet Union and its Implications for Economic Policy, in: *Gaertner, W./Wenig, A.* (Hrsg.): The Economics of the Shadow Economy, Berlin, 362–376. *Brezinski, H.* 1987: The Second Economy in the GDR – Pragmatism is Gaining Ground, in: Studies in Comparative Communism 20, 85–101. *Brezinski, H./Petersen, Paul* 1990: The Second Economy in Romania, in: *Los, M.* (Hrsg.): The Second Economy in Marxist States, London, 69–84. *Cassel, D.* 1989: Schattenwirtschaft in kapitalistischen und sozialistischen Wirtschaftssystemen, in: *Cassel, D.* u.a. (Hrsg.): Inflation und Schattenwirtschaft im Sozialismus, Hamburg, 39–71. *Dallago, B.* 1990: The Irregular Economy, Aldershot. *Dallago, B.* 1991: Second and Irregular Economy in Eastern Europe: Its Consequences for Economic Transition, in: *U.S. Bureau of Labor Statistics and Eurostat* (Hrsg.): Economic Statistics for Economies in Transition: Eastern Europe in the 1990's, Washington, 54–83. *Dallago, B.* 1993: The Irregular Economy in Transition: Features, Measurement and Scope, Trento. *Golovnin, S./Shokhin, A.* 1990. The Shadow Economy, in: Problems of Economics 33, (3) 31–40. *Górski, Z./Kierczynski, T.* 1989: Erscheinungsformen und Messung der inoffiziellen Erwerbswirtschaft, in: *Cassel, D.* u.a. (Hrsg.): Inflation und Schattenwirtschaft im Sozialismus, Hamburg, 349–374. *Haffner, F.* 1978: Systemkonträre Beziehungen in der sowjetischen Planwirtschaft, Berlin. *Koriagina, T. I.* 1989: Shadow Services and Legal Services, in: Problems of Economics 32, 43–48. *Los, M. 1990:* Dynamic Relationship of the First and Second Economies in Old and New Marxist States, in: *Los, M.* (Hrsg.): The Second Economy in Marxist States, London, 193–230. *Sampson, S. L.* 1987: The Second Economy of the Soviet Union and Eastern Europe, in: Annals of the American Academy of Political and Social Science 493, 120–136. *Schulus, A.* 1993: Schattenwirtschaft in Rußland; Formen, Ausmaße und Bedrohungen, in: Osteuropa Wirtschaft 38 (3), 250–261. *Szablewski, A.* 1989: Erscheinungsformen und Entwicklung der Selbstversorgungswirtschaft in: *Cassel, D.* u.a. (Hrsg.): Inflation und Schattenwirtschaft im Sozialismus, Hamburg, 405–429. *Welfens, M.* 1988: Das Phänomen der Schattenwirtschaft im Sozialismus, in: Osteuropa Wirtschaft 33 (1), 1–15.

Sicherheit/Internationale Sicherheitspolitik

I. Unter Sicherheit (S.) wird i.d.R. die Abwesenheit von (bzw. der Schutz vor) Gefahren und Bedrohungen verstanden (negativer Sicherheitsbegriff). Von objektiver Sicherheit kann gesprochen werden, wenn Gefahren real nicht existieren; subjektive Sicherheit bezeichnet dagegen lediglich die Abwesenheit von Furcht vor Gefährdungen. ↗ Innere Sicherheit bezieht sich auf Gefahren, die von innen auf eine Gesellschaft oder einen Staat einwirken; äußere Sicherheit definiert sich entsprechend aus der Abwesenheit von (bzw. aus der Vorsorge gegen) Eingriffe(n) von außen. Werden in das Gefahrenspektrum neben militärischen Elementen auch ökonomische, ökologische und technologische Entwicklungen einbezogen oder nichtmilitärische Einzelprobleme wie der Drogenhandel berücksichtigt, so liegen Begriff und Verständnis einer erweiterten bzw. umfassenden Sicherheit zugrunde.

II. Gemessen an den möglichen Folgewirkungen einerseits und an den aktuellen Finanzaufwendungen andererseits wird derzeit der Vorsorge gegen Eingriffe »von außen« das sicherheitspolitisch größte Gewicht zugesprochen. Verhindert werden sollen Aktivitäten, die von außen unter Androhung oder Anwendung insbesondere militärischer Gewalt die Entschlußfähigkeit der Regierung, die Entscheidungsfreiheit des Parlaments, die eigenständige Entwicklung der Gesellschaft oder die Existenz des Staates und der ihm angehörenden Menschen gefährden. Gewahrt werden soll die politische Unabhängigkeit, die territoriale Integrität, die Lebensfähigkeit des Landes sowie die Existenz und Existenzentfaltung seiner Bürger.

Die Mittel, die der äußeren S. dienen (sollen), sind – zumindest bislang – vorrangig militärischer Natur (↗ Militärpolitik). Auch im ausgehenden 20. Jh. ist kein größerer Staat bereit – auch nicht die Bundesrepublik Deutschland –, auf militärische Vorsorge als Standbein der äußeren S. zu verzichten. Das System der gegenseitigen Abschreckung auf der Basis militärischer Pakte ist dagegen seit Beginn der 90er Jahre, d.h. seit Ende des Ost-West-Konfliktes, beseitigt.

Ob die Abschreckung in den vergangenen Jahrzehnten tatsächlich ihre Aufgabe erfüllt hat, d.h. kriegsverhütend gewirkt hat, ist nicht unbestritten, mag aber dahingestellt bleiben. In jedem Fall darf nicht übersehen werden, daß sowohl zu den Voraussetzungen als auch zu den Nebenfolgen des Ost-West-Abschreckungssystems der vergangenen Jahre eine Reihe destabilisierender Faktoren und Mechanismen gehörte, darunter z.B.: a) die Identifizierung des potentiellen Gegners als tatsächlichen Feind, b) die ständige Vorbereitung auf den schlimmsten Fall (*worst case*), c) die irrationale Drohung mit der Vernichtung des Gegners unter Inkaufnahme der letztendlichen Selbstvernichtung, d) die Schaffung von (vermeintlicher) Sicherheit unter Inkaufnahme von Unsicherheitsgefühlen und Bedrohungswahrnehmungen auf der gegnerischen Seite (Sicherheitsdilemma), e) die Reproduktion von Instabilitäten durch die Versuche der Bewältigung eben dieser Instabilitäten über die laufende numerische Erweiterung und qualitative Perfektionierung bzw. Modernisierung der militärischen Offensivmittel.

Nicht anders ist Ende der 80er Jahre die ungeheure Zusammenballung von Destruktionsmitteln in NATO und (vormaliger) WVO (↗ Militärbündnisse), darunter ca. 100000 Panzer, 12000 Kampfflugzeuge und 10 bis 11 Millionen Soldaten, denkbar; nicht anders ist auch die vielfache Übertötungskapazität (*overkill*) von 50000 bis 60000 nuklearen Gefechtsköpfen »begreifbar«; und nicht anders schließlich ist die irrationale Summe der Weltrüstungsausgaben von wahrscheinlich mehr als 1000 Milliarden US-Dollar »erklärbar«.

III. Spätestens seit dem zivilen Kernreaktorunfall in Tschernobyl ist klar, daß in einer Zeit, in der nicht nur die ökonomischen, politischen, kulturellen und militärischen Verflechtungen und Abhängigkeiten ständig zunehmen, sondern auch Gefahren und Krisen – gewollt oder ungewollt – grenzüberschreitend wirken (Wirtschaftskrise, Umweltverschmutzung, radioaktive Folgen eines zivilen Reaktorunglücks ebenso wie eines Atomkrieges etc.), S. nicht länger einseitig erlangt werden kann. Eigene S. muß vielmehr stets auch die S. des Nachbarn und des Gegenübers berücksichtigen. Kurz: S. ist nicht mehr gegen-, sondern nur noch miteinander zu haben. Sicherheit ist gemeinsame Sicherheit.

Auf Kernelementen dieser Einsicht ruhte zwar bereits die Entspannungspolitik der 60er und 70er Jahre sowie die bundesdeutsche Ostpolitik. Sozialdemokraten wie *Egon Bahr* und *Olof Palme* haben sie aber erst zu Ende der 70er/Anfang der 80er Jahre auf den Schlüsselbegriff der gemeinsamen S. gebracht und als Ausgangspunkt der längst überfälligen Suche nach einer sicherheitspolitischen Konzeption genommen. Was gemeinsame S. militär- und rüstungspolitisch meint, hat sich sogar erst in den Diskussionen der zweiten Hälfte der 80er Jahre herausgeschält: Sie will Kriegsverhütung auf der Basis struktureller Angriffsunfähigkeit, d.h. auf der Basis von Streitkräften, die der militärischen Abhaltung und gegebenenfalls der effizienten Verteidigung dienen, nach Organisation, Struktur, Bewaffnung und Strategie aber eine erfolgreiche militärische Aggression nicht zulassen. Mit anderen Worten: Die Kriegsverhütungsfunktion gemeinsamer S. verlangt, daß die Verteidigungsfähigkeit eines Kontrahenten (auf eigenem Boden) größer ist als die Angriffsfähigkeit des Gegenübers. Ihre Optimierung erreicht sie dann, wenn die wechselseitige Verteidigungsfähigkeit beider Kontrahenten größer ist als ihre jeweiligen Angriffsfähigkeiten.

IV. Der Logik dieser Überlegungen haben sich die damals noch 23 Staaten der beiden Militärbündnisse NATO und WVO offiziell mit dem Beginn der Wiener Verhandlungen über Konventionelle Streitkräfte in Europa (VKSE) im März 1989 unterworfen. Ziel des Vertrages, der im November 1990 unterzeichnet wurde und am 9.11.1992 endgültig in Kraft trat, ist es, die Stabilität und Sicherheit in Europa durch Abbau von Ungleichgewichten (Asymmetrien), ferner durch ↗ Abrüstung, Rüstungsbegrenzungen und Umdislozierungen sowie insbes. durch die Beseitigung von Angriffsfähigkeiten zu festigen.

Teilnehmer der VKSE sind die Mitgliedstaaten der NATO und der vormaligen WVO. Verhandlungsgebiet ist das Landterritorium aller Teilnehmer in Europa vom Atlantik bis zum Ural und zum Kaspischen Meer, einschließlich aller europäischen Inseln (mit Ausnahme eines schmalen Landstreifens im Südosten der Türkei gegenüber Iran, Irak und Syrien). Gegenstand von VKSE sind die auf Land stationierten konventionellen Streitkräfte. Entsprechend umfaßt der Wiener Vertrag alle konventionellen Streitkräfte der vormals incl. der DDR 23, dann 22, heute 30 Teilnehmerstaaten in Europa, d.h. einheimische Streitkräfte ebenso wie ausländische.

Der Vertrag selbst sieht eine Begrenzung bzw. Reduzierung der Potentiale sowohl der NATO als auch der vormaligen WVO in einem Zeitraum von 40 Monaten auf 20000 Kampfpanzer,

30000 gepanzerte Kampffahrzeuge, 20000 Artilleriewaffen, 6800 Kampfflugzeuge und 2000 Angriffshubschrauber, gestaffelt in jeweils vier Zonen, vor. Läßt man das der Bundesrepublik Deutschland zugeschlagene Potential der vormaligen DDR beiseite, so nehmen sich die Reduzierungen auf westlicher Seite, insbes. bei der Bundeswehr, mehr als bescheiden aus. Gleichwohl kann zumindest für die Staaten des vormaligen WVO-Gebietes von tiefen Einschnitten in das offensivfähige Potential gesprochen werden. Bei den Kampfpanzern z.B. betragen sie nahezu 50 Prozent.

Die Abkehr von der Abschreckung hin zur gemeinsamen S. auf der Basis struktureller Angriffsunfähigkeit ist allerdings als ein evolutionärer Prozeß angelegt, der Destabilisierung vermeidet, Übergänge sucht und bestehende Strukturen nutzt; dieser Prozeß verlangt in sich schlüssig eine Rüstungskontrollpraxis in Entwicklungsschritten und nicht in Sprüngen. Fraglich aber ist, ob ein evolutionärer Rüstungskontrollprozeß wie die VKSE noch der Dynamik der Realität, d.h. der Bedrohungssituation in Europa gerecht wird. Ende der 80er Jahre ist eingetreten, was viele herbeigesehnt haben, aber kaum jemand zu diesem Zeitpunkt erwartet hatte: Der Kalte Krieg ist vorbei, der Warschauer Pakt ist aufgelöst, die Sowjetunion ist zerfallen. Frieden und Sicherheit können endlich auf ein dauerhaftes und stabiles Fundament gestellt werden. Daß auch die ehemaligen Paktgegner selbst zu dieser Einschätzung kommen, zeigt nachdrücklich ihre »Gemeinsame Erklärung« vom 19.11.1990 in Paris. In dieser Erklärung heißt es u.a.: »Die Unterzeichnerstaaten erklären feierlich, daß sie in dem anbrechenden neuen Zeitalter europäischer Beziehungen nicht mehr Gegner sind, sondern neue Partnerschaften aufbauen und einander die Hand zur Freundschaft reichen werden.« Zu den Maßnahmen und Veränderungen, die sich in der Folgezeit dieser Erklärung anschlossen, gehören z.B. die Zusammenarbeit von NATO und vormaligen WVO-Staaten im Nordatlantischen Kooperationsrat (NAKR) seit Dezember 1991, die Öffnung der NATO im Rahmen eines Programms »Partnerschaft für den Frieden« seit Januar 1994, die Ausweitung der Ziele der Europäischen Union im Vertrag von Maastricht vom November 1993 um die Gemeinsame Außen- und Sicherheitspolitik (GASP) und die Integration der Westeuropäischen Union (WEU) als Pfeiler der gemeinsamen Verteidigungspolitik der EU, die Erklärung der KSZE zur »Regionalen Abmachung« im Sinne von Kapitel VIII der UN-Charta im Juli 1992 sowie die Einrichtung eines Forums für Sicherheitskooperation (FSK).

V. Kann aus den erwähnten Veränderungen und Entwicklungen bereits auf grundlegende Strukturveränderungen des Internationalen Systems geschlossen werden, die es rechtfertigen, schon heute von der endgültigen Beseitigung der Institution Krieg und von der Bildung einer stabilen Friedensordnung »auf Dauer« zu sprechen? Zweifel sind angebracht. Auch in den vergangenen Jahren ist die Zahl der Kriegsschauplätze weltweit nicht zurückgegangen, und noch immer sterben viele Hunderttausende von Menschen durch direkte Kriegseinwirkung, jüngst auch mitten in Europa. Ferner existieren noch immer Zehntausende Atomwaffen auf der Erde, gibt es vermutlich weltweit ca. 26 Millionen Soldaten in regulären Streitkräften und weitere 40 Millionen in Reserve. Darüber hinaus wurden und werden auch weiterhin neue Rüstungstechnologien erforscht (z.B. für den Weltraum) oder neue Waffen sind produziert worden (z.B. hochexplosive konventionelle Sprengmittel). Und trotz Abrüstungsverträgen und -verhandlungen werden allein die Supermächte Tausende neuer strategischer Waffen besitzen oder stationieren (vertikale Proliferation) und nimmt ferner die Zahl der tatsächlichen oder potentiellen Atomwaffenbesitzer noch immer zu (horizontale Proliferation). Ähnliches gilt im übrigen auch für die Verbreitung von chemischen Waffen und den Besitz ballistischer Raketen und anderer sog. exotischer Waffen.

Noch immer also sind weder das globale Wettrüsten noch die Gefährdung des Friedens durch den Krieg bewältigt, machen regionale Konflikte, die Eigendynamik der vielfältigen Rüstungswettläufe und immer neue Militärtechnologien konventionelle, aber auch atomare Kriege denkbar, die beabsichtigt oder wider Willen, bewußt oder aus Versehen, vorbeugend oder reaktiv, in jedem Fall aber mit dem Risiko grenzüberschreitender Wirkung geführt werden. Gerade die gemeinsamen grenzüberschreitenden Gefährdungen, Verletzlichkeiten, Verflechtungen und Abhängigkeiten – sei es auf militärischer Ebene, sei es zukünftig verstärkt auch im ökonomischen, technologischen oder ökologischen Bereich – machen aber neue Regeln des Zusammenlebens unerläßlich. Erforderlich ist eine Ordnung des gemeinsamen ↗ Friedens, die sich als beständiger Prozeß der umfassenden Verwirklichung demokratischer Strukturen und ökologisch angepaßter Lebensweisen versteht, ferner die Autonomie und die eigenen Interessen der Völker des Südens anerkennt und damit eine partnerschaftliche, gleichberechtigte Kooperation unter allen Völkern ermöglicht.
Eine solche verwirklichte Ordnung des gemeinsamen Friedens hat akzeptiert, daß die einzige zivilisierte Form von Sicherheitspolitik die der zivilen Interaktion und Kooperation gleichberechtigter Partner ist; für Streitkräfte und Rüstung hat sie also keine Verwendung. Solange aber die Gefahren und Risiken drohen bzw. eine Ordnung des gemeinsamen Friedens noch nicht einmal ausreichend durchdacht, geschweige denn verwirklicht ist, werden die Völker und Staaten kaum bereit sein, militärischer Vorsorge gänzlich abzuschwören. Mit Blick auf die bisherige Praxis kann kaum geleugnet werden, daß selbst die wenigen Staaten, die aus den unterschiedlichsten Gründen gegenwärtig keine eigene Armee besitzen, nicht völlig auf eine militärische oder quasi-militärische Rückversicherung verzichten wollen. Costa Rica z. B. hat das Militär abgeschafft, besitzt aber starke Polizeitruppen. Japan darf laut Verfassung keine Streitkräfte aufstellen, unterhält aber sog. Selbstverteidigungskräfte. Und auch Island, das selbst kein Militär besitzt, hat sich und sein Territorium der NATO auf Gegenleistung zur Verfügung gestellt. Was folgt aus diesen Überlegungen für Existenz, Umfang und Ausrüstung von Streitkräften?
Weniger noch als der vormalige Ost-West-Konflikt lassen sich die möglichen Gefahren der Zukunft quantifizieren. Kann aber ein konkreter Feind in Zukunft nicht oder nicht mehr ausgemacht werden, so ist Sicherheitspolitik nicht länger quantifizierbare Militärpolitik und wird in Zukunft vielmehr abstrakte Vorsorgepolitik unter Nutzung auch militärischer Mittel. Die Antwort auf die gestellte Frage kann deshalb nur aus den politischen und konzeptionellen Überlegungen für ein zukünftiges Sicherheitssystem abgeleitet werden, das über die Vorstellungen gemeinsamer Sicherheit noch hinausgeht.

VI. Hat gemeinsame S. als konzeptionelle und politische Alternative zur Abschreckung ihre Funktion erfüllt, wenn der Ost-West-Konflikt überwunden und die Ablösung der Pakte und Blöcke erreicht ist, so geht kollektive S. einen entscheidenden Schritt weiter.

Was kollektive S. beinhaltet, ist nicht gänzlich neu. Zumindest findet sich die Idee der kollektiven S. seit langem in einer Reihe von Verträgen und Rechtsnormen. Zu ihnen gehören die Art. 52ff. der Charta der ↗ Vereinten Nationen, der Art. 11 des vormaligen Paktes der WVO, aber auch Art. 24 des Grundgesetzes der Bundesrepublik Deutschland.
Neben der gemeinsamen S. ist kollektive S. insbesondere von einer weiteren – zumindest auf den ersten Blick – terminologisch ähnlichen Konzeption zu unterscheiden: der Konzeption »kollektiver Verteidigung«. Während gemeinsame S. allein auf die Bewältigung der Bedrohung und Gefährdung des Friedens im Frieden abzielt, begreifen kollektive S. und kollektive Verteidigung auch die Friedenserhaltung bzw. -wiederherstellung im Konflikt- bzw. Kriegsfall (unter

Einschluß kollektiver militärischer Maßnahmen gegen Friedensbrecher) als gemeinsames Problem. Anders als die herkömmlichen Systeme kollektiver Selbstverteidigung in Form von Militärallianzen (z. B. NATO, WVO) kann und darf sich das System Kollektiver Sicherheit (SKS) aber nicht nur gegen einen oder gegen bestimmte potentielle Angreifer richten. Ferner verpflichten sich die Mitglieder des Kollektiven Sicherheitssystems ausdrücklich zum automatischen Beistand untereinander; und schließlich tritt die Schutzwirkung des Systems unabhängig davon ein, ob ein Nicht-Mitglied der Aggressor ist oder ein Mitgliedsstaat.

Das relative Versagen der Idee der kollektiven S. in den Vereinten Nationen der vergangenen Jahrzehnte ist sicherlich nicht zu leugnen. Allerdings wäre es falsch, von einem endgültigen Versagen der Idee zu sprechen. Im Gegenteil: Spätestens seit dem Ende des Ost-West-Konflikts ist von einer Stärkung der Vereinten Nationen und einer Renaissance der kollektiven S. auszugehen. Belege hierfür sind z. B. die Einmütigkeit, mit der im Spätsommer 1990 die Völkergemeinschaft die Invasion Kuwaits durch den Irak verurteilt hat und mit der multinationale Streitkräfte die Entscheidung des UN-Sicherheitsrates, gegebenenfalls auch militärische Mittel gegen den Irak einzusetzen, im Januar 1991 durchzuführen begonnen haben. Richtig ist gleichwohl, daß eine ganze Reihe von Streitpunkten schon vor dem II. Weltkrieg die Wirksamkeit des damaligen Völkerbundes beeinträchtigt hat; auch nach 1945 verhinderten sie die Organisierung der militärischen S. in Form kollektiver S. und führten nach dem Muster der Selbstverteidigung bzw. der kollektiven Selbstverteidigung zu Militärbündnissen. Zu diesen Problempunkten gehörten und gehören neben der Effektivität der Streitkräfte die Eindeutigkeit der Identifizierung des Aggressors, die Entscheidungs- und Handlungsfähigkeit von SKS-Organen (insbesondere von Generalsekretär und Sicherheitsrat), die Institutionalisierung einer obligatorischen Schiedsgerichtsbarkeit usw.

VII. Als eine Zwischenlösung auf dem Weg zu einem universalen System kollektiver S. wurde bereits in den 50er Jahren die – im übrigen auch nach Grundgesetz und UN-Charta zulässige – Möglichkeit regionaler Systeme kollektiver S. diskutiert.

Erste Ansätze auf dem Weg zu ähnlichen Vorstellungen lassen sich zu Beginn der 90er Jahre in einer Reihe von Äußerungen, u. a. in der Erklärung des Pariser KSZE-Treffens der Staats- und Regierungschefs vom 21.11.1990 finden. In dieser »Charta von Paris« werden als neue Strukturen und Institutionen des KSZE-Prozesses u. a. beschlossen: a) ein Rat, bestehend aus den Außenministern der Teilnehmerstaaten, b) ein Ausschuß hoher Beamter, c) ein Sekretariat in Prag, d) ein Konfliktverhütungszentrum in Wien, e) ein Büro für freie Wahlen in Warschau. In der Folgezeit wurde eine Reihe weiterer Ergänzungen oder Verbesserungen vorgenommen, darunter 1993 die Einrichtung eines Ständigen Ausschusses in Wien und eines Generalsekretariats mit Büro in Prag. Im Juli 1992 erklärte sich die KSZE sogar ausdrücklich zu einer regionalen Abmachung kollektiver Sicherheit.

Mehr als erste vorsichtige Ansätze beinhalten diese Beschlüsse allerdings noch nicht. Die in Paris 1990 versprochene »neue Qualität der Sicherheitsbeziehungen« entwickelt sich nur sehr schleppend. Auch Mitte der 90er Jahre steht eine homogene kollektive Sicherheitsordnung in und für Europa noch aus, ist die Gefahr einer Neuauflage eines in Abschreckungsblöcken zerrissenen Europas zwar gering, aber noch nicht gänzlich beseitigt.

Dieter S. Lutz

Lit.: *Bahr, E./Lutz, D.* (Hrsg.) 1986: Gemeinsame Sicherheit Bd. 1: Idee und Konzept, Baden-Baden. *Forndran, E./Pohlman, H.* (Hrsg.) 1993: Europäische Sicherheit nach dem Ende des Warschauer Paktes, Baden-Baden. *Krause, J.* (Hrsg.) 1994: Kernwaffenverbreitung und internationaler Systemwandel, Baden-Baden. *Lutz, D.* 1993: Deutschland und die kollektive Sicherheit, Opladen. *Der Palme-Bericht* 1982: Bericht der Unabhängigen Kommission für Abrüstung und Sicherheit »Common Security«, Berlin. *McNamara, R.S.* 1969: Die Sicherheit des Westens, Wien u.a. *Senghaas, D.* 1969: Abschreckung und Frieden, Frankfurt/M. *Solms, F./Mutz, R./Krell, G.* (Hrsg.) 1994: Friedensgutachten 1994, Münster/Hamburg.

Souveränität

Unter Souveränität (S.) verstehen Staatslehre und Völkerrecht den den modernen Staat nach innen und außen konstituierenden Herrschaftsanspruch (↗ Internationales Recht). Der souveräne Staat ist das unabhängige, territorial definierte, gleiche und freie Subjekt von staats- und völkerrechtlichen Akten. Bei der Herausbildung des modernen Staates diente der Souveränitätsbegriff auf der einen Seite der Abwehr von Ansprüchen von außen, d.h. Kirche und Reich, und innen, d.h. Adel, Ständen und Städten. Mit ihm konzentrierte sich die Staatsgewalt rechtlich und faktisch in erster Linie in der Hand des Monarchen, der später durch parlamentarische Regierungen ersetzt wurde (↗ Parlamentarismus). Die Säkularisierung und Zentralisierung von Herrschaft im Territorialstaat führt mit der bürgerlichen ↗ Revolution zum Nationalprinzip, mit dem der Konsens- und Integrationsbedarf des modernen Nationalstaates abgedeckt wird. Mit dem Übergang vom Territorial- zum Nationalstaat erhält der Souveränitätsbegriff eine neue Bedeutung. In dem Maße, wie der sich selbst absolut setzende ↗ Nationalismus oder weltordnende Großmächte die Eigenständigkeit, Entwicklung und Entfaltung anderer Nationen bedrohen, wird der Souveränitätsbegriff zur Schutzklausel der schwächeren gegenüber den stärkeren Staaten. Verteidigungskriege, Verstaatlichungen und Schutz vor wirtschaftlicher Penetration und die Schaffung ↗ Internationaler Organisationen sollen S. bewahren bzw. in der Dritten Welt auch erst schaffen.

Im Gegensatz zu den realen Machtverhältnissen im internationalen System postuliert der Souveränitätsbegriff die Gleichheit aller Staaten. Dies hat Auswirkungen auf internationale Entscheidungsprozesse z.B. in Internationalen Organisationen, Konferenzen und im Völkerrecht. Deshalb gilt hier in der Regel nicht das Mehrheits-, sondern das Konsensprinzip – *de facto* ein Minderheitenschutz für die kleinen Staaten. Gleichberechtigung wird darüber hinaus z.B. von der Dritten Welt auch als Zugangs- und Beteiligungsberechtigung bei der Gestaltung internationaler Politik einschließlich ihrer wirtschaftlichen Dimensionen verstanden (z.B. Forderung nach neuer Weltwirtschaftsordnung).

In den ↗ Internationalen Beziehungen wird der Souveränitätsbegriff im Gegensatz zum Völkerrecht kaum mehr verwendet. Er gilt als ordnungs- und realpolitisch überholt. Man wirft seinen Befürwortern vor, ein nationalstaatliches Modell internationaler Politik zu unterstützen, das eben aufgrund seiner Struktur nicht in der Lage ist, die strukturellen (z.B. Rüstungswettlauf, Unterentwicklung, Domination, ökologische Bedrohung) und aktuellen Probleme (z.B. regionale Konflikte, Protektionismus, Verschuldung, Rassismus) zu lösen. S. von Nationalstaaten wird dabei nicht nur als nicht wünschenswert, sondern auch als real nicht vorhanden bezeichnet. Neben der Rolle transnationaler Konzerne und des privaten Kapitalverkehrs wird auf die zunehmende militärische, wirtschaftliche und politische Interdependenz, die Globalisierung von Information und die leichte Internationalisierung selbst lokaler und innerer Konflikte (z.B. Nahost) verwiesen. Die politische Realanalyse geht vielmehr von Handlungsspielräumen, Abhängigkeitsbilanzen und Verflechtungshierarchien aus, innerhalb derer der Nationalstaat die Inhalte, Instrumente, Strategien und auch die Reichweite seiner Politik bestimmen kann. Der Souveränitätsbegriff ist also durch ein in sich differenziertes und gradualistisches Konzept von Einflußmöglichkeiten im und auf das internationale System abgelöst worden. Unabhängigkeit – wenn sie je für den Nationalstaat bestanden hat – ist demnach eine Fiktion oder höchstens eine taktisch bedingte Forderung. Staatliche Entfaltung sollte weniger auf eine ohnehin nicht realisierbare nationale S. als auf die bewußte politische Gestaltung der wechselseitigen Abhängigkeiten abstellen und Internationalisierung, Koordinierung, Integration und Kompetenzverlagerung – d.h. kontrollierte »Entsouveränisierung« – anstreben. Im Zusammenhang mit der Diskussion über eine Neue Weltordnung bzw. über ein neues Verständnis der Rolle der UNO setzt sich im Völkerrecht wie in der Praxis internationaler Politik der Begriff der »begrenzten« S. durch, mit dem früher unzulässige »Einmischungen in die inneren Angelegenheiten« in bestimmten Fällen (grobe Menschenrechtsverstöße, Gefahr für den Weltfrieden) legitimiert werden.

Reimund Seidelmann

↗ Außenpolitik; Humanitäre Intervention; Internationale Beziehungen.

Lit.: *Bodin, J.* 1576: La République, Paris. *Camilleri, J. A./Falk, J.* 1992: The End of Sovereignty? The Politics of a Shrinking and Fragmenting World, Cheltenham. *Czempiel, E. O.* (Hrsg.) 1969: Die anachronistische Souveränität, PVS-Sonderheft 1, Opladen. *Heller, H.* 1927: Die Souveränität, Berlin. *Hofmann, H. H.* (Hrsg.) 1967: Die Entstehung des modernen Staates, Köln.

Sozialdemokratische Parteien

I. Obwohl sie sporadisch schon in den ersten zwei Dekaden (Australien, Neuseeland, Finnland) oder in den 20er wie 30er Jahren dieses Jh. s (z. B. Großbritannien, Deutschland, Österreich, Schweden) Regierungsverantwortung übernehmen konnten, begann die eigentliche Blütezeit sozialdemokratischer Parteien (s. P.) erst nach 1945. Noch mehr als in den Jahrzehnten davor erforderte nun der Zugang zur Macht in den sich sozialstrukturell ausdifferenzierenden ↗ Industriegesellschaften Westeuropas politische Mäßigung und Kompromißbereitschaft. So war es die jeweils besondere strategische Wahl zwischen reiner Lehre und Machterwerb, die die Entwicklung s. P. nach dem II. Weltkrieg prägte. Diese Dialektik von ideologischer Mäßigung und Regierungsfähigkeit führte zwar zu unterschiedlichen Strategien und programmatischen Profilen unter den s. P., hat aber bei allen zu einer prinzipiellen Akzeptanz der Grundstrukturen und Funktionsweisen der kapitalistischen ↗ Marktwirtschaft geführt. Das Endziel »sozialistische Gesellschaft« verblaßte, und auch der metaphorisch beschworene »dritte Weg« zwischen ↗ Kapitalismus und ↗ Sozialismus wich realpolitisch bald dem Konzept des wohlfahrtsstaatlich kompensierenden und keynesianisch gesteuerten Kapitalismus. Dieser Prozeß verlief ungleichzeitig und setzte sich bezeichnenderweise am raschesten in den sozialdemokratischen (s.) »Regierungs«-parteien durch, während die sozialistischen »Oppositions«parteien Südeuropas noch bis in die 70er Jahre der Symbolik der reinen Lehre den Vorzug vor einem pragmatischen Regierungsprogramm gaben.

Die berühmte Formel des Godesberger Programms der SPD von 1959, »Wettbewerb soweit wie möglich – Planung soweit wie nötig«, beschreibt nicht nur für die deutsche Sozialdemokratie paradigmatisch den Abschied von Sozialismuszielen jenseits des Marktes. Auch in den meisten anderen s. P. hatte sich mit dem Übergang von der Klassen- zur (linken) ↗ Volkspartei die Erkenntnis durchgesetzt, daß für die Überwindung des Kapitalismus in westlichen Demo-

Tabelle 19: Wähleranteile (in %) der sozialdemokratischen Parteien Westeuropas bei nationalen Parlamentswahlen (Durchschnittswerte)

	1945 bis 1990	1945 bis 1973	1974 bis 1990
Belgien	30,2	32,1	27,2
BRD	37,3	36,3	38,8
Dänemark	36,0	37,3	33,3
Finnland	24,8	24,8	24,9
Frankreich	21,7	17,5	32,3
Griechenland			35,4
Großbritannien	41,5	46,0	34,3
Irland	11,2	12,4	9,3
Italien	16,5	17,6	14,9
Niederlande	29,0	27,7	31,5
Norwegen	42,3	44,2	38,7
Österreich	45,2	44,2	47,0
Portugal			30,6
Schweden	45,5	46,3	43,9
Schweiz	24,5	25,5	22,7
Spanien			38,2
Durchschnitt	31,2	31,7	31,5 *

Folgende Parteien wurden in die Berechnung einbezogen: Belgien: BSP/PSB; BRD: SPD; Dänemark: SD; Finnland: SDP; Frankreich: SFIO bzw. PS; Griechenland: PASOK; Großbritannien: LP; Irland: ILP; Italien: PSI/PSDI; Niederlande: PvdA; Norwegen: DNA; Österreich: SPÖ; Portugal: PSP; Schweden: SAP; Schweiz: SPS; Spanien: PSOE.

* Ohne Griechenland, Portugal, Spanien: 30,7

kratien keine Wählermehrheiten zu finden sind. Deshalb verfolgten sie Ziele, die politisch durchsetzbar schienen: Vollbeschäftigung, soziale Sicherheit, Chancengleichheit und den Abbau materieller Ungleichheit (↗ Soziale Ungleichheit).

Dabei waren es erst die ökonomischen Ideen der »Stockholm Schule« (noch vor *Keynes)* und die »General Theory« (1936) des Liberalen *John Maynard Keynes,* die den Sozialdemokraten eine wirtschaftspolitische Strategie an die Hand gaben, die es ihnen ermöglichte, unmittelbare Reformziele innerhalb des Kapitalismus zu realisieren. Nach 1945 nahmen die meisten s. P. den ↗ Keynesianismus in unterschiedlichen Versionen und Synthesen in ihre ↗ Wirtschaftspolitik auf. Insbesondere die keynesianische Betonung des Lohnes als wichtigem Faktor der volkswirtschaftlichen Gesamtnachfrage und das Instrument staatlicher Fiskalsteuerung als bevorzugtes Mittel zur Verstetigung des Konjunkturverlaufes ermöglichten es den s. P., Politikpräferenzen wie Vollbeschäftigung und lohnpolitische Umverteilung zu realisieren, ohne die Akkumulationsfähigkeit des Kapitals zu gefährden. Das alte s. Dilemma von egalitären Umverteilungszielen und marktwirtschaftlichen Funktionserfordernissen schien sich in dem Maße aufzulösen, wie das partikuläre Interesse der Arbeiter an Konsum mit dem allgemeinen Interesse an Produktion zusammenfiel. Ob s. P. diese neue Strategie als Regierungsparteien überhaupt verfolgen konnten, hing in erster Linie von ihrer Regierungsmacht und ihren Wahlerfolgen ab.

II. Auffallend sind die erheblichen Unterschiede der sozialdemokratischen Stimmenanteile in den einzelnen Ländern Westeuropas. Sie reichen im Durchschnitt (für den Zeitraum von 1945–1990 berechnet) von 11,2 % der irischen *Labour Party,* bzw. 16,5 % der Sozialistischen und Sozialdemokratischen Partei Italiens (PSI; PSDI) bis zu den 45,5 % der Sozialdemokratischen Arbeiterpartei Schwedens (SAP) bzw. 45,2 % der Sozialistischen Partei Österreichs (SPÖ).

Diese Indikatoren zeigen – bei allen Unterschieden – auffällige Strukturen und Trends in der politischen Zusammensetzung von Regierungen westlicher Länder (vgl. Tabelle 19). Die Durchschnittswerte aller westeuropäischen sozialdemokratischen und sozialistischen Parteien liegen für die Perioden 1945–1973 und 1974–1990 bei 31,7 % bzw. 31,5 %. An diesen fast identischen Wahlergebnissen für das sogenannte goldene Zeitalter der Sozialdemokratie (1945–1973) und für die vermeintliche Niedergangsphase (1973–1990) im westeuropäischen Gesamtdurchschnitt läßt sich eine

enorme Stabilität s. Wählerpräferenz nachweisen. Hinter dieser Durchschnittsstabilität verbergen sich jedoch, verstärkt seit 1980, sichtbare (Netto-) Wählerfluktuationen *(volatility)* bei den einzelnen Parteien, die auch gruppenspezifische Muster erkennen lassen. Verluste erlitten zwei Gruppen: Zum einen die beiden *Labour Parties* in Großbritannien und Irland, zum anderen die Gruppe der stärksten und politisch erfolgreichsten sozialdemokratischen Parteien Skandinaviens (Schweden, Norwegen, Dänemark) und Österreichs, die eine leichte Abschmelzung ihres außergewöhnlich hohen Stimmenniveaus hinnehmen mußten.
Kompensiert wurden die Wählerverluste der beiden Gruppen durch die sozialistischen Nachzügler Südeuropas, von denen zu Beginn der 80er Jahre die Sozialisten Frankreichs, Griechenlands und Spaniens zu den dominanten Parteien ihrer Länder aufstiegen. Stabil blieb der Anteil jener moderaten s. P., die immer auf Koalitionspartner angewiesen waren und in der Regel deutlich unter der 40%-Wählermarke blieben (Belgien, BRD, Finnland, Niederlande, Schweiz).
Allgemein läßt sich feststellen, daß die s. P. in jenen Ländern am stärksten sind, in denen 1) die Konfliktlinie von Kapital und Arbeit nicht durch konkurrierende religiöse, ethnische, regionalistische *cleavages* (↗ Konfliktlinien) durchschnitten oder überlagert wird, 2) ein ausgeprägter Industriesektor vorhanden ist, 3) sich keine relevante ↗ Kommunistische oder linkssozialistische Partei etablieren konnte und 4) ein starkerWohlfahrtsstaat (↗ Sozialstaat) mit universalistischen Elementen aufgebaut wurde. Dies gilt insbesondere für die s. P. Schwedens, Norwegens und mit Abstrichen auch für Österreich und Großbritannien. Von diesem Muster weichen die sozialistischen Nachzügler Südeuropas ab. Ihr Erfolg gründet weniger in dem geringeren Rückhalt in einer vergleichsweise kleinen Arbeiterschaft, sondern vor allem auf ihrem bis weit in die Mittelschichten reichenden Wähler-*Appeal* als Demokratisierungs- und Modernisierungsagenturen ihrer Länder.
III. Mitte der 70er Jahre schien das »goldene Zeitalter« der Sozialdemokratie zu Ende zu gehen. Denn als sich wirtschaftliches Wachstum, zweifellos der zentrale Parameter des sozialdemokratisch-wohlfahrtsstaatlichen Kompromisses, nicht mehr ohne verschärfte Verteilungskonflikte und negative außenwirtschaftliche Folgen über eine globale Nachfragesteuerung herstellen ließ, verloren die keynesianischen Konzepte an Attraktivität. Der einstige Erfolgszusammenhang von ↗ Keynesianismus und Sozialdemokratie schien sich zu verkehren, die Krise des Keynesianismus drohte, die Krise der Sozialdemokratie nach sich zu ziehen. Die zeitweise Blockierung der keynesianischen Koordination, die Heterogenisierung der ↗ Sozialstruktur und der Lebensstile westlicher Industriegesellschaften, die Auflösung proletarischer Lebensmilieus, die Schrumpfung der Arbeiterschaft, ↗ Wertewandel und postmaterielle Forderungen sowie geänderte gesellschaftliche Diskurse schienen die Erfolgsbedingungen sozialdemokratischer Politik aufzulösen. Als würden all diese Entwicklungen gleichzeitig und unabhängig von spezifischen nationalen Kontexten auftreten und sich synergetisch verdichten, fanden Sozialwissenschaftler – Konservative, Liberale, Marxisten – für die Sozialdemokratie eine universell gültige Krisentheorie und sprachen vom »Ende des sozialdemokratischen Jahrhunderts« (*Dahrendorf*). Bei allen ideologi-

schen und epistemologischen Unterschieden litten diese Niedergangstheorien an der gemeinsamen Schwäche, sozialdemokratische Parteien nicht als Akteure, sondern nur als Opfer einer sich ändernden »Umwelt« zu begreifen. Sie unterschätzten die »revisionistische« Fähigkeit der Sozialdemokratie, Strategien, Ziele und Politiken im Lichte des ökonomischen Wandels zu überprüfen und gegebenenfalls zu revidieren, um die Bedingungen ihres politischen Überlebens und Erfolges aktiv zu beeinflussen. Empirisch gesättigte Vergleiche zeigen denn auch, daß weder auf der Ebene der Wählerschaft und Regierungsmacht noch auf der Ebene der *policies* von einem generellen Niedergang der Sozialdemokratie die Rede sein kann.

Die Widerstands- und Anpassungsfähigkeit und damit der Erfolg sozialdemokratischer Politik seit Mitte der 70er Jahre variierte stark und war von mindestens vier Kontextvariablen abhängig.

1) Ökonomische Variablen. Je höher das Entwicklungsniveau und die internationale Konkurrenzfähigkeit der nationalen Wirtschaft, desto erfolgreicher konnten s. P. ihre prioritären Ziele der Vollbeschäftigung und des Ausbaus bzw. der Erhaltung des Wohlfahrtsstaates verfolgen. Während sich die Unabhängigkeit von der ↗ Europäischen Gemeinschaft und dem Europäischen Währungssystem (EWS) positiv auswirkte, spielte die Größe des verstaatlichten Industriesektors für diesen Erfolg keine Rolle.

2) Sozio-institutionelle Variablen. Je zentralisierter, repräsentativer und kooperativer die ↗ Arbeitsbeziehungen organisiert waren, um so strategiefähiger waren s. Regierungen in der Durchsetzung ihrer Politik. Je umfangreicher, universeller und bewegungsintensiver der wohlfahrtsstaatliche Sektor ausgebaut war, um so attraktiver erwies sich s. Politik für die Mittelschichten und um so resistenter erwiesen sich s. Errungenschaften gegen (neo)-liberale Attacken des Sozialstaatsabbaus.

3) Politische Variablen. Je fragmentierter das Lager der ↗ Bürgerlichen Parteien, je geringer die Relevanz konkurrierender kommunistischer, linkssozialistischer und ökolibertärer (↗ Grüner) Parteien, um so stärker waren s. Parteien. Eine zentralistische Staatsverfassung und weisungsgebundene Notenbanken vergrößerten die Durchgriffsmöglichkeit sozialdemokratischer Regierungen.

4) Variable »Zeit«. Je früher und je länger s. P. sich in den prosperierenden Jahrzehnten nach 1945 in der Regierung etablierten und staatliche Institutionen wie gesellschaftliche Werte prägen konnten, um so widerstandsfähiger erwies sich ihre Politik gegen die angebotsökonomischen Versuchungen der 80er Jahre (↗ Monetarismus).

Mit diesem Variablen-Raster läßt sich erklären, warum trotz der Erosion positiver Umweltbedingungen insbesondere die etablierte Sozialdemokratie Schwedens, Norwegens, Österreichs und mit Abstrichen auch Finnlands ihre dominante politische Position zur Durchsetzung s. Politik nutzen konnten und warum die sozialistischen Nachzügler Südeuropas und Frankreichs erhebliche Probleme hatten, ihrer Modernisierungspolitik genuin sozialdemokratische Akzente zu verleihen. Die stark koalitionsabhängige Gruppe der s. P. scheint weitere Zugeständnisse an bürgerliche Koalitionspartner machen zu müssen (z. B. in Belgien, Niederlande), um in die Regierung zurückkehren zu können. Trotz dieser Abstriche an weitreichenden Reformplänen bleibt jedoch abzuwarten, ob es nach den beiden prinzipiellen Wenden in der s. Politik dieses Jahrhunderts (zu Beginn: Aufgabe des Revolutionskonzepts; in der Mitte: Akzeptanz der kapitalistischen Marktwirtschaft) an dessen Ende mit der Preisgabe staatlicher Steuerung des Marktes zu einem dritten fundamentalen Paradigmenwechsel kommt.

Wolfgang Merkel

Lit.: *Castles, F.* 1978: The Social Democratic Image of Society, London. *Esping-Andersen, G.* 1985: Politics Against Markets, Princeton. *Korpi, W.* 1983: The Democratic Class Struggle, London. *Merkel, W.* 1993: Ende der Sozialdemokratie? Machtressourcen und Regierungspolitik im westeuropäischen Vergleich, Frankfurt a. M./New York. *Merkel, W.* (Hrsg.) 1994: Entre la modernidad y el postmaterialismo. La socialdemocracia europea a finales del siglo XX, Madrid. *Padgett, St./Paterson, W. E.* 1991: A History of Social Democracy in Postwar Europe, London/New York. *Paterson, W./Thomas, A. H.* (Hrsg.) 1986: The Future of Social Democracy, Oxford. *Pelinka, A.* 1980: Sozialdemokratie in Europa, München. *Przeworski, A.* 1985: Capitalism and Social Democracy, Cambridge. *Przeworski, A./Sprague, J.* 1986: Paper Stones. A History of Electoral Socialism. *Scharpf, F. W.* ^{2}1987: Sozialdemokratische Krisenpolitik in Europa, Frankfurt a. M./New York.

Soziale Bewegung

Der Begriff soziale Bewegung (s. B.) bezeichnet einen organisatorisch nicht kontrollierten Prozeß der kollektiven Abwendung von gesellschaftlich dominanten Werten, Normen oder Zwecksetzungen, dessen Träger bzw. Akteure (grundlegende) Veränderungen der bestehenden Gesellschaft anstreben. Die vier identifizierenden Elemente dieser Definition – 1) eine geringe organisatorische Strukturierung, 2) die prozessuale Unkalkulierbarkeit der gesellschaftlichen Oppositionsfunktion, 3) die abgestufte Reichweite oppositioneller Handlungsorientierungen und 4) das voluntaristische Handlungsmodell – bezeichnen zugleich die thematische Spannweite, in der die sozialwiss. Literatur das Spezifische s. B. herauszuarbeiten versucht (vgl. *Rucht* 1991).

1. Die paradigmatische Dominanz von gesamtgesellschaftlich-strukturalistischen Modellen sozialen Wandels hat etwa seit der Jahrhundertwende eine zunehmende Ausrichtung des Forschungsinteresses auf organisierte und/oder bürokratische Handlungssysteme befördert. In der Politikwiss. verengte sich dieses Interesse auf die überwiegende Beschäftigung mit regelhaften Prozessen der Willensbildung (Wahlen, ↗ Parlamentarismus), durchstrukturierten Organisationen der Interessenvermittlung (Verbände, ↗ Parteien) und der formalen sowie inhaltlichen Verarbeitung politischer Forderungen und politischer Unterstützung in Regierung und Verwaltung. Sofern s. B., dieser Orientierung folgend, nicht nur als unspezifischer Unterfall des Verbandswesens (↗ Verbändeforschung; vgl. *von Beyme* 1980: 83 ff.; ähnlich der »*resource mobilization*«-Ansatz, vgl. *McCarthy/Zald* 1977) angesehen wurden, betonte die Literatur vor dem Hintergrund einer Dichotomisierung zwischen »kollektivem« und »institutionellem« Verhalten (vgl. *Heinz/Schöber* 1972) einerseits die mangelnde Stabilisierung durch formale Organisiertheit als Charakteristikum und andererseits den Zwang zur Organisierung und Institutionalisierung als unausweichliche Perspektive gesamtgesellschaftlich relevanter s. B. (vgl. *Rammstedt* 1978).

Die Beschäftigung mit den neuen s. B. (Sammelbegriff für die im Gefolge der Studentenbewegung aufgetretenen s. B.: AKW-B., Alternativ-Bewegung, Ökologie-B., Bürgerinitiativ-B., Friedens-B., Frauen-B. etc.) hat die undifferenzierte Festlegung s. B. auf das Konstitutionsprinzip informeller Interaktion relativiert (vgl. *Rucht* 1991). Zur Kennzeichnung der organisationssoziologischen Distanz zwischen s. B. und Verbänden/Parteien wird man gleichwohl *Heberles* (1951; 1967) Präzisierung beibehalten können, daß s. B. zwar organisierte Bewegungsteile umfassen können, aber nicht in einer formalen Organisation aufgehen (zur Wechselwirkung von Organisation und Spontaneität bei s. B.: *Raschke* 1985: 205–214).

2. Umstritten ist in der Forschung weiterhin die teleologische Perspektive, die die gesellschaftliche Wirksamkeit einer s. B. letztlich von einem erfolgreich bewältigten Prozeß der organisatorischen und institutionellen Konsolidierung »abweichenden Verhaltens« abhängig macht.

Die Parteienforschung verweist hier auf die Bewegungsursprünge des heutigen ↗ Parteiensystems *(von Beyme* 1982: 25); bewegungsnahe Sozialforscher beharren demgegenüber auf der selbstreflexiven Kontrollierbarkeit von Institutionalisierungsprozessen *(Rucht* 1983, 1984): Zumindest die neuen s. B. seien, anders als ihre historischen Vorgänger, auch bei wachsender gesellschaftlicher Resonanz kaum durch das Hervortreten charismatischer Führungspersönlichkeiten und die Dominanz programmatischer Vereinheitlichung als Vorstufe organisatorischer Zentralisierung und gesellschaftlicher Institutionalisierung gekennzeichnet. Mangelnde organisatorische Effizienz und fehlende Institutionalisierung würden durch Mobilisierung und »hohe symbolische Integration« (*Raschke* 1985: 77ff.) kompensiert. Stärker gesamtgesellschaftlich-strukturalistischen Modellen sozialen Wandels verpflichtete Forscher bleiben skeptisch: Die Kontrolle moderner, zweckrational organisierter Gesellschaften sei nur begrenzt im Rahmen dezentral basisdemokratischer Handlungszusammenhänge aufzubrechen (vgl. *Brand* u.a. 1983; *Wiesendahl* 1989).

3. Die in dieser Prämisse mitgedachte Wechselbeziehung zwischen Form und Inhalt wurde in der Bewegungsforschung lange Zeit vernachlässigt. In Anknüpfung an frühe massenpsychologische (*Le Bon*), kultursoziologische (*Weber*) und elitentheoretische (*Michels*) Ansätze unterstrich die Forschung zunächst den anomischen Spontaneismus (*collective-behavior*-Forschung), den mythisch-chiliastischen Irrationalismus (*Mühlmann*) oder den ideologischen ↗ Totalitarismus (*Arendt, Heberle*) sozialer Bewegungen.

Entproblematisiert wird das Form-Inhalt-Problem jedoch auch in Ansätzen, die die heutigen neuen s. B. aus der Perspektive eines gesamtgesellschaftlichen ↗ Wertewandels oder als kollektive Reaktion auf strukturelle Widersprüche des gesellschaftlichen Modernisierungsprozesses zu begreifen versuchen. Die Zwecksetzungen der neuen s. B. werden auf diesem Abstraktionsniveau schlüssig, aber wenig aussagekräftig, in die gängigen Konstrukte sozialen Wandels eingepaßt und auf einen »gemeinsamen Nenner« (*Vester* 1983) gebracht (zur Kritik dieser und anderer »rationalistische(r) Metadeutungen« *Japp* 1984)
Sowohl der Prozeßcharakter s. B. generell als auch die in empirischen Untersuchungen (vgl. *Huber* 1980; *Roth/Rucht* 1987) wiederholt nachgezeichnete programmatische Heterogenität der neuen s. B. machen es dagegen plausibler, zumindest solange von einer Gleichzeitigkeit oppositioneller Handlungsrationalisierungen bzw. Zweckbestimmungen unterschiedlichster gesellschaftlicher Reichweite (vgl. *Vester* 1989: 43ff.) auszugehen, wie sich eine vereinheitlichende Zweckbestimmung organisatorisch (noch) nicht konsolidiert und programmatisch durchgesetzt hat (vgl. *Gerdes* 1984). Ist dieses Stadium jedoch erreicht, so wird nicht mehr von einer s. B., sondern von einer formalen Organisation zu sprechen sein (vgl. *Rammstedt* 1978).

4. Der v. a. den neuen s. B. zugeschriebene politische Voluntarismus ist die logische Entsprechung der engen Rückkopplung gruppenübergreifender Zweckbestimmungen an die heterogene individuelle Motivationsbasis der in vielfältig vernetzten Einzelgruppen gebundenen Bewegungsakteure. Diese verstehen sich nicht als Vollzugshelfer scheinbar unausweichlicher gesamtgesellschaftlicher Entwicklungsprozesse, sondern als in konkreten Situationen jenseits und gegen organisierte(r) und machtbesetzte(r) Entwicklungslogiken Handelnde. Hierin glaubten strukturalistisch oder politökonomisch orientierte Sozialforscher Theoriefeindlich-

keit und die Wiederbelebung rechter (romantisch-gemeinschaftlicher), linker (anarchistischer) oder radikal Subjekt-orientierter Verweigerungstraditionen entdecken zu können (vgl. u.a. *Evers/Szankay* 1981; in modernisierungstheoretischer Umdeutung: *Brand* 1989).

Inzwischen wird weithin eingeräumt, daß der thematisch »fluide«, situative politische Voluntarismus neuer s. B. mit strukturellen Transformationen industrieller Gesellschaften (*Brand* 1987: 43) einhergeht, deren Eigentümlichkeit erst von den neuen s.B., nicht aber von ihren traditionalistisch theoretisierenden Kritikern ins öffentliche Bewußtsein gerückt wurden (*Brand* 1989: 138; vgl. auch *Touraine* 1978). Die Thematisierung dieser Wandlungsprozesse sprengt den engen Rahmen herkömmlicher politischer Interessenvermittlung und konzentriert sich auf politisch vielfach latent bleibende soziokulturelle Handlungskontexte.

Dirk Gerdes

↗ Bürgerinitiativen.

Lit.: *Abromeit, H.* 1982: Parteienverdrossenheit und Alternativbewegung, in: PVS 23, 178–198. *Beyme, K. von* [5]1980: Interessengruppen in der Demokratie, München. *Beyme, K. von* 1982: Parteien in westlichen Demokratien, München. *Brand, K.-W.* 1987: Kontinuität und Diskontinuität in den neuen sozialen Bewegungen, in: *Roth, R./Rucht, D.*, 30–44. *Brand, K.-W.* 1989: Neue soziale Bewegungen – Ein neoromantischer Protest? in: *Wasmuth, U. C.*, 125–139. *Brand, K.-W.* u.a. 1983: Aufbruch in eine andere Gesellschaft. Neue soziale Bewegungen in der Bundesrepublik, Frankfurt a. M./New York. *Evers, A./Szankay, Z.* 1981: Das gerissene Band – Überlegungen zum neueren Verhältnis von sozialem Wissen und sozialer Bewegung, in: PROKLA 11, 43–60. *Gerdes, D.* 1984: »Verhalten« oder »Handeln« ? – Thesen zur sozialwissenschaftlichen Analyse sozialer Bewegungen, in: *Falter, J.* u.a. (Hrsg.): Politische Willensbildung und Interessenvermittlung, Opladen, 645–654. *Heberle, R.* 1951: Social Movements, New York. *Heberle, R.* 1967: Hauptprobleme der politischen Soziologie, Stuttgart. *Heinz, W./Schöber, P.* (Hrsg.) 1972: Theorien kollektiven Verhaltens. Beiträge zur Analyse sozialer Protestaktionen und Bewegungen, 2 Bde, Darmstadt/Neuwied. *Huber, J.* 1980: Wer soll das alles ändern? Die Alternativen der Alternativbewegung, Berlin. *Japp, K.P.* 1984: Selbsterzeugung oder Fremdverschulden. Thesen zum Rationalismus in den Theorien sozialer Bewegungen, in: Soz.W. 35, 313–329. *McCarthy, J. D./Zald, M.N.* 1977: Resource Mobilization and Social Movements. A Partial Theory, in: American Journal of *Sociology* 6, 1212ff. *Probst, L.* 1993: Ostdeutsche Bürgerbewegungen und Perspektiven der Demokratie, Köln. *Rammstedt, O.* 1978: Soziale Bewegung, Frankfurt/M. *Raschke, J.* 1985: Soziale Bewegungen. Ein historisch-systematischer Grundriß, Frankfurt a.M./New York. *Roth, R./Rucht, D.* (Hrsg.) 1987: Neue soziale Bewegungen in der Bundesrepublik Deutschland, Bonn. *Rucht, D.* 1983: Institutionalisierungstendenzen der neuen sozialen Bewegungen, in: *Hartwich, H.H.* (Hrsg.): Gesellschaftliche Probleme als Anstoß und Folge von Politik, Opladen, 199–212. *Rucht, D.* 1984: Zur Organisation der neuen sozialen Bewegungen in der Bundesrepublik, in: *Falter, J.* u.a., 609–620. *Rucht, D.* (Hrsg.) 1991: Research on Social Movements. The State of the Art in Western Europe and the USA, Frankfurt/M. *Touraine, A.* 1978: La voix et le regard, Paris. *Vester, M.* 1983: Die »Neuen Plebejer«. Thesen zur Klassen- und Schichtenstruktur und zu den Entwicklungsperspektiven der neuen sozialen Bewegungen, in: *Hartwich, H.-H.*, 213–224. *Vester, M.* 1989: Neue soziale Bewegungen und soziale Schichten, in: *Wasmuth, U.C.*, 38–63. *Wasmuth, U.C.* (Hrsg.) 1989: Alternativen zur alten Politik? Neue soziale Bewegungen in der Diskussion, Darmstadt. *Wiesendahl, E.* 1989: Etablierte Parteien im Abseits? Das Volksparteiensystem der Bundesrepublik vor den Herausforderungen der neuen sozialen Bewegung, in: *Wasmuth, U.C.*, 82–108.

Soziale Frage

I. Der Begriff der sozialen Frage (s. F.) erscheint als Lehnübersetzung von

»*question sociale*« in Deutschland erstmals 1840.

Er wurde zunächst sehr allgemein verwendet: »Im Schlagwort von der ›socialen Frage‹ waren die vielfältigen Probleme der Mobilisierungs- und Modernisierungskrise auf eine zusammenfassende Formel gebracht. Man begann, die unterschiedlichen gesellschaftlichen Krisenphänomene als Symptom einer allgemeinen Strukturkrise der gesellschaftlichen Bewegung wiss. zu reflektieren und sich für eine grundlegende Gesellschaftsreform politisch einzusetzen« (*Pankoke* 1970: 49). Erst in der zweiten Hälfte des 19. Jh.s gewann die s. F. als Arbeiterfrage scharfe Konturen und nahm das ganze sozialpolitische Interesse in Anspruch. In der sozialistischen Bewegung wurde der Widerspruch zwischen Arbeit und Kapital als Ursache der s. F. thematisiert und ein industriegesellschaftliches, antagonistisches Konfliktmodell konstruiert (↗ Arbeiterbewegung). Auch die Sozialreformer, die den antagonistischen Charakter des Konflikts leugneten und die Überwindung von Klassengegensätzen anstrebten, gingen zunächst von diesen Gegensätzen aus. Die bloße Wiederbelebung einer vorindustriellen Gesinnung, wie sie den Sozialkonservativen vorgeschwebt hatte, fand schon in der zweiten Hälfte des 19. Jh.s bei den relevanten gesellschaftlichen Gruppen wenig Unterstützung. Die Notwendigkeit struktureller Veränderungen wurde, bei allen Unterschieden in der Akzentuierung, von der Mehrheit anerkannt.

Arbeiterschutz und *Bismarcksche* Sozialpolitik waren die institutionellen Antworten des Obrigkeitsstaates auf die s. F. und die soziale Bewegung, ein »wohlfahrtsstaatlicher Kontrapunkt zur polizeistaatlichen Unterdrückung« (*Hentschel* 1983: 10). Auch wenn sich die Sicherung zunächst auf sehr niedrigem Niveau bewegte, wirkte sie nicht zuletzt durch ihre institutionelle Ausgestaltung (Abgrenzung von der entwürdigenden Armenpflege und Gestaltungsprinzip der Selbstverwaltung) integrierend und befriedend. In ihrer weiteren Dynamik offenbarte die ↗ Sozialpolitik ihr »konservativ-revolutionäres Doppelwesen«, das im Zentrum der dem demokratischen ↗ Sozialismus verpflichteten Analysen *Heimanns* (1980: 172) steht. »Sozialpolitik ... baut den Kapitalismus stückweise ab und rettet dadurch seinen jeweils verbleibenden Rest; sie erreicht immer dann und nur dann einen Erfolg, wenn die Erfüllung einer sozialen Teilforderung zur produktionspolitischen Notwendigkeit wird.« Insbesondere *Achinger* (1958) hat darauf hingewiesen, wie stark Sozialpolitik in Deutschland nicht nur in ihren Ursprüngen, sondern auch in ihrer Formgebung von der s. F. als Arbeiterfrage bestimmt ist.

II. Massive gesellschaftliche Veränderungen im 19. Jh. bildeten den Hintergrund für die s. F. und die gesellschaftspolitischen Antworten. Als in den 70er Jahren des 20. Jh.s die Neue s. F. aufgeworfen wurde, verband sich damit der Anspruch einer neuen Situationsanalyse, die den veränderten gesellschaftlichen Problemlagen und Kräfteverhältnissen Rechnung tragen sollte.

»Zu dem Konflikt zwischen Arbeit und Kapital sind Konflikte zwischen organisierten und nichtorganisierten Interessen, zwischen Minderheiten und Mehrheiten, zwischen Stadt und Land und zwischen den Machtausübenden und Machtunterworfenen innerhalb der organisierten gesellschaftlichen Gruppen getreten ... Die Nichtorganisierten, alte Menschen, Mütter mit Kindern oder die nicht mehr Arbeitsfähigen, sind den organisierten Verbänden in aller Regel unterlegen. Hier stellt sich die Neue Soziale Frage.«

(Mannheimer Erklärung der CDU 1975). Zu dieser Situationsanalyse hatte sich eine Vielzahl recht heterogener sozialwiss. und politisch-programmatischer Beiträge verdichtet: konservative und ordoliberale Kritik am Wohlfahrtsstaat (↗ Sozialstaat) und an der Verbandsmacht; sozialwiss. Theorien über die unterschiedliche Organisierbarkeit und Konfliktfähigkeit von Interessen; empirische Studien über das Ausmaß materieller Armut in der Bundesrepublik Deutschland (*Mosdorf* 1980; *Groser/Veiders* 1979; *Geißler* 1976).

Umgekehrt bot die Neue s. F. zahlreiche Anknüpfungspunkte für die sozial- und politikwiss. Diskussion: ihre partei- und interessenpolitischen Funktionen in der politischen Auseinandersetzung; ihre empirische Fundierung, z. B. im Streit um das Ausmaß materieller Armut; ihr Verhältnis zu sozialwiss. Theorien, z. B. zur Disparitätentheorie *Offes;* ihre Stellung zu den sozialpolitischen Traditionen des Konservativismus und Paternalismus; ihre Beziehung zu neueren Ergebnissen der Arbeitsmarktforschung (Segmentationsansätze). In der kritischen Auseinandersetzung wurde auch die Geltung der »alten s. F.« herausgestellt und versucht, die neueren sozialen Probleme auf den Konflikt zwischen Arbeit und Kapital zurückzuführen. Dagegen scheint die Korporatismustheorie (↗ Korporatismus), soweit sie die mit korporatistischen Problemlösungen einhergehenden Ausgrenzungsprozesse aufgreift, grundlegende Positionen der Neuen s. F. zu unterstützen.

Die angelsächsische, an *social problems* orientierte Forschung verweist schließlich auf das Problem, ob es noch angemessen ist, von einer s. F. zu sprechen. Sie stellt die Analyse der Einzelprobleme in den Vordergrund und vernachlässigt die Frage nach den inneren Zusammenhängen und letzten Ursachen. Ihre an den Versorgungslagen sozialpolitisch Bedürftiger orientierten Beiträge lassen sich als »Defizitdiskurs« (*Vobruba*) charakterisieren, dessen Grenzen in einer Modernisierungstheorie der Sozialpolitik aufgezeigt und überschritten werden. Jenseits der sozialen Fragen, die sich durch die Benennung von Notlagen und Leistungsempfängern einkreisen lassen, stellt sie den gesellschaftlichen Nutzen von Sozialpolitik als Modernisierungsinstrument heraus. Er besteht darin, durch soziale Sicherheit Autonomiegewinne für individuelles Handeln zu erzielen und ansonsten drohende Modernisierungsblockaden aufzulösen. Die Fruchtbarkeit dieser Perspektive zeigt sich bei der Einordnung der Arbeiterfrage des 19. Jh.s ebenso wie bei der Bestimmung der Rolle der Sozialpolitik in den Transformationsprozessen in Ostdeutschland und -europa.

Manfred Groser

↗ Soziale Marktwirtschaft; Sozialismus/Sozialdemokratie.

Lit.: *Achinger, H.* 1958: Sozialpolitik als Gesellschaftspolitik, Reinbek. *Geißler, H.* 1976: Die Neue Soziale Frage, Freiburg. *Groser, M./Veiders, W.* 1979: Die Neue Soziale Frage, Melle. *Heimann, E.* [2]1980: Soziale Theorie des Kapitalismus. Theorie der Sozialpolitik, Frankfurt/M. *Hentschel, V.* 1983: Geschichte der deutschen Sozialpolitik 1880–1980, Frankfurt/M. *Mosdorf, S.* 1980: Die sozialpolitische Herausforderung. Wohlfahrtsstaatkritik, Neue Soziale Frage und die Zukunft der deutschen Sozialpolitik, Köln. *Pankoke, E.* 1970: Sociale Bewegung – Sociale Frage – Sociale Politik, Stuttgart. *Vobruba, G.* 1991: Jenseits der sozialen Fragen, Frankfurt.

Soziale Marktwirtschaft

Der Begriff soziale Marktwirtschaft (s. M.) wird mit zwei verschiedenen Inhalten verknüpft: einmal mit der realen Wirtschafts- und Sozialordnung der Bundesrepublik Deutschland; zum zweiten mit einem Leitbild der Wirtschafts- und Gesellschaftspolitik, dem die reale Entwicklung gegenübergestellt werden kann. Wer auf diese Vergleichsmöglichkeit nicht verzichten will, wird den Begriff in der zweitgenannten Bedeutung verwenden. Dies entspricht auch dem Sprachgebrauch der wiss. Wirtschaftspolitik: »Die ›soziale Marktwirtschaft‹ ist das vom Neoliberalismus inspirierte Leitbild der westdeutschen Wirtschaftspolitik nach

1948. Es unterscheidet sich vom Ordoliberalismus durch größere Wirklichkeitsnähe und stärkere Betonung sozialpolitischer Ziele und verlangt von den Trägern ökonomischer Macht soziales Verantwortungsbewußtsein« (*Giersch* 1960: 188).

Nach dem Urheber des Begriffs, *Müller-Armack*, bezweckt die s. M. eine »neuartige Synthese«, die im Gegensatz zum Altliberalismus keine Wiederherstellung einer *Laissez-faire*-Wirtschaft anstrebt. Sinn der s. M. sei es, »das Prinzip der Freiheit auf dem Markte mit dem des sozialen Ausgleichs zu verbinden« (*Müller-Armack* 1956: 390). Bei der Ausgestaltung des wirtschafts- und sozialpolitischen Instrumentariums kommt dem Kriterium der Marktkonformität herausragende Bedeutung zu. Wie andere Leitbilder auch gewann die s.M. ihre Überzeugungskraft aus einer pointierenden Situationsanalyse und der Aufarbeitung wirtschaftspolitischer Erfahrungen (Weltwirtschaftskrise, Interventionismus, Zentralverwaltungswirtschaft, Wirtschaftslage vor der Währungsreform), verbunden mit einer intensiven Auseinandersetzung mit überkommenen Deutungsmustern und konkurrierenden Konzeptionen (↗ Liberalismus, ↗ Marxismus, ↗ Demokratischer Sozialismus).
Die wiss. Auseinandersetzung mit dem Leitbild der s. M. wird von verschiedenen Disziplinen mit unterschiedlichen Akzenten geführt. Verfassungsrechtlich mußte die Frage, ob das Grundgesetz den Gesetzgeber auf das Leitbild der s.M. verpflichtet, große Aufmerksamkeit beanspruchen. Wirtschafts- und politikwiss. Analysen stellen einen Vergleichszusammenhang mit anderen wirtschaftspolitischen Konzeptionen westlicher ↗ Industriegesellschaften her (*planification*, ↗ Monetarismus etc.) und überprüfen die Übertragbarkeit des Konzeptes auf Entwicklungsländer. Historische Analysen konnten zeigen, daß neben der Orientierung an Leitbildern der politische Pragmatismus eine entscheidende Rolle bei der Ausgestaltung der ↗ Sozialpolitik in den Nachkriegsjahren spielte (*Hockerts* 1980). *Ambrosius* (1977) zeigte, welche Faktoren in der Nachkriegszeit die Übernahme sozialmarktwirtschaftlicher Vorstellungen durch die CDU/CSU bestimmten und alternative christlich-sozialistische Ordnungsentwürfe zurückdrängten. In der Theorie der ↗ Innenpolitik werden konzeptuelle Weiterentwicklungen der s. M. (u.a. Neue ↗ Soziale Frage) auf ihre innenpolitischen Bezüge und Konsequenzen untersucht (*Böhret* u.a. 1988).
Vertreter der s. M. betonen, daß die Ordnungspolitik des Sozialen nicht in gleicher Weise ausgebaut sei wie die Ordnungspolitik für den Markt (*Stützel*). Die der s. M. zugrundeliegende Ordnungstheorie wurde von *Herder-Dorneich* (1992) von einem dualistischen, dem Gegensatz von Markt- und Planwirtschaft verhafteten, Modell zu einer Theorie der Optimierung vielfältiger Versorgungsstrukturen und Steuerungssysteme weiterentwickelt. Dabei ist der Einbezug der Gruppenverhandlungen und der Wahlen nur ein erster Schritt, der den Anschluß an die moderne Theorie des Wohlfahrtsstaates (*Dahl*/*Lindblom*) und die Ökonomische Theorie der Politik herstellt. In der jüngeren Vergangenheit haben liberale Positionen, die die Ziele der Freiheitssicherung und des sozialen Ausgleichs anders bewerten als die s. M. (*Hayek*, *Friedman*) und im Konzept der »adjektivlosen« Marktwirtschaft kulminieren, wiss. und politisch an Boden gewonnen.

Manfred Groser

↗ Korporatismus; Sozialstaat.

Lit.: *Ambrosius, G.* 1977: Die Durchsetzung der Sozialen Marktwirtschaft in Westdeutschland 1945–1949, Stuttgart. *Böhret, C.* u.a. [3]1988: Innenpolitik und politische Theorie, Opladen. *Giersch, H.* 1960: Allgemeine Wirtschaftspolitik, Wiesbaden. *Herder-Dorneich, P.* 1992: Vernetzte Strukturen. Das Denken in Ordnungen, Baden-Baden. *Hockerts, H. G.* 1980: Sozialpolitische Entscheidungen im Nachkriegsdeutschland, Stuttgart. *Ludwig-Erhard-Stiftung* 1981: Grundtexte zur Sozialen Marktwirtschaft, Stuttgart. *Ludwig-Erhard-Stiftung* 1993: Adjektivlose oder Soziale Marktwirtschaft? Bonn. *Müller-Armack, A.* 1956: Soziale Marktwirtschaft, in: HdSW, Bd. 9, 390–392. *Zinn, K. G.* 1992: Soziale Marktwirtschaft, Mannheim.

Soziale Ungleichheit

[1] I. 1. Menschen sind ungleich gestellt. Dies betrifft nicht nur natürliche Verschiedenartigkeiten (beispielsweise des Charakters, des Aussehens, der Intelligenz, der Talente und Kräfte), sondern auch soziale Unterschiede in bezug auf ökonomische Ressourcen (Einkommen, Besitz, Vermögen) und soziale Positionen (Über- und Unterordnung in Systemen politischer ↗ Herrschaft oder in der ↗ Sozialstruktur: Klassenlage, Status). *Bottomore* (1976: 1) unterschied zwischen drei Haupttypen sozialer Ungleichheit (s. U.), »die verschiedene theoretische Schemata einschließen und teilweise von ihnen abhängen...: herrschende und unterworfene Klassen, ↗ Eliten und Massen sowie Statusgruppen«. *Mayer* (1981: 452) definierte: »Soziale Ungleichheit ist ein allgemeiner Begriff für gesellschaftlich bedingte und dauerhafte Unterschiede zwischen Personen oder Familien in der Teilhabe an materiellen Gütern und immateriellen Ressourcen«. Sie manifestiert sich »in Verteilungsunterschieden, in Beziehungsmustern und in Unterschieden im sozialen Bewußtsein«. Ausdrucksformen bzw. Komponenten der s. U. haben in der Regel einen kumulierenden oder sich gegenseitig verstärkenden Effekt. Beispielsweise mindert ungleicher Zugang zu höherer Bildung aufgrund sozialer Herkunft die soziale Mobilität und stabilisiert das Muster der Zuweisung von Gütern und Ressourcen. Die mit sozialen Vorteilen und Benachteiligungen häufig positiv korrelierende unterschiedliche Politikfähigkeit von Personen, Familien, gesellschaftlichen Gruppen hält ebenfalls die sozialen Ungleichheitslagen aufrecht. Über Ausmaß und Struktur von s. U. entscheiden eine Vielzahl von Faktoren, deren Bedeutung nach Zeit und Raum unterschiedlich ist. Die soziale Stellung eines Individuums oder einer Gruppe von Menschen wird nicht nur innergesellschaftlich durch Geschlecht, Klassen- oder Schichtzugehörigkeit, formalen Bildungsgrad, Erwerbstätigkeit und ausgeübten Beruf bestimmt, sondern auch durch den ökonomischen Entwicklungsstand der jeweiligen Gesellschaft und nicht zuletzt durch externe Faktoren wie die Position eines Landes im Weltsystem und seine geographische Lage (vgl. *Sahota* 1978).

2. Die Frage nach der Ursache der s. U. war historisch die erste Frage der Soziologie. Sie bildet einen guten Leitfaden für die Darstellung der Entwicklung dieser Wissenschaft (*Dahrendorf* 1986). Die Politikwiss. beschäftigt sich mit der Frage nach dem Zusammenhang zwischen Ungleichheit und Politik: 1) Welche Folgen hat s. U. für das politische System? 2) In welchem Maße verstärkt, stabilisiert oder verringert Politik – also die verbindliche Regelung gesellschaftlicher Konflikte über Werte – soziale Ungleichheiten? Wie stark ist hierbei der anteilige Einfluß politischer Variablen im Vergleich zu ökonomischen, sozialstrukturellen und kulturellen Erklärungsgrößen? Die empirische Ungleichheitsforschung hat vor allem die s. U. nach Einkommen und Geschlecht behandelt.

II. Internationale Vergleiche von Einkommensungleichheit basieren überwiegend auf Daten, die in den einzelnen Ländern nach oft unterschiedlichen Kriterien erhoben und aggregiert wurden. 1976 wurde eine Datensammlung zur personellen Einkommensverteilung vorgelegt, in der gröbste Verzerrungen eliminiert wurden (*Sawyer* 1976). Vergleichbare Indikatoren für die westlichen Industrieländer finden sich in neueren Publikationen der OECD (*OECD* 1990: 64); die Weltbank berichtet für etwa 50 Länder über die Einkommensverteilung (*Weltbank* 1989: 252–253). *Muller* (1988) hat – hauptsächlich auf der Basis der Weltbank-Daten – Angaben für 55 Länder zusammengetragen. Die Datenlage läßt aber nach wie vor sehr zu wünschen übrig.

1. Die vorliegenden Daten zeigen an, daß die Einkommensungleichheit in der langfristigen Entwicklung in den ↗ Industriegesellschaften abgenommen hat. Die stärksten Veränderungen vollzogen sich bis zum Ende des II.Weltkrieges. Vor allem Haushalte mit sehr hohem Einkommen näherten sich den Durchschnittseinkommen an (*Kraus* 1981: 204–206; *Heidenheimer* u.a. 1990: 251; *Jackman* 1980; *Hewitt* 1977; *Muller* 1989).
2. Der ökonomische Entwicklungsstand hat bedeutsame Auswirkungen auf den Grad der Einkommensgleichheit. *S. Kuznets* (1955) argumentierte, daß zu Beginn der Industrialisierung die Einkommensungleichheit wachse, weil ein großer Teil der Erwerbstätigen vom traditionellen Sektor mit geringem Einkommen in den modernen Sektor mit hohen Einkommen überwechsle. Je umfangreicher dieser werde, desto weniger schwer wiegen im Aggregat die sektoralen Einkommensunterschiede. Die Kurve, die das Ausmaß der Ungleichheit im Verlauf der wirtschaftlichen Entwicklung beschreibt, flacht ab und sinkt dann später sogar, weil auch innerhalb des modernen Sektors die Einkommensunterschiede zurückgehen. Die Beziehung zwischen ökonomischem Entwicklungsstand und Einkommensungleichheit hat die Form einer umgekehrten U-Kurve. Diese Hypothese hat sich in zahlreichen Studien bewährt (vgl. *Muller* 1988: 51; 1989: 373). Allerdings erklärt diese Variable nur einen Teil der Variation: Abweichungen von der umgekehrten U-Kurve müssen mit anderen Variablen erklärt werden.
3. *Lenski* (1966) hat darauf hingewiesen, daß soziale und politische Machtverteilungen eine gewichtige Erklärungsgröße für das Ausmaß der s. U. seien. Demokratische und hoch industrialisierte Gesellschaften hätten ein größeres Ausmaß an Einkommensgleichheit als vormoderne Gesellschaften. Ein Grund dafür sei das allgemeine und gleiche ↗ Wahlrecht, das bei politischer Umverteilung dazu führe, daß die Interessen der einkommensschwachen Wählerschichten nicht ignoriert werden könnten. Diese Hypothese hat sich in zahlreichen (z.B. *Muller* 1988), aber nicht allen vergleichenden Studien bewährt (*Bollen/Jackman* 1985).
4. Linke Parteien haben die soziale Gleichheit zu einem wichtigen Punkt ihres Programms gemacht. Sind sie über längere Zeit in der Regierung vertreten, so verringert sich Ungleichheit, und zwar insbesondere dann, wenn keine anderen politisch-kulturellen Spaltungslinien in der Gesellschaft vorhanden sind. Dagegen bilden rechte Regierungsparteien sowie eine große Zahl stark ausgeprägter anderer gesellschaftlicher ↗ Konfliktlinien einen Damm gegen Egalisierungsbemühungen (*Muller* 1989; *Cameron* 1976; *Van Arnhem/Schotsman* 1982; *Dryzek* 1978; *Stack* 1980; *Stephens* 1979). In bezug auf rechte Parteien sind jedoch Differenzierungen angebracht. Einige konservativ-christliche Parteien haben durchaus den Ausbau des Wohlfahrtsstaats (↗ Sozialstaat) betrieben und eine auch politisch bewirkte Einkommensnivellierung unterstützt (*Hicks/Swank* 1984; *Schmidt* 1988). Wichtig ist hierbei auch, welche Dimension von Einkommensungleichheit gemeint ist. In Japan sind Frauen im Vergleich zu anderen OECD-Ländern in der Lohnstruktur am stärksten diskriminiert (*Norris* 1987: 60); andererseits ist Japan eines der Länder, die angesichts der Stärke rechter Parteien vergleichsweise »zu wenig« allgemeine personelle Einkommensungleichheit aufweisen (*Muller* 1989).
5. Starke, zentralisierte Gewerkschaften, die sich als Interessenvertreter aller Arbeitnehmer verstehen, tragen zu größerer Einkommensgleichheit bei (vgl. *Hicks/Swank* 1984). Dies geschieht entweder indirekt durch die Stützung linker Regierungen (*Muller* 1989) oder direkt durch die ↗ Tarifpolitik.
6. *Cameron* (1978) argumentierte, daß der Grad der außenwirtschaftlichen »Offenheit« einer Volkswirtschaft den Interventionsgrad der jeweiligen Regierung beeinflusse. Bei großer außenwirtschaftlicher Abhängigkeit müßten negative Einflüsse der

Weltmarktentwicklung durch distributive Maßnahmen kompensiert werden. *Muller* (1989) zeigte, daß sich dies auch in einem geringeren Ausmaß der personellen Einkommensungleichheit niederschlägt. Die Position im Weltsystem gilt als ein wichtiger Bestimmungsgrund des Ausmaßes der Einkommensungleichheit in einem Lande. *Bollen* und *Jackman* (1985) fanden hierfür jedoch in einer neueren Studie keine klaren Belege.

7. *Hicks* und *Swank* (1984) argumentierten, daß unter den Bedingungen einer ökonomischen Krise und im Zuge entsprechender Verringerungen der Staatseinnahmen Regierungen die Einkommenstransfers reduzierten, um die Investitionstätigkeit anzuregen. *Muller* (1989) fand, daß dieser *»trade off«* zwischen Investitionen und Einkommensgleichheit im Zeitraum 1975–1980 tatsächlich stattgefunden hat.

8. Ob Einkommensungleichheit ein wesentlicher Grund von politischer Gewalt ist, ist in der Literatur offen. *Weede* (1987) entdeckte keinen Zusammenhang. *Muller* (1989) zeigte, daß das Ausmaß der Einkommensgleichheit keine Auswirkung auf die Wahrscheinlichkeit hat, daß ein demokratisches Regime eingerichtet wird. Für die Stabilität der Demokratie ist das Maß an Einkommensungleichheit wichtig. Je stärker ausgeprägt die Einkommensungleichheit, desto größer ist die Wahrscheinlichkeit, daß ein demokratisches Regime zusammenbricht.

Klaus Armingeon

Lit.: *Bollen, K.A./Jackman, R.W.* 1985: Political Democracy and the Size Distribution of Income, in: ASR 50, 438–457. *Bottomore, T.B.* ²1976: Soziale Schichtung und Mobilität, in: *König, R.* (Hrsg.): Handbuch der empirischen Sozialforschung, Bd. 5, Stuttgart, 1–39. *Cameron, D.R.* 1976: Inequality and the State, unveröffentl. Ms., Chicago. *Cameron, D.R.* 1978: The Expansion of the Public Economy: A Comparative Analysis, in: APSR 72, 1243–1261. *Dahrendorf, R.* 1986: Über den Ursprung der Ungleichheit unter den Menschen (zuerst 1961), in: *ders.:* Pfade aus Utopia, München/Zürich, 352–379. *Dryzek, J.* 1978: Politics, Economics and Inequality: A Cross-National Analysis, in: EJPR 6, 399–410. *Erbslöh, B.* u.a. 1988: Klassenstruktur und Klassenbewußtsein in der Bundesrepublik Deutschland, in: KZfSS 40, 245–261. *Flora, P.* u.a. 1987: State, Economy and Society in Western Europe 1815–1975, Frankfurt a.M./London/Chicago. *Heidenheimer, A. J.* u.a. ³1990: Comparative Public Policy, New York. *Hewitt, C.* 1977: The Effect of Political Democracy and Social Democracy on Equality in Industrial Societies: A Cross-National Comparison, in: ASR 42, 450–464. *Hicks, A./Swank, D.* 1984: On the Political Economy of Welfare Spending, in: CPS 17, 81–119. *Hradil, St.* 1994: Soziale Ungleichheit in Deutschland, Opladen. *Jackman, R.W.* 1980: Socialist Parties and Income Inequality in Western Industrial Societies, in: JoP 42, 135–149. *Kraus, F.* 1981: The Historical Development of Income Inequality in Western Europe and the United States, in: *Flora, P./Heidenheimer, A.J.* (Hrsg.): The Development of Welfare States in Europe and America, New Brunswick/London, 187–236. *Kuznets, S.* 1955: Economic Growth and Income Inequality, in: American Economic Review 45, 1–28. *Lenski, G.* 1966: Power and Privilege. A Theory of Social Stratification. New York. *Mayer, K.U.* 1981: Soziale Ungleichheit, in: *Greiffenhagen, M.* u.a. (Hrsg.): Handbuch zur politischen Kultur der Bundesrepublik Deutschland, Opladen, 452–455. *Muller, E.N.* 1988: Democracy, Economic Development and Income Inequality, in: ASR 53, 50–68. *Muller, E.N.* 1989: Distribution of Income in Advanced Capitalist States: Political Parties, Labour Unions, and the International Economy, in: EJRP 17, 367–400. *Müller, W.* 1986: Soziale Mobilität: Die Bundesrepublik im internationalen Vergleich, in: *Kaase, M.* (Hrsg.): Politische Wissenschaft und politische Ordnung, Opladen, 339–354. *O'Higgins, M.* u.a. 1989: Income Distribution and Redistribution: A Microdata Analysis for Seven Countries, in: The Review of Income and Wealth 35, 107–131. *OECD* 1990: OECD Studies in Taxation. The Personal Income Tax Base. A Comparative Survey, Paris. *Sahota, G.S.* 1978: Theories of Personal Income Distribution. A Survey, in: Journal of Economic Literature 16, 1–55. *Sawyer, M.* 1976: Income Distribution in OECD-Countries, in: *OECD* Economic Outlook-Occassional Studies No. 19, Paris, 3–36. *Schmidt, M. G.* 1988: Sozialpolitik. Historische Entwicklung und internationaler Vergleich, Opladen 1988. *Stack, S.* 1980: The Political Economy of Income Inequality: A Comparative Analysis, in: Canadian Journal of Political Science 13, 273–286. *Stephens, J. D.* 1979: The Transition from Capitalism to Socialism, London. *Van Arnhem, I. C. M./Schotsman, G. J.* 1982: Do Parties Affect the Distribution of Incomes?, in: *Castles, F. G.* (Hrsg.): The Impact of Parties, London, 283–361. *Weede, E.* 1987: Some New Evidence on Correlates of Political Violence: Income Inequality, Regime Repressivness, and Economic Development, in: European Sociological Review 3, 97 bis 108.

[2] Das Geschlecht ist einer der wichtigsten Bestimmungsfaktoren sozialer, wirtschaftlicher und politischer Ungleichheit (Überblick bei *Norris* 1987). In vielerlei Hinsicht sind die Teilhabechancen von Frauen signifikant geringer als die der Männer. Die Gründe hierfür sind umstritten. Die zur Erklärung geschlechtsspezifischer Teilhabechancen vorgeschlagenen Hypothesen reichen von Argumenten, die auf natürliche Unterschiede abstellen über die These der zu knapp bemessenen Organisations- und Konfliktfähigkeit bis zur »Doppelherrschafts-These«, derzufolge die geschlechtsspezifische Ungleichheit das Produkt industriegesellschaftlich-kapitalistischer Entwicklung und patriarchalischer Herrschaftsordnung im Unterbau dieser Gesellschaft sei. Der zuletzt erwähnten Theorie zufolge gehörten Frauen in der Regel zur »Reservearmee des Arbeitsmarktes« und zur »flexiblen Reservearmee der Reproduktion« (*Kickbusch* 1981: 29); sie seien zuständig für familiale Haus- und Erziehungsarbeit, auf die ein erheblicher Teil der Kosten sozioökonomischer Entwicklung abgeladen werde.

Die traditionellen Modelle zur Erklärung geschlechtsspezifischer Ungleichheit sind jedoch korrekturbedürftig: Sie versagen vor der Aufgabe, die erheblichen Unterschiede im Ausmaß geschlechtsspezifischer Teilhabechancen zu erklären, die sich einem historischen und einem internationalen Vergleich erschließen.

Der historische Vergleich zeigt, daß die Benachteiligung von Frauen in den westlichen Ländern vor allem im 20. Jh. spürbar vermindert wurde. Fünf Entwicklungen sind dabei besonders auffällig: a) In allen entwickelten westlichen Ländern wurde im ausgehenden 19. und 20. Jh. das allgemeine, freie und gleiche Wahlrecht eingeführt und somit die Männervorherrschaft beim Wählen beseitigt. Am frühesten erfolgte dies in Neuseeland (1893), Australien (1902), Finnland (1906) und in Norwegen (1913), während und kurz nach dem I. Weltkrieg in Schweden, Dänemark, den Niederlanden, in Österreich, Deutschland, Luxemburg und in den USA, 1926 in Großbritannien, später in Frankreich (1944), Italien (1945), Japan (1947), Belgien (1948) und erst 1971 in der Schweiz, 1975 in Portugal und 1977 in Spanien. b) Das patriarchalische Familienrecht wurde allmählich zugunsten gleichberechtigter individualisierter Rechtsbeziehungen abgebaut. c) Die Einführung der allgemeinen Schulpflicht und die Öffnung des Bildungswesens für vormals ausgeschlossene soziale Gruppen erweiterten die Bildungschancen von Frauen. d) Die Erwerbstätigkeit der Frauen nahm in vielen Ländern erheblich zu – gemessen an der absoluten Zahl und an der Erwerbsquote. e) Die Expansion des Wohlfahrtsstaates erfaßte zunehmend auch die zunächst von der sozialen Sicherung weitgehend ausgeklammerten erwerbstätigen Frauen und nach dem II. Weltkrieg in der Regel auch die nichterwerbstätigen Frauen.
Ebenso auffällig wie die Unterschiede im historischen Vergleich sind die geschlechtsspezifischen Differenzen, die sich dem interkulturellen Querschnittsvergleich erschließen. Beispielsweise waren die Bildungs- und Arbeitsmarktchancen von Frauen in den sozialistischen Ländern meist größer als in den

kapitalistischen Ländern. Ferner sind innerhalb der westlichen Welt die Bildungs- und Arbeitsmarktchancen von Frauen in den nordeuropäischen und in den angloamerikanischen Ländern erheblich größer als in den mittel- und südeuropäischen Nationen.

Wodurch lassen sich die Unterschiede im Ausmaß der Benachteiligung von Frauen erklären? Der »Frauenbewegungs-These« zufolge ist die Verminderung der Chancenungleichheit zwischen Männern und Frauen »Folge bewußter, kollektiver Aktionen, die nicht zuletzt von den Frauenbewegungen getragen wurden« (*Greven-Aschoff* 1981: 329). Dieser These steht die »Modernisierungs-These« gegenüber (*Giele* 1977). Sie greift *Lenskis* Schichtungstheorie (1977) auf, der zufolge das Ausmaß von Ungleichheit in einem kurvilinearen Zusammenhang mit dem Niveau der gesellschaftlichen Komplexität steht: vergleichsweise geringe Ungleichheit gebe es auf niedrigem und auf sehr hohem Komplexitätsniveau, bei mittlerem Komplexitätsniveau einer Gesellschaft jedoch müsse mit krasser Ungleichheit gerechnet werden.

Am fruchtbarsten scheint die Hypothese zur Erklärung geschlechtsspezifischer Teilhabechancen zu sein, die in neueren komparatistischen politisch-institutionalistischen und politisch-ökonomischen Analysen entwikkelt wurde: Diese Hypothese beleuchtet vor allem die Rolle kultureller Überlieferungen und die Effekte ökonomischer Entwicklung sowie beabsichtigte und unbeabsichtigte Wirkungen staatlicher Politik auf die geschlechtsspezifische Ungleichheit (*Jensen* 1983; *Schmidt* 1984 und 1993; *Rein* 1985; *Norris* 1987). Dieser These zufolge ist die Benachteiligung von Frauen vor allem in den Ländern im Niveau geringer (und in den 50er, 60er und 70er Jahren stärker rückläufig), die folgende Merkmale gemeinsam haben: a) eine rapide wirtschaftliche Entwicklung, die mit geringer Arbeitslosigkeit und unter Bedingungen einhergeht, welche die Mobilisierung neuer Arbeitskraftreserven erfordern (einschließlich der Mobilisierung weiblicher Arbeitskräfte, die bislang nicht in die Erwerbswirtschaft eingegliedert waren); b) ein umfangreicher, wachsender (privater oder öffentlicher) Dienstleistungssektor (wodurch eine für Frauenerwerbstätigkeit günstige Beschäftigungsstruktur geschaffen wird); c) eine ↗ Politische Kultur, die stärker auf Chancengleichheit und sozialen Ausgleich ausgerichtet und von traditional-paternalistischen und/oder religiös gefärbten Normen relativ schwach geprägt ist (wodurch die Diskriminierung von Frauen weniger wahrscheinlich wird); d) Regierungsparteien, die auf sozialen Ausgleich, einschließlich der Umverteilung zugunsten von Frauen, setzen (insbesondere Linksparteien, bisweilen auch christdemokratische Parteien) und e) eine aktive staatliche Politik des Abbaus geschlechtsspezifischer Chancenungleichheit beispielsweise mittels direkter Anti-Diskriminierungs-Gesetze oder durch egalitäre Bildungs-, Sozial- und Beschäftigungspolitik sowie durch frauenbeschäftigungsfreundliche ↗ Steuerpolitik und attraktive staatliche Angebote zur Kinder-, Kranken- und Altenversorgung (wodurch ökonomische Anreize und Möglichkeiten der Qualifizierung und der Erwerbstätigkeit von Frauen zu Lohnsätzen, die denen von männlichen Erwerbspersonen entsprechen, zunehmen). Zu dieser Gruppe gehören vor allem die skandinavischen Länder. Umgekehrt gilt: die relative Benachteiligung von Frauen gegenüber Männern ist tendenziell größer, je weniger die oben genannten Bedingungen erfüllt sind und je mehr diese durch gegenteilige Ausprägungen ersetzt werden. Beispielsweise ist ein hohes Maß an geschlechtsspezifischer Ungleichheit zu erwarten, wenn ein schwaches Wirtschaftswachstum, ein kleiner Dienstleistungssektor, eine traditionelle politische Kultur, konservative Regierungsparteien und an »Frauenpolitik«-Fragen desinteressierte Regierungen gegeben sind. In diesem Fall bremsen wirtschaftliche, politische und soziale Bedingungen die Eingliederung von Frauen in die Erwerbswirtschaft (und in manchen Ländern auch die Eingliederung in das höhere Bildungswesen). Beispiele hierfür finden sich vor allem in Italien, Österreich, in Irland, Japan, in der Schweiz und in der Bundesrepublik.

Manfred G. Schmidt

Lit.: *Boulding, E./Nuss, S. A./Carson, D. L.* (Hrsg.) 1976: Handbook of International Data on Women, New York. *Giele, J. Z./Smock, A. C.* (Hrsg.) 1977: Women. Roles and Status in Eight Countries, New York/London/Sydney, 1–33. *Greven-Aschoff, B.* 1981: Sozialer Wandel und Frauenbewegungen, in: Geschichte und Gesellschaft 7, 238–246. *Kickbusch, I.* 1981: Die Familiarisierung der weiblichen Arbeit, Konstanz (Dissertation). *Kolinsky, E.* 1989: Women in West Germany, Oxford/New York/München. *Jensen, U. A.* 1983: Political and Economic Gender Inequalities in Capitalist Polyarchies, in: EJPR 11, 265–282. *Lenski, G.* 1977: Macht und Privileg. Eine Theorie der sozialen Schichtung, Frankfurt/M. *Norris, P.* 1987: Politics and Sexual Equality. The Comparative Position of Women in Western Democracies, Boulder, Col. *OECD* 1985: The Integration of Women into the Economy, Paris. *Rein, M.* 1985: Women in the Social Welfare Labor Market, Berlin: Wissenschaftszentrum. *Schmidt, M. G.* 1984: Zur sozialen, wirtschaftlichen und politischen Benachteiligung der Frauen im internationalen Vergleich, in: *Riedmüller, B./Kickbusch, I.* (Hrsg.): Die armen Frauen, Frankfurt/M. 73–102. *Schmidt, M. G.* 1993: Erwerbsbeteiligung von Frauen und Männern im Industrieländervergleich, Opladen. *Weltbank* 1993: Weltentwicklungsbericht, Bonn/Frankfurt/M. *Wolchik, S. L.* 1981: Ideology and Equality. The Status of Women in Eastern and Western Europe, in: CPS 13, 445–476.

Sozialhilfe

I. Die Sozialhilfe (S.) bildet in Deutschland das »unterste Auffangnetz« im System sozialer Sicherheit. Sie soll Menschen, die ihren Lebensunterhalt nicht alleine durch Erwerbstätigkeit, mit Hilfe sonstiger Transfereinkommen oder durch Unterstützung seitens ihrer Familienangehörigen bestreiten können, die »Führung eines Lebens... ermöglichen, das der Würde des Menschen entspricht« (§ 1 Abs. 2 BSHG). Dem Anspruch nach soll sie mithin das Postulat der Unantastbarkeit der Menschenwürde (Art. 1 GG) sowie das Sozialstaatsgebot (Art. 20, 28 GG) im Grundgesetz sozialpolitisch umsetzen und einen entscheidenden Beitrag zur Vermeidung bzw. Beseitigung von Armut leisten.

Die S. wurde 1961 im Zuge des Ausbaus des sozialstaatlichen Institutionengefüges der Bundesrepublik durch das Bundessozialhilfegesetz (BSHG) geschaffen (vgl. *Schmidt* 1988: 77), mit dem erklärten Ziel, individuelle Notlagen aufzuspüren, mittels eines differenzierten Instrumentariums nach dem Grundsatz »Hilfe zur Selbsthilfe« rasch zu beheben und somit ein dauerhaftes Abgleiten einzelner in die Armut zu verhindern. Einen wesentlichen Fortschritt gegenüber der bis dato geltenden Fürsorgeregelung bedeutete insbesondere die Etablierung eines Rechtsanspruchs auf S. (vgl. *Adamy/Naegele* 1985: 97 ff.).

Die Grundsätze der Leistungsgewährung und die Art der Finanzierung der S. folgen dem Fürsorgeprinzip. Anders als bei der beitragsfinanzierten ↗ Sozialversicherung, die einen Schutz gegen standardisierte Risiken wie Krankheit, Invalidität, Alter gewährt (Versicherungsprinzip), ist der Bezug von S., die aus Steuermitteln im wesentlichen über die Haushalte der Kommunen finanziert wird, nicht von Vorleistungen abhängig. Auch die Ursachen der Bedürftigkeit spielen keine Rolle – anders als in jenen Fällen, in denen der Staat Personen entschädigt, deren Notlage aus einem Dienst an der Allgemeinheit resultiert (Versorgungsprinzip).

II. Der Umstand, daß die S. für vermeintliche »Ausnahmefälle« konzipiert wurde, in denen vorgelagerte öffentliche oder private Instanzen des sozialen Schutzes nicht oder nur unzulänglich greifen, schlägt sich in den Leitprinzipien sowie in der administrativen Praxis der Leistungsgewährung in tendenziell restriktiver Weise nieder. Art und Ausmaß der Hilfe sollen sich stets an den Besonderheiten des Einzelfalls orientieren, um auf die jeweils individuelle Notlage flexibel und gezielt einwirken zu können (Individualisierungsgrundsatz und Bedarfsprinzip). Daraus ergibt sich eine strenge behördliche Prüfung der Bedürftigkeit potentieller Sozialhilfeempfänger, die auch die Überprüfung der Einkommens- und Vermögensverhältnisse eventuell unterhaltspflichtiger Angehöriger umfaßt (Subsidiaritätsprinzip). Dem Grundsatz der »Hilfe zur Selbsthilfe« entsprechend, vor allem aber um einem Mißbrauch des Rechtsanspruches auf S. entgegenzuwirken, sind Hilfesuchende prinzipiell dazu verpflichtet, ihre Arbeitskraft einzusetzen. Sie können beliebig auf dem Arbeitsmarkt vermittelt oder auch zu gemeinnützigen Arbeiten herangezogen werden, wobei eventuelle Einkommen in vollem Umfang mit der S. verrechnet werden. Gegen einen möglichen Mißbrauch zielt auch der Grundsatz, daß die Höhe der Sozialhilfeleistungen nicht den ortsüblichen niedrigsten Tariflohn überschreiten darf (Abstandsgebot).

Die Leistungen der S. bestehen aus Geld- und Sachleistungen sowie persönlichen Hilfen. Ihrer Funktion nach gliedern sie sich in die »Hilfe zum Lebensunterhalt« und in die »Hilfe in besonderen Lebenslagen« (z. B. Hilfe in Fällen von Krankheit, Behinderung oder Pflegebedürftigkeit). Die finanzielle Hilfe zum Lebensunterhalt wird nach Maßgabe eines behördlich festgelegten »Regelsatzes« gewährt, der den regelmäßigen monatlichen Grundbedarf abdecken soll, wobei Unterkunfts- und Heizkosten gesondert bezuschußt werden. Der volle Regelsatz steht nur dem Haushaltsvorstand zu, die übrigen Haushaltsmitglieder erhalten einen altersabhängig reduzierten Satz. Bis 1990 wurde der Regelsatz auf der Grundlage eines von Experten erstellten Warenkorbs berechnet, der die für ein menschenwürdiges Leben notwendigen Waren und Dienstleistungen enthalten sollte und insbesondere deshalb umstritten war, weil er lediglich in großen Zeitabständen der allgemeinen Entwicklung des Lebensstandards und des Konsumverhaltens angepaßt wurde (nach Einführung der S. nur 1971 und 1985). Seit 1990 wird der Regelsatz über die Einkommensstatistik anhand des Haushaltsverbrauchs unterer Einkommensgruppen ermittelt (sog. Statistikregelsatz). Auch das neue Verfahren, das nicht zuletzt im Interesse der Kostenträger der S. eingeführt wurde, ist heftig umstritten. Das grundsätzlich politische Problem einer Bestimmung der materiellen Voraussetzungen eines menschenwürdigen Lebens, das zu garantieren ja Leitmaxime des BSHG ist, wurde mit der Änderung des Berechnungsverfahrens von der normativen (Zusammensetzung des Warenkorbes) auf die nur scheinbar objektive statistische Ebene verlagert. Zurückhaltenden Schätzungen zufolge liegt der Regelsatz, der stets deutlich weniger als ein Fünftel der durchschnittlichen Nettoeinkommen betrug, um ca. 10–20 % unterhalb des eigentlich erforderlichen Niveaus.

In der Armutsforschung wird der Regelsatz der S. als ein Instrument (unter anderen) zur Messung von Einkommensarmut verwendet. Die Quantifizierung der Armutsbevölkerung, die in Deutschland (anders als etwa in den USA) nicht offiziell anhand einer festgelegten Einkommensgrenze ermittelt wird, orientiert sich dabei an den Daten der Sozialhilfestatistik und an Schätzungen über die Dunkelziffer derer, die objektiv sozialhilfeberechtigt sind, aber ihren Anspruch nicht geltend machen (*Hauser/Neuman* 1992: 236 f.). Schätzungen zufolge entspricht diese Dunkelziffer der »nicht-bekämpften Armut« beinahe der Zahl der tatsächlichen Sozialhilfeempfänger, d.h. die S. erreicht nur etwa die Hälfte derer, die ihrer eigentlich bedürfen (vgl. *Hartmann* 1981; *Alber* 1989: 173).

Die Frage, warum der Anspruch auf S. so häufig nicht realisiert wird, verweist sowohl auf Informationsprobleme als auch darauf, daß die Inanspruchnahme von S. von vielen Betroffenen als entwürdigend empfunden wird. Das liegt neben der nach wie vor gegebenen gesellschaftlichen Stigmatisierung der Sozialhilfeabhängigkeit auch an den oben angesprochenen restriktiven Elementen der Leistungsgewährung. Beispielsweise hält das relativ umfassende Subsidiaritätsverständnis im BSHG und die daraus resultierende Prüfung der Einkommens- und Vermögensverhältnisse von Familienmitgliedern viele ältere Menschen davon ab, S. zu beantragen, weil sie befürchten, die Beziehung zu ihren Kindern zu belasten (*Hanesch* u.a. 1994: 116). Hinzu kommen schließlich ein oftmals eher abwartend-reaktives Verhalten und die vor allem in Zeiten fiskalischer Sparzwänge enge Auslegung der Ermessensspielräume seitens der Behörden.

III. In der alten Bundesrepublik stieg die Zahl der Sozialhilfeempfänger seit 1970 von ca. 1,5 Mio. über 2,1 Mio. (1980) auf 3,7 Mio. im Jahr 1990. Waren bis Mitte der 70er Jahre relativ konstant etwa 2,5 % der Bevölkerung auf S. angewiesen, so stieg dieser Anteil über 3,5 % (1980) auf knapp 6 % Anfang der 90er Jahre (vgl. *Alber* 1989: 169 f.; *Statistisches Bundesamt* 1992: 504). Im Zuge dieser Entwicklung hat sich der Anteil der Sozialhilfekosten (1991: 37,3 Mrd. DM) an den gesamten öffentlichen Sozialleistungen von ca. 2,5 % Mitte der 70er Jahre auf knapp 5 % Anfang der 90er Jahre verdoppelt. Mit dem starken Anstieg der Sozialhilfebedürftigkeit waren auch signifikante strukturelle Veränderungen verbunden. Waren bis Anfang der 80er Jahre vor allem ältere Menschen und alleinerziehende Frauen mit ihren Kindern auf S. angewiesen, so trifft dies inzwischen für überdurchschnittlich viele Jugendliche und in etwa proportionalem Umfang auch für Männer zu. Diese strukturellen Trends reflektieren vor allem den Zusammenhang zwischen wachsender Langzeitarbeitslosigkeit und Sozialhilfebedürftigkeit. Anfang der 90er Jahre war in ca. 30 % der Fälle ↗ Arbeitslosigkeit der Hauptgrund des Sozialhilfebezugs.

Im Zuge der deutschen Vereinigung wurde das System der S. Mitte 1990 als Teil des umfassenden West-Ost-Institutionentransfers auf die neuen Bundesländer übertragen. Allerdings galten dabei einige Einschränkungen, wie z. B. eine niedrigere Bemessung der Regelsätze und die Nicht-Gewährleistung bestimmter Zuschläge bei besonderen Bedarfslagen. Daß die Sozialhilfebedürftigkeit in Ostdeutschland zunächst ein geringeres Ausmaß annahm als im alten Bundesgebiet (1991: ca. 0,5 Mio. bzw. 3,1 %; 1992: 0,67 Mio. bzw. 4,8 %), war vor allem der großzügigen Übertragung des westdeutschen Rentensystems zu verdanken, das für eine Begrenzung der Altersarmut sorgte (*Hanesch* u.a. 1994: 220 f.).

IV. Die bereits in den 80er Jahren spürbare restriktive Tendenz der ↗ Sozialpolitik, die durch die finanziellen Belastungen im Zusammenhang mit der deutschen Vereinigung noch verstärkt wurde, ließ auch die S. nicht unberührt. Vor dem Hintergrund fiskalischer Engpässe und einer empirisch kaum fundierten, wenn nicht gar haltlosen Debatte über den »Sozialmißbrauch« in der Bundesrepublik wurden im Rahmen des 1993 vereinbarten Föderalen Konsolidierungsprogramms unter anderem rigide Obergrenzen für die Anhebung der Regelsätze (zunächst) bis 1996 festgelegt, das Lohnabstandsgebot ausgeweitet und beschlossen, die Gewährung einmaliger Sozialhilfeleistungen strenger zu handhaben. Kürzungen bzw. zeitliche Einschränkungen bei Arbeitslosengeld und Arbeitslosenhilfe ließen zudem einen weiteren Anstieg der Sozialhilfeempfänger erwarten, nicht zuletzt in den neuen Bundesländern. Von der 1994 eingeführten Pflegeversicherung kann allenfalls mittelfristig, frühestens ab 1996 eine gewisse Entlastung der S. erhofft werden. Die Realität der S. hat nur noch wenig mit der ihr ursprünglich zugedachten Aufgabe zu tun, bei individuellen und eher zufälligen Notlagen gewissermaßen als »Ausfallbürge« einzuspringen. Angesichts der wachsenden Zahl von Menschen, die dauerhaft auf Leistungen der S. angewiesen sind, stellt sie längst eine Art Grundversorgungssystem dar. Einer verläßlichen Wahrnehmung dieser Funktion stehen jedoch sowohl der Finanzierungsmodus (Überforderung der kommunalen Haushalte) als auch die aufwendige, an Gesichtspunkten der Prüfung und Kontrolle orientierte Verwaltung der S. entgegen. Die seit Einsetzen der Massenarbeitslosigkeit Mitte der 70er Jahre zunehmende und systematische Überlastung der S. hat in den vergangenen Jahren Debatten um die Ergänzung bzw. Ersetzung dieses Systems belebt. Die Vorschläge reichen von arbeitsmarktpolitisch orientierten Konzepten wie der Einführung einer »Negativsteuer« auf Arbeitseinkommen unterhalb des Existenzminimums, um die Schaffung – dann subventionierter – Niedriglohnarbeitsplätze vor allem im privaten Dienstleistungsbereich zu stimulieren (*Scharpf* 1993) bis hin zur Idee eines einheitlichen »Bürgergeldes«, das zahlreiche finanzielle Transferleistungen im System sozialer Sicherheit zusammenfassen und ersetzen soll. Die im Alltagsleben der Bundesrepublik immer weniger verdeckte Armut verweist freilich unabhängig vom Problem der funktionalen Angemessenheit einzelner institutionell-organisatorischer Konzepte zu ihrer Bekämpfung nicht zuletzt auf die Dringlichkeit einer Auseinandersetzung darüber, welches Ausmaß an ↗ sozialer Ungleichheit in einer modernen, demokratischen Gesellschaft hinnehmbar ist.

Bernhard Thibaut

↗ Sozialstaat.

Lit.: *Adamy, W./Naegele, G.* 1985: Armenpolitik in der Krise. Bestandsaufnahme und Entwicklungstrends, in: *Leibfried, S./Tennstedt, F.*, 94–121. *Alber, J.* 1989: Der Sozialstaat in der Bundesrepublik 1950–1983, Frankfurt/M. *Hanesch, W.* u.a. 1994: Armut in Deutschland. Der Armutsbericht des DGB und des Deutschen Paritätischen Wohlfahrtsverbandes, Reinbek. *Hartmann, H.* 1981: Sozialhilfebedürftigkeit und ›Dunkelziffer der Armut‹, Stuttgart u.a. *Hauser, R./Neumann, U.* 1992: Armut in der Bundesrepublik, in: *Leibfried, S./Voges, W.*, 237–271. *Leibfried, S./Tennstedt, F.* (Hrsg.) 1985: Politik der Armut und die Spaltung des Sozialstaates, Frankfurt/M. *Leibfried, S./Voges, W.* (Hrsg.) 1992: Armut im modernen Wohlfahrtsstaat (KZfSS-Sonderheft 32), Opladen. *Panke, H.* 1994: Unsere Sozialhilfe nach dem Bundessozialhilfegesetz (hrsg. von der Friedrich-Ebert-Stiftung), Bonn. *Sachße, C./Tennstedt, F.* 1980: Geschichte der Armenfürsorge in Deutschland, Stuttgart u.a. *Scharpf, F. W.* 1993: Von der Finanzierung der Arbeitslosigkeit zur Subventionierung niedriger Erwerbseinkommen, in: Gewerkschaftliche Monatshefte 44 (7), 433–443. *Schellhorn, W.* 1993: Das Bundessozialhilfegesetz. Ein Kommentar für Ausbildung, Praxis und Wissenschaft, Berlin. *Schmidt, M. G.* 1988: Sozialpolitik. Historische Entwicklung und internationaler Vergleich, Opladen. *Statistisches Bundesamt*: Statistisches Jahrbuch für die Bundesrepublik Deutschland, Wiesbaden (erscheint jährlich). *Vobruba, G.* (Hrsg.) 1990: Strukturwandel der Sozialpolitik, Frankfurt/M.

Sozialismus/Sozialdemokratie

1. Der Sozialismus (S.) kennzeichnet eine der großen politischen Strömun-

gen (Ideen, ↗ Ideologien) des 19. und 20. Jh.s; ihr Kern liegt in der Neugestaltung der Wirtschaftsordnung durch Überwindung kapitalistischer Eigentums-, Ausbeutungs- und Klassenverhältnisse zugunsten einer gesellschaftlich rational gesteuerten und egalitär geordneten Ökonomie als Grundlage einer umfassend gedachten gesellschaftlichen und politischen ↗ Emanzipation. Mit den anderen großen Ideologien ↗ Liberalismus und ↗ Konservatismus bestehen enge Entstehungs-, Konkurrenz- und Wirkungszusammenhänge, zum Teil auch (eng begrenzte) sachliche Ähnlichkeiten (mit konservativer Kapitalismuskritik bzw. liberaler Staatskritik). S. tritt in drei hauptsächlichen Dimensionen in Erscheinung: 1) als Idee bzw. als theoretische Konzeption, 2) als programmatisch angeleitetes politisches Handeln in Gestalt einer Bewegung oder Parteiorganisation und 3) als realisierte gesellschaftliche und politische Struktur eines sozialistischen Systems. Für alle drei Dimensionen ist die Frage nach gesellschaftlichen Entstehungsgrundlagen, sozialer Trägergruppe(n), Konkurrenz- und Wirkungsbedingungen, Ausprägungsvielfalt, innersozialistischer Rivalität, Spaltung usw. bedeutsam.

Als Entwicklungsperioden werden im allgemeinen abgegrenzt: 1) der »Frühsozialismus« (auch »utopischer« S. genannt), bis ca. 1848; 2) Herausbildung organisierter ↗ Arbeiterbewegungen in Europa, Aufbau und Wachstum sozialdemokratischer/sozialistischer ↗ Parteien bis zum I. Weltkrieg; 3) Zeit der Spaltung zwischen Sozialdemokratien und kommunistischen Parteien nach 1917/18 bis 1945, verknüpft mit der ersten bolschewistischen Systemumwälzung in der UdSSR; 4) die Zeit des globalisierten Systemgegensatzes im Ost-West-Konflikt nach 1945 mit starker Ausbreitung realer Systemstrukturen mit Sozialismusanspruch. Diese Periode kann mit dem Zusammenbruch der sozialistischen Systeme in Osteuropa seit 1989 als beendet gelten, so daß die realgesellschaftliche Ausprägung des S. heute nur noch in der Dritten Welt von Bedeutung ist.

2. Auch wenn kommunistisch-egalitäre Ideen eine jahrtausendealte Tradition aufweisen (vgl. *Droz* 1974), ist die Entstehung und Entwicklung des S. mit der kapitalistisch-industriellen Umwälzung seit Mitte des 18. Jh.s verknüpft; trotz mancher Ähnlichkeiten mit frühneuzeitlichen Utopien (z. B. *Morus*) tritt bei *Babeuf*, *Buonarotti*, *Fourier*, *Owen*, *Saint-Simon* und *Proudhon* die aufklärungsphilosophische Grundlage in der Form rationalistisch konstruierter egalitärer Funktionsordnungen deutlich hervor. In dem Maße, in dem die kapitalistisch-industrielle Transformation sozialhistorisch und gesellschaftstheoretisch als sozialökonomischer, sozio-kultureller und politischer Gesamtprozeß aufgearbeitet wird (z. B. *Polanyi* 1978), wird S. in umfassender Weise als konzeptioneller Rahmen einer subkulturellen Gegenbewegung proletarisierter Unterklassen gedeutet (vgl. *Kernig* 1979).

3. Der Übergang vom Arbeiterprotest zu organisierter Arbeiterbewegung (um und nach 1848, besonders seit den 60er Jahren) erfolgte nicht ausschließlich im sozialistischen (s.) Ideenkontext; vielmehr konkurrierten unterschiedliche Strömungen und Strategien in verschiedenen Ländern mit unterschiedlichen Ausgangslagen, Rahmenbedingungen, Erfolgen und Entwicklungstrends, neben s. Organisationen/Arbeiterparteien insbesondere ↗ Anarchismus, revolutionärer ↗ Syndikalismus, Berufsgewerkschaften, liberale Bildungsvereine, ↗ Genossenschaften, christliche Sozialreformansätze und ↗ Gewerkschaften u. ä. Sozialhistoriker und Politikwissenschaftler versuchten in unzähligen Studien, die komplexe Herausbildung des jewei-

ligen national spezifischen Strategien- und Ideologienmusters zu beschreiben und zu erklären; z. B. Schwäche des Liberalismus und frühe Entstehung einer s. Arbeiterpartei in Deutschland mit zwei an *Marx* bzw. *Lassalle* orientierten Flügeln; lange Dominanz der *Trade Unions* in England, auch in der *Labour Party* nach 1900; syndikalistische Akzentuierung in Frankreich, späte, reformsozialistische Parteientwicklung; geringe Bedeutung sozialistischer Gruppen/Parteien in USA; starkes Gewicht christlich-katholischer Orientierungen in einigen Ländern und Regionen wie Italien, Frankreich, Belgien, Ruhrgebiet; ländliche Herrschafts- und Kulturprägung im »volkstümlichen« S. Rußlands (vgl. *Abendroth* 1965; *Kokka* 1983; *Droz* 1974ff.).

Anders als die kurzlebige I. Internationale war die stark von der SPD geprägte II. Internationale (nach 1890) in ihrem Vereinheitlichungsversuch vorübergehend erfolgreicher und mit einem starken Aufschwung des parteipolitischen S. zwischen 1890 und 1914 verbunden (vgl. *Braunthal* 1974ff.). Als systematische politikwiss. Problemdimensionen sind hervorzuheben: subkulturelle Homogenisierung und Segmentierung, u. a. unter Repressionsbedingungen, sozialstrukturelle Wirkungen des durch das Großkapital organisierten Kapitalismus seit den 1890er Jahren; Kommunikations- und Organisationsstrukturen (*Michels*' Oligarchieproblem); Folgewirkungen der Strategieentscheidung für den ↗ Parlamentarismus; gewerkschaftliche Orientierungen und Einflüsse auf die Parteistrategie und grundlegende Strategiedebatten, z. B. die »Massenstreikdebatte« (*Ritter* 1964); theoretisch-ideologische Struktur des Sozialismusverständnisses (z. B. zur Rolle von Darwinismus/Marxismus: *Steinberg* 1979); Revolutionsverständnis und politische Praxis (*Groh* 1973); Verhältnis zu ↗ Nation und Imperialismus; Konzeptionen zum Freiheitsproblem (↗ Grundwerte). Der Diskussionsverlauf zur ↗ Politischen Ökonomie nach *Marx* und *Engels* hat allerdings recht wenig Beachtung gefunden, mit Ausnahme so innovativer Theoretiker wie *Luxemburg* und *Hilferding* oder z. B. ↗ Imperialismustheorien; wirtschaftliche Zukunftsvorstellungen des S. vor 1914 bleiben daher undeutlich.

4. Auch wenn der Marxismus in der deutschen Sozialdemokratie deutlich stärkeres Gewicht hatte als in anderen Ländern (außer später in Rußland), so gilt doch die deutsche Revisionismusdebatte als exemplarisch für den Riß in der sozialistischen Bewegung (ablesbar an der Vielzahl ausländischer Beiträge zu diesem Thema). Während »Revisionismus« eine theorieimmanente Neubesinnung nahelegt (so auch der Ausgangspunkt *E. Bernsteins;* vgl. *Grebing* 1977), so verbindet sich damit in der historischen Wirkung doch die Gesamtdynamik sozialdemokratischer Abwendung vom Marxismus. Theoretisch liegt der Kern des *Bernsteinschen* Ansatzes bei der (empirischen) Analyse der ökonomischen Entwicklungstendenzen (Relativierung von Krisenzyklus, Konzentration, Proletarisierung), Einschränkungen der Geschichts-, Entwicklungs- und Revolutionstheorie, daraus folgend einer Neubewertung reformistischer Transformationsschritte, des entsprechenden (auch staatlichen) Handlungsrahmens und der subjektiven Handlungsbedingungen sowie der Möglichkeit ethischer Begründungszugänge (*Kant*-Rezeption). Die Forschung hat 1) die Diskussionsstruktur aufgearbeitet, insbesondere die Rolle *Kautskys* (*Steinberg* 1979), aber auch *Luxemburgs, Vollmar/Auers* usw.; 2) Erklärungen für Auftreten und Erfolg des S. gesucht (Entwicklung zur Massenpartei, Einfluß der Gewerkschaften, Parlamentsfraktionen in Reich und Einzelstaaten, Differenzierungen in der Arbeiterschaft, ausländische Einflüsse, z. B. *Fabier*; aber auch gegenwirkende Faktoren, bes. die

manifeste Klassenpolitik des Reiches; vgl. *Ritter* 1964) sowie 3) das Verhältnis zu anderen Konflikt- und Spaltungsdimensionen wurden analysiert und 4) die Zusammenhänge langfristiger Diskussionslinien und theoretischer Traditionsbildung aufgehellt (*Friedemann* 1978 incl. der Erarbeitung eines systematischen Gesamtbildes von *Bernsteins* Konzeption, vgl. *Meyer* 1977). Daß die spätere Spaltung der SPD durch den Revisionismus mitmotiviert war, sich aber real an kriegsbezogenen Konflikten ab 1914 auf der radikalen Linken vollzogen hat (Spartakus, USPD), nimmt in der Literatur breiten Raum ein (*Mommsen* 1974).

5. Weder im Rückblick noch in der Gegenwartsbilanz ergibt sich ein eindeutiger Begriff und Konsens von Sozialismus-Konzeptionen; im Gegenteil, die Richtungsdifferenzierung ist ausgeprägter denn je. Die Differenzierungsmuster haben sich in historischen Stufen entwickelt und verschoben.

1) Nach dem Frühsozialismus wurde das Debattendreieck zunächst durch anarchistische, marxistische und lassalleanische Positionen bestimmt.
2) Nach 1890 gruppierten sich um den Kernkonflikt von Reformismus/Revisionismus und marxistische Orthodoxie Positionen der radikalen (parteirevolutionären) Linken sowie des (Anarcho-)Syndikalismus, im weiteren Umkreis fanden sich aber auch eher randständige Schattierungen wie ein (konservativer) »Staats-S.«, »religiöser S.«, »liberaler S.« (*F. Oppenheimer*), schließlich ein (kantianischer) »ethischer S.« (*Nelson*); der I. Weltkrieg begünstigte durch »kriegssozialistische«, gemeinschafts- und organismusideologische Tendenzen die Inflationierung der Sozialismusrhetorik, an die auch der »Nationalsozialismus« anknüpfte.
3) Mit der russischen Revolution 1917 kam es endgültig zur grundlegenden Spaltung zwischen kommunistischen (marxistisch-leninistischen) Parteien und (westlicher) Sozialdemokratie, eine bis in die Mitte der 50er Jahre strukturbestimmende Richtungspolarisierung, die unmittelbar nach 1945 vorübergehend gelockert und ergänzt wurde (religiöser/christlicher S., liberaler S.).
4) Im Systemgegensatz nach 1945 weltweit verfestigt, nahm der Konflikt um die Sozialismusvorstellung eine zunehmend differenzierte Struktur an. Mindestens sechs Grundrichtungen müssen unterschieden (und in sich weiter aufgeschlüsselt) werden: a) westl. Sozialdemokratie/demokratischer S.; b) sowjetische marxistisch-leninistische Orthodoxie; c) chinesischer Entwicklungssozialismus (zwischen maoistischen und »revisionistischen« Kommunismus-Varianten oszillierend); d) reform-kommunistische Konzeptionen (Jugoslawien, »Prager Frühling«, Euro-Kommunismus); e) S. in Ländern der Dritten Welt (z. B. Algerien, Tansania, Irak, Angola) als häufig ausgeprägt kulturspezifisches Konzept post-kolonialer Entwicklungsstrategie, nationaler Gemeinschaftsbildung und politisch-institutioneller Modernisierung; f) neo-marxistische Strömungen der westlichen intellektuellen Neuen Linken im Umkreis von Kritischer Theorie, (jugoslawischer) »Praxis«-Gruppe, *Gramsci*-Rezeption, Existentialismus, kritische Soziologie etwa eines C. *Wright Mills* und neo-anarchistischen bzw. -libertären Strömungen in und nach der Studentenbewegung.

In dieser auch machtpolitisch durchgeformten Richtungskonstellation wurde S. als ideeller Kernpunkt Gegenstand theoretischer, aber mehr noch politisch-praktischer Kontroversen und zum Teil existentieller Machtkämpfe. Besonders strittig sind Revisionismusdebatte und Spaltung, die Deutung der sozialdemokratisch beschränkten Revolution in Deutschland 1918/19 und der parteidiktatorisch verformten russ. Revolution von 1917, die Politik von Sozialdemokraten und Kommunisten gegenüber dem ↗ Faschismus, die Konflikte der Neuordnungsphase 1945 bis 1949 und insgesamt die stalinistische Perversion (↗ Stalinismus) einerseits, die wohlfahrtskapitalistische Anpassung andererseits (↗ Sozialstaat). Zu den Richtungskontroversen querliegende Diskussionsrichtungen und Themen beziehen sich z. B. auf historisch-strukturelle Bedingungsgefüge für die Entwicklungschancen bestimmter S.-Modelle (z. B. *Wittvogels* Thesen zur »asiatischen Produktionsweise«), auf S. als Entwicklungskonzeption für »nachzuholende Entwicklung«, auf Systemvarianten und Leistungspotentiale ökonomischer Steuerung im S., auf politische Systemstrukturen zwischen Herrschaftszentralismus, Bürokratie, Parteistrukturen, Partizipationsansprüchen und Demokratieprinzipien (*Bermbach/Nuscheler* 1973); die mit S. nach wie vor verbundene geschichtsphilosophische Entwicklungsvorstellung findet zum Teil eine utopie-theoretische, zum Teil eine grundsätzlich ideologie-kritische Deutung. Von prinzipieller Bedeutung bezüglich der philosophischen / wissenschaftstheoretischen/methodologischen Grundlagen der Sozialismusdiskussion erweist sich immer wieder der Disput über die hegelianische/marxsche und die kantische Tradition (*Sandkühler/de la Vega* 1970). Allerdings wird die Politikwiss. eine angemessene und tragfähige Systematisierungsgrundlage für das gesamte, inzwischen große Teile der Welt überspannende, aber sehr viel heterogener gewordene Feld der Sozialismusdiskussion erst noch erarbeiten müssen.

6. Der weltpolitische Systemgegensatz nach 1945 steckte die Handlungsbedingungen sozialdemokratischer Parteien ab, auch über Europa hinaus. Für das Bild der Sozialdemokratie sind nunmehr bestimmend: endgültige Abwendung von allen sozialistisch-revolutionären Traditionen zugunsten des evolutionären Reformismus; weltanschaulicher Begründungspluralismus unter weitgehender Zurückdrängung marxistischer Theorie und scharfer Abgrenzung gegenüber kommunistischen Positionen; demokratisch-freiheitliche Prinzipienorientierung, verbunden mit Totalitarismuskritik gegenüber ↗ Kommunistischen Parteien; Wirtschaftskonzeptionen eines »Dritten Weges« (gemischte Wirtschaftssysteme, Gemeinwirtschaft, Wirtschaftsdemokratie) zunächst als realpolitischer Kompromiß, aber zunehmend aus Überzeugung in die Funktionstüchtigkeit eines wohlfahrtsstaatlich modifizierten, keynesianisch-rational gesteuerten ↗ Kapitalismus; endgültige Abwendung von Traditionen und Konzepten einer Klassenpartei zugunsten einer unideologischen, regierungsfähigen linken ↗ Volkspartei; das Godesberger Programm der SPD steht exemplarisch für dieses Selbstverständnis weit über die Bundesrepublik hinaus.

7. Die Politikwiss. war an den Debatten um diese Kursbestimmung intensiv beteiligt (*Abendroth, Flechtheim, Löwenthal, von Oertzen, Pirker, Weisser* u. a.). Die aus den USA eingespielte Theorie vom »Ende der Ideologien« lieferte systemabgrenzende Begleitmusik, während Ansätze vom »Verfall der Opposition« (*Kirchheimer*) bereits zu kritischen Analysen von »Volkspartei«-Konzepten hinführten (*Krippendorff, Narr*). Stark an SPD-Kontroversen orientiert war die Thematisierung von innerparteilicher Demokratie und Opposition (*Raschke* 1977), ebenso die Analyse sozialstruktureller Entwicklungen (Verbürgerlichung der Arbeiter, Zunahme der Angestellten und »lohnabhängigen Mittelschichten«, Trend zur Dienstleistungsgesellschaft) als Erklärungskontext für Volksparteistrukturen. Zur inneren Parteistruktur dominieren Studien über das Verhältnis Fraktion/Partei, Partei/Gewerkschaften (sowie AG für Arbeitnehmerfragen) und die Jungsozialisten. Biographisch ragen *Schumacher* (*Edinger*) und *Erler* (*Soell*) heraus. Politikfeldanalysen überwiegen zur Außen-, Deutschland- und Militärpolitik, während Wirtschafts-/Gesellschaftspolitik in Analysen zur Programmentwicklung hervorsticht. Die Belebung der Theorie- und Programmdiskussion in den frühen 70er Jahren (u. a. Orientierungsrahmen '85) löste erneut begleitende

wiss. Debatten über Theorietraditionen, Relevanz und Kritik von Marxismus(-spielarten), ↗ Kritischen Rationalismus (*Meyer, Heimann, A.* und *G. Schwan, Strasser, Löwenthal* u.a.), aber auch über Reform- und Demokratisierungsstrategien aus (*Vilmar, Fenner, Hennis*). Sozialdemokratische Regierungspraxis wurde einerseits unter Re-Ideologisierungsverdacht gestellt (*Hennis, Lübbe*), andererseits kapitalismuskritischen Analysen unterzogen (zum ›Modell Deutschland‹, den Grenzen des ↗ Keynesianismus, Neo ↗ Korporatismus vgl. *Esser/Fach, Hirsch, Offe, Vobruba*). Ein wichtiger Forschungsansatz sucht im empirischen Vergleich der Politikresultate die Unterschiede zwischen sozialdemokratischen und konservativen Regierungen überprüfbar zu machen (*Schmidt* 1982). Schließlich bildete die Sozialdemokratie auch einen wesentlichen (traditionellen) Bezugspunkt für Ursachen und Entwicklungsperspektiven neuer ↗ Konfliktlinien/Cleavages (Ökologie), Wertwandlungen, ↗ Sozialer Bewegungen und damit neuer Integrationsprobleme bzw. Umstrukturierungen im ↗ Parteiensystem. Studien zum Vergleich sozialdemokratischer Parteien in Europa ergaben sich aus verstärkter europäischer Parteienkooperation für das EG-Parlament (*Paterson* u.a. 1979).

8. Der Zusammenbruch des sowjetkommunistischen Herrschaftsmodells in der ehemaligen UdSSR, in Osteuropa und der DDR 1989/91 markierte mit dem Ende des Ost-West-Systemgegensatzes einen tiefen historischen Einschnitt. Damit sind drei verschiedenartige Implikationen des angeblich »real existierenden Sozialismus« entfallen: die Existenz einer praktisch realisierten Variante sozialistischer Wirtschafts- und Gesellschaftsordnung; die diktatorische Perversion und Diskreditierung der Sozialismus-Idee, und die disparaten Hoffnungen auf »reformsozialistische« Entwicklungen auf der alten Basis.

Traditionell kommunistische Strategien, aber auch im weiteren Sinne sozialistische Konzepte mit dem Ziel einer umfassenden Umwälzung der Wirtschaftsordnung, sind damit weltweit auf lange Sicht unmöglich geworden. Westliche sozialdemokratische Parteien, die im Sowjetsozialismus ohnehin nicht ihr Vorbild sahen, dürften davon mittelfristig nicht ernsthaft betroffen sein. Allerdings hat auch die Hoffnung getrogen, sozialdemokratische »dritte Wege« könnten in Osteuropa und Rußland unmittelbar besonders attraktiv sein; angesichts der polarisierten Systemumstellungen war eine so differenzierte Position offenbar im politischen Organisierungs- und Kommunikationsprozeß nicht vermittlungsfähig. Nachdem die hohen Erwartungen an System- und Wohlstandsimporte enttäuscht wurden, wächst aber offenbar das Bedürfnis nach sozialen Auffangnetzen im Reformprozeß (vgl. reformsozialistische Wahlerfolge in Polen, Ungarn und baltischen Staaten), so daß sozialdemokratische Entwicklungen denkbar werden (allg. *von Beyme* 1994). Der pragmatische, von externen Bedingungen abhängige Handlungsdruck wird indessen so stark sein, daß neue theoretisch-systematische Konzeptionen kaum zu erwarten sind.

Die westliche Sozialdemokratie hatte sich schon seit Beginn der 80er Jahre der Prognose vom »Ende des sozialdemokratischen Jahrhunderts« (*R. Dahrendorf*) gegenüber gesehen. Sozialstrukturelle Verschiebungen (Individualisierung neuer Mittelschichten), Grenzen staatlicher Wirtschaftssteuerung und sozialstaatlicher Umverteilung sowie neue sozio-politische Konfliktlinien (Ökologie) sprechen auf dem Hintergrund limitierten Wachstums, technologischer Umwälzungen und ökonomischer Globalisierung in der Tat gegen eine Fortschreibung sozialdemokratischer Stabilitäts- oder Fortschrittsannahmen (zur Diskussion vgl. *Scharpf* 1987; *Paterson/Thomas* 1986; *Heimann* 1993). Die Frage nach politischen Kontrollen und sozialen Sicherungen gegenüber künftigen Kapitalismusentwicklungen müßte demnach in Ost und West konzeptionell neu angesetzt werden.

Theo Schiller

Lit.: *Abendroth, W.* 1965: Sozialgeschichte der europäischen Arbeiterbewegung, Frankfurt/M. *Bermbach, U./Nuscheler, F.* (Hrsg.) 1973: Sozialistischer Pluralismus, Hamburg. *Beyme, K. von* 1994: Systemwechsel in Osteuropa, Frankfurt/M. *Braunthal, J.* 1974ff.: Geschichte der Internationale, 3 Bde., Hannover. *Dowe, D./Klotzbach, K.* (Hrsg.) ³1990: Programmatische Dokumente der deutschen Sozialdemokratie, Bonn. *Droz, J.* (Hrsg.) 1974ff.: Geschichte des Sozialismus, versch. Bde., Frankfurt u.a. *Friedemann, P.* (Hrsg.) 1978: Materialien zum politischen Richtungsstreit in der deutschen Sozialdemokratie 1890–1917, 2 Bde., Frankfurt u.a. *Grebing, H.* 1977: Der Revisionismus, München. *Groh, D.* 1973: Negative Integration und revolutionärer Attentismus, Frankfurt a. M./Berlin. *Heimann, S.* 1993: Die Sozialdemokratie: Forschungsstand und offene Fragen, in: *Niedermayer, O./Stöss, R.* (Hrsg.): Stand und Perspektiven der Parteienforschung in Deutschland, Opladen. *Kernig, C. D.* 1979: Sozialismus. Ein Handbuch. Bd. 1: Von den Anfängen bis zum Kommunistischen Manifest, Stuttgart. *Kocka, J.* (Hrsg.): Europäische Arbeiterbewegungen im 19. Jahrhundert, Göttingen. *Lehnert, D.* 1983: Sozialdemokratie zwischen Protestbewegung und Regierungspartei 1848–1983, Frankfurt/M. *Lösche, P./Walter, F.* 1992: Die SPD. Klassenpartei – Volkspartei – Quotenpartei, Darmstadt. *Merkel, W.* 1993: Ende der Sozialdemokratie? Machtressourcen und Regierungspolitik im westeuropäischen Vergleich, Frankfurt/M. *Meyer, T.* 1977: Bernsteins konstruktiver Sozialismus, Berlin/Bonn-Bad Godesberg. *Meyer, T.* (Hrsg.) 1980: Demokratischer Sozialismus, München. *Miller, S.* 1978: Die Bürde der Macht. Die deutsche Sozialdemokratie 1918–1920, Düsseldorf. *Mommsen, H.* (Hrsg.) 1974: Sozialdemokratie zwischen Klassenbewegung und Volkspartei, Frankfurt/M. *Müller, J. B.* 1992: Die politischen Ideenkreise der Gegenwart, Berlin. *Paterson, W. E./Schmitz, K. T.* (Hrsg.) 1979: Sozialdemokratische Parteien in Europa, Bonn. *Paterson, W. E./Thomas, A.* (Hrsg.) 1986: The Future of Social Democracy: Problems and Prospects of Social Democratic Parties in Western Europe, Oxford. *Polanyi, K.* 1978: The Great Transformation, Frankfurt/M. (engl. zuerst 1944). *Przeworski, A.* 1985: Capitalism and Social Democracy, Cambridge. *Raschke, J.* 1977: Organisierter Konflikt in westeuropäischen Parteien, Opladen. *Ritter, G. A.* ²1964: Die Arbeiterbewegung im Wilhelminischen Reich, Berlin. *Rovan, J.* 1980: Geschichte der deutschen Sozialdemokratie, Frankfurt/M. *Sandkühler, H. D./de la Vega, R.* (Hrsg.) 1970: Marxismus und Ethik. Texte zum neukantianischen Sozialismus, Frankfurt. *Scharpf, F.* 1987: Sozialdemokratische Krisenpolitik in Europa. Das »Modell Deutschland« im Vergleich, Frankfurt a. M./New York. *What's Left?* Prognosen zur Linken, 1993, Berlin. *Schmidt, M. G.* 1982: Wohlfahrtsstaatliche Politik unter bürgerlichen und sozialdemokratischen Regierungen, Frankfurt a. M./New York. *Schneider, M.* 1992: Das Ende des Jahrhundertmythos. Eine Bilanz des Sozialismus, Köln/Berlin. *Schorske, C. E.* 1955: German Social Democracy, 1905–1917, Cambridge (dt. 1981). *Senghaas, D.* 1980: Sozialismus. Eine entwicklungsgeschichtliche und entwicklungstheoretische Betrachtung, in: Leviathan 8, 10–40. *Steinberg, H. J.* ⁵1979: Sozialismus und deutsche Sozialdemokratie, Bonn-Bad Godesberg. *Theimer, W.* 1988: Geschichte des Sozialismus, Tübingen. *Thompson, E. P.* 1968: The Making of the English Working Class, Harmondsworth. *Vester, M.* 1970: Die Entstehung des Proletariats als Lernprozeß, Frankfurt/M.

Sozialpolitik

I. Sozialpolitik (S.) hat sich in dem Maße entwickelt, wie mit der Industrialisierung soziale Sicherung und soziokulturelle Integration nicht mehr naturwüchsiger Bestandteil traditionaler Gesellschafts- und Gemeinschaftsformen sind, sondern mehr und mehr durch die politische Intervention des Staates hergestellt werden müssen. Für die deutsche Entwicklung lassen sich drei Phasen unterscheiden:

1. Die Geburtsstunde der modernen S. fällt in die Epoche der gewaltigen sozialen Umschichtungen, Zwänge zur Neuorientierung und Modernisierung, die der Prozeß der Industrialisierung mit sich brachte. Mit der Herausbildung der industriellen Klassen und der ↗ Sozialen Frage entstand eine neue Herausforderung an das traditionelle System der öffentlichen Fürsorge. Immer mehr Mitglieder der Gesellschaft traten aus traditionellen Formen der sozialen Sicherung, Sinngebung und Einbindung (z. B. dörfliche Gemeinschaft) heraus und mußten als industrielle Produzenten auf neue Weise gesellschaftlich integriert und abgesichert werden. So wandelt sich S. von der »Armenpolitik« (Armenfürsorge) zur »Arbeiterpolitik«. Sozialistengesetz und die staatlichen Sozialversicherungen unter *Bismarck* bezeichnen die Doppeldeutigkeit der Anerkennung dieser Bewegung – ein Knotenpunkt in der Entwicklung des modernen ↗ Sozialstaates. Als Gegenstand der Wiss. entwickelt S. sich in Abgrenzung zum Manchester-Liberalismus, für den sich soziale Wohlfahrt aus der ungehinderten Entfaltung von Markt und Industrialisierung ergeben soll, und in Auseinandersetzung mit dem ↗ Marxismus. Intellektuelle Verfechter der S. finden sich in dieser Zeit vor allem unter den bürgerlichen Sozialreformern, die der bloßen autoritären Unterordnung das Ziel der sozialpolitischen (s.) Integration der »arbeitenden Klassen« entgegenhalten. Zu nennen sind hier neben den Vertretern der christlichen Soziallehre vor allem die Vertreter der historischen Schule in der deutschen Nationalökonomie (z. B. *Schmoller)*, die sog. Katheder- und Staatssozialisten im *Verein für Socialpolitik* (vgl. (*Lampert* 1991; *Tennstedt* 1981).

2. Mit der Übernahme politischer Verantwortung durch die Sozialdemokratie werden in der Weimarer Republik Grundelemente moderner S. wie z. B. das System der Tarifverträge (↗ Tarifautonomie/Tarifpolitik) staatlich anerkannt; zum Ausbau der Sozialversicherungen (Arbeitslosenversicherung, Arbeitsschutzrecht) gesellt sich die Erweiterung sozialer Dienste und Einrichtungen, wie Krankenversorgung, Bildung, Wohnungspolitik. Ein organisierter Austausch und eine Vernetzung zwischen Wiss. und Politik fand in Institutionen wie dem *Verein für Socialpolitik* oder der *Internationalen Vereinigung für sozialen Fortschritt* statt. Mit der Wendung der Sozialdemokratie zur pragmatischen Reformpolitik verstärkte sich auch ihr Einfluß auf die s. Diskussion. Theoretiker wie *Heimann* prägten das wohl ambitionierteste Verständnis von S.: Sie sollte als Bestandteil einer umfassenden gesellschaftlichen Reformpolitik die kapitalistische Ökonomie als zentrales Gestaltungsprinzip zurückdrängen und ablösen. Demgegenüber kam es den Theoretikern der bürgerlichen Sozialreform (u. a. *Heyde*, *Günther*) darauf an, die soziale Frage im Rahmen der Ordnungsprinzipien der gegebenen Gesellschaft zu beantworten (vgl. *Preller* 1949/1978).

3. Nach dem Zusammenbruch großer Teile des sozialen Sicherungssystems in der Weltwirtschaftskrise und der autoritären Stillegung der sozialpolitischen Entwicklung im Dritten Reich knüpfte S. in der Bundesrepublik nach dem II. Weltkrieg in vieler Hinsicht wieder an der Weimarer Entwicklung an (vgl. *Achinger* 1958): Der soziale ↗ Rechtsstaat als Verfassungsauftrag bestätigte ordnungspolitische Grundelemente der S., und auf der Basis eines beispiellosen Wirtschaftsaufschwungs weitete sich die materielle Bedeutung von S. als Ausbau sozialer Sicherung (z. B.: Einführung der sog. dynamischen Rente), aber auch der Systeme bevölkerungsbezogener Infrastruktur in starkem Maße aus. In der Phase der »inneren Reformen« verstärkte sich zudem nicht nur der Trend zum Ausbau der personellen Dienstleistungen (z. B. in der Sozialarbeit), sondern es entwickelte sich auch der politisch-programmatische Anspruch auf ein umfassendes und planmäßiges System staatlicher Daseinsvorsorge (vgl. *Alber* 1989). Ein weitreichender gesellschaftspolitischer Konsens um den Ausbau von Sozialstaat und ↗ Sozialer Marktwirtschaft führte auch in der wiss. Auseinandersetzung eher zu einem Zurücktreten politisch-ideologischer Fragen.

II. Auf der Ebene der gesellschaftspolitischen und wiss. Auseinandersetzungen um S. begann sich dies in den 70er Jahren im Kontext neuer ökonomischer, finanzieller und kultureller Rahmenbedingungen zu ändern. Die bis in die 90er Jahre praktisch durchgesetzten Kürzungen bei den sozialpolitischen Leistungssystemen fielen dabei in der Bundesrepublik jedoch moderater aus als in vielen anderen westlichen Industrieländern (vgl. *Schmidt* 1988), so daß zu Beginn der 90er Jahre ein komplexes System sozialpolitischer Einrichtungen und Leistungsgarantien (vgl. als Überblick *Bäcker* u.a. 1989) an der Schwelle neuer internationaler (↗ Europäische Union) und nationaler (Einbeziehung der ehemaligen DDR in ein in seinem Kern unverändertes Bundesrepublik-spezifisches Leistungssystem) Herausforderungen ökologischer, wirtschaftlicher und sozialpolitischer Art den Ausgangspunkt zukünftiger Entwicklungen bildet. Sozialpolitik im Kontext der Europäischen Union (*Deubner* 1990) und eine international vergleichende Sozialpolitikforschung, die nationale Politiken vor dem Hintergrund der Koexistenz verschiedener »Wohlfahrtsregimes« (*Esping-Andersen* 1990) untersucht, gewinnen ebenso an Bedeutung wie die Thematisierung der Transformationsprozesse in den osteuropäischen Ländern, wo gesellschafts- und sozialpolitische Herausforderungen besonders eng verbunden sind (*Offe* 1993).

1. War die s. Diskussion bislang stark von einer etatistischen Perspektive bestimmt gewesen, so tritt in den Diskussionen der letzten Jahre insbesondere die Frage danach stärker hervor, welche Beiträge zukünftig privatwirtschaftliche Akteure, die traditionellen freien Träger der Wohlfahrtspflege und darüber hinaus neue Formen individueller und kollektiver Selbsthilfe spielen könnten und in welcher Weise staatliche Hilfs- und Leistungsangebote umstrukturiert werden müßten, um mehr als bisher Kriterien der Kosteneffizienz und der Orientierung an individuellen und gruppenspezifischen Notlagen und Wünschen der Klienten und Nutzer zu genügen. Damit relativieren sich die klassischen Kontroversen um Verstaatlichung oder Reprivatisierung als vermeintlich einzige Alternative, so daß Planung und Leistungsbringung in der S. eher als Frage eines angemessenen, koordinierten »Wohlfahrtspluralismus« (*Evers/Olk* 1995) begriffen wird. Jenseits der herkömmlichen Fragen politischer Kontrolle und politischer ↗ Partizipation werden Formen der Passivierung und Entmündigung heute auch als Folge von Professionalisierung und dominierenden sozialtechnischen Leitbildern thematisiert. Der Fokus der Debatte hat sich damit von Fragen der politischen Entscheidungsbeteiligung zu solchen der sozialen Leistungsbeteiligung und von einer ausschließlich auf Absicherung und Versorgung zentrierten Perspektive auf Fragen des *»empowerment«* von Nutzern und Klienten, der »Hilfe zur Selbsthilfe«, erweitert.

2. Derart veränderte Ansprüche in Sachen Steuerungsfähigkeit und demokratische Substanz der S. prägen auch eine kontroverser gewordene Diskussion um Lösungsansätze zu materialen Problemlagen.

a) Umschichtungen im Bevölkerungs- und Beschäftigungssystem, ein Wandel des Erwerbsverhaltens und der Generationenverhältnisse in einer alternden Gesellschaft werfen jenseits von Reformen zur »Anpassung« der großen Systeme sozialer Sicherheit die Frage nach Lösungen auf, die im Hinblick auf Lasten- und Leistungsverteilung als gerecht empfunden werden können (*Nullmeier/Rüb* 1993). b) Gewachsene Aufgaben im Bereich der ↗ Sozialhilfe im Kontext der Zunahme von Dauererwerbslosigkeit, sozialer Schließung, internen Spaltungen und Deregulierungstendenzen an den Arbeitsmärkten führen jenseits von Fragen nach Mittelumfang und Zugangsvoraussetzungen bei der Sozialhilfe zu Konzepten sozialer Grundsicherung, mit der Minimalstandards sozialer Bürgerrechte die diskriminierenden Traditionen der Armenhilfe ablösen könnten (*Leibfried/Voges* 1992). c) Insbesondere mit Blick auf veränderte Belastungen und Ansprüche von Frauen (↗ Frauenpolitik) hat sich die Diskussion von Arbeitspolitiken über die traditionelle Dimension der Arbeitszeitverkürzung hinaus auf Konzepte ausgeweitet, die mehr Flexibilität im Sinne von Optionen auf eine bessere Vereinbarkeit von Erwerbsleben und freier Zeit, Beruf und Aufgaben im Kontext von Familie, Pflege und Erziehung ermöglichen (*Kickbusch/Riedmüller* 1984). d) Im Gesundheits- und Pflegebereich gilt es jenseits von bloßen Leistungskürzungen oder -ausweitungen das komplexe Zusammenspiel und die unterschiedlichen Machtpositionen der Beteiligten so zu verändern, daß begrenzte Mittel effektiver und bedarfsangemessener verwendet werden, wobei im (Alten)-pflegebereich auf der Basis einer verbesserten sozialen Absicherung des bislang privaten Pflegerisikos Fragen der Humanisierung und Qualitätssicherung der Dienste und Einrichtungen die zuvor benannten allgemeinen Herausforderungen an Sozialpolitik widerspiegeln.

Adalbert Evers

↗ Bildungspolitik; Gesundheitspolitik.

Lit.: *Achinger, H.* 1958: Sozialpolitik als Gesellschaftspolitik. Von der Arbeiterfrage zum Wohlfahrtsstaat, Reinbek. *Alber, J.* 1989: Der Sozialstaat in der Bundesrepublik 1950–1983, Frankfurt/M. *Bäcker, G./Bispinck, R./Hofemann, K./Naegele, G.* 1989: Sozialpolitik und soziale Lage in der Bundesrepublik Deutschland, 2 Bde., Köln. *Deubner, Ch.* (Hrsg.) 1990: Europäische Einigung und soziale Frage, Frankfurt/M. *Esping-Andersen, G.* 1990: The Three Worlds of Welfare Capitalism, Cambridge. *Evers, A./Olk, Th.* (Hrsg.) 1995: Wohlfahrtspluralismus, Opladen. *Kaufmann, F. X.* (Hrsg.) 1987: Staat, intermediäre Instanzen und Selbsthilfe, München. *Kickbusch, I./Riedmüller, B.* 1984: Die armen Frauen. Frauen und Sozialpolitik, Frankfurt/M. *Lampert, H.* 1991: Sozialpolitik, Berlin/Heidelberg. *Leibfried, St./Voges, W.* (Hrsg.) 1992: Armut im modernen Wohlfahrtsstaat, in: Kölner Zeitschrift für Soziologie und Sozialpsychologie, Sonderheft 32, Opladen. *Murswieck, A.* 1994: Sozialpolitik: Probleme, Akteure, politische Strategien, Opladen. *Nullmeier, F./Rüb, F. W.* 1993: Die Transformation der Sozialpolitik. Vom Sozialstaat zum Sicherungsstaat, Frankfurt a. M./New York. *Offe, C.* 1993: Der Tunnel am Ende des Lichts. Erkundungen der politischen Transformation im neuen Osten, Frankfurt a. M./New York. *Preller, L.* 1949/1978: Sozialpolitik in der Weimarer Republik. *Schmidt, M. G.* 1988: Sozialpolitik. Historische Entwicklung und internationaler Vergleich, Opladen. *Tennstedt, F.* 1981: Sozialgeschichte der Sozialpolitik in Deutschland, Göttingen.

Sozialprodukt

Das Bruttosozialprodukt (BSP) ist der bisher umfassendste Indikator für die gesamtwirtschaftliche Produktion von Gütern und Dienstleistungen einer Volkswirtschaft in einer Periode (meistens das Kalenderjahr). Konkret mißt das BSP die privatwirtschaftliche und staatliche Produktion, die über Märkte abgewickelt wird. Da die staatlichen Leistungen überwiegend unentgeltlich abgegeben werden und somit keine Marktpreise zu ihrer Bewertung zur Verfügung stehen, werden diese bei der Messung mit den Marktpreisen ihrer Inputfaktoren (also zu Herstellungskosten) bewertet. Die außermarktliche Produktion des privaten Haushaltssektors – wie z. B. die Leistungen der Hausfrauen, Reparaturen und Eigenarbeit an Haus und im Garten –, die unentgeltlich erfolgt, geht (bisher) nicht in das BSP ein.

Die Berechnung des BSP steht im Zentrum der Volkswirtschaftlichen Gesamtrechnung (VGR), die seit den 40er Jahren in Kooperation zwischen empirischer Wirtschaftsforschung und amtlicher Statistik entwickelt worden ist und heute das Hauptinstrumentarium der nationalen und internationalen Wirtschaftsberichterstattung bildet.

Das BSP kann auf dreierlei Weise berechnet werden, was gegenseitige Kontrollrechnungen ermöglicht: a) von der Seite der Entstehung der Produktion her als Entstehungsrechnung; b) von der Verteilung der Einkommen her als Verteilungsrechnung; c) von der Verwendung der Einkommen her als Verwendungsrechnung. Von der Verwendungsseite her gesehen ergibt sich das BSP zu Marktpreisen aus der Summe der Ausgaben für den Konsum der privaten Haushalte, den Staatskonsum, die privaten und staatlichen Bruttoinvestitionen sowie für den sogenannten Außenbeitrag (Differenz zwischen Export und Import von Waren und Dienstleistungen).

Im BSP sind auch die Abschreibungen – als monetäres Äquivalent für den Kapitalverzehr, der mit der Produktion des gesamten S. verbunden war – enthalten. Zieht man diese vom BSP ab, gelangt man zum Nettosozialprodukt (NSP) zu Marktpreisen, das die Produktion einer Periode unter der Prämisse, daß der Kapitalstock konstant gehalten wird (»*keep capital intact*«), mißt. Zieht man vom NSP zu Marktpreisen noch die indirekten Steuern ab und fügt die staatlichen Subventionen hinzu, so gelangt man zum NSP (bewertet) zu Faktorkosten: Dieses ist mit dem sogenannten Volkseinkommen – der Summe aller im Produktionsprozeß dieser Periode entstandenen (Faktor-)Einkommen – identisch.

Wirtschaftspolitisch ist insbesondere das Wirtschaftswachstum einer Volkswirtschaft bedeutsam geworden. Es ist definiert als die jährliche prozentuale Zuwachsrate des realen BSP. Um die reale Produktionssteigerung zu ermitteln, müssen die nominalen Werte des BSP um die jährlichen Preissteigerungen mittels eines geeigneten Deflationierungsverfahrens bereinigt werden. Ein angemessenes und stetiges Wirtschaftswachstum galt lange Zeit als Ziel der ↗ Wirtschaftspolitik und als Garant des wirtschaftlichen und gesellschaftlichen Fortschritts. Ein hohes Wirtschaftswachstum wurde nahezu einhellig als großer Erfolg gewertet; es war der wichtigste Indikator im bewertenden internationalen Ländervergleich – es wurde identifiziert mit Mehrung von Wohlstand und Lebensqualität. Ende der 60er Jahre begann jedoch ein Prozeß der Entmythologisierung des Wirtschaftswachstums.

Die Sensibilisierung für Schäden an der Gesundheit der Bevölkerung und in der Biosphäre durch Umweltverbrauch und Umweltbelastung machte deutlich, daß ein ständiges Produktions- und Konsumwachstum nicht nur positive, sondern auch spürbar negative Auswirkungen auf die Lebensqualität der Menschen hat (↗ Umweltpolitik). Der so geschärfte Blick auf die Schattenseiten des Wirtschaftswachstums hatte zur Folge, daß nun auch der Maßstab des Wirtschaftswachstums – das BSP – der Kritik ausgesetzt wurde. Hierbei entdeckte man eine Reihe von Ungereimtheiten und Versäumnissen, soll das BSP – wie üblich – als Wohlstands-(Lebensqualitäts-)indikator interpretiert werden.

Solange Produktion und Konsumtion mit negativen Effekten (auf Natur, Gesundheit, Arbeitswelt, Wohnumwelt etc.) verbunden sind, gegen die keine Maßnahmen ergriffen werden, reagiert das BSP auf diese Einbuße der Lebensqualität überhaupt nicht. Registriert wird ausschließlich das positiv bewertete Produktionsergebnis. Werden aber Maßnahmen zur Reparatur der geschädigten Umwelt und zur Wiederherstellung der Gesundheit ergriffen, so werden diese kompensatorischen, »defensiven« Aktivitäten im BSP mit positivem Vorzeichen registriert und tragen damit zum gemessenen Wirtschaftswachstum bei. Hier reagiert das BSP umgekehrt wie man es von einem allgemeinen Maß des gesellschaftlichen Wohlstandes erwarten würde. Unter Wohlstandsgesichts-

punkten dürften die heute quantitativ bedeutsamen kompensatorischen Aktivitäten, die lediglich auf vorherige negative Effekte von Produktion und Konsum reagieren, eigentlich nicht mit anderen ›autonomen‹ wohlstandsrelevanten Wirtschaftsaktivitäten gleichgesetzt werden (↗ Sozialstaat).
Der zweite zentrale Mangel des BSP als Wohlstandsmaß liegt in seiner begrenzten Reichweite. Die außermarktliche Produktion der privaten Haushalte, des informellen Sektors (↗ Schattenwirtschaft), von Eigenarbeit, Nachbarschaftshilfe und gemeinnützigen Organisationen bleibt im BSP ausgeblendet. Dieser Sektor ist aber – von Land zu Land unterschiedlich – für die Versorgung der Volkswirtschaft und für die Lebensqualität der Bevölkerung durchaus wichtig; vieles spricht dafür, daß er in Zukunft noch bedeutsamer werden wird.
Diese (und weitere) Einwände haben nicht den völligen Bedeutungsverlust des BSP zur Folge, sie schränken aber den Kompetenzbereich der Sozialproduktrechnungen ein. Als Ziel- und Erfolgsindikator der Wirtschaftspolitik sollte das BSP nicht mehr unbesehen und allein dienen; hier sollten Sozial- und Umweltindikatoren mit beachtet werden. Als informationelle Grundlage für die kurzfristige Konjunktur-, Haushalts- und Finanzpolitik behält das BSP jedoch seine Bedeutung.

Christian Leipert / Udo Ernst Simonis

Lit.: *Ahmad, Y. J.* u. a. 1988: Environmental Accounting for Sustainable Development. The World Bank, Washington, D. C. *Brümmerhoff, D.* 1982: Gesamtwirtschaftliches Rechnungswesen, Köln. *Leipert, C.* 1975: Unzulänglichkeiten des Sozialprodukts in seiner Eigenschaft als Wohlstandsmaß, Tübingen. *Steiger, A.* 1979: Sozialprodukt oder Wohlfahrt? Kritik am Sozialproduktkonzept. Die sozialen Kosten der Umweltzerstörung, Diessenhofen.

Sozialstaat / Wohlfahrtsstaat

I. Der Begriff »Wohlfahrtsstaat« (W.) *(welfare state)* charakterisiert als deskriptives Konzept einen bestimmten Typus der Staatstätigkeit. Er kennzeichnet Länder, in denen der Staat eine aktive Rolle in der Steuerung wirtschaftlicher und gesellschaftlicher Abläufe übernimmt und einen beträchtlichen Teil seiner Ressourcen sozialpolitischen Zwecken widmet, die der Forderung nach einer größeren ↗ Gleichheit der Lebenschancen in den Dimensionen Einkommenssicherung, Gesundheit, Wohnen und Bildung nachkommen. In diesem international gebräuchlichen Konzept schwingt eine Verpflichtung des Staates auf eine umfassende Politik des Ausbaus sozialer Staatsbürgerrechte mit, die sich nicht mit der Sicherung von Konsumchancen begnügt, sondern auch die Förderung von Wirtschaftswachstum und Vollbeschäftigung anstrebt und den Abbau ungleicher Teilnahmechancen am gesellschaftlichen und politischen Leben zum Ziel erhebt.
Der in Deutschland bevorzugt verwendete Begriff »Sozialstaat« (S.) impliziert als Alternativkonzept nicht nur eine sozialpolitische Verpflichtung des Staates, sondern auch eine Kampfansage gegen das Ausufern des umfassenderen, als freiheitsgefährdend gedeuteten W., der gesellschaftliche Freiräume zugunsten einer umfassenden Betreuung der Bürger von der Wiege bis zur Bahre einschränkt. Der W. erscheint dann als eine krebsartig wuchernde Entartung des in positiverem Licht gesehenen, maßvolleren Sozialstaats. In diesem Beitrag werden beide Begriffe synonym verwendet.
II. Versuche, die empirische Vielfalt sozialstaatlicher Gestaltungsformen in typologisierende Begriffsschemata einzuordnen, haben in der vergleichenden Forschung eine lange Tradition. Man hat aber gewöhnlich nicht »Wohlfahrts- und Sozialstaaten« unterschieden, sondern von »*Bismarck*- und *Beveridge*-Ländern« gesprochen, institutionelle und residuale Modelle des W.

einander gegenübergestellt, universelle und berufsbezogene Systeme unterschieden oder auch Versorgungs-, Versicherungs- und Fürsorgeprinzipien voneinander abgegrenzt. Sämtliche Typologien sind Vereinfachungen, die der mannigfachen Vielfalt sozialstaatlicher Programme in verschiedenen Dimensionen wie Ausdehnungsgrad, Leistungshöhe, Finanzierungsweise oder Umverteilungsgrad nur teilweise gerecht werden können. Darüber hinaus beschränken sie sich im wesentlichen auf den Kernbereich der sozialen Sicherung bzw. die »klassischen«, einkommenssichernden sozialpolitischen Programme und Instrumente.

Empirisch lassen sich in den entwickelten Industrieländern für diesen Kernbereich vier Gestaltungsformen unterscheiden: 1) universelle und egalitäre Sicherungseinrichtungen mit großzügigen Transferzahlungen und ausgebauten sozialen Dienstleistungen, die aus allgemeinen Steuermitteln finanziert werden (das schwedische Modell der 70er und 80er Jahre); 2) universelle, egalitäre Sicherungssysteme, die aus allgemeinen Steuermitteln finanziert werden, aber mit knapp bemessenen Leistungen primär auf die Vermeidung von Armut abzielen (das englische, ursprünglich von Lord *Beveridge* konzipierte Modell); 3) umfassende, aber kategoriell getrennte, auf die Statussicherung verschiedener Berufsgruppen abzielende Systeme mit überwiegender Beitragsfinanzierung (das deutsche und kontinentaleuropäische Sozialversicherungsmodell); 4) begrenzte und regional variierende Sicherungen für bestimmte Sozialkategorien, die beitragsfinanziert sind und lediglich als Ergänzung privater Vorsorge fungieren (das residuale Modell der USA oder auch der Schweiz).

In der deutschen sozialpolitischen Literatur wird der S. traditionell mit den staatlichen Maßnahmen zur Sicherung des Einkommens im Falle des Ausfalls oder der Unzulänglichkeit der Arbeitskraft identifiziert. Auch das Internationale Arbeitsamt (ILO) folgt in seinen Berichten über die Kosten der sozialen Sicherheit im wesentlichen dieser Eingrenzung, bezieht aber auch die Aufwendungen für das öffentliche Gesundheitswesen, das Familiengeld, die ↗ Sozialhilfe und die Kriegsfolgelasten in seine Definition der Sozialausgaben mit ein. In der angelsächsischen Literatur zur Sozialpolitik werden gewöhnlich neben der Einkommenssicherung die Gesundheitspolitik, die Wohnungspolitik und auch die Bildungspolitik zu den wohlfahrtsstaatlichen Aktivitäten gerechnet. Auch in umfassenden deutschen Abgrenzungen gilt die ↗ Bildungspolitik dagegen in der Regel nicht als Bestandteil der Sozialpolitik, während die staatliche Regulierung der Arbeitsbedingungen dazu gerechnet wird. Gemeinsam ist deutschen und internationalen begrifflichen Abgrenzungen zumeist, daß sie den Bereich der sozialen Dienstleistungen (z. B. Altenpflege- und Kinderbetreuungseinrichtungen) nur unzureichend oder gar nicht erfassen.

III. Nach relativ bescheidenen Anfängen am Ausgang des vorigen Jahrhunderts ist der W. aufgrund seines langen Wachstums heute zu einem zentralen Strukturmerkmal aller Länder Westeuropas geworden, das zusammen mit der marktwirtschaftlichen Organisation der Wirtschaft (↗Marktwirtschaft) und der repräsentativen Demokratie eines der Grundelemente der strukturellen Einheit Europas darstellt. Allerdings tragen die wohlfahrtsstaatlichen Institutionen auch zur nationalen Vielfalt bei, denn die sozialpolitischen Regelungen verschiedener Staaten zeigen nach wie vor große Variationen. So war der Anstieg der Sozialausgaben zwar allen Ländern gemeinsam, aber er war nicht überall gleichermaßen steil. Die nationalen Unterschiede bezüglich des für die Sozialleistungen verausgabten Anteils der Wirtschaftsprodukte sind in der Nachkriegszeit sogar angewachsen. Große Vielfalt herrscht auch in der Finanzierungsweise der sozialen Sicherungssysteme. Während einige Nationen die Hauptlast der Abgaben der Staatskasse aufbürden (Irland,

Großbritannien und die skandinavischen Länder), ziehen die katholischen Länder (Frankreich, Italien sowie lange Zeit auch Belgien und Österreich) vorrangig die Arbeitgeber zur Finanzierung heran. Eine dritte Gruppe von mitteleuropäischen Ländern (Bundesrepublik, Schweiz, Niederlande sowie zuletzt auch Österreich) verteilt die Last dagegen relativ ausgewogen auf die versicherten Bürger, die Arbeitgeber und die öffentliche Hand.
Die Entwicklung des modernen W. hat vor rund hundert Jahren ihren Anfang genommen, als mehrere europäische Staaten Sicherungssysteme gegen das Risiko des Einkommensverlustes errichteten.

Zwar reichen die Ursprünge kollektiver Daseinsvorsorge sehr viel weiter in die Geschichte zurück – so kannte etwa schon das antike Rom eine öffentliche Armenunterstützung und Familienbeihilfen – aber die seit dem Ausgang des 19. Jhs. geschaffenen modernen Sicherungsprogramme heben sich durch eine Reihe von Kennzeichen von ihren historischen Vorläufern ab: 1) Sie basieren auf nationaler gesetzlicher Regelung. 2) Sie sichern das Einkommen im Falle des Eintritts gewisser Standardrisiken des Einkommensverlustes. 3) Auf die Leistungen besteht ein individueller Rechtsanspruch, und der Leistungsempfang ist mit keinerlei politischen Diskriminierungen verknüpft. 4) Die Systeme haben verpflichtenden Charakter, das heißt sie unterwerfen entweder bestimmte Personengruppen dem Versicherungszwang oder sie verpflichten öffentliche Instanzen zur Subventionierung freiwilliger Versicherungen. 5) Zur Finanzierung werden neben den Versicherten der Staat und die Arbeitgeber herangezogen.
Die Errichtung dieser Sicherungssysteme bedeutete gegenüber den Prinzipien der in Europa schon seit dem 16. Jh. verbreiteten staatlichen Armenpflege eine völlige Umkehr. Während die Armenpflege von der Vorstellung eines individuellen Verschuldens der Hilfsbedürftigkeit ausging und am kollektiven Wohl im Sinne der Wahrung öffentlicher Ordnung orientiert war, rückte die ↗ Sozialversicherung die kollektiven Ursachen von Notlagen in den Vordergrund und erklärte die individuelle Wohlfahrt zu einem rechtlich abzusichernden Ziel.
Der durch die Garantie eines Rechtsanspruches auf staatliche Sozialleistungen markierte gesellschaftliche Wandel muß im Zusammenhang mit anderen zentralen Strukturwandlungen der europäischen Gesellschaften gesehen werden. Herausragende Aspekte des gesellschaftlichen Transformationsprozesses des 19. Jhs. waren die Verschärfung sozialer Notlagen im Zuge eines beschleunigten Bevölkerungswachstums, rascher Verstädterung und kapitalistischer Industrialisierung; die Politisierung sozialer Probleme durch die Demokratisierung des ↗ Wahlrechts und die gewerkschaftliche und politische Mobilisierung der Arbeiter; das Wachstum staatlicher Kapazitäten im Zuge der Rationalisierung der Staatsverwaltung durch die Neuordnung der Staatsfinanzen und die Schaffung einer amtlichen Statistik; und schließlich die gesteigerte Verfügbarkeit von Ressourcen im Rahmen eines beschleunigten Wirtschaftswachstums.

2. Als erstes Land reagierte das Deutsche Reich unter *Bismarck* auf die neuen Bedingungen, indem es in rascher Folge Pflichtversicherungen gegen Krankheit (1883), industrielle Unfälle (1884) sowie Invalidität und Alter (1889) errichtete. Die meisten anderen westeuropäischen Nationen folgten dem deutschen Beispiel bald darauf mit eigenen Gesetzgebungen, die entweder ebenfalls die Versicherungspflicht begründeten, oder aber eine staatliche Subventionierung freiwilliger Versicherungen vorsahen. In der Regel wurden wie in Deutschland vier getrennte Systeme, je nach der dem Einkommensverlust zugrundeliegenden Ursache, geschaffen, nämlich Unfallversicherung, Krankenversicherung, Rentenversicherung und Arbeitslosenversicherung, wobei unter dem gemeinsamen Dach der Rentenversicherung gewöhnlich die

Risiken Alter, Invalidität und Tod des Ernährers einer Familie zusammengefaßt wurden. Der Großteil aller Programme entstand in einer Zeitspanne von etwa dreißig Jahren zwischen 1885 und 1915. Nur die Arbeitslosenversicherung wurde generell erst nach der Jahrhundertwende und meist erst nach dem I. Weltkrieg errichtet. Andere Sicherungssysteme wie das Familiengeld sind i. d. R. noch jüngeren Ursprungs.

Nicht alle Länder schufen ihre Sicherungsprogramme jedoch zur gleichen Zeit oder in derselben Reihenfolge, und nicht alle errichteten Systeme gewährten den gleichen Schutz. Am frühesten und weitestgehenden reagierten die Länder mit autoritärer politischer Ordnung auf die neuen gesellschaftlichen Herausforderungen. Obwohl sie im europäischen Vergleich zu den Nachzüglern der sozioökonomischen Entwicklung zählten, führten die autoritären Monarchien, in denen die Parlamentsbefugnisse zugunsten der Vorrechte des Königs beschränkt blieben, Sozialversicherungen früher ein als die parlamentarischen Demokratien, und sie begnügten sich seltener als die Demokratien mit der bloßen Subventionierung freiwilliger Programme (vgl. dazu im Detail *Alber* 1982). Bemerkenswert ist auch, daß die ersten Sicherungssysteme meist bereits eingeführt wurden, bevor die Arbeiterparteien Zutritt zu den nationalen Parlamenten gefunden hatten. Es wäre daher verfehlt, in den modernen wohlfahrtsstaatlichen Institutionen primär eine Errungenschaft der ↗ Arbeiterbewegung zu sehen. Die Entstehungsphase der westeuropäischen W. war vielmehr eine Phase der autoritären Sozialpolitik »von oben«, die von traditionellen ↗ Eliten getragen war, denen es darum ging, ihre ↗ Herrschaft zu stabilisieren und die wachsende Arbeiterbewegung in die bestehende Gesellschaftsordnung zu integrieren.

3. Der liberalen Hoffnung, daß die allgemeine Wohlstandssteigerung im Zuge der freien Entfaltung der Wirtschaftskräfte sozialstaatliche Maßnahmen überflüssig machen würde, standen von Anfang an eingebaute Wachstumstendenzen der Programme entgegen. Zunächst mußten die Systeme um so aufwendiger werden, je mehr sich die versicherten Risiken verbreiteten. War eine Unfall-, Kranken-, Renten- oder Arbeitslosenversicherung erst einmal geschaffen, so fanden auch die wachsende Zahl der Betriebsunfälle, das Vordringen neuer Krankheiten, die zunehmende Lebenserwartung und Überalterung der Bevölkerung sowie die erweiterten Wellen der ↗ Arbeitslosigkeit unmittelbaren Niederschlag in wachsenden Ausgabeverpflichtungen. Zweitens mußten die Programme in dem Maße aufwendiger werden, in dem ein wachsender Anteil der dem Risiko ausgesetzten Bevölkerungskreise die gesetzlichen Voraussetzungen für einen Leistungsanspruch erfüllte. Je mehr alte Menschen etwa die für den Rentenbezug erforderliche Mindestzahl von Beiträgen geleistet hatten, desto höher mußten im Laufe der Zeit die Rentenausgaben klettern. Schließlich begründete die an das Arbeitseinkommen gekoppelte Leistungsberechnung einen Grundstein für die Ausgabenexpansion, denn bei steigenden Löhnen und anhaltender Prosperität mußte der Lohnersatz automatisch erhöhte Ausgleichszahlungen nach sich ziehen.

Über solche automatischen Wachstumstendenzen hinaus bot die Errichtung der Programme aber auch eine Plattform für politische Forderungen nach Ausdehnungen durch den Gesetzgeber. Zunächst weckte die Politik der Einkommenssicherung im Gegensatz zu der mit sozialer Deklassierung verbundenen Armenfürsorge auch bei den besser verdienenden Schichten ein Interesse an der Einbeziehung in den staatlichen Schutz. Einmal der Versicherung angeschlossen, entwickelten die Mitglieder der Systeme ein Interesse an der Verbesserung der Leistungen und der Abschwächung disziplinierender Kontrollen. Schließlich mußten auch die neu geschaffenen Sozialbürokratien an der Ausdehnung ihrer Zuständigkeiten, an Gehaltserhöhungen und an der stellensichernden Erweiterung der Programme interessiert sein.

Das kontinuierliche Wachstum der Systeme läßt sich am einfachsten und eindrucksvollsten an der Zahl der ihnen angeschlossenen Mitglieder und an der Höhe der sozialen Ausgaben verfolgen. Der Mitgliederkreis der sozialen Sicherungssysteme wuchs nach einem Ausdehnungsmuster, das entgegengesetzt zur Entwicklung des Wahlrechts verlief. Während das Wahlrecht allmählich von oben nach unten auf die ökonomisch Schwachen erweitert wurde, wanderte die Sozialversicherung in der Regel von unten nach oben durch die ↗ Sozialstruktur. Vor dem I. Weltkrieg noch meist auf die Industriearbeiter und minderbemittelte Angestellte beschränkt, wurden die Pflichtversicherungen in der Zwischenkriegszeit sukzessiv auf die besser verdienenden abhängig Erwerbstätigen und nach dem II. Weltkrieg auch zunehmend auf die Selbständigen ausgedehnt. In der Nachkriegszeit wurde das Versicherungsverhältnis darüber hinaus zunehmend von der Erwerbstätigkeit gelöst. Heute verfügt die Mehrzahl der westeuropäischen Länder bereits über Volksrenten für die gesamte Wohnbevölkerung. Sieben Länder haben auch nationale Gesundheitsdienste geschaffen, in der die medizinische Versorgung der gesamten Bevölkerung freisteht. Länder, die über keine umfassenden Volksversicherungen verfügen – wie etwa Belgien, Deutschland und Frankreich –, haben in jüngster Zeit gesellschaftliche Randgruppen bis hin zu den Strafgefangenen und nichterwerbstätige Kategorien wie Schüler, Studenten und Hausfrauen mit eigenem Leistungsanspruch in bestimmte Elemente ihrer sozialen Sicherungssysteme integriert. Alle westeuropäischen Staaten nähern sich somit heute einer umfassenden Sicherung der gesamten Wohnbevölkerung.

4. Der Wandel von der ursprünglichen Arbeiterversicherung zur sozialen Sicherheit für die gesamte Bevölkerung führte in Verbindung mit wiederholten Erweiterungen des Leistungskatalogs zu einem steilen Anstieg der Sozialausgaben. Um die Jahrhundertwende erreichten die Ausgaben aller deutschen Sozialversicherungsprogramme erst ein Prozent des ↗ Sozialprodukts, und die Sozialausgaben aller anderen europäischen Länder blieben dahinter noch weit zurück. Seither hat sich der Anteil der Sozialausgaben wiederholt vervielfacht, wobei die Zeit nach dem II. Weltkrieg im Zeichen eines deutlich beschleunigten Wachstums stand (vgl. dazu ausführlich *Alber* 1989). Seit den 80er Jahren lassen sich für viele europäische Länder allerdings Anzeichen der Stagnation erkennen (vgl. *OECD* 1992, *Eurostat* 1993).

In der Abgrenzung des Internationalen Arbeitsamtes haben die Aufwendungen für soziale Sicherheit ihren Anteil am Bruttoinlandsprodukt zwischen 1950 und 1986 im westeuropäischen Durchschnitt von 9 % auf 23 % erhöht. Am höchsten war ihr Anteil in Schweden (31 %), Norwegen (30 %) sowie den Niederlanden und Frankreich (jeweils 29 %), während auf der anderen Seite die südeuropäischen Länder (Griechenland, Italien, Portugal und Spanien) sowie die Schweiz die niedrigsten Quoten aufwiesen (jeweils unter 20 %). Die Bundesrepublik, die in Westeuropa bis 1959 noch an führender Stelle lag, nahm 1986 mit 23 % nur noch einen Platz im Mittelfeld ein. In den 80er Jahren wurde der Anstieg der Sozialleistungsquoten gebremst; seit dieser Zeit stagniert der Anteil der Sozialausgaben am Bruttoinlandsprodukt in den meisten europäischen Ländern.

Zu dem über lange Zeit rasanten Anstieg der Sozialausgaben hat neben der Ausdehnung des erfaßten Personenkreises und gesetzlichen Erweiterungen des Leistungskatalogs auch der wiederholte Ausbau individueller Rechtspositionen beigetragen. So zeigt sich in historischer Perspektive trotz gelegentlicher Leistungskürzungen ein deutlicher Trend zu höheren Leistungssätzen und abgeschwächten Mißbrauchskontrollen. Kennzeichen dieser Entwicklung sind die in allen Ländern Westeuropas erfolgte Kopplung der langfristig zu zahlenden Einkommensübertragungen an die Entwicklung der Löhne oder der Preise (»Dynamisierung« der Renten) und die allgemeine Verkürzung oder vollständige Abschaffung von Karenzzeiten, d.h. von Tagen ohne Leistungsanspruch zu Beginn eines Einkommensverlustes.

5. Ein weiterer zentraler institutioneller Entwicklungstrend kann in dem Vordringen der staatlichen Kontrolle der Sicherungsprogramme gesehen werden, das sich vor allem an der fast vollständigen Verdrängung subventionierter freiwilliger Versicherungen durch Zwangsversicherungen und an der allmählichen Ersetzung der klassischen Pflichtversicherungen mit autonomer Verwaltung durch Volksversicherungen unter staatlicher Regie ablesen läßt. Subtilere Kennzeichen der erweiterten Staatsbefugnisse sind die vor allem in der deutschen theoretischen Literatur zur Sozialpolitik häufig beschriebenen Bürokratisierungs- und Verrechtlichungstendenzen, in deren Rahmen selbst elementare Kategorien des Alltagslebens wie krank/gesund oder alt/jung in zunehmendem Maße rechtlich normiert werden und persönliche Hilfsdienste der Daseinsvorsorge durch bürokratische Großapparate weichen.

Bürokratisierung und Verrechtlichung markieren zwar einerseits einen Zuwachs staatlicher Reglementierung, sind aber andererseits die wohl unvermeidliche Begleiterscheinung der Durchsetzung individueller Rechtsansprüche auf soziale Leistungen. Es wäre daher verfehlt, die Verrechtlichung sozialer Beziehungen von vornherein mit der Einschränkung individueller Entfaltungsspielräume gleichzusetzen. Die Sicherungssysteme setzten nicht soziale Kontrollen an die Stelle bisheriger Freiräume, sondern sie verlagerten lediglich die Ebene der Kontrolle von Familien- und Nachbarschaftsverbänden auf die modernen Verwaltungsstäbe. Die damit verbundene Erweiterung der sozialen Distanz zwischen Leistungsempfängern und Kontrollinstanz und die Rationalisierung der Bedingungen des Leistungsbezugs bedeutete aus der Sicht der sicherungsbedürftigen Individuen in historischer Perspektive vermutlich einen erheblichen Freiheitsgewinn, der durch den bereits angedeuteten Ausbau individueller Anspruchsberechtigungen zusätzlich untermauert wurde.

IV. Für den Sozialwissenschaftler, der die Entwicklung des W. in vergleichender Perspektive zu analysieren versucht, stellen die nationalen Gemeinsamkeiten und Unterschiede eine doppelte Herausforderung dar. Zum einen gilt es, die Bedingungsfaktoren der historischen Entwicklungsmuster zu verstehen, zum anderen aber auch, die Folgeerscheinungen unterschiedlicher institutioneller Ausgestaltungen zu analysieren. Die Untersuchung der ersten Fragestellung kann z. B. Hinweise darauf geben, ob ein weiteres Wachstum des W. in der Zukunft wahrscheinlich ist, die der zweiten kann aufzeigen, welche politischen Instrumente zur Bewältigung sozialer Probleme am wirksamsten beitragen. Allerdings steckt die sozialwiss. Erforschung der Ursachen und Konsequenzen der Wachstumsmuster des W. noch immer in den Kinderschuhen.

1. In der sozialwiss. Theoriebildung herrscht Einigkeit darüber, daß der W. eine Reaktion auf langfristige gesellschaftliche Entwicklungsprozesse darstellt, deren zentrale Elemente die Industrialisierung und die Demokratisierung sind. Wohlfahrtsstaatliche Institutionen sind nach diesem Verständnis als Produkt wachsender Sicherungsbedürfnisse entstanden, die aus veränderten Lebensformen im Verlauf der Industrialisierung und Verstädterung entsprangen, in politischen Mobilisierungs- und Organisationsprozessen Ausdruck fanden und in erweiterten Kapazitäten der staatlichen ↗ Bürokratien auf

Möglichkeiten ihrer Bewältigung trafen. Uneinigkeit besteht zwischen verschiedenen Theoretikern darüber, welches dieser Faktorenbündel von ausschlaggebender Bedeutung war. Während einige Soziologen den Hauptfaktor in den durch die Industrialisierung aufgeworfenen Problemen sehen, begreifen andere die demokratischen Gleichheitsforderungen der Arbeiterbewegung als die Triebfeder der Entwicklung. Marxisten sehen in den spezifischen Problemen der kapitalistischen Industrialisierung die Wurzel der sozialpolitischen Initiativen. Konservative Analytiker verweisen dagegen meist auf die Schwächung des Selbsthilfepotentials gesellschaftlicher Gruppen und die durch das Wirtschaftswachstum geschaffene Möglichkeit zur staatlichen Umverteilung als entscheidende Faktoren.

2. Die empirische Forschung der letzten beiden Jahrzehnte hat sich vor allem der Fragestellung gewidmet, inwieweit das Wachstum des W. eine Funktion von sozio-ökonomischen Entwicklungen war und welchen Einfluß das politische Wirken verschiedener Regierungen ausgeübt hat. Eine erste Generation vergleichender Studien, die sich ab Mitte der 60er Jahre auf den Vergleich der Sozialleistungsquoten einer großen Zahl von Ländern auf verschiedenen wirtschaftlichen Entwicklungsniveaus konzentrierte, kam überwiegend zu dem Ergebnis, daß sozialstaatliche Anstrengungen primär durch das Ausmaß der im Industrialisierungsprozeß anfallenden sozialen Probleme und die zur Verfügung stehenden Ressourcen bestimmt werden, wogegen Unterschiede der parteipolitischen Zusammensetzung der ↗ Regierung nur eine sekundäre Rolle spielen. Eine zweite Generation von verfeinerten Untersuchungen seit der Mitte der 70er Jahre hat dagegen gezeigt, daß unterschiedliche Regierungen der Sozialpolitik durchaus ihren Stempel aufdrücken. Zwar haben alle Parteien der breiten politischen Mitte zum Wachstum der westeuropäischen W. beigetragen, die von Arbeiterparteien geführten Regierungen spielten dabei jedoch insgesamt eine etwas aktivere Rolle als die Regierungen bürgerlicher Parteien. Grundlage des beschleunigten Wachstums nach dem II. Weltkrieg scheinen dennoch vorwiegend die hohen wirtschaftlichen Wachstumsraten gewesen zu sein (vgl. zusammenfassend *Schmidt* 1988; *Wilensky* u.a. 1985 sowie *Alber* 1982 und 1989, *Flora* 1986).

Neuere vergleichende Studien zeigen außerdem, daß sich vor allem die qualitativen Variationen in der Sozialpolitik verschiedener Länder auf spezifische Machtverhältnisse zwischen den politischen Kräften (z.B. Dauer der Regierungsbeteiligung, Koalitionenbildungen, Einheit oder Fragmentierung der politischen Lager) zurückführen lassen. Unterschiedliche institutionelle Gestaltungsprinzipien der Sozialpolitik, sozialpolitische Instrumentarien und soziale Wirkungen der Programme und Instrumente werden demnach dadurch bestimmt, ob bzw. inwieweit sich liberale, konservative, christdemokratische oder sozialdemokratische Leitvorstellungen durchsetzen konnten. Im Ergebnis weisen die Arbeiten die Existenz verschiedener Wohlfahrtsstaaten-Typen bzw. *Welfare State Regimes* nach, die sich durch ihre historisch-politische Entwicklung und durch zentrale Charakteristika ihrer Sozialpolitik voneinander unterscheiden (vgl. z.B. *Esping-Andersen* 1990; *Castles/Mitchell* 1993).

Wie schon die älteren, so beschränken sich allerdings auch die neueren empirischen Arbeiten in ihren Definitionen des W. hauptsächlich auf »klassische« Problemlagen, die auf die Ungleichheit auf dem Arbeitsmarkt bzw. auf den Verlust des Erwerbseinkommens zurückzuführen sind. Dementsprechend werden zur Messung der abhängigen Variable »Wohlfahrtsstaat« überwiegend die »klassischen«, transferorientierten sozialpolitischen Programme herangezogen. Damit bleibt jedoch eine Dimension wohlfahrtstaatlicher Aktivitäten weitgehend unberücksichtigt, die zunehmend an Bedeutung gewonnen hat – nämlich der Bereich der sozialen Dienstleistungen, insbesondere für Gruppen wie ältere Menschen und Kinder, deren Lebenslagen nicht auf dem Arbeitsmarkt konstituiert werden.

3. Bezüglich der Konsequenzen der Ausdehnung des W. tappt die empirische Forschung noch weitgehend im dunkeln (für eine Zusammenfassung vorliegender Untersuchungsergebnisse vgl. *Ringen* 1987).

Bislang vorliegende Spekulationen und politisierte Hypothesen lassen sich zwei Lagern zuordnen. Auf der einen Seite wird vermutet, daß die wohlfahrtsstaatlichen Maßnahmen entscheidend zur politischen Integration und zur Eindämmung antidemokratischer Bewegungen beigetragen haben und daß sie durch die Gewährleistung des sozialen Friedens selbst zu einer ökonomischen Produktivität geworden sind, ohne die das hohe Wirtschaftswachstum der vergangenen Jahrzehnte nicht möglich gewesen wäre. Auf der anderen Seite wird behauptet, daß das Wachstum des W. politisch die Gefahr eines neuen Autoritarismus in sich berge, da die Bürokratisierung und Professionalisierung sozialer Dienste zur Schwächung des Selbsthilfepotentials gesellschaftlicher Gruppen beitrage und die Kluft zwischen den zu Selbsthilfe unfähigen Empfängern staatlicher Leistungen und den politischen Entscheidungsträgern vertiefe. Gleichzeitig tragen die steigenden Abgabeverpflichtungen nach dieser Vorstellung durch die Verteuerung der Lohnkosten zur Schwächung der Wettbewerbsfähigkeit europäischer Unternehmen auf internationalen Märkten bei, während sie das Potential für zukunftsträchtige Investitionen schwächen. Gefordert wird deshalb ein Zurückdrängen der Sozialleistungen und eine kostensparende Privatisierung sozialer Dienste.

Zwischen diesen alternativen Überlegungen kann auf theoretischer Ebene alleine nicht entschieden werden. Die Frage, ob staatliche oder private Lösungen bei der Bewältigung sozialer Probleme erfolgversprechender sind, sollte nicht zu Glaubenskämpfen führen, sondern als Ausgangspunkt für vergleichende sozialwiss. Forschung dienen, die aufklären kann, welche Mischungen von privater, ↗ genossenschaftlicher und staatlicher Betätigung in verschiedenen Sektoren der Wohlfahrtsproduktion zu den erfolgreichsten Lösungen führten. Die Vielfalt der nationalen Lösungsformen sozialer Probleme bietet dazu die Möglichkeit.

V. Die zunehmende Kritik am W. in den politischen und wiss. Debatten der letzten Jahre wirft die Frage auf, ob wir am Beginn einer Umkehr des seit langem anhaltenden historischen Trends zur Ausdehnung des S. stehen.

Einem über partielle Leistungskürzungen hinausgehenden Abbau des W.s steht als Hindernis insbesondere die Tatsache entgegen, daß die Ausdehnung der Sicherungsprogramme eine große sozialpolitische Klientel mit erheblichem Gewicht an den Wahlurnen heranwachsen ließ. In der Bundesrepublik lebten nach den Ergebnissen des Mikrozensus im Jahr 1960 7,2 Millionen Bürger überwiegend von Sozialleistungen. Das entsprach damals 19% der Wahlberechtigten. 1991 bestritten dagegen bereits 18,4 Millionen Personen bzw. 30% der Wahlbevölkerung ihren Lebensunterhalt primär aus Renten oder ähnlichen Einkünften. Die große Masse der Erwerbsbevölkerung ist mit eigenem Leistungsanspruch in die Sicherungssysteme integriert und bezieht ihrerseits einen wesentlichen Teil des verfügbaren Haushaltseinkommens aus staatlichen Transferzahlungen. Daneben wuchs in allen Ländern Westeuropas der Anteil der öffentlichen Beschäftigten, die an der Aufrechterhaltung staatlicher Tätigkeiten ein materielles Interesse haben. Das wachsende Gewicht der Gruppen, deren Lebensschicksal mit dem W. eng verknüpft ist, in der Sozialstruktur und in der Wählerschaft macht zumindest einen weitreichenden Abbau wohlfahrtsstaatlicher Leistungen extrem unwahrscheinlich.

Neue soziale Probleme werden vermutlich auch in Zukunft institutionelle Anpassungen im Sinne eines Umbaus der Sozialpolitik erforderlich machen. Zu den wichtigsten Aufgaben zählt dabei die Schaffung wirksamer Grundsicherungen für Gruppen, die auf dem Arbeitsmarkt nur mühsam Fuß fassen (vgl. zusammenfassend zur Grundsicherung *Vobruba* 1990). Auch der im Zuge des sich europaweit vollziehenden sozio-demographischen Wandels wachsende Bedarf an sozialen Diensten und Einrichtungen für ältere Menschen stellt den Sozialstaat vor neue Anforderungen (vgl. *OECD* 1994).

Freilich wird der S. zukünftig wohl nicht mehr mit der Dynamik der 60er und 70er Jahre wachsen. Für diese Annahme sprechen die mit wachsenden ökonomischen Problemen und steigender Abgabenlast zunehmenden Widerstände gegen eine weitere Ausdehnung wohlfahrtsstaatlicher Programme, die allgemeine Finanzknappheit der öffentlichen Haushalte und die Vordringlichkeit neuer Staatsaufgaben vor allem im Bereich der internationalen Umverteilung. Darüber hinaus läßt auch die inzwischen nahezu vollständige Ausdehnung der Sicherungssysteme auf die gesamte Bevölkerung für zusätzliche Erweiterungen kaum mehr Raum. Angesichts dessen signalisiert eine Stagnation der Sozialausgaben jedoch weniger den beginnenden Abbau des S. als seinen beinahe vollständigen Ausbau.

Jens Alber / Martin Schölkopf

↗ Arbeitsmarktpolitik; Konfliktlinien; Konjunkturpolitik; Soziale Frage; Staatsausgaben; Soziale Ungleichheit.

Lit.: *Achinger, H.* 1971: Sozialpolitik als Gesellschaftspolitik, Frankfurt/M. *Alber, J.* 1982: Vom Armenhaus zum Wohlfahrtsstaat. Analysen zur Entwicklung der Sozialversicherung in Westeuropa, Frankfurt/ M. *Alber, J.* 1989: Der Sozialstaat in der Bundesrepublik 1950–1983, Frankfurt/M. *Blüm, N. / Zacher, H.F.* (Hrsg.): 40 Jahre Sozialstaat Bundesrepublik Deutschland, Baden-Baden. *Castles, F.G. / Mitchell, D.* 1993: Worlds of Welfare and Families of Nations, in: *Castles, F.G.* (Hrsg.): Families of Nations. Patterns of Public Policy in Western Democracies, Aldershot u. a., 93–128. *Esping-Andersen, G.* 1985: Politics Against Markets. The Social Democratic Road to Power, New Jersey. *Esping-Andersen, G.* 1990: The Three Worlds of Welfare Capitalism, Cambridge. *Eurostat* 1993: Statistisches Amt der Europäischen Gemeinschaften: Ausgaben und Einnahmen des Sozialschutzes 1980–1991, Luxemburg. *Flora, P.* 1979: Krisenbewältigung oder Krisenerzeugung? Der Wohlfahrtsstaat in historischer Perspektive, in: *Matthes* (Hrsg.): Sozialer Wandel in Westeuropa. Verhandlungen des 19. Deutschen Soziologentages Berlin 1979, Frankfurt/M., 82–136. *Flora, P.* (Hrsg.) 1986: Growth to Limits. The Western European Welfare States Since World War II, Berlin. *Flora, P. / Heidenheimer, A.* (Hrsg.) 1981: The Development of Welfare States in Europe and America, New Brunswick/London. *Frerich, J. / Frey, M.* 1993: Handbuch der Geschichte der Sozialpolitik in Deutschland, 3 Bde., München/Wien. *Ginsburg, N.* 1992: Divisions of Welfare. A Critical Introduction to Comparative Social Policy, London u. a. *International Labour Office* 1992: The Cost of Social Security. Thirteenth International Inquiry, 1984–1986, Genf. *Kaufmann, F.-X.* 1973: Sicherheit als soziologisches und sozialpolitisches Problem, Stuttgart. *Lampert, H.* [2]1991: Lehrbuch der Sozialpolitik, Berlin u. a. *Miegel, M.* 1983: Die verkannte Revolution (1). Einkommen und Vermögen der privaten Haushalte, Stuttgart. *OECD* 1981: The Welfare State in Crisis, Paris. *OECD* 1985: Social Expenditure

1960–1990. Problems of Growth and Control, Paris. *OECD* 1985 a: The Role of the Public Sector. Causes and Consequences of the Growth of Government, Paris. *OECD* 1988: The Future of Social Protection, Paris. *OECD* 1992: Historical Statistics 1960–1990, Paris. *OECD* 1994: New Orientations for Social Policy. Social Policy Studies No. 12, Paris. *OECD* 1994 a: Caring for Frail Elderly People. New Directions in Care. Social Policy Studies No. 14, Paris. *Ringen, S.* 1987: The Possibility of Politics. A Study in the Political Economy of the Welfare State, London. *Ritter, G.* 1989: Der Sozialstaat. Entstehung und Entwicklung im internationalen Vergleich, München. *Schmidt, M. G.* 1982: Wohlfahrtsstaatliche Politik unter bürgerlichen und sozialdemokratischen Regierungen. Ein internationaler Vergleich, Frankfurt/M. *Schmidt, M. G.* 1988: Sozialpolitik. Historische Entwicklung und internationaler Vergleich, Opladen. *Schmidt, M. G.* 1988: Staatstätigkeit. International und historisch vergleichende Analysen, Opladen. *Vobruba, G.* (Hrsg.) 1990: Strukturwandel der Sozialpolitik. Lohnarbeitszentrierte Sozialpolitik und soziale Grundsicherung, Frankfurt/M. *Wilensky, H. L.* 1975: The Welfare State and Equality, Berkeley. *Wilensky, H. L.* 1985: Comparative Social Policy. Theories, Methods, Findings, Berkeley.

Sozialstruktur / Klassenstrukturen

[1] Sozialstruktur.

Der Begriff Sozialstruktur (S.) bezeichnet die Gliederung der Gesellschaft in Gruppen, Schichten oder Klassen im Hinblick auf bestimmte Merkmale wie Alter, Beruf, Bildung, Religion einschließlich der Beziehungen zwischen diesen sozialen Gruppen. Im weiteren Sinn umfaßt S. den Wirkungszusammenhang zwischen Soziallagen, sozialen Verhaltensweisen, Organisationen und Institutionen einer Gesellschaft, sie ist die »soziale Landkarte« einer Gesellschaft.

Herkunft und erste Ausformulierung des Begriffs der S. gehen auf die amerikanische Soziologie, speziell auf den Strukturfunktionalismus (*Parsons, Merton*) zurück (↗ Funktionalismus). Die S. (= *social structure*) eines sozialen Systems wird dort definiert als ein relativ stabiles Beziehungsgeflecht zwischen sozialen Elementen. In den 60er Jahren wurde der Begriff auch von der deutschsprachigen Soziologie aufgenommen und gilt seither als »Schlüsselbegriff der Gesellschaftsanalyse«.

Nach übereinstimmender Auffassung zählen folgende Bestandteile zu einem Konzept der S. (vgl. *Schäfers* 1981: 6): a) S. ist keine willkürliche Gedankenkonstruktion, sondern eine in der Gesellschaft vorfindbare »objektive« Ordnung; b) S. ist keine zusammenhanglose Anhäufung von Elementen, sondern bezeichnet einen Wirkungszusammenhang; c) S. bezeichnet keine flüchtigen, sondern relativ dauerhafte und stabile gesellschaftliche Phänomene; d) die gleichwohl gegebene Dynamik der S. besteht aus einem Wechsel von Phasen der Destrukturierung und der Restrukturierung.

Die Analyse der S. einer Gesellschaft setzt die Auswahl relevanter Dimensionen und Indikatoren voraus. Je nach Erkenntnisinteresse werden folgende Merkmalsdimensionen besonders hervorgehoben:

a) Bevölkerungsverteilung nach Alter, Geschlecht, Einkommen, Wanderungen (demographischer Ansatz; ↗ Bevölkerungsforschung); b) Qualität der Produktionsverhältnisse bzw. Verteilung der Produktionsmittel (*Marx*); c) Grad der Arbeitsteilung (*Durkheim*); d) Grade der Rationalisierung und Bürokratisierung (*Weber*); e) Verteilung von Prestige und ↗ Macht; f) Bedeutung von ↗ Werten und Normen bzw. Grad der Institutionalisierung (*Gehlen, Parsons*). Theorien der S. betrachten jeweils eine bestimmte Dimension als dominantes Strukturmerkmal früherer und heutiger Gesellschaften. So werden z.B. »primitive« und »komplexe« (*Durkheim*), »bürgerliche« und »sozialistische« (*Marx*) oder »industrielle« und »postindustrielle« Gesellschaften (*Bell*) definiert (↗ Industriegesellschaft, Post-industrielle Gesellschaft). Nach *Fürstenberg* (1978: 12) lassen sich Theorien der S. danach unterscheiden, ob sie ein dichotomisches (*Marx, Dahrendorf*) oder integratives (*Parsons*) Gesellschaftsbild haben und ob sie einen eindimensionalen (*Marx*) oder mehrdimensionalen (*Dahrendorf, Parsons*) Bezugsrahmen wählen. Die heutige komplexe S. der Bundesrepublik Deutschland ist *Fürstenberg* zufolge nur als vieldimensionaler Wirkungszusammenhang angemessen zu begreifen: In einem ersten Schritt sei die soziodemographische Grundgliederung der Bevölkerung zu erfassen, in einem zweiten die institutionalisierten Verhaltensfelder wie Familie, Schule, Betrieb, in einem weiteren die soziale Schichtung und Mobilität sowie schließlich die politischen Macht- und Herrschaftsverhältnisse.

Seit den 60er Jahren werden verstärkt bisher vernachlässigte Aspekte der Gesellschaftsstruktur beachtet. Mit Hilfe von »sozialen Indikatoren« werden dabei sowohl »objektive«, nicht in monetären Größen erfaßbare Lebensbedingungen in einer Gesellschaft (z. B. Krankheitsstand, Kriminalitätsrate) als auch »subjektive Befindlichkeiten« der Bevölkerung (z. B. Zufriedenheit mit der Arbeit oder dem staatlichen Leistungsangebot) gemessen. Diese Art der »Sozialberichterstattung« soll die volkswirtschaftliche Gesamtrechnung (z. B. im Bruttosozialprodukt) um soziale Kennziffern ergänzen.

Peter Weber-Schäfer

Lit.: *Fürstenberg, F.* 61978: Die Sozialstruktur der Bundesrepublik Deutschland, Opladen. *Fürstenberg, F.* 1966: Sozialstruktur als Schlüsselbegriff der Gesellschaftsanalyse, in: KZfSS 18, 439–453. *Handl, K. / Mayer, U. / Müller, W.* 1977: Klassenlagen und Sozialstruktur, Frankfurt a. M. / New York. *Merton, R. K.* 31957: Social Theory and Social Structure, Glencoe. *Parsons, T.* 1951: The Social System, Glencoe. *Schäfers, B.* 31981: Sozialstruktur und Wandel der Bundesrepublik Deutschland, Stuttgart. *Zapf, W.* (Hrsg.) 1977: Lebensbedingungen in der Bundesrepublik, Frankfurt a. M. / New York.

[2] Klassenstrukturen.

I. Die Idee, nach welcher der Gegensatz zwischen den beiden Hauptklassen der kapitalistischen Gesellschaft, Lohnarbeit und Kapital, die zentrale ↗ Konfliktlinie fortgeschrittener ↗ Industriegesellschaften darstellt (*Poulantzas* 1975; *Wright* 1985), scheint heute fast überholt zu sein. Der wirtschaftliche Wiederaufstieg der westeuropäischen Länder nach dem II. Weltkrieg, die Verbesserung des allgemeinen Lebensstandards, die Differenzierung und Individualisierung von Lebensweisen und -stilen scheinen zu einer generellen gesellschaftlichen ›Entschichtung‹ geführt zu haben (*Schelsky* 1965; *Beck* 1986). Auch infolge wohlfahrtsstaatlicher Eingriffe in den Lebenslauf der einzelnen (↗ Sozialstaat) ist die Bedeutung marktbedingter Einkommens- und Lebenschancen zurückgegangen (*Offe* 1969). Mit der Etablierung von ↗ Gewerkschaften und Arbeiterparteien und mit der Schaffung rechtlicher Rahmenbedingungen für Arbeitskonflikte erfolgte eine »Institutionalisierung des Klassenkonflikts«, welche diesen »zu einem legitimen Spannungsverhältnis zwischen Machtfaktoren« umgebildet hat (*Geiger* 1949: 184; ↗ Arbeitsbeziehungen). Moderne westliche Gesellschaften, wie etwa die Bundesrepublik, sind nach Auffassung mancher Autoren heute als »multidimensional differenzierte, mittelschichtdominante Wohlstandsgesellschaften« zu charakterisieren (*Bolte / Hradil* 1984).

Betrachtet man jedoch die Berufs- und Sozialstruktur westlicher Gesellschaften unter der Perspektive eines in Anlehnung an die Theorien *Marx'* und *Webers* konzipierten Klassenbegriffs, so zeigen sich erhebliche internationale Variationen, die auch Anlaß zur Relativierung der These von einer generellen Auflösung klassenbedingter Ungleichheiten geben.

Grundlage der Klassenbildung sind in dieser Perspektive zunächst ökonomische Merkmale der sozialen Position von Individuen oder Gruppen in bezug auf die Kategorien Besitz und Nichtbesitz sowie – bei Arbeitnehmern – die Lage am Arbeitsmarkt und die Stellung im Produktionsprozeß bzw. in der Arbeitsorganisation. Diese ökonomischen Merkmale bilden jedoch nur eine notwendige und keine hinreichende Bedingung der Klassenbildung. Von »sozialen Klassen« kann man erst sprechen, wenn die ökonomische Lage einer Gruppe auch mit charakteristischen Lebensbedingungen und Lebensstilen, sozialen und politischen Einstellungen verbunden ist. Dabei spielen auch Faktoren wie Bildungsniveau, »kulturelles Kapital« (*Bourdieu* 1983) und Muster der sozialen Mobilität über Generationen eine wichtige Rolle (*Giddens* 1983; *Haller* 1983, 1989).

II. Eine der zentralen Tendenzen in der langfristigen Entwicklung von Klassenstrukturen betrifft die Tatsache, daß der Anteil der überhaupt in gesellschaftlich organisierte Produktionsverhältnisse eingebundenen Bevölkerung zunimmt (*Przeworski* 1977). Die Chancen, jemals eine marktbezogene Erwerbstätigkeit auszuüben, sind heute, v. a. auch für Frauen, höher als je zuvor.

Dies gilt ungeachtet der Tatsache, daß die Erwerbsquote in den meisten entwickelten Industrieländern stagniert oder im Laufe des 20. Jh.s sogar leicht zurückgegangen ist. Diese Entwicklung ist darauf zurückzuführen, daß die zunehmende Verweildauer im Bildungssystem und die Absenkung des Pensionsalters die durchschnittliche Dauer der Erwerbstätigkeit reduziert hat und im Zuge der Ausdehnung des Wohlfahrtsstaates neue »Versorgungsklassen« (*Lepsius* 1979), bestehend aus Studenten, Rentnern, Pensionären u. a., entstanden sind. Betrachtet man die Entwicklung des Anteils der nicht Erwerbstätigen an der erwachsenen Bevölkerung im Laufe dieses Jh.s, so zeigt sich nur in Frankreich ein mehr oder weniger kontinuierlicher Anstieg. In Deutschland sank er in den 30er Jahren ab und stieg erst nach 1945 wieder an. In den USA nahm der Anteil der aus dem Erwerbsleben »Ausgeschlossenen« zwischen 1910 und 1940 zu und lag bis Mitte des 20. Jh.s mit über 40% deutlich höher als in Europa (*Haller* 1989). In der Nachkriegszeit stieg die Erwerbsquote in den Vereinigten Staaten jedoch deutlich an, bei der 15–64jährigen Bevölkerung zwischen 1960 und 1981 von 67% auf 73%, wobei ein Großteil dieses Anstiegs auf die zunehmende Erwerbstätigkeit der Frauen (von 43% auf 61%) zurückzuführen ist (*OECD* 1983).

III. Betrachtet man die längerfristige Entwicklung der Klassenstruktur, so sind vor allem zwei Tendenzen auffallend. Die erste ist der Rückgang der selbständig und mithelfend Erwerbstätigen, die um 1900 in Frankreich noch rund ein Drittel, in Deutschland und den USA ein Fünftel der erwachsenen Bevölkerung ausmachten. Bis 1987 ist dieser Anteil in den fortgeschrittenen Gesellschaften (Bundesrepublik Deutschland, Großbritannien, Schweden, USA) auf rund 10% der Erwerbstätigen abgesunken. In einzelnen Ländern wie in Italien und Japan beträgt er allerdings noch immer rund ein Viertel der Erwerbstätigen.

Zur Erklärung dieser erstaunlichen Persistenz sind zum einen spezifische Charakteristika der Wirtschaftsstruktur und Lebensweise der Bevölkerung in verschiedenen Ländern zu nennen (z. B. im Falle von Italien, Frankreich und Österreich eine besondere Vorliebe für qualitativ hochwertige, persönliche Dienstleistungen, etwa im Gastgewerbe; auch die große Bedeutung des Fremdenverkehrs in diesen Ländern hängt damit zusammen). Selbständige Erwerbstätigkeit dient allerdings oft auch als ein Beschäftigungspuffer, der den Umfang von ↗ Arbeitslosigkeit in wirtschaftlichen Krisenperioden oder peripheren Regionen reduzieren hilft (*Bögenhold* 1987). Selbständige Erwerbstätigkeit, typischerweise in Wirtschaftssektoren mit hohem Wettbewerbsdruck, ist vielfach mit höheren Risiken und Belastungen verbunden als eine Beschäftigung in Großunternehmen, seien diese privatkapitalistisch oder staatlich geführt.

Die Abnahme des Anteils der Selbständigen kommt vor allem einer Zunahme des Anteils der unselbständig Beschäftigten im Bereich der Dienstleistungen zugute. Dieser Anteil beträgt heute in der Bundesrepublik Deutschland, Österreich, Frankreich und Japan rund die Hälfte der Erwerbstätigen, in Schweden, Großbritannien und den USA bereits rund 60%. Es scheint also eine deutliche Umschichtung der Klassenstruktur in Richtung auf eine Dienstleistungsgesellschaft (*Bell* 1976) erfolgt zu sein. Das Ausmaß dieser Entwicklung läßt sich freilich erst durch eine genauere empirische Analyse ermitteln. Aus einer differenzierten Aufgliederung der Erwerbstätigen nach der sektoralen Zugehörigkeit und der beruflichen Qualifikation ergeben sich Informationen über die interne Differenzierung der Selbständigen ebenso wie der abhängig Beschäftigten.

1. Kleinbürgertum und Bourgeoisie. Der größte Teil der Selbständigen führt sehr kleine Betriebe: Über drei Viertel haben Betriebe ohne fremde Arbeitskräfte bzw. sind Mithelfende, weit weniger als ein Zehntel beschäftigen wenigstens zehn Arbeitskräfte. Es handelt sich bei den Selbständigen aus klassentheoretischer Perspektive also zum größten Teil um Angehörige des Kleinbürgertums oder des sog. alten Mittelstandes. Es wurde bereits festgestellt, daß der Schwerpunkt der selbständig Erwerbstätigen heute im Tertiärbereich (Handel, Verkehr usw.) liegt.
Dies ist auch der Hauptgrund dafür, daß sich diese soziale Klasse auch in fortgeschrittenen Industriegesellschaften noch behaupten konnte. Auf der anderen Seite ist dies auch problematisch, da gerade in diesem Sektor neue Betriebe häufig mit so geringem Einsatz von Kapital und Qualifikationen gegründet werden, daß ihre Überlebenschance von vornherein gering ist. Die dadurch bedingte Prekarietät der Existenzgrundlagen dieser Klassen, die durch die fortschreitenden Prozesse der Konzentration immer wieder in Frage gestellt wird, läßt ihre Angehörigen besonders sensibel auf politische Zielsetzungen und Maßnahmen reagieren, welche von den beiden zentralen Klassen fortgeschrittener Industriegesellschaften, den Arbeitern und dem Großbürgertum, in Gang gesetzt werden.

Noch schwieriger als im Falle des Kleinbürgertums ist es im Falle des Großbürgertums oder der Bourgeoisie, verläßliche Daten über internationale Differenzen zu erhalten. Daten über den Grad der Unternehmenskonzentration zeigen, daß dieser in den fortgeschrittensten westlichen Industriegesellschaften bereits außerordentlich hoch ist. Tatsächlich haben Großunternehmen und insbesondere multinationale Konzerne, seien es Banken, Versicherungen, Produktions- oder Handelsunternehmen, vielfältigste Möglichkeiten, ihre überlegene wirtschaftliche Macht auszuspielen (*Galbraith* 1974; *Arndt* 1980). Marxistische Klassentheoretiker sprechen deswegen von der Existenz eines Monopol- oder Staatskapitalismus (*Tjaden-Steinhauer/Tjaden* 1973; *Poulantzas* 1975). Echte Monopole sind allerdings selbst unter der Bedingung einer hohen Konzentration nicht eindeutig auszumachen. Darüber hinaus führt eine solche Interpretation zur Unterschätzung wichtiger internationaler Differenzen. Sowohl die direkte Beteiligung des Staates an der Industrie großer westeuropäischer Länder (Großbritannien, Frankreich, Italien) als auch der Einfluß starker, zentralisierter Gewerkschaften in Ländern mit sozialpartnerschaftlichen politischen Systemen (wie Schweden oder Österreich; ↗ Korporatismus) bedeuten zweifellos eine Einschränkung der Macht des privaten Kapitals (*Stephens* 1979). Diese Fakten relativieren auch die These von der Existenz einer herrschenden Klasse, deren Kern die Eigentümer und Kontrolleure der am stärksten konzentrierten kapitalistischen Produktionsmittel darstellen (*Poulantzas* 1975).

Ebensowenig scheint aber eine Pluralismusthese die Realität zu treffen, welche davon ausgeht, daß die verschiedenen Eliten in Wirtschaft, Politik und Kultur »konkurrierende und oft feindselige Gruppen« darstellen (*Dahrendorf* 1972:136). Die einschlägige Forschung hat vielmehr gezeigt, daß diese ↗ Eliten untereinander sehr enge Beziehungen aufrechterhalten, relativ geschlossene Muster der Rekrutierung aufweisen und über sehr vielfältige Einflußmöglichkeiten verfügen (*Ziegler* 1984), ein Sachverhalt, den C. W. *Mills* (1956) in bezug auf die USA mit dem Begriff der »Machtelite« umschrieb.

2. Arbeiterklasse und neue Mittelklasse. Die Abgrenzung der Arbeiterklasse erfolgt meist nach zwei Kriterien, nach der sozialrechtlichen Stellung im Beruf und nach der Art der Tätigkeit. Die sozialrechtliche Unterscheidung zwischen Arbeitern, Angestellten und Beamten stellt ein Spezifikum der deutschsprachigen Länder dar, das in dieser eindeutigen Form in anderen westlichen Ländern nicht existiert und daher auch dieser Unterscheidung hier allgemein mehr Gewicht verleiht.

Der Anteil der Arbeiter in der Bundesrepublik Deutschland, Frankreich und den USA war um 1970 etwa gleich hoch. Unterschiedlich ist jedoch die innere Differenzierung der Arbeiterschaft. In Deutschland ist der Anteil der Facharbeiter deutlich höher als in den beiden anderen Ländern. Dies hängt mit der Institution der dualen Berufsausbildung zusammen, die in den deutschsprachigen Ländern der Industrie einen breiten Stamm qualifizierter Facharbeiter zur Verfügung stellt (*Haller* 1989). Demgegenüber hat in Frankreich und den USA das stärker ausgebaute allgemeinbildende Schulwesen dazu geführt, daß sich historisch eine schärfere Trennung von leitender und ausführender, geistig-dispostiver und manuell-körperlicher Arbeit durchgesetzt hat. Die Bedeutung des Facharbeiters hängt auch mit einer generell starken Position der Industrie in den deutschsprachigen Ländern zusammen. Sind Ende der 80er Jahre in den meisten westlichen Ländern nur mehr ein Viertel bis 30% der Unselbständigen in der Industrie tätig, so sind es in der Bundesrepublik Deutschland und in Österreich, wie übrigens auch in Japan, mit über 36% deutlich mehr.

In diesem Zusammenhang ist zumindest ein Hinweis auf die Bedeutung der ausländischen Arbeitnehmer für die Klassenstruktur der westeuropäischen Länder notwendig. Diese erreichten in Frankreich und der Bundesrepublik Anfang der 70er Jahre bereits nahezu ein Zehntel der Erwerbstätigen (in der Schweiz sogar rund ein Viertel), waren jedoch fast ausschließlich in Positionen un- und angelernter Arbeiter zu finden. Die Anwesenheit dieser Gastarbeiter hat erhebliche Implikationen für Klassenstruktur, Mobilitätschancen und gesellschaftliche Lage der einheimischen Arbeiter. Aus klassentheoretischer Perspektive muß man sagen, daß diese Länder heute eine »gespaltene Arbeiterklasse« aufweisen, da die organisatorisch-politische Integration der ausländischen Arbeiter in Gewerkschaften und ↗ Parteien ihrer Gastländer sehr schwach ist (*Castles/Kosack* 1973). Die ausländischen Arbeiter bilden in ihren Aufnahmeländern zugleich so etwas wie eine neue Unterschicht aufgrund der Tatsache, daß sie sozial und kulturell in vieler Hinsicht diskriminiert und ausgeschlossen sind. Für die einheimischen Arbeiter führt diese Situation zu einem »kollektiven Aufstieg«. Außerdem wirkten die ausländischen Arbeitskräfte auch teilweise als »Arbeitsmarktpuffer«. So wurden im Zuge der Wirtschaftskrise seit Mitte der 70er Jahre, besonders in den deutschsprachigen Ländern, viele von ihnen wieder nach Hause geschickt, was mit dazu beitrug, die einheimischen Quoten der Arbeitslosigkeit niedrig zu halten (↗ Ausländerpolitik).

Eine der wichtigsten Umschichtungen der Klassenstruktur in diesem Jh. war die enorme Expansion der Angestellten und Beamten. Zu Beginn der 70er Jahre betrug ihr Anteil an den Erwerbstätigen in Frankreich und der Bundesrepublik Deutschland mindestens ein Drittel, in den USA schon fast die Hälfte. Die Aufgliederung nach der betrieblichen Position der Angestellten zeigt, daß es sich zu einem großen Teil um einfache Angestellte in ausführenden Tätigkeiten bzw. untergeordneten Positionen handelt, wenngleich auch hier Unterschiede zwischen den Ländern festzustellen sind. Eine grobe sektorale Aufgliederung der Unselbständigen im Dienstleistungsbereich zeigt, daß vor allem Schweden und die USA sehr hohe Anteile von Beschäftigten im Bereich der qualifizierten professionalisierten Dienstleistungen aufweisen; dagegen ist vor allem Japan hier noch deutlich im Rückstand.

Während manche Theoretiker die Angestellten und Beamten als eine neue Mittelklasse betrachten (*Poulantzas* 1975), sind andere der Auffassung, daß sie im Zuge ihrer starken Expansion proletarisiert wurden und ihre soziale Lage sich jener der manuellen Arbeiter angenähert hat (*Braverman* 1974). Um diese Frage angemessen beantworten zu können, muß man innerhalb der Angestellten differenzieren. Die Masse der einfachen Angestellten weist in der Tat in vieler Hinsicht Ähnlichkeiten mit der (manuellen) Arbeiterklasse auf, aber nicht nur, weil sie proletarisiert worden sind, sondern auch deshalb, weil sich auch deren Klassenlage in sozialrechtlicher und materieller Hinsicht verbessert hat. Erst die höher qualifizierten und leitenden Angestellten können als einer in vieler Hinsicht anderen Klassenlage zugehörig beschrieben werden; für sie scheint der von *K. Renner* geprägte Begriff der Dienstklasse (*Dahrendorf* 1972) zutreffend zu sein, da er die Nähe dieser Gruppen zum Großbürgertum bzw. Kapital zum Ausdruck bringt.

Der internationale Vergleich zeigt allerdings, daß in der relativen Distanz der verschiedenen Klassen und Schichten voneinander, etwa im Hinblick auf das Einkommen, deutliche Unterschiede bestehen. So ergab eine Analyse der Einkommensrelationen die folgenden Unterschiede zwischen der Bundesrepublik Deutschland, Frankreich und den USA: 1) die Einkommensspannen in vertikaler Hinsicht sind nach oben höher in Europa, nach unten dagegen in den USA; 2) Arbeiter verdienen im Vergleich zu den Angestellten in den USA bedeutend besser als in den beiden europäischen Ländern; 3) die Einkommensunterschiede zwischen Männern und Frauen sowie jene zwischen Wirtschaftssektoren sind in den USA höher als in Frankreich und Deutschland.

Die Unterschiede können dahingehend zusammengefaßt werden, daß in Frankreich und Deutschland (und wohl in fast allen westeuropäischen Ländern) die traditionellen vertikalen sozialen Ungleichheiten stärker ausgeprägt sind als in den USA. Dort sind dagegen marktbezogene sektorale, geschlechtsspezifische u. a. Ungleichheiten stärker. In Europa wurde also einerseits eine gewisse Nivellierung der Ungleichheit durch Anhebung der untersten Einkommensgruppe erreicht (vor allem durch umfassendere Gewerkschaftsorganisation und wohlfahrtsstaatliche Intervention), in den mittleren und höheren Schichten scheint heute jedoch die amerikanische Gesellschaft egalitärer zu sein (hierzu mag auch das integrative, umfassende amerikanische Bildungssystem beigetragen haben).

Ohne Zweifel hat sich aufgrund der dargestellten strukturellen Entwicklungstendenzen wie auch aufgrund des generellen ↗ Wertewandels eine Auflockerung des Zusammenhangs zwischen Klassenlage und politischen Orientierungen und Verhaltensweisen ergeben. Trotzdem muß man davon ausgehen, daß die Klassenlage weiterhin eine wichtige Determinante politischer Verhaltensweisen darstellt.

Max Haller

↗ Gleichheit; Konfliktlinien; Soziale Ungleichheit; Wahlforschung/Wahlsoziologie.

Lit.: *Archer, M. S./Giner, S.* 1971: Contemporary Europe. Class Status and Power, London. *Arndt, H.* 1980: Wirtschaftliche Macht, München. *Beck, U.* 1986: Risikogesellschaft. Auf dem Weg in eine andere Moderne, Frankfurt/M. *Bell, D.* 1976: Die nachindustrielle Gesellschaft, Frankfurt a. M./New York. *Berger, P. A./Hradie, S.* (Hrsg.) 1990: Lebenslagen, Lebensläufe, Lebensstile, Göttingen. *Bögenhold, D.* 1987: Der Gründerboom. Realität und Mythos der neuen Selbständigkeit, Frankfurt a. M./

New York. *Bolte, K. M./Hradil, S.* 1984: Soziale Ungleichheit in der Bundesrepublik Deutschland, Opladen. *Bourdieu, P.* 1983: Ökonomisches Kapital, kulturelles Kapital, soziales Kapital, in: *Kreckel, R.* (Hrsg.), Soziale Ungleichheiten, Soziale Welt, Sonderband 2, 183–198. *Bourdieu, P.* 1985: Sozialer Raum und »Klassen«. Leçon sur la Leçon. Zwei Vorlesungen, Frankfurt/M. *Braverman, H.* 1974: Labor and Monopoly Capital, New York/London. *Castles, S./Kosack, G.* 1973: Immigrant Workers and Class Structure in Europe, London. *Crouch, C./Pizzorno, A.* 1978: The Resurgence of Class Conflicts in Western Europe Since 1968, London/Basingstoke. *Dahrendorf, R.* 1972: Wandlungen der Klassenstruktur europäischer Gesellschaften, in: *ders.:* Konflikt und Freiheit, München, 111–166. *Galbraith, J. K.* 1974: Wirtschaft für Staat und Gesellschaft, München/Zürich. *Geiger, T.* 1949: Die Klassengesellschaft im Schmelztiegel, Köln/Hagen. *Geißler, R.* 1992: Die Sozialstruktur Deutschlands, Opladen. *Giddens, A.* 1983: Die Klassenstruktur fortgeschrittener Gesellschaften, London. *Hagelstange, T./Hamm, B./Holtmann, D./Strasser H.*, u.a. 1990: Sozialstruktur und Bewußtsein. Eine Zehnländerstudie. Endbericht eines DFG-Forschungsprojekts, Duisburg. *Haller, M.* 1983: Theorie der Klassenbildung und sozialen Schichtung, Frankfurt a. M./New York. *Haller, M.* 1989: Klassenstruktur und Mobilität in fortgeschrittenen Gesellschaften, Frankfurt a. M./New York. *Koch, M.* 1994: Vom Strukturwandel einer Klassengesellschaft. Theoretische Diskussion und empirische Analyse, Münster. *Lepsius, M. R.* 1979: Soziale Ungleichheit und Klassenstrukturen in der Bundesrepublik Deutschland, in: *Wehler, H.-U.* (Hrsg.): Klassen in der europäischen Sozialgeschichte, Göttingen, 166–209. *Mills, C. W.* 1956: The Power Elite, New York. *OECD* 1983: Historical Statistics 1960–1981, Paris. *Offe, C.* 1969: Politische Herrschaft und Klassenstrukturen, in: *Kress, G./Senghaas, D.* (Hrsg.): Politikwissenschaft, Frankfurt/M., 115–189. *Poulantzas, N.* 1975: Klassen im Kapitalismus – heute, Westberlin. *Przeworski, A.* 1977: Proletariat into a Class, in: Politics and Society 7, 343–401. *Schelsky, H.* 1965: Auf der Suche nach der Wirklichkeit, Düsseldorf/Köln. *Stephens, J. D.* 1979: The Transition from Capitalism to Socialism, London/Basingstoke. *Tjaden-Steinhauer, M./Tjaden, K. H.* 1973: Klassenverhältnisse im Spätkapitalismus, Stuttgart. *Wright, E. O.* 1985: Classes, London. *Ziegler, R.* 1984: Das Netz der Kapitalverflechtungen deutscher und österreichischer Wirtschaftsunternehmen, in: KZfSS 36, 585–614.

Sozialversicherung / Soziale Sicherheit

1. Die Sozialversicherung (S.) ist eines der wichtigsten Instrumente staatlicher ↗ Sozialpolitik. Heute sind die Aufgaben der S. im Kontext des umfassenderen Systems der Sozialen Sicherheit zu betrachten. Durch die S. wird in bestimmter Weise Vorsorge für Lebenslagen getroffen, die als typische Risiken die soziale Sicherheit des einzelnen oder bestimmter Gruppen gefährden. Der S. als Institution stehen als Alternativen die unmittelbare Staatstätigkeit einerseits und andererseits die Individualversicherung gegenüber. Für die S. gibt es weder eine begrifflich-abstrakte Definition noch eine allgemein akzeptierte theoretische Begründung.

In der deutschen sozialpolitischen Diskussion hat die Rechtswiss. einen starken Einfluß auf die Definitionsversuche zugunsten einer Ausrichtung an den Prinzipien der Individualversicherung gehabt (*Bogs* 1973: 359). Inzwischen ist jedoch allgemein anerkannt, daß Versicherungs- und Äquivalenzprinzip in der S. eine eigenständige, allerdings umstrittene Bedeutung haben. Die deutsche S. hat folgende typische Merkmale: Sie ist 1) eine Zwangsversicherung (Versicherungspflicht bei bestimmten Versicherungsträgern), die zu einer Zwangssolidarisierung führt. Auf diese Weise wird 2) der beabsichtigte Solidarausgleich gewährleistet. Die Beiträge werden 3) entsprechend dem Einkommen bis zu einer Beitragsbemessungsgrenze erhoben (keine Berücksichtigung von Alter und Gesundheitszustand, beitragsfreie Mitversicherung von nicht erwerbstätigen Familienangehörigen). Zu den typischen Merkmalen der S. gehört nach vorherrschender Auffassung 4) auch die Teilfinanzierung aus allgemeinen Steuermitteln (Staatszuschuß) in einigen Versicherungszweigen und die Übertragung allgemeiner Staatszwecke auf die Versicherungsträger. Neben der Versicherung obliegt der S. als spezifisches Tätigkeitsfeld 5) die Schadenverhütung in den einzelnen Risikobereichen.

2. Nach den verschiedenen Lebenstatbeständen, die als typische Risiken angesehen werden, wurden schrittweise vier Versicherungszweige institutionalisiert: Kranken-, Unfall-, Renten- (ursprünglich Invaliden-) und Arbeitslosenversicherung. Einen fünften Zweig, die Pflegeversicherung, gibt es in der Bundesrepublik ab 1995. Unabhängig von konkret auslösenden Faktoren des Versicherungsfalles kann man auch von Risiken des Einkommensverlustes und Risiken unplanmäßiger Ausgaben sprechen.

a) Gesetzliche Krankenversicherung (GKV). Die erfaßten Risiken sind Krankheit, Arbeitsunfähigkeit, Mutterschaft und Tod. Die GKV ist mit über 1000 einzelnen Krankenkassen stark gegliedert (»Zersplitterung«). Pflichtversichert sind alle Arbeitnehmer, deren Einkommen unterhalb einer dynamisierten Versicherungspflichtgrenze liegt, sowie Auszubildende und einzelne Gruppen Selbständiger. Sie ist ausschließlich beitragsfinanziert (Arbeitnehmer/Arbeitgeber). Geldleistungen (Krankengeld) treten hinter den Sachleistungen weit zurück. In der Vergangenheit wurden die Vorsorgemaßnahmen und die Rehabilitation ausgebaut. Seit Jahren stehen indessen Maßnahmen zur Kostendämpfung im Vordergrund, um die Beitragssteigerungen angesichts der Kostenexplosion in Grenzen zu halten (1988 Gesundheitsreformgesetz; 1992 Gesundheits-Strukturgesetz) (↗ Gesundheitspolitik).

b) Gesetzliche Unfallversicherung (UV). Die Unfallversicherung umfaßt heute die Risiken Arbeitsunfall, (Arbeits-)Wegeunfall und Berufskrankheit. Pflichtversichert sind alle unselbständigen Arbeitnehmer, einige weitere kleine Personengruppen sowie Kinder in Kindergärten, Schüler und Studenten. Die UV wird im Umlageverfahren aus Beiträgen der Arbeitgeber oder aus allgemeinen Steuermitteln (Kinder-, Schüler-, Studentenversicherung) finanziert. Die Träger sind zahlreiche Berufsgenossenschaften, Bund, Länder und Gemeinden. Die Leistungen umfassen im Verletzungsfall Heilbehandlung und Wiederherstellung der Erwerbsfähigkeit sowie Verletztenrente, im Todesfall Hinterbliebenenrente und Sterbegeld. Besondere Bedeutung kommt in der Unfallversicherung der Schadenvorsorge (Unfallverhütung, Arbeitsschutz/-sicherheit) und der Rehabilitation zu.

c) Rentenversicherung der Arbeiter und Angestellten (RV). Organisiert in Landesanstalten (Arbeiter) und einer Bundesanstalt (Angestellte), ist sie für die nach dem Finanzvolumen umfangreichsten Leistungen zuständig: Alters- und Hinterbliebenen-, Erwerbsunfähigkeits- und Berufsunfähigkeitsrenten bzw. Rehabilitationsmaßnahmen. Die Finanzierung erfolgt durch Beiträge und einen Staatszuschuß. Die RV soll vor allem Altersarmut verhindern (Lebensstandardsicherung); der Versicherte kann dieses Ziel aber nur bei kontinuierlicher Erwerbstätigkeit und durchschnittlichem Arbeitseinkommen erreichen.

d) Gesetzliche Arbeitslosenversicherung (AFG). Nach dem Arbeitsförderungsgesetz von 1969 sind alle Arbeitnehmer sowie einige andere, ihnen gleichgestellte Gruppen, nicht aber die Beamten, versicherungspflichtig. Die Beiträge zahlen Arbeitgeber und Arbeitnehmer je zur Hälfte bis zur Beitragsbemessungsgrenze (dieselbe wie in der Rentenversicherung der Arbeiter und Angestellten). Der Staat gibt einen Zuschuß und trägt anfallende Defizite. Träger ist die Bundesanstalt für Arbeit mit den Landes- und weiteren örtlichen Arbeitsämtern. Neben der Einkommensausfallversicherung bei ↗ Arbeitslosigkeit und Arbeitsausfall (Kurzarbeit) bietet das Arbeitsförderungsgesetz Beratung und Vermittlung, Förderung beruflicher Bildung (Berufsausbildungsbeihilfe, Unterhaltsgeld) sowie Leistungen zur Erhaltung

und Schaffung von Arbeitsplätzen (Zuschüsse, Darlehen, Mehrkostenzuschüsse Kurzarbeitergeld u.a.). Besteht kein Anspruch auf Arbeitslosengeld (mehr) (Mindestversicherungszeit; Leistungsdauer), kann Arbeitslosenhilfe beantragt werden. Sie wird nach dem Grundsatz der Subsidiarität geleistet, und ist insofern keine Versicherungsleistung.
Mit dem Ansteigen der Arbeitslosigkeit ist die Bundesanstalt für Arbeit sehr schnell in finanzielle Bedrängnis geraten. Um den Zuschußbedarf aus dem Staatshaushalt herabzusetzen, hat der Gesetzgeber mehrfach die Leistungen gemindert, die Leistungsvoraussetzungen verschärft und die Beiträge erhöht.

Helga Michalsky

Lit.: *Alber, J.* 1982: Vom Armenhaus zum Wohlfahrtsstaat. Analysen zur Entwicklung der Sozialversicherung in Westeuropa, Frankfurt a.M./New York. *Bogs, H.* 1973: Die Sozialversicherung im Staat der Gegenwart, Berlin. *Gahlen, B./Hesse, H./Ramser, H.J.* (Hrsg.) 1990: Theorie und Politik der Sozialversicherung, Tübingen. *Köhler, P. A./Zacher H. F.* (Hrsg.) 1983: Beiträge zu Geschichte und aktueller Situation der Sozialversicherung, Berlin. *Riedmüller, B./Rodenstein, M.* (Hrsg.) 1989: Wie sicher ist die soziale Sicherung?, Frankfurt/M. *Schmidt, M. G.* 1988: Sozialpolitik. Historische Entwicklung und internationaler Vergleich, Opladen.

Sozialwissenschaften

Die Bezeichnung Sozialwissenschaften (S.) ist ein Sammelbegriff für verschiedene Einzelwiss. und Teildisziplinen von Wissenschaften, »die sich mit den Beziehungen zwischen Gesellschaftsmitgliedern oder Gesellschaftsgebilden, deren Position im Gefüge einer Sozialordnung und den aus den Positionen entstehenden Gruppierungen beschäftigen und hierbei sowohl die institutionellen Bedingungen als auch die Vorgänge und die Inhalte sozialen (d.h. zweckhaft auf das Tun und Lassen anderer gerichteten) Handelns untersuchen« (*Schmidt* 1995). Über die klassifikatorische Zuordnung von Einzelwiss. zu den S. herrscht keine Einigkeit. Sie ist zudem, wie die junge Geschichte der Ende des 19. Jahrhunderts entstandenen S. zeigt, dem Wandel unterworfen. Heute gehören zu den S. vornehmlich Soziologie, ↗ Politikwissenschaft, Kultur- und Sozialanthropologie und Ethnologie, im weiteren Sinne auch Wirtschaftswiss., Erziehungswiss. und Psychologie (was jedoch kontrovers ist), und schließlich alle jene Teildisziplinen von Einzelwiss., die bereits in ihrer Bezeichnung auf jenen den S. eigenen Gegenstand verweisen: Sozialgeschichte, Sozialökonomie, Sozialgeographie usw. Repräsentativ für einen gegenstandsbezogenen weiten Begriff von S. sind die Enzyklopädien der S., zuletzt die von *D. L. Sills* (1968) herausgegebene *International Encyclopedia of the Social Sciences* in 16 Bänden und das von *E. von Beckerath* u.a. (1956–65) herausgegebene Handwörterbuch der Sozialwissenschaften in zwölf Bänden. Ihren kleinsten gemeinsamen Nenner haben die zu den S. zu rechnenden Disziplinen »in der Annahme einer wie immer interpretierten Gesellschaftlichkeit oder Sozialität der menschlichen Existenz, auf deren Erforschung die einzelwissenschaftliche Aktivität letztlich zielt« *(Tjaden* 1978: 241).
Noch weniger als der Gegenstand sind Theorie und Methode geeignet, S. klar zu definieren. Eindeutige Abgrenzungen zu anderen klassifikatorischen Begriffen von Wiss., etwa den Kulturwiss. oder den Geisteswiss., ergeben sich nicht. Weiche Kriterien lassen Unterscheidungen danach zu, ob mehr das Gesellschaftliche oder mehr das Individuelle in der Hervorbringung kultureller Schöpfungen betont wird und ob diese mehr unter (sozialwissenschaftlich) systematischen oder (kulturwissenschaftlich) individualisierenden Gesichtspunkten betrachtet bzw. erforscht

werden. Es läßt sich verneinen, daß für die S. erkenntnistheoretisch ein Verhältnis zu den Naturwiss. besteht, wie es für die Geisteswiss. behauptet und am Gegensatz zwischen idiographischer und nomothetischer Orientierung oder zwischen Verstehen und Erklären festgemacht wurde. Andererseits kann die methodisch und theorie-begrifflich an den Naturwiss. orientierte Forschung in den S. diese nicht ausschließlich für sich reklamieren.

Zwar betont *W. G. Runciman* (1967:13), daß es nur Sinn habe, von S. zu sprechen, »wenn man einen bestimmten Bereich menschlichen Verhaltens isoliert und eine Theorie (oder ein Modell in allgemeiner Wenn-dann-Form) zu seiner Erklärung entwickelt«. Es ist jedoch notwendig geblieben, das szientistische, empirisch-nomologische Verhältnis von S. in expliziter Form als empirische S. kenntlich zu machen. Das behavioristische Selbstmißverständnis von S. hat sich nicht durchgesetzt. So sehen *N. Groeben / W. Westmeyer* (1975: 22f.) die Anwendung der Bezeichnung S. für die Psychologie durch drei Dimensionen gerechtfertigt: 1. »Die erste Dimension ist die, die schon bei Aristoteles in der Rede vom Menschen als *zoon politikon* auftritt: die unhintergehbare soziale Einbettung des Menschen, ohne deren Berücksichtigung Deskription und Theorie in bezug auf das Objekt *homo sapiens* niemals vollständig ist.« 2. »Die zweite Dimension ist die historisch-genetische Komplexität jedes einzelnen Objekts sowie von Objektclustern und -klassen in der Psychologie... Dabei ist die historisch-genetische Komplexität des Menschen hauptsächlich geprägt durch seine Sozialität.« 3. »Die dabei noch unberücksichtigte Tatsache, daß diese Komplexität selbst vom Menschen als Handlungs- und Erkenntnissubjekt verursacht ist, stellt die dritte Dimension der Sozialwissenschaftlichkeit dar: die Reflexivität der Erkenntnissituation...« Dieses handlungstheoretische Verständnis, das von dem in der Psychologie dominierenden behavioristisch-naturwiss. abweicht, zeigt die Möglichkeit unterschiedlicher Selbstzurechnung und Begründung von Sozialwissenschaft in den Sozialwissenschaften.

Eine solche Gegensätzlichkeit in der erfahrungswiss. Analyse prägt auch die anderen, den S. zugerechneten Einzelwiss. und kann als das konstitutive Merkmal der S. bezeichnet werden: Im Unterschied zu den Naturwiss. gibt es in den S. als Folge unterschiedlicher erkenntnisleitender Interessen kein universelles Paradigma und in der historischen Abfolge auch keine Ablösung konkurrierender Paradigmen (*von Wright* 1972: 176f.). Die gegebene Theorien- und Methodenpluralität ist Chance und Dilemma zugleich: Sie eröffnet die Chance eines kreativen Spannungsverhältnisses konkurrierender Theorien und Methoden; sie führt in das Dilemma eines metatheoretisch-dogmatisch verkürzten Diskurses.

Dieter Nohlen

↗ Empirische Sozialforschung; Politikbegriffe; Politikfeldanalyse; Politische Theorie.

Lit.: *Beckerath, E. von* u.a. (Hrsg.) 1956–65: Handwörterbuch der Sozialwissenschaften, 12 Bde. plus Registerbd., Göttingen. *Bernsdorf, W. / Eisermann, G.* (Hrsg.) 1955: Die Einheit der Sozialwissenschaften, Stuttgart. *Groeben, N. / Westmeyer, H.* 1975: Kriterien psychologischer Forschung, München. *Habermas, J.* [3]1973: Zur Logik der Sozialwissenschaften, Frankfurt/M. *Kriz, J. / Nohlen D. / Schultze, R.-O.* (Hrsg.): Politikwissenschaftliche Methoden, München. *Nohlen, D. / Schultze, R.-O.* [2]1989: Politikwissenschaft. Theorien, Methoden, Begriffe, München. *Runciman, W. G.* 1967: Sozialwissenschaft und politische Theorie, Frankfurt/M. *Schmidt, M. G.* 1995: Wörterbuch der Politik, Stuttgart. *Sills, D. L.* (Hrsg.) 1968: International Encyclopedia of the Social Sciences, 16 Bde. plus Indexbd., New York. *Spinner, H. F.* 1974: Pluralismus als Erkenntnismodell, Frankfurt/M. *Tjaden, K. H.* [4]1978: Gesellschaftswissenschaften, in: *Wulf, C.* (Hrsg.): Wörterbuch der Erziehung, München, 241–245. *Topitsch, E.* (Hrsg.) 1965: Logik der Sozialwissenschaften, Köln. *Wright, G. H. von*

1972: Erklären und Verstehen, Frankfurt/M.

Staatsausgaben

I. Wachstum und Strukturveränderungen des öffentlichen Sektors gehören zu den signifikantesten Entwicklungsmerkmalen der westlichen ↗ Industriegesellschaften des 20. Jahrhunderts. Seit *Adolph Wagner* vor gut 100 Jahren das »Gesetz der zunehmenden Staatstätigkeit« formulierte, ist es üblich geworden – trotz zahlreicher methodischer Probleme (vgl. *Littmann* 1975) – die Entwicklung der Staatsausgaben (S.) als einen wesentlichen Indikator zur Charakterisierung des öffentlichen Sektors heranzuziehen. In der jeweiligen Höhe und Struktur der S. reflektiert und konkretisiert sich zum guten Teil die materielle Staatstätigkeit, in ihren Veränderungen wird der Wandel politischer Prioritäten erkennbar. Die sozialwiss. Diskussion zu diesem Thema hat eine eher deskriptive und eine analytische Seite: Zum einen geht es um die Messung und empirisch-statistische Rekonstruktion des Wachstums des öffentlichen Sektors, zum anderen um Erklärungen für diesen Tatbestand im Kontext der ökonomischen und politischen Entwicklung.

Für den folgenden Überblick wird eine breite Definition des öffentlichen Sektors zugrunde gelegt, die alle Ebenen der staatlichen Organisation einschließlich der Institutionen der ↗ Sozialversicherung umfaßt. Dies ermöglicht es, den im internationalen Vergleich stark differierenden Kompetenzregelungen und Organisationsformen für im Prinzip gleichartige öffentliche Ausgaben besser Rechnung zu tragen.

II. 1. Der Anteil des Staates am volkswirtschaftlichen Gesamtprodukt hat sich in allen westeuropäischen Ländern in den letzten 100 Jahren nicht nur erhöht, sondern vervielfacht *(Littmann* 1977; *Recktenwald* 1977; vgl. Tabelle 20, S. 726). Dies trifft für die gesamten öffentlichen Ausgaben ebenso zu wie für diejenigen der Zentralregierung. Die säkulare Expansion der S. ist begleitet von einem Wandel in der funktionalen Ausgabenstruktur. Darin dokumentieren sich auch qualitative Veränderungen der Staatstätigkeit, die unter Formeln wie »vom ↗ Rechtsstaat zum ↗ Sozialstaat« zwar häufig thematisiert, aber seltener empirisch untersucht wurden. Allerdings gebieten das diskontinuierliche, auch zeitweise von gegenläufigen Tendenzen geprägte zeitliche Entwicklungsmuster sowie die erheblichen Unterschiede zwischen den westeuropäischen Ländern Vorsicht bei generalisierenden Erklärungen dieser Tatbestände *(Kohl* 1985; vgl. auch die Datensammlung des Verfassers in *Flora* u.a. 1983).

In der zweiten Hälfte des 19. Jh.s bis etwa zum I. Weltkrieg bewegt sich das Niveau der gesamten S. im internationalen Vergleich zwischen einer unteren Grenze von ca. 7% des ↗ Sozialprodukts und einer etwa doppelt so hohen oberen Grenze, wobei das Niveau in den kontinentaleuropäischen Ländern (Deutschland, Frankreich, Italien, Schweiz) deutlich höher liegt als in Großbritannien und den skandinavischen Ländern. Nur in den stark zentralisierten Ländern Frankreich und Italien betragen indes die Ausgaben der Zentralregierung vor dem I. Weltkrieg bereits mehr als 10% des Volkseinkommens, während sie in den föderalistischen Systemen der Schweiz und des Deutschen Reiches bei etwa 5% oder darunter bleiben. Nur in wenigen Ländern (vor allem Deutschland) ist während dieser Periode bereits eine deutliche Steigerungstendenz zu erkennen; in mehreren Ländern (beispielsweise Großbritannien, Frankreich, Schweiz) geht der Staatsanteil sogar phasenweise zurück.

In der Zwischenkriegszeit setzen insbesondere in den vom I. Weltkrieg und seinen politisch-sozialen Folgewirkungen am härtesten betroffenen Ländern (Deutschland, Frankreich, Italien, Großbritannien) die S. auf einem gegenüber der Vorkriegszeit deutlich höheren Niveau ein. Aber auch in den übrigen Ländern (z. B. Schweiz, Dänemark, Norwegen, Schweden) setzt sich mittelfristig, d.h. bis zum Ausbruch des II. Weltkrieges, eine Tendenz zur Erhöhung des Staatsanteils durch. Zu beachten ist jedoch, daß dieser Anstieg der Staatsquote nicht unwesentlich durch den Rückgang des Volkseinkommens infolge der Weltwirtschaftskrise bedingt ist. Generell ist die Ausgabenentwicklung in der Zwischenkriegszeit durch starke, aber von Land zu Land sehr unterschiedliche Fluktuationen und durch ein häufiges Auseinanderklaffen von Einnahmen und Ausgaben charakterisiert, zuerst infolge der Auswirkungen des I. Weltkrieges, sodann zur Bewältigung der Wirtschaftskrise Anfang der 30er Jahre. Im Vergleich dazu läßt sich die Entwicklung nach dem II. Weltkrieg durch eine relativ stetige weitere Expansion des öffentlichen Sektors kennzeichnen, und dies bei anhaltender wirtschaftlicher Prosperität.

Die meisten Länder zeigen sowohl in der Zwischenkriegszeit wie nach dem II. Weltkrieg im Trend steigende und keineswegs stabile Ausgabenniveaus. Die Modellvorstellung müßte demnach so differenziert werden, daß Kriege sowohl Verschiebungen des Niveaus wie auch Veränderungen des Trends bewirken können. Da dies aber auch für jene Länder gilt, die nicht unmittelbar in die Weltkriege involviert waren, bleibt eine kausale Zurechnung auf Kriegseinflüsse problematisch.

Die zentralstaatlichen Ausgaben machen gegenwärtig, mit Ausnahme der Bundesstaaten (Deutschland, Schweiz, Österreich), ca. 30% des Sozialprodukts aus. Der Anteil des Zentralstaats an den Gesamtausgaben ist heute in keinem westeuropäischen Land geringer als vor 100 Jahren. Insofern bestätigt sich eine Konzentrationstendenz der öffentlichen Ausgaben zugunsten des zentralstaatlichen Etats. Doch gibt es mittelfristig auch ausgedehnte Perioden relativer Konstanz in der Ausgabenverteilung und sogar zunehmender Dezentralisierung. So sind in der Nachkriegszeit in den meisten westeuropäischen Ländern die Ausgaben auf der kommunalen und regionalen Ebene stärker gestiegen als die der Zentralregierung. Zentralisierung scheint demgegenüber wesentlich ein Effekt der Kriege gewesen zu sein. Da die Aufgaben- und Steuerverteilung auf die Gebietskörperschaften meist gesetzlich oder sogar verfassungsmäßig geregelt ist, erscheint es plausibel, daß in normalen (Friedens-)Zeiten auch die Ausgabenverteilung weitgehend festgeschrieben ist. Die mit den Kriegen oft koinzidierenden soziopolitischen Umwälzungen (Machtverschiebungen, Wahlrechts- und Verfassungsänderungen) führen dagegen zu strukturellen Brüchen, d.h. zu größeren Reorganisationen in der gesamtstaatlichen Aufgabenverteilung.

Wenn die für Wohlfahrtszwecke (einschließlich Bildung) verwendeten Ressourcen jene für die klassischen Staatsfunktionen (Ausgaben für die ↗ Öffentliche Verwaltung und für Verteidigung) übersteigen, kann man dies als eine operationale Definition für den Beginn des modernen Wohlfahrtsstaates bezeichnen. In bezug auf den öffentlichen Gesamthaushalt wurde diese Schwelle kurz nach dem I. Weltkrieg überschritten, und zwar sowohl in den ökonomisch und politisch führenden Ländern wie in den Nachzüglern bei der Industrialisierung und den politisch weniger exponierten Ländern – in Großbritannien und Deutschland ebenso wie in den kleineren skandinavischen Ländern. In bezug auf die zentralstaatlichen Ausgaben wurde diese Marke etwas später erreicht, was sich aus der staatlichen Aufgabenverteilung erklärt – in Großbritannien, Deutschland und den skandinavischen Ländern bereits in der Zwischenkriegsperiode, in den Niederlanden und Belgien, Italien und Frankreich erst in den 50er Jahren. In der Gegenwart wendet kein Staat in Westeuropa

Tabelle 20: Öffentliche Ausgaben in 15 OECD-Ländern[a]

Jahr	Belgien	Dänemark	Deutschland/BRD	Finnland	Frankreich	GB	Irland	Italien	Kanada	Niederlande	Norwegen	Österreich	Schweden	Schweiz	USA
1850						11,1									
1855		8,4													
1860		9,4				10,7									
1865		11,2									5,8				
1870		9,2	13,3[e]		11,6[e]	8,7					5,9				
1875		8,3													
1880		8,9	9,9[c]		15,4	9,1					6,8			16,5	
1885		10,0													
1890		10,6	12,9[c]		15,0	9,2					7,4			15,0	7,1
1895		10,3				10,4									
1900		10,8	14,2[c]		15,2	14,9				8.9	9,9			11,1	7,9[e]
1905		10,0	15,1[e]		14,6[c]	12,4				8,8					
1910		12,3			14,4[b]	12,7				8,8	9,3				
1915		11,5[b]	17,0[d]			12,7[d]				9,1[b]			11,1[b]	14,0[d]	8,5[d]
1920		15,3[c]			34,2	27,4				18,5[c]	12,8		10,9		12,6[e]
1925		13,4	22,4		21,9[c]	23,6	21,5[e]			14,9			14,1[c]	17,0[b]	11,7[e]
1930		13,5	29,4		22,1[b]	24,7	20,8			15,2	17,4		14,0	17,4	21,3[e]
1935		17,5	29,8		35,4	23,7	27,8			18,0	18,1		17,1[b]	23,7[b]	
1940		19,2[b]	36,9[d]		29,2[d]	33,4[b]	26,8			18,3[b]	19,1[b]		17,7[d]	23,9[d]	22,2
1945		20,0[e]			37,2[e]	45,5[c]	22,6				29,3[c]		19,3[c]	29,3[c]	
1950	22,6	19,4	30,8		28,4	30,4	27,4			27,0	25,5	25,0	23,5	19,8	23,0[d]
1955	24,7	23,6	30,0		32,2	30,2	27,5	27,8	27,1	28,5	26,8	27,5	26,4	17,4	24,9
1960	30,3	24,8	32,0	26,7	34,6	32,6	28,0	30,1	28,9	33,7	29,9	32,1	31,1	17,2	27,8
1965	32,3	29,9	36,3	31,3	38,4	36,4	33,1	34,3	29,1	38,7	34,2	37,9	36,0	19,7	28,0
1970	36,5	40,2	38,6	30,5	38,5	38,8	39,6	34,2	34,8	43,9	41,0	39,2	43,3	21,3	31,6
1975	45,7	48,2	48,4	35,1	43,4	44,4	45,7	41,6	38,5	51,2	45,4	45,3	48,4	28,7	33,5
1980	51,9	56,2	47,9	35,5	46,1	43,0	48,9	41,9	38,8	54,9	47,5	48,1	60,1	29,3	31,8
1985	54,5	59,3	47,0	40,4	52,2	44,0	52,5	50,9	45,3	56,1	44,8	50,9	63,4	31,0	33,2
1990	49,1	58,3	45,1	45,5	49,8	39,9	41,0	53,2	45,8	54,1	53,8	48,7	59,1	30,7	33,3

[a] in % des Bruttosozialprodukts; [b] Abweichung vom Bezugsjahr: – 1 Jahr; [c] + 1 Jahr; [d] – 2 Jahre; [e] + 2 Jahre.
Quellen: *Kohl* 1985; vor 1950 nationale finanzstatistische Quellen, ab 1950 vor allem OECD-National Accounts; Schweiz (bis 1910), Frankreich (bis 1910), Niederlande (bis 1940) mit Bezugsgröße Nettosozialprodukt; Schweiz (ab 1950) nur lfd. Ausgaben.

weniger als die Hälfte seiner Gesamtausgaben für Sozialausgaben im weiteren Sinne auf. Auf der anderen Seite ist der Anteil der Verteidigungsausgaben auf durchschnittlich weniger als 10 % zurückgegangen; in den größeren liegt er etwas höher als in den kleineren europäischen Staaten.

Diese Strukturveränderungen in den öffentlichen Haushalten haben sich in einem Kontext vollzogen, der durch langfristig steigende Ausgabenniveaus charakterisiert ist. Dies bedeutet, daß politische Prioritätsveränderungen primär durch zusätzliche Ausgaben für neue Aufgaben bewirkt worden sind und weniger durch Reduzierungen des Ausgabenvolumens für bereits bestehende Aufgabenfelder (*Rose* 1976). Gemessen am Sozialprodukt sind die Ausgaben für die »konstitutiven« Staatsfunktionen also nicht notwendigerweise reduziert worden, obwohl ihre relative Bedeutung im Rahmen des Budgets erheblich abgenommen hat. Andererseits haben Wohlfahrts- und Bildungsausgaben nicht nur in den Haushalten an Bedeutung gewonnen, sondern auch gesamtwirtschaftlich. Während sie vor 100 Jahren allenfalls etwa 1 % des Sozialprodukts ausmachten (ca. 10 % eines Budgets, das nicht mehr als 10 % des BSP entsprach), beträgt ihr Anteil heute nicht selten die Hälfte eines Budgets, welches selber fast die Hälfte des Sozialprodukts umfaßt, bzw. ca. 20 % bis 25 % des BSP.

2. Auf der Basis eines im Hinblick auf internationale Vergleichbarkeit wesentlich verbesserten Datenmaterials (*OECD* 1978, 1993; *Saunders/Klau* 1985) kann zunächst für die Nachkriegszeit die enorme Expansion der gesamten S. in allen westlichen Industriegesellschaften ohne Ausnahme bestätigt werden (vgl. Tab. 20). Dieses Faktum ist um so erstaunlicher, als fast alle Länder in den vergangenen vier Jahrzehnten ein kräftiges reales Wirtschaftswachstum von mehr als 3 % jährlich zu verzeichnen haben. Dadurch hätten sich auch bei einem konstanten Staatsanteil die zur Verfügung stehenden Ressourcen mehr als verdoppelt.

Zugleich zeigt sich eine erhebliche Variationsbreite zwischen den Ländern, was das Ausgabenniveau und das Wachstumstempo betrifft. Anfang der 50er Jahre belief sich die Gesamtausgabenquote auf ca. 20 % bis 30 %, wobei der letzte Wert nur von den europäischen »Großmächten« (Großbritannien, Frankreich, Deutschland) erreicht wurde.

Gegenwärtig wird in ungefähr der Hälfte der OECD-Länder bereits mehr als 50 % des Sozialprodukts über die öffentlichen Haushalte ausgegeben bzw. umverteilt. Allerdings ist seit der zweiten Hälfte der 80er Jahre in einer Reihe von Ländern auch eine gegenläufige Tendenz, d.h. ein leichter Rückgang der Staatsquote zu beobachten (*Oxley/Martin* 1991). Auffallend ist das gegenüber dem westeuropäischen Durchschnitt deutlich niedrigere Ausgabenniveau in den überseeischen Ländern des OECD-Bereichs (USA, Kanada, Japan, Australien). Diese gravierenden Unterschiede im Querschnittsvergleich lassen die Vermutung eines generell positiven Zusammenhangs zwischen der Höhe der Staatsquote und dem allgemeinen Wohlstandsniveau zweifelhaft erscheinen und verweisen vielmehr auf Determinanten, die im politischen System und der ↗ Politischen Kultur der Länder liegen.

Öffentliche Konsumausgaben (zur Bereitstellung öffentlicher Güter) und Transferausgaben (zur Umverteilung von Geldeinkommen) bilden heute die beiden bei weitem umfangreichsten und ungefähr gleich großen Komponenten der öffentlichen Haushalte. Bei genauerer Analyse (wobei einerseits die Verteidigungsausgaben, andererseits andere als soziale Transferausgaben ausgeklammert werden) können jedoch zwei Muster unterschieden werden (*Kohl* 1981):

In den skandinavischen, aber auch – auf niedrigerem Niveau – in den angelsächsischen Ländern überwiegen tendenziell die zivilen öffentlichen Konsumausgaben, während in Frankreich, Italien und den Benelux-Ländern der größere Teil der Ressourcen für soziale Transferausgaben verwendet wird. Deutschland nimmt eine Mittelposition ein, scheint sich aber in den letzten Jahren dem skandinavischen Muster anzunähern. Diese Muster legen die Hypothese nahe, daß dahinter unterschiedliche Konzeptionen gesellschaftspolitischer Intervention stehen. Das »kontinentale« Muster betont die Umverteilung von Geldeinkommen zum Zweck der Einkommenssicherung, überläßt aber die Entscheidungen über die Verwendung dieses Einkommens den privaten Konsumpräferenzen und begünstigt so die marktwirtschaftliche Produktion von Gütern und Dienstleistungen. Das »skandinavische« Muster auf der anderen Seite gibt der öffentlichen Bereitstellung von Gütern und Leistungen den Vorzug, was besonders geeignet erscheint, Nachteile marktmäßiger Erbringung auszugleichen und durch politische Entscheidungen die Struktur und Qualität des Angebots zu beeinflussen.

Dieser Hinweis mag auch verdeutlichen, daß internationale Vergleiche der Sozialausgaben, die sich allein auf soziale Transferausgaben beschränken würden, ein unvollständiges und daher verzerrendes Bild vermitteln würden. Ein umfassenderes Konzept, das die Sozialausgaben (einschließl. Bildung) unabhängig von ihrem ökonomischen Charakter, nach ihrer funktionalen Zweckbestimmung gliedert (*OECD* 1985), zeigt, daß die so gemessenen Sozialausgaben wesentlich höher liegen als die Sozialtransfers, und daß die Unterschiede zwischen den Ländern weniger ausgeprägt, aber doch noch deutlich wahrnehmbar sind. Im OECD-Durchschnitt hat sich die Quote der Sozialausgaben von 1960 bis 1981 von 13,1 % auf 25,6 % nahezu verdoppelt. Während 1960 nur ein Land (BRD) über 20 % lag, wendeten 1981 alle westeuropäischen Länder (mit Ausnahme der Schweiz) mehr als 20 % für Sozialausgaben auf, fünf Länder (Niederlande, Belgien, Schweden, Dänemark, BRD) bereits mehr als 30 %.

Die Entwicklung der Steuereinnahmen folgt im allgemeinen relativ eng der Ausgabenentwicklung. Lediglich im Gefolge der Weltwirtschaftskrise Mitte der 70er Jahre ist ein stärkeres Auseinanderdriften, ein sprunghafter Anstieg der Haushaltsdefizite festzustellen, was zu einer kumulativen Zunahme der Staatsverschuldung in vielen Ländern geführt hat. Bezüglich der Struktur des Steueraufkommens ist längerfristig ein wachsender Anteil der direkten Steuern, vor allem aber der Sozialbeiträge, zu beobachten; die nationalen Strukturunterschiede sind jedoch hier sehr groß.

III. Die Unterschiede in Niveau und Struktur der S., aber auch in der Steuerstruktur, werfen die Frage auf, durch welche Faktoren die unterschiedlichen Entwicklungsmuster erklärt werden können. In der politischen Diskussion wird häufig den sozialistischen bzw. ↗ Sozialdemokratischen Parteien eine Tendenz zur Ausdehnung staatlicher Interventionen und zur Ausweitung der Staatsaufgaben und -ausgaben unterstellt. Demgegenüber seien konservative und liberale Parteien bestrebt, die Staatsaktivitäten zu beschränken und zumindest den Ausgabenzuwachs so gering wie möglich zu halten. Die gerade in Westeuropa stark vertretenen christlich-demokratischen (↗ Bürgerlichen) Parteien sind in ihrem ideologischen Profil in dieser Hinsicht schwierig einzuschätzen: viel hängt davon ab, ob traditionalistische oder sozialreformerische Tendenzen überwiegen.

Ergebnisse empirischer Untersuchungen (*Alber* 1983; *Cameron* 1978; *Castles* 1982; *Kohl* 1981; *Schmidt* 1982, 1983; *Wilensky* 1981; zusammenfassend *Kohl* 1987) bestätigen zwar übereinstimmend die Bedeutung parteipolitischer Unterschiede, modifizieren diese landläufigen Vorstellungen aber zugleich, indem sie auf deren Zusammenwirken mit weiteren Faktoren hinweisen. So bestätigt sich einerseits, daß die Tendenz zur Expansion des öffentlichen Sektors stark ausgeprägt ist, wenn der Stimmen- bzw. Mandatsanteil linker Parteien hoch ist, und insbesondere, wenn diese an der Regierung beteiligt sind. Dies ist jedoch keine notwendige Bedingung: auch ein annäherndes Machtgleichgewicht zwischen dem linken und dem bürgerlichen Lager sowie Koalitionsregierungen der Mitte führen zu ähnlichen Ergebnissen. Links-Rechts-Differenzierungen im politischen Spektrum werden hier überlagert durch die Dynamik von Koalitionsbildungen mit ihrem Zwang zu Kompromissen (↗ Koalition). Die Finanzpolitik mag sich da gut zur Befriedigung konkurrierender Ansprüche der einzelnen Koalitionspartner eignen, aber um den Preis verstärkten Ausgabenwachstums. Eine weitere Erklärungsvariante liefert der Nachweis, daß starke linke ebenso wie starke katholische (christdemokratische) Parteien die Herausbildung korporatistischer Strukturen fördern, die ihrerseits ein überdurchschnittliches Wachstum bes. der Sozialausgaben begünstigen (↗ Korporatismus).

Daneben belegen die empirischen Studien die Bedeutung institutioneller Faktoren für die Ausgabenentwicklung. So weisen föderalistisch organisierte Staaten sowohl ein durchschnittlich niedrigeres Niveau als auch ein geringeres Wachstum der S. auf als solche mit unitarischer Struktur und einem hohen Grad fiskalischer Zentralisierung (↗ Föderalismus). Entgegen der Hypothese der »fiskalischen Illusion« durch indirekte Steuern und Sozialabgaben ist die Steuerquote tendenziell höher bei einem hohen Anteil direkter Steuern.

Ein bislang nicht hinreichend beachteter Erklärungsfaktor ist schließlich das Ausmaß der Weltmarktintegration eines Landes. Regierungen in Ländern mit hoher außenwirtschaftlicher Verflechtung sind offenbar bestrebt, die externe Abhängigkeit vom Weltmarkt durch Ausdehnung ihrer Kontrolle über den Binnenmarkt und die Verwendung des Sozialprodukts zu kompensieren. Vertiefende Analysen konnten zeigen, daß ein systematischer Zusammenhang zwischen diesem auf den ersten Blick rein ökonomischen Faktor und verschiedenen soziopolitischen Strukturmerkmalen, wie dem Grad der industriellen Konzentration, dem Organisationsgrad der ↗ Gewerkschaften, der Dominanz korporatistischer Arrangements und schließlich der Stärke linksorientierter Parteien besteht.

Das hohe Maß an Variabilität – trotz mancher gemeinsamer Entwicklungstendenzen – unter den westlichen Industriegesellschaften macht die Schwierigkeiten evident, etwa funktionale Obergrenzen der Staatstätigkeit, der Steuerbelastung oder »Grenzen des Sozialstaats« quantifizierend zu bestimmen. Die Behauptung solcher Grenzen bzw. die Kritik an ihrer angeblichen Mißachtung ist zwar alt, aber in der Realität haben sich diese Grenzen als erstaunlich variabel und die politischen Strukturen als bemerkenswert flexibel erwiesen. Untersuchungen über die Konsequenzen wachsender S. haben auch gezeigt, daß der Zusammenhang zwischen allgemeinem Ausgabenwachstum, Wachstum der Sozialausgaben und öffentlicher Verschuldung weniger eindeutig ist, als oft polemisch behauptet wird. Auch hat es nicht den Anschein, als seien durchgängig die ökonomischen Probleme (↗ Inflation, ↗ Arbeitslosigkeit) oder auch der politisch-psychologische Steuerwiderstand dort am größten, wo das erreichte Ausgabenniveau am höchsten ist. Um die politische Akzeptanz höchst unterschiedlicher Ausgabenniveaus angemessen zu verstehen, erscheint es darum notwendig, stärker zu disaggregieren und der inhaltlichen Gestaltung der *policies* mehr Aufmerksamkeit zu widmen (*Rose* 1983, 1984).

Jürgen Kohl

↗ Haushaltspolitik; Keynesianismus; Regierung; Soziale Marktwirtschaft; Sozialstaat; Steuerpolitik.

Lit.: *Alber, J.* 1983: Einige Grundlagen und Begleiterscheinungen der Entwicklung der Sozialausgaben in Westeuropa, 1949–1977, in: ZfS 12, 93–118. *Beck, M.* 1979: Public Sector Growth: A Real Perspective, in: Public Finance 34, 313–356. *Cameron, D. R.* 1978: The Expansion of the Public Economy: A Comparative Analysis, in: APSR 72, 1243–1261. *Castles, F. G.* 1982: The Impact of Parties on Public Expenditure, in: *ders.* (Hrsg.): The Impact of Parties. Politics and Policies in Democratic Capitalist States, London, 21–96. *Flora, P./Heidenheimer, A. J.* (Hrsg.) 1981: The

Development of Welfare States in Europe and America, New Brunswick/London. *Flora, P.* u.a. 1983: State, Economy and Society in Western Europe 1815–1975. A Data Handbook, Frankfurt/M. *Kohl, J.* 1981: Trends and Problems in Postwar Public Expenditure Development in Western Europe and North America, in: *Flora, P./Heidenheimer, A. J.* (Hrsg.) 1981, 307–344. *Kohl, J.* 1985: Staatsausgaben in Westeuropa. Analysen zur langfristigen Entwicklung der öffentlichen Finanzen, Franfurt/M. *Kohl, J.* 1987: Ökonomische und politische Determinanten der Entwicklung der Staatsausgaben, in: *Heinemann, K.* (Hrsg.): Soziologie wirtschaftlichen Handelns, Opladen 1987, 234–262. *Kohl, J.* 1992: Die öffentlichen Ausgaben, ihre Finanzierung und die Entwicklung des Staatssektors, in: *Gabriel, O. W.* (Hrsg.) 1992: Die EG-Staaten im Vergleich, Opladen, 357–381. *Littmann, K.* 1975: Definition und Entwicklung der Staatsquote, Göttingen. *Littmann, K.* 1977: Ausgaben, öffentliche: Die »Gesetze« ihrer langfristigen Entwicklung, in: HdWW, Bd. 1, 349–363. *OECD* 1978: Public Expenditure Trends, Paris. *OECD* 1985: Social Expenditure 1960–1990. Problems of Growth and Control, Paris. *OECD* 1993: Economic Outlook, No. 54, Dez. 1993. *Oxley, H./Martin, J. P.* 1991: Controlling Government Spending and Deficits: Trends in the 1980's and Prospects for the 1990's, in: OECD Economic Studies, No. 17, 145–189. *Reckenwald, H. C.* 1977: Umfang und Struktur der öffentlichen Ausgaben in säkularer Entwicklung, in: Handbuch der Finanzwissenschaft, 3. A., Bd. I, Tübingen, 713–752. *Rose, R.* 1976: On the Priorities of Government: A Developmental Analysis of Public Policies, in: EJPR 4, 247–289. *Rose, R.* 1983: Disaggregating the Concept of Government, in: *Taylor, C. L.* (Hrsg.) 1983, 157–176. *Rose, R.* 1984: Understanding Big Government. The Programme Approach, London. *Saunders, P./Klau, F.* 1985: The Role of the Public Sector. Causes and Consequences of the Growth of Government, in: OECD Economic Studies, No. 4 (Special issue). *Schmidt, M. G.* 1983: The Growth of the Tax State: The Industrial Democracies, 1950–1978, in: *Taylor, C. L.* (Hrsg.) 1983, 261–285. *Tarschys, D.* 1975: The Growth of Public Expenditures: Nine Modes of Explanation, in: Scandinavian Political Studies 10, 9–31. *Taylor, C. L.* (Hrsg.) 1983: Why Governments Grow. Measuring Public Sector Size, Beverly Hills/London. *Wilensky, H. L.* 1981: Leftism, Catholicism, and Democratic Corporatism: The Role of Political Parties in Recent Welfare State Development, in: *Flora, P./Heidenheimer, A. J.* (Hrsg.) 1981, 345–382.

Staatsformenlehre

I. Die Lehre von den Staatsformen hat eine ehrwürdige Tradition. Sie reicht bis in die Antike zurück. Wissenschaftsgeschichtlich wegweisend ist die auf *Herodot* basierende Klassifikation von *Aristoteles* geworden, wohl der ersten durchgebildeten Staatsformenlehre (S.), die daher in der Literatur als die klassische firmiert (vgl. *Imboden* 1959).

Aristoteles unterscheidet in seiner Politik die S. nach der Zahl derjenigen, die die Staatsgewalt ausüben: Alleinherrschaft, Herrschaft weniger, Herrschaft vieler (↗ Herrschaft). Der numerische Aspekt wird durch einen qualitativen ergänzt. Je nachdem, ob im Hinblick auf das ↗ Gemeinwohl oder den Eigennutz regiert wird (vgl. *Aristoteles:* Politik 1279 a), handelt es sich um positive Ausprägungen oder Entartungserscheinungen. Der positiven Form der Alleinherrschaft (Monarchie) steht die negative gegenüber (Tyrannis), der positiven Form der Herrschaft der wenigen (Aristokratie) die negative (Oligarchie), der positiven Ausprägung der Volksherrschaft (Politie) ihre Pervertierung (Demokratie). Was bei *Aristoteles* Politie heißt, wird heute als Demokratie verstanden. Und *Aristoteles'* Demokratie galt später als eine Ochlokratie, eine Form der Pöbelherrschaft.
Im übrigen zeichnen sich *Aristoteles'* Ausführungen nicht durch besondere terminologische Stimmigkeit aus. Die Oligarchie hatte verschiedene Ausprägungen, beispielsweise die Timokratie oder die Theokratie.

Lange blieb die Einteilung *Aristoteles'* für die Klassifikation der Staaten bestimmend. Kennzeichnend für die gegenwärtige Politikwiss. ist die Tatsache, daß sie die klassische Trias mehr ignoriert als kritisiert. Wichtiger als die überholte Typologie von *Aristoteles* ist für die politikwiss. Rezeption sein Ansatz, daß er das dreigliedrige Schema mit den je zwei Varianten nicht verabsolutiert. Ihm schwebte als Staatsideal eine Mischung der Verfassungen vor: »Je besser also eine Verfassung gemischt ist, desto dauerhafter ist sie« (Politik 1297a).

Die Konzeption der gemischten Verfassung ist von *Polybios* weiterentwickelt worden. Rom verdanke seine Erfolge einer gemischten Verfassung – die monarchische Komponente repräsentierten die Konsuln, den aristokratischen Anteil die Senatoren und den demokratischen die Bürger in der Volksversammlung. Ob hier ein Traditionsstrang der gemischten Verfassung oder gar des Konstitutionalismus liegt, mag umstritten sein.

II. Von ähnlich fundamentaler Bedeutung ist *Machiavellis* Typologie geworden. Wie *Machiavelli* im »Il Principe« dargelegt hat, können alle Staaten in Republiken und Monarchien eingeteilt werden. In Republiken herrschten viele, in Monarchien liege die Staatsgewalt bei einem. *Machiavelli* hat damit die Dreiteilung von *Aristoteles* auf eine Zweiteilung reduziert. Sie hat sich gehalten, wenngleich sie einerseits einem Bedeutungswandel und andererseits einem Bedeutungsverlust unterworfen ist. Heute ist unter Monarchie – im Gegensatz zu *Machiavelli* – eine Staatsform zu verstehen, in der ein gekröntes Staatsoberhaupt auf Lebenszeit an der Spitze des Staates steht. Eine Republik ist dagegen eine Nicht-Monarchie.

Die Herrschaft kann in der unterschiedlichsten Weise ausgeübt werden. Der Wandel ist zum einen dadurch herbeigeführt worden, daß seit dem 19. Jh. der formelle Inhaber der obersten Staatsgewalt (Monarch) durch die Parlamentarisierung der Monarchie der Staatsgewalt verlustig gegangen ist. Und zum andern entwickelten sich in zahlreichen Republiken ↗ Diktaturen, die *Machiavellis* Interpretation als »Herrschaft vieler« *ad absurdum* führen. Der mit dem Bedeutungswandel einhergehende Bedeutungsverlust der Begriffe Republik und Monarchie liegt auf der Hand: Das nationalsozialistische Deutschland stellte ebenso eine Republik dar wie sein Vorgänger (die Weimarer Republik) und sein Nachfolger (die Bundesrepublik Deutschland). Und der Iran unter dem Schah *Reza Pahlewi* zählte ebenso zur Kategorie der Monarchie wie Großbritannien. Die Einordnung in Republiken und Monarchien ist damit wenig ergiebig und nur äußerlicher Natur; sie sagt nichts über den Herrschaftstyp aus. Angesichts der verwirrenden Vielfalt der ↗ Politischen Systeme ist jedoch eine Typisierung notwendig, die über Republik und Monarchie hinausgeht.

III. Hilfreich ist in diesem Zusammenhang die Systematik *Loewensteins:* Einteilungskriterium ist für ihn die Frage, wie die ↗ Macht ausgeübt wird. Er trifft dabei eine Hauptunterscheidung zwischen Formen des Konstitutionalismus und der Autokratie.

a) Konstitutionelle Systeme beruhen auf kontrollierter Machtausübung. Die Macht teilen sich mehrere voneinander unabhängige Machtträger. In Wahlen hat der Bürger die Möglichkeit, darüber zu entscheiden, wem er die Macht für eine befristete Zeit anvertrauen will. Machttrennung, Machtstreuung, Machtkonkurrenz bestimmen konstitutionelle Systeme (↗ Gewaltenteilung). Hierzu zählen die parlamentarischen und präsidentiellen Regierungssysteme (↗ Parlamentarismus, Präsidentialismus) wie auch das schweizerische Direktorialsystem. b) Das autokratische System zeichnet sich dadurch aus, daß in der Praxis die Macht ungeteilt ausgeübt wird – sei es von einer Person, sei es von einer Clique, sei es von einer Partei. ↗ Wahlen haben nicht den Zweck, die politische Willensbildung zu fördern, sondern dienen lediglich dazu, die Position der Herrschenden zu bestätigen. Ein autokratisches System ist daher durch Machtkonzentration gekennzeichnet. ↗ Autoritäre Regime und ↗ Totalitarismus sind Spielarten der Autokratie. Totalitäre Regime galten aufgrund der gleichsam industriell betriebenen Verbrechen, ihrer pseudodemokratischen Legitimierung und der Einbeziehung der Massen als ein Phänomen des 20. Jahrhunderts.

Die Klassifizierung von *Loewenstein* ermöglicht eine Unterscheidung zwischen Demokratien und Diktaturen. Der idealtypische Charakter dieses Modells bleibt zu betonen. Auch im autokratischen System gibt es gewisse Ansätze der Machtbegrenzung und in konstitutionellen bestimmte Formen der Machtanhäufung. Zudem existieren mannigfache Zwischenformen. Und es liegt in der Natur der Sache, daß die autokratischen Systeme keine Einheit bilden (z. B. Links- oder Rechtsdiktaturen). Diese Klassifizierung vernachlässigt zwar die sozio-ökonomische Komponente; das mag aber für eine Kategorisierung im Bereich der S. angängig sein. Die Typologie *Loewensteins* ist in der Politikwiss. positiv gewürdigt worden (*Gablentz* 1965: 120–126), mag auch die eine oder andere Modifikation erfolgt sein, um die Fixierung *Loewensteins* auf das Phänomen der Macht abzuschwächen (*Hättich* 1969: 41–65).

Der ↗ Marxismus-Leninismus akzeptiert diese Unterscheidung nicht. Er präferiert eine andere Dichotomie: Entsprechend dem Lehrgebäude des Historischen Materialismus steht der kapitalistische Staat (als bürgerliche Demokratie oder als faschistische Diktatur) der sozialistischen Demokratie gegenüber, in der die Staatsgewalt durch die Arbeiterklasse unter Führung der Arbeiterpartei ausgeübt wird. Diese Lehre basiert auf der Annahme historischer Gesetzmäßigkeiten: Aus der Urgesellschaft entsteht die »Sklavenhaltergesellschaft«, die sich in ein Feudalsystem transformiert. Dieses wird durch den ↗ Kapitalismus abgelöst, der zum Untergang geweiht ist und dem ↗ Sozialismus Platz machen muß. Schon vor dem nahezu weltweiten Ende kommunistischer Systeme haben Marxisten im »real existierenden Sozialismus« versucht, die Grobschlächtigkeit dieser Typologie mit Hilfe der Denkfigur vom »neuen Denken« zu modifizieren. Angesichts der existentiellen Bedrohung durch atomare Waffen bedürfe es der gegenseitigen Anerkennung unterschiedlicher Gesellschaftssysteme.

IV. Der Unterschied zwischen einem konstitutionellen (demokratischen) und einem autokratischen (diktatorischen) System überlagert den zwischen einer Republik und einer Monarchie. Die Frage, wer an der Spitze des Staates steht, führt zur Unterscheidung zwischen Republik und Monarchie; die Frage, wie die Staatsgewalt ausgeübt wird, betrifft den Komplex Demokratie, Diktatur und die vielfältigen Zwischentypen. Im ersten Fall wird ein enges Verständnis von der Staatsform zugrunde gelegt, im zweiten ein weites. Die Politikwiss. hat es bisher nicht immer zureichend verstanden, die Verschiedenartigkeit der beiden Kategorien hervorzuheben. Im übrigen ist dieses Problem stiefmütterlich behandelt worden – wohl damit erklärbar, daß der äußere Aufbau eines Staates nichts Wesentliches über seine Herrschaftsstruktur aussagt.

Eckhard Jesse

Lit.: *Aristoteles* [2]1971: Politik, Zürich. *Berber, F.* [2]1978: Das Staatsideal im Wandel der Weltgeschichte, München. *Brunner, G.* 1979: Vergleichende Regierungslehre, Paderborn. *Gablentz, O. H. von der* 1965: Einführung in die Politische Wissenschaft, Köln/Opladen. *Hättich, M.* 1969: Lehrbuch der Politikwissenschaft, Bd. 2, Mainz. *Imboden, M.* 1959: Die Staatsformen, Basel. *Jesse, E.* [2]1993: Typologie politischer Systeme der Gegenwart, in: *Stammen, Th.* u.a.: Grundwissen Politik, Bonn, 164–225. *Küchenhoff, E.* 1967: Möglichkeiten und Grenzen begrifflicher Klarheit in der Staatsformenlehre, 2 Bde., Berlin. *Loewenstein, K.* [2]1969: Verfassungslehre, Tübingen. *Ma-*

chiavelli, N. ³1963: Der Fürst, Stuttgart.
Stammen, T. ³1972: Regierungssysteme der Gegenwart, Stuttgart.

Staatstheorie

[1] Staatszentrierte Ansätze.

Das Verhältnis von Staat und ↗ Gesellschaft zu bestimmen steht von jeher im Zentrum gesellschafts- und politikwissenschaftlicher Theoriebildung und Analyse. Man könnte also meinen, daß sich die Staatstheorie auf vergleichsweise sicherem Terrain bewegt. Doch tatsächlich gibt es keine konsistente Theorie des modernen Staates, sondern bestenfalls eine Mehrzahl von mehr oder weniger in sich stimmigen, zudem normativ bzw. meta-theoretisch kontroversen staatstheoretischen Ansätzen, von denen wiederum eine Vielzahl von Teiltheorien abgeleitet ist. Überdies besteht weder begriffliche oder konzeptionelle Klarheit, was so manchen sozialwissenschaftlichen Theoretiker veranlaßte, auf die analytisch nur wenig brauchbare Kategorie des Staates ganz zu verzichten. Und dennoch ist die Welt, in der wir leben, als System völkerrechtlich souveräner Staaten konstituiert, ist Politik auch im Innern durchweg in Bezug auf den Staat bestimmt.

I. 1. Nach *Max Weber* ist der moderne Staat definiert als »diejenige menschliche Gemeinschaft, welche innerhalb eines bestimmten Gebietes – dies: das »Gebiet« gehört zum Merkmal – das Monopol legitimer physischer Gewaltsamkeit für sich (mit Erfolg) beansprucht« (*Weber* 1971: 506). Und er ist formal charakterisiert als »eine Verwaltungs- und Rechtsordnung, welche durch Satzungen abänderbar ist, an der der Betrieb des Verbandshandelns des (gleichfalls durch Satzung geordneten) Verwaltungsstabes sich orientiert und welche Geltung beansprucht nicht nur für die – im wesentlichen durch Geburt in den Verband hineingelangenden – Verbandsgenossen, sondern in weitem Umfang für alles auf dem beherrschten Gebiet stattfindende Handeln« (*Weber* 1972: 30). Zentrale Elemente des Staates (der Moderne), durch die er sich zugleich von anderen Verbänden unterscheidet, sind folglich: (1) Staatsgebiet, (2) Staatsvolk, (3) Staatsgewalt; (4) die Staatsgewalt wird dabei rechtsförmig und auf der Basis gesetzten Rechts ausgeübt durch den Staatsapparat, wobei (5) der Staatsapparat (oder das politisch-administrative System) entsprechend der jeweiligen Verfassung in eine Mehr- bzw. Vielzahl von Institutionen ausdifferenziert ist, in denen üblicherweise sowohl (Berufs-)Politiker als auch dafür speziell ausgebildete Staatsbeamte nach bürokratischen Regeln und gleichfalls an Recht und Gesetz gebunden handeln. (6) Zur Durchsetzung der gesamtgesellschaftlich verbindlichen Entscheidungen verfügt der Staat nach innen über das Gewaltmonopol gegenüber allen Bürgern und die Kontrolle über alle anderen Verbände, sodann (7) über die ↗ Souveränität nach außen.

Nun ist der Staatsbegriff *Max Webers* als Idealtypus zu sehen. Inhalt, Reichweite und Geltungsanspruch des Begriffs stehen folglich stets in Frage. Dies gilt freilich für jedes Begriffselement: Es gilt für die Herrschaft des Staates über das Territorium, die im Innern in Teilen verloren gehen wie von außen direkt oder indirekt ausgehöhlt werden kann; für Notwendigkeit wie Ausschließlichkeit der Mitgliedschaft, die etwa durch Doppelstaatsbürgerschaft, durch Emigration bzw. von dauerhafter Zuwanderung durch »Ausländer« usw. in Frage gestellt wird; für die ↗ Legalität bzw. die ↗ Legitimität staatlichen Handelns, die häufig genug auf der Strecke bleibt bzw. bestritten wird. Es betrifft aber v.a. Gewaltmonopol und Souveränität des Staates, deren Geltung heute im Innern wie nach außen vielfach beschränkt, fragmentiert und ausgehöhlt und/

oder durch Interdependenzen aufgehoben ist.

2. Mindestens so widersprüchlich fallen die Einschätzung des Verhältnisses von Staat und Gesellschaft sowie die Bestimmung des Staatszweckes aus.

Es können unterschieden werden:
(a) Nach der Perspektive: Solche Ansätze, die vom Primat des Staates gegenüber der Gesellschaft ausgehen; in dieser Sicht sind die Gesellschaft, ihre Sphären und Verbände Teile des Staates, aus dem sie hervorgehen; von solchen Ansätzen, in denen *vice versa* der Staat in der Gesellschaft aufgeht, also Ausdruck der gesellschaftlichen Verhältnisse ist; oder von solchen Ansätzen, in denen der Staat zwar aus der Gesellschaft hervorgeht und er festumrissene, etwa vom Volkssouverän vertragstheoretisch bestimmte Aufgaben zugewiesen erhält, Staat und Gesellschaft jedoch ausdifferenziert und entweder dialektisch oder funktional aufeinander bezogen sind. Das typisch Moderne an dieser Perspektive ist dabei, daß die beiden Sphären einander zu-, nicht jedoch hierarchisch über- bzw. untergeordnet sind: »Der Staat ist in dieser Konzeption die besondere Instanz für das Allgemeine der Gesellschaft. In systemtheoretischer Formulierung, die daran anschließen kann, ist das politische System zuständig für die Herstellung der Bindungswirkung für diejenigen (politisch getroffenen) Entscheidungen, die gesamtgesellschaftlich verbindlich sein sollen. Der Staat hat damit eine definierte, d.h. auch: begrenzte Aufgabe, nicht etwa die Kompetenzkompetenz für alles, was in der Gesellschaft abläuft.« (*Ronge* 1992: 973)
(b) Nach der Bestimmung des Staatszwekkes: Sie kann reichen von der Bestimmung des Staates als »Wirklichkeit der sittlichen Idee« (*Hegel*) bis hin zu einer rein formalen Sichtweise, die den Staat als administrative Instanz und territoriale Einheit zur Gewährleistung der Konfliktregelung bestimmt.
(c) Nach dem Grad der Interessenneutralität: Ansätze, die von der Neutralität des Staates, seiner Institutionen und Akteure ausgehen, etwa die klassischen Pluralismustheorien; Ansätze, die Gemeinwohlorientierung und/oder Interessenneutralität leugnen, etwa die marxistische Staatstheorie, die den Staat in Abhängigkeit von den Klassenverhältnissen und als Instrument der jeweils dominanten Klasse begreift; Ansätze, die von der Interdependenz von Staat und Gesellschaft und einem mehr oder minder hohen Maß an (Handlungs-) Autonomie des Staates ausgehen, seien sie (neo-)pluralistischer, (neo-)korporatistischer, (neo-)marxistischer Provenienz.
(d) Nach der Aufgabenstellung: Ansätze des minimalen Staates, die die Staatsfunktionen auf die Gewährleistung der friedlichen Konkurrenz der Gesellschaftsmitglieder, also vornehmlich auf den Schutz vor innerer und äußerer Gewalt, vor Kriminalität und Vertragsbruch, begrenzt sehen wollen; Ansätze des aktiven Staates, die dem Staat nicht nur eine Fülle von Aufgaben in einer Vielfalt von Politikfeldern zuweisen, sondern Politik und Staat auch ein vergleichsweise hohes Maß an zielgerichteten Eingriffsmöglichkeiten in die Gesellschaft und Umverteilungsfunktionen zur Herstellung bzw. Garantie sozialer Gerechtigkeit und/oder Gleichheit, politischer, kultureller Integration usw. einräumen. Die konkrete Aufgaben- und Funktionsbestimmung des Staates, die gewählte Terminologie und Klassifikation, v. a. aber die Bewertung hängen dabei ganz wesentlich vom jeweilig zugrunde gelegten gesellschaftstheoretischen Paradigma ab.

3. Versucht man, die vielfältigen Einschätzungen zum Verhältnis von Staat und Gesellschaft zu systematisieren, bietet es sich mit *R. Benjamin/R. Duvall* (1985: 22ff.) an, die Ansätze nach dem Grad der wechselseitigen Durchdringung und dem Ausmaß staatlicher Einwirkung auf die Gesellschaft und ihre Sphären zu klassifizieren. *Benjamin* und *Duvall* machen – vom engsten bis zum umfassendsten Verständnis – fünf verschiedene Ansatztypen aus, die den kapitalistischen Staat konzeptualisieren: (1) als *»unit of action or as unit of decisional authority«*; (2) als *»the organizing principles that give... an underlying structural coherence... to the myriad and diverse agencies and institu-*

tions of governance«; (3) als *»structural principles that define and constitute social relations of political power and control in society«*; (4) als *»the enduring structure of governance and rule in society«*; (5) als *»the dominant normative order in society«*.

Unterschieden wird damit auch zwischen akteurs- bzw. handlungszentrierten Ansätzen, die den Staat primär als Regierung sehen (Ansatztyp 1), und strukturorientierten Konzepten (Ansatztypen 2–5). Untersuchungen des Ansatztyps (2) konzentrieren sich dabei auf die Binnenstrukturen des politisch-administrativen Systems, analysieren den Staat als institutionelle Matrix in seiner komplexen horizontalen wie vertikalen Konfiguration. Der Außenbezug bildet den Kern in Untersuchungen des Ansatztyps (3); er geht aus von den Macht- (und Klassen-) Strukturen in der Gesellschaft und analysiert den Staat als Ausdruck dieser Herrschaftsverhältnisse. Die Typen (4) und (5) nehmen beides in den Blick. Untersuchungen des Ansatztyps (4) heben also nicht nur auf die Strukturanalyse des politisch-administrativen Systems ab; sie gehen zugleich davon aus, daß der Staat mittels rechtlicher und administrativer Regelungen die Struktur der gesellschaftlichen Konflikte definiert, und sie fragen folglich, wie und zu wessen Gunsten der Staat die Konfliktaustragung in der Gesellschaft organisiert, mit welchen Institutionen, welchen Mitteln und in welchem Umfang er in die Sozialverhältnisse interveniert. Ansatztyp (5) gründet sich auf *Gramscis* Hegemonie-Konzept; in dieser Sicht sind Staat und Gesellschaft nicht mehr unterscheidbar ineinander verwoben, und die jeweilige Gesellschaftsformation wird mindestens so sehr durch die (rechtliche, kulturelle, soziale) normative Ordnung bestimmt wie durch die Machtverhältnisse in der Ökonomie. Untersuchungen dieses Ansatztyps richten ihren Fokus darauf, wie die politisch relevanten Normen, Sitten und Gebräuche in der Gesellschaft aussehen, wie der Staat kulturelle und ideologische Dominanz zum Zwecke der Hegemonie welcher gesellschaftlichen Verhältnisse und Kräfte organisiert bzw. wie die auf solche Art konstituierte Herrschaft zerstört werden kann.

II. Die Politikwissenschaft als ↗ Sozialwissenschaft ist anders als die Naturwissenschaften durch Paradigmenkonkurrenz gekennzeichnet. Dies gilt auch für die unterschiedlichen Konzeptualisierungen des Staates. Allerdings sind Status und Relevanz der Ansätze in starkem Maße kontingent, und ihr Stellenwert kann je nach gesellschaftlichen und wissenschaftsinternen Kontextbedingungen teilweise beachtlich variieren. Zunächst dominierten nach dem II. Weltkrieg handlungsorientierte Ansätze, die dann seit den 60er Jahren zunehmend von strukturalistischer Kritik herausgefordert wurden. Seit der gesellschaftlichen Zeitenwende und dem sozialwissenschaftlichen Paradigmenwandel in den 70er Jahren sind die Kontroversen wesentlich bestimmt von den Gegensätzen zwischen den Vertretern staatszentrierter *versus* gesellschaftszentrierter Ansätze; sie stehen zudem im Zeichen der politiktheoretischen Debatten zwischen Moderne und Postmoderne.

1. Im Zentrum politikwissenschaftlicher Forschung fortgeschrittener Industriegesellschaften standen nach dem II. Weltkrieg zunächst Analysen, die den Staat entsprechend des Ansatztyps (1) überwiegend als Regierung begriffen. Das Politikverständnis war pluralismustheoretisch begründet, der Staat galt weithin als neutrale Instanz der Konfliktregelung und Politikdurchführung. Politikwissenschaft war primär handlungs- und akteurszentriert: Es ging um Willensbildungs- und Entscheidungsprozesse; den *output* des politisch-administrativen Systems sah man im *mainstream* der Politikwissenschaft als Ergebnis der Konflikte und Machtverhältnisse in der politischen Gesellschaft an.

T. J. Lowi (1992) hat jüngst am Beispiel des US-amerikanischen Falles plausibel gemacht, wie sehr eine solche Sichtweise des Staates als handlungs- und gesellschaftszentriertem Politischen System seit dem *New Deal Roosevelts* im Interesse des aktiven Staates lag, zumal jedes staatliche Regime sich eine Politikwissenschaft zu schaffen versuche, die im Einklang mit den eigenen Strukturprinzipien stehe. Der Paradigmenwandel in der Disziplin vollzieht sich parallel bzw. in Abhängigkeit zum Regimewechsel des Staates: Dies betrifft die disziplinäre Ausdifferenzierung, Fokus und Fragestellungen, aber auch die Methodologie. Aufgrund der Übereinstimmung, ja vielfach symbiotischen Beziehung avancierten nicht von ungefähr (in der Sprache *Lowis*:) *public opinion, public policy, public choice* (also Forschungen über Partizipation, Wahlen und andere Formen der öffentlichen Meinungsbildung, ↗ Politikfeldanalysen, aus der Wirtschaftswissenschaft entlehnte Analysen des Rational-Choice-Ansatzes) zu den dominanten Subdisziplinen in der US-amerikanischen Politikwissenschaft, – sämtlich dem gleichen szientistischen Wissenschaftsprogramm und sozial-technologischem Credo verpflichtet, primär induktiv und quantifizierend vorgehend, mikroskopisch angelegt und folglich jeweils die kleinstmögliche Untersuchungseinheit in den Blick nehmend. Die Konsonanz reicht(e) bis in den Bereich der Sprache: Im (US-amerikanischen) Staat dominier(t)en seit dem Regimewechsel zum *New Deal* Logik und Sprache des Ökonomischen den Diskurs der Politik; in der Politikwissenschaft setzten sich zusehends Ansätze, Methoden und Begrifflichkeiten der verhaltensorientierten Sozialwissenschaften sowie insbesondere der Wirtschaftswissenschaft durch.

Ähnliches gilt trotz der so andersartigen Voraussetzungen auch für die Nachkriegsgeschichte der deutschen Politikwissenschaft. *K. Rohe* (1978: 119) hat z.B. zurecht darauf hingewiesen, daß die Politikwissenschaft »recht eigentlich groß geworden (sei) als eine Wissenschaft von der politischen Gesellschaft, nicht als Wissenschaft vom Staate«. Sieht man von wenigen Ausnahme-Persönlichkeiten ab, die eher die Regel bestätigen, überließ man in der Nachkriegspolitikwissenschaft lange Zeit weite Bereiche der Staatsanalyse den Nachbardisziplinen, u.a. den Rechts- und Staatswissenschaften die Felder der Verfassungspolitik wie der Verwaltungs- und Bürokratieforschung, der Wirtschaftswissenschaft das Feld der Politischen Ökonomie, die Analyse politischer Planung. »Im Unterschied zur Rechtswissenschaft, die herkömmlicherweise dazu neigte, das Politische zu ›verstaatlichen‹«, besaß die Politikwissenschaft die Tendenz, »das Politische ein wenig zu ›entstaatlichen‹« (ebd.). So war die deutsche Politikwissenschaft zunächst ganz überwiegend entweder Institutionenkunde oder ↗ Politische Soziologie, die den Staat als institutionelle Matrix ansah, in der die mit dem Instrumentarium der ↗ Empirischen Sozialforschung zu analysierenden Kräfte der Gesellschaft durch Repräsentation abgebildet werden, dort um die Durchsetzung der allgemeinverbindlichen politischen Entscheidungen ringen, die dann vom Staat als ↗ Bürokratie und von der Judikative rechtsförmig, aber auch im Auftrag und weitgehend neutral implementiert bzw. kontrolliert werden.

2. Auch die strukturalistischen Ansätze, die im Kontext der Pluralismuskritik seit Ende der 60er Jahre an Einfluß gewannen, argumentierten aus gesellschaftszentrierter Perspektive. Auch sie betrachteten das politisch-administrative System als Ausdruck der Kräfteverhältnisse in der Gesellschaft, unterschieden sich von den pluralistischen Ansätzen aber v. a. in ihrer Betonung der gesellschaftsstrukturellen Determinanten staatlicher Handlungsmuster.

Insbesondere die verschiedenen Varianten neo-marxistischer Provenienz, v.a. des Ansatztyps (3), argumentierten dabei weithin spiegelbildlich: Betonten die akteurszentrierten Untersuchungen des Ansatztyps (1) die Offenheit politischer Entscheidungen, kritisierten die Strukturalisten die Handlungsrestriktionen und die Einseitigkeiten im *policy output* des Staates; die Autonomie staatlichen Handelns sah man als gering, bestenfalls als relativ, auf jeden Fall jedoch als selektiv an. Konzentrierten sich die Analysen des Ansatztyps (1), methodisch fast durchweg induktiv und quantitativ vorgehend, auf die Untersuchung manifesten Akteurshandelns, gingen die strukturalistischen Ansätze meist qualitativ, deduktiv und außerordentlich abstrakt vor; Beleg dafür waren nicht nur die sterilen Staatsableitungsdebatten innerhalb der neo-marxistischen Ansätze. Allerdings wuchs auch im neo-marxistischen staatstheoretischen Diskurs, zumal in Analysen des Ansatztyps (5), die Einsicht in die Möglichkeit relativer Autonomie staatlichen Handelns. Insbesondere im Bereich der ↗ Politikfeldanalyse näherten sich damit die Positionen neo-korporativer und neo-marxistischer Herkunft, was Analyse und Bewertung der Handlungsspielräume des Staates anlangt, wechselseitig an. Mancher konvergenztheoretisch interessierte Autor sah denn auch in der *policy*-Forschung das Forschungsfeld, auf dem Behavioralisten und Institutionalisten wie Neo-Pluralisten, Neo-Korporatisten und Neo-Marxisten ihre tiefgreifenden methodischen wie meta-theoretischen Gegensätze am ehesten würden überbrücken und mindestens zu einer gemeinsamen Forschungsperspektive würden zusammenfinden können. Indes, ehe man sich auf *eine* gesellschaftszentrierte Sichtweise verständigt hatte, sah man sich aus systemtheoretischer Perspektive von den Vertretern der Autopoiesis wie aus empirisch-analytischer Perspektive von den Vertretern staatszentrierter Ansätze herausgefordert.

3. Der Paradigmenwandel hin zur staatszentrierten Perspektive ging seit Ende der 70er Jahre von der nordamerikanischen Sozialwissenschaft aus. Er war Reaktion auf den Politikwandel in Nordamerika, v.a. aber wissenschaftsinterne Revolte, und zwar gerichtet sowohl gegen den behavioralistischen *mainstream* als auch gegen die neomarxistische Kritik und die polit-ökonomischen Einseitigkeiten der Staatstheorie. Zwar boten die *policy*-Forschung, etwa die Analysen zum militärisch-industriellen Komplex der USA, durchaus Anknüpfungspunkte, doch reichte die Umorientierung weit über eine immanente Weiterentwicklung hinaus. Den gesellschaftszentrierten Ansätzen hielt man vor, daß sie im Staat nur den politischen Überbau und die Ergebnisse der Politik allein als abhängiger Variablen der gesellschaftlichen Konflikte und Kräfteverhältnisse sehen würden. An den neo-marxistischen Ansätzen der Staatsanalyse z.B. kritisierten die Vertreter des staatszentrierten Paradigmas deren einseitig instrumentalistische und/oder funktionalistische Sichtweise des Staates als Ausdruck der Klassenverhältnisse, wodurch viele Möglichkeiten autonomen staatlichen Handelns bereits *per definitionem* ausgeblendet würden. Man selbst hingegen wandte sich der Untersuchung dieser staatlichen Handlungsautonomie zu. *T. Skocpol* (1985: 28,21) z.B. definierte den Staat sowohl (aus der Perspektive der Gesellschaft) als »*organizations through which official collectivities may pursue distinctive goals, realizing them more or less effectively*...« als auch (aus der Perspektive des Staates) als »*configurations of organization and action that influence the meanings and methods of policies for all groups and classes in society... (and that) affect political culture, encourage some kinds of group formation and collective political actions (but not others), and make possible the raising of certain political issues (but not others)*«.

Das politisch-administrative System zeichnet dabei dreierlei aus: (1) Es ist charakterisiert durch das Interesse an sich selbst und folgt seiner eigenen Logik. (2) Es ist in der Lage, aus sich selbst heraus und unabhängig von Restriktionen gesellschaftliche Zielvorgaben zu formulieren und durchzusetzen. (3) Es ist bestimmt von internen Konflikten, horizontalen wie vertikalen, wobei die Autonomiepotentiale der staatlichen Subsysteme der Veränderung in der Zeit unterliegen und zudem über die verschiedenen Politikfelder ungleich verteilt sein können. Die Grenzen der Politik sind dabei vergleichsweise weit gezogen, denn: »*capitalism in general has no politics, only (extremely flexible) outer limits for the kinds of supports for property ownership and controls of the labour force it can tolerate«* (*Skocpol*, zit. n. *Pal* 1990: 27f.). Das Entscheidende an der staatszentrierten Perspektive ist folglich das hohe Maß an Autonomie und Steuerungskapazität, das der Politik im allgemeinen und den Akteuren des politisch-administrativen Systems im besonderen zuerkannt wird. Der Fokus des wissenschaftlichen Interesses richtet sich dabei zum einen auf die Binnenstrukturen des Staates mit seinen vertikalen wie sektoralen Konflikten. Zum anderen geht es um die Rolle des Staates in der Gesellschaft, insbesondere um die Art und Weise, wie die staatlichen Institutionen und Akteure absichtlich und/oder unabsichtlich die gesellschaftlichen Kräfte und deren Ziele, Forderungen wie politische Handlungsmöglichkeiten beeinflussen.

III. Die aktuelle Theoriediskussion scheint damit auf den ersten Blick von Ungleichzeitigkeiten und Widersprüchlichkeiten bestimmt: In der US-amerikanischen Sozialwissenschaft wandte man sich gegen das vorherrschende gesellschaftszentrierte Paradigma, indem man den Perspektivewechsel hin zur staatszentrierten Sichtweise des Verhältnisses von Staat und Gesellschaft vollzog. In Europa stehen allenthalben die Begrenzungen der Handlungsspielräume der Politik und die Selbststeuerung der Gesellschaft im Zentrum der sozialwissenschaftlichen Theoriediskussion. Berücksichtigt man die Unterschiede in den historischen Traditionen und Wissenschaftsstilen sowie die stets größere Staatszentriertheit der Gesellschaftstheorie in Europa, v.a. aber den Tatbestand, daß in der Vergangenheit der Staat als Gegenstand der US-amerikanischen Politik- bzw. Sozialwissenschaft so gut wie keine Rolle spielte, kann dies nicht überraschen. Stellt man zudem die aktuellen soziopolitischen Kontextunterschiede in Rechnung, wird verständlich, warum einerseits die sozialwissenschaftliche Theorie gegenwärtig in Kontinentaleuropa und Deutschland eher »staatsskeptisch und steuerungsagnostisch« (*von Beyme* 1990: 458) argumentiert, andererseits in den USA in Politik wie Wissenschaft »*Bringing the State Back In*« zum Programm avancierte.

Es soll hier keinem künstlichen Brückenschlag das Wort geredet werden – dazu sind Ausgangspositionen und Forschungsinteresse (hier: allgemeine Theorie der Gesellschaft – dort: historisch gesättigte Analysen mittlerer Reichweite) viel zu unterschiedlich; läßt man indes die Extreme außer acht (hier: die Annahme völliger Autopoiesis der gesellschaftlichen Teilsysteme – dort: das Primat des Politischen), zeigen sich mehr Gemeinsamkeiten in Analyse wie Bewertung, als auf den ersten Blick zu vermuten ist:

1. In unserer polyzentrischen Welt kann kein gesellschaftliches Teilsystem, auch nicht der Staat, Suprematie für sich beanspruchen. Politik und Gesellschaft sind vielmehr funktional differenziert und folgen eigenen Logiken. Gleichzeitig sind sie inner- wie transgesellschaftlich über komplexe Netzwerke vielfältig miteinander verflochten. Dies garantiert den gesellschaftlichen Teilsystemen ihre operative Autonomie, schließt aber klare Zuordnungen und Hierarchien aus und hat Konsequenzen für die Beziehungen zwischen Staat und Gesellschaft: Direkte, zentralistische, autoritative Eingriffe in die Gesellschaft stellen keine erfolgversprechenden Handlungsoptionen der Politik mehr dar. Die Politik ist vielmehr in weiten Bereichen der Gesellschaft auf die Möglichkeiten indirekter, dezentraler, diskursiver Steuerung beschränkt und auf die Bereitschaft der gesellschaftlichen Akteure zur Selbstbindung angewiesen.

2. Auch im Innern ist der Staat weder homogen noch hierarchisch strukturiert, sondern gleichfalls fragmentiert und vernetzt. Dies betrifft sowohl die traditionellen horizontalen wie vertikalen Gewalten- und/oder Funktionsteilungen als auch die interbürokratischen und intersektoralen Konflikte im politisch-administrativen System des ausdifferenzierten Wohlfahrtsstaates, die zudem

durch die jeweiligen Vernetzungen mit den (kollektiven) Akteuren in den gesellschaftlichen Subsystemen akzentuiert werden. Im Innern stellt sich der Staat in den kapitalistischen Demokratien damit als hochkomplexe Matrix von Institutionen dar, die von unterschiedlichen Aufgabenstellungen und Funktionserwartungen bestimmt sind, die verschiedenen Logiken und Rationalitäten (v. a. politischer und bürokratischer Art) folgen, die widerstreitende Interessen ausdrücken bzw. haben.

3. Und dennoch verfügt der Staat trotz aller Handlungsrestriktionen auch weiterhin über ein beachtliches Maß an relativer Autonomie und Steuerungsfähigkeit, die sich aus seiner Besonderheit herleiten: (1) Er ist unverändert der einzige legitime Ort, an dem gesamtgesellschaftlich verbindliche Entscheidungen fallen können, und die einzige Instanz, die die Definitionsgewalt zur Bestimmung des öffentlichen Interesses besitzt (vgl. *Willke* 1992: 264). (2) Er ist das einzige System, das sich territorial definiert und dessen Funktionen und Leistungen stets auch auf die räumliche Abgrenzung bezogen sind und sich aus ihr ergeben. Der territoriale Bezug von Politik wird dabei durch vertikale Untergliederung und transnationale Integration zwar verkompliziert, aber nicht grundsätzlich in Frage gestellt. (3) Er ist weder allein Ausdruck der Machtverhältnisse in der Ökonomie, noch gründet sich seine Existenz und Stärke bzw. Schwäche auf nur eine Machtressource. Das politische System kann seine Macht vielmehr auf eine Mehrzahl von Machtquellen stützen: neben ökonomischen auch kulturelle/ideologische, militärische und politische Ressourcen, die zwar voneinander unterschieden werden, höchst ungleiche Bedeutung haben können und zudem miteinander in Beziehung stehen, jedoch nicht monokausal auf eine zurückzuführen sind. Das Interesse des Staates an sich selbst gründet sich damit auf einem mindestens dreidimensionalen Bestandsinteresse: dem Interesse an der Erhaltung der Territorialität, an der Vielfalt von Machtressourcen, dem kollektiven wie individuellen Eigeninteresse der Institutionen und dem der Akteure am Fortbestand ihrer Funktionen und Positionen (vgl. *Pal* 1990: 25 f.).

IV. Die Beziehungen zwischen Staat und Gesellschaft sind folglich von einer Reihe von strukturellen Widersprüchen bestimmt: (1) Einerseits wird die Politik ihren (wie auch immer einschränkend zu fassenden) Anspruch aufrechterhalten (müssen), die letzte Entscheidungsinstanz gesellschaftlicher Zielfindung und Steuerung zu sein. Dies betrifft alle anderen gesellschaftlichen Subsysteme, besonders das Verhältnis von Politik und Ökonomie. Andererseits sind der Politik, und dies gilt vorrangig für Demokratien, enge Grenzen der Handlungsautonomie und Steuerungskapazität gezogen. Die Politik steht folglich ständig in der Gefahr, sich selbst zu dementieren. (2) Einerseits beharren die gesellschaftlichen Teilsysteme auf ihrer Autonomie und Selbststeuerung und sie sind vielfach auch in der Lage, staatliche Steuerungseingriffe, die ihrem Eigeninteresse widersprechen, abzuwehren oder zumindest leerlaufen zu lassen. Andererseits wälzen die gesellschaftlichen Akteure nur allzu gerne Aufgaben auf das politische System ab oder sie rufen gar bei erstbester Gelegenheit nach staatlicher Intervention und/oder staatlichem Schutz vor konfligierenden gesellschaftlichen Teilinteressen. (3) Einerseits nimmt im Wohlfahrtsstaat die Politisierung der Gesellschaft beträchtlich zu; es gibt kaum noch einen Bereich der Zivilgesellschaft, in den die Politik nicht reglementierend und steuernd eingreift oder einzugreifen versucht. Andererseits wächst die *»embeddedness of the state«* (*Cairns* 1986), d.h. es vervielfachen sich Einbindung wie Abhängigkeit des Staates und seiner Institutionen in bzw. von der Gesellschaft, und es vergrößert sich dadurch die Notwendigkeit zu neo-korporativen Arrangements. Gleichzeitig werden damit staatliche Handlungsspielräume geschaffen wie begrenzt. (4) Die beständige Erweiterung der Staatstätigkeit geht – wie *C. Offe* (1987: 311) und andere gezeigt haben – mit dem Verlust an Steuerungsfähigkeit des Staates einher: »Je umfangreicher die staatlich erhobenen Ansprüche auf Ordnung und Regelung gesellschaftlicher Sachverhalte werden und je größer der dafür benötigte Einsatz von Ressourcen wird, desto aussichtsloser wird gleichzeitig der Anspruch auf (a) souveränes und ›bindendes‹ wie der auf (b) ›rationales‹ Entscheiden.« Machtverlust durch Funktionszuwachs charakterisiert einen der Hauptwidersprüche, mit denen die Politik in fortgeschrittenen kapitalistischen Demokratien konfrontiert ist.

Der Strukturwandel im Verhältnis von Staat und Gesellschaft hat nachhaltige Konsequenzen: Der Staat gerät heute mehr denn je in die Position des Verhandlungspartners. An die Stelle direkter Staatsinterventionen und autoritativen Entscheidens wird aufgrund der Notwendigkeit zur ↗ Koordination zusehends das treten, was *H. Willke* (1992) mit dem Begriff der »dezentralen Kontextsteuerung« umschrieben hat. Aus dem Dilemma des Legitimitätsverlustes durch Aufgabensteigerung wird sich die Politik auf Dauer nur durch eine »staatliche Politik der Staatsentlastung« (*Offe* 1987: 317) befreien können; zum einen durch die Beschränkung auf die zentralen Staatsfunktionen, zum anderen durch die Verlagerung von Staatsaufgaben, und zwar sowohl vertikal durch Dezentralisierung als auch horizontal durch Zurückverlagerung in die Gesellschaft, d.h. durch die Beauftragung gesellschaftlicher Verbände und Akteure.

Rainer-Olaf Schultze

Lit.: *Almond, G.A.* 1988: The Return to the State, in: APSR 82, 853–874. *Barrow, C.W.* 1993: Critical Theories of the State. Marxist, Neo-Marxist, Post-Marxist, Madison. *Benjamin, R./Duvall, R.* 1985: The Capitalist State in Context, in: *Benjamin, R./Elkin, S.L.* (Hrsg.): The Democratic State, Lawrence, Kan. *Beyme, K. von* 1990: Die vergleichende Politikwissenschaft und der Paradigmenwechsel in der politischen Theorie, in: PVS 31, 457–474. *Beyme, K. von* [2]1992: Theorie der Politik im 20. Jahrhundert. Von der Moderne zur Postmoderne, Frankfurt/M. *Beyme, K. von* [7]1992: Die politischen Theorien der Gegenwart. Eine Einführung, Opladen. *Cairns, A.* 1986: The Embedded State: State–Society Relations in Canada, in: *Banting, K.* (Hrsg.): State and Society: Canada in Comparative Perspective, Toronto, 53–86. *Lowi, T. J.* 1992: The State in Political Science: How We Become What We Study, in: APSR 86, 1–7. *Luhmann, N.* 1984: Staat und Politik. Zur Semantik der Selbstbeschreibung politischer Systeme, in: *Bermbach, U.* (Hrsg.): Politische Theoriegeschichte PVS Sonderheft 15, Opladen, 99–125. *Luhmann, N.* 1984: Soziale Systeme, Frankfurt/M. *Nordlinger, E.A.* 1981: On the Autonomy of the Democratic State, Cambridge, Mass. *Nozick, R.* 1979: Anarchie, Staat, Utopia, München (engl. 1974). *Offe, C.* 1987: Die Staatstheorie auf der Suche nach ihrem Gegenstand. Beobachtungen zur aktuellen Diskussion, in: Jahrbuch zur Staats-und Verwaltungswissenschaft 1, 309–320. *Pal, L.A.* 1990: From Society to State, in: *Gagnon, A.-G./Bickerton, J.P.* (Hrsg.): Canadian Politics. An Introduction to the Discipline, Peterborough, Ont., 17–41. *Rohe, K.* 1978: Politik. Begriffe und Wirklichkeiten, Stuttgart u.a. *Ronge, V.* 1992: Staatstheorie, in: *Nohlen, D./Schultze, R.-O.* (Hrsg.) [4]1992: Politikwissenschaft, 973–977 (zuerst 1985). *Scharpf, F.W.* 1991: Die Handlungsfähigkeit des Staates am Ende des zwanzigsten Jahrhunderts, in: PVS 32, 621–634. *Schuppert, G.F.* 1989: Zur Neubelebung der Staatsdiskussion: Entzauberung des Staates oder »Bringing the State Back In«, in: Der Staat 28, 91–104. *Skocpol, T.* 1985: Bringing the State Back In, in: *Evans, P.B.* u.a.: Bringing the State Back In, Cambridge u.a., 3–37. *Voigt, R.* (Hrsg.) 1993: Abschied vom Staat – Rückkehr zum Staat?, Baden-Baden.

Weber, M. [3]1971: Gesammelte politische Schriften, Tübingen (zuerst 1921). *Weber, M.* [5]1972: Wirtschaft und Gesellschaft, Tübingen (zuerst 1921). *Willke, H.* 1983: Entzauberung der Staates, Königstein/Ts. *Willke, H.* 1992: Ironie des Staates, Frankfurt/M.

[2] Marxistische Staatstheorie.
Die materialistische S. greift auf Begriffe und Konzepte von *Marx'* »Kritik der Politischen Ökonomie« zurück. Sie analysiert den jeweiligen historischen Zusammenhang zwischen der Art und Weise der Institutionalisierung politischer ↗ Herrschaft und der ökonomisch-sozialen Struktur einer Gesellschaft. Aus marxistischer Perspektive ist nämlich der Staat ein Produkt der bürgerlich-kapitalistischen Gesellschaftsformation und von deren Struktur und Funktionsweise her etwas ganz anderes als politische Herrschaftsformen vorangegangener nichtkapitalistischer oder auch möglicher nachkapitalistischer Gesellschaftsformationen. Staatsanalyse kann dabei in diesem Theorieverständnis nur als Analyse der gesamtgesellschaftlichen Totalität von ökonomischen, sozialen, politischen und ideologischen Strukturen und ihrer strukturellen Interdependenz erfolgen.

Die marxistische S. geht davon aus, daß in jeder historischen Gesellschaftsformation die Grundlage von Herrschaft in der Verfügung über die materiellen Bedingungen der Produktion und über das die bloße Reproduktion der Gesellschaft überschreitende Mehrprodukt liegt. Und die Art und Weise, wie dieses Mehrprodukt angeeignet wird, bestimmt auch über Form und Inhalt der politischen Herrschaft. Kapitalistische Gesellschaftsformationen unterscheiden sich nun von anderen (z. B. feudalistischen oder sozialistischen) darin, daß die Aneignung des Mehrprodukts in Form des Mehrwerts durch die Kapitalistenklasse nicht durch unmittelbare physische Gewaltanwendung organisiert ist, sondern über den scheinbar freien und gleichen Warentausch vermittelt abläuft (Wertgesetz). Freier Warenverkehr und die darauf beruhende Durchsetzung des Wertgesetzes setzen aber voraus, daß die Konkurrenz der Warenbesitzer untereinander nicht durch Anwendung physischer Gewaltmittel ausgetragen wird, also auch den einzelnen Kapitalisten die Verfügung über physische Gewaltmittel entzogen, zentralisiert und in einer formell auch von den herrschenden Klassen getrennten Form institutionalisiert wird. Diese »Besonderung« des physischen Gewaltapparates und seine »relative Autonomie« gegenüber sowohl ausbeutenden als auch ausgebeuteten Klassen bezeichnet die eigentümliche Form, die politische Herrschaft in der kapitalistischen Gesellschaft annehmen muß und damit das spezifische Verhältnis von Politik und Ökonomie, Staat und Gesellschaft. Die zentrale Funktion des Staates ist die in letzter Instanz repressive Gewährleistung der politischen, regulativen und materiellen Rahmenbedingungen für die Kontinuität des kapitalistischen Produktions- und Verwertungsprozesses.

Tauschbeziehungen sind aber im Kapitalismus nur der Form nach Äquivalenzbeziehungen, ihrem Inhalt nach sind sie ungleiche Beziehungen zwischen Lohnarbeitern, die einen Mehrwert produzieren, und Kapitalisten, die sich diesen Mehrwert im Rahmen des Tauschprozesses aneignen und auf dem Markt zu realisieren versuchen. Indem der Staat diese ökonomische Grundbeziehung mit Hilfe des Monopols physischer Gewaltsamkeit schützt, schützt er gleichzeitig den darin enthaltenen Klassenantagonismus. In dieser Strukturadäquanz zwischen kapitalistischen Produktionsverhältnissen und politischer Herrschaftsform liegt begründet, daß der bürgerliche Staat Klassenstaat ist. Dieser Klassencharakter beruht also weder auf personellen Einfluß- und Verflechtungsverhältnissen noch auf den Restriktionen oder dem Störpotential, welches mächtige gesellschaftliche Gruppen gegenüber seiner Politik mobilisieren können, noch auf den Intentionen des jeweiligen Staatspersonals.

Die konkrete Gestalt der Staatsorganisation ist in ihrer Grundstruktur keineswegs das Ergebnis freier politischer Gestaltung, sondern gesellschafts- und klassenstrukturell gesetzt. Der Staat ist Knotenpunkt der Strategien von Klassen und Klassenfraktionen; deren Antagonismen und die Widersprüche des ökonomischen Reproduktionsprozesses kommen auch innerhalb und zwischen den staatlichen Apparaten zum Ausdruck. Deshalb ist der Staat in Wirklichkeit ein heterogenes Bündel von Apparaten mit durchaus unterschiedlichen Klassenbeziehungen und Funktionen.

Der Staat muß eigene Mittel und Mechanismen in Form von Recht, Geld (über Steuererhebung) und ↗ Bürokratie besitzen, um seinen Bestand zu sichern und seine Funktionen zu erfüllen. Freilich sind Bestandssicherung, Funktionserfüllung und Mitteleffizienz nicht – wie ein funktionalistischer Fehlschluß nahelegen könnte – vorgegeben, sondern müssen jeweils in einem offenen historischen Prozeß immer wieder gegen konträre Tendenzen realisiert werden, bei dem jederzeit die Möglichkeit des Scheiterns besteht. Da Struktur und Funktion des bürgerlichen Staates jeweils Ausdruck von historisch-spezifischen, im materiellen Reproduktionsprozeß angelegten Klassenverhältnissen und Klassenbewegungen sind, muß der historische Wandel von bürgerlichen Staatsformen und Staatsfunktionen aus den sich wandelnden Verhältnissen von Kapitalakkumulation, Klassenstruktur und Klassenkampf erklärt werden. Daß die Entwicklung der kapitalistischen Gesellschaftsformation kein Kontinuum darstellt und daß ihre Struktur im historischen Verlauf einschneidenden Veränderungen unterworfen war, ist auch Grundlage der verschiedenen Stadientheorien, zum einen der Entwicklung vom Früh- über den Hoch- bis zum Spätkapitalismus, zum anderen der Gegenüberstellung von Konkurrenz- und Monopolkapitalismus.

Die Schwäche dieser verschiedenen Stadientheorien liegt darin, daß sie über deskriptive Beschreibungen unterschiedlicher Stadien nicht hinausgelangen und die theoretische Erklärung von Entstehungs-, Krisen- und Übergangsbedingungen der einzelnen Entwicklungsphasen vernachlässigen. Als Anhaltspunkt zur Erklärung historischer Entwicklungs- und Transformationsprozesse kapitalistischer Vergesellschaftung und Staatsformen wird deshalb das *Marx*sche Gesetz des tendenziellen Falls der Profitrate und der damit verbundenen Krisentheorie herangezogen (*Hirsch* 1974; *Mandel* 1972). Die theoretische Bedeutung des Gesetzes vom tendenziellen Fall der Profitrate liegt im Nachweis, daß der Akkumulationsprozeß auf der Basis gleichbleibender gesellschaftlich-technologischer Rahmenbedingungen aufgrund seiner eigenen Logik auf eine krisenhafte Schranke stoßen muß. Diese ist dadurch gekennzeichnet, daß die Masse des produzierten Mehrwerts im Verhältnis zum angehäuften Kapital nicht mehr ausreicht, um den Gesamtakkumulationsprozeß aufrechtzuerhalten. Es kommt zu krisenhaften Stockungen und anhaltender Stagnation. Dieser Krisenzyklus ist relativ langfristig und unterscheidet sich von den kürzeren, konjunkturellen Zyklen (»lange Wellen«). Die Überwindung einer solchen strukturellen Krisen- und Stagnationsphase erfordert eine durchgreifende Veränderung der gesellschaftlich-technologischen Bedingungen der Mehrwertproduktion, also der Einführung neuer Produktions- und Zirkulationstechniken, neuer Formen der Arbeitsorganisation und der Reproduktion der Arbeitskraft, die Neuformierung von Klassenstrukturen und Klassenbeziehungen. Die Überwindung sog. säkularer Krisen mittels Durchsetzung einer neuen Akkumulationsstrategie und eines neuen Herrschaftsprojektes ist nun aber keinesfalls das Ergebnis einer objektiven, kapitallogischen Gesetzmäßigkeit, sondern Resultat umfassender, sich in der Krise zuspitzender Klassenauseinandersetzungen und Klassenkämpfe, durch die sich veränderte Dominanzstrukturen zwischen Kapitalfraktionen, Neuzusammensetzungen der Klassen und globale Verschiebungen der Kräfteverhältnisse herausbilden. Theoretisch prognostizierbar ist die Unvermeidlichkeit der das Ende einer Formationsphase signalisierenden säkularen Krise, nicht jedoch die Art und Weise ihrer Überwindung *(Hirsch* 1983). Damit wird deutlich, daß die Interpretation des *Marxschen* Gesetzes vom tendenziellen Fall der Profitrate als Zusammenbruchstheorie (vgl. *Sweezy* 1970) ein Mißverständnis wäre, weil dabei übersehen wird, daß dieses »Gesetz« nicht mehr erklärt als den objektiven Bedingungsrahmen von Klassenkämpfen, deren Ausgang prinzipiell offenbleibt.

In diesem Kontext sind die bereits in den 20er Jahren vorgelegten Analysen *Gramscis* auch heute noch richtungsweisend: Er hat die aufeinanderfolgenden Formationsstufen der kapitalistischen Gesellschaft mit ihrem spezifischen Verhältnis von »Basis« und »Überbau« als »historische Blöcke« bezeichnet, die durch eine spezifische Akkumulationsstrategie mit den ihr entsprechenden Produktions-, Reproduktions- und Vergesellschaftsformen und eine damit korrespondierende hegemoniale Struktur charakterisiert werden (*Gramsci* 1967; *Buci-Glucksmann* 1975; *Priester* 1981).

Josef Esser

Lit.: *Blanke, B./Jürgens, U./Kastendiek, H.* 1975: Kritik der Politischen Wissenschaft, Bd. 2, Frankfurt/M. *Buci-Glucksmann, C.* 1975: Gramsci et l'Etat, Paris. *Buci-Glucksmann, C./Therborn, G.* 1982: Der sozialdemokratische Staat, Hamburg. *Esser, J.* 1975: Einführung in die materialistische Staatsanalyse, Frankfurt/M. *Esser, J.* 1982: Gewerkschaften in der Krise, Frankfurt/M. *Esser, J./Fach, W./Simonis, G.* 1980: Grenzprobleme des »Modells Deutschland«, in: PROKLA 40, 40–63. *Esser, J./Fach, W./Väth, W.* 1983: Krisenregulierung, Frankfurt/M. *Esser, J./Hirsch, J.* 1982: Materialistische Staatstheorie und Verwaltungswissenschaft, PVS Sonderheft 13, 105–121. *Gramsci, A.* 1967: Philosophie der Praxis, Frankfurt/M. *Hall, S.* 1980: Popular-Democratic versus Authoritarian Populism, in: *Hunt, A.A.* (Hrsg.): Marxism and Democracy, London, 157–185. *Häußermann, H.* 1977: Die Politik der Bürokratie, Frankfurt/M. *Hirsch, J.* 1974: Staatsapparat und Reproduktion des Kapitals, Frankfurt/M. *Hirsch, J.* 1980: Der Sicherheitsstaat, Frankfurt/M. *Hirsch, J.* 1983: Nach der »Staatsableitung«, in: Das Argument, Sonderband 100, 158–170. *Jessop, B.* 1982: The Capitalist State, Oxford. *Mandel, E.* 1972: Der Spätkapitalismus, Frankfurt/M. *Marx, K./Engels, F.*: MEW, Bd. 1, 3, 4, 7, 8, 17, 23–26, Berlin-Ost. *Miliband, R./Poulantzas, N.* 1976: Kontroverse über den kapitalistischen Staat, Berlin-West. *Offe, C.* 1972: Strukturprobleme des kapitalistischen Staates, Frankfurt/M. *Offe, C.* 1975: Berufsbildungsreform, Frankfurt/M. *Poulantzas, N.* 1973: Faschismus und Diktatur, München. *Poulantzas, N.* 1975: Klassen im Kapitalismus – heute, Berlin-West. *Poulantzas, N.* 1977: Die Krise der Diktaturen, Frankfurt/M. *Poulantzas, N.* 1978: Staatstheorie, Hamburg. *Priester, K.* 1981: Studien zur Staatstheorie des italienischen Marxismus: Gramsci und Della Volpe, Frankfurt a.M./New York. *Rudel, G.* 1981: Die Entwicklung der marxistischen Staatstheorie in der Bundesrepublik, Frankfurt a.M./New York. *Sweezy, P.* 1970: Theorie der kapitalistischen Entwicklung, Frankfurt/M.

Stalinismus

Als Theorie und Praxis des sowjetischen Herrschaftssystems unter der Führung *J. W. Stalins* (1879 bis 1953) seit etwa Mitte der 20er Jahre mindestens bis zu *Stalins* Tod kann der Stalinismus (S.) sowohl als spezifische Entwicklungsphase und -strategie eines zunächst rückständigen Landes im Zuge des Aufbaus des ↗ Sozialismus wie auch als Strukturtypus eines nichtkapitalistischen, totalitär geführten Gesellschaftssystems gesehen werden (↗ Totalitarismus). Der Begriff dient also auch zur Kennzeichnung eines konservativen, bürokratisch-autoritären und repressiven Herrschaftssystems bzw. einzelner seiner Praktiken (z.B. »Neostalinismus« in der UdSSR in der Ära

Breschnew). S. bezeichnet heute oft allgemein eine – vor allem auf taktisch geschicktem und rücksichtslosem Machterwerb und -gebrauch beruhende – Organisations- und Herrschaftspraxis kommunistischer Parteien oder ihrer Anhänger.

Stalin entwickelte seit Mitte der 20er Jahre die Theorie vom »Aufbau des Sozialismus in einem Lande«, d.h. die Errichtung einer sozialistischen Gesellschaft sei möglich, auch wenn die UdSSR noch rückständig sei und die internationale sozialistische ↗ Revolution in den westlichen Industriestaaten ausbliebe, die UdSSR also international auf sich alleine gestellt sei. International hieß dies: »Friedliche Koexistenz« statt Weltrevolution; die strikt zentralistisch geführten Komintern und ihre Mitglieds-KPs dienten vor allem den Sicherheitsinteressen und der Politik der »eingekreisten« Sowjetunion. Der stalinistische Weg zum Aufbau des Sozialismus war gekennzeichnet durch eine forcierte Industrialisierung und Kollektivierung der Landwirtschaft (Bevorzugung des Produktionsmittelsektors A vor dem Konsumbereich B, starke Expansion des Bildungswesens und der Wirtschaftsadministration). Sie wurden von Moskau aus zentral geplant und gesteuert, bei äußerster Anspannung der Ressourcen vielfach administrativ, mit sozialem Druck oder Zwang durchgesetzt, bei oft hohen materiellen Kosten und Verlusten an Menschenleben. In Partei und Staat wurden nach und nach nahezu alle Anhänger alternativer Entwicklungsstrategien und jegliche Opposition ausgeschaltet. Besonders in den 30er Jahren wurden in den großen Säuberungen durch physische Liquidation ganze Elitegruppen der revolutionären Zeit rücksichtslos, meist mit haltlosen Rechtfertigungen und auf inhumanste Weise ausgelöscht. Die sich herausbildende persönliche ↗ Diktatur *Stalins* und seiner engsten Gefolgsleute bediente sich zunächst des bald völlig unterworfenen Partei-, später mehr noch des Staatsapparats, vor allem aber der Geheimpolizei, des Massenterrors und eines militärischen Arbeitsregimes (einschließlich Zwangsarbeitslager und Deportationen von Millionen Menschen). Trotz einer neuen Verfassung (1936) entwickelte sich das Herrschaftssystem zu einer bürokratischen Diktatur über das Proletariat und das ganze Volk; sozialistische Demokratie, Menschenrechte oder Rechtssicherheit waren spätestens seit Beginn der 30er Jahre nirgends mehr gewährleistet.
Ideologisch wurde diese Entwicklung gerechtfertigt als notwendig für den Aufbau des Sozialismus. Dessen Staat könne nicht absterben angesichts der »kapitalistischen Einkreisung« und eines (besonders in den 20er Jahren) noch keineswegs beendeten Klassenkampfes. Die organisatorischen und erzieherischen Funktionen des Staates würden eher noch zunehmen. Integrierend sollte die ideologische Behauptung von der erfolgreichen Zusammenarbeit der befreundeten nichtantagonistischen Klassen und Schichten sowie aller Nationen des ganzen Sowjetvolkes in der »ersten wirklichen Demokratie der Menschheitsgeschichte« wirken. Sie wurde ergänzt durch die kulthafte Verehrung *Lenins* und immer mehr auch *Stalins* (Personenkult) und den russisch-nationalistischen Sowjetpatriotismus im »Großen Vaterländischen Krieg«. Der von *Stalin* oft katechetisch vereinfachte und dogmatisierte ↗ Marxismus-Leninismus diente einerseits der Mobilisierung der Massen und der Steuerung einer tiefgreifenden gesellschaftlichen Umwälzung, andererseits der Herrschaftssicherung einer bürokratischen Intelligenz, die sie ganz undialektisch als Rechtfertigungsideologie, als Propaganda und Disziplinierungsinstrument benutzten. Außer im Detail sind *Stalins* theoretische Beiträge z.B. zur Nationalitätenfrage, zu Problemen des Klassenkampfes und der Rolle des Staates im Sozialismus, der Wirtschafts- und Sprachwissenschaften innerhalb des marxistischen Denkens wenig originell.

Nach dem XX. Parteitag der KPdSU begann ein Prozeß der teilweisen »Entstalinisierung« in einigen osteuropäischen Ländern, d.h.: Abbau des Massenterrors und Entlassung politischer Gefangener, mehr Rechtssicherheit, steigender Massenkonsum, begrenzt kritische Öffentlichkeit, Abbau des Personenkults. Weitergehende demokratische

Bestrebungen wurden jedoch immer wieder bürokratisch von oben oder von außen erstickt. Erst im Gefolge der Reformpolitik *Gorbatschows* setzte seit Mitte der 80er Jahre ein umfassender krisenhafter Prozeß der Demokratisierung in Osteuropa ein (↗ Parlamentarismus, ↗ Systemwechsel).

Sozialwissenschaftlich umstritten bleiben die historische Erklärung und Rechtfertigung des S. als Entwicklungsperiode des Sozialismus in einem rückständigen Land, und auch die Bestimmung systemtypischer Herrschaftsstrukturen und Funktionsmechanismen wird weiterhin kontrovers diskutiert.

Gerd Meyer

↗ Demokratischer Zentralismus.

Lit.: *Burbank, J.* 1991: Controversies over Stalinism: Searching for a Soviet Society, in: Politics and Society 19, 325–340. *Ellenstein, J.* [2]1977: Geschichte des Stalinismus, Hamburg/Berlin. *Erler, G./ Süß, W.* (Hrsg.) 1982: Stalinismus. Probleme der Sowjetgesellschaft zwischen Kollektivierung und Weltkrieg, Frankfurt a. M./ New York. *Fitzpatrick, S.* 1986: New Perspectives on Stalinism, in: Russian Review 45, 357–373. Weitere Diskussionsbeiträge ebda, 375–413 und 1987 in: Russian Review 46, 495–431. *Hofmann, W.* [3]1969: Stalinismus und Antikommunismus. Zur Soziologie des Ost-West-Konflikts, Frankfurt/ M. *Kofler, L.* 1970: Stalinismus und Bürokratie, Neuwied/Berlin. *Lorenz, R.* [3]1981: Sozialgeschichte der Sowjetunion (1), 1917–1945, Frankfurt/M. *Medwedew, R.* 1992: Das Urteil der Geschichte. Stalin und Stalinismus. 3 Bde., Berlin. *Tucker, R. C.* (Hrsg.) 1977: Stalinism: Essays in Historical Interpretation, New York. *Tucker, R. C.* 1990: Stalin in Power: The Revolution from above, 1928–1941, New York u. a.

Steuerpolitik

I. Steuern (S.) sind Übertragungen ökonomischer Werte (in modernen Gesellschaften in der Regel: Geld) von dazu gesetzlich verpflichteten natürlichen oder juristischen Personen an den Staat oder an von ihm dazu mit Besteuerungsbefugnissen ausgestattete Körperschaften. Aufgrund von Steuerabgaben können keine Ansprüche auf konkrete staatliche Gegenleistungen gemacht werden; Gebühren und Beiträge gehören mithin nicht zu den Steuern. Man unterscheidet zwischen direkten und indirekten Steuern. Direkte S. werden laufend bei Unternehmen und privaten Haushalten erhoben. Dazu zählen Einkommens- und Vermögenssteuern und S. auf den privaten Verbrauch (Kraftfahrzeugsteuer, Hunde-/Jagdsteuer). Zu den indirekten S. gehören Umsatz-/ Mehrwertsteuern, Zölle, Verbrauchssteuern, Grund-, Grunderwerbs- und Gewerbesteuern. Sozialversicherungsbeiträge sind im strengen Sinne dieser Definition keine S. Sie werden jedoch vor allem bei hohem Aggregationsgrad und bei den internationalen Vergleichen der OECD den direkten S. zugerechnet.

Rose (1984: 99–103) hat die vielfältigen Steuerarten der OECD-Länder in zehn Rubriken zusammengefaßt. Geordnet nach dem durchschnittlichen Beitrag zum gesamten Steuereinkommen des Staates im Jahr 1980 sind dies für die Gesamtheit der westlichen ↗ Industriegesellschaften: Einkommenssteuern (33 % des Steueraufkommens), Sozialversicherungsbeiträge (24 %), Mehrwert- und Verkaufssteuern (13 %), indirekte Verbrauchs- und Genußsteuern (12 %), Körperschaftssteuern (8 %), Eigentumssteuern (3 %), Erbschafts- und Vermögenssteuern (3 %), Zölle und Exportabgaben (2 %), Lohnsummensteuern (1 %) und sonst nicht klassifizierte Steuern (0,7 %). Im Ländervergleich gibt es sehr starke Unterschiede in bezug auf die Steuerarten, mit denen das Steueraufkommen erzielt wird.

Ein verbreitetes Maß zur Messung des Umfanges und der Expansion des Steuerstaates sind die Steuereinnahmen in Prozent des ↗ Sozialprodukts (BSP oder BIP). Bis zur Jahrhundertwende blieb das Steueraufkommen gering und machte in den westlichen Industrieländern schätzungsweise bis zu 10 %

des BSP aus. Zwischen 1910 und 1930 verdoppelte sich dieser Anteil beinahe, und nach dem II. Weltkrieg dehnte sich der Steuerstaat nochmals kräftig aus. Mitte der 80er Jahre flossen im Schnitt Mittel in Höhe von fast 40% des BSP durch die öffentlichen Kassen. Dabei haben die direkten S. und darunter besonders die Beiträge zur Sozialversicherung den wesentlichsten Beitrag zum Wachstum des Steuerstaates geleistet (*Hanneman* 1982: 124–127; *Flora* u.a. 1983: Kapitel IV und V; *Schmidt* 1982:132–169; vgl. auch *Kohl* 1985; ↗ Staatsausgaben).

II. Politikwiss. wird die Steuerpolitik – also die staatliche Einwirkung auf das Steuersystem – besonders unter dem Aspekt ihrer Bestimmungsgründe und ihrer Folgen behandelt.

1. S. bilden die Haupteinnahmequelle des Staates und sind somit die Voraussetzung für den modernen Wohlfahrtsstaat. Als wichtigste Bestimmungsgründe der Steuergesetze, des Steueraufkommens und der Steuerstruktur werden in der Literatur genannt:

1) Implementationsprobleme von Steuervorschriften: Wenn die Steuerbehörden wenig wirksam und die Bürger bereit und in der Lage sind, direkte S. durch Tricks und Betrug nicht zu entrichten, werden Staatseinkünfte besonders stark durch indirekte S. und Sozialabgaben erzielt. So erklären beispielsweise *Heidenheimer* u.a. (1990) die französische Steuerstruktur, die im internationalen Vergleich einen niedrigen Anteil der direkten S. aufweist.

2) Trägheit des Steuersystems: Steuersysteme sind hochkomplexe und deshalb nur schwer zu ändernde Gefüge von Vorschriften. Politische Reformen setzen eher im quantitativen (Höhe einzelner Steuerabgaben) als im qualitativen Bereich (Einführung oder Abschaffung bestimmter Steuern) an. Gegen die Annahme von *Rose* (1984, 1985) einer hohen Reformresistenz des Steuersystems spricht jedoch die Beobachtung einer generellen Steuerreform in den 80er Jahren, wie sie *Heidenheimer* u.a. (1990) im Anschluß an eine Reihe von OECD-Studien machten. So wurden in fast allen OECD-Ländern die Spitzensteuersätze am Ende der 80er Jahre zum Teil erheblich reduziert (*Heidenheimer* u.a. 1990: 211), und viele Regierungen gingen daran, zahlreiche Steuerbefreiungen und -vergünstigungen – mit allerdings bescheidenem Erfolg – zu beseitigen. Gemessen an neueren OECD-Daten zu nationalen Steuerlastquoten (*OECD* 1990) haben diese Reformen jedoch bis 1987 im allgemeinen nur bewirkt, daß die Steuerlastquote nicht weiter gestiegen ist. Die Reformen der 80er Jahre sprechen jedoch nicht gegen zwei wichtige Schlußfolgerungen von *Rose:* a) die Struktur des Steuersystems ist hochgradig konstant; Reformen wirken sich nur auf lange Frist aus und kumulieren in z.T. nicht vorhergesehener Weise mit früheren oder späteren Reformen; b) da Reformen nur langfristig greifen, sind Politiker, die an Erhöhung der Staatseinnahmen interessiert sind, am besten beraten, wenn sie nichts tun (*Rose* 1985: 293).

3) Ökonomische Entwicklungen: Sie führen bei konstanter Steuerstruktur zu steigenden Steuererträgen etwa durch das Wirtschaftswachstum, oder weil die Inflation Einkommensbezieher bei konstanten Realeinkommen in höhere Steuerklassen drückt. Verringerte Steuereinnahmen werden durch solche wirtschaftliche Entwicklungen bewirkt, in deren Folge die besteuerten Einkommen oder Umsätze zurückgehen. Ferner können in Zeiten gesamtwirtschaftlicher Probleme Politiker versuchen, durch Steuerentlastungen ökonomische Anreize zu schaffen.

4) Politische Interessenkonflikte: Der Einfluß von Steuerprotestparteien auf die Steuerpolitik dürfte gering sein. Dies nicht zuletzt deshalb, weil Steuerprotest vereinzelt und vorübergehend geblieben ist. Er entstand besonders dort, wo die Steuern sehr »sichtbar« (hoher Anteil direkter Steuern) und in der Vergangenheit rasch gewachsen waren. Dagegen läßt sich kein Zusammenhang mit der Höhe der Steuerlastquote feststellen (*Wilensky* 1981). Eine Studie über Schweden zeigt, daß die Unzufriedenheit mit den Steuern keineswegs durchgängig angestiegen ist (*Hadenius* 1985). Entschiedene Gegner hoher Besteuerung sind liberale Parteien. ↗ Sozialdemokratische und oft auch konservative (↗ Bürgerliche) Parteien, die den Ausbau

Tabelle 21: Die Entwicklung des Steueraufkommens 1955–1985
(Steueraufkommen in % des Bruttoinlandsproduktes)

	1955	1965	1975	1985	Differenz 1985–1955
Japan	17	18	21	27	10
USA	24	26	30	29	5
Schweiz	14	21	30	32	18
Kanada	22	26	33	34	12
BRD	31	32	36	38	7
Großbritannien	30	31	36	39	9
Italien	31	27	29	41	10
Österreich	30	35	39	42	12
Niederlande	26	34	44	45	19
Frankreich	–	35	37	46	–
Dänemark	23	30	41	49	26
Schweden	26	36	44	51	25
Durchschnitt	21	29	35	39	

Quelle: *OECD* 1982: 137; *Heidenheimer* [3] 1990: 187.

des Wohlfahrtsstaates betrieben haben, setzten sich dagegen für entsprechend hohe Steuereinnahmen ein. Dabei haben auch die redistributiven Effekte von progressiven Einkommenssteuern oder von stark selektiven indirekten S. (z. B. auf Luxusgüter oder Alkohol/Tabak) Anziehungskraft besonders auf linke Parteien ausgeübt (*Cameron* 1985; *Schmidt* 1982, *Heidenheimer* 1990). In den 80er Jahren vollzog sich (auch bei sozialdemokratischen Parteien) teilweise eine Abkehr vom Ziel hoher Staatseinkünfte und die Bereitschaft, die Steuerlastquote beträchtlich zu senken (Schweden, Neuseeland).

5) Bedarf an politischer Steuerung der Wirtschaft: *Cameron* (1978) argumentierte, daß Volkswirtschaften, die stark in den Welthandel eingebunden sind, einen höheren Bedarf an politischer Intervention haben oder in anderen gesellschaftlichen Bereichen schaffen. Negative Einflüsse des Weltmarktes müßten durch distributive Maßnahmen kompensiert werden, und zwar auch deshalb, weil sich solche »offenen« Ökonomien keine zeitaufwendigen und kostspieligen manifesten sozialen Konflikte leisten könnten. Dies drücke sich u.a. in einem umfangreichen öffentlichen Sektor aus. Für den erhöhten Steuerungsbedarf benötigten die Regierungen und Verwaltungen relativ viel Geld, das sie durch vergleichsweise hohe Steuerbelastungen beschaffen würden.

2. Neben der Erzielung ausreichender Staatseinkünfte verfolgt die Steuerpolitik eine Reihe weiterer Ziele:

1) Wirtschaftliche Verträglichkeit: In der politischen Debatte gelten hohe S. oft als Garrotte der wirtschaftlichen Prosperität. Für diese These lassen sich nicht umstandslos theoretische und empirische Belege erbringen (vgl. *Schmidt* 1982; *Cameron* 1985; *Przeworski*/*Wallerstein* 1988). Über die wirtschaftliche Verträglichkeit hinaus verfolgt Steuerpolitik durch Instrumente der Steuervergünstigungen oder -befreiungen weitere wirtschaftliche Ziele, z. B. im Hinblick auf Arbeitsmärkte oder Industriestrukturen. Vor allem in den ↗ Einkommenspolitiken der 70er und 80er Jahre wurde die Steuerpolitik oft mit der gewerkschaftlichen ↗ Tarifpolitik abgestimmt. So verzichteten ↗ Gewerkschaften beispielsweise auf Lohnerhöhungen, die zum einen die Gefahr von Wettbewerbsverschlechterungen oder ↗ Inflation beinhaltet hätten und von denen zum anderen die Arbeitnehmer wegen einer höheren Besteuerung der Bruttolohnzuwächse nicht viel gehabt hätten. Dafür einigte man sich auf geringe Lohnsteigerungen und eine

gleichzeitige Veränderung des Steuersystems, die bewirkte, daß die Bruttolohnzuwächse auch nach Steuern entsprechende Nettolohnzuwächse bedeuteten.
2) Erreichung nicht-wirtschaftlicher Ziele: Hierzu gehören demographische Ziele, die durch entsprechende Hochbesteuerung von Alleinstehenden oder Kinderlosen erreicht werden. Ferner sind »steuerliche Bestrafungen legalisierter Sünden« (Alkohol, Tabak) (*Heidenheimer* 1990:194) sowie Anreize zu umweltschonendem Verhalten hierzu zu rechnen.
3) Redistributive Ziele: Bereits im Kommunistischen Manifest wurden scharfe progressive Steuern gefordert. Linke Parteien setzen stark auf Steuerinstrumente zur Umverteilung von Einkommen zugunsten Unterprivilegierter (vgl. *Heidenheimer* 1990; *Schmidt* 1982).

Klaus Armingeon

Lit.: *Cameron, D. R.* 1978: The Expansion of the Public Economy: A Comparative Analysis, in: APSR 72, 1243–1261. *Cameron, D. R.* 1985: Does Government Cause Inflation? Taxing, Spending, and Deficits, in: *Lindberg, L.N./Maier, Ch.S.* (Hrsg.) 1985: The Politics of Inflation and Economic Stagnation, Washington D. C., 224–275. *Flora, P.* 1983: State, Economy, and Society in Western Europe 1815–1975. Vol. 1, Frankfurt a. M. /London /New York. *Hadenius, A.* 1985: Citizens Strike a Balance: Discontent With Taxes. Content With Spending, in: Journal of Public Policy 5, 349–363. *Hanneman, R. A.* 1982: Taxation and Economic Management in Western Nations, in: Annals 459, 123–133. *Heidenheimer, A. J.* u.a. [3]1990: Comparative Public Policy, New York. *Kohl, J.* 1985: Staatsausgaben in Westeuropa, Frankfurt/M. *OECD* 1982: Tax Trends and the Impact of Taxes on Different Income Groups, in: Intertax, 136–143. *OECD* 1990: Studies in Taxation. The Personal Income Tax Base. A Comparative Survey, Paris. *Przeworski, A./ Wallerstein, M.* 1988: Structural Dependence of the State on Capital, in: APSR 82, 11–29. *Rose, R.* 1984: Understanding Big Government, London. *Rose, R.* 1985: Maximizing Tax Revenue While Minimizing Political Cost, in: Journal of Public Policy 5, 289–320. *Schmidt, M. G.* 1982: Wohlfahrtsstaatliche Politik unter bürgerlichen und sozialdemokratischen Regierungen, Frankfurt a. M./ New York. *Wilensky, H.* 1981: Leftism, Catholicism, and Democratic Corporatism: The Role of Political Parties in Recent Welfare State Development, in: *Flora, P./Heidenheimer, A. J.* (Hrsg.): The Development of Welfare States in Europe and America, New Brunswick /New York, 345–382.

Streik

[1] Unter Streik (S.) wird die gemeinsame und planmäßig durchgeführte Arbeitseinstellung einer größeren Zahl von Arbeitnehmern (ungeachtet, ob sie gewerkschaftlich organisiert sind oder nicht) innerhalb eines Berufs oder Betriebs zur Durchsetzung eines bestimmten Ziels mit dem Willen zur Fortsetzung des Arbeitsverhältnisses nach Beendigung des S. begriffen. S. gehört (neben Aussperrung und Boykott) zu den Arbeitskampfmaßnahmen. S. und Unterstützung für einen voraussehbaren S. waren der Anlaß zum ersten solidarischen Zusammenschluß von Arbeitern, zur Bildung der ersten ↗ Gewerkschaften.

1. In gesellschaftspolitischen Interpretationen und Theorien wird der S. je verschieden beurteilt:

Für *Marx* und *Engels* und ihre Nachfolger sowie für andere sozialistische Theoretiker und Praktiker war der S. sowohl ein Mittel zur Behauptung der Arbeiterklasse und ihrer Interessen im ↗ Kapitalismus wie eine revolutionäre Schule zur Vorbereitung auf die vollständige ↗ Emanzipation der Arbeiterklasse und der Menschheit überhaupt. Im Unterschied dazu haben *F. Lassalle* und seine Nachfolger dem S. (wie auch den Gewerkschaften) wenig Bedeutung beigemessen, da wegen des ehernen Lohngesetzes die Verbesserung der wirtschaftlichen Lage der Arbeiter objektiv nicht möglich sei.
Für Anarchisten (↗ Anarchismus) und Syndikalisten (↗ Syndikalismus) ist der S. Aus-

druck der sozialen Revolte. Der Generalstreik, in dem ökonomischer und politischer Kampf zum sozialen miteinander verbunden sind, wird romantisiert und mystifiziert; er ist die soziale ↗ Revolution, in der der Staat aufgehoben wird.

In der deutschen Sozialdemokratie war der S. als Mittel, höhere Löhne und bessere Arbeitsbedingungen zu erkämpfen, immer unumstritten. Zum ↗ Konflikt kam es um die Bedeutung des politischen Massenstreiks: Während auch Reformisten für den Generalstreik zur Durchsetzung oder Verteidigung des allgemeinen und gleichen Wahlrechts eintraten, sahen in der Massenstreikdebatte (Höhepunkt 1905/06) die Linken (wie *R. Luxemburg)* im S. ein Mittel im proletarischen Kampf, während die Vertreter der Gewerkschaften die Zerstörung ihrer Organisationen im politischen Massenstreik befürchteten. In der sozialdemokratischen Tradition, in der politischer S. als legitimes Mittel zur Durchsetzung oder Bewahrung bestimmter wichtiger demokratischer Errungenschaften angesehen wird, steht auch die zeitgenössische Auffassung in der Bundesrepublik, daß ein politischer S. zur Verteidigung der Freiheit und Demokratie als praktiziertes Widerstandsrecht legitim und legal sei.

In der katholischen Soziallehre wird prinzipiell der wirtschaftliche S. als legitimes Mittel der Arbeitnehmer anerkannt. Allerdings werden die dem S. vorauslaufenden Schlichtungsmöglichkeiten (bis hin zur staatlichen Zwangsschlichtung) besonders betont.

Im orthodoxen ↗ Marxismus-Leninismus ist S. als Arbeitsniederlegung begriffen worden, die nur im Kapitalismus möglich sei, da es sich beim S. um eine Form des proletarischen Klassenkampfes gegen kapitalistische Ausbeutung und Unterdrückung, gegen Aufrüstung und Kriegsvorbereitung, für sozialen Fortschritt, Demokratie und Freiheit handele, kurz Ausdruck des antagonistischen Widerspruches zwischen Lohnarbeit und Kapital sei. Da im real existierenden Sozialismus keine antagonistischen Klassengegensätze mehr bestanden hätten, hätte es auch keinen S. geben können. Bei den dennoch aufgetretenen S. – wie in der DDR 1953, in Ungarn 1956, in Polen 1956 und in den 70er und 80er Jahren – mußten Verschwörungs- und Agententheorien zur Erklärung herhalten.

2. Es können verschiedene Typen von S. nach deren jeweiliger Zielsetzung und der jeweils angewandten Methode unterschieden werden.

Im Sympathie- bzw. Solidaritätsstreik wird die Verbundenheit mit einer anderen Gruppe von Arbeitnehmern bekundet, im Warn- bzw. Demonstrationsstreik wird dem Tarifgegner die Bereitschaft zu einem großen und umfassenden S. demonstriert, in einem Proteststreik wird gegen eine spezielle Maßnahme des Tarifgegners bzw. einer politischen Institution protestiert. Im aktiven Kampfstreik geht es in der Regel im Zusammenhang mit dem Abschluß eines Tarifvertrages um die Durchsetzung bestimmter Forderungen der Arbeitnehmer, die beim Tarifgegner in Tarifverhandlungen zunächst nicht durchzusetzen waren (↗ Tarifpolitik). Der Kampfstreik kann als Schwerpunkt- oder Teilstreik, als Vollstreik oder als Wechselstreik ablaufen. Auch Fabrikbesetzungen (*sit-down*-Streik), Arbeitsverlangsamung (Bummelstreik) und Dienst nach Vorschrift können als Streikformen betrachtet werden. Die bisher genannten Streiktypen beziehen sich im wesentlichen auf die konkreten Beziehungen zwischen einer Gruppe von Arbeitnehmern und ihrem jeweiligen Arbeitgeber; sie sind in bürgerlich-kapitalistischen Gesellschaften heute prinzipiell zulässig. Umstritten ist hingegen die Berechtigung von politischen S., also solchen Arbeitskampfmaßnahmen von Arbeitnehmern, die politische Ziele haben und die im Extremfall die Form eines Generalstreiks annehmen.

3. Das Recht, sich zu Koalitionen von Arbeitnehmern zusammenzuschließen (Gewerkschaften), und das Streikrecht können als Prinzipien des ↗ Sozialstaates angesehen werden. Sie sind rechtlich in westlichen Demokratien unterschiedlich durch ↗ Verfassungen, Gesetze und richterliche Interpretationen geregelt.

Der wirtschaftliche S. wird allgemein erst nach Ausschöpfung aller Verhandlungsmöglichkeiten für legitim gehalten: Zumeist besteht für die Laufzeit von Tarifverträgen die Friedenspflicht für die betroffenen Arbeitnehmer und ihre Gewerkschaft, aber auch für den Unternehmer. Einem S. wird häufig ein mehr oder minder formalisiertes, zuweilen staatlich institutionalisiertes Schlichtungsverfahren vorangestellt, Schlichtung hat also präventiven Charakter. Einem S. hat in der Regel ein demokratischer Entscheidungsprozeß (unter Umständen mit qualifizierter Mehrheit) der Gewerkschaftsmitglieder bzw. ihrer Delegierten vorauszugehen. Findet dieses Verfahren vor Streikbeginn nicht statt oder wird trotz der tariflich oder gesetzlich festgelegten Friedenspflicht gestreikt, wird von spontanem (umgangssprachlich: »wildem«) S. (im Unterschied zum organisierten S.) gesprochen. In der Literatur wird dem gewerkschaftlichen S. als wichtigstes Arbeitskampfmittel der Arbeitgeber die Aussperrung gegenübergestellt, die in westlichen Demokratien unterschiedlich als legitim oder illegitim, als rechtens oder nichtrechtens angesehen wird. Die Rechtsprechung des deutschen Arbeitsgerichts geht dabei bisher von der »Waffengleichheit« der Tarifgegner aus und hat (trotz z. B. gegenteiliger Bestimmungen in der Verfassung des Landes Hessen) die Aussperrung als rechtens anerkannt. Unter Aussperrung wird dabei eine von einem oder mehreren Arbeitgebern durchgeführte Ausschließung einer größeren Gruppe von Arbeitnehmern von Arbeit und Verdienst verstanden, verbunden mit dem Willen, nach Beendigung des Arbeitskampfes das Arbeitsverhältnis fortzusetzen.

Peter Lösche

Lit.: *Bieback, K.-J./Zechlin, L.* (Hrsg.) 1989: Ende des Arbeitskampfes? Technikentwicklung und Streik, Hamburg.

[2] Benutzt man die durch S. in einem bestimmten Zeitraum ausgefallenen Arbeitstage als Indikator, so zeigen sich große Unterschiede zwischen den westlichen Industrieländern. (Datenmaterial, das insbesondere die beträchtlichen Variationen in Hinsicht auf Dauer, Häufigkeit und Streikbeteiligte im internationalen Vergleich zeigt, findet sich bei *Ross/Hartman* 1960; *Shorter/Tilly* 1974: 306–334; *Korpi* 1983: 159–183 und *Flora* u. a. 1987: 679–753.)

1. Italien, Kanada und Irland gehören zu den Ländern, in denen vergleichsweise viel gestreikt wird, wobei Italien mit großem Abstand an der Spitze steht. Zwischen 1980 und 1987 fielen hier durchschnittlich pro Jahr und 1000 Arbeitnehmer 1854 Arbeitstage aus (auf dem zweiten Platz Kanada: 520). Demgegenüber gibt es in Ländern wie der Schweiz, Österreich, den Niederlanden oder auch in der Bundesrepublik relativ wenige streikbedingte Arbeitsausfälle. In der Schweiz ging zwischen 1980 und 1987 jahresdurchschnittlich je 1000 Arbeitnehmer lediglich ein Arbeitstag verloren (Bundesrepublik: 29). Einen mittleren Rang nimmt in der Regel Großbritannien ein. Dort gab es in der genannten Periode pro Jahr und 1000 Arbeitnehmer 259 Streiktage, was etwa dem Durchschnitt der westlichen Industrieländer entspricht. Tendenzielle Ähnlichkeiten zwischen den westlichen Industrieländern zeigt eine langfristige Betrachtung der Streikentwicklung in den einzelnen Ländern. Bis in die 20er Jahre stieg das Streikvolumen zunächst an. In den 50er und 60er Jahren gab es relativ wenige Arbeitsausfälle durch S. In der Periode von 1968 bis 1972 nahm das durchschnittliche Streikvolumen in den westlichen Industrieländern dann stark zu und stieg auch danach weiter an. Selbst unter den Bedingungen der Arbeitsmarktkrise der 80er Jahre lagen die Arbeitsausfälle durch S. noch über den Werten der Streikwelle in den ausgehenden 60er Jahren und doppelt so hoch wie in den Jahren vor 1968.

2. Zur Erklärung von S. existieren zwei konkurrierende Argumente. Den einen Autoren zufolge ist S. ein Ausdruck struktureller Konflikte zwischen Arbeitnehmern und Arbeitgebern in kapitalistischen Gesellschaften. S. sind in dieser Sichtweise nicht grundsätzlich vermeidbar. Am pointiertesten wurde diese Position in marxistisch orientierten Analysen vertreten *(Hyman* 1972). Die gegensätzliche Position geht davon

aus, daß entweder ein Machtgleichgewicht zwischen den Arbeitsmarktparteien besteht oder daß keine strukturellen Konflikte vorliegen. In dieser Perspektive entstehen S., wenn andere Konfliktlösungsverfahren nicht vorhanden sind oder nicht funktionieren. Demnach wären S. grundsätzlich vermeidbar. Solche Positionen werden besonders in ökonomisch-sozialpsychologischen und in institutionellen Analysen vertreten. Dazu gehören Studien über den Zusammenhang von sozialer Isolation, Lohnerwartungen und Frustrationen über ausgebliebene Lohnerhöhungen; über das Ausloten von Konzessionsspielräumen oder über den S. als Mittel der Anpassung der Erwartung der Arbeitnehmer an die durch Verhandlungsführer erzielbaren Vereinbarungen. Ferner zählen dazu auch Erklärungen, die die Streikaktivität auf Art und Ausmaß der Institutionalisierung der Konfliktlösungsmechanismen zurückführen.

Für die politikwiss. Forschung, die eher an internationalen Unterschieden und an langfristigen Entwicklungen des Streikniveaus interessiert ist, sind besonders vier vergleichende Studien wichtig:

Ross und *Hartman* (1960) führten in einem internationalen Vergleich unterschiedliche Streikniveaus auf folgende Variablen zurück: 1. Organisatorische Stabilität der ↗ Gewerkschaften. Je größer diese ist, desto weniger wahrscheinlich sind dezentrale und häufige Streiks. 2. Führungskonflikte in der Gewerkschaftsbewegung. Je geringer diese Konflikte sind, desto weniger wird zum S. gegriffen. 3. Zustand der Arbeitgeber-Arbeitnehmer-Beziehungen. Wenn die Unternehmer die gewerkschaftliche Interessenvertretung akzeptiert haben und überbetriebliche Verhandlungsstrukturen aufgebaut sind, dann ist die Streikwahrscheinlichkeit geringer. 4. Politische Aktivität der Gewerkschaften. Wenn es eine starke Arbeiterpartei gibt und diese gar noch in der Regierung vertreten ist, werden Gewerkschaften weniger streiken, um deren Arbeitsbedingungen und Erfolgschancen nicht zu verschlechtern. 5. Rolle des Staates. Je stärker der Staat in die ↗ Arbeitsbeziehungen einbezogen ist, desto geringer ist das Streikniveau. Dies hängt mit staatlichen Umverteilungsaktivitäten, der Bedeutung des Staates als Arbeitgeber und der staatlichen Regulierung der Konfliktlösungsverfahren zusammen. Aufgrund der Entwicklung dieser unabhängigen Variablen nahm das Autorenteam Ende der 50er Jahre an, daß der S. in westlichen ↗ Industriegesellschaften langfristig verschwinden würde. Diese klare Fehlprognose bedeutet noch nicht, daß die zugrundeliegende Theorie falsch sein muß. *Batstone* (1985) hat argumentiert, daß sich die unabhängigen Variablen nicht so wie erwartet entwickelt haben und deshalb auch der S. nicht verschwunden sei. Im Grunde enthalte die Analyse von *Ross* und *Hartman* bereits die Synthese der Arbeiten der Institutionalisten (*Clegg* 1976) und der Klassen- und Parteienkonfliktstheoretiker (*Shorter*/ *Tilly* 1974; *Korpi* 1983).

Clegg (1976: 68–82) wies in einem internationalen Vergleich darauf hin, daß Arbeitsbeziehungen mit industrieweiten oder regionalen Tarifverhandlungen eine geringere Streikaktivität aufweisen als Systeme industrieller Beziehungen mit betrieblichen Kollektivverhandlungen. Seiner Analyse zufolge tragen auch umfassende und wirkungsvolle Konfliktlösungsverfahren zu einem geringeren Streikvolumen bei.

Auf der Basis einer Untersuchung der französischen Streikentwicklung zwischen 1830 und 1968 und einem internationalen Vergleich vertraten *Shorter* und *Tilly* (1974) die These, daß S. als politisches Mittel der Arbeiterschaft verstanden werden müssen. Eine Voraussetzung für S. sei die gewerkschaftliche Organisation. Der Streik selber sei ein Instrument der Politik der Arbeiterschaft, das auf mindestens drei Arten eingesetzt wird: 1. Da die Arbeiterschaft nicht stark genug ist, gegenüber den Arbeitgebern ihre Ziele durchzusetzen, wird gestreikt, um das staatliche Eingreifen zugunsten der Arbeitnehmerschaft zu erzwingen. 2. Der S. dient als Demonstration. 3. Der S. ist Druck-

mittel, um das politische System zu spezifischen Politiken zu veranlassen.
Ähnlich argumentiert auch *Korpi* (1983). Abgesehen von Randbedingungen (internationale wirtschaftliche Lage des Landes, wirtschaftliches Wachstum) sei die Höhe des Streikniveaus von der ökonomischen und politischen Machtverteilung abhängig. Streiks sind demnach dort besonders selten, wo Arbeitnehmer alternativ zu Konflikten und Aushandeln mit Unternehmern die Möglichkeit haben, ihre Ziele über Parlament und Regierung zu verwirklichen. Dort jedoch, wo die Gewerkschaften stark sind, aber aufgrund der Regierungszusammensetzung wenig Chancen haben, sich politisch mit ihren Wünschen durchzusetzen, sei das Streikniveau hoch.

Die Erklärungen von *Clegg, Shorter/Tilly* und *Korpi* schließen sich nicht gegenseitig aus. *Korpi* sieht Institutionen – die die »geronnene« Verteilung von gesellschaftlichen Machtressourcen darstellten – als wichtige handlungsleitende Elemente der Arbeitsbeziehungen. *Clegg* betont, daß er mit einer institutionellen Erklärung nur langfristige Niveauunterschiede in den Griff bekomme; wichtig seien auch ökonomische Randbedingungen und die Beziehungen zwischen Gewerkschaften und Regierungen. Im Anschluß an diese Autoren – und in Übereinstimmung mit *Ross* und *Hartman* – lassen sich somit Extremkonstellationen angeben, die zu besonders hohen oder niedrigen Streikniveaus führen: 1. Geringes Streikausmaß: mitgliederstarke, zentrale Gewerkschaften ohne große ideologische oder materielle interne Interessenkonflikte zwischen Mitgliedergruppen; hoher Grad der Institutionalisierung der Konfliktlösung; große Wahrscheinlichkeit, Arbeitnehmerziele in der staatlich-politischen Arena zu verwirklichen, da eine gewerkschaftsnahe Partei über mehrere Jahre hinweg ununterbrochen an der Regierung beteiligt ist. 2. Großes Streikausmaß: mitgliederstarke, dezentrale Gewerkschaften mit großen ideologischen und materiellen internen Interessenkonflikten; geringer Institutionalisierungsgrad der Konfliktlösung, keine Chance der Verwirklichung von Arbeitnehmerzielen in der staatlich-politischen Arena; gewerkschaftsnahe Parteien sind nicht oder nur kurzfristig mit jeweiligen Unterbrechungen an der Regierung beteiligt.

Während sich die Unterschiede zwischen den westlichen Industrieländern hinsichtlich des Streikvolumens im längeren Zeitverlauf kaum ändern, ist allerdings das Streikvolumen nach der Welle der Jahre 1968–72 nicht mehr auf das frühere Niveau zurückgegangen, sondern hat sich offensichtlich auf einem noch höheren Niveau stabilisiert. Es spricht wenig dafür, für die 70er und 80er Jahre ein höheres Klassenbewußtsein der Arbeitnehmerschaft anzunehmen, das zu mehr Arbeitskämpfen geführt hätte. Ökonomische Rahmenbedingungen, institutionalisierte Konfliktlösungsverfahren, gewerkschaftliche Mitgliederstärke und politische Zusammensetzungen der ↗ Regierungen haben sich eher so verändert, daß mit einem Rückgang der Streikaktivität zu rechnen gewesen wäre. Im Anschluß an *Shorter* und *Tilly*, die S. als Form der politischen Partizipation sehen, wäre deshalb zu vermuten, daß sich die »partizipatorische Revolution« seit den 70er Jahren auch in den Arbeitsbeziehungen in Form einer gesteigerten Konflikthaftigkeit niedergeschlagen hat. Eine Ursache hierfür dürfte auch die Ausweitung und Syndikalisierung des tertiären Sektors sein, in dem die *»normative barriers to strike action«* (Clarke 1987: 390) niedriger liegen als in den früheren industriellen Streikzentren und weiterhin niedriger werden. Hinzu könnten in einigen Ländern Dezentralisierungen der Arbeitsbeziehungen kommen, die einer höheren Streikaktivität förderlich sein könnten. Und schließlich könnten zunehmende Unterschiede zwischen Arbeitnehmergruppen zu einem höheren Streikniveau geführt haben.

Klaus Armingeon

↗ Arbeiterbewegung; Arbeitsbeziehungen; Gewerkschaften.

Lit.: *Batstone, E.* 1985: International Variations in Strike Activity, in: European Sociological Review, Vol. 1, 46–64. *Clarke, R. O.* 1987: Industrial Conflict: Perspectives and Trends, in: *Blanpain, R.* (Hrsg.): Comparative Labour Law and Industrial Relations, Deventer, 383–399. *Clegg, H. A.* 1976: Trade Unionism under Collective Bargaining, Oxford. *Flora, P.* u.a. 1987: State, Economy, and Society in Western Europe 1815–1975, Bd. II., Frankfurt a.M./London/Chicago. *Grote, H.* 1952: Der Streik, Köln. *Hyman, R.* 1972: Strikes, London. *Korpi, W.* 1983: The Democratic Class Struggle, London. *Nipperdey, H. C.* (Hrsg.) [10]1975 ff.: Arbeitsrecht, München. *Ross, A. M./Hartman, P. T.* 1960: Changing Patterns of Industrial Conflict, New York/London. *Schneider, D.* (Hrsg.) 1971: Zur Theorie und Praxis des Streiks, Frankfurt/M. *Schneider, M.* 1980: Aussperrung. Ihre Geschichte und Funktion vom Kaiserreich bis heute, Köln. *Shalev, M.* 1978: Lies. Damned Lies and Strike Statistics: the Measurement of Trends in Industrial Conflict/Appendix II. Problems of Strike Measurement, in: *Crouch, C./Pizzorno, A.* (Hrsg.): The Resurgence of Class Conflict in Western Europe since 1968. Vol. I., London/Basingstoke, 1–19/321–334. *Shorter, E./Tilly, Ch.* 1974: Strikes in France 1830–1968, Cambridge. *Tenfelde, K./Volkmann, H.* (Hrsg.) 1981: Zur Geschichte des Arbeitskampfes in Deutschland während der Industrialisierung, München.

Strukturpolitik

I. Strukturpolitik (S.) hat die Aufgabe, die wirtschaftsstrukturelle Entwicklung zu steuern. Gegenstand der S. ist die Zusammensetzung des Faktorpotentials (natürliche Ressourcen, Human- und Sachkapital), die Faktorallokation und Produktionsstruktur (Beschäftigungs-, Branchen-, Regional-, Markt- und Betriebsgrößenstruktur) sowie die gesamtwirtschaftliche Nachfragestruktur (öffentliche und private Konsum- und Investitionsgüternachfrage einschließlich des Auslandes). Die Staatsaktivität in diesem Politikfeld hat demnach ressourcen-, wirtschaftssektoren-, regional- und marktentwicklungspolitische Komponenten.

Der Strukturwandel ist das Ergebnis der sich langfristig, inter- und intrasektoral sowie regional verändernden Relationen der Teilgrößen einer Volkswirtschaft. Er läßt sich darstellen durch die Anteilsveränderung der Wirtschaftszweige und ↗ Regionen an den gesamtwirtschaftlichen Aggregaten, wie am ↗ Sozialprodukt, an der Gesamtzahl der Erwerbstätigen und an der unterschiedlichen Entwicklung der Arbeitsproduktivität in Wirtschaftszweigen (*Willms* 1981). Die Konjunkturerscheinungen sind kurzfristig, lösen aber längerfristige Strukturveränderungen aus. Strukturwandel und Wirtschaftswachstum sind interdependente Prozesse (*Enke* u.a. 1984). Der Strukturwandel in der ↗ Marktwirtschaft ist mit Anpassungsproblemen verbunden, die bei geringem Wachstum und hohen Konjunkturschwankungen größer werden.

Die Lösung dieser Anpassungsprobleme und die Minimierung der Anpassungskosten erfordern sektoral und regional differenzierte strukturpolitische (s.) Strategien. Diese sind:

1. die Erhaltung einer unter Anpassungsdruck geratenen Branche und/oder einer Regionalstruktur. Sie schaltet Marktanpassungsprozesse aus, dient primär zur Arbeitsplatz- und Einkommenssicherung (↗ Arbeitsmarktpolitik). Die Strukturerhaltungspolitik ist nur als eine Übergangslösung im Rahmen der »geordneten Anpassung« (*Kommission für wirtschaftlichen und sozialen Wandel* 1977: 127) sinnvoll und problemlösungswirksam. Die Er-

haltung z.B. des Agrarsektors oder Bergbaus, die rohstoff- und autarkiepolitisch begründet wird, ist im engen Sinne keine s. Zielsetzung.

2. Die Anpassungsförderung zielt auf die Korrektur von Fehlleistungen der Marktsteuerung (z.B. Überkapazitäten, Monopolbildung). Sie soll die Anpassungshärten (↗ Arbeitslosigkeit, Produktionsumstellung) reduzieren und den Anpassungsprozeß beschleunigen. Dies wird auch deshalb gefordert, weil sich die Maßnahmen der wirtschaftspolitischen Globalsteuerung auf Branchen und Regionen selektiv auswirken. Die Globalsteuerung bedarf daher strukturpolitischer Ergänzung.

3. Die vorausschauende aktive Gestaltung der Wirtschaftsstruktur versucht, den gesamtgesellschaftlich rationalen Strukturwandel durchzusetzen. Die Notwendigkeit der aktiven S. ergibt sich aus den Funktionsmängeln des Marktes (externe Effekte, kurzfristig-schmalspurige Perspektive des einzelwirtschaftlichen Rentabilitätskalküls etc.). Die Zielsetzung der aktiv gestalteten S. ist an Realisierung und Verstetigung des qualitativen Wirtschaftswachstums orientiert.

Die S. in der Bundesrepublik Deutschland ist inkrementalistisch und durch die Erhaltungs- und Ausgleichsmaßnahmen gekennzeichnet (vgl. *Rasmussen* 1983). Die wichtigsten s. Instrumente bestehen aus a) wettbewerbspolitischen Ge- und Verboten, b) Marktregulierungseingriffen (angebots- und/oder nachfrageseitige Mengen- und Preisbestimmungen), c) fiskalischen Interventionen (Zölle, ↗ Subventionen), Beihilfen, d) Infrastrukturinvestitionen *(Hübl* 1983).

4. Der dramatische Strukturwandel in den neuen Bundesländern stellt die sektorale und regionale Strukturpolitik vor neue Aufgaben (*Stille* u.a. 1992). Der immense Finanzbedarf der Systemtransformation ist nicht die einzige Restriktion der Strukturpolitik. Vielmehr sind die Theorie- und Politikdefizite die schwerwiegenden Hemmnisse der zukunftsgestaltenden Strukturpolitik in Ostdeutschland. Ohne eine industrie- und technologiepolitische Perspektive zu entwickeln wird die Strukturpolitik im Subventionsdickicht untergehen.

II. Der Realisierungsgrad der s. Ziele in der Bundesrepublik ist niedrig. Die geringe Problemlösungswirksamkeit hat folgende Gründe: a) Grundsätze und Ziele stimmen nicht mit der s. Praxis überein. Die Ziele sind nicht langfristig gesetzt und unspezifiziert. b) Die s. Konzeptionen und Einzelmaßnahmen der bundesstaatlichen Entscheidungsträger und der zuständigen Ressorts und der supranationalen Organe innerhalb der ↗ Europäischen Union sind nicht koordiniert und meist gegensätzlich. Hier existieren Problemverarbeitungs- und Konsenskapazitätsgrenzen des politischen Systems. c) Die fallweisen und kumulierenden s. Interventionen können nur vermieden werden, wenn Lage- und Erfolgsanalysen vorliegen, die das Informationsdefizit beseitigen und Entscheidungshilfen liefern. Hierzu leistet neuerdings die Strukturberichterstattung (1980ff.) der Wirtschaftsforschungsinstitute einen wesentlichen Beitrag. d) Die s. Steuerung ist in einem komplexen Wirtschaftsprozeß auch aufgrund des bestehenden Theoriedefizits nur begrenzt möglich. Eine umfassende Theorie der wirtschaftsstrukturellen Interdependenz existiert nicht (*Enke* u.a. 1984: 337). Die bisherigen Theorieansätze bieten keine widerspruchsfreie Orientierung. Die S. beschränkt sich deshalb auf die Milderung der sozialen Folgen und Reduzierung der Umstellungs- und Innovationskosten. e) Der Anpassungsdruck, der durch die veränderten Rahmenbedingungen der Weltwirtschaft und durch die neue internationale Arbeitsteilung und Systemtransformation von Plan- zur Marktwirtschaft entstanden ist, erfordert zukunftsgestaltende s. Strategien. Auf diese Herausforderung gibt es heute keine schlüssige s. Antwort. Die Faktormobilitäts- und Technologieförderung sind nur partielle Problemlösungsansätze. Eine langfristig rationale S. ist nicht in Sicht.

Alparslan Yenal

Lit.: *Bombach, G./Gahlen, B./Ott, A. E.* (Hrsg.) 1977: Probleme des Strukturwandels und der Strukturpolitik, Tübingen. *Deutsches Institut für Wirtschaftsforschung* 1984: Erhöhter Handlungsbedarf im Strukturwandel: Strukturberichterstattung 1983, Berlin. *Enke, H.* u.a. 1984: Struktur, Konjunktur und Wirtschaftswachstum, Tübingen. *Hübl, L./Schepers, W.* 1983: Strukturwandel und Strukturpolitik, Darmstadt. *Meissner, W./Fassing, W.* 1989: Wirtschaftsstruktur und Strukturpolitik, München. *Peters, H. R.* 1988: Sektorale Strukturpolitik, München. *Rasmussen, T.* 1983: Sektorale Strukturpolitik in der Bundesrepublik Deutschland, Göttingen. *Stille, F.* u.a. 1992: Strukturwandel im Prozeß der deutschen Vereinigung, Berlin.

Subventionen/Subventionspolitik

I. In der Finanzwissenschaft gelten Subventionen (S.) als »Geldzahlungen oder geldwerte Leistungen der öffentlichen Hand an Unternehmen, von denen anstelle einer marktwirtschaftlichen Gegenleistung bestimmte Verhaltensweisen gefordert oder erwartet werden, die dazu führen sollen, die marktwirtschaftlichen Allokations- und/oder Distributionsergebnisse nach politischen Zielen zu korrigieren« (*Hansmeyer* 1977: 963). Dabei können S. in Form direkter Zahlungen aus öffentlichen Budgets (Zuschüsse, Darlehen, Schuldendiensthilfen, Bürgschaften) oder als Verzicht auf staatliche Einnahmen auftreten (Steuervergünstigungen, Gebühren- und Beitragsermäßigungen und -verzichte). Des weiteren können staatliche Käufe zu Preisen oberhalb des Marktpreises entgolten (Beschaffungssubvention) oder staatliche Waren, Dienstleistungen oder Vermögensgegenstände unter Preis abgegeben werden (Abgabesubventionen). Schließlich kann die öffentliche Hand Verbindlichkeiten von Unternehmen in ihren Schuldenstand übernehmen.

Subventionsbegriffe lassen sich in formale und wirkungsorientierte Abgrenzungen einteilen. Dem formalen, geschlossenen Definitionsrahmen der Volkswirtschaftlichen Gesamtrechnung (VGR) folgt der dort verwandte Subventionsbegriff, der die Zuschüsse des Staatssektors (Gebietskörperschaften, ↗ Sozialversicherungen, ↗ Europäische Union) für laufende Produktionszwecke, aber weder Steuervergünstigungen noch Preissubventionen, noch Vermögenstransaktionen erfaßt.

Wirkungsorientierte Abgrenzungen gehen von der angestrebten Wirkung, der Begünstigung privater Unternehmen oder Aktivitäten, aus. Sie definieren damit offener, aber auch unschärfer und werden in der Praxis mit Hilfe formaler Merkmale konkretisiert. In Deutschland sind derzeit drei Abgrenzungen von besonderer Bedeutung:

1. Die Abgrenzung nach dem Subventionsbericht der Bundesregierung: Nach § 12 StWG sind S. »Bundesmittel, die für bestimmte Zwecke an Stellen außerhalb der Bundesverwaltung vergeben werden«, und umfassen Finanzhilfen und Steuervergünstigungen. Sie werden weiter in Erhaltungs-, Anpassungs- und Produktivität und Wachstum fördernde Hilfen sowie »sonstige« untergliedert. Außer Betrieben und Wirtschaftszweigen können auch private Haushalte Subventionsempfänger sein (z. B. Spar- und Wohnungsbauförderung). Ausgewiesen werden die Ausgaben und Einnahmeverzichte des jeweils laufenden Haushalts.

2. Die Abgrenzung der fünf Wirtschaftsforschungsinstitute im Rahmen der Strukturberichterstattung: 1987 einigten sich die fünf an der Strukturberichterstattung beteiligten

Wirtschaftsforschungsinstitute auf einen gemeinsamen, erweiterten Subventionsbegriff. Seine Zielsetzung ist, »die sektorale Einflußnahme des Staates möglichst präzise abzubilden und die haushaltswirksamen staatlichen Eingriffe in möglichst tiefer sektoraler Differenzierung... zu erfassen« (*Fritsche* 1988: 16f.). Danach sind S. budgetäre Hilfen des Staates an Unternehmen (Subventionskern) sowie an private Haushalte, wenn sie als indirekte Lohnkostenzuschüsse oder für den Kauf bestimmter Produkte gewährt werden (Transfers mit Subventionscharakter). Die Wirtschaftsforschungsinstitute erfassen ebenfalls die kassenmäßige Haushaltsbelastung der Subventionsgeber.

3. Der Beihilfenbegriff der EU-Kommission: Unter ihrem sehr weiten, offenen Subventionsbegriff – im EWG-Vertrag als Beihilfe bezeichnet – faßt die EU-Kommission »staatliche oder aus staatlichen Mitteln stammende Beihilfen gleich welcher Art, die durch die Begünstigung bestimmter Unternehmen oder Produktionszweige den Wettbewerb verfälschen oder zu verfälschen drohen«. Subventionszahler sind alle öffentlichen Haushalte, Beihilfeempfänger ausschließlich Unternehmen. Öffentliche Unternehmen zählen zum Unternehmenssektor. Kapitaleinlagen der öffentlichen Hand, die über ein privatwirtschaftlich übliches Verhalten hinausgehen, sind ebenfalls Beihilfen, während S., die sie aus eigenen Mitteln gewähren, nicht als Beihilfen angesehen werden. Die EU-Kommission unterscheidet in Zuschüsse, Steuerreduzierungen, Kapitalbeteiligungen, zinsgünstige Darlehen, Steueraufschübe und Bürgschaften. In den Beihilfeberichten quantifiziert die EU-Kommission Beihilfeäquivalente, d.h. die monetären Werte der durch die Beihilfen bedingten Begünstigungen. Empirisch werden bis heute nur Beihilfen an verarbeitendes Gewerbe, Landwirtschaft, Fischerei, Kohle, Schienenverkehr und Binnenwasserwege erfaßt.

Auch die Europäische Freihandelszone (EFTA) und die OECD haben inzwischen Berichterstattungen über nationale Subventionstätigkeit aufgebaut bzw. arbeiten daran. Sie benutzen dabei jeweils andere Abgrenzungen, so daß das empirische Material nur sehr eingeschränkt zu Vergleichen nutzbar ist.

II. Für die Bundesrepublik ergeben sich je nach Abgrenzung sehr unterschiedliche Subventionsvolumina: Nach der VGR wurden 1989 – vor der deutschen Einigung – S. in Höhe von 45,8 Mrd. DM bzw. 2,05 % des Sozialproduktes (BIP) gezahlt; nach dem 12. Subventionsbericht der Bundesregierung waren es 79,6 Mrd. DM (3,56 % des BIP). Nach dem EU-Beihilfebericht betrugen die erfaßten Beihilfen etwa 2,1 % des BIP. 1993 waren die Subventionen nach VGR auf 63,3 Mrd. DM angestiegen, ihre Relation zum BIP aber leicht auf 2,04 % gesunken. Nach dem 14. Subventionsbericht der Bundesregierung ergeben sich 113,8 Mrd. DM bzw. 3,66 % des BIP.

Bei den vom Beihilfebericht der EU erfaßten nationalen Beihilfen ist die Bundesrepublik der absolut größte Subventionszahler, gefolgt von Italien und Frankreich. Unter Berücksichtigung von Ländergröße und Wirtschaftskraft ist das subventionsfreudigste Land das kleine Luxemburg: 1988–1990 wurden durchschnittlich 4,0 % des BIP für Beihilfen aufgewandt bzw. 1389 ECU pro Beschäftigtem. Danach folgten Griechenland, Italien und Belgien mit 3 % des BIP, die Schlußlichter bilden Dänemark und Großbritannien mit 1,1 % des BIP. Deutschland liegt mit 2,4 % des BIP im Mittelfeld, gehört aber mit 964 ECU Beihilfen pro Beschäftigtem bezüglich dieses Indikators zur Spitzengruppe. Beträchtliche S. werden auch von der EU gezahlt. Insbesondere die Fondsausgaben und hier die Ausgaben des Europäischen Ausrichtungs- und Garantiefonds für die Landwirtschaft (EAGFL) an die Landwirtschaft stiegen schneller als die Wirtschaftskraft der Mitgliedsstaaten.

Hinsichtlich der eingesetzten Beihilfeformen gibt es ebenfalls bedeutende Unterschiede. Außerdem ist ein Wandel festzustellen. Es überwiegen eindeutig Zuschüsse, Finanzhilfen und Zinsverbilligungen. Steuervergünstigungen sind selbst dort, wo sie traditionell eingesetzt werden (Deutschland, Portugal), anteilsmäßig zurückgegangen. Lediglich in Deutschland, Irland und Italien machten sie noch etwa 20% der Subventionen aus. Vermindert haben sich auch die Subventionen über Kapitalbeteiligungen des Staates. Die Bedeutung von Bürgschaften zur Förderung von Unternehmen ist gesunken. Selbst in Frankreich, wo sie nach 1986–88 etwa 19% des Beihilfevolumens betrugen, hatten sie nur ebenfalls noch einen Anteil von 10%.
Hinsichtlich der Förderzwecke werden in Dänemark, den Niederlanden und Deutschland Forschung und Entwicklung in besonderem Maße subventioniert, Handel und Export in Irland, Griechenland, Frankreich und Dänemark. Regionalbeihilfen absorbieren in Deutschland, Luxemburg und Italien mehr als die Hälfte des erfaßten Gesamtvolumens, wobei in Deutschland 54% aller Beihilfen auf die Berlin- und Zonenrandförderung entfielen.

III. Seit der Währungsreform 1948 lassen sich drei große Abschnitte in der deutschen Subventionspolitik unterscheiden:
1) die marktwirtschaftlich orientierte Wiederaufbauphase nach dem Krieg,
2) die Periode von Globalsteuerung und Verteilungsaktivitäten unter der großen und der sozial-liberalen Koalition,
3) eine Phase allokativer Renaissance nach der »Wende« 1982 und
4) Subventionen zur Anpassung der Wirtschaft der ehemaligen DDR.
Die Bundesrepublik Deutschland wurde mit einem – gemessen an der damaligen Wirtschaftskraft – riesigen Subventionsprogramm, dem Marshallplan, gestartet. Das Ziel, eine strikt marktwirtschaftliche, dezentral gesteuerte Wirtschaftsordnung (↗ Wirtschaftssystem) einzurichten, war angesichts der Vielzahl der Probleme beim Übergang von der Kriegs- zur Friedenswirtschaft nur mit gezielten staatlichen Eingriffen zu erreichen. Während des staatlichen Lenkungsabbaus der hochregulierten Kriegswirtschaftsordnung wurden die indirekten Investitionslenkungen durch und Steuervergünstigungen als wichtige Möglichkeit wirtschaftspolitischer Steuerung angesehen. In den 50er Jahren wurden auch die Systeme der Spar- und der Wohnungsbauförderung sowie die Subventionierung der Landwirtschaft grundsätzlich angelegt. Insgesamt wurden S. als zielkonform mit strikt marktwirtschaftlichen Grundsätzen angesehen. Einzelne Versuche, gewährte Vergünstigungen wieder abzuschaffen, lehrten aber damals bereits die Schwierigkeiten derartiger Vorhaben.
Mitte der 60er Jahre wurden S. von der Großen Koalition ausdrücklich in den Dienst einer aktiv steuernden *fiscal policy* und der Korrektur der Einkommens- und Vermögensverteilung gestellt. Mit dem StabWG eröffnete sich die Möglichkeit des Einsatzes von Finanzhilfen und Steuervergünstigungen für die Konjunktursteuerung (↗ Keynesianismus); sie wurde 1967/69 und 1974–77 auch in beträchtlichem Umfang wahrgenommen. Spar- und Wohnungsbauförderung wurden insbesondere in den 70er Jahren mit Einkommensgrenzen, Kinderkomponenten u.ä. zu verteilungspolitischen Instrumenten umgebaut und ihr finanzielles Volumen stark ausgeweitet. Des weiteren wurden S. in zunehmendem Maße für die Lösung von Strukturproblemen einzelner Branchen und zum Abbau regionaler Disparitäten der Wirtschaftsentwicklung eingesetzt. Die Gemeinschaftsaufgaben »Agrarstruktur und Küstenschutz« und »Förderung der regionalen Wirtschaftsstruktur« sowie

die Hilfen für den Steinkohlenbergbau sind die wichtigsten Beispiele dieser Subventions-Strukturpolitik.
Die anhaltende Wirtschaftskrise Mitte der 70er Jahre und der erneute Wachstumseinbruch mit einem weiteren Anstieg der Massenarbeitslosigkeit zu Beginn der 80er Jahre zwangen die sozialliberale Koalition zur Konsolidierung, bei der sowohl 1978/79 als auch 1982 die S. des Bundes absolut zurückgingen. Die konservativ-liberale »Wende-Regierung« trat 1982 mit angebotspolitischen Vorstellungen für die Wirtschaftspolitik an (↗ Monetarismus). Staatliche Subventionen wurden insb. in liberalen Argumenten als eines der stärksten Hindernisse dynamischer ↗ Marktwirtschaft angesehen und für die hohe ↗ Arbeitslosigkeit verantwortlich gemacht. Entgegen den Ankündigungen eines Subventionsabbaus stiegen die Finanzhilfen und Steuervergünstigungen weiter. Zwar verschob sich die innere Struktur, weil Sparförderung und Vermögensbildung zurückgefahren wurden, aber dafür wuchsen insb. die S. an die Landwirtschaft und an die neu hinzugekommenen Krisenbranchen Werften und Stahl. Mit Sonderabschreibungen, Programmen für Klein- und mittelständische Unternehmen und Forschungs- und Entwicklungsförderung sollte überdies die Investitions- und Innovationskraft der deutschen Wirtschaft gestärkt werden.

Vermutlich um wegen einer den Wahlversprechen zuwiderlaufenden Subventionspolitik nicht noch stärker ins Feuer der Kritik zu laufen, aber auch, um dem wachsenden Druck einer schärfer werdenden Beihilfenaufsicht seitens der EU-Kommission auszuweichen, wurden mehr und mehr S. gar nicht mehr im Subventionsbericht ausgewiesen oder es wurden »diskretere« Formen der Subventionierung gewählt und massiv gesteigert. Die Flucht aus dem Subventionsbericht war häufig auch eine Flucht aus dem Budget: Der Kohlepfennig ist eine Sonderabgabe, der Erlaß rückzahlbarer Zuschüsse zum Airbus-Programm zu Lasten des Bundeshaushalts ist keine Ausgabe im laufenden Haushalt, und die Kreditanstalt für Wiederaufbau steigerte ihre S. aus eigenen Mitteln beträchtlich. Die Flucht aus dem Budget setzte sich in Deutschland mit der deutschen Einigung weiter fort. Die überaus mangelhafte Wettbewerbsfähigkeit der Wirtschaft der ehemaligen DDR, deren Produktivität bei durchschnittlich etwa ⅓ des Westniveaus lag, machte – neben Sozialtransfers insb. über die Sozialversicherungen – Subventionen zum Mittel der Wahl, um die Investitionstätigkeit in den neuen Ländern zu fördern. Der Subventionsbericht der Bundesregierung weist für 1994 Finanzhilfen in Höhe von 10,1 Mrd. DM zugunsten der fünf ostdeutschen Länder und Berlins aus sowie Steuervergünstigungen in Höhe von 9,6 Mrd. DM. Letztere werden allerdings nur zu etwa 40% vom Bund finanziert, 5,7 Mrd. DM der Steuermindereinnahmen tragen Länder und Gemeinden.
Größere Anteile an den Unternehmenssubventionen in den neuen Ländern werden jedoch nicht über die offiziellen Haushalte, sondern über Schattenhaushalte abgewickelt. Hier sind insb. die Treuhandanstalt und das ERP-Sondervermögen bzw. die Kreditanstalt für Wiederaufbau zu nennen. Die Treuhandanstalt subventionierte im Rahmen der Privatisierung ostdeutscher Unternehmen 1993 mit rd. 40 Mrd. DM. Hinzu kamen Bürgschaften in Höhe von 16,6 Mrd. DM. Ihr Schuldenstand, der vereinfacht als Netto-Subventionsbetrag der ostdeutschen Privatisierungen angesehen werden kann, wird Ende 1994 voraussichtlich 230 Mio. DM betragen und zum 1.1.1995 auf den Bund übertragen.
Neben der Treuhandanstalt wurde die bundeseigene Kreditanstalt für Wiederaufbau, die auch die ERP-Förderung verwaltet, verstärkt zur subventionierten Investitionsfinanzierung eingesetzt. Sie vergab 1993 etwa die Hälfte ihrer deutschen Förderkredite, 16,4 Mrd. DM, in die neuen Länder.

IV. Die finanziellen Lasten der deutschen Einheit haben bereits aktuell zu forciertem Konsolidierungsdruck in den Haushalten der Gebietskörperschaften geführt. Subventionen blieben in den alten Ländern mit wenigen Ausnahmen bis jetzt verschont, im Zusammenhang mit der Privatisierung von Post und Bahn sind sogar neue entstanden. Auch verleitet die Beschäftigungskrise, die bei wieder anlaufender Konjunktur bestehen bleiben wird, Landesregierungen zu industriepolitischen Abenteuern mit Hilfe von Subventionen. Argumente für eine strategische Handelspolitik schaffen sowohl in den USA als auch in Europa politische Begründungen für industriepolitische Interventionen, so daß ein echter Subventionsabbau wohl noch länger auf sich warten lassen wird.

Gisela Färber

Lit.: *Albrecht, D./Thormählen, T.* 1985: Subventionen – Politik und Problematik, Frankfurt/M. u.a. *Andel, N.* 1977: Subventionen, in: HdWW, Bd. 7, Stuttgart u.a., 491ff. *Bleckmann, A.* [5]1990: Europarecht, Köln u.a., 600ff. *Bundesminister der Finanzen*: Subventionsberichte, Bonn, versch. Jahre. *Deutsche Bundesbank* 1994: Die Finanzen der Treuhandanstalt, in: Monatsbericht April 1994, 17ff. *Färber, G.* 1989: Subventionen in der sozialen Marktwirtschaft – Subventionsbegriff und Subventionspolitik in der Bundesrepublik Deutschland im Lichte gewandelter finanzpolitischer Konzeptionen, in: *Fischer, W.* (Hrsg.): Währungsreform und Soziale Marktwirtschaft, Schriften des Vereins für Sozialpolitik N. F., Bd. 190, Berlin, 325ff. *Färber, G.* 1994: Binnenmarktgerechte Subventionspolitik – Strukturen, Normen, Defizite, Frankfurt/M. u.a. *Ford, R./Suytzer, W.* 1990: Industrial Subsidies in the OECD Economies, in: OECD Economic Studies 15, Autumn. *Fritzsche, B.* u.a. 1988: Subventionen – Probleme der Abgrenzung und Erfassung, München. *Hansmeyer, K.-H.* [3]1977: Transferzahlungen an Unternehmen (Subventionen), in: *Neumark, F.* (Hrsg.): Handbuch der Finanzwissenschaft Bd. 1, Tübingen, 959ff. *Jooss, G.* 1987: Subventionsrecht – eine Bestandsaufnahme, in: Recht im Amt 4, 73ff. und 5, 97ff. *Kommission der Europäischen Gemeinschaft*: Berichte über die Wettbewerbspolitik, Brüssel/Luxemburg, versch. Jahre. *Kommission der Europäischen Gemeinschaft* 1993: Dritter Bericht über staatliche Beihilfen in der Europäischen Gemeinschaft im Verarbeitenden Gewerbe und in einigen weiteren Wirtschaftssektoren, Luxemburg. *Zacher, H. F.* 1967: Verwaltung durch Subventionen, Veröffentlichungen der Vereinigung der Deutschen Steuerzahler 25, Berlin, 310ff. *Zoltan, J.* 1990: Vom Marshallplan zum Kohlepfennig, Opladen.

Syndikalismus

In der sozialwiss. und historischen Forschung sind Zusammenhang und Abgrenzung von Syndikalismus (S.) umstritten. Fraglich ist, 1. ob der S. eine vom ↗ Anarchismus weitgehend selbständige staatsoppositionelle und antikapitalistische Bewegung ist, 2. ob er derart von der Tradition des Anarchismus bestimmt worden ist, daß er lediglich eine seiner Varianten darstellt, oder 3. ob Anarchismus und ↗ Marxismus sich im S. zu qualitativ Neuem verbunden haben.

Nach seinem Selbstverständnis kann der S. in vier Elementen beschrieben werden, die gewisse Affinitäten, aber auch Differenzen zum Anarchismus erkennen lassen: 1. Das Syndikat, die Einheitsbetriebsorganisation, und die ↗ Gewerkschaft bilden die Organisationsform sowohl für den revolutionären Kampf, in dem wirtschaftliche und politische Ziele miteinander verbunden werden, als auch für die anzustrebende herrschaftsfreie Gesellschaft. 2. Der ↗ Föderalismus ist das Organisationsprinzip der zukünftigen Gesellschaft. In der syndikalistischen (s.) Praxis wird der Föderalismus bereits im ↗ Kapitalismus vorweggenommen. 3. Syndikalisten gehen von dem im Kapitalismus unüberbrückbaren und nur durch die ↗ Revolution aufhebbaren Gegensatz von Proletariat und Bourgeoisie aus. 4. Anders als die Mehrzahl der Marxisten sehen die Syndikalisten im Staat nicht das ausführende Organ der herrschenden Klasse (↗ Staatstheorie), sondern eine über der Gesellschaft verselbständigte, eigengesetzliche und zentralistisch-bürokratische Institution, die in der Revolution zu zerschlagen ist. Während der Anarchismus eher klassenindifferent auftritt, ohne allerdings die Existenz von Arbeiterschaft und ↗ Bürgertum zu leugnen, ist der S. klassengebunden-proletarisch und geht vom Klassenantagonismus aus. Die Kampfformen des S. sind eindeutig industriell: Die Gewerkschaft ist ihr Träger; Arbeitsverlangsamung, Sabotage, Boykott, Massendemonstrationen, ↗ Streik und vor allem der Generalstreik sind ihre Mittel. Im Unterschied zum konsequent antiinstitutionellen Anarchismus stellt der S. eine festere Organisationsform dar. Hingegen sind die Prinzipien des Föderalismus und Anti-Etatismus beiden gemeinsam. Der Revolutionsbegriff der Syndikalisten unterscheidet sich kaum von dem der Anarchisten, er ist voluntaristisch.

Die s. Bewegungen in Frankreich, Deutschland, England und den USA haben sich im Unterschied zum Agrar- und Handwerkeranarchismus nicht nur auf den Boden der vollzogenen Industrialisierung und der herausgebildeten kapitalistischen Gesellschaft gestellt, sondern die Entstehungsphase des S. ist durch ökonomische Konzentration und die zunehmend enge Verschränkung von Staat und Wirtschaft gekennzeichnet gewesen. Allgemein kann der S. als spontane Revolte der Arbeiterschaft gegen die in dieser Phase sozialökonomischer Entwicklung zunehmende Entfremdung des Lohnarbeiters in Werkstatt, Betrieb und Unternehmen gesehen werden. Autoritäre Betriebsstrukturen sind eine der Ursachen für s. Protest gewesen. Zu den politischen Ursachen des S. zählt häufig die Diskreditierung des parlamentarischen Systems (↗ Parlamentarismus) und der in ihm agierenden ↗ Parteien. S. ist auch entstanden als Reaktion auf die zunehmende Einbindung der organisierten ↗ Arbeiterbewegung in das jeweilige nationale politische und gesellschaftliche System, er entstand als Opposition zu deren reformistischer Praxis.

Peter Lösche

↗ Sozialismus.

Lit.: *Bock, H. M.* 1993: Syndikalismus und Linkskommunismus von 1918–1923. Ein Beitrag zur Sozial- und Ideengeschichte der frühen Weimarer Republik, Darmstadt. *Dubofsky, M.* 1969: We Shall Be All. A History of the Industrial Workers of the World, Chicago. *Reynaud, J. D.* 1963: Les syndicalistes en France, Paris. *Ridley, F. F.* 1970: Revolutionary Syndicalism in France. The Direct Action of its Time, Cambridge. *Röhrich, W.* 1977: Revolutionärer Syndikalismus. Ein Beitrag zur Sozialgeschichte der Arbeiterbewegung, Darmstadt. *Stearns, P.* 1971: Revolutionary Syndicalism and French Labor: A Cause without Rebels, New Brunswick.

Systemtheorie

Systeme sind Gebilde oder Konstrukte, bei denen Elemente oder Merkmale der Elementenmenge in bestimmter, von der Umwelt unterschiedener Weise miteinander verbunden und auf die kreative Selbsterhaltung der internen Strukturen bezogen sind. Untersuchungsgegenstand sind die Integration und Interdependenz der Teile unter den Gesichtspunkten Funktion – Struktur – Prozeß. Unter Funktion wird die Aufgabe oder Leistung eines Teils im Rahmen eines Ganzen, unter Struktur die Gliederung, der Aufbau oder die Anordnung der Elemente oder Subsysteme in einem System, unter Prozeß ein Geschehenszusammenhang interaktiver Vorgänge mit einer gewissen Regelmäßigkeit und zeitlichen Kontinuität verstanden. Politik wird definiert als allgemeinverbindliche Entscheidungsfindung hinsichtlich öffentlicher Probleme. Insofern ist das ↗ Politische System als ein ausdifferenziertes Teilsystem der Gesamtgesellschaft funktional auf die Erzeugung für legitim gehaltener Macht bezogen und auf die Herstellung bindender Entscheidungen als Zielerreichung spezifiziert.

I. Abgesehen von dieser allgemeinen Bestimmung variieren die systemtheoretischen Ansätze erheblich, werden unterschiedliche Konzepte, Modellvorstellungen und Akzentsetzungen für den Bereich der Politik bevorzugt.

1. *K. W. Deutsch* stellt in seiner gouvernemental ausgerichteten politischen Kybernetik auf Kommunikations- und Steuerungsvorgänge ab. Für ihn ist ein systemisches schöpferisches Lernen als zieländernde Rückkopplung für die Selbsttransformation von Gesellschaften unabdingbar, und das Leistungsvermögen einer Regierung sei vor allem daran zu bemessen, inwieweit die politische Führung neue Probleme und entsprechende Problemlösungen antizipiert. Die Zielformulierungen und -veränderungen sowie die Macht- und Verteilungskämpfe werden nicht konkretisiert, sondern *Deutsch* behilft sich weiterhin mit Metaphern, Aphorismen und originellen Analogien, wobei die Steuerungsaussagen insgesamt zwar keine stringente Theorie erlauben, wohl aber ein reiches heuristisches Anregungspotential bieten. In den letzten Jahren wandte sich *Deutsch* verstärkt der vergleichenden Politikforschung zu und behandelte u. a. Fragen der Dezentralisation sowie Weltmodell anhand computergestützter Datenverarbeitung und verschiedener Simulationsreihen. Seine stillschweigende Voraussetzung war dabei stets, daß das westliche Gesellschaftsmodell als kompetenter und leistungsfähiger, da offener und flexibler, anzusehen ist.

2. Das allgemeine systemtheoretische Politikmodell von *D. Easton* erhebt den Anspruch, universell (von Pygmäenstämmen bis hin zur internationalen Weltgesellschaft) anwendbar zu sein. Für den Lebensprozeß politischer Systeme – und zwar unabhängig von Raum und Zeit, von den jeweiligen Regierungsformen, vom wirtschaftlichen und kulturellen Entwicklungsstand – sei v.a. die Erhaltens- oder Überlebensfrage (*persistence*) leitend. *Eastons* theoretische Analyse zentraler politischer Kategorien interpretiert den politischen Bereich (*political life*) als eine komplexe Menge von Prozessen, durch die bestimmte *inputs* in *outputs* transformiert werden, die wir bindende Strategien, Entscheidungen oder erfüllende Handlungen nennen können. Als *Input*-Indikatoren kommen insbesondere Forderungen (*demands*, ihnen latent zugeordnet: *wants*) und Unterstützungsleistungen (*supports*) in Betracht, durch die über einen politischen Umsetzungsprozeß (*conversion process* mit *withinputs* der politischen Klasse in exekutiver Führerschaft) die Eingaben der Umweltsysteme in das politische System zu outputs geformt werden, die vermöge einer Rückkopplungsschleife (*feedback loop*) zu neuen oder modifizierten *Input*-Impulsen führen können. Dieser Regelkreis wird indes von den *authorities* als *gatekeeper* und Entscheidungsveranlasser dominiert. Konstitutionsmerkmal des politischen Systems bei *Easton* ist demnach die autoritative und gesamtgesellschaftlich verbindliche Allokation von Werten und Gütern sowie die Mobilisierung von Ressourcen seitens politisch-administrativer Entscheidungseliten, wobei eine herrschaftskritische Fragestellung nahezu völlig unterbleibt und der soziopolitische Interessenvermittlungsprozeß in dieser Gewichtung vereinseitigt wird.

3. Das *Input/Output*-Schema ist von *G. A. Almond* auf die Vergleichende Systemlehre bezogen worden. *Input*-Funktionen des politischen Systems sind die politische Sozialisation und Rekrutierung (von Personal für politische Ämter), die Interessenartikulation, die Interessenaggregation und die politische Kommunikation, als universale *Output*-Funktionen werden *rule making, rule application* und *rule adjudication* angesehen, die den herkömmlichen Kategorien der Gewaltenteilung entsprechen (Legislative, Exekutive, Judikative). Zusammen mit *S. Verba* u. a. hat *Almond* das Konzept der politischen Kultur entfaltet und anhand einiger weniger Einstellungsvariablen bestimmte Typen unterschieden (*parochial political culture, subject political culture, participant political culture, civic culture*). Die *civic culture* als Mischform der ersten drei Typen ist dabei die dem idealisierten angelsächsischen Vorbild entnommene »Staatsbürgerkultur« mit normativem Primat, insofern sie auch die globale Zielstufe von Modernisierungsprozessen darstellt.

4. Der amerikanische Wertehorizont ist uneingestandenermaßen auch die Hintergrundsideologie der vielfältigen Theorieansätze von *T. Parsons*. Allerdings hat *Parsons* – ausgehend von einem voluntaristisch situ-

ierten Handlungsbezugsrahmen (*action frame of reference*), über die Entfaltung von Strukturmustervariablen (*pattern variables*) als Orientierungsalternativen oder Handlungsmöglichkeiten sowie von Vierfelderschemata (v.a. AGIL, in anderer Phasenfolge LIGA für Sozialisationsprozesse) im Rahmen seiner strukturell-funktionalen Systemtheorie bis hin zur Herausarbeitung von evolutionären Universalien und allgemeinen Interaktionsmedien (Geld, Macht, Einfluß und Wertbindungen) – eine Theoriekomplexität erreicht, die höchsten Respekt abverlangt und nicht einfach durch vorschnelle Etikettierungen erledigt werden kann. Die *pattern variables* sind Wahldilemmata im Kontinuum von Gemeinschaft/Gesellschaft (*affectivity vs. affective neutrality, self orientation vs. collectivity-orientation; universalism vs. particularism, specificity vs. diffuseness*). Nach dem mannigfach variierten AGIL-Schema (gebildet aus den Anfangsbuchstaben der englischen Begriffe) hat jedes System v.a. vier Grundprobleme zu lösen: (A) die Anpassung an seine äußere Umgebung (*adaptation*), (G) die Verwirklichung von Systemzielen und Zielselektion (*goal-attainment, goal-selection*), (I) die Integration der Systemelemente (*integration*), (L) die Aufrechterhaltung der systemeigenen Handlungs- und Wertstrukturen sowie eine erfolgreiche Spannungsbewältigung (*latent pattern maintenance and tension management*). Für das Paradigma evolutionären Wandels ist der systemische Prozeß der Steigerung adaptiver Kapazitäten (*adaptive upgrading*) entscheidend, der durch Differenzierung (funktionale Spezifizierung) und Integration verursacht wird und auf einem jeweils neuen Systemniveau zu befestigen ist. Hinsichtlich der von *Parsons* unterschiedenen Subsysteme wird in seiner Konzeptualisierung ein hierarchischer Aufbau sichtbar: Das kulturelle Wertsystem als semantisch-symbolischer Komplex ist maßgeblich an der Prägung der sozialrelevanten Normenstrukturen beteiligt, auf die hin sich, unterstützt durch Sanktionen, die Bedürfnisausrichtungen personaler Systeme zu beziehen haben. *Parsons* setzt auf eine normative Integration der Gesellschaft; denn die gleichsam in sich legitimierten kulturellen Werte sowie die mit ihnen und untereinander verbundenen sozialen Normen und individuellen Bedürfnislagen sollen zugleich der Ausdruck einer konsensuellen Basis des Gesamtsystems sein. Die harmonistische Annahme einer prinzipiellen Identität von Einzelnem und Allgemeinem in einem vorwiegend über Werte und Normen (sowie deren Verinnerlichung bzw. Anerkennung und Befolgung) integrierten sozialen System ist für die politische Praxis nicht schlüssig und dem Strukturmodell einer übersozialisierten Persönlichkeit geschuldet. Insgesamt werden von *Parsons* der kulturelle Code und die integrative Sozialfigur überbetont, und die Realitätsentsprechung seiner zahlreichen Begriffs- und Klassifikationsschemata ist des öfteren fraglich.

5. Auf den Schultern von *Parsons* stehen v.a. *J.C. Alexander* und *R. Münch*. Der Neofunktionalist *Alexander* versucht, einen konservativen *bias* zu vermeiden und insbesondere Solidarität und Konflikt, Ressourcen und Interessen im Rahmen einer realistischen, multidimensionalen Handlungstheorie zu verknüpfen. Auch die systemtheoretischen Ansätze von *Münch* sind handlungstheoretisch akzentuiert. Für ihn ist eine wachsende Differenzierung in Subsysteme und ihre Interpenetration (wechselseitige Durchdringung) die allein noch mögliche Form der Integration im Bezugsrahmen moderner Gesellschaften. Auch bei *Münch* herrschen kunstvolle Schemata vor, und die zahlreichen Diagramme und begriffslogischen Ableitungen erscheinen teilweise als zu komplett, so daß Brüche und Regressionen unversehens aus dem analytischen Gesichtskreis geraten. Der politische Prozeß, wie ihn *Münch* sieht, indem er Freiheit, Rationalität, Solidarität und aktive Weltgestaltung miteinander verbindet, stellt sich in einer offenen Gesellschaft normativ so dar: eine argumentative Begründung politischer Entscheidungen hinsichtlich allgemeiner Werte, angestiftet durch Diskurse, die Bindung der Akteure an gemeinsame Werthaltungen und Konfliktregelungsmuster, eine institutionalisierte rechtliche Kontrolle und eine tatsächliche Öffnung des Zugangs zu politischer Macht durch einen offenen politischen Markt.

6. Auch N. *Luhmann* baut zunächst auf *Parsons* auf, dessen Ansätze er radikalisiert, um sie schließlich zu überwinden. Die Erfassung und Reduktion von Weltkomplexität und die Steigerung jeweils systemischer Eigenkomplexität sowie das Selbstorganisationstheorem (Autopoiesis) können als die Zauberformel seiner Systemphilosophie apostrophiert werden. Das autopoietische Konzept erfordert auch eine »Revolutionierung der Erkenntnistheorie, welche sozusagen die Reflexion aus dem Subjekt in das Objekt verlagert und somit auf eine Art naturale Epistemologie des selbstreferentiellen Beobachtens selbstrefenrentieller Systeme umgestellt werden muß« (*Luhmann* 1992: 64). Damit aber sind die epistemologischen Probleme der Systembeobachtung *Luhmanns* beileibe nicht alle geklärt, zumal seine Theorie der Gefahr einer Reifizierung der Konstrukte unterliegt. In politikwissenschaftlicher Hinsicht präferiert *Luhmann* den binären Code Regierung/Opposition, womit er Formen der ↗ Konkordanzdemokratie ausblendet. Auch Dezentralisierung, Föderalismus und Elemente der direkten Demokratie werden in seinen konkurrenzdemokratischen Politikentwürfen vernachlässigt. Systemtheoretisch fordert *Luhmann* heute vermehrt logische Forschungen und solche im Bereich der Kybernetik zweiter Ordnung, um selbstreferentielle Verhältnisse und kreative Entparadoxierungen noch besser handhaben zu können.

7. Durchgängig fällt auf, daß die systemtheoretischen Ansätze im Bereich der Politik den Begriff des Staates kaum noch verwenden, statt dessen wird vom politischen System und von der Gesamtgesellschaft gesprochen. So begreift *Luhmann* den Staat als eingeführten Standardbegriff für das Funktionssystem Politik lediglich als Selbstbeschreibung des politischen Systems der Gesellschaft. Der Staatsbegriff wird außerhalb dieser Semantik für unfruchtbar gehalten, da das ↗ politische System und die politischen Prozeßabläufe mehr umgreifen als eben nur staatliches oder auf den Staat bezogenes Handeln. In diesem Kontext hat *H. Willke* die These aufgestellt, daß »der Staat nicht – wie Marx dachte – abstirbt, weil er funktionslos wird, sondern daß er auf der Strecke gesellschaftlicher Evolution bleibt, weil er nicht funktionstüchtig genug ist« (*Willke* 1983: 49). Vom Staat als einer geradezu omnipotenten politischen Steuerungsinstanz kann in modernen Gesellschaften nicht mehr die Rede sein, sondern diese nur noch im Reden über den Staat präsente Autonomie wird faktisch immer mehr zugunsten kooperativer Strukturen zwischen Staat und gesellschaftlichen Handlungsträgern aufgelöst. Es müssen daher neben der generellen Anerkennung von Teilsystemrationalitäten neue soziale Verhandlungssysteme institutionalisiert werden.

II. Die systemtheoretischen Ansätze können zusammen als das nach wie vor expansive Paradigma in allen ↗ Sozialwissenschaften betrachtet werden, was für die Gesamtdisziplin indes auch negativ verstanden werden kann, weil sie hierdurch von einer exakten Realwissenschaft noch immer weit entfernt und eine systemtheoretische Methodologie zugleich unterentwickelt ist.

1. Auch wenn die begriffliche Präzisierung weiter vorangetrieben werden könnte, ist es aber ein anhaltendes Verdienst der systemtheoretischen Ansätze, das wissenschaftliche Vokabular vereinheitlicht, interdisziplinäres Arbeiten (v.a. *theoriebautechnisch*) erleichtert und ein differenziertes Zusammenhangsdenken mit neuartigen Referenzpunkten angeregt zu haben. Systemtheoretische Kategorien können auch für die politische Ideengeschichte sinnvoll verwandt werden. So hebt *U. Bermbach* hervor, daß spätestens seit der Aufklärung in neuzeitlichen Politikkonzepten parallel zum Prozeß der Generalisierung von Freiheit und Gleichheit als bürgerlichen Basisnormen die vorherrschenden institutionellen Evolutionsmuster vom Vertragsdenken auf die Ausdifferenzierung und Komplexitätssteigerung des politischen Systems umgestellt werden (*Bermbach* 1991: 193–211). *Luhmann* (^{2}1993) demonstriert, daß im Zusammenspiel von gesellschaftsstrukturellen und semantischen Veränderungen für den gesamtgesellschaftlichen Wandel und die Reduktion von Weltkomplexität seit dem 16. Jh. der Übergang von einem stratifizierten zu einem funktional dif-

ferenzierten Systemaufbau als Entwicklungscode angenommen werden kann. Die systemtheoretische Sprache und Grundmatrix kann des weiteren auf heterogene Gegenstände gerichtet werden, wie es v.a. *Parsons* und *Luhmann* unternommen haben (so u. a. in bezug auf Politik und Verwaltung, Wirtschaft, Recht, Religion, Kunst, Pädagogik, Erkenntnis- und Wissenssoziologie, Wissenschaftssystem, Soziologie der Intimverhältnisse). Systemtheoretische Ansätze thematisieren und problematisieren sozialwissenschaftliche Grundlagenfragen und haben hierfür in der Hauptsache ein neues Sprachspiel entwikkelt, um menschlich-gesellschaftliche Handlungssysteme unter dem Gesichtspunkt organisierter Komplexität als *unitas multiplex* analytisch in den Griff zu bekommen. Insonderheit entfalten sie ein hohes Rekombinationspotential auf verschiedenen Abstraktions- und Spezifikationsebenen, erstellen Beschreibungs- und Deutungsmodelle und ermitteln vielfältige Variablenstrukturen (*Hornung* 1988: 338–345).

2. Die Aussagen systemtheoretischer Ansätze weisen hingegen zumeist keinen empirischen Informationsgehalt sowie keine nomologischen Hypothesen auf und sind der Erklärung oder Prognose, der Bestätigung und Prüfung in stringenter Weise unzugänglich. Die systemtheoretischen Ansätze sind vorwiegend konstruktivistisch und haben einen normativen Überschuß, d. h., im Grunde antizipieren sie empirische Forschungsergebnisse, ohne diese unbedingt zu benötigen, insofern Datenerhebungen ihre eigenen Mängel haben und ohnedies als nicht hinreichend, da unterkomplex, angesehen werden. Von den Exponenten systemtheoretischer Ansätze, die zu konkreten Systemanalysen nur selten vordringen, kann man in Zukunft am ehesten wohl eine ausgefeilte Methodenlehre des sozialwissenschaftlichen Theoriedesigns, aber keine konkreten »sozialtechnologischen« Problemlösungen erwarten.

Arno Waschkuhn

↗ Funktionalismus; Politische Kybernetik; Politisches System; Staatstheorie; Vergleichende Regierungslehre/Vergleichende Politische Systemlehre.

Lit.: *Alexander, J. C.* 1980–1983: Theoretical Logic in Sociology, 4 Bde., London/Henley. *Alexander, J. C.* (Hrsg.) 1985: Neofunctionalism, Beverly Hills. *Almond, G. A./Powell, C. B. Jr.* ²1978: Comparative Politics: System, Process and Policy, Boston. *Almond, G.A./Verba, S.* 1963: The Civic Culture, Princeton. *Almond, G. A./Verba, S.* (Hrsg.) 1980: The Civic Culture Revisited, Boston. *Baecker, D.* u.a. (Hrsg.) 1987: Theorie als Passion, Frankfurt/M. *Bermbach, U.* 1991: Demokratietheorie und politische Institutionen, Opladen. *Collins, R.* 1988: Theoretical Sociology, San Diego. *Deutsch, K.W.* ³1973: Politische Kybernetik, Freiburg i. Br. *Easton, D.* ³1979: A System Analysis of Political Life, Chicago. *Etzioni, A.* 1975: Die aktive Gesellschaft, Opladen. *Fuchs, P.* 1992: Niklas Luhmann – beobachtet. Eine Einführung in die Systemtheorie, Opladen. *Habermas, J./Luhmann, N.* 1971: Theorie der Gesellschaft oder Sozialtechnologie – Was leistet die Systemforschung?, Frankfurt/M. *Haferkamp, H./Schmid, M.* (Hrsg.) 1987: Sinn, Kommunikation und soziale Differenzierung, Frankfurt/M. *Hamilton, P.* (Hrsg.) 1992: Talcott Parsons. Critical Assessments, 4 Bde., London/New York. *Hejl, P. M.* 1982: Sozialwissenschaft als Theorie selbstreferentieller Systeme, Frankfurt/M./New York. *Hornung, B. R.* 1988: Grundlagen einer problemfunktionalistischen Systemtheorie gesellschaftlicher Entwicklung, Frankfurt/M. *Jensen, S.* 1983: Systemtheorie, Stuttgart. *Krawietz, W./Welker, M.* (Hrsg.) 1992: Kritik der Theorie sozialer Systeme, Frankfurt/M. *Krohn, W.* u.a. (Hrsg.) 1990: Selforganization, Dordrecht. *Luhmann, N.* 1970–1990: Soziologische Aufklärung, 5 Bde., Opladen. *Luhmann, N.* 1981: Politische Theorie im Wohlfahrtsstaat, München. *Luhmann, N.* 1986: Ökologische Kommunikation, Opladen. *Luhmann, N.* 1987a: Archimedes und wir, Berlin. *Luhmann, N.* 1987b: Soziale Systeme, Frankfurt/M. (zuerst 1984). *Luhmann, N.* 1990: Essays on Self-Reference, New York. *Luhmann, N.* 1992: Interdisziplinäre Theoriebildung in den Sozialwissenschaften, in: *Luhmann, N.* Universität als Milieu, Bielefeld, 62–68. *Luhmann, N.* ²1993: Gesellschaftsstruktur und Semantik, 3 Bde., Frankfurt/M. (zuerst

1980). *Maciejewski, F.* (Hrsg.) 1973/74: Theorie der Gesellschaft oder Sozialtechnologie, Frankfurt/M. *Morel, J.* u.a. [2]1992: Soziologische Theorie, München. *Münch, R.* 1976: Theorie sozialer Systeme, Opladen. *Münch, R.* 1982: Basale Soziologie: Soziologie der Politik, Opladen. *Münch, R.* 1984: Die Struktur der Moderne, Frankfurt/M. *Münch, R.* 1986: Die Kultur der Moderne, 2 Bde., Frankfurt/M. *Münch, R.* 1991: Dialektik der Kommunikationsgesellschaft, Frankfurt/M. *Parsons, T.* [4]1968: The Social System, New York/London (zuerst 1951). *Parsons, T.* 1977: Social Systems and the Evolution of Action Theory, New York. *Parsons, T./Platt, G. M.* 1990: Die amerikanische Universität. Ein Beitrag zur Soziologie der Erkenntnis, Frankfurt/M. *Pokol, B.* 1990: Komplexe Gesellschaft, Bochum. *Reese-Schäfer, W.* 1992: Luhmann zur Einführung, Hamburg. *Röhrich, W.* (Hrsg.) 1975: Neuere politische Theorie. Systemtheoretische Modellvorstellungen, Darmstadt. *Schmidt, S. J.* (Hrsg.) [3]1992: Der Diskurs des radikalen Konstruktivismus, 2 Bde., Frankfurt/M. *Simonis, G.* 1994: Systemtheorie, in: *Boeckh, A.* (Hrsg.): Internationale Beziehungen. Lexikon der Politik, Bd. 6, München, 520–527. *Unverferth, H.-J.* (Hrsg.) 1990: System und Selbstreproduktion, Frankfurt/M. *Waschkuhn, A.* 1987: Politische Systemtheorie. Entwicklung, Modelle, Kritik. Eine Einführung, Opladen. *Weihe, U.* 1979: Diskurs und Komplexität, Stuttgart. *Willke, H.* 1983. Entzauberung des Staates, Königstein/Ts. *Willke, H.* 1989: Systemtheorie entwickelter Gesellschaften, Weinheim. *Willke, H.* [3]1991: Systemtheorie, Stuttgart u.a. (zuerst 1982). *Wuthe, G.* [2]1981: Die Lehre von den politischen Systemen, München.

Systemwechsel

I. Die wissenschaftliche Beschäftigung mit Systemwechsel (S.) trifft in jüngster Zeit auf eine völlig veränderte Forschungssituation, seit es in Südeuropa, Lateinamerika und Osteuropa zu Demokratisierungen der ↗ Politischen Systeme gekommen ist. In den 70er Jahren gelang die Rückkehr zur ↗ Demokratie in den OECD-Ländern Griechenland, Portugal und Spanien; seit Ende der 70er Jahre, aber hauptsächlich in den 80er Jahren zerbrachen in Lateinamerika, dessen Länder zur Dritten Welt zählen, die ↗ Autoritären Regime; seit Ende der 80er Jahre bricht sich in Mittel-, Ost- und Südosteuropa, kurz: Osteuropa, im Bereich der realsozialistischen Länder die Demokratie Bahn. Der S. ist in den genannten Fällen gekennzeichnet durch eine beachtliche Uniformität in der Zielvorstellung politischer Entwicklung: die Etablierung der pluralistischen Demokratie. Ganz unterschiedlich sind hingegen die wirtschaftlichen, sozialen und politischen Ausgangssituationen dieser Transitionsprozesse, weshalb der S. in Südeuropa und in Lateinamerika im wesentlichen nur die politisch-institutionelle Ebene umfaßt (↗ Vergleichende Regierungslehre), in Osteuropa auch die sozioökonomische, das durch spezifische Produktions- und Eigentumsverhältnisse bestimmte Gesellschaftssystem. Mit der bisherigen Systemkonkurrenz zwischen Ost und West (↗ Ost-West-Beziehungen) wird nicht nur der im Westen als primär angesehene Antagonismus zwischen Demokratie und ↗ Diktatur, sondern auch der im Osten bisher als dominierend betrachtete Antagonismus zwischen ↗ Kapitalismus und Sozialismus (↗ Marxismus, ↗ Marxismus-Leninismus, ↗ Kommunismus) überwunden.

Die Demokratisierungen in Osteuropa haben für diesen Länderbereich die Forschungsperspektive schlagartig gewandelt. Waren die autoritären Regime in Südeuropa und Lateinamerika schon frühzeitig als in Entwicklung begriffene Demokratien bezeichnet worden (s. *von Beyme* 1974), so galt für die realsozialistischen Systeme die Annahme ihrer Dauerhaftigkeit und die Erwartung einer längerfristigen Koexistenz mit den bürgerlichen Demokratien bei gleichzeitiger intersystemarer Entspannung. Zwar wurden seit Beginn der 70er Jahre Prozesse politischen und sozialen Wandels innerhalb der sozialistischen Systeme wahrgenommen, diese Anzeichen der Veränderung verdichteten sich weder damals noch später zu Zusammenbruchsprognosen, sondern zu Theorien des Systemwandels, basierend auf Annahmen der Reformierbarkeit sozialistischer Systeme. Reale und normative Zielrichtung solcher Reformen war nicht die Änderung der Struktur und Funktion des politischen Systems der sozialistischen Gesellschaft und ihres ökonomischen Systems, sondern die effektivere Organisation einzelner Bestandteile des politischen Systems (s. *Glaeßner* 1989: 366 ff.). Mit dieser Systemwandel-Forschungsperspektive verbanden sich weitere, für den Systemvergleich in den 70er Jahren gewonnene Positionen: a) statt institutioneller Vergleiche strukturfunktionale Analysen der Probleme und Konflikte in östlichen und westlichen Systemen und Studium strukturäquivalenter Lösungen für die jeweiligen Systeme; b) statt des normativen Werthorizonts des eigenen Systems als Maßstab die Anerkennung der Normen des jeweiligen Systems, im Falle des sozialistischen Systems der sozialistischen Zielformulierungen und der Vergleich mit den realen Politikergebnissen (s. *von Beyme* 1977).

II. Die Forschung über S. kann für Europa auf Arbeiten zu früheren Regimewechseln zurückgreifen: a) Zum Zusammenbruch einiger Demokratien zwischen den Weltkriegen. Es überwogen Erklärungsansätze, die mit ökonomischen Krisentheorien arbeiteten. Im Bereich der Politikwiss. wurde vor allem die Unvereinbarkeit der demokratischen Verfassungen, die auch auf Strukturdefekte untersucht wurden, mit undemokratischen Organisationsmustern in der Gesellschaft als Erklärung des Zusammenbruchs der Demokratien angeführt (*Kornhauser* 1959; *Eckstein* 1966; *Linz* 1978). b) Zum Zusammenbruch der autoritären Regime 1945. Da er überwiegend durch militärische Niederlagen bedingt war, waren wenig Ansatzpunkte zu einer sozialwiss. Theoriebildung gegeben.

Die Forschung über S. hat im wesentlichen drei Aspekte aufgegriffen: a) Die Ursachen des Zusammenbruchs von Regimen. Dieser Aspekt hat in allen Fällen von S. interessiert, ist bislang freilich am meisten für den *breakdown of democracy* untersucht worden. Über den *breakdown of dictatorship* wissen wir vergleichsweise viel weniger. b) Die Übergänge zur Demokratie. Sie sind Gegenstand der Transitionsforschung, die mit den erfolgreichen Redemokratisierungen in Südeuropa einsetzte und getragen wurde von der Vorstellung, es ließen sich Einsichten gewinnen, die politikberatend für die demokratische Entwicklung in anderen Teilen der Welt von Nutzen sein könnten. c) Die Konsolidierung der Demokratie. Mit dem Studium dieses Aspekts von S. wurde in allen Fällen bereits während des Konsolidierungsprozesses begonnen. Im Gegensatz zur *breakdown*-Forschung geht es bei der Transitions- und Konsolidierungsforschung nicht um *ex-post*-Analysen, sondern um eine die Prozesse begleitende Forschung, was für den Theorietyp nicht ohne Belang ist. Er trägt vor allem im Falle der Konsolidierung weniger explikative als operative Züge. Wo die Übergänge zur Demokratie einen längeren Zeitraum in Anspruch nahmen, sind Transitions- und Konsolidierungsphase teilweise nur schwer auseinanderzuhalten. Wo die Gefährdungen der Demokratie latent fortbestehen – wie in vielen lateinamerikanischen Ländern –, ist der Abschluß der Konsolidierungsphase kaum verläßlich festzulegen. In der Forschung zur Redemokratisierung in Südeuropa und Lateinamerika überwiegen die Transitions- und die Konsolidierungsproblematik. Der Prozeß der Erosion der osteuropäischen sozialistischen Systeme ist noch so unabgeschlossen, daß es für eine Konsolidierungsforschung (außer für die ehemalige DDR und vielleicht in Ungarn und in Tschechien) noch zu früh ist.

III. Zur Erklärung der Redemokratisierung in Südeuropa wurden zwei Ansätze angewandt, die in der älteren Forschung zu S. dominierten: a) die Suche nach den gesellschaftlichen Voraussetzungen der Demokratie (*functional prerequisites of democracy*) und b) die genetische Analyse der wiederhergestellten Demokratien.

Der erste Ansatz rekurriert auf objektive Bedingungen wie ein Minimum an Gleichheit und ökonomischer und sozialer Entwicklung und auf subjektive Bedingungen wie die Existenz eines Minimalkonsenses. Als Indikatoren für den Entwicklungsstand, wie ihn die Modernisierungstheorien messen (↗ Entwicklung), wurden Urbanisierungsgrad, Alphabetisierungsgrad, Prozent der Arbeitskräfte in der Landwirtschaft, ↗ Sozialprodukt pro Kopf und Energieverbrauch gewählt. Der Ansatz verzichtet meist auf kausale Zuordnungen und begnügt sich mit Korrelationen. Wie kann er jedoch den Umschlag von bestimmten autoritären Situationen in demokratische Regime erklären? Hat der Ansatz nicht vielfach zu Fehlprognosen geführt? Etwa das deutsche Kaiserreich hat von den *functional prerequisites* her gesehen (ökonomische Reife des Landes, Bildungsgrad und Organisationsbereitschaft der Bürger) bessere Bedingungen für Demokratie geboten als Frankreich und sie dennoch vor 1918 nicht verwirklicht.

Portugal und Griechenland – im Gegensatz zu Spanien – waren auf einigen Gebieten weniger entwickelt, als man für eine funktionierende Demokratie für sinnvoll erachtete. Dennoch wagten auch sie den Übergang, Portugal vergleichsweise mit den größten Risiken für den Bestand des Systems. Portugal stand Mitte der 70er Jahre unter der Putschgefahr von links, Spanien bis Anfang der 80er Jahre unter der Putschgefahr von rechts. Die politische Militanz war in Portugal anfangs am größten, während Griechenland und Spanien einen kontrollierten Weg zur Demokratie gingen. Trotz der portugiesischen Wirren war die Bilanz der Toten aufgrund von politischer Violenz in Spanien größer, eine Folge der Sonderproblematik des regionalen ↗ Terrorismus.

Gegen einige Annahmen der Modernisierungstheorien scheint zu sprechen, daß alle drei Länder nach einer Periode beträchtlichen Wachstums die Diktatur abschafften. Die Wachstumsrate des BIP betrug 1968–1973 in Griechenland 7,5 %, in Portugal 7,4 % und in Spanien 5,8 %. Nur die Wohlstandsinseln der Dritten Welt wie Hongkong, Taiwan oder Südkorea haben zeitweise ein höheres Wachstum erzielt. Beträchtlich war auch die wachsende Verflechtung der drei Länder im Außenhandel. Sie läßt vor allem im Falle Spaniens darauf schließen, daß der Demokratisierungsprozeß kein rein endogener war. Die politische Umgebung der Diktaturen honorierte jeden Schritt der Erosion der Diktatur – unabhängig davon, ob die *functional prerequisites of democracy* gegeben waren oder nicht.

Endogene wirtschaftliche Faktoren haben vermutlich ebenfalls eine Rolle gespielt. Der Ölschock von 1973 hat die drei Länder besonders hart getroffen. Der gekappte Aufschwung – vor allem in Portugal – war neben den Schwierigkeiten des Systems bei der Dekolonisation ein mächtiger Impuls für den Regimewechsel. Für Spanien ist jedoch die These der relativen Deprivation, die seit *Tocqueville* zur Erklärung von Rebellionen eine Rolle spielt, in Frage gestellt worden. Die vergleichenden Zahlen für Spanien und Portugal für 1978 zeigen allerdings nicht, daß die Bürger, welche im Bereich von Politik und persönlicher ↗ Freiheit die Aussichten der Demokratie sehr positiv einschätzten, auch in der Ökonomie gleiche Hoffnungen auf das neue Regime setzten. Die Fragen scheinen nicht in beiden Ländern ganz die gleichen gewesen zu sein. Aber in Portugal waren schon 61 % offenbar mit dem Linkstrend des Regimes so unzufrieden, daß sie eher Verschlechterungen erwarteten, in Spanien machten die Pessimisten nur etwa ein Drittel aus (34 %; *Linz* 1981: 30 f.). Zwischen den ökonomischen Variablen und der politischen Handlungsbereitschaft ist auch in diesem Bereich der Demokratieforschung kein so direkter Zusammenhang wie Ökonometriker ihn gern herstellen würden.

Neben dem funktionalen Ansatz wurde die genetische Erklärung der Demokratisierungsprozesse üblich. *Rustows* Ansatz (1970: 346) in der amerikanischen Entwicklungsländerforschung hatte den Vorteil, den politischen Prozessen wieder stärkere Aufmerksamkeit zu schenken und nicht alles mit Korrelation von Politik und Ökonomie oder Gesellschaft zu erklären. Kausalketten ließen sich für *Rustow* auch nicht behavioristisch erklären in der Sequenz: Einstellungen, Attitüden, Aktionen. Die genetische Erklärung endete jedoch häufig in einem zeitlichen Stadienmodell – in der Tradition von *Brintons* Anatomie der Revolution. Man mußte stark individualisieren, und es blieb kaum eine theoretische Gemeinsamkeit übrig. Zwischen den beiden Ansätzen – dem funktionalen und dem genetischen – wird es zu typologischen Synthesen kommen müssen.

Die Genesis der Demokratisierung ist weder geographisch noch sozial, noch im zeitlichen Ablauf uniform. Im Falle Spaniens, das oft als Modellfall betrachtet wurde, sind für die Demokratisierung vier spezifische, eng miteinander verwobene Ursachen zu nennen: a) die zunehmende politische Schwäche des *Franco*-Regimes in der Phase, in der es sich mit der Lösung der Nachfolgefrage konfrontiert sah; b) die ökonomische Krise nach 1973, die dringende, aber unpopuläre Reformen nötig machte, die das Regime angesichts eines wachsenden Legitimitätsdefizits nicht durchzuführen wagte; c) die Erwartung führender Wirtschaftskreise, daß nur durch die politische Anpassung Spaniens an die Standards westlicher Demokratien die im Regimetyp liegenden Schranken für die weitere wirtschaftliche Entwicklung überwunden und konkret die Bedingungen für den Beitritt zur Europäischen Gemeinschaft erfüllt werden könnten; d) der Druck von seiten der demokratischen Opposition, insbesondere der »historischen Nationalitäten« (Basken und Katalanen) und der Arbeiterschaft (↗ Gewerkschaften).

Die Genesis der Demokratisierung zeigt, daß auch kein direkter Zusammenhang zwischen dem Grad der Mobilisierung und der Ablehnung der früheren Diktatur besteht. In Portugal ist die Relation sogar umgekehrt proportional. Obwohl das *Salazar*-Regime von mehr Bürgern positiv gesehen wurde als in Spanien das *Franco*-Regime (*Linz* 1981: 32) (und vermutlich in Griechenland das Obristenregime), kam es hier zu hektischer Transformationspolitik, während *Suárez* und *Karamanlis* bewußt den langsamen Weg wählten. Nur in Portugal gab es einen Bruch (*ruptura*), der anfangs keine langsame Entwicklung zuließ. Diese Unterschiede sind nur individuell zu erklären: das Trauma des spanischen und des griechischen Bürgerkriegs einerseits – die Linksentwicklung des Militärs durch den verspäteten Dekolonisationsprozeß Portugals andererseits.

Diese nationalen Sondererfahrungen schufen vorübergehende Machtkonstellationen, die sich in sehr unterschiedlichen Verfassungen niederschlugen. In Griechenland konnte *Karamanlis* mit seiner absoluten Mehrheit für seine Partei, die »*Neue Demokratie*«, welche über 73 % der Parlamentssitze verfügte, eine ziemlich konservative Verfassung durchsetzen. In Portugal gelang es der Linken hingegen sogar, die »klassenlose Gesellschaft« (Art. 1) und den »Übergang zum Sozialismus« (Art. 2) festzuschreiben. Kein Wunder, daß diese Verfassung zum Bedauern von linken Interpreten bald in einigen wesentlichen Teilen zu einem »Stück Papier« wurde. Der spanische verfassunggebende Prozeß hingegen war vergleichsweise der am stärksten pluralistische und von akademischem Sachverstand begleitete, der einen guten Kompromiß schuf und am wenigsten weit von der Mehrheitsmeinung entfernt erschien (s. *González Encinar* u. a. 1991).

Im Zusammenhang der Konsolidierungsproblematik spielt neben der politischen Kulturforschung, welche die Haltung der Bürger zum neuen demokratischen System untersucht, auch die ↗ Vergleichende Politische Systemlehre eine zunehmende Rolle. Vom parlamentarischen System wird gesagt, daß es weniger anfällig sei für autoritäre Rückfälle als präsidentielle Systeme oder gar halb-präsidentielle Systeme vom Typ der V. Republik in Frankreich (*Schmitter,* in: *O'Donnell* 1986). Freilich werden in der Debatte zu ↗ Präsidentialismus und ↗ Parlamentarismus in Lateinamerika, die sich bei *Linz* (*Linz/Valenzuela* 1994) auch europäischer Erfahrungen bedient, wieder »alt-institutionalistische« Positionen vertreten, die das Schicksal der Demokratie von den Institutionen abhängig machen. Neoinstitutionalisten dagegen sehen die Institutionen als einen wichtigen Faktor unter anderen und beziehen Überlegungen zur Viabilität von Verfassungsreformen in ihre Analysen mit ein (*Nohlen/Fernandez* 1991; *Nohlen* 1994).

IV. In Lateinamerika handelte es sich beim S. im wesentlichen um den Übergang eines Staates von einer autoritären Herrschaftsform zu einer pluralistischen Demokratie. Nur im Fall Nicaraguas (1990) liegt ein S. vor, der über das engere institutionelle Verständnis hinausreicht. Im Grunde ging es um institutionelle Demokratisierung oder – bestanden in der vorautoritären Phase des betreffenden Landes bereits demokratische Verhältnisse – um Redemokratisierung. Ein einheitliches Modell des Übergangs zur Demokratie läßt sich auch hier nicht erarbeiten. Ablauf und Erfolg von Demokratisierungsprozessen variieren erheblich und zeigten sich im Rahmen von genetischen Erklärungen abhängig von 1. langfristigen, historischen und strukturellen Faktoren und 2. von eher kurzfristigen, situativen und prozessualen Faktoren:

1. Die erstgenannten Faktoren bündeln sich in der Frage nach der politischen Tradition eines Landes und nach dem Typ des autoritären Regimes, um dessen Demokratisierung es sich handelt. Sie erwies sich für die Form des Übergangs – per Vereinbarung und friedlich oder revolutionär und gewaltsam – von Belang. Für Lateinamerika lassen sich hier die sog. traditionellen von den neuen autoritären Regimen unterscheiden.

In der ersten Gruppe zeigt sich, daß Länder mit *Caudillo*-Diktaturen, in denen ein Diktator, gestützt auf die Streitkräfte, unumschränkt herrscht (z. B. Venezuela unter *Pérez Jiménez,* Kolumbien unter *Rojas Pinilla,* Peru unter *Odria,* Ecuador unter *Velasco Ibarra*), relativ geschmeidige, z. T. häufige S. vollziehen. Bei patrimonialen Diktaturen, die zivile und militärische Eliten in ihr Herrschaftssystem miteinbeziehen, Fassadendemokratien errichten und sich mit Hilfe von

Repression, Korruption und Wahlbetrug an der Macht halten (z. B. Nicaragua unter *Somoza,* Dominikanische Republik unter *Trujillo,* Paraguay unter *Strössner*), ist der Übergang zu einer anderen Herrschaftsform i. d. R. gewaltsamer und revolutionärer, da demokratische Erfahrungen nie gemacht und Reformen kaum zugelassen wurden.
Als gemeinsames Merkmal der zweiten Gruppe, der neuen autoritären Regime, gilt die Machtübernahme durch das Militär mit mehr oder weniger expliziten Vorstellungen, ein politisches Vorhaben (Projekt, Programm) zu verwirklichen. Für die Transition fällt ins Gewicht, ob und wie sich das Regime institutionalisiert, und v. a., ob und welche Formen der ↗ Partizipation von Bevölkerung, gesellschaftlichen Gruppen und politischen Kräften initiiert und geduldet werden. Hier kommt die Unterscheidung zwischen ausschließenden Regimen, die extrem repressiv sind, die politische Partizipation einschränken und das Niveau gesellschaftlicher Mobilisierung und Politisierung senken (Argentinien, Brasilien, Chile, Uruguay), und einschließenden Regimen, die einige Beteiligungsformen (z. B. ↗ Wahlen) unterbinden und neue zu entwickeln versuchen (Massenorganisationen zur Unterstützung von Sozialreformen, z. B. in Peru), zum Tragen.

Neben dem Typus des autoritären Regimes spielen für die Demokratisierung weitere Besonderheiten der jeweiligen Regime eine Rolle: so z. B., ob Parteien, Wahlen und Parlamente in der autoritären Phase aufrechterhalten bleiben; ein Faktum, das einen friedlichen und graduell verlaufenden Übergang zur Demokratie begünstigt (Brasilien). Auch die Rotation in der Präsidentschaft (Brasilien, Argentinien, Uruguay) ist nicht unbedeutend. Sie drückt Machtveränderungen innerhalb des Militärs und der regimetragenden Gruppen aus (möglicherweise auch eine veränderte Beziehung der regimetragenden Gruppen zur Gesellschaft) und erleichtert gegebenenfalls Anpassungen an politische Erfordernisse der Transition.

2. Die kurzfristigen, situativen und prozessualen Faktoren lassen sich in drei Gruppen unterscheiden: externe, regimeinterne und die Opposition betreffende. In der Praxis liegen sie kombiniert vor.

Als extern gelten militärische Niederlagen, deren innenpolitischen Folgen das bestehende Regime nicht gewachsen ist (Argentinien) oder allgemein externer Druck, etwa in Form kontinuierlichen Entzugs internationaler Anerkennung, internationaler Bloßstellungen (z. B. UN-Verurteilungen, Menschenrechtskampagnen) oder auch durch Interventionen (wie z. B. seitens der USA in der Karibik und Mittelamerika).
Zu den regimeinternen Variablen zählen die Beziehungen zwischen militärischen und zivilen Komponenten des politischen Systems sowie die Strukturen, Verhaltensmuster oder Konflikte, welche die regimetragenden Gruppen, insbesondere aber die Institutionen des Militärs betreffen. So beginnt die Destabilisierung autoritärer Regime des neuen Typs, wenn die Koalition der sie tragenden Gruppe Risse bekommt und zerbricht, ohne daß eine neue Koalition gebildet oder das Regime durch neumobilisierte Ressourcen (neue Politiken und Personen, die diese vertreten) stabilisiert werden kann. In den meisten Fällen sind Wechsel in der Machtausübung als Folge von Koalitionszerwürfnissen (Ecuador, Peru) ebenso mit Ankündigung von Redemokratisierung verknüpft wie im Falle des Versagens eben solcher neumobilisierter Ressourcen (Argentinien, Uruguay). Gründe für die Koalitionsprobleme liegen im Wandel der Wirtschafts- und ↗ Sozialstruktur als Ergebnis der Politik des autoritären Regimes (Brasilien), in gesellschaftlichen und politischen Folgen der eingeschlagenen Reformpolitik (Ecuador, Peru), im Zurückbleiben hinter den selbst gesetzten Entwicklungszielen, der nachlassenden Überzeugung, diese unter erschwerten binnen- und außenwirtschaftlichen Bedingungen erreichen zu können (allg. Lage Lateinamerikas in den 80er Jahren), sowie in einer wachsenden Regimeopposition. Was das Militär betrifft, kommen zwei Momente hinzu: Zum einen wägt es die Kosten der Re-

gimestabilisierung (mehr Repression) gegen die Kosten der Demokratisierung ab. Zum andern bedenkt es die Folgen des Machtverbleibs für die eigene Institution (interne Machtkämpfe). Die Sicherung der Einheit der Streitkräfte ist dann möglicherweise der kleinste gemeinsame Nenner und die Demokratisierung die kostengünstigste Lösung, zumal wenn sichergestellt bleibt, daß das Militär über die Bedingungen der Demokratisierung mitbestimmen und in der Demokratie eine Vetomacht einnehmen kann.

Die interne Opposition zum Regime spielte bei der Demokratisierung der autoritären Regime neuen Typs nur eine nachgeordnete Rolle. Nirgends konnte sie die Rückkehr zur Demokratie erzwingen. Gleichwohl wurden mit den (meist traditionellen) politischen Oppositionsparteien Demokratisierungspakte geschlossen, und diese brachten sich im Übergangsprozeß etwa in Form von Verfassungsberatungen ein. Absprachen unter den Oppositionsparteien über ein politisches Vorhaben jenseits der Transition kamen außer in Chile nirgends zustande.

In autoritären Regimen traditionellen Typs, also denen Mittelamerikas sowie denen auf den Philippinen und in Südkorea, nahm die Opposition im Demokratisierungsprozeß hingegen eine zentrale Rolle ein: in Form von nationalen Befreiungsbewegungen und deren Versuch, das autoritäre Regime zu stürzen (was 1979 in Nicaragua gelang), in Form von impliziten Bündnissen zwischen gemäßigter Opposition und US-Regierung über die Ablösung der autoritären Regime mit dem Ziel, sozialrevolutionäre Entwicklungen zu verhindern (El Salvador, Guatemala), und in Form breiter Massenmobilisierung gegen das autoritäre Regime (Philippinen, Südkorea). Als Demokratisierung kann auch der politische Prozeß in Nicaragua begriffen werden, der 1990 mittels »*opening elections*« (*Lopez-Pintor/Nohlen* 1991) herbeigeführt wurde. Die Opposition siegte in freien Wahlen, die durch internationale Wahlbeobachtung sichergestellt wurden.

V. Die Theorieansätze der Demokratisierungsforschung für Südeuropa und Lateinamerika waren auf die sozialistischen Systeme nicht ohne weiteres übertragbar.

1. Die Grundannahmen der funktionalistischen Modernisierungstheorien waren hier nur begrenzt brauchbar: a) Durch forcierte soziale und psychische Gleichschaltung der Gesellschaft schien die Varianz der Bedingungen im realen Sozialismus geringer als in den Entwicklungsländern, für die der Ansatz einst entwickelt worden war. b) Typologien des Entwicklungsstandes standen nur in einer schwachen Beziehung zur Repression in diesen Systemen. Das Armenhaus des Balkan, Rumänien, aber auch die hochentwickelten Länder wie ČSSR und DDR lagen in der Repression an der Spitze. c) Selbst historische Erfahrungen mit der Demokratie erklärten offenbar nicht den Zeitpunkt der Rebellion gegen den bürokratischen Sozialismus. Die ČSSR galt zwischen den Weltkriegen als demokratischer als die Weimarer Republik. Dennoch kam der »heiße Herbst« in Prag erst, als die DDR-Opposition die Demokratisierung schon erzwungen hatte. Sie hatte dann freilich den Ehrgeiz – wie ein Student vor westlichen Kameras erklärte –, in das Guiness-Buch der Rekorde einzugehen und in einer Woche durchzukämpfen, was in der DDR zwei Monate in Anspruch nahm.

Zwischen ökonomischen Variablen und politischer Handlungsbereitschaft ließ sich im Ostblock kaum ein direkter Zusammenhang herstellen. Die Herbstrevolution von 1989 hat auch die bisherige Typologie von sozialistischen Ländergruppen entwertet. Zwar ging die höchstentwickelte Republik DDR im Prozeß der akzelerierten Erosion des Sozialismus voran, und Rumänien als das am schwächsten entwickelte Land bildete das blutige Schlußlicht. Aber angesichts der riesigen Entwicklungsunterschiede bleibt es ein Wunder, daß alle Länder von einer Welle erfaßt wurden. Bloßer Nachahmungs- und Diffusionsprozeß kann diesen tiefgreifenden Wandel kaum erklären.

Im Bereich genetischer Erklärungen ist es angesichts der starken Angleichungstendenzen in den sozialistischen Ländern nicht verwunderlich, daß sich bei der Demokratisierung starke Gemeinsamkeiten herausbildeten. Oppositionen entstehen nicht im luftleeren Raum, sondern sind durch den Gegner geprägt. *H. Mommsen* hat dies selbst für den deutschen ↗ Widerstand gezeigt, *von Beyme* (1971: 83) hat es für Spanien einmal versucht. *Semper aliquid haeret.* Ähnliches läßt sich ebenso für den Zerfall der sozialistischen Regime zeigen. Schon allein die zahlreichen Träume vom Dritten Weg, die noch etwas von den alten sozialistischen Idealen zu retten versuchten, sprechen für diese Annahme, daß der zerfallende Gegner nicht ohne Einfluß auf die siegreiche Opposition in der ersten Phase ist. Ein akteurs- und organisationsbezogener Ansatz dürfte für die Erklärung der Demokratisierung von Systemen – nicht nur im ehemaligen Ostblock – die besten Aussichten auf Einsichten eröffnen. Diese Forschungsrichtung deckt sich nicht zufällig mit der heute einflußreichsten Variante zur Erklärung ↗ Sozialer Bewegungen.

Wie konnten demonstrierende Massen ein System, das sich selbst für ultrastabil hielt und von außen – auch für westliche Geheimdienste – nicht in seiner Labilität erkennbar war, über Nacht zusammenbrechen lassen? Die friedlich demonstrierenden Oppositionen schienen angesichts der bis an die Zähne bewaffneten Staatssicherheitsdienste als Akteure zu schwach, um den Erfolg dieser (mit Ausnahme von Rumänien) unblutigen Revolution zu erklären. Daher werden weitere Voraussetzungen eines erfolgreichen Transformationsprozesses gesucht. Die wichtigste Voraussetzung war das klare Signal aus Moskau, daß den schwankenden Verbündeten nicht mit Waffengewalt beigestanden werde. Aber auch dann war zu fragen, warum die Eliten und ca. 10–15 % des Volkes, die von dem Regime profitierten, sich gegen unbewaffnete Demonstranten nicht durchsetzen konnten. Es ist nicht leicht, aus der ↗ Vergleichenden Politischen Systemlehre Erklärungsmuster zu finden, die auch auf diesen Fall passen.

2. *Adam Przeworski* (in: *O'Donnell* 1986: 50) hat vier Erklärungen des Zerfalls autoritärer Regime aufgelistet: a) Das Regime hat seinen Zweck erfüllt. b) Das Regime verlor seine ↗ Legitimität. c) Konflikte im herrschenden System zwangen eine Gruppe der Führung, die Massen zu mobilisieren. d) Ausländische Einflüsse haben den Regimewechsel beschleunigt.

Wenden wir diese vier Erklärungen auf den S. in Osteuropa an, so ergibt sich:

a) Sozialistische Systeme sahen sich nicht funktional zur Erfüllung eines Zwecks, sondern als höhere Entwicklung moderner Staatlichkeit. Eine Rückkehr zu einem demokratischen Regime war nicht vorgesehen.

b) Die sozialistischen Systeme hatten anfangs eine geringere Legitimität als die autoritär-faschistischen Diktaturen (↗ Faschismus). Sie haben jedoch in vielen Sektoren der Gesellschaft über die Zeit an Boden gewonnen.

c) Die ↗ Eliten haben sich in keinem Fall früh gespalten. Keine Fraktion der Kommunisten wendete sich ans Volk, wie *Jelzin* es ab 1990 versuchte. Die Absetzbewegungen der liberalen Teile der Nomenklatur kamen überall zu spät. In Portugal übernahm das Militär selbst die Rolle der Massenmobilisierung für die *Perestrojka* des Systems. Ein solcher Weg war versperrt, wo das Militär selbst den Unrechtsstaat verwaltet hatte, wie in Griechenland. In den sozialistischen Systemen wurde die Armee von der Partei in einer Rolle des dienenden Werkzeugs gehalten und durch Politoffiziere überwacht. Außer im Polen *Jaruzelskis* gab es kaum eine Führungspersönlichkeit, die diese Modernisierungs- und Öffnungsrolle hätte spielen können. In Rußland hatte die Armee schon vor der Revolution keine selbständige Rolle gespielt. Wo diese behauptet wurde, wie bei der Antipartei-Opposition des Marschall *Žukov,* war sie eher ein Vorwand als eine reale Gefahr.

d) Der Einfluß von außen war ein subsidiärer: ohne Medienbegleitung von außen hätten die friedlichen Revolutionen ohne Koordinationszentrum kaum stattfinden können. Aber entscheidend waren diese Einflüsse nicht. Die westliche ↗ Außenpolitik hat sich in diesem Erosionsprozeß stark zurückgehalten.

3. In den »spätfaschistischen« Systemen wie Spanien und Portugal kam die alte Parteiorganisation nicht als Modernisierungsinstrument in Frage. Sie war durch Mexikanisierung eines Riesenapparates mit sektoralen Unterabteilungen erstarrt. Die Ideologie hatte ihre Integrationskraft verloren, seit die Alternative der sozialistischen Entwicklung nicht mehr zu drohen schien. In den »spätsozialistischen« Systemen haben die Parteien diese Modernisierungsrolle verschlafen. Nur *Dubčeks* Prager Frühling hätte die Erneuerung von oben einläuten können. Er scheiterte am internationalen Kontext. Erstaunlich gering war die Rolle, die die Leute des Prager Frühlings im Herbst 1989 spielten. *Havels* Großzügigkeit, nicht der Wille der Opposition, brachte *Dubček* den ehrenvollen, wenn auch nicht machtentscheidenden Posten eines Parlamentspräsidenten ein. Die Emigranten wie *Ota Šik* oder *Zdenek Mlynař* kehrten vorübergehend zurück und predigten wieder den Dritten Weg. Diesmal hörte in Prag jedoch niemand recht zu.

Die ↗ Kommunistischen Parteien wurden von der Macht verjagt. Ihre Regenerationsfähigkeit erwies sich als unterschiedlich: Entweder sie zogen die Konsequenzen und »sozialdemokratisierten« sich (Polen, Ungarn – nach langem Taktieren auch die PDS in der DDR), freilich ohne wieder eine wichtige Rolle zu spielen. Die orthodoxe kommunistische Partei Ungarns kam nicht über die Vierprozenthürde. Oder die Parteien versuchten, mit Wahlbetrug, Einschüchterung und Einsatz ihrer Herrschaft über die Verwaltung die Demokratisierung aufzuhalten (Bulgarien, Rumänien, eventuell auch die KPdSU in der Zukunft). Kulturelle Eliten spielten in dem Machtvakuum eine große Rolle, verloren aber überall gegenüber den professionellen Politikern rasch an Boden, wie einst in Südeuropa.

Abweichend vom südeuropäischen Demokratisierungsprozeß kämpft die Demokratisierungsbewegung in Osteuropa mit mehreren Handicaps: a) Die kommunistischen Eliten haben eine gewisse Kontinuität. Ideen und Praktiker des alten Regimes sind nicht für alle Teile der Gesellschaft diskreditiert, wie in den 70er Jahren in Südeuropa. b) Als größte Belastung erscheint, daß die neuen Demokratien ein neues ↗ Wirtschaftssystem – zum Teil gegen Widerstreben – erst schaffen müssen. Die friedliche Revolution ist in diesem Punkt eher der Revolution *Lenins* vergleichbar. In beiden Fällen ging die politische Machtergreifung der wirtschaftlichen Umgestaltung voran, während die autoritären Systeme Südeuropas bereits eine Marktwirtschaft hatten, wie unvollkommen sie erscheinen mochte. c) Die Theorie der Requisiten der Demokratie traf in ganz anderem Sinne in Südeuropa zu: Für den Eintritt in die EG mußten die Requisiten der Demokratie erworben werden. Die osteuropäischen Länder haben nicht die gleichen Chancen, rasch in die EU aufgenommen zu werden. Allenfalls Ungarn und Tschechien sind in einer günstigeren Lage. In ein paar Punkten erscheint die Lage für die Demokratisierung Osteuropas jedoch auch günstiger als einst in Südeuropa: a) Das Militär hatte sich schon im Sozialismus an den Primat der Politik gewöhnt. b) Der Einfluß des traditionellen Klerikalismus wurde (mit Ausnahme Polens) zurückgedrängt. c) Die Modernisierung der Massen war durch die Mobilisierung der sozialistischen Systeme fortgeschrittener als in Südeuropa, allerdings mit dem Nachteil verbunden, daß sich versorgungsstaatliche Mentalität ausgebreitet hatte.

Die theoretische Verarbeitung dieses Systemwechsels erwies sich als schwierig. Es gab keine Konzepte, die für die Ereignisse von 1989 brauchbar schienen. Die Theoriebildung in den Sozialwissenschaften kämpfte mit ihrem Gesichtsverlust: Kaum eine Theorie hatte den Untergang des realen Sozialismus prognostiziert. Kein Wunder, daß neue theoretische Ansätze über die osteuropäischen Demokratien im Werden mit Prognosen vorsichtig geworden sind. Pessimistische Prognosen behalten kurzfristig meistens recht. Aber die Theoriebildung wird erneut den Mut aufbringen müssen, sich zu irren.

Die Aussichten der Transformationsregime sind nicht so schlecht, wenn man keine überhöhten Erwartungen an sie heranträgt.

Wie soll das Funktionieren der demokratischen Institutionen gemessen werden? Rußland erhält in der Weltpresse relativ gute Werte, aufgrund der guten Absichten seiner Führung. Sie entsprechen aber der politischen Realität in fernen Regionen keineswegs. Bei Polen wird viel über das »Chaos« berichtet. Dennoch funktioniert das System trotz vieler Konflikte besser als manches Nachbarland, das kaum in den Schlagzeilen der Weltpresse auftaucht. Polen trägt seine Konflikte geräuschvoll aus, wo andere ex-sozialistische Länder durch effektive Kontrolle der alten Nomenklatureliten unauffällig bleiben.

Erst wirtschaftliche Erfolgsdaten könnten die Indikatorenbildung für eine Messung der Konsolidierung der Demokratie langfristig verbessern. Sie zeigen jedoch in den meisten Ländern ein eher desolates Bild. Die Erfolge auf dem Weg zur Demokratie sind beachtlicher als die auf dem Wege zur Marktwirtschaft.

Die neue Osteuropaforschung wird sich vor einer neuen teleologischen Adventsstimmung hüten müssen: Demokratie steht auf der Tagesordnung der Transformationsprozesse. Aber das Resultat des Prozesses wird nicht überall Demokratie nach westlichem Muster sein! Zwischen den alten Autokratien und den neuen Demokratien ist schon in früheren Studien ein Mischtyp gesichtet worden. Er wurde als *Anokratie* bezeichnet (*Gurr* u.a. 1991). Dieser Mischtyp enthält widersprüchliche Systemelemente. Die GUS-Staaten, die Nachfolgeländer Jugoslawiens, mit Ausnahme Sloweniens, Rumänien, Albanien gehören zu diesem Typ. Bulgarien und Polen haben die besten Aussichten, diesen Mischtyp zu überwinden und volle Demokratien zu werden. 1993 schien sich etwa folgende Klassifikation zu ergeben:

DEMOKRATIE		ANOKRATIE		AUTORITARISMUS
Ungarn Tschechien	Slowakei Polen Slowenien Baltische Staaten ← Bulgarien (seit 92)	← Rußland → Kroatien → Ukraine Belarus Rumänien (seit 92)	Albanien Kasachstan Serbien →	Zentralasiatische Republiken Transkaukasien

Quelle: *von Beyme* 1994: 358.

Eine solche Momentaufnahme unterliegt raschen Wandlungen. Serbien und Kroatien rückten weiter in Richtung Autoritarismus vor. Bulgarien und Albanien zeigten Tendenzen in Richtung Demokratisierung. Die große Unbekannte ist die Rußländische Föderation.

Klaus von Beyme / Dieter Nohlen

Lit.: *Baloyra, E.* (Hrsg.) 1987: Comparing New Democracies. Transition and Consolidation in Mediterranean Europe and the South Cone, Boulder/London. *Beyme, K. von* 1971: Vom Faschismus zur Entwicklungsdiktatur. Machtelite und Opposition in Spanien, München. *Beyme, K. von* 1974: Authoritarian Regimes – Developing Open Societies, in: *Germino, D./Beyme, K. von* (Hrsg.): The Open Society in Theory and Practice, Den Haag, 109–120. *Beyme, K. von* 1985: Politische Parteien und die Konsolidierung der neuen Demokratien in Südeuropa, in: Journal für Sozialforschung 25 (1), 27–37. *Beyme, K. von* 1990: Transition to Democracy or Anschluß. The Two Germanies and Europe, in: Government and Opposition 25 (2), 170–190. *Beyme, K. von* 1994: Systemwechsel in Osteuropa, Frankfurt/M. *Derlien, H.-U./Szalblowski, G. J.* (Hrsg.) 1993: Regime Transitions, Elites, and Bureaucracies in Eastern Europe, in: Governance, Bd. 6, Nr. 3. *Eckstein, H.* 1966: Division and Cohesion in Democracy, Princeton. *Glaeßner, G.-H.* ²1989: Reformierbarkeit Sozialistischer Systeme, in: *Ziemer, K.* (Hrsg.): Sozialistische Systeme, München, 366–372. *Glaeßner, G.-H.* 1994: Demokratie nach dem Ende des Kommunismus. Regimewechsel, Transition und Demokratisierung im Postkommunismus, Opladen. *González Encinar, J. J./Lamounier, B./Miranda, J./Nohlen, D.* 1991: El proceso constituyente. Enseñanzas de cuatro casos recientes: España, Portugal, Brasil y Chile, in: Ibero-Amerikanisches Archiv, N. F. 18 (1–2), 151–179. *Gurr, T.* 1991: The Transformation Conn. of the Western State: The Growth of Democracy, Autocracy and State Power since 1800, in: *Inkeles, A.* (Hrsg.): On Measuring Democracy, New Brunswick, 69–104. *Huntington, S. P.* 1991: The Third Wave, Norman/London. *Kornhauser, W.* 1959: The Politics of Mass Society, New York. *Krumwiede, H.-G.* 1986: Militärherrschaft und (Re-)Demokratisierung in Zentralamerika, in: APuZ 9, 7–26. *Liebert, U./Cotta, M.* 1990: Parliament and Democratic Consolidation in Southern Europe, London. *Lijphart, A.* 1990: The Southern European Examples of Democratization, in: Government and Opposition 25 (1), 68–84. *Linz, J. J.* 1978: Crisis, Breakdown and Reequilibration, Baltimore. *Linz, J. J.* 1981: Some Comparative Thoughts on the Transition to Democracy in Portugal and Spain, in: *Braga de Macedo, J./Serfaty, S.* (Hrsg.): Portugal since the Revolution, Boulder, 53–87. *Linz, J. J.* 1990: Transitions to Democracy, in: The Washington Quarterly 13 (3), 143–164. *Linz, J. J./Stepan, A.* 1978: The Breakdown of Democratic Regimes, 2 Bde. Baltimore/London. *Linz, J. J./Valenzuela, A.* (Hrsg.) 1994: The Failure of Presidential Government, 2 Bde., Baltimore/London. *Lopez Pintor, R./Noh-*

len, D. 1991: Opening Elections. El caso de Nicaragua, in: *CAPEL* (Hrsg.): Memoria del Cuarto Curso Interamericano de Elecciones, San José. *Merkel, W.* (Hrsg.) 1994: Systemwechsel I, Opladen. *Merkel, W.* 1994: Systemwechsel: Probleme der demokratischen Konsolidierung in Ostmitteleuropa, in: APuZ 18–19, 3–11. *Nohlen, D.* 1982: Regimewechsel in Lateinamerika. Überlegungen zur Demokratisierung autoritärer Regime, in: *Lindenberg, K.* (Hrsg.): Lateinamerika. Herrschaft, Gewalt und internationale Abhängigkeit, Bonn, 63–86. *Nohlen, D./Fernández, M.* (Hrsg.) 1991: Presidencialismo vs. parlamentarismo en América Latina, Caracas. *Nohlen, D.* 1994: Institutional Reform in Latin America, IPSA World Congress (Berlin), Paper, Heidelberg. *O'Donnell, G./Schmitter, Ph./Whitehead, L.* (Hrsg.) 1986: Transition from Authoritarian Rule. Prospects for Democracy, Baltimore, 3 Bde. *Plasser, F./Ulram, P. A.* (Hrsg.) 1993: Transformation oder Stagnation? Aktuelle politische Trends in Osteuropa, Wien. *Rustow, D.* 1970: Transition to Democracy, in: CP 2 (3), 337–363. *Stepan, A.* (Hrsg.) 1989: Democratizing Brasil: Problems of Transition and Consolidation, New York/Oxford. *Weil, F. D.* 1993: Research on Democracy and Society, Bd. 1: Democratization in Eastern and Western Europe, Greenwich. *Ziemer, K.* 1984: Demokratisierung in Westafrika? Die politischen Systeme von Senegal, Elfenbeinküste und Togo nach Jahrzehnten Unabhängigkeit, Paderborn.

Tarifautonomie/Tarifpolitik

Der Begriff Tarifautonomie (T.) wurde durch den Arbeitsrechtler *H. Sinzheimer* eingeführt und bezeichnet den durch das Grundgesetz (Art. 9 Abs. 3) gewährleisteten staatsfreien Raum zur Regelung der ↗ Arbeitsbeziehungen durch die Tarifpartner (↗ Gewerkschaften, Arbeitgeber und Arbeitgeberverbände). Wesentliche Elemente der T. sind die Arbeitskampffreiheit und die Abwesenheit einer staatlichen Zwangsschlichtung. Gleichzeitig ist T. ein autonomer Mechanismus der Auseinandersetzung über industriellen ↗ Konflikt und ein Verfahren zur Setzung von kollektiven Normen für eine Vielzahl von individuellen Arbeitsverträgen (*Weitbrecht* 1969). Für die Arbeitnehmer erfüllt die T. Schutz-, Verteilungs- und Partizipationsfunktionen, für die Arbeitgeber Kartellfunktionen, Ordnungsfunktionen und Befriedungsfunktionen, für den Staat Entlastungs- und Legitimationsfunktionen (*Müller-Jentsch* 1986). Während in den angelsächsischen Ländern Probleme der Tarifbeziehungen (*Collective Bargaining*) Gegenstand einer interdisziplinär orientierten *Industrial-Relations*-Forschung sind, reflektierte die Dominanz der juristischen Perspektive im deutschsprachigen Raum die starke Verrechtlichung der Arbeitsbeziehungen. Ökonomische, soziologische und politikwiss. Analysen haben jedoch an Bedeutung gewonnen.

Nach G. *Himmelmann* (1971: 44f.) muß eine politikwiss. Theorie der Lohn- und Tariffestsetzung »1. von der Konfrontation der sozioökonomischen Interessen ausgehen, 2. den ›Sinn‹ und die Form des Tarifvertragssystems deuten, um dann 3. die Willensbildung in den Verbänden, 4. die Entscheidungsfindung in den Verhandlungen und 5. die ökonomischen und politischen Folgen dieses Prozesses zu analysieren«. Der internationale Vergleich (*von Beyme* 1977) schützt vor vorschnellen Verallgemeinerungen und kann den Gegensatz zwischen autonomer Regelung und Staatsinterventionismus verdeutlichen (*Kißler/Lasserre* 1987). Die historisch-politikwiss. Untersuchung, z. B. des staatlichen Schlichtungswesens in der Weimarer Republik, zeigt die enge Verknüpfung zwischen den Verhältnissen auf dem Arbeitsmarkt und der politischen Gesamtordnung und ihren sozialen Problemen (*Hartwich* 1967). Die Analyse der Beziehungen zwischen staatlicher ↗ Wirtschaftspolitik und T. verweist auf die Bedingungen der Kooperation zwischen Staat und Verbänden und die Funktionserfordernisse autonomer Gewerkschaften (*Scharpf* 1978). Für die Theorie des (Neo-) ↗ Korporatismus bilden T. und staatliche ↗ Einkommenspolitik (z. B. in Form der konzertierten Aktion) wesentliche Erfahrungsobjekte und Anwendungsbereiche (*Groser* 1980).

In die Theorien der Kollektivverhandlungen (*Keller* 1974) sind Elemente der ↗ Politischen Ökonomie, der Spieltheorie, der mathematischen und sozialpsychologischen Konflikttheorie und der experimentellen (↗ Empirischen) Sozialforschung eingegangen.

Bei Anerkennung ihres heuristischen Nutzens ist ihre Erklärungskraft für konkrete tarifpolitische Prozesse noch gering. Politikwiss. Analysen setzten in der Regel auf einem niedrigeren Abstraktionsniveau ein und lieferten u. a. ein Phasenschema der Tarifverhandlungen (*Himmelmann* 1971) bzw. Typisierungen des Konflikt- und Streikverhaltens (*von Beyme* 1977). Im öffentlichen Sektor treten Staat und Gemeinden als Arbeitgeber und Verhandlungspartner auf; entsprechend groß ist der Einfluß politischer Faktoren auf die Tarif- bzw. Besoldungspolitik (*Keller* 1983). Mit dem Auftreten neuer Konfliktgegenstände (Rationalisierungsschutz, Verbesserung der Arbeitsbedingungen, Arbeitszeitverkürzung, Flexibilisierung) hat eine Schwerpunktverlagerung zwischen der tariflichen und betrieblichen Ebene (Mitbestimmung) stattgefunden. Zwar behält der Branchentarifvertrag wichtige Ordnungsfunktionen, die Umsetzung tarifvertraglicher Regelungen auf Betriebsebene (»Verbetrieblichung« der Tarifpolitik) setzt jedoch eine Dezentralisierung der Interessenpolitik und eine verstärkte Dienstleistungsorientierung der Verbände voraus (*Hohn* 1988).

Manfred Groser

↗ Mitbestimmungspolitik; Unternehmerverbände; Verbändeforschung.

Lit.: *Beyme, K. von* 1977: Gewerkschaften und Arbeitsbeziehungen in kapitalistischen Ländern, München/Zürich. Groser, *M.* 1980: Konzertierte Aktion zwischen Pluralismus und Korporatismus, in: *Boettcher, E.* u. a. (Hrsg.): Neue Politische Ökonomie als Ordnungstheorie, Tübingen, 115–127. *Hartwich, H.-H.* 1967: Arbeitsmarkt, Verbände und Staat 1918–1933, Berlin. *Himmelmann, G.* 1971: Lohnbildung durch Tarifverhandlungen, Berlin. *Hohn, H.-W.* 1988: Von der Einheitsgewerkschaft zum Betriebssyndikalismus, Berlin. *Keller, B.* 1974: Theorien der Kollektivverhandlungen, Berlin. *Keller, B.* 1983: Arbeitsbeziehungen im öffentlichen Dienst, Frankfurt/M. *Keller, B.* ³1993: Einführung in die Arbeitspolitik, München. *Keller, B.* 1993: Arbeitspolitik des öffentlichen Sektors, Baden-Baden. *Kißler, L./Lasserre, R.* 1987: Tarifpolitik. Ein deutsch-französischer Vergleich, Frankfurt/M. *Müller-Jentsch, W.* 1986: Soziologie der industriellen Beziehungen, Frankfurt/M. *Müller-Jentsch, W.* (Hrsg.) 1991: Konfliktpartnerschaft, München. *Scharpf, F. W.* 1978: Autonome Gewerkschaften und staatliche Wirtschaftspolitik: Probleme einer Verbändegesetzgebung, Köln/Frankfurt a. M. *Weitbrecht, H.* 1969: Effektivität und Legitimität der Tarifautonomie, Berlin.

Technokratie

I. Das Wort Technokratie (T.) ist aus den griechischen Wörtern *techne* (Kunstfertigkeit) und *kratein* (herrschen) zusammengesetzt. Als sozialwiss. Begriff hat T. verschiedene Bedeutungen erlangt (vgl. *Lenk* 1973: 12), jedoch sind es im wesentlichen drei Probleme, auf die sich der Begriff bezieht: 1. auf eine politische ↗ Herrschaft durch wiss. ausgebildete Fachleute, insbesondere durch Techniker und Ingenieure; 2. auf eine Verlagerung des Machtzentrums von politischen Institutionen (Parlamenten, Regierungen, Partei- und Verbandsführungen) auf fachlich spezialisierte Gremien (↗ Bürokratien, Planungsstäbe); 3. auf eine allgemeine Rationalisierung und »Verwissenschaftlichung« staatlicher wie auch ökonomischer und verbandlicher Entscheidungsprozesse.

Während in der ersten Bedeutung eine bestimmte Struktur der herrschenden Klasse gemeint ist, geht es bei dem zweiten Problembereich um die Frage der institutionellen Machtverteilung. In der dritten Bedeutung bezeichnet der Technokratiebegriff eine besondere Art der Herrschaftsausübung (Vorrang von Effizienzgesichtspunkten und rationaler Planung vor Interessenberücksichtigung, Wertkonflikten und *Ad-hoc*-Kompromissen). Neben seiner Verwendung für die sozialwiss. Analyse und Theorie hat der Technokratiebegriff auch als politisches Programm, z. B. in der US-amerikanischen Technokratiebewegung der 20er und 30er Jahre, gedient (*Koch/Senghaas* 1970: 282 ff.). Außerdem wird er zur Herrschafts- und ↗ Ideologiekritik benutzt (*Habermas* 1968).

II. Historisch gesehen, hängt die Technokratiediskussion auf das engste mit dem Aufkommen, den Krisen und den Wandlungen der modernen ↗ Industriegesellschaft zusammen.

Zu den ersten Theoretikern zählt der französische Soziologe *Saint-Simon*. In mehreren Veröffentlichungen (z. B.: *Du système industriel*, 1821) prognostizierte er das Entstehen einer neuen politischen Klasse der Industriellen, Techniker und Ingenieure. Sie lösen die herrschenden Schichten des *Ancien régime* (Adel, Politiker, Geistliche, Rentiers) ab, da nur sie das heraufkommende Industriesystem als produktive Leistungs- und Wohlfahrtsgesellschaft rational-planend zu gestalten vermögen.
Etwa hundert Jahre später haben *T. Veblen* (1921) und die Bewegung der *technocrats* mit ähnlichen Ideen die Krisen der nun bereits entwickelten Industriegesellschaft zu überwinden versucht. Mittels wissenschaftlich-technologischer Planung sollten die Fehlentwicklungen eines *Laisser-faire*-Kapitalismus (Korruption, Elend, Verbrechen, Vergeudung) bewältigt werden. An Stelle des traditionellen Staatsapparates wurde eine Art syndikalistischer Selbstverwaltung der industriellen Organisationen durch ein Direktoriat der Ingenieure vorgesehen. *K. Mannheim* (1950) erweiterte das Programm im Sinne einer Wirtschaft und Gesellschaft umfassenden »demokratischen Planung« in der Verantwortung von »Gesellschaftsingenieuren«. In den 60er und 70er Jahren gewann der Technokratiebegriff erneute Bedeutung, insbesondere zur Analyse der sozioökonomischen Wandlungen zur ↗ Postindustriellen Gesellschaft (*Bell* 1973).

III. Zu den Fragen der Technokratieforschung gehört, ob entsprechend der Bedeutung von Wiss. und Technologie in den modernen Industriegesellschaften auch die politisch-gesellschaftlichen Führungspositionen zunehmend von Technokraten besetzt werden. Tatsächlich ist eine Tendenz zur Rekrutierung wiss. qualifizierten Führungspersonals festzustellen. Jedoch sind die nationalen und sektoralen Unterschiede groß.

In der französischen Ministerialbürokratie haben naturwiss. technologische Qualifikationen traditionell eine wesentliche Bedeutung (*Meynaud* 1964), während in anderen Ländern, z. B. in der Bundesrepublik Deutschland, die juristische und geisteswiss. Ausbildung überwiegt. Zudem scheinen Einstellungen und Rollenverhalten moderner Bürokraten eher einem Prozeß zunehmender »Politisierung« zu unterliegen. Auch läßt sich allgemein unter der »technologischen Intelligenz« ein Anwachsen politischen und »sozialethischen« Bewußtseins feststellen (*Kogon* 1976). Von einer einheitlich technokratisch orientierten herrschenden Klasse kann nicht gesprochen werden (*Putnam* 1976: 203 ff.). Dagegen wächst der Einfluß wissenschaftlich-technischen Wissens auf wirtschaftliche und staatliche Entscheidungen (*Galbraith* 1967). Ein Machtzuwachs spezialisierter Forschungs-, Planungs- und Beratungsstäbe und -institutionen kennzeichnet westliche politische Systeme (*Krauch* 1970) und wurde auch für die ehemals »sozialistischen« Industriegesellschaften konstatiert (vgl. *Richta* 1971; ↗ Politikberatung). Ob damit langfristig ein Wandel moderner Herrschaft verknüpft ist, wird von einigen Autoren behauptet, von anderen verneint.

Nach *H. Schelskys* Theorie des »technischen Staates« wird »durch die Konstruktion der wissenschaftlich-technischen Zivilisation ein neues

Grundverhältnis von Mensch zu Mensch geschaffen, in welchem das Herrschaftsverhältnis seine alte persönliche Beziehung der Macht von Personen über Personen verliert, anstelle der politischen Normen und Gesetze aber Sachgesetzlichkeiten ... treten, die nicht als politische Entscheidungen setzbar und als Gesinnungs- oder Weltanschauungsnormen nicht verstehbar sind« (*Schelsky* 1965: passim). Dagegen wird eingewandt, daß gerade in entwickelten Industriegesellschaften neue »Disparitäten« und Interessenkonflikte entstehen, deren Lösung sich technokratischer Regulierung entziehe (*Offe* 1970). Auch wiss. vorbereitete Planungsprozesse können ohne politische Partizipation nur dysfunktionale Konsequenzen haben. Die eher zunehmende Notwendigkeit politischer Legitimation staatlicher Herrschaft macht die Herausbildung eines technokratischen Staates unwahrscheinlich (↗ Legitimität).

Dietrich Herzog

↗ Elite.

Lit.: *Bell, D.* 1973: The Coming of Post-Industrial Society, New York. *Fischer, F.* 1990: Technocracy and the Politics of Expertise, London/New York. *Galbraith, J. K.* 1967: The New Industrial State, London. *Habermas, J.* 1968: Technik und Wissenschaft als »Ideologie«, Frankfurt/M. *Koch, C./Senghaas, D.* (Hrsg.) 1970: Texte zur Technokratiediskussion, Frankfurt/M. *Kogon, E.* 1976: Die Stunde der Ingenieure, Düsseldorf. *Krauch, H.* 1970: Die organisierte Forschung, Neuwied. *Lenk, H.* (Hrsg.) 1973: Technokratie als Ideologie, Stuttgart. *Mannheim, K.* 1950: Freedom, Power and Democratic Planning, London (dt. 1970). *Meynaud, J.* 1960: Technocratie et politique, Lausanne. *Meynaud, J.* 1964: La technocratie. Mythe ou réalité, Paris. *Offe, C.* 1970: Das politische Dilemma der Technokratie, in: *Koch/Senghaas* (Hrsg.): 156–171. *Putnam, R. D.* 1976: The Comparative Study of Political Elites, Englewood Cliffs. *Richta, R.* 1971: Richta-Report. Politische Ökonomie des 20. Jahrhunderts. Die Auswirkungen der technisch-wissenschaftlichen Revolution auf die Produktionsverhältnisse, Frankfurt/M. *Schelsky, H.* 1965: Der Mensch in der wissenschaftlichen Zivilisation, in *ders.*: Auf der Suche nach der Wirklichkeit, Düsseldorf, 439–471. *Veblen, T.* 1921: The Engineers and the Price System, New York.

Terrorismus

I. In der Literatur werden »Terror« und »Terrorismus« oft synonym gebraucht. Es erscheint jedoch zweckmäßig, den Begriff Terror auf Techniken systematischer Gewaltanwendung im Dienste der Erhaltung eines Herrschaftssystems einzuengen. Dementsprechend läßt sich Terrorismus (T.) spiegelbildlich als die Erzeugung von Furcht und Schrecken mit dem Ziel der Aushöhlung der bestehenden gesellschaftlich-politischen Ordnung und einer anschließenden tiefgreifenden Umwälzung definieren.

Terrorismus ist nicht gleichbedeutend mit Guerilla (*Waldmann* 1993), wenngleich es Überschneidungen zwischen den beiden Begriffen gibt. (T. kann sowohl der Ausgangspunkt einer beginnenden als auch das Endstadium einer gescheiterten, ausklingenden Guerilla sein.) Handelt es sich bei der Guerilla um eine militärische Strategie, die sich, falls sie erfolgreich angewendet wird, den Prinzipien regulärer Kriegsführung annähert, so operieren Terroristen stets aus dem Verborgenen heraus, bewahren also ihren Kleingruppencharakter und bleiben geheim. Oder wie *F. Wördemann* es ausdrückt: Guerilla ist auf die Besetzung des Raumes angewiesen, Terroristen wollen dagegen das Denken besetzen. Ihre Aggression zielt darauf ab, einen allgemeinen Zustand der Angst, Nervosität und Hysterie hervorzurufen, so daß die Gemeinschaft der Angegriffenen dazu verleitet wird, anstelle der Terroristen das zu tun, was diese selbst aufgrund ihrer Schwäche nicht erreichen können (*Wördemann* 1977: 53 ff.).

Gewaltsamen ↗ Widerstand gegen despotische Herrscher hat es immer gegeben. Die Entstehung des T. als kontinuierliches Phänomen hängt jedoch mit der Verbreitung demokratischen und nationalistischen Ideengutes im 19. Jh. zusammen. Unter den terroristischen Bewegungen der zweiten Hälfte des 19. Jh.s sind vor allem die russischen Sozialrevolutionäre (*Narodnaja Volja*, Volkswille) und die anarchistischen Gewalttäter in den südeuropäischen Ländern erwähnenswert (»Propaganda der Tat«; ↗ Anarchismus). Zwischen den beiden Weltkriegen schwenkte das Pendel des T. vom Links- zum Rechtsextremismus (man denke etwa an die Freikorps zu Beginn der Weimarer Republik). Während der ersten beiden Jahrzehnte nach dem II. Weltkrieg übte auf die meisten aufständischen Bewegungen *Mao Tse-tungs* Lehre von der Führung einer Landguerilla einen entscheidenden Einfluß aus, die mit *Castros* Machtergreifung in Kuba auch im Westen eine scheinbare Bestätigung erfuhr (es brauchte einige Zeit, bis die Nachahmer und Bewunderer *Castros* begriffen, daß die von ihm verbreitete Version der kubanischen Revolution als Anwendungsfall der Landguerilla nur bedingt den Tatsachen entsprach). Erst ab Mitte der 60er Jahre, nachdem die Landguerilla in Lateinamerika verschiedentlich (u.a. in Venezuela, Peru und Bolivien) Schiffbruch erlitten hatte, gewann die weit enger mit dem T. verschwisterte Stadtguerilla erneut an Attraktivität und Bedeutung.

II. Beschränken wir uns auf die westlichen Industrieländer, so lassen sich gegenwärtig drei Hauptformen des Terrorismus erkennen (zwischen denen die Übergänge teilweise unscharf sind):

a) Der T. ethnischer ↗ Minderheiten mit autonomistischen bzw. separatistischen Zielsetzungen. Meistens handelt es sich hierbei um alte Kulturgemeinschaften, die sich durch eine eigene Sprache, Tradition, oft auch Religion deutlich von der restlichen Bevölkerung des betreffenden Nationalstaates abheben. Wie das Beispiel der Nordiren, Katalanen und Basken, der Südtiroler, Bretonen, Korsen, Franco-Kanadier und vieler anderer beweist, büßen ↗ Regionalismus und Minderheitenprobleme im Zuge der Modernisierung eines Landes nichts von ihrer früheren Brisanz ein, sondern stellen sich in neuer, wenn möglich noch aggressiverer Form.

b) Der T. von Gruppen, die auf sozialrevolutionären Wandel in hochindustrialisierten Staaten wie der BRD (RAF; *Bewegung 2. Juni*), Italien (*Rote Brigaden*), Japan und den USA hinarbeiten. Durchweg in der zweiten Hälfte der 60er Jahre im geistigen Umfeld der »Neuen Linken« entstanden, stellten diese militanten Organisationen zeitweise nicht nur eine ernsthafte Herausforderung für die jeweiligen Regierungen, sondern darüber hinaus eine Bewährungsprobe für die gesamte rechtsstaatliche Ordnung dieser Länder dar.

c) An dritter Stelle ist der in seiner Bedrohlichkeit nicht zu unterschätzende Rechtsterrorismus zu nennen, der auf die Ersetzung der parlamentarischen Demokratie durch eine autoritär-faschistische Staatsordnung abzielt. Anders als in der Zeit zwischen den beiden Weltkriegen lassen sich heute die Anschläge rechtsextremistischer Gewaltgruppen nicht mehr auf eine dominierende geistige Strömung zurückführen. Teilweise treten sie zeitlich früher oder parallel zu linksterroristischen Organisationen in Erscheinung (Beispiel Italien). Sie können aber, wie die jüngsten Angriffe rechtsextremistischer Banden auf Ausländerunterkünfte in der Bundesrepublik Deutschland beweisen, auch eine Reaktion auf die angebliche Überfremdung einer Nation durch massive Zuwanderung von außen bilden.

Daß die getroffene Einteilung nicht nur von den unterschiedlichen Zielsetzungen der drei Untertypen her gerechtfertigt ist, beweist ein Blick auf die Mitgliederstruktur der verschiedenen terroristischen Formationen. Gemeinsames Merkmal aller Terroristen ist ihr jugendliches Alter; über 30jährige sind in ihren Reihen selten, so daß die Charakterisierung terroristischer Gruppen als Jugendbewegungen (*Laqueur* 1977: 115, 170) durchaus zutreffend erscheint. Betrachtet man weitere Individualeigenschaften, so treten allerdings deutliche Unterschiede zwischen Separatisten und Rechtsterroristen einerseits und Linksterroristen andererseits zutage. Autonomistische und rechtsextreme Gewaltgruppen setzen sich nur aus Männern zusammen, bei linksextremen stellen Frauen ein Drittel oder mehr der Mitglieder. Erstere rekrutieren sich vorwiegend aus der unteren Mittel- und Unterschicht, während die Mehrzahl der Linksterroristen nach sozialer Herkunft und Bildungsstand der gehobenen und höheren Mittelschicht zuzuordnen ist. Erhalten separatistische Organisationen vor allem Zulauf aus ländlichen und kleinstädtischen Gebieten, so sind die meisten Linksterroristen in Großstädten geboren; nehmen in ersteren oft Geistliche Schlüsselpositionen ein, so sind Linksterroristen demgegenüber häufig konfessionslos (*Jäger* u. a. 1981: 31).

Die hier angesprochenen Differenzierungen sind noch zuwenig gründlich untersucht, möglicherweise lassen sie sich jedoch bis zum jeweiligen Typus terroristischer Persönlichkeit verlängern. Für die Linksterroristen der BRD wurde festgestellt, es handle sich vielfach um unausgeglichene, problematische Charaktere, die erheblichen biographischen Belastungen ausgesetzt waren und generell unter dem Mißverhältnis zwischen weitreichenden Ambitionen und begrenzten Fähigkeiten litten (*Jäger* u. a. 1981: 89). Dagegen spricht vieles dafür, daß sich separatistischen Bewegungen zumindest in der ersten Phase eher »ausgeglichene«, für die zurückgesetzte Bevölkerungsgruppe repräsentative Personen anschließen. Über den militanten Rechtsextremismus liegen noch zu wenige täterzentrierte Studien vor, um bündige Aussagen wagen zu können. Erste Untersuchungen deuten jedoch darauf hin, daß die gewalttätigen Gruppen ziemlich heterogen zusammengesetzt sind.

Was auch immer die personelle Ausgangsbasis einer terroristischen Organisation sein mag, sobald diese einen gewissen Konsolidierungsgrad erreicht hat (was bei sozialrevolutionären und separatistischen Vereinigungen häufiger der Fall ist als bei rechtsextremistischen Verbänden, die häufig bloße Cliquen bleiben), übt sie einen beträchtlichen Konformitätsdruck auf ihre Mitglieder aus. In den Mechanismen, mit deren Hilfe der einzelne in die Gruppe integriert wird, unterscheiden sich die verschiedenen Organisationen nur wenig. Es sind dies u. a.: die weitgehende Isolierung von Außenkontakten und Drittbindungen, der schrittweise Aufbau eines rigiden Freund-Feind-Bildes, die vollständig emotionale und kognitive Unterwerfung unter die Gruppengemeinschaft, die Entwicklung eines eigenen Lebens- und Sprachstils, die Fixierung auf bestimmte symbolische Bezüge und Riten (Märtyrerkult, Racheschwüre), schließlich eine Pseudogerichtsbarkeit, die nicht nur gegenüber Feinden, sondern auch gegenüber »Verrätern« aus den eigenen Reihen zur Anwendung gelangt. Die »Subkultur«, die ihre besonderen (den gesamtgesellschaftlichen teilweise entgegengesetzten) Normen und Leistungskriterien kennt, läßt ein Statusgefüge eigener Art mit einer aus den selbstgesetzten Aufgaben ableitbaren Rollendifferenzierung entstehen. Besondere Aufmerksamkeit verdienen in diesem Zusammenhang die Führer der Organisationen. Aufgrund des hohen Ranges, den sie innerhalb eines allseits gefürchteten Machtfaktors einnehmen, und der kaum überwindbaren Schwierigkeiten, die ihrer Rückkehr ins bürgerliche Leben entgegenstehen, ist anzunehmen, daß sie sich allen Versuchen, die Gruppe wegen ihres relativen Erfolges oder bleibender Mißerfolge aufzulösen, heftig widersetzen werden. Sie sind in erster Linie für die verhängnisvolle »Eigendynamik des Terrorismus« verantwortlich.

Das Angriffsrepertoire terroristischer Gruppen reicht von der einfachen Sachbeschädigung über Banküberfälle und gezielte Attentate bis hin zu generalstabsmäßig geplanten Großaktionen, wie der Besetzung von Botschaften und sonstigen öffentlichen Gebäuden, Flugzeugentführungen, der Gefangennahme wichtiger Persönlichkeiten des öffentlichen Lebens und dgl. Dabei folgt ihr Vorgehen der Taktik der Provokation bzw., in der Sprache der baskischen ETA, der »Aktions-Repressionsspirale«. Durch die spektakulären Anschläge soll zum einen der breiten Bevölkerung ein Zeichen gesetzt, ihr bedeutet werden, daß der angestrebte Umsturz (von dem angenommen wird, daß sie ihn herbeisehne) nicht mehr fern ist. Zum anderen soll der in seinem Anspruch auf Wahrung der öffentlichen Sicherheit unglaubwürdig gewordene Staat zu einer Überreaktion veranlaßt werden. Aufgrund dieser Überreaktion, die (so das Kalkül) auch viele indifferente oder politisch neutrale Bürger treffen wird, werde das angegriffene Regime seiner Legitimität teilweise entkleidet und löse sich von innen her allmählich auf, so daß es schließlich von außen her, durch die terroristische Avantgarde, gestürzt werden könne. Daß solch weitreichende Zielvorstellungen nicht von vornherein als abwegig erscheinen, ist u.a. der modernen Technik zuzuschreiben, welche den Intentionen der Terroristen in mehrfacher Weise entgegenkommt. Erstens verleiht die Störanfälligkeit des modernen Verkehrs- und Nachrichtenwesens schon einer kleinen Zahl entschlossener Gewaltakteure eine Macht, gemeinschaftsnotwendige Funktionsabläufe zu unterbrechen, die ihnen in einfacher strukturierten Gesellschaften nie zufallen würde. Zweitens hat der technische Fortschritt Waffensysteme hervorgebracht, die Leichtigkeit und mühelose Transportierbarkeit mit einer ungeheuren Steigerung der Zerstörungskraft verbinden (selbst der Einsatz atomarer und bakteriologischer Waffen durch Terroristen ist für die Zukunft nicht auszuschließen). Derselbe Fortschritt hat drittens Möglichkeiten rapider Fortbewegung geschaffen, welche eine erhöhte Mobilität der Terroristen begünstigen und somit ihre Verfolgung erschweren. Schließlich ist zu bedenken, daß die Technik in der Form der Massenmedien den Terroristen ein neues, in seiner Effektivität kaum überbietbares Instrument und Forum zur Verbreitung ihrer Ideen und Ziele zur Verfügung stellt.

III. Was die Ursachen des T. angeht, so wird man sich vor simplifizierenden Erklärungen hüten müssen. Terroristische Zellen bilden aufgrund ihrer geringen Mitgliederzahl keinen repräsentativen Spiegel der gesamtgesellschaftlichen Situation und Probleme (*Laqueur* 1977: 180). Auf der anderen Seite läßt sich das Auftreten solcher Gruppen aber nicht allein auf einen historischen Zufall oder geistig-politische Modeströmungen zurückführen. Im einzelnen sind drei Kausalebenen zu unterscheiden, die bei der Entstehung des T. zu berücksichtigen sind (*Waldmann* 1982: 257).

Die unterste Ebene bezieht sich auf den Ursprung einer in bestimmten Bevölkerungsgruppen verbreiteten Unsicherheit und Frustration. Unter den verschiedenen Quellen, von denen diese herrühren kann, ist vor allem eine kollektive Identitätskrise hervorzuheben, die etwa auf dem Verlust nationalen Ansehens, der Gefährdung der kulturellen Identität durch Einwanderung, Unterwerfung unter ausländischen Einfluß etc. beruhen kann. Auf der nächsten Ebene gilt es zu prüfen, welche Faktoren diesem allgemeinen Gefühl der Enttäuschung und des Unmuts eine politische Stoßrichtung verleihen. Hier fällt die Struktur des ↗ Politischen Systems, seine Offenheit und Absorptionsfähigkeit für kritische Proteststimmen ins Gewicht. Beispielsweise begünstigen autoritäre Diktaturen das Aufkommen militanter Protestbewegungen, da sie einerseits oppositionellen Gruppen keine Chance einer legalen politischen Alternative lassen, andererseits jedoch (und das unterscheidet sie von totalitären Diktaturen) nicht imstande sind, jeden Widerstand schon im Keim zu ersticken (↗ Autoritäre Regime). Damit eine allgemeine Rebellionsbereitschaft zu terroristischen Aktionen führt, bedarf es drittens noch einer Reihe gleichsam logistischer Voraussetzungen. Zu diesen zählen insbesondere die Existenz innergesellschaftlicher Schon- und Experimentierräume, in denen sich terroristische Gruppen relativ ungestört entfalten können (diese Funktionen können bestimmte Stadtviertel wie in Nordirland erfüllen oder die Universität wie in der BRD oder Klöster und Pfarrhäuser wie im Baskenland), weiterhin ein externer Rückzugs- und Regenerierungsraum (z. B. in Form einer nahen Grenze) und schließlich die Verfügbarkeit von materiellen Ressourcen (Geld, Waffen) und bereits erprobten Methoden terroristischen Vorgehens.

Im Prozeß der Herausbildung einer terroristischen Subkultur sind meist mehrere Entwicklungsstadien erkennbar. Das erste Anzeichen für deren Entstehung ist eine Welle heftiger Kritik am bestehenden System, verknüpft mit der Propagierung einer alternativen Gesellschafts- bzw. Staatsordnung. An einem bestimmten Punkt geht die regimefeindliche Propaganda in gezielte Sachbeschädigung über, die, nachdem sie einen gewissen Häufigkeits- und Intensitätsgrad erreicht hat, die Gefährdung von Menschenleben mit einschließt. Die Inkaufnahme der Tötung von Menschen weicht später geplanten Anschlägen auf Einzelpersonen (selektiver Terrorismus). Auf der letzten und höchsten Eskalationsstufe wird systematischer Terrorismus gegenüber bestimmten Kategorien von Personen ausgeübt.

Terroristen erzielen zwar kurz- und mittelfristig nicht selten eine erhebliche Wirkung, d.h. sie verbreiten eine Atmosphäre der Angst und des Schreckens und können den von ihnen bekämpften Staat vorübergehend in die Defensive treiben. Im einen oder anderen Fall (Beispiel: das *Franco*-Regime) trugen sie entscheidend zum Sturz einer Diktatur bei. Insgesamt fällt die Bilanz ihrer Erfolge aber eher negativ aus, und zwar im wesentlichen aus zwei Gründen. Zum einen, weil sie es meist versäumen, die Gewaltaktionen in eine militärisch politische Gesamtstrategie einzubinden, zum anderen aufgrund der Unfähigkeit, auf weitere Gewaltanwendung zu verzichten, wenn diese Methode das nach Lage der Dinge optimale Resultat erbracht hat.

Diese Unfähigkeit zum Einlenken hängt freilich nicht zuletzt mit den anspruchsvollen Zielen vieler terroristischer Gruppen zusammen, die etwa im Falle der RAF und der *Bewegung 2. Juni* auf nicht weniger als eine fundamentale Umgestaltung der westdeutschen Wirtschaft, Gesellschaft und Politik hinausliefen. Dagegen konnten autonomistische Bewegungen, die begrenztere und konkretere Ziele verfolgten (Beispiel: die Franco-Kanadier in Kanada), dem Zentralstaat durch gewaltsame Auflehnung teilweise beträchtliche Zugeständnisse abtrotzen. Doch ist auch hier die Gefahr nicht zu übersehen, daß bei Fortführung des T. die gewonnenen Rechte erneut aufs Spiel gesetzt werden.

Peter Waldmann

↗ Innere Sicherheit; Rechtsextreme Parteien.

Lit.: *Alexander, Y./Finger, S. M.* (Hrsg.) 1977: Terrorism: Interdisciplinary Perspectives, New York. *Bundesministerium des Innern* (Hrsg.) 1981 f.: Analysen zum Terrorismus, 5 Bde., Opladen. *Della Porta, D.* (Hrsg.) 1992: Social Movements and Violence: Participation in Underground Organizations, Greenwich/London. *Funke, M.* (Hrsg.) 1977: Terrorismus. Untersuchungen zur Strategie und Struktur revolutionärer Gewaltpolitik, Bonn. *Gal-Or, N.* (Hrsg.) 1991: Tolerating Terrorism in the West. An International Survey, London/New York. *Hacker, F.* 1973: Terror. Mythos – Realität – Analyse, Wien/München/Zürich. *Laqueur, W.* 1977: Terrorismus, Kronberg/Ts. *Merkl, P.* (Hrsg.) 1986: Political Violence and Terror. Motifs and Motivations, Berkeley u.a. *Münkler, H.* 1980: Guerillakrieg und Terrorismus, in: NPL 25, 300 bis 326. *Rapoport, D. C./ Alexander, Y.* (Hrsg.) 1982: The Morality of Terrorism, Religions and Secular Justifications, New York u.a. *Schmid, A. P.* 1984: Political Terrorism. A Research Guide to Concepts, Theories, Data Bases and Literature, Amsterdam. *Stohl, M.* (Hrsg.) 1979: The Politics of Terrorism, New York/Basel. *Waldmann, P.* 1977: Strategien politischer Gewalt, Stuttgart. *Waldmann, P.* 1989: Ethnischer Radikalismus. Ursachen und Folgen gewaltsamer Minderheitenkonflikte, Opladen. *Waldmann, P.* 1993: Terrorismus und Guerilla – Ein Vergleich organisierter antistaatlicher Gewalt in Europa und Lateinamerika, in: Jahrbuch Extremismus & Demokratie, Bonn, 69–103. *Willems, H.* u.a. 1993: Fremdenfeindliche Gewalt: Eine Analyse von Täterstrukturen und Eskalationsprozessen. Manuskript. *Wördemann, F.* 1977: Terrorismus. Motive, Täter, Strategien, München/Zürich.

Totalitarismus/ Totalitarismustheorie

I. Der Ursprung des Begriffs Totalitarismus liegt in Italien. Italienische Antifaschisten waren es, die Anfang der 20er Jahre *Mussolini* vorwarfen, einen *stato totalitario*, einen totalen Staat anzustreben. *Mussolini* wies diesen Vorwurf keineswegs von sich, sondern bekannte sich 1925 mit folgenden Worten zu diesem totalen Staatsverständnis: »Alles für den Staat, nichts außerhalb des Staates, nichts gegen den Staat«. Dies veranlaßte wiederum seine Gegner, Vergleiche zwischen dem faschistischen und dem bolschewistischen Staat zu ziehen. Der Faschismus sei, so erklärte der Führer der katholischen Volkspartei der *Popolari L. Sturzo*, ein »Rechtsbolschewismus«, während der Bolschewismus ein »Linksfaschismus« sei. Beiden Regimen gemeinsam sei die rigorose Ablehnung der parlamentarischen Demokratie.

Die italienische Diskussion wurde in Deutschland fortgesetzt. Hier waren es Staatsrechtslehrer wie *C. Schmitt, E. Forsthoff, E. R. Huber* u.a., die ebenfalls die Errichtung eines »totalen Staates« forderten. Als ihr Wunsch von *Hitler* erfüllt worden war, haben dann Zeitgenossen aus nahezu allen politischen Lagern – von den Sozialdemokraten bis hin zu einigen Konservativen – das angeblich »totalitäre« Dritte Reich mit der ebenfalls als »totalitär« charakterisierten Sowjetunion verglichen und gleichgesetzt. Diese These wurde noch in den 30er Jahren von einigen amerikanischen, englischen und französischen Politikwissenschaftlern aufgegriffen. Aus dem politischen Kampfbegriff war eine politologische Theorie geworden.

Doch 1941 ging diese erste Phase der Totalitarismusdiskussion abrupt zu Ende. Die »freie Welt« hatte sich mit der Sowjetunion *Stalins* verbündet, die jetzt nicht mehr als »totalitär« galt. Der Begriff selber verschwand aus dem Wortschatz der Politiker und Politologen. Nach dem Ausbruch des Kalten Krieges änderte sich das Bild wieder. Jetzt wurde der vergangene Faschismus erneut mit dem höchst gegenwärtigen Kommunismus verglichen und gleichgesetzt. Die politischen Beweggründe dieser Vergleiche und Gleichsetzungen sind unverkennbar. Dennoch reicht es nicht aus, Totalitarismustheorien als Ideologien des Kalten Krieges zu bezeichnen und damit ideologiekritisch zu »entlarven«.

II. Zunächst einmal muß man zwischen den verschiedenen Varianten der Totalitarismustheorie differenzieren. Insgesamt gibt es drei:

Erstens die geistesgeschichtlich orientierten Versuche, das moderne Phänomen des »Totalitarismus« aus älteren Erscheinungen abzuleiten. So machte *Karl Popper* den »Zauber Platons« verantwortlich. *Eric Voeglin* verwies auf die mittelalterliche »Gnosis« als Vorläufer des Totalitarismus. *Erwin Faul* dagegen bezeichnete den Totalitarismus als moderne Form des »Machiavellismus«. *Jacob L. Talmon* schließlich suchte die »Ursprünge der totalitären Demokratie« in der französischen Revolution etc.

Zweitens die historisch beschreibende Totalitarismustheorie von *Hannah Arendt*, die die »Elemente und Ursprünge totaler Herrschaft« im Imperialismus und Rassismus des 19. Jh.s aufspürte, in den totalitären Diktaturen dagegen spezifisch neuartige Erscheinungen sah, die im wesentlichen durch Ideologie und Terror gekennzeichnet seien.

Drittens das idealtypisch statische Totalitarismusmodell der amerikanischen Politologen *C. J. Friedrich* und *Z. Brzezinski*. Danach sind Staaten als totalitär zu bezeichnen, wenn in ihnen folgende sechs Merkmale anzutreffen sind: 1. eine Ideologie vertreten wird, die sich entweder gegen »feindliche« Klassen oder Rassen richtet; 2. ein Terrorsystem errichtet worden ist, das wiederum entweder Klassen oder Rassen bedroht; 3. die Wirtschaft vollkommen der staatlichen Kontrolle unterworfen und zur bloßen »Befehlswirtschaft« geworden ist; 4. ein monolithisch geschlossenes Einparteiregime mit einem allmächtigen Führer an der Spitze besteht; 5. der Staat über ein Nachrichten- und 6. über ein Waffenmonopol verfügt.

III. Innerhalb der Forschung wurde vor allem das Totalitarismusmodell von *Friedrich* und *Brzezinski* rezipiert, das dann zunehmend kritisiert wurde. Dies gilt einmal für die Kommunismusforschung, in der betont wurde, daß die Wandlungen, die nach dem 20. Parteitag der KPdSU von 1956 in der Sowjetunion und den Ostblockstaaten stattfanden, in dem statischen Totalitarismusmodell von *Friedrich* und *Brzezinski* gewissermaßen nicht vorgesehen waren. Die Kommunismusforscher wollten daher in den 70er und 80er Jahren eine Rückbildung der ursprünglich totalitären zu autoritären Regimen wahrnehmen. Einige erwarteten im Zuge der sog. Konvergenztheorie eine weitere Liberalisierung der kommunistischen Staaten, weil es sich hier schließlich um moderne Industriegesellschaften handele, die nur mit Hilfe moderner und demokratischer Methoden zu leiten seien. Die Nationalsozialismusforschung fand ebenfalls heraus, daß wesentliche Elemente des Totalitarismusmodells von *Friedrich* und *Brzezinski* in der historischen Realität des Dritten Reiches nicht anzutreffen seien. So könne keine Rede davon sein, daß die Wirtschaft im Dritten Reich einer totalen staatlichen Kontrolle unterworfen gewesen sei. Die nationalsozialistische Rassenideologie habe einen ganz anderen Charakter gehabt als die marxistische Weltanschauung. Folglich seien auch andere Personengruppen von Terrormaßnahmen betroffen gewesen. Hier Juden, Sinti und Roma und andere »rassisch« diskriminierte Minderheiten; dort politische Gegner und Angehörige bestimmter Gesellschaftsgruppen bzw. Klassen. Schließlich wurde erkannt, daß das Dritte Reich keineswegs so monolithisch totalitär strukturiert gewesen sei, wie dies *Friedrich*, *Brzezinski* und andere Totalitarismustheoretiker immer behauptet hatten.

IV. Zu Beginn der 80er Jahre galt die Totalitarismustheorie sowohl in der Kommunismus- wie in der Nationalsozialismusforschung als widerlegt. Dennoch kam es alsdann sowohl im In- wie Ausland zu einer erstaunlichen Renaissance.

In Frankreich etwa war es die reichlich spät einsetzende Kritik am Kommunismus im allgemeinen, am ↗ Stalinismus im besonderen, die hier zu einer Rezeption der erwähnten Theorien des Totalitarismus führte. Dafür waren unzweifelhaft innen- und außenpolitische Motive maßgebend. In der Bundesrepublik war es ähnlich. Zu nennen ist hier einmal die Angst, daß die Bundesrepublik mit den Herausforderungen des ↗ Terrorismus und des Linksextremismus nicht fertig werden könnte. Daher plädierte vor allem der Bonner Politikwissenschaftler *K. D. Bracher* energisch dafür, vom Kriterium der politischen Freiheit auszugehen und deshalb am Totalitarismusbegriff festzuhalten, weil die politische Freiheit von »totalitären« Bewegungen linker wie rechter Herkunft bedroht werde.

Diese Anregungen *Brachers* wurden von verschiedenen Politologen aufgegriffen, die sich mit den rechts- und linksextremen Bewegungen und Parteien beschäftigten. Unter dem (allerdings nicht offen dargelegten) Einfluß der klassischen Totalitarismustheorien wollten sie Gemeinsamkeiten zwischen Links- und Rechtsextremisten wahrnehmen und sprachen sich für die Etablierung einer sog. Extremismusforschung aus. Dieser Vorschlag ist jedoch von keineswegs allen Rechtsextremismusforschern akzeptiert worden. Diese betonen statt dessen, daß sich die rechtsextremen Gruppen im Hinblick auf Ideologie, Zielsetzung und auch soziale Zusammensetzung wesentlich von den linksextremen Organisationen unterscheiden.

Scharf kritisiert wurden auch die Versuche von *Ernst Nolte*, die Totalitarismustheorie (die er in seinen Faschismusbüchern vorher selber abgelehnt hatte) nicht nur zu rehabilitieren, sondern gleichzeitig zu radikalisieren. Behauptete doch *Nolte*, daß *Stalins* Diktatur nicht nur »eher«, sondern auch viel aggressiver als die *Hitlers* gewesen sei. Derartige Gleichsetzungen der nationalsozialistischen mit der kommunistischen Diktatur wurden während des sog. Historikerstreits ziemlich einhellig abgelehnt. Statt dessen wurde die Singularität der nationalsozialistischen Verbrechen, vor allem an dem jüdischen Volk betont.

Ein weiterer politischer Impuls für die Renaissance der Totalitarismustheorie war zweifellos der Zusammenbruch des kommunistischen Systems in Europa. Unter dem Eindruck der wieder entdeckten (unbekannt waren sie vorher keineswegs) Verbrechen in den kommunistischen Staaten wurden jetzt keineswegs mehr nur *Hitler* und *Stalin*, sondern *Hitler* und *Honecker* miteinander verglichen. Die Aufarbeitung der Geschichte der DDR wird von einigen im ständigen Vergleich mit der des Dritten Reiches durchgeführt. Gegen diese Vergleiche und Gleichsetzungen wird eingewandt, daß damit die DDR dämonisiert, das Dritte Reich dagegen verharmlost werde.

Zur Zeit ist nicht abzusehen, ob die künftige DDR-Forschung insgesamt von einer derartigen vergleichenden Perspektive ausgeht und ob es in diesem Zusammenhang zu einer Weiterentwicklung der erwähnten klassischen Totalitarismustheorien kommen wird. Neue Theorien des Totalitarismus wurden jedoch bisher noch nicht ausgearbeitet.

Wolfgang Wippermann

Lit.: *Arendt, H.* 1955: Elemente und Ursprünge totaler Herrschaft, Frankfurt/M. *Augstein, R.* u.a. 1987: »Historikerstreit«. Die Dokumentation der Kontroverse um die Einzigartigkeit der nationalsozialistischen Judenvernichtung, München. *Backes, U./Jesse, E.* 1989: Politischer Extremismus in der Bundesrepublik Deutschland, Bonn. *Bracher, K. D.* 1976: Zeitgeschichtliche Kontroversen um Faschismus, Totalitarismus, Demokratie, München. *Bracher, K. D.* 1987: Die totalitäre Erfahrung, München. *Friedrich, C. J./Brzezinski, Z.* 1956: Totalitarian Dictatorship and Autocracy, Cambridge. *Funke, M.* (Hrsg.) 1978: Totalitarismus. Ein Studien-Reader zur Herrschaftsanalyse moderner Diktaturen, Düsseldorf. *Grebing, H.* 1971: Rechtsradikalismus gleich Linksradikalismus. Eine falsche Gleichung, Stuttgart. *Jänicke, M.* 1971: Totalitäre Herrschaft. Anatomie eines politischen Begriffs, Berlin. *Löw, K.* (Hrsg.) 1988: Totalitarismus, Berlin. *Schlangen, W.* 1976: Die Totalitarismus-Theorie. Entwicklung und Probleme, Stuttgart. *Seidel, B./Jenker, S.* (Hrsg.) 1968: Wege der Totalitarismusforschung, Darmstadt.

Umweltpolitik

[1] Allgemein.

I. Im hier diskutierten Zusammenhang meint Umwelt die natürliche Umwelt des Menschen, seine ihn umgebende Natur. Umweltpolitik (U.) ist dann die politisch vermittelte Form der Aneignung, Gestaltung und Präservation von Natur durch eine Gesellschaft.

Unter dem Eindruck aktueller und politisch relevant gewordener Probleme der Landschaftszerstörung, Wasser- und Luftverunreinigung, Lärmbelästigung und Abfallbelastung scheint der Begriff Umwelt allgemein mit dem Inhalt natürlicher Umwelt besetzt. Allen gängigen Begriffsbestimmungen ist die prinzipielle Trennung eines Zentrums und einer Umgebung eigen, die als Teilelemente wiederum in einem übergreifenden Zusammenhang stehen (↗ Systemtheorie). Als natürliche Umwelt konkretisiert sich diese Trennung in der Gegenüberstellung von Mensch und Natur bzw. von Gesellschaft und Natur, wobei letztere als Voraussetzung für Mensch und Gesellschaft gilt. In dieser Eigenschaft muß es sich nicht notwendig um unberührte Natur handeln, wohl aber um einen Naturzustand, der unbeschadet aller Formung und Deformierung durch den Menschen noch immer im Kernbereich eigenen biologischen und ökologischen Gesetzmäßigkeiten folgt. Die Gegenüberstellung von Mensch und Natur, wie sie im Begriff natürliche Umwelt konzipiert ist, zeitigt äußerst problematische Konsequenzen in zweierlei Hinsicht: Erstens wird der Mensch als Bestandteil von Natur, wird die Naturseite des Menschen vernachlässigt, und zweitens ist die einseitige Funktionalisierung von Natur für die Bedürfnisse des Menschen, die bloße Objektstellung der Natur für diesen Begriff konstitutiv.

II. Äußerst kontrovers wurden in der Vergangenheit von der Wiss. die Ursachen von Umweltschäden diskutiert. Mit dem Zusammenbruch des sozialistischen Lagers scheint diese Frage erledigt, ist es aber nicht. Vernachlässigt man eine quasi anthropologische Argumentation, die auf darwinistische Eigenschaften des Menschen im Umgang mit der Natur verweist, stehen sich zwei Erklärungsansätze gegenüber. Der eine stellt Umweltschäden in den systematischen Zusammenhang mit spezifisch gesellschaftlichen Strukturen, z.B. einer kapitalistischen Gesellschaft (*Gellen* 1972; *Ronge* 1972). Demgegenüber verweist die andere Ursachenerklärung auf systemunabhängige und systemübergreifende Momente des Industrialisierungs- und Technikstandes (*Hansmeyer/Rürup* 1973; *Goldmann* 1972). Die gesellschaftsstrukturell unspezifische Erklärungsvariante kann für sich das empirische Argument mobilisieren, daß vergleichbare Umweltschäden in den Ländern kapitalistischer und sozialistischer Provenienz vorzufinden sind. Andererseits können sehr wohl unterschiedliche Ursachen – hier also unterschiedliche gesellschaftliche Strukturen – zu analogen Ergebnissen, d.h. Umweltschäden führen, so daß damit die Analyse systematischer Bedingungen für Umweltschäden keineswegs unnötig wird. In den westlich-kapitalistischen Gesellschaften sind das spezifische Zusammenhänge, die eine systematische preisliche Unterbewertung von Umweltgütern und daraus folgend deren übermäßige und schonungslose Nutzung bewirken (*Kapp* 1979). Diesem »Marktversagen« in der ↗ Marktwirtschaft – wie der Zusammenhang in der wirtschaftswiss. Theorie bezeichnet wird – steht in sozialistischen Gesellschaftssystemen ein »Planversagen« gegenüber, das sich aus systematischen Steuerungsdefiziten der bestehenden ↗ Planwirtschaft in den sozialistischen Gesellschaften ergibt.

III. Umweltpolitik als staatliche Regelung der Art und Weise der Naturvereinnahmung und ihres Schutzes beginnt in Deutschland nicht erst nach dem II. Weltkrieg. Mag der Begriff U. ein Produkt der Nachkriegszeit sein, ist sein Inhalt genuiner Regelungsbestand aller staatlichen Herrschaft.

Das gilt zunächst und in zentraler Weise für die Qualifizierung von Eigentumstiteln an Natur. Mit der Herausbildung der kapitalistischen Gesellschaft werden bis dato traditionale Verfügungstitel über Boden, Bodenschätze, Fischereirechte usw. in den Markt überführt. Das gilt systematisch nur für solche Umweltgüter, die marktfähig sind, d.h. für die sich ein Preis bilden läßt. Der Kauf sichert dann die Verfügung über die Nutzung jenes Naturgutes, die der Staat kraft seines Gewaltmonopols dem jeweiligen Eigentümer garantiert. Soweit Umweltgüter die marktmäßigen Voraussetzungen nicht bieten, werden sie als eigentumsrechtlich herrenlose Güter dem freien Zugriff von Interessenten überlassen. Natur ist also in dieser Logik entweder eigentumsrechtlich geschützt dem Belieben des Nutzers anheimgestellt oder aber als »freies« Gut der Willkür von Zugreifenden.

Ein so generalisierter und rechtlich abgesicherter Zugriff auf die Natur muß zwangsläufig zu Umweltproblemen führen. Die Regelung dieser Umweltprobleme wird dann und nur dann zur staatlichen Aufgabe, wenn die Ausgangslogik selber, nämlich die Möglichkeit einer Nutzung von Natur entscheidend tangiert wird. Nicht die Vernichtung von Natur als solche ruft den Staat auf den Plan, sondern die Umweltzerstörungen, die die Naturvereinnahmung selbst unmöglich machen und damit die kodifizierten Aneignungsformen obsolet werden lassen.

Bereits im 19. Jh. finden wir staatlich erlassene Verbote und Auflagen, die die Nutzung von natürlicher Umwelt in spezifischer Weise begrenzen. Diese rechtsförmigen Interventionen firmieren jedoch meist unter anderen Politikbereichen. Hervorzuheben ist etwa die beginnende Gesundheitspolitik im 19. Jh., die als Reflex auf grassierende Seuchen in den neuen industriellen Ballungszentren nun staatlicherseits Wasserversorgung und Wasserentsorgung regelt. Die Regelung erfolgt dabei nicht allein über staatliche Zwangsmaßnahmen, sondern auch über eine Infrastrukturisierung des Problems, d.h. der Staat übernimmt Versorgungsleistungen für die Bevölkerung, indem er die Wasserversorgung als Daseinsvorsorge definiert und als kommunale Aufgabe organisiert. Andere Umweltschutzmaßnahmen im heutigen Sinne stammen aus dem Nachbarschaftsrecht, wonach die Verschmutzung von Umwelt dann bestraft wird, wenn unmittelbare Anrainer durch die Umweltverschmutzung eines Nachbarn in ihren Eigentumsrechten, z.B. auf ihrem Grundstück, negativ betroffen werden.

Der dahinterliegende Interventionsgrundsatz ist das sog. Verursacherprinzip, wonach ein Verursacher von Umweltschäden, die zu Lasten Dritter gehen, für diese Schäden aufkommen muß. Da, wo sich ein Verursacher nicht feststellen läßt und/oder ein entstandener Schaden nicht verantwortungsmäßig zugeordnet werden kann, stößt dieses rechtliche Prinzip ins Leere. Entweder müssen die so Betroffenen die entstandenen Schäden als Verluste hinnehmen, oder aber der Staat übernimmt die Verhinderung bzw. spätere Reparatur dieser Schäden als im öffentlichen Interesse liegende Infrastruktur-Aufgabe. Betrachten wir die gängigen politischen Programme der Regierung in der Bundesrepublik Deutschland zum Schutze der Umwelt, finden wir die genannten generellen Merkmale staatlicher U. wieder in einer Systematik von vier Interventionsstrategien:

a) Dem Verursacherprinzip folgt die rechtliche Interventionsform von Verboten und Auflagen, die die Nutzung von Natur eingrenzt bzw. an bestimmte Voraussetzungen bindet. Als Beispiele können hier dienen Verbote, bestimmte Stoffe in die Luft, in das Wasser oder in Mülldeponien abzugeben. Die Nutzung von Flüssen für die Entsorgung von Abwässern kann mit der Auflage verknüpft sein, Filteranlagen einzubauen usw.

b) Ebenfalls der Logik des Verursacherprinzips folgt ein Abgabensystem, das anstelle von Verboten und Auflagen potentielle Umweltverschmutzer monetär belastet. Dieses Abgabensystem verfolgt einen doppelten Zweck: Einmal sollen so Finanzmittel zusammengetragen werden, mit deren Hilfe der Staat dann die Reparatur von Umwelt oder möglicherweise Vorsorgemaßnahmen finanziert, zum anderen soll der mit Abgaben belastete Verursacher von Umweltschäden über diese finanzielle Belastung von Umweltschädigungen abgebracht werden. Diese Seite des Abgabensystems ist also als Ersatz für den nicht funktionierenden Markt für Umweltgüter gedacht.

c) Der Staat bietet Subventionen für umweltschützende Investitionen an. Als Beispiele können hier dienen der Bau einer modernen Abwasserkläranlage, die Umstellung von einer kohlebetriebenen Anlage zu einer elektrisch betriebenen usw. Diese Regelungsform folgt nicht mehr dem Verursacherprinzip, sondern es werden mit der Hoffnung auf verbesserte Umweltbedingungen Verursacher von Schäden durch staatliche Finanzierungshilfen zur Verminderung dieser Schäden überredet.

d) Als Infrastrukturleistung übernimmt der Staat selber Umweltschutzmaßnahmen. Öffentliche Kläranlagen sind hier ein Beispiel. Diese Regelung liegt ebenfalls außerhalb des Verursacherprinzips.

IV. Die Kontroverse über die systematischen Gründe für Umweltschädigungen verlängert sich in eine grundsätzliche Auseinandersetzung über die Möglichkeiten und Grenzen ihrer politischen Regulation. Betrachtet man Umweltschäden als Ausfluß technischer Gegebenheiten, so sind Probleme mit der Natur unter der gleichen Perspektive bewältigbar, nämlich als technische Probleme. Sind jedoch Umweltprobleme als Folgen bestimmter gesellschaftlicher Strukturen einzuordnen, muß man zum Zwecke eines umfassenden Umweltschutzes an jenen Strukturen ansetzen, will man nicht an bloßen Symptomen kurieren. Kompliziert wird der Zusammenhang dadurch, daß die vorhandenen gesellschaftlichen, genauer: die spezifisch ökonomischen Strukturen sehr wohl ein Stück weit Umweltschutz selbstregulierend erbringen. Unter dem gleichen Movens, das, über den Markt vermittelt, Natur in die Produktion und Reproduktion vereinnahmt, läßt sich auch Umweltschutz marktmäßig realisieren. Es existieren systemkonforme Umweltschutzstrategien, die sich reibungslos mit den vorzufindenden gesellschaftlichen Strukturen vereinbaren lassen und aus diesen heraus wirksam werden (*Gellen* 1972; *Gerau* 1978). Die oben genannten staatlichen Interventionsformen flankieren in gewisser Weise diese Selbstregulierung des Marktes – die Frage ist, mit welchem Erfolg.

Zunächst kann eine Umweltschutzindustrie durch ↗ Subventionen gestärkt werden. Auch das Abgabensystem, mit dessen Hilfe Finanzspielräume für umfangreiche Schutzinvestitionen geschaffen werden können, schlägt sich ja als Nachfragepotential in den Bilanzen der Umweltschutzanbieter auf dem Markt nieder. Auch die Infrastrukturisierung von Umweltschutz durch den Staat fördert Nachfrage auf dem Markt, weil ja der Staat selber zwar die Infrastruktur finanziert, sie aber nicht stofflich-sachlich selbst herstellt. Auflagen und Verbote schließlich können Konkurrenten, die sich nicht freiwillig auf Umweltschutz einstellen, wettbewerbsmäßig hemmen.

Alle Maßnahmen stoßen jedoch auf enge Grenzen. Auflagen und Verbote müssen zwei Grundsätze beachten, den der wirtschaftlichen Vereinbarkeit und den der technischen Machbarkeit. Es macht unmittelbar Sinn, daß Auflagen an Betriebe auch technisch umsetzbar sein müssen, daß man nichts technisch Unmögliches verlangt. Die Krux der Bindung von Rechtssätzen an diesen Grundsatz ist jedoch, daß der Staat selber den Technikstand nicht bestimmen kann, weil dieser unmittelbar aus der Produktion heraus geboren und fortentwickelt wird. Die Bindung an die wirtschaftliche Vertretbarkeit ergibt sich aus dem Grundsatz des Eigentumsschutzes in der kapitalistischen Gesellschaft. Sind Auflagen übermäßig teuer, also wirtschaftlich nicht mehr vertretbar, kommt das nach der vorzufindenden Rechtslogik einer Enteignung gleich, die entschädigungspflichtig ist. So stoßen Auflagen und Verbote auf Begrenzungen, die sich durch das sogenannte »Vollzugsdefizit« noch verengen. Gegenstand größerer Untersuchungen ist die Tatsache, daß trotz bestehender Gesetze und auch ausgesprochener Auflagen und Verbote jene von den Durchführungsbehörden gegenüber den Verursachern von Umweltschäden nicht oder nicht genügend vollzogen werden (*Mayntz* u.a. 1978; ↗ Implementationsforschung). Die örtlichen Behörden sehen sich einem enormen Druck der jeweiligen Industrie ausgesetzt, die mit dem Verweis, daß sie die Produktion schließen oder verlagern müsse, wenn ein weitergehender Umweltschutz durchgesetzt werde, Auflagen und Verbote umgeht.

Der für den Staat einfachere Weg der Überredung und Überzeugung durch Subventionen ist begrenzt durch die strukturellen Finanzprobleme, die gleichermaßen einer Infrastrukturisierung des gesamten Problems enge Grenzen setzen. Ein Abgabensystem schließlich, das außerhalb der öffentlichen Haushalte zusätzliche Finanzen mobilisiert, ist wiederum in der Praxis schwer durchsetzbar, weil es auf ähnliche Widerstände der Betriebe wie gegen Auflagen und Verbote stößt. So verfügt insgesamt eine staatliche U. über nur geringe Spielräume, die auch ausgeschöpft dem vorliegenden Regelungsproblem nicht adäquat sind.

Manfred Glagow

Lit.: *Alternative Umweltpolitik* 1981: Natur- und arbeitsorientierte Politik, Wissenschaft und Technologie mit Beiträgen von *Albrecht, G.* u.a., in: Argument – Sonderband AS 65. *Bohne, E.* 1981: Der informale Rechtsstaat, Berlin. *Brüggemeier, F.-J./Rommelspacher, T.* (Hrsg.) 1987: Besiegte Natur, Geschichte der Umwelt im 19. und 20. Jahrhundert, München. *Crenson, M. A.* 1971: The Un-Politics of Air Pollution. A Study of Non-Decision-Making in the Cities, Baltimore/London. *Gellen, M.* 1972: Das Entstehen eines ökologisch-industriellen Komplexes, in: *Glagow, M.* (Hrsg.), 207–217. *Gerau, J.* 1978: Zur politischen Ökologie der Industrialisierung des Umweltschutzes, eine Untersuchung systemkonformer Umweltpolitik in kapitalistischen Industriegesellschaften, in: *Jänicke, M.* (Hrsg.), 114–149. *Glagow, M.* (Hrsg.) 1972: Umweltgefährdung und Gesellschaftssysteme, München. *Glagow, M.* 1980: Umwelt und Gesellschaft – eine Einführung in die politische Ökologie, in: Soziologische Revue, 279–288. *Gollmann, M.I.* 1972: Umweltzerstörung und Umweltvergiftung in der Sowjetunion, in: *Glagow, M.* (Hrsg.), 37–94. *Hansmeyer, K./Rürup, B.* 1973: Umweltgefährdung und Gesellschaftssysteme, in: Wirtschaftspolitische Chronik, 7–28. *Jänicke, M.* (Hrsg.) 1978: Umweltpolitik, Opladen. *Jänicke, M.* 1979: Wie das Industriesystem von seinen Mißständen profitiert, Opladen. *Kapp, K. W.* 1979: Soziale Kosten der Marktwirtschaft, Frankfurt/M. *Knoepfel, P./Watts, N.* (Hrsg.) 1983: Environmental Politics and Policies, Frankfurt a. M./New York. *Leonhard, M.* 1986: Umweltverbände, Opladen. *Mayntz, R.* u.a., 1978: Vollzugsprobleme der Umweltpolitik – eine empirische Untersuchung der Implementation von Gesetzen im Bereich der Luftreinhaltung und des Gewässerschutzes, Stuttgart u.a. *Ronge, V.* 1972: Die Umwelt im kapitalistischen System, in: *Glagow, M.* (Hrsg.), 79–123. *Wey, K.-G.* 1982: Umweltpolitik in Deutschland – Kurze Geschichte des Umweltschutzes in Deutschland ab 1900, Opladen.

[2] Westliche Länder.

I. Umweltbelastungen werden vor allem in den Industrieländern als negativer Nebeneffekt des Wirtschaftswachstums verursacht. Obwohl sie nur einen Anteil von knapp 16% der Weltbevölkerung (1990) haben, sind die OECD-Staaten, die 1991 rund 83% des Bruttosozialprodukts der Welt erzeugten, z.B. mit 51% des Primärenergieverbrauchs (1991), 48% des Kohlendioxid-Ausstoßes (1991) und 32% des Einsatzes von Kunstdünger in der Landwirtschaft (1990) besonders stark für weltweite Umweltbelastung verantwortlich (*OECD* 1993; *UNEP* 1993; *World Resources Institute* 1993).

Da die Belastungen sich vorwiegend in industrialisierten Ballungsräumen konzentrieren, die verwendeten Indikatoren oft nur wenig problemspezifisch sind und die verfügbaren Daten vielfach auf groben Schätzungen und weniger auf einheitlichen Messungen basieren, ist der in Tabelle 22 zusammengestellte, auf Daten der OECD (1993) beruhende internationale Vergleich von Belastungs- und *output*-Merkmalen

Tabelle 22: Umweltbelastung und Umweltschutz in den OECD-Ländern

	A	B	C	D	E	F	G	H	I	J
Australien	2,7	4,68	k.A.	k.A.	288	k.A.	k.A.	k.A.	k.A.	5,9
Belgien	327,8	4,47	420	300	130	9,6	k.A.	88	343	2,4
BRD	223,6	4,63	5697	3234	924	33,0	740	86	350	13,9
Dänemark	119,6	3,82	181	283	61	4,6	233	98	475	9,8
Finnland	14,9	5,34	260	290	56	1,7	605	76	624	2,4
Frankreich	103,4	3,64	1200	1487	398	95,9	669	68	328	8,7
Griechenland	77,8	1,87	k.A.	28	86	8,2	k.A.	10	296	0,8
Großbritannien	235,4	3,59	3780	2779	610	k.A.	281	87	348	18,9
Irland	50,1	2,52	187	128	35	1,9	k.A.	11	312	0,4
Italien	191,8	2,39	1988	1996	425	91,8	984	61	348	1,3
Japan	328,0	2,98	876	1301	1125	83,0	731	42	411	6,4
Kanada	2,7	7,67	3323	1923	457	33,8	1735	70	601	7,0
Neuseeland	12,7	3,42	k.A.	k.A.	28	k.A.	581	88	662	10,6
Niederlande	403,7	4,25	208	552	190	18,7	994	93	497	9,5
Norwegen	13,2	4,91	54	230	32	1,2	491	57	472	14,7
Österreich	93,3	3,07	90	222	60	6,1	278	72	325	19,0
Portugal	114,5	1,15	211	142	51	21,5	738	21	257	4,9
Schweden	19,2	5,70	128	396	57	1,9	343	90	374	3,9
Schweiz	164,5	3,53	63	184	47	2,4	173	90	441	2,7
Spanien	77,3	1,87	k.A.	k.A.	249	134,4	347	53	322	7,0
Türkei	74,0	0,77	1602	175	148	36,4	542	1	353	0,3
USA	27,0	7,41	21060	19380	5180	397,2	1861	74	721	10,5
OECD gesamt	26,4	4,50	40200	36700	10657	k.A.	k.A.	63	480	7,7

A: Einwohner/km² Landesfläche 1991
B: Primärenergie-Verbrauch pro Kopf 1991 (Tonnen Öleinheiten)
C: Schwefeldioxid-Ausstoß 1990 (1000 Tonnen)
D: Stickstoffoxid-Ausstoß 1990 (1000 Tonnen)
E: Kohlendioxid-Ausstoß 1992 (Mio. Tonnen)
F: Pestizidverbrauch 1990 (1000 Tonnen)
G: Wasserverbrauch diverse Jahre (m³ je Einwohner)
H: % Einwohner mit Anschluß an zentrale Kläranlagen 1990
I: Hausmüllaufkommen 1990 (kg pro Einwohner)
J: Naturschutzflächen 1990 in % der Landesfläche
(k.A.: keine Angaben erhältlich)

nur als sehr allgemeines Mittel der Differenzierung zu verstehen (vgl. auch *Jänicke* 1990). Mit allem Vorbehalt lassen sich Kanada, die USA und Italien nach den aufgeführten Merkmalen als Verursacher besonders starker Umweltbelastungen charakterisieren. Am günstigsten schneiden die wenig industrialisierten Staaten Irland und Neuseeland, aber auch Österreich, die Schweiz, Norwegen und Dänemark ab. Die Bundesrepublik nimmt – zumal nach der Verschlechterung der nationalen Durchschnittswerte infolge des Beitritts der neuen Bundesländer (vgl. *Umweltbundesamt* 1994) – zusammen mit Japan, Australien, Frankreich und Großbritannien den Rang hinter der Spitzengruppe der am stärksten umweltbelasteten OECD-Staaten ein.

II. Ein eigenständiger Politikbereich »Umweltschutz« mit speziellen Rechtsgrundlagen und ausdifferenzierten Problemlösungsinstitutionen hat sich in den Industrieländern erst allmählich in den letzten 25 Jahren herausgebildet, wobei die Institutionalisierungsphase in manchen Staaten noch nicht abgeschlossen ist. Trotz nationaler Unterschiede in der Dauer der Thematisierungsphasen und den Politikergebnissen lassen sich in allen Industrieländern drei Phasen der Politikentwicklung unterscheiden.

1. In der ersten Phase erfolgt die Identifizierung der grundlegenden, am deutlichsten wahrnehmbaren Umweltbelastungen und die Entwicklung allgemeiner Problemlösungsinstrumente.

In Ländern mit besonders hohen regionalen Belastungsniveaus sind meist spektakuläre Umweltunfälle, wie z. B. die Smog-Katastrophe in London 1953, die Quecksilber- (in Minamata) und Cadmium-Vergiftungen (Itai-Itai-Krankheit) in Japan, Dauer-Smogsituationen im Raum Los Angeles oder häufiges Fischsterben im Rhein, der Auslöser von Problemlösungsbemühungen. Hierbei erfolgt im instrumentellen Bereich der Übergang von vereinzelten und verstreuten Vorschriften des Nachbar- und Gefahrenabwehrrechts mit umweltschützendem Inhalt zu einer speziellen Umweltgesetzgebung. In den 60er Jahren wurden zunächst in Japan, den USA und Schweden Umweltschutzgesetze verabschiedet. Die meisten anderen Länder folgten in den 70er Jahren diesen Vorbildern, wobei das UN-Naturschutzjahr 1970 vielfach den unmittelbaren Anlaß für weitergehende nationale Initiativen bot. Heute verfügen fast alle OECD-Länder über spezielle Wassergesetze. Die Mehrzahl hat Luftreinhalte-, Abfallbeseitigungs- und Naturschutzgesetze verabschiedet. In einer Reihe von Ländern bestehen zudem allgemeine, medienübergreifende Umweltschutzgesetze. Regelungsdefizite im Sinne des Fehlens spezialgesetzlicher Grundlagen für Umweltmedienbereiche sind vor allem noch beim Bodenschutz zu verzeichnen, bei dem es erst in wenigen Ländern Ansätze zu eigenständigen Regelungen gibt.

Neben der Schaffung der gesetzlichen Grundlagen bestand das wichtigste Resultat der ersten Phase einer eigenständigen U. in der Einrichtung von Behörden, die für die Beobachtung des Umweltzustandes und den Vollzug der Umweltgesetze zuständig sind, sowie in der Intensivierung der Umweltforschung. Als Grundprinzipien des Umweltschutzes wurden das Verursacherprinzip (der Verursacher externer Effekte soll selbst für die durch ihn hervorgerufenen Schäden aufkommen bzw. die Kosten für die Vermeidung schädlicher Umwelteinwirkungen tragen) sowie das Vorsorgeprinzip (anstelle der nachträglichen Beseitigung von Umweltschäden durch Sanierungsmaßnahmen soll nach Möglichkeit bereits vor dem Entstehen von Umweltbelastungen vorgebeugt werden; Instrumente hierzu sind Standortplanung und Genehmigungsverfahren für umweltbelastende Anlagen sowie eine an den technischen Möglichkeiten zur Vermeidung von Umweltbelastungen orientierte Grenzwertfestsetzung) zumindest verbal eingeführt (*Simonis* 1988). Materiell konnte die erste Phase der U. bei der Reduzierung der am weitesten verbreiteten Schadstoffe eine Reihe von Erfolgen erzielen. So ging u. a. in der Mehrzahl ausgewählter Industriestädte die Staub- und SO_2-Belastung zurück (*Jänicke* 1978). Insbesondere Japan erreichte innerhalb von zehn Jahren eine Reduzierung der SO_2-Belastung auf knapp ein Drittel des ursprünglichen Durchschnittswertes (*Tsuru/Weidner* 1988; *Barret/Therival* 1991).

Die Erfolge des Umweltschutzes wurden im wesentlichen durch eine Industrialisierung der Umweltschutzaktivitäten erreicht. Indem die Umweltgesetzgebung vom Verursacher die Reduzierung der Umweltbelastungen auf bestimmte zulässige Werte mit Hilfe des Einbaus technischer Umweltschutzeinrichtungen, wie Filtern usw., verlangte, führte sie weniger eine prinzipielle Begrenzung des Wirtschaftswachstums als vielmehr eine partielle Umschichtung der Wachstumsimpulse zugunsten der Hersteller von Umweltschutzleistungen ein (*Jänicke* 1979).

Zugleich trugen in den meisten Staaten der wirtschaftliche Strukturwandel – insbesondere in Form sinkender wirtschaftlicher Bedeutung stark umweltbelastender Branchen der Grundstoffindustrie bei gleichzeitigem Zuwachs des Dienstleistungssektors – und der technische Fortschritt – insbesondere die stärkere Verbreitung neuer energie- und materialsparender Technologien – zu einer gewissen Entkoppelung von Wirtschaftswachstum und Zunahme der Umweltbelastungen bei (*Jänicke* u.a. 1989; *Prittwitz* 1993).

Daß zwischen der ökologischen Zielsetzung der Erhaltung von Ressourcen und des Gleichgewichts von Lebensräumen sowie der ökonomischen Wachstumszielsetzung ein fundamentaler Widerspruch besteht, wurde im politischen Raum bisher allenfalls annähernd thematisiert, bislang jedoch nicht auf grundlegende Handlungskonsequenzen hin untersucht. Wissenschaftlichen Szenarien und Modellrechnungen (*Meadows* u.a. 1973) über die Grenzen des Wachstums sowie die Arbeiten internationaler Kommissionen (*Brundlandt* u.a. 1987) trugen bisher vor allem international wesentlich zur Erhöhung des öffentlichen Umweltbewußtseins bei. Die Verbesserung des Umweltschutzes zählt heute – neben der Bekämpfung von ↗ Arbeitslosigkeit und ↗ Inflation – u.a. in den meisten Industrieländern zu den von der Bevölkerung als die am wichtigsten bezeichneten politischen Zielen. Sie hat aufgrund vielfältiger Restriktionen jedoch nicht die Durchsetzungsfähigkeit gegenüber anderen Politikbereichen erreicht, die ihr aufgrund ihres Ranges in der öffentlichen Meinung eigentlich zukommen sollte.

2. Die zweite Phase der Umweltschutzpolitik ist dementsprechend auch hauptsächlich gekennzeichnet durch die Bemühungen der im Umweltschutz engagierten Bürgergruppen und der für Umweltschutz zuständigen politischen Positionsträger und Fachbehörden, die Umweltschutzkompetenzen auszuweiten. Dabei werden von den öffentlichen Institutionen vor allem Ansätze zur Verbesserung bestehender gesetzlicher Regelungen, beispielsweise durch Grenzwertverschärfungen, sowie zur Verbesserung des Handlungsinstrumentariums durch die Einführung neuer Verfahrenselemente verfolgt.

Zu diesen neuen Verfahrenselementen gehören vor allem die zuerst in den USA eingeführte Umweltverträglichkeitsprüfung (ein spezielles Verfahren zur umfassenden ökologischen Beurteilung geplanter Wirtschaftsprojekte), Abgaben als ökonomisches Element der Einschränkung umweltbelastender Aktivitäten (z.B. Abwasser-, Lärmabgabe, Abgabe auf Verpackungsmaterialien; in verschiedenen Formen u.a. in Japan, Frankreich, Niederlande, BRD, einzelnen US-Staaten eingeführt), das Recht auf Einsicht in Umweltakten, die Veröffentlichung von Umweltdaten, eine verschuldensunabhängige Gefährdungshaftung der Verursacher sowie ein Verbandsklagerecht, welches nicht nur – wie im Nachbarrecht üblich – den von den Auswirkungen eines Vorhabens direkt Geschädigten, sondern auch den selbst nicht unmittelbar betroffenen Umweltverbänden oder der allgemeinen Öffentlichkeit die Möglichkeit der gerichtlichen Nachprüfung von Verwaltungsentscheidungen im Umweltschutz eröffnet (*Bothe* 1980). Während Umweltschutzorganisationen einerseits die angesprochenen Weiterentwicklungen unterstützen, suchen sie auf der anderen Seite sehr viel weitreichendere gesellschaftspolitische Konzepte zu entwickeln, die das dominante Wachstumsziel der ↗ Industriegesellschaften durch an der Erhaltung und Wiederherstellung ökologischer Gleichgewichte orientierte Zielsetzungen und Verhaltensweisen ablösen sollen. Bisher blieben diese Konzepte jedoch eher fragmentarisch. Einzelne Projekte, die Formen ökologisch adäquater Lebensweisen praktizieren, haben zumeist den Status von Kleingruppen oder einzelner lokaler Modellprojekte (z.B. *Lutz* 1981).

Dazu, daß die zweite Phase der Expansion umweltpolitischer Aktivitäten nicht zum Tragen kam, hat wesentlich die weltweite Rezession beigetragen, von der die Industrieländer fast ausnahmslos von Mitte der 70er bis Mitte der 80er Jahre betroffen waren. Diese schränkte zum einen den Spielraum der aus Wachstumsüberschüssen finanzierbaren industriellen Umweltschutzinvestitionen ein. Zum andern verstärkte sie die Überzeugungskraft wirtschaftlicher Interessenvertreter, die mit Hinweisen auf ökonomische Anpassungsprobleme den Elan der

U. erfolgreich zu bremsen vermochten. Obwohl insbesondere das Beispiel Japans zeigt, daß eine konsequent betriebene Umweltschutzpolitik die internationale Konkurrenzfähigkeit nicht wesentlich belastet, zumal diese zu technischen Entwicklungen (u.a. technische Umweltschutzeinrichtungen, energieverbrauchsärmere und leisere Fahrzeuge) führt, die aufgrund ihrer günstigeren Umwelteigenschaften größere Exportchancen haben, entwickelte sich gerade der Hinweis auf die gefährdete internationale Wettbewerbsfähigkeit für mehrere Jahre zu einem durchschlagenden Argument gegenüber einer weiteren Forcierung der U. (*Knödgen/Sprenger* 1981). Erst mit der Überwindung der wirtschaftlichen Wachstumskrise setzt sich in den letzten Jahren verstärkt die Vorstellung von einer Umweltschutzindustrie als Wachstumsindustrie durch. Einige Staaten, wie z.B. Frankreich und die Niederlande und die skandinavischen Länder, haben Konzepte zur systematischen Förderung der Umweltschutzindustrie entwickelt (*OECD* 1987).

3. Sachlich weist U. einen hohen Grad an internationalen Verflechtungen auf, da eine Vielzahl von Umweltbelastungen, insbesondere die Luftverschmutzung, die Belastung großer Ströme und die Meeresverschmutzung sowie die Veränderung des globalen Klimas, grenzüberschreitenden Charakter hat (z.B. *Mayer-Tasch* 1986, *Weizsäcker* 1990). Diese Tatsache hat insbesondere im Verlauf der 70er Jahre (in der dritten Phase) zur Intensivierung der Arbeit von mit Umweltschutz befaßten ↗ Internationalen Organisationen geführt, wie etwa des UN-Umweltprogramms (UNEP) oder der Umweltausschüsse der UN-Wirtschaftskommission für Europa (ECE), der NATO und der OECD.

Im Rahmen dieser Gremien werden zunehmend nicht nur Umweltdaten ausgetauscht und Modelle für nationale Umweltschutzregelungen entwickelt. An Bedeutung gewinnt vielmehr die Vorbereitung internationaler Abkommen, die – wie etwa die Genfer Luftreinhaltekonvention von 1979, das Wiener Ozonschutzübereinkommen von 1985 und die Baseler Konvention zur Kontrolle grenzüberschreitenden Giftmülltransports von 1989 – darauf angelegt sind, zwischen den teilnehmenden Vertragsstaaten quantitative Ziele zum Einfrieren oder zur Verringerung der bestehenden Umweltbelastungen festzulegen. Der Umweltgipfel von Rio 1992 und die dort beschlossenen Konzepte zur Begrenzung und Verminderung globaler Umweltbelastungen markieren einen ersten Kulminationspunkt dieser Tendenzen zur Internationalisierung der Umweltpolitik (*UN* 1992; *Robinson* 1993). Innerhalb der EU ist mit der Einheitlichen Europäischen Akte von 1987 (Art. 130r–t) erstmals eine eigenständige Kompetenz für Umweltschutzregelungen der Gemeinschaft geschaffen worden (*Beyerlin* 1989; *Strübel* 1992; *Görissen* 1993).

Die zunehmende Internationalisierung der U. (*Caldwell* 1990; *Prittwitz* 1984) bewirkt zum einen, daß sich aufgrund internationaler Vereinbarungen die nationalen Problemlösungsstile noch mehr, als dies bisher bereits durch die Übernahme einzelner, in einigen Vorreiterländern, wie etwa den USA oder Schweden, entwickelten Konzeptionen der Fall war, einander angleichen. Wichtiger ist jedoch die zum andern stattfindende strukturelle Veränderung der an der Problemlösung beteiligten Aktoren. Im nationalen Bereich wird die Umweltpolitik – mit Unterschieden je nach ↗ Politischer Kultur und Machtverhältnissen in den einzelnen Ländern – vor allem durch Beiträge der Umweltforschung, der ↗ Interessengruppen und ↗ Bürgerinitiativen, der politischen und administrativen Entscheidungsträger sowie nicht zuletzt der Rechtsprechung forciert, die anhand von Einzelentscheidungen zur Fortentwicklung des Umweltrechts beiträgt (*Doran* u.a. 1974; *Kennedy/Lummert* 1981). Demgegenüber dominieren auf internationaler Ebene neben den (natur)wissenschaftlichen Experten eindeutig die nationalen Administrationen, die ihre Hauptaufgabe darin sehen, nationale (Wirtschafts)-interessen gegenüber vermeintlichen oder tatsächlichen Interventionsversuchen abzusichern. Daß in einem solchen Entscheidungssystem der Impuls zu weitreichenden Initiativen fehlt und daß die Konsensbildung auf einen kleinsten gemeinsamen Nenner hin tendiert, ist in theoretischen und empirischen Arbeiten gezeigt worden (Forschungen zur ↗ Politikverflechtung; zu den bisher unzureichenden Ergebnissen der Vereinbarungen zum Schutz der Ozonschicht siehe z.B. *Enquête-Kommission* 1988, *Benedick* 1991, *Thomas* 1992, *Oberthür* 1993).

Die zunehmende Bedeutung internationaler Problemverflechtungen ist ein bestimmendes Element der dritten Phase der U. Das andere besteht in in der fortschreitenden Differenzierung der Problemlagen. Die Institutionalisierung spezialisierter Forschungs- und Verwaltungseinrichtungen hatte eine beträchtliche Ausweitung der Analysekapazitäten zur Folge, welche bewirkte, daß heute nicht mehr – wie in der ersten Phase – allein den Wirkungen der mengenmäßig bedeutsamsten Schadstoffe, sondern vermehrt auch jenen Stoffen nachgegangen wird, die als Spurenelemente die Umwelt belasten und aufgrund ihrer krebserregenden, erbgutverändernden oder sonstigen gesundheitsschädigenden Wirkung oder aufgrund der Eigenschaft, sich in der Umwelt oder in Nahrungsketten anzureichern, häufig wesentlich gefährlicher als die herkömmlichen Umweltschadstoffe sind (insbesondere die meisten Schwermetalle, einzelne organische Verbindungen, Strahlenquellen). Bei diesen Substanzen greift vielfach die herkömmliche, auf Begrenzung der zulässigen Schadstoffmengen abstellende Umweltschutzstrategie zu kurz, weil diese entweder bereits in kleinsten Mengen schädlich sind oder aber als Nebenprodukte anderer Umweltbelastungen spurenförmig emittiert werden. Grundsätzlichere Ansatzpunkte, wie etwa das Verbot der Produktion, stoßen auf verschärfte Widerstände der Industrie, die hierbei teilweise tatsächlich existentiell betroffen wäre.

Der Ansatz, durch freiwilligen Verzicht auf bestimmte Produktionen oder durch Entwicklung von Ersatzstoffen und -verfahren bereits das Entstehen von Umweltbelastungen zu vermeiden, hat sich bisher noch nicht auf breiter Front durchgesetzt.

In den Problemlösungsstrukturen macht sich bei der dritten Phase der U. ebenfalls eine Verschiebung deutlich. Die Funktion der Problemdefinition verlagert sich zunehmend in den Bereich der Fachwissenschaften, da Bevölkerung und Betroffenengruppen die Effekte der schleichenden Umweltbelastung meist erst wahrnehmen können, wenn bereits massenhaft Schädigungen eingetreten sind. Auch die Problemlösung wird aufgrund der Komplexität der Materie immer mehr eine Angelegenheit nationaler und internationaler Experten (*Ily/Bredle* 1994). Dies wiederum birgt die Gefahr, daß die nationale Öffentlichkeit, auf deren Druck vielfach die Forcierung der Umweltgesetzgebung zurückging, an Einfluß verliert, während zugleich die häufig im Dienst nationaler und internationaler Unternehmen stehenden Experten an Gewicht gewinnen.

III. Angesichts der beschriebenen Tendenz zur Vereinheitlichung nationaler Umweltpolitiken und der geringen Anzahl international vergleichender *policy*-Studien (zusätzlich zu den angegebenen: *Lundquist* 1978; *Downing/Hanf* 1983; *Knöpfel/Weidner* 1983, 1986; *Enyedi* u.a. 1987; *Tudyka* 1988; *Boehmer-Christiansen/Skea* 1991; *Jachtenfuchs/Strübel* 1992; als Literaturüberblick siehe *Pehle* 1993) erscheint es nicht sinnvoll, vertiefend auf nationale Unterschiede einzugehen. Einzelstudien erwecken den Eindruck, daß bei der Entwicklung der internationalen U. vor allem Japan mit den schärfsten Regelungen beim Immissionsschutz sowie mit einem Entschädigungssystem, welches die Opfer von Umweltbelastungen aus einem wesentlich von der Industrie finanzierten Fonds entschädigt, die USA (Umweltverträglichkeitsprüfung, *bubble*- und *offset*-Konzept für die Sanierung bestehender Anlagen, *superfund* zur Altlastensanierung), Schweden und die Niederlande, die 1989 als erste westliche Industrienation das Konzept eines nationalen Umweltaktionsplans zum zentralen Wahlkampfthema und zum Kernstück der Regierungspolitik machten (*Ministry of Housing* 1990), eine gewisse Vorreiterfunktion haben. Berücksichtigt man zusätzlich zu Studien über die Politikentwicklung auch die Untersuchungen der ↗ Implementationsforschung zur U., so zeigt sich jedoch, daß institutionelle Unterschiede und verschiedenartige gesetzliche Vorgaben bei der Umsetzung in Einzelentscheidungen und in deren Ergebnissen deutlich an Signifikanz verlieren, während die Bedeutung der Machtverhältnisse von Behörden, Unternehmen und Betroffenen zunimmt.

Jochen Hucke

Lit.: *Barret, B. F. D./Therival, R.* 1991: Environmental Policy and Impact Assessment in Japan, London. *Benedick, R. E.* 1991: Ozone Diplomacy, Cambridge/Mass. *Beyerlin, U.* 1989: Die »neue« Umweltpolitik der Europäischen Gemeinschaften, in: Umwelt- und Planungsrecht, 361 ff. *Boehmer-Christiansen, S./Skea, J.* 1991: Acid Politics: Environmental and Energy Policy in Britain and Germany, London/New York. *Bothe, M.* 1980: Trends in Environmental Policy and Law, Berlin. *Brundlandt, J.* u.a. – World Commission on Environment and Development – 1987, Our Common Future, Nairobi. *Caldwell, L. K.* ²1990: International Environmental Policy, Durham. *CEQ* (Council of Environmental Quality) 1980: Global 2000, Frankfurt/M. *Downing, P./Hanf, K.* (Hrsg.) 1983: International Comparisons in Implementing Pollution Laws, Amsterdam. *Enquête-Kommission Vorsorge zum Schutz der Erdatmosphäre* 1988: Zwischenbericht, Bonn. *Enyedi, G.* u.a. 1987: Environmental Policy in East and West, London. *Görissen, T.* 1993: Grenzüberschreitende Umweltprobleme in der internationalen Politik, Baden-Baden. *Ily, C./Bredle, U.* 1994: Umweltverbände und EG, Opladen. *Jachtenfuchs, M./Strübel, M.* (Hrsg.) 1992: Environmental Policy in Europe, Baden-Baden. *Jänicke, M.* 1979: Wie das Industriesystem von seinen Mißständen profitiert, Opladen. *Jänicke, M.* u.a. 1989: Strukturwandel und ökologische Gratiseffekte, in: Zeitschrift für angewandte Umweltpolitik, 55–68. *Jänicke, M.* 1990: Erfolgsbedingungen von Umweltpolitik im internationalen Vergleich, in: Zeitschrift für Umweltpolitik, 1990, 213 ff. *Knöpfel, P./Weidner, H.* 1983: Normbildung und Implementation bei der Schwefeldioxid-Politik, Kronberg/Ts. *Knöpfel, P./Weidner, H.* 1986: Luftreinhaltepolitik bei stationären Quellen im internationalen Vergleich, Berlin. *Lundquist, L.* 1978: Bürgerbeteiligung und Luftreinhaltung, in: *Jänicke, M.* (Hrsg.): Umweltpolitik, Opladen, 166–198. *Lutz, R.* (Hrsg.) 1981: Sanfte Alternativen, Weinheim. *Mayer-Tasch, P. C.* (Hrsg.) 1986: Die Luft hat keine Grenzen, Frankfurt/M. *Meadows, D.* u.a. 1973: Die Grenzen des Wachstums, Reinbek. *Netherlands' Ministry of Housing, Physical Planning and Environment* 1990: National Environmental Policy Plan Plus, Den Haag. *Oberthür, S.* 1993: Politik im Treibhaus. Die Entwicklung des internationalen Klimaschutzregimes, Berlin. *OECD* 1987: The Promotion and Diffusion of Clean Technologies in Industry, Paris. *OECD* 1993: Environmental Data Compendium 1993, Paris. *Pehle, H.* 1993: Umweltpolitik im internationalen Vergleich, in: *Prittwitz, V. von* (Hrsg.): Umweltpolitik als Modernisierungsprozeß, Opladen, 113–136. *Prittwitz, V. von* 1984: Umweltaußenpolitik, Frankfurt a.M./New York. *Prittwitz, V. von* (Hrsg.) 1993: Umweltpolitik als Modernisierungsprozeß, Opladen. *Robinson, N.A.* (Hrsg.) 1993: Agenda 21: Earth's Action Plan, New York/London. *Simonis, U.E.* (Hrsg.): Präventive Umweltpolitik, Frankfurt a. M./New York. *Strübel, M.* 1992: Internationale Umweltpolitik, Opladen. *Tsuru, S./Weidner, H.* (Hrsg.) 1985: Ein Modell für uns. Umweltpolitik in Japan, Köln. *Tudyka, K.P.* (Hrsg.) 1988: Umweltpolitik in Ost- und Westeuropa, Opladen. *Umweltbundesamt* 1994: Daten zur Umwelt 1992/93, Berlin. *UNEP* (United Nations Environmental Programme) 1993: Environmental Data Report 1993–94, Cambridge/Mass. *UN-Konferenz für Umwelt und Entwicklung* 3.–14.6.1992: Konferenzdokumente, Rio de Janeiro. *Thomas, C.* 1992: The Environment in International Relations, London.

Weizsäcker, E.U. von [2]1990: Erdpolitik, Darmstadt. *Wicke, L./Hucke, J.* 1989: Der ökologische Marshallplan, Berlin. *World Resources Institute* 1993: World Resources 1993–94, New York/Oxford.

[3] Osteuropäische Länder.

I. Runde viereinhalb Jahrzehnte herrschte in Osteuropa der totalitäre ↗ Kommunismus. Ihn politisch zu entmachten, wurde 1989 binnen Monats- oder gar Wochenfrist in allen Ländern (fast) gewaltfrei vollzogen. Die Folgen kommunistischer Wirtschaft zu beseitigen, wird nur mit einem langwährenden, friktionsreichen Übergang zur ↗ Marktwirtschaft zu realisieren sein – was alle Länder als unumgänglich erkannt und mittels ökonomischer Schocktherapien (Preisfreigabe, Lohnstopp, Subventionsabbau, ↗ Privatisierung und partielle Konvertibilität der Landeswährungen) bereits initiiert haben. Und gar die ökologischen Konsequenzen kommunistischen Raubbaus zu korrigieren, wird noch Generationen in Atem halten und vermutlich niemals zur Gänze zu schaffen sein.

Erste Anschauungen dessen vermittelten osteuropäische Politiker bei der Ersten gemeinsamen West-Ost-Konferenz über Umweltfragen der Europäischen Gemeinschaft (Juni 1990 in Dublin). Der tschechische und der polnische Vertreter, *Josef Vavroušek* und *Bronislaw Kaminski*, nannten Horror-Daten: SO_2-Verseuchung der Luft in Prag und Nordböhmen um das Zwanzigfache über der EG-Norm, nur ein Viertel aller tschechoslowakischen Abwässer gereinigt, 60% der Landwirtschaftsproduktion aus der Umgebung Krakaus für den menschlichen Genuß ungeeignet, 800 Städte und Dörfer in Ungarn können sich nicht mehr aus verseuchten lokalen Trinkwasserquellen versorgen usw.

Das alles ist nur die Spitze des Eisbergs. Fast alle osteuropäischen Länder haben z. B. jene internationale Konvention unterzeichnet, die einen um 30% geminderten SO_2-Ausstoß vorsieht – kein einziges wird sie erfüllen: »In einem breiten Streifen von Leipzig über Nordböhmen und Nordmähren bis Krakau bietet sich ein Bild des Untergangs. Schlote von Fabriken und Kraftwerken speien Rauch mit Wolken von Schwefeldioxid aus, saure Regen vernichten die Wälder. Die Wasserläufe sind durch Industrieabfälle verseucht und verwandeln sich in Gift-Kloaken, im Wasser ist kein Leben mehr«, schrieben noch am 21. April 1990 die Prager *Lidové noviny* zur gegenwärtigen Lage.

So devastiert präsentiert sich heute eine Region, die schon vor hundert und mehr Jahren daran war, Maßstäbe im Umweltschutz zu setzen. Als es die osteuropäischen Länder nur als Randprovinzen der Imperien von Russen, Österreichern und Türken gab, regte sich in ihnen schon munteres ökologisches Leben. Anders ging es nicht – bestehen die Länder doch zumeist aus Gebirgsmassiven mit tief eingeschnittenen Tälern, wo Gewässer rasch abfließen und Gase förmlich festgehalten werden. Anders konnte man auch nicht leben – nachdem es z. B. schon um 1870 in Böhmen die erste massive Öko-Krise wegen übereilter Trockenlegung von Hochmooren gegeben hatte, deren Wiederholung man fortan mit wasserwirtschaftlicher Umsicht begegnete. Und anders wollte man auch gar nicht, denn Natur- und Umweltschutz bekamen früh ein patriotisches Image – beginnend mit dem Denkmalschutz und rasch zur Natur insgesamt fortschreitend. Und als die Staaten nach dem I. Weltkrieg entstanden (oder ihre endgültige Form annahmen), mußte man alte Bestimmungen und Institutionen nur leicht präzisieren und modernisieren – dazu einiges Geld in neue Naturparks bzw. Reservate investieren –, um zu ökologischen Standards zu kommen, wie sie später in knapp fünf Jahrzehnten realem Sozialismus nie wieder erreicht wurden.

Nur flüchtige Beobachter konnten meinen, daß in Osteuropa viel für den Umweltschutz getan würde: Bulgarien legte sich in den frühen 70er Jahren das erste Ressortministerium der Welt zu, die Tschechoslowakei startete beispielhafte Öko-Aktionen für alle Alters- und Berufsklassen, und in ganz Osteuropa war die Ökologie das Thema, für das es kaum Zensureinschränkungen gab – seit Ende der 60er Jahre wurde in allen Ländern mit eskalierender Schärfe über Umweltprobleme diskutiert.

Natürlich gab es in Osteuropa seit langem Gesetze und Bestimmungen zum Schutz der Umwelt, Kontrollbehörden und Strafen für Umweltschäden. Eine ihrem Aufgabenbereich entsprechende Wirkung haben sie nie gehabt. Wichtiger als einschlägige Gesetze waren stets Ausnahmebestimmungen, die großzügig vergeben wurden, z. B. an Großbetriebe, sich in Landschaftsschutzgebieten anzusiedeln, oder an ganze Neusiedlungen, Abwässer ohne Kläranlage ablassen zu dürfen. Zentrale und regionale Schutzbehörden und Inspektionen konnten sich gegenüber »sozialistischen« Betrieben nie durchsetzen. Und die verhängten Strafen waren symbolisch gering und wirkungslos – osteuropäische Praxis war vielmehr, diese geringen Strafen von vornherein in die Finanzplanung einzubeziehen, zu bezahlen und sich keinen Deut um ökologische Auflagen zu kümmern.

II. Die Ursachen für den Mißerfolg sind eindeutig systemimmanenter Natur. Konzeptionelle Defizite lagen in der Theorie (Verursacherprinzip unbekannt, Öko-Investitionen als unproduktiv angesehen), bei den wirtschaftspolitischen Prioritäten (Planerfüllung rangierte stets vor Umweltschutz), in seiner technologischen Innovationsfeindlichkeit und in seiner geradezu »frühkapitalistischen« Neigung zu ökologischem Raubbau.

Die Folgen dieser Defizite kann man bis zur Gegenwart in allen ökologisch relevanten Regionen und Sachbereichen erkennen – beginnend bei der verfehlten Standortplanung industrieller Kapazitäten (regionale Konzentration ohne Rücksicht auf die Potenzierung von Schadstoffbelastungen; unbedachte Ansiedlung in der Nähe noch intakter architektonischer und/oder naturbelassener Ensembles von internationalem Rang; Dislozierung in Grenznähe mit Emissionsrichtung auf die Nachbarn) und fortfahrend mit der bewußten bzw. aus Valuta-Engpässen erzwungenen technologischen Vernachlässigung des gesamten Maschinen- und Anlagenparks (halbe Produktivität bei dreifachem Energiebedarf westlicher Pendants; Verzicht auf Nachrüstung mit unproduktiven Umweltschutzanlagen; konzeptionelle Konzentration auf kurzfristige Produktionsergebnisse ohne Rücksicht auf mittel- und langfristige ökologische Folgewirkungen; bewußte Täuschung der besorgten Öffentlichkeit hinsichtlich der Umweltverträglichkeit von Neuanlagen).

Schon vor den Wenden, Revolutionen etc. konnte man in der osteuropäischen Presse Reports über den schlechten technischen Standard dieser Betriebe lesen – etwa der Hütte *Siechnice* bei Wroclaw. Ein halbes Dutzend polnische Gesetze wurden bei ihrem Bau verletzt, aber die Hütte steht – mitten in einer Region, aus der 750 000 Einwohner Wroclaws ihr Trinkwasser beziehen. Und seit den politischen Umstürzen von 1989/90 sind die Zeitungen voll von Berichten über schwerwiegende Havarien bei Betrieben, deren Wirkungen die Menschen voll trafen, obwohl die Ereignisse selber verschwiegen worden waren. Es kann auch nicht anders sein – das Gros dieser Betriebe wurde vor Jahrzehnten, im Zeichen von *Stalins* rüstungsorientierter Eisenkonzeption und auf zumeist unzureichender Rohstoffbasis, errichtet und seither kaum rekonstruiert. Wo klassische Industriereviere im Westen sauberer werden, werden sie im Osten – etwa das polnische Oberschlesische Industrierevier (GOP) – immer schmutziger, der technologische Rückstand wächst, die Lebenserwartung der Menschen sinkt, umweltbedingte Krankheiten steigen.

Die Sekundärfolgen zeigen sich in Luft und Wasser: Mit einem jährlichen Ausstoß von zusammen ca. 11 Mio t SO_2 waren DDR, Polen und die Tschechoslowakei vereint dabei, ganz Europa zu vergiften. Und eine Chance auf Besserung besteht nicht – solange es zwischen Elbe und Wladiwostok keine Filter heimischer Produktion gibt, die den Abgasen wirksam Schwefel- und Stickoxyde entzögen. Nordmährische Kokereien sind mit westlichen Filtern ausgerüstet, die aber nur eingeschaltet werden, wenn der Wind in die Tschechoslowakei hineinbläst. In Nord-Bulgarien ist die Stadt Ruse von Chemieabgasen rumänischer Provenienz seit Jahren so bedroht, daß Ruse-Lunge im Bulgarischen ein Synonym für Kindersterblichkeit wurde. Bitterfeld in der ehe. DDR, Katowice in Polen, Ostrava in der ehe. Tschechoslowakei, Devnja in Bulgarien – einige von tausenden Städtenamen, die hier zu nennen wären. Und rund um die Städte stirbt der Wald – nur noch wenige Prozent der einst ragenden Wälder Osteuropas sind gesund, aber regional 30–100% unheilbar krank. Dem Gift in der Luft entspricht das Gift im Wasser – osteuropäische Flüsse sind nicht einmal in ihren Quellgebieten noch sauber, werden im weiteren Verlauf immer schadstoffhaltiger und haben bei ihrer Mündung jede Belastungsnorm um das Hundertfache überschritten. Wenn die Ostsee Europas Kloake ist oder wird, dann haben Oder und Weichsel dazu den Hauptbeitrag geleistet. Auf ihrem Weg durch Osteuropa nimmt die Donau soviel Industrieabwässer auf, daß es vor der bulgarischen Schwarzmeerküste kaum noch Fische gibt. Von kleineren Flüssen nicht zu reden!

In ganz Osteuropa ist Wasser knapp, wird aber in einer Weise vergeudet, als säße man in einem unerschöpflichen Süßwasser-Meer. Zwischen 30 und 40% des Trinkwassers gelangen gar nicht zum Verbraucher, sondern versickern in einem brüchigen Leitungsnetz aus dem vorigen Jahrhundert. Industrie und Landwirtschaft sind unstillbare »Säufer«, die Trinkwasser zu symbolischen Preisen bekommen und sich dafür mit steigenden Nitrat-Verseuchungen »bedanken«. Untersuchungen aus Polen, Bulgarien (1969 erstmals gemacht, seither häufig wiederholt) und der Tschechoslowakei (Geheimbericht der Akademie von 1983) zeichnen Horror-Visionen für die menschliche Gesundheit.

Ein Sorgenbereich von höchstem Gefährdungsgrad ist die osteuropäische Landwirtschaft: Entsprechend den Befehlen *Stalins* kollektiviert, schuf sie übergroße Flächen ohne Baum und Strauch, die von den natürlichen Insektenvertilgern verlassen und der erodierenden Kraft von Wasser und Wind schutzlos preisgegeben waren, dazu von überschwerem Gerät bis zur Wasserundurchlässigkeit verdichtet wurden. Solchen Mängeln wurde mit wachsenden Dosen von Herbiziden (Pestiziden) und Kunstdüngern begegnet, die immer rascher und verderblicher im Grundwasser versickerten. Überlange Transportwege bedingten übergroßen Treibstoffverbrauch, was im Verein mit fehlenden Lager- und Trockenkapazitäten den alljährlichen Ernteertrag um ein Drittel minderte. Massierte Tierhaltung beschleunigte Tierseuchen und hypertrophierte das Gülle-Problem, gigantische Mastanlagen wurden (oft genug mit gefälschten Bauunterlagen) in noch saubere Quellgebiete von Flüssen plaziert. Jede Stunde verkleinerte sich (statistisch) der Bodenfonds, weil immer mehr Ackerland für Industriebauten, Satellitenstädte etc. abgezwackt wurde.

Seit einigen Jahren ist Osteuropas Umweltpolitik sozusagen zum St.-Florians-Prinzip (»Schütz unser Haus, zünd andere an«) übergegangen: Industriebauten werden mit Vorliebe an die Staatsgrenze gelegt, so daß man selber den Nutzen, der Nachbar aber den Schaden davon hat. Bekannteste unter Dutzenden Vorhaben wurde das tschechoslowakisch-ungarische Donaustauwerk *Gabčikovo-Nagymaros*, das die Donau auf 150 Kilometern umgeleitet und im Katastrophenfalle ganz Nordungarn einer Sintflut preisgegeben hätte. Im Mai 1989 kündigten die Ungarn ihre Beteiligung, und nach der Wende von Prag dürfte das Projekt aufgegeben werden. Andere Projekte aber haben noch Zukunft – zumal ein West-Ost-Giftmüllexport betrieben wird, von dem beide Seiten zum Schaden der Umwelt profitieren.

III. Bis Ende der 70er Jahre konnte man das ökologische Bewußtsein Osteuropas als niedrig einstufen. Aber es regt sich.

Die gesamte bulgarische Bürgerrechtsbewegung entstammt z. B. dem 1979 gegründeten Klub *Freunde der Sofioter Architektur*, der eine wirkungsvolle Bürgerinitiative mit urbanistischem Veto-Recht war. In Prag konnte man nicht mehr unterscheiden, ob das Öko-Blatt *Nika* von den offiziellen Umweltschützern oder öko-bewußten Dissidenten ediert wurde, in der DDR teilte der aufkommende ↗ Regionalismus immer mehr Schienbeintritte für den Raubbau sozialistischer Planwirtschaft aus – zum Beispiel in der Lausitz, wo das Slavenvolk der Sorben Dutzende Dörfer für die Braunkohlenbagger opfern mußte. Aus früherer Lethargie wurde Angst, die kreative Unruhe freisetzte – was vor wenigen Jahren nur der Bischof von Katowice in einem Hirtenbrief zu sagen wagte, daß nämlich in gewissen Regionen zu leben einem Todesurteil auf Raten gleichkommt, war schon vor 1989 Gemeingut: Dagegen protestierten Prager Mütter, agitierten grüne und Öko-Gruppen im halblegalen Untergrund, prozessierten bulgarische Bauern (denen benachbarte Chemie-Riesen die Produktion auf Null gebracht hatten), zogen äußerlich schlichte, aber inhaltlich hochkarätige Untergrundblätter wie das Prager *Ekologický Buletin* zu Felde, machten selbst ehrwürdige Akademien mobil: Nach Expertisen der Polnischen Akademie der Wissenschaften lebt bereits ein Drittel aller 38 Mio. Polen in »ökologischen Krisengebieten«. Nach den politischen Umstürzen von 1989 kam der Film als machtvollstes Medium hinzu. In Bulgarien rüttelten *Violet Cekov* und *Georgi Avramov* mit ihrem Dokumentarfilm *Dišaj* (Atme), der das Verröcheln von Ruse ins Bild setzte, eine ganze Gesellschaft auf – im tschechoslowakischen Ostrava lief im Juni 1990 ein ganzes Festival des Öko-Films ab. In allen osteuropäischen Parlamenten gibt es mittlerweile Grüne – in den Regierungen werden frühere *po-nas-potopa*-Projekte (tschech.: Nach uns die Sintflut) revidiert. Erstmals in seiner Nachkriegsgeschichte hat Osteuropa die Chance zu einer U., die diesen Namen verdient. Ohne umfangreiche technische und finanzielle Hilfe aus dem Westen wird hier wenig zu machen sein. Die Hilfe ist zugesagt – nicht aus Überlegungen der Wohltätigkeit, sondern aus solchen des Selbstschutzes: *Gorbatschows* Vision vom Gemeinsamen Europäischen Haus kann nur gelingen, wenn der Baugrund zuvor sorgfältig entsorgt wurde.

Gegenwärtig durchlebt Osteuropa nach seinen ↗ Revolutionen eine Phase der Krisen und Rückschläge – die sich unter ökologischem Blickwinkel jedoch als Atempause ausnimmt. In allen Ländern ist die Industrieproduktion um 20–40% zurückgegangen, was einer spürbaren Umweltentlastung gleichkommt. Überall haben sich 1990 die Arbeitslosenzahlen verzehn- und verzwanzigfacht – stillgelegte Arbeitsplätze sind auch eine beseitigte Ursache von Energieverschwendung und Schadstoffbelastung. Zwischen Ostseeküste und Balkan-Gebirge mußten Betriebe in Serie schließen, was ökonomisch ein geringer Verlust, ökologisch ein großer Gewinn war. Manches spricht für die Erwartung, daß in Osteuropa mit dem Wandel der entwicklungspolitischen Konzeptionen und dem angesteuerten Übergang zur Marktwirtschaft frühere systemimmanente Ursachen der Umweltbelastung wenigstens partiell ausgeräumt werden.

Wolf Oschlies

Lit.: *Bergedorfer Gesprächskreis* 1989: Globale Umweltproblematik als gemeinsame Überlebensfrage – neue Kooperationsformen zwischen Ost und West. Protokoll Nr. 87, Hamburg. *Förster, H.* 1983: Zur Problematik der Stadt- und Industrieentwicklung, in der ČSR nach 1945, in: Zeitschrift für Ostforschung 3, 341–354. *Förster, H.* 1984: Umweltbelastung und Umweltschutz in der DDR, in: Berichte zur deutschen Landeskunde 2, 295–324. *Förster, H.* 1986: Urbanisierung, Städtebau und sozialistische Lebensweise, in: Wirtschafts- und sozialwissenschaftliche Ostmitteleuropa-Studien 11, 27–51. *Förster, H.* u. a. (Hrsg.) 1989: Sozialgeographische Probleme der Agglomeration von Krakau und Oberschlesien, Bochumer Geographische Arbeiten 51. Paderborn. *Oschlies, W.* 1982: Schwefelstaub auf Rosenblüten – Umweltsorgen in Bulgarien, Köln/Wien. *Oschlies, W.* 1985: Böhmens Fluren und Haine sterben – Zur Umweltkatastrophe in der Tschechoslowakei, Köln.

Oschlies, W. 1987: Bald ist Polen doch verloren – Umweltzerstörung hinter Oder und Neisse, Köln. *Oschlies, W.* 1990: Unerklärte Öko-Kriege in Osteuropa – Ausgewählte Tatorte grenzüberschreitender Umweltzerstörung, in: Beiträge zur Konfliktforschung 3, 117–146. *Schreiber, H.* 1984: Umweltprobleme in sozialistischen Ländern – Das Beispiel des oberschlesischen Industriegebietes in der Volksrepublik Polen, IIUG rep. 84-2, Berlin.

Unternehmerverbände

1. Als eine Teilmenge von Interessenverbänden sind Unternehmerverbände (U.) politische Organisationen, denen sich ihre Mitglieder primär aufgrund von »Interessen« anschließen – in diesem Fall solche von Unternehmern bzw. Unternehmen.

Interessen ermöglichen als Medium der Kommunikation kollektive Aktionen und stellen die Grundlage der Organisationsbildung dar (*Weber* 1991a). Dabei definieren, aggregieren und repräsentieren U. Interessen ihrer Mitglieder etwa in bezug auf ↗ Gewerkschaften, das ↗ Politische System oder »die« Wirtschaft selbst. Nach den unterschiedlichen Bezugssystemen von Interessen differenzieren sich auch die U. aus, wobei 1. Wirtschaftsverbände, 2. Arbeitgeberverbände und 3. Industrie-, Handels- und Handwerkskammern die drei Säulen unternehmerischer Interessenvertretung bilden (*Buchholz* 1970).

2. U. sind ein Produkt der modernen ↗ Industriegesellschaft. Die vormodernen Gesellschaften des Okzidents kannten Gilden, Zünfte und andere Korporationen, die aber zunächst infolge der Autonomisierung des politischen Systems Mitte des 18. Jahrhunderts ausgeschaltet wurden. U. entstehen primär aufgrund der Umstellung der Steuerung des politischen Systems durch Parteienkonkurrenz sowie durch die Differenzierung der Wirtschaft in verschiedenartige Märkte und die Ausdifferenzierung eines Systems der ↗ Arbeitsbeziehungen (*Müller-Jentsch* 1986), in dessen Rahmen die Regeln für den Verkauf und Einsatz von Arbeitskräften durch die Tarifparteien Gewerkschaften und Arbeitgeberverbände selbst gesetzt werden (*Dunlop* 1958; ↗ Tarifautonomie).

Historische Analysen zeigen, daß die Population von U. beginnend mit der 2. Hälfte des 18. Jh.s zyklisch verlaufende Gründungswellen aufweist – vor und nach dem I. Weltkrieg, in den 30er Jahren, Ende der 40er und Anfang der 50er Jahre (*Berghan* 1988). Im Zuge der historischen Entwicklung variieren nicht nur die Anzahl der Organisationen, ihre Politik und Aufgaben, sondern auch die organisatorische Struktur innerhalb der und zwischen den ↗ Interessengruppen. Die U. werden umfassender und bilden komplexe, hierarchisch integrierte Verbandssysteme – z. T. unter Assistenz der Politik etwa in der nationalsozialistischen Zeit (*Grant/Nekkers/van Waarden* 1991; *Weber* 1991b; *Nocken* 1978).

3. Im Zuge der Neokorporatismusforschung in den 80er Jahren, die einerseits *policy*-orientiert war (*Lehmbruch* 1979), andererseits die politischen und ökonomischen Bedingungen der Organisation von Wirtschaftsinteressen untersuchte (*Schmitter/Streeck* 1981), wurde deutlich, daß die Entwicklung von U. bzw. ganzer Systeme von Interessenorganisationen sowohl zwischen einzelnen Ländern als auch zwischen unterschiedlichen Wirtschaftssektoren erheblich variiert. Dabei erwiesen sich der Grad der Zentralität der politischen Organisationen, der territorialen Differenzierung, die Verhandlungsarenen, die Struktur der Märkte und die Population der Unternehmen als zentrale Einflußvariablen auf die Organisationsstruktur der Verbandssysteme (*Traxler* 1986; *Farago/Kriesi* 1986; *Hilbert* 1988; *Weber* 1987). Komparative Analysen von Ar-

beitgeberverbänden und Gewerkschaften verdeutlichen Differenzen in der Organisation: Nicht nur weisen Arbeitgeberverbände eine höhere Anzahl und einen höheren Organisationsgrad auf, sondern auch einen Modus innerorganisatorischer Differenzierung – im Gegensatz zu der interorganisatorischen Differenzierung bei Gewerkschaften (*Offe/Wiesenthal* 1985; *Streeck* 1989; *Traxler/Weber* 1989).

Die Frage nach der »Herrschaft der Verbände« (*Eschenburg* 1963), d.h. nach ihrem politischen Einfluß, wie sie lange Zeit die *(Pressure group-)*Forschung dominierte, läßt sich – dies zeigen neuere Analysen von politischen Netzwerken – nicht mehr generalisierend beantworten (*Atkinson/Coleman* 1989). Unternehmerverbände üben sowohl *Pressure*-Funktionen als auch staatsentlastende, selbstregulative Funktionen aus – etwa in der Berufsbildungspolitik oder ↗ Industriepolitik (*Cawson* 1985; *Streeck* u.a. 1987; *Weber* 1986).

Hajo Weber

↗ Verbändeforschung.

Lit.: *Atkinson, M. M./Coleman, W. D.* 1989: Strong States and Weak States: Sectoral Policy Networks in Advanced Capitalist Economies, in: BJPol.S 19, (1), 47–68. *Berghan, V. R.* 1988: Corporatism in Germany in Historical Perspective, in: *Cox, A./O'Sullivan, N.* (Hrsg.): The Corporate State, Cambridge, 104–122. *Buchholz, E.* 1970: Interesse, Gruppen, Interessengruppen, Tübingen. *Cawson, A.* (Hrsg.) 1985: Organized Interests and the State: Studies in Meso-Corporatism, London. *Dunlop, J. T.* 1958: Industrial Relations Systems, New York. *Eschenburg, T.* ²1963: Herrschaft der Verbände?, Stuttgart. *Farago, B./Kriesi, H.* 1986: Wirtschaftsverbände in der Schweiz, Grüsch. *Hilbert, J.* 1988: Unternehmerverbände im Produzierenden Ernährungsgewerbe, München. *Hilbert, J./Südmersen, H./Weber, H.* 1990: Berufsbildungspolitik, Geschichte, Organisation, Neuordnung, Opladen. *Lehmbruch, G.* 1979: Consociational Democracy, Class Conflict and the New Corporatism, in: *Schmitter/Lehmbruch* (Hrsg.) 1979, 53–62. *Müller-Jentsch, W.* 1986: Soziologie der industriellen Beziehungen. Eine Einführung, Frankfurt a. M./New York. *Nocken, U.* 1978: Corporatism and Pluralism in Modern German History, in: *Stegman, D.* u.a. (Hrsg.): Industrielle Gesellschaft und politisches System, Bonn, 37–56. *Offe, C./Wiesenthal, H.* 1985: Two Logics of Collective Action, in: *Offe, C.* (Hrsg.): Disorganized Capitalism. Contemporary Transformation of Work and Politics, Oxford/New York, 170–220. *Schmitter, P. C.* 1979: Still the Century of Corporatism?, in: *Schmitter/Lehmbruch* (Hrsg.), 1979, 7–52. *Schmitter, P. C./Lehmbruch, G.* (Hrsg.) 1979: Trends towards Corporatist Intermediation, Beverly Hills/London. *Schmitter, P. C./Streeck, W.* 1981: The Organization of Business Interests, Discussion Papers, WZB UM/LMP 81–13, Berlin. *Streeck, W.* 1989: Interest Heterogeneity and Organizing Capacity: Two Class Logics of Collective Action? Discussion Papers, WZB, FS I, 89–4, Berlin. *Traxler, F.* 1986: Interessenverbände der Unternehmer. Konstitutionsbedingungen und Steuerungskapazitäten analysiert am Beispiel Österreichs, Frankfurt a. M./New York. *Traxler, F./Weber, H.* 1989: Gesellschafts- und Organisationsstrukturen zwischen Kultur und Interesse, in: *Haller, M./Hoffmann-Nowotny, H.-J./Zapf, W.* (Hrsg.): Verhandlungen des 24. Deutschen Soziologentages, des 11. Österreichischen Soziologentages und des 8. Kongresses der Schweizerischen Gesellschaft für Soziologie in Zürich 1988, Frankfurt a.M./New York, 224–246. *Weber, H.* 1986: Technokorporatismus. Die Steuerung des technologischen Wandels durch Staat, Wirtschaftsverbände und Gewerkschaften, in: *Hartwich, H. H.* (Hrsg.): Politik und die Macht der Technik, Opladen, 278–297. *Weber, H.* 1987: Unternehmerverbände zwischen Markt, Staat und Gewerkschaften, Frankfurt a.M./New York. *Weber, H.* 1991a: Selbststeuerung der Verbände?, in: *Hartwich, H. H./Wewer, G.* (Hrsg.): Regieren in der Bundesrepublik, Bd. III, Systemsteuerung und Staatskunst, Opladen, 175–190. *Weber, H.* 1991b: Crises, Political Design and Systems of Interestmediation. Germany between the Thirties and the Fifties, in: *Grant, W./Nekkers, J./Waarden, F.*

van (Hrsg.): Organizing Business for War. Corporatist Economic Organization during the Second World War. A Comparison of Ten Countries, Oxford, 104–134.

Utilitarismus

Der Utilitarismus (U.) (lat. *utilis*, »nützlich«) beinhaltet das Prinzip der Ethik und Sozialphilosophie, des Rechts sowie der Nationalökonomie, das zur Förderung und Mehrung des Nutzens und des Glücks beitragt. Was namentlich die (↗ Politische) Ethik anbelangt, so orientiert sich das Handeln nicht an den Fragen, vor wem und wofür Verantwortung zu tragen ist; es wird an den »nützlichen« Folgewirkungen gemessen. Im Unterschied zur deontologischen Ethik bestimmt sich mithin die Richtigkeit von Handlungsregeln (Normen) von den Folgen her, die nach ihrem Nutzen bewertet werden: nach dem Nutzen für das, was in sich gut ist. In der Nationalökonomie bildet der U. die Grundlage und Rechtfertigung der Theorie des ↗ Liberalismus, derzufolge die Maximierung des individuellen Nutzens zur Maximierung des Gesamtwohls der Gesellschaft (↗ Gemeinwohl) führt. Der U. wurde damit zum Basistheorem der klassischen Volkswirtschaftslehre und diente zudem der Begründung einer wohlfahrtsstaatlichen Sozialpolitik.

Der U., der sich als Nützlichkeitsgedanke in der Neuzeit bereits bei *Thomasius, Hobbes* und *Locke* findet, ist vor allem bei *Hume* und *Bentham*, aber auch bei *J. S. Mill* ausgeprägt. Bei *Hume* erfolgt die moralische Billigung einer Handlung auf Grund einer Reflexion über die Frage, ob, was sich ereignete, der Neigung und dem Nutzen entsprach. Bei *Bentham* lautet das Prinzip von Politik und Moral: »*the greatest happiness of the greatest number*« (das größte Wohlbefinden der größtmöglichen Zahl). Das Interesse der Gesellschaft besteht in der »Summe des Interesses der verschiedenen Mitglieder, welche sie bilden«. Bei *J. S. Mill* schließlich werden nicht nur Quantitäten, sondern auch verschiedene Glückswerte unterschieden. Hier und bei *Bentham* kommt also dem U. selbst eine auf das menschliche Glück bezogene werttheoretische Position zu.

Mitte dieses Jahrhunderts belebt sich die Utilitarismus-Diskussion neu; in den Mittelpunkt der Betrachtung rückt der Fragenkomplex: Regel-Utilitarismus contra Handlungs-Utilitarismus. Nach letzterem ist jene Handlung moralisch richtig, deren Folgen ein Maximum an allgemeinem Wohlergehen zeitigen. Nach dem Regel-Utilitarismus ist es jene Handlung, deren Handlungsregeln das Maximum an Wohlergehen erhöhen. Mit der Differenz von Handlungs- und Regel-Utilitarismus befaßt sich u.a. *Rawls*, der hierbei auf den Durchschnittsnutzen, den Nutzen der Diskontierung beim Sparproblem etc. eingeht und vor allem die Thematik: U. und die Grundlage von Gleichheit herausstellt.

Wilfried Röhrich

Lit.: *Allison, L.* 1990: The Utilitarian Response, London. *Bayles, M. D.* (Hrsg.) 1968: Contemporary Utilitarianism, Garden City. *Bentham, J.* 1789: An Introduction to the Principles of Morals and Legislation, London. *Frey, R. G.* (Hrsg.) 1985: Utility and Rights, Oxford. *Hearn, T. K.* (Hrsg.) 1971: Studies in Utilitarianism, New York. *Höffe, O.* (Hrsg.) 1992: Einführung in die utilitaristische Ethik, Tübingen. *Köhler, W.R.* 1979: Zur Geschichte und Struktur der utilitaristischen Ethik, Frankfurt/M. *Mill, J. St.* 1863: Utilitarianism, London. *Quinton, A.* 1989: Utilitarian Ethics, London. *Riley, J.* 1988: Liberal Utilitarianism, Cambridge.

Verbändeforschung

I. Die wiss. Beschäftigung mit den Verbänden fand in der Bundesrepublik anfänglich vor allem im Reservat normativer Betrachtungen und in der Perspektive konservativer ↗ Staatstheorien statt. In diesem Ansatz spiegelt sich die lange Tradition der von der deutschen Staatsrechtslehre kanonisierten Trennung von Staat und Gesellschaft, die vor dem Hintergrund des monarchischen Obrigkeitsstaates im ausgehenden 19 Jh. entstanden ist und auch in der Weimarer Republik herrschende Meinung war.

Das der traditionellen Staatslehre innewohnende Auseinanderklaffen zwischen Verfassungsideologie (»Der Staat ist souverän«) und Verfasssungssoziologie (»Der handelnde Staat kooperiert mit den Verbänden«) hat, wie schon *E. Fraenkel* bemängelt hat, ganz wesentlich dazu beigetragen, daß die Verbände eher als Störfaktoren und weniger als unverzichtbare und funktionale Bestandteile eines demokratischen Gemeinwesens analysiert wurden. Das Bild vom starken Staat, der sich den wuchernden Wünschen und Übergriffen der organisierten Gruppen zu erwehren hat, bildete somit zunächst den Ansatzpunkt für die Analyse der Verbände in der frühen Bundesrepublik. Im Zentrum der Betrachtung standen zunächst die Personalpolitik und Patronagemacht der mit den politischen ↗ Parteien verquickten und auf die staatliche Verwaltung zielenden Großverbände, die gewerkschaftliche Machtposition im Bereich der ↗ Tarifautonomie und ihre negativen Folgen für die staatliche ↗ Wirtschaftspolitik sowie, ganz allgemein, die abnehmende Durchsetzungsfähigkeit der staatlichen Instanzen gegenüber den organisierten Gruppen. Die Formel von der »Herrschaft der Verbände«, freilich ohne das von *T. Eschenburg* immerhin mitgelieferte Fragezeichen, beschrieb recht gut den in der bundesrepublikanischen Verbändeforschung (V.) der 50er Jahre vorherrschenden Fragehorizont (*Steinberg* 1985).

II. Dieses Deutungsmuster des Verhältnisses von Staat und Verbänden verlor jedoch unter dem Einfluß der Rezeption angelsächsischer politikwiss. Forschungen und der von *E. Fraenkel* vertretenen neopluralistischen ↗ Demokratietheorie an Bedeutung. Angeregt durch die in den USA schon seit langem betriebene empirische Politikwiss. zum konkreten Verhalten einzelner Verbände und auf der Basis von gruppentheoretischen, später dann auch systemtheoretischen Erklärungen, die die Verbände und ihre Politik längst entdämonisiert und als notwendige Elemente des politischen Prozesses demokratischer Systeme interpretiert hatte (↗ Pluralismus), gewann die Empirie auch für die bundesdeutsche V. an Bedeutung. Erste Bestandsaufnahmen des Untersuchungsfeldes (*Breitling* 1955; *Kaiser* 1956) boten geeignete Ansatzpunkte für die weitere Forschung, die sich nunmehr auf Typologien, auf die politische Praxis der Verbände, ihre Ziele, ihre Stellung und Aktivitäten im ↗ Politischen System, ihr organisatorisches Innenleben sowie ihre Einflußstrategien konzentrierte (*Stammer* u.a. 1965). Eine Fülle wichtiger Untersuchungen einzelner Organisationen sowie zahlreiche Verlaufsstudien von Gesetzgebungsprozessen und der daran beteiligten politischen Akteure (vgl. *Schindler* 1983; 721ff.) dokumentieren den nunmehr in der V. vorherrschenden empirisch-analytischen Ansatz. Sozialgeschichtliche Forschungen (vgl. *Blaich* 1979; *Ullmann* 1989) erweiterten und ergänzten das empirische Datenmaterial, das als Bausteine für erste deskriptive Verbandstheorien Verwendung fand (*von Beyme* [5]1980; *Weber* 1977; *Heinze* 1981; *von Alemann* 1987).

III. Den Publizisten und Wissenschaftlern, die in einem starken, in weitgehender Unabhängigkeit von organisierten gesellschaftlichen Interessen handelnden Staat die Voraussetzung für dessen ↗ Legitimität und für die Rationalität seines Tuns erblicken, bieten die Ergebnisse empirischer Forschungen in der Bundesrepublik Deutschland und in anderen Ländern allerdings Begründungen genug für ihr Unbehagen, das sie schon immer einem ungebändigten gesellschaftlichen Pluralismus gegenüber empfunden haben.

Die angebliche Ohnmacht des Staates in der Gruppengesellschaft blieb als Thema auf der Tagesordnung der Verbändediskussion. Die Ökologiebewegung in den späten 70er Jahren machte sich die traditionelle Klage zu eigen unter Verweis auf zahlreiche Beispiele von staatlichen Entscheidungen bzw. Nichtentscheidungen im Bereich der ↗ Umweltpolitik, die als Beleg dafür gewertet werden, daß interessierte Wirtschaftskreise, zum Teil aber auch die Arbeitnehmerorganisationen als Vetogruppen auftreten und durch ihre Kontakte und Verflechtungen mit Parteien, Parlamenten und Verwaltungen eine am ↗ Gemeinwohl orientierte, der Ökologie Priorität einräumende Umweltpolitik verhindern *(Mayer-Tasch* 1976*)*. In der Tat konnte die V. solche Vetopositionen bestimmter organisierter Gruppen (z. B. der Bauern, Ärzte, Automobilindustrie) nachweisen.

Doch wird häufig übersehen, daß solche Vetopositionen nicht unüberwindlich sind, sofern die an Wählermehrheiten orientierten Politiker Gegenkräfte mit Hilfe der ↗ Öffentlichen Meinung zu mobilisieren vermögen. Die V. kann genügend Beweise dafür anführen, daß auch die Bäume mächtiger Verbände nicht in den Himmel wachsen und daß mit ihrer gegenseitigen Konkurrenz um staatlich sanktionierte Vergünstigungen durchaus eine ausgleichende und machtkontrollierende Wirkung verbunden ist. Andererseits gaben verschiedenste Studien Anlaß, einzelne Aspekte der Pluralismustheorie zu revidieren. So ist die Konkurrenz der Verbände kein durchgängiges Merkmal in allen Bereichen der Staatstätigkeit. Je unmittelbarer diese nämlich mit ökonomischen Belangen verknüpft ist, um so deutlicher zeigen sich gewisse Monopolisierungstendenzen einzelner Verbände, d.h. auf bestimmten Feldern der staatlichen Wirtschafts- und ↗ Sozialpolitik steht den staatlichen Stellen nur jeweils ein Großverband der interessierten Kreise gegenüber (vgl. ↗ Agrarpolitik) oder es dominieren, wie etwa auf dem Gebiet der ↗ Gesundheitspolitik, die organisierten Anbieter von Leistungen – Ärzte, pharmazeutische Industrie, Apotheker –, während die Abnehmer solcher Leistungen – Patienten, Krankenkassen – eine deutlich schwächere Position einnehmen. Auch die Annahme vom Aufgehobensein aller Interessen im pluralistischen Kräftegefüge konnte einer empirischen Überprüfung nicht standhalten. Die selektive Wirkung des etablierten Verbändesystems zugunsten von gut organisierten kleinen Gruppen und zuungunsten von kollektiven Interessen sowie von Randgruppeninteressen wurde als Problem entdeckt. Im Gegensatz aber zu traditionellen Pauschalverurteilungen der Verbände schlechthin bieten die Theorien über die Organisationsfähigkeit und Konfliktfähigkeit von Gruppen (*Olson* 1968; *Offe* 1973) rationale Erklärungen für die Grenze der verbandlichen Interessenvermittlung. Auf diese Weise trug die Beschäftigung mit den politischen Aktivitäten der Verbände in erheblichem Umfang zur empirischen Politikforschung und zur differenzierten Kenntnis der Verfassungswirklichkeit in der Bundesrepublik bei.

IV. Ein wichtiges Ergebnis der V. liegt nicht zuletzt darin, daß das Verhältnis zwischen Staat und Verbänden nicht als eine Einbahnstraße interpretiert werden darf. Die Verbände versuchen zwar die staatlichen Entscheidungen zu beeinflussen, doch gleichzeitig ist auch der Staat wegen seiner umfassenden wirtschaftspolitischen und gesellschaftspolitischen Verantwortung daran interessiert, mit den wichtigsten Verbänden zu kooperieren, sie im Vorfeld politischer Entscheidungen zu konsultieren und sie damit in eine gesamtstaatliche Verantwortung einzubinden. Diese Form der Verhandlungsdemokratie ist in dem Maße unabdingbar, als die staatliche Regulierungsverpflichtung nachgerade aller Lebensbereiche ohne die sachverständige Mitwirkung und gegen den entschiedenen Widerstand der betroffenen Gruppen zum Scheitern verurteilt ist. Das gilt insbesondere für den Bereich der Wirtschaftspolitik, in dem die verfassungsmäßig garantierte Tarifautonomie den staatlichen Handlungsspielraum begrenzt und die Erfolge staatlicher Maßnahmen vom Wohlverhalten der ↗ Gewerkschaften und Arbeitgeberverbände abhängig macht. Als Neokorporatismus bezeichnet seit Ende der 70er Jahre eine einflußreiche Richtung der V. diesen durchaus nicht neuen Sachverhalt (*Schmitter/Lehmbruch* 1979; *von Alemann* 1981) und interpretiert den Verbund von Staat, Unternehmerverbänden und Gewerkschaften als das Ergebnis eines dem demokratischen Anspruch westlicher Industriestaaten entgegenlaufenden Prozesses der Machtzusammenballung in den Händen bestimmter Funktionseliten.

Die Korporatismustheorie (↗ Korporatismus) geht von einer Verstaatlichung der gesellschaftlichen Großverbände, von ihrer Instrumentalisierung für staatliche Zwecksetzungen und einer damit verbundenen Entstaatlichung der Politik, das heißt der Übertragung staatlicher Regulierungsverpflichtungen auf verbandliche Organisationen aus. Aus der daraus resultierenden Nähe der Großverbände zu den staatlichen Instanzen resultiere ihr Unvermögen, Interessenpolitik nach herkömmlicher Art und vor allem auf der Basis der Bedürfnisse ihrer Mitglieder betreiben zu können, was zur Folge habe, daß das pluralistische System der Interessenvermittlung zu einem statischen System von Rechtsansprüchen auf Teilhabe an der Ausübung der Staatsmacht erstarre. Von einer empirischen Erhärtung der zentralen Annahmen der Korporatismustheorie kann allerdings keine Rede sein. Dazu gehört z. B. auch die Unterstellung, daß sich die Führungsgruppen der Verbände im Zweifel zugunsten gesamtstaatlicher Sachzwänge und staatlicher Vorgaben und gegen die Mitgliederinteressen entscheiden – ein Vorwurf, der in Teilen der Gewerkschaftsliteratur gegenüber den Spitzenfunktionären erhoben wird, aber bislang nie zu beweisen war. Die Korporatismustheorie hat zu Recht – und darin liegt ihr positiver Beitrag für die heutige V. – auf die wechselseitige Abhängigkeit von Staat und Großverbänden hingewiesen. Daß sich jedoch diese immer mehr zu einem verlängerten Arm staatlichen Handelns und die staatlichen Instanzen zu Notariaten verbandlicher Willensbekundungen entwickeln würden, hat sich gerade durch empirische Arbeiten (*Traxler* 1986) nicht belegen lassen. Von daher ist Korporatismus wohl eher eine Frage der Struktur und der Strategie von Interessen und ihrer Erforschung und weniger ein ganz neues System der Interessenvermittlung (*von Alemann* 1989: 229).

Keine einzelne Theorie kann alle Aspekte des Verbändewesens befriedigend erklären. Insofern spricht einiges dafür, daß Kooperation und Konfrontation im Verhältnis von Staat und Verbänden die Formen von Interessenvermittlung sind, die bereichsbezogen und situationsbezogen einander abwechseln.

Eine wichtige Aufgabe der empirischen V. liegt darin, mögliche Entwicklungen rechtzeitig aufzuspüren, die zu einem Verlust an Handlungsautonomie der einen oder anderen Seite führen können. Insofern versteht sich auch die V. als Teil einer umfassenden Demokratiewissenschaft.

Jürgen Weber

↗ Arbeitsbeziehungen; Interessengruppen; Unternehmerverbände.

Lit.: *Alemann, U. von* 1981 (Hrsg.): Neokorporatismus, Frankfurt a. M./New York. *Alemann, U. von* 1987: Organisierte Interessen in der Bundesrepublik, Opladen. *Alemann, U. von* 1989: Organisierte Interessen. Von der »Herrschaft der Verbände« zum »Neokorporatismus«?, in: *Bandemer, S. von/Wewer, G.* (Hrsg.): Regierungssystem und Regierungslehre, Opladen, 219ff. *Alemann, U. von/ Heinze, R. G.* 1979 (Hrsg.): Verbände und Staat. Vom Pluralismus zum Korporatismus, Opladen. *Beyme, K. von* [5]1980: Interessengruppen in der Demokratie, München. *Blaich, F.* 1979: Staat und Verbände in Deutschland zwischen 1871 und 1945, Wiesbaden. *Blümle, E.-B./ Schwarz, P.* 1985 (Hrsg.): Wirtschaftsverbände und ihre Funktion. Schwerpunkte der Verbandsforschung, Darmstadt. *Breitling, R.* 1955: Die Verbände in der Bundesrepublik, Meisenheim. *Eschenburg, T.* 1955: Herrschaft der Verbände?, Stuttgart. *Fraenkel, E.* [7]1979: Deutschland und die westlichen Demokratien, Stuttgart. *Groser, M.* 1992: Gemeinwohl und Ärzteinteressen –

Die Politik des Hartmannbundes, Gütersloh. *Hartmann, J.* 1985: Verbände in der westlichen Industriegesellschaft, Frankfurt a. M./New York. *Heinze, R. G.* 1981: Verbändepolitik und »Neo-Korporatismus«. Zur politischen Soziologie organisierter Interessen, Opladen. *Heinze, R. G.* 1992: Verbandspolitik zwischen Partikularinteressen und Gemeinwohl – Der Deutsche Bauernverband, Gütersloh. *Kaiser, J. H.* 1956: Die Repräsentation organisierter Interessen, Berlin. *Kleinfeld, R./Löbler, F.* 1993: Verbände in Nordrhein-Westfalen: Eine Vorstudie zu Theorie und Empirie von Verbänden in der Landespolitik (Polis Sonderheft), Hagen. *Mayer-Tasch, P. C.* 1976: Die Bürgerinitiativbewegung. Der aktive Bürger als rechts- und politikwissenschaftliches Problem, Reinbek. *Mayntz, R.* (Hrsg.) 1992: Verbände zwischen Mitgliederinteressen und Gemeinwohl, Gütersloh. *Offe, C.* 1973: Das pluralistische System von organisierten Interessen, in: *Varain, H.J.* (Hrsg.): Interessenverbände in Deutschland, Köln, 368 ff. *Olson, M.* 1968: Die Logik des kollektiven Handelns. Kollektivgüter und die Theorie der Gruppen, Tübingen (engl. 1965). *Schindler, P.* 1983 (Hrsg.): Datenhandbuch zur Geschichte des Deutschen Bundestages 1949–1982, Bonn. *Stammer, O.* u. a. 1965: Verbände und Gesetzgebung. Die Einflußnahme der Verbände auf die Gestaltung des Personalvertretungsgesetzes, Köln/Opladen. *Steinberg, R.* (Hrsg.) 1985: Staat und Verbande, Darmstadt. *Teubner, G.* 1978: Organisationsdemokratie und Verbandsverfassung. Rechtsmodelle für politisch relevante Verbände, Tübingen. *Ullmann, H. P.* 1988: Interessenverbände in Deutschland, Frankfurt a. M. *Weber, J.* 1977: Die Interessengruppen im politischen System der Bundesrepublik Deutschland, Stuttgart. *Weber, J.* 1987: Politikvermittlung als Interessenvermittlung durch Verbände, in: *Sarcinelli, U.* (Hrsg.): Politikvermittlung, Bonn. *Weber, J.* u. a. 1989: Verbände, in: Staatslexikon Bd. 5, Freiburg u. a., 593 ff.

Verbraucherpolitik

I. Verbraucherpolitik (V.) verfolgt das Ziel, die sozioökonomische Position der einzelnen Verbraucher bzw. privaten Haushalte gegenüber Anbietern privater und öffentlicher Güter/Dienstleistungen zu verbessern (Konsum/Verbrauch/Konsumerismus). Träger können die Verbraucher selbst bzw. von ihnen gegründete und laufend unterstützte oder aber in ihrem Namen handelnde Verbände, der Staat sowie öffentliche Träger der (Wirtschafts-)Politik sein. In diesem Sinne geht es um die Begründung einer bestehenden politischen Praxis und die wiss. Reflektion dieser Praxis.

Der älteste bekannte verbraucherpolitische Leitsatz *caveat emptor* fordert den Verbraucher auf, sich vor Produzenten und Händlern sowie Mängeln ihrer Produkte in acht zu nehmen. Ausgangspunkt der sich in ihrer jetzigen Form nach dem II. Weltkrieg herausbildenden V. war die wachsende Erkenntnis, daß entgegen den liberalen Leitbildern neoklassischer und neoliberaler ökonomischer Theorie (Markttheorie, ↗ Soziale Marktwirtschaft) der Verbraucher ökonomische Prozesse nicht als »Souverän« durch seine Entscheidungen lenkt (*Scherhorn* u. a. 1975; *Biervert* u. a. 1976, 1977a; *Fleischmann* 1982a). Die einer marktwirtschaftlichen Ordnung innewohnende Tendenz zur Selbstaufhebung des Wettbewerbs und die damit verbundenen Konzentrations- und Marketingprozesse führen zu ungleichgewichtigen, einseitigen Machtpositionen der Anbieterseite. Dadurch entfallen grundlegende Prämissen des Marktkonzepts, die Nachfrage kann die ihr zugeschriebene Lenkungs- und Korrekturfunktion nicht wahrnehmen. Durch die Bindung von Bedürfnissen an vom Markt zur Verfügung gestellte Waren und die »Hypertrophierung von Bedarfen« (*Scherhorn*) wird Konsum zum Mittel, das sich einer vielfach zum Selbstzweck gewordenen Produktion unterzuordnen hat. Die Produktionsweise und damit verbundene Ordnungs- und Organisationsstrukturen haben – bei aller materiellen Wohlfahrtssteigerung – zu funktional voll ausdifferenzierten Arbeitsbedingungen sowie zur Zerstörung natürlicher und gesellschaftlicher Lebensbedingungen geführt (externe Effekte, Sozialkosten), die z.T. durch Konsum kompensiert werden sollen. Die inhaltliche Spannweite der verbraucherpolitischen (v.) Diskussion in Praxis und Theorie ist dementsprechend groß; sie hat in der Bundesrepublik Deutschland während der Reformphase der 70er Jahre eine wesentliche Ausdehnung erfahren. Bis Ende der 80er Jahre sind Fragen des Freizeitkonsums, der Finanzdienstleistungen und des europäischen Binnenmarktes hinzugetreten sowie der beginnende Aufbau der Vertretung von Verbraucherinteressen in den mittel- und osteuropäischen Ländern. Insgesamt geht es um die Integration der Verbraucher in Konsumgüter- und Dienstleistungsmärkte sowie um Fragen der Haushalts- und Wohlfahrtsproduktion, da die Kapital- und Technikintensität der Ausstattung privater Haushalte zunimmt.

II. Das Leitbild der V. in der Bundesrepublik stellt weitgehend auf ökonomische Rationalität und Gegenmacht ab, durch deren Verwirklichung der Verbraucher (wieder) gleichberechtigter Marktpartner werden soll. Trotz teilweiser Rezeption der ordnungspolitischen Diskussion sowie des ↗ Keynesianismus und der Korporatismusdebatte (↗ Korporatismus) sowie damit verbundener wirtschaftspolitischer Strategien bleibt die Zielprogrammatik eng dem Markt- und Wettbewerbsmodell verhaftet. Deswegen und aufgrund des Selbstverständnisses ihrer Trägerschaft sowie der finanziellen Abhängigkeit von der ↗ Bürokratie spielt die im eigentlichen Sinne politische Komponente unter Makrogesichtspunkten eine angesichts der Bedeutung des privaten Verbrauchs relativ unwichtige Rolle in der Wirtschafts- und Gesellschaftspolitik (*Biervert* u.a. 1983). Demgegenüber sind die vom Staat und den Verbraucherorganisationen eingesetzten mikroorientierten Instrumente im Hinblick auf die damit angestrebten Ziele z.T. sehr stark ausdifferenziert; sie werden üblicherweise eingeteilt in a) Verbraucherschutz, b) Verbraucherinformation und -beratung, c) Verbrauchererziehung und -bildung.

Die Wettbewerbsgesetzgebung regelt in erster Linie wettbewerbliche Prozesse zwischen Anbietern, wodurch bereits indirekt Schutzwirkungen für den Verbraucher angestrebt werden. Bei der Verbraucherschutzgesetzgebung im engeren Sinne steht der Austausch zwischen Anbietern und Nachfragern im Vordergrund. Zum Verbraucherschutz werden Vorschriften rechtlicher Art, die für die Verbraucher negative Auswirkungen von Konsumprozessen von vornherein vermeiden helfen sollen (z.B. Gebote und Verbote in bezug auf das Verhalten der Produzenten und deren Informationspolitik gegenüber Verbrauchern), sowie privatrechtliche Normen gerechnet, die eine nachträgliche Korrektur der dem Konsumenten zugefügten Schäden bezwecken (*von Hippel* [2]1979).
Aufgabe des Instrumentes »Verbraucherinformation« ist es, den Verbraucher mit möglichst aktuellen Informationen über Preise, Qualitäten etc. von privaten und öffentlichen Gütern und Dienstleistungen über verschiedene Kommunikationskanäle zu versorgen. Durch ergänzende, richtigstellende oder kritische Informationen soll zur Korrektur der gegenwärtig durch die Anbieter einseitig beherrschten Kommunikationsstruktur beigetragen werden.
Verbraucherinformationen erfolgen im wesentlichen über folgende Kanäle: a) produktbegleitende Informationen, die per Gesetz vorgeschrieben sind oder von der Anbieterseite freiwillig gegeben werden, b) Veröffentlichungen, Stellungnahmen, Beratungen in Verbraucherberatungsstellen etc., c) Informationssysteme, Massenmedien und neue Informations- und Kommunikationstechnologien. Der Forderung, neben allgemeinbildenden und auf das Berufsleben gerichteten Inhalten auch der Verbrauchererziehung und -bildung einen Platz einzuräumen, liegt die Erkenntnis zugrunde, daß Personen in ihrer Konsumentenrolle am Wirtschaftsgeschehen beteiligt sind und den davon ausgehenden Einflüssen unterliegen. Durch Verbrauchererziehung soll u.a. erreicht werden,

daß 1. sozioökonomische Zusammenhänge, insbesondere die Rolle des Verbrauchers im Wirtschaftssystem, erkannt werden, 2. der Verbraucher gegenüber den Anbietern privater und öffentlicher Güter und Dienstleistungen seine Mittel »rational« einsetzt, 3. die gesellschaftliche Bedingtheit der Bedürfnisse erkannt und damit die Voraussetzung für eine kritische Reflektion und selbstbestimmte Befriedigung der eigenen Bedürfnisse geschaffen wird.

Die offizielle V. in der Bundesrepublik verfolgt in erster Linie ein Beratungs-/Informationsmodell und in zweiter Linie ein Vertretungsmodell. Die wichtigsten Träger, die entweder Verbraucherinteressen repräsentieren (Verbraucherverbände) oder in der Verbraucherarbeit benötigte Dienstleistungen erstellen (Verbraucherinstitute), sind: a) Arbeitsgemeinschaft der Verbraucher (AgV; einschließlich Arbeitsgemeinschaft Hauswirtschaft und andere Mitgliedsverbände), b) Verbraucherzentralen, c) Stiftung Warentest, d) Stiftung Verbraucherinstitut, e) Verein zum Schutz gegen unlauteren Wettbewerb.

Zu den Charakteristika der Verbraucherorganisationen gehört, daß sich nur unbedeutende Organisationen *einzelner* Verbraucher bildeten, statt dessen Zusammenschlüsse verschiedenartiger Verbände (z. B. in der AgV und in den Verbraucherzentralen) bzw. öffentliche Stiftungen gegründet wurden. Die Verbraucherorganisationen werden zum überwiegenden Teil mit Mitteln des Bundes und der Länder gefördert; über wesentliche eigene Einnahmen verfügt vor allem die Stiftung Warentest aus dem Verkauf ihrer Publikationen. Darüber hinaus sind Bestrebungen im Gange, die Dienstleistungen anderer Verbraucherorganisationen gegen Entgelt abzugeben.

Bei diesen fremdorganisierten Formen der Vertretung von Verbraucherinteressen werden Ziele und Mittel im wesentlichen ohne den direkten Einfluß der betroffenen Verbraucher festgelegt und von diesen auch nicht kontrolliert. Daneben existieren Formen der Selbstorganisation von Verbraucherinteressen mit einer Rückbindung an die Basis. Das Spektrum reicht von punktbezogenen Aktionen, wie Streik, Boykott, über eine verbandsmäßige Zusammenfassung (z. B. Verbrauchervereine, Mietervereine) bis hin zu Formen kollektiven Konsums und zu gemeinwirtschaftlichen/genossenschaftlichen Konzepten (etwa in der Form der »alternativen Ökonomie« der neuen ↗ Sozialen Bewegungen).

III. Anders als in anderen Ländern gibt es in der Bundesrepublik Deutschland insbesondere seit Beginn der 70er Jahre eine intensive theoretische und z. T. kritische Auseinandersetzung um normative und positive Paradigmen der V. (*Fleischmann* 1982 a, 1982 b).

Die nach wie vor auffindbare neo-klassische Position geht von dem Modell der Konsumentensouveränität aus, nach dem Verbraucher durch ihre Kaufentscheidungen letztlich die Güterproduktion lenken und der Staat allenfalls Ordnungsfunktionen wahrnimmt. Abweichungen vom Wettbewerbskonzept sind durch entsprechende wirtschaftspolitische Maßnahmen zu korrigieren, um dem durchaus als Utopie erkannten Modell möglichst nahezukommen. Das Modell der Konsumfreiheit geht von der »prinzipiellen« Gleichberechtigung der beiden Marktseiten aus und sieht in ihr die Chance zur Selbstverwirklichung im Konsumbereich. Neben einer starken Betonung der Wettbewerbspolitik ist der Einsatz der v. Instrumente nicht nur zur Realisierung von Markttransparenz und anderer Prämissen des Marktmodells, sondern auch zur Aufklärung über die Entwicklung von Bedürfnissen und deren Reflektion vorgesehen (*Scherhorn* u. a. 1975).

Demgegenüber wendet sich das Modell des Konsumentenschutzes gegen eine Überladung der Konsumenten mit Informationen (*Kroeber-Riel* ³1984). Das v. Instrumentarium wird letztlich als untauglich angesehen, die Manipulationstechniken der Anbieterseite zu konterkarieren. In weiterreichenden Ansätzen werden die genannten theoretischen Vorstellungen und die v. Praxis kritisiert (*Biervert* 1972; *Czerwonka/Schöppe/Weckbach* 1976; *Biervert* u. a. 1977 a und 1977 b). Ökonomische und wirtschaftspolitische Maßnahmen zielen demnach auf eine ständige Integration und weitere Subsumtion immer weiterer Lebensbereiche unter ökonomische Rationalität, denen es eine grundsätzlich neue Vermittlung von Produktion und Konsumtion sowie einer daran ausgerichteten Politik entgegenzusetzen gilt (*Biervert* u.a. 1983). Dies gilt auch für den Bereich der »Dienstleistungsarbeit«: Einerseits gibt es eine Verlagerung der Produktion von Gütern und Dienstleistungen aus den privaten Haushalten auf Märkte privater und öffentlicher Anbieter, in deren Verlauf ein Verlust an Kompetenz bei der Erstellung von im Haushalt benötigten Gütern und Diensten bei tendenzieller Verkleinerung bzw. Auflösung der Familie eintritt, andererseits läßt sich ein Anstieg der Dienstleistungsarbeit privater Haushalte feststellen, der durch Rationalisierungsstrategien der Anbieter ausgelöst wird (*self service economy;* vgl. auch *Offe/Heinze* 1986).

Bernd Biervert

Lit.: *Biervert, B.* 1972: Wirtschaftspolitische, sozialpolitische und sozialpädagogische Aspekte einer verstärkten Verbraucheraufklärung, 2 Bde., Köln. *Biervert, B.* u.a. 1977 a: Grundlagen der Verbraucherpolitik, Reinbek. *Biervert, B.* u.a. (Hrsg.) 1977b: Verbraucherpolitik in der Marktwirtschaft, Reinbek. *Biervert, B.* u.a. 1983: Organisierte Verbraucherpolitik. Zwischen Ökonomisierung und Bedürfnisorientierung, Frankfurt a. M./New York. *Czerwonka, C.* u.a. 1976: Der aktive Konsument: Kommunikation und Kooperation, Göttingen. *Fleischmann, G.* 1982a: Verbraucherpolitik, in: *Issing, O.* (Hrsg.): Spezielle Wirtschaftspolitik, München. *Fleischmann, G.* (Hrsg.) 1982b: Der kritische Verbraucher, Frankfurt a. M./New York. *Hippel, F. von* ²1979: Verbraucherschutz, Tübingen. *Kroeber-Riel, W.* ³1984: Konsumentenverhalten, München. *Kuhlmann, E.* 1990: Verbraucherpolitik: Grundzüge ihrer Theorie und Praxis, München. *Offe, C./Heinze, R. G.* 1986: Am Arbeitsmarkt vorbei, in: Leviathan, 14 (4), 471–495. *Scherhorn, G.* u.a. 1975: Verbraucherinteressen und Verbraucherpolitik, Göttingen. Im »Journal of Consumer Policy« (Kluwer Academic Publishers, Dordrecht, NL) sowie in den von der Verbraucherzentrale Nordrhein-Westfalen herausgegebenen »Verbraucherpolitischen Heften« findet eine laufende verbraucherpolitische Grundsatzdiskussion statt.

Vereinte Nationen

Der Hauptorganisation der Vereinten Nationen (*United Nations,* UN) gehörten nach dem Stand vom 1.1.1994 mit insgesamt 184 Staaten nahezu sämtliche international anerkannten Staaten der Welt an. Die Weltorganisation hatte damit das Ziel der Universalität praktisch erreicht; lediglich eine kleine Gruppe von Staaten, darunter die Schweiz, waren zu diesem Zeitpunkt nicht Vollmitglied der Organisation der Vereinten Nationen (*United Nations Organization,* UNO), aber auch sie waren mehr oder weniger in die weltweiten Tätigkeitsfelder der UNO einbezogen. Die Bundesrepublik Deutschland, die bereits in den 50er Jahren allen Sonderorganisationen der UN beigetreten war, erwarb die Vollmitgliedschaft in der UNO – gemeinsam mit der DDR – erst im September 1973, nachdem im Zuge der damaligen neuen Ost- und Deutschlandpolitik der sozial-liberalen Bonner Regierungskoalition die Voraussetzungen für eine deutsche Doppelmitgliedschaft geschaffen worden waren (↗ Deutsche Einheit). Seit der Wiedervereinigung (3.10.1990) ist Deutschland in der UNO mit einem Sitz und einer Stimme vertreten.

Bei den UN handelt es sich um die umfassendste internationale Staatenverbindung, die neben ihrer Hauptorganisation (mit Sitz in New York und größeren Niederlassungen in Genf, Nairobi und Wien) zahlreiche Sonderorganisationen, Spezialorgane sowie eine Vielzahl weltweit oder regional tätiger Institutionen und Einrichtungen unterhält. Es ist deshalb zweckmäßig, von einem ganzen UN-System oder zusammenfassend von dem Verband der UN zu sprechen.

I. Die UN sind am Ende des II. Weltkriegs mit dem vorrangigen Ziel gegründet worden, durch eine dauerhafte multilaterale und weltweite Zusammenarbeit zwischen den Staaten der künftigen Sicherung des Weltfriedens zu dienen und die internationale Sicherheit zu wahren. Nach dem Scheitern des Völkerbundes (1919/20–1946) und den bitteren Erfahrungen mit der Weltwirtschaftskrise und den furchtbaren Ereignissen des II. Weltkriegs wurde damit im 20. Jh. zum zweiten Mal der Versuch unternommen, das Zusammenleben der Staaten und Völker im Rahmen einer umfassenden internationalen Organisation zu koordinieren und in friedliche Bahnen zu lenken. Die konkreten Ursprünge der neuen Weltorganisation gehen auf die vom damaligen US-Präsidenten *Franklin D. Roosevelt* und dem britischen Premierminister *Winston Churchill* am 14.8.1941 verkündete »Atlantik-Charta« zurück, in der Grundprinzipien für die nach Beendigung des Krieges in Aussicht genommene Weltordnung niedergelegt waren. Diese Grundsätze wurden sodann von allen im Krieg gegen die Achsenmächte und gegen Japan »Vereinten Nationen« angenommen und bildeten die Basis für die Ausarbeitung der Satzung (Charta) der neuen Weltorganisation, die zum Abschluß der Gründungskonferenz der UNO am 26.6.1945 in San Francisco unterzeichnet wurde und am 24.10. 1945 in Kraft trat.

Der Gründer der UN gaben der Weltorganisation sehr anspruchsvolle Ziele, bei deren Verwirklichung eine Reihe von Grundsätzen eingehalten werden sollte. Nach Artikel 1 der Charta setzten sich die UN das Ziel, den Weltfrieden (↗ Frieden) und die internationale ↗ Sicherheit zu wahren. Zu diesem Zweck werden die Mitgliedstaaten verpflichtet, »wirksame Kollektivmaßnahmen zu treffen, um Bedrohungen des Friedens zu verhüten und zu beseitigen, Angriffshandlungen und andere Friedensbrüche zu unterdrücken und internationale Streitigkeiten oder Situationen, die zu einem Friedensbruch führen könnten, durch friedliche Mittel nach den Grundsätzen der Gerechtigkeit und des Völkerrechts zu bereinigen oder beizulegen«. Anders als in der Satzung des Völkerbundes wird in der Charta der UN eine strikte Ächtung des Krieges ausgesprochen, die darüber hinaus auch noch auf den Grundsatz des Gewaltverbots ausgedehnt wird. Danach werden alle Mitgliedstaaten der UN nach der Charta (Art. 2,4) verpflichtet, sich in ihren ↗ internationalen Beziehungen jeglicher Androhung oder Anwendung von Gewalt zu enthalten. Lediglich das Recht zur individuellen oder kollektiven Selbstverteidigung sollte im Falle eines bewaffneten Angriffs gegen ein Mitglied der UN erhalten bleiben, bis das zuständige Gremium der Weltorganisation »die zur Wahrung des Weltfriedens und der internationalen Sicherheit erforderlichen Maßnahmen getroffen hat« (Art. 51). Im übrigen beruht die Weltorganisation auf dem Grundsatz der »souveränen Gleichheit aller ihrer Mitglieder«, und sie ist satzungsmäßig gehalten, nicht in die inneren Angelegenheiten der Staaten einzugreifen. Daß dieses letztgenannte Prinzip unter Umständen mit der Erfüllung anderer Aufgaben kollidieren kann, zeigte sich in der Vergangenheit wiederholt bei dem Bemühen von UNO-Institutionen, den wirtschaftlichen und sozialen Fortschritt innerhalb einiger Staaten zu fördern oder den ↗ Menschenrechten Geltung zu verschaffen.

Grundsätzlich legt die Charta der UN ihrer Friedenspolitik keinen nur negativen Friedensbegriff im Sinne einer Verhinderung oder Unterbindung militärischer Gewalt zugrunde. Vielmehr werden in den statuierten Zielsetzungen der Weltorganisation auch solche Aufgaben zugewiesen, die als Voraussetzung und Bedingung für die Erhaltung des Weltfriedens anzusehen sind. So soll die UNO dazu dienen, freundschaftliche, auf der Achtung vor dem Grundsatz der Gleichberechtigung und Selbstbestimmung der Völker ruhende Beziehungen zwischen den ↗ Nationen zu entwickeln und eine internationale Zusammenarbeit herbeizuführen,

»um internationale Probleme wirtschaftlicher, sozialer, kultureller und humanitärer Art zu lösen und die Achtung vor den Menschenrechten und Grundfreiheiten für alle ohne Unterschied der Rasse, des Geschlechts, der Sprache oder der Religion zu fördern und zu festigen«.

II. Die Organisation der UN hat sechs Hauptorgane, und zwar die Generalversammlung, den Sicherheitsrat, den Wirtschafts- und Sozialrat, den Treuhandrat, den Internationalen Gerichtshof und das Sekretariat.

In der Generalversammlung sind alle Mitglieder der UN gleichberechtigt mit Sitz und jeweils einer Stimme vertreten. Die Generalversammlung ist das zentrale Hauptorgan der UN, das über die Zusammensetzung der anderen Hauptorgane entscheidet, den Haushalt festlegt (der reguläre Zweijahreshaushalt für die Jahre 1994/95 wurde auf rund 2,6 Mrd. US-Dollar festgesetzt) und die Kontrolle über den Verwaltungsapparat der UNO ausübt. Sie kann alle Angelegenheiten erörtern, die gemäß Charta in die Zuständigkeit der UN oder eines anderen Organs der UNO fallen und hierzu in Form von Resolutionen Empfehlungen abgeben, die allerdings die Mitglieder völkerrechtlich nicht binden. In Fragen der akuten Gefährdung des Weltfriedens und der internationalen Sicherheit wurde jedoch dem Sicherheitsrat die Hauptverantwortung übertragen: Solange der Sicherheitsrat in einer internationalen Streitigkeit oder in einer Konfliktsituation tätig ist, darf die Generalversammlung zu dieser Angelegenheit keine Empfehlung abgeben, es sei denn, sie würde vom Sicherheitsrat dazu aufgefordert.

Die Generalversammlung tritt im September eines jeden Jahres zu einer mehrere Wochen dauernden ordentlichen Jahrestagung zusammen, auf der nahezu sämtliche Weltprobleme debattiert werden. Daneben wurden mehrere Sondergeneralversammlungen über besonders aktuelle Problemkomplexe durchgeführt; so beschäftigte sich die vom 12. bis 14. Dezember 1989 abgehaltene 16. Sondertagung mit der Apartheidspolitik in Südafrika, während die vom 20. bis 23. Februar 1990 einberufene 17. Sondergeneralversammlung dem Problem des weltweiten Drogenmißbrauchs gewidmet war. Außerdem kam in der fast fünfzigjährigen Geschichte der UNO die Generalversammlung mehrmals zu besonderen Notstands- oder Krisen-Tagungen zusammen.

Das wichtigste UNO-Organ für die Erhaltung des Weltfriedens und der internationalen Sicherheit ist satzungsgemäß der Sicherheitsrat. Er besteht aus 15 (bis 1965 aus 11) Mitgliedstaaten, wobei die Volksrepublik China, Frankreich, Großbritannien, Rußland (anstelle der Ende 1991 aufgelösten Sowjetunion) und die USA ständige Mitglieder sind. Die zehn nichtständigen Mitglieder werden von der Generalversammlung nach einem besonderen Verteilungsschlüssel jeweils für zwei Jahre gewählt. Allein der Sicherheitsrat ist befugt, für alle Mitgliedstaaten verbindliche Entscheidungen zu treffen. Hierbei gilt jedoch, daß die fünf ständigen Sicherheitsratsmitglieder bei Entscheidungen über wichtige Sachfragen ein Vetorecht besitzen, d.h. Beschlüsse des Sicherheitsrates bedürfen hierbei der Zustimmung von neun Mitgliedern einschließlich sämtlicher ständigen (vetoberechtigten) Mitglieder. Die Gründer der UNO wollten mit dieser Regelung der machtpolitisch begründeten Überzeugung Rechnung tragen, daß in einem Konfliktfall harte Sanktionsmaßnahmen nicht gegen den erklärten Willen einer oder mehrerer der fünf (Groß-)Mächte durchgesetzt werden könnten. Das in der UNO-Satzung verankerte Prinzip der sogenannten Kollektiven Sicherheit war demnach von vornherein durch das Vetorecht der fünf ständigen Sicherheitsratsmitglieder eingeschränkt. Dieses Konstruktionsprinzip bewahrte die Weltorganisation in der Vergangenheit zwar einerseits vor dem Schicksal, an den Interessengegensätzen der Großmächte (namentlich der USA und der Sowjetunion während der Zeit des Kalten Kriegs) zu zerbrechen, andererseits verurteilte diese eingebaute Bestandssicherung die UNO aber in vielen Konflikten zur Untätigkeit.

Der aus 54 von der Generalversammlung gewählten Mitgliedern bestehende Wirtschafts- und Sozialrat (ECOSOC) hat die Aufgabe, unter der Oberaufsicht der Generalversammlung die Aktivitäten der UN im wirtschaftlichen, sozialen, kulturellen und humanitären Bereich anzuleiten und zu koordinieren. Er fungiert gleichsam als Bindeglied zwischen der Hauptorganisation und dem Kreis der zahlreichen UNO-Sonderorganisationen und Hilfswerke, unter denen z. B. die Organisation der UN für Erziehung, Wissenschaft und Kultur (UNESCO), die Weltgesundheitsorganisation (WHO), die Organisationen der sogenannten Weltbankgruppe sowie der Internationale Währungsfonds (IMF) und das Kinderhilfswerk der UN (UNICEF) besonders bekannt geworden sind.

Der Treuhandrat spielt heute keine besondere Rolle mehr, da sich seine Funktionen mit der Erlangung der Unabhängigkeit der meisten ehemaligen Treuhandgebiete (bis auf einige kleinere Pazifik-Inseln) weitgehend erledigt haben. Dagegen kommt dem im Rahmen der UN eingerichteten Internationalen Gerichtshof (IGH) mit Sitz in Den Haag beachtliche Bedeutung zu, weil der IGH durch seine Rechtsgutachten oder gegebenenfalls durch seine Einschaltung in Streitfällen zur Friedenssicherung beitragen kann (↗ Internationales Recht).

Ohne das Sekretariat mit seinen unter der Leitung des Generalsekretärs (seit 1992 der Ägypter *Boutros Boutros-Gali*) stehenden Verwaltungseinrichtungen wäre die Weltorganisation gewiß nicht handlungsfähig. Doch wurde schon seit vielen Jahren immer wieder Kritik daran geübt, daß wie bei allen großen ↗ Bürokratien auch die Effizienz des UNO-Apparates viel zu wünschen übrigläßt. Hervorzuheben ist, daß die Charta dem Generalsekretär auch eigenständige Befugnisse bei der Friedenssicherung zuweist, die die bisherigen Inhaber dieses schwierigen Amtes nach besten Kräften wahrzunehmen bestrebt waren.

III. Im großen Überblick kann man das Wirken der UN in drei Tätigkeitsbereiche unterteilen: erstens die Maßnahmen zur Friedenssicherung im engeren Sinne, zweitens die vielfältigen Aktionsprogramme der UNO und ihrer Sonderorganisationen in wirtschaftlichen, sozialen, kulturellen und humanitären Angelegenheiten mit Einschluß der in ihrem Namen durchgeführten multilateralen ↗ Entwicklungspolitik, drittens schließlich die zahlreichen Aktivitäten auf spezielleren Sachgebieten, womit die UN die Weltöffentlichkeit auf viele alte und neue Problemkomplexe und Gefahrenpotentiale aufmerksam zu machen und Regelungsmöglichkeiten anzubahnen suchten.

Hinsichtlich der Wahrung des Weltfriedens und der internationalen Sicherheit unterscheidet die Charta der UN zwei Arten von Konfliktsituationen: zum einen solche internationalen Streitigkeiten, deren Fortdauer eine potentielle Gefahr für den Frieden darstellt, und zum anderen Situationen, in denen der Frieden akut bedroht ist oder in denen es schon zu kriegerischen Angriffshandlungen gekommen ist. Während im ersten Fall der Sicherheitsrat die Streitparteien zur friedlichen Beilegung der Streitigkeiten auffordern kann (Kapitel VI der Charta), sieht die UNO-Satzung beim Vorliegen eines eklatanten Friedensbruchs durch militärische Aggressionen theoretisch sogar den vom Sicherheitsrat angeordneten Einsatz von UNO-Streitkräften vor, falls andere Maßnahmen zur Wiederherstellung des Weltfriedens und der internationalen Sicherheit sich als unzureichend erwiesen hätten. Solche im Kapitel VII vorgesehene Zwangsmaßnahmen sind jedoch in jedem Fall an die Zustimmung der vetoberechtigten ständigen Sicherheitsratsmitglieder gebunden.

In der Praxis sahen sich die UN in der Zeit des ↗ Ost-West-Konflikts wegen der notorischen Uneinigkeit der Großmächte bis auf wenige Ausnahmen nicht in der Lage, von diesen sehr weitgehenden Eingriffsmöglichkeiten Gebrauch zu machen. Genauer betrachtet handelte es sich bei den Ausnahmen um Sonderfälle: So stellte der vom Sicherheitsrat (in Abwesenheit des Vertreters der Sowjetunion) nach dem Ausbruch des Korea-Krieges am 25.6.1950 gebilligte Einsatz militärischer Verbände einiger westlicher Staaten unter Führung der USA gegen Nordkorea im Grunde eine von der UNO sanktionierte kollektive Selbstverteidigungsaktion dar. Die einzigen (im Sinne von Kapitel VII) »echten« Sanktionsmaßnahmen bis Ende der 80er Jahre waren der im Dezember 1966 gegen das damalige weiße Minderheitenregime in (Süd-)Rhodesien verhängte Wirtschaftsboykott und das im November 1977 ebenfalls vom Sicherheitsrat gegen die Republik Südafrika angeordnete Waffenembargo, mit dem die vor UNO-Gremien immer wieder hart angeprangerte Apartheid-Politik und auch das militärische Vorgehen Pretorias gegen seine Nachbarstaaten verurteilt werden sollte.

Nachdem die Mitgliedstaaten der UNO in der Periode des Ost-West-Konflikts nur in sehr begrenztem Maße bereit gewesen waren, die Instrumente der Weltorganisation zur Friedenssicherung einzusetzen, ergaben sich seit dem politischen Umbruch in der Sowjetunion und in Osteuropa 1989/90 und der damit verbundenen Beendigung der Konfrontation zwischen den beiden weltpolitischen Lagern neue Chancen für eine unter der Ägide der UNO stehende Friedenssicherungspolitik. Als erster großer Testfall für die neue Handlungsfähigkeit der UNO sollte sich die mit dem irakischen Überfall auf Kuwait (2.8.1990) ausgebrochene Golf-Krise erweisen. Die vom Sicherheitsrat gegen den Irak verhängten Sanktionen reichten von einem Wirtschaftsboykott bis zur ultimativen Androhung militärischer Gewalt, die schließlich eingesetzt wurde, um die Befreiung des besetzten Kuwait zu erzwingen. Allerdings waren die im (zweiten) Golf-Krieg unter US-amerikanischem Oberbefehl gegen die irakische Aggression durchgeführten militärischen Operationen nicht gemäß den in den Artikeln 42ff. des Kapitels VII vorgesehenen Modalitäten erfolgt, so daß hierbei die Prinzipien der kollektiven Sicherheit nur teilweise zum Tragen kamen. Das bei der Bewältigung des Golf-Konflikts zum Ausdruck gekommene außergewöhnlich hohe Maß an Einigkeit der ständigen Sicherheitsratsmitglieder zeigte sich auch noch nach der Einstellung der Kampfhandlungen, als der Sicherheitsrat im Frühjahr 1991 über den Irak relativ weitgehende Rüstungskontrollen und Maßnahmen zum Schutz der Kurden und Schiiten verhängte.

Seit dem Ende des Ost-West-Konflikts richteten sich besondere Hoffnungen auf die im Auftrag der UNO durchgeführten »friedenssichernden Maßnahmen«. Diese sogenannten *peacekeeping operations*, die nicht eigens in der Charta normiert sind, wurden (im Unterschied zu den Zwangsmaßnahmen) entwickelt, um durch die Entsendung von in der Regel nur (zur Selbstverteidigung) leichtbewaffneten, multinational zusammengesetzten UN-Truppen (»Blauhelme«) oder Beobachtermissionen mit Zustimmung der Konfliktparteien einen bereits erreichten Waffenstillstand zu überwachen und durch eine Reihe polizeiähnlicher Maßnahmen eine friedliche Konfliktregelung zwischen den Streitparteien auf dem Verhandlungswege zu erleichtern.

Im Zeitraum von 1948 bis 1988 wurden insgesamt 15 solcher friedenssichernden Maßnahmen durchgeführt, von denen einige zu Beginn der 90er Jahre noch andauerten. Seit Ende der 80er Jahre war eine wachsende Nachfrage nach diesen Friedenseinsätzen festzustellen, so daß von 1989 bis Anfang 1994 weltweit weitere 18 Operationen hinzukamen. Kennzeichen dieser neuen Friedensmissionen war eine beachtliche Ausweitung ihres vom Sicherheitsrat erteilten Mandates, das sich in einigen Fällen auch auf verschiedene zivile Aufgaben erstreckte, wie etwa auf die Vorbereitung und Überwachung von Wahlen, die Wiederherstellung halbwegs stabiler Verwaltungseinrichtungen und die Rückführung sowie Betreuung von Flüchtlingen. Beispiele hierfür waren die Friedenseinsätze in Namibia (UNTAG, 1989–90) und in Kambodscha (UNTAC, 1992–93).

Ein weiteres Merkmal einiger der Anfang der 90er Jahre durchgeführten UN-Friedenseinsätze war auch deren Kombination mit Elementen militärischer Zwangsmaßnahmen, etwa zur Absicherung von Flughäfen oder von Schutzzonen für bedrohte Volksgruppen. Die Problematik dieser »erweiterten« Friedensmissionen zeigte sich in drastischer Weise bei den UN-Operationen in Somalia (UNOSOM 1992–94) und im früheren Jugoslawien (UNPROFOR, seit März 1992).

Obgleich die UN seit dem 1989/90 eingetretenen Umbruch der weltpolitischen Lage handlungsfähiger geworden sind, scheinen nach wie vor die in ihrem Kooperationsrahmen realisierbaren Möglichkeiten zur Beendigung gewaltsamer Konflikte, insbesondere die Anwendung militärischer Gewalt zur Friedensdurchsetzung, begrenzt zu sein. Deshalb kommen künftig Maßnahmen einer vorbeugenden Diplomatie, einer präventiven Konfliktregelung durch die gezielte Förderung eines friedlichen Wandels und auch der Friedenskonsolidierung in der Konfliktfolgezeit eine wachsende Bedeutung zu, wie dies UN-Generalsekretär *Boutros-Ghali* in seinem Bericht »Agenda für den Frieden« (17.7.1992) über das Aktionsspektrum der UN-Friedensbemühungen näher ausführte.

Wie in der Vergangenheit wird es auch in der Zukunft entscheidend darauf ankommen, auf dem zweiten großen Tätigkeitsfeld der UNO voranzukommen, d.h. bei der Bekämpfung der tieferen Ursachen der Konflikte: der wirtschaftlichen Not, sozialen Ungerechtigkeit und politischen Unterdrückung. Wegen der zu Zeiten des Ost-West-Konflikts nur sehr eingeschränkten Wirkungsmöglichkeiten im Bereich der engeren Friedenssicherung verlagerte sich seit den 60er Jahren der Schwerpunkt der UN-Aktivitäten auf den wirtschaftlichen, sozialen und humanitären Bereich. Auf diesem Felde bemühten sich die Gremien der UNO vorzugsweise um die Forderungen und Anliegen der Entwicklungsländer, die innerhalb der UN die weitaus größte Gruppe der Mitgliedstaaten darstellen. Während sich die Weltorganisation zunächst dafür einsetzte, daß die Kolonialreiche beschleunigt aufgelöst wurden und die ehemals abhängigen Länder und Gebiete ihre staatlich-politische Selbständigkeit erlangten, diente die UNO den neu hinzugekommenen Ländern der Dritten Welt als Forum und Instrument zur Artikulation und Durchsetzung ihrer gemeinsamen Forderungen nach einer spürbaren Verbesserung ihrer Lebensbedingungen und ihrer Stellung in der Weltwirtschaft. Nachdem schon im Dezember 1964 auf Betreiben der Entwicklungsländer die »Konferenz der UN für Handel und Entwicklung« (UNCTAD) zur Förderung ihrer ökonomischen Interessen als ständiges Organ der Generalversammlung eingerichtet worden war, gipfelten die diesbezüglichen Bemühungen knapp zehn Jahre später in der auf einer Sondergeneralversammlung im Mai 1974 verabschiedeten Erklärung zur Errichtung einer »Neuen Internationalen Wirtschaftsordnung«, die im Dezember 1974 mit einer von der Generalversammlung verkündeten »Charta der wirtschaftlichen Rechte und Pflichten der Staaten« unterstützt werden sollte. Inzwischen sind jedoch die in UNO-Kreisen einst hochgespannten entwicklungspolitischen Erwartungen sehr nüchternen Einschätzungen gewichen (↗ Nord-Süd-Konflikt).

In der Praxis der von der UNO durchgeführten oder geförderten multilateralen ↗ Entwicklungspolitik wurde jedenfalls immer mehr deutlich, daß die in den meisten Entwicklungsländern vorherrschenden Notlagen und strukturellen Miseren nicht einfach durch generelle entwicklungspolitische Konzepte und auch nicht allein durch gesteigerte Entwicklungshilfe von außen überwunden werden können. Wie ein im November 1989 im Auftrag der Weltbank erstellter Sonderbericht über die Entwicklung Afrikas (südlich der Sahara) erneut zeigte, hat sich in den meisten afrikanischen Ländern die desolate wirtschaftliche, soziale und politische Lage nicht zuletzt auch aufgrund endogener Entwicklungshindernisse weiter verschlechtert. Dennoch stellten in den vergangenen Jahren nicht wenige der im Auftrag der UNO durchgeführten Entwicklungshilfeprogramme für viele Länder eine unverzichtbare Unterstützung dar, um wenigstens bei den ärgsten Versorgungsnöten Linderung und Abhilfe zu bringen.

Wenigstens an Hand einiger Beispiele zu erwähnen sind diejenigen Tätigkeitsfelder, auf denen im Rahmen der UNO die Staatengemeinschaft zahlreiche gravierende Anliegen und Probleme der Weltgesellschaft aufgreift und einer befriedigenden internationalen Regelung zuzuführen sucht. Hier sind die (bisher nicht sonderlich erfolgreichen) Bemühungen um eine globale Rüstungskontrolle und ↗ Abrüstung ebenso zu nennen wie die mit beachtlichen Fortschritten verfolgten Anstrengungen verschiedener UNO-Gremien zur Normierung und weltweiten Durchsetzung der ↗ Menschenrechte. Grundlage für die Menschenrechtspolitik der UN bildet die am 10.12.1948 von der Generalversammlung verkündete Allgemeine Erklärung der Menschenrechte, der am 16. 12. 1966 die von der Generalversammlung angenommenen (und 1976 in Kraft getretenen) Internationalen Pakte über bürgerliche und politische Rechte sowie über wirtschaftliche, soziale und kulturelle Rechte folgten. Gleichfalls hervorzuheben sind die Arbeiten der UN zur Fortentwicklung und Kodifizierung des Völkerrechts, wobei die III. Seerechtskonferenz (1973–1982), die mit der Annahme eines neuen Seerechtsübereinkommens endete, besonders erwähnenswert ist. Darüber hinaus veranstaltete die UNO in den fünf Jahrzehnten ihres Bestehens zahlreiche internationale Fachtagungen und Weltkongresse, wodurch sie viele drängende und prekäre Globalprobleme – von der Abrüstung bis zum Umweltschutz – der Aufmerksamkeit der politisch Verantwortlichen näherzubringen suchte; jüngere Beispiele dafür sind die im Juni 1992 in Rio de Janeiro abgehaltene Konferenz über Umwelt und Entwicklung und die im Juni 1993 in Wien durchgeführte Weltkonferenz über Menschenrechte. Die Weltorganisation stellte auch damit immer wieder ihre große Nützlichkeit, ja Unentbehrlichkeit unter Beweis.

Manfred Knapp

Lit.: *Andersen, U./Woyke, W.* ³1988: Handwörterbuch Internationale Organisationen, Opladen. *Berdal, M.R.* 1993: Whither UN Peacekeeping?, London (Adelphi Paper 281). *Boutros-Ghali, B.* 1992: Agenda für den Frieden, Bonn (Deutsche Gesellschaft für die Vereinten Nationen). *Czempiel, E.-O.* 1986: Friedensstrategien. Systemwandel durch Internationale Organisationen, Demokratisierung und Wirtschaft, Paderborn/München/Zürich. *Deutsche Gesellschaft für die Vereinten Nationen:* Vereinte Nationen (Zeitschrift für die UN und ihre Sonderorganisationen; erscheint zweimonatlich), Bonn. *Doeker, G./ Vogler, H.* (Hrsg.) 1990: Die Wiederentdeckung der Vereinten Nationen. Kooperative Weltpolitik und Friedensvölkerrecht, Opladen/Wiesbaden. *Ferdowsi, M./Opitz, P. J.* (Hrsg.) 1987: Macht und Ohnmacht der Vereinten Nationen. Zur Rolle der Weltorganisation in Drittwelt-Konflikten, München/Köln/London. *Knapp, M.* ²1991: Die Rolle der Vereinten Nationen in den Internationalen Beziehungen, in: *Knapp, M./Krell, G.* (Hrsg.): Einführung in die Internationale Politik, München/Wien, 383–404. *Koch, E.* (Hrsg.) 1991: Die Blauhelme. Im Einsatz für den Frieden, Frankfurt a.M./Bonn. *Opitz, P.J./ Rittberger, V.* (Hrsg.) 1986: Forum der Welt. 40 Jahre Vereinte Nationen, Bonn. *Simma, B.* (Hrsg.) 1991: Charta der Vereinten Nationen, Kommentar, München. *Unser, G.* ⁵1992: Die UNO. Aufgaben und Strukturen der Vereinten Nationen, München. *Wolfrum, R.* (Hrsg.) [2]1991: Handbuch Vereinte Nationen, München.

Verfassung / Verfassungstheorie

I. Wie sein Synonym »Konstitution« besitzt auch der Begriff Verfassung (V.) ein breites Bedeutungsfeld. Ursprünglich soviel wie ein »(verstärktes) Zusammenfassen von Teilen« meinend, werden später mit V. allgemein komplexe Gebilde, die aus mehreren Elementen bestehen, bezeichnet.

Im Sinne einer harmonischen Zusammenfassung und Ausbildung der Teile sprechen wir auch heute noch davon, daß jemand sich in einer guten körperlichen oder seelischen V. befinde oder daß er z. B. eine robuste Konstitution besitze. Übertragen auf den *body politic* wird *constitution* – ein Begriff, der bis dahin in der Mehrzahlform für die Gesetze der römischen Kaiser verwandt wurde – seit dem 17. Jh. auch zum Ausdruck für die Grundverfassung des aufkommenden modernen Staates. Von »Regierungs-Verfassung« spricht man in Deutschland seit eben jener Zeit; der Göttinger Rechtsgelehrte *Gottfried Achenwall* schreibt 1752 eine *Staatsverfassung der europäischen Reiche im Grundrisse*. Gemeint ist mit » Staatsverfassung« im 18. Jahrhundert die Beziehung der politischen Entscheidungsinstitutionen zueinander, ihre Organisation sowie ihr Verhältnis zu den ihrer Anordnungsgewalt unterworfenen Bürgern samt den Grenzen dieser Gewalt. Dieser Verfassungsbegriff geht auf *Aristoteles* zurück, der von der *politeia* der griechischen Stadtstaaten sprach. *Politeia* aber wird in Deutschland seit Ende des 18. Jh.s mit *Verfassung* übersetzt.

II. Konstitution und V. können sowohl auf eine Realität als auch auf ein Normengefüge bezogen werden; mit dem Begriff Wirtschaftsverfassung läßt sich z. B. sowohl die tatsächliche Ordnung der Wirtschaftsbeziehungen in einer Gesellschaft bezeichnen wie das sie regelnde Normensystem. Auf den Staat bezogen, meint V. als Realbegriff das faktisch vorhandene ↗ Politische System eines Staates, wie es von der ↗ Vergleichenden Regierungslehre oder – unter stärker historischem Blickwinkel – von der Verfassungsgeschichte untersucht wird. Beide Disziplinen sind ursprünglich in der alten ↗ Politikwissenschaft in der sog. Staats- oder Landeskunde, der *notitia rerum politicarum (Hermann Conring)*, miteinander vereint und treten erst im 19. Jh. auseinander. Ihre Verbindung ist noch bei dem hervorragendsten Vertreter der verfassungsgeschichtlichen Forschung in Deutschland, *Otto Hintze* (1861 bis 1940), vorhanden. In dem Maße, in dem die modernen Staaten aus ihren überkommenen V. heraustreten und sich spezielle V. in Gesetzesform geben, gewinnen jedoch die rechtlichen Aspekte des Verfassungsbegriffs an Bedeutung. Dementsprechend treten seit dem 19. Jh. sich mit normativen Fragestellungen befassende Verfassungstheorien im engeren Sinne und das Verfassungsrecht als juristische Disziplin in den Vordergrund.

Grundlegende rechtliche Regelungen der Staatsorganisation findet man partiell schon vor dieser Zeit. So ist schon im Heiligen Römischen Reich Deutscher Nation von seinen »Grundgesetzen« die Rede, zu denen man unter anderem die Goldene Bulle von 1356, die Westfälischen Friedensverträge und die kaiserlichen Wahlkapitulationen zählt. Der Ausdruck Grundgesetz läßt sich bis zu den Kämpfen zwischen Monarchen und Ständen im Ständestaat, vor allem in Frankreich, zurückführen, in denen die ständische Seite vom Fürsten eine vertragliche Fixierung der grundlegenden Staatsorganisationsregeln als Verkörperung der *loi fondamentale* des Staates forderte. Die Idee einer solchen vertraglichen Grundlegung der Staatsorganisation – und zwar nicht nur der Beziehungen der traditionell zur ↗ Herrschaft Berufenen untereinander, wie in der Herrschaftsvertragslehre – wird im Naturrecht zur Lehre vom Gesellschaftsvertrag ausgebaut (↗ Vertragstheorien). Durch ihn soll die Errichtung des Staates überhaupt sowie die Einsetzung der in ihm Herrschenden und nicht mehr nur die Art ihrer Herrschaftsausübung legitimiert werden. Wie die ihnen vorangehenden Herrschaftsverträge sind gelegentlich auch Gesellschaftsverträge tatsächlich, zur Begründung und Organisation von Gemeinwesen, abgeschlossen worden, z.B. durch die sogenannten Pilgerväter auf der *Mayflower* bei ihrer Landung in Amerika 1620.

Die Vorstellung von einer vertraglichen Neugründung der Staaten steht Pate bei dem seit Ende des 18. Jh.s einsetzenden Übergang zum sog. Verfassungsstaat. Dabei werden die liberalen, das Individuum als Vertragspartner begünstigenden Konsequenzen der Gesellschaftsvertragslehre in einem repräsentativ-demokratischen Sinne überhöht in der Forderung nach einer verfassungsgebenden Nationalversammlung (Verfassung als Gesetz). Von der Verfassungstheorie der Französischen Revolution wird im weiteren unterschieden zwischen dem *pouvoir constituant* der Nationalversammlung und den *pouvoirs constitués* der von ihr etablierten Gewaltträger und dadurch der Verfassungsstaat mit der Idee des Repräsentativsystems verbunden (*Sieyès*). Daneben kommt es – vor allem in Deutschland – zu Verfassungsgebungen, die zwischen Monarch und Volk (modernisierte Ständeversammlung) vereinbart werden, sowie zu Verfassungsoktrois durch den Monarchen allein.

III. Ziel der Verfassungsgebung ist die Fixierung der Grundzüge einer neuen Staatsorganisation in einer Verfassungsurkunde. Das in ihr aufgezeichnete Recht wird in der Regel als höherrangig gegenüber der ihm nachgeordneten Rechtssetzung durch die verfassungsmäßigen Organe der Staatsgewalt angesehen. Eine Änderung des Verfassungsgesetzes ist meist erschwert durch das Erfordernis qualifizierter Mehrheiten (starre im Gegensatz zur biegsamen V.). Gelegentlich wird auch – um einem stillen Verfassungswandel zu begegnen – die ausdrückliche Änderung des Wortlauts der V. verlangt; auch sogenannte Unabänderlichkeitsklauseln kommen vor (vgl. Art. 79 GG). Sie sind Ausdruck einer die Volkssouveränität einschränkenden Auffassung, derzufolge jeder V. Prinzipien zugrunde liegen, die auf legale Weise nicht aufgehoben werden können, weil dadurch die V. selbst vernichtet würde.

Da gelegentlich selbst grundlegende Fragen der Staatsorganisation, wie z.B. das Wahlrecht, keine Regelung in der Verfassungsurkunde finden, hingegen beiläufige Bestimmungen aufgenommen werden, um sie der erschwerten Abänderbarkeit teilhaftig werden zu lassen, unterscheidet man in der Verfassungstheorie auch zwischen der V. im materiellen Sinne (grundlegende Vorschriften der Staatsorganisation überhaupt) und der V. im formellen Sinne (das in eine Verfassungsurkunde aufgenommene Recht).

Für die modernen Verfassungsstaaten ist indessen nicht nur die Idee einer Neugründung der Staatsorganisation bedeutsam geworden, sondern darüber hinaus auch die Vorstellung, daß dies zum Schutz der individuellen ↗ Freiheit und deswegen unter Berücksichtigung der ↗ Menschenrechte und durch eine Teilung der staatlichen Gewalt zu geschehen habe (vgl. Art. 16 der *Déclaration des droits de l'homme et du citoyen* von 1789).

Eine entsprechende Verbindung von einem Katalog von ↗ Grundrechten, einer *bill of rights,* mit einer gewaltenteilenden Staatsorganisation (↗ Gewaltenteilung) findet sich zuerst in einigen Bundesstaaten der USA seit 1776 (z.B. in Virginia) und später in der französischen V. von 1791. Die darin zum Ausdruck kommende Idee des Verfassungsstaats ist – in bewußter Verbindung mit einem föderativen Staatsaufbau – vor allem im ↗ Präsidentialismus der US-Verfassung von 1787 verwirklicht worden – in einem System, das seine theoretische Rechtfertigung in den *Federalist Papers* gefunden hat. Im Gegensatz zu der dort verwirklichten Gewaltentrennung ist man in Europa stärker dem englischen Vorbild der Gewaltenteilhabe des *king in Parliament* gefolgt, aus dem sich über Zwischenstufen (z. B. mit dem Monarchen als *pouvoir neutre* in der Theorie des *Benjamin Constant)* das parlamentarische Regierungssystem entwickelt hat. In Deutschland freilich ist das ganze 19. Jh. über am sogenannten monarchischen Prinzip festgehalten worden, d. h. an der Vorstellung, daß der Monarch die gesamte Staatsgewalt in sich vereinige und sich bei ihrer Ausübung nur freiwillig zugunsten einer parlamentarischen Mitbestimmung beschränkt habe (vgl. Art. 57 der Wiener Schlußakte des Deutschen Bundes, 1820). Nach dieser Theorie wurde scharf zwischen der konstitutionellen Monarchie mit monarchischer Regierungsgewalt und der parlamentarischen Monarchie, zwischen Konstitutionalismus und ↗ Parlamentarismus unterschieden (so insbesondere von *F. J. Stahl*).

IV. Von den liberalen Spielarten der konstitutionellen Theorie weichen konservative und sozialistische Verfassungsvorstellungen in bedeutsamer Weise ab (↗ Konservatismus; ↗ Sozialismus). Gegenüber der rationalistischen Verfassungskonzeption des ↗ Liberalismus betonen die konservativen Theoretiker im 19. Jh. die Tradition und befürworten – ähnlich wie gemäßigt Liberale jener Zeit – allenfalls einen allmählichen, »organischen« Wandel des Hergekommenen. Eine plötzliche, revolutionäre Neugestaltung des Staates durch Verfassungsgebung lehnen sie als einen verfehlten, kurzsichtigen Eingriff in das natürliche Gewachsensein staatlicher Ordnungen ab. Auf der anderen Seite tadeln sozialistische Autoren die Beschränkung der Neugestaltung des Staates auf den politischen Sektor und entdecken die »wahre Verfassung« einer Gesellschaft in den hinter ihrer Rechtsverfassung verborgenen tatsächlichen Machtverhältnissen, insbesondere in den Eigentums- und Klassenverhältnissen *(F. Lassalle* 1862). Aus der sozialistischen Vorstellungswelt erwuchsen nach der Gründung der UdSSR Staaten, in deren Verfassungen Grundpflichten gegenüber den ↗ Grundrechten stärker betont sowie das Privateigentum an Produktionsmitteln und – unter Bezug auf rätedemokratische Ideen (↗ Räte) – die Gewaltenteilung aufgehoben wurden.

Neben dem Aufkommen faschistischer Systeme (↗ Faschismus) hat die Entwicklung in den kommunistischen Staaten zu einer Renaissance der Theorie des Verfassungsstaats im 20. Jh. geführt. In den modernen Verfassungslehren werden die Errungenschaften des liberalen und sozialen Rechts- und Verfassungsstaats nunmehr der (totalitären) ↗ Diktatur als Gegenbegriff gegenübergestellt (u. a. *Friedrich* 1953; *Loewenstein* 1959; *Hermens* 1964; *Fraenkel* 1964; vgl. auch *Schmitt* 1928). Dabei steht das Bemühen um eine die diktatorische Machtzusammenballung verhindernde Kontrolle staatlicher Macht im Vordergrund (so besonders bei *Loewenstein)*. Eine verstärkte Beachtung findet die Staatsverfassung in der Politikwissenschaft seit der Wiederentdeckung der *»polity«*-Dimension des Politischen in der *policy-science* und im sogenannten Neo-Institutionalismus. Heute werden in der Verfassungstheorie daher vor allem Fragen des Verhältnisses von Parlament und Regierung (auch: politische Gewaltenteilung zwischen Regierungsmehrheit und ↗ Opposition in Staaten mit Parteienkonkurrenz) und von Bund und Ländern (↗ Föderalismus als »vertikale Gewaltenteilung«) sowie der Kontrolle staatlicher Machtträger durch die ↗ Verfassungsgerichtsbarkeit diskutiert.

Hans Boldt

↗ Demokratietheorie; Legitimität; Rechtsstaat; Staatsformenlehre; Verfassungsgrundsätze.

Lit.: *Ashford, D.E.* 1978: Comparing Public Policies, London. *Boldt, H.* 1975: Deutsche Staatslehre im Vormärz, Düsseldorf. *Boldt, H.* 1984: Einführung in die Verfassungsgeschichte, Düsseldorf. *Boldt, H.* 1990: Deutsche Verfassungsgeschichte, 2 Bde., München. *Burdeau, G.* 1962: Zur Auflösung des Verfassungsbegriffs, in: Der Staat, 389–404. *Dreier, R./Schwegmann, F.* (Hrsg.) 1976: Probleme der Verfassungsinterpretation, Baden-Baden. *Fraenkel, E.* 1968: Deutschland und die westlichen Demokratien, Stuttgart. *Friedrich, C. J.* 1953: Der Verfassungsstaat der Neuzeit, Berlin u.a. *Friedrich, M.* (Hrsg.) 1978: Verfassung. Beiträge zur Verfassungstheorie, Darmstadt. *Grimm, D.* 1991: Die Zukunft der Verfassung. Frankfurt/M. *Hartwich, H.-H.* (Hrsg.) 1989: Macht und Ohnmacht politischer Institutionen, Opladen. *Hermens, F.A.* 1964: Verfassungslehre, Frankfurt/M. *Huber, E.R.* 1957ff.: Deutsche Verfassungsgeschichte seit 1789, 7 Bde., Stuttgart. *Kaegi, W.* 1945: Die Verfassung als rechtliche Grundordnung des Staates, Zürich. *Lassalle, F.* 1862: Über Verfassungswesen, in: *ders.* 1970: Reden und Schriften, München. *Loewenstein, K.* ^{2}1969: Verfassungslehre, Tübingen. *Mayer-Tasch, P.C.* 1991: Politische Theorie des Verfassungsstaates, München. *Oppen-Rundstedt, C. von* 1970: Die Interpretation der amerikanischen Verfassung im Federalist, Bonn. *Redslob, R.* 1912: Die Staatstheorien der französischen Nationalversammlung von 1789, Leipzig. *Schindler, D.* ^{5}1970: Verfassungsrecht und soziale Struktur, Zürich. *Schmitt, C.* 1928: Verfassungslehre (^{5}1970), Berlin. *Sieyès, E. J.* 1975: Politische Schriften 1788–1790, Frankfurt/M. *Stourzh, G.* 1989: Wege zur Grundrechtsdemokratie. Studien zur Begriffs- und Institutionsgeschichte des liberalen Verfassungsstaates, Wien/Köln.

Verfassungsgerichtsbarkeit

I. Verfassungsgerichtsbarkeit (V.) bindet sich an den Gedanken der Normenkontrolle. Sie ist die Institutionalisierung der Idee, Vorrang, Bindungs- und Gestaltungskraft der ↗ Verfassung als höherer Norm gegenüber einfachen Gesetzen und gegenüber dem einfachen Gesetzgeber zu sichern. Sie ist ein bis heute umstrittenes Produkt modernen (Verfassungs-)Staatsdenkens. Aber als Idee ist sie keineswegs wesentlich jünger als das Konzept des Konstitutionalismus. Schließlich stellte sich ja nicht nur die Frage nach der Gewährung, sondern auch nach der Gewährleistung einer Verfassung: Gerade dort, wo rechtsstaatliche Traditionen herrschten oder begründet wurden, lag der Versuch nahe, diese Gewährleistung rechtsförmig abzusichern.

Frühe europäische Ansätze besaßen kaum Bedeutung und Verwirklichungschancen. Dezidiert begründet wurde die V. im amerikanischen politischen Denken.

Im *Federalist* entwickelte *Hamilton* die Grundidee des *judicial review.* Auch Akte des Gesetzgebers unterlägen richterlicher Nachprüfung auf ihre Verfassungskonformität (*Der Föderalist* 1958: 430ff.). Ursprünglich konnte *Hamilton* sich nicht durchsetzen, da die Meinung überwog, die Verfassung sei beim demokratischen Gesetzgeber in besten Händen und Gerichte sollten keine politische Macht ausüben. Das Leitmotiv aller Auseinandersetzung um die V. war damit von Beginn an angesprochen. Die faktische Begründung erfolgte dann durch den *Supreme Court,* der sich 1803 im berühmten Fall *Marbury v. Madison* selbst die Befugnis auf *judicial review* zuerkannte (*Cappelletti* 1971) mit der Begründung, eine geschriebene Verfassung sei »das grundlegende und höchste Recht der Nation«, woraus die Ungültigkeit verfassungswidriger Gesetze der Legislative zu folgern sei. »Diese Theorie ist wesentlicher Bestandteil einer geschriebenen Verfassung und wird konsequentermaßen von diesem Gericht als eines der fundamentalsten Prinzipien unserer Gesellschaft angesehen« (Chief Justice *Marshall,* Text bei *Fraenkel* 1960: 38ff.). Dieser Ansatz wirkte beispielgebend auf Europa. Die Frankfurter Paulskirchenverfassung (1849) und die neue Schweizer Verfassung (1874) sahen Oberste Gerichtsbarkeiten mit verfassungsrechtlichen Befugnissen vor. Österreich-Ungarn errichtete 1867 ausdrücklich ein Verfassungsgericht, freilich ohne weitreichende Befugnisse (vgl. *Ermacora* u.a. 1968). Endgültig durchgesetzt hat sich die V. in den westlichen Demokratien nach 1945, als weltweit die historischen Erfahrungen totalitären Rechts- und Machtmißbrauchs verarbeitet wurden. Sie wurde seither zunehmend kodifiziert oder – wie seinerzeit vom *Supreme Court* – durch die Gerichte in Anspruch genommen.

Der *Supreme Court* der USA übt V. im Rahmen seiner allgemeinen Spruchtätigkeit aus. Er ist also durchaus nicht spezielles »Verfassungsgericht«. Derartige V. im Rahmen der Tätigkeit einer Obersten Gerichtsbarkeit besteht in der Schweiz, in Dänemark, Belgien, Norwegen, Portugal sowie – in gewissem Umfang – u. a. auch in Japan und Israel. Spezielle Verfassungsgerichte unterschiedlicher Ausgestaltung bestehen in Österreich, Italien, der Bundesrepublik Deutschland, Griechenland und Spanien. Verfassungsgerichtsbarkeit bindet sich an Existenz und Justiziabilität geschriebenen Verfassungsrechts. Daher stellen die Staaten, die in der britischen Rechtstradition stehen, einen Sonderfall dar: Der Grundsatz der Parlamentssouveränität widerstreitet richterlicher Normenkontrolle und behält dem parlamentarischen Gesetzgeber das letzte Wort vor. Prüfung der Verfassungsmäßigkeit von Gesetzen bedeutet in dieser Tradition allein Prüfung ihres verfassungsmäßigen Zustandekommens. Der Emanzipationsprozeß der *Commonwealth*-Staaten erstreckte sich jedoch auch auf diese Tradition. Im allgemeinen entstanden *Supreme Courts*, die z. T. ohne förmliche Grundlage, jedoch auf der Basis allgemein akzeptierter *convention* nicht nur prozedurale, sondern materielle Kontrolle üben (vgl. *Murphy/Tanenhaus* 1977). Unabhängig von der Rechtstradition und der spezifischen Organisation der Verfassungsgerichtsbarkeit erstreckt sich die Spruchtätigkeit im internationalen Vergleich auf folgende typische Gebiete: horizontale und vertikale ↗ Gewaltenteilung (mit den Schwerpunkten Menschenwürde, Glaubensfreiheit, Meinungsfreiheit), auswärtige Angelegenheiten, politische Willensbildung und ↗ Partizipation, Bedrohungen demokratischer Ordnung und das Spannungsfeld von (normalem) Verfassungs- und Notstandsrecht. Daß in dieser Aufzählung kein Kernbereich demokratischer Verfassungsordnung fehlt, mag als empirischer Beweis für die Notwendigkeit der V. gerade im modernen Staat gelten, dessen Kennzeichen ja zunehmend Steigerung und Konzentration von Macht geworden sind: Macht, die der Bindung und Kontrolle bedarf.

II. In diesem Zusammenhang wird V. zum wichtigsten Bestandteil einer modernen Theorie des heutigen Verfassungsstaates freiheitlich-demokratischer Prägung. Durch die V. als Schlußstein der Rechtsstaatlichkeit (↗ Rechtsstaat) wird – nicht nur in der BRD – die rechtsprechende Gewalt wie nie zuvor in die staatliche Willensbildung einbezogen (*Stern* 1980). Parlament und Regierung werden rechtlicher Kontrolle unterstellt: einerseits Ausdruck des urdemokratischen Gedankens rechtlicher Einbindung politischer ↗ Macht, andererseits Verarbeitung der historischen Erfahrung des Versagens politischer Kontrollmechanismen vor der totalitären Herausforderung. Daher ist das Bundesverfassungsgericht im Grundgesetz der BRD nicht nur als Gericht, sondern zugleich als Verfassungsorgan konstituiert worden. Die Konsequenzen hat der von *G. Leibholz* (1976) verfaßte Statusbericht von 1957 deutlich herausgearbeitet: Verfassungsorgane sind solche obersten Staatsorgane, die in Existenz, Status und Kompetenzen von der Verfassung nicht nur erwähnt, sondern unmittelbar konstituiert werden. In dieser Qualität steht das Verfassungsgericht zu Parlament und Regierung gleich, woraus sich ergibt, daß im Verhältnis zwischen diesen Organen grundsätzlich nicht Unter-, sondern Gleichordnung herrscht. Das Bundesverfassungsgericht ist damit Teil des vom Grundgesetz konstituierten umfassenden Systems der Gewaltenbalancierung und Machtverteilung. Es ist nicht – wie gelegentlich unter Berufung auf »klassisches« Gewaltenteilungsverständnis (↗ Gewaltenteilung) in Verbindung mit seiner Normenkontrollkompetenz behauptet wird – *die* eklatante Durchbrechung des Gewaltenteilungsprinzips selbst. Mit seiner Entscheidungskompetenz im verfassungsrechtlich geregelten Bereich politischer Willensbildung und Integration besitzt es einen insoweit begrenzten Anteil an der »obersten Staatsleitung« (*Hesse* 1993: 263). Dadurch begrenzt es die politischen Intentionen der Staatsmacht durch seine nicht auf politischer, sondern auf rechtlicher Legitimation und Intention beruhende Kompetenz.

Weitreichende Bedeutung gewinnt diese Teilhabe an der Staatsleitung durch den aktuellen Wandel der vertikalen Gewaltenteilung (↗ Föderalismus), der den Zentralstaat auf Kosten der Länder gestärkt hat, sowie durch die politische Struktur des parlamentarischen Regierungssystems, in welchem die regierende Mehrheit über die beiden Staatsorgane Parlament und Regierung verfügt (↗ Parlamentarismus). Das Bundesverfassungsgericht hat in seiner Spruchpraxis sich nicht nur beiden Entwicklungen gegenüber als Hüter rechtlichen und verfassungspolitischen Kontrollpotentials erwiesen – etwa durch manche Absicherung der Aktionschancen der ↗ Opposition. Auch durch das Wahlverfahren seiner Richter, das durch das Quorum der Zweidrittelmehrheit die Stellung der Opposition stärkt und den Bundesrat einbezieht, sowie z. B. durch die Antragsberechtigung der Bundestagsfraktionen im Organstreit trägt es dazu bei, das System der Gewaltenbalancierung zu erhalten. Verfassungsgerichtsbarkeit ist in diesem Sinne »selbst praktizierte Gewaltenteilung« (*Häberle* 1978: 14).

Moderne Demokratie erstreckt sich, wie auch in der Rechtswiss. zunehmend erkannt wird, nicht nur auf die staatlichen Funktionen. Sie sieht vielmehr Staat und Gesellschaft in Interdependenz (nicht in Identität!). Verfassung, zumindest das Grundgesetz mit seinen weitreichenden verbindlichen Gestaltungsansprüchen, umgreift damit auch die politisch relevante Grundstruktur der Gesellschaft, z. B. unter dem Aspekt, das Individuum vor gesellschaftlicher Macht zu schützen. Unter diesen Voraussetzungen hat die V. in der BRD sich auch zu einem Element gesellschaftlicher Machtbalance entwickelt, nicht zuletzt durch die ausladende Rechtsprechung über die Drittwirkung und Objektivierung der Grundrechte. *Häberle* (1980: 66ff.) spricht dezidiert von »Gesellschaftsbezogenheit«, die sich z. B. darin niederschlägt, daß das Gericht den gesellschaftlichen ↗ Pluralismus immer stärker (durch Anhörung und inhaltliche Berücksichtigung) in sein Verfahren einbezieht und dadurch an »herkömmlicher Staatlichkeit« verliert.

Eine moderne Theorie des freiheitlich-demokratischen Verfassungsstaates muß in der Tat diese traditionell kritischen Grenzbereiche des Verfassungsdenkens einbeziehen. V. als Element mitwirkender Kontrolle im modernen ↗ Politischen System besitzt in ihr einen wichtigen Platz.

III. Die Korrektur traditionellen, mehr obrigkeitlichen Staatsverständnisses, die von einer mit Unabhängigkeit und Kompetenzen ausgestatteten V. ausgeht, hat ihr in der deutschen Tradition zunächst dezidierte, in Spurenelementen bis heute nachwirkende Gegner schaft eingetragen. Die Einstellung zur V. kann generell als Indikator für Staats-, Institutions- und Bürgerverständnis in einem politischen System gelten.

Demgemäß galt Normenkontrolle etwa *Bismarck* als Usurpation gesetzgeberischer Gewalt durch die rechtsprechende, und in der Theorie (*Laband)* band sich ganz im Sinne der gänzlich unvergleichbaren britischen Tradition die Verfassungskonformität gesetzgeberischer Akte ausschließlich an das förmlich korrekte Verfahren. Wortführer der Gegner der Normenkontrolle in der Weimarer Republik war *Carl Schmitt* (u.a. 1931), der in der Gesetzgebung auf Souveränität und Macht gestützte politische Dezision erblickte, in ihrer richterlichen Überprüfung folglich eine Einmischung in diese politische Entscheidung. Für *Schmitt* führte V. zur Auflösung staatlicher Macht durch den Pluralismus der gleichsam vertragstheoretisch in die gesetzgeberische Entscheidung eindringenden gesellschaftlichen Kräfte (↗ Vertragstheorien).

Genau dies ist – zugespitzt – der Ansatz modernen demokratischen Verfassungsdenkens, das die V. im oben beschriebenen Sinne erst zur Staatsgewalt und zu einem wesentlichen Element der Gewaltenbalancierung macht. Folglich ist es konsequent, wenn das Grundgesetz, das in mancher Hinsicht bewußt mit Traditionen bricht, ihr Kompetenzen zuweist, die im Vergleich mit anderen Demokratien einzigartig sind und »über den herkömmlichen Rahmen verfassungsgerichtlicher Zuständigkeit wesentlich hinausgehen« (*Hesse* 1992: 266). Anders als die Verfassungsgerichtsbarkeit in der BRD ist jene der *Supreme Courts* in den USA und den *Commonwealth*-Staaten auf die konkrete Normenkontrolle, also die Prüfung der in einer konkreten Einzelfall-Entscheidung sich stellenden verfassungsrechtlichen Fragen beschränkt: Weder gibt es eine abstrakte Normenkontrolle noch eine besondere Verfassungsbeschwerde. Die Kompetenzen des Bundesverfassungsgerichts, die im Grundgesetz nicht abschließend geregelt sind und durch einfache Gesetze noch erweitert werden können, lassen sich (mit *Hesse* 265 ff.) wie folgt zusammenfassen:

1) *Bundesstaatsrechtliche Streitigkeiten.* Das Bundesverfassungsgericht entscheidet Streitigkeiten zwischen Bund und Ländern oder zwischen verschiedenen Ländern über ihre Rechte und Pflichten. Es prüft die Vereinbarkeit von Landesrecht mit dem Grundgesetz oder sonstigem Bundesrecht.

2) *Organstreitigkeiten.* Über den üblichen Rahmen der V. hinaus geht die Kompetenz zur Entscheidung von Streitigkeiten über den Umfang der Rechte und Pflichten eines obersten Bundesorgans oder anderer Beteiligter, die durch Grundgesetz oder Geschäftsordnungen mit eigenen Rechten ausgestattet sind. Es handelt sich dabei zunächst um Bundestag, Bundesrat, Bundesregierung und Bundespräsident. »Andere Beteiligte«, die das Recht zur Anrufung des Bundesverfassungsgerichts besitzen, können einzelne Abgeordnete, Bundestagsfraktionen und politische Parteien sein. Die Antragsteller müssen geltend machen können, in ihren grundgesetzlichen Rechten verletzt oder unmittelbar gefährdet zu sein. Gerade im Organstreit liegt durch das Antragsrecht der Fraktionen

ein Element der Machtkontrolle, das durch die Opposition geltend gemacht werden kann und zu allen Zeiten mit Erfolg geltend gemacht worden ist.

3) *Normenkontrolle.* Normenkontrolle prüft, ob eine Norm mit einer höherrangigen Norm vereinbar ist. a) In der abstrakten Normenkontrolle ist auf Antrag der Bundesregierung, einer Landesregierung oder eines Drittels der Mitglieder des Bundestages zu entscheiden, ob Bundes- oder Landesrecht mit dem Grundgesetz oder Landesrecht mit sonstigem Bundesrecht zu vereinbaren ist. Der abstrakten Normenkontrolle unterliegen Rechtsnormen aller Art – z. B. auch Zustimmungsgesetze zu völkerrechtlichen Verträgen oder das Haushaltsgesetz. b) In der konkreten Normenkontrolle handelt es sich um die Überprüfung anhand eines Einzelfalles. Sie ist Ausfluß des heute – anders in Weimar – unstrittigen richterlichen Prüfungsrechts der Gültigkeit der für die Entscheidung eines Falles heranzuziehenden Norm. Hält ein Gericht ein solches Gesetz für verfassungswidrig, muß es das Verfahren aussetzen und die Entscheidung des Verfassungsgerichtes herbeiführen. Gegebenenfalls wird die bestrittene Norm für nichtig erklärt.

4) *Verfassungsbeschwerden.* Jedermann kann mit der Behauptung, durch die öffentliche Gewalt – Gesetze oder Gerichtsurteile – in bestimmten Grundrechten verletzt zu sein, Verfassungsbeschwerde erheben, über deren Annahme förmlich zu beschließen und die zu versagen ist bei Unzulässigkeit oder anderen evidenten Gründen ihrer Erfolglosigkeit. Die Verfassungsbeschwerde hat große Bedeutung erlangt – nicht zuletzt im Rahmen der nun schon oft beschworenen Funktion der Machtkontrolle: Sie schützt den Bürger und begründet offenbar das hohe Vertrauen in die Verfassungsgerichtsbarkeit.

5) *Sonstige Kompetenzen.* Andere Kompetenzen erstrecken sich besonders auf den Schutz der Verfassung: z. B. das Verbot politischer Parteien oder die Verwirkung von Grundrechten.

Kraft dieser Kompetenzausstattung steht die V. in der BRD voll »im politischen Prozeß« (*Laufer* 1968), ohne die ihrer Funktion eigentümlichen Grenzen überschreiten und das Gebot der Zurückhaltung in politischen Wertungsfragen mißachten zu dürfen. Damit stellt sich von neuem die Grundsatzfrage nach dem Verhältnis von Recht und Politik.

IV. Gegner der V. oder ihrer aktuellen Rechtsprechung pflegen mit der notwendigen Trennung von Recht und Politik zu argumentieren und die Zurückdrängung der V. aus der Politik zu postulieren. In Wirklichkeit besteht aber im modernen Verfassungsstaat kein unüberwindlicher Dualismus beider; Recht und Politik befinden sich vielmehr in »differenzierter Symbiose« (*Stern*). Das Trennungsaxiom widerspricht nicht nur modernem, es widerspricht überhaupt jedem Verfassungsdenken, solange Verfassung als rechtliche Grundordnung mit über das Staatsorganisatorische hinausgehender Gestaltungskraft begriffen wird. Insoweit liegt das Problem nicht in der V., sondern im Bindungsanspruch der Verfassung selbst. Normen des Verfassungsrechts sind in starkem Maße »Recht für das Politische« (*Stern* 1980: 12). Sie sind Recht, das die Kraftfelder um Macht und Recht zu ordnen sucht. Politik bedient sich heute ihrerseits im Rechtsstaat weithin der ↗ Gesetzgebung. Insofern trifft *Häberle* (1976: 4) den Kern, wenn er die Antinomie verwirft und das Problem darin sieht, welche Politik der Verfassungsinterpretation aus der Verfassung selbst entwickelt wird und wie die V. im politischen Prozeß wirken soll.

Aufgeworfen ist damit ein funktionellrechtliches Problem im Gefüge der Beteiligung der V. an der Staatsleitung. Hintan gelassen ist die aus der Alternative von Recht und Politik entwickelte Forderung nach *»judicial self-restraint«*. Nicht nur die amerikanische, auch die deutsche V. versucht sich längst danach zu richten und hat sich in ständiger Rechtsprechung auferlegt,

nicht »in den von der Verfassung geschaffenen und begrenzten Raum freier politischer Gestaltung einzugreifen« (*BVerfGE* 35: 262). Vielfältig vertieft wurde diese Zurückhaltung durch die immer wieder herangezogene Vermutung zugunsten der verfassungskonformen Auslegung, solange ein Gesetz überhaupt im Einklang mit der Verfassung ausgelegt werden kann (*favor legis*), oder – im Bereich der Auswärtigen Gewalt – durch einen Gültigkeitsbonus, solange Verträge nur eine Tendenz zum verfassungsgewollten Zustand aufweisen (*favor conventionis*).
Die oft empfohlene Übernahme der amerikanischen *Political-questions*-Doktrin, die als pragmatisches Prinzip Willkür und Politisierung in die Rechtsprechung trägt, ist gerade deswegen nicht hilfreich. Sie ist auf das deutsche Verfassungssystem nicht anwendbar. Denn der Verfassungsrichter hat keine Wahl: Er *muß* bestehende Normen anwenden, wenn ihm ein Streit vorgelegt wird. Keine Wahl hat auch der betroffene Politiker, solange die Verfassung gilt: Er hat den Spruch der V. zu akzeptieren. In Deutschland besteht in jüngster Zeit eher das Problem, politisch umstrittene Materien der V. zur Entscheidung zuzuschieben. Diese hat mit ihrer Entscheidung zu Bundeswehreinsätzen im Ausland (1994) jedoch deutlich zu erkennen gegeben, der Politik ihre spezifische Verantwortung nicht abnehmen zu wollen.

Heinrich Oberreuter

Lit.: *Biehler, G.* 1990: Sozialliberale Reformgesetzgebung und Verfassungsgericht, Baden-Baden. *Cappelletti, M.* 1971: Judicial Review in the Contemporary World, Indianapolis u.a. *Carter, L.-H.* 1985: Contemporary Constitutional Law Making. The Supreme Court and the Art of Politics, New York u.a. *Dolzer, R.* 1982: Verfassungskonkretisierung durch das Bundesverfassungsgericht und durch politische Verfassungsorgane, Heidelberg. *Ermacora, F./Klecatsky, H./Marcic, R.* (Hrsg.) 1968: Hundert Jahre Verfassungsgerichtsbarkeit. Fünfzig Jahre Verfassungsgerichtshof in Österreich, Wien u.a. *Der Föderalist,* hrsg. von *F. Ermacora,* 1958, Wien. *Fraenkel, E.* 1960: Das amerikanische Regierungssystem. Quellenbuch, Köln/Opladen. *Gusy, C.* 1985: Parlamentarischer Gesetzgeber und Bundesverfassungsgericht, Berlin. *Häberle, P.* (Hrsg.) 1976: Verfassungsgerichtsbarkeit, Darmstadt. *Häberle, P.* 1980: Verfassungsgerichtsbarkeit zwischen Politik und Rechtswissenschaft, Königstein/Ts. *Hesse, K.* [19]1993: Grundzüge des Verfassungsrechts der Bundesrepublik Deutschland, Karlsruhe. *Jacobson, G.-J.* 1986: The Supreme Court and the Decline of Constitutional Aspiration, Totowa, N. J. *Landfried, Ch.* 1984: Bundesverfassungsgerichtsbarkeit und Gesetzgeber, Baden-Baden. *Laufer, H.* 1968: Verfassungsgerichtsbarkeit und politischer Prozeß, Tübingen. *Leibholz, G.* 1976: Bericht des Berichterstatters an das Plenum des Bundesverfassungsgerichtes zur »Statuts«-Frage, in: *Häberle, P.* (Hrsg.), 1976, 224–253. *Lietzmann, H.* 1988: Das Bundesverfassungsgericht, Opladen. *Murphy, W. F./Tanenhaus, J.* 1977: Comparative Constitutional Law, London/New York. *Pestalozza, Ch.* [3]1991: Verfassungsprozeßrecht, München. *Säcker, H.* [4]1990: Das Bundesverfassungsgericht, München. *Schlaich, K.* [2]1991: Das Bundesverfassungsgericht, München. *Schmitt, C.* 1931: Der Hüter der Verfassung, Tübingen. *Simon, H.* 1983: Verfassungsgerichtsbarkeit, in: *Benda, F.* u.a. (Hrsg.): Handbuch des Verfassungsrechts, Berlin, 1253–1280. *Starck, C.* (Hrsg.) 1976: Bundesverfassungsgericht und Grundgesetz, 2 Bde., Tübingen. *Starck, C./Weber, A.* (Hrsg.) 1986: Verfassungsgerichtsbarkeit in Westeuropa, 2 Bde., Baden-Baden. *Stern, K.* 1980: Verfassungsgerichtsbarkeit im sozialen Rechtsstaat, Hannover. *Zuck, R.* [2]1988: Das Recht der Verfassungsbeschwerde, München.

Verfassungsgrundsätze

I. Grundlagen gegenwärtiger Verfassungsordnungen westlicher Demokratien sind die Prinzipien der Volkssouveränität, das Mehrheitsprinzip, die Verbindlichkeit von ↗ Grundrechten (↗ Menschenrechten, Freiheitsrechten) sowie die institutionelle Differenzierung staatlicher ↗ Herrschaft und die Rechtsförmigkeit staatlichen Handelns.

1. Volkssouveränität. In der Herausbildung des bürgerlichen Staates waren es die Ideen der ↗ Freiheit, Vernünftigkeit und der in der Natur der Menschen begründeten ↗ Gleichheit der Person, welche die Idee der Volkssouveränität und den Anspruch auf parlamentarische Mitbestimmung durch das »Volk«, das hieß zunächst durch das ↗ Bürgertum, begründeten und legitimierten.

Ähnlich der Weimarer Verfassung stellt die Präambel des Grundgesetzes fest, »das deutsche Volk« hat sich »kraft seiner verfassungsgebenden Gewalt dieses Grundgesetz gegeben«. In der Verfassungsgebung konstituiert sich das Volk rechtlich als Staat, begründet es seine staatliche Einheit und normiert die Art und Weise, in welcher sich Volkssouveränität als politisch-gesellschaftlicher Prozeß manifestieren und in konkreter politischer Ordnung realisieren kann. Die Volkssouveränität erschöpft sich nicht in dem Akt der Verfassungsgebung. Auch in der mit der Verfassung konstituierten Ordnung geht die Staatsgewalt vom Volke aus (Art. 20 Abs. 2 GG). Die Staatsbürger unterscheiden sich aber in ihren Anliegen, Interessen und Bedürfnissen. Zur Entscheidungsbildung über die konkrete politische Ordnung bedarf es der Organisation, zur Einheitsbildung der organisierten Setzung von Recht. Das Verfassungsprinzip der Volkssouveränität meint so in seiner allgemeinen Bedeutung das Recht des Staatsvolkes, sich eine politisch-rechtliche Ordnung zu geben, und beinhaltet die fortwirkende Kompetenz zur Ausgestaltung dieser Ordnung, insbesondere mittels Organen der gesetzgebenden, vollziehenden und richterlichen Gewalt (Art. 20 Abs. 2 GG). Als Mittler der politischen Willensbildung und zur partiellen Integration unterschiedlicher Interessen wirken politische ↗ Parteien, deren Gründung und Wirken im Grundgesetz (Art. 21) verfassungsrechtlich gewährleistet ist.

2. Mehrheitsprinzip. Die Staatsgewalt wird vom Volk in ↗ Wahlen und Abstimmungen und durch besondere Organe der ↗ Gesetzgebung, der vollziehenden Gewalt und der Rechtsprechung ausgeübt. Die Gesetzgebung ist im Grundgesetz als repräsentativ-parlamentarisches Verfahren (in der Schweiz hingegen als plebiszitär-repräsentative Direktorialdemokratie) ausgestaltet (↗ Staatsformenlehre). Verbindliche Rechtssetzung als Gesetzgebung kommt als Beschluß einer parlamentarischen Mehrheit zustande.

Parlamentarische Mehrheiten können sich unmittelbar aus übereinstimmenden Entscheidungen einer Mehrheit von Abgeordneten ergeben, regelmäßig werden sie aber vermittels Parteien, der Bildung von Fraktionen und häufig auch durch eine ↗ Koalition zwischen Fraktionen organisiert. Die Abgeordneten sind nicht an ein imperatives Mandat gebunden und genießen speziellen Rechtsschutz (Art. 38 Abs. 1, 46 GG). Das Grundgesetz verlangt für Gesetzgebungs- und sonstige Beschlüsse im Bundestag in keinem Falle Einstimmigkeit, im allgemeinen genügt die Mehrheit der abgegebenen Stimmen (Art. 42 Abs. 2 GG). Bei wichtigen Angelegenheiten ist eine – nach dem Gegenstand differenzierte – qualifizierte Mehrheit im Bundestag erforderlich, beispielsweise bei der Wahl des Bundeskanzlers, um einen Einspruch des Bundesrates zurückzuweisen, bei Abweichungen von der Geschäftsordnung des Bundestages oder bei Verfassungsänderungen, um die parlamentarische Legitimation und politische Akzeptanz solcher Entscheidungen zu erhöhen.

Das Mehrheitsprinzip bedeutet, daß eine Mehrheit von Repräsentanten der Souveränitätsträger die konkrete staatliche Ordnung im Rahmen der Verfassung bestimmen kann. Ausübung von Volkssouveränität als individuelle Akte kann eine konkrete politische Ordnung nur in einem repräsentativ-kollektiven Akt verbindlich setzen. Die in diesem Kollektivakt dargestellte Mehrheit braucht aufgrund von Regelungen des ↗ Wahlsystems (z. B. Verhältniswahl mit Sperrklausel in der Bundesrepublik, Mehrheitswahl in Großbritannien) nicht die Mehrheit der Aktivbürger zu sein. Das Mehrheitsprinzip ist allgemeiner Bestandteil demokratisch-parlamentarischer Verfahren, und es gilt auch, soweit die Aktivbürger mittels Volksbegehren oder Volksentscheid an der Bestimmung der politischen Ordnung unmittelbar mitwirken.

In der Verfassungsgeschichte unterschiedlich begründet, ist das Mehrheitsprinzip heute Bedingung der politischen Handlungsfähigkeit eines Volkes als demokratischer Staat. Das Mehrheitsprinzip bewirkt so gleichzeitig die Artikulation und Integration von sowie die Differenzierung in politischen Interessen. Zwar sind Verfahren politischer Ordnung oder Grundwerte wie Gerechtigkeit, Menschenwürde und Freiheit als Allgemeinbegriffe weitgehend konsensfähig; ihre Ausdeutung in konkrete Berechtigungen und Verpflichtungen ist aber unterschiedlich und unterliegt der politischen Willensbildung. Die konkrete Ausformung solcher Grundwerte ist abhängig von der spezifischen sozialen Situation einzelner und der Interessenstruktur ihrer politischen Vereinigungen. Das verfassungsrechtliche Mehrheitsprinzip impliziert den Verzicht auf einen konkreten inhaltlichen ↗ Konsens, es setzt aber den Grundkonsens über die Verfassungsordnung, insbesondere über die Verfahren der Entscheidungsbildung voraus, und es legitimiert sich in einer formalen Wahlgleichheit (Art. 38 Abs. 1 GG). Grenzen des Mehrheitsprinzips werden deutlich bei der Verantwortbarkeit langfristig zukunftswirksamer Entscheidungen, z. B. im Technologiebereich (↗ Demokratietheorie).

Das Mehrheitsprinzip beinhaltet Befugnisse, welche funktional auf die Herstellung einer verbindlichen Ordnung bezogen sind oder sich aus der Beherrschung von Institutionen herleiten, welche spezifische Leistungen für das Staatssystem erbringen. So beinhaltet es das Recht zur verbindlichen Setzung politischer Entscheidungen im Rahmen der Verfassungsordnung und die Regierungsgewalt (Wahl der Regierung). Diese besitzt wiederum eine Organisationskompetenz für die Ausgestaltung des Verwaltungssystems, soweit es nicht der Gesetzgebung unterliegt, und eine Informationsgewalt (Presse und Informationsämter, polizeiliche Überwachung) sowie ein – häufig eingeschränktes – Verfügungsrecht über das Militär (↗ Militärpolitik). Die Konstitution der ↗ Regierung ist in den westlichen Verfassungen unterschiedlich geregelt: Neben Präsidialsystemen (USA) bestehen Kanzlersysteme (Bundesrepublik, Großbritannien) und Minister(präsidenten)systeme (Italien; ↗ Parlamentarismus, ↗ Präsidentialismus).

Die Verfassungen sehen eine Begrenzung der Mehrheitsgewalt vor durch a) Verfahrens- und Beteiligungsregelungen (mehrstufige Gesetzgebungsverfahren, Bindung von Verordnungsrecht, Anhörungs- und Beratungsverfahren, Öffentlichkeit parlamentarischer Beratungen, Zustimmungsbedürftigkeit von Personalentscheidungen); b) Befristung und Rückbindung (Wahlfristen) sowie c) durch eine Überprüfbarkeit von Herrschaftsakten durch Verfassungs- oder Staatsgerichtshöfe; d) Beschränkungen und Kontrolle ergeben sich auch aus der Öffentlichkeitswirksamkeit der Medien und letztlich aus dem verfassungspolitischen Grundkonsens.

Die Ausübung staatlicher Herrschaft ist institutionell differenziert. Dies nicht nur in Organe der Legislative, Exekutive und Judikative, sondern in der Regel auch durch einen föderalen Aufbau des Staates mit eigenen Gesetzgebungs-, Verwaltungs- und Rechtsprechungskompetenzen der föderalen Einheiten und in Einrichtungen mit Selbstverwaltungskompetenz (Kommunen u.a.). Zweck solcher Strukturen sind die Gliederung des Staates entsprechend historischen und regionalen Eigenheiten, eine interessennahe politische Entscheidungsfindung und entsprechender aufgabennaher Vollzug sowie Stärkung staatlicher Integrationsfähigkeit. Verbindendes Element in der Differenzierung sind häufig die politischen Parteien (↗ Gewaltenteilung; ↗ Föderalismus).

3. Grundrechte. Im Spannungsverhältnis zwischen Volkssouveränität und Mehrheitsprinzip stehen die Grundrechte. Sie vermitteln Freiheits- (und Teilhabe)ansprüche im und gegenüber dem Staat; sie sichern den politischen Status, schützen ↗ Minderheiten. Als inhaltliche Bestimmung der politisch-gesellschaftlichen Ordnung materialisieren sie die individuelle Rechtsstellung, welche sich aus dem Prinzip der Volkssouveränität ergibt, und binden die Herrschaftsmacht, welche das Mehrheitsprinzip verleiht (z.B. Art. 1 Abs. 3 GG).

Verfassungshistorisch begründet als Bindung der Staatssouveränität und Staatsgewalt, beinhalten Grundrechte heute eine Selbstbindung des Volkes auf ein Normprogramm, welches in der Realisierung konkreter politischer Ordnung durchzuhalten ist (Präambel, Art. 1 GG, Art. 20, Abs. 3 GG). Freie Entfaltung der Person, Glaubens- und Bekenntnisfreiheit, Meinungs- und Pressefreiheit, Versammlungs- und Vereinigungsfreiheit, Freiheit der Berufswahl, Eigentumsgarantie und vor allem das Gleichheitsgebot sind so eigenständige Rechtsgarantien gegenüber der »Staatsgewalt«, ohne daß damit schon immer der konkrete Inhalt und Umfang der zu gewährleistenden Freiheiten und des zu garantierenden Eigentums bestimmt sind. Die konkrete Ausgestaltung ist Sache der Mehrheitsentscheidung. Grundrechte sind so – was nicht immer anerkannt wird – Freiheitsrechte und Sozialrechte.

II. Volkssouveränität, Grundrechte und Mehrheitsprinzip sind die konstitutiven Elemente einer freiheitlich demokratischen Grundordnung. Demokratie und ↗ Rechtsstaat, ursprünglich formale Weisen der Setzung und Gewährleistung verbindlichen Rechts, werden im Grundgesetz wie in nur wenigen anderen Verfassungen (z.T. beispielsweise USA, Italien) an spezifische materielle Bedingungen und Zustände gebunden. Der Begriff Demokratie ist im Grundgesetz wie in anderen Verfassungen so wenig definiert wie der situationsspezifische Gehalt der Grundrechte. Im allgemeinen wird mit dem Begriff der Demokratie eine spezifische Form staatlicher Willens- und Entscheidungsbildung verbunden, die unmittelbar oder mittelbar durch das Volk legitimiert und kontrolliert ist. Verfassungsrechtliche Elemente des Demokratiebegriffs, welche die Form der Entscheidungsbildung und Verbindlichkeitssetzung betreffen, sind insbesondere jene Verfassungsbestimmungen, welche die Konstitution der Organe der Gesetzgebung, die politische Kontrolle und die Regierungsbildung (Mehrheitsbildung, Vertrauensentzug), ihre Verantwortlichkeit und Verfahren regeln. Wesentlicher Bestandteil des Demokratiebegriffs – wenn auch in der Regel nicht in Verfassungen ausdrücklich berücksichtigt – ist das Recht auf Bildung einer – parlamentarischen – ↗ Opposition. Demokratie meint so die konkrete und differenzierte Zuordnung von Staat und Gesellschaft, die Form der Legitimationsbeschaffung, Rationalitätskontrolle und Funktionalitätssicherung für die Entscheidungen des politisch-administrativen Systems.

Art. 18 GG stellt fest, daß Grundrechte, und zwar die Freiheit der Meinungsäußerung, die Presse-, Lehr-, Versammlungs- und Vereinigungsfreiheit, das Brief-, Post- und Fernmeldegeheimnis, das Eigentum oder das Asylrecht verwirkt werden können, wenn sie zum Kampfe gegen die freiheitliche demokratische Grundordnung mißbraucht werden; dies gilt auch für die Bildung und Tätigkeit der politischen Parteien (Art. 21 GG). In der Konstitutivität dieser Grundrechte für eine freiheitliche demokratische Grundordnung wird beispielhaft deutlich, daß Demokratie einer freien politischen Öffentlichkeit und gleicher Mitwirkungschancen aller bedarf. Die materialen Bedingungen von Demokratie zu sichern ist eine Funktion der Grundrechte. Rechtsverbindliche Festlegung von Kompetenz und Verfahren staatlichen Organhandelns, seine Bindung an das Normprogramm des Grundgesetzes, seine gerichtliche Überprüfbarkeit und der Vorrang des Gesetzes kennzeichnen den Verfassungsgrundsatz der Rechtsstaatlichkeit.

III. Die Einhaltung einer Verfassung in der politischen Praxis kann der demokratischen Auseinandersetzung anvertraut sein, wenn ein hinreichender, in der Tradition gefestigter Konsens gegeben ist (etwa in Großbritannien). In Staaten, in welchen aufgrund ihrer historischen, sozioökonomischen und soziokulturellen Befindlichkeit diese Voraussetzungen nicht vorhanden sind, bedarf es der institutionalisierten Gewährleistung des Normprogramms. Der »Ausweg« der Rechtsordnung ist die Maßgeblichkeit der verbindlichen Entscheidung als notwendige Bedingung rechtsstaatlicher Ordnung, wenn sich die jeweilige Verfassungswirklichkeit nicht unangefochten zur Verfassungsnorm erheben soll. Politische Auseinandersetzungen werden damit auch zum Streit um die Verfassungsauslegung. Die Entscheidungskompetenz über die Vereinbarkeit oder Unvereinbarkeit staatlichen Organhandelns mit der Verfassung liegt nach dem Grundgesetz letztlich beim Bundesverfassungsgericht (Art. 93 GG; ↗ Verfassungsgerichtsbarkeit).

Nahezu alle Verfassungen der westlichen Demokratien enthalten – allerdings unterschiedliche – Vorschriften zum Schutz der Verfassung und des Staates im Notstand oder Spannungsfall. Diese Regelungen beinhalten eine Stärkung von Regierung und Militär/Polizei gegenüber Parlament und Judikative sowie eine Beschränkbarkeit von Grundrechten.

Klaus Grimmer

↗ Föderalismus; Verfassung/Verfassungstheorie.

Lit.: *Abendroth, W.* 1967: Antagonistische Gesellschaft und politische Demokratie, Neuwied. *Bäumlin, R.* 1954: Die rechtsstaatliche Demokratie, Zürich. *Böckenförde, E.-W.* 1976: Staat, Gesellschaft, Freiheit, Frankfurt/M. *Böckenförde, E.-W.* (Hrsg.) 1976: Staat und Gesellschaft, Darmstadt. *Brunner, G.* 1979: Vergleichende Regierungslehre, Paderborn. *Deutscher Bundestag* (Hrsg.) 1993: Bericht der Gemeinsamen Verfassungskommission, Bonn. *Ehmke, H.* 1961: Wirtschaft und Verfassung, Karlsruhe. *Friedrich, M.* (Hrsg.) 1978: Verfassung, Darmstadt. *Grimm, D.* 1991: Die Zukunft der Verfassung, Frankfurt/M. *Grimmer, K.* 1980: Demokratie und Grundrechte, Berlin. *Heller, H.* 1934: Staatslehre, Leiden. *Hesse, K.* [18]1991: Grundzüge des Verfassungsrechts der Bundesrepublik Deutschland, Berlin. *Kägi, U.* 1945: Die Verfassung als rechtliche Grundordnung des Staates, Zürich. *Oestreich, G.* 1968: Geschichte der Menschenrechte und Grundfreiheiten im Umriß, Berlin. *Ridder, H.* 1975: Die soziale Ordnung des Grundgesetzes, Opladen. *Schindler, D.* [5]1970: Verfassungsrecht und soziale Struktur, Zürich. *Schmitt, C.* 1928: Verfassungslehre, München. *Smend, R.* 1928: Verfassung und Verfassungsrecht, München. *Spiro, H. J.* 1959: Government by Constitution, New York.

Vergleichende Regierungslehre / Vergleichende Politische Systemlehre

I. Kernbereich der ↗ Politikwissenschaft, für den keine Einheitlichkeit in der Bezeichnung besteht. Er deckt die *politics*-Dimension der Politik ab (↗ Politikbegriffe), die vergleichend behandelt wird. Das Forschungsfeld wird folglich nach der Methode benannt; es ist jedoch »dicht bevölkert von Nicht-Komparatisten, die kein Interesse, keinen Begriff, keine Übung im Vergleichen haben« (*Sartori* 1991: 243). Zudem ist das, was unter vergleichend und vergleichender Methode verstanden wird, nach Forschern und Forschungsrichtungen derart unterschiedlich, daß der Terminus Vergleichende Regierungslehre (V. R.) bzw. Vergleichende Politische Systemlehre (V. P. S.) bislang in Forschung und Lehre mehr durch den Gegenstand als die Methode charakterisiert wird.

Das Untersuchungsobjekt kann enger (Regierung) oder weiter (politisches System) gefaßt sein, das Vergleichen weniger strikt (implizit, illustrativ) gehandhabt oder methodologisch bewußt (durchdachte Bestimmung dessen, was verglichen wird, und ihrer wissenschaftlichen Funktion) vorgenommen werden. Für die V. R. (auch Vergleichende Lehre von Regierungssystemen, *comparative government*) ist im Unterschied zur V. P. S. (auch Vergleichende Analyse Politischer Systeme, *comparative politics*) der Forschungsgegenstand enger, der Vergleich rudimentärer. Die beiden Bezeichnungen markieren unterschiedliche Entwicklungsphasen der Politikwissenschaft; die V. P. S. hat die V. R. abgelöst. Der Bereich des Vergleichens politischer Strukturen und politischer Entscheidungen wird auch zunehmend mit Vergleichender Politik (Vergleichender Politikforschung) bezeichnet. Ihr Gegenstand umfaßt sowohl die Vergleichende Analyse politischer Systeme als auch die ↗ Politikfeldanalyse, also *comparative politics* und *comparative (public) policy*.

II. Gegenstand der V. R. war »Der Verfassungsstaat der Neuzeit« (*C. J. Friedrich* 1953), waren vor allem die politischen Institutionen, einzeln und in ihrem Verhältnis zueinander. Untersucht wurde historisch und vergleichend die spezifische Art ihrer Zuordnung (von ↗ Regierung und Parlament, Regierung und ↗ Opposition) und unter Rückgriff auf verfassungstheoretische Konzepte (↗ Gewaltenteilung, Gewaltenverschränkung, Machtbalance etc.) qualifiziert und klassifiziert. Auf diese Weise entstanden Verfassungslehren wie etwa die von *K. Loewenstein* ([2]1969), deren Konsultation auch heute noch von großem Nutzen ist. Große Aufmerksamkeit wurde auch der politischen ↗ Repräsentation (↗ Wahlen und Wahlrecht, ↗ Wahlsystem, ↗ Parteiensystem) zuteil, wobei die institutionellen Regelungen im Mittelpunkt standen und Wahlanalysen primär auf Aggregatdaten basierten. Empirische Untersuchungen über ↗ Parteien, Fraktionen, Verbände komplettierten ein Forschungsinteresse, das vor allem auf die Erfassung der politischen Struktur eines Landes gerichtet und von einem gemeinsamen Werthorizont gekennzeichnet war. In diesem Kontext interessierte auch das Verhältnis von ↗ Verfassung und Verfassungswirklichkeit, das zu untersuchen eingebunden blieb in die zentrale Frage nach der Stabilität und den (institutionellen) Stabilitätsbedingungen demokratischer politischer Ordnungen.

Die Methodik in diesen Untersuchungen war im wesentlichen historisch-deskriptiv, der Vergleich beschränkt auf wenige Fälle und oft auf die Messung von Norm und Realität hin orientiert. Typologisierende Verfahren herrschten vor. In Kausalanalysen des Verhältnisses von politischer Form und politischer Wirklichkeit, etwa zu den Auswirkungen des Wahlsystems auf das Parteiensystem und die Stabilität des politischen Systems, wurden Plausibilitäts- und *common sense*-

Argumentationen gepflegt. Systematische Fragen wurden anhand einzelner, als idealtypisch angesehener Fälle behandelt (etwa ↗ Präsidentialismus: USA, ↗ Parlamentarismus: Großbritannien), deren Auswahl zumeist nicht ohne diffusionistische Absicht erfolgte.

Die Kritik an der V. R. hat abgehoben auf 1) die allzu enge Konzentration auf die westlichen Demokratien, 2) die allzu starke Institutionen-Orientiertheit, 3) die unzureichende Berücksichtigung dynamischer Elemente des politischen Wandels, 4) die letztendlich monographisch-deskriptive Orientierung. Der systematische Vergleich habe nicht stattgefunden, zumal es der V. R. an einem entsprechenden theoretischen Instrumentarium gefehlt habe (vgl. *Brunner* 1979: 37). Diese Kritik deutet bereits an, in welche Richtung die Weiterentwicklung der Teildisziplin der Politikwiss. durch hauptsächlich US-amerikanische Beiträge verlaufen ist.

III. Zentrales Untersuchungsobjekt der V. P. S. ist das ↗ Politische System als Ganzes und in seinen Teilen, die horizontal und vertikal gegliederten staatlichen Einheiten und der vorpolitische gesellschaftliche Raum (Parteien, Verbände etc.). Das Untersuchungsfeld schließt – entsprechend einem ↗ systemtheoretischen Verständnis – die sozioökonomische und soziokulturelle Umwelt des politischen Systems mit ein: »*the political system as a subsystem of the society, the main direction of its political activities, and the main points of interdependence with other institutional spheres*« (*Eisenstadt*, in: *Apter/Andrain* 1972: 388). Der Vergleich gewinnt insofern eine substantiellere Bedeutung für die Teildisziplin, als theoretische Konzepte entwickelt wurden, auf die gestützt der interkulturelle Vergleich – synchron und diachron – möglich und fruchtbar wurde. Freilich ist das Methodenrepertoire der V. P. S. nicht auf die vergleichende Methode beschränkt.

Gegenstand und Methode der V. P. S. lassen sich am besten in Abgrenzung zur V. R. aufzeigen, womit zugleich die Entwicklung der Teildisziplin seit den 50er Jahren sichtbar wird. Diese Entwicklung ist als Antwort der *political science* auf die Herausforderung der westlichen Demokratien durch ↗ Faschismus, II. Weltkrieg, ↗ Ost-West-Konflikt sowie Dekolonisation und neuer Staatenbildung zu verstehen und bestand in einer Ausdehnung des Forschungsfeldes in gegenständlicher und geographischer Hinsicht sowie in methodischen, forschungstechnischen und theoretischen Neuerungen. Sie ging im wesentlichen von den USA aus, angeregt und gefördert durch das 1954 gegründete *Committee on Comparative Politics* des *Social Science Research Council*. Die neue Welle wurde in der Bundesrepublik Deutschland seit Mitte der 60er Jahre rezipiert. Sie »hat zum wissenschaftlichen Fortschritt beigetragen und neue Erkenntnisse vermittelt, aber auch neuen Einseitigkeiten Vorschub geleistet« (*Brunner* 1979: 38).

Die bemerkenswertesten Entwicklungen erfolgten in fünf Hinsichten:

1. Das Forschungsfeld wurde in gegenständlicher Hinsicht ausgedehnt. Auch dann, wenn der Begriff des politischen Systems nicht in strikt systemtheoretischem Sinne verstanden wird mit all den Konsequenzen, die dies für die Analyse hat, wurde dem *input*-Bereich vorrangige Aufmerksamkeit geschenkt. Damit traten die sozialen Kräfte (Parteien, ↗ Interessengruppen, ↗ Wahlen, ↗ Eliten, ↗ Öffentliche Meinung), die im Vorfeld und in den politischen Institutionen wirken, anstelle der deskriptiven Analyse formaler, legaler, verfassungsmäßiger politischer Institutionen und Prozeduren in den Mittelpunkt des wiss. Interesses. Diese Entwicklung zeigte sich in der bundesrepublikanischen Politikwiss. u. a. im Aufschwung der Parteienforschung (↗ Parteientheorie, ↗ Verbändeforschung, ↗ Wahlforschung, ↗ Politische Sozialisation).

2. Eine zweite grundlegende Erweiterung fand in geographischer Hinsicht statt. Die neu entstandenen Staatengebilde der Dritten Welt wurden in die vergleichende Analyse einbezogen. Dies hatte methodisch-konzeptionelle und normative Konsequenzen. Die neuen *areas* mit ihrer Vielfalt politischer Verhältnisse legten die Begrenztheit bisheriger institutionenorientierter Forschungsansätze offen (die britische Verfassung als Modell: Diffusionsprozesse und Adaptionsprobleme) und begünstigten die Entwicklung eines interkulturell anwendbaren *framework of analysis* (vgl. *Almond/Coleman* 1960; *Almond/Powell* 1966; *Almond/Verba* 1963; ↗ Funktionalismus, ↗ Politische Kultur). Bereits in den 60er Jahren wurden jedoch die westlichen (anglo-amerikanischen) Entwicklungsleitbilder und das ökonomistisch verkürzte Stabilitätsdenken der Modernisierungstheorie hinterfragt (↗ Entwicklungstheorien).

3. Eine dritte Neuerung hat mit der Entwicklung neuer Techniken der Erhebung (↗ Demoskopie/Umfrageforschung) und Verarbeitung von Daten zu tun. In den sozialwiss. Informationen verdrängten quantitative Daten die qualitativen und Individualdaten die Aggregatdaten. Der Einsatz von Computern ermöglichte die Auswertung großer Datenmengen (↗ Empirische Sozialforschung). Diese Entwicklung hat insofern Probleme mit sich gebracht, als vielfach wiss. Maßstäbe aufgegeben wurden, etwa das Relevanzkriterium zugunsten von Pseudoexaktheit, als das Rechnen dem Abwägen vorgezogen und nicht meßbare Faktoren der Politik vernachlässigt wurden.

4. In methodischer Hinsicht ist die Entwicklung von *comparative government* zu *comparative politics* vielleicht am einschneidendsten verlaufen. In den USA ist sie mit der behavioralistischen Revolution verbunden. Sie ging insgesamt einher mit einem szientistischen Verständnis der *political science*, wissenschaftstheoretisch eingebettet in den Versuch, den Wissenschaftsdualismus von Naturwiss. und ↗ Sozialwissenschaften aufzuheben. In der Bundesrepublik hat sich diese Tendenz jedoch nur in einigen Forschungsfeldern (etwa ↗ Wahlsoziologie) vollends durchzusetzen vermocht. Die V.P.S. zeigt hier insgesamt eine relativ ausgewogene Repräsentanz der Metatheorien und folglich Methodenpluralismus.

5. Schließlich ist die stärkere Theorienorientiertheit der V. P. S. hervorzuheben – Theorie im Sinne des empirisch-analytischen Wissenschaftsprogramms (↗ Kritischer Rationalismus). Wegbereitend dafür war die Aufnahme präziser soziologischer Begriffe wie Rolle, Funktion, Struktur in die politikwiss. Sprache und die Erarbeitung grundlegender politikwiss. Konzepte (Politische Kultur, Parteiidentifikation etc.), deren explikative Funktion (im Gegensatz zu ihrer heuristischen Funktion) jedoch etliche wiss. Kontroversen auslöste. Die V.P.S. geriet damit an die Grenze der Erklärungsfähigkeit genetisch und kontextuell differenter gesellschaftlicher und politischer Erscheinungen mittels interkulturell verwandter wiss. Konzepte.

IV. Für die Entwicklung der Teildisziplin in der Bundesrepublik ist die Frage entscheidend gewesen, ob die Institutionen als unabhängige oder abhängige Variable anzusehen seien, welchen Erklärungswert die Institutionen für die Politik beanspruchen können. In der Phase der Gründung und Konsolidierung der Demokratie (die mit der V. R. zusammenfällt) wurde der Stellenwert der Institutionen allgemein als hoch angesehen. In der Politikwiss. dominierte der institutionelle Ansatz in der Erklärung des Zusammenbruchs der Weimarer Republik. Das Grundgesetz der Bundesrepublik zog aus der Analyse der sog. Strukturdefekte der Weimarer Verfassung die entsprechenden Konsequenzen. Politikwiss. Reformdenken blieb im Verständnis der Politologie als Demokratiewiss. stark auf institutionelle Reformen fixiert, wie insbesondere die Wahlrechtsdebatte (↗ Wahlsysteme) bis in die 60er Jahre hinein dokumentiert (vgl. *Scheuch/Wildenmann* 1965). Die Entwicklung der Demokratie wurde in Abhängigkeit von der Güte bzw. Verbesserung der Institutionen gesehen. Hatte die V.P.S. die Beziehung zwischen Institutionen und Politik bereits komplexer gesehen, so wurden in den nun aufkommenden *policy*-Studien die Institutionen vom hohen Rang unabhängiger in den minderen Rang abhängiger Variablen versetzt. Zugleich damit verlor die Teildisziplin der V. R./V. P. S. als »traditionelle Politikwiss.« in Lehre und Forschung an Bedeutung, die eine Einseitigkeit wurde von einer zweiten abgelöst. Erst die Ergebnisse der ↗ Politikfeldanalyse haben in den 80er Jahren die Notwendigkeit der Komplementarität von *politics*- und *policy*-Ansätzen sichtbar gemacht, insofern als in der Erklärung der Vergleichsergebnisse der *policy*-Forschung auf institutionelle Faktoren (↗ Föderalismus, ↗ Parteiensystem, ↗ Regierung, ↗ Korporatismus etc.) zurückgegriffen werden mußte (vgl. *von Beyme* 1988: 327 ff.). Die »vergessenen Institutionen« wurden wiederentdeckt, die »Frage nach der Angemessenheit politischer Institutionen angesichts der offenkundigen Problemlagen und Wandlungsprozesse in Wirtschaft, Gesellschaft und Politik... zu einer der brennenden Fragen in der Politik und der Politikwissenschaft« *(Hartwich* 1989: 10). Neben der explikativen Funktion für die Politikergebnisse in stabilen Demokratien gewannen die Institutionen erneut eine normative Funktion in den Prozessen der Demokratisierung und des ↗ Systemwechsels in Südeuropa, Lateinamerika und Osteuropa. Der »Neo-Institutionalismus« will jedoch – im Unterschied zum »Alt-Institutionalismus« – nicht alles mit den Institutionen erklären, sondern ist sich – angesichts der Komplexität der erklärungsbedürftigen Zusammenhänge – der Notwendigkeit komplexer Erklärungsansätze bewußt (vgl. *von Beyme* 1988: 83 ff.). In der Praxis bleibt freilich nicht ausgeschlossen, daß neben einem »aufgeklärten Institutionalismus« auch wieder »alt-institutionalistische« Positionen vertreten werden, wie beispielsweise in der Debatte über ↗ Präsidentialismus und ↗ Parlamentarismus in Lateinamerika.

V. Für die vergleichende Betrachtung der politischen Systeme gelten unverändert Defizite in Methode und Forschungspraxis. Die Verwendung des Vergleichs als wiss. Verfahren ist bislang kaum standardisiert, ja extrem uneinheitlich. Oft wird bereits das bloße Nebeneinanderstellen monographisch erarbeiteter Untersuchungen als Vergleich bezeichnet. Häufig wird selbst die als vergleichend definierte Forschungsrichtung so in Gegenstand und Methode umrissen, daß ihre Ergebnisse ohne Vergleichshorizont nur darin bestehen, disparate Informationen zu akkumulieren, so etwa in der Vergleichenden Parlamentarismusforschung, die (vgl. *Schüttemeyer,* in: *Berg-Schlosser/Müller-Rommel* ²1991: 169 ff.) losgelöst von der Funktion der Parlamente in unterschiedlichen Systemzusammenhängen ihren wiss. Erkenntnisgewinn verfehlt. Im eigentlichen Sinne vergleichend sind nur solche Forschungen, die Erklärungen zu den untersuchten Phänomenen anstreben (vgl. *Lehmbruch* ²1970: 64 ff.). Die wiss. Literatur durchzieht diesbezüglich eine merkwürdige Ambivalenz. Einerseits wird nach der großen Theorie verlangt (etwa nach einer Institutionentheorie), die alles erklärt (und die, solange sie nicht verfügbar sei, nichts wirklich erklären lasse). Gegenüber solchen Ambitionen wiss. Theoriebildung ist größte Skepsis (gegenüber den Schlußfolgerungen entschiedener Widerspruch) angebracht. Andererseits arbeitet die sich als vergleichend bezeichnende Forschung häufig innerhalb relativ theorieloser

Forschungs*designs*, oder sie begnügt sich in ihren Ergebnissen mit Klassifikationen und Typologien, also deskriptiven, ordnenden Aufbereitungen des Materials. Der vergleichenden Methode geht es jedoch um den Nachweis von Kausalität, um Aussagen in Form von (überprüfbaren) Hypothesen oder Theorien (begrenzter Reichweite) über den Zusammenhang von Variablen, unabhängigen, abhängigen und intervenierenden, Ursachen und Wirkungen. Klassifikationen und Typologien kommt dabei nur eine Hilfsfunktion zu. Innerhalb der V. P. S. wurde vor allem die funktionale Vergleichung gepflegt. Sie erzwingt die Analyse einzelner Elemente des politischen Systems, so etwa der Parlamente, im übergreifenden politischen Systemzusammenhang. »Funktionale Vergleichung macht es notwendig, den sozialen und kulturellen Hintergrund des institutionellen Gefüges gleichsam in den Vordergrund zu rücken und in die Analyse einzubeziehen« (*Lehmbruch* [2]1970: 66). Nach der wiss. Zielsetzung des Vergleichs richten sich Entscheidungen des Forschers hinsichtlich dessen, was miteinander verglichen wird (ganze Systeme, einzelne Segmente, zahlenmäßig begrenzte Variablen). Die Auswahl der Fälle (Anzahl, homogene oder konträre Fälle, homogen/konträr bezüglich der abhängigen oder der unabhängigen Variable oder bezüglich der Kontextvariablen, *area approach* etc.) bestimmt das Forschungsergebnis mit und ist folglich eine vom Forscher überlegt und begründet vorzunehmende Entscheidung (vgl. *Lijphart* 1975; *Nohlen* 1994).

Dieter Nohlen

Lit.: *Almond, G.A./Bingham Powell jr., G./Mundt, R. J.* 1993: Comparative Politics. A Theoretical Framework, New York. *Almond, G.A./Coleman, J.S.* (Hrsg.) 1960: The Politics of the Developing Areas, Princeton. *Almond, G.A. /Powell, G.B.* 1966: Comparative Politics. A Developmental Approach, Boston. *Almond, G.A./Verba, S.* 1963: The Civic Culture, Princeton. *Almond, G.A./Verba, S.* (Hrsg.) 1980: The Civic Culture Revisited, Boston/Toronto. *Apter, D. E./Andrain,* C. F. (Hrsg.) 1972: Contemporary Analytical Theory, Englewood Cliffs. *Barnes, S.H./Kaase, M.* u.a. 1979: Political Action. Mass Participation in Five Western Democracies, Beverly Hills. *Berg-Schlosser, D./Müller-Rommel, F.* (Hrsg.) [2]1991: Vergleichende Politikwissenschaft, Opladen. *Beyme, K. von* 1966: Möglichkeiten und Grenzen der vergleichenden Regierungslehre, in: PVS 7, 63–96. *Beyme, K. von* 1988: Der Vergleich in der Politikwissenschaft, München. *Binder, L.* u.a. 1971: Crises and Sequences in Political Development, Princeton. *Böhret, C. J.* u.a. [3]1988: Innenpolitik und politische Theorie. Ein Studienbuch, Opladen. *Brunner,* G. 1979: Vergleichende Regierungslehre, Paderborn. *Doeker,* G. (Hrsg.) 1971: Vergleichende Analyse politischer Systeme. Comparative Politics, Freiburg. *Dogan, M./Pelassy, D.* 1982: Sociologie politique comparative, Paris. *Easton, D.* 1965: A Framework for Political Analysis, Englewood Cliffs. *Hartmann, J.* (Hrsg.) 1980: Vergleichende Politische Systemforschung. Konzepte und Analysen, Köln/Wien. *Hartwich, H.-H.* (Hrsg.) 1989: Macht und Ohnmacht politischer Institutionen, Opladen. *Lehmbruch, G.* [2]1970: Einführung in die Politikwissenschaft, Stuttgart u.a. *Lewis, P. G./ Potter, D. C./Castles, F. G.* (Hrsg.) [2]1978: The Practice of Comparative Politics, New York. *Lijphart, A.* 1975: The Comparable-Cases Strategy in Comparative Research, in: CPS 8, 158–175. *Macridis, R.C./Brown, B. E.* [7]1990: Comparative Politics, London u.a. *Massing, O.* 1974: Vergleichende politische Analyse, in: *ders.:* Politische Soziologie, Frankfurt/M., 37–75. *Nohlen, D.* 1994: Vergleichende Methode, in: *Kriz, J./Nohlen, D./ Schultze, R.O.* (Hrsg.): Politikwissenschaftliche Methoden, München, 507–517. *Nuscheler, F.* (Hrsg.) 1986: Politikwissenschaftliche Entwicklungsländerforschung, Darmstadt. *Rokkan, S.* (Hrsg.) 1968: Comparative Research across Cultures and Nations, Den Haag. *Rokkan, S.* 1970: Citizens, Elections, Parties: Approaches to the Comparative Study of the Processes of Development, Oslo. *Sartori, G.* u. a. 1990: La comparazione in Scienza Politica, in: Rivista Italiana di Scienza Politica 20 (3). *Sartori, G.* 1991: Comparing and Miscomparing, in: Journal of Theoretical Politics 3 (3), 243–257. *Scheuch, E. K./Wildenmann, R.* (Hrsg.) 1965: Zur Soziologie der Wahl, Köln-Opladen. *Schmidt, R. H.* (Hrsg.) 1967: Methoden der Politologie, Darmstadt.

Verkehrspolitik

1. Verkehr als volkswirtschaftlicher Leistungsbereich umfaßt die räumliche Übertragung von Personen und Sachgütern; i.w.S. wird auch die Nachrichtenübermittlung dazugerechnet.

Seine volkswirtschaftliche Bedeutung liegt darin, daß er die Grundlage der räumlichen Arbeitsteilung darstellt; die Qualität des Verkehrssystems in allen Dimensionen bestimmt deren Intensität. Transportkosten wirken wie Zölle; eine Verringerung der Transportkosten läßt im ökonomischen Sinne die Entfernungen, die »Entfernungswiderstände« schrumpfen. Das Ergebnis ist eine Marktvergrößerung, und Märkte – auch Arbeitsmärkte! – funktionieren grundsätzlich um so besser, je größer sie sind.

Geschichtlich gesehen vollzog sich die Entwicklung des Verkehrswesens in Sprüngen. Schlüsselerfindungen stellten das Rad (um 4000 v. Chr.) und die Dampflokomotive (*Stephenson* 1814/25) dar; mit ihr gewann das Verkehrswesen Anschluß an die industrielle Revolution. Im Laufe der Zeit wurde die »Palette« der Transportformen breiter, was zu vielfältigen Formen von Zusammenarbeit und Wettbewerb geführt hat.

Weltweit dominiert heutzutage freilich der Kraftverkehr; lediglich im RGW-Bereich war er bis zuletzt mit systemeigenen Methoden niedergehalten worden. In entwickelten Volkswirtschaften profitiert er von seiner Flexibilität, in Entwicklungsländern davon, daß sich der Betrieb von Eisenbahnen problematisch gestaltet, wo die Bevölkerung »industrielle Disziplin« noch nicht eingeübt hat.

2. Ziel der Verkehrspolitik ist es allgemein, den Beitrag des Verkehrssektors zur gesamtwirtschaftlichen Leistungserstellung zu optimieren. Dabei geht es einerseits um die Dimensionierung des Verkehrsgeschehens insgesamt, andererseits um die Aufgabenteilung im Verkehr, den *modal split*.

Die Rolle des Staates als des Trägers der Politik ist im Bereich der Infrastruktur – hier der Oberbegriff für die Verkehrswege samt Nebenanlagen, die Schiffs- und Flughäfen – eine andere als im Bereich der Superstruktur, der insbesondere die Transportgefäße und (soweit davon überhaupt trennbar) die Antriebsaggregate zugehören.

Die Trägerschaft von Gebietskörperschaften der verschiedenen Ebenen für die Verkehrsinfrastruktur ist auch (oder gerade) vor dem Hintergrund der Aufgabenabgrenzung zwischen »Markt« (Privatinitiative) und »Staat« nach dem Subsidiaritätsprinzip – staatliches Tätigwerden (nur) bei Marktversagen – kaum umstritten; es handelt sich um einen Teil der Daseinsvorsorge. Abgestellt wird in dem Zusammenhang auf die allgemeine Integrationsfunktion der Verkehrsinfrastruktur und ihren gesamtwirtschaftlichen – aus heutiger Sicht weniger ihren regionalwirtschaftlichen – Wachstumsbeitrag. Abweichungen von dieser Regel lassen sich u. a. in den USA beobachten, wo der größte Teil des Schienen- und ein kleiner Teil des Straßennetzes (*Turnpikes*) privat vorgehalten werden.

Diese Trägerschaft der Infrastruktur versetzt den Staat in die Lage, nachhaltig die Wettbewerbsbedingungen der Verkehrsträger zu beeinflussen. Er tut es in Deutschland z. B.

bewußt dadurch, daß der Binnenschiffahrt nur in geringem Umfang die Kosten »ihrer« Infrastruktur über Befahrungsabgaben angelastet werden. Ob Gleiches dem Kraftverkehr im allgemeinen und dem LKW-Schwerverkehr im besonderen widerfährt, d.h. die Frage nach der Deckung des dem Kraftverkehr anzulastenden Teils der Straßenkosten durch seine Sonderabgaben, insbesondere Mineralöl- und Kfz-Steuer (ganz abseits einer formellen Zweckbindung des Aufkommens), hat sich spätestens durch die dreimalige Anhebung der Mineralölsteuer zwischen 1989 und 1994 erledigt bzw. ist auf die Ebene der kraftverkehrsbedingten Umweltkosten verlagert worden (s. u.).
Mit unmittelbarer staatlicher Verantwortung für die Infrastruktur geht freilich einher, daß der Ausbau unter der Neigung »der« Politiker leidet, bei der Haushaltsgestaltung konsumtive Ansprüche zu Lasten von Investitionen zu befriedigen. Sichtbarster Ausdruck sind Engpässe im Straßennetz und eine den heutigen betrieblichen Bedürfnissen nicht entsprechende Trassenführung vieler wichtiger Eisenbahnstrecken. Private Vorfinanzierung von Investitionsvorhaben soll dieses Problem, das durch die Wiedervereinigung an Gewicht gewonnen hat, mildern; ihre verfassungsrechtliche Zulässigkeit scheint derzeit (12/1994) noch nicht ganz zweifelsfrei.

Den Superstrukturbereich kennzeichnete in der BRD (und anderswo) bis in die allerjüngste Vergangenheit und kennzeichnet nachwirkend noch heute ein insgesamt wenig gedeihliches Nebeneinander von Staatsbahn und überwiegend privatwirtschaftlich organisierten Wettbewerbern. Leitgedanke des Staatsbahnwesens war ursprünglich der »Schutz *vor* der Bahn«. Ihr verlieh etwa bis Ende des I. Weltkrieges abseits der Küstenregionen und einiger weniger Binnenwasserwege das faktische Fernverkehrsmonopol in Verbindung mit einer Kostenstruktur, die das Entstehen von Großbetrieben begünstigte, eine einzigartige Markt- und potentielle wirtschaftliche Machtstellung. Der Gedanke überlebte auch noch, nachdem sich die Angebotsverhältnisse durch den Kraft- und Luftverkehr sowie die Erweiterung des Netzes von Binnenwasserstraßen nachhaltig gewandelt hatten und in der Folge die Bahn vom »Rückgrat des Verkehrs« zum »Sprengsatz des Bundeshaushalts« verkam. »Schutz *der* Bahn« als eines »überragend wichtigen Gemeinschaftsgutes« – so das Bundesverfassungsgericht noch 1975 – stieg zur verkehrspolitischen Maxime auf. Umgesetzt wurde sie – zusätzlich noch abgestützt auf die behauptete Existenz einer Reihe von Branchenbesonderheiten – durch ein dichtes Geflecht von Regulierungen, amtsdeutsch euphemistisch als »kontrollierte Wettbewerbsordnung« bezeichnet. Ihre Geltung mußte sich freilich auf den Verkehr innerhalb des Bundesgebietes beschränken.
Kernstücke dieses Regulierungswerks bildeten eine staatlich überwachte Preisbildung – z. T. in Zwangskartellen – und einschneidende Marktzugangsbeschränkungen namentlich im öffentlichen Personenfernverkehr auf der Straße (Linienverkehr) – bis hin zu seiner faktischen Ausschaltung – und im Güterkraftverkehr. In politökonomischer Betrachtung gab diese kontrollierte Wettbewerbsordnung ein eindrucksvolles Lehrstück für das Zusammenspiel von Regulierungsbehörden und Regulierten ab, für eine »Verkehrsträgerpolitik«, als deren Opfer sich hauptsächlich die verladende Wirtschaft fühlte.

Unbefriedigende Ergebnisse dieser Politik und Anstöße von seiten der Europäischen Union – namentlich im Zusammenhang mit der zu verwirklichenden Niederlassungs- und Dienstleistungsfreiheit – bereiteten einer umfassenden Verkehrsreform den Boden und ließen den 1. Januar 1994 zu einem verkehrspolitischen Schlüsseldatum werden.

Das »Tarifaufhebungsgesetz« gab die Preisbildung für Gütertransporte frei; Marktzugangsbeschränkungen im Güterkraftverkehr sollen schrittweise entfallen.

Den wichtigsten, in seiner Tragweite endgültig allerdings noch nicht abschätzbaren Reformschritt stellt die Zusammenführung von Bundes- und Reichsbahn unter gleichzeitiger Entschuldung und Umwandlung von Sondervermögen des Bundes in die Deutsche Bahn AG dar, vorerst noch mit dem Bund als alleinigem Aktionär. Diese – insbesondere personalwirtschaftlich folgenreiche – Entstaatlichung soll die Bahn in vollem Umfang den Möglichkeiten und Zwängen eigenverantwortlicher Unternehmensführung aussetzen. Besser als bisher soll sie die attraktiven Merkmale der Schienenverkehrstechnologie – Emissionsarmut, niedriger spezifischer Energieeinsatz, nicht auf einen bestimmten Energieträger festgelegt (anders als der Kraftverkehr), geringer Landschafts-»Verbrauch«, hoher Sicherheitsgrad – in ein nachfragegerechtes Leistungsangebot umsetzen können. Um die Bahn künftig am starken Wachstum des grenzüberschreitenden Verkehrs teilhaben zu lassen, müssen freilich auch bei den Nachbarbahnen durch entsprechende Anreize die Fähigkeit und der Wille zur Zusammenarbeit gesteigert werden. Die finanzielle Verantwortung für den Ausbau der Infrastruktur verbleibt beim Bund. Für diese Zuweisung hat sich die Bahnspitze in der Vergangenheit entgegen manchem fachlichen Rat stets stark gemacht; sie enthält erhebliche Konfliktpotentiale. Wenn der veränderte institutionelle Rahmen der Bahn zu dauerhafter Rentabilität verhilft, könnte das Reformwerk in einigen Jahren in einer – gegebenenfalls schrittweisen – Privatisierung seinen Abschluß finden.

3. Verstärkt wahrgenommen wird seit Beginn der 70er Jahre namentlich die vom Straßenverkehr verursachte Umweltbelastung, gipfelnd in dem Schlagwort vom Auto als »Umweltfeind Nr. 1«. Der Befund ist grundsätzlich unstrittig. Der Straßenverkehr trägt mit seiner Schadstoffabgabe erheblich und mit wachsendem Anteil zur Luftverunreinigung bei. Die Auswirkungen sind überwiegend von lokaler, bei CO_2 mit Blick auf den sog. Treibhauseffekt aber auch von globaler Tragweite. Lärmabstrahlung des Kraftverkehrs gilt zumal in vielen Wohngebieten als Störquelle. Im Zusammenhang mit dem Straßenbau wird auf Flächenversiegelung mit Beeinträchtigung des Wasserabflusses und auf die Zerschneidung zusammenhängender Naturräume (»Verinselung«) mit nachteiligen Folgen für Tier- und Pflanzenwelt aufmerksam gemacht.

Die extreme Reaktion auf diese Belastungen besteht in der Forderung nach durchgreifender Verkehrsvermeidung im Wege einer Re-Regionalisierung der Wirtschaft, d.h. der Schaffung mehr oder weniger autarker Räume im Widerspruch zum Langzeittrend einer immer intensiveren interregionalen und internationalen Arbeitsteilung. Die damit einhergehenden Produktivitäts- und Realeinkommenseinbußen – insbesondere auch aus abnehmender Intensität des Wettbewerbs bei »quasi-institutionalisierter« Vorzugsstellung jeweils für örtliche Anbieter – stehen einer Akzeptanz dieser Vorstellungen außerhalb der gutsituierten Wählerschaft von Umweltparteien entgegen.

Gemäßigtere Positionen tragen der volkswirtschaftlichen Funktion des Verkehrsgeschehens Rechnung und setzen auf Lenkungseffekte durch Umsetzung des Verursacherprinzips, also durch Belastung des Kraftverkehrs mit den ihm zuzurechnenden Umweltkosten. Damit soll die faktische Subventionierung des Kraftverkehrs, die nach wirtschaftlicher Logik sein Volumen aufbläht, beseitigt werden. Pläne zu einer Staffelung der Kfz-Steuer nach Maßgabe des Schadstoffausstoßes und zu Lärmabgaben – wie bei den Landegebühren im Flugverkehr ansatzweise und mit Erfolg praktiziert – zielen in diese Richtung. Die vieldiskutierte Abgeltung der Umweltkosten über einen höheren Kraftstoffpreis ist zwar theoretisch nicht ganz »sauber«, da Kraftstoffverbrauch und Schadstoffabgabe in keiner völlig festen Beziehung zueinander stehen, sie ist aber in der Handhabung denkbar unaufwendig. Die

Anreiz- bzw. Lenkungswirkungen einer solchen Kraftstoffverteuerung und anderer Maßnahmen können in dem Ersatz mobilitätsinduzierender Aktivitäten durch solche bestehen, die mit keiner Ortsveränderung einhergehen, in der Verlagerung von Personen- und Gütertransporten auf umweltfreundlichere Verkehrsträger und in konstruktiven Verbesserungen der Fahrzeuge: Technisch bereits Mögliches wird marktfähig, die technische Entwicklung wird vorangetrieben (»3-Liter-Auto«, »Flüster-LKW«). Sollten – was nicht zwingend erscheint – die realen Autokosten nachhaltig ansteigen, sind langfristig Auswirkungen auf die Siedlungsstruktur nicht auszuschließen: Abschwächung oder gar Umkehr des »Zuges ins Grüne«. Die Infrastrukturpolitik trägt derzeit zu höherer Umweltverträglichkeit des Verkehrsgeschehens durch – optisch oft unbefriedigende – Anlagen des passiven Lärmschutzes bei und durch immer häufigere Führung neuer Trassen in Tunnellage (Neubaustrecken der Deutschen Bahn). Künftig soll der verstärkte Einsatz moderner Kommunikationstechnologie Kraftfahrern die Optimierung der Routenwahl erleichtern und damit emissionsträchtigen Verkehrsstaus entgegenwirken (»intelligente Straße«).

Das wesentliche Hemmnis für rasche umweltpolitische Fortschritte besteht darin, daß Alleingänge Deutschlands teils wegen rechtlicher Bindungen nicht möglich (EU-Zuständigkeit), teils nach der Sachlage nicht zweckmäßig sind. Andererseits verweigern sich andere europäische Staaten einem Mitziehen, sei es wegen geringeren Problemdrucks, z. B. als Folge dünnerer Besiedlung, sei es wegen niedrigeren wirtschaftlichen Entwicklungsstandes und damit einhergehender anders gelagerter Prioritäten (»Umweltschutz als Wohlstandssyndrom«), sei es schlicht wegen geringerer subjektiver Wahrnehmungsintensität als Folge anderer Mentalität (»Die Deutschen als Volk von Bedenkenträgern«). Allerdings erweist sich auch in Deutschland die politische Durchsetzung als mühsam gegen eine von der FDP bis zur IG Metall reichenden Autolobby, in der sich nicht zuletzt das Gewicht der Autobranche in besonderem Sinne als Arbeitgeber widerspiegelt.

Michael Drude

Lit.: *Aberle, G.*, unter Mitarbeit von *L. Kaufmann*: Verkehrspolitik und Regionalentwicklung. *Der Bundesminister für Verkehr* (Hrsg.)/*Deutsches Institut für Wirtschaftsforschung* (Bearb.): Verkehr in Zahlen, Bonn (jährlich). *Hamm, W.* 1989: Deregulierung im Verkehr als politische Aufgabe, München 1989. *Holzapfel, H.* (Hrsg.) 1988: Ökologische Verkehrsplanung. Menschliche Mobilität, Straßenverkehr und Lebensqualität, Frankfurt/M. *Ihde, G. B.* 1984: Transport, Verkehr, Logistik. Gesamtwirtschaftliche Aspekte und einzelwirtschaftliche Handhabung, München. *Van Suntum, U.* 1986: Verkehrspolitik, München. – Periodika: Internationales Verkehrswesen, Hamburg (monatlich). Zeitschrift für Verkehrswissenschaft, Köln (vierteljährlich).

Vertragstheorien

I. Als Vertragstheorien (V.) bezeichnet man die sozial- und politikphilosophischen Konzeptionen, die die rationale Grundlage gesellschaftlicher Ordnung und legitimer politischer ↗ Herrschaft in einem hypothetischen, zwischen freien und gleichen Individuen in einem vorsozialen, natürlichen Zustand geschlossenen Vertrag erblicken und damit die allgemeine Zustimmungsfähigkeit zum fundamentalen legitimationstheoretischen Kriterium erklären. Die philosophischen V. sind im 17. Jh. entstanden und haben bis Ende des 18. Jh.s das politische Denken beherrscht. Nachdem sie im 19. Jh. völlig verschwunden waren, haben sie in der ↗ Politischen Philosophie der Gegenwart eine erstaunliche Renaissance erlebt.

Von Anfang an hat die Sprache der politischen Reflexion vom Modell des Vertrages Gebrauch gemacht. Bereits im fünften vorchristlichen Jh. vertraten die *Sophisten*, die griechischen Aufklärer, die These, daß die Vergesellschaftung der Menschen und die Errichtung einer gesetzlichen Ordnung auf Übereinkunft und Vertrag zurückzuführen seien und die menschliche Gemeinschaft in ihrer Struktur wie in ihrer Zielsetzung durch diese Gründungsgeschichte bestimmt sei. Auch die in der hellenistischen Zeit entstandene und den Zerfall der griechischen Polissittlichkeit widerspiegelnde individualistische Sozialphilosophie des Epikureismus führt die Gesellschaft auf einen Vertrag und die Gerechtigkeit auf Übereinkunft zurück.

Das Vertragsmotiv ist auch dem politischen Denken des Mittelalters bekannt. Es tritt durchgängig in der Gestalt des Herrschaftsvertrages auf, der, zwischen der Volksgesamtheit im körperschaftsrechtlichen Sinne und dem Fürsten geschlossen, die Bedingungen der Herrschaft formuliert und damit zugleich auch die Grenzen des Gehorsams des Volkes bestimmt. Die Vertragsform ist hier ein flexibles Interpretationsschema, das dem mutualistischen Rechtsverständnis der mittelalterlichen Welt genau entspricht und sich den grundlegenden Strukturen und Institutionen des mittelalterlichen Rechtslebens gut anpaßt, das geeignet ist, die wechselseitige Treuebeziehung zwischen Volk und Herrscher ebenso zu erfassen wie das Verhältnis zwischen Vasall und Lehnsherr und den ständestaatlichen Dualismus.

Erst in der Neuzeit jedoch ist der Vertrag in den Rang eines theoretischen Konzepts erhoben worden. In Ablösung des mittelalterlichen Naturrechts und der traditionellen Metaphysik durch einen methodologischen und normativen Individualismus und im Zuge der zunehmenden Verbürgerlichung der Welt und des Auseinandertretens von Staat und marktwirtschaftlicher Gesellschaft ist ein philosophischer Kontraktualismus entstanden, der mit grundsätzlichen Argumenten die Notwendigkeit des Staates zu beweisen, den Legitimationsgrund politischer Herrschaft aufzuzeigen und die Grenzen gerechtfertigter staatlicher Macht zu bestimmen versucht.

II. Die klassischen V. *Hobbes'*, *Lockes*, *Rousseaus* und *Kants* unterscheiden sich sowohl hinsichtlich ihres geschichtlich-gesellschaftlichen Hintergrundes als auch hinsichtlich ihrer philosophischen Voraussetzungen. Aber die Grundelemente des Kontraktualismus sind ihnen gemeinsam. Der Vertrag der V. ist kein geschichtliches Ereignis und dient nicht zur Erklärung realer gesellschaftlicher Entwicklungen. Er ist eine Konstruktion, ein Gedankenexperiment in legitimationstheoretischer Absicht. Der Kontraktualismus ist keine deskriptive, sondern eine normative Theorie, die ein Rechtfertigungsargument für die Existenz und die Grenzen politischer Herrschaft und die Notwendigkeit politischen Gehorsams entwickelt.

Für den neuzeitlichen Vertragstheoretiker ist politische Herrschaft prinzipiell legitimationsbedürftig. Jedoch vermögen die Traditionsmächte diese Legitimation nicht mehr länger zu leisten; nicht Gott, nicht die Natur, nicht das Herkommen kann unter den revolutionären Bedingungen der Moderne zu Rechtfertigungszwecken herangezogen werden. Nur das souveräne, autonome und in keine vorgegebene Ordnung eingebundene Individuum kann als Autorisierungsinstanz in Frage kommen. Nur im zustimmenden Willen der von der Herrschaft betroffenen und in ihrer Freiheit eingeschränkten Bürger vermag sich politische Herrschaft zu begründen. Mit dieser Orientierung am absoluten, dem Mittelalter wie der antiken Welt unbekannten Individuum erweisen sich die neuzeitlichen V. als genaue Umkehrung des politischen Aristotelismus und des christlich-mittelalterlichen Naturrechts: Gehen diese von der ontologischen und axiologischen Priorität der politischen Gemeinschaft und des überindividuellen Ordnungsgefüges der Natur und der Schöpfung aus, so ist für die V. der einzelne

Mensch ontologisch und axiologisch primär. Der Mensch ist für den Kontraktualismus kein *zoon politikon,* kein von Natur aus politisches Lebewesen, dem die politische Existenzform in die Wesensverfassung eingeschrieben ist, sondern ein atomistisch isoliertes, eigeninteressiertes, seinen Wert in sich tragendes und den Sinn seines Lebens selbst bestimmendes Individuum, dem gegenüber der freiheitseinschränkende Staat sich rechtfertigen muß und sich nur rechtfertigen kann, wenn er sich als allein aus dem wohlverstandenen Eigeninteresse aller hervorgegangen begreifen läßt und in seiner Machtausübung in Übereinstimmung mit dem rationalen Willen seiner Bürger bleibt.

Diese radikal individualistischen Grundlagen geben der V. eine dezidiert anti-utilitaristische Ausrichtung: Der Kontraktualismus ist der politikphilosophische Reflex einer sich über den Markt organisierenden Gesellschaft von einzelnen. Nicht der gesellschaftliche Nutzen, nicht das größte Glück der größten Zahl bilden die normativen Bezugspunkte, sondern allein das Interesse der Individuen.

Die vertragstheoretische Rechtfertigung staatlicher Herrschaft beruht auf der Rückführung der freiheitseinschränkenden politischen Ordnung auf die freiwillige Selbsteinschränkung der Herrschaftsunterworfenen. Um das ungebundene Individuum zu der legitimitätsstiftenden Selbstbegrenzung seiner natürlichen ↗ Freiheit zu motivieren und damit das von der Theorie bezweckte Ergebnis der gerechtfertigten, anerkannten staatlichen Herrschaft zu erreichen, entwickeln die V. das Naturzustandstheorem. Es hat den Nachweis zu liefern, daß ein Zustand, in dem alle staatlichen Ordnungs- und Schutzleistungen fehlen und jeder seine Interessen auf eigene Faust und mit allen ihm geeignet erscheinenden Mitteln verfolgen würde, zu einem virtuellen Krieg aller gegen alle führen müßte und daher für jedermann untragbar sein würde. Das Naturzustandsargument wirbt für die staatliche Ordnung; es zeigt, daß es in jedermanns Interesse liegen muß, den vorstaatlichen Zustand zu verlassen, die natürliche Freiheit aufzugeben und ein Koexistenz verbürgendes Herrschaftssystem zu etablieren. Die zur Errichtung des staatlichen Zustandes notwendige individuelle Freiheitseinschränkung ist jedoch nur unter der Bedingung der Gegenseitigkeit zumutbar, also nur möglich auf der Basis eines Vertrages, in dem die Naturzustandsbewohner sich wechselseitig zum politischen Gehorsam, zum Freiheitsgebrauch nur innerhalb der Grenzen der politischen Ordnung verpflichten. Der aus der Einsicht in die Unerträglichkeit des natürlichen Zustandes geborene Vertrag führt mit einem Schlag zur Etablierung eines Herrschaftssystems und zur Vergesellschaftung der Individuen, er ist Herrschaftsvertrag und Gesellschaftsvertrag in einem. Vergesellschaftung, und das meint ganz nüchtern die Koexistenz von Egoisten, ist nur möglich bei gleichzeitiger Etablierung einer Herrschaftsordnung; die Idee einer herrschaftsfreien Gesellschaft wird vom neuzeitlichen Kontraktualismus ins Reich der Fabel verwiesen.

1. Der Vater der V. ist *Thomas Hobbes*. Er hat als erster politischer Philosoph die staatliche ↗ Souveränität im legitimierenden Willen der Individuen verwurzelt. Die von ihm entwickelten Theoreme und Argumentationsmuster prägen das vertragstheoretische Denken bis heute. Im Gegensatz zum mittelalterlichen Herrschaftsvertrag und zu den Vertragsvorstellungen der protestantischen und katholischen *Monarchomachen* sind bei *Hobbes* Volk und Herrscher nicht die ursprünglichen Vertragspartner, sondern

die Vertragsprodukte. Aufgrund der radikal individualistischen Ausgangslage bindet der *Hobbes*sche Vertrag allein die Individuen untereinander. Der Souverän wird durch den vertraglichen Rechtsverzicht aller konstituiert; er ist Vertragsbegünstigter, aber nicht Vertragspartner, somit nicht in die wechselseitige Verpflichtung des Vertrags eingebunden. Das Herrschaftsverhältnis wird dadurch völlig aus den normativen Bestimmungen des Vertrages entlassen und kann sich als absolute Macht im rechtsfreien Raum etablieren. Während im Mittelalter und bei den *Monarchomachen* der Vertrag als Instrument zur Verhinderung absoluter Herrschaft eingesetzt wurde, benutzt *Hobbes* das Vertragskonzept für eine voluntaristische Begründung des Absolutismus. Sein kontraktualistisches Argument hat keinerlei herrschaftslimitierende Konsequenzen, da der Freiheitsverzicht der vom kriegsträchtigen Naturzustand verschreckten Individuen sich an keine Vorbehalte bindet und der Vertrag daher keine Kompetenzgrenze staatlicher Herrschaft festlegen kann. Von diesem zumutungsvollen Konzept einer vollständigen Freiheitspreisgabe sind alle Vertragstheoretiker nach *Hobbes* abgerückt.

2. *Locke* hat eine liberalistische V. entwickelt. Anders als *Hobbes* stattet er das natürliche Individuum mit einem unveräußerlichen Recht auf Leben, Freiheit und Eigentum aus. Dem Vertrag kann dadurch die Doppelaufgabe einer Herrschaftslegitimierung und Herrschaftslimitierung zugewiesen werden, denn er verschafft der politischen Gewalt die legitimitätsstiftende Zustimmung der Individuen nur unter der Bedingung, daß sich die staatliche Machtausübung auf die Durchsetzung der unantastbaren Individualrechte beschränkt. Der *Locke*sche Vertragsstaat ist zum Zwecke des Grundrechtsschutzes errichtet. Nicht die existentielle Bedrohung treibt bei *Locke* die Menschen aus dem Naturzustand, sondern die Rechts- und insbesondere die Eigentumsunsicherheit. Die *Locke*schen Vertragspartner sind vor allem Eigentümer, die sich mit der vertraglichen Staatsgründung ein Instrument zur Besitzsicherung schaffen (↗ Liberalismus).

3. Bei *Rousseau* hingegen begründet der Vertrag eine plebiszitär-demokratische Herrschaftsorganisation. Wie schon bei *Hobbes* entstehen durch die vertragliche Einigung zugleich gesellschaftliche Einheit und politische Herrschaft. Beide Verträge besitzen auch die gleiche formale Struktur einer vertraglichen Einigung eines jeden mit einem jeden auf vorbehaltlose Entäußerung der natürlichen individuellen Freiheit zugunsten einer dritten, nicht vertragsbeteiligten Instanz. Diese kann aber für *Rousseau* aufgrund seiner Überzeugung von der Unveräußerlichkeit des materialen Selbstbestimmungsrechts und des damit verknüpften Verbots der politischen ↗ Repräsentation nur die Gemeinschaft der Vertragsschließenden selbst sein. Eine Vergesellschaftung, die keinerlei Freiheitseinbuße mit sich bringen darf, muß die sie ermöglichende Herrschaft als Selbstherrschaft der sich vergesellschaftenden Individuen organisieren. Nur dann, wenn der Naturzustandsbewohner sich seiner Freiheit im Vertrag entäußert und sie zugleich durch den Vertrag als Mitglied des souveränen allgemeinen gesetzgebenden Willens zurückerhält, ist eine Vergesellschaftung ohne Kränkung des Selbstbestimmungsrechts gewährleistet.

Rousseaus Vertrag begründet die Identität von Herrschenden und Beherrschten. Er ist Organisationsprinzip gesellschaftlicher Selbstherrschaft und Konstitutionsereignis des allgemeinen Willens, letztlich Chiffre einer geheimnisvollen Metamorphose des isolierten Naturzustandsbewohners in einen sittlichen Gemeinschaftsmenschen, der den allgemeinen Willen als eigenen weiß und dessen Interesse mit dem der Allgemeinheit immer in Übereinstimmung steht.

4. In *Kants* Rechtsmetaphysik nimmt der Vertrag den Charakter einer vernunftrechtlichen Verfassungsnorm an. Er definiert die normative Binnenstruktur eines allein nach Vernunftbegriffen entworfenen Rechtszustandes, dem sich anzugleichen jeder geschichtliche Staat verpflichtet ist. Der Vertrag stellt das Ideal kollektiver Beschlußfassung und staatlicher Gesetzgebung dar. Er liefert ein Kriterium, mit dessen Hilfe man den Gerechtigkeitsgehalt positiver Gesetze überprüfen kann; insofern ist er das politische Gegenstück zum kategorischen Impera-

tiv. Es gilt, daß nur dann ein Gesetz als gerecht angesehen werden kann, wenn es als durch eine vertragliche Einigung aller Betroffenen entstanden gedacht werden kann. *Kant* hat damit den neuzeitlichen Kontraktualismus in eine ↗ Politische Ethik transformiert.

III. In England ist der Kontraktualismus mit dem Aufkommen des moralphilosophischen und politikphilosophischen ↗ Utilitarismus aus der Theorielandschaft verschwunden. Auch in Deutschland, wo er bis in den Vormärz als ein vernunftrechtlicher Ersatz für die vorenthaltene Verfassung angesehen wurde, fand das Vertragsdenken über die kantianisierenden Überlegungen eines *Welcker* und *Rotteck* hinaus keine Fortsetzung. Die organologische Staatskonzeption des 19. Jh.s lehnt ebenso wie der staatsrechtliche Positivismus den Kontraktualismus ab.

IV. In der amerikanischen ↗ Politischen Philosophie der Gegenwart hat die V. jedoch eine bemerkenswerte Wiederbelebung erfahren. In den Schriften *Rawls', Nozicks, Buchanans, Scanlons, Gauthiers* und anderer wird in Anknüpfung an die Konzepte und Argumentationsmuster der klassischen Kontraktualisten die Vertragskonstruktion wieder für die Zwecke philosophischer Rechtfertigung, insbesondere für die prinzipientheoretische Grundlegung sozialer und politischer Gerechtigkeit und für die Begründung der Demokratie verwendet. Dabei rückt die herrschaftsbezogene, legitimationstheoretische Komponente des Vertragskonzepts zugunsten seiner ethischen Momente in den Hintergrund. Damit hat die neue Vertragslehre, für die charakteristisch ist, daß sie sich gern des vor allem in den Wirtschaftswissenschaften entwickelten analytischen Instrumentariums besonders der Entscheidungstheorie und der Theorie der sozialen Wahl *(public choice theory)* bedient, Anschluß an die gegenwärtige Grundlagendiskussion in der praktischen Philosophie gefunden.

Wolfgang Kersting

Lit.: *Gierke*, O. 1902: Johannes Althusius und die Entwicklung der naturrechtlichen Staatstheorien, Breslau. *Gough, W.J.* 1936: The Social Contract, Oxford. *Höffe*, O. 1979: Zur vertragstheoretischen Begründung politischer Gerechtigkeit: Hobbes, Kant und Rawls im Vergleich, in: *Höffe*, O.: Ethik und Politik, Frankfurt/M., 195–226. *Kern, L.* 1980: Neue Vertragstheorie. Zur rationalen Rekonstruktion politisch-ethischer Grundprinzipien, Königstein. *Kersting, W.* 1983: Kant und der staatsphilosophische Kontraktualismus, in: Allgemeine Zeitschrift für Philosophie 8, 1–27. *Kersting, W.* 1990: Vertrag, Gesellschaftsvertrag, Herrschaftsvertrag, in: *Brunner*, O. u.a. (Hrsg.): Geschichtliche Grundbegriffe, Bd. 6, Stuttgart, 901–945. *Kersting, W.* 1990: Zur Logik des kontraktualistischen Arguments, in: *Gerhardt, V.* (Hrsg.): Der Begriff der Politik, Stuttgart, 216–237. *Kersting, W.* 1994: Die politische Philosophie des Gesellschaftsvertrags, Darmstadt. *Kley, R.* 1989: Vertragstheorien der Gerechtigkeit, Bern. *Koller, P.* 1987: Neue Theorien des Sozialkontrakts, Berlin. *Rawls, J.* 1971: A Theory of Social Justice, Cambridge, Mass. *Röhrich, W.* 1972: Sozialvertrag und bürgerliche Emanzipation von Hobbes bis Hegel, Darmstadt. *Schottky*, R. 1976: Die staatsphilosophische Vertragstheorie als Theorie der Legitimation des Staates, in: Legitimationsprobleme politischer Systeme, PVS Sonderheft 7, 81–107. *Voigt, A.* (Hrsg.) 1965: Der Herrschaftsvertrag, Neuwied.

Volkspartei

Der Begriff der Volkspartei (V.) beinhaltet zweierlei: Einmal handelt es sich um eine analytische Kategorie und zum anderen um eine politische Legitimationsformel. Ursprünglich ein Etikett (bürgerlicher) Parteien zur Drapierung ihrer partikularen Interessenlage, wurde der Volksparteibegriff von der CDU als bürgerlich-interkonfessioneller Sammlungsbewegung erneut ins Zentrum politischer Legitimationsrhetorik gerückt. Mit Godesberg folgte ihr die SPD auf diesem Wege. Im politischen Alltagssprachgebrauch wird er auch auf die sogenannten etablierten Parteien übertragen.

O. *Kirchheimer* (1965) hat den Begriff als entwicklungstypologisches Konzept in die ↗ Politikwissenschaft eingebracht, wobei er ihn plakativ mit dem der *catch-all party* oder auch »Allerweltspartei« gleichsetzt. Dort hat er eine steile Karriere gemacht, wenngleich alternative Begriffskonzepte, wie Interessenintegrationspartei, Mehrzweckpartei, Omnibuspartei, soziale Umfassungspartei, soziale Querschnittspartei etc. (*Mintzel* 1984), mit ihm konkurrieren. Es gibt nicht wenige, die sich gegen die weitere Verwendung des Volksparteibegriffs als wissenschaftlichen Terminus aussprechen. In jüngster Zeit wird deshalb zunehmend auch ersatzweise von »Großparteien« gesprochen.

Kirchheimers Wandlungsthese zählt zu den hervorragendsten Beispielen historisch informierter komparativer Parteienanalyse. Sie besagt, daß Wandlungen in der Klassenstruktur und den Orientierungsweisen der westeuropäischen Länder einen Transformationsprozeß der ↗ Parteiensysteme hin zum Typ der V. bewirken. Im Sog dieser Entwicklung verschwänden die älteren bürgerlichen Parteien individueller Repräsentation ganz, während sich die Massenintegrationspartei auf Klassen- und Konfessionsbasis hin zur »Allerweltspartei (*catch-all party*), zu einer echten Volkspartei« umwandle. Ihr Kennzeichen: »Sie gibt die Versuche auf, sich die Massen geistig und moralisch einzugliedern, und lenkt ihr Augenmerk in stärkerem Maße auf die Wählerschaft; sie opfert also eine tiefere ideologische Durchdringung für eine weitere Ausstrahlung und einen rascheren Wahlerfolg« (*Kirchheimer* 1965: 27). Die Veränderung der Zielperspektive auf kurzfristige Stimmenmaximierung zeigt für Aufbau und Taktik der V. einschneidende Folgen (ebd.: 32 ff.): Nach innen stärkt sie die Position der Parteiführer, während das Parteimitglied entwertet wird und die Parteiorganisation nur noch bei der Kandidatenaufstellung eine Rolle spielt (↗ Innerparteiliche Demokratie). Ideologische Orientierungen werden verdrängt, damit sich die Partei wahlpropagandistisch im Stil der Markenartikelwerbung hin zu allen Wählergruppen öffnen kann, um ihnen konturlose Allerweltsprogramme zu offerieren. Der Brückenschlag zu ↗ Interessengruppen dient nicht minder der Wählerbasisverbreitung. In der Rolle als Makler sowie Interessenintegrations- und Konsensbeschaffungsinstanz leistet sie wichtige öffentliche Dienste.

So wie *Kirchheimer* unter dem Einfluß von *A. Downs* (1968) seine *catch-all-* und »Allerweltspartei« typologisch als entideologisierte opportunistische Stimmenmaximierungspartei skizziert, wird dieses Klischee als »überzogen« (*Smith* 1990) eingeschätzt. In dieser Form haben reale Parteien im Kontext der europäischen Parteienwirklichkeit nie existiert (*Schmidt* 1985: 381). *Mintzel* (1989: 6) spricht deshalb auch von einem »Konstruktionsmythos« und »Phantom« der deutschen Parteienlehre. Empirische Einwände (*Haungs* 1980) korrigieren *Kirchheimer* denn auch dahingehend, daß neben Ähnlichem die Unterschiede der realen V. in der Organisation, Milieubindung, Wähler- und Mitgliederbasis, Geschichte, Tradition und Parteikultur, ideologischen Orientierung, Verbandsverflechtungen, innerparteilichen Kräfteverteilung und im Wertberücksichtigungsspektrum beträchtlich sind. Fragwürdig ist auch, ob die älteren Integrationsparteien tatsächlich von der *catch-all-* und »Allerweltspartei« abgelöst wurden (*Wolinetz* 1991: 125 f.). In Wirklichkeit stellen »volksparteiliche« Großparteien wohl eher einen typologischen »Mischtyp« dar, bei dem sich traditionelle Strukturelemente von Milieu-, Mitglieder- und Programmparteien mit den modernen Stilelementen und Techniken des Politikmarketings und *campaig-*

ning verbinden (*Mintzel* 1989, 1993; *Smith* 1990: 160; *Wiesendahl* 1992).

Der unaufhaltsamen Karriere des Volksparteienkonzepts in der Parteienforschung haben diese offensichtlichen Mängel nicht geschadet, weil es wie kein anderes Konstrukt die kontroversen gesellschafts- und demokratietheoretischen Verankerungen (↗ Demokratietheorien) parteientheoretischer Denkschulen (↗ Parteientheorie) auf einen Nenner bringt (*Wiesendahl* 1980).

Pluralisten und Konservative finden deshalb Gefallen am Typ der V., weil er im Gegensatz zu Klassen- und Weltanschauungsparteien mit dem harmonistischen Glauben an die moderne, entideologisierte und klassenlose ↗ Industriegesellschaft konform geht und funktional die Hoffnung auf Stabilität und Integration verbürgt (*Luthardt* 1991, 1993). Die politökonomisch klassentheoretisch geprägte Denkschule der Parteienforschung lebt schon eher in Unfrieden mit dem herrschenden Volksparteienparadigma, weil es die Wirklichkeit verkürze und eine sozialistische Zielperspektive begräbt. Vor staatstheoretischem Hintergrund (↗ Staatstheorie) ist die V. funktionalstruktureller Entsprechungstyp des kapitalistischen Reproduktionsprozesses. Eingebaut in den Staatsapparat, ist sie dessen Legitimationsbeschaffungsinstanz und leistet einen klassenpolitischen Systemerhaltungsbeitrag für den Spätkapitalismus. Von hierher erklärt sich der volksparteiliche Ersatzbegriff der »demokratischen Massenlegitimationspartei« (*Stöss* 1983: 148 ff.), der deshalb nur funktional bestimmt ist, weil realiter unterschiedlichen Parteiformen die »Legitimationsfunktion staatlicher Herrschaft« zugeschrieben werden muß. Als nur unwesentliche Strukturvariante der bürgerlichen Anpassungspartei charakterisiert die V. nach *Kaste/Rasche* (1977: 50 ff.) ein funktionsspezifischer Widerspruch zwischen systemerhaltender Steuerungsfunktion einerseits und Interessenvertretungsfunktion andererseits, was sie durch ihre Legitimationsfunktion zu verschleiern suche.

Was als Erkenntnis aus dieser volksparteilichen Funktionalitätsdebatte übrigbleibt, ist, daß sowohl aus pluralistischer wie klassentheoretischer Sicht Volksparteien systemerhaltend wirken. Für die gesellschaftstheoretischen Reibungsflächen von entwickelter Industriegesellschaft und Spätkapitalismus hat dieser Befund allerdings eine eminent theoretische und praktische Bedeutung.

30 Jahre nach ihrem Erscheinen muß die Wandlungsthese hinsichtlich der Transformation von Parteiensystemen und des gesellschaftlichen Strukturwandels deutlich korrigiert werden. Der prognostizierte westeuropäische Siegeszug der V. und die damit einhergehende Konzentrationstendenz der Parteiensysteme sind so nicht eingetreten bzw. auf halbem Wege steckengeblieben (*Schmidt* 1989: 176). Schon mit den 70er Jahren nahm statt dessen die Fragmentierung zu (*Wolinetz* 1979), wobei von keinem einheitlichen Trend in Westeuropa gesprochen werden kann. Die Fehlprognose *Kirchheimers* läßt sich mit seiner zeitbedingten Gesellschaftsdiagnose begründen, mit der er die 50er und frühen 60er Jahre beschrieb. Schon mit den späten 60er Jahren ging die postindustrielle Umbruchsphase mit ihren Widersprüchen und neuen Spannungen über das Entideologisierungs-Szenario von *Kirchheimer* hinweg. Zugleich unterschätzte er mit seiner »Auflösungs«-These die Beharrungskraft traditioneller Spannungslinien und der dahinterstehenden Milieustrukturen. Gesellschaftliche Modernisierungsprozesse in Gestalt von Wertewandel und Individualisierung einerseits und gesellschaftlicher Segmentierung und Marginalisierung andererseits erhöhten die Verwundbarkeit der alternden Volksparteien. Seit den 70er Jahren begünstigt der Strukturwandel den Aufstieg von grün/alternativen Parteien und später dann auch von rechtsnationalistischen Parteien, was den V. schwer zusetzt.

Die bundesdeutsche Parteiensystementwicklung, die für die 60er und 70er Jahre zur Ausbildung eines hegemonialen Volksparteiensystems führte, gab den Prognosen *Kirchheimers* anfangs noch am auffälligsten recht. Nur sind es weniger wettbewerbstheoretische Gründe als vielmehr die Nachwirkungen deutscher Tradition und speziell die Nachkriegssituation, aus denen heraus sich der deutsche Sonderfall erklären läßt. *Smith* (1982: 66ff.) sieht hier einen Zusammenhang zum obrigkeitsstaatlichen »negativen Konsens« der westdeutschen Neubeginnsituation, wozu auch *Stöss* (1983: 148ff.) mit seiner »Basiskonsens«-These eine interessante Parallele anbietet.

Noch um die Wende zu den 80er Jahren schwoll die heftige akademische Kritik an den V. an (*Wiesendahl* 1989: 82ff.), ohne dem etablierten Volksparteiensystem in der Bundesrepublik etwas anhaben zu können. Erst im Laufe der Achtziger zeigen auch die bundesdeutschen Großparteien chronische Schwäche- und Erschöpfungssymptome, die sich zu Beginn der 90er Jahre noch verstärken (*Wiesendahl* 1993). Was kommt nach den »Volksparteien«? Einerseits sind sie kein Auslaufmodell; andererseits ist jedoch ihre Hochzeit vorbei. Sie werden sich – abgespeckt und unter wachsender Kleinparteienkonkurrenz – als *medium-sized parties* (*Smith* 1990: 158) im Dreißigprozentbereich konsolidieren. Auch zukünftig wird gegen sie nicht regiert werden können. Parteienanalytisch stellt sich die Aufgabe neu, den Formcharakter von V. wirklichkeitsgerechter zu bestimmen.

Elmar Wiesendahl

↗ Parlamentarismus; Wahlforschung.

Lit.: *Downs, A.* 1968: Ökonomische Theorie der Demokratie, Tübingen (engl. zuerst 1957). *Haungs, P.* 1980: Parteiendemokratie in der Bundesrepublik Deutschland, Berlin. *Kaste, H./Raschke, J.* 1977: Zur Politik der Volkspartei, in: *Narr, W.-D.* (Hrsg.), Auf dem Weg zum Einparteienstaat, Opladen, 26–74. *Kirchheimer, O.* 1965: Der Wandel des westeuropäischen Parteiensystems, in: PVS 6, 20–41. *Luthardt, W.* 1991: »Krise« der Volksparteien – oder »Differenzierung« und »Verfestigung« im bundesdeutschen Parteiensystem?, in: Journal für Sozialforschung 31, 127–145. *Luthardt, W.* 1993: Strukturbruch im bundesdeutschen Parteiensystem?, in: *Kleinfeld, R./Luthardt, W.* (Hrsg.): Westliche Demokratien und Interessenvermittlung, Marburg, 91–101. *Mintzel, A.* 1984: Die Volkspartei. Typus und Wirklichkeit, Opladen. *Mintzel, A.* 1989: Großparteien im Parteienstaat der Bundesrepublik, in: APuZ B 11, 3–14. *Mintzel, A.* 1993: Auf der Suche nach der Wirklichkeit der Großparteien in der Bundesrepublik Deutschland, in: *Klingemann, H.-D./Luthardt, W.* (Hrsg.): Wohlfahrtsstaat, Sozialstruktur und Verfassungsanalyse, Opladen, 66–104. *Schmidt, M. G.* 1985: Allerweltsparteien in Westeuropa?, in: Leviathan 13, 376–397. *Schmidt, M. G.* 1989: »Allerweltsparteien« und »Verfall der Opposition«. Ein Beitrag zu Kirchheimers Analysen westeuropäischer Parteiensysteme, in: *Luthardt, W./Söllner, A.* (Hrsg.): Verfassungsstaat, Souveränität, Pluralismus. Otto Kirchheimer zum Gedächtnis, Opladen, 173–181. *Smith, G.* 1982: The German Volkspartei and the Career of the Catch-All Concept, in: *Döring, H. /Smith G.* (Hrsg.): Party Government and Political Culture in Western Germany, London/Basingstoke, 59–76. *Smith, G.* 1990: Core Persistence: Change and the »People's Party«, in: *Mair, P./Smith, G.* (Hrsg.): Understanding Party-System Change in Western Europe, London, 157–168. *Stöss, R.* 1983: Einleitung, in: *ders.* (Hrsg.): Parteien-Handbuch, Bd. 1, Opladen. *Wiesendahl, E.* 1980: Parteien und Demokratie, Opladen. *Wiesendahl, E.* 1989: Etablierte Parteien im Abseits? Das Volksparteiensystem der Bundesrepublik vor den Herausforderungen der neuen sozialen Bewegungen, in: *Wasmuth, U.* (Hrsg.): Alternativen zur alten Politik? Neue soziale Bewegungen in der Diskussion, Darmstadt, 87–108. *Wiesendahl, E.* 1992: Volksparteien im Abstieg. Nachruf auf eine zwiespältige Erfolgsgeschichte, in: APuZ, B 34–35, 314. *Wiesendahl, E.* 1993: Parteien in der Krise, in: SOWI 2, 77–87. *Wildenmann, R.* 1989: Volksparteien. Ratlose Riesen?, Baden-Baden. *Wolinetz, St.B.* 1979: The Transformation of West-European Party Systems Revisited, in: West European Politics 2, 4–28. *Wolinetz, St.B.* 1992: Party System Change: The Catch-all Thesis Revisited, in: West European Politics 14, 113–128.

Wahlen / Wahlrecht

I. Mittels Wahlen (W.) werden Körperschaften (Repräsentativorgane) gebildet oder Personen ermittelt, die ein

Wahlamt (etwa Präsidentschaft) ausüben sollen. Je nach der Struktur des Politischen Systems gehen mit den Wahlentscheidungen über Personen (Kandidaten) auch Entscheidungen über Sachfragen (politische Grundpositionen, Programme) einher. Sie zu treffen wird der Wählerschaft (den Wahlberechtigten) durch den Beitrag der ↗ Parteien zur politischen Willensbildung erleichtert.

1. Wählen bedeutet im ontologischen oder auch Wortsinn frei auszuwählen, zwischen mehreren oder zumindest doch zwei Angeboten (Kandidaten/Parteien) entscheiden zu können. In der politischen Praxis bleibt die Verwendung des Begriffs jedoch keineswegs auf kompetitive politische Systeme beschränkt, deren Wahlverständnis sich an diesem ontologischen Wahlbegriff orientiert. Wahlen finden auch in Diktaturen oder ↗ Autoritären Regimen statt, in denen keine oder wo nur eine begrenzte Auswahl besteht (*elections without choice*).

Deshalb empfiehlt es sich, kategorial zwischen kompetitiven, nicht-kompetitiven und semi-kompetitiven W. zu unterscheiden. Kompetitive W. in bürgerlich-demokratischen Verfassungsstaaten richten sich an verschiedenen formalisierten Prinzipien (Verfahren) aus, deren Gewährleistung die wesentliche Voraussetzung für die Anerkennung der durch W. herbeigeführten Personal- und Sachentscheide von seiten der an diese gebundenen Wähler darstellt. Zu diesen Legitimation einbringenden Prinzipien, die zugleich normative Bedeutung für die liberal-pluralistische ↗ Demokratie genießen, gehören: 1. der Wahlvorschlag, der einerseits bei der W. gleichen Maßstäben unterliegt (Freiheit der Wahlbewerbung), der andererseits die Auswahlentscheidung der Wählerschaft nicht ersetzen kann; 2. der Wettbewerb der Kandidaten, der sich mit einer Konkurrenz zwischen politischen Positionen und Programmen verbindet; 3. die Chancengleichheit im Bereich der Wahlbewerbung (Kandidatur und Wahlkampf); 4. die Wahlfreiheit, die durch die geheime Stimmabgabe gesichert wird; 5. das ↗ Wahlsystem, das keine politisch anstößigen oder demokratiegefährdenden Wahlergebnisse hervorbringen darf (etwa übergroße Mehrheiten); 6. die Wahlentscheidung auf Zeit, für eine Wahlperiode. Auswahl und Wahlfreiheit werden bei künftigen W. nicht durch die früher getroffene Entscheidung eingeschränkt.

Bei diesem Kanon handelt es sich um normative Merkmale einer liberal-pluralistischen Demokratiekonzeption, der die Wirklichkeit nicht unbedingt entspricht, an der sie jedoch zu messen ist (↗ Demokratietheorie).

Es ist zu fragen, ob etwa der Konkurrenzcharakter von W. in bürgerlichen Demokratien und die reale Chancengleichheit in Wettbewerb stehender politischer Grundpositionen diesen Postulaten gerecht werden. Es wäre nicht gut, die Augen vor dem empirischen Befund eines begrenzten ↗ Pluralismus, vermachteter Interessengruppen, reduzierter Öffentlichkeit, eingeschränkten politischen und sozialen Gehalts formalisierter kompetitiver W. etc. zu verschließen. Es wäre jedoch ebenso verfehlt, angesichts dieser Probleme die kategoriale Differenz zwischen kompetitiven W. in westlichen Demokratien und nicht-kompetitiven W. in diktatorialen Systemen, in denen die politische Macht nicht zur Disposition steht, aus dem Blick zu verlieren. Was die Formen politischer ↗ Partizipation in liberal-pluralistischen Demokratien angeht, so bilden W. im übrigen nur eine unter verschiedenen Möglichkeiten. Ihre Bedeutung sollte folglich nicht mythologisiert werden, wozu der Leitsatz »Alle Staatsgewalt geht vom Volke aus. Sie wird vom Volke in Wahlen und Abstimmungen… ausgeübt« (Art. 20 Abs. 2 GG) Anlaß geben könnte. Vielmehr sollten sie real im sozio-politischen Kontext eines Landes bestimmt werden.

2. Während sich hinsichtlich des Begriffs der W. ein breiter Konsens aller demokratie- und wissenschaftstheoretischen Positionen herstellt, die im Pluralismus verankert bleiben (seien es nun Vertreter des bürgerlichen oder des so-

zialistischen Pluralismus), wird die Frage nach den Funktionen von W. in bürgerlichen Demokratien kontrovers beantwortet. Die Spannweite reicht von Funktionen der Artikulation von Vertrauen in die persönliche Integrität und die sachliche Leistungsfähigkeit von Personen (*C. J. Friedrich; D. Sternberger*) über technizistische, systemadäquate Funktionen der Herstellung einer funktionsfähigen ↗ Repräsentation bis hin zu Alibi-Funktionen, Konkurrenz von Personen und Parteien vorzuspiegeln, gesellschaftliche Antagonismen zu verschleiern (*J. Agnoli*) und eine Blankovollmacht für konsensunabhängiges Entscheiden auszustellen (*C. Offe*). Es sind metatheoretische Prämissen über Staat und Gesellschaft, die die recht unterschiedlichen Funktionszuweisungen begründen, wobei den systemkritischen Positionen das Verdienst zukommt, die Diskussion institutioneller Probleme an Fragen der gesamtgesellschaftlichen Entwicklung angebunden zu halten. Des weiteren ergeben sich Differenzen in den manifesten Wahlfunktionen aufgrund dreier Variablen, nach denen westliche Demokratien unterschieden werden können: Struktur der Gesellschaft (Klassen, Ethnien, Konfessionen), Struktur des politisch-institutionellen Systems, Struktur des ↗ Parteiensystems. Funktionen von W. sind folglich historisch zu bestimmen.

Unter den gesellschaftlichen, politisch-institutionellen und parteipolitischen Bedingungen der alten Bundesrepublik (ausgeprägte gesellschaftliche Homogenität; starke Stellung des Kanzlers; reduzierte Zahl von Parlamentsparteien) konnten W. folgende Funktionen haben: Legitimierung des politischen Systems und der Regierung einer Partei oder Parteienkoalition; Übertragung von Vertrauen an Personen und Parteien; Rekrutierung der politischen Elite; Repräsentation von Meinungen und Interessen der Wahlbevölkerung; Verbindung der politischen Institutionen mit den Präferenzen der Wählerschaft; Mobilisierung der Wählerschaft für gesellschaftliche Werte, politische Ziele und Programme, parteipolitische Interessen; Hebung des politischen Bewußtseins der Bevölkerung durch Verdeutlichung der politischen Probleme und Alternativen; Kanalisierung politischer Konflikte in Verfahren zu ihrer friedlichen Beilegung; Integration des gesellschaftlichen Pluralismus und Bildung eines politisch aktionsfähigen Gemeinwillens; Herbeiführung eines Konkurrenzkampfes um politische Macht auf der Grundlage alternativer Sachprogramme; Herbeiführung einer Entscheidung über die Regierungsführung in Form der Bildung parlamentarischer Mehrheiten; Einsetzung einer kontrollfähigen ↗ Opposition, Bereithaltung des Machtwechsels.

Ob diese möglichen Funktionen von W., die hier additiv aneinandergereiht sind, ohne sie demokratietheoretisch zu verorten, realsoziologische Bedeutung haben (und wenn, in welchem Umfang und mit welchem Ergebnis für die politische Entwicklung), hängt von einer Reihe von Faktoren ab. Unter ihnen scheinen die von den Funktionalisten zur Erfüllung der letztgenannten Funktionen stets ins Feld geführten wahlsystematischen Voraussetzungen (Argumentationskette: Mehrheitswahlsystem = Zweiparteiensystem = parteiliche Mehrheitsbildung = Alternieren in der Regierungsausübung = kontrollfähige Opposition) noch den geringsten Stellenwert einzunehmen. Wesentlich für die Erfüllung materiell-politischer Funktionen von W. scheint hingegen, ob die Parteien gesellschaftlich oder politisch wichtige Probleme zum Gegenstand der Wahlauseinandersetzung machen, folglich Alternativen herausarbeiten und nicht nur Scheingefechte führen. Davon hängt letztlich ab, ob mittels W. dem politischen System und den die Regierungen tragenden Parteien eine nicht nur nach quantitativen Maßstäben (Wahlbeteiligung) ausreichende ↗ Legitimität zugeführt werden kann.

II. Die liberale Demokratie fußt auf der Anerkennung des allgemeinen, gleichen, direkten und geheimen Wahlrechts. Die demokratische Bestellung der verfassungsmäßig etablierten politischen Gewalten – insbesondere des Parlaments, in präsidentiellen Systemen auch des Präsidenten – gehört neben der Rede-, Versammlungs-, Vereinigungs- und Pressefreiheit zu den Grundvoraussetzungen der modernen Demokratie (↗ Verfassungsgrundsätze). Die politischen Beteiligungsrechte des Staatsbürgers sind heute – normativ gesehen – unumstritten, mußten sich aber erst in einem langen historischen Prozeß durchsetzen. Auch wenn das Recht zu wählen, periodisch zur politischen Erneuerung von Repräsentativvorgängen unterschiedlicher Ebenen ausgeübt, die politischen Beteiligungsrechte nicht ausschöpft, so bleiben Wahlen doch die wichtigste Form institutionalisierter Partizipation und jene Partizipationsform, in der sozialstrukturelle Verzerrungen am wenigsten zur Geltung kommen.

1. Die Grundsätze des Wahlrechts haben rechtshistorisch und begrifflich einen Wandel durchgemacht. Zu berücksichtigen ist demnach nicht nur, ob das Wahlrecht allgemein war, sondern auch, was unter »allgemein« verstanden wurde. Im 19. Jh. umschloß der Begriff des allgemeinen Wahlrechts nur das Wahlrecht für Männer. Heute bestehen für demokratische Wahlen vier Grundprinzipien, die klar definiert und mit den historischen Regelungen des Wahlrechts konfrontiert werden können. Die Grundprinzipien eines allgemeinen, gleichen, direkten und geheimen Wahlrechts haben in der Regel Verfassungsrang.

1) *Allgemeines Wahlrecht.* Diese Rechtsnorm fordert, daß grundsätzlich alle Staatsbürger, unabhängig von Geschlecht, Rasse, Sprache, Einkommen oder Besitz, Beruf, Stand oder Klasse, Bildung, Konfession oder politischer Überzeugung Stimmrecht besitzen und wählbar sind. Gegen diesen Grundsatz verstößt nicht, daß einige unerläßliche Voraussetzungen gefordert werden wie ein bestimmtes Alter, Staatsbürgerschaft, Wohnsitznahme, Besitz der geistigen Kräfte und der bürgerlichen Ehrenrechte und volle rechtliche Handlungsfähigkeit. Eingeschränkt war das Wahlrecht historisch durch im wesentlichen drei Formen: a) direkte Ausschließung bestimmter Bevölkerungsgruppen, etwa ethnische oder religiöse Minoritäten, im abhängigen Status befindliche Personen, Frauen etc.; b) Festsetzung eines Zensus (Zensuswahlrecht) etwa in Form eines bestimmten Besitz-, Steuer- oder Einkommensnachweises; c) Forderung bestimmter Bildungsqualifikationen (Bildungszensus) in Form formeller Schulbildung oder Berufsausübung (Kapazitätenwahlrecht), minimalste Folge: Ausschluß der Analphabeten. Das Prinzip der allgemeinen Wahl kann auch durch die Altersbegrenzung tangiert werden, etwa wenn Volljährigkeitsalter und die Altersgrenze für das aktive Wahlrecht auseinanderklaffen.

2) *Gleiches Wahlrecht.* Dieser Grundsatz erfordert, daß das Stimmgewicht der Wahlberechtigten gleich ist und nicht nach Besitz, Einkommen, Steuerleistung, Bildung, Religion, Rasse, Geschlecht oder politischer Einstellung differenziert wird. Postuliert wird die Zählwertgleichheit der Stimmen. Mit dem Gleichheitsgrundsatz nicht vereinbar sind alle Klassen-/Kurien- und Pluralwahlrechte: a) Beim Klassen- oder Kurienwahlrecht wird die Wählerschaft in zahlenmäßig stark voneinander abweichende Gruppen unterteilt, die eine fixierte Zahl von Abgeordneten wählen. b) Beim Pluralwahlrecht wird die Anzahl der den Wahlberechtigten zur Verfügung stehenden Stimmen durch Zusatzstimmen für bestimmte Personengruppen (Grundeigentümer, Familienväter etc.) differenziert. Der Gleichheitsgrundsatz ist auch für die technische Gestaltung von Wahlen relevant, vor allem im Bereich der Wahlkreiseinteilung. Soll die Zählwertgleichheit der Stimmen garantiert bleiben, muß bei der Wahlkreiseinteilung für ein etwa gleiches Verhältnis von Bevölkerung (oder Wahlberechtigten) zur Zahl der zu wählenden Abgeordneten in Relation zum

nationalen Größenverhältnis Sorge getragen werden (Repräsentationsschlüssel). Wie *K. H. Seifert* (1976: 50) richtig betont, ist das Postulat der gleichen Wahl »heute der praktisch wichtigste aller Wahlrechtsgrundsätze«.

3) *Geheimes Wahlrecht.* Dieser Grundsatz verlangt, daß die Entscheidung des Wählers in Form der Stimmabgabe (heute in der Regel mittels eines Stimmzettels) nicht von anderen erkennbar ist. Er steht im Gegensatz zu allen Formen der offenen (Stimmabgabe zur Niederschrift) oder öffentlichen Stimmabgabe (per Handzeichen oder Zuruf). Seine Verwirklichung obliegt heute der Wahlorganisation (Bereitstellung von Wahlzellen, amtlichen, verdeckbaren Stimmzetteln, versiegelten Wahlurnen etc.).

4) *Direktes Wahlrecht.* Bei direkten, unmittelbaren Wahlen bestimmen die Wähler selbst die Mandatsträger, im Gegensatz zu indirekten, mittelbaren Wahlen, die Zwischengremien (Wahlmänner) vorsehen, die zwischen Wähler und Abgeordnete treten. Zu unterscheiden ist zwischen formal indirekten Wahlen (die Wahlmänner sind an das Votum der Urwähler gebunden) und substantiell indirekten Wahlen (die Wahlmänner sind ungebunden und wählen die Mandatsträger nach eigenem Gutdünken).

2. Der Prozeß der Ausbreitung des allgemeinen und gleichen Wahlrechts, in dessen Verlauf das Niveau politischer Partizipation der Bevölkerung kontinuierlich erhöht wurde, hat nicht nur historiographische Bedeutung. Die gegenwärtigen ↗ Parteiensysteme der meisten Länder sind in der Phase der Ausdehnung des Wahlrechts von einer numerisch und sozialstrukturell eng begrenzten Wählerschaft auf potentiell die gesamte erwachsene Bevölkerung entstanden. Verschiedene Prozesse stehen in einem komplexen Wirkungszusammenhang, den zu erforschen seit *Stein Rokkans* grundlegenden Untersuchungen als unabdingbar betrachtet wird für die Erklärung der Struktur des heutigen Parteienwettbewerbs in den westlichen Industrieländern. Einerseits steht die Wahlrechtsausbreitung (als abhängige Variable) im ursächlichen Zusammenhang zweier Prozesse: zum einen der industriellen und der von dieser hervorgerufenen gesellschaftlichen Ausdifferenzierung (Mittelschichten, Arbeiterklasse), welche mit wachsenden Forderungen nach politischen Beteiligungsrechten und der Formierung einer ↗ Arbeiterbewegung verknüpft ist, die im Kampf um das Wahlrecht einen Schlüssel für eine neue und egalitäre Gesellschaft sah (*Lipset* 1983: 6); zum anderen der sog. nationalen Revolution oder des *nation-building,* wobei die Wahlrechtsausbreitung betrachtet wurde als Mittel zur Einbeziehung immer breiterer Bevölkerungskreise in die Einheit des ↗ Nationalstaates oder als Tausch angeboten wurde für die nationale Inpflichtnahme der Bevölkerung gegen Bedrohungen von außen. Andererseits wirkt die Wahlrechtsausbreitung (als unabhängige Variable) unter den je spezifischen historischen Bedingungen eines Landes auf die Struktur der im Entstehen begriffenen Parteiensysteme ein, wobei der Zeitpunkt der Ausdehnungsschritte im Bezug zum sozioökonomischen Wandel und die Flexibilitat der ↗ Eliten in Antwort auf die wachsenden Partizipationsforderungen der unteren Schichten die wesentlichen Erklärungsfaktoren darstellen.

Die Ausbreitung des allgemeinen und gleichen Wahlrechts *(one man, one vote, one value)* ist in den westlichen Industrieländern höchst unterschiedlich verlaufen. Sie vollzog sich innerhalb von etwa 100 Jahren: Bestand vor 1848 noch in keinem Land das allgemeine Männerwahlrecht, so war unmittelbar nach dem II. Weltkrieg mit wenigen Ausnahmen (in der Schweiz blieben die Frauen bis 1971 vom Wahlrecht ausgeschlossen, im frankistischen Spanien herrschten bis 1975 organische Wahlrechtsvorstellungen, in Portugal wurde nicht demokratisch gewählt) überall das demokratische Wahlrecht verwirklicht. Im Vergleich lassen sich Länder ausmachen, die bereits sehr früh das allgemeine Wahlrecht für Männer einführten (Frankreich, Deutschland, die Schweiz, zeitweilig Spanien, Neuseeland). Einige Länder (Australien, Finnland, Österreich) folgten noch bis zum I.Weltkrieg, die anderen noch während oder unmittelbar nach ihm, so daß in allen westlichen Industrieländern 1920 allgemeines Männerwahlrecht bestand. Die Frauen waren vor 1900 nur in Neuseeland wahlberechtigt, nach der Jahrhundertwende auch in Finnland und Norwegen. Im Gefolge des I.Weltkrieges führten die meisten Staaten (einige zeitgleich mit dem allgemeinen Männerwahlrecht) auch das Frauenwahlrecht ein. Nur in einer Reihe von romanischen, vorwiegend katholischen Ländern (Frankreich, Italien, Belgien, Portugal, Spanien; den Sonderfall Schweiz nannten wir bereits) dauerte es bis nach dem II. Weltkrieg, ehe die Frauen das Wahlrecht erhielten.

Der gradualistische Abbau der Beschränkungen des Wahlrechts umfaßte in der Regel alle Wahlrechtsgrundsätze gleichzeitig, bis schließlich die Standards des demokratischen Wahlrechts erreicht waren. Markant waren die Abweichungen in Preußen, da hier in Form des Dreiklassenwahlrechts ein ungleiches, indirektes und offenes Wahlrecht zugleich mit dem allgemeinen Wahlrecht im Deutschen Kaiserreich aufrechterhalten blieb, sowie auch in Belgien, wo mit der Ausdehnung des Wahlrechts zunächst die Ungleichheit im Stimmengewicht verstärkt wurde. Bis auf Preußen vermochte sich überall das direkte und geheime Wahlrecht bis zum I. Weltkrieg durchzusetzen. Daß es schließlich Großbritannien war, das als letztes Land mit der Aufhebung der Universitätswähler 1948 das ungleiche Wahlrecht abschaffte, überrascht nicht, wenn man die von *Rokkan* (1970) herausgearbeiteten Modelle der Entwicklung zum demokratischen Wahlrecht berücksichtigt: »das englische Modell langsamer, schrittweiser Wahlrechtserweiterung ohne Umkehrungen, aber mit langen Perioden formeller Anerkennung von Ungleichheiten, und das französische Modell früher und plötzlicher Einführung universeller und gleicher Staatsbürgerrechte, aber mit häufigen Umkehrungen und mit Tendenzen zur plebiszitären Ausbeutung der Unterstützung durch die Massen« (*Kohl* 1982: 487). Zwischen diesen beiden Extremen können die verschiedenen Länder verortet werden.

3. Zu den relevantesten Erklärungsfaktoren der Wahlrechtsausbreitung dürften Industrialisierungsgrad und -tempo, Veränderungen der ↗ Sozialstruktur, Migrationsprozesse, Verschiedenheiten der soziokulturellen Verhältnisse (Ethnien, Konfessionen), politische Traditionen (mehr repräsentative oder mehr absolutistische), Verfassungswandel (Parlamentarisierung), Anpassungsfähigkeit der Eliten sowie Sezessionsprozesse und Kriege zählen.

Bereits der Zusammenhang zwischen Industrialisierung und Wahlrechtsausbreitung ist nach Ländern recht verschieden; insbesondere treten Sequenzverschiebungen zwischen beiden Prozessen auf, die für die Form der Integration der Schichten, auf die das Wahlrecht ausgedehnt wurde, von großer Bedeutung sind. Da auch kein direkter Zusammenhang zwischen Industrialisierungsgrad und Stärke der Arbeiterbewegung bzw. der ↗ Sozialdemokratischen Partei auszumachen ist, läßt sich selbst für diesen begrenzten Bereich kausalrelevanter Faktoren der Wahlrechtsausbreitung kein allgemeines Muster entwickeln. Die Stärke der finnischen Sozialisten, die 1916 an die Regierung kamen, resultierte beispielsweise nicht aus Industrialisierungsgrad und -tempo oder der relativ frühen Einführung des allgemeinen Wahlrechts, sondern aus der fortwirkenden Konfliktformation der Vier-Stände-Gesellschaft des 19. Jahrhunderts. Auch das Verhältnis von Demokratisierung des Wahlrechts und Parlamentarisierung des politischen Systems, den beiden entscheidenden Entwicklungslinien des Verfassungswandels in Europa seit der Französischen Revolution, ist nicht eindeutig. Eine unter beschränktem Wahlrecht in ihren gesellschaftlichen Interessen relativ homogene Repräsentation erkämpfte in Großbritannien die parlamentarische Verantwortlichkeit der Regierung. Abweichend von diesem Regelfall konnte die

Parlamentarisierung politischer Herrschaft in Schweden und Deutschland erst nach der Demokratisierung des Wahlrechts durchgesetzt werden.

4. Die je spezifische historische Vermittlung dieser Faktoren im Prozeß gesell-schaftlichen und verfassungspolitischen Wandels (gleichzeitig, ungleichzeitig, sequenzverschoben) hatte nachhaltige Konsequenzen für: 1) die Integrationsleistung des politischen Systems und die Anerkennung der dort gefällten Entscheidungen; 2) die Struktur des (partei)politischen Wettbewerbs; 3) die ideologischen Distanzen zwischen den Kontrahenten der politischen Konfliktaustragung. Wo das allgemeine Wahlrecht durch eine bereits erstarkte Arbeiterbewegung hart erkämpft werden mußte, sind die Arbeiterparteien radikal-klassenkämpferisch aufgetreten, während sie andernorts, wo sie einen leichteren Zugang zu den politischen Partizipationsrechten fanden, eher reformistisch zur Zusammenarbeit mit den ↗ Bürgerlichen Parteien bereit waren. *Lipset* (1983: 9) belegt die zweite Entwicklungslinie vor allem am Beispiel der skandinavischen Länder (Dänemark, Norwegen, Schweden). Ein derartiger Integrationsprozeß läßt sich auch an Großbritannien zeigen, wo unter den Bedingungen eines sich schrittweise ausdehnenden Wahlrechts (vgl. *Nohlen* 1990: 143 ff.) und der relativen Mehrheitswahl die Liberalen zu Wahlabsprachen mit der Arbeiterbewegung (*Labour Representation Committee*) bereit waren, zumal ohnehin Teile der Arbeiterklasse (sog. *working class conservatives*) von Beginn an für die konservative bürgerliche Partei votierten. Im Deutschen Kaiserreich verband sich dagegen das allgemeine Wahlrecht mit strikter Repression gegenüber den Sozialisten, und das Wahlrecht wurde durch *Bismarck* im Sinne konservativ-agrarischer Interessen funktionalisiert, »indem man hoffte, einen als unmündig bzw. manipulierbar, mindestens aber als abhängig eingeschätzten Wähler auf dem Lande gegen die bürgerliche (im Sinne von industrieller Entwicklung, wenn man will auch progressive) Opposition mobilisieren zu können« (*Schultze* in: *Büsch* 1980:129).

Wesentliche Konsequenz der Ausbreitung des Wahlrechts war der Aufstieg der Arbeiterparteien, mit dem aber nicht *the rule of capital* grundsätzlich in Frage gestellt wurde (vgl. *Therborn* 1977), sondern die Austragung des gesellschaftlichen Grundkonflikts in das politische System verlagert und dadurch entschärft wurde. Neben der soziostrukturellen wurde auch die soziokulturelle ↗ Konfliktlinie für die politische Repräsentation bedeutsam, zumal zur Abbildung der sozialen Struktur der Wählerschaft die politischen Parteien für eine Repräsentation nach Verhältniswahl optierten. Da die Integration der Arbeiterbewegung sich in den angelsächsischen Ländern anders vollzog, unterblieb hier zunächst die Forderung nach einem Wechsel des Wahlsystems. Unter diesen Bedingungen, allgemeines Wahlrecht und stabiles Repräsentationsprinzip, konnten am Ende des I. Weltkriegs die Strukturen der Parteiensysteme entlang den gesellschaftlichen Konfliktlinien für etliche Jahrzehnte »einfrieren«.

Dieter Nohlen

Lit.: *Barthélemy, J.* 1920: Le vote des femmes, Paris. *Bendix, R.* 1964: Nation-Building and Citizenship, New York. *Braunias, K.* 1932: Das parlamentarische Wahlrecht, 2 Bde., Berlin/Leipzig. *Büsch, O.* (Hrsg.) 1980: Wählerbewegung in der europäischen Geschichte, Berlin. *Charnay, J.-P.* 1965: Le suffrage politique en France, Paris. *Dahrendorf, R.* 1965: Gesellschaft und Demokratie in Deutschland, München. *Eisenstadt, S. N./Rokkan, S.* (Hrsg.) 1973, 1974: Building States and Nations, 2 Bde., Beverly Hills. *Fenske, H.* 1972: Wahlrecht und Parteiensystem, Frankfurt/M. *Fulford, R.* 1957: Votes for Women. The Story of a Struggle, London. *Gagel, W.* 1959: Die Wahlrechtsfrage in der Geschichte der deutschen liberalen Parteien, Düsseldorf. *Gilissen, J.* 1958: Le régime représentatif en Belgique depuis 1790, Brüssel. *Heimann, E.* 1971: Das Pluralwahlrecht in Deutschland, Berlin. *Heyl, A. von* 1975: Wahlfreiheit und Wahlprüfung, Berlin. *Kohl, J.* 1982: Zur langfristigen Entwicklung der politischen Partizipation in Westeuropa, in: *Steinbach, P.* (Hrsg.): Probleme politischer Partizipation im Modernisierungsprozeß, Stuttgart, 473–503. *Lipset, S.M.* 1983: Radicalism or Reformism: The Sources of Working Class Politics, in: APSR 77, 1–18. *Lipset, S.M./Rokkan, S.* (Hrsg.) 1967: Party Systems and Voter Alignments, New York. *Mackenzie, W. J. M.* 1958: Free Elections, London/New York. *Mackie, T.T./Rose, R.* ³1991: The International Almanac of Electoral History, London. *Meyer, G.* 1901: Das parlamentarische Wahlrecht, Berlin. *Nohlen, D.* 1978: Wahlsysteme der Welt, München. *Nohlen, D.* ²1990: Wahlrecht und Parteiensystem, Opladen. *Nohlen, D.* (Hrsg.) 1993: Handbuch der Wahldaten Lateinamerikas und der Karibik, Opladen. *O'Leary, C.* 1961: The Elimination of Corrupt Practices in British Elections 1866–1911, Oxford. *Patemann, R.* 1964: Der Kampf um die preußische Wahlreform im Ersten Weltkrieg, Düsseldorf. *Rokkan, S.* 1970: Citizens, Elections, Parties, New York. *Rokkan, S./Meyriat, J.* 1969: International Guide to Electoral Statistics, Paris. *Rokkan, S./Svasand, L.* 1978: Zur Soziologie der Wahlen und der Massenpolitik, in: *König, R.* (Hrsg.): Handbuch der empirischen Sozialforschung 12, 1–72. *Rose, R.* (Hrsg.) 1974: Electoral Behavior. A Comparative Handbook, New York. *Rueschemeyer, D.* u.a. 1992: Capitalist Development and Democracy, Chicago. *Seifert, K. H.* ³1976: Bundeswahlrecht, München. *Smend, R.* 1912: Maßstäbe des parlamentarischen Wahlrechts in der deutschen Staatstheorie des 19. Jahrhunderts, Stuttgart. *Sternberger, D./Vogel, B./Nohlen, D.* (Hrsg.) 1969: Die Wahl der Parlamente und anderer Staatsorgane, Band 1: Europa, Berlin. *Therborn, G.* 1977: The Rule of Capital and the Rise of Democracy, in: NLR 103, 3–58. *Törnudd, K.* 1968: The Electoral System of Finland, London. *Verba, S./Nie, N. H./Kim, J.* 1978: Participation and Political Equality, Cambridge u.a. *Vogel, B./Nohlen, D./Schultze, R.-O.* 1971: Wahlen in Deutschland, Berlin/New York. *Williamsen, C.* 1960: American Suffrage from Property to Democracy, 1760–1860, Princeton.

Wahlforschung / Wahlsoziologie

I. Die Wahlforschung beschäftigt sich unter den verschiedensten Aspekten und mit unterschiedlichsten Methoden, Forschungs- und Erkenntnisinteressen mit dem Phänomen der Wahl. Ihr geht es also nicht allein um die Wählerforschung, d.h. um die individuelle Wählerentscheidung, bzw. um die Analyse der Bestimmungsgründe des Wählerverhaltens. Mit Wahlforschung befassen sich so unterschiedliche Fächer wie die Rechts- und Geschichtswiss., die Politikwiss. und ↗ Politische Soziologie, die verhaltensorientierten Disziplinen wie u.a. die ↗ Politische Psychologie sowie zunehmend die Kommunikations-Forschung (↗ Massenkommunikation). Mit Gegenstandsbereich und Disziplin variieren zugleich Methodik und Erkenntnisziele:

1. Die von der Rechts-, aber auch von der Politikwiss. betriebene Wahlrechtsforschung untersucht Wahl und Wahlprozeß unter verfassungsrechtlichen und rechtspolitischen Aspekten und thematisiert das Institut der ↗ Wahl vorrangig unter den Gesichtspunkten der vier Wahlrechtsgrundsätze der allgemeinen, gleichen, direkten, geheimen Wahl, deren Durchsetzung historisch heftig kontrovers war und im Kontext des gesellschaftlich-industriellen Wandels sowie der politischen (Fundamental-)Demokratisierung in den meisten Ländern gegen den

Widerstand der Kräfte des soziopolitischen *Status quo* erkämpft werden mußte. Neben den Fragen der Gestaltung des aktiven und passiven Wahlrechts befaßt sich die Wahlrechtsforschung schwerpunktmäßig mit der rechtsförmigen Durchführung des Wahlprozesses von der Wahlvorbereitung über die Stimmabgabe bis zur Wahlprüfung, zusehends aber auch mit Fragen der Chancengleichheit (der Parteien) bei der Kandidatur, der Mediennutzung für Wahlwerbung, der (staatlichen) ↗ Parteienfinanzierung bei Wahlen.

2. Im wiss. Zugriff ähnlich befaßt sich die vergleichende Analyse der ↗ Wahlsysteme mit der Struktur, der Klassifikation und den Wirkungen von Wahlsystemen, wobei es um die Darstellung der technischen Regelungen von Wahlkreiseinteilung, Wahlbewerbung, Stimmgebung sowie insbesondere um den Modus der Stimmenverrechnung zur Umsetzung der Wählerstimmen in Mandate und deren (partei)politische Auswirkungen geht. Wahlrechts- und Wahlsystemforschung sind in der Regel makropolitisch orientiert; Wählerverhalten und Stimmabgabe bilden nur eine von mehreren Variablen und sind nur insofern von Bedeutung, als von ihnen Wirkungen auf die wahlrechtlichen und wahlsystematischen Regelungen ausgehen bzw. *vice versa* Wahlrecht und Wahlsystem strukturierende Effekte auf die Wählerentscheidung ausüben.

3. Mit den Bestimmungsgründen der (individuellen) politischen ↗ Partizipation bei Wahlen befaßt sich die Wahlsoziologie. Im Zentrum ihrer Analysen stehen die gesellschaftlichen, politischen, psychologischen Voraussetzungen und Konsequenzen des Wahlverhaltens. Die Wahlsoziologie zielt dabei auf Deskription, Erklärung und Prognose der Wahlbeteiligung, der Formierung der individuellen Wählerentscheidung, der Verteilung der Partei-, Kandidaten-, Sachpräferenzen in der Wählerschaft als Ganzem wie in den verschiedenen, je nach historisch-gesellschaftlichem Kontext politisch relevanten sozialen, kulturellen, territorialen (Sub-)Einheiten in der Wählerschaft. Untersucht werden strukturelle Determinanten wie situative Einflüsse des Wahlverhaltens, Umwelt- bzw. Hintergrund- wie Persönlichkeitsfaktoren der Wählerentscheidung.

Zu den strukturellen Determinanten, die zur Erklärung des Wählerverhaltens herangezogen werden, zählen die Gesellschaftsstruktur, das ↗ Politische (Institutionen-) System, die Struktur der ↗ Öffentlichkeit auf der Makroebene, auf der Mikroebene der Umwelt die sozialstrukturelle Verankerung des Wählers in seinen Primär- und Sekundärumwelten, sozialen und kulturellen Milieus, gesellschaftlichen Organisationen etc., aber auch kollektive historische Erfahrungen. Zu den politisch-situativen wie politisch-konjunkturellen Einflüssen gehören die Bedingungen des Parteienwettbewerbs, Zahl und Aussichten der Partei- und/oder Kandidatenalternativen, das Meinungsklima, die innen- und außenpolitische Großwetterlage, wirtschaftliche Erwartungen, Sachfragen, der Wahlkampf etc. Zu den Persönlichkeitsfaktoren werden dauerhafte, im Prozeß der Sozialisation erworbene Eigenschaften, Normen und Verhaltensdispositionen (u.a. die politische Kultur, gesellschaftliche Wertorientierungen) ebenso gezählt wie kurzfristige politische Einstellungen.

4. Eine gewisse Sonderstellung nimmt die historische Wahlforschung ein, indem sie auf der Basis der Methodik der Geschichtswiss. Methoden, Ansätze und Fragestellungen der anderen Disziplinen der Wahlforschung aufgreift und der Wahlforschung in ihrer Gesamtheit den Blick für zusätzliche Fragestellungen sowie insbesondere das Bewußtsein der doppelten historischen Kontingenz des Gegenstandes Wahl und Wählerverhalten wie der Wahlanalyse und ihrer Ansätze zu bewahren hilft (vgl. *Schultze* 1980; *Rohe* 1992). Z. B. griff die historische Wahlforschung die Gegenstände der Wahlrechtsforschung auf, kombinierte sie mit sozialgeschichtlichen Ansätzen und der historisch-sozialwiss. Modernisierungs(theorien)forschung und thematisierte insbesondere den Zusammenhang zwischen der Fundamentaldemokratisierung und der politischen Integration der Arbeiterbewegung im Zuge industriegesellschaftlicher Entwicklung. So bedient sich die historische Wählerforschung zunehmend der Aggregat-

datenansätze der Wahlgeographie oder der Wahlökologie zur Langzeitanalyse der Wählerbewegungen, etwa im 19. Jh. (vgl. *Büsch* 1980), ist die mittelklassenorientierte Wahlpolitik der europäischen Sozialdemokratie und damit indirekt der Revisionismus-Streit aggregatdatenanalytisch diskutiert (vgl. *Przeworski/Sprague* 1982), die Wählerbasis des Faschismus in Italien und Deutschland neuerlich wahlstatistisch untersucht worden (vgl. *Falter* 1980, 1991). Aufgegriffen hat man auch den wahlmonographischen Ansatz des britischen *Nuffield College* und ihn in Verbindung mit der ↗ Politischen-Kultur-Forschung für regional- und alltagsgeschichtliche Untersuchungen von politischem und Wahlprozeß nutzbar gemacht (vgl. *Büsch* 1980; *Büsch/Steinbach* 1983; *Steinbach* 1978).

II. Die wahlsoziologische Erklärung politischen Verhaltens ist von Beginn an und bis heute mit einem zentralen Analyseproblem konfrontiert, das sich aus dem Dilemma zwischen Forschungsziel und Datenlage ergibt: Die Wahlsoziologie zielt einerseits darauf, individuelle Wählerentscheidungen analysieren und erklären zu wollen, sie besitzt andererseits aber aufgrund der geheimen Stimmabgabe nur Aggregatdaten unterschiedlicher Aggregatebenen. Die Geschichte der Wahlsoziologie ist damit stets auch die Geschichte unterschiedlicher methodischer Strategien, um dieses Dilemma aufzulösen.
1. Nach Datenart und Methode kann man grundsätzlich unterscheiden zwischen Aggregatdaten- und Individualdaten-Analysen.

a) Aggregatdatenanalysen, die die Aggregate der tatsächlichen Wahlergebnisse auf Stimmbezirks-, lokaler, regionaler, nationaler Ebene insbesondere mit den jeweiligen Aggregaten der Sozialstatistik korrelieren, sind eher soziologisch orientiert und dem Bezugsgruppenansatz verpflichtet; sie sehen das politische Verhalten stark strukturell, vor allem Umwelt/Milieu-determiniert an; die Bedeutung von Kurzzeiteinflüssen aktueller Politik wird gering veranschlagt.
b) Nach der behavioralistischen Revolution sind die Aggregatdatenanalysen, ausgehend von der US-amerikanischen Wahlsoziologie, weitgehend abgelöst worden durch die Individualdatenanalyse. Sie beruht auf Umfrageforschung und schließender Statistik. Auf der Basis meist nationaler *Samples* werden dabei – neben sozialstatistischen und demographischen Daten – Daten der Organisationszugehörigkeiten, die Parteiidentifikation, mit der Wahlabsichts- und/oder der Rückerinnerungsfrage die Parteipräferenz sowie mit ganzen Fragebatterien die Einstellungen zu Kandidaten, Werten und politischen Sachfragen *(Issues)* von den Befragten erhoben. Vor- und Nachwahluntersuchungen auf Panel-Basis, die allerdings seltener durchgeführt werden, dienen der Analyse der Einstellungsveränderungen zu Wahlkampfzeiten, aber auch der Kontrolle der Untersuchungen. Die statistische Analyse des Umfragematerials reicht von der bivariaten Tabellenanalyse und einfachen Korrelation bis zu komplexen statistischen Verfahren wie der multiplen Regression, Faktoren- und Pfadanalysen etc. Die Wählerforschung gilt daher nicht von ungefähr als die Teildisziplin der Politikwiss., die methodisch am weitesten entwickelt ist; sie steht damit aber auch in der Gefahr, daß Erhebungstechnik (des standardisierten Fragebogens) und statistische Verfahren Daten, Datenanalyse und Interpretation strukturieren und daß die komplexen Methoden nur mehr von einer zunehmend kleineren Zahl sozialwiss.-statistischer Experten überprüft und kritisiert werden, die Ergebnisse folglich von den eigentlich Betroffenen, Wählern und Gewählten, nur noch unhinterfragt akzeptiert werden können. In der Bundesrepublik Deutschland besteht insofern eine besondere Situation, als mit der Sonderauszählung der repräsentativen Wahlstatistik repräsentative Ergebnisse nach Alter, Geschlecht, Erst- und Zweitstimme auf der Basis der Stimmabgabe des Wählers ermittelt werden. Eine Kombination von Aggregat- und Individualdaten in der Form der Mehrebenenanalyse steckt bislang noch in den Anfängen.

2. Während in der Vergangenheit Aggregatdatenanalysen die Untersuchun-

gen bestimmten, dominieren heute Individualdaten und Umfrageforschung. In der Geschichte der Wahlsoziologie können dabei fünf wichtige Ansätze unterschieden werden:

1) Begründer der Wahlgeographie ist *A. Siegfried.* In seinen Untersuchungen des Wählerverhaltens im Frankreich der Dritten Republik ging es ihm um die Erklärung der Konstanz der politischen Grundorientierungen der Wähler in den verschiedenen Regionen trotz wenig stabiler und sich häufig wandelnder Parteien- und Parteiensystemstrukturen. Als Sozialgeograph führte er die Stabilität individuellen Verhaltens auf eine Kombination von natürlichen und sozialen Umweltbedingungen zurück und sah in den natürlichen Gegebenheiten, etwa der topologischen, geologischen Beschaffenheit der Region, die prägenden Voraussetzungen sozialen und politischen Verhaltens. Methodisch bediente er sich Verfahren der Kartographie, um auf diese Weise Übereinstimmungen und Unterschiede der Ergebnisse von Landschafts-, Wirtschafts-, politischer und Wahlgeographie vergleichend sichtbar zu machen.
Die Methodik der Wahlkartographie wurde auch in der historischen Wahlforschung aufgegriffen. In den Nachfolgeuntersuchungen des wahlgeographischen Ansatzes (u.a. von *F. Goguel),* der insbesondere die französische Wahlsoziologie bestimmt hat, treten allerdings und zu Recht die geologisch-topographischen Interpretationen des Wahlverhaltens hinter wirtschaftsgeographische und Sozialstrukturanalysen zurück. Ähnlich den soziologischen Ansätzen sieht auch die Wahlgeographie das Wählerverhalten Kontext-definiert und sozialstrukturell bestimmt. Ihr Erklärungswert ist einerseits aufgrund des deskriptiven Charakters zwar begrenzt, andererseits aber vermag gerade ein wahlgeographischer Zugriff mit seiner Betonung der Territorialität die raum-zeitliche Dimension gesellschaftlicher Struktur und politischen Handelns und damit auch des Wählerverhaltens offenzulegen.
2) Der von *R. Heberle* entwickelte Ansatz der Wahlökologie (oder auch politischen Ökologie) bildet in gewisser Weise das politiksoziologische Pendant der *Siegfried*schen Wahlgeographie, mit der er übereinstimmt in der a) Aggregatdatenbasis, b) der Betonung der sozialstrukturellen und Kontextdetermination und c) der raum-zeitlichen Kontingenz des Wählerverhaltens. Die *Heberle*sche Wahlökologie unterscheidet sich a) methodisch durch die Anwendung statistischer Verfahren; b) in der Forschungsintention, insofern es *Heberle* in seinen Untersuchungen zum Aufstieg des Nationalsozialismus in Schleswig-Holstein nicht primär um die Frage der Konstanz politischen Verhaltens, sondern um die Erklärung der »scheinbar radikalen Wandlung des politischen Klimas« *(Heberle* 1978: 79) ging; schließlich c) im Forschungsziel, das Wechselverhältnis von Politik und sozioökonomischen Grundstrukturen im Rahmen eines hochkomplexen, multidisziplinär angelegten Forschungsdesigns zu untersuchen und dabei die Vielfalt der sozioökonomischen und soziostrukturellen Determinanten in ihrer historisch wie territorial spezifischen Milieuvermittlung in den Mittelpunkt zu rücken. Die Wahlökologie ist folglich historisch-genetisch und nicht prognostisch angelegt, geht aber ihrer Intention nach über die reine Deskription hinaus und zielt auf die Bestimmung der multidimensionalen Beziehungen im Wahlverhalten, was nicht nur umfassende gesellschaftsgeschichtliche Kenntnisse der betrachteten Wahlen und Regionen erfordert, sondern auch die Kombination von Methoden und Ansätzen nahelegt. Weniger an dieser Komplexität als vielmehr am Paradigma-Wandel hat es gelegen, daß der von *Heberle* begründete wahlökologische Ansatz nur geringe Anerkennung und Verbreitung fand.

3) In dem vom *Nuffield College* entwickelten Ansatz der *psephology* werden neben der Analyse der wahlstatistischen Aggregate auf nationaler wie Wahlkreisebene durch Deskription und Interpretation des Wahlprozesses die Rolle der aktuellen Politik während der vorangegangenen Legislaturperiode wie insbesondere während des Wahlkampfes, Fragen der Kandidatenauswahl und der innerparteilichen politischen Willensbildung, des Zusammenhanges zwischen Wahl- und Parteisystem etc. in den Mittel-

punkt gerückt. Dieser stark wahlhistorisch bestimmte Ansatz versucht folglich die Kombination von geschichtswiss. »Deutung« und gesellschaftswiss. Aggregatdaten-»Analyse«, wobei die beiden analytischen Ebenen allerdings vielfach unverbunden geblieben sind. Unter dem Einfluß des Behavioralismus und der US-amerikanischen *Michigan School* sind auch die britischen Wahlstudien erweitert, teilweise auch ersetzt worden um/durch die individualdatenanalytische Motivationsanalyse des individuellen Wahlverhaltens, u.a. mit der Studie von *Butler/Stokes* (1974) oder den (Folge-)Studien der *Essex University* (u.a. *Sarlvik/Crewe* 1983; *Robertson* 1984), in denen die ursprünglichen Fragestellungen des britischen Ansatzes keine große Rolle mehr spielen.

4) Der von *P. F. Lazarsfeld* u.a. in den 40er Jahren entwickelte Ansatz der *Columbia School* der US-amerikanischen Wahlsoziologie nimmt in gewisser Weise eine Mittlerposition ein. Zum einen kombiniert er über die deskriptive Ebene hinaus die Untersuchung der Einflüsse aktueller Politik auf die Wählerentscheidung mit den sozialstrukturellen Determinanten des Wahlverhaltens. Zum zweiten wird mit den klassischen Lokal-Studien *(Erie County, Elmira)* der US-amerikanischen Präsidentenwahlen der 40er Jahre methodisch der Übergang vollzogen von der Aggregatdatenanalyse der tatsächlichen Stimmergebnisse hin zur Individualdatenanalyse auf der Basis der ↗ Demoskopie und mit Hilfe von Panel-Befragungen in lokalen Kontexten.

5) Mit dem sozial-psychologischen Ansatz der *Michigan School* setzten sich seit den 60er Jahren Umfrageforschung (meist auf der Basis nationaler *Samples),* Individualdatenanalyse, Motivations- und Verhaltensforschung in der Wahlsoziologie durch. Nicht die Wahl als solche, sondern die politischen Einstellungen zu Parteien, Kandidaten, *issues* im Kontext von Wahlen stehen seither im Mittelpunkt der Untersuchungen. Wahlprozeß, Stimmabgabe und Wahlergebnis treten in den Hintergrund. Nicht auf den Stammwähler, sondern auf den Wechselwähler richtet sich das Forschungsinteresse. Der Gegenstand der Wahlsoziologie veränderte sich nachhaltig: Aus Wahlforschung wurde Wählerforschung. Mit dieser Grundorientierung kam man nicht zuletzt den politischen Parteien entgegen, insbesondere ihrem wahlstrategischen Interesse an der Frage: Wie gewinne ich die nächste Wahl? Sozialtechnologie und ↗ Politikberatung bestimmten folglich zusehends die konkreten Analysen im behavioralistischen *mainstream* der Wahlsoziologie.

3. Theoretisch kann man unterscheiden zum einen zwischen Ansätzen, die die soziale Determiniertheit des Wählerverhaltens betonen, und solchen, die vom rationalen Verhalten des individuellen Wählers ausgehen, zum zweiten zwischen dem Gruppenansatz und dem individuellen Identifikationsansatz. Beide Unterscheidungen entsprechen sich in etwa.

1) Der soziologische Gruppenansatz der *Columbia School* sieht das individuelle Wählerverhalten sozialstrukturell determiniert, insbesondere durch sozio-ökonomischen Status, Konfession, Beruf, Stadt–Land (Index der politischen Prädisposition), sowie durch die Gruppenbindungen in Primär- und Sekundärumwelten, in die das Individuum eingebunden ist. Sie prägen die politischen Werthaltungen und die Einstellungen zu Parteien und politischen Sachfragen. Je fester gefügt die sozialen und/oder kulturellen Milieus, je stärker die Gruppenbindungen, je gleichförmiger folglich auch die durch *opinion leaders* vermittelten politischen Informationen sind, desto stärker ausgeprägt sind die Verhaltensgleichförmigkeiten und desto konstanter ist das Wählerverhalten. Durch die Einbindung des Individuums in die gesellschaftlichen Gruppen und Organisationen sieht der Gruppenansatz zudem die Beziehung des Wählers zu den gesamtgesellschaftlichen prägenden *cleavages* (↗ Konfliktlinien) hergestellt. Verhaltensinstabilität, Apathie und Wechsel-

wahl erklärt der soziologische Ansatz unter Rückgriff auf *G. Simmels* Theorie der sich kreuzenden Kreise mit *Cross-pressure*-Situationen, denen der Wähler z. B. durch die Zugehörigkeit zu verschiedenen und politisch gegensätzlichen Organisationen ausgesetzt ist.

2) Zielt der soziologische Ansatz vor allem auf die Erklärung der Stabilität des individuellen Wählerverhaltens, geht es dem sozial psychologischen Konzept der *Michigan School* um den Wechsel von Parteipräferenzen, um die kurzfristige Abweichung vom traditionellen Wählerverhalten und um deren Ursachen. Der sozial-psychologische Ansatz sieht die individuelle Wählerentscheidung definiert ins Spannungsfeld von Parteibindung und aktueller Politik. Bezugspunkt des Wählerverhaltens sind nicht die sozialen Gruppen und soziokulturellen Milieus, sondern die Partei, mit der man sich identifiziert (deshalb Identifikationsansatz), als Langzeitfaktor sowie die Einstellung zu Kandidaten und *issues* als politische Kurzzeiteinflüsse. Die Parteiidentifikation versteht die *Michigan School* als langfristig stabile, affektive Bindung an eine Partei, die im Prozeß der ↗ Politischen Sozialisation, meist schon in der Jugend in Familie und Schule, erworben und die um so stabiler wird, je häufiger man sich in der Zeit bei Wahlen mit der Partei identifiziert. Sie dient dem Wähler vornehmlich zur Strukturierung der Informationsvielfalt und zur Reduktion der komplexen politischen Realität; makropolitisch bildet sie eine wichtige Voraussetzung politischer Stabilität. Im sozial-psychologischen Ansatz der empirischen Wahlforschung gewannen dabei seit den 70er Jahren eindeutig diejenigen Positionen an Gewicht, die mit der gestiegenen Bedeutung aktueller Politik die Rationalität der Wählerentscheidung betonen. Für die Einschätzung des Bedeutungsgehaltes von Sachthemen auf die Wählerentscheidung sind insbesondere die folgenden Ergebnisse der *Issue*-Forschung hervorzuheben:

a) Damit *Issues* überhaupt wirksam werden können, müssen drei Voraussetzungen gegeben sein. Das Sachthema muß von den Wählern nicht nur wahrgenommen, sondern zugleich auch als bedeutsam angesehen werden; vor allem aber muß es zwischen den Parteien streitig sein. Nicht von den sog. *Valenz-Issues*, also von Themen, über deren herausgehobene Bedeutung und über deren Lösungsnotwendigkeit bzw. -möglichkeit Einigkeit besteht, sondern nur von den sog. *Position-Issues*, also von Themen, bei denen die Parteien gegensätzliche Standpunkte vertreten, können Einflüsse auf die Wählerentscheidung ausgehen.

b) Es geht bei der Einschätzung von Sachfragen weniger um das Problem als solches als um die zu erwartenden individuellen Auswirkungen. Es geht weniger um das konkrete Programmangebot der Parteien zur Lösung einer bestimmten Sachfrage als vielmehr um die Lösungskompetenz, die der Wähler den Parteien zu bestimmten Themenbereichen zubilligt.

c) In seiner Entscheidung läßt sich der Wähler von Erfahrungen leiten, die er in der Vergangenheit mit den konkreten Politiken wie mit den Problemlösungskompetenzen von Parteien und Kandidaten gemacht hat. Die Theorie der retrospektiven Wahlentscheidung *Fiorinas* (1981) beruht dabei auf dem folgenden Modell.

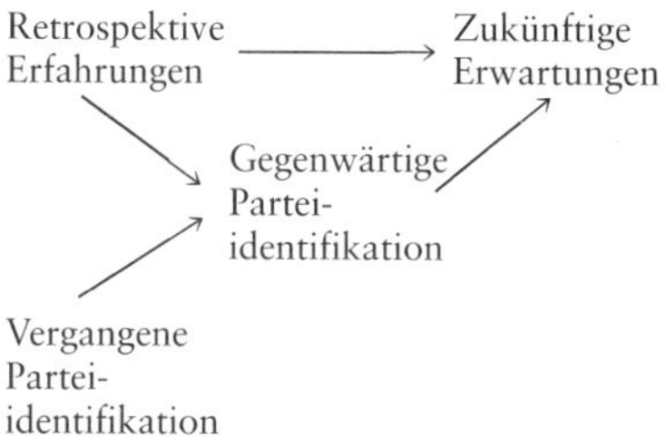

Das Konzept verbindet den empirischen Ansatz der *Michigan School* mit dem normativen Modell des rationalen Wählers von *Downs* (1968): Der Wähler fällt seine Entscheidung als Ergebnis der Abwägung der mit seiner Stimmabgabe verbundenen Vor- und Nachteile. Entscheidungskriterien sind individuelle Nutzenmaximierung und Kostenminimierung. Nach der Logik (markt)-rationalen Verhaltens entscheidet sich der Wähler für die Partei auf dem politischen Markt, deren Sachangebot seiner eigenen Position am nächsten kommt. Da die Informationen über die Leistungen der Parteien in der Vergangenheit einfacher und kostengünstiger zu beschaffen sind, orientiert er sich an seinen retrospektiven Erfahrungen und extrapoliert sie in die Zukunft.

Die vorstehend skizzierten Ansätze der Wahlsoziologie ergänzen sich heute mehr, als daß sie sich alternativ gegenüberstehen. So besteht im Hauptstrom der empirischen Wahlforschung weitgehend Einigkeit darüber, daß Wählerentscheidungen gesellschaftsstrukturell verankert sind, wobei man fast durchweg von *Lipset* und *Rokkans Cleavage*-Konzept ausgeht und allein die Frage der Vermittlung unterschiedlich beantwortet wird; hier: umwelt- und gruppenvermittelt – dort: primär über Parteiidentifikation und Medien vermittelt. Einig ist man sich weithin auch darüber, daß mit der Auflösung einst homogener sozialer Umwelten und der Lockerung struktureller Bindungen als Folge gesellschaftlichen, industriellen und berufsstrukturellen Wandels, als Folge besserer Bildung und Ausbildung sowie größerer horizontaler und vertikaler Mobilität, schließlich als Folge einheitlich nationaler Informations- und Medienvermittlung der Einfluß politisch-situativer und politisch-konjunktureller Faktoren auf die Wählerentscheidung seit Ende der 60er/Anfang der 70er Jahre gewachsen ist. Strittig ist jedoch, ob es sich bei diesen Veränderungen nur um Prozesse der Auflösung der traditionellen Bindungen, also allein um Prozesse des *Dealignment* mit der Konsequenz steigender Volatilität in der Wählerschaft handelt oder ob ganz im Sinne der ursprünglich von *V.O. Key* formulierten Theorie »kritischer Wahlen« die alten, das Wählerverhalten prägenden Strukturkonflikte durch neue ergänzt oder gar ersetzt werden, ob also in der Form des *Critical Realignment* langfristig stabile neue Strukturen in Wählerverhalten und Parteiensystemen entstehen (vgl. *Schultze* 1991a).

III. Die empirische Wahlforschung ist zweifellos die Teildisziplin der Politikwissenschaft, die methodisch am weitesten entwickelt ist. Aus ihrem paradigmatischen Konsens in den Behavioralismus als Ansatz wie Individualdatenanalyse und Demoskopie als Methode und Forschungstechnik resultieren jedoch nicht nur Vorteile; damit sind zugleich eine Reihe von Einseitigkeiten und Defiziten verbunden:

1. Durch den Behavioralismus veränderten sich Gegenstand und Forschungsinteresse: Aus Wahlforschung wurde Wählerforschung. Man verlor dadurch den komplexen, multifunktionalen Charakter von Wahlen aus dem Blick und kam den politischen Parteien entgegen, insbesondere ihrem wahlstrategischen Interesse an der Frage: Wie gewinne ich die nächste Wahl? Sozialtechnologie und Politikberatung bestimmen folglich zusehends die konkreten Analysen, und zwar nicht nur die der professionellen Demoskopen.

2. Es dominieren quantitative Untersuchungen auf der Basis von zumeist standardisierten Umfragen. Im Hauptstrom der empirischen W. spielen Analysen auf Aggregatdatenbasis heute nur eine untergeordnete, Analysen, die mit Verfahren der qualitativen Sozialforschung arbeiten, so gut wie gar keine Rolle. Dabei böten sich Analysen qualitativer Natur zur Untersuchung des Strukturwandels in politischer Kultur und Wertehaushalt, beim Entstehen sozialer Bewegungen, etwa der Friedens- und Ökologiebewegung, bei der Formierung neuer Milieus, Parteien und Parteibindungen geradezu an.

3. Forschungsinteresse und Umfragetechnik behindern die adäquate Beschäftigung mit den Gründen von Wahl und Nicht-Wahl, die bei steigender Wahlenthaltung in den westlichen Demokratien zusehends dringlicher wird und zusätzlich auf die Notwendigkeit qualitativer Untersuchungen verweist. Zudem macht es sich die Wahlsoziologie mit Erklärungen, die, abgeleitet aus der instru-

mentellen Theorie, Nicht-Wahl vornehmlich als »rationalen Protest« interpretieren, zu leicht. Dies gilt analog für vergleichbare Deutungen des rechtspopulistischen bzw. rechtsradikalen Wahlverhaltens.

4. Aufgrund seiner primär mikrosoziologischen (auf die Erklärung individuellen Verhaltens zielenden) Ausrichtung und seines weitgehend (auf Theoriebildung und Methodentest zielenden) abstrakten Forschungsinteresses verliert der behavioralistische Hauptstrom häufig die makropolitischen Aspekte und demokratiepolitischen Konsequenzen des Wahlverhaltens aus dem Blick (vgl. *Schultze* 1991c). Es fehlt zumeist an der Rückkoppelung der Ergebnisse an die demokratietheoretischen Grundfragen des Wählens, an die Fragen demokratischer Systemstabilität oder auch an theoretisch zureichenden Konzepten für die vergleichende Untersuchung von Wahlen und Wahlverhalten in unterschiedlichen gesellschaftlichen und politischen Systemkontexten wie in Prozessen der Systemtransformation.

Rainer-Olaf Schultze

Lit.: *Barnes, S./Kaase, M.* (Hrsg.) 1979: Political Action. Mass Participation in Five Western Democracies, Beverly Hills/London. *Berelson, B.R.* u.a. 1954: Voting, Chicago. *Bibby, J. F.* 1987: Politics, Parties and Elections in America, Chicago. *Bürklin, W.* 1988: Wählerverhalten und Wertewandel, Opladen. *Büsch, O.* (Hrsg.) 1980: Wählerbewegung in der europäischen Geschichte, Berlin. *Büsch, O./Steinbach, P.* (Hrsg.) 1983: Vergleichende europäische Wahlgeschichte, Berlin. *Butler, D./Stokes, D.* [2]1974: Political Change in Britain, London/Basingstoke. *Campbell, A.* u.a. 1960: The American Voter, New York. *Campbell, A.* u.a. 1966: Elections and the Political Order, New York. *Converse, P. E.* 1975: Public Opinion and Voting Behavior, in: *Greenstein, F. I./Polsby, N. W.* (Hrsg.): Handbook of Political Science, Bd. 4, Reading, 75–169. *Crewe, I./Denver, D.* (Hrsg.) 1985: Electoral Change in Western Democracies. Patterns and Sources of Electoral Volatility, London/Sydney. *Diederich, N.* 1965: Empirische Wahlforschung. Konzeptionen und Methoden im internationalen Vergleich, Köln/Opladen. *Downs, A.* 1968: Ökonomische Theorie der Demokratie, Tübingen (engl. 1957). *Eilfort, M.* 1994: Die Nichtwähler. Wahlenthaltung als Form des Wahlverhaltens, Paderborn u.a. *Falter, J. W.* 1980: Wählerbewegungen zur NSDAP 1924–1933, in: *Büsch, O.* (Hrsg.) 1980:159–202. *Falter, J. W.* 1991: Hitlers Wähler, München. *Fiorina, M. P.* 1981: Retrospective Voting in American National Elections, New Haven/London. *Heath, A.* u.a. 1991: Understanding Political Change. The British Voters 1964–1987, Oxford u.a. *Heberle, R.* [2]1978: Die Wahlökologie, in: *König, R.* (Hrsg.): Handbuch der empirischen Sozialforschung, Bd. 12, Stuttgart, 73–101. *Hirschman, A. O.* 1984: Engagement und Enttäuschung, Frankfurt/M. (engl. 1982). *Inglehart, R.* 1977: The Silent Revolution, Princeton. *Interparliamentary Union* (Hrsg.) 1976: Parliaments of the World, Berlin/New York. *Kaase, M.* 1973: Die Bundestagswahl 1972: Probleme und Analysen, in: PVS 14, 145–190. *Kaase, M.* (Hrsg.) 1977: Wahlsoziologie heute, PVS 18, 139–704. *Kaase, M./Klingemann, H.-D.* (Hrsg.) 1983: Wahlen und politisches System, Opladen. *Kaase, M./Klingemann, H.-D.* (Hrsg.) 1990: Wahlen und Wähler. Analysen aus Anlaß der Bundestagswahl 1987, Opladen. *Klingemann, H.-D./Kaase, M.* (Hrsg.) 1986: Wahlen und politischer Prozeß, Opladen. *Klingemann, H.-D./Kaase, M.*(Hrsg.) 1994: Wahlen und Wähler. Analysen aus Anlaß der Bundestagswahl 1990, Opladen. *Küchler, M.* 1980: Interessenwahrnehmungen und Wahlverhalten, Perspektiven und Ergebnisse der neueren Wahlforschung, in: ZfP 27, 277–290. *Küchler, M.* 1986: Wahl- und Surveyforschung, in: *Beyme, K. von* (Hrsg.) 1986: Politikwissenschaft in der Bundesrepublik Deutschland, Opladen, 194–208. *Lazarsfeld, P. E. F.* u.a. 1969: Wahlen und Wähler, Neuwied u.a. (engl. 1944). *Meyer, G.* 1977: Thesen zur Kritik der empirischen Wahlforschung in der Bundesrepublik Deutschland, in: *Kaase, M.* (Hrsg.) 1977, 169–194. *Miller, W. L.* u.a. 1990: How Voters Change, Oxford. *Narr, W. D./ Naschold, E.* 1971: Theorie der Demokratie, Stuttgart u.a. *Nie, N. H./Verba, S. /Petrocik, J. R.* 1976: The Changing American Voter, Cambridge.

Nohlen, D. 1978: Wahlsysteme der Welt, München. *Nohlen, D.* [2]1990: Wahlrecht und Parteiensystem, Opladen. *Nuscheler, F./Ziemer, K.* 1978: Politische Organisation und Repräsentation in Afrika, Wahl der Parlamente, Bd. 2, 2 Halbbde., Berlin/New York. *Oberndörfer, D.* (Hrsg.) 1978: Wählerverhalten in der Bundesrepublik Deutschland, Berlin. *Pappi, F. U.* 1973: Parteiensystem und Sozialstruktur in der Bundesrepublik, in: PVS 14, 181–213. *Pappi, F. U.* 1976: Sozialstruktur und politische Konflikte in der Bundesrepublik, Köln (hekt.). *Pappi, F. U.* 1986: Das Wahlverhalten sozialer Gruppen bei Bundestagswahlen im Zeitvergleich, in: *Klingemann, H.-D./Kaase, M.* (Hrsg.) 1986, 369–384. *Pappi, F. U.* 1990: Klassenstruktur und Wahlverhalten im sozialen Wandel, in: *Kaase, M./Klingemann, H.-D.* (Hrsg.) 1990, 143–192. *Parry, G.* u.a. 1991: Political Participation and Democracy in Britain, Cambridge. *Przeworski, A./Sprague, J.* 1982: Party Strategy, Class Ideology and Individual Voting. A Theory of Electoral Socialism, Stanford (hekt.). *Robertson, D.* 1983: Class and the British Electorate, Oxford. *Rohe, K.* 1992: Wahlen und Wählertradition in Deutschland, Frankfurt/M. *Rokkan, S./Svåsand, L.* [2]1978: Zur Soziologie der Wahlen und der Massenpolitik, in: *König, R.* (Hrsg.): Handbuch der empirischen Sozialforschung, Bd. 12, Stuttgart, 1–72. *Sarlvik, B./Crewe, I.* 1983: Decade of Dealignment, Cambridge. *Schultze, R.-O.* 1980: Wahlanalyse im historisch-politischen Kontext, in: *Büsch, O.* (Hrsg.): 60–96. *Schultze, R.-O.* 1986: Wahlen und politischer Wandel, in: Politische Bildung, 19. Jg., 18–32. *Schultze, R.-O.* 1991a: Wählerverhalten und Parteiensystem. Erklärungsansätze und Entwicklungsperspektiven, in: *ders.* u.a.: Wahlverhalten, Stuttgart u.a., 9–44. *Schultze, R.-O.* 1991b: Bekannte Konturen im Westen – ungewisse Zukunft im Osten. Eine Analyse der ersten gesamtdeutschen Bundestagswahl vom 2. Dezember 1990, in: *ders.* u.a.: Wahlverhalten, Stuttgart u.a., 44–102. *Schultze, R.-O.* 1991c: Außengeleitete Innovation und innengeleiteter Methodenrigorismus. Deutsche Wahlsoziologie auf dem Prüfstand des internationalen Vergleichs, in: ZParl 22, 481–494. *Schumpeter, J. A.* [5]1980: Kapitalismus, Sozialismus und Demokratie, München (engl. 1942). *Steinbach, P.* 1978: Stand und Methode der historischen Wahlforschung, in: *Kaelble, H.* u.a.: Probleme der Modernisierung in Deutschland, Opladen, 171–234. *Sternberger, D./Vogel, B./Nohlen, D.* (Hrsg.) 1969: Die Wahl der Parlamente und anderer Staatsorgane, Bd. 1: Europa, 2 Halbbde., Berlin/ New York.

Wahlsysteme

I. Technisch gesehen beinhalten Wahlsysteme (W.) den Modus, nach welchem die Wähler ihre Partei- und/oder Kandidatenpräferenz in Stimmen ausdrücken und diese (bei Parlamentswahlen) in Mandate übertragen werden. Zur Erfüllung dieser Funktion von W. sind Regelungen der Wahlkreiseinteilung, Wahlbewerbung, der Stimmgebung und der Stimmenverrechnung notwendig. Dazu bietet die Wahlsystematik schier unendlich viele Möglichkeiten. Die grundlegende klassifikatorische Unterscheidung ist die in Mehrheitswahl und Verhältniswahl. Sie macht sich jedoch nicht an technischen Regelungen, sondern an den politischen Intentionen und Konsequenzen von W. fest. Es geht um die spezifischen Ergebnisse dieses Transformationsprozesses von Stimmenzahlen *(data of votes)* in Mandate *(parliamentary seats)* in politischen und parteipolitischen Kategorien.

II. Die Unterscheidung von Mehrheitswahl und Verhältniswahl hat prinzipiell nichts an ihrer Berechtigung eingebüßt, auch wenn die mit ihr in einigen Schriften (u.a. *Hermens* 1951, *Duverger* 1959) verbundenen überzogenen Aussagen über den Strukturierungseffekt, den die Grundtypen von W. auf die ↗ Parteiensysteme ausüben, heute kaum noch vertreten werden. Für die Definition von Mehrheitswahl und

Verhältniswahl sind die unterschiedlichen Repräsentationsprinzipien bestimmend: Mehrheitswahl intendiert die Mehrheitsbildung und nimmt die Disproportion von Stimmen und Mandaten in Kauf, Verhältniswahl zielt auf eine parlamentarische Vertretung der Parteien entsprechend ihrem Anteil an den Stimmen. Empirisch läßt sich folglich die Unterscheidung zwischen den Grundtypen ausdrücken anhand des Disproportionseffektes von Wahlsystemen: Er sollte bei Verhältniswahlsystemen gering sein. Bei Mehrheitswahlsystemen ist er in der Regel groß. Andere, vielfach noch anzutreffende Definitionskriterien technischer Natur (Einerwahlkreis, Form der Liste) eignen sich erst in zweiter Linie, um die Vielzahl konkreter Wahlsysteme zu ordnen, nämlich zur Bildung von Subgruppen. Bei Präsidentschaftswahlen bieten u.a. unterschiedliche Mehrheitserfordernisse die Grundlage für die bestehende Vielfalt (etwa Regelung der zweiten Wahlgänge bei der absoluten Mehrheitswahl), die bislang wenig zur Kenntnis genommen worden ist.

1. In sieben von 23 westlichen Industrieländern wird heute ein System der Mehrheitswahl angewandt. In drei Ländern (GB, Kanada, USA) wird nach relativer Mehrheitswahl in Einerwahlkreisen gewählt. Das britische Wahlsystem, das sich übrigens in Großbritannien erst 1950 vollends durchsetzte, insofern als die letzten Mehrmannwahlkreise beseitigt wurden, hat sich in den westlichen Demokratien außerhalb des angloamerikanischen Bereichs nicht zu halten vermocht. Hier wird es freilich eng verknüpft gesehen mit der demokratietheoretischen Position des *majority rule*: Die relative Mehrheitswahl entspricht dem vorherrschenden Konfliktschlichtungsmuster. An dieser Konsubstantialität sind Reformvorhaben bislang gescheitert. Den Bann durchbrach jüngst Neuseeland (1993). Die relative Mehrheitswahl ist nach wie vor dominierend in der Kleinstaatenwelt der Karibik und im *Commonwealth* Afrikas und Asiens.

Australien und Frankreich bevorzugen ein absolutes Mehrheitswahlsystem. Australien ging 1918 von der relativen Mehrheitswahl in Einerwahlkreisen zur absoluten Mehrheitswahl mit alternativer Stimmgebung über, welche einen zweiten Wahlgang für den Fall erspart, daß kein Kandidat die absolute Mehrheit der Stimmen erreicht. Mit der Reform wurde die Rettung der kleineren dritten Partei bezweckt und erreicht; deren stete Koalition mit der zweitstärksten Partei läßt das Dreiparteiensystem wie ein Zweiparteiensystem funktionieren. Frankreich, das im Wahlsystem nie die geheiligte Spielregel der Demokratie, sondern ein probates Mittel im politischen Machtkampf gesehen hat, kehrte mit der V. Republik zur absoluten Mehrheitswahl in Einerwahlkreisen zurück. Im zweiten Wahlgang entscheidet die relative Mehrheit der Stimmen. An ihr können sich seit 1966 nur Kandidaten beteiligen, die im ersten Wahlgang zumindest 10% (vorher 5%) gültige Stimmen, bezogen auf die wahlberechtigte Bevölkerung im Wahlkreis, erhalten haben. Auch Irland wählt nach Mehrheitswahl, obwohl in den Mehrmannwahlkreisen die Mandate nach Proporz vergeben werden, in Irland nach dem *single-transferable-vote*-System, das mit »listenloser Verhältniswahl« übersetzt wird. Die Wahlkreise sind jedoch so klein gehalten, daß Mehrheitsbildung intentional der Repräsentation zugrunde liegt.

2. In der Mehrzahl der westlichen Industrieländer (16) wird heute Verhältniswahl angewandt. In Lateinamerika wird fast ausschließlich nach Verhältniswahl gewählt (vgl. *Nohlen* 1993). Die repräsentationstheoretischen Imperative für den Übergang von der Mehrheitswahl zur Verhältniswahl lagen in den verschiedenen Ländern durchaus ähnlich. Den Reformern ging es um eine »gerechte«, d.h. den realen Kräfteverhältnissen in der Wählerschaft in etwa entsprechende Repräsentation der Parteien im Parlament. Daß damit auch jeweils spezifische parteipolitische Perspektiven verknüpft waren, liegt auf der Hand, da der gesellschaftliche Wandel in Verbindung mit der Ausbreitung des ↗ Wahlrechts

einerseits den politischen Pluralismus verstärkte und mehr Parteien nach politischer Repräsentation verlangten und andererseits ehedem dominierende Parteien wie v. a. die Liberalen in Minderheitssituationen rückten, in denen die Aufrechterhaltung der Mehrheitswahl sie zu dezimieren drohte. Die Verhältniswahl wurde aber auch ganz allgemein als das der demokratischen Entwicklung korrespondierende W. begriffen, so daß vielfach die Einführung des allgemeinen Wahlrechts fast zeitgleich mit der Einführung der Verhältniswahl zusammenfiel. In den Ländern des segmentierten Pluralismus (*segmented pluralism*) (Belgien, Niederlande, Schweiz) ging die Verhältniswahl eine besonders enge Verbindung mit dem vorherrschenden Demokratiekonzept ein. Nicht die Mehrheit, sondern der Proporz und das Aushandeln entwickelten sich hier zu Strategien der Regierungsbildung und der Konfliktschlichtung (↗ Konkordanzdemokratie). Hier wie auch in gesellschaftlich homogeneren Ländern, die den Wechsel von der Mehrheitswahl zur Verhältniswahl im ersten Viertel unseres Jahrhunderts herbeiführten, reduzierte sich die Debatte über das W. und mögliche Reformen auf Varianten der Verhältniswahl.

III. Für eine empirische Theorie der Wahlsysteme ist die Unterscheidungsebene, auf der die Grundtypen bestimmt werden, viel zu abstrakt. Insbesondere im Bereich der Verhältniswahlsysteme hängen die Disproportionseffekte von einzelnen Regelungen und der Kombination verschiedener Elemente ab.

Größte Bedeutung hat die Wahlkreiseinteilung. Für die klassischen Mehrheitswahlsysteme ist die Verbindung des Einerwahlkreises mit dem Erfordernis einer relativen oder absoluten Stimmenmehrheit für den siegreichen Kandidaten typisch (GB, USA, Kanada, Frankreich, Australien). Mit Hilfe kleiner Wahlkreise (3–5 Mandate) kann sich auch bei Anwendung der Entscheidungsregel Proporz das Repräsentationsprinzip der Mehrheitswahl durchsetzen. In Verhältniswahlsystemen dominiert der Mehrmannwahlkreis mittleren bis großen Umfangs, wobei in der Regel Wahlkreise unterschiedlicher Größe gemischt werden. Nicht selten gibt es zugleich Einerwahlkreise und Wahlkreise mit mehr als 30 Mandaten. Die Niederlande bilden einen nationalen Wahlkreis; die Aufstellungsringe haben nur für die Wahlbewerbung Bedeutung. Auch in der Bundesrepublik werden die Mandatsrelationen zwischen den Parteien auf Bundesebene nach dem Zweitstimmenergebnis ermittelt.

Hinsichtlich der Wahlbewerbung ist die Einzelkandidatur in Mehrheitswahlsystemen dominierend, doch sind Listen diesem Grundtyp keineswegs fremd. Listen wiederum überwiegen in Verhältniswahlsystemen, aber auch die Einzelkandidatur ist anzutreffen. So ist etwa die Einteilung der alten Bundesrepublik in 248, des vereinten Deutschland in 328 Wahlkreise und die Direktwahl ebensovieler Abgeordneter als Einbau der Einzelkandidatur in ein System der Verhältniswahl zu verstehen. Diese Kombination wurde 1993 von Neuseeland übernommen. Auch in Japan und Italien wurde im gleichen Jahr der Einerwahlkreis eingeführt, jedoch in anderer Weise mit der Listenwahl verbunden: In Italien werden ein Viertel (155 von 620) der Mandate als Ausgleichsmandate vergeben, in Japan 200 von 500 Mandaten über Listen völlig unabhängig von den Wahlkreisergebnissen. Im dänischen Wahlsystem treffen verschiedene Formen der Kandidatur, Einzelbewerbung und Listen, aufeinander. Im irischen Fall wird die listenlose Einzelkandidatur im Mehrmannwahlkreis verknüpft mit der Vergabe der Mandate nach Proporz. Die Auswahlmöglichkeit des Wählers unter Kandidaten seiner Parteipräferenz ist bei Einzelkandidatur und bei starren Listen gleich Null. Starre Listen existieren jedoch nur in der Türkei (1961–76), Portugal und Spanien sowie in der Bundesrepublik. Es überwiegt die lose gebundene Form der Liste; die Schweiz, Luxemburg und Finnland praktizieren die freie Liste. Mittels der verschiedenen Formen der Kandidatur nimmt der Wähler jedoch kaum effektiven Einfluß auf die Auswahl der Gewählten. Einzige Ausnahme bildet Irland, wo die Mehrheitsbildung und das Alternieren in der Regierungsausübung in hohem

Maße davon abhängen, in welcher Weise die Wähler von der Präferenzstimmgebung Gebrauch machen.

Die Stimmgebungssysteme sind oft mit der Wahlbewerbungsregelung gekoppelt. Bei Einzelkandidatur verfügt der Wähler über eine Stimme, in Australien verbunden mit Alternativstimmgebung, in Irland mit Präferenzstimmgebung. In Mehrmannwahlkreisen hat der Wähler bei starren Listen nur eine Stimme (Zweitstimmenregelung Bundesrepublik, Portugal, Spanien), bei lose gebundenen Listen möglicherweise so viele Stimmen, wie Mandate im Wahlkreis zu vergeben sind (Luxemburg), oder neben einer Listenstimme eine begrenzte Anzahl von Vorzugsstimmen zur Veränderung der Reihenfolge der Bewerber auf den Listen (Belgien, Finnland, Österreich u.a.). Bei freien Listen, die das Kumulieren und Panaschieren gestatten, ist die Zahl der Stimmen meistens mit der Zahl der Mandate im Wahlkreis identisch, und die Summe ist die Grundlage für die Vergabe der Mandate an die Parteilisten (Schweiz). Große Bedeutung für das Wahlergebnis besitzt das Stimmenverrechnungsverfahren, besonders in Kombination mit der Wahlkreiseinteilung. Die *Methode d'Hondt* (Divisorenreihe 1, 2, 3, 4 etc.) ist nach wie vor das gebräuchlichste System. Mit Hilfe der ausgeglichenen Methode (Divisorenreihe 1,4–3–5–7 etc.) wurde in den skandinavischen Ländern versucht, den Disproportionseffekt, den die mittelgroßen Wahlkreise bei Anwendung von *d'Hondt* hervorrufen, geringer zu halten. Dadurch wurde die parteiliche Mehrheitsbildung erheblich erschwert.

Im Vergleich zu *d'Hondt* begünstigt auch das auf *Hare* zurückgehende und von dem Mathematiker *Niemeyer* wieder aufgegriffene Verfahren, das 1985 in der Bundesrepublik eingeführt wurde, die kleinen Parteien. In diesem System mathematischer Proportionen werden die für die Parteien abgegebenen gültigen Stimmen jeweils mit der Zahl der zu vergebenden Mandate multipliziert, die Ergebnisse durch die Gesamtzahl der abgegebenen gültigen Stimmen dividiert. Die Parteien erhalten so viele Mandate, wie ganze Zahlen entstehen. Die Restmandate werden nach der Höhe der resultierenden Zahlenbruchteile hinter dem Komma vergeben.

Bei Anwendung von Wahlzahlverfahren, wozu auch die *Methode Hagenbach-Bischoff* zählt, läßt sich der Disproportionseffekt durch Zahl und Vergabeverfahren der notwendig auftretenden Restmandate steuern. Die *Methode des größten Überrestes,* welche die kleinen Parteien begünstigt, wird jedoch in keinem der betrachteten Länder angewandt. Praktiziert werden Verfahren, die dem des größten Durchschnitts entsprechen oder in seiner Auswirkung gleichkommen. Indem die Restmandate auf Wahlkreisverbandsebene (Österreich) oder zusätzlich auf nationaler Ebene summiert und in zweiten und dritten Ermittlungsverfahren vergeben werden, an denen sich nur Parteien beteiligen können, die entweder bereits in den Wahlkreisen Mandate erringen (Österreich) oder im Landesdurchschnitt eine bestimmte Stimmenzahl erreichen konnten (in Griechenland 15 respektive 25 %), kann der Disproportionseffekt des Wahlsystems erhöht werden wie durch den Einbau von Sperrklauseln (Bundesrepublik, Italien, Japan, Neuseeland, Schweden, Spanien). Primäres Ziel solcher Sperrklauseln ist die Verringerung der Zahl der Parlamentsparteien. Disproportionseffekte sind abhängig davon, ob die Wählerschaft die Wirkung von Sperrklauseln antizipiert und von ihr gefährdete Parteien zu wählen unterläßt. Trotz der Sperrklausel von 5 % reichte der CDU/CSU 1976 ein Stimmenanteil von 48,6 % nicht aus, um die absolute Mehrheit der Mandate zu erringen. In Spanien hingegen erzielte der PSOE 1982 mit 46,5 % der Stimmen 56,6 % der Mandate.

Während im Bereich der Mehrheitswahl eine relative Einheitlichkeit der empirischen W. besteht, gleicht kein Verhältniswahlsystem dem anderen. Unterschiedliche nationale gesellschaftliche Strukturen, historische Erfahrungen, politische Bedingungen und Intentionen ließen jeweils eigene W. entstehen. Als Verhältniswahlsystem zielen sie zwar auf eine proportionale Repräsentation, erreichen diese jedoch in unterschiedlichem Umfang, so daß systematisch zwischen reinen Verhältniswahlsystemen (die einen ziemlich exakten Proporz herstellen) und Verhältniswahlsystemen mit unvollkommenem Proporz unterschieden werden kann. Einige Verhältniswahlsysteme liegen hinsichtlich des Disproportionseffekts an der Grenze dessen, was vom verfassungsrechtlich verankerten Repräsentationsprinzip noch toleriert werden kann. Im Falle der griechischen »verstärkten« Verhältniswahl ist diese Grenze bereits überschritten. Ein dritter Typ von Verhältniswahlsystemen erreicht zwar ein ziemlich ausgeglichenes Verhältnis von Stimmen und Mandaten, beugt aber einer Fragmentierung des Parteiensystems durch Sperrklauseln vor. Dies ist der Fall des Wahlsystems der Bundesrepublik Deutschland.

Die personalisierte Verhältniswahl wird international als Modellwahlsystem gehandelt, an dem sich die Wahlsystemreformen orientieren. Dabei steht die Kombination von Einerwahlkreis und Proporz im Mittelpunkt, die grundsätzlich in dreierlei Weise erfolgen kann: 1) wie in Deutschland in Form des Einbaus des Einerwahlkreises in die Verhältniswahl; 2) wie in Italien in Form proportionaler Ausgleichsmandate; 3) wie in Japan in Form der Trennung der nach Mehrheit und nach Proporz vergebenen Mandate (»Grabensystem«).

Eine moderne Typologie der W. enthält zehn Grundtypen, fünf Mehrheits- und fünf Verhältniswahlsysteme (vgl. *Nohlen* 1995): 1. Relative Mehrheitswahl in Einerwahlkreisen; 2. Absolute Mehrheitswahl in Einerwahlkreisen; 3. Mehrheitswahl mit Minderheitenvertretung; 4. (Personen- oder Listen-)Wahl in kleinen Wahlkreisen; 5. Mehrheitswahl mit proportionaler Liste bzw. »Grabensystem«; 6. Verhältniswahl starrer Liste in großen Wahlkreisen; 7. Wahlsysteme (Personen- oder Listenwahl) mit Verhältnisausgleich; 8. personalisierte Verhältniswahl; 9. *single transferable vote* (übertragbare Einzelstimmgebung); 10. reine Verhältniswahl starrer Liste.

IV. Ein historischer Vergleich der Wahlsystementwicklung in westlichen Demokratien der OECD-Länder zeigt, daß sich der heute gültige Grundtyp des W. im ersten Viertel des 20. Jh.s durchgesetzt hat. Im Gegensatz zur Optionsoffenheit zwischen den Repräsentationsprinzipien Mehrheitswahl und Verhältniswahl, welche die Wahlsystemdebatte unterstellt, sind grundlegende Reformen (zwischen den Grundtypen) seither in den Industrieländern höchst selten.

Ausnahmen von diesem Grundtatbestand lassen sich vor allem mit einschneidenden Brüchen in der historisch-politischen Entwicklung einzelner Länder erklären. Länder, in denen der ↗ Faschismus an die Macht kam oder in denen ebenfalls die demokratische Regierungsweise unterbrochen wurde, fanden erst später zu *ihrem* Wahlsystem. Dabei knüpften Italien, Österreich und die Bundesrepublik Deutschland nach dem II. Weltkrieg an den Grundtyp Verhältniswahl, der in diesen Ländern bereits 1919 eingeführt worden war, wieder an; im Falle der Bundesrepublik Deutschland wurde jedoch der Untertyp der Verhältniswahl gewechselt. Nach langen Jahrzehnten autoritärer Regime rückten mit der Errichtung demokratischer Systeme Spanien und Portugal in den 70er Jahren von ihren traditionellen W. (Mehrheitswahl mit beschränkter Stimmgebung) ab und führten Verhältniswahl ein. Einziger wirklicher Sonderfall war Frankreich mit den grundlegenden Wahlreformen von 1958 (Wiedereinführung der absoluten Mehrheitswahl), von 1985 (Rückkehr zur Verhältniswahl) und von 1986 (erneute Einführung der absoluten Mehrheitswahl), bis 1993 Neuseeland von der relativen Mehrheitswahl in Einerwahlkreisen zur personalisierten Verhältniswahl überging. Fünf Länder (Belgien, Dänemark, Finnland, Luxemburg und die Schweiz) haben praktisch keine das W. im Kern tangierenden Reformen durchgeführt. Innerhalb der Verhältniswahl lassen sich grob gesehen zwei Reformtrends ausmachen: ein Trend (in den 20er und 30er Jahren) in Richtung auf Verfeinerung des Proporzes, so in Belgien und in den skandinavischen Ländern (außer Finnland), in denen der erreichte Proportionalitätsgrad als nicht ausreichend empfunden wurde. Und ein gegenläufiger Reformtrend (nach dem II. Weltkrieg) in Richtung auf »Verbesserung« der Verhältniswahl, d.h. eine Begrenzung des Proporzeffektes in der Absicht, die Parteizersplitterung zu verhindern oder zu reduzieren, orientiert an Funktionserfordernissen parlamentarischer Regierung. Hierfür steht v. a. das Beispiel Bundesrepublik, da aus dem Scheitern der Weimarer Republik – insofern es institutionell begründet wurde – Lehren für die Wahlgesetzgebung gezogen wurden. Aber auch in Griechenland (1951), Schweden (1970) und Spanien (1976) machten sich die Gesetzgeber funktionalistische Kriterien zu eigen und »verbesserten« die Verhältniswahl. Die Wahlreformen in Japan (1993) und Italien (1993) können ebenfalls in dieser Richtung interpretiert werden – keinesfalls als Übergang zur Mehrheitswahl.

Trotz der bemerkenswerten Wahlsystemreformen zu Beginn der 90er Jahre können wir feststellen, daß das Repräsentationsprinzip einigermaßen stabil, in der überwiegenden Zahl der Fälle seit über 50 Jahren unverändert geblieben ist. Allein innerhalb der etablierten Grundtypen von Wahlsystemen gibt es einen bestimmten Reformspielraum, der in verschiedenen Ländern genutzt wurde, wobei offen bleibt, unter welchen konkreten Bedingungen Reformmöglichkeiten in der einen oder anderen Richtung bestehen. In der Regel wird nicht einmal mehr der Untertyp von Verhältniswahl verlassen.

Die Zurückhaltung der politischen Parteien in Fragen grundlegender Wahlreformen hat einerseits mit der verfassungsrechtlichen Verankerung des Repräsentationsprinzips zu tun. Eine Reform bedarf demnach qualifizierter Mehrheiten, in der Regel einer Absprache zwischen Regierung und ↗ Opposition. Andererseits scheint sieh das Verhaltensmuster politischer Parteien zu Fragen von Vor- und Nachteilen von W. gewandelt zu haben. Nachteile werden zwar von den politischen Parteien, die davon betroffen sind, gebrandmarkt. Sie bilden den Stimulus für die öffentliche Debatte über Wahlsysteme. Da Vor- und Nachteile jedoch strukturell nicht bestimmten Parteien zugeschrieben sind, sondern nach Stimmenverteilung wechseln können, nehmen ehemals benachteiligte Parteien die konjunkturellen Vorteile gerne an, ohne die in der Opposition propagierten Reformpläne zu verwirklichen. Gute Beispiele dafür bilden Griechenland und Spanien: Die Wahlreformen von 1985 bestätigten die Grundmerkmale und den Untertyp des bestehenden Verhältniswahlsystems.

Da parteiliche Mehrheiten in den Parlamenten in der Regel durch die Disproportionseffekte von W. zustande kommen, sind die Regierungsparteien, die auf diese Weise eine Parlamentsmehrheit erreicht haben, an Wahlreformen weniger interessiert. Auch kommt dem Wechsel der Parlamentsmehrheiten zwischen ↗ Bürgerlichen und ↗ Sozialdemokratischen Parteien angesichts der Integration der sozialistischen Parteien in das gesellschaftliche und politische System nicht mehr die systemsprengende Bedeutung zu, die während des Aufstiegs der Arbeiterparteien vermutet bzw. befürchtet wurde. In Krisensituationen der Demokratien hingegen wird als Lösung (zumeist mit überzogenen Erwartungen) die Reform des Wahlsystems propagiert (Beispiele Italien und Japan).

In Lateinamerika wird im allgemeinen nach Verhältniswahl in großen Wahlkreisen gewählt. Ausnahmen bilden Uruguay (reine Verhältniswahl), Mexiko (»Grabensystem«) und Chile (Zweierwahlkreissystem). Die Redemokratisierungsversuche in Afrika sind meist unter Anwendung der Wahlsysteme erfolgt, die zur Zeit der Unabhängigkeitswerdung von den ehemaligen Kolonialmächten empfohlen wurden, also Formen der Mehrheitswahl. In Namibia und Südafrika fanden die ersten freien Wahlen freilich unter (reiner) Verhältniswahl statt. In Osteuropa kam es häufig zu Kombination von Einerwahlkreis- und Listenmandaten in den drei Varianten: Grabensystem (z. B. Rußland), Verhältnisausgleich (z. B. Ungarn) und personalisierte Verhältniswahl (z. B. Estland). Hier wurden fast überall Sperrklauseln eingeführt.

V. Hinsichtlich der Auswirkungen von W. trifft für sämtliche W. zu, daß sie die Zahl der Parteien, für die Kandidaten auftraten und für die Stimmen abgegeben wurden, auf Parlamentsebene verringern. Ebenfalls läßt sich beobachten, daß die stärksten Parteien bevorzugt werden. Doch unterscheiden sich W. darin, in welchem Umfang sie die Zahl der Parteien reduzieren und die stärksten unter ihnen fördern, und auch darin, nach welchen Stärkeverhältnissen sie die Parlamentsfraktionen einander zuordnen. Wahlsysteme sind jedoch nur ein Faktor unter etlichen, die auf die Struktur eines Parteiensystems einwirken. Es kann folglich kein eindeutiges Kausalverhältnis zwischen W. und Parteiensystem angenommen werden. Auch besteht keine eindeutige Wirkungsrichtung von W. unabhängig von den konkreten sozialen und politischen Gegebenheiten des einzelnen Falles, zumal diese Bedingungen vielfach konstitutiv waren für die Einführung, Aufrechterhaltung oder Reform eines bestimmten Wahlsystems. Angesichts recht verschiedener soziopolitischer Voraussetzungen in einzelnen Ländern wird eine verläßliche Wirkungsanalyse des W. stets nach den konkreten politischen und gesellschaftlichen Gegebenheiten fragen müssen.

Hinsichtlich der Struktur von Parteiensystemen, festgemacht an der Zahl der Parteien, gilt, daß Zweiparteiensysteme rar sind (USA, Neuseeland, bedingt GB und zeitweise Österreich). Es gibt jedoch Mehrparteiensysteme, die ähnlich wie Zweiparteiensysteme funktionieren (Australien, Bundesrepublik, Irland, Luxemburg), insofern als es zu dauerhaften oder mittelfristigen Bündnissen zwischen Parteien kommt, dem Wähler sich nur eine Alternative anbietet und in der Regierungsausübung alterniert wird. Von den Ländern mit diesen beiden Typen von »Zweiparteiensystemen« wählten bis 1993 fünf nach Mehrheitswahl, drei nach Verhältniswahl (seither vier und vier). Daß Verhältniswahlsysteme die gesellschaftliche Fragmentierung widerspiegeln, kann angesichts der Zielvorstellung proportionaler Repräsentation nicht überraschen. Die Niederlande, die Schweiz, auch Belgien sind Fälle extremen Pluralismus (im Sinne *G. Sartoris*); die politische Zersplitterung ist auch in Italien und Dänemark beträchtlich. Doch ist der Proportionalitätseffekt eines W. kein eindeutiger Indikator für Fragmentierung (vgl. *Lijphart* 1994), und die Zahl der Parteien sagt wenig über den Polarisierungsgrad des Parteiensystems (*Sani/Sartori* 1983) aus, dem größere Bedeutung für die Funktionsfähigkeit des politischen Systems beizumessen ist. Er kann im Falle extremen Pluralismus geringer sein als im Zweiparteiensystem. Die ältere Kausalkette: Verhältniswahl = Parteienzersplitterung = Polarisierung = Instabilität = Gefährdung der Demokratie ist demnach aus mehreren Gründen kurzschlüssig. Weder führt Verhältniswahl zwangsläufig zu Parteienzersplitterung (vgl. Österreich, Bundesrepublik, Luxemburg und die Konzentrationstendenzen in Portugal, Spanien) noch extremer Pluralismus in die – in Analogie zu Weimar prognostizierte – politische Katastrophe (vgl. etwa Finnland und natürlich die Schweiz).

Entsprechend ihrem Repräsentationsziel erleichtern Mehrheitswahlsysteme die parteiliche Mehrheitsbildung. Bei 333 Wahlen in 25 OECD-Staaten in der Zeit von 1945–1990 wurde nur 29mal eine absolute Mehrheit der Stimmen durch eine Partei erzielt, davon 20mal in den USA. Auch unter Verhältniswahl wurden mit Hilfe des Wahlsystems Einparteiregierungen ermöglicht. An den 72 sog. *manufactured majorities* waren indes Systeme der Mehrheitswahl 52mal beteiligt. Bezogen auf die Zahl der Wahlen nach den beiden Grundtypen muß festgestellt werden, daß Mehrheitswahlsysteme einen Anteil von 72,2% an den durch das W. zustandegekommenen parteilichen Mehrheiten hatten, während für Verhältniswahlsysteme nur ein Anteil von 27,8% verblieb. Freilich muß berücksichtigt werden, daß in Gesellschaften des *segmented pluralism* und des extremen Pluralismus, welche in der Verhältniswahl das geeignete W. sehen, diese Verhältnisse in den staatlichen Organen zu reflektieren, die parteiliche Mehrheitsbildung außerhalb jeglicher Realisierungschance, ja außerhalb der politischen Intentionen der am Parteienwettbewerb beteiligten Gruppen liegt.

Dieter Nohlen

Lit.: *Butler, D./Penniman, H. R./Ranney, A.* (Hrsg.) 1981: Democracy at the Polls: A Comparative Study of Competitive National Elections, Washington, D. C. *Daalder, H./Mair, P.* (Hrsg.) 1983: Western European Party Systems, Beverly Hills. *Duverger, M.* 1959: Die politischen Parteien, Tübingen. *Garonne, P.* 1991: L'élection populaire en Suisse, Basel/Frankfurt a. M. *Grofman, B./Lijphart, A.* (Hrsg.) 1986: Electoral Laws and their Political Consequences, Beverly Hills. *Hermens, F. A.* 1968: Demokratie oder Anarchie? Untersuchungen über die Verhältniswahl, Köln-Opladen. *Jesse, E.* 1985: Wahlrecht zwischen Kontinuität und Reform, Düsseldorf. *Lijphart, A.* 1994: Electoral Systems and Party Systems. A Study of Twenty-Seven Democracies, 1945–1990, Oxford. *Lijphart, A./Grofman, B.* (Hrsg.) 1984: Choosing an Electoral System. Issues and Alternatives, New York u.a. *Mackie, T. T./Rose, R.* ³1991: The International Almanac of Electoral History, London. *Nohlen, D.* 1978: Wahlsysteme der Welt, München. *Nohlen, D.* ²1990: Wahlrecht und Parteiensystem, Opladen. *Nohlen, D.* (Hrsg.) 1993: Handbuch der Wahldaten Lateinamerikas und der Karibik, Opladen. *Nohlen, D.* 1995: Elections and Electoral Systems, Bonn. *Rae, D. W.* ²1971: The Political Consequences of Electoral Laws, New Haven/London. *Rokkan, S./Allardt, E.* (Hrsg.) 1970: Cleavages, Parties and Mass Politics, New York. *Rose, R.* 1982: Choice in Electoral Systems: The Political and Technical Alternatives, Studies in Public Policies 108, Strathclyde/Glasgow. *Sani, G./Sartori, G.* 1983: Polarization, Fragmentation and Competition in Western Democracies, in: *Daalder, H./Mair, P.* (Hrsg.): Western European Party Systems. Continuity and Chance, Beverly Hills, 307–340. *Sartori, G.* 1976: Parties and Party Systems. A Framework for Analysis, Bd. 1, Cambridge. *Sartori, G.* 1994: Comparative Constitutional Engineering, Houndsmills u.a. *Sternberger, D./Vogel, B./Nohlen, D.* (Hrsg.) 1969: Die Wahl der Parlamente und anderer Staatsorgane, 2 Halbbde., Berlin. *Taagepera, R./Shugart, M.S.* 1989: Seats and Votes. The Effects and Determinants of Electoral Systems, New Haven/London. *Vogel, B./Nohlen, D./Schultze, R.-O.* 1971: Wahlen in Deutschland, Berlin/New York.

Wechselwähler

Über kaum einen anderen Topos der ↗ Wahlforschung herrscht in Wiss. und politikberatender ↗ Demoskopie wie in der politischen Öffentlichkeit so viel Unklarkeit wie über den des Wechselwählers (W.). Dies hat begriffliche und methodische Ursachen, ist aber vor allem die Folge widerstreitender politik- und demokratietheoretischer Einschätzungen.

I. Die begrifflichen Mißverständnisse wird man am ehesten dann vermeiden können, wenn man von einer rein formalen Definition ausgeht und als W. nur diejenigen Wähler bezeichnet, die an zwei aufeinanderfolgenden und vergleichbaren Wahlen wahlberechtigt waren, teilgenommen und ihre Stimme für verschiedene Parteien abgegeben haben. Nur bei solchen Parteiwechslern handelt es sich um Wechselwähler.

W. grenzen sich ab: 1. vom Stammwähler, der bei beiden oder auch mehreren Wahlen seine Parteipräferenz beibehält; 2. vom Nichtwähler, wobei zwischen ständiger, sporadischer, zufälliger (durch unvorhersehbare Verhinderung am Wahltag), systemischer (die Teilnahme auf nationaler, die Nichtteilnahme auf nachrangiger, lokaler oder regionaler Systemebene), politisch-konjunktureller Nichtwahl zu unterscheiden ist. Nichtwähler gehören nicht in die Kategorie der Wechselwähler; 3. von der Wählerbewegung, zu der neben Nicht- und Wechselwahl auch die Veränderungen im Elektorat zählen. Nicht die W. entscheiden also die Wahl, wie immer wieder fälschlich angenommen wird; sie bilden auch keine in sich geschlossene, soziologisch oder programmatisch/ideologisch homogene Gruppe. Wahlergebnis und Stimmstärke der Parteien resultieren vielmehr aus dem Verhältnis zwischen a) den Veränderungen im Elektorat, b) Wahl und Nicht-Wahl, c) Stamm- und Wechselwählern; 4. dem *floating voter*, zu dem die angelsächsische Wahlforschung nicht allein den W., sondern alle unentschlossenen, schwankenden Wähler zählt, die zwischen zwei Wahlen und insbesondere während des Wahlkampfes keine feste und stabile Parteipräferenz äußern.

Bei einer Begriffsbestimmung, die alle potentiellen Parteiwechsler mit einbezieht, kann indessen leicht der falsche Eindruck entstehen, daß die Wähler in großer Zahl, ja mehrheitlich ihre Parteipräferenz bei Wahlen änderten. Die Zahl der tatsächlichen W. ist jedoch relativ gering; sie lag in der Bundesrepublik Deutschland seit Mitte der 60er Jahre bei 10–15%, seit den 80er Jahren bei 15–20% der Wähler. Ihre Schätzung ist zudem methodisch aufgrund der Datenungenauigkeiten der Demoskopie bei Rückerinnerungsfragen, Wählerwanderungsbilanzen und aufgrund der Durchführungsprobleme von Panel-Befragungen, bei denen eine Personengruppe über lange Zeiträume hinweg mehrfach befragt wird, äußerst problematisch.

II. Weitgehend einig ist sich die empirische ↗ Wahlsoziologie in der Interpretation der Voraussetzungen, die den Wähler zum Parteiwechsel veranlassen. Für die soziologische Schule des wahlsoziologischen *mainstream* sind es (seit *Lazarsfeld* unter Rückgriff auf *Simmels* Theorie der sich »kreuzenden Kreise«) die Auflösung homogener Umwelten und die Zunahme von *Cross-pressure*-Einflüssen. Auch der sozialpsychologische (von der *Michigan School* der US-Wahlforschung bestimmte) Ansatz betont die (allerdings nicht gruppen- und kontext-, sondern individuell und medienvermittelte) Heterogenität von Informationen als Voraussetzung für Wechselwahlverhalten – d.h. man geht in beiden Fällen davon aus, daß die Wahrscheinlichkeit des Wechsels um so größer wird, je heterogener die umwelt- und/oder medienvermittelten Informationen sind, die auf den Wähler einströmen.

Die Bewertung des W. ist indessen stets kontrovers gewesen; in ihr spiegeln sich gegensätzliche demokratie- und gesellschaftstheoretische Positionen sowie vor allem auch der jeweilige Zeitbezug bzw. Entstehungszusammenhang der betreffenden Interpretation, so daß man am Topos des W. den paradigmatischen Charakter der Wahlforschung beispielhaft aufzeigen kann.

1. Unter dem Eindruck des Zusammenbruchs der Demokratien in Europa verwundert es nicht, daß die US-amerikanische Wahlforschung in den Wahlstudien der 40er und 50er Jahre, den ersten auf demoskopische Methoden gestützten empirischen Untersuchungen, das Schwergewicht der Analysen auf die Ausbildung der Wählerentscheidungen im Wahlkampf legte und im *floating voter* den uninformierten, schwankenden, leicht beeinfluß-, ja manipulierbaren Wähler sah. Sich selbst als Demokratiewissenschaft verstehend und an der Stabilität der politischen Institutionen und des Parteiensystems interessiert, machte sich die bundesrepublikanische ↗ Politikwissenschaft der Nachkriegszeit in den Wahlstudien der 50er Jahre diese Einschätzung weitgehend zu eigen und baute auf die Konstanz im politischen Verhalten der Wähler. *E. Faul* (1960) sah den W. als Wähler ohne festen politischen Standort und bezeichnete ihn als »Flugsand«.

2. Mit der Lockerung der strukturellen Bindungen und dem Abbau traditioneller Loyalitäten sowie mit der wachsenden Bedeutung aktueller Politik auf die Wählerentscheidung

stieg nicht allein die Zahl der W.; es wandelte sich auch die Einschätzung grundlegend: Aus dem unpolitischen und standortlosen wurde der ungebundene, aber politisch rational handelnde W. In der Interpretation knüpfte man dabei politiktheoretisch an den ↗ Ökonomischen Theorien der Politik an und sah im W. den sich marktrational verhaltenden *homo oeconomicus,* der sich nutzenmaximierend zwischen den Programmangeboten der Parteien entscheidet. Gesellschaftstheoretisch argumentierte man in Anlehnung an die Theoreme von der sich formierenden Mittelklassen-Gesellschaft wie vom »Ende der Ideologien« und lokalisierte den W. in den politisch besonders informierten und Modernitätszielen verpflichteten, zudem sozial wie politisch besonders mobilen »urbanisierten Mittelschichten«. Politisch spielte diese Interpretation in der Bundesrepublik Deutschland für die Erklärung der SPD-Siege bei den Wahlen von 1969 und 1972 ein Rolle (*Kaltefleiter* 1973; *Feist/Liepelt* 1976), wie theoretisch und empirisch fragwürdig die These vom wahlentscheidenden Einfluß des W. aus der Mittelklasse auch gewesen ist (vgl. *Schultze* 1975).

3. Im Kontext des Struktur- und ↗ Wertewandels und den damit einhergehenden *Dealignment*-Prozessen in Wählerverhalten und Parteiensystemen der fortgeschrittenen kapitalistischen Demokratien unterlag die Einschätzung des W. seit den 70er Jahren einem erneuten Wandel.

Unterschied man in der Vergangenheit zwischen kurzfristigem Wechsel, dem zeitweiligen Abweichen des Wählers von seiner Parteiidentifikation und langfristigem Wandel, der zu einer stabilen Umorientierung in den Parteipräferenzen der Wählerschaft führte, so werden die These von der zyklischen Abfolge von Konstanz und Wandel in Wählerverhalten und Parteiensystem oder auch *Lipsets/Rokkans* (1967) These vom »Einfrieren« der westeuropäischen Parteiensysteme (nach dem I. Weltkrieg) von der Schule der *Mainstream*-Soziologie (vgl. *Bernstein* 1979) angehörenden Wahl- und Parteienforschern zusehends empirisch zu falsifizieren versucht.

Aufgrund der bislang ausgebliebenen (oder mindestens nicht so ohne weiteres erkennbaren) *realignments* gehen die meisten Interpreten des wahlsoziologischen *mainstream* mit Blick auf das Verhältnis von Stamm- und Wechselwählern davon aus, daß die Wahlentscheidung stärker als je zuvor an den politisch-situativen und politisch-konjunkturellen Konstellationen auf der politischen (Makro-)Systemebene und an der (auf die partizipatorische Selbstverwirklichung zielenden) subjektiven Befindlichkeit des einzelnen Wählers orientiert ist, daß die instrumentalistische Dimension politischer ↗ Partizipation an Gewicht gewonnen und damit das Ausmaß kurzfristig wechselnden Wählerverhaltens beträchtlich zugenommen hat.

Die konservative Kritik an der »partizipatorischen Revolution« *(Kaase)* der 70er Jahre sieht hierin eine der Ursachen für die Regierbarkeits-Probleme in den westlichen Demokratien. während von anderer Seite die politische Rationalität von Wechselwahl-, aber auch von Nicht-Wahl-Verhalten betont wird. Tatsächlich sinkt denn auch der Prozentsatz der dauerhaft konstanten Wähler weiter, wächst der Anteil derjenigen, die ihre Parteipräferenz öfter mal wechseln oder aus politischem Protest heraus nicht wählen. Dies gilt insbesondere dann, wenn man nicht nur die nationalen Wahlen in den Blick nimmt, sondern die Wahlen der verschiedenen Systemebenen (also neben Bundestags- auch Landtags-, Europa- und Kommunalwahlen) betrachtet, bei denen der Anteil der Nichtwähler, aber auch der Parteiwechsler deutlich höher liegt als bei Bundestagswahlen (vgl. *Jung* 1991).

Für die Parteien ist damit das Verhalten der Wähler insgesamt unkalkulierbarer geworden, zumal weder die Wechselwähler noch die Nichtwähler homogene Gruppen darstellen. Fraglich ist auch, ob dies die Parteien wirklich zu höherer Responsivität zwingt, wie die Verfechter der Thesen vom rationalen (Wechsel-)Wähler unterstellen. Folglich halten die Kontroversen in der Beurteilung trotz zahlreicher neuer, meist international vergleichender Untersuchungen an (u.a. *Crewe/Denver* 1985; *Dalton/Rohrschneider* 1990). Insbesondere ist weiter strittig, ob es sich bei den zu beobachtenden Veränderungen im Wählerverhalten nur um Prozesse der Auflösung der traditionellen Bindungen, also allein um Prozesse des *dealignment* mit der (als dauerhaft angesehenen) Konsequenz höherer *electoral volatility*, also steigender Wechselbereitschaft in der Wählerschaft, handelt oder ob diese Phase nur als ein mehr oder weniger langes Zwischenstadium zu interpretieren ist, während dessen die tradierten, das politische Verhalten prägenden Strukturkonflikte durch neue ergänzt oder ganz ersetzt werden, ob also in der Form des *partisan realignment* langfristig stabile neue Strukturen oder Bindungen in Wählerverhalten und Parteiensystem entstehen und damit die Bereitschaft zur Wechselwahl wieder sinkt.

Rainer-Olaf Schultze

Lit.: *Bernstein, R.J.* 1979: Restrukturierung der Gesellschaftstheorie, Frankfurt/M. *Daalder, H./Mair, P.* (Hrsg.) 1983: Western European Party Systems. Continuity and Change, Beverly Hills. *Dalton, R.J./Rohrschneider, R.* 1990: Wählerwandel und Abschwächung der Parteineigungen von 1972 bis 1987, in: *Kaase, M. /Klingemann, H.-D.* (Hrsg.): Wahlen und Wähler. Analysen aus Anlaß der Bundestagswahl 1987, Opladen, 297–324. *Downs, A.* 1968: Ökonomische Theorie der Politik, Tübingen. *Eilfort, M.* 1994: Die Nichtwähler. Wahlenthaltung als Form des Wahlverhaltens, Paderborn u.a. *Faul, E.* (Hrsg.) 1960: Wahlen und Wähler in Westdeutschland, Villingen. *Feist, U./Liepelt, K.* 1976: Machtwechsel in Raten: Das Parteiensystem auf dem Weg zur Mitte, in: Transfer 2: Wahlforschung, Sonden im politischen Markt, Opladen, 26–56. *Jung, M.* 1991: Der Wechselwähler – das unbekannte Wesen, in: Wahlverhalten (Kohlhammer Taschenbücher 1093), Stuttgart u.a., 208–223. *Kaase, M.* 1967: Wechsel von Parteipräferenzen, Meisenheim. *Kaltefleiter, W.* 1973: Zwischen Konsens und Krise. Eine Analyse der Bundestagswahl 1972, Köln u.a. *Klingemann, H.-D.* 1985: West Germany, in: *Crewe, I./Denver, D.* (Hrsg.): Electoral Change in Western Democracies. Patterns and Sources of Electoral Volatility, London/Sydney, 230–263. *Klingemann, H.-D.* 1986: Der mündige Wähler: Ein Ansatz zur Erklärung des Wählerverhaltens, in: Politische Bildung 19/2,45–58. *Lazarsfeld, P.F./Berelson, B./Gaudet, H.* 1969: Wahlen und Wähler, Neuwied u.a. (engl. 1944). *Lipset, S. M./Rokkan, S.* (Hrsg.) 1967: Party Systems and Voter Alignments, New York. *Schultze, R.-O.* 1975: Die Bundestagswahl 1976. Prämissen und Perspektiven, in: ZParl 6, 530–565. *Schultze, R.-O.* 1980: Wahlanalyse im historisch-politischen Kontext, in: *Büsch, O.* (Hrsg.) : Wählerbewegung in der Europäischen Geschichte, Berlin, 60–94. *Schultze, R.-O.* 1991: Wählerverhalten und Parteiensystem. Erklärungsansätze und Entwicklungsperspektiven, in: Wahlverhalten, Stuttgart u.a., 11–43. *Schultze, R.-O.* 1994: Aus Anlaß des Superwahljahrs: Nachdenken über Konzepte und Ergebnisse der Wahlsoziologie, in: ZParl 23, 472–493. *Shamir, M.* 1984: Are Western Party Systems »Frozen«? A Comparative Dynamic Analysis, in: CPS 17, 35–79.

Wert/Wertewandel

[1] Wert, Wertforschung.

I. Wert gehört zu den zentralen analytischen Konzepten der Sozialwiss. Trotz eines breiten Bedeutungsspektrums versteht man darunter insbesondere dauerhafte Orientierungen des Individuums in bezug auf das sozial Wünschenswerte; in diesem Sinne besitzen Werte verhaltenssteuernde, aus Verhaltensalternativen auswählende Funktion. Zwar hat sich in der Forschung eine Abgrenzung von Werten gegenüber verwandten Konzepten wie Bedürfnissen oder gegenüber Einstellungen als schwierig erwiesen. Dennoch gelten Werte als feste, im individuellen Überzeugungssystem verankerte Dispositionen mit hoher Änderungsresistenz und hoher Reichweite.

II. Die Wertforschung ist bis heute von theoretischer Diffusität und entsprechend in ihren empirischen Ergebnissen von Ambivalenz geprägt. Neben der bereits genannten Abgrenzungsproblematik sind bislang vor allem die Probleme des Umfangs – wie viele Werte gibt es? – und der Dimensionalität – wie sind die Werte zueinander organisiert? – des Werteraums nicht überzeugend gelöst.

In der Wertforschung besteht eine gewisse Übereinstimmung dahingehend, daß Werte gesellschaftlich bestimmt sind, ihren Ausdruck in zentralen gesellschaftlichen Institutionen finden und vom Individuum über Prozesse der Sozialisation aufgenommen und verankert werden (↗ Politische Sozialisation). Ferner wird davon ausgegangen, daß Werte in Systemen organisiert sind, die man sich, wie *M. Rokeach* (1973) und *A. Maslow* (vgl. *Heckhausen* 1980), hierarchisch strukturiert vorstellt. Offen ist, inwieweit menschliche Vergesellschaftung stets nur eine begrenzte Zahl von Wertdimensionen hervorbringen kann; Übereinstimmung besteht hingegen über die Annahme von Raum-Zeit-abhängigen und kulturabhängigen Unterschiedlichkeiten in der relativen Bedeutung spezifischer Werte. Damit sind historische Entwicklungsprozesse und insbesondere Differenzierungsprozesse innerhalb und zwischen Gesellschaften angesprochen, die sich nicht zuletzt auch in Veränderungen von Wertsystemen – eben Wertewandel – ausdrücken (*Klages* 1981: 529–530). Wegen der großen Bedeutung von Werten für die gesellschaftliche Entwicklung sind Prozesse des Wertewandels stets außerordentlich folgenreich gewesen; sie können zu erheblichen Anpassungskrisen führen (*Löwenthal* 1979: 110–121). Insofern überrascht die große Aufmerksamkeit nicht, die dem Problem des Wertewandels in Öffentlichkeit und Wiss. seit Mitte der 70er Jahre geschenkt worden ist (vgl. *Klages/Kmieciak* 1979; *Klages/Hippler/Herbert* 1992).

Die empirische Forschung zum Wertewandel erweist sich allerdings als sehr voraussetzungsreich. Hauptgrund hierfür ist die Notwendigkeit, Daten von ausreichender historischer Tiefe und Differenziertheit zu gewinnen. Ohne solche Daten können wichtige Probleme der Analyse des Wertewandels, wie etwa die Frage der individuellen Stabilität von Werten oder die für die Untersuchung von Wertewandel zentrale Unterscheidung in Lebenszyklus-, Kohorten- und Periodeneffekte (*Glenn* 1977), nicht gelöst werden. Die aktuelle Wertewandel-Debatte ist sehr stark durch die Arbeiten von *R. Inglehart* (1977, 1989) bestimmt worden.

Max Kaase

Lit.: *Glenn, N. D.* 1977: Cohort Analysis, Beverly Hills. *Heckhausen, H.* 1980: Motivation und Handeln, Berlin, 104–107. *Inglehart, R.* 1977: The Silent Revolution, Princeton. *Inglehart, R.* 1989: Kultureller Umbruch, Frankfurt/M. *Klages, H.* 1981: Wertwandel, in: *Greiffenhagen, M./Greiffenhagen, S./Prätorius, R.* (Hrsg.): Handwörterbuch zur politischen Kultur der Bundesrepublik Deutschland, Opladen, 528–533. *Klages, H./Hippler, H.-J./Herbert, W.* (Hrsg.) 1992: Werte und Wandel, Frankfurt/M. *Klages, H./Kmieciak, P.* (Hrsg.) 1979: Wertwandel und gesellschaftlicher Wandel, Frankfurt/M. *Löwenthal, R.* 1979: Gesellschaftswandel und Kulturkrise, Frankfurt/M. *Maslow, A.H.* 1981: Motivation und Persönlichkeit, Reinbek (englisch 1954). *Rokeach, M.* 1973: The Nature of Human Values, New York.

[2] Wertewandel.

I. Die Diskussion um die Veränderung von grundlegenden gesellschaftlichen Werten ist zu einem populären Thema in den Sozialwissenschaften geworden. Ein entscheidender Auslöser dieser Diskussion war der Gedanke des amerikanischen Politikwissenschaftlers *Ronald Inglehart*, nach dem sich gesellschaftlicher Wandel über einmal erworbene und relativ konstant haltende Werteorientierungen erklären läßt. *Ingleharts* (1971) These vom grundlegenden Wertewandel (W.) in westlichen ↗ Industriegesellschaften besagt zusammenfassend, daß »materialistische« Werte zunehmend durch »postmaterialistische« Werte abgelöst werden. Von dieser Grundannahme ist *Inglehart* (1989) auch in jüngster Zeit nicht abgerückt, obwohl verschiedene Kritiker auf theoretische Widersprüche und empirische Ungereimtheiten hingewiesen haben.

Ingleharts Wertewandelkonzept basiert einerseits auf einer sozialpsychologischen Theorie und andererseits auf einer Sozialisationstheorie. In Anlehnung an *Maslows* Konzept einer Bedürfnishierarchie (1954) behauptet *Inglehart,* daß Individuen ursprünglich zunächst Bedürfnisse der physiologischen und physischen Sicherheit entwikkeln (»materielle Wertestrukturen«). Sind diese Bedürfnisse einmal befriedigt, treten strukturell neue Bedürfnisse in Erscheinung, zunächst soziale, dann kulturelle und schließlich intellektuelle Bedürfnisse (»postmaterialistische Wertestrukturen«). Weiter argumentiert *Inglehart,* daß diejenigen Bedürfnisse an subjektiver Wertschätzung gewinnen, die noch nicht befriedigt und zudem verhältnismäßig knapp sind (Mangelhypothese). Konkret bedeutet dies beispielsweise, daß die relativ lange Phase der ökonomischen und militärischen Sicherheit in westlichen Industrienationen nach dem II. Weltkrieg zu einer Verlagerung von (bereits weitgehend befriedigten) materiellen Werten hin zu (noch nicht befriedigten) postmateriellen Werten führt.

Da sich aus diesem motivationspsychologischen Ansatz allein noch kein langfristig stabiler W. ableiten läßt, verbindet *Inglehart* die Mangelhypothese mit einer Sozialisationshypothese. Danach werden die Grundwerte einer Person überwiegend durch jene politischen Bedingungen bestimmt, die während der Jugendzeit individuell erfahren werden *(Inglehart* 1979). Einmal in der »formativen Phase des Lebens« (die ersten 20 Jahre) angenommene Wertprioritäten werden als relativ tiefverwurzelt und stabil angesehen. Sie unterliegen keinen kurzfristigen Veränderungen, sondern dienen »lebenslänglich« als Wertmaßstab zur Beurteilung von politischen und sozialen Entwicklungen. *Ingleharts* Hypothese besagt nun, daß jene Generationen in westlichen Industriegesellschaften, die in Phasen materieller Not geboren und sozialisiert sind, in ihrer Mehrheit materialistische Werte aufweisen, während andererseits Generationen, die in Zeiten relativer Prosperität geboren und aufgewachsen sind, zunehmend postmaterielle Werte besitzen. Folglich stellt sich der W. als evolutionäres Ergebnis fortgeschrittener ökonomischer Entwicklung dar, die sich im Prozeß der Modernität voranschreitender westlicher Industriegesellschaften ergibt.

II. Ungeachtet der Kritik an *Ingleharts* Ansatz *(Müller-Rommel* 1983) wurde dieser jedoch häufig zur Erklärung von gesamtgesellschaftlichem und politischem Wandel in Westeuropa herangezogen. Die Basis hierfür lieferten Daten über die Anteile von Materialisten und Postmaterialisten in sechs Staaten der Europäischen Gemeinschaft *(Inglehart* 1981, 1989, 1992). Insgesamt konnte *Inglehart* nachweisen, daß es in vier Ländern (Großbritannien, Bundesrepublik, Frankreich, Niederlande) 1986 weniger Materialisten und mehr Postmaterialisten gab als 1970. In Italien ist die Verteilung relativ konstant geblieben, während in Belgien der Anteil an Materialisten zugenommen hat. Auffallend ist, daß bei *Inglehart* keine neueren Daten über Dänemark auftauchen, das 1973 von den EG-Ländern noch als Schlußlicht auf der Skala der postmaterialistischen Einstellung rangierte. Die höchsten Anteile an postmaterialistischen Werten sind gegenwärtig in den Niederlanden, gefolgt von der Bundesrepublik zu finden. Deutlich niedriger liegen die Prozentanteile der Postmaterialisten in Großbritannien, Italien, Frankreich und Belgien.

Der so gemessene W. in Westeuropa wird u.a. als erklärende Variable für Veränderungen im Wählerverhalten, aber auch für das Entstehen elitenherausfordernder politischer Gruppierungen (neue ↗ Soziale Bewegungen) verantwortlich gemacht. Die Wahlergebnisse im westeuropäischen Vergleich dokumentieren, daß ↗ Grüne Parteien gerade in der Bundesrepublik, aber auch in den Niederlanden hohe Erfolge erzielen. Ferner haben auch die neuen sozialen Bewegungen gerade in jenen Ländern mit hohen Anteilen an Postmaterialisten und niedrigen Anteilen an Materialisten einen ausgeprägten Organisations- und Mobilisierungsgrad.

Eine weitere Folge des W. ist die schwindende ↗ Legitimität klassischer, hierarchisch organisierter Institutionen. Gerade in den Niederlanden, aber auch in Frankreich und Belgien haben sich verstärkt neue politische Kräfte entwickelt, die den traditionellen Institutionen die Unterstützungsbereitschaft aufgekündigt und neue, differenziertere Formen der politischen *Input*-Aktivitäten entwickelt haben. Dies fordert einerseits die etablierten Massenparteien zu integrativem Handeln heraus. Andererseits bewirken die neuen Protestformen einen nationalen Identifikationsverlust und verstärken die Verbreitung transnationaler Zusammenarbeit zwischen den neuen sozialen Bewegungen.

III. Die theoretische Reichweite des Wertewandelkonzepts ist auch heute noch relativ begrenzt. Insgesamt erscheint es angemessen, die mit ihr üblicherweise verknüpften und teilweise überschätzten Erwartungen zu relativieren bzw. zu reduzieren.

So mangelt es beispielsweise an überzeugenden Antworten auf die entscheidende Frage, wann und bei wem W. in welche Richtung und mit welcher prognostizierbaren Stabilität einsetzt. Zwar besteht weitgehende Einigkeit über die soziodemographische Herkunft der Materialisten und der Postmaterialisten: Jüngere, besser gebildete Bürger in Dienstleistungsberufen neigen eher zu postmaterialistischen Werten. Unklar bleibt jedoch, ob die berufliche Position im Dienstleistungsbereich die Entfaltung von postmaterialistischen Werteorientierungen begünstigt oder ob bereits vorhandene postmaterialistische Werteorientierungen die individuellen Bemühungen um eine berufliche Tätigkeit im Dienstleistungsbereich forcieren. Ferner existieren keine gesicherten Erkenntnisse über die ideologische Position von postmaterialistischen Werteorientierungen im traditionellen richtungspolitischen Links-Rechts-Spektrum. Des weiteren sind die vorliegenden empirischen Ergebnisse über die Stabilität von einmal erworbenen Werteorientierungen höchst widersprüchlich.

Ein zweites gewichtiges Argument für die nur begrenzte theoretische Reichweite des Wertewandelkonzepts ist der Mangel an theoretisch fundierten und empirisch abgesicherten Aussagen über den Zusammenhang von Werteorientierungen und politischem Verhalten. Zwar konnte *Inglehart* (1989) nachweisen, daß Postmaterialisten dazu neigen, ihr politisches Handeln auf die Herbeiführung von Veränderungen auszurichten und sich an unkonventionellem politischem Protest zu beteiligen. Inwieweit dieses Verhalten tatsächlich auf einen unabhängigen direkten Effekt von einmal erworbenen (neuen) Werteorientierungen zurückzuführen oder aber nur in Verbindung mit anderen Variablen (z.B. dem individuellen Lebensalter oder dem Bildungsabschluß) zu interpretieren ist, bleibt freilich ungeklärt (↗ Partizipation).

Ähnlich problematisch sind auch die Aussagen von *Inglehart*, nach denen Postmaterialisten eher Linksparteien wählen und dort relativ häufig mit grünen Parteien sympathisieren, wo diese auftreten (1989). Auch diese Befunde erbringen keine kausalanalytische Klärung der Frage, ob Werteorientierungen nicht nur eine Mittlerposition (intervenierende Variable) zwischen sozialstrukturellen Variablen und Wählerverhalten einnehmen (*Müller-Rommel* 1993).

Ferdinand Müller-Rommel

Lit.: *Inglehart, R.* 1971: The Silent Revolution in Europe, in: APSR 65, 991–1017. *Inglehart, R.* 1979: Wertewandel in westlichen Gesellschaften, in: *Klages, H./Kmieciak, P.* (Hrsg.): Wertewandel und gesellschaftlicher Wandel, Frankfurt a. M./New York,

279–316. *Inglehart, R.* 1981: Post-Materialism in an Environment of Insecurity, in: APSR 75, 880–900. *Inglehart, R.* 1989: Kultureller Umbruch, Frankfurt a. M./New York. *Inglehart, R.* [2]1992: Vergleichende Wertewandelforschung, in: *Berg-Schlosser, D. / Müller-Rommel, F.* (Hrsg.): Vergleichende Politikwissenschaft, Opladen. *Müller-Rommel, F.* 1983: Die Postmaterialismusdiskussion in der empirischen Sozialforschung, in: PVS 24, 218–228. *Müller-Rommel, F.* 1993: Grüne Parteien in Westeuropa, Opladen.

Widerstand

I. Widerstand (W.) kann sich gegen eine äußere wie gegen eine innere Bedrohung der politischen Gemeinschaft richten, gegen einen inneren Unterdrücker oder gegen die Anweisungen einer fremden Siegermacht, er kann gewaltsam oder gewaltlos bzw. gewaltfrei sein, aktiv oder passiv. Die Formen des W.s reichen insofern vom Attentat bis zur Sabotage, vom zivilen Ungehorsam bis zum Rücktritt von Ministern oder Beamten; sie schließen auch jenen unkonturierten W. ein, der als Renitenz bezeichnet werden kann. Der Facettenreichtum des W.s hat zu einem inflationären Wortgebrauch verführt, bei dem sich zuletzt fast jede politische Handlung als W. zu etikettieren vermag. Der Begriff des W.s bedarf insofern einer präzisierenden Rekonstruktion.

Nicht jede Verweigerung ist als W. zu bezeichnen; im strengen Sinn kann davon nur die Rede sein, wenn der Widerstandleistende die Gefahr einer Benachteiligung oder Bestrafung bewußt in Kauf nimmt und sich in seiner Weigerung, Befehle, Anweisungen oder Gesetze zu befolgen, mit Gründen auf sein Gewissen oder ein höheres Recht berufen kann. In der Möglichkeit dieses Rekurses unterscheidet sich W. von der bloßen Dienstpflichtverletzung, Befehlsverweigerung oder Gesetzesübertretung. Von revolutionären Handlungen grenzt sich W. durch sein eher konservatives Ziel ab: die Verteidigung bzw. Wiederherstellung des *Status quo ante*. Im Mittelpunkt der Debatte um die ↗ Legitimität des W.s steht darum die Frage, wer der wahre Aufrührer und der wahre Verteidiger der Ordnung sei. So gehen die meisten antiken und mittelalterlichen Tyrannislehren davon aus, daß der Tyrann der Aufrührer und sein Mörder der Verteidiger bzw. Wiederhersteller der Ordnung sei.

II. Nicht Gehorsam, sondern Unterwerfung ist das strikte Gegenteil von Widerstand. Die Alternative Unterwerfung oder W. stellt sich zu Beginn eines ↗ Krieges ebenso wie vor einem Aufstand.

Clausewitz (»Vom Kriege« VI, 7) hat dies in die dialektische Überlegung gefaßt, nicht der Angriff, sondern die Verteidigung sei der Beginn des Krieges: »Wenn wir uns die Entstehung des Krieges philosophisch denken, so entsteht der eigentliche Begriff des Krieges nicht mit dem Angriff, weil dieser nicht (...) den Kampf, (sondern) die Besitznahme zum absoluten Zweck hat, sondern er entsteht erst mit der Verteidigung, denn diese hat den Kampf zum unmittelbaren Zweck, weil abwehren und kämpfen offenbar eins ist.« Da *Clausewitz* im Gegensatz zu Antike und Mittelalter nicht auf eine den Konfliktparteien übergeordnete Rechtssphäre rekurriert, darum auch nicht zwischen »gerechten« und »ungerechten« Kriegen unterscheiden kann, begreift er den ↗ Konflikt als das Aufeinanderprallen zweier gleichberechtigter Willen. Insofern ist seine Folgerung zwingend, nicht der Angreifer, sondern der Verteidiger beginne den Krieg. Dies gilt für den äußeren wie den inneren W.: Wo nicht von göttlichem oder natürlichem Recht her argumentiert wird, ist nicht die Veränderung des *Status quo*, sondern der W. dagegen der Beginn des Aufruhrs.

Die jüngere politikwiss. Diskussion hat auf dieses Dilemma mit der Neudefinition des Gewaltbegriffs reagiert: Durch die Einführung des Begriffs der strukturellen Gewalt wurde es möglich, nicht erst die manifeste Gewalt der Widerstandleistenden, sondern bereits die latente Gewalt der Verhältnisse als

Gewalt zu klassifizieren (↗ Friedens- und Konfliktforschung). Diese definitorische Aufweichung des Gewaltbegriffs nahm freilich dem Begriff des W.s seine Präzision und brachte ihn in die Nähe der ↗ Revolution.

III. Gehorsam und W. galten lange als Komplementärbegriffe der europäischen politischen Ordnung: Gegen verbrecherische Befehle und ungerechte Gesetze W. zu leisten war Gehorsam gegenüber einem höheren Recht und Anerkennung höherer Werte. Die Frage nach den Grenzen des Gehorsams ist verbunden mit der nach den Grenzen staatlicher Zugriffsrechte.

Von alters her sind Körper (körperliche Unversehrtheit) und Haus (Hausfriede, Hausrecht) besonders geschützte Bereiche. Obrigkeitliche bzw. staatliche Eingriffe in diese Sphären waren oft Ursache bzw. Anlaß des Widerstands. In den konfessionellen Auseinandersetzungen am Beginn der Neuzeit bedienten sich alle gesellschaftlichen Gruppen widerstandsrechtlicher Argumente. Die schärfsten widerstandsrechtlichen Argumente kamen aus den Reihen der französischen Calvinisten *(Hotman, Beza, Duplessis-Mornay, Languet)*.

Eine neue Grundlage erhielt das Widerstandsrecht in den ↗ Vertragstheorien von *Hobbes, Locke* und *Rousseau*. Hier resultiert das Recht des W.s bzw. das Erlöschen der Gehorsamsverpflichtung aus dem Bruch oder der Nichterfüllung des Gesellschafts- bzw. Herrschaftsvertrages. Mit dem Anwachsen bürgerlicher Elemente in der Gesellschaft erhielt der Schutz des Eigentums verstärktes Gewicht. Art. 20 Abs. 4 GG, aufgenommen zusammen mit den Notstandsgesetzen, ist gedacht als Legitimierung des W.s der Bürger, wenn sich der Staat aus einem Rechts- in einen Unrechtsstaat verwandelt. Damit sollten auch verfassungsrechtliche Konsequenzen aus dem Aufstieg des Nationalsozialismus zur Macht gezogen werden. Eine Reihe von Kommentatoren (vgl. *Schneider*) hat jedoch darauf hingewiesen, daß *de facto* die entsprechenden GG-Bestimmungen ein Mittel nicht der Bürger, sondern der Staatsorgane zur Verteidigung der bestehenden Ordnung sind (↗ Verfassung). Der Versuch einer verfassungsmäßigen Positivierung des Überpositiven kann kaum als gelungen bezeichnet werden.

Herfried Münkler

Lit.: *Arndt, C.* u.a. 1983: Widerstand in der Demokratie, Hamburg. *Baier, F.* 1965: Widerstand gegen die Staatsgewalt: Dokumente der Jahrhunderte, Frankfurt/M. *Kaufmann, A./Backmann, L.* 1972: Widerstandsrecht, Darmstadt. *Kern, F.* 1914: Gottesgnadentum und Widerstandsrecht, Leipzig. *Kriele, M.* 1983: Die Rechtfertigungsmodelle des Widerstandes, in: APuZ 39, 12–24. *Schmädeke, J./Steinbach, P.* (Hrsg) 1985: Der Widerstand gegen den Nationalsozialismus, München. *Schneider, H.* 1969: Widerstand im Rechtsstaat, Karlsruhe. *Wolzendorf, K.* 1916: Staatsrecht und Naturrecht in der Lehre vom Widerstandsrecht, Breslau.

Wirtschaftsdemokratie

1. Wirtschaftsdemokratie (W.), d.h. primär ↗ gemeinwohl- statt profitorientierte Gestaltung der Wirtschaft, beinhaltet ein Transformationskonzept des ↗ Demokratischen Sozialismus, das die Aufhebung der strukturellen kapitalistischen Instabilität, Disfunktionalitäten, Inhumanitäten und Oligarchien nicht zu verwirklichen versucht durch revolutionäre Eingriffe (Totalsozialisierung; Totalplanung), sondern durch einen Prozeß begrenzter, differenzierter Umgestaltungen nach dem Prinzip der gemischten Wirtschaft *(mixed economy)*: Erhaltung und Wiederherstellung funktionsfähiger marktwirtschaftlicher Strukturen (↗ Marktwirtschaft), gemeinwohlorientierte Steuerung von marktwirtschaftlichen

Systemelementen durch 1) Kontrolle wirtschaftlicher Macht (einschließlich möglicher Vergesellschaftung marktbeherrschender und Schlüsselunternehmen), 2) ↗ Mitbestimmung der abhängig Beschäftigten auf allen Ebenen der Wirtschaft und 3) volkswirtschaftliche Rahmenplanung (einschließlich indirekter oder direkter Investitionslenkung und planvoller ↗ Arbeitsmarktpolitik).

Dabei ist – ganz abgesehen von der realpolitischen Durchsetzbarkeit – das Problem der »richtigen Mischung« von markt- und plan- bzw. gemeinwirtschaftlichen Elementen innerhalb der demokratisch-sozialistischen Theoriediskussion durchaus offen (↗ Wirtschaftssystem); sie kann auch prinzipiell der sozio-ökonomischen Entwicklung und dem darin stattfindenden Erfahrungsprozeß überlassen bleiben.

Den Vertretern des Konzepts der W. zufolge verhindert unkontrollierte Verfügungsmacht über Produktionsmittel eine Demokratisierung der Wirtschaft und Gesellschaft. Die objektive Logik der Kapital-Macht-Prozesse und die Politik der kapitalistischen ↗ Interessengruppen üben einen reform- und demokratiefeindlichen Einfluß auf die politische Willensbildung und die Staatsorgane aus.

2. Zur Kontrolle wirtschaftlicher Macht wird – insbesondere, wo es sich um marktbeherrschende Unternehmen handelt – nach wie vor das klassische Konzept einer Überführung in Gemeineigentum von den meisten demokratischen Sozialisten in Westeuropa anerkannt. Solche Vergesellschaftung sollte durchaus pluralistisch, in verschiedenen denkbaren Organisationsformen, realisiert werden (z.B. durch ↗ Genossenschaften, Kapitalneutralisierung, Mitarbeitergesellschaften, Belegschaftsunternehmen), niemals jedoch als Verstaatlichung, d.h. durch zentralgesteuerte, bürokratische Lenkung von Unternehmen (↗ Planwirtschaft). Vergesellschaftung muß sich demnach leiten lassen von dem Grundsatz der Beteiligung aller Betroffenen an Kontrolle und Leitung der Unternehmen. Dies betont, daß die Beteiligung verschiedener gesellschaftlicher Gruppen und staatlicher Instanzen an Kontrolle und Leitung der Unternehmen erforderlich ist. Die verschiedenen Gruppen bringen verschiedene Aspekte, Motive und Interessenlagen in die Verwaltung der Betriebe ein: a) die Belegschaften und ihre gewerkschaftlichen Vertreter u.a. den Aspekt der humanen Gestaltung der Arbeitsbedingungen, der gerechten Entlohnung und der Arbeitsplatzsicherheit (↗ Gewerkschaften); b) staatliche Instanzen den Aspekt der Berücksichtigung externer Effekte von Produktion und nachfolgendem Konsum sowie der notwendigen Abstimmung mit anderen Wirtschaftstätigkeiten im Rahmen einer gesamtwirtschaftlichen Planung; c) möglicherweise auch Verbrauchervertreter das Interesse an guten, ökologisch verantwortbaren Gütern und Dienstleistungen (↗ Verbraucherpolitik).

Die Beteiligung so unterschiedlich motivierter Gruppen an Kontrolle und Leitung der Unternehmen macht es notwendig, einen neuen betriebswirtschaftlichen Erfolgsmaßstab zu entwikkeln, der den Gesichtspunkt der betrieblichen Rentabilität mit dem des sozialen Nutzens und der Umweltverträglichkeit verbindet.

Neben der Vergesellschaftung sind – sowohl aus praktisch-politischen wie auch aus wirtschafts- und organisationstheoretischen Gründen – auch andere, weniger direkte Formen der demokratischen Kontrolle wirtschaftlicher Macht anwendbar. So nennt das DGB-Grundsatzprogramm unter anderem:

a) fortlaufende Erhebungen über den Umfang der Konzentrationsbewegungen und ihre Veröffentlichung, b) die Beseitigung konzentrationsfördernder Rechtsvorschriften (zum Beispiel auch der entsprechenden Steuervorschriften), c) die Mitbestimmung der Arbeitnehmer und ihrer Gewerkschaften, d) die Demokratisierung und Neuordnung der Unternehmensverfassung, e) die Erweiterung der Publizität, f) die wirkungsvolle Ausgestaltung der Monopol- und Kartellkontrolle, g) die Mobilisierung des Wettbewerbs unter anderem durch öffentliche und gemeinwirtschaftliche Unternehmen, h) den Ausbau des Systems öffentlich gebundener Unternehmen.

Für viele Klein- und Mittelunternehmen kann eine Verschärfung der Gewerbeaufsicht und Ausweitung der Mitbestimmung sinnvoller sein als Formen der Vergesellschaftung. Ergänzt werden müssen diese Maßnahmen durch einen konsequenten Ausbau der gesetzlichen Auflagen zur sozialen Sicherung der Arbeiter und Angestellten in den Betrieben, eine arbeiterfreundliche Novellierung des Arbeitsrechts, wirksame Vorkehrungen gegen Arbeitsunfälle, bessere betriebsärztliche Versorgung usw. Eine dogmatische Festlegung auf ein Organisationsmodell für alle Zweige der Wirtschaft wird abgelehnt.

Mehr Demokratie in der Wirtschaft bedeutet aber immer auch unmittelbare Selbstbestimmung der arbeitenden Menschen dort, wo sie die Wahrnehmung übergeordneter Interessen nicht gefährdet. Dies gilt vor allem für die Selbstorganisation der Arbeitsprozesse im Rahmen vereinbarter Produktionsziele (teilautonome »Gruppenarbeit«) und für die »Mitbestimmung am Arbeitsplatz«.

3. Mitbestimmung und andere Formen der demokratischen Kontrolle wirtschaftlicher Macht können zu einer Demokratisierung der unternehmerischen Entscheidungsbildung in einem gesamtwirtschaftlich vernünftigen Sinne nur führen, wenn diese durch bestimmte volkswirtschaftliche und gesellschaftliche Orientierungsdaten mitbestimmt wird. Anstelle zentralistischer ↗ Planwirtschaft und wildwüchsiger ↗ Marktwirtschaft wird also ein – in Ansätzen längst vorhandenes – gemischt-wirtschaftliches System angestrebt, in dem der Markt durch demokratische Globalsteuerung, Strukturplanung, Arbeitsmarktpolitik, Investitionslenkung etc. volkswirtschaftlich geordnet wird.

4. Angesichts der immer deutlicher werdenden Grenzen des ökonomischen Wachstums und der Gefahr einer »Plünderung unseres Planeten« (*Gruhl*) wurden seit den 70er Jahren zusätzliche ökologische bzw. »ökosozialistische« Forderungen entwickelt, die – auch im neuen DGB-Grundsatzprogramm – vor allem in folgenden Zielsetzungen ihren Ausdruck gefunden haben: a) Orientierung der wirtschaftlichen Politik und Planung nicht mehr an einem quantitativen, sondern nurmehr an einem selektiven Wachstum, b) demgemäß Entwicklung einer ökologisch orientierten Investitionspolitik, die vor allem der Förderung von Energieeinsparung und alternativer Energien dient, der Entwicklung einer Recycling-Wirtschaft und durch land- und forstwirtschaftliche Investitionen u.a. für eine qualifizierte Aufforstung sorgt, c) Konzentrierung der Investitionen auf Ziele der Umweltsicherung (u.a. Filter- und Entschwefelungsanlagen, Lärmschutz etc.) (↗ Umweltpolitik).

Ebenfalls in den 70er Jahren sind zunehmend Forderungen konkretisiert worden, die über die bloße Demokratisierung von Entscheidungsprozessen hinaus die strukturelle Humanisierung der Arbeit zum Ziel hatten. Hierzu gehören insbesondere die folgenden Zielsetzungen: a) Humanisierung der Einkommenspolitik (beispielsweise Abflachung der Einkommenspyramide; Abbau der einkommenspolitischen Diskriminierungen bestimmter Personengruppen; Abbau von Zeit- und Stückakkord zugunsten eines gesicherten Jahreseinkommens etc.), b) menschengerechte Gestaltung der Arbeitsabläufe (Realisierung ergonomischer Grundforderungen), c) menschengerechte Arbeitszeitregelungen (Gleitzeit; Arbeitszeitverkürzung; Abbau von Schicht-, Nachtschicht- und Überstundenarbeit etc.), d) Bereicherung und Verselbständigung der Arbeitsaufgaben, Einführung teilautonomer Arbeitsgruppen.

Das Konzept der W. ist also, insbesondere in der Programmatik des DGB, eng verbunden mit der Zielvorstellung einer stabilen, umweltgerechten, an den Bedürfnissen der Konsumenten und der Gesellschaft orientierten Volkswirtschaft.

Es ist insbesondere in der aktuellen Diskussion, nach dem Zusammenbruch der planwirtschaftlichen Systeme, als Alternative zu der verbreiteten unreflektierten Empfehlung der ↗ Marktwirtschaft zu betrachten. Dabei kann es durchaus als konsequente Weiterentwicklung einer sozialen und ökologischen Marktwirtschaft verstanden werden.

Fritz Vilmar

↗ Planungspolitik.

Lit.: *Binswanger, U.* u.a. 1983: Arbeit ohne Umweltzerstörung, Frankfurt/M. *Huber, J./Kosta, J.* (Hrsg.) 1979: Wirtschaftsdemokratie in der Diskussion, Köln. *Scherer, K.-J./Vilmar, F.* 1986: Ökosozialismus, Berlin. *Šik, O.* 1979: Humane Wirtschaftsdemokratie, Hamburg. *Vilmar F./Sattler, K.-O.* 1979: Wirtschaftsdemokratie und Humanisierung der Arbeit, Frankfurt/M.

Wirtschaftspolitik

I. In einer weiten Interpretation umfaßt Wirtschaftspolitik (W.) alle politischen Beeinflussungs- und Gestaltungsversuche der Wirtschaft. Voraussetzung ist die Annahme, daß wirtschaftspolitische Eingriffe grundsätzlich notwendig und möglich, d.h. auch im Sinne der angestrebten Ziele wirksam sind. Die unterschiedliche Ausprägung dieser Annahme in ihren beiden Komponenten hat erheblichen Einfluß auf die unterschiedlichen Grundoptionen, insbesondere die Wahl des wirtschaftlichen Lenkungssystems – dezentrale ↗ Marktwirtschaft oder zentrale ↗ Planwirtschaft – und der Eigentumsordnung sowie die mit beiden verbundene Zuordnung von Entscheidungskompetenzen. W. ist notwendigerweise zweifach systembedingt, einmal bezogen auf das ↗ Politische System, in dem die Träger der W. primär angesiedelt sind, zum anderen bezogen auf das Wirtschaftssystem, auf das die wirtschaftspolitischen Maßnahmen zielen. Positiv gefaßt führt das Moment der Systembedingtheit zur Forderung nach Systemkonformität wirtschaftspolitischer Eingriffe.

Auf der höchsten Abstraktionsebene – wirtschaftspolitische Systemoption – geht es um die bis heute anhaltende Kontroverse um die Interdependenz der Ordnungen oder Systeme. So wird z.B. von Vertretern des Neo-Liberalismus die These vertreten, daß nur ein marktwirtschaftlich organisiertes Wirtschaftssystem mit einem freiheitlich-pluralistischen politischen System westlichen Musters vereinbar sei, während in der orthodox-marxistischen Auslegung die Kombination von Vergesellschaftung der Produktionsmittel und Zentralplanung im Wirtschaftssystem sowie von der kommunistischen Partei geführter sozialistischer Demokratie für zwingend gehalten wird. Auch wenn zuzugeben ist, daß Grundwerte sich sowohl auf das politische wie das wirtschaftliche System auswirken und Affinitäten begründen können, wird überwiegend davon ausgegangen, daß in realen Systemen der Toleranzbereich zwischen politischem und wirtschaftlichem System relativ groß ist.

II. Eine an der Art des Eingriffs orientierte, allerdings nicht völlig trennscharfe Gliederung der W. unterscheidet Ordnungs-, Prozeß- und ↗ Strukturpolitik.

Ordnungspolitik betrifft die politisch gesetzten Rahmenbedingungen für die Wirtschaft, z.B. Wettbewerbs- und Mitbestimmungsgesetzgebung. Prozeß- oder Ablaufspolitik bezieht sich auf Eingriffe in den Wirtschaftsprozeß, z.B. auf Marktoperationen der Notenbank und Investitionsanreize oder Investitionsgebote. Strukturpolitik schließlich umfaßt die auf die unterschiedlichen struk-

turellen Elemente, z. B. Branchen- und Regionalstruktur, gerichteten Eingriffe.
Nach dem II. Weltkrieg standen bis Anfang der 50er Jahre in der politischen und wiss. Diskussion ordnungspolitische Fragen im Vordergrund, besonders ausgeprägt in der Bundesrepublik Deutschland. Dabei kristallisierte sich auch innerhalb der prinzipiell an einem marktwirtschaftlichen Lenkungssystem festhaltenden westlichen Industrieländer eine breite Palette unterschiedlicher realer Wirtschaftssysteme mit unterschiedlichem Umfang und unterschiedlicher Intensität wirtschaftspolitischer Eingriffe heraus. Beispiele unterschiedlicher wirtschaftspolitischer Konzeptionen sind die ↗ Soziale Marktwirtschaft in der Bundesrepublik Deutschland und die französische *planification,* die sich insbesondere durch die unterschiedliche Neigung zu prozeßpolitischer Steuerung unterscheiden.
Die wiss. Diskussion der W. in einem engeren Verständnis betraf vor allem die Prozeßpolitik. Dabei werden traditionell Ziele und Instrumente unterschieden. Die Zieldiskussion konzentrierte sich auf Zielkonflikte insbesondere im Rahmen des Magischen Vierecks, bezog aber auch die Erweiterung der Zielpalette und Indikatorenprobleme ein, so z. B. in der Diskussion um quantitatives und qualitatives Wachstum (↗ Umweltpolitik). Die Instrumentenanalyse beschäftigte sich insbesondere mit der Wirksamkeit (einschließlich unerwünschter Nebenwirkungen) und Erweiterung des wirtschaftspolitischen Werkzeugkastens, wobei Reichweite und unterschiedliches Gewicht der Instrumentenbereiche Fiskal-, ↗ Geld-, ↗ Außenwirtschafts- und ↗ Einkommenspolitik eine wichtige Rolle spielten.

III. Dominantes Paradigma der wiss. und politischen Diskussion der Prozeßpolitik blieb bis in die 70er Jahre das Konzept einer an *J. M. Keynes* orientierten antizyklischen ↗ Konjunkturpolitik (↗ Keynesianismus). Die Überzeugung von der Notwendigkeit und Fähigkeit zu einer Globalsteuerung marktwirtschaftlicher Systeme setzte sich allgemein auch politisch durch, und der vorherrschende Optimismus wurde erst im Verlauf der 1974 einsetzenden weltwirtschaftlichen Krisenphase erschüttert. Etwa zur gleichen Zeit wurde das keynesianische Paradigma durch die von *M. Friedman* geführte »monetaristische Gegenrevolution« ernsthaft in Frage gestellt (↗ Monetarismus).

Die monetaristische Kritik stützt sich u. a. auf Defizite der prozeßpolitischen Steuerung, die mit den praktischen Krisenerfahrungen deutlicher geworden sind. Zum Lückenkatalog zählen insbesondere Kenntnislücken im Hinblick auf eine frühzeitige Diagnose und die quantitativen und zeitlichen Wirkungen eingesetzter Instrumente, außenwirtschaftliche Lücke – extrem gewachsene internationale privatwirtschaftliche Integration ohne entsprechenden Ausbau der internationalen wirtschaftspolitischen Steuerung –, einkommenspolitische Lücke – fehlende Abstimmung der staatlichen und verbandlichen W. – und Entscheidungsprozeßlücke – unzulängliche Berücksichtigung des politischen Bedingungsrahmens für die staatlichen Träger der W. Der monetaristische Lösungsansatz – Regelbindung statt diskretionärer Entscheidung – zielt auf die Minimierung wirtschaftspolitischer Interventionen.
In der wiss. Diskussion findet sich als Minderheitsposition auch der umgekehrte Lösungsansatz, Verstärkung der wirtschaftspolitischen Eingriffe. Dabei stehen einerseits unterschiedliche Formen der Investitionslenkung – teilweise anknüpfend an verstärkte Strukturpolitik –, andererseits weitgehende arbeitsmarktpolitische Maßnahmen mit besonderer Gewichtung des öffentlichen Sektors im Vordergrund (↗ Arbeitsmarktpolitik).

IV. Der wirtschaftspolitische »Königsweg« ist bisher weder in der wiss. Diskussion noch in der wirtschaftspolitischen Praxis sichtbar geworden, und der Streit zwischen den unterschiedlichen Positionen ist schon deshalb nicht klar entscheidbar, weil letztere eng mit Grundüberzeugungen und -wertungen verbunden sind, die sich einer eindeutigen wiss. Überprüfung entziehen. Der vorherrschende Trend scheint auf eine Ablehnung der monetaristischen Regelbindung bei gleichzeitiger Aufnahme monetaristischer Kritikelemente hinauszulaufen, eine im Anspruch reduzierte Grobsteuerung des Wirtschaftsprozesses verbunden mit einer Akzentverschiebung von der Nachfrage- zur Angebotspolitik. Mit der Verbesserung der Rahmenbedingungen für das Angebot ist wiederum eine Betonung der Ordnungspolitik verbunden.

Die institutionelle Berücksichtigung wiss. Beratung in der W. hat zugenommen. In der Bundesrepublik Deutschland z. B. existieren spezielle wirtschaftspolitische Beratungsgremien in Form des Wissenschaftlichen Beirates beim Bundeswirtschaftsministerium und vor allem des 1967 gesetzlich geschaffenen Sachverständigenrates zur Begutachtung der gesamtwirtschaftlichen Entwicklung. Beide bespiegeln auch in ihrer Besetzung die Vernachlässigung der W. als interdisziplinäre Aufgabe (↗ Politikberatung). In der wiss. Analyse der W. dominiert der wirtschaftswiss. Ansatz bisher eindeutig, mit der Folge, daß der für wirtschaftspolitische Entscheidungen außerordentlich gewichtige Faktor der politischen Rahmenbedingungen für die Entscheidungsträger nahezu ausgeblendet wird. Diese Asymmetrie liegt zum Teil in Defiziten der Politikwiss. begründet, in der nur einzelne Vertreter versucht haben, der W. einen höheren Stellenwert zu verschaffen (z. B. *Gert von Eynern* mit seiner Politischen Wirtschaftslehre). Zu erwähnen sind auch Versuche im Rahmen der ↗ Ökonomischen Theorie der Politik, z. B. die Hypothese wahlbedingter Konjunkturzyklen, die allerdings empirisch kaum abgestützt werden konnte.

Uwe Andersen

Lit.: *Eucken, W.* [3]1960: Grundsätze der Wirtschaftspolitik, Tübingen/Zürich. *Eynern, G. von* 1968: Grundriß der politischen Wirtschaftslehre, Köln/Opladen. *Eynern, G. von* (Hrsg.) [2]1977: Wörterbuch zur politischen Ökonomie, Opladen. *Frey, B. S.* 1977: Moderne politische Ökonomie, München. *Giersch, H.* 1960: Allgemeine Wirtschaftspolitik, Bd. 1, Grundlagen, Wiesbaden. *Simmert, D.B.* (Hrsg.) 1980: Wirtschaftspolitik – kontrovers, Köln. *Tinbergen, J.* [2]1972: Wirtschaftspolitik, Freiburg i.Br. *Weizsäcker, C. C. von* (Hrsg.) 1979: Staat und Wirtschaft (Schriften des Vereins für Sozialpolitik 102), Berlin. *Wissenschaftlicher Beirat beim Bundesministerium für Wirtschaft* 1983: Konjunkturpolitik – neu betrachtet, BMWI-Studienreihe 38, Bonn. *Zinn, K.G.* [2]1974: Allgemeine Wirtschaftspolitik als Grundlegung einer kritischen Ökonomie, Stuttgart u. a.

Wirtschaftssystem

I. In der modernen Systemanalyse versteht man unter Wirtschaftssystem (W.) die Gesamtheit der Beziehungen, die zwischen produzierenden und konsumierenden Wirtschaftseinheiten bestehen. Die Beziehungen bilden ein interdependentes Interaktionsgefüge (Beziehungsnetz; Handelsordnung), das durch die aufeinander bezogenen Verhaltensweisen (Entscheidungen, Handlungen) der Wirtschaftseinheiten zustande kommt. In zeitlicher Hinsicht resultiert daraus der Wirtschaftsprozeß, d.h. die fortlaufende Produktion, Verteilung und Verwendung von Gütern. Wirtschaftssysteme und -prozesse unterscheiden sieh je nach der Art, wie die Verhaltensweisen der Wirtschaftseinheiten konditioniert und die Beziehungsnetze geordnet sind. Dies hängt ab von der Art und Weise, wie einerseits Informationen gewonnen, verarbeitet und weitergegeben, Entscheidungen gefällt sowie Pläne aufgestellt, koordiniert und durchgesetzt werden (Informations- und Entscheidungssystem) und wie andererseits die Wirtschaftseinheiten in ihrem Verhalten stimuliert und kontrolliert werden (Motivations- und Kontrollsystem).

So kann die Kompetenz, im ökonomischen Bereich Pläne aufzustellen, Entscheidungen zu treffen und sie in Handlungen umzusetzen, auf alle Wirtschaftseinheiten verteilt oder bei wenigen konzentriert sein. Die entscheidungsnotwendigen Informationen können über den Marktmechanismus oder auf dem Instanzenweg durch Anweisung und Rückmeldung übermittelt werden.

Wirtschaftseinheiten müssen erfahrungsgemäß zur Leistung stimuliert und in ihrem Verhalten kontrolliert werden, damit einzel- und gesamtwirtschaftliches Interesse im Einklang stehen. Leistungsstimulierend können sowohl materielle (Einkommen, Deputate) als auch immaterielle Anreize (Auszeichnungen, Mitverantwortung) sein. Die gewünschte Leistung läßt sich aber auch durch Anordnung (Planauflagen) mit entsprechender Strafandrohung erzwingen. Die Verhaltenskontrolle kann schließlich von den Wirtschaftseinheiten (Kontrolle aus Selbstinteresse) oder vom Staat ausgehen (administrative Kontrolle).

Je nachdem wie diese Mechanismen beschaffen sind und im Wirtschaftsprozeß zusammenwirken, werden die ökonomischen Leistungskräfte unterschiedlich mobilisiert und läuft das Wirtschaftsgeschehen mehr oder weniger reibungslos und effizient ab.

Aufbau und Funktionsweise eines W. hängen von einer Vielzahl sozio-kultureller, rechtlicher, institutioneller und natürlicher Bedingungen ab, die verschieden ausgeprägt und in unterschiedlichen Kombinationen realisiert sein können (vgl. Abb. 4). Es versteht sich von selbst, daß das soziale Interaktionsgefüge ebenso durch die Bestände an Arbeit, Boden und Kapital (geschaffene Ressourcen) wie durch die Formen der politischen, insbesondere der wirtschaftspolitischen Willensbildung und Machtausübung (politische Ordnung) oder die kulturspezifischen Werte, Lebensauffassungen, Sitten und Gebräuche (kulturelle Ordnung) geprägt wird. Strukturbestimmend ist jedoch die Wirtschaftsordnung: Sie umfaßt alle Regeln, Normen und Institutionen, die als längerfristig geltende Rahmenbedingungen die ökonomischen Verhaltensspielräume der Wirtschaftseinheiten abstecken. Ordnungstheoretisch gesehen, sind Wirtschaftsordnungen morphologische Gebilde, die aus einer Kombination jeweils unterschiedlich ausgeprägter Ordnungsformen bestehen; rechtlich gesehen, stellen sie die Wirtschaftsverfassung eines Wirtschaftsgebietes dar, soweit die Ordnungsformen in ↗ Verfassung, Gesetzen, Verordnungen und Erlassen verankert sind.

II. In morphologischer Sicht können die Formen der Planung und Koordination, des Eigentums, des Tausches, der Preisbildung, der Unternehmensorganisation sowie der Geld- und Finanzwirtschaft unterschieden werden. Jede dieser Ordnungsformen weist eine begrenzte Zahl möglicher Ausprägungen (Formelemente) auf, die jedoch hinsichtlich der Struktur und Funktionsweise der W. weder gleichbedeutend noch beliebig kombinierbar sind.

Weil ohne ein gesamtwirtschaftliches Rechenwerk, ohne die Übermittlung entscheidungsrelevanter Informationen und ohne die Koordination der einzelwirtschaftlichen Aktivitäten kein geordnetes arbeitsteiliges Wirtschaften denkbar ist, werden die Formen der Planung und Koordination als systemkonstituierend betrachtet. Theoretisch begründet und empirisch vorfindbar sind bisher zwei Möglichkeiten: Entweder wird das wirtschaftliche Geschehen anhand güterwirtschaftlicher (naturaler) Planbilanzen vom Staat zentral geplant und koordiniert sowie durch imperative Anweisungen an die produzierenden Betriebe in Gang gehalten (zentrale Planung, ↗ Planwirtschaft); oder es wird anhand von allgemein zugänglichen Marktdaten (Preise, Mengen, Qualitäten usw.) von den einzel-

Abbildung 4: Sozio-ökonomische Ordnungs- und Systemzusammenhänge

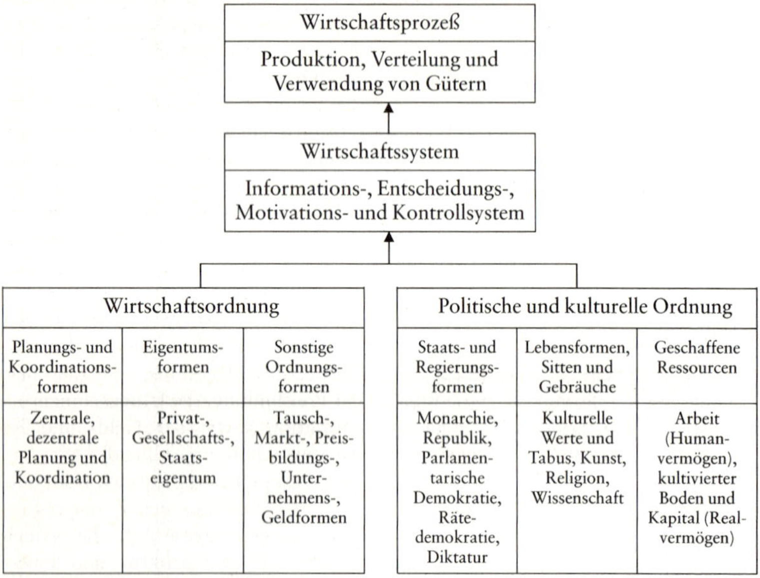

nen Wirtschaftseinheiten dezentral geplant und im gegenseitigen Austausch über Märkte koordiniert und realisiert (dezentrale Planung, ↗ Marktwirtschaft).

Diese Unterscheidung gilt sowohl auf der analytischen Ebene der ordnungstheoretischen Modelle (»Idealtypen«) als auch in der Praxis der realisierten Wirtschaftssysteme (»Realtypen«): Zentrale und dezentrale Planung sind völlig konträre Ordnungsprinzipien, die sich weder theoretisch noch praktisch zur gleichen Zeit im selben Bereich anwenden lassen: Gemessen an den Formen der Planung und Koordination, kann es weder »Mischsysteme« noch eine »Konvergenz der Wirtschaftssysteme« geben. Dem steht nicht entgegen, daß jede reale Wirtschaftsordnung partielle Ausnahmebereiche kennt (Märkte in der Planwirtschaft; staatliche Planung in der Marktwirtschaft), die jedoch systemkonträre Beziehungen begründen können und oft genug die Ursache ökonomischer Fehlentwicklungen, bisweilen aber auch Funktionsbedingungen des jeweiligen Systems sind.

Gleich nach den Planungsformen rangieren die Formen des Eigentums, weil sie im wesentlichen für das Motivations- und Kontrollsystem konstitutiv sind. Unterscheidet man grob zwischen Privateigentum und Staats- bzw. Gesellschaftseigentum und assoziiert man damit – trotz schillernder Bedeutung – das Begriffspaar »kapitalistisch« und »sozialistisch«, so ergibt die Kombination von Planungs- und Eigentumsform folgende Typen von Wirtschaftssystemen: 1. Kapitalistische Marktwirtschaft: dezentrale Planung bei überwiegend Privateigentum an den Produktionsmitteln; z. B. Vereinigte Staaten, Bundesrepublik Deutschland, Schweden, Schweiz, Japan. 2. Kapitalistische Planwirtschaft: zentrale Planung bei überwiegend Privateigentum an den Produktionsmitteln; z. B. Kriegswirtschaft des Faschismus im Deutschen Reich und in Italien. 3. Sozialistische Planwirtschaft: zentrale Planung bei überwiegend Staatseigentum an den Produktionsmitteln; z. B. die ehemaligen Systeme in der Sowjetunion und der DDR. 4. Sozialistische Marktwirtschaft: dezentrale Planung bei überwiegend Gesellschaftseigentum; z. B. bis 1989 Jugoslawien, Ungarn.

Alle anderen Ordnungsformen sind dagegen subsidiär und begründen allenfalls Unterschiede innerhalb der einzelnen Systemtypen: Die Preise können sich frei bilden oder staatlich fixiert sein (Marktpreisbildung, staatliche Preisfixierung), der Tauschverkehr läßt sich natural oder gegen Geld abwickeln (Naturalwirtschaft, Geldwirtschaft); und das betriebliche Erfolgsstreben kann am Gewinn, an der Planerfüllung oder am Einkommen der Beschäftigten orientiert sein (Gewinn-, Planerfüllungs-, Bruttoeinkommensprinzip). Freilich sind auch diese Formelemente weder untereinander noch mit den genannten Systemtypen beliebig kombinierbar, wenn gravierende Funktionsmängel vermieden werden sollen.

Dieter Cassel

↗ Kapitalismus; Sozialismus; Wirtschaftsdemokratie.

Lit.: *Cassel, D.* (Hrsg.) 1984: Wirtschaftspolitik im Systemvergleich, München. *Hartwig, K.-H./Thieme, H. J.* (Hrsg.) 1991: Transformationsprozesse in sozialistischen Wirtschaftssystemen, Berlin. *Leipold, H.* [5]1988: Wirtschafts- und Gesellschaftssysteme im Vergleich, Stuttgart. *Pejovich, S.* 1990: The Economics of Property Rights. Towards a Theory of Comparative Economic Systems, Dordrecht. *Pryor, F. L.* 1985: A Guidebook to the Comparative Study of Economic Systems, Prentice Hall.

Zahlungsbilanz

Als Zahlungsbilanz (Z.) wird die möglichst umfassende Zusammenstellung aller wirtschaftlichen Austauschvorgänge zwischen Inländern und Ausländern für einen bestimmten Zeitraum bezeichnet. Sie wird meist nach Teilbilanzen gegliedert, insbesondere 1. Handelsbilanz (Warenverkehr), 2. Dienstleistungsbilanz, 3. Übertragungsbilanz (unentgeltliche Leistungen), 4. Kapitalbilanz (im engeren Sinn), häufig unterteilt in langfristigen und kurzfristigen Kapitalverkehr, und 5. Devisenbilanz (Änderungen der Währungsreserven der Währungsbehörde). Hinzu tritt ein Restposten, der u. a. die erheblichen statistischen Erfassungsprobleme dokumentiert.

Die Z. ist, da nach dem Prinzip der doppelten Buchführung gearbeitet wird, definitorisch immer ausgeglichen. Wenn gleichwohl häufig von Zahlungsbilanzdefiziten bzw. -überschüssen die Rede ist, dann sind immer Teilbilanzen gemeint, in diesem Fall die Summe 1. bis 4. Die Abgrenzung hängt vom Analysezweck ab; z. B. wird die Grundbilanz (1. bis 4. unter Ausklammerung des kurzfristigen Kapitalverkehrs) gern als Indikator für die längerfristig wirksamen, relativ stabilen Tendenzen betrachtet. Analytisch sinnvolle weitere Differenzierungen, z. B. zwischen autonomen und induzierten Transaktionen, scheitern häufig an statistischen Erfassungsproblemen. Die wirtschaftswiss. Zahlungsbilanztheorie beschäftigt sich als monetärer Teil der Außenwirtschaftstheorie mit Fragen wie den Ursachen von Zahlungsbilanzungleichgewichten, Auswirkungen auf die Wechselkurse, Volkseinkommen, Preisen sowie den Instrumenten einer Ausgleichspolitik (↗ Außenwirtschaftspolitik).

Uwe Andersen

Lit.: *Jarchow, H.-J.* 1982: Zahlungsbilanz, I: Theorie und Politik, in: HdWW 9, Stuttgart u. a., 539–562. *Rose, K.* [8]1981: Theorie der Außenwirtschaft, München.

AUTORENVERZEICHNIS

Ahlberg, René, Dr., Prof. für Soziologie am Osteuropa-Institut der Freien Universität Berlin

Alber, Jens, Dr., Prof. für Sozialpolitik an der Universität Konstanz

von Alemann, Ulrich, Dr., Prof. für Politikwissenschaft an der Fernuniversität Hagen

Andersen, Uwe, Dr., Prof. für Politikwissenschaft an der Universität Bochum

Armingeon, Klaus, Dr., Prof. für Politikwissenschaft an der Universität Bern

Barrios, Harald, M. A., wissenschaftlicher Assistent am Institut für Politikwissenschaft der Universität Tübingen

Barwig, Klaus, Akademiereferent an der Akademie der Diözese Rottenburg-Stuttgart

Benda, Ernst, Dr., Verfassungsrichter und Präsident des BVG a. D., Prof. für Rechtswissenschaften an der Universität Freiburg

von Beyme, Klaus, Dr., Prof. für Politikwissenschaft an der Universität Heidelberg

Biervert, Bernd, Dr., Prof. für Wirtschaftswissenschaften an der Universität/Gesamthochschule Wuppertal

Bleek, Wilhelm, Dr., Prof. für Politikwissenschaft an der Universität Bochum

Bodemer, Klaus, Dr., Institut für Politikwissenschaft der Universität Mainz

Boldt, Hans, Dr., Prof. für Politikwissenschaft an der Universität Düsseldorf

Braun, Dietmar, Dr., wissenschaftlicher Mitarbeiter am Institut für Politische Wissenschaft der Universität Heidelberg

von Bredow, Wilfried, Dr., Prof. für Politikwissenschaft an der Universität Marburg

Brezinski, Horst, Dr., Fachbereich Wirtschaftswissenschaften an der Universität/Gesamthochschule Paderborn

Brock, Lothar, Dr., Hessische Stiftung Friedens- und Konfliktforschung, Prof. für Politikwissenschaft am Fachbereich Gesellschaftswissenschaften der Universität Frankfurt am Main

Bruder, Wolfgang, Dr., Bürgermeister der Stadt Offenburg

Brunner, Georg, Dr., Prof. für Öffentliches Recht und Ostrecht am Institut für Ostrecht der Universität Köln

Bull, Hans Peter, Dr., Innenminister des Landes Schleswig-Holstein, Prof. für Rechtswissenschaften an der Universität Hamburg

Cassel, Dieter, Dr., Prof. für Wirtschaftswissenschaften an der Universität/Gesamthochschule Duisburg

Czada, Roland, Dr., Privatdozent, Max-Planck-Institut für Gesellschaftsforschung, Köln

Debiel, Tobias, M.A., wissenschaftlicher Mitarbeiter am Institut für Entwicklung und Frieden der Universität/Gesamthochschule Duisburg

Delbrück, Jost, Dr., Prof. für Rechtswissenschaften und Direktor des Instituts für Internationales Recht der Universität Kiel

Dickenberger, Dorothee, Dr., Institut für Sozialpsychologie der Universität Mannheim

Dittrich, Walter, Dr., WissLit.-Verlag Konstanz

Dolzer, Rudolf, Dr. Dr., Prof. für Rechtswissenschaften an der Universität Mannheim, Ministerialdirektor im Bundeskanzleramt, Bonn

Dose, Nicolai, wissenschaftlicher Mitarbeiter der Sozialwissenschaftlichen Fakultät der Universität der Bundeswehr München

Drude, Michael, Dr., Prof. für Wirtschaftswissenschaften an der Universität Freiburg

Eisfeld, Rainer, Dr., Prof. für Politikwissenschaft an der Universität Osnabrück

Elsenhans, Hartmut, Dr., Prof. für Politikwissenschaft an der Universität Leipzig

Esser, Josef, Dr., Prof. für Politikwissenschaft, insbes. Staats- und Planungstheorie am Fachbereich der Universität Frankfurt am Main

Evers, Adalbert, Dr., Prof. für Sozialpolitik an der Universität Gießen

Färber, Gisela, Dr., Prof. für Politik- und Verwaltungswisssenschaften an der Universität Trier

Fenner, Christian, Dr., Prof. für Politikwissenschaft an der Universität Leipzig

Fetscher, Iring, Dr., Prof. emeritus für Politikwissenschaft am Fachbereich Gesellschaftswissenschaften der Universität Frankfurt am Main

Frowein, Jochen Abr., Dr. Dr. h. c., Prof. für Rechtswissenschaften und Direktor am Max-Planck-Institut für ausländisches öffentliches Recht und Völkerrecht, Heidelberg

Gantzel, Klaus Jürgen, Dr., Prof. für Politikwissenschaft an der Universität Hamburg

Gerdes, Dirk, Dr., Privatdozent, Ostfriesische Landschaft, Aurich

Glagow, Manfred, Dr., Akademischer Oberrat, Fakultät für Soziologie an der Universität Bielefeld

Göhler, Gerhard, Dr., Prof. für Politikwissenschaft an der Freien Universität Berlin

Grimmer, Klaus, Dr., Prof. für Politikwissenschaft und Öffentliches Recht an der Gesamthochschule Kassel

Groser, Manfred, Dr., Prof. für Politikwissenschaft an der Universität Bamberg

Guggenberger, Bernd, Dr., Prof. für Politikwissenschaft am Fachbereich Politikwissenschaft der Freien Universität Berlin

Haller, Max, Dr., Prof. für Soziologie an der Universität Graz, Österreich

Haufe, Gerda, Dr., Prof. an der Fachhochschule für Verwaltung und Rechtspflege, Berlin

Herzog, Dietrich, Dr., Prof. für Politikwissenschaft an der Freien Universität Berlin

Hrbek, Rudolf, Dr., Prof. für Politikwissenschaft an der Universität Tübingen

Huber, Gerhard, Dr., Prof. für Politikwissenschaft an der Freien Universität Berlin

Hucke, Jochen, Dr., Umweltbundesamt Berlin

Jahn, Egbert, Dr., Prof. für Politikwissenschaft und Zeitgeschichte an der Universität Mannheim

Jann, Werner, Dr., Prof. für Politikwissenschaft an der Universität Potsdam

Jesse, Eckhard, Dr., Prof. für Politikwissenschaft an der Universität Chemnitz
Junker, Detlef, Dr., Prof. für Geschichtswissenschaft, Direktor des Deutschen Historischen Instituts, Washington, D. C., USA
Kaase, Max, Dr., Prof. für Politikwissenschaft, Wissenschaftszentrum Berlin
Keman, Hans, Dr., Institut für Politikwissenschaft der Universität Leiden, Niederlande
Kersting, Wolfgang, Dr., Prof. für Philosophie an der Universität Hannover
Klages, Helmut, Dr., Prof. für Soziologie an der Hochschule für Verwaltungswissenschaften Speyer
Kleinsteuber, Hans J., Dr., Prof. für Politikwissenschaft an der Universität Hamburg
Knapp, Manfred, Dr., Prof. für Politikwissenschaft an der Hochschule der Bundeswehr Hamburg
Kohl, Jürgen, Dr., Mannheimer Zentrum für Europäische Sozialforschung, Universität Mannheim
Korte, Karl-Rudolf, Dr., Direktor der Forschungsgruppe Deutschland am Institut für Politikwissenschaft der Universität Mainz
Kosta, Jiří, Dr., Prof. emeritus für Politikwissenschaft am Fachbereich Gesellschaftswissenschaften der Universität Frankfurt am Main
Kreile, Michael, Dr., Prof. für Politikwissenschaft an der Humboldt-Universität Berlin
Krennerich, Michael, wissenschaftlicher Mitarbeiter am Institut für Politische Wissenschaft der Universität Heidelberg
Kriz, Jürgen, Dr., Prof. für Psychologie an der Universität Osnabrück
Krumwiede, Heinrich-W., Dr., Privatdozent, Universität Augsburg, Stiftung Wissenschaft und Politik Ebenhausen
Landfried, Christine, Dr., Prof. für Politikwissenschaft an der Universität Hamburg
Leggewie, Claus, Dr., Prof. für Politikwissenschaft an der Universität Gießen
Lehmbruch, Gerhard, Dr., Prof. für Politikwissenschaft an der Universität Konstanz
Lehner, Franz, Dr., Prof. für Politikwissenschaft an der Universität Bochum
Leipert, Christian, Dr., Internationales Institut für Umwelt und Gesellschaft am Wissenschaftszentrum Berlin
Lenk, Kurt, Dr., Prof. für Politikwissenschaft an der Universität Aachen
Linz, Juan J., Dr., Prof. für Sozialwissenschaften an der Yale-Universität, New Haven, USA
Lösche, Peter, Dr., Prof. für Politikwissenschaft an der Universität Göttingen
Lutz, Dieter S., Dr., Institut für Friedensforschung und Sicherheitspolitik, Hamburg
Maluschke, Günther, Dr., Prof. an der Philosophischen Fakultät an der Universität Tübingen
Mandt, Hella, Dr., Prof. für Politikwissenschaft an der Universität Trier
Massing, Peter, Dr., Institut für Politikwissenschaft der Freien Universität Berlin
Mengel, Hans-Joachim, Dr., Prof. für Politikwissenschaft an der Freien Universität Berlin
Merkel, Wolfgang, Dr., Prof. für Politische Wissenschaft an der Universität Mainz

Meyer, Gerd, Dr., Prof. für Politikwissenschaft an der Universität Tübingen
Meyer, Thomas, Dr., Prof. für Politikwissenschaft an der Universität Dortmund, Leiter der Politischen Akademie der Friedrich-Ebert-Stiftung
Michalsky, Helga, Dr., Prof. für Politikwissenschaft an der Pädagogischen Hochschule Flensburg
Mickel, Wolfgang W., Dr., Prof. für Politikwissenschaft an der Universität Karlsruhe
Mintzel, Alf, Dr., Prof. für Soziologie an der Universität Passau
Mols, Manfred, Dr., Prof. für Politikwissenschaft an der Universität Mainz
Mommsen, Margareta, Dr., Prof. für Politikwissenschaft an der Universität München
Müller-Rommel, Ferdinand, Dr., Privatdozent, Institut für Politikwissenschaft der Universität Oldenburg
Münkler, Herfried, Dr., Prof. für Politikwissenschaft an der Humboldt-Universität Berlin
Murphy, Detlef, Dr., Politikwissenschaftler, Wedel/Holstein
Murswieck, Axel, Dr., apl. Professor, Akademischer Oberrat am Institut für Politische Wissenschaft der Universität Heidelberg
Neumann, Franz, Dr., Prof. für Politikwissenschaft an der Gesamthochschule Kassel
Neumann, Johannes, Dr., Prof. für Soziologie an der Universität Tübingen
Nissen, Hans-Peter, Dr., Prof. für Wirtschaftswissenschaften an der Universität/Gesamthochschule Paderborn
Nohlen, Dieter, Dr., Prof. für Politikwissenschaft an der Universität Heidelberg
Oberreuter, Heinrich, Dr., Prof. für Politikwissenschaft, Direktor der Akademie für Politische Bildung Tutzing
Pappi, Franz Urban, Dr., Prof. für Politikwissenschaft an der Universität Mannheim
Prätorius, Rainer, Dr., Prof. für Politikwissenschaft an der Universität der Bundeswehr, Hamburg
Reissert, Bernd, Dr., Prof. für Politikwissenschaft an der Fachhochschule für Technik und Wissenschaft Berlin
von Rhein-Kress, Gaby, Dr., wissenschaftliche Mitarbeiterin am Institut für Politische Wissenschaft der Universität Heidelberg
Röhrich, Wilfried, Dr., Prof. für Politikwissenschaft an der Universität Kiel
Rölke, Peter, Dr., Seminar für Politikwissenschaft und Soziologie der Technischen Universität Braunschweig
Roth, Klaus, Dr., Institut für Politikwissenschaft der Freien Universität Berlin
Ryll, Andreas, Diplom-Volkswirt, Dr. rer. pol., Fakultät für Wirtschaftswissenschaften, Europa-Universität Viadrina, Frankfurt/Oder
Schaper, Klaus, Dr., Fakultät für Sozialwissenschaften, Sektion Sozialpolitik, Universität Bochum
Schiller, Theo, Dr., Prof. für Politikwissenschaft an der Universität Marburg
Schmidt, Manfred G., Dr., Prof. für Politikwissenschaft an der Universität Heidelberg
Schölkopf, Martin, wissenschaftlicher Mitarbeiter am Lehrstuhl für Sozialpolitik der Universität Konstanz

Schröder, Hans-Henning, Dr., Bundesinstitut für ostwissenschaftliche und internationale Studien Köln

Schubert, Klaus, Dr., Privatdozent, Institut für Politische Wissenschaft der Universität Bochum

Schultze, Rainer-Olaf, Dr., Prof. für Politikwissenschaft an der Universität Augsburg

Schumacher, Christoph, Dr. jur., Jurist bei der Landesversicherungsanstalt Württemberg, Stuttgart

Seidelmann, Reimund, Dr., Prof. für Politikwissenschaft an der Universität Jena

Simonis, Udo Ernst, Dr., Prof. für Wirtschaftswissenschaften am Internationalen Institut für Umwelt und Gesellschaft am Wissenschaftszentrum Berlin

Söllner, Alfons, Dr., Prof. für Politikwissenschaft an der Technischen Universität Chemnitz

Spinner, Helmut F., Dr., Prof. für Philosophie an der Universität Karlsruhe

Strasser, Hermann, Prof. für Soziologie an der Universität/Gesamthochschule Duisburg

Sturm, Roland, Dr., Prof. für Politikwissenschaft an der Universität Tübingen

Syring, Enrico, Dr., Historiker

Thibaut, Bernhard, M. A., wiss. Mitarbeiter am Institut für Politische Wissenschaft der Universität Heidelberg

Thiemeyer, Theo †, Dr., Prof. für Sozialpolitik und öffentliche Wirtschaft an der Universität Bochum

Ueltzhöffer, Jörg, Sozialwissenschaftliches Institut für Gegenwartsfragen Mannheim

Vilmar, Fritz, Dr., Prof. für Politikwissenschaft an der Freien Universität Berlin

Waldmann, Peter, Dr., Prof. für Soziologie an der Universität Augsburg

Waschkuhn, Arno, Dr., Prof. an der Pädagogischen Hochschule Erfurt/Mühlhausen

Wasmuht, Ulrike C., Dr., Freie Universität Berlin

Weber, Hajo, Dr., Prof. für Soziologie am Fachbereich Sozial- und Wirtschaftswissenschaften an der Universität Kaiserslautern

Weber, Jürgen, Dr., Akademie für Politische Bildung Tutzing

Weber-Schäfer, Peter, Dr., Prof. für Politikwissenschaft an der Universität Bochum

Wehling, Hans-Georg, Dr., Leiter des Referats Publikation der Landeszentrale für politische Bildung Baden-Württemberg, Prof. am Institut für Politikwissenschaft der Universität Tübingen

Weidenfeld, Werner, Dr., Prof. für Politikwissenschaft und Direktor der Forschungsgruppe Deutschland am Institut für Politikwissenschaft der Universität Mainz

Wewer, Göttrik, Dr., Staatskanzlei Schleswig-Holstein, Kiel

Wiesendahl, Elmar, Dr., Prof. für Politikwissenschaft an der Universität der Bundeswehr München

Willke, Gerhard, Dr., Privatdozent, Universität Tübingen

Wippermann, Wolfgang, Dr., Prof. für Geschichtswissenschaft an der Freien Universität Berlin

Wirkner, Peter, wissenschaftlicher Mitarbeiter am Sozialwissenschaftlichen Institut für Gegenwartsfragen, Mannheim

Wollmann, Hellmut, Dr., Prof. für Politikwissenschaft am Zentralinstitut für sozialwissenschaftliche Forschung der Freien Universität Berlin
Woyke, Wichard, Dr., Prof. für Politikwissenschaft an der Universität Münster
Yenal, Alparslan, Dr., Prof. für Politikwissenschaft an der Freien Universität Berlin
Ziemer, Klaus, Dr., Prof. für Politikwissenschaft an der Universität Trier

Sachregister

Pipers Handbuch der politischen Ideen

Herausgegeben von Iring Fetscher und Herfried Münkler

Band 1
Frühe Hochkulturen und europäische Antike
648 Seiten. Leinen

Band 2
Mittelalter: Von den Anfängen des Islam bis zur Reformation
702 Seiten. Leinen

Band 3
Neuzeit: Von den Konfessionskriegen bis zur Aufklärung
670 Seiten. Leinen

Band 4
Neuzeit: Von der Französischen Revolution bis zum europäischen Nationalsozialismus
624 Seiten. Leinen

Band 5
Neuzeit: Vom Zeitalter des Imperialismus bis zu den neuen sozialen Bewegungen
661 Seiten. Leinen

»Pipers Handbuch der Politischen Ideen« bietet in 5 Bänden einen umfassenden Überblick über die Geschichte politischen Denkens von den frühen Hochkulturen bis zu den neuen sozialen Bewegungen unserer Zeit. In der Darstellung des Wechselspiels von Denken und Gesellschaft entsteht zugleich ein lebendiges Bild der Zeiten. Ein unentbehrliches Werk für Forschung und Lehre, aber auch für alle politisch, historisch und philosophisch Interessierten.

Piper 62/4a

PIPER